本书出版得到"广西特聘专家"(广西少数民族语言文学研究岗)经费资助,谨表谢忱!

GUOWAI ZHUANGDONG YUZU YUYAN CIHUIJI

# 国外壮侗语族语言词汇集

韦树关 颜海云 黎莎 / 编译

世界图书出版公司
广州·上海·西安·北京

### 图书在版编目（CIP）数据

国外壮侗语族语言词汇集 / 韦树关，颜海云，黎莎编译. —广州：世界图书出版广东有限公司，2019.11
ISBN 978-7-5192-5877-1

Ⅰ. ①国… Ⅱ. ①韦… ②颜… ③黎… Ⅲ. ①壮侗语族—词汇—汇编—东南亚 Ⅳ. ①H410.3

中国版本图书馆CIP数据核字（2019）第199143号

| | |
|---|---|
| 书　　名 | 国外壮侗语族语言词汇集<br>GUOWAI ZHUANGDONG YUZU YUYAN CIHUIJI |
| 编　　译 | 韦树关　颜海云　黎　莎 |
| 责任编辑 | 魏志华　李　婷 |
| 装帧设计 | 苏　婷 |
| 责任技编 | 刘上锦 |
| 出版发行 | 世界图书出版广东有限公司 |
| 地　　址 | 广州市海珠区新港西路大江冲25号 |
| 邮　　编 | 510300 |
| 电　　话 | (020)84451969　84453623　84184026　84459579 |
| 网　　址 | http://www.gdst.com.cn |
| 邮　　箱 | wpc_gdst@163.com |
| 经　　销 | 各地新华书店 |
| 印　　刷 | 恒美印务（广州）有限公司 |
| 开　　本 | 787mm×1092mm　1/16 |
| 印　　张 | 40.75 |
| 字　　数 | 1014千 |
| 版　　次 | 2019年11月第1版　2019年11月第1次印刷 |
| 国际书号 | ISBN 978-7-5192-5877-1 |
| 定　　价 | 198.00元 |

版权所有　侵权必究

（如有印装错误，请与出版社联系）

咨询、投稿：020-34201910　　weilai21@126.com

# 前　言

　　本书共收入东南亚及南亚壮侗语族语言中近6000个常用词，可与《壮侗语族语言词汇集》（中央民族学院出版社，1985年）配套使用。

　　壮侗语族是广泛分布于中国南方及东南亚、南亚一些国家的一个大语族，包括我国的壮语、布依语、傣语、临高语，泰国的泰语、石家语，老挝的老挝语，缅甸的掸语和坎梯语，越南的岱语、侬语、黑泰语、白泰语、普标语、拉基语、拉哈语，以及印度阿萨姆邦的阿含语等。长期以来，国内的壮侗语族语言研究，由于缺乏国外壮侗语族语言的资料，大都着眼于国内的壮侗语族语言。这样的研究是不够全面的。

　　关于越芒语族的归属问题学术界尚有争议。有的认为是南亚语系孟—高棉语族，有的认为是汉藏系壮侗语族。❶本词汇集收入越芒语的两个语言（越南语、芒语）词语，主要的目的是为读者的研究提供参考。

　　本词汇集收入国外14个壮侗语族语言，其中壮傣语支（台语支）有泰语、老挝语、岱语、侬语、越南泰语、石家语、阿含语、掸语、泐语；仡央语支有普标语、拉基语、拉哈语，越芒语支有越南语、芒语。❷

　　**泰语**　是泰王国主体民族泰族（Thai）的语言，泰国的国语。泰国的泰族分布于全国各地，人口4950万（2010年统计数据），占全国总人口的75%。

　　**老挝语**　是老挝民主主义共和国主体民族老龙族（Lao）的语言，老挝的国语。老龙族在老挝全国各省均有分布，集中分布于以万象为中心，北起琅勃拉邦，南至占巴塞的沿湄公河左岸的狭长地带。人口240万（1995年统计数据），占全国总人口的52.5%。

　　**岱语**　是越南岱族（Tày）的语言。在越南，岱族自称"岱"（$tai^2$）、"土"（$tho^3$）、"土佬"（$thu^1\ la:u^4$）、"岸"（$\eta a:n^1$）、"偏"（$phen^5$）、"巴夷"（$pa^1\ ji^5$）等，人口160万（2010年统计数据），是越南人口最多的少数民族。主要分布在越南北部高平、谅山、北太、北泮、太原、河江、安沛、宣光、老街、广宁、永富和山萝各省山谷平坝和丘陵地区，西原

---

❶ 韦树关：《京语研究》，南宁：广西民族出版社，2009年。
❷ 上述语言的相关介绍主要参考以下著作：陈晖、熊韬：《泰国概论》，广州：世界图书出版广东有限公司，2012年；郝勇、黄勇，覃海伦：《老挝概论》，广州：世界图书出版广东有限公司，2012年；兰强、徐方宇、李华杰：《越南概论》，广州：世界图书出版广东有限公司，2012年；钟智翔、尹湘玲、扈琼瑶、孔鹏：《缅甸概论》，广州：世界图书出版广东有限公司，2012年。

和南方东部各省也有少量分布。越南岱族与我国云南、广西的壮族"岱人"支系关系密切。

岱语有3种方言。第一方言分布面积广，人数多，具有中间性的桥梁作用，范围是从高平省东南部到谅山省的东部和北部、旧北泮省的5个县至河江省和几乎整个宣光省。第二方言通行于岱人居住区的南部，其范围是北太省西部的定化县以南地区，至北太省中部的富良县以北地区，包括谅山省芝陵县。第三方言的范围是从河江省北部的同文县、安明县至高平省保乐县。

**侬语** 是越南侬族（Nùng）的语言。在越南，侬族自称"侬"（nuŋ²）、"侬崇"（nuŋ² suːŋ²）、"侬江"（nuŋ² jaːŋ¹）、"侬安"（nuŋ² ʔaːn¹）、"侬万承"（nuŋ² faːn³ ɬiŋ²）、"侬昭"（nuŋ² tɕaːu⁵）、"侬雷"（nuŋ² loi²）、"侬归仁"（nuŋ² kwi⁵ jin²）、"肩莱"（khɛn¹ laːi²）等。主要分布在越南北部谅山、高平、北泮、河江、宣光、北江、广宁各省，越南南方也有数万人居住。侬族人口在越南少数民族人口中排在第三位，仅次于岱族和泰族，人口91.5万（2010年统计数据）。越南侬族与中国广西、云南的壮族支系"布侬"关系密切。他们习惯以移居越南以前的居住地自称，如"侬安"意为来自安结州（今广西天等县进结镇）的侬人；"侬雷"（nuŋ² loi²）意为来自下雷州（今广西大新县下雷乡）的侬人；"侬归仁"意为来自归仁州（今广西靖西市）；"侬万承"意为来自万承州（今广西大新县龙门乡）的侬人；"侬英"（nuŋ² ʔiŋ¹）是来自龙英州（今广西天等县龙茗乡）的侬人；"侬崇"是来自崇善县（今广西崇左市江州区）的侬人；"昭侬"是来自"昭州"（中越边界两侧的壮、岱、侬族简称广西龙州为昭州）的侬人；"侬归顺"（nuŋ² kwi¹ ɕan⁶）是来自归顺州（今广西靖西市）的侬人；"侬富"（nuŋ² fu⁵）是来自富州（今云南省文山州富宁县）的侬人。所有各支系侬人，又总称"窝诺侬"（ʔɔk⁷ nɔk⁸ nuŋ²）或"窝杭侬"（ʔɔk⁷ haːŋ⁵ nuŋ²），意思是从中国来的人。从侬族人保存的家谱、供册、唱本来看，他们移居越南只有两三百年的时间。

越南侬族源自中国的壮族，而越南岱族也与中越边境中方一侧的壮族语言相通，习俗相同。20世纪50年代，越南政府曾将岱族和侬族统称为"壮族"。可见越南岱族、侬族与中国壮族关系密切。

由于岱语和侬语差异不大，越南语言学界往往不加区分，统称岱—侬语。创制于20世纪60年代初的拉丁岱文和拉丁侬文实为一套文字，越南学界统称岱—侬文。越南出版的《岱—侬越词典》（*Từ điển Tày-Nùng Việt*，1974）和《越岱—侬词典》（*Từ điển Việt Tày-Nùng*，1984），把岱—侬语词都作为一个词条，对岱文、侬文不加区别。本书也沿用"岱—侬语"、"岱—侬文"说法。

**越南泰语** 是越南泰族（Thái）的语言。在越南，泰族有145万人（2010年统计数据），是越南第二大少数民族，主要分布在山萝、义安、清化、莱州、老街、安沛、和平、林同、多乐等省。越南泰族系从中国云南迁来,与中国傣族同源并有着相似的民族特征。根据其服饰大致分为三支:一支是黑泰支系(tai² ?dam¹),主要分布在山萝省和莱州的奠边、巡教等县。在清化、义安和河静省西部,也有属于黑泰支系的泰族人分布。一支是白泰支系(tai² kha:u¹),主要分布在莱州的扶晏、北安、琼崖等县。另一支是红泰支系,由许多复杂的分支组成,主要分布在山萝省的木州和和平省的梅州以及沱北等县。其中白泰人迁入越南的历史最早,黑泰人则是在10世纪后从云南西双版纳迁入红河三角洲,红泰人是后来黑泰人和白泰人中的一部分融合而成的。泰族多居住在肥沃的河谷平坝,以种植水稻为主。

越南泰族同中国云南的傣族关系密切。据泰族人的历史记载,早在9世纪,他们的祖先沿着两条路线来到越南:一条是从中国的西双版纳来的;另一条是从泰国的湄公河流域来的。

越南泰族传统文字是从中国云南西双版纳带过去的,属巴利文系统,有五种,不统一。本书使用的越南泰文的是拉丁泰文,与拉丁岱—侬文相似,同是以越文字母为基础创制的。近年来越南泰族又恢复使用属巴利文系统的传统文字。

**泐语**  是越南泐族(Lừ)的语言。泐族主要分布在莱州省,其中笙湖县1895人,封土县1768人。泐族是11至14世纪从中国西双版纳在不同时期、由不同路径迁入越南的,有的是从中国西双版纳先移居老挝的勐乌、丰沙里,再转入越南,有的是从中国西双版纳的勐腊县迁入越南。❶

**石家语**  是泰国石家人(Saek)的语言。石家人分布于那空拍侬府的那空直辖县、那哇县、是颂堪县。石家语使用人口不详。❷

**阿含语**  也译作"阿豪姆语",是居住在印度东北部阿萨姆邦的阿含人(Ahom)使用的语言。阿含语在19世纪末已趋于消亡,目前使用人口不详。❸

**掸语**  是缅甸掸族(Shan)的语言。在缅甸,掸族是第二大民族,主要分布在掸邦、克钦邦、克耶邦、实皆省、克伦邦,人口约510万,占缅甸总人口的8.5%。

**普标语**  在越南,普标人(Pu Peo)被划为单一民族,越南语称为"dân tộc Pu Peo",即普标族。越南普标族自称qa bjaw³,他称有"本地倮倮"(Pen ti Lô Lô,当地汉族称)、罗果(La Quả)、普标(Pu Peo),人口470(2000年统计数字),主要分布在河江省(tỉnh Hà Giang)与中国云南省文山壮族苗族自治州麻栗坡县毗邻的同文(Đồng Văn)、安明(Yên Minh)、苗旺(Mèo Vạc)三县,集中居住在普腊乡(Xã Phó Là),此外零星居住于

---

❶ 范宏贵:《越南民族与民族问题》,南宁:广西民族出版社,1999年。
❷ [泰]威莱弯·哈拟莎塔姢塔著,杨光远译:《石家语》,《南开语言学刊》2004年第1期。
❸ 周国炎、吴艳:《阿豪姆语概况》,《民族语文》2006年第3期。

崇正（Sủng Chéng）、普棒（Phó Bảng）、普高（Phó Cáo）、马理（Má Lé）等乡。越南普标族的居住地是多民族杂居之地，有越、苗、瑶、汉、岱、侬、倮倮（中国称彝族）、仡佬等民族。❶

**拉基语**　是越南拉基族（La Chí）的语言。拉基族主要分布在河江省，有7542人，其中新门县有3094人，黄树腓县有2274人，北光县也有少量分布。此外，在老街省北河县有168人。❷

**拉哈语**　是越南拉哈族（La Ha）的语言。拉哈族主要分布在山萝省顺州县、践安、农莱、猎碟乡，共有1263人。在老街省炭渊县也有分布。❸

**越南语**　是越南社会主义共和国主体民族越族（也称京族。Việt，Kinh）的语言，越南的国语。越南越族人口约7476万（2010年统计数据），占越南总人口的86%，主要分布于红河、湄公河三角洲和沿海平原以及全国的大、中、小城镇中。

**芒语**　是越南芒族的语言。在越南，芒族（Mường）人口123万（2010年统计数据），主要分布在老街、安沛、和平、永福、河南、宁平和清化等省。芒族和越族有很近的亲缘关系。

本词汇集是多人合作的成果，具体分工如下：

韦树关负责词条的选定、查阅相关书籍收集和编译东南亚壮侗语族语言（泰语除外）材料、国际音标转写及全书的统稿工作。

颜海云负责东南亚壮侗语族语言材料的录入工作。

黎莎负责词条的泰语翻译工作。

由于编撰者学识粗浅，书中错误在所难免，敬请读者批评指正。

韦树关

2018年1月4日

---

❶ 越南普标族人口数据引自梁敏、张均如、李云兵：《普标语研究》，北京：民族出版社，2007年，第4页；其余材料引自越南黄文麻（Hoàng Văn Ma）、武霸雄（Vũ Bá Hùng）：《普标语》（Tiếng Pu Peo），河内：社会科学出版社，1992年，第一章"普标族和普标语"。

❷ 范宏贵：《越南民族与民族问题》，南宁：广西民族出版社，1999年。

❸ 范宏贵：《越南民族与民族问题》，南宁：广西民族出版社，1999年。

# 目 录

**总目**

凡　例 …………………………………………………………………… 2

汉语拼音音节索引 ……………………………………………………… 3

词目索引 ………………………………………………………………… 6

**词典正文** …………………………………………………………… 1—530

参考文献 ………………………………………………………………… 531
附录1　泰文与国际音标对照表 ………………………………………… 532
附录2　老挝文与国际音标对照表 ……………………………………… 542
附录3　岱—侬文与国际音标对照表 …………………………………… 551
附录4　越南泰文与国际音标对照表 …………………………………… 559
附录5　普标语记音符号与国际音标对照表 …………………………… 567
附录6　越文与国际音标对照表 ………………………………………… 575
附录7　芒文与国际音标对照表 ………………………………………… 583
后　记 …………………………………………………………………… 591

# 凡　例

　　一、本书所收的词条按汉语拼音音序排列。

　　二、每个词条以汉语词目为纲，后面排列泰语、老挝语、岱—侬语、越南泰语、普标语、越南语、芒语等7种东南亚壮侗语族语言（文中分别简称为"泰、老、岱—侬、越泰、普、越、芒"）中与汉语词义相当的词语。因为石家语、阿含语、泐语、拉基语、拉哈语相应的词语不多，所以以脚注的形式出现。

　　三、每个词条中，7种东南亚壮侗语族语言先出现文字或记音符号，然后在"[　]"中出现相应的国际音标。声调采用调类标调法。

　　四、词义不够明确的词条，在右下角加注出现的语境，如"【爱~看戏】"，"~"代表该词条。

　　五、一个词条在东南亚壮侗语族语言中有多个说法的，不同说法之间用"；"隔开。

　　六、本词汇收入的词条，多数是词，也有少数是常用的词组，如"打电话""好天气""脸皮厚""脸皮薄"等。

# 汉语拼音音节索引

（数字指音节在词目索引中的页码）

| **A** | | | | |
|---|---|---|---|---|
| ai ……… 6 | cai ……… 9 | cu ……… 12 | **E** | geng ……… 18 |
| an ……… 6 | can ……… 9 | cui ……… 12 | | gong ……… 18 |
| ao ……… 6 | cang ……… 10 | cun ……… 12 | e ……… 15 | gou ……… 18 |
| | cao ……… 10 | cuo ……… 12 | en ……… 15 | gu ……… 18 |
| **B** | ce ……… 10 | | er ……… 15 | gua ……… 19 |
| | ceng ……… 10 | **D** | | guai ……… 19 |
| ba ……… 6 | cha ……… 10 | | **F** | guan ……… 19 |
| bai ……… 6 | chai ……… 10 | da ……… 12 | | guang ……… 19 |
| ban ……… 7 | chan ……… 10 | dai ……… 13 | fa ……… 16 | gui ……… 19 |
| bang ……… 7 | chang ……… 10 | dan ……… 13 | fan ……… 16 | gun ……… 19 |
| bao ……… 7 | chao ……… 10 | dang ……… 13 | fang ……… 16 | guo ……… 19 |
| bei ……… 7 | che ……… 10 | dao ……… 13 | fei ……… 16 | |
| ben ……… 8 | chen ……… 10 | de ……… 13 | fen ……… 16 | **H** |
| beng ……… 8 | cheng ……… 11 | deng ……… 13 | feng ……… 17 | |
| bi ……… 8 | chi ……… 11 | di ……… 14 | fo ……… 17 | ha ……… 19 |
| bian ……… 8 | chong ……… 11 | dian ……… 14 | fou ……… 17 | hai ……… 19 |
| biao ……… 8 | chou ……… 11 | diao ……… 14 | fu ……… 17 | han ……… 20 |
| bie ……… 8 | chu ……… 11 | die ……… 14 | | hang ……… 20 |
| bin ……… 8 | chuan ……… 11 | ding ……… 14 | **G** | hao ……… 20 |
| bing ……… 8 | chuang ……… 12 | diu ……… 14 | | he ……… 20 |
| bo ……… 9 | chui ……… 12 | dong ……… 14 | ga ……… 17 | hei ……… 20 |
| bu ……… 9 | chun ……… 12 | dou ……… 14 | gai ……… 17 | hen ……… 20 |
| | chuo ……… 12 | du ……… 15 | gan ……… 17 | heng ……… 20 |
| **C** | ci ……… 12 | duan ……… 15 | gang ……… 18 | hong ……… 20 |
| | cong ……… 12 | dui ……… 15 | gao ……… 18 | hou ……… 21 |
| ca ……… 9 | cou ……… 12 | dun ……… 15 | ge ……… 18 | hu ……… 21 |
| | | duo ……… 15 | gei ……… 18 | hua ……… 21 |
| | | | gen ……… 18 | |

| | | | | |
|---|---|---|---|---|
| huai ……… 21 | kong ……… 26 | lü ……… 29 | nen ……… 31 | piao ……… 33 |
| huan ……… 21 | kou ……… 26 | luan ……… 29 | neng ……… 31 | pie ……… 33 |
| huang ……… 21 | ku ……… 26 | lüe ……… 29 | ni ……… 31 | pin ……… 33 |
| hui ……… 21 | kua ……… 26 | lun ……… 29 | nian ……… 32 | ping ……… 33 |
| hun ……… 22 | kuai ……… 26 | luo ……… 29 | niang ……… 32 | po ……… 33 |
| huo ……… 22 | kuan ……… 26 | | niao ……… 32 | pou ……… 33 |
| | kuang ……… 26 | **M** | nie ……… 32 | pu ……… 33 |
| **J** | kui ……… 26 | ma ……… 29 | nin ……… 32 | |
| ji ……… 22 | kun ……… 26 | mai ……… 29 | ning ……… 32 | **Q** |
| jia ……… 23 | kuo ……… 26 | man ……… 29 | niu ……… 32 | qi ……… 34 |
| jian ……… 23 | | mang ……… 29 | nong ……… 32 | qia ……… 34 |
| jiang ……… 23 | **L** | mao ……… 29 | nu ……… 32 | qian ……… 34 |
| jiao ……… 23 | la ……… 27 | mei ……… 30 | nü ……… 32 | qiang ……… 34 |
| jie ……… 24 | lai ……… 27 | men ……… 30 | nuan ……… 32 | qiao ……… 34 |
| jin ……… 24 | lan ……… 27 | meng ……… 30 | nüe ……… 32 | qie ……… 34 |
| jing ……… 25 | lang ……… 27 | mi ……… 30 | nuo ……… 32 | qin ……… 34 |
| jiu ……… 25 | lao ……… 27 | mian ……… 30 | | qing ……… 35 |
| ju ……… 25 | le ……… 27 | miao ……… 30 | **O** | qiong ……… 35 |
| juan ……… 25 | lei ……… 27 | mie ……… 30 | ou ……… 32 | qiu ……… 35 |
| jue ……… 25 | leng ……… 27 | min ……… 30 | | qu ……… 35 |
| jun ……… 25 | li ……… 27 | ming ……… 30 | **P** | quan ……… 35 |
| | lian ……… 27 | mo ……… 30 | pa ……… 32 | que ……… 35 |
| **K** | liang ……… 28 | mou ……… 31 | pai ……… 32 | qun ……… 35 |
| ka ……… 25 | liao ……… 28 | mu ……… 31 | pan ……… 32 | |
| kai ……… 25 | lie ……… 28 | | pang ……… 33 | **R** |
| kan ……… 25 | lin ……… 28 | **N** | pao ……… 33 | ran ……… 35 |
| kang ……… 25 | ling ……… 28 | na ……… 31 | pei ……… 33 | rang ……… 35 |
| kao ……… 25 | liu ……… 28 | nai ……… 31 | pen ……… 33 | rao ……… 35 |
| ke ……… 26 | long ……… 28 | nan ……… 31 | peng ……… 33 | re ……… 35 |
| ken ……… 26 | lou ……… 28 | nao ……… 31 | pi ……… 33 | ren ……… 35 |
| keng ……… 26 | lu ……… 28 | nei ……… 31 | pian ……… 33 | reng ……… 35 |

# 汉语拼音音节索引

| | | | | | |
|---|---|---|---|---|---|
| ri ……… 35 | shui ……… 39 | tui ……… 42 | xun ……… 46 | zhan ……… 50 | |
| rong ……… 35 | shun ……… 39 | tun ……… 42 | | zhang ……… 50 | |
| rou ……… 36 | shuo ……… 39 | tuo ……… 42 | **Y** | zhao ……… 50 | |
| ru ……… 36 | si ……… 39 | | ya ……… 46 | zhe ……… 50 | |
| ruan ……… 36 | song ……… 39 | **W** | yan ……… 46 | zhen ……… 50 | |
| run ……… 36 | sou ……… 40 | wa ……… 42 | yang ……… 47 | zheng ……… 50 | |
| | su ……… 40 | wai ……… 42 | yao ……… 47 | zhi ……… 50 | |
| **S** | suan ……… 40 | wan ……… 42 | ye ……… 47 | zhong ……… 51 | |
| sa ……… 36 | sui ……… 40 | wang ……… 43 | yi ……… 47 | zhou ……… 51 | |
| sai ……… 36 | sun ……… 40 | wei ……… 43 | yin ……… 48 | zhu ……… 51 | |
| san ……… 36 | suo ……… 40 | wen ……… 43 | ying ……… 48 | zhua ……… 52 | |
| sang ……… 36 | | weng ……… 43 | yong ……… 48 | zhuan ……… 52 | |
| sao ……… 36 | **T** | wo ……… 43 | you ……… 48 | zhuang ……… 52 | |
| se ……… 36 | ta ……… 40 | wu ……… 43 | yu ……… 48 | zhui ……… 52 | |
| sha ……… 36 | tai ……… 40 | | yuan ……… 49 | zhun ……… 52 | |
| shai ……… 36 | tan ……… 40 | **X** | yue ……… 49 | zhuo ……… 52 | |
| shan ……… 36 | tang ……… 40 | xi ……… 44 | yun ……… 49 | zi ……… 52 | |
| shang ……… 37 | tao ……… 40 | xia ……… 44 | | zong ……… 52 | |
| shao ……… 37 | te ……… 41 | xian ……… 44 | **Z** | zou ……… 52 | |
| she ……… 37 | teng ……… 41 | xiang ……… 44 | za ……… 49 | zu ……… 52 | |
| shen ……… 37 | ti ……… 41 | xiao ……… 45 | zai ……… 49 | zuan ……… 52 | |
| sheng ……… 37 | tian ……… 41 | xie ……… 45 | zan ……… 49 | zui ……… 52 | |
| shi ……… 37 | tiao ……… 41 | xin ……… 45 | zang ……… 49 | zun ……… 52 | |
| shou ……… 38 | tie ……… 41 | xing ……… 45 | zao ……… 49 | zuo ……… 52 | |
| shu ……… 38 | ting ……… 41 | xiong ……… 45 | ze ……… 49 | | |
| shua ……… 39 | tong ……… 41 | xiu ……… 46 | zen ……… 49 | | |
| shuai ……… 39 | tou ……… 42 | xu ……… 46 | zeng ……… 49 | | |
| shuan ……… 39 | tu ……… 42 | xuan ……… 46 | zha ……… 49 | | |
| shuang ……… 39 | tuan ……… 42 | xue ……… 46 | zhai ……… 49 | | |

# 词目索引
（按汉语拼音字母音序）

## A

**ai**

| 挨~着坐 | 1 |
| 挨~打 | 1 |
| 癌症 | 1 |
| 矮 | 1 |
| 矮子 | 1 |
| 隘口 | 1 |
| 艾草 | 1 |
| 爱~她 | 1 |

| 爱~看戏 | 1 |
| 爱慕 | 1 |
| 爱惜 | 1 |
| 碍事 妨碍做事 | 1 |

**an**

| 安静 | 1 |
| 安乐椅 | 1 |
| 安眠药 | 2 |
| 安排 | 2 |

| 安全 交通~ | 2 |
| 安全帽 | 2 |
| 安慰 | 2 |
| 安稳 | 2 |
| 安心 ~工作 | 2 |
| 安装 | 2 |
| 鞍 | 2 |
| 庵 尼姑~ | 2 |
| 鹌鹑 | 2 |

| 岸 | 2 |
| 暗 天~ | 2 |
| 暗疮 | 2 |
| 暗号 | 2 |
| 暗礁 | 3 |
| 暗杀 | 3 |
| 按~门铃 | 3 |
| 按~规矩办 | 3 |
| 按摩 | 3 |

| 案件 | 3 |

**ao**

| 凹 | 3 |
| 熬~粥 | 3 |
| 熬夜 | 3 |
| 螯 螃蟹~ | 3 |

## B

**ba**

| 八 | 4 |
| 八哥 鸟名 | 4 |
| 八角 大料 | 4 |
| 八十 | 4 |
| 八仙桌 | 4 |
| 八月 | 4 |
| 扒~饭 | 4 |
| 巴豆 | 4 |
| 巴结 | 4 |
| 芭蕉 | 4 |
| 芭蕉花 | 4 |
| 芭蕉叶 | 5 |
| 疤 | 5 |
| 拔 | 5 |
| 拔河 | 5 |
| 把一~米 | 5 |
| 把一~菜 | 5 |

| 把一~刀 | 5 |
| 把一~扫帚 | 5 |
| 把一~椅子 | 5 |
| 把一~锄头 | 5 |
| 把一~扇子 | 5 |
| 把脉 | 5 |
| 把守 | 5 |
| 靶场 | 5 |
| 靶子 | 5 |
| 把儿 | 5 |
| 坝 | 6 |
| 耙 农具名 | 6 |
| 耙~田 | 6 |
| 耙齿 | 6 |
| 霸占 | 6 |

**bai**

| 掰 | 6 |
| 白~色 | 6 |

| 白~跑一趟 | 6 |
| 白菜 | 6 |
| 白带 | 6 |
| 白癜风 | 6 |
| 白垩 | 6 |
| 白发 | 6 |
| 白饭 没有菜的饭 | 6 |
| 白饭豆 | 6 |
| 白果 | 7 |
| 白喉 | 7 |
| 白胡椒 | 7 |
| 白桦树 | 7 |
| 白酒 | 7 |
| 白开水 | 7 |
| 白痢 | 7 |
| 白鹭 | 7 |
| 白萝卜 | 7 |
| 白内障 | 7 |

| 白色 | 7 |
| 白鳝 | 7 |
| 白事 | 7 |
| 白鼠 | 7 |
| 白糖 | 7 |
| 白天 | 7 |
| 白铁 | 8 |
| 白头翁 鸟名 | 8 |
| 白头翁 草名 | 8 |
| 白杨树 | 8 |
| 白翳 | 8 |
| 白蚁 | 8 |
| 白玉兰 | 8 |
| 百 | 8 |
| 百分之百 | 8 |
| 百分之五 | 8 |
| 百合花 | 8 |
| 百货 | 8 |

| 百货商店 | 8 |
| 百灵鸟 | 8 |
| 百日咳 | 8 |
| 百万 | 8 |
| 百姓 | 8 |
| 百叶窗 | 8 |
| 百褶裙 | 9 |
| 摆~在桌子上 | 9 |
| 摆架子 | 9 |
| 摆摊 | 9 |
| 摆钟 | 9 |
| 柏树 | 9 |
| 柏油 | 9 |
| 柏油路 | 9 |
| 拜~菩萨 | 9 |
| 拜访 | 9 |
| 拜年 | 9 |
| 拜师 | 9 |

| | | | | | | | | | |
|---|---|---|---|---|---|---|---|---|---|
| 拜托 | 9 | 办公 | 11 | 包庇 | 14 | 保姆 | 16 | 报纸 | 19 |
| 败 | 9 | 办公室 | 11 | 包抄 | 14 | 保守思想~ | 16 | 抱~小孩 | 19 |
| 败兵 | 9 | 办公桌 | 11 | 包袱 | 14 | 保卫 | 16 | 抱~稻草 | 19 |
| 败家子 | 10 | 办理 | 11 | 包干 | 14 | 保险购买~ | 16 | 抱一~稻草 | 19 |
| 败退 | 10 | 办事 | 11 | 包工 | 14 | 保修 | 16 | 抱歉 | 19 |
| 败血症 | 10 | 半 | 12 | 包工头 | 14 | 保佑 | 16 | 豹子 | 19 |
| 稗子 | 10 | 半边 | 12 | 包裹把伤口~起来 | 14 | 保证~做到 | 16 | 鲍鱼 | 19 |
| **ban** | | 半岛 | 12 | 包裹取~ | 14 | 宝寻~ | 16 | **bei** | |
| 班一个年级三个~ | 10 | 半价 | 12 | 包含 | 14 | 宝贝 | 17 | 杯子 | 19 |
| 班下一~飞机 | 10 | 半路 | 12 | 包涵 | 14 | 宝贵 | 17 | 背 | 19 |
| 班车 | 10 | 半天 | 12 | 包括 | 14 | 宝石 | 17 | 背包 | 19 |
| 班长学校里的班长 | 10 | 半夜 | 12 | 包皮生理 | 14 | 刨~木板 | 17 | 背带 | 19 |
| 班主任 | 10 | 半圆锹 | 12 | 包围 | 15 | 刨刀 | 17 | 背篓 | 19 |
| 般配 | 10 | 伴郎 | 12 | 包围圈 | 15 | 刨花 | 17 | 悲哀 | 19 |
| 搬~桌子 | 10 | 伴娘 | 12 | 包扎 | 15 | 刨子 | 17 | 悲观 | 19 |
| 搬家 | 10 | 拌~农药 | 12 | 包装~产品 | 15 | 暴风 | 17 | 悲伤 | 19 |
| 搬迁 | 10 | 绊 | 12 | 包装产品~ | 15 | 暴风雪 | 17 | 悲痛 | 19 |
| 搬运 | 10 | 扮演 | 12 | 包子 | 15 | 暴风雨 | 17 | 北 | 19 |
| 搬运工 | 10 | 瓣儿 | 12 | 胞衣 | 15 | 暴雨 | 17 | 北边 | 19 |
| 斑 | 10 | **bang** | | 龅牙 | 15 | 暴躁 | 17 | 北斗星 | 20 |
| 斑鸠 | 10 | 帮~我一下 | 12 | 剥 | 15 | 爆发 | 17 | 北方 | 20 |
| 斑马 | 10 | 帮一~小朋友 | 13 | 薄 | 15 | 爆米花 | 17 | 北风 | 20 |
| 斑马线 | 11 | 帮忙 | 13 | 薄饼 | 15 | 爆芽树枝~ | 18 | 北极星 | 20 |
| 斑疹 | 11 | 帮手 | 13 | 薄雾 | 15 | 爆炸 | 18 | 北极熊 | 20 |
| 瘢 | 11 | 帮助 | 13 | 雹灾 | 15 | 报酬 | 18 | 倍多五~ | 20 |
| 扳~树枝 | 11 | 榜样 | 13 | 饱 | 15 | 报仇 | 18 | 焙~干谷子 | 20 |
| 扳~枪机 | 11 | 绑 | 13 | 饱嗝儿 | 15 | 报答 | 18 | 蓓蕾 | 20 |
| 扳机 | 11 | 绑匪 | 13 | 饱满谷粒~ | 15 | 报到 | 18 | 被~雨淋了 | 20 |
| 扳手 | 11 | 绑腿 | 13 | 保~家卫国 | 15 | 报恩 | 18 | 被单 | 20 |
| 板壁分隔房间的木板墙 | 11 | 磅秤 | 13 | 保镖指人 | 16 | 报复 | 18 | 被告 | 20 |
| 板凳 | 11 | 蚌 | 13 | 保持 | 16 | 报告~上级 | 18 | 被里 | 20 |
| 板栗 | 11 | 傍晚 | 13 | 保存 | 16 | 报名 | 18 | 被面 | 20 |
| 板油 | 11 | **bao** | | 保管~财物 | 16 | 报表 | 18 | 被迫 | 20 |
| 板罾 | 11 | 包用纸~药 | 14 | 保护 | 16 | 报喜 | 18 | 被套 | 20 |
| 板子 | 11 | 包一~东西 | 14 | 保留 | 16 | 报应 | 18 | 被子 | 20 |
| 办法 | 11 | 包办 | 14 | 保密 | 16 | 报账 | 18 | 辈分 | 21 |

|  |  |  |  |  |  |  |  |  |  |
|---|---|---|---|---|---|---|---|---|---|
| 背~上长瘴子 | 21 | 鼻孔 | 23 | 蓖麻油 | 25 | 变成 | 27 | 冰 | 30 |
| 背~书 | 21 | 鼻梁 | 23 | 箆~牛毛 | 25 | 变化 | 28 | 冰雹 | 30 |
| 背地里 | 21 | 鼻塞 | 23 | 箆子 | 25 | 变色龙 | 28 | 冰棍儿 | 30 |
| 背风 | 21 | 鼻屎 | 23 | 箅子 | 25 | 变心 | 28 | 冰凉 | 30 |
| 背后门~ | 21 | 鼻涕 | 23 | 壁虎 | 25 | 变质 | 28 | 冰冷 | 30 |
| 背靠椅 | 21 | 鼻炎 | 23 | 避~风 | 25 | 辫子 | 28 | 冰片 | 30 |
| 背面 | 21 | 鼻子 | 23 | 避免 | 25 | 辩白 | 28 | 冰淇淋 | 30 |
| 背叛 | 21 | 荸荠 | 23 | 避难 | 26 | 辩驳 | 28 | 冰糖 | 30 |
| 背心 | 21 | 比~一~ | 23 | 避让 | 26 | 辩护 | 28 | 冰箱 | 30 |
| 贝壳 | 21 | 比你~他高 | 23 | 避嫌 | 26 | 辩解 | 28 | 冰镇 | 30 |
| 贝类 | 21 | 比方 | 23 | **bian** | | 辩论 | 28 | 饼 | 30 |
| **ben** | | 比分 | 23 | 编~篮子 | 26 | **biao** | | 饼干 | 30 |
| 锛子 | 21 | 比较两相~ | 23 | 蝙蝠 | 26 | 表格 | 28 | 屏息 | 30 |
| 本一~书 | 21 | 比较~好 | 23 | 鞭打 | 26 | 表露 | 28 | 柄刀~ | 31 |
| 本地 | 21 | 比例 | 24 | 鞭炮 | 26 | 表示~感谢 | 28 | 病什么~ | 31 |
| 本地人 | 21 | 比目鱼 | 24 | 鞭子 | 26 | 表现 | 28 | 病虫害 | 31 |
| 本领 | 21 | 比赛 | 24 | 边东~ | 26 | 表演~节目 | 28 | 病床 | 31 |
| 本民族自称 | 21 | 秕谷 | 24 | 边界 | 26 | 表扬 | 28 | 病毒 | 31 |
| 本钱 | 22 | 笔 | 24 | 边境 | 26 | **bie** | | 病房 | 31 |
| 本身 | 22 | 笔一~钱 | 24 | 边沿 | 26 | 憋气~潜水 | 29 | 病根 | 31 |
| 本事~大 | 22 | 笔杆 | 24 | 扁 | 26 | 鳖 | 29 | 病菌 | 31 |
| 本子 | 22 | 笔盒 | 24 | 扁担 | 26 | 别~胸章 | 29 | 病情 | 31 |
| 畚箕 | 22 | 笔记本 | 24 | 扁豆 | 27 | 别~说话 | 29 | 病人 | 31 |
| 笨 | 22 | 笔架 | 24 | 扁米 | 27 | 别处 | 29 | 病死 | 31 |
| **beng** | | 笔尖 | 24 | 扁虱 | 27 | 别的~意见 | 29 | 病危 | 32 |
| 崩山~ | 22 | 笔套 | 24 | 扁桃 | 27 | 别人 | 29 | 病因 | 32 |
| 崩缺 | 22 | 匕首 | 24 | 扁桃体 | 27 | 别针 | 29 | 病愈 | 32 |
| 绷粗粗地缝 | 22 | 庇护 | 24 | 扁桃体炎 | 27 | 瘪轮胎~了 | 29 | 病症 | 32 |
| 绷带 | 22 | 毕业 | 24 | 贬值 | 27 | **bin** | | 病重 | 32 |
| 绷脸 | 22 | 必定 | 25 | 便利 | 27 | 宾馆 | 29 | 并蒂莲 | 32 |
| 迸 | 22 | 必然 | 25 | 便秘 | 27 | 鬓角 | 29 | 并发症 | 32 |
| **bi** | | 必须 | 25 | 便血 | 27 | **bing** | | 并肩 | 32 |
| 逼 | 22 | 闭~口 | 25 | 遍同了三~ | 27 | 兵当~ | 29 | 并列 | 32 |
| 逼供 | 22 | 闭~眼 | 25 | 遍地 | 27 | 兵力 | 29 | 并拢 | 32 |
| 逼迫 | 22 | 闭幕 | 25 | 遍及 | 27 | 槟榔 | 30 | 并排 | 32 |
| 鼻尖 | 23 | 蓖麻 | 25 | 变 | 27 | 槟榔树 | 30 | 并且 | 32 |

| bo | | 跛脚 | 34 | 步行 | 36 | 不顾~后果 | 37 | 不适 | 39 |
|---|---|---|---|---|---|---|---|---|---|
| 剥离 | 33 | 簸~米 | 34 | 不~去 | 36 | 不管~困难多大都要做好 | 37 | 不同 | 39 |
| 剥落 | 33 | 簸箕 | 34 | 不安 | 36 | 不光~数量多,而且质量好 | 37 | 不妥 | 39 |
| 剥削 | 33 | 薄荷 | 34 | 不比 | 36 | 不过~说说而已 | 38 | 不像话 蛮不讲理,~ | 39 |
| 波浪 | 33 | **bu** | | 不必 | 36 | 不过我想去,~没有时间 | 38 | 不行 这样做~ | 39 |
| 玻璃 | 33 | 补~衣服 | 34 | 不便 交通~ | 36 | 不和 | 38 | 不幸 | 39 |
| 玻璃杯 | 33 | 补充 | 35 | 不便~过问 | 36 | 不合~时宜 | 38 | 不许 | 39 |
| 菠菜 | 33 | 补丁 | 35 | 不…不… | 36 | 不合 性格~ | 38 | 不要紧 | 40 |
| 菠萝 | 33 | 补苗 | 35 | 不曾 | 36 | 不及 这方面我~他 | 38 | 不要脸 | 40 |
| 菠萝蜜 | 33 | 补品 | 35 | 不出所料 | 36 | 不见 一年,~变样了 | 38 | 不宜 | 40 |
| 菠萝蜜树 | 33 | 补习 | 35 | 不错 他说得~ | 36 | 不禁 | 38 | 不育症 | 40 |
| 拨~电话 | 33 | 补血 | 35 | 不但 | 37 | 不仅 这~是我个人的意见 | 38 | 不在乎 | 40 |
| 拨动~琴弦 | 33 | 补血药 | 35 | 不倒翁 玩具 | 37 | 不仅…而且… | 38 | 不只 | 40 |
| 拨款 | 33 | 补牙 | 35 | 不得不 | 37 | 不经意 | 38 | 不做声 | 40 |
| 拨浪鼓 | 33 | 补药 | 35 | 不得 做~ | 37 | 不久 | 38 | 布 | 40 |
| 播出 | 33 | 卜卦 | 35 | 不得已 | 37 | 不可 | 38 | 布谷鸟 | 40 |
| 播种 | 33 | 捕~鱼 | 35 | 不断 财源~ | 37 | 不料 | 39 | 布雷 | 40 |
| 脖子 | 34 | 哺乳 | 35 | 不断~努力 | 37 | 不论 | 39 | 布料 | 40 |
| 伯父 | 34 | 部一~书 | 35 | 不妨 | 37 | 不满 | 39 | 布施 | 40 |
| 伯劳鸟 | 34 | 部一~电影 | 35 | 不服~管教 | 37 | 不免 | 39 | 布鞋 | 40 |
| 伯母 | 34 | 部队 | 35 | 不符 | 37 | 不妙 | 39 | 布置 | 40 |
| 驳船 | 34 | 部分 | 35 | 不甘心 | 37 | 不配~当先进 | 39 | | |
| 驳壳枪 | 34 | 步 走一~ | 35 | 不敢当 | 37 | 不然 快走吧,~就迟到了 | 39 | | |
| 钹 | 34 | 步兵 | 35 | 不够 人数~ | 37 | 不如 | 39 | | |
| 跛 | 34 | 步枪 | 36 | 不顾~别人的感受 | 37 | 不时~听到鸟叫声 | 39 | | |

# C

| | | 才 你去我~去 | 41 | 彩色 | 42 | 菜单 | 42 | 菜籽 | 43 |
|---|---|---|---|---|---|---|---|---|---|
| **ca** | | 才 你怎么~来 | 41 | 彩霞 | 42 | 菜刀 | 42 | 菜籽油 | 43 |
| 擦 | 41 | 财产 | 41 | 彩云 | 42 | 菜豆 | 43 | **can** | |
| 擦背 | 41 | 财主 | 41 | 彩照 | 42 | 菜花儿 | 43 | 餐 一天三~ | 43 |
| 擦伤 | 41 | 裁~布 | 42 | 踩 牛~庄稼 | 42 | 菜牛 | 43 | 餐车 | 43 |
| 擦澡 | 41 | 裁缝 他是个~ | 42 | 踩高跷 | 42 | 菜农 | 43 | 餐刀 | 43 |
| **cai** | | 裁缝店 | 42 | 踩水 | 42 | 菜畦 | 43 | 餐馆 | 43 |
| 猜 | 41 | 采~茶 | 42 | 菜 蔬菜 | 42 | 菜市 | 43 | 餐巾 | 43 |
| 猜谜 | 41 | 彩礼 | 42 | 菜 饭~ | 42 | 菜园 | 43 | 餐具 | 43 |
| 猜疑 | 41 | | | | | | | | |

| | | | | | | | | | |
|---|---|---|---|---|---|---|---|---|---|
| 餐厅 | 43 | 草果 | 45 | 插秧 | 47 | 搀假 | 49 | chao | |
| 餐桌 | 43 | 草帽 | 46 | 插秧机 | 48 | 馋 | 49 | 超车 | 52 |
| 参观 | 43 | 草莓 | 46 | 插嘴 | 48 | 蝉 | 50 | 超度 | 52 |
| 参加 | 43 | 草木灰 | 46 | 差别 | 48 | 缠~藤~树 | 50 | 超过 | 52 |
| 参军 | 44 | 草棚 | 46 | 差错这事不能出~ | 48 | 产妇 | 50 | 超市 | 52 |
| 蚕 | 44 | 草皮 | 46 | 查~账 | 48 | 铲~垃圾 | 50 | 超重身体~ | 52 |
| 蚕豆 | 44 | 草坪 | 46 | 茶 | 48 | 铲子 | 50 | 抄~书 | 52 |
| 蚕蛾 | 44 | 草绳 | 46 | 茶杯 | 48 | chang | | 抄近路 | 52 |
| 蚕茧 | 44 | 草席 | 46 | 茶缸子 | 48 | 菖蒲 | 50 | 朝~窗口走去 | 52 |
| 蚕沙 | 44 | 草鞋 | 46 | 茶壶 | 48 | 鲳鱼 | 50 | 朝廷 | 52 |
| 蚕丝 | 44 | 草药 | 46 | 茶花 | 48 | 长 | 50 | 潮湿 | 52 |
| 蚕蛹 | 44 | 草鱼 | 46 | 茶几 | 48 | 长板凳 | 50 | 潮水 | 52 |
| 残废 | 44 | 草原 | 46 | 茶树 | 48 | 长臂猿 | 50 | 嘲笑 | 52 |
| 残疾人 | 44 | ce | | 茶水 | 48 | 长工 | 50 | 巢 | 52 |
| 残渣 | 44 | 册第一~ | 46 | 茶托 | 48 | 长颈鹿 | 50 | 吵架 | 52 |
| 惭愧 | 44 | 测验单元~ | 46 | 茶叶 | 48 | 长裤 | 50 | 炒 | 53 |
| cang | | 侧~身 | 46 | 茶叶罐儿 | 48 | 长寿 | 50 | 炒菜锅 | 53 |
| 仓库 | 44 | 侧耳 | 46 | 茶油 | 48 | 长途 | 50 | 炒饭我想吃~ | 53 |
| 苍白脸色~ | 44 | 侧门 | 46 | 茶砖 | 49 | 长足鸟涉水鸟 | 50 | 炒粉 | 53 |
| 苍老人显得~ | 44 | 侧面 | 46 | 搽 | 49 | 常常 | 50 | 炒面 | 53 |
| 苍鹰 | 44 | 侧卧 | 47 | 叉开~腿 | 49 | 常见病 | 51 | che | |
| 苍蝇 | 45 | 侧泳 | 47 | 差~两个人 | 49 | 肠胃炎 | 51 | 车 | 53 |
| 苍蝇拍子 | 45 | 厕所 | 47 | 差~成绩很~ | 49 | 肠炎 | 51 | 车费 | 53 |
| 藏 | 45 | ceng | | 岔路 | 49 | 肠子 | 51 | 车祸 | 53 |
| cao | | 曾经 | 47 | chai | | 尝~味道 | 51 | 车轮 | 53 |
| 操办 | 45 | 层一~楼 | 47 | 拆~房子 | 49 | 偿还 | 51 | 车篷 | 53 |
| 操练 | 45 | 层一~土 | 47 | 拆~信 | 49 | 偿命 | 51 | 车票 | 53 |
| 操心 | 45 | cha | | 差役 | 49 | 场一~雨 | 51 | 车前草 | 53 |
| 糙米 | 45 | 叉烧食品名 | 47 | 柴刀 | 49 | 场一~球 | 51 | 车厢 | 53 |
| 曹白鱼 | 45 | 叉子 | 47 | 柴火 | 49 | 场一~电影 | 51 | 车站 | 53 |
| 嘈杂 | 45 | 插~旗子 | 47 | 柴油 | 49 | 敞开 | 51 | 撤退 | 53 |
| 槽猪~ | 45 | 插手~进口袋 | 47 | 豺 | 49 | 敞篷车 | 51 | chen | |
| 草牛吃~ | 45 | 插班 | 47 | chan | | 厂 | 51 | 沉~下水底 | 53 |
| 草丛 | 45 | 插队 | 47 | 掺~水 | 49 | 唱~歌 | 52 | 沉淀 | 54 |
| 草地 | 45 | 插手 | 47 | 掺杂 | 49 | 畅销 | 52 | 沉淀物 | 54 |
| 草菇 | 45 | 插销 | 47 | 搀扶 | 49 | | | 沉积岩 | 54 |

| | | | | | | | | | |
|---|---|---|---|---|---|---|---|---|---|
| 沉迷 | 54 | 乘客 | 56 | 冲积土 | 58 | 出工 | 60 | 雏鸡 | 63 |
| 陈米 | 54 | 乘凉 | 56 | 充饥 | 58 | 出汗 | 60 | 锄~地 | 63 |
| 尘土 | 54 | 盛~水 | 56 | 充足 | 58 | 出家~修行 | 60 | 锄头 | 63 |
| 衬裙 | 54 | 逞能 | 56 | 虫牙 | 58 | 出嫁 | 61 | 锄头把儿 | 63 |
| 衬衫 | 54 | 秤 | 56 | 虫子 | 58 | 出口~商品 | 61 | 厨房 | 63 |
| 称心 | 54 | 秤杆 | 56 | 重复 | 59 | 出口~路的~ | 61 | 厨师 | 63 |
| 趁~天没黑走吧 | 54 | 秤钩 | 56 | 重新 | 59 | 出口货 | 61 | 储藏室 | 63 |
| 趁早 | 54 | 秤砣 | 56 | 宠~孩子 | 59 | 出来 | 61 | 杵子 | 63 |
| **cheng** | | 秤星 | 57 | **chou** | | 出力 | 61 | 处罚 | 63 |
| 称~重量 | 54 | **chi** | | 抽~出刀来 | 59 | 出面 | 61 | 处理 | 63 |
| 称呼 | 54 | 吃 | 57 | 抽打 | 59 | 出去走~ | 61 | 处女 | 63 |
| 撑用木头~墙 | 55 | 吃惊 | 57 | 抽风症 | 59 | 出色 | 61 | 处各~ | 63 |
| 撑~船 | 55 | 吃亏 | 57 | 抽筋 | 59 | 出生 | 61 | 触电 | 63 |
| 撑~伞 | 55 | 吃利息 | 57 | 抽泣 | 59 | 出水痘 | 61 | 触礁 | 63 |
| 撑腰 | 55 | 吃零食 | 57 | 抽签 | 59 | 出题 | 61 | 触角 | 64 |
| 橙色 | 55 | 吃喜酒 | 57 | 抽水 | 59 | 出天花 | 61 | **chuan** | |
| 橙子 | 55 | 吃斋 | 57 | 抽水机 | 59 | 出现 | 61 | 穿~衣服 | 64 |
| 成做~了 | 55 | 痴呆 | 57 | 抽穗 | 59 | 出血 | 61 | 穿~鞋子 | 64 |
| 成本 | 55 | 池塘 | 57 | 抽屉 | 59 | 出院 | 62 | 穿~针 | 64 |
| 成功 | 55 | 迟 | 57 | 绸 | 59 | 出租 | 62 | 穿山甲 | 64 |
| 成绩 | 55 | 迟到 | 57 | 稠粥很~ | 59 | 出租车 | 62 | 传~代~代 | 64 |
| 成家 | 55 | 迟钝 | 57 | 仇 | 60 | 初二~阴历~ | 62 | 传达 | 64 |
| 成交 | 55 | 尺寸 | 58 | 仇恨~敌人 | 60 | 初三~阴历~ | 62 | 传球 | 64 |
| 成立 | 55 | 尺子 | 58 | 仇人 | 60 | 初十~阴历~ | 62 | 传染 | 64 |
| 成亲 | 55 | 耻骨 | 58 | 丑样子很~ | 60 | 初四~阴历~ | 62 | 传染病 | 64 |
| 成药 | 55 | 赤铜 | 58 | 丑恶 | 60 | 初五~阴历~ | 62 | 传说~他去北京了 | 64 |
| 城郊 | 55 | 赤小豆 | 58 | 臭 | 60 | 初一~阴历~ | 62 | 传说民间~ | 64 |
| 城楼 | 55 | 赤眼鳟 | 58 | 臭虫 | 60 | 初中 | 62 | 船 | 64 |
| 城门 | 55 | 翅膀 | 58 | 臭蛋 | 60 | 除六~二得三 | 62 | 船舱 | 64 |
| 城墙 | 56 | **chong** | | 臭豆腐 | 60 | 除草 | 62 | 船夫 | 64 |
| 城市 | 56 | 舂~米 | 58 | 臭味 | 60 | 除法 | 62 | 船篷 | 64 |
| 诚实 | 56 | 春臼 | 58 | **chu** | | 除非 | 62 | 船头 | 65 |
| 承包 | 56 | 冲~在前面 | 58 | 出~门 | 60 | 除了 | 62 | 船尾 | 65 |
| 承认 | 56 | 冲刺 | 58 | 出一~戏 | 60 | 除…以外 | 62 | 橼子 | 65 |
| 乘二乘三得六 | 56 | 冲锋 | 58 | 出发 | 60 | 除夕 | 62 | 喘气 | 65 |
| 乘法 | 56 | 冲锋枪 | 58 | 出风头 | 60 | 橱柜 | 62 | 串用绳子~鱼 | 65 |

| | | | | | | | | | |
|---|---|---|---|---|---|---|---|---|---|
| 串一~辣椒 | 65 | 吹凤~ | 66 | ci | | 次日 | 69 | 醋 | 71 |
| 串一~葡萄 | 65 | 吹火筒 | 66 | 词典 | 68 | cong | | cui | |
| 串一~珠子 | 65 | 吹口哨 | 66 | 磁铁 | 68 | 葱 | 69 | 催~他快点儿 | 71 |
| 串一~钥匙 | 65 | 吹牛 | 66 | 糍粑 | 68 | 聪明 | 69 | 脆花生~ | 71 |
| 串门 | 65 | 炊事员 | 66 | 瓷器 | 68 | 聪明人 | 69 | 啐 | 71 |
| 串通 | 65 | 炊帚 | 66 | 瓷土 | 68 | 匆忙 | 69 | 淬火 | 71 |
| chuang | | 垂果子~下来 | 67 | 雌花 | 68 | 从~哪来 | 70 | 翠鸟 | 71 |
| 创伤 | 65 | 捶~衣服 | 67 | 雌蕊 | 68 | 从来 | 70 | cun | |
| 疮 | 65 | 捶~背 | 67 | 雌性 | 68 | 从前 | 70 | 村子 | 71 |
| 窗框 | 65 | 锤子 | 67 | 刺~一刀 | 68 | 丛草~ | 70 | 存~钱 | 72 |
| 窗帘 | 65 | 槌子 | 67 | 刺植物上的~ | 68 | 丛一~杂草 | 70 | cuo | |
| 窗台 | 65 | chun | | 刺蜜蜂的~ | 68 | 丛林 | 70 | 撮~点盐 | 72 |
| 窗子 | 66 | 春季 | 67 | 刺鼻 | 68 | cou | | 撮一~盐 | 72 |
| 床 | 66 | 春节 | 67 | 刺刀 | 68 | 凑钱 | 70 | 搓~手 | 72 |
| 床板 | 66 | 春卷 | 67 | 刺耳 | 68 | cu | | 搓~绳子 | 72 |
| 床单 | 66 | 椿象臭屁虫 | 67 | 刺客 | 69 | 粗~线 | 70 | 搓~衣服 | 72 |
| 床垫 | 66 | 唇膏 | 67 | 刺痛 | 69 | 粗布 | 70 | 搓澡 | 72 |
| 床架 | 66 | 唇裂 | 67 | 刺猬 | 69 | 粗糙 | 71 | 搓衣板 | 72 |
| 床头柜 | 66 | 纯利 | 67 | 刺苋 | 69 | 粗糠 | 71 | 错 | 72 |
| 床罩 | 66 | 蠢 | 67 | 刺眼 | 69 | 粗鲁 | 71 | 错误犯~ | 72 |
| chui | | chuo | | 伺候 | 69 | 粗心 | 71 | 锉~锯子 | 72 |
| 吹~喇叭 | 66 | 戳 | 67 | 次去一~ | 69 | 粗盐 | 71 | 锉子 | 72 |

# D

| | | | | | | | | | |
|---|---|---|---|---|---|---|---|---|---|
| da | | 打败~敌人 | 73 | 打嗝儿 | 74 | 打搅 | 75 | 打听 | 76 |
| 答应 | 73 | 打扮~得很漂亮 | 73 | 打工 | 74 | 打结 | 75 | 打算~起房子 | 76 |
| 搭~车 | 73 | 打岔 | 73 | 打谷场 | 74 | 打瞌睡 | 75 | 打陀螺 | 76 |
| 搭~棚子 | 73 | 打柴 | 73 | 打谷机 | 74 | 打捞 | 75 | 打预防针 | 76 |
| 搭衣服~在肩上 | 73 | 打赤脚 | 73 | 打谷子 | 74 | 打雷 | 75 | 打仗 | 76 |
| 沓一~信纸 | 73 | 打倒 | 74 | 打官司 | 74 | 打猎 | 75 | 打招呼见面~ | 76 |
| 打~人 | 73 | 打地铺 | 74 | 打滚 | 74 | 打牌 | 75 | 打折 | 76 |
| 打~枪 | 73 | 打点~行装 | 74 | 打哈欠 | 74 | 打喷嚏 | 75 | 打针 | 76 |
| 打~伞 | 73 | 打电话 | 74 | 打鼾 | 75 | 打扑克 | 75 | 打中 | 76 |
| 打~球 | 73 | 打赌 | 74 | 打夯 | 75 | 打气给车胎~ | 76 | 大 | 76 |
| 打~铁 | 73 | 打盹儿 | 74 | 打火机 | 75 | 打气筒 | 76 | 大白菜 | 77 |
| 打靶 | 73 | 打耳光 | 74 | 打架 | 75 | 打球 | 76 | 大便验~ | 77 |

词目索引

| | | | | | | | | | |
|---|---|---|---|---|---|---|---|---|---|
| 大便 去~ | 77 | 大叶榕树 | 79 | 单人床 | 82 | 但是 | 84 | 倒 ~茶 | 86 |
| 大部分 | 77 | 大衣 | 79 | 单日 | 82 | 担 一~柴 | 84 | 倒车 | 86 |
| 大肠 | 77 | 大雨 | 80 | 单身 | 82 | 担子 | 84 | 倒立 | 86 |
| 大胆 | 77 | 大约 | 80 | 单身汉 | 82 | **dang** | | 稻草 | 86 |
| 大豆 | 77 | 大月 | 80 | 单数 | 82 | 当兵 | 84 | 稻草人 | 86 |
| 大度 | 77 | **dai** | | 单筒猎枪 | 82 | 当场 | 84 | 稻花 | 86 |
| 大儿子 | 77 | 待 多~一会儿 | 80 | 单相思 | 82 | 当归 | 84 | 稻田 | 86 |
| 大方 出手~ | 77 | 歹徒 | 80 | 单眼皮 | 82 | 当面 | 84 | 稻子 | 86 |
| 大风 | 77 | 逮 | 80 | 单衣 | 82 | 当年 | 84 | 道公 | 87 |
| 大概 ~是这样 | 77 | 带 ~东西 | 80 | 丹顶鹤 | 82 | 当然 ~可以 | 84 | 道教 | 87 |
| 大哥 | 78 | 带 ~孩子 | 80 | 耽误 | 82 | 挡 ~风 | 84 | 道理 摆事实将~ | 87 |
| 大后年 | 78 | 带领 | 80 | 担保 | 82 | 挡路 | 84 | 道歉 | 87 |
| 大后天 | 78 | 带路 | 80 | 担架 | 82 | 当 ~首饰 | 84 | **de** | |
| 大家 | 78 | 带头 | 80 | 担心 | 82 | 当铺 | 84 | 得 ~分 | 87 |
| 大脚趾 | 78 | 带鱼 | 80 | 胆 | 82 | 当作 | 84 | 得分 | 87 |
| 大姐 | 78 | 带子 | 80 | 胆量 | 82 | 荡秋千 | 85 | 得罪 | 87 |
| 大理石 | 78 | 代 一~人 | 80 | 胆囊 | 83 | **dao** | | 的 我~书 | 87 |
| 大灵猫 | 78 | 代表 选~ | 81 | 胆囊结石 | 83 | 刀把儿 | 85 | 地 慢慢~走 | 87 |
| 大路 | 78 | 代表 ~全村人 | 81 | 胆囊炎 | 83 | 刀背 | 85 | 得说~好 | 87 |
| 大麦 | 78 | 代替 | 81 | 胆小 | 83 | 刀豆 | 85 | **deng** | |
| 大门 | 78 | 袋鼠 | 81 | 胆小鬼 | 83 | 刀尖 | 85 | 灯 | 87 |
| 大米 | 78 | 袋子 | 81 | 胆汁 | 83 | 刀口 | 85 | 灯光 | 87 |
| 大米饭 | 78 | 玳瑁 | 81 | 淡 咸~ | 83 | 刀片 | 85 | 灯笼 | 87 |
| 大女儿 | 78 | 戴 ~帽子 | 81 | 淡 ~茶 | 83 | 刀刃 | 85 | 灯笼椒 | 87 |
| 大炮 | 78 | 戴 ~手套 | 81 | 淡 颜色~ | 83 | 刀子 | 85 | 灯笼裤 | 87 |
| 大前年 | 79 | 戴 ~戒指 | 81 | 淡水 | 83 | 岛 | 85 | 灯泡 | 87 |
| 大前天 | 79 | 戴 ~耳环 | 81 | 淡水鱼 | 83 | 导火索 | 85 | 灯泡茄 | 87 |
| 大人 与"小孩"相对 | 79 | 戴 ~手镯 | 81 | 氮肥 | 83 | 倒树~了 | 85 | 灯塔 | 88 |
| 大事 | 79 | 戴 ~项圈 | 81 | 弹弓 | 83 | 倒伏 | 85 | 灯芯 | 88 |
| 大腿 | 79 | 戴 ~眼镜 | 81 | 弹壳 | 83 | 倒霉 | 85 | 灯芯草 | 88 |
| 大蜥蜴 | 79 | 戴胜鸟 | 81 | 蛋 | 83 | 倒塌 | 86 | 灯油 | 88 |
| 大象 | 79 | 戴孝 | 81 | 蛋白 | 83 | 祷告 | 86 | 灯罩 | 88 |
| 大猩猩 | 79 | 待客 | 81 | 蛋糕 | 83 | 到 ~家了 | 86 | 等 ~一会儿 | 88 |
| 大学 | 79 | **dan** | | 蛋黄 | 83 | 到处 | 86 | 等于 | 88 |
| 大学生 | 79 | 单被 | 81 | 蛋壳 | 84 | 到底 ~谁去? | 86 | 戥子 | 88 |
| 大洋 | 79 | 单价 | 81 | 蛋用鸡 | 84 | 倒 ~垃圾 | 86 | 凳子 | 88 |

| | | | | | | | | | |
|---|---|---|---|---|---|---|---|---|---|
| 瞪~眼 | 88 | 地下室 | 91 | 电池 | 93 | 碉堡 | 95 | 定罪 | 97 |
| **di** | | 地下水 | 91 | 电灯 | 93 | 吊~在梁上 | 95 | 钉~钉子 | 97 |
| 低云很~ | 88 | 地狱 | 91 | 电饭锅 | 93 | 吊床 | 95 | **diu** | |
| 低头 | 88 | 地震 | 91 | 电风扇 | 93 | 吊桥 | 95 | 丢~垃圾 | 97 |
| 低血压 | 88 | 地址 | 91 | 电工 | 93 | 掉~下井里 | 95 | 丢荒 | 97 |
| 滴水~下来 | 88 | 地主 | 91 | 电焊机 | 93 | 掉头 | 95 | 丢脸 | 97 |
| 滴一~水 | 88 | 地租 | 91 | 电话 | 93 | 钓饵 | 95 | 丢失 | 97 |
| 提防 | 89 | 弟弟 | 91 | 电话机 | 93 | 钓竿 | 95 | **dong** | |
| 堤 | 89 | 弟媳 | 91 | 电锯 | 93 | 钓鱼 | 95 | 东 | 97 |
| 敌人 | 89 | 第二 | 91 | 电铃 | 93 | 调查 | 96 | 东北 | 98 |
| 的确 | 89 | 第三 | 91 | 电炉 | 93 | 调动~工作 | 96 | 东北风 | 98 |
| 笛子 | 89 | 第一 | 91 | 电石 | 93 | **die** | | 东风 | 98 |
| 抵押 | 89 | 第十 | 92 | 电视 | 94 | 跌倒 | 96 | 东南 | 98 |
| 抵债 | 89 | 第十一 | 92 | 电视机 | 94 | 跌价 | 96 | 东南风 | 98 |
| 抵制 | 89 | 蒂瓜~ | 92 | 电梯 | 94 | 叠~被子 | 96 | 东西买~ | 98 |
| 抵罪 | 89 | 递~那本书给我 | 92 | 电筒 | 94 | 叠~碗 | 96 | 冬瓜 | 98 |
| 底碗~ | 89 | **dian** | | 电线 | 94 | 碟子 | 96 | 冬季 | 98 |
| 底下树~ | 89 | 颠簸 | 92 | 电影 | 94 | 蝶泳 | 96 | 懂听~ | 99 |
| 地天~ | 89 | 颠倒 | 92 | 电影院 | 94 | **ding** | | 懂事 | 99 |
| 地板 | 89 | 癫 | 92 | 电熨斗 | 94 | 丁香花 | 96 | 动站着别~ | 99 |
| 地道挖~ | 89 | 癫痫 | 92 | 电钻 | 94 | 钉子 | 96 | 动工 | 99 |
| 地点 | 90 | 点~灯 | 92 | 店铺 | 94 | 叮蚊子~人 | 96 | 动脉 | 99 |
| 地洞 | 90 | 点~钱 | 92 | 店员 | 94 | 盯 | 96 | 动身 | 99 |
| 地方在什么~ | 90 | 点吃~东西 | 92 | 店主 | 94 | 疔 | 96 | 动物 | 99 |
| 地蜂 | 90 | 点现在是三~整 | 92 | 垫~桌子 | 94 | 顶一~帽子 | 96 | 动物油 | 99 |
| 地基 | 90 | 点播播种方法 | 92 | 垫肩 | 94 | 顶一~蚊帐 | 96 | 动物园 | 99 |
| 地界 | 90 | 点菜 | 92 | 垫子 | 94 | 顶点 | 96 | 洞 | 99 |
| 地雷 | 90 | 点火 | 92 | 淀粉 | 94 | 顶替 | 96 | 洞房 | 99 |
| 地面 | 90 | 点名 | 92 | 奠基 | 95 | 顶针 | 96 | 洞口 | 99 |
| 地契 | 90 | 点头 | 92 | **diao** | | 订购 | 96 | 冻湖水~了 | 99 |
| 地球 | 90 | 点心吃~ | 93 | 刁难 | 95 | 订婚 | 97 | 冻疮 | 99 |
| 地区多山~ | 90 | 典当 | 93 | 叼~烟卷儿 | 95 | 订货 | 97 | 冻肉 | 99 |
| 地毯 | 91 | 碘酒 | 93 | 凋谢 | 95 | 订金 | 97 | **dou** | |
| 地铁 | 91 | 跕~着脚走 | 93 | 雕刻 | 95 | 订票 | 97 | 都~来了 | 99 |
| 地图 | 91 | 电 | 93 | 雕刻刀 | 95 | 定价合理~ | 97 | 斗笠 | 99 |
| 地下 | 91 | 电冰箱 | 93 | 雕刻匠 | 95 | 定居 | 97 | 抖~衣服 | 99 |

## 词目索引

| | | | | | | | | | |
|---|---|---|---|---|---|---|---|---|---|
| 陡 | 99 | 毒蘑菇 | 101 | 肚兜 | 102 | 断气 | 104 | 盾 | 105 |
| 陡坡 | 100 | 毒气 | 101 | 肚脐 | 102 | 簖 | 104 | 钝 刀~了 | 105 |
| 斗鸡 看~ | 100 | 毒气弹 | 101 | 肚子 | 102 | 锻炼 | 104 | 炖 | 105 |
| 斗鸡 养~ | 100 | 毒蛇 | 101 | 肚子痛 | 102 | **dui** | | **duo** | |
| 斗鸡眼 | 100 | 毒药 | 101 | 杜鹃 鸟名 | 102 | 堆 ~稻草 | 104 | 多 | 105 |
| 豆瓣儿酱 | 100 | 毒液 | 101 | 渡 ~河 | 102 | 堆 一~草 | 104 | 多 十~斤 | 105 |
| 豆腐 | 100 | 独唱 | 101 | 渡船 | 103 | 对 ~错 | 104 | 多么 ~不容易 | 105 |
| 豆腐干 | 100 | 独轮车 | 101 | 渡口 | 103 | 对 他~我很好 | 104 | 多少 | 105 |
| 豆腐脑儿 | 100 | 独木桥 | 101 | 镀 ~银 | 103 | 对 一~兔子 | 104 | 多数 | 105 |
| 豆腐乳 | 100 | 独木舟 | 101 | **duan** | | 对不起 | 104 | 多嘴 | 105 |
| 豆浆 | 100 | 独生女 | 101 | 端 ~水 | 103 | 对待 | 104 | 朵 一~花 | 106 |
| 豆芽 | 100 | 独生子 | 101 | 端午节 | 103 | 对方 | 104 | 朵 一~云 | 106 |
| 豆油 | 100 | 独弦琴 | 101 | 短 | 103 | 对面 | 104 | 躲 ~在树林里 | 106 |
| 豆渣 | 100 | 独眼子 | 101 | 短裤 | 103 | 对手 | 104 | 躲 ~雨 | 106 |
| 豆子 | 100 | 独自 | 101 | 短命鬼 | 103 | 对虾 | 104 | 躲闪 | 106 |
| 逗 ~小孩儿 | 100 | 读 ~课文 | 101 | 短衫 | 103 | 对于 | 104 | 舵 | 106 |
| 逗留 | 100 | 读者 | 101 | 段 一~路 | 103 | 队 一~人马 | 105 | 舵手 | 106 |
| **du** | | 堵 ~漏洞 | 102 | 段 一~时间 | 103 | 碓子 | 105 | 剁 ~肉 | 106 |
| 都城 | 100 | 堵 一~墙 | 102 | 缎 | 103 | **dun** | | 跺 ~脚 | 106 |
| 督促 | 100 | 赌博 | 102 | 断 线~了 | 103 | 蹲 | 105 | | |
| 毒 这种草有~ | 101 | 赌场 | 102 | 断 棍子~了 | 103 | 吨 | 105 | | |
| 毒 ~死老鼠 | 101 | 赌棍 | 102 | 断绝 ~关系 | 103 | 顿 吃一~ | 105 | | |
| 毒辣 | 101 | 赌气 | 102 | 断奶 | 103 | 顿 打一~ | 105 | | |

# E

| | | | | | | | | | |
|---|---|---|---|---|---|---|---|---|---|
| **e** | | 恶化 | 107 | 摁 | 108 | 耳廓 | 108 | 耳子 锅~ | 109 |
| 额头 | 107 | 恶劣 | 107 | 摁扣 | 108 | 耳环 | 108 | 二 | 109 |
| 鹅 | 107 | 恶人 | 107 | **er** | | 耳孔 | 109 | 二胡 | 109 |
| 鹅蛋 | 107 | 噩梦 | 108 | 儿童 | 108 | 耳鸣 | 109 | 二十 | 109 |
| 鹅卵石 | 107 | 轭 | 108 | 儿媳妇 | 108 | 耳膜 | 109 | 二十一 | 109 |
| 蛾子 | 107 | 颚 | 108 | 儿子 | 108 | 耳屎 | 109 | 二月 | 109 |
| 恶心 欲吐的感觉 | 107 | 鳄鱼 | 108 | 耳背 | 108 | 耳挖子 | 109 | | |
| 饿 | 107 | **en** | | 耳垂 | 108 | 耳炎 | 109 | | |
| 饿死 | 107 | 恩 | 108 | 耳朵 | 108 | 耳语 | 109 | | |
| 恶棍 | 107 | 恩人 | 108 | 耳根 | 108 | 耳坠子 | 109 | | |

# F

| fa | | 法螺 | 112 | 反感 | 114 | 访问 | 116 | 狒狒 | 119 |
|---|---|---|---|---|---|---|---|---|---|
| 发~工资 | 110 | 法师 | 112 | 反悔 | 114 | 纺~纱 | 116 | 肺 | 119 |
| 发一~子弹 | 110 | 法术 | 112 | 反抗 | 114 | 纺车 | 116 | 肺病 | 119 |
| 发财 | 110 | 法院 | 112 | 反面布的~ | 114 | 放~开手 | 117 | 肺结核 | 119 |
| 发愁 | 110 | 发髻 | 112 | 反胃 | 114 | 放~鸟出笼 | 117 | 肺炎 | 119 |
| 发大水 | 110 | 发夹 | 112 | 反正~我不去 | 114 | 放~田水 | 117 | 吠狗~ | 119 |
| 发呆 | 110 | fan | | 返回 | 114 | 放~盐 | 117 | 费力 | 119 |
| 发动~机器 | 110 | 番木瓜 | 112 | 饭 | 115 | 放~鞭炮 | 117 | 痱子 | 119 |
| 发动机 | 110 | 番荔枝 | 112 | 饭馆 | 115 | 放风筝 | 117 | 痱子粉 | 119 |
| 发抖 | 110 | 番石榴 | 112 | 饭盒 | 115 | 放火 | 117 | fen | |
| 发疯 | 110 | 翻~书 | 112 | 饭粒 | 115 | 放假 | 117 | 分~粮食 | 119 |
| 发昏 | 110 | 翻往外~猪肠 | 113 | 饭厅 | 115 | 放牛 | 117 | 分一~钟 | 119 |
| 发火一听就~ | 110 | 翻车 | 113 | 饭团 | 115 | 放屁 | 117 | 分长度单位 | 119 |
| 发酵 | 110 | 翻跟斗 | 113 | 饭罩 | 115 | 放心 | 117 | 分重量单位 | 119 |
| 发冷 | 110 | 翻脸 | 113 | 贩卖 | 115 | 放学 | 117 | 分~考~ | 119 |
| 发麻 | 111 | 翻身睡觉时~ | 113 | 犯法 | 115 | 放映 | 117 | 分工 | 119 |
| 发霉 | 111 | 翻身~作主人 | 113 | 犯人 | 115 | 放债 | 117 | 分家 | 119 |
| 发怒 | 111 | 翻译~文章 | 113 | 犯罪 | 115 | fei | | 分居 | 119 |
| 发票 | 111 | 翻译~他是~ | 113 | 泛滥 | 115 | 飞 | 117 | 分离母女~ | 120 |
| 发情 | 111 | 幡 | 113 | fang | | 飞蛾 | 117 | 分娩 | 120 |
| 发烧 | 111 | 帆 | 113 | 方~形 | 115 | 飞机 | 117 | 分蘖 | 120 |
| 发生 | 111 | 帆布 | 113 | 方向 | 115 | 飞机场 | 118 | 分配 | 120 |
| 发誓 | 111 | 帆布床 | 113 | 方向盘 | 115 | 飞鱼 | 118 | 分水岭 | 120 |
| 发现 | 111 | 帆船 | 113 | 方言 | 116 | 非常 | 118 | 分赃 | 120 |
| 发芽 | 111 | 烦闷 | 113 | 方丈寺院的住持 | 116 | 非法 | 118 | 分针 | 120 |
| 发炎 | 111 | 烦恼 | 113 | 方桌 | 116 | 肥猪很~ | 118 | 吩咐 | 120 |
| 发晕 | 111 | 烦心 | 113 | 房基 | 116 | 肥土很~ | 118 | 焚烧 | 120 |
| 发展 | 111 | 繁重 | 113 | 房间 | 116 | 肥衣服太~ | 118 | 坟墓 | 120 |
| 筷子 | 112 | 反帽子戴~了 | 114 | 房子 | 116 | 肥料 | 118 | 粉笔 | 120 |
| 罚被~ | 112 | 反驳 | 114 | 防~野猪 | 116 | 肥胖症 | 118 | 粉刺 | 120 |
| 罚金 | 112 | 反常 | 114 | 防病 | 116 | 肥肉 | 118 | 粉红 | 120 |
| 罚款被~ | 112 | 反刍 | 114 | 防火 | 116 | 肥皂 | 118 | 粉末 | 121 |
| 法官 | 112 | 反倒 | 114 | 防疫 | 116 | 废品 | 118 | 粉刷 | 121 |
| 法律 | 112 | 反对 | 114 | 妨碍 | 116 | 废水 | 119 | 粉丝 | 121 |

|  |  |  |  |  |  |  |  |  |  |
|---|---|---|---|---|---|---|---|---|---|
| 粉碎 摔得~ | 121 | 疯子 | 122 | 凤仙花 | 124 | 浮萍 | 125 | 俯卧撑 | 126 |
| 粉条儿 | 121 | 枫树 | 122 | 奉承 | 124 | 浮桥 | 125 | 复发 旧病~ | 127 |
| 粪 | 121 | 蜂 | 122 | **fo** | | 浮肿 | 125 | 复合肥 | 127 |
| 粪堆 | 121 | 蜂巢 | 122 | 佛 | 124 | 浮子 | 125 | 复活 | 127 |
| 粪肥 | 121 | 蜂房 | 122 | 佛教 | 124 | 俘虏 抓~ | 125 | 复习 | 127 |
| 粪坑 | 121 | 蜂蜡 | 122 | 佛手瓜 | 124 | 拂晓 | 125 | 复写纸 | 127 |
| 份儿 | 121 | 蜂蜜 | 122 | 佛手果 | 124 | 服 ~药 | 125 | 复杂 | 127 |
| **feng** | | 蜂鸟 | 123 | 佛寺 | 124 | 服 一~药 | 126 | 父母 | 127 |
| 风 | 121 | 蜂王 | 123 | 佛塔 | 124 | 服从 | 126 | 父亲 | 127 |
| 风暴 | 121 | 蜂窝 | 123 | 佛像 | 124 | 服务 | 126 | 付 ~钱 | 127 |
| 风车 | 121 | 蜂窝煤 | 123 | **fou** | | 服务员 | 126 | 富 | 127 |
| 风灯 | 121 | 蜂蛹 | 123 | 否则 | 124 | 服装店 | 126 | 富人 | 127 |
| 风力 | 121 | 丰满 | 123 | **fu** | | 幅 一~画 | 126 | 腹泻 | 127 |
| 风沙 | 121 | 丰收 | 123 | 夫家 | 124 | 扶 ~起老人 | 126 | 腹胀 | 128 |
| 风湿病 | 122 | 封 把信~好 | 123 | 夫妻 | 124 | 扶桑花 | 126 | 负债 | 128 |
| 风湿性关节炎 | 122 | 封 一~信 | 123 | 肤色 | 125 | 扶手 | 126 | 附近 | 128 |
| 风味 | 122 | 缝 ~衣服 | 123 | 孵 | 125 | 扶手椅 | 126 | 副 一~眼镜 | 128 |
| 风箱 | 122 | 缝纫机 | 123 | 敷 ~药 | 125 | 扶养 | 126 | 副 一~手套 | 128 |
| 风向 | 122 | 缝纫机针 | 123 | 符法 | 125 | 斧头 | 126 | 副 一~扑克 | 128 |
| 风衣 | 122 | 缝衣针 | 123 | 符箓 | 125 | 腐烂 | 126 | | |
| 风疹 | 122 | 讽刺 | 123 | 福气 | 125 | 腐竹 | 126 | | |
| 风筝 | 122 | 凤凰 | 123 | 浮 | 125 | 抚摸 | 126 | | |
| 疯狗 | 122 | 凤凰树 | 124 | 浮标 | 125 | 俯卧 | 126 | | |

# G

|  |  |  |  |  |  |  |  |  |  |
|---|---|---|---|---|---|---|---|---|---|
| **ga** | | 盖 ~锅盖 | 129 | 干脆 ~不去了 | 130 | 干涉 | 130 | 肝炎 | 131 |
| 咖喱 | 129 | 盖 ~瓦 | 129 | 干爹 | 130 | 干鱼 | 130 | 疳积 | 131 |
| **gai** | | 盖 ~房子 | 129 | 干儿子 | 130 | 干燥 | 131 | 杆秤 | 131 |
| 改 有错就~ | 129 | 盖章 | 129 | 干果 | 130 | 甘草 | 131 | 杆子 | 131 |
| 改变 | 129 | 盖子 | 129 | 干净 | 130 | 甘蓝 | 131 | 敢 | 131 |
| 改嫁 | 129 | **gan** | | 干咳 | 130 | 甘心 | 131 | 橄榄 | 131 |
| 改进 | 129 | 干 衣服~了 | 130 | 干辣椒 | 130 | 甘蔗 | 131 | 感到 | 131 |
| 改名 | 129 | 干 草~了 | 130 | 干粮 | 130 | 甘蔗酒 | 131 | 感动 | 132 |
| 改正 | 129 | 干 河水~了 | 130 | 干妈 | 130 | 甘蔗汁 | 131 | 感觉 ~很冷 | 132 |
| 盖 ~一层土 | 129 | 干杯 | 130 | 干女儿 | 130 | 柑子 | 131 | 感冒 | 132 |
| 盖 ~被子 | 129 | 干菜 | 130 | 干呕 | 130 | 肝 | 131 | 感情 | 132 |

| | | | | | | | | | |
|---|---|---|---|---|---|---|---|---|---|
| 感染 | 132 | 高兴 | 134 | 个~足球 | 137 | 工具 | 139 | 供认 | 141 |
| 感谢 | 132 | 高血压 | 134 | 个~字 | 137 | 工棚 | 139 | 供桌 | 141 |
| 赶~马车 | 132 | 高压锅 | 134 | 个人 | 137 | 工钱 | 139 | **gou** | |
| 赶集 | 132 | 高原 | 135 | 各 | 137 | 工人 | 139 | 沟 | 141 |
| 赶紧 | 132 | 高中 | 135 | **gei** | | 工资 | 139 | 勾结 | 141 |
| 赶快 | 132 | 膏药 | 135 | 给~钱 | 137 | 工作努力~ | 139 | 钩钩住 | 141 |
| 擀 | 132 | 羔羊 | 135 | **gen** | | 工作做什么~ | 139 | 钩虫 | 141 |
| 干部 | 132 | 糕点 | 135 | 跟孩子~着娘 | 137 | 工作服 | 139 | 钩刀 | 141 |
| 干活儿 | 132 | 睾丸 | 135 | 根~扁担 | 137 | 功德 | 139 | 钩针 | 141 |
| 干流 | 133 | 告被人~了 | 135 | 根~绳子 | 137 | 功夫练~ | 139 | 钩子 | 141 |
| **gang** | | 告别 | 135 | 根~柴火 | 137 | 功劳 | 139 | 佝偻病 | 141 |
| 刚~走 | 133 | 告诉 | 135 | 根~筷子 | 137 | 功效 | 139 | 狗 | 142 |
| 刚才 | 133 | 告状 | 135 | 根~蜡烛 | 137 | 公道这样做很~ | 139 | 狗獾 | 142 |
| 钢 | 133 | **ge** | | 根~火柴 | 137 | 公鹅 | 139 | 狗腿子 | 142 |
| 钢笔 | 133 | 割 | 135 | 根~甘蔗 | 137 | 公公夫之父 | 139 | 狗尾草 | 142 |
| 钢筋 | 133 | 疙瘩身上长~ | 135 | 根~针 | 137 | 公共汽车 | 140 | 狗熊 | 142 |
| 钢盔 | 133 | 疙瘩树~ | 135 | 根~头发 | 137 | 公狗 | 140 | 狗鱼娃娃鱼 | 142 |
| 钢钎 | 133 | 哥哥 | 135 | 根本不信 | 137 | 公黄牛 | 140 | 狗蚤 | 142 |
| 缸 | 133 | 歌 | 136 | 根部树的~ | 137 | 公鸡 | 140 | 枸杞 | 142 |
| 肛门 | 133 | 歌手 | 136 | 根儿 | 137 | 公路 | 140 | 够~用 | 142 |
| 港 | 133 | 鸽子 | 136 | 根据~规定 | 137 | 公马 | 140 | **gu** | |
| 港口 | 133 | 搁~在桌子上 | 136 | 根据说话要有~ | 138 | 公猫 | 140 | 箍~桶 | 142 |
| 杠杆 | 133 | 搁浅 | 136 | 根据地 | 138 | 公平 | 140 | 箍儿 | 142 |
| 杠子 | 133 | 胳膊 | 136 | 根瘤 | 138 | 公事 | 140 | 估计 | 142 |
| **gao** | | 隔~开 | 136 | 根源 | 138 | 公水牛 | 140 | 估价 | 142 |
| 高 | 133 | 隔壁 | 136 | **geng** | | 公司 | 140 | 姑父 | 142 |
| 高个子 | 134 | 隔离 | 136 | 羹匙 | 138 | 公鸭 | 140 | 姑母 | 142 |
| 高跟鞋 | 134 | 阁楼 | 136 | 耕~田 | 138 | 公猪 | 140 | 姑娘 | 143 |
| 高价 | 134 | 蛤蚧 | 136 | 耕地 | 138 | 宫殿 | 140 | 孤单 | 143 |
| 高脚屋 | 134 | 蛤蜊 | 136 | 梗儿菜~ | 138 | 弓 | 140 | 孤儿 | 143 |
| 高丽参 | 134 | 葛薯凉薯 | 136 | 哽咽 | 138 | 恭喜 | 141 | 骨头 | 143 |
| 高良姜 | 134 | 个~人 | 136 | 更~好 | 138 | 巩固 | 141 | 古代 | 143 |
| 高粱 | 134 | 个~梨 | 136 | **gong** | | 拱门 | 141 | 谷地 | 143 |
| 高粱酒 | 134 | 个~鸡蛋 | 136 | 工厂 | 138 | 拱桥 | 141 | 谷壳 | 143 |
| 高岭土 | 134 | 个~碗 | 136 | 工蜂 | 138 | 供奉 | 141 | 谷粒 | 143 |
| 高跷 | 134 | 个~菜 | 137 | 工匠 | 138 | 供品 | 141 | 谷围 | 143 |

|  |  |  |  |  |  |  |  |  |  |
|---|---|---|---|---|---|---|---|---|---|
| 谷种 | 143 | 刮~胡子 | 145 | 关于 | 147 | **gui** | | 锅烟子 | 150 |
| 谷子 | 144 | 刮~风 | 145 | 官 | 147 | 龟 | 149 | 国家 | 150 |
| 股份 | 144 | 寡蛋 | 145 | 棺材 | 147 | 龟甲 | 149 | 果核 | 150 |
| 股骨 | 144 | 寡妇 | 145 | 观察 | 147 | 闺房 | 149 | 果酱 | 151 |
| 股票 | 144 | 挂~衣服 | 145 | 观音 | 147 | 鬼 | 149 | 果酒 | 151 |
| 骨粉 | 144 | 挂~蚊帐 | 145 | 观众 | 147 | 鬼火 | 149 | 果皮 | 151 |
| 骨骼 | 144 | 挂钩 | 146 | 冠子 鸡~ | 147 | 贵 这东西很~ | 149 | 果然 ~名不虚传 | 151 |
| 骨关节 | 144 | 挂号 | 146 | 鳏夫 | 147 | 贵客 | 149 | 果仁 | 151 |
| 骨灰 | 144 | 挂号处 | 146 | 管~事情 | 147 | 柜台 | 149 | 果肉 | 151 |
| 骨灰盒 | 144 | 挂念 | 146 | 管家 | 147 | 柜子 | 149 | 果树 | 151 |
| 骨架 | 144 | 挂锁 | 146 | 管理 | 147 | 桂花 | 149 | 果园 | 151 |
| 骨盆 | 144 | 挂钟 | 146 | 冠军 | 148 | 桂花蝉 | 149 | 果汁 | 151 |
| 骨髓 | 144 | | | 灌~水 | 148 | 桂皮 | 149 | 果子 | 151 |
| 骨折 | 144 | **guai** | | 灌木 | 148 | 桂树 | 149 | 果子狸 | 151 |
| 鼓 | 144 | 拐弯 | 146 | 罐头 | 148 | 跪 | 149 | 裹腿 | 151 |
| 鼓槌 | 144 | 拐弯处 | 146 | 罐子 | 148 | 刽子手 | 149 | 蜾蠃 | 151 |
| 鼓掌 | 144 | 拐杖 | 146 | 鹳 | 148 | | | 过~桥 | 152 |
| 故事 讲~ | 145 | **guan** | | | | **gun** | | 过分 | 152 |
| 故乡 | 145 | 关~门 | 146 | **guang** | | 滚 水~了 | 150 | 过节 | 152 |
| 故意 | 145 | 关~灯 | 146 | 光~说不做 | 148 | 滚动 | 150 | 过滤 | 152 |
| 顾客 | 145 | 关 把牛~起来 | 146 | 光棍儿 | 148 | 棍子 | 150 | 过敏 | 152 |
| 雇 | 145 | 关 ~进牢房 | 146 | 光滑 | 148 | | | 过年 | 152 |
| 雇工 | 145 | 关隘 | 146 | 光头 | 148 | **guo** | | 过去 他比~胖了 | 152 |
| 雇主 | 145 | 关节 骨~ | 146 | 光线 | 148 | 锅 | 150 | 过云雨 | 152 |
| | | 关节炎 | 146 | 桄榔粉 | 148 | 锅巴 | 150 | 过瘾 | 152 |
| **gua** | | 关卡 | 146 | 桄榔树 | 148 | 锅铲 | 150 | 过 到~北京 | 152 |
| 瓜 | 145 | 关系 血缘~ | 147 | 广场 | 148 | 锅底儿 | 150 | | |
| 瓜刨 | 145 | 关心 | 147 | 广告 | 148 | 锅垫子 | 150 | | |
| 瓜子儿 | 145 | 关押 | 147 | 逛~街 | 148 | 锅耳 | 150 | | |
| | | | | | | 锅盖 | 150 | | |

# H

|  |  |  |  |  |  |  |  |  |  |
|---|---|---|---|---|---|---|---|---|---|
| **ha** | | 孩子 | 153 | 海带 | 153 | 海沟 | 153 | 海螺 | 154 |
| 哈~气 | 153 | 海 | 153 | 海胆 | 153 | 海狗 | 154 | 海马 | 154 |
| 哈巴狗 | 153 | 海岸 | 153 | 海岛 | 153 | 海龟 | 154 | 海鳗 | 154 |
| **hai** | | 海豹 | 153 | 海盗 | 153 | 海军 | 154 | 海绵 | 154 |
| 还 明天~去 | 153 | 海产 | 153 | 海底 | 153 | 海口 | 154 | 海牛 | 154 |
| 还是 去~不去 | 153 | 海潮 | 153 | 海风 | 153 | 海狸 | 154 | 海鸥 | 154 |

| | | | | | | | | | |
|---|---|---|---|---|---|---|---|---|---|
| 海参 | 154 | 焊 | 156 | he | | 何必 | 161 | hen | |
| 海狮 | 154 | 焊工 | 156 | 喝 | 159 | 何况 | 161 | 痕迹 | 163 |
| 海水 | 154 | 汗 | 157 | 呵斥 | 159 | 荷包 | 161 | 很 | 163 |
| 海獭 | 154 | 汗斑 | 157 | 合不来 | 159 | 荷包蛋 | 161 | 狠毒 | 163 |
| 海滩 | 154 | 汗背心儿 | 157 | 合唱 | 159 | 荷花 | 161 | 恨爱~ | 163 |
| 海豚 | 154 | 汗垢 | 157 | 合得来 | 159 | 荷叶 | 161 | heng | |
| 海湾 | 154 | 汗孔 | 157 | 合法 | 159 | 核果~ | 161 | 横 | 163 |
| 海碗 | 154 | 汗衫 | 157 | 合欢树 | 159 | 核桃 | 161 | 横渡 | 163 |
| 海王星 | 155 | 汗珠子 | 157 | 合伙~做生意 | 159 | 禾叉 | 161 | 横膈膜 | 163 |
| 海味 | 155 | hang | | 合计~三百斤 | 159 | 禾苗 | 161 | 横梁 | 163 |
| 海峡 | 155 | 夯~土 | 157 | 合口味 | 159 | 和太阳~月亮 | 161 | 恒牙 | 164 |
| 海象 | 155 | 夯用~砸地 | 157 | 合理价格~ | 160 | 和你明天~他去 | 162 | 横死 | 164 |
| 海啸 | 155 | 行一~树 | 157 | 合身 | 160 | 和好 | 162 | hong | |
| 海星 | 155 | 行一~字 | 157 | 合适 | 160 | 和气为人~ | 162 | 烘~衣服 | 164 |
| 海盐 | 155 | hao | | 合同 | 160 | 和尚 | 162 | 轰炸 | 164 |
| 海燕 | 155 | 薅~草 | 157 | 合页 | 160 | 鹤 | 162 | 轰炸机 | 164 |
| 海鱼 | 155 | 豪猪 | 157 | 合意 | 160 | 褐煤 | 162 | 红 | 164 |
| 海藻 | 155 | 蚝 | 157 | 合作 | 160 | 褐色 | 162 | 红宝石 | 164 |
| 海蜇 | 155 | 蚝油 | 157 | 合作社 | 160 | hei | | 红茶 | 164 |
| 害虫 | 155 | 好~坏 | 157 | 盒一~药 | 160 | 黑~布 | 162 | 红灯 | 164 |
| 害羞 | 155 | 好吃 | 157 | 盒子 | 160 | 黑天~ | 162 | 红豆相思子 | 164 |
| han | | 好处 | 158 | 河 | 160 | 黑板 | 162 | 红饭豆 | 164 |
| 含~在嘴里 | 155 | 好汉 | 158 | 河岸 | 160 | 黑板擦 | 162 | 红汞 | 164 |
| 含羞草 | 155 | 好看 | 158 | 河床 | 160 | 黑饭豆 | 162 | 红利 | 164 |
| 寒毛 | 156 | 好人 | 158 | 河道 | 160 | 黑胡椒 | 162 | 红痢 | 164 |
| 喊~人开会 | 156 | 好事 | 158 | 河底 | 160 | 黑话 | 163 | 红蚂蚁 | 164 |
| 喊叫 | 156 | 好天气 | 158 | 河对岸 | 161 | 黑货买~ | 163 | 红毛丹毛荔枝 | 165 |
| 旱 | 156 | 好听 | 158 | 河沟 | 161 | 黑蚂蚁 | 163 | 红米 | 165 |
| 旱稻泛指旱地上种的稻 | 156 | 好像~是他 | 158 | 河谷 | 161 | 黑麦 | 163 | 红墨水 | 165 |
| 旱地 | 156 | 好心 | 158 | 河口 | 161 | 黑糯米 | 163 | 红壤 | 165 |
| 旱季 | 156 | 好转病情~ | 159 | 河马 | 161 | 黑皮蔗 | 163 | 红色 | 165 |
| 旱蚂蝗山蚂蟥 | 156 | 号码 | 159 | 河水 | 161 | 黑色 | 163 | 红薯 | 165 |
| 旱獭 | 156 | 号召 | 159 | 河滩 | 161 | 黑色火药 | 163 | 红薯干 | 165 |
| 旱田 | 156 | 好~学 | 159 | 河套 | 161 | 黑市 | 163 | 红树 | 165 |
| 旱烟 | 156 | | | 河豚 | 161 | 黑土 | 163 | 红糖 | 165 |
| 旱灾 | 156 | 好客 | 159 | 河鱼 | 161 | 黑猩猩 | 163 | | |

| | | | | | | | | | |
|---|---|---|---|---|---|---|---|---|---|
| 红眼病 病名 | 165 | 胡椒 | 168 | 花岗岩 | 170 | 画家 | 172 | **huang** | |
| 红鱼 | 165 | 胡椒面儿 | 168 | 花梗 | 170 | 画眉鸟 | 172 | 荒地 | 175 |
| 红运 | 165 | 胡萝卜 | 168 | 花冠 | 170 | 画押 | 173 | 荒凉 | 175 |
| 红枣 | 165 | 胡说 | 168 | 花环 | 170 | 化肥 | 173 | 荒田 | 175 |
| 洪峰 | 165 | 胡同 | 168 | 花匠 | 170 | 化脓 | 173 | 荒野 | 175 |
| 洪水 | 165 | 胡子 | 168 | 花轿 | 171 | 化验 | 173 | 慌 心~ | 175 |
| 虹 | 165 | 胡子鲇 塘角鱼 | 168 | 花篮 | 171 | 化妆 | 173 | 黄 | 175 |
| 哄 ~小孩 | 165 | 湖 | 168 | 花柳病 | 171 | 化妆品 | 173 | 黄疸 | 175 |
| 哄骗 | 166 | 糊 饭~了 | 168 | 花露水 | 171 | 化装 | 173 | 黄豆 | 175 |
| **hou** | | 糊涂 | 168 | 花蜜 | 171 | 话 | 173 | 黄豆油 | 175 |
| 猴子 | 166 | 蝴蝶 | 168 | 花名册 | 171 | **huai** | | 黄蜂 | 175 |
| 喉结 | 166 | 蝴蝶花 | 169 | 花炮 | 171 | 怀 妈妈~里 | 173 | 黄瓜 | 175 |
| 喉咙 | 166 | 葫芦 | 169 | 花盆 | 171 | 怀表 | 173 | 黄颌蛇 | 176 |
| 喉炎 | 166 | 壶 | 169 | 花瓶 | 171 | 怀念 | 173 | 黄花菜 金针菜 | 176 |
| 猴子 | 166 | 狐臭 | 169 | 花圈 | 171 | 怀疑 | 173 | 黄花鱼 | 176 |
| 吼 | 166 | 狐狸 | 169 | 花蕊 | 171 | 怀孕 | 173 | 黄昏 | 176 |
| 厚 布很~ | 166 | 虎口 手掌上的 | 169 | 花洒 | 171 | 槐树 | 174 | 黄鹂 | 176 |
| 后 屋~ | 166 | 虎尾兰 | 169 | 花生 | 171 | 踝骨 | 174 | 黄麻 | 176 |
| 后代 | 166 | 琥珀 | 169 | 花生糖 | 171 | 坏 好~ | 174 | 黄牛 | 176 |
| 后悔 | 167 | 护城河 | 169 | 花生油 | 171 | 坏 车~了 | 174 | 黄牛犊 | 176 |
| 后颈窝 | 167 | 护士 | 169 | 花市 | 171 | 坏人 | 174 | 黄皮果 | 176 |
| 后来 | 167 | 户 ~水 | 169 | 花束 | 171 | 坏事 | 174 | 黄热病 | 176 |
| 后门 | 167 | 户斗 | 169 | 花坛 | 172 | 坏心眼 | 174 | 黄色 | 176 |
| 后脑勺 | 167 | 互相 | 169 | 花纹 | 172 | **huan** | | 黄鳝 | 176 |
| 后年 | 167 | **hua** | | 花椰菜 芥兰花 | 172 | 欢迎 | 174 | 黄鼠狼 | 176 |
| 后天 | 167 | 花 ~布 | 169 | 花园 | 172 | 还 ~钱 | 174 | 黄铜 | 176 |
| 后退 | 167 | 花 ~钱 | 169 | 花烛 | 172 | 还击 | 174 | 黄土 | 177 |
| 后遗症 | 167 | 花白 | 170 | 华侨 | 172 | 还价 | 174 | 黄莺 | 177 |
| 候鸟 | 167 | 花瓣 | 170 | 划 ~船 | 172 | 还俗 | 174 | 黄油 食品名 | 177 |
| 鲎 | 167 | 花茶 | 170 | 划拳 | 172 | 还愿 | 174 | 皇帝 | 177 |
| **hu** | | 花灯 | 170 | 滑 路~ | 172 | 还债 | 174 | 蝗虫 | 177 |
| 忽然 | 167 | 花朵 | 170 | 滑动 | 172 | 换 ~衣服 | 175 | 谎话 | 177 |
| 忽视 | 167 | 花萼 | 170 | 滑落 | 172 | 换 ~钱 | 175 | **hui** | |
| 呼气 | 168 | 花儿 | 170 | 画 ~画儿 | 172 | 换车 | 175 | 灰 ~布 | 177 |
| 呼吸 | 168 | 花费 | 170 | 画笔 | 172 | 换工 | 175 | 灰刀 | 177 |
| 呼吸道 | 168 | 花粉 | 170 | 画儿 | 172 | | | 灰浆 | 177 |

| | | | | | | | | | |
|---|---|---|---|---|---|---|---|---|---|
| 灰口铁 | 177 | 会~织布 | 178 | 魂 | 180 | 火锅 | 181 | 火药 | 182 |
| 灰烬 | 177 | 会他~来的 | 179 | 混合 | 180 | 火鸡 | 181 | 火灾 | 182 |
| 灰色 | 177 | 会开~ | 179 | 混乱 | 180 | 火箭 | 181 | 火葬 | 182 |
| 灰心 | 177 | 彗星 | 179 | 混凝土 | 180 | 火力 | 181 | 火种 | 182 |
| 挥发 | 177 | 喙鸟~ | 179 | **huo** | | 火镰 | 181 | 伙~一~人 | 182 |
| 徽章 | 177 | 贿赂 | 179 | 豁唇 | 180 | 火龙果 | 181 | 伙伴 | 182 |
| 回~家 | 178 | 晦日 | 179 | 活火山 | 180 | 火笼 | 181 | 货车 | 182 |
| 回来一~ | 178 | **hun** | | 活结 | 180 | 火炉 | 181 | 货单 | 182 |
| 回答 | 178 | 昏暗 | 179 | 活泼 | 180 | 火媒 | 181 | 货款 | 183 |
| 回访 | 178 | 昏倒 | 179 | 活水 | 180 | 火苗 | 182 | 货轮 | 183 |
| 回来 | 178 | 昏迷 | 179 | 活着 | 180 | 火盆 | 182 | 货物 | 183 |
| 回门 | 178 | 婚礼 | 179 | 活捉 | 181 | 火气 | 182 | 货源 | 183 |
| 回去 | 178 | 婚事 | 179 | 火 | 181 | 火钳 | 182 | 货主 | 183 |
| 回声 | 178 | 婚姻 | 179 | 火把 | 181 | 火枪 | 182 | 获利 | 183 |
| 回头~一~看 | 178 | 婚约 | 179 | 火柴 | 181 | 火山 | 182 | 获胜 | 183 |
| 回忆 | 178 | 荤菜 | 180 | 火车 | 181 | 火石 | 182 | 或者 | 183 |
| 茴香 | 178 | 浑水 | 180 | 火车票 | 181 | 火腿 | 182 | 霍乱 | 183 |
| 蛔虫 | 178 | 浑浊 | 180 | 火车头 | 181 | 火星 | 182 | | |
| 悔恨 | 178 | 馄饨 | 180 | 火车站 | 181 | 火星儿 | 182 | | |

## J

| | | | | | | | | | |
|---|---|---|---|---|---|---|---|---|---|
| **ji** | | 鸡屎 | 185 | 肌肉 | 185 | 极 | 186 | 集体 | 187 |
| 鸡 | 184 | 鸡瘟 | 185 | 讥笑 | 185 | 极乐鸟 | 187 | 集日 | 188 |
| 鸡蛋 | 184 | 鸡胸病症 | 185 | 基肥 | 186 | 急~事 | 187 | 集市 | 188 |
| 鸡蛋花 | 184 | 鸡血藤 | 185 | 积肥 | 186 | 急病 | 187 | 集中 | 188 |
| 鸡蛋果 | 184 | 鸡眼脚掌上的 | 185 | 积极 | 186 | 急惊风 | 187 | 集资 | 188 |
| 鸡冠 | 184 | 鸡杂 | 185 | 积木 | 186 | 急救 | 187 | 籍贯 | 188 |
| 鸡冠花 | 184 | 鸡胗 | 185 | 积蓄 | 186 | 急流 | 187 | 即使 | 188 |
| 鸡距 | 184 | 鸡爪子 | 185 | 积雪草雷公根 | 186 | 急事 | 187 | 吉~凶 | 188 |
| 鸡笼 | 184 | 几乎 | 185 | 基督教 | 186 | 急水滩 | 187 | 吉普车 | 188 |
| 鸡毛掸子 | 184 | 机车 | 185 | 激动 | 186 | 急性病 | 187 | 吉日 | 188 |
| 鸡内金 | 184 | 机帆船 | 185 | 激烈 | 186 | 急性子 | 187 | 吉兆 | 188 |
| 鸡皮疙瘩 | 184 | 机会 | 185 | 击败 | 186 | 急躁性情~ | 187 | 脊梁骨 | 188 |
| 鸡肉 | 184 | 机器 | 185 | 击毁 | 186 | 及时~赶到 | 187 | 几~个人 | 188 |
| 鸡窝 | 184 | 机枪 | 185 | 击剑 | 186 | 级一~台阶 | 187 | 挤~过去 | 189 |
| 鸡虱 | 185 | 机票 | 185 | 击退 | 186 | 集合 | 187 | 挤~柠檬 | 189 |

| | | | | | | | | | |
|---|---|---|---|---|---|---|---|---|---|
| 脊背 | 189 | 既然 | 191 | 假话 | 194 | 尖~削~ | 195 | 建立 | 198 |
| 脊髓 | 189 | **jia** | | 假货 | 194 | 尖~眼~ | 196 | 建设 | 198 |
| 脊椎骨 | 189 | 加~盐 | 191 | 假冒 | 194 | 尖刀 | 196 | 建造 | 198 |
| 麂子 | 189 | 加一~一得二 | 191 | 假山 | 194 | 尖头扁担 | 196 | 健康 | 198 |
| 虮子 | 189 | 加法 | 191 | 假死病症 | 194 | 坚持 | 196 | 健谈 | 198 |
| 嫉妒 | 189 | 加油给车~ | 191 | 假牙 | 194 | 坚决 | 196 | 健忘 | 198 |
| 剂一~药 | 189 | 加油站 | 192 | 假肢 | 194 | 肩膀 | 196 | 毽子 | 198 |
| 计划生产~ | 189 | 枷锁 | 192 | 假装 | 194 | 肩胛骨 | 196 | **jiang** | |
| 计较 | 189 | 痂 | 192 | 甲板 | 194 | 肩头 | 196 | 将来 | 198 |
| 计谋 | 189 | 袈裟 | 192 | 甲状腺 | 194 | 奸商 | 196 | 将要 | 199 |
| 计算 | 189 | 家回~ | 192 | 甲状腺炎 | 194 | 奸细 | 196 | 姜 | 199 |
| 继承 | 190 | 家产 | 192 | 甲状腺肿 | 194 | 碱水草木灰水 | 196 | 姜黄 | 199 |
| 继父 | 190 | 家畜 | 192 | 钾肥 | 194 | 减八~三得五 | 196 | 缰绳 | 199 |
| 继母 | 190 | 家人 | 192 | 架~桥 | 194 | 减法 | 196 | 豇豆豆角 | 199 |
| 继室 | 190 | 家伙 | 192 | 架一~飞机 | 194 | 减价 | 196 | 讲~汉语 | 199 |
| 继续 | 190 | 家具 | 192 | 架子 | 194 | 减少 | 196 | 讲价 | 199 |
| 记得 | 190 | 家禽 | 192 | 驾驶 | 194 | 茧蚕~ | 196 | 讲解 | 199 |
| 记号 | 190 | 家鼠 | 192 | 驾驶室 | 194 | 趼子 | 196 | 讲台 | 199 |
| 记录 | 190 | 家属 | 192 | 驾驶员 | 194 | 简单 | 196 | 奖~罚分明 | 199 |
| 记性 | 190 | 家庭 | 192 | 驾驶证 | 194 | 简直 | 197 | 奖获~ | 199 |
| 纪念品 | 190 | 家乡 | 192 | 假期 | 195 | 剪 | 197 | 奖杯 | 199 |
| 季节 | 190 | 家务事 | 193 | 假日 | 195 | 剪刀 | 197 | 奖金 | 199 |
| 寄~信 | 190 | 家长 | 193 | 嫁 | 195 | 捡 | 197 | 奖品 | 199 |
| 寄卖 | 190 | 家族 | 193 | 嫁接 | 195 | 检查~工作 | 197 | 奖状 | 199 |
| 寄生虫 | 190 | 夹 | 193 | 嫁妆 | 195 | 检票 | 197 | 桨 | 200 |
| 寄生植物 | 190 | 夹板 | 193 | 价格 | 195 | 箭 | 197 | 降价 | 200 |
| 系~鞋带 | 190 | 夹被 | 193 | 价钱 | 195 | 箭头 | 197 | 降落飞机~ | 200 |
| 忌讳 | 191 | 夹攻 | 193 | 价值有~ | 195 | 剑 | 197 | 降落伞 | 200 |
| 忌口 | 191 | 夹棍刑具 | 193 | **jian** | | 剑麻 | 197 | 降旗 | 200 |
| 忌日 | 191 | 夹克衫 | 193 | 煎~鱼 | 195 | 贱卖 | 197 | 酱 | 200 |
| 妓女 | 191 | 夹生 | 193 | 煎~药 | 195 | 溅 | 197 | 酱菜 | 200 |
| 妓院 | 191 | 夹竹桃 | 193 | 煎药名词 | 195 | 件一~衣服 | 197 | 酱油 | 200 |
| 祭品 | 191 | 夹子 | 193 | 间~卧室 | 195 | 件一~事 | 197 | 浆糊 | 200 |
| 祭祀 | 191 | 荚豆~ | 193 | 监禁 | 195 | 见 | 197 | **jiao** | |
| 祭文 | 191 | 假真~ | 193 | 监考 | 195 | 见面 | 197 | 焦 | 200 |
| 鲫鱼 | 191 | 假发 | 194 | 监狱 | 195 | 建~房子 | 198 | 焦煤 | 200 |

| | | | | | | | | | |
|---|---|---|---|---|---|---|---|---|---|
| 礁石 | 200 | 脚癣 | 202 | 接近~六十岁 | 204 | 解饿 | 207 | 金环蛇 | 209 |
| 鹪鹩 | 200 | 脚印 | 202 | 接受~任务 | 204 | 解放 | 207 | 金匠 | 209 |
| 椒盐 | 200 | 脚掌 | 203 | 接受~批评 | 205 | 解雇 | 207 | 金橘 | 209 |
| 交~钱 | 200 | 脚趾 | 203 | 接生 | 205 | 解决~问题 | 207 | 金块 | 209 |
| 交叉 | 200 | 绞~铁丝 | 203 | 接生婆 | 205 | 解渴 | 207 | 金钱豹 | 209 |
| 交媾 | 200 | 绞肉机 | 203 | 揭~锅盖 | 205 | 解闷 | 207 | 金钱鸡 | 210 |
| 交换 | 201 | 绞痛 | 203 | 揭短儿 | 205 | 解剖 | 207 | 金枪鱼 | 210 |
| 交界 | 201 | 狡猾 | 203 | 疖子 | 205 | 解散 | 207 | 金丝雀 | 210 |
| 交配 | 201 | 搅拌 | 203 | 节一~甘蔗 | 205 | 解释 | 207 | 金条 | 210 |
| 交情 | 201 | 角兽~ | 203 | 节一~课 | 205 | 解说 | 207 | 金项链 | 210 |
| 交尾 | 201 | 角直~ | 203 | 节三~车厢 | 205 | 解围 | 207 | 金星 | 210 |
| 交友 | 201 | 角落 | 203 | 节目 | 205 | 介绍 | 207 | 金牙 | 210 |
| 郊外 | 201 | 侥幸 | 203 | 节日 | 205 | 介绍信 | 207 | 金银花 | 210 |
| 胶布 | 201 | 酵母 | 203 | 节约 | 205 | 芥菜 | 207 | 金鱼 | 210 |
| 胶合板 | 201 | 叫~名字 | 203 | 结拜 | 205 | 芥蓝菜 | 208 | 筋 | 210 |
| 胶水 | 201 | 叫卖 | 203 | 结冰 | 205 | 芥末 | 208 | 锦 | 210 |
| 胶鞋 | 201 | 叫醒 | 203 | 结果事情有~了 | 205 | 疥疮 | 208 | 锦鸡 | 210 |
| 茭白 | 201 | 藠头 | 203 | 结核病 | 206 | 界线 | 208 | 紧拉~ | 210 |
| 蛟龙 | 201 | 轿夫 | 203 | 结婚 | 206 | 借 | 208 | 紧急 | 210 |
| 教~书 | 201 | 轿子 | 204 | 结交 | 206 | 借口~有事 | 208 | 仅 | 210 |
| 浇~水 | 201 | 教材 | 204 | 结石 | 206 | 借口没有~ | 208 | 尽管~下雨也要去 | 210 |
| 骄傲~自满 | 201 | 教室 | 204 | 结束 | 206 | 借条 | 208 | 尽量 | 211 |
| 嚼 | 202 | 教堂 | 204 | 结业 | 206 | 借债 | 208 | 近 | 211 |
| 嚼子 | 202 | 觉睡一~ | 204 | 结账 | 206 | 戒~烟、酒 | 208 | 近来 | 211 |
| 饺子 | 202 | **jie** | | 截一~木头 | 206 | 戒指 | 208 | 近路 | 211 |
| 缴纳 | 202 | 街 | 204 | 睫毛 | 206 | **jin** | | 近视眼睛~ | 211 |
| 脚 | 202 | 街道 | 204 | 捷径 | 206 | 今后 | 208 | 近视眼镜 | 211 |
| 脚步 | 202 | 结巴口吃 | 204 | 孑孓 | 206 | 今年 | 209 | 进~屋 | 211 |
| 脚背 | 202 | 结巴指人 | 204 | 姐夫 | 206 | 今生 | 209 | 进步 | 211 |
| 脚跟 | 202 | 结果开花~ | 204 | 姐姐 | 206 | 今天 | 209 | 进攻 | 211 |
| 脚踝 | 202 | 结实 | 204 | 姐妹 | 206 | 今晚 | 209 | 进口货 | 211 |
| 脚尖 | 202 | 接去车站~人 | 204 | 解~鞋带 | 206 | 金 | 209 | 进来 | 211 |
| 脚镣 | 202 | 接~球 | 204 | 解~疙瘩 | 207 | 金箔 | 209 | 进去 | 211 |
| 脚气病 | 202 | 接把绳子~起来 | 204 | 解答 | 207 | 金刚石 | 209 | 尽好话说~ | 211 |
| 脚腕子 | 202 | 接待 | 204 | 解毒 | 207 | 金瓜 | 209 | 尽力 | 211 |
| 脚心 | 202 | 接骨 | 204 | 解毒药 | 207 | 金龟子 | 209 | 尽情 | 211 |

# 词目索引

| | | | | | | | | | |
|---|---|---|---|---|---|---|---|---|---|
| 尽心 | 212 | 井 | 213 | 酒曲 | 215 | **ju** | | **juan** | |
| 禁止 | 212 | 井底 | 213 | 酒坛 | 215 | 鞠躬 | 216 | 捐款~救济灾民 | 218 |
| 浸泡 | 212 | 井水 | 213 | 酒窝 | 215 | 菊花 | 216 | 卷~布 | 218 |
| 浸种 | 212 | 井盐 | 213 | 酒席 | 215 | 橘子 | 216 | 卷~袖子 | 218 |
| **jing** | | 警惕 | 213 | 酒糟 | 215 | 举~旗子 | 216 | 卷~~一~纸 | 218 |
| 经过~一片森林 | 212 | 敬酒 | 214 | 酒糟鼻子 | 215 | 举~杯 | 216 | 卷笔刀 | 218 |
| 经期 | 212 | 敬礼 | 214 | 酒盅 | 215 | 举例 | 217 | 卷尺 | 218 |
| 经商 | 212 | 敬重 | 214 | 九 | 215 | 举手 | 217 | 卷发~头~ | 218 |
| 经验 | 212 | 镜框 | 214 | 九十 | 215 | 举行~婚礼 | 217 | 卷心菜 | 218 |
| 经营 | 212 | 镜子 | 214 | 九月 | 215 | 句~一~话 | 217 | 卷烟 | 218 |
| 精光 | 212 | 竞赛 | 214 | 久 | 215 | 锯~木头 | 217 | 卷第一~ | 218 |
| 精囊 | 212 | 竞争 | 214 | 灸 | 215 | 锯齿 | 217 | **jue** | |
| 精神~面貌 | 212 | 痉挛 | 214 | 韭菜 | 215 | 锯末 | 217 | 噘 | 218 |
| 精神病 | 212 | 净~说不做 | 214 | 舅舅 | 216 | 锯片 | 217 | 觉得 | 218 |
| 精盐~熟盐 | 213 | 净重 | 214 | 舅母 | 216 | 锯子 | 217 | 绝对~不允许 | 218 |
| 精液 | 213 | **jiu** | | 臼 | 216 | 剧场 | 217 | 绝望 | 218 |
| 精子 | 213 | 揪 | 214 | 臼齿 | 216 | 距~鸡~ | 217 | 绝症 | 218 |
| 粳稻 | 213 | 酒 | 214 | 厩肥 | 216 | 距离~县城十里 | 217 | 蕨菜 | 218 |
| 粳米 | 213 | 酒杯 | 214 | 就你不去我~不去 | 216 | 距离~缩短~ | 217 | **jun** | |
| 荆棘 | 213 | 酒店 | 214 | 旧 | 216 | 飓风 | 217 | 均匀 | 218 |
| 京烟~水烟 | 213 | 酒鬼 | 215 | 救~人 | 216 | 拒绝 | 217 | 军队 | 219 |
| 惊风 | 213 | 酒壶 | 215 | 救命 | 216 | 聚餐 | 217 | 军人 | 219 |
| 惊慌 | 213 | 酒精 | 215 | 救护车 | 216 | 聚集 | 217 | 军属 | 219 |
| 鲸鱼 | 213 | 酒瓶 | 215 | 救生艇 | 216 | 聚精会神 | 218 | 军装 | 219 |

# K

| | | | | | | | | | |
|---|---|---|---|---|---|---|---|---|---|
| **ka** | | 开~锁 | 220 | 开会 | 221 | 开支 | 222 | 看望 | 222 |
| 咖啡 | 220 | 开~灯 | 220 | 开口~说话 | 221 | **kan** | | 看相 | 222 |
| 咖啡豆 | 220 | 开~水~了 | 220 | 开幕 | 221 | 看守 | 222 | 看重 | 223 |
| 咖啡壶 | 220 | 开除 | 220 | 开瓶器 | 221 | 看守~监狱~ | 222 | 看作 | 223 |
| 咯~血 | 220 | 开处方 | 220 | 开始~新的一年~了 | 221 | 砍 | 222 | **kang** | |
| 卡宾枪 | 220 | 开裆裤 | 220 | 开水 | 221 | 看 | 222 | 康乃馨 | 223 |
| 卡车 | 220 | 开店 | 220 | 开玩笑 | 221 | 看病 | 222 | 扛~木头 | 223 |
| **kai** | | 开关 | 220 | 开小差 | 221 | 看不起 | 222 | 抗旱 | 223 |
| 开~门 | 220 | 开花 | 220 | 开学 | 221 | 看得起 | 222 | **kao** | |
| 开~车 | 220 | 开荒 | 221 | 开张 | 221 | 看见 | 222 | 考查 | 223 |

| | | | | | | | | | |
|---|---|---|---|---|---|---|---|---|---|
| 考察 | 223 | 可笑 | 225 | 空闲 | 227 | 苦笑 | 229 | 宽敞 | 231 |
| 考虑 | 223 | 可信 | 225 | 控告 | 228 | 裤衩 | 229 | 宽恕 | 231 |
| 考试 | 223 | 刻~印章 | 225 | **kou** | | 裤裆 | 230 | 款待 | 231 |
| 拷打 | 223 | 刻一~钟 | 226 | 口一~饭 | 228 | 裤兜儿 | 230 | **kuang** | |
| 烤 | 223 | 刻薄 | 226 | 口咬一~ | 228 | 裤脚 | 230 | 筐子 | 231 |
| 烤火~取暖 | 223 | 刻苦 | 226 | 口五~人 | 228 | 裤腿 | 230 | 狂这人很~ | 231 |
| 烤炉 | 223 | 克~黄金 | 226 | 口一~井 | 228 | 裤腰 | 230 | 狂风 | 231 |
| 烤肉 | 223 | 客车 | 226 | 口臭 | 228 | 裤子 | 230 | 狂犬病 | 232 |
| 烤鸭 | 223 | 客船 | 226 | 口红 | 228 | **kua** | | 矿 | 232 |
| 烤烟 | 223 | 客房 | 226 | 口苦 | 228 | 夸奖 | 230 | 矿工 | 232 |
| 靠~墙 | 224 | 客气 | 226 | 口粮 | 228 | 垮台 | 230 | 矿井 | 232 |
| 靠近 | 224 | 客人 | 226 | 口腔 | 228 | 挎 | 230 | 矿泉水 | 232 |
| **ke** | | 客厅 | 226 | 口水 | 228 | 挎包 | 230 | 矿山 | 232 |
| 蝌蚪 | 224 | 客栈 | 226 | 口算 | 228 | 跨~过水沟 | 230 | 矿石 | 232 |
| 棵一~树 | 224 | 课文 | 226 | 口香糖 | 228 | 胯 | 230 | 况且 | 232 |
| 颗一~牙 | 224 | 课桌 | 226 | 口罩 | 228 | 胯骨 | 230 | 旷课 | 232 |
| 颗一~瓜子 | 224 | 嗑~瓜子 | 226 | 扣~扣子 | 228 | **kuai** | | 框子 | 232 |
| 颗一~珠子 | 224 | **ken** | | 扣~钱 | 228 | 快 | 230 | **kui** | |
| 颗一~心 | 224 | 肯定他~不来了 | 226 | 扣~碗 | 228 | 快餐 | 230 | 亏本 | 232 |
| 颗一~钉子 | 224 | 恳求 | 226 | 扣除 | 228 | 快车 | 231 | 亏损 | 232 |
| 颗一~星星 | 224 | 啃~骨头 | 227 | 扣押 | 228 | 快要车~开了 | 231 | 盔甲 | 232 |
| 颗粒 | 224 | **keng** | | 扣子 | 228 | 块一~田 | 231 | 窥探 | 232 |
| 磕打 | 224 | 坑 | 227 | **ku** | | 块一~石头 | 231 | 葵瓜子儿 | 232 |
| 磕头 | 224 | **kong** | | 哭 | 229 | 块一~肉 | 231 | **kun** | |
| 壳儿 | 224 | 空~盒子 | 227 | 枯草~了 | 229 | 块一~糖 | 231 | 昆虫 | 232 |
| 咳嗽 | 224 | 空话 | 227 | 枯树 | 229 | 块一~布 | 231 | 捆~甘蔗 | 232 |
| 渴 | 224 | 空手 | 227 | 枯水期 | 229 | 块一~肥皂 | 231 | 捆一~稻草 | 233 |
| 可爱 | 225 | 空谈不要~ | 227 | 枯死 | 229 | 块一~手表 | 231 | 困我~了 | 233 |
| 可恨 | 225 | 空气 | 227 | 枯萎 | 229 | 块一~玻璃 | 231 | 困难 | 233 |
| 可口 | 225 | 空心菜蕹菜 | 227 | 骷髅 | 229 | 块一~木板 | 231 | **kuo** | |
| 可怜 | 225 | 恐怖 | 227 | 窟窿 | 229 | 块根 | 231 | 扩大 | 233 |
| 可能~下雨 | 225 | 恐吓 | 227 | 苦味~ | 229 | 筷子 | 231 | | |
| 可怕 | 225 | 孔雀 | 227 | 苦瓜 | 229 | **kuan** | | | |
| 可惜 | 225 | 空地 | 227 | 苦楝树 | 229 | 宽 | 231 | | |

# L

## la
|  |  |
|---|---|
| 拉~车 | 234 |
| 拉~二胡 | 234 |
| 拉肚子 | 234 |
| 垃圾 | 234 |
| 垃圾箱 | 234 |
| 喇叭 | 234 |
| 喇叭裤 | 234 |
| 辣~味 | 234 |
| 辣椒 | 234 |
| 辣椒酱 | 234 |
| 辣椒面儿 | 234 |
| 蜡笔 | 235 |
| 蜡纸 | 235 |
| 蜡烛 | 235 |
| 腊肠 | 235 |
| 腊肉 | 235 |
| 腊月 | 235 |

## lai
|  |  |
|---|---|
| 来 | 235 |
| 来亨鸡 | 235 |
| 来年 | 235 |
| 来世 | 235 |
| 来往 路上~的车很多 | 235 |
| 赖账 | 235 |
| 癞蛤蟆 蟾蜍 | 235 |
| 癞皮狗 | 235 |

## lan
|  |  |
|---|---|
| 兰花 | 235 |
| 蓝宝石 | 235 |
| 蓝墨水 | 235 |
| 蓝色 | 235 |
| 栏~猪~ | 236 |
| 栏杆 | 236 |
| 蓝靛草 | 236 |
| 蓝靛水 | 236 |
| 篮球 | 236 |
| 篮子 | 236 |
| 阑尾炎 | 236 |
| 拦~路 | 236 |
| 拦河坝 | 236 |
| 拦江网 | 236 |
| 懒 | 236 |
| 懒汉 | 236 |
| 懒猴 | 236 |
| 烂饭 | 236 |
| 烂泥 | 237 |
| 烂熟 | 237 |
| 烂醉 | 237 |

## lang
|  |  |
|---|---|
| 狼 | 237 |
| 狼狗 | 237 |
| 浪费 | 237 |

## lao
|  |  |
|---|---|
| 劳动力 | 237 |
| 劳驾 | 237 |
| 痨病 | 237 |
| 唠叨 | 237 |
| 牢固 | 237 |
| 牢记 | 237 |
| 老 人~ | 237 |
| 老 菜~ | 237 |
| 老 肉煮~了 | 237 |
| 老百姓 | 238 |
| 老板 | 238 |
| 老板娘 | 238 |
| 老虎 | 238 |
| 老虎钳 | 238 |
| 老花镜 | 238 |
| 老家 | 238 |
| 老糠 | 238 |
| 老练 | 238 |
| 老年 | 238 |
| 老人 | 238 |
| 老师 | 238 |
| 老实 | 239 |
| 老死 | 239 |
| 老鼠 | 239 |
| 老鼠洞 | 239 |
| 老太婆 | 239 |
| 老太太 | 239 |
| 老天爷 | 239 |
| 老头儿 | 239 |
| 老鹰 | 239 |
| 涝 | 239 |
| 络腮胡子 | 239 |
| 烙铁 | 239 |

## le
|  |  |
|---|---|
| 勒索 | 239 |
| 了 写~一封信 | 239 |
| 了 下雨~ | 239 |

## lei
|  |  |
|---|---|
| 雷 | 239 |
| 雷暴 | 240 |
| 雷电 | 240 |
| 雷公 | 240 |
| 雷管 | 240 |
| 雷鸡 | 240 |
| 雷劈 | 240 |
| 雷声 | 240 |
| 雷雨 | 240 |
| 雷阵雨 | 240 |
| 累 | 240 |
| 肋骨 | 240 |
| 泪珠 | 240 |

## leng
|  |  |
|---|---|
| 冷 天~ | 240 |
| 冷 水~ | 240 |
| 冷淡 | 240 |
| 冷饭 | 241 |
| 冷风 | 241 |
| 冷汗 | 241 |
| 冷空气 | 241 |
| 冷水 | 241 |
| 冷天 | 241 |
| 冷笑 | 241 |
| 冷饮 | 241 |

## li
|  |  |
|---|---|
| 厘米 | 241 |
| 离别 | 241 |
| 离婚 | 241 |
| 离开 | 241 |
| 梨 | 241 |
| 梨花 | 241 |
| 梨树 | 241 |
| 犁 一把~ | 241 |
| 犁 ~田 | 242 |
| 犁铧 | 242 |
| 黎明 | 242 |
| 狸猫 | 242 |
| 篱笆 | 242 |
| 礼服 | 242 |
| 礼帽 | 242 |
| 礼貌 | 242 |
| 礼堂 | 242 |
| 礼物 | 242 |
| 李花 | 242 |
| 李树 | 242 |
| 李子 | 242 |
| 里~外 | 242 |
| 里 一~路 | 243 |
| 里程碑 | 243 |
| 里间 | 243 |
| 理睬 | 243 |
| 理发 | 243 |
| 理发师 | 243 |
| 鲤鱼 | 243 |
| 荔枝 | 243 |
| 利 刀很~ | 243 |
| 利润 | 243 |
| 利息 | 243 |
| 利用 | 243 |
| 痢疾 | 243 |
| 历来 | 244 |
| 立方米 | 244 |
| 粒 一~米 | 244 |
| 力气 | 244 |
| 沥青 | 244 |
| 例如 | 244 |
| 例子 | 244 |
| 砾石 | 244 |

## lian
|  |  |
|---|---|
| 连枷 打谷器 | 244 |
| 连襟 | 244 |
| 连续 | 244 |
| 连衣裙 | 244 |
| 莲藕 | 244 |
| 莲蓬 | 244 |
| 莲子 | 244 |
| 帘子 | 244 |

| | | | | | | | | | |
|---|---|---|---|---|---|---|---|---|---|
| 廉价 | 245 | 潦草 | 247 | 零钱 找~ | 249 | 流行病 | 251 | 楼梯 | 253 |
| 镰刀 | 245 | **liao** | | 零食 | 249 | 流行性感冒 | 251 | 楼下 | 253 |
| 脸 | 245 | 獠牙 | 247 | 零售 | 249 | 流血 | 251 | 蒌叶 | 253 |
| 脸红 喝酒~ | 245 | 聊天 | 247 | 零售店 | 249 | 流域 | 251 | 蝼蛄 | 253 |
| 脸巾 | 245 | 燎烧 | 247 | 零头 | 249 | 硫磺 | 251 | 搂~在怀里 | 253 |
| 脸颊 | 245 | 瞭望 | 247 | 零用钱 | 249 | 留~饭 | 251 | 篓子 | 253 |
| 脸盆 | 245 | 料理 | 247 | 羚羊 | 249 | 留级 | 251 | 漏 桶~水 | 253 |
| 脸皮薄 | 245 | **lie** | | 菱角 | 249 | 留恋 | 251 | 漏洞 桶底有~ | 253 |
| 脸皮厚 | 245 | 猎狗 | 247 | 鲮鱼 | 249 | 留心 | 251 | 漏斗 | 253 |
| 练习~一下 | 245 | 猎枪 | 247 | 凌晨 | 249 | 榴莲 | 251 | 漏勺 | 254 |
| 练习本 | 245 | 猎人 | 247 | 铃 | 249 | 瘤 | 252 | **lu** | |
| 炼~钢 | 245 | 咧~嘴 | 247 | 灵 鼻子~ | 249 | 刘海儿 | 252 | 芦荟 | 254 |
| 链子 | 245 | 烈酒 | 247 | 灵车 | 249 | 柳树 | 252 | 芦笙 | 254 |
| **liang** | | 烈日 | 247 | 灵柩 | 250 | 六 | 252 | 芦笋 | 254 |
| 量~布 | 245 | 裂 | 247 | 灵验 药很~ | 250 | 六十 | 252 | 芦苇 | 254 |
| 量~体温 | 245 | 裂缝 | 248 | 伶俐 | 250 | 六月 | 252 | 鲈鱼 | 254 |
| 量~土地 | 246 | **lin** | | 岭 | 250 | **long** | | 颅骨 | 254 |
| 凉 天~ | 246 | 邻居 | 248 | 领~钱 | 250 | 龙 | 252 | 鸬鹚 | 254 |
| 凉~水 | 246 | 林荫道 | 248 | 领带 | 250 | 龙骨 船的~ | 252 | 炉子 | 254 |
| 凉拌菜 | 246 | 淋 被雨~ | 248 | 领导~人民 | 250 | 龙骨车 | 252 | 卤~鸭 | 254 |
| 凉粉 | 246 | 鳞 鱼~ | 248 | 领导 向~汇报 | 250 | 龙卷风 | 252 | 路 | 254 |
| 凉风 | 246 | 磷 | 248 | 领会 | 250 | 龙虱—种甲虫 | 252 | 路标 | 254 |
| 凉快 | 246 | 磷肥 | 248 | 领先 | 250 | 龙眼 | 252 | 路程 | 254 |
| 凉爽 | 246 | 临时 | 248 | 另外 | 250 | 龙虾 | 252 | 路费 | 254 |
| 凉水 | 246 | 淋巴 | 248 | **liu** | | 龙涎香 | 252 | 路基 | 254 |
| 凉台 | 246 | 淋巴结 | 248 | 遛~走 | 250 | 龙须草 | 252 | 路口 | 254 |
| 凉亭 | 246 | 檁 | 248 | 流~水 | 250 | 龙舟 | 252 | 路面 | 255 |
| 凉鞋 | 246 | 吝啬 | 248 | 流鼻涕 | 250 | 聋 | 253 | 路上 | 255 |
| 粮仓 | 246 | 吝啬鬼 | 248 | 流产 | 250 | 聋子 | 253 | 路条 | 255 |
| 粮店 | 246 | 淋病 | 248 | 流传 | 250 | 笼子 | 253 | 路途~遥远 | 255 |
| 粮食 | 246 | **ling** | | 流浪 | 251 | **lou** | | 路线 | 255 |
| 量米筒 | 246 | 零 二减二等于~ | 249 | 流浪汉 | 251 | 楼 | 253 | 鹭 | 255 |
| 两—~辣椒 | 246 | 零~一、二、三 | 249 | 流利 | 251 | 楼板 | 253 | 鹭鸶 | 255 |
| 辆—~汽车 | 246 | 零分 | 249 | 流氓 | 251 | 楼层 | 253 | 陆地 | 255 |
| 亮 | 247 | 零购 | 249 | 流脓 | 251 | 楼房 | 253 | 陆路 | 255 |
| 晾~衣服 | 247 | 零件 | 249 | 流星 | 251 | 楼上 | 253 | 露水 | 255 |

| | | | | | | | | | |
|---|---|---|---|---|---|---|---|---|---|
| 露天矿 | 255 | 旅客 | 256 | **luan** | | 轮种 | 257 | 螺蛳 | 258 |
| 露天市场 | 255 | 旅人蕉 | 256 | 孪生 | 256 | 轮子 | 257 | 螺旋桨 | 258 |
| 露珠 | 255 | 旅游 | 256 | 卵巢 | 257 | **luo** | | 骡 | 258 |
| 录音 | 255 | 捋 | 256 | 卵子 | 257 | 罗非鱼 | 257 | 裸体 | 258 |
| 录音机 | 255 | 绿 | 256 | 乱 | 257 | 罗汉 | 257 | 骆驼 | 258 |
| 鹿 | 255 | 绿茶 | 256 | **lüe** | | 罗盘 | 257 | 落~下来 | 258 |
| 鹿角 | 255 | 绿豆 | 256 | 掠夺 | 257 | 罗网 | 257 | 落后 | 258 |
| 鹿茸 | 255 | 绿豆粥 | 256 | 掠过 | 257 | 罗望子 | 257 | 落葵 | 258 |
| **lü** | | 绿肥 | 256 | **lun** | | 萝卜 | 257 | 落山太阳~ | 259 |
| 驴 | 256 | 绿头苍蝇 | 256 | 轮船 | 257 | 萝卜干 | 258 | 落叶树 | 259 |
| 铝 | 256 | 滤 | 256 | 轮流 | 257 | 箩筐 | 258 | | |
| 铝锅 | 256 | 律师 | 256 | 轮胎 | 257 | 锣 | 258 | | |
| 旅店 | 256 | | | 轮椅 | 257 | 螺丝钉 | 258 | | |

# M

| | | | | | | | | | |
|---|---|---|---|---|---|---|---|---|---|
| **ma** | | 马 | 261 | 马钱子 | 262 | 买价 | 264 | 满分 | 265 |
| 抹~桌子 | 260 | 马鞍 | 261 | 马枪 | 262 | 买卖 | 264 | 满意 | 265 |
| 抹布 | 260 | 马鞭草 | 261 | 马上 | 262 | 买通 | 264 | 满月婴儿~ | 265 |
| 麻手有点~ | 260 | 马车 | 261 | 马蹄 | 263 | 买主 | 264 | 满月指月亮 | 265 |
| 麻痹症 | 260 | 马齿苋 | 261 | 马桶 | 263 | 卖 | 264 | 满足心里很~ | 265 |
| 麻布 | 260 | 马刀 | 261 | 马戏 | 263 | 卖方 | 264 | 满足~他的要求 | 265 |
| 麻袋 | 260 | 马蹬 | 261 | 马扎 | 263 | 卖乖 | 264 | 满座 | 266 |
| 麻烦~别人 | 260 | 马灯 | 261 | 马掌 | 263 | 卖身 | 264 | 慢走得~ | 266 |
| 麻烦这件事很~ | 260 | 马粪 | 261 | 马鬃 | 263 | 卖淫 | 264 | 慢车 | 266 |
| 麻风病 | 260 | 马蜂 | 261 | 蚂蚁 | 263 | 卖主 | 264 | 慢跑 | 266 |
| 麻将 | 260 | 马虎 | 262 | 蚂蚁窝 | 263 | 麦粒肿 | 264 | 慢性病 | 266 |
| 麻脸 | 260 | 马鲛鱼 | 262 | 玛瑙 | 263 | 麦苗 | 264 | 慢性子~的人 | 266 |
| 麻木 | 260 | 马厩 | 262 | 码头 | 263 | 麦穗 | 264 | 蔓延 | 266 |
| 麻雀 | 260 | 马驹 | 262 | 骂 | 263 | 麦田 | 264 | **mang** | |
| 麻绳 | 261 | 马口铁 | 262 | **mai** | | 麦芽糖 | 264 | 芒果 | 266 |
| 麻线 | 261 | 马裤 | 262 | 埋 | 263 | 脉搏 | 264 | 芒果树 | 266 |
| 麻疹 | 261 | 马力 | 262 | 埋伏 | 263 | 迈步 | 265 | 盲肠 | 266 |
| 麻子脸上长~ | 261 | 马铃薯 | 262 | 埋葬 | 263 | **man** | | 忙 | 266 |
| 麻子他是个~ | 261 | 马笼头 | 262 | 买 | 263 | 蛮横 | 265 | 蟒 | 266 |
| 麻醉 | 261 | 马路 | 262 | 买断 | 264 | 埋怨 | 265 | **mao** | |
| 麻醉药 | 261 | 马鹿 | 262 | 买方 | 264 | 满 | 265 | 猫 | 266 |

| | | | | | | | | | |
|---|---|---|---|---|---|---|---|---|---|
| 猫头鹰 | 266 | 煤油 | 269 | 门铃 | 271 | 秘密~文件 | 273 | 秒表 | 275 |
| 毛 | 267 | 煤油灯 | 269 | 门牌 | 271 | 秘密~保守~ | 273 | 秒针 | 275 |
| 毛笔 | 267 | 煤油炉 | 269 | 门扇 | 271 | **mian** | | 庙 | 275 |
| 毛豆 | 267 | 媒婆 | 269 | 门闩 | 271 | 棉被 | 273 | 庙会 | 275 |
| 毛鸡 | 267 | 媒人 | 269 | 门牙 | 271 | 棉布 | 273 | **mie** | |
| 毛巾 | 267 | 霉 | 269 | 焖~牛肉 | 271 | 棉花 | 273 | 灭火器 | 275 |
| 毛巾被 | 267 | 霉臭 | 269 | **meng** | | 棉花糖 | 273 | **min** | |
| 毛孔 | 267 | 脢肉 里脊 | 269 | 蒙~头 | 271 | 棉裤 | 273 | 民兵 | 275 |
| 毛利 | 267 | 玫瑰花 | 269 | 朦胧 | 271 | 棉纱 | 273 | 民歌 | 275 |
| 毛毛雨 | 267 | 梅毒 | 269 | 蠓~墨蚊 | 271 | 棉桃 | 273 | 民族 | 275 |
| 毛毛虫 | 267 | 梅花 | 269 | 猛烈 | 271 | 棉线 | 273 | 敏捷 | 275 |
| 毛瑟枪 | 267 | 梅花鹿 | 269 | 梦 | 271 | 棉絮被子里的~ | 273 | 抿~着嘴 | 275 |
| 毛毯 | 267 | 眉毛 | 269 | **mi** | | 棉衣 | 273 | 抿~酒 | 275 |
| 毛线 | 267 | 没~来 | 269 | 眯~眼 | 271 | 棉籽 | 273 | **ming** | |
| 毛衣 | 267 | 没关系 | 269 | 猕猴 | 271 | 绵羊 | 273 | 名片 | 275 |
| 毛重 | 267 | 没有来了~ | 269 | 麋鹿 | 272 | 免得 | 274 | 名声 | 275 |
| 毛竹 | 267 | 没有~钱 | 269 | 迷糊神志不清 | 272 | 免费 | 274 | 名字 | 275 |
| 矛 | 267 | 美人蕉 | 269 | 迷惑 | 272 | 腼腆 | 274 | 鸣~鸟 | 275 |
| 茅草 | 267 | 每 | 270 | 迷路 | 272 | 面东~ | 274 | 酩酊 | 275 |
| 茅棚 | 268 | 每年 | 270 | 迷信 | 272 | 面芋头很~ | 274 | 明白~易懂 | 276 |
| 茅屋 | 268 | 每天 | 270 | 谜语 | 272 | 面一~旗子 | 274 | 明矾 | 276 |
| 锚 | 268 | 每月 | 270 | 米买~ | 272 | 面一~镜子 | 274 | 明亮 | 276 |
| 冒~雨 | 268 | 妹夫 | 270 | 米长一~ | 272 | 面包 | 274 | 明年 | 276 |
| 冒~汗 | 268 | 妹妹 | 270 | 米饭 | 272 | 面包果 | 274 | 明天 | 276 |
| 冒~烟 | 268 | **men** | | 米粉食品名 | 272 | 面粉 | 274 | 明晚 | 276 |
| 冒充 | 268 | 闷热 | 270 | 米花糖 | 272 | 面积 | 274 | 冥王星 | 276 |
| 冒犯 | 268 | 门房~ | 270 | 米椒 | 272 | 面具 | 274 | 命活~ | 276 |
| 冒牌货 | 268 | 门一~功课 | 270 | 米酒 | 272 | 面前 | 274 | 命令~撤退 | 276 |
| 帽子 | 268 | 门一~大炮 | 270 | 米糠 | 272 | 面纱 | 274 | 命令 传达~ | 276 |
| 茂密 | 268 | 门把手 | 270 | 米粒 | 272 | 面生 | 274 | 命运 | 276 |
| **mei** | | 门缝 | 270 | 米汤滗~ | 272 | 面熟 | 274 | **mo** | |
| 煤 | 268 | 门环子 | 270 | 米象 | 272 | 面条 | 274 | 摸~脸颊 | 276 |
| 煤矿 | 268 | 门槛 | 270 | 密疏 | 272 | **miao** | | 摸~鱼 | 276 |
| 煤炉 | 268 | 门口 | 270 | 密码 | 272 | 苗床 | 274 | 摸黑 | 277 |
| 煤气 | 268 | 门框 | 271 | 密探 | 272 | 瞄准 | 274 | 模糊 | 277 |
| 煤气炉 | 269 | 门帘 | 271 | 蜜蜂 | 273 | 秒 | 275 | 磨~刀 | 277 |

| 磨~米 | 277 | 墨水 | 278 | 模子米糕 | 279 | 墓穴 | 280 | 木偶 | 281 |
| --- | --- | --- | --- | --- | --- | --- | --- | --- | --- |
| 磨刀石 | 277 | 墨水瓶 | 278 | 母狗 | 279 | 目标 | 280 | 木偶戏 | 281 |
| 磨损 | 277 | 墨鱼 | 278 | 母黄牛 | 279 | 目的 | 280 | 木薯 | 282 |
| 磨洋工 | 277 | 墨汁 | 278 | 母鸡 | 279 | 目前 | 281 | 木薯粉 | 282 |
| 蘑菇 | 277 | 没收 | 278 | 母马 | 279 | 木板 | 281 | 木炭 | 282 |
| 模仿 | 277 | 末班车 | 278 | 母猫 | 279 | 木板屋 | 281 | 木桶 | 282 |
| 魔鬼 | 277 | 末尾 | 278 | 母亲 | 280 | 木鳖子 | 281 | 木头 | 282 |
| 魔术 | 277 | 茉莉花 | 278 | 母水牛下过崽的 | 280 | 木床 | 281 | 木箱 | 282 |
| 魔术师 | 277 | 陌生 | 279 | 母校 | 280 | 木刺竹片边上的 | 281 | 木星 | 282 |
| 摩擦 | 277 | 陌生人 | 279 | 母鸭 | 280 | 木耳 | 281 | 木鱼 | 282 |
| 摩托车 | 277 | **mou** | | 母语 | 280 | 木芙蓉 | 281 | 牧民 | 282 |
| 模型 | 278 | 牟利 | 279 | 母猪 | 280 | 木屐 | 281 | 牧童 | 282 |
| 抹~药 | 278 | 谋杀 | 279 | 拇指 | 280 | 木匠 | 281 | 穆斯林 | 282 |
| 磨子 | 278 | 谋生 | 279 | 牡丹花 | 280 | 木棉花 | 281 | | |
| 墨 | 278 | **mu** | | 牡蛎 | 280 | 木棉树 | 281 | | |
| 墨镜 | 278 | 模子 | 279 | 墓地 | 280 | 木奶果 | 281 | | |

# N

| **na** | | 奶粉 | 284 | 难道 | 285 | 闹哄哄 | 286 | **neng** | |
| --- | --- | --- | --- | --- | --- | --- | --- | --- | --- |
| 拿~手~东西 | 283 | 奶牛 | 284 | 难怪 | 285 | 闹事 | 286 | 能~做好 | 287 |
| 哪 | 283 | 奶瓶 | 284 | 难过日子~ | 285 | 闹钟 | 286 | 能干 | 287 |
| 哪个 | 283 | 奶油 | 284 | 难过心里~ | 285 | **nei** | | 能力 | 287 |
| 哪里到~ | 283 | 奶嘴儿 | 284 | 难看 | 285 | 内弟 | 286 | **ni** | |
| 哪天 | 283 | 耐火砖 | 284 | 难受 | 285 | 内服药 | 286 | 尼姑 | 287 |
| 那 | 283 | 耐心~等待 | 284 | 难听 | 285 | 内行他很~ | 286 | 尼姑庵 | 287 |
| 那边 | 283 | 耐用 | 284 | 难为别~他了 | 285 | 内行他是~ | 286 | 尼龙 | 287 |
| 那个 | 283 | **nan** | | 难民 | 285 | 内奸 | 286 | 呢绒 | 287 |
| 那里 | 283 | 南 | 284 | **nao** | | 内容 | 286 | 呢子 | 287 |
| 那么代词 | 283 | 南风 | 284 | 挠~痒痒 | 285 | 内伤 | 286 | 泥 | 287 |
| 那么连词 | 283 | 南瓜 | 284 | 铙钹 | 286 | 内胎 | 286 | 泥泞 | 287 |
| 那时 | 283 | 南瓜子 | 285 | 脑膜炎 | 286 | 内兄 | 287 | 泥鳅 | 287 |
| 那些 | 284 | 楠木 | 285 | 脑髓 | 286 | 内衣 | 287 | 泥水匠 | 287 |
| 那样 | 284 | 男孩子 | 285 | 脑炎 | 286 | 内脏 | 287 | 霓虹灯 | 288 |
| 纳税 | 284 | 男人 | 285 | 脑溢血 | 286 | **nen** | | 你 | 288 |
| **nai** | | 难~易 | 285 | 脑子 | 286 | 嫩~叶 | 287 | 你们 | 288 |
| 奶~小孩 | 284 | 难吃 | 285 | 恼火 | 286 | 嫩芽菜的~ | 287 | 逆风 | 288 |

| 逆水 | 288 | 念珠 | 289 | ning | | 牛杂 | 291 | 奴仆 | 293 |
|---|---|---|---|---|---|---|---|---|---|
| 腻 吃~ | 288 | niang | | 柠檬 | 290 | 牛仔裤 | 291 | 弩 | 293 |
| nian | | 酿 ~酒 | 289 | 柠檬汁 | 290 | 扭 ~干水 | 292 | 努力 | 293 |
| 蔫 树苗~了 | 288 | niao | | 凝固 | 290 | 扭 ~头 | 292 | 女儿 | 293 |
| 黏 | 288 | 鸟 | 289 | 拧 ~螺丝钉 | 290 | 扭伤 | 292 | nü | |
| 黏土 | 288 | 鸟蛋 | 289 | 拧 ~干水 | 290 | nong | | 女孩子 | 293 |
| 黏液 | 288 | 鸟囮子 | 289 | 宁愿 | 291 | 农产品 | 292 | 女人 | 293 |
| 鲇鱼 | 288 | 鸟笼 | 289 | niu | | 农场 | 292 | 女婿 | 293 |
| 年 | 288 | 鸟枪 | 289 | 牛车 | 291 | 农村 | 292 | nuan | |
| 年初 | 288 | 尿 | 290 | 牛痘 | 291 | 农活 | 292 | 暖 | 294 |
| 年底 | 288 | 尿布 | 290 | 牛痘苗 | 291 | 农家肥 | 292 | 暖壶 热水瓶 | 294 |
| 年级 | 289 | 尿床 | 290 | 牛粪 | 291 | 农历 | 292 | 暖和 | 294 |
| 年纪 | 289 | 尿道 | 290 | 牛黄 | 291 | 农民 | 292 | nüe | |
| 年龄 | 289 | 尿道炎 | 290 | 牛角 | 291 | 农药 | 292 | 虐待 | 294 |
| 年轮 | 289 | 尿壶 | 290 | 牛虻 | 291 | 农作物 | 292 | 疟疾 | 294 |
| 年轻 | 289 | nie | | 牛奶 | 291 | 浓 ~茶 | 292 | 疟蚊 | 294 |
| 年轻人 | 289 | 捏 ~鼻子 | 290 | 牛奶果 | 291 | 浓雾 | 292 | nuo | |
| 年幼 | 289 | 捏 ~泥人 | 290 | 牛排 | 291 | 脓 | 292 | 挪动 | 294 |
| 年中 | 289 | 捏造 | 290 | 牛皮癣 | 291 | 脓疮 | 293 | 挪用 | 294 |
| 年终 | 289 | 镊子 | 290 | 牛肉 | 291 | 脓包 | 293 | 糯稻 | 294 |
| 碾 ~米 | 289 | nin | | 牛虱 | 291 | 脓肿 | 293 | 糯米 | 294 |
| 碾子 | 289 | 您 | 290 | 牛蛙 | 291 | nu | | 糯米饭 | 294 |
| 念经 | 289 | | | 牛油 | 291 | 奴隶 | 293 | 糯米酒 | 294 |
| | | | | | | | | 糯玉米 | 294 |

# O

| | | 偶数 | 295 | 呕吐 | 295 | 沤 ~绿肥 | 295 | | |
|---|---|---|---|---|---|---|---|---|---|
| ou | | 偶像 | 295 | 怄气 | 295 | | | | |
| 偶尔 | 295 | | | | | | | | |

# p

| pa | | pai | | 排队 | 296 | 牌楼 | 297 | 盘秤 | 297 |
|---|---|---|---|---|---|---|---|---|---|
| 趴 | 296 | 拍 ~门 | 296 | 排放 | 296 | 派 ~人 | 297 | 盘算 | 297 |
| 爬 ~树 | 296 | 拍打 ~翅膀 | 296 | 排骨 | 296 | pan | | 盘问 | 297 |
| 爬 虫子~ | 296 | 拍卖 | 296 | 排列 | 297 | 攀鲈 | 297 | 盘旋 | 297 |
| 爬 小孩在地上~ | 296 | 排 ~椅子 | 296 | 排球 | 297 | 盘 ~辫子 | 297 | 盘子 | 297 |
| 爬坡 | 296 | 排斥 | 296 | 排水 | 297 | 盘 ~菜 | 297 | 盼望 | 297 |
| 怕 | 296 | 排除 | 296 | 排水沟 | 297 | 盘 ~棋 | 297 | 判 ~案子 | 298 |

| | | | | | | | | | |
|---|---|---|---|---|---|---|---|---|---|
| 叛变 | 298 | **pen** | | 皮鞋 | 302 | 票价 | 304 | 瓶塞 | 306 |
| 叛徒 | 298 | 喷~水 | 300 | 皮炎 | 302 | 票据 | 304 | 瓶子 | 306 |
| **pang** | | 喷泉 | 300 | 皮疹 | 302 | 漂亮长得~ | 304 | 屏风 | 306 |
| 旁边 | 298 | 喷雾器 | 300 | 枇杷 | 302 | **pie** | | **po** | |
| 螃蟹 | 298 | 盆 | 300 | 琵琶 | 302 | 瞥 | 304 | 坡 | 306 |
| 膀胱 | 298 | 盆地 | 300 | 脾 | 302 | 苤蓝 | 304 | 坡路 | 306 |
| 膀胱结石 | 298 | **peng** | | 啤酒 | 302 | **pin** | | 坡田 | 306 |
| 膀胱炎 | 298 | 朋友 | 300 | 匹~马 | 302 | 拼命 | 304 | 泼~水 | 306 |
| 胖 | 298 | 棚子 | 300 | 匹一~布 | 302 | 贫苦 | 304 | 泼辣 | 306 |
| 胖子 | 298 | 篷车 | 300 | 屁 | 302 | 贫血症 | 304 | 泼水节宋干节 | 307 |
| **pao** | | 膨胀 | 300 | 屁股 | 302 | 聘礼 | 305 | 婆婆夫之母 | 307 |
| 抛~球 | 298 | 捧~水喝 | 301 | **pian** | | **ping** | | 破~竹篾 | 307 |
| 抛售 | 298 | 捧一~水 | 301 | 篇一~文章 | 303 | 乒乓球 | 305 | 破~西瓜 | 307 |
| 跑~出去 | 299 | 碰杯 | 301 | 偏打~了 | 303 | 平 | 305 | 破案 | 307 |
| 泡~衣服 | 299 | 碰巧 | 301 | 偏方 | 303 | 平安 | 305 | 破产 | 307 |
| 泡~茶 | 299 | 碰伤 | 301 | 偏瘫 | 303 | 平坝子 | 305 | 破坏 | 307 |
| 泡沫 | 299 | 碰撞 | 301 | 偏心 | 303 | 平辈 | 305 | 破烂衣服~ | 307 |
| 炮弹 | 299 | **pi** | | 便宜 | 303 | 平本 | 305 | 破伤风 | 307 |
| 炮台 | 299 | 披~衣服 | 301 | 片一~树叶 | 303 | 平常 | 305 | **pou** | |
| **pei** | | 披风 | 301 | 片一~稻田 | 303 | 平等 | 305 | 剖 | 307 |
| 胚胎 | 299 | 披肩 | 301 | 片一~青草 | 303 | 平地 | 305 | **pu** | |
| 胚芽 | 299 | 批一~货 | 301 | 片一~云 | 303 | 平房 | 305 | 铺~床 | 307 |
| 赔本 | 299 | 批一~学生 | 301 | 片一~药 | 303 | 平衡 | 305 | 铺~路 | 307 |
| 赔偿 | 299 | 批发 | 301 | 骗 | 303 | 平价 | 305 | 扑老虎~羊 | 307 |
| 赔罪 | 299 | 批发价 | 301 | 骗子 | 303 | 平局 | 305 | 扑克 | 308 |
| 陪~客人 | 299 | 批购 | 301 | **piao** | | 平均 | 305 | 菩萨 | 308 |
| 培土 | 299 | 砒霜 | 301 | 漂浮 | 303 | 平路 | 305 | 菩提树 | 308 |
| 培养~人才 | 299 | 劈 | 302 | 漂流 | 303 | 平时 | 305 | 葡萄 | 308 |
| 佩~剑 | 299 | 皮包 | 302 | 瓢虫 | 303 | 平原 | 306 | 葡萄干 | 308 |
| 佩~饰物 | 299 | 皮尺 | 302 | 瓢儿 | 304 | 平整~土地 | 306 | 葡萄酒 | 308 |
| 配方 | 300 | 皮肤 | 302 | 嫖娼 | 304 | 苹果 | 306 | 葡萄糖 | 308 |
| 配合 | 300 | 皮肤病 | 302 | 嫖客 | 304 | 瓶盖子 | 306 | 蒲葵 | 308 |
| 配偶 | 300 | 皮棉 | 302 | 漂白~衣服 | 304 | 瓶底 | 306 | 仆从 | 308 |
| 配药 | 300 | 皮球 | 302 | 漂白粉 | 304 | 瓶颈 | 306 | 仆人 | 308 |
| | | 皮箱 | 302 | 票 | 304 | 瓶口 | 306 | 铺子 | 308 |
| | | | | | | | | 瀑布 | 308 |

# Q

| qi | | | | | | | | | |
|---|---|---|---|---|---|---|---|---|---|
| | | 起飞 | 311 | 卡 鱼刺~喉咙 | 313 | 钱 | 315 | 抢救 | 317 |
| 七 | 309 | 起来 | 311 | **qian** | | 钱包 | 315 | 抢亲 | 317 |
| 七十 | 309 | 起立 | 311 | 千 | 313 | 钱袋 | 315 | 抢占 | 317 |
| 七月 | 309 | 起名 | 311 | 千克 | 313 | 钱柜 | 315 | 呛 气味~人 | 317 |
| 妻子 | 309 | 起跑 | 311 | 千米 | 313 | 钳子 | 315 | **qiao** | |
| 栖息 | 309 | 起诉 | 311 | 千万 数词 | 313 | 潜 ~下水底 | 315 | 敲 | 317 |
| 期限 | 309 | 乞丐 | 311 | 千张纸树 | 313 | 潜水 | 315 | 敲诈 | 317 |
| 欺负 | 309 | 乞求 | 311 | 迁就 | 313 | 潜泳 | 315 | 锹 | 317 |
| 欺骗 | 309 | 乞讨 | 311 | 牵 ~牛 | 313 | 浅 水很~ | 316 | 乔木 | 317 |
| 沏 ~茶 | 309 | 启蒙 | 311 | 牵扯 | 313 | 浅 颜色~ | 316 | 桥 | 317 |
| 漆 ~门板 | 309 | 启明星 | 312 | 牵挂 | 313 | 浅滩 | 316 | 桥牌 | 318 |
| 漆 一桶~ | 309 | 企鹅 | 312 | 牵连 | 314 | 欠 | 316 | 桥头 | 318 |
| 漆树 | 310 | 企业 | 312 | 牵牛花 | 314 | 欠债 | 316 | 荞麦 | 318 |
| 其他 | 310 | 气管 | 312 | 铅 | 314 | 歉收 | 316 | 樵夫 | 318 |
| 旗杆 | 310 | 气管炎 | 312 | 铅笔 | 314 | **qiang** | | 巧 手~ | 318 |
| 旗号 | 310 | 气候 | 312 | 铅锤 | 314 | 枪 | 316 | 鞘 刀~ | 318 |
| 旗袍 | 310 | 气流 | 312 | 铅球 | 314 | 枪毙 | 316 | 撬 | 318 |
| 旗子 | 310 | 气枪 | 312 | 签订 | 314 | 枪伤 | 316 | **qie** | |
| 棋 | 310 | 气球 | 312 | 签名 | 314 | 枪托 | 316 | 切 ~菜 | 318 |
| 棋盘 | 310 | 气味 | 312 | 谦虚 | 314 | 蜣螂 屎壳郎 | 316 | 切除 | 318 |
| 棋子 | 310 | 气温 | 312 | 前 房~ | 314 | 墙 | 316 | 茄子 | 318 |
| 麒麟 | 310 | 气息 | 312 | 前 三年~ | 314 | 墙壁 | 316 | 妾 | 318 |
| 奇怪 | 310 | 汽车 | 312 | 前夫 | 314 | 墙根 | 316 | **qin** | |
| 骑 ~马 | 310 | 汽车站 | 312 | 前后 | 314 | 墙角 | 316 | 亲 ~小孩 | 318 |
| 骑兵 | 310 | 汽船 | 312 | 前几年 | 314 | 墙头 | 316 | 亲近 | 318 |
| 畦 | 310 | 汽灯 | 312 | 前进 | 315 | 蔷薇花 | 316 | 亲密 | 318 |
| 畦 一~菜 | 310 | 汽笛 | 312 | 前列腺 | 315 | 强盗 | 316 | 亲戚 | 318 |
| 鳍 鱼~ | 310 | 汽水 | 313 | 前列腺炎 | 315 | 强占 | 317 | 亲切 | 319 |
| 歧尾斗鱼 | 310 | 汽艇 | 313 | 前门 | 315 | 强制 | 317 | 亲人 | 319 |
| 齐 来~了 | 310 | 汽油 | 313 | 前年 | 315 | 襁褓 | 317 | 亲生子女 | 319 |
| 脐带 | 311 | 契约 | 313 | 前妻 | 315 | 抢 | 317 | 亲事 | 319 |
| 起初 | 311 | 砌 ~砖 | 313 | 前世 | 315 | 抢夺 | 317 | 亲属 | 319 |
| 起床 | 311 | **qia** | | 前天 | 315 | 抢购 | 317 | 亲自 | 319 |
| 起房子 | 311 | 掐 ~菜苗 | 313 | 前线 | 315 | 抢劫 | 317 | 侵犯 | 319 |

词目索引

| | | | | | | | | | |
|---|---|---|---|---|---|---|---|---|---|
| 侵略 | 319 | 清洁工 | 321 | 请柬 | 322 | **qu** | | 全面 | 325 |
| 侵入 | 319 | 清明节 | 321 | 请客 | 322 | 蛆 | 324 | 痊愈 | 325 |
| 侵吞 | 319 | 清汤 | 321 | 请求 | 322 | 驱虫药 | 324 | 颧骨 | 325 |
| 侵占 | 319 | 清醒~头脑~ | 321 | 亲家 | 323 | 驱赶 | 324 | 筌 | 326 |
| 琴 | 319 | 清真寺 | 321 | 亲家公 | 323 | 曲尺 | 324 | 犬齿 | 326 |
| 勤 | 319 | 清煮 | 321 | 亲家母 | 323 | 屈服 | 324 | 劝 | 326 |
| 勤奋 | 319 | 轻 | 321 | 庆贺 | 323 | 取钱~ | 324 | 劝说 | 326 |
| 勤恳 | 320 | 轻浮 | 321 | | | 取暖 | 324 | 劝阻 | 326 |
| 芹菜 | 320 | 轻活儿 | 321 | **qiong** | | 取消 | 324 | **que** | |
| **qing** | | 轻机枪 | 321 | 穷 | 323 | 娶 | 324 | 缺~三个人 | 326 |
| 青 | 320 | 轻伤 | 321 | 穷人 | 323 | 去 | 325 | 缺点 | 326 |
| 青菜 | 320 | 轻视 | 321 | **qiu** | | 去年 | 325 | 缺课 | 326 |
| 青光眼 | 320 | 倾斜 | 322 | 丘陵 | 323 | **quan** | | 缺席 | 326 |
| 青年 | 320 | 情夫 | 322 | 蚯蚓 | 323 | 圈套 | 325 | 瘸 | 326 |
| 青苔 | 320 | 情妇 | 322 | 秋季 | 323 | 圈子 | 325 | 瘸子 | 326 |
| 青铜 | 320 | 情歌 | 322 | 秋千 | 323 | 泉 | 325 | 雀斑 | 326 |
| 青蛙 | 320 | 情人 | 322 | 求~人帮忙 | 324 | 泉水 | 325 | 确实 | 326 |
| 蜻蜓 | 320 | 晴 | 322 | 求婚 | 324 | 泉眼儿 | 325 | **qun** | |
| 清水很~ | 320 | 晴朗 | 322 | 求救 | 324 | 拳师 | 325 | 群一~羊 | 327 |
| 清晨 | 320 | 晴天 | 322 | 求情 | 324 | 拳术 | 325 | 群一~孩子 | 327 |
| 清楚 | 321 | 请~他来 | 322 | 球 | 324 | 拳头 | 325 | 群众 | 327 |
| 清脆 | 321 | 请假 | 322 | 球场 | 324 | 全~家 | 325 | 裙子 | 327 |
| | | | | | | 全~到了 | 325 | | |

# R

| | | | | | | | | | |
|---|---|---|---|---|---|---|---|---|---|
| **ran** | | 绕~弯儿 | 328 | 人工降雨 | 329 | 认识我~他 | 330 | 日光灯 | 330 |
| 燃料 | 328 | **re** | | 人力车 | 329 | 认输 | 330 | 日历 | 330 |
| 染~布 | 328 | 热天~ | 328 | 人面果 | 329 | 认为 | 330 | 日落 | 331 |
| 染病 | 328 | 热水~ | 328 | 人参 | 329 | 认真~学习 | 330 | 日食 | 331 |
| **rang** | | 热把饭菜~一下 | 329 | 人手 | 329 | 认罪 | 330 | 日晕 | 331 |
| 瓤瓜~ | 328 | 热闹 | 329 | 人行道 | 329 | 任务 | 330 | **rong** | |
| 让~我想想 | 328 | 热水 | 329 | 人行横道 | 329 | 韧牛肉很~ | 330 | 容忍 | 331 |
| 让步 | 328 | 热水瓶 | 329 | 人中 | 329 | **reng** | | 容易 | 331 |
| 让路 | 328 | 热水瓶胆 | 329 | 忍 | 329 | 扔~垃圾 | 330 | 绒布 | 331 |
| 让座 | 328 | 热天 | 329 | 忍耐 | 329 | 仍然 | 330 | 绒毛 | 331 |
| **rao** | | **ren** | | 忍受 | 329 | **ri** | | 绒线 | 331 |
| 扰乱 | 328 | 人 | 329 | 认错 | 330 | 日出 | 330 | 绒衣 | 331 |

| | | | | | | | | | |
|---|---|---|---|---|---|---|---|---|---|
| 融化 | 331 | 肉干儿 | 332 | 乳房 | 332 | 入席 | 333 | 软骨症 | 334 |
| 溶解 | 331 | 肉桂 | 332 | 乳母 | 332 | 入学 | 333 | 软烂<sub>饭~</sub> | 334 |
| 蝾螈 | 331 | 肉用鸡 | 332 | 乳头 | 333 | 入院 | 333 | **run** | |
| **rou** | | 肉瘤 | 332 | 乳腺炎 | 333 | 入赘 | 333 | 闰年 | 334 |
| 柔道 | 331 | 肉末 | 332 | 乳牙 | 333 | 褥子 | 333 | 闰日 | 334 |
| 揉<sub>~面</sub> | 331 | 肉丸子 | 332 | 乳罩 | 333 | **ruan** | | 闰月 | 334 |
| 揉<sub>~眼睛</sub> | 331 | **ru** | | 乳汁 | 333 | 软 | 333 | 润滑油 | 334 |
| 肉 | 331 | 如果 | 332 | 乳猪<sub>初生的猪</sub> | 333 | 软腭 | 333 | | |
| 肉店 | 332 | 蠕虫 | 332 | 入口<sub>路的~</sub> | 333 | 软膏 | 333 | | |
| 肉峰<sub>牛~</sub> | 332 | 蠕动 | 332 | 入殓 | 333 | 软骨 | 333 | | |

# S

| | | | | | | | | | |
|---|---|---|---|---|---|---|---|---|---|
| **sa** | | 三月 | 336 | **se** | | 纱布<sub>医用~</sub> | 339 | 山沟 | 341 |
| 撒<sub>~网</sub> | 335 | 伞 | 336 | 涩味<sub>~</sub> | 338 | 杀<sub>~人</sub> | 339 | 山谷 | 341 |
| 撒<sub>~谷种</sub> | 335 | 散<sub>人都~了</sub> | 336 | 色鬼 | 338 | 杀<sub>~鸡</sub> | 339 | 山货 | 341 |
| 撒谎 | 335 | 散<sub>雾~了</sub> | 336 | 色盲 | 338 | 杀虫剂 | 339 | 山姜 | 341 |
| 撒娇 | 335 | 散步 | 336 | **sha** | | 杀价 | 339 | 山脚 | 341 |
| 洒<sub>~水</sub> | 335 | 散会 | 336 | 沙丁鱼 | 338 | 刹车 | 339 | 山口 | 341 |
| 洒水车 | 335 | 散集 | 336 | 沙发 | 338 | 傻 | 339 | 山梁 | 341 |
| **sai** | | **sang** | | 沙糕 | 338 | 傻子 | 339 | 山林 | 341 |
| 腮 | 335 | 桑寄生 | 336 | 沙坑 | 338 | **shai** | | 山路 | 341 |
| 腮腺 | 335 | 桑葚 | 337 | 沙梨 | 338 | 筛<sub>~米</sub> | 339 | 山峦 | 341 |
| 鳃 | 335 | 桑树 | 337 | 沙漠 | 338 | 筛子 | 340 | 山脉 | 341 |
| 塞<sub>~住窟窿</sub> | 335 | 桑叶 | 337 | 沙丘 | 338 | 色子 | 340 | 山坡 | 341 |
| 塞子 | 335 | 丧服 | 337 | 沙滩 | 338 | 晒 | 340 | 山区 | 341 |
| 赛龙舟 | 335 | 丧事 | 337 | 沙土 | 338 | 晒场 | 340 | 山头 | 341 |
| 赛跑 | 335 | 丧家 | 337 | 沙哑 | 338 | 晒台 | 340 | 山羊 | 342 |
| **san** | | **sao** | | 沙眼 | 338 | 晒太阳 | 340 | 山羊胡子 | 342 |
| 三 | 336 | 臊 | 337 | 沙洲 | 339 | **shan** | | 山腰 | 342 |
| 三岔路口 | 336 | 搔 | 337 | 沙子 | 339 | 山 | 340 | 山竹果 | 342 |
| 三分之一 | 336 | 扫<sub>~地</sub> | 337 | 鲨鱼 | 339 | 山坳 | 340 | 舢板 | 342 |
| 三角裤 | 336 | 扫雷 | 337 | 砂锅 | 339 | 山地<sub>多山的地带</sub> | 340 | 珊瑚 | 342 |
| 三脚架 | 336 | 扫盲 | 337 | 砂砾 | 339 | 山顶 | 340 | 珊瑚岛 | 342 |
| 三脚灶 | 336 | 扫射 | 337 | 砂糖 | 339 | 山洞 | 340 | 删除 | 342 |
| 三轮车 | 336 | 嫂嫂 | 337 | 砂土路 | 339 | 山峰 | 340 | 扇<sub>~扇子</sub> | 342 |
| 三十 | 336 | 扫帚 | 338 | 砂纸 | 339 | 山冈 | 341 | 杉树 | 342 |

| | | | | | | | | | |
|---|---|---|---|---|---|---|---|---|---|
| 膻 | 342 | 上帝 | 345 | 少见 | 347 | 深夜 | 349 | 生母 | 352 |
| 闪电 | 342 | 上吊 | 345 | 少量 | 347 | 申冤 | 349 | 生气 | 352 |
| 善于 | 342 | 上颚 | 345 | 少数 | 347 | 伸~手 | 349 | 生日 | 352 |
| 鳝鱼 | 343 | 上个月 | 345 | 少有 | 347 | 伸~舌头 | 349 | 生石灰 | 352 |
| 扇~门 | 343 | 上级 | 345 | 少妇 | 347 | 伸懒腰 | 349 | 生手 | 352 |
| 扇子 | 343 | 上脚镣 | 345 | 少年 | 347 | 呻吟 | 349 | 生疏手艺~ | 352 |
| 讪笑 | 343 | 上课 | 345 | 少年白 | 347 | 神 | 349 | 生水 | 352 |
| 疝气 | 343 | 上来 | 345 | 少女 | 347 | 神经病 | 350 | 生铁 | 352 |
| **shang** | | 上梁 | 345 | 哨兵 | 347 | 神龛 | 350 | 生橡胶 | 352 |
| 商标 | 343 | 上坡路 | 345 | 哨子 | 347 | 神灵 | 350 | 生锈 | 353 |
| 商场 | 343 | 上铺 | 345 | 潲水 | 347 | 神台 | 350 | 生意 | 353 |
| 商船 | 343 | 上身 | 345 | **she** | | 神仙 | 350 | 生油未炼过的油 | 353 |
| 商店 | 343 | 上去 | 345 | 赊 | 348 | 神像 | 350 | 生殖器 | 353 |
| 商定 | 343 | 上诉 | 346 | 赊欠 | 348 | 什么 | 350 | 牲畜 | 353 |
| 商量 | 343 | 上锁 | 346 | 赊账 | 348 | 什么时候 | 350 | 升太阳~ | 353 |
| 商品 | 343 | 上膛子弹~ | 346 | 蛇 | 348 | 审判 | 350 | 升旗 | 353 |
| 商人 | 343 | 上午 | 346 | 蛇蜕 | 348 | 审问 | 350 | 升职 | 353 |
| 伤轻~ | 344 | 上弦月 | 346 | 舌根 | 348 | 甚至 | 350 | 绳子 | 353 |
| 伤兵 | 344 | 上学 | 346 | 舌尖 | 348 | 肾 | 350 | 省广东~ | 353 |
| 伤病员 | 344 | 上旬 | 346 | 舌头 | 348 | 肾病 | 351 | 省城 | 353 |
| 伤害 | 344 | 上游 | 346 | 射击 | 348 | 肾结石 | 351 | 省钱 | 353 |
| 伤寒 | 344 | 上涨水位~ | 346 | 射箭 | 348 | 肾炎 | 351 | 剩 | 353 |
| 伤痕 | 344 | 上肢 | 346 | 射门 | 348 | 渗透 | 351 | 剩饭 | 353 |
| 伤口 | 344 | 上嘴唇 | 346 | 麝香鹿 | 348 | **sheng** | | 圣诞节 | 353 |
| 伤亡 | 344 | 尚未 | 346 | 涉水 | 348 | 声音 | 351 | 胜利 | 353 |
| 伤心 | 344 | **shao** | | 设法 | 348 | 生~孩子 | 351 | **shi** | |
| 伤员 | 344 | 烧~水 | 346 | 设宴 | 348 | 生~肉 | 351 | 失败 | 354 |
| 上桌子~ | 344 | 烧火~煮饭 | 346 | **shen** | | 生病 | 351 | 失火 | 354 |
| 上~楼 | 344 | 烧卖 | 346 | 身边 | 348 | 生菜叶用莴苣 | 351 | 失口 | 354 |
| 上班 | 344 | 烧伤 | 346 | 身材 | 348 | 生产~产品 | 351 | 失眠 | 354 |
| 上乘 | 344 | 烧鸭 | 347 | 身份证 | 348 | 生吃 | 352 | 失散 | 354 |
| 上半年 | 345 | 烧香 | 347 | 身体 | 349 | 生父 | 352 | 失手 | 354 |
| 上半夜 | 345 | 捎口信 | 347 | 深水~ | 349 | 生根 | 352 | 失望 | 354 |
| 上半月 | 345 | 稍微 | 347 | 深颜色~ | 349 | 生活~好了 | 352 | 失信 | 354 |
| 上当 | 345 | 勺子 | 347 | 深夜~了 | 349 | 生火 | 352 | 失血 | 354 |
| 上等 | 345 | 少 | 347 | 深潭 | 349 | 生命 | 352 | 失言 | 354 |

| | | | | | | | | | |
|---|---|---|---|---|---|---|---|---|---|
| 失踪 | 354 | 石子儿 | 356 | 屎 | 359 | 收养 | 361 | 售货员 | 363 |
| 失足~落水 | 354 | 时代青年~ | 356 | 是 | 359 | 手 | 361 | 售价 | 364 |
| 湿~衣服 | 354 | 时候 | 356 | 试~用 | 359 | 手背 | 361 | 售票处 | 364 |
| 诗 | 354 | 时间 | 357 | 试金石 | 359 | 手表 | 361 | 售票员 | 364 |
| 师傅 | 355 | 时期 | 357 | 试探 | 359 | 手铐 | 361 | 受贿 | 364 |
| 狮子 | 355 | 十 | 357 | 市场 | 359 | 手榴弹 | 361 | 受伤 | 364 |
| 施肥 | 355 | 十八 | 357 | 市价 | 359 | 手帕 | 361 | 授粉 | 364 |
| 施舍 | 355 | 十二 | 357 | 柿饼 | 359 | 手枪 | 361 | **shu** | |
| 尸体 | 355 | 十二月 | 357 | 柿子 | 359 | 手术 | 362 | 梳~头 | 364 |
| 石斑鱼 | 355 | 十分~高兴 | 357 | 世界 | 359 | 手套 | 362 | 梳子 | 364 |
| 石板建筑材料 | 355 | 十九 | 357 | 视力 | 360 | 手提箱 | 362 | 输~赢 | 364 |
| 石碑 | 355 | 十六 | 357 | 事 | 360 | 手推车 | 362 | 输精管 | 364 |
| 石雕 | 355 | 十七 | 357 | 事故 | 360 | 手腕 | 362 | 输卵管 | 364 |
| 石墩 | 355 | 十三 | 357 | 誓言 | 360 | 手下 | 362 | 输血 | 364 |
| 石缝儿 | 355 | 十四 | 357 | 侍候 | 360 | 手心 | 362 | 叔父 | 364 |
| 石膏 | 355 | 十万 | 357 | 逝世 | 360 | 手痒想动手 | 362 | 叔母 | 364 |
| 石拱桥 | 355 | 十五 | 357 | 士兵 | 360 | 手艺 | 362 | 书 | 364 |
| 石斛 | 355 | 十一 | 358 | 示意 | 360 | 手掌 | 362 | 书包 | 365 |
| 石灰 | 355 | 十一月 | 358 | 释放 | 360 | 手指 | 362 | 书店 | 365 |
| 石灰石 | 355 | 十月 | 358 | **shou** | | 手指节 | 362 | 书房 | 365 |
| 石灰水 | 355 | 十字镐 | 358 | 收~信 | 360 | 手镯 | 362 | 书费 | 365 |
| 石灰窑 | 356 | 十字架 | 358 | 收成 | 360 | 首一~歌 | 362 | 书柜 | 365 |
| 石匠 | 356 | 十字路 | 358 | 收费 | 360 | 首都 | 362 | 书架 | 365 |
| 石块 | 356 | 十字路口 | 358 | 收割 | 360 | 首府 | 363 | 书桌 | 365 |
| 石榴 | 356 | 食道 | 358 | 收割机 | 360 | 首领 | 363 | 疏~密 | 365 |
| 石榴树 | 356 | 食堂 | 358 | 收工 | 360 | 首饰 | 363 | 疏散~人群 | 365 |
| 石棉 | 356 | 食物 | 358 | 收购 | 360 | 首先 | 363 | 疏通~水渠 | 365 |
| 石墨 | 356 | 食物中毒 | 358 | 收获 | 360 | 守寡 | 363 | 舒服 | 365 |
| 石墙 | 356 | 食蚁兽 | 358 | 收据 | 361 | 守旧 | 363 | 熟饭~了 | 365 |
| 石桥 | 356 | 食言 | 358 | 收款处 | 361 | 守灵 | 363 | 熟果子~了 | 365 |
| 石山 | 356 | 食用油 | 358 | 收款员 | 361 | 瘦人~ | 363 | 熟菜 | 365 |
| 石狮子 | 356 | 食欲不振 | 359 | 收买被敌人~ | 361 | 瘦~肉 | 363 | 熟练 | 365 |
| 石笋 | 356 | 食指 | 359 | 收入 | 361 | 瘦土很~ | 363 | 熟路 | 365 |
| 石头 | 356 | 实话 | 359 | 收拾~房间 | 361 | 瘦衣服太~ | 363 | 熟睡 | 366 |
| 石英 | 356 | 实价 | 359 | 收信人 | 361 | 瘦肉 | 363 | 熟人 | 366 |
| 石油 | 356 | 实在~太热 | 359 | 收押 | 361 | 瘦子 | 363 | 熟石灰 | 366 |

| | | | | | | | | | |
|---|---|---|---|---|---|---|---|---|---|
| 熟铁 | 366 | 刷子 | 368 | 水瓜 | 370 | 水肿 | 372 | 私塾 | 374 |
| 熟悉 | 366 | 耍把戏 | 368 | 水果 | 370 | 水煮蛋 | 372 | 私宅 | 374 |
| 赎 | 366 | 耍赖 | 368 | 水果糖 | 370 | 睡 | 372 | 撕~纸 | 374 |
| 赎金 | 366 | **shuai** | | 水晶 | 370 | 睡不着 | 372 | 嘶马~ | 374 |
| 赎罪 | 366 | 摔~下楼梯 | 368 | 水井 | 370 | 睡裤 | 372 | 死 | 374 |
| 薯总称 | 366 | 摔跤 体育项目 | 368 | 水坑 | 370 | 睡懒觉 | 372 | 死胡同 | 375 |
| 薯莨 | 366 | 衰落 | 368 | 水库 | 370 | 睡莲 | 372 | 死路 | 375 |
| 薯蓣 | 366 | 甩~手榴弹 | 368 | 水龙头 | 370 | 睡衣 | 373 | 死水 | 375 |
| 鼠疫 | 366 | 甩卖 | 368 | 水路 | 370 | 睡着 | 373 | 死刑 | 375 |
| 数~钱 | 366 | **shuan** | | 水面 | 370 | 税 | 373 | 死者 | 375 |
| 属于 | 366 | 栓剂 | 368 | 水磨 | 370 | 税款 | 373 | 死罪 | 375 |
| 树 | 366 | 闩~门 | 368 | 水母 | 370 | **shun** | | 四 | 375 |
| 树杈 | 366 | 涮~羊肉 | 368 | 水泥 | 371 | 吮 | 373 | 四季豆 | 375 |
| 树丛 | 367 | **shuang** | | 水泥路 | 371 | 顺便 | 373 | 四十 | 375 |
| 树墩 | 367 | 霜 | 368 | 水泥瓦 | 371 | 顺风 | 373 | 四月 | 375 |
| 树干 | 367 | 双一~鞋 | 369 | 水碾 | 371 | 顺口~说出 | 373 | 四肢 | 375 |
| 树根 | 367 | 双一~筷子 | 369 | 水牛 | 371 | 顺流 | 373 | 饲料 | 375 |
| 树冠 | 367 | 双胞胎 | 369 | 水牛犊 | 371 | 瞬间 | 373 | **song** | |
| 树浆 | 367 | 双程票 | 369 | 水鸥 | 371 | **shuo** | | 松捆得~ | 376 |
| 树林 | 367 | 双方 | 369 | 水泡 | 371 | 说 | 373 | 松土很~ | 376 |
| 树苗 | 367 | 双峰骆驼 | 369 | 水渠 | 371 | 说粗口话 | 373 | 松动牙齿~ | 376 |
| 树皮 | 367 | 双人床 | 369 | 水蛇 | 371 | 说风凉话 | 373 | 松花蛋 | 376 |
| 树梢 | 367 | 双刃刀 | 369 | 水塔 | 371 | 说梦话 | 373 | 松紧带 | 376 |
| 树叶 | 367 | 双生 | 369 | 水獭 | 371 | 说明~原因 | 373 | 松球 | 376 |
| 树荫 | 367 | 双眼皮 | 369 | 水田 | 371 | 说明书 | 374 | 松鼠 | 376 |
| 树枝 | 367 | **shui** | | 水位 | 371 | 说实话 | 374 | 松树 | 376 |
| 漱口 | 367 | 谁 | 369 | 水星 | 371 | **si** | | 松土 | 376 |
| 数目 | 368 | 水 | 369 | 水烟袋 | 372 | 丝 | 374 | 松香 | 376 |
| 数字 | 368 | 水泵 | 369 | 水烟筒 | 372 | 丝绸 | 374 | 松针 | 376 |
| 束一~纱 | 368 | 水车抽水工具 | 369 | 水银 | 372 | 丝瓜 | 374 | 松脂 | 376 |
| 束一~花 | 368 | 水滴 | 369 | 水源 | 372 | 丝瓜络 | 374 | 怂恿 | 376 |
| 竖 | 368 | 水痘 | 369 | 水灾 | 372 | 司机 | 374 | 耸肩 | 376 |
| **shua** | | 水碓 | 370 | 水藻 | 372 | 私奔 | 374 | 送~信 | 376 |
| 刷~衣服 | 368 | 水浮莲 | 370 | 水闸 | 372 | 私人 | 374 | 送~你一支笔 | 376 |
| 刷~锅 | 368 | 水沟 | 370 | 水蒸汽 | 372 | 私生子 | 374 | 送~他回去 | 376 |
| 刷牙 | 368 | 水管 | 370 | 水蛭 | 372 | 私事 | 374 | 送别 | 376 |

| | | | | | | | | | |
|---|---|---|---|---|---|---|---|---|---|
| 送客 | 377 | 塑料 | 377 | 算账 | 378 | sun | | 唆使 | 380 |
| 送礼 | 377 | 塑料鞋 | 377 | 蒜 | 378 | 孙女 | 379 | 缩 | 380 |
| 送亲 | 377 | 塑像 | 377 | 蒜瓣 | 378 | 孙女婿 | 379 | 缩短 | 380 |
| 送葬 | 377 | 嗉囊鸡~ | 377 | 蒜苗 | 378 | 孙媳妇 | 379 | 缩水衣服~ | 380 |
| sou | | 诉苦 | 377 | 蒜头 | 378 | 孙子 | 379 | 缩小 | 380 |
| 搜刮 | 377 | 速度 | 378 | sui | | 笋干 | 379 | 蓑衣 | 380 |
| 搜索 | 377 | suan | | 虽然 | 378 | 笋壳 | 379 | 莎草 | 380 |
| 馊 | 377 | 酸 | 378 | 随从 | 379 | 笋壳鱼 | 379 | 所一~学校 | 380 |
| 艘一~船 | 377 | 酸菜 | 378 | 随时有事~找我 | 379 | 榫子 | 380 | 所以 | 380 |
| su | | 酸牛奶 | 378 | 随意 | 379 | 损耗 | 380 | 锁一把~ | 381 |
| 苏打 | 377 | 酸痛 | 378 | 随着~时间的推移 | 379 | 损失 | 380 | 锁~门 | 381 |
| 苏木 | 377 | 算~账 | 378 | 穗儿稻~ | 379 | suo | | 锁边 | 381 |
| 俗气 | 377 | 算命 | 378 | 碎碰~ | 379 | 梭一~芭蕉 | 380 | 锁骨 | 381 |
| 素菜 | 377 | 算命先生 | 378 | 碎米 | 379 | 梭鱼 | 380 | 琐事 | 381 |
| 宿舍 | 377 | 算盘 | 378 | 隧道 | 379 | 梭子 | 380 | | |

# T

| | | | | | | | | | |
|---|---|---|---|---|---|---|---|---|---|
| ta | | 台风雨 | 383 | 贪心 | 384 | 探监 | 385 | 躺椅 | 387 |
| 他 | 382 | 台阶 | 383 | 弹~琴 | 384 | 探亲 | 385 | 烫~肉片 | 387 |
| 他们 | 382 | 苔藓 | 383 | 弹簧 | 384 | 探听 | 385 | 烫发 | 387 |
| 他自己 | 382 | 抬~石头 | 383 | 弹簧床 | 384 | 探头~张望 | 386 | 烫伤 | 387 |
| 她 | 382 | 抬~头 | 383 | 潭 | 384 | 探望 | 386 | 趟去一~ | 387 |
| 她们 | 382 | 抬价 | 383 | 坛子 | 384 | tang | | tao | |
| 它 | 382 | 太 | 383 | 檀香树 | 385 | 汤 | 386 | 掏~钱 | 387 |
| 它们 | 382 | 太平间 | 383 | 谈话 | 385 | 汤粉 | 386 | 绦虫 | 387 |
| 塌墙~了 | 382 | 太阳 | 383 | 谈论 | 385 | 汤药 | 386 | 淘金 | 387 |
| 塌方 | 382 | 太阳穴 | 384 | 痰 | 385 | 汤圆 | 386 | 淘~米 | 387 |
| 踏~上一只脚 | 382 | 态度 | 384 | 痰盂 | 385 | 糖 | 386 | 淘米水 | 387 |
| 踏碓 | 382 | tan | | 毯子 | 385 | 糖果 | 386 | 淘汰 | 387 |
| tai | | 瘫痪 | 384 | 坦克 | 385 | 糖浆 | 386 | 陶器 | 387 |
| 胎儿 | 382 | 瘫子 | 384 | 坦率 | 385 | 糖精 | 386 | 陶土 | 387 |
| 胎发 | 382 | 滩地 | 384 | 炭 | 385 | 糖尿病 | 386 | 陶醉 | 387 |
| 胎盘 | 383 | 贪 | 384 | 炭疽病 | 385 | 糖水 | 386 | 桃花 | 388 |
| 胎位 | 383 | 贪婪 | 384 | 炭盆 | 385 | 糖棕树 | 386 | 桃金娘俗称"稔果" | 388 |
| 台一~机器 | 383 | 贪图 | 384 | 炭窑 | 385 | 螳螂 | 387 | 桃树 | 388 |
| 台风 | 383 | 贪污 | 384 | 叹息 | 385 | 躺 | 387 | 桃子 | 388 |

# 词目索引

| | | | | | | | | | |
|---|---|---|---|---|---|---|---|---|---|
| 逃 | 388 | 提问 | 390 | 田螺 | 392 | 跳绳 | 394 | tong | |
| 逃避 | 388 | 提醒 | 390 | 田鼠 | 392 | 跳水 | 395 | 通~车 | 396 |
| 逃兵 | 388 | 啼 鸡~ | 390 | 田野 | 392 | 跳舞 | 395 | 通报 | 397 |
| 逃难 | 388 | 蹄子 | 390 | 甜 | 393 | 跳远 | 395 | 通常 | 397 |
| 逃税 | 388 | 鹈鹕 | 390 | 甜菜 | 393 | 跳蚤 | 395 | 通风 | 397 |
| 逃学 | 388 | 体操 | 390 | 甜瓜 | 393 | tie | | 通过 大车不能~ | 397 |
| 讨饭 | 388 | 体检 | 390 | 甜食 | 393 | 贴 ~标语 | 395 | 通过 ~群众了解情况 | 397 |
| 讨好 | 388 | 剃 | 390 | 甜薯 | 393 | 铁 | 395 | 通奸 | 397 |
| 讨价还价 | 388 | 剃刀 | 391 | 填 ~土 | 393 | 铁床 | 395 | 通知 ~大家开会 | 397 |
| 讨论 | 388 | 剃须刀 | 391 | 填 ~表 | 393 | 铁轨 | 395 | 同伴 | 397 |
| 讨厌 | 389 | 替 ~他扫地 | 391 | 舔 | 393 | 铁匠 | 395 | 同胞姐妹 | 397 |
| 讨债 | 389 | tian | | tiao | | 铁路 | 395 | 同胞兄弟 | 397 |
| 套 ~衣服 | 389 | 天 ~上 | 391 | 挑 ~担子 | 393 | 铁门 | 395 | 同辈 | 397 |
| 套 一~衣服 | 389 | 天 一~ | 391 | 挑夫 | 393 | 铁皮 | 395 | 同伙 | 397 |
| te | | 天边 | 391 | 挑食 | 393 | 铁丝网 | 395 | 同居 未婚~ | 397 |
| 特别 | 389 | 天窗 | 391 | 挑剔 | 393 | 铁砧 | 395 | 同路 | 397 |
| 特产 | 389 | 天鹅 | 391 | 挑选 | 393 | ting | | 同名 | 397 |
| 特地 | 389 | 天鹅绒 | 391 | 条 一~河 | 393 | 听 | 395 | 同乡 他们是~ | 398 |
| 特殊 | 389 | 天花 | 391 | 条 一~毛巾 | 394 | 听话 | 395 | 同学 | 398 |
| 特务 | 389 | 天花板 | 391 | 条 一~裤子 | 394 | 听见 | 395 | 同意 | 398 |
| teng | | 天牛 | 391 | 条 一~鱼 | 394 | 听说 | 396 | 桐油 | 398 |
| 疼 妈妈最~他 | 389 | 天平 | 391 | 条 一~狗 | 394 | 听写 | 396 | 桐油果 | 398 |
| 藤球 | 389 | 天气 | 391 | 条 一~路 | 394 | 听众 | 396 | 桐油树 | 398 |
| 藤椅 | 389 | 天然气 | 391 | 调解 | 394 | 亭子 | 396 | 铜 | 398 |
| 藤子 | 389 | 天上 | 392 | 调味 | 394 | 停 雨~了 | 396 | 茼蒿菜 | 398 |
| ti | | 天堂 | 392 | 调味品 | 394 | 停 ~车 | 396 | 童年 | 398 |
| 踢 | 389 | 天天 | 392 | 调戏 | 394 | 停车场 | 396 | 童子鸡 | 398 |
| 剔 ~骨头 | 389 | 天王星 | 392 | 挑 ~刺儿 | 394 | 停工 | 396 | 瞳孔 | 398 |
| 剔 ~牙 | 389 | 天下 | 392 | 挑拨 | 394 | 停课 | 396 | 桶 | 398 |
| 梯田 | 389 | 天竺鼠 | 392 | 挑唆 | 394 | 停留 | 396 | 桶 一~水 | 398 |
| 梯子 | 390 | 天主教 | 392 | 挑衅 | 394 | 停业 | 396 | 捅 ~刀子 | 398 |
| 提 ~篮子 | 390 | 添 ~饭 | 392 | 跳 | 394 | 停战 | 396 | 捅 用竹竿~果子 | 398 |
| 提高 | 390 | 添 ~柴火 | 392 | 跳高 | 394 | 庭院 | 396 | 统一 | 398 |
| 提货 | 390 | 田 | 392 | 跳级 | 394 | 挺 ~胸 | 396 | 统治 | 399 |
| 提及 | 390 | 田埂 | 392 | 跳伞 | 394 | 艇 | 396 | 痛 | 399 |
| 提梁 | 390 | 田鸡 蛙类 | 392 | 跳神 | 394 | | | 痛风 | 399 |

| | | | | | | | | | | |
|---|---|---|---|---|---|---|---|---|---|---|
| 痛经 | 399 | 投篮 | 401 | 土地庙 | 402 | 推广 | 403 | 脱~衣服 | 405 | |
| 痛苦 | 399 | 投票 | 401 | 土地神 | 402 | 推举 | 404 | 脱~鞋子 | 405 | |
| 痛快~心里很~ | 399 | 投宿 | 401 | 土堆 | 402 | 腿 | 404 | 脱~帽子 | 405 | |
| 痛心 | 399 | 投诉 | 401 | 土匪 | 402 | 腿肚子 | 404 | 脱肛 | 405 | |
| **tou** | | 投胎 | 401 | 土块 | 402 | 退~两步 | 404 | 脱臼 | 405 | |
| 偷 | 399 | 投降 | 401 | 土坯 | 402 | 退潮 | 404 | 脱粒 | 405 | |
| 偷看 | 399 | 投资 | 401 | 土墙 | 403 | 退婚 | 404 | 脱粒机 | 405 | |
| 偷税 | 399 | **tu** | | 土丘 | 403 | 退货 | 404 | 脱落~树叶~ | 405 | |
| 偷听 | 399 | 凸 | 401 | 土砂糖 | 403 | 退票 | 404 | 脱落~头发~ | 405 | |
| 头~很痛 | 399 | 秃 | 401 | 土山 | 403 | 退烧 | 404 | 脱销 | 405 | |
| 头~一~猪 | 399 | 秃顶 | 401 | 土星 | 403 | 退烧药 | 404 | 托~人办事 | 405 | |
| 头顶 | 400 | 秃鹫 | 401 | 土葬 | 403 | 退休 | 404 | 托~下巴 | 405 | |
| 头发 | 400 | 秃头 | 401 | 吐~痰 | 403 | 退学 | 404 | 托儿所 | 405 | |
| 头骨 | 400 | 秃子 | 401 | 吐~饭 | 403 | 褪色 | 404 | 托盘 | 406 | |
| 头昏 | 400 | 突然 | 401 | 兔唇 | 403 | 蜕壳~蝉~ | 404 | 托运 | 406 | |
| 头巾 | 400 | 涂~药膏 | 402 | 兔子 | 403 | 蜕皮~蛇~ | 404 | 驮~马~货 | 406 | |
| 头盔 | 400 | 徒弟 | 402 | 吐血 | 403 | **tun** | | 驼背 | 406 | |
| 头皮屑 | 400 | 屠夫 | 402 | **tuan** | | 吞 | 404 | 驼峰 | 406 | |
| 头人 | 400 | 屠宰场 | 402 | 团结 | 403 | 囤积 | 404 | 驼子 | 406 | |
| 头虱 | 400 | 图片 | 402 | 团聚 | 403 | **tuo** | | 鸵鸟 | 406 | |
| 头痛~病症 | 400 | 图书馆 | 402 | **tui** | | 拖把 | 404 | 陀螺 | 406 | |
| 头旋儿 | 400 | 图章 | 402 | 推 | 403 | 拖车 | 405 | 妥当 | 406 | |
| 头晕 | 400 | 土 | 402 | 推迟 | 403 | 拖船 | 405 | 庹 | 406 | |
| 投~手榴弹 | 400 | 土布 | 402 | 推辞 | 403 | 拖拉机 | 405 | | | |
| 投靠 | 400 | 土产 | 402 | 推翻~反动政权 | 403 | 拖鞋 | 405 | | | |

# W

| | | | | | | | | | | |
|---|---|---|---|---|---|---|---|---|---|---|
| **wa** | | 瓦斯 | 407 | 外国人 | 408 | 外套 | 409 | 弯~路 | 409 | |
| 挖 | 407 | 瓦窑 | 407 | 外间 | 408 | 外衣 | 409 | 弯路 | 409 | |
| 挖苦 | 407 | 袜子 | 407 | 外人 | 408 | 外用药 | 409 | 豌豆 | 409 | |
| 蛙泳 | 407 | **wai** | | 外伤 | 408 | 外曾祖父 | 409 | 丸药 | 409 | |
| 洼地 | 407 | 歪 | 407 | 外甥 | 408 | 外曾祖母 | 409 | 完 | 410 | |
| 瓦 | 407 | 外 | 407 | 外甥女 | 408 | 外祖父 | 409 | 完成 | 410 | |
| 瓦房 | 407 | 外出 | 408 | 外孙 | 408 | 外祖母 | 409 | 玩具 | 410 | |
| 瓦匠 | 407 | 外地人 | 408 | 外孙女 | 408 | **wan** | | 玩耍 | 410 | |
| 瓦盆 | 407 | 外国 | 408 | 外胎 | 409 | 弯~腰 | 409 | 顽固 | 410 | |

|  |  |  |  |  |  |  |  |  |  |
|---|---|---|---|---|---|---|---|---|---|
| 顽皮 | 410 | 危险 | 412 | 为什么 | 414 | **weng** | | 诬赖 | 419 |
| 晚~了 | 410 | 桅杆 | 412 | 胃 | 414 | 瓮 | 417 | 诬陷 | 419 |
| 晚辈 | 410 | 为人 | 412 | 胃病 | 415 | **wo** | | 无毒蛇 | 419 |
| 晚稻 | 410 | 围~住敌人 | 412 | 胃溃疡 | 415 | 窝鸟~ | 417 | 无根藤 | 419 |
| 晚稻米 | 410 | 围~菜园 | 412 | 胃痛 | 415 | 窝一~小鸡、鸟 | 417 | 无花果 | 419 |
| 晚饭 | 410 | 围攻 | 413 | 胃炎 | 415 | 莴苣 | 417 | 无赖他是个~ | 419 |
| 晚间 | 410 | 围巾 | 413 | 慰问 | 415 | 蜗牛 | 417 | 无名指 | 419 |
| 晚上 | 411 | 围拢 | 413 | **wen** | | 我 | 417 | 无穷 | 420 |
| 碗 | 411 | 围棋 | 413 | 温~水 | 415 | 我俩 | 417 | 无烟煤 | 420 |
| 碗一~饭 | 411 | 围墙 | 413 | 温~酒 | 415 | 我们 | 417 | 蜈蚣 | 420 |
| 碗柜 | 411 | 围裙 | 413 | 温度计 | 415 | 我自己 | 418 | 五 | 420 |
| 万 | 411 | 围嘴儿 | 413 | 温和气候~ | 415 | 卧车 | 418 | 五步蛇 | 420 |
| 万分 | 411 | 违法 | 413 | 温和性情~ | 415 | 卧室 | 418 | 五花肉 | 420 |
| 万寿菊 | 411 | 违反 | 413 | 温柔 | 415 | 握 | 418 | 五十 | 420 |
| 万一~有人找 | 411 | 维生素 | 413 | 温泉 | 415 | 握手 | 418 | 五月 | 420 |
| **wang** | | 尾一~鱼 | 413 | 温室 | 415 | **wu** | | 午饭 | 420 |
| 网指渔网 | 411 | 尾巴 | 413 | 温水 | 415 | 屋顶 | 418 | 午睡 | 420 |
| 网床 | 411 | 尾随 | 413 | 瘟疫 | 416 | 屋脊 | 418 | 午夜 | 420 |
| 网袋 | 411 | 委托 | 413 | 闻~花香 | 416 | 屋架 | 418 | 舞蹈 | 420 |
| 网球 | 411 | 萎缩肌肉~ | 413 | 文火 | 416 | 屋梁 | 418 | 舞剑 | 421 |
| 网油 | 411 | 伪造 | 413 | 文具 | 416 | 屋檐 | 418 | 舞龙 | 421 |
| 往~东走 | 411 | 卫生球臭珠 | 413 | 文具店 | 416 | 污水 | 418 | 舞狮子 | 421 |
| 往年 | 411 | 卫生间 | 414 | 文盲 | 416 | 乌骨鸡 | 418 | 舞台 | 421 |
| 枉费 | 412 | 未婚夫 | 414 | 文凭 | 416 | 乌鹊 | 418 | 武力 | 421 |
| 望 | 412 | 未婚妻 | 414 | 蚊香 | 416 | 乌木 | 418 | 武器 | 421 |
| 望日 | 412 | 味道 | 414 | 蚊帐 | 416 | 乌塘鳢 | 418 | 捂~耳朵 | 421 |
| 望远镜 | 412 | 味碟 | 414 | 蚊帐布 | 416 | 乌鸦 | 419 | 侮辱 | 421 |
| 望月 | 412 | 味精 | 414 | 蚊子 | 416 | 乌鱼 | 419 | 误车 | 421 |
| 忘记 | 412 | 喂~小孩 | 414 | 吻~脸颊 | 416 | 乌贼 | 419 | 物价 | 421 |
| 旺火很~ | 412 | 喂~猪 | 414 | 问 | 416 | 乌云 | 419 | 误解 | 421 |
| **wei** | | 喂养 | 414 | 问好 | 416 | 巫婆 | 419 | 物品 | 421 |
| 微风 | 412 | 位一~客人 | 414 | 问题提~ | 417 | 巫师 | 419 | 雾 | 421 |
| 微笑 | 412 | 位置中间的~ | 414 | 问题解决~ | 417 | 巫医 | 419 | | |
| 煨~红薯 | 412 | 为了 | 414 | | | 诬告 | 419 | | |

# X

## xi

|  |  |
|---|---|
| 西 | 422 |
| 西北 | 422 |
| 西北风 | 422 |
| 西风 | 422 |
| 西瓜 | 422 |
| 西瓜子 | 422 |
| 西红柿 | 422 |
| 西葫芦 | 422 |
| 西南 | 422 |
| 西芹 | 422 |
| 西斜 ~太阳~ | 423 |
| 西洋鸭 | 423 |
| 西药 | 423 |
| 西医 | 423 |
| 西装 | 423 |
| 牺牲 ~为国~ | 423 |
| 锡 | 423 |
| 锡匠 | 423 |
| 熄 ~灯 | 423 |
| 熄灭 | 423 |
| 溪 | 423 |
| 溪水 | 423 |
| 犀鸟 | 423 |
| 犀牛 | 423 |
| 犀牛角 | 424 |
| 希望 ~有~ | 424 |
| 希望 ~你记住 | 424 |
| 蟋蟀 | 424 |
| 蜥蜴 | 424 |
| 吸 ~一口粥 | 424 |
| 吸 ~烟 | 424 |
| 吸尘器 | 424 |
| 吸气 | 424 |
| 膝盖 | 424 |
| 膝盖骨 | 424 |
| 稀 粥很~ | 425 |
| 稀烂 煮得~ | 425 |
| 稀少 | 425 |
| 席子 | 425 |
| 习惯 ~早起 | 425 |
| 习惯 ~好~ | 425 |
| 习俗 | 425 |
| 洗 ~衣服 | 425 |
| 洗 ~手 | 425 |
| 洗 ~头 | 425 |
| 洗 ~脸 | 425 |
| 洗 ~菜 | 425 |
| 洗 ~碗 | 425 |
| 洗衣粉 | 425 |
| 洗衣机 | 425 |
| 洗澡 | 425 |
| 喜欢 ~唱歌 | 426 |
| 喜酒 | 426 |
| 喜鹊 | 426 |
| 细 | 426 |
| 细长 | 426 |
| 细菌 | 426 |
| 细心 | 426 |
| 细腰蜂 | 426 |
| 戏 ~看~ | 426 |
| 戏台 | 426 |

## xia

|  |  |
|---|---|
| 虾 | 426 |
| 虾酱 | 426 |
| 虾干 | 426 |
| 虾米 | 426 |
| 虾钳菜 | 426 |
| 虾仁 | 427 |
| 虾子 虾卵 | 427 |
| 瞎 | 427 |
| 瞎子 | 427 |
| 霞 | 427 |
| 峡谷 | 427 |
| 下 桌~ | 427 |
| 下 ~楼 | 427 |
| 下 打了一下 | 427 |
| 下巴 | 427 |
| 下摆 | 427 |
| 下班 | 427 |
| 下半年 | 427 |
| 下半月 | 427 |
| 下本钱 | 427 |
| 下蛋 | 428 |
| 下定 | 428 |
| 下腭 | 428 |
| 下饭 | 428 |
| 下个月 | 428 |
| 下级 | 428 |
| 下降 ~水位~ | 428 |
| 下降 ~成绩 | 428 |
| 下酒 | 428 |
| 下酒菜 | 428 |
| 下课 | 428 |
| 下来 | 428 |
| 下坡路 | 428 |
| 下铺 | 428 |
| 下棋 | 428 |
| 下去 | 428 |
| 下手 从哪~ | 428 |
| 下水 买猪~ | 428 |
| 下水道 | 429 |
| 下午 | 429 |
| 下弦月 | 429 |
| 下雪 | 429 |
| 下旬 | 429 |
| 下游 | 429 |
| 下雨 | 429 |
| 下崽 母猪~ | 429 |
| 下葬 | 429 |
| 下肢 | 429 |
| 下注 | 429 |
| 下嘴唇 | 429 |
| 吓 你~不了我 | 429 |
| 夏季 | 429 |
| 夏米 | 429 |

## xian

|  |  |
|---|---|
| 鲜花 | 430 |
| 鲜货 | 430 |
| 鲜艳 | 430 |
| 鲜鱼 | 430 |
| 仙女 | 430 |
| 仙人掌 | 430 |
| 先 ~走 | 430 |
| 掀 | 430 |
| 籼米 | 430 |
| 咸 | 430 |
| 咸菜 | 430 |
| 咸蛋 | 430 |
| 咸肉 | 430 |
| 咸水 | 430 |
| 咸水鱼 | 430 |
| 咸鸭蛋 | 430 |
| 咸鱼 | 430 |
| 嫌 | 430 |
| 弦 弓~ | 430 |
| 闲 ~着没事 | 431 |
| 险滩 | 431 |
| 线 | 431 |
| 线衣 | 431 |
| 线轴 | 431 |
| 陷阱 | 431 |
| 馅饼 | 431 |
| 馅儿 | 431 |
| 苋菜 | 431 |
| 蚬 | 431 |
| 现成饭 | 431 |
| 现代 | 431 |
| 现金 | 431 |
| 现在 | 431 |
| 羡慕 | 432 |
| 县 | 432 |

## xiang

|  |  |
|---|---|
| 相爱 | 432 |
| 相处 | 432 |
| 相当 ~热闹 | 432 |
| 相等 | 432 |
| 相反 ~方向 | 432 |
| 相识 | 432 |
| 相思病 | 432 |
| 相思树 | 432 |
| 相同 | 432 |
| 相像 | 432 |
| 箱子 | 432 |
| 厢房 | 432 |
| 乡下人 | 433 |
| 香 花很~ | 433 |
| 香 ~烧~ | 433 |
| 香案 | 433 |
| 香菜 总称 | 433 |
| 香肠 | 433 |
| 香菇 | 433 |
| 香瓜 | 433 |
| 香蕉 | 433 |
| 香蕉树 | 433 |

词目索引

| | | | | | | | | |
|---|---|---|---|---|---|---|---|---|
| 香料 | 433 | 消化 | 436 | 小提琴 | 438 | **xin** | | 星期三 | 443 |
| 香炉 | 433 | 消化不良 | 436 | 小偷 | 438 | 心病 | 441 | 星期四 | 443 |
| 香茅 | 433 | 消极 | 436 | 小腿 | 438 | 心地 | 441 | 星期五 | 443 |
| 香水 | 433 | 消灭 | 436 | 小心 | 439 | 心肌炎 | 441 | 星期一 | 443 |
| 香味 | 434 | 消气 | 436 | 小学 | 439 | 心里~有话 | 441 | 星星 | 443 |
| 香皂 | 434 | 消失 | 436 | 小学生 | 439 | 心思坏~ | 441 | 猩猩 | 443 |
| 镶~金 | 434 | 消瘦 | 436 | 小鸭 | 439 | 心算 | 441 | 腥 | 443 |
| 镶牙 | 434 | 消息 | 436 | 小叶榕树 | 439 | 心疼~孩子 | 441 | 行贿 | 443 |
| 想我~进城 | 434 | 消炎药 | 436 | 小姨子 | 439 | 心跳 | 441 | 行经来月经 | 443 |
| 想~家 | 434 | 硝石 | 436 | 小雨 | 439 | 心意 | 441 | 行李 | 443 |
| 想~问题 | 434 | 箫 | 436 | 小月指月份 | 439 | 心脏 | 441 | 行礼 | 443 |
| 想法 | 434 | 枭 | 436 | 小指 | 439 | 心脏病 | 441 | 行人 | 444 |
| 想念 | 434 | 小 | 436 | 小趾 | 439 | 辛苦 | 441 | 擤~鼻涕 | 444 |
| 响钟~了 | 434 | 小白菜 | 437 | 哮喘 | 439 | 新 | 442 | 醒酒~ | 444 |
| 响尾蛇 | 434 | 小便去~ | 437 | 校园 | 439 | 新郎 | 442 | 醒睡~ | 444 |
| 向~左拐 | 434 | 小病 | 437 | 校长 | 439 | 新米 | 442 | 杏花 | 444 |
| 向日葵花 | 434 | 小肠 | 437 | 笑 | 439 | 新年 | 442 | 杏子 | 444 |
| 巷子 | 434 | 小刀 | 437 | 笑话说~ | 440 | 新娘 | 442 | 性病 | 444 |
| 象鼻虫 | 434 | 小刀豆 | 437 | 笑话别~人家 | 440 | 新鲜 | 442 | 性急 | 444 |
| 象棋 | 435 | 小肚 | 437 | **xie** | | 新月 | 442 | 性情 | 444 |
| 象牙 | 435 | 小儿麻痹症 | 437 | 歇脚 | 440 | 锌 | 442 | 姓 | 444 |
| 像画~ | 435 | 小儿子 | 437 | 蝎子 | 440 | 新手 | 442 | 幸福 | 444 |
| 像~花儿一样美 | 435 | 小公鸡刚会啼的 | 437 | 鞋带 | 440 | 信我不~ | 442 | 幸亏 | 444 |
| 橡胶 | 435 | 小狗 | 437 | 鞋底 | 440 | 信写~ | 442 | 幸运 | 444 |
| 橡胶树 | 435 | 小姑子 | 437 | 鞋店 | 440 | 信封 | 442 | **xiong** | |
| 橡皮擦 | 435 | 小孩儿 | 437 | 鞋跟 | 440 | 信风 | 442 | 凶 | 445 |
| 橡皮筋 | 435 | 小伙子 | 437 | 鞋刷 | 440 | 信号 | 442 | 凶恶 | 445 |
| 相片 | 435 | 小鸡 | 438 | 鞋匠 | 440 | 信赖 | 442 | 凶狠 | 445 |
| 相貌 | 435 | 小轿车 | 438 | 鞋油 | 440 | 信徒 | 442 | 凶日 | 445 |
| 项链 | 435 | 小舅子 | 438 | 鞋子 | 440 | 信仰信仰宗教 | 442 | 凶手 | 445 |
| 项圈 | 435 | 小路 | 438 | 斜 | 440 | 信用 | 442 | 凶兆 | 445 |
| **xiao** | | 小麦 | 438 | 斜视 | 440 | 囟门 | 443 | 胸 | 445 |
| 消毒 | 435 | 小米 | 438 | 写 | 440 | **xing** | | 兄弟 | 445 |
| 消毒液 | 435 | 小女儿 | 438 | 泻药 | 441 | 星期 | 443 | 雄花 | 445 |
| 消防车 | 436 | 小舌 | 438 | 卸~货 | 441 | 星期二 | 443 | 雄蕊 | 445 |
| 消费品 | 436 | 小时 | 438 | 谢谢 | 441 | 星期六 | 443 | 雄性 | 445 |
| 消耗 | 436 | 小叔子 | 438 | | | 星期日 | 443 | 熊 | 445 |

|  |  |  |  |  |  |  |  |  |  |
|---|---|---|---|---|---|---|---|---|---|
| 熊胆 | 445 | 嗅~气味 | 446 | 舷 | 447 | **xue** | | 血脉 | 449 |
| 熊猫 | 445 | 袖子 | 446 | 悬崖 | 447 | 削 | 448 | 血尿 | 449 |
| 熊掌 | 446 | **xu** | | 旋转 | 447 | 靴子 | 448 | 血吸虫病 | 449 |
| **xiu** | | 虚弱 | 446 | 漩涡 | 447 | 学 | 448 | 血型 | 449 |
| 修~机器 | 446 | 需要~帮助 | 446 | 癣 | 447 | 学费 | 448 | 血压 | 449 |
| 修剪~枝条 | 446 | 须根 | 446 | 选拔 | 447 | 学期 | 448 | 血肿 | 449 |
| 休克 | 446 | 许多 | 447 | 选举 | 447 | 学生 | 448 | **xun** | |
| 休息 | 446 | 许诺 | 447 | 选手 | 447 | 学徒工 | 448 | 熏烟~ | 449 |
| 休学 | 446 | 蓄电池 | 447 | 选种 | 447 | 学校 | 448 | 巡查 | 449 |
| 休养 | 446 | 蓄水池 | 447 | 旋风 | 448 | 雪 | 448 | 巡逻 | 449 |
| 朽 | 446 | **xuan** | | 眩晕 | 448 | 血 | 449 | 询问 | 449 |
| 绣~花 | 446 | 宣判 | 447 | 炫耀 | 448 | 血崩 | 449 | 训练 | 450 |
| 锈 | 446 | 玄孙 | 447 | | | 血管 | 449 | 汛期 | 450 |

# Y

|  |  |  |  |  |  |  |  |  |  |
|---|---|---|---|---|---|---|---|---|---|
| **ya** | | 牙膏 | 452 | 烟袋 | 453 | 颜料 | 455 | 眼花 | 456 |
| 鸭 | 451 | 牙根 | 452 | 烟斗 | 453 | 颜色 | 455 | 眼角 | 456 |
| 鸭蛋 | 451 | 牙垢 | 452 | 烟盒 | 453 | 盐 | 455 | 眼睛 | 456 |
| 鸭绒 | 451 | 牙签 | 452 | 烟灰 | 453 | 盐井 | 455 | 眼镜 | 456 |
| 鸭绒被 | 451 | 牙刷 | 452 | 烟灰缸 | 453 | 盐水 | 455 | 眼镜蛇 | 456 |
| 鸭肉 | 451 | 牙痛 | 452 | 烟火放~ | 454 | 盐田 | 455 | 眼镜王蛇 | 456 |
| 鸭舌菜 | 451 | 牙龈 | 452 | 烟丝 | 454 | 盐渍土 | 455 | 眼眶 | 456 |
| 鸭舌帽 | 451 | 牙龈炎 | 453 | 烟土 | 454 | 研~药 | 455 | 眼泪 | 456 |
| 鸦片 | 451 | 芽儿种子芽儿 | 453 | 烟叶 | 454 | 延期 | 455 | 眼皮 | 456 |
| 丫鬟 | 451 | 芽儿树枝上的嫩~ | 453 | 烟瘾 | 454 | 延伸 | 455 | 眼圈儿 | 457 |
| 压用石头~住 | 451 | 蚜虫 | 453 | 烟子 | 454 | 沿~河边走 | 455 | 眼屎 | 457 |
| 压宝 | 451 | 哑 | 453 | 咽喉 | 454 | 沿岸 | 455 | 眼窝 | 457 |
| 压价 | 451 | 哑巴 | 453 | 咽炎 | 454 | 岩洞 | 455 | 眼药 | 457 |
| 压迫 | 451 | 亚麻 | 453 | 胭脂 | 454 | 岩浆 | 455 | 眼珠 | 457 |
| 压制 | 451 | 亚麻布 | 453 | 阉他会~猪 | 454 | 岩盐 | 455 | 演戏 | 457 |
| 押金 | 452 | 轧~棉花 | 453 | 阉鸡一只~ | 454 | 阎王爷 | 455 | 演员 | 457 |
| 押送~犯人 | 452 | **yan** | | 阉猪一头~ | 454 | 炎热 | 455 | 演奏 | 457 |
| 押运 | 452 | 烟炊烟 | 453 | 腌~肉、菜 | 454 | 眼白 | 455 | 掩~耳 | 457 |
| 牙齿 | 452 | 烟香烟 | 453 | 腌菜 | 454 | 眼病 | 456 | 掩~面 | 457 |
| 牙床 | 452 | 烟草 | 453 | 淹没 | 454 | 眼光把~放远 | 456 | 掩盖 | 457 |
| 牙缝 | 452 | 烟囱 | 453 | 淹死 | 454 | 眼红别~人家 | 456 | 掩护 | 457 |

| | | | | | | | | | |
|---|---|---|---|---|---|---|---|---|---|
| 鼹鼠 竹鼠 | 457 | 养父 | 460 | 要面子 | 462 | 野葡萄 | 465 | 一……就…… | 467 |
| 燕麦 | 457 | 养母 | 460 | 钥匙 | 463 | 野人 | 465 | 一起 ~去 | 467 |
| 燕窝 | 457 | 养女 | 460 | 药 | 463 | 野兽 | 465 | 一些 | 468 |
| 燕子 | 457 | 养子 | 460 | 药草 | 463 | 野兔 | 465 | 一样 | 468 |
| 雁 | 457 | 仰 ~头 | 460 | 药店 | 463 | 野外 | 465 | 一月 | 468 |
| 宴会 | 457 | 仰面 | 460 | 药方 | 463 | 野味 | 465 | 一直 雨~下 | 468 |
| 宴请 | 458 | 仰睡 | 460 | 药房 | 463 | 野鸭 | 465 | 一致 | 468 |
| 宴席 | 458 | 仰泳 | 460 | 药费 | 463 | 野芹 | 465 | 衣兜儿 | 468 |
| 砚 | 458 | 痒 | 460 | 药粉 | 463 | 野猪 | 465 | 衣服 | 468 |
| 验血 | 458 | 样品 | 460 | 药膏 | 463 | 叶柄 | 465 | 衣柜 | 468 |
| 厌烦 | 458 | 样子 ~很好看 | 460 | 药酒 | 463 | 叶脉 | 465 | 衣架 | 468 |
| 厌恶 | 458 | | | 药棉 | 463 | 叶箨 竹子的~ | 465 | 衣襟 | 468 |
| | | **yao** | | 药片 | 463 | 叶子 | 466 | 衣领 | 468 |
| **yang** | | 吆喝 | 461 | 药水 | 463 | 页 第一~ | 466 | 衣虱 | 469 |
| 秧鸡 | 458 | 夭折 | 461 | 药丸 | 463 | 页岩 | 466 | 衣刷 | 469 |
| 秧苗 | 458 | 妖怪 | 461 | 药箱 | 464 | 夜来香 | 466 | 依靠 | 469 |
| 秧田 | 458 | 妖精 | 461 | 药引子 | 464 | 夜里 | 466 | 依赖 | 469 |
| 阳沟 | 458 | 要求 | 461 | 药皂 | 464 | 夜盲症 | 466 | 医生 | 469 |
| 阳光 | 458 | 腰 | 461 | 耀眼 | 464 | 夜市 | 466 | 医术 | 469 |
| 阳间 | 458 | 腰带 | 461 | | | 夜晚 | 466 | 医药费 | 469 |
| 阳历 | 458 | 腰果 | 461 | **ye** | | 夜宵 | 466 | 医院 | 469 |
| 阳伞 | 459 | 腰痛 | 461 | 噎 | 464 | 夜战 | 466 | 伊斯兰教 | 469 |
| 阳台 | 459 | 腰椎 | 461 | 椰瓢 | 464 | 腋毛 | 466 | 贻贝 | 469 |
| 阳痿 | 459 | 幺女 | 461 | 椰子 | 464 | 腋下 | 466 | 姨父 | 469 |
| 扬花 稻子~ | 459 | 幺子 | 461 | 椰子壳 | 464 | | | 姨母 | 469 |
| 扬名 | 459 | 邀请 | 461 | 椰子树 | 464 | **yi** | | 胰腺 | 470 |
| 扬琴 | 459 | 窑 | 461 | 椰子油 | 464 | 一 | 466 | 遗产 | 470 |
| 羊 | 459 | 摇 ~铃 | 462 | 椰子汁 | 464 | 一边……一边…… | 466 | 遗传 | 470 |
| 羊奶 | 459 | 摇晃 | 462 | 也 | 464 | 一旦 | 466 | 遗憾 | 470 |
| 羊肉 | 459 | 摇篮 | 462 | 也许 | 464 | 一刹那 | 467 | 遗漏 | 470 |
| 羊水 | 459 | 摇头 | 462 | 野芭蕉 | 464 | 一百零一 | 467 | 遗体 | 470 |
| 洋白菜 | 459 | 摇椅 | 462 | 野菜 | 464 | 一辈子 | 467 | 遗像 | 470 |
| 洋葱 | 459 | 谣言 | 462 | 野花 | 464 | 一点儿 | 467 | 遗嘱 | 470 |
| 洋房 | 459 | 鳐 | 462 | 野鸡 | 465 | 一定 ~能做到 | 467 | 移动 | 470 |
| 洋货 | 459 | 咬 | 462 | 野姜 | 465 | 一概 | 467 | 移居 | 470 |
| 洋娃娃 | 460 | 舀 | 462 | 野蛮 | 465 | 一共 | 467 | 移植 ~树苗 | 470 |
| 杨桃 | 460 | 鹞鹰 | 462 | 野猫 | 465 | 一号 阳历的日子 | 467 | 椅子 | 470 |
| 养 ~鸡 | 460 | 要 ~钱 | 462 | 野牛 | 465 | 一会儿 | 467 | | |

| | | | | | | | | | |
|---|---|---|---|---|---|---|---|---|---|
| 以便 | 470 | 荫 | 473 | 硬腭 | 475 | 游泳 | 478 | 鱼篓 | 480 |
| 以后 | 470 | 银 | 473 | 应付 | 475 | 游泳池 | 478 | 鱼露 | 480 |
| 以上 三年~ | 470 | 银耳 | 473 | **yong** | | 游泳衣 | 478 | 鱼苗 | 480 |
| 以前 | 470 | 银行 | 473 | 拥护 | 475 | 邮递员 | 478 | 鱼塘 | 480 |
| 以外 | 471 | 银河 | 473 | 拥挤 市场上很~ | 475 | 邮票 | 478 | 鱼丸 | 480 |
| 以往 | 471 | 银环蛇 | 473 | 庸医 | 476 | 邮筒 | 478 | 鱼尾葵 | 480 |
| 以为 | 471 | 银匠 | 473 | 蛹 | 476 | 鱿鱼 | 478 | 鱼腥草 | 480 |
| 以下 三十岁~ | 471 | 银幕 | 473 | 永远 | 476 | 鱿鱼干 | 478 | 鱼鹰 | 480 |
| 以下 ~共有三点 | 471 | 银鱼 | 473 | 勇敢 | 476 | 犹豫 | 478 | 鱼子 | 480 |
| 已婚 | 471 | 淫雨 | 473 | 勇猛 | 476 | 有 | 478 | 渔船 | 480 |
| 已经 | 471 | 引火 | 474 | 勇士 | 476 | 有的 | 478 | 渔民 | 481 |
| 意见 | 471 | 引水 | 474 | 涌 血~出 | 476 | 有点儿 ~累 | 478 | 雨 | 481 |
| 意义 字的~ | 471 | 引诱 | 474 | 涌 泉水~出 | 476 | 有空 | 478 | 雨点 | 481 |
| 薏米 | 471 | 隐瞒 | 474 | 用 ~钱 | 476 | 有面子 | 478 | 雨季 | 481 |
| 薏苡 | 471 | 隐痛 | 474 | 用 ~人 | 476 | 有名 | 478 | 雨伞 | 481 |
| 议论 | 471 | 饮料 | 474 | 用 ~刀砍 | 476 | 有时 | 479 | 雨水 | 481 |
| 益虫 | 471 | 饮用水 | 474 | 用功 | 476 | 有些 | 479 | 雨天 | 481 |
| 溢 | 471 | 印 ~书 | 474 | 用具 | 476 | 有心 动词 | 479 | 雨蛙 | 481 |
| 亿 | 471 | 印刷厂 | 474 | 佣人 | 477 | 柚子 | 479 | 雨鞋 | 481 |
| 疫苗 | 472 | **ying** | | **you** | | 又 他~来了 | 479 | 雨衣 | 481 |
| **yin** | | 英雄 | 474 | 优点 | 477 | 又…又… | 479 | 语言 | 481 |
| 殷勤 | 472 | 鹰 | 474 | 优秀 | 477 | 右 | 479 | 羽毛 | 481 |
| 阴 天~ | 472 | 婴儿 | 474 | 忧愁 | 477 | 幼虫 | 479 | 羽毛球 | 481 |
| 阴暗 | 472 | 鹦鹉 | 474 | 忧虑 | 477 | 幼儿园 | 479 | 玉米 | 481 |
| 阴部 | 472 | 罂粟 | 474 | 由 ~他负责 | 477 | 诱拐 | 479 | 玉米酒 | 481 |
| 阴道 | 472 | 罂粟果 | 475 | 油 | 477 | **yu** | | 玉米面 | 482 |
| 阴户 | 472 | 罂粟花 | 474 | 油布 | 477 | 淤泥 | 479 | 玉米须 | 482 |
| 阴茎 | 472 | 应该 | 475 | 油菜 榨油用的 | 477 | 淤血 | 479 | 玉米粥 | 482 |
| 阴沟 | 472 | 迎接 | 475 | 油菜花 | 477 | 鱼 | 480 | 玉石 | 482 |
| 阴间 | 472 | 萤火虫 | 475 | 油菜籽 | 477 | 鱼鳔 | 480 | 浴室 | 482 |
| 阴历 | 472 | 营养 | 475 | 油灯 | 477 | 鱼叉 | 480 | 育苗 | 482 |
| 阴毛 | 472 | 营业员 | 475 | 油漆 ~桶~ | 477 | 鱼翅 | 480 | 育秧 | 482 |
| 阴囊 | 472 | 赢 | 475 | 油漆 ~门窗 | 477 | 鱼刺 | 480 | 育种 | 482 |
| 阴天 | 472 | 盈利 | 475 | 油漆匠 | 477 | 鱼粉 | 480 | 芋头 | 482 |
| 阴险 | 472 | 影子 | 475 | 油页岩 | 477 | 鱼干 | 480 | 预报 | 482 |
| 音乐 | 472 | 硬 | 475 | 游 鱼在水中~ | 477 | 鱼肝油 | 480 | 预备 | 482 |
| 因为 | 473 | 硬币 | 475 | 游戏 | 477 | 鱼钩 | 480 | 预防 | 482 |

| | | | | | | | | | |
|---|---|---|---|---|---|---|---|---|---|
| 预感 | 482 | 圆 | 483 | 远视眼 | 484 | 月亮 | 486 | 云 | 487 |
| 预习 | 482 | 圆规 | 484 | 怨恨 | 485 | 月食 | 486 | 云层 | 487 |
| 预约 | 482 | 圆茄 | 484 | 怨言 | 485 | 月牙儿 | 486 | 云雀 | 487 |
| 预兆 | 483 | 圆珠笔 | 484 | 愿意 我~去 | 485 | 月晕 | 486 | 耘~田 | 487 |
| 狱卒 | 483 | 圆桌 | 484 | 院子 | 485 | 月中 | 486 | 陨石 | 487 |
| 遇见 | 483 | 元旦 | 484 | **yue** | | 岳父 | 486 | 运~货 | 487 |
| 愈合 | 483 | 元配 | 484 | 约~时间 | 485 | 岳母 | 486 | 运动体育~ | 487 |
| **yuan** | | 元宵吃~ | 484 | 约定 | 485 | 越…越… | 486 | 运费 | 487 |
| 冤家 | 483 | 园丁 | 484 | 约会 | 485 | 越来越 | 486 | 运河 | 487 |
| 冤枉 | 483 | 园子 | 484 | 月一个~ | 485 | 阅览室 | 486 | 运气 | 487 |
| 鸳鸯 | 483 | 芫荽 | 484 | 月饼 | 485 | **yun** | | 熨~衣服 | 487 |
| 原告 | 483 | 猿 | 484 | 月初 | 485 | 晕头~ | 486 | 熨斗 | 487 |
| 原籍 | 483 | 缘由 | 484 | 月底 | 485 | 晕车 | 486 | 孕妇 | 487 |
| 原价 | 483 | 远 | 484 | 月光 | 485 | 晕船 | 486 | 孕穗 | 487 |
| 原谅 | 483 | 远客 | 484 | 月黑夜 | 485 | 晕倒 | 487 | | |
| 原先 | 483 | 远路 | 484 | 月经 | 485 | 晕厥 | 487 | | |

# Z

| | | | | | | | | | |
|---|---|---|---|---|---|---|---|---|---|
| | | 再见 | 489 | 早晨 | 490 | **zeng** | | 眨~眼 | 492 |
| **za** | | **zan** | | 早稻 | 490 | 曾孙 | 491 | 拃长一~ | 493 |
| 扎~腰带 | 488 | 咱们 | 489 | 早稻米 | 490 | 曾孙女 | 491 | 痄腮流行性腮腺炎 | 493 |
| 扎~辫子 | 488 | 攒~钱 | 489 | 早饭 | 490 | 曾外祖父 | 491 | 榨~甘蔗 | 493 |
| 咂嘴 | 488 | 赞成 | 489 | 早婚 | 490 | 曾外祖母 | 492 | 榨~油 | 493 |
| 砸~核桃 | 488 | 暂时 | 489 | 早市 | 490 | 曾祖父 | 492 | 蚱蜢 | 493 |
| 砸碗~烂了 | 488 | 錾~楼板 | 489 | 早退 | 491 | 曾祖母 | 492 | 炸弹 | 493 |
| 杂草 | 488 | 錾子 | 489 | 枣树 | 491 | 增加 | 492 | 炸药 | 493 |
| 杂货 | 488 | **zang** | | 枣子 | 491 | 赠送 | 492 | 栅栏 | 493 |
| 杂货店 | 488 | 脏 | 489 | 澡盆 | 491 | 憎恨 | 492 | **zhai** | |
| 杂技 | 488 | 脏水 | 489 | 灶 | 491 | **zha** | | 摘~果子 | 493 |
| 杂交 | 488 | 赃款 | 489 | 灶王爷 | 491 | 扎~针 | 492 | 摘~眼镜 | 493 |
| 杂粮 | 488 | 赃物 | 489 | 造林 | 491 | 扎根 | 492 | 斋戒 | 493 |
| **zai** | | 葬礼 | 489 | **ze** | | 渣甘蔗~ | 492 | 斋食 | 493 |
| 灾难 | 488 | **zao** | | 责备 | 491 | 渣滓 | 492 | 窄 | 493 |
| 在~家休息 | 488 | 凿~木板 | 490 | 责怪 | 491 | 闸门 | 492 | 债 | 493 |
| 在场 | 488 | 凿子 | 490 | **zen** | | 炸~油条 | 492 | 债户 | 494 |
| 在行 | 488 | 早来得太~ | 490 | 怎么 | 491 | 铡~草 | 492 | 债款 | 494 |
| 再~说一遍 | 489 | 早产 | 490 | 怎么样 | 491 | 铡刀 | 492 | 债主 | 494 |
| 再婚 | 489 | | | | | | | | |

| | | | | | | | | | |
|---|---|---|---|---|---|---|---|---|---|
| **zhan** | | 掌纹 | 496 | 折刀 | 499 | 诊室 | 501 | 正门 | 503 |
| 占卜 | 494 | 丈夫 | 496 | 折叠 | 499 | 枕木 | 501 | 正面 | 503 |
| 粘~住了 | 494 | 胀~肚子 | 496 | 折叠椅 | 499 | 枕巾 | 501 | 正午 | 503 |
| 沾光 | 494 | **zhao** | | 折叠桌 | 499 | 枕木 | 501 | 正在 | 504 |
| 盏一~灯 | 494 | 朝霞 | 496 | 折合 | 499 | 枕套 | 501 | 正直 | 504 |
| 展翅 | 494 | 招兵 | 496 | 折旧 | 499 | 枕头 | 501 | 症状 | 504 |
| 崭新 | 494 | 招待 | 496 | 折磨 | 499 | 枕心 | 501 | 证词 | 504 |
| 占领 | 494 | 招魂 | 496 | 折扇 | 499 | 阵一~雨 | 501 | 证据 | 504 |
| 占便宜 | 494 | 招牌 | 497 | 折式小刀 | 499 | 阵地 | 501 | 证明 | 504 |
| 站~起来 | 494 | 招手 | 497 | 赭石 | 499 | 阵雨 | 501 | 证明书 | 504 |
| 站车到了 | 494 | 沼气 | 497 | 这 | 499 | 震动 | 501 | 证件 | 504 |
| 站岗 | 494 | 沼泽地 | 497 | 这边 | 499 | 镇痛 | 502 | 证人 | 504 |
| 战场 | 494 | 着火 | 497 | 这个 | 499 | 镇压 | 502 | 证书 | 504 |
| 战斗 | 495 | 着急 | 497 | 这个月 | 499 | **zheng** | | 政策 | 504 |
| 战壕 | 495 | 着凉 | 497 | 这里 | 499 | 正月 | 502 | 政府 | 504 |
| 战胜 | 495 | 找~人、东西 | 497 | 这时 | 499 | 钲 | 502 | 挣钱 | 504 |
| 战士 | 495 | 找~工作 | 497 | 这些 | 500 | 争 | 502 | **zhi** | |
| 战争 | 495 | 找钱 | 497 | 这样 | 500 | 争论 | 502 | 之间 | 504 |
| 蘸 | 495 | 笊篱 | 497 | 蔗糖 | 500 | 挣扎 | 502 | 芝麻 | 504 |
| **zhang** | | 照用灯~ | 497 | 着说~ | 500 | 睁~眼 | 502 | 芝麻糊 | 505 |
| 张~嘴 | 495 | 照~镜子 | 497 | **zhen** | | 蒸~饭 | 502 | 芝麻酱 | 505 |
| 张一~纸 | 495 | 照~他说的做 | 497 | 真~假 | 500 | 蒸锅 | 502 | 芝麻糖 | 505 |
| 张一~相片 | 495 | 照顾 | 498 | 真的 | 500 | 蒸馏水 | 502 | 芝麻油 | 505 |
| 张一~床 | 495 | 照旧 | 498 | 针缝衣~ | 500 | 蒸笼 | 502 | 支一~军队 | 505 |
| 章鱼 | 495 | 照亮 | 498 | 针鼻 | 500 | 征兵 | 503 | 支一~笔 | 505 |
| 蟑螂 | 495 | 照料 | 498 | 针尖 | 500 | 整八点~ | 503 | 支一~枪 | 505 |
| 樟脑 | 495 | 照射阳光~ | 498 | 针灸 | 500 | 整洁 | 503 | 支一~香烟 | 505 |
| 樟脑丸 | 495 | 照相 | 498 | 针线活儿 | 500 | 整年 | 503 | 支一~蜡烛 | 505 |
| 樟树 | 495 | 照相机 | 498 | 针织品 | 500 | 整数 | 503 | 支流 | 505 |
| 长~树~高了 | 496 | 罩用纱罩~饭菜 | 498 | 砧板 | 500 | 整天 | 503 | 支气管 | 505 |
| 长~疮 | 496 | **zhe** | | 珍珠 | 500 | 整夜 | 503 | 蜘蛛 | 505 |
| 长辈 | 496 | 遮 | 498 | 珍珠贝 | 500 | 整月 | 503 | 蜘蛛网 | 505 |
| 长大 | 496 | 遮羞布 | 498 | 珍珠鸡 | 500 | 正帽子戴不~ | 503 | 脂肪 | 505 |
| 长女 | 496 | 蜇蜜蜂~人 | 498 | 斟~酒 | 501 | 正餐 | 503 | 只一~鸡 | 505 |
| 长子 | 496 | 鹧鸪 | 498 | 斟酌 | 501 | 正常 | 503 | 只一~鸡蛋 | 505 |
| 涨潮 | 496 | 折断树枝~了 | 499 | 胗鸡~ | 501 | 正房房屋的~ | 503 | 只一~小船 | 505 |
| 涨价 | 496 | 折尺 | 499 | 诊断 | 501 | 正好 | 503 | 只一~苹果 | 505 |

| 词目 | 页 | 词目 | 页 | 词目 | 页 | 词目 | 页 | 词目 | 页 |
|---|---|---|---|---|---|---|---|---|---|
| 只~鞋子 | 506 | 指导 | 508 | 中年人 | 511 | 种~庄稼 | 513 | 竹竿 | 515 |
| 只~袜子 | 506 | 指挥~战斗 | 508 | 中秋节 | 511 | 种痘 | 513 | 竹笆 | 516 |
| 只~手 | 506 | 指尖 | 508 | 中听 | 511 | 中打~ | 513 | 竹节 | 516 |
| 只~箱子 | 506 | 指南针 | 508 | 中午 | 511 | 中毒 | 513 | 竹篾 | 516 |
| 知道 | 506 | 指天椒 | 508 | 中心 | 511 | 中风 | 513 | 竹笋 | 516 |
| 织~布 | 506 | 指望~别人 | 508 | 中学 | 511 | 中计 | 513 | 竹筒 | 516 |
| 织~毛衣 | 506 | 指纹 | 508 | 中学生 | 511 | 中暑 | 513 | 竹筒饭 | 516 |
| 织布机 | 506 | 指针~钟表的 | 509 | 中旬 | 511 | 中意 | 514 | 竹席 | 516 |
| 织梭 | 506 | 止咳药 | 509 | 中药 | 511 | **zhou** | | 竹叶青蛇名 | 516 |
| 栀子花 | 506 | 止痛 | 509 | 中游 | 511 | 肘 | 514 | 竹子 | 516 |
| 指甲 | 506 | 止痛药 | 509 | 中医指医生 | 511 | 周到 | 514 | 逐渐 | 516 |
| 指甲花 | 506 | 止泻药 | 509 | 中医~学 | 511 | 周末 | 514 | 烛台 | 516 |
| 直 | 506 | 止血 | 509 | 中指 | 511 | 周年 | 514 | 主妇 | 516 |
| 直肠 | 506 | 止血药 | 509 | 中趾 | 512 | 周岁~酒 | 514 | 主根 | 516 |
| 直路 | 506 | 只~买五斤 | 509 | 忠诚 | 512 | 周围 | 514 | 主人 | 516 |
| 直升飞机 | 506 | 只好 | 509 | 钟敲的钟 | 512 | 粥 | 514 | 主食 | 517 |
| 直爽 | 507 | 只要 | 509 | 钟钟表 | 512 | 轴承 | 514 | 主意 | 517 |
| 直说 | 507 | 只有 | 509 | 钟摆 | 512 | 肘关节 | 514 | 拄~拐杖 | 517 |
| 直性子指人 | 507 | 智齿 | 509 | 钟楼 | 512 | 皱衣服~了 | 514 | 煮 | 517 |
| 植物 | 507 | 痣 | 509 | 钟乳石 | 512 | 皱~眉头 | 514 | 蛀被虫子~ | 517 |
| 植物油 | 507 | 滞销 | 509 | 终生 | 512 | 皱纹 | 514 | 蛀齿 | 517 |
| 植物园 | 507 | 滞销货 | 509 | 终于 | 512 | 咒语 | 514 | 蛀虫 | 517 |
| 值~多少钱 | 507 | 痔疮 | 509 | 种这~鱼 | 512 | **zhu** | | 住~哪儿 | 517 |
| 值班 | 507 | 治~病 | 509 | 种一~植物 | 512 | 猪 | 515 | 住处 | 517 |
| 值钱 | 507 | 制度 | 510 | 种猪 | 512 | 猪槽 | 515 | 住院 | 517 |
| 执行 | 507 | 制造 | 510 | 种子 | 512 | 猪粪 | 515 | 注册 | 517 |
| 职权 | 507 | 至多 | 510 | 肿 | 512 | 猪圈 | 515 | 注射器 | 517 |
| 侄女 | 507 | 至少 | 510 | 肿瘤 | 512 | 猪笼 | 515 | 注意 | 517 |
| 侄女婿 | 508 | 窒息 | 510 | 肿胀 | 512 | 猪肉 | 515 | 柱子 | 518 |
| 侄媳妇 | 508 | 窒息而死 | 510 | 重 | 513 | 猪油 | 515 | 炷一~香 | 518 |
| 侄子 | 508 | **zhong** | | 重病 | 513 | 猪油渣 | 515 | 铸 | 518 |
| 纸 | 508 | 中 | 510 | 重活儿 | 513 | 猪崽 | 515 | 铸工 | 518 |
| 纸币 | 508 | 中等 | 510 | 重量 | 513 | 猪鬃 | 515 | 助手 | 518 |
| 纸牌 | 508 | 中耳炎 | 510 | 重伤 | 513 | 朱砂 | 515 | 助学金 | 518 |
| 纸扇 | 508 | 中间 | 510 | 重视 | 513 | 珠宝 | 515 | 祝福 | 518 |
| 纸烟 | 508 | 中间人 | 510 | 重要 | 513 | 侏儒 | 515 | 祝贺 | 518 |
| 指~方向 | 508 | 中年 | 510 | 重罪 | 513 | 竹篙 | 515 | 祝寿 | 518 |

| | | | | | | | | | |
|---|---|---|---|---|---|---|---|---|---|
| 苎麻 | 518 | 追击 | 520 | 自我介绍 | 523 | 祖籍 | 525 | 最后 | 527 |
| 著名 | 518 | 追踪 | 520 | 自习 | 523 | 祖母 | 525 | 最近 | 528 |
| **zhua** | | 锥子 | 520 | 自行车 | 523 | 祖师爷 | 525 | 醉~酒 | 528 |
| 抓阄 | 518 | **zhun** | | 自学 | 523 | 祖先 | 525 | **zun** | |
| 爪子 | 518 | 准备 | 520 | 字 | 523 | 祖宗 | 525 | 尊一~佛像 | 528 |
| **zhuan** | | **zhuo** | | 字典 | 523 | 组一个~ | 525 | 尊敬 | 528 |
| 专门副词 | 518 | 捉~鸡 | 520 | 字号商店的名称 | 523 | 组织一~会议 | 525 | 尊重 | 528 |
| 专心 | 518 | 捉迷藏 | 521 | **zong** | | 阻拦 | 525 | 遵守 | 528 |
| 砖 | 519 | 捉拿 | 521 | 宗教 | 523 | 阻止 | 525 | **zuo** | |
| 砖房 | 519 | 捉弄 | 521 | 宗族 | 523 | 诅咒 | 525 | 作料 | 528 |
| 砖窑 | 519 | 捉鱼笼 | 521 | 棕榈树 | 523 | **zuan** | | 昨天 | 528 |
| 转动车轮~ | 519 | 桌布 | 521 | 棕榈油 | 523 | 钻老鼠~洞 | 526 | 昨晚 | 528 |
| 转告 | 519 | 桌面 | 521 | 棕色 | 523 | 钻用钻子~孔 | 526 | 左 | 528 |
| 转卖 | 519 | 桌子 | 521 | 鬃毛 | 523 | 钻石 | 526 | 左撇子 | 528 |
| 转身 | 519 | 啄 | 521 | 总共 | 523 | 钻头 | 526 | 左右三十岁~ | 528 |
| 转弯 | 519 | 啄木鸟 | 521 | 总是 | 523 | 钻子 | 526 | 做一~事 | 529 |
| 转学 | 519 | 镯子 | 521 | 粽子 | 524 | **zui** | | 做法 | 529 |
| 转移 | 519 | **zi** | | **zou** | | 嘴 | 526 | 做媒 | 529 |
| 转椅 | 519 | 资本家 | 521 | 走往前~ | 524 | 嘴馋 | 526 | 做梦 | 529 |
| 赚钱 | 519 | 资金 | 521 | 走钢丝 | 524 | 嘴唇 | 526 | 做主 | 529 |
| **zhuang** | | 紫 | 521 | 走火~枪 | 524 | 嘴角 | 526 | 做作 | 529 |
| 装~货 | 519 | 紫色 | 521 | 走廊 | 524 | 嘴紧 | 526 | 作弊 | 529 |
| 装~死 | 519 | 紫苏 | 521 | 走私 | 524 | 嘴快 | 526 | 作客 | 529 |
| 装模作样 | 519 | 紫檀 | 521 | 走味儿~酒 | 524 | 嘴碎 | 526 | 作业 | 529 |
| 装傻 | 519 | 紫药水 | 521 | 揍 | 524 | 嘴甜 | 526 | 作业本 | 529 |
| 庄家 | 519 | 子弹 | 522 | **zu** | | 嘴硬 | 526 | 作证 | 529 |
| 庄稼 | 520 | 子宫 | 522 | 租 | 524 | 罪 | 526 | 坐~椅子 | 529 |
| 桩子 | 520 | 子宫癌 | 522 | 租户 | 524 | 罪恶 | 527 | 坐~车 | 529 |
| 撞 | 520 | 子孙 | 522 | 租借 | 524 | 罪犯 | 527 | 坐垫 | 529 |
| 撞牛对~ | 520 | 自从 | 522 | 租金 | 524 | 罪过 | 527 | 坐牢 | 529 |
| 撞针~枪 | 520 | 自己 | 522 | 租约 | 524 | 罪名 | 527 | 坐月子 | 529 |
| 幢一~房子 | 520 | 自己人 | 522 | 足球 | 524 | 罪孽 | 527 | 座一~楼房 | 530 |
| 壮身体很~ | 520 | 自夸 | 522 | 足球场 | 524 | 罪人 | 527 | 座一~桥 | 530 |
| **zhui** | | 自来水 | 522 | 祖辈 | 524 | 罪行 | 527 | 座一~山 | 530 |
| 追 | 520 | 自杀 | 522 | 祖父 | 524 | 罪证 | 527 | 座位 | 530 |
| 追捕 | 520 | 自首 | 522 | 祖父母 | 525 | 罪状 | 527 | 座钟 | 530 |
| 追肥 | 520 | 自卫 | 522 | 祖国 | 525 | 最 | 527 | | |

# A

【挨~着坐❶】 泰ใกล้ชิด[klai³tshit⁸] 老แปะ[pɛ²]; ปะຊິດ[pa²sit⁸];ผ่าง[pha:ŋ⁵] 岱-侬xẩu[ɤɯ³] 越泰phanh[pheŋ¹] 越sát[ʂa:t⁷]

【挨~打】 泰ถูก[thu:k⁹] 老ถืก[thɯ:k⁹] 越bi[ʔbi⁶] 芒phái[fa:i⁵]

【癌症】 泰โรคมะเร็ง[ro:k¹⁰ ma⁴ reŋ²];มะเร็ง[ma⁴ reŋ²] 老โลกมะเฮ็ง[lo:k¹⁰ ma⁵ heŋ²];มะเฮ็ง[ma⁵ heŋ²];พะยาดมะเฮ็ง[pha⁵ ɲa:t¹⁰ ma⁵ heŋ²];ฮัม[khan¹];มะเฮ็งขลอง[ma⁵ heŋ² lu:aŋ¹];ตามเต้ม[ta:n⁴ ten⁴] 越ung thư[ʔuŋ¹ thɯ¹] 芒ung thư [ʔuŋ¹ thɯ¹]

【矮❷】 泰เตี้ย[ti:a³] 老เตี้ย[ti:a³];ต่ำ[tam⁵] 岱-侬tắm[tam⁵] 越泰tắm[tam⁵] 普tăm¹[tam¹]; taj⁴ tuˀ lân⁴[ta:i³ tuˀ lɤn⁴] 越thấp[thɤp⁷];lùn[lun²] 芒pẳn[pan³]

【矮子】 泰ตัวเตี้ย[tu:a²ti:a³] 老คົນต่ำ[khon²tam⁵];คົນแจ้[khon² tsɛ:⁴];คົນเตี้ย[khon² ti:a³];อามะบะ[va:² ma⁵ na⁵];อามึบ[va:² mon²] 越chú lùn[tsu² lun²];người lùn[ŋɯɯi² lun²]

【隘口】 泰ช่องแคบระหว่างหุบเขา[tshɔ:ŋ³ khɛ:p¹⁰ ra⁴ wa:ŋ⁵ hup⁷ khau¹] 老กອก[kɔ:k⁹] 越cửa ải [kɯə³ ʔa:i³];hèm núi[hɛm³ nui⁵]

【艾草】 泰ไม้วอร์มวูด[mai⁴ wɔ:m:² wu:t¹⁰] 岱-侬nhà ngải[ɲa:³ ŋa:i³];co nhà ngải[kɔ¹ ɲa:³ ŋa:i³] 越泰hàn lương[ha:n³ lɯːŋ¹] 越cây ngải cứu[kɤi¹ ŋa:i³ kɯɯ⁵]

【爱~她❸】 泰รัก[rak⁸] 老ฮัก[hak⁸] 岱-侬điệp[ʔdi:p⁸];ái[ʔa:i⁵];nắt[nat⁷] 越泰mặc[mak⁸] 普 ngaj⁴[ŋa:i⁴] 越yêu[ʔi:u¹] 芒yêu[ʔi:u¹]

【爱~看戏】 泰ชอบ[tshɔ:p¹⁰] 老มัก[mak⁸] 岱-侬hửn[hɯn⁵];ái[ʔa:i⁵] 越泰nắt[nat⁷] 普ngaj⁴[ŋa:i⁴] 越thích[thit⁷] 芒ưa[ʔɯə¹];ưa thích[ʔɯə¹ thit⁷]

【爱慕】 泰รักและเลื่อมใสศรัทธา[rak⁸ lɛ⁴ lɯːam⁵ sai¹ sat⁷ tha:²];ชอบ[tshɔ:p¹⁰] 老อาไลฮัก[ʔa:¹ lai² hak⁸];ฮักไต่[hak⁸ khai:³] 岱-侬nắt[nat⁷];ái[ʔa:i⁵] 越泰mặc mèn[mak⁸ mɛn⁶] 越ái mộ[ʔa:i⁵ mo⁶]; thương mến[thɯːŋ¹ men⁵] 芒thương mến[thɯːŋ¹ men³]

【爱惜】 泰หวง[hu:aŋ¹] 老ฮักแพง[hak⁸ phɛ:ŋ²] 岱-侬ngòi qui[ŋɔi² kwi¹];ngòi băt pèng[ŋɔi² ʔbat⁷ pɛŋ²] 越泰tiếk[ti:k⁷] 越quý trọng[kwi⁵ tʂɔŋ⁶];giữ gìn[zɯ¹ zin²];chăm sóc[tsam¹ ʂɔk⁷]

【碍事妨碍做事】 泰ทำให้ไม่สะดวก[tham³ hai³ ɱai³ sa⁵ ʔdu:ak⁹] 老กิดขัນวาງງาน[ki:t⁹ na:⁵ khwa:ŋ tɤ:¹] 越vướng[vɯːŋ⁵];trở ngại[tʂɤ⁵ ŋa:i⁶]

【安静❹】 泰สงบ[sa⁵ŋop²];เงียบ[ŋi:ap¹⁰] 老ดຸดสะมິ[ʔdut⁷sa²ni:²];ดຸดสะมິພาບ[ʔdut⁷sa²ni:² pha:p¹⁰];มິด[mit⁸];มິ้ງ[miŋ⁴];กะสาบ[ka² sa:n¹] 岱-侬quệng[kwɛŋ⁴] 越泰iên pín[ʔi:n¹ pin⁵];mong[mɔŋ¹] 普dăm³[dam³];ljăm³[ljam³]; lăm³ tăk⁵[lam³ tak⁵] 越im[ʔim¹];im ắng[ʔim¹ ʔaŋ⁵];yên tĩnh[ʔi:n¹ tiŋ⁴] 芒yên tĩnh[ʔi:n¹ tiŋ⁴]; yên[ʔi:n¹]

【安乐椅】 泰เก้าอี้โยก[kau³ ʔi:³ jo:k¹⁰] 老เก๊าอี้มิแยมเทิງ[kau³ ʔi:⁴ mi:² khɛ:n¹ thau⁵] 越

---

❶ 石家 liam⁴
❷ 石家 tam² 阿含 tām B1
❸ 掸 măk D2S 泐 măk D2S
❹ 阿含 jin;kum

ghế xây[ɣe⁵ sɤi¹]

【安眠药】 泰ยานอนหลับ[ja:² nɔ:n² lap⁷] 老ยาบอมຫຼັບ[ja:¹ nɔ:n¹ lap⁷] 越thuốc ngủ[thu:k⁷ ŋu³] 芒thuốc táy[thu:k⁷ tai⁵]

【安排】 泰จัด[tsat⁷];จัดการ[tsat⁷ka:n²] 老จัด[tsat⁷];แจง[tsɛ:ŋ¹];จัดแจง[tsat⁷tsɛ:ŋ¹];จัดแต่ง[tsat⁷tɛ:ŋ⁵] 傣-侬tặt tổ[tat⁸to³] 越泰tạk pun[ta:k⁸pun¹];tặt pun[tat⁸pun¹] 越xếp đặt[sep⁷ʔdat⁸];sắp xếp[şap⁷sep⁷] 芒xếp tach[sep⁷tat⁵]

【安全交通~】 泰ปลอดภัย[plɔ:t⁹ phai²] 老มีละไว[ni⁵ la⁵ phai²];อะไว[ʔa² phai²];ปอดไว[pɔ:t⁹ phai²] 傣-侬ồn an[ʔɔn³ ʔa:n¹] 越an toàn[ʔa:n¹ twa:n²] 芒an toàn[ʔa:n¹ twa:n²]

【安全帽】 泰หมวกนิรภัย[mu:ak⁹ nin² phai²] 越mũ bảo vệ[mu⁴ ʔba:u³ ve⁶];mũ an toàn của thợ[mu⁴ ʔa:n¹ twa:n² kuə³ thɤ⁶]

【安慰】 泰ปลอบ[plɔ:p⁹];ปลอบใจ[plɔ:p⁹ tsai²];ปลอบโยน[plɔ:p⁹ jo:n²] 老แปงใจ[pɔ:ŋ¹¹ tsai²];จอบ[tsɔ:p⁹];ทอมใจ[kɔ:m¹¹ tsai¹];ย้อมใจ[ŋɔ:m⁴ tsai¹];ย้อมน้ำใจ[ŋɔ:m⁴nam⁴tsai¹];บับโลม[ʔban¹ lo:m²];ปะโลม[pa²lo:m²];ปะโลมใจ[pa²lo:m² tsai¹];ปะเล้าปะโลม[pa²lau⁴pa²lo:m²];ปอบใจ[pɔ:p⁹ tsai¹];ปอบจิดปอบใจ[pɔ:p⁹ tsit⁷ pɔ:p⁹ tsai¹];เล้าโลม[lau⁴ lo:m²];โลม[lo:m²];โอโลม[ʔo:⁴ lo:m²];โอโลมปะติโลม[ʔo:⁴ lo:m² pa² ti² lo:m²];ออย[ʔɔ:i¹];ออยใจ[ʔɔ:i¹ tsai¹];อิ่มออย[ʔin⁵ ʔɔ:i¹];ทอมใจ[kɔ:m⁵ tsai¹] 越dỗ dành[zo⁴ zaŋ²];an ủi[ʔa:n¹ ʔui²]

【安稳】 泰ปลอดภัยและมั่นคง[plɔ:t⁹ phai² lɛ⁴ man³ khoŋ²] 傣-侬ồn an[ʔɔn³ ʔa:n¹] 越泰tiếng iên[ti:ŋ⁶ ʔi:n¹] 越yên ổn[ʔi:n¹ ʔon³];vững vàng[vɯŋ⁴ va:ŋ²];vững[vɯŋ⁴] 芒yên ổn[ʔi:n¹ ʔon⁵]

【安心~工作】 泰สงบใจ[sa⁵ ŋop⁷ tsai²] 老เย็นใจ[jen¹ tsai²] 傣-侬ồn slim[ʔɔn³ ɬim¹] 越泰nền

chau[nɛn³ tsau¹] 越yên lòng[ʔi:n¹ lɔŋ²];yên tâm[ʔi:n¹ tɤm¹];an tâm[ʔa:n¹ tɤm¹] 芒yên lòng[ʔi:n¹ lɔŋ²];yên tỏng[ʔi:n¹ tlɔŋ⁴];yên tâm[ʔi:n¹ tɤm¹]

【安装】 泰คิดตั้ง[tit⁷ taŋ³] 老ติดตั้ง[tit⁷ taŋ⁴];เข้าเคื่อง[khau³ khɯaŋ⁵] 晋tăm¹[tam¹] 越lắp[lap⁷];ráp[za:p⁷] 芒khắp[khap⁷]

【鞍❶】 泰อาน[ʔa:n²] 老อาง[ʔa:n¹] 傣-侬an[ʔa:n¹];yên[ʔi:n¹] 越泰an[ʔa:n¹] 越yên[ʔi:n¹];cái yên[ka:i⁵ ʔi:n¹]

【庵尼姑~】 泰วัด[wat⁸];อาราม[ʔa:² ra:m²] 老อัด[vat⁸];อาราม[ʔa:¹¹ha:m²];อาลาม[ʔa:¹¹la:m²] 傣-侬xùa eng[ɕuə³ ʔɛŋ¹];chùa eng[tɕuə³ ʔɛŋ¹] 越am[ʔa:m¹];chùa nhỏ[tɕuə² ɲɔ³] 芒am[ʔa:m¹];cái am[ka:i³ ʔa:m¹]

【鹌鹑❷】 泰นกคุ่ม[nok⁸ khum³] 老มิกຂຸ່ມ[nok⁸ khum³] 傣-侬cáy nà[kai⁵ na¹] 越泰xổm xó[som⁵ sɔ⁵] 越chim cun cút[tsim¹ kun¹ kut⁷];chim cút[tsim¹ kut⁷] 芒chim lút cút[tsim¹ lut⁷ kut⁷]

【岸】 泰ฝั่ง[faŋ⁵] 老ฝั่ง[faŋ⁵];ฮิง[liŋ⁵];ตะฮิง[ta²liŋ⁵] 傣-侬phẳng[phaŋ³];cặn[kan²] 越泰phẳng[phaŋ⁵];cặn[kan²] 晋kân¹[kɤn³];kɤn[kɤ:n³] 越bờ[ʔbɤ²] 芒pờ[pɤ⁴]

【暗天~】 泰มืด[mɯ:t¹⁰];สลัว[sa⁵ lu:a¹] 老มิด[mɯ:t¹⁰] 傣-侬slầu[ɬəu³];muôc[mu:k⁷] 越tối[toi⁵];tối tăm[toi⁵ tam¹]

【暗疮】 泰เม็ดตุ่มแบน[met⁸tum⁵ʔbɛ:n²];เม็ดตุ่มหนอง[met⁸ tum⁵ nɔ:ŋ¹];สิว[siu¹] 傣-侬bat khoang ma[ʔba:t⁷khwa:ŋ¹ma¹] 越泰phộc[phok⁸] 越nhọt bọc[ɲɔt⁸ ʔbɔk⁸]

【暗号】 泰สัญญาณลับ[san¹ ja:n² lap⁸];รหัสลับ[ra⁴ hat⁷ lap⁸] 老ละขัด[la⁵ hat⁷];อามัดสัมยาบ[ʔa:¹¹ nat⁸ san¹ ɲa:n²] 越ám hiệu[ʔa:m⁵ hi:u⁶];dấu hiệu riêng[zɤu⁵ hi:u⁶ zi:ŋ¹];dấu hiệu kín[zɤu⁶ hi:u⁶ kin⁵]

---

❶ 阿含 ān A1  掸 ʔan A1  泐 ʔan A1
❷ 掸 khum C1

【暗礁】 泰หินโสโครก[hin¹ so:¹ khro:k¹⁰] 老แก้ง[kɛ:ŋ⁴] 傣-侬hin dăm[hin¹ ʔdam¹] 越đá hàn[ʔda⁵ ha:n²];đá ngầm[ʔda⁵ ŋɤm²]

【暗杀】 泰ลอบสังหาร[lɔ:p¹⁰saŋ¹ha:n¹];ลอบฆ่า[lɔ:p¹⁰kha:³] 老ລອບຂ້າ[lɔp¹⁰kha:³];ລອບຄາຕະກຳ[lɔ:p¹⁰ kha:² ta² kam¹'];ทำการฆาตะกำ[tham² ka:n¹' kha:² ta² kam¹'];ລອບສັງຫາບ[lɔ:p¹⁰ saŋ¹ ha:n¹] 越ám sát[ʔa:m⁵ şa:t⁷];vụ ám sát[vu⁶ ʔa:m⁵ şa:t⁷]

【按~门铃】 泰กด[kot⁷] 老เນັ້ນ[nen⁴];ບິບ[ʔbi:p⁹] 傣-侬nhǎn[ɲan³] 越泰bít[ʔbit⁷] 越bấm[ʔbɤm⁵] 芒bấm[ʔbɤm³]

【按~规矩办】 泰ตาม[ta:m²] 老โตย[to:i¹'];ตาม[ta:m¹];ตามที่[ta:m¹' thi:⁵] 越theo[thɛu¹]

【按摩】 泰นวด[nu:at¹⁰] 老ນວດ[nu:at¹⁰];ນວດເຟັ້ນ[nu:at¹⁰fen⁴];ລູບຄັນ[lu:p¹⁰khan⁴];ຄຶງເດັບ[khɯŋ² khe:n⁴];ບິບ[ʔbi:p⁹];ບິບຄັນ[ʔbi:p⁹khan⁴];ບິບເຮັມ[ʔbi:p⁹ en¹'];ບິບຣິດ[ʔbi:p⁹ hi:t¹⁰];ບໍລິມັດ[ʔbɔ:¹' li⁵ mat⁸] 越xoa bóp[swa¹ ʔbɔp⁷];đấm bóp[ʔdɤm⁵ ʔbɔp⁷];tẩm quất[tɤm³ kwɤt⁷];bóp[ʔbɔp⁷];nắn[nan⁶];nắn bóp[nan⁵ ʔbɔp⁷] 芒tẩm póp[tɤm⁵ pɔp⁷];nắn póp[nan³ pɔp⁷];xa póp[sa¹ pɔp⁷]

【案件】 泰คดี[kha⁴ ʔdi:²];กรณี[ka⁵ ra⁴ ni:²] 老ກໍລະນີ[kɔ:¹' la⁵ ni:²];ຄະດີ[kha⁵ ʔdi:¹'] 越án[ʔa:n⁵];vụ kiện[vu⁶ ki:n⁶];vụ án[vu⁶ ʔa:n⁵];án kiện[ʔa:n⁵ ki:n⁶]

【凹】 泰เว้า[wau⁴] 老จอกຫລອກ[tsɔ:k⁹lɔ:k⁶];จอกຫออก[tsɔ:k⁹ vɔ:k⁹];ຕອບ[tɔ:p⁹];ບຸ້[ʔbu:⁴];ບຸບ[ʔbup⁷];ບູບ[ʔbu:p⁹];ບຸ້ມ[ʔbum⁴];ເອົ້າ[vau⁴];ອຳ[vam²];ໂອກ[vo:k¹⁰];ອຶ້ງຫລຸບ[ʔoŋ⁴ lup⁷] 傣-侬bup[ʔbup⁷] 越泰bẽm[ʔbem³];lõm[lom⁵] 越lõm[lom⁴];trũng xuống[tşuŋ⁵ su:ŋ⁵] 芒lùm[lum³];huồn[hu:n³]

【熬~粥】 泰ต้ม[tom³] 老ຕົ້ມ[tom⁴];ทุง[huŋ¹'] 越nấu[nɤu⁵]

【熬夜】 泰อดหลับอดนอน[ʔot⁷ lap⁷ ʔot⁷ nɔ:n²] 老จ่องนอนเดิก[tsɔ:ŋ⁵ nɔ:n² ʔdək⁷];ยู่เดิก[ju:⁵ ʔdək⁷];อึดนอน[ʔot⁷ nɔ:n²];อึดขับอึดนอน[ʔot⁷ lap⁷ ʔot⁷ nɔ:n²] 傣-侬dừn khoe[ɟɯn³ khwɛ¹];ngài khoe[ŋa:i² khwɛ¹] 越泰thiêu cữn[thi:u¹ kɯn²] 越thức đêm[thɯk⁷ ʔdem¹];làm việc suốt đêm[la:m² vi:k⁸ şu:t⁷ ʔdem¹]

【螯螃蟹~】 泰ก้าม[ka:m³] 老ກ້າມ[ka:m⁴];ง่าม[ra:m⁵] 傣-侬kìm[kim²] 越泰càm[ka:m³] 越càng[ka:ŋ²];cẳng[kaŋ³] 芒càng[ka:ŋ²];còng[kɔŋ³]

# B

【八】泰แปด[pɛːt⁹] 老ແປດ[pɛːt⁹] 岱-侬pet[pɛt⁷] 越泰pét[pɛt⁷] 普zu³[zɯ³];mozu³[mɤ⁰ zɯ³] 越tám[taːm⁵] 芒thảm[thaːm³]

【八哥】鸟名 泰นกสาลิกา[nok⁸ saː¹ li⁴ kaː²];นกขุนทอง[nok⁸ khun¹ thɔːŋ²] 老ມີ້ກສັງກາ[nok⁸ saŋ¹ kaː¹];ມີ້ກແສງກາ[nok⁸ sɛːŋ¹ kaː¹];ມີ້ກອ້ຽງ[nok⁸ ʔiːaŋ⁴];ອ້ຽງດຳ[ʔiːaŋ⁴ kham⁴];ມີ້ກອ້ຽງແດງ[nok⁸ ʔiːaŋ⁴ dɛːŋ²];ມີ້ກອ້ຽງດຳ[nok⁸ ʔiːaŋ⁴ dam¹];ມີ້ກອ້ຽງໂມ່[nok⁸ ʔiːaŋ⁴ moːŋ⁵];ມີ້ກແກ້ວ[nok⁸ kɛːu⁴];ມີ້ກແກ້ວສາລິກາ[nok⁸ kɛːu⁴ saː¹ li⁵ kaː¹];ມີ້ກສາລິກາ[nok⁸ saː¹ li⁵ kaː¹];ມີ້ກອີ່ແກ້ວ[nok⁸ ʔiː⁵ kɛːu⁴];ມີ້ກອຳພອນ[nok⁸ ʔam¹ phɔːn²] 岱-侬nộc kéo[nok⁸ kɛu⁵] 越泰nộc kéo[nok⁸ kɛu⁵];nộc iểng[nok⁸ ʔiːŋ³];nộc iểng kéo[nok⁸ ʔiːŋ³ kɛu⁵] 越chim sáo[tsim⁴ ʂaːu⁵];chim sáo đá[tsim¹ ʂaːu⁵ ʔdaː²];con sáo[kɔn¹ ʂaːu⁵] 芒con khảo[kɔn¹ khaːu³];khảo khảo[khaːu³ khaːu³];khảo[khaːu³]

【八角】大料 泰โป๊ยกั๊ก[poːi⁴ kak⁴];โป๊ยกั๊กสตาร์[poːi⁴ kak⁴ saː⁵ taː²] 岱-侬mac chac[maːk⁷ tɕaːk⁷];va chac[vaː¹ tɕaːk⁷] 越hồi[hoi²];hồi hương[hoi² hɯːŋ¹];đại hồi[ʔdaːi⁶ hoi²]

【八十】泰แปดสิบ[pɛːt⁹ sip⁷] 老ແປດ ສິບ[pɛːt⁹ sip⁷] 岱-侬pet slip[pɛt⁷ ɬip⁷] 越泰pet xip[pɛt⁷ sip⁷] 越tám mươi[taːm⁵ mɯːi¹] 芒thảm mươl[thaːm³ mɯːl¹]

【八仙桌】泰โต๊ะแปดเหลี่ยม[toː⁴ pɛːt⁹ liːam⁵] 越bàn bát tiên[ʔbaːn² ʔbaːt⁷ tiːn¹];bàn vuông[ʔbaːn² vuːŋ¹]

【八月】泰เดือนสิงหาคม[ʔdɯːan² siŋ¹ haː¹ khom²];สิงหาคม[siŋ¹ haː¹ khom²];เดือนแปด[ʔdɯːan² pɛːt⁹] 老ເດືອນສິງຫາ[ʔdɯːan¹ siŋ¹ haː¹];ສິງຫາ[siŋ¹ haː¹];ສິງຫາຄົມ[siŋ¹ haː¹ khom²];ສິງ[siŋ¹];ອາສາບຫະ[ʔaː¹ saːn¹ haː¹] 岱-侬bươn pet[ʔbɯːn¹ pɛt⁷] 越泰bươn pét[ʔbɯːn¹ pɛt⁷] 普nin¹juo⁴[nin¹ jɯɤ⁴] 越tháng tám[thaːŋ⁵ taːm⁵] 芒khảng thảm[khaːŋ³ thaːm³]

【扒】~饭 泰พุ้ย[phui⁴] 老ເຂ່ຍ/ເຂ່ຽ[khəːi⁵] 岱-侬qui[kwi¹] 越泰khía[khiə⁵] 普qaw³[qaːu³] 越hót[hɔt⁷];và[vaː²] 芒chèo[tɕɛu²]

【巴豆】泰สลอด[saː⁵ lɔːt⁹] 老ສະຫຼອດ[saː² lɔːt⁹];ຕົ້ນສະຫຼອດ[ton⁴ saː² lɔːt⁹];ຕອດ[tɔːt⁹];ຫມາກຕອດ[maːk⁹ tɔːt⁹];ດາງ[khaːŋ²] 越ba đậu[ʔbaː¹ ʔdɤu⁶]

【巴结】泰ประจบ[praː⁵ tsop⁷] 老ສົບບາງປາກມົງ[sop⁷ ʔbaːŋ¹ paːk⁹ kiːaŋ⁴];ປະຈົບສົມພີ[paː² tsop⁷ sɔː¹ phɔː²] 越ninh[nin⁶];ninh nọt[nin⁶ nɔt⁸];ninh hót[nin⁶ hɔt⁷]

【芭蕉】❶ 泰กล้วยน้ำว้า[kluːai³ nam⁴ waː⁵] 老ກ້ວຍ[kuːai⁴];ຫມາກກ້ວຍ[maːk⁹ kuːai⁴];ກົກກ້ວຍ[kok⁹ kuːai⁴] 岱-侬cuối tây[kuːi⁵ təi¹] 越泰cuối óng[kuːi³ ʔɔŋ⁵] 越chuối chăn[tsuːi⁵ tsan¹];chuối tây[tsuːi⁵ tɤi¹] 芒chuối tây[tsuːi³ tɤi¹]

【芭蕉花】❷ 泰ปลี[pliː²];ปลีกล้วย[pliː² kluːai³];หัวปลี[huːa¹ pliː²] 老ປີ[piː¹];ປີກ້ວຍ[piː¹ kuːai⁴];ຫົວປີ[huːa¹ piː¹];ຫມາກປີ[maːk⁹ piː¹];ປີກ້ວຍ[piː¹ kuːai⁴] 岱-侬pi cuối tiêu[piː¹ kuːi³ tiːu¹] 普do³ kuoj³[dɤ³ kuːi³] 越hoa chuối[hwaː¹ tsuːi⁵] 芒tlái đỏ[tlaːi³ ʔdɔ³]

---

❶ 石家maak²-luu³
❷ 石家plii¹

【芭蕉叶❶】 泰ใบตอง[ʔbai²tɔːŋ²];ตองกล้วย[tɔːŋ² kluːai³] 老ใบตอง[ʔbai¹' tɔːŋ¹] 岱-侬toong[tɔːŋ¹] 越泰tong[tɔŋ] 越lá chuối[la⁵ tsuːi⁵]

【疤】 泰แผลเป็น[phlɛː¹ pen²];รอยแผล[rɔːi² phlɛː¹] 老ป้าว[paːu⁴];แป้ว[pɛːu⁴];แผเป็น[phɛː¹pen¹'];ຮອຍ ຕຳນິ[hɔːi² tam¹' niː⁵];ຕຳນິແຜ[tam¹' niː⁵ phɛː¹'];ตาบ[taːp⁹];ກະເຈາະ[ka² tsɔː¹] 岱-侬phéo[pheu³] 越泰páo[paːu³] 越cái seọ[kaːi⁵ ʂɛu⁶];vết seọ[vet⁷ ʂɛu⁶]; seọ[ʂɛu⁶] 芒khẽo[kheu⁴];vết khẽo[vet⁷ kheu⁴]

【拔❷】 泰ถอน[thɔːn¹];老ຖີກ[lok⁷];ຖອນ[thɔːn¹];ລິດ[lit⁷];ລ້າວ[laːu⁴];ปิด[pit⁷] 岱-侬lôc[lok⁷] 越泰lốc[lok⁷] 普caị²[tsaːi²] 越nhổ[nɔ³] 芒dố[zo⁵];péch[pet⁷]

【拔河】 泰การละเล่นชักกะเย่อ[kaːn² laː⁴ leːn³ tshak⁸ khaː jəː³] 老ດຶງເຊືອກ[ʔduŋ¹' sɯːak¹⁰];ກິລາດຶງເຊືອກ[ki² laː² ʔduŋ¹' sɯːak¹⁰] 越thi kéo co[thi¹ keu⁵ kɔ¹];kéo co[keu⁵ kɔ¹] 芒kéo co[keu⁵ kɔ¹]

【把_~米】 泰กำ[kam²];กำมือ[kam² mɯː²] 老ກຳ[kam¹'] 岱-侬căm[kam¹];nham[ɲaːm¹] 越泰căm[kam¹] 越vốc[vok⁷];nắm[nam⁵]

【把_~菜❸】 泰กำ[kam²] 老ກຳ[kaːm¹'] 岱-侬căm[kam¹];nham[ɲaːm¹] 越泰mặt[mat⁸] 越mớ[mɤ⁵];bó[ʔbɔ⁵];nắm[nam⁵] 芒pó[pɔ⁵];năm[naːm⁴]

【把_~刀❹】 泰เล่ม[leːm³] 老ມາກ[maːk¹⁰];ດວງ[ʔduːaŋ¹'] 岱-侬mạc[maːk⁸] 越泰mạk[maːk⁸] 越con[kɔn¹] 芒con[kɔn¹]

【把_~扫帚】 泰คัน[khan²] 老ຄັນ[khan¹] 越cái[kaːi⁵]

【把_~椅子】 泰ตัว[tuːa²] 老ໜ່ວຍ[nuːai⁵] 越cái[kaːi⁵]

【把_~锄头】 泰คัน[khan²] 老ດອງ[ʔduːaŋ¹'] 越cái[kaːi⁵]

【把_~扇子】 泰ด้าม[ʔdaːm³] 老ກ້ານ[kaːn⁴] 越cây[kɤi¹]

【把脉】 泰กำชีพจร[kam²tshiː² pha⁴tsɔːn²];กวดชีพจร[kuːat⁹tshiː²pha⁴tsɔːn²];จับชีพจร[tsap⁷tshiː²pha⁴tsɔːn²] 老ຈັບກຳມະຈອນ[tsap⁷kam¹' ma⁵tsɔːn¹];ເອົາກຳມະຈອນ[ʔau¹'kam¹'ma⁵tsɔːn¹];ກວດຊີພະຈອນ[kuːat⁹siː¹ pha⁵ tsɔːn¹];ຄຳຊີພະຈອນ[kham² siː² pha⁵ tsɔːn¹] 岱-侬ngòi mẹc[ŋɔi² mɛk⁸];pắt mẹc[pat⁷ mɛk⁸];tỉnh mẹc[tiŋ⁷ mɛk⁸] 越泰pắt mạch[pat⁷ mɛk⁸] 越ʐắt mạch[bat⁷ mat⁸];xem mạch[sɛm¹ mat⁸];coi mạch [kɔi¹ mat⁸] 芒pắt mach[pat⁷ mat⁸]

【把守❺】 泰ดูต้นทาง[ʔduː²tɔn³thaːŋ²] 普tư⁴[tɯ⁴] 越đứng gác[ʔduŋ³ ɣak⁷];trông nom[tʂɔŋ¹ nɔm¹];coi giữ[kɔi¹ zɯ³];giữ[zɯ³] 芒páy[paːi⁵];dữ[zɯ⁴]

【靶场】 泰สนามเป้า[saː⁵naːm¹pau³] 老ສະໜາມຍິງປືນ[saː²naːm¹ɲiŋ² pɯːn¹] 越bãi bắn bia[ʔbaːi⁴ ʔban⁵ ʔbiːa¹];sân tập bắn[ʂɤn¹ tɤp⁸ ʔban⁵];sân bắn bia [ʂɤn¹ ʔban⁵ ʔbiːa¹]

【靶子】 泰เป้า[pau³];เป้ายิงปืน[pau³ jiŋ² pɯːn²] 老ເບຍ[ʔbiːa¹];ເປົ້າ[pau⁴];ເປົ້າກະສຸນປືນ[pau⁴ ka² sun¹ pɯːn¹] 岱-侬bia[ʔbiːa¹];ăn bia[ʔan¹ ʔbiːa¹] 越泰bia[ʔbiːa¹] 越bia[ʔbiːa¹] 芒pia[piːa¹]

【把儿❻】 泰ด้าม[ʔdaːm³];คัน[khan²];กัน[kan⁵] 老ດ້າມ[ʔdaːm⁴];ຄັນ[khan²];ກັ້ນ[kan⁵] 岱-侬cán[kaːn³];cằn[kan²];đảm[ʔdaːm³] 越泰đảm[ʔdaːm³] 普kjang⁴[kjaːŋ⁴] 越cán[kaːn⁵];cái cán[kaːi⁵kaːn⁵];chuôi[tsuːi¹];quai[kwaːi¹] 芒chuôl[tsuːl¹]

---
❶ 石家 rɔɔŋ A1
❷ 泐 lok D1S
❸ 石家 kam¹
❹ 石家 maak²
❺ 掸 hɛn A1
❻ 石家 daam³　泐 dam C1

【坝】 泰ฝาย[fa:i¹];เขื่อน[khɯ:an⁵];พนัง[pha⁴ naŋ²]; 老ฝาย[fa:i¹];ฝายน้ำ[fa:i¹ nam²];ทะมบ[tha⁵ nop⁸];ทำมบ[tham² nop⁸];เขื่อน[khɯ:an⁵];กู[khɯ:²];กูกับน้ำ[khɯ:² kan¹ nam⁴];กูกับน้ำ[khɯ:² kan⁴ nam⁴] 岱-侬 phai[pha:i¹];ăn phai[ʔan¹ pha:i¹] 越泰 phai[pha:i¹] 普 kân³[kɤn³] 越 đập nước[ʔdɤp⁸ nɯ:k⁷];cái đập[ka:i⁵ ʔdɤp⁸] 芒 pai[pa:i¹]

【耙 农具名】 泰คราด[khra:t¹⁰];ไม้คราด[mai⁴ khra:t¹⁰] 老ดาด[kha:t¹⁰];ไม้ดาด[mai⁴ kha:t¹⁰] 岱-侬 phưa[phɯə¹] 越泰 ban[ʔba:n¹] 普 zaw³[za:u³];raw³[ra:u³];phơ⁴[phɤ⁴] 越 cái bừa[ka:i⁵ ʔbɯə⁵];bàn trang[ba:n² tşa:ŋ¹] 芒 pừa[pɯə²]

【耙~田】 泰คราด[khra:t¹⁰] 老ดาด[kha:t¹⁰];สาง[sa:ŋ] 岱-侬 bop[ʔbɔp⁷];loạt[lwa:t⁸] 普 lăj³ raw³[lai³ ra:u³] 越 bừa[ʔbɯə⁵] 芒 pừa[pɯə²]

【耙齿】 泰ฟันคราด[fan² khra:t¹⁰] 老ลูกดาด[lu:k¹⁰ kha:t¹⁰] 岱-侬 făn phưa[fan² phɯə¹];khéo phưa[kheu³ phɯə¹] 越 răng bừa[zaŋ¹ ʔbɯə²]

【霸占】 泰เข้ายึดครองโดยพลการ[khau³ jɯt⁸ khrɔ:ŋ¹ ʔdo:i² phon² la⁴ ka:n²];ยึดครองด้วยกำลัง[jɯt⁸ khrɔ:ŋ¹ ʔdu:ai³ kam² laŋ²] 老ยึดจอง[jɯt⁷ tsɔ:ŋ¹];ยึดจอง[nɯt⁸ tsɔ:ŋ¹] 越 bá chiếm[ba⁵ tsi:m⁵];chiếm đoạt[tsi:m⁵ ʔdwa:t⁸];chiếm đóng[tsi:m⁵ ʔdɔŋ⁵];chiếm [tsi:m⁵]

【掰】 泰ใช้มือแยกออกหรือหักออก[tshai⁴ mɯ:² jɛ:k¹⁰ ʔɔ:k⁹rɯɯ:¹hak⁷ʔɔ:k⁹] 老บิ[ʔbi²];บิ[ʔbi:⁵] 越 bẻ[ʔbɛ:³];cạy[kai⁶]

【白~色❶】 泰ขาว[kha:u¹] 老ขาว[kha:u¹];ดอก[ʔdɔ:k⁹];ด่อน[ʔdɔ:n⁵];ปุ้ย[pui⁴];เผือก[phɯ:ak⁹];พอน[phɔ:n²];ยอก[ju:ak⁹];หงอก[ŋɔ:k⁹] 岱-侬 khao[kha:u¹] 越泰 khao[kha:u¹];đón[ʔdɔn⁵] 普 lin³[lin³] 越 trắng[tşaŋ⁵];bạc[ʔba:k⁵] 芒

【白~跑一趟】 泰เปล่า[plau⁵] 老ดาย[ʔda:i¹];จ้อย[tsɔ:i⁴];ล้า[la:⁴];ล้า ๆ[la:⁴ la:⁴];เสียไปปล่า ๆ[si:a¹ pai¹¹ la:⁴ la:⁴];เปื่าๆ[pau⁵ pau⁵];เปื่าล้า[pau⁵ la:⁴];เปื่าใด[pau⁵ ʔda:i¹];ขื่อๆ[sɯ:⁵ sɯ:⁵];แล้ว[lɛ:ŋ⁴] 越 không[xɔŋ¹]

【白菜❷】 泰ผักกาดขาว[phak⁷ ka:t⁹ kha:u¹];ผักกาดขาวปลี[phak⁷ ka:t⁹ kha:u¹ pli:²] 老กาดขั่ว[ka:t⁹ hɔ:⁵] 越 rau cải[zau¹ ka:i³] 芒 tắc cái[tak⁷ ka:i⁵]

【白带】 泰ระดูขาว[ra⁴ du:² kha:u¹] 老ละดูขาว[la:⁵ ʔdu:¹ kha:u¹];โลกลิ้งขาว[lo:k¹⁰ lɔŋ² kha:u¹];พะยาดลิ้งขาว[pha⁵ na:t¹⁰ lɔŋ² kha:u¹];โลกมาดขาว[lo:k¹⁰ ma:t⁹ kha:u¹];เลือดขาว[lɯ:at¹⁰ kha:u¹] 越 bạch đới[ʔbat⁸ ʔdɤ:i⁵];huyết bạch[hwi:t⁷ ʔbat⁸]

【白癜风】 泰โรคผิวเผือก[ro:k¹⁰ phiu¹ phɯ:k⁹] 老โลกจั้วบ[lo:k¹⁰ tsi:an⁴] 越 bạch điến[ʔbat⁸ ʔdi:n⁵];bệnh bạch điến[ʔben⁶ ʔbat⁸ ʔdi:n⁵];lang[la:ŋ¹];lang ben[la:ŋ¹ ʔbɛn¹];lang trắng[la:ŋ¹ tşaŋ⁵]

【白垩】 泰หินปูนขาว[hin¹ pu:n² kha:u¹];ดินขาว[ʔdin² kha:u¹] 老ดินสั่[ʔdin¹¹ sɔ:¹] 越 đá phấn[ʔda⁵ fɤn⁵];vôi trắng[voi¹ tşaŋ⁵]

【白发❸】 泰ผมหงอก[phom¹ ŋɔ:k⁹];ผมขาว[phom¹ kha:u¹] 老ผมด่อน[phom¹ ʔdɔ:n⁵];ผมหงอก[phom¹ ŋɔ:k⁹] 岱-侬 phjôm khao[phjom¹ kha:u¹] 越泰 phôm hók[phom¹ hɔk⁷] 越 tóc bạc[tɔk⁷ ʔba:k⁵] 芒 thắc loc[thak⁷ lɔk⁸]

【白饭~没有菜的饭】 泰ข้าวเปล่า[kha:u³ plau⁵];ข้าวขาว[kha:u³ kha:u¹] 老เข้าล้า ๆ[khau³ la:⁴ la:⁴] 越 cơm không[kɤ:m¹ xɔŋ¹] 芒 cơm ró[kɤ:m¹ rɔ⁵]

【白饭豆】 泰ถั่วขาว[thu:a⁵ kha:u¹] 老ถั่วขาว[thu:a⁵ kha:u¹] 岱-侬 thúakhao[thu:a⁵ kha:u¹] 越 đỗ trắng[ʔdo⁴ tşaŋ⁵]

---

❶ 石家 haaw²　阿含 khāo A1；phük　掸 khau A1　泐 xau A1
❷ 石家 phrak⁴-kxk³
❸ 阿含 håk D1L　泐 hɔk D1L

【白果】 泰แปะก้วย[pe⁵ku:ai³] 越bạch quả[ʔbat⁸ kwa³];ngân hạnh[ŋɤn¹ haɲ⁶]

【白喉】 泰ไรคคอตีบ[ro:k¹⁰ khɔ:² ti:p⁹];คอตีบ[khɔ:² ti:p⁹];ดิพทีเรีย[ʔdip⁷ thi:² ri:a²] 老ไข้คำตีบ[khai³ khɔ:² ti:p⁹];โลภคำตีบ[lo:k¹⁰ khɔ:² ti:p⁹];คำตีบ[khɔ:² ti:p⁹];พะยาดคำตีบ[pha⁵ɲa:t¹⁰khɔ:²ti:p⁹] 傣-依cò kẽm[kɔ²kɛm³];cò hổng[kɔ²hoŋ⁵] 越bệnh bạch hầu[ʔben⁶ʔbat⁸hɤu²];tóm cò [tɔm⁵kɔ²] 越bệnh bạch hầu[ʔben⁶ʔbat⁸hɤu²]; bạch hầu[ʔbat⁸ hɤu²]

【白胡椒】 泰พริกไทยขาว[phrik⁸ thai² kha:u¹];พริกไทยล่อน[phrik⁸ thai² lɔ:n³] 老ผีกไทยขาว[phik⁸ thai² kha:u¹] 越hồ tiêu trắng[ho² ti:u¹ tʂaŋ⁵];hạt tiêu trắng[ha:t⁸ ti:u¹ tʂaŋ⁵];tiêu trắng[ti:u¹ tʂaŋ⁵]

【白桦树】 泰ไวต์เบิร์ช[wai² ʔbɤ:t⁹] 越cây bu lô [kɤi¹ ʔbu¹ lo¹];cây bạch hoa[kɤi¹ ʔbat⁸ hwa¹]

【白酒】 泰เหล้าขาว[lau³kha:u¹];เหล้าโรง[lau³ro:ŋ²] 老เຫล้າຂາວ[lau³ kha:u¹] 傣-依lầu rềng[ləu² rɤŋ²] 越泰lầu xau[lau³ sau¹] 越rượu trắng[zɯɯ⁶ tʂaŋ⁵]

【白开水】 泰น้ำเปล่าที่ต้มแล้ว[nam⁴ plau⁴ thi:³ tom³ lɛːu⁴] 老ນ້ຳລ້າ[nam⁴ la:⁴] 越nước sôi[nɯɯk⁷ ʂoi¹]; nước lã đun sôi[nɯɯk⁷ la⁴ ʔdun¹ ʂoi¹]

【白痢】 泰โรคบิดขาว[ro:k¹⁰ʔbit⁷kha:u¹] 越bạch ly[ʔbat⁸ li⁶];kiết bạch[ki:t⁷ ʔbat⁸];ly[li⁶]

【白鹭❶】 泰นกกระยางขาว[nok⁸ kra⁵ ja:ŋ² kha:u¹];ยางขาว[ja:ŋ² kha:u¹] 老ນິກຍາງໂທມ[nok⁸ ɲa:ŋ² tho:n²] 越con diệt bạch[kɔn¹ zi:t⁸ ʔbat⁸];cò bạch [kɔ² ʔbat⁸];cò trắng[kɔ² tʂaŋ⁵] 芒cò loc[kɔ² lɔk⁸]

【白萝卜】 泰หัวผักกาด[hua¹ phak¹ ka:t⁹] 老ຫາດຫົວຂາວ[ka:t⁹ hua¹ kha:u¹];ຜັກກາດຫົວຂາວ[phak⁷ ka:t⁹ hua¹ kha:u¹];ຜັກກາດໂກ້[phak⁷ ka:t⁹ ko:⁵] 越củ cải trắng[ku³ ka:i³ tʂaŋ⁵]

【白内障】 泰โรคต้อกระจก[ro:k¹⁰ tɔ:² kra⁵ tsok⁷] ต้อกระจก[tɔ:³ kra⁵ tsok⁷] 老ตาลิ[ta:¹' lɔ:²];ตาริ้ว[ta:¹' thu:a³] 越bệnh đục nhân mắt[ʔben⁶ ʔduk⁸ ŋɤn¹ mat⁷];đục thủy tinh thể[ʔduk⁸ thwi³ tiɲ¹ the³]; thong manh[thɔŋ¹ maɲ¹]

【白色】 泰สีขาว[si:¹kha:u¹] 老ສີຂາວ[si:¹kha:u¹] 傣-依slăc khao[łak¹kha:u¹] 越màu trắng[mau² tʂaŋ⁵] 芒màu tlăng[mau² tlaŋ⁵]

【白鳝】 泰ปลาไหลเผือก[pla:²lai¹phɯak⁹] 老ປາໄຫຼເຜືອກ[pa:¹' lai¹ phɯak⁹];อ่ยมด่อน[ʔi:an⁵ ʔdɔ:n⁵] 越cá trèn[ka⁵ tʂɛn²];cá chình[ka⁵ tsiɲ²]

【白事】 泰งานฌาปนกิจ[ŋa:n² tsha⁴ pa⁵ na⁴ kit⁷] 越việc hiếu[vi:k⁸ hi:u⁵];việc tang chay[vi:k⁸ ta:ŋ¹ tsai¹]

【白鼠】 泰กระรอกสีขาว[kra⁵rɔ:k¹⁰si:¹kha:u¹] 越chuột bạch[tsu:t⁸ ʔbat⁸];chuột lang[tsu:t⁸ la:ŋ¹] 芒rè loc[re² lɔk⁸]

【白糖】 泰น้ำตาลทรายขาว[nam⁴ ta:n⁴ sa:i² kha:u] 老ນ້ຳຕານຂາຍຂາວ[nam⁴ ta:n¹ sa:i² kha:u¹] 傣-依thương khao[thɯɯŋ¹ kha:u¹] 越泰nặm òi đón[nam⁴ ʔɔi³ ʔdɔn⁵] 越đường trắng[ʔdɯɯŋ² tʂaŋ⁵];đường kính[ʔdɯɯŋ² kiɲ⁵]

【白天❷】 泰กลางวัน[kla:ŋ² wan²];ตอนกลางวัน[tɔ:n¹ kla:ŋ² wan²];กลางวี่กลางวัน[kla:ŋ² wi:³ kla:ŋ² wan²]; วัน[wan²] 老ວັນ[van²];ເວັນ[ven²];ການເວັນ[ka:ŋ¹' ven²];ການວັນ[ka:ŋ¹' van²];ຕອນການເວັນ[tɔ:n¹' ka:ŋ¹ ven²];ມື້ວັນ[mɯɯ⁴ van²];ມື້ສວາຍ[mɯɯ:⁴ swa:i⁴];ມື້ສວຍ [mɯɯ:⁴ su:ai⁴];ມື້ເວັນ[mɯɯ:⁴ ven²];ເວລາການເວັນ[ve:² la:² ka:ŋ¹' van²];ເວລາສວາຍ[ve:² la:² swa:i¹] 傣-依 tẳng vằn[taŋ² van²] 越泰vẻn[ven²];tểnh vẻn[teŋ² ven²];cang vẻn[ka:ŋ¹ ven²] 普poVân³[pɤ⁰βɤn³] 越ban ngày[ʔba:n¹ ŋai²];ban ngày ban mặt[ʔba:n¹ ŋai² ʔba:n¹ mat⁷] 芒pan làng[pa:n¹ la:ŋ³];pan ngày [pa:n¹ ŋai²]

---

❶ 阿含 jāng A2  掸 jaŋ A2  泐 jaŋ A2
❷ 石家 daŋ⁶-ŋxn⁴

【白铁】泰 สังกะสี[saŋ¹ka⁵si:¹] 老 ສັງກະສີ[saŋ¹ka²si:¹] 越 sắt tây[ʂat⁷ tɤi¹]

【白头翁 鸟名】泰 นกกางเขนจีน[nok⁸ ka:ŋ² khe:n¹ tsi:n²] 越 chim bạch đầu ông[tsim¹ ʔbat⁵ ʔdɤu² ʔoŋ¹];chim ông lão[tsim¹ ʔoŋ¹ la:u⁴];chim đầu bạc[tsim¹ ʔdɤu² ʔba:k⁸]

【白头翁 草名】泰 สารสกัดรากดอกกระเจี๊ยบ[sa:n¹ sa⁵ kat⁷ ra:k¹⁰ ʔdɔ:k⁹ kra⁵ tsi:ap⁴] 越 cỏ bạc đầu[kɔ³ ʔba:k⁸ ʔdɤu²];cây cỏ bạc đầu[kɤi¹ kɔ³ ʔba:k⁸ ʔdɤu²];cỏ đầu bạc[kɔ³ ʔdɤu² ʔba:k⁸];bạch đầu ông[ʔbat⁸ ʔdɤu² ʔoŋ¹]

【白杨树】泰 ต้นไป่หยาง[ton³pai⁵ja:ŋ¹];ต้นพอพล่าร์[ton³ phɔ:² phla:³] 越 cây bạch dương[kɤi¹ ʔbat⁸ zɯ:ŋ¹]

【白瞖】泰 ต้อกระจก[tɔ:¹ kra⁵ tsok⁷] 老 ຕາສ່ວນ[ta:¹ sɔ:n¹] 越 vảy mại[vai⁵ mai⁶];nhài quạt[ɲa:i² kwat⁸]

【白蚁】泰 ปลวก[plu:ak⁹] 老 ປວກ[pu:ak⁹];ຕົວປວກ[to:¹ pu:ak⁹];ແມງປວກ[me:ŋ² pu:ak⁹] 岱-侬 puôc[pu:k⁷];chuôc[tɕu:k⁷] 越泰 puốk[pu:k⁵];tô puốk[to¹ pu:k⁷] 普 qabjăk⁵[qa⁰ bjak⁵] 越 con mối[kɔn¹ moi⁵];kiến mối[ki:n⁵ moi⁵] 芒 mồl[mol³]

【白玉兰】泰 ดอกจำปี[ʔdɔ:k⁹ tsam² pi:²];ดอกแม็กโนเลียสีขาว[ʔdɔ:k⁹ mɛk⁸ no:² li:a² si:¹ kha:u¹] 老 ດອກຈຳປີ[ʔdɔ:k⁹tsam¹'pi:¹'] 越 bạch ngọc lan [ʔbat⁸ ŋɔk⁸ la:n¹]

【百❶】泰 ร้อย[rɔ:i⁴] 老 ຮ້ອຍ[hɔi⁴] 岱-侬 pac [pa:k⁷] 越泰 họi[hɔi⁴] 普 rAn⁴[rɒn⁴];zAn⁴[zɒn⁴] 越 trăm[tsam¹] 芒 tlăm[tlam¹]

【百分之百】泰 ร้อยเปอร์เซ็นต์[rɔ:i⁴pɤ:² sen²] 老 ຮ້ອຍເປີເຊັນ[hɔ:i⁴pɤ:¹'sen²];ຮ້ອຍສ່ວນຮ້ອຍ[hɔ:i⁴ su:an⁵ hɔi⁴] 越 trăm phần trăm[tsam¹ fɤn² tsam²]

【百分之五】泰 ห้าเปอร์เซ็นต์[ha:⁴pɤ:² sen²] 老 ຫ້າເປີເຊັນ[ha:³ pɤ:¹' sen²];ຫ້າສ່ວນຮ້ອຍ[ha:³ su:an⁵ hɔ:i⁴];ຫ້າຕໍ່ຮ້ອຍ[ha:³ tɔ:⁵ hɔ:i⁴];ຫ້າໃນຮ້ອຍ[ha:³ nai² hɔ:i⁴];ຮ້ອຍລະຫ້າ[hɔ:i⁴ la⁵ ha:³] 岱-侬 hà fần pac [ha³ fən² pa:k⁷] 越泰 há phờn hội[ha³ fən² hɔi⁴] 越 năm phần trăm[nam¹ fɤn² tsam²]

【百合花】泰 ดอกลิลลี่[ʔdɔ:k⁹lin²li:³];ลิลลี่[lin²li:³] 老 ດອກບົວບົກຂາວ[ʔdɔ:k⁹ ʔbu:a¹' ʔbok⁷ kha:u¹] 越 hoa bách hợp[hwa¹ ʔbat⁷ hɤ:p⁸]

【百货】泰 สรรพสินค้า[sap⁷sin¹kha:⁴];สินค้านานาชนิด [sin¹ kha:⁴ na:² na:² tsha⁴ nit⁸] 老 ສິນຄ້າສັບພະສິ່ງ[sin¹ kha:⁴ sap⁷ pha⁵ siŋ⁵] 越 bách hoá[ʔbat⁷ hwa⁵]

【百货商店】泰 ร้านสรรพสินค้า[ra:n⁴sap⁷sin¹kha:⁴]; ห้างสรรพสินค้า[ha:ŋ⁴ sap⁷ sin¹ kha:⁴] 老 ຫ້າງສັບພະສິນຄ້າ [ha:ŋ⁵ sap⁷ pha⁵ sin¹ kha:⁴];ຮ້ານສັບພະສິນຄ້າ[ha:n⁴ sap⁷ pha⁵ sin¹ kha:⁴];ຮ້ານຄ້າສັບພະສິ່ງ[ha:n⁴ kha:⁴ sap⁷ pha⁵ siŋ⁵] 越 cửa hàng bách hoá[kɯə³ ha:ŋ² ʔbat⁷ hwa⁵]

【百灵鸟】泰 นกจาบฝน[nok⁸ tsa:p⁹ fon¹];นกลาร์ก [nok⁸la:k¹⁰] 老 ມິກລາດ[nok⁸la:t¹⁰] 岱-侬 nộc khau[nok⁸ khau¹] 越 chim sơn ca[tsim¹ ʂɤ:n¹ ka¹]

【百日咳】泰 ไอกรน[ʔai² kron²];ไอฮือ[ʔai² hɯ:²]; ไอหอบ[ʔai² hɔ:p⁹] 老 ໂລກຢໍ່ຝືດ[lo:k¹⁰ hɔ:⁵ fɯt⁷];ໄອຫອບ[ʔai¹' hɔ:p⁹] 岱-侬 ay cáy[ʔai¹ kai⁵];ay lồm [ʔai¹ lom²] 越 bệnh ho gà[ʔben⁶ hɔ¹ ɣa²];ho gà [hɔ¹ ɣa²] 芒 hen ca[hɛn¹ ka¹]

【百万】泰 ล้าน[la:n⁴];ล้าม[la:m⁴] 老 ລ້ານ[la:n⁴]; ເມກາ[me:²ka:¹'] 岱-侬 tiệu[ti:u⁴] 越泰 chiệu[tsi:u⁴] 越 triệu[tsi:u⁶] 芒 tliểu[tli:u⁴]

【百姓】泰 ประชาชน[pra⁵tsha:²tshon²];ชาวบ้าน [tsha:u²ʔba:n³] 老 ບຸລຸດຂໍ່ນ[ʔbu²lut⁸son²];ບ່າວ [ʔba:u⁵] 越泰 dên[jen¹] 越 nhân dân[ɲɤn¹ zɤn¹]; dân chúng[zɤn¹ tsuŋ⁵];dân thường[zɤn¹ thɯ:ŋ²]; bách tính[ʔbat⁷ tiŋ⁵];bá tính[ʔba⁵ tiŋ⁵]

【百叶窗】泰 หน้าต่างบานเกล็ด[na:³ta:ŋ⁵ʔba:n²klet⁷]; บานเกล็ด[ʔba:n²klet⁷] 老 ຫນ້າຕ່າງບານເກັດ[na:³ta:ŋ⁵

---

❶ 阿含 pāk D1L 掸 pak D1L 渤 pak D1L

ʔba:n¹' ket⁷] 越cửa sổ tấm chóp[kɯə³ ʂo³ tɤm⁵ tsɤ:p⁵];cửa chóp[kɯə³ tsɤ:p⁵] 芒cửa chóp[kɯə³ tsɤ:p⁵]

【百褶裙】 泰กระโปรงจีบ[kra⁵proŋ³tsi:p⁹];กระโปรงจีบที่มีจีบเล็กๆมากมาย[kra⁵ proŋ³ tsi:p⁹ thi:³ mi:² tsi:p⁹ lek⁸ lek⁸ ma:k¹⁰ ma:i²] 越váy nhiều nếp gấp [vai⁵ ni:u² nep⁷ ɣɤp⁷]

【摆~在桌子上】 泰วาง[wa:ŋ³];จัด[tsat⁷] 老จัด[tsat⁷];ติ้งแตงʔ[tok⁷ tɛ:ŋ¹] 岱-侬pài[pa:i²] 越泰pài [pa:i³] 越bày[ʔbai²];xếp[sep⁷];đàn[za:n²];để [ʔde³];đặt[ʔdat⁸];sắp đặt[ʂap⁷ ʔdat⁸] 芒pày[pai²]

【摆架子】 泰วางโต[wa:ŋ² to:²];วางท่า[wa:ŋ² tha:³];ทำเบ่ง [tham² ʔbeŋ⁵];ปั้น[pan³];วางมาตร[wa:ŋ² ma:t¹⁰];วางมาดใหญ่โต[wa:ŋ² ma:t¹⁰ jai:² to:²] 老อวดท่า[va:ŋ² tha:⁵];ทำอวดทำอึ่ง[tham² va:t¹⁰ tham² soŋ²];ปั้น[pan⁴]; ปั้นยืด[pan⁴nɔt⁸];ถืดยืด[thɯ:¹ nɔt⁸];ไอ้ท่า[vai⁴tha:⁵]; เริ้ดเผดเริ้ดไผ[het⁸ phe:t¹⁰ het⁸ phai²];ทะบึ๋งสัก [tha⁵noŋ² sak⁷] 岱-侬oocdưởng[ʔɔ:k⁷jɯ:ŋ³];khển [khen³] 越泰pék báu ngài[pek⁷ ʔbau⁵ ŋa:i⁶];dệt nghít[jet⁸ ŋit⁷];dệt nháu[jet⁸ nau⁵] 越ra bộ[za¹ ʔbo⁶];làm bộ[la:m² ʔbo⁶];làm cao[la:m² ka:u¹];làm dáng[la:m² za:ŋ³];làm ra vẻ ta đây[la:m² za¹ vɛ³ ta¹ ʔdɤi¹];lên mặt[len¹ mat⁸];vênh váo[ven¹ va:u⁵] 芒là cao[la² ka:u¹];là cháng[la² tsa:ŋ⁵];là dảng[la² za:ŋ³];là khoánh[la² khwaɲ⁵];liênh mắt[li:ɲ¹ mat⁸]

【摆摊】 泰ตั้งวางขายริมถนน[taŋ³ wa:ŋ² kha:i¹ rim² tha⁵non¹];ตั้งแผงลอย[taŋ³phɛ:ŋ¹lɔ:i²] 越bày quầy[ʔbai² kwɤi²];bày sạp hàng[ʔbai² ʂa:p⁸ ha:ŋ²]

【摆钟】 泰นาฬิกาลูกตุ้ม[na:² li⁴ ka:² lu:k¹⁰ tum³] 越đồng hồ quả lắc[ʔdoŋ² ho² kwa³ lak⁷]

【柏树】 泰ต้นไซเพรส[ton³ sai² phre:t¹⁰];ไม้ยืนต้นจำพวกต้นสน[ton³ jɯ:n:² ton³ tsam² phu:ak¹⁰ ton³ son¹];ต้นไป่[ton³ pai¹] 老ติ๋บลั๋งเล้บ[ton⁴ laŋ² len²] 越cây bách[kɤi¹ ʔbat⁷];cây bá[kɤi¹ ʔba⁵]

【柏油】 泰ยางมะตอย[ja:ŋ² ma⁴ tɔ:i²];ยางเอสฟัลต์ [ja:ŋ²ʔe:²sa⁵fan²] 老ยางถ่ำ[ja:ŋ¹tha:n⁵] 越nhựa đường[ɲɯa⁶ ʔdɯ:ŋ²];hắc ín[hak⁷ ʔin⁵]

【柏油路】 泰ถนนลาดยาง[tha⁵ non¹ la:t¹⁰ ja:ŋ²]; ถนนยางมะตอย[tha⁵non¹ja:ŋ²ma⁴tɔ:i²];ถนนลาดยางมะตอย [tha⁵ non¹ la:t¹⁰ ja:ŋ² ma⁴ tɔ:i²] 老ทะขบิลาดยาง[tha:² la:t¹⁰ja:ŋ¹];ทะขบิยางๆ[tha² non¹ ja:ŋ¹];ทางลาดยางๆ[tha:ŋ²la:t¹⁰ja:ŋ¹];ทางปูยางๆ[tha:ŋ² pu:¹' ja:ŋ¹] 越đường nhựa[ʔdɯ:ŋ² ɲɯa⁶];đường rải nhựa[ʔdɯ:ŋ² za:i³ ɲɯa⁶]

【拜~菩萨】 泰ไหว้[wai³] 老ไทอ้อ[vai³];นบ[nop⁸] 岱-侬pái[pa:i⁵] 越泰xên phôn[sen¹ phon²];lạy[lai⁴] 越lạy[lai⁶];vái[va:i⁵];lễ[le⁴] 芒lãy[lai⁴];wái[wa:i³]; bái[ʔba:i³]

【拜访】 泰เยี่ยม[ji:am³];เยี่ยมเยียน[ji:am³ ji:an²];เยี่ยน [ji:an²];เยี่ยม[ji:am³] 老ยาม[ja:m¹];ยั่ม[ji:am³]; ยั่มยาม[ji:am³ ja:m¹];ไปยั่มคำนับ[pai¹' ji:am³ kham² nap⁸];ยั่มคำนับ[ji:am³ kham² nap⁸] 越thăm[tham¹]; thăm viếng[tham¹ vi:ŋ⁵];thăm hỏi[tham¹ hɔi³]

【拜年】 泰อวยพรวันขึ้นปีใหม่[ʔu:ai² phɔ:n² khɯn³ pi:² mai⁵] 老ออยพอมปิใหม่[ʔu:ai¹' phɔ:n² ɡi:¹' mai⁵] 越chúc Tết[tsuk⁷ tet⁷];mừng tuổi[mɯŋ² tu:i³]

【拜师】 泰ไหว้ครูเพื่อฝากตัวลูกศิษย์[wai³ khru:² phɯ:a³ fa:k⁹ tu:a² lu:k¹⁰ sit⁷];ไหว้ครู[wai³ khru:²] 老ไทอ้อถู [vai³ khu:²];ยิ่งถู[nok⁸ khu:²] 越tôn làm thầy[ton¹ la:m² thɤi²]

【拜托】 泰ไหว้วาน[wai³ wa:n²];ไหว้วาน ฝากฝัง[wai³ wa:n²fa:k⁹faŋ¹] 老ไทอ้อวาน[vai³va:n²] 越泰r.hờ [nɤ²] 越nhờ[ɲɤ²];cậy[kɤi⁶];ủy thác[ʔwi³ tha:k⁷]

【败】 泰แพ้[phe:⁴];พ่ายแพ้[pha:i³ phe:⁴] 老แตกทับ [tɛ:k⁹ thap⁸] 越bại[ʔba:i⁶];thua[thua²]

【败兵】 泰ทหารที่พ่ายแพ้[tha⁴ha:n¹ thi:³ pha:i³phe:⁴] 老ทะทามแตกทับ[tha⁵ han¹ tɛ:k⁹ thap⁸] 越bại binh[ʔba:i⁶ʔbiɲ¹];bại quân[ʔba:i⁶kwɤn¹];binh lính thua trận[ʔbin¹ lin⁵ thuə¹ tsɤn⁶]

【败家子】 泰 ลูกจองล้างจองผลาญ[luːk¹⁰ tsɔːŋ² laːŋ⁴ tsɔːŋ² phlaːn¹] 老 ກຸລະຫູສົກ[ku² la⁵ thuː² sok⁷] 越 kẻ phá gia[kɛ³ faː⁵ za¹];đồ ăn hại[ʔdo² ʔan¹ haːi⁶]

【败退】 泰 พ่ายแพ้และถอนทัพ[phaːi³ phɛː⁴ lɛ⁴ thɔːn¹ thap⁸] 越 thua rút[thuə¹ zut⁷];thua phải rút lui quân[thuə¹ faːi³ zut⁷ lui¹ kwɤn¹];thua cuộc rút lui[thuə¹ kuːk⁸ zut⁷ lui¹]

【败血症】 泰 โรคโลหิตเป็นพิษ[roːk¹⁰ loː² hit⁷ pen² phit⁸] 越 chứng bại huyết[tsɯŋ⁵ ʔbaːi⁶ hwiːt⁷];bại huyết[ʔbaːi⁶ hwiːt⁷];nhiễm khuẩn huyết[ɲiːm⁴ xwɤn³ hwiːt⁸]

【稗子】 泰 ละมาน[laː⁴ maːn²];ข้าวละมาน[khaːu³ laː⁴ maːn²] 越 cỏ kê[kɔ³ ke¹]

【班】_一个年级三个~_ 泰 ห้องนักเรียน[hɔːŋ³ nak⁸ riːan²] 老 ຫ້ອງນັກຮຽນ[hɔːŋ³ nak⁸ hiːan²] 越 lớp[lɤːp⁵]

【班】_下一~飞机_ 泰 เที่ยว[thiːau³] 老 ຖ້ຽວ[thiːau⁵] 越 chuyến[tswiːn⁵]

【班车】 泰 ขบวนรถที่ออกตามกำหนดเวลา[khaː⁵ ʔbuːan² rot⁸ thiː² ʔɔːk⁹ taːm² kam² not⁷ weː² laː²];รถรับส่งพนักงาน[rot⁸ rap⁸ soŋ⁵ pha⁴ nak⁸ ŋaːn²] 越 chuyến xe[tswiːn⁵ sɛ¹];chuyến tàu[tswiːn⁵ tau²]

【班长】_学校里的班长_ 泰 หัวหน้าห้อง[huːa¹ naː³ hɔːŋ³] 老 ຫົວໜ້າຫ້ອງ[huːa¹ naː³ hɔːŋ³] 越 trưởng lớp[tsɯːŋ¹ lɤːp⁷]

【班主任】 泰 ครูประจำชั้น[khruː² praː⁵ tsam² tshan⁴] 老 ຫົວໜ້າຫ້ອງ[huːa¹ naː³ hɔːŋ³];ຄູປະຈຳຊັ້ນ[khuː¹ paː² tsam¹' san⁴] 越 chủ nhiệm lớp[tsu³ ɲiːm⁶ lɤːp⁵];giáo viên chủ nhiệm[za:u⁵ viːn¹ tsu³ ɲiːm⁶]

【般配】 泰 เหมาะสมกัน[mɔː⁵ som¹ kan²] 越泰 xôm nả[som¹ naː³] 越 cân xứng[kɤn¹ sɯŋ⁵];đẹp đôi[ʔdɛp⁸ ʔdoi¹];xứng đôi[sɯŋ⁵ ʔdoi¹];xứng đôi vừa lứa[sɯŋ⁵ ʔdoi¹ vɯə² lɯə⁵];xứng vai xứng vế[sɯŋ⁵

vaːi¹ sɯŋ⁵ veː⁵];xứng đào xứng kép[sɯŋ⁵ ʔdaːu² sɯŋ⁵ kɛp⁷] 芒 tep tôi[tɛp⁸ toi¹]

【搬】_~桌子_ 泰 เคลื่อนย้าย[khlɯːan³ jaːi⁴] 老 ຫຍັບ[ɲap⁷];ຫຍັບຍ້າຍ[ɲap⁷ ɲaːi⁴] 岱-侬 tọn[tɔn⁴] 越泰 khôn[khon¹] 越 dọn[zɔn⁶];dời[zɤːi²]

【搬家】 泰 ย้ายบ้าน[jaːi⁴ ʔbaːn³] 老 ຍົກ[ɲok⁸];ຍ້າຍເຮືອນ[ɲaːi⁴ hɯːan²];ຍົກຍ້າຍ[ɲok⁸ ɲaːi⁴];ກວາດເຄື່ອ[kwaːt⁹ khɯːa²];ຍ້າຍເຄື່ອ[ɲaːi⁴ khɯːa²];ຍົກເຄື່ອ[ɲok⁸ khɯːa²] 越 dọn nhà[zɔn⁶ ɲaː²];dời nhà[zɤːi² ɲaː²]

【搬迁】 泰 โยกย้าย[joːk¹⁰ jaːi⁴] 老 ຍ້າຍ[ɲaːi⁴] 岱-侬 tọn[tɔn⁴];tọn tặp[tɔn⁴ tap⁴];tọn thân[tɔn⁴ thən¹] 越泰 nhại[ɲaːi⁴];pài chũa[paːi⁶ tsuə²] 越 di chuyển[zi¹ tswiːn³];chuyển[tswiːn³]

【搬运】 泰 ขนย้าย[khon¹ jaːi⁴];ขนส่ง[khon¹ soŋ⁵] 老 ແບກຫາມ[ʔbɛːk⁹ haːm¹];ຫາບຫາມ[haːp⁹ haːm¹];ຫຸບຫອບ[hup⁷ hɔːp⁹] 越 khuân vác[khwɤn¹ vaːk⁷];vận tải[vɤn⁶ taːi³];vận chuyển[vɤn⁶ tswiːn³] 芒 khường quac[khɯːŋ² kwaːk⁸]

【搬运工】 泰 พนักงานคนยกกระเป๋า[pha⁴ nak⁸ ŋaːn² khɔn² jok⁸ kraː⁵ pau¹] 老 ຜູ້ແບກຫາມ[kuː¹' liː³ ʔbɛːk⁹ haːm¹] 越 nhân viên khuân vác[ɲɤn¹ viːn¹ xwɤn¹ vaːk⁷];người khuân vác[ŋɯːi² xwɤn¹ vaːk⁷]

【斑】❶ 泰 ด่าง[ʔdaːŋ⁵];ลาย[laːi²];จุด[tsut⁷] 老 ດ່າງ[ʔdaːŋ⁵];ລາຍ[laːi²] 岱-侬 lài[laːi²];đáng[ʔdaːŋ⁵] 越泰 lài[laːi²] 越 rằn[zan²];vằn[van²];chấm[tsɤm⁵];vết[vet⁷];đốm[ʔdom⁵]

【斑鸠】❷ 泰 นกเขา[nok⁸ khau¹];นกเขาลาย[nok⁸ khau¹ laːi²] 老 ນົກເຂົາ[nok⁸ khau¹] 岱-侬 nộc cu[nok⁸ ku¹] 越泰 nộc xau[nok⁸ sau¹] 越 chim cu[tsim¹ ku¹];chim gáy[tsim¹ ɣai⁵] 芒 chim cù[tsim¹ ku²]

【斑马】 泰 ม้าลาย[maː⁴ laːi²] 老 ມ້າລາຍ[maː⁴ laːi²] 越 ngựa vằn[ŋɯə⁶ van²];ngựa rằn[ŋɯə⁶ zan²]

---

❶ 石家 daaŋ⁶; ʔblaaŋ 阿含 dāŋ B1 掸 laŋ B1 泐 daŋ B1
❷ 阿含 nuk-tū

【斑马线】 泰ทางม้าลาย[thaːŋ²maː⁴laːi²] 老ທາງມ້າລາຍ[thaːŋ²maː⁴laːi²] 越lối đi bộ qua đường[loi⁵ ʔdi¹ ʔbo⁶ kwa¹ ʔdɯːŋ²];lối qua đường có vạch thẳng[loi⁵ kwa¹ ʔdɯːŋ² kɔ⁵ vat⁸ thaŋ³]

【斑疹】 泰โรคไข้รากสาดใหญ่[roːk¹⁰khai³raːk¹⁰saːt⁹jai⁵] 老ໄຂ້ບາ[khai² ʔbaː¹];ໄຂ້ຂີ້ຮາກ[khai² khiː³ haːk¹⁰] 普qahuot⁵[qa⁰huːt⁵] 越đậu lào[ʔdɤu⁶laːu²]; ban[ʔbaːn¹];bệnh sốt phát ban[beŋ⁶sot⁷faːt⁷ʔbaːn¹];phát ban[faːt⁷²ʔbaːn¹] 芒hăm[ham¹];chốc têm[tsok⁷ tem¹]

【癍】 泰โรครอยด่างที่ผิวหนัง[roːk¹⁰ rɔːi² ʔdaːŋ² thiː³ phiu¹ naŋ¹] 傣-佤pền lanh[pen² lɛŋ²] 越泰mún mán[mun⁵ maːn⁵] 越ban[ʔbaːn¹]

【扳 ~树枝】 泰ง้าง[ŋaːŋ⁴];เหนี่ยว[niːau⁵] 老ງ້າງ[ŋaːŋ⁴];ໜຽວ[niːau⁵] 傣-佤bé hăc[ʔbɛ³ hak⁵] 越uốn[ʔuːn⁵];bẻ[ʔbɛ³];vặn[van⁶] 芒pé[pɛ⁵]

【扳 ~枪机】 泰กด[kot⁷] 老ລັ່ນ[lan⁵];ເກາະ[kɔ²] 越bóp[ʔbɔp⁷]

【扳机】 泰ไกปืน[kai²pɯːn²] 老ໄກປືນ[kai¹¹pɯːn¹];ໄຂປືນ[khai⁴ pɯːn¹] 越cò[kɔ²] 芒cò[kɔ²]

【扳手】 泰กุญแจเลื่อน[kun²tsɛː² lɯːan²];ประแจ[praː⁵tsɛː²] 老ກະແຈບິດ[ka²tsɛː¹²bit⁷] 越lắc lê[lak⁷le¹];chìa vặn đai ốc[tsia² van⁶ ʔdai¹ ʔok⁷];cờ lê[kɤː² le¹]

【板壁 分隔房间的木板墙】 泰ฝา[faː¹];ฝาระคาน[faː¹ kraː¹ ʔdaːn³];ฝากั้นห้อง[faː¹ kan³ hɔːŋ³] 老ຝາ[faː¹];ฝาแป้น[faː¹ pɛːn⁴];ฝาปะจับ[faː¹ pa² tsan¹] 越vách ngăn[vat⁷ ŋan¹];vách vác[vat⁷ va:k⁷]

【板凳】 泰ม้านั่ง[maː⁴naŋ³];ม้านั่งยาว[maː⁴naŋ³jaːu²] 老ມ້ານັ່ງ[maː⁴ naŋ⁵] 越ghế gỗ[ɣe⁵ ɣo⁴];ghế dài[ɣe⁵ zaːi²] 芒gẻ dài[ɣe³ zaːi²]

【板栗】 泰ลัด[lat⁸];เกาลัด[kau²lat⁸];เมล็ดเกาลัด[maː¹let⁸kau²lat⁸] 老ໝາກກໍ່ບັ່ງ[maːk⁹kɔː⁵naŋ¹];ເກົາລັດ[kau¹lat⁸] 傣-佤mac lich[maːk⁷lik⁷] 普mjak²

tăj²[mjaːk²taːi²] 越hạt dẻ[haːt⁸zɛ³] 芒hôt té[ɦot⁸ tɛ⁵]

【板油】 泰เปลวหมู[pleːu² muː¹] 傣-佤pì phắc[pi² phak⁷];pì phạp[pi² phaːp⁸];pì lả[pi² laː³];vì lả[vi² paː³] 越mỡ lá[mɤ⁴ laː⁵] 芒mỡ lá[mɤ⁴ laː³]

【板凿】 泰ขอ[jɔː²] 老ດຸ້ງ[ʔduŋ⁴];ກະດຸ້ງ[ka²²duŋ⁴];ສະດຸ້ງ[sa² ʔduŋ⁴] 越泰chúm[tsum⁵] 越vó[vɔ⁵] 芒chūm[tsum⁴]

【板子】 泰กระดาน[kra⁵daːn²] 老แป้น[pɛːn⁴];ไม้แป้น[mai⁴ pɛːn⁴] 傣-佤pản[paːn³] 普pǎn¹[pɛn¹] 越tấm[tɤm⁵];tấm ván[tɤm⁵vaːn⁵];tấm gỗ[tɤm³ ɣo⁴];ván[vaːn³];tấm ván[tɤm³vaːn³];lá ván[laː³ vaːn³];bàn[ʔbaːn³]

【办法】 泰วิธีการ[wiː⁴ thiː² kaːn²];วิธี[wiː⁴ thiː²] 老ວິທີ[viː⁵ thiː²];ວິທີ[viː⁵ thiː⁵];ຄະດີ[khaː⁵ ʔdiː¹] 越cách[xat⁷];phương pháp[fɯːŋ¹ faːp⁷];biện pháp[ʔbiːn⁶ faːp⁷]

【办公】 泰ทำงาน[tham² ŋaːn²] 老ທຳລັດຖະການ[tham² lat⁸ thaː² kaːn¹];ປະຕິບັດລັດຖະການ[pa² tiː² ʔbat⁷ lat⁸ thaː⁵ kaːn¹];ເຮັດການ[het⁸ kaːn¹] 越àm việc[laːm² viːk⁸]

【办公室】 泰ที่ทำงาน[thiː³ tham² ŋaːn²];สำนักงาน[sam¹ nak⁸ ŋaːn²] 老ສຳມັກງານ[sam¹ nak⁸ ŋaːn²] 越bàn giấy[ʔbaːn² zɤi⁵];buồng giấy[ʔbuːŋ² zɤi⁵] 芒pàn chầy[paːn² tsɤi²];puồng chầy[puːŋ² tsɤi³]

【办公桌】 泰โต๊ะทำงาน[to⁴tham²ŋaːn²] 老ໂຕະເຮັດງານ[to² het⁸ ŋaːn²];ໂຕະທຳງານ[to² tham² ŋaːn²] 傣-佤choòng chia[tɕɔːŋ² tɕia³] 越bàn làm việc[ʔbaːn² laːm² viːk⁸];bàn giấy[ʔbaːn² zɤi⁵];bàn viết[ʔbaːn² viːt⁷] 芒pàn chầy[paːn² tsɤi³]

【办理】 泰จัดการ[tsat⁷ kaːn²];ดำเนินการ[ʔdam² nɤːn² kaːn²] 老ຈັດການ[tsat⁷kaːn¹] 越làm[laːm²];thu xếp[thu¹ sep⁷]

【办事】 泰ทำงาน[tham² ŋaːn²];จัดการ[tsat⁷ kaːn²]

老เธ็ดงาบ[het⁸ ŋa:n²] 越làm việc[la:m² vi:k⁸]; phục vụ[fuk⁸ vu⁶]

【半❶】 泰ครึ่ง[khrɯŋ³];ขึ่ง[khɯŋ⁵];ค่อน[khɔ:n³]; พร่อง[phrɔ:ŋ³] 老เถิ่ง[khəŋ⁵];เถิ่ง[khə:ŋ⁵];ท่อง[thɔ:ŋ⁵];เพื่อง[fɯaŋ⁵];โพ่งขึ้ง[phoŋ⁵nɯŋ] 傣-侬pán[pa:n⁵];puốn[pu:n⁵];pjoòng[pjɔ:ŋ⁵];tón[tɔn³] 越泰thóng[thɔŋ⁵];phượng[phɯ:ŋ⁴] 普twan² [twa:n²];bang³[ba:ŋ³] 越nửa[nɯə³];rưởi[rɯ:i⁴] 芒nửa[nɯə⁵];rưởi[rɯ:i⁴]

【半边】 泰ครึ่ง[khrɯŋ³];หนึ่ง[khrɯŋ³ nɯŋ] 老เพื่อง[fɯaŋ⁵];เพื่อง[fɯaŋ⁴] 越một nửa[mot⁸ nɯə³];nửa[nɯə³]

【半岛】 泰แหลม[lɛ:m¹];คาบสมุทร[kha:p¹⁰sa⁵mut⁷] 老แหลม[lɛ:m¹] 越bán đảo[ʔba:n⁵ ʔda:u³] 芒bản đảo[ʔba:n³ ʔda:u⁵]

【半价】 泰ครึ่งราคา[khrɯŋ³ ra:² kha:²] 老เถิ่งลาคา[khəŋ⁵ la:² kha:²] 越nửa giá[nɯə³ za⁵]

【半路】 泰ครึ่งทาง[khrɯŋ³ tha:ŋ²];กลางทาง[kla:ŋ² tha:ŋ²];กลางคัน[kla:ŋ²khan²] 老เถิ่งทาง[khəŋ⁵ tha:ŋ²];เถิ่งทาง[khə:ŋ⁵tha:ŋ²];ทางทาง[ka:ŋ¹¹tha:ŋ²] 傣-侬pjoòng tang[pjɔ:ŋ³ta:ŋ²] 越泰thóng cang tăng[thɔŋ⁵ka:ŋ¹ta:ŋ²];nửađường[nɯə³ʔdɯ:ŋ²];nửa chừng[nɯə³ tsɯŋ²]

【半天】 泰ครึ่งวัน[khrɯŋ³ wan²] 老เถิ่งมื้[khəŋ⁵ mɯ:⁴];เถิ่งอัน[khəŋ²van²] 普Nhăp⁵[ŋap⁵] 越nửa ngày[nɯə³ ŋai²];buổi[ʔbu:i³] 芒nửa ngày[nɯə⁵ ŋai²];puổi[pu:i⁵]

【半夜❷】 泰เที่ยงคืน[thiəŋ³ khɯ:n²];กลางคืน[kla:ŋ² khɯ:n²] 老หงิ่งคึบ[thiəŋ⁵ khɯ:n²];ตอบหงิ่งคึบ[tɔ:n¹¹ thiəŋ⁵khɯ:n²];ฮัตทะลาติ[ʔat⁷tha⁵la:² ti:¹] 傣-侬cừn lậc[kun² lək⁸];cừn khuê[kun² khwe:¹] 越泰cangcừn[ka:ŋ¹kun²]

越nửa đêm[nɯə³ʔdem¹] 芒cân têm[kɤn¹tem¹]; cảy dường cân têm[kai³ zɯ:ŋ² kɤn¹ tem¹]

【半圆锹】 傣-侬xiêm[ɕi:m¹];mạc xiêm[ma:k⁸ɕi:m¹] 越泰xiêm[si:m¹];mạk xiêm[ma:k⁸ si:m¹] 普sim¹ bươt⁵[sim¹ bɯ:t⁵] 越cái thuổng[ka:i⁵ thu:ŋ³] 芒cái chầm[ka:i² tsɤm²]

【伴郎】 泰เพื่อนเจ้าบ่าว[phɯan³tsau³ʔba:u⁵] 老ถู่บ่าว[khu:⁵ ʔba:u⁵];เพื่อมเจ้าบ่าว[phɯan⁵ tsau⁴ ʔba:u⁵] 傣-侬khươi tối[khɯ:i¹ toi⁵];khươi xep[khɯ:i¹ ɕep⁷];khươi pậu[khɯ:i¹ pəu⁴] 越phù rể[fu² re³] 芒pieng cháu[pi:ŋ¹ tsau³]

【伴娘】 泰เพื่อนเจ้าสาว[phɯan³ tsau³ sa:u¹] 老ถู่สาว[khu:⁵sa:u¹];บาง เพื่อมเจ้าสาว[na:ŋ² phɯan⁵tsau⁵ sa:u¹];เพื่อมเจ้าสาว[phɯan⁵tsau⁴sa:u¹] 傣-侬lùa tối[luə² toi⁵];lùa xep[luə² ɕep⁷];lù pu[luə² pəu⁴] 越phù dâu[fu² zɤu¹];người phù dâu[ŋɯ:i² fu² zɤu¹] 芒nàng pieng[na:ŋ² pi:ŋ¹];pieng du[pi:ŋ¹ zu¹]

【拌~农药】 泰คลุกเคล้ว[khluk⁸ khla:u⁴] 老ปะลิ้ม[pa² som¹] 越trộn[tʂon⁶];nhào[ɲa:u²]

【绊】 泰เกี่ยว[kiːau⁵];สะดุด[sa⁵ ʔdut⁷] 老ต้อง[tɔ:ŋ⁴] 傣-侬toòng[tɔ:ŋ⁵];tùng[tuŋ³];toòngdut[tɔ:ŋ³jut⁷] 越泰cũng[kuŋ²];tòng[tɔŋ³] 普lăj³ qaljak²[lai³ qa⁰ lja:k²];qaljak²[qa⁰ lja:k²] 越vướng[vɯ:ŋ⁵];quàng [kwa:ŋ²];vấp[vɤp⁷] 芒quảl[kwa:l²]

【扮演】 泰แสดง[sa⁵ʔdɛ:ŋ²] 老สะแดง[sa²ʔdɛ:ŋ¹] 越đóng vai[ʔdɔŋ⁵ va:i¹]

【瓣儿❸】 泰กลีบ[kli:p⁹] 老งิม[ŋi:m¹];ทาบ[ka:p⁹] 傣-侬kiếp[kjep⁷];kíp[kip⁷];chich[tɕik⁷];bủi[ʔbui³] 越泰tày[tai⁶] 普tAk²[tɒk²] 越múi[mui⁵] 芒mủi[mui³]

【帮~我一下】 泰ช่วย[tshɯ:ai³];รับจ้างทำงาน[rap⁸ tsa:ŋ³ tham²ŋa:n²] 老ฮ่อย[su:ai⁵];ฮ่อย[sɔ:i¹]

---

❶ 阿含 phā-khrung- klāng；phrang；kling B2；king B2  掸khɯŋ B2  泐khɯŋ B2
❷ 石家 daŋ⁶-gin⁴
❸ 石家 tliip⁶

岱-侬 pang[paːŋ¹]; hưa[hɯə¹]; 越 giúp[zup⁷]; giúp đỡ[zup⁷ ʔdɤ⁴]; hộ[ho⁵]

【帮——~小朋友】 泰 ພວກ[phuːak¹⁰] 老 ພວກ[phuːak¹⁰]; ຈຳພວກ[tsam¹¹ phuːak¹⁰] 岱-侬 pang [paːŋ¹]; boong[ʔbɔːŋ¹]; poong[pɔːŋ¹] 越 đoàn [ʔdwaːn²]; tốp[top⁷]; lũ[lu⁴]; bọn[ʔbɔn⁵]

【帮忙】 泰 ช่วยเหลือ[tshuːai³ lɯːa¹]; 老 ຂ່ວຍ[suːai⁵]; ຂ່ວຍ[sɔːi⁵]; ຂ່ວຍການ[sɔːi⁵ kaːn¹]; ເຮັດຂ່ວຍ[het⁸ sɔːi⁵]; 岱-侬 pang[paːŋ¹]; hưa[hɯə¹] 越 giúp [zup⁷]; giúp đỡ[zup⁷ ʔdɤ⁴]; giúp một tay[zup⁷ mot⁸ tai¹]; giúp việc[zup⁷ viːk⁸]; giúp sức[zup⁷ ʂɯk⁷]; đỡ đần[ʔdɤ⁴ ʔdaːn³]; đỡ đần[ʔdɤ⁴ ʔdɤn²]; dúpwiêc[zup⁷wiːk⁸]; dúp khức[zup⁷ khɯk⁷]; dúp đỡ[zup⁷ ʔdɤ⁴]; dúp[zup⁷]

【帮手】 泰 ผู้ช่วย[phuː³ tshuːai³] 老 ຜູ້ຂ່ວຍ[phuː³ suːai³]; ຜູ້ຂ່ວຍມື[phuː³ suːai³mɯː²]; ລູກມື[luːk¹⁰mɯː²]; ໄມ້ມື[mai⁴ mɯː²]; ອະນຸກອນ[ʔaː² nu⁵ kɔːn¹]; ກຳໂມປະກອນ[kam¹¹ moː² paː² kɔːn¹] 越 người giúp việc[ŋɯːi² zup⁷ viːk⁸]; trợ thủ[tsɤ⁶ thu³]; kẻ giúp sức[kɛ³ zup⁷ ʂɯk⁷]

【帮助❶】 泰 ช่วย[tshuːai³]; ช่วยเหลือ[tshuːai³ lɯːa¹]; การช่วยเหลือ[kaːn² tshuːai³ lɯːa¹]; ช่วยงาน[tshuːai³ ŋaːn²] 老 ຂ່ວຍ[suːai⁵]; ຂ່ວຍ[sɔːi⁵]; ຂ່ວຍການ[suːai⁵ kaːn¹]; ຂ່ວຍຊູ[suːai⁵ suː²]; ຂ່ວຍເຫື້ອ[suːai⁵ lɯːa¹]; ຂ່ວຍເຫື້ອ[sɔːi⁵ lɯːa¹]; ເຫື້ອ[kɯːa⁴]; ເຫື້ອ [kɯːai⁵]; ເຫື້ອແກ້[kɯːai⁵kɛː⁴]; ຊິດ[sot⁸]; ຊິດຂ່ວຍ [sot⁸suːai⁵]; ຊິດຂ່ວຍ[sot⁸sɔːi⁵]; ບັ້ລິການ[ʔbɔː⁵ liː⁵ kaːn¹] 岱-侬 hưa[hɯə¹]; hua[huə¹]; pang[paːŋ¹]; chòi [tɕɔi³] 越泰 chòi[tsɔi³]; chòi hành[tsɔi⁶ heŋ²]; chòi dưa[tsɔi⁶ jɯa¹]; phóng dưa[phɔŋ⁵ jɯa¹]; 普 lương [lɯːŋ³] 越 giúp[zup⁷]; giúp đỡ[zup⁷ ʔdɤ⁴]; giúp rập [zup⁷ zɤp⁸]; hộ[ho⁵]; 芒 tlõ dúp[tlɤ⁴ zup⁷]; đùm[ʔdum⁵]

【榜样】 泰 แบบอย่าง[ʔbɛːp⁹ jaːŋ⁵]; ตัวอย่าง[tuːa² jaːŋ⁵] 老 ຕົວຢ່າງ[tuːa¹¹ jaːŋ⁵]; ແບບຢ່າງ[ʔbɛːp⁹ jaːɽ⁵]; ຢ່າງຢ່າງ[jiːaŋ⁵ jaːŋ⁵]; ຢ້າມຢ່າງ[jiːam⁵ jaːŋ⁵] 越 tấm gương[tɤm⁵ ɣɯːŋ³]; kiểu mẫu[kiːu³ mɤu⁴] 芒 tấm crong[tɤm³ kɯːŋ³]; cương[kɯːŋ³]; kiểu mẫu[kiːu⁵ mɤu⁴]

【绑❷】 泰 มัด[mat⁸]; พัน[phan²]; ผูก[phuːk⁹] 老 ຈຳ [tsam¹]; ຜູກ[phuːk⁹]; ມັດ[mat⁸]; ກະພັດ[kaː²phatᵇ] 岱-侬 làm[laːm³]; pàn[paːn²]; pắn[pan²]; lắm pàn[lam² paːn²] 普 tắk⁵[tak⁵]; kăn¹[kan¹]; ding⁴[diŋ⁴] 越 trói[tsɔi⁵]; buộc[ʔbuːk⁸]; chẳng[tsaŋ²] 芒 lói [ːlɔi³]; cõng[kɔŋ⁴]; chẳng[tsaŋ²]

【绑匪】 泰 โจรเรียกค่าไถ่[tsoːn² riːak¹⁰ khaː³ thai⁵] 越 kẻ bắt cóc[kɛ³ ʔbat⁷ kɔk⁷]

【绑腿】 泰 ผ้าพันแข้ง[phaː³phan²khɛːŋ³] 老 ຜ້າພັນແຂ້ງ[phaː³phan²khɛːŋ³] 普 qapăn³[qa⁰pan³] 越 xà cạp[saː² kaːp⁸]

【磅秤】 泰 ตาชั่งที่ชั่งเป็นปอนด์[taː² tshaŋ³ thiː³ tshaŋ³ pen⁵ pɔːn²]; ตาชั่งน้ำหนัก[taː² tshaŋ³ nam⁴ nak⁷] 老 ສິບຂັ່ງເຄື່ອງ[siːn¹saŋ⁵khɯːŋ⁵] 越 cân bàn[kɤn¹ ʔbaːn²] 芒 cân pàn[kɤn¹ paːn²]

【蚌】 泰 หอย[hɔːi¹] 老 ກວາງ[kuːaŋ⁴] 岱-侬 cap pạng[kaːp⁹paːŋ⁴]; cap phèn[kaːp⁹phen³] 越 trai [tʂai¹]; con trai[kɔn¹ tʂai¹] 芒 pò khảo[pɔ² kha u³]; con pò khảo[kɔn¹ pɔ² khaːu³]

【傍晚❸】 泰 พลบค่ำ[phlop⁸kham³]; เย็น[jen²]; ตอนเย็น [tɔːn² jen²] 老 ແລງ[lɛːŋ⁵]; ຕອນແລງ[tɔːn¹¹ lɛːŋ²]; ຂ້ອມ ແລງ[khɔːm³ lɛːŋ²]; ມື້ແລງ[mɯː⁴ lɛːŋ²]; ຫົວຄ່ຳ[huːa kham⁵]; ສິບທະຍາຄ່ຳ[son¹ thaː⁵ naː² kham⁵]; ຂຸ້ມມືດ [sum⁴ mɯːt¹⁰]; ຍາມຕາເວັ້ນຄ່ອຍຄ່ຳ[ɲaːm² taː¹¹ ven² khɔːi⁴kham⁵]; ຍາມແລງ[ɲaːm²lɛːŋ²]; ຍາມທິວຄ່ຳ [ɲaːmhuːa¹kham⁵]; ມິດຄ່ຳ[mɯːt¹⁰kham⁵]; ແລງ

---

❶ 阿含 choi B2　掸 sɔi B2　泐 čoi B2
❷ 阿含 phuk D2L　掸 phuk D2L
❸ 阿含 khām B2；khām-tuk-kā

[lɛ:ŋ²];ยามแลง[ȵa:m²lɛ:ŋ²];เอลาแลง[ve:²la:² lɛ:ŋ²];ฮั่วถ่ำ[hu:a¹kham⁵] 岱-侬 làilạng[la:i²la:ŋ²] 越泰 chàm cằm[tsa:m⁶ kam⁶] 越 nhá nhem tối[ȵa⁵ ȵɛm¹ toi⁵];sẩm tối[ʂɤm³ toi⁵];chập choạng tối[tsɤp⁸ tswa:ŋ⁶ toi⁵];chạng vạng[tsa:ŋ⁶ va:ŋ⁶];gần tối[ɣɤn² toi⁵];lên đèn[len¹ ʔdɛn²];xế chiều[se⁵ tsi:u²] 芒 liênh tèn[li:ȵ¹ tɛn²];lều khuổng[leu³ khu:ŋ⁴]

【包 用纸～药】 泰 ห่อ[hɔ:⁵] 老 ຫໍ່[hɔ:⁵] 岱-侬 hó [hɔ:⁵];ben[ʔbɛn¹];lắn[lan³];pao[pa:u¹] 越泰 hó[hɔ:⁵];lóp[lɔp⁷];hặng[haŋ⁴] 普 căj⁴[tsai⁴] 越 gói[ɣɔi⁵];đùm[ʔdum²];bao[ʔba:u¹] 芒 cói[kɔi³];púl[pul³];bao[ʔba:u¹]

【包 ～东西】 泰 ห่อ[hɔ:⁵];หุ้ม[hum²];ซอง[sɔ:ŋ²] 老 ຫໍ່[hɔ:⁵];ຊອງ[sɔ:ŋ²] 岱-侬 hó[hɔ:⁵];ben[ʔbɛn¹] 越泰 hó[hɔ:⁵];phung[phuŋ¹];cạu[kau⁴] 越 gói[ɣɔi⁵]; bao[ʔba:u¹];bọc[ʔbɔk⁸] 芒 cói[kɔi³];bao[ʔba:u¹]

【包办】 泰 รวบไว้ทำคนเดียว[ru:ap¹⁰ wai⁴tham²khon² ʔdi:au²];เหมาจัดการโดยพลการ[mau¹tsat⁷ka:n²ʔdo:i² pha⁴ la⁴ ka:n²] 老 ເໝົາເຮັດ[mau¹ het⁸];ຮັບເໝົາ [hap⁸ mau¹] 越 bao biện[ʔba:u¹ ʔbi:n⁶];ôm đồm [ʔom¹ ʔdom²];choán việc[tswa:n⁵ vi:k⁸]

【包庇】 泰 ปกป้อง[pok⁷ pɔ:ŋ³] 老 ປົກປ້ອງ[pok⁷ pɔ:ŋ⁴] 岱-侬 ngòican[ŋɔi²kan¹] 越泰 pão[pa:u⁵] 越 che chở[tsɛ¹ tsɤ³];che đậy[tsɛ¹ ʔdɤi⁶];bao che [ʔba:u¹ tsɛ¹]

【包抄】 泰 ตีโอบ[ti:² ʔo:p⁹] 老 ຕີຕັດຫຼັງ[ti:¹ tat⁷ laŋ⁴] 越 đánh vào sườn[ʔdaȵ⁵ va:u² ʂɯ:n²];đánh lân vào sườn[ʔdaȵ⁵ lɤn¹ va:u² ʂɯ:n²];bao bọc[ʔba:u¹ ʔbɔk⁸]

【包袱】 泰 ของที่ห่อด้วยผ้า[khɔ:ŋ¹ thi:³ hɔ:⁵ ʔdu:ai² pha:³];สัมพาระ[sam¹ pha:² ra⁴] 老 ຜົກ[phok⁸];ຜົກຜ້າ[phok⁸ pha:²] 岱-侬 pao fục[pa:u¹ fuk⁵] 越泰 pã phụ[pa:² phu⁴] 越 gói quần áo[ɣɔi⁵ kwɤn² ʔa:u⁵]; bọc quần áo[ʔbɔk⁸ kwɤn² ʔa:u⁵];khăn gói[xan¹ ɣɔi⁵] 芒 khăn cỏi[khan¹ kɔi³]

【包干】 泰 เหมาทำ[mau¹ tham²] 老 ເໝົາເຮັດ[mau¹ het⁸] 越 khoán trắng[xwa:n⁵ tṣaŋ⁵]

【包工】 泰 รับเหมา[rap⁸mau¹] 老 ເໝົາງານ[mau¹ ŋa:n²] 越 làm khoán[la:m² xwa:n⁵];khoán việc[xwa:n⁵ vi:k⁸];thầu khoán[thɤu² xwa:n⁵];thầu[thɤu²] 芒 thầu khoán[thɤu² khwa:n³];làm khoán[la:m² xwa:n⁵] 芒 là khoán[la² khwa:n³]

【包工头】 泰 ผู้รับเหมา[phu:³rap⁸mau¹];หัวหน้า คนงานผู้รับเหมา[hu:a¹ na:³ khon² ŋa:n² phu:³ rap⁸ mau¹] 老 ຜູ້ຮັບເໝົາ[phu:³ hap⁸ mau¹] 越 chủ thầu[tsu³ thɤu²]

【包裹 把伤口～起来】 泰 ห่อหุ้ม[hɔ:⁵hum²] 老 ຕຸ້ມ [tum⁴];ຕຸ້ມຫໍ່[tum⁴ hɔ:⁵];ໂຄມ[tho:m²];ຜົກ[phok⁸]; ໂລ່ມ[lo:m⁵];ລ່ອມ[lɔ:m⁵];ຫໍ່[hɔ:⁵];ອ້ອມ[ʔɔ:m⁴];ຫໍ່ຮີງ [hɔ:⁵ hiŋ²] 普 căj⁴ nɯm²[tsai⁴ nɯm²] 越 băng bó [ʔbaŋ¹ ʔbɔ⁵];bó[ʔbɔ⁵];buộc[ʔbu:k⁸];bọc[ʔbɔk⁸] 芒 poc[pɔk⁸]

【包裹 取～】 泰 ห่อพัสดุภัณฑ์[hɔ:⁵ phat⁸ sa⁵ ʔdu⁵ phan²] 老 ຫີບຫໍ່[hi:p⁹ hɔ:⁵];ຜົກ[phok⁸] 越 bưu kiện[ʔbɯu¹ ki:n⁶]

【包含】 泰 ประกอบด้วย[pra⁵kɔ:p⁹ʔdu:ai²] 老 ກວມ [ku:am¹] 越 bao hàm[ʔba:u¹ ha:m²];bao gồm [ʔba:u¹ ɣom²];gồm[ɣom²] 芒 gồm[ɣom²]

【包涵】 泰 ให้อภัย[hai³ʔa⁵phai²] 老 ລວມ[lu:am²] 越 tha thứ[tha¹ thɯ⁵];miễn chấp[mi:n⁴ tsɤp⁷];khoan dung[xwa:n² zuŋ¹];thông cảm[thoŋ¹ ka:m³]

【包括】 泰 รวมทั้ง[ru:am² thaŋ⁴];ครอบคลุม[khrɔ:p¹⁰ khlum²] 老 ນັບ[nap⁸];ໃສ່[lai⁵];ລວມ[lu:am²];ກວມ [ku:am¹] 越 gồm[ɣom²];gồm cả[ɣom² ka³];bao gồm[ʔba:u¹ ɣom²];bao quát[ʔba:u¹ kwa:t⁷]

【包皮 生理】 泰 หนังหุ้มปลายลึงค์[naŋ¹ hum³ pla:i² lɯŋ²] 越 da bọc đầu ngọc hành[za¹ ʔbɔk⁸ ʔdɤu² ŋɔk⁸ haȵ²];thắt chóp quy đầu[that⁷ tsɔp⁷ kwi² ʔdɤu²];bao hành[ʔba:u¹ haȵ²]

【包围❶】 泰ล้อม[lɔ:m⁴];โจมตี[tso:m² ti:²];ปิดล้อม[pit⁷ lɔ:m⁴];อ้อม[ʔɔ:m³];โอบล้อม[ʔo:p⁹ lɔ:m⁴];ระหอบ[ra⁴ hɔ:p⁹];ห้อม[hɔ:m³];กรอบ[krɔ:p⁹];ล้อมขนัน[lɔ:m⁴ kha⁵ nan¹] 老ล้อม[lɔ:m⁴];หุ้ม[hum³];ห้อม[hɔ:m³];ห้อมล้อม[hɔ:m³ lɔ:m⁴];กะโจฺก[ka² tso:k⁹];ภัมภ์ัง[kan¹ koŋ¹];ปิดล้อม[pit⁷ lɔ:m⁴];ปิดล้อมอ้อมจอด[pit⁷ lɔ:m⁴ ʔɔ:m⁴ tsɔ:t⁹];อัง[vaŋ²];โอบอ้อม[ʔo:p⁹ ʔɔ:m⁴];ห้อมจอด[ʔɔ:m⁴ tsɔ:t⁹];ห้อมล้อม[ʔɔ:m⁴ lɔ:m⁴];แอดล้อม[vɛ:t¹⁰ lɔ:m⁴];หัดล้อม[ʔat⁷ lɔ:m⁴] 岱-侬pao vẹn[pa:u¹ vɛu⁴];pa queng[pa¹ kwɛŋ¹] 越bao vây[ʔba:u¹ vɤi¹];bao quanh[ʔba:u¹ kwan¹];vây quanh[vɤi¹ kwan¹];vây[vɤi¹] 芒bây[ʔbɤi¹];vây[vɤi¹]

【包围圈】 泰วงโอบล้อม[woŋ⁹ ʔo:p⁹ lɔ:m⁴] 老อึงปิดล้อม[voŋ² pit⁹ lɔ:m⁴];อึงล้อม[voŋ² lɔ:m⁴] 越vòng vây[voŋ² vɤi¹]

【包扎】 泰พันปัด[phan² pit⁷];ผูกมัด[phu:k⁹ mat⁸] 老หำ[ham²];พัน[phan²] 岱-侬pooclàm[pɔ:k⁷la:m³] 越泰pǎn[pan²] 越bǎng[ʔbaŋ¹];bǎngbó[ʔbaŋ¹ʔbɔ⁵];buộc[ʔbu:k⁸] 芒băng pó[ʔbaŋ¹ pɔ³]

【包装~产品】 泰บรรจุหีบห่อ[ʔban² tsu⁵ hi:p⁹ hɔ:⁵] 老หุ้มห่อ[hum⁵hɔ:⁵] 越gói[ɣɔi⁵];boclại[ʔbɔk⁸ la:i⁶];buộc lại[ʔbu:k⁸la:i⁶];đóng gói[ʔdɔŋ⁵ɣɔi⁵];đóng hộp[ʔdɔŋ⁵ hop⁸];gói buộc[ɣɔi⁵ ʔbu:k⁸]

【包装产品~】 泰สิ่งที่ใช้บรรจุหีบห่อ[siŋ⁵ thi:³ tshai⁴ ʔban² tsu⁵ hi:p⁹ hɔ:⁵] 越giấy[zɤi⁵];hộp[hop⁸];lọ gói[lɔ⁶ ɣɔi⁵]

【包子】 泰ซาละเปา[sa:² la⁴ pau³] 老เข่าเป่า[khau² pau¹];เข้านมเป่า[khau³ nom¹ pau¹] 越bánh bao[ʔban⁵ ʔba:u¹]

【胞衣】 泰รก[rok⁸] 老ฮก[hok⁸] 越màng bọc thai[ma:ŋ² bɔk⁸ thai:¹]

【龅牙】 泰ฟันเขิน[fan²kha⁵jə:n¹] 老แข้อเจ๋ง

【剥】 泰ปอก[pɔ:k⁹];ลอก[lɔ:k¹⁰];แกะ[kɛ¹] 老ปอก[pɔ:k⁹];ลอก[lɔ:k¹⁰];ลิบ[lɯ:p¹⁰];แกะ[kɛ²] 岱-侬pooc[pɔ:k⁷];bí[ʔbi⁵];pọt[pɔt⁸];pjot[pjɔt⁷] 越泰tɯa[thɯə¹];lọk[lɔk⁸];pók[pɔ:k⁷];bón[ʔbɔn³] 普tyôp⁵[tyɔp⁵] 越bóc[ʔbɔk⁷];lột[lɔt⁸];lẩy[lɤi³] 芒kɯuônh[khu:n¹];lốt[lot⁷];póc[pɔk⁷]

【薄❷】 泰บาง[ʔba:ŋ²];ไม่ลึกซึ้ง[mai³ luk⁸ sɯŋ⁴] 老ບາງ[ʔba:ŋ¹] 岱-侬bang[ʔba:ŋ¹] 越泰baŋ[ʔba:ŋ¹] 普toGuo²[tɤ⁰ ɣɯɤ²] 越mỏng[mɔŋ⁵] 芒hel[hɛl¹]

【薄饼】 泰แพนเค้ก[phɛ:n² khe:k³] 越bánh trang[ʔban⁵ tsa:ŋ⁵] 芒pènh tlàng[pɛn³ tla:ŋ³]

【薄雾】 泰หมอกบาง[mɔ:k⁹ʔba:ŋ²] 老ฝอกบาง[nɔ:k⁹ ʔba:ŋ¹] 越sương mù nhẹ[ʂɯ:ŋ¹ mu² nɛ⁶]

【雹灾】 泰ภัยลูกเห็บ[phai² lu:k¹⁰ hep⁷] 越thiên tai mưa đá[thi:n¹ ta:i¹ mɯə¹ ʔda⁵]

【饱❸】 泰อิ่ม[ʔim⁵] 老อิ่ม[ʔi:m⁵];ละอา[la⁵ ʔa:ˑ] 岱-侬ím[ʔim⁵] 越泰ím[ʔim⁵] 普têk⁵[tek⁵] 越no[nɔ¹] 芒đo[ʔdɔ¹]

【饱嗝儿】 泰การเรอเพราะรับประทานอาหาร อิ่ม[ka:n² rə:² phrɔ⁴ rap⁸ pra⁵ tha:n² ʔa:² ha:n¹ ʔim⁵] 越ợ no[ʔɤ⁶ nɔ¹]

【饱满谷粒~】 泰อิ่มเอิบ[ʔim⁵ ʔə:p⁹] 老ติง[tɯŋ⁵];ติงเติม[tɯŋ⁵ tem¹] 岱-侬mạc[ma:k⁸] 越泰mạk[ma:k⁸] 越mẩy[mɤi³]

【保~家卫国】 泰พิทักษ์[phi⁴thak⁸] 老ພິຫັກ[phi⁵ thak⁸] 越giữ gìn[zɯ⁴ zin²]

---
❶ 阿含 râp
❷ 石家 baaŋ⁶　拉哈 baŋ²
❸ 石家 ʔiim²　掸 ʔim B1　拉哈 sɤj1

【保镖】指人 泰 บอดีการ์ด[ʔbɔ:² ʔdi:² ka:t⁹] 老 ມີຍົມ[mɯ:²pɯ:n¹] 越 người hộ vệ[ŋɯ:i²ho⁶ve⁶];người hộ tống[ŋɯ:i² ho⁶ toŋ⁵]

【保持】 泰 รักษาให้คงอยู่ต่อไป[rak⁸ sa:¹ hai³ khoŋ² ju:⁵ tɔ:⁵pai²] 老 ປ້ອງຮັກສາ[pɔ:ŋ⁴hak⁸sa:¹] 越 giữ[zɯ⁴]; giữ gìn[zɯ⁴ zin²]

【保存】 泰 รักษาไว้[rak⁸ sa:¹ wai⁴];เก็บ รักษาไว้[kep⁷ rak⁸ sa:¹ wai⁴] 老 ເກັບໄວ້[kep⁷ vai⁴];ອົມ[ʔom⁵];ຮັກສາໄວ້[hak⁸sa:¹vai⁴] 越 bảo tồn[ʔba:u³ ton²];giữ lại[zɯ⁴ la:i⁶];giữ gìn[zɯ⁴ zin²]

【保管】~财物 泰 เก็บรักษาและดูแล[kep⁷ rak⁸ sa:¹ lɛ⁴ ʔdu:² lɛ:²] 老 ຮັກສາດູແລ[hak⁸ sa:¹ ʔdu:¹' lɛ:²];ກຳກັບຮັກສາ[kam¹' kap³ hak⁸ sa:¹] 越 bảo quản [ʔba:u³ kwa:n²];giữ gìn[zɯ⁴ zin²]

【保护】❶ 泰 ปกปักรักษา[pok⁷pak³rak⁸sa:¹];คุ้มครอง [khum⁴ khrɔ:ŋ²] 老 ຕຸ້ມ[tum⁴];ບົລິຊາບ[ʔbɔ:¹' li⁵ ha:n¹];ປ້ອງກັນ[pɔ:ŋ⁴ kan¹];ປ້ອງຮັກສາ[pɔ:ŋ⁴ hak⁸ sa:¹];ຮັກສາ[hak⁸ sa:¹];ພິທັກ[phi⁵ thak⁸];ພິທັກຮັກສາ [phi⁵ thak⁸ hak⁸ sa:¹];ຫຸ່ມ[hum⁵];ອະພິຮັກ[ʔa² phi hak⁸];ຫອມ[hɔ:m¹];ອະບຸຮັກ[ʔa² nu⁵ hak⁸];ອາວັກຂາ [ʔa:¹' vak⁸ kha:¹];ອາຮັກ[ʔa:¹' hak⁸] 越 bảo vệ[ʔba:u³ ve⁶];bảo hộ[ʔba:u³ ho⁶];giữ gìn và che chở[zɯ⁴ zin² va² tsɛ¹ tsɤ³] 芒 hiêm[hi:m¹]

【保留】 泰 รักษาไว้[rak⁸sa:¹wai⁴];สงวนไว้[sa⁵ŋɯ:an¹ wai⁴] 老 ຫວງ[hu:aŋ¹];ຫວງແຫນ[hu:aŋ¹hɛ:n¹] 越 bảo lưu[ʔba:u³ lɯɯ¹];giữ lại[zɯ⁴ la:i⁶]

【保密】 泰 รักษาความลับ[rak⁸ sa:¹ khwa:m² lap⁸]; เก็บเป็นความลับ[kep⁷ pen² khwa:m² lap⁸] 老 ປິດຄວາມລັບ[pit⁷khwa:m²lap⁸];ຂັງຂີ້[khaŋ¹ khi:⁵] 越 giữ bí mật[zɯ⁴ ʔbi⁵ mɤt⁸];bảo mật[ʔba:u³ mɤt⁸]; giữ kín[zɯ⁴ kin⁵];kín miệng[kin⁵ mi:ŋ⁶]

【保姆】 泰 แม่นม[mɛ:³ nom²];พี่เลี้ยง[phi:³ li:ŋ⁶] 老 ແມ່ລ້ຽງ[mɛ:³li:aŋ⁶] 越 bảo mẫu[ʔba:u³ mɤu⁴];người giữ trẻ[ŋɯ:i² zɯ⁴ tsɛ³];người trông trẻ[ŋɯ:i² tsoŋ¹]

tsɛ³];u em[ʔu¹ ʔɛm¹]

【保守】思想~ 泰 อนุรักษ์[ʔa⁵ nuk⁸ rak⁸] 老 ມີຍົມຮັກສາ ເດີມ[ni⁵ nom² hak⁸ sa:¹ ʔdɤ:m¹'] 岱-侬 chứng cáu [tɕɯŋ³ kau⁵]; mần tuần[mən² twən²] 越 bảo thủ [ʔba:u³ thu³]

【保卫】 泰 กำนัน[kam² nan²];ป้องกัน[pɔ:ŋ³ kan²]; พิทักษ์[phi⁴ thak⁸];ปกปัก[pok⁷ pak⁸];ปกปักรักษา [pok⁷pak³rak⁸sa:¹];ปกป้อง[pok⁷pɔ:ŋ³] 老 ປົກປ້ອງ [pok⁷pɔ:ŋ⁴];ພິທັກ[phi⁵thak⁸];ພິທັກຮັກສາ[phi⁵thak⁸ hak⁸ sa:¹];ອະພິຮັກ[ʔa² phi⁵ hak⁸];ອາລັກຂາ[ʔa:¹' lak⁸ kha:¹];ຮັກສາ[hak⁸ sa:¹];ຮັກຂາ[hak⁸ kha:¹] 越 bảo vệ[ʔba:u³ ve⁶];giữ gìn[zɯ⁴ zin²];gìn giữ[zin² zɯ⁴] 芒 báo vễ[ʔba:u⁵ ve⁴]

【保险】购买~ 泰 ประกัน[pra⁵ kan²] 老 ປະກັນໄພ [pa² kan¹' phai²] 越 bảo hiểm[ʔba:u³ hi:m³]

【保修】 泰 ประกันซ่อมแซม[pra⁵ kan² sɔ:m³ sɛ:m²] 老 ຮັບປະກັນ[hap⁸ pa² kan¹'] 越 bảo hành[ʔba:u³ han²]

【保佑】 泰 ปรอด[pro:t⁹];ช่วย[tshu:ai³] 老 ຄຸ້ມຄອງ[khum⁴khrɔ:ŋ²] 岱-侬 cụm cửa[kum⁴kɯɯ²]; cụm càng[kum⁴ka:ŋ²] 越泰 cụm cuôm[kum⁴ ku:m¹] 越 phù hộ[fu² ho⁶] 芒 phù hỗ[fu² ho⁴]

【保证】~完成任务 泰 รับรอง[rap⁸ rɔ:ŋ²] 老 ປະກັນ [pa² kan¹'];ຢັ້ງຢືນ[jaŋ³ jɯ:n³];ຂຳຮັບປະກັນ[khɔ:¹ hap⁸ pa² kan¹'] 岱-侬 pao[pa:u¹];pao xinh[pa:u¹ ɕiŋ¹] 越 đảm bảo[ʔda:m³ ʔba:u³];bảo đảm[ʔba:u³ ʔda:m³]; cam kết[ka:m¹ket⁷];hứa[hɯɤ⁵];cam đoan[ka:m¹ ʔdwa:n¹] 芒 cam đoan[ka:m¹ ʔdwa:n¹];báo đám [ʔba:u⁵ ʔda:m⁵]

【宝】寻~ 泰 ของล้ำค่า[khɔ:ŋ¹lam⁴kha:³];ของวิเศษ [khɔ:ŋ¹wi⁴se:t⁹] 老 ຂອງປະເສີດ[khɔ:ŋ¹pa⁵sɤ:t⁹]; ຂອງດີວິເສດ[khɔ:ŋ¹ ʔdi:¹' vi⁵ se:t⁹] 越 vật quý giá [vɤt⁸ kwi⁵ za⁵];báu[ʔbau⁵];của quý[kuɤ³ kwi⁵]

---

❶阿含 khin；ū

【宝贝】 泰ของล้ำค่า[khɔːŋ¹lam⁴khaː³];ลูกหัวแก้วหัวแหวน[luːk¹⁰huːaˑ¹kɛːu³huːaˑ¹wɛːn¹] 老ຂອງປະເສີດ[khɔːŋ¹paˑ²səːt⁹];ຂອງດີວິເສດ[khɔːŋ²ʔdiː¹ˑviˑ¹seːt⁹] 岱-侬pào[paːu³];páo pói[paːu³poi⁵] 越của quý[kuə³kwi⁵];của báu[kuə³baːu⁵];báo bối[ʔbaːu⁵ʔboi⁵];bửu bối[ʔbɯu³ʔboi⁵]

【宝贵】 泰มีคุณค่า[miː²khun²khaː³] 老ປະເສີດ[paˑ²səːt⁹];ล้ำค่า[lam⁴khaː⁵] 越quý[kwi⁵];quý báu[kwi⁵ʔbaːu⁵];quý trọng[kwi⁵ʈʂɔŋ⁶];quý giá[kwi⁵ zaː⁵] 芒qui bàu[kwi³ʔbaːu³]

【宝石❶】 泰เพชร[phet⁸];อัญมณี[ʔan²jaˑ⁴maˑ⁴niː²] 老ເພັດພອຍ[phet⁸ phɔːiː²];ພອຍ[phɔːiː²];ລັດຕະບະ[latˑ⁸ taˑ² naˑ⁵];ລັດຕະບະບັງ[latˑ⁸ taˑ² naˑ⁵ ʔbaŋ¹];ແກ້ວ[kɛːu⁴];ແກ່ນແກ້ວ[kɛːn⁵kɛːu⁴];มะนี[maˑ⁵ niː²];มะนีลัต[maˑ⁵ niː² latˑ⁸];ມະນີວັນ[maˑ⁵ niː² van²] 越đá quý[ʔdaːˑ⁵ kwi⁵];báo thạch[ʔbaːu³ that⁸];ngọc kim cương[ŋɔk⁸ kim¹ kɯːŋ¹]

【刨~木板❷】 泰ไสกบ[sai¹ kop⁷] 老ໄສ[sai¹];ກົບ[kop⁷] 岱-侬pào[paːu³] 越泰pào[paːu³] 普thuj³[thui³] 越bào[ʔbaːu²] 芒pào[paːu²]

【刨刀】 泰ใบกบ[ʔbai³kop⁷] 老ມີດໄສ[miːt¹⁰sai¹];ລິ້ນກົບ[liːn⁴kop⁷];ເຫຼັກກົບ[lek³kop⁷] 越dao bào[zaːu¹ ʔbaːu²]

【刨花】 泰ขี้กบ[khiː³ kop⁷];ขี้เลื่อย[khiː³ lɯːai⁴] 老ຂີ້ກົບ[khiː³kop⁷];ຂີ້ໄສ[khiː³ sai¹] 岱-侬chap cha[tɕaːp⁷ tɕa¹] 越dăm bào[zam¹ ʔbaːu²];vỏ bào[vɔ³ ʔbaːu²] 芒nhá pào[ɲaː⁵ paːu²]

【刨子】 泰กบไสไม้[kop⁷sai¹mai⁴];กบ[kop⁷] 老ກົບ[kop⁷] 岱-侬mạc pào[maːk⁸ paːu³] 越泰mạk pào[maːk⁸ paːu²] 普thuj³[thui³] 越bào[ʔbaːu²];cái bào[kaːi⁵ ʔbaːu²]

【暴风】 泰พายุ[phaː² ju⁴] 老ลมพายุ[lom² phaː² nu⁵] 岱-侬lồm cài[lom²kaːi³] 越泰lồm lạnh[lom²leŋ⁴] 越gió bão[zɔ⁵²ʔbaːu⁴] 芒xỏ pão[sɔ³paːu⁶]

【暴风雪】 泰พายุหิมะ[phaː²juˑ⁴hiˑ⁵maˑ⁴] 老พายุหิมะ[phaː²nuˑ⁵hiˑ²maˑ⁵];พายุพอกຂຶ້ນ[phaː² nuˑ⁵ mɔːk⁹ khun³] 越bão tuyết[ʔbaːu⁴ twiːt⁷]

【暴风雨】 泰พายุฝน[phaː²ju⁴ fon¹];มรสุม[mɔː²raː⁴ sum¹];ลมมรสุม[lom²mɔː² raː⁴ sum¹] 老พายุฝน[phaː²nuˑ⁵fon¹];ฟ้าฝนลมแดง[faː⁴fon¹lom²ʔdɛːn¹];น้ำลมฝนตีก[faː⁴lom²fon¹ tok¹];ลมฝน[lom²fon¹] 岱-侬phân pặt pào[phən¹ patˑ⁸ paːu³] 越cơn dông tố[kɤːn¹ zoŋ¹ to⁵];báo táp[ʔbaːu⁴ taːp⁷] 芒mưa pão[mɯə¹ paːu⁴]

【暴雨】 泰พายุฝน[phaˑiː²fon¹] 老ฝนท่าแท้อท่าญลอง[fon¹thaˑ⁵kɛːu⁴thaˑ⁵luːaŋ¹] 越mưa bão[mɯə¹ʔbaːu¹];mưa lũ[mɯə¹luː⁴];mưa rào[mɯə¹ʐaːu²];mưa to[mɯə¹ tɔː¹] 芒pão[paːu⁴]

【暴躁】 泰อารมณ์ร้อนและฉุนเฉียวง่าย[ʔaː² rom² rɔːn⁴ lɛː⁴tshun¹tshiːau¹ŋaːi³] 老ຂ້າວ[haːu³] 岱-侬cốc cặt[kɔ²kat⁸] 越泰tô bát pên[to¹ ʔbaːt⁷ pen¹] 越nóng nảy[nɔŋ³nai³];bộp chộp[ʔbop⁸tsop⁸];ngỗ ngáo[ŋo² ŋaːu⁵];đốp chát[ʔdop⁷ tsaːt⁷];độp chát[ʔcop⁸ tsaːt⁷];cáu kinh[kaːu⁶kiŋ³];gắt gỏng[yat⁷ɣɔŋ³] 芒tha dũ[thaː¹ zɯː⁴];nòng náy[nɔŋ³ nai⁵];gắt góng[yat⁷ ɣɔŋ⁵]

【爆发】 泰ปะทุขึ้น[paˑ⁵thuˑ⁴khun³];แตกออก[tɛːk⁹ʔɔːk⁹];ระเบิดขึ้น[raˑ⁴ʔbəːt⁹khun³] 老ລະເບີດ[laˑ⁵ʔbəːt⁹];ລະເບີດເກີດຂຶ້ນ[laˑ⁵ ʔbəːt⁹ kəːt⁹ khun³] 越phun[fun¹];phun trào[fun¹tʂaːu²];bùng nổ[ʔbuŋ¹ no³];nổ bùng[no³ ʔbuŋ²];cháy bùng[tsai⁵ ʔbuŋ²];xảy ra[sai¹ zaˑ¹] 芒bùng đổ[ʔbuŋ² ʔdɛ⁵]

【爆米花】 泰ข้าวตอก[khaːu³tɔːk⁹];ข้าวพอง[khaːu³ phɔːŋ²] 老ເຂົ້າຕອກ[khau³ tɔːk⁹];ເຂົ້າຕອກແຕກ[khau³ tɔːk⁹ tɛːk⁹] 越phồng[foŋ³];phồng gạo[foŋ³ ɣaːu⁶]

❶ 阿含 chi
❷ 石家 hut⁴

【爆芽 树枝~】 泰ผลิ[phli⁵];ปริ[pri⁵];แตกหน่อ[te:k⁹ nɔ:⁵];งอก[ŋɔ:k¹⁰];หน่ออ่อน[nɔ:⁵ ʔɔ:n⁵] 老ງอก[ŋɔ:k¹⁰];ยื้ง[poŋ⁵];จ่[tsɔ:⁵];จ่ออก[tsɔ:⁵ ʔɔ:k⁹];จาอ[tsa:u¹];ยื้งยอดฐอดใบ[poŋ⁵nɔ:t¹⁰thɔ:t⁹ʔbai¹];ยื้งขั้ง[poŋ⁵ nɔ:⁵];ยื้งข่อสั่ออก[poŋ⁵ nɔ:⁵ sɔ:⁵ ʔdɔ:k⁹];แตกขั่จ่แขง[te:k⁹ nɔ:⁵ tsɔ:⁵ nɛ:ŋ⁵];ออกขั่[ʔɔ:k⁹ nɔ:⁵];แตกกิ่ง[te:k⁹ kiŋ⁵];แตกแขง[te:k⁹ nɛ:ŋ⁵] 越nảy mầm[nai³ mɤm²];sinh ra nụ[şin¹ za¹ nu⁶]

【爆炸】 泰ระเบิด[ra⁴ʔbɔ:t⁹];ปะทุ[pa⁵thu⁴] 老ละเบิด[la⁴ʔbɔ:t⁹];แตก[te:k⁹] 岱-侬phec[phek⁷];thec[thek⁷];dot[jɔt⁷] 越泰ték[tek⁹] 越nổ[no³] 芒đố[ʔdo⁵]

【报酬】 泰ค่าตอบแทน[kha:³ tɔ:p⁹ the:n²] 老ค่า ป่อยภาบ[kha:⁵pu:ai⁵ka:n¹];เบี้ยบำเขบัด[ʔbi:a⁴ ʔbam¹' net⁷];บำเขบัด[ʔbam¹' net⁷];สืบตอบแขบ[phon¹ tɔ:p⁹ the:n²] 越thù lao[thu⁵ la:u¹]

【报仇】 泰แก้แค้น[kɛ:³khe:n⁴] 老แก้เผ็ด[kɛ:⁴phet⁷];แก้ความพะยาบาด[kɛ:⁴ khwa:m² pha⁵ ɲa:² ʔba:t⁹];แก้แค้น[kɛ:⁴khe:n⁴];ตอบแค้น[tɔ:p⁹khe:n⁴];แก้แค้นแขบมี[kɛ:⁴ khe:n⁴ the:n² mɯ:²] 岱-侬pjá chầu[pja⁵ tɕəu²];pjá thù[pja⁵ thu²] 越泰păng thũ[paŋ¹ thu²] 越báo thù[ʔba:u⁵ thu²];trả thù[tʂa³ thu²] 芒tlá thù[tla⁵ thu²]

【报答】 泰ตอบแทน[tɔ:p⁹the:n²] 老ตอบ[tɔ:p⁹];แขบ[the:n²];ตอบแขบ[tɔ:p⁹ the:n²];สะของ[sa² nɔ:ŋ¹];สะของคุณ[sa² nɔ:ŋ¹ khun²];สำของ[sam¹ nɔ:ŋ¹];สิมมะขา[som¹ ma⁵ na:²];ถิมมะขา[thom¹ ma⁵ na:²];ทิดแขบ[thot⁸ the:n²] 岱-侬pjá[pja⁵];pjá tèn[pja⁵ tɛn²] 越泰păng[paŋ¹] 越báo đáp[ʔba:u⁵ ʔdap⁷];đáp lại[ʔda:p⁷ la:i⁶];đền đáp[ʔden² ʔda:p⁷]

【报到】 泰ลงทะเบียบ[loŋ² tha⁴ ʔbi:an²];รายงาบตัว[ra:i² ŋa:n² tu:a²] 老ลายถิ[la:i² tu:a¹] 越đến trình diện[ʔden⁵ tşin² zi:n⁶];đến nhận công tác[ʔden⁵ ɲɤn⁶ koŋ¹ ta:k⁷]

【报恩】 泰ตอบแทบบุญคุณ[tɔ:p⁹ the:n² ʔbun² khun²];ตอบบุญแทบคุณ[tɔ:p⁹ʔbun²the:n²khun²] 老สิมมะขาคุณ[som¹ ma⁵ na:² khun²];ความขะติบยู[khwa:m² ka² ton¹ ɲu:²];ถิมมะขา[thom¹ ma⁵ na:²];แขบคุณ[the:n² khun²];แขบบุบคุณ[the:n² ʔbun¹ khun²];แขบขี้บุบคุณ[the:n² ni:³ ʔbun¹ khun²];กะตะเอทิตา[ka² ta² ve:⁵ thi⁵ ta:¹];กะตับยุตา[ka² tan¹ ɲu⁵ ta:¹] 岱-侬chạ ơn[tɕa⁴ ʔɔ:n¹];pjá ơn[pja⁵ ʔɔ:n¹] 越泰păng ơn[paŋ¹ ʔɔn¹] 越báo ơn[ʔba:u⁵ ʔɤ:n¹];đền ơn[ʔden² ʔɤ:n¹];trả ơn[tʂa³ ʔɤ:n¹] 芒tlá ơn[tla⁵ ʔɤ:n¹];tền ơn[ten² ʔɤ:n¹]

【报复】 泰แก้ลำ[kɛ:³ lam²];แก้แค้น[kɛ:³ khe:n⁴];แก้เผ็ด[kɛ:³ phet⁷];ตอบโต้[tɔ:p⁹ to:³];ย้อนเกล็ด[jɔ:n⁴ klet⁷] 老แก้แค้บ[kɛ:⁴ khe:n⁴];แก้เผ็ด[kɛ:⁴ phet⁷];แก้แค้บแขบมี[kɛ:⁴ khe:n⁴ the:n² mɯ:²];โต้ตอบ[to:³ tɔ:p⁹] 越泰păng páo[paŋ¹ pa:u³] 越báo thù[ʔba:u⁵ thu²];trả thù[tʂa³ thu²];trả đũa[tʂa³ ʔdu:a⁴];phục thù[fuk⁸ thu²]

【报告~上级】 泰รายงาบ[ra:i² ŋa:n²] 老ลายงาบ[la:i² ŋa:n²] 越báo cáo[ʔba:u⁵ ka:u⁵] 芒báo cào[ʔba:u³ ka:u³]

【报名】 泰สมัครชื่อ[sa⁵mak⁷tşhɯ:³] 老ลายถิ[la:i² tu:a¹] 越ghi tên[γi¹ ten¹];đăng tên[ʔdaŋ² ten¹] 芒biên thên[ʔbi:n¹ then¹]

【报丧】 泰แจ้งข่าวมรณกรรม[tşɛ:ŋ³ kha:u⁵ mɔ:² ra⁴ na⁴ kam²] 越báo tang[ʔba:u⁵ ta:ŋ¹]

【报喜】 泰แจ้งข่าวดี[tşɛ:ŋ³kha:u⁵ʔdi:²] 老แจ้งข่าวดิ[tşɛ:ŋ⁴ kha:u⁵ ʔdi:¹] 越báo tin mừng[ʔba:u⁵ tin¹ mɯŋ²]

【报应】 泰กรรมตามสนอง[kam² ta:m² sa⁵ nɔ:ŋ¹] 越quả báo[kwa³ ʔba:u⁵];báo ứng[ʔba:u⁵ ʔɯŋ⁵]

【报账】 泰แจ้งบัญชี[tşɛ:ŋ³ʔban²tşhi:²] 老แจ้งบัญสิ[tşɛ:ŋ⁴ ʔban¹ si:²] 越thanh toán (công tác phí) [than¹ twa:n⁵ (koŋ¹ ta:k⁷ fi⁵)];báo cáo chi tiêu [ʔba:u⁵ ka:u⁵ tşi¹ ti:u¹];tính số[tiŋ⁵ şo⁵]

【报纸】泰 หนังสือพิมพ์[naŋ¹ sɯː¹ phim²] 老 ຫັງສືພິມ [naŋ¹ sɯː¹ phim²];จัดขายเขต[tsot⁷ maːi¹ heːt⁹] 傣-依 báo[ʔbaːu⁵] 越泰 báo[ʔbaːu⁵] 越 báo [ʔbaːu⁵] 芒 báo[ʔbaːu³]

【抱~小孩❶】泰 อุ้ม[ʔum³] 老 ອຸ້ມ[ʔuːm⁴] 傣-依 ùm[ʔum³] 越泰 ùm[ʔum³] 普 tu² qahwang⁴[tu² qa⁰ hwaŋ⁴];tu²[tu²];tu⁵[tu⁵] 越 ôm[ʔom¹];bế[ʔbe⁵];ãm[ʔam⁶];bồng[ʔboŋ²] 芒 pồng pế[poŋ¹ pe³];pế[pe³]

【抱~稻草】泰 หอบ[hɔːp⁹] 老 ໂອບ[hoːp⁹]; ທອບ[hɔːp⁹] 傣-依 ùm[ʔum³] 越泰 ùm[ʔum³] 越 ôm[ʔom¹]

【抱__~稻草】泰 หอบ[hɔːp⁹] 老 ໂອບ[hoːp⁹];ທອບ[hɔːp⁹];อุ้ม[ʔuːm⁴] 傣-依 ùm[ʔum³] 越泰 ùm[ʔum³] 越 ôm[ʔom¹]

【抱歉】泰 เสียใจ[siːa¹ tsai²] 越 áynáy[ʔai⁵nai⁵];xin lỗi[sin¹ loi⁴];thật không phải[thɤt⁸ xoŋ¹ faːi³]

【豹子】泰 เสือดาว[sɯːa¹ ʔdaːu²];เสือลายตลับ[sɯːa¹ laːi² taˀ lap⁷] 老 ເສືອຂຸ້ມ[sɯːa¹ khum¹] 傣-依 hên phèo[hen¹ pheu³];tuaslang[tuaˀ ɬaŋ¹] 越泰 xurakhụt[sɯəˀ khut⁸] 越 báo[ʔbaːu⁵];beo;con báo[kɔn¹ ʔbaːu⁵];con beo[kɔn¹ ʔbɛu¹] 芒 khúm[khum⁴]

【鲍鱼】泰 เป๋าฮื้อ[pau¹ hɯː⁴] 越 bào ngư[ʔbaːu² ŋɯ¹]

【杯子】泰 แก้ว[kɛːu³];ถ้วย[thuːai³] 老 ຈອກ [tsɔːk⁹];แจ้บ[tsɛːn⁴];ทะใจก[kaˀ tsoˀ k⁷] 傣-依 chèn [tɛn³];chooc[tɛɔːk⁷];côc[kok⁷] 越泰 chén[tɛn⁵];cốc[kok⁷];tách[tat⁷] 芒 chèn[tɛn³];quì[kwiˀ²];tách[tat⁶]

【背】泰 แบก[ʔbɛːk⁹];แบกรับภาระ[ʔbɛːk⁹ rap⁸ phaː ra⁴] 老 ເປ້[peː⁴];ພາຍ[phaːi²] 傣-依 tja[tiə⁴];tí[tiˀ⁵] 越泰 pế[pe³] 普 pê²[pe²] 越 thồ[tho²];đeo[ʔdɛu¹]; cõng[koŋ⁴];mang[maːŋ¹];điụ[ʔdiu⁴];điu[ʔdiu⁵] 芒 cul[kul¹];oc[ʔok⁸];ĭn oc[ʔin⁴ ʔok⁸];cõn[kɔn¹]

【背包】泰 เป้[peː³];เครื่องหลังทหาร[khrɯːaŋ³ laŋ¹ thaː⁴ haːn¹];กระเป๋าสะพายหลัง[kraˀ⁵ pau⁵ saˀ⁵ phaːi¹ laŋ¹] 老 ຖົງປ່າບ[thoŋˀ peˀ⁴];ບາໂລ[ʔbaː¹loˀ²].เป้ [peː⁴] 傣-依 pao fục[paːu¹ fuk⁸];pa pộc[paˀ¹ pok⁼] 越 túi đeo[tui⁵ ʔdɛu¹];ba lô[ʔbaː¹ lo¹]

【背带❷】泰 สายพาดไหล่[saːi¹ phaːt¹⁰ lai⁵];สายสะพาด [saːi¹ saˀ⁵ phaːi²] 越 dây đeo[zɤi¹ ʔdɛu¹];dây nịt [zɤi¹ nit⁸]

【背篓】泰 กระบุง[kraˀ⁵ ʔbuŋ²] 老 ເປ້[peː⁴];ກະພາ [kaˀ² phaː²];กะยัง[kaˀ² naŋ¹] 傣-依 ănlâu[ʔan¹ləu¹] ɛn lò[ʔan¹ lɔˀ²] 普 jăng²[jaŋ²] 越 gùi[yui²]

【悲哀】泰 เศร้าสลด[sau³ saˀ⁵ lot⁷] 老 ໂສງ[soŋ²]; ทุกใจ[thuk⁸ tsai¹];ทุกอิทุกใจ[thuk⁸ ʔok⁷ thuk⁸ tsai¹] 越 bi ai[ʔbi¹ ʔaːi¹];buồn rầu[ʔbuːn² zɤu²]

【悲观】泰 มองแต่ในทางแง่ร้าย[mɔːŋ² tɛː⁵ nai² thaːŋ¹ ŋɛː³ raːi⁴] 老 ທຸຂະຫັດ[thuˀ⁵ khaˀ² that⁸] 越 bi cuan [ʔbi¹ kwaːn¹];buồn nản[ʔbuːn² naːn³]

【悲伤】泰 เศร้าโศกเสียใจ[sau³ soːk⁹ siːa¹ tsai²] 老 ງອມຕົມ[tɔːm¹ˀ tom¹];ຊຳງົງ[sam² ŋɯː²];ละกำใจ[laˀ⁵ kam¹ tsai¹];ละทิม[laˀ⁵ thom²];ອາດຸມ[ʔaː¹ˀ ʔdun¹] 越 đau đớn[ʔdau¹² ʔdɤːn⁵];buồn thương[ʔbuːn² thɯːŋ¹]; buồn rầu[ʔbuːn² zɤu²];đau xót[ʔdau¹ sɔt⁷],đau thương[ʔdau¹ thɯːŋ¹] 芒 tau thương[tau¹ thɯːŋ¹]

【悲痛】泰 โศกเศร้าระทมใจ[soːk⁹ sau³ raˀ⁴ thom² sai¹] 老 ໂສກເລົ້າສະຫຼົດໃຈ[soːk⁹ sau³ saˀ² lot⁷ tsai¹] 越 đau đớn[ʔdau¹² ʔdɤːn⁵];đau xót[ʔdau¹ sɔt⁷];đau thương[ʔdau¹ thɯːŋ¹];thương xót[thɯːŋ¹ sɔt⁷] 芒 tau thương[tau¹ thɯːŋ¹]

【北】泰 เหนือ[nɯːa¹] 老 ເຫນືອ[nɯːa¹] 傣-依 băc [ʔbak⁷] 越泰 bắc[ʔbak⁷] 越 bắc[ʔbak⁷] 芒 bắc [ʔbak⁷]

【北边】泰 ทางเหนือ[thaːŋ² nɯːa¹] 老 ເບື້ອງເຫນືອ

---

❶ 石家 ʔum⁶  阿含 um C1  掸 ʔum C1  泐 ʔum C1
❷ 掸 la A1

[ʔbɯːaŋ⁴ nɯːa¹];ทางเหนือ[thaːŋ² nɯːa¹];ทิบเหนือ[hon¹ nɯːa¹];ทิดเหนือ[thit⁸ nɯːa¹];พาภาเหนือ[phaːk¹⁰ nɯːa¹];ด้านเหนือ[ʔdaːn⁴nɯːa¹];ปายติบ[paːi¹'tiːn¹];ปายติบอุดอม[paːi¹' tiːn¹' ʔu² ʔdɔːn¹'];ปายติบ[paːi¹' tiːn¹'];อุดตะลา[ʔut⁷ta² laː²];อุดอบ[ʔu² ʔdɔːn¹'] 越 phía bắc[fiə⁵ ʔbak⁷];phía bên bắc[fiə⁵ ʔben¹ ʔbak⁷];miền bắc[miːn² ʔbak⁷];phương bắc[fɯːŋ¹ ʔbak⁷] 芒 pên bắc[pen¹ ʔbak⁷];miền bắc[miːn² ʔbak⁷]

【北斗星】 泰 ดาวไถ[ʔdaːu² thai¹] 老 ดาวไถ[ʔdaːu¹' thai¹] 岱-侬 đaođíbăcđầu[ʔdaːu¹²di⁵ʔbak⁷ʔdəu³] 越 sao Bắc đẩu[ʂaːu¹ ʔbak⁷ ʔdɤu³]

【北方】 泰 ทิศเหนือ[thit⁸ nɯːa¹];ภาคเหนือ[phaːk⁸ nɯːa¹] 老 พาภเหนือ[phaːk¹⁰ nɯːa¹];อุดอบ[ʔu² ʔdɔːn¹'] 越 phương bắc[fɯːŋ¹ ʔbak⁷];miền bắc[miːn² ʔbak⁷]

【北风】 泰 ลมว่าว[lom² waːu³] 老 ลมทาเหนือ[lom² naːu¹ nɯːa¹] 越 gió bắc[zɔ⁵ ʔbɤk⁷]

【北极星】 泰 ดาวเหนือ[ʔdaːu² nɯːa¹] 老 ดาวเหนือ[ʔdaːu¹' nɯːa¹];ดาวอุดตา[ʔdaːu¹'ʔut⁷taː¹'];ดาวฮั่วทิด[ʔdaːu¹' lak⁷ thit⁸];ดาวฮ้าง[ʔdaːu¹' saːŋ⁴] 越 sao Bắc cực[ʂaːu¹ ʔbak⁷ kɯk⁸]

【北极熊】 泰 หมีขาว[miː¹ khaːu¹] 老 หมีขาว[miː¹ khaːu¹] 越 gấu Bắc cực[ɣɤu⁵ ʔbak⁷ kuk⁸];gấu trắng Bắc cực[ɣɤu⁵ tʂaŋ⁵ ʔbak⁷ kuk⁸]

【倍 多五~】 泰 เท่า[thau³] 老 เทิ่ง[thau⁵];ต่[tɔː⁵];ขั่[thɔː⁵];ทิบ[thop⁸] 越 gấp[lɤp⁷];lần[lɤn²]

【焙 ~干谷子】 泰 ปิ้ง[piŋ³];ย่าง[jaːŋ³];ให้แห้ง[hai³ hɛːŋ³] 老 ปิ้ง[piŋ⁴] 越 rang[zaːŋ¹];sao[ʂaːu¹];sấy[ʂɤi⁵]

【蓓蕾】 泰 ดอกตูม[ʔdɔːk⁹ tuːm²];จี[tsiː²] 老 จิ[tsiː¹];จูม[tsuːm¹];จูมดอกไม้[tsuːm¹' ʔdɔːk⁹mai⁴];ดอกจูม[ʔdɔːk⁹ tsuːm¹];ดอกตุ้ม[ʔdɔːk⁹ tum⁴];ผืด[phot⁵];ผด[fot⁷] 岱-侬 nó[nɔː⁵];nậu[nəu⁴] 越泰 bók chú[ʔbɔk¹ tʂu⁵] 越 nụ[nu⁶];nụ hoa[nu⁶ hwaː¹];hoa búp [hwaː¹ʔbup⁷];búp[ʔbup⁵] 芒 nū[nuː⁴];nūwa[nuː⁴waː¹]

❶ 阿含 mai

púp[pup⁷]

【被 ~雨淋了 ❶】 泰 ถูก[thuːk⁹] 老 แม่ม[mɛːn⁵];ถิว[thuːk⁹] 岱-侬 mèn[men³];ngài[ŋaːi²] 越泰 chọ[tsɔ⁴] 越 bị[ʔbi⁶] 芒 phái[faːi⁵]

【被单】 泰 ผ้าห่ม[phaː³hom⁵] 老 ผ้าปู[phaː³ puː¹'] 越 vải lát giường[vaːi³ laːt⁷ zɯːŋ²];khăn trải giường[xan¹ tʂaːi³ zɯːŋ²]

【被告】 泰 จำเลย[tsam² ləi²];ผู้ถูกทำร้าย[phuː³ thuːk⁹ tham² raːi⁴] 老 จำเลย[tsam¹' ləi²];ถิวกล่าวขา[thuːk⁹kaːu⁵haː¹];ผู้ต้องคะดี[phuː³ tɔːŋ⁴ khaʔ⁵diː¹'] 越 bị cáo[ʔbi⁶ kaːu⁵];bên bị[ʔben¹ ʔbi⁶];người truy tố[ŋɯːi² tʂwi¹ to⁵] 芒 môl bĩ cáo[mɔl⁴ ʔbi⁴ kaːu³];bĩ cáo[ʔbi⁴ kaːu³]

【被里】 泰 ชั้นของผ้าที่เย็บติดอยู่ภายในของผ้าห่ม[tshan⁴ khɔːŋ¹ phaː³ thiː³ jep⁸ tit⁷ juː⁵ phaːi² nai² khɔːŋ¹ phaː³ hom⁵];ชั้นในของผ้าห่ม[tshan⁴nai²khɔːŋ¹phaː³hom⁵] 老 ขั้นใบของผ้าทิ่ม[san⁴ nai² khɔːŋ¹ phaː³ hom⁵] 越 vải bọc chăn[vaːi³ ʔbɔk⁸ tsan¹]

【被面】 泰 ชั้นของผ้าที่เย็บติดอยู่ภายนอกของผ้าห่ม[tshan⁴ khɔːŋ¹ phaː³ thiː³ jep⁸ tit⁷ juː⁵ phaːi² nɔːk⁹ khɔːŋ¹ phaː³ hom⁵];ชั้นนอกของผ้าห่ม[tshan⁴ nɔːk¹⁰ khɔːŋ¹ phaː³ hom⁵] 老 ขั้นบอกของผ้าทิ่ม[san⁴ nɔːk¹⁰ khɔːŋ¹ phaː³ hom⁵] 岱-侬 nả fà[naː³ faː²] 越 mặt chăn[mat⁶ tsan¹]

【被迫】 泰 ถูกบังคับ[thuːk⁹ʔbaŋ²khap⁸] 老 ถิวบั้งดับ[thuːk⁹ ʔbaŋ¹' khap⁸] 越 buộc phải[ʔbuːk⁸ faːi³];bị bắt buộc[ʔbi⁶ ʔbat⁷ ʔbuːk⁸]

【被套】 泰 ปลอกผ้านวม[plɔːk⁹ phaː³ nuːam²];ชุดสวมคลุมผ้าห่ม[tshut⁸ suːam¹ khlum² phaː³ hom⁵] 老 ฉิบผ้าทิ่ม[sop⁸ phaː³ hom⁵] 岱-侬 lị fà[liː⁴ faː²] 越 vỏ chăn[vɔː³ tsan¹]

【被子】 泰 ห่ม[hom⁵];ผ้าห่ม[phaː³ hom⁵];ผ้านวม[phaː³nuːam²];ผ้าผวย[phaː³ phuːai¹] 老 ผ้าทิ่ม[phaː³ hom⁵];ผ้าฟา[phaː³ faː²];ฟา[faː²] 岱-侬 phà[phaː²];

fà[fa²] 越泰 phã[pha²] 普 Nhôk⁵[ŋok⁵] 越 chăn [tsan¹];cái chăn[ka:i⁵ tsan¹] 芒 ó[ʔo⁵];chầm mềm [tsɤm² mem²]

【辈分】泰 ลำดับชั้นญาติ[lam² ʔdap⁷ tshan⁴ ja:t¹⁰] 老 ปูน[pu:n¹] 越 bậc[ʔbɤk⁸];bề[ʔbe²] 芒 bâc[ʔbɤk⁸]

【背～上长痱子】泰 หลัง[laŋ] 老 ຫັງ[laŋ¹] 岱-侬 lăng[laŋ¹] 越泰 lăng[laŋ¹] 越 lưng[luŋ¹] 芒 lâng[lɤŋ¹]

【背～书】泰 ท่อง[thɔ:ŋ³];ท่องจำ[thɔ:ŋ³ tsam²] 老 ท่อง[thɔ:ŋ³];เล่า[lau²];ท่องขึ้มใจ[thɔ:ŋ³ khum³ tsai²] สั่งอัดทะยาย[saŋ³ vat⁸ tha⁵ na:i²] 越 thuộc lòng [thu:k⁸ lɔŋ²];đọc thuộc lòng[ʔdɔk⁸ thu:k⁸ lɔŋ²]

【背地里】泰 ลับหลัง[lap⁸ laŋ¹] 老 ลับ[lap⁸];ลับๆ [lap⁸ lap⁸];ลับຫลัง[lap⁸ laŋ¹] 越 thầm lén[thɤm² lɛn⁵];ngầm[ŋɤm²];sau lưng[ṣau¹ luŋ¹];vụng[vuŋ⁶]; thầm vụng[thɤm² vuŋ⁶];vụng trộm[vuŋ⁶ tṣom⁶];lén lút[lɛn⁵ lut⁷] 芒 buôl[ʔbu:l¹]

【背风】泰 ลมพัดไม่ถึง[lom² phat⁸ mai³ thuŋ¹] 老 ลิมพัดบ่เถิง[lom² phat⁸ ʔbɔ:⁵ thɤŋ¹] 越 khuất gió [xɯɤt⁷ zɔ⁵] 芒 ngất xỏ[ŋɤt⁴ sɔ³]

【背后～】泰 ลับหลัง[lap⁸ laŋ¹] 老 ด้ามຫลัง[ʔda:n¹ laŋ¹];เบื้องຫลัง[ʔbɯɤŋ⁴ laŋ¹];ทางຫลัง[tha:ŋ² laŋ¹] 越 sau lưng[ṣau¹ luŋ¹] 芒 pên đồng[pen¹ ʔdoŋ³]

【背靠椅】泰 เก้าอี้มีพนักพิง[kau³ ʔi:³ mi:² pha⁴ nak⁸ phiŋ²] 老 ตั่งอี้[taŋ⁵ ʔi:⁴] 岱-侬 tắng inh[taŋ⁵ ʔiŋ¹] 越泰 tăng inh[taŋ⁵ ʔiŋ¹] 越 ghế dựa[ɣe⁵ zɯɤ⁶];ghế tựa[ɣe⁵ tɯɤ⁶]

【背面】泰 ด้านหลัง[ʔda:n³ laŋ¹] 老 กำຫลัง[kam⁴ laŋ¹];ด้ามຫลัง[ʔda:n⁴ laŋ¹];ทางปิ้น[tha:ŋ² pi:n⁴] 越 mặt trái[mat⁸ tṣa:i⁵]

【背叛】泰 ทรยศ[thɔ:² ra² jot⁸] 老 ขะบัด[ka² ʔbot⁷];ຂะບັດ[kha² ʔbot⁷] 越 phản bội[fa:n³ ʔboi⁵];làm phản[la:m² fa:n³];rời bỏ[zɤ:i² ʔbɔ³]

【背心】泰 เสื้อกัก[sɯ:a³ kak⁴];เสื้อก้าม[sɯ:a³ kla:m³] 老 เสื้อก้าม[sɯ:a³ ka:m⁴];เสื้อกั๊ก[sɯ:a³ kak⁷];เสื้อกั้ก[sɯ:a³ kak³];กั๊ก[kak³] 越 áo may ô[ʔa:u⁵ mai¹ ʔo¹];may ô[mai¹ ʔo¹];áo ba lỗ[ʔa:u⁵ ʔba¹ lo⁴];áo ghi lê[ʔa:u⁵ ɣi¹ le¹]

【贝壳】泰 เปลือกหอย[plɯ:ak⁹ hɔ:i¹] 老 ปิ้[pɔ⁴];ปิ้หอย[pɔ:⁴ hɔ:i¹];เปือกหอย[pɯ:ak⁹ hɔ:i¹] 越 vỏ sò[vɔ² ṣɔ²];vỏ hến[vɔ³ hen⁵]

【贝类❶】泰 หอย[hɔ:i¹];สัตว์ประเภทหอย[sat⁷pra⁵ phe:² hɔ:i¹] 老 ທอย[hɔ:i¹];สั่งຂะຫຼາດ[saŋ¹ kha² sa:t¹⁰] 越 loài sò hến[lwa:i² ṣɔ² hen⁵]

【锛子】泰 ผึ่งถากไม้[phɯŋ⁵ tha:k⁹ mai⁴] 老 ຂວານ ຖາກ[khwa:n¹ tha:k⁹] 越 cái rìu của thợ mộc[ka:i⁵ ziu² kuɤ³ thɤ⁶ mok⁸]

【本～书❷】泰 เล่ม[le:m³] 老 ເຫຼັ້ม[lem³];ເຫຼັ້ມ[mem³];ຫົວ[hu:a¹] 岱-侬 khon[khɔn¹] 越泰 păp[pap⁸] 越 quyển[kwi:n³];cuốn[ku:n⁵] 芒 quyển[kwi:n⁵]

【本地】泰 ท้องถิ่นนี้[thɔ:ŋ⁴ thin⁵ ni:⁴] 老 ພື້ນຖິ່ນ[phɯ:n⁴ thin⁵] 岱-侬 pòn ti[pɔn³ ti³] 越 bản địa [ʔba:n³ ʔdiɤ⁶];bản xứ[ʔba:n³ sɯ:⁵];địa phương [ʔdiɤ⁶ fɯ:ŋ¹]

【本地人】泰 ชาวพื้นเมือง[tshau² phɯ:n⁴ mɯ:aŋ²]; ท้องถิ่น[khon² thɔ:ŋ⁴ thin⁵] 老 เจ้าถิ่ม[tsau⁴ thin⁵] ຊາວພື້ນເມືອງ[sa:u² phɯ:n⁴ mɯ:aŋ²];ถิ่นพื้นเมือง [khon² phɯ:n⁴ mɯ:aŋ²] 越 người bản xứ[ŋɯ:i² ʔba:n³ sɯ:²]

【本领】泰 ความสามารถ[khwa:m² sa:¹ ma:² rot⁸]; ฝีมือ[fi:¹ mɯ:²] 老 ฝีไม้ลายมี[fi:¹ mai⁴la:i² mɯ:²] 越 bản lĩnh[ʔba:n³liŋ⁴];năng lực[naŋ¹lɯk⁸];tài năng[ta:i² naŋ²]

【本民族自称】泰 คนไทย[khon² thai²] 老 ถิ่มลาว

---
❶ 阿含 hoi A1　掸 hoi A1　泐 hoi A1
❷ 石家 lxm³

【本】 泰 [khon² la:u²]；ខឹបខាດລາວ[son² sa:t¹⁰ la:u²]  岱-侬 cần Tày[kən² tai²]；cần Nùng[kən² nuŋ²]  越泰 cồn Tãy[kon² tai²]；phần cồn Tãy[phan² kon² tai²]  普 qabjaw³[qa⁰bja:u³]  越 người Việt[ŋɯ:i² vi:t⁸]；người Kinh[ŋɯ:i² kiɲ¹]  芒 Mõl[mɔl⁴]；Mường[mɯ:ŋ²]；mõl Ha[mɔl⁴ ha¹]；con Mõl[kɔn¹ mɔl⁴]

【本钱】 泰 ເງິນທຶນ[ŋɤ:n² thun²]  老 ທຶນ[thun²]；ທຶນຮອນ[thun²hɔ:n²]  岱-侬 pốn[pon³]；pồn[pon³]；cốc[kok⁷]  越泰 cốc[kok⁷]  越 tiền vốn[ti:n² von⁵]；vốn liếng[von⁵ li:ŋ²]；vốn nhà[von⁵ ɲa²]

【本身】 泰 ເອງ[ʔe:ŋ²]  老 ກະໂຕ[ka² to:¹]；ໂຕ[to:¹]；ເອງ[ʔe:ŋ²]；ຫັດຕາ[ʔat⁷ta:¹]  岱-侬 đang chầu[ʔda:ŋ tɕəu³]  越泰 pải mò[pa:i² mɔ²]  越 bản thân[ʔba:n³ thɤn¹]；chính mình[tsin⁵ miɲ²]

【本事~大】 泰 ຄວາມສາມາດ[khwa:m² sa:¹ ma:t¹⁰]  老 ຜີ່ໄມ້ລາຍມີ[fi:¹mai⁴la:i²mɯ:²]；ພູມ[phu:m²]  岱-侬 pồn sẩy[pon³ɬəi¹]  越 năng lực[naŋ⁵ lɯk⁸]；tài năng[ta:i² naŋ¹]；tài[ta:i²]；giỏi giang[ʑɔi³ za:ŋ¹]；giỏi[ʑɔi³]

【本子】 泰 ສະໝຸດ[sa⁵mut⁷]；ໜັງສື[naŋ¹sɯ:¹]  老 ສະໝຸດ[sa²mut⁷]  越 sổ[ʂo³]；cuốn sổ[ku:n⁵ʂo³]；quyển vở[kwi:n³ vɤ³]  芒 khổ[kho⁵]

【畚箕】 泰 ປຸງກີ້[puŋ² ki:¹]  老 ບຸ້ງກີ້[puŋ⁴ ki:¹]  越 cái ky[ka:i⁵ ki¹]；cái hót rác[ka:i⁵ hɔt⁷ za:k⁷]

【笨❶】 泰 ໂງ່[ŋo:³]；ເຂລາ[khlau¹]；ໂງ່ເຂລາ[ŋo:³ khlau¹]；ໂຈດເຂລາ[tɕhoːt⁹ khlau¹]  老 ໂງ່[ŋo:⁵]  岱-侬 tăn[tan¹]  普 qalo³[qa⁰ lɔ³]  越 dốt[zot⁵]；đần đồn[ʔdɤn² ʔdon²]；tối dạ[toi⁵ za⁴]

【崩山~】 泰 ທລາຍ[tha⁴ la:i²]；ພັງທລາຍ[phaŋ² tha⁴ la:i²]；ພັງລາຍ[phaŋ² la:i²]；ຣະສຸຍ[ra⁴ hui²]；ພກ[phok⁵]；ຫລັ່ນ[lan⁵]  老 ຫັກເປ່ເພຫງ[hak⁷pe:⁵ phe:² pha:ŋ²]；ເກື່ອຍ[kɯ:ai²]；ເກື່ອນ[kɯ:an²]；ຕະຫລົ່ມ[tha²lom⁵]  岱-侬 lạc[la:k⁷]；tồm[tom⁵]；loài[lwa:i³]  越泰 bhệ[ʔbhe⁴]；cuớn[kɯ:n⁵]；cạn[ka:n⁵]；thố[tho⁵]；lắng[laŋ⁵]

【崩缺】 泰 ບິ່ນ[ʔbin⁵]  老 ບ່າງ[ʔba:n⁵]；ວາກ[va:k¹⁰]  岱-侬 vèo[veu³]；vào[va:u³]；bín[ʔbin⁵]  越泰 vèo[veu⁶]  普 bjak⁵[bja:k⁵]  越 mẻ[mɛ³]；sứt[ʂɯt⁷]  芒 mé[mɛ⁵]

【绷 粗粗地缝】 泰 ດຶງໃຫ້ຕຶງ[ʔdɯŋ² hai² tɯŋ²]  老 ຫຍິບດົ້ນ[ɲ.ip⁷ ʔdon⁴]；ເບິ້[nau²]  越泰 xoi[sɔi]  越 khâu lược [xɤu¹ lɯ:k⁸]  芒 pả lược[pa³ lɯ:k⁸]

【绷带】 泰 ຜ້າພັນແຜລ[pha:³ phan² phlɛ:¹]  老 ຜ້າພັນ[pha:³phan²]；ແພບັ້ງ[phe:² ʔbaŋ²]；ບັ້ງ[ʔbaŋ¹]；ອະບະບັດ[va² na⁵ ʔbat²]；ອະບະພັນ[va⁵ na⁵ phan²]  越 băng[ʔbaŋ¹]；vải băng[va:i³ ʔbaŋ¹]；dây băng[zɤi¹ ʔbaŋ¹]  芒 chac băng[tsa:k⁸ ʔbaŋ¹]

【绷脸】 泰 ໜ້າບຶ້ງ[na:³ʔbɯŋ³]  老 ເຮັດຂວ້າເຫຼົ່[het⁸ na:³ khen⁵]  越 mặt lầm lầm[mat⁸ lɤm² lɤm²]；xị mặt[si⁶ mat⁸]

【进】 泰 ແຕກກະຈາຍ[tɛ:k⁹ kra⁵ tsa:i²]  老 ແຕກກະຈາຍ[tɛ:k⁹ ka² tsa:i¹]；ແຕກກະຈັກກະຈາຍ[tɛ:k⁹ ka² tsak⁸ ka² tsa:i¹]  越 bắn tóe[ban⁵ twɛ⁵]；tung tóe[tuŋ⁵ twɛ⁵]；nổ bùng[no³ ʔbuŋ²]

【逼】 泰 ບັງຄັບ[ʔbaŋ² khap⁸]；ບີບຄັ້ນ[ʔbi:p⁹ khan⁴]；ກົດຄໍ[kot⁷khɔ:²]；ກົດດັນ[kot⁷² ʔdan²]；ຄາດຄັ້ນ[kha:t¹⁰ khan⁴]；ຄ້ຽວເຂັ່ງ[khi:au³ khen²]  老 ບັງຄັບ[ʔbaŋ¹ khap⁸]  普 tap⁵[ta:p⁵]  越 ép[ʔɛp⁷]；cưỡng bức[kɯ:ŋ² ʔbɯk²]；cường ép[kɯ:ŋ⁴ ʔɛp²]；bắt ép[ʔbat² ʔɛp⁷]；bắt úc[ʔbat³ ʔɯk²]；bắt buộc[ʔbat² ʔbu:k⁸]

【逼供】 泰 ບັງຄັບໃຫ້ສາຣພາບ[ʔbaŋ² khap⁸ hai³ sa:n¹ pha:p¹⁰]  老 ບັງຄັບໃຫ້ຮັບສາລະພາບ[ʔbaŋ¹' khap⁸ hai³ sa:¹ la⁵ pha:p¹⁰]  越 bức cung[ʔbuk⁷ kuŋ¹]；bức ép để lấy cung[ʔbuk⁷ ʔɛp² ʔde³ lɤi⁵ kuŋ¹]

【逼迫】 泰 ບີບບັງຄັບ[ʔbi:p⁹ ʔbaŋ² khap⁸]  老 ບີບບັງຄັບ[ʔbi:p⁹ ʔbaŋ¹' khap⁸]；ບີບຮັດ[ʔbi:p⁹ hat⁸]；ພອກບີບ

---

❶ 石家 yaay³

[fɔːk¹⁰fon¹];ລັດເລັ້ງ[lat⁸leŋ⁵]  岱-侬 păt[pat⁷];pătnap[pat⁷na:p⁷];ep[ʔep⁷]  越泰 phắt[phat⁷];khốm[khom⁵];khốm khin[khom⁵ khin¹]  普 tap⁵[ta:p⁵]  越 ép[ʔep⁷];bứcbách[ʔbuk⁷ʔbat⁷];cưỡngbức[kuɯŋ⁵ʔbuk⁷];bắt ép[ʔbat⁷ ʔep⁷];bắt buộc[ʔbat⁷ ʔbu:k⁸];épbuộc[ʔep⁷ʔbu:k⁸];épuổng[ʔep⁷ʔu:ŋ³];ép[ʔep⁷]  芒 ép uống[ʔep⁷ ʔu:ŋ⁵];ép[ʔep⁷]

【鼻尖】泰 ปลายจมูก[pla:i² tsa⁵ mu:k⁹]  老 ม้อมดั้ง[mɔ:m⁴ʔdaŋ¹]  越泰 chon đăng[tsɔn¹ʔdaŋ¹]  越 chóp mũi[tsɔp⁷ mui⁴];đầu mũi[ʔdɤɯ⁴ mui⁴]

【鼻孔】泰 รูจมูก[ru:² tsa⁵ mu:k⁹];ช่องจมูก[tshɔːŋ² tsa⁵ mu:k⁹]  老 ฮูดั้ง[hu:² ʔdaŋ¹]  岱-侬 rù đăng[ru:² ʔdaŋ¹]  越泰 hŭ đăng[hu:² ʔdaŋ¹]  越 lỗ mũi[lo⁴ mui⁴];khoang mũi[xwa:ŋ¹ mui⁴]  芒 hông mũi[hoŋ¹ mui⁴]

【鼻梁】泰 ดั้ง[ʔdaŋ³];ดั้งจมูก[ʔdaŋ³tsa⁵mu:k⁹];ขื่อจมูก[khɯː⁵tsa⁵mu:k⁹]  老 ຂື່ດັ້ງ[khɯː⁵ʔdaŋ¹];ສັນດັ້ງ[san¹ʔdaŋ¹]  岱-侬 kiềngđăng[ki:ŋ²ʔdaŋ¹];slânđăng[ɬɤn¹ʔdaŋ¹]  普 nin³ qatAng³[nin³qa⁰toŋ³]  越 sống mũi[ʂoŋ⁵ mui⁴]  芒 khủng mũi[khuŋ³ mui⁴]

【鼻塞】泰 คัดจมูก[khat⁸tsa⁵mu:k⁹]  老 ຕັນດັ້ງ[tan¹ʔdaŋ¹]  岱-侬 tặt đăng[tat⁸ ʔdaŋ¹]  越泰 đăng tăn[ʔdaŋ¹tan¹]  越 nghẹtmũi[ŋet⁸mui⁴];ngạtmũi[ŋa:t⁸ mui⁴];tắc mũi[tak⁷ mui⁴]

【鼻屎】泰 ขี้มูก[khi:³mu:k¹⁰]  老 ຂີ້ດັ້ງ[khi:³ʔdaŋ¹]  越泰 khi mụk[khi³muk⁸];khi đăng[khi³ʔdaŋ¹]  越 gi mũi[zi³ mui⁴]  芒 é mũi[ʔɛ⁵ mui⁴]

【鼻涕】泰 มูก[mu:k¹⁰];น้ำมูก[nam⁴ mu:k¹⁰];ขี้มูก[khi:³ mu:k¹⁰]  老 ຂີ້ມູກ[khi:³ mu:k¹⁰];ມູກ[mu:k¹⁰];ນ້ຳມູກ[nam⁴mu:k¹⁰];ເມືອກດັ້ງ[mɯːak¹⁰ʔdaŋ¹]  岱-侬 mục[muk⁸];mục slâu[muk⁸ ɬɤw¹]  越泰 khi mụk[khi³ muk⁸];khi đăng[khi³ ʔdaŋ¹]  越 nước mũi[nɯːk⁷ mui⁴];mũi[mui⁴]  芒 đác mũi[ʔda:k⁷ mui⁴]

【鼻炎】泰 จมูกอักเสบ[tsa⁵ mu:k⁹ ʔak⁷ se:p⁹];ไซนัส[sai² nat⁸]  老 ອັກເສບດັ້ງ[ʔak⁷ se:p⁹ ʔdaŋ¹]  越 viêm mũi[vi:m¹ mui⁴]

【鼻子❶】泰 จมูก[tsa⁵mu:k⁹];ตมูก[ta⁵mu:k⁹];ดั้ง[ʔdaŋ³];ดั้ง[ʔdaŋ³]  老 จะหมูก[tsa² mu:k⁹];ดั้ง[ʔdaŋ³];ນາສິກ[na:² sik⁷]  岱-侬 đăng[ʔdaŋ¹]  普 qatAng³[qa⁰ toŋ³]  越 mũi[mui⁴]  芒 mũi[mui⁴]

【荸荠】泰 แห้ว[hɛ:u³];แห้วจีน[hɛːu³ tsi:n²];สมหวัง[sɔm¹waŋ¹]  老 ແຫ້ວຈີນ[hɛːu³tsi:n¹]  岱-侬 hèonà[hɛu³ na:²]  越 củ năn[ku³ nan¹];mã thầy[ma⁴ thɤi²]

【比~~】泰 เปรียบเทียบ[pri:ap⁹thi:ap¹⁰]  老 ຕໍ່[tɔː¹]  岱-侬 pi[pi³]  越泰 xãnh[sɛŋ²];pẹt[pɛt⁸];pẹt xãnh[pɛt⁸ sɛŋ²]  越 so[ʂɔ¹];so sánh[sɔ¹ ʂan⁵];bì[ʔbi²];đo[ʔdɔ⁶]

【比你~他高】泰 กว่า[kwa:⁵]  老 ກວ່າ[kwa:⁵]  岱-侬 pi[pi³];hơn[hɤːn¹]  越 hơn[hɤ:n¹]  芒 hơn[hɤ:n¹]

【比方】泰 เปรียบเทียบ[pri:ap⁹thi:ap¹⁰];อุปมา[ʔup⁷ ma:²]  老 ປຽບທຽບ[pi:ap⁹ thi:ap¹⁰]  岱-侬 pi cạ[pi³ ka⁴]  越泰 xủ xường[su³ sɯːŋ²]  越 ví dụ[vi⁵ zu⁶];ví như[vi⁵ ɲɯ¹];chẳng hạn như[tsaŋ³ ha:n⁶ ɲɯ¹];chẳng hạn[tsaŋ³ ha:n⁶]  芒 ví dũ[vi⁵ zu⁴];chăng hăn[tsaŋ¹ ha:n²]

【比分】泰 คะแนนเปรียบเทียบ[kha⁴ nɛ:n² pri:ap⁹ thi:ap¹⁰]  老 ຄະແນນ[kha⁵ nɛ:n²]  越 tỷ số[ti⁵ ʂo⁵]

【比较两相~】泰 เปรียบเทียบ[pri:ap⁹thi:ap¹⁰]  老 ທ່ານຽບ[tham¹ ni:ap¹⁰];ທຽບ[thi:ap¹⁰];ທຽບສ່ວນ[thi:ap¹⁰ sɯːan¹];ທຽບທາມ[thi:ap¹⁰thi:am²];ທາມ[thi:am²];ປຽບ[pun¹ pi:ap⁹];ປຽບທຽບ[pi:ap⁹ thi:ap¹⁰];ປຽບ[pi:ap⁹]  越 ví[vi⁵];so[ʂɔ¹];so sánh[ʂɔ¹ ʂan⁵];đọ[ʔdɔ⁶];dắnđo[ʔdan⁵ʔdɔ¹]  芒 đô[ʔdɔ⁴];dắnđo[ʔdan³ ʔdɔ¹];xo xãnh[sɔ¹ san³];xo[sɔ¹]

【比较~好❷】泰 ค่อนข้าง[khɔ:n³ kha:ŋ³];ค่อย[khɔ:i³];

---

❶ 石家 daŋ¹    阿含 dāng A1
❷ 阿含 khün    石家 kwaa²

พาน[pha:n²];กระเดียด[kra⁵ ʔdi:at⁹] ʔbut⁷]

[phɔ:² som¹ khu:an²];อ่าว[ʔa:u⁵];ฮ้อมฮ้าง[khɔ:n³ 【笔盒】泰 กล่องดินสอ[klɔ:ŋ⁵ ʔdin² sɔ:¹] 老 กับใส่สั
kha:ŋ³] 傣-侬 má hù[ma⁵ hu²];háo lai[ha:u³ la:i¹] [kap⁷ sai⁵ sɔ:¹] 越 hộp đựng bút[hop⁸ ʔduɯŋ⁶ ʔbut⁷];
越 tương đối[tuɯ:ŋ¹ ʔdoi⁵];khá[xa⁵] hộp bút[hop⁸ ʔbut⁷]

【比例】泰 อัตราส่วน[ʔat⁷ tra:² su:an⁵];อัตราเปรียบเทียบ 【笔记本】泰 สมุดบันทึก[sa⁵ mut⁷ ʔban² thɯk⁸];
[ʔat⁷ tra:² pri:ap⁹ thi:ap¹⁰] 老 เลกฮัดตาส่อม[le:k¹⁰ สมุดโน้ต[sa⁵mut⁷no:t³] 老 ปึ้มฃฺยน[pɯm⁴khi:an¹];
ʔat⁷ ta:¹' su:an⁵] 越 tỷ lệ[ti³ le⁶] พับฃฺยน[phap⁸ khi:an¹] 越 sổ ghi[ʂo³ ɣi¹];sổ ghi

【比目鱼】泰 ปลาผีเสื้อ[pla:⁵phi:¹ sɯɯ:a³];ปลาตะเพียน chép[ʂo³ ɣi¹ tsɛp⁷];sổ tay[ʂo³ tai¹];cuốn vở ghi
[pla:⁵ ta⁵ phi:an²] 老 ปาสิ้นหฺมา[pa:¹' li:n⁴ ma:¹] chép[ku:n⁵ vɤ³ ɣi¹ tsɛp⁷]
越 cá thờn bơn[ka⁵ thɤ:n² ʔbɤ:n¹];cá lờn bơn[ka⁵ 【笔架】泰 ที่วางปากกา[thi:³ wa:ŋ² pa:k⁹ ka:²] 老
lɤ:n² ʔbɤ:n¹];cá lưỡi trâu[ka⁵ lɯ:i⁴ tʂɤu¹] ที่ฃอางปากกา[thi:⁵ va:ŋ² pa:k⁹ ka:¹] 越 giá bút[za⁵

【比赛】泰 แข่ง[khɛ:ŋ⁵];แข่งขัน[khɛ:ŋ⁵ khan¹] 老 ʔbut⁷];cái gác bút[ka:i⁵ ɣa:k⁷ ʔbut⁷]
แฃ่ง[khɛ:ŋ⁵];แฃ่งฃัน[khɛ:ŋ⁵ khan¹] 傣-侬 sli căn 【笔尖】泰 ปลายปากกา[pla:i²pa:k⁹ka:²] 老
[ɬi¹ kan¹];tò sli[tɔ² ɬi¹] 越泰 khanh[khɛŋ¹] 越 thi ปายปากกา[pa:i¹'pa:k⁹ka:¹] 越 ngòi bút[ŋɔi²ʔbut⁷];
[thi¹];thi đua[thi¹ ʔdua¹];thi đấu[thi¹ ʔdɤu⁵] 芒 chóp bút[tsɔp⁷ ʔbut⁷]
khi[khi¹] 【笔套】泰 ปลอกปากกา[plɔ:k⁹pa:k⁹ka:²] 越 tháp

【秕谷】泰 ข้าวลีบ[kha:u³ li:p¹⁰] 老 ลีบ[li:p¹⁰];เฃิ้ม bút lông[tha:p⁷ ʔbut⁷ loŋ¹];nắp bút[nap⁷ ʔbut⁷]
ลีบ[khau³ li:p¹⁰];แท่นลีบ[kɛ:n⁵ li:p¹⁰];เม็ดลีบ[met⁸ 【匕首】泰 มีดสองคม[mi:t¹⁰ sɔ:ŋ¹ khom²];ชุย[sui²]
li:p¹⁰];เฃิ้มฟะ[khau³ fa⁵] 傣-侬 khẩu lip[khɤu³ 老 มีดซุย[mi:t¹⁰sui²];มีดเหนับ[mi:t¹⁰nep⁷];มีดแฃลม
lip⁸] 越泰 khẩu lạp[khau³la:p⁸] 越 hạt lép[ha:t⁸ [mi:t¹⁰ lɛ:m¹] 傣-侬 pja sliềm[pja⁴ ɬi:m³];pja xính
lɛp⁷];hạt dẹt[ha:t⁸zɛt⁵];hột lép[hot⁸lɛp⁷];thóc [pja⁴ ɕiŋ⁵];tao xính[ta:u¹ ɕiŋ⁵];tào xính[ta:u² ɕiŋ⁵];
lép[thɔk⁷lɛp⁷];lúa lép[luə⁵lɛp⁷];lúa bạc lạc[luə⁵ xèo xính[ɕɛu³ ɕiŋ⁵] 越泰 mịt xa[mit⁸ sa¹] 普 zhǎj
ʔba:k⁸ la:k⁵] [ʐai³] 越 dao găm[za:u¹ ɣam¹];đoán kiếm[ʔdwa:n³

【笔】泰 ปากกา[pa:k⁹ ka:²] 老 ปากกา[pa:k⁹ ka:¹'] ki:m⁵];gươm ngắn[ɣɯ:m¹ ŋan⁵] 芒 tao găm[ta:u¹
傣-侬 but[ʔbut⁷];mạc but[ma:k⁸ ʔbut⁷];pặt[pat⁵] ɣam¹]
越泰 bút[ʔbut⁷] 普 pi¹[pi¹] 越 bút[ʔbut⁷];cái 【庇护】泰 ปกป้อง[pok⁷ pɔ:ŋ³] 老 ฃอบฃำ[khɔ:p³
bút[ka:i⁵ ʔbut⁷] 芒 bút[ʔbut⁷] ŋam²];ตุ้ม[tum⁴];ตุ้ม[tu:m⁴];ตุ้มฃั่[tum⁴ hɤ:⁵];ตุ้มฃอม

【笔~钱】泰 จำนวน[tsam² nu:an²] 老 ลาย[la:i²]; [tum⁴ hɔ:m¹];ปิก[pok⁷];ปิกเกิ้า[pok⁷ kau⁴];ปิกป้อง
บ้วง[ʔbu:aŋ⁴] 越泰 cẩm[kam²] 越 khoản [pok⁷ pɔ:ŋ⁴];ปิกปิดเฃื่องฮำ[pok⁷ pit⁵ sɯ:aŋ⁵ ʔam¹];
[xwa:n³];món[mɔn⁵] เหฺลื่อม[lɯ:am⁵];หฺอม[hom⁵] 傣-侬 tàng dà[ta:ŋ³ ja²];

【笔杆】泰 ด้ามปากกา[ʔda:m³ pa:k⁹ ka:²] 老 tàng xàng phải[ta:ŋ³ ɕaŋ² phai²] 越泰 pảy che
ด้ามปากกา[ʔda:m³ pa:k⁹ ka:¹'];ดับปากกา[khan² [pai³ tsɛ¹] 越 che chở[tsɛ¹ tsɤ³];che đỡ[tsɛ¹ ʔdɤ⁴];
pa:k⁹ ka:¹'] 傣-侬 cẩn but[kan² ʔbut⁷];cản but[kan² bênh vực[ʔbeŋ¹ vɯk⁸]
ʔbut⁷] 越 quản bút[kwa:n³ʔbut⁷];cán bút[ka:n² 【毕业】泰 จบการศึกษา[tsop⁷ ka:n² sɯk⁷ sa:¹];
ʔbut⁷];cán viết[ka:n⁵vi:t⁷] 芒 quản bút[kwa:n⁵

毕必闭蓖算壁避

สำเร็จการศึกษา[sam¹rap⁷ka:n²sɯk⁷sa:¹] 老 จิบวามสึกสา[tsop⁷ ka:n¹' sɯk⁷ sa:¹] 普 qê¹[qe¹] 越 tốt nghiệp[tot⁷ŋi:p⁸];học xong[hɔk⁸sɔŋ¹];mãn khóa[ma:n⁴ xwa⁵];ra trường[ʐa¹ tṣɯ:ŋ²]

【必定】泰 จะต้อง...อย่างแน่นอน[tsa⁵ tɔ:ŋ³... ʔja:ŋ⁵ nɛ:³ nɔ:n²] 老 ย่างแม่นอน[ja:ŋ¹ nɛ:⁵ nɔ:n²];ຂະລຸ [kha² lu⁵] 越 tất phải[tɤt⁷ fa:i³];chắc chắn[tsak⁷ tsan⁵];nhất định[nɤt⁷ ʔdiɲ⁶];hắn[han⁵] 芒 nhất đĩnh[nɤt⁷ ʔdiɲ⁴]

【必然】泰 จะต้อง...อย่างแน่นอน[tsa⁵ tɔ:ŋ³...ʔja:ŋ⁵ nɛ:³ nɔ:n²] 老 จำโต้ງ[tsam¹' to:ŋ¹] 岱-侬 chăn[tɕan¹];chăn chử[tɕan¹ tɕɯ:³] 越 tất nhiên[tɤt⁷ ɲi:n¹]

【必须】泰 จะต้อง[tsa⁵ tɔ:ŋ³];จำ[tsam²];จำต้อง[tsam² tɔ:ŋ³];ต้อง[tɔ:ŋ³] 老 ต้อງ[tɔ:ŋ²];จำ[tsam²];จะต้อง[tsa²tɔ:ŋ²];จำต้อງ[tsam¹' tɔ:ŋ²];ใฮ้ได้[hai³ʔdai³];ใฮ้[hai³] 岱-侬 đảy[ʔdai³] 越泰 đảy[ʔdai³] 普 cử [tsɯ³] 越 cần phải[kɤn² fa:i³];phái[fa:i³] 芒 phái[fa:i⁵];cần phái[kɤn² fa:i⁵]

【闭~口】泰 หุบ[hup⁷] 老 ทุบ[hup⁷];ฒิบ[mip¹] 越 ngậm[ŋɤm⁶]

【闭~眼❶】泰 หลับ[lap⁷] 老 ขับ[lap⁷] 岱-侬 lắp [lap⁷] 越泰 típ[tip⁷] 普 nap²[na:p²] 越 nhắm [ɲam⁵] 芒 nhắm[ɲam³]

【闭幕】泰 ปิดฉาก[pit⁷ tsha:k⁹];ปิดประชุม[pit⁷ pra⁵ tshum²] 老 ปิดก่อງปະຊຸม[pit⁷ kɔ:ŋ¹' pa² sum²];ปิดปะຊຸม[pit⁷ pa² sum²];ปิดผ้ากั้ง[pit⁷ pha:³ kaŋ⁴];ฮัดม่าบ[ʔat⁷ ma:n⁵];ฮัดสาງ[ʔat⁷ sa:k⁹] 岱-侬 slán slut[ɬa:n⁵ ɬut⁷] 越泰 muộng pang[mu:ŋ⁴ pa:ŋ¹] 越 bế mạc[ʔbe⁵ ma:k⁸];hạ màn[ha⁶ ma:n²];hội nghị đã làm việc xong[hoi⁶ ŋi⁶ ʔda⁴ la:m² vi:k⁸ sɔŋ¹] 芒 bế mac[ʔbe³ ma:k⁸]

【蓖麻】泰 ละหุ่ง[la⁴ huŋ⁵];ต้นละหุ่ง[ton² la⁴ huŋ⁵] 老 ໝາກຫຸ່ງສາ[ma:k⁹ huŋ⁵ sa:¹];ໝາກຫຸ່ງເທດ[ma:k⁹ huŋ⁵the:t¹⁰];ໝາກຫຸ່ງນາມ[ma:k⁹huŋ⁵na:m¹]

❶ 石家 dak⁴

岱-侬 co cháu khao[kɔ¹ tɕau⁵ kha:u¹] 普 thung³ jiw³[thuŋ³jiu³] 越 thầu dầu[thɤu²ʐɤu²];đu đủ tía [ʔu¹ ʔdu³ tiə⁵]

【蓖麻油】泰 น้ำมันละหุ่ง[nam⁴ man² la⁴ huŋ⁵] 老 ນ້ຳມັນໝາກຫຸ່ງສາ[nam⁴ man² ma:k⁹ huŋ⁵ sa:¹] 岱-侬 dù xủng[zu² ɕuŋ³] 越 dầu thầu dầu[ʐɤu² thɤu² ʐɤu²];dầu ve[ʐɤu² ve¹]

【篦~牛毛】泰 หวีผมด้วยหวีเสียด[wi:¹ phom¹ ʔdu:ai³ wi:¹ sa:⁵ni:at⁹] 老 ທວີດ້ວຍທວີຖี่[vi:¹ʔdu:ai⁴vi:¹thi:⁵'] 越 chải (bằng lược bí)[tsa:i³ (ʔban² lɯ:k⁸ ʔbi⁵)]; gỡ[ɣɤ⁴ (ʔban² lɯ:k⁸ ʔbi⁵)]

【篦子】泰 หวีเสนียด[wi:¹sa:⁵ni:at⁹] 老 ทวีถี่[vi:¹thi:⁵'] 岱-侬 mạc pảy[ma:k⁸pai⁵];mạc pi[ma:k⁸pi³] 越泰 vi thắt[vi¹ that⁷] 越 lược bí[lɯ:k⁸ ʔbi⁵] 芒 cờɲh chi[kɤ:n² tsi³]

【箅子】泰 ตะแกรง[ta⁵ krɛ:ŋ²] 老 เหล็กอัดขี่ละบายน้ำ[lek⁷ ʔat⁷ thɔ:⁵ la⁵ ʔba:i¹' nam⁴] 越 cái vi[ka:i⁵ vi¹]

【壁虎】泰 จิ้งจก[tsiŋ³tsok⁷] 老 ขี้กั้ม[khi:³ ki:am⁴]; กิกั้ม[ki²ki:am⁴];จี่กั้ม[tsi²'ki:am⁴];จี่จุ้ม[tsi:⁵ tsi:am⁴];กิจุ้ม[ki:¹'tsi:am⁴];กั้ม[ki:am⁴] 岱-侬 tua chựa ruờn[tuə¹ tɕɯə⁴ rɯ:n¹] 越泰 dà huỏn[ja⁶ hɯ:n²] 越 con mối[kɔn¹moi⁵];thạch sùng[that⁸ ʂuŋ²];con thạch sùng[kɔn¹ that⁸ ʂuŋ²];thằn lằn [than² lan²] 芒 mèo nóc[meu² nɔk⁵];chóc nóc[tsɔk⁷ nɔk⁷]

【避~风】泰 หลบ[lop⁷] 老 ຜະ[pha²];ຜີກ[phi:k⁹];ລ່ງ[li:aŋ⁵] 越 tránh[tṣaɲ⁵];tránh ra[tṣaɲ⁵ ʐa¹];lánh xa [laɲ⁵ sa¹]

【避免】泰 หลีกเลี่ยงไม่ให้เหตุการณ์เกิดขึ้น[li:k⁹ li:aŋ³mai¹hai⁵he:t⁹ka:n²kə:t⁹khɯn³] 老 ปาสาจາກ [pa:¹ sa:¹ tsa:k⁹];ເຜີກ[phə:k¹⁰];ຜິນ[phon¹];ມົມ[mom⁴]; ເວັ້ນໄວ້[ven² vai⁴];ເວັ້ນຈາກ[ven² tsa:k⁹];ຫຼີກເວັ້ນ [l:k⁹ven⁴];ຫຼີກ[li:k⁹];ຫວ່າງເວັ້ນ[va:ŋ⁵ ven⁴] 越 tránh [tṣaɲ⁵];tránh khỏi[tṣaɲ⁵ xɔi³]

【避难】 泰 หลบภัย[lop⁷ phai²];ลี้ภัย[li:⁴ phai²] 老 ຫຼົບໄພ[lop⁷ phai²] 越 lánh nạn[laŋ⁵ na:n⁶];tị nạn[ti⁶ na:n⁶];cư trú[kɯ¹ tṣu⁵]

【避让】 泰 หลีกทาง[li:k⁹ tha:ŋ²];หลีกทางให้[li:k⁹ tha:ŋ² hai³] 老 ຫຼີກທາງ[li:k⁹ tha:ŋ²] 越 trốn tránh[tṣon⁵ tṣaŋ⁵];nhường tránh[ɲɯɯ:ŋ² tṣaŋ⁵]

【避嫌】 泰 หลีกให้พ้นจากการเป็นผู้ถูกสงสัย[li:k⁹ hai³ phon⁴ tsa:k⁹ ka:n² pen² phu:³ thu:k⁹ soŋ¹ sai¹] 老 ຫຼີກເວັ້ນຄວາມລະແວງສົງໄສ[li:k⁹ ven⁴ khwa:m² la⁴ vɛ:ŋ² soŋ¹ sai¹] 越 tránh hiềm nghi[tṣaŋ⁵ hi:m² ŋi¹]

【编~篮子❶】 泰 สาน[sa:n¹] 老 ສານ[sa:n¹] 岱-侬 slan[ɬa:n¹] 越泰 xan[sa:n¹] 普 sin¹[sin¹] 越 đan[ʔda:n¹];bện[ʔben⁶] 芒 tainh[ta:iɲ¹];wãnh[waŋ⁴]

【蝙蝠】 泰 ค้างคาว[kha:ŋ⁴ kha:u²];ฉตุกา[tshot⁵ ka:²];นกมีหูหนูมีปีก[nok⁸ mi:² hu:¹ nu:¹ mi:² pi:k⁹] 老 ອ້າງຄາວ[khaŋ² kha:u²];ຄາງຄາວ[kha:ŋ² kha:u²];ຄ້າງຄາວ[kha:ŋ⁴ kha:u²];ຕົວອ້າງຄາວ[tu:a¹' khaŋ² kha:u²];ເຈຍ[tsi:a¹];ຕົວເຈຍ[tu:a¹' tsi:a¹];ເຫຍ[ki:a¹] 岱-侬 ca cào[ka¹ ka:u²] 普 pazhjan³[paº zja:n³];parhjan³[paº rja:n³] 越 con dơi[kɔn¹ zɤ:i¹] 芒 con tẳng tẳng[kɔn¹ taŋ³ taŋ³]

【鞭打】 泰 หวดด้วยแส้[hu:at⁹ ʔdu:ai³ sɛ:³] 老 แส้ฟาด[sɛ:³ fa:t¹⁰] 越 quất[kwɤt⁷];quật[kwɤt⁸];vút[vut⁷];vụt[vut⁸];đánh (bằng roi)[ʔdaŋ⁵ (ʔbaŋ² zɔi¹)]

【鞭炮】 泰 ดอกไม้ไฟ[ʔdɔ:k⁹ mai⁴ fai²];ประทัด[pra⁰ that⁸];พลุ[phlu⁴] 老 ກະໂພກ[ka² pho:k¹⁰];ບັ້ງກະໂພກ[ʔbaŋ⁴ ka² pho:k¹⁰];ໝາກກະໂພກ[ma:k⁹ ka² pho:k¹⁰];ໝາກໂພກ[ma:k⁹ pho:k¹⁰];ກະໂພກເຈຍ[ka² pho:k¹⁰ tsi:a⁴] 岱-侬 pháo[pha:u⁵] 越泰 pháo[pha:u⁵] 越 pháo[pha:u⁵];pháo tiểu[fa:u⁵ ti:u³];pháo đốt[fa:u⁵

【鞭子】 泰 แส้[sɛ:³];ตะพด[ta⁵ phot⁸] 老 แส้[sɛ:³];ไม้แส้[mai⁴ sɛ:³] 岱-侬 heo[heu¹];piên[pi:n¹] 越泰 mạy hoi[mai⁴ hɔi¹] 越 roi[zɔi¹] 芒 roi[rɔi¹];hoi[hɔi¹]

【边东~❷】 泰 ด้าน[ʔda:n³];ริม[rim³];ขอบ[khɔ:p⁹];ฝ่าย[fa:i⁵] 老 ຝ່າຍ[fa:i⁵] 越 bờ[ʔbɤ⁵];rìa[zi:a⁵];vệ[ve⁶];mép[mɛp⁷];lề[le²];bên[ʔben¹];phía[fi:a⁵]

【边界】 泰 พรมแดน[phrom² ʔdɛ:n²] 老 ເຂດແດນ[khe:t⁹ ʔdɛ:n¹];ຂອບແດນ[khɔ:p⁹ ʔdɛ:n¹];ຊາຍແດນ[sa:i² ʔdɛ:n¹];ອານາເຂດ[ʔa:¹' na:² khe:t⁹;ພົມແດນ[phom² ʔdɛ:n¹] 岱-侬 piên chái[pi:n¹ tɕa:i⁵];piên cái[pi:n¹ ka:i⁵] 越泰 đen đin[ʔdɛn¹² ʔdin¹] 越 biên giới[ʔbi:n¹ zɤ:i⁵]

【边境】 泰 ชายแดน[tshai:² ʔdɛ:n²] 老 ຊາຍແດນ[sa:i² ʔdɛ:n¹] 越 biên cảnh[ʔbi:n¹ kaŋ³];vùng biên giới[vuŋ² ʔbi:n¹ zɤ:i⁵];biên thùy[ʔbi:n¹ thwi²];địa phận[ʔdi:a⁶ fɤn⁶]

【边沿】 泰 ส่วนที่เป็นริขอบ[su:an⁵ thi:³ pen² rim² khɔ:p⁹];ส่วนที่คาบเกี่ยวหลายขอบเขต[su:an⁵ thi:³ kha:p¹⁰ ki:au⁵ la:i¹ khɔ:p⁹ khe:t⁹] 老 ຊາຍ[sa:i²];ຂວງແຄ[khɔ:k⁹ khɛ:³];ຂວງແຄແຈຮິ້ວ[khɔ:k⁹ khɛ:tsɛ:¹' hu:a⁴];ຂອງ[khɔ:k⁹] 普 phaj⁵[phai:⁵];jin³[jin³] 越 rìa[zi:a²];bên miệng hố[ʔben¹ mi:ŋ⁶ ho⁵];giáp giới[za:p⁷ zɤ:i⁵];giáp địch[za:p⁷ ʔdit⁸]

【扁】 泰 แบน[ʔbɛ:n²] 老 ເປ[pe:¹'];ແປ[pe:¹'];ແพบ[phɛ:p¹⁰];ลิบ[li:p¹⁰] 岱-侬 pàm[pa:m³];pẻm[pɛm³];pẻn[pɛn³] 越泰 phẹp[phɛp⁸] 越 bẹp[ʔbɛp⁸];bẹt[ʔbɛt⁸];giẹp[zɛp⁸];dẹt[zɛt⁸] 芒 bep[ʔbɛp⁸];ba[ʔba¹]

【扁担❸】 泰 คาน[kha:n²];ไม้คาน[mai⁴ kha:n²];คานหาบ[kha:n² ha:p⁹] 老 ໄມ້ຄານ[mai⁴ kha:n²] 岱-侬 càn[ka:n²];cànhap[ka:n² ha:p⁷];cái càn[ka:i⁵ ka:n²]

---

❶ 阿含 shān A1　掸 shan A1
❷ 阿含 khäng C1　掸 khaŋ C1　泐 khaŋ C1
❸ 石家 gaan⁴　阿含 kān A2　掸 kan A2　泐 kan A2

越 泰 cān[kaːn²];cānháp[kaːn²haːp⁷] 普 kuơn³[kuːn³] 越 đòn gánh[ʔdɔn² ɣaŋ⁵];đòn xóc[ʔdɔn² sɔk⁷] 芒 tòn tam[tɔn² taːm¹]

【扁豆】 泰 ถั่วแปบ[thuːa⁵ pɛːp⁹] 老 ໝາກແປບ[maːk⁹ pɛːp⁹] 普 dăp⁵[dap⁵] 越 đậu cô ve[ʔdɤu⁶ ko¹ vɛ¹]

【扁米】 老 ເຂົ້າເໜັງ[khau³ mau³] 岱-侬 khẩu mẩu [khəu³ məu³] 越 cốm[kom⁵];gạo cốm[ɣaːu⁶ kom⁵] 芒 cồm[kom³];cảo cồm[kaːu³ kom³]

【扁虱】 泰 เห็บ[hep⁷] 老 ເຫັບ[hep⁷];ໂຕເຫັບ[toː¹ hep⁷];ຕົວເຫັບ[tuːa¹ˑ hep⁷]

【扁桃】 泰 ท้อแปป[thɔː⁴ pɛːp⁹] 岱-侬 maccai[maːk⁷ kaːi¹] 越 đào dẹt[ʔdaːu² zɛt⁸]

【扁桃体】 泰 ต่อมทอนซิล[tɔːm⁵ thɔːn² sin²];ทอนซิล[thɔːn²sin²] 老 ໝາກໂຫກ[maːk⁹hoːk⁹];ໝາກທຸກ[maːk⁹huːk⁹];ອາມິດານ[ʔaː¹ˑmiːˑ²ʔdaːn¹];ຕ່ອມຄໍ[tɔːm⁵ khɔː²] 越 hạch hạnh nhân[hat⁸ han⁶ ɲɤn¹];a-mi-đan[ʔa¹ mi¹ ʔdan¹]

【扁桃体炎】 泰 ต่อมทอนซิลอักเสบ[tɔːm⁵thɔːn² sin² ʔak⁷ seːp⁹] 老 ອັກເສບອາມິດານ[ʔak⁷ seːp⁹ ʔaː¹ˑmiːˑ²ʔdaːn¹];ອັກເສບໝາກໂຫກ[ʔak⁷seːp⁹maːk⁹ hoːk⁹] 越 viêm amiđan[viːm¹ ʔa¹ miˑ¹ ʔdan¹]

【贬值】 泰 ลดมูลค่า[lot⁸ muːn² khaː³] 老 ເສື່ອມລາຄາ[sɯam⁵ laː² khaː²] 越 mất giá[mɤt⁷ zaː⁵];sụt giá [sut⁸ zaː⁵];phá giá[faː⁵ zaː⁵]

【便利】 泰 สะดวก[sa⁵ʔduːak⁹] 老 ສະດວກ[sa² ʔduːak⁹] 越 tiện[tiːn⁶];tiện lợi[tiːn⁶lɤːi⁶];thuận tiện [thwɤn⁶ toːn⁶]

【便秘】 泰 ท้องผูก[thɔːŋ⁴ phuːk⁹];ปิดหนัก[pit⁷ nak⁵] 老 ຂີ້ແຂ້ນ[khiː³ khɛːn³];ແຂ້ນ[khɛːn³];ຜູກທ້ອງ[phuːk⁹ thɔːŋ⁴];ທ້ອງຜູກ[thɔːŋ⁴phuːk⁹];ທ້ອງຜາກ[thɔːŋ⁴pha:k¹⁰];ທ້ອງແລ້ວ[thɔːŋ⁴ lɛː⁴];ທ້ອງແໜັນ[thɔːŋ⁴ nɛ:n³];ປິດຫນັກ[pit⁷ nak⁷];ຜູກທ້ອງ[phuːk⁹ thɔːŋ⁴] 岱-侬 pinh khẻng khé[piŋ³ khɛŋ³ khɛ¹];pinh cà khí[piŋ³ kaː² khiː⁵] 越 bón[ʔbɔn⁵];táo bón[taːu⁵ ʔbɔn⁵];đi táo [ʔdiː¹ taːu⁵];chứng táo[tsɯŋ² taːu⁵];bệnh táo bón [ʔɓen⁶ taːu⁵ ʔbɔn⁵];bệnh táo[ʔben⁶ taːu⁵];bệnh bí đái[ʔben⁶ ʔbi⁵ ʔdaːi⁵];đi kiết[ʔdi¹ kiːt⁷] 芒 bểnh pi tải[ʔben⁴ pi³ taːi³];điênh đải[ʔdiːn¹ ʔdaːi³]

【便血】 泰 อุจจาระมีเลือดปน[ʔut⁷tsaː²raː⁴miː²lɯat¹⁰ pon²] 老 ລົງແດງ[loŋ² ʔdɛːŋ¹] 越 ia ra máu[ʔiˑə³ zaː¹ mau⁵]

【遍 可了三~】 泰 ครั้ง[khraŋ⁴] 老 ເລັ່ງ[lau³]; ເທື່ອ[thuːa⁵] 越 lần[lɤn⁵];lượt[lɯːt⁸];đợt[ʔdɤːt⁵]

【遍地】 泰 ทั่วทุกแห่งหน[thuːa³ thuk⁸ hɛːŋ⁵ hon¹] 老 ທົ່ວທຸກແຫ່ງທິບ[thuːa⁵ thuk⁸ hɛːŋ⁵ hon⁴];ທົ່ວທຸກແຫ່ງ[thuːa⁵ thuk⁸ hɛːŋ⁵];ທົ່ວທິບ[thuːa⁵ thiːp¹⁰];ທົ່ວທິບທົ່ວແດນ[thuːa⁵ thiːp¹⁰ thuːa⁵ ʔdɛːn¹];ທົ່ວແດນ[thuːa⁵ ʔdɛːn¹] 越 khắp cả[xap⁷ kaː³];khắp nơi[xap⁷ nɤːi¹];khắp cả nơi[xap⁷ kaː³ nɤːi¹] 芒 khắp[khap⁷];khắp nơi[khap⁷ nɤːi¹]

【遍及】 泰 แพร่หลายไปถึง[phrɛː³ laːi¹ pai² thɯŋ¹] 老 ທົ່ວທຸກແຫ່ງ[thuːa⁵ thuk⁸ hɛːŋ⁵];ທົ່ວ ໆ ໄປ[thuːa⁵ thuːa⁵ pai¹];ແຜ່ຂະໝາຍໄປ[phɛː⁵ khaː² maːi¹ pai¹]; ກຸ້ມ[kum⁴] 岱-侬 khop[khɔp⁷];thuồn[thuːn³] 越泰 tùa[tuːa⁶];lom[lɔm⁵] 越 khắp[xap⁷] 芒 khắp[xap⁷];tlồm[tlom⁴]

【变❶】 泰 เปลี่ยน[pliːan⁵];เปลี่ยนแปลง[pliːan⁵plɛːŋ²]; กลายเป็น[klaːi² pen²];กลาย[klaːi²] 老 ປ່ຽນ[piːan⁵]; ກາຍ[kaːi¹] 岱-侬 piến[piːn⁵] 越泰 biến[ʔbiːn⁵] 越 thay đổi[thaːi¹ ʔdoːi³];biến đổi[ʔbiːn⁵ ʔdoːi³];đổi khác[ʔdoːi³ xaːk⁷] 芒 tliền[tliːn³]

【变成❷】 泰 กลายเป็น[klaːi²pen²] 老 ກາຍເປັນ[kaːi¹ˑpen¹ˑ];ກັບເກີດເປັນ[kap⁷ kɤːt⁹ pen¹] 岱-侬 piến pền [piːn⁵ pen²] 越泰 biến pên[ʔbiːn⁵ pen¹] 越 biến thành[ʔbiːn⁵ thaːn²];trở thành[tʂɤː³ thaːn²];trở nên

---

❶ 掸 kai A1　勐 kai A1
❷ 阿含 tāk；pin B1

[tsɤ³nen¹];hoá thành[hwa⁵thaɲ²] 芒 wả điênh[wa³ ʔdiːn̠²];tiển điênh[tliːn³ ʔdiːn̠¹]

【变化】 泰 เปี่ยนแปลง[pliːan⁵pleːŋ²];กลับกลาย[klap⁷ klaːi²] 老 ປ່ຽນ[piːan⁵];ປ່ຽນໃໝ່[piːan⁵ mai⁵];ຜັນແປ[phan¹ peː¹'];ຈຳແລງ[tsam¹' leːŋ²];ຜັນປ່ຽນ[phan² piːan⁵];ປະລິວັດ[pa² li⁵ vat⁸];ແປ[pheː¹']; ຫັນປ່ຽນ[han¹ piːan⁵];ภาย[kaːi¹] 傣-依 piến tối[piːn⁵ toi⁵] 越 biến hoá[ʔbiːn⁵ hwa⁵] 芒 thay đổi[thai¹ ʔdoi³];biến hóa[ʔbiːn⁵ hwa⁵]

【变色龙】 泰 กิ้งก่า[kiŋ³ kaː⁵];กิ้งก่าที่เปลี่ยน สีได้[kiŋ³ kaː⁵thiː³pliːan⁵siː¹ʔdai³] 老 ກິ້ງກ່າ[kiŋ⁴kaː⁵];ຕົວກິ້ງກ່າ[tuːa⁴ kiŋ⁴ kaː⁵];ຕົວກະປອມຂາງ[tuːa⁴ kaʔ pɔːm¹' khaːŋ¹];ກະປອມຂາງ[kaʔ pɔːm¹' khaːŋ¹] 傣-依 duồng tạng[juːŋ² taːŋ⁴] 越 kỳ nhông[ki² ɲoŋ¹];con kỳ nhông[kɔn¹ ki² ɲoŋ¹];thằn lằn đổi màu[than² lan² ʔdoi³ mau²];tặc kè hoa[tak⁴ kɛː⁴ hwa¹]

【变心】 泰 เปลี่ยนใจ[pliːan⁵tsai²] 老 ປ່ຽນໃຈ[piːan⁵ tsai¹'] 越 thay lòng[thai¹ lɔŋ²] 芒 thay lòng[thai¹ lɔŋ²]

【变质】 泰 คุณภาพเสื่อม[khun²phaːp¹⁰sɯːam⁵] 傣-依 bôt[ʔbot⁹] 越泰 mĩ ón[mi² ʔɔn⁵] 越 biến chất[ʔbiːn⁵ tsɤt⁷];hư hỏng[hɯ¹ hɔŋ³]

【辫子】 泰 เปีย[piːa²];ผมเปีย[phom¹ piːa²];หางเปีย[haːŋ¹ piːa²] 老 ເປຍ[piːa¹'];ຜົມເປຍ[phom¹ piːa¹'];ຫາງເປຍ[haːŋ¹ piːa¹'];ຜີມເຜີຍ[phom¹ fɯːa¹'] 傣-依 hang piên[haːŋ¹ piːn¹] 越 cái bím tóc[kaːi⁵ ʔbim⁵ tɔk⁷];bím[ʔbim⁵];đuôi sam[ʔduːi¹ ʂaːm¹]

【辩白】 泰 พูดแก้ตัว[phuːt¹⁰ kɛː³ tuːa²] 老 ແກ້ຕົວ[kɛː⁴ tuːa¹];ແກ້ໂຕ[kɛː⁴ toː¹'] 越 biện bạch[ʔbiːn⁶ ʔbat⁸];trình bày rõ[tsiŋ² ʔbai² zɔ⁴];phân trần[fɤn¹ tsɤn²]

【辩驳】 泰 โต้แย้ง[toː³ jɛːŋ³];โต้[toː³] 老 ໂຕ້ແຍ່[toː⁴ ɲɛːŋ⁴];ໂຕ້[toː⁴] 越 biện bác[ʔbiːn⁵ ʔbaːk⁷];bẻ[ʔbɛ³];vặn lại[van⁶ laːi⁶];bác lẽ[ʔbaːk⁷ lɛ⁴];cãi[kaːi⁴]

【辩护】 泰 แก้ต่าง[kɛː³taːŋ⁵] 老 ວ່າຄວາມ[va⁵ khwaːm²] 越 biện hộ[ʔbiːn⁶ ho⁶];cãi[kaːi⁴];bào chữa[ʔbaːu² tsɯːa⁴];bênh cãi[ʔben¹ kaːi⁴]

【辩解】 泰 พูดแก้ต้า[phuːt¹⁰ kɛː³ tuːa²] 老 ແກ້ຕົວ[kɛː⁴ tuːa¹];ແກ້ໂຕ[kɛː⁴ toː¹'] 越 biện giải[ʔbiːn⁶ zaːi³];biện bạch[ʔbiːn⁶ ʔbat⁸];giải bày[zaːi³ ʔbai²];bày tỏ[ʔbai² tɔ³] 芒 biển dái[ʔbiːn⁴ zaːi⁵]

【辩论】 泰 ถกเถียง[thok⁷ thiːaŋ²];โต้คาราม[toː³ khaː rom²] 老 ໂຕ້ທຽງ[toː⁴thiːaŋ²];ໂຕ້ວາທີ[toː⁴ vaː² thiː²];ຖົກຖຽງ[thok⁷ thiːaŋ²] 越 biện luận[ʔbiːn⁶ lwɤn⁶];tranh luận[tsaɲ¹ lwɤn⁶];bàn cãi[ʔbaːn² kaːi⁴]

【表格】 泰 ตารางแบบฟอร์ม[taː² raːŋ² ʔbɛːp⁹ fɔːm²] 老 ຕາຕະລາງ[taː¹'ta²laːŋ²];ຕາລາງ[taː¹'laːŋ²];ບັງ[ʔbaŋ¹] 越 biểu[ʔbiːu³];biểu kê[ʔbiːu³ke¹];biểu bảng[ʔbiːu³ ʔbaːŋ³];biểu mẫu[ʔbiːu³ mɤu⁴];bản khai[ʔbaːn³ xaːi¹];bản ghi[ʔbaːn³ ɣi¹]

【表露】 泰 แสดงออก[saʔʔdɛːŋ² ʔɔːk⁹];แย้มพราย[jɛːm⁴ phraːi¹] 老 ສະແດງ[saʔ ʔdɛːŋ¹'] 越 biểu lộ[ʔbiːu³ lo⁶];tỏ rõ[tɔ³ zɔ⁴];tỏ ra[tɔ³ zaː¹];lộ ra[lo⁶ zaː¹];bày tỏ[ʔbai² tɔ³]

【表示】~感谢 泰 แสดง[saʔ ʔdɛːŋ²] 老 ສະແດງ[saʔ ʔdɛːŋ¹'] 越 biểu thị[ʔbiːu³ thi⁶];bày tỏ[ʔbai³ tɔ³];tỏ ra[tɔ³ zaː¹];tỏ ý[tɔ³ ʔi⁵];tỏ vẻ[tɔ³ vɛ³];tỏ[tɔ³];ngỏ lời[ŋɔ³ lɤːi²];bộc lộ[ʔbok⁸ lo⁶]

【表现】 泰 แสดงออก[saʔ ʔdɛːŋ² ʔɔːk⁹] 老 ສະແດງ[saʔ ʔdɛːŋ¹'] 越 biểu hiện[ʔbiːu³hiːn⁶];thể hiện[the³ hiːn⁶]

【表演】~节目 泰 แสดง[saʔ ʔdɛːŋ²];สาธิต[saː¹ thit⁸] 老 ສະແດງ[saʔ ʔdɛːŋ¹'] 越 biểu diễn[ʔbiːu³ ziːn⁴];trình diễn[tsiŋ² ziːn⁴];trình bày[tsiŋ² ʔbai²];diễn xuất[ziːn⁴ swɤt⁷];diễn[ziːn⁴]

【表扬】 泰 ชมเชย[tshom² tshɤːi²];ชม[tshom²] 老 ຊົມເຊີຍ[som² sɤːi²];ຊົມ[som²] 越 biểu dương[ʔbiːu² zɯːŋ¹];tuyên dương[twiːn¹ zɯːŋ¹];khen ngợi[xɛn¹ ŋɤːi⁶] 芒biểu dương[ʔbiːu⁵ zɯːŋ]

【憋气～潜水】 泰กลั้นหายใจ[klan³ haːi¹ tsai²] 老ອຶດໃຈ[ʔut⁷ tsai¹] 越nín hơi[nin⁵ hɤːi¹];nín thở[nin⁵ thɤː¹];nhịn thở[n̪in⁶ thɤː²];tức thởi[tɯk⁷ thɤː²]

【鳖❶】 泰ฝา[faː¹];จราว[tsa⁵ raːu²];จริว[tsa⁵ riu²];ตะพาบน้ำ[ta⁵ phaːp¹⁰ nam⁴] 老ປາຝາ[paː¹' faː¹];ປາຝາ[paː¹' faː¹];ປາຝາອອງ[paː¹' faː¹ ʔɔːŋ¹];ປາຝາປູລູ[paː¹' faː¹ puː¹' luː²];ປາຝາໂປໂລ[paː¹' faː¹ poː¹' loː²] 岱-侬pha[pha¹];tua pha[tuə¹ pha¹] 普patăw¹[pa⁰ tau¹];qapông²[qa⁰ poŋ²] 越ba ba[ʔba¹ ʔba¹];con ba ba[kɔn¹ ʔba¹ ʔba¹] 芒tái[taːi⁵]

【别～胸章】 泰กลัด[klat²];กลัดติด[klat⁷tit⁷] 老ເນບ[nep⁷] 越ghim[ɣim¹];găm[ɣam¹];đính[ʔdin⁵];gài[ɣaːi²] 芒cài[kaːi²]

【别～说话❷】 泰อย่า[jaː⁵] 老ย่า[jaː⁵];ຊູ[suː¹];ย่าง[jaː⁵suː¹] 岱-侬dá[jaː⁵] 普ja²[ja²] 越đừng[ʔdɯŋ¹];chớ[tʂɤ⁵];không nên[xoŋ¹ nen¹] 芒chớ[tʂɤ⁵]

【别处】 泰ที่อื่น[thiː³ ʔɯːn⁵] 老ທີ່ອື່ນ[thiː⁵ ʔɯːn⁵];ບ່ອນອື່ນ[ʔbɔːn⁵ ʔɯːn⁵] 越nơi khác[nɤːi⁵ xaːk⁷];chỗ khác[tso⁴ khaːk⁷];vùng khác[vuŋ² xaːk⁷] 芒pùng khác[puŋ² khaːk⁷]

【别的～意见❸】 泰อื่น[ʔɯːn⁵];ต่าง[taːŋ⁵] 老ອື່ນ[ʔɯːn⁵];ອີກ[ʔiːk⁹] 岱-侬đai[ʔdai¹] 越泰ún[ʔɯn⁵] 越cái khác[kaːi⁵ xaːk⁷];khác[xaːk⁷] 芒khác[khaːk⁷]

【别人】 泰เขา[khau¹];ใครอื่น[khrai² ʔɯːn⁵] 老ຜູ້ອື່ນ[phuː³ ʔɯːn⁵];ຄົນອື່ນ[khon² ʔɯːn⁵];ຜູ້ຄົນ[phuː³ khon²] 岱-侬hâu[həu¹];pậu[pəu⁴] 越泰xáu[sau⁵] 普qagura³[qa⁰ guɤ³] 越người khác[ŋɯːi² xaːk⁷];kẻ khác[kɛ³xaːk⁷];người ta[ŋɯːi² ta¹] 芒pầu[pɤu⁴];con nhà ngài[kɔn¹ n̪a² ŋaːi²];ngài[ŋaːi²]

【别针】 泰เข็มกลัด[khem¹ klat⁷] 老ເຂັມຂັດ[khem¹

khat⁷];ເຂັມຂັດບ່ວງ[khem¹ khat⁷ʔbuːaŋ⁴] 岱-侬khêm nêp[khem¹ nep⁷];khêm tinh[khem¹ tiŋ³];khêm fan[khem¹ faːn¹];khêm băng[khem¹ ʔbaŋ¹] 越泰khêm công[khem¹ koŋ¹] 越kim băng[kim¹ ʔbaŋ¹];ghim[ɣim¹] 芒kim băng[kim¹ ʔbaŋ¹]

【瘪轮胎～了】 泰เว้าแหว่ง[wau⁴ wɛːŋ⁵];แฟบ[fɛːp¹⁰] 老แป[pɛː¹'];แฟบ[fɛːp¹];แวบ[vɛːp¹] 岱-侬on[ʔɔn⁵] 越泰bẹp[ʔbɛp⁸] 普pja²[pja²] 越bẹp[ʔbɛp⁸]

【宾馆】 泰โรงแรม[roːŋ² rɛːm²];เรือนรับรอง[rɯaːn² rap⁸rɔːŋ²] 老ໂຮງແຮມ[hoːŋ² hɛːm²];ທີ່ຮັບແຂກ[hɔː¹ hap⁸ khɛːk⁹] 越nhà khách[n̪a² xat⁷];khách sàn[xat⁷ ṣaːn⁶]

【鬓角】 泰ก้นเจียกจอน[kan² tsiːak⁹tsɔn²];จอน[tsɔːn²];จอนผม[tsɔːn²phom¹];จอนหู[tsɔːn²huː¹'] 老ຈອມຕິມ[tsɔːn¹'phom¹];ກະຫມັບ[ka²map²];ຂະຫມັບ[kha²map²] 岱-侬phjôm tu lồm[phjom¹tu¹ lɔm²];phjôm à líu[phjom¹ʔa²liu⁵] 越泰phóm phưởi[phom¹ phɯːi²] 越tóc mai[tɔk⁷ maːi¹]

【兵当～】 泰ทหาร[tha⁴haːn¹];กองทัพ[kɔːŋ²thap⁸];กองกำลังทหาร[kɔːŋ²kam²laŋ²tha⁴haːn¹] 老ທະຫານ[tha⁵ haːn¹];ພົນທະຫານ[phon¹ tha⁵ haːn¹];ໂຍທາຂີບ[nɔː² thaː² siːp¹⁰];ໂຍທິບ[nɔː² thin²];ໂຍທີ[nɔː² thiː²];ພົນ[phon²] 岱-侬binh[ʔbiŋ¹];binh mạ[ʔbiŋ¹ma⁴];binh linh[ʔbiŋ¹liŋ³] 越泰lính[liŋ⁵];quân lính[kwɤn¹liŋ⁵];binh lính[ʔbiŋ¹liŋ⁵] 越lính[liŋ⁵];binh sĩ[ʔbiŋ¹ ṣi⁴];quân sĩ[kwɤn¹ ṣi⁴];quân nhân[kwɤn¹ ɲɤn¹]

【兵力】 泰กำลังทหาร[kam²laŋ²tha⁴haːn¹] 老ກຳລັງທະຫານ[kam⁵ laŋ² tha⁵ haːn¹];ກຳລັງຊັບ[kam⁵ laŋ² thap⁸];ກຳລັງພົນ[kam⁵laŋ²phon²] 越binh lực[ʔbiŋ¹ lɯk⁸];lực lượng quân sự[lɯk⁸ lɯːŋ⁶ kwɤn¹ ṣɯ⁶];quân số[kwɤn¹ ṣo⁵]

---

❶ 掸pha A1 泐fa A1
❷ 石家 kay²
❸ 阿含 en B1 掸ʔɯn B1 泐ʔɯn B1

【槟榔❶】 泰หมาก[ma:k⁹];ลูกหมาก[lu:k¹⁰ ma:k⁹]; มก[mok⁸]/[ma⁴ ka⁵] 老ໝາກ[ma:k⁹];ໝາກລ້ຽວ[ma:k⁹khi:au⁴] 岱-侬mac làng[ma:k⁷la:ŋ²] 越泰máklăng[ma:k⁷la:ŋ²] 普Nha¹[ɲa¹] 越cau[kau¹]; quả cau[kwa³ kau¹];trầu[tʂɤu²] 芒tlù[tlu²];nang[na:ŋ¹];cau[kau¹]

【槟榔树】 泰ต้นหมาก[ton³ ma:k⁹] 老ກົກໝາກ[kok⁷ ma:k⁹] 岱-侬co làng[kɔ¹ la:ŋ²];co mac làng[kɔ¹ma:k⁷la:ŋ²] 越泰comáklăng[kɔ¹ma:k⁷la:ŋ²] 越cây cau[kɤi¹ kau¹]

【冰】 泰น้ำแข็ง[nam⁴kheŋ¹] 老ນ້ຳແຂງ[nam⁴khe:ŋ¹];ນ້ຳກ້າມ[nam⁴ ka:m⁴];ນ້ຳກ້ອນ[nam⁴ kɔ:n⁴] 岱-侬năm hin[nam⁴ hin¹] 普kăng[kaŋ²] 越đá[ʔda⁵];nước đá[nɯ:k⁷ ʔda⁵];băng[ʔbaŋ¹] 芒đác đà[ʔda:k⁷ ʔda³]

【冰雹❷】 泰ลูกเห็บ[lu:k¹⁰ hep⁷];พายุผล[pha:² ju² phon¹ la⁵] 老ເຫັບ[hep⁷];ໝາກເຫັບ[ma:k⁹ hep⁷];ລູກເຫັບ[lu:k¹⁰hep⁷];ລູກໝາກເຫັບ[lu:k¹⁰ma:k⁹hep⁷];ກະລະຍາ[ka²la⁵ka:¹] 岱-侬mackhêp[ma:k⁷khep⁷];khêp[khep⁷];mac chả[ma:k⁷ tɕa³] 越泰mák hếp[ma:k⁷ hep⁷];hếp[hep⁷] 普mhân¹[mɤn¹] 越mưa đá[mɯa¹ ʔda⁵] 芒tlé chia[tlɛ⁵ tsia²];chia[tsia²]

【冰棍儿】 泰หวานยืนแท่งเดี่ยว[wa:n¹ jen² theːŋ² ʔdi:au⁵];ไอศกริมแท่ง[ʔai² sa⁵ krim² theːŋ²] 老ໄອສະກຼິມຫຼອດ[ʔai¹¹ sa² kli:m¹¹ lɔ:t⁹] 越kem que[kɛm¹ kwɛ¹];kem cây[kɛm¹ kɤi¹] 芒kem câl[kɛm¹ kɤl²]

【冰凉】 泰เย็น[jen²] 老ເຢັນ[jen¹] 越lạnh ngắt[laŋ⁶ ŋat⁷];lạnh giá[laŋ⁶ za⁵]

【冰冷】 泰เย็นเยือก[jen² jɯːak¹⁰];หนาวยะเยือก[na:u¹ ja⁴ jɯːak¹⁰] 老ເຢັນຫັດ[jen¹ kat⁷] 普swat² djaw² [swa:t² dja:u³];swat kuơn²[swa:t² ku:n³] 越băng giá[ʔbaŋ¹ za⁵];rét cóng[zɤt⁷ kɔŋ⁵];lạnh buốt[laŋ⁶ ʔbu:t⁷];giá lạnh[za⁵ laŋ⁶] 芒chả lênh[tsa³ lɛŋ⁴]

【冰片】 泰พิมเสน[phim² se:n¹];การบูร[ka:n²²buːn²] 老ພິມມະເສນ[phim² ma⁵ se:n¹] 越băng phiến[ʔbaŋ¹ fi:n⁵];long não[lɔŋ¹ na:u⁴]

【冰淇淋】 泰ไอสกริม[ʔai²sa⁵kri:m²] 老ໄອສະຄຼິມ[ʔai¹¹sa⁵kli:m¹];ໄອສະຄຼິມ[ʔai¹¹sa⁵khli:m²];ຂະໜົມໄອສະກິມ[kha⁵ nom¹ ʔai¹ sa² ki:m¹];แกม[klɛm¹] 越kem cốc[kɛm¹ kok⁷];kem li[kɛm¹ li¹];kem[kɛm¹] 芒kem[kɛm¹]

【冰糖】 泰น้ำตาลก้อน[nam⁴ta:n²kɔ:n³];น้ำตาลกรวด[nam⁴ ta:n² kru:at⁹] 老ນ້ຳແກ້ວ[nam⁴ kɛ:u⁴];ນ້ຳຕານຂ້ຽວ[nam⁴ ta:n¹ khi:au³] 越đường phèn[ʔdɯ:ŋ² fen²] 芒đường phèn[ʔdɯ:ŋ² fen²]

【冰箱】 泰ตู้เย็น[tu:³ jen²] 老ຕູ້ນ້ຳກ້ອນ[tu:⁴ nam⁴ kɔ:n⁴] 越tủ lạnh[tu³ laŋ⁶];tủ nước đá[tu³ nɯːk⁷ ʔda⁵];tủ đá[tu³ ʔda⁵]

【冰镇】 泰แช่เย็น[tshɛ:³jen²] 老ແຊ່ນ້ຳເຢັນ[sɛ:¹ nam⁴ jen¹] 越ướp đá[ʔɯːp⁷ ʔda⁵];ướp lạnh[ʔɯːp⁷ laŋ⁶];ngâm nước đá[ŋɤm¹ nɯːk⁷ ʔda⁵];ngâm đá[ŋɤm¹ ʔda⁵]

【饼】 泰ขนมอบหรือย่างของชาวจีน[kha⁵nom¹ʔop⁷ rɯː¹ ja:ŋ³khɔ:ŋ¹ tsha:u²tsi:n²];โรจีน[roː²ti:²tsi:n²] 老ເຂົ້າຂະໜົມ[khau³ nom¹];ຂະໜົມ[kha²nom¹] 岱-侬pêng[peŋ³] 越泰bánh[ʔbɛŋ⁵] 越bánh[ʔbaŋ⁵] 芒pènh[pɛn³];păng[paŋ⁵]

【饼干】 泰ขนมปัง[kha⁵nom¹paŋ²];คุกกี้[khuk⁸ki:¹] 老ເຂົ້າຂະໜົມປັງ[khau³nom¹paŋ²];ຂະໜົມປັງ[kha⁵ nom¹ paŋ²] 越bánh bích quy[ʔbaŋ⁵ ʔbit⁷ kwi¹];bánh quy[ʔbaŋ⁵ kwi¹]

【屏息】 泰กลั้นลมหายใจ[klan³ lom² ha:i¹ tsai²];กลั้นหายใจ[klan³ ha:i¹ tsai²];อัดหายใจ[ʔat⁷ ha:i¹ tsai²];อั้นหายใจ[ʔan³ ha:i¹ tsai²];อึดหายใจ[ʔɯt⁷ ha:i¹ tsai²];อึดหายใจ[ʔɯt⁷ ha:i¹ tsai²];อึดใจ[ʔɯt⁷ tsai²] 老ສະดັກ

---
❶ 石家 phluu； phruu 阿含 plu A2； pu A2 掸 pu A2 拉哈 pa²
❷ 阿含 rit D1S； rip D1S 泐 hep D1S

[sa²ʔdak⁷];ทับใจ[kan⁴tsai¹];ทับลิมหายใจ[kan⁴ lom²ha:i¹tsai¹];ฮิดใจ[ʔut⁷tsai¹]　岱-侬 chẳnchâu [tɕan³ tɕɤɯ¹]　越 nín hơi[nin⁵ hɤ:i¹]; nín thở[nin⁵ thɤ³];nín lặng[nin⁵ laŋ⁶]

【柄刀~】 泰 ด้าม[ʔda:m³] 老 ด้าม[ʔda:m⁴] 越 cán [ka:n⁵];chuôi[tsu:i¹]

【病什么~❶】 泰 โรค[ro:k¹⁰];โรคไข้เจ็บ[ro:k¹⁰ khai³ tsep⁷];อาการป่วย[ʔa:²ka:n²pu:ai⁵];ไข้[khai³] 老 พะยาด[pha⁵ na:t¹⁰];พะยาดโลดๆ[pha⁵ na:t¹⁰ lo:² kha:²];โลก[lo:k¹⁰];โลกถะ[lo:² kha:⁵];โลดไพไข้เจบ[lo:k¹⁰ phai² khai³ tsep⁷]　岱-侬 pinh [piŋ³];bệnh[ʔbeŋ⁴]　越泰 bệnh[ʔbeŋ⁴]　越 bệnh [ʔben⁶];bịnh[ʔbin⁶];tật bệnh[tɤt⁸ ʔben⁶];bệnh tật [ʔben⁶ tɤt⁸]　芒 bểnh[ʔben⁴];tât bểnh[tɤt⁸ ʔben⁴]

【病虫害】 泰 ภัยอันเกิดจากโรคและแมลง[phai² ʔan²kɤ:t⁹tsa:k⁹ro:k¹⁰le⁴ma⁴le:ŋ²] 老 พะยาดแมงบึ้ง [pha⁵na:t¹⁰mɛ:ŋ²ʔboŋ²]　越 nạnsâubệnh[na:n⁵ʂɤu¹ ʔben⁶];sâu bệnh[ʂɤu¹ ʔben⁶]　芒 khu[khu¹]

【病床】 泰 เตียงผู้ป่วย[ti:aŋ² phu:³ pu:ai⁵];เตียงคนไข้ [ti:aŋ²khon²khai³] 老 ຕຽງຄົນເຈັບ[ti:aŋ¹ khon²tsep⁷] 越 giường bệnh[zɯ:ŋ² ʔben⁶]　芒 chiềngbễnh[tsi:ŋ⁶ ʔben⁴]

【病毒】 泰 ไวรัส[wai² rat⁸] 老 ພິດໄຂ້[phit⁸ khai³]; ວີລັດ[vi:² lat⁸]　越 siêu vi trùng gây bệnh[ʂi:u¹ vi¹ tʂuŋ² ɣɤi¹ ʔben⁶];siêu vi trùng[ʂi:u¹ vi¹ tʂuŋ²];vi-rút gây bệnh[vi:¹ rut⁷ ɣɤi¹ ʔben⁶];virút[vi:¹ rut⁷];mầm độc[mɤm² ʔdok⁸];bễnh độc[ʔben⁴ ʔdok⁸]

【病房】 泰 ห้องคนไข้[hɔ:ŋ²khon²khai³];ห้องพักผู้ป่วยใน [hɔ:ŋ³ phak⁸ phu:³ pu:ai⁵ nai²] 老 ຫ້ອງຄົນເຈັບ [hɔ:ŋ³ khon² tsep⁷]　越 phòng bệnh[fɔŋ² ʔben⁶]; phòng dưỡng bệnh[fɔŋ² zɯ:ŋ⁴ ʔben⁶];phòng bệnh nhân[fɔŋ² ʔben⁶ nɤn¹];buồng bệnh nhân[ʔbu:ŋ² ʔben⁶ nɤn¹];buồng bệnh[ʔbu:ŋ² ʔben⁶];phòng điều trị[fɔŋ² ʔdi:u² tʂi⁶]

【病根】 泰 เหตุโรค[he:t⁹ro:k¹⁰];โรคเก่าที่รักษาไม่หาย [ro:k¹⁰ kau⁵ thi:² rak⁸ sa:¹ mai³ ha:i¹];สมุฏฐานของโรค [sa⁵ mut⁷ tha:n¹ khɔ:ŋ¹ ro:k¹⁰];สมุฏฐานแห่งความล้ม เหลวหรือภัยพิบัติ[sa⁵ mut⁷ tha:n¹ hɛ:ŋ⁵ khwa:m² lom⁴ le:u¹ rɯ:¹ phai² phi⁴ ʔbat⁷];โรคครี้อรัง（หรือไม่หายขาด） [ro:k¹⁰ rɯ:⁴ raŋ²(rɯ:¹ mai³ ha:i¹ kha:t⁹)] 老 ເຫດໂຣກ [he:t⁹ lo:k¹⁰] 岱-侬 côcpinh[kok⁷ piŋ³] 越 cănbệnh [kan² ʔben⁶];bệnh căn[ʔben⁶ kan²];gốc bệnh[ɣok⁷ ʔben⁶];nguồn gốc bệnh tật[ŋu:n² ɣok⁷ ʔben⁶ tɤt⁸]

【病菌】 泰 เชื้อโรค[tsɯ:a⁴ ro:k¹⁰] 老 ເຊື້ອໂຣກ[sɯ:a⁴ lɔ:k¹⁰];จุละพืก[tsu²la⁵phɯk⁸];ຕົວພະຍາດ[tu:a¹ p⁵a⁵ na:t¹⁰];แม่พะยาด[mɛ:⁵ pha⁵ na:t¹⁰] 越泰 mãnh bệnh[mɛŋ² ʔben⁴] 越 bệnh khuẩn[ʔben⁶ xwɤn³]; vi khuẩn gây bệnh[vi¹ xwɤn³ ɣɤi¹ ʔben⁶];vi trùng bệnh[vi¹ tʂuŋ² ʔben⁶]

【病情】 泰 อาการป่วย[ʔa:²ka:n²pu:ai⁵] 老 ອາການປ່ວຍ [ʔa:¹ ka:n¹ pu:ai⁵];ອາການເຈັບປັນ[ʔa:¹ ka:n¹ tsep⁷ pen¹] 越 bệnh tình[ʔben⁶ tiŋ²];tình hình bệnh [tiŋ² hiŋ² ʔben⁶];tình trạng bệnh[tiŋ² tsaŋ⁶ ʔben⁶]

【病人】 泰 คนไข้[khon²khai³];ผู้ป่วย[phu:³ pu:ai⁵] 老 ຄົນເຈັບ[khon² tsep⁷];ຄົນເຈັບປັນ[khon² tsep⁷ pen²];ຄົນໂຊ[khon² so:²];ຄົນປ່ວຍ[khon² pu:ɤi⁵]; ຜູ້ເຈັບປ່ວຍ[phu:³ tsep⁷ pu:ai⁵] 岱-侬 cần pinh [kɤn² piŋ³];cần khẩy[kɤn² khɤi³] 越泰 cỏn bệnh [kɔn² ʔben⁴] 越 bệnh nhân[ʔben⁶ nɤn¹];người bệnh[ŋɯ:i² ʔben⁶];người ốm[ŋɯ:i² ʔom⁵] 芒 nôl ốm[mɔl⁴ ʔom³]

【病死】 泰 ตายด้วยโรค[ta:i² ʔdu:ai³ ro:k¹⁰];ป่วยตาย [pu:ai⁵ ta:i²];ถึงแก่กรรมเพราะป่วย[thuŋ¹ kɛ:⁵ kam² phrɔ⁴ pu:ai⁵] 老 ເຈັບເປັນລົ້ມຕາຍ[tsep⁷ pen¹ lom⁴ ta:i¹] 普 tiơ⁰ qazaj²[tie¹ qa⁰ zai²] 越 chết bệnh [tset⁷ ʔben⁶];ốm chết[ʔom⁵ tset⁷];mất sau một thời gian ốm[mɤt⁷ ʂau¹ mot⁸ thɤ:i² za:n¹ ʔom⁵].mất sau một cơn ốm nặng[mɤt⁷ ʂau¹ mot⁸ kɤ:n¹ ʔom⁵

❶ 石家 keet⁵

naŋ⁶];

【病危】泰 ป่วยร่อแร่เต็มที[puːai⁵ rɔː⁵ rɛː³ tem² thiː²]; ป่วยถึงขั้นอันตราย[puːai⁵ thɯŋ¹ khan³ ʔan² traːi²]; 老 ป่วยหนัก[puːai⁵ nak⁷] 老 ป่อยขมัก[puːai⁵ nak⁷] 岱-侬 pình khổn[piŋ³ khon³] 越 bệnh đã đến lúc nguy kịch[ʔben⁶ ʔdaː⁴ ʔden⁵ luk⁴ ŋwi² kit⁸];bệnh tình nguy cấp[ʔben⁶ tin² ŋwi² kɤp⁴];bệnh đến lúc hiểm nghèo[ʔben⁶ ʔden⁵ luk⁴ hiːm³ ŋɛu²];

【病因】泰 มูลเหตุที่เป็นโรค[muːn² heːt⁹ thiː³ pen² roːk¹⁰];สาเหตุที่เกิดโรค[saː¹ heːt⁹ thiː³ kɤt⁹ roːk¹⁰]; สมุฏฐานของโรค[saː⁵ mut⁷ thaːn¹ khɔːŋ¹ roːk¹⁰] 老 ສາເຫດຂອງການເຈັບໄຂ້ໄດ້ປ່ວຍ[saː¹ heːt⁹ khɔːŋ¹ kaːn¹¹ tsep⁷ khai³ ʔdai⁴ puːai⁵] 越 nguyên nhân phát sinh bệnh[ŋwiːn¹ n̯ɤn¹ faːt⁷ ʂin¹ ʔben⁶];nguyên nhân gây bệnh[ŋwiːn¹ n̯ɤn¹ ɣɤi¹ ʔben⁶];nguyên nhân nhiễm bệnh[ŋwiːn¹ n̯ɤn¹ n̯iːm² ʔben⁶];

【病愈】泰 โรคหาย[roːk¹⁰ haːi¹];หายป่วยจากโรค[haːi¹ puːai⁵ tsaːk⁹ roːk¹⁰] 老 ຫາຍພະຍາດ[haːi¹ phaː⁵ n̯aːt¹⁰];ຫາຍເຈັບ[haːi¹ tsep⁷] 越 mạnh[man⁶];khỏi[xɔi³];khỏi ốm[xɔi³ ʔom⁵];khỏi bệnh[xɔi³ ʔben⁶]; lành bệnh[lan² ʔben⁶];hết đau ốm[het⁷ ʔdau¹ ʔom⁵]; bình phục lành bệnh[ʔbiŋ² fuk⁸ lan² ʔben⁶];bệnh đã khỏi[ʔben⁶ ʔdaː⁴ xɔi³];

【病症】泰 อาการป่วย[ʔaː² kaːn² puːai⁵];การเป็นโรค[kaːn² pen² roːk¹⁰];การป่วย[kaːn² puːai⁵] 老 ໂລຄະພະຍາດ[loː² khaː² phaː⁵ n̯aːt¹⁰];ໂລຄາພາດ[loː² khaː⁵ phaːt¹⁰]; ພະຍາດບາດເຢື້ອ[phaː⁵ n̯aːt¹⁰ ʔbaːt⁹ n̯au²] 越 bệnh chứng[ʔben⁶ tsɯŋ⁵];chứng bệnh[tsɯŋ⁵ ʔben⁶]; 芒 chảnh bểnh[tsɤŋ³ ʔben⁴];bểnh nặng[ben⁴ naŋ⁴];

【病重】泰 ป่วยหนัก[puːai⁵ nak⁷] 老 ປ່ວຍຫມັກ[puːai⁵ nak⁷] 越 bệnh nặng[ʔben⁶ naŋ⁶];

【并蒂莲】泰 บัวดอกคู่[ʔbuːa² ʔdɔːk⁹ khuː⁵];บัวคู่[ʔbuːa² khuː⁵] 越 sen tịnh đế[ʂɛn¹ tiŋ⁶ ʔdeː⁵];sen liền đài[ʂɛn¹ liːn² ʔdaːi²]

【并发症】泰 โรคแทรกซ้อน[roːk¹⁰ sɛːk¹⁰ sɔːn⁴];โรคที่ แทรกซ้อน[roːk¹⁰ thiː³ sɛːk¹⁰ sɔːn⁴];โรคแทรก[roːk¹⁰ sɛːk¹⁰];โรคที่ปะทุขึ้นพร้อมกัน[roːk¹⁰ thiː³ paʔ⁵ thuʔ⁴ khɯn³ phrɔːm⁴ kan²] 老 ອາການສົມ[ʔaː¹¹ kaːn¹¹ son¹] 越 chứng hợp tích[tsɯŋ⁵ hɤːp⁸ tit⁷];chứng đồng phát[tsɯŋ⁵ ʔdoŋ² faːt⁷];biến chứng[ʔbiːn⁵ tsɯŋ⁵]

【并肩❶】泰 เคียงบ่าเคียงไหล่[khiːaŋ² ʔbaː⁵ khiːaŋ² lai⁵];เคียงบ่าเคียงไหล่กัน[khiːaŋ² ʔbaː⁵ khiːaŋ² lai⁵ kan²];ควงแขนกันไป[khuːaŋ² khɛːn¹ kan² paːi²] 老 ທຽມບ່າທຽມໄຫຼ່[thiːam² ʔbaː⁵ thiːam² lai⁵];ຮຽງ ບ່າຮຽງໄຫຼ່[hiːaŋ² ʔbaː⁵ hiːaŋ² lai⁵];ທຽມໄຫຼ່[thiːam² lai⁵] 越泰 xãnh kê[ʂɛŋ² kɛ²];hiểng kê[hiːŋ³ kɛ²] 越 kề vai[keː² vaːi¹];sánh vai[ʂan⁵ vaːi¹];sát vai[ʂaːt⁷ vaːi¹];sát cánh[ʂaːt⁷ kan⁵];vai kề vai[vaːi¹ keː² vaːi¹]

【并列】泰 ขนานกัน[khaː⁵ naːn¹ kan²];เสมอกัน[saː mɤː¹ kan²];เท่ากัน[thau³ kan²] 老 ຂະຫນານກັບ[khaː naːn¹ kan¹] 越 đặt kề nhau[ʔdat⁸ keː² n̯au¹];đặt song song[ʔdat⁸ ʂɔŋ¹ ʂɔŋ¹];đặt ngang hàng[ʔdat⁸ ŋaːŋ¹ haːŋ²];xếp song song[sep⁷ ʂɔŋ¹ ʂɔŋ¹];để ngang nhau [ʔdeː³ ŋaːŋ¹ n̯au¹];ngang hàng[ŋaːŋ¹ haːŋ²];cùng hàng[kuŋ² haːŋ²];song song[ʂɔŋ¹ ʂɔŋ¹]

【并拢】泰 ชิดเข้า[tshit⁸ khau³] 越 hợp ghép vào một chỗ[hɤːp⁸ ɣɛp⁷ vaːu² mot⁸ tsoː⁴];khép[xɛp⁷]; nhắm[n̯am⁵];chụm[tsum⁶];gấp[ɣɤp⁷] 芒 chủm[tsum⁴];cấp[kɤp⁷]

【并排】泰 เคียงข้าง[khiːaŋ² khaːŋ³];เป็น แนวเดียวกัน[pen² nɛːu² ʔdiːau² kan²];เรียง หน้ากระดานกัน[riːaŋ² naː³ kraʔ² ʔdaːn² kan²] 老 ຊອນ[sɔːn²];ຊ້ອນ[sɔːn⁴]; ຮຽງກັນ[hiːaŋ² kan¹] 越 cùng hàng[kuŋ² haːŋ²];cùng một hàng ngang[kuŋ² mot⁸ haːŋ² ŋaːŋ²];sát nhau [ʂaːt⁷ n̯au¹];liền nhau[liːn² n̯au¹]

【并且】泰 และ[lɛ⁴];แล้วยัง[lɛːu⁴ jaŋ²];ซ้ำยัง[sam⁴ jaŋ²] 老 ແລະ[lɛ⁵] 越 và[vaː²];mà còn[maː² kɔn²];

---

❶ 石家 liam⁴

còn[kɔn²];đồng thời[ʔdoŋ² thɤːi²];hơn nữa[hɤːn¹ nɯə⁴];với lại[vɤːi⁵ laːi⁶]; 芒pỡi lãi[pɤːi⁴ laːi⁴];hơn nưa[hɤːn¹ nɯə¹]

【剥离】 泰หลุดออก[lut⁷ʔɔːk⁹];แยกออก[jɛːk¹⁰ʔɔːk⁹] 老แยกออก[ɲɛːk¹⁰ ʔɔːk⁹] 越bong[ʔbɔŋ];tróc[tʂɔk⁷];tách ra[tat⁷ zaː¹];rụng[zuŋ⁶]

【剥落】 泰ลอกออก[lɔːk¹⁰ʔɔːk⁹] 老กะเทะ[ka²the⁵] 越bong[ʔbɔŋ¹];tróc[tʂɔk⁷];bong từng mảng[ʔbɔŋ¹ tɯŋ² maːŋ³];tróc từng mảng[tʂɔk⁷ tɯŋ² maːŋ³] 芒tlóc[tlɔk⁷];thól đé[thol⁵ ʔdɛ⁵]

【剥削】 泰ขูดรีด[khuːt⁹ riːt¹⁰];รีดนาทเร้น[riːt¹⁰ naː² thaː²reːn⁴] 老ຂູດຮີດ[khuːt⁹hiːt¹⁰];ກົດຂີ້ຂູດຮີດ[kot⁷ khiː⁵ khuːt⁹ hiːt¹⁰] 越bóc[ʔbɔk⁷];bóc lột[ʔbɔk⁷ lot⁸] 芒póc[pɔk⁷]

【波浪】 泰ลูกคลื่น[luːk¹⁰ khlɯːn³];ฟอง[fɔːŋ²];คลื่น[khlɯːn³] 老ฟอง[fɔːŋ²];ເຊື່ອນຟອງ[khɯːn⁵ fɔːŋ²];ດາລອງ[ʔda² lɔŋ²] 岱-侬foòng nặm[fɔːŋ² nam⁴] 越泰phòng[phɔŋ²];phòng nặm[phɔŋ² nam⁴] 越sóng[ʂɔŋ⁵];làn sóng[laːn² ʂɔŋ⁵]

【玻璃❶】 泰กระจก[kraː⁵ tsok⁷];แก้ว[kɛːu³] 老ກະຈົກ[ka² tsok⁷];ແກ້ວ[kɛːu⁴] 岱-侬kính[kiŋ⁵] 越泰vèn[vɛn²] 越kính[kiŋ⁵];thủy tinh[thwi³ tiŋ¹];pha lê[fa¹ le¹] 芒pha lê[fa¹ le¹]

【玻璃杯】 泰แก้วน้ำ[kɛːu³ nam⁴] 老จอกแก้ว[tsɔːk⁹ kɛːu⁴] 越cốc thủy tinh[kok⁷ thwi³ tiŋ¹]

【菠菜】 泰ผักปวยเล้ง[phak⁷ puːai²leŋ⁴];ผักปวยเหลิง[phak⁷ puːai²leŋ⁴] 老ຜັກບົວໄຫລ[phak⁷bua¹¹laːi²] 越rau chân vịt[zau¹ tʂɤn¹ vit⁸]

【菠萝❷】 泰สับปะรด[sap⁷ paː⁵ rot⁸] 老ໝາກມັດ[ma:k⁹ nat⁸] 岱-侬mac dừa[ma:k⁹ jɯə³];mac tha[ma:k⁹ tha¹] 普pô⁴ lô¹ ʔuơt⁵[po⁴ lo¹ ʔuːt⁵] 越quả dứa[kwa³ zɯə⁵];quả giứa[kwa³ zɯə⁵] 芒tlài wach dứa[tlaːi³ wat⁸ zɯə³];dứa[zɯə³]

【菠萝蜜❸】 泰ขนุน[kha⁵ nun¹] 老ໝາກມີ້[ma:k⁹ miː⁴];ຂະໜຸນ[kha² nun¹] 岱-侬macmi[ma:k⁷mi⁴] 越泰mák mi[ma:k⁹ mi⁴] 普po⁴ lô¹ mân³[po⁴ lo¹ mɤn³] 越quả mít[kwa³ mit⁷] 芒tlài mít[tlaːi³ miːt⁷]

【菠萝蜜树❹】 泰ต้นขนุน[ton³ kha⁵ nun¹] 老ຕົ້ນກະນູນ[ton⁴ka²nuː n²];ຕົ້ນຂະນູນ[ton⁴ kha⁵ nuːn²];ຕົ້ນມີ້[ton⁴ miː⁴] 岱-侬co mị[ko¹ mi⁴] 越cây mít[kɤi¹ mit⁷]

【拨~电话】 泰กด[kot⁷] 老ໝຸນ[mu:n¹] 越quay[kwai¹]

【拨动~琴弦】 泰ดีด[ʔdiːt⁹] 老ດິດ[ʔdiːt⁹] 越khêu động[xeu¹ ʔdoŋ⁶];gợi động[gɤːi⁶ ʔdoŋ⁶]

【拨款】 泰จัดสรรเงินให้[tsat⁷ san¹ ŋɤ:n² hai³] 老ຈັດສັບເງິນໃຫ້[tsat⁷san¹ ŋɤn² hai³] 越chi một khoản tiền[tsi¹ mot⁸ xwaːn³ tiːn²];bỏ ra một số tiền[ʔbɔ³ zaː¹ mot⁸ ʂo⁵ tiːn²];chuẩn chi[tswɤn³ tsi¹];cấp kinh phí[kɤp⁷ kiŋ¹ fi⁵];chi ngân sách[tsi¹ ŋɤn¹ ʂat⁷];chi cấp tài khoản[tsi¹ kɤp⁷ taːi² xwaːn³];chi tiền[tsi¹ tiːn²];bỏ tiền[ʔbɔ³ tiːn²];bỏ tiền ra[ʔbɔ³ tiːn² zaː¹]

【拨浪鼓】 泰กลองเขย่า[klɔːŋ² kha⁵ jau⁵] 岱-侬choongcôp[tɕɔːŋ¹ kop⁷];choongđêch[tɕɔːŋ¹ ʔdek⁷] 越trống bói[tʂoŋ⁵ ʔbɔi³];trống lắc[tʂoŋ⁵ lak⁷]

【播出】 泰ออกอากาศ[ʔɔːk⁹ ʔaː² kaːt⁹] 老ອອກອາກາດ[ʔɔːk⁹ ʔaː¹¹ kaːt⁹] 越truyền đi[tʂwiːn² ʔdi¹]

【播种】 泰เพาะเมล็ด[phɔ⁴ma⁴let⁸];หว่านเมล็ด[waːn⁵ma⁴let⁸];หว่านเมล็ดพันธ์[waːn⁵ma⁴let⁸phan²] 老ຫຍາຍ[phaːi¹];ຕົກກ້າ[tok⁷kaː⁴];ຕົກເບັຍ[tok⁷bi:a⁴];ຕົກຕາກ້າ[tok⁷ taː¹⁺ ka:⁴];ຫວ່ານພືນ[vaːn⁵ phɤn¹];

---

❶ 石家 gxxw³；kxxw³
❷ 石家 maak²-nxt³
❸ 石家 maak²- praaŋ¹
❹ 石家 khoo⁶-maak²-praaŋ¹　阿含 lāng;ma-lang

ขว่างข้า[va:n⁵ka:⁴];ข้าแบอ[ka:⁴nɛ:u²];ข้าแข่ม
[ka:⁴ kɛ:n⁵];ข้า[ka:⁴] 傣-侬lồng chả[loŋ² tɕa³];ván
[va:n⁵];lồng[loŋ²] 越gieohạt[zɛu¹ha:t⁸];gieogiống
[zɛu¹ zoŋ⁵];gieo mạ[zɛu¹ ma⁶] 芒quái mã[kwa:i⁵
ma⁴];quái hôt[kwa:i⁵ hot⁸]

【脖子❶】 泰คอ[khɔ:²];ลำคอ[lam² khɔ:²] 老ຄໍ
[khɔ:²];ลำคຳ[lam² khɔ:²] 傣-侬cò[kɔ²] 越泰cô
[kɔ²] 普qê¹[qe¹] 泐cổ[ko³] 芒kel[kɛl¹]

【伯父❷】 泰ลุง[luŋ²] 老ລຸງ[luŋ²];ລຸງ[lu:ŋ²];ລຸງ
ออก[luŋ² ʔɔ:k⁹];พี่ลุง[phɔ:⁵ luŋ²] 傣-侬lùng[luŋ²];
pò lùng[pɔ³ luŋ²];pò bạc[pɔ³ ʔba:k⁸] 越泰ài lũng
[ʔa:i⁵ luŋ²];pò lũng[pɔ⁶ luŋ²];lũng[luŋ²] 普pê⁴ căj³
[pe⁴ tsai³];căj³[tsai³] 越bác[ʔba:k⁷] 芒bác[ʔba:k⁷]

【伯劳鸟】 泰นกเหยี่ยวในวงค์[nok⁸ji:au⁵nai²woŋ²]
傣-侬nộc cà lầu[nok⁸ka²ləu²] 越chim quích
[tsim¹ kwit⁷];chim chàng làng[tsim¹ tsa:ŋ² la:ŋ²]

【伯母】 泰ป้า[pa:³];ป้าสะใภ้[pa:³sa⁵phai⁴] 老ປ້າ
[pa:⁴];ປ້າໃຫຍ່[pa:⁴phai⁴];แม่ป้า[mɛ:⁵pa:⁴] 傣-侬
på[pa³];mẻ på[mɛ³pa³] 越泰ẽm på[ʔem²pa³];
mè på[mɛ⁶pa³] 普maj² ʔăw³[ma:i²ʔau³];maj²
nươŋ³[ma:i²nu:ŋ³] 越bác gái[ʔba:k⁷ɣa:i⁵];bá[ʔba⁵]
芒på[pa³]

【驳船】 泰เรือโป๊ะ[rɯ:a² po⁴];เรือลำเล็กที่ใช้ขนถ่ายสินค้า
[rɯ:a²lam²lek⁸tshai⁴khon¹sin¹kha:⁴] 老ເຮືອລຳລຸງ
[hɯ:a² lam² li:aŋ²] 越sà lan[sa² la:n¹];ghe chài[ɣɛ¹
tsa:i²];thuyền bốc dỡ hàng[thwi:n²ʔbok⁷zɤ⁴ha:ŋ²];
thuyền chở hàng đường ngắn[thwi:n²tsɤ⁴ha:ŋ²
ʔdɯ:ŋ² ŋan⁵]

【驳壳枪】 泰ปืนพกเมาเซอร์[pɯ:n²phok⁸mau⁵sə:²]
越súng boọc hoọc[ʂuŋ⁵ ʔbɔ:k⁸ hɔ:k⁸];súng lục
pạc-hoọc[ʂuŋ⁵ luk⁸ pa:k⁸ hɔ:k⁸]

【铍】 泰ฉิ่ง[tshiŋ⁵];ฉาบ[tsha:p⁹] 越chũm choẹ[tsum⁴

tswɛ⁶];cái chũm choẹ[ka:i⁵ tsum⁴ tswɛ⁶];chập chõa
[tsɤp⁸ tswa⁴];xập xõa[sɤp⁸ swa⁴]

【跛】 泰ขาเป๋[kha:¹pe:¹] 老ขาเดอ[ka:²de:u⁵] 越
què[kwe²];thọt[thɔt⁸];khập khiễng[xɤp⁸ xi:ŋ⁴];tập
tễnh[tɤp⁸ ten⁴]

【跛脚】 泰ขาเป๋[kha:¹pe:¹] 老ຂາຫ້ວມ[kha:¹ha:m³];
ຂາດ້ຽງ[kha:¹ʔdi:aŋ⁴] 越thọt chân[thɔt⁸tsɤn¹];
què chân[kwe² tsɤn¹];chân thọt[tsɤn¹ thɔt⁸];chân
có tật[tsɤn¹ kɔ⁵ tɤt⁸]

【簸~米】 泰ฟัด[fat⁷];กระทาย[kra⁵tha:i²];ใช้กระ
ด้งฝัดรำแกลบและฝุ่นออก[tshai⁴ kra⁵ ʔdoŋ³ fat⁷ ram⁴
klɛ:p⁹ lɛ⁴ fun⁵ ʔɔ:k⁹] 老ຟັດ[fat⁷];ใส่[sai⁴] 傣-侬
phăt[phat⁷] 越泰phát[phat⁷] 芒sảy[ʂai³] 芒
cùm[kum⁴];cùm khong[kum³ khɤ:ŋ¹]

【簸箕】 泰ด้ง[ʔdoŋ³];กระด้ง[kra⁵ʔdoŋ³];ที่ตักผง
[thi:³tak⁷phoŋ¹];บุ้งกี๋[ʔbuŋ³ ki:¹] 老ດົ້ງ[ʔdoŋ⁴];
ດົ້ງຟັດ[ʔdoŋ⁴fat⁷];กะด้ง[ka²ʔdoŋ⁴];กะบุง[ka²
ʔbi:an¹];บุง[ʔbi:an¹];บุ้งกี้[ʔbuŋ⁴ ki:¹] 傣-侬đồng
[ʔdoŋ] 越泰đồng[ʔdoŋ³] 普Gương³[ɣɯ:ŋ³]
越nia[ni:a¹];cái nia[ka:i⁵ ni:a¹];nong[nɔŋ³];cái nong
[ka:i⁵nɔŋ¹];mẹt[mɛt⁸];cái mẹt[ka:i⁵mɛt⁸];ki[ki¹];
cái ki[ka:i⁵ki¹] 芒búng[ʔbuŋ⁵];cái búng[ka:i³
ʔbuŋ⁵]

【薄荷】 泰แมงลักน้ำ[mɛ:ŋ²lak⁸nam⁴];ต้นน้ำมันหม่อง
[ton⁵nam⁴man²mɔ:ŋ⁵];ต้นสะระแหน่[ton⁵sa⁵ra⁴nɛ:⁵];
สะระแหน่[sa⁵ra⁴nɛ:⁵];สะระแหน่ต้น[sa⁵ra⁴nɛ:⁵ton⁵]
老ຜັກຫອມ[phak⁷hɔ:m¹];ຜັກຫອມຫໍ[phak⁷hɔ:m¹
hɔ:³];ຫອມຫໍ[hɔ:m¹hɔ:³];ສາລະ ແຫ່[sa:¹la⁵hɛ:⁵];
ຕົ້ນສາລະແຫ່[ton⁴ sa:¹ la⁵ hɛ:⁵] 傣-侬co nat năm
[kɔ¹na:t⁷nam⁴] 越bạc hà[ʔba:k⁸ha²];rau bạc hà
[zau¹ ʔba:k⁸ ha²] 芒bac hà[ʔba:k⁸ ha²]

【补~衣服】 泰ปะ[pa⁵] 老ຕາບ[ta:p⁹] 傣-侬mạng
[ma:ŋ⁴];phung[phuŋ¹] 越泰phung[phuŋ¹] 普

---

❶ 石家 gɔɔ⁴  阿含 khɔɔ A2  掸 khɔ A2  泐 xɔ A2
❷ 石家 luŋ⁴  拉哈 cɔj⁵

pjang¹[pja:ŋ¹] 越vá[va⁵];khâu vá[xɤu¹va⁵];can[ka:n¹] 芒can[ka:n¹];băl pả[ʔbal¹ pa³];pả[pa³]

【补充】泰เพิ่มเติม[phə:m³ tə:m²];เสริม[sə:m¹] 老ຕື່ມ[tɯ:m⁵];ເຕີມ[tə:m¹];ເພີ້ມເຕີມ[phə:m⁵ tə:m¹];ເພີ້ມຕື່ມ[phə:m⁵ tɯ:m⁵];ແຖມ[the:m¹];ທົດແທນ[thot⁹ thɛ:n²] 岱-侬pủ[pu³] 越泰bổ[ʔbo⁵] 普laj⁴[la:i⁴] 越bù[ʔbu²];thêm[them¹];bổ sung[ʔbo³ ʂuŋ¹];thêm vào[them¹ va:u²];bù thêm[ʔbu² them¹]

【补丁】泰ผ้าปะ[pha:³pa⁵];รอยปะ[rɔ:i²pa⁵] 越miếng vá[mi:ŋ⁵ va⁵];chỗ vá[tso⁴ va⁵];mụn vá[mun⁶ va⁵]

【补苗】泰เสริมเพาะหน่ออ่อน[sa⁵ rə:m² phɔ⁴ nɔ:⁵ ʔɔ:n⁵] 老ຊ້ອມ[sɔ:m³];ປູກຕື່ມໃສ່[pu:k⁹ tɯ:m⁵ sai⁵];ດຳນາຕໍ່ວ[ʔdam¹ na:¹ ta:u⁵] 岱-侬dóm[jɔm³] 越泰xòm[sɔm⁶] 越cấy giặm[kɤi⁵ zam⁶];cấy bù[kɤi⁵ ʔbu²]

【补品】泰อาหารบำรุง[ʔa:² ha:n¹ ʔbam² ruŋ²];ยาบำรุง[ja:²ʔbam²ruŋ²] 老ຂອງບຳລຸງ[khɔ:ŋ¹²ʔbam¹luŋ²] 越thức ăn bổ[thɯk⁷ ʔan¹ ʔbo³];thuốc bổ[thu:k⁷ ʔbo³];đồ bổ[ʔdo² ʔbo³]

【补习】泰ติว[tiu²];กวดวิชา[ku:at⁹ wi⁴tsha:²];เรียนเพิ่มเติม[ri:an² phə:m³ tə:m²] 越bổ túc[ʔbo³ tuk⁷];học bổ túc[hɔk⁸ ʔbo³ tuk⁷]

【补血】泰บำรุงเลือด[ʔbam² ruŋ² lɯ:at¹⁰] 老ບຳລຸງເລືອດ[ʔbam¹ luŋ² lɯ:at¹⁰] 越bổ máu[ʔbo³ mau⁵];bổ huyết[ʔbo³ hwi:t⁷]

【补血药】泰ยาบำรุงเลือด[ja:²ʔbam²ruŋ²lɯ:at¹⁰] 老ຢາບຳລຸງເລືອດ[ja:¹ʔbam¹'luŋ²lɯ:a:t¹⁰] 越thuốc bổ máu[thu:k⁷ ʔbo³ mau³];thuốc bổ huyết[thu:k⁷ ʔbo³ hwi:t⁷]

【补牙】泰อุดฟัน[ʔut⁷fan²] 老ອຸດແຂ້ວ[ʔut⁷kheu⁵] 越hàn răng[ha:n² zaŋ¹];trám răng[tʂa:m⁵ zaŋ¹];vá răng[va⁵ zaŋ¹];đắp răng[ʔdap⁷ zaŋ¹]

【补药】泰ยาโป[ja:² po:⁴];ยาบำรุง[ja:² ʔbam² ruŋ²]

---

老ຢາບຳ[ja:¹ ʔbam¹];ຢາບຳລຸງ[ja:¹ ʔbam¹ luŋ¹];ຢາບຳລຸງທາດ[ja:¹ ʔbam¹ luŋ² tha:t¹⁰] 岱-侬da pủ[ja¹pu⁵] 越thuốc bổ[thu:k⁷ ʔbo³] 芒thuốc bổ[thu:k⁷ ʔbo⁵]

【卜卦】泰ดูหมอ[ʔdu:² mɔ:¹];เสี่ยงทาย[si:aŋ⁵ tha:i²];สั่นติ้วเสี่ยงทาย[san⁵ tiu⁵ si:aŋ⁵ tha:i²] 老ສ່ຽງທາຍ[si:aŋ⁵ tha:i²] 岱-侬pói[pɔi³] 越bói[ʔbɔi⁵]

【捕~鱼】泰จับ[tsap⁷];จับกุม[tsap⁷kum²] 老ຕຶກ[tɯk⁷];ຫາ[ha:¹] 岱-侬turc[tɯk⁷];xón[ɕɔn³] 越泰túc[tuk⁷];xòn[sɔn³] 越bắt[ʔbat⁷];tành[tan⁵]

【哺乳】泰ให้นม[hai³nom²];เลี้ยงลูกด้วยนม[li:aŋ⁴ lu:k¹⁰ʔdu:ai³nom²] 老ລ້ຽງມິນ[li:aŋ⁴nom²] 越cho bú[tʂo¹ ʔbu⁵]

【部~书❶】泰ชุด[tshut⁸] 老ຊຸດ[sut⁸] 越cuốn[ku:n⁵];quyển[kwi:n³];bộ[ʔbo⁶]

【部~电影】泰ชุด[tshut⁸] 老ເລື່ອງ[lɯ:aŋ⁵] 越bộ[ʔbo⁶]

【部队】泰กองกำลังทหาร[kɔ:ŋ²kam²laŋ²tha⁴ha:n¹] 老ກອງທະຫານ[kɔ:ŋ¹¹tha⁵ ha:n¹];ກອງ[kɔ:ŋ¹];ກອງທັບ[kɔ:ŋ¹¹ thap⁸];ເຫຼົ່າທະຫານ[lau⁵ tha⁵ ha:n¹];ເຫຼົ່າຮົບ[lau⁵ hop⁸];ໝູ່ທະຫານ[mu:⁵ tha⁵ ha:n¹];ພົນ[phon²];ກຳລັງ[kam¹¹laŋ²];ກຳລັງ[kam⁵laŋ²] 越bộ đội[ʔbo⁶ ʔdoi⁶] 芒bổ đội[ʔbo⁴ ʔdoi⁴]

【部分】泰ส่วน[su:an⁵];ภาค[pha:k¹⁰] 老ພາກ[pha:k¹⁰];ພາກສ່ວນ[pha:k¹⁰su:an⁵];ລວນ[lɔ:n²];ໂກດຖຸດ[ko:t⁹tha:t⁹];ສ່ວນ[su:an⁵];ຈະແບະ[ka²ʔbɛ²];ກັນ[kan¹¹];ພູດ[phu:t¹⁰];ອັງສະ[ʔaŋ¹¹sa²] 岱-侬fẩn[fən⁵];fẩn fần[fən⁵ fən²] 越泰phớn[phən⁵] 普qâj³ qâj²[qɤi³ qɤi²] 越bộ phận[ʔbo⁶ fɤn⁶];phần[fɤn²]

【步走一~】泰ก้าว[ka:u³] 老ກ້າວ[ka:u⁴];ບາດ[ʔba:t⁹] 岱-侬dám[ja:m⁵];càm[ka:m²] 越泰nhàng[na:ŋ⁶];bát[ʔba:t⁷] 越bước[ʔbɯ:k⁷]

【步兵】泰ทหารราบ[tha⁴ha:n¹ ra:p¹⁰] 老ທະຫານບິກ

---

❶ 石家lxm³

[tha⁵ ha:n¹ ʔbok⁷];ທະຫານຮາບ[tha⁵ ha:n¹ ha:p¹⁰] 越bộ binh[ʔbo⁶ ʔbiŋ¹]

【步枪】泰ปืนยาว[puɯ:n² ja:u²];ปืนเล็กยาว[puɯ:n² lek⁸ ja:u²];老ປືນຍາວ[puɯ:n¹ ɲa:u²];ປືມເລັກຍາວ[puɯ:n¹ lek⁸ ɲa:u²];ປືນທະຫານຮາບ[puɯ:n¹ tha¹ha:n¹ha:p¹⁰] 岱-侬slúng rì[ɬuŋ³ ri²] 越泰óng mả[ʔoŋ⁵ ma⁵] 越súng trường[ʂuŋ⁵ tʂɯ:ŋ²]

【步行❶】泰เดิน[ʔdə:n²] 老ຍົກຍ່າງ[ɲok⁸ ɲa:ŋ⁵];ย่างเดิน[ɲa:ŋ⁵ʔdə:n¹];ย่าง[ɲa:ŋ⁵];เดิน[ʔdə:n¹];ท่อง[thɔ:ŋ⁵];ทิว[thi:au²] 岱-侬pây tàng[pəi¹ ta:ŋ²];phjài tin[phja:i³ tin¹] 越泰pay tin[pai¹ tin¹];nhàng tin[ɲa:ŋ⁶ tin¹] 普sê⁴ xAn¹[se⁴ sɔn¹] 越đi bộ[ʔdi¹ ʔbo⁶];cuốc bộ[ku:k⁷ ʔbo⁶] 芒ti chân[ti¹ tʂɤn¹];đuổng chân[ʔdu:ŋ³ tʂɤn¹]

【不～去❷】泰ไม่[mai³] 老ບໍ່[ʔbɔ:⁵];ເບົາ[bau⁵];ມີ[mi⁵] 岱-侬báu[ʔbəu⁵];bố[ʔbo⁵];mí[mi⁵];ná[na⁵];nắm[nam⁵] 越泰báu[ʔbau⁵] 普năm[nam²];năm¹[nam¹] 越không[xoŋ¹] 芒chăng[tsaŋ¹];ó[ʔɔ⁵];hó[hɔ⁵]

【不安】泰กระวนกระวายใจ[kra⁵won²kra⁵wa:i²tsai²];กระวนกระวาย[kra⁵won²kra⁵wa:i²];เกรงอกเกรงใจ[kre:ŋ²ʔok⁷kre:ŋ²tsai²];ไม่สบายใจ[mai³sa⁵ʔba:i² tsai²] 老ບໍ່ສະບາຍໃຈ[ʔbɔ:⁵sa²ʔba:i¹'tsai¹];ເດືອດຮ້ອນ[ʔduɯ:atʰɔ:n⁴];ກັງວົນ[kaŋ¹'von²];ອຸກ[ʔuk⁷] 岱-侬hônháo[hon⁴ha:u⁵] 越泰xmúcxmúc[s-muk⁷s-muk⁷] 越không yên[xoŋ¹ ʔi:n¹];không yên ổn[xoŋ¹ ʔi:n¹ ʔon³];lo ngai[lɔ¹ ŋa:i⁶];bất an[ʔbɤt¹ ʔa:n¹];áy náy[ʔai⁵ nai⁵];băn khoăn[ʔban¹ xwan¹] 芒chăng yên [tsaŋ¹ ʔi:n¹];lo ngãi[lɔ¹ ŋa:i⁴];băn khoăn[ʔban¹ khwan¹]

【不比】泰ไม่เหมือนกัน[mai³mɯ:an¹kan²];แตกต่างกัน[tɛ:k⁹ ta:ŋ¹ kan²] 越chẳng được như[tsaŋ³ ʔdɯ:k⁸ ɲɯ¹];chẳng sánh được với[tsaŋ³ ʂaŋ⁵ ʔdɯ:k⁸ vɤ:i⁵];không bằng[xoŋ¹ ʔbaŋ²];khác với[xa:k⁷ vɤ:i⁵]

không như[xoŋ¹ ɲɯ¹];khác[xa:k⁷]

【不必】泰ไม่จำเป็น[mai³ tsam² pen²] 老ບໍ່ຈຳເປັນ[ʔbɔ:⁵tsam¹'pen¹'];ບໍ່ຕ້ອງ[ʔbɔ:⁵tɔ:ŋ⁴] 越không cần phải[xoŋ¹ kɤn² fa:i³];không cần gì phải[xoŋ¹ kɤn² zi² fa:i³];không gì phải[xoŋ¹ zi² fa:i³];khỏi phải[xɔi³ fa:i³];khỏi[xɔi³]

【不便交通～】泰ไม่สะดวก[mai³sa⁵ʔdu:ak⁹];ไม่เหมาะสม[mai³ mɔ⁵ som¹];ขัดข้อง[khat⁷khɔ:ŋ³] 老ບໍ່ສະດວກ[ʔbɔ:⁵sa²ʔdu:ak⁹] 越khôngtiện[xoŋ¹ ti:n⁶];bấttiện[ʔbɤt⁷ ti:n⁶];không thuận tiện[xoŋ¹ thwɤn⁶ ti:n⁶]

【不便～过问】泰ไม่สะดวก[mai³ sa⁵ ʔdu:ak⁹] 越không tiện[xoŋ¹ ti:n⁶];không thích hợp[xoŋ¹ thi:t⁷ hɤ:p⁸]

【不…不…】泰ไม่ … ไม่ …[mai³ … mai³ …];ถ้าหากไม่ … ก็จะไม่ …[tha:³ ha:k⁹ mai³ … kɔ³ tsa⁵ mai³ …] 越không … không …[xoŋ¹ … xoŋ¹ …];không … cũng không …[xoŋ¹ … kuŋ⁴ xoŋ¹ …];không … cũng chẳng[xoŋ¹ .. kuŋ⁴ tsaŋ³ …];chẳng … chẳng …[tsaŋ³ … tsaŋ³ …];không … thì không …[xoŋ¹ … thi² xoŋ¹ …]

【不曾】泰ไม่เคย[mai³khə:i²] 老ບໍ່ເຄີຍ[bɔ:⁵khə:i²] 越chưa từng[tsɯɤ¹ tuŋ²];chưa hề[tsɯɤ¹ he²];chưa bao giờ[tsɯɤ¹ʔba:u¹zɤ²];chưa trải qua[tsɯɤ¹ tʂa:i³ kwa¹]

【不出所料】泰ดังที่คาดคิดไว้[ʔdaŋ² thi:³ kha:t⁷ khit⁸ wai⁴];ดังที่คาดการณ์ไว้[ʔdaŋ² thi:³ kha:t¹⁰ ka:n² wai⁴] 越đúng như đã tính trước[ʔduŋ⁵ ɲɯ¹ ʔda¹ tiŋ⁵ tʂɯ:k⁷];đúng như đã đoán trước[ʔduŋ⁵ ɲɯ¹ ʔda⁴ ʔdwa:n⁵ tʂɯ:k⁷];như đã định trước[ɲɯ¹ ʔda⁴ ʔdiŋ⁶ tʂɯ:k⁷];đoán được[ʔdwa:n⁵ ʔdu:k⁸]

【不错他说得～】泰ถูก[thu:k⁹];ถูกต้อง[thu:k⁹ tɔ:ŋ³];ไม่ผิด[mai³ phit⁷] 老ຖຶກ[thu:k⁹] 越đúng[ʔduŋ⁵];không sai[xoŋ¹ ʂa:i¹];chính xác[tsiŋ⁵ sa:k⁷]

---

❶ 阿含 phrai C1； pai A1
❷ 石家 boo⁶； gaa²　阿含 bau B1； bū-khriu； mā　掸 măŭ B1　勐 bau B1

【不但】泰ไม่เพียงแต่[mai³ phi:aŋ² tɛ:⁵] 老บ่แต่[ʔbɔ:⁵tɛ:⁵] 越泰báuxúttò[ʔbau⁵sut⁷tɔ⁴] 越chẳng những[tsaŋ³ ɳɯŋ⁴];không những[xoŋ¹ ɳɯŋ⁴]

【不倒翁 玩具】泰ตุ๊กตาล้มลุก[tuk⁴ ta:² lom⁴ luk⁸] 老ตุกตะตาล้มลุก[tuk⁷ ka² ta:¹ lom⁴ luk⁸] 岱-侬 niếng[ni:ŋ⁵] 越con lật đật[kɔn¹ lɤt⁸ ʔdɤt⁸];ông phổng đít lồi[ʔoŋ¹ foŋ⁴ ʔdit⁷ loi²];ông phổng lồi đít[ʔoŋ¹ foŋ⁴ loi² ʔdit⁷]

【不得不】泰ไม่...ไม่ได้[mai³...mai³ ʔdai³] 老จำ[tsam¹] 越phải[fa:i³];buộc phải[ʔbu:k⁸ fa:i³];không thể không[xoŋ¹ the³ xoŋ¹];đành phải[ʔdan² fa:i³] 芒đành phái[ʔdan² fa:i⁵]

【不得 做~】泰ไม่ได้[mai³ʔdai³] 老บ่ได้[ʔbɔ:⁵ʔdai⁴] 越không được[xoŋ¹ ʔdɯ:k⁸];không thể[xoŋ¹ the³];dở[zɤ³] 芒chăng ăn[tsaŋ¹ ʔa:n³]

【不得已】泰จำใจ[tsam²tsai²];สุดวิสัย[sut⁷wi⁴sai¹] 老จำโต้ง[tsam¹¹ tɔ:ŋ⁴];จำใจ[tsam¹¹ tsai¹];ปืนใจ[fɯ:n¹ tsai¹] 越bất đắc dĩ[ʔbɤt⁷ ʔdak⁷ zi⁴];đành phải[ʔdan² fa:i³];cực chẳng đã[kɯk⁸ tsaŋ³ ʔda⁴]

【不断 财源~】泰ไม่หยุด[mai³ jut⁷] 老บ่ยุดยั้ง[ʔbɔ:⁵ jut⁷ jaŋ³];บ่ยุดบ่ยั้ง[ʔbɔ:⁵ jut⁷ ʔbɔ:⁵ jaŋ³] 越không ngừng[xoŋ¹ ŋɯŋ²]

【不断 ~努力】泰อย่างไม่หยุดยั้ง[ja:ŋ¹ mai³ jut⁷ jaŋ⁴];อย่าง ติด ๆ กัน[ja:ŋ¹ tit⁷ tit⁷ kan²];ไม่ขาดสาย[mai³ khaːt⁹ sa:i¹] 老ย่าๆบ่ยุดยั้ง[ja:ŋ¹ ʔbɔ:⁵ jut⁷ jaŋ¹];ย่าๆบ่ลดละ[ja:ŋ¹ ʔbɔ:⁵ lot⁸ la⁵];บ่ยุดยั้ง[ʔbɔ:⁵ jut⁷ jaŋ³];บ่ยุดบ่ยั้ง[ʔbɔ:⁵ jut⁷ ʔbɔ:⁵ jaŋ³];จ่าๆ[tsam⁵tsam⁵] 越liên tiếp[li:n¹ti:p⁷];không ngừng[xoŋ¹ ŋɯŋ²];mãi mãi[ma:i⁴] 芒mãi[ma:i⁴]

【不妨】泰ลอง (ทำอย่างนี้) ก็ได้[lɔ:ŋ² (tham² ja:ŋ¹ ni:⁴) kɔ³ ʔdai³];ไม่เป็นไร[mai³ pen² rai²] 老จ้ง[tsoŋ⁵] 越có thể[kɔ⁵ the³];ngại gì[ŋa:i⁶ zi²]

【不服 ~管教】泰ไม่ยินยอม[mai³ jin² jɔ:m²];ไม่นับถือ[mai³ nap⁸ thɯ:¹] 老บ่ยอม[ʔbɔ:⁵ ɳɔ:m²] 越không phục[xoŋ¹ fuk⁸];không thuận theo[xoŋ¹ thwɤn⁶ theu¹];không tin phục[xoŋ¹ tin⁵ fuk⁸];không ngại gì mà không[xoŋ¹ ŋa:i⁶ zi² ma² xoŋ¹]

【不符】泰ไม่สอดคล้อง[mai³sɔ:t⁹khlɔ:ŋ⁴] 老บ่ถืก[ʔbɔ:⁵thɯ:k⁹] 越chưa xứng[tsɯə¹sɯŋ⁵];không xứng[xoŋ¹sɯŋ⁵];không khớp[xoŋ¹xɤ:p⁷];mâu thuẫn[mɤu¹ thwɤn⁴]

【不甘心】泰ไม่ยอม[mai³jɔ:m²] 越không cam tâm[xoŋ¹ka:m¹tɤm¹];không chịu[xoŋ¹ tsiu⁶];không chịu[xoŋ¹ tsiu⁶];không cam chịu[xoŋ¹ ka:m¹ tsiu⁵];không đành lòng[xoŋ¹ ʔdaŋ² lɔŋ²]

【不敢当】泰ขอบคุณมากครับ[khɔ:p⁹ khun² ma:k¹⁰ khrap⁸];มิกล้ารับ[mi⁴kla:³rap⁸] 老บ่ฮาบ[ʔbɔ:⁵ha:n¹] 越không dám[xoŋ¹ za:m⁵] 芒chăng đắm[tsɛŋ¹ ʔdam³]

【不够 人数~】泰ไม่เพียงพอ[mai³phi:aŋ²phɔ:²];ไม่พอ[mai³ phɔ:²] 老บ่ผื[ʔbɔ:⁵phɔ:²] 越không đủ[xoŋ¹ ʔdu⁵];chưa đủ[tsɯə¹ ʔdu³];còn thiếu[kɔn² thi:u⁵]

【不顾 ~别人的感受】泰ไม่คำนึงถึง[mai³ kham² nɯŋ² thɯŋ¹] 老บ่ทือง[ʔbɔ:⁵ hɯ:a¹ sa:²] 越không chịu cổ[xoŋ¹ tsi:u⁵ ko⁵];không quan tâm[xoŋ¹ kwa:n¹ tɤm¹];không chăm sóc[xoŋ¹ tsam¹ ʂɔk⁷];mặc kệ[mak⁸ ke⁶] 芒mắc kễ[mak⁸ ke⁴]

【不顾 ~后果】泰ไม่พิจารณาถึง[mai³ phi⁴ tsa:² ra⁴ na:² thɯŋ¹];ไม่กลัว[mai³ klu:a²] 老บ่ทือง[ʔbɔ:⁵ hu:a¹ sa:²] 越không nghĩ đến[xoŋ¹ ŋi⁴ ʔden⁵];không tính đến[xoŋ¹ tin⁵ ʔden⁵];bất chấp[ʔbɤt⁷ tsɤp⁷]

【不管 ~困难多大都要做好】泰ไม่ว่าจะ[mai³wa:³tsa⁵];ไม่ว่า[mai³ wa:³] 老บ่อ่า[ʔbɔ:⁵ va:⁵] 越bất kỳ[ʔbɤt⁷ ki²];bất kể[ʔbɤt⁷ ke³];bất cứ[ʔbɤt⁷ kɯ⁵];bất luận[ʔbɤt⁷ lwɤn⁶];dù cho[zu² tsɔ¹];dù[zu²]

【不光 ~数量多，而且质量好】泰ไม่เพียงแต่[mai³ phi:aŋ² tɛ:⁵];ไม่เฉพาะแต่[mai³ tsha⁵ phɔ⁴ tɛ:⁵] 老บ่พูงอ่า[ʔbɔ:⁵ phi:aŋ¹ va:⁵] 越không những[xoŋ¹ ɲɯŋ⁴];chẳng những[tsaŋ³ɲɯŋ⁴];không chỉ có[xoŋ¹ tsi³ kɔ⁵];không phải chỉ[xoŋ¹ faːi³ tsi³];không chỉ[xoŋ¹ tsi³];chẳng riêng gì[tsaŋ³ ziəŋ¹ ziˀ²]

【不过~说说而已】 泰เพียง[phiːaŋ²];แต่[tɛː⁵];เพียงแต่[phiːaŋ²tɛː⁵];เท่านั้น[thau²nan⁴] 老ພຽງ[phiːaŋ²];ພຽງແຕ່[phiːaŋ² tɛː⁵] 越chỉ[tsi⁵];chỉ có[tsi³ kɔ⁵];chẳng qua[tsaŋ³ kwaˀ¹];chẳng qua chỉ là[tsaŋ³ kwaˀ¹ tsi³ laˀ²];vẻn vẹn[vɛn³ vɛn⁶];mới có[mɤːi⁵ kɔ⁵];chỉ vì[tsi³ viˀ²];chưa đầy[tsɯə³ ʔdɤi³]

【不过 我想去,~没有时间】 泰เพียงแต่ว่า[phiːaŋ² tɛː⁵ waː³];แต่ว่า[tɛː⁵waː³] 老ພຽງແຕ່ວ່າ[phiːaŋ²tɛː⁵vaː⁴] 越nhưng[ɲɯŋ¹];nhưng mà[ɲɯŋ¹ maˀ²];song[ʂɔŋ¹];có điều[kɔ⁵ ʔdiːu²];có điều là[kɔ⁵ ʔdiːu² laˀ²]

【不和】 泰เข้ากันไม่ได้[khau²kan²mai³ʔdai³];ไม่ถูกกัน[mai³ thuːk⁹ kan²];ไม่ปรองดองกัน[mai³ prɔːŋ² tɔːŋ² kan²];ไม่ลงรอยกัน[mai³ loŋ² rɔːi² kan²] 老ແຕກຮ້າວ[tɛːk⁹haːu⁴];ບໍ່ຕົກຄໍາກັນ[ʔbɔː⁵thuːk⁹khɔː²kan¹];ຜິດຖຽງກັນ[phit⁷ thiːaŋ¹ kan¹];ຜິດກັນ[phit⁵ kan¹];ຂັດກັນ[khat⁷ kan¹];ຜິດໃຈ[phit⁷ tsai¹] 越bất hòa[ʔbɤt⁷ hwaˀ²];không hòa mục[xoŋ¹ hwaˀ² muk⁸];không hòa thuận[xoŋ¹ hwaˀ² thwɤn⁶];lục đục[luk⁸ ʔduk⁸]

【不合~时宜】 泰ไม่ถูก[mai³thuːk⁹];ไม่สอดคล้อง[mai³sɔːt⁹khlɔːŋ²];ไม่เหมาะ[mai³mɔ⁵] 老ບໍ່ຖືກ[ʔbɔː⁵ thɯːk⁹] 越không hợp[xoŋ¹ hɤːp⁵];không đúng[xoŋ¹ ʔduŋ⁵]

【不合性格~】 泰ไม่เหมาะ[mai³mɔ⁵] 老ບໍ່ຖືກກັນ[ʔbɔː⁵ thɯːk⁹ kan¹] 越không hợp nhau[xoŋ¹ hɤːp⁵ ɲau¹];bất hòa[ʔbɤt⁷ hwaˀ²]

【不及 这方面我~他】 泰สู้ไม่ได้[suː³ mai³ ʔdai³];เทียบไม่ติด[thiːap¹⁰ mai³ tit⁷] 老ສູ້ບໍ່ໄດ້[suː³ ʔbɔː⁵ ʔdai⁴] 越không sánh được[xoŋ¹ ʂan⁵ ʔdɯːk⁸];không bằng[xoŋ¹ ʔbaŋ²];kém hơn[kɛm⁵ hɤːn¹];thua[thuːə¹]

【不见 一年~,变样了】 泰ไม่พบ[mai³ phop⁸];ไม่เห็น[mai³hen¹] 老ບໍ່ພົບ[ʔbɔː⁵ phop⁸];ບໍ່ເຫັນ[ʔbɔː⁵ hen¹] 越không gặp mặt[xoŋ¹ ɣap⁸ mat⁸];không gặp[xoŋ¹ ɣap⁸];không thấy[xoŋ¹ thɤi⁵]

【不禁】 泰อดไม่ได้ที่จะ[ʔot⁷ mai³ ʔdai³ thiː³ tsa⁵];กลั้นไว้ไม่ได้[klan⁴ wai³ mai³ ʔdai³] 老ອົດບໍ່ໄດ້[ʔot⁷ ʔbɔː⁵ʔdai⁴] 越không nén nổi[xoŋ¹nɛn⁵noi³];chẳng cầm được[tsaŋ³ kɤm² ʔdɯːk⁸];không nhịn được[xoŋ¹ ɲin⁶ ʔdɯːk⁸];không nín được[xoŋ¹ nin⁵ ʔdɯːk⁸];không kìm nổi[xoŋ¹kim⁶noi³];bật lên[ʔbɤt⁸ len¹]

【不仅 这~是我个人的意见】 泰ไม่เพียงแต่...เท่านั้น, หากยัง...[mai³ phiːaŋ²tɛː⁵...thau³nan⁴] 老ບໍ່ເພຽງແຕ່[ʔbɔː⁵ phiːaŋ² tɛː⁵] 越không chỉ[xoŋ¹ tsi³]

【不仅···而且···】 泰มิหนำ...ซ้ำยัง[mi⁴ nam¹ sam⁴jaŋ²];ไม่เพียงแต่...เท่านั้น, หากยัง...[mai³phiːaŋ² tɛː⁵...thau³nan⁴,haːk⁹jaŋ²...] 老ບໍ່ພຽງແຕ່/ບໍ່ແຕ່/ບໍ່ສະເພາະ...ເທົ່ານັ້ນ, ຍັງ/ຫາກຍັງ...ອີກດ້ວຍ[ʔbɔː⁵ phiːaŋ² tɛː⁵(ʔbɔː⁵ tɛː⁵/ʔbɔː⁵ sa⁵ phɔ⁴)...thau⁵ nan⁴,ɲaŋ²/haːk⁹ɲaŋ²...ʔiːk⁹ ʔduːai⁴] 越không những ... mà còn[xoŋ¹ ɲɯŋ⁴ ... maˀ² kɔn²]

【不经意】 泰ไม่สนใจ[mai³ son¹ tsai²];ไม่เอาใจใส่[mai³ ʔau² tsai² sai⁵] 老ບໍ່ສົນໃຈ[ʔbɔː⁵ son¹ tsai¹] 越không chú ý[xoŋ¹ tsuː⁵ ʔi⁵];lơ là[lɤˀ¹ laˀ²];vô ý[vo² ʔi⁵];không để ý[xoŋ¹ ʔdeː³ ʔi⁵];không để tâm[xoŋ¹ ʔdeː³ tɤm¹];không lưu ý[xoŋ¹ luːu¹ ʔi⁵];thiếu thận trọng[thiːu⁵ thɤn⁶ tʂɔŋ⁶];cẩu thả[kɤːu³ thaˀ³]

【不久】 泰ไม่นาน[mai³ naːn²];อีกไม่นาน[ʔiːk⁹ maːn²];อีกสักครู่[ʔiːk⁹ sak⁷ khruː⁴] 老ຢູ່ບໍ່ນານ[juː⁵ ʔbɔː⁵ naːn²] 越không lâu[xoŋ¹ lɤu¹];ít lâu[ʔit⁷ lɤu¹];không bao lâu[xoŋ¹ ʔbaːu¹ lɤu¹];chẳng bao lâu[tsaŋ³ ʔbaːu¹ lɤu¹];chẳng bao lâu nữa[tsaŋ³ ʔbaːu¹ lɤu¹ nɯə⁴] 芒chăng lô[tsaŋ¹ lo¹]

【不可】 泰ไม่ได้[mai³ ʔdai³];มิได้[mi⁴ ʔdai³] 老ບໍ່ໄດ້[ʔbɔː⁵ ʔdai⁴] 越không thể[xoŋ¹ the³];không được[xoŋ¹ ʔdɯːk⁸];không thể được[xoŋ¹ the

ʔdɯːk⁸];không sao[xoŋ¹ ʂaːu¹];bất khả[ʔbɤt⁷ xa³] 芒chăng thế[tsaŋ¹ the⁵]

【不料】 泰คิดไม่ถึงว่า[khit⁸mai³thɯŋ¹ waː³];คาดไม่ถึงว่า[khaːt¹⁰mai³thɯŋ¹ waː³];นึกไม่ถึง[niːk¹⁰mai³ thɯŋ¹];ไม่ได้นึกมาก่อน[mai³ʔdai³niːk¹⁰maː² kɔːn⁵];ไม่ได้คาดคะเนมาก่อน[mai³ʔdai³ khaːt¹⁰ kha⁴ neː² maː² kɔːn⁵] 岱-侬bấu ngờ[ʔbəu⁵ ŋɤ³] 越chẳng ngờ đến[tsaŋ³ ŋɤ² ʔden⁵];chẳng dè[tsaŋ³ zɛ²];không nghĩ tới[xoŋ¹ ŋi⁴ tɤːi⁵];không ngờ[xoŋ¹ ŋɤ²];không dè[xoŋ¹ zɛ²] 芒chăng ngờ[tsaŋ¹ ŋɤ²]

【不论】 泰มิใย[mi⁴jai²];ไม่ว่า[mai³waː³] ใดก็ตาม[ʔdaiˑˑkɔː¹ taːm¹];ใดก็ดี[ʔdaiˑˑkɔː¹ ʔdiː];บ่อย่า[ʔbɔː⁵ vaː⁵] 岱-侬mac chai[maːk⁷ tɕaːi¹];mai cạ[maːi¹ ka⁴] 越泰báu và[ʔbau⁵ va⁶] 越bất luận[ʔbɤt⁷ lɯɤn⁶];bất kỳ[ʔbɤt⁷ ki²];bất cứ[ʔbɤt⁷ kɯ⁵];không kể[xoŋ¹ ke³];cho dù[tsɔ¹ zu²];dù[zu²]

【不满】 泰ไม่พอใจ[mai³phɔː²tsai²] 老บ่ผํใจ[ʔbɔː⁵ phɔː² tsai¹] 越bất mãn[ʔbɤt⁷ maːn⁴];không vừa ý[xoŋ¹ vɯɤ² ʔi⁵];bất bình[ʔbɤt⁷ ʔbin⁴];không bằng lòng[xoŋ¹ ʔbaŋ² lɔŋ²];không vui lòng[xoŋ¹ vui¹ lɔŋ²] 芒bất mãn[ʔbɤt⁷ maːn⁴]

【不免】 泰อย่างหลีกเลี่ยงไม่ได้[jaːŋ⁵ luːk⁴ liːaŋ³ mai³ ʔdai³] 越chẳng khỏi[tsaŋ³ xɔi³];không tránh khỏi [xoŋ¹ tsaŋ⁵ xɔi³];không tránh được[xoŋ¹ tsaŋ⁵ ʔdɯːk⁸]

【不妙】 泰ไม่ดี[mai³ʔdiː];ทำท่าไม่ดี[tham² thaː³ mai³ ʔdiː];เห็นท่าไม่ดี[hen¹ thaː³ mai³ ʔdiː] 越không tốt [xoŋ¹ tot⁷];không hay[xoŋ¹ hai¹];chẳng lành[tsaŋ³ laŋ²]

【不配】~当先进 泰ไม่คู่ควร[mai³ khuː³ khuːan²] 老บ่สํ[ʔbɔː⁵ som¹] 越không xứng đáng[xoŋ¹ sɯŋ⁵ ʔdaːŋ⁵];không phù hợp[xoŋ¹ fuː² hɤːp⁸];không xứng[xoŋ¹ sɯŋ⁵]

【不然】快走吧，～就迟到了 泰มิจะนั้น[mi⁴tsha⁵nan⁴];หากไม่เป็นเช่นนี้[haːk⁹ mai³ pen² tsheːn³ niː⁴] 老

## 不

บ่ดั่งมัน[ʔbɔː⁵ʔdaŋ⁵nan⁴];ถ้าบ่ดั่งมันแล้ว[thaː³ʔbɔː⁵ ʔdaŋ⁵nan⁴lɛu⁴];ถ้าบ่ดั่งมัน[thaː³ʔbɔː⁵ʔdaŋ⁵nan⁴] 越chẳng thế thì ...[tsaŋ³ the⁵ thi² ...];không thì ...[xoŋ¹ thi² ...];nếu không thì ...[neu⁵ xoŋ¹ thi² ...]

【不如】 泰สู้ไม่ได้[suː³ mai³ ʔdai³];สู้ ... จะดีกว่า[suː³ ... tsa⁵ ʔdiː² kwaː⁵] 老บ่ปาน[ʔbɔː⁵ paːn¹] 越không bằng[xoŋ¹ ʔbaŋ²];chi bằng[tsi¹ ʔbaŋ²];không như[xoŋ¹ ɲɯ¹];chẳng thà[tsaŋ³ thaː²]

【不时】~听到鸟叫声 泰บ่อย ๆ[ʔbɔːi⁵ ʔbɔːi⁵] 越chốc chốc[tsok⁷ tsok⁷];thỉnh thoảng[thin³ thwaːŋ³]

【不适】 泰รู้สึกไม่สบาย[ruː⁴ sɯk⁷ mai³ sa⁵ ʔbaːi²];ไม่สบาย[mai³saː² ʔbaːi²] 老บ่สะบาย[ʔbɔː⁵sa²ʔbaːi¹] 越khó chịu[xɔ⁵ tsiu⁶];khó ở[xɔ⁵ ʔɤ³]

【不同】 泰ผิดกัน[phit⁷kan²];ไม่เหมือนกัน[mai³ mɯɤn² kan²] 老ຫາກ[laːk⁹] 越khác[xaːk⁷];khác nhau[xaːk⁷ ɲau²];không giống nhau[xoŋ¹ zɔŋ⁵ ɲau²]

【不妥】 泰ไม่เหมาะ[mai³ mɔː⁵] 老บ่เหมาะ[ʔbɔː⁵ mɔː⁵] 越không thích hợp[xoŋ¹ thit⁷ hɤːp⁸];không thích đáng[xoŋ¹ thit⁷ ʔdaːŋ⁵];không ổn[xoŋ¹ ʔon³]

【不像话】蛮不讲理，～ 泰ไร้เหตุผล[mai³ het⁹ phon¹] 老บ่ได้เลื่อง[ʔbɔː⁵ ʔdai⁴ lɯːaŋ⁵];บ่เป็นท่า[ʔbɔː⁵ pen¹ thaː⁵] 越chẳng ra gì[tsaŋ³ za¹ zi²];không ra thể thống gì cả[xoŋ¹ za¹ the³ thoŋ⁵ zi² ka³]

【不行】这样做~ 泰ไม่ได้[mai³ʔdai³] 老บ่ได้[ʔbɔː⁵ ʔdai³];บ่เป็น[ʔbɔː⁵ pen¹] 越không được[xoŋ¹ ʔdɯːk⁸];không được phép[xoŋ¹ ʔdɯːk⁸ fep⁷]

【不幸】 泰โชคร้าย[tshoːk¹⁰raːi⁴] 老บ่เป็นจั่งบุม[ʔbɔː⁵pen¹tsaŋ⁵ʔbun¹];ตาฮ้าย[taːˑˑhaːi⁴];เถาะฮ้าย[khɔ⁵ haːi⁴];มีเอม[mi² veːn²] 越không may[xoŋ¹ mai¹];chẳng may[tsaŋ³ mai¹] 芒chăng măl[tsaŋ¹ mal¹]

【不许】 泰ไม่อนุญาต[mai³ ʔa⁵ nu⁴ jaːt¹⁰];ไม่สามารถ[maːi³ saː¹ maːt¹⁰];ห้าม[haːm³] 老บ่ให้[ʔbɔː⁵ hai³] 越không cho phép[xoŋ¹ tsɔ¹ fep⁷];không được[xoŋ¹

?dɯːk⁸];cấm[kɤm⁵]

【不要紧】 泰ไม่เป็นไร[mai³pen²rai²] 老บ่เป็นขยัง[?bɔː⁵ pen¹' ŋaŋ¹];บ่เป็นสัง[?bɔː⁵ pen¹' saŋ¹] 越không sao[xoŋ¹ ṣaːu¹];không hề gì[xoŋ¹ he² zi²]

【不要脸】 泰ไร้ยางอาย[rai⁴jaːŋ²?aːi²] 老บ่รู้อาย[?bɔː⁵ huː⁴ ?aːi¹'];หน้าด้าน[naː³ ?daːn⁴] 越không biết xấu hổ[xoŋ¹ ?biːt⁷ sɤu⁵ ho³];không biết dờ cái mặt[xoŋ¹ ?biːt⁷ zɤ² kaːi⁵ mat⁸];trơ trên[tṣɤ¹ tṣen⁴];vô liêm si[vo¹ liːm¹ ṣi³];mặt mo[mat⁸ mɔ¹];muối mặt[muːi⁵ mat⁸]

【不宜】 泰ไม่สมควร[mai³ som¹ khuːan²] 老บ่ถอม[?bɔː⁵ khuːan²] 越không thích hợp[xoŋ¹ thit⁷ hɤːp⁸];không nên[xoŋ¹ nen¹]

【不育症】 泰หมัน[man¹];เป็นหมัน[pen²  man¹] 老ฟัน[man¹];เป็นฟัน[pen¹' man¹];โลกฟัน[loːk¹⁰ man¹];ทะแด้ง[ka² ?deːŋ⁴] 越泰măn[man¹] 越không sinh đẻ[xoŋ¹ ṣin̪¹ ?de³];mất khả năng sinh đẻ[mɤt⁷ xaː³ naŋ¹ ṣin̪¹ ?dɛ³]

【不在乎】 泰ไม่ยี่หระ[mai³jiː³ra⁵] 老ຊາມ[saːm¹] 越không để bụng[xoŋ¹ ?de³ ?buŋ⁶];không chú ý đến[xoŋ¹ tṣuː² ?i⁵ ?den⁵];coi như không[kɔːi¹ nɯ¹ xoŋ¹];phót lờ[fɤːt⁷ lɤ²];nhơn nhơn[ɲɤːn¹ ɲɤːn¹]

【不只】 泰ไม่เพียงแต่[mai³phiaŋ²tɛː⁵] 老บ่สะเพาะ[?bɔː⁵sa²phɔ⁵];บ่พรุงแต่[?bɔː⁵phiaŋ² tɛː⁵] 越không những[xoŋ¹ n̪ɯŋ⁴];chẳng những[tsaŋ³ n̪ɯŋ⁴]

【不做声】 泰ไม่พูด[mai³ phuːt¹⁰];เงียบ กริบ[ŋiːap¹⁰ krip⁷];ไม่กระโตกกระตาก[mai³ kra²toːk⁹ kra²taːk⁹] 越làm thinh[laːm² thin̪¹];nín thinh[nin⁵ thin̪¹];nín tiếng[nin⁵ tiːŋ⁵];không lên tiếng[xoŋ¹ len¹ tiːŋ⁵];im hơi lặng tiếng[?im¹hɤːi¹'laŋ⁶tiːŋ⁵];không nói năng gì[xoŋ¹ nɔi⁵ naŋ¹ zi²];im lặng[?im¹ laŋ⁶];lẳng lặng[laŋ⁶laŋ⁶];chẳng nói chẳng rằng[tsaŋ²nɔi⁵ tsaŋ³ zaŋ²];cấm hơi bật tiếng[kɤm⁵ hɤːi¹ ?bɤt⁸ tiːŋ⁵]

【布】 泰ผ้า[phaː³] 老ຜ້າ[phaː³];แพ[phɛː²];แผ่น[phɛn⁵];แผ่นแพ[phɛːn⁵phɛː²];ผัด[phat⁸] 岱-侬 phải[phaːi³] 越泰phải[phaːi³] 普phaj³[phaːi³] 越vải[vaːi³] 芒pái[paːi⁵]

【布谷鸟】 泰นกกาเหว่า[nok⁸kaː²wau⁵] 老ບິດດອກສະຫຼີດ[nok⁸ ?dɔːk⁹ sa² lit⁷] 越chim cuốc[tsim¹ kuːk⁷];đỗ quyên[?do⁴ kwiːn¹];đỗ vũ[?do⁴ vu⁴]

【布雷】 泰วางทุ่นระเบิด[waːŋ²thun³raː⁴?bɤːt⁹] 老ວາງທຸ່ນລະເບີດ[vaːŋ²thun⁵laː⁵?bɤːt⁹] 越đặt mìn[?dat⁸ min²];đặt thủy lôi[?dat⁸ thwi³ loi¹]

【布料】 泰ผ้าตัดเสื้อ[phaː³tat⁷sɯːa³] 老ຜ້າແພ[phaː³phɛː²];แผ่นแพ[phɛːn⁵ phɛː²] 越vải[vaːi³];vải vóc[vaːi³ vɔk⁷]

【布施】 泰ให้ทาน[hai³thaːn²];ทำบุญ[tham²?buːn²] 老ເຮັດທານ[het⁸ thaːn²];ທອດທານ[thɔːt¹⁰ thaːn²];ອວຍທານ[?uːai¹' thaːn²];ໂອຍທານ[?oːi¹' thaːn²];ໂອຍພອນ[?oːi¹' phɔːn²];ບຳເພັນທານ[?bam¹' phen² thaːn²] 越bố thí[?bo⁵ thi⁵]

【布鞋】 泰รองเท้าผ้า[rɔːŋ²thau⁴phaː³] 老ເກີບແຜ່ນ[kɤːp⁹ phɛːn⁵] 越giày vải[zai² vaːi³];dép vải[zɛp⁷ vaːi³]

【布置】 泰จัด[tsat⁷] 老ຈັດ[tsat⁷];ຈັດແຈງ[tsat⁷ tsɛːŋ¹'];ຈັດວາງ[tsat⁷ vaːŋ²] 越xếp đặt[sep⁷ ?dat⁸];bố trí[?bo⁵ tṣi⁵]

# C

【擦❶】 泰 เช็ด[tshet⁸] 老 ເຊັດ[set⁸];ລົບ[lup⁸];ຖູ[thu:¹] 岱-侬 lảu[lau³];xit[ɕit⁷];xɯt[ɕɯt⁷] 越泰 chệt[tset⁸] 普 nhăw¹[ŋau¹];qat⁵[qa:t⁵] 越 lau[lau¹];chùi[tsui²] 芒 lau[lau¹];chùi[tsui²];luôt[lu:t⁸];chuốt[tsu:t⁷]

【擦背】 泰 ถูหลัง[thu:¹ laŋ¹] 老 ຖູຫຼັງ[thu:¹ laŋ¹] 越 kì lưng[ki² lɯŋ¹];cọ lưng[kɔ⁶ lɯŋ¹]

【擦伤】 泰 ถลอก[tha⁵ lɔ:t⁹] 老 ເຫຼັ້ມ[lə:n³] 越 trầy [tʂɤi²] 芒 lớn[lɤ:n⁵]

【擦澡】 泰 เช็ดตัว[tshet⁸tu:a²] 老 ເຊັດໂຕ[set⁸tu:a¹] 越 lau người[lau¹ ŋɯ:i²];lau mình[lau¹ min²]

【猜】 泰 ทาย[tha:i²];แทง[the:ŋ²];เดา[ʔdau²];เก็ง[keŋ²];ทำนาย[tham² na:i²];แก้[kɛ:³];คาดคิด[kha:t¹⁰ khit⁸] 老 ทาย[tha:i²];ທວາຍ[thwa:i²];ອະເບ[kha⁵ ne:²];ຄາດ[kha:t¹⁰];ຄາດອະເບ[kha:t¹⁰ kha⁵ ne:²];ຄາດວ່າ [kha:t¹⁰ va:²];ຄິດເດົາ[khit⁸ ʔdau¹];ເດົາ[ʔdau²];ຕອງ[tu:aŋ¹];ທ້ອງ[thu:aŋ²] 岱-侬 nặc[nak⁸];cam[ka:m¹];tô[to³];ngòi mà[ŋɔi² ma²];may bat[mai¹ ʔba:t⁵] 越泰 thái[tha:i³];hướng[hɯ:ŋ³] 越 đoán[ʔdwa:n⁵];giải[ʑa:i³];đố[ʔdo⁵] 芒 thỏ[tho³];đản[ʔda:n³]

【猜谜】 泰 ทายปริศนา[tha:i² prit⁷sa⁵na:¹] 老 ຫາຍຄຳທວາຍ[tha:i² kham² thwa:i²];ທວາຍຄຳທວາຍ[thwa:i² kham² thwa:i²];ຫຼີ້ນທາຍກັບ[li:n³ tha:i² kan¹] 越 đoán câu đố[ʔdwa:n⁵ kɤu¹ ʔdo⁵];giải câu đố[ʑa:i³ kɤu¹ ʔdo⁵] 芒 tảnh thỏ[tan³ tho³]

【猜疑】 泰 ระแวง[ra⁴wɛ:ŋ²];สงสัย[soŋ¹sai¹] 老 ສົງໄສ [soŋ¹ sai¹] 越 nghi[ŋi¹];ngờ[ŋɤ:²];nghi ngờ[ŋi¹ ŋɤ:²]

【才 你去我~去】 泰 จึง[tsɯŋ²] 老 ຈັ່ງ[tsaŋ⁵];ຈິ່ງ[tsiŋ⁵] 岱-侬 chắng [tɕaŋ⁵] 越泰 chẳng[tsaŋ⁵];xlák[s-la:k⁷];hính[hiŋ⁵];pô[po⁴];chùa[tsuə⁶] 越 mới[mɤ:i⁵] 芒 mới [mɤ:i³];mởi[mɤ:i⁴];mã[ma⁴];mỡ[mɔ⁴];hơ mã [hɤ¹ ma⁴]

【才 你怎么~来】 泰 จึง[tsɯŋ²];จึงจะ[tsɯŋ² tsa⁵] 老 ຈັ່ງ[tsaŋ⁵];ຈິ່ງ[tsiŋ⁵] 普 po⁴[pɤ⁴] 越 mới[mɤ:i⁵] 芒 mới[mɤ:i³]

【财产❷】 泰 สิน[sin¹];ทรัพย์สิน[sap⁸sin¹];ทรัพย์สฤง คาร[sap⁸ sriŋ² kha:n²] 老 ສິນ[sin¹];ຂອງ[khɔ:ŋ¹];ສົມບັດ[sin¹ som¹ ʔbat⁷];ເຂົ້າຂອງ[khau³ khɔ:ŋ¹];ເຂົ້າຂອງເງິນທອງ[khau³ khɔ:ŋ¹ ŋən² thɔ:ŋ²];ເງິນທອງເຂົ້າຂອງ[ŋən² thɔ:ŋ² khau³ khɔ:ŋ¹];ສຳປັດຕິ [sam¹ pat⁷ ti²];ສົມບັດ[som¹ ʔbat⁷];ຊັບສິນ[sap⁸sin¹];ຊັບສິນເງິນຄຳ[sap⁸ sin¹ ŋən² kham²];ຊັບສິນສົມບັດ [sap⁸sin¹som¹ʔbat⁷];ຊັບສົມບັດ[sap⁸som¹ʔbat⁷];ທະນະສົມບັດ[tha⁵ na⁵ som¹ ʔbat⁷];ໂພຊະຊັບ[pho:² kha⁵ sap⁸];ໂພກ[pho:k⁸];ສົມບັດພັດສະຖານ[som¹ʔat⁷ phat⁸sa⁵tha:n¹];ວັດຖຸເຂົ້າຂອງ[vat⁸thu² khau³ khɔ:ŋ¹];ຊັບ[sap⁸] 岱-侬 cha xài[tɕa¹ ɕa:i²] 越泰 khong[khɔŋ¹];chưởng khong[tsɯ:ŋ⁶ khɔŋ¹] 普 kAng³ kaj¹[kɔŋ³ ka:i¹] 越 tài sản[ta:i² şa:n³];của cải[kuə³ ka:i³];tiền của[ti:n² kuə³] 芒 tài xán[ta:i² sa:n³];của cái[kuə⁵ ka:i⁵];tiền cúa[ti:n² kuə⁵]

【财主】 泰 นายทุน[na:i² thun²];เศรษฐี[se:t⁹ thi:¹] 老 ທະດຸມພິດ[ka⁵ ʔdum¹ phi:t¹⁰];ທະດຸມພີ[ka² ʔdum² phi:²];ທະນະບໍດິ[tha⁵na⁵bɔ:¹² di:¹];ທະບູສວນ [tha⁵nu:² su:an¹];ທະເບດ[tha⁵ ne:t¹⁰] 越 người giàu có[ŋɯ:i² ʑau² kɔ⁵];người có của[ŋɯ:i² kɔ⁵ kuə⁵];

---

❶ 掸 setD2S  泐 četD2S
❷ 阿含 khràng

tài chǔ[ta:i² tsu³];chủ nhà giàu[tsu³ ɲa² ʑau⁵]

【裁~布】 泰ตัด[tat⁷] 老ຕັດ[tat⁷];แฮก[hɛ:k⁹] 岱-侬xec[ɕɛk⁷] 普cjak⁵[tsja:k⁵] 越cắt[kat⁷];rọc[zɔk⁸]

【裁缝他是个~】 泰ช่างตัดเสื้อ[tsha:ŋ⁴ tat⁷ sɯ:a³] 老อ່າງຕັດເສື້ອ[sa:ŋ⁵ tat⁷ sɯ:a³];อ່າງຕັດເຄື່ອງ[sa:ŋ⁵ tat⁷ khɯ:aŋ³];อ່າງຍິບເຄື່ອງ[sa:ŋ⁵ ɲip⁷ khɯ:aŋ³] 普pê⁴ tjam³[pe⁴ tja:m³];cang⁴ tjam³[tsa:ŋ⁴ tja:m³];cang⁴ tem⁴[tsa:ŋ⁴ tɛm³] 越thợ may[thɤ⁶ mai¹];thợ may quần áo[thɤ⁶ mai¹ kwɤn² ʔa:u⁵];thợ cắt may [thɤ⁶ kat⁷ mai¹] 芒thở băl[thɤ⁴ ʔbal⁵]

【裁缝店】 泰ร้านตัดเสื้อ[ra:n⁴ tat⁷ sɯ:a³] 老ຮ້ານຕັດເຄື່ອງ[ha:n⁴tat⁷khɯ:aŋ⁵];ຮ້ານຕັດເຄື່ອງ[ha:ŋ³tat⁷ khɯ:aŋ⁵];ຮ້ານຕັດເສື້ອ[ha:ŋ³ tat⁷ sɯ:a³] 越泰hiệu máy xuống xửa[hi:u⁴ mai⁵ sɯ:ŋ³ sɯ̯a³] 普nhing tjam³[ɲiŋ² tja:m³] 越hiệu may[hi:u⁶ mai¹]

【采~茶】 泰เก็บ[kep⁷] 老ເດັດ[ʔdet⁷];ເກັບ[kep⁷]; ปิด[pit⁷] 越hái[ha:i⁵]

【彩礼】 泰สินสอดทองหมั้น[sin¹ sɔ:t⁹ tho:ŋ² man³] 老ค่าดอง[kha:⁵ ʔdu:aŋ¹] 越quà cưới[kwa⁴ kɯ:i⁵]; lễ ăn hỏi[le⁴ ʔan¹ hɔ:i³];đồ cưới của nhà trai tặng nhà gái[ʔdo² kɯ:i⁵ kuə³ ɲa² tsa:i¹ taŋ⁶ ɲa² ɣa:i⁵]

【彩色】 泰หลากสี[la:k⁹ si:¹] 老ສີ[si:¹] 岱-侬slăc [łak⁷] 越màu[mau²];màu sắc[mau² ʂak⁷] 芒mầu

【彩霞】 泰เมฆสี[me:k¹⁰si:¹] 老ລະລຸມຂອບ[la⁵lun² vɔ:n²] 越ráng màu[ẓa:ŋ⁵ mau²];mây màu[mɤi⁴ mau²];ráng ngũ sắc[ẓa:ŋ⁵ ŋu⁴ ʂak⁷]

【彩云】 泰เมฆสี[me:k¹⁰si:¹] 老ເມກສີ[me:k⁵si:¹] 越ráng mây[ẓa:ŋ⁵ mɤi¹];ráng chiều[ẓa:ŋ⁵ tsi:u²]

【彩照】 泰รูปสี[ru:p¹⁰ si:¹] 老ຮູບສີ[hu:p¹⁰ si:¹] 越ảnh màu[ʔaŋ³ mau²]

【踩牛~庄稼❶】 泰เทียบ[thi:ap¹⁰] 老ຍົງ[ji:ap⁹];ຢ່ຳ[jam⁵] 岱-侬tạp[ta:p⁸];tản[ta:n³];nhẳm [ɲam³] 越泰tạp[ta:p⁸] 普lăj³ pjan⁴[lai³ pja:n⁴] 越giẫm[ẓɤm⁴] 芒nhẳm[ɲɤm³]

【踩高跷】 泰เล่นระบำไม้ต่อขา[le:n³ ra⁴ʔbam² mai⁴ tɔ:⁵ kha:¹] 老ຍ່າງໂຍກເຍກ[ja:ŋ³ jo:k⁹ je:k⁹];ຢຽບໂກກເກກ[ji:ap⁹ tho:k⁹ the:k⁹];ຢຽບຂາໂກກເກກ[ji:ap⁹kha:¹ tho:k⁹ the:k⁹];ຢຽບໄມ້ໂຍ່ງເຢ່ງ[ji:ap⁹ mai⁴ jo:ŋ⁵ je:ŋ⁵] 越đi cà kheo[ʔdi¹ ka² xɛu¹] 芒ti chò kheo[ti¹ tsɔ² khɛu¹]

【踩水】 泰ย่ำน้ำ[jam³ nam⁴] 老ຕຶກນ້ຳ[ʔduk⁷ nam⁴];ລອຍແບບຢຽບນ້ຳ[lɔ:i² ʔbɛ:p⁹ ji:ap⁹ nam⁴] 越bơi đứng[ʔbɤi¹ ʔdɯŋ⁵]

【菜蔬菜❷】 泰ผัก[phak⁷];ผักสด[phak⁷ sot⁷] 老ຜັກ [phak⁷];ຜັກຫຼາງງໝີ່[phak⁷ ha:ŋ² na:ŋ² mi:⁵]; ຜັກຂຽວ[phak⁷khi:au¹] 岱-侬phjăc[phjak⁷] 普?ap⁵ [ʔa:p⁵] 越rau[ẓau¹];cải[ka:i³];rau cải[ẓau¹ ka:i³] 芒tắc[tak⁷]

【菜饭~❸】 泰กับข้าว[kap⁷kha:u³] 老ເຍື່ອງກິນ [ɲɯ:aŋ⁵ kin¹] 岱-侬phjăc[phjak⁷] 越泰phắc [phak⁷] 越thức ăn[thɯk⁷ ʔan¹];món ăn[mɔn⁵ ʔan¹]

【菜单】 泰รายการอาหาร[ra:i² ka:n² ʔa:² ha:n¹];รายชื่ออาหาร[ra:i² tshɯ:² ʔa:² ha:n¹];เมนู[me:² nu:²];บัญชีอาหาร[ʔban² tshi:² ʔa:² ha:n¹];ตำรายกับข้าว[tam² ra:i² kap⁷ kha:u³] 老ລາຍການອາຫານ[la:i² ka:n¹ ʔa:¹ ha:n¹];ລາຍຊື່ອາຫານ[la:i² sɯ:⁵ ʔa:¹' ha:n¹];ບັນຊີອາຫານ[ʔban¹ si:² ʔa:¹' ha:n¹] 越thực đơn[thɯk⁸ ʔdɤ:n¹]; bảng kê thức ăn[ʔba:ŋ³ ke¹ thɯk⁷ ʔan¹]

【菜刀】 泰มีดหั่นผัก[mi:t¹⁰ han⁵ phak⁷];ปังตอ[paŋ² tɔ:²];มีดปังตอ[mi:t¹⁰ paŋ² tɔ:²];พร้าโต้[phra:⁵ to:³]; มีดโต้[mi:t⁷ to:³];อีโต้[ʔi:² to:³] 老ມີດຄົວ[mi:t⁷ khu:a²] 岱-侬pjạ phay[pja⁴ phai²] 普bja² taw²[bja² ta:u²] 越dao thái rau[za:u¹ tha:i⁵ ẓau¹];dao bầu[za:u¹

---

❶ 掸jămB2   泐jămC1
❷ 石家phrak⁴；phlak⁴   阿含phāk D1S
❸ 石家lxx⁶-ŋaay⁶

【菜豆】 泰ถั่วฝักยาว[thuːa⁵ fak⁷ jaːu²] 越đậu tây [ʔdɤu⁶ tɤi¹];đậu ván[ʔdɤu⁶ vaːn⁵]

【菜花儿】 泰ดอกกะหล่ำ[ʔdɔːk⁹ ka⁵ lam⁵];กะหล่ำดอก[ka⁵ lam⁵ ʔdɔːk⁹];ดอก ของผัก[ʔdɔːk⁹ khɔːŋ¹ phak⁷] 老ກະລໍ່າປີດອກ[ka² lam² piː¹' ʔdɔːk⁹] 傣-侬phjăc cát bjooc[phjak⁷ kaːt⁷ ʔbjɔːk⁷] 越rau cải hoa[zau¹ kaːi³ hwa¹];hoa lơ[hwa¹ lɤ¹];rau súp lơ[zau¹ sup⁷ lɤ¹];xúp lơ[sup⁷ lɤ¹]

【菜牛】 泰วัวเนื้อ[wuːa² nɯːa⁴] 老ງົວພັນຊີ້ນ[ŋuːa² phan² siːn⁴] 越bò thịt[ʔbɔ³ thit⁸]

【菜农】 泰ชาวสวนผัก[tshaːu² suːan¹ phak⁷] 老ຊາວສວນຜັກ[saːu² suːan¹];ຜູ້ສວນ[phɔː⁵ suːan¹] 越nông dân trồng rau[noŋ¹ zɤn¹ tʂoŋ² zau¹];người trồng rau[ŋɯːi² tʂoŋ² zau¹]

【菜畦】 泰แปลงผัก[pleːŋ² phak⁷] 老ຂອບຜັກ[naːn¹ phak⁷] 越luống rau[luː⁵ zau¹]

【菜市】 泰ตลาดจำหน่ายอาหาร[taː⁵ laːt⁹ tsam² naːi⁵ ʔaː²haːn¹];ตลาดสด[taː⁵laːt⁹sot⁷] 老ຕະຫຼາດ[taː²laːt⁹] 越chợ bán rau[tsɤ⁵ ʔbaːn⁵ zau¹];chợ bán thức ăn[tsɤ⁵ ʔbaːn⁵ thɯk⁷ ʔan¹]

【菜园❶】 泰สวนผัก[suːan¹ phak⁷] 老ສວນຜັກ[suːan¹ phak⁷] 傣-侬sluôn phjăc[ɫuːn¹ phjak⁷] 越泰xuôn phăk[suːn¹ phak⁷] 越vườn rau[vɯːn² zau¹] 芒wần rau[wɤn² rau¹];cha tắc[tsa⁴ tak⁷]

【菜籽】 泰เมล็ดผัก[maː⁴ let⁸ phak⁷];เมล็ดพันธุ์ผัก[maː⁴ let⁸ phan² phak⁷] 老ແນວຜັກ[nɛːu² phak⁷];ພັກຜັກ[phan² phak⁷] 傣-侬lục phjăc[luk⁸ phjak⁷];fẻ phiắc[fɛ³ phjak⁷] 越hạt cải[haːt⁸ kaːi³];hạt rau[haːt⁸ zau¹];hạt cải dầu[haːt⁸ kaːi³ zɤu²]

【菜籽油】 泰น้ำมันคอลซา[nam² man² khɔː n² saː¹] 越dầu hạt cải[zɤu² haːt⁸ kaːi³]

【餐 ~天三~❷】 泰มื้อ[mɯː⁴] 老ມື້[mɯː⁴] 傣-侬tón[tɔn⁵] 越泰pựa[pɯə⁴] 普po⁴[pɤ⁴] 瑟bửa[ʔbɯə⁴]

【餐车】 泰ตู้เสบียง[tuː³ saː⁵ ʔbiːaŋ²];รถขายอาหาร[rot⁸ khaːi¹ ʔaː² haːn¹] 老ລົດສະບຽງ[lot⁸ sa² ʔbiːaŋ¹] 越toa ăn[twa¹ ʔan¹];toa ăn uống[twa¹ ʔan¹ ʔuːŋ⁵];toa xe phục vụ ăn uống[twa¹ sɛ¹ fuk⁸ vu⁶ ʔan¹ ʔuːŋ⁵]

【餐刀】 泰มีดรับประทานอาหาร[miːt¹⁰ rap⁸ praː⁵ thaːn² ʔaː² haːn¹] 老ມີດໂຕະ[miːt¹⁰ to²] 越dao bàn[zaːu¹ ʔbaːn²]

【餐馆】 泰ร้านอาหาร[raːn⁴ ʔaː² haːn¹];ภัตตาคาร[phat⁸ taː²khaːn²] 老ຮ້ານອາຫານ[haːn⁴ʔaː¹'haːn¹];ພັດຕາຄານ[phat⁸ taː¹' khaːn²] 越nhà ăn[ɲaː² ʔan¹];tiệm ăn[tiːm⁶ ʔan¹];quán ăn[kwaːn⁵ ʔan¹]

【餐巾】 泰ผ้าเช็ดปาก[phaː³ tshet⁸ paːk⁹] 老ຜ້າເຊັດ[phaː³ set⁸];ຜ້າມົນ[phaː³ mon²] 越khăn ăn[xan¹ ʔan¹];tã lót[taː⁴ lɔt⁷]

【餐具】 泰ชุดรับประทานอาหาร[tshut⁸ rap⁸ praː⁵ thaːn² ʔaː² haːn¹] 老ຖ້ວຍຊາມ[thuːai³ saːm²] 越bộ đồ ăn[ʔboː⁶ ʔdoː² ʔan¹]

【餐厅】 泰ร้านอาหาร[raːn⁴ ʔaː² haːn¹];ห้องอาหาร[hɔːŋ³ʔaː² haːn¹] 老ຮ້ານອາຫານ[haːn⁴ ʔaː¹' haːn¹] 越phòng ăn[fɔŋ² ʔan¹];nhà ăn[ɲaː² ʔan¹]

【餐桌】 泰โต๊ะอาหาร[toː⁴ ʔaː² haːn¹];โต๊ะกินข้าว[toː⁴ kin² khaːu³] 老ໂຕະກິນເຂົ້າ[to² kin¹' khau³] 越bàn ăn[ʔbaːn² ʔan¹] 芒pàn ăn[paːn² ʔan¹]

【参观】 泰เยี่ยมชม[jiːam³ tshom²];ชม[tshom²] 老ຢ້ຽມຊົມ[jiːam¹ som²];ຊົມ[som²] 越tham quan[thaːm¹ kwaːn¹];đi thăm[ʔdiː¹ tham¹] 芒tham quan[thaːm¹ kwaːn¹]

【参加】 泰เข้าร่วม[khau³ ruːam³] 老ຮ່ວມ[huːam⁵];ເຂົ້າຮ່ວມ[khau³ huːam⁵];ເຂົ້າຮ່ວມກັນ[khau³ khaː¹' kan¹]

---

❶阿含 shun A1
❷石家 mii⁶

【 】泰mìnà[mi² na³] 越tham gia[tha:m¹ za¹];tham dự[tha:m¹ zɯ⁶];góp mặt[ɣɔp⁷ mat⁸];dự[zɯ⁶];vào[va:u⁶] 芒tham dữ[tha:m¹ zɯ¹];cóp mặt[kɔp⁷ mat⁸]

【参军】泰เข้าเป็นทหาร[khau³ pen² tha⁴ ha:n¹];สมัครเป็นทหาร[sa⁵ mak⁷ pen² tha⁴ ha:n¹] 老ไปเป็นทะฆาบ[pai¹' pen¹' tha⁵ ha:n¹];เฮิ้าเป็นทะฆาบ[khau³ pen¹' tha⁵ ha:n¹] 越đi bộ đội[?di¹ ?bo⁶ ?doi¹];vào bộ đội[va:u² ?bo⁶ ?doi⁶];tòng quân[tɔŋ² kwɤn¹]

【蚕】泰ตัวไหม[tu:a² mai¹] 老ติ่อม้อบ[tu:a¹' mɔ:n⁴];แม่ม้อบ[mɛ:⁵ mɔ:n⁴] 岱-侬mọn[mɔn⁴];tua mọn[tuə¹ mɔn⁴] 越泰mọn[mɔn⁴];tô mọn[to¹ mɔn⁴] 普?jang⁴[?ja:ŋ⁴] 越tằm[tam²];con tằm[kɔn¹ tam²] 芒thằm[tham²]

【蚕豆】泰ถั่วปากอ้า[thu:a⁵ pa:k⁹ ?a:³] 老ฆมากถ่อไป๋มี[ma:k⁹ thu:a⁵ pɔ:⁴ mɯ:¹] 越đậu tằm[?dɤu⁶ tam²];đỗ răng ngựa[?do⁴ zaŋ¹ ŋɯə⁶]

【蚕蛾】泰บี้[?bi:³];กะบี้[ka⁵ ?bi:³];แมงกะบี้[mɛ:ŋ² ka⁵ ?bi:³];แมงบี้[mɛ:ŋ² ?bi:³];แมงม้อม[mɛ:ŋ² mɔ:n⁴];แม่บี้[mɛ:³ ?bi:³] 老แม่บี้[mɛ:⁵ ?bi:⁴];แมงกะบี้[mɛ:ŋ² ka² ?bi:⁴];แมงบี้[mɛ:ŋ² ?bi:⁴];กะบี้[ka² ?bi:⁴];แมงม้อม[mɛ:ŋ² mɔ:n²];โตบี้[to:¹' ?bi:⁴] 岱-侬tua vử[tuə¹ vɯ³];tua bi[tuə¹ ?bi³] 越泰bi mọn[?bi³ mɔn⁴] 越con ngài[kɔn¹ ŋa:i²]

【蚕茧】泰รังไหม[raŋ² mai¹] 老ฟักฮ่อบ[fak⁷ lɔ:k⁹] 岱-侬quéng[kweŋ⁵];quéng tằm[kweŋ⁵ tam⁵] 越泰đók mọn[?dɔk⁷ mɔn⁴] 普sô⁴ ?jang⁴[so⁴ ?ja:ŋ⁴] 越kén[ken⁵];kén tằm[ken⁵ tam⁵] 芒kèn[kɛn³]

【蚕沙】泰ขี้ไหม[khi:³ mai¹] 老ขี้ม้อบ[khi:³ mɔ:n⁴] 越phân của con tằm[fɤn¹ kuə³ kɔn¹ tam²]

【蚕丝】泰ใยไหม[jai² mai¹] 老ไซ[mai¹] 岱-侬sli mọn[ɬi¹ mɔn⁴];sło[ɬo¹] 越tơ tằm[tɤ¹ tam²] 芒

thơ thằm[thɤ¹ tham²]

【蚕蛹】泰ดักแด้[?dak⁷ ?dɛ:³] 老ดักแด้ม้อม[?dak⁷ ?dɛ:⁴ mɔ:n⁴] 越nhộng tằm[ɲoŋ⁶ tam²] 芒ong thằm[?ɔŋ¹ tham²];đôi dòng ong thằm[?doi¹ zɔŋ² ?ɔŋ¹ tham²]

【残废】泰พิการ[phi⁴ ka:n²] 老พิงาบ[phi⁵ ka:n¹];ຂະຈอก[kha² tsɔ:k⁹] 普qapjan³[qa⁰ pja:n³];qapjan[qa⁰ pja:n¹] 越tàn phế[ta:n² fe⁵];tàn tật[ta:n² tɤt⁸]

【残疾人】泰คนพิการ[khon² phi⁴ ka:n²] 老ถนพิงาบ[khon² phi⁴ ka:n¹] 越người tàn tật[ŋɯ:i² ta:n² tɤt⁸];người khuyết tật[ŋɯ:i² xwi:t⁷ tɤt⁸] 芒môl tàn tât[mɔl⁴ ta:n² tɤt⁸]

【残渣】泰กาก[ka:k⁹] 老ฆาก[ka:k⁹] 越bā[?ba⁴];cặn bā[kan⁶ ?ba⁴] 芒bā[?ba⁴]

【惭愧】泰ละอายใจ[la⁴ ?a:i² tsai²] 老ละอายใจ[la⁵ ?a:i¹' tsai²] 越ngượng ngùng[ŋɯ:ŋ⁶ ŋuŋ²];xấu hổ[sɤu¹ ho³];hổ thẹn[ho⁵ then⁶] 芒hố thẻn[ho⁵ then⁴]

【仓库】❶ 泰ฉาง[tsha:ŋ¹];คลัง[khla:ŋ²];โกดัง[ko:² ?daŋ²];ยุ้ง[juŋ⁴] 老ถ่าง[khaŋ¹];สาง[sa:ŋ¹];กุด่าง[ku:² ?daŋ²];โกด่าง[ko:¹' ?daŋ¹'];โกดาถาม[ko:t⁹ tha:¹ kha:n²];เยย[ɲi:a²] 岱-侬dào[ja:u³] 越泰kho[khɔ¹] 普nhing¹ kAng⁵[ɲiŋ¹ kɔŋ⁵];nhing¹ tơ kAng³[ɲiŋ¹ tɤ³ kɔŋ³] 越kho[xɔ¹];nhà kho[na² xɔ¹];kho tàng[xɔ¹ ta:ŋ²] 芒kho[khɔ¹]

【苍白】脸色~ 泰ซีด[si:t¹⁰] 老ຊີດ[si:t¹⁰];ม้าน[ma:n⁴];หงา[la:⁵] 普si²[si²] 越trắng xanh[tsaŋ⁵ san⁵];nhợt nhạt[ɲɤ:t⁸ na:t⁸];bạc phơ[?ba:k⁸ fɤ¹]

【苍老】人显得~ 泰แก่เฒ่า[kɛ:⁵ thau³] 老แก่เฒ่า[kɛ:⁵ thau³];แก่ຊາลา[kɛ:⁵ sa:² la:²] 越già nua[za² nuə¹];già yếu[za² ?i:u⁵]

【苍鹰】泰เหยี่ยว[ji:au⁵] 老แฮงมิกเฮิ่ง[lɛ:u¹ nok⁸ khau¹] 越chim ưng[tsim² ?ɯŋ¹];diều hâu[zi:u² hɤu¹]

---

❶ 掸jiŋ；jaŋ　渤čhaŋ A1

【苍蝇❶】 泰 แมลงวัน[ma⁴ lɛ:ŋ² wan²];แมงวัน[mɛ:ŋ² wan²];ขาง[kha:ŋ¹];รุย[rui²] 老 แมงอัน[mɛ:ŋ² van²] 岱-侬 mèng[mɛŋ²];mèng fần[mɛŋ² fən²] 越泰 mãnh nguồn[mɛŋ² ŋɯ:n²] 普 qamhjan³[qa⁰ mja:n³] 越 ruồi[ʐu:i²];con ruồi[kɔn¹ ʐu:i²];ruồi xanh[ʐu:i² san¹];nhặng[ɲaŋ⁶] 芒 ruồi[rui²];con ruồi[kɔn¹ rui²]

【苍蝇拍子】 泰 ไม้ตีแมลงวัน[mai⁴ ti:² ma⁴ lɛ:ŋ² wan²] 老 ฟอย[fɔ:i²];แตะ ตบแมงอัน[tɛ:² top⁷ mɛ:ŋ² van²] 岱-侬 tap mèng[ta:p⁷ mɛŋ²] 越 vi đánh ruồi[vi:³ ʔdaŋ⁵ ʐu:i²];vi ruồi[vi:³ ʐu:i²]

【藏】 泰 ซ่อน[sɔ:n³] 老 ฮูก[suk⁸];เฮื่อง[sɯ:aŋ⁵];ฮูกเฮื่อง[suk⁸ sɯ:aŋ⁵];ฮูกฮ่อน[suk⁸ sɔ:n¹] 岱-侬 vây[vəi⁴] 越泰 xuồn[su:n⁶];củ[ku:³] 越 cất [kɤt¹];giấu[ʐɤu⁵];ẩn nấp[ʔɤn³ nɤp⁷] 芒 mon [mɔn¹];đấp[ʔdɤp⁷];chủl đấp[tsul³ ʔdɤp⁷];chủ[tsu⁵]

【操办】 泰 จัดทำ[tsat² tham²] 老 จัด[tsat²] 越 lo liệu[lɔ¹ li:u⁶];lo làm[lɔ¹ la:m²]

【操练】 泰 ฝึก[fɯk⁷] 老 ฝิก[fɯk⁷] 越 luyện[lwi:n⁶];tập luyện[tɤp⁸ lwi:n⁶];tập dượt[tɤp⁸ ʐɯ:t⁵]; thao tập[tha:u¹ tɤp⁸];thao luyện[tha:u¹ lwi:n⁶]

【操心】 泰 เป็นห่วง[pen² hu:aŋ³] 老 ห่อง[hu:aŋ⁵]; ติดเถือง[tit⁷khɯ:aŋ²];เป็นทุกเป็นร้อน[pen¹ thuk⁸ pen¹ hɔ:n⁴];เป็นท่องเป็นใจ[pen¹ hu:aŋ³ pen¹ ɲai²]; เป็นท่อง[pen¹ hu:aŋ³];ท่องใจ[hu:aŋ³ ɲai²];อาไล [ʔa:¹lai¹] 岱-侬 dao slim[ja:u⁴lim¹] 越泰 lưa chau [lɯə¹tsau¹] 越 bận tâm[ʔbɤn⁶tɤm¹];bận lòng[ʔbɤn⁶ lɔŋ²];phiền đến[fi:n² ʔden⁵];nhọc lòng[ɲɔk⁸ lɔŋ⁵]; lao tâm khổ tứ[la:u¹tɤm¹xo:³tɯ⁵];lo nghĩ[lɔ¹ŋi:³]; lo toan[lɔ¹ twa:n¹];nhỗn tlổng[ɲon⁴ tlɔŋ²]

【糙米】 泰 ข้าวกล้อง[kha:u³ klɔ:ŋ³] 老 เข้าท้อย[...]

【曹白鱼】 泰 ปลาแฮร์ริง[pla:² hɛ:² riŋ²] 越 cá cơm [ka⁵ kɤ:m¹];cá be be[ka⁵ ʔbɛ¹ ʔbɛ¹];cá bẹ dài[ka⁵ ʔbɛ⁶ za:i¹]

【嘈杂❷】 泰 จ๊อกแจ๊กจอแจ[tsɔ:k³ tsɛ:k³ tsɔ:² tsɛ:²] 老 แซว[sɛ:u²];บึ้ม[ʔbon¹];บึ้ง[ʔbon¹ ʔbon¹];ลัก ไล่[lak⁸lai⁵];มี่มัน[mi:⁵ nan²];มี่[mi:⁵];อี่มัน[vi:² nan²] 越 ồn ào[ʔon² ʔa:u²];ầm ĩ[ʔɤm² ʔi⁴];huyên náo [hwi:n¹ na:u⁵] 芒 âm[ʔɤm²]

【槽猪~❸】 泰 รางอาหารสัตว์[ra:ŋ² ʔa:² ha:n¹ sat⁴] 老 ธาง[ha:ŋ²];บึ้ม[ʔbom¹] 普 ling³[liŋ³] 越 máng ăn[ma:ŋ⁵ ʔan¹]

【草牛吃~❹】 泰 หญ้า[ja:³];ต้นหญ้า[ton³ ja:³] 老 ทย่า [na:³];เสิ้มทย่า[sen⁵ na:³];ภิกทย่า[kok⁷ na:³] 岱-侬 nhá[na³] 越泰 nhá[na³] 普 cA³[tsD³] 越 cỏ[kɔ³] 芒 có[kɔ⁵]

【草丛】 泰 พุ่มหญ้า[phum³ja:³];พงหญ้า[phoŋ² ja:³] 老 พุ่มทย่า[phum⁵ na:³];กำทย่า[kɔ:¹ na:³] 越 bụi cỏ [ʔbui⁶ kɔ³];lùm cỏ[lum² kɔ³];đám cỏ[ʔda:m⁵ kɔ³] 芒 đảm có[ʔda:m³ kɔ⁵]

【草地】 泰 ทุ่งหญ้า[thuŋ³ ja:³];สะนามหญ้า[sa⁵ na:m¹ ja:³] 老 สะหงามทย่า[sa:²na:m¹na:³];ทึ่งทย่า [thoŋ⁵na:³];เดิ่มทย่า[ʔdə:n⁵na:³];เทื่อมทย่า[thɯ:an⁵ na:³] 越 bãi cỏ[ʔba:i⁴ kɔ³];sân cỏ[ʂɤn¹ kɔ³]

【草菇】 泰 เห็ดนางฟ้า[het⁷ na:ŋ² fa:⁴] 老 เฮ็ดเฟือง [het⁷ fɯ:aŋ²] 越泰 hét khi quãi[het⁷ khi:³ kwa:i⁵] 越 nấm rạ[nɤm⁵ za⁶];nấm rơm[nɤm⁵ ʐɤ:m¹] 芒 chểl rã[tsel⁵ ra⁴]

【草果】 泰 บ๊วย[ʔbu:ai²] 岱-侬 mac hầu[ma:k⁷ həu³] 越泰 mák háu[ma:k⁷ hau⁵] 越 thảo quả[tha:u³ kwa³]

---

❶ 石家 mxɯŋ⁴-ŋen²；ŋen²；nxl²
❷ 掸 năn A2
❸ 掸 haŋ A2　勐 hraŋ A2
❹ 石家 nua³　阿含 ňa C1　掸 ja C1　勐 ja C1

【草帽】泰 หมวกฟาง[muːak⁹ faːŋ²] 老 ຫມວກເຟືອງ[muːak⁹ fɯːaŋ²] 越 mũ rơm[mu⁴ zɤːm¹];mũ lá[mu⁴ la⁵];mũ cói[mu⁴ kɔːi⁵];nón cói[nɔn⁵ kɔːi⁵];nón lá[nɔn⁵ la⁵]

【草莓】泰 สตรอว์เบอร์รี่[saː⁵ trɔː² ʔbəː² riː¹] 越 dâu tây[zɤu¹ tɤi¹];quả dâu tây[kwaː² zɤu¹ tɤi¹];thảo mai[thaːu³ maːi¹];dâu đất[zɤu¹ ʔdɤt⁷]

【草木灰】泰 ฝุ่นขี้เถ้า[fun⁵ khiː³ thau³];ขี้เถ้าของพืชหญ้า[khiː³ thau³ khɔːŋ¹ phɯːt¹⁰ jaː³] 老 ຝຸ່ນຂີ້ເຖົ່າ[fun⁵ khiː³ thau⁵] 越 phân tro[fɤn¹ tʂɔː¹];phân gio[fɤn¹ zɔː¹];gio than[zɔː¹ thaːn¹];tro thảo mộc[tʂɔː¹ thaːu³ mok⁸]

【草棚】泰 กระด๊อบ[kraː⁵ ʔdɔːp⁴] 岱-侬 thiêng[thiːŋ¹];thiêng eng[thiːŋ¹ ʔɛŋ¹];lán[laːn⁵];làn[laːn²];lều[leu³] 越泰 thiêng[thiːŋ¹] 越 lều tranh[leu² tʂaːn¹];lều[leu²] 芒 lều pải[leu² paːi³];lều[leu²]

【草皮】泰 แผ่นหญ้า[phɛːn⁵ jaː³] 越 vầng cỏ[vɤŋ² kɔː³]

【草坪】泰 สนามหญ้า[saː⁵ naːm¹ jaː³] 老 ສະໜາມຫຍ້າ[saː² naːm¹ ɲaː³];ເດີ່ນຫຍ້າ[ʔdɤːn⁵ ɲaː³];ທີ່ຫຍ້າມ້ອຍ[thoŋ⁵ ɲaː³ nɔːi⁴] 越 bãi cỏ[ʔbaːi⁴ kɔː³] 芒 pãi có[paːi⁴ kɔː⁵]

【草绳】泰 เชือกฟาง[tshɯːak¹⁰ faːŋ²] 越 dây làm bằng rơm hay cỏ[zɤi¹ laːm² ʔbaŋ² zɤːm¹ hai¹ kɔː³];thừng làm bằng rơm hay cỏ[thɯŋ² laːm² ʔbaŋ² zɤːm¹ hai¹ kɔː³]

【草席】泰 เสื่อกก[sɯːa⁵ kok⁷];เสื่อกระจูด[sɯːa⁵ kraː⁵ tsuːt⁹] 老 ສາດ[saːt¹] 越 chiếu cói[tsiːu⁵ kɔːi⁵];chiếu cọ[tsiːu⁵ kɔː⁶];chiếu lác[tsiːu⁵ laːk⁷] 芒 chiếu cói[tsiːu³ kɔːi³]

【草鞋】泰 รองเท้าฟาง[rɔːŋ² thau⁴ faːŋ²] 老 ເກີບທີ່ເຮັດຢ້າມຫຍ້າ[kɤːp⁹ thiː⁵ ʔau¹ ɲaː³ maː² het⁸] 岱-侬 hài xảo[haːi² ɕaːu³] 越泰 hài xảo[haːi² saːu³]

【草药】泰 สมุนไพร[saː⁵ mun¹ phrai²];ยาสมุนไพร[jaː² saː⁵ mun¹ phrai²] 老 ຢາກໄມ້[haːk¹⁰ mai⁴];ຢາຢາກໄມ້[jaː¹ haːk¹⁰ mai⁴] 岱-侬 nhả[ɲaː³] 越泰 da tây[jaː¹ tai²] 越 thuốc đông y bằng thảo dược[thuːk⁷ ʔdoŋ¹ ʔi¹ ʔbaŋ² thaːu³ zɯːk⁸]

【草鱼】泰 ปลากินหญ้า[plaː² kin² jaː³];กินหญ้า[kin² jaː³];ปลาเฉาฮื้อ[plaː² tshau¹ hɯː⁴] 老 ປາກິນຫຍ້າ[paː¹' kin¹ ɲaː³];ກິນຫຍ້າ[kin¹ ɲaː³] 岱-侬 pjapi[pjaː¹ pi²] 越 cá trắm[kaː⁵ tʂam⁵];cá trắm cỏ[kaː⁵ tʂam⁵ kɔː³]

【草原】泰 ทุ่งหญ้า[thuŋ³ jaː³] 老 ທົ່ງຫຍ້າ[thoŋ¹ ɲaː³];ດົງ[khaŋ²] 越泰 phiêng nhà[phiːŋ¹ ɲaː³] 越 đồng cỏ[ʔdoŋ² kɔː³];thảo nguyên[thaːu³ ŋwiːn¹] 芒 tồng có[toŋ⁵ kɔː⁵]

【册 第一~ ❶】泰 เล่ม[leːm³] 老 ເຫຼັ້ມ[lem³] 越 cuốn[kuːn⁵];quyển[kwiːn³]

【测验 单元~】泰 ทดสอบ[thot⁸ sɔːp⁹] 老 ການສອບເສັງ[kaːn¹' sɔːp⁹ seŋ¹];ຊັກຊ້ອມ[sak⁸ sɔːm⁴];ທິດສອບ[thot⁸ sɔːp⁹];ໄລ່[lai⁵] 越 kiểm tra[kiːm³ tʂaː¹];bài kiểm tra[ʔbaːi² kiːm³ tʂaː¹];thi trắc nghiệm[thiː¹ tʂak⁷ ŋiːp⁸]

【侧 ~身】泰 เอียง[ʔiːaŋ²] 老 ອຽງ[ʔiːaŋ¹'] 岱-侬 kèng[kɛŋ²] 越泰 xcănh[s-kɛŋ²] 普 le²[lɛ²];lâj²[lɤi²] 越 nghiêng[ŋiːŋ¹]

【侧耳】泰 เงี่ยหู[ŋiːa³ huː¹] 老 ຫງຽງຫູ[ŋiːaŋ⁵ huː¹] 越 nghiêng tai[ŋiːŋ¹ taːi¹];vểnh tai[ven² taːi¹];ghé tai[ɣɛ⁵ taːi¹] 芒 ngenh thai[ŋɛɲ¹ thaːi¹]

【侧门】泰 ประตูข้าง[praː⁵ tuː² khaːŋ³] 老 ປະຕູຂ້າງ[paː² tuː¹' khaːŋ³] 越 cửa nách[kɯːa³ nat⁷];cửa bên cạnh[kɯːa³ ʔben⁶];cửa bên[kɯːa³ ʔben¹];cửa hông[kɯːa³ hoŋ¹]

【侧面】泰 ด้านข้าง[ʔdaːn³ khaːŋ³] 老 ດ້ານຂ້າງ[ʔdaːn⁴

❶ 石家 lxm³

khaːŋ³];ทางข้าง[thaːŋ² khaːŋ³] 越trắc diện[tsak⁷ ziːn⁶];bên sườn[ʔben¹ ʂɯːn²];cạnh sườn[kaɲ⁶ ʂɯːn²]; mặt sườn[mat⁸ ʂɯːn²];mặt nghiêng[mat⁸ ŋiːŋ¹]; khía cạnh[xiə⁵ kaɲ⁶]

【侧卧】 泰นอนตะแคง[nɔːn² ta⁵ khɛːŋ²] 老บอนแคง[nɔːn² khɛːŋ²] 越nằm ngủ nghiêng[nam² ŋu³ ŋiːŋ¹] 芒nằm ngiêng[nam² ŋiːŋ¹]

【侧泳】 泰ว่ายน้ำด้านข้าง[waːi³ nam⁴ daːn³ khaːŋ³] 老ลอยตะแคง[lɔːi² ta² khɛːŋ²];ลอยสะแคง[lɔːi² sa² khɛːŋ²] 越bơi nghiêng[ʔbɤːi¹ ŋiːŋ¹]

【厕所】 泰สุขา[suk⁷ khaː¹];ห้องสุขา[hɔːŋ³ suk⁷ khaː¹];ห้องน้ำ[hɔːŋ³ nam⁴];ห้องส้วม[hɔːŋ³ suːam³];ส้วม[suːam³];ห้องเล็ก[hɔːŋ³ lek⁸] 老ข้องน้ำ[khɔːŋ³ nam⁴];อิด[vit⁸];ฃุมถ่าย[khum¹ thaːi³];ฃุมอิด[khum¹ vit⁸];ส้วมถ่าย[suːam³ thaːi³];ข้องถ่าย[khɔːŋ³ thaːi³];ถามถ่าย[thaːn¹ thaːi³];อิดขี้[vit⁸ khiː³] 岱-侬thiêng khi[thiːŋ¹ khi³];ruờn khi[ruːn² khi³];thiêng pây noọc[thiːŋ¹ pəi¹ nɔːk⁸];thiêng khún[thiːŋ¹ khun⁵] 越泰khum khi[khum¹ khi³];huờn khi[huːn² khi³];thiêng khi[thiːŋ¹ khi³] 越phòng vệ sinh[fɔŋ² ve⁶ ʂiɲ¹];cầu tiêu[kɤu² tiːu¹];hố xí[ho⁵ si⁵];nhà cầu[ɲa² kɤu²];nhà xí[ɲa² si⁵];nhà tiêu[ɲa² tiːu¹];hố tiêu[ho⁵ tiːu¹];chuồng tiêu[tsuːŋ² tiːu¹];toa-lét[twa¹ lɛt⁷] 芒nhà xi[ɲa² si¹];nhà xải[ɲa² saːi³];hủ xi[hu³ si³];càu tiêu[kau² tiːu¹]

【曾经❶】 泰เคย[khɤːi²];ห่อน[hɔːn⁵] 老เอีย[khɤːi²] 岱-侬quá[kwa⁵] 越đã[ʔda⁴];từng[tɯŋ²];đã từng[ʔda⁴ tɯŋ²]

【层_~楼】 泰ชั้น[tshan⁴] 老ฃั้น[san⁴] 岱-侬thắn[than⁵];lụp[lup⁵] 越tầng[tɯŋ²];tầng[tɤŋ²] 芒thòng[thɤːŋ²];thẳng[thaŋ²]

【层_~土❷】 泰ชั้น[tshan⁴] 老ฃั้น[san⁴] 越lớp[lɤːp⁷] 芒lớp[lɤːp⁷]

【叉烧食品名】 泰หมูแดง[muː¹ ʔdɛːŋ²] 老ขมูแดง[muː¹ ʔdɛːŋ¹];ขมูปิ้ง[muː¹ piːŋ⁴];ชิ้นปิ้ง[siːn⁴ piːŋ⁴] 越xá xíu[sa⁵ siu⁵]

【叉子❸】 泰ส้อม[sɔːm³] 老มืข้อม[mɯː² sɔːn⁶] 越cái chĩa[kaːi⁵ tsiə⁴];cái nĩa[kaːi⁵ niə⁴];cái phơng sét[kaːi⁵ fɤːŋ¹ ʂet⁷];cái đinh ba[kaːi⁵ ʔdiŋ¹ ʔba¹]

【插~旗子】 泰ปัก[pak⁷] 老ปัก[pak⁷] 岱-侬pắc[pak⁷];tooc[tɔːk⁷] 越泰pắc[pak⁷] 越cắm[kam⁵] 芒cắm[kam³]

【插手~进口袋】 岱-侬nhoọc[ɲɔːk⁸];mjoọc[mjɔːk⁸] 越泰vặc[vak⁸] 越thọc[thɔk⁸];chovào[tsɔ¹ vaːu²] 芒tút[tut⁷]

【插班】 泰แทรกห้อง[sɛːk¹⁰ hɔːŋ³];(นักเรียน) ข้าฃเข้า ระหว่างกลางเทอม[(nak⁸ riːan²) jaːi⁴ khau³ ra⁴ waːŋ⁵ klaːŋ³ thəːm²] 老แฃกข้อง[sɛːk¹⁰ hɔːŋ³] 越gép lớp[ɣɛp⁷ lɤːp⁷]

【插队】 泰แทรกคิว[sɛːk¹⁰ khiu²] 越chen ngang[tsɛn¹ ŋaːŋ¹]

【插手】 泰แทรกแซง[sɛːk¹⁰ sɛːŋ²] 老แฃกแฃง[sɛːk¹⁰ sɛːŋ²] 越dúng tay vào[zuŋ⁵ tai¹ vaːu²];nhúng tay vào[ɲuŋ⁵ tai¹ vaːu²];dúng vào[zuŋ⁵ vaːu²];nhúng vào[ɲuŋ⁵ vaːu²];thọc tay vào[thɔk⁸ tai¹ vaːu²]

【插销】 泰สลักเกลียว[sa⁵ lak⁷ kliːau²];ลิ่มสลัก[.im³ sa² lak⁷] 老ไลปะตู[lai² pa² tuː¹];ลูกสะขลัก[luːk¹⁰ sa² lak⁷];กะตู้[ka² tuː⁴];ไลสับ[lai² siːap⁹];ขู[lɤː¹] 越then sắt[thɛn¹ ʂat⁷]

【插秧❹】 泰ดำนา[ʔdam² naː²];ดำต้นกล้า[ʔdam² ton² klaː³];ดำกล้า[ʔdam² klaː³] 老ดำบง[ʔdam¹ naː²] 岱-侬đăm nà[ʔdam¹ na²];năm nà[nam¹ na²];nǎm

---

❶ 石家 khəəy⁴
❷ 阿含 kup
❸ 阿含 ngām B2　掸 ŋam B2　泐 ŋam B2
❹ 石家 tram

nà[nam³ na²] 越泰xǎm[sam²];púk[puk⁷];đăm[ʔdam¹];lăm¹[lam¹] 普dǎm¹nề[dam¹ne³];ljăm¹nề³[ljam¹ne³] 越cấymạ[kɤi⁵ma⁶];cấylúa[kɤi⁵lua⁵] 芒cấy mā[kɤi³ ma⁴];cấy lõ[kɤi⁵ lɔ⁴]

【插秧机】泰เครื่องดำนา[khrɯːaŋ³ ʔdam² naː²] 老ລິດດຳນາ[lot⁸ ʔdam¹ˈ naː²];ຈັກດຳນາ[tsak⁷ lot⁸ ʔdam¹ˈ naː²] 越máy cấy mạ[mai⁵ kɤi⁵ ma⁶]

【插嘴】泰แทรกบท[sɛːk¹⁰ ʔbot⁷] 老ຢືມປາກ[ɲɯːm⁵ paːk⁹];ຢືມຫ້າ[ɲɯːm⁵ naː³];ສອດປາກສອດເວົ້າ[sɔːt⁹ paːk⁹ sɔːt⁹ vau⁴];ດອດ[ʔdɔːt⁹];ດອດຄຳເວົ້າ[ʔdɔːt⁹ kham² vau⁴];ທະລຸກາງປ້ອງ[thaː⁵ luˑ⁵ kaːŋ¹ˈ pɔːŋ⁴];ผ่าความเว้า[pha:⁵ khwa:m² vau⁴];เว้าข้อมขึ้ม[vau⁴sɔːn⁴khɯn³];ผ่าความเว้า[pha:⁵ khwa:m² vau⁴] 越nói xen vào[nɔi⁵ sɛn¹ va:u²];chõ mồm vào[tsʂo⁴ mom² va:u²];nói leo[nɔi⁵ lɛu¹] 芒pồ xóch[po⁴ sɔt⁷]

【差别】泰แตกต่าง[tɛːk⁹ ta:ŋ³];ความแตกต่าง[khwa:m² tɛːk⁹ ta:ŋ³] 老ແຕກຕ່າງ[tɛːk⁹ ta:ŋ³] 越khác biệt[xa:k⁷ ʔbi:t⁸];chênh lệch[tsen¹ let⁸]

【差错】这事不能出~ 泰ผิดพลาด[phit⁷ phla:t¹⁰];ความผิดพลาด[khwa:m² phit⁷ phla:t¹⁰] 老ຜິດ[phit⁷];ຜິດຜາດ[phit⁷ pha:t⁹] 越sai lầm[ʂa:i¹ lɤm²];nhầm lẫn[nɤm² lɤn⁴] 芒xai lầm[sa:i¹ lɤm²]

【查~账】泰กรวจสอบ[kru:at⁹sɔːp⁹] 老ກວດ[ku:at⁹] 越kiểm[ki:m³];kiểm tra[ki:m³ tʂa²];soát[ʂwa:t⁷] 芒xát[sa:t⁷]

【茶❶】泰ชา[tsha:²] 老ຊາ[sa:²] 傣-侬xà[ɕa:²];chè[tɛɛ²] 越泰chè[tʂɛ²] 普qalo³[qa¹lɤ³] 越chè[tʂɛ²];trà[tʂa²] 芒chè[tʂɛ²]

【茶杯】泰ถ้วยชา[thu:ai³ tsha:²];ถ้วยน้ำชา[thu:ai³ nam⁴ tsha:²] 老ຈອກນ້ຳຊາ[tsɔːk⁹ nam⁴ sa:²] 越chén uống nước chè[tsen⁵ ʔu:ŋ⁵ nɯːk⁷ tʂɛ²];chén trà[tʂɛn⁵ tʂa²]

【茶缸子】泰ถ้วยน้ำทรงกระป๋อง[thu:ai³ nam⁴ sɔŋ² kra⁵ pɔːŋ¹] 老ກະໂຈກ[ka² tsoːk⁹];ໂຈກ[tsoːk⁹] 越ca[ka¹]

【茶壶】泰กาน้ำชา[ka:² nam⁴ tsha:²];ป้านชา[pa:n³ tsha:²] 老ກາຊາ[ka:¹ˈsa:²];ການ້ຳຊາ[ka:¹ˈnam⁴sa:²];ເຕົ້າຊາ[tau⁴sa:²];ເຕົ້ານ້ຳຊາ[tau⁴nam⁴sa:²];ຕິກນ້ຳຊາ[tik⁷ nam⁴ sa:²] 越ấm nước chè[ʔɤm⁵ nɯːk⁷ tʂɛ²];ấm trè[ʔɤm⁵ tʂɛ²];ấm trà[ʔɤm⁵ tʂa²]

【茶花】泰ดอกต้นชา[ʔdɔːk⁹ ton³ tsha:²];ดอกแคมิเลีย[ʔdɔːk⁹ khɛː² mi² li:a²] 越hoa trà[hwa¹ tʂa²];hoa sơn trà[hwa¹ ʂɤːn¹ tʂa²]

【茶几】泰โต๊ะชา[toː⁴tsha:²];โต๊ะวางชุดน้ำชา[toː⁴wa:ŋ² tshut⁸ nam⁴ tsha:²] 老ໂຕະນ້ຳຊາ[toː² nam⁴ sa:²] 越bàn chè[ʔba:n² tʂɛ²];bàn trà[ʔba:n² tʂa²];cái bàn nhỏ[ka:i⁵ ʔba:n² ɲɔ³];kỷ chè[ki³ tʂɛ²];trà kỷ[tʂa² ki³]

【茶树】泰ต้นชา[ton³ tsha:²] 老ຕົ້ນຊາ[ton⁴ sa:²] 越cây chè[kɤi¹ tʂɛ²] 芒câl chè[kɤl¹ tʂɛ²]

【茶水】泰น้ำชา[nam⁴ tsha:²];ชาจีน[tsha:² tsi:n²] 老ນ້ຳຊາ[nam⁴ sa:²] 越nước chè[nɯːk⁷ tʂɛ²];nước trà[nɯːk⁷ tʂa²] 芒đác chè[ʔda:k⁷ tʂɛ²]

【茶托】泰จานรองถ้วย[tsa:n² rɔːŋ² thu:ai³];จานรอง[tsa:n²rɔːŋ²];จานรองถ้วยน้ำชาและกาน้ำชา[tsa:n² rɔːŋ² thu:ai³ nam⁴ tsha:² lɛ⁴ ka:² nam⁴ tsha:²] 老ຈານຮອງ[tsa:n¹ˈ hɔːŋ²] 越khay nước[xai¹ nɯːk⁷];khay chè[xai¹ tʂɛ²]

【茶叶】泰ใบชา[ʔbai² tsha:²] 老ໃບຊາ[ʔbai¹ˈsa:²] 越lá chè[la⁵ tʂɛ²];trà[tʂa²] 芒lá chè[la³ tʂɛ²]

【茶叶罐儿】泰เหยือกชา[jɯːak⁹ tsha:²];ถ้ำชา[tham³tsha:²] 老ອູບໃບຊາ[ʔu:p⁹²bai¹ˈsa:²];ຖ້ຳຊາ[tham³ sa:²] 越hộp đựng chè[hop⁸ ʔdɯŋ⁶ tʂɛ²];hộp chè[hop⁸ tʂɛ²]

【茶油】泰น้ำมันชา[nam⁴ man² tsha:²] 越dầu sở

---

❶ 石家 saa⁴  泐 la C2

【茶砖】 泰แท่งใบชา[thɛ:ŋ³ ʔbai² tsha:²] 越泰chè láp[tsɛ² la:p⁷] 越chè bánh[tsɛ² ʔban⁵];chè chi[tsɛ² tsi¹]

【搽】 泰ทา[tha:²] 老สาบ[sa:p⁹];ละเลง[la⁵ le:ŋ²];ลูบทา[lu:p¹⁰tha:²];ไล้[lai⁴] 越xoa[swa¹];thoa[thwa¹];bôi[ʔboi²];quệt[kwet⁸]

【叉开~腿】 泰ถ่าง...ออก[tha:ŋ³...ʔo:k⁹] 老จ้าง[tsaŋ⁴];จ่าง จะ[tsa:ŋ³tsa²];แทรก[thɛ:k⁹];ถ่าง[tha:ŋ³];ถ่างออก[tha:ŋ³ʔo:k⁹];ขว้าง[ŋa:ŋ³] 岱-侬á[ʔa³] 越泰á[ʔa³] 越giạng[za:ŋ⁶];dang ra[za:ŋ¹ ʐa¹] 芒chāng[tsa:ŋ⁴]

【差~两个人】 泰ขาด[kha:t⁹] 老ขาด[kha:t⁹] 岱-侬noi[nɔi⁴] 越泰thói[thɔi⁵] 越thiếu[thi:u⁵]

【差成绩很~】 泰ไม่ดี[mai³ ʔdi:²];เลว[le:u²] 岱-侬tăn[tan¹];mì slài đây[mi² ɬa:i¹ ʔđəi¹] 越泰kém[kɛm⁵];thói xua[thɔi⁵ suə¹] 越kém[kɛm⁵] 芒kèm[kɛm³]

【岔路】 泰ทางแพร่ง[tha:ŋ² phrɛ:ŋ³];ทางแยก[tha:ŋ² jɛ:k¹⁰] 老ทางแยก[tha:ŋ² nɛ:k¹⁰];ทางแจก[tha:ŋ² tsɛ:k⁹];ทางแว่ม[tha:ŋ² ŋe:m³];ทางแสก[tha:ŋ² sɛ:k⁹];ทางแบ่ง[tha:ŋ² ʔbe:ŋ²];ทางแว้ม[tha:ŋ² ŋe:m⁴];ทางคบ[tha:ŋ² khop⁸] 越đường nhánh[ʔđuə:ŋ² nan⁵];đường rẽ[ʔđuə:ŋ² ʐɛ⁴];lối rẽ[loi⁵ ʐɛ⁴] 芒khả ngé[kha:³ ŋɛ⁵]

【拆~房子】 泰รื้อ[rɯ:⁴] 老ลด[lot⁸];ผ่าง[phaŋ²];ม้าง[ma:ŋ⁴];ฮื้อ[hɯ:⁴] 岱-侬lịt[lit⁸];lứt[lɯt⁸] 越泰thảo[tha:u⁵];chék[tsɛk⁵] 越dỡ[zɤ⁴]

【拆~信】 泰เปิด[pə:t⁹] 老เปิด[pə:t⁹] 越bóc[ʔbɔk⁷]

【差役】 泰เจ้าหน้าที่ราชการ[tsau³na:³thi:³ra:t¹⁰ka:n²] 越sai dịch[ʂa:i¹ zit⁸]

【柴刀】 泰มีดตัดไม้[mi:t¹⁰ tat⁷ mai³] 老มีดโต้[mi:t to:⁴];ผ่าโต้[pha:⁴ to:⁴];ผ่าฮี้โต้[pha:⁴ ʔi:⁵ to:⁴];ผ่า

[pha:⁴] 岱-侬pja cup[pja⁴ kup⁵] 越泰pạ ngẽm [pa⁴ ŋɤm²] 普bja² ding³[bja² diŋ³] 越dao rựa [zau¹ zɯə⁶]

【柴火❶】 泰ฟืน[fɯ:n²];ฟืนไฟ[fɯ:n²fai²];ไม้ฟืน [mai⁴ fɯ:n²] 老ฟืน[fɯ:n²];ดับฟืน[ʔdon⁴ fɯ:n²];ฟืนฮ้อ[fɯ:n² lu:a¹];ฮ้อ[lu:a¹];ฟอน[fɔ:n²] 岱-侬fừn[fɯn²];lua[luə¹] 越泰lua[luə¹] 普sa:m¹ [sa:m¹];sjam[sja:m¹] 越củi[kui³];củi đun[kui³ʔđun²] 芒cúi[kui⁵]

【柴油】 泰น้ำมันดีเซล[nam⁴ man² ʔdi:² se:n²] 老น้ำมันขะฮอบ[nam⁴ man² ka² su:an²] 越dầu ɗi ê [dɤn² zɤu² ʔdi² ʔe¹ zen¹];ma dút[ma¹ zut⁷]

【豺】 泰สุนัขใน[su⁵ nak⁷ nai¹];หมาใน[ma:¹ nai¹] 老หมาใน[ma:¹ nai²] 越con sài[kɔn¹ ʂa:i²]

【掺~水】 泰ผสม[pha⁵ som¹] 老ปะปน[pa² pon¹];ผา[pha:⁵];ทยำ[ɲam¹];เผือด[muːat⁹];เกื้อ[kɯa⁴];ขอย[kɔ:i¹] 岱-侬xăm[cam¹] 越泰quã[kwa²] 越pha[fa¹];trộn[tʂon⁶];pha trộn[fa¹ tʂon⁶] 芒lỗn [lon⁴];pha lỗn[fa¹ lon⁴]

【掺杂】 泰ผสม[pha⁵ som¹] 老ปะปน[pa² po:n¹];แปดปน[pɛ:t⁹ pon¹];ปน[pon¹];ผ่า[pha:⁵];ทยำ[ɲam¹];เผือด[mɯat⁹] 岱-侬xămpha[cam¹pha¹] 越泰tạp tổ[ta:p⁸ to²] 越pha[fa¹];trộn[tʂon⁶];pha trộn[fa¹ tʂon⁶] 芒tlỗn[tlon⁴]

【搀扶】 泰ประคอง[pra⁵ khɔ:ŋ²];พยุง[pha⁴ juŋ²] 老โฮม[so:m²];เผือ[fɯa²] 越dìu[ziu²] 芒hìu[hiu²]

【搀假】 泰ปนของปลอม[pon² khɔ:ŋ¹ plɔ:m²] 老ปอม[pɔ:m¹] 越trộn đồ giả, đồ xấu[tʂon⁶ ʔđo² za³, ʔđo² sɤu⁵]

【馋】 泰ปากตะกละ[pa:k⁹ta⁵kla⁵];ตะกละ ตะกลาม[ta⁵ kla⁵ta⁵kla:m²];อยากจะกิน[ja:k⁹tsa⁵kin¹] 岱-侬chiết[tɕiet⁷];slém[ɬɛm⁵] 越泰phỗng đíp[pʰoŋ²

❶ 石家lua² 拉基si¹

ʔdip⁷] 越tham ăn[tha:m¹ ʔan¹];háu ăn[hau⁵ ʔan¹]

【蝉】 泰จักจั่น[tsak⁷ tsan⁵];จักจั่น[tsak⁷ ka⁵ tsan⁵] 老แมงจักจั่บ[mɛ:ŋ² tsak⁷ tsan⁵];จักจั่บ[tsak⁷ tsan⁵] 傣-侬mèng ngoàng[mɛŋ² ŋwa:ŋ³] 越泰hép[hep⁵] 普nuk² qjat⁵[nuk² qja:t⁵] 越ve[vɛ¹];con ve[kɔn¹ vɛ¹];ve sầu[vɛ¹ ʂɤu²];con ve sầu[kɔn¹ vɛ¹ ʂɤu²] 芒wè[wɛ²];wè wè[wɛ² wɛ²];wè lăng[wɛ² la:ŋ²];con tel[kɔn¹ tɛl¹]

【缠 藤~树❶】 泰พัน[phan²];รัดตัว[rat⁸ tu:a²] 老แพง[fɛ:ŋ²];ขับ[phan²];ขับทะมับ[phan⁵ tha⁵ naŋ²];กิ่ง[ki:au⁴] 越buộc bó[ʔbu:k⁵ ʔbɔ⁵]

【产妇】 泰หญิงคลอด[jiŋ¹ khlɔ:t¹⁰] 老แม่ยิงผู้ยำกำ[mɛ:⁵ ɲiŋ² phu:³ ju:⁵ kam¹];แม่ลูกอ่อบ[mɛ:⁵ lu:k¹⁰ ʔɔ:n⁵];ผู้กำลูก[phu:³ kam¹ lu:k¹⁰] 越sản phụ[ṣa:n⁵ fu⁶];đàn bà đẻ[ʔda:n² ʔba² ʔdɛ³]

【铲 ~垃圾】 泰ถางหญ้[tha:ŋ¹ ja:³] 老ฃอ้าบ[swa:n⁴] 傣-侬tọn[tɔn⁴] 越泰chọn[tsɔn⁴] 越xúc[suk⁵];xói[sɤ:i⁵];san[ṣa:n¹]

【铲子】 泰พลั่ว[phlu:a³];เสียม[si:am¹] 老ซ้อ[lu:³];ฃอ้าบ[swa:n⁴] 傣-侬mạc xản[ma:k⁸ɕa:n³];mạc xèn[ma:k⁸ sɛn³] 越泰pẹn[pɛn⁴] 普tShing³ tSwan³[tʂhiŋ³ tʂwa:n³] 越cái xẻng[ka:i⁵ sɛŋ³];cái mai[ka:i⁵ ma:i¹];cái thuổng[ka:i⁵ thu:ŋ³];xúc[suk⁵]

【菖蒲】 老ธัฐวอบบ้[haŋ² kha:u⁴ nam⁴];อะจา[va⁵ tsa:¹];ทอ้าบบ้[va:n³ nam⁴] 越cây xương bồ[kɤi¹ sɯ:ŋ¹ ʔbo²];cây thạch xương bồ[kɤi¹ thaʔ⁸ sɯ:ŋ¹ ʔbo²]

【鲳鱼】 泰ปลาไหล[pla:² lai³];ปลาจะละเม็ด[pla:² tsa⁵ la⁴ met⁸] 老ปาจะละเม็ด[pa:¹˒ tsa² la⁵ met⁵] 越cá chim[ka⁵ tsim¹];cá chim trắng[ka⁵ tsim¹ tṣaŋ⁵]

【长❷】 泰ยาว[ja:u³];รี[ri:²] 老ยาว[ɲa:u³];ธิ[hi:²];เธ่ย[hi:a⁴] 傣-侬rì[ri:²];dào[ja:u³] 越泰

hī[hi²] 普kuow¹[kɯ:u¹] 越dài[za:i²] 芒dài[za:i²];chùng[tsuŋ²]

【长板凳】 泰ม้านั่งยาว[ma:⁴ naŋ³ ja:u²] 老ตั่งยาว[taŋ⁵ ɲa:u²];ม้านั่ง[ma:⁴ naŋ⁵];แป้นม้า[pɛ:n⁴ ma:⁴] 越ghế dài[ɣe⁵ za:i²];ghế băng[ɣe⁵ ʔbaŋ¹]

【长臂猿】 泰ชะนี[tsha⁴ni:²] 老นางบี่[na:ŋ² ni:²] 越vượn dài tay[vɯ:n⁶ za:i² tai¹]

【长工】 泰คนงานประจำ[khon² ŋa:n² pra⁵ tsam²] 越người làm công dài ngày cho địa chủ[ŋɯ:i¹ la:m² kɔŋ¹ za:i² ŋai² tṣo¹ ʔdiə⁵ tsu³]

【长颈鹿】 泰ยีราฟ[ji:² ra:p¹⁰] 老ตัวม้ำ[tu:a¹ maŋ⁵];ละม้ำ[la⁵ maŋ⁵] 越hươu cao cổ[hɯ:u¹ ka:u¹ ko⁵]

【长裤】 泰กางเกงยาว[ka:ŋ² ke:ŋ² ja:u²] 老โส้ขายาว[so:ŋ³ kha:¹ ɲa:u²];โส้งยาว[so:ŋ³ ɲa:u²];โส่ยาม[so:ŋ³ ɲa:m⁵] 越quần dài[kwɤn² za:i²]

【长寿】 泰อายุยืน[ʔa:² ju⁴ jɯ:n²] 老ยืน[ɲɯ:n²];อายุยืน[ʔa:¹˒ ɲu⁵ ɲɯ:n²];อายุขมับขอัน[ʔa:¹˒ ɲu⁵ man⁵ khwan¹] 傣-侬chau ké[tɕau⁵ kɛ⁵];slồng làu[ɬoŋ³ lau²];thọ[thɔ⁴] 越sống lâu[ṣoŋ⁵ lɤu¹];trường thọ[tʂɯ:ŋ² thɔ⁶] 芒không lô[khɔŋ¹ lo¹]

【长途】 泰ทางไกล[tha:ŋ² klai²] 老ทางไก[tha:ŋ² kai¹];ใลยะทางไก[lai⁵ ɲa⁵ tha:ŋ² kai¹] 越泰tăng dào[ta:ŋ² ja:u²] 越đường dài[ʔdɯ:ŋ² za:i²];đường trường[ʔdɯ:ŋ² tṣɯ:ŋ²];đường xa[ʔdɯ:ŋ² sa¹]

【长足鸟 涉水鸟】 傣-侬nộc xù[nok⁸ɕu²] 越泰tô hán dăng[to¹ ha:n⁵ ja:ŋ²] 越chim cao cẳng[tsim¹ ka:u¹ kaŋ³];chim lội[tsim¹ loi⁶];cò bợ[kɔ² ʔbɤ⁵]

【常常❸】 泰บ่อย[ʔbɔ:i⁵];จำเจ[tsam² tse:²];ตะพืด[ta⁵ phɯt⁸];บ่อย ๆ[ʔbɔ:i⁵ ʔbɔ:i⁵];เป็นนิตย์[pen² nit⁸];มักจะเสมอ[mak⁸ tsa⁵ sa⁵ mɤ:¹] 老บ่อย ๆ[ʔbɔ:i⁵ ʔbɔ:i⁵];ถ้อย ๆ[khɔ:i⁴ khɔ:i⁴];เถิย[khɤ:i²];

---

❶ 石家ham⁴ 阿含kiw C1 掸keu C1 泐keu C1
❷ 阿含ri A2 掸hi A2 泐hri A2
❸ 阿含ku-mü ku -baṅ

ถุน[khun⁵];จะใจ้[tsa²tsai²];จี้ใจ้[tsi:⁴tsai⁴];ใจ้ๆ[tsai⁴ tsai⁴];สะสะขอัด[sa² sa² vat⁷];สะตะตั้ง[sa² ta²taŋ¹];สะทา[sa² tha:²];ทุก ๆ ที[thuk⁸ thuk⁸ thi:²];ทุกเมื่อ[thuk⁸ mɯa⁵];ทุกเมื่อทุกยาม[thuk⁸ mɯa⁵ thuk⁸ na:m⁵];เมื่อง[nɯ:aŋ²];เมื่องมิด[nɯ:aŋ² nit⁸];เมื่อง ๆ[nɯ:aŋ⁵ nɯ:aŋ⁵];ปะจำ[pa² tsam¹];ป๊าไป๊[pam⁵ pai⁵];ป๊า ๆ[pam⁵ pam⁵];เป็นมิด[pen¹ nit⁸];เป็นเมื่องมิด[pen¹ nɯ:aŋ⁵ nit⁸];เป็นปะจำ[pen¹ pa² tsam¹];มัก[mak⁸];มักจะ[mak⁸ tsa²];เลื่ง ๆ[lɤ:ŋ² lɤ:ŋ²];เลื้อย[lɯai⁴];เลื้อย ๆ[lɯai⁴ lɯai⁴];ใจ้ๆ[tsai⁴ tsai⁴];มั่น[man⁵];อาจิน[ʔa:¹'tsin¹];จ่ำๆ[tsam⁵ tsam⁵] 岱-侬 xướng xi[ɕɯ:ŋ²ɕi²];xướng sli[ɕɯ:ŋ²ɬi²];lằng lằng[ləŋ² ləŋ²] 越泰 lõng[lɤŋ²];lõng chở[lɤŋ² tsɤ²];hựa[hɯa⁴] 普 khak⁵[kha:k⁵] 越 thường thường[thɯ:ŋ² thɯ:ŋ²];thường hay[thɯ:ŋ² hai¹];luônluôn[lu:n¹ lu:n¹];luôn[lu:n¹];lắmlúc[lam⁵ luk⁵];lắm khi[lam⁵ xi¹];mãi[ma:i⁴] 芒 mãi[ma:i⁴];lắm cã [lam³ ka⁴]

【常见病】 泰 โรคที่พบเห็นบ่อย[ro:k¹⁰ thi:³ phop⁸ hen¹ʔbɔ:i⁵] 老 พะยาดต่างๆที่เกิดมีขึ้นเป็นปะจำ[pha⁵ na:t¹⁰ ta:ŋ⁵ ta:ŋ⁵ thi:⁵ kɤ:t⁹ mi:² khun¹ pen¹ pa² tsam¹] 越 bệnh thông thường[ʔben⁶ thoŋ¹ thɯ:ŋ²];bệnh thường gặp[ʔben⁶ thɯ:ŋ² ɣap⁸]

【肠胃炎】 泰 โรคลำไส้และกระเพาะอาหาร[ro:k¹⁰ lam² sai² lɛ⁴ kra⁵ phɔ⁴ ʔa:² ha:n¹] 老 กะเพาะลำไส้อักเสบ[ka² phɔ⁵ lam² sai³ ʔak⁷ se:p⁹] 越 viêm dạ dày và ruột[vi:m¹ za⁶ zai² va⁶ zu:t⁸];viêm dạ dày ruột[vi:m¹ za⁶ zai² zu:t⁸]

【肠炎】 泰 ลำไส้อักเสบ[lam²sai³ʔak⁷se:p⁹] 老 ท้องแย่[thɔ:ŋ⁴ sɛ:²] 越 viêm ruột[vi:m¹ zu:t⁸]

【肠子❶】 泰 ไส้[sai³];ลำไส้[lam² sai³] 老 ไส้[sai³];ลำไส้[lam²sai³] 岱-侬 slảy[ɬai³] 越泰 xày[sai³] 普 saj³[sa:i³] 越 ruột[zu:t⁸] 芒 roch[rɔt⁸]

【尝～味道❷】 泰 ชิม[tshim²];ซิม[sim²] 老 ซิม[si:m²];จิม[tsi:m¹];จิบ[tsip²];ลิ้ม[lim⁴] 岱-侬 chìm[tɕim²] 越泰 lịm[lim⁴] 越 nếm[nem⁵];hử xem[thɯ³sɛm¹] 芒 đếm tlái[ʔdem³tla:i⁵];đếm[ʔdem³]

【偿还】 泰 ชำระคืน[tsham² ra⁴ khɯ:n²] 老 ใช้[sai⁴];แทบ[the:n²];ใช้แทบ[sai⁴the:n²];ยุบ[ɲun²];กับลบ[kop⁷ lop⁸] 越 trả[tʂa³];đến[ʔden²]

【偿命】 泰 ชดใช้ชีวิต[tshot⁸ tshai⁴ tshi:² wit⁸];ชดใช้ด้วยชีวิต[tshot⁸ tshai⁴ ʔdu:ai³ tshi:² wit⁸] 老 ฉิดใช้ซีวิด[sot⁸ sai⁴ si:² vit⁸] 岱-侬 pjá mình[pja⁵ miŋ²] 越泰 păng cà hua[paŋ¹ka² hua¹] 越 đền mạng[ʔden² ma:ŋ⁶]

【场__～雨】 泰 พัก[phak⁸] 老 ห่า[ha:⁵];ฮูด[hu:t¹⁰] 越 cơn[kɤ:n¹]

【场__～球】 泰 รอบ[rɔ:p¹⁰] 老 ลอด[lu:at¹⁰];เทม[ke:m¹] 越 cuộc[ku:k⁸];trận[tʂɤn⁶] 芒 tlẩn[tlɤn⁴]

【场__～电影】 泰 รอบ[rɔ:p¹⁰] 老 ฮอบ[hɔ:p¹⁰] 越 buổi[ʔbu:i³]

【敞开】 泰 เปิดออก[pɤ:t⁹ʔɔ:k⁹] 老 แปบ[pɛ:n¹] 岱-侬 dạc[ja:k⁸];bé[ʔbɛ⁵] 越泰 ngỏng[ŋɔŋ³] 越 mở[mɤ³];mở rộng ra[mɤ³ zoŋ⁶ za¹];phanh[fan¹] 芒 paích[pa:it⁷]

【敞篷车】 泰 รถเปิดประทุน[rot⁸ pɤ:t⁹ pra⁵ thun²] 老 ลดไขพวง[lot⁸ khai¹ phu:aŋ¹];ลดเปิดหยู้งคา[lot pɤ:t⁹ laŋ¹ kha:²] 越 xe mui trần[sɛ¹ mui¹ tʂɤn²];xe không mui[sɛ¹ xoŋ¹ mui¹];xe buông mui[sɛ¹ ʔbu:ŋ¹ mui¹];xe bỏ mui[sɛ¹ ʔbɔ³ mui¹]

【厂】 泰 โรงงาน[ro:ŋ² ŋa:n²] 老 โฮง[ho:ŋ²];โฮงจัก[ho:ŋ² tsak⁷];โฮงอุดสาหะกำ[ho:ŋ² ʔut⁷ sa: ha² kam¹] 越 xưởng[sɯ:ŋ³];xưởng máy[sɯ:ŋ³ mai⁵];nhà máy[ɲa² mai⁵];công xưởng[koŋ¹ sɯ:ŋ³] 芒 xướng[sɯ:ŋ⁵]

---

❶ 石家 say³ 阿含 sāi C1 掸 shāi C1 泐 sāi C1
❷ 石家 khiim⁴ 掸 sim A2

【唱~歌❶】泰ร้อง[rɔːŋ⁴];老ธ้อง[hɔːŋ⁴];ฮับ[khap⁵] 岱-侬lượn[lɯːn⁴];hat[haːt⁷] 越泰khắp[khap⁵] 普sing⁴[siŋ⁴] 越hát[haːt⁷] 芒hát[haːt⁷]

【畅销】泰ขายดี[khaːi¹ ʔdi²];老ຂາຍດີ[khaːi¹ ʔdi¹];ขายขี้ง่าย[khaːi¹ sɯː⁴ ŋaːi⁵];ขายต่อง[khaːi¹ khɔː⁵];ขายดิบขายดี[khaːi¹ ʔdip⁷ khaːi¹ ʔdi¹];越đắt khách[ʔdat⁷ xat⁷];ăn khách[ʔan¹ xat⁷];bán chạy[ʔbaːn⁵ tsai⁶];đắt hàng[ʔdat⁷ haːŋ²]

【超车】泰แซงรถ[sɛːŋ² rot⁸] 老ແຊງລົດ[sɛːŋ² lot⁸] 越vượt xe[vɯːt⁸ sɛ¹]

【超度】泰โปรดสัตว์[proːt⁹ sat⁷] 老ຂ້າມລົງສາບ[khaːm³ loŋ² saːn¹] 岱-侬vá[va⁴] 越siêu độ[şiːu¹ ʔdo⁶];siêu thăng[şiːu¹ thaŋ¹];cầu siêu[kɤu² şiːu¹]

【超过~期限】泰เลยไป[ləːi² pai²];เหนือ กว่า[nɯːa¹ kwaː²];เกินกว่า[kəːn² kwaː²] 老ຫຼາຍ[kaːi¹];ເກີນ[kəːn¹] กว่า[kwaː⁵] 越hơn[hɤːn³];vượt[vɯːt⁸]

【超市】泰ซูเปอร์มาเก็ต[suː² pəː² maː² keːt⁴] 越siêu thị[şiːu¹ thi⁶]

【超重车辆~】泰น้ำหนักเกิน[nam⁴ nak⁷ kəːn²] 越quá trọng lượng quy định[kwa⁵ tşɔŋ⁶ lɯːŋ⁶ kwi¹ ʔdiŋ⁶];vượt mức tải trọng[vɯːt⁸ mɯk⁷ taːi³ tşɔŋ⁶];vượt trọng lượng[vɯːt⁸ tşɔŋ⁶ lɯːŋ⁶];siêu trọng[şiːu¹ tşɔŋ⁶]

【抄~书】泰ลอก[lɔːk¹⁰];คัด[khat⁸] 老ຄັດ[khat⁸];ຄັດສັມເນົ່າ[khat⁸ sam¹ nau²];ຄັດລອງ[khat⁸ lɔːk¹⁰];ລອງ[lɔːk¹⁰];ກ່າຍ[kaːi³] 岱-侬slao[ɬaːu¹] 越泰chép[tsɛp⁷];cái[kaːi⁵] 越chép[tsɛp⁷];saolại[ʂaːu¹ laːi⁶] 芒chép[tsɛp⁷]

【抄近路】泰เดินทางลัด[ʔdəːn² thaːŋ² lat⁸] 老ຕັດໃສ່[tat⁷ sai⁵];ຕັດທາງ[tat⁷ thaːŋ²];ຕັດລັດ[tat⁷ lat⁸];ໄປທາງລັດ[pai¹¹ thaːŋ² lat⁸] 岱-侬pây tăng xó[pəi¹ taːŋ³ ɕɔ⁵] 越泰pay tăng tắt[pai¹¹ taːŋ² tat⁷] 越đi đường tắt

【朝~窗口走去】泰ซี้[tshiː⁴] 老ສู่[suː⁵];ยัง[ɲaŋ²];ต่[tɔː⁵];ไปสู่[pai¹¹ suː⁵];ไปยัง[pai¹¹ ɲaŋ²];หา[haː¹];สาง[siaŋ²];สง[siaŋ⁵] 越hướng[hɯːŋ⁵];về[ve⁴]

【朝廷】泰ราชสำนัก[raːt¹⁰ sam¹ nak⁸];พระจักรพรรดิ[phra⁴ tsak⁵ kra⁵ phat⁸] 越triều[tşiːu²];triều đình[tşiːu² ʔdiŋ²] 芒tliều[tliːu²]

【潮湿】泰ชื้น[tshɯːn⁴];ชุ่ม[tshum³];เปียก[piak⁹];เปียกชุ่ม[piak⁹ tshum³] 老ປຽກຊຸ່ມ[piak⁹ sum⁵];ຊຸ່ມ[sum⁵];ຮິມ[ʔɯn⁵];ເຮືອບ[ʔɯːan¹] 岱-侬dấu[jəu⁵];chụm[tɕum⁴] 越泰múc[mɯk⁷] 越ẩm ướt[ʔɤm³ ʔɯːt⁷];ẩm thấp[ʔɤm³ thɤp⁷];ẩm[ʔɤm³] 芒ám[ʔɤm³]

【潮水】泰กระแสน้ำ[kra⁵ sɛː² nam⁴] 老ທະເລຫາຍໃຈ ຂຶ້ນລົງ[tha⁵ leː² haːi¹ tsai¹ khɯn³ loŋ²] 越nước thùy triều[nɯːk⁷ thwi³ tşiːu²];con nước[kɔn¹ nɯːk⁷]

【嘲笑】泰ทันหน้าเข้าหา[han¹ naː³ khau³ haː¹] 老เยาะเย้ย[ɲɔ⁵ ŋəi⁴];ย้อะเย้ย[ɲua⁴ ŋəi⁴];เย้ยขยับ[ŋəi⁴ ɲan¹];เย้ย[ŋəi⁴];เอ๊ะขย้ยับ[vau⁴ nɔː³ ɲan¹];ขย้ยับ[ŋɔː¹ ɲan¹];ขยับ[ɲan¹];ทัอฮวับ[huːa¹ khwan¹];เริ่งทิอ[heŋ⁵ huːa¹] 岱-侬phuối mẻng[phuː⁵ meŋ⁵];phuối piu[phuː⁵ piu³] 越泰xiét xuôi[şiːt⁷ suːi¹] 越chế giễu[tse⁵ zeu⁴];chế nhạo[tse⁵ ɲaːu⁶];mia mai[miə³ maːi¹];cười chê[kɯːi² tse¹] 芒mi môi[mi³ moi¹];cười chê[kɯːi² tse¹]

【巢❷】泰รัง[raŋ²] 老ຮັງ[haŋ²];ทุลาอิง[ku² laː² vok⁸] 岱-侬rằng[raŋ²] 越泰hẳng[haŋ²] 越ổ[ʔoː³];hang ổ[haːŋ¹ ʔoː³];tổ[to³] 芒ổ[ʔoː⁵]

【吵架❸】泰ทะเลาะ[tha⁴ lɔ⁴];ทะเลาะวิวาท[tha⁵ lɔ⁵ wi⁵ vaːt¹⁰] 老ຖຽງ[thiaŋ¹];ຖຽງກັນ[thiaŋ¹ kan¹];ทะเลาะ[tha⁵ lɔ⁵];ทะเลาะอิวาด[tha⁵ lɔ⁵ vi⁵ vaːt¹⁰];ทุ่มถยง[thum⁵ thiaŋ¹];เป็นปากสง[pen¹¹ paːk⁹ siaŋ¹];เป็นปากเป็นสง[pen¹¹ paːk⁹ pen¹¹ siaŋ¹];

---

❶ 石家hap⁴　掸khăp D1S　泐xăp D1S
❷ 阿含rāng A2　掸haŋ A2　泐hrăŋ A2;hăŋ A2
❸ 石家phit⁴

ຜິດກັນ[phit⁷ kan¹] 普 rAng³ mân³[rɒŋ³ mɤn³] 越 cãi nhau[ka:i⁴ ɲau¹] 芒 kho hà[khɔ¹ ha²];cãi rà[ka:i⁴ ra²]

【炒】 泰 คั่ว[khu:a³];ผัด[phat⁷] 老 ຂົ້ວ[khu:a³];ຜັດ[phat⁷] 岱-侬 khủa[khu:ə³];xảo[ɛa:u³]; xẻo[ɛɛu³] 越泰 khủa[khu:ə³];bỏ[ʔbo¹] 普 rhang¹[ɽa:ŋ¹] 越 xào[sa:u²];rang[ʐa:ŋ¹] 芒 xào[sa:u²];rang[ra:ŋ¹];hang[ha:ŋ¹];nổ hang[no³ ha:ŋ¹]

【炒菜锅】 泰 กระทะ[kra⁵tha⁴] 老 ໝໍ້ກະທະ[mɔ:³ ka² tha⁵];ໝໍ້ຂາງ[mɔ:³ kha:ŋ¹] 越 xanh[saŋ¹];cái xanh [ka:i⁵ saŋ¹] 芒 xenh[sɛŋ¹];cái xenh[ka:i¹ sɛŋ¹];cái chảo xào thức ăn[ka:i⁵ tsa:u³ sa:u² thuɯk⁷ ʔan¹]

【炒饭 我想吃~】 泰 ข้าวผัด[kha:u³ phat⁷] 老 ເຂົ້າຜັດ [khau³ phat⁷] 越 cơm rang[kɤ:m¹ ʐa:ŋ¹] 芒 cơm rang[kɤ:m¹ ra:ŋ¹]

【炒粉】 泰 ก๋วยเตี๋ยวผัด[ku:ai¹ ti:au¹ phat⁷] 老 ກ໋ວຍ ຕຽວຂົ້ວ[kua:i¹ ti:au¹ khu:a³];ກ໋ວຍຕຽວຜັດ[ku:ai¹ ti:au¹ phat⁷] 岱-侬 fản xẻo[fan³ɛɛu³] 越泰 phở khủa [phə³ khu:ə³] 越 phở xào[fɤ³ sa:u²]

【炒面】 泰 บะหมี่ผัด[ʔba⁵ mi:⁵ phat⁷] 老 ໝີ່ຜັດ[mi:² phat⁷] 越 mì xào[mi² sa:u²];mì sợi xào[mi² ʂɤ:i⁶ sa:u²] 芒 mì xào[mi² sa:u²]

【车❶】 泰 รถ[rot⁸] 老 ລົດ[lot⁸] 岱-侬 xe[ɛɛ¹] 越泰 xe[sɛ¹] 普 zân⁴[zɤn⁴];qarân⁴[qa⁰ rɤn⁴] 越 xe[sɛ¹] 芒 xe[sɛ¹]

【车费】 泰 ค่าโดยสารรถ[kha:³ ʔdo:i² sa:n¹ rot⁸] 老 ຄ່າລົດ[kha:⁵ lot⁸] 越 tiền xe[ti:n² sɛ¹];tiền cước [ti:n² kɯ:k⁷]

【车祸】 泰 อุบัติเหตุทางรถยนต์หรือรถไฟ[ʔu⁵ ʔbat⁷ he:t⁷ tha:ŋ² rot⁸ jon² rɯ:¹ rot⁸ fai²] 老 ອຸບັດເຫດຈະລາຈອນ [ʔu² ʔbat⁷ he:t⁷ tsa² la:² tsɔ:n¹] 越 tai nạn giao thông [ta:i¹ na:n⁶ za:u¹ thoŋ¹];tai nạn xe cộ[ta:i¹ na:n⁶ sɛ¹ ko⁶]

【车轮】 泰 ล้อ[lɔ:⁴];ลูกล้อ[lu:k¹⁰lɔ:⁴];กงล้อ[koŋ¹lɔ:⁴] 老 ລໍ້[lɔ:⁴];ລູກລໍ້[lu:k¹⁰ lɔ:⁴];ຈັກ[tsak²];ຈັກກະ[tsak² ka²];ກົງລໍ້[koŋ¹¹ lɔ:⁴];ກົງລົດ[koŋ¹ lot⁸] 岱-侬 quảng xe[kwaŋ³ɛɛ¹];bánh xe[ʔbɛŋ³ɛɛ¹] 越泰 cuổng xe [su:ŋ³sɛ¹] 越 bánh xe[ʔban⁵sɛ¹] 芒 pênh xe[pɛŋ³ sɛ¹]

【车篷】 泰 ประทุนรถ[pra⁵ thun² rot⁸] 老 ພອງລົດ [phu:aŋ² lot⁸];ປະທຸນລົດ[pa² thun² lot⁸] 越 mui xe [mui¹ sɛ¹] 芒 mul xe[mul¹ sɛ¹]

【车票】 泰 ตั๋วรถ[tu:a¹ rot⁸];ตั๋วโดยสารรถ[tu:a¹ʔdo:i² sa:n¹ rot⁸] 越 vé xe[vɛ⁵ sɛ¹]

【车前草】 泰 ต้นแปลนทิน[ton³ plɛ:n² thin²] 岱-侬 nhả kip mạ[ɲa¹ kip⁷ ma⁴] 越 mã đề[ma⁴ ʔde²];cây mã đề[kɤ:i¹ ma⁴ ʔde²];cỏ xa tiền[kɔ³ sa¹ ti:n²]

【车厢】 泰 ตู้รถ[tu:³ rot⁸] 老 ຕູ້ລົດ[tu:⁴ lot⁸] 越 thân toa[thɤn¹ twa¹];toa xe[twa¹ sɛ¹]

【车站】 泰 สถานี[sa⁵ tha:¹ ni:²];สถานีรถไฟ[sa⁵ tha:¹ r.i:² rot⁸ fai²];ป้ายรถเมล์[pa:i³ rot⁸ me²] 老 ສະຖານີລົດ [sa² tha:¹ ni:² lot⁸];ສະຖານີ[sa² tha:¹ ni:²] 越 nhà ga [ɲa² ɣa¹];ga[ɣa¹];bến xe[ʔben⁵ sɛ¹] 芒 ga[ɣa¹]

【扯】 泰 ดึง[ʔdɯŋ²];ฉีก[tshi:k⁹] 老 ຈີກ[tsi:k⁹] 越 xé[sɛ⁵] 芒 xé[sɛ³]

【撤退】 泰 ถอย[thɔ:i¹];ถอยทัพ[thɔ:i¹ thap⁸];ล่าถอย [la:³ thɔ:i¹];ล่าทัพ[la:³ thap⁸] 老 ຖອຍ[thɔ:i¹];ຖອຍຕົວ [thɔ:i¹ tu:a¹];ຖອຍຂັບ[thɔ:i¹ thap⁸];ຖົກຖອນ[thok⁷ thɔ:n¹];ຖອນ[thɔ:n¹];ຖອນຕົວ[thɔ:n¹ tu:a¹];ຖອນຖອຍ [thɔ:n¹ thɔ:i¹];ຖົກຕອນ[thok⁷ thɔ:n¹] 岱-侬 thân tèo [thən¹ tɛu³];thân lăng[thən¹ laŋ¹] 越泰 lốp[lop⁵] 越 rút khỏi[zut⁷ khɔ:i³];thoái lui[thwa:i⁵ lui¹];rút lui[zut⁷ lui¹];triệt thoái[tṣi:t⁸ thwa:i⁵];lui binh[lui¹ ʔbin¹] 芒 rút[rut⁷];lui binh[lui¹ ʔbin¹]

【沉 ~下水底 ❷】 泰 จม[tsom²];จมลง[tsom² loŋ²] 老

---
❶ 石家 lot⁴
❷ 撣 som A1　渤 čum A1

ฑีบ[lip⁷] 岱-侬 dăm[jam¹];chǎng[tɕaŋ³] 越泰 chôm[tsom¹];lùm[lum³] 普 jăm⁴[jam⁴] 越 chìm[tsim²];đắm[ʔdam⁵] 芒 tìm[tim²]

【沉淀】 泰 นอนก้น[nɔːn² kon³];ตกตะกอน[tok⁷ taˀ kɔːn²] 老 มอนภิ้ม[nɔːn² kon⁴] 越 lắng[laŋ⁵];cặn[kan⁶] 芒 lǎng[laŋ³]

【沉淀物】 泰 กาก[kaːk³];ตะกรัน[taˀ kran²];ตะกอน [taˀ kron²];ตะกอน[taˀ kɔːn²];ก้นตะกรัน[kon³ taˀ kron²];ก้นตะกอน[kon³ taˀ kɔːn²];ขี้ตะกอน[khiː³ taˀ kɔːn²] 老 ภาภ[kaːk⁹];เป็นผิก[pen¹ˀ phuk⁷];ภิ้ม ตะภอบ[kon⁴ taˀkɔːn¹ˀ];ตะภอบ[taˀkɔːn¹ˀ];ฃิ้[khiː³]; ขาดเป็นผิก[thaːt¹⁰ pen¹ˀ phuk⁷];ผิก[phuk⁷] 越 cặn[kan⁶]

【沉积岩】 泰 หินชั้น[hin¹ tshan⁴] 老 ทิมฃั้บ[hiːn¹ san⁴] 越 via trầm tích[viə³ tʂɤm² tit⁷];nham kết tầng[ɲaːm¹ ket⁷ tɤŋ²]

【沉迷】 泰 ลุ่มหลง[lum³ loŋ³];คลั่งใคล้[khlaŋ³ khlai⁴] 老 มัว[muːa²];เมา[mau²];มัวเมา[muːa² mau²];เมาเมัว [mau² muːa²];ฬิภมุ่น[mok⁷ mun⁵];ฬิภฬืน[mok⁷ mon³];ฉิงใฉ[loŋ¹ lai¹ˀ];ก้อเฃ้า[kuːa⁴ kau⁴];ก้อ[kuːa⁴]; เฏือภก้อมัวเมา[kuːak⁹ kuːa⁴ muːa² mau²] 岱-侬 có[kɔ²];hứn[huɯn⁵] 越泰 māu[mau²] 越 mê[me¹]; say mê[ʂai¹ me¹];ham mê[haːm¹ me¹];say sưa[ʂai¹ ʂɯa¹];đam mê[ʔdaːm¹ me¹];máu mê[mau⁵ me¹]; mài[maːi³] 芒 mê[me¹];mê múl[me¹ mul⁵];màu mê[mau³ me¹];mái[maːi⁵]

【陈米】 泰 ข้าวเก่า[khaːu³ kau⁵] 老 เฃั่าเฃ่า[khau³ kau⁵] 越 gạo để lâu[ɣaːu⁶ ʔde³ lɤu¹];gạo năm trước [ɣaːu⁶ nam¹ tʂɯːk³]

【尘土❶】 泰 ฝุ่น[fun⁵];ฝุ่นละออง[fun⁵ laˀ ʔɔːŋ²];ละ ออง[laˀ ʔɔːŋ²];ผงคลี[phoŋ¹ khliː²];ขี้ฝุ่น[khiː³ fun⁵]; ขี้ละออง[khiː³ laˀ ʔɔːŋ²];ชุย[khui¹];ผง[phoŋ⁵] 老 ผู้น [fun³];ฝู่น[fun⁵];ละออง[laˀ ʔɔːŋ¹ˀ];ฝุ่นละออง[fun⁵

la⁵ ʔɔːŋ¹ˀ];ขี้ฝุ่น[khiː³ fun⁵];ขี้ผูก[khiː³ phuk⁸];ติ่ฉุลี [phoŋ¹ thuˀ liː²];ขี้ไฑๆ[khiː³ ɲai⁵] 岱-侬 mǔm[mun³] 普 qahân²[qaˀ⁰ hɤn²] 越 bụi[ʔbui⁶];bụi bặm[ʔbui⁶ ʔbam⁶] 芒 pŭl[pul⁴];pŭl pǎm[pul⁴ pam⁴]

【衬裙】 泰 กระโปรงชั้นใน[kraˀ proːŋ² tshan⁴ nai²];เปติโคต[peːˀ⁹ tiˀ⁵ khɔːt¹⁰];เพ็ตติโคต[phet⁸ tiˀ⁵ khɔːt¹⁰] 老 ภะโปงฉ้อม[kaˀ poːŋ¹ˀ sɔːn⁴];สิ้มฉ้อม[sin⁵ sɔːn⁴] 越 váy lót[vai⁵ lɔt⁷];váy trong[vai⁵ tʂɔŋ¹]

【衬衫】 泰 เสื้อเชิ้ต[sɯːa³ tshəːt¹⁰];เชิ้ต[tshəːt¹⁰] 老 เสื้อเฃิมี[sɯːa³ sɤː² miː²];เสื้อเฃิด[sɯːa³ sɤːt¹⁰] 岱-侬 sửa xơ mi[ɬɯa³ ɕɤ¹ mi¹] 越 áo xơ mi[ʔau⁵ ɕɤ¹ mi¹];xơ mi[ɕɤ¹ mi¹]

【称心】 泰 พอใจ[phɔː² tsai²] 老 ดิบดิ[ʔdip⁷ ʔdiː¹]; ดิบดิ[ʔdɯp⁷ ʔdiː¹ˀ];ต้องใจ[tɔːŋ⁴ tsai¹];ฉิ้มใจ[ʔim⁵ tsai¹];ฉิ้มอิฉิ้มใจ[ʔiːm⁵ ʔok⁷ ʔiːm⁵ tsai¹];ทะบัด ใจ[thaˀ² nat¹ tsai¹];ฑิ้กอิฑิ้กใจ[thɯːk⁹ ʔok⁷ thɯːk⁹ tsai¹];น้ำใจ[nam¹ tsai¹];อิดถะ[ʔit⁷ thaˀ²] 岱-侬 ngám cò[ŋaːm⁵ kɔ²];thuc cò[thuk⁷ kɔ²] 越 đi chậu[ʔdi¹ tsau¹] 越 vừa lòng[vɯa² lɔŋ²];vừa ý[vɯa² ʔi⁵];ưng ý[ʔuŋ¹ ʔi⁵] 芒 phái ỷ[faːi⁵ ʔi³]

【趁~天没黑走吧】 泰 ถือโอกาส[thɯː¹ ʔoː² kaːt⁹] 老 ถิโอฆาด[thɯː¹ ʔoː¹ˀ kaːt⁹] 越 nhân lúc[ɲɤn⁵ luk⁷];sẵn dịp[ʂan⁴ zip⁸]

【趁早】 泰 ถือโอกาสในขณะที่เวลายังเช้า[thɯː¹ kaːt⁹ nai² khaˀ⁵ naˀ⁵ thiː³ weː² laː² jaŋ² tshau⁴] 越 sớm[ʂɤːm⁵];thừa lúc còn sớm[thɯa² luk⁷ kɔn² ʂɤːm⁵]

【称~重量❷】 泰 ชั่ง[tshaŋ³] 老 ฃั่[saŋ⁵];ติด[tit¹⁰] 岱-侬 chǎng[tɕaŋ³] 越泰 chóng[tsɔŋ⁵];điếng[ʔdiəŋ⁵] 普 lǎj³ ki⁴[lai³ ki⁴] 越 cân[kɤn¹]

【称呼】 泰 เรียก[riːak¹⁰] 老 ฮฆก[hiak¹⁰] 越 xưng hô[suɯŋ¹ ho¹];gọi[ɣɔi⁶]

---

❶ 拉哈 khon⁶; khôl⁵
❷ 阿含 chāng B2  撣 sāŋ B2  泐 čǎŋ B2

【撑用木头~墙❶】 泰ยัน[jan²] 老จิ้ง[tsuŋ⁴];จิ้ง[tsaŋ⁴];เขื้ง[thau⁴];บอง[ʔbɔŋ⁴];ยัน[jan¹];หมุน[muːn¹] 普ti⁴[ti⁴] 越chống[tsoŋ⁵] 芒chồng[tsoŋ³]

【撑~船】 泰ถ่อ[thɔ⁵] 老ถ่[thɔ⁵] 岱-侬xéng[ɛɛŋ⁵] 越泰thó[thɔ⁵] 越chống[tsoŋ⁵] 芒chồng[tsoŋ³]

【撑~伞】 泰กาง[kaːŋ²] 老กาง[kaːŋ¹] 越giương[zɯːŋ¹] 芒dềnh[ʔdɛn³];dớ[zɤ⁵]

【撑腰】 泰สนับสนุน[sa⁵ nap⁷ sa⁵ nun¹] 老ใช้ขาง[hai³ haːŋ¹];หนุนหัง[nun¹ laŋ⁵] 越nâng đỡ[nɤŋ¹ ʔdɤ⁴] 芒chống pum lâng[tsoŋ³ pum¹ lɤŋ¹]

【橙色】 泰สีส้ม[siː¹ som³] 老สีแสด[siː¹ sɛːt³] 越màu da cam[mau² za¹ kaːm¹] 芒màu ta cam[mau³ ta¹ kaːm¹]

【橙子❷】 泰ส้ม[som³] 越quả cam[kwa³ kaːm¹];cam đường[kaːm¹ ʔdɯːŋ²];cam sành[kaːm¹ ʂaɲ²]

【成做~了】 泰เป็น[pen²] 老เป็น[pen¹] 岱-侬pền[pen²] 越泰pên[pen¹] 越nên[nen¹];thành[than²] 芒thành[than²]

【成本】 泰ต้นทุน[ton¹ thun²] 老ลາคาสำเร็ด[laː kha² sam¹ let⁸];ลາคาต้นทึม[laː kha² ton⁴ thun²];ติ๊บทึม[ton⁴ thun²] 越giá thành[za⁵ than²]

【成功】 泰เป็นผลสำเร็จ[pen² phon¹ sam¹ ret⁷];สำเร็จ[sam¹ ret⁷] 老สำเร็ด[sam¹ let⁸] 越thành công[than² koŋ¹] 芒thành công[than² koŋ¹]

【成绩】 泰ผลงาน[phon¹ ŋaːn²] 老ผิน[phon¹];ผืนงาน[kam¹ ma⁵ phon¹] 越thành tích[than² tit⁵];kết quả học tập[ket⁷ kwa³ hɔk⁸ tɤp⁸] 芒thành tích[than² tit⁵]

【成家】 泰เป็นฝั่งเป็นฝา[pen² faŋ⁵ pen² faː¹];ล่มหัวจม ท้าย[lom³ huɐ¹ tsom⁵ thaːi⁴] 老ขึ้นถือ[khun⁵ khuɐ²];ส้างถอบถือ[saːŋ³ khɔːp¹⁰ khuɐ²];ออกถือ[ʔɔːk⁵

khuɐ²] 岱-侬pền rườn[pen²rɯːn²] 越泰pên hườn[pen¹ hɯːn²];ha hườn[ha¹ hɯːn²] 越lập gia đình[lɤp⁸ zaː¹ ʔdin²]

【成交】 泰ตกลงซื้อขายกัน[tok⁷ loŋ² sɯː⁴ khaːi¹ kaːn²];ได้มีการตกลงซื้อขายกันเรียบร้อยแล้ว[ʔdai³ miː² kaːn² tok⁷ loŋ² sɯː⁴ khaːi¹ kaːn² riːap¹⁰ rɔːi⁴ lɛːu⁴];ตกลงซื้อขาย กัน[tok⁷ loŋ² sɯː⁴ khaːi¹ kaːn²] 岱-侬pền chá[pen² tɕa⁵] 越đã thoả thuận[ʔda⁴ thwa³ thwɤn⁶];thỏa thuận xong[thwa³ thwɤn⁶ soŋ¹];đã thành giao kè[ʔda⁴ than² zaːu¹ kɛ²];đã ăn giá[ʔda⁴ ʔan¹ za⁵];ăn giá[ʔan¹ za⁵] 芒ăn dá[ʔan¹ za³]

【成立】 泰ก่อตั้ง[kɔː⁵ taŋ³];สถาปนา[sa⁵ thaː⁵ pa⁹ naː²] 老จัดตั้ง[tsat⁷ taŋ⁴];ก่อตั้ง[kɔː⁵ taŋ⁴];ตั้ง[taŋ⁴] 越泰tếnh đa[tɛŋ⁵ ʔda¹] 越thành lập[than² lɤp⁸];lập ra[lɤp⁸ zaː¹];dựng nên[zɯŋ⁶ nen¹];lập[lɤp⁸] 芒láp[lɤp⁸];thành lập[than² lɤp⁸]

【成亲】 泰แต่งงานกัน[tɛːŋ⁵ ŋaːn² kaːn²] 老เอิงทับ[ʔau¹ kaːn²] 越kết hôn[ket⁷ hon¹];thành vợ thành chồng[than² vɤ⁶ than² tsoŋ²]

【成药】 泰ยาสำเร็จรูป[jaː² sam¹ ret⁷ ruːp¹⁰] 越thuốc pha chế sẵn[thuːk⁷ fa¹ tɕe⁵ ʂan⁴];thuốc đã bào chế sẵn[thuːk⁷ ʔda⁴ ʔbaːu² tɕe⁵ ʂan⁴]

【城郊】 泰ชานเมือง[tsaːn² mɯːaŋ²] 老จ้ายเมือง[tsaːi⁴ mɯːaŋ²];ຊາมເມືອງ[saːn² mɯːaŋ²] 越ngoại ô[ŋwaːi⁶ ʔo¹];ngoại thành[ŋwaːi⁶ than²]

【城楼】 泰หอบนประตูกำแพงเมือง[hɔː¹ ʔbon² praː⁵ tuː² kam² phɛːŋ² mɯːaŋ²];ประตูกำแพงที่มีหอคอย[praː⁵tuː²kam² phɛːŋ² thiː³mi:² hɔː¹ khɔːi²] 越lầu thành[lɤu² than²]

【城门】 泰ประตูเข้าเมือง[praː⁵ tuː² khau³ mɯːaŋ²];ประตูเมือง[praː⁵ tuː² mɯːaŋ²] 老ปะตูเมือง[pa² tuː¹ mɯːaŋ²];ปะตูโขง[pa² tuː¹ khoŋ²];ปะตูโขง[pa² tuː¹ khoŋ¹] 越cổng thành[koŋ³ than²]

---

❶ 石家râng
❷ 石家maak²-kian²

【城墙】 泰กำแพงเมือง[kam² phɛːŋ² mɯːaŋ²] 老 ກຳແພງເມືອງ[kam¹' phɛːŋ² mɯːaŋ²];ກຳແພງ[kam¹' phɛːŋ²];ຝາກຳແພງ[faː¹ kam¹' phɛːŋ²];ວງ[viːaŋ²] 越tường thành[tɯːŋ² than²]

【城市】 泰เมือง[mɯːaŋ²];ตัวเมือง[tuːa²mɯːaŋ²];เชียง[tɕhiːaŋ²] 老 ເມືອງ[mɯːaŋ²];ກຳແພງ[kam¹' phɛːŋ²];ກຳແພງເມືອງ[kam¹' phɛːŋ² mɯːaŋ²];ໂຕເມືອງ[toː¹' mɯːaŋ²];ຕົວເມືອງ[tuːa¹' mɯːaŋ²];ນະຄອນ[na⁵ khɔːn²] 傣-依chình[tɕiŋ²];slành[ɬɛŋ²] 越泰thành[theŋ²] 普hư⁴ du⁴[hur⁴ du⁴] 越thành phố[than² fo⁵];thành thị[than² thi⁶];thành[than²] 芒thành thĩ[than² thi⁴];thành phố[than² fo³];thành[than²]

【诚实】 泰ชื่อสัตย์[sɯː³sat⁷] 老 ຕົງ[toŋ¹'];ອຸທານ[ʔuː² thaːn²] 傣-依ngay hiến[ŋai¹ hin⁵] 越泰thật thọ[that⁸ thɤ²];thành thực[than² thɯk⁸];thành thật[than²thɤt⁸];thực thà[thɯk⁸tha²] 芒thành thât[than² thɤt⁸]

【承包】 泰รับเหมา[rap⁸mau¹] 老 ຮັບເໝົາ[hap⁸mau¹] 越thầu khoán[thɤu²xwaːn⁵];thầu[thɤu²];khoán[xwaːn⁵] 芒thầu khoán[thɤu²khwaːn⁵];khoán[khwaːn⁵];thầu[thɤu²]

【承认】 泰รับรู้[rap⁸ ruː⁴];รับ[rap⁸] 老 ຮັບ[hap⁸];ຂໍຮັບ[khɔː¹hap⁸];ສາລະພາບ[saː¹laʰ⁵phaːp¹⁰];ຮັບສາລະພາບ[hap⁸saː¹laʰ⁵phaːp¹⁰];ຍອມຍັບຮັບ[ɲin²ŋɔːm²hap⁸];ຍອມຮັບ[ɲɔːm²hap⁸];ບັບຕົຖຮັບຮູ້[nap⁸ thɯː¹ hap⁸ huː⁴];ຮັບຮອງ[hap⁸ hɔːŋ²] 越thừa nhận[thɯa² ɲɤn⁶];thú nhận[thu⁵ ɲɤn⁶];nhìn nhận[ɲin² ɲɤn⁶] 芒nhìn nhẫn[ɲin² ɲɤn⁴]

【乘 二~三得六】 泰คำนวณ[kham² nuːn²];คูณ[khuːn²] 老 ຄູນ[khuːn²];ຄຳນວນ[kham² nuːn²] 傣-依nhân[ŋɔn¹] 越泰tính cộp[tiŋ⁵ kop⁸] 芒nhân[ŋɤn¹] 芒nhân[ŋɤn¹]

【乘法】 泰วิธีคูณ[wi⁴thiː² khuːn²] 老 ຄູນເລກ[khuːn² leːk¹⁰];ເລກຄູນ[leːk¹⁰ khuːn²] 越phép nhân[fɛp⁷ ŋɤn¹]

【乘客】 泰ผู้โดยสาร[phuː³ ʔdoːi² saːn¹] 老 ຄົນໂດຍ[khon² ʔdoːi¹] 越hành khách[han² xat⁷]

【乘凉】 泰กินลม[kin² lom²];ตากลม[taːk⁹ lom²];ตากอากาศ[taːk⁹ ʔaː² kaːt⁹] 老 ເບີຍເບັບ[ʔbɤː¹' jen¹];ເບີຍລົມ[ʔbɤː¹' lom²];ເບີຍອາກາດ[ʔbɤː¹' ʔaː¹' kaːt⁹];ຕາກອາກາດ[taːk⁹ ʔaː¹' kaːt⁹];ຜັດຕາກອາກາດ[phak⁸ taː¹' ʔaː¹' kaːt⁹];ຜັດຮົມ[phak⁸ hom⁵] 傣-依nao lồm[naːu¹ lom²];thinh lồm[thiŋ² lom²] 越泰dú dên[juː¹ jen¹] 越hóngmát[hɔŋ⁵maːt⁷];hónggió[hɔŋ⁵zɔ⁵] 芒hòng maích[hɔŋ³ maːit⁷];hòng xó[hɔŋ³ sɔ³]

【盛~水❶】 泰ตัก[tak⁷];ขด[khot⁷] 老 ຕັກ[tak⁷] 傣-依to[tɔ¹] 越泰chuồng[tɕuːŋ⁶] 普thô¹[tho¹] 越đựng[ʔdɯŋ⁶];chứa[tsɯːa⁵] 芒đồng[ʔdɤːŋ³]

【逞能】 泰อวดความสามารถ[ʔuːat⁹ khwaːm² saː¹ maːt¹⁰];อวดเก่ง[ʔuːat⁹ keŋ⁵] 老 ແຜງ[phɛːŋ¹];ແຜງລິດ[phɛːŋ¹ lit⁸] 傣-依khai sướng mì tài[khaːi¹ ɬɯːŋ⁵ mi² taːi²] 越khoe tài[xwɛ¹ taːi²];trổ tài[tʂoː⁵ taːi²];làm tàn[laːm² taːn²]

【秤】 泰ตาชั่ง[taː² tɕhaŋ³];เครื่องชั่ง[khrɯːaŋ³ tɕhaŋ³] 老 ຊັ່ງ[saŋ⁵];ສິງ[siŋ²] 傣-依mạc chẳng[maːk⁸ tɕaŋ³];mạc sláng[maːk⁸ ɬaŋ⁵] 越泰điếng[ʔdiːŋ⁵] 普kân[kɤn⁴] 越cân[kɤn¹];cái cân[kaːi⁵ kɤn¹] 芒cân[kɤn¹]

【秤杆】 泰คันชั่ง[khan² tɕhaŋ³] 老 ຄັນຊັ່ງ[khan saŋ⁵];ກ້ານດຽງ[kaːn⁴ ʔdiːaŋ²] 越cán cân[kaːn⁵ kɤn¹]

【秤钩】 泰ตะขอเกี่ยวของตาชั่ง[taʰ⁵ khɔː¹ kiːau⁵ khɔːŋ² taː² tɕhaŋ³] 越cái móc cân[kaːi⁵ mɔk⁷ kɤn¹]

【秤砣】 泰ลูกตุ้มตาชั่ง[luːk¹⁰ tum³ taː² tɕhaŋ³] 老 ຫຳຊິງ[ham¹ siŋ²];ໝາກຕຸ້ມສິງ[maːk⁹ tom⁴ siŋ²] 傣-依tò chẳng[tɔ² tɕaŋ³];mac chẳng[maːk⁷ tɕaŋ³] 越泰hăm điếng[ham¹² diːŋ⁵] 越quả cân[kwaː³ kɤn¹] 芒tói cân[tɔi⁵ kɤn¹]

---

❶ 石家 khot⁶

【秤星】 泰ตาชั่ง[ta:² tshaŋ³] 老ตาຊັ່ງ[ta:¹¹ saŋ⁵];ตาຂິ່ງ [ta:¹¹ siŋ²] 越hoa trên cán cân[hwa¹ tsen¹ ka:n⁵ kɤn¹]

【吃❶】 泰กิน[kin²];ทาน[tha:n²];แสบ[se:p⁹] 老ກິນ[kin¹¹];ເສບ[se:p⁹];ບໍລິໂພກ[ʔbɔ:¹¹ li⁵ pho:k¹⁰];ຮັບປະທານ[hap⁸ pa² tha:n²] 岱-侬kin[kin¹] 越泰 kin[kin¹];thửa[thuə³] 普kân[kɤn¹];kơn[kɤ:n¹] 越ăn[ʔan¹] 芒ăn[ʔan¹];hiển[hi:n³]

【吃惊】 泰ตกใจ[tok⁷ tsai²] 老ຕົກຕະລຶງ[tok⁷ ta² luŋ²];ຕົກຄະມະໃຈ[tok⁷ kha⁵ ma⁵ tsai¹];ຕົ້ມຕົກໃຈ[tok⁷ tsai¹¹];ລະລານ[la⁵ la:n²];ຕື່ມຕົກໃຈ[tuɯ:n⁵ tok⁷ tsai¹];ເຫີກຂາດ[hə:k⁹ ha:k⁹];ຫວ່າ[va:⁵];ກະແດະ [ka² ʔde⁴];ເຫີ[kə:⁴] 岱-侬piêt lạ[pi:t⁷ la⁴] 越giật mình[zɤt⁸ miŋ²];kinh ngạc[kiŋ¹ ŋa:k⁸]

【吃亏】 泰เสียเปรียบ[si:a¹ pri:ap⁹] 老ທ່າເສຍປຽບ [tha:⁵ si:a¹ pi:ap⁹];ກະເທີນ[ka² thə:n²];ເສຍປຽບ[si:a¹ pi:ap⁹];ຜາດທ່າ[pha:t¹⁰ tha:⁵] 岱-侬lôm pòm[lom¹ pom³] 越泰xiêu tảy[si:u¹ tai³] 越bị thiệt[ʔbi⁵ thi:t⁸];bị họ[ʔbi⁶ hɤ⁵];bị lỗ[ʔbi⁶ lo⁴]

【吃利息】 泰กินดอกเบี้ย[kin² ʔdɔ:k⁹ ʔbi:a³] 老ກິນດອກ[kin¹¹ ʔdɔ:k⁹];ກິນກຳໄລ[kin¹¹ kam¹ lai²];ກິນເບ້ຍ [kin¹¹ ʔbi:a⁴] 岱-侬kin choản[kin¹ tewa:n³] 越泰kin mả[kin¹ ma:³] 越ăn lãi[ʔan¹ la:i⁴];lấy lãi[lɤi⁵ la:i⁴] 芒ăn lãi[ʔan¹ la:i⁴];lễ ngôn[le⁴ ŋo:n⁴]

【吃零食】 泰กินจุบกินจิบ[kin² tsup⁷ kin² tsip⁷] 老ກິນມອງຄາບ[kin¹¹ nɔ:k¹⁰ kha:p¹⁰];ກິນຂອງມອງຄາບ [kin¹¹ khɔ:ŋ¹ nɔ:k¹⁰ kha:p¹⁰];ກິນຂອງວ່າງ[kin¹¹ khɔ:ŋ¹ va:ŋ⁵];ກິນຕຶ້ມ[kin¹¹ liːn³] 岱ăn quà[ʔan¹ kwa:³] 越ăn vặt[ʔan¹ vat⁸] 芒ăn vặt[ʔan¹ vat⁸]

【吃喜酒】 泰กินเหล้าในงานเลี้ยงในวาระที่มีพิธีแต่งงาน [kin² lau³ nai² ŋa:n² li:aŋ⁴ nai² wa:² ra:⁵ thi:³ mi:² phi⁵ thi⁵ tɛ:ŋ⁵ ŋa:n²] 老ກິນແຊງ[kin¹¹ khɛ:k⁹];ກິນດອງ[kin¹ ʔdɔ:ŋ¹] 岱-侬xinh lẩu[ɕiŋ³ ləu³];kin lẩu[kin¹ ləu³] 越泰kin cưới[kin¹ kɯ:i³];kin muốn[kin¹ mu:n⁵]

【吃斋】 泰กินเจ[kin² tse:²] 老ກິນແຈ[kin¹¹ tsɛ:¹¹] 越ăn chay[ʔan¹ tsai¹];ăn nhạt[ʔan¹ ɲa:t⁸];ăn lạt[ʔan¹ la:t⁸] 芒ăn chay[ʔan¹ tsai¹]

【痴呆】 泰ทึ่ม[thum³] 老ใบ้[ʔbai⁴] 岱-侬me [mɛ¹];mè slè[mɛ² ɬɛ²] 越泰māu tai[mau² ta:i¹] 越đờ dẫn[ʔdɤ² ʔdɤn⁴];ngây ngố[ŋɤi¹ ŋo⁵];ngốc nghếch[ŋok⁷ ɲet⁷]

【池塘】 泰สระ[sa⁵];สระเก็บน้ำ[sa⁵ kep⁷ nam⁴];หนอง [nɔ:ŋ¹];กระพัง[kra⁵ phaŋ²];ตระพัง[tra⁵ phaŋ²];ตะพัง [ta⁵ phaŋ²];สะพัง[sa⁵ phaŋ²];บ่อ[ʔbɔ:²] 老ຫນອງ[nɔ:ŋ¹];ບວກຫນອງ[ʔbu:ak⁹ nɔ:ŋ¹] 岱-侬thôm[thom¹¹ 越泰nong[nɔ:ŋ¹] 普thang²[tha:ŋ²] 越đầm [ʔdɤm²];ao[ʔa:u¹];ao chuôm[ʔa:u¹ tsu:m¹];hồ ao [ho² ʔa:u¹];bể[ʔbe³] 芒tầm[tɤm²];ao[ʔa:u¹];lãng đác[la:ŋ³ ʔda:k⁷];ao lâm[ʔa:u¹ lɤm¹]

【迟❷】 泰สาย[sa:i¹];เฉื่อง[ɯ:aŋ³] 老ສອຍ [su:ai¹];ສວາຍ[swa:i¹];ຫຼ້າ[la:³];ເຊື້ອ[hɯ:a⁴] 岱-侬sloai[ɬwa:i¹];slai[ɬa:i¹];lả[la³];lăng[laŋ¹] 越泰xai[sa:i¹];tốc xai[tok⁷ sa:i¹] 普sa⁵[sa⁵] 越 chậm[tsɤm⁶];muộn[mu:n⁶]

【迟到】 泰มาสาย[ma:² sa:i¹] 老ມາຊ້າ[ma:² sa⁴];มาขล่า[ma:² la:³];มาสอาย[ma:² swa:i¹];ຄາດເວລາ [kha:t¹⁰ ve:² la:²];ຂັກຊ້າ[sak⁸ sa:⁴] 越đến muộn[ʔden⁵ mu:n⁶];đến trẻ[ʔden⁵ tse⁴];đến chậm[ʔden⁵ tsɤm⁶]

【迟钝】 泰เชื่องช้า[tshɯ:aŋ² tsha:⁴];ทึ่ม[thum³] 老 ກັນໃຈ[kan¹¹ tsai¹];ໂງ່ຕຶບ[ŋo:⁵ tup⁷];ກຳເລິກ[kam² lau²];ປັນຍາທຶບ[pan¹¹ ɲa:² thup⁸];ທຶບ[thup⁸];ຫຶກ ຫນາ[huk² na:¹];ທຶກ[huk⁷] 岱-侬pửn pản[pɯn³ pa:n³] 越chậm chạp[tsɤm⁶ tsa:p⁸];lần thần[lɤn² t'ɤn²];chậm trí khôn[tsɤm⁶ tsi⁵ xon¹];đần độn [ʔdɤn² ʔdon²] 芒lủ chã[lu⁴ tsa⁴]

---

❶ 石家kin¹ 阿含kìn A1；kin A1 拉基kô¹
❷ 掸la C1；shai A1 泐la C1

【尺寸】 泰ความยาว[khwa:m² ja:u²];ขอบเขต[khɔ:p⁹ khe:t⁹] 老มິຕິ[mi⁵ ti²];ຂະໜາດສ່ວນ[kha² na:t⁹ su:an⁵];ຂະໜາດ[kha² na:t⁹] 岱-侬xích xón[ɕik⁷ ɕɔn⁵] 越kích thước[kit⁷ thɯ:k⁷]

【尺子】 泰ไม้บรรทัด[mai⁴ ʔban² that⁸] 老ໄມ້ແທກ[mai⁴ the:k¹⁰] 岱-侬xich[ɕik⁷];thươc[thɯ:k⁷];mạy xich[mai⁴ɕik⁷] 壮泰thước[thɯ:k⁷];mạythuốk[mai⁴ thɯ:k⁷] 普si³[si³] 越thước[thɯ:k⁷];cái thước[ka:i⁵ thɯ:k⁷] 芒cảy thước[kai³ thɯ:k⁷]

【耻骨】 泰กระดูกหัวเหน่า[kra² ʔdu:k⁹ hu:a¹ nau⁵] 老ຂໍ້ຕີນ[khɔ:³ ti:n¹] 越xương mu[sɯ:ŋ¹ mu¹]

【赤铜】 泰ทองแดง[thɔ:ŋ² ʔdɛ:ŋ²] 老ທອງແດງ[thɔ:ŋ² ʔdɛ:ŋ¹] 越泰tōng đanh[tɔŋ² ʔdɛŋ²] 越đồng đỏ[ʔdoŋ² ʔdɔ³];tồng điếu[ʔdoŋ² ʔdi:u⁵] 芒tồng tiểu [toŋ² ti:u²]

【赤小豆】 泰ถั่วแดง[thu:a⁵ ʔdɛ:ŋ²] 老ຖົ່ວແດງ[thu:a⁵ʔdɛ:ŋ¹];ຖົ່ວສ້ຽນ[thu:a⁵si:an³];ຖົ່ວຜີ[thu:a⁵ phi:¹] 越đậu đỏ[ʔdʌu⁶ ʔdɔ³]

【赤眼鳟】 岱-侬pja tât[pja¹ tət⁷];pja cại[pja¹ ka:i⁴] 越泰pa tết[pa¹ tet⁷] 越cá chày[ka⁵ tsai²]

【翅膀】 泰ปีก[pi:k⁹] 老ປີກ[pi:k⁹] 岱-侬pich[pik⁷] 越泰pík[pik⁷] 普paGɯɤ³[pa⁰ɣɯɤ³];bô¹ gɯɤ¹[bo¹ gɯɤ⁴] 越cánh[kan⁵] 芒kềnh[kɛn⁵]

【春~米❶】 泰ตำ[tam²];สาก[sa:k⁹];ซ้อม[sɔ:m⁴] 老ຕຳ[tam¹];ກ້ອງ[kɔ:ŋ⁴];ຊ້ອມ[sɔ:m⁴] 岱-侬tăm[tam¹];choóng[tɕɔ:ŋ³] 越泰tăm[tam¹];xọm[sɔm⁴] 普kaj³[ka:i³] 越giã[za⁴] 芒tâm[tʌm¹]

【春臼❷】 泰ครก[khrok⁸] 老ຄົກ[khok⁸] 普lăw¹[lau¹] 越cối giã[koi⁵ za⁴];cối giã gạo[koi⁵ za⁴ ya:u⁶]

【冲~在前面】 泰พุ่ง[phuŋ³] 老ລູ່[lu:⁵] 岱-侬pùng[puŋ³];vùng[vuŋ³];rận[rən⁴];phao[pha:u¹];pùng[puŋ³] 越泰lụi[lui⁴] 越xông[soŋ¹];lao[la:u¹] 芒lao[la:u¹]

【冲刺】 泰พุ่งสุดตัว[phuŋ³ sut⁷tu:a²] 老ຕະລຸມບອນ[ta²lum²ʔbɔ:n¹] 越nước rút[nɯ:k⁵ʐut⁷];chạy nước rút[tsai⁶ nɯ:k⁷ ʐut⁷]

【冲锋】 泰บุกจอมตี[ʔbuk⁷ tsɔ:m² ti:²] 老ຕະລຸມບອນ[ta² lum² ʔbɔ:n¹] 越xung phong[suŋ¹ fɔŋ¹]

【冲锋枪】 泰ปืนกลมือ[pɯ:n² kɔn² mɯ:²] 老ປືນກົນມື[pɯ:n¹¹ kon¹¹ mɯ:²];ກົນມື[kon¹¹ mɯ:¹¹] 越súng tiểu liên[ʂuŋ⁵ ti:u³ li:n¹];tiểu liên[ti:u³ li:n¹]

【冲积土】 泰ดินตะกอนน้ำพา[ʔdin² ta⁵ kɔ:n² nam² pha:²] 老ດິນງອກ[ʔdin¹¹ŋɔ:k¹⁰];ດິນຂີ້ປ່ອງ[ʔdin¹¹khi:³ pu:aŋ⁵] 越đất phù sa[ʔdʌt⁷ fu² ʂa¹];đất bồi[ʔdʌt² ʔboi²] 芒tất bồi[tʌt⁷ ʔboi²]

【充饥】 泰ระงับความหิวโหย[ra⁴ ŋap⁸ khwa:m² hiu² ho:i¹];รองท้อง[rɔ:ŋ² thɔ:ŋ⁴] 岱-侬tang tón[ta:ŋ¹ tɔn⁵] 越泰tang pựa[ta:ŋ¹ pɯɤ⁴] 越lót dạ[lɔt⁷ za⁶];ăn cho đỡ đói[ʔan¹ tsɔ¹ ʔdʌ⁴ ʔdoi⁵]

【充足】 泰มีอย่างเพียงพอ[mi:² ja:ŋ⁵ phi:aŋ² phɔ:²] 老ພຽງພໍ[phi:aŋ² phɔ:²];ແຕ່ມຂະໜາດ[tem¹¹kha²na:t⁹] 越đầy đủ[ʔdʌi² ʔdu³];dồi dào[zoi¹ za:u²];sung túc [ʂuŋ¹ tuk⁷] 芒dồi dào[zoi¹ za:u²]

【虫牙】 泰ฟันผุ[fan² phu⁵];แรงกินฟัน[rɛ:ŋ² kin² fan²];แมงกินฟัน[mɛ:ŋ² kin² fan²] 老ແຂ້ວແມງ[khɛu³ mɛ:ŋ²];ແຂ້ວເປັນແມງ[khɛu³ pen¹¹ mɛ:ŋ²] 越sâu răng[ʐʌu¹ zaŋ¹];răng sâu[zaŋ¹ ʐʌu¹];răng sún[zaŋ¹ ʂun⁵] 芒thăng khunh[thaŋ¹ khun¹]

【虫子❸】 泰หนอน[nɔ:n¹];แมลง[ma⁴lɛ:ŋ²];แมง[mɛ:ŋ²];กิฏ[ki:² ta⁵] 老ແມງ[mɛ:ŋ²];ບົ້ງ[ʔboŋ⁴];ກິຕະ[ki:¹¹ ta²] 岱-侬non[nɔn¹];mèng[mɛŋ²];tua non[tuɤ¹

---

❶ 拉哈 klɤw⁴
❷ 阿含 kūk D2S 掸 khok D2S 泐 khok D2S
❸ 石家 mxɤŋ⁴ 阿含 ming A2； mleng A2 掸 mɛŋ A2 泐 mɛŋ A2

nɔn¹];tua mèng[tuə¹ mɛŋ²] 越泰 mãnh[mɛŋ²];bổng [ʔboŋ³];tô mãnh[to¹mɛŋ²];bổng mãnh[ʔboŋ³mɛŋ²] 越 sâu[ʂɣu¹];bọ[ʔbɔ⁶];trùng[tʂuŋ²];con sâu[kɔn¹ ʂɣu¹];con bọ[kɔn¹ ʔbɔ⁶] 芒 đôi[ʔdoi¹];bõ[ʔbɔ⁴]

【重复】 泰 ซ้ำ[sam⁴] 老 จ้ำจี้[tsam⁴ tsi:⁵];ซ้ำ[sam⁴]; ซ่าม[sa:m⁵];ย้ำ[jam³];ต่าว[ta:u⁵];น้ำ[nam⁵];ลิ้ม [lum⁴];ลิ้มคืน[lum⁴ khɯ:n²] 岱-侬 tằm tèo[tam² tɛu³];vằn[vən³] 越泰 làu[lau⁶] 芒 lặp lại[lap⁸ la:i⁸];trùng nhau[tʂuŋ² ɲau¹] 芒 lặp[lap⁸]

【重新】 泰 เอาใหม่[ʔau² mai⁵] 老 ซ้ำ[sam⁴];อีก[ʔi:k⁹] 越 ...lại[...la:i⁶];... một lần nữa[... mot⁸ lɤn² nɯə⁵]

【宠 ~孩子】 泰 โปรด[pro:t⁹];โปรดปราน[pro:t⁹ pra:n²] 老 โปดปาม[po:t⁹ pa:n¹] 岱-侬 ù nì[ʔu² ni²] 越泰 túc tưởi[tuk⁷ tɯ:i³];ồi vai[ʔoi³ va:i¹] 越 cưng[kɯŋ¹];nuông chiều[nu:ŋ¹ tsi:u²];yêu chuộng [ʔi:u¹ tsu:ŋ⁶] 芒 tởl[tɤ:l⁴]

【抽 ~出刀来】 泰 ชัก[tshak⁸] 老 ຊັກ[sak⁸];ถอด [thɔ:t⁹] 岱-侬 thot[thɔt⁷];dut[jut⁷] 越泰 thót [thɔt⁷];thón[thɔn⁵];khạt[kha:t⁸] 越 rút[ʐut⁷] 芒 thuốch[thu:t⁷]

【抽打】 泰 เฆี่ยน[khi:an³];หวด[hu:at⁹];โบย [ʔbo:i²] 老 ฟาด[fa:t¹⁰] 岱-侬 fạng[fa:ŋ⁶] 越泰 xốt [sot⁷];phạt[phat⁸];phét[phɛt⁷] 普 lãi[lai⁴ le⁴]; bôk⁵[bok⁵] 越 quật[kwɤt⁸];quất[kwɤt⁷];vụt[vut⁸] 芒 quất[kwɤt⁷]

【抽风症】 泰 ชัก[tshak⁸] 老 ຊັກ[sak⁸] 越 bệnh động kinh[ʔbeŋ⁶ ʔdoŋ⁶ kiŋ¹]

【抽筋】 泰 กระตุก[kra⁵ tuk⁷];ชัก[tshak⁸];ดิ้น[ʔdin³]; ชักดิ้นชักงอ[tshak⁸ ʔdin³ tshak⁸ ŋɔ:²];ตะคริว[ta⁵ khriu²];ตะคริวกิน[ta⁵ khriu² kin²];เป็นตะคริว[pen² ta⁵ khiu²];ตะคิว[ta⁵ khiu²] 老 จัว[tsua²];ຊັກເຮັມ [sak⁸ ʔen¹] 岱-侬 pjăn pì[pjan³ pi²] 越泰 hăn kéo pìa[han¹ kɛu⁵ piə²] 岱 co gân[kɔ¹ ɣɤn¹];chuột rút [tsu:t⁸ ʐut⁷];vọp bẻ[vɔp⁸ ʔbɛ³] 芒 woc pé[wɔk⁸ pɛ⁵]

【抽泣】 泰 สะอึกสะอื้น[sa⁵ ʔuk⁷ sa⁵ ʔɯ:n³] 老 ให้ ฮึกฮัก[hai³ sɯk⁸ sɯk⁸];กะฮึด[ka² ʔɯ:t⁹];สะอึ้บ [sa² ʔɯn⁴] 岱-侬 ngac ngac[ŋa:k⁷ ŋa:k⁷] 越泰 xɯcxun[s-ʔuk⁷ s-un¹] 越 khóc thổn thức[xɔk⁷ thon³ thɯk⁷];khóc thầm[xɔk⁷ thɤm²] 芒 nhãm tlùa [ɲa:m⁴ tluə²]

【抽签】 泰 จับฉลาก[tsap⁷ tsha⁵ la:k⁹];สับไม้สั้นไม้ยาว [sap⁷ mai⁴ san¹ mai⁴ ja:u²] 岱-侬 tưc pặt[tɯk⁷ pat⁷]; lẳn bổm[lan³ ʔbom⁵] 越 rút thăm[ʐut⁷ tham¹];bắt thăm[ʔbat⁷ tham¹] 芒 pắt thăm[pat⁷ tham¹]

【抽水】 泰 สูบน้ำ[su:p⁹ nam⁴] 老 ສູບນ້ຳ[su:p⁹nam⁴] 越 bơm nước[ʔbɤ:m¹ nɯ:k⁷]

【抽水机】 泰 เครื่องสูบน้ำ[khrɯ:aŋ³ su:p⁹ nam⁴] 老 เถื่อจักสูบน้ำ[khɯ:aŋ³ tsak⁷ su:p⁹ nam⁴];จักสูบน้ำ [tsak⁷ su:p⁹ nam⁴];จักดูดน้ำ[tsak⁷ ʔdut⁹ nam⁴] 越 máy bơm[mai⁵ ʔbɤ:m¹];máy bơm nước[mai⁵ ʔbɤ:m¹ nɯ:k⁷];cái bơm[ka:i⁵ ʔbɤ:m¹] 芒 máy bơm đắc[mai³ ʔbɤ:m¹ ʔda:k⁷]

【抽穗】 泰 ตกรวง[tok⁷ ru:aŋ²];ทอดรวง[thɔ:t¹⁰ ru:aŋ²] 老 ทอดธอง[thɔ:t⁹ hu:aŋ²];ทอกธอง[thɔ:k⁹ hu:aŋ²]; ทอกเขื้อ[thɔ:k⁹ khau³];เป็นธอง[pen¹¹ hu:aŋ²]; ออกธอง[ʔɔ:k⁹ hu:aŋ²] 越 trổ bông[tʂo³ ʔboŋ¹];trổ đòng[tʂo³ ʔdɔŋ²]

【抽屉】 泰 ลิ้นชัก[lin⁴ tshak⁸] 老 ລິ້ນຊັກ[li:n⁴ sak⁸] 岱-侬 hoòng choòng[hɔ:ŋ³ tɕɔ:ŋ²] 越 ngăn kéo [ŋan¹ kɛu⁵]

【绸】 泰 แพร[phrɛ:²];ผ้าแพร[pha:³ phrɛ:²] 老 ຜ້າບອມ [ɔha:³nu:am²];ผ้าไพ[pha:³ mai¹];แพไพ[phɛ:² mai¹]; ຜ້າແຮ[pha:³ hɛ:²];แผ่นแฮ[phɛ:n⁵ hɛ:²] 岱-侬 pjè[pjɛ²];lụa[luə⁴] 越泰 lụa[luə⁴] 芒 lụa[luə⁶]

【稠 粥很~】 泰 ขัน[khon³] 老 ຂົ້ນ [khon³]; ຂຸ້ນ[khun³] 岱-侬 khổn[khon³];tổng[toŋ⁵] 越泰 tố[to³];êlệt[ʔe¹lɛt⁷] 普 buk² bak²[buk²ba:k²] 越 đặc[ʔdak⁷] 芒 tăc[tak⁸]

【仇】 泰ความแค้น[khwa:m² khɛ:n⁴][pha⁵na:²ʔba:t⁹] 岱-侬thù[thu²] 越泰thũ[thu²] 越thù[thu²];căm thù[kam¹ thu²] 芒thù[thu²]

【仇恨~敌人】 泰แค้น[khɛ:n⁴] 老แค้ม[khɛ:n⁴] 普khăm⁵[kham⁵] 越hiềm thù[hi:m² thu²] 芒hiềm thù[hi:m² thu²]

【仇人】 泰ศัตรู[sat⁷ tru:²];ศัตรู[sat⁷ tru⁵] 老ຄູ່ອາຄາດ[khu:⁵ ʔa:¹˙ kha:t¹⁰];ອະລີ[ʔa² li⁵] 普qakhăm⁵[qa⁰ kham⁵] 越kẻ thù[kɛ³ thu²];kẻ địch[kɛ³ ʔdit⁸] 芒ké thù[kɛ⁵ thu²]

【丑样子很~】 泰ขี้เหร่[khi:³re:⁵] 老ເພີ[phə⁵];ເຮັ້ຍ[hə⁵] ha:i⁴];ເຊີ[hə⁵];ຂີ້ຮ້າຍ[khi:³hai⁴] 岱-侬dày [jai²];lóa[lwa³];xẩu[ɕəu³] 普mhe³ mhjaw³[mẹ³ mja:u³];nghaw³[ŋa:u³] 越xấu[sɤu⁵]

【丑恶】 泰อัปลักษณ์และชั่วร้าย[ʔap⁷pa⁵lak⁸lɛ⁴ tshua:³ ra:i⁴] 老ເພີ[phə⁵] 岱-侬dày loá[jai² lwa⁵] 越泰hại mong[ha:i⁴ mɔŋ³] 越xấu xa[sɤu⁵ sa¹];bần thiu[ʔbɤn³ thiu³]

【臭❶】 泰เขียว[khi:au¹];เหม็น[men¹] 老ເໝັນ[men¹];ຂີວ[khi:u¹] 岱-侬mên[men¹];khiêu[khi:u¹] 越泰khiu[khiu¹] 普mu⁴ khêng²[mu⁴ khen²] 越hôi[hoi¹];thối[thoi⁵];khai[xa:i¹];khắm [xam⁵];ôi[ʔoi¹] 芒hôi[hoi¹];hổi[hoi⁵];hồi hổi[hoi³ hoi³]

【臭虫❷】 泰เรือด[rɯ:at¹⁰];ตัวเรือด[tu:a²rɯ:at¹⁰] 老ເຮືອດ[hɯ:at¹⁰];ຕົວເຮືອດ[tu:a¹ hɯ:at¹⁰] 岱-侬lượt[lɯ:t⁸];tua lượt[tua¹lɯ:t⁸] 越泰hượt [hɯ:t⁸];tô hượt[to¹hɯ:t⁸] 普papêt⁵[pa⁰pet⁵];qarưng⁴[qa⁰rɯŋ⁴] 越rệp[zep⁸];con rệp[kɔn¹zep⁸];bọ xít[ʔbɔ⁵ sit⁷] 芒tia[tiə¹];thâng[thɤŋ¹]

【臭蛋】 泰ไข่เน่า[khai⁵nau³] 老ໄຂ່ເນົ່າ[khai⁵nau³] 越泰xáy huổn[sai⁵ hu:n²] 越trứng thối[tṣɯŋ¹ thoi⁵]

【臭豆腐】 泰เต้าหู้หมัก[tau³ hu:³ mak⁷] 老ເຕົ້າຮູ້ເໝັນ[tau⁴ hu:⁴ men¹] 越đậu phụ thối[ʔdʑu⁶ fu⁶ thoi⁵]

【臭味】 泰กลิ่นเหม็น[klin⁵ men¹] 老ກິ່ນເໝັນ[kin⁵ men¹] 越mùi hôi[mui² hoi¹];mùi khai[mui² xa:i¹];mùi khắm[mui² xam¹];mùi khét[mui² xet⁷];mùi hôi thối[mui² hoi¹ thoi⁵];hôi hám[hoi¹ ha:m⁵] 芒mùi hôi[mui² hoi¹];hôi hám[hoi¹ ha:m³]

【出~口❸】 泰ออก[ʔɔ:k⁹] 老ອອກ[ʔɔ:k⁹] 岱-侬ooc[ʔɔ:k⁷] 越泰ók[ʔɔk⁹] 普sê⁴ nwak²[se⁴ nwa:k²];ʔuok²[ʔu:k²] 越ra[za¹] 芒tha[tha¹]

【出——~戏】 泰รอบ[rɔ:p¹⁰] 老ສາກ[sa:k⁹] 越vở[vɤ³]

【出发】 泰ออกเดินทาง[ʔɔ:k⁹ ʔdə:n² tha:ŋ²] 老ອອກເດີນທາງ[ʔɔ:k⁹ ʔdə:n¹˙ tha:ŋ²] 岱-侬túrn kha[tɯn⁵ kha¹];khửn tàng[khɯn³ ta:ŋ²] 越泰lụp[lup⁸] 越lên đường[len¹ ʔdɯ:ŋ²];khởi hành[xɤ:i³ han²];xuất phát[sɯɤt⁷ fa:t⁷]

【出风头】 泰ออกหน้าออกตาเพื่ออวดตัวเอง[ʔɔ:k⁹ na:³ ʔɔ:k⁹ ta:² phɯ:a³ ʔua:t⁹ tu:a² ʔe:ŋ²] 老ເອາດີເອາເດັ່ນ[ʔau¹˙ʔdi:¹˙ʔau¹˙ʔden⁵] 越khoe khoang[xwɛ¹ xwa:ŋ¹];trổ tài[tṣo² ta:i²];xuất đầu lộ diện[sɯɤt⁷ ʔdɤu² lo⁶ zi:n⁶];hay trưng tên tuổi[hai¹ tṣɯŋ¹ ten¹ tu:i³]

【出工】 泰ออกไปทำงาน[ʔɔ:k⁹ pai² tham² ŋa:n²] 老ອອກງານ[ʔɔ:k⁹ ŋa:n²] 越đi làm[ʔdi¹ la:m²]

【出汗】 泰ออกเหงื่อ[ʔɔ:k⁹ ŋɯ:a⁵] 老ອອກເຫື່ອ[ʔɔ:k⁹ hɯ:a⁵];ອອກເຫື່ອ[ʔɔ:k⁹ ŋɯ:a⁵];ຊຸ່ມເຫື່ອ[sum⁵ hɯ:a⁵] 越ra mồ hôi[za¹ mo² hoi¹]

【出家~修行】 泰บวช[ʔbu:at⁹];บวชพระ[ʔbu:at⁹ phra⁴];บวชชี[ʔbu:at⁹tshi:²] 老ອອກບວດ[ʔɔ:k⁹

---

❶ 石家 ŋaw1；ŋaw² 阿含 khriw A1
❷ 掸 hət D2L 泐 hrət D2L
❸ 石家 ʔɔɔk⁶ 阿含 âk D1L；âk D1L 掸 ʔɔk D1L 泐 ʔɔk D1L

ʔbuːatˀ];ບວດ[ʔbuːatˀ];ເບກຂຳມະ[neːk¹⁰ kham¹ maˀ];ບັນພະຊາ[ʔban¹ˀ phaˀ saː²]; 越 xuất giá[sɯɤt⁷ zạ¹];đi tu[ʔdi¹ tu¹] 芒 ti tu[ti¹ tu¹]

【出嫁❶】 泰 (สตรี) แต่งงาน[(saˀ triː²) tɛːŋˀ ŋaːn³] 老 ເອົາຜົວ[ʔau¹ˀ phuːa¹];ອອກເຮືອນ[ʔɔːk⁹ hɯːan²] 岱-侬 lồng lǎng[loŋ² laːŋ¹] 普 mâj⁴ sieˀ[mɤɯi⁴ sieˀ] 越 xuất giá[sɯɤt⁷ zạ¹];đi lấy chồng[ʔdi¹ lɤi⁵ tsoŋ⁵] 芒 xát dạ[sɤt⁷ zaˀ];ti ở ông[ti¹ ʔɤ⁵ ʔoŋ¹]

【出口~商品】 泰 ส่งออก[soŋˀ ʔɔːk⁹] 老 ຂາຍອອກຕ່າງປະເທດ[khaːi¹ ʔɔːk⁹ taːŋˀ pa² theːt¹⁰] 越 xuất khẩu[sɯɤt⁷ xɤu³];xuất cảng[sɯɤt⁷ kaːŋˀ];bán ra nước ngoài[ʔbanˀ zạ¹ nɯːk⁷ ŋwaːi²]

【出口路的~】 泰 ทางออก[thaːŋ² ʔɔːk⁹] 老 ທາງອອກ[thaːŋ² ʔɔːk⁹] 越 lối ra[loiˀ zạ¹];đường ra[ʔdɯːŋ² zạ¹];cửa ra[kɯːa³ zạ¹] 芒 khả tha[khaˀ tha¹]

【出口货】 泰 สินค้าส่งออก[sin¹ khaːˀ soŋˀ ʔɔːk⁹] 老 ສິນຄ້າອອກ[sin¹ khaːˀ ʔɔːk⁹];ສິນຄ້າຂາຍອອກ[sin¹ khaːˀ khaːi¹ ʔɔːk⁹];ສິນຄ້າສົ່ງອອກ[sin¹ khaːˀ soŋˀ nɔːk¹⁰] 越 hàng xuất khẩu[haːŋˀ sɯɤt⁷ xɤu³]

【出来】 泰 ออกมา[ʔɔːk⁹ maː²] 老 ອອກມາ[ʔɔːk⁹ maː²] 岱-侬 oóc mà[ʔɔːk⁷ maː²] 越泰 ók pay[ʔɔk⁷ maː²] 普 ʔuɤk⁵ mhê¹[ʔuːkˀ meˀ¹];ra[zạ¹];ra đây[zạ¹ ʔdɤi¹]

【出力】 泰 ออกกำลัง[ʔɔːk⁹ kam² laŋ²] 老 ອອກກຳລັງ[ʔɔːk⁹ kam¹ laŋ²];ລົງແຮງ[loŋˀ hɛːŋ²] 岱-侬 oóc rèng[ʔɔːk⁷ rɛŋ²] 越泰 ók hãnh[ʔɔk⁷ heŋˀ] 越 ra sức[zạ¹ şukˀ] 芒 tha khắc[tha¹ khɤk⁷]

【出面】 泰 ออกหน้า[ʔɔːk⁹ naːˀ] 老 ອອກໜ້າ[ʔɔːk⁹ naːˀ];ອອກຂ້າອອກຕາ[ʔɔːk⁹ naːˀ ʔɔːk⁹ taːˀ] 岱-侬 oóc nả[ʔɔːk⁷ naː³] 越泰 ók nả[ʔɔk⁷ naː³] 越 ra mặt[zạ¹ matˀ];đứng ra[ʔdɯŋˀ zạ¹] 芒 tha măt[tha¹ matˀ]

【出去走~】 泰 ออกไป[ʔɔːk⁹ pai²] 老 ອອກໄປ[ʔɔːk⁹ pai²] 岱-侬 oóc pây[ʔɔːk⁷ pəi¹] 越泰 ók pay[ʔɔk⁷ pai¹] 越 ra[zạ¹];đi ra[ʔdi¹ zạ¹];đi khỏi[ʔdi¹ xɔi³];ra khỏi[zạ¹ xɔi³] 芒 tha ti[tha¹ ti¹]

【出色】 泰 ดีเด่น[diː² deːnˀ];เยี่ยม[jiːam³] 老 ດີເດັ່ນ[ʔdiː¹ˀ ʔdenˀ] 岱-侬 híu xǎm[hiuˀ ɕaːm³] 越泰 dôi[joi³] 越 xuất sắc[sɯɤt⁷ sakˀ];trôi[tʂoi⁵]

【出生】 泰 เกิด[kɤːtˀ] 老 ເກີດ[kɤːtˀ];ກຳເນີດ[kam¹ˀ nɤːt¹⁰];ກຳເນີດເກີດຂຶ້ນ[kam¹ˀ nɤːt¹⁰ kɤːt⁹ khɯnˀ];ຊາດ[saːt¹⁰];ຕົກຟາກ[tok⁷ faːk¹⁰] 岱-侬 sleng ooc[ɬeŋ¹ ʔɔːk⁹];ooc tởi[ʔɔːk⁷ tɤːi³] 越泰 ók xinh[ʔɔk⁷ siŋ¹] 越 sinh[ʂiŋ¹];đẻ[ʔdɛˀ];chào đời[tsaːu² ʔdɤːi²];lọt lòng mẹ[lɔtˀ lɔŋ² mɛˀ];lọt lòng[lɔtˀ lɔŋ²] 芒 tloch té[tlɔtˀ tɛˀ]

【出水痘】 泰 ออกอีสุกอีใส[ʔɔːk⁹ ʔiː² sukˀ ʔiː² sai¹] 老 ອອກພາກໃສ[ʔɔːk⁹ maːk⁹ sai¹];ໂລກພາກໃສ[loːk¹⁰ maːk⁹ sai¹] 越 ra đậu mùa[zạ¹ ʔdɤu⁶ muəˀ] 芒 tha thý đẩu[tha¹ thiˀ ʔdɤuˀ]

【出题】 泰 ออกข้อสอบ[ʔɔːk⁹ khɔːˀ sɔːp⁹] 老 ຕັ້ງຂໍ້ສອບ[taŋˀ khɔːˀ sɔːp⁹] 越 ra bài thi[zạ¹ ʔbaːi² thi¹]

【出天花】 泰 ออกฝี[ʔɔːk⁹ fiː¹];ออกฝีดาษ[ʔɔːk⁹ fiː¹ ʔdaːtˀ];ออกฝีไข้หัว[ʔɔːk⁹ fiː¹ khai¹ huːa¹] 老 ອອກພາກສຸກ[ʔɔːk⁹ maːk⁹ sukˀ];ອອກພາກທ່າງ[ʔɔːk⁹ maːk⁹ haːŋ⁵]

【出现❷】 泰 ปรากฏ[praː¹ kotˀ] 老 ປະກົດ[pa² kotˀ];ຜາກົດ[phaː¹ kotˀ];ກຳເນີດ[kam¹ˀ nɤːt¹⁰];ກຳເນີດ[kam¹ nɤːt¹⁰] 岱-侬 oóc nả[ʔɔːk⁷ naː³];hăn nả[han¹ naː³] 越泰 ók nả[ʔɔk⁷ naː³];pdọt[p-jɔtˀ] 越 xuất hiện[sɯɤt⁷ hiːn⁶];hiện ra[hiːn⁶ zạ¹] 芒 xát hiển[sɤt⁷ hiːn⁴]

【出血】 泰 เลือดออก[lɯːatˀ ʔɔːk⁹] 老 ອອກເລືອດ[ʔɔːk⁹ lɯːat¹⁰] 越 ra máu[zạ¹ mauˀ];xuất huyết[sɯɤt⁷ hwiːtˀ];chảy máu[tsai³ mauˀ]

---

❶ 石家 haa⁶；ʔɔɔk²-raan⁴
❷ 阿含 hān-dai

【出院】泰ออกจากโรงพยาบาล[ʔɔːk⁹tsaːk⁹roːŋ²pha⁴jaː² ʔbaːn²] 老ออกโธงฑํ[ʔɔːk⁹ hoːŋ² mɔː¹] 越ra bệnh viện[zaˈ¹ ʔbenˈ⁶ viːnˈ⁶];ra viện[zaˈ¹ viːnˈ⁶]

【出租】泰ให้เช่า[haiˈ³ tshauˈ³] 老ให้เช่ง[haiˈ³ sauˈ⁵] 越cho thuê[tsɔˈ¹ thweˈ¹];cho mướn[tsɔˈ¹ mɯːnˈ⁵]

【出租车】泰รถรับจ้าง[rot⁸ rap⁸ tsaːŋ³];รถเช่า[rot⁸ tshauˈ³];รถแท็กซี่[rot⁸ thek⁸ siː³];รถแท็กซี่มิเตอร์[rot⁸ thek⁸ siː³ mi⁴təː²] 老ลิดเช่ง[lot⁸ sauˈ⁵];ลิดจ้าง[lot⁸ tsaːŋ⁴];ลิดตักฮี[lot⁸ tak⁷ siː²] 越xe cho thuê[seˈ¹ tsɔˈ¹ thweˈ¹];tắc xi[tak⁷ siˈ¹]

【初二阴历~】泰สองค่ำ[sɔːŋˈ¹ khamˈ³];ขึ้นสองค่ำ[khɯnˈ³ sɔːŋˈ¹ khamˈ³] 老สองค่ำ[sɔːŋˈ¹ khamˈ⁵] 岱-侬xo nhì[ɕɔˈ¹ ɲiˈ²];sloong nhịch[ɬɔːŋˈ¹ ɲikˈ⁸] 越mồng hai[moŋˈ² haiˈ¹];mùng hai[muŋˈ² haiˈ¹]

【初三阴历~】泰ค่ำสาม[khamˈ³ saːmˈ¹] 老ถ่าสาม[khamˈ⁵ saːmˈ¹] 越mồng ba[moŋˈ² ʔbaˈ¹];mùng ba[muŋˈ² ʔbaˈ¹]

【初十】泰สิบค่ำ[sip⁷ khamˈ³] 老สิบถ่า[sip⁷ khamˈ⁵] 越mồng mười[moŋˈ² mɯːiˈ²];mùng mười[muŋˈ² mɯːiˈ²]

【初四阴历~】泰ค่ำสี่[khamˈ³ siːˈ⁵] 老ถ่าสี่[khamˈ⁵ siːˈ⁵] 越mồng bốn[moŋˈ² ʔbonˈ⁵];mùng bốn[muŋˈ² ʔbonˈ⁵]

【初五阴历~】泰ค่ำห้า[khamˈ³ haːˈ³] 老ถ่าห้า[khamˈ⁵ haːˈ³] 越mồng năm[moŋˈ² namˈ¹];mùng năm[muŋˈ² namˈ¹]

【初一阴历~】泰ค่ำหนึ่ง[khamˈ³ nɯŋˈ⁵] 老ถ่าขึ้ง[khamˈ⁵ nɯŋˈ⁵];ปาติบัด[paːˈ¹ˈ tiˈ⁵ ʔbot⁷] 岱-侬ât nhịch[ətˈ⁷ nikˈ⁸] 越mồng một[moŋˈ² motˈ⁸];mùng một[muŋˈ² motˈ⁸]

【初中】泰มัธยมต้น[matˈ⁸ thaˈ⁴ jomˈ² tonˈ³] 老มัดทะยิมพาต้ม[matˈ⁸ thaˈ⁴ ɲomˈ² phaːkˈ¹⁰ tonˈ⁴] 越trường cấp 2[tʂɯːŋˈ² kɤpˈ⁷ haiˈ¹];trung học sơ đẳng[tʂuŋˈ¹ hɔkˈ⁸ ʂɤˈ¹ ʔdaŋˈ³]

【除六~二得三】泰หาร[haːnˈ¹] 老ขาบ[haːnˈ¹] 岱-侬chia[tɕiəˈ¹] 越泰tính păn[tiŋˈ⁵ panˈ¹] 越chia[tsiəˈ¹]

【除草】泰ถอนหญ้า[thɔːnˈ¹ jaːˈ³];กำจัดหญ้า[kamˈ² tsat jaːˈ³] 老เสยขย้า[siːaˈ¹ n̩aːˈ³] 越泰xia nhả[siəˈ¹ n̩aˈ³] 越làm cỏ[laːmˈ² kɔˈ³];trừ cỏ[tʂɯˈ¹ kɔˈ³];giẫy có[zɤiˈ⁴ kɔˈ³];nhố cỏ[n̩oˈ³ kɔˈ³] 芒là có[laˈ² kɔˈ⁵]

【除法】泰วิธีหาร[wiˈ⁴ thiːˈ² haːnˈ¹] 老เลขขาบ[leːkˈ¹⁰ haːnˈ¹];ขาบ[haːnˈ¹] 越phép chia[fɛpˈ⁷ tsiəˈ¹]

【除非】泰เพียงแต่[phiaŋˈ² tɛːˈ⁵] 老สุดแต่อ่ง[sut⁷ tɛːˈ⁵ vaːˈ⁵];ตี่อ่า[thɔːˈ⁵ vaːˈ⁵];บองจากก[nɔːkˈ¹⁰ tsaːkˈ⁹];บองจากอ่า[nɔːkˈ¹⁰ tsaːkˈ⁹ vaːˈ⁵];ผิติอ่า[phiˈ² thɔːˈ⁵ vaːˈ⁵];เอิ้มแต่[venˈ⁴ tɛːˈ⁵] 岱-侬tán cạ[taːnˈ⁵ kaˈ⁴];lao tố[laːuˈ¹ toˈ⁵];mì bat[miˈ² ʔbaːtˈ⁷] 越hoạ chăng[hwaˈ¹ tsaŋˈ¹];trừ phi[tʂɯˈ² fiˈ¹];chỉ có ...[tsiˈ³ kɔˈ⁵] 芒wã chăng[waˈ⁴ tsaŋˈ¹]

【除了】泰นอกจาก[nɔːkˈ¹⁰ tsaːkˈ⁹] 老ยิกเอั้ม[nokˈ⁸ venˈ⁴];เอั้มแต่[venˈ⁴ tɛːˈ⁵] 越trừ...không kể[tʂɯˈ² ... xɔŋˈ¹ keˈ³]

【除…以外】泰นอกจาก[nɔːkˈ¹⁰ tsaːkˈ⁹];เว้นจาก[weːnˈ⁴ tsaːkˈ⁹];เว้นแต่[weːnˈ⁴ tɛːˈ⁵] 老บอก[nɔːkˈ¹⁰];บองจาก[nɔːkˈ¹⁰ tsaːkˈ⁹];เอั้มจาก[venˈ⁴ tsaːkˈ⁹];เอั้มแต่[venˈ⁴ tɛːˈ⁵];เอั้มเสยแต่[venˈ⁴ siaˈ¹ tɛːˈ⁵];ยิกแต่[nokˈ⁸ tɛːˈ⁵];ตี่เอิ้ง[thɔːˈ⁵ vauˈ²] 越泰xị[siˈ⁴] 越ngoài ra[ŋwaːiˈ² ... zaˈ¹];ngoài ...[ŋwaːiˈ²]

【除夕】泰วันไหว้[wanˈ² waiˈ³];วันสิ้นปีของจีน[wanˈ² sinˈ² piːˈ² khɔːŋˈ¹ tsiːnˈ⁵];วันส่งท้ายปีเก่า[wanˈ² sɔŋˈ³ thaːiˈ⁴ piːˈ² kauˈ⁵];วันสุกดิบ[wanˈ² sukˈ⁷ ʔdipˈ⁷] 老อัมสิ้นปีใหม่[vanˈ² sinˈ² piːˈ¹ˈ maiˈ⁵] 岱-侬cắm đăp[kamˈ³ ʔdapˈ⁷];vằn đăp[vanˈ² ʔdapˈ⁷] 越giao thừa[zaːuˈ¹ thɯəˈ²];ba mươi Tết[ʔbaˈ¹ mɯːiˈ¹ tetˈ⁷]

【橱柜】泰ตู้ถ้วยชาม[tuːˈ³ thuaiˈ³ tshaːmˈ²];ตู้เตี้ย[tuːˈ³ tiaˈ³ tiaˈ³] 老ตู้ถ้อยฆาม[tuːˈ⁴ thuaiˈ³ saːmˈ²] 越tủ nhà bếp[tuˈ³ n̩aˈ² ʔbepˈ⁷]

【雏鸡】泰ไก่น้อย[kai⁵ nɔːi⁴] 老ไก่ນ້ອຍ[kai⁵ nɔːi⁴] 岱-侬cáy nuồm[kai⁵ nuːm²] 越gà so[ɣaː² ʂɔ¹];gà con[ɣaː² kɔn¹];gà choai[ɣaː² tswaːi¹] 芒ca nhỏl[kaː nɔl³]

【锄~地】泰จอบ[tsɔːp⁹];ถาง[thaːŋ¹];ใช้จอบพรวนดิน[tshai⁴ tsɔːp⁹ phruːan² ʔdin²] 老ຖາງ[thaːŋ¹] 岱-侬cuôc[kuːk⁷];bac[ʔbaːk⁷] 越泰chóp[tɕɔp⁸] 普hươt⁵[huːt⁵] 越cuốc[kuːk⁷]

【锄头】泰จอบ[tsɔːp⁹] 老จิก[tsok⁷];ຫມາກຈິກ[maːk⁹tsok⁷];ເຫຼັກຈິກ[lek⁷tsok⁷];ເຫຼັກສິກ[lek⁷sok⁷] 岱-侬cuôc[kuːk⁷];mạc cuôc[maːk⁸kuːk⁷] 越泰cuốc[kuːk⁷];mạk cuốc[maːk⁸kuːk⁷];chóp[tsɔp⁷];mạk chóp[maːk⁸tsɔp⁷] 普sim¹[sim¹] 越cuốc[kuːk⁷];cái cuốc[kaːi⁵ kuːk⁷] 芒cuốc[kuːk⁷];cái cuốc[kaːi³ kuːk⁷]

【锄头把儿】泰ด้ามจอบ[ʔdaːm³ tsɔːp⁹] 老ດ້າມຫມາກຈິກ[ʔdaːm⁴ maːk⁹ tsok⁷] 越cán cuốc[kaːn⁵ kuːk⁷] 芒cán cuốc[kaːn³ kuːk⁷]

【厨房】泰ครัว[khruːa²];โรงครัว[roːŋ² khruːa²];ครัวไฟ[khruːa² fai²] 老ຄົວ[khuːa²];ເຮືອນຄົວ[huːan² khuːa²];ຫ້ອງຄົວ[hɔːŋ³ khuːa²];ຄົວໄຟ[khuːa² fai²];ເຮືອນຄົວກິນ[huːan² khuːa² kin¹];ບ່ອນຄົວກິນ[ʔbɔn⁵ khuːa² kin¹];ເຮືອນໄຟ[huːan² fai²] 岱-侬pinh fầy[piŋ³ fəi²] 越泰huờn bếp[huːn² ʔbep⁷] 普Nhin¹[nin¹];pɤsăw¹[pɤ⁰ sau¹] 越nhà bếp[na² ʔbep⁷] 芒nhà pếp[na² pep⁷]

【厨师】泰พ่อครัว[phɔː³ khruːa²];แม่ครัว[mɛː⁵ khruːa²];คนครัว[khon² khruːa²];คนหุงข้าว[khon² huŋ² khaːu⁵];หัวป่า[huːa¹ paː⁵];กุ๊ก[kuk⁴] 老ຂຸ້ງຄົວກິນ[saːŋ⁵khuːa² kin¹];ພໍ່ຄົວ[phɔː⁵ khuːa²];ແມ່ຄົວ[mɛː⁵ khuːa²];ເບິ້[ʔbep⁴] 岱-侬cần hung hang[kən² huŋ¹ haːŋ¹] 越đầu bếp[ʔdəu² ʔbep⁷];người đầu bếp[ŋɯːi² ʔdəu⁵ ʔbep⁷];người làm bếp[ŋɯːi² laːm² ʔbep⁷];

nấu ăn[ŋɯːi² nɤu⁵ ʔan¹];người nấu bếp[ŋɯːi² nɤu⁵ ʔbep⁷] 芒tầu pếp[tɤu² pep⁷]

【储藏室】泰ห้องเก็บของ[hɔːŋ³ kep⁷ khɔːŋ¹] 老ຫ້ອງໄວ້ຂອງ[hɔːŋ³ vai⁴ khɔːŋ¹];ຫ້ອງໄວ້ເຄື່ອງ[hɔːŋ³ vai⁴ khuːaŋ⁵];ຫ້ອງພັດສະດຸ[hɔːŋ³ phat⁸ saː² ʔdu²];ຫ້ອງເກັບຂອງ[hɔːŋ³ kep⁷ khɔːŋ¹] 越kho chứa[xɔ¹ tsɯa⁵]

【杵子❶】泰สาก[saːk⁹];ตะลุมพุก[taː⁵ lum² phuk⁸] 老ສາກ[saːk⁹];ກະເບື້ອ[kaː²ʔbɯːa⁵];ສາກກະເບື້ອ[saːk⁹ ka² ʔbɯːa⁵] 岱-侬slac[ɬaːk⁷] 越泰xák[saːk⁷] 普patu⁴[paː⁰ tu⁴] 越chày[tsai²];cái chày[kaːi⁵ tsai²]

【处罚】泰ลงโทษ[loŋ² thoːt¹⁰] 老ລົງໂທດ[loŋ² thoːt¹⁰];ທຳໂທດ[tham² thoːt¹⁰];ໃສ່ໂທດ[sai⁵ thoːt¹⁰];ປັບໃໝ[pap⁷ mai¹];ໃຫ້ໂທດ[hai⁵ thoːt¹⁰];ໃໝ[mai¹] 越xử phạt[sɯː³ faːt⁸];trừng phạt[tʂɯŋ² faːt⁸];trừng trị[tʂɯŋ² tʂi⁵] 芒xứ phat[sɯː⁵ faːt⁸]

【处理】泰จัดการ[tsat⁷kaːn²] 老จัด[tsat⁷];จัดການ[tsat⁷ kaːn¹];ສຳລະ[sam² laː⁵] 越xử lí[sɯː³ li⁵];xử trí[sɯː³ tʂi⁵];giải quyết[zaːi³ kwiːt⁷] 芒xứ li[sɯː⁵ li³]

【处女】泰สาวพรหมจารี[saːu¹ phrom² maː tsaː² riː²] 老ສາວບໍລິສຸດ[saːu¹ ʔbɔː¹ˑ li⁵ sut⁷];ສາວພິມມະຈາລີ[saːu¹ phom² maː tsaːˑ liː²] 越gái tơ[ɣaːi⁵ tɤ¹];gái tân[ɣaːi⁵ tɤn¹] 芒cái khon[kaːi³ khon¹]

【处各~❷】泰บ่อน[ʔbɔːn⁵] 老ຄອກ[khɔːk¹⁰];ສະຖານະ[sa² thaː¹ na⁵];ສະຖານທີ່[sa² thaːn¹ thiː⁵];ບ່ອນ[ʔbɔːn⁵] 岱-侬búng[ʔbuŋ⁵];ti[ti³] 越泰ti[ti⁶] 越nơi[nɤːi¹];chỗ[tso⁴];chốn[tson⁵] 芒miếng[miːŋ³];miềng[miːŋ³];chỗ[tso⁴]

【触电】泰ถูกไฟดูด[thuːk⁹ fai² ʔduːt⁹];ไฟซ็อต[fai² tshɔt⁸] 老ໄຟຟ້າຈູບ[fai² faː⁴ tsuːp⁹] 越giật điện[zɤt⁸ ʔdiːn⁶];bị điện giật[ʔbiː⁶ ʔdiːn⁶ zɤt⁸]

【触礁】泰ชนหินโสโครก[tshon² hin² soː¹ khrɔːk¹⁰]

---

❶ 阿含 shāk D1L 掸 shak D1L 勐 sak D1L
❷ 石家 naʔ⁴

老ตำแກ້ງ[tam¹' kɛŋ⁴] 越va phải đá ngầm[va¹ fa:i³ ʔda⁵ ŋɤm²]

【触角❶】 泰หนวดสัมผัส[nu:at⁹ sam¹ phat⁷] 老มีคำ[mɯ:² kham²] 越râu[zɤu¹];sừng[ʂɯŋ³];vòi[vɔi²]

【穿~衣服❷】 泰นุ่ง[nuŋ³];สวม[su:am¹];ใส่[sai⁵] 老ນຸ່ງ[nuŋ⁵];ใส่[sai⁵];ສວມ[su:am¹] 傣-侬 nǔng [nuŋ³] 越泰nùng[nuŋ⁶] 普lê³[le³];dê³[de³] 越mặc[mak⁸] 芒măc[mak⁸];mã[ma⁴]

【穿~鞋子】 泰ใส่[sai⁵] 老ถี[thɯ:¹];ใส่[sai⁵];สุบ[sup⁷] 越đi[ʔdi¹];xỏ[sɔ³] 芒đong[ʔdɔŋ¹]

【穿~针】 泰สน[son¹ khem²] 老สึบ[son¹];แขย[nɛ:⁵];สอด[sɔ:t⁹];ຮ້ອຍ[hɔ:i⁴] 傣-侬 păc[pak⁷] 越泰xé[sɛ⁵];nhé[nɛ⁵] 越xỏ[sɔ³];luồn[lu:n²] 芒xó[sɔ²]

【穿山甲】 泰นิ่ม[nim³];ตัวนิ่ม[tu:a² nim³];ตัวลิ่น[tu:a²lin³] 老แลบ[lɛ:n²];ลิ่น[lin³];ติอลิ่น[tu:a¹' lin⁵] 傣-侬 tua lin[tua² lin³] 越tê tê[te¹ te¹];con tê tê[kɔn¹ te¹ te¹];con trút[kɔn¹ tʂut⁵];xuyên sơn giáp[swi:n¹ ʂɤ:n¹ za:p⁷];xuyên sơn[swi:n¹ ʂɤ:n¹] 芒con thêl[kɔn¹ thel¹]

【传_代~一代】 泰สืบทอด[sɯ:p⁹ thɔ:t¹⁰] 老สืบ[sɯ:p⁹];ถ່ายทอด[tha:i⁵ thɔ:t¹⁰] 越truyền[tʂwi:n²]

【传达】 泰ถ่ายทอด[tha:t⁵ thɔ:t¹⁰] 老ถ່າຍທອດ[tha:i⁵ thɔ:t¹⁰] 越phổ biến[fo³ ʔbi:n⁵];báo cáo lại[ʔba:u⁵ ka:u⁵ la:i⁶];truyền đạt[tʂwi:n² ʔda:t⁸]

【传球】 泰ส่งลูก[soŋ⁵ lu:k¹⁰] 老ສົ່ງບານ[soŋ⁵ ʔba:n¹] 越chuyền bóng[tswi:n² ʔbɔŋ⁵];cú chuyền[ku⁵ tswi:n²]

【传染】 泰ติด[tit⁷];ติดต่อ[tit⁷ tɔ:⁵];จับ[tsap⁵] 老แปด[pɛt⁹];ติด[tit⁷];ติดຕໍ່[tit⁷ tɔ:⁵];ติดต่อแพร่ขาย[tit⁷ tɔ:⁵ phɛ:⁵ pha:i¹];ติดแปด[tit⁷ pɛ:t⁹] 傣-侬pet[pɛt⁷];rài pet[ra:i³ pet⁷] 越泰xúc xù[suk⁷ su³] 越lây[lɤi¹] 芒lây[lɤi¹]

【传染病】 泰โรคติดต่อ[ro:k¹⁰ tit⁷ tɔ:⁵] 老โລภติดต่[lo:k¹⁰ tit⁷ tɔ:⁵];พะยาดติดต่อ[pha⁵ na:t¹⁰ tit⁷ tɔ:⁵];พะยาดติดแปด[pha⁵ na:t¹⁰ tit⁷ pɛ:t⁹] 越bệnh truyền nhiễm[ʔben⁶ tʂwi:n² nhi:m⁴];bệnh hay lây[ʔben⁶ hai¹ lɤi¹] 芒bểnh hay lây[ʔben⁴ hai¹ lɤi¹]

【传说~他去北京了】 泰เล่าลือ[lau³ lɯ:²];เล่าลือกัน[lau³lɯ:²kan¹] 老มีทาง[ni⁴tha:n²];พื้นสืบ[phɯ:n⁴ sɯ:p⁹];พื้นตำนาน[phɯ:n⁴tam¹' na:n¹];ลือว่า[lɯ:va:⁵] 越đồn[ʔdon²] 芒tồn[ton⁵]

【传说民间~】 泰ตำนาน[tam² na:n²] 老พื้นสืบ[phɯ:n⁴ sɯ:p⁹] 傣-侬thinh[thin³];tòn[tɔn²] 越泰quâm chiền[kwa:m² tsi:n²] 越truyền thuyết[tʂwi:n² thwi:t⁷];truyền cổ tích[tʂwi:n² kɔ³ tit̪⁵]

【船❸】 泰เรือ[rɯ:a²] 老เฮือ[hɯ:a²];ลำเฮือ[lam² hɯ:a²];ນາວี[na: vi:²] 傣-侬lùa[lɯa²];tàu[tau²] 越泰hủa[hɯa²];tău[tau²] 普pê⁴[pe⁴] 越thuyền[thwi:n²];tàu[tau²];ghe[ɣɛ¹];đò[ʔdɔ²] 芒thiền[thi:n²];tàu[tau²]

【船舱】 泰ท้องเรือ[thɔ:ŋ⁴ rɯ:a²];ห้องบนเรือ[hɔ:ŋ³ ʔbon² rɯ:a²] 老ข้องในเฮือ[hɔ:ŋ³ nai² hɯ:a²] 傣-侬váng lùa[va:ŋ³ lɯa²] 越khoang thuyền[xwa:ŋ¹ thwi:n²];khoang tàu[xwa:ŋ¹ tau²]

【船夫】 泰คันนายเฮือ[khon² pha:i² hɯ:a²] 老พืนเฮือ[phon² hɯ:a²];ไทเฮือ[thai² hɯ:a²] 越người chèo thuyền[ŋɯ:i² tsɛu² thwi:n²];người lái thuyền[ŋɯ:i² la:i⁵ thwi:n²];người chờ thuyền[ŋɯ:i² tsɤ³ thwi:n²]

【船篷】 泰กระแทง[kra⁵ thɛ:ŋ²];ประทุนเรือ[pra⁵ thun² rɯ:a²] 老ใบเฮือ[ʔbai¹' hɯ:a²];ปะทุมเฮือ[pa⁵ thun² hɯ:a²];พองเฮือ[phu:aŋ² hɯ:a²] 傣-侬pài lùa

---

❶ 阿含 khau A1
❷ 石家 txxŋ²   阿含 nung B2
❸ 石家 lxm³ rua¹   阿含 ru A2；rū A2  掸 hə A2   泐 hrə A2   拉哈 da²

[pa:i² lɯə²] 越泰 mǔng hǔa[muŋ² hua²] 越 mui thuyền[mui¹ thɯi:n²]

【船头】泰 หัวเรือ[hu:a¹ rɯa²] 老 ຫົວເຮືອ[hu:a¹ hɯ:a²] 普 tô⁴ pê⁴[to⁴ pe⁴] 越 mũi thuyền[mui⁴ thɯi:n²];mũi tàu[mui⁴ tau²]

【船尾】泰 ท้ายเรือ[tha:i² rɯa²] 老 ທ້າຍເຮືອ[tha:i⁴ hɯ:a²] 普 tan¹ pê⁴[ta:n¹ pe⁴] 越 mũi lái[mui⁴ la:i⁵];đuôi thuyền[ʔdu:i¹ thɯi:n²];đuôi tàu[ʔdu:i¹ tau²]

【橡子】泰 จันทัน[tsan² than²];ระแนง[ra⁴ nɛ:ŋ²];คร่าว[khra:u³];ตะเข้[ta⁵ khe:³];กอน[kɔ:n¹];ไม้กอน[mai⁴ kɔ:n¹];ยิง[ɲiŋ⁵] 岱-侬 mạychon[mai⁴ tɕɔn⁵] 越泰 con[kɔn¹] 越 kèo[kɛu²];cái rui[ka:i⁵ ʐui¹] 芒 kèo[kɛu²];kè[kɛ²];thui[thui¹]

【喘气】泰 หอบ[hɔ:p⁹];หายใจ[ha:i¹ tsai²] 老 ຫາຍໃຈ[ha:i¹ tsai¹];ຫາໃຈ[ha:¹ tsai¹];ຫາຍຫອບ[ha:i¹ hɔ:p⁹];ຫອບຫາຍໃຈ[hɔ:p⁹ ha:i¹ tsai¹];ສືບ[si:p⁹];ກະຍຶ[ka ɲɯ:²];ຂີ້ກະຍຶ[khi:³ ka² ɲɯ:²];ໝາກຫືດ[ma:k⁹ hɯ:t⁹] กะຫอบกะແຫບ[ka² hɔ:p⁹ ka² hɛ:p⁹] 越 thở khò khè[thɤ³ xɔ² xɛ²];thở hổn hển[thɤ³ hon³ hen³]

【串 用绳子~鱼】泰 เชื่อมโยง[tshɯ:am³ jo:ŋ²] 老 ຮ້ອຍ[hɔ:i⁴];ກອງ[kɔ:ŋ¹] 越 xuyên suốt[swi:n¹ ʂu:t⁷];xâu[ʂɤu¹];xiên[si:n¹] 芒 xỏi[sɔi⁴]

【串 ~辣椒❶】泰 ร้อย[rɔ:i⁴];ไม้[mai⁴];กรอง[krɔ:ŋ²] 老 ຮ້ອຍ[hɔ:i⁴];ຮວາດ[hwa:t¹⁰];ຮວດ[hu:at¹⁰];ພູດ[phu:t¹⁰] 岱-侬 rọi[rɔi⁴];lúm[lum⁵];chúm[tɕum⁵] 越泰 pụa[puə⁴];xòi[sɔi³] 越 chuỗi[tsu:i⁴]

【串 ~葡萄】泰 พวง[phu:aŋ²] 老 ພື້[phu:a⁴] ພວງ[phu:aŋ²] 越 túm[tum⁵];chùm[tsum⁵] 芒 tūm[tum⁴];chǔm[tsum⁴]

【串 ~珠子】泰 พวง[phu:aŋ²] 老 ຮວດ[hu:at¹⁰] 越 chuỗi[tsu:i⁴];tràng[tʂa:ŋ²] 芒 tlàng[tla:ŋ²];pưởn[pɯ:n⁴]

【串 ~钥匙】泰 พวง[phu:aŋ²] 老 ພວງ[phu:aŋ²] 越 chuỗi[tsu:i⁴];xâu[ʂɤu¹];chùm[tsum²] 芒 chùm[tsum²]

【串门】泰 เที่ยวไปนั่งคุยเล่นที่บ้านคนอื่น[thi:au³ pai² naŋ³ khui² le:n³ thi:³ ʔba:n³ khon² ʔɯ:n⁵] 越 đến thăm[ʔden⁵ tham¹];đến chơi[ʔden⁵ tsɤ:i¹]

【串通】泰 สมคบ[som khop⁸] 老 ຄົບ[khop⁸ khi:⁸];ຄົບຄິດ[khop⁸ khut⁸];ສົມຄົບ[som¹ khop⁸];ສົມຮູ້ເປັນໃຈ[som¹ hu:⁴ pen¹' tsai¹];ເປັນຄຳກັບ[pen¹ khɔ:² kan¹'];ເປັນໃຈ[pen¹ tsai¹];ເປັນເຂັຍກັບ[pen¹ sɤ:i² kan¹] 岱-侬 tó phài[to⁵ pha:i²] 越泰 khàu làu[khau³ lau²] 越 ăn cánh[ʔan¹ kan⁵];ăn thông lưng[ʔan¹ thɔŋ¹ lɯŋ¹];thông lưng[thɔŋ¹ lɯŋ¹];thông đồng[thɔŋ¹ ʔdoŋ²];câu kết ngầm[kɤu¹ ket⁷ ŋɤm⁵ ŋɤ:m²]

【创伤】泰 บาดแผล[ʔba:t⁹ phlɛ:¹] 老 ບາດເຈັບ[ʔba:t⁹ tsep⁷] 越 chấn thương[tsɤn⁵ thɯ:ŋ¹];vết thương[vet⁷ thɯ:ŋ¹]

【疮】泰 ตุ่ม[tum⁵];ฝี[fi:¹] 老 ຕຸ່ມ[tum⁵] 岱-侬 bat[ʔba:t⁷] 越泰 túm[tum⁵];túm phi[tum⁵ phi¹];rưới[pɯ:i⁵] 越 lở loét[lɤ:³ lwet⁷];nhọt[ɲɔt⁸];mụn[mun⁶];đầu đanh[ʔdɤu² ʔdan¹] 芒 mần ôm[mɤn² ʔom¹];tenh[ten¹]

【窗框】泰 กรอบหน้าต่าง[krɔ:p⁹ na:³ ta:ŋ⁵] 老 ຂອບປ່ອງຢ້ຽມ[khɔ:p⁹ pɔ:ŋ⁵ ji:am³];ໄມ້ເຮັດຂອບ[mai set⁸ na:³] 越 khung cửa sổ[xuŋ¹ kɯ:a³ ʂo³]

【窗帘】泰 ม่านหน้าต่าง[ma:n³ na:³ ta:ŋ⁵] 老 ມ່ານຂອບຕ່າງໆ[ma:n⁵ na:³ ta:ŋ⁵];ຜ້າກັ້ງປ່ອງຢ້ຽມ[pha:⁵ pɔ:ŋ⁵ ji:am³] 越 rèm cửa sổ[ʐɛm² kɯ:a³ ʂo³];mành cửa sổ[man² kɯ:a³ ʂo³];màn cửa sổ[ma:n² kɯ:a³ ʂo³];màn che cửa sổ[ma:n² tsɛ¹ kɯ:a³ ʂo³]

【窗台】泰 คานรองรับหน้าต่าง[kha:n² rɔ:ŋ² rap⁸ na:³ ta:ŋ⁵];ส่วนที่ยื่นออกจากส่วนล่างของหน้าต่าง[su:an⁵ thi:³ jɯ:n³ ʔɔ:k⁹ tsa:k⁹ su:an⁵ la:ŋ³ khɔ:ŋ¹ na:³ ta:ŋ⁵]

❶ 泐 hrɔi C2

越bệ cửa sổ[ʔbe⁶ kɯə³ ʂo³];ngưỡng cửa sổ[ŋɯ:ŋ⁴ kɯə³ ʂo³]

【窗子】 泰หน้าต่าง[na:³ta:ŋ⁵];ต่าง[ta:ŋ⁵];ป่อง[pɔ:ŋ⁵] 老ຫ້າຕ່າງ[na:³ta:ŋ⁵];ປ່ອງຢູ້ມ[pɔ:ŋ³ji:am³];ປ່ອງຢ້າມ[pɔ:ŋ⁵ʔi:am⁵];ທວາງ[thwa:n⁵] 傣-侬tángchặc[ta:ŋ⁵ tɕak⁸];táng eng[ta:ŋ⁵ ʔɛŋ¹] 越泰táng[ta:ŋ⁵] 普tyung¹ zjak⁵[tyuŋ¹ zja:k⁵] 越cửa sổ[kɯə³ ʂo³] 芒vòng[vɔŋ³];bóng[ʔbɔŋ³]

【床】 泰เตียง[ti:aŋ²] 老ຕຽງ[ti:aŋ¹];ຕຽງນອນ[ti:aŋ¹ nɔ:n²];ຊອງ[sɔ:ŋ²];ບ່ອນ[ʔbɔ:n⁵];ບ່ອນນອນ[ʔbɔ:n⁵ nɔ:n²] 傣-侬chường[tɕɯ:ŋ²] 越泰dưỡng[jɯ:ŋ²] 普swang²[swa:ŋ²] 越giường[zɯ:ŋ²];cái giường[ka:i⁵ zɯ:ŋ²] 芒chiềng[tsi:ŋ²]

【床——被子】 泰ชุด[tshut⁸] 老ພື້ນ[phɯ:n¹] 越chiếc[tsi:k⁷] 芒chiếc[tsi:k⁷]

【床板】 泰กระดานเตียง[kra² ʔda:n² ti:aŋ²] 老ກະດານຕຽງ[ka² ʔda:n¹' ti:aŋ¹] 傣-侬chường pản[tɕɯ:ŋ² pa:n³] 越giường phản[zɯ:ŋ² fa:n³]

【床单】 泰ผ้าปูที่นอน[pha:³ pu:² thi:³ nɔ:n²];ผ้าปูเตียง[pha:³ pu:² ti:aŋ²] 老ຜ້າປູ[pha:³ pu:¹];ຜ້າປູບ່ອນນອນ[pha:³ pu:¹' ʔbɔ:n⁵ nɔ:n²];ຜ້າປູບ່ອນມອນ[pha:³ pu:¹' ʔbɔ:n⁵ nɔ:n²];ຜ້າປົກຕຽງ[pha:³ pok⁷ ti:aŋ¹] 越khăn rải giường[xan¹ za:i³ zɯ:ŋ²];khăn phủ giường[xan¹ fu³ zɯ:ŋ²];ga rải giường[ya¹ za:i³ zɯ:ŋ²];khăn trải giường[xan¹ tʂa:i³ zɯ:ŋ²];khăn trải ga[xan¹ tʂa:i³ ya¹]

【床垫】 泰ที่นอน[thi:³ nɔ:n²];ฟูก[fu:k¹⁰] 老ເບາະບອນ[ʔbɔ² nɔ:n²] 越đệm giường[ʔdem⁶ zɯ:ŋ²]

【床架】 泰โครงเตียง[khro:ŋ² ti:aŋ²];โครง เตียงนอน[khro:ŋ² ti:aŋ² nɔ:n²] 老ໂຄງຕຽງ[kho:ŋ² ti:aŋ¹] 越khung giường[xuŋ¹ zɯ:ŋ²]

【床头柜】 泰ตู้ข้างเตียง[tu:³ kha:ŋ² ti:aŋ²];ตู้หัวเตียง[tu:³ hu:a² ti:aŋ²] 越tủ đầu giường[tu³ ʔdɐu² zɯ:ŋ²]

【床罩】 泰ผ้าคลุมเตียง[pha:³ khlum² ti:aŋ²] 老ຜ້າປົກຕຽງ[pha:³ pok⁷ ti:aŋ¹] 越khăn phủ giường[xan¹ fu³ zɯ:ŋ²]

【吹 ~喇叭】 泰เป่า[pau⁵] 老ເປົ່າ[pau⁵] 傣-侬páu[pɔu⁵] 越泰phú[phu⁵] 普phǎw³[phau³] 越thổi[thoi³] 芒hủl[hul³]

【吹 风~】 泰พัด[phat⁸] 老ພັດ[phat⁸];ເປົ່າ[ʔbə:k⁹];ເປັ່ງ[peŋ⁵];ພະຫລ່ຽງ[pha² li:aŋ²];ອວນ[ʔɔ:n¹] 越thổi[thoi³]

【吹火筒】 泰กระบอกเป่าไฟ[kra⁵ʔbɔ:k⁹ʔpau⁵fai²] 普long¹ phǎw³ pâj¹[lɔŋ¹ phau³ pɤi¹] 越ống thổi lửa[ʔɔŋ⁵ thoi³ lɯə³]

【吹口哨】 泰ผิวปาก[phiu¹ pa:k⁹] 老ຖິວ[thiu¹];ຖິວປາກ[thiu¹ pa:k⁹];ຖີ[thi:u¹];ຖິວປາກ[thiu¹ pa:k⁹];ຜິວປາກ[phiu¹ pa:k⁹] 傣-侬khúyu lồm[khwiu⁵ lom²] 越泰thiu[thiu¹] 普lǎj³ ʔwâj¹[lai³ ʔwɤi¹] 越huýt sáo[hwit⁷ ʂa:u⁵] 芒hóch[hɔt⁷]

【吹牛❶】 泰คุยโว[khui² wo:²] 老ຕາມລົມປາກ[ta:m¹' lom² pa:k⁹];ຂີ້ຄຸຍ[khi:³ khui²];ໂມ້[mo:⁴] 傣-侬phao mào[pha:u¹ ma:u²];tài và[ta:i³ va³];tài phao[ta:i³ pha:u¹] 越泰uốk[ʔu:k⁷];pák cao[pa:k⁷ ka:u¹];pák áo[pa:k⁷ ʔa:u³];cào nhau[ka:u³ ɲa:ɯ¹];và lạ[va⁶ la⁴];cao[ka:u¹] 越khoác lác[xwa:k⁷ la:k⁷];thổi phồng[thoi³ foŋ²];nói phách[nɔi⁵ fat⁷];nói phét[nɔi⁵ fet⁷];khoe khoang[xwɛ¹xwa:ŋ¹];khoe [xwɛ¹] 芒khoe khoang[khwɛ¹khwa:ŋ¹];khoe [khwɛ¹]

【炊事员】 泰พ่อครัว[phɔ:³khru:a²];แม่ครัว[mɛ:³ khru:a²] 老ອ້າຍລ້ຽງ[ʔa:i⁴ li:aŋ²];ຊ່າງຄົວກິນ[sa:ŋ² khu:a² kin¹] 越người nấu bếp[ŋɯ:i² nɤu⁵ ʔbep⁷];anh nuôi[ʔaɲ¹ nu:i¹];cấp dưỡng[kɤp² zɯ:ŋ⁴];nhân viên nhà bếp[ɲɤn¹ vi:n¹ ɲa² ʔbep²]

【炊帚】 泰แปรงล้างกระทะ[pre:ŋ² la:ŋ⁴ kra⁵ tha⁴];แปรงทำความสะอาดเครื่องครัว[pre:ŋ² tham² khwa:m² sa⁵ ʔa:t⁹ khru:aŋ³ khru:a²] 越chổi bếp[tsoi³ ʔbep⁷];

---

❶ 石家 ʔaaŋ³

chổi rửa bát đĩa[tsoi³ zṵə³ ʔba:t⁷ ʔdiə⁴]

【垂 果子~下来】泰 ลู่ลง[luː³ loŋ³] 岱-侬 ngọm[ŋom⁴]; dựt[jut⁸] 越泰 phón[phɔn⁵] 越 rũ[zṵ⁴];rủ[zṵ³] 芒 rũ[ru⁴]

【捶~衣服】泰 กล้อง[klɔːŋ³];ค่อน[khɔːn³] 老 ບຸບ[ʔbup⁷];ไฮ่[hai⁵];ທັບ[thap⁸];ທຸບ[thup⁸];ທຸບຕີ[thup⁸ tiː¹] 岱-侬 tụp[tup⁸];vại[va:i⁴] 越 nện[nen⁶]

【捶~背】泰 ทุบ[thup⁸] 老 ຫັບ[thap⁸];ທຸບ[thup⁸] 岱-侬 tụp[tup⁸];tệnh[teŋ⁴];cọn[kɔn⁴];pốn[pon⁵] 越泰 tặp[tap⁸];xui[sui⁴];phục[phuk⁸];nhọk[ɲɔk⁸] 普 lǎj³ suj²[lai³sui²] 越 đấm[ʔdɤm³];đấm bóp[ʔdɤm⁵ ʔbɔp⁷] 芒 tẩm[tɤm³]

【锤子❶】泰 ค้อน[khɔːn⁴];ตะลุมพุก[ta⁵ lum² phuk⁸] 老 ຄ້ອນ[khɔːn⁴];ຄ້ອນຕີ[khɔːn⁴ tiː¹] 岱-侬 túi lêch[tui³ lek⁷] 越泰 khoanbo[khwaːn¹ʔbɔ⁵];cọntì[kɔn ti⁶] 越 búa đanh[ʔbuə⁵ ʔdaŋ¹];búa đinh[ʔbuə⁵ ʔdiŋ¹] 芒 bùa[ʔbuə²];cái bùa[ka:i⁵ ʔbuə³]

【槌子】泰 ค้อน[khɔːn⁴];กันกอน[kan² kɔn²] 老 ກຸດ[kuːt⁹] 岱-侬 ăn tủi[ʔan¹ tui³];túi tooc[tui³ tɔːk⁷] 越泰 cắn[kan⁵];cọn tmửn[kɔn⁴ t-mɯn²];cọn tók xíu[kɔn⁴ tɔk⁷ siu⁵] 越 cái vồ[ka:i⁵ vo²];dùi[zui²] 芒 tùi[tui²]

【春季】泰 ฤดูใบไม้ผลิ[rɯ⁴ ʔduː² ʔbai⁴ mai⁴ phli⁵] 老 ລະດູບານ[laʔduːˑʔbaːn¹];ລະດູບານໃໝ່[laʔduːˑʔbaːn¹ mai⁵];ລະດູໃບໄມ້ຢິ່ງ[la⁵ duːˑ ʔbai⁴ mai⁴ poŋ⁵] 岱-侬 xuân[ɕwən¹];mùaxuân[muə³ɕwən¹] 越泰 xuân[swən¹];mũa xuân[muə² swən¹] 越 mùa xuân[muə² sɯɤn¹];xuân[sɯɤn¹] 芒 mùa xân[muə² sɤn¹]

【春节❷】泰 วันตรุษจีน[wan² trut⁷ tsiːn²];เทศกาลฤดูใบไม้ผลิ[theːt¹⁰ saˑ⁵ kaːn² rɯ⁴ ʔduː² ʔbai⁴ mai⁴ phli⁵] 老 ບຸນກິນ[ʔbun¹¹ kin¹¹];ບຸນກິນຈຽງ[ʔbun¹¹ kin¹¹ kiaŋ¹];ກຸດຈິນ[kut⁷

tsiːn¹];ບຸນກຸດຈິນ[ʔbun¹¹ kut⁷ tsiːn¹];ກຸດຈິນ[kut⁷ tsiːn¹];ບຸນກິນຈຽງ[ʔbun¹¹ kin¹¹ tsiːaŋ¹];ກຸດບຸນກິນຈຽງ[kut⁷ ʔbun¹¹ kin¹¹ tsiːaŋ¹] 岱-侬 nènchiêng[nɛn² tɕiːŋ¹] 越泰 mưchiêng[mɯ⁴ tɕiːŋ¹] 普 cioŋ¹[tsiŋ¹] 越 Tết[tet⁷];tết nguyên đan [tet⁷ ŋwiːn¹ ʔdaːn⁵];tết âm lịch[tet⁷ ʔɤm¹ lit⁸]

【春卷】泰 ปอเปี๊ยะ[pɔː² piːa⁴] 岱-侬 nem[nɛm¹] 越 nem[nɛm¹] 芒 nem[nɛm¹]

【椿象 臭屁虫❸】泰 แมงแคง[mɛːŋ² khɛːŋ²];แครง [khrɛːŋ²] 老 ແມງແຄງ[mɛːŋ² khɛːŋ²];ແມງຕິດລຸດ[mɛːŋ²tot⁷suːt⁹];ແມງຕິດເໝັນ[mɛːŋ²tot⁷men ];ແມງຕິດປູດ[mɛːŋ²tot⁷puːt⁹] 岱-侬 mèng kèng [mɛŋ² kɛŋ²] 越泰 mãnh cãnh[mɛŋ² kɛŋ²] 越 ɔŋ xít[ʔbɔ⁶ sit⁷]

【唇膏】泰 ลิปสติก[lip⁸sa⁵tik⁷] 老 ລິບສະຕິກ[lɤp⁸ saˑ² tik⁷] 越 sáp môi[ʂaːp⁷ moi¹]

【唇裂】泰 ริมฝีปากแตก[rim² fiˑ¹ paːk⁹tɛːk⁹] 老 ປາກແອ່ງ[paːk⁹ vɛːŋ⁵] 越 sứt môi[ʂɯt⁷ moi¹]

【纯利】泰 กำไรสุทธิ[kam² rai² sut⁷ thi⁴] 老 ກຳໄລສຸດທິ[kam¹¹ lai² sut⁷ thi⁵] 越 lãi thực[la:i⁴ thɯk⁸]; lãi ròng[la:i⁴ zɔŋ²];lãi thực tế[la:i⁴ thɯk⁸ te⁵];lợi thực tế[lɤ:i⁶ thɯk⁸ te⁵]

【蠢】泰 โง่[ŋoː³];เก้งก้าง[keːŋ³ kaːŋ³] 老 ໂງ່[ŋoːˑ²] 岱-侬 tăn[tan¹];bả[ʔbaˑ³];bầu bả[ʔbəu³ʔbaˑ³];bả ngậu [ʔbaˑ³ ŋəu⁴] 越泰 bâu[ʔbau⁴];chautăn[tsau¹ taˑ¹]; mãutai[mau² taːi¹] 普 pân⁴[pɤn⁴];qaluən³[qa⁰luːn³]; qa nhak⁵[qa⁰ ɲaˑk⁵] 越 ngu[ŋu¹];ngốc[ŋok⁷];ngu xuẩn[ŋu¹ swɤn³];đồn độn[ʔdon² ʔdon⁶];dại[za:i⁶]; dốt[zot⁷] 芒 lừa[lɯə²];lũ lừa[lu⁴ lɯə²];lũ dãi[lu⁴ za:i⁴];lũ[lu⁴];dãi[za:i⁴];dốt[zot⁷]

【戳】泰 ทิ่ม[thim³];แทง[thɛːŋ²];แหย่[jɛː⁵] 老 ຍອກ[ɲɔːk¹⁰];ແທງ[thɛːŋ²];ກວຍ[ku:ai¹] 岱-侬 dộc[jok⁸];tông[toŋ²];tăng[taŋ³] 越泰 xuôk[su:k⁸]

---

❶ 阿含 khǎn C2　掸 khɔn C2　泐 xɔn C2

❷ 拉基 ci²

❸ 掸 kɛŋ A2

dí[zi⁵];ấn[ʔɤn⁵];day[zai¹];đâm[ʔdɤm¹];chọc[tsɔk⁸]

【词典】 泰ดิกชันนารี[ʔdik⁷ tshan² na:² ri:²] 老ອັກຂະລານຸກົມ[ʔak⁷ kha:² la:² nu⁵ kom¹];ປະຫານຸກົມ[pa² tha:² nu⁵ kom¹];ພົດຈະນານຸກົມ[phot⁸ tsa⁵ na:² nu⁵ kom¹];ວັດຈະນານຸກົມ[vat⁸ tsa⁵ na:² nu⁵ kom¹];ອະພິທານ[ʔa⁵ phi⁴ tha:n²] 越từ điển[tɯ² ʔdi:n³]

【磁铁】 泰แม่เหล็ก[mɛ:³lek⁷] 老ຫິນແມ່ເຫລັກ[hi:n¹ mɛ:⁵lek⁷];ແມ່ເຫຼັກ[mɛ:⁵lek⁷];ກ້ອນແມ່ເຫຼັກ[kɔ:n⁴mɛ:⁵lek⁷];ໂພງກິນເຫຼັກ[pho:ŋ²kin¹lek⁷] 越泰phỏng kinléch[phoŋ²kin¹lek⁷] 越namchâm[na:m¹tsɤm²];đá nam châm[ʔda:⁵ na:m¹ tsɤm²]

【糍粑】 泰ขนม[kha⁵nom¹] 老ເຂົ້າໜົມ[khau³nom¹];ຂະໜົມ[kha²nom¹] 傣-侬xi[ɕi²];pèngchì[peŋ³ʨi²];pèng chì đec[peŋ³ ʨi² ʔdek⁷];pèng đec[peŋ³ ʔdɛk⁷];pèng xì[peŋ³ ɕi²];pèng tẹ[peŋ³ te⁴] 越bánh giầy[ʔbaŋ⁵ zɤi²];bánh dày[ʔbaŋ⁵ zai²];bánh gai[ʔbaŋ⁵ ɣa:i¹];bánh tẻ[ʔbaŋ⁵ te³]

【瓷器】 泰เครื่องกระเบื้องเคลือบ[khɯ:aŋ² kra⁵ʔbɯ:aŋ⁴ khlɯ:ap¹⁰] 老ດິນຖ້ວຍ ຂາວ[ʔdin¹¹ thɯ:ai³ kha:u¹] 傣-侬cúa meng[kua⁵ mɛŋ¹] 越đồ sứ[ʔdo² ʂɯ⁵] 芒đồ khử[ʔdo² khɯ³]

【瓷土】 泰ดินนวล[ʔdin² nu:an²];ดินขาว[ʔdin² kha:u¹] 老ດິນດາກ[ʔdin¹¹ ʔda:k⁹] 越đất sét trắng[ʔdɤt⁷ ʂɛt⁷ tʂaŋ⁵];đất cao lanh[ʔdɤt⁷ ka:u¹ laŋ²];đất thó trắng[ʔdɤt⁷ thɔ⁵ tʂaŋ⁵]

【雌花】 泰ดอกตัวเมีย[ʔdɔ:k⁹tu:a²mi:a²] 老ດອກແມ່[ʔdɔ:k⁹ mɛ:⁵] 越hoa cái[hwa¹ ka:i⁵]

【雌蕊】 泰เกสรตัวเมีย[ke:² sɔ:n¹ tu:a² mi:a²] 老ດອກແມ່[ʔdɔ:k⁹ mɛ:⁵];ເກສອນແມ່[ke:¹' sɔ:n¹ mɛ:⁵];ຮວງເກສອນ[hu:aŋ² ke:¹' sɔ:n¹] 越nhị cái[ɲi⁵ ka:i⁵]

【雌性】 泰แม่[mɛ:³] 老ແມ່[mɛ:⁵];ຕົວເມຍ[tu:a¹' mi:a²]; 傣-侬mé[me³] 普mǎj²[mai²]; qa mǎj²[ka⁰ mai²] 越cái[ka:i⁵];mái[ma:i⁵] 芒cái[ka:i³]

【此外❶】 泰นอกจากนี้[nɔ:k¹⁰ tsa:k⁹ ni:⁴] 老ນອກຈາກນີ້[nɔ:k¹⁰tsa:k⁹ni:⁴] 傣-侬noọcooc[nɔ:k⁸ʔɔ:k⁷] 越ngoài ra[ŋwa:i² za¹]

【刺~一刀】 泰แทง[thɛ:ŋ²] 老ແທງ[thɛ:ŋ²] 傣-侬pắc[pak⁷];chọc[ʨɔk⁸] 越泰xuộk[su:k⁸];xắc[sak⁷] 普ngươn³[ŋɯ:n³] 越đâm[ʔdɤm¹]

【刺植物上的~❷】 泰หนาม[na:m¹] 老ໜາມ[na:m¹] 傣-侬nam[na:m¹] 越泰nam[na:m¹] 普ngươn²[ŋɯ:n²] 越gai[ɣa:i¹] 芒cai[ka:i¹]

【刺蜜蜂的~❸】 泰เหล็กใน(ของผึ้ง)[lek⁷ nai² (khɔ:ŋ¹ phɯŋ³)] 老ໄລ[lai²] 傣-侬lầy[lɤi²] 越泰lãy[lai²] 越ngòi[ŋɔi²]

【刺鼻】 泰แสบจมูก[sɛ:p⁹tsa⁵mu:k⁹] 老ຂື່ນ[khɯ:n⁵];ຂີວ[khi:u¹];ສຸນ[sun¹] 傣-侬áu et[ʔau³ ʔɛt⁷] 越泰xmặc xmãnh[s-mak⁸ s-mɛŋ²] 越nặng mùi[naŋ⁶ mui¹];cay mũi[kai¹ mui⁴];hăng mũi[haŋ¹ mui⁴] 芒nắng mùi[naŋ⁴ mui²]

【刺刀】 泰ดาบปลายปืน[ʔda:p⁹ pla:i² pɯ:n²] 老ຫອກມີດ[hɔ:k⁹mi:t¹⁰];ຫອກປືນ[hɔ:k⁹pɯ:n¹];ທອງປາຍປືນ[hɔ:k⁹ pa:i¹' pɯ:n¹];ກະບີ່[ka² ʔbi:⁵];ກະບີ່ປາຍປືນ[ka² ʔbi:⁵ pa:i¹' pɯ:n¹] 傣-侬mạcđap[ma:k⁸ʔda:p⁷] 越lưỡi lê[lɯ:i⁴ le¹]

【刺耳】 泰แสบแก้วหู[sɛ:p⁹kɛ:u³hu:¹] 老ບາດຫູ[ʔba:t⁹ hu:¹];ຜິດຫູ[phit⁹ hu:¹];ເໝືອດຫູ[mɯ:at⁹ hu:¹] 傣-侬lac hu[la:k⁷hu¹] 普qa?en³[qa⁰ʔɛn³] 越chướng tai[tsɯ:ŋ⁵ ta:i¹];inh tai[ʔiŋ¹ ta:i¹];điếc tai[ʔdi:k⁷ta:i¹];chói tai[tsɔi⁵ta:i¹];chác tai[tsa:k⁷ta:i¹] 芒khào thai[kha:u² tha:i¹];chưởng thai[tsɯ:ŋ⁵ tha:i¹];chòi thai[tsɔi³ tha:i¹]

---

❶ 阿含poi;poi-lun-lāng
❷ 石家ʔɔn¹
❸ 渤mǎi A2

【刺客】 泰ผู้ลอบสังหาร[phuː³ lɔːp¹⁰ saŋ¹ haːn¹] 老ນັກຄາຕະກອນ[nak⁸ khaː² ta² kɔːn¹] 越thích khách[thit⁷ xat⁷];kẻ ám sát[kɛ³ ʔaːm⁵ ʂat⁷]

【刺痛】 泰เจ็บแสบ[tsep⁷sɛːp⁹];ยอก[jɔːk¹⁰];เสียด[siːat⁹] 老ເຈັບສຽບ[tsep⁷siːap⁹];ສຽບ[siːap⁹];ສຽດແຢງ[siːat⁹ hɛːŋ];ສຽບ[siːap⁹];ແສບ[sɛːp⁹] 岱-侬tot[tɔt⁵] 越泰páp[paːp⁷] 越đauchói[ʔdau¹tsɔi⁵];nhói[nɔi⁵];nhức[nɯk⁷] 芒nhòl[nɔl³];nhâc[nɤk³];lèl[lɛl³]

【刺猬】 泰เม่น[meːn³] 老ຫອບ[hɔːn¹];ຕົວຫອບ[tuːa¹¹ hɔːn¹] 岱-侬mền[men³];tua mền[tuə¹ men³] 越泰mền[men³];tômền[to¹ men³] 普biot⁵[biːt⁵] 越con nhím[kɔn¹ nim⁵];con dím[kɔn¹ zim⁵] 芒mong nghim[mɔŋ¹ ŋim³]

【刺苋】 泰ขมหนาม[khom¹naːm¹] 老ຂົມຫນາມ[hom¹naːm¹];ຂົມຫນາມ[khom¹ naːm¹] 岱-侬co hôm nam[kɔ¹ hom¹ naːm¹] 越rau dền cơm[zau¹ zen⁵ kɤːm¹]

【刺眼】 泰จ้าตา[tsaː³ taː²] 老ບາດຕາ[ʔbaːt⁹ taː¹] 岱-侬luởn[luːn³] 越chói mắt[tsɔi⁵ mat⁷] 芒chói mắt[tsɔi³ mat⁸]

【伺候】 泰คอยรับใช้อยู่ข้าง ๆ[khɔːi² rap⁸ tshai⁴ juː⁵ khaːŋ³khaːŋ³];คอยรับใช้[khɔːi²rap⁸tshai⁴] 老ຄອຍຮັບໃຊ້[khɔːi²hap⁸sai⁴] 岱-侬châu[tɕəɯ⁴];châu chọ[tɕəɯ⁴tɕɔ⁴] 越泰hầu[hau²] 越chăm sóc[tsam¹ ʂɔk⁷];hầu hạ[hɤu² ha⁶];chầu chực[tsɤu² tsɯk⁸]

【次去一~】 泰ครั้ง[khraŋ⁴];ที่[thiː²];รอง[rɔːŋ²];เทื่อ[thɯːa²];เทื่อ[thɯːa³];เทื่อ[thɯːa⁴];เดื่อ[tɯːa³];หน[hon¹];ลา[laː²];รวด[ruːat¹⁰];เที่ยว[thiːau³];คราว[khraːu²];ครา[khraː²] 老ບາດ[ʔbaːt⁹];ທີ[thiː²];ຄັ້ງ[khaŋ⁴];ເທື່ອ[thɯːa⁵];ທ່ຽວ[thiːau⁵];ຖ້ຽວ[thiːau³];ເລົ່າ[lau⁵];ຄາບ[khaːp¹⁰];ສ້າວ[saːu³];ການ[kaːn¹];ຊຸບ[suːp⁵];ນັດ[nat⁸];ລອດ[luːat¹⁰];ວາລະ[vaː² laː²];ທ່າ[haː⁵]

【次日】 泰วันถัดมา[wan² that⁷ maː²];พรุ่งนี้[phruŋ³ niː⁴];วันพรุ่งนี้[wan² phruŋ³ niː⁴];วันรุ่งขึ้น[wan² ruŋ³ khɯn³] 老ວັນຕໍ່ໄປ[van² tɔː⁵ pai¹];ວັນຊຸ່ງຂຶ້ນ[van² huŋ⁵ khɯn³];ວັນຫນ້າ[van² naː³];ມື້ລຸນມາ[mɯː⁴ lun² maː²];ມື້ລຸນ[mɯː⁴ lun²];ມື້ໃຫມ່[mɯː⁴ mai⁵];ວັນຖ້ວນສອງ[van² thuːan³ sɔːŋ¹] 岱-侬văn lăng[van² laŋ¹] 越泰mự lăng[mɯ⁴ laŋ¹] 越hôm sau[hom¹ ʂau¹] 芒ngày khau[ŋai² khau¹]

【葱❶】 泰หอม[hɔːm¹];ต้นหอม[ton³hɔːm¹];กระเทียมหอม[kraʔ thiam⁵hɔːm¹] 老ບົ່ວ[ʔbuːa⁵] 岱-侬búa[ʔbuə⁵] 越泰hombúa[hɔm¹ʔbuə⁵] 普bươ¹[buɤ¹];qabuơ[caʔ buɤ¹] 越hành[han²];cây hành[kɤi¹ han²] 芒hành[han²];câl hành[kɤl¹ han²]

【聪明❷】 泰ฉลาด[tshaʔ laːt⁹];สมองดี[saʔ mɔːŋ¹ ʔdiː²] 老ປ່ອງ[pɔːŋ⁵];ພິຫັກ[phi⁵ thak⁸];ຫຼັກ[lak⁷];ຫຼັກແຫຼມ[lak⁷ lɛm¹] 岱-侬quai[kwaːi¹];quai quẳn[kwaːi¹ kwan³];mộc rùng[mok⁷ruŋ²] 越泰chau lồng[tsau¹ loŋ⁶];lắc[lak⁷];lắc lem[lak⁷ lɛm¹] 普kwaj³[kwaːi³];buơt⁵[buːt⁵] 越khôn[xon¹];sáng dạ[ʂaːŋ⁵ za⁶];thông minh[thoŋ¹ miɲ¹] 芒kháng[khaŋ³]

【聪明人】 泰คนฉลาด[khon¹ tshaʔ laːt⁹] 老ຜູ້ສະຫຼາດສລັກແຫລມ[phuː³ sa²laːt⁹lak⁷ lɛm¹] 越ngừơi khôn[ŋɯːi² xon¹]

【匆忙】 泰รีบร้อน[riːp¹⁰rɔːn⁴];ขมีขมัน[khaʔ miː¹ khaʔ man¹] 老ຖີບ[thiːp⁹];ພວດພາດ[phuːat¹⁰ phaːt¹⁰];ລະລັງ[laʔ laŋ²];ລຸກລົນ[luk⁸lon²];ລີວໆ[liu²liu²];ໄວໆ[vai²vai²];ເຮັງຮ້ອນ[heŋ⁵ hɔːn⁴];ກະເອິ້ກະອ່າ[kaʔ hɤː⁵ kaʔ haː⁵];ຂ່ຳຂົວ[kham⁵khiːau⁵] 岱-侬bà biếng[ʔbaː³ ʔbiːŋ⁵];xoán xoắ[ɕwaːn⁵ ɕwaː³];cần

---

❶ 石家 phrak4-vɔɔ6;phrak4- hɔɔm1   掸 mo B1   勃 bo B1
❷ 石家 cian³;lxxm²   阿含 klüm

cản[kən³ ka:n³] 越泰phạo phū[pha:u⁴ phu²];phạo[pha:u⁴];húc hứa[huk⁷ hɯə⁵] 普rha¹ ruək⁵[rə¹ ru:k⁵] 越vội vã[voi⁶ va⁴];vội vàng[voi⁶ va:ŋ²];tất tả[tɤt⁷ ta³];lật đật[lɤt⁸ ʔdɤt⁸];hấp tấp[hɤp⁷ tɤp⁷] 芒tua mái[tuə¹ ma:i⁵];tua[tuə¹];bỗi bàng[ʔboi⁴ ʔba:ŋ²];bỗi[ʔboi⁴]

【从~哪来】 泰จาก[tsa:k⁹] 老แต่[tɛ:⁵];จาก[tsa:k⁹];ฃา[kha:⁵];ตั้งแต่[taŋ⁴ tɛ:⁵];ทาง[tha:ŋ²];นับแต่[nap⁸ tɛ:⁵];นับตั้งแต่[nap⁸ taŋ⁴ tɛ:⁵];ผัด[phat⁷];ผัดแต่[phat⁷tɛ:⁵] 岱-依tằm[tam³];tứ[tɯ⁵] 越泰té[tɛ⁵];cà[ka⁵] 普tshung⁴[tshuŋ⁴] 越từ[tɯ⁵] 芒pó[pɤ⁵]

【从来】 泰แต่ไหนแต่ไร[tɛ:⁵ nai² tɛ:⁵ rai²] 老ตั้งแต่ใด ๆ มา[taŋ⁴ tɛ:⁵ ʔdai¹¹ ʔdai¹¹ ma:²] 越từ trước đến nay[tɯ² tsɯ:k⁷ ʔden⁵ nai¹];từ trước đến giờ[tɯ² tsɯ:k⁷ ʔden⁵ zɤ²]

【从前】❶ 泰แต่ก่อน[tɛ:⁵kɔ:n⁵];เมื่อก่อน[mɯ:a³kɔ:n⁵];ครั้งหนึ่ง[khraŋ⁴ nɯŋ⁵];อดีตกาล[ʔa⁵ di:t⁹ ta⁵ ka:n⁵];แต่หนหลัง[tɛ:⁵ hon¹ laŋ²];คราวโน้น[khra:u⁴ no:n⁴];คราวนั้น[khra:u²nan⁴];สมัยก่อน[sa⁵ma:i¹kɔ:n⁵] 老คาวก่อนนี้[kha:u² kɔ:n⁵ ni:⁴];คาวก่อน[kha:u² kɔ:n⁵];สะไหมก่อน[sa²mai¹kɔ:n⁵];เก๋าก่อน[kau⁵ kɔ:n⁵];เซ็นก่อน[sen⁵ kɔ:n⁵];แต่กี้[tɛ:⁵ ki:⁴];แต่ก่อนกี้[tɛ:⁵ kɔ:n⁵ ki:⁴];แต่เก๋าก่อน[tɛ:⁵ kau⁵ kɔ:n⁵];แต่ก่อน[tɛ:⁵ kɔ:n⁵];แต่ปางปึ้งเก๋า[tɛ:⁵ pa:ŋ¹¹ pə:ŋ¹¹ kau⁵];ปางก่อน[pa:ŋ¹¹ kɔ:n⁵];ปางก่อนกี้[pa:ŋ¹¹ kɔ:n⁵ ki:⁴];ปางเปิ่งเก๋า[pa:ŋ¹¹ pə:ŋ¹¹ kau⁵];ปางอะดีด[pa:ŋ¹¹ ʔa² ʔdi:t⁹];เมื่อก่อน[mɯ:a³ kɔ:n⁵];เมื่อก่อนนี้[mɯ:a³ kɔ:n⁵ ni:⁴] 岱-依pừa cón[pɯə⁵ kɔn⁵];pừa đía[pɯə⁵ ʔdiə⁵];pừa đai[pɯə⁵ ʔda:i¹] 越泰té cón[tɛ⁵ kɔn⁵];mự chạu[mɯ⁴ tsau⁴];cón hẳn[kɔn⁵ han⁵];chờ cón[tsə² kɔn⁵] 越ngày xưa[ŋai² sɯə¹];trước kia[tsɯ:⁵ kiə¹];ngày trước[ŋai² tsɯ:k⁷];hồi xưa[hoi⁴ sɯə¹]

khi xưa[xi¹ sɯə¹];thời xưa[thɤ:i² sɯə¹] 芒mẫn ngày[mɤn⁴ ŋai²];khi trước[khi¹ tsɯ:k⁷];khây tlước[khɤi¹ tlɯ:k⁷];khây hơ[khɤi¹ hɤ¹];dẳng khây hơ[zaŋ⁴ khɤi¹ hɤ¹]

【丛草~】 泰พุ่ม[phum³] 老ฟุ้ม[phum⁵];ทยุ่ม[ɲum⁵];ทยอม[ɲɔ:m⁵] 普sung³[suŋ³];phung¹[phuŋ¹] 越bụi[ʔbui⁶];lùm[lum²];đám[ʔda:m⁵] 芒đám[ʔda:m³]

【丛~~杂草】❷ 泰พุ่ม[phum³];กอ[kɔ:²];หย่อม[jɔ:m⁵] 老ฟุ้ม[phum⁵];สุม[sum¹];ก๊ำ[kɔ:¹'];ทยุ่ม[ɲum⁵];ทยอม[ɲɔ:m⁵] 岱-依cừa[kɯə²];pá[pa⁵];chừa[tɕɯə²] 越泰xun[sun¹];nhóm[ɲɔm⁵] 普sung³[suŋ³] 越bụi[ʔbui⁶];khóm[xɔm⁵] 芒cô[ko²]

【丛林】❸ 泰ป่า[pa:⁵] 老ป่าไพ[pa:⁵phai²];ทันดาน[kan² ʔda:t⁹];ด้าว[ʔda:u⁴];ด่านด้าว[ʔda:n⁵ ʔda:u⁴];ดง ดอนตอนไม้[ʔdoŋ¹¹ ʔdɔ:n¹¹ tɔ:n¹¹ mai⁴];ดงดอนป่าไม้[ʔdoŋ¹¹ ʔdɔ:n¹¹ pa:⁵ mai⁴];ป่าไม้ดงดอน[pa:⁵ mai⁴ ʔdoŋ¹¹ ʔdɔ:n¹¹] 普torăm²[tɤºram²] 越rừng già[zɯŋ² za²];rừng rậm[zɯŋ² zɤm⁵];bụi rậm[ʔbui⁶ zɤm⁶];lùm cây[lum² kɤi¹] 芒pùl[pul²];pùl rườm[pul² rɯ:m²];lùm câl[lum² kɤl¹]

【凑钱】 泰ร่วมเงิน[ru:am² ŋə:n²];สมทบเงิน[som¹ thop⁸ŋə:n²] 老โธมเงิน[ho:m² ŋən²];โข้มเงิน[ho:m² ŋən²];ลิงเงิน[loŋ² ŋən²] 岱-依thom[thɔm¹];cap[ka:p⁷] 越泰hỗm[hom²] 越góp tiền[ɣɔp⁷ ti:n²];gom tiền[ɣɔm¹ ti:n²]

【粗~线】 泰ใหญ่[jai⁵] 老ใหย่[ɲai⁵] 越泰nháu[ɲau⁵] 越to[tɔ¹];lớn[lɤn⁵]

【粗布】 泰ผ้าฝ้ายหยาบ[pha:³ fa:i³ ja:p⁹] 岱-依phải nháng[pha:i³ɲa:ŋ⁵];phải thô[pha:i³tho¹] 越泰phải châu[pha:i³ tsau²] 越vải thô[va:i³ tho¹]

---

❶ 石家 txx²- kɔɔn²
❷ 石家 khoo⁶
❸ 阿含 thün B1

【粗糙❶】 泰 หยาบ[ja:p⁹] 老 ຫຍາບ[ɲa:p⁹];ຫຍະ[ɲa²];ขยำ[ɲɛ:ŋ¹];ກະຄາຍ[ka²khai²];ກັກກະສະ[kak⁷ka² sa²];ກະລິດ[ka² lɯ:t¹⁰];ກະຕຸດກະຕິດ[ka² tut² ka² tit⁷];ກະລອດກະລາດ[ka² lu:at¹⁰ ka² la:t¹⁰];ຂະລະ[kha²la⁵] 普 co⁴[tsɤ⁴] 越 nhám[ɲa:m⁵];ráp[ʐa:p⁷]; thô[tho¹];thô sơ[tho¹ ʂɤ¹];sơ sài[ʂɤ¹ ʂa:i²];không tinh vi[xoŋ¹ tiɲ¹ vi¹] 芒 thát[tha:t⁷]

【粗糠❷】 泰 แกลบ[klɛ:p⁹] 老 ແກບຮັງ[kɛ:p⁹ ham²];ແກບ[kɛ:p⁹] 岱-侬 kep[kɛp⁷] 越泰 kép[kɛp⁷] 普 kuoj¹ piơ¹[ku:i³ pie¹] 越 trấu[tʂɤu⁵]

【粗鲁】 泰 หยาบคาย[ja:p⁹khai²];โผงผาง[pho:ŋ¹ pha:ŋ¹] 老 ຊົກລົກ[sok⁸ lok⁸];ພະສຸສະ[pha² su² sa²];ຫຍາບຄາຍ[ɲa:p⁹khai²];ກະສາກ[ka²sa:k¹⁰] 越 thô lỗ[tho¹ lo⁴];sỗ sàng[ʂo⁴ ʂa:ŋ²]

【粗心】 泰 สะเพร่า[sa⁵ phrau³];ประมาท เลินเล่อ[pra ma:t¹⁰ lɤ:n² lɤ³] 老 ເຜີ[phɤ:¹];ເຜີໃຈ[phɤ:¹ tsai¹];ເຜີເລິ[phɤ:¹ lɤ³];ເຜີກເຂີຍ[phɤ:k¹⁰ sɤ:i¹];ເລີມເລີ[lɤn² lɤ:³];ເຫີງໃຈ[lɤ:ŋ¹ tsai¹] 岱-侬 láu lùm[lɤu⁵ lum²] 越 không cẩn thận[xoŋ¹ kɤn¹ thɤn⁶];sơ suất[ʂɤ¹ ʂɯɤt⁷];cẩu thả[kɤu³ tha³];lơ là[lɤ¹ la²]

【粗盐】 泰 เกลือเม็ด[klɯa² met⁸] 老 ເກືອເຫັບ[kɯa¹ hep⁷] 越 muối hột[mu:i⁵ hot⁸]

【醋❸】 泰 น้ำส้ม[nam⁴som³];สายชู[sa:i¹ tshu:²];น้ำส้มสายชู[nam⁴ som³ sa:i¹ tshu:²] 老 ນ້ຳສົ້ມ[nam⁴ som³] 岱-侬 mí[mi⁵];nặm mí[nam⁴mi⁵] 越泰 nặm xồm[nam⁴ som³] 越 giấm[zɤm⁵];dấm[zɤm⁵] 芒 dầm[zɤm³]

【催～他快点儿】 泰 เร่ง[re:ŋ¹];เร่งรัด[re:ŋ¹ rat⁴];เร้า[rau⁴] 老 ເລັ່ງ[leŋ³];ເລ່ງ[le:ŋ³];ເລັ່ງລັດ[leŋ⁸lat⁸];ລັດເລັ່ງ[lat⁸leŋ³];ຂຸຂຶ້ນ[khu²hon¹];จัด

[tsat⁷];จิด[tsot⁷];จืบ[tson¹] 岱-侬 tuôi[tu:i¹];tep[tɛp⁸] 越泰 túc[tuk⁷];chắt[tsat⁷] 越 giục[zuk⁸];thúc[thuk⁷];thúc giục[thuk⁷ zuk⁸] 芒 duc[zuk⁸];thúc duc[thuk⁷ zuk⁸]

【脆 花生很～】 泰 เปราะ[prɔ⁵] 老 ເປາະ[phɔ:i⁵] 岱-侬 phjói[phjɔi⁵] 越泰 phói[phɔi⁵] 越 giòn[zɔn²]

【咔】 泰 ถ่ม[thom⁵] 老 ຖົ່ມ[thom⁵] 岱-侬 tẩu[tɤu⁵];phí[phi⁵] 越泰 phĩ[phi²] 越 nhổ[nɔ³];khạc[kha:k⁸]

【淬火】 泰 ชุบไฟ[tshup⁸ fai²] 老 ຊຸບ[sup⁸] 岱-农 khến[khen⁵];xẳn[ɕan³] 越泰 chụp[tsup⁸] 越 tôi[toi¹];tôi sắt[toi¹ ʂat⁷];tôi thép[toi¹ thep⁷] 芒 khúng thép[khuŋ⁵ thep⁷]

【翠鸟】 泰 กระเต็น[kra⁵ ten²];นกกระเต็น[nok⁸ kra⁵ ten²];นกกินปลา[nok⁸ kin¹ pla:²] 老 ນົກເຕັນ[nok⁸ ten¹];ນົກເຕັນຂີວ[nok⁸ten¹¹ si:u²];ນົກເຕັນມ້ອຍ[nok⁸ ten¹¹ nɔ:i¹];ນົກກະເຕັນ[nok⁸ ka² ten¹];ກະເຕັນ[ka² ten¹];ນົກເຕັນປ້ອມ[nok⁸ ten¹¹ pɔm⁵] 岱-侬 nộc tiên tính[nok⁸ ti:n¹ tiɲ⁵] 越泰 nộc tên[nok⁸ ten¹] 普 nuk² ngân³ kô³[nuk²ŋɤn³ko³] 越 chim bói cá[tsim¹ ʔɔi⁵ka⁵];chim sáo[tsim¹ ʂa:u⁵];chim trả[tsim¹ tʂa³];chim sả[tsim¹ ʂa³] 芒 chim khảo[tsim¹ ʂa:u⁵];chim pồng[tsim¹ poŋ²];chim tẻl[tsim¹ tɛl³]

【村子❹】 泰 บ้าน[ba:n³];หมู่บ้าน[mu:⁵ ʔba:n³] 老 ບ້ານ[ʔba:n⁴];ຊ່ອງ[sɔ:ŋ⁵];ບ້ານຊ່ອງ[ʔba:n⁴sɔ:ŋ⁵];ພູມ[phu:m²] 岱-侬 bản[ʔba:n³] 越泰 bản[ʔba:n³] 普 gươ⁴[gɯɤ⁴];gưa[gɯa⁴];len¹ gươ¹[lɛn¹ gɯɤ¹] 越 làng[la:ŋ²];xóm[sɔm⁵];thôn[thon¹];ấp[ʔɤp⁷];xã[sa⁴] 芒 mường[mɯ:ŋ²];quêl[kwel¹];lùng[luŋ³];làng[la:ŋ²];xóm[sɔm³]

---

❶ 石家 niap⁶　阿含 ñăp D1L　掸 jap D1L
❷ 阿含 kip D1L　掸 kɛp D1L　勐 kɛp D1L
❸ 掸 mi B1
❹ 石家 baan³　阿含 bān C2

【存~钱】 泰ฝาก[fa:k⁹] 老ฝาก[fa:k⁹];ออม[ʔɔ:m¹']; ออมฮับ[ʔɔ:m¹' sap⁸] 傣-侬 dom[jɔm¹] 越泰 dom[jɔm¹] 越 gửi[ɣɯi³]

【撮~点盐】 泰ขยุ้ม[kha⁵ jum³];หยิบ[jip⁷] 老ยิบ[jip⁷]; ยิบเอา[jip⁷ʔau¹'];ยุบ[jup⁷];ทยุบ[ȵup⁷];ทยอม [ȵum¹];ทยอม[ȵɔ:m¹] 傣-侬 tap thư[ta:p⁷ thɯ¹] 越泰 díp[jip⁷] 越 nhón[ȵɔn⁵]

【撮__~盐】 泰หยิบ[jip⁷] 老ยิบ[jip⁷];ทยุบ[ȵup⁷] 傣-侬 nham[ȵa:m¹];nhem[ȵɛm¹] 越泰 phãi[pha:i²];díp[jip⁷] 越 dúm[zum⁵];nhúm[ȵum⁵] 芒 chốch[tsot⁵]

【搓~手】 泰ถู[thu:¹] 老ถู[thu:¹] 傣-侬 tì[ti²]; chùi[tɕui³];xat[ɕa:t⁷] 越泰 xi[si¹] 普 sjap[sja:p⁵];nhăw¹[ȵau¹] 越 xoa[swa¹];kì cọ[ki² kɔ⁵] 芒 xa[sa¹];nhau[ȵau¹]

【搓~绳子】 泰ฟั่น[fan³] 老ปั่น[fan³];เล็บ[len²]; พับ[phan²] 傣-侬 lắn[lan³];lắn[lan⁵];phẳn[phan²] 越泰 phẳn[phan³] 越 xoắn[swan⁵];đánh[ʔdaȵ⁵];xe[sɛ¹] 芒 mằl[mal²];xắl[sal⁵]

【搓~衣服】 泰เอาฝ่ามือถู[ʔau² fa:⁵ mɯ:² thu:¹] 老 ฟอก[fɔ:k¹⁰];ตีบ[top³];ถูล้าง[thu:¹ la:ŋ⁴] 普 nhăw¹[ȵau⁴] 越 vò[vɔ²] 芒 bãi[?ba:i³];chày[tsai²]

【搓澡】 泰เช็ดขี้ไคล[tshet⁸ khi:³ khlai²];ขัดสี[khat si:¹];อาบนวด[ʔa:p⁹ nu:at¹⁰] 老ถูตัว[thu:¹ tu:a¹']

【错❶】 泰ผิด[phit⁷] 老ผิด[phit⁷] 傣-侬 phit [phit⁷];xa[ɕa¹] 越泰 phít[phit⁷];lỏng[lɔŋ¹] 越 sai [ʂai¹];lầm[lɤm²];nhầm[ȵɤm²] 芒 hóng[hɔŋ⁵]; nhầm[ȵɤm²]

【错误犯~】 泰มวามผิด[khwa:m² phit⁷] 老ผิด[phit⁷]; ผิดชาด[phit⁷ pha:t⁹];ขี้ผิดพาด[khɔ:³ phit⁷ pha:t¹⁰]; ถวามผิด[khwa:m² phit⁷];ผิดพาด[phit⁷ pha:t¹⁰]; ทานผิดพาด[ka:n² phit⁷ pha:t¹⁰];ละแถะละไถ[la⁵ khɛ⁵ la⁵ khai²] 越 sai lầm[ʂai¹ lɤm²];lỗi[loi⁴] 芒 lỗi[loi⁴]

【锉~锯子】 泰ตะไบ[ta⁵ ʔbai²] 老ถู[thu:¹] 傣-侬 lửa[lɯa³];độ[jo⁴] 越泰 lāy[lai²];dùa[juə⁶] 越 giũa[zuə⁴] 芒 dũa[zuə⁴]

【锉子】 泰ตะไบ[ta⁵ʔbai²] 老เหຼ็กสำไบ[lek⁷ sam¹ ʔbai²];เหຼ็กสะไบ[lek⁷ sa² ʔbai²];เหຼ็กตะไบ[lek⁷ ta² ʔbai²];ตะไบ[ ta² ʔbai¹] 傣-侬 tào lửa[ta:u² lɯə³]; mạc độ[ma:k⁸ jo⁴] 越泰 mạk dùa[ma:k⁸ juə⁶] 越 cái giũa[ka:i⁵ zuə⁴] 芒 cải dũa[ka:i³ zuə⁴]

---

❶阿含 phit D1S

# D

【答应】 泰 ขานรับ[kha:n¹ rap⁸];รับปาก[rap⁸ pa:k⁹] 老 ยิ นยอม[ɲin² ɲɔːm²];ตอบ[tɔːp⁹];รับ[hap⁸] 岱-侬 inhcăm[ʔiŋ¹ kam²] 越泰 khan[kha:n¹] 普 têbâw³[te⁰ bau³];Voj⁴[βɔi⁴] 越 thưa[tʰɯə¹];trả lời[tʂa³ lɤːi²];đáp lại[ʔda:p⁷ la:i⁶];vâng lời[vɤŋ¹ lɤːi²] 芒 bong thiềng[ʔbɔŋ² thi:ŋ²]

【搭~车】 泰 อาศัย[ʔa:² sai¹];โดยสาร[ʔdo:i² sa:n¹] 老 ขี่[khi:⁵];โดยสาร[ʔdo:i¹¹ sa:n¹] 越 đi[ʔdi¹]

【搭~棚子】 泰 ปลูก[plu:k⁹] 老 ตั้ง[taŋ⁴] 越 bắc[ʔbak⁷]

【搭衣服~在肩上】 泰 พาด[pha:t¹⁰] 老 ພາດ[pha:t¹⁰] 岱-侬 pạt[pa:t⁸] 越泰 pạt[pa:t⁸]

【沓~~信纸】 泰 ปึก[pɯk⁷] 老 ตับ[tap⁷] 岱-侬 chăp[tɕap⁸] 越泰 tộp[təp⁸] 越 xấp[sɤp⁷];thếp[thep⁷];tập[tɤp⁸] 芒 tập[tɤp⁸]

【打~人❶】 泰 ตี[ti:²] 老 ตี[ti:¹] 普 lăj³[lai⁴] 越 đánh[ʔdaŋ⁵] 芒 tềnh[teŋ³];tánh[tan³]

【打~枪】 泰 ยิง[jiŋ²] 老 ยิง[ɲiŋ²] 岱-侬 bắn[ʔban³] 越泰 bén[ʔbɛn⁵];nhĩnh[ɲiŋ²] 越 bắn[ʔban⁵]

【打~伞】 泰 กาง[ka:ŋ²] 老 กั้ง[kaŋ⁴];ภาง[ka:ŋ²] 越泰 cang[ka:ŋ²] 越 giương[zɯːŋ²]

【打~球】 泰 เล่น[le:n³] 老 ตี[ti:¹] 越 chơi[tʂɤːi¹];đánh[ʔdaŋ⁵] 芒 chơi[tʂɤːi¹]

【打~铁】 泰 ตี[ti:²] 老 ตี[ti:¹];เห็น[hen⁵] 岱-侬 cọn[kɔn⁴] 越泰 khén[khen⁵] 越 rèn[zɛn²] 芒 rèn[zɛn²]

【打靶】 泰 ยิงเป้า[jiŋ² pau³] 老 ยิงเบย[ɲiŋ² ʔbi:a¹];

ยิงแบบ[ɲiŋ² ʔbɛːn¹];ยิงป้อม[ɲiŋ² pɔ:m⁴];ยิงเป้า[ɲiŋ² pau²];ยิงเป้าหมาย[ɲiŋ² pau⁴ ma:i¹] 岱-侬 bắn bia[ʔban⁵ ʔbiə¹] 越泰 bén bia[ʔbɛn⁵ biə¹] 越 bắn bia[ʔban⁵ ʔbiə¹];tập bắn[tɤp⁸ ʔban⁵] 芒 pảnh pia[paŋ³ piə¹]

【打败~敌人】 泰 ทำให้พ่ายแพ้[tham³ hai³ pha:i³ phɛ:⁴];พ่ายแพ้[pha:i³ phɛ:⁴] 老 ຕິຊະບະ[ti:¹¹ sa⁵ na⁵] 越 đánh bại[ʔdaŋ⁵ ʔba:i⁶] 芒 tánh bãi[tan³ ʔba:i⁴]

【打扮~得很漂亮❷】 泰 แต่ง[tɛːŋ⁵];แต่งตัว[tɛːŋ⁵ tuːa²] 老 แต่ง[tɛːŋ⁵];แต่งภาย[tɛːŋ⁵ ka:i¹];แต่งตือ[tɛːŋ⁵ tuːa¹];แต่งโต[tɛːŋ⁵ to:¹];แต่งเพด[tɛːŋ⁵ phe:t¹⁰];แต่งแปง[tɛːŋ⁵ pɛŋ¹];แต่งแปงภาย[tɛːŋ⁵ pɛŋ¹ ka:i¹];ຕົກแต่ง[tok⁷ tɛːŋ⁵];ปะดับเอ้[pa² dap⁷ ʔe:⁴];ทุมยัง[hum¹ jɔːŋ¹];เอ้ย้ง[ʔe:⁴ ja:ŋ¹];เอ้[ʔe:⁴] 岱-侬 chiêm đang[tɕiːm² ʔda:ŋ¹] 越泰 xảng mò[sa:ŋ³ mɔ⁶] 越 diện[zi:n⁶];ăn diện[ʔan¹ zi:n⁶];ăn mặc[ʔan¹ mak⁸];làm đòm[la:m² ʔdɔm³];làm dáng[la:m² za:ŋ⁵];trang điểm[tʂa:ŋ¹ ʔdi:m³] 芒 tlang điếm[tla:ŋ¹ ʔdi:m⁵]

【打岔】 泰 ขัดจังหวะ[khat⁷ tsu:a² wa⁵] 老 ຕັດ[tat⁷];ຕັດບົດ[tat⁷ ʔbot⁷] 越 ngắt lời[ŋat⁷ lɤːi²];ngắt chuyện[ŋat⁷ tsɯin⁶];nói làng[nɔi⁵ la:ŋ³];nói xen vào[nɔi⁵ sɛn¹ va:u²];đánh trống làng[ʔdaŋ⁵ tʂoŋ⁵ la:ŋ³] 芒 ngắt thiềng[ŋat⁷ thi:ŋ²]

【打柴】 泰 เอาฟื่น[ʔau² fɯːn²] 老 เอาฟืออ[ʔau¹¹ luːa¹];เอาฟืน[ʔau¹¹ fɯːn²];เอาฟืออเอาฟืน[ʔau¹¹ luːa¹ ʔau¹¹ fɯːn²];ตัดฟืน[tat⁷ fɯːn²];ຫາฟืน[ha:¹ fɯːn²] 越 kiếm củi[ki:m⁵ kui³] 芒 tháp cúi[tha:p⁷ kui⁵]

【打赤脚】 泰 เท้าเปล่า[thau⁴ pla:u⁵] 老 ຕິນເປົ່າ[ti:n¹ pau⁵] 岱-侬 pamkha[pa:m¹ kha¹] 越泰 paytin[pai¹

---

❶ 拉哈 tăp⁵
❷ 石家 tɤːŋ²

tin¹];tin lạ[tin¹la⁴] 越 đi chân không[ʔdi¹tsɤn¹ xoŋ¹];đi chân đất[ʔdi¹ tsɤn¹ ʔdɤt⁷] 芒 ti chân ró[ti¹ tsɤn¹ rɔ⁵]

【打倒】 泰 โค่นล้ม[khoːn³ lom⁴] 老 ໂຄ່ນລົ້ມ[khoːn⁵ lom⁴] 越 đánh đổ[ʔdaɲ⁵ ʔdo⁴];đả đảo[ʔda³ ʔdaːu³]

【打地铺】 泰 ปูที่นอนลงบนพื้น[puː² thiː³ nɔːn² loŋ² ʔbon²phɯːn²] 老 ມອບກາງຕິນ[nɔːn²kaːŋ¹²ʔdin¹] 越 nằm đất[nam² ʔdɤt⁷];ngủ dưới đất[ŋu³ zɯːi⁵ ʔdɤt⁷]

【打点～行装】 泰 จัดเตรียม[tsat⁷triːam²] 老 ຂ້າງ[haːŋ³] 岱-侬 slắm slựa[ɬam³ɬɯa⁴] 越泰 tánh[teŋ⁵] 越 sắm sửa[ʂam⁵ ʂɯa³];thu xếp[thu¹ sep⁷] 芒 khẳm khứa[kham³ khɯə³]

【打电话】 泰 ต่อโทรศัพท์[tɔː⁵ thoː² raː⁴ sap⁷] 老 ຕີໂທລະສັບ[tiː¹' thoː² laː⁵ sap⁷];ຕີເຕເລໂຟນ[tiː¹' teː¹' leː² foːn²] 越 gọi điện thoại[ɣɔi⁶ʔdiːn⁶thwaːi⁶];đánh điện thoại[ʔdaɲ⁵ ʔdiːn⁶ thwaːi⁶]

【打赌】 泰 พนันกัน[pha⁴ nan² kan²] 老 ພະນັນ[pha nan²];ຂັນຕໍ່[khan¹tɔː⁵];ທ້າງ[thaː⁴];ແທງ[theːŋ²];ພະລັບ[pha⁵lan²];ເຜິງ[nɯːak⁹];ຕຸບ[tup⁵] 岱-侬 tò tỏ[tɔ² tɔ³];tỏ cham[tɔ³ tɕam¹] 越泰 tóchẻn[tɔ⁵ tsɛn²] 越 đỏ[ʔdɔ⁵];đánhđỏ[ʔdaɲ⁵ ʔdɔ⁵];cá[kaʔ⁵];đánhcá[ʔdaɲ⁵ kaʔ⁵];cá cuộc[kaʔ⁵ kuːk⁸];đánh cuộc[ʔdaɲ⁵ kuːk⁸];thách đố[thaʔ⁷ ʔdoʔ⁵] 芒 thỏ[thoʔ³];théch thỏ[thɛt⁷ thoʔ³];tành cuộc[taɲ³ kuːk⁸]

【打盹儿】 泰 งีบ[ŋiːp¹⁰] 老 ຄວຍມອນ[khuːai² nɔːn²];ມ່ອຍຫລັບ[mɔːi⁴ lap⁷] 越 ngủ gật[ŋu³ ɣɤt⁸];ngủ gà ngủ gật[ŋu³ ɣa² ŋu³ ɣɤt⁸]

【打耳光】 泰 ตบหน้า[top⁷naː³] 老 ປົບຫູ[pop⁷ huː¹];ຕົບຫູ[top⁷ huː¹] 岱-侬 tap[taːp⁹];phe[phɛ¹] 越泰 tốp[top⁷];phác[phaːk³] 普 pjak⁵[pjaːk⁵];lãi³ pjak⁵[laːi³ pjaːk⁵] 越 tát[taːt⁷];tát tai[taːt⁷ taːi¹];tạt tai[taːt⁸ taːi¹];bạt tai[ʔbaːt⁸ taːi¹] 芒 pá thai[paː⁵ thaːi¹];pá[paː⁵]

【打嗝儿】 泰 เรอ[rəː²];สว้าน[saː⁵waːn³];สะอึก[saː⁵ ʔuk⁷] 老 ສະເຮີ[saː² ʔəː²];ສະເຮີກ[saː² ʔəːk⁷];ສະຮື້ນ[saː² thɯːn⁴];ກະອືດ[kaː² ʔɯːt⁷];ເອື້ອມ[ʔɯːam⁴];ສະເຮີຮຶກ[saː² ʔəːk⁷ hɯːk⁸];ຂະເຮີ[saː⁵ ʔəː²] 岱-侬 slăc âc[ɬak⁷ ʔək⁷];dạ âc[jaː⁴ ʔək⁷] 越泰 x-ớc[s-ʔək⁷];kẹn ngặc[kɛn⁴ŋak⁸] 普 lãj³ʔoʔ³[laːi³ʔɤ³] 越 nấc[nɤk⁷];nức[nɯk⁷] 芒 nắc[nɤk⁷]

【打工】 泰 รับจ้างทำงาน[rap⁸ tsaːŋ³ tham² ŋaːn²] 老 ຮັບຈ້າງທຳງານ[hap⁸ tsaːŋ⁴ tham² ŋaːn²] 越泰 kin chảng[kin¹ tsaːŋ³] 普 bắt⁵[baːt⁵] 越 làm thuê[laːm² thweː¹];làm mướn[laːm² mɯːn⁵] 芒 là thê[laː² theː¹]

【打谷场】 泰 ลานนวดข้าว[laːn² nuat¹⁰ khaːu³] 老 ລານເຂົ້າ[laːn² khau³] 越 sân đập lúa[ʂɤn¹ ʔdɤp⁸ luə⁵]

【打谷机】 泰 เครื่องนวดข้าว[khrɯːaŋ³ nuat¹⁰ khaːu³] 越 máy đập lúa[mai⁵ ʔdɤp⁸ luə⁵] 芒 mày tấp lõ[mai³ tɤp⁷ lɔ⁴]

【打谷子】 泰 ทุบข้าว[thup⁸ khaːu³] 老 ຟາດເຂົ້າ[faːt¹⁰ khaːu³];ຕີເຂົ້າ[tiː¹' khaːu³] 越 đập lúa[ʔdɤp⁸ luə⁵] 芒 tấp lõ[tɤp⁷ lɔ⁴]

【打官司】 泰 ฟ้องร้อง[fɔːŋ⁴rɔːŋ⁴] 老 ອ່າວຄວາມ[vaː⁵ khwaːm²] 越 kiện[kiːn⁶];kiệntụng[kiːn⁶tuŋ⁶];thưa kiện[thɯə¹ kiːn⁶]

【打滚】 泰 กลิ้งไปตามพื้น[kliŋ³ pai² taːm² phɯːn⁴] 老 ຟູມເຟື້ອ[fuːm² fɯːa⁴];ເກືອກ[kɯːak⁹];ເກືອກກິ້ງ[kɯːak⁹kiŋ⁴];ເກືອກກິ້ງ[kɯːak⁹kuːa⁴] 岱-侬 táo[taːu⁵];lăn[laːn] 越泰 cứơk[kɯːk⁷];kinh[kiŋ³];lăn[laːn¹] 普 long²[lɔŋ²] 越 lăn[laːn¹];lăn lộn[laːn¹ loːn⁶] 芒 lanh[laːɲ¹];lăn lò[laːn¹ lɔ²]

【打哈欠】 泰 หาว[haːu¹];อ้าปากหาว[ʔaː³paːk⁹haːu¹] 老 ຫາວ[haːu¹] 岱-侬 há lồm[haː⁵lom²];háo lồm[haːu⁵ lom²] 越泰 háo[haːu⁵] 普 jiw³[jiːu³] 越 ngáp[ŋaːp⁷] 芒 ngáp[ŋaːp⁷]

【打鼾❶】 泰กรน[kron²];นอนกรน[nɔːn² kron²] 老ກັນ[kon¹] 岱-侬côn[kon¹];chăn[tɕan¹] 越泰ngáy[ŋai⁵] 越ngáy[ŋai⁵] 芒ngǎl[ŋal³]

【打夯】 泰ทุ่ง[thuŋ⁴];กระทุ้ง[kra⁵ thuŋ⁴];กระทุ้งเสา[kra⁵ thuŋ⁴ sau³];กระทุ้งพื้นให้แน่น[kra⁵ thuŋ⁴ phɯːn⁴ hai³ nɛːn³] 老ກະທຸ້ງເສົ້າ[ka² thuŋ⁴ sau³];ແດກ[ʔdɛːk⁹];ດາມ[ʔdaːm¹] 岱-侬tăm đin[tam¹ ʔdin¹] 越泰tăm đin[tam¹ ʔdin¹] 越đầm đất[ʔdɤm² ʔdɤt⁷];nện đất[nen⁶ ʔdɤt⁷]

【打火机】 泰ไฟแช็ก[fai² tshek⁸] 老ກັບໄຟແຈັກ[kap⁷ fai² lek⁷];ແຈັກໄຟ[lek⁷ fai²] 越máy bật lửa[mai⁵ ʔbɤt⁸ lɯə³];cái bật lửa[kaːi⁵ ʔbɤt⁸ lɯə³];bật lửa[ʔbɤt⁸ lɯə³]

【打架】 泰ตีกัน[tiː² kan²];ชกต่อยกัน[tshok⁸ tɔːi⁵ kan²];วางมวย[waːŋ² muːai²] 老ຕີກັນ[tiː² kan¹];ຊົກຕ່ອຍກັນ[sok⁸ tɔːi⁵ kan¹];ຈຸຈີ້[tsuː² tsiː⁴];ຢອກ[kiːat⁹];ຢອກກັນ[kiːt⁹ kan¹];ກວນ[kuːan¹];ອົບອາຍ[von⁴ vaːi²];ຮົບກວນ[hop⁸ kuːan¹];ຫຍຸ້ງ[ɲuŋ⁴] 岱-侬hêt khỏ[het⁷ khɔ³];hêt luồn[het⁷ luːn³];hêt fàn[het⁷ faːn²] 越泰cuốn[kuːn¹] 越quấy[kwɤi⁵];quấy nhiễu[kwɤi⁵ ɲiːu⁴];quấy rầy[kwɤi⁵ rɤi²];làm phiền[laːm² fiːn²];quấy quá[kwɤi⁵ kwa³]

【打结❷】 老ຂອດເປັນປົມ[khɔːt⁹ pen¹ pom¹];ກະໝວດ[ka² muːat⁹];ຂະໝວດ[kha² muːat⁹] 越thắt nút[that⁷ nut⁷] 芒thắt tlơ[that⁷ tlɤ¹]

【打瞌睡】 泰ม่อย[mɔːi³];สัปหงก[sap⁷ ŋok⁷] 老ເຊືອບເຊືອບ[sɯːap¹⁰ sɯːap¹⁰] 岱-侬lay mầu nòn[lai⁴ mɤu² nɔn²];mày nòn[mai² nɔn²] 越泰xuổi nôn[suːi⁴ nɔn²];ở[ʔɤ²] 越ngủ gật[ŋu³ ɣɤt⁸];ngủ gà ngủ gật[ŋu³ ɣa² ŋu³ ɣɤt⁸] 芒ngù ngât[ŋu³ ŋɤt⁸]

【打捞】 泰งม[ŋom²] 老ງົມ[ŋom²] 岱-侬vè[vɛ²] 越泰khuốc[khuːk⁷] 普dap[daːp⁵] 越vớt[vɤːt⁷] 芒wóch[wɤːt⁷]

【打雷】 泰ฟ้าร้อง[faː⁴ rɔːŋ⁴] 老ຟ້າຜ່າ[faː⁴ phaː⁵];ຟ້າລັ່ນ[faː⁴ lan⁵];ຟ້າກະຕາກສ້ຽງ[faː⁴ ka² taːk⁹ siːaŋ¹];ຟ້າຂະໜອງ[faː⁴ kha² nɔːŋ²];ຟ້າຮ້ອງ[faː⁴ hɔːŋ⁴];ຟ້າຊ່ວນ[faː⁴ huːan⁵] 岱-侬đăng[ʔdaŋ¹];fạ roọng[fa⁴ rɔːŋ⁴] 越泰phạ phe[pha⁴ phɛ¹] 普mân rong[mɤn³ rɔŋ²] 越sét đánh[ʂet⁷ ʔdaŋ⁵];có sấm[kɔ⁵ ʂɤm⁵];sấm động[ʂɤm⁵ ʔdoŋ⁶] 芒khét[khɛt⁷];khét chiênh[khɛt⁷ tsiːɲ¹]

【打猎❸】 泰ตก[tok⁷];ล่าสัตว์[laː⁵ sat⁷] 老ຕຶກ[tuk⁷];ຊອກຍິງ[sɔːk¹⁰ ɲiŋ²];ຍິງເນື້ອ[ɲiŋ² nɯːa⁴];ເຊີດເບື້ອ[sɤːt¹⁰ nɯːa⁴];ລ່າເນື້ອ[laː⁵ nɯːa⁴];ລ່າສັດ[laː⁵ sat⁷];ໂຊ້ເນື້ອ[hoː⁵ nɯːa⁴];ງາມໂຊ້ເນື້ອ[kaːn¹ hoː⁵ nɯːa⁴];ໄປໂຊ້[paiː¹ hoː⁵];ໂຊ້ເນື້ອ[hoː⁵ nɯːa⁴] 岱-侬thấu[thɤu⁵];phjấu[phjɤu⁵];tức thấu[tuːk⁷ thɤu⁵];phjấu tẹp[phjɤu⁵ tɛp⁸] 越泰húa[huːa⁵];quàpá[kwa⁶ pa⁵] 普Vân rung[ɣɤn² ruŋ³];Vân zưng[ɣɤn² zuŋ³];liw[liuː⁴] 越sǎn[ʂan¹];đi sǎn[ʔdi¹ ʂan¹];đi bắn[ʔdi¹ ʔban⁵];sǎn bắn[ʂan¹ ʔban⁵] 芒toc pảnh[tɔk⁸ paŋ³]

【打牌】 泰เล่นไพ่[leːn³ phai³] 老ຫຼິ້ນໄພ່[lin³ phai⁴];ປິ້ນໄພ່[liːn³ phai⁴];ຕີໄພ່[tiː¹ phai⁴] 越đánh bài[ʔdaŋ⁵ ʔbaːi²];chơi bài[tsɤːi¹ ʔbaːi²];đánh tulơkhơ[ʔdaŋ⁵ tuː¹ lɤː¹ xɤː¹]

【打喷嚏】 泰จาม[tsaːm²] 老ຈາມ[tsaːm¹] 岱-侬slăn[ɬan¹];at xời[ʔaːt⁷ ɤːi²] 普lǎj qasiw[lai³ qaʰ siuː²] 越hắt hơi[hat⁷ hɤːi¹] 芒ản mũi[ʔaːn³ mui⁴]

【打扑克】 泰เล่นโป๊กเกอร์[leːn³ poːk⁹ kɤː²] 老ຫຼິ້ນປັກເກີ[liːn³ pok⁷ kɤː¹] 越đánh bài[ʔdaŋ⁵ ʔbaːi²];đánh bài tulơkhơ[ʔdaŋ⁵ ʔbaːi² tuː¹ lɤː¹ xɤː¹];chơi tulơkhơ[tsɤːi¹ tuː¹ lɤː¹ xɤː¹]

---

❶ 石家 tlxxl⁴
❷ 阿含 khât D1L  掸 khɔt D1L  泐 xɔt D1L
❸ 掸 tik D1S

## 打

【打气 给车胎~】 泰 สูบลม[su:p⁹ lom²];เติมลม[tə:m² lom²] 老 สูบลົม[su:p⁹ lom²];สูบลົດ[su:p⁹ lot⁸] 越 bơm hơi[ʔbɤ:m¹ hɤ:i¹]

【打气筒】 泰 เครื่องสูบลม[khrɯ:aŋ³ su:p⁹lom²] 老 ก້ອງสูบ[kɔ:ŋ⁴ su:p⁹];บั້งสูบ[ʔbaŋ⁴ su:p⁹];สูบลົม[su:p⁹ lom²];สูบลົດ[su:p⁹ lot⁹] 傣-侬 booc xut[ʔbɔ:k⁵ sut⁷] 越 ống bơm[ʔoŋ⁵ ʔbɤ:m¹]

【打球】 泰 เล่น[le:n³];ตี[ti:²] 老 ตีบານ[ti:¹' ʔba:n¹];ຫຼີ້ນບານ[li:n⁴ ʔba:n¹];ຫຼິ້ນບານ[li:n³ ʔba:n¹] 普 lăj³ sin³[lai³ sin³] 越 chơi bóng[tsɤ:i¹ ʔbɔŋ⁵];đánh bóng[ʔdan⁵ ʔbɔŋ⁵] 芒 tánh bóng[taŋ⁵ ʔbɔŋ⁵]

【打听】 泰 สอบถาม[sɔ:p⁹tha:m¹];สืบข่าว[su:p⁹ kha:u⁵] 老 จั้ง[tsaŋ¹];ถาม[tha:m¹];ทุ้งขาว[thuŋ⁴ tha:u⁴] 越 hỏi[hɔi³];hỏi thăm[hɔi³ tham¹];hỏi dò[hɔi³ zɔ²];dò la[zɔ² la¹];tò mò[tɔ² mɔ²] 芒 hỏi dò[hɔi⁵ zɔ²];dò hỏi[zɔ² hɔi⁵]

【打算 ~起房子】 泰 คิดจะ[khit⁸ tsa⁵] 老 จำ บัง[tsam¹' noŋ²];ผี[phi²];ยาก[ja:k⁹];ລິโปง[li⁵ pɔ:ŋ¹'];ກະ[ka²] 傣-侬 tà sườn[ta³ łɯ:n⁵];kí kháo[ki⁵ kha:u⁵];kế hoạch[ke⁵ hwek⁸];sưởng[łɯ:ŋ⁴] 越 định[ʔdiŋ⁶];tính[tiŋ⁵];toan[twa:n¹];tính toán[tiŋ⁵ twa:n⁵];dự định[zɯ⁵ ʔdiŋ⁶];suy nghĩ[şwi¹ ŋi⁴];ý nghĩ[ʔi⁵ ŋi⁴];ý định[ʔi⁵ ʔdiŋ⁶] 芒 ténh dènh[teŋ⁵ zɛn⁵];ý đĩnh[ʔi³ ʔdiŋ⁴];ténh[teŋ⁵]

【打陀螺】 泰 เล่นลูกข่าง[le:n³ lu:k¹⁰ kha:ŋ⁵] 老 ทับมากข่าง[han¹ma:k⁹kha:ŋ⁵] 越 đánhquay[ʔdan⁵ kwai¹];đánh cù[ʔdan⁵ ku²];đánh con quay[ʔdan⁵ kɔn¹ kwai¹]

【打预防针】 泰 ฉีดยาป้องกันโรค[tshi:t⁹ ja:² pɔ:ŋ³ kan² ro:k¹⁰] 老 สักยาປ້ອງກັນ[sak⁷ ja:¹ pɔ:ŋ⁴ kan¹];สักยากับพะยาດ[sak⁷ ja:¹ kan¹' pha⁴ ɲa:t¹⁰] 越 tiêm phòng[ti:m¹ fɔ:ŋ²]

【打仗】 泰 รบ[rop⁸];สู้รบ[su:³ rop⁸];ฉุป[tshup⁷];ตี [ti:²];ทำสงคราม[tham² soŋ¹ khra:m²];แย่งยุทธ์[jɛ:ŋ³ jut⁷];รบรา[rop⁸ ra:²];รบพุ่ง[rop⁸ phuŋ³];รบราม่าฟัน[rop⁸ ra:² kha:³ fan²];รบทัพ[rop⁸ thap⁸];สงคราม[soŋ¹ khra:m²] 老 รับ[hop⁸];ธิบสู้[hop⁸su:³];สู้รับ[su:³ hop⁸];สู้รับตีบตี[su:³ hop⁸ top⁷ ti:¹'];ยุดທະຍາມ[ɲut⁸ tha⁵ ka:n¹'];ติเสิก[ti:¹' sək⁷];เลอ[le:u²];เลอเสิก[le:u² sək⁷];ติทัยจับเสิก[ti:¹' hap² tsap⁵ sək⁷];เธัดเสิก[het⁸ sək⁷];รับเสิก[hop⁸ sək⁵];รับเลอ[hop⁸ le:u²] 傣-侬 tòtức[tɔ² tuk⁵];tòcọn[tɔ² kɔn⁴] 越 đánhnhau[ʔdan⁵ nau¹];giao chiến[za:u¹ tsi:n⁵];tác chiến[ta:k⁵ tsi:n⁵];đánh trận[ʔdan⁵ tşɤn⁶];đánh giặc[ʔdan⁵ zak⁵]

【打招呼 见面~】 泰 ทักทายปราศรัย[thak⁸ tha:i² pra:² srai¹];ทักทาย[thak⁸ tha:i⁶];ท้วง[thu:aŋ⁴] 老 ทัคทาย ปาไส[thak⁸ tha:i² pa:¹' sai¹] 傣-侬 tuộng[tu:ŋ⁴];tuộng xam[tu:ŋ⁴ ɛa:m¹] 越泰 tuộng[tu:ŋ⁴] 越 chào[tsa:u²];chào hỏi[tsa:u² hɔi³];đón chào[ʔdɔn⁵ tsa:u²] 芒 chào[tsa:u²]

【打折】 泰 ลดเปอร์เซ็นต์[lot⁸ pə:² sen²] 老 ทัคເປເຊັມ[hak⁷ pə:¹' sen²] 越 hạ giá[ha⁶ za⁵];giảm giá[za:m³ za⁵];trừ phần trăm[tşɯ² fɤn² tşam¹]

【打针】 泰 ฉีดยา[tshi:t⁹ ja:²] 老 แทงเฃ็มลอง[theŋ¹ khem¹loŋ²];สักยา[sak⁷ja:¹];สิดยา[si:t⁹ja:¹] 傣-侬 pắc[pak⁷] 越 tiêm[ti:m¹];chích[tsit⁷] 芒 tiêm[ti:m¹]

【打中】 泰 ยิงถูก[jiŋ² thu:k⁹] 老 ยังถึก[ɲiŋ² thu:k⁹] 傣-侬 bǎnxặt[ʔban³ ɛat⁸] 越泰 bénxệt[ʔben⁵ set⁸] 越 bắn trúng[ʔban⁵ tşuŋ⁵];đánh trúng[ʔdan⁵ tşuŋ⁵] 芒 pánh phái[paŋ³ fa:i⁵]

【大❶】 泰 ใหญ่[jai⁵];หลวง[lu:aŋ¹];มาก[ma:k¹⁰] 老 ใหย่[ɲai⁵];ฑอง[lu:aŋ¹];ໄປ່[po:⁵];ໂຕ້ນ[to:n⁴];ลาว[la:u²] 傣-侬 cải[ka:i³];luông[lu:ŋ¹] 越泰 luông[lu:ŋ¹];pau[pau⁵];nháu[nau⁵] 普 du⁴[du⁴] 越 to[tɔ¹];lớn[lɤ:n⁵] 芒 to[tɔ¹];cá[ka⁵];lớn[lɤ:n³];nãi[na:i⁴];lồm[lom³];cá lớn[ka⁵ lɤ:n³]

---

❶ 石家 bik⁴; nay⁶; nɔɔ³  阿含 lung A1; ñao B1  掸 jaï B1  泐 jai B1

【大白菜】泰 กาดหอ[ka:t⁹ hɔ:¹];กาดดุ้ย[ka:t⁹ lui⁴];ผักกาดดุ้ย[phak⁷ka:t⁹lui⁴];กาดขาวดุ้ย[ka:t⁹khau¹ lui⁴];ผักกาดขาวดุ้ย[phak⁷ ka:t⁹ khau¹ lui⁴] 老 ผัภภาดฃํ[phak⁷ka:t⁹hɔ:⁵];ภาดฃํ[ka:t⁹ hɔ:⁵] 普 ?ap⁵ lin³[?a:p⁵ lin³] 越 rau cải trắng[ʐau¹ ka:i³ tʂaŋ⁵] 芒 cái tlắng [ka:i⁵ tlaŋ³]

【大便 验~ 】泰 ขี้[khi:³];หนัก[nak⁷] 老 ฃี้[khi:³];ขัภ[nak⁷];ฮาจัม[?a:¹ tsom¹] 岱-侬 khi[khi³] 越泰 khi[khi³];è[ʐɛ⁶] 越 cứt[kut⁷];phân[fɤn¹]

【大便 去~ 】泰 ถ่ายอุจจาระ[tha:i⁵ ?ut⁷ tsa:² ra⁴];ไปทุ่ง [pai² thuŋ³] 老 ถ่ายขัภ[tha:i⁵ nak⁷];ถ่ายฮาจัม[tha:i⁵ ?a:¹ tsom¹];ถ่ายอุจาละ[tha:i⁵ ?ut⁷ tsa:² la⁵];ผ่ายขัภ [pha:i⁵nak⁷] 岱-侬 oockhi[?ɔ:k⁷khi³];pâynoọc[pəi¹ nɔ:k⁸] 越泰 quà nooc[kwa⁶ nɔ:k⁸] 普 lăj³ jak⁵[lai³ ja:k⁵] 越 ia[?iə³];đi sông[?di¹ ʂoŋ¹];đi đồng[?di¹ ?doŋ²];đại tiện[?da:i⁶ ti:n⁶] 芒 ti pền[ti¹ pen³];ti é[ti¹ ʐɛ⁵]

【大部分】泰 ส่วนมาก[su:an⁵ ma:k¹⁰];เป็นส่วนมาก [pen²su:an⁵ma:k¹⁰];ส่วนใหญ่[su:an³jai⁵] 老 เป็นส่อมมาภ[pen² su:an⁵ ma:k¹⁰];โดยมาภ[?do:i¹ ma:k¹⁰];มาภ[ma:k¹⁰] 岱-侬 fắn lai[fən⁵ la:i¹] 越泰 phốn lai[phən⁵ la:i¹] 越 phần lớn[fɤn¹ lɤ:n⁵];phần nhiều[fɤn¹ ɲi:u²];phần đông[fɤn² ?doŋ¹];già nửa[ʐa² nɯə³] 芒 khà nứa[kha² nɯə¹]

【大肠】泰 ไส้ใหญ่[sai³ jai⁵];ลำไส้ใหญ่[lam² sai³jai⁵] 老 ใส้แก่[sai³ ke:³];ลำ ใส้แก่[lam² sai³ ke:³];ลำใส้ใหญ่ [lam² sai³ ɲai⁵] 岱-侬 slầy ké[ɬəi¹ kɛ⁵] 越泰 xầy ké[sai³ kɛ⁵] 普 sǎj³ qê⁵[sai³ qe⁵] 越 ruột già[ʐu:t⁸ za²];ruột kết[ʐu:t⁸ ket⁷];đại tràng[?da:i⁶ tʂa:ŋ²] 芒 roch khà[rɔt⁸ kha²]

【大胆】泰 ใจกล้า[tsai² kla:³];ใจป้ำ[tsai² pam³] 老 ใจทาน[tsai³ ha:n¹];ห้อทาน[ha:u³ ha:n¹];ท้าทั่น [ka:⁴ kan³];ฮาสะผิ[?a:¹ sa² phi:¹];ฮังฮาดท้าทาน [?oŋ¹² ?a:t⁹ka:⁴ha:n¹];ฮังฮาด[?oŋ¹ ?a:t⁹];ฮาด[?a:t⁹];เท้งภัม[keŋ⁵ka:⁴];เท้ง[keŋ⁵];เท้งทั่น[ka:⁴ kan³]

岱-侬 tài tám[ta:i² ta:m³];mìđi[mi² ?di¹];đi[?di¹] 越 gan[ɣa:n¹];gan dạ[ɣa:n¹ za⁶];bạo dạn[?ba:u⁶ za:u⁶];mạnh bạo[maŋ⁶ ?ba:u⁶];mạnh dạn[maŋ⁶ za:n⁶];cả gan[ka³ ɣa:n¹] 芒 cá gan[ka⁵ ɣa:n¹];lông lòm[loŋ⁵ lɔm²];gan tā[ɣa:n¹ ta⁴];gan[ɣa:n¹];cằng cố[kɤŋ⁵ ko⁵]

【大豆】泰 ถั่วเหลือง[thu:a⁵ lɯ:aŋ¹] 老 ถั่วเฮือง [thu:a⁵lɯ:aŋ¹];ຫມາກຖົ່ວເຫຼືອງ[ma:k⁹thu:a⁵lɯ:aŋ¹] 越 đậu nành[?dɤu⁶ naŋ²];đỗ tương[?do⁴ tɯ:ŋ¹]

【大度】泰 ใจกว้าง[tsai² kwa:ŋ³] 老 ใจภอ้าง[tsai¹ kwa:ŋ⁴] 越 rộng bụng[ʐoŋ⁶ ?buŋ⁶];rộng lượng[ʐoŋ⁶ lɯ:ŋ⁶];độ lượng[?do⁶ lɯ:ŋ⁶] 芒 rổng tlổng[roŋ⁴ tloŋ⁴]

【大儿子】泰 ลูกชายกก[lu:k¹⁰ tsha:i² kok⁷] 老 ลูภฃายภิภ[lu:k¹⁰ sa:i² kok⁷] 越 con trai cả[kɔn¹ tʂa:i¹ ka³] 芒 con cá[kɔn¹ ka⁵]

【大方 出手~ 】泰 ใจกว้างไม่ตระหนี่[tsai²kwa:ŋ³mai³ tra⁵ni:⁵] 老 เผื่อแผ่[phɯ:a⁵ phɛ:⁵];ฮาลีฮาลอย[?a:¹ li:² ?a:¹ lɔ:i²];ฮาลีเฮื้อเผือ[?a:¹ li:² ?uɯ:a⁴ phɯ:a⁵];โอบอ้อมฮาลี[?o:p⁹ ?ɔ:m⁴ ?a:¹ li:²] 岱-侬 cò loài [kɔ² lwa:i³] 越 rộng rãi[ʐoŋ⁶ za:i⁴];đại lượng[?da:i⁶ lɯ:ŋ⁶];không chấp vặt[xoŋ¹tsɤp⁷vat⁸];xởi lởi [sɤ:i³ lɤ:i³] 芒 xói lói[sɤ:i⁵ lɤ:i⁵]

【大风】泰 ลมแรง[lom² rɛ:ŋ²] 老 ລົມ ແຮງ[lom²hɛ:ŋ²] 岱-侬 lồm cải[lom²ka:i³] 越泰 lồm luông[lom² lɯ:ŋ¹] 越 cơn gió mạnh[kɤ:n¹ zɔ⁵ maŋ⁶];gió to [zɔ⁵ tɔ¹]

【大概 ~是这样 】泰 ท่า...จะ[tha:³...tsa⁵] 老 ຄົງຈະ[khoŋ² tsa⁵];ຄົງຊິ[khoŋ² si¹];ໂດຍສັງເຂບ[?do:i¹ saŋ¹ khe:p⁹];ດອກທີ[?dɔ:k⁹ ti:²];ບາງທີ[?ba:ŋ¹ thi:²];ມາດວ່າ[ma:t¹⁰ va:⁵];ເລົາ ງ[lau² lau²];ລອມລອມ [lu:am² lu:am²];เห้มจะ[hen¹ tsa²];เห้มที่จะ[hen¹ thi:⁵ tsa²];ฮาดจะ[?a:t⁹ tsa²];ธอยแม่บ[hɔ:i¹ mɛ:n⁵];ใบธาว[nai⁵ ha:u²];ปะมาฬ[pa² ma:n²] 岱-侬 hạng [ha:ŋ⁶];ườm[?ɯ:m³];ắn lào[?ən⁵ la:u²] 越泰 nhãnh [ŋɛŋ²];pŭa[pɯə²] 越khoảng[xwa:ŋ⁵];vào khoảng[va:u⁵xwa:ŋ⁵];đại để[?da:i⁶?de³];chắc[tsak⁷] ước chừng[ʔɯ:k⁷ tsɯɯŋ²] 芒khoáng[xwa:ŋ⁵];pao quâng[pa:u¹kwa:ŋ⁴];paokhoáng[pa:u¹khwa:ŋ⁵];pao đàm[pa:u¹ ʔda:m²]

【大哥】泰พี่ชายคนโต[phi:³tsha:i²khon²to:²];พี่ใหญ่[phi:³ jai⁵] 老อ้ายก๊ก[ʔa:i⁴ kok⁷] 越anh cả[ʔaŋ¹ ka³];anh trưởng[ʔaŋ¹ tʂɯ:ŋ³] 芒enh cá[ʔɛŋ¹ ka⁵]

【大后年】泰ปีถัดจากสองปีข้างหน้า[pi:² that⁷ tsa:k⁹ sɔ:ŋ¹ pi:²kha:ŋ³ na:⁵] 老ปีติ๋ง[pi:¹' tɯɯŋ⁴] 越banăm sau[ʔba¹ nam¹ ʂau¹]

【大后天❶】泰วันเรื่อง[wan² rɯ:aŋ³];มะเรื่องนี้[ma⁴ rɯ:aŋ³ ni:⁴];วันมะเรื่องนี้[wan² ma⁴ rɯ:aŋ³ ni:⁴];มะเรื่อง[ma⁴rɯ:aŋ³] 老มื้อปิ๋ง[mɯ:⁴nɯɯŋ²];มื๊ดปิ๋ง[mɯ:⁴nɯɯŋ⁵] 岱-侬vằn lưởng[van² lɯ:ŋ³] 越泰mự môn[mɯ⁴ mon⁴] 越ngày kìa[ŋai² kiə²];ba ngày sau[ʔba¹ ŋai² ʂau¹]

【大家❷】泰พวกเรา[phu:ak¹⁰rau²];ท่านทั้งหลาย[tha:n³thaŋ⁵la:i¹] 老หมดทุกคน[mot⁸thuk⁸khon²];คนทั้งหลาย[khon²thaŋ⁵la:i¹];ยับดาท่าน[ʔban¹'ʔda:¹'tha:n⁵];พวกเพื่อน[phu:ak¹⁰ phɯ:an⁵] 越mọi người[mɔi⁶ ŋɯ:i²];người ta[ŋɯ:i² ta¹] 芒pầu[pʌu⁵]

【大脚趾】泰นิ้วหัวแม่เท้า[niu⁴hu:a¹ mɛ:³ thau⁴];หัวแม่เท้า[hu:a¹ mɛ:³ thau⁴] 老มื้อโป๋ติบ[ni:u⁴po:⁴ti:n¹];โป๋ติบ[po:⁴ti:n¹];แม่ติบ[mɛ:⁵ti:n¹];หัวแม่ติบ[hu:a¹ mɛ:⁵ ti:n¹'];หัวแม่เท้อ[hu:a¹ mɛ:⁵ thau⁴] 越ngón chân cái[ŋɔn⁵ tsʌn¹ ka:i³]

【大姐】泰พี่สาวคนโต[phi:³ sa:u¹ khon² to:²] 老เอื้อยก๊ก[ʔɯ:ai⁴ kok⁷] 越chị cả[tsi⁶ ka³] 芒cái cá[ka:i³ ka⁵]

【大理石】泰หินอ่อน[hin¹ ʔɔ:n⁵] 老หินอ่อน[hi:n¹ ʔɔ:n⁵];หินลาย[hi:n¹ la:i⁴] 越cẩm thạch[kʌm³ that⁸];

đá hoa[ʔda⁵ hwa¹] 芒đà wa[ʔda³ wa¹]

【大灵猫】泰ชะมด[tsha⁴mot⁸] 老เห็น[hen¹];เหยน[he:n¹];เห็นหางท่วน[hen¹ ha:ŋ¹ ka:n⁵];เหยนโยง[ŋen¹jo:ŋ¹];อี้เห็น[ʔi:⁵hen¹];ຊะมุด[sa⁵ mut⁸];ຊะมิด[sa⁵ mot⁸] 越linh miêu[liŋ¹ mi:u¹]

【大路】泰ทางเอก[tha:ŋ² ʔe:k⁹];ทางใหญ่[tha:ŋ² jai⁵] 老ทางหยอง[tha:ŋ² lu:aŋ²];ทางใหญ่ไพสาบ[tha:ŋ² nai⁵ phai² sa:n¹];ทะหมีนหีนทาง[tha² non¹ hon¹ tha:ŋ²];ทะหมีนหยอง[tha² non¹ lu:aŋ¹] 岱-侬tàng luông[ta:ŋ² lu:ŋ¹] 越泰tăng luông[ta:ŋ² lu:ŋ¹] 普xAn¹ du¹[xɔn¹ du¹] 越đường cái[ʔdɯ:ŋ² ka:i⁵];đường lớn[ʔdɯ:ŋ² lʌ:n⁵];đường rộng[ʔdɯ:ŋ² zɔŋ⁶] 芒khả cá[kha³ ka⁵];khả cái[kha³ ka:i³];khả nãi[kha³ na:i⁴]

【大麦】泰ข้าวบาร์เล่ย์[kha:u³?ba:²le:³] 普Gươ³[ɣɯː³] 越lúa đại mạch[luə⁵ ʔda:i⁶ mat⁸]

【大门】泰ประตูใหญ่[pra⁵ tu:² jai⁵] 老ปะตูหลอง[pa²tu:¹'lu:aŋ²] 越cái cổng[ka:i⁵koŋ³];cửa lớn[kɯ:ə³ lʌ:n⁵];cửa chính[kɯ:ə³ tsiŋ⁵] 芒cửa cải[kɯ:ə³ ka:i³];cửa rào wòng[kɯ:ə⁵ ra:u² wɔŋ²]

【大米❸】泰ข้าวสาร[kha:u³ sa:n¹] 老เข้าสาม[khau³ sa:n¹];เข้าสามจ้าว[khau³ sa:n¹ tsa:u⁴] 岱-侬khẩu slan[khəu³ ɬa:n¹] 越gạo[ɣa:u⁶]

【大米饭】泰ข้าวสุก[kha:u³ suk⁷] 老เข้า[khau³] 普mi² la⁴[mi² la⁴] 越cơm tẻ[kɤ:m¹ te³] 芒cơm chăm[kɤ:m¹ tsam¹]

【大女儿】泰ลูกสาวกก[lu:k¹⁰ sa:u¹ kok⁷] 老ลูกสาวก๊ก[lu:k¹⁰ sa:u¹ kok⁷] 越con gái cả[kɔn¹ ɣa:i⁵ ka³]

【大炮】泰ปืนใหญ่[pɯ:n² jai⁵] 老ปืนใหญ่[pɯ:n¹' nai⁵] 岱-侬pháo[pha:u⁵] 越泰pháo[pha:u⁵] 越súng lớn[ʂuŋ⁵lʌ:n⁵];đại bác[ʔda:i⁶ʔba:k⁷];pháo

---

❶ 勐 ləŋ B2
❷ 阿含 tāng-kūn
❸ 石家 gaw³-saan¹  掸 shan A1  勐 san A1

大

[faːu⁵] 芒 phảo[faːu³]

【大前年】 泰 สามปีก่อน[saːm¹ piːˀ kɔːn⁵] 老 สามปีก่อน[saːm¹ piːˡ kɔːn³] 傣-依 pi chù[piˡ tɕuː³]; pi mựn[pi¹ mɯn⁴] 越 năm kìa[nam¹ kiə²]; ba năm trước[ʔba¹ nam¹ tʂɯːk⁷] 芒 năm chìa[nam¹ tɕiə²]

【大前天】❶ 泰 สามวันก่อน[saːm¹ wan² kɔːn⁵] 老 สามเอ้นก่อน[saːm¹ ven² kɔːn⁵] 傣-依 vằn mựn[van² mɯn⁴]; vằn mựn[van² mɯn⁴] 越泰 mự xựn[mɯ⁴ sɯn⁴] 越 hôm kìa[hom¹ kiə²] 芒 ngày hờ[ŋai² hɤ²]

【大人】与"小孩"相对❷ 泰 ผู้ใหญ่[phuː³ jai⁵]; คนผู้ใหญ่[khon² phuː³ jai⁵] 老 ຜູ້ໃຫຍ່[phuː³ ɲai⁵]; ຄົນໃຫຍ່[khon² ɲai⁵];ผู้เฒ่า[phuː³ laːu²] 普 qaqê[qa⁰ qeˤ];qalu⁴[qa⁰ lu⁴] 越 người lớn[ŋɯːi² lɤːn⁵]; người thành niên[ŋɯːi² than² niːn¹] 芒 tửa cá[tɯə ka⁵];chắc cá[tsak⁷ ka⁵]

【大事】 泰 เรื่องใหญ่[rɯːaŋ³ jai⁵];เรื่อง สำคัญ[rɯːaŋ³ sam¹ khan²] 老 ວຽກໃຫຍ່[viːak¹⁰ ɲai⁵] 越 việc lớn[viːk⁸ lɤːn⁵]

【大腿】❸ 泰 ขาอ่อน[khaː¹ ʔɔːn³];ต้นขา[ton³ khaːˡ]; หน้าขา[naː³ khaːˡ];โคนขา[khoːn² khaːˡ] 老 ກົກຂາ[kok⁷ khaːˡ];ຂາໂຕ້[khaː¹ toː³];ຂາອ່ອນ[khaː¹ ʔɔːn³] 傣-依 páng kha[paːŋ⁵ khaːˡ];páng cúm[paːŋ⁵ kum⁵] 越泰 pản kha[paːn³ khaː¹];mák kha[maːk⁷ khaː¹];kha pản [khaː¹ paːn³] 越 đùi[ʔdui²];bắp đùi[ʔbap⁷ ʔdui²]

【大蜥蜴】 泰 เหี้ย[hiːa³];แลน[lɛːn²];จะกวด[tɕa⁵ kuːat⁹];ตะกวด[ta⁵ kuːat⁹] 老 ເຫ້ຍ[hiːa³];แลนโมน[lɛːn² moːn²];โคทา[khoːˀ thaːˀ] 傣-依 tua cà tàn[tuə¹ ka² taːn²] 越泰 hia[hiə³];tô hia[to¹ hiə³] 普 nut²[nut²] 越 kì đà[ki² ʔda²] 芒 pù tàm[puˀ taːm¹]

【大象】❹ 泰 ช้าง[tshaːŋ⁴];ไอ้หูใหญ่[ʔai³ huː¹ jai⁵]

老 ຊ້າງ[saːŋ⁴];กะเบญู[ka² neːˀ lu²];ดำลี[ʔdamˡ¹ liː²] 傣-依 chạng[tɕaːŋ⁴];tua chạng[tuə¹ tɕaːŋ⁴] 越泰 chạng[tsaːŋ⁴];tô chạng[to¹ tsaːŋ⁴] 普 qacing⁴[qa⁰ tsiŋ⁴] 越 voi[vɔi¹];con voi[kɔn¹ vɔi¹] 芒 way[waːˡ¹]; con way[kɔn¹ wai¹]

【大猩猩】 泰 กอริลล่า[kɔːˀ rin¹ laːˀ];ลิง กอริลล่า[liŋ¹ kɔːˀ rin¹ laːˀ] 老 ລິງໂກລິລາ[liːŋ¹ koːˡ¹ liːˀ laːˀ];ລິງໂຫມ [liːŋ¹ thoːn²] 越 khỉ độc[xiˀ ʔdot⁸];vượn gôrila[vɯːn⁶ yɔˡ riˡ laˡ]

【大学】 泰 มหาวิทยาลัย[ma⁴ haːˡ wit⁸ tha⁴ jaː² lai²]; วิทยาลัย[wit⁸ tha⁴ jaː² lai²] 老 ມະຫາວິທະຍາໄລ[ma⁵ haːˡ viˤ thaːˀ naːˀ lai²];ໂຮງຮຽນມະຫາວິທະຍາໄລ[hoːŋ² hiːan² ma⁵ haːˡ viˤ thaːˀ naːˀ lai²] 傣-依 đại học[ʔdaːi⁴ hɔk⁸] 越 trường đại học[tʂɯːŋ² ʔdaːi⁶ hɔk⁸]

【大学生】 泰 นิสิตมหาวิทยาลัย[nit⁸ sit⁷ ma⁴ haːˡ wit⁸ tha⁴ jaː² lai²]; นักศึกษามหาวิทยาลัย[nak⁸ sɯk¹ saːˡ ma⁴ haːˡ wit⁸ tha⁴ jaː² lai²] 老 ນັກສຶກສາ[nak⁸ sɯk¹ saːˡ];ນິສິດ[niˤ sit⁷] 越 sinh viên[ʂiŋˡ viːn¹]; học sinh đại học[hɔk⁸ ʂiŋ¹ ʔdaːi⁶ hɔk⁸]

【大洋】 泰 มหาสมุทร[ma⁴ haːˡ sa⁵ mut⁷] 老 ມະຫາສະໝຸດ[ma⁵ haːˡ sa² mut⁷] 越 đại dương[ʔdaːi⁶ zɯːŋ¹];biển cả[ʔbiːn³ kaː³];biển lớn[ʔbiːn³ lɤːn⁵] 芒 pế cá[peˤ kaː⁵]

【大叶榕树】 泰 ต้นไทรใบใหญ่[ton³ sai² ʔbai² jai⁵] 傣-依 co lùng[kɔ¹ luŋ²];mạy lùng[mai⁴ luŋ²] 越泰 co pỗ[kɔ¹ po²] 普 tăj¹ nuơn³[tai¹ nuːn³] 越 cây đa[kɤi¹ ʔdaˡ] 芒 khi ta[khi¹ taˡ];con ta[kɔn¹ taˡ]

【大衣】 泰 เสื้อคลุมยาว[sɯːa³ khlum² jaːu²] 老 ເສື້ອໃຫຍ່[sɯːa³ ɲai⁵] 越 áo khoác ngoài[ʔaːu⁵ xwaːk⁷ ŋwaːi²];áo ba-đờ-xuy[ʔaːu⁵ ʔbaˡ ʔdɤ² swiˡ];áo

---

❶ 石家 miɨ³-lay⁴
❷ 拉哈 kăw⁵ ke⁵   拉基 ku1la mi¹
❸ 石家 khoo⁶-kua³;   khoo⁶- kwaa1
❹ 阿含 chāng C2   掸 saŋ C2   渤 caŋ C2

【大雨】泰ฝนหนัก[fon¹ nak⁷];ฝนตกหนัก[fon¹ tok⁷ nak⁷];ฝนที่ตกหนัก[fon¹ thi:³ tok⁷ nak⁷] 老ฝืนขาฝัก[fon¹ nak⁷] 越mưa to[mɯə¹ tɔ¹];mưa giông[mɯə¹ zoŋ¹]

【大约】泰ราว[ra:u²];ราว ๆ[ra:u² ra:u²];สัก[sak⁷] 老ฮาว[ha:u²];สัก[sak⁷];ใบละขอวๆ[nai² la⁵ va:ŋ⁵];ใบฮาว[nai² ha:u²];ปะมาบ[pa² ma:n²];พี่ปะมาบ[pho:² pa² ma:n²];ยู่ใบปะมาบ[ju:⁵ nai² pa² ma:n²];พึ่ง[moŋ³];โพ้ง[mo:ŋ³] 岱-侬slăc[ɫak⁷] 越泰đảm[ʔda:m²];đáo[ja:u⁵] 越ước chừng[ɯ:k⁷ tsɯŋ²];ước độ[ɯ:k⁷ ʔdo⁶];vào khoảng[va:u² xwa:ŋ²];chừng khoảng[tsɯŋ² xwa:ŋ²];trạc độ[tsa:k⁸ ʔdo⁶];độ[ʔdo⁶];chừng độ[tsɯŋ² ʔdo⁶] 芒tlac đồ[tla:k⁸ ʔdo⁴];chẳng đỗ[tsɤŋ² ʔdo⁴];đỗ[ʔdo⁴];đảm[ʔda:m²]

【大月】泰เดือนเต็ม[ʔdɯ:an² tem²] 老เดือนเต็ม[ʔdɯ:an¹' tem¹'];เดือนถ้อน[ʔdɯ:an¹' thɯan⁵] 普nin¹ nhâj⁵[nin¹ ŋɤi⁵] 越tháng thừa[tha:ŋ⁵ thɯə²];tháng đủ[tha:ŋ⁵ ʔdu³] 芒kháng đo[kha:ŋ³ ʔdo¹]

【待~一会儿】泰อยู่[ju:⁵] 老ยู่[ju:⁵] 越ở[ʔɤ³];ở lại[ʔɤ³ la:i⁶];ở chơi[ʔɤ³ tsɤ:i¹]

【歹徒】泰คนร้าย[khon² ra:i⁴] 老ข่าละฉิบ[tho:² la⁴ son²];ผู้ร้าย[phu:³ ha:i⁴];มักเลง[nak⁸ le:ŋ²];มักเลงฮับทะพาบ[nak⁸ le:ŋ² ʔan¹' tha⁵ pha:n²];ผู้ร้ายฉายใจบ[phu:³ ha:i⁴ sa:i² tso:n¹];ผู้ร้ายอ้ายทะโมย[phu:³ ha:i⁴ ʔa:i⁴ ka² mo:i²];พาละฉิบ[pha:² la² son²];กุย[kui³] 越kẻ làm việc ác[kɛ³ la:m² vi:k⁸ ʔa:k⁷];tên vô lại[ten¹ vo¹ la:i⁶];tên du côn[ten¹ zu¹ kon¹];đứa côn đồ[ʔdɯə⁵ kon¹ ʔdo²];bợm[ʔbɤ:m⁶] 芒bởm[ʔbɤ:m⁴]

【逮】泰จับ[tsap⁷] 老จับ[tsap⁷] 越bắt[ʔbat⁵];vồ[vo²];tóm[tɔm⁵]

【带~东西】泰ถือ[thɯ:¹] 老กี[thɯ:¹] 岱-侬

【带】越泰pể[pe³];pã[pa²] 普mâj³[mɤi³] 越mang[ma:ŋ¹];mang theo[ma:ŋ¹ thɛu¹];đem theo[ʔdɛm¹ thɛu¹];đem[thɛm¹] 芒muồng[mu:ŋ³];bang[ʔba:ŋ¹];theo[thɛu¹];dong[zɔŋ¹]

【带~孩子】泰ดูแล[ʔdu: lɛ:²] 老ดูแล[ʔdu:¹' lɛ:²] 岱-侬tài[ta:i³];pà[pa²] 越nuôi[nu:i¹];trông nom[tʂoŋ¹ nɔm¹]

【带领】泰นำ[nam²];พา[pha:²] 老ยอง[ɲu:aŋ²];นำพา[nam² pha:²];ฮวบ[ʔva:n¹];ฮวบ[ʔu:an¹'] 岱-侬tài[ta:i³] 越泰uôn[ʔu:n¹] 越dắt[jat⁷];dắt dẫn[jat⁷ zɤn⁴];dìu dắt[ziu¹ zat⁷];đưa đi[ʔdɯə¹' ʔdi¹] 芒muồng[mu:ŋ³]

【带路】泰นำทาง[nam² tha:ŋ²] 老นำทาง[nam² tha:ŋ²];พาทาง[pha:² tha:ŋ²];ฮวบทาง[ʔu:an¹' tha:ŋ²];ฮวบทาง[ʔva:n¹ tha:ŋ²] 岱-侬tài tàng[ta:i³ ta:ŋ²] 越泰làm tăng[la:m⁶ ta:ŋ¹];uôn tăng[ʔu:n¹ ta:ŋ¹] 越đưa đường[ʔdɯə¹' ʔdɯ:ŋ¹];dẫn đường[zɤn⁴ ʔdɯ:ŋ¹] 芒dẫn khả[ʔdɤn⁴ kha³];muồng khả[mu:ŋ³ kha³]

【带头】泰นำหน้า[nam² na:³] 老ออภน้า[ʔo:k⁹ na:³] 岱-侬tài tầu[ta:i³ tɤu²] 越泰uôn pã[ʔu:n¹ pa²] 越dẫn đầu[zɤn⁴ ʔdɤu²];cầm đầu[kɤm² ʔdɤu²];xung phong[suŋ¹ fɔŋ¹];đầu tàu[ʔdɤu² tau²] 芒ti tlước[ti¹ tlɯ:k¹]

【带鱼】泰ปลาดาบ[pla:² ʔda:p⁹];ปลาดาบเงิน[pla:² ʔda:p⁹ ŋɤ:n²] 老ปาดาบ[pa:¹' ʔda:p⁹] 越cá hố[ka⁵ ho⁵]

【带子❶】泰สาย[sa:i¹] 老สาย[sa:i¹] 岱-侬slai[ɫa:i¹] 越泰xai[sa:i¹] 越dây[zɤ:i¹];thắt lưng[that⁷ lɯŋ¹];đai rút[za:i¹ zut⁷];đai[ʔda:i¹] 芒tai[ta:i¹];chai[tsa:i¹]

【代~人❷】泰ชั่ว[tshu:a³];รุ่น[run³] 老ฉือ[su:a⁵];เฉิ่น[sen⁵];ยุก[ɲuk⁸];ฮุ่น[hun⁵] 岱-侬tời[tə:i³] 越泰pang cỗn[pa:ŋ¹ kon²] 越thế hệ[the⁵ he⁶];

---

❶阿含 shāi A1  掸 shai A1  泐 sai A1
❷掸 so B2

lóp[lɤːp⁷] 芒 tời[tɤːi²]

【代表～选~】 泰 ผู้แทน[phuː³thɛːn²];ตัวแทน[tuːa² thɛːn²] 老 ผู้ตางขนม้า[phuː³ taːŋ¹ naː³];ละบะผู้แขบ[khaˑ⁵ naˑ³ phuː³ thɛːn²];ผู้แขบ[phuː³ thɛːn²];ต่อแขบ[tuːa¹' thɛːn²] 岱-侬 cần tang nả[kən² taːŋ¹ na³] 越泰 đại biểu[ʔdaːi⁴ ʔbiːu³];cháu tang[tsauˑ³ taːŋ¹] 越 đại biểu[ʔdaːi⁶ ʔbiːu³];đại diện[ʔdaːi⁶ ziːn⁶]

【代表～全村人】 泰 ในนาม[nai² naːm²] 老 ตาง[taːŋ¹];ตางขนม้า[taːŋ¹ naː³];เป็นต่อแขบ[pen¹' tuːa¹' thɛːn²] 岱-侬 tang nả[taːŋ¹ na³] 越泰 tang nả[taːŋ¹ na³] 越 thay mặt[thai¹ mat⁸] 芒 thay mặt[thai¹ mat⁸]

【代替】 泰 แทน[thɛːn²];ผลัด[phlat⁷] 老 แขบ[thɛːn²];ใช่แขบ[sai⁴thɛːn²];เกื้อ[kuːa⁴];ตาง[taːŋ¹];ป่ยบต่อ[piːanˑ⁵tuːa¹'] 岱-侬 tối[toi⁵];tang[taːŋ¹] 越泰 tang[taːŋ¹] 越 thay[thai¹];thế[the⁵];thay thế[thai¹ the⁵] 芒 thời[thoːi²]

【袋鼠】 泰 จิงโจ้[tsiŋ¹tsoˑ³] 老 จิ่งโจ่[tsiŋ⁴tsoˑ⁴];หนูถง[nuˑ¹ thoŋ¹] 越 chuột túi[tsuːt⁵ tui⁵];đại thử[ʔdaːi⁶ thuː³];con căng-gu-ru[kɔn¹ kaŋ¹ ɣu¹ ru¹]

【袋子❶】 泰 ถง[thuŋ];กระสอบ[kra⁵ sɔːp⁹] 老 ถง[thoŋ¹];ซอบ[sop⁸];ไท่[thai³];เป๋า[pau¹] 岱-侬 tủi[tui³];pao[paːu¹];tầy[tai³] 越泰 thông[thoŋ¹];tầy[tai⁶] 普 thAng⁴[thoŋ⁴];thong⁴[thɔŋ⁴] 越 túi[tui⁵];bao[ʔbaːu¹];cái túi[kaːu⁵ tui⁵];cái bao[kaːi⁵ ʔbaːu¹] 芒 thủl[thul³];thông[thoŋ¹];hĩu[hiu⁴];bì[ʔbi²];bao[ʔbaːu¹];châu[tsau⁴]

【玳瑁】 泰 เต่ากระ[tau⁵ kra⁵] 老 เต่าก้อง[tau⁵ kuːaŋ⁴] 越泰 xáykhuốk[sai⁵khuːk⁷] 越 đồi mồi[ʔdoi² moi⁵] 芒 tồi mồi[toi² moi²]

【戴～帽子】 泰 ถือ[thuːˑ¹];สวม[suːamˑ¹];ใส่[saiˑ⁵] 老 ถี[thuːˑ¹];ใส่[saiˑ⁵];สุบ[sup⁷];สอม[suːam¹] 岱-侬 cuôm[kuːm¹];hồm[hom³] 越泰 tữ[tuː²] 普 dê¹[de¹] 越 đội[ʔdoi⁶] 芒 puông[puːŋ¹];tỗi[toi⁴]

【戴～手套】 泰 ใส่[sai⁵] 老 สุบ[sup⁷] 越 đeo[ʔdɛu¹]

【戴～戒指】 泰 ใส่[sai⁵] 老 สุบ[sup⁷] 普 lê¹[le¹];dê¹[de¹] 越 đeo[ʔdɛu¹]

【戴～耳环】 泰 ใส่[sai⁵] 老 ถี[thuːˑ¹];ใส่[sai⁵] 越 đeo[ʔdɛu¹] 芒 tleo[tlɛu¹]

【戴～手镯】 泰 ใส่[sai⁵] 老 สุบ[sup⁷] 越 đeo[ʔdɛu¹]

【戴～项圈】 泰 ใส่[sai⁵] 老 ถี[thuːˑ¹];ใส่[sai⁵];ถ้อง[khɔːŋ⁴] 越 đeo[ʔdɛu¹]

【戴～眼镜】 泰 เคา[khau²];สวม[suːam¹];ใส่[sai⁵] 老 ใส่[sai⁵];สอม[suːam²] 岱-侬 thư[thuːˑ¹] 越泰 tữ[tuː²] 越 đeo[ʔdɛu¹] 芒 tleo[tlɛu¹]

【戴胜鸟】 老 นกขอนขวาง[nok⁸ hɔːn¹ khwaːn¹];นกขอน[nok⁸ hɔːn¹] 越 chim đầu rìu[tsim¹ ʔdɤu² ziu²];chim chào mào[tsim¹ tsaːu² maːu²] 芒 chim kheo[tsim¹ khɛu¹]

【戴孝】 泰 ไว้ทุกข์[vai⁴thuk⁸] 老 โอ้ทุก[vai⁴thuk⁸];แต่งตัวโอ้ทุก[tɛːŋ⁵tuːa¹'vai⁴thuk⁸] 岱-侬 dáo[jaːu⁵] 越泰 dáo[jaːu⁵] 越 để tang[ʔde³ taːŋ¹];mặc để tang[mak⁸ ʔde³ taːŋ¹];để trở[ʔde³ tʂɤ³] 芒 tem[tɛm¹]

【待客】 泰 ต้อนรับแขก[tɔːn³ rap⁸ khɛːk⁹] 老 ต้อนรับแขก[tɔːn¹ hap⁸ khɛːk⁹] 越 thết khách[thet⁷ xat⁷];đãi khách[ʔdaːi⁴ xat⁷];mời khách[mɤːi² xat⁷]

【单被】 泰 ผ้าคลุมที่นอน[phaː³ khlum² thiː³ nɔːn²] 岱-侬 fà tan[faː² taːn¹] 越泰 phã tép[phaː² tɛp⁷] 越 chăn đơn[tsan¹ ʔdɤːn¹] 芒 biêng[ʔbiːŋ¹]

【单价】 泰 ราคาต่อหน่วย[raː² khaː² tɔː⁵ nuːai⁵] 老 ลาคาท่อหน่อย[laː² khaː² huːa¹ nuːai⁵] 越 giá đơn vị[zaː⁵ ʔdɤːn¹ vi⁶];đơn giá[ʔdɤːn¹ zaː⁵]

---

❶ 撢 thoŋ A1

【单人床】 泰เตียงเดี่ยว[ti:aŋ² ʔdi:au⁵] 老ຕຽງດ່ຽວ[ti:aŋ¹' ʔdi:au⁵] 越giường cá nhân[zɯ:ŋ² ka⁵ nɤn¹]; giường chiếc[zɯ:ŋ² tsi:k⁶]; giường đơn[zɯ:ŋ² ʔdɤ:n¹]; giường một người nằm[ɣɯ:ŋ² mot⁸ ŋɯ:i² nam²]

【单日】 泰วันคี่[wan² khi:³] 老ມື້ຄີກ[mɯ:⁴ khi:k¹⁰] 越ngày lẻ[ŋai² le³]

【单身】 泰โสด[so:t⁹]; คนเดียว[khon²ʔdi:au²] 老ຢູ່ຄີກ[ju:⁵ khi:k¹⁰]; ເປັນໂສດ[pen¹' so:t⁹] 越độc thân[ʔdok⁸ thɤn¹]; một mình[mot⁸ miɲ⁶]; một người[mot⁸ ŋɯ:i²]; không vợ[xoŋ¹ vɤ²]; không chồng[xoŋ¹ tsoŋ²]

【单身汉】 泰ชายโสด[tsha:i²so:t⁹] 老ຊາຍໂສດ[sa:i²so:t⁹]; ຊາຍໂທນ[sa:i²tho:n²]; ຄົນປ່ຽວ[khon¹ piau⁵] 越người đàn ông chưa vợ[ŋɯ:i² ʔda:n² ʔoŋ¹ tsɯɤ¹ vɤ⁶]; người không có vợ[ŋɯ:i² xoŋ¹ kɔ⁵ vɤ⁶]; kẻ độc thân[ke³ ʔdok⁸ thɤn¹]

【单数】 泰เลขคี่[le:k¹⁰ khi:³] 老ເລກຄີກ[le:k¹⁰ khi:k¹⁰]; ຕົວຄີກ[tu:a¹' khi:k¹⁰]; ຈຳນວນຄີກ[tsam² nu:an² khi:k¹⁰] 越số lẻ[ṣo⁵ le³] 芒khổ đeo[kho³ ʔdɛu¹]; khổ lẻ[kho³ lɤ⁵]; khổ lía[kho³ liɤ⁵]

【单筒猎枪】 泰ปืนเดี่ยว[pɯ:n² ʔdi:au⁵] 老ປືນດ່ຽວ[pɯ:n¹' ʔdi:au⁵]; ປືນເລົາດ່ຽວ[pɯ:n¹' lau⁵ ʔdi:au⁵] 越泰ống tăn mã[ʔoŋ⁵ ta:n² ma²]

【单相思】 泰รักข้างเดียว[rak⁸ kha:ŋ³ ʔdi:au²] 老ຮັກຝ່າຍດຽວ[hak⁸fa:i⁵ʔdi:au¹'] 越yêu thầm nhớ trộm[ʔi:u¹ thɤm² ɲɤ⁵ ʈʂom⁶]; yêu không được đáp lại[ʔi:u¹ xoŋ¹ ʔdɯ:k⁸ ʔda:p⁷ la:i⁶]

【单眼皮】 泰ตาชั้นเดียว[ta:²tshan⁴ʔdi:au²] 老ຕາຊິມດຽວ[ta:¹' hi:m² ʔdi:au¹'] 越mắt một mí[mat⁶ mot⁸ mi⁵]

【单衣】 泰เสื้อชั้นเดียว[sɯ:a³tshan⁴ʔdi:au²] 老ເສື້ອຊັ້ນດຽວ[sɯ:a³ san⁴ ʔdi:au²] 越áo chiếc[ʔa:u⁵ tsi:k⁷]; áo đơn[ʔa:u⁵ ʔdɤ:n¹] 芒áo tan[ʔa:u⁵ ta:n¹]

【丹顶鹤】 泰นกกระสาหัวแดง[nok⁸ kra⁵ sa:¹ hu:a¹ ʔdɛ:ŋ²] 普tê³ ruon³[te³ru:n³] 越con sếu[kɔn¹ ṣeu⁵]; hạc đầu đỏ[ha:k⁸ ʔdɤu² ʔdɔ³]

【耽误】 泰ล่าช้าจนเสียงาน[la:³tsha:⁴tson²si:a¹ŋa:n²] 岱-侬tợ tàng[tɤ⁴ ta:ŋ²] 越泰chọm[tsɤm⁵]; tốc cả ctơn[tok⁷ ka⁶ k-tɤn¹] 越làm trậm trễ[la:m² tṣɤm⁶ tṣe⁴]; làm lỡ[la:m² lɤ⁴]

【担保】 泰ประกัน[pra⁵ kan²]; เป็นประกัน[pen² pra⁵ kan²] 老ຂໍຮັບປະກັນ[khɔ:¹ hap⁸ pa² kan¹]; ປະກັນ[pa² kan¹]; ຂໍຮັບປະກັນ[khɔ:¹ hap⁸ pa² kan¹]; ຢັ້ງຢືນ[jaŋ⁵ jɯ:n¹]; ຮັບປະກັນ[hap⁸ pa² kan¹]; ຮັບຮອງ[hap⁸ hɔ:ŋ²] 岱-侬pao xình[pa:u¹ ɕiŋ²] 越泰nhắn pao[ɲan³ pa:u¹] 越đảm bảo[ʔda:m³ ʔba:u³];bảo đảm[ʔba:u³ ʔda:m³]; cam đoan[ka:m¹ ʔdwa:n¹] 芒cam đoan[ka:m¹ ʔdwa:n¹]

【担架】 泰เปล[ple:²]; เปลหาม[ple:²ha:m¹] 老ເປຫາມ[pe:¹' ha:m¹]; ຕຽງຫາມ[ti:aŋ¹' ha:m¹]; ຕຽງຫາມຄົນເຈັບ[ti:aŋ¹' ha:m¹ khon² tsep⁷]; ຄານຫາມ[kha:n² ha:m¹]; ສະຫຽງ[sa² li:aŋ⁵] 岱-侬ăn vọng[ʔan¹ vɔŋ⁴]; ăn fạc ham[ʔan¹ fa:k⁸ ha:m¹] 越cáng[ka:ŋ⁵]; cáng cứu thương[ka:ŋ⁵ kɯu⁵ thɯ:ŋ¹]; băng ca[ʔbaŋ¹ ka¹]; cái băng ca[ka:i⁵ ʔbaŋ¹ ka¹]

【担心】 泰เป็นห่วง[pen² hu:aŋ⁵] 老ຫ່ວງ[hu:aŋ⁵]; ອາໄລ[ʔa:¹' la:i¹]; ຫວັ່ນໃຈ[van⁵ tsai¹]; ຫວັ່ນຈິດ[van⁵ tsit⁷]; ເປັນຫ່ວງ[pen¹' hu:aŋ⁵]; ເປັນຫ່ວງເປັນໃຍ[pen¹' hu:aŋ⁵ pen¹' ɲai¹]; ມີຄວາມຫ່ວງໃຍ[mi:² khwa:m² hu:aŋ⁵ ɲai¹]; ອຸກ[ʔuk⁷] 岱-侬hí[hi⁵]; dau[jau¹]; lao [la:u¹] 越泰lo chau[lɔ¹ tsau¹]; dàn[ja:n³] 普thaw³ si¹[thau:³ si¹] 越lo[lɔ¹]; lo lắng[lɔ¹ laŋ⁵]; lo âu[lɔ¹ ʔɤu¹]; ngại[ŋa:i⁶] 芒lo[lɔ¹]; ngãi[ŋa:i⁴]

【胆❶】 泰ดี[ʔdi:²] 老ບີ[ʔbi:¹'] 岱-侬đi[ʔdi⁵] 越泰bi[ʔbi⁵] 普lăj¹[lai¹]; dăj¹[dai¹] 越mật[mɤt⁸] 芒mât[mɤt⁸]

【胆量】 泰ความกล้า[khwa:m²kla:³] 老ກຳລັງໃຈ

❶石家blii1　阿含di A1　掸li A1

[kam¹¹laŋ²tsai¹'];ทำลังใจ[kam⁵laŋ²tsai¹'] 越 sự gan dạ[ʂɯ⁶ ɣa:n¹ za⁶];sự mạnh bạo[ʂɯ⁶ maŋ⁶ ʔba:u⁶]

【胆囊】 泰 ถุงน้ำดี[thuŋ¹ nam⁴ ʔdi:²] 老 ผีบี[phok⁸ ʔbi:¹'];ถงบ้ำบิ[thoŋ¹nam⁴ʔbi:¹'] 越 túi mật[tui⁵ mɤt⁸]

【胆囊结石】 泰 นิ่วน้ำดี[niu³nam⁴ʔdi:²];นิ่วในถุงน้ำดี [niu³ nai² thuŋ¹ nam⁴ ʔdi:²] 老 โลภผื้อบี[lo:k¹⁰ ni:u³ ʔbi:¹'];ผื้อบิ[ni:u³ ʔbi:¹'];ผื้อบิ[niu³ ʔbi:¹'] 越 sỏi mật[ʂɔi³ mɤt⁸]

【胆囊炎】 泰 ถุงน้ำดีอักเสบ[thuŋ¹nam⁴ʔdi:²ʔak⁷se:p⁵] 老 ถงบ้ำบิฮักเสบ[thoŋ¹nam⁴ʔbi:¹'ʔak⁷se:p⁵] 越 viêm túi mật[vi:em¹ tui⁵ mɤt⁸]

【胆小】 泰 ขี้ขลาด[khi:³ khla:t⁹] 老 ตาขาว[ta:¹¹ kha:u¹];มักย้าน[mak⁸ ja:n³];ขี้แย[khi:³ ɲɛ:²];ขี้โยย [khi:³ ɲo:i⁵];ขี้ย้าน[khi:³ ja:n³] 岱-侬 làn[la:n³];đi eng[ʔdi¹ʔɛŋ³];đi nọi[ʔdi¹ nɔi⁴] 越泰 chau nọi[tsau¹ nɔi⁴] 普 ngân² nwaj³[ŋɤn² nwa:i³] 越 nhát[ɲa:t⁷];nhút nhát[ɲut⁷ ɲa:t⁷];nhát gan[ɲa:t⁷ ɣa:n¹];non gan[nɔn¹ ɣa:n¹];hèn nhát[hɛn⁶ ɲa:t⁷];nhát[ɲa:t⁷] 芒 non gan[nɔn¹ ɣa:n¹];hay đưới[hai⁵ ʔdɯ:i⁵];hèn nhát[hɛn² ɲa:t⁷];nhải[ɲa:l³]

【胆小鬼❶】 泰 คนขี้ขลาดตาขาว[khon² khi:³ khla:t⁹ ta:²kha:u¹];คนขี้ขลาด[khon²khi:³khla:t⁹] 老 ถืมขี้ย้าน[khon² khi:³ ja:n³] 越 đồ nhút nhát[ʔdo² ɲut⁷ ɲa:t⁷];kẻ hèn nhát[kɛ³ hɛn² ɲa:t⁷];con vật nhát[kɔn¹ vɤt⁸ ɲa:t⁷]

【胆汁】 泰 น้ำดี[nam⁴ ʔdi:²] 老 บ้ำบิ[nam⁴ ʔbi:¹'] 越 nước mật[nɯ:k⁷ mɤt⁸];đắm trắp[ʔda:m³ tʂɤp⁷]

【淡~咸❷】 泰 จืด[tsɯ:t⁹] 老 จิด[tsɯ:t⁹];จาง [tsa:ŋ¹] 岱-侬 chut[tɕut⁷];chiu[tɕiu¹] 越泰

pạớn[phən⁵];cháng[tsa:ŋ⁵] 普 suơng⁴[su:ŋ⁴] 越 nnạt[ɲa:t⁸]

【淡~茶】 泰 จืด[tsɯ:t⁹] 老 จิด[tsɯ:t⁹] 越 nhạt[ɲa:t⁸]

【淡颜色~❸】 泰 อ่อน[ʔɔ:n⁵] 老 อ่อน[ʔɔ:n⁵] 越 nhạt[ɲa:t⁸]

【淡水】 泰 น้ำจืด[nam⁴tsɯ:t⁹] 老 บ้ำจิด[nɛm⁴ tsɯ:t⁹];บ้ำจาง[nam⁴ tsa:ŋ¹] 越 nước ngọt[nɯ:k⁷ ŋɔt⁸] 芒 đác ngoch[ʔda:k⁷ ŋɔt⁸]

【淡水鱼】 泰 ปลาน้ำจืด[pla:²nam⁴tsɯ:t⁹] 老 ปา บ้ำจิด[pa:¹¹nam⁴tsɯ:t⁹] 越 cá nước ngọt[ka⁵ nɯ:k⁷ ŋɔt⁸];cá đồng[ka⁵ ʔdoŋ²]

【氮肥】 泰 ปุ๋ยไนโตรเจน[pui¹ nai² tro:² tse:n²] 老 ผู่บอาฮิด[fun⁵ ʔa:¹¹ sot⁷] 越 phân đạm[fɤn¹ ʔda:m⁶]

【弹弓】 泰 คันหน้าไม้[khan²na:³mai⁴] 老 กะสุบ [ka²sun¹];กะถุบ[ka²thun¹] 越 ná[na⁵];cái ná[ka:i⁵ na⁵];giàng[za:ŋ²];ná thun[na⁵thun¹];súng cao su [ʂuŋ⁵ ka:u¹ ʂu¹]

【弹壳】 泰 ปลอกกระสุน[plɔ:k⁹ kra⁵ sun¹] 老 กะ สอบลูกปืม[ka² sɔ:p⁹ lu:k¹⁰ pɯ:n¹] 岱-侬 pich mạ[pik⁷ ma⁴] 越 vỏ đạn[vɔ³ ʔda:m⁶];ca tút[ka¹ tut⁷]

【蛋❹】 泰 ไข่[khai⁵] 老 ไข่[khai⁵] 岱-侬 xáy [ɕai⁵] 越泰 xáy[sai⁵] 普 qhăj¹[qhai¹] 越 trứng [tʂɯŋ⁵]

【蛋白】 泰 ไข่ขาว[khai⁵ kha:u¹];โปรตีน[pro:² ʈi:n²] 老 ไข่ขาว[khai⁵kha:u¹];ท้ามไข่[ka:m⁴khai⁵] 越泰 cảm xáy[ka:m³ sai⁵] 越 lòng trắng trứng[lɔŋ² tʂaŋ⁵ tʂɯŋ⁵] 芒 lòng tảng tỏng[lɔŋ² tlaŋ³ tlɤ:ŋ³]

【蛋糕】 泰 ขนมเค้ก[kha⁵ nom¹ khe:k³];เค้ก[khe:k³]; ขนมไข่[kha⁵nom¹khai⁵];ขนมฝรั่ง[kha⁵nom¹fa⁵ raŋ⁵] 老 เข้าขมิไข่[khau³ nom¹ khai⁵] 越 bánh

---
❶ 石家 hun⁴-laaw²
❷ 掸 sɯ̈ D1L  勐 čɯ̈ D1L
❸ 阿含 ling
❹ 阿含 khrāi B1; khāi B1  掸 khăi B1  勐 khăi B1

ngọt[ʔbaŋ⁵ ŋɔt⁸];bánh trứng gà[ʔbaŋ⁵ tʂɯŋ⁵ ɣa²]; bánh ga tô[ʔbaŋ⁵ ɣa¹ to¹]

【蛋黄】 泰ไข่แดง[khai⁵ʔdɛːŋ²] 老ไข่แดง[khai⁵ ʔdɛːŋ¹];มอนไข่[mɔːn² khai⁵] 越泰pám xáy[paːm⁵ sai⁵];môn xáy[mɔn² sai⁵] 越lòng đỏ trứng[lɔŋ² ʔdɔ³ tʂɯŋ⁵] 芒lòng tó tlởng[lɔŋ² tɔ⁵ tlɤːŋ³]

【蛋壳】 泰เปลือกไข่[plɯːak⁹ khai⁵];อัณฑกส[ʔan⁵ tha⁴ koːt⁹] 老เปือกไข่[pɯːak⁹ khai⁵];ปี้ไข่[pɔː⁴ khai⁵];เต๊าไข่[tau⁴ khai⁵] 越vỏ trứng[vɔ⁵ tʂɯŋ⁵]

【蛋用鸡】 泰ไก่พันธุ์ไข่[kai⁵ phan² khai⁵] 老ไก่พับไข่[kai⁵ phai²  khai⁵];ไก่เอาไข่[kai⁵ ʔau¹ khai⁵] 越gà đẻ trứng[ɣa² ʔdɛ³ tʂɯŋ⁵];gà mái đẻ[ɣa² maːi⁵ ʔdɛ³];gà để đẻ trứng[ɣa² ʔdɛ³ ʔdɛ³ tʂɯŋ⁵]

【但是❶】 泰แต่[tɛː⁵];แต่ว่า[tɛː⁵ waː³] 老แต่[tɛː⁵];แต่อ่า[tɛː⁵ vaː⁵];แต่ขี้พัด[tɛː⁵ sam⁴ phat⁸];แต่ที่อ่า[tɛː⁵ thɔː⁵ vaː⁵];แต่แล้ว[tɛː⁵ lɛu⁴];ขี้ย่ำพำ[sam⁴ ʔbɔː⁵ nam¹] 岱-侬tọ[tɔ⁴];tọ cạ[tɔ⁴ kaː⁴];tọ dậu[tɔ⁴ jau⁵];pện tọ[pen⁴ tɔ⁴] 越泰hák và[haːk⁷ va⁶] 越nhưng [ɲɯŋ¹];nhưng mà[ɲɯŋ¹ maː²];song[sɔŋ¹] 芒cò mò[kɔ³ mɔ²];á mé[ʔa⁵ mɛ⁵];á máy[ʔa⁵ mai⁵];a máy[ʔa¹ mai⁵]

【担 ~柴】 泰หาบ[haːp⁹] 老ทาบ[haːp⁹];แบก[ʔbɛːk⁹] 岱-侬hap[haːp⁷] 越泰háp[haːp⁷] 越gánh[ɣaɲ⁵] 芒tam[taːm⁵]

【担子】 泰คานหาบ[khaːn² haːp⁹];หาบ[haːp⁹] 老ทาบ[haːp⁹];แบกทาบ[ʔbɛːk⁹ haːp⁹] 普tim¹[tim¹];tiơm¹[tiːm¹] 越gánh[ɣaɲ⁵];quang gánh[kwaːŋ¹ ɣaɲ⁵] 芒kềnh[kɛɲ³];tam[taːm¹]

【当兵】 泰เป็นทหาร[pen² tha⁴ haːn¹] 老เป็นทะทาบ[khau³ pen¹' tha⁵ haːn¹] 越đi lính[ʔdi¹ liɲ⁵];đi bộ đội[ʔdi¹ʔbo⁶ʔdoi⁵] 芒tha linh[tha¹ liɲ³]

【当场】 泰ในสถานที่ที่เกิดเหตุฉะนั้น[nai² saː thaːn¹

❶石家hak²-waa⁵ 阿含tü

thiː³ thiː³ kɤːt⁹ heːt⁹ kha⁵ na⁵ nan⁴];คาที่[khaː² thiː³]; คาหนังคาเขา[khaː² naŋ¹ khaː² khau¹] 老ทับบ่อน [kap⁷ ʔbɔːn⁵] 岱-侬tap ti[taːp⁷ tiː³] 越tại chỗ[taːi⁶ tso⁴];ngay tại chỗ[ŋai¹ taːi⁶ tso⁴];ngay tại trận[ŋai¹ taːi⁶ tʂɤn⁶]

【当归】 泰ดังกุย[taŋ² kui²] 老ตั๋งกุย[taŋ¹' kui¹] 越đương quy[ʔdɯːŋ¹ kwi¹]

【当面】 泰ต่อหน้า[tɔː⁵ naː³] 老ทับหน้า[kap⁷ naː³ kap⁷ taː¹'];เสี่ยง[sɔŋ⁵];ต่ำหน้า[tɔː⁵ naː³];ต่ำหน้าต่ำตา[tɔː⁵ naː³ tɔː⁵ taː¹'] 岱-侬tó nả[tɔ⁵ naː³] 越泰tó nả[tɔ⁵ naː³] 越trước mắt[tʂɯːk⁷ mat⁷];ngay trước mắt[ŋai¹ tʂɯːk⁷ mat⁷];trực diện[tʂɯːk⁸ zin⁶];trực tiếp[tʂɯk⁸ tiːp⁷];công khai[kɔŋ¹ xaːi¹]

【当年】 泰ปีนั้น[piː² nan⁴] 老ปีบั้น[piː¹' nan⁴] 越năm xưa[nam¹ sɯː¹];ngày trước[ŋai² tʂɯːk⁷];ngày ấy[ŋai² ʔi⁵]

【当然 ~可以】 泰แน่นอน[nɛː³ nɔːn²] 老จอ[tsiːau¹'];ฉะลุ[kha⁵ luː⁵];ละตี้[laː⁵ tiː¹];แบ่มอน[nɛː⁵ nɔːn²];แบ่ละ[nɛː⁵ laː⁵];มันเป็นทำมะดอยู่แล้วอ่า[man² pen¹' tham² ma⁴ daː¹' juː⁵ lɛu⁴ vaː⁵];ฉะลุ[kha⁵ luː⁵] 岱-侬pện ti[pen⁴ tiː³];nhoòng pện[ɲɔːŋ² pen⁴] 越tất nhiên[tɤt⁷ ɲiːn¹]

【挡 ~风】 泰บัง[ʔbaŋ²] 老บั้ง[ʔbaŋ¹'] 越chống[tsoŋ⁵];chắn[tsan⁵] 芒chồng[tsoŋ³]

【挡路】 泰ขวางทาง[khwaːŋ¹ thaːŋ²] 老ข้ามทาง[haːm³ thaːŋ²] 越chắn đường[tsan⁵ ʔdɯːŋ²]

【当 ~首饰】 泰จำนำ[tsam² nam²] 老จำน้ำ[tsam² nam²] 越cầm[kɤm²]

【当铺】 泰โรงจำนำ[roːŋ² tsam² nam²] 老ท้างทับจำน้ำ[haːŋ³ hap⁸ tsam¹' nam²];โรงจำน้ำ[hoːŋ² tsam¹' nam²] 越tiệm cầm đồ[tiːm⁶ kɤm² ʔdo²]

【当作】 泰ถือเป็น[thɯː¹ pen²] 老กี[thɯː¹'];กีอ่า[thɯː¹' vaː⁵] 越coi là[kɔi¹ laː²];coi như[kɔi¹ ɲɯː¹]

【荡秋千】 泰 เล่นชิงช้า[le:n³ tshiŋ² tsha:⁴] 老 ไกยับโอ้มຂา[ɲo:n³ ʔo:n⁴ sa:²];ຂີ້ຊີງຊ້າ[khi:⁵ siŋ² sa:²];ຫຼິ້ນໂອ້ມຂາ[li:n³ ʔo:n⁴ sa:²] 越 đánh đu[ʔdan⁵ ʔdu¹];đung đưa chiếc võng[ʔduŋ¹ʔdɯɜ¹tsi:k⁷ voŋ⁴];chơi đu[tsɤ:i¹ ʔdu¹] 芒 chūng tu[tsuŋ⁴ tu¹]

【刀把儿】 泰 ด้ามมีด[ʔda:m³ mi:t¹⁰] 老 ด้ามมีด[ʔda:m⁴ mi:t¹⁰];ກັນມີດ[kan⁵ mi:t¹⁰] 普 kjaŋ² bja² [kja:ŋ⁴ bja²] 越 chuôi dao[tsu:i¹ za:u¹];cán dao[ka:n⁵ za:u¹] 芒 nắm tao[nam⁴ ta:u¹]

【刀背】 泰 สันมีด[san¹ mi:t¹⁰] 老 สับผ้า[san¹ pha:⁴];สับมีด[san¹ mi:t¹⁰] 傣-依 slân pja[ɬən¹ pja⁴];slán pja[ɬən⁵ pja⁴] 越泰 ngôm mịt[ŋom² mit⁸];xǎn mịt [san¹ mit⁸] 普 lâŋ³ bja²[lɤŋ³ bja²] 越 sống dao [ʂoŋ⁵ za:u¹] 芒 không tao[khoŋ³ ta:u¹]

【刀豆】 泰 ถั่วฝักพร้า[thu:a⁵ fak⁷ phra:⁴];ถั่วพร้า[thu:a⁵ phra:⁴];ถั่วคร้า[thu:a⁵ khra:⁴] 老 ຖົ່ວຜ້າ[thu:a⁵ pha:⁴];ຝັກຜ້າ[fak⁷ pha:⁴] 越 đậu dao[ʔdɤu⁶ ʔda:u¹];đậu kiếm[ʔdɤu⁶ ki:m⁵]

【刀尖】 泰 คมมีด[khom² mi:t¹⁰];แหลมมีด[lɛ:m¹ mi:t¹⁰];ปลายมีด[pla:i² mi:t¹⁰] 老 ปายมีด[pa:i¹' mi:t¹⁰] 普 tan¹ bja²[ta:n¹ bja²] 越 mũi dao[mui⁴ za:u¹]

【刀口】 泰 ใบมีด[ʔbai² mi:t¹⁰];คม[khom²] 老 คมมีด [khom² mi:t¹⁰] 傣-依 pac mịt[pa:k⁹ mit⁸] 越泰 cỗm mịt[kom² mit⁸] 越 lưỡi dao[lɯ:i⁴ za:u¹]

【刀片】 泰 ใบมีดโกน[ʔbai² mi:t¹⁰ko:n²] 老 ໃບມີດແຖ [ʔbai¹' mi:t¹⁰ thɤ:¹] 越 lưỡi dao cạo[lɯ:i⁴ za:u¹ ka:u⁶]; lưỡi lam[lɯ:i⁴ la:m¹];lưỡi lam cạo râu[lɯ:i⁴ la:m¹ ka:u⁶ zɤu¹]

【刀刃❶】 泰 คมใบ[khom² mi:t¹⁰] 老 ถ้ำมีด[khom² mi:t¹⁰] 普 pha³ bja²[pha³ bja²] 越 lưỡi dao[lɯ:i⁴ za:u¹] 芒 lãi tao[la:i⁴ ta:u¹]

【刀子❷】 泰 พร้า[phra:⁴];มีด[mi:t¹⁰];มีดพร้า[mi:t¹⁰ phra:⁴];กันปิด[kan² pit⁷];ดาบ[ʔda:p⁹] 老 มีด[mi:t¹⁰]; ຜ້າ[pha:⁴];มีดผ้า[mi:t¹⁰ pha:⁴];ດວງມີด[ʔdu:aŋ¹' mi:t¹⁰] 傣-依 pja[pja⁴];mịt[mit⁸] 越泰 pạ[pa⁴]; mịt[mit⁸] 普 bja²[bja²] 越 dao[za:u¹];con dao[kɔn¹ za:u¹];đao[ʔda:u¹] 芒 tao[ta:u¹];cầy tao [kai³ ta:u¹]

【岛❸】 泰 เกาะ[kɔ⁵];เกาะแก่ง[kɔ⁵ kɛ:ŋ⁵] 老 เภาะ [kɔ²];ดอน[ʔdɔ:n¹'] 越 đảo[ʔda:u³];hòn đảo[hɔn² ʔda:u³] 芒 đáo[ʔda:u⁵];hòn đáo[hɔn² ʔda:u⁵]

【导火索】 泰 ชนวน[tsha⁴ nu:an²] 老 ກະບວນ[ka² nu:an²];ขะบวน[kha² nu:an²];ຊະບວນ[sa⁵ nu:an²]; สายสะบวน[sa:i¹ sa² nu:an²] 越 ngòi[ŋɔi²];mồi lửa[moi² lɯa³];kíp[kip⁷];nụ xòe[nu² swɛ²];cây min[zɤi¹ min²]

【倒树~了❹】 泰 ล้ม[lom⁴] 老 ລົ້ມ[lom⁴] 傣-依 lộm[lom⁴] 越 đổ[ʔdo³]

【倒伏】 泰 ต้นพืชล้ม[ton³ phɯ:t¹⁰ lom⁴] 老 ต้มพืชล้ม [ton⁴ phɯ:t¹⁰ lom⁴] 越 đổ[ʔdo³];rạp[za:p⁸];lướt[lɯ:t⁷]

【倒霉】 泰 โชคร้าย[tsho:k¹⁰ ra:i⁴] 老 สแนง[sa² nɛ:ŋ];ຊອກບໍ່ດີ[sɔ:k¹⁰ bɔ:⁵ ʔdi:¹];ຊວຍ[su:ai³];ບໍ່ເປັນ ຈັ້ງບຸນ[ʔbɔ:⁵ pen¹' tsaŋ⁵ ʔbun¹];ມີເວນ[mi:² ve:n²]; ลุยตูง[lui⁵ tuŋ¹];ฮับ[ʔap⁷];ซอกฮ้าย[sɔ:k¹⁰ ha:i⁴] 傣-依 xúi quẩy[ɕui⁵ kwai³];bầu xải sló[ʔbɤu⁵ ɕa:i³ ɬɔ⁵];xảisló rại[ɕa:i³ ɬɔ⁵ ra:i⁴] 越泰 xônxút[sɔn³ sut⁷]; xố uối[so⁵ ʔu:i⁵];xố hại[so⁵ ha:i⁴];thổng[thoŋ³] 越 số đen[ʂo⁵ ʔdɛn¹];vận đen[vɤn⁶ ʔdɛn¹];đen đủi [ʔdɛn¹ ʔdui³];xui quẩy[sui⁵ kwɤi³];không may[xoŋ¹ mai¹];xui xéo[sui⁵ sɛu⁵];xúi quẩy[sui⁵ kwɤi⁵];rủi [zui³];rủi ro[zui³ zɔ¹];xấu số[sɤu⁵ ʂo⁵];vận xui[vɤn⁶ sui¹] 芒 khổ thúi[khɔ³ thui⁵];vẫn thúi[vɤn⁴ thui⁵]; thúi[thui⁵];xấu khổ[sɤu³ khɔ³];xui xéo[sui¹ sɛu⁵]

---

❶ 石家 gam⁴
❷ 掸 pha C2　渤 pha C2　拉哈 pha⁵；phla⁶
❸ 石家 cap⁴；dɔɔn　阿含 lüp；lüp-din
❹ 石家 lam⁶

【倒塌】 泰ถล่ม[tha⁵ lom⁵];พัง[phaŋ²] 老ຊຳລຸດ[sam² lut⁸];ທະລັງທະລາຍ[tha⁵ laŋ² tha⁵ la:i²];ທະລາຍ[tha⁵ la:i²];ພັງທະລາຍ[phaŋ² tha⁵ la:i²];ເພພັງ[phe:² phaŋ²];ພັງເພ[phaŋ² phe:²];ພັງລົງ[phaŋ² loŋ²];ຫັກພັງ[hak⁷ phaŋ²];ພັງ[phaŋ²];ເຫືອນ[kɯ:an¹] 岱-依tốm[tom⁵];lốm[lom⁵] 越sập[sɤp⁸];đổ sập xuống[ʔdo⁵ sɤp⁸ su:ŋ¹];đổ xụp[ʔdo⁵ sup⁸];đổ nát[ʔdo⁵ na:t⁵] 芒lớ xup[lɤ⁵ sup⁸]

【祷告】 泰เสสรวง[se:¹ su:aŋ¹];สรวงเส[su:aŋ¹ se:¹] 老ອ້ອງອອນອະທິດຖານ[viŋ⁵ vɔ:n² ʔa² thit⁸ tha:n¹] 岱-依nhằm[ɲam²];mo[mɔ¹];nài[na:i³] 越泰xển mo[sen³ mɔ¹];khón[khɔn⁵] 越cầu xin thần phật phù hộ[kɤu² sin¹ thɤn² fɤt⁸ fu² ho²];cầu nguyện[kɤu² ŋwi:n⁶]

【到~家了❶】 泰ถึง[thɯŋ¹] 老ເຖິງ[thəŋ¹];ຮອດ[hɔ:t¹⁰] 岱-依thâng[thəŋ¹] 越泰thơng[thəŋ¹];tốc[tok⁷];họt[hɔt⁸] 普pjang¹[pja:ŋ¹] 越đến[ʔden⁵];tới[tɤ:i⁵] 芒tiểnh[ti:n³];tlổ[tlo⁴];lu[lɤu⁵]

【到处】 泰ทั่วทุกแห่งหน[thu:a³ thuk⁸ hɛ:ŋ⁵ hon¹] 老ທົ່ວທຸກແຫ່ງຫົນ[thu:a³ thuk⁸ hɛ:ŋ⁵ hon¹];ທົ່ວແດນ[thu:a⁵ ʔdɛ:n¹] 越nơi nơi[nɤ:i¹ nɤ:i¹];khắp nơi[xap⁵ nɤ:i¹];đó đây[ʔdɔ⁵ ʔdɤi¹];mọi nơi[mɔi⁶ nɤ:i¹];đâu đâu[ʔdɤu¹ ʔdɤu¹] 芒nơi nơi[nɤ:i¹ nɤ:i¹];đi no [ʔdi³ nɔ¹];no no[nɔ¹ nɔ¹]

【到底~谁去?】 泰กันแน่[kan² nɛ:³] 老ເກາະ[kɔ⁵] 岱-依slut sló[ɬut⁷ ɬɔ⁵] 越xét đến cùng[sɛt⁵ ʔden⁵ kuŋ²]

【倒~垃圾】 泰เท[the:¹] 老ເຫ[the:¹];ຖອກ[thɔ:k⁹] 岱-依hia[hiə³];cạy[kai⁴];thảo[tha:u³] 越泰thók[thɔk⁷];hia[hiə³] 普lhong¹[lɔŋ¹] 越đổ[ʔdo⁵] 芒tố[to⁵]

【倒~茶】 泰ริน[rin²] 老ລິນ[lin²] 越rót[zɔt⁷]

【倒车】 泰ถอยรถ[thɔ:i¹ rot⁸];ถอยหลัง[thɔ:i¹ laŋ¹] 老ຖອຍລົດ[thɔ:i¹ lot⁸] 越lùi xe[lui² sɛ¹];cho xe lùi lại[tʂɔ¹ sɛ¹ lui² la:i⁶]

【倒立】 泰ยืนกลับหัว[jɯ:n² klap⁷ hu:a¹] 老ຫົວປັກລົງດິນ[hu:a¹ pak⁷ loŋ² ʔdin¹];ຫ້ອຍຫົວ[hɔ:i¹ hu:a¹] 越trồng cây chuối[tʂoŋ² kɤi¹ tsu:i⁵];trồng cây chuối ngược[tʂoŋ² kɤi¹ tsu:i⁵ ŋɯ:k⁸];lộn đầu[lon⁶ ʔdɤu²];giồng đầu[zoŋ² ʔdɤu²] 芒lỗn tlốc[lon⁴ tlok⁷]

【稻草❷】 泰ฟาง[fa:ŋ²];ฟางข้าว[fa:ŋ² kha:u³] 老ເຟືອງ[fɯ:aŋ²];ເຟືອງເຂົ້າ[fɯ:aŋ² khau³] 岱-依fàng [fa:ŋ²] 越泰phưởng[phɯ:ŋ²] 普pAng⁴[pɒŋ⁴] 越rơm[zɤ:m¹];rạ[za⁶];rơm rạ[zɤ:m¹ za⁶] 芒thóc[thɔk⁷];cỏ rã[kɔ⁴ ra⁴]

【稻草人】 老ຫຸ່ມໄລ່ນາ[hun⁵ lai⁵ ka:¹];ຫຸ່ມແພ້ວ[hun⁵ phɛ:u⁴];ຫຸ່ມຫຼວງນາ[hun⁵ lɔ:k⁹ na:¹] 岱-依mào nhân[ma:u² ɲən²] 越bù nhìn[ʔbu² ɲin²];con nộm[kɔn¹ nom⁶]

【稻花】 泰ดอกข้าว[ʔdɔ:k⁹ kha:u³] 老ດອກເຂົ້າ[ʔdɔ:k⁹ khau³] 越bông gạo[ʔboŋ² ɣa:u⁶];bông cơm[ʔboŋ² kɤ:m¹];hoa cơm[hwa¹ kɤ:m¹];bông lúa[ʔboŋ² luə⁵] 芒pông cảo[poŋ¹ ka:u³]

【稻田】 泰นาข้าว[na:² kha:u³] 老ນາ[na:²] 越ruộng lúa[zu:ŋ⁶ luə⁵];đồng lúa[ʔdoŋ² luə⁵] 芒nà lõ[na² lɔ⁴]

【稻子❸】 泰ข้าวนาสวน[khau³ na:² su:an¹];ข้าวเจ้า[kha:u³ tsau³];ต้นข้าว[ton³ kha:u³] 老ເຂົ້າ[khau³];ເຂົ້ານາ[khau³ na:²];ຕົ້ນເຂົ້າ[ton⁴ khau³] 岱-依khẩu [khou³] 越泰kháu năm[khau³ nam⁴] 普piơ¹[pie¹] 越lúa nước[luə⁵ nɯ:k⁷];cây lúa[kɤi¹ luə⁵] 芒lõ[lɔ⁴]

---

❶ 阿含 thüng A1
❷ 掸 phəŋ A2
❸ 石家 gaw³

【道公】 泰พระเจ้า[phra⁴ tau¹] 岱-侬 pó tào[pɔ⁵ ta:u³] 越泰 một[mot⁸] 普pê⁴ mhô⁴[pe⁴ mo⁴] 越 thầy cúng[thɤi² kuŋ⁵]

【道教】 泰ลัทธิเต๋า[lat⁸ thi⁴ tau¹] 老เต๋า[tau¹] 越 đạo Lão[ʔda:u⁶ la:u⁴];Đạo giáo[ʔda:u⁶ ʐa:u⁵]

【道理 摆事实讲~】 泰เหตุ[he:t⁹];เหตุผล[he:t⁹ phon¹ la⁴] 老เขตผิน[he:t⁹ phon¹] 岱-侬 tào lị[ta:u¹ li⁴]; lị[li⁴];lẹ[lɛ⁴] 越泰 lí[li⁵];nghia[ŋiə³] 越 lý[li⁵]; lẽ[lɛ⁴];lý lẽ[li⁵ lɛ⁴];lẽ phải[lɛ⁴ fa:i³] 芒 li[li³]; lẽ[lɛ⁴]

【道歉】 泰ขอโทษ[khɔ:¹ tho:t¹⁰];ขอขมา[khɔ:¹ kha ma:²] 老สิมมา[som¹ ma:²] 岱-侬 xo lội[ɕɔ¹ loi⁵] 越泰 xo phít[sɔ¹ phit⁷] 越 xin lỗi[sin¹ loi⁴]

【得 ~分❶】 泰ได้[ʔdai³] 老ได้[ʔdai⁴] 岱-侬 đảy[ʔdai³] 越泰 đảy[ʔdai³] 普 tu⁴[tu⁴] 越 được[ʔdɯ:k⁸] 芒 ản[ʔa:n³]

【得分】 泰คะแนน[kha⁴ nɛ:n²] 老 คะแบบ[kha⁵ nɛ:n²];ได้คะแบบ[ʔdai⁴ kha⁵ nɛ:n²] 越 được điểm[ʔdɯ:k⁸ ʔdi:m³];ghi bàn[ɣi¹ ʔba:n²];dứt điểm[zɯt⁷ ʔdi:m³];ăn điểm[ʔan¹ ʔdi:m³]

【得罪】 泰ขยิ่ม[kha⁵ jim⁵];ขัดใจ[khat⁷ tsai²] 老ล่องเกิน[luaŋ⁵ kɤn¹] 岱-侬 phit sǎy[phit⁷ ɬɤi³]; vải tha nả[va:i³ tha¹ na³] 越泰 xia chau[siə¹ tsɯɯ¹] 越 làm mất lòng[la:m² mɤt⁷ lɔŋ²] 芒 bát lằng[ʔbɤt⁷ laŋ²];đắc thổi[ʔdak⁷ thoi⁴]

【的 我~书❷】 泰ของ[khɔ:ŋ¹];แห่ง[hɛ:ŋ²] 老 ຂອງ[khɔ:ŋ¹];แห่ง[hɛ:ŋ²];โต[to:¹];ต๋อ[tua¹];ที่ [thi:⁵];ย่าง[jaŋ⁵] 岱-侬 cúa[kua⁵];cú[ku⁵] 越泰 khong[khɔŋ¹] 普 kung⁴[kuŋ⁴];kương⁵[ku:ŋ⁵] 越 của[kuə³]

【地 慢慢~走】 泰อย่าง[ja:ŋ⁵] 老ย่าง[jaŋ⁵]

【得 说~好】 泰ได้[ʔdai³] 老ได้[ʔdai⁴] 岱-侬 đẩy[ʔdai³] 越泰 đày[ʔdai³] 越 được[ʔdɯ:k⁸] 芒 án[ʔa:n³]

【灯】 泰ตะเกียง[ta⁵ ki:aŋ²];โคม[kho:m²];โคมไฟ [kho:m² fai²] 老ตะเกียง[ta² ki:aŋ¹];โคม[kho:m²]; โคมไฟ[kho:m² fai²] 岱-侬 tâng[tɤŋ¹];tưng[tɯŋ¹]; đèn[ʔdɛn⁵];ăn tâng[ʔan¹ tɤŋ¹];ăn tưng[ʔan¹ tɯŋ¹]; ăn.đén[ʔan¹ ʔdɛn⁵] 越泰 đèn[ʔdɛn²] 普 djan⁴[dja:n⁴] 越 đèn[ʔdɛn²];đăng[ʔdaŋ¹]

【灯光】 泰แสงไฟฟ้า[sɛ:ŋ¹ fai² fa:⁴];แสงตะเกียง [sɛ:ŋ¹ ta⁵ ki:aŋ²] 老แสงไฟฟ้า[sɛ:ŋ¹ fai² fa:⁴]; แสงตะเกียง[sɛ:ŋ¹ ta² ki:aŋ¹];แสงโคม[sɛ:ŋ¹ kho:m²] 越 ánh đèn[ʔan⁵ ʔdɛn²]

【灯笼】 泰โคม[kho:m²];โคมไฟ[kho:m² fai²];โป๊ะไฟ [po⁴ fai²] 老โคมแขวน[kho:m² khwɛ:n¹];โคมเจี้ย [kho:m² tsi:a⁴];ตะเกียงเจี้ย[ta² ki:aŋ¹ tsi:a⁴] 越 đèn lồng[ʔdɛn² loŋ²];đèn xếp[ʔdɛn² sep⁷] 芒 tèn lồng[tɛn² loŋ²]

【灯笼椒】 泰พริกหยวก[phrik⁸ ju:ak⁹] 老ຫມາກພິກ ຍອກ[ma:k⁹ phik⁸ ju:ak⁹] 越 ớt chuông[ʔɤ:t⁷ tsu:ŋ¹]; ớt đèn lồng[ʔɤ:t⁷ ʔdɛn² loŋ²]

【灯笼裤】 泰กางเกงปลายขาจีบ[ka:ŋ¹ ke:ŋ¹ pla:i² kha:¹ tsi:p⁹] 越 áo ống túm[ʔa:u⁵ ʔoŋ⁵ tum⁵];quần túm ống[kwɤn² tum⁵ ʔoŋ⁵]

【灯泡】 泰หลอดไฟ[lɔ:t⁹ fai²];หลอดไฟฟ้า[lɔ:t⁹ fai² fa:⁴] 老แก้วไฟฟ้า[kɛ:u⁴ fai² fa:⁴];ดอกไฟ[ʔdɔ:k⁹ fai²];ดอกไฟฟ้า[ʔdɔ:k⁹ fai² fa:⁴];ຫຼອດໄฟฟ้า[lɔ:t⁹ fai² fa:⁴] 普 pô⁴ li¹[po⁴ li¹] 越 bóng đèn[ʔbɔŋ⁵ ʔdɛn²];bóng đèn điện[ʔbɔŋ⁵ ʔdɛn² ʔdi:n⁶];bóng điện[ʔbɔŋ⁵ ʔdi:n⁶] 芒 chup tèn[tsup⁸ tɛn²]

【灯泡茄】 泰มะเขือหลอดไฟ[ma⁴ khu:a¹ lɔ:t⁹ fai²] 岱-侬 mac khura eng[ma:k⁷ khuə¹ ʔɛŋ¹];mac che eng[ma:k⁷ tɕɛ³ ʔɛŋ¹];khura khọp[khuə¹ khɔp⁸] 越 cà pháo[ka² fa:u⁵]

---

❶ 石家 day³ 阿含 dai
❷ 石家 ʔa¹; ʔan¹

【灯塔】 泰เรือนตะเกียง[rɯːan² taˑ⁵ kiːaŋ²];กระโจมไฟ[kra⁵ tsoːm² fai²];เรือนไฟ[rɯːan² fai²] 老ภะโจมไฟ[ka² tsoːm¹ˑ fai²];ปะพาดาบ[pa² phaː² khaːn²];ทำปะพาดาบ[hɔː¹ pa² phaː² khaːn²];ทำเยื่องไฟ[hɔː¹ nɯːaŋ² fai²] 越tháp đèn[thaːp⁵ ʔdɛn²]

【灯芯】 泰ไส้ตะเกียง[sai³ taˑ⁵ kiːaŋ²] 老ไส้ตะเกียง[sai³ taˑ² kiːaŋ²];ไส้โคม[sai³ khoːm²] 傣-侬tin[tin¹];tin đén[tin¹ ʔdɛn⁵] 普phát⁵ djan⁴[phʏt⁵ djaːn⁴] 越bắc đèn[ʔbʏk⁷ ʔdɛn²] 芒thin tèn[thin¹ tɛn²]

【灯芯草】 老ต้นปูก[ton⁴ puːk⁹] 越泰co tảng[kɔ¹ taːŋ³] 傣cây bấc[kʏi¹ ʔbʏk²];cỏ bấc đèn[kɔ³ ʔbʏk² ʔdɛn²];tim bấc[tim¹ ʔbʏk²]

【灯油】 泰น้ำมันตะเกียง[nam⁴ man² taˑ⁵ kiːaŋ²] 老น้ำมันตะเกียง[nam⁴ man² taˑ² kiːaŋ¹] 越dầu đèn[ɣʏu² ʔdɛn²];dầu thắp[ɣʏu² thap⁷] 芒rầu tèn[rʏu² tɛn²]

【灯罩】 泰โป๊ะ[po⁴];โป๊ะตะเกียง[po⁴ taˑ⁵ kiːaŋ²];โป๊ะโคมไฟ[po⁴ khoːm² fai²];ไส้ตะเกียง[sai³ taˑ⁵ kiːaŋ²];หลอดตะเกียง[lɔːt⁹ taˑ⁵ kiːaŋ²] 老แก้วตะเกียง[kɛːu⁴ taˑ² kiːaŋ¹];แก้วโคม[kɛːu⁴ khoːm²];โปะตะเกียง[po² taˑ² kiːaŋ²];โปะเกี้ยว[po² kəːŋ⁴];เปี๊ยะฟี้[pau⁴ liː³];เกี้ยวตะเกียง[kəːŋ⁴ taˑ² kiːaŋ¹];แก้วตะเกียง[kɛːu⁴ taˑ² kiːaŋ¹];เปี๊ยะฟี้[pau⁴ liː³] 傣-侬phađén[pha¹ ʔdɛn⁵] 越chụp đèn[tsup⁸ ʔdɛn²];chao đèn[tsaːu¹ ʔdɛn²]

【等～一会儿❶】 泰รอคอย[rɔː² khɔːi²] 老ถ้า[thaː³];ถ่อง[phɔːŋ²];ลำถ้า[lɔː² thaː³];ลำ[lɔː³] 傣-侬tẳng[taŋ⁵];thả[thaː³] 越泰thả[thaː³] 普lhôk⁵[lok⁵] 越chờ[tsʏ²];đợi[ʔdʏːiˑ⁶];chờ đợi[tsʏ² ʔdʏːi⁶];tới[tʏːi⁴];chờ tới[tsʏ² tʏːi⁴]

【等于】 泰เท่ากับ[thau³ kap⁷] 老เอิ้ากับ[thau⁵ kap⁷] 傣-侬táy[tai⁵];tẳng[taŋ⁵] 越bằng[ʔbaŋ²];là[laː²]

【戥子】 泰ตาเต็ง[taː² teŋ²] 老ตั่ง[teŋ¹];ตาตั่ง[taː² teŋ¹];ชิงดุ่ง[siŋ² ʔdiːŋ⁵];ซาง[phaːŋ¹] 傣-侬mạc lì[maːk⁸ liː²] 越泰điêng cắm tẳng[ʔdiːŋ⁵ kam² taŋ³] 越cân tiểu ly[kʏn¹ tiːuˑ³ liː¹]

【凳子】 泰ม้านั่ง[maː⁴ naŋ³];ตั่ง[taŋ⁵] 老ตั่ง[taŋ¹] 傣-侬tẳng[taŋ⁵] 越泰tẳng[taŋ⁵] 普tăng¹[taŋ¹] 越ghế[ɣeˑ¹] 芒gế[ɣeˑ³]

【瞪～眼】 泰ถลึง[thaˑ⁵ lɯŋ¹];ขมึง[khaˑ⁵ mɯŋ¹] 老ถิ้ง[kɯŋ⁴];ขะหนึ่ง[khaː² nɯŋ¹];ซิ่งหนึ่ง[khɯŋ¹] 傣-侬cượn[kɯːn¹];khên[khen¹];chẳng[tɕaŋ²] 越泰ta khao[taː¹ khaːu¹] 普zong² tê¹[zɔŋ² teː¹];lãj³ tử kạt²[lai³ tɯ³ kaːt²] 越giương mắt[zɯːŋ¹ mat⁷];trừng mắt[tʂɯŋ² mat⁷];trợn mắt[tʂʏːn⁶ mat⁷];trố mắt[tʂo⁵ mat⁷] 芒tlơn măt[tlʏːn³ mat⁸]

【低 云很～❷】 泰ต่ำ[tam⁵] 老ต่ำ[tam⁵] 傣-侬tắm[tam⁵] 越泰tắm[tam⁵] 越thấp[thʏp⁷]

【低头❸】 泰ก้มหัว[kom³ huːa¹] 老ก้มหัว[kom³ huːa¹] 傣-侬cồm hua[kom³ huːa¹] 越泰cồm hua[kom³ huːa¹] 普kong³ zhô⁴[kɔŋ³ zoˑ⁴];kong³ rhô⁴[kɔŋ³ ro⁴] 越cúi đầu[kuːi⁵ ʔdʏu²];gục đầu[yuk⁸ ʔdʏu²];nghiêng mình[ŋiːŋ¹ miɲ²] 芒cùi tlóc[kuːi³ tlok⁷]

【低血压】 泰ความดันต่ำ[khwaːm² kʰan² tam⁵] 老เลือดดับต่ำ[lɯːat¹⁰ ʔdan¹ tam⁵];โลหิตต่ำ[loˑ⁵ hit⁷ tam⁵] 越bệnh huyết áp thấp[ʔbeŋ⁶ hwiːt⁷ ʔaːp⁷ thʏp⁷];huyết áp thấp[hwiːt⁷ ʔaːp⁷ thʏp⁷]

【滴 水～下来❹】 泰หยอด[jɔːt⁹] 老ยาด[jaːt⁹];ยด[jot⁷];ยอด[jɔːt⁹];ย่อย[ŋɔːi⁴] 越giỏ[zɔː³];nhỏ[ŋɔː³];dó[zɔ⁵]

【滴 __～水】 泰หยอด[jɔːt⁹];หยด[jot⁷] 老ยด[jot⁷];ยอด[jɔːt⁹];ยาด[jaːt⁹] 傣-侬đặc[ʔdak⁷] 越giọt[zɔt⁸] 芒tóm[tɔm⁵]

---

❶ 阿含 koi A2 掸 kɔi A2
❷ 石家 tam²；tam⁶ 阿含 tām B1
❸ 石家 kam³
❹ 掸 jat D1S；jɔt D1L 泐 jat D1S

【提防】 泰ระวัง[ra⁴waŋ²];คอยระวัง[khɔ:i²ra⁴waŋ²] 老ละอัງ[la⁵ vaŋ²];ละอัງละแอງ[la⁵ vaŋ² la⁵ vɛ:ŋ²]คอยละอัງ[khɔ:i²la⁵vaŋ²];จั้[tʂɔ:⁴];เตือบสะติ[tɯan¹' sa² ti²];ละมัดละอัງ[la⁵ mat⁸ la⁵ vaŋ²] 岱-侬phứa phóng[phɯ⁵ phɔŋ⁵] 越泰phảng phồng[pha:ŋ³ phoŋ²] 越đề phòng[ʔde² fɔŋ²];chú ý phòng bị [tsu⁵ ʔi⁵ fɔŋ² ʔbi⁶]

【堤】 泰ทำนบ[tham² nop⁸] 老ທະນບ[tha⁵nop⁸];ທຳນບ[tham² nop⁸];ເຂື່ອນ[khɯan²];ດູ[khu:²];ດັບດູ[khan² khu:²];ດູກັບນ້ຳ[khu:² kan¹' nam⁴];ດູນ້ຳ[khu:² kan⁴ nam⁴] 岱-侬đê[ʔde¹];cằn đin[kan² ʔdin¹] 普jing³ zuong³[jiŋ³ zu:ŋ³] 越đê[ʔde¹] 芒đê[ʔde¹]

【敌人】 泰ข้าศึก[kha:³ sɯk⁷];ปรปักษ์[pa⁵ ra⁴ pak⁷] 老ເສິກ[sɯk⁷];ເສິກຕູ[sɯk⁷ tu:¹'];ສັດຕູ[sat⁷ tu:¹'];ບໍລະ[ʔbɔ:¹ la⁵];ປະຕິປັກ[pa² ti² pak⁷];ອະມິດ[ʔa² mit⁷];ອະລີ[ʔa² li⁵];ຂ້າເສິກ[kha:⁵ sɯk⁷];ອະລີ[ʔa² li⁵] 岱-侬slác[łək⁷] 越泰xớc[sək⁷] 普qakhắm⁵[qa⁰ kham¹] 越quân địch[kwɤn² ʔdit⁸];quân thù[kwɤn¹ thu:²];kẻ địch [ke:³ ʔdit⁸];giặc[zak⁸];kẻ thù[ke:³ thu:²] 芒chăc [tsak⁸];ké thù[ke⁵ thu:²]

【的确】 泰เจียว[tsi:au²];ที่เดียว[thi:³ʔdi:au²];เชียว [tshi:au²];เที่ยง[thi:aŋ²] 老ທິດຽວ[thi:² ʔdi:au²];ແທ້ [the:⁴];ແທ້ຈິງ[the:⁴tsiŋ¹'];ແທ້ດາຍ[the:⁴ʔda:i¹'];แท้ใด[the:⁴ ʔda:i¹];ແທ້ຯ[the:⁴ the:⁴];แท้แล้ວ[the:⁴ lɛu²];แม่แท้[ne:⁵ the:⁴];ແມ່ນຄັກ[me:n⁵ khak⁸];ອີ້ຫຍີ້ [ʔi:⁵ li:⁵];ອີ້ຫຍີ້ອີ້ຫຍີ້[ʔi:⁵ li:⁵ ʔi:⁵ lɔ:⁵];ເອົາແທ້ ຯ[ʔau⁵ the:⁴ the:⁴];เอาโลด[ʔau¹' lo:t¹⁰] 越đúng[ʔduŋ⁵]; thật[thɤt⁸];đích xác[ʔdit⁷ sa:k⁷];thật là[thɤt⁸ la²] 芒thât là[thɤt⁸ la²];đích xác[ʔdit⁷ sa:k⁷];thât[thɤt⁸]

【笛子】 泰ปี่[pi:⁵];ขลุ่ย[khlui⁵] 老ປີ່[pi:⁵];ຂຸ່ຍ [khui⁵] 岱-侬ăn pí lè[ʔan⁵ pi⁵ lɛ²] 越泰pí[pi⁵] 越sáo[ṣa:u⁵];ống sáo[ʔoŋ⁵ ṣa:u⁵] 芒kháo[kha:u⁵]

【抵押】 泰จำนอง[tsam²nɔ:ŋ²] 老จำ[tsam¹];จำบำ[ŋɔn² tsam¹ nam²];เจิบจำบำ[ŋɔn² tsam¹ nam²];จำบอງ[tsam¹ nɔ:ŋ²];จ่อງ[tsɔ:ŋ²];จ่อງจำ[tsɔ:ŋ² tsam¹];ຈງດ [tsi:at⁹];ฆอດจำ[su:at¹⁰ tsam¹] 岱-侬păt ni[pat⁷ ni²] 越泰lạk nợ[la:k⁸ nɤ⁴] 越cầm[kɤm²];cố[ko⁵]; cầm cố[kɤm² ko⁵];đợ[ʔdɤ⁶];gán[ɣa:n⁵]

【抵债】 泰ใช้สิ่งของแรงงานมาชำระ[tshai⁴ siŋ⁵ khɔ:ŋ¹ rɛ:ŋ² ŋa:n² ma:² tsham² ra⁴] 越gán nợ[ɣa:n⁵ nɤ⁶]; trả nợ[tʂa:³ nɤ⁶]

【抵制】 泰ต่อต้าน[tɔ:⁵ ta:n⁴];บอยคอตต์[ʔbɔ:i² khɔ:t⁰] 老ดับ[ʔdan¹];ทิดทับ[ki:t⁹ kan¹'] 越tẩy chay[tɤi³ tsai¹];không tiếp xúc với[xoŋ¹ ti:p⁷ suk⁷ vɤ:i⁵]; không dùng đến[xoŋ¹ zuŋ² ʔden⁵]

【抵罪】 泰ลงโทษอย่างสาสมกับความผิด[loŋ² tho:¹⁰ ja:ŋ⁵ sa:¹ som¹ kap⁷ khwa:m² phit¹] 老แหบโขด [the:n² tho:t¹⁰] 岱-侬pjá chòi[pja⁵ tɕɔi³];pjá tội [p̩.a⁵ toi⁴] 越泰vạy hua[vai¹' hua¹];păng tội[paŋ¹ toi⁴] 越đền tội[ʔden² toi⁶] 芒tên thôi[ten² tho:⁴]

【底碗~】 泰ก้น[kon³] 老ກົ້ນ[kon⁴] 岱-侬cồn[kon²] 越cồn[kon³] 普lA¹[lʋ¹];dA¹[dʋ¹] 越trôn[tʂon¹];đáy[ʔdai⁵]

【底下树~】 泰ข้างล่าง[kha:ŋ³ la:ŋ³];ใต้[tai³] 老ຂ້າງລຸ່ມ[kha:ŋ³ lum⁵];ใต้[tai⁴] 越dưới[zɯ:i⁵];bên dưới[ʔben¹ zɯ:i⁵];dưới đáy[zɯ:i⁵ ʔdai⁵]

【地天~】 泰ดิน[ʔdin²] 老ດິນ[ʔdin¹] 岱-农 din[ʔdin¹] 越泰đin[ʔdin¹] 越đất[ʔdɤt⁷]

【地板】 泰พื้น[phɯ:n⁴];พื้นบ้าน[phɯ:n⁴ ʔba:n³] 老ກະດານພື້ນ[ka² ʔda:n¹' phɯ:n⁴];พื้นเรือน[phɯ:n⁴ hɯan²] 岱-侬chàn[tɕa:n²] 越sàn nhà[ṣa:n² ɲa²]; sàn[ṣa:n²];ván lát sàn[va:n⁵ la:t⁷ ṣa:n²] 芒khàinh nhà[kha:iɲ² ɲa²];khàinh[kha:iɲ²]

【地道挖~】 泰อุโมงค์[ʔu⁵ mo:ŋ²] 老อุม้ง[ʔu² moŋ⁵]; อุโมง[ʔu² mo:ŋ²];อุม้งใต้ดิน[ʔu² moŋ⁵ tai⁴ ʔdin¹'] 越đường hầm[ʔdɯ:ŋ² hɤm²];đường ngầm[ʔdɯ:ŋ² ŋɤm²];đường cống[ʔdɯ:ŋ² koŋ⁵]

【地点❶】 泰ที่[thi:³];บ่อน[ʔbɔːn⁵];สถานที่[sa⁵ thaːn¹ thiː³];ทำเล[tham² leː²];ที่ตั้ง[thiː³ taŋ³] 老ที่[thiː⁵];บ่อน[ʔbɔːn⁵];คอง[khɔːk¹⁰];ฐาบ[thaːn¹];สะฐาบ[sa²thaːn¹];สะฐาบที่[sa²thaːn¹thiː⁵];ถิ่บ[thin⁵];ถิ่บฐาบ[thin⁵ thaːn¹];ที่ตั้ง[thiː⁵ taŋ⁴];ทำเล[tham²leː²];ทิบ[thiːp¹⁰];พาย[phaːi²];แขว่ง[heːŋ⁵];แขล่ง[leːŋ⁵];พื้นพูม[phɯːn⁴ phuːm²];ลำเบิา[lam²nau²] 岱-侬ti[tiː³] 越nơi[nɤːi¹];chỗ[tso⁴];địa điểm[ʔdiə⁶ ʔdiːm³] 芒pùng[puŋ²]

【地洞】 泰อุโมงค์ใต้ดิน[ʔu⁵ moːŋ² tai³ ʔdin²] 越hang[haːŋ¹];lỗ dưới đất[loˆ zɯːi⁵ ʔdɤt⁷] 芒hàm [hɤm²]

【地方 在什么~❷】 泰เมือง[mɯːaŋ²];ที่[thiː³];บ่อน[ʔbɔːn⁵] 老เมือง[mɯːaŋ²];ที่[thiː⁵];บ่อน[ʔbɔːn⁵];ฮ่อง เขต[khuaŋ⁵ kheːt⁹];สะฐาบะ[sa²thaː¹na⁵];สะฐาบ[sa² thaːn¹];สะฐาบที่[sa² thaːn¹ thiː⁵];ทะเสต[ka² seːt⁹];ย่อบ[ɲɔːn⁵];ถิ่บ[thin⁵];ท้องถิ่บ[thɔːŋ⁴ thin⁵];ทิบ[thiːp¹⁰];แขว่ง[heːŋ⁵];แขว่งทิบ[heːŋ⁵ hon¹];ทำเล[tham²leː²];เขต[theːt¹⁰] 岱-侬mường [mɯːŋ²];ti[tiː³] 越泰bón[ʔbɔn⁵] 普ti³[tiː³] 越nơi[nɤːi¹];vùng[vuŋ²];miền[miːn²];xứ[sɯ⁵];chốn [tson⁵];mạn[maːn⁶] 芒nơi[nɤːi¹];mãn[maːn⁴];chờn[tsɤːn³];chốn[tson³]

【地蜂】 泰ต่อรู[tɔː⁵ ruː²];ต่อหลุม[tɔː⁵ lum¹];กู่[phuː³];แมลงภู่[ma⁴leːŋ²phuː³] 老ต่อฎุม[tɔː⁵khum¹] 岱-侬tó xum[tɔː⁵ɕum¹] 越泰tó khum[tɔː⁵ khum¹] 越ong đất[ʔɔŋ¹ ʔdɤt⁷];con ong đất[kɔn¹ ʔɔŋ¹ ʔdɤt⁷] 芒ong tất[ʔɔŋ¹ tɤt⁴]

【地基】 泰ฐานราก[thaːn¹ raːk¹⁰] 越nền[nen²];móng [mɔŋ⁵] 芒mòng[mɔŋ³]

【地界】 泰เส้นแบ่งเขตแดน[seːn³ ʔbeːŋ⁵kheːt⁹deːn²];เขตแดน[kheːt⁹ deːn²] 老เส้นแบ่งเขตแดน[sen³ ʔbeːŋ¹kheːt⁹deːn²];เขตแดน[kheːt⁹ deːn²] 越泰

đen đin[ʔden¹ ʔdin¹] 越địa giới[ʔdiə⁶ zɤːi⁵]

【地雷】 泰กับระเบิด[kap⁷ ra⁴ ʔbɤːt⁹];ระเบิดบก[ra⁴ ʔbɤːt⁹ bok⁷] 老มีบ[min²];หมากมีบ[maːk⁹ min²];ลูกละเบิดฝัง[luːk¹⁰la⁵ʔbɤːt⁹faŋ¹];ละเบิดฝัง[la⁵ ʔbɤːt⁹faŋ¹] 岱-侬pháo hin[phaːu⁵hin¹];mìn[min²] 越泰mịn[min⁴] 越mìn[min²];địa lôi[ʔdiə⁶ loi¹]

【地面】 泰พื้นดิน[phɯːn⁴ ʔdin²];พื้นผิว โลก[phɯːn⁴ phiu² loːk¹⁰] 老แผ่บ[pheːn⁵];พื้บดิบ[phɯːn⁴ ʔdin¹];เมทะบีดิบ[meː² thaː⁵ niː² ʔdon¹];หน้าดิบ[naː³ ʔdin¹] 越mặt đất[mat⁸ ʔdɤt⁷];vùng đất[vuŋ² ʔdɤt⁷] 芒măt tất[mat⁸ tɤt⁷]

【地契】 泰สัญญาที่แสดงว่าได้มีการซื้อขายที่ดิน[san¹ jaː² thiː³ saː⁵ ʔdɛːŋ² waː³ ʔdai³ miː² kaːn² sɯː⁴ khaːi² thiː³ʔdin²] 老ใบตา ดิบ[ʔbaiˈˈtaːˈˈʔdin¹];ใบทะบูมดิบ [ʔbaiˈthaː⁵ʔbiːan¹ ʔdin¹] 越giấy ruộng[zɤi⁵ zuːŋ⁶];văn tự ruộng đất[vanˈtɯ⁶ zuːŋ⁶ ʔdɤt⁷];khế đất[xe⁵ ʔdɤt⁷]

【地球❸】 泰โลก[loːk¹⁰];ลูกโลก[luːk¹⁰ loːk¹⁰];จักราการ[tsak⁷kraː²kaːn²] 老ทำละมี[thɔː²laː⁵niː²];โลก [loːk¹⁰];โลกแผ่บดิบ[loːk¹⁰pheːn⁵ʔdin¹];แผ่มพิบ[pheːn⁵ phop⁸];แผ่บดิบ[pheːn⁵ʔdin¹];พิพิบ[phi⁵ phop⁸];หน่อยพิพิบ[nuːai⁵phi⁵phop⁸];แผ่บพิพิบ[pheːn⁵ phi⁵ phop⁸];หน่อยโลก[nuːai⁵ loːk¹⁰];พื้บแผ่บ ดิบ[phɯːn⁴pheːn⁵ʔdin¹];พูม[phuːm²];โลกา[loː² kaːˈ];พิบ[phop⁸] 岱-侬mèđin[meː³ ʔdin¹];tiđin[tiˈ ʔdin¹] 越địa cầu[ʔdiə⁶ kɤːu²];trái đất[tʂaːi⁵ ʔdɤt⁷];quả đất[kwaː³ ʔdɤt⁷];địa cầu[ʔdiə⁶ kɤːu²];quả địa cầu[kwaː³ ʔdiə⁶ kɤːu²] 芒tlài tất[tlaːi⁵ tɤt⁷]

【地区 多山~】 泰ภูมิภาค[phuː² miː⁴ phaːk¹⁰];เขต [kheːt⁹];แถบ[theːp⁹];กระมวล[kra⁵muːan²];แขวง [khwɛːŋ¹];ภาค[phaːk¹⁰] 老แถบ[theːp⁹];ฆอบ [khɔːk⁹];ฮ่องเขต[khɔŋ¹ kheːt⁹];ฮ่องเขต[khuːaŋ¹ kheːt⁹];เขต[kheːt⁹];เขตอ้วง[kheːt⁹ khwaːn⁴];

---

❶ 石家na?⁴; bɔɔn³ 阿含 tām; tî; kān
❷ 阿含 tām;tî;kān  掸 tək
❸ 阿含 din A1

แถอับ[khwɛːn⁴];ด่าน[ʔdaːn³];พาก[phaːk¹⁰];พาก
พื้น[phaːk¹⁰ phɯːn⁴];ອານາບໍລິເວນ[ʔaːl¹ naː² ʔbɔː¹
li⁵ veːn²]; 岱-依 ti[ti³];búng[ʔbuŋ⁵] 越泰 phồng
[phoŋ³] 普 mung¹[muŋ¹] 越 vùng[vuŋ²];khu[xu¹];
miền[miːn²];khu vực[xuː¹ vɯk⁸] 芒 wõng[wɔŋ⁴]

【地毯】 泰 พรม[phrom²] 老 ຜ້າພິມ[pha:³ phom²];
ພິມ[phom²];ແຜ່ນພິມ[phɛːn⁵ phom²] 越 cái thảm
[kaːi⁵ thaːm³];tấm thảm[tɤm⁵ thaːm³];thảm trải
sàn nhà[thaːm³ tsaːi³ ʂaːn² na²]

【地铁】 泰 รถไฟใต้ดิน[rot⁸ fai⁴ tai² ʔdin²] 老 ລົດໃຕ້
ດິນ[lot⁸ tai⁴ ʔdin¹];ລົດໄຟໃຕ້ດິນ[lot⁸ fai⁴ tai² ʔdin¹]
越 tàu điện ngầm[tau² ʔdiːn⁶ ŋɤm²]

【地图】 泰 แผนที่[phɛːn¹ thiː³] 老 ແຜນທີ່[phɛːn¹ thiː⁵]
岱-依 bản đồ[ʔbaːn³ ʔdo²] 越 bản đồ[ʔbaːn³ ʔdo²];
địa đồ[ʔdiə⁶ ʔdo²] 芒 bán đồ[ʔbaːn⁵ ʔdo²]

【地下】 泰 ใต้ดิน[tai³ ʔdin²] 老 ພື້ນບາດານ[phɯːn⁴
ʔbaː¹¹ ʔdaːn¹] 越 ngầm[ŋɤm²];dưới đất[zɯːi⁵ ʔdɤt²]
芒 chờ tất[tsɤ⁴ tɤt⁷]

【地下室】 泰 ห้องใต้ดิน[hɔːŋ³ tai³ ʔdin²] 老 ຫ້ອງໃຕ້
ດິນ[hɔːŋ³ tai⁴ ʔdin¹] 越 nhà hầm[ɲaː² hɤm²];tầng
nhà hầm[tɤŋ² ɲaː² hɤm²];tầng nhà dưới mặt
đất[tɤŋ² ɲaː² zɯːi⁵ mat⁸ ʔdɤt²]

【地下水】 泰 น้ำบาดาล[nam⁴ baː² ʔdaːn²] 老 ນ້ຳບາ
ດານ[nam⁴ ʔbaː¹¹ daːn¹] 越 nước ngầm[nɯːk⁷ ŋɤm²];
nước ngầm dưới đất[nɯːk⁷ ŋɤm² zɯːi⁵ ʔdɤt²];
nước ngầm[nɯːk⁷ ŋɤm²];nước mạch[nɯːk⁷ mat⁸]

【地狱】 泰 นรก[na⁴ rok⁸] 老 ມາຣິກ[naː² hok⁸];ນະ
ຣົກ[na⁵ hok⁸] 越 địa ngục[ʔdiə⁴ ŋuk⁸] 芒 đĭa nguc
[ʔdiə⁴ ŋuk⁸]

【地震】 泰 แผ่นดินไหว[phɛːn⁵ ʔdin² wai³] 老 ແຜ່ນດິນ
ໄຫວ[phɛːn⁵ ʔdin⁵ vai¹];ດິນໄຫວ[ʔdin¹ vai¹];ກະສິດີກຳ
[ka² si² ʔdi² kam¹] 岱-依 đin fèn[ʔdin¹ fɛn²];đin
fun[ʔdin¹ fun⁴] 越 động đất[ʔdoŋ⁶ ʔdɤt²];địa chấn
[ʔdiə⁴ tsɤn⁵];chấn động[tsɤn⁵ ʔdoŋ⁶] 芒 tổng tất

[tɔŋ⁴ tɤt⁷]

【地址】 泰 ที่อยู่[thiː³ juː⁵] 老 ຖານທີ່ຢູ່[thaːn¹ thiː⁵ juː⁵];
ຖິ່ນຖານ[thin⁵ thaːn¹] 越 địa chỉ[ʔdiə⁶ tsi³];chỗ ở
[tso⁴ ʔɤ³]

【地主】 泰 เจ้าที่ดิน[tsau³ thiː³ ʔdin²] 老 ເຈົ້າທີ່[tsau⁴
thiː⁵];ເຈົ້າທີ່ດິນ[tsau⁴ thiː⁵ ʔdin¹] 岱-依 chủa đin[tɕuə³
ʔdin¹];địa chủ[ʔdiə⁴ teu⁴] 越泰 chầu đin[tsau³ ʔdin¹]
越 địa chủ[ʔdiə⁶ tsu³]

【地租】 泰 ค่าเช่าที่ดิน[khaː³ tshau³ thiː³ ʔdin²] 老
ຄ່າເຊົ່າທີ່ດິນ[khaː⁵ sau⁵ thiː⁵ ʔdin¹] 岱-依 li nà[li³
na²];nà còn[na² kɔn²] 越泰 khàu nguột[khau³ ŋɯt⁵]
越 địa tô[ʔdiə⁶ to¹]

【弟弟❶】 泰 น้อง[nɔːŋ⁴];น้องชาย[nɔːŋ⁴ tshaːi²] 老
ນ້ອງ[nɔːŋ⁴];ນ້ອງຊາຍ[nɔːŋ⁴ sa:i²] 岱-依 noỏng[nɔːŋ⁴];
noọng chài[nɔːŋ⁴ tɕaːi²] 越泰 nọng[nɔŋ⁴];nọng chài
[nɔŋ⁴ tsaːi²] 普 Vaj³[βaːi³];Vaj³ pa⁴[βaːi³ pa⁴] 越
em trai[ʔɛm¹ tsaːi¹] 芒 ún[ʔun³];ún tửa[ʔun³ tɯɛ³];
tửa ùn[tɯɛ³ ʔun³]

【弟媳】 泰 น้องสะใภ้[nɔːŋ⁴ sa⁵ phai⁴] 老 ນ້ອງໃພ້
[nɔːŋ⁴ phai⁴] 岱-依 noọng lùa[nɔːŋ⁴ luə²] 越泰
nọng lũa[nɔŋ⁴ luə²] 越 em dâu[ʔɛm¹ zɤu¹] 芒 ún
du[ʔun³ zu¹]

【第二】 泰 ที่สอง[thiː³ sɔːŋ¹] 老 ທີ່ສອງ[thiː⁵ sɔːŋ¹];
ທີສອງ[thiː² sɔːŋ¹];ຖ້ວນສອງ[thuən⁵ sɔːŋ¹] 岱-依
tẻi nhi[ta:i³ ɲi³] 越泰 thứ xong[thɯ⁵ sɔŋ¹] 越 thứ
hai[thɯ⁵ haːi¹];thứ nhì[thɯ⁵ ɲi²] 芒 thứ hal[thɯ³
ha:l¹];thứ nhì[thɯ³ ɲi²]

【第三】 泰 ที่สาม[thiː³ saːm¹] 老 ທີ່ສາມ[thiː⁵ saːm¹];
ທີສາມ[thiː² saːm¹];ຖ້ວນສາມ[thuən⁵ saːm¹] 岱-依
tải slam[taːi³ ɬaːm¹] 越泰 thứ ba[thɯ⁵ ʔba¹] 芒 thử
pa[thɯ³ pa¹]

【第一】 泰 ที่หนึ่ง[thiː³ nɯŋ⁵] 老 ທີ່ນຶ່ງ[thiː⁵ nɯŋ⁵]
岱-依 tài ẻt[taːi³ ʔet⁷] 越泰 thứ nhết[thɯ⁵ ŋet⁷] 越
thứ nhất[thɯ⁵ ɲɤt⁸] 芒 thứ nhất[thɯ³ ɲɤt⁸];thử

---

❶ 阿含 nâng；nâng mān；pî nâng

môch[tʰɯː³ mot⁸]

【第十】 泰ที่สิบ[tʰiː³ sip⁷] 老ที่สิบ[tʰiː⁵ sip⁷];ทิดสะมี[tʰot⁸ saː² miː²] 越thứ mười[tʰɯː⁵ mɯːi²] 芒thứ mười[tʰɯː³ mɯːl²]

【第十一】 泰ที่สิบเอ็ด[tʰiː³ sip⁷ ʔet⁷] 老ที่สิบเอ็ด[tʰiː⁵ sip⁷ ʔet⁷] 越thứ mười một[tʰɯː⁵ mɯːi² mot⁸]

【蒂 瓜~】 泰ขั้ว[kʰuːa³];ก้าน[kaːn³] 老ຂວັນ[kʰwan³];ຂວັນຂວິ້ນ[kʰwan¹ kʰwin³] 傣-依cắn[kan⁵];ngắn[ŋan⁵] 越泰cắn[kan⁵] 普tô⁴ bê¹[to⁴ be¹] 越cuống[kuːŋ⁵];cành[kan²]

【递❶~那本书给我】 泰ยื่น[jɯːn³] 老ຍື່ນ[ɲɯːn³] 傣-依doại[jwaːi⁴] 越泰nhé[nɛ⁵] 越đưa[ʔdɯə¹] 芒muống[muːŋ³]

【颠簸】 泰เดก[ʔdek⁹] 老ໂທງດໂທງດ[ŋoːt⁹ŋeːt⁹] 越lắc tròng trành[lak⁷ tʂɔŋ² tʂaŋ²]

【颠倒】 泰กลับตาลปัตร[klap⁷ taː² laː⁴ pat⁷];กลับหัวกลับหาง[klap⁷ huːa¹ klap⁷ haːŋ¹];สับสนงงวย[sap⁷ son¹ ŋoŋ² ŋuːai²] 老ກັບ[kap⁷];ປິ້ນຫງາຍ[piːn⁴ ŋaːi¹];ປິ້ນຫງາຍທ້ອງ[piːn⁴ ŋaːi¹ tʰɔːŋ⁴];ພິກປິ້ນ[pʰik⁸ piːn⁴] 傣-依tào thât[taːu³ tʰət⁷] 越đảo lộn[ʔdaːu³ lon⁶];đảo ngược[ʔdaːu³ ŋɯːk⁸];xáo lộn[saːu⁵ lon⁶];ngược[ŋɯːk⁸]

【癫】 泰บ้า[ʔbaː³] 老ບ້າ[ʔbaː⁴] 傣-依bả[ʔbaː³];vả[vaː³];pạc[pak⁸];mướng[mɯːŋ³] 越泰bả[ʔbaː³] 越điên[ʔdiːn¹];điên rồ[ʔdiːn¹ zo²];điện dại[ʔdiːn¹ zaːi⁶];chứng điên[tsɯŋ⁵ ʔdiːn¹]

【癫痫】 泰ลมบ้าหมู[lom² ʔbaː³ muː¹];โรคลมบ้าหมู[roːk¹⁰ lom² ʔbaː³ muː¹];อปมาระ[ʔop⁷ maː² raː⁴];อปมาร[ʔop⁷ maːn²];อปมามาระ[ʔop⁷ maːn² maː² raː⁴] 老ບ້າຫມູ[ʔbaː⁴ muː¹];ໂລກລົມບ້າຫມູ[loːk¹⁰ lom² ʔbaː⁴ muː¹];ລົມບ້າຫມູ[lom² ʔbaː⁴ muː¹];ຈັກວັດ[tsak⁷ vaːt¹⁰] 傣-依bả mu[ʔbaː³ muː¹] 越泰bả mu[ʔbaː³ muː¹] 越chứng động kinh[tsɯŋ⁵ ʔdoŋ⁶ kiŋ¹];bệnh động

kinh[ʔben⁶ ʔdoŋ⁶ kiŋ¹] 芒lớ tấu[lɤ⁵ tau³]

【点~灯❷】 泰จุด[tsut⁷] 老ໄຕ[tai⁴];ຕາມ[taːm¹] 傣-依chut[tɕut⁷];têm[tɛm³] 越泰chút[tsut⁷];dong[jɔŋ²];tấy[tai³] 越thắp[tʰap⁷];châm[tsɤm¹] 芒tốch[tot⁷];châm[tsɤm¹]

【点~钱】 泰นับ[nap⁸] 老ນັບ[nap⁸] 普cja¹[tsja¹] 越đếm[ʔdem⁵]

【点两~意见】 泰ประการ[praː⁵ kaːn²] 老ປະການ[paː kaːn¹] 越điểm[ʔdiːm³]

【点吃~东西】 泰นิด[nit⁸];นิดหน่อย[nit⁸ nɔːi⁵] 老ມິດ[nit⁸];ມິດຫນ່ອຍ[nit⁸ nɔːi⁵] 越tí[ti⁵]

【点现在是三~整】 泰ชั่วโมง[tsʰuːa³ moːŋ²];โมง[moːŋ²] 老ໂມງ[moːŋ²] 越giờ[zɤ²] 芒dờ[zɤ²]

【点播 播种方法】 泰หยดเพาะเมล็ดของพืชเป็นกลุ่มๆ[jot⁷ pʰɔ⁴ ma⁴ let⁸ kʰɔːŋ¹ pʰɯːt¹⁰ pen² klum⁵ klum⁵] 傣-依phjăp[pʰjap⁷];thất[tʰət⁷] 越tra hạt[tʂaː¹ haːt⁸]

【点菜】 泰สั่งอาหาร[saŋ⁵ ʔaː² haːn¹] 老ສັ່ງອາຫານ[saŋ⁵ ʔaːː¹¹ haːn¹] 越gọi món ăn[ɣɔi⁶ mɔn⁵ ʔan¹];chọn thức ăn[tson⁶ tʰɯk⁷ ʔan¹]

【点火】 泰จุดไฟ[tsut⁷ fai²];ตามไฟ[taːm² fai²];สุมไฟ[sum¹ fai²] 老ຈຸດໄຟ[tsut⁷ fai²];ຕາມໄຟ[taːm¹ fai²];ໄຕໄຟ[tai⁴ fai²];ຕິດ[tit⁷] 普suj⁴ pâj¹[sui⁴ pɤi¹] 越đốt lửa[ʔdot⁷ lɯə³];châm lửa[tsɤm¹ lɯə³];nhóm lửa[ɲɔm⁵ lɯə³];đánh lửa[ʔdaŋ⁵ lɯə³] 芒chòi cúi[tsɔi⁴ kui⁵]

【点名】 泰ขานชื่อ[kʰaːn¹ tsʰɯː³];เรียกชื่อ[riːak¹⁰ tsʰɯː³] 老ຂານຊື່[kʰaːn¹ sɯː³];ຮຽກຊື່[hiːak¹⁰ sɯː⁵] 傣-依roọng ten[rɔːŋ¹ ten¹] 越điểm danh[ʔdiːm³ zaŋ¹];gọi tên[ɣɔi⁶ ten¹];điểm danh[ʔdiːm³ zaŋ¹] 芒điểm danh[ʔdiːm⁵ zaŋ¹]

【点头】 泰พยักหน้า[pʰa⁴ jak⁸ naː³] 傣-依ngoặc cò[ŋwak⁸ kɔ²] 普ngo² zhô⁴[ŋo² zo⁴];ngo² rhô⁴[ŋo² ro⁴] 越gật đầu[ɣɤt⁸ ʔdɤu¹] 芒ngu tlốc[ŋɯ⁴ tlok⁷]

---

❶ 阿含 jen B2　掸 jïn B2　勐 jïn B2
❷ 掸 sut D1S

【点心吃~】 泰ขนม[kha⁵nom¹];ของว่าง[khɔːŋ¹waːŋ³];อาหารว่าง[ʔaː²haːn¹waːŋ²];เครื่องว่าง[khrɯːaŋ³waːŋ²] 老ເຂົ້າໜົມ[khau³nom¹];ຂະໜົມ[kha²nom¹];ຂອງວ່າງ[khɔːŋ²vaːŋ⁵];ບ່າຍ[baːi⁵] 岱-侬xéode[ɕɛu²je⁵];kin lèng[kin¹lɛŋ²] 越món tráng miệng[mɔn⁵tşaːŋ² miŋ⁶] 芒pènh tlǎi[pɤn³ tlaːi³]

【典当】 泰จำนองและจำนำ[tsam²nɔːŋ²lɛ⁴ tsam²nam²] 老ປັງ[paŋ¹];ຈຳນຳ[tsam¹ nam²] 岱-侬tèn[tɛn³];tèm[tɛm³];cham[tɕaːm¹] 越泰táng[taːŋ⁵] 越cầm đồ[kɤm² do²]

【碘酒】 泰ทิงเจอร์ไอโอดีน[thiŋ²tsəː²ʔai²ʔoː²ʔdiːn²];ไอโอดีน[ʔai²ʔoː²ʔdiːn²] 老ຢາຕັງຕິອິດ[jaː¹taŋ¹ tiːnot⁸] 越còn i-ốt[kon² ʔi¹ ʔot⁷];i-ốt[ʔi¹ ʔot⁷];thuốc i-ốt[thuːk⁷ ʔi¹ ʔot⁷]

【踮~着脚走】 泰เขย่ง[kha⁵ jeŋ⁵] 老ຢິ່ງຢີ້[jiŋ⁵ jiː¹];ຢິ່ງແຢ່[jiŋ⁵ jɛː⁵];ເຢ່ງ[jeːŋ⁵];ຂະເຢ່ງ[kha² jeːŋ⁵] 越đứng trên đầu ngón chân[ʔdɯŋ⁵ tşen² ʔdɤu² ŋɔn⁵ tsɤn¹]

【电】 泰ไฟฟ้า[fai² faː⁴] 老ໄຟຟ້າ[fai² faː⁴] 越điện[ʔdiːn⁶] 芒điễn[ʔdiːn⁴]

【电冰箱】 泰ตู้เย็น[tuː³ jen²] 老ຕູ້ເຢັນ[tuː⁴ jen¹];ຕູ້ນ້ຳກ້ອນ[tuː⁴ nam⁴ kɔːn⁴] 越tủ lạnh[tuː³ laŋ⁶];tủ ướp lạnh[tuː³ ʔɯːp⁷ laŋ⁶];tủ đá[tuː³ ʔda⁵];tủ nước đá[tuː³ nɯːk⁷ ʔda⁵];ngăn đá[ŋan⁵ ʔda⁵]

【电池】 泰ถ่านไฟฉาย[thaːn⁵fai²tshaːi¹] 老ຖ່ານໄຟສາຍ[thaːn⁵fai²saːi¹];ຖ່ານແຫ້ງ[thaːn⁵heːŋ⁵];ປິນແຫ້ງ[pin¹ heːŋ¹];ປິນ[pin¹];ຖ່ານໄຟຟ້າ[thaːn⁵ fai⁴] 岱-侬pin[pin¹] 越泰pin[pin¹];da[jaː¹] 越pin[pin¹];pin khô[pin¹ xo¹] 芒pin[pin¹]

【电灯】 泰โคมไฟฟ้า[khoːm² fai² faː⁴];หลอดไฟฟ้า[lɔːt⁹fai²faː⁴] 老ໄຟຟ້າ[fai²faː⁴];ໂຄມໄຟຟ້າ[khoːm² fai² faː⁴];ຕະກຽງໄຟຟ້າ[ta² kiaŋ¹ fai² faː⁴] 岱-侬đèn điện[ʔden⁵ ʔdiːn²] 越泰đèn điện[ʔden⁵ ʔdiːn⁵] 越đèn điện[ʔden² ʔdiːn⁶]

【电饭锅】 泰หม้อหุงข้าวไฟฟ้า[mɔː³ huŋ² khaːu² fai² faː⁴];หม้อไฟฟ้า[mɔː³ fai² faː⁴] 越nồi cơm điện[noi² kɤːm² ʔdiːn⁶]

【电风扇】 泰พัดลมไฟฟ้า[phat⁸ lom² fai² faː⁴] 老ໝາກພັດ[maːk⁹ phat⁸];ໃບພັດໄຟຟ້າ[bai¹¹ phat⁸ fai² faː⁴];ພັດລົມ[phat⁸ lom²] 越quạt điện[kwaːt⁸ ʔdiːn⁶];quạt máy[kwaːt⁸ mai⁵] 芒quat máy[kwaːt⁸ mai³]

【电工】 泰ช่างไฟฟ้า[tshaːŋ³ fai² faː⁴] 老ກຳມະກອນໄຟຟ້າ[kam¹ma⁵kɔːn¹fai²faː⁴];ຊ່າງໄຟຟ້າ[saːŋ¹fai²faː⁴] 越thợ điện[thɤ⁶ʔdiːn⁶];điện công[ʔdiːn⁶ koŋ¹]

【电焊机】 泰เครื่องบัดกรีไฟฟ้า[khrɯːaŋ³ ʔbat⁷ kriː² fai² faː⁴];เครื่องเชื่อมไฟฟ้า[khrɯːaŋ² tshɯːam² fai² faː⁴] 老ເຄື່ອງຈອດໄຟຟ້າ[khɯːaŋ² tsɔːt⁹ fai² faː⁴] 越máy hàn điện[mai⁵ haːn² ʔdiːn⁶] 芒máy hàn điẽn[mai³ haːn² ʔdiːn⁴]

【电话】 泰โทรศัพท์[thoː² raː⁴ sap⁷] 老ໂທລະສັບ[thoː² laː⁵ sap⁷] 越泰xaiday[saːi¹jai¹] 越điện thoại[ʔdiːn⁶ thwaːi⁶]

【电话机】 泰เครื่องรับโทรศัพท์[khrɯːaŋ³ rap⁸ thoː² raː⁴ sap⁷] 老ເຄື່ອງຮັບໂທລະສັບ[khɯːaŋ⁵ hap⁸ thoː² laː⁵ sap⁷] 越máy điện thoại[mai⁵ ʔdiːn⁶ thwaːi⁶]

【电锯】 泰เลื่อยไฟฟ้า[lɯːai³ fai² faː⁴] 老ຈັກເລື່ອຍໄຟຟ້າ[tsak⁷ lɯːai⁵ fai² faː⁴] 越cưa điện[kɯːa¹ ʔdiːn⁶];máy cưa[mai⁵ kɯːa¹]

【电铃】 泰กระดิ่งไฟฟ้า[kra⁵ʔdiŋ⁵fai²faː⁴] 老ກະດິງໄຟຟ້າ[ka² ʔdiŋ¹¹ fai² ʔdiŋ¹¹];ໝາກກະດິງໄຟ້າ[maːk⁹ ka² ʔdiŋ¹¹ fai² faː⁴] 越chuông điện[tsuːŋ¹ ʔdiːn⁶]

【电炉】 泰เตาไฟฟ้า[tau² fai² faː⁴] 老ເຕົາໄຟຟ້າ[tau¹¹ fai² faː⁴] 越bếp điện[ʔbep⁷ ʔdiːn⁶];lò điện[lɔ⁶ ʔdiːn⁶]

【电石】 泰หินเหล็กไฟ[hin¹ lek⁷ fai²];แคลเซียมคาร์ไบด์[khɛːn² siːam² khaː² pai²] 老ຖ່ານບາທິນ[thaːn⁵ hin¹];ຖ່ານກາບຊີອອມ[thaːn⁵ kaːn¹ siː² ʔɔːm²] 越泰nǎm mǎn đán[nam⁴man²ʔdaːn⁵] 越các bua canxi[kaːk⁷

ʔbuə¹ ka:n¹ si¹]

【电视】 泰 โทรทัศน์[tho:²ra⁴that⁸] 老 ໂທລະທັດ[tho:² la⁵ that⁸];ວິທະຍຸໂທລະທັດ[vi⁵ tha⁵ ɲu⁵ tho:² la⁵ that⁸];ວິທະຍຸໂທລະພາບ[vi⁵ tha⁵ ɲu⁵ tho:² la⁵ pha:p¹⁰] 越 truyền hình[tʂwi:n² hiɲ²];ti-vi[ti¹ vi¹]

【电视机】 泰 เครื่องรับโทรทัศน์[khrɯ:aŋ³ rap⁸ tho:² ra⁴ that⁸] 老 ເຄື່ອງຮັບໂທລະທັດ[khɯ:aŋ³ hap⁸ tho:² la⁵ that⁸] 越 máy thu hình[mai⁵ thu¹ hiɲ²];tivi[ti¹ vi¹]

【电梯】 泰 ลิฟต์[lip⁸];บันไดเลื่อน[ʔban² dai² lɯ:an³] 老 ລິບ[lip⁸];ຕູ້ເລື່ອນ[tu:⁴ lɯ:an⁵] 越 thang máy[thaŋ¹ mai⁵]

【电筒】 泰 ไฟฉาย[fai² tsha:i¹] 老 ໄຟສາຍ[fai² sa:i¹] 傣-侬 tìn thùng[tin² thuŋ²] 越 đèn pin[ʔdɛn² pin¹]

【电线】 泰 สายไฟ[sa:i¹ fai²];สายไฟฟ้า[sa:i¹ fai² fa:⁴] 老 ສາຍໄຟຟ້າ[sa:i¹ fai² fa:⁴] 傣-侬 slai tìn[ɬa:i¹ tin²];slai điện[ɬa:i¹ ʔdi:n⁶] 越泰 xai điện[sa:i¹ ʔdi:n⁶] 越 dây điện[zɤi¹ ʔdi:n⁶]

【电影】 泰 หนัง[naŋ¹];ภาพยนตร์[pha:p¹⁰ pha⁴ jon²] 老 ຮູບເງົາ[hu:p¹⁰ ŋau⁵];ພາບພະຍົນ[pha:p¹⁰ pha⁵ ɲon²];ຟິມ[fim²];ໜັງ[naŋ¹];ຊີເນມາ[si:² ne:² ma:²] 傣-侬 phim[fim¹];bộ phim[ʔbo⁴ fim¹] 越 điện ảnh[ʔdi:n⁶²aɲ³];chiếu bóng[tsi:u⁵ ʔbɔŋ⁵];xi nê[si¹ ne¹];phim[fim¹];phim điện ảnh[fim¹ ʔdi:n⁶ ʔaɲ³]

【电影院】 泰 โรงภาพยนตร์[ro:ŋ² pha:p¹⁰ jon²] 老 ໂຮງຮູບເງົາ[ho:ŋ² hu:p¹⁰ ŋau²];ໂຮງສາຍຮູບເງົາ[ho:ŋ² sa:i¹ hu:p¹⁰ ŋau²];ໂຮງພາບພະຍົນ[ho:ŋ² pha:p¹⁰ pha⁵ ɲon²];ໂຮງຊີເນມາ[ho:ŋ² si:² ne:² ma:²] 越 rạp chiếu bóng[ʐa:p⁸ tsi:u⁵ ʔbɔŋ⁵];rạp chiếu phim[ʐa:p⁸ tsi:u⁵ fim¹];rạp xi nê[ʐa:p⁸ si¹ ne¹]

【电熨斗】 泰 เตารีดไฟฟ้า[tau² ri:t¹⁰ fai² fa:⁴] 老 ເຕົາຮີດໄຟຟ້າ[tau¹ hi:t¹⁰ fai² fa:⁴];ຜາງຮີດໄຟຟ້າ[pha:ŋ¹ hi:t¹⁰ fai² fa:⁴] 越 bàn là điện[ʔba:n² la² ʔdi:n⁶];bàn là bằng điện[ʔba:n² la² ʔbaŋ² ʔdi:n⁶]

【电钻】 泰 สว่านไฟฟ้า[sa⁵ wa:n⁵ fai² fa:⁴] 老 ຄວງໄຟຟ້າ[khu:aŋ² fai² fa:⁴] 越 khoan điện[xwa:n¹ ʔdi:n⁶];máy khoan điện[mai⁵ xwa:n¹ ʔdi:n⁶]

【店铺】 泰 ร้านค้า[ra:n⁴ kha:⁴] 老 ຮ້ານຄ້າ[ha:n⁴ kha:⁴];ຫ້າງ[ha:ŋ²];ຫ້າງຮ້ານ[ha:ŋ² ha:n⁴];ຮ້ານຂາຍຂອງ[ha:n⁴ kha:i¹ khɔ:ŋ¹] 越 cửa hiệu[kɯ:a³ hi:u⁶];cửa hàng[kɯ:a³ ha:ŋ²];hiệu[hi:u⁶];hàng[ha:ŋ²] 芒 cửa hàng[kɯ:a⁵ ha:ŋ²]

【店员】 泰 พนักงานร้านค้า[pha⁴ nak⁸ ŋa:n² ra:n⁴ kha:⁴];คนขาย[khon² kha:i¹] 老 ພະນັກງານຂາຍ[pha⁵ nak⁸ ŋa:n² kha:i¹] 越 nhân viên bán hàng[ɲɤn¹ vi:n¹ ʔba:n⁵ ha:ŋ²];người bán hàng[ŋɯ:i² ʔba:n⁵ ha:ŋ²]

【店主】❶ 泰 เจ้าของร้าน[tsau³ khɔ:ŋ¹ ra:n⁴] 老 ເຈົ້າຮ້ານ[tsau⁴ ha:n⁴];ນາຍຫ້າງ[na:i² ha:ŋ³] 越 người chủ cửa hàng[ŋɯ:i² tsu³ kɯ:a³ ha:ŋ²];người chủ hiệu[ŋɯ:i² tsu³ hi:u⁶];người chủ tiệm[ŋɯ:i² tsu³ ti:m⁶];chủ tiệm[tsu³ ti:m⁶] 芒 chú tiếm[tsu⁵ ti:m⁴]

【垫】~桌子 泰 รอง[rɔ:ŋ²] 老 ໝູນ[mu:n¹];ຮອງ[hɔ:ŋ²] 傣-侬 tém[tem³] 普 twat⁵[twa:t⁵] 越 kê[ke¹];chèn[tsɛn²];lót[lɔt⁷];kêl[kel¹];lót[lɔt⁷];chèn[tsɛn²]

【垫肩】 泰 เบาะรองบ่า[ʔbɔ⁵ rɔ:ŋ² ʔba:⁵] 越 lót vai[lɔt⁷ va:i¹];cái lót vai[ka:i⁵ lɔt⁷ va:i¹];đệm vai[ʔdem⁶ va:i¹]

【垫子】 泰 เบาะ[ʔbɔ⁵];เบาะรอง[ʔbɔ⁵ rɔ:ŋ²] 老 ເບາະ[ʔbɔ²];ເບາະຮອງ[ʔbɔ² hɔ:ŋ²] 越 cái đệm[ka:i⁵ ʔdem⁶];cái lót[ka:i⁵ lɔt⁷] 芒 cây tếm[kai³ tem⁴]

【淀粉】 泰 แป้ง[pɛ:ŋ³] 老 ທາດແປ້ງ[tha:t¹⁰ pɛ:ŋ⁴];ແປ້ງ[pɛ:ŋ⁴];ແປ້ງທິວມັນ[pɛ:ŋ⁴ hu:a¹ man²];ແປ້ງອາມິດົງ[pɛ:ŋ⁴ ʔa:¹ mi:² ʔdoŋ¹] 傣-侬 tụt[tut⁸];tắn[tan⁵] 越 chất bột[tsɤt⁷ ʔbot⁷];tinh bột[tiɲ¹ ʔbot⁷];bột lọc[ʔbot⁸ lɔk⁸] 芒 pung mên[puŋ¹ mɛn⁴]

❶ 阿含 kat-kim；kim kat-kim

【奠基】 泰 สร้างรากฐาน[saːŋ³ raːk¹⁰ thaːn¹] 老 ວາງສີ ລາລີກ[vaːŋ² siː¹ laː² luːk¹⁰] 越 đặt nền tảng[ʔdat⁸ nen² taŋ³];đặt nền móng[ʔdat⁸nen²mɔŋ⁵];đặt móng [ʔdat⁸ mɔŋ⁵];đổ móng[ʔdo³ mɔŋ⁵]

【刁难】 泰 กลั่นแกล้ง[klan⁵ klɛːŋ³] 岱-侬 căp nap[kap⁷ naːp⁷] 越 làm khó dễ[laːm² xɔ⁵ zeː²];hoạnh họe[hwan⁶ hwɛ⁶];hạch sách[hat⁸ ʂat⁷]

【叼~烟卷儿】 泰 คาบ[khaːp¹⁰] 老 ຄາບ[khaːp¹⁰] 岱-侬 còn[kɔn²] 越泰 tót ngộc[tɔt⁷ŋok⁸] 越 ngậm [ŋɤm⁶];tha[tha¹] 芒 công[koŋ¹]

【凋谢】 泰 โรย[roːi²];โกรน[kroːn²];ซอม[sɔːm²] ຮ່ວງໂຮຍ[ruaŋ³ rɔːi²] 老 ໂຮຍ[hoːi²];ທ່ຽວໂຮຍ[hi:au⁵ hoːi²];ຮາ[haː²];ຮ່ວງໂຮຍ[huaŋ⁵ hoːi²] 岱-侬 lởi [lɔːi³] 越泰 mụt[mut⁸];rụng[zuŋ⁶];héo[hɛu⁵]; tàn[taːn²];héo tàn[hɛu⁵taːn²];tàn tạ[taːn²taː⁶] 芒 khô hẻo[khoː¹ hɛu³];héo tàn[hɛu³ taːn²];dũm[zum⁵]

【雕刻】 泰 แกะ[kɛ⁵];แกะสลัก[kɛ⁵ saʔ⁵ lak⁷] 老 ແກະ [kɛ²];ແກະສະຫຼັກ[kɛ² saʔ² lak⁷] 岱-侬 dạm[jaːm⁴]; chạm[tɕaːm⁴] 越泰 tểm[tem⁵];chạm[tsam⁴] 越 điêu khắc[ʔdiːu¹ xak⁷];chạm trổ[tsaːm⁶ tʂoʔ³];chạm khắc[tsaːm⁶ xak⁷] 芒 tuc chăm[tuk⁸ tsaːm⁴];chăm tlố[tsaːm⁴ tloʔ⁵];chăm[tsaːm⁴]

【雕刻刀】 泰 มีดแกะ[miːt¹⁰ kɛ⁵] 老 ມີດ ຄັດ[miːt¹⁰ khwat⁸] 越 dao điêu khắc[zaːu¹ ʔdiːu¹ xak⁷];dao chạm khắc[zaːu¹ tsaːm⁶ xak⁷];dao chạm trổ[zaːu¹ tsaːm⁶ tʂoʔ³]

【雕刻匠】 泰 ช่างแกะ[tshaːŋ³ kɛ⁵];ช่างแกะสลัก [tshaːŋ³ kɛ⁵] 老 ຊ່າງແກະລາຍ[saːŋ³ kɛ² laːi²];ຊ່າງຄັດລາຍ[saːŋ⁵ khwat⁸ laːi²];ຊ່າງຄັດ[saːŋ⁵ khwat⁸] 越 thợ điêu khắc[thɤ⁵ ʔdiːu¹ xak⁷];thợ chạm[thɤ⁵ tsaːm⁶] 芒 thở chăm[thɤ⁴ tsaːm⁴]

【碉堡】 泰 ประทาย[praʔ⁵ thaːi²];ป้อม[pɔːm³] 老 ໂລ ໂກດ[loː² koːt⁹] 岱-侬 ăn lô côt[ʔan¹ loʔ¹ kot⁷] 越 lô côt[loʔ¹ kot⁷];boong-ke[ʔbɔːŋ¹ kɛ¹]

【吊~在梁上】 泰 แขวน[khwɛːn¹];ห้อย[hɔːi³] 老 ແຂວນ[khwɛːn¹];ຫ້ອຍ[hɔːi³];ຈ່ອງ[tʂɔːŋ³];ຍຽງ [nɔːŋ¹] 岱-侬 khoen[khwɛn¹];hỏi[hɔːi³] 越泰 khoen[khwɛn¹];hỏi[hɔːi³] 普 tjaw⁴[tjaːu⁴];pak² [paːk²] 越 treo[tʂɛu¹]

【吊床❶】 泰 เปล[pleː²];เปลญวน[pleː²juːan²] 老 ເປ [peː¹] 岱-侬 foong[fɔːŋ¹] 越泰 võng[vɔŋ⁴] 普 qazja²[qaʔ⁰ zja²] 越 cái võng[kaːi⁵ vɔŋ⁴]

【吊桥】 泰 สะพานแขวน[saʔ⁵ phaːn² khwɛːn¹];สะพานห้อย[saʔ² phaːn² hɔːi³] 老 ຂົວທ້ອຍ[khuaʔ¹ hɔːi³]; ສະພານຊັກ[saʔ² phaːn² sak⁸] 岱-侬 cầu khoen[kəu³ khwɛn¹] 越泰 cầu khoen[kəu⁴ khwɛn¹] 越 cầu treo[kɤu² tʂɛu¹]

【掉~下井里】 泰 ตก[tok⁷] 老 ຕົກ[tok⁷] 岱-侬 tôc[tok⁷] 越泰 tốc[tok⁷] 普 lhjang¹[ljaːŋ¹] 越 rơi[zɤːi¹]

【掉头】 泰 หันหลัง[han¹ laŋ¹];กลับหัว[klap⁷ huːa¹] 老 ຫັນຫຼັງ[han¹ laŋ¹];ກັບຫົວ[kap⁷laŋ¹] 越 quay đầu lại[kwaːi¹ ʔdɤu² laːi⁶]

【钓饵❷】 泰 เหยื่อ[juːa⁵];สะกาง[saʔ⁵ kaːŋ²] 老 ເຫຍື່ອ [ɲɯːa⁵];ເຫຍື່ອເບັດ[ɲɯːa⁵ʔbet⁷];ເຫຍື່ອປາ[ɲɯːa⁵ paː¹] 越 mồi câu[moi² kɤu¹] 芒 mồi[moi²]

【钓竿】 泰 คันเบ็ด[khan² ʔbet⁷] 老 ຄັນເບັດ[khan² ʔbet⁷] 岱-侬 căn bêt[kan² ʔbet⁷] 越泰 căn bết [kan² ʔbet⁷] 普 ding¹ kjaw³[ʔdiŋ¹ kjaːu³] 越 cần câu[kɤn² kɤu¹] 芒 cần cau[kɤn² kau¹]

【钓鱼】 泰 ตกปลา[tok⁷pla:²];ตกเบ็ด[tok⁷ʔbet⁷] 老 ຕົກເບັດ[tuk⁷ ʔbet⁷];ຕິກເບັດ[tok⁷ ʔbet⁷] 岱-侬 tếng bết[teŋ⁵ ʔbet⁷];chop[tɕɔp⁷] 越泰 túc bết[ːuk⁷

---

❶ 石家 ʔun⁶
❷ 掸 jə B1   泐 jə B1

?bet⁷] 普pak²[pa:k²] 越câu cá[kɤu¹ ka⁵] 芒cau cả[kau¹ ka³]

【调查】 泰สำรวจ[sam¹ru:at⁹] 老ສຳຫຼວດ[sam¹ lu:at⁹] 越điều tra[ʔdi:u² tṣa¹] 芒điều tla[ʔdi:u² tla²]

【调动~工作】 泰โยกย้าย[jo:k¹⁰ja:i⁴] 岱-侬cătphái [kat⁷ pha:i⁵];pǎn phái[pan⁴ pha:i⁵] 越泰pién cây [pi:n⁵ kai²] 越điều động[ʔdi:u² ʔdoŋ⁵];đổi[ʔdoi⁵]

【跌倒❶】 泰ล้มลง[lom⁴ loŋ²] 老ທ່າວ[tha:u⁵];ລົ້ມ ພາດ[lom⁴fa:t¹⁰];ລົ້ມລົງ[lom⁴loŋ²];ລົ້ມທອຍລົງ [lom⁴ ŋɔ:i¹ loŋ²] 岱-侬lộm[lom⁴] 越泰lộm[lom⁴] 普tAk⁵[tɐk⁵];lăj³ tɔlit²[lai³ tɤ⁰ lit²] 越ngã[ŋa⁴] 芒ló[lɤ⁵]

【跌价】 泰ราคาตก[ra:²kha:²tok⁷] 老ລົງລາຄາ [loŋ²la:²kha:²];ຕົກລາຄາ[tok⁷la:²kha:²] 越sụt giá [ṣut⁸za⁵];mất giá[mɤt⁷za⁵] 芒xut dà[sut⁸za³];thuổng dà[thu:ŋ³ za³]

【叠~被子】 泰พับ[phap⁸];จีบ[tsi:p⁹] 老ພັບ[phap⁸] 越xếp[sep⁷]

【叠~碗】 泰ซ้อน[sɔ:n³] 老ຊ້ອນ[sɔ:n³] 岱-侬 tổng[toŋ³];tặp[tap⁸] 越泰chồn[tson²] 普lip [lip²] 越chồng[tsoŋ²];xếp[sep⁷] 芒chồng[tsoŋ²]

【碟子❷】 泰จาน[tsa:n²];จานใบเล็ก[tsa:n² ʔbai² lek⁸] 老ຈານ[tsa:n¹] 岱-侬chàn[tɕa:n³] 越泰le[lɛ¹] 普phan²[pha:n²] 越đĩa[ʔdiə⁴];đĩanhỏ[ʔdiə⁴ɲɔ³] 芒têp[tep⁸]

【蝶泳】 泰การว่ายน้ำท่าผีเสื้อ[ka:n² wa:i³ nam⁴ tha:³ phi:¹ sɯ:a³];ว่ายแบบผีเสื้อ[wa:i³ ʔbɛ:p⁹ phi:¹ sɯ:a³] 老ລອຍແບບກະເບື້ອ[lɔ:i² ʔbɛ:p⁹ ka² ʔbɯ:a⁴];ລອຍ ແມງກະເບື້ອ[lɔ:i² mɛ:ŋ² ka² ʔbɯ:a⁴] 越bơi bướm [ʔbɤ:i¹ ʔbɯ:m⁵];bơi trườn[ʔbɤ:i¹ tṣɯ:n³]

【丁香花】 泰ดอกไลเล็ก[ʔdɔ:k⁹ lai² lek⁸];ดอกกานพลู [ʔdɔ:k⁹ka:n²phlu:²] 老ດອກກ້ານພູ[ʔdɔ:k⁹ka:n⁴ phu:²];ດອກລິລາ[ʔdɔ:k⁹li:²la:²];ດອກຈັນ[ʔdɔ:k⁹ tsan¹] 越hoa đinh hương[hwa¹ ʔdin¹ hɯ:ŋ¹]

【钉子】 泰กะปู[ka⁵pu:²];ตะปู[ta⁵pu:²] 老ຕະປູ[ta² pu:¹];ກະປູ[ka² pu:¹];ຕາປູ[ta:¹' pu:¹];ເຫຼັກຕະປູ[lek² ta² pu:¹] 岱-侬teng[teŋ²] 越泰xè léch[sɛ⁶ lek⁷] 普ting³[tiŋ³] 越đinh[ʔdin¹];cái đinh[ka:i⁵ ʔdin¹]

【叮蚊子~人】 泰กัด[kat⁷] 老ກັດ[kat⁷] 岱-侬 khôp[khop⁷] 越泰khốp[khop⁷] 越đốt[ʔdot⁷]

【盯】 泰จ้อง[tsɔ:ŋ³] 老ຈຶ່ງ[tsɯŋ⁴];จ้อง[tsɔ:ŋ³];จ้องมอง[tsɔ:ŋ⁴mɔ:ŋ²];ເພ່ັງ ດູ[pheŋ⁵ʔdu:¹'];ເພ່ັງເລ້ງ [pheŋ⁵ leŋ²];ເພ່ັງ[pheŋ⁵] 越nhìn chăm chú[ɲin² tsam⁵ tṣu⁵];nhìn chòng chọc[ɲin² tsɔŋ² tsɔk⁸]

【疔】 泰สิวหัวช้าง[siu¹ hu:a¹ tsha:ŋ⁴] 老ຝີກະຊ້ີ[fi:¹ ka² si:⁵];ຝີຂີ້ກະຊ້ີ[fi:¹ khi:³ ka² si:⁵];ຫົວຝີ[hu:a¹ fi:¹] 越đinh nhọt[ʔdin¹nɔt⁸];mụn[mun⁶];đầu đinh [ʔdɤu² ʔdin¹]

【顶一~帽子】 泰ใบ[ʔbai²] 老ໜ່ວຍ[nu:ai⁵]; ใบ[ʔbai¹] 越cái[ka:i⁵]

【顶一~蚊帐】 泰หลัง[laŋ¹] 老ດາງ[ʔda:ŋ¹] 越 cái[ka:i⁵]

【顶点】 泰จุดสุดยอด[tsut⁷sut⁹jɔ:t¹⁰] 越đinh[ʔdin³]; chóp[tsɔp⁷];cực điểm[kɯ:k⁸ ʔdi:m³];đỉnh cao nhất [ʔdin³ ka:u¹ nɤt⁷]

【顶替】 泰แทน[thɛ:n²] 老ແທນ[thɛ:n²] 越泰 tang tin[ta:ŋ¹ tin¹] 越thay[thai⁵];thế[the⁵];mạo danh [ma:u⁶ zan¹]

【顶针】 泰ปลอกนิ้ว[plɔ:k⁹niu⁴];สนับนิ้วมือ[sa⁵nap⁷ niu⁴ mɯ:²] 老ປອກມື້[pɔ:k⁹mɯ:¹] 岱-侬tinhkhêm [tiŋ⁵ khem¹];tính khêm[tiŋ⁵ khem¹] 越cái đê[ka:i¹ ʔde¹];cái nhẫn khâu[ka:i⁵ nɤn⁴ xɤu¹]

【订购】 泰สั่งซื้อ[saŋ⁵sɯ:⁴] 老ສັ່ງຊື້[saŋ⁵sɯ:⁴];ຈອງຊື້

---

❶ 石家lam⁶
❷ 石家caan⁶;kaʔ²-baʔ⁴

[tsɔːŋ¹¹sɯː⁴] 岱-侬 tặt dự[tat⁸jɯ⁴] 越 đặt mua [ʔdat⁸ muə¹]

【订婚】泰 หมั้น[man³] 老 ทมั้บ[man³];ฦูก ทมั้บ[thuːk⁹man³];ผูงทมั้บ[phuːk⁹man³] 岱-侬 tặt mjầu[tat⁸mjəu²];tặt cằm[tat⁸kam²] 越 đính hôn[ʔdin⁵ hon¹];hứa hôn[huə⁵ hon¹]

【订货】泰 สั่งซื้อผลิตภัณฑ์[saŋ⁵ sɯː⁴ phlit⁷ phan²] 老 สั่งຂໍ້ຂອງ[saŋ⁵sɯː⁴khɔːŋ];สั่งสิบถ้า[saŋ⁵sin¹ khaː⁴];สั่งຂອງ[saŋ⁵ khɔːŋ¹];จองสิบถ้า[tsɔːŋ⁵ sin¹ khaː⁴] 越 đặt hàng[ʔdat⁸ haːŋ⁵]

【订金】泰 เงินมัดจำ[ŋɤn²mat⁸tsam²] 老 ເງິນมัดจำ [ŋɤn²mat⁸tsam¹] 越 tiền đặt cọc[tiːn² ʔdat⁸ kɔk⁸] 芒 tiền tach[tiːn² tat⁸]

【订票】泰 จองตั๋ว[tsɔːŋ²tuːa¹] 老 จองปี้[tsɔːŋ¹¹piː⁴] 越 đặt vé[ʔdat⁸ vɛ⁵];mua vé trước[muə¹ vɛ⁵ tsɯːk⁷]

【定价】合理~ 泰 ตกลงราคา[tok⁵loŋ²raː² khaː²] 老 ลาคาຂາດໂຕ[laː² khaː² khaː:t⁹ toː¹];ลาคาจำกัด[laː² khaː² tsam¹¹ kat⁷];ติลาคา[tiː¹¹ laː² khaː² 越 định giá[ʔdin⁶ zaː⁵]

【定居】泰 ตั้งถิ่นฐานที่แน่นอน[taŋ³ thin⁵ thaːn¹ thiː⁵ nɛː³nɔːn¹] 老 ยู่เป็นปะจำ[juː¹¹pen¹¹paː²tsam¹¹];ปะจำถิ่น[paː²tsam¹¹ thin⁵];ตั้งทลักฐาบ[taŋ⁴lak⁷ thaːn¹];ตั้งทลักปักฐาบ[taŋ⁴lak⁷pak⁷thaːn¹];ตั้งทลักแข่ง[taŋ⁴lak⁷hɛː⁵];ตั้งพูมลำเบิง[taŋ⁴phuːm²lam² nau²];ตั้งบ้าบเฮือบยู่[taŋ⁴ ʔbaːn⁴ huəːn² juː⁵] 越 định cư[ʔdin⁴ kɯː¹] 芒 đinh cư[ʔdin⁴ kɯː¹]

【定罪】泰 ตัดสินลงโทษ[tat⁷sin¹¹loŋ²tho:t¹⁰] 老 ວາงໂทด[vaːŋ²tho:t¹⁰];ลงโทด[loŋ²thoːt¹⁰] 越 buộc tội[ʔbuːk⁸ toi⁶];định tội[ʔdin⁴ toi⁶];khép tội[xɛp⁷ toi⁶]

【钉】~钉子 泰 ตอก[tɔːk⁹] 老 ตอก[tɔːk⁹] 岱-侬 tooc[tɔːk⁷] 越泰 tók[tɔk⁷] 普 qjang¹[qjaːŋ¹];qeng¹[qɛŋ¹] 越 đóng[ʔdɔŋ⁵]

【丢】~垃圾 泰 ทิ้ง[thiŋ⁴] 老 ถิ่ม[thim³] 越 vứt [vɯt⁷];vứt đi[vɯt⁷ ʔdi¹]

【丢荒】泰 ปล่อยให้รกร้าง[plɔi⁵hai³rok⁸raːŋ⁴] 老 ปะเป็นເຮືອ[paː²pen¹¹huːa⁴];ปะเป็นเฮือ[paː²pen¹¹ huːa⁴] 越泰 vāng hựa[vaːŋ²huːa⁴] 越 bỏ hoang [ʔbɔ³ hwaːŋ¹] 芒 tá rườm[taː⁵ rɯːm²]

【丢脸】泰 เสียหน้า[siːa¹ naː³];ขายหน้า[khaːi¹naː³] 老 เสยขน้า[siːa¹ naː³];ขายขน้า[khaːi¹ naː³];ขายขี้ขน้า[khaːi¹khiː³naː³];ขายตา[khaːi¹taː¹];ขายขน้าขายตา[khaːi¹ naː³ khaːi¹ taː¹];ขายขน้าเสยปบ[khaːi¹ naː³ siːa¹ piːap⁹];ขายโดย[khaːi³khoːi¹];ฮักตา[hak⁷taː¹];ฮักขน้า[hak⁷ naː³];ฮักขน้าฮักตา[hak⁷ naː³ hak⁷ taː¹];ฮักลำ[hak⁷ lam²];อับขายขายขน้า[ʔap⁷ ʔaːi¹¹ khaːi¹ naː³];ขี้ฮ้าย[khiː³haːi⁴] 岱-侬 mât tha nả[mət⁷tha¹ naː³] 越泰 mét ta nả[met⁷ taː¹ naː³];mét nả[met⁷ naː³]; xia nả[siə¹ naː³] 越 mất thể diện[mɤt⁷ theː³ ziːn⁶]; mất mặt[mɤt⁷mat⁸];xấu hổ[sɤu⁵hoː³];ê mặt[ʔeː¹ mat⁸] 芒 ê mặt[ʔeː¹ mat⁸]

【丢失】❶ 泰 ตก[tok⁷] 老 ติก[tok⁷];ติกเซ่ย[tok⁷ hiːa⁵];เซ่ย[hiːa⁵];เซัดเซ่ย[het⁸hiːa⁵];ทาย[haːi¹] 岱-侬 tôc[tok⁷];một[mot⁸] 越泰 tóc[tok⁷];xia [siə¹];dệt tốc[jet⁸ tok⁷] 普 lhjang¹[ljaːŋ¹] 越 mất [mɤt⁷];đánh mất[ʔdan⁵ mɤt⁷];thất lạc[thɤt⁷ laːk⁸]; bỏ rơi[ʔbɔ³ zɤːi¹];rơi[zɤːi¹] 芒 bất[ʔbɤt⁷];long [lɔŋ²];là bất[laː²ʔbɤt⁷];tánh bất[tan³ʔbɤt⁷];tá long [taː⁵ lɔŋ¹]

【东】泰 ตะวันออก[taː⁵wan²ʔɔːk⁹];ด้านตะวันออก[ʔdaːn³ taː⁵wan²ʔɔːk⁹] 老 ตาวับออก[taː¹¹van²ʔɔːk⁹]; ตาเอ้บออก[taː¹¹ven²ʔɔːk⁹];พากตาวับออก[phaːk¹⁰ taː¹¹ van²ʔɔːk⁹];เบื้องตาเอ้บออก[ʔbuːaŋ⁵ taː¹¹ ven² ʔɔːk⁹];ทิดตาเอ้บออกทิดตาเอ้บออก[thit⁸taː¹¹ven² ʔɔːk⁹];ทิดบ้อละพา[thit⁸ ʔbuːa¹¹ laː⁵ phaː²];บุละพา [ʔbuː² laː⁵ phaː²];บุลະพา[ʔbuː¹¹ laː⁵ phaː²];บ้อละพา [ʔbuːa¹¹ laː⁵ phaː²];บุลัดทา[ʔbuː² lat⁸ thaː²];บุลิมะทิด

---

❶ 阿含 rai 掸 she A1 勐 se A1

[ʔbu²li⁵ma⁵thit⁸];พาปุบ[pha:²pup⁷];พาภตาวันออก[pha:k¹⁰ ta:¹ van² ʔɔ:k⁹]　岱-侬 đông[ʔdoŋ¹]　越泰 đông[ʔdoŋ¹]　普 tô⁴ mân³[to⁴ mɤn³];tô⁴ lơVân³[to⁴ lɤ⁰βɤn³]　越 đông[ʔdoŋ¹];phương đông[fɯ:ŋ¹ ʔdoŋ¹];phíađông[fiə⁵ ʔdoŋ¹];bênđông[ʔben¹ ʔdoŋ¹]　芒 đông[ʔdoŋ¹];tông[toŋ¹];pên đông[pen¹ ʔdoŋ¹]

【东北】　泰 ตะวันออกเฉียงเหนือ[ta⁵ wan² ʔɔ:k⁹ tshi:aŋ¹ nɯ:a¹];ด้านตะวันออกเฉียงเหนือ[ʔda:n³ ta⁵ wan² ʔɔ:k⁹ tshi:aŋ¹ nɯ:a¹]　老 ตาวันออกสฺยงเผือ[ta:¹ van² ʔɔ:k⁹ si:aŋ¹ nɯ:a¹];เบื้องตาเวันออกสฺยงเผือ[ʔbɯ:ŋ⁴ ta:¹ ven²ʔɔ:k⁹si:aŋ¹nɯ:a¹];ทิดตาวันออกสฺยงเผือ[thit⁸ ʔi:¹ sa:n¹];ทิดฮิสาน[thit⁸ ʔi:¹ sa:n¹];พาฮิสาน[pha:k¹⁰ ʔi:¹ sa:n¹]　越 đông bắc[ʔdoŋ¹ ʔbak⁷];hướng đông bắc[hɯ:ŋ⁵ ʔdoŋ¹ ʔbak⁷]　芒 đông bắc[ʔdoŋ¹ ʔbak⁷]

【东北风】　泰 ลมตะวันออกเฉียงเหนือ[lom² ta⁵ wan² ʔɔ:k⁹tshi:aŋ¹nɯ:a¹]　老 ลมตาวันออกสฺยงเผือ [lom² ta:¹ van² ʔɔ:k⁹ si:aŋ¹ nɯ:a¹]　岱-侬 lồm pạng băc[lom² pa:ŋ⁴ ʔbak⁷];lồm đen[lom² ʔden¹]　越 gió chướng[zɔ⁵ tsɯɯ:ŋ⁵];gió bắc[zɔ⁵ ʔbɤk⁷];gió mùa đông bắc[zɔ⁵ muə² ʔdoŋ¹ ʔbak⁷];gió heo[zɔ⁵ hɛu¹]　芒 xó pắc[sɔ³ pɤk⁷]

【东风】　泰 ลมตะวันออก[lom²ta⁵wan²ʔɔ:k⁹];ลมฤดูใบไม้ผลิ[lom² rɯ² ʔdu:² ʔbai² mai⁴ phli⁵]　老 ลมตาวันออก[lom² ta:¹ ven² ʔɔ:k⁹]　岱-侬 lồm bưởng đông[lom² ʔbɯ:ŋ² ʔdoŋ¹]　越 gió đông[zɔ⁵ ʔdoŋ¹]

【东南】　泰 ตะวันออกเฉียงใต้[ta⁵ wan² ʔɔ:k⁹ tshi:aŋ¹ tai³];ด้านตะวันออกเฉียงใต้[ʔda:n³ ta⁵ wan² ʔɔ:k⁹ tshi:aŋ¹ tai³]　老 ตาวันออกสฺยงใต้[ta:¹ van² ʔɔ:k⁹ si:aŋ¹ tai⁴];พาอาคะเบ[pha:k¹⁰ ʔa:¹ kha⁵ ne:²];พาตาวันออกสฺยงใต้[pha:k¹⁰ ta:¹ van² ʔɔ:k⁹ si:aŋ¹ tai⁴];ทิดตาวันออกสฺยงใต้[thit⁸ ta:¹ van² ʔɔ:k⁹ si:aŋ¹ tai⁴];ทิดอาคะเบ[thit⁸ ʔa:¹ kha⁵ne:²];บุบพะทะขิน

[ʔbup⁷pha⁵tha⁵khin¹];พาอาคะเบ[pha:k¹⁰ʔa:¹ kha⁵ne:²];พาสฺยงใต้[pha:k¹⁰si:aŋ¹tai⁴];อาคะเบ[ʔa:¹ kha⁵ ne:²]　越 đông nam[ʔdoŋ¹ na:m¹];hướng đông nam[hɯ:ŋ⁵ ʔdoŋ¹ na:m¹]　芒 đông nam[ʔdoŋ¹ na:m¹]

【东南风】　泰 ลมตะวันออกเฉียงใต้[lom² ta⁵ wan² ʔɔ:k⁹ tshi:aŋ¹ tai³]　老 ลมตาวันออกสฺยงใต้[lom² thit⁸ta:¹ van² ʔɔ:k⁹si:aŋ¹tai⁴]　岱-侬 lồm bưởng nam [lom² ʔbɯ:ŋ² na:m¹];lồm phân[lom² phən¹]　越 gió nồm[zɔ⁵ nom²]　芒 xó nồm[sɔ³ nom²]

【东西】买~❶　泰 ของ[khɔ:ŋ¹];ข้าวของ[kha:u³khɔ:ŋ¹];สิ่ง[siŋ⁵];สิ่งของ[siŋ⁵ khɔ:ŋ¹];กระยา[kra⁵ ja:²];เครื่อง[khrɯ:aŋ³]　老 ຂອງ[khɔ:ŋ¹];เถื่อง[khɯ:aŋ⁵];เถื่องของ[khɯ:aŋ⁵khɔ:ŋ¹];สิ่ง[siŋ⁵];สิ่งของ[siŋ⁵ khɔ:ŋ¹];อัดถุสิ่งของ[vat⁸thu²siŋ⁵khɔ:ŋ¹]　岱-侬 cúa[kuə⁵];cúa khoong[kuə⁵ khɔ:ŋ¹];tông slây[toŋ¹ɬəi¹]　越泰 tô xắt[to¹sat⁷]　普 kAng³[kɒŋ³]　越 đồ[ʔdo²];đồ đạc[ʔdo² ʔda:k⁸];cái[ka:i⁵]　芒 tồ[to²];đồ[ʔdo²]

【冬瓜】❷　泰 ฟัก[fak⁸];ลูกฟัก[lu:k¹⁰fak⁸];ฟักเขียว [fak⁸khi:au¹]　老 ฟักยฺอ[fak⁸khi:au¹];ทะโต่บ[ka:² to:n⁵];ฟักโต่บ[fak⁸ to:n⁵];พาฟักโต่บ[ma:k⁹ fak⁸ to:n⁵];พาโต่บ[ma:k⁹ to:n⁵]　岱-侬 fặc[fak⁸];fặc moong[fak⁸mɔ:ŋ¹];qua moong[kwa¹mɔ:ŋ¹];pặc mấn[pak⁸mən⁵]　越泰 phặc[phak⁸]　普 pǎk[pak⁵]　越 bí xanh[ʔbi⁵ saŋ¹];bí đao[ʔbi⁵ ʔda:u¹];bí phấn[ʔbi⁵ fɤn¹]　芒 pil lô[pil³ lo⁴]

【冬季】　泰 ฤดูหนาว[rɯ⁴²ʔdu:²na:u¹];เดือนเย็น [ʔdɯ:an² jen²]　老 ละดูขนาว[la⁵ʔdu:¹ na:u¹];ยามขนาว[na:m²na:u¹];หน้าขนาว[na:³na:u¹]　岱-侬 đông[ʔdoŋ¹];mủa đông[muə³ʔdoŋ¹]　越泰 đông [ʔdoŋ¹];mũa đông[muə³ ʔdoŋ¹]　普 mjA⁴ qalwang³ [mjɒ⁴ qa⁰ lwa:ŋ³];mjA⁴ qaluơng³[mjɒ⁴ qa⁰ lu:ŋ³]　越 mùa đông[muə² ʔdoŋ¹];mùa rét[muə² zɛt⁷]　芒

❶ 石家 hɔɔŋ²
❷ 阿含 pak D2S　掸 pak D2L　泐 pak D2L

khàng chả[kha:ŋ³ tsa³]

【懂 听~ ❶】 泰 rú[ru:⁴];เข้าใจ[khau³tsai²] 老 ເຂົ້າໃຈ [khau³ tsai¹];ເຂົ້າອົກເຂົ້າໃຈ[khau³ ʔok⁷ khau³ tsai¹] 傣-侬 rụ[ru⁴] 越泰 hụ[hu⁴] 普 cư¹[tsɯ¹] 越 hiểu [hi:u⁵] 芒 hiếu[hi:u⁵]

【懂事】 泰 rú้เรื่อง[ru:⁴rɯ:aŋ²] 老 ຮູ້ ເລື່ອງ[hu:⁴lɯ:aŋ⁵]; ຮູ້ຄວາມ[hu:⁴ khwa:m²] 越 biết điều[ʔbi:t⁷ ʔdi:u²]

【动 站着别~】 泰 ขยับ[kha⁵ jap⁷] 老 ຕິງ[ti:ŋ¹];ເຕື້ອງ [tɯ:aŋ⁴];ເຕື້ອງຕີງ[tɯ:aŋ⁴ti:ŋ¹];ເຍິງ[neŋ¹] 傣-侬 nâng[nəŋ¹];fèn[fɛn²] 越泰 nưng[nɯŋ¹] 越 động[ʔdoŋ⁶]

【动工】 泰 ลงมือทำ[loŋ² mɯ:² tham²] 老 ລົງມືເຮັດ [loŋ² mɯ:² het⁸] 越 khởi công[xɤ:i³ koŋ¹] 芒 khới công[khɤ:i⁵ koŋ¹]

【动脉】 泰 เส้นเลือดแดง[se:n³ lɯ:at¹⁰ ʔdɛ:ŋ²];เส้น โลหิตแดง[se:n³lo:²hit⁵ʔdɛ:ŋ²]; หลอดเลือดแดง [lɔ:t⁹ lɯ:at¹⁰ ʔdɛ:ŋ²] 越 động mạch[ʔdoŋ⁶ mat⁸] 芒 tống mach[toŋ⁴ mat⁸]

【动身】 泰 ออกเดินทาง[ʔɔ:k⁹ʔdə:n² tha:ŋ²] 老 ອອກເດີນທາງ[ʔɔ:k⁹ʔdə:n¹¹ tha:ŋ²] 越 khởi hành[xɤ:i³ han²];lên đường[len¹ʔdɯ:ŋ²];cát mình[kɤt⁷ min⁴] 芒 dđl ti[zɤl⁴ ti¹];cát miềnh[kɤt⁷ mi:n²]

【动物】 泰 สัตว์[sat⁷] 老 ສັດ[sat⁷];ຕົວສັດ[tu:a¹ sat⁷]; ຊາດສັດ[sa:t¹⁰ sat⁷];ສັດຕະວະຊາດ[sat⁷ ta² va⁵ sa:t¹⁰] 普 cin³[tsin³] 越 con vật[kɔn¹vɤt⁸]; thú vật[thu⁵ vɤt⁸];loài vật[lwa:i² vɤt⁸]

【动物油】 泰 มัน[man²] 老 ມັນ[man²];ໄຂ [khai¹];มันไข[man² khai²];ไขมัน[khai¹ man²];ไขสัด [khai¹ sat⁷];น้ำมันสัด[nam⁴man²sat⁷] 傣-侬 pị[pi²]; lào[la:u²] 越泰 pĩ[pi²] 越 mỡ[mɤ⁴] 芒 mỡ[mɤ⁴]

【动物园】 泰 สวนสัตว์[su:an¹ sat⁷] 老 ສວນສັດ [su:an¹ sat⁷] 越 vườn bách thú[vɯ:n² ʔbat⁷ thu⁵]; sở thú[ʂɤ:³thu⁵] 芒 wần bách thủ[wɤn²ʔbat⁷thu⁵]

【洞 ❷】 泰 ช่อง[tshɔ:ŋ³];rú[ru:²] 老 ຂ່ອງ [sɔ:ŋ⁵]; ຮູ[hu:²] 傣-侬 rù[ru²];lù[lu²] 普 bung¹[buŋ¹] 越 hang[ha:ŋ¹];động[ʔdoŋ⁶];hang động[ha:ŋ¹ ʔdoŋ⁶] lỗ[lo⁴];hốc[hok⁷] 芒 hang[ha:ŋ¹];rông[roŋ¹];hôr g [hoŋ¹];mà[ma²];lỗ[lo⁴];hốc[hok⁷]

【洞房】 泰 เรือนหอ[rɯ:an² hɔ:¹] 老 ເຮືອນດອງ[hɯ:an² ʔdɔ:ŋ¹];ເຮືອນມີ[hɯ:an² hɔ:¹] 越 động phòng[ʔdoŋ⁶ fɔŋ²];buồng cưới[ʔbu:ŋ²kɯ:i⁵] 芒 tổng puồng[toŋ⁴ pɯ:ŋ²]

【洞口】 泰 ปากถ้ำ[pa:k⁹ tham³] 老 ປາກຖ້ຳ[pa:k⁹ tham³] 越 cửa hang[kɯ:a³ ha:ŋ¹]

【冻 洞水~了】 泰 เกาะตัวเป็นน้ำแข็ง[kɔ⁵ tu:a² pen² nam⁴ kɛŋ¹] 老 ກ້າມ[ka:m⁴] 越 đóng băng[ʔdoŋ⁵ ʔbaŋ¹]; đóng lại[ʔdoŋ⁵ la:i⁶]

【冻疮】 泰 เกลียวดำ[kli:au⁵ ʔdam²];เปลี่ยวดำ[pli:au⁵ ʔdam²] 傣-侬 là vặc[la² vak⁸] 越 cước[kɯ:k⁷]

【冻肉】 泰 เนื้อสัตว์แช่เย็น[nɯ:a⁴ sat⁷ tshe:³ jen²] 越 thịt đông[thit⁸ ʔdoŋ¹] 芒 nhúc tông[ɲuk⁷ toŋ¹]

【都 ~来了 ❸】 泰 ก็[kɔ:³] 老 ກໍ່[kɔ:⁵];ເຕາະ[tɔ²];ล้อม [lu:an⁴] 傣-侬 tó[to⁵];xày[ɕai²] 越 đều[ʔdeu⁵]

【斗笠 ❹】 泰 ก๊วยเล้ย[ku:ai³ lə:i⁴];กุยเล้ย[kui³ lə:i⁵] 老 ກຸບ[kup⁷];ງອບ[ŋɔ:p¹⁰] 傣-侬 chup[ɕup⁷] 越泰 cúp[kup⁷] 普 long¹[lɔŋ¹] 越 nón[nɔn⁵];cái nón[ka:i⁵ nɔn⁵] 芒 đòn[ʔdon³];mô[mo¹];tổ[to²

【抖 ~衣服】 泰 กระตุ้น[kra²tun³];สะบัด[sa⁵ʔbat⁷] 老 ສະຫຼັດ[sa²lat⁷] 傣-侬 xáu[ɕau⁵] 越泰 pǔ[pu²] 越 giũ[zu⁴] 芒 dúng[zuŋ⁵]

【陡】 泰 ชัน[tshan²] 老 ຊັນ[san²];ຍອກ[ɲɔ:k¹⁰];ທີ່ລົ້ນ

---
❶ 石家 khaw⁶-cɨ̈⁶　阿含 rō C2
❷ 阿含 ru A2;rū A2　掸 hu A2　渤 hru A2;ɕoŋ B2
❸ 石家 kuŋ²;kuŋ³;kɔ:³
❹ 阿含 kup D1S　渤 kup D1S

[thi:⁴ li:⁴] 岱-侬 lính[liŋ⁵] 越泰 lính[liŋ⁵] 越 dốc [zok⁷]

【陡坡】泰 เนินชัน[nəːn² tshan²];เนินที่ชัน[nəːn²thi:³ tshan²] 老 เบิ่นฮัน[nəːn² san²] 越 dốc đứng[zok⁷ ʔduŋ⁵];suờn dốc[ʂɯːn² zok⁷];đường dốc[ʔdɯːŋ² zok⁷]

【斗鸡看~】泰 ชนไก่[tshon²kai⁵] 老 ຕີໄກ່[ti:¹'kai⁵] 越 chọi gà[tsɔi⁶ ɣa²] 芒 chōi ca[tsɔi⁴ ka¹]

【斗鸡养~】泰 ไก่ชน[kai⁵ tshon²];ไก่อู[kai⁵ ʔu:⁵] 老 ໄກ່ຕີ[kai⁵ ti:¹'];ไก่ฮบ[kai⁵ hop⁸] 越 gà chọi[ɣa¹ tsɔi⁶] 芒 ca chōi[ka¹ tsɔi⁴]

【斗鸡眼】泰 ตาเข[ta:² kheː¹] 老 ຕາເສື້ອງ[ta:¹' sɯːŋ³];ຕາເຫຼ່[ta:¹' le:¹];ຕາເຫຼือ[ta:¹' le:u⁵] 越 mắt lé[mat⁷ lɛ⁵];mắt lác[mat⁷ la:k⁷] 芒 măt đăi[mat⁸ ʔda:i³];lương mắt[lɯːŋ⁵ mat⁸]

【豆瓣儿酱】泰 เต้าเจี้ยว[tau³ tsi:au⁶] 老 ເຕົ້າຈ້ຽວ[tau⁴tsi:au⁴] 岱-侬 thúaxǎng[thuə⁵ɕaŋ³];thúanǎng [thuə⁵ naŋ³] 越泰 thúa nhúc[thuə⁵ ɲuk⁷];thúa nàu [thuə⁵nau⁶] 普 tio³ topu³[tie³ tɤ⁰pu³];topu³[tɤ⁰pu³] 越 đậu tương[ʔdɤu² tɯːŋ¹];tương đậu nành[tɯːŋ¹ ʔdɤu² naŋ²] 芒 tẩu tương[tɤu⁴ tɯːŋ¹]

【豆腐】泰 เต้าหู้[tau³hu:³] 老 ເຕົ້າຮູ້[tau⁴hu:⁴] 岱-侬 tào fǔ[ta:u⁴ fu³] 越 đậu phụ[ʔdɤu⁶ fu⁶] 芒 tẩu khũ[tɤu⁴ khu⁴]

【豆腐干】泰 เต้าหู้แห้ง[tau³ hu:³ hɛːŋ³] 老 ເຕົ້າຮູ້ແຫ້ງ [tau⁴ hu:⁴ hɛːŋ³] 越 đậu phụ khô[ʔdɤu⁶ fu⁶ xo¹];đậu phụ cứng[ʔdɤu⁶ fu⁶ kɯŋ⁵]

【豆腐脑儿】泰 เต้าฮวย[tau³hu:ai²] 越 đậu hũ[ʔdɤu⁶ hu⁴];tào phở[ta:u² fɤ³]

【豆腐乳】泰 เต้าหู้ยี้[tau³ hu:³ ji:⁴] 老 ເຕົ້າຮູ້ຍີ້[tau⁴ hu:⁴ni:⁴] 越 đậu phụ nhự[ʔdɤu⁶fu⁶ɲɯ⁶];đậu chao [ʔdɤu⁶ tsa:u¹]

【豆浆】泰 นมถั่วเหลือง[nom² thu:a⁵ lɯːaŋ¹];น้ำเต้าหู้ [nam⁴ tau⁵ hu:⁴];น้ำนมถั่วเหลือง[nam⁴ nom² thu:a⁵ lɯːaŋ¹] 老 ບໍ້ເຕົ້າຮູ້[nam⁴ tau⁵ hu:⁴];ມິນຖົ່ວເຫຼືອງ [nom² thu:a⁵ lɯːaŋ¹];ມິນຖົ່ວ[nom² thu:a⁵] 岱-侬 nặm thúa xẳng[nam⁴ thuə⁵ ɕaŋ³] 越 sữa đậu nành [ʂɯa⁴ ʔdɤu⁶ naŋ²];sữa đậu[ʂɯa⁴ ʔdɤu⁶] 芒 đác tẩu nành[ʔda:k⁷ tɤu⁴ naŋ²]

【豆芽】泰 ถั่วงอก[thu:a⁵ ŋɔːk¹⁰];ถั่วเพาะ[thu:a⁵ phɔ⁴] 老 ຖົ່ວງອກ[thu:a⁵ ŋɔːk¹⁰];ໝາກຖົ່ວງອກ[ma:k⁹ thu:a⁵ ŋɔːk¹⁰];ໝາກຖົ່ວงอั่ม[ma:k⁹thu:a⁵nɔː⁵] 岱-侬 thúa ngat[thuə⁵ ŋa:t⁸] 越 giá[za⁵];đậu giá[ʔdɤu⁶ za⁵]

【豆油】泰 น้ำมันถั่วเหลือง[nam⁴ man² thu:a⁵ lɯːaŋ¹] 老 ບໍ້ມັນຖົ່ວເຫຼືອງ[nam⁴ man² thu:a⁵ lɯːaŋ¹] 越 dầu đậu nành[zɤu² ʔdɤu⁶ naŋ²]

【豆渣】泰 กากถั่ว[ka:k⁹ thu:a⁵] 老 ກາກຖົ່ວ[ka:k⁹ thu:a⁵] 越 bã đậu[ʔba⁴ ʔdɤu⁶]

【豆子❶】泰 ถั่ว[thu:a⁵] 老 ຖົ່ວ[thu:a⁵];ໝາກ ຖົ່ວ[ma:k⁹thu:a⁵] 岱-侬 thúa[thuə⁵] 越泰 thúa[thuə⁵]; mák thúa[ma:k⁷thuə⁵] 普 tio³[tie³] 越 đậu[ʔdɤu⁶] 芒 tẩu[tɤu⁴]

【逗~小孩儿】泰 หยอก[jɔːk⁹] 老 ยอก[jɔːk⁹] 越 dùa[ʔduə²];giỡn[zɤːn⁴]

【逗留】泰 อยู่เป็นเวลาสั้น ๆ[ju:⁵ pen⁴ weː² la:² san³ san³] 老 จำบำ[tsam¹' nam²];แอะ[vɛ⁵];ฮั้ง[haŋ⁴] 岱-侬 lǎn[la:n³];dú[ju⁵] 越泰 nhạu[nau⁴] 越 ở lại[ɤː³ la:i⁶];lưu lại[lɯu¹ la:i⁶];dừng lại[zɯŋ² la:i⁶]

【都城】泰 นครหลวง[na⁴ khɔːn² luːaŋ¹] 老 ທີ່ ເມືອງເອກ[hu:a¹ mɯːaŋ² ʔe:k⁹] 越 thành phố thủ đô[thaŋ² fo⁵ thu³ ʔdo¹]

【督促】泰 ควบคุมและเร่งรัด[khu:ap¹⁰ khum² lɛ⁴ reːŋ⁴ rat⁸] 老 ຄອບຄຸມແລະເລັ່ງລັດ[khu:ap¹⁰khum²lɛ⁵leŋ⁵ lat⁸] 岱-侬 ôp[ʔop⁷] 越 thúc giục[thuk⁷ zuk⁸];đốc thúc[ʔdok⁷ thuk⁷

---

❶ 石家 thua⁵ 拉基 tjo²

【毒 这种草有~】 泰 พิษ[phit⁸] 老 ขาดเบื่อ[tha:t¹⁰ ʔbɯ:a⁵];พิด[phit⁸] 越 độc[ʔdok⁸];chất độc[tsɤt⁷ ʔdok⁸] 芒 tôc[tok⁸]

【毒 ~死老鼠】 泰 เบื่อ[ʔbɯ:a⁵] 老 เบื่อ[ʔbɯ:a¹] 越 thuốc[thu:k⁷]

【毒辣】 泰 อำมหิต[ʔam²ma⁴hit⁷] [khi:³ ho:t⁷sa:¹ ma:n²] 岱-侬 slim đọc[ɬim¹ ʔdɔ:k⁸] 越 cay độc[kai¹ ʔdok⁸]

【毒蘑菇】 泰 เห็ดพิด[het⁷ phit⁸] 老 เห็ดเบื่อ[het⁷ ʔbɯ:a⁵];เห็ดพิด[het⁷ phit⁸] 越 nấm mũ độc[nɤm⁵ mu⁴ ʔdok⁸] 芒 chél om[tsel³ ʔɔm¹]

【毒气】 泰 แก๊สพิษ[kɛ:t⁴ phit⁸] 越 hơi độc[hɤ:i¹ ʔdok⁸] 芒 hơi tôc[hɤ:i¹ tok⁸]

【毒气弹】 泰 ลูกระเบิดแก๊สพิษ[lu:k¹⁰ ra² ʔbə:t⁹ kɛ:t⁴ phit⁸] 老 ละเบิดอายพิด[la⁵ ʔbə:t⁹ʔa:i¹¹phit⁸] 越 bom hơi độc[ʔbɔm¹ hɤ:i¹ ʔdok⁸];bom hoá độc [ʔbɔm¹hwa⁵ ʔdok⁸]

【毒蛇】 泰 งูพิษ[ŋu:² phit⁸] 老 งูพิด[ŋu:² phit⁸];อะสีละพิด[ʔa² sɔ:¹ la⁵ phit⁸] 越 rắn độc[zan⁵ ʔdok⁸] 芒 thánh tôc[than³ tok⁸]

【毒药】 泰 ยาพิษ[ja:² phit⁸] 老 ยาพิด[ja:¹ phit⁸];ยาเบื่อ[ja:² ʔbɯ:a⁵] 岱-侬 dạtăm[ja¹ tam⁴] 越 thuốc độc[thu:k⁷ ʔdok⁸] 芒 thuốc tôc[thu:k⁷ tok⁸];tôc dược[tok⁸ zɯ:k⁸]

【毒液】 泰 เมือกพิษ[mɯ:ak¹⁰ phit⁸] 老 น้ำเบื่อ[nam⁴ ʔbɯ:a⁵] 越 nọc độc[nɔk⁸ ʔdok⁸] 芒 tlè[tlɛ³];noc [nɔk⁸]

【独唱】 泰 ร้องเดี่ยว[rɔ:ŋ⁴ ʔdi:au⁴] 老 ฮ้องเพียงเดียว[hɔ:ŋ⁴phe:ŋ²²di:au⁵];ฮ้องเดียว[hɔ:ŋ⁴²di:au⁵] 越 đơn ca[ʔdɤ:n¹ ka¹]

【独轮车】 泰 รถล้อเดี่ยว[rot⁸ lɔ:⁴ ʔdi:au²] 老 ลีดล้อเดียว[lot⁸ lɔ:⁴ ʔdi:au¹] 越 xe cút kít[sɛ¹ kut⁷ kit⁷] 芒 xe cút kít[sɛ¹ kut⁷ kit⁷]

【独木桥】 泰 สะพานไม้เดียว[sa⁵ pha:n² mai⁴ ʔdi:au¹] 老 ขัวไม้ลำเดียว[khu:a¹ mai⁴ lam² ʔdi:au¹] 越 cầu độc mộc[kɤu⁵ ʔdok⁸ mok⁸];cầu khỉ[kɤu⁵ xi³]

【独木舟】 泰 เรือโกลน[rɯ:a² klo:n²] 老 เฮือฮาง[hɯ:a²ha:ŋ¹];เฮือก้อม[hɯ:a²kɔ:m⁴] 越 thuyền độc mộc[thwi:n² ʔdok⁸ mok⁸]

【独生女】 泰 สาวคนเดียว[sa:u¹khon²ʔdi:au²] 老 ลูกสาวโทน[lu:k¹⁰sa:u¹tho:n²] 越 con gái một [kɔn¹ ɣa:i⁵mot⁸]

【独生子】 泰 ลูกโทน[lu:k¹⁰ tho:n²];บุตรชายคนเดียว[ʔbut⁷tsha:i²khon²ʔdi:au²] 老 ลูกแก้ว[lu:k¹⁰kɛ:u⁴];ลูกโทน[lu:k¹⁰ tho:n²];ลูกชายโทน[lu:k¹⁰ sa:i²tho:n²];ลูกโทน[lu:k¹⁰ tho:n²];ลูกทอน[lu:k¹⁰ thɔ:k¹⁰] 越泰 lục điêu[luk⁸ ʔdi:u¹] 越 con một[kɔn¹ mot⁸] 芒 con môch[kɔn¹ mot⁸]

【独弦琴】 泰 ขิมสายธนูเดี่ยว[khim¹ sa:i¹ tha⁴ nu:² ʔdi:au⁵] 越泰 tính tàu[tiŋ⁵ tau³] 越 đàn bầu[ʔdan² ʔbɤu²]

【独眼子】 泰 คนตาบอดข้างเดียว[khon² ta:² ʔbɔ:t⁹ kha:ŋ³ ʔdi:au²] 老 ติบตาเอก[khon² ta:¹¹ ʔe:k⁹] 岱-侬 cần tha toọc[kən²tha¹tɔ:k⁸] 越泰 cỏn ta xón[kɔn² ta¹ sɔn⁵] 越 người chột mắt[ŋɯ:i² tsot⁸ mat⁷] 芒 môl lống mắt[mɔl⁴ lɔŋ⁵ mat⁸]

【独自】 泰 คนเดียว[khon² ʔdi:au²] 老 โดยติมเดง[ʔdo:i¹¹ ton¹¹ ʔe:ŋ¹¹];ลำพัง[lam² phaŋ²] 岱-侬 cần đeo[kən² ʔdɛu¹] 越泰 tọk[tɔk⁸] 越 tự mình[tɯ⁶ min²];một mình[mot⁸ min²] 芒 tlùa[tlua³]

【读 ~课文】 泰 อ่าน[ʔa:n⁵] 老 อ่าน[ʔa:n⁵];ฮั่น[ʔan³] 岱-侬 toọc[tɔ:k⁸];đoọc[ʔdɔ:k⁸] 越泰 đọc[ʔdɔk⁸] 菁 njan⁴[nja:n⁴];thăj²[thai²] 越 đọc[ʔdɔk⁸] 芒 toc[tɔk⁸]

【读者】 泰 ผู้อ่าน[phu:³ʔa:n⁵] 老 ท่านผู้อ่าน[tha:n⁵ phu:³ʔa:n⁵];ผู้อ่าน[phu:³ʔa:n⁵];เผื่อนมักอ่าน[phɯ:an⁴ nak⁸ ʔa:n⁵];มักอ่าน[nak⁸ ʔa:n⁵] 越 độc giả[ʔcok⁸ ʐa³]

【堵~漏洞】 泰 อุด[ʔut⁷];อุดตัน[ʔut⁷ tan²] 老 ยึดยา[jot⁷ ja:¹];อัด[ʔat⁷];อุด[ʔut⁷];อั้น[ʔan⁴] 岱-侬 chăt [tɕat⁷] 越泰 tăn[tan¹] 越 tắcnghẽn[tak⁷ŋen⁴];ngăn chặn[ŋan⁶ tsan⁶];lấp kín[lɤp⁷ kin⁵];lấp[lɤp⁷];chắn [tsan⁵] 芒 lấp[lɤp⁷]

【堵__~墙】 泰 ผนัง[pha⁵ naŋ¹] 岱-侬 păc[pak⁷];puông [pu:ŋ¹] 越泰 puông[pu:ŋ¹] 越 bức[ʔbɯk⁷] 芒 pắc[pɤk⁷]

【赌博】 泰 นักเลงการ[nak⁸ le:ŋ² ka:n²];พนัน[pha⁴ nan²] 老 ทลิ้นเบ้ย[li:n³ ʔbi:a⁴];กี้มเบ้ยไพ้[li:n³ ʔbi:a⁴ tsi:a⁴ phai²];พะนัน[pha⁵ nan²];กี้มกาบพะนัน[li:n³ ka:n¹' pha⁵ nan²];กี้มพะนันอันต๋ำ[li:n³ pha⁵ nan² khan¹ tɔ:⁵];กี้มเบ้ยเจ้ยไพ้[lin³ ʔbi:a⁴ tsi:a⁴ phai²] 岱-侬 tỏ pài[tɔ³ pa:i²];tưc tỏ[tuk⁷ tɔ³] 越泰 tó chẽn[tɔ⁵ tsen²];phại chẽn[pha:i⁴ tsen²] 越 đánh bạc[ʔdaŋ⁵ ʔba:k⁸];chơi cờ bạc[tsɤ:i¹ kɤ:² ʔba:k⁸];cờ bạc[kɤ:² ʔba:k⁸];bàibạc[ʔba:i² ʔba:k⁸] 芒 khoànpac[khwa:n² pa:k⁸];cờ pac[kɤ:² pa:k⁸];bài pac[ʔba:i² pa:k⁸];tảnh pac[taŋ³ pa:k⁸]

【赌场】 泰 บ่อนการพนัน[ʔbɔ:n¹ ka:n² pha⁴ nan²] 老 โฮงเบ้ย[ho:ŋ² ʔbi:a⁴];โฮงกี้มเบ้ย[ho:ŋ² li:n³ ʔbi:a⁴];โฮงพะนัน[ho:ŋ² pha⁵ nan²];บ่อนทลิ้นเบ้ย[ʔbɔ:n¹ li:n³ ʔbi:a⁴];เฮือนเบ้ย[hɯan² ʔbi:a⁴] 越 sòng bạc[ʂɔŋ² ʔba:k⁸]

【赌棍】 泰 นักการพนัน[nak⁸ ka:n² pha⁴ nan²] 老 ขี้เบ้ย[khi:³ ʔbi:a⁴];ขี้เบ้ยเจ้ยไพ้[khi:³ ʔbi:a⁴ tsi:a⁴ phai²];นักเลงพะนัน[nak⁸ le:ŋ² pha⁵ nan²];บัก กาบพะนัน[nak⁸ ka:n¹' pha⁵ nan²];โตงกาบพะนัน[thɔ:ŋ² ka:n¹' pha⁵ nan²] 越 dân cờ bạc[zɤn⁴ kɤ:² ʔba:k⁸];tay cờ bạc[tai¹ kɤ:² ʔba:k⁸];bợm cờ bạc[ʔbɤ:m⁶ kɤ:² ʔba:k⁸] 芒 con pac[kɔn¹ pa:k⁸]

【赌气】 泰 กะบึงกะบอน[ka⁵ ʔbɯŋ⁵ ka⁵ ʔbɔ:n²];กะบึง [ka⁵ ʔbɔ:n⁵ ka⁵ ʔbɯŋ²] 老 ขัดหัง[sak⁸ na:³];บึ้ง [ʔbɯŋ²];บึ้งบูด[ʔbɯŋ⁴ ʔbu:t⁹];บูดบึ้ง[ʔbu:t⁹ ʔbɯŋ²] 岱-侬 hêt nhả[het⁷ ɲa:³];hêt rại[het⁷ ra:i⁴] 越泰 phừn chiệt[phun² tsi:t⁸] 越 dỗi[zoi⁴];giận dỗi[ʐɤn⁶ zoi⁴] 芒 hờn dữ[hɤ:n² zɯ⁴]

【肚兜】 泰 ผ้าคลุมอก[pha:³ khlum² ʔok⁷];คลุมท้อง [khlum² thɔ:ŋ⁴] 普 pưɵj³[pɯ:i³] 越 yếm[ʔi:m⁵] 芒 yếm[ʔi:m⁵]

【肚脐❶】 泰 สะดือ[sa⁵ ʔdɯ:²] 老 บื[ʔbɯ:¹'];สะดือ [sa² ʔdɯ:¹'];สะบื[sa² ʔbɯ:¹'] 岱-侬 đúc đi[ʔduk⁷ ʔdi³] 普 naw¹[na:u¹] 越 rốn[ʐon⁵];cái rốn[ka:i¹ ʐon⁵]

【肚子❷】 泰 ท้อง[thɔ:ŋ⁴];พุง[phuŋ²] 老 ท้อง [thɔ:ŋ⁴];ทะเพาะ[ka² phɔ:⁵];พุง[phuŋ²] 岱-侬 môc [mok⁷];toọng[tɔ:ŋ⁴] 越泰 pum[pum¹] 普 mhôk [mɔk⁵] 越 bụng[ʔbuŋ⁶] 芒 tlổng[tloŋ⁴];múm tlổng[mum⁵ tloŋ⁴]

【肚子痛】 泰 เจ็บท้อง[tsep⁷ thɔ:ŋ⁴];ปวดท้อง[pu:at⁹ thɔ:ŋ⁴] 老 ปอดท้อง[pua:t⁹ thɔ:ŋ⁴];ขัดท้อง[khat thɔ:ŋ⁴];เจ็บท้อง[tsep⁷ thɔ:ŋ⁴];ทะเพาะฮักเสบ[ka² phɔ:⁵ ʔak⁷ se:p⁹];พุงฮักเสบ[phuŋ² ʔak⁷ se:p⁹] 越 đau bụng[ʔdau¹ ʔbuŋ⁶];đau ruột[ʔdau¹ ʐu:t⁸] 芒 tau múm tlổng[tau¹ mum⁵ tloŋ⁴];tau tlổng[tau¹ tloŋ⁴];tau pão[tau¹ pa:u⁴]

【杜鹃~鸟名】 泰 นกดุกู๊[nok⁸ khuk⁸ khu:²];ดุกู๊[khuk⁸ khu:²];นกแขกเต้า[nok⁸ khɛ:k⁹ tau³];นกดุเหว่า[nok⁸ ʔdu⁵ wau⁵] 老 มีกดอกสะพื้ด[nok⁸ ʔdɔ:k⁹ sa² lit⁸];จากึ๊ก[tsa:¹' ʔdok⁷] 岱-侬 nộc văc[nok⁸ vak⁷] 越 chim cu cu[tsim¹ ku¹ ku¹];chim đỗ quyên[tsim¹ ʔdo⁴ kwi:n¹];tu hú[tu¹ hu⁵] 芒 tu wáo[tu¹ wa:u⁵]

【渡~河❸】 泰 ข้าม[kha:m³] 老 ข้าม[kha:m³] 越 sang[ʂaŋ¹];qua[kwa¹];vượt qua[vɯ:t⁸ kwa¹] 芒 khang[kha:ŋ¹]

---

❶ 石家 bïi¹　阿含 shai A1 ni A1　掸 sai A1 li A1　勐 bïˇA1　拉哈 mathaw¹;daw¹
❷ 阿含 tâng B2
❸ 石家 haam³

【渡船】 泰 เรือข้ามฟาก[rɯːa² khaːm³ faːk¹⁰]; เเพ[huːa² phɛː²];เรือบัก[huːa² ʔbak²];เรือข้ามน้ำ[huːa² khaːm³ nam⁴] 越 đò[ʔdɔ²];phà[faː²];đò ngang[ʔdɔ²waːŋ¹];thuyền đò[thwiːn² ʔdɔ²] 芒 thiền tò[thiːn² tɔ²];chiếc đốc[tsiːk⁷ ʔdok⁷];cây đốc[kai³ ʔdok⁷];đốc[ʔdok⁷]

【渡口】 泰 ท่า[thaː³];ท่าข้าม[thaː³ khaːm³];ท่าเรือ[thaː³ rɯːa²];ท่าน้ำ[thaː³ nam⁴] 老 ท่าข้าม[thaː⁵ khaːm³] 岱-侬 slooc lùra[ɬɔːk⁷lɯa²] 越泰 tà đō[taː⁶ʔdɔ²] 越 bến đò[ʔben⁵ ʔdɔ²];bến phà[ʔben⁵ faː²]

【镀~银】 泰 ชุบ[tshup⁸] 老 ຊຸບ[sup⁸];ໂพก[phoːk¹⁰];ทุ่ม[hum⁵] 岱-侬 ap[ʔaːp⁷] 越泰 áp[ʔaːp⁷] 越 mạ[maː⁶] 芒 mã[maː⁴]

【端~水】 泰 ยก[jok⁸] 老 ຍົກ[ɲok⁸] 越 bưng[ʔbɯŋ¹] 芒 pong[pɤːŋ³]

【端午节】 泰 เทศกาลเรือมังกร[theːt¹⁰ saː³ kaːn² rɯːa² maŋ⁴ kɔːn²];วันสารทขนมจ้าง[wan³ saːt⁹ khaː⁵ nom¹ tsaːŋ³] 岱-侬 xo hả[ɕɔ¹ haː³] 越 Tết Đoan Ngọ [tet⁷ ʔdwaːn¹ ŋɔ⁶]

【短❶】 泰 สั้น[san³] 老 ສັ້ນ[san³];จั้ม[tsan⁴];จ้อม[tsɔːn⁴];กี่[kiː²] 岱-侬 tển[tən³];tẩn[tən³] 越泰 tển[tən³];cứt[kut⁷] 普 tāj³[tai³] 越 ngắn[ŋan⁵];cụt[kut⁸] 芒 cut[kut⁸]

【短裤】 泰 กางเกงขาสั้น[kaːŋ² keːŋ² khaː¹ san³] 老 โส่งสั้น[soːŋ³ san³];โส่งขาสั้น[soːŋ³ khaː¹ san³] 岱-侬 khóa cắn[khwaː⁵ kan⁵] 越 quần ngắn[kwɤn² ŋan⁵];quần đùi[kwɤn² ʔdui²];quần soóc[kwɤn² sɔːk⁸];quần cụt[kwɤn² kut⁸];quần cộc[kwɤn² kok⁸]

【短命鬼】 泰 คนอายุสั้น[khon² ʔaː² juː⁴ san³] 老 ຄົນอายุสั้ม[khon² ʔaː² ɲuː³ san³] 越 đồ chết yểu[ʔdo² tset⁷ ʔiːu³];đồ chết non[ʔdo³ tset⁷ nɔn¹]

【短衫】 泰 เสื้อแขนสั้น[sɯːa³ khɛːn¹ san³] 老 เสื้อแขนสั้น[sɯːa³ khɛːn¹ san³];เสื้อสั้น[sɯːa³ saː³] 岱-侬 slưa tển[ɬɯa³ ten³] 越 áo ngắn[ʔaːu⁵ ŋan⁵];áo cánh[ʔaːu⁵ kaŋ⁵];áo cộc[ʔaːu⁵ kok⁸] 芒 áo pản[ʔaːu³ pan³];áo côc thay[ʔaːu³ kok⁸ thai¹]

【段~路】 泰 ตอน[tɔːn²] 老 ຕອນ[tɔːn¹];ໄລຍະ[lai² na⁵] 岱-侬 khuc[khuk⁷];kha[khaː¹] 越泰 dàn[jaːn⁶];pặc[pak⁸];khéo[kheu⁵] 越 đoạn[ʔdwaːn⁵];chặng[tsaŋ⁶];quãng[kwaːŋ⁴] 芒 đăn[ʔdaːn⁴];khúc[khuk⁷];quãng[kwaːŋ⁴]

【段~时间】 泰 ตอน[tɔːn²];ช่วง[tshuːaŋ³] 老 ຢາມ[ɲaːm²];ຂາບ[khaːp⁹];ໄລຍະ[lai² na⁵];ຕອນ[tɔːn¹] 岱-侬 tòn[tɔn³] 越 khoảng[xwaːŋ³];quãng[kwaːŋ⁴]

【缎】 泰 ต่วน[tuːan⁵];ผ้าต่วน[phaː³ tuːan⁵];ผ้าซาติน[phaː³ saː² tin²] 老 ต่อบ[tuːan⁵];แพต่อบ[phɛː² tuːaː⁵] 岱-侬 phải lài luồng[phaːi³ laːi² luːŋ²] 越 đoạn[ʔdwaːn⁶];sa tanh[ʂaː¹ taŋ¹]

【断线~了❷】 泰 ขาด[khaːt⁹] 老 ຂາດ[khaːt⁹] 岱-侬 khat[khaːt⁷] 越泰 khát[khaːt⁷] 越 đứt[ʔdɯt⁷] 芒 téch[tet⁷]

【断棍子~了】 泰 หัก[hak⁷] 老 ຫັກ[hak⁷] 岱-侬 tắc[tak⁷] 越泰 hắc[hak⁷] 普 ta³[taː³] 越 gẫy[ɣɤi⁴] 芒 lé[lɛ⁵]

【断绝~关系】 泰 ตัด[tat⁷];ขัด[khat⁷] 老 ຕັດ[tat⁷];ຕັດຂາດ[tat⁷ khaːt⁹] 越泰 tắt tang[tat⁷ taːŋ²] 越 cắt đứt[kat⁷ ʔdɯt⁷];đoạn tuyệt

【断奶】 泰 อดนม[ʔot⁷ nom²] 老 ເຊົ່ານົມ[sau² nom²];ປານົມ[paː² nom²];ເຊົ່າຕູ້[sau² tuː⁴];ອອກນົມ[ʔɔːk⁹ tuː⁴];ອອກນົມ[ʔɔːk⁹ nom²];ຢ່ານົມ[jaː¹ nom²] 岱-侬 piét nồm[piːt⁷ nom²] 越泰 văng úk[vaːŋ² ʔuk⁷] 越 cai sữa[kaːi¹ ʂɯa⁵];bỏ bú[ʔbɔ⁵ ʔbu⁵];thôi bú[thoi¹ ʔbu⁵] 芒 tá ù[taː⁵ ʔu⁵]

---

❶ 石家 tin³ 阿含 lât
❷ 石家 kaat⁶

【断气】 泰ขาดใจ[khaːt⁹ tsai²];สิ้นลม[sin³ lom²];หมดลม[mot⁷ lom²] 老ຂາດໃຈ[khaːt⁹ tsaiː¹];ໃຈຂາດ[tsai¹khaːt⁹];ສິ້ນໃຈ[sin³tsaiː¹];ສິ້ນລົມ[sin³tsai¹];ສິ້ນລົມຫາຍໃຈ[sin³lom²haːi¹tsai¹];ຫອດຊີວິດ[thɔːt¹⁰siː²vit⁸];ອາຍປານ[vaːi²paːn¹] 傣-侬 tăt châu[tat⁷tɕɤɯ¹] 越泰 chau khat[tɕɑɯ¹khaːt⁷]; tắtchau[tat⁷tɕɑɯ¹] 壮 tắtthở[tat⁷thɤ¹];chết[tʂet⁵] 芒thắt hơi[that⁷hɤːi¹];thắt thở[that⁷thɤ⁵];hét ngêch[het⁷ ŋet⁸]

【簕】 泰อวนไม้ไผ่[ʔuːan²mai⁴phai⁵] 老ຕ່ອນ[tɔːn⁴];ເຜືອກ[phɯːak⁹];ເຟືອກ[fɯːak⁹] 傣-侬 roòng [rɔːŋ²];rầy[rəi²] 普 pha⁴ zaw⁴[pha⁴ zaːu⁴] 越 cái đăng[kaːi⁵ ʔdaŋ¹]

【锻炼】 泰ฝึกฝน[fuk⁷fon¹] 老ຫັດ[hat⁷];ຊຸບຫລໍ່ [sup⁸ lɔː⁵];ຝຶກຝືນຫລ່ອມ[fuk⁷ fon¹ lɔː⁵lɔːm¹];ຝຶກຝືນ[fuk⁷fon¹] 越 rèn luyện[zɛn⁵lwiːn⁶];tôi luyện[toi¹ lwiːn⁶];tập luyện[tɤp⁸ lwiːn⁶] 芒 tâp liễn[tɤp⁸ liːn⁴]

【堆~稻草】 泰กอง[kɔːŋ²];หมัก[mak⁷] 老ກອງ[kɔːŋ¹];ລອມ[lɔːm²];ພູນ[phuːn²] 傣-侬 luồm [luːm²];puồm[puːm²];tồng tệnh[toŋ³teŋ³];tồng nhụt[toŋ³ nut⁸];chùng choáng[tɕuŋ³ tɕwaːŋ⁵];cong [kɔŋ¹] 越泰 tùm[tum³];xiếp[siːp⁷];xiếp cong[siːp⁷ kɔŋ¹];cong[kɔŋ¹] 壮 chất[tʂɤt⁷];đồng[ʔdoŋ⁵] 芒 tūn[tun⁴]

【堆一~草】❶ 泰กอง[kɔːŋ²] 老ກອງ[kɔːŋ¹];ສຸມ [sum¹] 傣-侬 cong[kɔŋ¹];pò[pɔ²];tồng[toŋ³] 越泰 cong[kɔŋ¹] 越 đồng[ʔdoŋ⁵] 芒 khẳm[khɤm⁴]

【对~错】❷ 泰ถูก[thuːk⁹] 老ແມ່ນ[mɛːn⁵];ຖືກ [thuːk⁹];ຖືກຕ້ອງ[thuːk⁹ tɔːŋ⁴];ຖ້ອງ[thɔːŋ³] 傣-侬 mèn[mɛn³] 越泰 mèn[mɛn⁶] 普 mhwat⁵[m̥waːt⁵]

【对他~我很好】❸ 泰ต่อ[tɔː⁵] 老ແກ່[kɛː⁵];ແດ່ [ʔdeː⁵];ຕໍ່[tɔː⁵];ນຳ[nam²] 越泰 đối[ʔdoi⁵] 越 đối với[ʔdoi⁵ vɤːi⁵]

【对一~兔子】❹ 泰คู่[khuː³] 老ຄູ່[khuː⁵] 傣-侬 tối[toi⁵] 越泰 đôi[ʔdoi¹] 越 đôi[ʔdoi¹]

【对不起】 泰ขอโทษ[khɔː¹ thoːt¹⁰] 老ຂໍໂທດ[khɔː¹ thoːt¹⁰];ຂໍອະໄພ[khɔː¹ ʔaː² phai²];ຂໍອະໄພໂທດ[khɔː¹ ʔaː² phai² thoːt¹⁰] 越 xin lỗi[sin¹ loi¹];có lỗi với[kɔ⁵ loi⁴ vɤːi⁵]

【对待】 泰ปฏิบัติต่อ[pa⁵ti² ʔbat⁷ tɔː⁵] 老ປະຕິບັດຕໍ່ [pa²ti²ʔbat⁵tɔː⁵] 傣-侬 ngòi[ŋoi²] 越泰 đối[ʔdoi⁵] tả[taː³] 越 đối đãi[ʔdoi⁵ daːi⁴];đối với …[ʔdoi⁵ vɤːi⁵ …];cư xử[kɯ¹ sɯ³];ăn ở[ʔan¹ ʔɤ³]

【对方】 泰ฝ่ายตรงข้าม[faːi⁵ troŋ² khaːm³] 老ຝ່າຍ ກົງກັນຂ້າມ[faːi⁵ koŋ¹ kan¹ khaːm³] 越 đối phương [ʔdoi⁵ fɯːŋ¹];đối tác[ʔdoi⁵ taːk⁷];phía bên kia[fiə⁵ ʔben¹ kiə¹]

【对面】 泰ต่อหน้า[tɔː⁵ naː³];ตรงข้างหน้า[troŋ² khaːm³ naː³];ฝั่งตรงกันข้าม[faŋ⁵ troŋ² kan² khaːm³] 老ຕໍ່ໜ້າ [tɔː⁵naː³] 越 đối diện[ʔdoi⁵ ziːn⁶];trước mặt[tʂɯːk⁷ mat⁸]

【对手】 泰คู่แข่ง[khuː³ khɛːŋ⁵] 老ຄູ່ປັບ[khuː⁵ pap⁷] ຄູ່ປະບັບ[khuː⁵ pɔː¹' laː⁵ pap⁷];ຄູ່ຕໍ່ສູ້[khuː⁵ tɔː⁵ suː³] 越 đối thủ[ʔdoi⁵ thu³]

【对虾】 泰กุ้งนาง[kuŋ³naːŋ²] 老ກຸ້ງນາງ[kuŋ⁴naːŋ²] 越 tôm he[tom¹he¹] 芒 thôm he[thom¹he¹]

【对于】 泰สำหรับ[sam¹rap⁷];เกี่ยวกับ[kiːau⁵kap⁷] 老 ສຳລັບ[sam¹ lap⁸] 傣-侬 tóvạ[tɔ⁵ va⁴];tóixáu[tɔi⁵ ɕau⁵] 越 đối với[ʔdoi⁵ vɤːi⁵];về[ve²]

❶ 石家 kɔɔŋ¹
❷ 石家 mxn⁵; thik⁶
❸ 石家 duay³
❹ 阿含 kū B2 掸 ku B2 泐 ku B2

【队~人马】 泰 กลุ่ม[klum⁵] 老 ກຸ່ມ[kum⁵] 岱-侬 tàn[ta:n²];poong[pɔ:ŋ] 越泰 phen[phen¹] 越 đoàn[ʔdwa:n²]

【碓子❶】 泰 กระเดื่อง[kra⁵ʔdɯ:aŋ⁵] 老 ກະເດື່ອງ[ka²ʔdɯ:aŋ⁵];แม่ครก[mɛ:⁵ khok⁸];ครก[khok⁸];ครกเอี้ย[khok⁸khau³];ครกตำเอี้ย[khok⁸ tam¹ khau³];ครกมอง[khok⁸ mɔ:ŋ⁵] 岱-侬 ăn chọc[ʔan¹ tɕok⁸];chọc tăm khẩu[tɕok⁸ tam¹ khəu³] 越泰 chộc[tsok⁸];chộc tăm khẩu[tsok⁸ tam¹ khau³] 普 lău¹[lau¹] 越 cái chày giã gạo[ka:i⁵ tsai² za⁴ ɣa:u⁶];chày[tsai²];cối[koi⁵] 芒 cồl[kol³];khày[khai²]

【蹲】 泰 นั่งยอง ๆ[naŋ³jɔ:ŋ²jɔ:ŋ²] 老 ບັ້ງຢ່ອງຢັ້[naŋ⁵ jɔ:ŋ⁵jɔ:ŋ³] 岱-侬 dụp[jup⁸];dóong[jɔ:ŋ⁵] 越泰 nặng dóng[naŋ⁶ jɔŋ⁵] 普 qasăj³[qa⁰ sai³] 越 ngồi chồm hỗm[ŋoi² tsom² hom⁴];ngồi xổm[ŋoi² som⁴]

【吨】 泰 ตัน[tan²] 老 ຕັບ[tan¹];ໂຕນ[to:n¹] 岱-侬 xiên cân[ɕi:n¹ kən¹] 越泰 tón[tən⁵] 越 tấn[tɤn⁵] 芒 tần[tɤn³]

【顿 吃一~】 泰 มื้อ[mɯ:⁴];เพรา[phrau²] 老 ຂາບ[kha:p⁹];ຄາບ[kha:p¹⁰] 普 po⁴[pɤ⁴] 越 bữa[ʔbɯə⁴] 芒 pữa[pɯə⁴]

【顿 打一~】 泰 เปก[pe:k⁹];ที่[thi:²] 老 ບາດ[ʔba:t⁵] 越 hồi[hoi²]

【盾】 泰 โล่[lo:³] 老 ໂລ່[lo:⁵];ເຂນ[khe:n¹] 越 cái mộc[ka:i⁵ mok⁸];cái khiên[ka:i⁵ xi:n¹]

【钝 刀~了】 泰 ทู่[thu:³];ทื่อ[thɯ:³] 老 ລູ່ຍ[lu:i⁵];ທຸບ[hun³];ທື້ມ[lɯm³] 岱-侬 tú[tu⁵];lú[lu⁵];lù[lu³];pủm[pum³] 越泰 nửm[nɯm³];lùi[lui⁶] 普 lơn³[lɤ:n³] 越 cùn[kun²];nhụt[ɲut⁸];lọt[lɤ:t⁸];thốp[thop⁷]

【炖】 泰 ตุ๋น[tun¹] 老 ຕຸ່ນ[tun¹] 岱-侬 ẩu[ʔəu⁵];om[ʔɔm¹] 普 long¹[lɔŋ¹];dong¹[dɔŋ¹] 越 hầm[hɤm²];ninh[nin¹];tần[tɤn²] 芒 hầm[hɤm²]

【多❷】 泰 หลาย[la:i¹] 老 ຫຼາຍ[la:i¹] 岱-侬 lai[la:i¹] 越泰 lai[la:i¹] 普 bu¹[bu¹] 越 nhiều[ɲi:u²] 芒 từ[tɯ²]

【多 十~斤❸】 泰 กว่า[kwa:⁵] 老 ກວ່າ[kwa:⁵] 岱-侬 lai[la:i¹] 越泰 lai[la:i¹] 越 ngoài[ŋwa:i²];hơn[hɤ:n²]

【多么~不容易】 泰 เท่า[thau³];เท่าใด[thau³dai·];กระไร[kra:rai²] 老 ຈັ່ງແມ່ນ[tsaŋ⁵mɛ:n⁵];ເກີນວ່າ[kɤ:n¹'va:⁵];เส้นใด[sen⁵ʔdai¹];ปาน[pa:n¹];ปานทยัง[pa:n¹ ɲaŋ¹];เป็นทยังมา[pen¹' ɲaŋ¹ ma:⁵];ผิดยังใด[phɔ:¹ phi:aŋ² ʔdai¹];ทยัง[ɲaŋ¹] 岱-侬 ki lai[ki³ la:i¹];chăc ki lai[tɕak⁷ ki³ la:i¹] 越 biết bao[ʔbi:t⁷ ʔba:u¹]

【多少❹】 泰 เท่าไร[thau³rai²];เท่าใด[thau³ʔdai²];กี่มากน้อย[ki:¹ ma:k¹⁰ nɔ:i¹⁴];แค่ไหน[khɛ:³ nai¹] 老 ເທົ່າດີ[thau⁵ ʔdi:¹'];ເທົ່າໃດ[thau⁵ ʔdai¹'];ທໍ່ໃດ[tɔ:⁵ ʔdai¹'];ຈັກ[tsak⁷];ເຊັ່ນໃດ[sen⁵ ʔdai¹'];ທໍ່ໃດ[tɔ:⁵ ʔdai¹'];ປັນໃດ[pan¹' ʔdai¹'];ພໍພຽງໃດ[phɔ:² phi:aŋ² ʔdai¹'];ພຽງໃດ[phi:aŋ² ʔdai¹'];ปานใด[pa:n¹ ʔdai¹'] 岱-侬 ki lai[ki³la:i¹] 越泰 tò đau[tɔ:⁶ʔdau¹];ki lai[ki³ la:i¹] 普 qaduj³[qa⁰ dui³] 越 bao nhiêu[ʔba:u¹ ɲi:u¹] 芒 cơ nò[kɤ¹ nɔ²]

【多数❺】 泰 ส่วนมาก[su:an⁵ ma:k¹⁰] 老 ສ່ວນຫຼາຍ[su:an⁵ ma:k¹⁰] 越 đa số[ʔda¹ ʂo⁵];đại đa số[ʔda¹ʂo⁵];số nhiều[ʂo⁵ɲi:u²];phần đông[fɤn²²dɔŋ³];phần nhiều[fɤn² ɲi:u²] 芒 đãi đa khổ[ʔda:i⁴ ʔda¹ kho³];phần từ[fɤn² tɯ²]

【多嘴】 泰 ปากตำแย[pa:k⁹ tam² jɛ:²];ซอกแซก[sɔ:k¹⁰

---

❶ 拉哈 mong¹
❷ 石家 laay¹; phoot⁵ 阿含 lai A1; rā
❸ 石家 lin⁴
❹ 石家 leek⁴-nii⁴ 阿含 kî-chām
❺ 阿含 phring

sɛːk¹⁰];ปากมาก[paːk⁹ maːk¹⁰] 老ปากฮาย[paːk⁹ laːi¹]; ສົບຈ້[sop⁷tsɔː¹ʰ];ສົບແຫມ[sop⁷lɛːm¹];ແคດທ້อງ[thɛːt¹⁰ thuːaŋ⁴];ບอม[ʔbɔːn¹ʰ];ปากบอม[paːk⁹ ʔbɔːn¹ʰ];ເอ๊ๆ ฮวย[vau⁴ laːi¹];ฮวยดวาม[laːi¹ khwaːm²];ອ້ໍແອ້[ʔɔː⁴ ʔɛː⁴] 岱-侬 pac lai[paːk⁷ laːi¹];chăm chi[tɕam¹ tɕi¹] 越泰 pák đảy[paːk⁹ ʔdai³] 越 lắm mồm[lam⁵ mom²]; bép xép[ʔbɛp⁷ sɛp⁷] 芒 lằm mồm[lam³ mom²]

【朵】 ₁ ~花 泰 ดอก[ʔdɔːk⁹] 老 ດอງ[ʔduːaŋ¹]; ดอก[ʔdɔːk⁹] 岱-侬 nậu[nəu⁴];đuông[ʔduːŋ¹] 越泰 thuông[thuːŋ¹] 越 đóa[ʔdwaː⁵];bông[ʔboŋ¹]

【朵】 ₂ ~云 泰 ก้อน[kɔːn³] 老 ກ້อน[kɔːn⁴] 越 đám[ʔdaːm⁵] 芒 khằm[khɤm⁴];đảm[ʔdaːm⁵]

【躲】 ~在树林里 ❶ 泰 หลบ[lop⁷];ซ่อน[sɔːn³]; หลบซ่อน[lop⁷ sɔːn³] 老 ຂ້อน[sɔːn⁵];ລີ້[liː⁴] 岱-侬 ni[niː¹];piến[piːn⁵];đỏ[ʔdɔ³];vòm[vom²] 越泰 móp[mɔp⁷];vện[ven⁴] 越 ẩn náu[ʔɤn³ nau⁵];lẩn[lɤn³];nấp[nɤp⁷] 芒 lẩn[lɤn⁵]

【躲】 ~雨 泰 หลบ[lop⁷] 老 ຫຼຶບ[lop⁷] 越 tránh [tṣan⁵];náu[nau⁵] 芒 mềnh[mɛn³];đấu[ʔdau³]

【躲闪】 泰 หลบซ่อน[lop⁷ sɔːn³] 老 ຂຼີບ[suːan²]; บ่ๆ[ʔbaːi⁵];ຫຼຶບ[lop⁷] 岱-侬 kéng[kɛŋ⁵];piến [piːn⁵];diếng[jiːŋ⁵] 越泰 lík[lik⁷] 越 né tránh[nɛ⁵ tṣan⁵];tránh[tṣan⁵] 芒 tlềnh[tlɛn³]

【舵】 泰 หางเสือ[haːŋ¹suːa¹] 老 ຫາງ ເສືอ[haːŋ¹suːa¹]; ເກນີບາด[keː¹ʰniː⁵ʔbaːt⁹];ກູດ[kuːt⁹];ตะภูด[taː²kuːt⁹]; ໝາງລະລິກເຮືอ[maːk⁹khaːlok⁸huːa¹];ທ້าย[thaːi⁴] 岱-侬 tèo man[tɛu² maːn¹];ăn nảu[ʔan¹ nau³] 越 bánh lái[ʔban⁵ laːi⁵];tay bánh lái[tai¹ ʔban⁵ laːi⁵]; tay lái[tai¹ laːi⁵] 芒 pềnh lài[pɛn³ laːi³]

【舵手】 泰 นายท้าย[naːi² thaːi⁴] 老 ບายທ້าย[naːi² thaːi⁴] 越 người bẻ lái[ŋuːi² ʔbɛ³ laːi⁵];người cầm lái[ŋuːi² kɤm² laːi⁵];người lái[ŋuːi² laːi⁵]

【剁】 ~肉 ❷ 泰 จอก[tsok⁷]; จวก[tsuːak⁹]; ບ່อง [ʔbɔːŋ⁵];ສັບ[sap⁷] 老 ຟັກ[fak⁸];ສັບ[sap⁷] 岱-侬 pằm[pam²];phặc[fak⁸] 越泰 phặc[phak⁸] 普 băp[bap⁵] 越 băm[ʔbam¹];chặt[tsat⁸] 芒 pằm[pam²]

【跺】 ~脚 泰 กระทืบ[kaː⁵ thuːp¹⁰] 老 ຍ້ຳ[n̠am⁵];ທີບ [thuːp¹⁰];ກະທີບ[kaː²thuːp¹⁰] 岱-侬 tắm[tam³] 越泰 tụp tin[tup⁸ tin¹] 越 giậm[ʐɤm⁶] 芒 chằm [tsɤm⁴]

---

❶ 石家 kii³  阿含 lāp D1S
❷ 阿含 phăk D2S  掸 phăk D2S  泐 făk D2S

# E

【额头❶】 泰ผาก[pha:k⁹];หน้าผาก[na:³ pha:k⁹] 老ຜາກ[pha:k⁹];ໜ້າຜາກ[na:³ pha:k⁹];ໜ້າແດ່ນ[na:³ ʔdɛn⁵] 岱-侬phjac[phja:k⁷];nả phjac[na³ phja:k⁷] 越泰nả đến[na³ ʔden⁵] 普lăng¹[laŋ¹];dăng[daŋ¹] 越trán[tʂa:n⁵];vầng trán[vɤŋ² tʂa:n⁵] 芒tlainh[tla:iŋ³]

【鹅❷】 泰ห่าน[ha:n⁵] 老ຫ່ານ[ha:n⁵];ຕົວຫ່ານ[tu:a¹' ha:n⁵] 岱-侬hán[ha:n⁵] 越泰hán[ha:n⁵];pét hán[pet⁷ ha:n⁵] 普han³[ha:n³] 越ngỗng[ŋoŋ⁴];con ngỗng[kɔn¹ ŋoŋ⁴] 芒ngan[ŋa:n¹]

【鹅蛋】 泰ไข่ห่าน[khai⁵ ha:n⁵] 老ໄຂ່ຫ່ານ[khai⁵ ha:n⁵] 越trứng ngỗng[tʂɯŋ⁵ ŋoŋ⁴]

【鹅卵石】 泰กรวดขนาดปานกลาง[kru:at⁹ kha⁵ na:t⁹ pa:n³ kla:ŋ²];กรวด[kru:at⁹] 老ໝາກຫິນແຫລນ[ma:k⁹ hi:n¹ le:n²] 岱-侬hin khuổi[hin¹ khu:i³] 普coj⁴[tsɔi⁴] 越sỏi[ʂɔi³];đá sỏi[ʔda⁵ ʂɔi³] 芒khũ cáich[khu⁴ ka:it⁵];khũ khơn nhó[khu⁴ khɤ:n¹ ɳɔ⁵];hòn khũ cáich[hɔn² khu⁴ ka:it⁵]

【蛾子】 泰แมงเม่า[mɛ:ŋ² mau³] 老ບີ້[ʔbi:⁴];ກະບີ້[ka ʔbi:⁴];ແມງບີ້[mɛ:ŋ² ʔbi:⁴];ແມງກະເບື້ອ[mɛ:ŋ² ka ʔbɯ:a⁴] 越ngài[ŋa:i¹];con ngài[kɔn¹ ŋa:i¹]

【恶心 欲吐的感觉】 泰ขย้อน[kha⁵ jɔ:n³];คลื่นไส้[khlɯ:n³ sai³];คลื่นเหียน[khlɯ:n³ hi:an¹] 老ຢາກຮາກ[ja:k⁹ ha:k¹⁰];ຄືນໄສ້[khɯ:n² sai³];ດົມດິງ[ʔdum¹ khi:ŋ²];ງວມດິງ[ʔdi:am¹' khi:ŋ²];ປະທຸດຕະຈິດ[pa thut⁸ ta² tsit⁷];ປວດຮາກ[pu:at⁹ ha:k¹⁰];ປຸ້ມທ້ອງ[pun⁴ thɔ:ŋ⁴];ອາການປຸ້ມທ້ອງ[ʔa:¹' ka:n¹ pun⁴ thɔ:ŋ⁴];ອົວະ[ʔua²];ພວນ[phu:an²] 岱-侬hôn hạo[hon¹ ha:u⁴];ngầu[ŋa:u³];làolú[la:u² lu:⁵] 越泰khi lim[khi³ lim⁵] 越buồn nôn[ʔbu:n² non¹] 芒háo bá[ha:u³ ʔba⁵]

【饿❸】 泰หยาก[ja:k⁹];หยากอาหาร[ja:k⁹ ʔa:² ha:n¹];หิว[hiu¹] 老ຢາກ[ja:k⁹];ຢາກເຂົ້າ[ja:k⁹ khau³];ຫອດ[hɔ:t⁹];ຫິວ[hiu¹];ຫິວ[hiu¹];ຫິວກິນ[hiu¹ kin¹];ຫອດຫິວ[hɔ:t⁹ hiu¹] 岱-侬dac[ja:k⁷] 越泰dák[ja:k⁷] 普porăk²[pɤ⁰ rak²] 越đói[ʔdɔi⁵] 芒tól[tɔl⁵]

【饿死】 泰หิวตาย[hiu¹ ta:i²] 老ຕາຍຮົດຕາຍຢາກ[ta:i¹' ʔut⁷ ta:i¹' ja:k⁹];ຫິວຕາຍ[hiu¹ ta:i¹] 越chết đói[tset⁷ ʔdɔi⁵] 芒chít tól[tsit⁵ tɔl³]

【恶棍】 泰อันธพาล[ʔan² tha⁴ pha:n²];นักเลงหัวไม้[ɳak⁸ le:ŋ² hu:a¹ mai⁴];วายร้าย[wa:i² ra:i⁴] 老ຫົວໄມ້[hu:a¹ mai⁴];ຄົນຮ້າຍ[khon² ha:i⁴];ຄົນພານ[khon² pha:n²];ມັກເລງອັນທະພານ[nak⁸ le:ŋ² ʔan¹' tha⁵ pha:n²];ອັນທະພານ[ʔan¹' tha⁵ pha:n²];ທຸຊົນ[thu⁵ son²];ທຸລະຊົນ[thu⁵ la² son²];ທໍລະຊົນ[thɔ:² la² son²];ຜູ້ຮ້າຍ[phu:³ ha:i⁴];ຜູ້ຮ້າຍຊາຍໃຈບ[phu:³ ha:i⁴ sa:i² tso:n¹] 越côn đồ[kon¹ ʔdo²];vô lại[vo¹ la:i⁶];ác ôn[ʔa:k⁷ ʔon¹]

【恶化】 泰ทรุดลง[sut⁸ loŋ²];แย่ลง[jɛ:³ loŋ²] 老ອາການຫັກຊຶ່ນ[ʔa:¹' ka:n¹ nak⁷ khɯn³] 越bệnh tình xấu đi[ʔben⁶ tiŋ² sɤu⁵ ʔdi³];bệnh tình chuyển thành ác tính[ʔben⁶ tiŋ² tswi:n³ thaŋ² ʔa:k⁷ tiŋ⁵]

【恶劣】 泰ชั่วเลว[tshu:a³ le:u²];เลวร้าย[le:u² ra:i⁴] 老ຖ່ອຍ[thɔ:i⁵];ຖ່ອຍຮ້າຍ[thɔ:i⁵ ha:i⁴] 越khắc nghiệt[xak⁷ ŋi:t⁸];ác liệt[ʔa:k⁷ li:t⁸];xấu[sɤu⁵];xấu xa[sɤu⁵ sa¹];hư[hɯ¹];hư hỏng[hɯ¹ hɔŋ³]

【恶人】 泰คนร้าย[khon² ra:i⁴] 老ທໍລະຊົນ[thɔ:² la² son²];ຄົນຮ້າຍ[khon² ha:i⁴] 越ác nhân[ʔa:k⁷ ɲɤn²];

---

❶ 石家phraak⁶　阿含phāk D1L　拉哈dăng¹
❷ 石家haan⁶　阿含hān B1　掸han B1　泐han B1
❸ 石家haat²　掸jak D1L　泐jak D1L

người xấu[ŋɯːi² sɤu⁵];kẻ hung ác[kɛ² huŋ¹ ʔaːk⁷] 芒mõl ác[mɔl⁴ ʔaːk⁷]

【噩梦】 泰ฝันร้าย[fan³ raːi⁴] 老ฝันฮ้าย[fan¹ haːi⁴] 越cơn ác mộng[kɤːn¹ ʔaːk⁷ moŋ⁶] 芒cơn têm pao đố tiêu đươi[kɤːn¹ tiːm¹ paːu¹ ʔdoˀ tiːuˀ ʔdɯːi⁵]

【轭❶】 泰แอก[ʔɛːk⁹];คอม[khɔːm²];โกก[koːk⁹] 老แอก[ʔɛːk⁹];ຄอม[khɔːm²] 岱-侬ec[ʔɛk⁷] 越泰ék[ʔɛk⁷] 越ách[ʔat⁷];cái ách[kaːi⁵ ʔat⁷] 芒éch[ʔɛt⁷]

【颚❷】 泰เหงือก[ŋɯːak⁹];เพดานปาก[pheː² ʔdaːn¹ paːk⁹] 老เหือก[hɯːak⁹];เหงือก[ŋɯːak⁹];เหือกด่าง[hɯːak⁹ ʔdaːŋ⁵];เพดานปาก[pheː² ʔdaːn¹ paːk⁹];กะใต[kaˀ tai¹] 越hàm[haːm²] 芒hàm[haːm²]

【鳄鱼】 泰จระเข้[tsa⁵ ra⁴ kheː³];จระเข้[tsɔː² ra⁴ kheː³];ตะเข้[taˀ⁵ kheː³];ไอ้เข้[ʔai⁵ kheː³];ศึกธาร[sɯk⁷ thaːn²] 老จิ่แข้[tsiː² kheː³];ขี้แข้[khiː³ kheː³];แข้[kheː³];ตือแข้[tɯaː¹ʹ kheː³] 越cá sấu[kaː⁵ sɤu⁵]

【恩】 泰บุญคุณ[ʔbun² khun²] 老บุ่มคุน[ʔbun¹ khun²] 岱-侬ơn[ʔɤːn¹] 越泰ơn[ʔɤn¹] 越ơn[ʔɤːn¹]

【恩人】 泰ผู้มีบุญคุณ[phuː³ miː² ʔbun² khun²] 老เจ้าบุญนายคุณ[tsau⁴ ʔbun¹ naːi² khun²];ผู้มีอุปะการะคุณ[phuː³ miː² ʔuˀ² paˀ² kaˀ¹ʹ laˀ⁵ khun²];ผู้มีบุญ[phuː³ miː² ʔbun³] 越ân nhân[ʔɤn¹ ɲɤn¹]

【摁】 泰แป๊ก[pɛːk⁴] 老แต๊บ[tɛːp⁴];ยั๊บ[ɲan⁵];เต๊ก[tek¹];เบิ๊บ[nen⁴];เผ๊ก[nek⁷];ก๊ด[kot⁷];ข่ำ[kham⁵] 越bấm[ʔbɤm⁵] 芒bấm[ʔbɤm⁵]

【摁扣】 泰กระดุมแป๊ก[kraː⁵ ʔdum² pɛːk⁴] 老แต๊บ[maːk⁹ tɛːp⁴] 越khuy bấm[xwiːʔ ʔbɤm⁵] 芒cúc bấm[kuk⁷ ʔbɤm⁵]

【儿童】 泰เด็กๆ[ʔdek⁷ ʔdek⁷] 老เด็ก[ʔdek⁷] 越nhi đồng[ɲiː¹ ʔdoŋ²];thiếu nhi[thiːu⁵ ɲiː¹];trẻ em[tʂɛː¹ ʔɛm¹] 芒con đét[paːt⁷ ʔdɛt⁷]

【儿媳妇❸】 泰ลูกสะใภ้[luk¹⁰ saˀ⁵ phai⁴];ใภ้[phai⁴];สะใภ้[saˀ⁵ phai⁴] 老ใผ่[phai¹];ลูกใผ่[luk¹⁰ phai¹] 岱-侬lùa[luə²];mé lùa[mɛː³ luə²];lục nàng[luk⁸ naːŋ²] 越泰paư[paɯ⁴] 普pjư³[piɯ³];qapjử[qaˀ⁰ pjɯ³];maj²pjử³[maːi² pjɯ³] 越condâu[kɔn¹ zɤu¹];nàng dâu[naːŋ² zɤu¹];dâu[zɤu¹] 芒nàng du[naːŋ¹ zu¹];con du[kɔn¹ zu¹];du[zu¹]

【儿子❹】 泰ลูกชาย[luk¹⁰ tʂhaːi²];ลูกผู้ชาย[luk¹⁰ phuː³ tʂhaːi²] 老ลูกຊาย[luk¹⁰ saːi²];ลูกผู้ຊาย[luk¹⁰ phuː³ saːi²];บุดຊาย[ʔbut⁷ saːi²];บุด[ʔbut⁷] 岱-侬lục chài[luk⁸ tʂaːi²] 越泰lục chài[luk⁸ tʂaːi²] 普qajươ⁰ pa⁴[qaˀ⁰ jɯɤ³ pa⁴];qapa⁴[qaˀ⁰ pa⁴] 越con trai[kɔn¹ tʂaːi¹] 芒con chàng[kɔn¹ tʂaːŋ²];con tửa[kɔn¹ tɯa³]

【耳背】 泰หูหนัก[huː¹ nak⁷];หูตัน[huː¹ tan²];หูตึง[huː¹ tɯŋ²] 老ทูบัก[huː¹ nak⁷];ทูภาย[huː¹ kaːi¹];ทูติ๊ง⁶[huː¹ tɯŋ¹] 越nặng tai[naŋ⁶ taːi¹];nghểnh ngãng[ŋɛŋ⁴ ŋaːŋ⁴] 芒nẵng thai[naŋ⁴ thaːi¹]

【耳垂】 泰ติ่งหู[tiŋ⁵ huː¹] 老แต๊ทู[tɛː⁴ huː¹];แต๊[tɛː⁴];ต้างทู[taːŋ⁴ huː¹] 越泰tín hu[tin⁵ huː¹] 越dái tai[zaːi⁵ taːi¹] 芒tlài tai[tlaːi³ taːi¹];khoán thai[khwaːn⁵ thaːi¹]

【耳朵❺】 泰หู[huː¹];กันเจียก[kan¹ tsiːak⁹] 老ทู[huː¹] 岱-侬xu[ɕu¹] 越泰hu[huː¹] 普qazA³[qaˀ⁰ zɒ³];qarA[qaˀ⁰ rɒ³] 越tai[taːi¹]

【耳根】 泰กกหู[kok⁷ huː¹] 老ภิกทู[kok⁷ huː¹] 岱-侬tẳn xu[tɤn³ ɕu¹] 越泰cốc hu[kok⁷ huː¹] 越phần gốc của tai[fɤn² ɣok⁷ kuə³ taːi¹]

【耳廓】 泰ใบหู[ʔbai² huː¹] 老ใบทู[ʔbai¹ huː¹] 岱-侬bâuxu[ʔbəɯ¹ ɕu¹] 越泰banhu[ʔbaːn¹ huː¹] 越tai ngoài[taːi¹ ŋwaːi²]

【耳环❻】 泰ตุ้มหู[tum³ huː¹];ต่างหู[taːŋ⁵ huː¹];ตุ้งติ้ง

---

❶ 石家ʔxxk⁶ 阿含 ik D1L 掸 ʔɛk D1L
❷ 阿含 hek D1L 掸 hək D1L 泐 hək DiL
❸ 石家 kwəə³ 拉哈 mlɔi¹
❹ 石家 lik⁵-baaw² 阿含 lukD2L
❺ 石家 rua⁴ 阿含 pik 掸 hu A1 泐 hu A1 拉哈 kaha¹;khla²
❻ 石家 dok⁴

[tuŋ³ tiŋ¹];สร้อย[sɔːi¹] 老ส้อย[sɔːi³];จอมหู[tsɔːn¹ huː¹];กะจอม[ka² tsɔːn¹];ต๋างหู[taːŋ⁴ huː¹] 傣-侬 nậu xu[nəu⁴ɕu¹] 越泰bông hu[ʔbɔŋ³huː¹] 普 qasaj² [qa⁰ sa:i²] 越hoa tai[hwa¹ ta:i¹];khuyên[xwiːn¹] 芒wa thai[wa¹ tha:i¹];ménh thai[mɛn⁵ tha:i¹]

【耳孔】泰รูหู[ruː² huː¹];ช่องหู[tshɔːŋ³ huː¹] 老ฮูหู[huː² huː¹] 越lỗ tai[lo⁴ ta:i¹] 芒hông thai[hoŋ¹ tha:i¹]

【耳鸣】泰หูอื้อ[huː¹ʔɯː³] 老หูอื้อ[huː¹ʔɯː⁴] 越 bệnh ù tai[ʔbeɲ⁶ ʔu² ta:i¹]

【耳膜】泰เยื่อหู[jɯːa³huː¹];แก้วหู[kɛːu³huː¹];เยื่อแก้วหู[jɯːa³ kɛːu³ huː¹] 老เจ้ยหู[tsiːa⁴ huː¹];แก้วหู[kɛːu⁴ huː¹] 傣-侬 rằng xu[raŋ² ɕu¹] 越màng nhĩ[ma:ŋ² ɲi⁴];màng tai[ma:ŋ² ta:i¹]

【耳屎❶】泰ขี้หู[khiː³huː¹] 老ขี้ฮู[khiː³huː¹];พะกันอิด[pha⁵kan¹¹vit⁸] 傣-侬khi xu[khi³ɕu¹] 越泰khi hu[khi³hu¹] 越ráy tai[zai⁵ta:i¹];cứt ráy [kɯt⁷ zai⁵];ráy[zai⁵] 芒é thai[ʔɛ⁵ tha:i¹]

【耳挖子】泰ที่แคะหู[thiː³ khɛ⁴huː¹] 老ไม้อัดขี้หู[mai⁴khwat⁸khi:³hu:¹];ไม้อัดหู[mai⁴khwat⁸ huː¹] 普Nhwang⁴[ŋwa:ŋ⁴] 越cái ngoáy tai[ka:i⁵ŋwai¹ ta:i¹];váy tai[vai⁵ ta:i¹]

【耳炎】泰อักเสบหู[ʔak⁷se:p⁹huː¹] 老ฮักเสบหู [ʔak⁷ se:p⁹ huː¹];พะกันโลก[pha⁵ kan¹ lo:k¹⁰] 越viêm nhĩ[vi:m⁶ ɲi⁴]

【耳语】泰กระซิบ[kra⁵sip⁸] 老ซำ[sam⁵];ซับ[sap⁸];ซิม[siːm⁵];เอ๊าซิม[vau⁴siːm⁵];เอ๊ากะซิบ[vau⁴ka² sip⁸];กะซุบกะซิบ[ka²sup⁸ka²sip⁸];กะซิบ[ka² sip⁸] 傣-侬páo xap[paːu⁵ ɕaːp⁷];tó hu[tɔ⁵ hu¹] 越泰lặc xặp[lak⁸ sap⁸] 越nói thầm[nɔi⁵ thɤm²] 芒khề đói[khe³ ʔdoi⁵]

【耳坠子】泰ตุ้มหูแบบห้อยยาว[tum³hu:¹ʔbɛːp⁹hɔːi¹ ja:u²];สร้อยระย้า[sɔːi¹ra⁴ja:⁴] 老กะจอบ[ka²tsɔːn¹]; กะจอม ยอย[ka²tsɔːn¹ ŋɔːi²];หมากตุ้มหู[ma:k⁹tum⁴ huː¹];ยอยตุ้มหู[ŋɔːi²tum³huː¹];ตุ้มหู[tum³huː¹];ต่างหู [ta:ŋ¹];ต่างหู[ta:ŋ⁴huː¹] 傣-侬 pópxu[pɔp⁷ɕu¹];hoên xu[hwen³ ɕu¹] 越khuyên[xwiːn¹];hoa tai[hwa¹ ta:i¹]

【耳子锅~】泰หู[huː¹] 老หู[huː¹] 越 quai[kwa:i¹]

【二❷】泰สอง[sɔːŋ¹];ยี่[ji:³] 老สอง[sɔːŋ¹];ยี่[ɲi:⁵] 傣-侬sloong[ɬɔːŋ¹];nhi[ɲi³] 越泰xong[sɔŋ¹]; nhì[ɲi⁶] 普 sê¹[se¹] 越hai[ha:i¹];nhì[ɲi²];nhị[ɲi⁶] 芒hal[ha:l¹]

【二胡】泰ซออู้[sɔː²ʔuː³] 老ซอ[sɔː²] 傣-侬cửa [kɯɯa²] 越泰xlõ[s-lɔ²] 普kA³[kɒ³] 越nhị[ɲi⁶]; cái nhị[ka:i⁵ ɲi⁶] 芒cò ke[kɔ² kɛ¹]

【二十❸】泰ยี่สิบ[ji:³ sip⁷] 老ยี่สิบ[ɲi:⁵ sip⁷];ຊາວ [sa:u²] 傣-侬nhi slip[ɲi³ ɬip⁷] 越泰nhì xíp[ɲi⁶ sip⁷];xão[sa:u²] 普sê¹pât⁵[se¹pɤt⁵] 越haimươi[ha:i¹ mɯːi¹];đôi mươi[ʔdoi¹ mɯːi¹] 芒hal mươl[toi¹ mɯːl¹];tôi mươl[toi¹ mɯːl¹]

【二十一】泰ยี่สิบเอ็ด[ji:³sip⁷ʔet⁷] 老ຊາວເອັດ [sa:u²ʔet⁷];ยี่สิบเอ็ด[ɲi:⁵ sip⁷ʔet⁷] 傣-侬nhiêt[ɲi³ ʔet⁷] 越泰nhì nghết[ɲi² ŋet⁷] 越hai mươi mốt [ha:i¹ mɯːi¹ mot⁷]

【二月】泰เดือนกุมภาพันธ์[ʔdɯːan²khum²pha:² phan²];กุมภาพันธ์[khum²pha:²phan²];เดือนยี่[ʔdɯːan² ji:³] 老เดือนกุมพา[ʔdɯːan¹¹kum¹pha:²];กุมพา [kum 1¹pha:²];กุม[kum¹¹];กุมพะ[kum¹¹pha⁵]; กุมพาพัน[kum¹¹pha:²phan²];บุดสะขยาคาด[ʔbut⁷ sa²ɲa:¹ma:¹⁰];เดือนยี่[ʔdɯːan¹¹ ɲi:⁵] 傣-侬bươn nhi[ʔbɯːn¹ɲi⁶] 越泰bươn nhì[ʔbɯːn¹ɲi⁶] 普 nin¹ jap⁵[nin¹ ja:p⁵] 越tháng hai[tha:ŋ⁵ ha:i¹] 芒khảng hal[kha:ŋ³ ha:l¹]

---

❶ 石家 gay²-rua⁴
❷ 石家 sɔɔŋ² 阿含 shâng A1
❸ 阿含 shaü A2

# F

【发~工资】 泰ออก[ʔɔːk⁹] 老ออก[ʔɔːk⁹] 岱-侬 phái[phaːi⁵]; păn[pan¹] 越 phát[faːt⁷] 芒 phát[faːt⁷]

【发~~子弹】 泰นัด[nat⁸] 老ลูก[luːk¹⁰]; นัด[nat⁸] 越 viên[viːn¹]; phát[faːt⁷] 芒 lāl[laːl⁴]

【发财】 泰ร่ำรวย[ram³ ruːai²] 老ล้ำลอยขึ้น[lam⁴ luːai² khun³]; ลอย[luːai²] 岱-侬 phát xài[faːt⁷ɕaːi²] 越 phát tài[faːt⁷ taːi²]; làm giàu[laːm² ʑau²]; kiếm được nhiều tiền[kiːm⁵ ʔdɯːk⁸ ɲiːu² tiːn²]; trở nên giàu có[tʂɤ⁵ nen¹ ʑau² kɔ⁵]

【发愁】 泰กลัดกลุ้ม[klat⁷ klum³] 老อุกใจ[ʔuk⁷ tsai¹] 越 phátsầu[faːt⁷ʂɤu²]; buồnrầu[ʔbuːn² ʑɤu²]; sinh ra buồn phiền[ʂiɲ¹ ʑaː¹ ʔbuːn² fiːn²]; lo lắng[lɔ¹ laŋ⁵] 芒lo lắng[lɔ¹ laŋ³]

【发大水】 泰น้ำไหลบ่า[nam⁴lai¹ʔbaː⁵] 老น้ำบอง[nam⁴ nɔːŋ²] 越 lụt[lut⁸] 芒 lut[lut⁸]

【发呆】 泰เหม่อลอย[məː¹ lɔːi²] 岱-侬 ngâu ngoảng[ŋɤɯ⁴ ŋwaːŋ²] 越泰đẳng[ʔdaŋ³]; han ngăn[haːn¹ ŋaːn²]; phăng tẳng[phaŋ¹ taŋ⁶] 越 đờ[ʔdɤ²]; ngẩn[ŋɤn³] 芒ngẩn[ŋɤn⁵]

【发动~机器】 泰ติดเครื่อง[tit⁷khrɯːaŋ³] 老เดิน [ʔdɤːn¹]; ติด[tit⁷] 越 làmchomáymócchuyểnđộng[laːm² tsɔ¹ mai⁵ mɔk⁷ tswiːn³ ʔdoŋ⁶]

【发动机】 泰เครื่องยนต์[khrɯːaŋ³ jon²] 老ยืน [ɲon²]; เครื่องยืน[khɯːaŋ⁵ ɲon²]; เครื่องจักรปั่นไฟ [khɯːaŋ⁵tsak⁷pan⁵fai²]; หน่อยจัก[nuːai²tsak⁵]; จัก[tsak⁷]; จักยืน[tsak⁷ɲon²]; โมเตอ[mɔː²tɤː¹] 越 máy nổ[mai⁵ no³]; động cơ[ʔdoŋ⁶ kɤ¹]

【发抖❶】 泰สั่น[san⁵]; สั่นเทา[san⁵ thau²]; ตัวสั่น[tuːa² san⁵]; เทา[thau²]; เทิ้ม[thɤːm⁴]; สะท้าน[saʔ² thaːn⁴] 老 สั่บ[san⁵]; สะบัด[saʔ²ʔbat⁷]; สะบั้น[saʔ²ʔban⁴]; เซ็น[sen²]; ขักขั้บ[sak⁸san⁵] 岱-侬slǎn[łan⁵]; slǎn sloóc[łan⁵ łɔːk⁷] 越run[ʑun¹]; run rẩy[ʑun¹ ʑɤi³]

【发疯❷】 泰เป็นบ้า[pen² ʔbaː³] 老บ้า[ʔbaː⁴]; เป็นบ้า [pen¹ ʔbaː⁴] 岱-侬 bá[ʔbaː³]; pạc[paːk⁸]; phat pạc[faːt⁷ paːk⁸] 普Vak²zhân³[βaːk²ʑɤn³] 越 điên[ʔdiːn¹]; rồ [ʑo²]; loạn thần kinh[lwaːn⁶ thɤn² kiɲ¹] 芒rồ[ro²]

【发昏】 泰หน้ามืด[naː³ mɯːt¹⁰] 老ลืมจิดลืมใจ [lɯːm² tsit⁷ lɯːm² tsai¹]; ลืมใจ[lɯːm² tsai¹]; ลืม เมื่อลืมจิด[lɯːm² mɯːa⁵ lɯːm² tsit⁷]; ลืมเมื่อลืมจิด [lɯːm² mɯːa⁵ lɯːm² tsit⁷]; ก๊อเก๊า[kuːa⁴ kau⁴] 越 ngất đi[ŋɤt⁷ ʔdi¹]; thiếp đi[thiːp⁷ ʔdi¹]

【发火~听就~】 泰โมโห[moː² hoː¹] 老โมโท[moː² hoː¹]; เกิดโมโห[kɤːt⁷ moː² hoː¹]; เลือดขึ้นตา[lɯːat¹⁰ khɯn³ taː¹]; ทุบ[hun¹]; ก๋ัวโกด[kiːau⁴koːt⁹]; เซิง ฆอง[khɔŋ¹] khi:at¹⁰] 岱-侬slính khửn[łiŋ⁵ khɯn³]; hêt nhả[het⁷ ɲaː³]; fat nhả[faːt⁷ ɲaː³] 越泰 nhay[nai¹]; mủa[muːa³] 越nổi giận[noi³ ʑɤn⁶]; nổi xung[noi⁵ suŋ¹]; nổi cáu[noi⁵ kau⁵]; phát cáu[faːt⁷ kau⁵]; đâm khùng[ʔdɤm¹ xuŋ²]; phát khùng[faːt⁷ xuŋ²] 芒 tâm rồ[tɤm¹ ro²]; nổi hờn[noi⁵ hɤːn²]; nổi nỏng [noi⁵ nɔŋ³]

【发酵】 泰เกิดฟูขึ้น[kɤːt⁹fuː²khɯn³] 老ขึ้นส่า [khɯn⁵ saː⁵]; เป็นแป้ง[pen¹ pɛːŋ⁴] 越lên men[len¹ men¹] 芒dẳl đao[ʑɤl⁴ ʔdau¹]

【发冷】 泰หนาวจัด[naːu¹ tsat⁷] 老ดึงเย็น[khiːŋ

❶ 阿含 shān B1　掸 shǎn B1　勐 sɛn B1
❷ 石家 kwaa³

jen¹];ไข้หนาว[khai³ na:u¹]　越phát lạnh[fa:t⁷ lan⁶]

【发麻】泰ชาด้าน[tsha:² ?da:n³]　老มึน[mɯn¹];มึน ชา[mɯn²sa:²];มึนเฉย[mɯn²sə:i²];หมึน[mɯn¹]　越tê[te¹]

【发霉】泰ขึ้นรา[khɯn³ra:²];ราขึ้น[ra:²khɯn³]　老ตึกโหม่ก[tok⁷ mo:k⁹]　岱-侬mot[mɔt⁷];tứn mot[tɯn⁵ mɔt⁷]　普mhăw⁴[m̥au⁴]　越móc[mok⁷]　芒móc[mok⁷]

【发怒❶】泰โมโห[mo:²ho:¹]　老โม โห[mo:²ho:¹];โมโหโทโส[mo:²ho:¹tho:²so:¹];บันดาลโทสะ[?ban¹¹?da:n¹tho:²sa²];เลือดขึ้นหน้า[lɯat¹⁰khɯn³na:³];โกรธา[ko:¹tha:²];เขี้ยวฉง[khɛŋ¹khi:at¹⁰]　越tức giận[tuk⁷ʑɤn⁶];nổi giận[noi³ʑɤn⁶]　芒tổng hòn[toŋ⁴ hɤ:n²]

【发票】泰ใบเสร็จรับเงิน[?bai² set⁷ rap⁸ ŋɤ:n²]　老บับฎิของจำหน่าย[?ban¹˙ si:² khɔ:ŋ tsam¹˙ na:i⁵];ใบบิน[?bai¹˙?bin¹]　岱-侬hóa đơn[hwa⁵ ?dɤ:n¹]　越hoá đơn[hwa⁵ ?dɤ:n¹]

【发情】泰เกิดอาการกำหนัด[kɤ:t⁹ ?a:² ka:n² kam¹ nat⁷]　老ย้อย[ŋɔi⁴];ฮ้าว[ha:u³]　越泰puốt kiểu[pu:t⁷ ki:u²]　越động cỡn[?doŋ⁶ kɤ:n⁴];động đực[?doŋ⁶ ?dɯk⁸]　芒tổng tâc[toŋ⁴ tɤk⁸]

【发烧❷】泰ไข้[khai³];เป็นไข้[pen² khai³];มีไข้[mi:² khai³];จับไข้[tsap⁷ khai³];ตัวร้อน[tu:a² rɔ:n⁴]　老ไข่[khai³];จับไข่[tsap⁷ khai³];ปวดไข่[pu:at⁹ khai³];เป็นไข่[pen¹˙ khai³];ฮ้อนไข่[hɔ:n⁴ khai³];ถึงฮ้อน[khi:ŋ² hɔ:n⁴];ฮ้อนไข่[hɔ:n⁴ khai³]　岱-侬fat khẩy[fa:t⁷ khɤi³];dên khẩy[jen¹ khɤi³];đằng khẩy[?daŋ⁷ khɤi³]　越泰xây[sai³];ốkxây[?ɔk⁷sai³];púpxây[pup¹sai³]　普fa² swat²[fa² swa:t²]　越sốt[ʂot⁷];sốt nóng[ʂot⁷ nɔŋ⁵];lên cơn sốt[len¹ kɤ:n¹ ʂot⁷];sốt rét hồng nhiệt[ʂot⁷ ʐɤt¹ hɔŋ² ɲi:t⁸]　芒nóng ta[nɔŋ¹ ta¹]

【发生】泰เกิดขึ้น[kɤ:t⁹ khɯn³]　老อุบัติ[?u²?bat⁷];

เกิดเป็น[kə:t⁹ pen¹]　岱-侬sleng ooc[ɬeŋ¹ ?ɔ:k⁷]　越泰cướt[kɯ:t⁹]　越sinh ra[ʂiɲ¹ ʐa¹];xảy ra[sai³ ʐa¹]

【发誓】泰สาบาน[sa:¹ ?ba:n¹]　老ปะติยาบ[pa² ti² ɲa:n²];ปะติยาบสาบานต๋อ[pa² ti² ɲa:n² sa:¹ ?ba n¹ tɯ:a¹];ขอปะติยาบต๋อ[khɔ:¹pa²ti²ɲa:n²tɯ:a¹]　岱-侬mang[ma:ŋ¹];kin mang[kin¹ ma:ŋ¹]　越泰k:nmang[kin¹ ma:ŋ¹]　越thề[the²];thề nguyền[the² ŋwi:n²];ăn thề[?an¹ the²]　芒thề[the²];thề wiền[tʰe² wi:n²];ăn thề[?an¹ the²];wiền wài[wi:n² wa:i³]

【发现】泰ค้นพบ[khon⁴phop⁸];รู้สึก[ru:⁴sɯk¹]　老ปะกิดเห็น[pa² kot⁷ hen¹];มองเห็น[mɔ:ŋ² hen²];ฟังเห็น[liŋ² hen¹];เห็น[hen¹]　岱-侬xa hăn[ɕa¹ han¹];ngòi hăn[ŋoi¹ han¹]　越tìm ra[tim² ʐa¹];phát hiện[fa:t⁷ hi:n⁶]

【发芽】泰แตกหน่อ[tɛ:k⁹nɔ:⁵]　老ตาขนั่ง[tɛ:k⁹nɔ:⁵];ออกขนั่ง[?ɔ:k⁹nɔ:⁵];แตกขนั่งจี่แบอ[tɛ:k⁹nɔ:⁵tsɤ:⁵nɛ:u⁵];แตกขนั่งออกจาว[tɛ:k⁹nɔ:⁵?ɔk⁹tsa:u¹];แตกจาว[tɛ:k⁹tsa:u¹];ปิ๋งขนั่ง[poŋ⁵nɔ:⁵];ปิ๋งขนั่งส่ดอก[poŋ⁵nɔ:⁵ sɔ:⁵?dɔ:k⁹];พะลี[pha² li⁵];ปิ๋ง[poŋ⁵]　岱-侬có côc[kɔ⁵ kok⁷]　越泰ók hạk[?ɔk⁵ ha:k⁸]　越nhú mầm[ɲu⁵ mɤm²];mọc mầm[mɔk⁸ mɤm²];nảy mầm[nai³ mɤm²]　芒đách ngầm[?dat⁷ ŋam²]

【发炎】泰อักเสบ[?ak⁷ se:p⁹]　老อักเสบ[?ak⁷ sɛ:p⁹]　越viêm[vi:m¹];bị nhiễm trùng[?bi⁶ ni:m⁴ tʂuɻ²]

【发晕】泰วิงเวียน[wiŋ²wi:an²];มัว[mu:a²];วิง.เวียน สีระษะ[viŋ² vi:an² si:¹ sa⁵]　老เมื่อ[mau²];อิน[vin²]　岱-侬đin[?din²];đừa[?dɯa²]　越泰tốc chau[tok⁷ tsau¹]　越ngây ngất[ŋɤi¹ ŋɤt⁷]

【发展】泰พัฒนา[phat⁸tha⁴na:²];ขยายออก[kha⁵ja:i¹?ɔ:k⁹]　老พัดทะนา[phat⁸tha⁵na:²];เป็นไป[pen¹˙pai¹];ขะขยาย[kha² ɲa:i¹];ขะขยับขะขยาย[kha² ɲap⁷ kha² ɲa:i¹];ขะขยายผายแผ่[kha² ɲa:i¹

---

❶ 石家 phit⁴
❷ 阿含 khrāi C1;khāi C1　掸 khāi C1　勐 khāi C1

pha:i¹ phɛ:⁵];ฃะขยายต๊อ[kha² n̪a:i¹ tu:a¹'] 岱-依 khay quảng[khai¹ kwa:ŋ³]; 越泰 mả pè[ma³ pɛ⁶]; 越 phát triển[fa:t⁷ tṣi:n³]

【筏子】泰 แพ[phɛ:²];แพไม้ไผ่[phɛ:² mai⁴ phai⁵] 老 แพ[phɛ:²] 岱-依 pè[pɛ²] 越泰 pè[pɛ²] 越 bè[bɛ²];cái bè[ka:i⁵ʔbɛ²];máng[ma:ŋ³] 芒 pè[pɛ²];máng[ma:ŋ⁵]

【罚 被~】泰 ปรับ[prap⁷];ปรับไหม[prap⁷ mai⁵] 老 โทดปับไหม[tho:t¹⁰ pap⁷ mai¹];ปับ[pap⁷] 岱-依 fạt[fa:t⁸] 越泰 phạt[pha:t⁸] 越 phạt[fa:t⁸] 芒 phat[fa:t⁸];bởi[ʔbɤ:i³]

【罚金】泰 เงินปรับ[ŋə:n² prap⁷] 老 สินไหม[sin¹ mai¹];ค่าใหม[kha:⁵ mai¹];เบ้ยโทด[ʔbi:a⁴ tho:t¹⁰];เบี้ยปับไหม[ʔbi:a⁴ pap⁷ mai¹];เบี้ยปับ[ʔbi:a⁴ pap⁷];พิไน[phi⁵ nai²] 越 tiền phạt[ti:n² fa:t⁸];tiền vạ[ti:n² va⁶] 芒 tiền wã[ti:n² wa⁴]

【罚款 被~】泰 ปรับเงิน[prap⁷ ŋə:n²] 老 บาดใหม[ʔba:t⁹ mai¹];ใหมเอิงเริบ[mai¹ ʔau¹' ŋən²] 越 phạt tiền[fa:t⁸ ti:n²]

【法官】泰 ผู้พิพากษา[phu:³ phi⁴ pha:k¹⁰ sa:²] 老 ฃุ่บสาบ[khun³ sa:n¹];นายสาบ[na:i² sa:n¹];ตุลาภาบ[tu⁵ la:² ka:n¹];ตะลาภาบ[ta² la:² ka:n¹];ผู้พิพากสา[phu:³ phi⁵ pha:k¹⁰ sa:¹] 越 quan toà[kwa:n¹ twa:²]

【法律】泰 กฎหมาย[kot⁷ma:i¹] 老 ภิดหมาย[kot⁷ ma:i¹];บิติ[ni⁴ti²] 越 pháp luật[fa:p⁹ lwɤt⁸];luật[lwɤt⁸]

【法螺】泰 หอยสังข์[hɔ:i¹ saŋ¹] 老 หอยสัง[hɔ:i¹ saŋ¹] 越 con trai tôn[kɔn¹ tṣa:i¹ ton¹];sa giông[sa¹ zoŋ¹]

【法师】泰 หลวงพ่อ[lu:aŋ¹ phɔ:³] 老 บักทำ[nak⁸ tham²];สิติ้บ[si:² ton⁴];บาทำ[ʔba¹' tham²] 普 Vak phjap⁵[βa:k² phja:p⁵] 越 pháp sư[fa:p⁷ ʂɯ¹]

【法术】泰 วิทยาคม[wi⁴ tha⁴ ja:² khom²] 老 วิทะยาคม[vi⁵ tha⁵ n̪a:² khom²] 越 pháp thuật[fa:p⁷ thwɤt⁸];phù phép[fu² fɛp⁷]

【法院❶】泰 ศาล[sa:n¹] 老 โฮงสาบ[ho:ŋ² sa:n¹];สาบยุดติทำ[sa:n¹ n̪ut⁸ tham²];สาบ[sa:n¹] 越 toà án[twa² ʔa:n⁵] 芒 tà án[ta² ʔa:n³]

【发髻】泰 ผมเกล้า[phom¹ klau³];ผมมวย[phom¹ mu:ai²] 老 มอยผม[mu:ai² phom¹] 老 มอยผม[mu:ai² phom¹];เก้าผม[kau⁴ phom¹];สะดา[sa²ʔda:¹'];ฃุดา[sa⁵ ʔda:¹'] 普 kwăn³ săm¹[kwan³ sam¹] 越 búi tóc[ʔbui⁵ tɔk⁷] 芒 pul thắc[pul³ thak⁷]

【发夹】泰 กิ๊บหนีบผม[kip⁴ ni:p⁹ phom¹] 老 กิบผม[kip⁷ phom¹] 越 cặp tóc[kap⁸ tɔk⁷];kẹp tóc[kɛp⁸ tɔk⁷] 芒 kep thắc[kɛp⁸ thak⁷]

【番木瓜❷】泰 มะละกอ[ma⁴ la⁴ kɔ:²] 老 หมากฮุ่ง[ma:k⁹ huŋ³];หมากฮู่ง[ma:k⁹ hu:ŋ³];หมากขับฮ้า[ma:k⁹ than¹ hɔ:³] 岱-依 mac vả[ma:k⁷ va³];mac rầu[kwa¹ rəu³];qua co[kwa¹ kɔ¹] 越泰 mák hống[ma:k⁷ hoŋ⁵] 普 pak⁵ dAng³[pa:k⁵ dɔŋ³] 越 quả đu đủ[kwa³ ʔdu¹ ʔdu³] 芒 tlái dừa[tla:i³ zwɯə²];tlái hùng[tla:i³ huŋ³]

【番荔枝❸】泰 น้อยหน่า[nɔ:i⁴ na:⁵] 老 หมากเขยบ[ma:k⁹ khi:ap⁹];หมากเขยบเทด[ma:k⁹ khi:ap⁹ the:t¹⁰] 岱-依 mac pàn nạ[ma:k⁷ pa:n² na⁴];pàn nạ[pa:n na⁴] 越 quả na[kwa³ na¹] 芒 tlái na[tla:i³ na¹]

【番石榴】泰 ฝรั่ง[fa⁵ raŋ⁵] 老 หมากสีดา[ma:k si:¹ ʔda:¹'];หมากโฮ่ย[ma:k⁹ʔo:i⁵] 岱-依 macỏi[ma:k⁷ ʔoi⁴] 越泰 mákuổi[ma:k⁷ u:i³] 普 ?waj⁵[ʔwa:i³] 越 quả ổi[kwa³ ʔoi³] 芒 tlái ổi[tla:i³ ʔoi⁵]

【翻 ~书】泰 พลิก[phlik⁸] 老 ปิด[pɯ:t⁹] 岱-依 pạc[pa:k⁸] 越 giở[zɤ³];dở[zɤ³] 芒 bớ[ʔbɤ⁵];dớ[zɤ⁵]

---

❶ 阿含 kāchāri
❷ 石家 maak²-huŋ²
❸ 石家 maak²-khiap²

【翻 往外~猪场】泰 ปิ้น[pi:n⁴];ปลิ้น[plin³] 老 ปิ๊น[pi:n⁴] 岱-侬 pjăn[pjan³] 越泰 lăj³ têlǎk²[lai³ te⁰ ljak²] 越 lộn[lon⁶]

【翻车】泰 รถคว่ำ[rot⁸khwam³] 老 ລົດຂວ້ຳ[lot⁸ khwam³] 越 xe bị đổ[sɛ¹ ʔbi⁶ ʔdo³]

【翻跟斗】泰 ตีลังกา[ti:² laŋ² ka:²] 老 ຕີລັງກາ[ti:¹ laŋ² ka:¹];ปิ๊นลังกา[pi:n⁴ laŋ² ka:¹] 越 lộn nhào [lon¹ ɲa:u²]

【翻脸】泰 โกรธขึ้นมา[kro:t⁹khɯn³ma:²] 老 ຫັນຫຼັງໃສ່ກັນ[han¹ laŋ¹ hai² kan¹] 越泰 pịch phan [pik⁸ pha:n¹] 越 giở mặt[zɤ³ mat⁸];giở giọng[zɤ³ zɔŋ⁶]

【翻身 睡觉时~】泰 พลิกตัว[phlik⁸ tu:a²] 老 ພິກຕົງ [phik⁸ khi:ŋ²];ปิ๊นติง[fu:n⁴ khi:ŋ²] 越 vươn mình [vɯ:n¹ min²] 芒 tóc đồng[tɔk⁷ ʔdoŋ³]

【翻身 ~作主人】泰 ได้รับการปลดปล่อย[ʔdai³ rap⁸ ka:n² plot⁷ plɔ:i⁵] 老 ຂຶ້ນຕີງ[fu:n⁴ tu:a¹] 岱-侬 phan slân[fa:n¹ ɬən¹] 越 vươn mình[vɯ:n¹ min²]

【翻译 ~文章】泰 แปล[plɛ:²] 老 แป[pɛ:¹'] 岱-侬 tói ooc[tɔi¹ ʔɔ:k⁷] 越 dịch[zit⁸];phiên dịch[fi:n² zit⁸];dịch ... ra ...[zit⁸ ... za̱¹ ...] 芒 dich[zit⁸]

【翻译 他是~】泰 ผู้แปล[phu:³ plɛ:²] 老 ล่าม[la:m²] 老 ນາຍພາສາ[na:i² pha:² sa:¹];ผู้แป[phu:³ pɛ:¹'];ผู้แปภาษา[phu:³ pɛ:¹' pha:² sa:¹];ล่ามแปภาษา[la:m² pɛ:¹' khwa:m²];ผู้แปภาษา[phu:³ pɛ:¹' pha:² sa:¹];ล่ามแปภาษา[la:m⁵ pɛ:¹' khwa:m²];ล่ามแป[la:m⁵ pɛ:¹'];ล่าม[la:m³] 越 người phiên dịch[ŋɯ:i² fi:n¹ zit⁸];người làm phiên dịch[ŋɯ:i² la:m² fi:n¹ zit⁸];thông dịch viên[thoŋ¹ zit⁸ vi:n¹] 芒 môi dich[mɔi⁴ zit⁸]

【幡】泰 ธงปลายแหลม[thoŋ² pla:i² lɛ:m¹] 老 ຫຸງປະຕາກ[thuŋ² pa² ta:k⁹];ปะตาก[pa² ʔda:k⁹] 越泰 co hèo [kɔ¹ hɛu¹] 越 cái phướn[ka:i⁵ fɯ:n⁵];phướn[fɯ:n⁵];cành phan[kaŋ² fa:n¹] 芒 phướn[fɯ:n¹]

【帆】泰 ใบเรือ[ʔbai² rɯ:a²];โจดง[kha⁵ ʔdo:ŋ²] 老 ໃບເຮືອ[ʔbai¹' hɯ:a²];ใบทะโดง[ʔbai¹' ka² ʔdo:ŋ¹];ใบสะเพา[ʔbai¹' sa² phau²] 岱-侬 màn lừa[ma:n³ lɯ:ə²] 越 buồm[bu:m⁶] 芒 puồm[pu:m²]

【帆布】泰 ผ้าใบ[pha:³ ʔbai²] 老 แพใบ[phɛ:² ʔbai¹'];ผ้าใบ[pha:³ ʔbai²] 越 vải bạt[va:i³ ʔba:t⁸]

【帆布床】泰 เตียงผ้าใบ[ti:aŋ² pha:³ ʔbai²] 老 ຕຽງຜ້າໃບ[ti:aŋ¹' pha:³ ʔbai¹] 越 giường bạt[zɯ:ŋ² ʔba:t⁸];giường xếp[zɯ:ŋ² sep⁷];giường làm bằng vải bạt[zɯ:ŋ² la:m² ʔbaŋ² va:i³ ʔba:t⁸]

【帆船】泰 เรือใบ[rɯ:a²ʔbai²] 老 ເຮືອໃບ[hɯ:a² ʔɔai¹'];ເຮືອລົ້ມ[hɯ:a² lom²];ເຮືອຕະເພົາ[hɯ:a² ta² phau²] 越 thuyền buồm[thwi:n² ʔbu:m²] 芒 thiên puồm[thi:n² pu:m²]

【烦闷❶】泰 กลัดกลุ้ม[klat⁷klum²];เบื่อ[ʔbɯ:a⁵] 老 กุ้ม[kum⁴];ลำคาญ[lam² kha:n²] 岱-侬 phàn[fa:n²] 普 lǎj¹[lai¹];nǎj¹[nai¹];khi⁴[khi⁴] 越 buồn[ʔbu:n²];rầu[zɤu²];buồn bực[ʔbu:n² ʔbɯk⁸];buồn rầu[ʔbu:n² zɤu²];buồn bã[ʔbu:n² ba⁴];buồn phiền[ʔnu:n² fi:n²];phiền[fi:n²] 芒 puồn[pu:n²];rầu[rɤu²];phiền[fi:n²];puồn pâc[pu:n² pɤk⁸];puồn phiền[pu:n² fi:n²];puồn rầu[pu:n² rɤu²];puồn pã[pu:n² pa⁴]

【烦恼】泰 ยุ่งยากใจ[juŋ² ja:k¹⁰tsai²] 老 ອາພິມ[ʔa:¹' phin²];อุกใจ[ʔuk⁷tsai²] 岱-侬 fànlào[fa:n²la:ʮ²] 越泰 khí buồn[khi⁵ ʔbu:n²];tốc chau[tok⁷ tsau¹] 越 phiền não[fi:n² na:u⁴];buồn phiền[ʔbu:n² fi:n²];phiền lòng[fi:n² lɔŋ²] 芒 buồn phiền[ʔbu:n² fi:n²];ɔuồn lòng[pu:n² lɔŋ²];phiền[fi:n²]

【烦心】泰 รำคาญใจ[ram² kha:n² tsai²] 老 ลำคาญใจ[lam² kha:n² tsai²] 岱-侬 phàn slim[fa:n² ɬim¹] 越 phiền muộn[fi:n² mu:n⁶]

【繁重】泰 หนักอึ้ง[nak⁷ ʔɯŋ³] 老 ໜັກໜວງ[nak⁷ na:¹] 岱-侬 năc doảng[nak⁷ jwa:ŋ³];năc dựt[nak⁷

---

❶ 石家 ʔuk⁴ -cii¹

jɯt⁸]; 越泰 năc na[nak⁷ na¹] ; 越 nặng nề[naŋ⁶ ne²]; nặng nhọc[naŋ⁶ ɲɔk⁸]; 芒 nắng nhọc[naŋ⁴ ɲɔk⁸]

【反 帽子戴~了】 泰 กลับกัน[klap⁷kan²] 越 đảo ngược [ʔda:u³ ŋɯ:k⁸]

【反驳】 泰 โต้แย้ง[to:³ jɛ:ŋ⁴];โต้[to:³] 老 ຕີໂຕ້[ti:¹' to:⁴]; โต้แย้ง[to:⁴ŋɛ:ŋ⁴];โต้ตอบ[to:⁴tɔ:p⁹];ตอบโต้[tɔ:p⁹ to:⁴];ตอบคืน[tɔ:p⁹ khɯ:n²];ตอบต้าน[tɔ:p⁹ ta:n⁴];ย้อนตอบ[jɔ:n³ tɔ:p⁹];ตอบ[tɔ:p⁹];โต้[to:⁴];ต่อความ[tɔ:⁵ khwa:m²];ต้าน[ta:n⁴];พิสูจลืบล้าง[phi⁴ su:t⁹ lɯp⁸ la:ŋ⁴];เอ๊าะฮัด[vau⁴ khat⁷];เอ๊าะฮัดคำ[vau⁴ khat⁷ kho:¹];แก้[kɛ:¹]; 越 đập lại[ʔdɤp⁴ la:i⁶];bẻ lại[ʔbe³ la:i⁶];bác lại[ʔba:k⁷ la:i⁶];phủ nhận[fu³ ŋɤn⁶]

【反常】 泰 ผิดปรกติ[phit⁷ prok⁷ ka⁵ ti⁵] 老 ຜິດທຳມະດາ[fɯ:n¹ tham² ma⁵ ʔda:¹];ผิดกับ[phi⁵ kon¹]  岱-侬 táng dưởng[ta:ŋ⁵ jɯ:ŋ³];lạ lạc[la⁴la:k⁸] 越 khác thường[kha:k⁷ thɯ:ŋ²];lạ đời[la⁶ ʔdɤ:i²];lạ[la⁶] 芒 lã tời[la⁴ tɤ:i²]

【反刍】 泰 เคี้ยวเอื้อง[khi:au⁴ʔɯ:aŋ³] 老 ຫຍ້ຳເອື້ອງ[ɲam³ʔɯ:aŋ⁴];ค่อวเอื้อง[khi:au⁴ʔɯ:aŋ³] 越泰 kẹo ưởng[kɛu⁴ ʔɯ:ŋ³] 越 nhai lại[ɲa:i¹ la:i⁶] 芒 nhàm lãi[ɲa:m³ la:i⁴]

【反倒】 泰 เปลี่ยน[pli:an⁵];แทนที่...กลับ[thɛ:n² thi:³... klap⁷] 老 ຊ້ຳບໍ່ຫນຳ[sam⁴ʔbɔ:⁵nam¹]  岱-侬 pjẳn tèo[pjan³tɛu⁵];pjè tèo[pjɛ³tɛu³] 越 trái lại [tʂa:i⁵ la:i⁶]

【反对】 泰 คัดค้าน[khat⁸kha:n⁴] 老 ต้าน[ta:n⁴]  岱-侬 chổng tèo[tɕoŋ³tɛu³] 越 chống lại[tʂoŋ⁵ la:i⁶];phản đối[fa:n³ ʔdoi⁵]

【反感】 泰 อารมณ์ที่ไม่พอมาก[ʔa:² rom² thi:³ mai³ phɔ:²tsai²ma:k¹⁰] 老 ລ້ວງກຽດ[laŋ⁶ki:at⁹] 越 ác cảm[ʔa:k⁷ka:m³];bất mãn[ʔbɤt⁷ma:n⁴];gai mắt[ɣa:i¹ mat⁷];chướng tai[tsɯ:ŋ³ ta:i¹]

【反悔】 泰 เสียใจในสิ่งที่ทำไป[si:a¹ tsai² nai⁵ siŋ⁵ thi:³ tham²pai²];กลับคำ[klap⁷kham²] 老 ກັບຄຳ[kap⁷ kham²];กับถ้อยคืนคำ[kap⁷ thɔ:i³ khɯ:n² kham²] 越 nuốt lời[nu:t⁷ lɤ:i²];hối hận[hoi⁵ hɤn⁶]

【反抗】 泰 คัดค้าน[khat⁸ kha:n⁴] 老 ຂັດແຍງ[khat⁷ khɛ:ŋ¹];คัดค้าน[khat⁸ kha:n⁴];สู้[su:³];โต้ย้าน[tɔ:³ jan¹];โต้ต้าน[to:³ ta:n⁴];ต่อต้าน[tɔ:⁵ ta:n⁴];ต้าน[ta:n⁴];ต้านขาน[ta:n⁴kha:n¹];ต้านคืน[ta:n⁴khɯ:n²];ต้านทาน[ta:n⁴tha:n²];ทาน[tha:n²];ขัดแยง[khat⁷ khɛ:ŋ¹]  岱-侬 fàn[fa:n³];chổng[tɕoŋ³] 越 phản kháng[fa:n³xa:ŋ³];chống lại[tʂoŋ⁵la:i⁶];cưỡng lại[kɯ:ŋ³ la:i⁶] 芒 cưỡng lãi[kɯ:ŋ³ la:i⁴]

【反面 布的反面】 泰 ด้านกลับ[ʔda:n³klap⁷];ตรงข้าม[troŋ²kha:m³] 老 ด้านภิงกับข้าม[ʔda:n⁴koŋ¹' kan¹' kha:m³];ทางปิ้น[tha:ŋ² pi:n⁴] 越泰 bưởng pjè [ʔbɯ:ŋ³ pjɛ³] 越 mặt trái[mat⁸ tʂa:i⁵];bề trái[ʔbe² tʂa:i⁵] 芒 đài[ʔda:i³]

【反胃】 泰 คลื่นเหียน[khlɯ:n³ hi:an¹];คลื่นไส้[khlɯ:n³ sai³] 老 ປວດຮາກ[pu:at⁹ ha:k¹⁰] 越 buồn nôn[ʔbu:n³ non¹]

【反正 ~我不去】 泰 ถึงจะ[thuŋ¹ tsa⁵]  岱-侬 mái cạ [ma:i⁵ ka⁴] 越 dù sao[zu² ʂa:u¹];dù thế nào[zu² the⁵ na:u²]

【返回❶】 泰 กลับที่เดิม[klap⁷thi:³ʔdɤ:m²] 老 กับ[kap⁷];ต่อ[ta:u⁵];กับต่อ[kap⁷ta:u⁵];ต่อคืน[ta:u⁵ khɯ:n²];ต่อเมือ[ta:u⁵mɯ:a²];บิฮัด[ni⁵ʔat⁷];ผัดเมือ[phat⁸mɯ:a²];เมือ[mɯ:a²];ผัดคืน[phat⁸ khɯ:n²];ย้อน[jɔ:n³];ทับต่อ[han¹ta:u⁵];ฎืบเมือ[lop⁷mɯ:a²]  岱-侬 mà[ma²];mừa[mɯa²] 越 về [ve²];trở về[tʂɤ³ve²];lui gót[lui¹ɣɔt³];lộn lại [lon⁶la:i⁶];quay lại[kwai⁴la:i⁶] 芒 tlớ wềl[tlɤ⁵ wel²];tlớ cóch[tlɤ⁵kɔt⁷];lui cóch[lui⁵kɔt⁷];lổn lãi [lon⁴la:i⁴];đãi lãi[ʔda:i³la:i⁴];đãi tha[ʔda:i⁴tha¹];đãi wềl[ʔda:i³ wel²];quat lãi[kwa:t⁸ la:i⁴]

❶阿含 pâk

【饭❶】 泰ข้าว[khaːu³];อาหาร[ʔaː² haːn] 老เຂົ້າ[khau⁵] 岱-侬khẩu[khəu³] 越泰khầu[khau³] 普mi² [mi²] 越cơm[kɤːm²] 芒cơm[kɤːm¹]

【饭馆】 泰ร้านอาหาร[raːn⁴ ʔaː¹¹haːn¹];พัตตาคาร[phat⁸taː¹'khaːn²]; โภชนาคาร[phoː²saː²naː²khaːn²] 越hiệu cơm [hiːu⁶ kɤːm¹];hiệu ăn[hiːu⁶ ʔan¹];tiệm ăn[tiːm⁶ ʔan¹]

【饭盒】 泰กล่องอาหาร[kloːŋ⁵ ʔaː² haːn¹];ตลับอาหาร [taˀ lap⁷ ʔaː² haːn¹] 老ຕະຫຼັບອາຫານ[taˀ lap⁷ ʔaː¹ haːn¹] 越hộp cơm[hop⁸ kɤːm¹];cà mèn[kaˀ mɛn⁵]; cái ga men[kaːi⁵ ɣaˀ mɛn¹]

【饭粒❷】 泰เมล็ดข้าว[maˀ let⁸ khaːu³] 老ເມັດເຂົ້າ [met⁸ khau³] 普qanăt²[qa⁰ nat²] 越hạt cơm[haːt⁵ kɤːm¹]

【饭厅】 泰ห้องอาหาร[hɔːŋ³ ʔaː² haːn¹] 老ຫ້ອງອາ ຫານ[hɔːŋ³ ʔaː¹' haːn¹];ห້องกินเข้า[hɔːŋ³ kin¹ khau³] 越phòng ăn[fɔŋ² ʔan¹];nhà ăn[ɲaː² ʔan¹]

【饭团】 泰ข้าวสุกที่ปั้นเป็นก้อน[khaːu³suk⁷thiː³pan⁵ pen² kɔːn³] 老ເຂົ້າປັ້ນ[khau³ pan⁴] 越cơm nắm [kɤːm¹ nam⁵] 芒cơm cỏi[kɤːm¹ kɔi³];cơm nủnh [kɤːm¹ nuɲ³]

【饭罩】 泰ฝาครอบอาหาร[faː¹ khrɔːp¹⁰ ʔaː² haːn¹]; ฝาชี[faː¹ tshiː²] 岱-侬ăn pha bôm[ʔan¹ pha¹ ʔbom¹] 越lồng bàn[loŋ² ʔbaːn²]

【贩卖】 泰ซื้อขาย[sɯː⁴khaːi¹] 老ຊື້ຂາຍ[sɯː⁴haːi¹] 岱-侬puôn[puːn¹] 越泰cạ[kaˀ⁴] 越buôn[ʔbuːn¹]; buôn bán[ʔbuːn¹ ʔbaːn⁵]

【犯法】 泰อาปั้น[ʔaː² pan²];กระทำความผิด[kraˀ⁵ tham² khwaːm²phit⁷] 老ຜິດກົດໝາຍ[phit⁷kot⁷maːi¹]; ทำผิดกฎหมาย[tham² phit⁷ kot⁷ maːi¹];ກະທຳຜິດ ໝາຍ[kaˀ²tham²phit⁷ kot⁷maːi¹];เป็นบาป[pen⁵ ʔbaːp⁵];ล่วงผิดหมาย[luːaŋ⁵ kot⁷ maːi¹];ผิดกดหมาย

[fɯːn¹ kot⁷ maːi¹];ละเมิดกฎหมาย[laˀ⁵ mɤːt¹⁰ kot⁷ maːi¹] 越phạm pháp[faːm⁶ faːp⁷];trái phép[tʂaːi⁵ fɛp⁷]

【犯人】 泰อาชญากร[ʔaːtˠjaː²kɔːn²];นักโทษ[nak⁸ thoːt¹⁰];โทษคน[khon² thoːt¹⁰] 老ຄົນຄຸກ[khon²khuk⁸]; ຄົນໂທດ[khon² thoːt¹⁰];ນັກໂທດ[nak⁸ thoːt¹⁰];ຄົນຜິດຖ່ງ [khon²phiː¹²baːp⁹];ຜູ້ຳຜິດ[phuː³ tham² phit⁷]; ອາດຍາກອນ[ʔaːtˠ naː² kɔːn¹] 越tên tội phạm[tɤn¹ toi⁶ faːm⁶];thủ phạm[thuː³ faːm⁶];phạm nhân[faːm⁶ ɲɤn¹];tội phạm[toi⁶ faːm⁶];kẻ phạm tội[kɛ³ faˀ m⁶ toi⁶]

【犯罪❸】 泰ทำผิดกฎหมาย[tham² phit⁷kot⁷maːi ] 老ກໍໂທດກຳ[kɔː¹ thoːt¹⁰kam¹];ເປັນກຳ[pen¹' kam⁵] 岱-侬thuc chói[thuk⁷ tɕɔi³];mèn chói[mɛn³ tɕɔi³] 越phạm tội[faːm⁶ toi⁶]

【泛滥】 泰ท่วม[thuːam³] 老ນຳແກ່ງ[nam⁴ kɛːŋ⁵]; ນຳຖ້ອມ[nam⁴ thuːam³];ໃຫຖ້ອມ[lai² thuːam³];ຖ້ອມ [ːhuːam³] 普thum¹[thum¹] 越lan tràn[laːn¹ tʂaːn²]; lụt[lut⁸] 芒lut[lut⁸]

【方~形】 泰เหลี่ยม[liːam⁵];สี่เหลี่ยม[siː¹' liːam⁵] 老ສີ່ລ່ຽມ[siː⁵liːam⁵] 岱-侬fuông[fuːŋ¹];slí tẳng[ɬi¹ tɤŋ⁵] 普pê¹ qok⁵[pe¹ qɔk⁵] 越vuông[vuːŋ¹] 芒vuông[vuːŋ¹]

【方向】 泰ทิศทาง[thit⁸ thaːŋ²] 老ເບື້ອງ[ʔbɯːaŋ⁴]; ກຳ[kam⁴];ทิสๅ[thi⁴saː¹];ทิสดอน[thi⁵ saː¹ ʔdɔːn¹]; ทาง[thaːŋ²];ทิด[thit⁸];ทิดทาง[thit⁸ thaːŋ²];ทิดเล้ง [thit⁸ leŋ²];ทิดใหย่[thit⁸ ɲai⁵];ลอง[luːaŋ²];ทิบ [hon¹];ทิบแหง[hon¹ hɛːŋ⁵];ເບື້ອງ[ʔbɯːaŋ⁴];ทิบทาง [hon¹ hɛːŋ⁵];ทิบ[hon¹] 越phương[fɯːŋ¹];hướng [hɯːŋ⁵];phươnghướng[fɯːŋ¹ hɯːŋ⁵];chiều[tsiːu²] 芒mông[moŋ¹];phương[fɯːŋ¹];phươnghướng[fɯŋ¹ ːaːŋ¹];chiều[tsiːu²]

【方向盘】 泰พวงมาลัย[phuːaŋ² maː² laːi²] 老ພວງ

---

❶ 石家 gaw³
❷ 石家 qanăt²
❸ 阿含 phit

ມາໄລ[phuːaŋ² maː² lai²] 岱-侬 ăn pắn[ʔan¹ pan⁵]; ăn nảu[ʔan¹ nau³] 越 tay lái[tai¹ laːi⁵]; cần lái[kɤn² laːi⁵]; bánh lái[ʔban⁵ laːi⁵]

【方言】泰 ภาษาท้องถิ่น[phaː² saː¹ thɔːŋ⁴ thin⁵]; ภาษา พื้นเมือง[phaː²saː¹phɯːn⁴mɯːaŋ²] 老 ພາສາຖິ່ນ [phaː²saː¹thin⁵]; ພາສາທ້ອງຖິ່ນ [phaː²saː¹thɔːŋ⁴ thin⁵]; ພາສາພື້ນເມືອງ[phaː² saː¹ phɯːn⁴ mɯːaŋ²] 越 phương ngữ[fɯːŋ¹ ŋɯ⁴]; tiếng địa phương[tiːŋ³ ʔdiə⁶ fɯːŋ¹]

【方丈】~寺院的住持 泰 กุฏิเจ้าอาวาส[kuː⁵ ʔdiː³ tsau³ ʔaː² vaːt¹⁰]; เจ้าอาวาส[tsau³ ʔaː² vaːt¹⁰] 老 ພິມມາຄາມ[phom² maː² khaːn²]; ເຈົ້າອາວາດ[tsau⁴ ʔaː¹ vaːt¹⁰]; ພະເຕຍະ [phɔ⁵ thɔ²]; ເຈົ້າອະທິການ[tsau⁴² ʔa² thi⁵ kaːn¹]; ພະອະທິການ[phaː⁵ ʔa² thi⁵ kaːn¹] 越 người trụ trì ở chùa[ŋɯːi² tṣuː⁶ tṣiː³ ʔɤ³ tsuə²]; phương trượng[fɯːŋ¹ tṣɯːŋ⁶]

【方桌】泰 โต๊ะสี่เหลี่ยม[toː⁴ siː⁵ liːam⁵] 老 ໂຕະລ່ຽມ [toː² liːam⁵] 越 bàn vuông[ʔbaːn² vuːŋ¹]

【房基】泰 ฐานรากบ้าน[thaːn¹ raːk¹⁰ ʔbaːn³] 老 ຮາກ ຄາມເຮືອນ[haːk¹⁰ thaːn¹ hɯːan²] 岱-侬 ti ruồn[tiː³ rɯːn²] 越泰 cạp huờn[kaːp⁸ hɯːn²] 越 nền nhà [nen² ɲa²] 芒 nền nhà[nen² ɲa²]

【房间】❶ 泰 ห้อง[hɔːŋ³] 老 ຫ້ອງ[hɔːŋ³] 岱-侬 sluổm[ɬuːm³]; mụng[muŋ⁴] 越泰 hỏng[hɔŋ³] 越 gian nhà[zaːn¹ɲa²]; căn nhà[kan¹ɲa²]; buồng [ʔbuːŋ²]; phòng[fɔŋ³] 芒 puổng[puːŋ³]; phòng [fɔŋ³]

【房子】❷ 泰 เรือน[rɯːan²]; บ้าน[ʔbaːn³] 老 ເຮືອນ [hɯːan²]; ຢາວ[jaːu³]; ຢາວເຮືອນ[jaːu⁵ hɯːan²]; ບ້ານ [ʔbaːn⁴]; ບ້ານເຮືອນ[ʔbaːn⁴hɯːan²] 岱-侬 ruồn [rɯːn²] 普 nhing¹[ɲiŋ¹]; nhing ljang⁴[ɲiŋ¹ ljaŋ⁴] 越 nhà[ɲa²] 芒 nhà[ɲa²]

【防】~野猪 泰 เตรียมป้องกัน[triːam² pɔːŋ³ kan²] 老 ກັນ[kan¹]; ປ້ອງກັນໄວ້[pɔːŋ⁴ kan¹ vai⁴] 岱-侬 phứa té[phɯə⁵ tɛ⁵] 越泰 chự[tsɯ⁴] 越 phòng[fɔŋ²]

【防病】泰 การป้องกันโรค[kaːn² pɔːŋ³ kan² roːk¹⁰]; ป้องกันโรค[pɔːŋ³kan²oːk¹⁰] 老 ກັນພະຍາດ[kan¹ pha⁵ɲaːt¹⁰]; ກັນພະຍາດຕາມພະຍຸ[kan¹pha⁵ɲaːt¹⁰ taːn⁴pha⁵ɲu⁵]; ກັນພະຍຸ[kan¹pha⁵ɲu⁵]; ກັນໂລກ [kan¹loːk¹⁰] 岱-侬 phứa[phɯə⁵] 越泰 phỏng [phɔŋ²]; phẳng phỏng[phaːŋ³phɔŋ²] 越 phòng bệnh[fɔŋ² ʔbeɲ⁶]

【防火】泰 ป้องกันอัคคีภัย[pɔːŋ³kan²ʔat⁷khiː² phai²]; ป้องกันเพลิงไหม้[pɔːŋ³ kan² phlɤːŋ² mai³] 老 ກັນໄຟ [kan¹ fai¹]; ກັນອັກຄີໄຟ[kan¹ ʔat⁷ khiː² fai²]; ກັນໄຟ [kan¹ fai²] 越 phòng lửa[fɔŋ² lɯə³]; phòng hoả [fɔŋ² hwa³] 芒 phòng hoá[fɔŋ² hwa⁵]

【防疫】泰 ป้องกันโรคระบาด[pɔːŋ³ kan² roːk¹⁰ ra⁴ ʔbaːt⁹] 老 ກັນພະຍຸ[kan¹ pha⁵ɲu⁵]; ກັນໂລກ[kan¹ loːk¹⁰]; ປ້ອງພະຍາດຕິດຕໍ່[pɔːŋ⁴ pha⁵ na:t¹⁰ tit⁷ tɔː⁵] 越 phòng dịch[fɔŋ² zit⁸]; phòng bệnh truyền nhiễm [fɔŋ² ʔbeɲ⁶ tṣwiːn² ɲiːm⁴] 芒 phòng dich[fɔŋ² zit⁸]

【妨碍】泰 ขัดขวาง[khat⁷khwaːŋ¹] 老 ກິດຂວາງ [kit⁷khwaːŋ¹]; ກິດຂວາງ[kiːt⁹khwaːŋ¹]; ກິດຂ້າຂວາງຫາ [kiːt⁹ naː³ khwaːŋ¹ taː¹]; ກິດ[kiːt⁹] 越 trở ngại[tṣɤ³ ŋaːi⁶]

【访问】泰 เยี่ยม[jiːam³]; เยือน[jɯːan²] 老 ຢາມ [jaːm¹]; ຢຽມ[jiːam³]; ຢ້ຽມຢາມ[jiːam³aːm¹]; ຢ້ຽມຢາມ [jɯː³jaːm¹]; ຢ້ຽມຢາມຖາມຂ່າວ[jɯː³jaːm¹tham:m¹khaːu⁵]; ຢຽມ[jiːam³]; ຫຢວຢ້ຽຢ້ອງຢາມ[thiːau² jɯː³ jɔːŋ³ jaːm¹] 越 thăm[tham¹]; phòng vấn[fɔŋ³ vɤn⁵]

【纺】~纱 泰 ปั่น[pan⁵] 老 ເຂັ້ມຜ້າຍ[khen¹ faːi³]; ລັງ [laŋ²]; ເຂັ້ມ[khen¹]; ປັ້ນ[pan⁵] 岱-侬 cap[kaːp⁷]; tềng[teŋ³] 越泰 lằng[laŋ⁵]; pắn[pan⁵] 越 xe[sɛ¹] 芒 chẳng[tsaŋ⁵]

【纺车】泰 ไนปั่นด้าย[nai²pan⁵ʔdaːi³] 老 ຫງາໃບ

---

❶ 石家 hɔŋ³ 泐 som C1
❷ 石家 raan⁴; khaam⁴ 阿含 rün A2; ren A2 撣 rən A2 泐 hrən A2

[laː¹nai²];ๆๆ[laː¹];ไบ[nai²]　傣-侬 con loot[kon⁵ loːt⁷]　越 máy quay sợi[mai⁵kwai² ʂɤːi⁶];guồng quay sợi[ɣuːŋ²kwai⁵ʂɤːi⁶];xa kéo sợi[saːkɛu⁵ ʂɤːi⁶]　芒 la[la¹]

【放~开手❶】　泰 ปล่อย[plɔːi⁵]　老 ปะ[pa²];ปอย [poːi⁵]　傣-侬 pjuống[pjuːŋ⁵];pjói[pjoːi⁵]　越泰 phóc[phok⁷];vãng[vaːŋ²]　普 pja¹[pja¹];phjaj³ [phjaːi³];pâj³[pɤi³]　越 thả[tha³];buông[ʔbuːŋ¹] 芒 tá[ta⁵]

【放~鸟出笼】　泰 ปล่อย[plɔːi⁵]　老 ปอย[poːi⁵] 傣-侬 pjói[pjoːi⁵];puống[puːŋ⁵];pjoóng[pjɔːŋ⁵]　普 pja¹[pja¹]　越 thả[tha³]　芒 puổng[puːŋ⁵];tlới tha[tlɤːi⁵ tha¹]

【放~田水】　泰 ปล่อย[plɔːi⁵]　老 ปอยออก[poːi⁵ʔɔːk⁹]　越 tháo[thaːu⁵]

【放~盐】　泰 ใส่[sai⁵]　老 ใส่[sai⁵]　傣-侬 xáu [ɕau⁵]　越 cho thêm vào[tsɔ¹ them¹ vaːu²]

【放~鞭炮】　泰 จุด[tsut⁷]　老 จุด[tsuːt⁹]　越 đốt [ʔdot⁷]

【放风筝】　泰 เล่นว่าว[leːn³ waːu³]　老 ฮักอ่าว[sak⁸ vaːu⁵];ปอยอ่าว[poːi⁵ vaːu⁵]　越 thả diều[tha³ ziːu²] 芒 thá diều[tha⁵ ziːu²]

【放火】　泰 วางเพลิง[waːŋ² phlɤːŋ¹]　老 กำโทดกำไฟ [kɔː⁵ thoːt¹⁰ kam¹⁻ fai²];กำไฟ[kɔː⁵ fai²]　越 đốt lửa [ʔdot⁷ luə³];phóng hỏa[fɔŋ⁵ hwa⁵]

【放假】　泰 ปิดเทอม[pit⁷ thəːm²];ปิดภาค[pit⁷ phaːk¹⁰]; หยุดเรียน[jut⁷riːan²]　老 พักโรงเรียน[phak⁸hoːŋ² hiːan²]　傣-侬 chải[tɕaːi³];ngoẹp[ŋwɛp⁸]　越 nghỉ[ŋi³]

【放牛❷】　泰 เลี้ยงวัว[liːaŋ⁴wuːa²]　老 ลั้งควาย [liːaŋ⁴ khwaːi²]　傣-侬 pjống vài[pjoŋ⁵ vaːi²];pjói

vài[pjoi⁵vaːi²];hen vài[hen¹vaːi²];dếnh vài[jeŋ⁵ vaːi²];đoi vài[ʔdoi¹ vaːi²];ngòi vài[ŋoi² vaːi²]　越 chăn trâu[tsan¹ tʂɤu¹];chăn bò[tsan¹ ʔbɔ²]　芒 tồn tlu[tɔn³ tlu¹];tòn pò[tɔn³ pɔ²];ti tlu[ti¹ tlu¹]

【放屁❸】　泰 ผายลม[phaːi¹ lom²];ปู้[puː¹]　老 ตด[tct⁷] 傣-侬 ooc tât[ʔɔːk⁷ tət⁷]　越泰 tốt ók[tot⁵ ʔɔk⁵]　普 lặj³ tot⁵[laːi³ tɔt⁵]　越 đánh rắm[ʔdaŋ⁵ zam⁵]

【放心】　泰 ไว้ใจ[wai⁴tsai²]　老 วอใจ[vai⁴tsai¹]; ไว้อาๆใจ[vai⁴vaːŋ²tsai¹];บอมใจ[nɔːn²tsai¹] 傣-侬 ónslim[ʔɔn³łim¹]　越泰 iênchau[ʔiːn¹ tsaɯ¹] 越 yên tâm[ʔiːn¹ tɤm¹];yên bụng[ʔiːn¹ ʔbuŋ⁶]

【放学】　泰 เลิกเรียน[lɤːk¹⁰riːan²]　老 เลิกรูม[lɤːk¹⁰ hiːan²]　傣-侬 sla slư[ła¹ łu¹]　越 tan học[taːn¹ hɔk⁸]

【放映】　泰 ฉาย[tshaːi¹]　老 สาย[saːi¹]　越 chiếu phim[tsiːu⁵ fim¹];chiếu bóng[tsiːu⁵ bɔŋ⁵]　芒 chiếu bỏng[tsiːu³ ʔbɔŋ³]

【放债】　泰 ปล่อยหนี้[plɔːi⁵niː³]　老 ปอยหนี้[poːi⁵niː³] 越 cho vay lấy lai[tsɔ¹ vai¹ lɤi⁵ laːi⁴]

【飞❹】　泰 บิน[ʔbin²]　老 บิน[ʔbin¹]　傣-侬 bên [ʔben¹]　越泰 bin[ʔbin¹]　普 bjang¹[bjaːŋ¹]　越 bay[ʔbai¹]　芒 păl[pal¹]

【飞蛾】　泰 ผีเสื้อกลางคืน[phiː¹ sɯːa³ klaːŋ² khɯːn²]; แมลงเม่า[maː⁴ lɛːŋ² mau³]　老 กะบี้[ka² ʔbiː⁴];แมงบี้ [mɛːŋ²ʔbiː⁴]　傣-侬 mèng màu[mɛŋ²mau³];trăc trăn[thak⁷ thaːn³]　越泰 cáp bửa bút[kaːp⁷ ʔbɯa³ ʔbut¹]　越 sâu bướm[ʂɤu¹ ʔbɯːm⁵];con thiêu thân [kɔn¹ thiːu¹ thɤn¹]　芒 pơ pơ[pɤ¹ pɤ¹]

【飞机】　泰 เครื่องบิน[khrɯːaŋ² ʔbin²];นกเหล็ก[rɔk⁸ lek⁷]　老 เรือบิน[hɯːa²ʔbin²];เถื่อบิน[khɯːaŋ² ʔbin²];ยิน[non²];ยินยาบ[non² ɲaːn²];ยินขะ[non² ha²];ยินเขาะ[non²hɔ²];เรือเขาะ[hɯːa²hɔ²];อินฮี เขาลัก[ʔin¹ si² lek⁷]　傣-侬 tàu bên[tau² ʔben¹]

---

❶ 拉哈 mahaj¹
❷ 阿含 pā-lik
❸ 石家 ret D1S
❹ 石家 bil¹; bin¹

越泰 xebin[sɛ¹ʔbin¹] 普 zân⁴ bjang¹[zɤn⁴ʔbja:ŋ¹]; fâj³ ci³[fɤi³ ci³] 越 máy bay[mai⁵ ʔbai¹] 芒 tàu pǎl[tau² pal¹]

【飞机场】 泰 สนามบิน[sa⁵ na:m¹ ʔbin²];ท่าอากาศยาน[tha:³ ʔa:² ka:t⁹ja:n²] 老 สะหนามบิน[sa² na:m¹ ʔbin¹];เดิ๋มยิ๋ม[ʔdə:n⁵ ɲon²];เดิ๋มบิน[ʔdə:n⁵ ʔbin¹];ยิ๋มเฆาะ[ɲon² hɔ²] 岱-侬 xân tàu bên[ɕən¹tau² ben¹] 越泰 phiêng xe bin[phi:ŋ¹sɛ¹ʔbin¹] 越 sân bay[ʂɤn¹ ʔbai¹];phi trường[fi¹ tʂɯ:ŋ²] 芒 àng tàu pǎl[ʔa:ŋ³ tau² pal¹]

【飞鱼】 泰 ปลานกกระจอก[pla:² nok⁸ kra⁵ tsɔ:k⁹] 老 ປາປີກ[pa:¹' pi:k⁹];ປາບິນ[pa:¹' ʔbin¹] 岱-侬 pja pac kèo[pja¹ pa:k⁷ kɛu¹] 越 cá bay[ka⁵ ʔbai¹];cá chuồn[ka⁵ tsu:n²]

【非常❶】 泰 กรอบ[krɔ:p⁹];กรอบแกรบ[krɔ:p⁹ krɛ:p⁹];กาจ[ka:t⁹];กำลัง[kam² laŋ²];โข[khoː¹];เครียด[khri:at¹⁰];จะตาย[tsa⁵ ta:i²];จัด[tsat⁹];ไตร[trai²];ทายาด[tha:² ja:t⁹];หนัก[nak⁹];หนักหนา[nak⁹ na:¹];บ้อง[ʔbɔ:ŋ³];ปั้ง[paŋ¹];ปึ๊ด[pat⁴];เป็นที่จริง[pen² thi:³ tɕiŋ³];เป็นหนักเป็นหนา[pen² nak⁷ pen² na:¹];หนักหนา[nak⁹ na:¹];เปี๊ยบ[pi:ap¹⁰];พันเหา[phan² hau²];มิดหมี[mit⁸ mi:¹];หยวด[ju:at⁹];ยิ่ง[jiŋ³];ยิ่งยวด[jiŋ³ ju:at¹⁰];ยิบ[jip⁸];เหลือเกิน[lɯ:a¹ kə:n²];เหลือดี[lɯ:a¹ ʔdi:²];อย่าบอกใคร[ja:⁵ ʔbɔ:k⁹ khrai²];อย่างยิ่ง[ja:ŋ⁵ jiŋ³];เอาการ[ʔau² ka:n²] 老 มาก[ma:k¹⁰];คาม[kha:m²];ล้ำ[lam⁴];คามดับ[kha:m² khan²];จั๊ว[tsaŋ¹];จ้อย[tsɔ:i¹];จ้อยๆ[tsɔ:i⁴ tsɔ:i⁴];จัด[tsat²];สุดแสบ[sut⁷ sɛ:n³];สุดที่[sut⁸ thi:⁵];แสบ[sɛ:n¹];เสียบ[si:ap⁹];ทะดี่[ka² ʔdɔ:⁴];ทะดัด[ka² ʔdat⁷];เกิน[kə:n¹];เกินอ่า[kə:n¹ va:⁵];ยิ่ง[ɲiŋ⁵];ยอด[ɲɯ:at¹⁰];ยิ่งยอด[ɲiŋ⁵ ɲɯ:at¹⁰];ยิ่งมัก[ɲiŋ⁵ nak⁸];ยอดยิ่ง[ɲɯ:at¹⁰ɲiŋ⁵];ที่สุด[thi:⁵ sut⁷];มัก[nak⁸];มักทมา[nak⁸ na:¹];ปีก[pik⁷];ย่างยิ่ง[ja:ŋ⁵ ɲiŋ⁵];ย่างเต้มที่[ja:ŋ⁵ tem¹ thi:³];ย่างล้ำเผือ[ja:ŋ⁵ lon⁴ lɯ:a¹];ล้ำเผือ[lon⁴ lɯ:a¹];เอาที่[ʔau⁴ ni:⁵];เฝือ

[lɯ:a¹];เฝือที่สุด[lɯ:a¹ thi:⁵ sut⁷];เฝือล้ม[lɯ:a¹ lon⁴];เฝือฆาย[lɯ:a¹ la:i¹];ฆาย[la:i¹];ฆายๆ[la:i¹ la:i¹];ฆายที่สุด[la:i¹ thi:⁵ sut⁷];เอิงแท้ๆ[ʔau¹' thɛ:⁴ thɛ:⁴];เอิงแท้เอิงอ่า[ʔau¹' thɛ:⁴ ʔau¹' va:⁵];ล้ำ[lam⁴];เกิน[kə:n¹];นี[ni:⁵] 岱-侬 chăn[tɕan¹];tải[ta:i³];khẻn[khen³];lai[la:i¹] 越泰 xau ính[sau¹ ʔiŋ⁵];cai và[ka:i¹ va⁵] 越 rất[rɤt⁷];lắm[lam⁵];hết sức[het⁷ ʂɯk⁷] 芒 đãi[ʔda:i⁴]

【非法】 泰 ผิดกฎหมาย[phit⁷ kot⁷ ma:i¹] 老 ผิดก๊ดหมาย[phit⁷ kot⁷ ma:i³] 越 phi pháp[fi¹ fa:p⁷];trái phép[tʂa:i⁵ fɛp⁷]

【肥 猪很~ ❷】 泰 อ้วน[ʔu:an³] 老 พี[phi:²] 岱-侬 pì[pi²];béo[ʔbɛu³] 越泰 pī[pi²] 越 béo[ʔbɛu⁵]

【肥 土很~】 泰 มีปุ๋ยมาก[mi:² pui¹ ma:k¹⁰] 岱-侬 pì[pi²];béo pì[ʔbɛu³ pi²] 越泰 pī[pi²] 越 màu mỡ[mau² mɤ⁴]

【肥 衣服太~】 泰 หลวม[lu:am¹] 老 โฮม[lom¹] 越 to[tɔ¹];rộng[zoŋ⁶]

【肥料】 泰 ปุ๋ย[pui¹] 老 ฝุ่น[fun⁵];ปุ๋ย[pui¹];ฝุ่นปุ๋ย[fun⁵ pui¹] 越 phân bón[fɤn¹ʔbɔn⁵] 芒 pūn pòn [pun⁴ pɔn³]

【肥胖症】 泰 โรคอ้วน[ro:k¹⁰ ʔu:an³] 老 โลกอ้อมพี[lo:k¹⁰ ʔu:an⁴ phi:²];พะยาดพีโพ[pha⁵ ɲa:t¹⁰ phi:² pho:²] 越 bệnh béo phì[ʔben⁶ ʔbɛu⁵ fi²]

【肥肉】 泰 เนื้อติดมัน[nɯ:a⁴ tit⁷ man²] 老 ซิ้นมัน[si:n⁴ man²] 越 thịt mỡ[thit⁸ mɤ⁴]

【肥皂】 泰 สบู่[sa⁵ ʔbu:⁵] 老 สะบู[sa² ʔbu:¹];สะบู่[sa² ʔbu:⁵] 岱-侬 xà fòng[ɕa² fɔŋ²];xà phòng[ɕa² phɔŋ²] 越泰 xăn phọng[san¹ phɔŋ⁴] 越 xà phòng[sa² fɔŋ²]

【废品】 泰 ของเสีย[khɔ:ŋ¹ si:a¹] 老 ຂອງເສຍ[khɔ:ŋ¹ si:a¹] 越 phế phẩm[fe⁵ fɤm³]

---

❶ 石家 laʔ⁶- vaay⁶ 阿含 jau;khün;nā;thuň
❷ 阿含 pī A2

【废水】 泰 น้ำทิ้ง[nam⁴thiŋ⁴];น้ำเสีย[nam⁴si:a¹] 老 น้ำเปื้อน[nam⁴pɯːan⁴];น้ำจับ[nam⁴tsɯːn⁴] 越 nước thải[nɯːk⁷ thaːi³]

【狒狒】 泰 ลิงบาบูน[liŋ² ʔba:² ʔbuːn²] 老 ลิงหมาหมู[liŋ² na:³ muː¹] 越 khỉ đầu chó[xi³ ʔdɤu² tsɔ⁵]

【肺】 泰 ปอด[pɔːt⁹] 老 ปอด[pɔːt⁹];กีบปอด[kiːp⁹ pɔːt⁹];ริมปอด[ŋiːm² pɔːt⁹] 岱-侬 put[put⁷] 越泰 pót[pɔt⁷] 普 săw⁴[sau⁴] 越 phổi[foi³];lá phổi[la⁵ foi³] 芒 phối[foi⁵];là phải[la³ foi⁵];puồng póch[puːŋ² pot⁷];póch[pot⁷]

【肺病】 泰 โรคปอด[ro:k¹⁰ pɔːt⁹];วัณโรค[wan² ro:k¹⁰] 老 พะยาดปอด[pha²ɲa:t¹⁰pɔːt⁹] 越 bệnh phổi [ʔben⁶ foi³]

【肺结核】 泰 วัณโรค[wan²na⁴ro:k¹⁰];โรคราช[ro:k¹⁰ ra:t¹⁰] 老 กะไสยะโลก[ka⁵sai¹na⁵lo:k¹⁰];อัมมะโลก[van²na⁵lo:k¹⁰];พะยาดอัมมะโลกปอด[pha²ɲa:t¹⁰van²na⁵lo:k¹⁰pɔːt⁹];อัมมะโลกปอด[van²na⁵lo:k¹⁰pɔːt⁹];ปอดแห้ง[pɔːt⁹he:ŋ³];พะยาดปอดแห้ง[pha²ɲa:t¹⁰ pɔːt⁹ he:ŋ³] 普 khô⁴ kuɤ⁵[kho⁴ kɯɤ⁵] 越 bệnh lao phổi[ʔben⁶ la:u¹ foi³];bệnh lao[ʔben⁶ la:u¹] 芒 bểnh lao[ʔbɛn⁴la:u¹];hen lao[hɛn⁵ la:u¹]; lao phối[la:u¹ foi⁵]

【肺炎】 泰 ปอดอักเสบ[pɔːt⁹ ʔak⁷ se:p⁹];โรคปอดอักเสบ[ro:k¹⁰ pɔːt⁷ ʔak⁷ se:p⁹] 老 ไข้ปอดบอม[khai³ pɔːt⁹ ʔbuam¹];ปอดบอม[pɔːt⁹ ʔbuam¹];ไข้ปอดอักเสบ[khai³ pɔːt⁹ ʔak⁷ se:p⁹];โลกปอดบอม[lo:k¹⁰ pɔːt⁹ ʔbuam¹];ฮักเสบปอด[ʔak⁷se:p⁹pɔːt⁹];ปอดฮักเสบ[pɔːt⁹ʔak⁷se:p⁹];ฮักเสบปอด[ʔak⁷se:p⁹pɔːt⁹];ปอดใด[pɔːt⁹ khai¹];โลกปอดใด[lo:k¹⁰ pɔːt⁹ khai¹] 岱-侬 put cẩu[put⁷ kəɯ³] 越 viêm phổi[vi:m¹ foi³]

【吠 狗~❶】 泰 เห่า[hau⁵] 老 เห่ง[hau⁵] 岱-侬 háu[hau⁵] 越泰 háu[hau⁵] 普 buˆ[bu⁴] 越 sủa[ʂuə³] 芒 tê[te⁴]

【费力】 泰 เปลืองแรง[plɯːaŋ² rɛːŋ²] 老 เปืองแรง[pɯːaŋ²hɛːŋ²];กินแรง[kin²hɛːŋ²];พิลึกพิภกบา[phi⁵lɯk⁸hɯk⁷na:¹] 岱-侬 vài rèng[vaːi³rɛŋ²] 越泰 xia hãnh[siə¹ hɛŋ²] 越 mất công[mɤt⁷ koŋ¹]; tốn công[ton⁵koŋ¹];nhọc nhằn[ɲɔk⁸ɲan²] 芒 hao khắc[haːu¹ khɤk⁷] 芒 tốn khức[ton⁵ khɯk⁷]

【痱子】 泰 ผด[phot⁷] 老 ผิดเชื้อ[phot⁷hɯːa⁵];ผิดเชื้อ[fot⁷hɯːa⁵];ตุ่มผิดเชื้อ[tum⁵fot⁷hɯːa⁵];ตุ่มผิดแดด[tum⁵ fot⁷ ʔdɛːt⁹];ชื้ม[phun¹] 岱-侬 phiết[p̄hi:t⁷];phiết phẳng[phiːt⁷phaːŋ³] 越泰 hẽ cét[he² ʔdɛt⁷] 越 rôm[zom¹];sảy[ʂai³] 芒 hăm[ham¹]

【痱子粉】 泰 แป้งทาผด[pɛːŋ³tha:² phot⁷] 越 phấn rôm[fɤn⁵ zom¹]

【分~粮食❷】 泰 แจก[tsɛːk⁹];แบ่ง[ʔbɛːŋ⁵] 老 แบ่ง[ʔbɛːŋ⁵];บ๊วก[ʔbiːak⁹];ปัน[pan¹];ปุน[pun¹] 岱-侬 păn[pan¹] 越泰 pằn[pan¹] 普 nghwơn³[ŋwɤːn³] 越 chia[tsiə¹] 芒 chia[tsiə¹]

【分_~钟】 泰 นาที[na:²thi:²] 老 มาทิ[na:²thi:²] 岱-侬 phut[fut⁷] 越 phút[fut⁷] 芒 phút[fut⁷]

【分 长度单位】 泰 หุน[hun¹] 老 ทุน[hun¹] 越 phân[fɤn¹]

【分 重量单位】 泰 หุน[hun¹] 老 ทุน[hun¹] 越 phân[fɤn¹]

【分 考~】 泰 คะแนน[kha⁴ nɛːn²] 老 คะแบบ[kha⁵ nɛːn²] 越 điểm[ʔdiːm³] 芒 điểm[ʔdiːm⁵]

【分工】 泰 แบ่งงานกันทำ[ʔbɛːŋ⁵ ŋaːn² kan² tham³] 老 แบ่งงาน[ʔbɛːŋ⁵ ŋaːn²];แบ่งงานรับงาน[ʔbɛːŋ⁵ viːak¹⁰ pan¹ ŋaːn²] 越 phân công[fɤn¹ koŋ¹]

【分家】 泰 แป่งเรือน[pɛːŋ⁵rɯan²] 老 แบ่งเรือน[ʔbɛːŋ⁵hɯan²];แยะเรือน[phɛ²hɯan²] 越 chia gia tài[tsiə¹ za¹ taːi³]

【分居】 泰 แบกครอบครัว[ʔbɛːk⁹ khrɔːp¹⁰ khruːa²];

---

❶ 石家 haw⁶
❷ 石家 beeŋ⁶; beŋ⁶ 阿含 pān A1

แบกกันอยู่[ʔbɛːk⁹ kan² juː⁵];老 ยู่ต่าง ๆ หาก[juː⁵ taːŋ⁵ haːk⁹];越 ở riêng[ʔɤ³riːŋ¹];ra ở riêng[za̱¹ʔɤ³zi̱ːŋ¹]

【分离 母女~】 泰 พราก[phraːk¹⁰];พรัด[phrat⁸];พรัดพราก[phrat⁸ phraːk¹⁰];ประจาก[praʔ tsaːk⁹];แกล[klɛː⁵] 老 พาก[phaːk¹⁰];จากกับ[tsaːk⁹ kan¹];แยก[nɛːk¹⁰];แตกแยก[tɛːk⁹ nɛːk¹⁰];แยกย้าย[nɛːk¹⁰ naːi⁴];แตกกับ[tɛːk⁹ kan¹];พากจาก[phaːk¹⁰ tsaːk⁹] 越 xa cách[saˀ¹ kat̪⁷];chia lìa[tsiə¹ liə²] 芒 chia lìa [tsiə¹ liə²]

【分娩】 泰 ออกลูก[ʔɔːk⁹luːk¹⁰] 老 ปะสูดลูก[pa²suːt⁷ luːk¹⁰];กำ[kam¹];กำลูก[kam¹¹ luːk¹⁰];คอดลูก[khɔːt¹⁰ luːk¹⁰];ออกลูก[ʔɔːk⁹ luːk¹⁰] 普 ʔan¹[ʔaːn¹] 越 đẻ[ʔdɛ³];sinh nở[ɕiɲ¹ nɤ³];thai sản[thaːi¹ ṣaːn³]; đẻ đái[ʔdɛ³ ʔdaːi⁵] 芒 té tải[tɛ⁵ taːi³];thai xán[thaːi¹ saːn⁵]

【分蘖】 泰 ต้นแยกหน่อ[ton³ jɛːk¹⁰ nɔː⁵] 老 ออกกิ่ง[ʔɔːk⁹ kiŋ⁵] 越 đâm nhánh[ʔdɤm¹ ɲaɲ⁵];đẻ nhánh [ʔdɛ³ ɲaɲ⁵]

【分配❶】 泰 จัดสรร[tsat⁷ san¹];แบ่งสัน ปันส่วน[ʔbɛːŋ⁵ san¹ pan² suːan⁵] 老 ปัน[pan¹];ปันส่อบ[pan¹ suːan⁵];จำแบก[tsam¹¹ nɛːk¹⁰];จำขบ่าย[tsam¹¹ naːi⁵];แจก[tsɛːk⁹];แบ่ง[ʔbɛːŋ⁵];ยาย[jaːi¹] 岱-侬 păn[pan¹] 越 phân phối[fɤn¹ foi⁵]

【分水岭】 泰 สันปันน้ำ[san¹pan²nam⁴] 老 เส้นสันภู[sen³ san¹ phuː²] 越 quả núi đứng giữ hai dòng sông[kwaˀ³ nui⁵ ʔduŋ⁵ zɯə⁴ haːi¹ zɔŋ² ʂoŋ¹];đường phân thuỷ[ʔdɯːŋ² fɤn¹ thwi³]

【分赃】 泰 แบ่งทรัพย์ที่ปล้นมา[ʔbɛːŋ⁵ sap⁸ thiː³ plon² maː²] 老 แป่งเปันของ ๆ [pɛːŋ⁵ pen¹¹ khɔːŋ¹ kaːŋ¹] 越 chia của trộm[tsiə¹ kuə³ tʂom⁶];chia của cướp [tsiə¹ kuə³ kɯːp⁷]

【分针】 泰 เข็มยาว[khem¹jaːu²] 老 เข็มนาที[khem¹ naː²thiː²];เข็มยาว[khem¹ ɲaːu²] 越 kim phút[kim¹ fut⁷]

【吩咐】 泰 กำชับ[kam² tshap⁸];สั่ง[saŋ⁵] 老 บอกสั่ง[ʔbɔːk⁹ saŋ⁵];มาก[maːt¹⁰] 岱-侬 sláng[ɬaŋ⁵];slắng cạ[ɬaŋ⁵ kaˀ⁴] 越泰 xáng[saŋ⁵] 越 dặn dò[zan⁶ zɔ²];bảo ban[ʔbaːu³ ʔbaːn¹];dặn[zan⁶] 芒 dắn[ʔdan⁴]

【焚烧❷】 泰 เผา[phau¹];ไหม้[mai³];สุม[sum¹];คลอก[khlɔːk¹⁰] 老 จุด[tsuːt⁹];จุดเผิง[tsuːt⁹ phau¹];เผิง[phau¹];เผิงงาม[phau¹ phaːn¹];คอก[khɔːk¹⁰] 岱-侬 chut[tɕut⁷];pông[poŋ⁵];phjâu[phjəu⁵] 越泰 phau[phau¹];tam[taːm¹] 普 ping³[piŋ³];lãj³[laːi³];qew³[qɛu³] 越 đốt[ʔdot⁷];thiêu[thiːu¹];cháy[tsai⁵] 芒 tóch[tot⁷];uót[ʔuːt⁷];chẳl[tsal³]

【坟墓】 泰 สุสาน[suː⁵saːn¹];หลุมฝังศพ[lum¹ faŋ¹ sop⁷];หลุมศพ[lum¹ sop⁷] 老 ขลุมฝังสับ[lum¹ faŋ¹ sop⁷] 岱-侬 ăn mồ[ʔan¹ moˀ³];ăn mả[ʔan¹ maˀ³];mồ phi [moˀ³ phiˀ¹];mả[maˀ³];fǎn mả[fan² maˀ³] 越 mộ[moˀ⁶];mả[maˀ³];mồ mả[moˀ² maˀ³];mả mồ[maˀ³ moˀ²];nấm mả[nɤm⁵ maˀ³];nấm mộ[nɤm⁵ moˀ⁶];ngôi mộ[ŋoi¹ moˀ⁶] 芒 mồ[moˀ²];mỗ[moˀ⁴];má[maˀ⁵];mồ má[moˀ² maˀ⁵]

【粉笔】 泰 ชอล์ก[tshɔːk¹⁰] 老 สํ[sɔː¹];สํขาว[sɔː¹ khaːu¹];ดินสํ[ʔdin¹¹ sɔː¹];ดินสํขาว[ʔdin¹¹ sɔː¹ khaːu¹] 岱-侬 lơviêt pến[lə¹ viːt⁷ pen³] 越泰 phón[phɔn⁵] 普 ʔuot⁵lin³[ʔuːt⁵lin³] 越 phấn[fɤn⁵];phấn viết[fɤn⁵ viːt⁷] 芒 phần[fɤn³]

【粉刺】 泰 สิว[siu¹] 老 สิว[siːu¹] 岱-侬 slu[ɬu¹] 普 qanêt¹[qaˀ⁰ net²] 越 mụn trứng cá[mun⁶ tʂɯŋ⁵ kaˀ⁵];trứng cá[tʂɯŋ⁵ kaˀ⁵] 芒 mủn[mun⁴]

【粉红】 泰 สีชมพู[siː¹tshom²phuː²] 老 ฃำพู[sam² phuː²];ฃมพู[som² phuː²];ฃุมพู[sum² phuː²];ออน[ʔɔːn²] 越泰 máy[mai⁵] 越 màu hồng[mau² hoŋ²];màu đào[mau² ʔdaːu²] 芒 màu hồng[mau² hoŋ²]

---

❶ 石家 beeŋ⁶;beŋ⁶
❷ 阿含 kvåk D2L;kåk D2L

【粉末❶】 泰แป้ง[pɛːŋ³];ผง[phoŋ²];ฝุ่น[fun⁵] 老ฝຸ່ນ[fun⁵];ໜມ່ນ[munˉ];ຈຸນ[tsun¹];ແປ້ງ[pɛːŋ⁴];ຜົງ[phoŋ¹];ຝຸຍຜົງ[phui¹ phoŋ¹];ລະອອງ[la⁵ ʔoːŋ¹] 岱-侬bưa[ʔbɯə¹];puột[puːt⁸] 越泰bột[ʔbot⁸] 越bột[ʔbot⁸];bụi[ʔbui⁶];phấn[fɤn¹] 芒pung[puŋ¹];bôt[ʔbot⁸]

【粉刷】 泰ทาสี[thaː² siː¹] 老ລາພອນ[laː² phɔːn¹];ດາດປູນ[ʔdaːt⁹puːn¹];ທາ[thaː²];ທາລວດ[thaː²lwaːt¹⁰];ໂບກປູນ[ʔboːk⁹ puːn¹];ພອກປູນ[phɔːk¹⁰ puːn¹];ກຳຊາບ[kam¹ saːp¹⁰] 岱-侬loạt phon[lwaːt⁸ phɔn¹];tức phon[tɯk⁷ phɔn¹] 越泰tā[taː²] 越quét vôi[kwet⁵ voi¹]

【粉丝】 泰วุ้นเส้น[wun⁴ seːn³];เส้นแกงร้อน[seːn³ kɛːŋ³rɔːn⁴] 老ເສັ້ນລ້ອນ[sen³lɔːn⁴];ເສັ້ນວຸ້ນ[sen³ vun⁴];ວຸ້ນ ເສັ້ນ[vun⁴ sen³] 岱-侬fǎn tèo[fan³ tɛu²] 越泰miến[miːn⁵] 越miến[miːn⁵]

【粉碎 拌得~】 泰แตกละเอียด[tɛːk⁹ laʔ ʔiːat⁹] 老ມຸ່ນຍ່ອຍ[mun⁵ŋɔːi⁵];ມຸ່ນທະລາຍ[mun⁵tha⁵laːi²];ມຸ່ນມິນ[mun⁵min²];ແຫຼກ[lɛːk⁹] 岱-侬sloé[ɬwɛ⁵];slé[ɬɛ⁵] 越泰nhòn[ɲɔn⁶] 越vỡ nát[vɤ⁴ naːt⁵];vỡ tan tành[vɤ⁴ taːn¹ taɲ²];nát vụn[naːt⁷ vun⁶];nát[naːt⁷] 芒đaích[ʔdaːit⁷];đaích vũn[ʔdaːit⁷ vun⁴]

【粉条儿】 泰วุ้นเส้นใหญ่[wun³ seːn³ jai⁵];ก๊วยเตี๋ยวทำจากแป้งถั่ว[kuːai¹ tiːau¹ tham² tsaːk⁹ pɛːŋ³ thuːa⁵];วุ้นเส้น[wun⁴ seːn³];รังไร[raŋ² rai²] 岱-侬fǎn tèo[fan³ tɛu²];pủn[pun³] 越bánh phở khô[ʔbaɲ⁵ fɤ³ xo¹];miến[miːn⁵]

【粪❷】 泰ขี้[khiː³];ฝุ่น[fun⁵];มูล[muːn²];อาจม[ʔaː² tsom²] 老ຂີ້[khiː³];ຝຸ່ນ[fun⁵];ມູນ[muːn¹];ອາຈົມ[ʔaː¹tsom¹] 岱-侬khún[khun⁵] 普jak⁵[jaːk⁵] 越phân[fɤn¹] 芒pủn[pun⁴]

【粪堆】 泰กองขี้[kɔːŋ² khiː³] 老ກອງອາຈົມ[kɔːŋ¹ ʔaː¹ tsom¹] 越đống phân[ʔdoŋ⁵ fɤn¹]

【粪肥】 泰ปุ๋ยมูล[puiˉ muːn²];ปุ๋ยคอก[puiˉ khɔːk¹⁰] 老ຝຸ່ນອາຈົມ[fun⁵ʔaː¹tsom¹];ກ້ອນແກ້ວກາງນາ[kɔːn⁴ kɛːu⁴ kaːŋ¹ naː¹];ຝຸ່ນຄົນ[fun⁵ khon²] 越phân bắc[fɤn¹ ʔbak⁷];phân chuồng[fɤn¹ tsuːŋ²]

【粪坑】 泰บ่อขี้[ʔbɔː⁵ khiː³];หลุมขี้[lum¹ khiː³] 老ຫຼຸມຂີ້[lum¹ khiː³] 越hố phân[ho⁵ fɤn¹]

【份儿】 泰ส่วน[suːan⁵] 老ຍອນ[ŋɔːn²];ພູດ[phuːt¹³];ລອນ[lɔːn²] 越phần[fɤn²] 芒phần[fɤn²];chỗ[tso⁴]

【风❸】 泰ลม[lom²] 老ລົມ[lom²];ຟ້າລົມ[faː⁴ lom²] 岱-侬lồm[lom²] 越泰lồm[lom²] 普qεzâw⁴[qaˉzɤu⁴];qaru[qaˉru²];qarâw⁴[qaˉrɤu⁴] 越gió[zɔ⁵] 芒xó[sɔ³]

【风暴】 泰พายุ[phaː² ɲu⁴] 老ພາຍຸລົມແດງ[phaː² ɲu⁵lom²ʔdɛːŋ¹];ລົມແດງ[lom²ʔdɛːŋ¹];ລົມພາຍຸ[lɔm²phaː²ɲu⁴] 普qarăw² du⁴[qaˉrau²du⁴] 越bão[ʔbaːu⁴];bão táp[ʔbaːu⁴ taːp⁷]

【风车❹】 泰กังหันลม[kaŋ² han¹lom²];กังหัน[kaŋ² han¹] 老ກັງຫັນ[kaŋ² han¹];ກົງພັດ[koŋ¹ phat⁸];ໝາກປິ່ນ[maːk⁹ pin⁵] 岱-侬cọn lồm[kɔn⁴ lom²] 越cối xay gió[koi⁵ sai⁴ zɔ⁵]

【风灯】 泰ตะเกียงเจ้าพายุ[taˉkiːaŋ² tsau³ phaː² ju⁴] 老ໂຄມພາຍຸ[khoːm² phaː² ɲu⁵] 越đèn bão[ʔdɛn² ʔbaːu⁴]

【风力】 泰กำลังลม[kam⁵laŋ²lom²] 老ກຳລັງພັດແຮງ[kam⁵laŋ²phat⁸hɛːŋ²];ກຳລັງແຮງຂອງລົມ[kam⁵laŋ² hɛːŋ²khɔːŋ¹lom²] 越sức gió[ʂɯk⁷zɔ⁵]

【风沙】 泰พายุทราย[phaː² ju⁴saːi²] 老ພາຍຸຊາຍ[phaː²ɲu⁵saːi²] 越gió cát[zɔ⁵kaːt⁷];gió bụi[zɔ

---

❶ 石家bia¹　渤bə A1
❷ 拉哈kaj⁶　拉基niqa¹
❸ 石家lum⁴　阿含lum　拉哈khlâw¹
❹ 利用风力的动力机械装置，可以带动其他机器，用来提水、磨米等。

【风湿病】 泰 โรครูมาทิสซัม[ro:k¹⁰ ru:² ma:² thit⁸ sam²];องคมรรษ[ʔoŋ²kha⁴mat⁸];อาโทคมาวาต[ʔa⁵ tho:k¹⁰ma:²wa:t¹⁰] 老 ปะดิ๋ง[pa²²doŋ¹] 岱-侬 pền fung[pen² fuŋ¹];tin fung[tin¹ fuŋ¹] 普 qarǎj² kong³ lung³[qa⁰ rai³ kɔŋ³ luŋ³] 越 tê thấp[te¹ thɤp⁷];tê thấp[ʔben⁶ te¹ thɤp⁷]

【风湿性关节炎】 泰 โรคลมเข้าข้อ[ro:k¹⁰lom² khau³khɔ:³];เข้าข้อ[khau³khɔ:³] 老 โลภลิมเฮี๊ยะฮี๊ยะ[lo:k¹⁰ lom² khau³ khɔ:³];โลภเฮี๊ยะเฮี๊ยะ[lo:k¹⁰ khau³ khau⁵];ปะดิ๋งเฮี๊ยะเฮี๊ยะ[pa²²doŋ⁶khau³khɔ:³] 越 bệnh thấp khớp[ʔben⁶thɤp⁷xɤːp⁷];thấp khớp[thɤp⁷ xɤːp⁷]

【风味】 泰 รสชาติอาหารประจำท้องถิ่น[rot⁸tsha:t¹⁰ ʔa:²ha:n¹pra⁵tsam²thɔ:ŋ⁴thin⁵];รสนิยม[rot⁸ni⁴jom²] 老 ลิดฌาด[lot⁸ sa:t¹⁰] 越 mùi vị[mui² vi⁶]

【风箱】 泰 เครื่องเป่าลม[khrɯːaŋ²pau⁵lom²];หีบบ่นลม[hi:p⁹ʔbon⁵lom²] 老 สูบฝู่อ[su:p⁹lɔ:⁵];บั๊งสูบ[ʔbaŋ⁴su:p⁹] 岱-侬 ăn pẻ[ʔan¹pɛ³];pò pè[pɔ²pɛ²] 越 ống bễ[ʔoŋ⁵ʔbe⁴];cái bễ[ka:i⁵ʔbe⁴] 芒 pễ[pe⁴];cải pễ[ka:i³ pe⁴]

【风向】 泰 ทิศทางลม[thit⁸ tha:ŋ² lom²] 老 ลางลิม[luːaŋ²lom²];ทิดลิมพัด[thit⁸lom²phat⁸] 越 hướng gió[hɯːŋ⁵zɔ⁵];chiều gió[tɕiu²zɔ⁵] 芒 chiu xỏ[tɕiu² sɔ³]

【风衣】 泰 เสื้อกันลม[sɯːa³kan²lom²] 老 เสื้อกับลิม[sɯːa³ kan¹' lom²] 越 áo gió[ʔaːu⁵ zɔ⁵]

【风疹】 泰 เหือด[hɯːat⁹];หัดเยอรมัน[hat⁷ jə:² ra⁴ man²];ลิมพิษ[lom²phit⁸];เริม[rə:m²];เหือด[hɯːat⁹] 老 ฆากไม้น้อย[ma:k⁹mai⁴nɔ:i⁴] 岱-侬 mac mán [ma:k⁷ma:n⁵];khừn thư[khun³thu¹] 越泰 mák mán[ma:k⁷ ma:n⁵] 越 phong chẩn[fɔŋ¹ tsɤn⁵]

【风筝】 泰 ว่าว[wa:u³] 老 อ่าว[va:u⁵];อ่าวลิม

【风湿】 [va:u⁵lom²] 岱-侬 lăm chia[lam³tɕiə³] 越泰 hụng lỗm[huŋ⁴ lom²] 越 diều[zi:u²];cái diều[ka:i⁵ zi:u²]

【疯狗】 泰 หมาบ้า[ma:¹ ʔba:³];สุนัขบ้า[su⁵nak⁷ʔba:³] 老 หฆาอ้อ[ma:¹vɔ:⁴] 岱-侬 ma bá[ma¹ʔba³] 越泰 ma bá[ma¹ʔba³] 越 chó điên[tsɔ⁵ʔdi:n¹];chó dại[tsɔ⁵ za:i⁶] 芒 chó rồ[tsɔ³ ro²];chó dãi[tsɔ³ za:i⁴]

【疯子】 泰 คนบ้า[khon²ʔba:³];อ้ายบ้า[ʔa:i³ʔba:³]; ไอ้บ้า[ʔai³ʔba:³] 老 ดิ๋นบ้า[khon²ʔba:⁴];ดิ๋นผิบ้า [khon² phi¹; ʔba:⁴] 岱-侬 cần bà[kən² ʔba³] 越泰 cỏn pên bà[kon² pen¹ ʔba³] 越 người điên[ŋɯːi² ʔdi:n¹]

【枫树】 泰 ต้นเมเปิล[ton³ me:² pə:n²] 越 cây phong [kɤi¹ fɔŋ¹]

【蜂❶】 泰 ผึ้ง[phɯŋ³] 老 เผิ้ง[phəŋ³] 岱-侬 then[then¹];phen[phen¹] 越泰 ten[ten¹] 普 qaroj³[qa⁰rɔi³] 越 ong[ʔɔŋ¹];con ong[kɔn¹ ʔɔŋ¹] 芒 ong[ʔɔŋ¹]

【蜂巢】 泰 รังผึ้ง[raŋ² phɯŋ³];กรน[krɔn²];รวงผึ้ง [ruːaŋ² phɯŋ³] 老 ฮังเผิ้ง[haŋ² phəŋ³];ดางเผิ้ง [ʔda:ŋ¹' phəŋ³] 岱-侬 tồng[toŋ³];rằng[raŋ³] 越泰 hằng[haŋ³] 越 tổ ong[to³ ʔɔŋ¹] 芒 ổ ong[ʔo⁵ ʔɔŋ¹]; ổ khoải[ʔo⁵ khwa:i³]

【蜂房】 泰 กรน[krɔn²];รังผึ้ง[raŋ² phɯŋ³];รวงผึ้ง[ruːaŋ² phɯŋ³] 老 ตางเผิ้ง[ta:¹' haŋ² phəŋ³] 越泰 phả tó[pha³ tɔ⁵] 越 buồng ong[ʔbuːŋ² ʔɔŋ¹]

【蜂蜡】 泰 ขี้ผึ้ง[khi:³ phɯŋ³] 老 ฮี้เผิ้ง[khi:³ phəŋ³]; งวน[ŋuːan⁴] 越泰 tiền[ti:n²];tiền phỏng[ti:n²phəŋ³] 越 sáp ong[ʂa:p⁷ ʔɔŋ¹] 芒 kháp ong[kha:p⁷ ʔɔŋ¹]; kháp[kha:p⁷];tây[tɤi¹]

【蜂蜜❷】 泰 น้ำผึ้ง[nam⁴phɯŋ³];งวนผึ้ง[ŋuːan⁴ phɯŋ³] 老 น้ำเผิ้ง[nam⁴ phəŋ³];งวนเผิ้ง[ŋuːan⁴

---

❶ 阿含 phrüng B1
❷ 石家 nam⁴- rooy³ 拉哈 madǎj³ 拉基 mla²

phəŋ³];น้ำมิ้ม[nam⁴mim⁴];น้ำหัวเผิ้ง[nam⁴hu:a¹phəŋ³];หัวน้ำเผิ้ง[hu:a¹nam¹phəŋ³] 岱-侬 thương mèng;thương mèng nẻo[thɯ:ŋ¹ mɛŋ⁴ nɛu³] 越泰 nặm ỏi nặm[nam⁴ʔɔi³nam⁴] 普 thiong⁴ qaroj³[thi:ŋ⁴ qa⁰ rɔi³] 越 mật ong[mɤt⁸ ʔɔŋ³] 芒 mêch ong[met⁸ ʔɔŋ³]

【蜂鸟】 泰 ฮัมมิงเบิร์ด[ham²miŋ²ʔbə:t⁹] 老 นิกดอกบัว[nok⁸ʔdɔ:k⁹ʔbu:a¹];นิกแย่ปี้[nok⁸nɛ:⁵pi:¹] 越 chim ruồi[tsim¹ ʐu:i²]

【蜂王】 泰 นางพญาผึ้ง[na:ŋ² pha² ja:² phɯŋ³];นางผึ้ง[na:ŋ² phɯŋ³] 老 นางเผิ้ง[na:ŋ² phəŋ³];แม่เปี้ยเผิ้ง[mɛ:⁵ peŋ⁴ phəŋ³];แม่เปี้ย[mɛ:⁵ peŋ⁴] 岱-侬 phjǎng tầu[phjəŋ¹təu²];nẻo tầu[nɛu³təu²] 越 ong chúa[ʔɔŋ¹ tsua⁵] 芒 ong chùa[ʔɔŋ¹ tsua³]

【蜂窝】 泰 รวงผึ้ง[ru:aŋ² phɯŋ³] 老 ฮังเผิ้ง[haŋ² phəŋ³];ฮวงเผิ้ง[hu:aŋ² phəŋ³];ดางเผิ้ง[ʔdaŋ² phəŋ³] 越 tổ ong[to³ ʔɔŋ]

【蜂窝煤】 泰 ถ่านหินรังผึ้ง[tha:n⁵hin¹raŋ² phɯŋ³] 越 than tổ ong[tha:n¹ to³ ʔɔŋ]

【蜂蛹】 泰 ตัวอ่อนของผึ้ง[tu:a²ʔɔ:n⁵khɔ:ŋ¹phɯŋ³] 老 ลูกต่ำ[lu:k¹⁰ tɔ:⁵] 越 nhộng ong[ɳoŋ⁶ ʔɔŋ] 芒 ngài[ŋa:i¹]

【丰满】 泰 อวบอิ่ม[ʔu:ap⁹ʔim⁵] 老 ตุทุลุ[tu²lu²];ตัง[toŋ⁵];ก้าวทึม[ka:u⁴thɯ:m²];ท้วม[thu:am⁴] 岱-侬 mǎng[maŋ³];mǎng mộp[maŋ³mop⁸];phẳn[phan³];tuổn[tu:n³] 越泰 mạu[mau⁴] 越 béo tròn[ʔbɛu⁵ tʂɔn²];béo chắc[ʔbɛu⁵ tsak⁷];đẫy đà[ʔdɤi⁴ ʔda²];nở nang[nɤ³ na:ŋ¹] 芒 pẻo quil[pɛu³ kwil¹]

【丰收】 泰 การเก็บเกี่ยวได้ผลอุดมสมบูรณ์[ka:n² kep⁷ ki:au⁵ ʔdai³ phon¹ la⁴ ʔu⁵ ʔdom⁵ som¹ ʔbu:n²] 老 เก้บเกี่ยวได้ผืนอุดมสมบูน[kep¹ ki:au⁴ ʔdai⁴ phon¹ ʔu⁵ʔdom¹ som¹ ʔbu:n¹];การเก้บเกี่ยวได้ผืนอุดมสมบูน[ka:n¹ kep⁷ ki:au² ʔdai⁴ phom¹ ʔu² ʔdom¹ som¹

ʔbu:n¹] 越泰 đảy mũa[ʔdai³ mua²] 越 được mùa[ʔdɯ:k⁸ mua²] 芒 ản mùa[ʔa:n³ mua²]

【封把信~好】 泰 ปิด[pit⁷] 老 ปิด[pit⁷] 越 niêm phong[ni:m¹ fɔŋ¹]

【封一~信】 泰 ฉบับ[tsha⁵ʔbap⁷] 老 สะบับ[sa⁵ʔbap⁷];ก้าน[ka:n⁴];ซอง[sɔ:ŋ²] 岱-侬 bâu[ʔbəɯ¹] 越泰 baư[ʔbəɯ¹] 越 búc[ʔbuk⁷];lá[la⁵] 芒 là[la³]

【缝~衣服❶】 泰 เย็บ[jep⁸] 老 หย่ีบ[ɲip⁷] 岱-侬 phung[phuŋ¹];nhặp[ɳap⁸];may[mai¹];nìu[niu³] 越泰 nhip[ɳip⁸];máy[mai⁵] 普 tjam³[tja:m³];tem³[tɛm³] 越 khâu[xɤu¹];may[mai¹] 芒 khâu[khɤu¹];may[mai¹];bǎl[mal¹]

【缝纫机】 泰 จักร[tsak⁹];จักรเย็บผ้า[tsak⁷ jep⁸ phaː³] 老 จักหย่ีบ[tsak⁷ɲip⁷] 岱-侬 máy nhặp[mai³ɳap⁸];bàn may[ʔba:n² mai¹] 越 máy khâu[mai⁵ xɤu¹] 芒 máy khâu[mai⁴ khɤu¹];máy bǎl[mai⁵ ʔbal¹]

【缝纫机针】 泰 เข็มเย็บจักร[khem¹jep⁸tsak⁷] 老 เข็มหย่ีบจัก[khem¹ɲip⁷tsak⁷] 越 kim khâu máy[kim¹xɤu¹mai⁵];kim máy khâu[kim¹mai⁵xɤu¹];kim khâu[kim¹ xɤu¹]

【缝衣针】 泰 เข็มเย็บผ้า[khem¹ jep⁸ phaː³] 老 เข็มหย่ีบ[khem¹ ɲip⁷] 越 kim khâu[kim¹ xɤu¹] 芒 kim pá[kim¹ pa³]

【讽刺】 泰 เสียดสี[si:at⁹ si:¹] 老 แดก[ʔdɛ:k⁹];แดกดัน[ʔdɛ:k⁹ʔdan¹];ปะยุด[pa²sot⁵] 岱-侬 phuối mèng[phu:i⁵ mɛŋ⁵];phuối piu[phu:i⁵ piu³] 越泰 pák xiép[pa:k⁵ si:p⁷] 越 châm biếm[tsɤm¹ ʔbi:⁵]

【凤凰】 泰 นกหงส์[nok⁸ hoŋ⁵];หงส์[hoŋ⁵];หงส[hoŋ⁵sa⁵] 老 หง[hoŋ¹];นิกฮายภาอัก[nok⁸ sa:i² kwak⁷];จักกะพาก[tsak⁷ ka² pha:k¹⁰];จักกะอาก[tsak⁷ ka² va:k¹⁰] 越泰 cốt cằm[kot⁵ kam²] 越 phượng hoàng[fɯ:ŋ⁶hwa:ŋ²];chim phượng hoàng[tsim¹fɯ:ŋ⁶ ɦwa:ŋ²] 芒 phưởng wàng[fɯ:ŋ⁴wa:ŋ²];khương

---

❶ 阿含 ñap D2S 掸 jep D2S 泐 jep D2S

[khɯːŋ²]

【凤凰树】 泰 หางนกยูงฝรั่ง[haːŋ¹ nok⁸ juːŋ² fa⁵ raŋ⁵] 老 ต้นอินสี[ton⁴²ʔin¹ˈsiː²];ผางใหย่[phaːŋ¹ɲai⁵];ต้นหางยูง[ton⁴ haːŋ¹ ɲuːŋ²];ภิกฝาง[kok⁷ faːŋ¹] 越 cây phượng hoàng[kɤi¹ fɯːŋ⁶ hwaːŋ²]

【凤仙花】 泰 ดอกเทียน[ʔdɔːk⁹ thiːan²] 老 ดอกทงูน[ʔdɔːk⁹thiːan²] 越 hoa bóng nước[hwa¹ʔbɔŋ⁵ nɯːk⁷];hoa lá móng[hwa¹ laː⁵ mɔŋ⁵]

【奉承】 泰 ประจบประแจง[praː⁵ tsop⁷ praː² tsɛːŋ²] 老 ยิกยั่ก[nok⁸ ŋɔː²];ปะจิบ[paː² tsop⁷];ปะจิบปะแจง[paː² tsop⁷ paː² tsɛːŋ¹];ยิง[ŋɔŋ²] 越 xum xoe[sum¹ swɛ¹];xum xoe nịnh hót[sum¹ swɛ¹ nin⁵ hɔt⁷];bợ đỡ[ʔbɤ⁶ʔdɤ⁴];xu nịnh[suˈnin⁶];nịnh nọt[nin⁶ nɔt⁸]

【佛】 泰 พุทธ[phut⁸];พุทธะ[phut⁸ tha⁴] 老 พุด[phut⁸];พะพุดทะเจ้า[phaː⁵ phut⁸ tha² tsau⁴];พุดทะ[phut⁸ tha⁵] 岱-侬 pụt[put⁸] 越泰 vặt[vat⁸] 普 pê⁴ pât²[pe⁴ pɤt²];maj² pât²[maːi² pɤt²] 越 phật[fɤt⁸];bụt[ʔbut⁸] 芒 put[put⁸]

【佛教】 泰 พุทธศาสนา[phut⁸ tha⁴ saː¹ saː⁵ naː¹] 老 พะพุดทะสาสะหนา[phaː⁵ phut⁸ tha⁵ saː¹ saː² naː¹];พุดทะสาสะหนา[phut⁸tha⁵saː¹sa²naː¹];สาสะหนาพุด[tha⁵saː¹ sa²naː¹ phut⁸] 越 Phật giáo[fɤt⁸ za:u⁵];đạo Phật[ʔdaːu⁶ fɤt⁸] 芒 Phât đao[fɤt⁸ʔdaːu⁶];đão Phât [ʔdaːu⁴ fɤt⁸]

【佛手瓜】 泰 แตงกะเหรี่ยง[tɛːŋ² kaː⁵ riːaŋ⁵] 老 หมากสู้[maːk⁹ suː²];หมากมอยไท[maːk⁹ nɔːi² thai²];หมากสะเหว้[maːk⁹ saː² vɔː⁵] 岱-侬 mac fật thú[maːk⁵ fɤt⁵ thuː³] 越 quả su su[kwaː³ ʂuː¹ ʂuː¹]

【佛手果】 泰 ส้มมือ[som³ mɯː²] 老 หมากมี[maːk⁹ mɯː²] 越 quả phật thủ[kwaː³ fɤt⁸ thuː³]

【佛寺】 泰 วัด[wat⁸];วัดพุทธ[wat⁸ phut⁸];วัดศาสนาพุทธ[wat⁸ sa:t⁹naː² phut⁸];พิหาร[phi⁴haːn¹];วิหาร[wi⁴haːn¹];วัดวา[wat⁸ waː²] 老 อัด[vat⁸];อัดพะพุดทะ

เจ้าอัดพะพุดทะเจ้า[vat⁸ pha⁵ phut⁸ tha⁵ tsau³];โบด[ʔboːt⁹];โบดสิม[ʔboːt⁹ sim¹];โบดอิหาน[ʔboːt⁹ viː⁵ ha:n¹];โบดขลองพี้[ʔboːt⁹ luːaŋ¹ phɔː⁴];พิหาน[phiː⁵ ha:n¹];อิหาน[viː⁴ ha:n¹];อัดอาอาราม[vat⁸ vaː² ʔa:²ha:m²];อัดอา[vat⁸ vaː²];อาอาด[ʔa:¹ vaːt¹⁰];พิหาน[phiː⁵ ha:n¹];อิหาน[viː⁴ ha:n¹] 越 chùa[tsuə⁵];chùa phật thờ[tsuə⁵ fɤt⁸ thɤ²] 芒 chùa[tsuə⁵]

【佛塔】 泰 เจดีย์[tse:²ʔdiː²];เจดีย์พุทธ[tse:²ʔdiː²phut⁸ tha⁴] 老 ทาด[thaːt¹⁰];พะทาด[pha⁵ thaːt¹⁰];เจดี[tseː¹ʔdiː¹];พะเจดี[pha⁵tseː¹ʔdiː¹];พุดทะเจดี[phut⁸tha⁵ tseː¹ʔdiː¹];สะทูป[saː²thuːp⁹] 越泰 thạt[thaːt⁸] 越 tháp[thaːp⁵] 芒 tháp[thaːp⁵]

【佛像】 泰 พระภาคต่างๆของพระพุทธเจ้า[phra⁴ phaːk¹⁰ taːŋ⁵ taːŋ⁵ khɔːŋ¹ phra⁴ phut⁸ tha⁴ tsau⁵];พระพุทธรูป[phra⁴phut⁸tha⁵ru:p¹⁰];พระปฎิมากร[phra⁴pa⁵tit⁷ma:² kɔːn²];พุทธปฎิมากร[phut⁸ tha⁴ pa⁵ ti⁵ ma:² kɔːn²] 老 พะพุดทะรูบ[pha⁵phut⁸tha⁵hu:p¹⁰];พุดทะปะติมากอน[phut⁸ tha⁵ pa² ti² ma:² kɔːn¹];พุดทะปะติมา[phut⁸ tha⁵ pa² ti² ma:²];พุด ทะรูบ[phut⁸ tha⁵ hu:p¹⁰];พะ[pha⁵] 越泰 hún pha chàu[hun⁵ pha¹ tsau³] 越 tượng phật[tɯːŋ⁶ fɤt⁸]

【否则】 泰 มิฉะนั้น[mi⁴tsha⁵nan⁴] 老 ถ้ยั่งดี[ʔdiː¹ʔbɔː¹ ʔdiː¹];บ่ดั่งมั่น[ʔbɔː⁵ʔdaŋ⁵ nan⁴];ท้าบ่ดั่งมั่น[tha:³ʔbɔː⁵ʔdaŋ⁵nan⁴] 岱-侬 náo[na:u⁵] 越泰 báu chện[ʔbau⁵ tsen⁴] 越 bằng không[ʔbaŋ² xɔŋ¹];nếu không[neu⁵ xɔŋ¹];kéo mà[kɛu³ ma²];kéo[kɛu⁵] 芒 nếu chăng[neu³ tsaŋ¹];khói mà[khɔi⁵ ma²];khói mò[khɔi⁵ mɔ²];khói[khɔi⁵]

【夫家】 泰 บ้านสามี[ʔba:n³ sa:¹ mi:²] 老 ถอบถือ ของสามี[khɔːp¹⁰ khuːa² khɔːŋ¹ sa:¹ mi:²] 越 nhà chồng[ɲa² tsoŋ²] 芒 nhà pổ tá[ɲa² po³ ta³]

【夫妻❶】 泰 สามีภรรยา[saː¹ mi:² phan² ja:²] 老 ผัว เมย[phuːa¹ mi:a²] 普 phu⁴ mja²[phu⁴ mja²] 越 vợ chồng[vɤ⁶ tsoŋ²];đôi vợ chồng[ʔdoi¹ vɤ⁶ tsoŋ²]

❶ 石家 hɔɔk²-phaa²

芒ông pà[ʔoŋ¹ pa²]

【肤色】 泰 สีผิว[si:¹phiu¹];สีของผิวหนัง[si:¹khɔ:ŋ¹ phiu¹ naŋ¹] 老 เนื้อหนัง[nɯ:a⁴ naŋ¹];ผิวพัน[phiu¹ phan²];ผิว[phiu¹] 越 nước da[nɯ:k⁷ za¹] 芒 màu ta[mau² ta¹]

【孵】 泰 ฟัก[fak⁸];ฟักตัว[fak⁸ tɯ:a²] 老 ฟัก[fak⁸];เบาะ[ʔbɔ²];กก[kok⁷] 岱-侬 fặc[fak⁸] 越泰 phặc[phak⁸] 越 ấp[ʔɤp⁷] 芒 ấp[ʔɤp⁷]

【敷~药】 泰 พอก[phɔ:k¹⁰];กำซาบ[kam² sa:p¹⁰];ทา[tha:²] 老 ใส่[sai⁵];กำซาบ[kam¹ˈ sa:p¹⁰];ป้าย[ʔba:i⁴];แปะ[pɛ²];เป๊ะ[pə²];ป้าย[pa:i¹];โพะ[pho⁵];ทา[tha:²] 岱-侬 pài[pa:i³];loạt[lwa:t⁸];pọoc[pɔ:k⁵] 越泰 tā[ta²] 越 đắp[ʔdap⁷]

【符法】 岱-侬 fap[fa:p¹];fù fap[fu² fa:p⁷];bùa phap[ʔbuə² pha:p⁷] 越泰 bũa[ʔbuə²];phép[phɛp⁷] 越 bùa[ʔbuə²];phép[fɛp⁷] 芒 pùa[puə²];pùa phép[puə² fɛp⁷]

【符箓】 泰 ยันต์[jan²];อาคม[ʔa:² kom²] 老 ยัน[ɲan²] 岱-侬 fù[fu²];bùa liu[ʔbuə² liu¹] 越泰 muỗn[mu:n²] 越 bùa[ʔbuə²] 芒 pùa[puə²]

【福气】 泰 โชค[tsho:k¹⁰] 老 ลาบ[la:p¹];โฆก[so:k¹⁰];โฆกลาบ[so:k¹⁰la:p¹⁰];บุน[ʔbun¹];บุนวาดสะหนา[ʔbun¹ˈ va:t¹⁰ sa² na:¹];ลาสิ[la:² si:¹];ลาพะ[la:² pha⁵] 岱-侬 hún đây[hun⁵ ʔdəi¹] 越 phúc[fuk⁷] 芒 phúc[fuk⁷]

【浮】 泰 ลอย[lɔ:i²] 老 ฟู[fu:²] 岱-侬 fù[fu²] 越 nổi[noi³] 芒 nối[noi⁵]

【浮标】 泰 ทุ่นลอย[thun³ lɔ:i²] 老 ทุ่ม[thun⁵];ทุ่มหมาย[thun⁵ma:i¹];ลูกทุ่ม[lu:k¹⁰thun⁵];ทุ่มลอย[thun³ lɔ:i²];ทอย[thɔ:i²];ฟู[lɔ:¹];ป้อม[pɔm⁵];ป่อม[pɔ:m⁵];กะป่อม[ka² pɔ:m⁵] 越 phao báo hiệu[fa:u² ʔba:u⁵ hi:u⁶]

【浮萍】 泰 แหน[nɛ:¹];จอกแหน[tsɔ:k⁹ nɛ:¹];แหนเล็ก[nɛ:²lek⁸] 老 แขบฑงเขิบ[nɛ:¹ha:ŋ¹hə:n¹];จอก[tsɔ:k⁹];จอกแขบ[tsɔ:k⁹ nɛ:¹] 岱-侬 ne[nɛ¹];co re [kɔ¹ nɛ¹] 越泰 ne[nɛ¹] 越 bèo[ʔbɛu²] 芒 pèo[pɛu²]

【浮桥】 泰 สะพานลอยน้ำ[sa⁵pha:n²lɔ:i²nam⁴] 老 ขัวฟู[khu:a¹ fu:²];ขัวลอย[khu:a¹ lɔ:i²];สะพานลอย[sa²pha:n²lɔ:i²] 岱-侬 cầu fù[kəu²fu²];chuc fù[tsuk⁷fu²] 越泰 khua pē[khuə²pe²] 越 cầu nổi[kɤu² noi²] 芒 càu nói[kau² noi⁵]

【浮肿】 泰 บวม[ʔbu:am²];โรคบวมน้ำ[ro:k¹⁰ ʔbu:a:² nam⁴] 老 บอม[ʔbu:am¹];โป[po:¹];ฟัก[fok⁸];เป็นฟัก[pen¹ˈ fok⁸];โฝง[pho:ŋ²];หัวพอง[naŋ¹ phɔ:ŋˈ];มาน[ma:n²];อูด[ʔu:t⁹] 岱-侬 fộc[fok⁸] 越泰 phộc[phok⁸] 越 phù nề[fu² ne²];phù[fu²];bủng[ʔbuŋˈ];bệnh phù thũng[ʔben⁶ fu² thuŋ⁴] 芒 phù[fu²]

【浮子】 泰 ทุ่นเบ็ด[thun³ʔbet⁷] 老 เต๋า[tau⁴];เต๋าเบ็ด[tau⁴ ʔbet⁷];ทอย[thɔ:i²];ทุ่มเบ็ด[thun⁵ ʔbet⁷];ป้อม[pɔm⁵];ป้อมเบ็ด[pɔm⁵ʔbet⁷];ลูกทุ่ม[lu:k¹⁰thun⁵];ลูกลอย[lu:k¹⁰lɔ:i²];ทะลิ[lɔ:¹];ทุ่ม[thun²];กะป่อม[ka² pɔ:m⁵] 越 phao[fa:u¹] 芒 tôl[tol¹]

【俘虏抓~】 泰 เชลยศึก[tsha⁴lə:i² sɯk⁷] 老 ขะเลียสึก[sa⁵lə:i² sɯk⁷];เขีย[si:a²] 越泰 tũ binh[tu² ʔbiŋˈ] 越 tù binh[tu² ʔbiŋˈ] 芒 tù binh[tu² ʔbiŋ¹]

【拂晓】 泰 รุ่ง[ruŋ⁵];รุ่งราง[ruŋ³ ra:ŋ²] 老 ฮุง[huŋ⁵];ฮุงอะลุม[huŋ⁵ʔa²lun²];ฟ้าสาง[fa:⁴sa:ŋ¹];เดิดข้อม[ʔdət⁷khɔ:n³];ตู่[tu:⁵];เอิ๊กตู่[sau⁴tu:⁵];แต่รุ่ง[tɛ:⁵huŋ⁵];ปัดจูสะภาบ[pat⁷ tsu:¹ˈ sa² ka:n¹];อะลูโปไท[ʔa²lu:no:²thai¹];อะโปไท[ʔa²no:²thai¹];อะลุบ[ʔa⁵lun²];รุ่งแจ้ง[huŋ⁵ tsɛ:ŋ³];ข้อมแจ้ง[khɔ:n³ tsɛ:rˈ²];ข้อมจะแจ้ง[khɔ:n³tsa²tsɛ:ŋ⁴];กงเดิด[kɔ:ŋ² ʔde:⁷];เอิ๊กมืด[sau⁴mɯ:t¹⁰];เอลาไก่ขั้น[ve:²la:²kai⁵khar¹];ปัดจูสะภาบ[pat⁷ tsu:¹ˈ sa² ka:n¹] 岱-侬 xoac rừng[ɕwa:k⁷ruŋ³];rặp rùng[rap⁸ruŋ²] 越泰 đét hửa[ʔdɛt⁷huɯ⁶] 越 rạng đông[za:ŋˈ⁶ ʔdoŋ¹);tờ mờ sáng[tɤ² mɤˈ² ʂa:ŋ⁵];tảng sáng[ta:ŋˈ³ ʂa:ŋ⁵] 芒 răng tếng[ra:ŋ⁴ toŋ¹]

【服~药】 泰 กิน[kin²] 老 กิน[kin¹] 越 uống[ʔu:ŋ⁵];

【服~药】 泰 ขนาน[kha⁵ na:n¹] 老 ຂະໜານ[kha² na:n¹];ຊຸມ[sum²] 傣-佤 pho[pho¹];hó[hɔ⁵] 越泰 hó[hɔ⁵] 越 thang[tha:ŋ¹]

【服从】 泰 เชื่อฟัง[tshɯ:a³ faŋ²] 老 ຍອມ[ɲɔ:m²];ຍອມຕາມ[ɲɔ:m²ta:m¹];ຍືນຍອມ[ɲin²ɲɔ:m²];ໂຍມ[ɲo:m²] 傣-佤 í nèm[ʔi⁵nem²] 越泰 xú dóc[su⁵ jɔk⁷] 越 tuân theo[twɤn¹theu¹];nghe theo[ŋe¹theu¹];phục tùng[fuk⁸ tuŋ²]

【服务】 泰 บริการ[ʔbɔ:²ri⁴ka:n²] 老 ບໍລິການ[ʔbɔ:¹ li⁵ ka:n¹];ບຳເພັນປະໂຫຍດ[ʔbam¹' phen² pa² ɲo:t⁹] 傣-佤 phục vụ[fuk⁸ vu⁴] 越 phục vụ[fuk⁸ vu⁶] 芒 phục vũ[fuk⁸ vu⁴]

【服务员】 泰 บริกร[ʔbɔ:² ri⁴ kɔ:n²] 老 ບໍລິກອນ[ʔbɔ:¹ li⁵ kɔ:n¹];ຜູ້ບໍລິການ[phu:³ ʔbɔ:¹' li⁵ ka:n¹] 越 nhân viên phục vụ[ɲɤn¹ vi:n¹ fuk⁸ vu⁶];người phục vụ [ŋɯ:i² fuk⁸ vu⁶] 芒 môl hầu[mɔl⁴ hɤu²]

【服装店】 泰 ร้านขายเสื้อผ้า[ra:n⁴kha:i¹sɯ:a³pha:³] 老 ຮ້ານຂາຍເສື້ອຜ້າ[ha:ŋ⁵kha:i¹sɯ:a³pha:³] 越 cửa hàng bán quần áo[kɯə³ ha:ŋ² ʔba:n⁵ kwɤn² ʔa:u⁵]

【幅~画】 泰 แผ่น[phɛ:n⁵] 老 ແຜ່ນ[phɛ:n⁵] 傣-佤 pắc[pak⁷];bâu[ʔbəu¹] 越泰 bau[ʔbau¹] 越 bức[ʔbɯk⁷] 芒 pắc[pɤk⁷]

【扶~起老人】 泰 ประคอง[pra⁵khɔ:ŋ²] 老 ປະຄອງ[pa⁵khɔ:ŋ¹] 傣-佤 tài[ta:i²] 越泰 phửa[phɯə²] 越 đỡ[ʔdɤ⁴]

【扶桑花】 泰 ชบา[tsha⁴ba:²] 老 ຂະບາ[sa⁵ʔba:¹'];ດອກຍອຍ[ʔdɔ:k⁹ ɲɔ:i²];ດອກແດງ[ʔdɔ:k⁹ ʔde:ŋ¹] 傣-佤 bjooc ngần[ʔbjɔ:k⁷ŋɤn²];bjooc phung qui[ʔbjɔ:k⁷ phuŋ¹ kwi³] 越 hoa dâm bụt[hwa¹ zɤm¹ ʔbut⁸] 芒 pông chu chiểng[pɔŋ¹ tsu¹ tsi:ŋ³];pông chu chểnh[pɔŋ¹ tsu¹ tsen²]

【扶手】 泰 พนักแขน[pha⁴ nak⁸ khɛ:n¹] 老 ຮາວພາດ ແຂນ[ha:u² pha:t¹⁰khɛ:n¹];ພະນັກແຂນ[pha⁵nak⁸ khɛ:n¹];ຮາວມື[ha:u² mɯ:²] 越 tay vịn[tai¹ vin⁶]

【扶手椅】 泰 เก้าอี้แบบมีที่เท้าแขน[kau³ ʔi:³ ʔbɛ:p⁹ mi:² thi:³ thau⁴ khɛ:n¹];เก้าอี้มีพนัก แขน[kau³ ʔi:³ mi:² pha⁴nak⁸khɛ:n¹];เก้าอี้นวม[kau³ʔi:³ nu:am²] 老 ເກົ້າອີ້ມີແຂນເທິງ[kau⁴ ʔi:⁴ mi:² khɛn¹ thau⁴];ຕັ່ງ ອີ້ເທິງແຂນ[taŋ⁵ ʔi:⁴ thau⁴ khɛ:n¹] 越 ghế bành[ɣe⁵ ʔban²]

【扶养】 泰 เลี้ยง[li:aŋ⁴] 老 ລ້ຽງ[li:aŋ⁴] 傣-佤 chượng[tɕɯ:ŋ⁴];liệng[li:ŋ⁴];liệng lạu[li:ŋ⁴ lau⁴] 越泰 liệng cưa[li:ŋ⁴ kɯə¹] 越 nuôi nẵng[nu:i¹ nɤŋ¹]

【斧头❶】 泰 ขวาน[khwa:n¹] 老 ຂວານ[khwa:n¹] 傣-佤 mạc phủ[ma:k⁸ phu³];mạc búa[ma:k⁸ ʔbuə²] 越泰 khoan[khwa:n¹] 普 paqô⁴[pa⁴ qo⁴];caw³[tsa:u³] 越 rìu[ziu²];cái rìu[ka:i⁵ ziu²] 芒 khìu[khiu²]

【腐烂❷】 泰 เน่า[nau³];เน่าเปื่อย[nau³ pɯ:ai⁵] 老 ເໝົາ[nau⁵];ເໝົາເລະ[nau⁵ le⁵];ເປື່ອຍ[pɯ:ai⁵];ຜຸ[phu²] 傣-佤 nẩu[nəu³];pjắm[pjam⁵];bjái[ʔbja:i³] 越泰 nàu[nau⁶] 越 mục nát[muk⁸ na:t⁷];thối rữa[thoi² zɯə³];ươn[ʔɯ:n¹]

【腐竹】 泰 เต้าหู้แท่ง[tau³ hu:³ thɛ:ŋ³];ฟองเต้าหู้[fɔ:ŋ² tau³ hu:³] 越 đậu phụ trúc[ʔdɤu² fu⁶ tsuk⁷];phù chúc[fu² tsuk⁷]

【抚摸】 泰 ลูบไล้[lu:p¹⁰lai⁴] 老 ລູບ[lu:p¹⁰];ລູບຄຳ[lu:p¹⁰kham²];ຊ້ຳ[kham⁵] 傣-佤 lùm[lum³];lùmloêm[lum³lwɛm³] 越 xoa[swa¹];vỗ về[vo⁴ve²];vuốt ve[vu:t⁷ ve¹];mân mó[mɤn¹ mɔ⁵] 芒 rơ rảy[rɤ¹ rai³]

【俯卧】 泰 นอนคว่ำ[nɔ:n² khwam²] 老 ນອນຂວ່ຳ[nɔ:n² khwam²];ບອນໝູບໜ້າ[ʔbɔ:n¹ mu:p⁹ na:¹] 越 nằm sắp[nam² sɤp⁷]

【俯卧撑】 泰 ก้มลงยันตัว[kom³ loŋ² jan² tu:a²] 老

---

❶ 阿含 khān A1  掸 khwan A1  泐 xwan A1
❷ 石家 naw⁵

เดิ๊๋วดิน[ʔdau⁴ ʔdin¹'] 越nằm sấp chống tay[nam² sɤp⁷ tsoŋ⁵ tai¹]

【复发 旧病~】 泰กำเริบอีก[kam² rɤ:p¹⁰ ʔi:k⁹];โรกเก่ากำเริบ[ro:k¹⁰kau⁵kam²rɤ:p¹⁰] 傣-侬fan[fa:n¹] 越泰pên tặp[pen¹ tap⁸];phạ[pha⁴] 越lại phát[la:i⁵ fa:t⁷]

【复合肥】 泰ปุ๋ยผสม[pui¹ pha⁵som¹] 老ปุ๋ยผะสม [pui¹ pha² som¹] 越phân bón tổng hợp[fɤn² ʔbɔn⁵ toŋ³ hɤ:p⁸];phân bón đa hợp[fɤn¹ ʔbɔn⁵ ʔda² hɤ:p⁸]

【复活】 泰คืนชีพ[khuːn² tshi:p¹⁰] 老ถืบฃืบ[khuːn² si:p¹⁰];ตายถืบ[ta:i¹' khuːn²];กับเกิดเป็น[kap² kɤ:tʰ⁹ pen¹'];ฟื้นฃืบ[fɯːn⁴ si:p¹⁰];ฟื้นฃืบถืบใหม่[fɯːn² si:p¹⁰ khuːn² mai⁵];โยบีสังก๊ด[ŋɔ:² ni² saŋ⁵ kot⁷] 傣-侬thai tẻo[tha:i¹ tɛu³];lám thai[la:m⁵ tha:i¹] 越泰cứn làu[kɯn² lau⁶] 越sống lại[ʂoŋ⁵ la:i⁶];phục sinh[fuk⁸ ʂin¹] 芒khổng lãi[khoŋ³ la:i⁴]

【复习】 泰ทวน[thuan²] 老ทอน[thuan²];ทอนถืบ[thuan²khuːn²];ฃ้อม[sɔ:m⁴];กับทอน[thop⁸thuan²];ลื่ม[lum⁴];ลื่มถืบ[lum⁴khuːn²];ห้ัดลื่ม[hat⁷lum⁴] 傣-侬slon tẻo[ɬon¹ tɛu³];ngòi tẻo[ŋɔi² tɛu³] 越泰lổn[lon⁶] 越ôn bài[ʔon¹ ʔba:i²]

【复写纸】 泰กระดาษก๊อปปี้[kra² ʔda:tʰ⁹ kɔ:p⁸ pi:³] 老เจ้ยภาบขอม[tsi:a⁴ ka:k⁹ ʔbɔn¹'];เจ้ยท่าน[tsi:a⁴ tha:n⁵] 越giấy than[zɤi⁵ tha:n¹];giấy cacbon[zɤi⁵ ka:k⁷ ʔbɔn¹]

【复杂】 泰สลับซับซ้อน[sa⁵lap⁷sap⁸sɔ:n⁴] 老สะฏับขับฃ้อม[sa² lap⁷ sap⁸ sɔ:n⁴] 傣-侬lạp chạp[la:p⁸ tɕa:p⁸] 越泰tộc dạk[tok⁸ ja:k⁸] 越phức tạp[fuk⁷ ta:p⁸]

【父母】 泰พ่อแม่[phɔ:³ mɛ:³] 老พี่แม่[phɔ:⁵ mɛ:⁵] 傣-侬pá mẻ[pa⁵ me³] 普pê⁴ maj²[pe⁴ ma:i²] 越bố mẹ[ʔbo⁵ mɛ⁶] 芒pỗ mễ[po³ me⁴];pỗ cảy[po⁵ ka:³]

【父亲❶】 泰พ่อ[phɔ:³];บิดา[ʔbi⁵ ʔda:²] 老พี่[phɔ:⁵];ถุนพ่อ[khun² phɔ:⁵];บิดา[ʔbi:⁵ ʔda:²];อี้พ่อ[ʔi:⁵ phɔ:⁵] 傣-侬pỏ[po³] 越泰pò[pɔ⁶];ải[ʔa:i³] 普pê⁴[pe⁴],pê⁴[pe⁵] 越bố[ʔbo⁵];cha[tsa⁴];phụ thân[fɯ⁶ thɤn¹] 芒pỗ[po³];thầy tế[thɤi²tɛ⁵];chắc khà pỗ[tsak⁷ kha² po³]

【付~钱】 泰จ่าย[tsa:i⁵] 老จ่าย[tsa:i⁵];เบิก[ʔbɤ:k⁹];ຊຳລະ[sam² la⁵] 越trả[tʂa³] 芒tlá[tla⁵]

【富❷】 泰รวย[ru:ai²];ร่ำรวย[ram³ ru:ai²] 老ฮั่ง[haŋ⁵];ฮั่งมี[haŋ⁵ mi:²];มั่ง[maŋ⁵];มั่งถั่ง[maŋ⁵ khaŋ⁵];มั่งมี[maŋ⁵ mi:²];มั่งมีศรีสุข[maŋ⁵ mi:² si:¹ suk⁷] 傣-侬chàu[tɕau⁶];mì[mi²] 越泰hặng[haŋ⁴];hặng mì[haŋ⁴ mi²] 普qaʔăn¹[qa⁰ ʔan¹] 越giàu[zau²];giàu có[zau² kɔ⁵];giàu sang[zau² ʂa:ŋ¹] 芒dầu[zɤu²];dàu[zau²];dàu có[zau² kɔ³];hay có[hai¹ kɔ³];hay khang[hai¹ kha:ŋ¹];dàu khang[zau² kha:ŋ¹];có[kɔ³]

【富人】 泰คนมีเงิน[khon² mi:² ŋɤ:n²];กฎุมพี[ka⁵ ʔdum² phi:²];คนรวย[khon² ru:ai²] 老ผู้ฮั่ง[phu:³ haŋ⁵];ผู้ฮั่งมี[phu:³ haŋ⁵ mi:²];ถนมั่งมี[khon² maŋ⁵ mi:²];กะฏุมพิด[ka² ʔdum¹' phi:t¹⁰];มะหาสาบ[ma⁵ ha:¹ sa:n¹];มะหาเสดถี[ma⁵ ha:¹ ʂe:tʰ⁹ thi:¹];ทะบะบีดี[tha⁵ na² ʔbɔ:¹' ʔdi:¹'] 傣-侬cần chàu[kɤn² tɕau²];cần mì[kɤn² mi²] 越泰cỗn hằng[kon² haŋ⁶] 普qaʔăn¹[qa⁰ ʔan¹] 越người giàu[ŋɯ:i² zau²] 芒con dầu[kɔn¹ zɤu²]

【腹泻】 泰ท้องร่วง[thɔ:ŋ⁴ru:aŋ⁴];ท้องเสีย[thɔ:ŋ⁴si:a¹] 老พะยาดท้องฏอก[pha⁵ɲa:t¹⁰thɔ:ŋ¹⁰thɔ:k⁹];ขี้ไลท้อง[khi:³lai²thɔ:ŋ²];โลกล้องท้อง[lo:k¹⁰loŋ² thɔ:ŋ⁴];ล้องท้อง[loŋ² thɔ:ŋ¹];ทอกท้อง[thɔ:k⁹ thɔ:ŋ⁴];ขี้ด้อย[khi:³ ʔdɔ:i¹];ท้องด้อย[thɔ:ŋ⁴ ʔdɔ:i¹];ท้องเดิน[thɔ:ŋ⁴ʔdɤ:n¹'];ท้องทอก[thɔ:ŋ⁴thɔ:k⁹];ขี้ไลท้อง

---

❶ 阿含 po B2
❷ 石家 traw⁶

[khi:³ lai² thɔːŋ⁴] 越tiêu chảy[tiːu¹ tsai³];ia chảy[ʔiə³tsai³];sôi bụng[ʂoi¹ʔbuŋ⁶];tháo dạ[thaːu⁵za⁴] 芒khúi tlổng[khui⁵ tlɔŋ⁴];thảo tã[thaːu³ ta⁴]

【腹胀】 泰ตื้อ[tɯː³];ท้องอืด[thɔːŋ⁴ʔɯːt⁹] 老ขย้ง[nɯːŋ⁵];ขย้ง[nɯːŋ⁵];ห้องย้ง[thɔːŋ⁴nɯːŋ⁵];ห้องขึ้ม[thɔːŋ⁴khɯn³] 越chướng bụng[tsɯːŋ⁵ʔbuŋ⁶];phềnh bụng[fen² ʔbuŋ⁶] 芒pềnh tlổng[pɛn² tlɔŋ⁴]

【负债】 泰ติดหนี้[tit⁷ niː³] 老ติดขมี้[tit⁷ niː³] 越mắc nợ[mak⁷ nɤ⁶];nợ nần[nɤ⁶ nɤn²] 芒nõ nần[nɤ⁴ nɤn²];khả nõ[kha³ nɤ⁴]

【附近】❶ 泰ใกล้กับ[klai³ kap⁷] 老บ่ลิเอบ[ʔbɔː⁵ liː⁵veːn²];ลิบ[liːap¹⁰];อันติกะ[ʔan¹ti²ka²] 越phụ cận[fu⁶ kɤn⁶];lân cận[lɤn¹ kɤn⁶];bên cạnh[ʔben¹kaɲ⁶];phía bên cạnh[fiə⁵ ʔben¹ kaɲ⁶];kế cận[ke⁵kɤn⁶] 芒tenh quenh[tɛɲ¹kwɛɲ¹];khả pên pang[kha³ pen¹ paːŋ¹];kẻ cẳn[ke³ kɤn⁴]

【副__~眼镜】 泰คู่[khuː³] 老อัน[ʔan¹] 越chiếc[tsi:k⁷];đôi[ʔdoi¹]

【副__~手套】 泰คู่[khuː³];ชุด[tshut⁸] 老คู่[khuː⁵] 越đôi[ʔdoi¹]

【副__~扑克】 泰สำรับ[sam¹rap⁸] 老ຊຸມ[sum²] 越cỗ[ko³]

---

❶ 阿含 châm

# G

【咖喱】 泰 กะหรี่[ka⁵ ri:¹] 老 ກະຫຼີ່[ka² li:⁵] 傣-侬 bửa khinh lương[ʔbɯa¹ khiŋ¹ lɯ:ŋ¹];bửa khản min[ʔbɯa¹ khaːn³ min³] 越 ca-ri[ka¹ ri¹]

【改 有错就~】 泰 แก้[kɛ:³];แก้ไขให้ดีขึ้น[kɛ:³khai¹ hai³ʔdi:²khɯn³] 老 ແກ້[kɛ:⁴] 傣-侬 cải[ka:i³] 越泰 cải[ka:i³] 越 chữa[tsɯə³]

【改变】 泰 เปลี่ยนแปลง[pli:an⁵ple:ŋ¹] 老 ປ່ຽນ[pi:an⁵];ດັດແປງ[ʔdat⁷pɛ:ŋ¹];ດັດປ່ຽນ[ʔdat⁷pi:an⁵];ປ່ຽນແປງ[pi:an⁵pɛ:ŋ¹];ແປງ[phɛ:ŋ¹];ຜັນປ່ຽນ[phan¹pi:an⁵];ຫັນປ່ຽນ[han¹pi:an⁵] 傣-侬 tối mẩu[toi⁵ məɯ⁵];chòi piến[tɕɔi¹pi:n⁵] 越泰 chạk[tsa:k⁸];piến thái[pi:n⁵ tha:i⁵] 越 thay đổi[thai¹ʔdoi³];đổi thay[ʔdoi³thai¹];đổi[ʔdoi³];biến đổi[ʔbi:n⁵ʔdoi³] 芒 rằm[ram⁴];hằm[ham⁴];thay tối[thai¹ toi⁵]

【改进】 泰 ปรับปรุงแก้ไขให้เจริญก้าวหน้า[prap⁷ pruŋ²kɛ:³khai¹hai³tsa⁵rə:n²ka:n³na:⁵] 老 ແກ້ໄຂ[kɛ:⁴khai¹];ແກ້ໄຂດັດແປງ[kɛ:⁴khai¹ʔdat⁷ pɛ:ŋ¹];ຂະຫຍາຍບຳເພັນ[kha² ɲa:i¹ ʔbam¹ phen²] 越泰 piến panh[pi:n⁵ pɛŋ¹] 越 cải tiến[ka:i³ ti:n⁵];cải thiện[ka:i³ thi:n⁶];cải tạo[ka:i³ ta:u⁶];trau dồi[tsau¹ zoi²]

【改名】 泰 เปลี่ยนชื่อ[pli:an⁵ tshɯ:³] 老 ປ່ຽນຊື່[pi:an⁵ sɯ:⁵] 傣-侬 cải ten[ka:i³ tɛn³] 越泰 cải chử[ka:i³ tsɯ³] 越 đổi tên[ʔdoi³ ten¹]

【改嫁】 泰 (หญิง)แต่งงานใหม่[(jiŋ¹)tɛ:ŋ⁵ ŋa:n³ mai⁵] 傣-侬 au phua pày nhi[ʔau¹ phuə¹ pai² ɲi³] 越 tái giá[ta:i⁵ za:⁵];kết hôn lại[ket⁵ hon¹ la:i⁶];đi bước nữa[ʔdi¹ ʔbɯ:k⁵ nɯə⁴]

【改正】 泰 แก้ให้ถูกต้อง[kɛ:³hai¹thu:k⁹tɔ:ŋ³] 老 ດັດແກ້[ʔdat⁷kɛ:⁴];แก้ໄຂດັດແປງ[kɛ:⁴khai¹ʔdat⁷ pɛ:ŋ¹];ແກ້[kɛ:⁴] 越 sửa chữa[ʂɯə³tsɯə³];đính chính[ʔdin⁵tsin⁵] 芒 xửa chữa[sɯə⁵tsɯə⁵];rằm [rɛm⁴]

【盖 ~一层土】 泰 อำ[ʔam²];กลบ[klop⁹] 老 ກຸມ [kum⁴];ງຶມ[ŋɯm²];ງວມ[ŋwam²];ปิก[pok⁵];ปิกถุม [pok⁷ thom¹];ปิกຄຸມ[pok⁷ khum²] 越 phủ[fu⁵]

【盖 ~被子❶】 泰 ห่ม[hom⁵];ครอบ[khrɔ:p¹⁰] 老 ທິ່ມ[hom⁵];ກ່ອມ[ku:am⁵];ທຽບ[thi:p¹⁰];ທຶບ[thɯp³];ປິກ[pok⁷];ລຶບ[lop⁷] 傣-侬 hốm[hom⁵] 越泰 hốm[hom⁵] 普 kưɤ⁴[kɯɤ⁴] 越 đắp[ʔdap⁷] 芒 tùm[tum³]

【盖 ~锅盖】 泰 ครอบ[khrɔ:p¹⁰] 老 ฮัก[ʔat⁷];งำ [ŋam²];งอำ[ŋwam²];ปิก[pok⁵];ปิกงำ[pok⁷ŋam²] 傣-侬 ngằm[ŋam²] 越泰 nguồm[ŋu:m²] 普 qɜm³[qam³] 越 đắp[ʔdap⁷];đậy[ʔdɤi³];đạy[ʔdai⁶] 芒 úp[ʔup⁷];tẩy[tɤi⁴]

【盖 ~瓦】 泰 มุง[muŋ²] 老 ມຸງ[muŋ²] 傣-侬 mùng [muŋ²] 越泰 mũng[muŋ²] 普 zap⁵[za:p⁵];rɛp⁵ [ra:p⁵] 越 lợp[lɤ:p⁸] 芒 lợp[lɤ:p⁸]

【盖 ~房子】 泰 ปลูกบ้าน[plu:k⁹ ʔba:n³] 老 ປຸກເຮືອນ [puk⁷ hɯ:an²] 越 xây[sɤi¹]

【盖章】 泰 ประทับตรา[pra⁵ thap⁸ tra:²] 老 จ้ำจิดติปิก [tsam⁴ tsit:⁹ ti:¹ ka:¹];ทับตา[thap⁸ ta:¹];ปะทับตา[pa² thap⁸ ta:¹];ปะทับตารับธอง[pa² thap⁸ ta:¹ hap⁸ hɔ:ŋ²];ปะจำตา[pa²tsam¹¹ta:¹] 傣-侬 mai[ma:i¹] 越泰 mai[ma:i¹] 越 đóng dấu[ʔdɔŋ⁵ zɤu⁵];đóng triện[ʔdɔŋ⁵ tsi:n⁶];áp triện[ʔa:p⁵ tsi:n⁶]

【盖子】 泰 ฝา[fa:¹] 老 ฝา[fa:¹];ฝาอ่าง[fa:¹ŋwam²]

---

❶ 石家 hum² 阿含 rum B1;hum B1 掸 hom B1 勐 hum B1

【干衣服~了❶】泰แห้ง[hɛːŋ³] 老ใฮ่[khai⁵] แห้ง[hɛːŋ³] 岱-侬khấu[khəɯ⁵] 越泰kháu[khaɯ⁵];ươn[ʔɯːn³] 普kA⁴[kɒ⁴];kuơ⁴[kɯɤ⁴] 越khô[xo¹] 芒thảo[thaːu³]

【干草~了】泰แห้ง[hɛːŋ³] 老แห้ง[hɛːŋ³] 岱-侬hảo[haːu³] 越泰hảo[haːu³];khan[kaːn¹] 越khô[xo¹] 芒khanh[kaɳ¹]

【干河水~了】泰แห้ง[hɛːŋ³] 老แห้ง[hɛːŋ³];บึก แห้ง[ʔbokʰɛːŋ³];แห้งลง[hɛːŋ³loŋ³];บึก[ʔbok⁷];ทอดแห้ง[hɔːt⁹ hɛːŋ³];ทอด[hɔːt⁹];เหือดแห้ง[hɯatˀ hɛːŋ³];เหือดเหย[hɯatˀ⁹ həiˀ];เหือด[hɯatˀ⁹] 岱-侬bôc[ʔbok⁷];phèn[phɛn³];khấu[khəɯ⁵] 越泰hành[heŋ³] 越cạn[kaːn⁶] 芒cān[kaːn⁴]

【干杯】泰หมดแก้ว[mot⁸ kɛːu³] 老ฒึดจอก[mot⁸ tsɔːk⁹] 越cạn chén[kaːn⁶ tsɛn⁵]

【干菜】泰ผักอบแห้ง[phakʔop⁷hɛːŋ³] 老ผักแห้ง[phak⁷ hɛːŋ³] 越rau khô[zau¹ xo¹];rau cải khô[zau¹ kaːi³ xo¹]

【干脆~不去了】泰ตรงไปตรงมา[troŋ² pai² troŋ² maː²] 老โลด[loːt¹⁰];ตะลุย[ta² lui²] 越dứt khoát một mực[zɯt⁷ xwaːt⁷ mot⁸ mɯk⁸];dứt khoát[zɯt⁷ xwaːt⁷];phăng[faŋ¹] 芒phăng[faŋ¹]

【干爹】泰พ่อบุญธรรม[phɔː³ʔbun²tham²] 老พ่อ บุญทำ[phɔː⁵ ʔbun¹ tham²];พ่อฮัก[phɔː⁵ hak⁸] 越bố nuôi[ʔbo⁵ nuːi¹]

【干儿子】泰ลูกบุญธรรม[luːk¹⁰ ʔbun² tham²];บุตร บุญธรรม[ʔbut⁷ʔbun²tham²] 老ลูกไม[luːk¹⁰ mai²];ลูกฃายไม[luːk¹⁰ saːi² mai²] 越con nuôi[kɔn¹ nuːi¹]

【干果】泰ผลไม้แห้ง[phon¹la⁴mai⁴hɛːŋ³] 老หมากไม้แห้ง[maːk³mai⁴hɛːŋ³];หมากแห้ง[maːk⁹hɛːŋ³] 越quả khô[kwa³ xo¹];hoa quả khô[hwa¹ kwa³ xo¹]

【干净❷】泰สะอาด[saˀ⁵ʔaːtˀ⁹] 老สะอาด[saˀ²ʔaːtˀ⁹] 岱-侬slâu sloòng[ɬəɯ¹ɬɔːŋ³] 越泰pẹk[pek⁸] 普sư⁴[sɯ⁴] 越sạch[ʂatˀ⁸];sạch sẽ[ʂatˀ⁸ʂɛ⁴];sạch gọn[ʂatˀ⁸ ɣɔn⁶];sạch sành sanh[ʂatˀ⁸ ʂaɲ² ʂaɲ¹]

【干咳】泰ไอแห้งๆ[ʔai² hɛːŋ³ hɛːŋ³] 老ไอแล้ง[ʔai¹ lɛːŋ⁴] 越泰ay lạ[ʔai¹ la⁴] 越ho khan[hɔ¹ xaːn¹]

【干辣椒】泰พริกแห้ง[phrik⁸ hɛːŋ³] 老หมากเผ็ดแห้ง[maːk⁹ phet⁷ hɛːŋ³] 越ớt khô[ʔɤːt⁷ xo¹]

【干粮】泰เสบียง[saˀ⁵ʔbiːaŋ²] 老เข้ากะแด้ง[khau³ kaˀ²ʔdɛːŋ⁴];เข้าถง[khau³ thoŋ¹] 越lương khô[lɯːŋ¹ xo¹]

【干妈】泰แม่บุญธรรม[mɛː³ʔbun²tham²] 老แม่ บุญทำ[mɛː⁵ʔbun¹ tham²];แม่ฮัก[mɛː⁵ hak⁸] 越mẹ nuôi[mɛ⁶ nuːi¹]

【干女儿】泰บุตรีบุญธรรม[ʔbut⁷ʔbun²tham²] 老ลูกไม[luːk¹⁰mai²];ลูกยิงไม[luːk¹⁰sa:i²mai²] 越con gái nuôi[kɔn¹ ɣaːi⁵ nuːi¹]

【干呕】泰อาการขย้อน[ʔaː²kaːn²khaˀ⁵jɔːn³] 老ปวดฮาก[puːak⁹haːk¹⁰] 岱-侬ộ lồm[ʔo⁴lom²];rạc đip[raːk⁸ʔdip⁷];rạc ôc[raːk⁸ʔok⁷] 越泰hạk bloc[haːk⁸ʔb-lɔk⁸] 越nôn khan[non¹ xaːn¹];ọe[ʔwɛ⁶]

【干涉】泰ก้าวก่าย[kaːu³ kaːi⁵];แทรกแซง[ʂɛːk¹⁰ ʂɛːŋ¹] 老ก้าวก่าย[kaːu⁴kaːi⁵] 越can thiệp[kaːn¹ thiːp⁸] 芒can thiệp[kaːn¹ thiːp⁸]

【干鱼】泰ปลาแห้ง[plaː² hɛːŋ³] 老ปาแห้ง[paː² hɛːŋ³] ปากะเตา[paː² ka² tau²] 越cá khô[ka⁵ xo¹]

---

❶ 石家hxxŋ³；khoo² 阿含kheu B1 掸khaï B1 勐xaï B1
❷ 阿含plâng

【干燥❶】 泰แห้ง[hɛːŋ³];ใข่แห้ง[khai⁵hɛːŋ³] 老แห้ง[hɛːŋ³];แห้งแล้ง[hɛːŋ³ lɛːŋ⁴];กะแด้ง[ka² ʔdɛːŋ⁴] 岱-侬khấu[khəɯ⁵] 越泰khô[khoː¹];cđánh[k-ʔdeŋ³] 普kA⁴[kɒ⁴];kuơ¹[kuɤ⁴] 越khô[xoː¹];khô khan[xoː¹xaːn¹];hanh khô[han¹xoː¹];tạnh ráo[taŋ⁶zaːu⁵];khô ráo[xoː¹zaːu⁵];hanh[han¹] 芒khô rảo[khoː¹raːu⁵];khô thảo[khoː¹thaːu³];hanh[han¹];dỏ[zɔ³]

【甘草】 泰ชะเอม[tsha⁴ʔeːm²] 老ຊະເອມເທດ[sa⁵ ʔeːm¹ theːt¹⁰] 越cam thảo[kaːm¹ thaːu³];cây cam thảo[kɤi¹ kaːm¹ thaːu³] 芒cam tháo[kaːm¹ thaːu⁵]

【甘蓝】 泰กะหล่ำ[ka⁵lam⁵] 老ກະຫຼ່ຳ[ka²lam⁵] ກະລໍ່າ[ka²lam²] 越cải bắp[kaːi³ʔbap⁷];cải bi xen[kaːi³ ʔbi¹ sɛn¹]

【甘心】 泰สมัครใจ[sa⁵ mak⁷] 老ຍອມໃຈ[ɲɔːm² tsai¹] 岱-侬inh slim[ʔiŋ⁴ɬim¹] 越泰chịu[tsiu⁴] 越cam tâm[kaːm¹ tɤm¹];cam chịu[kaːm¹ tsiu⁶];chịu[tsiu⁶];bằng lòng[ʔbaŋ² lɔŋ²];cam lòng[kaːm¹ lɔŋ²] 芒cam tã[kaːm¹ ta⁴]

【甘蔗❷】 泰อ้อย[ʔɔːi⁴] 老ອ້ອຍ[ʔɔːi⁴];ອ້ອຍລຳ[ʔɔːi⁴lam²];ຕົ້ນອ້ອຍ[ton⁴ʔɔːi⁴] 岱-侬ói[ʔɔːi³] 越泰ói[ʔɔːi³] 普tat⁵[taːt⁵] 越mía[miə³];cây mía[kɤi¹ miə⁵] 芒mia[miə³];pôl[pol³]

【甘蔗酒】 泰เหล้าอ้อย[lau³ ʔɔːi³] 老ເຫຼົ້າອ້ອຍ[lau³ ʔɔːi⁴] 越rượu mía[zɯːu⁶ miə³]

【甘蔗汁】 泰น้ำอ้อย[nam⁴ʔɔːi³] 老ນ້ຳອ້ອຍ[nam⁴ ʔɔːi⁴] 越nước mía[nɯːk⁷ miə³] 芒đác mia[ʔdaːk⁷ miə³]

【柑子❸】 泰ส้มจีน[som³ tsiːn²] 老ໝາກສົ້ມຮົດ[maːk⁹ som³ hot⁸];ໝາກກ້ຽງ[maːk⁹ kiəŋ⁴] 岱-侬mac cam[maːk⁷ kaːm¹];mac cam tổng[maːk⁷ kaːm¹ toŋ³] 越泰mák kiềng[maːk⁷ kiːŋ³] 普mjak² kam⁴[mjaːk² kaːm⁴] 越quả cam[kwaː³ kaːm¹]

【肝❹】 泰ตับ[tap⁷] 老ຕັບ[tap⁷] 岱-侬tăp[tap⁷] 越泰tắp[tap⁷] 普tăp⁵[tap⁵] 越gan[ɣaːn¹];lá gan[laː⁵ ɣaːn¹] 芒lòm[lɔm²];là lòm[laː⁵ lɔm²];tủm lòm[tum⁴ lɔm²]

【肝炎】 泰โรคตับอักเสบ[roːk¹⁰tap⁷ʔak⁷seːp⁹];ตับอักเสบ[tap⁷ʔak⁷seːp⁹] 老ອັກເສບຕັບ[ʔak⁷seːp⁷tap⁷] 越viêm gan[viːm¹ ɣaːn¹];bệnh viêm gan[ʔben⁶ viːm¹ ɣaːn¹]

【疳积】 泰การขาดสารอาหารในวัยแรกเกิด[kaːn² khaːt⁹saːn¹ʔaː²haːn¹nai¹wai³rɛːk¹⁰kəːt⁹] 老ທ້ອງຂາງ[thɔːŋ⁴ saːŋ¹] 越cam tích[kaːm¹ tit⁷]

【杆秤】 泰ตาชั่งที่เป็นคัน[taː² tshaŋ¹ thiː³ pen² khan²] 老ຊິງຖື[siŋ²hiːu³] 岱-侬càn chẳng[kaːn³ tɕaŋ³] 越cân treo[kɤn¹ tʂɛu¹];cân đòn[kɤn¹ ʔdɔn²]

【杆子】 泰เสา[sau¹] 老ເສົາ[sau¹] 越cán[kaːn⁵] 芒cán[kaːn³]

【敢】 泰กล้า[klaː³] 老ກ້າ[kaː⁴];ຫານ[haːn¹] 岱-侬cảm[kaːm³];đi[ʔdi¹];môc[mok⁷] 越泰dém[jaːm⁵];căn[kaːn²] 越dám[zaːm⁵] 芒đảm[ʔdam³]

【橄榄】 泰สมอจีน[sa⁵ mɔː¹ tsiːn²];มะกอกดำ[ma⁴ kɔːk⁹ ʔdam²];มะกอกขาว[ma⁴ kɔːk⁹ khaːu¹] 老ໃບ[ʔbai¹];ສະຫມໍຈິນ[sa² mɔː¹ tsiːn¹] 岱-侬mac bảy[maːk⁷ ʔbəi¹];mac cườm[maːk⁷ kɯːm³] 越泰mák bay[maːk⁷ ʔbai¹];mák cườm[maːk⁷ kɯːm³] 越trám[tʂaːm⁵];quả trám[kwaː³ tʂaːm⁵];ôliu[ʔoː¹ liu¹];cà na[kaː² naː¹] 芒tlải tlẳm[tlaːi³ tlaːm³];tlải pui[tlaːi³ pui²]

【感到】 泰รู้สึก[ruː⁴ suk⁷];รู้สึกถึง[ruː⁴ suk⁷ thɯŋ¹] 老ຮູ້ສຶກ[huː⁴ suk⁷] 越cảm thấy[kaːm³ thɤi⁵];thấy

---

❶ 石家hxxŋ³；khoo2
❷ 石家ʔɔɔy³　阿含 oi C1　捍ʔɔi C1　泐ʔɔi C1
❸ 石家maak²-kiaŋ²
❹ 石家tap⁴

[thɤi⁵];cảm nhận được[ka:m³ŋɤn⁶ʔdɯ:k⁸] 芒 măng[maŋ²]

【感动】 泰 ซาบซึ้ง[sa:p¹⁰ sɯŋ⁴] 老 ຊາບຊື້ງ[sa:p¹⁰ sɯŋ⁴] 岱-侬 đat slẩy[ʔda:t⁷ɬəi³] 越泰 ồn chau[ʔon³ tsau¹] 越 cảm động[ka:m³ ʔdoŋ⁶] 芒 cám đổng[ka:m⁵ ʔdoŋ⁶]

【感觉~很冷❶】 泰 รู้สึก[ru:⁴ sɯk⁷] 老 ຮູ້ສຶກ[hu:⁴ sɯk⁷] 越 cảm giác[ka:m³za:k⁷];cảm thấy[ka:m³ thɤi⁵];thấy[thɤi⁵] 芒 cám dác[ka:m⁵ za:k⁷]

【感冒】 泰 เป็นหวัด[pen² wat⁷];หวัด[wat⁷];ไข้หวัด[khai³ wat⁷] 老 ຫວັດ[vat⁷];ໄຂ້ຫວັດ[khai³ vat⁷];ພະຍາດໄຂ້ຫວັດ[pha⁵ na:t¹⁰ khai³ vat⁷];ເປັນຫວັດ[pen¹¹ vat⁷] 岱-侬 mèn fat[men³ fa:t⁷];fat đảng[fa:t⁷ ʔda:ŋ³] 越泰 tỏng[tɔŋ³] 越 bị cảm[ʔbi⁶ka:m³];cảm lạnh[ka:m³ laɲ⁶];cảm mạo[ka:m³ ma:u⁶] 芒 phái cám[fa:i⁵ ka:m³]

【感情】 泰 อารมณ์[ʔa:² rom²];อาเวศ[ʔa:² we:t²] 老 ອາລົມ[ʔa:¹¹lom²] 岱-侬 slim slẩy[ɬim⁴ɬəi³];slim điệp[ɬim⁴ʔdi:p⁷] 越 cảm tình[ka:m³tiɲ³];tình cảm [tiɲ² ka:m³] 芒 tình cám[tiɲ² ka:m⁵]

【感染】 泰 ติด[tit⁷];ติดเชื้อ[tit⁷tshɯ:a⁴] 老 ຕິດ[tit⁷] 岱-侬 xâm [ɕəm¹];pet[pɛt⁷] 越泰 pét[pɛt⁷] 越 nhiễm[ɲi:m⁴];truyền cảm[tsɯi:n² ka:m³];cảm nhiễm[ka:m³ ɲi:m⁴];lây[lɤi¹]

【感谢❷】 泰 ขอบ[khɔ:p⁹];ขอบใจ[khɔ:p⁹ tsai⁹];ขอบคุณ[khɔ:p⁹ khun²];ขอขอบใจ[khɔ:¹ khɔ:p⁹ tsai²] 老 ຂອບໃຈ[khɔ:p⁹ tsai¹];ຂໍຂອບໃຈ[khɔ:¹ khɔ:p⁹ tsai¹];ຂອບອົກຂອບໃຈ[khɔ:p⁹ ʔok⁷khɔ:p⁹tsai¹] 岱-侬 pjom bái[pjɔm¹²ba:i⁵];tạ ơn[ta⁴ʔɤ:n¹] 越 cảm ơn[ka:m³ ʔɤ:n¹];cám ơn[ka:m⁵ ʔɤ:n¹];cảm tạ[ka:m³ ta⁶] 芒 dà ơn[za² ʔɤ:n¹];ăn hùa[ʔa:n³ huə²];chà ơn[tsa² ʔɤ:n¹]

【赶~马车】 泰 ขับ[khap⁷];ขับขี่[khap⁷ khi:⁵] 老 ຂັບ[khap⁵];ຂັບຂີ່[khap⁷ khi:⁵] 岱-侬 pây[pəi¹] 越 đánh[ʔdaɲ⁵]

【赶集】 泰 ไปตลาด[pai²ta²la:t⁹] 老 ລົງຕະຫຼາດ[loŋ² ta² la:t⁹];ຕົກຕະຫຼາດ[tok⁷ ta² la:t⁹];ໄປຕະຫຼາດ[pai¹' ta² la:t⁹] 越 đi chợ[ʔdi¹ tsɤ⁶];họp chợ[hɔp⁸ tsɤ⁶] 芒 ti chờ[ti¹ tsɤ⁴]

【赶紧】 泰 รีบ[ri:p¹⁰] 老 ຟັງ[faŋ⁵];ຟ້າວ[fa:u⁴];ຟັ່ງຟ້າວ[faŋ⁵ fa:u⁴];ຟ້າວຟັ່ງ[fa:u⁴ faŋ⁵];ເລັ່ງລັດ[leŋ⁵ lat⁸];ເຮັ່ງຮີບ[heŋ⁵ hi:p¹⁰];ເຮັ່ງຮ້ອນ[heŋ⁵ hɔ:n⁴] 越 vội[voi⁶];nhanh lên[ɲaɲ¹ len¹];mau lên[mau¹ len¹];gấp[ɣɤp⁷];gấprút[ɣɤp⁷zut⁷];ngay[ŋai¹];ngay lập tức[ŋai¹ lɤp⁷ tuk⁷];vội vàng[voi⁶ va:ŋ²];vội vã[voi⁶ va⁴];hấp tấp[hɤp⁷ tɤp⁷] 芒 mái muốt[ma:i⁵ mu:t⁷]

【赶快】 泰 รีบ[ri:p¹⁰] 老 ຂີ້ວ[khi:au³];ພະລັນເຮືອຮີບ[pha⁴lan²he:u²hi:p¹⁰];ຟັງ[faŋ⁵];ຟ້າວ[fa:u⁴];ຟັ່ງຟ້າວ[faŋ⁵fa:u⁴];ລະເລັ່ງ[la⁵leŋ⁵];ໄວ[vai²vai²];ແອມ[vɛ:n²];ເຮືອຮີບ[he:u² hi:p¹⁰];ລະເລັ່ງ[la⁵ leŋ⁵] 越 nhanh lên[ɲaɲ¹ len¹];mau lên[mau¹ len¹]

【搟】 泰 นวด[nu:at¹⁰] 老 ນວດ[nu:at¹⁰] 越 cán[ka:n⁵] 芒 cản[ka:n³]

【干部】 泰 ผู้ปฏิบัติงาน[phu:³ pa⁵ ti⁵ ʔbat⁷ ŋa:n²];ข้าราชการ[kha:³ ra:t¹⁰ ka:n²] 老 ພະນັກງານ[pha⁵ nak⁸ ŋa:n²] 岱-侬 cán bộ[ka:n⁵ ʔbo⁴] 越泰 cán bộ[ka:n⁵ ʔbo⁴] 越 cán bộ[ka:n⁵ ʔbo⁴]

【干活儿❸】 泰 กระทำ[kra⁵ tham²];ทำงาน[tham² ŋa:n²] 老 ທຳງານ[tham² ŋa:n²];ເຮັດວຽກ[het⁸ vi:ak¹⁰];ເຮັດງານ[het⁸ ŋa:n²];ເຮັດວຽກທຳງານ[het⁸ vi:ak² tham² ŋa:n²] 岱-侬 hêt công[het⁷ koŋ¹];hêt việk [het⁷ vi:k⁸] 越泰 dệt công[jet⁸ koŋ¹];dệt việk[jet⁸ vi:k⁸];pay việk[pai¹ vi:k⁸] 越 làm việc[la:m² vi:k⁸];

---

❶ 阿含 tā
❷ 石家 khɔɔp²-ci⁵
❸ 石家 het²- viak⁵

làm công[la:m² koŋ¹] 芒là công[la² koŋ¹];pua wiêc[puə¹ wi:k⁸];là wiêc[la² wi:k⁸]

【干流】 泰สายน้ำหลัก[sa:i¹ nam⁴ lak⁷] 岱-侬tà cải [ta³ ka:i³];tà luông[ta³ lu:ŋ¹] 越泰tà luông[ta⁶ lu:ŋ¹] 越dòng chính[zɔŋ² tsiŋ⁵]

【刚~走❶】 泰เพิ่ง[phə:ŋ³];พึ่ง[phuŋ³] 老ຫາກໍ່[ha:¹ kɔ:⁵];ຫາຈະ[ha:¹ tsa:²];ບໍ່ຍອ່າ[ʔbɔ:i⁵ va:⁵];ພໍ່ [phɔ:²];ພໍ່ວ່າ[phɔ:²va:⁵];ເຍີ່ງວ່າ[phəŋ²va:⁵] 岱-侬ngám [ŋa:m⁵] 越泰mừa ki[muə³ ki³] 越mới[mɤ:i⁵]

【刚才】 泰เมื่อกี้นี้[muɯa³ ki:³ ni:⁴];เมื่อกี้[muɯa³ ki:³]; ตะกี้[ta⁵ki:⁴] 老ມີ້[muɯ:⁴ki:⁴];ມີ້ກີ້[muɯ:⁴ki:⁴ni:⁴]; ເມື່ອກີ້[muɯa⁵ ki:⁴];ເມື່ອກີ້ງ[muɯa⁵ ki:⁴];ເມື່ອແຕ່ກີ້ [muɯa⁴ te:⁵ ki:⁴];ຫວ່າງກີ້[va:ŋ⁵ ki:⁴];ຫວ່າງກີ້ກີ້[va:ŋ⁵ ki:⁴ ni:⁴] 岱-侬mừa mắn[muɯa³ man³];pừa dặm [puɯa³jam⁴];mắn[man³];ngám nầy[ŋa:m⁵nəi³] 越泰chọm lẹo[tsɔm⁴lɛu⁴];té ki[tɛ⁵ki³] 越ban nãy[ʔba:n¹nai⁴];mới đây[mɤ:i⁵ʔdɤi⁴];lúc nẫy [luk⁷nɤi⁴];lúc nãy[luk⁷nai⁴] 芒mới khây nãy[mɤ:i³khɤi¹nai⁴];khây nãy[khɤi¹nai¹]; nãy[nai⁴]

【钢❷】 泰เหล็กกล้า[lek⁷ kla:³] 老ເຫຼັກກ້າ[lek⁷ka:⁴] 岱-侬tiêu[ti:u²] 越thép[thɛp⁷] 芒thép[thɛp⁷]

【钢笔】 泰ปากกา[pa:k⁹ ka:²] 老ປາກກາ[pa:k⁹ ka:¹] 岱-侬but máy[ʔbut⁷ mai⁵] 越泰bút máy [ʔbut⁷ mai⁵] 越bút máy[ʔbut⁷ mai⁵]

【钢筋】 泰เหล็กเส้นเสริม[lek⁷ sen:³ sə:m¹] 老ໂຄງເຫຼັກ [khɔ:ŋ²lek⁷];ເຫຼັກເສັ້ນ[lek⁷san³];ເຫຼັກເສີມ[lek⁷sə:m¹] 岱-侬đuc lếch[ʔduk⁷ lek⁷] 越cốt thép[kot⁷ thɛp⁷]; cốt sắt[kot⁷ şat⁷] 芒cốt khách[kot⁷ khat⁷]

【钢盔】 泰หมวกเหล็ก[mu:ak⁹lek⁷];หมวกนิรภัย [mu:ak⁹ nin² phai²];หมวกโลหะ[mu:ak⁹ lo:² ha⁵] 老ຫມວກເຫຼັກ[mu:ak⁹lek⁷] 越mũ sắt[mu⁴şat⁷] 芒mũ khách[mu⁴ khat⁷]

【钢钎】 泰เหล็กเจาะ[lek⁷ tsɔ⁵];หัวเจาะ[hu:a¹ tsɔ⁵] 老ເຫຼັກເທາະ[lek⁷the:ŋ⁵];ເຫຼັກສະແລງ[lek⁷sa²lɛ:ŋ²] 岱-侬ba minh[ʔba¹ miŋ¹] 越choòng[tsɔ:ŋ²]

【缸❸】 泰กระป๋อง[kra⁵ pɔ:ŋ¹];กระปุก[kra⁵ puk⁷];ตุ่ม [tum⁵] 老ແອ່ງ[ʔɛ:ŋ⁵];ໄຫ[hai⁵];ອ່າງ[ʔɔ:ŋ¹¹];ກະ ຖາງ[ka² tha:ŋ¹] 岱-侬coong[kɔ:ŋ¹] 越vại[va:i⁴]; cái vại[ka:i⁵ va:i⁶] 芒pãi[pa:i⁴]

【肛门❹】 泰ทวารหนัก[thwa:n² nak⁷];ตวดก้น[tu:at⁹ kon³] 老ຮູຄົນ[hu:² kon⁴];ກົ້ນຂີ້[kon¹khi:³];ຮູຂີ້[hu:² khi:³];ດາກ[ʔda:k⁹];ຕູດ[tu:t⁹];ທະວານໜັກ[tha²va:n² nak⁷];ທວານ[thwa:n²];ທວານໜັກ[thwa:n² nak⁷];ຮູ ທວານ[hu:² thwa:n²];ດາກ[ʔda:k⁹] 岱-侬rù khi[ɹu² khi³] 越hậu môn[hɤu⁶ mon¹];lỗ đít[lo⁴ ʔdit⁷] 芒khong[khɔŋ¹];lỗ khong[lo⁴ khɔŋ¹]

【港】 泰ท่าเรือ[tha:³ rɯ:a²] 老ທ່າເຮືອ[tha:⁵ hɯ:ɛ²]; ທ່າ[tha:⁵] 越càng[ka:ŋ³];bến tàu[ʔben⁵tau²] 芒cáng[ka:ŋ⁵]

【港口】 泰ท่าเรือ[tha:³ rɯ:a²] 老ທ່າກຳປັ່ນ[tha:⁵ kam¹ pan⁵];ທ່າເຮືອ[tha:⁵hɯ:a²] 岱-侬slooc pè [ɬɔ:k⁹pɛ²];tu pé[tu¹pɛ⁵] 越bến càng[ʔben⁵ka:ŋ³]; cửa càng[kuɯa³ ka:ŋ³]

【杠杆】 泰คานงัด[kha:n² ŋat⁸] 老ໄມ້ງັດ[mai⁴ŋat⁸]; ເຫຼັກສະແລງ[lek⁷ sa²lɛ:ŋ²] 越đòn bẩy[ʔdɔn² ʔbɤi³] 芒tòn pấy[tɔn² pɤi⁵]

【杠子】 泰ไม้คาน[mai⁴ kha:n²];กระบอง[kra⁵ ʔbɔ:ŋ²] 老ກະບອງ[ka² ʔbɔ:ŋ²] 岱-侬pàng[pa:ŋ³] 越泰căn [ka:n²] 越cái đòn[ka:i⁵ ʔdɔn²];cái gậy[ka:i⁵ ɣɤi⁶]

【高❺】 泰สูง[su:ŋ¹] 老ສູງ[su:ŋ¹];ຫວງ[hɔ:ŋ¹] 岱-侬slung[ɬuŋ¹] 越泰xung[suŋ¹] 普qhang³

---

❶ 石家 ŋɔɔn²-ŋɔɔn³
❷ 掸 khaŋ A1  勐 xaŋ A1
❸ 石家 hay²
❹ 阿含 kū-lun C1  掸 kon C1  勐 kun C1
❺ 石家 saaŋ²  阿含 shung A1  掸 shuŋ A1  勐 suŋ A1  拉哈 kwang²  拉基 kang¹ka¹

[qhaːŋ³];qhAng³[qhɒŋ³] 越cao[kaːu¹] 芒dǎl[zal⁴]

【高个子】 泰คนสูง[khon² suːŋ¹] 老ถึนสูงโยย[khon² suːŋ¹ joːŋ¹] 越người cao[ŋɯːi² kaːu¹]

【高跟鞋】 泰รองเท้าส้นสูง[rɔːŋ² thau⁴ son³ suːŋ¹] 老เกีบติ่นย่อง[kəːp⁹ tiːn¹' joːŋ⁵];เกีบติ่นย้อง[kəːp⁹ tiːn¹'joŋ⁵];เกีบติ่นสูง[kəːp⁹tiːn¹'suːŋ¹];เกีบย่อง[kəːp⁹joːŋ⁵];เกีบแย่ง[kəːp⁹jeːŋ⁵];ส้นสูง[son⁵suːŋ¹] 越泰hāi xồn xung[haːi² son³ suŋ¹] 越giày cao gót[zai² kaːu¹ ɣɔt⁷]

【高价】 泰ราคาสูง[raː² khaː² suːŋ¹] 老ลาคาแพง[laː² khaː² pheːŋ¹] 越giá cao[zaː⁵ kaːu¹];đắt[ʔdat⁵]

【高脚屋】 泰เรือนพื้น[hɯːan² phɯːn⁴] 老เฮือนพี้น[hɯːan² phɯːn⁴] 岱-侬ruờn lạn[rɯːn² laːn⁴];ruờn chạn[rɯːn² tɕaːn⁴] 越泰hạn[haːn⁴];huờn hạn[hɯːn² haːn⁴] 普ting³[tiŋ⁵];nhing¹ Nhwak⁵[ɲiŋ¹ ŋwaːk⁵] 越nhà sàn[ɲaː² ʂaːn²] 芒nhà khainh[ɲaː² khaːin²]

【高丽参】 泰โสมเกาหลี[soːm¹'kau²liː¹] 老โสมเกาหลี[soːm¹ kau¹' liː¹] 越sâm Cao ly[ʂɤm¹ kaːu¹ liː¹]

【高粱】 泰เกาเหลียง[kau²liːaŋ¹];สมุทร โคคม[saː⁵mut⁷ khoː²khom²] 老เข้าข้อง[khau³ khɔːŋ³];เข้าขอ้ง[khau³ khwaːŋ³] 岱-侬mẹc mạ[mɛk⁸ maː⁴] 越cao lương[kaːu¹ lɯːŋ¹]

【高粱酒】 泰เหล้าเกาเหลียง[lau³kau²liːaŋ¹] 老เข้าเก้ล่อง[lau³kau⁴liːaŋ²] 越rượu cao lương[zɯːu⁶kaːu¹lɯːŋ¹]

【高良姜】 越riềng[zjːŋ²];củ riềng[ku³ zjːŋ²] 芒khiềng[khiːŋ²]

【高岭土】 泰ดินนวล[ʔdin² nuːan²];เกา ลิน[kau² lin²];ดินขาวสำหรับทำถ้วยชาม[ʔdin² khaːu¹ sam¹ rap⁷ tham² thuːai² tʂhaːm²] 老ถินดาง[ʔdin¹' ʔdaːk⁹] 岱-侬tôm ấc ma[tom¹ ʔək⁷ maː¹] 越đất sét trắng[ʔdɤt⁷ ʂɛt¹⁰ tʂaŋ⁵];đất cao lanh[ʔdɤt⁷ kaːu¹ laŋ⁵];cao lanh

[kaːu¹ laŋ¹]

【高跷】 泰ไม้สูง[mai⁴ suːŋ¹];การเดินต่อขา[kaːn² ʔdəːn² tɔː⁵ khaː¹] 老โถกเถก[thoːk⁹ theːk⁹];ไม้ตี้ขาย่าง[mai⁴ tɔː⁵ khaː¹' naːŋ⁵];ไม้โย่งเย่ก[mai⁴ joːk⁹ jeːk⁹];ไม้โย่งเย่ง[mai⁴ joːŋ⁵ jeːŋ⁵];ขาโถกเถก[khaː¹ thoːk⁹ theːk⁹] 越cà kheo[kaː²xɛu¹] 芒chò kheo[tʂɔ⁵ kheːu¹]

【高兴❶】 泰ดีใจ[ʔdiː² tsai²] 老ซึม[sɯːn⁵];ซึม[som²];ซึมซึม[som² sɯːn⁵];ซึมซึมยินดี[som² sɯːn⁵ ɲin² ʔdiː¹'];ยินดีซึมซึม[ɲin² ʔdiː¹' som² sɯːn⁵];ยินดี[ɲin² ʔdiː¹'];ดีใจ[ʔdiː¹' tsai²];ดุดสะดี[ʔdut⁷ saː² ʔdiː¹'];บันเทิง[ʔban¹' thəːŋ²];ปาบปี้ม[paːp⁹ pɯm⁴];พะเชิบ[phaː² ʔəːp⁹];พิลัม[phiː⁵ lom²];กะหยิ่ม[kaː² ɲim⁵] 岱-侬dungdang[juŋ¹jaː¹'];sloarực[ɬwa¹rɯk⁸];sloac rừng[ɬwaːk⁷ rɯŋ³] 越泰muồn[muːn²];xướng[sɯːŋ⁵];xúc xáng[suk⁷ saːŋ⁵];đả[ʔdaː³] 普bâng⁴[bɤŋ⁴];bâng⁴ boj⁵[bɤŋ⁴bɤːi³] 越sướng[ʂɯːŋ⁵];vui[vui¹];vui thích[vui¹thit⁷];vui mừng[vui¹mɯŋ²] 芒khướng[khɯːŋ³];mòng[mɤːŋ²];pui[pui¹];pui thích[pui¹ thit⁷];chơl mòng[tʂɤːl¹ mɤːŋ²];chơl[tʂɤːl¹]

【高血压】 泰โรคความดันโลหิตสูง[roːk¹⁰ khwaːm² ʔdan²loː²hit⁷suːŋ¹];ความดันโลหิตสูง[khwaːm² ʔdan² loː² hit⁷ suːŋ¹];ความดันสูง[khwaːm² ʔdan² suːŋ¹] 老พะยาดเลือดดันสูง[phaː⁵ɲaːt¹⁰ lɯːat¹⁰ ʔdan¹' suːŋ¹];โลกเลือดดันสูง[loːk¹⁰ lɯːat¹⁰ ʔdan¹' suːŋ¹];เลือดดันสูง[lɯːat¹⁰ ʔdan¹' suːŋ¹];โลหิดสูง[loː² hit⁷ suːŋ¹];แรงดันเลือดสูง[hɛːŋ² ʔdan¹' lɯːat¹⁰ suːŋ¹] 越bệnh huyết áp cao[ʔben⁶ hwiːt⁷ ʔaːp⁷ kaːu¹];huyết áp cao[hwiːt⁷ ʔaːp⁷ kaːu¹];cao huyết áp[kaːu¹ hwiːt⁷ ʔaːp⁷];tăng huyết áp[taŋ¹ hwiːt⁷ ʔaːp⁷]

【高压锅】 泰หม้ออัดแรงดัน[mɔː³ ʔat⁷ rɛːŋ² ʔdan²];หม้อความดัน[mɔː³ khwaːm² ʔdan²];หม้อตุ๋นไอน้ำ[mɔː³ tun¹ ʔai² nam⁴];หม้อตุ๋น[mɔː³ tun¹] 老เถื่องอับ[khɯːaŋ⁵ ʔop⁷] 越nồi áp suất[noi² ʔaːp⁷ ʂɯɤt⁷]

---

❶石家dii⁶-cii¹; cii1 阿含un

【高原】泰ที่ราบสูง[thi:³ ra:p¹⁰ su:ŋ¹] 老ທີ່ງສູງ[thoŋ⁵ su:ŋ¹];ພູພຽງ[phu:² phi:aŋ²] 越cao nguyên[ka:u¹ ŋwi:n¹] 芒cao nguyên[ka:u¹ ŋwi:n¹]

【高中】泰มัธยมศึกษาตอนปลาย[mat⁸ tha⁴ jom² suk⁷ sa:¹tɔ:n²pla:i¹] 老ໂຮງຮຽນຊຸດິມ[ho:ŋ²hi:an²ʔu⁵ ʔdom¹];ມັດທະຍົມ ພາກປາຍ[mat⁸ tha² ɲom² pha:k¹⁰ pa:i¹] 越trường trung học phổ thông[tʂɯ:ŋ² tʂuŋ⁶ hɔk⁸ fo³ thoŋ¹];trường cấp 3[tʂɯ:ŋ² kɤp⁷ ʔba¹]

【膏药】泰พลาสเตอร์ปิดแผล[phla:² sa⁵ tɤ:¹ pit⁷ phlɛ:¹] 老ຢາກາວ[ja:¹ka:u¹];ຢາຂີ້ເຜິ້ງ[ja:¹khi:³phɤŋ³];ຢານວດ [ja:¹nu:at¹⁰] 越thuốc cao[thu:k⁷ ka:u¹];cao dán [ka:u¹ za:n⁵] 芒thuốc cao[thu:k⁷ ka:u¹];thuốc đán [thu:k⁷ ʔda:n¹]

【羔羊】泰ลูกแกะ[lu:k¹⁰kɛ:⁵];ลูกแพะ[lu:k¹⁰phe⁴] 老ແກະນ້ອຍ[kɛ⁵nɔ:i⁴];ລູກແກະ[lu:k¹⁰kɛ:⁴];ແບ້ນ້ອຍ [ʔbɛ:⁴nɔ:i⁴] 普ljak⁵sok⁵[lja:k⁵sɔk⁵] 越dê con[ze¹ kɔn¹];cừu con[kɯu² kɔn¹]

【糕点❶】泰ขนม[kha⁵nom¹] 老ເຂົ້າໜົມ[khau³ nom¹];ຂະໜົມ[kha²nom¹] 越bánh ngọt[ʔban⁵ŋɔt⁸] 芒pênh ngoch[pɛn³ ŋɔt⁸]

【睾丸】泰หำ[ham¹];ไข่หำ[khai⁵ ham¹];ไข่[khai¹]; ไข่คน[khai⁵ khon²];กะหำ[ka⁵ham¹];ลูกอัณฑะ[lu:k¹⁰ ʔan² tha⁴];อัณฑะ[ʔan² tha⁴];ลูกกระปอก[lu:k¹⁰ kra⁵ pɔ:k⁹];ฝักแค[fak⁷ khɛ:¹] 老ຫຳ[ham¹];ໄຂ່ຫຳ[khai⁵ ham¹];ໝາກຫຳ[ma:k⁹ham¹];ກະໂປກ[ka²po:k⁹]; ໝາກໄຂ່ຫຳ[ma:k⁹khai⁵ham¹];ແກ່ນຫຳ[kɛ:n⁵ ham¹] 岱-侬mac hăm[ma:k⁷ ham¹];hăm[ham¹] 越泰kén hăm[kɛn⁵ ham¹];hăm[ham¹] 越hòn dái [hɔn² za:i⁵];tinh hoàn[tiŋ¹ hwa:n²];dịch hoàn[zit⁸ hwa:n²] 芒tỏng tảl[tlɤ:ŋ² ta:l³];hôt tảl[hot⁸ ta:l³]

【告 被人~了】泰กล่าวโทษ[kla:u⁵ thot¹⁰] 老ຂ້າວໆ

【告别】泰ลา[la:²] 老ລາ[la:²];ກ່າວຄຳອຳລາ[ka:u¹⁵ kham² ʔam¹la:²];ອຳລາ[ʔam¹la:²];ອຳລາຈາກ [ʔam¹ la:² ni:¹ tsa:k⁹];ເລີກລາ[lɤ:k¹⁰ la:²];ຂໍ່ລາ[khɔ:¹ la:²] 越từ biệt[tɯ:²ʔbi:t⁸];cáo biệt[ka:u⁵ʔbi:t⁸]; chào tạm biệt[tsa:u² ta:m⁶ ʔbi:t⁸]

【告诉❷】泰บอก[ʔbɔ:k⁹] 老ບອກ[ʔbɔ:k⁹];ແຈ້ງ [tsɛ:ŋ⁴];ແນະ[nɛ⁵];ເລົ່າບອກ[lau⁵ ʔbɔ:k⁹];ເລົ່າ[lau⁵]; ບົມບອກ[ʔbon² ʔbɔ:k⁹];ມາດ[ma:t¹⁰];ບອກໃຫ້ຮູ້[ʔbɔ:k⁹ hai³hu:⁴] 岱-侬cạ[ka⁴];lần[lən³] 越泰làu[lau⁶] 普kang³[ka:ŋ³] 越bảo[ʔba:u³] 芒páo[pa:u⁵]

【告状】泰กล่าวโทษ[kla:u⁵thot¹⁰];กล่าวหา[kla:u⁵ ha:¹];ฟ้อง[fɔ:ŋ⁴];ฟ้องร้อง[fɔ:ŋ⁴ rɔ:ŋ⁴] 老ຟ້ອງ[fɔ:ŋ⁴]; ຮ້ອງຟ້ອງ[hɔ:ŋ⁴ fɔ:ŋ⁴] 岱-侬kiện[ki:n⁴];tò kiện[ɔ:² ki:n⁶] 越泰kiện cáo[ki:n⁶ ka:u⁵] 越kiện[ki:n⁶] tố cáo[to⁵ ka:u⁵] 芒cáo tlăng[ka:u³ tla:ŋ⁴]

【割❸】泰เกี่ยว[ki:au⁵] 老ກ່ຽວ[ki:au⁵] 岱-侬 kè[kɛ³];the[the¹];phát[pha:t⁷];rặt[rat⁸] 越泰 xín[sin⁵];kiếu[ki:u⁵];pát[pa:t⁷] 越cắt[kat⁷];gặt [ɣat⁸];cứa[kɯə⁵];hái[ha:i⁵];gặt hái[ɣat⁸ ha:i⁵] 芒 lach[la:t⁸];khâl khưa[khɤ:l¹ khɯə¹];hái[ha:i⁵]

【疙瘩 身上长~】泰ต่อม[tɔ:m⁵];ตุ่ม[tum⁵];ปม [pom²];ตะปุ่ม[ta⁵pum⁵] 老ອ່ມ[tɔ:m⁵];ຫູດ[hu:t⁹ˑ];ຂີ້ ຫູດ[khi:³ hu:t⁹];ຕຸ່ມ[tum⁵] 岱-侬nần[nən³] 越泰cùm [kum⁶] 越mần[mɤn³];mần ngứa[mɤn³ ŋɯə⁵];bươu [ʔbɯ:u¹] 芒kháng[khɤŋ¹]

【疙瘩 树~】泰ตา[ta:²] 老ຕາ[ta:¹] 越泰ta[ta⁴] 越đầu mấu[ʔdɤu² mɤu⁵];đốt[ʔdot⁷]

【哥哥❹】泰พี่[phi:³];พี่ชาย[phi:³tsha:i²] 老ອ້າຍ [ʔa:i⁴];ພີ່[phi:⁵];ພີ່ຊາຍ[phi:⁵sa:i²] 岱-侬pi[pi³ˑ];pi chài[pi³tɕa:i²] 越泰pì[pi⁶];pì chài[pi⁶tsa:i²ˑ];ài

---

❶ 石家 kha?²-nom¹
❷ 石家 low⁵　阿含 bâk D1L
❸ 阿含 khā；kāt D1L
❹ 阿含 pî；pî kai　拉哈 tɤw²

pì[ʔaːi³ pi⁶] 普 taw¹[taːu¹] 越 anh[ʔan¹];anh trai[ʔan¹ tsaːi¹] 芒 tửa enh[tɯə³ ʔɛn¹];enh[ʔɛn¹]

【歌】 泰 เพลง[phleːŋ²];คำ[kham²] 老 ເພງ[pheːŋ²];ເພັງ[pheŋ²];ບົດເພງ[ʔbot⁷pheːŋ²] 岱-侬 bài co[ʔbaːi² kɔ¹];bài sli[ʔbaːi² ɬi¹];bài lượn[ʔbaːi² lɯːn⁴] 越 bài hát[ʔbaːi² haːt⁷];bài ca[ʔbaːi² kaː¹];ca[kaː¹] 芒 bài hát[ʔbaːi² haːt⁷]

【歌手】 泰 นักร้อง[nak⁸ rɔːŋ⁴] 老 ມັກຂັບຮ້ອງ[nak⁸ khap⁷hɔːŋ⁴];ມັກຮ້ອງ[nak⁸ hɔːŋ⁴];ຜູ້ລຳ[mɔː¹ lam²] 越 ca sĩ[kaː¹ ʂi⁴];danh ca[zaŋ¹ kaː¹];người hát hay[ŋɯːi² haːt⁷ hai¹]

【鸽子】 泰 นกพิราบ[nok⁸ phi⁴ raːp¹⁰] 老 ນາງແກ[kaːŋ¹¹kɛː¹];ນົກນາງແກ[nok⁸kaːŋ¹kɛː¹];ນົກແກ່ວແກ[nok⁸kɛːn⁵kɛː¹];ນົກສັມຕີພາບ[nok⁸ san¹ ti² phaːp¹⁰];ພິລາບ[phi⁵ laːp¹⁰] 岱-侬 nộc cu rườn[nok⁵ kuː¹ rɯːn²];nộc cu[nok⁵ kuː¹];nộc pài hac[nok⁵ paːi² haːk⁷] 越泰 coke[kɔː¹ kɛː¹] 普 nuk²lâw²[nuk²lʏu³] 越 bồ câu[ʔbo²kʏu¹];chim bồ câu[tsim¹ʔbo²kʏu¹] 芒 cù nhà[kuː² ɲaː²]

【搁】~在桌子上❶ 泰 วาง[waːŋ²];ไว้[wai⁴] 老 ວາງ[vaːŋ²];ປະ[paː²] 岱-侬 tặt[tat⁸] 越泰 vẹt[vɛt⁸] 普 tân⁴[tʏn⁴] 越 để[ʔde³];đặt[ʔdat⁸];kê[ke¹];gác[ɣaːk⁷] 芒 các[kaːk⁷];tach[tat⁸]

【搁浅】 泰 เกยตื้น[kəːi²tɯːn⁴] 老 ຄ້າງຄາ[khaːŋ⁴ khaː²];ຕິດໂຄກ[tit⁷khoːk¹⁰];ຄາຫາດ[khaː²haːt⁷] 越 mắc cạn[mak⁷ kaːn⁶]

【胳膊】❷ 泰 แขน[khɛːn¹];ลำแขน[lam² khɛːn¹] 老 ແຂນ[khɛːn¹] 岱-侬 khen[khɛn¹] 越泰 khen[khɛn¹] 越 cánh tay[kaɲ⁵ tai¹] 芒 kềnh thay[kɛɲ³ thai¹]

【隔】~开 泰 กั้น[kan³] 老 ກັ້ນ[kan⁴] 越 ngăn[ŋan¹];chặn[tsan⁶] 芒 ngăn[ŋan¹]

【隔壁】 泰 ข้างบ้าน[khaːŋ³ ʔbaːn³] 老 ຫ້ອງທາງຂ້າງ[hɔːŋ³ thaːŋ² khaːŋ³] 越 bên cạnh[ʔben¹ kaŋ⁶];láng giềng[laːŋ⁵ ziːŋ²];hàng xóm[haːŋ² sɔm⁵]

【隔离】 泰 แยกออกจากกัน[jɛːk¹⁰ ʔɔːk⁹ tsaːk⁹ kan²] 老 ແຍກ[ɲɛːk¹⁰];ເອົາຢູ່ຕ່າງຫາກ[ʔau¹ juː⁵ taːŋ⁵ haːk⁹] 越 cách ly[kat⁷li¹];tách rời[tat⁷zʏːi²];để riêng ra[ʔde² ziːŋ¹ zaː¹];phân biệt[fʏn¹ ʔbiːt⁸]

【阁楼】 泰 ชั้นลอย[tshan⁴ lɔːi²];หอยก[hɔː¹ jok⁸] 岱-侬 cac eng[kaːk⁷ʔɛŋ¹] 越 gác xép dưới mái nhà[ɣaːk⁷ sɛp⁷ zɯːi⁵ maːi⁵ ɲaː²]

【蛤蚧】 泰 ตุ๊กแก[tuk⁴ kɛː²];กับไก่[kap⁷ kai⁵] 老 ກັບແກ້[kap⁷ kɛː⁴];ກັບໄກ່[kap⁷ koː⁴] 岱-侬 cắc kè[kak⁷ kɛː²];ắc è[ʔak⁷ ʔɛ²] 越 tắc kè[tak⁷ kɛː²];các kè[kak⁷ kɛː²] 芒 cát kể[kʏt⁷ ke⁴]

【蛤蜊】 泰 หอยกาบ[hɔːi¹ kaːp⁹];หอยตลับ[hɔːi¹ ta⁵ lap⁷] 老 ຫອຍກ້ວງ[hɔːi¹kuəŋ⁴];ກາບປລັບ[kaːp⁹kuəŋ¹];ຫອຍກາບກ້ວງ[hɔːi¹kaːp⁹kuəŋ⁴];ກ້ວງ[kuəŋ⁴] 岱-侬 cap chăt[kaːp⁷teat⁷];cap pạng[kaː p⁷pa:ŋ⁴];cap pạng pé[kaː p⁷pa:ŋ⁴ pɛ⁵];cap quai pé[kaː p⁷kwaːi⁴ pɛ⁵] 越 sò[ʂɔ²];con sò[kɔn¹ ʂɔ²] 芒 xò[sɔ²]

【葛薯】凉薯 泰 มันแกว[man²kɛːu²] 老 ມັນເພິງ[man²phau²];ມັນສະເພິງ[man² sa²phau²];ເພິງ[phau²] 岱-侬 mằn cat[man² kaːt⁷] 越 củ đậu[kuː³ ʔdʏu⁶]

【个】~人 泰 ผู้[phuː³];คน[khon²] 老 ຄົນ[khon²];ຜູ້[phuː³] 岱-侬 tua[tuə¹] 越泰 phủ[phu³] 普 pa⁴[paː⁴];pa⁵[paː⁵];law⁵[laːu⁵] 越 con[kɔn¹]

【个】~梨❸ 泰 ลูก[luːk¹⁰] 老 ອັນ[ʔan¹];ໜ່ວຍ[nuːai⁵] 岱-侬 ăn[ʔan¹] 越泰 ăn[ʔan¹] 越 quả[kwaː³]

【个】~鸡蛋 泰 ฟอง[fɔːŋ²] 老 ໜ່ວຍ[nuːai⁵] 越 quả[kwaː³]

【个】~碗 泰 ใบ[ʔbai²] 老 ໃບ[ʔbai¹] 越

---

❶ 阿含 tāng　拉哈 pông¹
❷ 石家 keen¹；geen¹　掸 khɛn A1　泐 xɛn A1
❸ 石家 ʔan¹　掸 ʔăn A1　泐 ʔăn A1

cái[ka:i⁵]

【个 —~菜】泰 อย่าง[ja:ŋ⁵] 老 ย่าง[ja:ŋ⁵] 越 món[mɔn⁵]

【个 —~足球】泰 ลูก[lu:k¹⁰] 老 ลูก[lu:k¹⁰] 越 quả[kwa³]

【个 —~字】泰 ตัว[tu:a²] 老 ตัว[tu:a¹'] 越 con[kɔn¹]

【个人】泰 บุคคน[ʔbuk⁷khon²];อัตตบุคคน[ʔat⁷ta⁵ ʔbuk⁷khon²];ปฎิบุคลิก[pa⁵ti⁵ ʔbuk⁷kha⁴lik⁵];เอกชน[ʔe:k⁹tshon²];อัตตา[ʔat⁷ta:²] 老 เอกะฉิบ[ʔe:¹' ka²son²];ฮัดตา[ʔat⁷ta:¹'];ฮัดตะบุคลิบ[ʔat⁷ta² ʔbuk⁷ khon²] 岱-侬 đang hây[ʔda:ŋ¹ həi¹] 越泰 diêng[ji:ŋ¹] 越 cá nhân[ka⁵ ɲɤn¹]

【各❶】泰 ต่าง[ta:ŋ⁵] 老 ต่าง[ta:ŋ⁵];ละ[la⁵];สู่[su:⁵];สิบ[sop⁷];แต่ละ[tɛ:⁵la⁵];บางา[na:²na:²] 岱-侬 bại[ʔba:i⁴] 越 các[ka:k⁷] 芒 các[ka:k⁷]

【给~钱❷】泰 ให้[hai³] 老 ใช้[hai³];แจ้[kɛ:⁵] 岱-侬 hầu[həɯ³] 越泰 hầu[haɯ³] 普 qǎj¹[qai¹];ci³[tsi³] 越 cho[tso¹];đưa cho[ʔduɯə¹'tso¹];giao cho[ʐa:u¹];trao cho[tʂa:u¹ tso¹]

【跟孩子~着娘❸】泰 ตาม[ta:m²];ติดตาม[tit⁷ta:m²] 老 โดย[ʔdo:i¹'];เตียตาม[tə:i¹' ta:m¹'];ตาม[ta:m¹'];ตอย[tu:ai¹];บำ[nam²] 岱-侬 nèm[nɛm²] 越 theo[thɛu¹];đi theo[ʔdi¹ thɛu¹'];theo đuôi[thɛu¹ ʔdu:i¹'] 芒 theo[thɛu¹];theo tuôi[thɛu¹ tu:i¹'];tóch[tɔt⁴]

【根 —~扁担】泰 คัน[khan²] 老 ลำ[lam²];เส้น[sen³] 岱-侬 tèo[tɛu²];lằm[lam²] 越 cái[ka:i⁵]

【根 —~绳子】泰 สาย[sa:i¹];เส้น[sen³] 老 เส้น[sen³];สาย[sa:i¹] 岱-侬 tèo[tɛu²];slần[ɬən³] 越 sợi[ʂɤ:i⁶]

【根 —~柴火】泰 ดุ้น[ʔdun³] 老 ดุ้น[ʔdun⁴];ดุ้น[ʔdon⁴] 岱-侬 cái[ka:i⁵];tèo[tɛu²] 越 khúc[xuk⁵]

【根 —~筷子】泰 อัน[ʔan²] 老 ลื้อ[liu²];ดิ๋ว[ʔdiu⁴];ดิ๋ว[ʔdi:u⁴] 岱-侬 kha[kha¹] 越 chiếc[tsi:k⁷]

【根 —~蜡烛】泰 เล่ม[le:m³] 老 เหลม[lem³] 越 cây[kɤi¹] 芒 câl[kɤl¹]

【根 —~火柴】泰 ก้าน[ka:n³] 老 ดิ๋ว[ʔdiu⁴];ลูก[lɯ:k¹⁰] 越 que[kwɛ¹] 芒 tlòl[tlɔl²]

【根 —~甘蔗】泰 ลำ[lam²] 老 ลำ[lam²] 越 cây[kɤi¹] 芒 câl[kɤl¹]

【根 —~针❹】泰 เล่ม[le:m³] 老 ดวง[ʔdu:aŋ¹'];เหลม[lem³] 越 cây[kɤi¹];chiếc[tsi:k⁷];cái[ka:i⁵] 芒 câl[kɤl¹];chiếc[tsi:k⁷];cài[ka:i³]

【根 —~头发】泰 เส้น[san³] 老 สั้น[san³] 越 sợi[ʂɤ:i⁶] 芒 khưởi[khɯɯ:i⁴]

【根本~不信】泰 พื้นฐาน[phɯ:n⁴ tha:n¹] 老 พื้นฐาน[phɯ:n⁴ tha:n¹] 越 căn bản[kan¹ ʔba:n³];hoàn toàn[hwa:n² twa:n²];triệt để[tʂi:t⁸ ʔde³]

【根部树的~❺】泰 กก[kok⁷];กันต้นไม้[to:n³ ton³ mai⁴] 老 ก๊ก[kok⁷];ฮาก[ha:k¹⁰];มูละ[mu:²la⁵];มูน[mu:n²];เหงิ๊ง[ŋau³] 岱-侬 côc[kok⁷] 越泰 cốc[kok⁷] 普 tô⁴[to⁴];tô⁵[to⁵] 越 gốc[yok⁷] 芒 cốc[kok⁷];cầm[kɤm⁴]

【根儿❻】泰 ราก[ra:k¹⁰] 老 ธาก[ha:k¹⁰];เหงิ๊ง[ŋau³] 岱-侬 lạc[la:k⁸] 越泰 hạc[ha:k⁸] 普 cjang¹[tsja:ŋ¹] 越 rễ[ʐe⁴] 芒 hach[hat⁸]

【根据~规定】泰 ตาม[ta:m²] 老 โดยอาไส[ʔdo:i¹' ʔa:¹'sai¹];ตาม[ta:m¹'];ตามที่[ta:m¹'thi:⁵];อิงตาม[ʔi:ŋ¹' ta:m¹'] 越 theo[thɛu¹];dựa vào[zɯə⁶ va:u²];

---

❶ 石家 doo⁶; laʔ⁴
❷ 石家 həɯ³ 阿含 haü C1; heu C1 掸 haï C1 泐 hai C1; hï C1
❸ 掸 năm
❹ 石家 lxm³; ʔan¹
❺ 泐 kok D1S
❻ 石家 raak⁶ 阿含 rāk D2L 掸 hak D2L 泐 hak D2L; hrak D2L

căn cứ[kan¹ kɯ³];dựa theo[zɯə⁶ thɛu¹]

【根据】<sub>说话要有~</sub> 泰 หลักฐานอ้างอิง[lak⁷ thaːn¹ ʔaːŋ³ ʔiŋ³] 老 ຫຼັກຖານ[lak⁷thaːn¹];ຫຼັກຖານອ້າງອີງ[lak⁷ thaːn¹ʔaːŋ²ʔiːŋ¹] 越 căn cứ[kan¹kɯ⁵]

【根据地】 泰 ฐานที่มั่น[thaːn¹ thiː³ man³] 老 ເຂດທີ່ໝັ້ນ[kheːt⁹thiː⁵ man³];ທີ່ຕັ້ງໝັ້ນ[thiː⁵ taŋ⁴ man³];ຖານທີ່ໝັ້ນ[thaːn¹ thiː³ man³];ທີ່ໝັ້ນ[thiː³ man³] 越 căn cứ[kan¹kɯ⁵];căn cứ địa[kan¹kɯ⁵ʔdiə⁵];vùng căn cứ[vuŋ² kan¹ kɯ⁵]

【根瘤】 泰 ปุ่มราก[pum³ raːk¹⁰] 老 ຕຸ່ມຮາກໄມ້[tum⁵ haːk¹⁰ mai⁴];ປ່າມຮາກໄມ້[paːm⁵ haːk¹⁰ mai⁴] 越 nốt sần rễ cây[not⁷ sɤn² ze⁴ kɤi¹];nốt rễ[not⁷ ze⁴]

【根源】 泰 บ่อเกิด[ʔbɔː⁵ kɤːt⁹];แหล่งกำเนิด[lɛːŋ⁵kam² nɤːt¹⁰] 老 ກົກ[kok⁷];ກົກເຄົ້າ[kok⁷ khau⁴];ກົກເຄົ້າເຫງົ້າກໍ[kok⁷khau⁴ŋau³kɔː¹];ກົກເຄົ້າເຫງົ້າເຫື້ອມ[kok⁷khau⁴ŋau³ɯːan³]; ກົກເຄົ້າເຫງົ້າມູນ[kok⁷khau⁴ŋau³muːn²];ກົກຮາກ[kok⁷ haːk¹⁰]; ເຄົ້າເຫື້ອມ[khau⁴ ŋɯːan³];ເຄົ້າມູນ[khau⁴ muːn²];ມູນເຄົ້າ[muːn² khau⁴];ສາຍເຫດ[saːi¹ heːt⁹];ສາເຫດ[saː¹heːt⁹];ຕົ້ນ[ton⁴];ມູລະ[muː²la⁴];ມູນ[muːn²]; ມູນເຫດ[muːn²heːt⁹];ຮາກມູນ[haːk¹⁰muːn²]; ຮາກເຫງົ້າເດີມ[haːk¹⁰ ŋau³ khau⁴ ʔdɤːm¹] 岱-侬 côc căn[kok⁷ kan⁵];côc co[kok⁷ kɔ¹]; 越泰 côc[kok⁷] 越 nguồn gốc[ŋuːn² yok⁷];căn nguyên [kan¹ ŋwin¹]

【羹匙】 泰 ช้อน[tshɔːn⁴];ช้อนซุป[tshɔːn⁴ sup⁸];ทัพพีแกง [thap⁸ phiː² kɛːŋ²] 老 ບ່ວງ[ʔbuaŋ⁵];ຂ້ອນ[sɔːn⁴];ບ່ວງຂ້ອນ[ʔbuaŋ¹' sɔːn⁴] 岱-侬 thìa[thiə²];ăn thìa [ʔan¹ thiə²] 越泰 cản buống[kaːn³ ʔbuːŋ⁵] 越 thìa canh[thiə² kaŋ¹];thìa xúp[thiə² sup⁷];thìa[thiə²]; muỗng[muːŋ⁴]

【耕】<sub>~田</sub> 泰 ไถ[thai¹] 老 ໄຖ[thai¹] 越 cày[kai¹]; cày bừa[kai² ʔbɯa²];cày cấy[kai² kɤi⁵]

【耕地】 泰 ที่ดินเพาะปลูก[thiː³ ʔdin² phɔ⁴ pluːk⁹] 老 ດິນປູກຝັງ[ʔdin¹puːk⁹faŋ¹];ທີ່ດິນເພາະປູກ [thiː⁵ʔdin¹phɔ⁵puːk⁹] 越 ruộng đất[zuːŋ⁶ʔdɤt⁷];đất trồng[ʔdɤt⁷ tsoŋ²]

【梗儿】<sub>菜~</sub>❶ 泰 ก้าน[kaːn³] 老 ກ້ານ[kaːn³] 岱-侬 cảnh[kaːn³] 越泰 kín[kin⁵] 越 cành[kaŋ²]; cuống[kuːŋ⁵];cộng[koŋ⁶] 芒 cuồng[kuːŋ⁵]

【哽咽】 泰 สะอึกสะอื้น[saʔ⁵ʔɯk⁷saʔ⁵ʔɯːn³] 老 ຈະອິດ [kaʔ²ʔɯt⁷];ສະເອີ[saʔ⁵ʔə²] 岱-侬 kencực[ken⁴kɯːk⁸] 越泰 kẹn chau[ken⁴tsau¹] 越 nghẹn ngào[ŋen⁶ ŋaːu²]

【更】<sub>~好</sub> 泰 ยิ่งขึ้น[jiŋ³ khɯn³] 老 ແຮ່ງ[hɛːŋ⁵];ກວ່າ [kwaː⁵];ຊັກໃຊ່[sak⁸ sai⁴];ຕື່ມອີກ[tɯːm⁵ ʔiːk⁹];ນອງ ເພື່ອ[nɔːk¹⁰nɯːa¹];ພິນໂຍ[phin² nɔː²];ມາກມັກ[maːk¹⁰ nak⁸];ພິນໂຍ[phin² nɔː²] 岱-侬 chệt[tcet⁸];tày[tai²]; cảng[kaːŋ³] 越泰 xăm[sam⁴];vền[vɛn²] 越 càng[kaːŋ³]

【工厂】 泰 โรงงาน[roːŋ² ŋaːn²] 老 ໂຮງງານ[hoːŋ² ŋaːn²];ໂຮງຈັກ[hoːŋ²tsak⁷];ໂຮງອຸດສາຫະກຳ[hoːŋ² ʔut⁷saʔ¹haʔ²kam¹];ໂຮງຈັກໂຮງງານ[hoːŋ²tsak⁷ hoːŋ² ŋaːn²] 越泰 huờn máy[hɯːn²mai⁵] 越 xưởng [sɯːŋ³];công xưởng[koŋ¹sɯːŋ³];nhà máy[ɲaː² mai⁵] 芒 xưởng[sɯːŋ⁵];nhà máy[ɲaː² mai⁵];xưởng máy[sɯːŋ⁵ mai³]

【工蜂】 泰 ผึ้งงาน[phɯŋ³ŋaːn²] 老 ເຜີ້ງຢ່າງ[phɤŋ³ saːŋ⁵] 越 ong thợ[ʔɔŋ¹thɤ⁶] 芒 ong quân[ʔɔŋ¹ kwɤn¹]

【工匠】❷ 泰 ช่าง[tshaːŋ³];ช่างหัดถกรรม[tshaːŋ³ hat⁷thaʔ⁵kam²];ช่างฝีมือ[tshaːŋ³ fiː¹ mɯː²];นายช่าง [naːi² tshaːŋ²];กัมมาร[kam² maːn²] 老 ຊ່າງ[saːŋ⁵]; ຊ່າງຝີມື[saːŋ⁵ fiː¹ mɯː²] 岱-侬 chàng[tɕaːŋ²] 越泰 xợ[sə⁴];chàng[tsaːŋ⁶] 普 cang⁴[tsaːŋ⁴];qacang⁴

---

❶ 阿含 kān C1　掸 kan C1　泐 kan C1
❷ 阿含 chāng B2　掸 saŋ B2　泐 caŋ B2

[qa⁰tsaŋ⁴] 越thợ[thɤ⁶];thợ thủ công[thɤ⁶thu³ koŋ¹];phó[fɔ⁵]

【工具】泰เครื่องมือ[khrɯːaŋ³ mɯː²] 老เถิงมี[khɯːaŋ⁵mɯː²] 越đồ dùng[ʔdo²zuŋ²];dụng cụ[zuŋ⁶kuˀ⁶];công cụ[koŋ¹kuˀ⁶];phương tiện[fɯːŋ¹ tiːn⁶] 芒đồ là tầm là nà[ʔdo² laˀ² tɤm² laˀ² naˀ²]

【工棚】泰เพิงสถานที่ทำงาน[phɤːŋ¹ saˀ⁵ thaːn¹ thiˀ⁵ tham² ŋaːn²] 老แถ้บ[khɛːn⁵] 越lều[leu²];lán gỗ[laːn⁵ ɣo⁴]

【工钱】泰ค่าจ้าง[khaːˀ¹tsaːŋ¹];ค่าแรง[khaːˀ¹rɛːŋ²];ค่าคนใช้[khaːˀ³ khon² tshai⁴];ค่าจ้าง[khaːˀ¹ tsaːŋ⁴] 老ล่าจ้าง[khaːˀ⁵ tsaːŋ⁴];ล่าแรงงาน[khaːˀ⁵ hɛːŋ² ŋaːn²];เริมล่าแรงงาน[ŋɤn²khaːˀ⁵rɛːŋ²ŋaːn²];เบี้ยจ้าง[ʔbiːa⁴tsaŋ⁴] 岱-侬chèncông[tɛɛn²koŋ²];chènpòi rèng[tɛɛn² pɔi² rɛŋ²] 越泰cà hành[kaˀ⁶ rɛŋ²] 越tiền công[tiːn² koŋ²]

【工人】泰คนงาน[khon²ŋaːn²];กรรมกร[kam²ma² kɔːn²] 老ทำมะภอบ[kamˀ¹maˀ⁵kɔːn¹];คึบงาน[khon² ŋaːn²];ทำมะงาน[kamˀ¹maˀ⁵ŋaːn²] 越泰xợ chàng[sɤˀ⁴ tsaŋ⁶] 越công nhân[koŋ¹ ɲɤn¹]

【工资】泰เงินเดือน[ŋɤːn²ʔdɯːan²] 老เริมเดือน[ŋɤn²ʔdɯːan¹];เริมปี เริมเดือน[ŋɤn²pɔːˀ¹ŋɤn² ʔdɯːan¹];ล่าแรงงาน[khaːˀ⁵hɛːŋ²ŋaːn²];เบี้ยจ้าง[ʔbiːa⁴ tsaŋ⁴];เบี้ยบาดเริมเดือน[ʔbiːa⁴ ʔbaːt⁹ ŋɤn² ʔdɯːan¹];ล่าจ้าง[khaːˀ⁵tsaŋ⁴] 岱-侬chèn lương[tɛɛn² lɯːŋ¹] 越泰lương[lɯːŋ¹];ngăn lương[ŋɤn² lɯːŋ¹] 越lương[lɯːŋ¹];tiền lương[tiːn²lɯːŋ¹];lương bổng[lɯːŋ¹ˀ²boŋ³] 芒lương[lɯːŋ¹];tiền lương[tiːn² lɯːŋ¹];lương bổng[lɯːŋ¹ ʔboŋ⁵]

【工作】努力~ 泰ทำงาน[tham²ŋaːn²] 老เริดงาน[het⁸viːak¹⁰];เริดงาน[het⁸ŋaːn²] 岱-侬việc[viːk⁸] 越泰việk[viːk⁸] 越làm việc[laːm² viːk⁸];công tác[koŋ¹taːk⁷] 芒là wiêc[laˀ²wiːk⁸]

【工作】做什么~ 泰งาน[ŋaːn²] 老องทงงาน[viːak¹⁰ ŋaːn²];ทุละ[thu⁵ laˀ⁵] 岱-侬việc[viːk⁸];fiệc[fiːk⁸] 越泰việk[viːk⁸] 越việc[viːk⁸] 芒wiêc[wiːk⁸]

【工作服】泰เสื้อทำงาน[sɯːa³tham²ŋaːn²] 老ฉุดทำงาน[sut⁸tham²ŋaːn²] 越đồng phục[ʔdoŋ² fɯk⁸];áo làm việc[ʔaːu⁵ laːm² viːk⁸];áo khoác ngoài [ʔaːu⁵ xwaːk⁷ ŋwaːi²];áo chửa[ʔaːu⁵ tsɯːa³]

【功德❶】泰ความดีความชอบและบุญคุณ[khwaːm² ʔdiː² khwaːm² tshɔːp¹⁰ leˀ⁴ ʔbun² khun²];กงเต็ก[koŋ¹ teːk⁴] 老บุญกุสิน[ʔbun¹ku²son¹] 越công đức [koŋ¹ ʔdɯk⁷]

【功夫】练~ 泰กังฟู[kaŋ² fuː²] 越võ thuật[vɔˀ⁴ thwɤt⁸]

【功劳】泰มวามดีมวามชบ[khwaːm² ʔdiː² khwaːm² tshɔːp¹⁰];คุณงามวามดี[khun² ŋaːm² khwaːm² ʔdiːˀ²] 老คุบงามดอวามดี[khun² ŋaːm² khwaːm² ʔdiːˀ¹] 岱-侬công cải[koŋ¹ kaːi³];công luông[koŋ¹ luːŋ¹] 越泰công khủn[koŋ¹ khun²];công[koŋ¹] 越công [koŋ¹];công lao[koŋ¹ laːu¹]

【功效】泰สรรพคุณ[sap⁷ phaˀ⁴ khun²] 老สับพะคุบ[sap⁵ phaˀ⁵ khun²] 岱-侬lình ính[liŋ² ʔiŋ⁵] 越泰dăm[jam¹] 越công hiệu[koŋ¹ hiːu⁶];hiệu quả[hiːu⁶ kwaˀ³];hiệu lực[hiːu⁶ lɯk⁸];tác dụng[taːk⁷ zuŋ⁶]

【公道】这样做很~ 泰ความเป็นธรรม[khwaːm² pen² tham²] 老ฉอบทำ[sɔːp¹⁰tham²];ทยงทำ[thiaŋ⁵ tham²];ทยงทำขี้กิง[thiaŋ⁵ tham²sɯːˀ² koŋ¹] 越họp lý[hɤːp⁸ liˀ⁵];phải chăng[faːi³ tsaŋ¹];công bằng[koŋ¹ ʔbaŋ²];đúng mức[ʔduŋ⁵ mɯk⁷]

【公鹅】泰ห่านตัวผู้[haːn⁵ tuːa² phuˀ³] 老ข่านผู้[haːn⁵ phuˀ³] 越ngỗng đực[ŋoŋ⁴ ʔdɯk⁸] 芒ngan chòl[ŋaːn¹ tsɔl³]

【公公】夫之父 泰พ่อสามี[phɔˀ³ saːˀ¹ miːˀ²];พ่อผัว[phɔˀ³ phuːa¹] 老พ่อสามี[phɔˀ⁵ saːˀ¹ miːˀ²];พ่อผืว[phɔˀ⁵ phuːa¹]

---

❶ 石家 bun⁴

เต๋ง⁴] 越ngựa đực[ŋɯə⁶ ʔdɯk⁸]

岱-侬 pú[pu⁵];pò pú[pɔ³ pu⁵] 越泰 pò pú[pɔ⁶ pu⁵] 普 pê⁴ tê³[peˀ⁴ te³];zu⁴ siơ¹[zu⁴ sie¹] 越 bố chồng [ʔbo⁵ tsoŋ²] 芒 pổ tả[po³ ta³]

【公猫】泰 แมวตัวผู้[mɛ:u² tu:a²phu:³] 老 ແມວຜູ້ [mɛ:u² phu:³] 越 mèo đực[meu² ʔduk⁸] 芒 mèo tác[meu² tɤk⁸]

【公共汽车】泰 รถยนต์สาธารณะ:[rot⁸ jon² sa⁵ tha:n² na⁴] 老 ລົດເມ[lot⁸ me:²];ລົດບັດ[lot⁸ ʔbat⁷];ລົດປະຈຳທາງ[lot⁸ pa² tsam¹ tha:ŋ²] 越 ô-tô công cộng[ʔo¹ to¹ koŋ¹ koŋ⁶];ô-tô buýt[ʔo¹ to¹ ʔbwit⁷]

【公平】泰 ยุติธรรม[jut⁸ tham²];เที่ยงธรรม[thi:aŋ³ tham²] 老 ທ່ຽງທຳ[thi:aŋ⁵ tham²] 岱-侬 phiêng căn [phi:ŋ¹ kan¹];táy căn[tai⁵ kan¹] 越泰 chòng piễng [tsɤ:ŋ⁶ pi:ŋ²] 越 công bằng[koŋ¹ ʔbaŋ²];không thiên vị[xoŋ¹ thi:n¹ vi⁶] 芒 công bằng[koŋ¹ ʔbaŋ²]

【公狗】泰 หมาตัวผู้[ma:¹ tu:a² phu:³] 老 ໝາເຖິກ [ma:¹ thɤk⁷];ໝາທອງ[ma:¹ thɔ:k¹⁰] 越泰 ma thốc [ma¹ thɤk⁷];ma phốc[ma¹ phɔk⁷] 越 chó đực[tsɔ⁵ ʔdɯk⁸]

【公事】泰 งานราชการ[ŋa:n² ra:t¹⁰ ka:n²] 老 ວຽກຫຼວງ [vi:ak¹⁰ lu:aŋ¹] 越 việc chung[vi:k⁸ tsuŋ¹];việc công [vi:k⁸ koŋ¹]

【公黄牛】❶ 泰 วัวตัวผู้[wu:a² tu:a² phu:³] 老 ງົວເຖິກ [ŋu:a² thɤk¹];ງົວຜູ້[ŋu:a² phu:³] 岱-侬 mò lăm[mɔ² lam¹];mò mụng[mɔ² muŋ⁴] 越泰 ngựa thốc[ŋɯə² thɤk¹] 越 bò đực[ʔbɔ² ʔdɯk⁸] 芒 pò tác[pɔ² tɤk⁸]; tâc pò[tɤk⁸ pɔ²]

【公水牛】泰 ควายถึก[khwa:i² thɯk⁷] 老 ຄວາຍເຖິກ [khwa:i² thɤk⁷] 岱-侬 vài sleng[va:i² ɬeŋ¹];vài lăm [va:i² lam¹];vài mụng[va:i² muŋ⁴] 越泰 quải thốc [kwa:i² thɤk⁷];quải cả[kwa:i² ka²] 越 trâu đực [tʂɤu¹ ʔduk⁸]

【公鸡】泰 ไก่ตัวผู้[kai⁵ tu:a² phu:³];พ่อไก่[phɔ:³ kai⁵]; ไก่โต้ง[kai⁵ to:ŋ³] 老 ໄກ່ຜູ້[kai⁵ phu:³] 岱-侬 cáy phủ [kai⁵ phu:³];cáy sleng[kai⁵ ɬeŋ¹] 越泰 cáy cả[kai⁵ ka²];cáy pò[kai⁵ pɔ⁶] 普 qǎj¹ kwang⁴[qai¹ kwa:ŋ⁴] 越 gà trống[ɣa² tsoŋ⁵];gà sống[ɣa² ʂoŋ⁵] 芒 khổng ca[khoŋ³ ka¹];ca khổng[ka¹ khoŋ³];ca chỏl[ka¹ tsɔl³];ca chỏl[ka¹ tsɔl³]

【公司】泰 บริษัท[ʔbɔ:² ri⁴ sat⁷] 老 ບໍລິສັດ[ʔbɔ:¹ li⁵ sat⁷];ກຳປະນີ[kam¹ pa² ni:²];ກົງສີ[koŋ¹ si:¹] 越 công ty[koŋ¹ ti¹] 芒 công ty[koŋ¹ ti¹]

【公路】泰 ทางหลวง[tha:ŋ² lu:aŋ¹];ถนนหลวง[tha⁵ non¹ lu:aŋ¹];ท้องถนน[thɔ:ŋ⁴ tha⁵ non¹] 老 ທະຫນົນຫຼວງ [tha²non¹lu:aŋ¹];ທະຫນົນທົນທາງ[tha²non¹hon¹ tha:ŋ²];ເສັ້ນທາງຫຼວງ[sen³tha:ŋ²lu:aŋ²];ທາງລົດ[tha:ŋ²lot⁸] 岱-侬 tàng luồng [ta:ŋ² lu:ŋ¹] 越泰 tàng tin[ta:ŋ² tin¹] 普 xAn¹ du¹[xɤn¹ du¹] 越 đường cái[ʔdɯ:ŋ² ka:i⁵];đường bộ[ʔdɯ:ŋ² ʔbo⁶];xa lộ[sa¹ lo⁶] 芒 đường cải[ʔdɯ:ŋ² ka:i³]; tàng khả cải[ta:ŋ² kha³ ka:i³]

【公鸭】泰 เป็ดตัวผู้[pet⁷ tu:a² phu:³] 老 ເປັດຜູ້[pet⁷ phu:³] 越泰 pết pò[pet⁷ pɔ⁶] 越 vịt đực[vit⁸ ʔduk⁸]

【公猪】泰 หมูตัวผู้[mu:¹ tu:a² phu:³] 老 ໝູເຖິກ[mu:¹ thɤk⁷];ໝູເຖິກແປວ[mu:¹ thɤk⁷ nɛ:u²];ໝູເຂີ້ຍແປວ[mu:¹ sɤ:ŋ² nɛ:u²];ໝູງ້າວ[mu:¹ ka:u⁴] 岱-侬 mu sleng [mu¹ ɬeŋ¹];mu thầu[mu¹ thɤu³] 越泰 mu phốc[mu¹ phɔk⁷] 越 lợn đực[lɤ:n⁶ ʔduk⁸] 芒 củi tác[kui³ tɤk⁸]

【公马】泰 ม้าตัวผู้[ma:⁴ tu:a² phu:³] 老 ມ້າເຖິກ[ma:⁴ thɤk⁷];ມ້າຜູ້[ma:⁴ phu:³] 岱-侬 pò mạ sleng[pɔ² ma²

【宫殿】泰 วัง[waŋ²] 老 ວັງ[vaŋ²];ຫໍປາງ[hɔ:¹ pa:ŋ¹]; ຫໍຍາດ[hɔ:¹ pha:¹ sa:t⁹];ປາງາດ[pa:¹ˀ sa:t⁹];ຍາດ [pha:¹ sa:t⁹];ລາຂະມຸນຫຽບ[la:² sa⁵ mun² thi:an²] 越 cung điện[kuŋ¹ ʔdi:n⁶]

【弓】泰 คันธนู[khan¹ tha⁴ nu:²];หน้า[na:³];ปืน[pɯɯn²];

❶ 石家 bɔɔ⁴

เกาทัณฑ์[kau² than²] 老ໜ້າ[na:³];ໜ້າທະບຸ[na:³ tha⁵nu:²];ທະບຸ[tha⁵nu:²];ທະບຸ[tha⁵nu:²];ໜ້າທະທຶມ[na:³tha⁵thɯ:n⁴];ຄັນສີ[khan⁵ɔ:¹];ສອນ[sɔ:n¹];ເກົາທັນ[kau²than²];ໂກທັນ[ko:²than²];ກຸທັນ[ku²than²] 岱-侬cung[kuŋ¹] 越泰nả công chăng[na³ koŋ¹ tsa:ŋ²] 普nê³[ne³] 越cung[kuŋ¹];cây cung[kɤi¹ kuŋ¹] 芒cung[kuŋ¹]

【恭喜】泰แสดงความยินดี[sa⁵ ʔdɛ:ŋ² khwa:m² jin¹ ʔdi:²] 老ອວຍໄຊ[ʔu:ai¹¹ sai²] 越chúc mừng[tsuk⁷ mɯŋ²]

【巩固】泰มั่นคง[man³ khoŋ²];แน่นหนา[nɛ:u³ na:¹] 老ປັນປຸງ[pap⁷ puŋ¹] 岱-侬pằng pố[paŋ⁵ po⁵] 越泰xảng có[sa:ŋ³ kɔ⁵] 越vững chắc[vɯŋ⁴ tsak⁷];vững vàng[vɯŋ⁴ va:ŋ²];củng cố[kuŋ³ kɔ⁵]

【拱门】泰ประตูโค้ง[pra⁵ tu:² kho:ŋ⁴] 老ປະຕູໂຄ້ງ[pa² tu:¹' kho:ŋ⁴];ປະຕູໂກ້ງ[pa² tu:¹' koŋ⁵];ປະຕູຂົງ[pa² tu:¹' khoŋ¹];ປະຕູຂອງ[pa² tu:¹' kho:ŋ⁴] 越cửa tò vò[kɯə³ tɔ² vɔ²];cổng hình khum[koŋ³ hin² xum¹]

【拱桥】泰สะพานโค้ง[sa⁵ pha:n² kho:ŋ⁴] 老ຂົວກົ່ງ[khua:¹ koŋ⁵] 越cầu vòm[kɤu² vɔm²];cầu mống[kɤu² moŋ⁵];cầu cống[kɤu² koŋ⁵]

【供奉】泰บูชา[ʔbu:² tsha:²];บูชาบรรพบุรุษ[ʔbu:² tsha:² ʔban¹ pha⁴ ʔbu⁵ rut⁸] 老ບວງສວງ[ʔbu:aŋ¹ su:aŋ¹];พะลี[pha⁵li:²] 岱-侬slớ[ɬɤ⁵];slớ pái[ɬɤ⁵ pa:i⁵] 越泰xên[sen¹] 越cúng[kuŋ⁵];cung phụng[kuŋ¹ fuŋ⁶];cúng thờ[kuŋ⁵ thɤ²] 芒cùng[kuŋ⁵];cuôl[ku:l¹];khẩn[khɤn³];thờ cùng[thɤ² kuŋ⁵]

【供品】泰เครื่องเซ่นไหว้[khrɯ:aŋ² se:n³ wai³];ของถวาย[khɔ:ŋ³ tha⁵wai:¹] 老ຂອງໄຫວ້[khɔ:ŋ³ vai³];ຄຳນົມ[kam¹' non¹] 越đồ cúng[ʔdo² kuŋ⁵];đồ thờ[ʔdo² thɤ²] 芒đồ thờ[ʔdo² thɤ²];đồ ténh[ʔdo⁵ ten⁵];đồ mo[ʔdo² mɔ²];đồ khấn[ʔdo³ khɤn⁴]

【供认】泰สารภาพ[sa:n¹ pha:p²] 老ຮັບສາລະພາບ[hap⁸ sa:¹ la⁵pha:p¹⁰];ยอมรับสาละพาบ[ɲɔ:m² hap⁸ sa:¹ la⁵pha:p¹⁰] 越thú nhận[thu⁵ ɲɤn⁶];khai[xa:i¹];nhận tội[ɲɤn⁶ toi⁶]

【供桌】泰โต๊ะบูชา[to⁴ ʔbu:² tsha:²] 老ໂຕະບູຊາ[to² ʔbu:¹' sa:²] 岱-侬bán slớ[ʔban⁵ ɬɤ⁵];ban thờ[ʔba:n¹ thɤ²];thàn[tha:n³] 普tê³ jja²[te³ jja²] 越bèn cúng[ʔba:n² kuŋ⁵];bàn thờ[ʔba:n² thɤ²] 芒pèn thờ[pa:n² thɤ²];chiềng thờ[tsi:ŋ² thɤ²]

【沟】泰เหมือง[mɯ:aŋ²];ร่อง[rɔ:ŋ³];ราง[ra:ŋ²];หนาง[ɾa:ŋ⁵];คู[khu:²] 老ເໝືອງ[mɯ:aŋ²];ຄູ[khu:¹];ຄອງ[khɔ:ŋ²];ສະຄອງ[sa²khɔ:ŋ²];ຮ່ອງ[hɔ:ŋ⁵];ຮ່ອງເໝືອງ[hɔ:ŋ⁵mɯ:aŋ²] 岱-侬mương[mɯ:ŋ¹];tèo mương[teu² mɯ:ŋ¹];kha mương[kha¹mɯ:ŋ¹] 越泰mương[mɯ:ŋ¹] 普mhâng⁴[m̥ɤŋ⁴] 越mương[mɯ:ŋ¹];rãnh nước[zaɲ⁴ nɯ:k⁷] 芒mương[mɯ:ŋ¹];rênh[reɲ⁴]

【勾结】泰สมคบ[som¹khop⁸] 老ສົມຄົບ[sɔm¹ khop⁸] 越câu kết[kɤu¹ket⁷];thông đồng[thoŋ¹ ʔdoŋ²];móc ngoặc[mɔk⁷ ŋwak⁸];ăn cánh[ʔan¹kaɲ⁵];ăn thông lưng[ʔan¹ thoŋ¹ lɯŋ¹]

【钩~住衣服】泰ขอ[khɔ:¹] 老ຈອງ[tsɔ:ŋ¹] 越móc[mɔk⁷]

【钩虫】泰พยาธิปากขอ[pha⁴ ja:t¹⁰ pa:k⁹ khɔ:¹] 老ພະຍາດປາກຂໍ[pha⁵ ɲa:t¹⁰ pa:k⁹ khɔ:¹] 越giun móc[zun¹ mɔk⁷];giun móc câu[zun¹ mɔk⁷ kɤu¹]

【钩刀】老ມີດຂໍ[mi:t¹⁰ khɔ:¹] 岱-侬pja kho[pja⁴ khɔ¹] 普kô³[ko³] 越dao quắm[za:u¹kwam⁵] 芒tao quắm[ta:u¹ kwam³]

【钩针】泰เข็มถักลูกไม้[khem¹ thak⁷ lu:k¹⁰ mai⁴] 老ເຂັມປັກ[khem¹ pak⁷] 越kim móc[kim¹ mɔk⁷]

【钩子】泰ขอ[khɔ:¹];ตะขอ[ta⁵khɔ:²];ตาขอ[ta:⁵khɔ:¹];ง้าว[ŋa:u⁴] 老ຂໍ[khɔ:¹] 普kjaw³[kja:u³] 越móc[mɔk⁷];cái móc[ka:i⁵mɔk⁷] 芒măc[mak⁸];bóc[ʔbɔk⁷]

【佝偻病】泰โรคกระดูกอ่อน[ro:k¹⁰ kra⁵ ʔdu:k⁹

ʔɔ:n¹]　老 ໂລກະດູກອ່ອນ[lo:k¹⁰ ka²ʔdu:k⁹ ʔɔ:n¹]；ໂລກດູກອ່ອນ[lo:k¹⁰ ʔdu:k ⁹ʔɔ:n¹]；ພະຍາດດູກອ່ອນ[pha⁵ ɲa:t¹⁰ ʔdu:k⁹ ʔɔ:n¹]；ພະຍາດດູກລ່ອຍ[pha⁵ ɲa:t¹⁰ ʔdu:k⁹ lɔ:i⁵]　越 còi xương[kɔi² sɯ:ŋ¹]；bệnh gù [ʔben⁶ ɣu²]

【狗❶】　泰 หมา[ma:¹]；สุนัข[su⁵ nak⁷]　老 ໝາ[ma:¹]；ສຸໝັກ[su²nak⁷]；จ๋[tsɔ:¹]　岱-侬 ma[ma¹]；tua ma[tuə¹ ma¹]　越泰 ma[ma¹]　普 mha¹[ma¹]　越 chó[tsɔ⁵]；con chó[kɔn¹ tsɔ⁵]；cầy[kɤi²]　芒 chó[tsɔ³]；con chó[kɔn¹ tsɔ³]；nénh[nɛn⁵]；cầy[kɤi²]

【狗獾】　岱-侬 tua hên[tuə¹ hen¹]；hên dáng[hen¹ ʔdaŋ⁵]　越泰 chón pỏn[tsɔn⁵ pɔn²]　越 con chồn chó[kɔn¹ tson² tsɔ⁵]；lửng chó[lɯŋ³ tsɔ⁵]

【狗腿子】　泰 สุนัขรับใช้[su⁵ nak⁷ rap⁸ tshai⁴]　老 ລູກມື[lu:k¹⁰ mɯ:²]；ລູກໄມ້ລູກມື[lu:k¹⁰ mai⁴ lu:k¹⁰ mɯ:²]；ສະໝຸນ ຮັບໃຊ້[sa²mun¹ hap⁸ sai⁴]；ລູກແຫລ່ງ[lu:k¹⁰ lɛ:ŋ³]；ລູກແຫລ່ງຕີນມື[lu:k¹⁰ lɛ:ŋ³ ti:n¹ mɯ:²]；ໝາພານ[ma:¹ pha:n²]；ລູກສະໝຸນ[lu:k¹⁰ sa²mun¹]　岱-侬 khen kha[khɛn¹ kha¹]；ma thấu[ma¹ thəu⁵]　越泰 tin xai[tin¹ sa:i¹]　越 tay sai[tai¹ ʂa:i¹]；chó săn [tsɔ⁵ ʂan¹]

【狗尾草】　泰 หญ้าหางหมา[ja:³ ha:ŋ¹ ma:¹]　老 ຫຍ້າຫາງໝາ[ɲa:³ ha:ŋ¹ ma:¹]　越 cỏ đuôi chó[kɔ³ ʔdu:i¹ tsɔ⁵]；cỏ sâu róm[kɔ³ ʂɤu¹ zɔ:m⁵]

【狗熊】　泰 หมีควาย[mi:¹ khwa:i²]；หมีดำ[mi:¹ ʔdam²]　老 ໝີຄວາຍ[mi:¹ khwa:i²]；ເໝີຍ[mɯ:ai¹]　越 gấu chó[ɣɤu⁵ tsɔ⁵]

【狗鱼】 娃娃鱼 　泰 ซาลามันเดอร์[sa:² la:² man² ʔdə:²]　越 cá chó[ka⁵ tsɔ⁵]

【狗蚤】　泰 หมัดสุนัข[mat⁷ su⁵ nak⁷]　老 ໂຕໝັດ[to:¹ mat⁷]　越 bọ chó[ʔbɔ⁶ tsɔ⁵]

【枸杞】　泰 เก๋ากี้[kau¹ ki:³]　老 ໝາກໂກຈີເບລ[ma:k⁹

ko:¹ tsi:¹ ʔbe:¹ li²]　越 cầu kỷ[kɤu³ ki³]

【够】~用❷　泰 พอ[phɔ:²]　老 ພໍ[phɔ:²]　岱-侬 đo[ʔdɔ¹]　越泰 pō[pɔ²]　越 đủ[ʔdu³]　芒 tú[tu⁵]

【箍】~桶　泰 รัด[rat⁸]；ตอกไพร[tɔ:k⁹ phrai²]；ขันแน่น[khan¹ nɛ:n³]；ขัน[khan¹ nɛ:n³]　老 ຂັນ[khan¹]　越 đóng[ʔdɔŋ⁵]　芒 tỏng[tɔŋ³]

【箍儿】　泰 ปลอก[plɔ:k⁹]　老 ປອກ[pɔ:k⁹]　岱-侬 pjooc[pjɔ:k⁷]　越 đai[ʔdai¹]

【估计】　泰 คาด[kha:t¹⁰]；ประเมิน[pra⁵ mə:n²]　老 ຕອງ[tu:aŋ¹]；ກະຕອງ[ka² tu:aŋ¹]；ຕອງເອົາ[tu:aŋ¹ ʔau¹]；ຄະເນ[kha⁵ne:²]；ປລີມານ[ʔbɔ:¹¹li⁵ma:n²]；ປະມານ[pa²ma:n²]；ປະລີມານ[pa²li⁵ ma:n²]；ມາດ[ma:t¹⁰]；ກະ[ka²]；ກະວ່າ[ka²va:⁵]；ເກັງ[keŋ¹]　岱-侬 án[ʔən⁵]；ấn chí [ʔən⁵ tɕi⁵]　越泰 chòng ta[tsɔŋ⁶ ta¹]　越 áng[ʔa:ŋ⁵]；áng chừng[ʔa:ŋ⁵ tsɯŋ²]；nhân định[ɲɤn⁶ ʔdiŋ⁶]；đánh giá[ʔdaŋ⁵ za⁵]；ước lượng[ɯ:k⁷ lɯ:ŋ²]；ước đoán[ɯ:k⁷ʔdwa:n⁵]；phỏng chừng[fɔŋ³ tsɯŋ²]；phỏng đoán[fɔŋ³ ʔdwa:n⁵]；dự đoán[zɯ⁶ ʔdwa:n⁵]；lường trước[lɯ:ŋ² tsɯ:k⁷]；liệu chừng[li:u⁶ tsɯŋ²]　芒 ước[ɯ:k⁷]；đăn chẳng[ʔda:n³ tsɤŋ²]；liễu chẳng [li:u⁶ tsɤŋ²]

【估价】　泰 ประเมินราคา[pra⁵ mə:n² ra:² kha:²]　老 ຕີລາຄາ[ti:¹ la:² kha:²]；ຕີລາຄາຂັ້ງຮາ[ti:¹ la:² kha: saŋ⁵ sa:²]；ປະເມີນລາຄາ[pa²mə:n²la:²kha:²]；ປະເມີນຄຸນຄ່າ[pa²mə:n²khun²kha:⁵]；ປະມານຄ່າ[pa² ma:n² kha:⁵]　越 đánh giá[ʔdaŋ⁵ za⁵]　芒 ước dà[ʔɯ:k⁷ za³]；tánh dà[taŋ³ za³]

【姑父】　泰 ลุง[luŋ¹]；ลุงเขย[luŋ² khə:i¹]；อาเขย[ʔa:² khə:i¹]　老 ລຸງ[luŋ²]；ລຸງ[lu:ŋ²]　普 tê³[te³]　越 bác[ʔba:k⁷]；chú[tsu⁵]；chồng cô[tsoŋ² ko¹]；dượng [zɯ:ŋ⁶]　芒 dưỡng[zɯ:ŋ⁴]；pố dưỡng[po³ zɯ:ŋ⁴]

【姑母】　泰 ป้า[pa:³]；อาผู้หญิง[ʔa:² phu:³ jiŋ¹]；อาหญิง[ʔa:² jiŋ¹]；อา[ʔa:²]　老 ປ້າ[pa:⁴]；ປ້າວາງ[pa:⁴ ʔa:¹¹]；ລວ

---

❶ 石家 maa²; thua⁴ maa²　阿含 mā　拉哈 ba¹/ma¹
❷ 石家 laʔ⁵-yaa⁴

[lu:a²];ລົວ ອາ[lu:a²ʔa:¹];ອາ[ʔa:¹];ອາອອກ[ʔa:¹'ʔɔ:k⁹] 岱-侬 a[ʔa¹];á[ʔa⁵] 越泰 a[ʔa¹] 普 jja²[jja²] 越 cô[ko¹];bà cô[ʔba² ko¹] 芒 wã[wa⁴];mễ wã[me⁴ wa⁴];pà wã[pa⁴ wa⁴]

【姑娘❶】 泰 สาว[sa:u¹];หญิงสาว[jiŋ¹ sa:u¹] 老 ສາວ[sa:u¹];ຜູ້ສາວ[phu:³ sa:u¹];ບາງສາວ[na:ŋ¹ sa:u¹];ຍິງສາວ[ɲiŋ¹ sa:u¹];ຍິງຫນຸ່ມ[ɲiŋ¹ num⁵];ແສ້[sɛ:³];ແສ້ສາວ[sɛ:³ sa:u¹];ຍຸະບາລີ[nu⁵ va⁵ na:² li:²] 岱-侬 slao[ɬa:u¹];lục slao[luk⁸ ɬa:u¹];phù slao[phù ɬa:u¹] 越泰 xao[sa:u¹];phù xao[phu:³ sa:u¹];í xao[ʔi⁵ sa:u¹] 普 ljak²qamăj²[lja:k² qa⁰mai²] 越 cô gái[ko¹ ɣa:i⁵];thanh nữ[than¹ nɯ⁴];nàng[na:ŋ²] 芒 ủn mãi[ʔun³ ma:i⁴];mãi mõn[ma:i⁴ mɔn⁴];mãi[ma:i⁴];thanh nữ[than¹ nɯ⁴];á mãi[ʔa⁵ ma:i⁴];nàng[na:ŋ²]

【孤单】 泰 โดดเดี่ยวเดียวดาย[ʔdo:t⁹ ʔdi:au⁵ ʔdi:au² ʔda:i²] 老 ໂດດດ່ຽວຢູ່ອຽວພອຍ [ʔdo:t⁹ ʔdi:au⁵ pi:au⁵ phɔi²];ໂທນ[tho:n²];ປ່ຽວ[pi:au⁵];ພອຍ[phɔi²];ແລ້ງ[lɛ:ŋ⁴];ອ້າງວ້າງ[ʔa:ŋ⁴ va:ŋ⁴] 岱-侬 đan thân[ʔda:n¹ thən²] 越 bơ vơ[ʔbɤ¹ vɤ¹];trơ trọi[tʂɤ¹ tʂɔi⁶];lẻ loi[lɛ³ lɔi¹];cô đơn[ko¹ ʔdɤ:n¹] 芒 lé loi[lɛ⁵ lɔi¹]

【孤儿】 泰 ลูกพร้า[lu:k¹⁰ phra:⁴];ลูกกำพร้า[lu:k¹⁰ kam² phra:⁴];เด็กกำพร้า[ʔdek⁷ kam² phra:⁴] 老 ລູກພ້າ[lu:k¹⁰ pha:⁴];ກຳພ້າ[kam¹ pha:⁴];ກ້ຳພ້າ[kam¹ pha:⁴];ລູກກຳພ້າ[lu:k¹⁰ kam¹ pha:⁴];ລູກກ້ຳພ້າ[lu:k¹⁰ kam⁵ pha:⁴];ລູກກຳພອຍ[lu:k¹⁰ kam⁵ phɔ:i²];ກ້ຳພ້າກຳພອຍ[kam⁵ pha:⁴ kam¹ phɔ:i²];ກຳພ້າກຳພອຍ[kam¹ pha:⁴ kam¹ phɔ:i²];ກຳພ້າພີ່[kam¹ pha:⁴ phi:⁴];ລູກກຳພ້າພີ່[lu:k¹⁰kam¹ pha:⁴ phi:⁴];ກຳພ້າແມ່[kam¹ pha:⁴ mɛ:⁵];ລູກກຳພ້າແມ່[lu:k¹⁰ kam¹ pha:⁴ mɛ:⁵];ເດັກກຳພ້າ[ʔdek⁷kam¹ pha:⁴];ເດັກກຳພອຍ[ʔdek⁷ kam¹ phɔ:i²];ປ່ອຍພອຍ[pi:au⁵ phɔ:i²] 岱-侬 lục pja[luk⁸ pja⁴] 越泰 luktộc[luk⁸ tok⁸] 普 qajuro³[qa⁰juɤ³];lobương³[lɤ⁰bɯɯ:ŋ³];lobương³[lɤ⁰bɯɯ:ŋ³] 越 bồ côi[ʔbo²koi¹];

mồ côi[mo² koi¹];trẻ mồ coi[tʂɛ³ mo² kɔi¹] 芒 mồ côi[mo² koi¹]

【骨头❷】 泰 กระดูก[kra⁵ ʔdu:k⁹];ดูก[ʔdu:k⁹] 老 ກະດູກ[ka² ʔdu:k⁹];ດູກ[ʔdu:k⁹] 岱-侬 đuc[ʔduk⁷] 越泰 đúk[ʔduk⁷] 普 lak⁵[la:k⁵] 越 xương[sɯ:ŋ¹] 芒 xiêng[si:ŋ¹]

【古代】 泰 สมัยโบราณ[sa⁵ mai¹ ʔbo:² ra:n²];สมัยเก่า[sa⁵mai¹kau⁵] 老 ສະໄຫມກ້ອນ[sa⁵mai¹kɔ:n⁵];ສະໄຫມບູຮານ[sa² mai¹ ʔbu:¹' ha:n²];ປາງບູຮານ[pa:ŋ¹ ʔbu:¹' ha:n²];ປະຖົມມະການ[pa² thom¹ ma⁵ ka:n¹];ບູຮານມະການ[ʔbu:¹' ha:² na⁵ ka:n¹] 岱-侬 tời đín[tə:i³ʔdin⁵];tới cón[tə:i³kɔn⁵];pừa cón[pɯə³kɔn⁵];mừa đía[mɯə² ʔdiə⁵] 越泰 mừa đai[mɯə² ʔda:¹'];chiêm lăng[tsi:m¹ laŋ²];pang chạu[pa:ŋ¹ tsau⁴] 越 tời cổ[thɤ:i² ko³];ngày xưa[ŋai² sɯə¹];cổ đại[ko³ ʔda:i⁶] 芒 tời hơ[tɤ:i² hɤ¹]

【谷地】 泰 ที่ลุ่ม[thi:³ lum³] 老 ລ້ອງພຶບຕ່ຳ[lɔ:ŋ⁴ phɯ:p¹⁰tam⁵];ທຸບເຊິງ[hup²khau¹];ທຸບ[hup⁹];ລົ້ງ[loŋ³] 岱-侬 lùng[luŋ³] 越 khe núi[xɛ¹ nui⁵];thung lũng[thuŋ¹ luŋ⁴] 芒 thung lũng[thuŋ¹ luŋ⁴]

【谷壳❸】 泰 เปลือกเมล็ดข้าว[plɯək⁹ ma⁴ let⁸ kha:u³];เปลือกข้าว[plɯak⁹kha:u³];แกลบ[klɛ:p⁹] 老 ແກບ[kɛ:p⁹];ຂີ້ແກບ[khi:³ kɛ:p⁹];ແກບເຊົ້າ[kɛ:p⁸ khau³];ເປືອກເຊົ້າ[pɯak⁹ khau³] 越 vỏ thóc[vɔ³ thɔk⁷];vỏ lúa[vɔ³ luə⁵];trấu[tʂɤu⁵]

【谷粒】 泰 เมล็ดข้าว[ma⁴ let⁸ kha:u³] 老 ເມັດເຊົ້າ[met⁸ khau³] 越 hạt gạo[ha:t⁸ ɣa:u⁶]

【谷围】 泰 ฉางข้าว[tsha:ŋ¹ khau³] 岱-侬 ăn chụt[ʔan¹ tɕɯt⁸];ăn bố[ʔan¹ ʔbo⁵] 越泰 pội khẩu cák[poi⁶ khau³ ka:k⁷] 越 cót[kɔt⁷] 芒 gót[ɣɔt⁷]

【谷种】 泰 พันธุ์ข้าว[phan²kha:u³];ข้าวปลูก[kɬau³plu:k⁹];เมล็ดข้าว[ma⁴ let⁸ kha:u³] 老 ເຊີ້າປູກ[khau³pu:k⁹];ແນວເຊີ້າປູກ[nɛu²khau³pu:k⁹];ເຊີ້າແນວ

---

❶ 阿含 nāng;shāo A1   掸 shau A1   泐 sau A1
❷ 石家 rɔɔk D1L   阿含 tau
❸ 阿含 kip

[khau³ nɯ²] 岱-侬 khẩu fè[khəu³ fɛ²] 越泰 chựa kháu púk[tsɯa⁴ khau³ puk⁷] 越 hạt giống[ha:t⁸ zoŋ⁵];thóc giống[thɔk⁷ ʐoŋ⁵] 芒 lõ mã[lɔ⁴ ma⁴]

【谷子】❶ 泰 ข้าวเปลือก[khau³ plɯ:ak⁹];กากข้าว[ka:k⁹ khau³] 老 เอิ๊าเปือก[khau³ pɯ:ak⁹] 岱-侬 khẩu cooc[khəu³ kɔ:k⁷];khẩu các[khəu³ ka:k⁷] 越泰 kháu cák[khau³ ka:k⁷] 普 pio¹[pie¹] 越 thóc[thɔk⁷];lúa gạo[luə⁵ ɣa:u⁶] 芒 thóc[thɔk⁷];lõ[lɔ⁴]

【股份】 泰 หุ้น[hun³];หุ้นส่วน[hun³ su:an⁵] 老 ทุ้ม[hun³];ทุ้มส่อม[hun³ su:an⁵] 岱-侬 fẳn[fan⁵] 越 cổ phần[ko³ fɤn²]

【股骨】 泰 กระดูกโคนขา[kra⁵ ʔdu:k⁹ kho:n² kha:¹];กระดูกต้นขา[kra⁵ ʔdu:k⁹ ton³ kha:¹] 老 ดูกโกกขา[ʔdu:k⁹ kok⁷ kha:¹] 越 xương đùi[sɯ:ŋ¹ ʔdui²]

【股票】 泰 หุ้นส่วน[hun³ su:an⁵] 老 ใบทิทุ้ม[ʔbai¹' thɯ:¹ hun³];ใบทุ้ม[ʔbai¹' hun³];ใบทุ้มส่อม[ʔbai¹' hun³ su:an⁵]

【骨粉】 泰 ปุ๋ยกระดูก[pui¹ kra⁵ ʔdu:k⁹] 老 ปุ๋ยทะดูก[pui¹ ka² ʔdu:k⁹] 越 bột xương[ʔbot⁸ sɯ:ŋ¹]

【骨骼】❷ 泰 กระดู[kra⁵ ʔdu:k⁹];โครงกระดู[khro:ŋ² kra⁵ ʔdu:k⁹] 老 ทะดูก[ka² ʔdu:k⁹];ดูก[ʔdu:k⁹];โกงทะดูก[kho:ŋ² ka² ʔdu:k⁹];โกง[kho:ŋ²];ฮ่างดูก[ha:ŋ⁵ ʔdu:k⁹] 越 bộ xương[ʔbo⁶ sɯ:ŋ¹];bộ xương người[ʔbo⁶ sɯ:ŋ¹ ŋɯ:i²];xương cốt[sɯ:ŋ¹ kot⁷];xương xấu[sɯ:ŋ¹ sau³]

【骨关节】 泰 ข้อดูก[khɔ:³ ʔdu:k⁹];ข้อกระดูก[khɔ:³ kra⁵ ʔdu:k⁹];ข้อต่อ[khɔ:³ tɔ:⁵] 老 ข้อดูก[khɔ:³ ʔdu:k⁹];ป่องดูก[pɔ:ŋ⁵ ʔdu:k⁹];ถ้ำทะดูก[kha:³ ka² ʔdu:k⁹] 岱-侬 búng tò tam[ʔbuŋ⁵ tɔ² ta:m¹] 越泰 cò kẹk đúk[kɔ⁶ kɛk⁸ ʔduk⁷] 越 khớp xương[khɤ:p⁵ sɯ:ŋ¹] 芒 khớp xiêng[khɤ:p⁵ si:ŋ¹]

【骨灰】 泰 เถ้ากระดูก[thau³ kra⁵ ʔdu:k⁹] 老 เถิ๊ากะดูก[thau⁵ ka² ʔdu:k⁹] 越泰 pháu cỗn[phau⁵ kon²] 越 tro xương[tʂɔ¹ sɯ:ŋ¹];tro hỏa táng[tʂɔ¹ hwa³ ta:ŋ⁵]

【骨灰盒】 泰 กล่องเถ้ากระดูก[klɔ:ŋ³ thau³ kra⁵ ʔdu:k⁹] 越 hộp tro[hop⁸ tʂɔ¹];hộp đựng tro hỏa táng[hop⁸ ʔdɯŋ⁶ tʂɔ¹ hwa³ ta:ŋ⁵]

【骨架】 泰 อัฐิสัณฐาน[ʔat⁷thi⁵san¹tha:n¹] 老 ฮ่างดูก[ha:ŋ⁵ ʔdu:k⁹] 越 bộ xương[ʔbo⁶ sɯ:ŋ¹];bộ khung[ʔbo⁶ xuŋ¹];bộ gọng[ʔbo⁶ ɣɔŋ⁶]

【骨盆】 泰 กระดูกเชิงกราน[kra⁵ ʔdu:k⁹ tshɤ:ŋ² kra:n²] 老 กะดูกอ่าง[ka² ʔdu:k⁹ ʔa:ŋ⁵];ดูกอ่าง[ʔdu:k⁹ ʔa:ŋ⁵] 岱-侬 đục ti nắng[ʔduk⁷ ti³naŋ³] 越泰 đúk côi [ʔduk⁷ koi¹] 越 xương hông[sɯ:ŋ¹ hoŋ¹];xương chậu[sɯ:ŋ¹ tʂɤu⁶];khung chậu[xuŋ¹ tʂɤu⁶] 芒 mài [ma:i²]

【骨髓】 泰 ไขกระดูก[khai¹ kra⁵ ʔdu:k⁹];อัฐิมิญชะ [ʔat⁷thi⁵min²tsha⁴] 老 ไขกะดูก[khai¹ ka² ʔdu:k⁹];ไขถี่[khai¹ khɔ:⁵];ออกแอก[ʔɔ:k⁹ ʔɛ:k⁹];ไขสับทุ้ง[khai¹ san¹ laŋ¹];ไข[khai¹] 岱-侬 ti[ti¹];đục đăm[ʔduk⁷ ʔdam¹] 越泰 ék đúk[ʔɛk⁷ ʔduk⁷] 越 tuỷ [twi³];xương tủy[sɯ:ŋ¹ twi³] 芒 khoc[khɔk⁸]

【骨折】 泰 กระดูกหัก[kra⁵ ʔdu:k⁹ hak⁷] 老 ดูกขัด [ʔdu:k⁹hak⁷];ทะดูกขัด[ka² ʔdu:k⁹ hak⁷] 岱-侬 đúc tắc[ʔduk⁷ tak⁷] 越 gãy xương[ɣai⁴ sɯ:ŋ¹]

【鼓】❸ 泰 กลอง[klɔ:ŋ²] 老 กอง[kɔ:ŋ¹] 岱-侬 tổng[toŋ³];choong[tɕɔ:ŋ¹] 越泰 cống[koŋ⁵] 普 tung³[tuŋ³] 越 trống[tʂoŋ⁵] 芒 tlổng[tloŋ³]

【鼓槌】 泰 ไม้ตีกลอง[mai⁴ ti:² klɔ:ŋ²] 老 ไม้ติกอง [mai⁴ ti:¹' kɔ:ŋ¹] 越 dùi trống[zui² tʂoŋ⁵] 芒 tùi tlổng[tui² tloŋ³]

【鼓掌】 泰 ตบมือ[top⁷ mɯ:²];ปรบมือ[prop⁷ mɯ:²] 老 ติบมี[top⁷ mɯ:²];ปิบมี[pop⁷ mɯ:²] 岱-侬 tôp mừ[top⁷ mɯ²] 越泰 tốp mữ[top⁷ mɯ²] 越 vỗ tai

---

❶ 石家 gaw³-thɔ:k⁷
❷ 阿含 râng
❸ 石家 tloŋ¹　阿含 klǎng A1；kǎng A1　掸 kɔŋ A1　勐 kɔŋ A1

【故事讲~】 泰 นิทาน[ni⁴ tha:n²];เล่านิทาน[lau³ ni⁴ tha:n²] 老 ฃะดี[khaˀ ʔdi:¹];มีทาน[ni⁵ tha:n²];ผื้น[phuɯ:n⁴];เลื่อง[luɯaŋ⁵];เอ้ามีทาน[vau⁵ni³tha:n²] 越 truyện[tʂwi:n⁶] 芒 tliền[tli:n⁴]

【故乡】 泰 บ้านเกิด[ʔba:n³ kə:t⁹] 老 ถิ่นฐานบ้านเกิด[thin⁵ tha:n¹ʔba:n⁴kə:t⁹];ถิ่นฐานบ้านฃ่อง[thin⁵ tha:n¹ ʔba:n⁴ sɔ:ŋ⁵];บ้านเกิด[ʔba:n⁴ kə:t⁹];บ้านเกิดเมืองนอน[ʔba:n⁴kə:t⁹mɯaŋ²nɔ:n²];บ้านเดียอยู่อู่เดียนอน[ʔba:n⁴khə:i²ju:⁵ʔu:⁵khə:i²nɔ:n²];ขิงเฃกฃ้อง[khɔŋ¹khe:k⁹hɔ:ŋ³] 傣-侬 đin chỏ[ʔdin¹tɕɔ³];ti chỏ[ti³tɕɔ³] 越 quê hương[kwe¹ hɯːŋ¹];quê nhà[kwe¹ ɲa²];cố hương[ko⁵ hɯːŋ¹]

【故意】 泰 เจตนา[tse:t⁹na:²];ตั้งใจ[taŋ³tsai²] 老 โดยตั้งแก้ง[ʔdoi¹¹ taŋ⁴ kɛ:ŋ⁴];โดยเจตะบา[ʔdo:i¹¹ tse:¹¹ taˀ na:²];ตั้งแก้ง[taŋ⁴ kɛ:ŋ⁴];ตั้งเฮ็ด[taŋ⁴ het⁸];จังใจ[tsɔŋ¹¹ tsai²];แก้ง[kɛ:ŋ¹];ดๅ[ʔda:¹¹] 越 có ý[ko⁵ ʔi⁵];cố tình[ko⁵ tin²]

【顾客】 泰 ลูกค้า[lu:k¹⁰ kha:⁴] 老 ลูกค้า[lu:k¹⁰ kha:⁴] 越 khách hàng[xat⁵ ha:ŋ²]

【雇❶】 泰 จ้าง[tsa:ŋ³] 老 เฃิ่ง[sau¹];จ้าง[tsa:ŋ⁴] 傣-侬 có[kɔ⁵] 越泰 chảng[tsa:ŋ³];chảng xê[tsa:ŋ¹ se¹] 越 thuê[thwe¹] 芒 thê[the¹]

【雇工】 泰 กรรมกรรับจ้าง[kam² ma⁴ kɔ:n² rap⁸ tsa:ŋ³] 老 ลูกจ้าง[lu:k¹⁰ tsa:ŋ⁴];บ่าวจ้าง[ʔba:u⁵ tsa:ŋ⁴];ผู้รับจ้าง[phu:³ hap⁸ tsa:ŋ⁴] 普 qali³ Vân³[qa⁰ li³ βɤn³] 越 người làm thuê[ŋɯ:i² la:m² thwe¹];người đi làm thuê[ŋɯ:i² ʔdi¹ la:m² thwe¹]

【雇主】 泰 นายจ้าง[na:i² tsa:ŋ³] 老 บายจ้าง[na:i² tsa:ŋ⁴] 越 chủ thuê[tsu³ thwe¹];chủ mướn[tsu³ mɯ:n⁵]

【瓜】 泰 ฟัก[fak⁴];แตง[tɛ:ŋ²] 老 ฟัก[fak⁸];แตง[tɛ:ŋ¹] 普 kuɔp⁵[ku:p⁵];pak⁵[pa:k⁵] 越 dưa[zɯa¹];bí[ʔbi⁵] 芒 dưa[zɯa¹];pil[pil³]

【瓜刨】 泰 มีดปอกเปลือก[mi:t¹⁰ pɔ:k⁹ plɯak⁹] 越 cái nạo[ka:i⁵ na:u⁶];dụng cụ gọt vỏ[zuŋ⁶ ku⁶ ɣɔt⁸ vɔ³];đồ gọt vỏ[ʔdo² ɣɔt⁸ vɔ³]

【瓜子儿】 泰 เมล็ดแตง[ma⁴ let⁸ tɛ:ŋ²];กวยจี้[kuai² tsi:⁴] 普 păn¹ păk⁵[pan¹ pak⁵] 越 hạt bí[ha:t⁸ ʔbi⁵];hột bí[hot⁸ʔbi⁵];hạt dưa[ha:t⁸ zɯa¹];hột dưa[hot⁸ zɯa¹] 芒 hôt dưa[hot⁸ zɯa¹];hạt dưa[ha:t⁸ zɯa¹]

【刮~胡子❷】 泰 โกน[ko:n²];โกนมีด[ko:n²mi:t¹⁰] 老 โทน[ko:n²] 傣-侬 tháy[thai⁵];páo[pa:u³] 越泰 the[thɛ¹] 越 cạo[ka:u⁶] 芒 cot[kɔt⁸]

【刮~风】 泰 พัด[phat⁸] 老 พัด[phat⁸];เป็ก[ʔbə:k⁹];เป็ง[peŋ⁵];ฃอน[ʔɔ:n¹] 傣-侬 lồm păt[lom² pat⁸] 越泰 lồm páu[lom² pau⁵] 越 thổi[thoi³]

【寡蛋❸】 泰 ไฃ่ตัว[khai⁵tuˀa:²];ไฃ่ตายโคม[khai⁵ta:i² kho:m²] 老 ไฃ่อบ[khai⁵ khɔ:n²];ไฃ่ลูก[khai⁵ lu:k¹⁰] 越 trứng ung[tʂɯŋ⁵ ʔuŋ¹];trứng gà ung[tʂuŋ⁵ ɣa² ʔuŋ¹]

【寡妇】 泰 แม่ม่าย[mɛ:³ ma:i⁴] 老 แม่ฃ้าย[mɛ:⁵ ma:i³];แม่ฮ้างบางฃ้าย[mɛ:⁵ ha:ŋ⁴ na:ŋ² ma:³];บางฃ้าย[na:ŋ² ma:i³] 傣-侬 mè mải[mɛ³ma:i³] 越泰 mè mải[mɛ⁶ma:i³] 越 mẹ goá[mɛ⁶ɣwa:⁵];đàn bà góa[ʔda:n² ʔba² ɣwa:⁵];quả phụ[kwa:³ fuˀ] 芒 cảy quả[kai³ kwa:³]

【挂~衣服❹】 泰 ห้อย[hɔ:i³] 老 ท้อย[hɔ:i³];ท่้วง[ni:au³];เฃาะ[kɔ²];เฃาะท้อย[kɔ² hɔ:i³] 傣-侬 hỏi[hɔi³];khoen[khwɛn¹]; vặc[vak⁵];tiu[tiu³];hỏi[hɔ:i³] 越泰 khoen[khwɛn¹] 普 tjaw⁴[tja:u⁴];pak²[pa:k²] 越 treo[tʂɛu¹] 芒 tleo[tlɛu¹];dóc[zɔk⁷]

【挂~蚊帐】 泰 กาง[ka:ŋ²];แฃวน[khwɛ:n¹] 老 กาง[ka:ŋ¹] 傣-侬 khang[kha:ŋ¹] 越泰 cang[ka:ŋ¹]

---

❶ 石家 caaŋ³
❷ 石家 hut⁴; khuut²  掸 khut D1L  泐 xut D1L
❸ 鸡崽孵成雏形便死于蛋内的蛋。
❹ 阿含 khiŋ; hɔi C1  掸 khɛn A1; hɔi C1  泐 xwɛn A1; hɔi C1

越mắc[mak⁷]　芒tanh pá[taŋ¹ pa⁵]

【挂钩】泰ขอเกี่ยว[khɔːˑkiːau⁵] 老ຂໍເກາະ[khɔːˑ kɔ²];ຂໍຫ້ອຍ[khɔːˑ hɔːi³]　越cái móc treo hàng trên cần cẩu[kaːi⁵ mɔk⁷ tṣɛu¹ haːŋ² tṣen¹ kɤn² kɤu³]

【挂号】泰ลงทะเบียน[loŋ² tha⁴ ʔbiːan²] 老ຂຶ້ນທະບຽນ[khun³ tha⁵ ʔbiːan¹];ລົງທະບຽນ[loŋ² tha⁵ ʔbiːan¹]　越ghi tên[ɣi¹ ten¹];vào số[vaːu⁵ ṣo⁵];đăng ký[ʔdaŋ¹ ki⁵];lấy số[lɤi⁵ ṣo⁵]

【挂号处】泰ห้องเวชระเบียน[hɔːŋ³ weːt¹⁰ ra⁴ ʔbiːan²];แผนกลงทะเบียน[pha⁵ nɛːk⁹ loŋ² tha⁴ ʔbiːan²] 老ຫ້ອງຂຶ້ນທະບຽນ[hɔːŋ³ khun³ tha⁵ ʔbiːan¹]　越phòng lấy số[fɔŋ² lɤi⁵ ṣo⁵];phòng đăng ký[fɔŋ² ʔdaŋ¹ ki⁵]

【挂念】泰คิดถึง[khit⁸ thuŋ¹] 老ຄຶດຄຶງ[khit⁸ thuŋ¹]　越nhớ[ɲɤ⁵];nhớ nhung[ɲɤ⁵ ɲuŋ¹];lo lắng[lɔ¹ laŋ⁵];lo nghĩ[lɔ¹ ŋi⁴];không yên tâm[xoŋ¹ ʔiːn¹ tɤm¹]

【挂锁】泰กุญแจชนิดติดกับสายยู[kun² tsɛːˑ tsha⁴ nit⁸ tit⁷ kap⁷ saːi¹ juː²] 老ກະແຈຫາງບ້າ[kaˑ tsɛːˑ maːk⁹ ʔbaː⁴]　越khoá treo[xwaː⁵ tṣɛu¹];cái khóa móc[kaːi⁵ xwaː⁵ mɔk⁷]

【挂钟】泰นาฬิกาติดฝาผนัง[naːˑ liː⁴ kaːˑ tit⁷ faːˑ pha⁵ naŋ²] 老ໂມງຕິດຝາແອວ[naːˑ liː⁵ kaːˑ¹ khwɛːn¹];ໂມງຫ້ອຍຝາ[mo:ŋ² hɔːi³ faːˑ¹];ໂມງແອວຝາ[mo:ŋ² khwɛːn¹ faːˑ¹]　越đồng hồ treo[ʔdoŋ² ho² tṣɛu¹];đồng hồ treo tường[ʔdoŋ² ho² tṣɛu¹ tɯːŋ²]

【拐弯】泰เลี้ยว[liːau⁴] 老ລ້ຽວ[liːau⁴];ເລາະລ້ຽວ[lɔ⁵ liːau⁴];ອ້ຽວ[ʔiːau⁴];ແອະ[vɛ⁵] 岱-侬ngoặc[ŋwaːk⁸];ngoảy[ŋwaːi³]　越泰xlặc[slak⁵];èo[ʔɛu³];pịch xlặc[pik⁸ s-lak⁸]　越rẽ[zɛ⁴];quẹo[kwɛu⁶];quặt[kwat⁸];ngoặt[ŋwat⁸];chuyển hướng[tswiːn³ hɯːŋ⁵]　芒ngé[ŋɛ⁵];wěl[wɛl⁴]

【拐弯处】泰หัวเลี้ยว[huːaˑ¹ liːau⁴] 老ຫົວລ້ຽວ[huːaˑ¹

li:au⁴]　越chỗ ngoặt[tso⁴ ŋwat⁸]

【拐杖❶】泰ไม้ค้ำ[mai⁴ kham⁴];เท้า[thau⁴];ไม้เท้า[mai⁴ thau⁴];ไม้ตะพด[mai⁴ taː⁵ phot⁸];แวตร[wɛːt¹⁰];เส้า[sau³] 老ເທົ້າ[thau⁴];ຄ້ອນເທົ້າ[khɔːn⁴ thau⁴];ໄມ້ເທົ້າ[mai⁴ thau⁴];ໄມ້ຄ້ອນເທົ້າ[mai⁴ khɔːn⁴ thau⁴] 岱-侬tậu ngàm[təu⁴ ŋaːm²];tậu kho[təu⁴ khɔ¹];tậu vai[təu⁴ vaːi¹]　越泰mạy tạu[mai⁴ tau⁴]　越nạng[naːŋ⁶];gậy[ɣɤi⁶];ba-toong (bâton)[ʔbaː¹ tɔːŋ¹];can[kaːn¹]　芒nāng[naːŋ⁴];cẩy[kɤi⁴]

【关～门❷】泰งับ[ŋap⁸];ปิด[pit⁷];หับ[hap⁷] 老ຫັບ[hap⁷];ງັບ[ŋap⁸];ອັບ[ʔap⁷];ປິດ[pit⁷];ຫັດ[ʔat⁷] 岱-侬hăp[hap⁷]　越泰hắp[hap⁷]　普tăm¹[tam¹]　越đóng[ʔdoŋ⁵]

【关～灯】泰ดับ[ʔdap⁷];ปิด[pit⁷] 老ດັບ[ʔdap⁷];ປິດ[pit⁷];ມອດ[mɔːt¹⁰]　越tắt[tat⁷]

【关把牛～起来❸】泰ขัง[khaŋ¹] 老ຂັງ[khaŋ¹]　越giam[zaːm¹]　芒dam[zaːm¹]

【关～进牢房】泰ขัง[khaŋ¹];คุม[khum²] 老ຂັງ[khaŋ¹]　越nhốt[ɲot⁷];giam[zaːm¹]　芒dam[zaːm¹]

【关隘】泰ชัยภูมิ[tshai² phuː² miː⁴];ด่าน[ʔdaːn⁵] 越ải[ʔaːi³];ải quan[ʔaːi³ kwaːn³];quan ải[kwaːn¹ ʔaːi³];cửa quan[kɯːa³ kwaːn¹];hẻm núi[hɛm⁴ nui⁵];đèo[ʔdɛu²]

【关节骨～】泰ข้อต่อ[khɔː³ tɔː⁵];เส้นสาย[sen³ saːi¹];จุดสำคัญ[tut⁷ sam¹ khan²] 老ປ້ອງ[pɔːŋ⁴]　越khớp[xɤp⁷]

【关节炎】泰ไข้ข้ออักเสบ[khai³ khɔː³ ʔak⁷ seːp⁹];รูมาติสซั่ม[ruː² maː² tit³ sam³] 老ພະຍາດປວດຂໍ້[pha⁵ ɲaːt¹⁰ puːat⁹ khɔː³]　越viêm khớp[viːm¹ xɤp⁷]

【关卡】泰ด่านศุลกากร[ʔdaːn⁵ sun¹ laː⁴ kaː² kɔːn¹];จุดตรวจ[tsut⁷ truːat⁹] 老ດ່ານ[ʔdaːn⁵]　越trạm kiểm

---

❶ 阿含 khân
❷ 阿含 hăp D1S    掸 hăp D1S    泐 hăp D1S
❸ 阿含 khaŋ A1    掸 khaŋ A1    泐 khaŋ A1

soát[tʂaːm⁶kiːm³ʂwaːt⁷];trạm gác[tʂaːm⁶ɣaːk⁷];cửa khẩu[kɯə³ xɤu³]

【关系】血缘~ 泰ความสัมพันธ์[khwaːm² sam¹ phan²] 老ㄊㄠㄡ[thaːn¹] 越quan hệ[kwaːn¹ he⁶]

【关心】泰สนใจ[son¹tsai²];เอาใจใส่[ʔau²tsai²sai⁵] 老ฝักใฝ่[fak⁷fai⁵];มีความสนใจ[miː²khwaːm² son¹ tsai²];เอาหัวซา[ʔau¹ huːa¹ saː²];ห่วงใย[huːaŋ⁵ ɲaːi²];อาไล[ʔaː¹˙ lai²];เชื้อ[ʔɯːa⁴];เอาจิตใส่ใจฃา[ʔauˈ˙ tsit⁷ sai⁵ tsai˙˙ saː²];เอาจิตใส่ใจเสย[ʔauˈ˙tsit⁷sai⁵tsai⁵siːa¹];เอาจิตใส่ใจนำ[ʔauˈ˙ tsit⁷ sai⁵ tsai⁵ nam²];เอาจิตใส่[ʔauˈ˙ tsit⁷ sai⁵];เอาใจ[ʔauˈ˙tsai¹] 傣-依ngòithâng[ŋɔi²thəŋ¹] 越quan tâm[kwaːn¹ tɤm¹];trông nom[tʂoŋ¹ nɔm¹];mối lo lắng[moi⁵ lɔ¹ laŋ⁵];chú ý[tʂu⁵ ʔi⁵]

【关押】泰กักขัง[kak⁷khaŋ¹];คุมขัง[khum²khaŋ¹] 老ภัก㽔[kak⁷khaŋ¹];ภักติอ[kak⁷tuːa¹];จำ[tsam¹] 越giam[ʑaːm¹];nhốt[nɔt⁷] 芒nhốt[nɔt⁷]

【关于】泰เกี่ยวกัน[kiːau² kan²] 老ได้แก่[ʔdai⁵kɛː⁵];ก่อแก่[kiːau⁵ kɛː⁵];ก่อกับ[kiːau⁵ kap⁷];ก่อเลื่อง[kiːau⁵lɯːaŋ⁵];ฝ่ายว่า[faːi⁵¹va:⁵];ว่าถอย[vaː⁵ khuːai²];ว่าด้อย[vaː⁵ʔduːai²];ฮับว่า[ʔan¹¹va:⁵] 越泰mã[maː²] 越về[ve²]

【官】泰ขุน[khun¹];นายทหาร[naːiː² thaː⁴ haːn¹] 老ฃุบ[khun¹];เจ้านาย[tsau⁴naːi²] 越泰quan[kwaːn¹] 越quan[kwaːn¹] 芒quan[kwaːn¹]

【棺材】泰โลง[loːŋ²];โลงผี[loːŋ² phiːˈ];โลงศพ[loːŋ² sop⁷];หีบศพ[hiːp⁹ sop⁷] 老โลง[loːŋ²];หีบสับ[hiːp⁹ sop⁷];หีบลับ[hiːp⁹lop⁸];หีบติมตาย[hiːp⁹khon² taːi¹] 傣-依ăn màng[ʔan¹ maːŋ¹];hòm phi[hɔm² phi¹];quan tài[kwaːn¹taːi²];cộ mạy[ko⁶mai⁴] 越泰lồng[loŋ²];phú lỗng[phu⁵loŋ²] 普qaphuơng⁴[qa⁰phuːˑŋ¹] 越cây sǎng[kɤi¹ʂaŋ⁵];quan tài[kwaːn¹ taːi²];áo quan[ʔaːu⁵ kwaːn¹];hòm[hɔm⁵] 芒khăng[khaŋ¹];con khăng[kɔn¹khaŋ¹];khăng ma[khaŋ¹ ma¹];câl khăng[kɤl¹ khaŋ¹]

【观察】泰สังเกต[saŋ¹ keːt⁹];สำรวจ[sam¹ ruːat⁹] 老สังเกต[saŋ¹keːt⁹] 越quansát[kwaːn¹ʂaːt⁷];xem xét[ʂɛm¹sɛt⁷];theo dõi[thɛu¹zɔi²]

【观音】泰พระอวโลกิเตศวรโพธิสัตว์[phra⁴ ʔaː⁵ waˈ loːˈ kiˑ teːˑ suːan¹];พระโพธิสัตว์กวนอิม[phra⁴ phoː² thiˑ sat⁷ kuːan² ʔim¹];กวนอิม[kuːan² ʔim²] 老อะวะโลกิเตสอบ[ʔaː²vaː⁵loː²ki⁵teːˑ¹suːan¹];อะวะโลกิเตสอบโพทิสัต[ʔaː² vaː⁵ loːˑ kiˑ teːˑ¹ suːan¹ pʰoː² thiˑ sat⁷] 越quan âm[kwaːn¹ ʔɤm¹];quan thế âm[kwaːn¹ the⁵ ʔɤm¹];quan thế ân bồ tát[kwaːn¹ the⁵ ʔɤm¹ ʔbo² taːt⁵]

【观众】泰ผู้ชม[phuː³ tshom²] 老ผู้ซุม[phuː³ sɔm²] 傣-依cần chồm[kən²tɕɔm²] 越khán giả[xɛːn⁵ ʑaː³];người xem[ŋɯːi² ʂɛm¹];người đến dự[ŋɯːi² ʔden⁶ zuɯ⁶] 芒môl ngỏ[mɔl⁴ ŋɔ³]

【冠子】鸡~ ❶ 泰หงอน[ŋɔːn¹] 老ฃอน[hoːㄋ¹];ງอง[ŋɔːn¹] 普cu⁴[tsu⁴] 越mào[ɣaːu²] 芒kèl[kɛl²]

【鳏夫】泰พ่อม่าย[phɔː³ maːi³];พ่อร้าง[phɔː³ raːɽ⁴] 老ผู้หม่าย[phɔː⁵maːi³];ผู้ฮ้าง[phɔː⁵haːŋ⁴] 傣-依pò mài[pɔ³ maːi³] 越người đàn ông goá vợ[ŋɯːi² ʔdaːn² ʔɔŋ¹ ɣwaː⁵ vɤ⁶];ông mãnh[ʔɔŋ¹ maːn⁴];người góa vợ[ŋɯːi² ɣwaː⁵ vɤ⁶]

【管】~事情 泰ดูแล[ʔduː² lɛː²];ควบคุม[khuːap¹⁰ khum²] 傣-依quản[kwaːn³];cuồn[kuːn³] 越quản lý[kwaːn³ liː⁵];phụ trách[fu⁶ tʂat⁵]

【管家】泰พ่อบ้าน[phɔː³ʔbaːn³] 老แม่บ้าบ[mɛː⁵ ʔbaːn⁴];ผู้ดูแลบ้าบ[phuː³ʔduː¹¹lɛː¹¹ʔbaːn⁴] 越nhân viên quản lý[ŋɯn¹ viːn¹ kwaːn³ liː⁵];tay hòm chìa khoá[tai¹ hɔm² tʂiːa² xwaː⁵];quản gia[kwaːn³ ʑaː¹]

【管理】泰ครอง[khrɔːŋ²];กำกับ[kam² kap¹];ควบคุม[khuːap¹⁰ khum²] 老ถอง[khɔːŋ²];ถอบถอง[khɔːp¹⁰ khɔːŋ²];ถอบคุม[khuːap¹⁰ khum²];คุ้ม[khum⁴];คุ้ม

❶ 阿含 hǎn A1　撢 hɔn A1　勍 hɔn A1　拉基 cô¹

คอງ[khum⁴ khɔːŋ²];กุ้ม[kum⁴];กุ้มกอก[kum⁴ kok⁷];กุ้มคอງ[kum⁴ khɔːŋ²];บังยาบ[ʔbɔː¹¹ liː⁵ ʔbaːn¹];ปึกคอງ[pok⁷khɔːŋ²];อะพืยาบ[ʔa² phi⁵ ʔbaːn²];อำมอย ราบ[ʔam¹ nuːai² kaːn¹] 傣-依quán lí[kwaːn³ li⁵] 越泰chàu[tsau³] 普caw³[tsaːu⁴] 越quán lý[kwaːn³ li⁵];trông nom[tʂoŋ¹ nɔm¹];trông coi[tʂoŋ¹ kɔi¹];quán trị[kwaːn³ tʂi⁶] 芒pù[puʔ];bó[ʔbɔ⁵]

【冠军】 泰แชมป์[tshɛːm²];แชมเปี้ยน[tshɛːm² piːan³];ผู้ชนะเลิศ[phuː³ tshaʔ na⁴ lɤːt¹⁰] 老ผู้ຂະນະເລີດ[phuː¹ sa⁵ na⁵ lɤːt¹⁰] 越nhà vô địch[ɲa² voˀ dit⁸];quán quân[kwaːn⁵ kwɤn¹]

【灌~水】 泰กรอก[krɔːkˀ] 老ກອກ[kɔːkˀ] 傣-依cuốn[kuːn⁵] 越tưới[tɯːi⁵]

【灌木】 泰ไม้พุ่ม[mai⁴phun³] 老ຕົ້นໄມ້ເປັນພຸ່ມ[ton⁴mai⁴pen¹¹phum⁵];ຕົ້ນໄມ້ພຸ່ມ[ton⁴mai⁴phum⁵];ໄມ້ພຸ່ມ[mai⁴ phum⁵];ໄມ້ພຸ່ມ[mai⁴ fum⁵] 越cây bụi[kɤi¹ ʔbui⁶]

【罐头】 泰อาหารกระป๋อง[ʔaː² haːn¹ kra⁵ pɔːŋ¹] 老ກະປ໋ອງ[kaʔpɔːŋ⁴] 越đồ hộp[ʔdoʔhopˀ] 芒đồ hộp[ʔdoʔ hopˀ]

【罐子】 泰หม้อรามชามไห[mɔː³ raːm² tshaːm² hai¹] 老ໂถ[thoː¹] 越vại[vaːi⁶];lọ[lɔ⁶];chai[tsaːi¹];hộp thiếc[hopˀ thiːkˀ];hộp sắt tây[hopˀ ʔatˀ tɤi¹];bô[ʔbo¹] 芒bô[ʔbo¹]

【鹳】 泰นกกระสา[nokˀ kra⁵ saː¹] 老ນົກກະສາ[nokˀ kaʔsaː¹] 越chim khoang[tsim¹xwaːŋ¹];con cò[kɔn¹ kɔː²]

【光~说不做】 泰เพียง[phiːaŋ²] 老พยງ[phiːaŋ²] 越chỉ[tsi⁵];vã[va⁴]

【光棍儿】 泰ชายโสด[tshaːi²soːtˀ] 老ຄົນໂສດ[khon²soːtˀ];ຊາຍໂສດ[saːi²soːtˀ];ຊາຍໂຊບ[saːi² thoːn³] 越泰báo đai[ʔbaːu⁵ʔdaːi¹] 越chưa vợ[tsɯɯ¹ vɤ³];độc thân[ʔdokˀ thɤn¹]

【光滑❶】 泰เกี้ยงเกลา[kliːaŋ³klau²];เลื่อม[lɯːam³] 老ຕະເທລີດ[taʔlɤːtˀ];ຕຽງ[tiːan¹];ແປນ[pɛːn¹];ผียງ[phiːan³];ม่อน[mɔːn⁵];กิງกิມ[kiːaŋ⁴ kom¹];กิງเฮิดเติด[kiːaŋ⁴ ʔɤːtˀ tɤːtˀ];กิງ[kiːaŋ⁴] 傣-依luớn[lɯːn³] 越泰lọn[lɔn⁴];kiểng[kiːŋ³] 普nuon³[nuːn³] 越nhẵn[ɲan⁴];nhẵn bóng[ɲan⁴ʔbɔŋ⁵];trơn tuột[tʂɤːn¹ tuːtˀ];trơn như đồ mỡ[tʂɤːn¹ ɲɯɯ ʔdo² mɤˀ] 芒khon[khɤːn¹]

【光头】 泰หัวล้าน[huːa¹laːn⁴] 老ຫົວໂລ້ນ[huːa¹ loːn⁴];ຫົວກ້ອນ[huːa¹lɔːn³] 越đầu trọc[ʔdɤu²tʂokˀ];trọc đầu[tʂokˀ ʔdɤu²] 芒lôl tlốc[lɔl⁴ tlokˀ]

【光线】 泰แสง[sɛːŋ¹] 老ແສງ[sɛːŋ¹];ลัງสี[laŋ³ siː¹];ลัดสะมี[latˀsa²miː¹];อาพาด[ʔaː¹¹ phaːtˀ¹⁰];โอพาด[ʔoː¹¹phaːtˀ¹⁰] 越泰xanh hùng[sɛŋ¹huŋ⁶] 越tia sáng[tiɤ¹ ʂaːŋ⁵];ánh sáng[ʔaŋ⁵ ʂaːŋ⁵]

【桄榔粉】 泰แป้งปาล์มกูมูตี[pɛːŋ³ paːm² kuː² muː² tiː³] 傣-依tụt pảng[tutˀ paːŋ³];tắn pảng[tan⁵ paːŋ³] 越bột báng[ʔbotˀ ʔbaːŋ⁵]

【桄榔树】 泰ต้นตาว[ton³taːu²] 老ກົກຕາວ[kokˀ taːu¹];ກົກຕາວຕາດ[kokˀ tauˀ taːtˀ];ต้นจาก[ton⁴ tsokˀ] 越泰co pảng[kɔ¹ paːŋ³] 越cây báng[kɤi¹ ʔbaːŋ⁵];cây đoác[kɤi¹ ʔdwaːkˀ];cây guột[kɤi¹ yuːtˀ]

【广场】 泰จัตุรัส[tsatˀ ratˀ];ลานกว้าง[laːn² kwaːŋ³] 老ເດີ່ນ[ʔdɤːn⁵];ກາງແກ່ງ[kaːŋ¹¹kɛːŋ⁵] 越quảng trường[kwaːŋ³ tʂɯːŋ²]

【广告】 泰โฆษณา[khoː² saˀ naː²] 老ປະກາດໂສະບາ[paʔ kaːtˀ khoː² sa² naː²];ใบจ้งดวาม[ʔbai¹¹ tsɛːŋ² khwam²] 傣-依páo pài[paːu⁵paːi²] 越quảng cáo[kwaːŋ³ kaːu⁵]

【逛~街】 泰เดินเที่ยว[ʔdɤːn² thiːau³] 老ย่างถลีน[naːŋ⁵ lin³];ເດີນຫຼິ້ນ[ʔdɤːn¹ lin³];ถยอดถลี้[thiːau⁵ lin³];ໂລະ[lɔ⁵];เลาะถลี้น[lɔ⁵ lin³] 傣-依luấy[lwɤi³];lin liếu[lin³ liːu⁵] 越dạo[zaːu⁵];đi chơi[ʔdi¹ tʂɤːi¹]

---

❶ 石家 mliil⁵   阿含 ngāo A2

【龟❶】 泰เต่า[tau⁵];กริว[kriu²];ตริว[triu²];จริว[tsa⁵ riu²] 老เต๋า[tau⁵];ตัวเต๋า[tu:a¹ tau⁵];เต่าสะกีบ[tau⁵ sa² kon¹'];สะกีบ[sa² kon¹'];กูละมะ[ku:¹' la⁵ ma⁵] 傣-侬tấu[təu⁵];tua tấu[tuə¹ təu⁵];tua quý[tuə¹ kwi⁵] 越泰táu[tau⁵];tô táu[to¹ tau⁵] 普lhăw¹[lau¹] 越rùa[zuə³];con rùa[kɔn¹ zuə³];芒rò[rɔ²];hò[hɔ²];con rò[kɔn¹ rɔ²];con hò[kɔn¹ hɔ²]

【龟甲】 泰กระดองเต่า[kra⁵ ʔdɔ:ŋ² tau⁵] 老ดองเต๋า[ʔdɔ:ŋ¹' tau⁵];กะดองเต๋า[ka² ʔdɔ:ŋ¹' tau⁵];ออกเต๋า[ʔɔ:ŋ¹' tau⁵];สับออกเต๋า[san² ʔɔ:ŋ¹' tau⁵] 傣-侬đoong tấu[ʔdɔ:ŋ¹' təu⁵] 越泰ong táu[ʔɔŋ¹ tau⁵] 越mai rùa[ma:i¹ zuə²];yếm rùa[ʔi:m⁵ zuə³] 芒yếm rò[ʔi:m³ rɔ²]

【闺房】 泰ห้องของหญิงสาว[hɔ:ŋ³ khɔ:ŋ³ jiŋ¹ sa:u¹] 老กับยากคาบ[kan¹' na:¹' kha:n¹];กับยาเทยา[kan¹' na:² khe:² ha:¹] 越khuê phòng[xwe¹ fɔŋ²];phòng khuê[fɔŋ² xwe¹];nhà trong[na⁴ tʂɤ:ŋ¹]

【鬼❷】 泰ผี[phi:¹] 老ผี[phi:¹];สาง[sa:ŋ¹];กุ้ย[kui⁴] 傣-侬phi[phi¹];quỷ quái[kwi⁵kwa:i³];tua quỷ quái[tuə¹kwi⁵kwa:i³] 越泰phi[phi¹] 普qaNiəm³[qaºni:m³];qacjăk²[qaºtsjak²];qaja¹[qa⁰ja¹];qalwak²[qa⁰ lwa:k²] 越ma[ma¹];con ma[kɔn¹ ma¹];quỷ[kwi³] 芒ma[ma¹];mān[ma:n⁴];quí[kwi⁵]

【鬼火】 泰ผีพุ่งใต้[phi:¹ phuŋ³ tai³] 老ขะสี[ka² sɯ:¹];ผีขะสี[phi:¹ ka² sɯ:¹];ผีเปี่ยง[phi:¹ pau⁵];ผีโพง[phi:¹ pho:ŋ²];ผีโพง[phi:¹ pho:ŋ²];โพง[pho:ŋ²] 傣-侬fầy phi[fəi² phi¹] 越ma trời[ma¹ tʂɤ:i¹]

【贵这东西很~❸】 泰แพง[phe:ŋ²] 老แพง[phe:ŋ²] 傣-侬pèng[peŋ²];bắt[ʔbat⁷] 越泰pănh[peŋ²] 普băt[bat⁵] 越đắt[ʔdat⁷] 芒tắt[tat⁷];mắt[mat⁵]

【贵客】 泰แขกผู้มีเกียรติ[khɛ:k⁹phu:³mi:²kri:at⁹] 老แขกผู้มียาง[khɛ:k⁹ phu:³ mi:² ki:at⁹];แขกที่มียาง[kɛ:k⁹ thi:⁵ mi:² ki:at⁹] 越quý khách[kwi⁵ xat⁷];khách quý[xat⁷ kwi⁵];thượng khách[thɯ:ŋ⁶ xat⁷] 芒thường khéch[thɯ:ŋ⁴ khɛt⁷]

【柜台】 泰เคาน์เตอร์[khau²tə:²] 老เคาเตี[khau⁴ thə:¹'] 傣-侬choòng tủ khai cúa[tɕɔ:ŋ¹ tu³ kha:i¹ kɯ⁵] 越tủ kính bày hàng[tu³ kiŋ⁵ ʔbai² ha:ŋ²];quầy hàng[kwɤi² ha:ŋ²]

【柜子】 泰ตู้[tu:³] 老ตู้[tu:⁴] 傣-侬tủ[tu³];cuả[kuə³] 越泰tủ[tu³] 普syông³[syoŋ³] 越tủ[tu³];cái tủ[ka:i⁵ tu³] 芒tú[tu³]

【桂花】 泰กุ้ยฮวา[kui³hwa:²];ดอกกุ้ยฮวา[ʔdɔ:k⁹kɤi³ hwa:²] 越hoa quế[hwa¹ kwe⁵]

【桂花蝉】 泰แมงดา[mɛ:ŋ² ʔda:²];แมง ดานา[mɛ:ŋ² ʔda:²na:²] 老แมงดา[mɛ:ŋ² ʔda:¹] 越càcuống[ka² ku:ŋ⁵] 芒đa đa[ʔda¹ ʔda¹]

【桂皮】 泰เปลือกต้นอบเชย[plɯ:ak⁹ton³ʔop⁷tshə:i²] 越quế[kwe⁵];quế bì[kwe⁵ ʔbi²];vỏ cây quế[vɔ³ kɤi¹ kwe⁵] 芒ta khềnh[ta¹ khen²]

【桂树】 泰ต้นอบเชย[ton³ ʔop⁷ tshə:i²] 越cây quế[kɤi¹ kwe⁵];cây hoa mộc[kɤi¹ hwa¹ mok⁸]

【跪】 泰คุกเข่า[khuk⁸ khau⁵] 老ข่อย[ku:ai⁵];คู้เข่ง[xhu⁵khau¹];คู้เข่ง[khu:⁴ khau⁵] 傣-侬qui[kwi³] 越泰xên xẽ[sen¹ se²] 越quỳ[kwi²];quỳ gối[kwi² ɣoi⁵] 芒tểm cổl[tem⁴ kol³]

【刽子手】 泰เพชฌฆาต[phet⁸tsha⁴kha:t¹⁰] 老เพ็ดฆะดาด[phet⁸ sa⁵ kha:t¹⁰] 越người hành hình[ŋɯ:i² han² hin²];đao phủ[ʔdau¹ fu³];đao phủ thủ[ʔdau¹ fu³ thu³];tay đao phủ[tai¹ ʔdau¹ fu³];ɔŋ giết người[ʔbɔn⁶ zi:t⁷ ŋɯ:i²]

---

❶ 石家 rɔɔ 拉哈 tāw²；khăw⁵
❷ 石家 maan² 阿含 phri A1；phi A1 拉哈 kaza¹ 拉基 kazu¹
❸ 石家 phxxŋ⁴

【滚水~了❶】泰เดือด[?dɯːatˠ] 老ເດືອດ[?dɯːatˠ];ພົດ[fotˠ] 佤-侬fât[fətˠ] 普lan¹[laːn¹];dan¹[daːn¹] 越sôi[ṣoi¹] 芒khúi[khui⁵]

【滚动】泰กลิ้ง[kliŋ³] 老ກິ້ງ[kiŋ⁴];ກິ້ງເກືອກ[kiŋ⁴ kɯːakˠ] 越泰kinh[kiŋ³] 普long²[lɔŋ²] 越lăn[lan¹] 芒lăn[lan¹]

【棍子❷】泰กระบอง[kra⁵ ʔbɔːŋ²];ตะบอง[ta⁵ ʔbɔːŋ²];ตระบอง[tra⁵ ʔbɔːŋ²];ตะพด[ta⁵ photˠ];ท่อนไม้[thɔːn³ mai⁴];พลอง[phlɔːŋ²] 老ກະບອງ[ka² ʔbɔːŋ¹];ໄມ້ຄ້ອນ[mai⁴ khɔːn⁴];ຄ້ອ[khɔː⁴] 佤-侬tậu[təuˠ] 越泰cọn[kɔnˠ] 普sin³cu⁴[sin³tsu⁴] 越gậy[ɣɤi⁶];cái gậy[kaːi⁵ ɣɤi⁶];cái côn[kaːi⁵ konˠ];cái que[kaːi⁵ kwɛ¹]

【锅❸】泰หม้อ[mɔː³];กระทะ[kra⁵ tha⁴];กระพอก[kra⁵ phɔːkˠ] 老ໝໍ້[mɔː³];ແຫກ[heːkˠ];ໝໍ້ແຫກ[mɔː³ heːkˠ] 佤-侬hec[hɛkˠ];cháo[tɕaːu⁵];mồ[mɔː³] 越泰mồ[mɔː³] 普caw¹[tsaːu¹];khu³[khu³] 越cháo[tsaːu³];nồi[noi²];xoong[sɔːŋ¹] 芒nồl[nolˠ];cháo[tsaːu⁵]

【锅巴】泰ข้าวตัง[khaːu³ taŋ²] 老ເຂົ້າຂອດໝໍ້[khau³ khɔːtˠ mɔː³];ເຂົ້າແຫ້ມ[khau³ hɛːm³] 越comcháy[kɤːm¹ tsai⁵] 芒cơm chắl[kɤːm¹ tsalˠ]

【锅铲】泰ตะหลิว[ta⁵ liu¹];จะหลิว[tsa⁵ liu¹] 越xẻng cơm[sɛŋ³ kɤːm¹]

【锅底儿】泰ก้นหม้อ[kon³ mɔː³] 老ພື້ນໝໍ້[phɯːnˠ mɔː³];ກົ້ນໝໍ້[konˠ mɔː³] 越đáy nồi[ʔdai⁵ noi²];lòng cháo[lɔŋ² tsaːu³] 芒khong nồl[khɔŋ¹ nolˠ];lòng cháo[lɔŋ² tsaːu⁵]

【锅垫子】泰แผ่นรองกันหม้อ[phɛːn⁵ rɔːŋ² kan² mɔː³] 老ແຜ່ນຮອງກັນຮ້ອນ[phɛːn⁵ hɔːŋ² kan² hɔːn³];ເຄື່ອງຮອງກັ້ນໝໍ້[khɯːaŋ⁵ hɔːŋ² konˠ mɔː³];ຮອງກັ້ນໝໍ້[hɔːŋ² konˠ mɔː³] 佤-侬ti mồ[tiˠ mɔː³];lê

mồ[leˠ mɔː³] 越泰ăn tồm hế mồ[ʔanˠ tomˠ heˠ mɔː³] 越rẻ[zeˠ];cái rẻ[kaːi⁵ zeˠ] 芒rẻ[reˠ];cái rẻ[kaːi³ reˠ]

【锅耳】泰หูหม้อ[huː¹ mɔː³];หูหิ้ว[huː¹ hiu³] 老ຫູໝໍ້[huː¹ mɔː³];ຫູຖິ້ວ[huː¹ hiu³] 佤-侬xu héc[ɕuˠ hɛkˠ] 越quai nồi[kwaːi¹ noi²]

【锅盖】泰ฝาหม้อ[faː¹ mɔː³];ฝากระทะ[faː¹ kra⁵ tha⁴] 老ຝາໝໍ້[faː¹ mɔː³] 佤-侬pha[pha¹];pha mồ[pha¹ mɔː³] 普long² khu³[lɔŋ⁴ khu³] 越vung nồi[vuŋ¹ noi²];nắp xoong[nap⁷ sɔːŋ¹] 芒pung nồl[puŋ¹ nolˠ]

【锅烟子】泰ดินหม้อ[ʔdin² mɔː³] 老ຂີ້ ໜື່ບໝໍ້[khiː³ minˠ mɔː³];ຂີ້ໝໍ້[khiː³ mɔː³] 佤-侬mi mồ[miˠ mɔː³] 普qazhjang¹[qa⁰ zjaːŋ¹];qarhjang¹[qa⁰ rjaːŋ¹] 越mồ hóng[mɔ² hɔŋ⁵];bồ hóng[ʔbo² hɔŋ⁵];nhọ nồi[nɔˠ noi²];nhọ nghẹ[nɔˠ ŋɛˠ] 芒mỏng[mɔŋ³];mỏng khỏi[mɔŋ³ khɔi³]

【国家❹】泰เมือง[mɯːaŋ²];ประเทศ[pra⁵ theːtˠ] 老ບ້ານເມືອງ[baːn³ mɯːaŋ²] 老ເມືອງ[mɯːaŋ²];ປະເທດ[pa² theːtˠ];ເຂດ[theːtˠ];ຊາດ[saːtˠ];ບ້ານເມືອງ[ʔbaːn³ mɯːaŋ²];ລັດ[latˠ] 佤-侬nương cruồn[nɯːkˠ ruːŋ²] 越泰mưởng[mɯːaŋ²];đin mưởng[ʔdin¹ mɯːaŋ²];hươn nước[hɯːn²nɯːkˠ] 普ko⁴ ca²[kɔ⁴tsa²];bân¹ mung¹[bɤn³muŋ¹] 越nước[nɯːkˠ];nhà nước[nɑˠ nɯːkˠ];nước nhà[nɯːkˠ nɑˠ];quốc[kwokˠ];quốc gia[kwokˠ zaˠ] 芒nước[nɯːkˠ];nhà nước[nɑˠ nɯːkˠ];nước nhà[nɯːkˠ nɑˠ];quốc da[kwokˠ zaˠ]

【果核❺】泰เมล็ดผลไม้[ma⁴ letˠ phon¹ laˠ mai¹] 老ແກ່ນໝາກໄມ້[kɛːn⁵ maːkˠ mai⁴];ແກ່ນ[kɛːn⁵];ໄບໝາກໄມ້[nai² maːkˠ mai⁴] 佤-侬muối[muːi⁵] 越泰kén[kɛn⁵] 越hạt trái cây[haːtˠ tṣaːi⁵ kɤi¹];

---

❶ 石家 daatˠ
❷ 石家 gɔːlˠ   阿含 khân C2
❸ 石家 mɔːˠ
❹ 阿含 müng
❺ 石家 mlxk⁶

hột trái cây[hot⁸ tsa:i⁵ kɤi¹];múi quả[mui⁵ kwa³];
芒 chêl[tsɛl³]

【果酱】 泰 แยม[jɛ:m²];แยมผลไม้[jɛ:m² phon¹ la⁴mai⁴]
老 ໝາກໄມ້ກວນ[ma:k⁹mai⁴kuan¹];ກວນ[kuan¹]
越 công phi tuya[koŋ¹ fi¹ twiə¹]

【果酒】 泰 เหล้าผลไม้[lau³ phon¹la⁴mai⁴] 老
ເຫຼົ້າຂອງໝາກໄມ້[lau³ va:n¹ phon¹ ma:k⁹ mai⁴]
越 rượu ngâm hoa quả[zɯ:u⁶ ŋɤm¹ hwa¹ kwa³];
rượu ngọt[zɯ:u⁶ ŋot⁸];rượu mùi[zɯ:u⁶ mui²]

【果皮】 泰 เปลือก[plɯ:ak⁹] 老 ເປືອກ[pɯ:ak⁹];
ເປືອກໝາກໄມ້[pɯ:ak⁹ma:k⁹mai⁴] 岱-侬 pước
[pɯ:k⁵] 越泰 purók[pɯ:k⁵] 越 vỏ hoa quả[vɔ⁵
hwa¹ kwa³]

【果然】~名不虚传 泰 จริงอย่างที่คาดคิด[tsiŋ²ja:ŋ⁵thi:³
kha:t¹⁰khit⁸] 岱-侬 chăn cạ rình[tɕan¹ka⁴riŋ²];
chăn cạ rại[tɕan¹ ka⁴ ra:i⁴] 越泰 khặc[khak⁸];khặc
và[khak⁸va⁶] 越 quả[kwa³];quảnhiên[kwa³ɲi:n¹];
quả thực[kwa³ thɯk⁸];quả là[kwa³ la²]

【果仁】❶ 泰 เมล็ดผลไม้[ma⁴ let⁸ phon¹ la⁴ mai⁴]
老 ເມັດໝາກໄມ້[met⁹ phon¹ la⁵ mai⁴] 越 hột trái
cây[hot⁸ tsa:i⁵ kɤi¹]

【果肉】 泰 เนื้อผลไม้[nɯ:a⁴phon¹la⁴mai⁴] 老
ເນື້ອໃນໝາກໄມ້[nɯ:a⁴ nu:an¹ ma:k⁹ mai⁴];ເນື້ອ
ໝາກໄມ້[nɯ:a⁴ phon¹ la⁵ mai⁴] 岱-侬 nựa[nɯə⁴]
越泰 nhõng[ɲɔŋ²] 越 múi hoa quả[mui⁵ hwa¹
kwa³];cùi[kui²];cơm[kɤ:m¹]

【果树】 泰 ต้นผลไม้[ton³phon¹la⁴mai⁴] 老 ກົກ
ໄມ້ກິນໝາກ[kok⁷mai⁴kin¹¹ma:k⁹];ຕົ້ນກົກໝາກ
[ton⁴kin¹¹ma:k⁹];ຕົ້ນໄມ້ກິນໝາກ[ton⁴mai⁴kin¹¹
ma:k⁹];ຕົ້ນໝາກໄມ້[ton⁴ ma:k⁹ mai⁴] 岱-侬 co mac
[kɔ¹ ma:k⁷] 越泰 co mák[kɔ¹ ma:k⁷] 越 cây ăn
quả[kɤi¹ ʔan¹ kwa³];cây ăn trái[kɤi¹ ʔan¹ tsa:i⁵]
芒 câl ăn tlải[kɤl¹ ʔan¹ tla:i³]

【果园】 泰 สวนผลไม้[su:an¹ phon¹ la⁴ mai⁴] 老
ສວນຜົນລະໄມ້[su:an¹ phon¹ la⁵ mai⁴] 岱-侬 sluôn
mac[łu:n¹ ma:k⁷] 越泰 xuôn mák[su:n¹ ma:k⁷]
越 vườn cây ăn quả[vɯ:n² kɤi¹ ʔan¹ kwa³]

【果汁】 泰 น้ำผลไม้[nam⁴ phon¹ la⁴ mai⁴] 老 ນ້ຳ
ໝາກໄມ້ຄັ້ນ[nam⁴ ma:k⁹ mai⁴ khan⁴];ນ້ຳໝາກໄມ້
[nam⁴ ma:k⁹ mai⁴] 越 nước hoa quả[nɯ:k⁷ hwa¹
kwa³];nước quả[nɯ:k⁷ kwa³];nước ép hoa quả
[nɯ:k⁷ ʔɛp⁷ hwa¹ kwa³];nước ép[nɯ:k⁷ ʔɛp⁷]

【果子】 泰 ผล[phon¹la⁴];ผลไม้[phon¹la⁴mai⁴];หมาก
[ma:k⁹];ลูกไม้[lu:k¹⁰mai⁴] 老 ໝາກ[ma:k⁹];ໝາກ
ໄມ້ໝາກ[ma:k⁹mai⁴ma:k⁹];ພະລະຜົນ[pha²la:²phon¹];
ຜົນ[phon¹];ໝາກຜົນ[ma:k⁹ phon¹];ຜົນລະໄມ້[phon¹
la⁵mai⁴];ຜົນໝາກໄມ້[phon¹ma:k⁹mai⁴];ໜບ່ອຍ
[nu:ai⁵];ໜ່ອຍໝາກໄມ້[nu:ai⁵ma:k⁹mai⁴];ໝາກໄມ້
[ma:k⁹ mai⁴] 岱-侬 mac[ma:k⁷] 越泰 mák[ma:k⁷]
普 mjak²[mja:k²] 越 quả[kwa³];trái[tsa:i⁵];trái
cây[tsa:i⁵ kɤi¹];quả cây[kwa³ kɤi¹] 芒 tlải[tla:i³]

【果子狸】 泰 เห็น[hen¹];อีเห็นจมูกขาว[ʔi:² hen¹ tsa⁵
mu:k⁹ kha:u¹] 老 ເຫັນແປງ[hen¹ phɛ:ŋ¹];ເຫັນແປງ
[hen¹ fɛ:ŋ¹];ເຫັນໜີ[hen¹ mi:¹];ເຫັນອົມ[hen¹ ʔom⁴];
ເຫຍັນແປງ[ŋen¹ phɛ:ŋ¹];ເຫຍັນແປງ[ŋen¹ fɛ:ŋ¹];ເຫຍັ
ນໜີ[ŋen¹mi:¹];ເຫຍັນອົມ[ŋen¹ ʔom⁴];ເຫຍັນອົມ[ɲen¹
ʔom⁴] 岱-侬 hên moòng[hen¹ mɔ:ŋ²] 越泰 nhên
mõng[ɲen¹ mɔŋ²] 越 cầy hương[kɤi² hɯ:ŋ¹];con
cầy hương[kɔn¹ kɤi² hɯ:ŋ¹] 芒 cầy hơm[kɤi²
hɤ:m¹]

【裹腿】 泰 ผ้าพันแข้ง[pha:³ phan² khɛ:ŋ³] 老 ຜ້າ
ພັນແຂ້ງ[pha:³ phan² khɛ:ŋ⁵] 岱-侬 kha cặt[kha:¹
kat⁸];kiểu kiêt[ki:u³ ki:t⁷] 普 qapăn³[qa⁰ pan³]
越 xà cạp[sa² ka:p⁸]

【蜾蠃】 泰 ขี้ผึ้งกาฝาก[khi:³ phɯŋ³ ka:² fa:k⁹] 老
ໄຈ[jai¹] 越 con tò vò[kɔn¹ tɔ² vɔ²]

---

❶ 石家 mlxk⁶

【过~桥❶】 泰ผ่าน[pha:n⁵] 老ຜ່ານ[pha:n⁵] 岱-侬 quá[kwa⁵];khói[khɔi⁵];khảm[kha:m⁵] 越泰khói[khɔi⁵];táy[tai⁵] 普lung³[luŋ³] 越qua[kwa¹] 芒qua[kwa¹]

【过分】 泰เกินไป[kə:n² pai²];เกินเหตุ[kə:n² he:t⁹] 老เฮັ້ມ[sen²];ພິລືກພິລ້ຳ[phi⁵ luk⁸ phi⁵ lam⁴];ໂພດ[pho:t¹⁰];ໂພດກາຍ[pho:t¹⁰ ka:i¹];ໂພດເຫຼືອ[pho:t¹⁰ lɯ:a¹];ແວມຍິ່ງ[vɛ:n² ɲiŋ⁵];ອະດັກອະເດີຍ[ʔa² ʔdak ʔa² ʔdi:a⁴];ອຸບາດ[ʔu² ʔba:t⁹];ກະດັດ[ka² ʔdat⁵];ກະດໍ້[ka² ʔdɔ:⁴];ກະໂລ້[ka² lo:⁴];ກາງແກ່[ka:ŋ¹' kɛ:⁵];ເກີນ[kə:n¹'] 岱-侬 tái quá[ta:i³kwa⁵] 越泰cai xia[ka:i¹ siə¹] 越quá[kwa⁵];quá đáng[kwa⁵?da:ŋ⁵] 芒quả[kwa³]

【过节】 泰ฉลองเทศกาล[tsha⁵ lɔ:ŋ¹ the:t¹⁰ ka:n²] 老ເຮັດບຸນ[het⁸ ʔbun¹'] 越ăn tét[ʔan¹ tet⁵];làm lễ kỷ niệm[la:m² le⁴ ki³ ni:m⁶]

【过滤❷】 泰กรอง[krɔ:ŋ¹];กลั่นกรอง[klan⁵krɔ:ŋ²] 老ຕອງ[tɔ:ŋ¹'] 越lọc[lɔk⁸] 芒loc[lɔk⁸]

【过敏】 泰อาการแพ้[ʔa:²ka:n²phɛ:⁴];อาการแพ้ยา[ʔa:² ka:n² phɛ:⁴ ja:²] 越dị ứng[zi⁶ ʔɯŋ⁵] 芒húl[hul⁵]

【过年】 泰ฉลองปีใหม่[tsha⁵ lɔ:ŋ¹ pi:² mai⁵] 老ກິນຈຽງ[kin¹' tsi:aŋ¹] 岱-侬kin chiêng[kin¹ tɕi:ŋ¹] 越泰kin chiêng[kin¹ tsi:ŋ¹] 越ăn tét[ʔan¹ tet⁵] 芒ăn thét[ʔan¹ thet⁵]

【过去他比~胖了❸】 泰ที่แล้วมา[thi:³ lɛ:u⁴ ma:²] 老ກາລາດີດ[ka:l' la:² ʔdi:t⁹];ແຕ່ເກົ່າກ່ອນ[tɛ:⁵ kau⁵ kɔ:n⁵];ແຕ່ກ່ອນ[tɛ:⁵ kɔ:n⁵];ໃນສະໄໝກ່ອນ[nai² sa mai¹kɔ:n⁵];ປາງອະດີດ[pa:ŋ¹² ʔa²ʔdi:t⁹];ເມື່ອກ່ອນ[mɯ:a⁵ kɔ:n⁵];ເມື່ອກ່ອນນີ້[mɯ:a⁵ kɔ:n⁵ ni:⁴];ອະດີດ[ʔa²² ʔdi:t⁹] 岱-侬pửa cón[pɯə³kon⁵];vẳn cón[van kon⁵] 越泰pāi lăng[pa:i²laŋ¹] 越đã qua[ʔda⁴ kwa¹];đi qua[ʔdi¹ kwa¹];vừa qua[vɯə² kwa¹];ngày trước[ŋai² tsɯ:k⁵] 芒khây tlước[khɤi¹ tlɯ:k⁵]

【过云雨】 泰ฝนซู่[fon¹su:³];ฝนไล่ช้าง[fon¹lai³ tsha:ŋ⁴] 越mưa rào[mɯə¹ za:u²];mưa chòm mây[mɯə¹ tsɔm² mɤi¹];mưa bóng mây[mɯə¹ ʔbɔŋ⁵ mɤi¹] 芒mưa pòng đẳng[mɯə¹ pɔŋ³ ʔdaŋ²]

【过瘾】 泰ถึงอกถึงใจ[thɯŋ¹ ʔok⁷ thɯŋ¹ tsai²] 老ແກ້ແງ້ວ[kɛ:⁴ ŋɛ:n⁴];ໜຳໃຈ[nam¹ tsai¹'] 越đã[ʔda⁴];thỏa nguyện[thwa³ ŋwi:n⁶]

【过到~北京】 泰ได้[ʔdai³] 老ໄດ້[ʔdai³] 岱-侬 quá[kwa⁵] 越đã[ʔda⁴];rồi[zoi²];từng[tɯŋ²]

---

❶ 阿含 kā B1  掸 kwa B1  泐 kwa B1
❷ 掸 hɔn B2
❸ 石家 kɔɔn⁶

# H

【哈~气】 泰เป่า[pau⁵] 老ຊ່າ[ha:⁵] 岱-侬 páu [pəu⁵] 越泰phú[phu⁵] 越hà[ha²]

【哈巴狗】 泰หมาจู[ma:¹ tsu:²];สุนัขพันธุ์ปักกิ่ง[su⁵ nak⁷ phan² pak⁷ kiŋ⁵] 老ໝາຈູ[ma:¹ tsu:¹] 越chó lông xù[tʂɔ⁵ loŋ¹ su²] 芒chó lông xù[tʂɔ⁵ loŋ¹ su²]

【还明天~去❶】 泰ยัง[jaŋ];อีก[ʔi:k⁹] 老ຍັງ[ɲaŋ²] 岱-侬 nhằng[ɲaŋ²] 越泰nhằng[ɲaŋ²];tọn[tɔn⁴] 普lhɯ¹[lɯ¹];Nhăng⁴[ɲaŋ⁴] 越còn[kɔn²] 芒còn [kɔn²]

【还是去~不去】 泰หรือ[rɯ:¹] 老ຫຼື[lɯ:¹] 越hay[hai¹];hay là[hai¹ la²]

【孩子❷】 泰ลูก[lu:k¹⁰];ลูก ๆ[lu:k¹⁰ lu:k¹⁰];บุตรธิดา [ʔbut⁷ thi⁴ ʔda:²] 老ລູກ[lu:k¹⁰];ເຕົ້າ[tau⁴];ລູກເຕົ້າ [lu:k¹⁰tau⁴];ລູກເຕົ້າເຂົ້າອ່ອນ[lu:k¹⁰ tau⁴khau⁴ʔɔ:n⁵]; ลูกแส้ขลามสาว[lu:k¹⁰ sɛ:³ la:n¹ sau¹];ลูกเต้ายิ้งฉาย [lu:k¹⁰ tau⁴ ɲiŋ² sa:i²];บุด[ʔbut⁷] 岱-侬 lục[luk⁸] 越泰lụk[luk⁸] 普ljak²[lja:k²];qa jɯo³[qa⁰jɯɣ³]; jɯo³[jɯɣ³] 越cái con[ka:i⁵ kɔn¹];đứa con[ʔdɯ:⁵ kɔn¹];concái[kɔn¹ ka:i⁵] 芒con[kɔn¹];concái[kɔn¹ ka:i³];cây con[kai³ kɔn¹]

【海】 泰ทะเล[tha⁴ le:²] 老ທະເລ[tha⁵ le:²] 岱-侬 pé[pɛ⁵];hải[ha:i³] 越泰bể[ʔbe³] 普xaj⁴[xa:i⁴] 越biển[ʔbi:n³];bể[ʔbe²];khơi[xɤ:i¹] 芒pé[pe⁵]; khơi[khɤ:i¹]

【海岸】 泰ฝั่งทะเล[faŋ⁵ tha⁴ le:²] 老ຝັ່ງທະເລ[faŋ⁵ tha⁵le:²] 越bờ biển[ʔbɤ³ʔbi:n³] 芒pờ pé[pɤ⁴pe⁵]; cảng pé[ka:ŋ³ pe⁵]

【海豹】 泰แมวน้ำ[mɛ:u² nam⁴] 老ແມວທະເລ[mɛ:u² tha⁵ le:²];แมวน้ำ[mɛ:u² nam⁴] 越báo biển[ʔba:⁵ ʔbi:n³];beo biển[ʔbɛu¹ ʔbi:n³];hải báo[ha:i³ ʔba:u⁵]

【海产】 泰ผลิตผลจากทะเล[phlit⁷ phon¹ la⁴tsa:k⁹ tha⁴ le:²];ของทะเล[khɔ:ŋ¹ tha⁴ le:²];สินค้าที่เป็นของทะเล[sin¹ kha:⁴thi:¹ pen²khɔ:ŋ¹ tha⁴le:²] 老ຂອງທະເລ[khɔ:ŋ¹ tha⁵ le:²] 越hải sản[ha:i³ ʂa:n³] 芒hái xán[ha:i³ sa:n⁵]

【海潮】 泰กระแสน้ำทะเลที่ขึ้น ๆ ลง ๆ[kra⁵ sɛ:¹ nam⁴ tha⁴ le:² thi:¹ khun³ khun³ loŋ² loŋ²] 老ຕື່ບທະແລ [kɯ:n⁴ tha⁵ le:²] 越thuỷ triều[thwi³ tʂi:u²];hải triều[ha:i³ tʂi:u²]

【海带】 泰สาหร่าย[sa:¹ ra:i⁵] 越rau cầu[zau¹ kɤu²]; rong biển[zɔŋ¹ ʔbi:n³]

【海胆】 泰หอยเม่น[hɔ:i¹ men³] 越nhím biển[ɲim⁵ ʔbi:n³];cầu gai[kɤu² ɣa:i¹];con cầu gai[kɔn¹ kɤu² ɣa:i¹]

【海岛】 泰เกาะ[kɔ⁵] 老ເກາະ[kɔ²] 越hải đảo[ha:i³ ʔɗa:u³] 芒hái đáo[ha:i³ ʔɗa:u⁵]

【海盗】 泰โจรสลัด[tsoːn² sa⁵ lat⁷] 老ໂຈນສະຫຼັດ [tso:n¹' sa² lat⁷] 越tên cướp biển[ten¹ kɯ:p⁷ ʔbi:n³]; cướp biển[kɯ:p⁷ ʔbi:n³];giặc biển[zak⁸ ʔbi:n³]

【海底】 泰ก้นทะเล[kon³ tha⁴ le:²];ใต้ทะเล[tai³ tha⁴ le:²] 老ພື້ນທະເລ[phɯ:n⁴tha⁵le:²];ใต้ทะเล[tai⁴tha⁵ le:²] 越đáy biển[ʔɗa:i⁵ ʔbi:n³];dưới đáy biển[zɯ:i¹ ʔɗa:i⁵ ʔbi:n³] 芒chờ đáy pé[tʂɤ¹' ʔɗa:i³ pe⁵]

【海风】 泰ลมทะเล[lom² tha⁴ le:²] 老ລົມທະເລ[lom² t̪a⁵ le:²] 越gió biển[zɔ⁵ ʔbi:n³]

【海沟】 泰ร่องน้ำทะเล[rɔ:ŋ¹ nam⁴ tha⁴ le:²] 老ຮ່ອງ

---

❶ 石家 gaa² 阿含 ñăng A2;jăng A2 掸jăng A2 泐jăng A2 拉哈 Năng¹
❷ 石家 lik⁶ 阿含 luk D2L

【海狗】 泰แมวน้ำจำพวก[mɛːu⁴ nam⁴ tsam² phuːak¹⁰] 越chó biển[tʂɔ³ ʔbiːn³];hải cầu[haːi³ kɤu³] 芒chó pé[tʂɔ³ pe⁵]

【海龟】 泰เต่าทะเล[tau⁵ tha⁴ leː²] 老เต่าทะเล[tau⁵ tha⁵ leː²] 越con tranh[kɔn¹ tʂaɲ⁶];cá trạnh[ka⁵ tʂaɲ⁶];rùa biển[zuə⁵ ʔbiːn³]

【海军】 泰ทหารเรือ[tha⁵haːn¹ʰɯːa²] 老ทะทาบเรือ[kam⁵laŋ² thap⁸ hɯːa²];กองทะทาบเรือ[kɔːŋ¹¹ tha⁵haːn¹ʰɯːa²];กองทับเรือ[kɔːŋ¹¹ thap⁸ hɯːa²];ทับเรือ[thap⁸ hɯːa²];เฝ่าทับเรือ[lau⁵ thap⁸ hɯːa²];นาวี[naː² viː²] 越hải quân[haːi³ kwɤn¹] 芒hái quân[haːi⁵ kwɤn¹]

【海口】 泰ปากทะเล[paːk⁹ tha⁴leː²];ท่าเรือที่อ่าวทะเล[thaː³ rɯːa³ thiː² ʔaːu⁵ tha⁴ leː²] 老ปากทะเล[paːk⁹ tha⁵ leː²] 越hải khẩu[haːi³ xɤu³];cửa biển[kɯə³ ʔbiːn³];cửa sông ra biển[kɯə³ zoŋ¹ za¹ ʔbiːn³] 芒cửa pé[kɯə⁵ pe⁵]

【海狸】 泰นากทะเล[naːk¹⁰ tha⁴ leː²] 老นากทะเล[naːk¹⁰ tha⁵ leː²] 越hải li[haːi³ li¹];con hải li[kɔn¹ haːi³ li¹];cáo biển[kaːu⁵ ʔbiːn³]

【海螺】 泰หอยสังข์[hɔːi¹ saŋ¹] 老หอยสังข์[hɔːi¹ saŋ¹] 越ốc bể[ʔok⁷ ʔbe³];ốc sên biển[ʔok⁷ ʂen¹ ʔbiːn³]

【海马】 泰ม้าน้ำ[maː⁴ nam⁴] 老ปาม้า[paː¹' maː⁴];ม้าน้ำ[maː⁴ nam⁴];ช้างน้ำ[saŋ⁴ nam⁴] 越ngựa biển[ŋɯə⁶ ʔbiːn³];cá ngựa[ka⁵ ŋɯə⁶];hải mã[haːi³ ma⁴]

【海鳗】 泰ปลาไหล[plaː² lai¹] 老อ่วบ ทะเล[ʔiːan⁵ tha⁵ leː²] 越cá trèn biển[ka⁵ tʂɛn² ʔbiːn³];cá lạc [ka⁵ la:k⁸];cá chình biển[ka⁵ tsiɲ² ʔbiːn³]

【海绵】 泰ฟองน้ำ[fɔːŋ² nam⁴] 老ฟอง น้ำ[fɔːŋ² nam⁴];เยื่อทะเล[ɲɯːa² tha⁵ leː²] 越bọt xốp[ʔbot⁸ sop⁷]; bọt biển[ʔbot⁸ ʔbiːn³];hải miên[haːi³ miːn¹]; rãnh biển[ʐaɲ⁴ ʔbiːn³]

【海牛】 泰พะยูน[pha⁴ juːn²] 越hải ngưu[haːi³ ŋɯu¹]; con móc[kɔn¹ mɔk⁷]

【海鸥】 泰นกนางนวล[nok⁸ naːŋ² nuːan²];นางนวล [naːŋ² nuːan²] 老นกสีดำ[nok⁸ siː¹' ʔda:¹'];นกทิมขิ[nok⁸ naːŋ² nuːan²];นกฮิมฮิ[nok⁸ ʔin¹' siː²] 岱-侬nộc pé[nok⁸ pe⁵] 越chim hải âu[tsim¹ haːi³ ʔɤu¹]; hải âu[haːi³ ʔɤu¹];chim mòng biển[tsim¹ mɔŋ² ʔbiːn³]

【海参】 泰ปลิงทะเล[pliŋ² tha⁴ leː²] 老ปิงทะเล[piːŋ¹ tha⁵ leː²];มัมทะเล[man² tha⁵ leː²] 越hải sâm[haːi³ sɤm¹]

【海狮】 泰สิงโตทะเล[siŋ¹ toː² tha⁴ leː²] 老สิงทะเล [siŋ¹ tha⁵ leː²] 越sư tử biển[ʂɯ¹ tɯ³ ʔbiːn³]

【海水】 泰น้ำทะเล[nam⁴ tha⁴ leː²] 老น้ำทะเล [nam⁴ tha⁵ leː²];น้ำสะหมุด[nam⁴ sa² mut⁷] 越nước biển[nɯːk³ ʔbiːn³]

【海獭】 泰นากทะเล[naːk¹⁰ tha⁴ leː²] 老นากทะเล [naːk¹⁰ tha⁵ leː²] 越rái cá biển[ʐaːi⁵ ka⁵ ʔbiːn³];con rái cá[kɔn¹ ʐaːi⁵ ka⁵]

【海滩】 泰หาดทรายชายทะเล[haːt⁹ saːi² tshaːi² tha⁴ leː²] 老ทาดฉายฝั่งทะเล[haːt⁹ saːi² faŋ⁵ tha⁵ leː²]; ทาดฉายทะเล[haːt⁹ saːi² tha⁵ leː²];ฉายทาดทะเล [saːi² haːt⁹ tha⁵ leː²] 越bãi biển[ʔbaːi⁴ ʔbiːn³] 芒 pái pé[paːi⁵ pe⁵]

【海豚】 泰ปลาโลมา[plaː² loː² maː²];โลมา[loː² maː²] 老ปาหมู[paː¹' muː¹'];ปา โลมา[paː¹' loː² maː²];หมูทะเล [muː¹ tha⁵ leː²] 越cá heo[ka⁵ hɛu¹];heo biển[hɛu¹ ʔbiːn³];heo bể[hɛu¹ ʔbe³];lợn biển[lɤːn⁶ ʔbiːn³];cá lợn[ka⁵ lɤːn⁶]

【海湾】 泰อ่าว[ʔaːu⁵];อ่าวทะเล[ʔaːu⁵ tha⁴ leː²] 老 อ่าว[ʔaːu⁵] 越vịnh[viɲ⁶];vịnh biển[viɲ⁶ ʔbiːn³]

【海碗】 泰ชามใบใหญ่[tshaːm² ʔbai² jai⁵] 老ถ้วยยิ่ เล้ง[thuːai³ʔiː⁵ lɤːŋ⁴];ถ้วยบางเล้ง[thuːai³ naːŋ² lɤːŋ⁴] 岱-侬pat ủn[paːt⁷ ʔun³];ăn áng[ʔan¹ ʔaːŋ⁵]

越泰thuồng ô[thu:i³ŋo¹] 越bát chậu[ʔba:t⁷tsɤu⁶]; bát lớn[ʔba:t⁷ lɤ:n⁵]

【海王星】 泰ดาวเนปจูน[ʔda:u² ne:p¹⁰ tsu:n²];ดาวเกตุ[ʔda:u²ke:t⁹];ดาวพระเกตุ[ʔda:u²phra⁴ke:t⁹] 老ดาวเบบตุบ[ʔda:u¹¹ne:p¹⁰tun¹¹];ดาวพะเาด[ʔda:u²pha⁵ke:t⁹];ดาวเจ้าน้ำ[ʔda:u¹ tsau⁴ nam⁴] 越Sao Hải Vương[ʂa:u¹ ha:i³ vɯ:ŋ¹]

【海味】 泰อาหารทะเล[ʔa:² ha:n¹ tha⁴ le:²] 老อาขาบทะเล[ʔa:¹¹ ha:n¹ tha⁴ le:²] 越hải vị[ha:i³ vi⁶]

【海峡】 泰ช่องแคบ[tsho:ŋ³ khɛ:p¹⁰] 老เกิด[ket⁷];อ่าวแคบ[ʔa:u⁵khɛ:p¹⁰];ฉ่องทะเล[so:ŋ³ tha⁵ le:²] 越eo biển[ʔɛu¹ ʔbi:n³] 芒eo pé[ʔɛu¹ pe⁵]

【海象】 泰วอลรัส[wo:n²rat⁸];ช้างน้ำ[tshaŋ⁴nam⁴] 老ฉ้างน้ำ[sa:ŋ⁴ nam⁴] 越voi biển[vɔi² ʔbi:n³];hải tượng[ha:i³ tɯ:ŋ⁶]

【海啸】 泰คลื่นทะเลอันเกิดจากแผ่นดินไหวใต้ทะเลหรือเขาไฟเบิดใต้ทะเล[khlɯ:n³ tha⁴ le:² ʔan² ko:t⁹ tsa:k⁹ phɛ:n⁵ din² wai² tai³ tha⁴ le:² rɯ:² khau² fai² ʔbə:t⁹ tai³ tha⁴ le:²] 老ทะเลละบอง[tha⁵le:² kha⁵nɔ:ŋ²] 越biển động[ʔbi:n³ ʔdoŋ⁶];sóng thần[ʂɔŋ⁵ thɤn²]

【海星】 泰ปลาดาว[pla:² ʔda:u²];ปลาดาวทะเล[pla:² ʔda:u²tha⁴le:²] 老ปาดาว[pa:¹¹ ʔda:u²] 越sao biển[ʂa:u¹ ʔbi:n³]

【海盐】 泰เกลือทะเล[klɯ:a² tha⁴ le:²];เกลือสมุทร[klɯ:a² sa⁵ mut⁷] 老เกือทะเล[kɯ:a¹¹ tha⁴ le:²];เกือน้ำ[kɯ:a¹¹ nam⁴] 越muối biển[mu:i⁵ ʔbi:n³] 芒bối pé[ʔboi³ pe⁵]

【海燕】 泰นกนางแอ่นทะเล[nok⁸ na:ŋ² ʔɛ:n⁵ tha⁴le:²] 老มีกแอ่บทะเล[nok⁸ʔɛ:n⁵tha⁵le:²];แอ่บทะเล[ʔɛ:n⁵ tha⁵ le:²] 傣-依nộc én pé[nok⁸ ʔɛn⁵ pe⁵] 越chim hải yến[tsim¹ ha:i³ ʔi:n³];hái yền [tsim¹ ha:i³ ʔi:n³];hái yền[tsim¹ ha:i³ ʔi:n³]

【海鱼】 泰ปลาทะเล[pla:² tha⁴ le:²] 老ปาทะเล[pa:¹¹ tha⁵ le:²] 越泰pa bể[pa¹ ʔbe:³] 越cá biển[ka⁵ ʔbi:n³] 芒cả pé[ka³ pe⁵]

【海藻】 泰สาหร่ายทะเล[sa:¹ ra:i⁵ tha⁴ le:²] 老แบทะเล[nɛ:¹ tha⁵ le:²] 越cây rong biển[kɤi¹ ʐɔŋ¹ ʔbi:n³]

【海蜇】 泰กะพรุน[ka⁵ phrun²];แมงกะพรุน[mɛ:ŋ² ka⁵phrun²];กะพรุนหนัง[ka⁵phrun²naŋ¹] 越sứa [ʂɯə⁵];con sứa[kɔn¹ ʂɯə⁵]

【害虫】 泰ศัตรูพืช[sat⁷ru:²phɯ:t¹⁰] 老แมงไม้ทำลาย[mɛ:ŋ² mai⁴ tham² la:i²];แมงทำลาย[mɛ:ŋ² tham² la:i²];บึ้งแมง[ʔboŋ⁴ mɛ:ŋ²] 越loại sâu bọ có hại[lwa:i⁶ ʂɤu¹ ʔbɔ⁵ kɔ⁵ ha:i⁶]

【害羞❶】 泰อาย[ʔa:i²] 老อาย[ʔa:i¹¹];ละอาย[la⁵ ʔa:i¹¹];หน้าอาย[na:³ ʔa:i¹¹];ละอายหน้า[la⁵ ʔa:i¹¹ na:²];อายหยูม[ʔa:i¹¹niam²];ออกะหบอง[ʔa:ŋ¹¹kha²nɔ:ŋ¹];มักอาย[mak⁸ʔa:i¹¹];ขี้อาย[khi:³ʔa:i¹¹];อวยเฮิม[khu:ai¹ khɤ:n¹] 傣-依nả bang[na³ ʔba:ŋ¹];xấu [ɕɤu⁵];xấu[ɕɤu⁵];tốc poòng[tok⁷pɔ:ŋ³];nhẹn[ŋɛn²];lao nhẹn[la:u¹ ŋɛn²];nhẹn nhẹc[ŋɛn³ ŋɛk⁷] 越泰nả hại[na³ ha:i⁴];nhánh[ŋɛŋ⁵];nả nhánh[na³ ŋɛŋ⁵] 越xấu hổ[ʂɤu⁵ ho³];thẹn[thɛn⁶];thẹn thuồng[thɛn⁶ thu:ŋ²];thẹn thùng[thɛn⁶ thuŋ²];thẹn thò[thɛn⁶ thɔ:²]; bẽn[ʔbɛn⁴];bẽn lẽn[ʔbɛn⁴ lɛn⁴];hổ thẹn[ho³ thɛn⁶]; xấu hổ[ʂɤu⁵ ho³];e lệ[ɛ¹ le⁶];nhút nhát[ŋu:t⁷ ŋa:t⁷] 芒thẹn[thɛn⁴];hổ mặt[ho⁵ mat⁸];ãinh[ʔa:iŋ⁵];xấu hổ[ʂɤu³ ho⁵]

【含～在嘴里❷】 泰อม[ʔom²] 老อ๋ม[ʔom¹¹] 傣-依càm[ka:m²] 越泰ôm[ʔom¹] 普ăm[ʔam¹] 越ngậm[ŋɤm⁶] 芒ngấm[ŋɤm⁴]

【含羞草】 泰ไมยราบ[mai² ja⁴ ra:p¹⁰];กระทืบยอบ[kra⁵ thɯ:p¹⁰ jɔ:p¹⁰];กระทืบยอด[kra⁵ thɯ:p¹⁰ jɔ:t¹⁰]

❶ 泐 ʔai A1
❷ 石家 ʔam1  阿含 um A1  掸 ʔom A1

【老】ทย้าจิยอบ[ɲa:³ tsi² nɔ:p¹⁰];ทย้ายุบ[ɲa:¹ ɲup⁸];ทะทึบยอบ[ka²thɯ:p¹⁰ nɔ:p¹⁰];ทย้าทึบยอบ[ton⁴ ka² thɯ:p¹⁰ nɔ:p¹⁰];ทย้า ยุบยอบ[ɲa:¹ ɲup⁸ nɔ:p¹⁰];ทึบยุบ[thɯp⁸ ɲup⁸];ผึพอบ[phi:¹ mɔ:p⁹];ตึ้ ผ้าละงับ[ton⁴ fa:¹ la⁵ ŋap⁸] 【岱-侬】nhả nả nhẻn[ɲa³ na³ ɲɛn³] 【越泰】co nả hại;co pạu dả[kɔ¹ pau⁴ ja⁵] 【越】cây trinh nữ[kɤi¹ tsiɲ¹ nɯ⁴];cây thẹn[kɤi¹ thɛn⁶];cây xấu hổ[kɤi¹ sɤu⁵ ho³]

【寒毛】【泰】ขนบั่ว[khon¹ ʔbu:a⁵] 【老】ຂົນບົ່ວ[khon¹ ʔbu:a⁵] 【越】lông tơ[loŋ¹ tɤ¹]

【喊】~人开会❶ 【泰】เรียก[ri:ak¹⁰] 【老】ຮຽກ[hi:ak¹⁰] 【岱-侬】riệc[ri:k⁸] 【越泰】hiệk[hi:k⁸] 【越】gọi[ɣɔi⁵]

【喊叫】❷ 【泰】ร้องเสียงดัง[rɔ:ŋ⁴si:aŋ¹ ʔdaŋ²] 【老】ຮ້ອງ[hɔ:ŋ⁴] 【แขก[khɛ:k⁹] 【岱-侬】riệc[ri:k⁸] 【越泰】hiệk[hi:k⁸] 【普】qaw³[qa:u³];rhan[ra:n¹];zhan[za:n¹] 【越】kêu[keu¹];la[la¹];gào[ɣa:u²];kêu gào [keu¹ ɣa:u²];kêula[keu¹la¹];gàothét[ɣa:u²thet⁷];laó [la¹ ʔɔ⁵];hô[ho¹] 【芒】kêu[keu¹];kêu ngainh[keu¹ ŋa:iɲ¹];ngainh[ŋa:iɲ¹];hô[ho¹]

【旱】❸ 【泰】แล้ง[lɛ:ŋ⁴];แห้งแล้ง[hɛ:ŋ³lɛ:ŋ⁴];ฝนแล้ง[fon¹ lɛ:ŋ⁴] 【老】ແລ້ງ[lɛ:ŋ⁴];ຟ້າແລ້ງ[fa:⁴ lɛ:ŋ⁴];ຝົນແລ້ງ[fon¹ lɛ:ŋ⁴];แห้งแล้ง[hɛ:ŋ³ lɛ:ŋ⁴] 【岱-侬】lẹng[lɛŋ⁴];phạ lẹng [pha⁴ lɛŋ⁴];rẹng[rɛŋ⁴] 【越泰】lạnh[lɛŋ⁴] 【普】thjang¹ luɔ⁴[thja:ŋ¹ luɤ⁴] 【越】hạn[ha:n⁶];hạn hán[ha:n⁶ ha:n⁵]

【旱稻】泛指旱地上种的稻 【泰】ข้าวไร่[kha:u³rai⁵] 【老】ເຂົ້າໄຮ່[khau³hai⁵];ເຂົ້າບາແລ້ງ[khau³ na:² sɛ:ŋ⁴] 【岱-侬】khẩu rẫy[khɤu³rəi⁴] 【越】lúa nương[luə⁵nɯɤŋ¹]; lúa cạn[luə⁵ ka:n⁶]

【旱地】❹ 【泰】ไร่[rai³];นาดอน[na:² ʔdɔ:n²] 【老】ໄຮ່ [hai⁵] 【岱-侬】rẫy[rəi³] 【越泰】hày[hai⁵] 【普】bit⁵ [bit⁵];lu⁴[lu⁴] 【越】rẫy[zɤi⁴];nương[nɯɤŋ¹];ruộng cao[zuɤŋ⁶ka:u¹];ruộng cạn[zuɤŋ⁶ka:n⁶] 【芒】rông [rɔŋ¹];hõng[hɔŋ¹]

【旱季】【泰】ฤดูแห้ง[rɯ⁴ʔdu:²hɛ:ŋ³];ฤดูแล้ง[rɯ⁴ʔdu:² lɛ:ŋ⁴];หน้าแล้ง[na:³ lɛ:ŋ⁴] 【老】ລະດູບໍ່ແຫ້ງ[la⁵ ʔdu:¹ nam⁴ hɛ:ŋ³];ລະດູແຫ້ງ[la⁵ ʔdu:¹ʔ lɛ:ŋ³];ລະດູແລ້ງ[la⁵ ʔdu:¹ʔ lɛ:ŋ⁴];ຫນ້າແລ້ງ[na:³lɛ:ŋ⁴];ຍາມ แล้ง[ŋa:m²lɛ:ŋ⁴] 【越】mùa khô[muə² xo¹];mùa nắng[muə² naŋ⁵]

【旱蚂蟥】山蚂蟥❺ 【泰】ทาก[tha:k¹⁰] 【老】ທາກ [tha:k¹⁰] 【岱-侬】tạc[ta:k⁸];tua tạc[tuə¹ ta:k⁸] 【越泰】tạc[ta:k⁸];tô tạc[to¹ ta:k⁸] 【普】qatjak⁵[qa⁰ tja:k⁵];tjak⁵ [tja:k⁵] 【越】con vắt[kɔn¹ vat⁷] 【芒】pắt[pat⁷]

【旱獭】【泰】นากบก[na:k¹⁰mok⁸] 【老】ຕົວອຶ້ນ[tu:a¹⁷ʔon¹] 【越】rái cạn[za:i⁵ ka:n⁶];con mác-mốt[kɔn¹ ma:k⁷ mot⁷]

【旱田】【泰】นาดอน[na:² ʔdɔ:n²];นาที่อาศัยน้ำฝน[na:² thi:³ ʔa:² sai¹ nam⁴ fon¹] 【老】ນາແລ້ງ[na:² lɛ:ŋ⁴];ນາບົກ [na:² ʔbok⁷];ນານ້ຳຟ້າ[na:¹ nam⁴ fa:⁴] 【岱-侬】nà lẹng [na²lɛŋ⁴] 【越】ruộngkhô[zuɤŋ⁶xo¹];ruộngnương[zuɤŋ⁶ nɯɤŋ¹];ruộng cạn[zuɤŋ⁶ ka:n⁶]; đất nương[ʔdɤt⁷ nɯɤŋ¹]

【旱烟】【泰】ยาเส้น[ja:² se:n³] 【老】ຢາເສັ້ນ[ja:¹ sen³] 【越】thuốc lá rời[thuk⁷ la⁵ zɤ:i²];thuốc lá sợi[thuk⁷ la⁵ sɤ:i⁶]

【旱灾】【泰】ภัยแล้ง[phai²lɛ:ŋ⁴] 【老】ໄພຟ້າແລ້ງ[phai fa:⁴lɛ:ŋ⁴];ໄພແລ້ງ[phai²lɛ:ŋ⁴];ໄພແຫ້ງແລ້ງ[phai hɛ:ŋ³ lɛ:ŋ⁴] 【越】nạn hạn hán[na:n⁶ ha:n⁶ ha:n⁵]

【焊】【泰】เชื่อมโลหะ[tshɯam³ lo:² ha⁵];อ๊อก[ʔɔ:k⁷] 【老】ຕໍ່ຈອດ[tɔ:⁵ tsɔ:t⁹];ຕິດຈອດ[tit⁷ tsɔ:t⁹] 【岱-侬】hàn [ha:n²] 【越泰】hãn[ha:n²] 【越】hàn[ha:n²] 【芒】hàn [ha:n²]

【焊工】【泰】ช่างเชื่อม[tsha:ŋ³ tshɯam³];ช่างอ๊อก[tsha:ŋ³

❶ 阿含 rik D2L  掸 hek D2L  勐 hrek D2L；hek D2L
❷ 阿含 râng C2
❸ 石家 lxxŋ⁶
❹ 勐 hrăi B2；hăi B2
❺ 拉哈 tak²  拉基 kati¹

ʔɔːk¹⁰];ช่างบัดกรี[tshaːŋ³ʔbat⁷kri²] 老 ຊ່າງຈອດ[saŋ⁵ tsɔːt⁹] 普 cang⁴ pjangˈ[tsaŋˈ pjaːŋˈ] 越 thợ hàn[thɤ⁶ haːn²];công nhân hàn[koŋ¹ ɲɤn¹ haːn²] 芒 thờ hàn[thɤ⁴ haːn²]

【汗❶】 泰 เหงื่อ[ŋɯːa⁵] 老 ເຫື່ອ[hɯːa⁵];ເຫງື່ອ[ŋɯːa⁵];น้ำเหื่อ[nam⁴ hɯːa⁵];น้ำใด[nam⁴ khai²];น้ำเหื่อน้ำใด[nam⁴ hɯːa⁵ nam⁴ khai²] 岱-侬 húra[hɯə⁵];húra hản[hɯə⁵ haːn³] 越泰 húra[hɯə⁵] 普 zhăm⁴[zam⁴] 越 mồ hôi[mo² hoi¹];bồ hôi[ʔbo² hoi¹] 芒 đác khốt[ʔdaːk⁷ khot⁷]

【汗斑】 泰 คราบเหงื่อ[khraːp¹⁰ ŋɯːa⁵];เกลื่อน[klɯan⁵] 老 ຂີ້ກ້ຽນ[khiː³ kiːan⁴];ກ້ຽນ[kiːan⁵] 越 lang ben[laːŋˈ ʔbenˈ]

【汗背心儿】 泰 เสื้อกล้าม[sɯːa³ klaːm³] 老 ເສື້ອກ້າມ[sɯːa³ klaːm³] 越 áo may ô[ʔaːu⁵ maiˈ ʔoˈ];may ô[maiˈ ʔoˈ];áo lót[ʔaːu⁵ lɔt⁷]

【汗垢❷】 泰 ไคล[khlai²];ไค[khai²] 老 ໄຂ[khai²];ຂີ້ໄຂ[khiː³ khai²] 越 bā mồ hôi[ʔba⁴ mo² hoi¹]

【汗孔】 泰 รูระบายเหงื่อ[ruː² ra⁴ ʔbaːi² ŋɯːa⁵] 老 ຮູເຫື່ອ[huː² hɯːa⁵] 越 ống tiết mồ hôi[ʔoŋ⁵ tiːt⁷ mo² hoi¹];lỗ tiết mồ hôi[lo⁴ tiːt⁷ mo² hoi¹];lỗ chân lông[lo⁴ tsɤn¹ loŋ¹]

【汗衫】 泰 เสื้อคอกลม[sɯːa³ khɔː² klom²] 老 ເສື້ອຍືດ[sɯːa³ ɲɯt⁸] 越 áo cộc[ʔaːu⁵ kok⁸];may ô[maiˈ ʔoˈ]

【汗珠子】 泰 หยาดเหงื่อ[jaːt⁹ ŋɯːa⁵] 老 ຢາດເຫື່ອ[jaːt⁹ hɯːa⁵];ຢາດນ້ຳເຫື່ອ[jaːt⁹ nam⁴ hɯːa⁵] 越 hạt mồ hôi[haːt⁸ mo² hoi¹];giọt mồ hôi[zɔt⁸ mo² hoi¹]

【夯~土】 泰 กระทุ้ง[kra⁵ thuŋ²] 老 ກະທຸ້ງ[ka² thuŋ⁴];ກະທຸ້ງເສົ້າ[ka² thuŋ² ] 岱-侬 tăm[tam¹] 越 đầm[ʔdɤm²];nện[nen⁶]

【夯 用~砸地】 泰 ไม้กระทุ้ง[mai⁴ kra⁵ thuŋ⁴] 老 ຕີນສ້າງ[tinˈ saːŋ⁴] 岱-侬 ăn tăm[ʔanˈ tamˈ] 越 cái đầm[kɛːi⁵ ʔdɤm²]

【行 _~树】 泰 แถว[thɛːu¹] 老 ຖັນ[than⁵];ແຖວ[thɛːu¹] 岱-侬 thồi[thɔi³] 越泰 thăn[than¹] 越 rằng[zaŋ⁶];dòng[zɔŋ²] 芒 rằng[raŋ⁴];dòng[zɔŋ²]

【行 _~字】 泰 บรรทัด[ʔban² that⁸] 老 ແຖວ[thɛːu¹];ໜ້າ[na³] 岱-侬 thồi[thɔi³] 越泰 lãi[laːi²];thẳn[than¹] 越 dòng[zɔŋ²] 芒 dòng[zɔŋ²]

【薅~草❸】 泰 ดาย[ʔdaːi²];ถาง[thaːŋ¹];ถอน[thɔːn¹] 老 ຮາ[ha³] 越 nhổ[ɲo³]

【豪猪❹】 泰 เม่น[meːn³];หมูเม่น[muːˈ meːn³];หมูหมั้น[muːˈ monˈ] 老 ເໝ້ນ[men³];ໂຕເໝ້ນ[tuːaˈ men³] 越 con nhím[konˈ ɲimˈ]

【蚝】 泰 หอยนางรม[hɔːi² naːŋ² rom²] 老 ນາງຮົມ[naːŋ² hom²];ຫອຍນາງຮົມ[hɔːiˈ naːŋ² hom²];ຫອຍກີ້[hɔːi² kiː⁴] 岱-侬 cap phèn pé[kaːp⁷ phenˈ pɛ⁵] 越 con sò[konˈ ʂɔ²];con hà[kɔˈ ha²];con hàu[konˈ hau²]

【蚝油】 泰 น้ำมันหอยนางรม[nam⁴ manˈ hɔːiˈ naːŋ² rom²];น้ำมันหอย[nam⁴ man²hɔːiˈ] 老 ຂອດນ້ຳມັນຫອຍ[sɔːt¹⁰ nam⁴ man² hɔːiˈ] 越 mắm sò[mam⁵ ʂɔ²]

【好~坏❺】 泰 ดี[ʔdiː²] 老 ດີ[ʔdiːˈ] 岱-侬 đây[ʔdɤiˈ] 越泰 đi[ʔdiˈ] 普 ǎj¹[ʔaiˈ] 越 tốt[tot⁷];lành[lanˈ] 芒 thốch[thot⁷];dól[zol⁵]

【好吃❻】 泰 น่ากิน[naː³ kin²];อร่อย[ʔa⁵ rɔːi⁵] 老 ແຊບ[sɛːp¹⁰];ນ່າກິນ[naː⁵ kinˈ];ສະຫຼ່ອຍ[sa² lɔːi²];ເສົາອະລົດ[sauˈ va⁵ lot⁸];ກະປໍາ[ka² pam⁵];ກະເອີບ[ka² ʔeːp⁵];ກັນເອົາ[kanˈʔ auˈ];ກິນແຊບ[kinˈ sɛːp¹⁰] 岱-侬 van[vaːnˈ];van pac[vaːn paːk⁷] 越泰 vanxốp[vaːnˈ sop⁷] 普 ?wǎj¹[ʔwaiˈ]

---

❶ 阿含 ru B1; rū B1
❷ 阿含 khrāi A2; khāi A2 掸 khāi A2 泐 xāi A2
❸ 阿含 māi A1 掸 mai A1 泐 bai A1
❹ 石家 man³
❺ 石家 dii1; duʔ⁴; hay¹ 阿含 di A1
❻ 石家 lɔːn²

越ngon[ŋɔn¹];ăn ngon[ʔan¹ ŋɔn¹];bùi miệng[ʔbui¹ mi:ŋ²] 芒pao[pa:u¹];mỡ mếnh[mɤ⁴ mɛn̠⁴];điềnh ăn[ʔdi:n̠¹ ʔan¹];điềnh[ʔdi:n̠¹]

【好处】泰ผลดี[phon¹ la⁴ ʔdi:²];ประโยชน์[pra⁵ jo:t¹⁰] 老ຄຸນ[khun²];ຄວາມດີ[khwa:m² ʔdi:¹'];ປະໂຫຍດ[pa²n̠o:t⁹];ຜົນ[phon¹];ຜົນປະໂຫຍດ[phon¹ pa²n̠o:t⁹];ບໍ່ມີດີ[ʔbɔ:n⁵ʔdi:¹'];ຜົນ[phon¹] 越hay[hai¹];tốt[tot⁷];cái hay[ka:i⁵ kai¹];cái tốt[ka:i⁵ tot⁷];ưu điểm[ɯɯ¹ʔdi:m³];lợi[lɤ:i⁶] 芒ích lời[ʔit⁷lɤ:i⁴];lời[lɤ:i⁴];ích[ʔit⁷]

【好汉】泰ชายชาตรี[tsha:i²tsha:²tri:²] 老ວິລະບູລຸດຜູ້[vi⁵ la⁵ ʔbu:l¹' lut⁸ lɯ:¹ phu:³ sa:i² tu:a¹' tsi:ŋ¹] 越hảo hán[ha:u³ ha:n⁵];người đàn ông dũng cảm, hào hiệp[ŋɯ:i² ʔda:n² ʔoŋ¹ zuŋ⁴ ka:m³, ha:u² hi:p⁸] 芒hảo hán[ha:u³ ha:n⁵]

【好看】泰น่าดู[na:³ ʔdu:²];สวย[su:ai¹] 老ຕາດູ[ta:¹'ʔdu:¹'];ຂັດສະນີ[that⁸ sa² ni:²];ຂັດສະໄນ[that⁸ sa² nai²] 岱-侬đây chồm[ʔdəi¹ tɕom⁸];đây ngòi[ʔdəi¹ ŋɔi²];thục chẳng[thuk⁷ tɕaŋ²];thục tha[thuk⁷ tha¹] 越泰đi ta[ʔdi¹ta¹] 越đẹp[ʔdɛp⁸];xinh[sin¹];đẹp mắt[ʔdɛp⁸ mat⁷] 芒thốch mắt[thot⁷ mat⁸]

【好人❶】泰คนดี[khon² ʔdi:²];ผู้ดี[phu:³ ʔdi:¹] 老ຜູ້ດີ[phu:³ ʔdi:¹'];ຄົນດີ[khon² ʔdi:¹'];ຄົນໃຈດີ[khon² tsai¹'ʔdi:¹'];ຄົນໃຈບຸນ[khon² tsai¹'ʔbun¹'];ຄົນຈິບຄົນດີ[khon² tsop⁷ khon² ʔdi:¹'] 越người tốt[ŋɯ:i² tot⁷];người trong sạch[ŋɯ:i² tʂɔŋ¹ ʂat̠⁸]

【好事】泰เรื่องดี[rɯ:aŋ³ʔdi:²] 老ເລື່ອງດີ[lɯ:aŋ⁵ ʔdi:¹'] 越việc tốt[vi:k⁸ tot⁷];việc hay[vi:k⁸ hai¹]

【好天气】泰อากาศดี[ʔa:²ka:t⁹ʔdi:²] 老ຟ້າອາກາດດີ[fa:⁴ ʔa:¹' ka:t⁹ ʔdi:¹'];ອາກາດດີ[ʔa:¹' ka:t⁹ ʔdi:¹'] 越ngày đẹp trời[ŋai² ʔdɛp⁸ tʂɤ:i²];tốt trời[tot⁷ tʂɤ:i²];trời đẹp[tʂɤ:i² ʔdɛp⁸];đẹp trời[ʔdɛp⁸ tʂɤ:i²]

ngày thốch tlời[ŋai² thot⁷ tlɤ:i²]

【好听】泰น่าฟัง[na:³ faŋ²] 老ໄພເລາະ[phai² lɔ⁵];ຟັງມ່ວນຫູ[faŋ² mu:an⁵ hu:¹];ໜ້າຟັງ[na:³ faŋ²];ມ່ວນຫູ[mu:an⁵ hu:¹];ມະທຸລະ[ma⁵ thu:⁵ la⁵];ມັນຊູ[man⁵ su⁵];ຫວານຫູ[va:n¹ hu:¹] 岱-侬đây tinh[ʔdəi¹ tiŋ²] 越êm tai[ʔem¹ ta:i¹'];vui thai[vui¹ tha:i¹'];sướng tai[ʂɯ:ŋ¹ ta:i¹'];hay[vi:k⁸ hai¹] 芒pui thai[pui¹ tha:i¹'];êm thai[ʔem¹ tha:i¹']

【好像～是他❷】泰ดูเหมือน[ʔdu:² mɯ:an¹];คล้าย[khla:i⁴];ดังหนึ่ง[ʔdaŋ² nɯŋ⁵];ประหนึ่ง[pra⁵ nɯŋ⁵];เชิงเช่น[tshɤ:ŋ¹tshe:n²];เพียง[phi:aŋ²];เพียงดัง[phi:aŋ² ʔdaŋ²];ราว[ra:u²];ราวกับ[ra:u² kap⁷];สะทิ้น[sa⁵ thin³] 老ເໝືອນກັບວ່າ[mɯ:an¹kap⁷va:⁵];ເໝືອນດັ່ງ[mɯ:an¹ʔdaŋ⁵];ເໝືອນວ່າ[mɯ:an¹va:⁵];ດູເໝືອນ[ʔdu:¹' mɯ:an¹];ຕິກວ່າ[tok va:⁵];ປະກິດວ່າ[pa² kot va:⁵];ປານ[pa:n¹];ປານວ່າ[pa:n¹ va:⁵];ປຸນ[pun¹];ປຸນປຽບ[pun¹ pi:ap⁹];ຄ້າຍ[kha:i⁴];ຄ້າຍງກັບວ່າ[kha:i⁴ kha:i⁵ kap⁷ va:⁵];ຄ້າຍດີ[kha:i⁴ khɯ:²];ເສັ້ນ[sen⁵];ໄດ້ແກ່[ʔdai⁴ kɛ:⁵];ທຽມດັ່ງ[thi:am² ʔdaŋ⁵];ປະດຸດຈະດັ່ງ[pa²ʔdut⁷tsa²²ʔdaŋ⁵];ດຸດ[ʔdut⁷];ດຸດຈະດັ່ງ[ʔdut⁷ tsa² ʔdaŋ⁵];ປະຫງມ[pa² hi:an¹];ປຽບເໝືອນ[pi:ap⁹ mɯ:an¹];ປຽບເໝືອນວ່າ[pi:ap⁹ mɯ:an¹ va:⁵];ພຽງດັ່ງ[phi:aŋ² ʔdaŋ⁵];ພຽງດັ່ງວ່າ[phi:aŋ² ʔdaŋ⁵ va:⁵] 岱-侬ái tòng[ʔa:i⁵ toŋ²];bặng cạ[ʔbaŋ⁴ ka⁴];pện cạ[pen⁴ ka⁴];pện pi[pen⁴ pi³] 越泰pék xương[pe:k⁷ʂɯ:ŋ²] 越như[ɲɯ¹];như là[ɲɯ¹ la²];hình như[hiɲ² ɲɯ¹];giống như[zoŋ⁵ ɲɯ¹];dường như[zɯ:ŋ² ɲɯ¹];giống hệt[zoŋ⁵ het⁸];na ná[na¹ na⁵];ý chừng[ʔi⁵ tʂɯŋ²] 芒măng điềnh[maŋ¹ ʔdi:n̠¹];ỳ chẳng[ʔi³ tʂɤŋ²];tà nhà[ta² ɲa:²];nhơ nhiềng[ɲɤ¹ ɲi:ŋ²]

【好心❸】泰ใจดี[tsai² ʔdi:²] 老ໃຈດີ[tsai¹' ʔdi:¹'] 岱-侬slimđây[ɬim¹ʔdəi¹] 越泰chauđi[tsaɯ¹ ʔdi¹'

---

❶ 石家 hun⁴-cok⁴
❷ 阿含 shāng-bā
❸ 石家 cii¹-dii⁶

越lòng tốt[lɔŋ² tot⁷];lòng chân thật[lɔŋ² tsɤn¹ thɤt⁸];tốt bụng[tot⁷ ʔbuŋ⁶];hảo tâm[ha:u⁵ tɤm¹] 芒thóch tlổng[thot⁷ tloŋ⁴];tháo tã[tha:u⁵ ta⁴];lòng thóch[lɔŋ² thot⁷]

【好转 病情~ 】泰ดีขึ้น[ʔdi:² khun³];ค่อยยังชั่ว[khɔ:i³ jaŋ² tshu:a³] 老ขวาง[va:ŋ¹];ดีขึ้น[ʔdi:¹ khun³];สะทวะสะทวาง[sa² va² sa² va:ŋ¹];ทวะทวาง[va² va:ŋ¹];ບັນເທົາ[ʔban¹' thau²] 岱-侬nào đây[na:u² ʔdɤi¹] 越泰vẹn[vɛn²] 越đỡ nhiều rồi[ʔdɤ⁴ ɲi:u² zoi²];khá rồi[xa⁵ zoi²]

【号码】泰ตัวเลข[tu:a² le:k¹⁰] 老เลภ[le:k¹⁰];ນ້ຳເບີ[nam⁴ ʔbə:¹];ຕົວເລກ[tu:a¹ le:k¹⁰] 越số[ʂo⁵] 芒khổ[kho³]

【号召】泰เรียกร้อง[ri:ak¹⁰ rɔ:ŋ⁴];ป่าวร้อง[pa:u⁵ rɔ:ŋ⁴] 老ຮຽກ[hi:ak¹⁰];ຮຽກຮ້ອງ[hi:ak¹⁰ hɔ:ŋ⁴] 岱-侬roọng riẹc[rɔ:ŋ⁴ ri:k⁸] 越泰hiệk ha[hi:k⁸ ha¹];khét hiệk[khet⁷ hi:k⁸] 越hiệu triệu[hi:u⁶ tsi:u⁶];kêu gọi[keu¹ yɔi⁶];hô hào[ho¹ ha:u²] 芒kêu cói[keu¹ kɔi⁵];hô hào[ho¹ ha:u²]

【好~学】泰ชอบ[tshɔ:p¹⁰] 老ຊອບ[sɔ:p¹⁰] 越thích [thit⁷];hiếu[hi:u⁵];ưa[ʔɯa¹];ưa thích[ʔɯa¹ thit⁷]

【好客】泰ชอบคบคน[tshɔ:p¹⁰ khop⁸ khon²] 老ຮັກແຂກແພງຄົນ[hak⁸ khɛ:k⁹ phɛ:ŋ² khon²] 越mến khách[men⁵ xat⁷];nhiệt tình đãi khách[ɲi:t⁸ tiɲ² ʔda:i⁴ xat⁷]

【喝❶】泰ดื่ม[ʔdɯ:m⁵];ทาน[tha:n²];แสบ[sɛ:p⁹];กรุบ[krup⁷];ควด[ʔdu:at⁹];ก๊ง[kɔŋ⁴] 老ດື່ມ[ʔdɯ:m⁵];ຊົດ[sot⁸];ຊູດ[su:t¹⁰] 岱-侬kin[kin¹];nhẹt[ɲɛt⁸] 越泰kin[kin¹];xột[ʂot⁸] 普hâm³[hɤm³];nghâm[ŋɤm³] 越uống[ʔu:ŋ⁵];húp[hup⁷] 芒òng[ʔɔŋ³];hót[hot⁷]

【呵斥】泰ตะคอกเสียงดัง[ta⁵ khɔ:k¹⁰ si:aŋ¹ ʔdaŋ¹] 老ແຜດສຽງຮ້າຍດ່າ[phɛ:t⁹ si:aŋ¹ ha:i⁴ ʔda:⁵];ຮ້າຍ[ha:i⁴] 岱-侬hát[ha:t⁷];bjăc đá[ʔbjak⁷ ʔda:⁵] 越泰

phẻ đá[phɛ³ ʔda:⁵] 越quở mắng[kwɤ³ maŋ⁵]

【合不来】泰เข้ากันไม่ได้[khau³ kan² mai³ ʔdai³] 老ບໍ່ເຂົ້າກັນ[ʔbɔ:⁵ khau³ kan¹'];ກຳກຽງ[kam¹' ki:aŋ¹'];ກຽງ[kaŋ¹' ki:aŋ¹'] 越không hợp nhau[xoŋ¹ hɤ:p⁸ ɲau¹];không hòa hợp được với nhau[xoŋ¹ hwa² hɤ:p⁸ ʔdɯ:k⁸ vɤ:i⁵ ɲau¹];không chung sống với nhau được[xoŋ¹ tsuŋ² ʂoŋ⁵ vɤ:i⁵ ɲau¹ ʔdɯ:k⁸]

【合唱】泰ร้องหมู่[rɔ:ŋ⁴mu:⁵] 老ຮ້ອງໝູ່[hɔ:ŋ⁴ mu:⁵];ຮ້ອງເພງຮວມໝູ່[hɔ:ŋ⁴phe:ŋ²hu:am²mu:⁵] 越đồng ca[ʔdoŋ² ka¹];hợp xướng[hɤ:p⁸ʂɯ:ŋ⁵] 芒hợp ca [hɤ:p⁸ ka¹]

【合得来】泰เข้ากันได้[khau³ kan² ʔdai³] 老ເຂົ້າກັນ [khau³ kan¹'];ເຂົ້າກັນດີ[khau³ kan¹' ʔdi:¹'] 越hợp nhau[hɤ:p⁸ ɲau¹];hòa hợp được với nhau[hwa² hɤ:p⁸ʔdɯ:k⁸vɤ:i⁵ɲau¹];tính tình hợp với nhau [tiɲ⁵ tiɲ² hɤ:p⁸ vɤ:i⁵ ɲau¹]

【合法】泰ชอบด้วยกฎหมาย[tshɔ:p¹⁰ʔdu:ai³kot⁷ma:i¹] 老ຖຶກກົດໝາຍ[thɯ:k⁹ kot⁷ ma:i¹'];ຖຶກຕ້ອງຕາມກົດໝາຍ [thɯ:k⁹ tɔ:ŋ¹' ta:m¹' kot⁷ ma:i¹'] 越hợp pháp[hɤ:p⁸ fa:p⁷]

【合欢树】泰ส้มป่อย[som³pɔ:i⁵] 老ກະຖິນ[ka² thin¹] 越cây dạ cợp[kɤi¹ za⁶ kɤ:p⁸];cây hợp hoan[kɤi¹ hɤ:p⁸ hwa:n¹]

【合伙~做生意】泰ร่วมหุ้นกัน[ru:am³ hun³ kan²] 老ເຂົ້າຂາກັນ[khau³kha:¹kan¹'] 越chung vốn[tsuŋ² von⁵]

【合计~三百斤】泰มวลรวม[mu:an² ru:am²] 老ຕົກເປັນ[tok⁷pen¹'];ເປັນຈຳນວນ[pen¹'tsam¹'nu:an²] 岱-侬xỏn[ɕɔn³] 越泰tọp[tɔp⁸] 越tính gộp lại[tiɲ⁵ yɔp⁸ la:i⁶];cộng lại[koŋ⁶ la:i⁶];tổng cộng[toŋ³ koŋ⁶]; gồm[yom²]

【合口味】泰ถูกปาก[thu:k⁹pa:k⁹] 老ຖຶກປາກ [thɯ:k⁹ pa:k⁹] 越hợp khẩu vị[hɤ:p⁸ xɤu³ vi⁶];vừa miệng[vɯa² mi:ŋ⁶];ngon[ŋɔn¹]

❶阿含 klin

【合理 价格~】 泰สมเหตุสมผล[som¹ he:t⁹ som¹ phon¹];ชอบธรรม[tshɔːp¹⁰ tham²] 老ຊອບທຳ[sɔːp¹⁰ tham²];ຖຶກກົດລັກ[thɯːk⁹lak⁷] 越hợp lý[hɤːp⁸li⁵];có lý [kɔ⁵li⁵];phải chăng[faːi³tsaŋ⁵]

【合身】 泰พอดี[phɔː²ʔdiː¹] 老ຊອບຕົວ[sɔːp¹⁰tuːa¹] 越vừa[vɯə²];vừa vặn[vɯə²van⁶] 芒bừa[ʔbɯə²]

【合适❶】 泰เหมาะสม[mɔː⁵som¹] 老ເກາະ[ke:⁵];ຕາມສົມຄວນ[taː¹' som¹ khuːan²];ຖຶກຕ້ອງຕາມຄວນ[thɯːk⁹tɔːŋ⁴taːm¹¹khuːan²];ບັງຄວນ[ʔbaŋ¹¹khuːan²];ປະຕິຮູບ[pa²ti²huːp¹⁰];ພໍດີ[phɔː²ʔdiː¹];ພໍດີພໍງາມ[phɔː²ʔdiː¹phɔː²ŋaːm²] 岱-依ngám[ŋaːm⁵] 越泰hường[hɯːŋ⁶] 越thích hợp[thit⁷hɤːp⁸];phù hợp [fuː² hɤːp⁸];vừa vặn[vɯə²van⁶];vừa[vɯə²] 芒bừa [ʔbɯə²]

【合同】 泰สัญญา[san¹ja:²] 老ສັນຍາ[san¹ ɲa:²];ສັນຍາຕິກລົງ[san¹ ɲa:² tok⁷loŋ²];ກະຕິກາສັນຍາ[ka ti² ka:² san¹ ɲa:²];ຫັງສືສັນຍາ[naŋ¹ sɯː¹ san¹ ɲa:²];ກົງຕາງ[koŋ¹' taː¹'] 岱-依chao kiệt[tɕaːu¹kiːt⁸] 越hợp đồng[hɤːp⁸ ʔdoŋ²];giao kèo[za:u¹keu²]

【合页】 泰บานพับ[ʔbaːn²phap⁸] 老ບານພັບ[ʔbaːn¹'phap⁸] 越bản lề[ʔbaːn³le²]

【合意】 泰ถูกใจ[thuːk⁹tsai²] 老ຕ້ອງໃຈ[tɔːŋ⁴tsai¹];ແມ່ນໃຈ[mɛːn⁵tsai¹];ເໝາະໃຈ[mɔː⁵tsai¹];ມັງ[məːŋ²] 岱-依hạp slim[haːp⁸łim¹];hạp cò[haːp⁸kɔ²] 越泰khâu chau[khau³tsaɯ¹];thức chau[thɯk⁷tsaɯ¹] 越hợp ý[hɤːp⁸ʔi⁵];vừa ý[vɯə²ʔi⁵] 芒vừa lòng [vɯə²lɔŋ²];hợp ý[hɤːp⁸ʔi³]

【合资】 泰ร่วมทุนกัน[ruːam¹thun²kan²] 老ເຂົ້າທືນ[khau³thuːn²] 越góp vốn[ɣɔp⁷von⁵];hùn vốn[hun²von⁵] 芒hùn vốn[hun²von³]

【合作】 泰ร่วมมือ[ruːam³mɯː²] 老ຮ່ວມມີ[huːam³mɯː²] 越hợp tác[hɤːp⁸taːk⁷] 芒hợp tác[hɤːp⁸taːk⁷]

【合作社】 泰สหกรณ์[sa⁵ha⁵kɔːn²] 老ສະຫະກອນ[sa²ha²kɔːn¹] 普ho² co³ se⁵[hɔ³tsɤ³sɛ⁵] 越hợp tác xã[hɤːp⁸taːk⁷sa⁴]

【盒__~药】 泰กลัก[klak⁷] 老ກັບ[kap⁷] 越hộp[hop⁸]

【盒子】 泰กล่อง[klɔːŋ⁵];อับ[ʔap⁷];กลัก[klak⁷] 老ອູບ[ʔuːp⁹];ແອບ[ʔɛːp⁹];ກະອູບ[ka²ʔuːp⁹];ຕະຫຼັບ[ta²lap⁷];ກັບ[kap⁷] 岱-依ăn chăp[ʔan¹tɕap⁷];ăn hộp [ʔan¹hɔp⁸] 越泰hôm[hɔm²] 越hộp[hop⁸] 芒hộp [hop⁸]

【河❷】 泰แม่น้ำ[mɛː³nam⁴];ลำน้ำ[lam²nam⁴];สทึง [sa⁵thɯŋ²] 老ແມ່ນ້ຳ[mɛː⁵nam⁴];ສາຍນ້ຳ[saːi¹nam⁴];ນ້ຳເຊ[nam⁴se:²];ລຳເຊ[lam²se:²] 岱-依tả [taː³] 越泰tà[taː⁶] 普zung³ zương³[zuŋ³zuːŋ³];ruơng³[ruːŋ³] 越sông[ʂoŋ¹];con sông[kɔn¹ʂoŋ¹] 芒không[khoŋ¹];khào[kha:u¹]

【河岸】 泰ฝั่งแม่น้ำ[faŋ⁵mɛː³nam⁴];ฝั่งน้ำ[faŋ⁵nam⁴];ฟากน้ำ[fa:k¹⁰nam⁴];ตราบ[tra:p⁹] 老ຝັ່ງ[faŋ⁵];ຝັ່ງນ້ຳ[faŋ⁵nam⁴];ຟາກນ້ຳ[fa:k¹⁰nam⁴];ຮີມນ້ຳ[hiːm²nam⁴];ລີງ[liŋ⁵];ຕະລີງ[ta²liŋ⁵] 岱-依phẳng tà[phaŋ³ta:³];cẳn tà[kan²ta:³] 越泰phẳng tà[phaŋ⁵ta:⁶];cẳn tà [kan²ta:⁶] 越bờ sông[ʔbɤː²ʂoŋ¹] 芒pờ không[pɤːkhoŋ¹]

【河床】 泰ท้องน้ำของแม่น้ำ[thɔːŋ⁴nam⁴khɔːŋ¹mɛː³nam⁴];ท้องน้ำ[thɔːŋ⁴nam⁴] 老ທ້ອງນ້ຳ[thɔːŋ⁴nam⁴] 越lòng sông[lɔŋ²ʂoŋ¹]

【河道】 泰เส้นทางน้ำ[sen³tha:ŋ²nam⁴] 老ເສັ້ນທາງນ້ຳ[sen³tha:ŋ²nam⁴] 越dòng sông[zɔŋ²ʂoŋ¹];đường sông[ʔdɯːŋ²ʂoŋ¹]

【河底】 泰ท้องแม่น้ำ[thɔːŋ⁴mɛː³nam⁴] 老ພື້ນນ້ຳ[phɯːn⁴nam⁴];ທ້ອງນ້ຳ[thɔːŋ⁴nam⁴] 越đáy sông [ʔdai⁵ʂoŋ¹]

---

❶ 阿含 jâk
❷ 石家 mee³-nam³

【河对岸】 泰ฝั่งตรงข้ามแม่น้ำ[faŋ⁵ troŋ² khaːm³ mɛː³ nam⁴] 老ฟากใบ[faːk¹⁰ nai²] 越bờ bên kia[ʔbɤ² ʔben¹ kiə²]

【河沟】 泰ธารน้ำ[thaːn² nam⁴];ร่องน้ำ[rɔːŋ³ nam⁴] 老โฮ่งบ้ำ[hoːŋ⁵ nam⁴] 越con lạch[kɔn¹ lat⁸];lạch ngòi[lat⁸ ŋɔi²]

【河谷】 泰ห้วยลึกระว่างเขา[huːai³ luk⁸ raː⁴ waːŋ⁵ khau¹] 老ຮ່ອມຫ້ວຍ[hɔːm⁵ huːai³] 越lũng sông[luŋ⁴ ʂoŋ¹]

【河口】 泰ปากน้ำ[paːk⁹ nam⁴];ท่าสบ[thaː³ sop⁷] 老ปากบ้ำ[paːk⁹ nam⁴];สົບບ້ຳ[sop⁷ nam⁴] 岱-侬pac tà[paːk⁷ ta³] 越泰pák nặm[paːk⁹ nam⁴] 越cửa sông[kɯə³ ʂoŋ¹]

【河马】 泰ช้างน้ำ[tshaːŋ⁴ nam⁴];ฮิปโปโป เตมัส[hip⁸ poː² poː² teː² mat⁸];ฮิปโป[hip⁸ poː²] 老ม้าบ้ำ[maː⁴ nam⁴];แรดบ้ำ[hɛːt¹⁰ nam⁴] 越trâu nước[tʂɤu⁴ nɯːk⁹];hà mã[ha² ma⁴]

【河水】 泰น้ำท่า[nam⁴ thaː³];น้ำคลอง[nam⁴ khlɔːŋ¹] 老บ້ຳຖ່າ[nam⁴ thaː⁵] 越nước sông[nɯːk⁷ ʂoŋ¹]

【河滩】 泰ที่ลุ่มน้ำ[thiː³ lum⁵ nam⁴];ที่ลุ่มของแม่น้ำ[thiː³ lum⁵ khɔːŋ¹ mɛː³ nam⁴] 岱-侬đon dái[ʔdɔn¹ jaːi⁵] 越bãi sông[ʔbaːi⁴ ʂoŋ¹]

【河套】 泰ทางโค้งของแม่น้ำ[thaːŋ² khoːŋ⁴ khɔːŋ¹ mɛː³ nam⁴] 越khuỷu sông[xwiu³ ʂoŋ¹];vùng khuỷu sông[vuŋ² xwiu³ ʂoŋ¹]

【河豚】 泰ปลาปักเป้า[plaː² pak⁷ pau³];ปลาฟูจู[plaː² fuː² tsuː²];ปลาโบลว์ฟิช[plaː² ʔboːn² fit³] 老ปาเป้า[paː¹' pau⁴] 越cá nóc[kaː⁵ nɔk³]

【河鱼】 泰ปลาแม่น้ำ[plaː² mɛː³ nam⁴] 老ปาบ้ำจิด[paː¹' nam⁴ tsɯːt⁹] 越cá sông[kaː⁵ ʂoŋ¹]

【何必】 泰ทำไมต้อง[tham² mai² tɔːŋ³];ทำไมจะต้อง[tham² mai² tsaː⁵ tɔːŋ³] 岱-侬lọ lăng[lɔ⁴ laŋ¹] 越hà tất[ha² tɤt⁷];cần gì[kɤn³ zi¹]

【何况】 泰นับประสา[nap⁸ praː⁵ saː¹] 老ບໍ່ຖ້າເວົ້າ[ʔbɔː⁵ thaː⁵ vau⁴];ບໍ່ຫນຳ[ʔbɔː⁵ nam¹];ຊ້ຳບໍ່ຫນຳ[sam² ʔbɔː⁵ nam¹] 岱-侬và tèo[va³ teu³] 越huống[huːŋ⁵]; hơn nữa[hɤːn¹ nɯə³];và lại[va³ laːi⁶];huống hồ[huːŋ⁵ hoː²];huống chi[huːŋ⁵ tsi¹] 芒huống chi[huːŋ³ tsi¹]

【荷包】 泰กระเป๋าเสื้อ[kraː⁵ pau¹ sɯːa³] 老ກະເປົາ[kaː² pau¹] 岱-侬hò pao[hɔ² paːu¹];mèng cà[mɛːŋ³ kaː²];hò pao[hɔ² paːu¹] 越泰hò pẻo[hɔ² pɛu²] 越ví[viː⁵];túi tiền[tuːi⁵ tiːn²]

【荷包蛋】 泰ไข่ดาว[khai⁵ ʔdaːu¹] 老ໄຂ່ດາວ[khai⁵ ʔdaːu¹] 越trứng tráng bao[tʂɯŋ⁵ tʂaːŋ⁵ ʔbaːu¹]

【荷花】 泰ดอกบัว[ʔdɔːk⁹ ʔbuːa²];โกเมศ[koː² meːt¹'];สะบู[saː⁵ buː²] 老ดอก บัว[ʔdɔːk⁹ ʔbuːa¹'];บัวຫຼວງ[ʔbuːa¹' luːaŋ¹];บัวโป้ง[ʔbuːa¹' poːŋ¹] 岱-侬bjooc ngâu[ʔbjɔːk⁷ ŋəu¹] 越泰bók bua[ʔbɔk⁷ ʔbuə¹] 越hoa sen[hwa¹ ʂɛn¹] 芒pông khen[poŋ¹ khɛn¹]

【荷叶】 泰ใบบัว[ʔbai² ʔbuːa¹'] 老ใบบัว[ʔbai² ʔbuːa¹'] 越lá sen[laː⁵ ʂɛn¹]

【核果~】 泰เมล็ดของผลหมากรากไม้[maː⁴ let⁸ khɔːŋ¹ phon¹ laː⁴ maːk⁹ raːk¹⁰ maːi⁴] 老แก่ม[kɛːn⁵] 越hạt[haːt⁸];hột[hot⁸]

【核桃】 泰วอลนัท[wɔːn² nak⁸] 老หมากมันขี้[maːk⁹ man² hɔː³];แฝบหมากถวาย[kɛːn⁵ maːk⁹ khaːi²] 越hạch đào[hat⁸ ʔdaːu²];quả hạch đào[kwaː³ hat⁸ ʔdaːu²];quả óc chó[kwaː³ ʔɔk⁷ tsɔ⁵]

【禾叉】 泰ขอฉาย[khɔː¹ tshaːi¹] 老ກະດອງຫາຍ[kaː² ʔdɔːŋ¹' haːi¹];ດອງຫາຍ[ʔdɔːŋ¹' haːi¹];ດອງ[ʔdɔːŋ¹'] 越cái chĩa[kaːi⁵ tsiə⁴];cái nĩa[kaːi⁵ niə⁴];cái đinh ba[kaːi⁵ ʔdin¹ ʔba¹]

【禾苗】 泰ต้นกล้า[tɔn³ klaː³] 老ເຂົ້າກ້າ[khau³ kaː⁴] 越mạ[maː⁶] 芒mã[maː⁴]

【和 太阳~月亮❶】 泰ด้วย[ʔduːai³] 老ແລະ[lɛ⁵];

❶ 阿含 tāng

【和你明天~他去❶】 泰กับ[kap⁷];และ[lɛ⁴];ทั้ง[thaŋ⁴] 老ກັບ[kap⁷];ແລະ[lɛ⁵];ກໍ່ກໍ້[kɔː⁵ khuː²];ຕະຫຼອດ[taːlɔːt⁹];ຕະຫຼອດທັ້ງ[taːlɔːt⁹thaŋ⁴];ຕໍ່[tɔː⁵] 傣-侬 vạ[va⁴];căp[kap⁷] 越泰cánh[kɛŋ¹];cặp[kap⁷];xứ[sɯ⁵] 普ta³[ta³];hô¹[ho¹] 越với[vɤːi⁵] 芒pŏi[pɤːi⁴];lã pŏi[la⁴ pɤːi⁴];bŏi[ʔbɤːi⁴]

【和好】 泰คืนดีกัน[khɯːn² ʔdiː² kan²] 越làm lành[laːm² laŋ²];hòa hảo[hwa² haːu³];hòa thuận[hwa² thɤɤn⁶]

【和气为人~】 泰สุภาพอ่อนโยน[suʔ phaːp¹⁰ ʔɔːn² joːn²] 老ສຸພາບອ່ອນໂຍນ[suʔ phaːp¹⁰ ʔɔːn⁵ ɲɔːn²];ຄວາມປອງດອງ[khwaːm² pɔːŋ¹' ʔdɔːŋ¹'] 越điềm đạm[ʔdiːm² ʔdaːm²];nhã nhặn[ɲa⁴ ɲan⁶];ôn hòa[ʔon¹ hwa²];ôn tồn[ʔon¹ ton²];hòa hợp[hwa² hɤːp⁸]

【和尚】 泰พระสงฆ์[phra⁴ soŋ¹];พระ[phra⁴];สงฆ์[soŋ¹];เจ้าไทย[tsau⁴ thai²] 老ເຈົ້າໄທ[tsau⁴ thai²];ພະ[pha⁴];ສີຕົ້ນ[siː² ton⁴];ພິກຂຸ[phik⁸ khuʔ];ພິກສຸ[phik⁸ suʔ] 傣-侬cần pây chùa[kən² pəi¹ tɕɯə³] 越泰phù phạk[phuʔ pha:k⁸] 越hoà thượng[hwa² thɯːŋ⁶];sư[sɯ¹];sư ông[sɯ¹ ʔoŋ¹];sư cụ[sɯ¹ kuʔ⁶];nhà sư[ɲa² sɯ¹] 芒nhà xư[ɲa² sɯ¹]

【鹤】 泰นกกระเรียนขาว[nok⁸ kra⁵ riːan² khaːu⁶] 老ນົກກະສາ[nok⁸ka²saː¹] 傣-侬hán dàng[haːn⁵ jaːŋ²] 越泰nộc cháu[nok⁸tsau⁵] 越hạc[ha:k⁸];cò[kɔ⁵];sếu[seu⁵] 芒hac[ha:k⁸];con hac[kɔn¹ ha:k⁸]

【褐煤】 泰ถ่านลิกไนต์[tha:n⁵lik⁸nai²] 老ຖ່ານຫິມອ່ອນ[thaːn¹ hiːn⁵ʔɔːn⁵];ລິກນິກ[lik⁸ nik⁸] 越than nâu[tha:n¹ nɤu²];than non[tha:n¹ nɔn¹];lin hít[lin¹ hit⁷]

【褐色】 泰สีน้ำตาล[siː¹ nam⁴ ta:n²] 老ສີຕານ[si:¹ ta:n¹];ສີຕັບໝູ[si:¹ tap⁴ mu:¹];ສີເຂື້ອງ[siː¹ khɯːaŋ³] 傣-侬đâu[ʔdəu¹] 越màu be[mau² ʔbɛ¹];màu marông[mau² ma² roŋ²];màu nâu xám[mau² nɤu¹ sa:m⁵]

【黑~布❷】 泰ดำ[ʔdam²] 老ດຳ[ʔdam¹];ມຶກ[mɯk⁸];ເມິກ[mək⁸] 傣-侬đăm[ʔdam²] 越泰đăm[ʔdam²] 普ljăm¹[ljam¹];lăm¹[lam¹];dăm¹[dam¹] 越đen[ʔdɛn¹] 芒dầm[zɤm²];ăi[ʔai³]

【黑天~❸】 泰มืด[mɯːt¹⁰] 老ມືດ[mɯːt¹⁰] 傣-侬lăp[lap⁷];đăm[ʔdam¹];lăm[lam¹] 普pɔlăm¹[pɤ⁰ lam¹] 越tối[toi⁵] 芒thổl[thol³]

【黑板】 泰กระดานดำ[kra⁵ʔda:n² ʔdam²] 老ກະດານ[ka²daːn¹];ກະດານດຳ[ka²daːn¹' ʔdam¹];ແປ້ນກະດານ[pɛːn⁴ka²daːn¹] 傣-侬pèn[pɛn³] 越泰bảng đăm[ʔbaːŋ³ʔdam¹] 越bảng đen[ʔbaːŋ³ʔdɛn¹] 芒báng dầm[ʔbaːŋ⁵ zɤm²]

【黑板擦】 泰แปรงลบกระดาน[prɛːŋ² lop⁸ kra⁵ ʔda:n²];แปรงลบกระดานดำ[prɛːŋ² lop⁸ kra⁵ ʔda:n² ʔdam²] 老ແປງລົບກະດານ[pɛːŋ¹' lup⁸ ka² da:n¹] 越khăn lau bảng[xan¹ lau⁴ ʔbaːŋ³];giẻ lau bảng[zɛ³ lau⁴ ʔbaːŋ³]

【黑饭豆】 泰ถั่วผีดำ[thuːa⁵ phiː¹ ʔdam²];ถั่วดำ[thuːa⁵ ʔdam²] 老ຖົ່ວດຳ[thuːa⁵ ʔdam¹];ໝາກຖົ່ວດຳ[maːk⁵ thuːa⁵ʔdam¹] 傣-侬thúa đăm[thuːa⁵ʔdam¹] 普tiơ³ dăm¹[tie³ dam¹] 越đậu đen[ʔdɤu⁶ ʔdɛn¹];đỗ đen[ʔdo⁴ ʔdɛn¹] 芒tầu dầm[tɤu⁴ zɤm²];tầu ten[tɤu⁴ tɛn¹]

【黑胡椒】 泰พริกไทยดำ[phrik⁸ thai² ʔdam²] 老ພິກໄທດຳ[phik⁸ thai² ʔdam¹] 越hồ tiêu đen[ho² ti:u¹ ʔdɛn¹];tiêu đen[ti:u¹ ʔdɛn¹]

---

❶ 石家kap²; kaʔ² 阿含chām; bā-ān; ko; poi-ān; tāng
❷ 石家ram⁴ 阿含dām A1
❸ 石家lap⁴

【黑话】 泰ภาษาลับ[pha:² sa:¹ lap⁸];ภาษาที่มีความสองนัย[pha:² sa:¹ thi:³ mi:² khwa:m² sɔ:ŋ¹ nai²] 傣-侬 cảng pjẻ[ka:ŋ³ pjɛ³];phuổi vậy[phu:i⁵ vəi⁴] 越 tiếng lóng[ti:ŋ⁵ lɔŋ⁵];nói lóng[nɔi⁵ lɔŋ⁵] 芒 thiếng lóng[thi:ŋ³ lɔŋ²]

【黑货买~】 泰สินค้าเถื่อน[sin¹ kha:⁴ thɯan⁵] 老 ຂອງເຖື່ອນ[khɔ:ŋ¹ thɯan⁵] 越 hàng lậu[ha:ŋ² lɤu⁶]

【黑蚂蚁】 泰 มดดำ[mot⁸ ʔdam²] 老 ມົດດຳ[mot⁸ ʔdam¹] 越 kiến đen[ki:n⁵ ʔdɛn¹] 芒 kiến dầm[ki:n³ zɤm²]

【黑麦】 泰 ข้าวไรย์[kha:u³ rai²] 越 lúa mạch đen[luə⁵ mat⁸ ʔdɛn¹];lúa mì đen[luə⁵ mi² ʔdɛn¹];mạch đen[mat⁸ ʔdɛn¹]

【黑糯米】 泰 ข้าวเหนียวดำ[kha:u³ ni:au² ʔdam²] 老 ເຂົ້າກຳ[khau³ kam⁵] 越 gạo cầm[ɣa:u⁶ kɤm³]

【黑皮蔗】 泰 อ้อยดำ[ʔɔ:i³ ʔdam²] 老 ອ້ອຍດຳ[ʔɔ:i⁴ ʔdam¹] 越 mía tím[miə⁵ tim⁵]

【黑色】 泰 สีดำ[si:¹ ʔdam²] 老 ສີດຳ[si:¹ ʔdam¹] 越 màu đen[mau² ʔdɛn¹] 芒 màu dầm[mau² zɤm²]

【黑色火药】 泰 ดินปืนดำ[ʔdin² pɯ:n² ʔdam²] 老 ໝີ່ດຳ[mɯ:³ ʔdam¹];ດິນດຳ[ʔdin¹ ʔdam¹];ດິນປືນ[ʔdin¹ pɯ:n¹];ຊະນວນ[sa⁵ nu:an²];ສາຍຊະນວນ[sa:i⁵ sa⁵ nu:an²] 越 thuốc nổ đen[thu:k⁷ no³ ʔdɛn¹]

【黑市】 泰 ตลาดมืด[ta⁵ la:t⁹ mɯ:t¹⁰] 老 ຕະຫຼາດມືດ[ta² la:t⁹ mɯ:t¹⁰] 越 chợ đen[tsɤ⁶ ʔdɛn¹]

【黑土】 泰 ดินดำ[ʔdin² ʔdam²] 老 ດິນດຳ[ʔdin¹ ʔdam¹] 傣-侬 tômđăm[tom¹ ʔdam¹];đinđăm[ʔdin¹ ʔdam¹] 越泰 đin đam[ʔdin¹ʔdam¹] 越 đất đen[ʔdɤt⁷ ʔdɛn¹]

【黑猩猩】 泰 ลิงชิมแปนซี[liŋ² tshim² pɛ:n² si:¹];ชิมแปนซี[tshim² pɛ:n² si:¹] 老 ທະບີດົບ[tha⁵ ni:² khon²] 越 hắc tinh tinh[hak⁷ tiŋ¹ tiŋ¹];con tinh tinh[kɔn¹ tiŋ¹ tiŋ¹];đười ươi[ʔdɯ:i² ʔɯ:i¹]

【痕迹❶】 泰 รอย[rɔ:i²];ร่องรอย[rɔ:ŋ³ rɔ:i²] 老 ຮອຍ[hɔ:i²];ຮ່ອງຮອຍ[hɔ:ŋ³ hɔ:i²];ເຄົ້າ[khau⁴];ການ[ka:n¹] 越 vết tích[vet⁷ tit⁷];dấu vết[zɤu⁵ vet⁷];hằn[han¹] 芒 tổ[to³];đầu vết[ʔdɤu³ vet⁷]

【很❷】 泰 มาก[ma:k¹⁰];เหลือเกิน[lɯ:a¹ kə:n²];กาจ[ka:t⁹];บื้อ[ʔbɯ:¹] 老 ມາກ[ma:k¹⁰];ຫຼາຍ[la:i¹];ຄາມ[kha:m²];ຄາມຄັນ[kha:m² khan²];ຈັງ[tsaŋ¹];ຈ້ອຍ[tsɔ:i⁴];ແສບ[sɛ:n¹];ເຂາະໆ[sɔ⁵ sɔ⁵];ດາ[ʔda:¹];ດຶ້ນ[ʔdɯ:n⁵];ນັກ[nak⁸];ນັກໜາ[nak⁸ na:¹];ຢ່າງຍິ່ງ[ja:ŋ⁵ ɲiŋ⁵];ເອົານີ້[ʔau¹ ni:⁵];ຈັງ[tsaŋ¹];ນີ້[ni:⁵] 傣-侬 lăm[lam³] 普 law² si⁴[la:u⁵i⁴] 越 rất[zɤt⁷];lắm[lam⁵];quá[kwa⁵];hết sức[het⁷ ʂɯk⁷] 芒 lắm[lam²];rất[rɤt⁷];nhất[ɲɤt⁷];nồng[noŋ²]

【狠毒】 泰 เหี้ยมโหด[hi:am⁵ ho:t⁹] 老 ຫ້ຽມໂຫດ[hi:am¹ ho:t⁹] 越 độc ác[ʔdok⁸ ʔa:k⁷];hung ác[huŋ¹ ʔa:k⁷];ác nghiệt[ʔa:k⁷ ŋi:t⁸]

【恨爱~】 泰 เกลียดชัง[kli:at⁹ tshaŋ²] 老 ງຽດຊັງ[ki:at⁹ saŋ²] 傣-侬 náu[nau⁵] 越 căm giận[kam¹ zɤn⁵];căm thù[kam¹ thu²];ghét[ɣɛt⁷];căm ghét[kam¹ ɣɛt⁷];căm tức[kam¹ tɯk⁷];căm hờn[kam¹ hɤ:n²]

【横】 泰 ขวาง[khwa:ŋ¹] 老 ຂວາງ[khwa:ŋ¹] 傣-侬 khoang[khwa:ŋ¹] 越泰 khoang[khwa:ŋ¹] 普 qahwang⁴[qa⁰ hwa:ŋ⁴] 越 ngang[ŋa:ŋ¹] 芒 ngang[ŋa:ŋ¹]

【横渡】 泰 ข้ามฟาก[kha:m³ fa:k¹⁰] 老 ຫວ້າຍ[va:i³] 越 qua sông[kwa¹ ʂoŋ¹]

【横膈膜】 泰 กะบังลม[ka⁵ baŋ² lom²] 老 ກ້າມຊິ້ນເອີກ[ka:m⁴ phɯ:n⁴ ʔək⁷];ກະບັງລົມ[ka² baŋ¹ lom²] 越 cơ hoành[kɤ¹ hwaɲ²];hoành cách[hwaɲ² kat⁷];hoành cách mô[hwaɲ² kat⁷ mo¹]

【横梁】 泰 ຊື່ອຕາມຂວາງ[khɯ:⁵ ta:m² khwa:ŋ¹] 老

---

❶ 阿含 rɔi A2　掸 hɔi A2　泐 hrɔi A2
❷ 阿含 māk D2L　掸 mak D2L　泐 mak D2L

【恒牙】泰ฟันแท้[fan²thɛːɻ⁴] 老แខ้ว แท้[khɛːu³hɛɻ⁴];แខ້วลิมบูบ[khɛːu³ som¹ ʔbuːn¹] 越răng trưởng thành[zaŋ¹ tʂɯːŋ³ thaŋ²]

【横死】泰ตายโดยอุบัติเหตุ[taːi² ʔdoːi² ʔu⁵ ʔbat⁷ heːt⁹];ตายโหง[taːi² hoːŋ¹] 老ตายโช้ง[taːi¹¹ hoːŋ¹];ตายทุง[taːi¹¹ huŋ¹];ตายดิบ[taːi¹¹ ʔdip⁷];ตายโดยกำมะเอบ[taːi¹¹ ʔdoːi¹¹ kam¹¹ ma⁵ veːn¹] 越chết không đáng[tset⁷ xoŋ¹ ʔdaːŋ³];chết bất ngờ[tset⁷ ʔbɤt⁷ ŋɤ²]

【烘~衣服】泰อบ[ʔop⁷] 老ผักสาทาบ[phak⁸saː¹haːn¹];ผักสา[phak⁸saː¹];ผ่าง[phaːŋ⁵];ขาง[khaːŋ¹] 岱-侬hiêng[hiːŋ¹];pàng[paːŋ²];dèng[jɛŋ³];dảng[jaːŋ³] 越泰xang[saːŋ¹];hang[haːŋ¹];dàng[jaːŋ³] 普zjang²[zjaːŋ²];rjang²[rjaːŋ²] 越sưởi[ʂɯːi³];hơ[hɤ¹];sấy[ʂɤi⁵] 芒khể[kheː³];hiểng[hiːŋ⁵]

【轰炸】泰ทิ้งระเบิด[thiŋ⁴raː⁴ʔbɤːt⁹];บอม[ʔbɔːm²] 老ทิ้มละเบิด[thim³laː⁵ʔbɤːt⁹] 岱-侬pjói bom[pjɔi ʔbɔm¹] 越oanh tạc[ʔwaːn¹ taːk⁸];cuộc oanh tạc[kuːk⁸ ʔwaːn¹ taːk⁸];bỏ bom[ʔbɔ³ ʔbɔm¹];ném bom[nɛm⁵ ʔbɔm¹];thả bom[thaː³ ʔbɔm¹]

【轰炸机】泰เครื่องบินทิ้งระเบิด[khrɯːaŋ³ ʔbin⁵ thiŋ⁴ raː⁴ ʔbɤːt⁹] 老เถื่องบินทิ้มละเบิด[khɯːaŋ⁵ ʔbin¹ thim³ laː⁵ ʔbɤːt⁹];เรือบินทิ้มละเบิด[hɯːa² ʔbin¹ thim³ laː⁴ ʔbɤːt⁹] 越máy bay bỏ bom[mai⁵ ʔbai¹ ʔbɔ³ ʔbɔm¹];máy bay oanh tạc[mai⁵ ʔbai¹ ʔwaːn¹ taːk⁸];máy bay thả bom[mai⁵ ʔbai¹ thaː³ ʔbɔm¹]

【红❶】泰แดง[ʔdɛːŋ²] 老แดง[ʔdɛːŋ¹] 岱-侬đeng[ʔdeŋ¹] 越泰đanh[ʔdɛŋ¹] 普njang[njaːŋ¹] 越đỏ[ʔdɔ³] 芒tó[tɔ⁵]

【红宝石】泰ทับทิม[thap⁸thim²];พลอยสีแดง[phlɔːi² siː² ʔdɛːŋ²] 老ลัดตะบะมะนี[lat⁸ ta² na⁵ ma⁵ niː²];ลัดตะมะนี[lat⁸taː²ma⁵niː²];กะละพิน[kaː²laː⁵phin²];กะละพี[kaː² laː⁵ phiː²];ทุลุพิน[kuː² luː⁵ phin²];โกเมด[koː¹' meːt¹⁰];แก้วทั้งสาม[kɛːu⁴ thaŋ² saːm¹];แก้วทับทิม[kɛːu⁴ thap⁸ thim²];แก้วแดง[kɛːu⁴ ʔdɛːŋ²];แก้วผี[kɛːu⁴ kɔː⁴];แก้วพิลา[kɛːu⁴ phiː² laː²];ปัดทำมะลาด[pat⁷ tham² ma⁵ laːt¹⁰] 越hồng ngọc[hoŋ² ŋɔk⁸];ngọc đỏ[ŋɔk⁸ ʔdɔ³];rubi[ruː¹ ʔbiː¹]

【红茶】泰ชาแดง[tshaː² ʔdɛːŋ²];ชาดำ[tshaː² ʔdam²];ชาฝรั่ง[tshaː² faː⁵ raŋ⁵] 老ຊาดำ[saː²² ʔdam¹] 岱-侬chè cải[tɕɛ² kaːi³] 越泰chè bàu[tsɛ² ʔbau¹] 越chè đen[tsɛ² ʔdɛn²];chè mạn[tsɛ² maːn⁶] 芒chè khò[tsɛ² khɔ²]

【红灯】泰ไฟแดง[fai² ʔdɛːŋ²] 老ไฟ แดง[fai² ʔdɛːŋ¹] 越đèn đỏ[ʔdɛn² ʔdɔ³] 芒tèn tó[tɛn² tɔ⁵]

【红豆相思子】泰มะกล่ำ[ma⁴ klam²] 老ໝາກລ່ຳ[maːk⁹ lam⁵];กำเถือ[kam¹' khɯːa¹];ก่ำ[kam⁵] 越hạt đậu đỏ[haːt⁸ ʔdɤu⁶ ʔdɔ³]

【红饭豆】泰ถั่วผีแดง[thuːa⁵phiː¹' ʔdɛːŋ²] 老ถั่วแดง[thuːa⁵ʔdɛːŋ¹];ถั่วผี[thuːa⁵phiː¹'] 越đậu đỏ[ʔdɤu⁶ ʔdɔ³]

【红汞】泰ยาแดง[jaː² ʔdɛːŋ²] 老ยาแดง[jaː¹ ʔdɛːŋ¹] 越thuốc đỏ[thuːk⁷ ʔdɔ³]

【红利】泰โบนัส[ʔboː² nat⁸];เงินปันผล[ŋɤːn² pan² phon¹laː⁴] 老ໂບນັດ[ʔboː¹'nat⁸] 越hoa hồng[hwaː² hoŋ²];lãi[laːi⁴]

【红痢】泰โรคบิดที่มีเลือดปน[roːk¹⁰ ʔbit⁷ thiː³ miː² lɯːat¹⁰ pon²] 老ພະຍາດขี้ผัก ผั้น[pha⁵ ɲaːt¹⁰ khiː¹' mak⁷ man³];เจ็บท้องผักผั้น[tsep⁷ thɔːŋ⁴ mak⁷ man³];ผักผั้น[mak⁷ man³] 岱-侬pinh móc đeng[piŋ¹ mok⁵ ʔdeŋ¹] 越kiết máu[kiːt⁷ mau⁵]

【红蚂蚁】泰มดแดง[mot⁸ ʔdɛːŋ²] 老มิดแดง[mot¹ ʔdɛːŋ¹] 越kiến lửa[kiːn⁵ lɯːa³];kiến đỏ[kiːn⁵ ʔdɔ³]

---

❶ 石家 riiŋ¹    阿含 ding A1

【红毛丹 毛荔枝】 泰 เงาะ[ŋo⁴] 老 ໝາກເງາະ[ma:k⁹ ŋo⁵] 越 chôm chôm[tsom¹ tsom¹]; quả chôm chôm [kwa³ tsom¹ tsom¹] 芒 tlải dao[tla:i³ za:u¹]

【红米】 泰 ข้าวกล้อง[kha:u³klɔ:ŋ³] 越 gạo đỏ[ɣa:u⁶ ʔdɔ³]; gạo cẩm[ɣa:u⁶ kɤm³]

【红墨水】 泰 น้ำหมึกแดง[nam⁴ mɯk⁷ ʔdɛ:ŋ²] 老 ເມິກແດງ[mək⁸ʔdɛ:ŋ²]; ໝຶກແດງ[mɯk⁷ʔdɛ:ŋ²] 越 mực đỏ[mɯk⁸ ʔdɔ³]

【红壤】 泰 ดินแดง[ʔdin²dɛŋ²]; หินแดง[hin¹lɛ:ŋ²]; วัสดุย้อมสีแดง[wat⁸ ʔdu⁵ jɔm⁴ si:¹ ʔdɛŋ²] 老 ດິນແດງ[ʔdin¹' ʔdɛ:ŋ¹]; ດິນສີ[ʔdin¹' si:¹]; ຫີນແດງ[hi:n¹ lɛ:ŋ²] 岱-侬 tôm đeng[tom¹ ʔdeŋ¹]; đin đeng[ʔdin¹ ʔdeŋ¹] 越泰 đin đanh[ʔdin¹ʔdeŋ²] 越 đất đỏ [ʔdɤt⁷ ʔdɔ³]

【红色】 泰 สีแดง[si:¹'ʔdɛ:ŋ²] 老 ສີແດງ[si:¹'ʔdɛ:ŋ¹] 越 màu đỏ[mau² ʔdɔ³] 芒 màu tó[mau² tɔ⁵]

【红薯】 泰 มันเทศ[man² the:t¹⁰] 老 ມັນດ້າງ[man² ʔda:ŋ⁴]; มันเทด[man² the:t¹⁰]; หัวมันด้าง[hu:a¹ man² ʔda:ŋ⁴]; มันแกว[man² kɛ:u¹']; มันแกวมันอ้อม[man² kɛ:u¹' man² ʔɔ:n⁴]; มันอ้อม[man² ʔɔ:n⁴] 岱-侬 mằn bủng[man² ʔbuŋ³] 越泰 mằn ngô[man² ŋo¹] 普 mân³qang⁴[mɤn³qa:ŋ⁴] 越 khoai lang[xwa:i¹'la:ŋ¹] 芒 cú vỏng[ku⁵ voŋ³]

【红薯干】 泰 มันเทศแห้ง[man²the:t¹⁰hɛ:ŋ³] 老 ມັນດ້າງແຫ້ງ[man²ʔda:ŋ⁴hɛ:ŋ³] 越 khoai khô[xwa:i¹'xo¹]

【红树】 泰 ต้นไม้แดง[ton³ mai⁴ ʔdɛ:ŋ²]; ต้นแดง[ton³ mai⁴ ʔdɛ:ŋ²] 老 ຕົ້ນລຳພູ[ton⁴ lam² phu:²] 越 cây vẹt[kɤi¹ vɛt⁸]; cây đước[kɤi¹ ʔdɯ:k⁷]

【红糖】 泰 น้ำตาลแดง[nam⁴ta:n²ʔdɛ:ŋ²] 老 ນ້ຳຕານຊາຍແດງ[nam⁴ta:n¹'sa:i²ʔdɛ:ŋ²]; ນ້ຳຕານແດງ[nam⁴ta:n¹'ʔdɛ:ŋ²]; ນ້ຳຕານຂ້ຽວ[nam⁴ta:n¹'khi:au³]; ນ້ຳອ້ອຍ[nam⁴ ʔɔ:i⁴] 越 đường phèn[ʔdɯ:ŋ² fɛn²]; đường đen[ʔdɯ:ŋ² ʔden¹]

【红眼病 病名】 泰 โรคตาแดง[ro:k¹⁰ ta:² ʔdɛ:ŋ²] 老 ພະຍາດຕາແດງ[pha⁵ n̩a:t¹⁰ ta:¹' ʔdɛ:ŋ²]; ຕາແດງ[ta:¹' ʔdɛ:ŋ¹] 越 đau mắt đỏ[ʔdau¹ mat⁷ ʔdɔ³]; viêm kết mạc[vi:m¹ ket⁷ ma:k⁸]

【红鱼】 泰 ปลาแดง[pla:²²ʔdɛ:ŋ²] 越 cá hồng[ka⁵ hoŋ²]; cá chỉ vàng[ka⁵ tsi³ va:ŋ²]

【红运】 泰 โชคดี[tsho:k¹⁰ʔdi:²] 老 ອຳມະລິດຕະໂຊກ[ʔam¹' ma⁵ lit⁸ ta² so:k¹⁰] 越 may mắn[mai¹ man⁵]; số đỏ[ʂo⁵ ʔdɔ³]; hồng vận[hoŋ² vɤn⁶]; thời vận tốt[thɤ:i² vɤn⁶ tot⁷]

【红枣】 泰 พุทรา[phut⁸ra:²] 老 ຊອກໃຊ[sɔ:k¹⁰sai²] 越 táo đỏ[ta:u⁵ ʔdɔ³]

【洪峰】 泰 หัวกระแสน้ำเหนือ[hu:a² kra⁵ sɛ:¹ nam⁴ nɯ:a¹] 越 ngọn lũ[ŋɔn⁶lu⁴]; đỉnh lũ[ʔdiŋ³lu⁴]; mực nước cao nhất[mɯk⁸ nɯ:k⁷ ka:u¹ nɤt⁷]

【洪水】 泰 น้ำนอง[nam⁴ nɔ:ŋ²]; น้ำหลาก[nam⁴ la:k⁹]; น้ำท่วม[nam⁴ thu:am³]; อุทกภัย[ʔu⁵ thok⁸ phai²]; น้ำไหลบ่า[nam⁴lai¹ʔba:⁵] 老 ນ້ຳນອງ[nam⁴nɔ:ŋ²] 岱-侬 năm noòng[nam⁴nɔ:ŋ²]; noòng nhéo[nɔ:ŋ²ɲɛu⁵]; năm đòn[nam⁴jɔn³] 越泰 năm nông[nam⁴nɔŋ²] 越 nước lũ[nɯ:k⁷lu⁴]; nước lụt[nɯ:k⁷lut⁸]; lũ lụt[lu⁴lut⁸]; lũ[lu⁴]; thác lũ[tha:k⁷lu⁴]; dòng thác[zɔŋ² tha:k⁷] 芒 đác lut[ʔda:k⁷ lut⁸]; đác dào[ʔda:k⁷ za:u²]

【虹】 泰 รุ้ง[ruŋ⁴]; รุ้งกินน้ำ[ruŋ⁴kin²nam⁴] 老 ຮຸ້ງ[huŋ²]; ສາຍຮຸ້ງ[sa:i¹huŋ²]; ສາຍຮຸ້ງ[sa:i¹huŋ²]; ຮຸ້ງກິນນ້ຳ[huŋ²kin¹'nam⁴]; ຮຸ້ງທ້ອງຟ້າ[huŋ²thɔ:ŋ⁴fa:⁴]; ອິນທະນູ[ʔin¹'tha⁵nu:²] 岱-侬 luồng va[lu:ŋ²va¹] 越泰 hũng[huŋ²] 普 qazo³[qa⁰ zɔ³]; qaro³[qa⁰ rɔ³]; qa rA³[qa⁰ rɒ⁵] 越 cầu vồng[kɤu² voŋ²]

【哄 ~小孩】 泰 หลอกล่อ[lɔ:k⁹ lɔ:³] 老 ຫອກລໍ້[lɔ:k⁹ lɔ:⁴] 岱-侬 ú[ʔɯ⁵]; vén[vɛn⁵]; mjầu[mjəu³] 越泰 ỏn[ʔɔn³]; cóm[kɔm⁵]; chỗm[tsom²] 越 nói khéo[nɔi⁵ khɛu⁵]; dỗ[zo⁴]; nựng[nɯŋ⁶]; nịnh[nin⁶] 芒 dỗ[zo⁴]

【哄骗】 泰 หลอก[lɔːk⁹];หลอกลวง[lɔːk⁹ luːaŋ²] 老 ຂົ່ມຂວັຍ[ʔin⁵ ʔɔːi¹];ອອດ[ʔɔːt⁹];ອອຍ[ʔɔːi¹];ຍົວະ[nua⁵];ຍົວະຍອກ[nua⁵ nɯːak¹⁰];ຕົວະຍົວະ[tua²nua⁵];ຕົວະລ່າຍ[tua²laːi⁵];ຍອກ[nɯːak¹⁰];ຕົບຕາ[top⁷taː¹'];ກິນຕາ[taː¹' taː¹'];ລໍ້[lɔː⁴];ລໍ້ລວງ[lɔː⁴ luːaŋ²];ລວງ[luːaŋ²];ລໍ້ຫຼອກ[lɔː⁴ lɔːk⁹];ເອົ້າໂລບ[vau⁴ loːp¹⁰];ເລົ້າໂລມ ຂວນເຂົ້າ[lau⁴ loːm² sɯːan² sɯːa⁵];ລວງ[lwaː⁵];ຫຼອກ ຕົ້ມ[lɔːk⁹tom⁶];ຫຼອກ[lɔːk⁹] 岱-侬 mjầu[mjəu³] 越 lừa dối[lɯə² zoi⁵];lừa bịp[lɯə² ʔbip⁸];đánh lừa[ʔdaŋ⁵ lɯə²];lừa đảo[lɯə² ʔdaːu³];lừa gạt[lɯə² ɣaːt⁸];lừa phỉnh[lɯə² fiŋ³];mơi[mɤːi¹] 芒 mơi[mɤːi¹]

【猴子】❶ 泰 ลิง[liŋ²];กบิ่[kaː⁵ ʔbiː⁵];กระวี[kraː⁵ wiː²];ไอ้หอย[ʔai³ hɔːi¹] 老 ລິງ[liːŋ²];ຕົວລິງ[tuːa¹' liːŋ²];ກະບີ[kaː² ʔbiː²];ກະບິ່[kaː² ʔbiː⁵];ກິສະ[kiː¹' saː²];ພານອນ[pha:² nɔːn²];ມັກກະໂຕ[mak⁸ kaː² toː¹'] 岱-侬 lình[liŋ²];tua lình[tuə¹ liŋ²] 越泰 lĩnh[liŋ²];tô lĩnh[to¹ liŋ²] 普 zhok⁵[ʐok⁵];rhok⁵[ʐok⁵] 越 khỉ[xiː³];con khỉ[kɔn¹ xiː³];bú dà[ʔbuː⁵ zuː²] 芒 con woc[kɔn¹ wɔk⁸]

【喉结】 泰 กระเดือก[kraː⁵ ʔdɯːak⁹];ลูก กระเดือก[luːk¹⁰ kraː⁵ʔdɯːak⁹] 老 ຄໍຫອຍ[khɔː² hɔːi¹] 越 trái cổ[tsaːi⁵ koː³]

【喉咙】❷ 泰 คอ[khɔː²];คอหอย[khɔː² hɔːi¹] 老 ຄໍ[khɔː²];ຫອຍຄໍ[hɔːi¹ khɔː²];ຄໍຫອບ[khɔː² hɔːp⁹];ຮູຄໍ[huː²khɔː²] 岱-侬 cò hói[kɔː²hɔi⁵] 越泰 cō hói[kɔː² hɔi⁵] 普 qalwang²[qaʔ⁰ lwaːŋ²] 越 họng[hɔŋ⁶];cổ họng[ko³ hɔŋ⁶];vuống họng[kuːŋ⁵ hɔŋ⁶];hầu[hɤu⁵];yết hầu[ʔiːt⁷ hɤu²] 芒 không[khɔŋ⁴]

【喉炎】 泰 ลำคออักเสบ[lam² khɔː² ʔak⁷ seːp⁹] 老 ຮັກເສບລຳຄໍ[ʔak⁷ seːp⁹ lam² khɔː²] 越 viêm họng[viːm¹ hɔŋ⁶];viêm thanh quản[viːm¹ thaŋ¹ kwaːn³];bệnh viêm họng[ʔbeŋ⁶ viːm¹ hɔŋ⁶]

【瘊子】 泰 หูด[huːt⁹] 老 ຂີ້ກະຕອດ[khiː³ kaː² tɔːt⁹];ຂີ້ໄກ່ຕອດ[khiː³kaiː⁵tɔːt⁹];ໄກ່ຕອດ[kaiː⁵tɔːt⁹] 越 hột cơm[hot⁸ kɤːm¹];mụn cọc[mun⁶ kɔk⁸]

【吼】❸ 泰 ร้อง[rɔːŋ⁴] 老 ຮ້ອງ[hɔːŋ⁴];ແຜດ[phɛːt⁹];ແຜດຮ້ອງ[phɛːt⁹ hɔːŋ⁴];ໂກ້ກ[koːk⁴] 岱-侬 roọng[rɔːŋ⁴];vuột[vuːt⁸];ròn[rɔn³];loọng[lɔːŋ⁴] 越泰 họng[hɔŋ⁴] 普 zhan¹[ʐaːn¹];rhan¹[ɽaːn¹] 越 gào[ɣaːu²];rống[ʐoŋ⁵] 芒 rồng[rɔŋ³]

【厚布很~】❹ 泰 หนา[naː¹] 老 ໜາ[naː¹] 岱-侬 na[naː¹] 越泰 na[naː¹] 普 tơnê³[tɤ⁰neː³];tênê³[te⁰neː³] 越 dày[zai²] 芒 tày[tai²]

【后屋~】❺ 泰 หลัง[laŋ¹];ด้านหลัง[ʔdaːn³laŋ¹] 老 ຫຼັງ[laŋ¹];ລຸນ[lun¹];ຂ້າງຫຼັງ[khaːŋ³ laŋ¹];ເບື້ອງຫຼັງ[ʔbɯːaŋ⁴laŋ¹];ກ້ຳຫຼັງ[kam¹laŋ¹];ຫຼັງຂ້າງ[khaːŋ³laŋ¹];ດ້ານຫຼັງ[ʔdaːn⁴laŋ¹];ທາງຫຼັງ[thaːŋ² laŋ¹] 岱-侬 lăng[laŋ¹];bưởng lăng[ʔbɯːaŋ³laŋ¹];lặm[lam⁴] 越泰 lăng[laŋ¹];lặp lăng[lap⁸ laŋ¹] 普 tơlin³[tɤ⁰ lin³] 越 sau[ʂau¹];phía sau[fiə⁵ʂau¹];đẳng sau[ʔdaŋ²ʂau¹] 芒 khau[khau¹];pên khau[pen¹khau¹];khả khau[khaː¹ khau¹]

【后代】 泰 กำพืด[kam² phɯːt¹⁰] 老 ຄົນ ຮຸ່ນຫຼັງ[khon² hun⁵ laŋ¹];ສັນຕະຕິວົງ[san¹ taː² tiː² voŋ²];ພື້ງສະທວມ[phoŋ² saː² thɔːn²];ຫຼານເຫຼັນ[laːn¹ len¹];ຫຼານເຫຼັນຫຼອດ[laːn¹len¹laːn¹lɔːt⁹];ຫຼານເຫຼັນຫຼອມ[laːn¹ len¹ lɔːn³];ຮຸ່ນຫຼັງ[hun⁵ laŋ¹] 越泰 lan lền[laːn¹ len³];vả nẽo[vaː³ neu²] 普 qalin³[qaʔ⁰ lin³] 越 đời sau[ʔdɤːi² ʂau⁵];con cháu[kɔn¹ tsau⁵];đời sau con cháu[ʔdɤːi² ʂau¹ kɔn¹ tsau⁵];nòi giống[nɔi²

---

❶ 石家 liiŋ⁴　阿含 la-ling A2　拉哈 khɔk⁵；hɤk⁵
❷ 阿含 khɔɔ A2　掸 khɔ A2　渤 xɔ A2
❸ 阿含 rang C2　掸 hɔŋ C2　渤 hrɔŋ C2
❹ 阿含 nā　拉哈 naː
❺ 石家 laŋ²　阿含 lâng A1

【后悔】 泰เสียใจในภายหลัง[si:a¹ tsai² nai² pha:i² laŋ¹] 老กินแขง[kin¹¹ nɛ:ŋ¹];กินแขงแตงใจ[kin¹¹ khɛ:ŋ²tsai¹] 岱-侬đắm đươn[ʔdam⁵ʔdɯ:n¹] 越泰xông ha lăng[soŋ¹ ha¹ laŋ¹];lăng xông[la:ŋ² soŋ¹] 越ăn năn[ʔan¹nan¹];hối hận[hoi⁵ hɤn⁶];ân hận[ɤn¹ hɤn⁶];hối tiếc[hoi⁵ ti:k⁵];hối[hoi⁵] 芒hối tiếc[hoi³ ti:k⁷]

【后颈窝】 泰ก้านคอ[ka:n³ khɔ:²];คอต่อ[khɔ:² tɔ:⁵] ต้นคอ[ton³ khɔ:²] 老ຄໍຕໍ່[khɔ:² tɔ:⁵] 岱-侬cò chào[kɔ² tɕa:u²];chông[tɕoŋ²] 越泰cốccỏn[kok⁷k-lon³] 普tơ⁴ khwak⁵[tɤ⁴ khwa:k⁵];tô⁴ qjan³[to⁴ qjan³] 越gáy[ɣai⁵] 芒kel cù[kɛl¹ ku²]

【后来❶】 泰ต่อมา[tɔ:⁵ma:²] 老ยู่ต่ํามา[ju:⁵tɔ:⁵ma:²];ยูมา[ju:⁵ ma:²];ลุบมา[lun² ma:²];พายลุบมา[pha:i² lun² ma:²];พายหลังมา[pha:i² laŋ¹ ma:²];หลังมา[laŋ¹ ma:²] 越về sau[ve² ʂau¹];sau này[ʂau¹ nai²];sau đó[ʂau¹ ʔdɔ⁵];sau[ʂau¹]

【后门】 泰ประตูหลัง[pra⁵ tu:¹¹ laŋ¹] 老ປະຕູຫຼັງ[pa² tu:¹¹ laŋ¹];ปะตูด้านหลัง[pa² tu:¹¹ ʔda:n⁴ laŋ¹] 越cửa sau[kɯə¹ ʂau¹];cổng sau[koŋ³ ʂau¹] 芒cửa khau[kɯə⁵ khau¹]

【后脑勺】 泰ด้านหลังของศรีษะ[ʔda:n³ laŋ¹ khɔ:ŋ¹ si:¹ sa⁵];ท้ายทอย[tha:i⁴ thɔ:i²] 老ກະດົ້ນ[ka² ʔdon⁴];ง่อมดั้น[ŋɔ:n⁵ ʔdon⁴];ดั้น[ʔdon⁴] 越ót[ʔɔt⁷]

【后年】 泰ปีที่ต่อจากปีหน้า[pi:² thi:³ tɔ:⁵ tsa:k⁹ pi:² na:³] 老ປີຫື[pi:¹hɯ:²];ปีใน[pi:¹¹nai²] 越sangnăm nửa[ʂa:ŋ¹ nam¹ nɯə⁴]

【后天❷】 泰วันมะรืนนี้[wan¹ ma⁴ rɯ:n² ni:⁴];วันมะรืน[wan¹ ma⁴ rɯ:n²];มะรืนนี้[ma⁴ rɯ:n² ni:⁴];มะรืน[ma⁴ rɯ:n²];วัน รืน[wan² rɯ:n²] 老อับฮื[van² hɯ:²];มื้ ฮื[mɯ:⁴hɯ:²] 岱-侬vằn lừ[van²lɯ²] 越泰mụ hữ[mu⁴hɯ²] 越ngàykia[ŋai²kiə⁴] 芒ngàychưa

[ŋai² tsɯə¹]

【后退】 泰ถอยหลัง[thɔ:i¹ laŋ¹] 老ຖອຍຄືນຫຼັງ[thɔ:i¹ khɯ:n² laŋ¹];ถอยหลัง[thɔ:i¹ laŋ¹];ถอยตื้อ[thɔ:i¹ tu:a¹];ถ้ถอย[thɔ:⁴ thɔ:i¹];ถิดถอย[thot⁸ thɔ:i¹];ทิมก้น[hon¹ kon⁴];ทิมหลัง[hon¹ laŋ¹];ทิม[hon¹];ลุดผ่อมอ่อมยอบ[lut⁷ phɔ:n⁵ ʔɔ:n⁵ ɲɔ:n²] 岱-侬thân[thən¹];thân lăng[thən¹ laŋ¹] 越lùi[lui²];rụt lui[ʐut⁷ lui¹];thụt lùi[thut⁸ lui²];lùi về sau[lui² ve² ʂau¹];lùi bước[lui² ʔbɯ:k⁷];lui[lui¹];lui bước[lui¹ ʔbɯ:k⁷];lui lại[lui¹ la:i⁶] 芒lui pươc[lui¹ pɯ:k⁷];lui lãi[lui¹ la:i⁴]

【后遗症】 泰อาการแทรกซ้อนที่ยังตกค้างอยู่[ʔa:¹ ka:n² sɛ:k¹⁰ sɔ:n⁴ thi:³ jaŋ² tok⁷ kha:ŋ⁴ ju:⁵] 老ຕີบสะท้อนจาก(เป็บพะยาดที่บ๊อดิแล้วแต่ปั่ดื้บทำมี ຕິบสะท้อนต่ํเมื่อตามหลัง)[phon¹ sa² thɔ:n⁴ tsa:k⁹ (pen¹¹ pha⁵ ɲa:t¹⁰ thi:⁵ pɯa¹ ʔdi:¹¹ lɛ:u⁴ tɛ:⁵ ʔbɤ⁵ ʔdon¹¹ kɔ:⁵ mi:⁵ phon¹ sa² thɔ:n⁴ tɔ:⁵ nɯa² ta:m¹¹ laŋ¹)] 越di chứng[zi¹ tsɯŋ⁵]

【候鸟】 泰นกที่โยกย้ายถิ่นอยู่ตามฤดูกาล[nok⁸ thi:³ jo:k¹⁰ ja:i⁴ thin⁵ ju:⁵ ta:m¹¹ rɯ⁴ ʔdu:² ka:n²] 老ນົກອົບพะยับ[nok⁸ ʔop⁷ pha⁵ ɲop⁸] 越chim di trú[tsim¹ zi¹ tʂu⁵]

【鲎】 泰แมงคาทะเล[mɛ:ŋ² ʔda:² tha⁴ le:²] 老ແมງดาทะเล[mɛ:ŋ²ʔda:¹¹tha⁵le:²] 越con sam[kɔ:n¹ ʂa:m¹]

【忽然】 泰ฉับพลัน[tshap⁷ phlan¹];ทันใดนั้น[than² ʔdai² nan¹];ทันทีทันใด[than² thi:² than² ʔdai²] 老ทับควัน[than² khwan²];ยืด[ʔbɯt⁷] 越bỗng nhiên[ʔboŋ⁴ɲi:n¹];đột nhiên[ʔdot⁸ɲi:n¹] 芒cắm cắm[kam⁴ kam⁴]

【忽视】 泰มองข้าม[mɔ:ŋ² kha:m³] 老เบิ่งภาย[ʔbɤŋ⁵ ka:i¹];เบิ่งข้าม[ʔbɤŋ⁵kha:m³];มองข้าม[mɔ:ŋ² kha:m³];ประหยาด[pa²ma:t⁹];เพิก[phə:k¹⁰];ละเลีย[la⁵lə:i²];ละเพลิง[la⁵lə:ŋ¹];ลาใจ[la:²tsai¹];

---

❶ 阿含 lun A2；lün A2
❷ 石家 mii³-hii⁶  掸 hĭ A2   渤 hĭ A2

ฦງວແນມຂ້ານ[li:au¹ nɛm² kha:m³] 岱-侬lau[lau¹]; lừm tả[lum² ta³] 越泰chạn[tsa:n⁴] 越coi thường[kɔi¹ thɯ:ŋ²];coi nhẹ[kɔ:i¹ nɛ⁶];chênh mảng[tsen³ ma:ŋ³];lơ là[lɤ¹ la²]

【呼气】泰 หายใจออก[ha:i¹ tsai² ʔɔ:k⁹] 老 ทายใจออก [ha:i¹ tsai¹' ʔɔ:k⁹] 越thở hơi[thɤ³ hɤ:i¹]

【呼吸】泰 หายใจ[ha:i¹ tsai²] 老 ทายใจ[ha:i¹ tsai¹]; ทันใจ[han¹ tsai¹];ลมหายใจ[lom² ha:i¹ tsai¹];ทาใจ [ha:¹ tsai¹] 岱-侬au châu[ʔau¹ tɕəɯ¹];thư châu[thɯ¹ tɕəɯ¹];tài châu[ta:i² tɕəɯ¹] 越泰xai chau[sa:i¹ tsau¹] 普sjan¹[sja:n¹] 越hô hấp[ho¹ hɤp⁷];thở [thɤ³];híp[hip⁸] 芒hô hấp[ho¹ hɤp⁷];thớ[thɤ⁵]

【呼吸道】泰 ช่องหายใจ[tshɔ:ŋ³ ha:i¹ tsai²] 老 ຂ່ອງทายใจ[sɔ:ŋ⁵ ha:i¹ tsai²] 越đường hô hấp [ʔdɯ:ŋ² ho¹ hɤp⁷]

【胡椒】泰 พริกไทย[phrik⁸ thai²] 老พิกไท[phik⁸ thai²];ໝາກพิกไท[ma:k⁹ phik⁸ thai²];ໝາກพิกม้อย [ma:k⁹phik⁸nɔ:i⁴] 岱-侬hồ tiêu[ho² ti:u¹] 越泰 mák pịt[ma:k⁷pit⁸];ướt non[ʔɯ:t⁷nɔn¹];hồ tiêu [ho² ti:u¹] 越hồ tiêu[ho² ti:u¹];hạt tiêu[ha:t⁸ ti:u¹] 芒hôt tiêu[hot⁸ ti:u¹];hà tiêu[ha² ti:u¹]

【胡椒面儿】泰พริกไทยป่น[phrik⁸ thai²pon⁵] 老 พิกไทยป่น[phik⁸ thai² pon⁵] 越bột hồ tiêu[ʔbot⁸ ho² ti:u¹]

【胡萝卜】泰 แครอต[khɛ:²rɔ:t¹⁰];กาดแดง[ka:t⁹ ʔdɛ:ŋ²] 老 ກາລົດ[ka:¹'lot⁸];ຫົວກາລົດ[hua¹ ka:¹'lot⁸]; ຜັກກາ ລົດ[phak⁷ ka:¹' lot⁸];ຜັກກາດແດງ[phak⁷ ka:t⁹ ʔdɛ:ŋ²];ຫົວຜັກກາດແດງ[hua¹ phak⁷ ka:t⁹ ʔdɛ:ŋ¹];ภาคแดง[ka:t⁹ ʔdɛ:ŋ¹] 越cà rốt[ka² rot¹];củ cà rốt [ku³ ka² rot¹]

【胡说】泰 พูดจาเหลวไหล[phu:t¹⁰ tsa:² le:u¹ lai¹]; พูดเหลวไหล[phu:t¹⁰ le:u¹ lai¹] 老 เอ้าพาๆแผ[vau⁴ pha:ŋ² phe:¹];เอ้าโลเล[vau⁴ lo:² le:²] 越nói bậy

[nɔi⁵ ʔbɤi⁶];nói ẩu[nɔi⁵ ʔɤu³];nói bừa[nɔi⁵ ʔbɯə²]; nói nhảm[nɔi⁵ ɲa:m²];nói xằng[nɔi⁵ saŋ²];nói láo [nɔi⁵ la:u⁵];nói liều[nɔi⁵ li:u²];nói càn[nɔi⁵ ka:n²] 芒khể bẩy[khe³ ʔbɤi⁴];khể liều[khe³ li:u²];pổ liều[po⁴ li:u²];pổ bẩy[po⁴ ʔbɤi⁴];pổ càn[po⁴ ka:n²]; pổ nhảm[po⁴ ɲa:m²]

【胡同】泰 ซอย[sɔ:i²];ตรอก[trɔ:k⁹] 老 ຊອຍ [hɔ:m⁵] 越ngõ[ŋɔ⁴];hẻm[hɛm³];phố nhỏ[fo⁵ ɲɔ³]; ngõ hẻm[ŋɔ⁴ hɛm³]

【胡子】泰 หนวด[nu:at⁹];เครา[khrau²];หนวดเครา [nu:at⁹ khrau²] 老 ຫນວດ[nu:at⁹] 岱-侬mùm[mum³]; nhuốt[nu:t⁷] 越泰nuốt[nu:t⁹] 普mum²[mum²] 越râu[zɤu¹];râu ria[zɤu¹ zjə¹] 芒thô[tho¹];lông thô[loŋ¹ tho¹]

【胡子鲇】塘角鱼 泰 ปลาดุก[pla:² ʔduk⁷] 老 ປາດຸກ [pa:¹' ʔduk⁷] 岱-侬pja đục[pja¹ ʔduk⁷] 越泰pa đúc[pa¹ ʔduk⁷] 越cá trê[ka⁵ tʂe¹] 芒cả tliêl[ka³ tli:l¹]

【湖】泰 ทะเลสาบ[tha⁴ le:² sa:p⁹] 老 ຫນອງ[nɔ:ŋ¹]; ບຶງ[ʔbɯŋ¹];ທະເລສາບ[tha⁴ le:² sa:p⁹] 岱-侬vằng thôm [vaŋ² thom¹] 越泰nong luông[nɔŋ¹ lu:ŋ²] 普song [sɔŋ¹];thang²[tha:ŋ²] 越hồ[ho²];ao hồ[ʔa:u¹ho²] 芒hồ[ho²];làng[la:ŋ³]

【糊】饭~了 泰 ไหม้เกรียม[mai³ kri:am²] 老 ใหม้[mai³] 越cháy[tsai⁵]

【糊涂】泰 เลอะเทอะ[lə⁴ thə⁴];ยุ่งเหยิง[juŋ³jə:ŋ¹] 老 ພາລະ[pha:²la⁵];ພາລາ[pha:²la:²] 岱-侬dang hà[ja:ŋ¹ ha²];muông mú[mu:ŋ¹ mu⁵];fựt fựng[fut⁸ fɯŋ⁴] 越hồ đồ[ho²ʔdo²];mơ hồ[mɤ¹ho²];lơ mơ [lɤ¹ mɤ¹]

【蝴蝶】❶ 泰 ผีเสื้อ[phi:¹ sɯ:a³];ผีเสื้อกลางวัน[phi:¹ sɯ:a³kla:ŋ²wan²] 老 ເບື້ອ[ʔbɯ:a⁴];กะเบื้อ[ka² ʔbɯ:a⁴];แมๆกะเบื้อ[mɛ:ŋ²ka²ʔbɯ:a⁴] 岱-侬tua bi[tua¹ʔbi³];tua bừa[tua¹ʔbɯə³];tua fị[tua¹fi⁴

---

❶ 撺 kap mə C1    泐 kap bə C1

越泰cáp bửa[ka:p⁷ ʔbɯə³] 越bướm[ʔbɯ:m⁵]; bươm bướm[ʔbɯ:m¹ ʔbɯ:m⁵];con bướm[kɔn¹ ʔbɯ:m⁵] 芒pườm[pɯ:m³];pươm pườm[pɯ:m¹ pɯ:m³]

【蝴蝶花】 泰ดอกผีเสื้อ[ʔdɔ:k⁹ phi:¹ sɯ:a³] 老ດອກຜີເສື້ອ[ʔdɔ:k⁹ phi:¹ sɯ:a³] 越hoa bướm[hwa¹ ʔbɯ:m⁵]

【葫芦】 泰น้ำเต้า[nam⁴ tau⁴] 老ໝາກເຕົ້າ[ma:k⁹ tau⁴];ໝາກນ້ຳ[ma:k⁹ nam⁴];ໝາກນ້ຳເຕົ້າ[ma:k⁹ nam⁴ tau⁴] 岱-侬tẩu[təu²]; ăn tẩu[ʔan¹ təu³]; mac tẩu[ma:k⁹təu³];xe lăn[ɛɛ¹lan¹];ăn lăn[ʔan¹lan¹] 越泰tẩu[tau³] 普bô³[bo³] 越bầu[ʔbɤu²];quả vầu[kwa³ʔbɤu²];hồ lô[ho²lo¹];bầu nậm[kɤi¹ʔbɤu² nɤm⁶];bầu bí[ʔbɤu²²bi⁵] 芒pù pil[pu²pil³];bầu [ʔbɤu²]

【壶❶】 泰กา[ka:²];กระติก[kra⁵ tik⁷] 老ກາ[ka:¹];ເຕົ້າ[tau⁴] 岱-侬ăn ẩm[ʔan¹ ʔɤm³] 越泰kẹ[kɛ⁴] 越ẩm[ʔɤm⁵];cái ẩm[ka:i⁵ʔɤm⁵] 芒ẩm[ʔɤm³]

【狐臭】 泰กลิ่นขี้เต่าที่ใต้รักแร้[klin³ khi:³ tau⁵ thi:³ tai³rak⁸rɛ:⁴] 老ຂີ້ເຕົ້າ[khi:³ tau⁵] 越bệnh hôi nách[ʔben⁶ hoi¹ nat⁷];hôi nách[hoi¹ nat⁷] 芒bềnh hoi néch[ʔben⁴ hɔi¹ nɛt⁷];hôi kéch[hoi¹ kɛt⁷]

【狐狸❷】 泰จอก[tsɔ:k⁹];จิ้งจอก[tsiŋ³ tsɔ:k⁹];สุนัข จิ้งจอก[su⁵nak¹tsiŋ³tsɔ:k⁹];หมาจิ้งจอก[ma:¹tsiŋ³tsɔ:k⁹]; จิกจอก[tsik⁷tsɔ:k⁹];หมาจิกจอก[ma:¹tsik⁷tsɔ:k⁹]; หมาป่า[ma:¹ pa:⁵];หมาจอก[ma:¹ tsɔ:k⁹] 老ໝາຈີກຈອກ[ma:¹tsik⁷tsɔ:k⁹];ໝາຈິ້ງຈອກ[ma:¹tsiŋ⁴tsɔ:k⁹]; ໝາຈອກ[ma:¹tsɔ:k⁹] 岱-侬hên[hen¹];tua hên [tuə¹hen¹] 越泰nhên[ɲen¹];tônhên[to¹ɲen¹] 普qăw³[qau³] 越cáo[ka:u⁵];con cáo[kɔn¹ ka:u⁵];hồ ly[ho²li¹] 芒cảo[ka:u³];mongtâng[mɔŋ¹tɤŋ¹];tâng[tɤŋ¹];kèl[kɛl³]

【虎口手掌上的】 泰ง่ามมือ[ŋa:m³ mɯ:²];ประตูลม [pra⁵ tu:² lom²] 老ປະຕູລມ[pa² tu:¹ lom²] 越kẽ giữa ngón tay cái với ngón tay trò[kɛ⁴ ŋɔn⁵ tai¹ ka:i⁵ vɤ:i⁵ ŋɔn⁵ tai¹ tʂɔ⁴]

【虎尾兰】 泰สกุลลิ้นมังกร[sa⁵ku⁵lin⁴maŋ²kɔ:n²] 老ຫວ້ານຂີ້ລາຍ[va:n³ ʔi:⁵ la:i²];ຫວ້ານໃບລາຍ[va:n³ ʔai¹ la:i²];ຂີ້ລາຍ[ʔi:⁵ la:i²] 越cây hổ vĩ[kɤi¹ ho³ vi⁴]

【琥珀】 泰อำพัน[ʔam² phan¹] 老ອຳພັນ[ʔam¹¹phan²] 越hổ phách[ho³ fat⁷]

【护城河】 泰คูเมือง[khu:² mɯ:aŋ²] 老ລຳວຽງ[lam² vi:aŋ²];ຄ້າຍຄູ[kha:i⁴khu:²];ຄູເມືອງ[khu:² mɯ:aŋ²] 越sông hộ thành[ʂoŋ¹ ho⁶ than²]

【护士】 泰นาง พยาบาล[na:ŋ² pha⁴ ja:² ʔba:n²] 老ນາງພະຍາບານ[na:ŋ⁵ pha⁵ na:² ʔba:n¹] 越y tá[ʔi¹ tɛ⁵];hộ sĩ[ho⁶ ʂi⁴] 芒y tả[ʔi¹ ta³]

【戽~水】 泰วิด[wit⁷];โพง[pho:ŋ²] 老ສາດ[sa:t⁹];ຊະ[sa²] 岱-侬cọn[kɔn⁴];tat[ta:t⁷] 越泰xók[sck⁷] 越tát[ta:t⁵] 芒cõn[kɔn⁴]

【戽斗】 泰พั่ววิดน้ำ[phu:a³ wit⁸ nam⁴] 老ກະໂຊ້[ka² so:⁴];ກະໂຊ້ສະນ້ຳ[ka² so:⁴ sa² nam⁴];ຊົງໂລງ[soŋ¹ lo:ŋ²] 岱-侬choòng cọn[tɔ:ŋ² kɔn⁴];choòng cọn tắc năm[tɔ:ŋ²kɔn⁴tak⁷nam⁴] 越gàu dai[ɣau² za:i¹];gàu tát nước[ɣau²ta:t⁷nɯ:k⁷];gàu[ɣau²] 芒cõn[kɔn⁴]

【互相❸】 泰กัน[kan²] 老ກັນ[kan¹];ກັນແລະກັນ[kan¹¹lɛ⁵kan¹];ຕໍ່ກັນ[tɔ:⁵ kan¹];ເຊິ່ງກັນແລະກັນ[sɤŋ⁵ kan¹¹ lɛ⁵ kan¹¹] 岱-侬tò[tɔ²]; căn[kan¹] 越泰căn [kan¹] 越nhau[ɲau¹];với nhau[vɤ:i⁵ɲau¹];lẫn nhau[lɤn⁴ ɲau¹] 芒pờ rà[pɤ⁴ ra²];hà[ha²]

【花~布】 泰ลาย[la:i²] 老ດອກ[ʔdɔ:k⁹] 岱-侬lài [la:i²] 越泰lài[la:i²] 越hoa[hwa¹] 芒wa [wa¹];lồ[lo²]

【花~钱】 泰ใช้[tshai⁴] 老ໃຊ້[sai⁴] 越tiêu

---

❶ 阿含 tâng
❷ 拉哈 ku¹； kăw¹ 拉基 ake¹
❸ 石家 kin⁴ 阿含 kăn A1

[tiːu¹];hao[haːu¹]　芒tiêu[tiːu¹];hao[haːu¹]

【花白】　泰ขาวเป็นดอกเลา[khaːu¹ pen² ʔdɔːk⁹ lau²];สีเทาๆ[siː¹thau²thau²];หงอก[ŋɔːk⁹]　老ແຊມ[sɛːm²]　越hoa râm[hwaˑ¹ zɤm¹]

【花瓣❶】　泰กลีบดอก[kliːp⁹ ʔdɔːk⁹];กลีบดอกไม้[kliːp⁹ʔdɔːk⁹maiˑ⁴];กระบอกดอกไม้[kraˑ⁵bɔːk⁹ʔdɔːk⁹maiˑ⁴]　老ກີບດອກ[kiːp⁹ʔdɔːk⁹];ກີບດອກໄມ້[kiːp⁹ʔdɔːk⁹maiˑ⁴];ກາບດອກໄມ້[kaːp⁹ʔdɔːk⁹maiˑ⁴];ກາບດອກ[kaːp⁹ʔdɔːk⁹]　越cánh hoa[kan⁵ hwaˑ¹]　芒kênh wa[kɛn³ waˑ¹];chênh pông wa[tsɛn³ poŋ¹ waˑ¹]

【花茶】　泰ชาหอม[tshaː²hɔːm¹];ชาดอกไม้[tshaː²ʔdɔːk⁹maiˑ⁴]　越泰chèhom[tsɛ²hɔm¹]　越chèhương[tsɛ² hɯːŋ¹]

【花灯】　泰โคมไฟที่ประดับแสงสีสวยงามเทศกาลประชันโคมไฟ[khoːm² fai³ thiː³ praˑ⁵ dap⁷ sɛːŋ¹ siː¹ suai¹ ŋaːm²theˑt¹⁰kaˑn²praˑ⁵tshanˑ²khoːm²fai²]　老ຕະກຽງເຈ້ຍ[taˑ²kiːaŋ¹¹tsiːa⁴]　越đèn hoa[ʔdɛn² hwaˑ¹];hoa đăng[hwaˑ¹ ʔdaŋ¹]

【花朵】　泰ดอกไม้[ʔdɔːk⁹maiˑ⁴]　老ດອກດອກໄມ້[ʔduaŋ¹¹ʔdɔːk⁹maiˑ⁴];ດອກມາ ລາ[ʔduaŋ¹¹ maː² laː²];ມອນມາລາ[muːan¹ maː² laː²];ດອກດອກມາລາ[ʔduaŋ¹¹ʔdɔːk⁹maː²laː²];ດອກດອງ[ʔduaŋ¹¹ʔdɔːk⁹²ʔduaŋ¹¹]　越bông hoa[ʔboŋ¹ hwaˑ¹];đóa hoa[ʔdwaˑ⁵ hwaˑ¹];chùm hoa[tsum² hwaˑ¹]

【花萼】　泰รองดอก[rɔːŋ² ʔdɔːk⁹]　老ຖ້ວຍກີບດອກ[thuːai³ kiːp⁹ ʔdɔːk⁹];ຖ້ວຍກີບ[thuːai³ kiːp⁹]　越đài hoa[ʔdaːi² hwaˑ¹];đế hoa[ʔdeˑ⁵ hwaˑ¹]

【花儿❷】　泰ดอก[ʔdɔːk⁹];ดอกไม้[ʔdɔːk⁹ maiˑ⁵]　老ດອກ[ʔdɔːk⁹];ດອກໄມ້[ʔdɔːk⁹maiˑ⁴];ດອກດອກໄມ້[ʔduaŋ¹¹ʔdɔːk⁹maiˑ⁴];ດອກມາລາ[ʔduaŋ¹¹ʔdɔːk⁹maː²laː²];ດອກມາລາ[ʔduaŋ¹¹maː²laː²]　傣-侬bjooc[ʔbjɔːk⁷];hoa[hwaˑ¹]　越泰bók[ʔbɔk⁵]　普pông[poŋ³]　越hoa[hwaˑ¹];bông[ʔboŋ¹]　芒wa[waˑ¹];

pông[poŋ¹]

【花费】　泰เสีย[siːa¹];เสียเงิน[siːa¹ ŋɤːn²];สิ้นเปลือง[sinˑ³ plɯːaŋ²]　老ຈ່າຍ[tsaˑi⁵];ຈັບຈ່າຍ[tsapˑ⁷ tsaˑi⁵];เสยเงิม[siːa¹ ŋɤn²];ทุ่มเท[thumˑ² theˑ²];เบิก[ʔbɤːk⁹];เบิกจ่าย[ʔbɤːk⁹ tsaˑi⁵];จำหน่าย[tsamˑ¹¹ naˑi⁵]　傣-侬leo[lɛu⁴];thuốn[thuːn³];pương[pɯːŋ¹]　越泰pương[pɯːŋ¹];kém pương[kɛmˑ⁵ pɯːŋ¹]　越hoa phí[hwaˑ¹ fiˑ⁵];hao tốn[haːu¹ tonˑ⁵];phí tổn[fiˑ⁵ tonˑ³];tiêu pha[tiːu¹ faˑ¹];tiêu[tiːu¹]　芒hao tốn[haːu¹ tonˑ⁵]

【花粉】　泰ละอองเกสร[laˑ⁴ ʔɔːŋ² keˑ⁵ sɔːnˑ¹];เรณู[reˑ¹ nuːˑ²]　老ລະອອງຜູ້[laˑ⁴ ʔɔːŋ¹¹ phuːˑ³]　越phấn hoa[fɤnˑ⁵ hwaˑ¹]

【花岗岩】　泰หินแกรไนต์[hinˑ¹ krɛˑ² naiˑ²]　老ຫີນຫຍານມິດ[hiːn¹ klaˑ¹ˑ nit⁸];ຫີນແຂງ[hiːn¹ khɛːŋ¹]　越đá hoa cương[ʔdaˑ⁵ hwaˑ¹ kɯːŋ¹];đá granít[ʔdaˑ⁵ yraˑ¹ nit⁷]　芒khũ wa cương[khuˑ⁴ waˑ¹ kɯːŋ¹]

【花梗】　泰ก้านดอก[kanˑ³ ʔdɔːk⁹]　老ກ້ານ[kanˑ⁴];ກັ້ນ[kanˑ⁵];ຂ້ອນ[khuːanˑ³];ຂ້ອນດອກໄມ້[khuːanˑ³ʔdɔːk⁹maiˑ⁴];ຂວັນ[khwanˑ³]　越cuống hoa[kuːŋˑ⁵ hwaˑ¹]

【花冠】　泰ตัวดอก[tuːa² ʔdɔːk⁹];โคโรลลา[khoː² rom¹ laː²]　老ຖ້ອຍກາບດອກ[thuːai³ kaːp⁹ʔdɔːk⁹];ຖ້ອຍກາບ[thuːai³ kaˑp⁹];ມາລາ[maːˑ² laː²]　越tràng hoa[tʂaːŋˑ² hwaˑ¹];hoa quan[hwaˑ¹ kwaːnˑ¹]

【花环】　泰พวงมาลา[phuːaŋ² maːˑ² laː²];พวงมาลัย[phuːaŋ² maːˑ² laiˑ²]　老ພວງດອກໄມ້[phuːaŋ² ʔdɔːk⁹ maiˑ⁴];ພວງມາໄລ[phuːaŋ² maːˑ² laiˑ²];ມາໄລ[maːˑ² laiˑ²];ດອກມາລາ[ʔdɔːk⁹ maːˑ² laː²]　越vòng hoa[vɔŋˑ² hwaˑ¹]

【花匠】　泰มาลาการ[maːˑ² laː²kaːnˑ²];คนทำสวน[khon¹ thamˑ²suˑanˑ¹]　老ມາລາກາບ[maːˑ²laː²kaːnˑ⁶]　越thợ trồng hoa[thɤˑ⁶tsoŋˑ²hwaˑ¹];thợ làm vườn[thɤˑ⁶ laːmˑ² vɯːnˑ²];người làm vườn[ŋɯːiˑ² laːmˑ² vɯːnˑ²];thợ cây cảnh[thɤˑ⁶ kɤiˑ¹ kanˑ³]

❶ 撣 kip D1S
❷ 石家 blɔɔk⁶ 　阿含 blăk D1L　撣 mɔk D1L　泐 dok D1L　拉哈 ban²

【花轿】 泰เกี้ยวที่เจ้าสาวนั่ง[ki:au³ thi:³ tsau³ sa:u¹ naŋ³] 老อุปะดับสำลับเจ้าสาวมั่ง[vɔ:¹ pa² ʔdap⁷ sam¹ lap⁸ tsau⁴ sa:u¹ naŋ⁵] 越kiệu hoa[ki:u⁶ hwa¹]

【花篮】 泰กระเช้าดอกไม้[kra⁵ tshau⁴ ʔdɔ:k⁹ mai⁴] 老ะต่อดอกไม้[ka² ta:¹ ʔdɔ:k⁹ mai⁴] 越giỏ hoa[zɔ³ hwa¹];lẵng hoa[laŋ⁴ hwa¹]

【花柳病】 泰กามโรค[ka:m² ro:k¹⁰] 老พะยาดโลก[pha⁵na:t¹⁰lo:k¹⁰];กามะโลก[ka:¹ma⁵lo:k¹⁰] 岱-侬tiêm la xáng teng[ti:m¹la¹ɕa:ŋ⁵teŋ⁴] 越bệnh hoa liễu[ʔben⁶ hwa¹ li:u⁴];bệnh tim la[ʔben⁶ tim¹ la¹]

【花露水】 泰น้ำหอมชนิดหนึ่งของจีน[nam⁴ hɔ:m¹ tsha⁴ nit⁸ nɯŋ⁵ khɔ:ŋ¹ tsi:n²] 老บ่ำอับ[nam⁴ ʔop⁷] 越nước thơm[nɯ:k⁷ thɤ:m¹]

【花蜜】 泰น้ำหวานของเกสรดอกไม้[nam⁴ wa:n¹ khɔ:ŋ¹ ke:² sɔ:n¹ ʔdɔ:k⁹ mai⁴] 老ทิอ้อมดอกไม้[hu:a¹ ŋu:an⁴ ʔdɔ:k⁹ mai⁴];น้ำยั้มดอกไม้[nam⁴ jan⁵ ʔdɔ:k⁹ mai⁴];น้ำดอกไม้[nam⁴ ʔdɔ:k⁹ mai⁴] 越mật hoa[mɤt⁸ hwa¹];hoa mật[hwa¹ mɤt⁸]

【花名册】 泰สมุดรายชื่อ[sa⁵ mut⁷ ra:i² tshɯ:⁴] 老บันฮิลายยี[ʔban¹¹si:²la:i²sɯ:⁵] 越danh sách nhân viên[zaɲ¹ ṣat² ɲɤn¹ vi:n¹]

【花炮】 泰ดอกไม้ไฟและประทัด[ʔdɔ:k⁹ mai⁴ fai²lɛ⁴ pra⁵that⁸] 岱-侬pháo bjooc[pha:u⁵ʔbjɔ:k⁷] 越pháo hoa[fa:u⁵ hwa¹]

【花盆】 泰กระถางดอกไม้[kra⁵ tha:ŋ¹ ʔdɔ:k⁹ mai⁴] 老กะถางดอกไม้[ka² tha:ŋ¹ ʔdɔ:k⁹ mai⁴] 越chậu hoa[tṣɤu⁶ hwa¹] 芒pồn wa[pon³ wa¹]

【花瓶】 泰แจกัน[tsɛ:² kan²] 老แจกับ[tsɛ:¹ˈkan¹];กะโถ[ka²tho:¹];เต๊ิดอกไม้[tau²ʔdɔ:k⁹mai⁴];โถดอกไม้[tho:¹ʔdɔ:k⁹mai⁴];โถแก้ว[tho:¹ˈkɛ:u⁴] 越lọ hoa[lɔ⁶ hwa¹] 芒lõ wa[lɔ⁴ wa¹]

【花圈】 泰พวงหรีด[phu:aŋ² ri:t⁹] 老พอງมาลา[phu:aŋ²ma:²la:²];มาลา[ma:²la:²] 岱-侬quảng bjooc[kwan² ʔbjɔ:k⁷] 越vòng hoa[vɔŋ² hwa¹]

【花蕊】 泰เกสรตัวผู้และเกสรตัวเมีย[ke:² sɔ:n¹ tu:a² phu:³ lɛ⁴ ke:² sɔ:n¹ tu:a² mi:a²];เกสร[ke:² sɔ:n¹] 老เกสอນ[ke:¹'sɔ:n¹];เกสอນดอกไม้[ke:¹'sɔ:n¹ʔdɔ:k⁹ mai⁴];ໄกสอນ[kai¹¹sɔ:n¹] 岱-侬fẳn[fan²] 越泰xôi[sɔi²] 越nhụy hoa[ɲwi⁶hwa¹];nhị hoa[ni⁶ hwa¹] 芒nhĩ wa[ɲi⁴ wa¹]

【花洒】 泰ฝักบัวรดน้ำต้นไม้[fak⁷ʔbu:a² rot⁸ton³ mai⁻];ฝักบัว[fak⁷ ʔbu:a²] 越vòi hoa sen[vɔi² hwa¹ ṣen¹]

【花生❶】 泰ถั่วลิสง[thu:a⁵ li⁴ soŋ¹];ถั่วยี่สง[thu:a⁵ ji:³ soŋ¹];ยี่สง[ji:¹ soŋ¹];ถั่วดิน[thu:a⁵ ʔdin²] 老ໝากถั่วดิน[ma:k⁹ thu:a⁵ ʔdin¹];ถั่วดิน[thu:a⁵ ʔdin¹];ถั่วขำ[thu:a⁵ thɤ:²];ถั่วขี้[thu:a⁵ hɔ:³] 岱-侬thúa đin[thu:a⁵ ʔdin¹] 越泰thúa đók[thu:a⁵ ʔdɔ:k⁷];mák thúa đók[ma:k⁷ thu:a⁵ ʔdɔ:k⁷] 普sâng¹ nam³[sɤŋ³ na:m³] 越lac[la:k⁸];đậu lạc[ʔdɤu⁶ la:k⁸];hột lạc[hot⁸ la:k⁸];hạt lạc[ha:t⁸la:k⁸];đậu phụng[ʔdɤu⁶fuŋ⁶];đậu phộng[ʔdɤu⁶ foŋ⁶] 芒lac[la:k⁸];hột lac[hot⁸ la:k⁸]

【花生糖】 泰ถั่วตัด[thu:a⁵ tat⁷] 老เข้าหนึมถั่วดิน[khau³ nom¹ thu:a⁵ ʔdin¹] 岱-侬kẹo thúa đin[kɛu⁴ thu:a⁵ ʔdin¹] 越kẹo lạc[kɛu⁶ la:k⁸] 芒kẽo lac[kɛu⁴ la:k⁸]

【花生油】 泰น้ำมันถั่วลิสง[nam⁴ man² thu:a⁵ li⁴ soŋ¹] 老น้ำมันถั่วดิน[nam⁴ man² thu:a⁵ ʔdin¹];น้ำมันໝากถั่วดิน[nam⁴ man² ma:k⁹ thu:a⁵ ʔdin¹] 岱-侬dầu thúa đin[jɤu² thu:a⁵ ʔdin¹] 越dầu lạc[zɤu² la:k⁸]

【花市】 泰ตลาดดอกไม้[ta⁵ la:t⁷ ʔdɔ:k⁹ mai⁴] 老ตะหลาดดอกไม้[ta² la:t¹ ʔdɔ:k⁹ mai⁴] 越chợ hoa[tṣɤ⁶ hwa¹]

【花束】 泰ช่อดอกไม้[tshɔ:³ ʔdɔ:k⁹ mai⁴] 老ຊ่ดอกไม้[sɔ:⁵ ʔdɔ:k⁹ mai⁴] 越bó hoa[ʔbɔ⁵ hwa¹];trùm hoa[tṣum² hwa¹]

---

❶ 石家 mak²-thua³-ban⁶

【花坛】 泰แท่นดอกไม้[theːn³ ʔdɔːk⁹mai⁴];แปลงดอกไม้[plɛːŋ²ʔdɔːk⁹mai⁴] 老ธาับบดอกไม้[haːn⁴²dɔːk⁹mai⁴];ขาบปูกดอกไม้[naːn¹ puːk⁹ ʔdɔːk⁹ mai⁴] 越luống hoa[luːŋ⁵ hwa¹];bồn hoa[ʔbon² hwa¹]

【花纹】❶ 泰ลาย[laːi²] 老ลาย[laːi²] 普kwa²[kwa²] 越hoa văn[hwa¹van¹];vằn[van¹] 芒lồ[lo²]

【花椰菜 芥兰花】 泰กะหล่ำดอก[ka⁵lam⁵²ʔdɔːk⁹];กะหล่ำต้น[ka⁵lam⁵ton³];กะหล่ำ[ka⁵lam⁵];กะหล่ำปลี[ka⁵lam⁵pliː²] 老ꍉะลำปิดอก[ka²lam²piː¹'ʔdɔːk⁹];ผักꍉะลำปิดอก[phak⁷ ka² lam² piː¹' ʔdɔːk⁹] 越cải hoa[kaːi³ hwa¹];súp-lơ[sup⁷ lɤ¹]

【花园】 泰สวนดอกไม้[suːan¹ʔdɔːk⁹mai⁴] 老ສอมดอกไม้[suːan¹ʔdɔːk⁹mai⁴];บุบ ผะຽาม[ʔbup⁷ phaː¹ haːm²] 岱-侬sluôn bjooc[ɬuːn¹ʔbjɔːk⁷] 越xuôn bók[suːn¹ʔbɔk⁷] 越泰vườn hoa[vɯːn² hwa¹] 芒wằn wa[wɤn² wa¹]

【花烛】 泰เทียนซึ่งจุดในห้องคู่บ่าวสาวในวัน มงคลสมรส[thiːan³ sɯŋ³ tsut⁷ nai² hɔːŋ³ khuː³ ʔbaːu⁵ saːu¹ nai² wan² mɔŋ² khon¹ som¹ rot⁸] 老ดอกหัວอิอ[ʔdɔːk⁹ na³ ŋuːa²] 越đuốc hoa[ʔduːk⁷ hwa¹]

【华侨】 泰ชาวจีนโพ้นทะเล[tshaːu² tsiːn² phoːn⁴ thaː⁴ leː²] 老ຂาวจีบต่าງด้าว[saːu² tsiːn¹' taːŋ² ʔdaːu²] 普kjang¹[kjaːŋ¹] 越Hoa kiều[hwa¹ kiːu²]

【划 ~船】 泰พาย[phaːi²] 老ພาย[phaːi²];แจว[tsɛːu¹];แຂว[sɛːu²] 岱-侬cao[kaːu¹];turc[tɯk⁷] 越泰vải[vaːi³] 越chèo[tsɛu²];bơi[ʔbɤːi¹];bơi chèo[ʔbɤːi¹ tsɛu²] 芒chèo[tsɛu²];pơi chèo[pɤːi¹ tsɛu²]

【划拳】 泰เล่นทายนับนิ้ว[leːn³ thaːi² nap⁵ niu⁴];เล่นทายนิ้ว[leːn³ thaːi² niu⁴] 越trò chơi đố số[tsɤːi¹ ʔdo⁵ ʂo⁵]

【滑 路~】❷ 泰เกลี้ยงเกลา[kliːaŋ³ klau²];ลื่น[lɯːn³]

【滑】 泰มิ่น[mɯːn⁵] 岱-侬mjạc[mjaːk⁸];min[min³] 越泰mủn[mun³] 普nuơn³[nuːn³] 越trơn[tʂɤːn¹] 芒tlònh[tlɤːn²]

【滑动】 泰ลื่นไถล[lɯːn³ thaː¹ lai¹] 老ตະลาด[ta laːt¹⁰] 普laj⁴ tolit²[laːi⁴ tɤ⁰ lit²] 越trượt[tʂɯːt⁸]

【滑落】❸ 泰ลื่นหล่นลง[lɯːn³ lon⁵ loŋ²] 老ຫลุด[lut⁹];ຫลุด[lut⁷] 岱-侬nhụt[ɲut⁸];luôt[luːt⁷] 越泰slụt[s-lut⁸] 越tụt[tut⁸] 芒khónh[khon⁵]

【画 ~画儿】 泰วาด[waːt¹⁰];เขียน[khiːan¹];เขียนภาพ[khiːan¹ phaːp¹⁰];วาดเขียน[waːt¹⁰khiːan¹];วาดภาพ[waːt¹⁰ phaːp¹⁰] 老แต้ม[tɛːm⁴];อาด[vaːt¹⁰] 岱-侬vẹ[vɛ⁴] 越泰vẽ[vɛ³];tèm[tɛm³] 普hwa³[hua³] 越vẽ[vɛ⁴] 芒wẽ[wɛ⁴]

【画笔】 泰ดินสอวาดเขียน[ʔdin² sɔː¹ waːt¹⁰ khiːan¹];พู่กันวาดภาพ[phuː³ kan¹ waːt¹⁰ phaːp¹⁰] 老ฝอยแต้มรูบ[fɔːi¹ tɛːm⁴ huːp¹⁰] 越bút vẽ[ʔbut⁷ vɛ⁴]

【画儿】 泰ภาพ[phaːp¹⁰];รูป[ruːp¹⁰];ภาพเขียน[phaːp¹⁰ khiːan¹];รูปภาพ[ruːp¹⁰ phaːp¹⁰] 老ฟາบ[phaːp¹⁰];ฟາບแต้ม[phaːp¹⁰ tɛːm⁴];ฮูบฟາบ[huːp¹⁰ phaːp¹⁰];ฮูบ[huːp¹⁰];ฮูบแต้ม[huːp¹⁰ tɛːm⁴] 岱-侬chéng[tɕɛŋ⁵];piểng vẻ[piːŋ⁵ vɛ³];vẹ[vɛ⁴];bâu vẹ[ʔbɤu¹ vɛ⁴] 越tranh[tʂaɲ¹];họa[hwaː⁶];bức vẽ[ʔbɯk⁷ vɛ⁴] 芒pắc wẽ[pɤk⁷ wɛ⁴]

【画家】 泰จิตรกร[tsit⁷kɔːn²] 老มักแต้ม[nak⁸tɛːm⁴];ຊ่างแต้ม[saːŋ⁴ tɛːm⁴];มักแต้มรูบ[nak⁸ tɛːm⁴ huːp¹⁰];มักจิดตะกำ[nak⁸ tsit⁷ ta² kam¹] 越họa sĩ[hwaː⁶ ʂi⁴] 芒wã xĩ[waː⁴ si⁴]

【画眉鸟】 泰นกจวัชชนิดหนึ่งมีเสียงร้องไพเราะ[nok⁸ thaː⁴wat⁸tsha⁴nit⁸nɯŋ⁵, miː² siːaŋ¹ rɔːŋ⁴phai²rɔ⁴] 老มิักอบถิ่ว[nok⁸khiːan¹khiu⁴] 岱-侬hoạ mi[hwaː⁴ mi¹];va mì[vaː¹ miː²];hoa mjừ[hwaː¹ mjɯ¹] 越泰nộc thua[nok⁸ thuːa¹] 越hoạ mi[hwaː⁶ mi¹];

---

❶ 石家 laay⁴
❷ 石家 mliil⁵；thləət⁵；thrəət⁵
❸ 掸 lut D1L 泐 lut D1S

chim hoạ mi[tsim¹ hwa⁶ mi¹];chim hét[tsim¹ het⁷] 芒chim wà wàng[tsim¹ wa² waːŋ²];wà wàng[wa² waːŋ²]

【画押】 泰ลงนามเป็นหลักฐาน[loŋ² naːm² pen² lak⁷ thaːn¹];ลงสัญลักษณ์ยอมรับ[loŋ² san¹ lak⁸ jɔːm² rap⁸] 老ลงลายเซ็น[loŋ² laːi² sen²];ลายเซ็น[laːi² sen²];แฮงได[kɛːŋ¹' ʔdai¹'] 越ký tên[ki⁵ ten¹];ký phê chuẩn[ki⁵ fe¹ tsɯɤn³]

【化肥】 泰ปุ๋ยเคมี[pui¹ kheː² mi²] 老ฝุ่นเคมี[fun¹ kheː² mi²];ปุ๋ยเคมี[pui¹ kheː² mi²];ฝุ่นวิทยาสาด[fun⁵ vi⁵ tha⁵ ɲaː¹ saːt⁹] 越phân hoá học[fɤn¹ hwa⁵ hɔk⁸];phân bón hoá học[fɤn¹ ʔbɔn⁵ hwa⁵ hɔk⁸]

【化脓】 泰กรมหนอง[krom² nɔːŋ¹];ออม หนอง[ʔɔːm² nɔːŋ¹];เป็นหนอง[pen² nɔːŋ¹] 老ຫິມຂອງ[hom¹ nɔːŋ¹];ຫຸມ ຂອງ[hum¹ nɔːŋ¹];ກົມຂອງ[kom¹ nɔːŋ¹];ເປັນຂອງ[pen¹ nɔːŋ¹];ອົມຂອງ[ʔom¹ nɔːŋ¹];ຮອບຂອງ[huːan² nɔːŋ¹] 岱-侬sluc noong[ɬuk⁷ nɔːŋ¹] 越泰tót nong[tɔt⁷ nɔŋ¹] 越mưng[mɯŋ¹];mưngmủ[mɯŋ¹ mu³];cương mủ[kɯːŋ¹ mu³];sinh mủ[siɲ¹ mu³] 芒mưng bú[mɯŋ¹' ʔbu⁵]

【化验】 泰แล็บ[lɛp⁸];แลบ[lɛːp¹⁰] 老ທິດລອງ[thot⁸ lɔːŋ²] 越xét nghiệm[sɛt⁷ ŋiːm⁶];hóa nghiệm[hwa⁵ ŋiːm⁶]

【化妆】 泰แต่งหน้า[tɛːŋ⁹ naː³];ผัดหน้าทา ปาก[phat⁷ naː³ thaː² paːk⁹] 老ຕົກແຕ່ງ[tok⁷ tɛːŋ⁴];ປະດັບເອ້[pa² dap⁷ ʔeː⁴] 越trang điểm[tsaːŋ¹ ʔdiːm³];bôi son đánh phấn[ʔboi¹ sɔn¹ ʔdaɲ⁵ fɤn⁵]

【化妆品】 泰เครื่องสำอาง[khrɯːaŋ³ sam¹ ʔaːŋ²] 老ເຄື່ອງສຳອາງ[khɯːaŋ⁵ sam¹ ʔaːŋ²] 越hàng trang điểm[haːŋ² tsaːŋ¹ ʔdiːm³];mỹ phẩm[mi⁴ fɤm³];son phấn[ʂɔn¹ fɤn⁵];đồ trang điểm[ʔdo² tsaːŋ¹ ʔdiːm³]

【化装】 泰แต่ง[tɛːŋ⁵] 老ແຕ່ງຂຶ້ນ[tɛːŋ⁵ naː³];ຂະບວນ[kha² ʔbuːan¹] 越hoá trang[hwa⁵ tsaːŋ¹];cải trang[kaːi³ tsaːŋ¹]

【话❶】 泰ความ[khwaːm²];คำ[kham²];คำพูด[kham² phuːt¹⁰];ภาษา[phaː² saː¹] 老ຄວາມ[khwaːm²];ຄຳ[kham²];ຄຳຈາ[kham² saː¹'];ຄຳເວົ້າ[kham² vau⁹];ລົມປາກ[lom² paːk⁹] 岱-侬cằm[kam²];vàm[vaːm²] 普lhăm¹[lam¹] 越泰khót[khɔt⁷];quăm pák[kwaːm¹ paːk⁵] 越lời[lɤːi²];chuyện[tswiːn²];tiếng[tiːŋ⁵] 芒thiềng[thiːŋ³]

【怀妈妈~里】 泰อ้อมอก[ʔɔː m³ ʔok⁷] 老ອ້ອມກອດ[ʔɔːm⁴ kɔːt⁹] 越lòng[lɔŋ²] 芒nồng[noŋ²]

【怀表】 泰นาฬิกาพก[naː² liː⁴ kaː² phok⁸] 老ນາລິກາພົກ[naː² liː⁵ kaː¹' phok⁸] 越đồng hồ bỏ túi[ʔdoŋ² ho² ʔbɔ³ tuːi⁵];đồng hồ quả quýt[ʔdoŋ² ho² kwa³ kwiː⁷]

【怀念】 泰รำลึกถึง[ram² luk⁸ thɯŋ¹] 老ຂອບນຶກເຖິງ[huːan² nɯk⁸ thɤŋ¹];ຂອບລະລຶກເຖິງ[huːan² la⁵ lɯk⁸ thɤŋ¹];ຂອບອາໄລ[huːan² ʔaː¹' laːi²];ລະນຶກ[la⁵ nɯk³];ລຳລຶກ[lam² lɯk⁸] 越hoài niệm[hwaːi² niːm⁶];nhớ[ɲɤ⁵];nhớ nhung[ɲɤ⁵ ɲuŋ¹];nhớ tưởng[ɲɤ⁵ tɯːŋ³];tưởng nhớ[tɯːŋ³ ɲɤ⁵] 芒tướng nhớ[tɯːŋ⁵ ɲɤ³']

【怀疑】 泰สงสัย[sɔŋ¹ sai¹] 老ລະແວງ[la⁵ veːŋ²];ລະແວງສົງໃສ[la⁵ veːŋ² sɔŋ¹ sai¹];ຄາງແຄງ[khaːŋ¹ kɛːŋ²];ຜິດສະຫວັງສົງໃສ[phit⁸ sa² voŋ¹ sɔŋ¹ sai¹] 岱-侬ngờ[ŋɤ²] 越泰hướng[hɯːŋ⁵];hướng hai[hɯːŋ⁵ hai¹] 越hoài nghi[hwaːi² ŋi¹];nghi[ŋi¹];nghi ngờ[ŋi¹ ŋɤ²];ngờ[ŋɤ²];ngờ vực[ŋɤ² vɯk⁸];ngờ ngợ[ŋɤ² ŋɤ⁶];ngơ ngợ[ŋɤ⁶ ŋɤ⁶]

【怀孕】 泰ตั้งท้อง[taŋ³ thɔːŋ⁴];ตั้งครรภ์[taŋ³ khan²];ตั้ง[taŋ³];มีท้อง[miː² thɔːŋ⁴];ท้อง[thɔːŋ⁴];ท้องโต[thɔːŋ⁴ toː¹'];ท้องโป่ง[thɔːŋ⁴ poːŋ⁵];มีครรภ์[miː² khan²];อุ้มท้อง[um³ thɔːŋ⁴] 老ຖືກັນ[thɯː¹' khan²];ຖືງາບ[thɯː¹ maːn²];ມີກັນ[miː² khan²];ມີລູກ[miː² luːk¹⁰];ຊີງກັບ[sɔŋ² khap⁸];ທິງກັບ[thoŋ² khap⁸];ຕັ້ງກັບ[taŋ⁴ khaːp²'];ຕັ້ງທ້ອງ[taŋ⁴ thɔːŋ⁴];ຖືງາບ[thɯː¹ phaː² maːn²];

---

❶ 阿含 khām A2; khǎm A2　掸 kwam A2; khwam A2　泐 xwam A2　拉哈 kǎm⁵; klǎm⁶

ถึพา[thɯː¹pha:²];ถึท้อง[thɯː¹thɔːŋ⁴];ถึพาคาท้อง [thɯː¹pha:²khaː²thɔːŋ⁴];ถึพาลูก[thɯː¹pha:² luːk¹⁰];มีท้อง[mi:² thɔːŋ⁴];ท้องปุ่ง[thɔːŋ⁴puŋ²];มีท้อง [mi:² thɔːŋ⁴];มีกัน[mi:² khan²];มานลูก[ma:n² luːk¹⁰]; มาน[ma:n²];ฮามท้อง[ha:m² thɔːŋ⁴];ฮามลูก[ha:m² luːk¹⁰];ฮาม[ha:m²]  岱-侬 mì đang[mi² ʔdaŋ¹];tài đang[ta:i³ ʔdaŋ¹];pà lục[pa² luk⁸]  越泰 dú pã[ju⁵ pa²];mĩ lục[mi²luk⁸];mãn lục[ma:n²luk⁸];mặt hãm[mat⁸ ha:m²];hãm mĩ[ha:m² mi²]  普 ju⁴[ju⁴]; kăp²[kap²];gɯɔj³ năm qhAng⁴[gɯːi³ nam¹ qhɔŋ⁴]  越 mang thai[ma:ŋ¹ tha:i¹];có thai[kɔ⁵ tha:i¹];chửa [tsɯə³];có mang[kɔ⁵ ma:ŋ¹];có chửa[kɔ⁵ tsɯə³];có bầu[kɔ⁵ ʔbɤu²];chửa[tsɯə³]  芒 cỏ tã[kɔ³ ta⁴];chía [tsiə⁵]

【槐树】泰 ต้นสกอลาร์จีน[ton³ sa⁵ kɔː² la:² tsi:n²]  岱-侬 mạy bjooc lương[mai⁴ʔbjɔ:k⁷lɯːŋ¹]  越 cây hoè[kɤi¹ hwɛ²]

【踝骨】泰 กระดูกข้อเท้า[kra⁵ ʔdu:k⁹khɔː³ thau⁴]  老 ตาตีน[ta:¹¹ ti:n¹];ตุ่มบ่อง[tum⁵ nɔːŋ⁵];ตุ่มค้อง[tum⁵ khɔːŋ⁴]  越 xương mắt cá chân[sɯːŋ¹ mat⁷ ka² tsɤn¹];xương mắt cá[sɯːŋ¹ mat⁷ ka²]

【坏 好~❶】泰 ร้าย[ra:i⁴]  老 ฮ้าย[ha:i⁴]  岱-侬 rại [ra:i⁴];vải[va:i³]  越泰 hại[ha:i⁴];pé[pɛ⁵]  越 xấu [sɤu⁵]

【坏 车~了】泰 เลว[le:u²];เสีย[si:a¹]  老 เป่[peː⁵]  岱-侬 vải[va:i³]  越 hỏng[hɔŋ³]  越 hư[hɯ:¹]; hỏng[hɔŋ³]  芒 mãnh[man⁴];hóng[hɔŋ⁵];pé[pe⁵]

【坏人】泰 คนชั่ว[khon² tshua:³];เลวร้าย[lau² ra:i⁴]; ผู้ร้าย[phu:³ ha:i⁴];ทุรชน[thu⁴ la⁴ son²];คนพาลา [khon² pha:² la:²];คนสั่ว[khon² su:a⁵];คนพาล[khon² pha:n²];พาลชน[pha:² la⁴ son²];อุปชน[ʔu⁵ pa⁵ son²]  老 ทุละຊົນ[thu⁵ la⁵ son²];ผู้ร้าย[phu:³ ha:i⁴];ພາລະຊົນ [pha:⁵ la⁵ son²];ถົນພາน[khon² pha:n²];อุปะຊົນ[ʔu⁵

pa² son²]  越 người xấu[ŋɯːi² sɤu⁵]

【坏事】泰 เรื่องเลว[rɯːaŋ³ le:u²]  老 เลื่องຂີ້[lɯːaŋ⁵ su:a⁵];เลื่องบ่ดี[lɯːaŋ⁵ ʔbɔ:⁵ ʔdi:¹];ทุดสะกำ[thut⁸ sa² kam¹]  越 việc xấu[vi:k⁸ sɤu⁵]

【坏心眼❷】泰 เจตนาร้าย[tse:t⁹na:²ra:i⁴]  老 เจดຮ້າຍ [tse:t⁹ ha:i⁴]  岱-侬 slim rại[ɬim¹ ra:i⁴]  越 lòng xấu [lɔŋ² sɤu⁵]

【欢迎】泰 ต้อนรับ[tɔ:n³ rap⁸];ยินดีต้อนรับ[jin² ʔdi:² tɔ:n³ rap⁸]  老 ต้อม[tɔ:m¹];ต้อมรับ[tɔ:n⁴ hap⁸]; ต้อมรับสมเฮีย[tɔ:n⁴ hap⁸ som² sɤ:i²];ฃໍສົມເຊີຍ [khɔː¹ som² sɤ:i²];ສົມເຊີຍ[som²sɤ:i²];คำมับฮับต้อม [kham² nap⁸ hap⁸ tɔ:n⁴]  岱-侬 fǎng tòn[faŋ² tɔn¹]  越 hoan nghênh[hwa:n¹ ŋɛn¹]  芒 wan ngênh[wa:n¹ ŋɛn¹]

【还~钱❸】泰 คืน[khɯ:n²]  老 ไຊ້[sai⁴];แทบ [thɛ:n²]  岱-侬 pjá[pja⁵];păng[paŋ¹];pòi[pɔi²]  越泰 khưn[khɯn¹];păng[paŋ¹]  越 trả[tʂa³];trả lại[tʂa³ la:i⁶]  芒 tlá[tla⁵];tlá lãi[tla⁵ la:i⁴]

【还击】泰 ตอบโต้[tɔ:p⁹tɔː³];ยิงตอบโต้[jiŋ² tɔːp⁹tɔ:³]  老 ติต้าบ[ti:¹¹ta:n⁴];ติต้าบคืน[ti:¹¹ta:n⁴khɯ:n²]; ยิงโต้ตอบ[ɲiŋ² tɔ:⁴ tɔ:p⁹];โต้ตอบ[tɔ:⁴ tɔ:p⁹]  越 đánh trả lại[ʔdaŋ⁵ tʂa³ la:i⁶];bắn trả lại[ʔban⁵ tʂa³ la:i⁶];giáng trả lại[za:ŋ³ tʂa³ la:i⁶];đập trả lại[ʔdɤp⁶ tʂa³ la:i⁶]

【还价】泰 ตอบราคา[tɔ:p⁹ ra:² kha:²]  越 mà cả[ma² ka:³];trả giá[tʂa³za⁵];mặc cả[mak⁸ka³]  芒 tlá dả [tla⁵ za³]

【还俗】泰 สึก[sɯk⁷]  老 ลาເພດ[la:² phe:t¹⁰];สีกหาลา [sik⁷ ha:¹ la:²]  越 hoàn tục[hwa:n² tuk⁸]

【还愿】泰 แก้บน[kɛː³ ʔbon²]  老 ບິນເບີກ[ʔbon¹ ʔbɤ:k⁹]  越 lễ tạ thần[le⁴ ta⁶ thɤn²]

【还债】泰 คืนหนี้[khɯ:n² ni:³]  老 ไຊ້ໜີ້[sai⁴ni:³]

---

❶ 石家 raay⁶　阿含 rāi C2;chā　掸 hai C2　泐 hrai C2
❷ 石家 cɨɨ¹-kua³
❸ 阿含 pâk

越 trở nợ[tʂa³ nɤ⁶];trả tiền vay[tʂa³ tiːn² vai¹]

【换~衣服】泰 แลก[lɛːk¹⁰];ผลัด[phlat⁷] 老 ແລກ[lɛːk¹⁰];ຜັດ[phat⁷];ຖ່າຍ[thaːi⁵];ປ່ຽນ[thiːan⁵] 岱-侬 thooc[thɔːk⁷] 越泰 tháy[thai⁵];piên[piːn¹] 普 sjan³[sjaːn³] 崇 thay[thai¹];tháo[thaːu⁵] 芒 thay[thai¹];tháo[thaːu⁵]

【换~钱】泰 แลก[lɛːk¹⁰];แลกเปลี่ยน[lɛːk¹⁰ piːan⁵] 老 ແລກ[lɛːk¹⁰];ປ່ຽນ[piːan⁵];ແລກປ່ຽນ[lɛːk¹⁰ piːan⁵] 岱-侬 cháo[tɕaːu³] 越泰 tôn[tɔn²] 普 sjan³[sjaːn³] 越 đổi[ʔdoi³] 芒 tối[toi⁵]

【换车】泰 เปลี่ยนรถ[pliːan⁵ rot⁸];ต่อรถ[tɔː⁵ rot⁸] 老 ຕໍ່ລົດ[tɔː⁵ lot⁸];ຖ່າຍລົດ[thaːi⁵ lot⁸] 越 chuyển xe[tswiːn³ sɛ¹];đổi xe[ʔdoi³ sɛ¹];việc chuyển xe[viːk⁸ tswiːn³ sɛ¹]

【换工】泰 เปลี่ยนงาน[pliːan⁵ ŋaːn²] 越 đổi công[ʔdoi³ koŋ¹];vần công[vɤn² koŋ¹]

【荒地】泰 ที่รกร้าง[thiː³ rok⁸ raːŋ⁴] 老 ທີ່ດິນວ່າງເປົ່າ[thiː⁵ ʔdinˡˡ vaːŋ⁵ pau⁵];ດິນເສື່ອ[ʔdinˡˡ huːa⁴];ດິນຮ້າງ[ʔdinˡˡ haːŋ⁴] 越 đất bỏ hoang[ʔdɤt⁷ ʔbɔ³ hwaːŋ¹];đất hoang[ʔdɤt⁷ hwaːŋ¹];đất hoang vu[ʔdɤt⁷ hwaːŋ¹ vuˡ];hoang địa[hwaːŋ¹ ʔdiə⁶]

【荒凉】泰 รกร้างเปล่าเปลี่ยว[rok⁸ raːŋ⁴ plau⁵ pliːau⁵] 老 ວິຊົມ[viˢ son²];ອ້າງວ້າງ[ʔaːŋ⁴ vaːŋ⁴] 岱-侬 quệng xich[kwɛŋ⁴ ɕik⁴];quệng léng[kwɛŋ⁴ lɛŋ⁵] 越泰 banh béo[ʔbɛŋ⁴ʔbɛu⁵] 越 hiu quạnh[hiu¹ kwaŋ⁶];quạnh quê[kwaŋ⁶ kwɛ⁴];vắng vẻ[vaŋ⁵ vɛ³];hoang tàn[hwaːŋ¹ taːn²];hoang vắng[hwaːŋ¹ vaŋ⁵]

【荒田】泰 นาร้าง[naː² raːŋ⁴] 老 ນາເສື່ອ[naː² huːa⁴];ນາຮ້າງ[naː² haːŋ⁴] 越 ruộng bỏ hoang[zuːŋ⁶ ʔbɔ³ hwaːŋ¹]

【荒野】泰 ทุ่งร้าง[thuŋ³ raːŋ⁴] 老 ທົ່ງເສື່ອ[thoŋ⁵ huːa⁴] 越 vùng đất hoang[vuŋ² ʔdɤt⁷ hwaːŋ¹];vùng đất truông[vuŋ² ʔdɤt⁷ tʂuːŋ¹];đồng không mông quạnh

[ʔdoŋ² xoŋ¹ moŋ¹ kwan⁶];cánh đồng hoang vu [kaːn⁵ ʔdoŋ² hwaːŋ¹ vuˡ];đồng hoang[ʔdoŋ² hwaːŋ¹]; hoang dã[hwaːŋ¹ zaː⁴]

【慌心~】泰 กลัว[kluːa²] 老 ກົວ[kuːa¹] 越 bối rối[ʔboi⁵ zoi⁵];hoảng hốt[hwaːŋ³ hot⁷]

【黄❶】泰 เหลือง[lɯːaŋ¹] 老 ເຫຼືອງ[lɯːŋ¹] 岱-侬 lương[lɯːŋ¹] 越泰 lương[lɯːŋ¹] 普 Niɯ[ɲin²] 越 vàng[vaːŋ²] 芒 wàng[waːŋ²]

【黄疸】泰 โรคดีซ่าน[roːk¹⁰ ʔdiː² saːn³];ดีซ่าน[ʔdiː² saːn³] 老 ພະຍາດໝາກເຫຼືອງ[phaˢnat¹⁰ makˢlɯːaŋ¹]; ຂີ້ໝາກເຫຼືອງ[khiː³ makˢ lɯːaŋ¹];ໝາກເຫຼືອງ[makˢ lɯːaŋ¹];ບັນທຸໂລກ[ʔbanˡˡ thu⁵ loːk¹⁰] 岱-侬 fàng lương[faːŋ² lɯːŋ¹] 越 bệnh vàng đậm[ʔbeŋ⁶ vaːŋ² ʔdaːm³];bệnh vàng da[ʔbeŋ⁶ vaːŋ² zaː¹];hoàng đậm [hwaːŋ² ʔdaːm³]

【黄豆】泰 ถั่วเหลือง[thuːa⁵ lɯːaŋ¹] 老 ຖົ່ວເຫຼືອງ [tɯːa⁵ lɯːaŋ¹];ໝາກຖົ່ວເຫຼືອງ[makˢ thuːa⁵ lɯːaŋ¹] 岱-侬 thúa nắng[thuːa⁵ naŋ³] 越 đậu tương[ʔdɤu⁶ tɯːŋ²];đậu nành[ʔdo⁴ naŋ²] 芒 tẩu nành[tʂu⁴ naŋ²]

【黄豆油】泰 น้ำมันถั่วเหลือง[nam⁴ man² thuːa⁵ lɯːaŋ¹] 老 ນ້ຳມັນຖົ່ວເຫຼືອງ[nam⁴ man² thuːa⁵ lɯːaŋ¹] 越 dầu đậu nành[zɤu² ʔdɤu⁶ naŋ²]

【黄蜂】泰 แตน[tɛːn²] 老 ແຕນ[tɛːn¹];ແຕນເຫຼືອງ [tɛːn¹ lɯːaŋ¹] 岱-侬 then lương[then¹ lɯːŋ¹];then vàng[then¹ vaːŋ²] 越泰 ten[ten¹] 越 ong nghệ[ʔɔŋ¹ ŋe⁶];ong vàng[ʔɔŋ¹ vaːŋ²] 芒 ongwàng[ʔɔŋ¹ waːŋ²]; ong ngẻl[ʔɔŋ¹ ŋɛl⁴]

【黄瓜❷】泰 แตงกวา[tɛːŋ² kwaː²];แตงร้าน[tɛːŋ² raːn⁴] 老 ແຕງ[tɛːŋ¹];ໝາກແຕງ[mak⁹ tɛːŋ¹];ແຕງກວາ[tɛːŋ¹ kwaː¹];ໝາກແຕງກວາ[mak⁹ tɛːŋ¹ kwaː¹];ແຕງຂີ້ໄກ່ [tɛːŋ¹ khiː³ kai⁵];ໝາກແຕງຂີ້ໄກ່[mak⁹ tɛːŋ¹ khiː³ kai⁵];ແຕງເຂົ້າ[tɛːŋ¹ khau³];ໝາກແຕງເຂົ້າ[mak⁹ tɛːŋ¹ khau³];ແຕງຈີນ[tɛːŋ¹ tsin²];ໝາກ ແຕງຈີນ[mak⁹

---

❶ 石家 vaaŋ²; vaaŋ⁴
❷ 石家 maak² prianŋ⁴;prianŋ⁴

# 黄

tɛŋ¹' tsiŋ¹'];แตงอ่อน[tɛŋ¹' ʔɔːn⁵];ໝາກແຕງອ່ອນ[maːk⁹tɛːŋ¹'ʔɔːn⁵];แตงค้าง[tɛŋ¹' khaːŋ⁴];ໝາກແຕງຄ້າງ[maːk⁹tɛːŋ¹'khaːŋ⁴] 越-侬 theng[theŋ¹];qua nu [kwa¹nu¹] 越泰 tanh xặng[teŋ¹saŋ⁴] 普 kuɔp⁵ ʔoŋ³[kuːp⁵ ʔɔŋ³] 越 dưa chuột[zɯə¹ tsuːt⁸];dưa leo[zɯə¹ lɛu¹]

【黄颔蛇】 泰 งูคอเหลือง[ŋuː² khɔː² lɯːaŋ²] 越-侬 ngù hấu sla[ŋu² həu⁵ ɬa¹]

【黄花菜 金针菜】 泰 ดอกไม้จีน[ʔdɔːk⁹mai⁴tsiːn²] 老 ດອກເຂັມ[ʔdɔːk⁹ khem¹];ດອກໄມ້ຈີນ[ʔdɔːk⁹ mai⁴ tsiːn¹] 岱-侬 bjooc chắm[ʔbjɔːk⁷ tɕam⁵] 越泰 co píp[kɔ¹ pip⁷] 越 kim châm[kim¹ tsɤm¹]

【黄花鱼】 泰 ปลาเยลโลโครเคอร์[plaː² jeːn² loː² khrɔː² khɔː²] 越 cá sáu sọc dài[kaː⁵ sau⁵ sɔk⁸ zaːi²]

【黄昏❶】 泰 สายัณห์[saː¹ jan²];พลบ[phlop⁸];พลบค่ำ[phlop⁸ kham³];ตอนเย็น[tɔːn² jen²];หัวค่ำ[huːa¹ kham³];เพล้โพล้[phleː¹ phloː⁴];โพล้เพล้[phloː⁴ phleː⁴];บัดเมล่ง[ʔbat⁷ maː⁴ leːŋ²] 老 ຫົວຄ່ຳ[huːa¹ kham³];ຄ່ຳມືດ[kham⁵ miːt¹⁰];ຊຸ້ມລ້າວ[sum⁵ laːu⁴];ຍາມຄ່ຳຕຶ້ມ[ɲaːm² kham⁵ khɯɯ²];ຍາມຫົວຄ່ຳ[ɲaːm² huːa¹ kham⁵];ມຶດຊຸ້ມລ້າວ[mɯɯːt¹⁰ sum⁵ laːu⁴];ແລງ[leːŋ⁴];ເວລາຄ່ຳຄ້ອຍ[veː² laː² kham⁵ khɔːi⁴] 岱-侬 pài đăm[paːi² ʔdam¹] 普 Vân³ lăj²[βɤn³ lai²];Vân³ le²[βɤn³ lɛ²] 越 hoàng hôn[hwaːŋ² hon¹];chạng vạng tối[tsaːŋ⁶ vaːŋ⁶ toi⁵];tảng sáng[taːŋ³ ʂaːŋ⁵];xế chiều[seː⁵ tsiːu²];lúc trời gần tối[luk⁷ tʂɤːi² ɣɤn² toi⁵]

【黄鹂】 泰 นกขมิ้น[nok⁸ kha⁵ min³] 老 ນົກແກ້ວຂາວ[nok⁸ kɛːu⁴ kɔːŋ¹] 越 chim hoàng ly[tsim¹ hwaːŋ² liː¹]

【黄麻】 泰 กระเจา[kra² tsau²];ปอกระเจา[pɔː² kra² tsau²] 老 ກະເຈົາ[ka² tsau¹];ປ້ກະເຈົາ[pɔː¹' ka² tsau¹];ປ້ປານນ້ຳ[pɔː¹' paːn⁵ nam²];ຕົ້ນປ້ໂພ້[ton⁴ pɔː¹'kɔːŋ⁴ phoː⁴];ໂພະເພະ[pho² phe²];ຕົ້ນເພິ່ງ[ton⁴ thɯːaŋ²] 岱-侬 co dệt[kɔ¹ jet²] 越泰 co pán[kɔ¹ paːn⁵] 越 đay[ʔdai¹];cây đay[kɤi¹ ʔdai¹]

【黄牛❷】 泰 วัว[wuːa²];งัว[ŋuːa²];โค[khoː²] 老 ງົວ[ŋuːa²] 岱-侬 mò[mɔː²];tua mò[tuə¹ mɔː²] 越泰 ngũa[ŋuə²];tô ngũa[toː¹ŋuə²] 普 năw³[nau³];nu³ [nu³] 越 bò[ʔbɔː²];con bò[kɔn¹ ʔbɔː²] 芒 pò[pɔː²];con pò[kɔn¹ pɔː²]

【黄牛犊】 泰 ลูกวัว[luːk¹⁰wuːa²];วัวน้อย[wuːa²nɔːi⁴] 老 ງົວນ້ອຍ[ŋuːa²nɔːi⁴];ລູກງົວ[luːk¹⁰ŋuːa²] 岱-侬 mò eng[mɔː² ʔeŋ¹] 越泰 bò tơ[ʔbɔː² tɤː¹];bò non[ʔbɔː² nɔn¹];bò con[ʔbɔː² kɔn¹] 芒 pò non[pɔː² nɔn¹];con[pɔː² kɔn¹]

【黄皮果】 泰 มะปราง[ma⁴ praːŋ²] 老 ສົ້ມບະໄຟ[som³ ʔbaː² fai²];ສົ້ມໝາກໄຟ[som³ maːk⁹ fai²] 岱-侬 mac mặt[maːk⁷ mat⁸] 越 quả hồng bì[kwaː hoŋ² ʔbi²] 芒 tlàl wòng[wɔŋ²]

【黄热病】 泰 ไข้เหลือง[khai³ lɯːaŋ¹] 老 ໄຂ້ເຫຼືອງ[khai¹ lɯːaŋ¹] 越 sốt rét da vàng[ʂot⁷ zɛt⁷ zaː¹ vaːŋ²];bệnh sốt vàng[ʔbeɲ⁶ ʂot⁷ vaːŋ²]

【黄色】 泰 สีเหลือง[siː¹ lɯːaŋ¹] 老 ສີເຫຼືອງ[siː¹ lɯːaŋ¹] 越 màu vàng[mau⁴ vaːŋ²] 芒 màu wàng[mau² waːŋ²]

【黄鳝】 泰 ปลาไหล[plaː² lai²];ไอ่ไหล[ʔai³ lai¹] 老 ອ່ຽນ[ʔiːan²];ຕົວອ່ຽນ[tuːa¹ ʔiːan²];ປາໄຫຼ[paː¹ lai¹] 岱-侬 pja luây[pja¹ lwəi¹];pja lây[pja¹ ləi¹] 越泰 diếc[jiːn⁵] 普 nươt[nɯːt²] 越 con lươn[kɔn¹ lɯːn¹] 芒 lươnh[lɯːɲ¹]

【黄鼠狼】 泰 วีเซลเหลือง[wiː² sen² lɯːaŋ¹] 越 con chồn[kɔn¹ tson²]

【黄铜】 泰 ทองเหลือง[thɔːŋ² lɯːaŋ²] 老 ທອງເຫຼືອງ[thɔːŋ² lɯːaŋ²];ທອງຂາວ[thɔːŋ² haːu³] 岱-侬 toòng cuối[tɔːŋ² kuːi³];toòng lương[tɔːŋ² lɯːŋ¹] 越 đồng

---

❶ 阿含 khăm B2
❷ 石家 bɔɔ⁶  阿含 hū A2  掸 ŋo A2；wo A2；mo A2  泐 ŋo A2；vo A2；ho A2

thau[ʔdon² thau¹] 芒tồng thau[toŋ² thau¹]

【黄土】泰ดินเหลือง[ʔdin²lɯ:aŋ¹] 老ดินเหลือง[ʔdin¹ lɯ:aŋ¹] 越đất lót[ʔdɤt⁷lɤ:t⁷];hoàng thổ[hwa:ŋ² tho³]

【黄莺】泰นกขมิ้นเหลืองอ่อน[nok⁸kha⁵min³lɯ:aŋ¹ ʔɔ:n⁵] 老มีกแก้วกอง[nok⁸kɛ:u⁴kɔ:ŋ¹] 岱-侬 nộc queng qui[nok⁸kwɛŋ¹kui³];nộc cuối[nok⁸ku:i³] 越chim hoàng anh[tsim¹ hwa:ŋ² aŋ¹]

【黄油 食品名】泰เนย[nə:i²];น้ำมันหล่อลื่นสีเหลือง[nam⁴man²lɔ:⁵lɯ:n⁴si:¹lɯ:aŋ¹] 老น้ำมันเบิ[nam⁴man² ʔbə:¹] 越bơ[ʔbɤ¹]

【皇帝】泰พระจักรพรรดิ[phra⁴tsak⁷kra²phat⁸] 老จักระพัด[tsak⁷ka²phat⁸];จักระพัดตาทิลาด[tsak⁷ka²phat⁸ta:¹ thi⁵la:t¹⁰];พะจักระพัด[pha⁵tsak⁷ka²phat⁸];มะหาจักระพัด[ma⁵ha:¹tsak⁷ka²phat⁸];ลาฆะลาด[la:⁵sa⁵la:t¹⁰];ลาฆทิลาด[la:⁵sa:²thi⁵la:t¹⁰] 岱-侬 vuồng tấy[vu:ŋ²tə:i⁵] 越泰pua[puə⁵] 越hoàngđế[hwa:ŋ²ʔde⁵];vua[vuə¹] 芒wàngđề[wa:ŋ²ʔde³];pua[puə¹]

【蝗虫】泰ตั๊กแตน[tak⁴tɛ:n²];กิ๊ญ[ki:²tə⁵] 老ตัวแตบ[tak⁷ tɛ:n¹] 岱-侬 tua thắc[tuə¹ thak⁷];mèng nốc[mɛŋ²nok⁸];thắcthen[thak⁷thɛn¹];tắcten[tak⁷tɛn¹];non phả khẩu[nɔn¹ pha³ khəu¹] 越泰bổng khẩu[ʔboŋ⁵ khau³] 普qaqjang[qa⁰ qja:ŋ¹];qjang[qja:ŋ¹] 越châu chấu[tʂʐu¹ tʂʐu⁵] 芒chổ chổ[tso³ tso³]

【谎话】泰คำโกหก[kham²ko:²hok⁷];คำหลอกลวง[kham²lɔ:k⁷lu:aŋ¹] 老คำตั๋วะ[kham² tua²];คำพาง[kham² pha:ŋ¹];ความตำแญ[khwa:m² tɔ:⁵ lɛ:¹] 越lời nói dối[lɤ:i² nɔi⁵ zoi⁵];lời nói điêu[lɤ:i² nɔi⁵ ʔdi:u¹];lời gạt[lɤ:i² ɣa:t⁸];lời nói láo[lɤ:i² nɔi⁵ la:u⁵];lời láo lếu[lɤ:i² la:u⁵ leu⁵];lời bịa đặt[lɤ:i² ʔbiə⁶ ʔdat⁸]

【灰~布】❶ 泰เทา[thau²] 老เทิก[thau⁵] 岱-侬 mcong[mɔ:ŋ¹] 普lin⁴ dăm¹[lin⁴ dam¹];lin⁴ lăm¹[lin⁴ lam¹] 越xám[sa:m⁵];tro[tʂɔ¹] 芒xàm[sa:m³]

【灰刀】泰เกรียง[kri:aŋ²] 老เหล็กโป้[lek⁷ po:⁴] 岱-侬 mạc bay[ma:k⁸ ʔbai¹] 越bay[ʔbai¹];cái bay[ka:i⁵ ʔbai¹] 芒bay[ʔbai¹];cải bay[ka:i³ ʔbai¹]

【灰浆】泰ปูนน้ำ[pu:n² nam⁴];ปูนสอ[pu:n² sɔ:¹] 老ปูมฆาย[pu:n¹ sa:i²];ปูมสิ[pu:n² sɔ:¹];ปะทาย[pa² tha:i²] 越vữa[vɯə⁴]

【灰口铁】泰เหล็กสีเทา[lek⁷si:¹thau²] 越gang xá:n dúc[ɣa:ŋ¹ sa:m⁵ ʔduk⁷]

【灰烬】❷ 泰ขี้เถ้า[khi:³ thau³] 老ขี้เทิก[khi:³ thau⁵];เทิก[thau⁵] 岱-侬 tẩu[təu³] 越泰tàu[tau⁶] 普tăw⁴[tau⁴] 越tro[tʂɔ¹];tro tàn[tʂɔ¹ta:n²];tro bụi[tʂɔ¹ ʔbui⁶];bụi[ʔbui⁶] 芒bunh[ʔbun¹];pol[pɔl¹]

【灰色】泰สีเทา[si:¹ thau²] 老สีขี้เทิก[si:¹ khi:³ thau⁵];สีเทิก[si:¹ thau⁵];มํ[mɔ:²] 岱-侬 moong[mɔ:ŋ¹] 越màu xám[mau² sa:m⁵];màu tro[mau² tʂɔ¹]

【灰心】泰ท้อใจ[thɔ:⁴ tsai²];ท้อแท้[thɔ:⁴ thɛ:⁴] 老ข๊าใจ[thɔ:⁴ tsai²] 岱-侬 đái[ʔdai:⁵];nhái[na:i⁵] 越泰 ớ. chau[ʔɔn⁵ tsau¹] 越nản lòng[na:n³ lɔŋ²];nản chí[na:n³ tsi³];chán nản[tsa:n⁵ na:n³];chùn bước[tsun² ʔbɯ:k⁷];mất tin tưởng[mɤt⁷tin¹tɯ:ŋ³] 芒uối tlổng[ʔu:i⁵ tlɔŋ⁴];nản chí[na:n⁵ tsi³];nản lòng[na:n⁵ lɔŋ²]

【挥发】泰ระเหย[ra⁴hə:i¹] 老ละเหย[la⁵hə:i¹];เหย[hə:i¹];เหยออก[hə:i¹ ʔɔ:k⁹];ละเหยอาย[la⁵hə:i¹ ʔa:i¹];เหยอาย[hə:i¹ ʔa:i¹];เป็นอาย[ʔa:i¹] 越bay hơi[ʔbai¹ hɤ:i¹];bốc hơi[ʔbok⁷ hɤ:i¹];hả hơi[ha hɤ:i¹] 芒pal hơi[pal¹ hɤ:i¹]

【徽章】泰เครื่องหมายหรีเข็มที่ติดตัว[khrɯ:aŋ³ ma:i¹ rɯ:¹khem¹thi:³tit⁷tu:a²] 老เถ่องยึด[khɯ:aŋ¹no⁻⁸];ตางปะจำ[ta:¹ pa² tsam¹] 越phụ hiệu[fu⁶ hi:u⁶];huy

---

❶ 石家 huuk⁶
❷ 阿含 tao B2 掸 tău B2 勐 tău B2 拉哈 thu³ 拉基 te⁵

chương[hwi¹ tsɯ:ŋ³]

【回~家】 泰มา[ma:²] 老มา[ma:²] 岱-侬mà[ma²]; mừa[mɯə²];tèo[tɛu³] 越泰tảo[ta:u³];mã[ma²] 普mhê[me̱¹] 越về[ve²] 芒wèl[wel]

【回来—~】 泰เที่ยว[thi:au³];ที่[thi:²] 老บาด[ʔba:t⁹];ที่[thi:²];ถ้าง[kha:ŋ⁴];เที่อ[thɯ:a⁵];ท่าง[thi:au³];ถั่ง[khaŋ⁴];ฅาบ[kha:p¹⁰];ทิน[hon¹];ส้าว[sa:u³];ฑาง[ka:n¹];ฆวบ[su:p¹⁰];บัด[nat⁵];เล่า[lau⁵];ลวด[lu:at¹⁰];ท่า[ha:⁵];ฦบ[lop⁷];ฝฺยน[phi:an¹];ฝฺยน[fi:an¹] 岱-侬pày[pai²];chuyển[tɕwi:n³] 越lần[lɤn²];lượt[lɯ:t⁸]

【回答❶】 泰ขาน[kha:n¹];ตอบ[tɔ:p⁹] 老ฃาบ[kha:n¹];ตอบ[tɔ:p⁹];ตอบถวาม[tɔ:p⁹ khwa:m⁵];เฮิบ[ʔɤ:n¹] 岱-侬pjá[pja⁵];pjá cằm[pja⁵ kam²] 越泰tóp[tɔp⁷];khan tóp[kha:n¹tɔp⁷];khan[kha:n¹] 普Voj⁴[βɔi⁴] 越trả lời[tʂa⁴ lɤ:i²];đáp[ʔda:p⁷] 芒tlá lời[tla⁵ lɤ:i²];tlá thiềng[tla⁴ thi:ŋ⁵];bong[ʔbɔŋ¹]

【回访】 泰เยี่ยมตอบ[ji:am³tɔ:p⁹] 老ยฺ่ยมตอบ[ji:am³tɔ:p⁹] 越thăm đáp lễ[tham¹ ʔda:p⁷ le⁴]

【回来】 泰มา[ma:²];กลับมา[klap⁷ ma:²] 老มา[ma:²];กับมา[kap⁷ ma:²];กับเมือ[kap⁷ mɯ:a²] 岱-侬mà[ma²] 越泰mã[ma²] 普mhê[me̱¹] 越trở về[tʂɤ⁴ ve²];quay về[kwai¹ ve²];về[ve²]

【回门】 岱-侬tèo lòi[tɛu³ lɔi²];pây slam nâur[pɤi¹ ɬa:m¹ nɤw¹] 越泰dam hườn[ja:m¹ hɯ:n²] 越lại mặt[la:i⁶ mat⁸];cô dâu chú rể về nhà gái[ko¹ zɤu¹ tsu⁵ ze⁵ ve² ɲa² ɣa:i⁵] 芒lãi duốc[la:i⁴ zu:k⁵]

【回去】 泰กลับไป[klap⁷ pai²] 老พัดเมือ[phat⁸ mɯ:a²];เมือ[mɯ:a²] 越về[ve²];trở về[tʂɤ⁴ ve²];đi về[ʔdi¹ ve²] 芒ti wèl[ti¹ wel]

【回声】 泰เสียงสะท้อน[si:aŋ¹ sa⁵ thɔ:n⁴] 老สฺ้ยง[si:aŋ¹sa²thɔ:n⁴] 越泰xiêngtòng[si:ŋ¹tɔŋ⁵] 越tiếng vang[ti:ŋ⁵ va:ŋ¹];tiếng vọng[ti:ŋ⁵ vɔŋ⁶];tiếng dội[ti:ŋ⁵zoi⁶];âm dội[ʔɤm¹zoi⁶] 芒thiềng wâl

【回头~一看】 泰หันหน้ากลับ[han¹na:³klap⁷] 老ขับฆ้า[han¹na:³] 越quay đầu lại[kwai¹ʔdɤu² la:i⁶];ngoảnh lại[ŋwaŋ³la:i⁶];ngoảnh đầu[ŋwaŋ³ʔdɤu²];ngoảnh mặt lại[ŋwaŋ³ mat⁸ la:i⁶]

【回忆】 泰หวนคิด[hu:an¹ khit⁸] 老ทอบถึกถึง[hu:an¹ khɯt⁸ khɯ:n²];ทอบถึงเถิง[hu:an¹ khɯ:n² thɤŋ²];ทอบขา[hu:an¹ ha:⁵];ย้อมทลัฺย[jɔ:n⁵ laŋ²];ละมึก[la⁵ nɯk⁸];ลิ้มเลื่อง[lɯm⁴ lɯ:aŋ⁵];ทะทอบ[ka²hu:an¹] 岱-侬chứ tèo[tɕɯ⁵ tɛu³];slương tèo[ɬɯ:ŋ⁴ tɛu³] 越泰chứ làu[tsɯ⁵ lau⁶] 越hồi tưởng[hoi² tɯ:ŋ³];nhớ lại[ɲɤ⁵la:i⁶];hồi ức[hoi²ʔɯk⁷] 芒ngắm lãi[ŋam³ la:i⁴]

【茴香】 泰ยี่หร่า[ji:³ra:⁵] 老ผักฮิ[phak⁷si:²] 越hồi hương[hoi² hɯ:ŋ¹]

【蛔虫】 泰พยาธิใส้เดือน[pha⁴ ja:t¹⁰ sai³ ʔdɯ:an²];พยาธิในลำใส้[pha⁴ ja:t¹⁰ nai² lam² sai³];พยาธิใส้เดือน[pha⁴ ja:t¹⁰sai³ʔdɯ:an²];ใส้เดือน[sai³ʔdɯ:an²] 老ขี้ทะติก[khi:³ ka² tɯ:k⁹];ขี้ทะติกกิม[khi:³ ka² tɯ:k⁹ kom¹];แม่ง้องโตกิม[mɛ:ŋ² thɔ:ŋ⁴ to:¹ kom¹];แม่ง้องกิม[mɛ:ŋ² thɔ:ŋ⁴ kom¹];ทะติก[ka² tɯ:k⁹];แม่งทะติกกิม[mɛ:ŋ²ka²tɯ:k⁹kom¹];ทะติกกิม[ka² tɯ:k⁹ kom¹];แม่ง้องกิม[mɛ:⁵ thɔ:ŋ⁴ kom¹];แม่ง้องโตกิม[mɛ:⁵ thɔ:ŋ⁴ to:¹ kom¹] 岱-侬té[te³];tua té[tuə¹ te³];đươn[ʔdɯ:n¹];tua đươn[tuə¹ʔdɯ:n¹];mèng tẹp[mɛŋ² tep⁸];tua tẹ[tuə¹ te³] 越泰túrk[tuk⁷];tô túrk[to¹ tuk⁷] 越giun đũa[zun¹ ʔduə⁴]

【悔恨】 泰สำนึกและแค้นใจตัวเองที่ได้กระทำผิด[sam¹ nɯk⁸ lɛ⁴ khe:n⁴ tsai² tu:a² ʔe:ŋ² thi:³ ʔdai³ kra⁵ tham² phit⁷] 老โอ่อ่าง[ʔo:⁴ ʔa:u⁵] 岱-侬đám đươn[ʔdam⁵ʔdɯ:n¹] 越泰xông[soŋ¹] 越ăn năn[ʔan¹nan¹];ân hận[ʔɤn¹ hɤn⁵];hối hận[hoi⁵ hɤn⁶];hối tiếc[hoi⁵ ti:k⁷] 芒hồi hẵn[hoi³ hɤn⁴]

【会~织布】 泰รู้[ru:⁴] 老ฮู้[hu:⁴] 岱-侬rụ[ru⁴];

---

❶ 阿含 khān A1 掸 khan A1 泐 xan A1

hu[hu⁴];hu[hu¹] 岱-侬 rụ[ru⁴] 越泰 hụ[hu⁴] 越 biết[ʔbi:t⁷] 芒 hay[hai¹]

【会他～来的】 泰 จะ[tsa⁵];จะ...แน่นอน[tsa⁵...nɛ:³nɔ:n²] 老 จะ[tsa²] 岱-侬 xe[ɛɛ⁴] 越 sẽ[sɛ⁴];có thể[kɔ⁵the³]

【会开～】 泰 ประชุม[pra⁵tshum²] 老 ปะຊຸມ[pa⁵sum²];ກອງປະຊຸມ[kɔ:ŋ¹¹pa²sum²] 越 họp[hɔp⁸];buổi họp [ʔbu:i³ hɔp⁸] 芒 họp[hɔp⁸];puổi họp[pu:i⁵ hɔp⁸]

【彗星】 泰 ดาวหาง[ʔda:u² ha:ŋ¹] 老 ດາວຫາງ[ʔda:u¹¹ ha:ŋ¹];ດາວຂວັນ[ʔda:u¹¹ khwan¹] 岱-侬 đao đí mì hang[ʔda:u¹¹ ʔdi⁵ mi¹ ha:ŋ¹] 越泰 đao cuồn[ʔda:u¹ ku:n²];đao vĩ[ʔda:u¹ vi²] 越 sao chổi[ʂa:u¹ tsoi³]

【喙鸟～】 泰 ซบ[sop⁷] 老 ສິບ[sop⁷] 普 mǎn[man²] 越 mỏ[mɔ³] 芒 mó[mɔ⁵]

【贿赂】 泰 ติดสินบน[tit⁷ sin¹ ʔbon²] 老 ຕິດສິນບົນ[tit⁷ sin¹ ʔbon²];ใช้ล่าสินบน[sai⁴ kha:⁵ sin¹ ʔbon¹];สำลุป[sam¹ lup⁸] 岱-侬 dằm chèn[jəm³ tɛɛn²];ót chèn[ʔot⁷ tɛɛn²] 越泰 nếch nóm[nek⁷ nəm⁵] 越 hối lộ[hoi⁵ lo⁶];đút lót[ʔdut⁷ lɔt⁷];đút tiền[ʔdut⁷ ti:n²] 芒 tút lót[tut⁷ lɔt⁷];hối lỗ[hoi³ lo⁴]

【晦日】 泰 วันขึ้น๑๕ค่ำ[wan² khun³ sip⁷ ha:³ kham³] 老 ອັນດັບ[van² ʔdap⁷];มี้ ดับ[mɯ:⁴ ʔdap⁷];มี้ลับ[mɯ:⁴ lap⁸];อะมะอะสี[ʔa² ma² va⁵ si:¹];ปักสาอะสาม[pak⁷ sa:¹¹va⁵sa:n¹] 越 ngày hối[ŋai² hoi¹]

【昏暗】 泰 มืด[mɯ:t¹⁰];มืดสลัว[mɯ:t¹⁰ sa² lu:a¹] 老 ຊຸ້ມ[sum⁴];มืดมื้อ[mɯ:t¹⁰ mɯ:a²];มืดกุ้ม[mɯ:t¹⁰ kum⁴];มืดมัน[mɯ:t¹⁰ mon²];อื้มคื้ม[ʔum⁴ khum⁴] 越 tối [toi⁵];lu ám[lu¹ ʔa:m⁵];mờ tối[mɤ² toi⁵];lu mờ[lu¹ mɤ¹];lờ mờ[lɤ² mɤ²];ám đạm[ʔa:m³ ʔda:m⁶];mờ mịt[mɤ² mit⁸] 芒 mờ mịt[mɤ² mit⁸]

【昏倒】 泰 สลบ[sa⁵ lop⁷] 老 ບັດໄປ[ʔbat⁷ pai²];สะม้อย[sa² mɔ:i⁴];ม้อย[mɔ:i⁴];ลืมท่อว[lom⁴ tha:u⁵];ทอวย[vɔ:i¹];สะวิดสะทอวย[sa² vit⁷ sa² vɔ:i¹];ทิดทอวย[vit⁷ vɔ:i¹];เร[he:²] 越 ngất đi[ŋɤt⁷ ʔdi⁵]

【昏迷】 泰 เมา[mau²];โคม่า[kho:² ma:³];ซม[som²];พับไป[phap⁸ pai²];สลบ[sa⁵ lop⁷] 老 ເມົາ[mau²];เข็ม[khɔ:m⁴];สะมิ่ง[sa² miŋ⁵];สะม้อย[sa² mɔ:i⁴];ฉุม้อย [sa² mɔ:i⁵];ซ้อยม่อย[sɔ:i⁵ mɔ:i¹];สะแพ่ง[sa² mɛ:ŋ⁵];สะฏิบ[sa²lop⁷];บัต[ʔbat⁷];ม้อย[mɔ:i⁴];ลิมสะติ [lɯ:m² sa² ti:²];วิสัมยี[vi⁵ san¹ɲi:²];ທິດທอวย [vit⁷ vɔ:i¹];เรสะฏิบ[he:⁵ sa² lop⁷] 岱-侬 me[me⁴]; me đin[me¹ ʔdin³] 越泰 lửm[lum²];nhộp[ɲop³]; mɯrớt[mɯ:t⁷] 越 mê man[me¹ ma:n¹];u mê[ʔu¹ me¹]; hôn mê[hon¹ me¹];thiếp đi[thi:p⁷ ʔdi:¹];thiêm thiếp[thi:m¹ thi:p⁷];mê mẩn[me¹ mɤn³];ngất[ŋɤt⁷] 芒 hôn mê[hon¹ me¹]

【婚礼】 泰 พิธีแต่งงาน[phi⁴ thi:² tɛ:ŋ⁵ ŋa:n²] 老 ງານ [ŋa:n²];สมอด[som¹ lot⁸];ງານສົມລົດ[ŋa:n²som¹ lot⁸]; พิธีสัมลัด[phi³thi:² som¹ lot⁸];ງານດອງ[ŋa:n:² ʔdɔ:ŋ¹]; ງານແຕ່ງດອງ[ŋa:n² tɛ:ŋ¹¹ ʔdɔ:ŋ¹];การแต่งดอง[ka n¹ tɛ:ŋ⁵ ʔdɔ:ŋ¹];ດອງ[ʔdɔ:ŋ¹];พิธีแต่งดอง[phi⁵ thi:² tɛ:ŋ⁵ ŋa:n²];วิอาฮะ [vi⁵ va:²ha²];อาวาฮะ[ʔa:¹¹va:²ha²];อาวาฮะมุงคุน [ʔa:¹¹va:²ha²muŋ²khun²] 岱-侬 xinh lầu[ɕiŋ³lɤɯ³]; hết bái[het⁷ ʔba:i⁵] 越 lễ cưới[le⁴ kɯ:i⁵];đám cưới [ʔda:m⁵ kɯ:i⁵];hôn lễ[hon¹ le⁴] 芒 đàm chơi[ʔda:m¹ tsɤ:¹¹];đàm du chàu[ʔda:m³ zu¹ tsau³]

【婚事】 泰 เรื่องแต่งงาน[rɯ:aŋ³ tɛ:ŋ⁵ ŋa:n²] 老 เลื่อง แต่งงาน[lɯ:aŋ⁵ tɛ:ŋ⁵ ŋa:n²] 越 việc cưới xin[vi:k⁸ kɯ:i⁵ sin¹];việc kết hôn[vi:k⁸ ket⁷ hon¹];việc lấy nɯau[vi:k⁸ lɤi⁵ ɲau¹];việc cưới vợ lấy chồng[v:k⁸ kɯ:i⁵ vɤ⁶ lɤi⁵ tsoŋ²];việc hôn nhân[vi:k⁸ hon¹ ɲɤn¹]

【婚姻】 泰 การสมรส[ka:n² som¹ rot⁸] 老 แต่งดอง [tɛ:ŋ⁵ʔdɔ:ŋ¹];การพือพันแต่งดอง[ka:n¹ phɯ:a² phan² tɛ:ŋ⁵ ʔdɔ:ŋ¹] 越 hôn nhân[hon¹ ɲɤn¹];cưới xin[kɯ:i⁵ sin¹];cưới vợ lấy chồng[kɯ:i⁵ vɤ⁶ lɤi⁵ tsoŋ²];đời sống vợ chồng[ʔdɤ:i² ʂoŋ⁵ vɤ⁶ tsoŋ²] 芒 hôn nhân[hon¹ ɲɤn¹]

【婚约】 泰 การหมั้น[ka:n² man³] 老 คำหมั้น[kham²

man³];สัญญาฉมั่น[san¹ ɲa:² man³] 越việc hứa hôn[vi:k⁸ hɯa⁵ hon¹];hôn ước[hon¹ ʔɯ:k⁷];lời hẹn lấy nhau của trai gái[lɤ:i² hɛn⁶ lɤi⁵ ɲau kuə³ tsa:i¹ ɣa:i⁵]

【荤菜】 泰ของคาว[khɔ:ŋ¹ kha:u²] 老ອາຫານຄາວ[ʔa:¹¹ha:n¹kha:u²];ຊີ້ນປາອາຫານ[si:n⁴pa:¹¹ʔa:¹¹ha:n¹];เถื่อງຄາວ[khɯaŋ¹kha:u²];ຂອງສົດຄາວ[khɔ:ŋ¹ sot kha:u²];ຂອງຄາວ[khɔ:ŋ¹ kha:u²] 越thức ăn mặn[thɯk⁷ ʔan¹ man⁶];món ăn mặn[mɔn⁵ ʔan¹ man⁶]

【浑水】 泰น้ำโคลน[nam⁴ khlo:n²] 老น้ำຂຸ່ນ[nam⁴ khun⁵] 岱-侬nặm vằm[nam⁴vam²];nặm túng[nam⁴ tuŋ⁵] 越nước đục[nɯ:k⁷ ʔduk⁸]

【浑浊❶】 泰ขุ่น[khun⁵] 老ຂຸ່ນ[khun⁵];ອາພິນ[ʔa:¹¹phin²] 岱-侬tống[toŋ⁵];túng[tuŋ⁵];vằm[vam²] 普ngAk[ŋɒk²] 越đục[ʔduk⁸];vẩn[vɤn³];ngầu[ŋɤu²] 芒ngầu[ŋɤu²];cáu[kau³]

【馄饨】 泰เกี๊ยวน้ำ[ki:au⁴nam⁴] 老ກຽວ[ki:au⁵] 越mằn thắn[man² than⁵]

【魂❷】 泰ควัญ[khwan¹];มิ่ง[miŋ³] 老ຂວັນ[khwan¹];ມິ່ງ[miŋ³];ສິ່ງທາວິນຍານ[siu ha:¹ vin² ɲa:n²];ດວງວິນຍານ[ʔduaŋ¹ vin² ɲa:n²] 岱-侬khoăn[khwan¹];khoăn minh[khwan¹ miŋ³] 越泰khuôn[khu:n¹];phi khuôn[phi¹khu:n¹] 普lơnguơn[lɤ⁰ŋɯn³];nơnguơn³[nɤ⁰ŋɯn³];lê nguơn³[le³ŋɯn³] 越hồn[hon²];linh hồn[liŋ¹hon²];vía[viə⁵];hồn vía[hon²viə⁵] 芒mũ[mu⁴];mũwăi[mu⁴wa:i⁴];hồn ma[hon² ma¹];hồn[hon²]

【混合】 泰ผสมผสาน[pha⁵som¹pha⁵sa:n¹];ปะปน[pa⁵pon²] 老ຕົວ[tua¹];ປະປົນ[pa²pon¹];ປົນເປ[pon¹pe:¹];ຜະສົມປົນເປ[pha²som¹pon¹pe:¹];ປະສົມປົນເປ[pa²som¹pon¹pe:¹];ປົນ[pon¹];ມິດສະ[mit⁸sa²];ທຳ[nam¹];เทื้อ[kɯ:a¹];ກົ້ວ[ku:a⁴];ກຳ[kam⁵]

แกม[kɛm¹] 越trộn[tʂon⁶];hỗn hợp[hon⁴ hɤ:p⁸];đổ lộn[ʔdo³ lon⁶] 芒tố lổn[to⁵ lon⁴];tlỗn[tlon⁴]

【混乱】 泰วุ่นวาย[wun³ wa:i²] 老ພ່ານ[pha:n⁵];ละส่ำละสาย[la⁵sam⁵la⁵sa:i¹];ອາກູນ[ʔa:¹¹ku:n¹] 岱-侬chí chẳng[tɕi⁵ tɕaŋ⁵] 越泰xngồm xngồm[sŋom² sŋom²] 越hỗn loạn[hon⁴ lwa:n⁶];lộn xộn[lon⁶son⁶];lungtung[luŋ¹tuŋ¹];rối loạn[zoi⁵lwa:n⁶];rối ren[zoi⁵ zɛn¹]

【混凝土】 泰คอนกรีต[khɔ:n² kri:t⁹] 老ເບຕົງ[ʔbe:¹toŋ¹] 越bê tông[ʔbe¹ toŋ¹];đá bê tông[ʔda⁵ ʔbe¹ toŋ¹] 芒bê tong[ʔbe¹ toŋ¹];khũ bê tong[khu⁴ ʔbe¹ toŋ¹]

【豁唇】 泰ริมฝีปากแหว่ง[rim²fi:¹pa:k⁹we:ŋ⁵];ปากผลอ[pa:k⁹phlɔ:¹] 老ສົບແວ່ງ[sop⁷vɛ:ŋ⁵];ປາກແວ່ງ[pa:k⁹vɛ:ŋ⁵];ປາກວ່າງ[pa:k⁹va:ŋ⁵];ປາກວາກ[pa:k⁹va:k¹⁰];ປາກວ່າວ[pa:k⁹va:u⁵];ປາກ ທວີ້[pa:k⁹viu³];ສົບວີ້[sop⁷ viu⁵];ສົບແວ່ວ[sop⁷ vɛ:u⁵];ສົບວິກ[sop⁷ vi:k¹⁰];ສົບວີກ[sop⁷vɯ:k¹⁰] 岱-侬pac vào[pa:k⁷va:u³] 越sứt môi[ʂɯt⁷ moi¹]

【活火山】 泰ภูเขาไฟที่ยังไม่ดับ[phu:² khau¹ fai² thi:¹ jaŋ² mai³ ʔdap³] 越núi lửa sống[nui⁵ lɯa³ ʂoŋ⁵];núi lửa hoạt động[nui⁵ lɯa³ hwa:t⁸ ʔdoŋ⁶]

【活结】 泰เงื่อนเป็น[ŋɯ:an¹ pen²] 老ຫົບມວຍ[thop⁸ mu:ai²];ຫົວເງື່ອນ[hu:a¹ ŋɯ:an⁵] 越nút thòng lọng[nut⁷ thɔŋ² lɔŋ⁶];nút con dò[nut⁵ kɔn¹ zɔ²]

【活泼】 泰ร่าเริง[ra:³ rɤ:ŋ¹] 老ຫັນ[han¹] 岱-侬nấu nò[nəu³ nɔ³];dú dung[ju⁵ juŋ¹] 越hoạt bát[hwa:t⁸ ʔba:t⁷];nhanh nhẹn[ɲaɲ¹ɲɛn⁶];vui nhộn sinh động[vui¹ ɲon⁶ ʂiɲ¹ ʔdoŋ⁶];hồn nhiên[hon² ɲi:n¹]

【活水】 泰น้ำเป็น[nam⁴ pen²] 老ນ້ຳໄຫລ[nam⁴ lai¹] 越nước chảy[nɯ:k⁷ tsai³]

【活着❸】 泰เป็น[pen²] 老ເປັນ[pen¹];ยัง[ɲaŋ²];

---

❶ 石家khun² 阿含khūn B1 掸khun B1 泐khun B1
❷ 掸khwăn A1 泐xɔn A1
❸ 阿含dip D1S

ยังฮิริวิต[ɲaŋ² si:² vit⁸];ยังมีฮิวิตยู่[ɲaŋ² mi:² si:² vit⁸ ju:⁵];ทั้งเป็น[thaŋ² pen¹] 岱-侬slống[ɬoŋ⁵]; nháng[na:ŋ³] 越泰cửn[kɯn²] 越sống[ʂoŋ⁵] 芒khổng[khoŋ³]

【活捉】 泰จับเป็น[tsap⁷pen²] 老จับ เป็น[tsap⁷pen¹];จับทั้งเป็น[tsap⁷thaŋ²pen¹] 岱-侬pắt đip[ʔbat⁷ ʔdip⁷];cặp đip[kap⁸ʔdip⁷] 越泰pắt hành[pat⁷ hɛŋ²] 越bắt sống[ʔbat⁷ ʂoŋ⁵]

【火❶】 泰ไฟ[fai²] 老ไฟ[fai²];เพิ่ง[phəːŋ²] 岱-侬fầy[fəi²] 越泰phẫy[phai²] 普pâj¹[pɤi¹] 越lửa[lɯə³] 芒tuông cúi[tuːŋ¹ kui⁵]

【火把❷】 泰ได้[tai³];ต้าย[ta:i³];คบไฟ[khop⁸ fai²];คบเพลิง[khop⁸ phlə:ŋ²];อุกกา[ʔuk⁷ka:²] 老ถืบไฟ[khop⁸ fai²];ทอบไฟ[thu:an² fai²];กะใต้[ka² tai⁴];ฮึ้บ[lin⁵] 岱-侬tuẩy[twəi³];lua[luə⁴] 普lhiow¹[li:u¹] 越đuốc[ʔdu:k⁷];bóđuốc[ʔbɔ⁵ʔdu:k⁷] 芒tiêm[ti:m¹]

【火柴】 泰ไม้ชีดไฟ[mai³tshi:t¹⁰ fai²];ไม้ขีดไฟ[mai⁴ khi:t⁹fai²] 老กับฮีด[kap⁷khi:t⁹];ไม้ฮีด[mai⁴khi:t⁹];ไม้ฮีดไฟ[mai⁴khi:t⁹fai²];ลูกฮีด[luːk¹⁰khi:t⁹] 岱-侬hòm fầy[hɔm² fəi²];pao fầy[pa:u¹ fəi¹];khoet fầy[khwɛt⁷ fəi²] 越泰hôm phẫy[hɔm² phai²] 越diêm[zi:m¹] 芒tiêm[ti:m¹]

【火车】 泰รถไฟ[rot⁸ fai²] 老ลึดไฟ[lot⁸ fai²] 岱-侬xe và[ɕɛ¹va³] 越泰xe phẫy[sɛ¹phai²] 越xe lửa[sɛ¹ lɯə³];tàu hoả[tau² hwa³];xe hoả[sɛ¹ hwa³] 芒tàu wá[tau² wa⁵];xe wá[sɛ¹ wa⁵];wá xa[wa⁵ sa¹]; xe lửa[sɛ¹ lɯə⁵]

【火车票】 泰ตั๋วรถไฟ[tu:a¹ rot⁸ fai²] 老บิลัดไฟ[pi:⁴ lot⁸ fai²] 越vé tàu hoả[vɛ³⁵ tau² hwa³];vé xe lửa[vɛ⁵ sɛ¹ lɯə³]

【火车头】 泰หัวรถจักร[hu:a¹ rot⁸ tsak²] 老หัวลัดไฟ[hu:a¹ lot⁸ fai²] 越đầu tàu[ʔdɤu² tau²];đầu máy[ʔdɤu² mai⁵ sɛ¹ lɯə³];đầu máy[ʔdɤu² mai⁵]

【火车站】 泰สถานีรถไฟ[sa⁵ tha:¹ni:² rot⁸ fai²] 老สะถานีลัดไฟ[sa⁵ tha:¹ ni:² lot⁸ fai²] 越ga[ɣa¹];ga tàu[ɣa¹ tau²];ga xe lửa[ɣa¹ sɛ¹ lɯə³];nhà ga[na² ɣa¹];nhà ga xe lửa[ŋa¹ ɣa¹ sɛ¹ lɯə³] 芒nhà ga[na² ɣa¹];ga tàu[ɣa¹ tau²]

【火锅】 泰หม้อไฟ[mɔ:³ fai²] 老เก๋าเหลิง[kau¹¹ lau¹];เต้าอุ่มอาจาม[tau¹¹ʔun²ʔa:¹ha:n¹];ฟั่มเติง[mɔ:² tau¹] 越lò cù lao[lɔ² ku² la:u¹];nồi ăn dúng[noi² ʔan¹ zuŋ⁵]

【火鸡】 泰ไก่งวง[kai⁵ŋu:aŋ²] 老ไก่งวง[kai⁵ŋu:aŋ²] 越泰cáy tây[kai⁵ tɤi¹] 越gà tây[ɣa² tɤi¹]

【火箭】 泰จรวด[tsa⁵ru:at⁹] 老ลูกโลแฆ้ด[lu:k¹⁰ lɔ² kɛt⁷];ลูกลอกแฆ้ด[lu:k¹⁰lɔ:k¹⁰ kɛt⁷];ลูกจะทลอด[lu:k¹⁰tsa²lu:at⁹];ลูกสอบไฟ[lu:k¹⁰sɔ:n¹fai²] 越泰pưn phẫy[pɯn¹ phai²] 越tên lửa[ten¹ lɯə³];hoả tiễn[hwa³ ti:n⁴];rốc két[rok⁷ kɛt⁷]

【火力】 泰กำลังทำลายของอาวุธ[kam²laŋ²tham²la:i² kʰɔːŋ¹ ʔa:¹ wut⁸] 老กำลังไฟ[kam⁵ laŋ² fai²] 越hoả lực[hwa³ lɯk⁸]

【火镰】 泰หินเหล็กไฟ[hin¹ lek⁷ fai²] 老ฮีบเหล็กไฟ[hi:n¹ lek⁷ fai²];ฮีบไฟ[hi:n¹ fai²] 越bật lửa[ʔbɤt⁷ lɯə³] 芒tèn đá[ten² ʔda³]

【火龙果】 泰แก้วมังกร[kɛ:u³ maŋ² kɔ:n²] 越thanh long[than¹ lɔŋ¹];quả thanh long[kwa³ than¹ lɔŋ¹]

【火笼】 泰กระเช้าย่าง[kra⁵ tshau⁴ ja:ŋ³];กระเช้าอบ[kra⁵ tshau⁴ ʔop⁷] 越lồng ấp[lɔŋ² ʔɤp⁷]

【火炉】 泰เตาไฟ[tau² fai²] 老เติงไฟ[tau¹¹ fai²] 越hoả lò[hwa³ lɔ²] 芒wá lò[wa⁵ lɔ²];lò cúi[lɔ² kui⁵]

【火媒】 泰เชื้อก่อไฟ[tshu:a³ kɔ:⁵ fai²] 越than mồi[tha:n¹ moi²];than dẫn lửa[tha:n¹ zɤn⁴ lɯə³]

❶ 阿含 phai 拉哈 poj 拉基 pi¹
❷ 掸 tǎi C1 泐 tǎi C1

【火苗】泰เปลวไฟ[ple:u² fai²] 老ເປວະບະ[ke:¹ ta² na³];ແປວໄຟ[pɛ:u¹ fai²];ແປວ[pɛ:u¹] 普pha³ pâj¹ [pha³ pɤi¹] 越ngọn lửa[ŋɔn⁶ lɯa³] 芒lāi cúi[la:i⁴ kui⁵];pông cúi[poŋ¹ kui⁵]

【火盆】泰กระถางไฟ[kra⁵ tha:ŋ¹ fai²] 老ເຕົາຜິງ[tau¹ fi:ŋ¹] 越lò than[lɔ² tha:n¹];lò sưởi[lɔ² ʂɯ:i³]

【火气】泰อาการร้อนใน[?a:² ka:t⁹rɔ:n⁴nai²] 老ປະລິໄທທັກຄີ[pa² li⁵ thai² hak⁷ khi:²] 越tức[tɯk⁷];giận[zɤn⁶];tức giận[tɯk⁷ zɤn⁶]

【火钳】泰คีมคีบ[khi:m² khi:p¹⁰];ปากคีบ[pa:k⁹ khi:p⁵] 老ຄິມຄີບ[khi:m² khi:p¹⁰] 岱-侬mạc khup[ma:k⁸ khup⁷] 越泰khúp[khup⁷] 越cái cặp gắp than [ka:i⁵ kap⁸ ɣap⁷ tha:n¹]

【火枪】泰ปืนไฟ[pɯ:n² fai²] 老ປືນເຜິງ[pɯ:n¹ phə:ŋ²];ປືນເຮັບ[pɯ:n¹ kep⁷];ກຳເຜິງ[kam¹ phə:ŋ²] 越súng kíp[ʂuŋ⁵ kip⁵] 芒khủng kép[khuŋ³ kɛp⁷]

【火山】泰ภูเขาไฟ[phu:² khau¹ fai²];เขาไฟ[khau¹ fai²] 老ພູໄຟ[phu:² fai²];ພູເຂົາໄຟ[phu:² khau¹ fai²] 越泰pū phāy[pu² phai²] 越núi lửa[nui⁵ lɯa³] 芒núi lứa[nui¹ lɯa⁵]

【火石】泰หินเหล็กไฟ[hin¹ lek⁷ fai²];หินไฟ[hin¹ fai²];หินเพลิง[hin¹ phlə:ŋ²] 老ຫິນເຫຼັກໄຟ[hi:n¹ lek⁷ fai²];ຫິນໄຟ[hi:n¹ fai²];ຫິນເຜິງ[hi:n¹ phə:ŋ²] 岱-侬hin fặt fầy[hin¹ fat⁸ fəi²];hin fầy[hin¹ fəi²] 越泰hin phāy [hin¹ phai²] 越đá lửa[?da⁵ lɯa³] 芒đá lứa[?da³ lɯa⁵]

【火腿】泰หมูแฮม[mu:¹ hɛ:m²];แฮม[hɛ:m²];สะโพกรมควัน[sa⁵ pho:k¹⁰ rom² khwan²] 老ຫມູແຮມ[mu:¹ hɛ:m²];ຂາຫມູເຄັມ[kha:¹ mu:¹ khem²];ຊຳບົງ[sam¹ ?boŋ¹] 岱-侬kha mu lạp[kha:¹ mu:¹ la:p⁸] 越xúc xích[suk² sit²];giăm bông[zam¹ ?boŋ¹]

【火星】泰ดาวอังคาร[?da:u² ?aŋ² kha:n²];ดาวพระอังคาร [?da:u² phra⁴ ?aŋ² kha:n²] 老ດາວພະອັງຄານ[?da:u¹ pha⁵ ?aŋ¹ kha:n²];ດາວອັງຄານ[?da:u¹ pha⁵ ?aŋ¹ kha:n²] 越Sao hoả[ʂa:u¹ hwa³];Hoả tinh[hwa³ tin¹]

【火星儿】泰ประกาย[pra⁵ ka:i²];ลูกไฟ[lu:k¹⁰ fai²] 老ມັດໄຟ[mat⁷ fai²] 越tia lửa[tiə¹ lɯa³];tia sáng [tiə¹ ʂa:ŋ⁵];tàn lửa[ta:n² lɯa³];tia lóe[tiə¹ lwɛ⁵];ánh lóe[?aŋ⁵ lwɛ⁵];chấm sáng lóe[tsɤm⁵ ʂa:ŋ⁵ lwɛ⁵]

【火药】泰ดินดำ[?din² ?dam²];ดินปืน[?din² pɯ:n²] 老ດິນປືນ[?din² pɯ:n¹];ໝື້[mu:¹] 普ja²lan²[ja²la:n²] 越thuốc súng[thu:k⁷ ʂuŋ⁵] 芒thuốc tān[thu:k⁷ ta:n⁴]

【火灾】泰อัคคีภัย[?ak⁷ khi:² phai²] 老ເຫດໄພໄໝ້[he:t⁹ phai² mai³];ອັກຄີໄພ[?ak⁷ khi:² fai²] 越hoả hoạn[hwa³ hwa:n⁶];nạn cháy[na:n⁶ tsai⁵] 芒wá tai[wa⁵ ta:i¹]

【火葬】泰การเผาศพ[ka:n² phau¹ sop⁷] 老ຊາປະນະ[sa:² pa² na⁵];ປົງສົບ[poŋ¹ sop¹];ເຜົາສົບ[phau¹ sop⁷] 越hoả táng[hwa³ ta:ŋ⁵] 芒wá tảng[wa⁵ ta:ŋ³];hung tảng[huŋ¹ ta:ŋ³]

【火种】泰เชื้อเพลิง[tshɯ:a⁴ phlə:ŋ²] 老ເຊື້ອໄຟ[sɯ:a⁴ phə:ŋ²];ເຊື້ອໄຟ[sɯ:a⁴ fai²] 越mồi lửa[moi¹ lɯa³]

【伙_~_人】泰ฝูง[fu:ŋ¹] 老ຊຸມ[sum¹];ພວກ[phu:ak¹⁰];ຈຳພວກ[tsam¹ phu:ak¹⁰];ຝູງ[fu:ŋ¹] 岱-侬pang[pa:ŋ¹] 越bọn[?bɔn⁶];lōa[lwa⁴];lū[lu⁴]

【伙伴❶】泰เพื่อน[phɯ:an³] 老ຜູງເພື່ອນ[fu:ŋ¹ phɯ:an⁵];ພວກພ້ອງ[phu:ak¹⁰ phɔ:ŋ⁴];ພ້ອງ[phɔ:ŋ⁴] 普qa voj²[qa⁰ voi³] 越bạn[?ba:n⁶];bạn thân[?ba:n⁶ thɤn¹];bạn đồng nghiệp[?ba:n⁶ ?doŋ² ŋi:p⁸];bạn bè[?ba:n⁶ ?bɛ²]

【货车】泰รถบรรทุกสินค้า[rot⁸ ?ban² thuk⁸ sin¹ kha:⁴];รถสินค้า[rot⁸ sin¹ kha:⁴] 老ລົດສິນຄ້າ[lot⁸ sin¹ kha:⁴] 越xe chở hàng[sɛ¹ tsɤ³ ha:ŋ²];xe vận tải[sɛ¹ vɤn⁶ ta:i³];cam nhông[ka:m¹ ɳoŋ¹];ô tô vận tải[?o¹ to¹ vɤn⁶ ta:i³] 芒xe chớ hàng[sɛ¹ tsɤ⁵ ha:ŋ²]

【货单】泰ใบกำกับสินค้า[?bai² kam² kap⁷ sin¹ kha:⁴]

❶ 阿含 tai

【 】老ใบกำกับของ[ʔbai¹¹kam¹¹kap⁷khɔːŋ¹] 越hóa đơn[hwa⁵ ʔdɤːn¹]

【货款】泰เงินซื้อขายสินค้า[ŋɤːn² sɯː⁴kha:i¹ sin¹ kha:⁴] 老เງິນຊື້ຂາຍສິນຄ້າ[ŋɤn² sɯː⁴ kha:i¹ sin¹ kha:⁴] 越tiền hàng[ti:n² ha:ŋ²];tiền hàng hóa[ti:n² ha:ŋ² hwa⁵]

【货轮】泰เรือบรรทุกสินค้า[rɯ:a² ʔban² thuk⁸ sin¹ kha:⁴] 老ກຳປັ່ນບັນທຸກສິນຄ້າ[kam¹' pan⁵ ʔban¹' thuk⁸ sin¹ kha:⁴];ເຮືອສິນຄ້າ[hɯ:a² sin¹ kha:⁴] 越tàu chở hàng[tau² tsɤ⁵ ha:ŋ²];tàu thủy[tau² thwi³]

【货物❶】泰ของ[khɔ:ŋ¹];สินค้า[sin¹ kha:⁴] 老ຂອງ[khɔ:ŋ¹];ເຄື່ອງ[khɯ:aŋ⁵];ເຄື່ອງຂອງ[khɯ:aŋ⁵ khɔ:ŋ¹];ສິນຄ້າ[sin¹ kha:⁴] 岱-侬cúa[kuə⁵];cúa cái[kuə⁵ka:i⁵];cúa khoong[kuə⁵ kho:ŋ¹] 越泰chường hang[tsɯːŋ⁶ ha:ŋ²] 普kAng³[kɒŋ³] 越hàng[ha:ŋ²];hàng hoá[ha:ŋ² hwa⁵];đồ hàng[ʔdo² ha:ŋ²] 芒hàng wả[ha:ŋ² wa³];đồ hàng[ʔdo² ha:ŋ²]

【货源】泰แหล่งสินค้า[lɛ:ŋ³ sin¹ kha:⁴] 老ແຫຼ່ງສິນຄ້າ[lɛ:ŋ³ sin¹ kha:⁴] 越nguồn hàng[ŋu:n² ha:ŋ²]

【货主】泰เจ้าของสินค้า[tsau³ khɔ:ŋ¹ sin¹ kha:⁴] 老ເຈົ້າຂອງສິນຄ້າ[tsau⁴ khɔ:ŋ¹ sin¹ kha:⁴] 越chủ hàng[tsu³ ha:ŋ²];chủ hàng hóa[tsu³ ha:ŋ² hwa⁵]

【获利】泰ได้รับผลประโยชน์[ʔdai³ rap⁸ phon¹ la⁴ pra⁵ jo:⁻¹⁰];ได้กำไร[ʔdai³ kam² rai²] 老ໄດ້ກຳໄລ[ʔdai⁴ ka:m¹' lai²] 越ăn bẫm[ʔan¹ ʔbɤm⁴]

【获胜】泰ได้รับชัยชนะ[ʔdai³ rap⁸ tshai² tsha⁴ na⁴] 老ມີໄຊ[mi:² sai²] 越thắng[thaŋ⁵];thắng lợi[thaŋ⁵ lɤ:i⁶];giành được phần thắng[zan² ʔdɯ:k⁸ fɤn² thaŋ⁵];ăn cuộc[ʔan¹ ku:k⁸]

【或者❷】泰หรือ[rɯ:¹] 老ຫຼື[lɯ:¹];ຫຼືວ່າ[lɯ:¹ va:⁵] 岱-侬rụ[ru⁴];rụcạ[ru⁴ka⁴] 越泰khoẻnchẹn[khwɛn² tsen⁴];hử và[hɯ² va⁶];báu cọ[ʔbau⁵ kɔ⁴⁻] 普lăng¹ ʔăj[laŋ¹ ʔai¹] 越hoặc[hwak⁸];hoặc là[hwak⁸ la²];hoặc giả[hwak⁸ za³];hay[hai¹];hay là[hai¹ la²] 芒wăc[wak⁸];hay là[hai¹la²];là hằng[la²haŋ²];hằng[haŋ²];hay[hai¹];ha là[ha¹ la²]

【霍乱】泰อหิวาตกโรค[ʔa⁵ hi⁵ wa:² ta⁵ ka⁵ ro:k¹⁰] 老ທ້ອງຂີ້ລາກ[thɔːŋ⁴ khi:³ ha:k¹⁰];ໂລກທ້ອງຂີ້ລາກ[lo:k¹⁰ thɔːŋ⁴ khi:³ ha:k¹⁰];ປ່ວງ[pu:aŋ⁵];ໂລກອະຫິວາ[lo:k¹⁰ ʔa² hi² va:²] 岱-侬pinh tháo bao[piŋ³ thau⁵ ʔba:u¹] 越泰chép tọng xong hôn[tsep⁷ tɔŋ⁴ sɔŋ¹ hon¹] 普jin³ʔong³[jin³ ʔɔŋ³] 越bệnhtả[ʔben⁶ ta³];bệnh dịch tả[ʔben⁶ zit⁸ ta³];dịch tả[zit⁸ ta³];thổ tả[tho³ ta³]

---

❶ 阿含 khrâng A1
❷ 阿含 shü

# J

【鸡❶】 泰ไก่[kai⁵] 老ไก่[kai⁵];ตัวไก่[tuːa¹¹ kai⁵] 傣-侬cáy[kai⁵] 越泰cáy[kai⁵] 普qǎj¹[qai¹] 越gà[ɣa²];con gà[kɔn¹ɣa²] 芒ca[ka¹];con ca[kɔn¹ ka¹];cây ca[kai³ ka¹]

【鸡蛋❷】 泰ไข่ไก่[khai⁵ kai⁵] 老ไข่ไก่[khai⁵ kai⁵] 傣-侬xáy cáy[ɕai⁵ kai⁵] 越泰xáy cáy[sai⁵ kai⁵] 越trúng gà[tʂɯŋ⁵ ɣa²] 芒tlởng ca[tlɤːŋ³ ka¹]

【鸡蛋花】 泰ดอกลั่นทม[ʔdɔːk⁹ lan³ thom²] 老ดอกจำปา[ʔdɔːk⁹ tsam¹¹ paː¹¹];ดวงดอกจำปา[ʔduːaŋ⁵ ʔdɔːk⁹ tsam¹¹ paː¹¹];ดอกลับหืม[ʔdɔːk⁹ lan⁵ thom²] 越hoa trúng gà[hwa¹ tʂɯŋ⁵ ɣa²];cây đại[kɤi¹ ʔdaːi⁶]; hoa sứ[hwa¹ ʂɯ⁵]

【鸡蛋果】 泰มะลั่นทม[ma⁴lan³thom²] 老หมากบอด[maːk⁹ nɔːt¹⁰];เครือหมากบอด[khɯːa² maːk⁹ nɔːt¹⁰];ลิ้นมั้งอบ[liːn⁴ maŋ² kɔːn²] 越quả trúng gà[kwa³ tʂɯŋ⁵ ɣa²]

【鸡冠❸】 泰หงอนไก่[ŋɔːn¹ kai⁵];ทอบไก่[ŋɔːn¹ kai⁵] 傣-侬honcáy[hɔn¹ kai⁵];mào cáy[maːu³ kai⁵] 越泰hon cáy[hɔn¹ kai⁵] 普cu⁴ qǎj¹[tsu⁴ qai¹] 越mào gà[maːu⁵ ɣa²] 芒kèl ca[kɛl² ka¹]

【鸡冠花】 泰ดอกหงอนไก่[ʔdɔːk⁹ ŋɔːn¹ kai⁵];หงอนไก่[ŋɔːn¹ kai⁵] 老ดอกทอบไก่[ʔdɔːk⁹ hɔːn¹ kai⁵];ดอกด้ายแดง[ʔdɔːk⁹ʔdaːi⁴²dɛːŋ¹] 越hoa mào gà[hwa¹ maːu² ɣa²]

【鸡距】 泰เดือยไก่[ʔdɯːai²kai⁵] 老เดือยไก่[ʔdɯːa¹¹ kai⁵];เดือยไก่[ʔdɯːai¹¹ kai⁵] 越cựa gà trống[kɯə⁶ ɣa² tsoŋ⁵]

【鸡笼】 泰กรงไก่[kroŋ² kai⁵] 老กงไก่[koŋ¹¹ kai⁵] 傣-侬xúng cáy[ɕuŋ⁵ kai⁵] 越lồng gà[loŋ²ɣa²];bu gà[ʔbu¹ ɣa²] 芒thòng ca[thɔŋ² ka¹];pu ca[pu¹ ka¹]

【鸡毛掸子】 泰ไม้ขนไก่[mai⁴ khon¹ kai⁵];ไม้กวาดขนไก่[mai⁴ kwaːt⁹ khon¹ kai⁵] 老ฟอยฮิบมีท[fɔːi¹ khon¹ nok⁸] 傣-侬nhù păt khôn[ɲu² pat⁷ khon¹] 越泰nhũ khôn cáy[ɲu² khon¹ kai⁵] 越chổi lông gà[tsoi³ loŋ¹ ɣa²]

【鸡内金】 泰กระเพาะไก่[kra⁵ phɔ⁴ kai⁵] 越mề gà[me² ɣa²];kê nội kim[ke¹ noi⁶ kim¹]

【鸡皮疙瘩】 泰มากหนาว[maːk⁹naːu¹];ตุ่มเล็ก ๆ ที่ขึ้นตามผิวหนังเพราะโดนความหนาวจัดหรือตกใจกลัวลักษณะคล้ายหนังไก่ที่ถอนขนไปแล้ว[tum⁵ lek⁸ lek⁸ thiː³ khɯn³ taːm² phiu¹ naŋ¹ phrɔ⁴ ʔdoːn¹ khwaːm² naːu¹ tsat⁷ rɯː¹ tok⁷ tsai⁶ kluːa² lak⁸ sa⁵ naʔ khlaːi⁴ naŋ¹ kai⁵ thiː³ thɔːn¹ pai² lɛːu⁴] 老หมากขาว[maːk⁹ naːu¹] 傣-侬năng túrn to[naŋ¹tɯn⁵tɔ¹] 越泰mák nao [maːk⁷ naːu¹] 越da sởn vẩy ốc[za¹ ʂɤːn³ vɤi³ ʔok⁷]; nổi da gà[noi³ za¹ ɣa²]

【鸡肉】 泰เนื้อไก่[nɯːa⁴kai⁵] 老ซิ้นไก่[siːn⁴kai⁵] 越thịt gà[thit⁸ ɣa²]

【鸡窝❹】 泰รังไก่[raŋ²kai⁵];เล้าไก่[lau⁴kai⁵] 老ลาไก่[lok⁸ kai⁵];ฮังไก่[haŋ² kai⁵];เล้า[lau⁴] 傣-侬rằng cáy[raŋ² kai⁵];lậu[lɤu⁴];học[hɔk⁸];lọc[lɔk⁸] 越泰hăng[haːŋ²];họk[hɔk⁸];lọc[lɔk⁸] 普zô⁴ qǎj¹[zo⁴ qai¹];rô⁴ qǎj¹[ro⁴ qai¹] 越ổ gà[ʔo³ ɣa²];chuồng

---

❶ 石家 kay⁶　阿含 kai B1
❷ 阿含 khrai B1
❸ 石家 hɔɔn¹
❹ 掸 lău C2　泐 lău C2

gà[tsuːŋ² ɣa²]  芒 đương[ʔdɯːŋ¹]

【鸡虱❶】 泰 ไร[rai²];ไร่ไก่[rai² kai⁵] 老 ตัวไฮ[tuːa¹ hai²];ไฮ่ไก่[hai² kai⁵] 傣-侬 rầy[rəi²];tua rầy[tuːa¹ rəi²];tua mùn[tuːa¹ mun²];rầy cáy[rai² kai⁵] 越泰 mãnh đanh[mɛŋ² ʔdɛŋ¹] 普 qa mit² qăj¹[qa⁰ mit² qai¹];qamit²[qa⁰ mit²] 越 bọ mạt[ʔbɔ⁶ maːt⁸];con mạt[kɔn¹ maːt⁸] 芒 mên mò[mɛn⁴ mɔ²]

【鸡屎】 泰 ขี้ไก่[khiː³ kai⁵] 老 ขี้ไก่[khiː³ kai⁵] 越 phân gà[fɤn¹ ɣa²];cứt gà[kɯt⁷ ɣa²]

【鸡瘟】 泰 โรคห่าของไก่[roːk¹⁰ haː⁵ khɔːŋ⁵ kai⁵] 老 โลกไก่[loːk¹⁰ kai⁵] 傣-侬 pet[pet⁵];pet rả[pet⁵ ra³] 越 bệnh toi gà[ʔben⁶ tɔi¹ ɣa²]

【鸡胸病症】 泰 โรคหลังค่อม[roːk¹⁰ laŋ⁵ khɔːm³] 老 อกไก่[ʔok⁷kai⁵] 越 người gồng ngực[ŋɯːi² ɣo² ŋɯk⁸];lồi xương ngực[loi² sɯːŋ¹ ŋɯk⁸]

【鸡血藤】 泰 พืชเครือเลือดไก่[phɯt¹⁰ khrɯːa² lɯːat¹⁰ kai⁵] 越 kê huyết đằng[keː¹ hwiːt⁷ ʔdaŋ²]

【鸡眼脚掌上的】 泰 ตาปลาบนผิวหนัง[taː² plaː² ʔbon² phiu¹naŋ¹];ตาปลา[taː² plaː²] 老 ตาปา[taː¹ paː¹];ขี้ติม[nɔː⁵ tiːn¹] 越 chai chân[tsaːi¹ tsɤn¹];mắt cá[mat⁷ ka⁵]

【鸡杂】 泰 เครื่องในไก่[khrɯːaŋ³ nai² kai⁵] 老 เถื่องในไก่[khɯaŋ³ nai² kai⁵] 越 lòng gà[lɔŋ² ɣa²]

【鸡胗】 泰 ได๋ไก่[tai² kai⁵] 老 ใต๋ไก่[tai¹ kai⁵] 越 mề gà[meː² ɣa²]

【鸡爪子】 泰 กรงเล็บไก่[kroŋ² lep⁸ kai⁵] 傣-侬 lệp cáy[lep⁸ kai⁵] 越 móng gà[mɔŋ⁵ ɣa²]

【几乎】 泰 เกือบ[kɯːap⁹];เกือบจะ[kɯːap⁹ tsa⁵];แทบจะ[theːp¹⁰tsa⁵] 老 จักทะ แท็บใก[tsak⁷kaʔleːn⁵];แทบ[theːp¹⁰];แทบใก[theːp¹⁰ kai⁴];แทบจะ[theːp¹⁰ tsa⁵];อันทะ[ʔan¹ tiʔ ka²];ม้อง[nɔːŋ¹];ปาง[paːŋ¹];โรมซ่[hoːm²hɔː¹];เถือบจะ[kɯːap⁹tsa⁵];เถือบ[kɯːap⁹]

【机车】 泰 หัวรถ[huːa¹rot⁸];รถจักร[rot⁸tsak⁷] 老 หัวลดไฟ[huːa¹lot⁸fai²];หัวจักรลดไฟ[huːa¹tsak⁷ lot⁸ fai²] 越 đầu tàu[ʔdɤu² tau²];đầu máy xe lửa[ʔdɤu² mai⁵ sɛː¹ lɯːa³]

【机帆船】 泰 เรือยนต์ที่ติดใบ[rɯːa² jon² thiː³ tit⁷ ʔbai²] 老 เรือใบยน[hɯːa²ʔbai¹ɲon²] 越 thuyền buồm máy[thwiːn² ʔbuːm² mai⁵];thuyền buồm gắn mấy[thwiːn² ʔbuːm² ɣan⁵ mai⁵]

【机会】 泰 โอกาส[ʔoː² kaːt⁹] 老 โอกาด[ʔoː¹' kaːt⁹] 越 dịp[zip⁸];cơ hội[kɤ¹ hoi⁶] 芒 dịp[zip⁸];địp[ʔdip⁸];cơ hồi[kɤ¹ hoi⁴]

【机器】 泰 เครื่องจักร[khrɯːaŋ³ tsak⁷];เครื่องจักรกล[khrɯːaŋ³tsak⁷kon²];เครื่อง[khrɯːaŋ³] 老 จัก[tsak⁷];จักยัน[tsak⁷ ɲon²];กัน[kon¹];เถื่อง[khɯːaŋ³] 傣-农 mày[mai³] 越泰 máy[mai⁵] 普 rân⁴[rɤn⁴];qarân⁴[qa⁰rɤn⁴] 越 máymóc[mai⁵mɔk⁷];cơkhí[kɤ¹ xi⁵] 芒 mày móc[mai³ mɔk⁷];đồ mày[ʔdo² mai³]

【机枪】 泰 ปืนกล[pɯːn² kon²] 老 ปืนจัก[pɯːn¹ tsak⁷];ปืนกัน[pɯːn¹' kon¹];กัน[kon¹] 越泰 ống máy[ʔoŋ⁵mai⁵] 越 súng máy[ʂuŋ⁵ mai⁵];liên thanh[liːn¹ than¹];súng liên thanh[ʂuŋ⁵ liːn¹ than¹] 芒 liên thanh[liːn¹ than¹];khủng liên thanh[khuŋ⁵ liːn¹ than¹]

【机票】 泰 ตั๋วเครื่องบิน[tuːa¹ khrɯːaŋ³ ʔbin²] 老 ปี้ยัน[piː⁴ ɲon²] 越 vé máy bay[vɛ⁵ mai⁵ ʔbai¹]

【肌肉】 泰 กล้าม[klaːm³];กล้ามเนื้อ[klaːm³ nɯːa⁴] 老 ก้าม[kaːm⁴];ก้ามเมื่อ[kaːm⁴ nɯːa⁴];ก้อมชิ้น[kɔːn⁴ siːn⁴] 傣-侬 pi nứa[piː¹nɯːa⁴] 越泰 măng nhứa[maːŋ² nɯːa⁵] 普 sok² ʔjaw²[sɔk² ʔjaːu⁵] 越 bắp thịt[ʔbap⁷ thit⁸];cơ nhục[kɤ¹ ɲuk⁸] 芒 tlải nhúc[tlaːi³ ɲuk⁷]

【讥笑】 泰 หัวเราะเยาะ[huːa¹ rɔ⁴ jɔ⁴] 老 หัวอัน[huːa¹ khwan¹];หิสเยาะเยี่ย[huːa¹ nɔː⁵ nɔːi⁴] 傣-侬

---

❶ 阿含 rai A2  掸 hăi A2  泐 hrăi A2；hăi A2

khua diền[khuə¹ ji:n²] 越 chế nhạo[tṣe⁵ ɳa:u⁶];chê cười[tṣe¹ kɯ:i²] 芒 cười chê[kɯ:i² tṣe¹]

【基肥】泰 ปุ๋ยพื้นฐาน[pui¹ phɯ:n⁴ tha:n²] 老 ຝຸ່ນແຮກ[fun⁵ hɛ:k¹⁰] 越 phân lót[fɤn¹ lɔt⁷]

【积肥】泰 หมักปุ๋ย[mak⁷ pui¹] 老 ກອງຝຸ່ນ[kɔ:ŋ¹¹fun⁵] 越 trữ phân[tṣɯ⁴ fɤn¹];tích phân[tit⁷ fɤn¹];ủ phân [ʔu³ fɤn¹]

【积极】泰 เอาการเอางาน[ʔau² ka:n² ʔau² ŋa:n²];กระตือรือร้น[kra⁵ʔdɯ:² rɯ:² ron⁴];ลักษณะด้านบวก[lak⁸ sa⁵na⁵ʔda:n² ʔbu:ak⁹] 老 ຈິງຈັງ[tsiŋ¹ tsaŋ¹];ຫ້າວຫັນ[ha:u³ han¹];ຂະຫຍັບຂັນແຂງ[kha² ɲan¹ khan¹ khɛ:ŋ¹];ຂະຫຍັບຂ້າວຫັນ[kha² ɲan¹ ha:u¹ han¹];ຂະຫຍັບຫັນຂ້າວ[kha² ɲan¹ han¹ ha:u³] 岱-侬 lồng rèng[loŋ² rɛŋ²]; ooc rèng[ʔɔ:k⁷rɛŋ²] 越泰 ók hãnh[ʔɔk⁷hɛŋ²] 越 tích cực[tit⁷ kuk⁸];hăng hái[haŋ¹ ha:i⁵]

【积木】泰 ไม้ต่อภาพของเด็ก[mai⁴ tɔ:⁵ pha:p¹⁰ khɔ:ŋ¹ ʔdek⁷] 老 ຫຸ່ນບາງ[hun⁵ kɔ:ŋ¹¹] 越 đồ chơi xếp nhà [ʔdo² tsɤ:i¹ sep⁷ ɲa²];xếp gỗ[sep⁷ yo⁴]

【积蓄】泰 สะสม[sa⁵ som¹] 老 ທ້ອນ[thɔ:n⁴];ຫອມ[hɔ:m¹] 岱-侬 dom[jɔm¹];thom[thɔm¹] 越泰 tom[tɔm¹];tặc tạy hom[tak⁸tai⁶hɔm¹] 越 tích [tit⁷];tích trữ[tit⁷ tṣɯ⁴];để dành[ʔde³ zaɲ²] 芒 tích[tit⁷];tí yêu[ti⁵ ʔi:u¹];tí dòi[ti⁵ zɔi²]

【积雪草】雷公根 泰 บัวบก[ʔbu:a² ʔbok⁷] 老 ບົວບົກ[ʔbu:a¹¹ ʔbok⁷];ຜັກຫນອກ[phak⁷ nɔ:k⁹] 岱-侬 phjăc chèn[phjak⁷ tɕɛn²] 越泰 phắc nók[phak⁷ nɔk⁷] 越 rau má[ʐau¹ ma:⁵] 芒 tắc bà[tak⁷ ʔba⁵]

【基督教】泰 ศาสนาคริสต์[sa:¹ sa⁵ na:¹ khrit⁸] 老 ສາສະຫນາຄິດສະຕັງ[sa:¹¹sa²na:¹khit⁸sa²taŋ¹];ສາສະຫນາຄິດ[sa:¹ sa² na:¹ khit⁸] 越 đạo cơ đốc[ʔda:u⁶ kɤ:¹ ʔdok⁷];cơ đốc giáo[kɤ:¹ ʔdok⁷ za:u⁵]

【激动】泰 ดื่นเต้น[ʔdɯ:n⁵te:n²] 老 ຕື່ນຕັນໃຈ[tɯ:n⁴ tan¹¹ tsai¹];ລະຫຶກ[la⁵thɯk¹] 越泰 phướn[phɯ:n²];
越 kích thích mạnh mẽ[kit⁷ thit⁷ maɲ⁶ mɛ⁴];làm cảm động sâu sắc[la:m² ka:m³ ʔdoŋ⁶ ʂɤu¹ ʂak⁷];kích động[kit⁷ ʔdoŋ⁶] 芒 khích đồng[khit⁷ ʔdoŋ²]

【激烈】泰 ดุเดือด[ʔdu⁵ʔdɯ:at⁹];รุนแรง[run²rɛ:ŋ²] 老 ດຸເດືອດ[ʔdu² ʔdɯ:at⁹] 越 kịch liệt[kit⁸ li:t⁸];sôi nổi[ʂoi¹ noi⁵];dữ dội[zu⁴ zoi⁶];mạnh mẽ[maɲ⁴ mɛ⁴];gay go[ɣai¹ ɣɔ¹]

【击败】泰 ตีให้แตกพ่าย[ti:²hai³tɛ:k⁹pha:i³] 越 đánh bại[ʔdaɲ⁵ ʔba:i⁶];đánh thắng[ʔdaɲ⁵ thaŋ⁵];đập tan[ʔdɤp⁸ ta:n¹]

【击毁】泰 ยิงให้พังทลาย[jiŋ² hai³ phaŋ² tha⁴la:i²];ทำลาย[tham² la:i²] 越 bắn phá[ʔban⁵ fa⁵];bắn hỏng [ʔban⁵ hɔŋ⁵];bắn cháy[ʔban⁵ tsai⁵]

【击剑】泰 ฟันดาบ[fan²²ʔda:p⁹] 老 ຟັນດາບ[fan² ʔda:p⁹] 越 đấu kiếm[ʔdɤu⁵ ki:m⁵] 芒 đấu kiểm[ʔdɤu³ ki:m³]

【击退】泰 สู้จน[su:³ tson²];ถอยร่น[thɔ:i¹ ron³] 老 ຕີຖອຍ[ti:¹¹ thɔ:i¹] 越 đánh lui[ʔdaɲ⁵ lui¹];đẩy lui [ʔdɤi³ lui¹]

【极❶】泰 อย่างยิ่ง[ja:ŋ⁵ jiŋ³];จัง[tsaŋ³];เต็มแก่[tem¹ kɛ:⁵];ประดา[pra⁵ʔda:²];เป๊ก[pe:k¹⁰] 老 ຍິ່ງ[ɲiŋ⁵];ຍອດ[ɲɯ:at¹⁰];ຄາມ[kha:m²];ຈ້ອຍ[tsɔ:i⁴];ລ້ຳ[lam⁴];ສຸດ[sut⁷];ສຸດແສນ[sut⁷sɛ:n¹];ແສນ[sɛ:n¹];ທີ່ສຸດ[thi:⁵ sut⁷];ສຽບ[si:ap⁹];ຍິ່ງ[ɲiŋ³];ຍອດ[ɲɯ:at¹⁰];ນັກຫມາ[nak⁸na:¹];ປີກ[pik⁵];ມາກ[ma:k¹⁰];ເລີດ[lɤ:t¹⁰];ລິບ[lip⁸];ເອົານີ້[ʔau¹ni:⁵];ເຫລືອ[lɯ:a¹];ເຫລືອຂະຫນາດ[lɯ:a¹ kha⁵ na:t⁹];ທລາຍ[la:i¹];ທລາຍທີ່ສຸດ[la:i¹ thi:⁵ sut⁷];ເອົາແຫ້ເອົາວ່າ[ʔau¹¹ thɤ:² ʔau¹ va:⁵];ເຕັມທີ[tem¹ thi:²];ກິ່ວ[kiu⁵] 越泰 hềnh[heŋ⁶] 越 rát[ʐɤt⁷];lắm[lam⁵];quá[kwa⁵];vô cùng[vo¹ kuŋ²];rất mực[ʐɤt⁷ mɯk⁸];tột bực[tot⁸ʔbɯk⁸];hơn cả[hɤ:n¹ka⁵];hơn hết[hɤ:n¹ het⁷] 芒 nhất[nɤt⁷];hơnthấy[hɤ:n¹ thai⁵];hơn hết[hɤ:n¹ het⁷]

---

❶ 石家 la?⁶-vaay⁶

【极乐鸟】 泰 นกแดนสุขาวดี[nok⁸ ʔdɛːn² suˀ khaːu¹ ʔdiˀ] 老 ກະລະວິກ[kaˀ la⁵ viːk¹⁰];ກາລະເວກ[kaːˀ¹ la⁵ veːk¹⁰] 越 chim sáo cờ[tsim¹ ʂaːu⁵ kɤˀ];chim cực lạc[tsim¹ kɯk⁸ laːk⁸]

【急 ~事❶】 泰 ร้อนใจ[rɔːn⁴tsai²];ด่วน[ʔduːan⁵] 越 gấp[ɣɤp⁷];cần kíp[kɤn² kip⁷]

【急病】 泰 โรคปัจจุบัน[roːk¹⁰ pat⁷ tsuˀ ʔban²];โรคปัจจุบันทันด่วน[roːk¹⁰ pat⁷suˀ ʔban² than² ʔduːan⁵] 老 ໂລກປັດຈຸບັນ[loːk¹⁰ pat⁷ tsuˀ ʔban¹] 越 bệnh cấp[ʔben⁶ kɤp⁷]

【急惊风】 泰 อาการชักของทารก[ʔaˀ kaːn² tshak⁸ khɔːŋ¹ thaːˀ rok⁸] 老 ກຳເນີດ[kam¹ˀ nɤt¹⁰] 越 bệnh cấp kinh phong[ʔben⁶ kɤp⁷ kiɲ¹ fɔŋ¹];cấp kinh phong[kɤp⁷ kiɲ¹];bệnh sài kinh[ʔben⁶ ʂaːi² kiɲ¹]

【急救】 泰 ปฐมพยาบาล[paˀ⁵thom¹ phaˀ⁴jaːˀ² ʔbaːn¹] 老 ປົວກະທັນຫັນ[puːaˀ¹ kaˀ² than² han¹];ກູ້ຮ້ອນ[kuːˀ⁴ hɔːn⁴];ປະຖົມພະຍາບານ[paˀ²thom¹ phaˀ ɲaːˀ²ʔbaːn¹] 越 cấp cứu[kɤp⁷ kɯɯ⁵] 芒 cấp cứu[kɤp⁷ kɯɯ³]

【急流】 泰 น้ำเชี่ยว[nam⁴ tshiːau³] 老 ແປວນ້ຳ[pɛu⁴ nam⁴] 越 dòng nước lũ[zɔŋ² nɯːk⁷ luˀ⁴];dòng nước chảy xiết[zɔˀ² nɯːk⁷ tsaiˀ² siːt⁷];dòng nước chảy mau[zɔŋ² nɯːk⁷ tsaiˀ³ mau¹];dòng nước chảy băng băng[zɔŋ² nɯːk⁷ tsaiˀ³ ʔbaŋ¹ ʔbaŋ¹];con kênh[kɔn² keɲ¹]

【急事】 泰 เรื่องด่วน[rɯːaŋ² ʔduːan⁵] 老 ວຽກດ່ວນ[viːak¹⁰ ʔduːan⁵];ການຮ້ອນ[kaːn¹ˀ hɔːn⁴];ການດ່ວນ[kaːn¹ˀ ʔduːan⁵] 越 việc gấp[viːk⁸ ɣɤp⁷];việc khẩn cấp[viːak⁸ xɤn³ kɤp⁷]

【急水滩】 泰 หาดน้ำเชี่ยว[haːt⁹ nam⁴ tshiːau³] 老 ຕາດ[taːt⁹] 岱-侬 thoong[thoːŋ¹] 普 zung³ ʔoŋ³ [zuŋ³ ʔɔŋ³] 越 thác xiết[thaːk² siːt⁷];ghềnh[ɣeŋ²]

【急性病】 泰 โรคปัจจุบัน[roːk¹⁰ pat⁷tsuˀ² ʔban²] 老 ໂລກປັດຈຸບັນ[loːk¹⁰ pat⁷tsuˀ² ʔban¹];ພະຍາດປັດຈຸບັນ[pha⁵ naːˀt¹⁰ pat⁷ tsuˀ² ʔban¹];ພະຍາດກະທັນຫັນ[pha⁵ naːˀt¹⁰kaˀ²than²han¹] 越 bệnh cấp tính[ʔben⁶kɤp⁷ tin⁵];bệnh cấp[ʔben⁶ kɤp⁷]

【急性子】 泰 ใจร้อน[tsai²rɔːn⁴] 老 ບົດໃສໃວໄຟ[nit⁸ sai¹ vai²/fai²];ບົດໃສໃຈຮ້ອນ[nit⁸ sai¹ tsai²ʔhɔːn⁴] 越 tính hấp tấp[tin⁵ hɤp⁷ tɤp⁷];tính nóng nảy[tin⁵ nɔŋ⁵ nɤi³];nóng tính[nɔŋ⁵ tin⁵] 芒 nóng tinh[nɔŋ² tin²]

【急躁 性情~】 泰 อารมณ์เสีย[ʔaːˀ² rom² siːaˀ¹];วุ่นวาย[ɣun³ ɲaːn³] 老 ใจทุมทัม[tsai¹ˀ hun² han¹];ใจฮ้อน[tsai¹ˀ hɔːn⁴];ກະບຶ້ງກະບອມ[kaˀ²ʔbɯŋ¹ˀ kaˀ² ʔbɔːn¹ˀ] 岱-侬 slínhpôm[ɬiŋ⁵pom¹];slíngmồm[ɬiŋ⁵mom¹] 越泰 chau xẳn[tsaɯ¹ san³] 越 nóng nảy[nɔŋ⁵ nɤi³] 芒 nóng náy[nɔŋ³ nai⁵]

【及时 ~赶到】 泰 ทันที[than²thiː²] 老 ຖືກເວລາ[thɯːk⁹ veˀ² laˀ²];ທັນທ່ອງທີ[than² thuːaŋ⁵ thiː²];ທ່ອງທັນກັບເວລາ[thuːaŋ⁵ than² kap⁷ veˀ² laˀ²];ທັນກັບເວລາ[than² kap⁷ veˀ² laˀ²];ທັນການ[than² kaːn¹];ທັນໂມງ[than² moːŋ²];ໃຫ້ທັນ[hai³ than²];ທັນ[than²] 岱-侬 tập rì[tɤp⁸ riˀ²];mèn rì[mɛn³ riˀ²] 越泰 lợp thằn[lɤp⁸ than²] 越 kịp thời[kip⁸ thɤi²];kịp giờ[kip⁸ zɤˀ²] 芒 kịp dờ[xip⁸ zɤˀ²]

【级 ₂~台阶】 泰 ขั้น[khan³] 老 ຂັ້ນ[khan³] 岱-侬 khoắc[khwak⁷] 越 bậc[ʔbɤk⁸];bực[ʔbɯk⁸]

【集合】 泰 รวมตัวกัน[ruːam² tuːaˀ² kan²];ชุมนุม[tshum² num²] 老 ຊຸມ[sum²];ຊຸມໂຮມ[sum² hoːm²];ຊຸມບູມ[sum² nuːm²];ຕັ້ງໂຮມ[taŋ⁴ hoːm²];ເຕົ້າ[tau⁵];ຕ້ອມ[tɔːm⁴];ເພາະ[phɔ⁵];ຫອມ[hɔːm¹] 岱-侬 xón[ɕɔn³];xón xắp[ɕɔn³ɕap⁷] 越泰 hồm[hom²] 越 tập hợp[tɤp⁸ hɤːp⁸];tập trung[tɤp⁸ tsuŋ¹] 芒 tâp hợp[tɤp⁸ hɤːp⁸]

【集体】 泰 ส่วนรวม[suːan⁵ruːam²];รวมหมู่[ruːam² muˀ⁵];หมู่คณะ[muˀ¹ kha⁴na⁴] 老 ຮວມໝູ່[huːam² muˀ⁵];

---

❶ 石家 thriaw²

【集日】 泰ตลาดนัด[taː⁵ laːt⁹ nat⁸];วันที่มี ตลาด[wan² thiː³ miː² taː⁵ laːt⁹] 老ວັນຕະຫລາດນັດ[van² ta² laːt⁹ nat⁸] 岱-侬 vǎnháng[van²haːŋ⁵] 越phiênchợ[fiːn¹ tsɤ⁶];buổi chợ[buːi³ tsɤ⁶]; 芒puối chơ[puːi⁵ tsɤ⁴]

【集市】 泰ตลาด[taː⁵ laːt⁹];ตลาดนัด[taː⁵ laːt⁹ nat⁸] 老ตะຫลาด[ta² laːt⁹] 普hu⁴[huːɤ⁴] 越chợ[tsɤ⁶];phiên chợ[fiːn¹ tsɤ⁶];họp chợ[hɔp⁸ tsɤ⁴] 芒chờ[tsɤ⁴]; hop chờ[hɔp⁸ tsɤ⁴]

【集中】 泰รวมศูนย์[ruːam¹ suːn¹] 老ຮວມສູນເຂົ້າ[huːam¹ suːn¹ khau³];ຊຸມ[sum²];ຫ້ອມໂຮມ[thɔːn⁴ hoːm²];ละดอม[la⁵²dom¹];ລອມ[luːam²];ໂຮມ[hoːm¹] 岱-侬 mà thom[ma²thɔm¹];xón[ɕɔn³] 越泰xón[sɔn³];xónhỗm[sɔn³hom⁴] 越tậptrung[tɤp⁸tsuŋ¹] 芒tâp tlung[tɤp⁸ tluŋ¹]

【集资】 泰รวบรวมเงินทุน[ruːap¹⁰ ruːam² ŋɤːn² thun²] 老ລົງເຫີບ[loŋ² ŋɔn²] 越tập trung vốn liếng[tɤp⁸ tsuŋ¹ von⁵ liːŋ⁵];tập trung tiền nong[tɤp⁸ tsuŋ¹ tiːn² nɔŋ¹];chung lưng[tsuŋ¹ lɯŋ¹] 芒chung lâng[tsuŋ¹ lɤŋ¹]

【籍贯】 泰ภูมิลำเนา[phuː² miː⁴ lam² nau²];ภูมิลำเนาเดิม[phuː² miː⁴ lam² nau² ʔdɤːm²] 越quê quán[kweː¹ kwaːn⁵]

【即使】 泰มาตรแม้น[maːt¹⁰ mɛːn⁴];มาตร ว่า[maːt² waː³];แม้[mɛː⁴];จนชั้นแต่[tsɔn² tshan⁴ tɛː⁵];ต่อให้[tɔː⁵ haiː³]; ถึง[thɯŋ¹];ถึงหาก[thɯŋ¹ haːk⁹] 老ກໍ່ດີ[kɔː⁵ ʔdiː¹]; ย่างใด[jaːŋ⁵ʔdaiː¹ kɔː⁵ ʔdiː¹];เถิงจะ[thɤŋ¹ tsa²]; เถิงว่า[thɤŋ¹ vaː⁵];ถ่อว่า[thɔː⁵vaː⁵];ผิ[phi²];ผิอ่า[phi¹ vaː⁵];แม้[mɛː⁴];แม้อ่า[mɛː⁴vaː⁵];มาตๆ[maːt¹⁰ taː¹²]; มาดอ่า[maːt¹⁰vaː⁵];แม่นแต่[mɛːn⁵tɛː⁵];แม่นอ่า [mɛːn⁵ vaː⁵];มิดอ่า[mi⁵ khaː² vaː⁵] 越泰khen ta [khen¹ taː¹] 普pu⁴[puː⁴];cê³[tse³] 越dù[zuː²];dù rằng [zuː² zaŋ²];mặc dù[mak⁸ zuː²];mặc dầu[mak⁸ zɤu⁴]; dù có ... chăng nữa[zuː² kɔ⁵ ... tsaŋ¹ nɯə⁴]

【吉~凶】 泰โชคดี[tshoːk¹⁰ ʔdiː²];มงคล[moŋ² khon²] 老ໂຊກດີ[soːk¹⁰ ʔdiː¹];ມຸງຄຸນ[muŋ² khun²];ມົງຄົນ [moŋ² khon²] 岱-侬 đây[ʔdəi¹] 越泰đi[ʔdiː¹] 越tốt[tot⁷];lành[laŋ²]

【吉普车】 泰รถจี๊ป[rot⁸tsiːp⁴] 老ລົດ ຈີບ[lot⁸tsip⁴]; ລົດຊິບ[lot⁸ sip⁸];ຊິບ[sip⁸] 越xe díp[sɛ¹ zip⁷]

【吉日】 泰วันมงคล[wan² moŋ² khon²];วันดี[wan² ʔdiː²];วันอะทิบดี[wan² ʔa⁵ thip⁸ ʔdiː²] 老ວັນສັນ [van² san¹];ວັນດີ[van² ʔdiː¹];ມື້ ດິບມື້ດີ[mɯː⁴ ʔdip² mɯː⁴ ʔdiː¹];ວັນສີລີມຸງຄຸນ[van² si² liː⁵ muŋ² khun²]; ມື້ງາມຍາມດີ[mɯː⁴ ŋaːm² naːm² ʔdiː¹];ມື້ສັນວັນຊອບ [mɯː⁴ san¹ van² sɔːp¹⁰];ມື້ສັນວັນດີ[mɯː⁴ san¹ van² ʔdiː¹];ມື້ຊອກວັນໄຊ[mɯː⁴soːk¹⁰ van² sai²];ມື້ດີວັນປອດ [mɯː⁴ ʔdiː¹' van¹ pɔːt⁹];ສຸຖິນ[su² thin²];ສຸພະຖິນ[su pha⁵ thin²];ວັນທຸງໄຊ[van² thuŋ² sai²];ມື້ປອດວັນດີ [mɯː⁴pɔːt⁹van² ʔdiː¹'];ມົງຄົນງາມ[moŋ²khon² vaːn²];ລັກຄະນາ[lak⁸ khaː⁵ naː²];ລັກຄະບະ[lak⁸ kha⁵ na⁵];ລັກຄະບະງາມ[lak⁸kha⁵na⁵kaːn¹];ລັກຄະບະຖິມ [lak⁸kha⁵na⁵thin²];ເລືອກ[lɯːk¹⁰];ລິງາມຍາມດີ[lɯk⁸ ŋaːm² naːm² ʔdiː¹'];ລິງາມ[lɯk⁸ ŋaːm²];ລິກ[lɯk⁸] 岱-侬 vằn đây[van² ʔdəi¹] 越泰mự đi[mɯː⁴ ʔdiː¹]; mựpót[mɯː⁴pɔt⁷] 越ngàylành[ŋai²laŋ²] 芒ngày lènh[ŋai² lɛŋ²]

【吉兆】 泰นิมิตดี[ni⁴mit⁸ʔdiː²] 老ລາງດີ[laːŋ²ʔdiː¹'] 越điềm tốt[ʔdiːm² tot⁷];điềm lành[ʔdiːm² laŋ²] 芒tiềm lềnh[tiːm² lɛŋ²]

【脊梁骨】 泰กระดูกสันหลัง[kra⁵ ʔduːk⁹ san¹ laŋ¹] 老ຂໍ້ດູກສັບຫລັງ[khɔː³ ʔduːk⁹ san¹ laŋ¹];ກະດູກສັບຫລັງ [ka² ʔduːk⁹ san¹ laŋ¹];ດູກສັບຫລັງ[ʔduːk⁹ san¹ laŋ¹]; ດູກຫລັງ[ʔduːk⁹ laŋ¹] 越cột sống[kot⁸ ʂoŋ⁵]

【几~个人❶】 泰กี่[kiː⁵] 老ກີ່[kiː⁵];จัก[tsak⁷] 岱-侬 ki[kiː³] 越泰ki[kiː³] 普qadôj³[qaː⁰ doi³];qaduj³

❶ 石家 kii³  阿含 kî

[qa⁰ dui³] 越 mấy[mɤi⁵];vài[va:i²] 芒 mấy[mɤi⁵];bài[ʔba:i²]

【挤~过去】 泰 เบียด[ʔbi:at⁹] 老 ຊິງ[si:ŋ²];ບຸ[ʔbu²];ບຸດ[ʔbi:at⁹] 越泰 íp[ʔip⁷];búk[buk⁷] 越 chen[tsɛn¹];lách[lat⁷] 芒 chen[tsɛn¹];lách[lat⁷]

【挤~柠檬❶】 泰 บีบ[ʔbi:p⁹] 老 ຕີກ[tek⁷];ບີບ[ʔbi:p⁹];ຮີດ[hi:t¹⁰] 岱-侬 slắn[ɬan¹];nhắn[ɲan³] 越泰 bíp[ʔbip⁷] 越 vắt[vat⁷] 芒 chiếp[tsi:p⁸]

【脊背❷】 泰 สันหลัง[san¹ laŋ¹];หลัง[san¹ laŋ¹] 老 ສັບຫຼັງ[san¹ laŋ¹];ຫຼັງ[laŋ¹] 岱-侬 slânlăng[ɬən¹ laŋ¹] 越泰 lăng[laŋ¹];xlăng[s-laŋ¹];chông xlăng[tsoŋ¹ s-laŋ¹] 普 lâng³[lɤŋ³];dăng[daŋ⁵];lhăw³[lau³] 越 lưng[luŋ¹] 芒 lâng[lɤŋ¹];đồng[ʔdoŋ³]

【脊髓】 泰 ไขกระดูกสันหลัง[khai¹ kra⁵ ʔdu:k⁹ san¹ laŋ¹] 老 ອອກແອງສັບຫຼັງ[ʔo:k⁹ʔɛ:k⁹san¹laŋ¹] ໄຂສັບຫຼັງ[khai¹ san¹ laŋ¹] 越 tủy sống[twi⁵ ʂoŋ⁵]

【脊椎骨】 泰 กระดูกสันหลัง[kra⁵ ʔdu:k⁹ san¹ laŋ¹] 老 ຂໍ້ກູກສັບຫຼັງ[kho:³ʔdu:k⁹san¹laŋ¹];ກະດູກສັບຫຼັງ[ka²ʔdu:k⁹san¹laŋ¹];ດູກສັບຫຼັງ[ʔdu:k⁹ san¹ laŋ¹];ກະດູກຫຼັງ[ka²²ʔdu:k⁹laŋ¹];ດູກຫຼັງ[ʔdu:k⁹ laŋ¹] 岱-侬 đục lăng[ʔduk⁷ laŋ¹] 越泰 đúk lăng[ʔduk⁷ laŋ¹] 普 lak⁵lhăw³[la:k⁵lau³] 越 xương sống[sɯ:ŋ¹ ʂoŋ⁵];xương cột sống[sɯ:ŋ¹ kot⁸ ʂoŋ⁵];đốt xương sống lưng[ʔdot⁷ sɯ:ŋ¹ ʂoŋ¹ luŋ¹] 芒 xiêng đồng[si:ŋ¹ ʔdoŋ³]

【麂子】 泰 ฟาน[fa:n²] 老 ຟານ[fa:n²];ຕົວຟານ[tu:a¹ fa:n²] 越泰 phăn[pha:n²] 越 con hoẵng[kɔn¹ hwaŋ⁴]

【虮子】 泰 ไข่เหา[khai⁵hau¹] 老 ໄຂ່ເຫົາ[khai⁵hau¹] 越 trứng chấy[tʂɯŋ⁵ tsɤi⁵];trứng rận[tʂɯŋ⁵ ʐɤn⁶]

【嫉妒】 泰 อิจฉา[ʔit⁷tsha:¹] 老 ອິດສາ[ʔit⁷sa:¹];ອິດ ສາຕາຮ້ອນ[ʔit⁷sa:¹ ta:¹ hɔ:n⁴];ອິດສາລິດສາຫຍາ[ʔit⁷sa:¹ lit⁸sa:¹ na:¹];ຫຍັງທອງ[huaŋ¹ huaŋ¹];ທອງຫຶງ[hu:aŋ¹ huaŋ¹];ຫຶງ[huaŋ¹];ອະລະຕີ[ʔa²la⁵ʔdi:¹];ອະລະຕິ[ʔa²la⁵ti:¹];ອິລະຕີ[ʔɔ:¹' la⁵ ʔdi:¹] 岱-侬 hăm hứn[ham² huɤn⁵];ngàm chằm[ŋa:m² tɕəm²] 越泰 xiếk[si:k⁷];hơng[hɤŋ¹] 普 kjan² tăj⁵[kja:n² tai⁵] 越 ghen[ɣɛn¹];ghen tuông[ɣɛn¹ tu:ŋ¹];ghét[ɣɛt⁵];đố kị[ʔdo⁵ ki⁶];kèn cựa[kɛn² kɯa⁶] 芒 khước[khɯ:k⁷];khen[khɛn¹];kèncừa[kɛn² kɯa⁴]

【剂~药】 泰 ชุด[tshut⁸] 老 ຊຸດ[sut⁸] 越 liều[li:u²]

【计划生产~】 泰 โครงการ[khro:ŋ² ka:n²] 老 ໂຄງການ[kho:ŋ² ka:n²] 岱-侬 kí kháo[ki⁵ kha:u⁵];kế hoạch [ke¹ hwɛk⁸] 越 kế hoạch[ke⁵ hwat⁸] 芒 kế hoạch [ke³ hwat⁸]

【计较】 泰 คิดเล็กคิดน้อย[khit⁸ lek⁸ khit⁸ nɔ:i⁴];ถือสา[thɯ:¹ sa:¹];คิดการ[khit⁸ ka:n²] 老 ຊັ່ງຊາ[saŋ⁵ sa:²] 岱-侬 ngàm chàm[ŋa:m² tɕa:m²] 越泰 tính thí[tiŋ⁵ thi⁵] 越 kì kèo[ki² kɛu²];so bì[ʂɔ¹ ʔbi²];suy bì[ʂwi¹ ʔbi²];chi li[tsi¹ li¹] 芒 kì kèo[ki² kɛu²];kè[kɛ²];xo pì[sɔ¹ pi²];xy pì[si¹ pi²];chi li[tsi¹ li¹]

【计谋】 泰 กระบิดกระบวน[kra⁵ʔbit⁷kra⁵ʔbu:an²];จล[kon²];เชิง[tshɤ:ŋ²];แผนการ[phɛ:n¹ ka:n²];กลยุทธ์[kon² jut⁸] 老 ກະບວນ[ka² ʔbu:an¹];ກົນ[kon¹];ກົນມາຍາ[kon¹' ma:² ɲa:²];ສັ້ນເຊີງ[san⁴ sɤ:ŋ²];ແຍບ[nɛ:p¹⁰];ແຍບຍົນ[nɛ:p¹⁰ ɲon²];ທ່ວງທີ[thu:aŋ⁵ thi ²];ເພທຸບາຍ[phe:² thu⁵ ʔba:i¹];ເລ່ກົນ[le:⁵ kon¹];ເລ່ລ່ຽມ[le:⁵ li:am⁵];ລູກໄມ້[lu:k¹⁰mai⁴];ເລດ[let¹⁰];ລ່ຽມລາຍ[li:am⁵ la:i²];ລ່ຽມລາຍອຸບາຍ[li:am⁵ la:i² ʔu² ʔba:i¹];ວາດເຊີງ[va:t¹⁰sɤ:ŋ²];ອຸບາຍ[ʔu²ʔba:i¹];ອຸປະເທ[ʔu² pa² the:²] 岱-侬 kí cáo[ki⁵ ka:u⁵] 越泰 văn[van¹] 越 mẹo[mɛu⁶];kế[ke⁵];mưu kế[mɯɯ¹ ke⁵];mưu chước[mɯɯ¹ tsɯ:k⁷]

【计算】 泰 คิด[khit⁸];คำนวณ[kham² nu:an²] 老

---

❶ 石家 khal⁶
❷ 阿含 lāng A1

คำนวน[kam¹'nu:an²];คำนวนคิด[kam¹'nu:an² khit⁸];ไล่[lai⁵]  岱-侬 cáy[kai⁵];sluốn[ɫu:n⁵]  越泰 tính[tiŋ⁵];tính xón[tiŋ⁵ sɔn⁵];xón[sɔn⁵]  越 tính[tiŋ⁵];tính toán[tiŋ⁵ twa:n⁵]

【继承】 泰 สืบช่วง[sɯ:p⁹ tshɯ:aŋ³];รับช่วง[rap⁸ tshɯ:aŋ³]  老 สืบ[sɯ:p⁹];สืบมูน[sɯ:p⁹ mu:n²]  越 thừa kế[thɯə² ke³];thừ hưởng[thɯə² hɯ:ŋ³]  芒 kể thừa[ke³ thɯə²]

【继父】 泰 พ่อเลี้ยง[phɔ:³ li:aŋ⁴]  老 ผั่บ้า[phɔ:⁵ na:⁴]  岱-侬 pỏ lăng[pɔ³ laŋ¹];pỏ tap[pɔ³ ta:p⁷]  越泰 ải máu[ʔa:i³ maɯ⁵];ải nạ[ʔa:i³ na⁴];ải xúp[ʔa:i³ sɯp⁷]  普 pê⁴ lin³[pe⁴ lin³]  越 cha ghẻ[tsa¹ ɣɛ³];bố dượng[ʔbo⁵ zɯ:ŋ⁶];dượng ghẻ[zɯ:ŋ⁶ ɣɛ³];chú dượng[tsu⁵ zɯ:ŋ⁶];bố ghẻ[ʔbo⁵ ɣɛ³]  芒 pổ dưỡng[po³ zɯ:ŋ⁴];pổ chủ[po³ tsu³]

【继母】 泰 แม่เลี้ยง[mɛ:³ li:aŋ⁴]  老 แม่บ้า[mɛ:⁵ na:⁴]  岱-侬 mè lăng[mɛ³ laŋ¹];mè nọi[mɛ³ nɔi⁴];mè nả[mɛ³ na³]  越泰 ểm xúp[ʔem⁵ sɯp⁷]  普 maj² lin³[ma:i² lin³]  越 mẹ ghẻ[mɛ⁶ ɣɛ³];dì ghẻ[zi² ɣɛ³];mẹ kế[mɛ⁶ ke⁵]  芒 mể kể[me⁴ ke³];mể ỷ[me⁴ ʔi³];pà mể ỷ[pa² me⁴ ʔi³]

【继室】 泰 เมียหลัง[mi:a² laŋ¹]  老 เมยหญิง[mi:a²laŋ¹]  岱-侬 mè lăng[mɛ³ laŋ¹]  越泰 mĩa xúp[miə² sɯp⁵]  越 vợ kế[vɤ⁶ ke⁵]  芒 vỡ kể[vɤ⁴ ke³]

【继续】❶ 泰 สืบต่อไป[sɯ:p⁹ tɔ:⁵ pai²]  老 ต่[tɔ:⁵]  岱-侬 liệp nèm[li:p⁸ nɛm²];tam rèo[ta:m¹ rɛu²]  越 tiếp tục[ti:p⁷ tuk⁸];nối tiếp[noi⁵ ti:p⁷];tiếp theo[ti:p⁷ thɛu¹];kế tiếp[ke⁵ ti:p⁷];kế tục[ke⁵ tuk⁸]  芒 tiếp theo[ti:p⁷ thɛu¹];kể theo[ke³ thɛu¹];kể tuc[ke³ tuk⁸]

【记得】 泰 จำได้[tsam² ʔdai³]  老 จำได้[tsam¹' ʔdai⁴]  岱-侬 chứ[tɕɯ⁵]  越泰 chứ[tsɯ⁵]  越 nhớ[ɲɤ⁵];còn nhớ[kɔn² ɲɤ⁵]

【记号】 泰 หมาย[ma:i¹];เครื่องหมาย[khrɯ:aŋ³ ma:i¹]  老 หมาย[ma:i¹];ลิง[liŋ²]  越 dấu hiệu[zɤu⁵ hi:u⁶]

【记录】❷ 泰 จดไว้[tsot⁷ wai⁴]  老 จด[tsot⁷];จดบันทึก[tsot⁷ ʔban¹' thɯk⁷]  岱-侬 mai[ma:i¹];lài[la:i²];lài slao[la:i² ɫa:u¹]  越泰 cốt biên[kot⁷ ʔbi:n¹]  越 ghi chép[ɣi¹ tsɛp⁷]  芒 gi chép[ɣi¹ tsɛp⁷];biên chép[ʔbi:n¹ tsɛp⁷];biên[ʔbi:n¹]

【记性】 泰 ความจำ[khwa:m¹ tsam²];ความทรงจำ[khwa:m¹ soŋ² tsam²]  老 ความท่องจำ[khwa:m² thɔ:ŋ⁵ tsam¹]  越 trí nhớ[tʂi⁵ ɲɤ⁵]

【纪念品】 泰 ของที่ระลึก[khɔ:ŋ¹ thi:³ ra⁴ lɯk⁸]  老 ຂองที่ລະລึก[khɔ:ŋ¹ thi:⁵ la⁵ lɯk⁸]  越 đồ kỷ niệm[ʔdo² ki³ ni:m⁶]  芒 đồ ký niềm[ʔdo² ki⁵ ni:m⁴]

【季节】 泰 ฤดู[rɯ:⁴ ʔdu:²];หน้า[na:³]  老 ละดู[la⁵ ʔdu:¹];ละดูภาม[la⁵ ʔdu:¹' ka:n¹];ยาม[ɲa:m²];เทสะภาม[the:² sa²ka:n¹];ขั่ว[na:³]  岱-侬 mùa[muə²];mùa[muə³]  越泰 mũa[muə²]  普 mA⁴[mɒ⁴];mjA⁴[mjɒ⁴]  越 mùa[muə²];mùa khí hậu[muə² xi⁵ hɤu⁶]

【寄】~信 ❸ 泰 ฝาก[fa:k⁹]  老 ฝาก[fa:k⁹]  岱-侬 phac[pha:k⁷]  越泰 phák[pha:k⁷]  普 zjaj²[zja:i²]  hưa⁴[hɯa⁴]  越 gửi[ɣɯi³]

【寄卖】 泰 ฝากขาย[fa:k⁹ kha:i¹]  老 ຂายฝาก[kha:i¹ fa:k⁹]  越 gửi bán[ɣɯi³ ʔba:n⁵]

【寄生虫】 泰 พยาธิ[pha⁴ ja:t¹⁰]  老 ปาลาสิด[pa:¹' la:² sit⁷];แม่างฝาก[mɛ:⁵ ka:¹' fa:k⁷]  越 ký sinh trùng[ki⁵ ʂiɲ¹ tʂuŋ²]

【寄生植物】 泰 ไม้กาฝาก[mai⁴ ka:² fa:k⁹]  越 cây ký sinh[kɤi¹ ki⁵ ʂiɲ¹];tầm gửi[tɤm² ɣɯi³]

【系】~鞋带 泰 ผูก[phu:k⁹]  老 ผูก[phu:k⁹];มัด[mat⁸]  越 thắt[that⁷]

---

❶ 阿含 năng
❷ 石家 maaŋ²
❸ 石家 kwaak⁶

【忌讳】 泰ถือ[thɯː¹];ต้องห้าม[tɔːŋ³ haːm³] 老ກຳ[kam¹];ຄະລຳ[kha⁵ lam²];ກິດກຳຄະລຳ[kiːt⁹lam² kha⁵ lam²] 傣-侬 căm[kam¹] 越泰 căm[kam²];hiêm căm[hi:m¹ kam²] 越kiêng[ki:ŋ¹];ky[ki⁶]

【忌口】 泰อดของแสลง[ʔot⁷ khɔːŋ¹ sa⁵ lɛːŋ¹] 越kiêng[ki:ŋ¹];ăn kiêng[ʔan¹ ki:ŋ¹] 芒kiêng[ki:ŋ¹]; ăn kiêng[ʔan¹ ki:ŋ¹]

【忌日】 泰วันถือ[wan²thɯː¹];วันถึงแก่กรรม[wan² thɯŋ¹kɛː⁵kam²] 老ມື້ຄຳ[mɯː⁴kham²];ມື້ຄະລຳ [mɯː⁴kha⁵lam²] 越泰 mự vễn tổng[mɯ⁴ven² toŋ²] 越ngày ngõ[ŋai² ŋo⁴]

【妓女❶】 泰นางฟ้าจำแลง[na:ŋ¹ fa:⁴tsam² lɛ:ŋ¹];นาง โลม[na:ŋ² lo:m²];นางกลางเมือง[na:ŋ² kla:ŋ² mɯaŋ²];ไก่[kai⁵];คนชั่ว[khon² tshuːa³];หญิงคนชั่ว[jiŋ¹ khon² tshuːa³];ผู้หญิงคนชั่ว[phuː³jiŋ¹ khon²tshuːa³];คนหากิน [khon² ha:¹ kin¹];ผู้หญิงหากิน[jiŋ¹ ha:¹ kin¹];หากิน [phuː³jiŋ¹ ha:¹ kin²];ผู้หญิงหาเงิน[phuː³jiŋ¹ ha:¹ ŋɤ:n²]; วัณณทาสี[wan²na²tha:²si:¹] 老ແມ່ຮ້າງ[mɛː⁵ ha:ŋ²]; ແມ່ຈ້າງ[mɛː⁵ tsa:ŋ⁴];ແມ່ຈ້າງບົງເລງ[mɛː⁵tsa:ŋ⁴na:ŋ² le:ŋ²];ยิ่งโสเพณี[ɲiŋ¹ so:¹ phe:² ni:²];ດອກທອງ[ʔdɔ:k⁹ thɔ:ŋ²];ບະຕະລະ ໂສເພນີ[na⁵ kha⁵ la⁵ so:¹ phe:² ni:²];บะ ຄอบ ໂສເພນີ[na⁵ khɔ:n² so:¹ phe:² ni:²];ບາງບຳເລ [na:ŋ² ʔbam¹' lɤ:²];ບາງບຳເລ[na:ŋ² ʔbam⁵ lɤ:²]; ແມ່ຄຳຮ້າງ[mɛː⁵ kham² ha:ŋ²];ແມ່ຈ້າງບາງເລງ[mɛː⁵ tsa:ŋ⁴na:ŋ² le:ŋ²] 傣-侬 tua eo[tuaˀ ʔeu¹];tua tì[tuaˀ ti²];tua khai cồn[tuaˀ khai:¹ kon³] 越泰 đi[ʔdi³]; đi lạt[ʔdi³ la:t⁸];mè đi[mɛː⁶ ʔdi¹] 越 gái ăn sương [ɣa:i⁵ ʔan¹ ʂɯ:ŋ¹];gái nhà thổ[ɣa:i⁵ ɲa² thoː³];đĩ bợm [ʔdi⁴ ʔbɤˀm⁶];đĩ[ʔdi⁴] 芒tĩ bỡm[ti⁴ ʔbɤˀm⁴];cải tĩ[ka:i³ ti⁴];nhà thổ[ɲa² thoː⁵]

【妓院】 泰ช่องโสเภณี[sɔː:ŋ³ soː² phe:² ni:²] 老 ໂຮງແມ່ຈ້າງ[ho:ŋ² mɛː⁵ tsa:ŋ²];ໂຮງແມ່ຈ້າງບາງເລງ [ho:ŋ² mɛː⁵ tsa:ŋ⁴ na:ŋ² le:ŋ²];ໂຮງໂສເພນີ[ho:ŋ² so:¹ phe:² ni:²] 越nhà thổ[ɲa² thoː³];lầu xanh[lɤu² sɛn¹]

【祭品】 泰กระยาสังเวย[kra⁵ja²saŋ¹wɤ:i²] 老 ເຄື່ອງບວງສວງ[khu:aŋ⁵ ʔbu:aŋ¹' su:aŋ¹];ເຄື່ອງບູຊາ [khu:aŋ⁵ ʔbu:¹' sa:²];ພະລີ[pha⁴ li:²];ຂອງໄຫວ້[khɔ:ŋ¹ vai³] 傣-侬 mo pai[mɔ¹' pa:i¹] 越đồ tế[ʔdo² te⁵]; đồ lễ[ʔdo² le⁴] 芒đồ lễ[ʔdo² le⁴]

【祭祀】 泰เซ่น[sen³];เซ่นสรวง[sen³ su:aŋ¹];พลี[pha⁴ li:²];พลี[phli:²];สังเวย[saŋ¹ wɤ:i²] 老ກຸສະລາ[ku² sa² la:²];ສູດກຸສະລາ[su:t⁹ ku² sa² la:²];ແກ້ບະ[kɛ:⁴ ʔba²]; ແກ້ບົນ[kɛ:⁴ʔbon¹];ยับยะ[ɲan²ɲa⁵];ບູຊາ[ʔbu:¹'sa:²]; ບວງ[ʔbu:aŋ¹];ບວງສວງ[ʔbu:aŋ¹' su:aŋ¹];ລ້ຽງ[li:aŋ⁴]; ໄຫວ້[vai³];ผอກ[pho:k⁹] 傣-侬 sló[ɬɤ⁵];tê[te³] 越泰 dát phãi[ja:t⁷ pha:i²];xở[sɤ²];tế[te⁵] 越tế[te⁵]; lễ[le⁴];thờ[thɤ²] 芒tế[te³];thờ[thɤ²]

【祭文】 泰คำกล่าวสรรเสริญในพิธีไว้อาลัย[kham² kla:u⁵ san¹ sɤ:n¹ nai² phi⁴ thi:² wai³ ʔa:² la:i²] 傣-侬 bâu fần[ʔbɤɯ¹ fan²];văn tế[van¹ te³] 越 văn tế [van¹ te⁵]

【鲫鱼】 泰ปลาขาว[pla:² kha:u¹] 老ປາຂາວ[pa:¹' kha:p⁹] 傣-侬 pja khao[pja¹' kha:u¹] 越cá diếc[ka⁵ zi:k⁷] 芒cả chiếc[ka³ tsi:k⁷]

【既然】 泰ในเมื่อ[nai² mɯ:a³] 越dã[ʔda⁴] 芒à [ta²]

【加~盐】 泰เติม[tɤ:m²] 老ເຕີມ[tɤ:m²] 越thêm [them¹]

【加~~得二】 泰บวก[ʔbuːak⁹] 老ບວກ[ʔbuːak⁹] 傣-侬 xộn[ɕon³];cộng[koŋ⁴] 越泰 hỗm[hom²]; tính hỗm[tiŋ⁵ hom²] 越cộng[koŋ⁴]

【加法】 泰วิธีบวก[wi⁴ thi:² ʔbuːak⁹] 老ເລກບວກ [le:k¹⁰ ʔbuːak⁹];เลขสิม[le:k¹⁰ som¹] 越 phép cộng [fɛp⁷ koŋ⁶]

【加油给车~】 泰เติมน้ำมัน[tɤ:m² nam⁴ man²] 老 ใส่น้ำมัน[sai⁵ nam⁴ man²] 越thêm xăng[them¹ saŋ¹];

---

❶ 阿含 bāng；bāng shaü

thêm dầu[them¹ zɤu²]

【加油站】 泰สถานีบริการน้ำมัน[sa⁵ tha:¹ ni:² ʔbɔ:² rik⁸ ka:n² nam⁴ man²];ปั๊มน้ำมัน[pam⁴ nam⁴ man²] 老ปั๊มบ่ำมัน[pam⁴ nam⁴ man²] 越cây xăng[kɤi¹ saŋ¹]

【枷锁❶】 泰ขื่อคา[khɯ:⁵ kha:²];ขื่อสวมคอนักโทษ[khɯ:⁵ suam² khɔ:² nak² thot:t¹⁰] 老ถา[kha:²];ขื่อถา[khɯ:⁵ kha:²];ขื่อใส่ขี่ถา[si:k¹⁰ sɔ:³ khɯ:⁵ kha:²] 越泰cỗm cã[kom² ka²] 越gông cùm[ɣoŋ¹ kum²];xiềng xích[si:ŋ² sit⁷] 芒công cùm[koŋ¹ kum²];công[koŋ¹]

【痂】 泰สะเก็ดแผล[sa⁵ket⁷phlɛ:¹] 老เก็ดบาด[ket⁷ ʔba:t⁹] 越vầy[vɤi³]

【袈裟】 泰จีวร[tsi:² wɔ:n²] 老ผ้าสะบัง[pha:³ sa² ʔboŋ¹] 越áo cà sa[ʔa:u⁵ ka² ʂa¹];cà sa[ka² ʂa¹]

【家回~❷】 泰เรือน[rɯ:an²];บ้าน[ʔba:n²] 老เฮือน[hɯ:an²] 岱-侬ruờn[rɯ:n²] 越泰hườn[hɯ:n²] 越nhà[ɲa²]

【家产】 泰ทรัพย์สินในบ้าน[sap⁸ sin¹ nai² ʔba:n²] 老สำพาละ[sam¹ pha:² la²];ส้มบัดผัดสะทาบ[som¹ ʔbat⁷ phat⁸ sa² tha:n¹] 岱-侬cha sli[tɕa¹ łi¹] 越泰chường hườn[tsɯ:ŋ² hɯ:n²] 越gia sản[za¹ ʂa:n³]

【家畜❸】 泰สัตว์เลี้ยง[sat⁷li:aŋ⁴] 老สัดบ้าน[sat⁷ʔba:n⁴] 普cin¹ kân¹[tsin³ kɤn¹] 越gia súc[za¹ ʂuk⁷];súc vật trong nhà[ʂuk⁷ vɤt⁸ tʂɔŋ¹ ɲa²]

【家伙】 泰ไอ้[ʔai³] 老บัก[ʔbak⁷] 越thằng[thaŋ²];con[kɔn¹];tên[ten¹];đồ[ʔdo²] 芒thàng[tha:ŋ²]

【家具】 泰เครื่องเรือน[khrɯ:aŋ³ rɯ:an²] 老เถื่องเฮือน[khɯ:ŋ⁵ hɯ:aŋ²];เถื่องเฮือนของงาม[khɯ:ŋ⁵ hɯ:aŋ² khɔ:ŋ¹ sa:m¹];เถื่องใช้ในเฮือน[khɯ:ŋ⁵ sai⁴ nai² hɯ:aŋ²] 越đồ dùng gia đình

[ʔdo² zuŋ² ʔa¹ ʔdiɲ²];đồ dùng trong nhà[ʔdo² zuŋ² tʂɔŋ¹ ɲa²];đồ đạc trong nhà[ʔdo² ʔda:k⁸ tʂɔŋ¹ ɲa²];bàn ghế[ʔba:n² ɣe⁵] 芒pàn gế[pa:n² ɣe³];đồ đạc tlong nhà[ʔdo² ʔda:k⁸ tlɔŋ¹ ɲa²]

【家禽】 泰สัตว์ปีกเลี้ยง[sat⁷ pi:k⁹ li:aŋ⁴] 老เป็ดไก่[pet⁷ kai⁵];สัดลุ่ง[sat⁷ li:aŋ⁴];ไก่ภายาฮุ่ง[kai³ ka:¹ na:²huŋ⁴];สัดบ้าน[sat⁷ʔba:n⁴] 越giacầm[za¹ kɤm²];gà vịt chim chóc[ɣa² vit⁸ tsim¹ tsɔk²];gà quế[ɣa² kwɛ⁵]

【家人】 泰คนใน[khon²nai²] 老ฮัมโตขึ่ม[ʔan¹ to:¹' son²] 岱-侬cần đang ruờn[kən² ʔdəŋ¹ rɯ:n²];cầnruờn[kən² rɯ:n²] 越泰cỗn hườn[kon²hɯ:n²] 越người nhà[ŋɯ:i² ɲa²]

【家鼠】 泰หนูบ้าน[nu:¹²ba:n³] 老หนูเฮือน[nu:¹ hɯ:an²];หนูบ้าน[nu:¹ ʔba:n⁴] 岱-侬nu chi[nu¹ tɕi¹] 越chuột nhà[tsu:t⁸ ɲa²];chuộtnhắt[tsu:t⁸ nat⁷];chuột lắt[tsu:t⁸ lat⁷] 芒rề nhà[re² ɲa²];hề nhà[he² ɲa²]

【家属】 泰ญาติ[ja:t⁷] 老ยาด[ɲa:t¹⁰] 越bà con [ʔba² kɔn¹];anh em họ hàng[ʔaɲ¹ ʔem¹ hɔ⁶ ha:ŋ²];người nhà[ŋɯ:i² ɲa²];vợ con[vɤ⁶ kɔn¹]

【家庭】 泰บ้าน[ʔba:n²];ครอบครัว[khrɔ:p¹⁰ khru:a²] 老เฮือน[hɯ:an²];ถอบถือ[khɔ:p¹⁰ khɯ:a²];ถือ[khɯ:a²];ถือเฮือน[khu:a² hɯ:an²];ถอบย่าวเฮือน[khɔ:p¹⁰ ja:u³hɯ:an²];ย่าวเฮือน[ja:u³hɯ:an²] 岱-侬turờn[tu¹ rɯ:n²];ruờn làng[rɯ:n² la:ŋ³] 越泰hườn dào[hɯ:n² ja:u³];chừa hườn[tsɯa² hɯ:n²] 越gia đình[za¹ ʔdiɲ²] 芒tũn nhà[tun⁴ ɲa²]

【家乡】 泰บ้านเกิด[ʔba:n³ kə:t⁹];ที่กำเนิด[thin⁵ kam¹ na:t¹⁰] 老บ้านเกิด[ʔba:n⁴kə:t⁹];ขึ้งเขดข้อง[khon¹ khe:t⁹ hɔ:ŋ³];ถึ่มภาบบ้านเกิด[thin⁵ tha:n¹ ʔba:n⁴ kə:t⁹];ถึ่มภาบบ้านข่อง[thin⁵ tha:n¹ ʔba:n⁴ sɔ:ŋ⁵];บ้านเกิดเมืองเดิม[ʔba:n⁴ kə:t⁹ mɯ:aŋ² ʔdə:m¹];บ้านเกิดเมืองบอม[ʔba:n⁴ kə:t⁹ mɯ:aŋ² nɔ:n²]

---

❶ 阿含 ka A2
❷ 石家 raan⁴；baan³
❸ 阿含 ling

岱-侬 ti sleng[ti³ɬɛŋ¹];ti dú[ti³ju⁵];đin dú[ʔdin¹ ju⁵] 越 quê[kwe¹];quê hương[kwe¹huɯ:ŋ²];quê nhà[kwe¹ ɲa²] 芒 quê[kwe¹];quê nhà[kwe¹ ɲa²]

【家务事】泰 เกี่ยวกับงานการบ้าน[ki:au⁵ kap⁷ ŋa:n² ka:n² ʔba:n³] 老 วຽกบ้านการเຮือน[vi:ak¹⁰ ʔba:n⁴ ka:n¹' huɯ:an²];วຽกຢ້อการเຮือน[vi:ak¹⁰ʔba:n⁴ka:n¹' huɯ:an²];วຽกเຮือนการงาน[vi:ak¹⁰huɯ:an²ka:n¹' sa:n²];วຽกเຮือนงาน[vi:ak¹⁰huɯ:an² sa:n²];การเຮือน[ka:n¹' huɯ:an²];การบ้าน[ka:n¹' ʔba:n⁴] 越 việc nhà [vi:k⁸ ɲa²] 芒 wiêc[wi:k⁸]

【家长】泰 กระหัด[kra⁵hat⁸];เจ้าบ้าน[tsau³ʔba:n³]; พ่อบ้าน[pɔ:² ʔba:n³] 老 พ่อเຮือน[pɔ:⁵huɯ:an²]; ถะลาอาด[kha⁵ la:² va:t¹⁰];เจ้าเຮือน[tsau⁴ huɯ:an²]; ຫົວຄอบคົວ[huːa¹ khɔ:p¹⁰ khuːa²];ຫົວຫน້าคอบคົວ [hu:a¹ na:³ khɔ:p¹⁰ khu:a²];ตົ้นเຮือน[ton⁴ huɯ:an²] 越泰 pầu pú[pau⁵ pu⁵] 越 gia trưởng[za¹ tṣɯ:ŋ⁵]; phụ huynh[fu⁶ hwiɲ¹]

【家族】泰 วงศ์ตระกูล[woŋ² tra:² ku:n²] 老 ตะกูน [ta² ku:n¹];กะกูน[ka² ku:n¹];ตะกุน[ka² kun¹];ตะกูน [ta² ku:n¹];เຊื້อวົງ[suɯ:a⁴ voŋ²];วົງเຊื้อ[voŋ² suɯ:a⁴]; ຊาด[sa:t¹⁰];ຊາดເຊື້อ[sa:t¹⁰suɯ:a⁴];ຊุม[sum²];ເຜົ່າ ພึ່ງວົງຊາ[phoŋ² sa:¹];ພึ່ງຊາ[phoŋ² sa:¹];ພึ່ງເຊື້อ[phoŋ² suɯ:a⁴];ພึ່ງ[phoŋ²];ວົງ[voŋ²];ວົງສະ[voŋ² sa²];ວົງຊາ [voŋ² sa:¹];ວົງສານຸວົງ[voŋ² sa:¹ nu⁵ voŋ²];อาຊามิ [ʔa:¹ sa:² ni:²] 越 gia tộc[za¹ tok⁸];họ hàng[hɔ⁶ ha:ŋ²]

【夹】泰 คีบ[khi:p¹⁰];บีบ[ʔbi:p⁹] 老 คีบ[khi:p¹⁰] 岱-侬 nip[nip⁷];nép[nɛp⁷];íp[ʔip⁷];nap[na:p⁷];nep [nɛp⁷] 越泰 kịp[kip⁸] 普 qep[qɛp⁵] 越 gắp [ɣap⁷];kẹp[kɛp⁸];cặp[kap⁸];kẹt[kɛt⁸] 芒 ket [kɛt⁸];kep[kɛp⁸];cắp[kap⁷]

【夹板】泰 แผ่นไม้ตีประกบ[phɛ:n⁵ mai⁴ ti:² pra⁵ kop²]; แผ่นไม้ขนาบ[phɛ:n⁵ mai⁴ kha⁵ na:p⁹];แผ่นไม้อัด [phɛ:n⁵ mai⁴ ʔat⁷] 老 แฌก[sɛ:k¹⁰];เฝือก[fuɯ:ak⁹] 越 cái nẹp[ka:i⁵ nɛp⁸];thanh nẹp[than¹ nɛp⁸];nẹp máng bó tay chân bị gãy[nɛp⁸ ma:ŋ² ʔbɔ⁵ tai¹ tʂɤn² ʔbi⁶ ɣai⁴];nẹp máng bó tay gãy[nɛp⁸ ma:ŋ² ʔbɔ⁵ tai¹ ɣai⁴]

【夹被】泰 ผ้าห่มสองชั้น[pha:³ hom⁵ sɔ:ŋ¹ tshan⁴] 岱-侬 fà cộp[fa² kop⁸] 越 chăn kép[tsan¹ kɛp⁷] 芒 ó kép[ʔo⁵ kɛp⁷]

【夹攻】泰 โจมตีขนาบ[tso:n²ti:²kha⁵na:p⁹] 老 ตีຂະຫນาบ[ti:¹'kha²na:p⁹] 越 đánh từ hai mặt[ʔdaɔ⁵ tɯ:²ha:i¹mat⁸];đánh gọng kìm[ʔdaŋ⁵ɣɔŋ⁶kim²];đánh giáp công[ʔdaŋ⁵ za:p⁷ koŋ¹]

【夹棍 刑具】泰 ไม้หนีบขา[mai⁴ ni:p⁹ kha:¹] 越 gậy đôi[ɣɤi⁶ ʔdoi¹]

【夹克衫】泰 เสื้อคลุม[sɯa:³khlum²];แจ๊คเก็ต[tsɛk⁷ ke:t⁹];เสื้อแจ๊คเก็ต[sɯa:³tsɛk⁷ke:t⁹] 越 áo jắc két [ʔa:u⁵zak⁷kɛt⁷]

【夹生】泰 ครึ่งสุกครึ่งดิบ[khrɯɯŋ³ suk⁹ khrɯɯŋ³ ʔdip⁷]; เน่าไฟ[nau³ fai²] 岱-侬 dắn[ʔdan⁵];chận[tɕan⁴] 越 sượng[ʂɯ:ŋ⁶];nửa chín nửa sống[nɯɯa³ tsin⁵ nɯɯa³ ʂoŋ⁵]

【夹竹桃】泰 ยี่โถ[ji:³thoː¹] 越 đào giáp trúc[ʔdɛ:u⁵ za:p⁷ tʂuk⁷];cây trúc đào[kɤi¹ tʂuk⁵ ʔda:u²]

【夹子】泰 แหนบ[nɛ:p⁹];คีบ[khi:p¹⁰] 老 ຫ້ຽກຫນີບເອ ກະສານ[lek⁷ ni:p⁹ ʔe:¹' ka² sa:n¹] 岱-侬 mạc nep [ma:k⁸ nɛp⁷] 越泰 khúp[khɯp⁷];híp[hip⁷] 越 cái cặp[ka:i⁵kap⁸];cái kẹp[ka:i⁵kɛp⁸];cái bẫy[ka:i⁵ ʔbɤi⁴];cái ví[ka:i⁵ vi⁵] 芒 cài cắp[ka:i³ kap⁷]

【荚 豆~❶】泰 ฝัก[fak⁸] 老 ຝັກ[fak⁸] 岱-侬 phắc[phak⁷] 越泰 phắc[phak⁷] 越 quả[kwa³]

【假 真~❷】泰 ปลอม[plɔ:m²] 老 ປອມ[pɔ:m¹'];เก๋ [ke:⁴] 岱-侬 chá[tɕa³] 越泰 dá[ja³] 越 giả[za³] 芒 dá[za⁵]

---
❶ 石家 vak⁴
❷ 阿含 nâm

【假发】 泰ผมปลอม[phom¹plɔ:m²];วิก[wik⁸] 老ຜົມປອມ[phom¹ pɔ:m¹] 越tóc giả[tɔk⁷ za³]

【假话】 泰คำหลอกลวง[kham²lɔ:k⁹lu:aŋ²] 老ຄຳພາງ[kham² pha:ŋ²] 越lời giả dối[lɤ:i² za³ zoi⁵]

【假货】 泰ของปลอม[khɔ:ŋ¹ plɔ:m²] 老ກຳມະລີ[kam¹' ma⁵ li²] 越hàng giả[ha:ŋ² za³] 芒hàng dá[ha:ŋ² za⁵]

【假冒】 泰ปลอม[plɔ:m²] 老ທຽມ[thi:am²];ປະຕິຮູບ[pa²ti²hu:p¹⁰];ແປງປອມ[pɛ:ŋ¹ pɔ:m¹];ປອມແປງ[pɔ:m¹ pɛ:ŋ¹];ປອມ[pɔ:m¹];ເທ້[ke:⁴] 越giả mạo[za³ ma:u⁶];kém chất[kɛm⁵ tsɤt⁷]

【假山】 泰ภูเขาเทียม[phu:² khau² thi:am²] 老ພູທຽມ[phu:² thi:am²] 越núi non bộ[nui⁵ nɔn¹ ʔbo⁶];non bộ[nɔn¹ ʔbo⁶]

【假死 病症】 泰เกิดอาการชัก[kɤ:t⁹ ʔa:² ka:n¹ tshak⁸];แกล้งตาย[klɛ:ŋ¹ ta:i²] 老ຕາຍ ຊາມຊາ[ta:i¹' sa:m² sa:²];ຕາຍຊຳຊາ[ta:i¹' sam² sa:²] 越chết giả[tset⁷ za³]

【假牙】 泰ฟันปลอม[fan² plɔ:m²] 老ແຂ້ວປອມ[khɛ:u² pɔ:m¹] 越răng giả[zaŋ¹ za³]

【假肢】 泰แขนขาปลอม[khɛ:n¹kha:¹plɔ:m²] 老ແຂນຂາປອມ[khɛ:n¹ kha:¹ pɔ:m¹] 越chi giả[tsi² za³]

【假装】 泰แกล้งทำ[klɛ:ŋ³ tham²];แสร้ง ทำเป็น …[sa:ŋ³ tham² pen² ...] 老ຕາງ ຕີ[ta:ŋ¹' ti²];ເຮັດຕາງຕີ[het⁸ ta:ŋ¹' ti²];ເຮັດຕີ[het⁸ ti²];ປອມຕົວ[pɔ:m¹ tu:a¹];ປອມໂຕ[pɔ:m¹' to:¹];ພິເຮັດ[phi:¹ het⁸];ແກງ[kɛ:ŋ⁴] 岱-侬looc[lɔ:k⁷] 越vờ[vɤ²];giả vờ[za³ vɤ²];giả cách[za³ kaʈ⁷];giả[za³] 芒dá dá[za⁵ za⁵];dá[za⁵]

【甲板】 泰ดาดฟ้าเรือ[ʔda:t⁹ fa:⁴ rɯ:a²] 老ດາດຟ້າ[ʔda:t⁹ fa:⁴] 越boong tàu[ʔbɔ:ŋ¹ tau²];sàn tàu[ʂa:n² tau²]

【甲状腺】 泰ต่อมไทรอยด์[tɔ:m⁵thai²rɔ:i²] 老ຕ່ອມຂອຍຄຳ[tɔ:m⁵ hɔ:i¹ khɔ:²];ຄຳງ[khɔ:²ni:aŋ¹]

越tuyến giáp trạng[twi:n⁵ za:p⁷ tʂa:ŋ⁶];tuyến giáp[twi:n⁵ za:p⁷]

【甲状腺炎】 泰ต่อมไทรอยด์อักเสบ[tɔ:m⁵thai²rɔ:i² ʔak⁷ se:p⁹] 岱-侬nieng[ni:ŋ¹] 越viêm tuyến giáp[vi:m¹ twi:n⁵ za:p⁷];ba- dơ-đô (basedow)[ʔba¹ zɤ¹ ʔdo¹]

【甲状腺肿】 老ພະຍາດຄຳຫນ້ຽງ[pha⁵na:t¹⁰ khɔ:² ni:aŋ¹];ຄຳເຮີມ[khɔ:²ʔɤ:m¹];ຄຳຫນ້ຽງ[khɔ:²ni:aŋ¹] 越bệnh bướu cổ[ʔben⁶²ʔbɯ:u⁵ko³];bướu cổ[ʔbɯ:u⁵ko³];bướu giáp[ʔbɯ:u⁵za:p⁷] 芒pưou kel[pɯ:u³ kel¹]

【钾肥】 泰ปุ๋ยโปตัส[pui¹po:²tat⁷];ปุ๋ยโปตัสเซียม[pui¹ po:²tat⁷si:am²] 老ຝຸ່ນກາລີ[fun⁵ka:¹' li:¹'] 越phân kali[fɤn¹ ka¹ li¹];phân bón kali[fɤn¹ ʔbɔn⁵ ka¹ li¹]

【架~桥】 泰ก่าย[ka:i⁵];ทอดสะพาน[thɔ:t¹⁰sa⁵pha:n²] 老ກ່າຍ[ka:i⁵];ສາງ[sa:ŋ²];ກ່າຍຂົວ[ka:i⁵khu:a¹] 岱-侬cái[ka:i] 越泰cái[ka:i] 越bắc[ʔbak⁷] 芒păng[paŋ⁵]

【架~~飞机】 泰ลำ[lam²] 老ລຳ[lam²] 越chiếc[tsi:k⁷]

【架子】 泰หิ้ง[hiŋ³] 越cái giá[ka:i⁵za⁵];khung[xuŋ¹]

【驾驶】 泰ขับ[khap⁷] 老ຂັບ[khap⁷] 越lái[la:i⁵];bẻ lái[ʔbe³ la:i⁵];vặn lái[van⁶ la:i⁵];điều khiển[ʔdi:n² xi:n³]

【驾驶室】 泰ห้องขับรถ[hɔ:ŋ³khap⁷rot⁸] 老ຫ້ອງຂັບ[hɔ:ŋ³ khap⁷] 越buồng lái[ʔbu:ŋ² la:i⁵]

【驾驶员】 泰ผู้ขับ[phu:³ khap⁷];คนขับ[khon² khap⁷] 老ຜູ້ຂັບຂີ່[phu:³khap⁷khi:⁵] 越người cầm lái[ŋɯ:i² kɤm² la:i⁵];phi công[fi¹ koŋ¹]

【驾驶证】 泰ใบขับขี่[ʔbai²khap⁷khi:⁵] 老ໃບຂັບຂີ່[ʔbai¹' khap⁷ khi:⁵] 越bằng lái[ʔbaŋ² la:i⁵] 芒bằng lái[ʔbaŋ² la:i³]

【假期】泰 ช่วงปิดเทอม[tshuːaŋ³ pit⁷ thəːm²];ช่วงลางาน[tshuːaŋ³ laː² ŋaːn²]  老 ເວລາພັກ[veː² laː² phak⁸]  越 thời gian nghỉ[thɤːi² zaːn¹ ŋi³]

【假日】泰 วันหยุด[wan² jut⁷];วันหยุดราชการ[wan² jut⁷ raːt¹⁰ kaːn²]  老 ວັນພັກງານ[van² phak⁸ kaːn¹];ມື້ພັກ[mɯː⁴ phak⁸]  越 ngày nghỉ[ŋai² ŋi³]

【嫁❶】泰 ตกแต่ง[tok⁷ tɛːŋ²];เอาผัว[ʔau² phuːa¹];ออกเรือน[ʔɔːk⁹ruːan²]  老 ເອົາຜົວ[ʔau¹ phuːa¹];ອອກເຮືອນ[ʔɔːk⁹huːan²]  岱-侬 khai[khaːi¹];khá[khaː⁵]  越泰 khá[khaː⁵]  普 mâj⁴ siơ¹[mɤi⁴ sie¹]  越 lấy chồng[lɤi⁵ tsoŋ²]  芒 lễ ông[leː⁴ ʔoŋ¹]

【嫁接】泰 ทาบกิ่ง[thaːp¹⁰ kiŋ²]  老 ຕໍ່[tɔː⁵];ຕໍ່ຕອນ[tɔː⁵ tɔːn¹]  岱-侬 chep cáng[tɕɛp⁷ kaːŋ⁵]  越 chiết cành[tsiːt⁷ kan²]

【嫁妆】泰 สินเจ้าสาว[sin¹ tsau³ saːu¹];สินเดิมของหญิง[sin¹ ʔdɤːm² khɔːŋ¹ jiŋ¹];สินเดิม(ของหญิง)[sin¹ ʔdɤːm² (khɔːŋ¹ jiŋ¹)];เงินทองและสิ่งของที่พ่อแม่เจ้าสาวให้มา[ŋɤːn² thɔːŋ² lɛ⁴ siŋ⁵ khɔːŋ¹ thiː³ phɔː³ mɛː³ tsau³ saːu¹hai³maː²]  老 ເຄື່ອງດອງ[khɯaŋ⁵ʔdɔːŋ¹]  岱-侬 cúa sli[kuːa⁵ ɬi¹]  越 đồ cưới[do² kɯːi⁵];của hồi môn[kuːa³ hoi² mon¹]

【价格❷】泰 ราคา[raː² khaː¹]  老 ລາຄາ[laː² khaː¹]  越 giá cả[zaː⁵ kaː³];giá[zaː⁵]  芒 dà cá[zaː³ kaː³];dà[zaː³]

【价钱❸】泰 ค่า[khaː³];ราคา[raː² khaː¹]  老 ລາຄາ[laː² khaː¹]  岱-侬 chá[tɕaː⁵]  越泰 cà[kaː⁶];cà ngòn[kaː⁶ ŋɔn²]  越 giá[zaː⁵];giá tiền[zaː⁵ tiːn²]  芒 dà[zaː³];dà cá[zaː³ kaː⁵]

【价值有~】泰 ค่า[khaː³];มูลค่า[muːn² khaː³];คุณค่า[khun² khaː³]  老 ລາຄາ[laː² khaː¹];ຄ່າ[khaː⁵];ມີຄ່າ[mi² khaː⁵];ຄຸນຄ່າ[khun² khaː⁵];ມູລະ[muːla⁵];ມູນຄ່າ[muːn² khaː⁵]  岱-侬 chá[tɕaː⁵]

【煎~鱼】泰 เจียว[tsiau²];จี่[tsiː⁵];เจี่ยน[tsian¹]  老 ຈືບ[tsiːn¹];ຈຽວ[tsiau¹]  岱-侬 chen[tɕɛn¹];cháo[tɕaː⁵]  越泰 chen[tɕɛn¹]  普 naw²[nauː²];ca³[caː³]  越 rán[zaːn⁵];áp chảo[ʔaːp² tsaːu³]  芒 rản[raːɔ³]

【煎~药】泰 ต้ม[tom³]  老 ຕົ້ມ[tom⁴]  岱-侬 pắc[paːk⁷]  越 sắc[ʂak⁷]

【煎药名词】泰 ยาต้ม[jaː² tom³]  老 ຢາຕົ້ມ[jaː¹ tom⁴]  越 thuốc sắc[thuːk⁷ ʂak⁷]

【间~卧室】泰 ห้อง[hɔːŋ³]  老 ຫ້ອງ[hɔːŋ³]  岱-侬 vảng[vaːŋ³];hỏng[hɔŋ³]  越泰 hỏng[hɔŋ³]  越 gian[zaːn²];căn[kan¹]  芒 khoang[khwaːŋ¹]

【监禁】泰 ขัง[khaŋ¹];คุมขัง[khum² khaŋ¹]  老 ຂັງ[khaŋ¹];ກັກຂັງ[kak⁷ khaŋ¹];ຈຳ[tsam¹]  岱-侬 xăng[ɕaŋ¹]  越泰 xăng[ʂaŋ¹];tù[tuː²]  越 tống tù[toŋ⁵ tuː²];bắt giam[ʔbat⁷ zaːm¹]  芒 pắt dam[pat⁷ zaːm¹]

【监考】泰 คุมสอบ[khum² sɔːp⁹]  老 ຄຸມສອບ[khum² sɔːp⁹]  越 coi thi[kɔi¹ thi¹];giámkhảo[zaːm⁵ xaːu³]

【监狱】泰 เรือนจำ[ruːan² tsam²];กรง[kroŋ²];กรงขัง[kroŋ² khaŋ¹];พันธนาคาร[phan² thaː⁴ naː² khaːn²];ตะราง[taː⁵raːŋ²];คุก[khuk⁸];คุกคอก[khuk⁸ khɔːk¹⁰]  老 ຫ້ອງຂັງ[hɔːŋ³ khaŋ¹];ຄຸກ[khuk⁸];ຄຸກຄອກ[khuk⁸ khɔːk¹⁰];ຕະລາງ[taː²laːŋ²];ເຮືອນຈຳ[huːan²tsam¹];ທັນທະສະຖານ[than² thaː⁵ saː² thaːn¹];ຕະລາງ[taː² laːŋ¹]  岱-侬 rườn tù[rɯːn² tuː²];rườn xăng cần[rɯːn² ɕaŋ¹ kən²]  越泰 hườn tũ[huːn² tuː²]  普 nhing¹ khăng¹[ɲiŋ¹ khaŋ¹]  越 nhà tù[ɲaː² tuː²];nhà giam[ɲaː² zaːm¹];nhà lao[ɲaː² laːu¹];nhà pha[ɲaː² faː¹];xà lim[saː² liːm¹]  芒 nhà tù[ɲaː² tuː²];lao tù[laːu¹ tuː²]

【尖削~❹】泰 แหลม[lɛːm¹]  老 ແຫຼມ[lɛːm¹];ຂະລະ

---

❶ 泐 xa B1
❷ 石家 khaa⁵
❸ 阿含 khān；kā B2　掸 ka B2　泐 ka B2
❹ 石家 lxxm²　掸 shem A1　泐 sem A1

[kha²la⁵] 傣-侬 sliểm[ɬi:m³] 普 bươt⁵[bɯ:t⁵] 越 nhọn[ɳɔn⁶];dọn[zɔn⁶] 芒 nhõnh[ɳɔn₅⁴]

【尖 眼~】 泰 ฉียบแหลม[tshi:ap⁹lɛːm¹] 老 ຄົມ[khom²]; ແຫຼມ[lɛ:m¹] 傣-侬 cồm[kom²] 越泰 xiềng[si:ŋ³] 普 lưng³[luŋ³] 越 tinh[tiŋ¹];sắc sảo[ʂak⁷ ʂa:u³]

【尖刀】 泰 มีด[mi:t¹⁰] 老 ມີດແຫຼມ[mi:t¹⁰lɛ:m¹] 傣-侬 mịt[mit⁸] 越泰 mịt[mit⁸] 越 dao nhọn[za:u¹ɳɔn⁶] 芒 tao nhõnh[ta:u¹ ɳɔn₅⁴]

【尖头扁担】 泰 คานหลาว[khan²la:u¹] 傣-侬 càn sliểm[ka:n²ɬi:m³];càncà[ka:n²ka² ka²] 越泰 cāncā[ka:n² ka²] 越 đòn gánh nhọn đầu[ʔdɔn² ɣaŋ⁵ ɳɔn⁶ ʔdɤu⁵]

【坚持】 泰 ยืนหยัด[jɯ:n²jat⁷] 老 ຍຶດຖີ[ɲɯt⁸thɯ:¹]; ยึดขั้น[ɲɯt⁸nan³];ตั้งขั้น[taŋ⁴man³];อุดสาหะ [ʔut⁷ sa:¹ ha²];ອຸດສາ[ʔut⁷ sa:¹];ຖື[thɯ:¹] 傣-侬 chựcmắn[tɕɯk⁸man⁵];chướngmắn[tɕɯ:ŋ⁵man⁵] 越 kiên trì[ki:n¹ tʂi²];giữ vững[zɯ⁴ vɯŋ⁴] 芒 kiên tlì[ki:n¹ tli²]

【坚决】 泰 เด็ดเดี่ยว[ʔdat⁷ʔdi:au⁵];เด็ดขาด[ʔdet⁷kha:t⁹] 老 ເດັດດ່ຽວ[ʔdet⁷di:au⁵] 傣-侬 lồngslim[loŋ²ɬim¹]; mắnslim[man⁵ɬim¹] 越泰 cămquyết[kam¹kwi:t⁷] 越 kiênquyết[ki:n¹kwi:t⁷];cương quyết[kɯ:ŋ¹kwi:t⁷] 芒 kiên quyết[ki:n¹ kwi:t⁷]

【肩膀】 泰 บ่า[ʔba:⁵];ไหล่[lai⁵] 老 ບ່າ[ʔba:⁵];ໄຫຼ່ [lai⁵];ບ່າໄຫຼ່[ʔba:⁵ lai⁵] 傣-侬 bá[ʔba:⁵];ba[ʔba:¹];ngàm [ŋa:m²] 越泰 bá[ʔba:⁵];vá[va⁵] 普 mha⁴[m̥a⁴] 越 vai[va:i¹] 芒 vai[va:i¹];pácwác[pa:k⁵wa:k⁷];wác [wa:k⁷]

【肩胛骨】 泰 กระดูกสะบัก[kra⁵ ʔdu:k⁹ sa⁵ ʔbak⁷]; สะบัก[sa²ʔbak⁷] 老 ກະດູກໄຫຼ່[ka²ʔdu:k⁹lai⁵];ດູກໄຫຼ່ [ʔdu:k⁹ lai⁵];ສະບັກ[sa² ʔbak⁷] 普 lak⁵ mha⁴[la:k⁵ m̥a¹] 越 xương vai[sɯ:ŋ¹va:i¹];xương bả vai[sɯ:ŋ¹ ʔba³ va:i¹]

【肩头】 泰 หัวไหล่[hu:a¹ lai⁵] 老 ຫົວບ່າ[hu:a¹ ʔba:⁵] 越 trên vai[tʂen¹ va:i¹]

【奸商】 泰 พ่อค้าทุจริต[phɔ:¹ kha:⁴ thut⁸ tsa⁵ rit⁷] 老 ກູຕະພາມິດ[ku:¹ ta² pha:² nit⁸];ພໍ່ຄ້າຫມ້າເລືອງ[phɔ:⁵ kha:⁴ na:³ lɯ:ak¹⁰] 越 gian thương[za:n¹ thɯ:ŋ¹]

【奸细】 泰 เกลือเป็นหนอน[klɯ:a² pen¹nɔ:n¹] 老 ຂ່ຽວ [si:a²] 越 gian tế[za:n¹ te⁵];mật thám[mʏt⁸ tha:m⁵]

【碱水 草木灰水】 泰 น้ำด่าง[nam⁴ʔda:ŋ⁵];ด่าง[ʔda:ŋ⁵] 老 ນ້ຳດ່າງ[nam⁴ ʔdaŋ⁵] 傣-侬 đảng[ʔdaŋ⁵] 越泰 năm đẳng[nam⁴ ʔdaŋ⁵] 越 nước tro[nɯ:k⁷ tʂɔ¹]

【减 八~三得五】 泰 ลบ[lop⁸] 老 ລົບ[lop⁸];ຫັກ[hak⁷] 傣-侬 chù[tɕu²] 越泰 tính xụ[tiŋ⁵ su⁴] 越 trừ[tʂɯ²]

【减法】 泰 วิธีการลบ[wi⁴thi:²ka:n²lop⁸] 老 ເລກລົບ [le:k¹⁰ lop⁸];ເລກຫັກ[le:k¹⁰ hak⁷] 越 phép trừ[fep⁷ tʂɯ²]

【减价】 泰 ลดราคา[lot⁸ra:² kha:²] 老 ລົດລາຄາ[lut⁸ la:²kha:²];ຫັກລາຄາ[hak⁷la:²kha:²] 越 bớtgiá[bʏ:t⁷ za⁵];giảm giá[za:m³ za⁵];hạ giá[ha⁶ za⁵] 芒 hã dá [ha⁴ za³]

【减少】 泰 น้อยลง[nɔ:i⁴ loŋ²] 老 ຍ່ອນ[jɔ:n⁵];ຫລຸດ ຍ່ອນຜ່ອນລົງ[lut⁷ jɔ:n⁵ phɔ:n⁵ loŋ²];ຜ່ອນລົງ[phɔ:n⁵ loŋ²];ລົດ ນ້ອຍລົງ[lot⁸nɔ:i⁴loŋ²];ຜ່ອງ[phɔ:ŋ⁵];ຫລຸດ [lut⁷];ຫລຸດລົງ[lut⁷ loŋ²];ຫລຸດຍ່ອນ ຜ່ອນລົງ[lut⁷jɔ:n⁵ phɔ:n⁵ loŋ²];ຫລຸດຜ່ອນ[lut⁷ phɔ:n⁵];ຫລຸດຫນ້ອຍຖອຍລົງ [lut⁷ nɔ:i³ thɔ:i¹ loŋ²];ຫລຸດຫນ້ອຍລົງ[lut⁷ nɔ:i³ loŋ²] 傣-侬 lồng[loŋ²] 越泰 bớt[ʔbət⁷] 越 bớt[ʔbʏ:t⁷]; giảm[za:m³];giảm bớt[za:m³ ʔbʏ:t⁷];đỡ[ʔdɤ⁴] 芒 póch[pʏ:t⁷]

【茧 蚕~】 泰 รังไหม[raŋ²mai⁵] 老 ຜັກ[fak⁷];ຜັກຫລວງ [fak⁷lɔ:k⁹] 越 kén[kɛn⁵];cái kén[ka:i⁵kɛn⁵];tổ kén [to³ kɛn⁵]

【趼子】 泰 ผิวหนังด้าน[phiu¹naŋ¹ʔda:n³] 老 ຜິວຫນັງດ້ານ[phiu¹naŋ¹ʔda:n⁴] 傣-侬 tâu[tɤu¹] 越 chai[tsa:i¹]

【简单】 泰 ง่าย[ŋa:i³] 老 ງ່າຍ[ŋa:i⁵] 傣-侬 ngải ngựt[ŋa:i³ŋɯt⁸];ngải loac[ŋa:i³lwa:k⁷] 越 giản đơn[ʑa:n³ ʔdɤ:n¹];đơn giản[ʔdɤ:n¹ ʑa:n³];sơ sài[ʂɤ¹ ʂa:i²]　芒đơn dán[ʔdɤ:n¹ za:n⁵]

【简直】泰เป็นเช่นนี้โดยสิ้นเชิง[pen² tshe:n³ ni:⁴ ʔdo:i¹ sin¹tshə:ŋ²]　老ກາຍອ່າ[ka:i¹ˈva:⁵];ເລັຍ[le:i²] 傣-侬chăn cạ[tɕan¹ ka⁴];chăn chử[tɕan¹ tɕɯ³]　越thật[thɤt⁸];thật là[thɤt⁸ la²];rõ ràng[zɔ⁴ ʑa:ŋ²]

【剪】泰ตัด[tat⁷];กริบ[krip⁷]　老ຕັດ[tat⁷]　傣-侬cắt[kat⁷];tắt[tat⁷]　越泰xén[sɛn⁵];tắt[tat⁷]　普cjak⁵[cja:k⁵];năn³[nan³]　普năn³[nan³]　越cắt[kat⁷];xén[sɛn⁵]　芒cách[kat⁷];ên[ʔɛn³]

【剪刀❶】泰กรรไกร[kan² krai²];ตระไตร[tra⁵ trai²];ตะไกร[ta⁵ krai²];ตระไกร[tra⁵ krai²]　老ມີດຕັດ[mi:t¹⁰ tat⁷];ມີດແຊມ[mi:t¹⁰ sɛ:m²];ກັນໄກ[kan¹ˈ kai¹];ກັນໄຕ[kan¹ˈ tai¹];ກະຕັດ[ka⁵ tat⁷]　普kiw⁴[kiu⁴]　越kéo[kɛu⁵];cái kéo[ka:i⁵ kɛu⁵]　芒kèo[kɛu²];cái kèo[ka:i³ kɛu²]

【捡❷】泰เก็บ[kep⁷]　老ເກັບ[kep⁷]　傣-侬ip[ʔip⁷];êp[ʔep⁷]　越泰kếp[kep⁷];tõi[tɔi²]　越nhặt[nat⁸]

【检查~工作】泰ตรวจ[tru:at⁹]　老ຕວດ[tu:at⁹]　พิจาละนา[phi⁴ tsa:¹ˈ la⁴ na:²];พิจิต[phi⁴ tsit⁹];ກວດ[ku:at⁹]　越kiểm tra[ki:m³ tʂa¹];kiểm soát[ki:m³ ʂwa:t⁷]　芒kiểm tla[ki:m⁵ tla¹]

【检票】泰ตรวจตั๋ว[tru:at⁹ tu:a¹]　老ກວດປີ້[ku:at⁹ pi:⁴]　越soát vé[ʂwa:t⁷ vɛ⁵];kiểm phiếu[ki:m³ fi:u⁵]　kiếm phiếu[ki:m⁵ fi:u³]

【箭❸】泰ปืน[pɯ:n²];ลูกดอก[lu:k¹⁰ ʔdɔ:k⁹];ลูกธนู[lu:k¹⁰ tha⁴ nu:²]　老ສອນ[sɔ:n¹];ລູກຫັງ[lu:k¹⁰ na:³];ລູກທະນູ[lu:k¹⁰ tha⁴ nu:²];ທະບູສອນ[tha⁵ nu:² sɔ:n¹]　傣-侬pưn[pɯn¹]　越泰pưn[pɯn¹]　普ne²[nɛ²]　越tên[ten¹]　芒lãl[la:l⁴]

【箭头】泰หัวลูกดอก[hu:a¹ lu:k¹⁰ ʔdɔ:k⁹];หัวธนู[thaˈnu:²]　老ລູກສອນ[lu:k¹⁰ sɔ:n¹]　越mũi tên[mui⁴ ten¹ˈ]

【剑❹】泰ดาบ[ʔda:p⁹];เกียม[ki:am²];กรน[kron²];แวง[wɛ:ŋ²]　老ດາບ[ʔda:p⁹]　傣-侬mạc dáng[ma:k⁸ za:ŋ⁵];đap[ʔda:p⁷]　越泰đáp[ʔda:p⁷];cườm[kɯ:m⁶]　普tyôp²[tyop²]　越gươm[ɣɯ:m¹];kiếm[ki:m⁵]　芒gươm[ɣɯ:m¹];kiếm[ki:m³]

【剑麻】泰ป่านใบดาบ[pa:n⁵ ʔbai² ʔda:p⁹];ซีซัลเฮม[si:² san²he:m²];ต้นปอชนิดหนึ่งใบคล้ายดาบ[ton³ pɔ:² tsha⁴ nit⁸ nɯŋ² ʔbai² khla:i⁴ ʔda:p⁹]　越cây tơ dứa[kɤi¹ tɤ¹ zuə⁵];cây dứa dại[kɤi¹ zuə⁵ za:i⁶ˈ];cây giữa dại[kɤi¹ zuə⁵ za:i⁶]

【贱卖】泰ขายถูก[kha:i¹ thu:k⁹]　老ຂາຍລາຄາຖືກ[kha:i¹ la:² kha:² thuk⁷];ຂາຍຖືກ[kha:i¹ thuk⁷]　越bán rẻ[ʔba:n⁵ rɛ³]　芒painh ré[pa:in⁵ rɛ⁵]

【溅】泰กระเซ็น[kra⁵ sen²]　老ເດັນ[ʔden¹ˈ];ກະເດັນ[ka² ʔden¹ˈ];ປຸດ[pu:t³];ຝົງ[foŋ⁴]　傣-侬đit[ʔdit⁷]　越泰phụng[phuŋ⁴]　越bắn[ʔban⁵];tóe[twɛ⁵];bắn tóe[ʔban⁵ twɛ⁵]

【件__~衣服❺】泰ผืน[phɯ:n¹];ตัว[tu:a²]　老ຜືນ[phɯ:n¹];ໂຕ[to:¹ˈ]　傣-侬bâu[ʔbəɯ¹]　越cái[ka:i⁵];chiếc[tsi:k⁷]　芒cây[kai³]

【件__~事】泰เรื่อง[rɯ:aŋ³]　老ເລື່ອງ[lɯ:aŋ⁵ˈ];ປະກາ[pa² ka:n¹ˈ];ລາย[la:i²]

【见❻】泰เห็น[hen¹]　老ເຫັນ[hen¹]　越thấy[thɤi⁵ˈ];trông thấy[tʂoŋ¹ thɤi⁵]

【见面】泰พบหน้ากัน[phop⁸ na:³ kan²]　老ພົບກັບ[pop⁸ na:³];ພົບຫນ້າ[phop⁸ na:³];ພົບຫນ້າພົ້ມຕາ[phop⁸ na:³ phɔ:⁴ ta:²];ພົບຫນ້າເຫັນຕາ[phop⁸ na:³ hen¹ ta:²];ພົບເຫັນ[phop⁸hen¹];ເຈິໜ້າ[tsə⁵na:³];ເຈິໜ້າ[tsə¹ˈ

---

❶ 石家kxxw³
❷ 石家kip⁴
❸ 阿含lim　拉哈lan¹
❹ 石家daap⁶
❺ 石家phiin⁴
❻ 阿含hān　掸hǎn　渤hān

na:³];เห็นหน้าเห็นตา[hen¹na:³hen¹ta:¹] 越 gặp [ɣap⁸];gặp mặt[ɣap⁸ mat⁸]

【建~房子】 泰 ปลูก[plu:k⁹];สร้าง[sa:ŋ³];ก่อสร้าง[kɔ:⁹ sa:ŋ³] 老 ล้าง[sa:ŋ³];ล้างสา[sa:ŋ³sa:¹];สົມສ້າງ[som sa:ŋ³];ກໍ່ສ້າງ[kɔ:⁵sa:ŋ³];ສະແໝ້ງ[sa²lɛ:ŋ⁵];ປຸກ[puk⁷];ປຸກສ້າງ[puk⁷sa:ŋ³] 越 xây[sɤi¹];xây dựng[sɤi¹ zuŋ⁶]

【建立❶】 泰 สถาปนาขึ้น[stha:¹ pa⁵ na:² khun³];ต่อ ตั้งขึ้น[tɔ:⁵ taŋ³ khun³] 老 ตั้ง[taŋ⁴];ປະດິດສະຖາບ [pa² ʔdit⁷ sa² tha:n¹] 越泰 tánh[taŋ⁵] 越 lập nên[lɤp⁸ nen¹];kiến lập[ki:n⁵ lɤp⁸];thiết lập[thi:t⁷ lɤp⁸];xây dựng[sɤi¹ zuŋ⁶]

【建设】 泰 สร้างสรรค์[sa:ŋ³ san¹] 老 ກໍ່ສ້າງ[kɔ:⁵ sa:ŋ³];ล้างสา[sa:ŋ³ sa:¹];ล้างสา[sa:ŋ³] 越泰 tánh tặm [teŋ⁵ tam²] 越 xây dựng[sɤi¹ zuŋ⁶];kiến thiết[ki:n⁵ thi:t⁷]

【建造】 泰 ปลูก[plu:k⁹];สร้าง[sa:ŋ³];ก่อสร้าง[kɔ:⁹ sa:ŋ³] 老 ล้าง[sa:ŋ³];ล้าง สา[sa:ŋ³ sa:¹];สົມສ້າງ[som sa:ŋ³];ກໍ່ສ້າງ[kɔ:⁵ sa:ŋ³];ສະແຫຼ່ງ[sa² lɛ:ŋ⁵];ປຸກ[puk⁷];ປຸກສ້າງ[puk⁷ sa:ŋ³];ກໍ່[kɔ:⁵] 傣-依 tăng[taŋ³];xây[ɕəi¹] 越泰 tánh[teŋ⁵];tánh xău[teŋ⁵sau²] 普 lip²[lip²] 越 xây[sɤi¹];xây dựng[sɤi¹ zuŋ⁵];làm ra [la:m² za¹];kiến tạo[ki:n⁵ ta:u⁶] 芒 xây dững[sɤi¹ zuŋ⁴]

【健康】 泰 แข็งแรง[khɛŋ¹ rɛ:ŋ²];สุขภาพแข็งแรงดี[su⁵ kha⁵ pha:p¹⁰ khɛŋ¹ rɛ:ŋ² ʔdi:²];สบาย[sa⁵ ʔba:i²] 老 ສະບາຍ[sa² ʔba:i¹];ສຸຂະພາບແຂງແຮງ[su⁵ kha² pha:p¹⁰ khɛ:ŋ¹ hɛ:ŋ²];ເຂັ້ມແຂງ[khem² khɛ:ŋ¹];สุขสบาย [suk⁷sa² ʔba:i¹];ถิยู่ดอก[ʔdi:¹ ju:⁵ ʔdɔ:k⁹];พะลาบาไม [pha⁵ la:² na:² mai²];ยู่ดีมีแฮง[ju:⁵ ʔdi:¹ mi:² hɛ:ŋ²];บีลาไม [ni¹la:² mai²];ปาสาจากโลกไพไข่เจ็บ [pa:¹ sa:¹ tsa:k⁹ lo:k¹⁰ phai³ tsep⁷] 傣-依 rèng [reŋ²];rèng rạt[reŋ²ra:t⁸] 越泰 hãnh[heŋ²];hóm

đi[hɔm⁵ ʔdi¹];xiểng[si:ŋ³] 普 ǎn¹ jing⁴[ʔan¹ jiŋ⁴];ʔǎn¹ riong⁴[ʔan¹ri:ŋ⁴];quoj³ ʔǎj¹[qu:i³ʔai¹] 越 khoẻ [xwɛ³];sức khoẻ[ʂuk⁷xwɛ³];mạnh khoẻ[maŋ⁶ xwɛ³] 芒 khoé[khwɛ⁵];khác khoé[khɤk⁷ khwɛ⁵];khú khoé[khu⁵ khwɛ⁵];khoẻ khoắn[xwɛ³ xwan⁵];tô lềnh dõng[to¹ lɛŋ² zɔŋ⁴];khác[khɤk⁷];hăng chắc [haŋ¹ tsak⁵];hăng[haŋ¹]

【健谈】 泰 คุยเก่ง[khui²keŋ⁵] 老 ຄຸຍເກັ່ງ[khui²keŋ⁵] 越 hay nói[hai¹ nɔi⁵];nói tài lắm[nɔi⁵ ta:i² lam⁵]

【健忘】 泰 ขี้ลืม[khi:³ lɯ:m²] 老 ໂລກ ຫຼົງລືມ[lo:k¹⁰ loŋ¹ lɯ:m²];ຂີ້ລືມ[khi:³ lɯ:m²];ຊ່າງລືມ[sa:ŋ⁵ lɯ:m²];ມັກລືມ[mak⁸ lɯ:m²];ມັກຫຼົງມັກລືມ[mak⁸ loŋ¹ mak⁸ lɯ:m²];ลืมข้าลืมตา[lɯ:m² na:³ lɯ:m² ta:¹] 越 hay quên[hai¹ kwen¹];chóng quên[tsɔŋ⁵ kwen¹];dễ quên [ze⁴ kwen¹] 芒 láng tinh[la:ŋ³ tiŋ³]

【毽子】 泰 ลูกขนไก่[lu:k¹⁰khon¹kai⁵] 老 ດອກປີກໄກ່ [ʔdɔ:k⁹ pi:k⁹ kai⁵] 傣-依 ăn diến[ʔan¹ ji:n⁵];ăn iến [ʔan² ʔi:n⁵] 越 cầu[kɤu²]

【将来】 泰 ที่หลัง[thi:⁵laŋ¹];ภายหน้า[pha:i²na:³];ภาย หลัง[pha:i² laŋ¹];ต่อไป ข้างหน้า[tɔ:⁵ pai² kha:ŋ³ na:³];ในอนาคต[nai² ʔa⁵ na:² khot⁸] 老 ໃນຂ້າງໜ້າ[nai³ kha:ŋ³ na:³];ໃນພາຍໜ້າ[nai² pha:i² na:³];ເບື້ອງໜ້າ [ʔbɯ:aŋ⁴na:³];ພາຍຄັ້ງໜ້າ[pha:i²khaŋ⁴na:³];ພາຍຝາງໜ້າ[pha:i² fa:k⁹ na:³];ພາຍໜ້າ[pha:i² na:³];ຕໍ່ໄປພາຍໜ້າ[tɔ:⁵pai¹ pha:i²na:³];ຟາກໜ້າ[fa:k⁹ na:³];ມື້ຂ້າງໜ້າ[mɯ:⁴ kha:ŋ³ na:³];ມື້ໜ້າ[mɯ:⁴ na:³];ເມື່ອໜ້າ[mɯ:a⁵ na:³];ຟາກໜ້າ[fa:k¹⁰ na:³];ອະນາຄົດ [ʔa²na:² khot⁸];ອະນາຄົດຂ້າງໜ້າ[ʔa²na:² khot⁸ kha:ŋ³ na:³];ໂອກາດໜ້າຟ້າໃໝ່[ʔo:¹ ka:t⁹ na:³ fa:⁴ mai⁵] 傣-依 pjục lừ[pjuk⁸lɯ²];chục lừ[tɕuk⁸lɯ²];vằn lăng[van² laŋ¹];pây nả[pəi¹ na³];mừa nả[mɯə³ na³] 越泰 mự ún[mɯ⁴ʔun⁵];lăng lũn[laŋ¹lun²];pụk hự[puk⁸ hɯ⁴];pãi nả[pa:i⁵ na³] 越 tương lai[tɯ:ŋ¹ la:i¹];sau này[ʂau¹ nai²] 芒 tương lai[tɯ:ŋ¹ la:i¹]

---

❶ 阿含 tē

【将要❶】 泰จะ[tsa⁵] 老จะ[tsa²];จิ[tsi²];ฉิ[si⁵];จูม[tsi:an¹];จอมจะ[tsu:an¹'tsa²];สำมะมือ[sam¹ ma⁴ mu:a²];ให้จะ[kai⁴ tsa²];ให้ฉิ[kai⁴ si⁵];ดา[ʔda:¹];แทบ[the:p¹⁰];แทบจะ[the:p¹⁰ tsa²];ม่ฉิ[mɔ:⁵ si⁵];ม่[mɔ:⁵];ຮอมຊ่[hɔ:m²hɔ:⁵];ฮาก[ha:k⁵];ກຳລັງจะ[kam¹ laŋ² tsa²];ເກือບ[kɯ:ap⁹] 岱-侬 còi[kɔi³];ái[ʔai⁵];ro rẹ[rɔ⁴ɾe⁶] 越泰 chí[tsi⁵];chí lọ[tsi⁵lɔ⁵] 普sa⁵[sa⁵] 越sắp[sap⁵];sắp sửa[sap⁷ sɯa³];sẽ[sɛ⁴] 芒khap[kha:p⁸];khắp khứa[khap⁷ khɯa⁵];hảo[ha:u⁵];khẽ[khɛ⁴];hòng[hɔŋ²];há[ha:⁵];dềnh[zɛn²];chiến[tsi:n⁵]

【姜❷】 泰ขิง[khiŋ¹];ขิงหยวก[khiŋ¹ ju:ak⁹];ขิงบ้าน[khiŋ¹ ʔba:n³] 老ຂิง[khi:ŋ¹];ຂิງບ້າน[khi:ŋ¹ ʔba:n⁴] 岱-侬khinh[khiŋ¹];co khinh[kɔ¹ khiŋ¹] 普king³[kiŋ³] 越gừng[ɣɯŋ²] 芒cơng[kɤ:ŋ¹]

【姜黄】 泰ขมิ้น[kha:⁵ min³];นางคำ[na:ŋ² kham²] 老ຂ່າເພື່ອ[khau³ min³] 岱-侬khinh lương[khiŋ¹ lɯ:ŋ¹];khản min[kha:n³ min³];ngệ[ŋe⁴] 越泰hản [ha:n³] 越nghệ[ŋe⁶];củ nghệ[ku³ ŋe⁶] 芒ngểl[ŋel⁴]

【缰绳】 泰สายบังเหียน[sa:i¹ʔbaŋ²hi:an²] 老ສາຍບັງຫຽน[sa:i¹ʔbaŋ¹'hi:an¹];สายแฉ่ม[sa:i¹khe:m⁵];สายไทย[sa:i¹nai³];สายเฆด[sa:i¹he:t⁹];ເຂືอกแต่ม้า[sɯ:ak¹⁰khe:m⁵ma:⁴] 越泰xaikhốpmạ[sa:i¹khop⁷ma⁴] 越dây cương[zɤi¹ kɯ:ŋ¹];dây thòng lọng[zɤi¹ thɔŋ² lɔŋ⁶] 芒chac cương[tsa:k⁸ kɯ:ŋ¹]

【豇豆 豆角】 泰ถั่วฝักยาว[thu:a⁵fak⁷ja:u⁵];กระด้าง[kra⁵ ʔda:ŋ³];ถั่วค้าง[thu:a⁵ kha:ŋ⁴] 老ถ่อยาว[thu:a⁵ ɳa:u²];ถ่อฝักยาว[thu:a⁵ fak⁷ ɳa:u²];ผักยาว[fak⁷ ɳa:u²];ໝາກถ่อฝักยาว[ma:k⁹ thu:a⁵ fak⁷ ɳa:u²];ถ่อดี[thu:a⁵ ʔdɔ:¹];ถ่อถู่[thu:a⁵ thu:⁵];ถ่อปี[thu:a⁵ pi:¹];ໝາກถ่อปี[ma:k⁹ thu:a⁵ pi:¹] 岱-侬thúa slai sửa[thua⁵ ɬa:i¹ ɬɯa³] 越đậu đũa[ʔdɤu⁶ ʔdua⁴];đậu cô ve[ʔdɤu⁶ ko¹ ve¹] 芒tẩu tũa[tʁu⁴ tua⁴]

【讲~汉语】 泰พูด[phu:t¹⁰] 老ເວົ้า[vau⁴] 岱-侬vả[va²];chảng[tɕa:ŋ³] 越nói[nɔi⁵] 芒nói[nɔi³]

【讲价】 泰ต่อราคา[tɔ:⁵ ra:² kha:²] 老ต่[tɔ:⁵];ต่อ่[tɔ:⁵ kha:⁵];ต่ลาดา[tɔ:⁵ la:² kha:²];ต่ลองลาดา[tɔ:⁵ lɔ:ŋ² la:² kha:²];ต่โฮม[tɔ:⁵ ʔo:m¹] 越mà cả[ma² ka³];mặc cả[mak⁸ ka³];ăn giá[ʔan¹ za⁵];trả giá[tʂa² za⁵];bàn bạc về giá cả[ʔban:² ʔba:k⁸ ve² za⁵ ka³] 岱-侬cảng chá[ka:ŋ³ tɕa⁵];chá[tɕa⁵] 越泰bāy cà[ʔbai¹ ka⁶] 越mặc cả[mak⁸ ka³];mà cả[ma² ka³] 芒cã[ka⁴]

【讲解】 泰อธิบาย[ʔa⁵ thi⁴ ʔba:i²] 老ອະทิบาย[ʔa⁵ thi⁵ ʔba:i¹] 岱-侬tản[ta:n³] 越giảng giải[za:i³ za:i³]

【讲台】 泰เวทีสำหรับพูด[we:² thi:² sam¹ rap⁷ phu:t¹⁰] 越bục giảng[ʔbuk⁸ za:ŋ³];cái bục[ka:i⁵ ʔbuk⁸]

【奖~罚分明】 泰ให้รางวัล[hai³ra:ŋ² wan²] 老ຕົກຮາງວັນ[tok⁷ha:ŋ²van²];ຮາງວັນ[ha:ŋ²van²] 岱-侬slường[ɬɯ:ŋ²];on[ʔɔn¹] 越泰xưởng[sɯ:ŋ³] 普ceng³ sang²[tsɛŋ³ sa:ŋ²] 越khen thưởng[xɛn¹ thɯ:ŋ³]

【奖获~】 泰ຮາງວັນ[ra:ŋ² wan²] 老ຮາງວັນ[ha:ŋ² van²] 越bằng khen[ʔbaŋ² xɛn¹]

【奖杯】 泰ถ้วยรางวัล[thu:ai³ ra:ŋ² wan²] 老ถ้วยຮາງວັນ[thu:ai³ ha:ŋ² van²];ຂັນ[khan¹] 越cup[kup⁷]

【奖金】 泰เงินรางวัล[ŋɤ:n²ra:ŋ² wan²] 老ເບ້ຍບຳເໜັບ[ʔbi:a⁴ʔbam²nɛt⁷] 越tiền thưởng[ti:n² thɯ:ŋ³] 芒tiền thướng[ti:n² thɯ:ŋ⁵]

【奖品】 泰รางวัล[ra:ŋ²wan²];ของรางวัล[khɔ:ŋ¹ra:ŋ¹ wan²] 老ຮາງວັນ[ha:ŋ² van²] 越giải thưởng[za:i³ thɯ:ŋ³];phần thưởng[fɤn² thɯ:ŋ³]

【奖状】 泰ประกาศนียบัตร[pra:⁵ka:t⁹sa¹ni:² ja⁴ʔbat⁷];เกียรติคุณ[ki:at⁹ ti:⁵ khun²] 老ใบย้ออยู่[ʔbai¹' ŋɔ:ŋ⁴

---

❶ 石家 ci?⁶
❷ 阿含 khiŋ A1  掸 khiŋ A1  泐 xiŋ A1

ŋɔː²] 越bằng khen[ʔbaŋ²xɛn¹];giấy khen[ʐɤi⁵ xɛn¹]

【浆】 泰พาย[phaːi²];แจว[tɕɛːu²] 老ພາຍ[phaːi²];ແຊວ[sɛːu²];ໄມ້ແຊວ[mai⁴sɛːu²];ແຈວ[tɕɛːu²];ໄມ້ແຈວ[mai⁴tɕɛːu²];ດ້າມແຈວ[khan²tɕɛːu²];ກະຊຽງ[ka²siːaŋ²];ใบไม้พาย[ʔbaiˈˈ mai⁴ phaːi²];ไม้พาย[mai⁴ phaːi²];ดับล้าย[khan²laːi²];ไม้โถม[mai⁴thoːm²] 岱-侬 pài pè[paːi² pɛ²];fài pè[faːi² pɛ²];cái thào pè[kaːi⁵ thaːu² pɛ²] 越泰vài[vaːi³] 普kang⁴ Vaj³ pê⁴[kaːŋ⁴ ßaːi³ pe⁴] 越mái chèo[maːi⁵ tɕɛu²];cái mái chèo[kaːi⁵ maːi⁵ tɕɛu²] 芒mài chèo[maːi⁵ tɕɛu²]

【降价】 泰ลงราคา[loŋ² raː² khaː²];หักราคา[hak⁷ raː² khaː²] 老ລົງລາຄາ[loŋ² laː² khaː²];ລົດລາຄາ[lot⁸ laː² khaː²];ລົດລາຄາລົງ[lot⁸laː²khaː² loŋ²];ຫັກລາຄາ[hak⁷ laː² khaː²];ຫຼຸດລາຄາ[lut⁷ laː² khaː²] 岱-侬 lồng chá[loŋ² tɕaː⁵] 越泰dón cà[jɔn⁵ kaː⁶];dàm cà[jaːm³kaː⁶] 越hạ giá[haː⁶zaː⁵];xuống giá[suːŋ⁵zaː⁵] 芒thuổng dà[thuːŋ³ zaː³];hã dà[haː⁴ zaː³]

【降落飞机~】 泰ลงสู่สนามบิน[loŋ² suː⁵ saː⁵ naːm¹ ʔbin²] 老ບິນລົງ[ʔbinˈˈ loŋ²] 越hạcánh[haː⁶kan⁵];việc hạ cánh[viːk⁸ haː⁶ kan⁵] 芒hã kènh[haː⁴ kɛn⁵]

【降落伞】 泰ร่มชูชีพ[rom¹ tshuː³ tshiːp¹⁰] 老ຈ້ອງ[tɕɔːŋ²] 越dù[zuː²] 芒dù[zuː²]

【降旗】 泰ลดธง[lot⁸ thoŋ²] 老ຊັກທຸງລົງ[sak⁸ thuŋ² loŋ²];ລົດທຸງ[lot⁸ thuŋ²] 越hạ cờ[haː⁶ kɤ²] 芒hã cờ[haː⁴ kɤ²]

【酱】 泰ซอสข้น[sɔːt¹⁰ khon³] 老ເຕົ້າຢ້ຽງ[tɯːaŋ²¹] 越tương[tɯːŋ²] 芒tương[tɯːŋ²]

【酱菜】 泰ของหมักดอง[khɔːŋ¹ mak⁷ ʔdɔːŋ²] 老ຜັກດອງ[phak⁷ ʔdɔːŋ²] 越dưa góp[zɯa¹ ɣɔp⁷];rau dầm[ʐau¹ zɤm²]

【酱油】 泰ซีอิ๊ว[siː² ʔiu⁴] 老ຊຸອິ້ວ[siː² ʔiu⁴];ນ້ຳຊຸອິ້ວ[nam⁴ siː² ʔiu⁴];ຊະອິ້ວ[saː² ʔiu⁴] 越xì dầu[siː² zɤu⁵]

【浆糊】 泰แป้งเปียก[pɛːŋ³ piːak⁹] 老ແປ້ງປຽກ[pɛːŋ⁴ piːak⁹] 越hồ[hoː²]

【焦❶】 泰เกรียม[kriːam²];ไหม้[mai³];เหม็นกลิ่นไหม้[men¹ klin⁵ mai³] 老ໄໝ້[mai³];ແຂ້ມ[hɛːm³];ເໝັນຂີ່ວ[men¹ khiːu³] 岱-侬mẩy[mɤi³];mên khứn[men¹ khɯn⁵];mên mấy[men¹ mɤi³] 越泰mày[mai³] 越cháy[tsai⁵];thui[thui¹] 芒thui[thui¹]

【焦煤】 泰ถ่านโค้ก[thaːn⁵ khoːk³] 老ຖ່ານໂຄກ[thaːn⁵ khoːk⁹];ຖ່ານກົກ[thaːn⁵ kok⁷] 越than cốc[thaːn¹ kok⁷];than béo[thaːn¹ ʔbɛu⁵]

【礁石】 泰หินโสโครก[hin⁵ soː² khroːk¹⁰] 老ແກ້ງ[kɛːŋ⁴] 越đá ngầm[ʔdaː⁵ ŋɤm³]

【鷦鶲】 泰นกไซ[nok⁸ sai²] 老ມິ້ນຂຸນທອງ[nok⁸ khun¹ thɔːŋ²];ມິ້ນອ້ຽງຄຳ[nok⁸ ʔiːaŋ⁴ kham⁴] 岱-侬nộc chich[nok⁸ tɕik⁷] 越泰nộc bók phắc[nok⁸ ʔbɔk⁷ phak⁷] 越chim chích[tsim¹ tsik⁷];chim sâu [tsim¹ ʂɤu¹];chim tiêu liêu[tsim¹ ʂɤu¹];chim tiêu liêu[tsim¹ tiːu¹ liːu¹];chim hồng tước[tsim¹ hoŋ² tɯːk⁷] 芒chim chích[tsim¹ tsit⁷]

【椒盐】 泰พริกกับเกลือ[phrik⁸ kap⁷ klɯːa²] 越muối tiêu[muːi⁵ tiːu¹]

【交~钱】 泰จ่าย[tɕaːi⁵];เสีย[siːa¹] 老ຈ່າຍ[tɕaːi⁵] 岱-侬chao[tɕaːu¹] 越泰xia[siə¹];nộp[nop⁸] 越nộp[nop⁸];trả[tʂaː³]

【交叉】 泰ไขว้กัน[khwaːi³ kan²];สลับกัน[saː⁵ lap⁷ kan²];ทับซ้อนกัน[thap⁸ sɔːn⁴ kan²] 老ຂວ້າຍ[khuːai⁵];ໄຂວ່[khwaːi⁵] 岱-侬khoáy[khwaːi⁵] 越泰khắn khem[khan³ khem²] 越giao nhau[zaːu¹ ɲau¹];đan chéo[ʔdaːn¹ tsɛu⁵]

【交媾】 泰ประเวณี[praː⁵ weː² niː²];ร่วมเพศ[ruːam² pheːt¹⁰];สังวาส[saŋ⁵ waːt¹⁰];ร่วมรัก[ruːam² rak⁸];ร่วมสังวาส[ruːam³ saŋ⁵ waːt¹⁰];ร่วมห้อง[ruːam³ hɔːŋ³];

---

❶捍 khɛm C1

เสบ[seːp⁹];เย็ด[jet⁸] 老ຊິ້[siː³];ເສບ[seːp⁹];ເສບ ການ[seːp⁹ kaːm¹];ສຳເລົາ[sam¹ lau²];ສັງວາດ[saŋ¹ vaːt¹⁰];ສິບພັນ[sɯːp⁹phan²];ປະເວນີ[pa²veː²niː²]; ຮວມປະເວນີ[huːam⁵ paː² veː² niː²] 越泰xi[siː³] 越 giao cấu[zaːu¹ kɤːu⁵];giao hợp[zaːu¹ hɤːp⁸]

【交换】泰แลก[lɛːk¹⁰] 老ແລກ[lɛːk¹⁰];ແລກປ່ຽນ [lɛːk¹⁰piːan⁵];ໄຂ່ວຂວງຕ້ອນ[khwaiˀkhɔːŋ¹tɔːn⁴];ຜ່ຽນ [phiːan⁵];ປ່ຽນ[piːan⁵] 傣-傈tói[toi⁵];mjày[mjai²] 越泰lẹk[lɛk⁸];piến[piːn⁵] 越trao đổi[tʂaːu¹ ʔdoi¹]; trao trả[tʂaːu¹ tʂaˀ] 芒tlao tối[tlaːu¹ toi⁵];tlao tlá [tlaːu¹ tlaˀ]

【交界】泰แดนต่อแดน[ʔdɛːn² tɔːˀ ʔdɛːn²] 老ຊາຍ ແດນ[saːiˀʔdɛːn¹] 傣-傈tò tó[tɔˀtˀ] 越泰đen nhò [ʔdɛn¹ nɔˀ] 越giáp giới[zaːp⁷ zɤːi⁵];tiếp giới[tiːp⁷ zɤːi⁵] 芒tiếp đi[tiːp⁷ ʔdiˀ]

【交配】泰ผสมพันธุ์[pha⁵som¹phan²] 老ປະສົມພັນ [pa²som¹phan²] 傣-傈pạt[paːt⁸];choảng[tɕwaːŋ²] 越泰tòi[tɔi⁶] 越sự giao hợp của súc vật[ʂɯ⁶ zaːu¹ hɤːp⁸ kuaˀ ʂukˀ vɤt⁸]

【交情】泰มิตรภาพที่มีต่อกัน[mi⁴ traː² phaːp¹⁰ thiː⁵ miː² tɔˀ⁵ kan²];ความสะนิท สะนม[khwaːm² saˀ nit⁷ saˀ nom¹] 越tình bạn bè[tiŋ² ʔbaːn⁶ ʔbɛ²];tình đi lại với nhau[tiŋ² ʔdiˀ laːiˀ vɤːi⁵ nau¹]

【交尾】泰เป็นสัด[pen² sat⁷];สมสู่[som¹ suː⁵] 老ເຊິງ [sɤːŋ²];ດ້ວຍ[ʔduːai⁴] 傣-傈phú[phuː⁵] 越泰đom [ʔdɔm¹] 越đạp mái[ʔdaːp⁸ maːi⁵];nhảy[ɲai³] 芒 tướp mãi[tɯːp⁷ maːi⁴]

【交友】泰คบเพื่อน[khop⁸ phɯːan³] 越泰dệt bạn[jet⁸ ʔbaːn⁴];cù[kuˀ] 越làm bạn[laːm² ʔbaːn⁶]

【郊外】泰นอกเมือง[nɔːk¹⁰ mɯːaŋ²] 老ເຂດນອກ ເມືອງ[kheːt⁹ nɔːk¹⁰ mɯːaŋ²] 越ngoại ô[ŋwaːi⁶ ʔoˀ]; ngoại thành[ŋwaːi⁶ than²]

【胶布】泰ผ้ายาง[phaː³ jaːŋ²] 老ແພຍາງ[pheː² kiːam⁴]; ຕ້າຍາງ[phaː³ jaːŋ²];ແພຍາງ[pheː² kiːam⁴] 越băng keo[ʔban¹ kɛːu¹];băng dính[ʔbaŋ¹ ziŋ⁵] 芒băng đinh[ʔbaŋ¹ ʔdiŋ³]

【胶合板】泰แผ่นไม้อัด[pheːn⁵mai⁴ʔat⁷] 老 ແປ້ນອັດ[pɛːn⁴ʔat⁷];ໄມ້ອັດ[mai⁴ʔat⁷];ໄມ້ອັບ[mai⁴ ʔop⁷] 傣-傈pèn nem[pen³ nɛm¹] 越gỗ dán[ɣoˀ⁴ zaːn⁵]

【胶水】泰กาวน้ำ[kaːu²nam⁴] 老ນ້ຳກາວ[naːm⁴ kaːu¹];ຍາງກາວ[jaːŋ¹kaːu¹] 越nhựa dán[ɲɯa⁶ zaːn⁵];keo[kɛːu¹] 芒keo[kɛːu¹]

【胶鞋】泰รองเท้าผ้าใบ[rɔːŋ² thau⁴ phaː³ ʔbai²];รอง เท้ายาง[rɔːŋ² hau⁴ jaːŋ²] 老ເກີບຢາງ[kɤːp⁹ jaːŋ¹] 越giầy cao su[zɤːi² kaːu¹ suˀ]

【茭白】泰ไผ่น้ำ[phai⁵ nam⁴] 傣-傈băp năm[ʔbap⁷ nam⁴] 越củ niềng non[kuˀ niːŋ⁴ nɔn¹]

【蛟龙❶】泰เงือก[ŋɯːak¹⁰] 老ເງືອກ[ŋɯːak¹']; ຕົວເງືອກ[tuːaˀ ŋɯːak¹⁰] 傣-傈ngược[ŋɯːk⁸];tua ngược[tuaˀ ŋɯːk⁸] 越泰ngược[ŋɯːk⁸];tô ngưyk [tɔˀ ŋɯːk⁸] 越con thuồng luồng[kɔn¹ thuːŋ² luːŋ²]

【教❷】泰สอน[sɔːn¹] 老ສອນ[sɔːn¹] 傣-傈slon [ɬɔn¹];tạy[tai⁴];cháo[tɕaːu⁵] 越泰xon[sɔn¹]; bók[ʔbɔk⁷] 普swan¹[swaːn¹] 越dạy[zai⁶] 芒đãy[ʔdai⁴]

【浇~水❸】泰รด[rot⁸];ราด[raːt¹⁰] 老ຮົດ[hot⁸]; ຫົດ[hot⁷];ຫົດຮວດ[hot⁷ hwaːt¹⁰];ຮວດ[hwaːt¹⁰];ຝິດ [fit⁸] 傣-傈roạt[rwaːt⁸];sloat[ɬwaːt⁸];hia[hiə³]; thảo[thaːu³];cạy[kai⁴] 越泰hia[hiə³] 越tưới [tɯːi⁵] 芒tưới[tɯːi⁵]

【骄傲~自满】泰ย่อหยิ่ง[jɔː³ jiŋ⁵] 老ຂີ້ອົງ[khiːˀ ʔɔŋ⁵] ອົງ[ʔɔŋ⁵];ອວດອົງ[ʔuːatˀ ʔɔŋ⁵] 傣-傈hêt nả[het⁷ naˀ]; hao cao[hau¹ kaːu¹] 越泰xưng mò[sɯŋ¹ mɔˀ];

---

❶ 阿含 ngek D2L  掸 ŋək D2L  泐 ŋək D2L
❷ 阿含 shǎn A1  掸 shɔn A1 学,学习  泐 sɔn A1
❸ 石家 hot⁴  阿含 rut D2L  掸 hut D2L；hot D2L  泐 hot D2L

【骄】 nghít[ŋit⁷] 越kiêu ngạo[ki:u¹ ŋa:u⁶];tự cao[tɯ⁶ ka:u¹] 芒khoánh[khwan⁵]

【嚼❶】 泰เคี้ยว[khi:au⁴] 老ถฺ้่ว[khi:au⁴];ขย้ำ[ɲam³] 岱-侬kẹo[kɛu⁴];bài[ʔba:i³] 越泰kẹo[kɛu⁴];mùm[mum³] 普Nin³[ɲin³] 越nhai[ɲa:i¹] 芒nhảm[ɲa:m³]

【嚼子】 泰เหล็กบังเหียน[lek⁷ ʔbaŋ² hi:an¹] 老ขฺว๊ากแฮม[ma:k⁹ hɛ:m¹];เฝิ๊งม๊า[mau⁴ ma:⁴];บ้วฺญฺฮนฺ[ʔbaŋ¹ hi:an¹] 越hàm thiếc ở mồm ngựa[ha:m² thi:k⁷ ʔɤ³ mom² ŋɯɤ⁶]

【饺子】 泰เกี๊ยว[ki:au⁴] 老กฺ๊๊ว[ki:au⁴] 越sủi cảo[sui³ ka:u³];bánh cheo[ʔbaŋ⁵ tsɛu¹];bánh xếp[ʔbaŋ⁵ sep⁷]

【缴纳】 泰ว่าง[wa:ŋ¹];เสีย[si:a¹] 老ຊຳລະ[sam² la⁵];ເສຍ[si:a¹] 岱-侬nộp[nop⁸];toòng[tɔ:ŋ³];chao[tɕa:u¹] 越泰xia[siɤ¹];nộp[nop⁸] 越nộp[nop⁸];giao[ʑa:u¹] 芒nỗ[no⁴]

【脚❷】 泰เท้า[thau⁴];ตีน[ti:n²] 老ตีน[ti:n¹];เตฺ๊ง[thau⁴] 岱-侬tin[tin¹] 越泰tin[tin¹] 普qa cung⁴[qaº tsuŋ⁴] 越chân[tsɤn¹] 芒chân[tsɤn¹];chò[tsɤn²]

【脚步】 泰ฝีเท้า[fi:¹ thau⁴];จังหวะก้าว[tsaŋ² wa⁵ ka:u³] 老บๅด[ʔba:t⁹];บๅด ย่าง[ʔba:t⁹ ɲa:ŋ⁵];บๅดตีน[ʔba:t⁹ ti:n¹] 越bước chân[ʔbɯ:k⁷ tsɤn¹]

【脚背】 泰หลังเท้า[laŋ¹ thau⁴] 老หฺ้้งตีน[laŋ¹ ti:n¹] 岱-侬lăng tin[laŋ¹ tin¹] 普nwak² cung⁴[nwa:k² tsuŋ⁴] 越mu chân[mu¹ tsɤn¹];mu bàn chân[mu¹ ʔba:n² tsɤn¹]

【脚跟❸】 泰ส้น[son³];ส้นเท้า[son³ thau⁴];กระน่อง[kra⁵ nɔ:ŋ³];กระหน่อง[kra⁵ nɔ:ŋ⁵] 老ส้ิน[son³];ส้ินม่อง[son³nɔ:ŋ⁵];แอฺกม่อง[ʔɛ:k⁹nɔ:ŋ⁵];ส้ินตีน[son³tiːn¹];ปันฮิ[pan¹ hi²];ม่อง[nɔ:ŋ⁵];กะม่อง[ka⁵ nɔ:ŋ⁵]

岱-侬tin kiều[tin¹ ki:u³];slằn kiều[ɫɤn³ ki:u³];slằn tin[ɫɤn³ tin¹] 越泰xổn tin[sɔn³ tin¹] 普tô⁴ qjan³[to⁴ qja:n³] 越gót[ɣɔt⁷];gót chân[ɣɔt⁷ tsɤn¹] 芒cóch[kɔt⁷];kóch chân[kɔt⁷ tsɤn¹]

【脚踝❹】 泰ตาตุ่ม[ta:² tum⁵] 老ตาตีน[ta:¹' ti:n¹];จุมข้อง[tsu:m¹' khɔ:ŋ²] 岱-侬tha pu[tha¹ pu¹];kha pu[kha¹ pu¹] 越泰ta tin[ta¹tin¹] 普tê⁴ qacung²[te¹ qa⁰tsuŋ⁴] 越mắtcá[mat⁷ka⁵];mắtcáchân[mat⁷ ka⁵ tsɤn¹]

【脚尖】 泰ปลายเท้า[pla:i² thau⁴];ปลายนิ้วเท้า[pla:i² niu⁴thau⁴] 老ปายตีน[pa:i¹'ti:n¹] 越mũi chân[mui⁴ tsɤn¹]

【脚镣】 泰ตรวน[tru:an²] 老ขื้ตีน[khɯ:º ti:n¹'];ทอม[ku:an¹];ขฺามภิกขฺวาๅ[kha:¹ nok⁸ na:ŋ²] 岱-侬cùm[kum³] 越cái cùm[ka:i⁵ kum²];xích chân[sit⁷ tsɤn¹]

【脚气病】 泰ฮ่องก้งฟูด[hɔ:ŋ² koŋ² fut⁸] 老โลๅเหฺ๊บฦๅ[lo:k¹⁰nep⁷sa:¹];เหฺ๊นับฦๅ[nep⁷sa:¹];ฮอยคัน[hɔ:i¹ khan²];เป๊มบอม[pen² ʔbu:am¹] 越bệnh tê phù[ʔben⁶ te¹ fu²]

【脚腕子】 泰ข้อเท้า[khɔ:³ thau⁴];ตาตุ่ม[ta:² tum⁵] 老ค้อตีน[khɔ:⁵ ti:n¹] 越cổ chân[ko³ tsɤn¹]

【脚心】 泰อุ้งเท้า[ʔuŋ³thau⁴] 老อ้งตีน[ʔoŋ⁴ti:n¹'] 越泰ongtin[ʔɔŋ¹ tin¹] 越lòngbànchân[lɔŋ² ʔba:n² tsɤn¹];gan bàn chân[ɣa:n¹ ʔba:n² tsɤn¹] 芒đang chân[ʔda:ŋ¹ tsɤn¹]

【脚癣】 泰โรคเกลื้อนที่เท้า[ro:k¹⁰ klɯ:an³ thi:³ thau⁴];ฮ่องก้งฟูด[hɔ:ŋ³ kɔŋ² fut⁸] 老ตุ่มม้อยที่เกิดอยู่ตีม[tum⁵ nɔ:i⁴ thi:³ kɤ:t⁹ ju:⁵ ti:n¹] 越bệnh éc pet mảng tròn ở chân[ʔben⁶ ʔɛk⁷ pɛt⁷ ma:ŋ³ tʂɔn² ʔɤ³ tsɤn¹]

【脚印】 泰รอยเท้า[rɔ:i² thau⁴] 老ฮอยตีน[hɔ:i¹ ti:n¹] 越vét chân[vet⁷ tsɤn¹]

---

❶ 石家 khiw² 阿含 ñām B2 捍 keu C2；jăm B2 泐 keu C2
❷ 石家 tiin¹ 阿含 tin A1
❸ 石家 sɔn³ 阿含 shun-kun 捍 shon C1 泐 sun C1
❹ 石家 dum⁴-khɔɔ³；khɔɔ³

【脚掌】 泰ฝ่าเท้า[faː⁵thau²] 老ฝ่าตีน[faː⁵tiːn¹]; พื้นตีน[phɯːn⁴ tin¹] 岱-侬phả kha[pha³ kha¹] 越泰phá tin[pha⁵tin¹];pựn tin[pɯn⁴tin¹] 普lo³ qacung⁴[lɔ³ qa⁰ tsuŋ⁴] 越bàn chân[ʔbaːn² tsɤn¹] 芒pàn chân[paːn² tsɤn¹]

【脚趾❶】 泰นิ้วเท้า[niu⁴ thau⁴] 老มื้อตีน[niu⁴ tiːn¹];หมิ้วเท้ิง[niu⁴ thau⁴];ฮิ้บ[son³] 岱-侬nịu kha[niu⁴ kha¹] 越泰nịu tin[niu⁴ tin¹] 越ngón chân[ŋɔn⁵ tsɤn¹] 芒ngỏn chân[ŋɔn³ tsɤn¹]

【绞~铁丝】 泰ใจ[tsai²] 岱-侬pẳn[pan³] 越泰phẳn[phan³] 越bện lại[ʔben⁶ laːi⁶]

【绞肉机】 泰เครื่องบดเนื้อ[khrɯːaŋ³ʔbot⁷nɯːa⁴] 老เดื่องบิดขิ้น[khɯːaŋ⁵ʔbot⁷siːn⁴] 越máy xay thịt[mai⁵ sai¹ thit⁸];cối xay thịt[koi⁵ sai¹ thit⁸]

【绞痛】 泰เกิดอาการเจ็บปวดอันเนื่องมาจากโรคบางประการ[kəːt⁹ ʔaː² kaːn² tsep⁷ puːat⁹ ʔan² nɯːaŋ³ maː² tsaːk⁹ roːk¹⁰ ʔbaːŋ² praː² kaːn²] 老ปอดบิด[puːat⁹ ʔbit⁷];เจ็บจุก[tsep⁷tsuk⁷];พวน[phuːan³];จุก[tsuk⁷] 越quặn đau[kwan⁶ ʔdau¹]

【狡猾】 泰ปลิ้นปล้อน[plin³plɔːn³] 老เฑิไฑ[theː¹ thai¹];แบบงูงู[neː⁴p¹⁰ niːan⁴];ขี้โฮะ[khi³ ŋo⁵] 越xảo quyệt[saːu³ kwiːt⁸];quỷ quyệt[kwi³ kwiːt⁸];giảo hoạt[saːu³ hwaːt⁸];tinh ma[tiŋ¹ maː¹] 芒tinh ma[tiŋ¹ maː¹]

【搅拌】 泰คน[khon²] 老ส่าย[saːi⁵];สว่าย[swaːi⁵];เปย[piːa¹];โยง[ŋoːŋ²];ตื้อ[tuːa⁴] 岱-侬cặn[kan⁴];quẩy[kwai³] 越泰nuột[nuːt⁸];cỗn[kon²];xọk[sək⁸];cuôn[kuːn¹] 越quẩy[kwɤi³];trộn[tsoːn⁶];xáo[saːu⁵];nhào trộn[ɲaːu⁶ tsoːn⁶] 芒xáo lộn[saːu² loːn⁴];pót[pɔt⁷]

【角兽❷】 泰เขา[khau¹] 老เขิง[khau¹] 岱-侬cooc[kɔːk⁷] 越泰khau[khau¹] 普qǎw¹[kau¹] 越sừng[sɯŋ²] 芒khảng[khɤŋ³]

【角直~】 泰มุม[mum²] 老มูม[muːm²] 越góc[ɣaːk⁷] 芒ngóc[ŋɔk⁷];chênh[tsɛn³]

【角落】 泰มุม[mum²] 老มูม[muːm²];แจ[tsɛː¹¹];จอกแจ[tsɔːk⁹ tsɛː¹¹];ฮอกแฅ[khɔːk⁹ khɛː²];แจ่[tsɛːŋ⁵];แฮบแฮ[ʔɛːp⁹ ʔɛː¹¹] 岱-侬choọc[tɛɔːk⁸];cooc[kɔːk⁷] 越泰clọ[k-lɔ⁴] 普qok⁵[qɔk⁵] 越xó[sɔ⁵];xó xỉnh[sɔ³ siŋ³];góc[ɣɔk⁷] 芒mồm[mom²];chênh[tsɛn³]

【侥幸】 泰โชคดี[tshoːt¹⁰ ʔdiː²] 老บังเอิญเถาะดี[ʔbaŋ¹¹ ʔəːn¹¹ khɔ⁵ diː¹] 岱-侬khéo đây[kheu³ ʔdəi¹] 越泰may đi[mai¹ ʔdi¹] 越may mắn[mai¹ man⁴] 芒họa may[hwa⁶ mai¹]

【酵母】 泰เชื้อหมัก[tshɯːa⁴ mak⁷] 老เชื้อฟัก[sɯːa⁴ mak⁷];แป้ง[pɛːŋ⁴];แม่แป้ง[mɛː⁵ pɛːŋ⁴] 越泰pảnh[pɛŋ³] 越men rượu[men¹ ʐɯːu⁶];men[men¹] 芒đao[ʔdaːu¹]

【叫~名字】 泰เรียก[riːak¹⁰] 老ฮอก[hiːak¹⁰];ฮอกอฺ่[hiːak¹⁰ vaː⁵];เอิ้ม[ʔəːn⁴] 岱-侬roọng[rɔːŋ⁴] riệc[riːk⁸];vèo[vɛu²] 越泰khék[khɛk⁷] 普kang³[kaːŋ³] 越gọi[ɣɔi⁶] 芒gõi[ɣɔi⁴];hốc[hok⁷]

【叫卖】 泰ร้องขาย[rɔːŋ⁴ khaːi¹] 老ฮ้องฃาย[hɔːŋ⁴ khaːi¹] 岱-侬roọng khai[rɔːŋ⁴ khaːi¹] 越rao hang[zaːu¹ haːŋ²];bán rao[ʔbaːn⁵ zaːu¹]

【叫醒】 泰ปลุก[pluk⁷] 老ปุก[puk⁷];ปุกลุก[puk⁷ luk⁸] 岱-侬pjóc[pjɔk⁷] 普qang² lok²[qaːŋ² lɔk²] 越đánh thức[ʔdaŋ⁵ thɯk⁷];báo thức[ʔbaːu⁵ thɯk⁷] 芒dổl dồl[zɤl³ zɤl³];dồl[zɤl³];báo dồl[ʔbaːu³ zɤl⁴]

【薤头】 泰กระเทียม[kra⁵thiːam²] 老ผักอี่ลู้[phak⁷ ʔiː⁵ khuː⁴] 岱-侬hua kiệu[huə³ kiːu⁴] 越củ kiệu[ku³ kiːu⁶];kiệu[kiːu⁶] 芒cú ngái[ku⁵ ŋaːi⁵]

【轿夫】 泰ชายหามเกี้ยว[tshaːi² haːm¹ kiːau³] 越

---

❶ 石家niw⁴-geŋ³
❷ 阿含khau A1 掸khāu A1 泐xāu A1 哈kǎw¹ 拉基ke¹

người khiêng kiệu[ŋɯːi² xiːŋ¹ kiːu⁶];phu kiệu[fu⁴ kiːu⁶]  芒chĩu phu[tsiu⁴ fu¹];chĩu kiểu[tsiu⁴ kiːu⁴]

【轿子】 泰เกี้ยว[kiːau³];วอ[wɔː²] 老อ๋[vɔː²] 傣-侬kiệu[kiːu⁴] 越泰chiệu[tsiːu⁴] 越kiệu[kiːu⁶];cái kiệu[kaːi⁵ kiːu⁶]  芒kiểu[kiːu⁴]

【教材】 泰บทเรียน[ʔbot⁷riːan²] 老ບົດ ສອນ[ʔbot⁷ sɔːn¹] 越giáo trình[zaːu⁵ tʂiŋ²]

【教室】 泰ห้องเรียน[hɔːŋ³riːan²] 老ຫ້ອງຮຽນ[hɔːŋ³ hiːan²] 越lớp học[lɤːpˀhok⁸];phòng học[fɔŋ² hɔk⁸];giảng đường[zaːŋ³ ʔdɯːŋ²]

【教堂】 泰โบสถ์ฝรั่ง[ʔboːtˀ⁹faˀraŋ⁵];โบสถ์[ʔboːtˀ⁹] 老ບົດຝະລັ່ງ[ʔbot⁷ faˀlaŋ⁵];ວັດຄຸມພໍ່[vat⁸ khun² phɔː⁵];ວັດບາດຫຼວງ[vat⁸ ʔbaːtˀ⁹ luːaŋ¹] 傣-侬rườn thờ[rɯːn² thəː²];rườn xủa[rɯːn² ɕɯa³] 越nhà thờ[ɲaː² thɤ²] 芒nhà thờ[ɲaː² thɤ²]

【觉睡一~】 泰ตื่น[tɯːn⁵] 老ການນອນຫຼັບ[kaːn¹ nɔːn² lap⁷] 越giấc[zɤk⁵] 芒chích[tsit⁷]

【街】 泰ถนน[thaː⁵ non¹] 老ຫາງຕະຫຼົມບິນ[thaːŋ² thaː² non¹];ຕະຫຼົມບິນ[thaː² non¹];ຫາງຕະຫຼົມບິນ[thaːŋ² thaː² non¹] 傣-侬cai[kaːi¹] 越泰phố[phoː⁵] 越đường phố[ʔdɯːŋ² foː⁵];phố xá[foː⁵ saː³];phố[foː⁵] 芒phô[foː³]

【街道】 泰ถนนหนทาง[thaː⁵ non¹ hon¹ thaːŋ²] 老ຫາງຕະຫຼົມບິນ[thaːŋ² thaː² non¹] 越phố[foː⁵];đường phố[ʔdɯːŋ² foː⁵];con đường[kon¹ ʔdɯːŋ²] 芒tính[tin⁵]

【结巴口吃】 泰ติดอ่าง[tit⁷ ʔbaː⁵ thoːŋ³];ປາກພໍ່[paːk⁹ pham⁵] 傣-侬phuối bử[phuːi⁵ ʔbɯː³];phuối băc bử[phuːi⁵ ʔbak⁷ ʔbɯː³] 越泰pák cảng[paːk⁹ kaŋ³];ngọng[ŋɔŋ⁴] 普băm⁴[bam¹] 越nói cà lăm[kaː² lam¹];nói lắp [nɔːi⁵ lap¹];nói cà lăm cà lắp[nɔːi⁵ kaː² lam² kaː² lap⁵] 芒khể ngỗng[kheː³ ŋoŋ⁴];pỗ ngông[po⁴ ŋoŋ⁴]

【结巴指人】 泰คนติดอ่าง[khon² tit⁷ ʔaːŋ⁵] 老ອິກຮັກ[ʔɯk⁷ ʔak⁷] 越người nói lắp[ŋɯːi² nɔːi⁵ lap⁵]

người nói cà lăm[ŋɯːi² nɔːi⁵ kaː² lam¹]

【结果开花~】 泰ออกผล[ʔɔːk⁹phon¹];เป็นกัน[pen² khon¹] 老ອອກ[ʔɔːk⁹];ເກີດ[kəːt⁹];ເປັນ[pen¹];ເປັນຫມາກເປັນຜົນ[pen¹ maːk⁹ pen¹ phon¹] 傣-侬pền[pen²] 越泰phót[phot⁷] 越kết[ket⁷]

【结实】 泰แข็งแรง[kheŋ¹ rɛːŋ²];มั่น[man³] 老ແກ່ນ[keŋ¹];ໝັ້ນ[man³] 傣-侬mắn[man⁵];mắn tứng[man⁵ tɯŋ⁶];mắn chat[man⁵ tɕat⁷] 越泰mắn cặt[man⁵ kat⁸] 普ket²[kɛt²] 越bền[ʔben²];rắn chắc[zan⁵ tsak⁷] 芒pền[pen²];chắc[tsak⁷];hăn póc[han¹ pɔk⁷];hăn miềnh[han¹ miːɲ²]

【接去车站~人】 泰รับ[rap⁸] 老ຮັບ[hap⁸] 越đón[ʔdɔn⁵] 芒tòn[tɔn³]

【接~球】 泰รับ[rap⁸] 老ຮັບ[hap⁸] 越đỡ[ʔdɤ⁴]

【接把绳子~起来】 泰ต่อ[tɔː⁵] 老ເຊື່ອມຕໍ່[sɯːam⁵ tɔː⁵];ຕໍ່[tɔː⁵] 傣-侬tâu[təu¹];tam[taːm¹] 越泰xúp[sɯp⁷];diễn[jiːn²] 普sa⁵[saː⁵] 越nối[noi⁵];chắp nối[tsap⁷noi⁵] 芒nổl[nol³];xáp[saːp⁷];xápnổl[saːp⁷nol³]

【接待】 泰รับ[rap⁸];รับรอง[rap⁸ rɔːŋ²];ต้อนรับ[tɔːn⁵ rap⁸] 老ຕ້ອນ[tɔːn⁴];ຕ້ອນຮັບ[tɔːn⁴ hap⁸];ຮັບ[hap⁸];ຮັບຕ້ອນ[hap⁸ tɔːn⁴];ແຕ່ງຮັບຕ້ອນ[tɛːŋ¹ hap⁸ tɔːn⁴];ແຕ່ງຕ້ອນ[tɛːŋ¹ tɔːn⁴];ຮັບຮອງ[hap⁸ hɔːŋ²] 越tiếp đãi[tiːp⁷ ʔdaːi⁴] 傣-侬phảng rặp[phaːŋ³ rap⁸] 越泰tiếp[tiːp⁷] 越tiếp đãi[tiːp⁷ ʔdaːi⁴];tiếp đón[tiːp⁷ ʔdɔn⁵] 芒tiếp[tiːp⁷]

【接骨】 泰ต่อกระดูก[tɔː⁵ kraː⁵ ʔduːk⁹] 老ຕໍ່ກະດູກ[tɔː⁵ kaː² ʔduːk⁹];ຕາມກະດູກ[taːm¹ kaː² ʔduːk⁹] 越chắp xương[tsap⁷ sɯːŋ¹];bó xương[ʔbɔ⁵ sɯːŋ¹]

【接近~六十岁】 泰ใกล้ชิด[klaːi³ tshit⁸] 老ໃກ້ຈະຮອດ[kai⁴ tsaː² hɔːt¹⁰] 傣-侬ái thâng[ʔaːi⁵ thəŋ¹];xoong hà[ɕɔːŋ¹ haː²];ái đảy[ʔaːi⁵ ʔdaːi³] 越gần[ɣɤn²];gần gũi[ɣɤn² yui⁴]

【接受~任务❶】 泰รับ[rap⁸] 老ຮັບ[hap⁸];ຂໍຮັບ

---
❶ 掸hăp D2S   泐hrăp D2S

[khɔːˈhap⁸] 岱-侬 nhắn[nanˀ³];xo[sɔˀ] 越 nhắn[nanˀ³] 越 nhận[ŋɤn⁶] 芒 nhẵn[ŋɤn⁴]

【接受 ~批评】 泰 รับ[rap⁸] 老 ຮັບ[hap⁸];ຮັບເອົາ[hap⁸ʔau¹];ຍ້ອນຮັບ[khɔːˈhap⁸];ຍ້ອນ[khan¹];ສຳບອງ[samˀ nɔːŋ²] 越 nhận lời[ŋɤn⁶ lɤːiˀ²];tiếp thụ[tiːp⁷ thu⁶]

【接生】 泰 ทำคลอด[tham² khlɔːt¹⁰] 老 ຜະດຸງຄັນ[pha² ʔduŋ¹ khan²];ຜະດຸງຄັບ[pha² ʔduŋ¹ khap⁸];ຂ້ອຍ ແມ່ມານອອກລູກ[sɔːi⁵ meːˀ⁵ maːnˀ² ʔɔːk⁹ luːk¹⁰];ຂ້ອຍ ອອກ ລູກ[sɔːi⁵ ʔɔːk⁹ luːk¹⁰] 越 đỡ đẻ[ʔdɤ⁴ ʔdeˀ³];hộ sinh[ho⁴ ʂin̪ˀ⁴] 芒 hỗ xinh[ho⁴ sin¹]

【接生婆】 泰 หมอผดุงครรภ์[mɔː¹ pha⁵ ʔduŋ² khan²];ผู้ทำคลอด[phuːˀ³ tham² khlɔːt¹⁰];หมอตำแย[mɔːˀ¹ tam² jɛːˀ²] 老 ແມ່ຕຳແຍ[meːˀ⁵ tamˀ¹ ɲɛːˀ²];ແມ່ຕອບພອບ[meːˀ⁵ tɔːp⁹ mɔːp⁹];ຜູ້ຕຳແຍ[mɔːˀ¹ tamˀ¹ ɲɛːˀ²] 岱-侬 mẻ tài[meˀ³ taːi²];mẻ pang sleng[meˀ³ paŋˀ¹ ɬɛŋˀ¹] 越泰 bà mụ[ʔbaˀ² mu⁶] 越 bà đỡ[ʔbaˀ² ʔdɤ⁴];bà mụ[ʔbaˀ² mu⁶] 芒 pà đỡ[paˀ² ʔdɤ⁴];pà đỡ té[paˀ² ʔdɤ⁴ teˀ⁵]

【揭 ~锅盖】 泰 เวิก[wɤːk¹⁰];เปิด[pɤːt⁹] 老 ເປີດ[pɤːt⁹] ໄຂ[khai¹] 岱-侬 khay[khai¹] 越泰 pềnh[peŋˀ¹] 越 mở[mɤˀ³]

【揭短儿】 泰 เปิดโปงจุดอ่อน[pɤːt⁹ poːŋ² tsut⁸ ʔɔːnˀ⁵] 越 mách[matˀ⁷];chạm nọc[tsam⁶ nɔk⁸];vạch khuyết điểm[vatˀ⁸ khwiːt⁷ ʔdiːm³]

【疖子】 泰 หัวฝี[huaˀ¹ fiːˀ¹];ตุ่มหนอง[tum⁵ nɔːŋˀ¹];ປະວົດ[pruːatˀ⁹];ฝีหัวขาด[fiːˀ¹ huaˀ¹ khatˀ⁹] 老 ຝີ[fiːˀ¹]; ພິ[phi¹];ສື້ວຊ້າງ[siːu¹ saːŋˀ⁴] 越 nhọt[ɲɔtˀ⁸]

【节 一~甘蔗❶】 泰 ข้อ[khɔːˀ³];ปล้อง[plɔːŋˀ³] 老 ຂໍ້[khɔːˀ³];ປ່ອງ[pɔːŋˀ⁵] 岱-侬 khỏ[khɔˀ³] 越泰 khỏ[khɔˀ³] 越 gióng[ʑɔŋˀ⁵] 芒 tlỏng[tlɔŋˀ³]

【节 一~课】 泰 คาบ[khaːp¹⁰] 老 ຄາບ[khaːp¹⁰] 越 tiết[tiːtˀ⁷]

【节 三~车厢】 泰 ตอน[tɔːnˀ²] 越 toa[twaˀ¹]

【节目】 泰 โปรแกรม[proːˀ² krɛːmˀ²];รายการ[raːiˀ² kaːnˀ¹] 老 ລາຍການ[laːiˀ² kaːnˀ¹] 越 tiết mục[tiːtˀ⁷ mukˀ⁸]; chương trình[tsɯːŋˀ¹ tsiŋˀ²] 芒 tiết muc[tiːtˀ⁷ mukˀ⁸]

【节日】 泰 วันงาน[wanˀ² ŋaːnˀ²];วันเทศกาล[wanˀ² thetˀ¹⁰ saˀ⁵ kaːnˀ¹];เทศกาล[thetˀ¹⁰ saˀ⁵ kaːnˀ¹] 老 ອັນບຸນ[vanˀ² ʔbun¹];ງານບຸນ[ŋaːnˀ² ʔbun¹];ກຸດ[kut⁷];ເທສະການ[theˀ² saˀ⁵ kaːnˀ¹];ບຸນ[ʔbun¹];ປາງບຸນ[paːŋˀ¹ ʔbun¹]; ປາງບຸນປາງວັນ[paːŋˀ¹ ʔbun¹ paːŋˀ¹ ŋanˀ²];ມື້ບຸນ[mɯːˀ⁴ ʔbun¹];ການທຳບຸນ[kanˀ¹ thamˀ² ʔbun¹] 岱-侬 nèn[nɛnˀ²];tết[tetˀ⁷];nènchiêt[nɛnˀ² teiːtˀ⁷] 越泰 mựchiêng[muˀ⁴ tsiŋˀ¹];mự hội[muˀ⁴ hoi⁴];pang muồn[paŋˀ¹ muːnˀ⁶];chiêng chú[tsiŋˀ¹ tsu⁵] 越 ngày lễ[ŋaːiˀ¹ leˀ⁴];ngày hỗi[ŋaːiˀ² hoiˀ¹];tết nhất[tetˀ⁷ nɤtˀ⁷] 芒 ngày hội[ŋaːiˀ² hoi⁶];kháng thết[khaːŋˀ³ thetˀ⁷];thết nhất[thetˀ⁷ nɤtˀ⁷];thết thành[thetˀ⁷ thanˀ³];thết[thetˀ⁷]

【节约】 泰 กระท้อมกระแท้ม[kraˀ⁵ thɔːm⁴ kraˀ⁵ thɛːmˀ⁴];กระเหม็ดกระเหมียด[kraˀ⁵ metˀ⁷ kraˀ⁵ miːatˀ⁹];กระเหม็ดกระแหม่[kraˀ⁵ metˀ⁷ kraˀ⁵ mɛːˀ⁵];หยัด[jatˀ⁷];ประหยัด[praˀ⁵ jatˀ⁷];อดออม[ʔotˀ⁷ ʔɔːmˀ²];ຈອມ[ʔɔːmˀ²];ออมอด[ʔɔːmˀ² ʔotˀ⁷];เบียดกรอ[biːatˀ⁹ krɔːˀ²];ทุ่น[thunˀ³] 老 ຍັດ[jatˀ⁷];ກະເຫມັດກະແຫມ່[kaˀ² metˀ⁷ kaˀ² mɛːˀ⁵];ເກັບເລັ່ມ[kepˀ⁷ lemˀ⁷];ທອມ[thɔːmˀ²];ປະຍັດ[paˀ² jatˀ⁷];ມັດທະຍັດ[matˀ⁸ thaˀ⁵ natˀ⁸];ຍອມ[jɔːmˀ¹];ອິດອອມ[ʔotˀ⁷ ʔɔːmˀ¹];ອອມ[ʔɔːmˀ¹];ອອມອິດ[ʔɔːmˀ¹ ʔotˀ⁷] 岱-侬 dóndén[ʑɔnˀ¹ jenˀ⁵] 越泰 phảydom[phaiˀ³ jɔmˀ¹] 越 tiết kiệm[tiːtˀ⁷ kiːmˀ⁶];kiệm[kiːmˀ⁶] 芒 kiểm[kiːmˀ⁴]

【结拜】 泰 ผูกเป็นพี่น้องร่วมสาบาน[phuːkˀ⁹ penˀ² pʰiːˀ³ nɔːŋˀ⁴ ruːamˀ³ saˀ¹ ʔbaːnˀ²] 越 kết nghĩa[ketˀ⁷ ŋiəˀ⁻]

【结冰】 泰 กลายเป็นน้ำแข็ง[klaːiˀ² penˀ² namˀ⁴ khɛŋˀ¹] 老 ກາຍເປັນນ້ຳກ້ອນ[kaːiˀ¹ penˀ¹ namˀ⁴ kɔːnˀ⁴] 越 đóng băng[ʔdɔŋˀ⁵ ʔbaŋˀ¹]

【结果 事情有~了】 泰 ผล[phonˀ¹];ผลลัพท์[pʰonˀ¹ lapˀ⁸] 老 ຜິນ[phonˀ¹];ກໍລະນີ[kɔːˀ¹ laˀ⁵ niːˀ²] 越 kết quả [ket⁷ kwa³];rút cuộc[ʐut⁷ ku:k⁸] 芒két quá[ket⁷ kwa⁵]

【结核病】泰วัณโรค[wan²ro:k¹⁰];ที.บี.[thi:²²bi:²] 老อับมะโลก[van² na⁵ lo:k¹⁰] 越bệnh lao[ʔben⁶ la:u¹]

【结婚❶】泰แต่งงาน[tɛ:ŋ⁵ ŋa:n²];สมรส[som¹ rot⁸];สมรัก[som¹ rak⁵] 老แต่ง[tɛ:ŋ⁵];แต่งงาบ[tɛ:ŋ⁵ ŋan²];แต่งดอง[tɛ:ŋ⁵ ʔdɔ:ŋ¹] 岱-侬rặp[rap⁸];kin lẩu[kin¹ ləu³];xinh lẩu[ɕiŋ³ ləu³] 越泰kin cưới[kin¹ kɯ:i⁵] 越két hôn[ket⁷ hon¹];cưới[kɯ:i⁵];lấy nhau[lɤi⁵ ɲau¹] 芒két hôn[ket⁷ hon¹];lễ rà[le⁴ ra²]

【结交】泰คบค้าสมาคม[khop⁸ kha:⁵ sa:⁵ ma:¹ khom²] 老ผูกไมตี[phu:k⁹mai²ti:¹] 越làm quen[la:m²kwɛn¹];kết bạn[ket⁷ ʔba:n⁶];chơi với[tsɤ:i¹ vɤ:i⁵]

【结石❷】泰นิ่ว[niu³] 老มานทิบ[ma:n² hi:n¹] 越sỏi[ʂɔi³]

【结束❸】泰สิ้นสุด[sin³ sut⁷] 老ฮ่ำท้าย[sam⁴tha:i⁴];ลิ้งท้าย[loŋ²tha:i⁴];ยุตติ[ɲut⁸ti:¹];แล้ว[lɛ:u⁴];แล้วเสด็[lɛ:u⁴ set⁷];ยุบ[ɲup⁸];ถอง[thɔ:ŋ¹];มัวม[mi:an⁴];หมิด[mot¹] 岱-侬thuồn[thu:n³] 越泰lẹo[lɛu⁴] 越chấm dứt[tsɤm⁵ zut³];hết[het⁴];kết thúc[ket⁷ thuk⁷] 芒puônh[pu:ɲ¹]

【结业】泰จบการศึกษา[tsop⁷ka:n²sɯk⁷sa:²] 老ปีดพากรุบ[pit⁷pha:k¹⁰hi:an²];อัดพากรุบ[ʔat⁷ pha:k¹⁰ hi:an²] 越tốt nghiệp[tot⁷ ŋi:p⁸]

【结账】泰คิดบัญชี[khit⁸ ʔban² tshi:²] 老ปีดบันฮี[pit⁷ ʔban¹ si:²] 越kiểm kê[ki:m³ ke¹]

【截~~木头】泰ท่อน[thɔ:n³] 老ท่อบ[thɔ:n³] 越泰cồ[kɔ:²];bỏm[ʔbɔm³];chùa[tsuə²] 越khúc[xuk⁷];xúc[suk⁷] 芒khúc[khuk⁷]

【睫毛】泰ขนตา[khon¹ ta:²] 老ฮิ้นตๅ[khon¹ ta:¹] 岱-侬khôntha[khon¹ tha¹] 越泰khônhĭmta[khon¹ him² ta¹] 普sip⁵ tê¹[sip⁵ te¹] 越lông mi[loŋ¹ mi¹] 芒lông mi[loŋ¹ mi¹]

【捷径】泰ทางลัด[tha:ŋ² lat⁸] 老ทางลัด[tha:ŋ lat⁸] 越mạch tắt[mat⁸ tat⁷];đường tắt[ʔdɯ:ŋ² tat⁷]

【孑孓】泰ลูกน้ำ[lu:k¹⁰nam⁴] 老แมงว้องแว้ง[mɛ:ŋ ŋɔ:ŋ⁴ŋɛ:ŋ⁴];ทั๊กแท่ยุง[thak⁷thɛ:⁵ɲuŋ²];หอบน้ำ[nɔ:n¹nam⁴] 岱-侬non tảo linh[nɔn¹ta:u³liŋ²] 越bọ gậy[ʔbɔ⁶ ɣɤi⁶];con bọ gậy[kɔn¹ ʔbɔ⁶ ɣɤi⁶]

【姐夫】泰พี่เขย[phi:³khə:i¹] 老อ้ายเฮีย[ʔa:i⁴ khə:i¹];พี่อ้าย[phi:⁵ ʔa:i⁴];อ้ายเฮีย[ʔa:i⁴ khə:i¹];พี่อ้ายเฮีย[phi:⁵ ʔa:i⁴ khə:i¹] 岱-侬pi khươi[pi³ khɯ:i¹];vi khươi[vi³ khɯ:i¹] 越泰pì khươi[pi⁶ khɯ:i¹] 普taw¹[ta:u¹] 越anh rể[ʔaɲ¹ze³] 芒enh rể[ʔeɲ¹ re⁵];enh cháu[ʔeɲ¹ tsau³]

【姐姐❹】泰พี่[phi:³];พี่สาว[phi:³sa:u¹] 老เอื้อย[ʔuai⁴];พี่[phi:⁵];พี่สาว[phi:⁵ sa:u¹] 岱-侬pi[pi³] pi nhình[pi³ɲiŋ²];pi slao[pi³ɬa:u¹] 越泰ưởi[ʔɯ:i³];í[ʔi⁵];í ưởi[ʔi⁵ʔɯ:i³];pì[pi⁶];pì ưởi[pi⁶ʔɯ:i³];pì nhình[pi⁶ɲiŋ²] 普maj²păj³[ma:i² pai³];păj³[pai³] 越chị[tsi⁶];chị gái[tsi⁶ɣa:i⁵] 芒măng cải[ma:ŋ ka:i³];măng[ma:ŋ⁴]

【姐妹】泰พี่น้อง[phi:³ nɔ:ŋ⁴];พี่สาวกับน้องสาว[phi:⁵ sa:u¹ kap⁷ nɔ:ŋ⁴ sa:u¹];พี่น้อง[phi:³ nɔ:ŋ⁴] 老เอื้อยม้อง[ʔuai⁴ nɔ:ŋ⁴] 岱-侬pi noọng[pi³ nɔ:ŋ⁴] 越泰pì nọng[pi⁶ nɔŋ⁴] 越chị em gái[tsi⁶ ʔem¹ ɣa:i⁵] 芒ùn măng[ʔun³ ma:ŋ⁴]

【解~~鞋带❺】泰แก้[kɛ:³] 老แก้[kɛ⁴] 岱-侬kẻ[kɛ³] 越泰kẻ[kɛ³] 普phaj¹[pha:i¹] 越cởi[kɤ:i³] 芒kẻ[kɛ³]

---

❶ 石家 ʔaw⁶-kin⁶;kin1 trooŋ¹;trooŋ¹
❷ 石家 diw³
❸ 石家 cɔm¹ 阿含 jau;koi
❹ 阿含 pî;pî nüng
❺ 石家 kee³

【解~疙瘩】 泰 แก้[kɛ:³] 老 แก้[kɛ:⁴] 普 phaj¹ [pha:i¹] 越 gỡ[ɣɤ⁴] 芒 ké[kɛ³]

【解答】 泰 ตอบคำถาม[tɔ:p⁹kham²tha:m¹] 老 แก้[kɛ:⁴];แก้ข้อข้อใจ[kɛ:⁴ khɔ:³ khɔ:ŋ³ tsai¹¹];ขับแก้[khop⁷kɛ:⁴];แก้บัญหา[kɛ:⁴ ʔban¹¹ha:¹];ตอบแก้[tɔ:p⁹ kɛ:⁴] 岱-侬 pjá cằm[pja⁵ kam²];kẻ cằm khỏ[kɛ³ kam² khɔ³] 越泰 kẻ[kɛ³] 越 giải đáp[za:i³ ʔdɑ:p⁷]

【解毒】 泰 แก้พิษ[kɛ:³ phit⁸] 老 แก้พิษ[kɛ:⁴ phit⁸];อ่วยพิษ[ʔva:i⁵phit⁸];ถอดพิษ[thɔ:t⁹phit⁸];ถอมพิษ[thɔ:n¹ phit⁸] 越 giải độc[za:i³ ʔdok⁸]

【解毒药】 泰 ยาขับพิษ[ja:² khap⁷ phit⁸];แอนติโดท[ʔɛ:n¹ti⁵ ʔdo:t⁹] 老 ยาแก้พิษ[ja:¹ kɛ:⁴phit⁸];ยาถอม พิษ[ja:¹ thɔ:n¹ phit⁸] 越 thuốc giải độc[thu:k⁷ za:i³ ʔdok⁸]

【解饿】 泰 แก้หิว[kɛ:³ hiu¹] 越 đỡ đói[ʔdɤ⁴ ʔdɔi⁵]

【解放】 泰 ปลดปล่อย[plot⁷ plɔ:i³];ปลด ออก[plot⁷ ʔɛ:k⁹] 老 ปิดป่อย[pot⁷ pɔ:i⁵];ปิดออก[pot⁷ ʔɛ:k⁹] 越泰 kẻ khay[kɛ³ khai¹] 越 giải phóng[za:i³ fɔŋ⁵]

【解雇】 泰 เลิกจ้าง[lə:k¹⁰tsa:ŋ³] 老 เลิกจ้าง[lə:k¹⁰ tsa:ŋ⁴];ปิดออกจากวๅก[pot⁷ ʔɔ:k⁹ tsa:k⁹ vi:ak¹⁰] 越 sa thải[ʂa¹ tha:i³]

【解决~问题】 泰 แก้ไข[kɛ:³khai¹];แก้ให้ตก[kɛ:³hai³ tok⁷] 老 ฆำละ[sam²la⁵];แก้ติก[kɛ:⁴tok⁷];แก้ไข [kɛ:⁴khai¹];แก้ไขติกล้ง[kɛ:⁴khai¹ tok⁷lɔŋ²];แก้ไขลุ ล่อง[kɛ:⁴ khai¹ lu⁵ lu:aŋ⁵];แก้[kɛ:⁴] 越泰 ta[ta¹] 越 giải quyết[za:i³ kwi:t⁷] 芒 dái quyết[za:i⁵ kwi:t⁷]

【解渴】 泰 แก้กระหายน้ำ[kɛ:³ kra⁵ ha:i¹ nam⁴] 老 ดับกะขาย[ʔdap⁷ ka² ha:i¹] 岱-侬 da cò khấu[ja¹ kɔ² khɯ:⁵] 越 đã khát[ʔda⁴ xa:t⁷];giải khát[za:i³ xa:t⁷]

【解闷】 泰 แก้เหงา[kɛ:³ ŋau¹] 老 บับเบิกโสมัย[ʔban¹ thau² so:¹ ka:¹¹];แก้เขวิงทุเลิกใจ[kɛ:⁴ ŋau¹ thu³ lau² tsai¹¹];แก้ลำคาม[kɛ:⁴ lam² kha:n¹] 岱-侬 kẻ búa[kɛ³ ʔbɯa⁵] 越泰 xáng buồn[sa:ŋ⁵ ʔbu:n²];pái xáng[pa:i⁵sa:ŋ⁵] 越 giải buồn[za:i³ ʔbu:n²];đỡ buồn [ʔdɤ⁴ ʔbu:n²] 芒 dái puồn[za:i⁵ pu:n²]

【解剖】 泰 กายวิภาค[ka:i² wi⁴ pha:k¹⁰];วิภาค[wi⁴ pha:k¹⁰] 老 ปาด[pa:t⁹];การปาดใจ[ka:n¹' pa:t⁹ tsai⁴] 越 giải phẫu[za:i³ fɤu⁴]; mổ xẻ[mo⁵ sɛ³]

【解散】 泰 เลิกแถว[lə:k¹ theu¹];เลิกล้ม[lə:k¹⁰ lom⁴] 老 เลิก[lə:k¹⁰ ];ยิกเลิก[nok⁸ lə:k¹⁰ ] 越 giải thể[za:i³ the³];giải tán[za:i³ ta:n⁵];tan rã[ta:n¹ za⁴]

【解释❶】 泰 แก้ไข[kɛ:³];ไข[khai¹];ไขความ[khai¹ khwa:m²] 老 อะทิบาย[ʔa² thi⁵ ʔba:i¹];คำอะทิบาย[kham¹ ʔa² thi⁵ ʔba:i³];ชี้แจง[si:⁴ tsɛ:ŋ⁵];ติ[ti:¹]; ติความ[ti:¹' khwa:m²];บับยาย[ʔban¹' na:i²]; บับละยาย[ʔban¹' la⁵ na:i²];ปะลิยาย[pa² li⁵ na:²]; แป[pɛ:¹];อะทิบาย[ʔa² thi⁵ ʔba:i³];บิเขด[ni⁵ thet¹⁰]; แก้[kɛ:⁴] 岱-侬 kẻ[kɛ³] 越泰 kẻ nghĩa[kɛ³ ŋiə³] 越 giải thích[za:i³ thit⁷] 芒 cách nghĩa[kat⁷ ŋiə⁴]

【解说】 泰 อธิบาย[ʔa⁵ thi⁴ ʔba:i²] 老 แป[pɛ:¹] 越 thuyết minh[thwi:t⁷ min¹]

【解围】 泰 ภูหน้าให้[ku:² na:³hai³] 越 giải vây[za:i³ vɤi¹] 芒 dái vây[za:i⁵ vɤi¹]

【介绍】 泰 แนะนำ[nɛ⁴nam²] 老 เกาะขอบ[kɔ² su:an²];แบะบำ[nɛ⁵ nam²];แบะบำให้รู้จัก[nɛ⁵ nam² hai³ hu:⁴ tsak⁷] 越 giới thiệu[zɤ:i⁵ thi:u⁶]

【介绍信】 泰 จดหมายแนะนำ[tsot⁷ma:i¹nɛ⁴nam²] 老 ขัวสิแบะบำ[naŋ¹ sɯ:¹ nɛ⁵ nam²];ขัวสิบำ[naŋ¹ sɯ:¹ nam²] 越 giấy giới thiệu[zɤi⁵ zɤ:i⁵ thi:u⁶]

【芥菜】 泰 ผักกาด[phak⁷ka:t⁹];กาดขม[ka:t⁹khom¹]; ผักกาดเขียว[phak⁷ ka:t⁹ khi:au¹] 老 ผักกาดขอ[phak⁷ ka:t⁹khi:au¹];กาดขอ[ka:t⁹khi:au¹];ผักกาด[phak⁷ ka:t⁹];ผักกาดขึ้ม[phak⁷ ka:t⁹hɯn²] 岱-侬 phjăc cat[phjak⁷ka:t⁷] 越泰 phắccát[phak⁷ka:t⁷] 越 rau cải[zau¹ ka:i³]

---

❶ 阿含 lāt khām

【芥蓝菜❶】 泰ผักคะน้า[phak⁷ kha⁴ na:⁴];คะน้า[kha⁴ na:⁴] 老ກາດນາ[ka:t⁹ na:²];ຜັກກາດນາ[phak⁷ ka:t⁹ na:²];ຄະນ້າ[kha⁵na:⁴] 越rau cải làn[ʐau¹ka:i¹ la:n²];rau cải rồ[ʐau¹ ka:i² ʐo³]

【芥末】 泰มัสตาร์ด[mat⁸ ta:t⁹];วาซาบิ[wa:² sa:² ʔbi⁵] 越tương hạt cải[tɯ:ŋ¹ha:t⁸ka:i³];mù tạc[mu² ta:k⁸]

【疥疮❷】 泰หิด[hit⁷] 老ຫິດ[hit⁷];ຂີ້ຫິດ[khi:³hit⁵] 傣-依khit[khit⁷] 越泰túmhít[tum⁵hit⁷];hít[hit⁷] 普qaswak⁵[qa⁰ swa:k⁵] 越ghẻ[ɣɛ³];mụn ghẻ[mun⁶ ɣɛ³] 芒thưa[thɯɯa¹];chốc ngã[tsok⁷ ŋa⁴]

【界线】 越เขตแดน[khe:t⁹ʔdɛ:n²] 老ເຂດຂັ້ນ[khe:t⁹ khan³] 普jin³ bang³[jin³ ba:ŋ³] 越ranh giới[ʐaŋ¹ zɤ:i⁵]

【借❸】 泰ยืม[jɯɯ:m²];กู้[ku:³];ขอหยิบขอยืม[khɔ:¹jip⁷ khɔ:¹ jɯɯ:m²];ขอยืม[khɔ:¹ jɯɯ:m²] 老ຢືມ[jɯɯ:m¹];ກູ້[ku:⁴];ກູ້ຢືມ[ku:⁴jɯɯ:m¹] 傣-依dưm[jɯɯm¹] 越泰dọn[jɔn¹];cù[ku³] 普cim³[tsim³] 越mượn[mɯɯ:n⁶];vay[vai¹] 芒maĩnh[ma:iɲ⁴];wăl[wal¹]

【借口~有事】 泰ข้ออ้าง[khɔ:³ ʔa:ŋ³] 老ຂໍ້ອ້າງ[khɔ:³ ʔa:ŋ³];ສຳອ້າງ[sam¹ ʔa:ŋ³];ແກ້ງາວອ້າງ[kɛ:ŋ⁴ ka:u⁵ ʔa:ŋ³];ເລດ[le:t¹⁰];ອ້າງ[ʔa:ŋ³];ອ້າງວ່າ[ʔa:ŋ³ va:⁵];ແອບອ້າງ[ʔɛ:p⁹ ʔa:ŋ³] 越泰tạk việk[ta:k⁸ vi:k⁸] 越lấy nê[lɤi⁵ne¹];lấy cớ[lɤi⁵ kɤ⁵] 芒lễ nê[le⁴ne⁴];lễ cờ[le⁴ kɤ³]

【借口没有~】 泰ข้ออ้าง[khɔ:³ ʔa:ŋ³] 老ຂໍ້ອ້າງ[khɔ:³ ʔa:ŋ³] 越cái có[ka:i⁵ kɤ⁵];có[kɤ⁵] 芒cờ[kɤ³]

【借条】 泰หลักฐานขอยืมของหรือเงิน[lak⁷tha:n¹khɔ:¹ jɯɯ:m²khɔ:ŋ¹ rɯɯ:¹ ŋɤn²] 老ຫຼັກຖານ ໃບການຢືມເງິນ[lak⁷ ka:n¹' na:i² ka:n¹' jɯɯ:m¹' ŋɤn²] 越biên lai[ʔbi:n¹ la:i¹];biên nhận[ʔbi:n¹ ɲɤn⁶]

【借债】 泰ขอยืมเงิน[khɔ:¹jɯɯ:m²ŋɤn²];ขอกู้เงิน[khɔ:¹

ku:³ ŋɤ:n²] 老ກູ້ໜີ້ຍືມສິນ[ku:⁴ ni:³ jɯɯ:m¹ sin¹] 越vay nợ[vai¹ nɤ⁶] 芒wăl nờ[wal¹ nɤ⁴]

【戒~烟、酒】 泰เว้น[we:n⁴];เว้นจาก[we:n⁴tsa:k⁹];[ʔot⁷];งด[ŋot⁸] 老ຕັດ[tat⁷];ປະ[pa²];ເວັ້ນ[ven⁴];ງົດເວັ້ນ[ŋot⁸ven⁴];ລະເວັ້ນ[la⁵ven⁴];ອົດ[ʔot⁷];ງົດ ເວັ້ນ[ŋot⁸ven⁴];ລະຈາກ[la⁵tsa:k⁹] 傣-依chẳn[tɕan³];pjạc[pja:k⁸];tả[ta³] 越泰cài[ka:i⁶] 越cai[ka:i¹];chừa[tsɯɯa²] 芒chìa[tsiə²]

【戒指】 泰แหวน[wɛ:n¹] 老ແຫວນ[vɛ:n¹];ປອກ[pɔ:k⁹];ປອກມື້[pɔ:k⁹ mɯɯ:²] 傣-依pjooc mừ[pjɔ:k⁹ mɯɯ²];păt tay[pat⁹ tai¹] 越泰ven mũ[vɛn¹ mɯɯ²] 普năng²[naŋ²] 越nhẫn đeo tay[ɲɤn⁴ ʔdɛu¹ tai¹] 芒nhẫn[ɲɤn⁴]

【今后】 泰วันหลัง[wan² laŋ¹];วันหน้า[wan²na:³];ต่อไปนี้[tɔ:⁵ pai² ni:⁴];ต่อนี้ไป[tɔ:⁵ ni:⁴ pai²];ต่อแต่นี้ไป[tɔ:⁵ tɛ:⁵ ni:⁴ pai²];แต่นี้ไป[tɔ:⁵ ni:⁴ pai²];ตั้งแต่นี้ไป[taŋ⁵tɛ:⁵ni:⁴pai²];ที่หลัง[thi:⁵laŋ²];คราวหน้าคราวหลัง[khra:u⁵ na:³ khra:u⁵ laŋ²] 老ເມືອໜ້າ[mɯɯ:a² na:³];ຂ້າງໜ້າ[kha:ŋ⁵ na:³];ແຕ່ຂະນີ້ເມືອໜ້າ[tɛ:⁵ kha:⁵ ni:⁴ mɯɯ:a² na:³];ແຕ່ນີ້ໄປ[tɛ:⁵ ni:⁴ pai¹];ຕໍ່ນີ້ໄປ[tɔ:⁵ ni:¹'pai¹];ຕໍ່ແຕ່ນີ້ໄປ[tɔ:⁵tɛ:⁵ni:⁴pai²];ຕໍ່ຈາກນີ້ໄປ[tɔ:⁵tsa:k⁹ ni:⁴pai²];ຕໍ່ນີ້ເມືອໜ້າ[tɔ:⁵ni:⁴mɯɯ:a²na:³];ຕໍ່ໄປນີ້[tɔ:⁵ pai¹'ni:²];ຕໍ່ໄປພາຍໜ້າ[tɔ:⁵pai¹pha:i²na:³];ຕັ້ງແຕ່ນີ້ຕໍ່ໄປ[taŋ⁴ tɛ:⁵ ni:⁴ tɔ:⁵ pai¹'];ຕັ້ງແຕ່ນີ້ໄປ[taŋ⁴ tɛ:⁵ ni:⁴ pai¹'];ນັບແຕ່ນີ້ໄປ[nap⁸tɛ:⁵ni:⁴pai¹'];ນັບບັດນີ້ໄປ[nap⁸ʔbat⁷ ni:⁴pai¹'];ພາຍຄັ້ງໜ້າ[pha:i²khaŋ⁴na:³];ພາຍຟາກໜ້າ[pha:i²fa:k⁹na:³];ພາຍໜ້າ[pha:i²na:³];ຕໍ່ໄປ ພາຍໜ້າ[tɔ:⁵ pai¹' pha:i² na:³];ເມື່ອໜ້າ[mɯɯ:a⁵ na:³];ອັນຫຼັງ[van²laŋ²];ແຕ່ໄປ ເມືອໜ້າ[tɛ:⁵ni:⁴mɯɯ:a²na:³] 傣-依pjục rự[pjuk⁸ rɯɯ⁴];văn lăng[van² laŋ¹] 越泰puk hự[puk⁸ hɯɯ⁴];lăng mã[laŋ¹ ma:²];lăng nị[laŋ¹ ni⁴] 越sau này[ʂau¹ nai²];về sau[ve² ʂau¹];từ nay về sau[tɯɯ² nai¹ ve² ʂau¹] 芒khau nì[khau¹ ni²]

---

❶ 石家 phrak⁴-khaat²-naa⁴
❷ 阿含 rit D1S   掸 hit D1S
❸ 石家 maan⁵   掸 jɯm A1

【今年】 泰ปีนี้[piː² niː⁴] 老ปีนี้[piː¹' niː⁴] 傣-侬 pi nẩy[pi¹ nəi³] 越泰 pi ni[pi¹ ni³] 越 năm nay[nam¹ nai¹];năm này[nam¹ nai²] 芒 năm nay[nam¹ nai¹]; năm ni[nam¹ ni²]

【今生】 泰ชาตินี้[tshaːt¹⁰niː⁴] 老ຊາດນີ້[saːt¹⁰niː⁴] 越 đời nay[ʔdɤːi² nai¹]

【今天】❶ 泰วันนี้[wan²niː⁴];มื้อนี้[mɯː⁴niː⁴];ใบมื้อนี้ [nai² mɯː⁴ niː⁴];อันนี้[van² ni:⁴];ทุกมื้อนี้[thuk⁸ mɯː⁴ niː⁴] 傣-侬 vằnnẩy[van²nəi³] 越泰 mɯrni[mɯː⁴ni⁴] 普 Vân³ năj²[βɤn³ nai²] 越 hôm nay[hom¹ nai¹] 芒 hôm nay[hom¹ nai¹];hôm may[hom¹ mai¹];may nì[mai¹ ni²]

【今晚】❷ 泰คืนนี้[khɯːn²niː⁴];เมื่อคืนนี้[mɯː⁴khɯːn² niː⁴];เมื่อเย็น[mɯː⁴ lɛŋ² niː⁴] 老มื้อคืนนี้[mɯː⁴ khɯːn² niː⁴];คืน นี้[khɯːn²niː⁴];มื้อแลงนี้[mɯː⁴ lɛŋ²niː⁴];ค่ำนี้ [kham²niː⁴] 越 tốinay[toi⁵nai¹];đêmnay[ʔdem¹nai¹] 芒 hôm may[hom¹ mai¹];cải tla têm nay[kaːi³ tla² tem¹ nai¹]

【金】❸ 泰ทอง[thɔːŋ²];คำ[kham²];ทองคำ[thɔːŋ² kham²];กิม[kim²] 老คำ[kham²];ทอง[thɔːŋ²]; ทองคำ[thɔːŋ²kham²];กิม[kim¹] 傣-侬 kim[kim¹] 越泰 cắm[kam²] 普 Gâm⁴[ɣɤm⁴] 越 vàng[vaːŋ²] 芒 wàng[waːŋ²]

【金箔】 泰แผ่นทอง[phɛːn⁵ thɔːŋ²];แผ่น กระดาษทอง [phɛːn⁵ kraː⁵ ʔdaːt⁹thɔːŋ²] 老ทองปะทาสี[thɔːŋ²paː tha:² siː¹] 越 vàng lá[vaːŋ² laː⁵];vàng quỳ[vaːŋ² kwi²]

【金刚石】 泰เพชร[phet⁸] 老แก้วเพ็ด[keːu⁴ phet⁸]; เพ็ด[phet⁸];แก้วอิสยุม[keːu⁴ vi⁵ siːan⁵];แก้วขาว [keːu⁴ khaːu¹];ผิสยุม[phi⁵ siːan²];อิสยุม[vi⁵ siːan⁵] 越 đá kim cương[ʔda⁵ kim¹ kɯːŋ¹];kim cương[kim¹ kɯːŋ¹];đá quý[ʔda⁵ kwi⁵] 芒 khũ quỳ[khu⁴ kwi²]

【金瓜】❹ 泰กระคอม[kra⁵ ʔdɔːm²] 老หมากฟักคำ [mɛːk⁹ fak⁷ kham²];หมากคำ[ma:k⁹ kham²];ฟักคำ [fak⁷kham²];ฟักทอง[fak⁷thɔːŋ²];หมากฟักทอง [mɛːk⁹ fak⁷ thɔːŋ²];ฟักเขื่อง[fak⁷ lɯːaŋ¹];หมากฟักเขื่อง [ma:k⁹ fak⁷ lɯːaŋ¹] 傣-侬 fặc đeng[vak⁸ ʔdeŋ¹] 越 bí đỏ[bi⁵ ʔdɔ³] 芒 pil thénh[pil³ theŋ⁵]

【金龟子】 泰ด้วงแรค[ʔduːaŋ³ rɛːt¹⁰] 老แมงกะบูน [mɛːŋ² ka² nuːn²];ຂະบูน[kha⁵ nuːn²] 越 bọ rầy[ʔbɔ⁶ zɤi²];bọ đa[ʔbɔ⁶ ʔda¹];cánh cam[kaŋ⁵ ka:m¹]

【金环蛇】 泰ปล้องทอง[plɔːŋ³ thɔːŋ²];งูปล้องทอง[ŋuː² plɔːŋ³ thɔːŋ²];สามเหลี่ยม[sa:m¹ liːam⁵];งูสามเหลี่ยม[ŋuː² sa:m¹ liːam⁵] 老งูก้านป้อง[ŋuː² ka:n⁵ pɔːŋ⁴];ก้านป้อง [ka:n⁵ pɔːŋ⁴];งูทำทาน[ŋuː² tham² tha:n²];งูทำอาน [ŋuː² tham² thwaːn²];งูขับทาน[ŋuː² thap⁸ tha:n²];งูสาม ขล่ม[ŋuː² sa:m¹ liːam⁵] 傣-侬 ngùcáptan[ŋuː² ka:p⁷ ta:n¹] 越 rắn cạp nong[zan⁵ ka:p⁸ nɔŋ¹];cạp nong [ka:p⁸ nɔŋ¹] 芒 thành màl[than³ ma:l²];màl[ma:l²]

【金匠】 泰ช่างทอง[tshaːŋ³ thɔːŋ²];นักตีทอง[nak⁸ tiː¹ thɔːŋ²] 老ຊ່າງคำ[sa:ŋ⁵ kham²];ຊ່າງตีคำ[sa:ŋ⁵ tiː¹' kham²] 越 thợ vàng[thɤ⁶ vaːŋ²];thợ kim hoàn[thɤ⁶ kim¹ hwaːn²]

【金橘】 泰ส้มกิก[som³ kik⁵] 老ນ້ຳกิก[ki:aŋ⁴ kham²] 傣-侬 macngèslay[ma:k⁷ŋɛ⁵ɬai⁵] 越 quảquất[kwa³ kwɤt⁷];quả kim quất[kwa³ kim¹ kwɤt⁷]

【金块】 泰ทองคำแท่ง[thɔːŋ² kham² thɛːŋ³] 越 vềng thỏi[vaːŋ² thɔi³]

【金钱豹】 泰เสือดาว[sɯːa¹ ʔda:u²] 老เสือดาว [sɯːa¹ ʔda:u¹];เสือดอก[sɯːa¹ ʔdɔːk⁹] 越泰 xưa lãi chên[sɯə¹ laːi² tsen²] 越 báo gấm[ʔba:u⁵ ɣɤm⁵]; con báo gấm[kɔn¹ ʔba:u⁵ ɣɤm⁵]

【金钱鸡】 泰ไก่ฟ้าโกลเด้น[kai⁵ faː⁴ kloː² ʔdeːn³]

---

❶ 石家 mii³-nii²

❷ 石家 gin⁴-nii²

❸ 阿含 khām A²  掸 khăm A2  泐 xăm A2

❹ 南瓜的一种，果实成熟后果皮为金黄色或红黄色。

【　】岱-侬cáy bjooc mặn[kai⁵ ʔbjɔːk⁷ man⁴]　越泰cáy quăng[kai⁵ kwaːŋ²]

【金枪鱼】泰ปลาทูน่า[plaː² thuː² naː³]　老ปาทูม่า[paː¹ˈ thuː² naː⁵]　越cá thu[kaˑ⁵ thuˑ¹];cá ngừ[kaˑ⁵ ŋɯˑ²]

【金丝雀】泰นกคีรีบูน[nok⁸ khiː² riː² ʔbuːn²]　老ນົກຄິລີບູນ[nok⁸ khiˑ⁵liˑ²ʔbuːn¹ˈ]　越chim hoàng yến[tsim³ hwaːŋ² ʔiːn⁵];chim bạch yến[tsim¹ ʔbatˑ⁸ ʔiːn⁵]

【金条】泰ทองแท่ง[thɔːŋ² theːŋ³]　老ຄຳແທງ[kham² theːŋ⁵];ທ່ອນຄຳ[thɔːnˑ⁵ kham²]　越vàng thoi[vaːŋ² thɔi¹];cây vàng[kɤi¹ vaːŋ²]　芒wàng thoi[waːŋ² thɔi¹]

【金项链】泰ส้อยคอทอง[sɔːi³ khɔː² thɔːŋ²]　老ສາຍສ້ອຍຄຳ[saːi¹ sɔːi³ kham²]　越dây chuyền vàng [zɤi¹ tswiːn² vaːŋ²]

【金星】泰ดาวพระศุกร์[ʔdaːu² phra⁴ suk⁷];ดาวศุกร์[ʔdaːu² suk⁷];ดาววีนัส[ʔdaːu² wiː² nat⁸];ดาวทอง[ʔdaːu² thɔːŋ²]　老ດາວພະສຸກ[ʔdaːu¹ˈ pha⁵suk⁷];ດາວສຸກ[ʔdaːu¹ˈ suk⁷];ປະຈຳເມືອງ[pa² tsam¹ˈ mɯːaŋ²];ດາວປະຈຳເມືອງ[ʔdaːu¹ˈ pa² tsam¹ˈ mɯːaŋ²];ດາວຮຸ່ງ[ʔdaːu¹ˈ huŋ⁵];ດາວເພັດ[ʔdaːu¹ˈ phek⁸];ດາວເພັດ[ʔdaːu¹ˈ phet⁸];ດາວປະກາຍພຶກ[ʔdaːu¹ˈ pa² kaːi¹ˈ phɯk⁸];ດາວພະກາຍ[ʔdaːu¹ˈ pha⁵ kaːi¹ˈ];ດາວປະກາຍ[ʔdaːu¹ˈ pa² kaːi¹ˈ];ດາວພຸຊັງ[ʔdaːu¹ˈ muˑ¹ saŋ²]　岱-侬đao đí pài[ʔdaːu¹ˈ ʔdi⁵ paːi²]　越泰đao đắc mương[ʔdaːu¹ˈʔdaːkˑ⁷mɯːaŋ¹]　越Sao Kim[ʂaːu¹ kim¹];Kim tinh[kim¹ tiŋ¹]

【金牙】泰ฟันทอง[fan² thɔːŋ²]　老ແຂ້ວຄຳ[kheːu³ kham²]　岱-侬khéokim[kheu³ kim¹]　越răngvàng [zaŋ¹ vaːŋ²]

【金银花】泰ต้นจินอิ่นฮวา[ton² tsin² ʔin¹ hwaː²]　越hoa kim ngân[hwaː¹ kim¹ ŋɤn¹]

【金鱼】泰ปลาทอง[plaː² thɔːŋ²]　老ປາຄຳ[paː¹ˈ kham²]　越cá vàng[kaˑ⁵ vaːŋ²]　芒cả wàng[kaˑ³ waːŋ²]

【筋❶】泰เอ็น[ʔen²];เส้นเอ็น[seːn³ʔen²]　老ເອັນ[ʔen¹];สายเอ็น[saːi¹ˈʔen¹];เส้นเอ็น[sen³ʔen¹]　岱-侬ên[ʔen¹];dên[jen¹]　越泰ên[ʔen¹]　普săj³ ngân³[sai³ ŋɤn³]　越gân[ɣɤn²]　芒chích[tsit⁷]

【锦】泰แพร[phreː²]　岱-侬phải lài mản[phaːi³ laːi³ maːn³]　越gấm[ɣɤm⁵]　芒gầm[ɣɤm³];cẩm[kɤm³]

【锦鸡】泰ไก่ฟ้าที่มีขนสีสลับแวววาว[kai⁵faˑ⁴thiː³miː² khon¹ saˑ⁵ lap⁷ wɛːu² waːu²]　越泰cáy khê[kai⁵ kheˑ¹]　越gà gô[ɣaˑ² ɣo¹];cẩm kê[kɤm³ keˑ¹]　芒ca gô[kaˑ¹ ɣo¹];la ta[laˑ¹ taˑ¹]

【紧 拉~】泰ตึง[tɯŋ²];แน่น[nɛːn³]　越kéo căng[kɛu⁵ kaŋ¹]

【紧急】泰เร่งด่วน[reːŋ³ʔduːan⁵];ฉุกเฉิน[tshuk⁷tshɤːn¹]　老ດ່ວນ[ʔduːan⁵];ດ່ວນຮ້ອນ[ʔduːan⁵hɔːn⁴];ຫຽໍ[thiːau⁵];ປັດຈຸບັນ[pat⁷ tsuˑ² ʔban¹];ຟ້າວ[faːu⁴];ກະຕິຊິຈັບ[kaˑ² tɯˑ¹ˈ lɯˑ¹ lon⁴];ຂະນິຂະນັບ[khaˑ² niˑ¹ khaˑ² nan¹];ຂ່ຳຂ່ຽວ[kham⁵ khiːau⁵]　岱-侬cần cản[kɤn³ kaˑn³];cảndiều[kɤn³ jiːu⁵]　越泰chuôn[tsuːn¹];xẳn chuôn[san³tsuːn¹]　普nêm²[nem²]　越khẩn cấp[xɤn³ kɤp⁷];cần cấp[kɤn² ɣɤp⁷];cần gấp[kɤn² ɣɤp⁷];gấp rút[ɣɤp⁷ ʐɯt⁷]　芒khẩn[khan⁵];cần mái[kɤn² maˑi⁵]

【仅❷】泰เพียง[phiːaŋ²]　老ຈຳເພາະແຕ່[tsam¹ˈ pho⁵ tɛː⁵];ຈຳເພາະ[tsam¹ˈ pho⁵];ເປັນແຕ່[pen¹ˈ tɛː⁵];ແຕ່[tɛː⁵];ພາງ[phaːŋ²];ພຽງ[phiːaŋ²];ພຽງແຕ່[phiːaŋ² tɛː⁵];ພຽງແຕ່ວ່າ[phiːaŋ² tɛː⁵ vaˑ⁵];ພຽງວ່າ[phiːaŋ² vaˑ⁵]　越mới[mɤːi⁵];chi[tsi³]

【尽管 ~下雨也要去】泰แม้...ก็ตาม[mɛː⁴... kɔː³ taːm²];ฉาย[tshaːi¹];ฉายว่า[tshaːi¹ waˑ³];ถึงแม้ว่า[thɯŋ¹ mɛː⁴ waˑ³];ทั้งๆที่[thaŋ⁴thaŋ⁴thiː³];ผิ[phiː⁵];ผิว่า[phi⁵waˑ³];มาตร[maːt¹⁰];มาตรว่า[maːt¹⁰ waˑ³];เยียว[jiːau³]　老ກໍ່ດີ[kɔˑ⁵ ʔdiˑ¹ˈ];ຢ່າງໃດກໍ່ດີ[jaːŋ⁵ ʔdai¹ˈ kɔˑ⁵ ʔdiˑ¹ˈ];ເຖິງຈະ

---
❶ 石家 ʔin¹　阿含 in A1　掸 ʔen A1　拉哈 văn²
❷ 阿含 koi

[thəŋ¹ tsa²];เที่งอ่า[thəŋ¹ va:⁵];เท่าใด๋[thau⁵ dai¹ kɔ:⁵…];เท่าใด๋[thau⁵?dai¹…kɔ:⁵];แม่บอ่า[mɛ:n⁵ va:⁵];ท่าดิ[kɔ:⁵?di:¹'];ขาละ[ha:¹la:⁵] 岱-侬 dèng[jɛŋ⁴]; mài[ma:i²] 越泰 tavà[ta¹va⁶] 普 pu⁴[pu⁴];cê³[ce⁵] 越 mặc dù[mak⁸ zu²];dù rằng[zu² zaŋ²];dẫu rằng [zɤu⁴ zaŋ²];dù[zu²];dẫu[zɤu⁴] 芒 dùrằng[zu²raŋ²]; dù[zu²]

【尽量】 泰 พยายามเท่าที่จะทำได้[pha⁴ ja:² ja:m² thau³ thi:³ tsa⁵ tham² ?dai³] 老 เท่าที่[thau⁵ thi:⁵] 岱-侬 tày xáy[tai² ɕai⁵] 越 cố[ko⁵];ra sức[za¹ ʂuk⁷]

【近❶】 泰 ใกล้[klai³] 老 ใก้[kai⁴] 岱-侬 xầu[ɕəɯ³] 越泰 xầu[saɯ³] 普 tu³[tu³] 越 gần[ɣɤn²] 芒 khênh [khen¹];chà[tsa²]

【近来】 泰 หมู่นี้[mu:⁵ ni:⁴] 老 ຕອນນີ້ໆ[tɔ:n¹' laŋ¹ laŋ¹];ใหม่ ๆ นี้[nai² mɔ:⁵ mɔ:⁵ ni:⁴];ม่ ๆ มานี้[mɔ:⁵ mɔ:⁵ ma:² ni:⁴];ม่ ๆ นี้[mɔ:⁵ mɔ:⁵ ni:⁴];เมื่อม่ ๆ มานี้ [mɯ:a⁵ mɔ:⁵ ma:² ni:⁴];เมื่อไอ ๆ มานี้[mɯ:a⁵ vai² vai² ma:² ni:⁴];ใบขอ่าๆบ่เที่งมี้[nai² va:ŋ⁵ ?bo:⁵ həŋ¹ ni:⁴];ท่าอ่าๆไอ ๆ มี้[va:ŋ⁵ vai² vai² ni:⁴];ท่าอ่าๆม่ ๆ มี้[va:ŋ⁵ mɔ:⁵ mɔ:⁵ ni:⁴];ท่าอ่าๆแล้วมี้[va:ŋ⁵ lɛ:u⁴ ni:⁴] 岱-侬 xầu nầy[ɕəɯ³nəi³];xầu xảng[ɕəɯ³ɕaŋ³] 越 dạo này[za:u⁶ nai²];gần đây[ɣɤn² ?dɤi¹]

【近路】 泰 ทางลัด[tha:ŋ¹ lat⁸] 老 ทางใก้[tha:ŋ¹ kai⁴] 越 đường tắt[?dɯ:ŋ² tat⁷];lối tắt[loi⁵ tat⁷] 芒 khả tắt[kha:¹ tat⁷]

【近视 眼睛~】 泰 สายตาสั้น[sa:i¹ ta:² san³] 老 ตาสั้น [ta:¹' san³] 越 cận thị[kɤn⁶ thi⁶];tật cận thị[tɤt⁸ kɤn⁶ thi⁶];cần thĩ[kɤn⁴ thi⁴]

【近视眼镜】 泰 แว่นสายตาสั้น[wɛ:n³ sa:i¹ ta:² san³]; คอนแทคเลนส์[khɔ:n⁵the:k¹⁰le:n²] 老 แอ่บสายตาสั้น [vɛ:n⁵ sa:i¹ ta:¹' san³] 越 kính cận thị[kin⁵ kɤn⁶ thi⁶]

【进~屋❷】 泰 เข้า[khau³] 老 เข้า[khau³] 岱-侬 khâu[khau³] 越泰 khầu[saɯ³];xầu[saɯ³] 普 mhê¹ kuơng⁴[me¹ ku:ŋ⁴] 越 vào[va:u²] 芒 pao[pa:u]

【进步】 泰 ก้าวหน้า[ka:u³na:³] 老 ກ້າວໜ້າ[ka:u⁴ na:³] 越 tiến bộ[ti:n⁵ ?bo⁶] 芒 tiến bổ[ti:n³ ?bo⁴]

【进攻】 泰 บุกโจมตี[?buk⁷ tso:m²ti:¹] 老 เข้งโจมที [khau tso:m¹ ti:¹'];บุกโจมตี[?buk⁷ tso:m¹' ti:¹'];บุก [?buk⁷] 越 tấn công[tɤn⁵ koŋ¹]

【进口货】 泰 สินค้านำเข้า[sin¹ kha:⁴ nam² khau¹] 老 สิบถ้าเข้ง[sin¹ kha:⁴ khau³];สิบถ้าขาเข้ง[sin¹ kha:⁴ kha:¹ khau³] 越 hàng nhập cảng[ha:ŋ² ɲɤ:⁸ ka:ŋ³];hàng nhập[ha:ŋ² ɲɤp⁸];giá cất[za⁵ kɤt⁷] 芒 hàng nhập cáng[ha:ŋ² ɲɤp⁸ ka:ŋ⁵]

【进来】 泰 เข้ามา[khau³ ma:²] 老 เข้งมา[khau³ ma:²] 岱-侬 khâu mà[khau³ ma²] 越泰 khầu mā[khau³ ma²] 越 vào đây[va:u² ?dɤi¹]

【进去】 泰 เข้าไป[khau³pai²] 老 เข้งไป[khau³pa:¹'] 岱-侬 khâu pây[khau³ pəi⁵] 越泰 khầu pay[khɛu pai¹] 越 vào đi[va:u² ?di¹]

【尽 好话说~】 泰 หมด[mot⁷] 老 ໝົດ[mot⁷] 越 hêt[het⁷]

【尽力】 泰 พยายามเต็มที่[pha⁴ ja:² ja:m² tem² thi:³] 老 ເຕັມກ່ຳລັງ[tem² kam⁵ laŋ²];ເຕັມຄວາມສາມາດ[tem² khwa:m² sa:¹ ma:t¹⁰];ເຕັມທີ່[tem¹' thi:⁵];ผีปอง[phi pɔ:ŋ¹'];พากเพียรพยายาม[pha:k¹⁰ phi:an² pha⁵ ɹ.a:ɹ na:m²];ໝົດແຮງ[mot⁷ hɛ:ŋ²];ອາລຳພະ[?a:¹' lam² pha⁵]; ออก เขื่อแฮง[?ɔ:k⁹ hɯ:a⁵ the:² hɛ:ŋ²];ออกเขื่อแฮง [?ɔ:k⁹ hɯ:a⁵ hɛ:ŋ²];อุดสาหะ[?ut⁷ sa:¹' ha²];อุดสา [?ut⁷sa:¹];แฮงใจ[khɛ:ŋ¹tsai²] 岱-侬 oocrèng[?ɔ:k rɛŋ];lẹo rèng[leu⁴ rɛŋ²] 越泰 xang mò[sa:ŋ¹ mɔ⁶]; mết hãnh[met⁷ hɛŋ²];xót hãnh[sɔt⁷ hɛŋ²] 越 tận lực[tɤn⁶ luk⁸];hết sức[het⁷ ʂuk⁷] 芒 tẫn khúc[tɤn⁵ khuk⁷];hết khắc[het⁷ khɤk⁷]

【尽情】 泰 อย่างถึงอกถึงใจ[ja:ŋ⁵ thɯŋ¹ ?ok⁷ thɯŋ¹

---

❶ 石家 tləə³　阿含 klai C1　掸 kaï C1　泐 kāi C1
❷ 石家 khaw³；haw³　阿含 khau C1；shaü C1　掸 khāu C1　泐 xāu C2

tsai²] 老เต็มใจ[tem¹ tsai³] 岱-侬 sluɔŋtɔi[ɫɯːŋ¹ tɔːi³] 越泰 tó hãnh[tɔ⁵ hɛŋ²] 越 thỏa thích[thwa³ thit⁷];thỏe thuê[thwa³ thwe¹];tận tình[tɤn⁶ tiŋ²]; tha hồ[tha¹ ho²];thoải mái[thwaːi³ maːi⁵] 芒 tẫn tình[tɤn⁴ tiŋ²];lỗ lãng[lo² laŋ²]

【尽心】 泰 พยายามอย่างสุดจิตสุดใจ[pha⁴ jaː² jaːm² jaŋ⁵ sut⁷ tsit⁷ sut⁷ tsai⁷] 老 ผิดจิดผิดใจ[mot⁷ tsit⁷ mot⁷tsai⁷] 越泰 métchau[met⁷ tɕau¹];xótchau[sot⁷ tɕau¹] 越 tận tâm[tɤn⁶ tɤm¹];hết lòng[het⁷ lɔŋ²] 芒 hết lòng[het⁷ lɔŋ²]

【禁止】 泰 ห้าม[haːm³];หวงห้าม[woŋ¹ haːm³] 老 ຂ້າມ[haːm³];ຂ້າມບໍ່ໃຫ້[haːm³ ʔbɔː⁵ hai³];เกือดຂ້າມ[kɯːat⁹ haːm³];สั่งຂ້າม[saŋ¹ haːm³];ຂ້າມປາມ[haːm³ paːm¹];หวงຂ້າม[huːaŋ¹ haːm³];ຂ້າมหวง[haːm³ huːaŋ¹] 岱-侬 chắm[tɕam⁵];cầm[kɤm³] 越泰 cớm[kɤm⁵] 越 cấm[kɤm⁵];cấm chi[kɤm⁵ tsi³];cấm đoán[kɤm⁵ ʔdwaːn⁵] 芒 cầm[kɤm³];ngăn cầm[ŋan¹ kɤm³]

【浸泡】 泰 แช่[tshɛː⁷];แช่น้ำ[tshɛː⁷ nam⁴] 老 ໝ່າ[maː⁵];ໝັກ[mak⁷];ຳຊາບ[kam¹⁻ saːp¹⁰] 越 ngâm[ŋɤm¹];ngâm nước[ŋɤm¹ nɯːk⁷] 芒 ngâm[ŋɤm¹];tầm[tɤm²]

【浸种】 泰 แช่พืชเมล็ดที่จะปลูก[tshɛː³ phɯːt⁵ maː⁴ let⁸ thiː³ tsa⁵ pluːk⁹];แช่เมล็ดพันธุ์[tshɛː³ maː⁴ let⁸ phan²] 老 ເອົາແກ່ນແมอแຊ່ນ້ำ[ʔau¹⁻ kɛːn⁵ nɛːn² sɛː⁵ nam⁴] 岱-侬 má fè[maː⁵fɛ²] 越泰 má[maː⁵] 越 ngâm giống[ŋɤm¹ zoŋ⁵];ngâm thóc giống[ŋɤm¹ thɔk⁷ zoŋ⁵] 芒 ngâm mạ[ŋɤm¹ maː⁴]

【经过~一片森林】 泰 ผ่าน[phaːn⁵] 老 ย่างผ่าน[naːŋ⁵ phaːn⁵];ผ่านราย[phaːn⁵ kaːi¹];ราย[kaːi¹] 越 qua[kwaː¹];trải qua[tʂaː³ kwaː¹];đi qua[ʔdiː¹ kwaː¹]

【经期】 泰 ระยะประจำเดือนมา[raː⁴ jaː⁴ praː⁵ tsam² ʔdɯːan² maː¹];ระยะที่ระดูมา[raː⁴ jaː⁴ thiː³ raː⁴ ʔdu⁵ maː¹];ระยะระดูมา[raː⁴ jaː⁴ raː⁴ ʔdu⁵ maː¹] 老 ຍາມລົງດົງ[naːm² loŋ² khiːŋ³] 越 thời kỳ hành kinh[thɤːi² kiː² haŋ² kiŋ¹];trong kỳ kinh nguyệt[tʂɔŋ¹ kiː² kiŋ¹ ŋwiːt⁸]

【经商❶】 泰 ทำการค้า[tham² kaːn² khaː⁴];ค้าขาย[khaː⁴ khaːi¹];ประกอบธุรกิจ การค้า[praː⁵ kɔːp⁹ thuː⁴ raː⁴ kit⁷ kaːn²khaː⁴] 老 ລົງຄ້າ[loŋ² khaː⁴];ຄ້າຂາຍ[khaː⁴khaːi¹];ທໍາມາຄ້າຂາຍ[tham²maː² khaː⁴ khaːi¹];ຄ້າຂາຍ[khaː⁴ khaːi¹] 越 buôn bán[ʔbuːn¹ ʔbaːn⁵];kinh doanh[kiŋ¹ zwaːn¹]

【经验】 泰 ประสบการณ์[praː⁵ sop⁷ kaːn²];ความจนจัด[khwaːm² tson² tsat⁷] 老 ປິດຮຽນ[pot⁷hiːan²];ປະສົບການ[paː² sop⁷ kaːn¹];ປະສົບປະການ[paː² sop⁷ paː² kaːn¹] 越 kinh nghiệm[kiŋ¹ ŋiːm⁶] 芒 kinh ngiễm[kiŋ¹ ŋiːm⁴]

【经营】 泰 บริหาร(ธุรกิจ)[ʔbɔː² riː⁴ haːn¹ (thuː⁴ raː⁴ kit⁷)] 老 ຄ້າຂາຍແຜ່ນແພ[khaː⁴ khaːi¹ phɛːn⁵ phɛː²] 越 kinh doanh[kiŋ¹ zwaːn¹]

【精光】 泰 หมดเกลี้ยง[mot⁷ kliːaŋ³] 老 ขอย[hɔːi⁵];ผิดซ้อง[mot⁷kiːaŋ²];ผิดสิ้น[mot⁷sin³];ผิดซ้อง[mot⁷ siːaŋ²];ซ้อง[kiːaŋ⁴];เฮาะຂອດ[khɔː² khɔːt⁹] 岱-侬 leo slâu[lɛu⁴ɫəu¹];slâu đoóng[ɫəu¹ ʔdɔːŋ⁵] 越泰 phèo chạch[phɛu³ tsɛk⁸];mét xịt[met⁷ sit⁸] 越 hết nhẵn[het⁷ ɲan⁴];sạch trụi[ʂat⁸ tʂuːi⁶];hết trụi [het⁷ tʂuːi⁶];hết sạch[het⁷ ʂat⁸] 芒 hết quang[het⁷ kwaːŋ¹];hết pông[het¹ pɔŋ³];hết lôl[het⁷ lɔl⁴];hết khơn[het⁷ khɤːn¹]

【精囊】 泰 ถุงน้ำกาม[thuŋ¹nam⁴kaːm²];ถุงน้ำอสุจ[thuŋ¹ nam⁴ʔaː⁵ suː⁵ tsi⁵] 老 ผิกบ้ากาม[phok⁸ nam⁴ kaːm¹];ຖົງບ້າກາມ[thoŋ¹ nam⁴ kaːm¹] 越 tinh nang[tiŋ¹ naːŋ¹];túi tinh[tuːi⁵ tiŋ¹]

【精神~面貌】 泰 จิตใจ[tsit⁷ tsai²];สปิริต[saː⁵ piː⁵ rit⁸] 老 จิต[tsit⁷];จิตใจ[tsit⁷tsai¹];น้ำใจ[nam⁴tsai¹];น้ำจิต[nam⁴tsit¹] 岱-侬 chính xắn[tɕiŋ¹ɕan¹] 越泰 hua chau[huːa¹ tsau¹] 越 tinh thần[tiŋ¹ thɤn²] 芒 tinh thần[tiŋ¹ thɤn²]

【精神病】 泰 โรคจิต[roːk¹⁰ tsit⁷] 老 โลภจิต[loːk¹⁰

---

❶ 石家 khaa⁶ 阿含 kā C2 掸 ka C2 泐 ka C2

tsit⁷];โลกสะพอง[lo:k¹⁰ sa² mɔ:ŋ¹];โลกเสยจิด[lo:k¹⁰ si:a⁵ tsit⁷];โลกอิก็บมจิด[lo:k¹⁰vi⁵kon¹tsit⁷] 越bệnh tâm thần[ʔben⁶ tɤm¹ thɤn²]

【精盐】<sub>熟盐</sub> 泰เกลือปน[klɯ:a² pon⁵] 越muối cất[mu:i⁵ kɤt⁷]

【精液】 泰น้ำกาม[nam⁴ ka:m²];น้ำอสุจิ[nam⁴ ʔa⁵ su⁵ tsi⁵] 老บ้ำอะสุจิ[nam⁴ʔa²su⁵tsi⁵];บ้ำกาม[nam⁴ ka:m¹];บ้ำผู้[nam⁴ phu:³];บ้ำแบ้ม[nam⁴ ʔbɛ:n⁴];บ้ำแย้[nam⁴ ɲɛ:⁴] 越tinh dịch[tin̪¹ zit⁸] 芒tinh dich[tin̪¹ zit⁸]

【精子】 泰ตัวอสุจิ[tu:a² ʔa⁵ su⁵ tsi⁵] 老แม่บ้ำกาม[mɛ:⁵ nam⁴ ka:m¹];แม่บ้ำผู้[mɛ:⁵ nam⁴ phu:³];จุลัวผู้[tsu² laŋ² phu:³] 越tinh trùng[tin̪¹ ʈṣuŋ²];tinh tử[tin̪¹ tɯ³]

【粳稻】 泰ข้าวเจ้า[kha:u³ tsa:u⁴] 老เข้าเปือกจ้าว[khau³ pɯ:ak⁹ tsa:u⁴];เข้าจ้าว[khau³ tsa:u⁴];เข้าปี[khau³ pi:¹] 岱-依khẩu chăm[khəu³ tɕam¹] 越泰khàu chăm[khau³ tsam¹];khàu cỏng[khau³ kɔŋ³] 普piơ¹ la⁴[pie¹ la⁴] 越lúa tẻ[luə⁵ tɛ³];lúa lốc[luə⁵ lok⁷] 芒lõ chăm[lɔ⁴ tsam¹]

【粳米】 泰ข้าวเจ้า[kha:u³ tsau³];ข้าวเจ้าเมล็ดกลม[khau³ tsau⁴ ma⁴ let⁸ klom²] 老เข้าจ้าว[khau³ tsa:u⁴];เข้าสามจ้าว[khau³ sa:n¹ tsa:u⁴] 普piơ¹ la⁴[pie¹ la⁴] 越gạo lốc[ɣa:u⁶ lok⁷];gạo tẻ[ɣa:u⁶ tɛ³] 芒cáo chăm[ka:u³ tsam¹]

【荆棘】 泰พุ่มไม้ที่มีหนาม[phum³ mai⁴ thi:³ mi:² na:m¹] 老ภะเชิง[ka² sɤ:ŋ²];ขนาม[na:m¹] 越bụi gai[ʔbui⁶ ɣa:i¹];chông gai[tsoŋ⁵ ɣa:i¹] 芒chông cai[tsoŋ⁵ ka:i¹]

【京烟】<sub>水烟</sub> 泰ยาหืด[ja:² hi:t⁹];ยาเหียด[ja:² hi:at⁹] 老ยาหิด[ja:¹hi:t⁹];ยาหยด[ja:¹'hi:at⁹] 岱-依lào keo[la:u³ kɛu¹] 越泰cuốn hiết[ku:n²hi:t⁷];cuốn keo[ku:n² kɛu¹] 越thuốc lào[thu:k⁷ la:u²] 芒khón lào[khon⁵ la:u²]

【惊风❶】 泰สะพั้น[sa⁵phan⁴];ตะพั้น[ta⁵phan⁴] 老ຊัກแງ้บ[sak⁸ŋɛ:n⁴] 岱-依tặc khen kha[tak⁸ khɛn¹ kha¹];dồn đin[jon³ ʔdin¹]

【惊慌】 泰ตื่นตระหนกตกใจ[tɯ:n⁵ tra⁵ nok⁷ tok⁷ tsai²] 老ງึบງัมกะอัมกะอาย[ʔdi:n⁴hon¹ka²von²ka²va:i²];ตื่นเต้มกะอัมกะอาย[tɯ:n⁵ ten⁴ ka² von² ka² va:i²];ขวาดขอับสั้นเฮ้ม[va:t⁹ van⁵ san⁵ sen²] 岱-依tôc doan[tok⁷jwa:n¹] 泰phàm[pha:m²] 越hoàng hốt[hwa:ŋ³ hot⁷];hốt hải[hɤ:t⁷ ha:i³];hoangmang[hwa:ŋ ma:ŋ¹] 芒hốt hái[hɤ:t⁷ ha:i⁵];wang mang[wa:ŋ ma:ŋ¹]

【鲸鱼】 泰ปลาวาฬ[pla:²wa:n²] 老ปาวาน[pa:¹'va:n²] 越cá kình[ka⁵ kin̪²];cá voi[ka⁵ vɔi¹] 芒cá kinh[ka³ kin̪²];cá way[ka³ wai¹]

【井❷】 泰บ่อ[ʔbɔ:⁵] 老บ่อ[ʔbɔ:⁵];ส้าง[sa:ŋ³];บ้ำส้าง[nam⁴ sa:ŋ³];ขุมส้าง[khum¹ sa:ŋ³];ขุมละสะกาบ[son² la⁵ sa² tha:n¹] 岱-依chinh[tein³] 越泰khum năm kin[khum¹ nam⁴ kin¹] 普thang²[tha:ŋ²] 越giếng[zi:ŋ⁵];cái giếng[ka:i⁵ zi:ŋ⁵] 芒chiềng[tsi:ŋ³];bò[ʔbɔ³]

【井底】 泰ก้นบ่อ[kon³ ʔbɔ:⁵] 老ก้นบ่อ[kon⁴ʔbɔ:⁵] 越đáy giếng[ʔdai⁵ zi:ŋ⁵]

【井水】 泰น้ำบ่อ[nam⁴ʔbɔ:⁵] 老บ้ำส้าง[nam⁴sa:ŋ³] 越nước giếng[nɯ:k⁷ zi:ŋ⁵] 芒đác chiềng[ʔda:k⁷ tsi:ŋ³];đác bò[ʔda:k⁷ ʔbɔ³]

【井盐】 泰เกลือสินเธาว์[klɯ:a²sin¹thau²];เกลือบก[klɯ:a² bok⁷] 老เกือบ่อ[kɯ:a¹' ʔbɔ:⁵];เกือแซ่จาบ[kɯ:a¹' hɛ:⁵ tsa:n⁵] 越muối khoáng[mu:i⁵ xwa:ŋ⁵];muối mỏ[mu:i⁵ mɔ³] 芒bói mó[ʔbɔi³ mɔ⁵]

【警惕】 泰ระมัดระวัง[ra⁴mat⁸ra⁴waŋ²] 老ละมัดละอัง[la⁵ mat⁵ la⁵ vaŋ²] 越tinh táo[tin̪⁵ ta:u⁵] 芒tính táo[tin̪⁵ ta:u³]

---

❶ 中医指小孩由于发高烧两眼直视或上转、牙齿紧闭、手足痉挛的病。
❷ 石家bɔɔ⁶

【敬酒】 泰ขอเชิญดื่มเหล้า[khɔː¹ tshəːn² ʔdɯːm⁵ lau³] 越chúc rượu[tsuk⁷ ʐɯːu⁶];mời rượu[mɤːi² ʐɯːu⁶]

【敬礼】 泰แสดงความเคารพ[saˠ⁵ ʔdɛːŋ² khwaːm² khau² rop⁸] 老ຄຳນັບ[kham² nap⁸];ຖວາຍຄວາມເຄົາລົບ[tha² vaːi¹ khwaːm² khau² lop⁸];ຂ້ຳນັບ[kham² nap⁸];ຄຳນັບ[kham² nap⁸] 普su⁴[su⁴] 越chào[tsaːu²];chào[tsaːu²]

【敬重】 泰เคารพและนอบน้อม[khau² rop⁸ lɛ⁴ nɔːp¹⁰ nɔːm⁴];นับถืออย่างสูง[nap⁸ thɯːˠ¹ jaːŋ⁵ suːŋ¹] 老ມັນຕິ [nap⁸ thɯːˠ¹];ຍຳ[jam¹] 越泰nhọng[ɲɔːŋ⁴] 普tăj⁵ khjan¹[tai⁵ khjaːn¹];kon³ khjan¹[kɔn³ khjaːn¹] 越kính trọng[kin⁵ tʂɔŋ⁶] 芒kinh tlòng[kin⁵ tlɔŋ⁴]

【镜框】 泰กรอบรูป[krɔːp⁹ ruːp¹⁰] 老ກອບຮູບ[kɔːp⁹ huːp¹⁰] 越khungkính[xuŋ¹ kin⁵] 芒khungcương[khuŋ¹ kɯːŋ¹]

【镜子】 泰แว่น[wɛːn³];กระจก[kra⁵ tsok⁷];กระจกเงา [kra⁵ tsok⁷ ŋau²];กระจกสอง[kra⁵ tsok⁷ sɔːŋ⁵];กันกอน [kan² kɔːn²];คันฉ่อง[khan² tshɔːŋ⁵];คันฉาย[khan² tshaːi¹] 老แอ่บ[vɛːn⁵];แอ่บแยง[vɛːn⁵ ɲɛːŋ¹];ຈະຈົກ [ka² tsok⁷];ຄັນສ່ອງ[khan¹ sɔːŋ⁵] 岱-侬ăn kiếng [ʔan¹ kiːŋ⁵];ăncương[ʔan¹ kɯːŋ¹] 越泰vèn[vɛn⁶] 普kương⁴[kɯːŋ⁴] 越gương[ɣɯːŋ¹];gương soi [ɣɯːŋ¹ sɔi¹] 芒cương[kɯːŋ¹]

【竞赛】 泰แข่ง[khɛːŋ⁵] 老แข่ง[khɛːŋ⁵];แข่งขัน [khɛːŋ⁵ khan¹];ຂັນແຂ່ງ[khan¹ khɛːŋ⁵];ເສັ້ງກັນ[seŋ¹ kan¹];ການແຂ່ງຂັນ[kaːn¹ khɛːŋ⁵ khan¹];ຂ່ວງ[suːaŋ⁵]; ເສັ້ງຂ່ວງ[suːaŋ⁵ seŋ¹];ຊ່ວງຊິງ[suːaŋ⁵ siŋ²];ປະກວດ [pa² kuːat⁹];ປະກວດປະຂັນ[pa² kuːat⁹ pa² khan¹]; ທ້າ[thaː⁴] 岱-侬thi căn[thi¹ kan¹];tò thi[tɔ² thi¹] 越泰khanhchinh[khɛŋ¹ tsiŋ¹] 越thiđấu[thi¹ ʔdɤu⁵]; cuộcthiđấu[kuːk⁸ thi¹ ʔdɤu⁵];trậnđấu[tʂɤn⁶ ʔdɤu⁵]; thi đua[thi¹ duə¹];tranh tài[tʂaŋ¹ taːi²]

【竞争】 泰แข่งขัน[khɛːŋ⁵ khan¹];เถี่ยวขัน[khiːau³ khan¹] 老แข่ง[khɛːŋ⁵];ຂັນແຂ່ງ[khan¹ khɛːŋ⁵];ສະບັດ[sa² ʔbat⁷];ເສັ້ງກັນ[seŋ¹ kan¹];ແກ້ງຍ້າງ[kɛːŋ⁴ ɲɛːŋ⁴];ຊິງ [siŋ²];ຊິງຊ່ວງ[siŋ² suːaŋ²];ຊ່ວງຕັ້[suːaŋ⁵ tɔː⁵];ຊ່ວງຊິງ [suːaŋ⁵ siŋ²];แย่ง[ɲɛːŋ⁵];ปะกวด[pa² kuːat⁹];ปะ ກວດປະຂັນ[pa² kuːat⁹ pa² khan¹];ປະຂັນ[pa² san²]; ປະຂິນ[pa²son²];ວັດວາ[vat⁸vaː¹] 岱-侬tò cheng[tɔ² tɕɛŋ¹];tò sli[tɔ² ɬi¹] 越trận đậu[tʂɤn⁶ ʔdɤu⁵];cạnh tranh[kaŋ⁶ tʂaŋ¹];đua chen[ʔduə¹ tʂɛn¹] 芒kênh chenh[kɛn⁴ tʂɛn¹];đua chen[ʔduə¹ tʂɛn¹]

【痉挛】 泰ชัก[tshak⁸];ชักกระดูก[tshak⁸ kra² ʔduːk⁹]; หดเกร็ง[hot⁷ kreŋ²];ตะคิว[ta⁵ khiu²];ตะคริว[ta⁵ khriu²] 老ຊັກ[sak⁸];ຂະເມັ້ນ[kha²men¹];ຂະເມັ້ນ[sa⁵men⁵] 越co giật[kɔ¹ zɤt⁸];chuột rút[tsuːt⁸ zut⁷]

【净】~说不做 泰อย่างเดียวเท่านั้น[jaːŋ⁵ ʔdiːau² thau² nan⁴] 岱-侬tinh[tiŋ¹];xịnh[ɕiŋ⁴];tằng[taŋ³];tán [taːn⁵] 越泰luộn tặc[luːn⁴ tak⁸] 越toàn[twaːn²]; toàn là[twaːn² laː²]

【净重】 泰น้ำหนักสุทธิ[nam⁴ nak⁷ sut⁷ thi⁴] 老ນ້ຳນັກຈິງ[nam⁴ nak⁷ tsiŋ⁶] 越cân trừ bì[kɤn¹ tʂɯ² ʔbi²]

【揪】 泰จับไว้แน่น[tsap⁷ wai⁴ nɛːn³] 岱-侬pa[pa¹]; slăp[ɬap⁷];păt[pat⁷] 越泰tiu[tiu³];nhanh[ɲɛŋ¹]; chóng[tsɔŋ⁵] 越tóm[tɔm⁵];bíu[ʔbiu⁵];bám[ʔbaːm⁵]; níu[niu⁵] 芒niu[niu³]

【酒】❶ 泰เหล้า[lau³];สุรา[suˠ⁵raː²] 老ເຫຼົ້າ[lau³];ນ້ຳເຫຼົ້າ [nam⁴ lau³];ສຸລາ[suˠ² laː²];ສຸລາບານ[suˠ⁵ laː² ʔbaːn¹]; ສຸລາເມໄລ[suˠ² laː² meː² lai²] 岱-侬lầu[ləu³] 越泰 lâu[lau³] 普păw¹[pau¹] 越rượu[ʐɯːu⁶] 芒rào [raːu⁴]

【酒杯】 泰แก้วเหล้า[kɛːu³ lau³];จอกเหล้า[tsɔː⁵ k⁹ lau³] 老ແຈັບເຫຼົ້າ[tsɛːn⁴ lau³];ຈອກເຫຼົ້າ[tsɔː⁵ k⁹ lau³] 越 chén rượu[tʂɛn⁵ ʐɯːu⁶];cốc rượu[kok⁸ ʐɯːu⁶]

【酒店】 泰ร้านอาหาร[raːn⁴ ʔaː² haːn¹];ร้านเหล้า[raːn⁴ lau³];ร้านขายเหล้า[raːn⁴ khaːi¹ lau³] 老ຮ້ານເຫຼົ້າ [haːn⁴ lau³];ຮ້ານຂາຍເຫຼົ້າ[haːn⁴ khaːi¹ lau³];ໂຮງເຫຼົ້າ [hoːŋ² lau³] 岱-侬phú lầu[phu⁵ ləu³] 越khách

---
❶ 石家law³

sạn[xat⁷ ṣaːn⁶]

【酒鬼】 泰 ขี้เหล้า[khiː³ lau³];ขี้เมา[khiː³ mau²];คอเหล้า[khɔː² lau³];นักดื่ม[nak⁸ ʔdɯːm⁵];นักดื่มสุรา[nak⁸ ʔdɯːm⁵ suˀ raː²];นักแลงเหล้า[nak⁸ lɛːŋ² lau³] 老 ขี้เຫຼົ້າ[khiː³ lau³];ໂຕງເຫຼົ້າ[thoːŋ¹ lau³];ຄົນຂີ້ເຫຼົ້າ[khon² khiː³ lau³];ມັກເລງເຫຼົ້າ[nak⁸ lɛːŋ² lau³] 岱-侬 híu lầu [hiu⁵ ləu³] 越 tên say rượu[ten¹ ṣai¹ ẓɯːu⁶];người nghiện rượu[ŋɯːi² ŋin⁶ ẓɯːu⁶];sâu rượu[ṣɤu¹ ẓɯːu⁶]

【酒壶】 泰 กาเหล้า[kaː² lau³] 老 ກາເຫຼົ້າ[kaː¹¹ lau³] 越 ấm rượu[ʔɤm⁵ ẓɯːu⁶]

【酒精】 泰 แอลกอฮอล์[ʔɛːn² kɔː² hɔː²] 越 cồn[kon²];chất rượu[tʂɤt⁷ ẓɯːu⁶]

【酒瓶】 泰 ขวดเหล้า[khuːat⁹ lau³] 老 ຂວດເຫຼົ້າ[khuːat⁹ lau³];ກອດເຫຼົ້າ[kuːat⁹ lau³];ແກ້ວເຫຼົ້າ[kɛːu⁴ lau³] 越 chai rượu[tsai¹ ẓɯːu⁶];bình rượu[ʔbin² ẓɯːu⁶] 芒 chai hảo[tsai¹ haːu⁴];bình hảo[ʔbin² haːu⁴]

【酒曲】 泰 แป้งข้าวหมาก[pɛːŋ¹ khaːu³ maːk⁹];ส่าเหล้า[saː⁵ lau³] 老 ແປ້ງເຫຼົ້າ[pɛːŋ¹ lau³];ແມ່ແປ້ງເຫຼົ້າ[mɛː⁵ pɛːŋ¹ lau³];ແມ່ເຫຼົ້າ[mɛː⁵ lau³];ເຊື້ອເຫຼົ້າ[sɯːa⁴ lau³] 岱-侬 mac men[maːk⁷ mɛn¹] 越 men rượu[mɛn¹ ẓɯːu⁶]

【酒坛】 泰 ไหซอง[hai¹ sɔːŋ²] 老 ໄຫແຄ[hai¹ khɛː²];ອອມເຫຼົ້າ[ʔɔːm¹ lau³];ອອມໃສ່ເຫຼົ້າ[ʔɔːm¹ sai⁵ lau³];ອຸ[ʔu²];ແປ້ເຫຼົ້າ[pɛː⁴ lau³] 越 hũ rượu[hu⁴ ẓɯːu⁶] 芒 không đờng hảo[khoŋ¹ ʔdɤːŋ³ haːu⁴]

【酒窝】 泰 ลักยิ้ม[lak⁸ jim⁴];ยักยิ้ม[jak⁸ jim⁴] 老 ແກ້ມບ່ອງ[kɛːm⁴ ʔbɔːŋ⁵];ດອກ ຍິ້ມ[ʔdɔːk⁹ ɲim⁴];ລັກຍິ້ມ[lak⁸ ɲim⁴] 岱-侬 kẻm boóng[kɛm³ ʔbɔːŋ⁵] 越 kẻm bong[kɛm³ ʔbɔŋ⁵];lúm đồng tiền[lum⁵ ʔdoŋ² tiːn²] 芒 lúm tồng tiền[lum³ toŋ² tiːn²]

【酒席】 泰 งานเลี้ยง[ŋaːn² liːaŋ⁴];กิน โต๊ะ[kin² toʔ⁴];สุราอาหารที่ตั้งไว้ปืนโต๊ะ[suˀ raː² ʔaː haːn¹ thiː² taŋ⁵ wai⁴ pen² toʔ⁴] 老 ກິນໂຕະ[kin¹¹ toʔ²] 越泰 pān cộ[paːn²
koʔ⁶] 越 bữa tiệc[ʔbɯːa⁴ tiːk⁸];cỗ[koʔ⁴]

【酒糟】 泰 ขี้ส่า[khiː³ saː⁵] 老 ຂີ້ສາ[khiː³ saː⁵];ຂີ້ເຫຼົ້າ[khiː³ lau³] 岱-侬 nặm slá[nam⁴ɬaː⁵];đứa lẩu[ʔdɯːa⁵ ləu³];hém lẩu[hɛm⁵ ləu³] 越泰 chả lâu[tsaː³ lau³⁻];nhứa lâu[ɲɯːa⁵ lau³] 普 Nja⁴ pǎw¹[ɲja⁴ pau¹] 越 bã rượu[ba⁴ ẓɯːu⁶]

【酒糟鼻子】 泰 โรคปลายจมูกแดง[roːk¹⁰ plaːi² tsa⁵ muːk⁹ ʔdɛːŋ²] 老 ດັງແດງ[ʔdaŋ¹' ʔdɛːŋ¹] 越 bệnh đỏ mũi[ʔben⁶ ʔdɔː³ mui⁴]

【酒盅】 泰 ถ้วยเหล้า[thuːai³ lau³];จอกเหล้า[tsɔːk⁹ lau³] 老 ຖ້ວຍໄວ[thuːai³ vai²] 越 chén[tsɛn⁵];churg [tsuŋ⁵]

【九❶】 泰 เก้า[kau³] 老 ເກົ້າ[kau⁴] 岱-侬 cẩu [kəu³] 越泰 cáu[kau³] 普 sja⁴[sja⁴];mɤsja⁴[mɤ⁰ sja⁴] 越 chín[tsin⁵];cửu[kɯːu³] 芒 chín[tsin³]

【九十】 泰 เก้าสิบ[kau³ sip⁷] 老 ເກົ້າສິບ[kau⁴ sip⁷] 岱-侬 cẩu slip[kəu³ ɬip⁷] 越泰 cáu xíp[kau³ sip⁷] 越 chín mươi[tsin⁵ mɯːi¹]

【九月】 泰 เดือนกันยายน[ʔdɯːan² kan² jaː² jon²];กันยายน[kan² jaː² jon²];เดือนเก้า[ʔdɯːan² kau³] 老 ເດືອນກັນຍາ[ʔdɯːan² kan¹' ɲaː²];ກັນຍາ[kan¹' ɲaː²];ກັນຍາຍົມ[kan¹' ɲaː² ɲon²] 岱-侬 bươn cẩu[ʔbɯ n¹ kəu³] 越泰 bươn cáu[ʔbɯːn¹ kau³] 普 nin¹ puŋ¹[nin¹ puŋ¹] 越 tháng chín[thaːŋ⁵ tsin⁵] 芒 kháng chin[khaːŋ³ tsin³]

【久❷】 泰 นาน[naːn²] 老 ຫຶງ[hɯŋ¹];ບານ[naːn²];ຫຶງນານ[hɯŋ¹ naːn²];ເນິ່ນ[nɤːn²];ຄຸນ[khuŋ²];ດົນ[ʔdoːn²] 岱-侬 hâng[hɤŋ¹] 越泰 hơng[hɤŋ¹];nǎn[naːn²] 普 len⁴[lɛn⁴] 越 lâu[lɤu¹] 芒 lô[lo¹];mói[mɔi⁵]

【灸】 泰 อังความร้อน[ʔaŋ² khwaːm² rɔːn⁴] 越 cứu [kɯːu⁵];châm cứu[tsɤm¹ kɯːu⁵]

【韭菜】 泰 กุ้ยช่าย[kui³ tshaːi³] 老 ຜັກແປ້ມ[phak⁷

---

❶ 石家 kuu³  阿含 kau [kau]
❷ 石家 nia⁴

pe:n⁴];ขอมแป้บ[hɔ:m¹ pe:n⁴] 岱-侬phjăckep[phjak⁷ kɛp⁷];phjăc lẹp[phjak⁷ lɛp⁸] 越rau hẹ[zau¹ hɛ⁶] 芒tắc két[tak⁷ kɛt⁷]

【舅舅】泰น้า[na:⁴];น้าชาย[na:⁴ tsha:i²];ลุง[luŋ²] 老ลุງ[luŋ²];ລຸງ[lu:ŋ²];ม้าบ่าว[na:⁴ʔba:u⁵];ລຸງຕາ[luŋ² ta:¹'];ม้าออง[na:⁴ʔɔ:k⁹] 岱-侬khù[khu³] 越泰nạ[na⁴] 普căw³[tsau³] 越bác[ʔba:k⁷];cậu[kɤu⁵] 芒cū[ku⁴]

【舅母】泰ป้าสะใภ้[pa:³ sa⁵ phai⁴];ป้า[pa:³];น้าสะใภ้[na:⁴ sa⁵ phai⁴] 老ป้า[pa:³];ม้าใพ้[na:⁴ phai⁴] 岱-侬mừ[mɯ³] 越泰nạ pạu[na⁴ pau⁴] 普căw³ mǎj²[tsau³ mai²] 越bác[ʔba:k⁷];mọ[mɤ⁵] 芒ỷ[ʔi³]

【臼】泰ครก[khrok⁸] 老ຄົກ[khok⁸] 越cối giã gạo[koi⁵ za⁴ ɣa:u⁶]

【臼齿】泰ฟันกราม[fan² kra:m²] 老แຂ້ວກິນ[kheu³ kok⁷];แຂ້ວຂບ[kheu³ khop⁷];แຂ້ວໂບບ[kheu³ kho:p¹⁰] 岱-侬khéo vài[kheu³ va:i²];khéo cậu[kheu³ kɤu⁴] 越泰khéo cốc[kheu³ kok⁷] 普swang¹ tô⁴[swa:ŋ¹ to⁴] 越răng hàm[zaŋ¹ ha:m²];răng cối[zaŋ¹ koi⁵];răng cùng[zaŋ¹ kuŋ²] 芒thăng cầm[thaŋ¹ kɤm³]

【厩肥】泰ลานมูล[la:n² mu:n²];ลานมูลสัตว์[la:n² mu:n² sat⁷];ปุ๋ยคอก[pui³ khɔ:k¹⁰] 老ผุ່ນຄອກ[fun⁵ khɔ:k¹⁰];ปุ๋ยคอก[pui¹ khɔ:k¹⁰] 越phân chuồng[fɤn¹ tsu:ŋ²]

【就你不去我~不去】泰ก็[kɔ³] 老ກໍ[kɔ:⁵] 岱-侬lẻ[lɛ³];lèo[lɛu²];lếu[lɛu³] 越泰lò[lɔ³] 越thì[thi²] 芒lā[la⁴]

【旧❶】泰เก่า[kau⁵] 老ເກົ່າ[kau⁵] 岱-侬cáu[kau⁵] 越泰cáu[kau⁵] 标qâw⁴[qau⁴] 越cũ[ku⁴] 芒cũ[ku⁴]

【救~人】泰ช่วย[tsu:ai³];กู้[ku:³] 老ກູ້[ku:³] 岱-侬cháu[tɕau⁵] 越泰kíu[kiu⁵] 越cứu[kɯu⁵]

芒cứu[kɯu³]

【救命】泰ช่วยชีวิต[tshu:ai³ tshi:² wit⁸];ช่วยด้วย[tshu:ai³ ʔdu:ai³] 老ກູ້[ku:⁴];ກູ້ຊີບ[ku:⁴si:p¹⁰];ຊ່ອຍຊູກູ້ຊີບ[su:ai⁵ su:² ku:⁴ si:p¹⁰];ຊ່ອຍຊູກູ້ຊີບ[sɔ:i⁵ su:² ku:⁴ si:p¹⁰] 越cứu mạng[kɯu⁵ ma:ŋ⁶]

【救护车】泰รถพยาบาล[rot⁸ pha⁴ ja:² ʔba:n²] 老ລົດພະຍາບານ[lot⁸ pha⁵ ɲa:² ba:n¹'];ລົດໂຮງໝໍ[lot⁸ ho:ŋ² mɔ:¹'] 越cứu[sɛ¹ kɤp⁷ kuu⁵]

【救生艇】泰เรือชูชีพ[rɯa² tshu:² tshi:p¹⁰] 老ເຮືອຊີບ[hɯa² su:² si:p¹⁰] 越xuồng cấp cứu[su:ŋ² kɤp⁷ kuu⁵];xuồng cứu hộ[su:ŋ² kuu⁵ ho⁶]

【鞠躬】泰โค้งคำนับ[kho:ŋ⁴ kham² nap⁸] 老ບ້ອມຄຳນັບ[nɔ:m⁴ kham² nap⁸];ກົ້ມຫົວ[kom⁴ hu:a¹'] 越cúi mình[kui⁵ miɲ²];nghiêng mình[ɲi:ŋ¹ miɲ²];cúi chào[kui⁵ tsa:u²];chào[tsa:u²]

【菊花】泰เบญจมาศ[ʔbe:n² tsa⁵ ma:t⁹];เก็กฮวย[kek⁴ hu:ai²] 老ດອກເບັນຈະມາດ[ʔdɔ:k⁹ ʔben¹' tsa² ma:t¹⁰];ດອກເບັ້ງມາດ[ʔdɔ:k⁹ ʔbeŋ¹' ma:t¹⁰];ດອກກ້ານມ່ອງ[ʔdɔ:k⁹ ka:n⁴ kɔ:ŋ⁵] 越泰hoa cúc[hwa¹ kuk⁷] 芒wa cúc[wa¹ kuk⁷]

【橘子❷】泰ส้มเขียวหวาน[som³ khi:au¹ wa:n¹] 老ໝາກກ້ຽງນ້ອຍ[ma:k⁹ ki:aŋ⁴ nɔ:i⁴];ກ້ຽງນ້ອຍ[ki:aŋ⁴ nɔ:i⁴];ກະແຈ[ka² tɕɛ²] 岱-侬macngè[ma:k⁷ ŋɛ²];cam chia[ka:m¹ tɕia³] 越泰mák nghẽ[ma:k⁷ ŋɛ²] 普mjak² kwăt²[mja:k²kwat²];mjak² qAt⁵[mja:k²kɒt⁵] 越quả quýt[kwa³ kwit⁷]

【举~旗子❸】泰ยก[jok⁸] 老ເຮັດ[sə:t¹⁰];ເຮັດສູ[sə:t¹⁰ su:²];ຍົກ[ɲok⁸];ກະເຊີງ[ka² sə:ŋ²] 普jô⁴[jo⁴] 越giương[zɯɤŋ¹]

【举~杯】泰ชู[tshu:²] 老ຊູ[su:²];ຍົກ[ɲok⁸] 岱-侬dạu[jau⁴];nhò[ɲɔ⁶] 越泰nhỗng[ɲoŋ²];pủa[pua⁶] 越nâng[nɤŋ¹]

---

❶ 石家mɔɔ³
❷ 石家maak²-kiaŋ²
❸ 阿含yuk D2S

【举例】 泰ยกตัวอย่าง[jok⁸ tuːa² jaːŋ²];ยกอุทาหรณ์[jok⁸ ʔu⁵ ʔaː² hɔːn¹] 老ฮ้ักตัอย่าง[sak⁸ tuːa¹ jaːŋ²] 越nêu thí dụ[neu¹ thi⁵ zu⁶];đưa thí dụ[ʔduɤ¹ thi⁵ zu⁶];cho thí dụ[tsɔ¹ thi⁵ zu⁶]

【举手】 泰เชิดมื[tshɤːt¹⁰ muːː²];ยกมื[jok⁸ muːː²] 老ยิ่งมื[nok⁸ muːː²];ฃื้อมื[siː⁴ muːː²] 傣-侬 dưởng mừ [juːŋ³ muː²];tẳngmừ[taŋ³ muː²] 普jô⁴qami⁴[jo⁴ qa⁰ mi⁴] 越giơ tay[zɤ¹ tai¹] 芒dơ thay[zɤ¹ thai¹]

【举行 婚礼】 泰จัดให้มีขึ้น[tsat¹ hai³ miː² khun³] 老ทำ[tham²] 越tổ chức[toː³ tsuk⁷];cử hành[kuɤ³ han²]

【句 ~话】 泰ประโยค[praː⁵ joːk¹⁰];คำ[kham²];ความ[khwaːm²] 老ปะโฮียก[paː² no:k⁹];คำ[kham²] 傣-侬cằm[kam²] 越泰hụt[hut⁸] 越câu[kɤu¹] 芒câu[kɤu¹]

【锯 ~木头】 泰เลื่อย[luːai³] 老เลื่อย[luːai⁵] 傣-侬cứ[kuːɯ⁵];cắt[kat⁷] 越cưa[kuːɤ⁴] 普lăj³ zin⁴[laj³ zin⁴];lăj³ rin⁴[laj³ rin⁴] 越cưa[kuːɤ⁴]

【锯齿】 泰ฟันเลื่อย[fan² luːai³] 老แฃ้อเลื่อย[kheːu³ luːai⁵] 傣-侬fằn cứ[fan² kuːɯ⁵];khèo cứ[kheu³ kuːɯ⁵] 越泰khèo cưa[kheu³ kuːɤ⁴] 普swang¹ lăng⁴[swaːŋ¹ laŋ⁴] 越răng cưa[zaŋ¹ kuːɤ¹]

【锯末】 泰ขี้เลื่อย[khiː³ luːai⁵] 老ฃี้เลื่อย[khiː³ luːai⁵] 越泰khi cưa[khiː³ kuːɤ⁴] 芒mạt cưa[maːt⁸ kuːɤ¹];mùn cưa[mun² kuːɤ¹] 芒mùn khưa[mun² khuːɤ¹];é khưa[ʔɛ⁵ khuːɤ¹]

【锯片】 泰ใบเลื่อย[ʔbai² luːai³] 老ใบเลื่อย[ʔbai⁵ luːai⁵] 傣lưỡi cưa[luːɯi⁴ kuːɤ⁴]

【锯子❷】 泰เลื่อย[luːai³] 老เลื่อย[luːai⁵] เฃลื่อ[luːa⁵] 傣-侬mạc cứ[maːk⁸ kuːɯ⁵];mạc slóa[maːk⁸ ɬwa⁵];mạc chái[maːk⁸ tɕai⁵] 越泰mạk cưa

【剧场】 泰โรงละคร[roːŋ² laː⁴ khɔːn²] 老โฮงละคอน[hoːŋ² laː⁵ khɔːn²] 越nhà hát[ɲaː² haːt⁷];rạp hát[zaːp⁸ haːt⁷]

【距鸡~❸】 泰เดือย[ʔduːai²] 老เดือ[ʔduːa¹'] 越泰đưa[ʔduːɤ¹] 普so⁴[sɔ⁴] 越cưa[kuːɤ⁶] 芒 kiếch[kiːt⁷]

【距离 县城十里】 泰ห่างจาก[haːŋ⁵ tsaːk⁹] 老ห่าง[haːŋ⁵] 傣-侬quây[kwɤi¹];lìa[liə²];kec[kɛk⁷] 越 cách[kat⁷];khoảng giữ[xwaːŋ³ zuːɤ³];cự ly[kuː* li¹] 芒khoảng cách[khwaːŋ⁵ kat⁷];cách[kat⁷]

【距离 缩短~】 泰ระยะ[raː⁴ jaː⁴] 老ละยะ[laː⁵ ɲaː⁵]; ไลยะ[lai⁵ ɲaː⁵] 越khoảng cách[xwaːŋ³ kat⁷]

【飓风】 泰พายุเฮอริเคน[phaː² ju⁴ hɤː² ri⁴ kheːn²] 老ลมพายุ[lom² phaː² ɲu⁵];ลมขลอง[lom² luːaŋ¹]; พัดฃะหิง[phat⁵ saː⁵ huŋ¹] 越gió lốc[zɔ⁵ lok⁷]; gió bão[zɔ⁵ ʔbaːu⁴]

【拒绝】 泰ปฎิเสธ[paː⁵ tiː⁵ seːt⁹] 老ปะติเสด[paː² tiː⁵ seːt⁹] 越bác bỏ[ʔbaːk⁷ ʔbɔ³];từ chối[tuːɯ² tsoi⁵];gạt đi[ɣaːt⁸ ʔdi¹];cự tuyệt[kuː⁶ twiːt⁸]

【聚餐】 泰ร่วมกันรับประทานอาหาร[ruːam³ kan² raːp⁸ praː⁵ thaːn² ʔaː²haːn¹] 老กินลัๆ[kin¹ liːaŋ⁴] 越ăn cơm đoàn kết[ʔan¹ kɤːm¹ ʔdwaːn² ket⁷];ăn chung [ʔaŋ¹ tsuŋ¹]

【聚集❹】 泰ร่วมเข้า[ruːam² khau³] 老รอม[hɔːm²]; โฮมเริ่ง[hoːm² hau⁵];โฮม[hoːm²];ฃุม[sum²];ฃุมกัน[sum² kan²];เต็ๆ[tau⁴];เต็ๆกัน[tau⁴ kan¹];เต็ๆโฮม[tau⁴ hoːm²];ต้อม[tɔːm⁴];ทำ[thɔː²];ปุ้มลุม[pum⁴ lum²]; เพาะ[phɔː⁵];ลอม[luːam²];ลอบลอม[luːap¹⁰ luːam²];

---

❶ 石家 liay⁶
❷ 石家 liay⁶
❸ 石家 praa¹ 阿含 doi A1 掸 loi A1 泐 dɔ A1 拉基 lako¹
❹ 阿含 râm A2 掸 hɔm A2 泐 hrɔm A2

โขม[ho:m¹];ทอม[hɔ:m¹];โรະโรม[ho⁵ ho:m²];เราะ[hɔ⁵];อ๋[ʔɔ:¹];รั่งโรม[haŋ² ho:m²] 岱-侬 xón xăp[ɕɔn³ɕap⁷] 越泰 hỗm[hom²] 越 tụ họp[tu⁶ hɔp⁸];tụ tập[tu⁶ tɤp⁸];xúm[sum⁵];nhóm[ɲɔm⁵] 芒 xùm[sum³];nhóm[ɲɔm³]

【聚精会神】泰 ใจจดใจจ่อ[tsai² tsot⁷ tsai² tsɔ:⁵] 老 สุมจิดสุมใจ[sum¹tsit⁷sum¹tsai¹];มัละสุมสุมจิดใจ[mɔ:² la⁵ sum¹ tsit⁷ tsai¹];ตั้งจิดตั้งใจ[taŋ⁴ tsit⁷ taŋ⁴ tsai¹];ตั้งอักตั้งใจ[taŋ⁴ʔok⁴taŋ⁴tsai¹];เอาใส่จิดจ่า[ʔau¹¹ tsai¹¹ sai⁵ tsot⁷ tsam⁵] 岱-侬 păc pí[pak⁷ pi⁵] 越泰 xắc chauʳ[sak⁷ tsau¹] 越 tập trung tinh thần[tɤp⁸ tʂuŋ¹ tiɲ¹ thɤn²];tập trung tư tưởng[tɤp⁸ tʂuŋ¹ tuɯ¹ tɯɯ:ŋ³];chăm chú theo dõi[tsam⁵ tsu⁵ theu¹ zɔi³]

【捐款~救济灾民】泰 บริจาคเงิน[ʔbri⁵ tsa:k⁹ ŋɯ:n²] 老 ออกเงินเลือลาย[ʔɔ:k⁹ ŋɯn² li:a⁵ la:i²];บัลจาอาเงิน[ʔbɔ:¹¹ li⁵ tsa:k⁹ ŋɯn²];ผายเงิน[pha:i¹ ŋɯn²] 越 quyên tiền[kwi:n¹ ti:n²];góp tiền[ɣɔp⁷ ti:n²]

【卷~布】泰 หอบ[hɔ:p⁹] 老 พัน[phan²];มวบ[mu:an²];ม้วบ[mu:an⁴];ฮัม[ham²] 岱-侬 pắn[pan³];หลัน[lan³] 越泰 han[ha:n¹];quạnh[kwɛɲ⁴] 越 cuốn[ku:n⁵];cuộn[ku:n⁶];wén[wɛn³] 芒 cuốn[ku:n⁵];wén[wɛn⁵]

【卷~柚子】泰 ม้วน[mu:an⁴];พับ[phap⁸] 老 ม้อบ[mu:an⁴];ลัน[lan³] 岱-侬 pặp[pap⁸];muộn[mu:n⁴] 越泰 pặp[pap⁸];muộn[mu:n⁴] 越 xắn[san⁵] 芒 măn[man¹]

【卷—~纸】泰 ม้วน[mu:an⁴] 老 ม้อบ[mu:an⁴] 越 cuộn[ku:n⁶] 芒 cuốn[ku:n³]

【卷笔刀】泰 เหลาดินสอ[lau¹ʔdin²sɔ:¹] 老 มืดแขมสั[mi:t¹⁰lɛ:m²sɔ:¹];เฮื่องแขม สั[khɯ:aŋ⁵lɛ:m¹sɔ:¹] 越 đồ gọt bút[ʔdo² ɣɔt⁸ ʔbut⁷]

【卷尺】泰 สายวัด[sa:i¹wat⁸] 老 ไม้แมัดกั้[mai⁴met⁸ kɔ:⁴] 越 thược cuộn[thɯ:k⁷ku:n⁶];thước chộp[thɯ:k⁷ hɔp⁸] 芒 thước cuốn[thɯ:k⁷ ku:n⁴]

【卷发~头~】泰 ผมดัด[phom¹ ʔdat⁷] 老 ผิมภูด[phom¹ kut⁹] 越 tóc xoăn[tɔk⁷ swan¹];tóc quăn[tɔk⁷ kwan¹] 芒 thắc quăn[thak⁷ kwan¹]

【卷心菜】泰 กะหล่ำปลี[ka⁵lam⁵pli²] 老 ผักกะลำปี[phak⁷ ka² lam² pi:¹];กะลำปี[ka² lam² pi:¹] 越 rau cải bắp[zau¹ ka:i³ ʔbap⁷]

【卷烟】泰 บุหรี่[ʔbu⁵ri:⁵] 老 ยาสูบ[ja:⁵su:p⁹];ยาดูด[ja:¹ʔdu:t⁹];ยาฮอง[ja:¹ sɔ:ŋ²] 越 thuốc lá bao[thu:k⁷ la⁵ ʔba:u¹]

【卷第一~❶】泰 เล่ม[le:m³] 老 เขี้ม[le:m³] 越 cuốn[ku:n⁵]

【嘅】泰 บุ้ย[ʔbui⁴] 老 เบะ[ʔbe²] 岱-侬 bùn[ʔbun³];bửn[ʔbɯɯn³] 越泰 chú[tsu⁵];bưn[ʔbɯɯn¹];bơn[ʔbɔn¹] 越 bĭu[ʔbiu⁴]

【觉得】泰 รู้สึกว่า[ru:⁴suk⁷wa:³] 老 รู้สึก[hu:⁴suk⁷];เห็นอ่า[hen¹ va:⁵] 岱-侬 ngòi hăn[ŋɔi² han¹];ngòi cạ[ŋɔi¹ ka⁴] 越泰 nghĩn[ŋin⁵] 越 thấy[thɤi⁵];cảm thấy[ka:m³ thɤi⁵] 芒 măng[maŋ¹]

【绝对~不允许】泰 อย่างเด็ดขาด[ja:ŋ⁵ ʔdet⁷ kha:t⁹];เด็ดขาด[ʔdet⁷kha:t⁹] 老 ดัดขวด[ʔdet⁷kha:t⁹];ดัดทวม[ʔdet⁷tha:n¹];เป็นฮันขวด[pen¹¹ʔan¹¹ kha:t⁹] 越 tuyệt đối[twi:t⁸ ʔdoi⁵]

【绝望】泰 หมดหวัง[mot⁷waŋ¹] 老 ฆืด ทวัง[mot⁷ vaŋ¹] 越 tuyệt vọng[twi:t⁸ vɔŋ⁶]

【绝症】泰 โรครักษาไม่หาย[ro:k¹⁰ rak⁸ sa:¹ mai³ ha:i¹];โรคที่ไม่มีทางที่จะรักษาให้หายได้[ro:k¹⁰ thi:³ mai³ mi:² tha:ŋ² thi:⁵ tsa⁵ rak⁸ sa:¹ hai⁵ ha:i¹ ʔdai³] 越 thứ bệnh không thể chữa khỏi[thɯ⁵ ʔbeɲ⁶ xɔŋ¹ the³ tsɯɯ⁵ xɔi³]

【蕨菜】泰 เฟิร์น[fɤ:n²];ภูด[ku:t⁹];ผักภูด[phak⁷ ku:t⁹] 老 ภูด[ku:t⁹];ผักภูด[phak⁷ kut⁹] 越泰 phắc cút[phak⁷ kut⁷] 越 rau mồng tơi[zau¹ mɔŋ² tɤ:i¹]

【均匀】泰 ทั่วถึง[thu:a³ thɯŋ¹];เท่ากัน[thau³ kan¹]

❶ 石家 lxm³

岱-侬 lằng[ləŋ²];táy[tai⁵]　越泰 lằm[lam²]　越 đều[ʔdeu²];ngang[ŋaːŋ¹];bằng[ʔbaŋ²]

【军队】泰 ทัพ[thap⁸];กองทัพ[kɔːŋ² thap⁸];กองทหาร[kɔːŋ² tha⁴ haːn¹];กองกำลังทหาร[kɔːŋ² kam² laŋ² tha⁴ haːn¹]　老 ທັບ[thap⁸];ແສນຍາກອນ[sɛːn¹ ɲaː² kɔːn¹ˈ];ກຳລັງທັບ[kam⁵ laŋ² thap⁸];ກອງທັບ[kɔːŋ¹ˈ thap⁸];ທະທານ[tha⁵ haːn¹];ໄພ ພົນ[phai² phon¹];ພົນ[phon¹];ກຳລັງ[kam⁵ laŋ²]　岱-侬 quân[kwən¹];bộ đội[ʔbo⁴ ʔdoi⁴]　越 cuôn[kuːn¹]　越 quân đội[kwɤn¹ ʔdoi⁶]

【军人】泰 ทหาร[tha⁴ haːn¹]　老 ທະທານ[tha⁵ haːn¹]　越 người lính[ŋɯːi² linˌ⁵];quân nhân[kwɤn¹ ɲɤn¹]

【军属】泰 ครอบครัวของทหาร[khrɔːp¹⁰ khuːa² khɔːŋ¹ tha⁴ haːn¹]　越 gia đình quân nhân[za¹ ʔdiɲ² kwɤn¹ ɲɤn¹]

【军装】泰 เครื่องแบบทหาร[khrɯːaŋ³ ʔbɛːp⁹ tha⁴haːn¹]　老 ເຄື່ອງແບບທະທານ[khɯːaŋ⁵ ʔbɛːp⁹ tha⁵ haːn¹]　越 quân trang[kwɤn¹ tʂaːŋ¹]

# K

【咖啡】泰 กาแฟ[ka:² fɛ:²];คอฟฟี่[khɔ:p¹⁰ fi:³] 老 ກາເຟ[ka:¹' fe:²] 越 cà phê[ka² fe¹] 芒 cà phê[ka² fe¹]

【咖啡豆】泰 เม็ดกาแฟ[met⁸ ka:² fɛ:²] 老 ເມັດກາເຟ[met⁸ ka:¹' fe:²];แก่บกาเฟ[kɛ:n⁵ ka:¹' fe:²] 越 cà phê nhân[ka² fe¹ ŋɤn¹];hạt cà phê[ha:t⁸ ka² fe¹];hột cà phê[hot⁸ ka² fe¹]

【咖啡壶】泰 กากาแฟ[ka:² ka:² fɛ:²];หม้อ กาแฟ[mɔ:³ ka:² fɛ:²] 老 ເຕົ້າກາເຟ[tau⁴ ka:¹' fe:²] 越 bình pha cà phê[ʔbin⁵ fa¹ ka² fe¹];máy pha cà phê[mai⁵ fa¹ ka² fe¹];ấm nấu cà phê[ʔɤm⁵ nɤu⁵ ka² fe¹]

【咯~血】泰 ขาก[kha:k⁹];กระอัก[kra⁵ ʔak⁷] 老 ຂາກ[kha:k⁹];ກະອັກ[ka² ʔak⁷] 岱-侬 khạc[kha:k⁸] 越泰 khạc[kha:k⁸] 越 khạc[xa:k⁸] 芒 khac[kha:k⁸]

【卡宾枪】泰 ปืนคาบิน[pɯ:n² kha:² ʔbin²] 老 ປືນຄາບາຍ[pɯ:n¹'kha:²ʔba:i¹];ຄາບາຍ[kha:²ʔba:i¹] 越 súng các bin[ʂuŋ⁵ ka:k⁷ ʔbin¹]

【卡车】泰 รถบรรทุก[rot⁸ ʔban² thuk⁸] 老 ລົດບັນມີບັງ[lot⁸ ka:m¹' mi:² nɔŋ²];ລົດຍົບບັນທຸກ[lot⁸ ɲon² ʔban¹ thuk⁸];ລົດບັນທຸກ[lot⁸ʔban¹' thuk⁸] 越 xetải[sɛ¹ ta:i³];xe vận tải[sɛ¹ vɤn⁶ ta:i³]

【开~门】❶ 泰 ไข[khai¹];เผย[phɤ:i¹];เปิด[pɤ:t⁹] 老 ໄຂ[khai¹];ເປີດ[pɤ:t⁹] 岱-侬 khay[khai¹] 越泰 khay[khai¹] 普 phaj³[pha:i³];phjaj³[phja:i³] 越 mở[mɤ³] 芒 bó[ʔbɤ⁵]

【开~车】泰 ขับ[khap⁷] 老 ຂັບ[khap⁷];ຕິດ[tit⁷] 越 แล่น[lɛ:n⁵] 岱-侬 thư[thɯ¹] 越泰 bít[ʔbit⁵] 越 lái[la:i⁵] 芒 lái[la:i⁵]

【开~锁】泰 ไข[khai¹] 老 ໄຂ[khai¹] 越 mở[mɤ³]

【开~灯】泰 เปิด[pɤ:t⁹] 老 ເປີດ[pɤ:t⁹] 越 bật[ʔbɤt⁸] 芒 pach[pat⁸]

【开水~了】❷ 泰 เดือด[ʔdɯ:at⁹] 老 ຟົດ[fot⁸] 普 lan¹[la:n¹] 越 sôi[ʂoi¹]

【开除】泰 ลบชื่อ[lop⁸ tshɯ:³];ขับ[khap⁷];คัดชื่อออก[khat⁸ tshɯ:³ ʔɔ:k⁹];คัดออก[khat⁸ ʔɔ:k⁹] 老 ຕັດຊື່ອອກ[khat⁸ sɯ:⁵ʔɔ:k⁹];ຂີດຊື່ອອກ[khi:t⁹sɯ:²ʔɔ:k⁹];ໄລ່ອອກ[lai⁵ ʔɔ:k⁹];ຂະຈັດ[kha² tsat⁷];ກຳຈັດ[kam² tsat⁷];ເກກ[kek⁷] 越 khai trừ[xa:i¹ tʂɯ¹];đuổi[ʔdu:i³];đẩy [ʔdɤi³ za¹]

【开处方】泰 ออกใบสั่งยา[ʔɔ:k⁹ ʔbai² saŋ⁵ ja:²];เขียนสั่งยา[khi:an¹ ʔbai² saŋ⁵ ja:²] 老 ສັ່ງຢາ[saŋ⁵ ja¹] 越 kê đơn[ke¹ ʔdɤ:n¹];cho thuốc[tʂɔ¹ thu:k⁷]

【开裆裤】泰 กางเกงเปิดช่องที่เป้า[ka:ŋ² ke:ŋ² pɤ:t⁹ tshɔ:ŋ³ thi:³ pau³] 越 quần xé đũng[kwɤn² sɛ⁵ ʔduŋ⁹]

【开店】泰 ตั้งร้าน[taŋ³ ra:n⁴] 老 ຕັ້ງຫ້ອງ[taŋ⁴ ha:ŋ³];ຕັ້ງຮ້ານ[taŋ⁴ha:n⁴];ຕັ້ງຮ້ານຄ້າ[taŋ⁴ha:n⁴kha:⁴];ອອກຮ້ານ[ʔɔ:k⁹ ha:n⁴] 越 mở hiệu[mɤ³ hi:u⁶];mở tiệm[mɤ³ ti:m⁶]

【开关】泰 สวิตช์ไฟ[sa⁵ wit⁸ fai²] 老 ໄກໄຟຟ້າ[kai¹ fai² fa:⁴];ເຄື່ອງຕັດໄຟ[khɯ:aŋ⁵ tat⁷ fai²];ກົງຕັກ[koŋ¹ tak⁷] 越 công tắc[koŋ¹ tak⁷];cái bật điện[ka:i⁵ ʔbɤt⁸ ʔdi:n⁶];cái ngắt[ka:i⁵ ŋat⁷]

【开花】❸ 泰 ออกดอก[ʔɔ:k⁹ ʔdɔ:k⁹];ผลิ[phli⁵] 老 ອອກດອກ[ʔɔ:k⁹ ʔdɔ:k⁹];ເກີດດອກ[kɤ:t⁹ ʔdɔ:k⁹];ໄຂດອກ

---

❶ 石家 hay²    泐 khāi A1    拉哈 mahaj¹；phlaj5
❷ 拉哈 dan¹
❸ 石家 ʔɔɔk²-blɔɔk²

[khai¹ ʔdɔːkʰ];จอดอก[tsɔː⁵ ʔdɔːkʰ];แตกดอก[tɛːkʰ ʔdɔːkʰ];แตกดอกบั่งบาน[tɛːkʰ ʔdɔːkʰ ʔbaŋ⁵ ʔbaːn¹];บันดอก[ʔban¹ ʔdɔːkʰ];เป็นดอก[pen¹¹ ʔdɔːkʰ];ผะลิ[pha² li⁵];ดอกไม้บาน[ʔdɔːkʰ mai⁴ ʔbaːn¹];ปี่งดอก[poŋ¹¹ ʔdɔːkʰ];ผะลิดอก[pha² li⁵ ʔdɔːkʰ];เผยกีบ[phəːi¹kiːpʰ] 岱-侬 phông[phoŋ¹];phung[phuŋ¹] 越泰 khay[khai¹] 越 nở hoa[nɤ³ hwa¹];khai hoa[xaːi¹ hwa¹];ra hoa[za¹ hwa¹];đâm bông[ʔdɤm¹ ʔboŋ¹];trổ bông[tʂo³ ʔboŋ¹] 芒 tơm[tɤːm¹];lồ pông [lo⁵ poŋ¹];đỡ wa[ʔdɤ⁵ wa¹]

【**开荒**】 泰 ถางป่า[thaːŋ¹ paː⁵];หักร้างถางพง[hak⁷raːŋ⁷ thaːŋ¹ phoŋ²];ก่นส้าง[kon¹ saːŋ³];ทำไร่ทำสวน[thaːŋ¹ rai¹ thaːŋ¹ suːan¹];บุกเบิก[ʔbuk⁷ ʔbɤːkʰ] 岱-侬 kẻ[kɛ³];kẻ rộc[kɛ³ rok⁸] 越 khai hoang[xaːi¹ hwaːŋ¹];vỡ hoang[vɤ⁴ hwaːŋ¹];khai phá[xaːi¹ fa⁵];mở mang đất hoang[mɤ³ maːŋ¹ ʔdɤt⁷ hwaːŋ¹] 芒 pời ruờm[pɤːi⁴ ruːm²]

【**开会**】 泰 ประชุม[pra⁵ tshum²];เปิดประชุม[pəːtʰ pra⁵ tshum²] 老 ຊຸມ[sum²];ປະຊຸມ[pa² sum²];ເປີດປະຊຸມ[pəːtʰ pa² sum²] 岱-侬 khay pang[khai¹ paːŋ¹] 越 họp[hɔp⁸];khai hội[xaːi¹ hoːi⁶];mở hội[mɤ³ hoːi⁶];làm lễ[laːm² le⁴] 芒 khai hỗi[khaːi¹ hoːi⁶];họp[hɔp⁸]

【**开口** ~说话】 泰 เอ่ยปาก[ʔəːi⁵ paːkʰ] 老 ເອີຍປາກ[phəːi¹ paːkʰ] 越泰 ók xốp[ʔɔkʰ sop⁷] 越 mở miệng[mɤ³ miːŋ⁶];mở mồm[mɤ³ mom²];hở môi[hɤ³ moːi¹];hở miệng[hɤ³ miːŋ⁶] 芒 hở môi[hɤ⁵ moːi¹]

【**开幕**】 泰 เปิดฉาก[pəːtʰ tshaːkʰ] 老 ເປີດສາກ[pəːtʰ saːkʰ];ເປີດພິທີ[pəːtʰ phi⁵ thiː²];ไขสาก[khai¹ saːkʰ];ไขม่าน[khai¹ maːn⁵] 岱-侬 khay pang[khai¹ paːŋ¹] 越 khai mạc[xaːi¹ maːk⁸];mở màn[mɤ³ maːn²]

【**开瓶器**】 泰 ที่เปิดขวด[thiː³ pəːtʰ khuːatʰ] 老 ເຫຼັກໄຂແກ້ວ[lek⁷ khai¹ kɛːu⁴] 越 cái mở nắp chai [kaːi⁵ mɤ³ nap⁷ tsai¹]

【**开始**新的一年~了❶】 泰 เริ่มต้น[rəːm³ ton³];เริ่ม [rəːm³] 老 ຕັ້ງ[taŋ⁴];ຕັ້ງກົກ[taŋ⁴ kok⁷];ຕັ້ງຕົ້ນ[taŋ⁴ ton⁴];ปะเดิม[pa² dəːm¹];พะเดิม[pha² ʔdəːm¹];ลิ่งมื้[loŋ⁵ mɯː²];เล่มต้น[ləːm⁵ton⁴];เล่ม[ləːm⁵];แรก[hɛːk¹⁰] 岱-侬 khay tầu[khai¹ təu²];có cốc[kɔ⁵ kok⁷];khay cốc[khai¹ kok⁷] 越泰 tăng cốc[taŋ⁵ kok⁷] 普 tơ nảj[tɤ⁰ nai⁴] 越 bắt đầu[ʔbat⁷ ʔdɤu²];khởi đầu[xɤːi³ ʔdɤu²];mở đầu[mɤ³ ʔdɤu²] 芒 bớ đầu[ʔbɤ⁵ ʔdɤu²];câl[kɤl¹]

【**开水**】 泰 น้ำต้ม[nam⁴ tom³];น้ำสุก[nam⁴ suk⁷];น้ำร้อน [nam⁴ rɔːn⁴] 老 ນ້ຳຕົ້ມ[nam⁴ tom³];ນ້ຳຕົ້ມສຸກ[nam⁴ tom⁴ suk⁷] 越 nước sôi[nɯːk⁷ ʂoːi¹]

【**开玩笑**】 泰 พูดเล่น[phuːt¹⁰ leːm³] 老 ຕໍ່ແຍ[tɔː⁵ ɲɛː²];เอ้ียยอก[vau⁴ jɔːkʰ];ยอกไน[jɔːkʰ nai²];เอ้ียยอกเอ้ไน[vau⁴ jɔːkʰ vau⁴ ɲai²];ยอกหลิบ[jɔːkʰ lin³];ยอก[jɔːkʰ];เอ้ียหลิบ[vau⁴ lin³] 岱-侬 hét chồm[het⁷ tɕom²];lin ke[lin³ kɛ¹];hin khua[hin³ khuːa¹];loòng[lɔːŋ³];loòng léng[lɔːŋ³ lɛŋ³] 越泰 in[ʔin³];dók in [jɔkʰ⁷ ʔin³] 越 nói đùa[nɔːi⁵ ʔduːa²];nói bỡn[nɔːi⁵ ʔbɤːn⁴];nói chơi[nɔːi⁵ tsɤːi¹];pha trò[fa¹ tʂɔː²];bông đùa[ʔboŋ¹ ʔduːa²];làm trò cười[laːm² tʂɔː² kɯːi²] 芒 khể xó[khe³ sɔ⁵];khể cười[khe³ kɯːi²];khể nga[nɔːi⁵ ŋa¹];là tlò cười[la² tlɔ² kɯːi²];pổ tổi tổi [po⁴ toːi³ toːi³];khể pổl[khe³ pol³];pổ cười[po⁴ kɯːi²];lá[la⁵]

【**开小差**】 泰 ใจลอย[tsai² lɔːi²];ใจไม่อยู่กับเนื้อกับตัว [tsai² mai³ juː⁵ kap⁷ nɯːa⁴ kap⁷ tuːa²] 越 đào ngũ [ʔdaːu² ŋu⁴];chuồn[tsuːn²]

【**开学**】 泰 เปิดเทอม[pəːtʰ thəːm²] 老 ໄຂພາກຮຽນ [khai¹ phaːk¹⁰ hiːan²];เปิด โรงเรียน[pəːtʰ hoːŋ² hiːan²];เปิดพากเรียน[pəːtʰ phaːk¹⁰ hiːan²];เปิดพิทิ[pəːtʰ phi⁵ thiː²] 越泰 khay chường[khai¹ tsɯːŋ²] 越 khai trường [xaːi¹ tʂɯːŋ²];khai giảng[xaːi¹ zaːŋ³];khai học[xaːi¹ hɔk⁸] 芒 khai tlường[khaːi¹ tlɯːŋ²]

【**开张**】 泰 (ร้านค้า) เปิดกิจการ[(raːn⁴ khaː⁴) pəːtʰ kiː⁷

❶ 阿含 kān

ka:n²];ขายประเดิม[kha:i¹ pra⁵ ʔdə:m²];ร้านค้าประกอบพิธีเปิดป้ายเริ่มค้าขาย[ra:n⁴ kha:⁴ pra⁵ kɔ:p⁹ phi⁴ thi:² pə:t⁹ pa:i¹ rə:m¹ kha:⁴ kha:i¹] 老ໄຂບົ຺ລິການ[khai¹ ʔbɔ:¹'li⁵ ka:n¹];ປະເດີມ[pa²ʔdə:m¹] 越khai trương[xa:i¹ tʂɯ:ŋ¹];mởhàng[mɤ³ha:ŋ²] 芒bóhàng[ʔbɤ⁵ ha:ŋ²]

【开支】泰ใช้จ่าย[tshai⁴ tsa:i⁵];ค่าใช้จ่าย[kha:³ tshai⁴ tsa:i⁵] 老ເບີກຈ່າຍ[ʔbə:k⁹tsa:i⁵];ລາຍຈ່າຍ[la:i²tsa:i⁵] 岱-侬chài dủng[tɕa:i³ juŋ³] 越泰dồng chái[joŋ⁵ tsa:i⁵] 越tiêu[ti:u¹];tiêu dùng[ti:u¹ zuŋ²];chi tiêu [tsi¹ ti:u¹] 芒chi tiêu[tsi¹ ti:u¹]

【看守】~牢房 泰คอยดู[khɔ:i² ʔdu:²];ดูแลรักษา[ʔdu: le:² rap⁸ sa:¹];ดู[ʔdu:²];เฝ้า[fau³] 老ເຝົ້າ[fau³];ເຝົ້າຍາມ[fau³ ɲa:m²] 岱-侬chực[tɕɯɯk⁸];hen[hɛn¹] 越泰lê[lɛ²];hiêm[hi:m¹];phảu[phau⁵] 普tu⁴[tu⁴] 越theo dõi quản lý[theu¹ zɔi⁴ kwa:n³ li⁵]

【看守】监狱~ 泰ผู้คุม[phu:³khum²] 老ຜູ້ຄຸມນັກໂທດ[phu:³khum²nak⁸tho:t¹⁰] 越người cai ngục[ŋɯɯ:i² ka:i¹ ŋuk⁸];cai ngục[ka:i¹ ŋuk⁸];cai tù[ka:i¹ tu²]

【砍】❶ 泰ตัด[tat⁷];ฟัน[fan²] 老ຕັດ[tat⁷];ບັ້ນ[ʔban⁵];ຟັນ[fan²];ປ້ຳ[pam⁴];ຜະຫລາຽ[pha²li:aŋ¹] 岱-侬hảm[ham³];fằn[fan²] 越泰bản[ʔban⁵];tát[tat⁷];hằm[ham³];lăn[la:n²];phẳn[phan²] 普qăj⁴[qai⁴];bjat²[bja:t²] 越chém[tsɛm⁵];chặt[tsat⁸] 芒tém[tɛm³];chẻm[tsɛm³];pắc[pak⁷];cốn[kon⁵];chach[tsa:t⁸]

【看】❷ 泰ดู[ʔdu:²] 老ດູ[ʔdu:¹];ເບິ່ງ[ʔbəŋ²];ມອງ[mɔ:ŋ²];แล[lɛ:¹];ລ່ຳ[lam⁵];ຫຼິງ[liŋ¹] 岱-侬ngòi[ŋɔi²];póm[pɔm⁵];dử[jɯ:³];chồm[tɕom²];mủng[muŋ³];mửng[mɯɯŋ³];lè[lɛ²];chiếm[tɕi:m⁵];đếnh[ʔdeŋ⁵];dỏm[jɔm³];nhòm[ɲɔm³];piếm[pi:m⁵];đu[ʔdu¹];chiếu[tɕi:u⁵];nhìn[ɲin²];nghìn[ŋin²] 越泰
lê[lɛ²] 普kon³[kɔn³];tăj⁵[tai⁵] 越xem[sɛm¹];trông[tʂoŋ¹];nhìn[ɲin²] 芒xem[sɛm¹];ngỏ[ŋɔ³];tói[tɔi⁵];tlông[tloŋ¹];liêl[li:l¹]

【看病】泰รักษาโรค[rak⁸ sa:¹ ro:k¹⁰];ไปหาหมอ[pai¹ ha:¹ mɔ:¹];ตรวจโรค[tru:at⁹ ro:k¹⁰];กวดพะยาด[ku:at⁹ pha⁴ ja:t¹⁰] 老ອາມບາຍນີ້ກວດພະຍາດ[va:n² na:i¹ mɔ:¹ ku:at⁹ pha⁵ ɲa:t¹⁰] 岱-侬khám pinh[kha:m³ piŋ³];ngòi pinh[ŋɔi² piŋ³] 越泰khám bệnh[kha:m⁵ ʔbeɲ⁴] 越khám bệnh[kha:m⁵ ʔbeɲ⁶];thăm bệnh[tham¹ ʔbeɲ⁶] 芒khảm bẻnh[kha:m³ ʔbeɲ⁴];thăm bẻnh[tham¹ ʔbeɲ⁴]

【看不起】泰ดูถูก[ʔdu:² thu:k⁹];ดูเบา[ʔdu:² ʔbau²];ประหมาดหน้า[pra⁵ ma:t⁹ na:³];ประมาท[pra⁵ ma:t⁹] 老ປະມາດ[pra⁵ ma:t¹⁰];ລົບຫຼູ່[lop⁸ lu:⁵] 老ຍາມບໍ່ຂ້າ[ɲa:m¹nam⁴na:³];ດູຖືກມິ່ນ[ʔdu:¹'min⁵] 越khinh[xiɲ¹];khinh bi[xiɲ¹ʔbi³];coi rẻ[kɔi¹zɛ³];coi thường[kɔi¹ thɯɯ:ŋ²];coi khinh[kɔi¹ xiɲ¹];coi không ra gì[kɔi¹ xoŋ¹ za¹ zi¹]

【看得起】泰ให้ความสำคัญ[hai³khwa:m²sam¹ khan²] 越coi trọng[kɔi¹ tʂoŋ⁶];kính nể[kiɲ⁵ ne³]

【看见】❸ 泰เห็น[hen¹];มองเห็น[mɔ:ŋ² hen¹];แลเห็น[lɛ:² hen¹] 老ເຫັນ[hen¹];ຕໍ່ເຫັນ[phɔ:⁵ hen¹];ມຸ່ງເຫັນ[muŋ⁵ hen¹];ມອງເຫັນ[mɔ:ŋ² hen¹];ຫຼິງເຫັນ[liŋ¹ hen¹];ແລເຫັນ[lɛ:²hen¹];ລ່ຳເຫັນ[lam⁵hen¹];ພານ[pha:n²] 岱-侬hãn[han¹] 越泰hên[hen¹] 普tăj⁵[tai⁵] 越thấy[thɤi⁵];trông thấy[tʂoŋ¹ thɤi⁵];nhìn thấy[ɲin¹ thɤi⁵];nhòm thấy[ɲɔm² thɤi⁵] 芒thấy[thɤi⁵];đố[ʔdo⁵];ản đố[ʔa:n³ ʔdo⁵];nhòm đố[ɲɔm² ʔdo⁵]

【看望】泰เยี่ยมเยียน[ji:am⁵ ji:an²] 老ຍາມ[ja:m¹];ລໍ[lɔ:⁵];ລ່ຳຢາມ[lam⁵ ji:am³];ລ່ຳແລຫຼິງຢາມ[lam⁵ lɛ:² liŋ¹ ji:am³] 越thăm[tham¹];thăm nom[tham¹ nɔm¹]

【看相】泰ดูโหงวเฮ้ง[ʔdu:² ŋou¹ heŋ⁴] 老ດູພື້ນ[ʔdu:¹

---

❶ 阿含 khā-phān；khā；phān；kāt
❷ 阿含 dū A1；hān A1
❸ 阿含 hān A1　掸 hān A1　拉哈 kăj⁵

mɔ¹] 岱-侬 khản tưởng[khaːn³ tɯːŋ³];ngòi slướng [ŋɔi² ɫɯːŋ⁵] 越 coi tưởng[kɔi¹ tɯːŋ⁵];coi tưởng[kɔi¹ tɯːŋ⁵]

【看重】 泰 ให้ความสำคัญ[hai³ khwaːm² sam¹ khan²] 老 ใส่ความสำคัญ[hai³ khwaːm² sam¹ khan²] 越 coi trọng[kɔi¹ tʂɔŋ⁶]

【看作】 泰 เห็น[hen¹];เห็นเป็น[hen¹ pen²] 老 เข้า[hen¹];เข้าเป็น[hen¹ pen¹];ถึ เป็น[thɯː¹ pen¹];ยึดถึ[nɯt⁸ thɯː¹];ตีว่า[tok⁷ vaː⁵];นับว่า[nap⁸ vaː⁵] 越泰 tả chừ[taː³ tsɯ⁶];xón[sɔn⁵] 越 coi như[kɔi¹ nɯ¹]

【康乃馨】 泰 คาร์เนชั่น[khaː²neː²tshan³] 越 hoa cẩm chướng[hwaː¹ kɤm³ tsɯːŋ³];hoa phăng[hwaː¹ faŋ¹]

【扛~木头❶】 泰 แบก[ʔbɛːk⁹] 老 แบก[ʔbɛːk⁹] 岱-侬 bec[ʔbɛk⁷];tài[taːi³] 越泰 bék[ʔbɛk⁷] 普 mhjak⁵[mjaːk⁵] 越 vác[vaːk⁷];gánh vác[ɣan⁴ vaːk⁷] 芒 quác[kwaːk⁷]

【抗旱】 泰 ต้านภัยแล้ง[taːn³ phai² lɛːŋ⁴] 老 ต้านไพแฮ้งแล้ง[taːn⁴ phai¹ hɛːŋ³ lɛːŋ⁴];ต้านแล้ง[taːn³ lɛːŋ⁴];ต้านไพแล้ง[taːn³ phai² lɛːŋ⁴] 越 chống hạn [tsoŋ⁵ haːn⁶]

【考查】 泰 ต้านภัยแล้ง[taːn³ phai² lɛːŋ⁴] 越 kiểm tra[kiːm³ tʂaː¹];sát hạch[ʂaːt⁷ hat⁸];khảo tra[xaːu³ tʂaː¹]

【考察】 泰 การไปดูงาน[kaːn² pai² ʔduː² ŋaːn²] 越 khảo sát[xaːu³ ʂaːt⁷]

【考虑❷】 泰 พิจารณา[phi⁴tsaːn² naː²] 老 ฮั่ง[saŋ⁵];ใต้ตรอง[taiː⁵tɔːŋ¹];ตึกตรอง[tɯk⁷tɔːŋ¹];ปง[poŋ¹];พิเคราะห์[phi⁵khɔː²];พิจาลนะ[phi⁵tsaː¹¹ laː⁵naː²];วิเคราะห์[vi⁵ khɔː²];อิจาน[vi⁵ tsaːn¹];อิจาละนะ[vi⁵ tsaː¹¹ laː⁵ naː⁵];งาง[ŋam⁵];คิดมึกภิภอง[khit⁸ nɯk⁸kuk⁹]

kɔːŋ¹] 岱-侬 nắm[nam³];slướng[ɫɯːŋ³] 越泰 ngắm[ŋam⁵] 普 ciɤm⁴[tsiːm⁴] 越 suy nghĩ[ʂwi¹ŋi⁴]; suy nghĩ đắn đo[ʂwi¹ ŋi⁴ ʔdan⁵ ʔdɔ¹];suy xét[ʂwi¹ set⁷];cân nhắc[kɤn¹ ɲak⁷] 芒 xy ngĩ[si¹ ŋi⁴];ngắm ngĩ[ŋam³ ŋi⁴];ngắm[ŋam³];dềnh[zɛn²]

【考试】 泰 สอบ[sɔːp⁹] 老 สอบ[sɔːp⁹];สอบเส้ง[sɔːp⁹ seŋ¹];สอบไข่[sɔːp⁹ lai⁵];เส้ง[seŋ¹];เส้งกัน[seŋ¹ kan¹];งานสอบเส้ง[kaːn¹ sɔːp⁹ seŋ¹] 岱-侬 sli[ɬi¹];thi[thi¹] 越泰 thi[thi¹] 越 thi[thi¹] 芒 thi[thi¹]

【拷打】 泰 เมี่ยมตี[khiːam³ miː²];โบย[ʔboːi²];เมี่ยน[khiːam³] 老 ทุปตี[thup⁸ tiː¹] 越 tra tấn[tʂaː¹ tɤn⁵];tra khảo[tʂaː¹ xaːu³]

【烤❸】 泰 ผิง[phiŋ¹];ปิ้ง[piŋ³];ย่าง[jaːŋ³];อัง[ʔaŋ³] 老 ผิง[fiːŋ¹];อังไฟ[ʔaŋ¹ fai¹];ปิ้ง[piːŋ⁴];จี่[tsiː⁵] 岱-侬 pỉnh[piŋ³];chí[tɕi¹] 越泰 chí[tsi⁵];pho[phɔ¹] 普 zjang²[zjaːŋ²];rjang²[rjaːŋ²];peng³[pɛŋ³] 越 sưởi ấm[ʂɯːi³ ʔɤm⁵];nướng[nɯːŋ⁵];quay[kwaːi¹];thui[thui¹] 芒 nắng[naːŋ³];lam[laːm¹];nắng quay[naːŋ³ kwaːi¹]

【烤火~取暖】 泰 ผิงไฟ[phiŋ¹fai³] 老 ผิงไฟ[fiːŋ¹ fai²];อังไฟ[ʔaŋ¹¹ fai²] 越 sưởi ấm[ʂɯːi³ ʔɤm³]

【烤炉】 泰 เตาอบ[tau²ʔop⁷] 老 เตาปิ้ง[tau¹¹ piːŋ⁴] 越 lò để nướng bánh[lɔ² ʔdeː² nɯːŋ⁵ ʔbaːn⁵];lò nướng[lɔ² nɯːŋ⁵];lò sưởi[lɔ² ʂɯːi³] 芒 lò ở ấm[lɔ² ɤ⁵ ʔɤm⁻]

【烤肉❹】 泰 เนื้อย่าง[nɯːa⁴jaːŋ³] 老 ฮิ้นจี่[sin⁴tsiː⁵] 岱-侬 nây[nɤi¹] 越 thịt quay[thit⁸kwaːi¹];thịt nướng[thit⁸nɯːŋ⁵] 芒 nhúc quay[ɲuk⁸ kwaːi¹];thit quay[thit⁸ kwaːi¹]

【烤鸭】 泰 เป็ดย่าง[pet⁷jaːŋ³] 老 เป็ดย้าง[pet⁷jaːŋ³] 越 vịt quay[vit⁸ kwaːi¹] 芒 wit quay[wit⁸ kwaːi¹]

【烤烟】 泰 ยาสูบ[jaː²suːp⁹];ใบยาสูบแห้ง[ʔbai²jaː²

---

❶ 石家 khuat⁵　拉哈 bik²
❷ 阿含 tāk
❸ 石家 biŋ¹;hiaŋ⁵　阿含 jāŋ C1；chi B1　掸 haŋ A2；yaŋ C1；si B1　泐 jaŋ；či B1
❹ 石家 mlɔɔ³-yaa⁴

suːp⁹ hɛːŋ³]　越thuốc lá sấy[thuːk⁵ laː⁵ ʂɤi⁵]

【靠~墙❶】泰พาด[phaːt¹⁰]　老ອີງ[ʔiːŋ¹]；ເຫີງ[thəːŋ⁴]；ບັງອີງ[ʔbaŋ¹' ʔiːŋ¹']；ພີງ[ʔiŋ²]；ແມະ[mɛ⁵]；ເຮີຍ[ʔɯːai⁵]　岱-侬inh[ʔiŋ¹]；pạ[paː⁴]；ai[ʔaːi⁵]　越泰inh[ʔiŋ¹]　普njang²[njaːŋ²]　越tựa[tɯə⁶]；dựa[zɯə⁶]　芒in[ʔiŋ³]；nương[nɯːŋ¹]；dửa[zɯə⁴]

【靠近❷】泰เข้าใกล้[khau³klai³]　老ເຕີບ[thəːp⁹]；ໂຮມຊິ່[hoːm² hɔː⁵]；ກິດ[kit⁷]　岱-侬ep[ʔɛp⁷]　越泰chăm[tsam¹]；xâu chăm[sau³ tsam¹]；chớp[tsəp⁷]；nhặm[ɲam⁴]　越gần[ɣɤn²]；sát vào nhau[ʂaːt⁷ vaːu² ɲau¹]；sát[ʂaːt⁷]；bén máng[ʔbɛn⁵ maːŋ³]　芒cāl pao rà[kaːl⁴ paːu¹ raː²]；pèn máng[pɛn⁵ maːŋ⁵]

【蝌蚪】泰ลูกกบ[luːk¹⁰kop⁷]；ลูกอ๊อด[luːk¹⁰ʔɔːt⁴]；ลูกกบลูกเขียด[luːk¹⁰ kop⁷luːk¹⁰ khiːat⁹]；อ๊อดแอ๊ด[ʔɔːt⁴ʔɛːt⁴]　老ຈີ່ດວກ[tsiː⁵ khuak¹⁰]；ຮວກ[huak¹⁰]；ຕົວລູກຮວກ[tuaː¹ luːk¹⁰ huak¹⁰]；ລູກຮວກ[luːk¹⁰ huak¹⁰]；ອີ່ຮວກ[ʔiː⁵ huak¹⁰]　岱-侬tua luộc[tuə¹ luːk⁸]；tua tủng[tuə¹ tuŋ³]　越泰khuôk[khuːk⁸]；tô khuôk[to¹ khuːk⁸]　普qadi⁴[qaº di⁴]；qali⁴[qaº li⁴]　越nòng nọc[nɔŋ² nɔk⁸]；con nòng nọc[kɔn¹ nɔŋ² nɔk⁸]；nọc nọc[nɔk⁸ nɔk⁸]　芒toc[tɔk⁸]；con toc[kɔn¹ tɔk⁸]；hac[haːk⁸]

【棵~树❸】泰ต้น[ton³]　老ຕົ້ນ[ton⁴]；ກົກ[kok⁷]　ລຳ[lam²]　岱-侬co[kɔ¹]　越泰co[kɔ¹]　越cây[kɤi¹]

【颗~牙】泰เม็ด[met⁸]　老ແໝ້ມ[lem³]　越cái[kaːi⁵]；chiếc[tsiːk⁷]

【颗~瓜子】泰เม็ด[met⁸]　老ເມັດ[met⁸]　岱-侬mặt[mat⁸]；muối[muːi⁵]　越hạt[haːt⁸]

【颗~珠子】泰เม็ด[met⁸]　老ເມັດ[met⁸]　岱-侬mặt[mat⁸]；muối[muːi⁵]　越泰mịt[mit⁷]　越hạt[haːt⁸]

【颗~心】泰ດວງ[ʔduaŋ²]　老ດວງ[ʔduaŋ¹]　越trái[tsaːi⁵]　芒tlǎl[tlaːl³]

【颗~钉子】泰ตัว[tuːa²]　老ແໝ້ມ[lem³]；ດອກ[ʔdɔːk⁷]　越chiếc[tsiːk⁷]；cây[kɤi¹]；cái[kaːi⁵]

【颗~星星】泰ດວງ[ʔduaŋ²]　老ດວງ[ʔduaŋ¹]　越ngôi[ŋoi¹]

【颗粒❹】泰เม็ด[met⁸]　老ເມັດ[met⁸]　岱-侬mặt[mat⁸]；muối[muːi⁵]　普sê⁴[se⁴]；sê⁵[se⁵]　越hạt[haːt⁸]；viên[viːn¹]　芒viên[viːn¹]

【磕打】泰เคาะ[khɔ⁴]；เคาะออก[khɔ⁴ʔɔːk⁹]　老ເຂາະ[kheː⁹]；ໂຂກ[khoːk⁹]　普lăj³ rok⁵[lai³ rɔk⁵]　越cốc[kok⁷]；gõ[ɣɔ⁴]

【磕头】泰คุกเข่าโคกศีรษะ[khuk⁸ khau⁵ khoːk¹⁰ siː¹ sa⁵]　岱-侬ngoặc hua[ŋwak⁸ huə¹]　越泰khnực hua[kh-nɯk⁸huə¹]　越rập đầu lạy[zɤp⁸ʔdɤu² lai⁶]；vái lạy[vai⁵ lai⁶]；quỳ lạy[kwi² lai⁶]；khấu đầu lạy tạ[xɤu⁵ ʔdɤu² lai⁶ taː⁶]

【壳儿❺】泰เปลือก[plɯak⁹]　老ປິ[pɔː⁴]；ເປືອກ[pɯak⁹]　普bô¹[bo¹]　越vỏ[vɔ³]；mai[maːi¹]　芒pō[pɔ⁴]；pà[paː³]

【咳嗽❻】泰ไอ[ʔai²]；กระไอ[kra⁵ ʔai²]　老ໄອ[ʔai¹]；ກະໄອ[kaː² ʔai¹']；ກະແອມ[kaː² ʔɛːm¹']；ເປັນໄອ[pen¹' ʔai¹']；ພະຍາດໄອ[phaː⁴ ɲaːt¹⁰ ʔai¹]　岱-侬ay[ʔai¹]　普khô⁴[kho⁴]　越ho[hɔ¹]；húng hắng[huŋ⁵ haŋ⁵]　芒ho[hɔ¹]；hen[hɛn¹]；thẳng hen[thaŋ³ hɛn¹]；điênh hen[ʔdiːɲ¹ hɛn¹]

【渴】泰คอแห้ง[khɔː² hɛːŋ³]；กระหาย[kra⁵ haːi¹]；กระหายน้ำ[kra⁵ haːi¹ nam¹]；หิวน้ำ[hiu¹ nam⁴]；ระหาย[ra⁴ haːi¹]；อยากน้ำ[jaːk⁹ nam¹]　老ຄໍແຫ້ງ[khɔː² hɛːŋ³]

---

❶ 阿含 ing A1　撣 ʔiŋ A1
❷ 阿含 tai；phāng
❸ 石家 khoo⁶　阿含 kɔ A1　泐 kɔ A1
❹ 撣 met D2S　泐 met D2S
❺ 拉哈 ta¹　拉基 katu¹
❻ 石家 ʔay¹　拉哈 kaNu¹

แสบ[sɛp⁷];ยากบ่ำ[jaːk⁹ nam⁴];หิอบ่ำ[hiu⁴ nam⁴] 岱-侬 còkháu[kɔ²khəu⁵] 越泰 xép[sɛp⁷] 普 zak² [zaːk²];rǎk² ʔoŋ³[rak²ʔoŋ³] 越 khát[xaːt⁷];khát khao[xaːt⁷ xaːu¹];khát nước[xaːt⁷ nɯːk⁷] 芒 khát [khaːt⁷];khát đác[khaːt⁷ ʔdaːk⁷]

【可爱❶】 泰 น่ารัก[naː³rak⁸] 老 ປາສາທິກະ[paːˡˡ saː¹ thi⁵ kaʔ²];ເຕາະເຫລາະ[tɔʔ² lɔʔ²];ที่รัก[thiː⁵ hak⁸];เป็นรัก[pen¹ˡ hak⁸];ขัารัก[naː³ hak⁸];ขัารักตาแพง[naː³ hak⁸ taːˡˡ pheːŋ²];ที่รักแพง[thiː⁵ hak⁸ pheːŋ²];พะบิด[phaː⁵ nit⁸];อิดทะ[ʔit² thaʔ²] 岱-侬 thuc dầu [thukˡ jəu³];thuc chẳng[thuk⁷ tɕaŋ²] 越泰 đáng ănh [ʔdaːŋ⁵ ʔɛŋ²] 普 sɯˡ niˡ[sɯˡ niˡ] 越 dễ thương[zeˡ thɯːŋ¹];đáng yêu[ʔdaːŋ⁵ ʔiːu¹]

【可恨】 泰 น่าชัง[naː³ tshaŋ²];น่ารังเกียจ[naː³ raŋ² kiat⁹]; พึงแค้นเคือง[phɯŋ² kheːn⁴ khɯːaŋ²] 老 ຕາຊັງ[taːˡˡ saŋ²];ขัาชัง[naː³ saŋ²];เป็นชัง[pen¹ˡ saŋ²];ກຽດຊັງ [kiatʔ saŋ²] 越 đáng giận[ʔdaːŋ⁵ zɤn⁶];đáng ghét [ʔdaːŋ⁵ ɣɛt⁷]

【可口】 泰 อร่อย[ʔaː⁵ rɔːiˡ];ถูกปาก[thuːk⁹ paːk⁹] 老 ກະເອບ[kaː²ʔeːp²];ກັບເອິ[kanˡ ʔau¹] 越 ngon miệng [ŋɔnˡ miːŋ⁶];hợp khẩu vị[hɤːp⁸ xɤuˡ viˡ]

【可怜】 泰 น่าสงสาร[naː³ sɔŋˡ saːn¹];กระลูน[kraː⁵ luː²]; กระลูน์[kraː⁵luː³] 老 ແຄນໃຈ[khɛːn²tsai¹];ขัาสิงสาม [naː³sɔŋ¹ saːn¹];สิงสาม[sɔŋ¹ saːn¹];ขัาสั้งเอด[naː³saŋ¹ veːt¹⁰];ขัาทุเลด[naː³ thu⁵ leːt¹⁰];ขัาอิ่งตึ่น[naː³ ʔiː⁵ ʔduːˡˡ ton¹];สิ่มเผด[som¹ pheːt¹⁰];สิ่มเผดเอทะบ[som¹ pheːt¹⁰ veː² thaː² naː²];กำ[kɔːˡ];อิ่งตึ่น[ʔiː⁵ ʔduːˡˡ ton¹];ทุเลด[thu⁵ leːt¹⁰];ขัาทุเลด[naː³ thu⁵ leːt¹⁰];เอทะบ[veː² thaː² naː²];ขัาอิ่งตึ่น[naː³ ʔiː⁵ ʔduːˡˡ ton¹];อะบาด[ʔaː² naːtˡ⁰];อะบาดใจ[ʔaː² naːtˡ⁰ tsai¹];อะขัดอะขาด[ʔaː² nat⁷ ʔaː² naːtʔ];อิ่งตึ่น[ʔiː⁵ ʔduːˡˡ];อิ่ง[ʔiː⁵ ʔduːˡˡ];ขัาอิ่งตึ่น[naː³ iː⁵ ʔduːˡˡ];อิ่งตึ่น[ʔiː⁵ ʔduːˡˡ ton¹];ดูตึ่น[ʔduːˡˡ ton¹];อิ่งตึ่น[ʔiː⁵ ton¹];อิ่งกูบาก[ʔiː⁵

ʔdɹˡ kuːˡ naː²];อิ่งอิ่งโผด[ʔiːˡˡ ʔduːˡˡ sɔŋ² phoːt⁵]; อิ่งดู[ʔinˡˡ ʔduːˡˡ];เอิ่บดู[ʔenˡˡ ʔduːˡˡ];กำ[kɔːˡ] 岱-侬 sɯːɔŋ² hai[ɫɯːŋ² hai³] 越泰 in đu nả[ʔin³ ʔdɹˡ na³] 越 đáng thương[ʔdaːŋ⁵ thɯːŋ¹];đáng thương hại[ʔdaːŋ⁵ thɯːŋ¹ hai⁶];đáng thương xót[ʔdaːŋ⁵ thɯːŋ¹ sɔt⁷] 芒 chìu thương[tsiu⁴ thɯːŋ¹]

【可能~下雨】 泰 อาจจะ[ʔaːt⁹tsa⁵] 老 ອາດ[ʔaːt⁶]; ອາດຈະ[ʔaːt⁹ tsa²];เป็นได้[pen¹ˡ ʔdai⁴];พี่จะ[phɔː⁵ tsa²];ลาง[laːŋ³] 岱-侬 lao tó[laːu¹ tɔː⁵];mì bat[mi² ʔbaːt⁷];mì bat[miː² ʔbaːt⁷];khoong cạ[khɔːŋ¹ kaː⁴] 越泰 mī tɯa[mi² tɯa¹] 普 ha⁴ pa² lhăw³[ha⁴ pa² lau²] 越 có lẽ[kɔ⁵ lɛ⁴];có thể[kɔ⁵ the³] 芒 cò lẽ [kɔ³ lɛ⁴]

【可怕】 泰 น่ากลัว[naː³kluːa²] 老 ຕາຢ້ານ[taːˡˡjaːn³]; ຕາລາມ[taːˡˡ laːn²];พิมะ[phiːˡ maː²];ขัากัว[naː³ kuːa¹]; ขัาทอดกัว[naː³ vaːt⁹ kuːa¹];ขัาย้าน[naː³ jaːn³] 越 đáng sợ[ʔdaːŋ⁵ sɤ⁶];ghê[ɣeˡ];tởm[tɤːm³];ghê gớm[ɣe¹ ɣɤːm⁵] 芒 gê gớm[ɣe¹ ɣɤːm³];gê[ɣe¹]

【可惜❷】 泰 น่าเสียดาย[naː³ siːa¹ʔdaːi²] 老 ขัาเฮียดาย[naː³siːa¹ʔdaːi¹];เสยดาย[siːa¹ʔdaːi¹] 岱-侬 chăn sliết[tɕan¹ ɬiːt⁷];sliết quả[ɬiːt⁷ kwa³] 越泰 xia đai[siəˡ ʔdaːi¹] 普 qajung⁴[qa⁰ juŋ⁴] 越 đáng tiếc[ʔdaːŋ⁵ tiːk⁷];tiếc là[tiːk⁷ la²];tiếc[tiːk⁷] 芒 tiếc [tɯːk⁷];tảng tiếc[taŋ³ tiːk⁷]

【可笑❸】 泰 น่าขัน[naː³ khan¹];น่าหัวเราะ[naː³ huːa¹ rɔː⁴] 老 เป็นทือ[pen¹ˡ huːa¹];ขัาฝากทือ[naː³ faːk⁹ huːa¹];ขัาทือออ่น[naː³ huːa¹ khwan¹] 岱-侬 đây khua[ʔdəi¹khuːa¹] 越泰 éhua[ʔɛ⁵huːa¹] 越 tức cười [tɯk⁷ kɯːi²];buồn cười[ʔbuːn² kɯːi²];nực cười[nɯk⁸ kɯːi²] 芒 hảo cười[hauː³ kɯːi²]

【可信】 泰 น่าเชื่อ[naː³ tshɯːa³] 老 ขัาเฮีอ[naː³ sɯːa⁵] 越 đáng tin[ʔdaːŋ⁵ tin¹]

【刻~印章】 泰 แกะสลัก[kɛ⁵sa⁵lak⁷];แกะ[kɛ⁵];สลัก

---

❶ 石家 sin³-siaŋ³；cak⁴-cia³
❷ 石家 sɔŋ⁴-piak²
❸ 石家 man⁶ ruaw⁶；ruaw⁶

[sa⁵lak⁷] 老 ແກະສະຫຼັກ[kɛ²sa²lak⁷];ແກະ[kɛ²];ສະຫຼັກ[sa² lak⁷] 越 khắc[xak⁵] 芒 khắc[khak⁵]

【刻_~钟】泰 ๑๕ นาที[sip⁷ ha:³ na:² thi:²] 老 ໑໕ ນາທີ[sip⁷ ha:³ na:² thi:²] 越 khắc[xak⁵];15 phút[mɯ:i² lam¹ fut⁷]

【刻薄】泰 ใจจืดใจดำ[tsai²tsɯ:t⁹tsai²ʔdam²] 岱-侬 sẩy kho[ɫəi¹ kho¹] 越 khe khắt[xɛ¹ xat⁷];khắt khe[xat⁷ xɛ¹];khắc nghiệt[xak⁷ ŋi:t⁸];nghiệt ngã[ŋi:t⁸ ŋa⁴]

【刻苦】泰 ขยันหมั่นเพียร[kha⁵ jan¹ man⁵ phi:at¹⁰];ประหยัด[pra⁵ jat⁷] 老 ເອົາການເອົາງານ[ʔau¹' ka:n¹' ʔau¹' ŋa:n²] 越 cần cù[kɤn² ku²];siêng năng[ʂi:ŋ¹ naŋ¹]

【克_~黄金】泰 กรัม[kram²] 老 ງາມ[la:m¹];ຂລາມ[kla:m¹] 岱-侬 fān[fan¹] 普 phăn⁴[phan⁴] 越 gam[ɣa:m¹]

【客车】泰 รถโดยสาร[rot⁸ʔdo:i²sa:n¹] 老 ລົດໂດຍສານ[lot⁸ ʔdo:i¹' sa:n¹] 越 xe chở khách[sɛ¹ tsɤ³ xat⁷];to a hành khách[twa¹ han² xat⁷];toa xe khách[twa¹ sɛ¹ xat⁷]

【客船】泰 เรือโดยสาร[rɯ:a² ʔdo:i² sa:n¹] 老 ເຮືອໂດຍສານ[hɯ:a² ʔdo:i¹' sa:n¹] 越 tàu chở khách[tau² tsɤ³ xat⁷]

【客房】泰 ห้องพักแขก[hɔ:ŋ³ phak⁸ khɛ:k⁹] 老 ຫ້ອງພັກແຂກ[hɔ:ŋ³ phak⁸ khɛ:k⁹] 越泰 huờn khék[hɯ:n² khek⁷] 越 phòng dành cho khách ở[fɔŋ² zaɲ² tsɔ¹ xat⁷ ʔɤ³]

【客气】泰 เกรงใจ[kre:ŋ²tsai²] 越泰 dệt khék[jet⁸ khek¹];khék khứa[khek¹ khɯa⁵] 越 làm khách[la:m² xat⁷] 芒 là khéch[la² khɛt⁷]

【客人❶】泰 แขก[khɛ:k⁹];อาคันตุกะ[ʔa:² khan² tu⁵ ka⁵] 老 ແຂກ[khɛ:k⁹] 岱-侬 khéc[khɛk⁵];hac

[ha:k⁷] 越泰 khék[khɛk⁷] 普 qakhjak²[qa⁰ khja:k²];law¹ khjak⁵[la:u¹ khja:k⁵] 越 khách[xat⁷] 芒 khéch[khɛt⁷]

【客厅】泰 ห้องรับแขก[hɔ:ŋ³ rap⁸ khɛ:k⁹];หอนั่ง[hɔ:¹ naŋ³] 老 ຫ້ອງຮັບແຂກ[hɔ:ŋ³ hap⁸ khɛ:k⁹];ຫ້ອງເຜີ່ງ[hɔ:ŋ² pə:ŋ²];ຫໍນັ່ງ[hɔ:¹ naŋ⁵] 越 phòng khách[fɔŋ² xat⁷];phòng tiếp khách[fɔŋ² ti:p⁷ xat⁷]

【客栈】泰 โรงเตี๊ยม[ro:ŋ² ti:am⁴] 老 ບໍ່ອມພັກຄົບເດີນທາງ[?bɔ:n⁵ phak⁸ khon² ʔdə:n¹' tha:ŋ²] 越泰 huờn tồ[hɯ:n² to²] 越 khách sạn nhỏ[xat⁷ ʂa:n⁶ ɲɔ³];quán trọ[kwa:n³ tʂɔ⁶];nhà trọ[na² tʂɔ⁶] 芒 nhà tlô[ɲa² tlo⁴]

【课文】泰 บทเรียน[ʔbot⁷ ri:an²] 老 ບົດຮຽນ[ʔbot⁷ hi:an²];ບົດ[ʔbot⁷] 越 bài học[ʔba:i² hɔk⁸];bài khóa[ʔba:i² xwa⁵];khoá văn[xwa⁵ van¹];bài[ʔba:i²] 芒 bài hoc[ʔba:i² hɔk⁸];bài[ʔba:i²]

【课桌】泰 โต๊ะเขียนหนังสือ[to⁴ khi:an¹ naŋ¹ sɯ:¹] 老 ໂຕະຮຽນຫນັງສື[to² hi:an² naŋ¹ sɯ:¹] 越 bàn học[ʔba:n² hɔk⁸] 芒 pàn hoc[pa:n² hɔk⁸]

【嗑~瓜子】泰 แทะ[thɛ⁴] 老 ເກັດ[ket⁷] 岱-侬 slặm[ɫam⁴];cài[ka:i²] 越 cắn[kan⁵]

【肯定 他~不来了】泰 จะต้อง[tsa⁵tɔ:ŋ³];อย่างไม่ต้องสงสัย[ja:ŋ⁵ mai³ tɔ:ŋ³ soŋ¹ sai¹] 老 ເດັດຂາດ[ʔdet⁷kha:t⁹];ແມ່[nɛ:⁵];ແມ່ນອນ[nɛ:⁵ nɔ:n²];ແມ່ອແມ່[nɛ:u⁵ nɛ:⁵];ເປັນແມ່[pen¹' nɛ:⁵];ຢ່າງແມ່ນອນ[ja:ŋ⁵ nɛ:⁵ nɔ:n²];ຍືນຍັນ[jɯ:n¹ jan¹] 越 khẳng định[xaŋ³ ʔdiɲ⁶] 芒 mườl mươl[mɯ:l² mɯ:l¹]

【恳求❷】泰 ของ้อ[khɔ:¹ ŋɔ:⁴];วอน[wɔ:n²] 老 ອອນ[vɔ:n²];ຮ້ອງຂໍ[hɔ:ŋ⁴ khɔ:¹];ຂໍຮ້ອງ[khɔ:¹ hɔ:ŋ⁴];ໄຫວ້ອອນ[vai³ vɔ:n²];ວິງວອນ[viŋ⁵ vɔ:n²];ອອນວານ[vɔ:n² va:n²];ສາລະອອນ[sa:¹ la⁵ vɔ:n²];ມ້ອມຊ້[nɔ:m⁴ khɔ:¹];ປວນ[pu:an¹'];ປ່ວນ[pu:an⁵];ວິງເຕັ້ນ[viŋ ten⁴];ໝ່ຽວ[ɲi:au⁵];ອອດອ້ອນ[ʔɔ:t⁹ ʔɔ:n⁴];ອ້ອມອອນ

❶ 石家 heek⁵   阿含 khik D1L   掸 khɛk D1L   泐 khɛk D1L   拉哈 kāw⁵ khek²   拉基 ku¹xe²

❷ 阿含 rik-mā

[ʔɔːn⁴ vɔːn²];ຣ້ອງຂໍ[hɔːŋ⁴ khɔː¹];ຂໍຮ້ອງ[khɔː¹ hɔːŋ⁴]; ໂຜດ[phoːt⁹];ຂໍ[khɔː¹];ຂໍທານ[khɔː¹ thaːn²];ຂໍໃຫ້[khɔː¹ haiː³];ໜ່ງ່ວ[niːau⁵] 岱-侬 tòi tấu[tɔi³ təu⁵] 越泰 mồn [mɔn²] 越 xin[sin¹];kêu nài[keu¹ naːi²];van xin [vaːn¹ sin¹] 芒 kêu nài[keu¹ naːi²];wan xin[waːn¹ sin¹]

【啃~骨头❶】 泰 แห้น[hɛːn⁴];แทะ[thɛ⁴] 老 แข้บ [hɛːn³];เล้ม[lem²];เล้มแข้บ[lem² hɛːn³];กัด[kat²] 岱-侬 ngén[ŋɛn³];nhắn[ɲaːn³];poi[pɔi¹];boi[ʔɓɔi¹] cắt[kat⁷] 越泰 hến[hɛn³] 越 gặm[ɣam⁶];nhắm [ɲɤm⁵] 芒 kiềl[kiːl²]

【坑❷】 泰 หลุม[lum⁵] 老 ขลุม[lum¹] 岱-侬 khum [khum¹];xum[ɕum¹] 越泰 khum[khum¹] 越 hố[ho⁵];lỗ[lo⁴] 芒 hủ[hu³]

【空~盒子❸】 泰 เปล่า[plau⁵];ว่างเปล่า[waːŋ³ plau⁵] 老 เป๋า[plau⁵] 岱-侬 pjáu[pjəu⁵] 越泰 páu[pau⁵] 普 qhAng⁴[qhɒŋ⁴] 越 rỗng[zoŋ⁴] 芒 rỗng[roŋ⁴]

【空话】 泰 คำพูดที่ว่างเปล่า[kham² phuːt¹⁰ thiː³ waːŋ³ plau⁵] 老 คำเอ้าล้มๆ แล้วๆ[kham² vau⁴ lom² lom² lɛːŋ⁴ lɛːŋ⁴] 越 lời nói suông[lɤːi² nɔi⁵ ʂuːŋ¹]

【空手】 泰 มือเปล่า[mɯː² plau⁵] 老 มีเป๋า[mɯː² pau⁵] 越 tay không[tai¹ xoŋ¹] 芒 thay ró[thai¹ rɔ⁵]

【空谈 不要~】 泰 ได้แต่พูด[ʔdai³ tɛː⁵ phuːt¹⁰] 老 เอ้าล้า[vau⁴ laː⁵] 岱-侬 phuối đai[phuːi⁵ ʔdaːi¹]; cảng đai[kaːŋ³ ʔdaːi¹] 越泰 pák lạ[paːk⁷ laː⁴] 越 nói suông[nɔi⁵ ʂuːŋ¹] 芒 khể ró[khe³ rɔ⁵]

【空气❹】 泰 อากาศ[ʔaː²kaːt⁹] 老 ອາກາດ[ʔaː¹¹kaːt⁹] 岱-侬 ăn hí[ʔan¹ hi⁵];dai hí[jaːi¹ hi⁵];hí[hi⁵] 越泰 ai[ʔaːi¹] 普 qasiw¹[qa⁰ siu¹] 越 không khí[xoŋ¹ xiː⁵];hơi[hɤːi¹] 芒 không khi[khoŋ¹ khi³];khi hơi[khi³ hɤːi¹]

【空心菜 蕹菜❺】 泰 ผักบุ้ง[phak⁷ ʔbuŋ³] 老 ผักบุ้ง [phak⁷ boŋ³];ผักบุ้ง[phak⁷ ʔbuŋ⁴];ผักทอดยอด [phak⁷ thɔːt¹⁰ nɔːt¹⁰] 岱-侬 phjăc bủng[phjak⁷ ʔbuŋ³] 越泰 phắc bồng[phak⁷ ʔboŋ³] 越 rau muống[zau¹ muːŋ⁵] 芒 tắc muống[tak⁷ muːŋ³];rau muống[rau¹ mɯːŋ³]

【恐怖】 泰 สยดสยอง[saː⁵jɔt⁷ saː⁵jɔːŋ¹] 越 khủng bố [xuŋ³ ʔbo⁵] 芒 khúng bồ[khuŋ⁵ ʔbo⁵]

【恐吓】 泰 ขู่[khuː⁵] 老 ตีขู่[tiː¹¹ khuː⁵];เทิก[thek⁷]; ขวางขวอน[lɔːk⁹ lɔːn¹];ทำลายขวัน[tham² laːi² khwan ]; กะโชก[kaː² soːk¹⁰];ขำโชก[kaː² soːk¹⁰];กับโชก[kaː² soːk¹⁰];ขำราบนาบด่า[kam² haːp¹⁰ naːp¹⁰ ʔdaː⁵];ขะหย่งขะหยั่ง[kha² naŋ¹ kha² nɔː¹];ขู่กับโชก[khuː⁵ kan¹¹ soːk¹⁰];ขู่ขวัน[khuː⁵ khwan¹];ขู่[khuː⁵] 岱-侬 khá[kha⁵];há pá[ha⁵pa⁵];há má[ha⁵ma⁵] 普 pɔqang [pɤ⁰ qaːŋ³] 越 đeđoạ[ʔdɛ¹ zwaː⁶];bắtnạt[ʔbat⁷ naːt³]; dcạ[zwaː⁶] 芒 hămhe[ham¹hɛ¹];đeđoã[ʔdɛ¹ zwaː⁴]; đát đào[ʔdaːt⁷ ʔdaːu⁵];pắt nat[pat⁷ naːt⁸]

【孔雀❻】 泰 นกยูง[nok⁸ juːŋ²] 老 มีายูง[nok⁸ ɲuːŋ²]; กุโยก[ku² ɲoːk⁷];กะโยก[kaː² ŋoːk¹⁰] 岱-侬 nộc dùng[nok⁸ juŋ²];nộc quang quả[nok⁸ kwaːŋ¹ kwaː³] 越泰 nộc dũng[nok⁸ juŋ²] 越 chim công[tsim¹ koŋ¹] 芒 chim công[tsim¹ koŋ¹]

【空地】 泰 ที่ว่าง[thiː³ waːŋ³] 老 แก้ง[kɛːŋ³] 越 khu đất phá hoang[xuː¹ ʔdɤt⁷ faː⁵ hwaːŋ¹]

【空闲 形容词】 泰 ว่าง[waːŋ³];ว่าง ๆ[waːŋ³ waːŋ³] 老 อ่าง[vaːŋ⁵];เป๋า[pau⁵];เป๋าอ่าง[pau⁵vaːŋ³];ขวาง [vaːŋ¹];ขวางอยาก[vaːŋ¹ viːak¹⁰] 越 nhàn rỗi[ɲaːn⁶ roi⁴]

---

❶ 石家 kat⁴
❷ 阿含 khrūm A1　掸 khum A1　泐 khum A1
❸ 石家 pluu⁶
❹ 阿含 lum A2
❺ 石家 phrak⁴-buŋ³
❻ 阿含 jung A2

【控告❶】 泰ฟ้องร้อง[fɔ:ŋ⁴rɔ:ŋ⁴] 老ฟ้อง[fɔ:ŋ⁴] 越bản cáo trạng[ʔba:n³ ka:u⁵ tʂa:ŋ⁶];sự truy tố[ʂɯ⁶ tʂwi⁶ to⁵]

【口 —~饭 ❷】 泰คำ[kham²] 老ຄຳ[kham²] 岱-侬 cắm[kam²];ám[ʔa:m⁵] 越泰 cắm[kam²] 越miếng[mi:ŋ⁵]

【口 咬—~】 泰คำ[kham²] 老ຄຳ[kham²] 越miếng[mi:ŋ⁵]

【口 五~人】 泰คน[khon²] 老ຄົນ[khon²] 越người[ŋɯ:i²]

【口 —~井】 泰บ่อ[ʔbɔ:³] 老ບໍ່[ʔbɔ:⁵] 越cái[ka:i⁵]

【口臭】 泰ปากเหม็น[pa:k⁹ men¹];กลิ่นปากเหม็น[klin⁵ pa:k⁹ men¹];ปากมีกลิ่น เหม็น[pa:k⁹ mi:² klin⁵ men¹] 老ປາກເໝັນ[pa:k⁹ men¹] 越hôi miệng[hoi¹ mi:ŋ⁶];hơi thở hôi[hɤ:i¹ thɤ³ hɤ:i¹] 芒hôi mênh[hoi¹ mɛn⁴]

【口红】 泰สีทาปาก[si:¹ tha:² pa:k⁹];ลิปสติก[lip⁸ sa⁵ tik⁹] 老ລິບສະຕິກ[lip⁷ sa² tik⁷] 越sáp môi[ʂa:p⁵ moi¹]

【口苦】 泰ปากขม[pa:k⁹ khom¹];ไม่เจริญ อาหาร[mai³ tsa⁵ rə:n² ʔa:² ha:n¹] 老ປາກຂົມ[pa:k⁹ khom¹]

【口粮】 泰เสบียงอาหาร[sa⁵ ʔbi:aŋ² ʔa:² ha:n¹] 老ເຂົ້າກິນ[khau³ kin¹] 越khẩu phần lương thực[xɤu² fɤn² lɯ:ŋ¹ thuɯk⁸]

【口腔】 泰ช่องปาก[tshɔ:ŋ³ pa:k⁹] 老ຂ້ອງປາກ[hɔ:ŋ³ pa:k⁹];ທວ່າງປາກ[va:ŋ⁵ pa:k⁹];ໃບປາກ[nai² pa:k⁹] 越miệng[mi:ŋ⁶];mồm[mom²]

【口水❸】 泰น้ำลาย[nam⁴ la:i²] 老ລາຍ[la:i²];ນ້ຳລາຍ[nam⁴ la:i²] 岱-侬 nài[na:i²];nặm nài[nam⁴ na:i²] 越泰 nặm xlãi[nam⁴s-la:i²] 普tăw⁴[tau⁴] 越nước miếng[nɯ:k⁷ mi:ŋ⁵];nước bọt[nɯ:k⁷ ʔbɔt⁸];nước

dãi[nɯ:k⁷za:i⁴];dãi[za:i⁴] 芒ðắcmẽnh[ʔda:k⁷mɛn⁴];ðắc ðãi[ʔda:k⁷ ʔda:i⁴];dãi[za:i⁴]

【口算】 泰คิดเลขด้วยปาก[khə:t¹⁰le:k¹⁰ʔdu:ai³ pa:k⁹] 老ຄິດເລກປາກເປົ່າ[khit⁸le:k¹⁰ pa:k⁹pau⁵] 越nhẩm[tin⁵ ŋɤm³];tính nhẩm[tin⁵ ŋɤm³]

【口香糖】 泰หมากฝรั่ง[ma:k⁹fa⁵raŋ⁵] 老ເຂົ້າໜົມສີໂອມ[khau³nom¹si:²ʔom¹];ໝາກຝະລັ່ງ[ma:k⁹fa laŋ⁵] 越kẹo cao su[kɛu⁶ ka:u¹ ʂu¹] 芒kẽo cao xu[kɛu⁴ ka:u¹ su¹]

【口罩】 泰ผ้าปิดกาก[pha:³ pit⁷ pa:k⁹];หน้ากากผ้า[na:³ ka:k⁹pha:³];หน้ากาก[na:³ka:k⁹] 老ຜ້າແພອັດປາກ[pha:³ phɛ:² ʔat⁷ pa:k⁹];ແພອັດປາກ[phɛ:² ʔat⁷ pa:k⁹] 越khẩu trang[xɤu² tʂa:ŋ¹]

【扣 ~扣子】 泰ขัด[khat⁷];กลัด[klat⁷] 老ຂັດ[khat⁷];ໃສ່[sai⁵];ຕິດ[tit⁷] 岱-侬 toòng[tɔ:ŋ³];tam[ta:m¹] 普tăm¹[tam¹] 越gài[ɣa:i²];cài[ka:i²] 芒cúc[kuk⁷];cài[ka:i²]

【扣 ~钱】 泰หัก[hak⁷] 老ຫັກ[hak⁷] 岱-侬 chừ[tɕɯ²];chừ pây[tɕɯ² pəi¹] 越泰kháu[khau⁵] 越khẩu[xɤu⁵] 芒khẩu[khɤu⁵]

【扣 ~碗❹】 泰คว่ำ[khwam³];พลิกคว่ำ[phlik⁸ khwam³] 老ຄອບ[khɔ:p¹⁰];ງ່ອມ[ŋu:am⁵];ງຳ[ŋwam²] 岱-侬 khoăm[khwam³] 越泰 khuồm[khu:m³] 越úp[ʔup⁷] 芒úp[ʔup⁷]

【扣除】 泰หัก[hak⁷] 老ຫັກ[hak⁷];ຫັກອອກ[hak⁷ ʔɔ:k⁷];ສັກ[sak⁸];ສັກໄວ້[sak⁸ vai⁴];ຍັກ[ɲak⁸];ຖອນຈາກ[thɔ:n¹tsa:k⁹];ລົບ[lup⁸];ລົບ[lop⁸] 越khấu trừ[xɤu² tʂɯ²];trừ[tʂɯ²] 芒tlừ[tlɯ²]

【扣押】 泰อายัด[ʔa:² jat⁸] 老ອາຍັດ[ʔa:¹ ɲat⁸];ກັກ[kak⁷] 越giam giữ[za:m¹ zɯ⁴];giữ[zɯ⁴]

【扣子】 泰กระดุม[kra⁵ ʔdum²];ลูกกระดุม[lu:k¹⁰ kra⁵

---

❶ 阿含 sho
❷ 掸 kăm A2    泐 kăm A2
❸ 石家 mlaay⁴    阿含 lāi A2    掸 lai A2    泐 lai A2
❹ 阿含 khăm C1    掸 khwăm C1    泐 kwăm C1

ʔdum²] 老ດຸມ[ʔdum¹']; ກະດຸມ[ka²ʔdum¹']; ລູກກະດຸມ[lu:k¹⁰ka²ʔdum¹']; ໝາກກະດຸມ[ma:k⁹ka²ʔdum¹']; ໝາກດຸມ[ma:k⁹ʔdum¹'] 岱-依kêt[ket⁷]; păt[pat⁷]; nậu[nəu⁴] 越泰mák hỏ[ma:k⁷ hɔ³]; mák kết[ma:k⁷ ket⁷] 普qacât⁵[qa⁰ tsɤt⁵] 越khuy[xwi¹]; khuy rời[xwi¹ zɤ:i²]; cúc[kuk⁷] 芒cúc[kuk⁷]

【哭❶】泰ไห้[hai³] 老ໄຫ້[hai³] 岱-依hảy[hai³] 越泰hảy[hai³] 普zjak²[zja:k²] 越khóc[xɔk⁷] 芒nhãm[ɲa:m⁴]

【枯草~了】泰เหี่ยวเฉา[hi:au⁵ tshau¹] 老ຫ່ຽວ[hi:au⁵]; ແຫ່ວ[hɛ:u⁵] 越khô[xo¹] 芒khô[kho¹]

【枯树】泰ต้นไม้ที่เหี่ยวเฉา[ton³mai⁴thi:³hi:au⁵tshau²] 老ໄມ້ຕາຍ[mai⁴ ta:i¹'] 越cây khô[kɤi¹ xo¹]

【枯水期】泰ระยะที่น้ำแห้งขาด[ra⁴ja⁴thi:³nam⁴hɛ:ŋ³ kha:t⁹] 老ລະດູນ້ຳແຫ້ງ[la⁵ ʔdu:¹' nam⁴ hɛ:ŋ³]; ນ້ຳແຫ້ງ[nam⁴ hɛ:ŋ³] 越mùa nước cạn[muə² nɯ:k⁷ ka:n⁶]; mùa nước khô cạn[muə² nɯ:k⁷ xo¹ ka:n⁶]; mùa khô[muə² xo¹]

【枯死】泰แห้งตาย[hɛ:ŋ³ta:i²] 老ຕາຍຂານ[ta:i¹' kha:n¹]; ຊາກ[sa:k¹⁰] 越chết khô[tset⁷ kho¹]

【枯萎❷】泰เฉา[tshau¹]; อับเฉา[ʔap⁷tshau¹]; หู่[hu:⁵]; หู่เหี่ยว[hu:⁵hi:au⁵]; เหี่ยว[hi:au⁵]; กรองกรอย[krɔ:ŋ² kra:i²]; แห้ง[hɛ:ŋ³] 老ຫ່ຽວ[hi:au⁵]; ແຫ່ວ[hɛ:u⁵]; ສູນແຫ່ວ[su:n¹ hɛ:u⁵]; ຍຸບ[ɲup⁸]; ແຫ້ງແຫ່ວ[hɛ:ŋ³ hɛ:u⁵]; ເຫືອຍ[hɯ:ai¹]; ຫົດແຫ່ວ[hot⁷ hɛ:u⁵]; ແຫ່ວແຫ້ງ[hɛ:u⁵ hɛ:ŋ³]; ຫ່ຽວແຫ້ງ[hi:au⁵hɛ:ŋ³]; ໂຮບ[ho:p¹⁰]; ໂຮບລົງ[ho:p¹⁰ loŋ²] 岱-依tọi[tɔi⁴] 越泰xóp[sɔp⁷]; xóp xỏi[sɔp⁷ sɔi³]; héo[hɛu⁵]; khuy[khwi¹] 普zhew³[ʐɛu³]; rhew³[rɛu³] 越héo[hɛu⁵]; khô héo[xo¹ hɛu⁵]; áy[ʔai⁵] 芒khô hẻo[kho¹ hɛu³]; hẻo[hɛu³]

【骷髅】泰หัวกระโหลก[hu:a¹ kra⁵ lo:k⁹]; โครงกระดูก[khro:ŋ²kra⁵ ʔdu:k⁹] 老ຂອນຜີ[khɔ:n¹ phi:¹] 岱-依bẩunẩu[ʔbəu³nəu³] 越泰pomplọc[pɔm¹p-lɔk⁸] 越đầu lâu[ʔdɤu² lɤu¹] 芒tlốc lol xiêng[tlok⁷ lɔl¹ si:ŋ¹]

【窟窿】泰รู[ru:²] 老ຮູ[hu:²]; ປ່ອງ[pɔ:ŋ⁵] 岱-依rù[ru²] 普bung¹[buŋ¹] 越hang[ha:ŋ¹]; lỗ[lo⁴]; hang ổ[ha:ŋ¹ʔo³]; lỗ hổng[lo⁴hoŋ³]; hầm[hɤm²]; hố[ho⁵] 芒lỗ hếu[lo⁵ heu⁵]; lỗ[lo⁵]

【苦味~❸】泰ขม[khom¹] 老ຂົມ[khom¹] 岱-依khum[khum¹] 岱-依khôm[khom¹] 越泰khôm[khom¹] 普laj⁴[la:i⁴] 越đắng[ʔdaŋ⁵] 芒tắng[taŋ³]

【苦瓜❹】泰มะระ[ma⁴ra⁴]; ผักไห[phak⁷hai¹]; บวบขม[ʔbu:ap⁹ khom¹] 老ໝາກໄສ່[ma:k⁹ sai⁵]; ໝາກໄຮ່[ma:k⁹hai⁵]; ຜັກໄຫ່[phak⁷hai⁵]; ໝາກໄຂ່[ma:k⁹ sai⁵] 岱-依mac khẩy[ma:k⁷khəi⁵] 越mướp đắng[mɯ:p⁷ ʔdaŋ⁵] 芒tlải kháy[tla:i³ khai⁵]

【苦楝树】泰สะเดา[sa⁵ʔdau²] 老ກະເດົາຊ້າງ[ka² ʔdau¹' sa:ŋ⁴]; ຕົ້ນກະເດົາຊ້າງ[ton⁴ ka² ʔdau¹' sa:ŋ⁴]; ກົກດອກຮ່ຽນ[kok⁷ ʔdɔ:k⁹ hi:an⁵]; ກົກຮ່ຽນ[kok⁷ hi:an⁵]; ກົກດອກຊ່ຽນ[kok⁷ʔdɔ:k⁹si:an⁵]; ໄມ້ຮ່ຽນ[mai⁴hi:an⁵] 岱-依mạy riền[mai⁴ ri:n³]; co mạy riền[kɔ¹ mai⁴ ri:n³] 越泰co hiền[kɔ¹ hi:n⁶] 越cây xoan[kɤi¹ swa:n¹] 芒câl tu[kɤl¹ tu¹]; câl xan[kɤl¹ sa:n¹]

【苦笑】泰ยิ้มแห้ง ๆ[jim⁴ hɛ:ŋ³ hɛ:ŋ³]; ฝืนยิ้ม[fɯ:n¹ jim⁴]; ยิ้มแหย ๆ[jim⁴ jɛ:¹ jɛ:¹] 老ຂົມໃຈຫົວ[khom⁵ tsai¹' hu:a¹] 越cười gượng[kɯ:i² ɣɯ:ŋ⁶]; cười đau khổ[kɯ:i² ʔdau¹ xo³] 芒cười ép[kɯ:i² ʔɛp⁷]

【裤衩】泰กางเกงใน[ka:ŋ² ke:ŋ² nai²]; สนับเพลา[sa⁵ nap⁷ phlau²] 老ໂສ້ງຊ້ອນ[so:ŋ³ sɔ:n⁴]; ໂສ້ງນ້ອຍ[so:ŋ³ nɔ:i⁴] 越泰xuống cỏm[su:ŋ³ kɔm³] 越quần trong

❶ 阿含 hai C1
❷ 石家 hxxw³
❸ 石家 gam⁴　阿含 khrum A1；khum A1　掸 khom　泐 khum A1
❹ 石家 maak²- maa⁶-raʔ²

[kwɤn² tʂɔŋ³];quần cụt[kwɤn² kut⁸];quần đùi[kwɤn² ʔdui²]　芒quần tùi[kwɤn² tui²]

【裤裆】　泰เป้ากางเกง[pau³ ka:ŋ² ke:ŋ²]　老ทอ่าง ຂาโສ້ງ[va:ŋ⁵ kha:¹ so:ŋ³]　岱-侬tồng khóa[toŋ³ khwa⁵]　越泰ống xuống[ʔɔŋ³ suŋ⁵]　đũng quần [ʔduŋ⁵ kwɤn²];đũng[ʔduŋ⁵]　芒đũng[ʔduŋ⁴]

【裤兜儿】　泰กระเป๋ากางเกง[kra⁵ pau¹ ka:ŋ² ke:ŋ²]　老ຖົງໂສ້ງ[thoŋ¹ so:ŋ³]　越túi quần[tui⁵ kwɤn²]

【裤脚】　泰ขากางเกง[kha:¹ ka:ŋ² ke:ŋ²]　老ຕີນໂສ້ງ [ti:n¹ so:ŋ³]　岱-侬tin slửa[tin¹ ɫɯə²]　越gấu quần [ɣɤu² kwɤn²]

【裤腿】　泰ขากางเกง[kha:¹ ka:ŋ² ke:ŋ²]　老ຂາໂສ້ງ [kha:¹ so:ŋ³]　岱-侬kha khoá[kha¹ khwa⁵]　越泰 kha xuống[kha¹ suŋ³]　越ống quần[ʔɔŋ⁵ kwɤn²] 　芒chân quần[tsɤn¹ kwɤn²]

【裤腰】　泰ส่วนเอวกางเกง[suan⁵ ʔe:u² ka:ŋ² ke:ŋ²]　老ຫົວໂສ້ງ[hua¹ so:ŋ³]　越cạp quần[ka:p⁸ kwɤn²]; lưng quần[lɯŋ¹ kwɤn²]

【裤子❶】　泰กางเกง[ka:ŋ² ke:ŋ²]　老ໂສ້ງ[so:ŋ³]　岱-侬khoá[khwa⁵]　越泰xuống[suŋ⁵]　普kwăn¹ [kwan¹]　越quần[kwɤn²];cái quần[ka:i⁵ kwɤn²] 　芒quần[kwɤn²];cái quần[ka:i³ kwɤn²]

【夸奖】　泰ชมเชย[tshom² tshə:i²];ชม[tshom²]　老 ເຊີຍຊົມ[si:a² som²];ເຊີດ[sə:t¹⁰];ເຊີດຊູ[sə:t¹⁰ su:²]; [ŋɔ:²];ย่ำ ย่อง[ŋɔ:² ŋɔ:ŋ⁴];ย่องย่ำ[ŋɔ:ŋ⁴ ŋɔ:²];ยื่ก [ŋok⁸ ŋɔ:ŋ⁴];ย่อง[ŋɔ:ŋ⁴];ຖົມມະນາ[thom¹ ma⁴ na:²]; อ่าดี[va:⁵ʔdi:¹];ເອີ້ຢ່ອງ[vau⁴ ŋɔ:ŋ⁴]　岱-侬on [ʔɔn¹];khẳn[khan³]　越泰xưng[sɯŋ¹]　普ceng³ [tseŋ³]　越khen[xɛn¹];khen ngợi[xɛn¹ ŋɤ:i⁶]　芒 khen[khɛn¹];bôi khen[ʔboi¹ khɛn¹];bôi[ʔboi¹]

【垮台】　泰ล้ม[lom⁴]　老ລົ່ມທະລາຍ[lom⁴ tha⁵ la:i²] 　越sụp đổ[ʂuk⁸ ʔdo³];đổ vỡ[ʔdo³ vɤ⁴];đổ gục[ʔdo³ 

yuk⁸];tan vỡ[ta:n¹ vɤ⁴]　芒khup tố[khup⁸ to⁵]

【挎】　泰คองด้วยแขน[khu:aŋ² ʔdu:ai³ khɛ:n¹];สะพาย [sa⁵ pha:i²]　老ຕະແບງ[ta² ʔbɛ:ŋ¹'];พาย[pha:i²]　 越đeo[ʔdɛu¹]

【挎包】　泰กระเป๋าสะพาย[kra⁵ pau¹ sa⁵ pha:i²]　老 ຖົງພາຍ[thoŋ¹ pha:i²];ຖົງຢ່າມ[thoŋ¹ ɲa:m²];ย่าม [ɲa:m²];ຖົງເປັງ[thoŋ¹ pe:ŋ¹];ໂຊບ[so:n¹]　越túi dết [tui⁵ zet⁷];tay nải[tai¹ na:i³]

【跨～过水沟❷】　泰ข้าม[kha:m³]　老ຂ້າມ[kha:m³]; ย่างข้าม[ja:ŋ⁵ kha:m³]　岱-侬khảm[kha:m³]　越泰 khảm[kha:m³]　越vượt[vɯ:t⁸]

【胯】　泰ตะโพก[ta⁵ pho:k¹⁰]　老ງ່າມຂາ[ŋa:m⁵ kha:¹]; ທ່ວງຂາ[va:ŋ⁵ kha:¹]　岱-侬côcpáng[kok⁷ pa:ŋ⁵] 　越泰cốc kha[kok⁷ kha¹]　越bẹn[bɛn¹];háng[ha:ŋ⁵]; hông[hoŋ⁵]　芒háng[ha:ŋ³];ngăm hảng[ŋa:m⁴ ha:ŋ³]

【胯骨】　泰กระดูกตะโพก[kra⁵ ʔdu:k⁹ ta⁵ pho:k¹⁰];กระ ดูกสะโพก[kra⁵ ʔdu:k⁹ sa⁵ pho:k¹⁰]　老ກະດູກໂຄ່ຍ [ka² ʔdu:k⁹ kho:i²];ດູກໂຄ່ຍ[ʔdu:k⁹ kho:i⁵]　越xương hông[sɯ:ŋ¹ hoŋ¹];xương chậu[sɯ:ŋ¹ tʂu⁶]

【快❸】　泰ไว[wai²];เร็ว[reu²];ด่วน[ʔdu:an⁵]　老ໄວ [vai²];ຫັນ[han¹];ເລີວ[leu²];ທ່ຽວ[thi:au⁵];ປີງ [pi:aŋ¹'];ເປັງ[pɯ:aŋ¹'];ປາດ[pa:t⁹];ປຸ່ມເປັງ[pun¹ pɯ:aŋ¹'];ພະລັນ[pha⁴ lan²];ອາສຸ[ʔa:¹' su²];ກິ່ນ[kin⁵] 　岱-侬 khoái[khwa:i⁵];mjàng[mja:ŋ²]　越泰 văn[van²]　普zwak²[zwa:k²];zwak² Văn¹[zwa:k² βan¹]　越nhanh[ɲaɲ¹];chóng[tsɔŋ⁵];nhanh chóng[ɲaɲ¹ tsɔŋ⁵]　芒chòng[tsɔŋ³];chiều[tsi:u²]

【快餐】　泰อาหารจานเร็ว[ʔa:² ha:n¹ tsa:n² reu²];อาหาร จานด่วน[ʔa:² ha:n¹ tsa:n² ʔdu:an⁵];ฟาสต์ฟู้ด[fa:t¹⁰ fu:t¹'] 　老ອາຫານຈານດ່ວນ[ʔa:¹' ha:n¹ tsa:n¹ ʔdu:an⁵];ອາຫານ ເປົາ[ʔa:¹' ha:n¹ ʔbau¹]　越thức ăn nhanh[thɯk⁷ ʔan¹ ɲaɲ¹]

---

❶ 石家 soŋ³
❷ 石家 haam³　掸 kham C1　泐 xam C1
❸ 阿含 khān

【快车】 泰รถด่วน[rot⁸ ʔduːan⁵] 老ລົດດ່ວນ[lot⁸ ʔduːan⁵] 越ô-tô tốc hành[ʔo¹ to¹ tok⁷ han²];tàu tốc hành[tau² tok⁷ han²]

【快要车~开了】 泰จวนจะ[tsuːan² tsa⁵] 老ใກ້ຈະ[kai⁴ tsa²];ใກ້ຊິ[kai⁴ si⁵];ກຳລັງຈະ[kam¹ˑ laŋ² tsa²];ເກືອບ[kɯːap⁹];ເກືອບຈະ[kɯːap⁹ tsa²];ເກືອບຊິ[kɯːap⁹ si⁵];ດາ[ʔda¹ˑ];ດາຊິ[ʔda¹ˑ si⁵];ໝໍ່ຊິ[mɔː⁵ si⁵] 岱-侬ái[ʔaːi⁵];tộng[toŋ⁴] 越sắp[ʂap⁵]

【块_~田】 泰ผืน[phɯːn¹] 老ຜືນ[phɯːn¹];ຕັ່ນ[phan⁵];ຕອນ[tɔːn¹ˑ];ພຸດ[phuːt¹⁰] 越thửa[thɯːa⁵];khoảnh[xwaŋ³] 芒páng[paːŋ⁵];ɗơl[ʔdɤːl¹]

【块_~石头】 泰ก้อน[kɔːn³] 老ກ້ອນ[kɔːn⁴] 岱-侬khòn[khɔn³] 越泰còn[kɔn³];tón[tɔn⁵] 越hòn[hɔn²]

【块_~肉】 泰ชิ้น[tshin⁴] 老ຊິ້ນ[siːn⁴];ຕ່ອນ[tɔːn⁵];ພຸດ[phuːt¹⁰];ປ້ຽງ[piːaŋ⁵] 岱-侬khòn[khɔn³] 越泰theo[thɛu⁴] 越miếng[miːŋ⁵] 芒miếng[miːŋ³]

【块_~糖】 泰ก้อน[kɔːn³] 老ປ້ຽງ[piːaŋ⁵] 岱-侬muối[muːi⁵] 越泰tón[tɔn⁵] 越miếng[miːŋ⁵];viên[viːn¹];hòn[hɔn²] 芒miếng[miːŋ⁵];viên[viːn⁵];hòn[hɔn²]

【块_~布】 泰ผืน[phɯːn¹] 老ຜືນ[phɯːn¹];ປ້ຽງ[piːaŋ⁵] 越mảnh[maŋ³];tấm[tɤm⁵] 芒ménh[mɛn⁵]

【块_~肥皂】 泰ก้อน[kɔːn³] 老ກ້ອນ[kɔːn⁴] 岱-侬khòn[khɔn³] 越泰còn[kɔn³] 越miếng[miːŋ⁵];bánh[ʔban⁵]

【块_~手表】 泰เรือน[rɯːan²] 老ໜ່ວຍ[nuːai⁵] 越chiếc[tsiːk⁷]

【块_~玻璃】 泰แผ่น[phɛːn⁵] 老ແຜ່ນ[phɛːn⁵] 越tấm[tɤm⁵] 芒tấm[tɤm⁵]

【块_~木板】 泰แผ่น[phɛːn⁵] 老ແຜ່ນ[phɛːn⁵] 越tấm[tɤm⁵] 芒tấm[tɤm⁵];là[la³]

【块根】 泰หัวราก[huːa¹ raːk¹⁰];หัวมัน[huːa¹ man²] 老ຮາກຫົວ[haːk¹⁰ huːa¹] 普dăm¹[dam¹] 越củ[ku³];rễ củ[ʐe⁴ ku³] 芒cú[ku⁵]

【筷子❶】 泰ตะเกียบ[ta⁵ kiːap⁹] 老ถู่[thuː⁵];ไม้ถู่[mai⁴ thuː⁵];ตะขอบ[ta² khiːap⁹] 岱-侬thú[thu⁵] 越泰thú[thu⁵] 普law⁴[laːu⁴] 越đũa[ʔduːə⁴] 芒tũa[tuːə⁴]

【宽❷】 泰กว้าง[kwaːŋ³] 老ກວ້າງ[kwaːŋ⁴] 岱-侬quảng[kwaːŋ³] 越泰quảng[kwaːŋ³] 普kwang⁴[kwaːŋ⁴] 越rộng[ʐoŋ⁶] 芒rỗng[roŋ⁴];hỗng[hoŋ⁴];khoảng[khwaːŋ³]

【宽敞】 泰กว้างใหญ่ไพศาล[kwaːŋ³ jai⁵ phai² saːn¹] 老ໂທງ[thoːŋ¹];ລ້ອງ[lɔŋ⁵];ໂລ່ງ[loːŋ⁵];ອະລະຊີ[ʔɔː¹ˑ la⁵ thɯː⁴] 越rộng rãi[ʐoŋ⁶ zaːi⁴];quang đăng[kwaːŋ¹ ʔdaːŋ⁴] 芒rỗng rãi[roŋ⁴ raːi⁴]

【宽恕】 泰อภัยโทษ[ʔa⁵ phai² thoːt¹⁰] 老ອະໄພ[ʔa² phai²];ອະໄພໂທດ[ʔa² phai² thoːt¹⁰];ອະໄພຍະໂທດ[ʔa² phai² ɲa⁵ thoːt¹⁰] 越泰dáng nả[jaːŋ⁵ naː³];phóngche[phɔŋ⁵ tsɛ¹];xa[sa¹] 越khoan hồng[xwaːn¹ hoŋ²];lượng thứ[lɯːŋ⁶ thɯː⁵];tha thứ[tha¹ thɯː⁵] 芒tha thử[tha¹ thɯː³];tha thổi[tha¹ thɔːi⁴]

【款待】 泰ต้อนรับ[tɔːn³ rap⁸] 老ຮັບຮອງ[hap⁸ hɔːŋ²] 越khoản đãi[xwaːn³ ʔdaːi⁴];tiếp đãi tốt[tiːp⁷ ʔdaːi⁴ tot⁷];thết đãi[thet⁷ ʔdaːi⁴] 芒thết čãi[thet⁷ ʔdaːi⁴]

【筐子】 泰เข่ง[kheːŋ⁵] 老ຫັບ[hap⁷] 普rhwat⁵[rwaːt⁵] 越rổ[ʐo³];thúng[thuŋ⁵]

【狂这人很~】 泰บ้าระห่ำ[ʔbaː³ ra⁴ ham⁵] 越khùng[xuŋ²];ngông cuồng[ŋoŋ¹ kuːŋ²] 芒khùng[khuŋ²]

【狂风】 泰พายุจัด[phaː² ju⁴ tsat⁷];พายุ[phaː² ju⁴];ລາຍ

---

❶ 撣thu B1　泐thu B1
❷ 阿含ā；klāng C1；kāng C1　撣kwaŋ C1　泐kwaŋ C1

[wa:² ju⁴] 老ລົມລ້າວ[lom² la:u⁴];ພາຍຸ[pha:² nu⁵] 岱-侬 lồm pản pé[lom²pan⁵pɛ⁵] 越泰 lỗm lạo [lom² la:u⁴] 越 bão táp[ʔba:u⁴ ta:p⁶];gió dữ[zo⁵ zu⁵];gió giật[zo⁵ zɤt⁸];gió lốc[zo⁵ lok⁷]

【狂犬病】 泰 โรคกลัวน้ำ[ro:k¹⁰ klu:a² nam⁴] 老 โลกพาว่อ[lo:k¹⁰ ma:¹ vo:⁴];โลกพาบ้า[lo:k¹⁰ ma:¹ ʔba:⁴];พะยาดอ้[pha⁵ ɲa:t¹⁰ vo:⁴] 越 bệnh dại[ʔben⁶ za:i⁶];bệnh chó dại[ʔben⁶ tʂo⁵ za:i⁶]

【矿】 泰 แร่[rɛ:³] 老 แຮ່[hɛ:⁵] 岱-侬 bó[ʔbo:⁵] 越 quặng[kwaŋ⁶];khoáng chất[xwa:ŋ⁵ tʂɤt⁵]

【矿工】 泰 กรรมกรเหมืองแร่[kam² ma⁴ ko:n² mɯ:ŋ rɛ:³] 老 ກຳມະກອນຂຸດຄົ້ນບໍ່ແຮ່[kam¹ ma⁵ko:n¹ khut⁷ khom⁴ ʔbo:⁵ hɛ:⁵];ກຳມະກອນບໍ່ແຮ່[kam¹ ma⁵ ko:n¹ ʔbo:⁵ hɛ:⁵] 越 thợ mỏ[thɤ⁶ mɔ³];công nhân mỏ[koŋ¹ ɲɤn¹ mɔ³]

【矿井】 泰 บ่อเหมือง[ʔbo:³ mɯ:aŋ²] 老 ບໍ່ແຮ່[ʔbo:⁵ hɛ:⁵];ເໝືອງແຮ່[mɯ:aŋ¹ hɛ:⁵] 越 hầm mỏ[hɤm² mɔ³];giếng mỏ[zi:ŋ⁵ mɔ³] 芒 hầm mó[hɤm² mɔ⁵]

【矿泉水】 泰 น้ำแร่[nam⁴rɛ:³] 老 ນ້ຳດື່ມແຮ່ຫາດ[nam⁴ʔdɯ:m⁵ hɛ:⁵that¹⁰];ນ້ຳແຮ່[nam⁴hɛ:⁵] 越 nước khoáng[nɯ:k⁷ xwa:ŋ⁵];nước suối[nɯ:k⁷ ʂu:i⁵]

【矿山】 泰 เหมืองแร่[mɯ:aŋ² rɛ:³] 老 ບໍ່ແຮ່[ʔbo:⁵ hɛ:⁵] 越 vùng mỏ[vuŋ² mɔ²¹];khu mỏ[xu¹ mɔ³];mó[mɔ⁵]

【矿石】 泰 สินแร่[sin² rɛ:³] 老 แຮ່[hɛ:⁵];แຮ່ຈ່ານ[hɛ:⁵ tsa:n⁵];ຂີ້ແກ້ວ[khi:³ khɛ:u³];ທາຕຸ[tha:² tu⁵] 越 quặng [kwaŋ⁶];khoáng thạch[xwa:ŋ⁵ that⁸]

【况且】 泰 ยิ่งกว่านั้น[jiŋ³ kwa:⁵ nan⁴] 岱-侬 lọ[lɔ⁴] lọ cạ[lɔ⁴ ka⁴];lọ lăng[lɔ⁴ laŋ¹] 越 huống hồ[huːŋ⁵ ho²];huống chi[huːŋ⁵ tsi¹];hơn nữa[hɤn¹ nɯa⁴];và lại[va³ la:i⁶]

【旷课】 泰 ขาดเรียน[kha:t⁹ ri:an²];ขาด เรียน โดย ไม่ ลา [kha:t⁹ri:an²²do:i²mai³la:²] 老 ຂາດຮຽນ[kha:t⁹ hi:an²] 越 vắng mặt[vaŋ⁵ mat⁸];bỏ học[ʔbɔ⁵ hɔk⁸]

【框子】 泰 กรอบ[krɔːp⁹] 老 ຂະຫອບ[kha²nɔːp⁹];ຂອບ[khɔːp⁹] 越 khung[xuŋ¹] 芒 khung[khuŋ¹]

【亏本】 泰 ขาดทุน[kha:t⁹ thun²];เข้าเนื้อ[khau³ nɯa⁴];หด[hot⁷] 老 ຂາດທຶມ[kha:t⁹ thɯn²];ຈຸ່ມທຶມ[tsum² thɯn²];ເສຍທຶມ[si:a¹ thɯn²];ທລຸບທຶມ[lup⁷ thɯn²];ຂາດທຶມ[kha:t⁹thɯn²];ເຂົ້າເນື້ອ[khau³ nɯa:⁴] 岱-侬 lôm côc[lom¹ kok⁷];chiệt côc[tɕi:t⁸ kok⁷] 越泰 lôm[lom¹];lút lôm[lut⁷ lom¹] 越 lỗ vốn[lo⁴ von⁵];ăn vào gốc[ʔan¹ va:u² ɣok⁷];mất hết vốn[mɤt⁷ het⁷ von⁵] 芒 lỗ vốn[lo⁴von³];lỗ[lo⁴];bắt cốc[ʔbɤt⁷ kok⁷]

【亏损】 泰 ขาดทุน[kha:t⁹ thun²] 老 ລາຍເສຍ[la:i⁵ si:a¹] 越 hao hụt[ha:u¹ hut⁸];lỗ vốn[lo⁴ von⁵]

【盔甲】 泰 หมวกเหล็กและเสื้อเกราะ[mu:ak⁹ lek⁴ sɯ:a³ krɔ⁵] 老 ເກາະ[kɔ²] 越 mũ sắt và áo giáp[mu⁴ ʂat⁷ va² ʔa:u⁵ za:p⁷];giáp trụ[za:p⁷ tʂu⁶]

【窥探】 泰 สอดส่อง[sɔːt⁹ sɔːŋ⁵] 老 ຂອມ[sɔːm²];ຂອມບົງ[sɔːm² ʔbɔŋ⁵];แมม[nɛːm²];ผึก[phok⁷];มาง[mi:aŋ²];มอย[mɔːi²];ยัม[ji:am²] 岱-侬 mó mé[mɔ⁵ mɛ⁵] 越泰 rình mò[riŋ² mɔ²];xóng[sɔŋ⁵] 越 rình mò[ziŋ² mɔ²];rình[ziŋ²];thám thính[tha:m⁵ thin⁵];bí mật dò xét[ʔbi⁵ mɤt⁸ zɔ² sɛt⁷];dò la[zɔ² la¹] 芒 rình mò[riŋ² mɔ²];nem mò[nɛm¹ mɔ²];khóc[khɔk⁷]

【葵瓜子儿】 泰 เมล็ดทานตะวัน[ma⁴ let⁸ tha:n² ta⁵ wan²] 老 แກ່ນດອກຕາເວັນ[kɛːn⁵ ʔdɔːk⁹ ta:¹ ven²];แກ່ນໝາກຕາເວັນ[kɛːn⁵ ma:k⁹ ta:¹ ven²] 越 hạt hướng dương[ha:t⁸ hɯːŋ⁵ zɯːŋ¹]

【昆虫】 泰 แมลง[ma⁴lɛːŋ²] 老 ແມງໄມ້[mɛːŋ² mai⁴];ຕົວແມງໄມ້[tu:a¹ mɛːŋ² mai⁴];ກີຕະ[ki:¹ ta²];ບົງແມງ[ʔboŋ⁴ mɛːŋ²] 普 pu³[pu³] 越 côn trùng[kon¹ tʂuŋ²];sâu bọ[ʂɤu¹ ʔbɔ⁶] 芒 khâu bô[khɤu¹ ʔbo⁵]

【捆】~甘蔗 ❶ 泰 มัด[mat⁸] 老 ຜູກ[phu:k⁹];

---

❶ 阿含 khat-bai-shi；掸 phuk D1L　勐 phuk D1L

ᒧᑎ[mat⁸] 岱-侬 lảm[la:m³];phuc[phuk⁷] 越泰 lảm[la:m³];lanh[lεɲ¹];mặt[mat⁸];phúk[phuk⁷] 普 tăk⁵[tak⁵];kăm⁴[kam⁴] 越 buộc[ʔbu:k⁸];chẳng[tsaŋ²] 芒 puôc[pu:k⁸];côŋ[kɔŋ⁴];chẳng[tsaŋ²]

【捆 _~稻草 】 泰 ฟ่อน[fɔ:n³];ผูก[phuk⁹] 老 ฝาก[fa:k⁹];ᒧᑎ[mat⁸] 越泰 bék[ʔbɛk⁷] 越 bó[ʔbɔ⁵];buộc[ʔbu:k⁸];mớ[mɤ⁵];vác[va:k⁷] 芒 pỏ[pɔ³];keo[kεu¹];quac[kwa:k⁸]

【困 我~了 】 泰 ง่วง[ŋu:aŋ³] 老 ง่วงนอน[ŋu:aŋ⁵ nɔn²] 岱-侬 bầu nòn[ʔbəu²nɔn²];màu nòn[mau²non²] 越泰 xuỗi nõn[su:i²nɔn²] 普 kA³ ʔăw⁴[kɒ³ ʔau⁴] 越 buồn ngủ[ʔbu:n² ŋu³]

【困难】 泰 ความยากลำบาก[khwa:m² ja:k¹⁰ lam²² ʔba:k⁹] 老 ความลำบาก[khwa:m² lam² ʔba:k⁹] 岱-侬 nàn [na:n²] 越泰 dák cha[ja:k⁷ tsa¹] 越 khó khăn[xɔ⁵ xan¹] 芒 khỏ khăn[khɔ³ khan¹];khỏ ha[khɔ³ ha¹]

【扩大】 泰 แผ่ขยาย[phε:⁵ kha⁵ ja:i¹] 老 ເປີດກວ້າງ[pə:t⁹ kwa:ŋ⁴];แผ่ขยาย[hε:⁵ kha² ha:i¹];ขยาย [kha²na:i¹];พันขยาย[phan²kha²na:i¹];ขยายสวน[kha² na:i² su:an¹];ขยับขยาย [kha² nap⁷ kha² na:i¹];กำเลิบ[kam¹' lə:p¹⁰] 岱-侬 khay quảng[khai¹ kwa:ŋ³] 越泰 khay quảng[khai¹ kwa:ŋ³] 越 mở rộng[mɤ³ zoŋ⁶];tăng thêm[taŋ³ them¹] 芒 bớ rỗng[ʔbɤ⁵ roŋ⁴]

# L

【拉~车❶】 泰ลาก[la:k¹⁰] 老ລາກ[la:k¹⁰];ແກ່[kɛ:⁵] 岱-侬lạc[la:k⁸] 越泰lạk[la:k⁸] 普lăj²[lai²]; tAng³[tɔŋ³] 越kéo[kɛu⁵] 芒kéo[kɛu³];tãi[ta:i⁴]

【拉~二胡】 泰สี[si:¹] 岱-侬xẻ[sɛ:³] 越泰xi[si¹] 越chơi[tsɤ:i¹];kéo[kɛu⁵]

【拉肚子】 泰ท้องเดิน[thɔ:ŋ⁴ ʔdən²];ท้อง ร่วง[thɔ:ŋ⁴ ruaŋ³];ท้องเสีย[thɔ:ŋ⁴ si:a¹];ขี้พุ่ง[khi:³ phuŋ³];ขึ้ลงท้อง[khi:³ loŋ² thɔ:ŋ⁴];ลงท้อง[loŋ² thɔ:ŋ⁴] 老ຂີ້ດ້ອຍ[khi:³ʔdɔ:i⁴];ຂີ້ລົງທ້ອງ[khi:³loŋ²thɔ:ŋ⁴];ລົງທ້ອງ[loŋ² thɔ:ŋ⁴];ໂລກລົງທ້ອງ[lo:k¹⁰ loŋ² thɔ:ŋ⁴];ຂີ້ຈຸກ[khi:³tsiak⁴];ເຈັບຂີ້ຖ່າຍ[tsep⁷ khi:³ thai:⁵];ທ້ອງດ້ອຍ[thɔ:ŋ⁴ʔdɔ:i⁴];ຖອກທ້ອງ[thɔ:k⁹thɔ:ŋ⁴];ພະຍາດທ້ອງຖອກ[pha⁵ ɲa:t¹⁰ thɔ:ŋ⁴thɔ:k⁹];ຂີ້ໄລທ້ອງ[khi:³lai²thɔ:ŋ⁴] 岱-侬môc phjao[mok⁷ phja:u¹];môc chêp[mok⁷ tɕep⁷] 越泰độc tọng[ʔdok⁸ tɔŋ⁴];pay tọng[pai¹ tɔŋ⁴];tháo tọng[tha:u⁵ tɔŋ⁴];khi đòi[khi³ ʔdɔi⁴] 普lăj² jak⁵ thaw¹ [lai³ ja:k⁵ tha:u¹] 越bệnh ia chày[ʔben⁶ ʔiə³ tsai³]; bệnh tháo dạ[ʔben⁶ tha:u⁵ za⁶];tháo dạ[tha:u⁵ za⁶];iachày[ʔiə³tsai³];đitả[ʔdi¹ta³] 芒tloché[tlɔt⁵ʔɛ⁵]; tháo tã[tha:u³ ta⁴];é tlóch[ʔɛ⁵ tlɔt⁷]

【垃圾】 泰ขยะ[kha⁵ ja⁵];ขยะมูลฝอย[kha⁵ ja⁵ mu:n² fɔ:i¹];ขี้ขยะ[khi:³ kha⁵ ja⁵];ขี้ฝอย[khi:³ fɔ:i¹];คุมฝอย[khum² fɔ:i¹];หยากเยื่อ[ja:k⁹ jɯ:a³] 老ເຍື້ອ[ɲɯ:a³]; ຂີ້ເຫຍື້ອ[khi:³ɲɯ:a³];ຄຸມຝອຍ[khum²fɔ:i¹];ຫຍັກເຫຍື່ອ [nak⁷ɲɯ:a⁵] 岱-侬nhạc[na:k⁷];nhũng nhạc[nuŋ³ na:k⁷] 越泰nhính nhửa[nin⁵ nɯa³] 普sô³ sa² [so³ sa²] 越rác[za:k⁵] 芒nhóm nhám[nɤ:m⁵ na:m⁵]

【垃圾箱】 泰ถังขยะ[thaŋ¹ kha⁵ ja⁴] 老ກະທັງໃສ່ຂີ້ເຫຍື້ອ[ka²thaŋ¹sai⁵khi:³nɯ:a³];ຖັງຂີ້ເຫຍື້ອ[thaŋ¹ khi:³ nɯ:a³] 越thùng rác[thuŋ² za:k⁷] 芒thùng nhóm nhám[thuŋ² nɤ:m⁵ na:m⁵]

【喇叭】 泰ลำโพง[lam² pho:ŋ²];แตร[trɛ:²] 老ແກ [kɛ:²];ດອກເຊີງບ້າ[ʔdɔ:k⁹ khɯ:a¹ ʔba:⁴] 岱-侬pí lè[pi² lɛ²];kèn[kɛn²] 越泰kèn[kɛn²] 普pha³ lê [pha³ le⁴] 越kèn[kɛn²];còi[kɔi²];loa[lwa¹] 芒kèn [kɛn²];còi[kɔi²];la[la¹]

【喇叭裤】 泰กางเกงขาบาน[ka:ŋ²ke:ŋ²kha:¹ʔba:n²] 老ໂສ້ງຂາເບື້ອ[so:ŋ³ kha:¹ vɤ:¹];ໂສ້ງລັບຂາເບື້ອ[so:ŋ³ khap⁸kha:¹vɤ:¹];ໂສ້ງຂາຊ້າງ[so:ŋ³kha:¹sa:ŋ⁴]; ໂສ້ງຂາບານ[so:ŋ³kha:¹ʔba:n¹] 越quần ống loe [kwɤn² ʔoŋ⁵ lwɛ¹]

【辣~味❷】 泰เผ็ด[phet⁷] 老ເຜັດ[phet⁷] 岱-侬phêt[phet⁷] 越泰phét[phet⁷] 普ngwa²[ŋwa²] 越cay[kai¹] 芒thâl[thɤl¹]

【辣椒❸】 泰พริก[phrik⁸] 老ໝາກເຜັດ[ma:k⁹ phet⁷];ໝາກພິກ[ma:k⁹phik⁸];ພິກ[phik⁸] 岱-侬mac phêt[ma:k⁷ phet⁷];mai đeng[ma:i¹ ʔdɛŋ¹] 越泰ướt [ʔɯ:t⁷];mák ướt[ma:k⁷ ʔɯ:t⁷];phét[phet⁷] 普ʔuơt [ʔu:t⁵] 越ớt[ʔɤ:t⁷];quả ớt[kwa³ ʔɤ:t⁷]

【辣椒酱】 泰ซอสพริก[sɔ:t¹⁰ phrik⁸];น้ำพริกเผา[nam⁴ phrik⁸ phau¹];เต้าเจี้ยวรส เผ็ด[tau³ tsi:au³ rot⁸ phet⁷] 老ແຈ່ວ[tsɛ:u⁵] 越tương ớt[tɯ:ŋ¹ ʔɤ:t⁷]

【辣椒面儿】 泰พริกป่น[phrik⁸ pon⁵] 老ໝາກເຜັດປົ່ນ[ma:k⁹ phet⁷ pon⁵];ພິກປົ່ນ[phik⁸ pon⁵] 越ớt bột[ʔɤ:t⁷ ʔbot⁸]

---

❶ 石家 luy⁴；loy⁶
❷ 石家 phet⁴；thaat⁵
❸ 石家 mak²thaap⁵

【蜡笔】泰ดินสอสีขี้ผึ้ง[ʔdin² sɔː¹ siː¹ khiː³ phɯŋ];ดินสอเทียน[ʔdin² sɔː¹ thiːan²] 老ດິນສໍສີ[ʔdin¹ sɔː¹ siː¹] 越bútsáp[ʔbut⁷ ʂaːp⁷];bútnénmàu[ʔbut⁷ nen⁵ mau²];bút chì nến[ʔbut⁷ tsi² nen⁵]

【蜡纸】泰กระดาษไข[kraˀʔdaːt⁹khai¹] 越giấy sáp[zɤi⁵ ʂaːp⁷] 芒chẩy kháp[tsɤi³ khaːp⁷]

【蜡烛】泰เทียน[thiːan²];เทียนไข[thiːan² khai¹] 老ທຽນ[thiːan²];ທຽນໄຂ[thiːan² khai¹] 岱-侬lạp[laːp⁸];dầng[joŋ²];nén[nɛn⁵] 越泰nến[nen²] 越nến[nen⁵] 芒tèn nến[tɛn² nen⁵]

【腊肠】泰ไส้กรอก[sai³ krɔːk⁹];ไส้กรอก อบหมักเครื่อง[sai³krɔːk⁹ʔop⁷mak⁷khrɯːaŋ³] 老ໄສ້ອົ່ວ[sai³ ʔuːa⁵] 岱-侬fúng xàng[fuŋ⁵ɕaːŋ²] 越lạp xường[laːp⁸ɯːɤŋ²]

【腊肉】泰เนื้ออบ[nɯːa⁴²op³] 老ຫມູເຄັມ[muː¹khem²];ຊີ້ນຢ່າງ[siːn⁴jaːŋ²] 越thịt muối hong khô[thit⁸ muːi⁵ hɔŋ¹ xo¹]

【腊月】泰เดือนสิบสองตามจันทรคติ[ʔdɯːan²sip⁷ sɔːŋ¹taːm²tsan⁴thra⁴kha⁴ti⁵] 老ກັບດຶກ[kan¹ ʔduk⁷];ກັດຕິຂ່າ[kat⁷ti²kaː¹] 岱-侬bươn lạp[ʔbɯːn¹ laːp⁸] 越泰bươn lạp[ʔbɯːn¹ laːp⁸] 普nin xwang[nin¹ xwaːŋ¹] 越tháng chạp[thaːŋ⁵ tsaːp⁸] 芒kháng chap[khaːŋ³ tsaːp⁸];kháng háp[khaːŋ³ haːp⁷]

【来❶】泰มา[maː²] 老ມາ[maː²] 岱-侬mà[maː²] 越泰mã[maː²] 越lại[laːi⁶]

【来亨鸡】泰ไก่เลกฮอน[kai⁵lek⁸hɔːn²] 老ໄກ່ເລກຮອນ[kai⁵ lek⁸ hɔːn²] 越gà lơ go[ɣa² lɤ¹ ɣɔ¹]

【来年】泰ปีต่อไป[piː² tɔː⁵ pai²] 老ປີຕໍ່ມາ[piː¹¹ tɔː⁵ maː²];ປີຕໍ່ໄປ[piː¹¹ tɔː⁵ pai¹] 岱-侬pi lăng[pi¹ laŋ¹] 越năm sau[nam¹ ʂau¹];năm tới[nam¹ tɤːi⁵] 芒năm tiểnh[nam¹ tiːŋ¹];năm tlước[nam¹ tlɯːk⁵]

【来世】泰ชาติหน้า[tshaːt¹⁰ naː³] 老ຊາດຫນ້າ[saːt¹⁰ naː³];ພົບຫນ້າ[phop⁸ naː³];ບໍ່ລະໂລກ[ʔbɔː¹¹ la⁵ loːk¹⁰] 越kiếp sau[kiːp⁷ ʂau¹];đời sau[ʔdɤːi² ʂau¹]

【来往】路上～的车很多 泰ไปมา[pai² maː²];เข้าหน้า[khau² naː³] 老ຄົບ[khop⁸];ຄະມະບາຄົມ[kha⁵ ma⁵ naː² khom²];ຄົມບາຄົມ[khom² naː² khom²] 岱-侬pây tèo[pəi¹ tɛu³] 普sê mhê[se⁴ me¹] 越泰khửn lềng[khɯn¹loŋ²];pay mã[pai¹maː²] 越qua lại[kwa¹ laːi⁶];vãng lai[vaːŋ⁴ laːi¹] 芒ti lãi[ti¹ laːi¹]

【赖账】泰บิดพลิ้วหนี้สิน[ʔbit⁷ phliu⁴ niː³ sin¹];เหนียวหนี้[niːau¹niː³] 老ປັດຂີ້[pat⁷niː³] 岱-侬ràng[raːŋ²];xề rì[ɕɛ³ ri²] 越ăn lừa[ʔan¹ lɯːa²];ăn lường[ʔan¹ lɯːŋ²];ăn quyt[ʔan¹ kwit⁸]

【癞蛤蟆】蟾蜍 泰คางคก[khaːŋ²khok⁸];จงโคร่ง[tsɔŋ² khrɔːŋ³];โจงโคร่ง[tsoːŋ² khrɔːŋ³] 老ຕົວຄັບຄາກ[tuːa¹¹ khan² khaːk¹⁰] 岱-侬tua cầu tệnh[tuːa¹ kəu³ teŋ⁵] 越泰ítú[ʔi⁵ tu⁵] 普qalãw[qa⁰lau¹] 越cóc[kɔk⁷];con cóc[kɔn¹ kɔk⁷]

【癞皮狗】泰หมาขี้เรื้อน[maː¹ khiː³ rɯːan⁴] 老ຫມາຂີ້ເຮື້ອນ[maː¹ khiː³ hɯːan⁴];ຫມາເກັ້ມ[maː¹ kəːm⁴] 越chó ghẻ[tsɔ⁵ ɣɛ³]

【兰花】泰กล้วยไม้[kluːai³ mai⁴] 老ດອກເອື້ອງ[ʔdɔːk⁹ phəŋ³] 岱-侬bjooc lan[ʔbjɔːk⁷ laːn¹] 越hoa lan[hwa¹ laːn¹] 芒wa lan[wa¹ laːn¹]

【蓝宝石】泰นิลสีน้ำเงิน[nin² siː¹ nam⁴ ŋəːn²] 老ເພັດນິນ[phet⁸ nin²];ແກ້ວນິນ[kɛːu⁴ nin²] 越đá xa phia[ʔda⁵ sa¹ fiə¹]

【蓝墨水】泰น้ำหมึกสีน้ำเงิน[nam⁴mɯk⁷siː¹nam⁴ ŋəːn²] 老ເມິກສີມຸ່ຍ[mək⁸ siː¹ mui⁵] 越mực xanh[mɯk⁸ saŋ¹]

【蓝色】泰สีน้ำเงิน[siː¹nam⁴ŋəːn²];สีคราม[siː¹khrɛːm²] 老ສີນ້ຳເງິນ[siː¹ nam⁴ ŋən²];ສີມຸ່ຍ[siː¹ mui⁵] 岱-侬kheo[khɛu¹] 越泰kheo[khɛu¹] 普lhaw[laːɯ³] 越xanh lam[saŋ¹ laːm¹]

---

❶ 石家maa⁴; hum⁴  阿含mā; tāo C1  挥tău C1  泐tāu C1

【栏猪~❶】 泰คอก[khɔːk¹⁰] 老แฆ่ง[lɛːŋ⁵] 岱-侬 làng[laːŋ²] 越泰 chuồng[tsuːŋ²] rô⁴[ro⁴];zô⁴[zo⁴] 越 chuồng[tsuːŋ²] 芒 cùm[kum²];côt[kot⁸];hàn[haːn²]

【栏杆】 泰ลูกกรง[luːk¹⁰ kroŋ⁸];ราว[raːu⁴] 老ผะมัก[pha⁵ nak⁸];ไม้ราว[mai⁴ haːu²];รื้อราว[huːa⁴ haːu²];รื้อ[huːa⁴];ราว[haːu²];ลูกกรง[luːk¹⁰ koŋ¹] 岱-侬 xà làn[ɕa²laːn²];sla làn[ɬa¹laːn²] 越 lan can[laːn¹kaːn¹];rào cản[ʐaːu² kaːn³];ba-ri-e (barie)[ʔba¹ ri¹ ʔɛ¹]

【蓝靛草❷】 泰คราม[khraːm²] 老ดาม[khaːm²] 岱-侬 co xàm[kɔ¹ɕaːm²];co chàm[kɔ¹tɕaːm²] 越泰 co chăm[kɔ¹ tsam²] 普 ʔwăng²[ʔwaŋ²] 越 chàm[tsaːm²] 芒 chàm[tsaːm²]

【蓝靛水】 泰น้ำคราม[nam⁴khraːm²] 老น้ำดาม[nam⁴ khaːm²] 越 nước chàm[nɯːk⁷ tsaːm²]

【篮球】 泰บาสเกตบอล[ʔbaːt⁹keːt⁹ʔbɔːn²] 老บานบ้อง[ʔbaːn¹ʔbuːaŋ⁴] 越 bóng rổ[ʔbɔŋ⁵ zo⁴]

【篮子❸】 泰กระเช้า[kra⁵ tshau⁴];ตะกร้า[ta⁵ kra:³];ข้อง[khɔːŋ³];ตะกร้าซักผ้า[ta⁵ kra:³ sak⁸ pha:³];ตะกร้าจ่ายตลาด[ta⁵ kra:³ tsa:i⁵ ta⁵ la:t⁹] 老ฮ้า[sa:⁴];กะเฮิง[ka² sau²];กะเฮิง[ka² sau⁴];ต่า[ta:⁵];กะต่า[ka²ta:⁵] 岱-侬ăn làn[ʔan¹laːn²] 越泰 muông [muːŋ¹];xạ[sa⁴] 普 phjang¹[phjaŋ¹] 越 làn[laːn²];cái làn[kaːi⁵ laːn²];bị[ʔbiˑ⁶];cái bị[kaːi⁵ ʔbiˑ⁶];cái giỏ[kaːi⁵ zɔ³];cái rổ[kaːi⁵ zo³] 芒 cái pĩ[kaːi³ pi⁴];màm[maːm²];khiểng[khiˑŋ³]

【阑尾炎】 泰ไส้ติ่งอักเสบ[sai³ tiŋ⁵ ʔak⁷ seːp⁹] 老ฮักเสบไส้เฮื้อ[ʔak⁷se:p⁹sai³lɯːa¹];โลภไส้ติ่ง[lo:k¹⁰ sai³ tiŋ⁵] 越 viêm ruột thừa[viːm⁵ ʐuːt⁸ thɯːə²]

【拦~路】 泰กัน[kan²];กั้น[kan³];กั้นกาง[kan³ kaːŋ²]; กางกั้น[kaːŋ² kan³];ขวาง[khwaːŋ¹];คั่น[khan²];ดัก[ʔdak⁷];ขนัน[kha⁵nan¹];ขัง[khaŋ¹] 老กัน[kan¹]; ขวาง[khwaːŋ¹];ขอ้ง[khwaːŋ³];กั้น[kan⁴];ดัก [ʔdak⁷];ตัน[tan¹];ลัดทาง[lat⁸ thaːŋ¹];ขึ้น[khaŋ³] 岱-侬 làn[laːn²] 越泰 cản[kan³] 越 chặn[tsan⁶] chặn[tsan⁵];ngăn[ŋan¹];cản[kan³] 芒 chặn[tsan⁴];chắn[tsan³];ngáng[ŋaːŋ³];ngăn[ŋan¹]

【拦河坝】 泰พนัง[pha⁴naŋ²] 老ดูตับน้ำ[khuˑten¹nam⁴];ฝายกั้นน้ำ[fa:i¹kan⁴nam⁴] 越 đập ngăn nước sông[ʔdɤp⁸ ŋan¹ nɯːk⁷ ʂoŋ¹];đập ngăn nước[ʔdɤp⁸ ŋan¹ nɯːk⁷]

【拦江网❹】 泰แห[hɛː¹] 老แฮ[hɛː¹] 岱-侬 khe[khɛ¹] 越泰 he[hɛ¹]

【懒❺】 泰ขี้เกียจ[khiː³ khiːat⁹];คร้าน[khraːn⁴] 老ด้าน[khaːn⁴];ขี้ด้าน[khiː³ khaːn⁴];ขึ้งาก[khiː³ kiːat⁹];ทาก[kiːat⁹] 岱-侬 mjat[mjaːt⁷];chạn[tɕaːn⁴] 越泰 chạn[tsaːn⁴] 普 kjan²[kjaːn²];qakjan²[qa⁰ kjaːn²] 越 lười[lɯːi²];biếng[ʔbiːŋ⁵];lười biếng[lɯːi² ʔbiːŋ⁵];nhác[ɲaːk⁷] 芒 uối[ʔuːi⁵];lười[lɯːi²];lười đainh[lɯːi² ʔdaːiŋ³];đainh lười[ʔdaːiŋ³ lɯːi²];đainh[ʔdaːiŋ³]

【懒汉】 泰คนขี้เกียจ[khon² khiː³ kiːat⁹];คนหลังยาว[khon² laŋ¹ jaːu²];ขี้เกียจ[khiː³ kiːat⁹] 老ดับขี้ดาด[khon² khiː³ kha:t¹⁰];บักขี้ดาด[ʔbak⁷ khiː³ kha:t⁹]; ดับงากด้าน[khon² kiːat⁹ khaːn⁴];ดับขึ้ด้าน[khon² khiː³ khaːn⁴];บักขี้ด้าน[ʔbak⁷khiː³ khaːn⁴] 普 qakjan²[qa⁰ kjaːn²] 越 kẻ lười biếng[kɛ³ lɯːi² ʔbiːŋ⁵] 芒 môl uối[moːl⁴ ʔuːi⁵];là đainh[laˑ² ʔdaːiŋ³]

【懒猴】 泰ลิงลม[liŋ² lom²];นางอาย[naːŋ² ʔaːi²] 老ลิงลม[liːŋ² lom²] 越 con cù li[kɔn¹ kuˑ² liˑ¹]

【烂饭】 泰ข้าวเปียก[khaːu³ piːak⁹];ข้าว เหลว[khaːu³

❶ 阿含 khǎk D2L 掸 khɔk D2L 泐 khok D2L
❷ 泐 khaam A2
❸ 阿含 khǎng C1 掸 khɔŋ C1 泐 khɔŋ C1
❹ 阿含 khe A1 掸 khɛ A1
❺ 阿含 khān C2 掸 khan C2 泐 khan C2 拉哈 khlan2

le:u¹] 老 เຂົ້າແຫຼວ[khau³ lɤ:u¹] 越 cơm nát[kɤ:m¹ na:t⁷] 芒 cơm đaích[kɤ:m¹ ʔda:it⁷]

【烂泥】 泰 โคลนตม[khlo:m² tom²] 老 ເປືອ[pɯa¹];ຕົມ[tom¹];ຂີ້ຕົມ[khi:³tom¹];ດິນຕົມ[ʔdin¹tom¹] 越 bùn hoa[ʔbun²hwa¹];bùn lầy[ʔbun¹lɤi³] 芒 pùn lầy[pun² lɤi²]

【烂熟】 泰 สุกเกินงอม[suk⁷ kə:n² ŋɔ:m²] 老 ສຸກແລະ[suk⁷ le⁵];ສຸກຮາດ[suk⁷ ha:t¹⁰] 岱-侬 miền[mi:n³] 越 chín nhừ[tsin⁵ɲɯ²] 芒 óm chin[ʔɔm⁵tsin³];nhừ[ɲɯ²]

【烂醉】 泰 มึกมวย[mɯk⁸mua:i²];หงำเหงือก[ŋam¹ŋɯak⁹] 老 ເມົາເປ້[mau²pɛ:⁴];ເມົາມາຍ[mau²ma:i²] 越 say mèm[şai¹ mɛm²];say túy lúy[şai¹ twi⁵ lwi⁵];say dừ[şai¹ zɯ²];nát rượu[na:t⁷ zɯ:u⁶] 芒 pả̌ rão [pal⁴ ra:u⁴]

【狼】 泰 สุนัขป่า[su⁵nak⁷pa:⁵];สุนัขล่าสัตว์[su⁵nak⁷la:³sat⁷];หมาป่า[ma:¹ pa:⁵] 老 ໄบ[nai²] 岱-侬 ma nuẩy [ma¹ nwəi²];ma han[ma¹ ha:n¹] 越泰 ma nãy[ma¹ nai²] 越 chó sói[tʂɔ⁵ şɔi⁵];sói[şɔi⁵]

【狼狗】 泰 สุนัขป่า[su⁵nak⁷pa:⁵];หมาป่า[ma:¹pa:⁵] 岱-侬 ma han [ma¹ ha:n¹] 普 ja³ kăw³[ja³ kau³] 越 chó sói[tʂɔ⁵ şɔi⁵] 芒 chó khỏi[tʂɔ³ khɔl³]

【浪费】 泰 เสีย[si:a¹];สิ้นเปลือง[sin¹ plɯa:ŋ²] 老 ເສย[si:a¹];ເປືອງ[pɯaŋ²];ສິ້ນເປືອງ[sin³ pɯa:ŋ²];ເຊ່[sə⁵];ຟຸມເຟືອย[fum² fɯ:ai²] 岱-侬 vai vac[va:i¹ va:k⁷] 越泰 xia lạ[şiə¹ la⁴] 越 lãng phí[la:ŋ⁴ fi⁵];bỏ phí [ʔbɔ³ fi⁵];phung phí[fuŋ¹ fi⁵] 芒 tí phi[ti⁵ fi³];phung phi[fuŋ¹ fi³]

【劳动力】 泰 กำลังแรงงาน[kam² laŋ² rɛ:ŋ² ŋa:n²] 老 ກຳລັງງານ[kam⁵laŋ²ŋa:n²] 越 sức lao động [şuk⁷ la:u¹ ʔdoŋ⁶]

【劳驾❶】 泰 ขอโทษ[khɔ:¹ tho:t¹⁰];ขอรบกวนหน่อย [khɔ:¹ rop⁸ ku:an² nɔ:i⁵] 越 อืดພົ[ʔot⁷ phɔ:²];ໂຜດ [phɔ:t⁹];ໂຜດຜາย[phɔ:t⁹pha:i¹];ອາบ[va:ŋ²];ใช้ทาบ[hai³tha:n²];ทะลุบา[ka²lu⁵na:²];ขีทาบแด่[khɔ:¹ tha:n² ʔdɛ:⁵];ขีแรง[khɔ:¹ hɛ:ŋ²] 越 làm ơn[la:m² ɤ:n¹];làm phiên[la:m² fi:n²] 芒 là ơn[la² ɤ:n¹]

【痨病】 泰 วัณโรค[wan²na⁴ro:k¹⁰] 老 ກະໄສຍະໂລກ [ka² sai¹ na⁵ lo:k¹⁰] 岱-侬 pền ay[pen² ʔai¹];pịnh pụt[piŋ³ put⁷] 越 bệnh lao[ʔben⁶ la:u¹]

【唠叨】 泰 บ่น[ʔbon⁵] 老 ລຳໄລ[lam⁵ lai²];ຮ່ຳໄລ [ham⁵ lai²];ລຳໄລ[lam² lai²] 岱-侬 tắm tì[tam² ti²];pẳm pè[pam² pɛ²] 越 làm nhàm[la:m² ɲa:m²];làm nhàm[la:m³ɲa:m²];lai nhai[la:i¹ɲa:i¹];lái nhải [a:i³ ɲa:i³] 芒 lái nhái[la:i⁵ ɲa:i⁵]

【牢固】 泰 แน่นหนาทนทาน[nɛ:n³ na:¹ thon² tha:n²] แข็งแรง[khɛŋ² rɛ:ŋ²] 老 ແໜ້ນແໜ່ນ[nɛ:n³ kɛ:⁵];ແໜ້ນຫນາ[nɛ:n³na:¹];ໝັ້ນ[man³];ໝັ້ນແໜ່ນ[man³kɛ:n⁵];ໝັ້ນຄົງ[man³khoŋ²];ແຂງແໜ່ນ[khɛ:ŋ¹kɛ:n⁵];ອົງ [ʔoŋ⁴] 岱-侬 mắn[man⁵] 越泰 mắn[man³] 越 bền vững[ʔben² vɯŋ⁴];vững bền[vɯŋ⁴ ʔben²];bền chắc[ʔben² tsak⁷];bền chặt[ʔben¹ tsat⁸] 芒 vững pền [vɯŋ² pen²];pền chăt[pen² tsat⁸];chắc[tsak⁷] 芒 chắc[tsak⁷]

【牢记】 泰 จำได้แม่น[tsam²ʔdai³mɛ:n³] 老 ຈຳໄດ້ດີ [tsam¹' ʔdai⁴ ʔdi:¹] 越 ghi nhớ đinh ninh[yi¹ ɲɤ⁵ ʔdin¹ nin¹]

【老人~❷】 泰 แก่[kɛ:⁵];เฒ่า[thau³];เผ้า[phau³] 老 ແກ່[kɛ:⁵];ເຖົ່າ[thau³];ເຜົ່າ[phau³] 岱-侬 ké[kɛ⁵] 越泰 kháo[tha:u³] 普 qangân³[qa⁰ŋɤn³];qangơn³ [qa⁰ ŋɤ:n³] 越 già[za²] 芒 khà[kha²]

【老菜~】 泰 แก่[kɛ:⁵] 老 ແก่[kɛ:⁵] 岱-侬 ké[kɛ:⁵] 越泰 ké[kɛ⁵] 普 qê⁵[qe⁵] 越 già[za²] 芒 khà [kha²]

【老肉煮~了】 泰 สุกเกินไป[suk⁷kə:n²pai²] 老

---

❶ 石家 thrɔɔ²- kooŋ¹
❷ 石家 thaw³; kee³  阿含 thau C1

สุภาเทิมไป[suk⁷ kəːn¹ˈ pai¹]　越nấu già lửa[nɤu⁵ za² luə³]

【老百姓】　泰ชาวบ้าน[tshaːu²ʔbaːn³];ประชาชน[pra⁵ tsha:² tshon²];ชาวประชา[tshaːu² praˑ⁵ tsha:²];ชาวประชาหน้าใส[tshaːu² pra⁵ tsha:² na:³ sai²];กลางเมือง[klaːŋ² mɯːaŋ²];ชนบท[tshon² ʔbot⁸]　老ข้าแผ่นดิน[kha:³ pʰɛːnˑ⁵ ʔdinˑ¹ˈ];ไพร่ฟ้าข้าแผ่นดิน[phai⁵faˑ⁴ kha:³ phɛːn⁵ ʔdinˑ¹];ข้าลาสะดอด[kha:³ la:² sa² ʔdɔːn¹ˈ];ลาสะดอด[la:² sa² ʔdɔːn¹ˈ];สามัญชน[saːˑ¹ man² son²];บุลุดชน[ʔbu² lut⁸ son²];บ่าว[ʔba:u⁵];ประชาสามัญ[pa²sa:²sa:ˑ¹ˈmanˑ²];ไพร่ [phai⁵];ชน[phai⁵son²];พืนละเฮือน[phon² la⁵ hɯːan²];ประชาสะดอด[pa² sa:² la:² sa² ʔdɔːˑn¹];ไพข้น[phai⁵ son²];ไพ[phai²]　岱-侬dân[jənˑ¹]　越泰dên mường[jen¹ mɯːaŋ²]　越nhân dân[nɤn¹ zɤn¹];người dân[ŋɯːi² zɤn¹];dân chúng[zɤn¹ tsuŋ⁵];dân thường[zɤn¹ thɯːŋ²];bách tính[ʔbatˑ⁷ tinˑ⁵];bá tính[ʔba⁵ tinˑ⁵]　芒tửa dân[tɯːə³ zɤn¹]

【老板】　泰เถ้าแก่[thau¹ kɛː⁵];นายห้าง[naːi² ha:ŋ²]　老นายร้อย[naːi²hɔːi⁴]　岱-侬laopản[la:u⁴pan¹]　越ông chủ[ʔoŋ¹ tsu³];chủ hiệu[tsu³ hiːu⁶];chủ nhà máy[tsu³ ɲa² mai⁵]

【老板娘】　泰ภรรยาเถ้าแก่[phan²ra⁴ja:²thau³kɛː⁵] / [phan²ja:²thau³kɛː⁵];เถ้าแก่เนี้ย[thau¹kɛː⁵ni:a⁴];เจ้าของหญิง[tsau¹ khɔːŋ¹ jiŋ¹]　越bà chủ[ʔba² tsu³]

【老虎❶】　泰เสือ[sɯːa¹];ไอ้เสือ[ʔai⁵sɯːa¹]　老เสือ[sɯːa¹];ขะหญ๋ง[kha² la:ˈ];เสือลายพาดกอบ[sɯːa¹ la:i² pha:t¹⁰ kɔːn¹ˈ]　岱-侬slưa[łɯːə¹];tua slưa[tuə¹ łɯːə¹]　越泰xưa[sɯːa¹];xưa chồng[sɯːa¹ tsoŋ²]　普mươn[muːn³]　越hổ[ho³];hùm[hum²];cọp[kɔp⁸];con hổ[kɔn¹ ho³];con hùm[kɔn¹ hum²];con cọp[kɔn¹ kɔp⁸]　芒khàl[kha:l³]

【老虎钳】　泰เครื่องหนีบ[khrɯːaŋ³ nip⁴];คีมปากนกแก้ว[khiːm² pa:k⁹ nok⁸ kɛːu³]　老คีมเถี้ย[khiːm² khau⁴]　越êtô[ʔe¹ to¹]

【老花镜】　泰แว่นสายตายาว[wɛːn³ sa:i¹ ta:² ja:u²]　老แอ่นตาผู้เถ้า[vɛːn⁵ ta:¹ˈ phu:³ thau³]　越泰vèn ta thầu[vɛn⁶ ta¹ thau³]　越kính lão[kin⁵ la:u⁴]

【老家】　泰บ้านเกิด[ʔba:n³ kə:t⁹];บ้านเกิด[ʔba:n³ kə:t⁹]　老บ้านเดิม[ʔba:n⁴ʔdə:m¹]　越quê[kwe¹];quêhương[kwe¹ hɯːŋ¹];quê quán[kwe¹ kwa:n⁵]

【老糠】　泰แกลบ[klɛp⁹]　老แกบฮำ[kɛp⁹ ham²];แกบ[kɛp⁹]　岱-侬kep[kɛp⁷]　越泰kép[kɛp⁷]　普kuoj³ pio¹[ku:i³ pie¹]　越trấu[tʂɤu⁵]　芒tlấu[tlɤu³]

【老练】　泰ชำนาญ[tshuːa²naːn²]　老ชำบิชำนาน[sam²ni⁴sam²na:n²];ช่อ[siːau⁵]　越từng trải[tɯŋ² tʂa:i³];già giặn[za² zan⁶];lão luyện[la:u⁴ lwi:n⁶]

【老年】　泰วัยชรา[wai² tsha⁴ ra:²]　老ปัดสิมมะไอ[pat⁷ sim¹ ma⁵ vai¹];ไอแก่[vai² kɛː⁵];ไอชะลา[vai² sa⁵ la:²];อายุแก่[ʔa:ˑ¹ ɲu⁵ kɛː⁵]　越tuổi già[tu:i³ za²]　芒thuối khà[thu:i⁵ kha²]

【老人❷】　泰ผู้เฒ่า[phu:³ thau³];คนแก่[khon² kɛː⁵];คนชรา[khon² tsha⁴ ra:²]　老ผู้เถ้า[phu:³ thau³];ผู้เถ้าชะลา[phu:³ thau³ sa⁵ la:²];เถ้าแก่ชะลา[phu:³ thau³ kɛː⁵ sa⁵ la:²];ผู้แก่[phu:³ kɛː⁵];ถิ่นแก่[khon² kɛː⁵];ผู้เถ้าผู้แก่[phu:³ thau³ phu:³ kɛː⁵];แก่[kɛː⁵];เถ้าแก่[thau³ kɛː⁵];สะทะวีละ[sa² tha² vi⁵ la⁵];ตาเถ้า[ta:¹ thau³]　岱-侬cần ké[kən² kɛ⁵]　越泰cồn thầu[kon² thau³];cồn ké[kon² kɛ⁵]　普qaqê⁵[qa⁰ qe⁵];qa ngân³[qa⁰ ŋɤn²]　越người già[ŋɯːi² za²]　芒tửa khà[tɯːə³ kha²];chắc khà[tsak⁷ kha²]

【老师】　泰ครู[khru:²];อาจารย์[ʔa:² tsa:n²];บา[ʔba:²]　老คู[khu:²];คูสอน[khu:² sɔːn¹];คูอาจาน[khu:² ʔba:²tsa:n²];คูอาจาน[khu:² ʔa:¹ˈ tsa:n²];อาจาน[ʔa:¹ˈ tsa:n²];นาย[na:i²]　岱-侬lao slấy[la:u⁴łəi⁵];slấy[łəi⁵];slấy

---

❶ 阿含 shu A1; shüw A1 撣 shə A1 泐 sə A1 拉哈 kathəj¹ 拉基 kathe³
❷ 石家 hun⁴-kee³

slur[ɬɤi⁵ ɬɯ¹];dào viên[ja:u³ vi:n¹] 越泰 xầy xư[sai² sɯ¹];xầy[sai²];xầy dáo[sai² ja:u⁵];í xầy[ʔi⁵ sai²] 普 qapê⁴ sư¹[qa⁰ pe⁴ sɯ¹];pê⁴sư¹[pe⁴ sɯ¹] 越 thầy[thɤi²];thầy giáo[thɤi²za:u⁵];cô dào[ko¹za:u³];giáo viên[za:u⁵ vi:n¹];thầy học[thɤi² hɔk⁸] 芒 thầy[thɤi²];thầy dào[thɤi²za:u³];môl đây[mɔl² ʔdai⁴];thầy hoc[thɤi² hɔk⁸]

【老实】泰 ชื่อตรง[sɯː³ trɔŋ²] 老ຊื່[sɯː⁵];ຊື່ສັດ[sɯː⁵ sat⁷] 岱-侬 lǎoslàt[la:u⁴ɬat⁸];lǎothực[la:u⁴thɯk⁸];thậc thá[thək⁸ tha⁵] 岱-侬 ngay slim[ŋai¹ ɬim¹] 普 qabjaw¹ qabjang²[qa⁰ bja:u⁴ qa⁰ bja:ŋ⁵] 越 ngay thật[ŋai¹ thɤt⁸] 芒 ngăl that[ŋal¹ thɤt⁸]

【老死】泰 ตายด้วยความแก่[ta:i² ʔdu:ai³ khwa:m² kɛː³] 老 ຕາຍເຖິ້າຍແກ່[ta:i¹' thau³ ta:i¹' kɛː³] 普 tiơ¹ qa ngân³[tie¹ qa⁰ ŋɤn³] 越 chết già[tʂet⁷ za²] 芒 chít khà[tʂit⁷ kha²]

【老鼠❶】泰 หนู[nuː¹] 老 ຫນູ[nuː¹];ມູສິກະ[muː² si² ka²];ມູສິກາ[muː² si² ka:¹] 岱-侬 nu[nu¹];tua nu[tue¹ nu¹] 普 qanǎj³[qa⁰nai³];nǎj³[nai³] 越 chuột[tʂuɤt⁸];con chuột[kɔn¹ tʂuɤt⁸] 芒 rề[re²];con rề[kɔn¹ re²]

【老鼠洞】泰 รูหนู[ruː²nuː¹] 老 ຮູຫນູ[huː²nuː¹] 越 hang chuột[ha:ŋ¹ tʂuɤt⁸] 芒 lỗ rề[lo⁴ re²]

【老太婆】泰 ยายแก่[ja:i² kɛː³] 老 ຍາຍທວດ[na:i² thuɤt¹⁰];ອື່ມງາຍ[ʔi:⁵nai²] 普 maj² qangân³[ma:i²qa⁰ ŋɤn³] 越 bà lão[ʔba² la:u⁴];bà già[ʔba² za¹] 芒 mễ khà[me⁴ kha²];pà khà[pa² kha²];pà lão[pa² la:u⁴]

【老太太】泰 ยาย[ja:i²];หญิงชรา[jiŋ² tʂha⁴ra:²] 老 ແມ່ຂ້ອນ[mɛː⁵ɔ:n³];ຍາຍເຖ້ົາ[na:i²thau³];ແມ່ເຖ້ົາ[mɛː⁵ thau³];ອື່ມງາຍ[ʔi:⁵ nai²] 岱-侬 mẻ[me³] 越 mè pã[me⁶ pa²] 芒 bà già[ʔba² za²]

【老天爷】泰 พระผู้เป็นเจ้า[phra⁴phuː³pen²tsau³] 老 ແຖນ[thɛ:n¹];ຟ້າ[fa:⁴] 越泰 châu phạ[tsau³ pha⁴] 越 ông trời[ʔoŋ¹ tʂɤːi²]

【老头儿】泰 ตาแก่[ta:² kɛː⁵];ชายชรา[tsha:i² tsha⁴ra:²] 老 ຕາງແກ່[ta:¹' kɛː⁵];ຕາເຖ້ົາ[ta:¹' thau³];ຊາຍຂະລາ[sa:i² sa⁵ la:²];ຜູ້ເຖ້ົາ[phɔː⁵ thau³];ອີຕາ[ʔi:⁵ ta:¹'] 岱-侬 lạo ké[la:u⁴kɛ⁵];pú ké[pu⁵kɛ⁵] 越泰 ké thầu[kɛ⁵ thau³] 普 pê⁴ qangân³[pe⁴ qa⁰ ŋɤn³] 越 ông già[ʔoŋ¹ za²];lão ông[la:u⁴ ʔoŋ¹] 芒 lão ông[la:u⁴ ʔoŋ¹]

【老鹰】泰 เหยี่ยว[ji:au⁵];[ji:au³];อีเหยี่ยว[ʔi:⁵ ji:au³];เหยี่ยวดำ[ji:au³ ʔdam²];รุ้ง[ruŋ⁴] 老 ແຫລວ[lɛ:u¹] 越 diều hâu[zi:u² hɤu¹];chim ưng[tʂim¹ ʔɯŋ¹];con ò[kɔn¹ ʔɔ⁵]

【涝】泰 ถูกน้ำท่วม[thuːk⁹nam⁴ thu:am³] 老 ນ້ຳແຊ່ງ[nam⁴ kɛ:ŋ⁵] 岱-侬 thúm[thum⁵];thuồm[thu:m³] 越泰 thúm[thum⁵] 普 thum¹[thum¹] 越 lụt[lut⁸] 芒 lut[lut⁸]

【络腮胡子】泰 เคราที่ติดจอนผม[khrau² thi:³ tit⁷ tsɔ:n² phom¹] 老 ຫນວດເຄົາ[nu:at⁹ khau²];ຕາງເຄົາ[kha:ŋ²khau²] 岱-侬 mùm tải càng[mum³ ɬa:i³ ka:ŋ²] 越 râu quai nón[zɤu¹ kwa:i¹ nɔn⁵] 芒 quai mô[kwa:i¹ mo¹]

【烙铁】泰 หัวเหล็กบัคกรี[hu:a¹ lek⁷ ʔbat⁷ kri:²] 老 ຫົວແຮງ[hu:a¹ hɛ:ŋ⁴];ເຫຼັກຈອດ[lek⁷ tsɔ:t⁹] 越 hăm doạ tống tiền[ham¹ zwa⁶ toŋ⁵ ti:n²]

【勒索】泰 รีดไถ[ri:t¹⁰thai¹] 老 ຂູ່ເອົາ[khu:⁵ʔau¹] 越 bắt chẹt[ʔbat⁷ tʂet⁸];vơ vét[vɤ¹ vet⁷]

【了写~一封信】泰 แล้ว[lɛ:u⁴];ได้[ʔdai³] 老 ແລ້ວ[lɛ:u⁴] 岱-侬 lẹo[lɛu⁴] 越泰 lẹo[lɛu⁴] 越 rồi[zoi²] 芒 rồi[roi²]

【了下雨~】泰 แล้ว[lɛ:u⁴] 老 ແລ້ວ[lɛ:u⁴] 岱-侬 yá[ja⁵] 岱-侬 lẹo[lɛu⁴] 越泰 lẹo[lɛu⁴] 普 la⁵[la⁵] 越 rồi[zoi²];đã[ʔda⁴] 芒 rồi[roi²];họ[hɤ¹]

【雷】泰 ฟ้าร้อง[fa:⁴ rɔ:ŋ⁴] 老 ດັງ[ʔdaŋ¹];ຟ້າຮ້ອງ[fa:⁴

---

❶ 石家 nuu² 拉哈 lǎj⁶ 拉基 alja¹

ho:ŋ¹] 岱-侬 đăng[ʔdaŋ¹];faroọng[fa⁴rɔːŋ⁴] 越泰 phạ đăng[pha⁴ʔdaŋ¹] 普mân³ zong²[mɤn³ zoŋ²] 越sắm[sɤm⁵] 芒khắm[khɤm³]

【雷暴】 泰พายุฝนฟ้าคะนอง[phaː² juˀ fon¹ faː⁴ kha⁴ nɔːŋ²] 老ฟ้าล่องบึน[faːˀ luːaŋ⁵ ʔbon¹] 越bão tố có sấm sét[ʔbaːu⁴ to⁵ kɔ⁵ sɤm⁵ sɛt⁷];giông tố[zoŋ¹ to⁵]

【雷电】 泰ฟ้าร้องและฟ้าผ่า[faː⁴ rɔːŋ⁴ lɛ⁴ faː⁴ phaː⁵];ฟ้าร้องและฟ้าแลบ[faː⁴ rɔːŋ⁴ lɛ⁴ faː⁴ lɛːp¹⁰] 老ອະສະນີບາດ[ʔaˀ saˀ niˀ ʔbaːtˀ] 越sấm sét[sɤm⁵ sɛt⁷]

【雷公】 泰เทพเจ้าแห่งฟ้าร้อง[theːp¹⁰ tsau³ hɛːŋ⁵ faː⁴ rɔːŋ⁴] 老แถนฟ้าผ่า[theːn¹ faː⁴ phaː⁵] 越thiên lôi [thiːn¹ loi¹]

【雷管】 泰แก๊ป[kɛːp⁴];ชนวนดอกเห็ด[tshaː⁴ nuːan² ʔdɔːk⁹ hetˀ];ท่อชนวนระเบิด[thɔːˀ tshaː⁴ nuːan² raˀ ʔbəːtˀ] 老เก๊บ[kepˀ] 岱-侬 kep[kɛpˀ] 越泰 kép mịn[kɛpˀ min⁴] 越kíp[kipˀ];kíp nổ[kipˀ no⁵]

【雷鸡】 岱-侬 nộc sloa[nokˀ łwa¹] 越泰 nộc khoa [nokˀ khwa¹] 普tơrun¹[tɤ⁰ run¹] 越gà lôi[ɣa² loi¹] 芒ca tlôl[ka¹ tlol¹]

【雷劈】 泰ฟ้าผ่า[faː⁴ phaː⁵] 老ฟ้าผ่า[faː⁴ phaː⁵] 岱-侬 phjet[phjetˀ];phec[phɛkˀ] 越泰 phạ khả[pha⁴ kha³] 越sét đánh[sɛtˀ ʔdan⁵];trời giáng[tsɤːi² zaːŋ⁵];trời đánh[tsɤːi² ʔdan⁵] 芒tlời ténh[tlɤːi² ten³];tlời dảng[tlɤːi² zaːŋ³]

【雷声】 泰เสียงฟ้าร้อง[siːaŋ¹ faː⁴ hɔːŋ⁴] 老ສຽງຟ້າຮ້ອງ [siːaŋ¹ faː⁴ hɔːŋ⁴] 越tiếng sấm sét[tiːŋ⁵ sɤm⁵ sɛtˀ]

【雷雨】 泰ฝนที่มีฟ้าร้องและฟ้าแลบ[fon¹ thiːˀ miːˀ faːˀ rɔːŋ⁴ lɛ⁴ faː⁴ lɛːp¹⁰] 老ฝึนผ้าฅะบอง[fon¹ faː⁴ kha⁴ nɔːŋ²];ฝึนติกผ้าฅะบอง[fon¹ tokˀ faː⁴ kha⁵ nɔːŋ²]

越mưa giông[mɯə¹ zoŋ²]

【雷阵雨】 泰ฝนตกฟ้าร้อง[fon¹ tokˀ faː⁴rɔːŋ⁴];ฝนใล่ ช้าง[fon¹ lai¹ tshaːŋ⁴] 老ຝືນໄລ່ແບ້[fon¹ lai⁵ ʔbɛː⁴] 越mưa rào kèm theo sấm sét[mɯə¹ zaːu⁵ kɛm⁵ theu⁴ sɤm⁵ sɛtˀ];mưa rào có sấm sét[mɯə¹ zaːu⁵ kɔ⁵ sɤm⁵ sɛtˀ]

【累❶】 泰เหนื่อย[nɯːai⁵];พัก[phakˀ] 老เมื่อย [mɯːai⁵];พัก[phakˀ];เผย[phiːa²];ล้า[laː⁴];ทอด [hɔːtˀ];เมื่อย[nɯːai⁵];ฮีดเมื่อย[ʔitˀ mɯːai⁵];ฮีด [ʔitˀ];ธุบ[hun²] 岱-侬 nái[naːi⁵];nưới[nɯːi⁵]; dừa[ʔdɯːa³];leọ rèng[lɛu⁴rɛŋ²];én ín[ʔɛn⁵ʔin⁵]; nết[netˀ];năt[natˀ];nất[natˀ] 越泰 nưới[nɯːi⁵] 普nhơj[ŋɯːi¹] 越mệt[metˀ];mỏi[mɔi³]; mỏi mệt[mɔi³ metˀ] 芒mói[mɔi⁵];nhoc[nɔkˀ];chiều mai[tsiːu² maːi¹]

【肋骨❷】 泰กระดูกซี่โครง[kraˀ ʔdukˀ siːˀ khroːŋ²]; ซี่โครง[siːˀ khroːŋ²] 老กะดูกข้าง[kaˀ ʔdukˀ khaːŋ⁵]; กะดูกส้อง[kaˀʔdukˀsuːaŋ⁵];ดูกข้าง[ʔdukˀkhaːŋ⁵]; ดั๋ง[ʔdiːaŋ⁴] 岱-侬 đục slẻ[ʔdukˀłɛˀ];đuc xảng [ʔdukˀ ɕaːŋ³] 越泰 đúc xảng[ʔdukˀ saːŋ³] 普lak⁵ zhang[laːkˀ zaːŋ¹];pơzhang¹[pɤ⁰ zaːŋ¹] 越xương sườn[sɯːŋ¹ sɯːn²] 芒xiêng khàinh[siːŋ¹ khaːin²]

【泪珠】 泰หยดน้ำตา[jaːtˀnam⁴taːˀ] 老ยดน้ำตา [jaːtˀ nam⁴ taːˀ] 越giọt nước mắt[zɔtˀ nɯːkˀ matˀ]

【冷天~❸】 泰หนาว[naːu¹] 老ขาว[naːu¹]; ดูสาน[ʔduˀ saːn¹] 岱-侬 dên[jen¹];đăng[ʔdaːŋ³] 越泰 nao[naːu¹] 普swat²[swaːtˀ];swăt²[swatˀ] 越lạnh[lanˀ];rét[zɤtˀ] 芒lênh[lɛn⁴];chả[tsaˀ]

【冷水~❹】 泰เย็น[jenˀ] 老เย็บ[jen¹] 岱-侬 căt[katˀ] 越泰 cứm[kɯm²] 越lạnh[lanˀ] 芒wǎng[waŋ³]

【冷淡】 泰เย็นชา[jen² tshaːˀ] 老เจิ๋ย[tsəːiˀ];ดาย

---

❶ 石家naaŋ³ 拉哈mɯj¹
❷ 石家rɔk² kxxŋ⁴；kxxŋ⁴
❸ 阿含chē；nau A1
❹ 阿含jin A1；jen A1 掸jen A1；kăt 泐jin A1；kăt D1S

[?da:i¹];ผิดเสีย[phɔ:k¹⁰ sɔ:i¹];มือเสีย[mu:a² sɔ:i¹]; 岱-侬 bầu tươn thâng[?bəu⁵ tɯ:n¹ thəŋ¹];cắt xat[kat⁷ ca:t⁷] 越泰 nả kháu[na³khau⁵];cháng[tsa:ŋ⁵] 越 lạnh lùng[laŋ⁶ luŋ²];lạnh nhạt[laŋ⁶ na:t⁸];thờ ơ [thɤ² ɤ¹];lãnh đạm[laŋ⁴ ?da:m⁶];nhạt nhẽo[na:t⁸ ɲɛu⁴];nhạt phèo[na:t⁸ fɛu²] 芒 thờ ơ[thɤ² ɤ¹]; laich léo[la:it⁸ lɛu⁵]

【冷饭】 泰 ข้าวเย็น[kha:u³jen²] 老 เข้าเย็น[khau³ jen¹] 岱-侬 khẩu dắn[khəu³ ja:n³] 越 cơm nguội [kɤ:m¹ ŋu:i⁶] 芒 cơm nguồi[kɤ:m¹ ŋu:i⁴]

【冷风】 泰 ลมหนาว[lom²na:u¹] 老 ลมหนาว[lom² na:u¹] 越 gió lạnh[zɔ⁵ laŋ⁶]

【冷汗】 泰 เหงื่อกาฬ[ŋɯ:a⁵ka:n²] 老 ไขเย็น[khai² kha:u⁴] 越 mồ hôi lạnh[mo² hoi¹ laŋ⁶]

【冷空气】 泰 อากาศหนาว[?a:² ka:t⁹ na:u¹] 老 อากาศหนาว[?a:¹' ka:t⁹ na:u¹];อากาศเย็น[?a:¹' ka:t⁹ jen¹] 越 không khí lạnh[xoŋ¹ xi⁵ laŋ⁶]

【冷水】 泰 น้ำเย็น[nam⁴ jen²] 老 น้ำเย็น[nam⁴ jen²] 越 nước lạnh[nɯ:k⁷ laŋ⁶]

【冷天】 泰 ฤดูหนาว[rɯ⁴?du:²na:u¹] 老 อากาศหนาว [?a:¹' ka:t⁹ na:u¹];อากาศหนาวเย็น[?a:¹' ka:t⁹ na:u¹ jen¹] 越泰 mùa nao[mu:a² na:u¹] 普 mA⁴ swat² qajuɤ³[mɒ⁴swa:t²qa⁰juɤ³] 越 mùa lạnh[mu:a² laŋ⁶] 芒 mùa lênh[mu:a² lɛn⁴]

【冷笑】 泰 ยิ้มเยาะ[jim⁴jɔ⁴];หัวเราะเยาะ[hu:a¹ rɔ⁴jɔ⁴] 老 หัวสยอง[hu:a¹ si:at⁹] 越 cười nhạt[kɯ:i² na:t⁸]; cười khẩy[kɯ:i² xɤi³];cười gằn[kɯ:i² ɣan²]

【冷饮】 泰 เครื่องดื่มแช่เย็น[khrɯ:aŋ³ ?dɯ:m⁵ tshɛ:² jen²] 老 เถื่องดื่มเย็น[khɯ:aŋ³ ?dɯ:m⁵ jen¹] 越 đồ uống lạnh[?do² ?u:ŋ⁵ laŋ⁶];thức uống lạnh [thuk⁷ ?u:ŋ⁵ laŋ⁶]

【厘米】 泰 เซนติเมตร[sen² ti:² mɛ:t¹⁰] 老 ขฮตีแม็ต [saŋ² ti:¹' mɛt⁸] 越 xenti- met[sɛn¹ ti¹ mɛt⁷]

【离别❶】 泰 พราก[phra:k¹⁰] 老 อำลาจากกับ [?am¹' la:² kha:² tsa:k⁹ kan¹];อำลาพัดพราก[?am¹' la:² phat⁸ pha:k¹⁰];อำลาจากจาก[?am¹' la:² kha:² tsa:k⁹*];เจยละพาก[tsi:a¹' la⁵ pha:k¹⁰];จาก[tsa:k⁹];จากกับ [tsa:k⁹ kan¹];ปะจาก[pa² tsa:k⁹];พาก[pha:k¹⁰];พากจาก [pha:k¹⁰ tsa:k⁹];พัดพากจากกับ[phat⁸ pha:k¹⁰ tsa:k⁹ kan¹'];พัด[phat⁸];พัดพาก[phat⁸pha:k¹⁰] 岱-农 pjạc[pja:k⁸];tò pjạc[tɔ² pja:k⁸];pjạc căn[pja:k⁸ kan¹] 越泰 chák[tsa:k⁷];chák lã[tsa:k⁷ la²] 越 xa cách [sa¹ kat⁷];xa nhau[sa¹nau¹];rời khỏi[zɤ:i² xɔi³] 芒 lìa rà[li:a² ra²]

【离婚】 泰 ทิ้งขว้าง[thiŋ⁴ khwa:ŋ³];เลิกร้าง[lə:k¹⁰ ra:ŋ⁴]; หย่า[ja⁵];หย่าร้าง[ja⁵ ra:ŋ⁴] 老 ปะกับ[pa² kan¹];ย่า [ja⁵];ย่ากับ[ja⁵kan¹];ฮ้าง[ha:ŋ⁴];ย่าฮ้าง[ja⁵ha:ŋ⁴]; ฮ้างกับ[ha:ŋ⁴ kan¹];เลิกกับ[lə:k¹⁰ kan¹];เลิกฮ้าง [lə:k¹⁰ ha:ŋ⁴] 岱-侬 tò tá[tɔ² ta²] 越泰 hạng vềng [ha:ŋ⁴ va:ŋ²] 越 li dị[li¹ zi²];li hôn[li¹ hon¹];bỏ nhau [?bɔ³ nau¹] 芒 li hôn[li¹ hon¹];tá rà[ta⁵ ra²]

【离开】 泰 จากไป[tsa:k⁹pai¹] 老 ออกจาก[?ɔ:k⁹ tsa:k⁹];นี่[ni:¹] 岱-侬 lìa quây[li:a² kwəi¹] 越泰 đắc[?dak⁷] 越 xa lìa[sa¹ li:a²];rời khỏi[zɤ:i² xɔi³] 芒 ti khói[ti¹ khɔi⁵]

【梨】 泰 แพร์[phɛ:²] 老 หมากจอง[ma:k⁹tsɔ:ŋ¹'] 岱-侬 mạc li[ma:k⁷ li²] 越 quả lê[kwa³ le¹]

【梨花】 泰 ดอกสาลี่[?dɔ:k⁹ sa:¹' li:³] 老 ดอกจอง [?dɔ:k⁹ tsɔ:ŋ¹'] 越 hoa lê[hwa¹ le¹]

【梨树】 泰 ต้นแพร์[ton³ phɛ:²] 老 ภูกหมากจอง [kok⁷ ma:k⁹ tsɔ:ŋ¹'] 越 cây lê[kɤi¹ le¹]

【犁—把~❷】 泰 ไถ[thai¹];งอนไถ[ŋɔ:n² thai¹];หางยาม [ha:ŋ¹ ja:m²] 老 ไถ[thai¹] 岱-侬 thây[thəi¹];nạc thây[ma:k⁸ thəi¹] 越泰 thay[thai¹];mạk thay[ma:k⁸ thai¹] 普 thăj⁴[thai⁴] 越 cái cày[ka:i⁵ kai²];chiếc cày[tsi:k⁵ kai²] 芒 cải[kal²]

---

❶ 阿含 phāk D2L 掸 phak D2L
❷ 石家 thay A1

【犁~田❶】 泰ไถ[thai¹] 老ໄຖ[thai¹] 岱-侬 thây [thəi¹] 越泰 thay[thai¹] 普 thăj⁴[thai⁴] 越 cày [kai²] 芒 cǎl[kal²]

【犁铧】 泰ผาลไถ[pha:n¹ thai¹];ใบไถ[ʔbai² thai¹] 老ໃບໄຖ[ʔbai¹¹ thai¹];ຜິດໄຖ[phi:t¹⁰ thai¹];ຫມາກສົບໄຖ[ma:k⁹ sop⁷ thai¹] 岱-侬 nà lình thây[na³ liŋ² thəi¹] 越泰 đảng thay[ʔdaŋ³ thai¹] 越 lưỡi cày[lɯːi⁴ kai²] 芒 lāi cǎl[la:i⁴ kal²]

【黎明】 泰รุ่งรุณ[ruŋ³ run²] 老ຮຸ່ງ[huŋ⁵];ຮຸ່ງອະລຸນ[huŋ⁵ʔa²lun²];ຮຸ່ງແຈ້ງ[huŋ⁵ tsɛ:ŋ⁴];ຟ້າສາງ[fa:⁴sa:ŋ¹];ອຸສາ[ʔu²sa:¹];ອະລຸນ[ʔa²lun²];ແຕ່ຮຸ່ງ[tɛ:⁵huŋ⁵];ຕູ່[tu:⁵];ເຊົ້າຕູ່[sau⁴ tu:⁵];ເດີກຂ້ອນ[ʔdək⁷ khɔ:n³];ປັດຈູສະການ[pat⁷ tsu:¹' sa² ka:n¹];ເລີກ[lə:k¹⁰] 越 bình minh[ʔbin² min¹];rạng đông[zạ:ŋ⁶ ʔdoŋ¹] 芒 hāng tông[ha:ŋ² toŋ¹]

【狸猫】 泰อีเห็น[ʔi:²hen¹] 老ເຫັນ[hen¹];ເຫງັນ[ŋen¹] 岱-侬 hên[hen¹] 越 chồn cáo[tson² ka:u⁵]

【篱笆❷】 泰รั้ว[ru:a⁴];รั้วไม้[ru:a⁴ mai⁴];รั้วไม้ไผ่[ru:a⁴ mai⁴ phai⁵];หน่าง[na:ŋ⁵] 老ຮົ້ວ[hu:a⁴];ຝາ[fa:¹];ຮິ[hi:⁴] 岱-侬 puông mạy phảy[pu:ŋ¹ mai⁴ phəi⁵] 越泰 lọm[lɔm⁴];hụa[hu:a⁴] 普 sin¹[sin¹];zing³[ziŋ³] 越 rào[za:u²];bờ rào[ʔbɤ² za:u²];bờ giậu[ʔbɤ² zɤu⁶];vòng rào[vɔŋ² za:u²] 越 rào[ra:u²];hào[ha:u²];đả hào[ʔda:l³ ha:u²];đả rào[ʔda:l³ ra:u²];wòng rào[wɔŋ² ra:u²];pắc hào[pɤk⁷ ha:u²];dẵng rào[zaŋ⁴ za:u²]

【礼服】 泰ชุดเครื่องแบบเต็มยศ[tshut⁸ khrɯ:aŋ³ ʔbɛ:p⁹ tem² jot⁸] 老ເຄື່ອງແບບເຕັມຍົດ[khɯ:aŋ⁵ ʔbɛ:p⁹ tem¹' ɲot⁸] 越 lễ phục[le⁴ fuk⁸]

【礼帽】 泰หมวกสักหลาดทรงกลม[mu:ak⁹ sak⁷ la:t⁹ soŋ² klom²] 越 mũ dạ[mu⁴ za⁴];mũ phớt[mu⁴ fɤ:t⁷] 芒 mū phớt[mu⁴ fɤ:t⁷]

【礼貌】 泰มารยาท[ma:n² ja:t¹⁰] 老ມະລິຍາດ[ma⁵li⁵ ɲa:t¹⁰];ມາລະຍາດ[ma:⁵ la⁵ ɲa:t¹⁰];ມັ່ລີຍາດ[mɔ:⁵li⁵ ɲa:t¹⁰] 越 lễ phép[le⁴ fɛp⁷];lễ độ[le⁴ ʔdo⁶]

【礼堂】 泰หอประชุมใหญ่[hɔ:¹ pra⁵ tshum² jai⁵] 老ຫ້ອງພິທີ[hɔ:ŋ³ phi⁵ thi:²];ຫໍປະຊຸມ[hɔ:¹ pa² sum¹];ໂກຕຸກາງ[ko:¹'tu²ka:¹'kha:n²] 越泰 hườn hội[hɯ:n² hoi⁶] 越 hội trường[hoi⁶ tsɯ:ŋ²];lễ đường[le⁴ ʔdɯ:ŋ²]

【礼物】 泰ของขวัญ[khɔ:ŋ¹ khwan¹];ของ กำนัล[khɔ:ŋ¹ kam² nan²];กำนล[kam² non²] 老ຂອງຂັບ[khɔ:ŋ¹ khwan¹];ຂອງກຳນັນ[khɔ:ŋ¹ kam¹' nan²];ກຳນັນ[kam¹' nan²];ກຳນົນ[kam¹' non²];ຂອງຕ້ອນ[khɔ:ŋ¹ tɔ:n⁴];ຂອງປະທານໃຫ້[khɔ:ŋ¹ pa² tha:n² hai⁵];ບັນມາການ[ʔban¹' na:² ka:n¹];ຂອງຝາກ[khɔ:ŋ¹ fa:k⁹];ເຄື່ອງຕ້ອນ[khɯ:aŋ⁵ tɔ:n⁴] 岱-侬 cúa doại[kuə⁵jwa:i⁴] 越 tặng phẩm[taŋ⁶ fɤm³];quà tặng[kwa² taŋ⁶];quà biếu[kwa² ʔbi:u⁵];lễ vật[le⁴ vɤt⁸];đồ lễ[ʔdo² le⁴] 芒 đồ nướng[ʔdo² nɯ:ŋ⁵];đồ lễ[ʔdo² le⁴];quà biếu[kwa² ʔbi:u⁵]

【李花】 泰ดอกพลัม[ʔdɔ:k⁹ phlam²] 老ດອກໝັ້ນ[ʔdɔ:k⁹ man³] 越 hoa mận[hwa¹ mɤn⁶] 芒 pông mẫn[poŋ¹ mɤn⁴]

【李树】 泰ต้นพลัม[ton³ phlam²] 老ກົກໝັ້ນ[kok man³] 岱-侬 co mặn[ko¹ man⁴] 越 cây mận[kɤi¹ mɤn⁶] 芒 câl mẫn[kɤl¹ mɤn⁴]

【李子❸】 泰พลัม[phlam²] 老ຫມາກໝັ້ນ[ma:k⁷ man³] 岱-侬 macmặn[ma:k⁷ man⁴] 越泰 mákmặn[ma:k⁷ man⁴] 普 mjak² mân²[mja:k⁷ mɤn²] 越 quả mận[kwa³ mɤn⁶] 芒 tlài mẫn[tla:i³ mɤn⁴]

【里~外❹】 泰ใน[nai²];ข้างใน[kha:ŋ³ nai²] 老ໃນ

---

❶ 石家 thay A1
❷ 阿含 ru C2; rū C2  掸 ho C2  泐 hro C2
❸ 掸 măn C2  泐 măn C2
❹ 石家 daam³; daaŋ⁶; rəə  阿含 nāo A1; nāw A1; neu A1  掸 naī A1  泐 nai A1

[nai²];เบื้องใน[ʔbɯːaŋ⁴ nai²];ข้างใน[khaːŋ³ nai²];กอง[kuːaŋ¹];ด้านใน[ʔdaːn⁴nai²];ตอนใน[tɔːn¹ nai²];ทางใน[thaːŋ² nai²];พายใน[phaːi² nai²] 岱-侬 đâu [ʔdɤɯ¹];chang[tɕaːŋ²] 普 kung³[kuŋ³] 越 trong [tʂɔŋ²];bên trong[ʔben⁵ tʂɔŋ²];phía trong[fiə⁵ tʂɔŋ²];bề trong[ʔbe² tʂɔŋ²] 芒 tlong[tlɔŋ³];bảl tlong[ʔbaːl³ tlɔŋ²];quèn tlong[kwɛn² tlɔŋ¹];khả cong[kha³ kɔŋ²];piểl tlong[piːl² tlɔŋ¹];cong[kɔŋ²]

【里 ＿～路】 泰 หลี่[liː⁵] 老 ลิ[liː²];ลี้[liː⁴] 岱-侬 lí[li⁵] 越 dặm Trung Quốc[zam⁶ tʂuŋ¹ kwok⁷]

【里程碑】 泰 หลักไมล์[lak⁷ mai³] 老 หลัก[lak⁷] 岱-侬 lăc cái hin[lak⁷kaːi⁵hin¹] 越泰 đắc tăng [ʔak⁷taːŋ²] 越 mốc cây số[mok⁷ kɤi¹ʂo⁵];cột kilômet[kot⁸ ki¹ lo¹ mɛt⁷]

【里间】 泰 ห้องที่พักอยู่ส่วนในของบ้าน[hɔːŋ³ thiː⁴ phak⁸ juː⁵ suːan⁵nai²khɔːŋ¹ʔbaːn³] 越 nhà trong[ɲaː² tʂɔŋ²] 芒 nhà tlong[ɲaː⁴ tlɔŋ¹]

【理睬】 泰 แยแส[jɛː² sɛː¹];อินัง[ʔi⁵ naŋ²];อินังขังขอบ[ʔi⁵ naŋ² khaŋ¹ khɔːp⁹];ข้องแวะ[khɔːŋ³ wɛ⁴];หัวซา[huːa¹ saː²] 老 อี่มัง[ʔiː⁵ naŋ²];หัวซา[huːa¹ saː²] 越 để ý[ʔde³ ʔi⁵];quan tâm[kwaːn¹ tɤm¹]

【理发❶】 泰 ตัดผม[tat⁷ phom¹] 老 ตัดผม[tat⁷ phom¹] 岱-侬 cắt phjôm[kat⁷ phjom¹];tắt phjôm [tat⁷ phjom¹] 越泰 xén phôm[sɛn³ phom¹] 越 cắt tóc[kat⁷ tɔk⁷] 芒 cách thắc[kat⁷ thak⁷];cúp thắc [kup⁷ thak⁷];ẻn thắc[ʔɛn³ thak⁷]

【理发师】 泰 ช่างตัดผม[tshaːŋ³tat⁷phom¹] 老 ຊ່າງຕັດຜົມ[saːŋ⁵ tat⁷ phom¹];ກັນລະບົກ[kan¹ laʔ⁵ ʔbok⁷] 越 thợ cạo[thɤ⁶ kaːu⁶] 芒 thờ cảo[thɤ⁴ kaːu⁴]

【鲤鱼❷】 泰 ปลาหลีฮื้อ[plaː² liː¹ hɯːɯ⁴];ปลาไน[plaː² nai²];ปลาหลีโก[plaː² liː¹ koː²] 老 ปาไน[paː¹' nai²]

【荔枝】 泰 ลิ้นจี่[lin⁴ tsiː⁵] 老 ลิ้นจี่[liːn⁴ tsiː⁵];หมากลิ้นจี่[maːk⁹ liːn⁴ tsiː⁵];หมากแงว[maːk⁹ ŋɛːu⁵] 岱-侬 mac pái[maːk⁷ paːi⁵];mac chia[maːk⁷ tɕiə¹] 越泰 mák phék[maːk⁷ phɛk⁷] 普 mjak² pat²[mjaːk² paːt²] 越 quả vải[kwaː³ vaːi³] 芒 tlải cãi[tlaːi³ kaːi³]

【利 刀很~❸】 泰 ขัด[khat⁷] 老 คม[khom²];เขี้ยง[khau³];จ้อย[tsuːai⁵];แหลม[lɛːm¹];แหลมคม [lɛːm¹ khom²] 岱-侬 cồm[kom²] 越泰 cồm[kom²];คู่าu[khau³];lem[lɛm¹] 普 pân⁴[pɤn⁴] 越 sắc [ʂak⁷];bén[ʔbɛn⁵] 芒 khắc[khak⁷];pèn[pɛn⁵]

【利润】 泰 กำไร[kam² rai²] 老 กำไล[kam¹' laːi²];กำไล[kam⁵ laːi²];กำไร[kam⁵ hai²];ดอกผล[ʔdɔːk⁹ phon¹];ทะนาคม[thaʔ⁵ naː² khom²];ผึมกำไล[phon¹ kam¹'laːi²] 岱-侬 li choản[li³tɕwaːn³];nhoản[ɲwaːn³] 越泰 ta mả[taː¹maː³] 越 lãi[laːi⁴];lợi nhuận[lɤːi⁶ ɲwɤn⁶]

【利息】 泰 ดอกเบี้ย[ʔdɔːk⁹ ʔbiːa³] 老 ดอก[ʔdɔːk³];ดอกเบี้ย[ʔdɔːk⁹ʔbiːa⁴];ดอกปาย[ʔdɔːk⁹paːi¹];ขึ้ดอก[khiː³ʔdɔːk⁹] 岱-侬 li[li³] 越 lãi[laːi⁴];lợi tức[lɤːi⁶ tuk⁷] 芒 lãi[laːi⁴]

【利用❹】 泰 ใช้[tshai⁴];ใช้ให้เป็นประโยชน์[tshai⁴ hai³ pen² praː⁵ joːt¹⁰] 老 ใซ้[sai⁴] 越 lợi dụng[lɤːi⁶ zuŋ⁶] 芒 lời dũng[lɤːi⁴ zuŋ⁴]

【痢疾】 泰 บิด[ʔbit⁷];โรคบิด[roːk¹⁰ ʔbit⁷];ริดสีดวงมูก [rit⁸ siː¹ʔduːaŋ² muːk¹⁰] 老 ยืด[ʔbit⁷];เจ็บบิด[tsep⁷ ʔbit⁷];ถ่ายมูก[thaːi⁵ muːk¹⁰];ท้องด้อย[thɔːŋ⁴ ʔdɔːi⁴];ท้องยืด[thɔːŋ⁴ʔbit⁷];โลกท้องยืด[loːk¹⁰thɔːŋ⁴ʔbit⁷] 岱-侬 môc lẩu[mok⁷ lɤu³];môc đeng[mok⁷ ʔdɛŋ¹]

---

❶ 石家 txk⁴-phram²
❷ 泐 nǎi A2
❸ 石家 lxxm²　撣 khom A2　泐 xum A2
❹ 阿含 shaü-hing

【历来】 泰ตั้งแต่ไหนแต่ไรมา[taŋ³ tɛ:⁵ nai¹ tɛ:⁵ rai² ma:²] 老ตั้งแต่ใดๆ มา[taŋ⁴ tɛ:⁵ ʔdai¹' ʔdai¹' ma:²] 越xưa nay[sɯa¹ nai¹]

【立方米】 泰คิว์บเมตร[khiu² met⁷] 老ແມັດກ້ອນ[met⁸ kɔ:n⁴];ແມັດລຸ່ມ[met⁸ li:am⁵] 岱-侬xich slí tǎng[ɕik⁷ ɬi⁵ təŋ⁵] 越mét khối[met⁷ xoi⁵]

【粒 ~米】 泰เม็ด[met⁸] 老ມັດ[met⁸];ແນັດ[net⁸];ແກ່ນ[kɛ:n⁵] 岱-侬mặt[mat⁸];muối[mu:i⁵] 越泰mặt[mat⁸] 越hạt[ha:t⁸];viên[vi:n¹]

【力气❶】 泰แรง[rɛ:ŋ²];กำลัง[kam² laŋ²];แพ่ง[phɛ:ŋ²] 老ແຮງ[hɛ:ŋ²];ກຳລັງ[kam¹' laŋ²];ກ່ຳລັງ kam⁵ laŋ²];ນໍ້າເຫື່ອນໍ້າແຮງ[nam⁴ hɯ:a⁵ nam⁴ hɛ:ŋ²];ເຫື່ອແຮງ [hɯ:a⁵ hɛ:ŋ²];ພະລະ[pha⁵ la⁵];ພະລັງ[pha⁵ laŋ²];ພິນ [phon²];ວັງຊາ[vaŋ⁵sa:²] 岱-侬rèng[rɛŋ²];slưc[ɬɯk⁷]; slưc rèng[ɬɯk⁷rɛŋ²] 越泰hãnh[hɛŋ²] 普riơng⁴ [ri:ŋ⁴] 越sức[ʂɯk⁷];sức lực[ʂɯk⁷ lɯk⁸];hơi sức [hɤ:i¹ ʂɯk⁷] 芒khúc[khuk⁷];khắc[khɤk⁷];lực lưỡng [lɯk⁸ lɯ:ŋ⁴];lực[lɯk⁸];hơi khắc[hɤ:i¹ khɤk⁷]

【沥青】 泰ยางแอสฟัลท์[ja:ŋ² ʔɛ:t⁹ fan²] 老ຍາງປູຢາງ [ja:ŋ¹ pu:¹' tha:ŋ²];ຍາງຖ່ານ[ja:ŋ¹ tha:n⁵] 越hắc ín [hak⁷ ʔin⁵];nhựa rải đường[ɲɯa⁶ za:i³ ʔdɯ:ŋ²]; nhựa[ɲɯa⁶] 芒nhừa[ɲɯa⁴]

【例如】 泰เป็นต้นว่า[pen²ton³wa:³] 老ເປັນຕົ້ນ[pen¹' ton⁴];ເປັນຕົ້ນວ່າ[pen¹' ton⁴va:⁵];ມີຄື[mi:²khɯ:²] 越 ví dụ[vi⁵ zu⁶];ví như[vi⁵ ɲɯ¹];thí dụ[thi⁵ zu⁶] 芒 thí dũ[thi³ zu⁴]

【例子】 泰ตัวอย่าง[tu:a² ja:ŋ⁵] 老ຕົວຢ່າງ[tu:a¹' ja:ŋ⁵] 岱-侬pi cạ[pi³ ka⁴] 越ví dụ[vi⁵ zu⁶];thí dụ[thi⁵ zu⁶]

【砾石】 泰กรวด[kru:at⁹] 老ຫີນແຮ່[hi:n¹ hɛ:⁵] 岱-侬hin dài[hin¹ ja:i²] 越đá cuội[ʔda⁵ ku:i⁶];đá nhỏ[ʔda⁵ nɔ:³];đá vụn[ʔda⁵ vun⁶]

【连枷打谷器】 泰เครื่องนวดข้าว[khrɯ:aŋ³ nu:at¹⁰ kha:u³] 老ໄມ້ຟາດເຂົ້າ[mai⁴fa:t¹⁰khau³] 越泰 con khấu[kɔn⁴ khau³] 越dụng cụ đập lúa[zuŋ⁶ ku⁶ ʔdɤp⁸ luə⁵];cái đập lúa[ka:i⁵ ʔdɤp⁸ luə⁵];cái néo[ka:i⁵ nɛu⁵]

【连襟】 泰คู่เขย[khu:³ khə:i¹] 老ຄູ່ເຂີຍ[khu:⁵ khə:i¹] 越anh em đồng hao[ʔaŋ¹ ʔɛm¹ ʔdɔŋ² hau¹];anh em bạn rể[ʔan¹ ʔɛm¹ ba:n⁶ ze³]

【连续】 泰ต่อเนื่อง[tɔ:⁵ nɯ:aŋ³];ติดต่อ[tit⁷ tɔ:⁵] 老 ຕໍ່ເມື່ອງກັນມາ[tɔ:⁵nɯ:aŋ³ kan¹' ma:²] 岱-侬liền xiên [li:n²ɕi:n²] 越liên tiếp[li:n¹ti:p⁷];liên tục[li:n¹tuk⁸]; luôn[lu:n¹] 芒păc păc[pak⁸ pak⁸]

【连衣裙】 泰ชุดกระโปรง[tshut⁸kra⁵pro:ŋ²];กระ โปรง ติดเสื้อ[kra⁵ pro:ŋ² tit⁷ sɯ:a³] 老ກະໂປງ[ka po:ŋ¹] 越áo váy[ʔa:u⁵ vai⁵];váy liền áo[vai⁵ li:n² ʔa:u⁵]

【莲藕】 泰บัว[ʔbu:a²];รากบัว[ra:k¹⁰ ʔbu:a²];เง่าบัว [ŋau³ ʔbu:a²];หัวบัว[hu:a¹ ʔbu:a²] 老ບົວ[ʔbu:a¹]; ບົວເຜດ[ʔbu:a¹'kɛ:t⁹];ບົວໄທ[ʔbu:a¹'lai¹];ຫົວບົວ [hu:a¹ ʔbu:a¹] 岱-侬co ngâu[kɔ¹ ŋəu⁴] 越泰co bua [kɔ¹ ʔbu:a¹] 越củ sen[ku³ ʂɛn¹];ngó sen[ŋɔ⁵ ʂɛn¹]

【莲蓬】 泰ฝักบัว[fak⁷ ʔbu:a¹] 老ຫມາກບົວ[ma:k⁹ ʔbu:a¹];ຝັກບົວ[fak⁷ʔbu:a¹] 越đài sen[ʔda:i² ʂɛn¹]; hương sen[hɯ:ŋ¹ ʂɛn¹]

【莲子】 泰เมล็ดบัว[ma⁴ let⁴ ʔbu:a¹];เม็ดบัว[met⁸ ʔbu:a¹] 老ແກ່ນຫມາກບົວ[kɛ:n⁵ ma:k⁹ ʔbu:a¹];ໄບບົວ [nai² ʔbu:a¹] 越hạt sen[ha:t⁸ ʂɛn¹] 芒hôt khen [hot⁸ khɛn¹]

【帘子】 泰มู่ลี่[mu:³ li:³] 老ມູ່ລີ່[mu:⁵ li:⁵] 岱-侬

---

❶ 阿含lâng A2；hing A2  掸hɛŋ A2  泐hrɛŋ A2

dèn[jen²]　越rèm[zɛm²]　芒rèm[rem²]

【廉价】泰ราคาถูก[ra:² kha:² thuːk⁹]　老ລາຄາຖືກ[la:² kha:² thuːk⁹]　越giá rẻ[za⁵ zɛ³];giá hạ[za⁵ ha⁶]

【镰刀❶】泰เคียว[khi:au²]　老ກ່ຽວ[ki:au⁵];ງຽວ[khi:au²];ລຽມ[li:am²]　岱-侬mạc liềm[ma:k⁸ li:m²];mạc hái[ma:k⁸ ha:i³]　越泰kiếu[ki:u⁵]　普kô³ zin⁴ [ko³ zin⁴];kô³ zin³[ko³ zin³]　芒lièm[liem²];cái lièm[ka:i⁵ li:m²];hái[ha:i⁵];cái hái[ka:i⁵ ha:i⁵];lưỡi hái[lɯ:i⁴ ha:i⁵]　芒lièm[liem²];cái lièm[ka:i⁵ li:m²];cái nài[ka:i³ na:i⁴];cái quào[ka:i³ kwa:u²]

【脸❷】泰หน้า[na:³];ใบหน้า[ʔbai² na:³]　老ໜ້າ[na:³];ໃບໜ້າ[ʔbai¹¹ na:³]　岱-侬ná[na³]　越泰ná[na³]　普mjaw⁴[mja:u⁴]　越mặt[mat⁸]　芒măt[mat⁸]

【脸红 喝酒~】泰หน้าแดง[na:³ ʔdɛ:ŋ²]　老ເລືອດ ຂຶ້ນໜ້າ[lɯ:at¹⁰ khun³ na:³];ໜ້າແດງ[na:³ ʔdɛ:ŋ¹]　岱-侬ná đeng[na³ ʔdeŋ¹]　越đỏ mặt[ʔdɔ³ mat⁸]　芒tó măt[tɔ⁵ mat⁸];tó tlước[tɔ⁵ tlɯ:k⁷]

【脸巾】泰ผ้าเช็ดตัว[pha:³ tshet⁸ tu:a²]　老ຜ້າເຊັດໜ້າ[pha:³ set⁸ na:³];ແພເຊັດໜ້າ[phe:² set⁸ na:³]　岱-侬khân nả[khən¹ na³]　普phjan¹ cyuk⁵ mjaw⁴[phja:n¹ tsyuk⁵ mja:u⁴]　越khăn mặt[xan¹ mat⁸]　芒khăn măt[khan¹ mat⁸]

【脸颊❸】泰แก้ม[kɛ:m³];กระพุ้งแก้ม[kra⁵ huŋ⁴ kɛ:m³];อะพุ้งแก้ม[ʔa⁵ phuŋ⁴ kɛ:m³]　老ແກ້ມ[kɛ:m⁴];ກະພຸ້ງແກ້ມ[ka² phuŋ⁴ kɛ:m⁴];ພວງແກ້ມ[phu:aŋ² kɛ:m⁴]　岱-侬kèm[kɛm³]　越泰kèm[kɛm³]　普pjaw¹[pja:u¹]　越má[ma⁵]　芒mà[ma³]

【脸盆】泰กาละมัง[ka:² la⁴ maŋ²];อ่าง ล้างหน้า[ʔa:ŋ⁴ la:ŋ⁴ na:³]　老ຂາມລ້າງໜ້າ[sa:m²la:ŋ⁴ na:³];ອ່າງລ້າງໜ້າ[ʔa:ŋ⁵ la:ŋ⁴ na:³]　岱-侬pùn rào nả[pun² ra:u² na³]　越chậu rửa mặt[tsʐu⁶ zɯə³ mat⁸];bồn rửa mặt[ʔbon¹ zɯə³ mat⁸]　芒châu thứa măt[tsʐu⁴ thɯ:ə⁵ mat⁸]

【脸皮薄】泰หน้าบาง[na:³ʔba:ŋ²]　老ໜ້າບາງ[na:³ ʔba:ŋ¹]　越mặt mỏng[mat⁸ mɔŋ³]

【脸皮厚】泰หน้าด้านไร้ยางอาย[na:³ʔda:n³rai⁴ja ŋ² ʔa:i²]　老ໜ້າດ້ານ[na:³ ʔda:n⁴];ໜ້າກຽງ[na:³ ki:aŋ⁴];ໜ້າດື້[na:³ ʔdɯ:⁴];ໜ້າໜາ[na:³ na:¹];ໜ້າເຫື້ອມ[na:³ lɯ:am³]　岱-侬nả na[na³ na¹]　越泰nả lạn[na³ la:n⁴]　越mặt dày[mat⁸ zai²];trơ trên[tsʐ¹ tsɛn⁴];trơ[tsʐ¹];trơ mặt ra[tsʐ¹ mat⁸ za¹]

【练习 ~一下】泰ฝึก[fɯk⁷];ฝึกหัด[fɯk⁷hat⁷];ซ้อม[sɔ:m⁴]　老ຫັດ[hat⁷];ເຝິກ[fɯk⁷];ເຝິກ[fək⁷];ເຝິກຫັດ[fək⁷ hat⁷];ເຝິກຊ້ອມ[fək⁷ sɔ:m⁴];ເຝິກເຝິນ[fɯk⁷ fon¹];ຫັດແອບ[hat⁷ ʔɛ:p⁹];ແອບ[ʔɛ:p⁹];ຊ້ອມ[sɔ:m⁴]　岱-侬slon tập[łon¹ təp⁵];slon cháo[łon¹ tɕa:u⁵]　越泰ép[ʔɛp⁷];tọp tữ[təp⁸ tɯ²]　越luyện tập[lwi:n⁶ tʐp⁸];tập[tʐp⁸]　芒tâp[tʐp⁸]

【练习本】泰สมุดแบบฝึกหัด[sa⁵ mut⁷ ʔbɛ:p⁹ fɯk⁷ hat⁷]　老ພັບຂຽນ[phap⁸ khi:an¹]　越vở[vʐ³];quyển vở[kwi:n³ vʐ³]

【炼 ~钢】泰หลอม[lɔ:m¹]　老ຫຼອມ[lɔ:m¹];ຕົ້ມ[tom⁻⁴];ຖະຫຼຸງ[tha²luŋ¹];ຢໍຫຼອມ[lɔ:⁵ lɔ:m¹]　岱-侬chăc[tɕak⁷];chử[tɕɯ³]　越rèn[zɛn²]　芒rèn[ren²]

【链子】泰โซ่[so:³];สร้อย[sɔ:i³];สายใส่[sa:i¹ sai³]　老ສາຍໂສ້[sa:i¹so:³]　越dâyxích[zʐi¹ sit⁷];xích[sɨ⁷]　芒chac xích[tsa:k⁸ sit⁷]

【量 ~布❹】泰วัด[wat⁸]　老ແທກ[the:k¹⁰];ເຂ່ງ[khe:ŋ¹];ອັດ[wat⁸]　普kân³[kʐn³];tak²[ta:k²]　越vực[vuk⁸];đo[ʔdɔ¹]　芒tho[thɔ¹];no[nɔ¹]

【量 ~体温】泰วัด[wat⁸]　老ອັດ[wat⁸]　越đo [ʔdɔ¹];cặp[kap⁸];thử[thɯ³]

---

❶ 石家 maak⁴ liam⁴
❷ 石家 naa³　阿含 nā
❸ 石家 keem³
❹ 掸 tak D2L　泐 tak D2L

【量~土地】 泰วัด[wat⁸] 老อัด[vat⁸];อัดแทก[vat⁸ thɛːk¹⁰];เขิง[khəːŋ¹];เส[seː¹];แส[sɛː¹];ล้วอัด[laŋ² vat⁸];แทก[thɛːk¹⁰] 岱-侬tạc[taːk⁸];to[tɔ¹] 越泰 tạk[taːk⁸] 越đo[ʔdɔ¹]

【凉天~】❶ 泰เย็น[jen²] 老เย็บ[jen¹] 岱-侬dặm [jam⁶];ลือง[lɯːŋ²] 晋ljang¹[ljaːŋ¹] 越mát [maːt⁷] 芒maích[maːit⁷]

【凉~水】❷ 泰เย็น[jen²] 老เย็บ[jen¹] 岱-侬dặm [jam⁴];ลือง[lɯːŋ²] 越泰dên[jen¹] 越mát [maːt⁷] 芒maích[maːit⁷]

【凉拌菜】 泰กับข้าวแช่เย็น[kap⁷ khaːu³ tshɛː³ jen²] 岱-侬phjặc nộm[phjak⁷ nom⁴] 越nộm[nom⁶] 芒nỗm[nom⁴]

【凉粉】 泰วุ้น[wun⁴] 老อุ้บ[vun⁴];วุ้ม[ŋun⁴] 越 bánh bột lọc[ʔbaɲ⁵ ʔbot⁸ lɔk⁸]

【凉风】 泰ลมเย็น[lom² jen²] 老ลิ่มเย็บ[lom² jen¹] 越gió mát[zɔ⁵ maːt⁷]

【凉快】 泰เย็น[jen²];เย็นสบาย[jen²saː⁵ʔbaːi²] 老เย็บ [jen¹];เย็บสะบาย[jen¹ sa² ʔbaːi¹] 晋ljang¹[ljaːŋ¹] 老mát[maːt⁷];mát mẻ[maːt⁷ mɛ³]

【凉爽】 泰เย็นสบาย[jen² saː⁵ ʔbaːi²] 老เย็อกเย็บ [ɲɯːak¹⁰ jen¹];เย็บสะบาย[jen¹ sa² ʔbaːi¹] 越mát [maːt⁷];mát mẻ[maːt⁷ mɛ³]

【凉水】 泰น้ำเย็น[nam⁴jen²] 老ม้ำเย็บ[nam⁴jen¹] 越nước mát[nɯːk⁷ maːt⁷];nước nguôi[nɯːk⁷ ŋuːi⁶]

【凉台】 泰เฉลียงตากลม[tshaː⁵ liːaŋ² taːk⁹ lom²] 老 หอเบียเย็บ[hɔː¹ ʔbəːi¹ jen¹] 越sân gác[ʂɤn¹ ɣaːk⁷]; ban công[ʔbaːn¹ koŋ¹]

【凉亭】 泰ศาลา[saː¹ laː²];ศาลาพักร้อน[saː¹ laː² phak⁸ rɔːn⁴] 老สาลา[saː¹ laː²];สาลาพักฮ้อม[saː¹ laː² phak⁸ hɔːn⁴];กะชุ้ม[ka² sum³];หอเบียเย็บ[hɔː¹ ʔbəːi¹ jen¹]; หอเบียเย็บ[hɔː¹ ʔbəːi¹ jen¹] 岱-侬ăn lán[ʔan¹ laːn⁵];

ăn thiêng[ʔan¹ thiːŋ¹] 越đình để hóng mát, nghỉ ngơi hoặc đụt mưa[ʔdiɲ² ʔde³ hɔŋ⁵ maːt⁷, ɲi³ ŋɤːi¹ hwak⁸ ʔdut⁸ mɯə¹]

【凉鞋】 泰รองเท้าโปร่งลม[rɔːŋ² thau⁴ proːŋ⁵ lom²]; รองเท้าสาน[rɔːŋ²thau⁴saːn¹] 老เกียบฃุ๋ดาม[kəːp⁹saŋ¹ ʔdaːn¹] 越xăng đan[saŋ¹ʔdaːn¹];giày xăng đan [zɤi²saŋ¹ʔdaːn¹];giày dép[zɤi² zɛp⁷];dép[zɛp⁷];dép nhựt[zɛp⁷ ɲuːt⁸]

【粮仓】 泰ฉางข้าว[tshaːŋ¹ khaːu³];ยุ้ง[juŋ⁴];ยุ้งข้าว[juŋ⁴ khaːu³];โกฐ[koːt⁹];โรงนา[rɔːŋ² naː¹] 老เล้า[lau⁴]; เล้า เฃ้า[lau⁴khau³];สาง เฃ้า[saːŋ¹ khau³];เยย[ɲiːa²]; เยย เฃ้า[ɲiːa²khau³];ยุ้ง[ŋuŋ⁴];ยุ้ง เฃ้า[ŋuŋ⁴khau³]; ฃอม[sɔːm⁵] 岱-侬dào khẩu[jaːu³ khəu³] 越泰túng khẩu[tuŋ⁵ khau³];thiêng lẫu[thiːŋ¹ lau⁴] 越kho thóc [xɔ¹ thɔk⁷];kho đụn[xɔ¹ ʔdun⁶];lẫm thóc[lɤm⁴ thɔk⁷]; vựa lúa[vɯə⁶luə⁵] 芒kho lồ[khɔ¹lɔ⁴];kho tũn [khɔ¹ tun⁴];xang lồ[saːŋ¹ lɔ⁴]

【粮店】 泰ร้านขายข้าว[raːn⁴ khaːi¹ khaːu¹] 老 ฮ้านฃายเฃ้า[haːn⁴khaːi¹khau³] 越cửa hàng lương thực[kɯə³ haːŋ² lɯːŋ¹ thɯk⁸]

【粮食】 泰ธัญญาหาร[than¹ jaː² haːn¹];ข้าว[khaːu³] 老 เฃ้ากิ๋น[khau³ kin¹];สะบูง[sa² ʔbiəŋ¹];สะบูงอาขาบ [sa² ʔbiəŋ¹ ʔaː¹ haːn¹];ทัมยาขาบ[than² ɲaː² haːn¹]; พัดตาขาบ[phat⁸taː¹haːn¹] 晋mi⁴ khang¹[mi⁴khaːŋ¹] 越lương thực[lɯːŋ¹ thɯk⁸] 芒lương thực[lɯːŋ¹ thɯk⁸];lương ăn[lɯːŋ¹ ʔan¹]

【量米筒】 泰ถ้วยควงข้าว[thuːai³ ʔduːaŋ² khaːu³] 岱-侬booc[ʔbɔːk¹];buôc[buːk⁷];bắt[ʔbat⁷] 越ống đong gạo[ʔoŋ⁵ ʔdɔŋ¹ ɣaːu⁶]

【两~辣椒】 泰ขีด[khiːt⁹] 老เบี้ย[ʔbiːa⁴] 岱-侬 chàng[tɕaːŋ²];dàng[jaːŋ²] 越泰bia[ʔbiə³] 晋 king⁴[kiŋ⁴] 越lạng[laːŋ⁶] 芒lãng[laːŋ⁴]

【辆~汽车】 泰คัน[khan²] 老กับ[khan²];เขลิ้ม

---

❶ 石家lɯŋ⁴;nek⁴
❷ 石家seeŋ³

[lem³];ລຳ[lam²]　岱-侬 băng[ʔbaŋ³]　越泰 bằng [ʔbaŋ³]　越 chiếc[tsi:k⁷]

【亮❶】　泰 สว่าง[sa⁵wa:ŋ⁵]　老 ຮຸ່ງ[huŋ⁵]　岱-侬 rùng [ruŋ³]　越泰 hùng[huŋ⁶]　普 qamjang³[qa⁰mja:ŋ³]　越 sáng[ʂa:ŋ⁵];rạng[zạ:ŋ⁶]　芒 láng[la:ŋ³];rāng [ra:ŋ⁴]

【晾～衣服】　泰 ผึ่ง[phɯŋ³]　老 ຜຶ່ງ[phɯŋ⁵];ຕາກ [ta:k⁹]　岱-侬 hiêng[hi:ŋ¹];pầng[pəŋ²]　越泰 dăng[jaŋ¹]　越 hong[hoŋ¹]

【潦草】　泰 หวัด[wat⁷]　老 ຫວັດ[vat⁷];ທະລຸດ ທະລາດ[tha⁵ lut⁸ tha⁵ la:t¹⁰]　岱-侬 khuế[khwe⁵]; lài khoài[la:i² khwa:i²]　越 ngoáy[ŋwai⁵];nguệch ngoạc[ŋwet⁸ ŋwa:k⁸]

【獠牙】　泰 เขี้ยว[khi:au³]　老 ແຂ້ວຕູກ[khɛ:u³ khu:k¹⁰]　岱-侬 khéo thich[khɛu³thik⁷];khèo ma [khɛu³ ma¹];fần tẳng[fan² taŋ³]　越泰 khéo nhanh [khɛu³ naŋ¹]　越 nanh[naɲ¹]　芒 nenh[nɛɲ¹];cải nenh [ka:i³ nɛɲ¹]

【聊天】　泰 คุยกัน[khui²kan²]　老 ໂອ້ລົມ[ʔo:⁴lom²]　岱-侬 chảng cỏ[tɕa:ŋ³ kɔ³]　越泰 tiện tỗ[ti:n⁴ ko²]　越 tán chuyện[ta:n⁵ tswi:n⁶]

【燎烧】　泰 เผาไหม้[phau¹mai³]　老 ໄຫມ້ລາມ[mai³ la:m²]　岱-侬 loàm[lwa:m²]　越 cháy lan[tsai⁵ la:n¹]; đốt cháy[ʔdot⁵ tsai⁵];bốc háy[ʔbok⁷ tsai⁵];cháy bùng [tsai⁵ ʔbuŋ²];bùng cháy[ʔbuŋ² tsai⁵]　芒 chẳl pòng [tsal³ pɤ:ŋ²];chẳl póc liênh[tsal³ pok⁷ li:ɲ¹]

【瞭望】　泰 มองไกล ๆ[mɔ:ŋ² klai² klai²];สังเกตการณ์ [saŋ kɛ:t⁹ ka:n²]　老 ຜໍ່[phɔ:⁵];ເບິ່ງດູ[phɔ:⁵ ʔdu:¹]　越 lên cao nhìn xa[len¹ ka:u¹ ɲi:n² sa¹];lên cao theo dõi[len¹ ka:u¹ theu¹ zoi⁴]

【料理】　泰 จัดการ[tsat⁷ka:n²]　老 ຈະກຽມ[ka²ki:am¹]; จัด[tsat⁷];จัดแจง[tsat⁷tsɛ:ŋ¹']　岱-侬 tẩy chường [təi³tɕɯ:ŋ⁵];chưởng chăp[tɕɯ:ŋ⁵tɕap⁷]　越 sắp xếp[ʂap⁷ sep⁷];lo liệu[lɔ¹ li:u⁶]

【猎狗】　泰 หมาไล่เนื้อ[ma:¹lai³nɯ:a⁴];สุนัขล่าสัตว์ [su⁵nak⁷la:³ sat⁷];สุนัขล่าเนื้อ[su⁵nak⁷la:³nɯ:a⁴]　老 ໝາຫໍ່ເນື້ອ[ma:¹ hɔ:⁵ nɯ:a⁴];ໝາໄລ່ເນື້ອ[ma:¹ lai³ nɯ:a⁴]; ໝາໂຊ່[ma:¹ hɔ:⁵];ໝາເຊີດເນື້ອ[ma:¹ sə:t¹⁰ nɯ:a⁴]; ໝາພານ[ma:¹ pha:n²];สุขมัขฝ้าเนื้อ[su² nak⁷ la:³ nɯ:a⁴]　岱-侬 ma thấu[ma¹ thəu⁵]　越泰 ma húa[ma¹ huɛ⁵]　越 chó săn[tʂɔ⁵ ʂan¹];chó đi săn[tʂɔ⁵ ʔdi¹ ʂan¹]

【猎枪】　泰 กำเพลิง[kam² phlə:ŋ¹];ปืนแก๊ป[pɯ:n² kɛ:p¹⁰]　老 ປືນເຊີດເນື້ອ[pɯ:n¹' sə:t¹⁰ nɯ:a⁴];ປືນແກ້ບ [pɯ:n¹' kɛp⁴];ປືນເຟີງ[pɯ:n¹' phə:ŋ²]　越 súng săn [ʂuŋ⁵ ʂan¹];súng đi săn[ʂuŋ⁵ ʔdi¹ ʂan¹];súng trường [ʂuŋ⁵ tʂɯ:ŋ²]

【猎人】　泰 พราน[phra:n²]　老 ນາຍພານ[na:i²pha:r²]; ພານປ່າ[pha:n²pa:⁵];อะบะກອນ[va⁵na⁵tʂɔ:n¹];อะเบอบ [va⁵nɛ:²tʂɔ:n¹];ຜື້ພານ[mɔ:¹ pha:n²]　岱-侬 chảng tức tháu[tɕa:ŋ³ tuk⁷ thau⁵];chảng phjấu tẹp[tɕa:ŋ³ phjəu⁵tɛp⁸]　越泰 nải pân[na:i²pa:n²]　普 qaliw⁴ [qa⁰liu⁴]　越 thợ săn[thɤ:⁶ʂan¹];người chuyên nghề đi săn[ŋɯ:i² tswi:n¹ ŋe² ʔdi¹ ʂan¹]

【咧～嘴】　泰 แสยะ[sa⁵ jɛ⁵];เบะ[ʔbe⁵]　岱-侬 quạc [kwa:k⁸]　越 nhếch mép[ɲet⁷ mɛp⁷]

【烈酒】　泰 เหล้าแก่[lau³ kɛ:⁵];เหล้าที่มีดีกรีสูง[lɛu³ thi:³ mi:² ʔdi:² kri:² su:ŋ¹]　老 ເຫຼົ້າເດັດ[lau³ ʔdet⁷]; ເຫຼົ້າປຸກ[lau³ puk⁷]　越 rượu mạnh[ʐɯ:u⁶ maɲ⁶];rượu nồng[ʐɯ:u⁶ noŋ²]

【烈日】　泰 ดวงอาทิตย์ที่ร้อนแผดเผา[ʔdu:aŋ² ʔa:² tʰit⁸ thi:³ rɔ:n⁴ phɛ:t⁹ phau¹]　老 ແດດຮ້າ[ʔdɛ:t⁹ ka:⁴];ແດດຈັດ [ʔdɛ:t⁹ tsat⁷];ແດດຮ້ອນ[ʔdɛ:t⁹ hɔ:n⁴]　越 nắng gay gắt[naŋ⁵ ɣai¹ ɣat⁷]

【裂❷】　泰 แตก[tɛ:k⁹];ฉีก[tshi:k⁹];ปริ[pri⁵];แยกออก [jɛ:k¹⁰ ʔɔ:k⁹]　老 ແຕກ[tɛ:k⁹];ຕະຫລອກ[tha² lɔ:k⁹];

---

❶ 石家 rɔɔŋ⁵ B2　阿含 rung B2　掸 huŋ B2　泐 hruŋ B2
❷ 石家 preek

แฅฃ[hɛːŋ¹] 岱-侬 phec[phek⁷];thec[thɛk⁷] 越泰 ték[tek⁷];nhính[ɲiŋ⁵];nhak 越 rẽ[zɛ⁴];chia[tsiə¹];tách[tat⁷];sứt mẻ[ʂɯt⁷ mɛ³];lở[lɤ³];nẻ[nɛ³];nứt ra[nɯt⁷ za¹];rạn[za:n⁶] 芒 haĩnh[ha:iɲ⁴];đếch[ʔdet⁵];đé[ʔdɛ⁵]

【裂缝】 泰 รอยร้าว[rɔːi² raːu⁴];ร้าว[raːu⁴] 老 บ่อมแฮง[ʔbɔːn³hɛːŋ¹];ฮอยแฮง[hɔːi²hɛːŋ¹];ฮอยฮ้าว[hɔːi²haːu⁴];แฮอ่ง[vɛːŋ⁵];เฮิบ[hɤːp⁹] 越 vét nứt[vet⁷ nɯt⁷];khe nứt[xɛ¹ nɯt⁷]

【邻居】 泰 เพื่อนบ้าน[phɯːan³ ʔbaːn³];บ้านใกล้เรือนเคียง[ʔbaːn³ klai³ rɯːan² khiːaŋ²] 老 ขັງเรือนข้างๆ[laŋ¹ hɯːan² khaːŋ³ khiːaŋ²];บ้านใก้เรือนฅง[ʔbaːn⁴ kai⁴ hɯːan² khiːaŋ²];ผู้ใก่้ญง[phuː³ kai⁴ khiːaŋ²];ฅนใก้ญง[khon² kai⁴ khiːaŋ²];เพื่อนบ้าม[phɯːan⁵ ʔbaːn⁴];เพื่อนใก้ญง[phɯːan⁵ kai⁴ khiːaŋ²] 越 láng giềng[laːŋ⁵ zi:ŋ²];hàng xóm[haːŋ⁵ sɔːm⁵] 芒 lủng hiểng[luŋ³ hi:ŋ⁴]

【林荫道】 泰 ทางร่ม[thaːŋ² rom³] 老 ทะขนธิ่ม[thaː² non¹ hom⁵] 越 con đường hai bên có trồng cây[kɔn² ʔdɯːŋ² ha:i¹ ʔben⁴ kɔ⁵ tʂoŋ² kɤi¹]

【淋被雨~】 泰 ตาก[taːk⁹] 老 ตาก[taːk⁹];ฮำ[ham²] 岱-侬 dòi[jɔi²];dẻng[jɛŋ³] 越 dầm[zɤm²]

【鳞鱼~❶】 泰 เกล็ด[klet⁷] 老 เก็ด[ket⁷] 岱-侬 kêt[ket⁷];kêp[kep⁷] 越泰 kết[ket⁷] 普 bông¹[boŋ¹] 越 vẩy[vɤi³];váy[vai³] 芒 pách[pat⁷]

【磷】 泰 ฟอสฟอรัส[fɔːt¹⁰ fɔː² rat⁸] 老 ผິดฟ[fot⁸ fɔː²] 越 lân[lɤn¹];phốt- pho[fot⁷ fɔː¹] 芒 lân[lɤn¹]

【磷肥】 泰 ปุ๋ยฟอสเฟต[pui¹ fɔːt¹⁰ fet¹⁰];ปุ๋ยฟอสฟอรัส[pui¹ fɔːt¹⁰ fɔː² rat⁸] 老 ผุ่นผິดฟ[fun⁵ fot⁸ fɔː²] 岱-侬 khún lân[khun⁵ lən¹] 越 phân lân[fɤn¹ lɤn¹]

【临时】 泰 ชั่วคราว[tshuːa³ khra:u⁴];ยามจวนตัว[jaːm² tsuan² tu:a²] 老 ยามฆา[saːm² sa:²] 越 tạm [taːm⁶];tạm thời[taːm⁶ thɤːi²];lâm thời[lɤm¹ thɤːi²];ngắn hạn[ŋan⁵ ha:n⁶] 芒 lâm thời[lɤm¹ thɤːi²]

【淋巴】 泰 น้ำเหลือง[nam⁴ lɯːaŋ¹] 老 ยงเหຼือง[jaːŋ¹ lɯːaŋ¹] 越 bạch huyết[ʔbat⁸ hwiːt⁷];lim phô[lim¹ fo¹]

【淋巴结】 泰 หลอดน้ำเหลือง[lɔːt⁹ nam⁴ lɯːaŋ¹];ต่อมน้ำเหลือง[tɔːm⁵ nam⁴ lɯːaŋ¹] 老 ลูกขนู[luːk¹⁰ nuː¹];ꞏะดับ[kaː² ʔdan¹];ต่อมน้ำเห฼ือง[tɔːm⁵ nam⁴ lɯːaŋ¹] 越 hạch bạch huyết[hat⁸ ʔbat⁸ hwiːt⁷];bạch hạch[ʔbat⁸ hat⁸]

【檁】 泰 ชื่อ[khɯː⁵];ทวย[thuːai⁵];ทำนวย[tham² nu:ai²];ไม้แป[mai⁴ pɛː²];แป[pɛː²] 老 แป[pɛː¹'];ไม้แปบึม[mai⁴ pɛː¹' ʔbon¹];ไม้บึม[mai⁴ ʔbon⁵];ไม้ข้าว[mai⁴ khaːu³];ไม้จับทัน[mai⁴tsan¹ than²] 岱-侬 khúkhoang[khɯ⁵ khwaːŋ¹] 越泰 khứ[khɯ⁵] 越 đòn tay[ʔdɔn² tai¹];xà ngang bắc trên đầu cột để gác rui[saː² ŋaːŋ¹ ʔbak⁷ tʂen¹ ʔdɤu² kot⁸ ʔde³ ɣaːk⁷ zuːi¹];xà[saː²] 芒 khử[khɯː³];xà[saː²]

【吝啬】 泰 ขี้เหนียว[khiː³ niːau¹];ตระหนี่[traː⁵ niː¹] 老 ตະหนี่[taː²niː⁵];มัดสะละ[mat⁸sa⁵laː⁵];ꞏะบูฦꞏะสูรน[kaː² ʔbi:at⁹kaː² si:an¹];ขี้ถี่[khiː³ thiː⁵];ถี่[thiː⁵];ขี้หวง[khiː³ niːau¹];หวง[niːau¹] 岱-侬 cò khi[kɔ² khiː³];cặp kẹp[kap⁸ kɛp⁸];khặt khi[khat⁸ khiː¹];cọ[kɔ⁴] 越泰 phát thí[phat⁷ thi⁵];khi kết[khiː³ ket⁷] 越 keo cú[kɛu¹ kuː⁵];keo kiệt[kɛu¹ kiːt⁸];bủn xỉn[ʔbun³ sin³];hẹp hòi[hɛp⁸ hɔi²] 芒 mẳn[man⁴];khắm[kham³];hẹp hòi[hɛp⁸ hɔi²]

【吝啬鬼❷】 泰 คนขี้เหนียว[khon² khiː³ niːau¹] 老 ฅนขี้ถี่[khon² khiː³ thiː⁵];มัดสะลี[mat⁸ saː² liː³] 越 đồ bủn xỉn[ʔdo² ʔbun³ sin³]

【淋病】 泰 โกโนเรีย[koː² noː² riːa²] 老 สะดอง[sa² ʔdu:aŋ¹];สาลิบาดสะดอง[saː¹ liː² ʔbat⁹ sa² ʔdu:aŋ¹];

---

❶ 石家 tlxk⁴ 掸 ket D1S 泐 ket D1S
❷ 石家 hun⁴-khii³- thii³

ภามะโลก[kaː¹ ma⁵ loːk¹⁰];โลกขอງใบ[loːk¹⁰ nɔːŋ¹ nai²];ขอງใบ[nɔːŋ¹ nai²] 岱-侬 pình tiêm la[piŋ³ tiːm¹ laˀ¹] 越泰 niềvu[niːu³] 越 bạch trọc[ʔbat⁸ tʂɔk⁸]; bệnh lậu[ʔben⁶ lɤu⁶] 芒 bệnh lẩu[ʔben⁴ lɤu⁴]

【零 二减二等于~】泰 ศูนย์[suːn¹] 老 ສູນ[suːn¹];ເລກສູນ[leːk¹⁰ suːn¹] 越 không[xoŋ¹];linh[liŋ¹]

【零~、一、二、三】泰 ศูนย์[suːn¹] 老 ສູນ[suːn¹] 越 không[xoŋ¹]

【零分】泰 ศูนย์[suːn¹];ศูนย์คะแนน[suːn¹ kha⁴nɛːn²] 老 ສູນ[suːn¹] 越 điểm không[ʔdiːm³ xoŋ¹] 芒 điểm không[ʔdiːm⁵ khoŋ¹]

【零购】老 ຂໍ້ຍ່ອຍ[sɯː⁴ nɔːi⁵] 越 mua lẻ[muə¹ lɛ³] 芒 mua lé[muə¹ lɛ⁵]

【零件】泰 อะไหล่[ʔaː⁵ lai⁵];ชิ้นส่วน[tshin⁴ suːan⁵] 老 ເຄື່ອງອາໄຫຼ່[khɯːaŋ⁵ ʔaː¹ˀ lai⁵];ອາໄຫຼ່[ʔaː¹ˀ lai⁵] 越 linh kiện[liŋ¹ kiːn⁶];phụ tùng[fu⁶ tuŋ²] 芒 phũ tùng[fu⁴ tuŋ²]

【零钱 找~】泰 เงินทอน[ŋɤːn² thɔːn²];เงินปลีก[ŋɤːn² pliːk⁹];เงินปลีกย่อย[ŋɤːn² pliːk⁹ jɔːi³] 老 ເງິນປິກ[ŋɤn² piːk⁹];ເງິນຍ່ອຍ[ŋɤn² nɔːi³];ເງິນມ້ອຍ[ŋɤn² nɔːi¹] 岱-侬 chèn lé[tɕɛn² lɛ⁵] 越泰 ngân mùn[ŋɤn² mun⁶]; ngân nội[ŋɤn² nɔi⁴];ngân piếu[ŋɤn² piːu⁵] 越 tiền lẻ[tiːn² lɛ³] 芒 tiền lé[tiːn² lɛ⁵]

【零食】泰 ของกินเล่น[khɔːŋ¹ kin² leːn³];ของจุบจิบ[khɔːŋ¹ tsup² tsip³];อาหารว่าง[ʔaː¹ haːn¹ waːŋ³] 老 ຂອງກິ້ມ[khɔːŋ¹ liːn³];ຂອງກິນກິ້ມ[khɔːŋ¹ kin¹ˀ liːn³]; ຂອງມອກາບ[khɔːŋ¹ nɔːk¹⁰ khaːp¹⁰];ຂອງວ່າງ[khɔːŋ¹ vaːŋ³];ອາຫານວ່າງ[ʔaː¹ˀ haːn¹ vaːŋ³];ມອກາບ[nɔːk¹⁰ khaːp¹⁰] 岱-侬 lèng[lɛŋ²];thương mac[thɯːŋ¹ maːk⁷] 越 ăn vặt[ʔan¹ vat⁸]

【零售】泰 ขายปลีก[khaːi¹ pliːk⁹];ค้าปลีก[khaː⁴ pliːk⁹] 老 ຂາຍປີກ[khaːi¹ piːk⁹];ຂາຍຍ່ອຍ[khaːi¹ nɔːi³]; ຈຳໜ່າຍປີກ[tsam¹ naːi⁵ piːk⁹] 岱-侬 khai lé[khai¹ lɛ⁵] 越 bán lẻ[ʔbaːn⁵ lɛ³] 芒 painh lé[paiɲ³ lɛ⁵]

【零售店】泰 ร้านขายปลีก[raːn⁴ khaːi¹ pliːk⁹] 老 ຮ້ານຄ້າຍ່ອຍ[haːn⁴ khaː⁴ nɔːi³];ຮ້ານຂາຍຍ່ອຍ[haːn⁴ khaːi¹ nɔːi³] 越 cửa hàng bán lẻ[kwə³ haːŋ² ʔbaːn⁵ lɛ³]

【零头】泰 จำนวนเศษ[tsam² nuːan² seːt⁹] 老 ຈຳນວນເສດ[tsam¹ nuːan² seːt⁹] 越 số lẻ[ʂo⁵ lɛ³];còn thừa ra một ít[kɔn² thɯə² zạ¹ mot⁸ ʔit⁷]

【零用钱】泰 เงินสำหรับใช้จ่ายเบ็ดเตล็ด[ŋɤːn² sam¹ rap⁷ tshai⁴ tsaːi⁵ pet⁷ taˀ⁵ let⁷];เงินค่าขนม[ŋɤːn² khaː³ kha⁵ nom¹] 老 ເງິນພົກ[ŋɤn² phok⁸] 越 tiền vặt[tiːn² vat⁸]

【羚羊】泰 ละมั่ง[la⁴maŋ³] 老 ຕົວເຍືອງ[tuːa¹ ɲɯːaŋ²]; ເຍືອງ[ɲɯːaŋ²] 越 linh dương[liŋ¹ zɯːŋ¹]

【菱角】泰 กระจับ[kra⁵ tsap⁷] 老 ໝາກກະຈັບ[maːk⁹ kaˀ tsap⁷];ກະຈັບ[kaˀ² tsap⁷] 岱-侬 mac cooc[maːk⁷ kɔːk⁷] 越泰 mák hẻo[maːk⁷ hɛu³] 越 củ ấu[ku³ ʔɤu³];trái ấu[tʂaːi⁵ ʔɤu⁵]

【鲮鱼】泰 ปลาลิ่นซื่อ[plaː² lin³ hɯː⁴];เล่งฮื้อ[leːŋ³ hɯː⁴];ปลาตะเพียน[plaː² taˀ⁵ phiːan²] 岱-侬 pja tòi [pja¹ toi¹];pja khính[pja¹ khiŋ⁵];pja liềng[pja¹ liːŋ²] 越泰 pa chát[paˀ¹ tsaːt⁷] 越 cá trôi[kaː⁵ tʂoi¹];cá đắc [kaː⁵ ʔdak⁷] 芒 cả tlồi[kaː³ tloi²]

【凌晨】泰 ก่อนฟ้าง[kɔːn⁵ faː⁴ saːŋ¹] 老 ແຕ່ເດິກ[tɛː⁵ ʔdək⁷];ຕູ່[tuː⁵];ເຊົ້າຕູ່[khau⁴ tuː⁵];ອະລຸນ[ʔaˀ¹ lun²] 越 trời sắp sáng[tʂɤːi² ʂap⁵ ʂaːŋ⁵];rạng sáng[zaːŋ⁶ ʂaŋ⁵]

【铃】泰 กระดึ่ง[kra⁵ ʔdiŋ⁵] 老 ກະດິງ[kaˀ² ʔdiŋ¹]; ໝາກກະດິງ[maːk⁹ kaˀ² ʔdiŋ¹];ກະດິງ[kaˀ² ʔdɯŋ¹]; ໝາກຫິງ[maːk⁹ hiŋ⁵];ຂະຫຼີງ[khaˀ² liŋ⁵] 岱-侬 lình[ʔan¹ liŋ²];mjặc[mjak⁸];nhặc[nak⁸] 越 chuông [tʂɯːŋ¹]

【灵 鼻子~】泰 ดี[ʔdiː²];ไว[wai²] 老 ໄວ[vai²] 岱-侬 slinh[ɬiŋ²];sliềm[ɬiːm²] 越泰 xiếng[siːŋ⁵] 普 qazA² xăn⁴[qa⁰ zɔ² xan⁴] 越 thính[thiŋ⁵]

【灵车】泰 รถขนศพ[rot⁸ khon¹ sop⁷] 老 ລົດແກ່ສົບ[lot⁸ kɛː⁵ sop⁷];ລົດສົບ[lot⁸ sop⁷] 越 xe tang[sɛ¹ taːɤ¹]

【灵柩】 泰โลงศพ[lo:ŋ² sop⁷] 老โลงผี[lo:ŋ² phi:¹]
越linh cữu[liŋ¹ kɯɯ⁴] 芒wong[wɔŋ¹]

【灵验】药很~ 泰ได้ผลชะงัด[ʔdai³ phon¹ tsha⁴ ŋat⁸]
岱-侬linh[liŋ²] 越泰khuông[khu:ŋ¹] 越linh
nghiệm[liŋ¹ŋi:m⁶];hiệu quả đặc biệt[hi:u⁶kwa³
ʔdak⁸ʔbi:t⁸];linh thiêng[liŋ¹ thi:ŋ¹];thiêng liêng
[thi:ŋ¹ li:ŋ¹];thiêng[thi:ŋ¹];linh[liŋ¹] 芒thiêng thẳn
[thi:ŋ¹ than³];thiêng liêng[thi:ŋ¹ li:ŋ¹];thiêng[thi:ŋ¹];
linh thiêng[liŋ¹ thi:ŋ¹]

【伶俐❶】 泰ฉลาด[tsha⁵ la:t⁹];คล่อง[khlɔ:ŋ³] 老
สะหงาด[sa² la:t⁹] 岱-侬còm pjao[kom² pja:u¹]
越泰dọc[jɔk⁸] 越lanh lợi[lan¹ lɤ:i⁶];tháo vát
[tha:u⁵ va:t⁷] 芒linh lời[liŋ¹ lɤ:i⁴]

【岭❷】 泰เทือกเขาสูง[thɯːak¹⁰ khau¹ su:ŋ¹] 老ดอย
[ʔdɔ:i¹];สัน[san¹] 岱-侬kéo[kɛu⁵] 越đèo[ʔdɛu²]

【领~钱】 泰รับ[rap⁸] 老รับ[hap⁸] 岱-侬lịnh
[liŋ⁴] 越nhận[ɲɤn⁶];lĩnh[liŋ⁴] 芒lĩnh[liŋ⁴]

【领带】 泰ผ้าผูกคอ[pha:³ phu:k⁹ khɔ:²];เนกไท[ne:k¹⁰
thai²] 老ผ้าผูกคอ[pha:³ phu:k⁹ khɔ:²];ผ้ามัดคอ[pha:³
mat⁸ khɔ:²];ภะลาอัด[ka² la:² lat⁸] 越cà vát[ka²
va:t⁷]

【领导~人民】 泰นำ[nam²] 老นำ[nam²];นำพา
[nam² pha:²];นำพาทาง[nam² pha:² tha:ŋ²] 岱-侬
tải tàng[ta:i³ ta:ŋ²] 越泰uôn pā[ʔu:n¹ pa:²] 普Vak²
cwa¹[βa:k² tswa¹] 越lãnh đạo[laŋ⁴ ʔda:u⁶]

【领导向~汇报】 泰ผู้นำ[phu:³ nam²] 老ผู้ขึ้นำ[phu:³
si:⁴ nam²] 越người lãnh đạo[ŋɯa:i² laŋ⁴ ʔda:u⁶];
ban lãnh đạo[ʔba:n¹ laŋ⁴ ʔda:u⁶] 芒lãnh đão[laŋ⁴
ʔda:u⁴]

【领会】 泰เข้าใจ[khau³ tsai²] 老เข้าใจ[khau³ tsai¹]
岱-侬chăc căn[tçak³ kan¹];thông căn[thoŋ¹ kan¹]
越泰kháu chau[khau³ tsau¹] 越lĩnh hội[liŋ⁴hoi⁶]

thấu suốt[thɤu⁵ ʂu:t⁷]

【领先】 泰นำหน้า[nam² na:³];ได้เปรียบ[ʔdai³ pri:ap⁹]
老นำหน้า[nam² na:³] 越dẫn đầu[zɤn⁴ ʔdɤu²]

【另外】 泰อีก[ʔi:k⁹];ต่างหาก[ta:ŋ⁵ ha:k⁹];นอกจากนี้
[nɔ:k¹⁰ tsa:k⁹ ni:⁴] 老อิก[ʔi:k⁹];อิกต่อบี้ง[ʔi:k⁹ tɔ:⁵
nɯŋ⁵];ต่างขาง[ta:ŋ⁵ ha:k⁹];แถมยัง[the:m¹ ŋaŋ²]
อื่น[ʔɯ:n⁵] 岱-侬linh ngoài[liŋ³ ŋwa:i³] 越泰
hák[ha:k⁷] 越ngoài ra[ŋwa:i² za¹];việc khác[vi:k⁸
xa:k⁷]

【遛~走】 泰ดอดหนี[ʔdɔ:t⁹ ni:¹] 越tót[tɔt⁷];láng[la:ŋ⁵]
芒tót[tɔt⁷];láng[la:ŋ⁵]

【流~水❸】 泰ไหล[lai⁶] 老ไข[lai¹] 岱-侬luây
[lwəi¹];lây[lei¹] 普lhê¹[ɬe¹];lhǎj¹[lai¹] 越泰lay
[lai¹] 越cháy[tsai³] 芒cháy[tsai⁵]

【流鼻涕】 泰น้ำมูกไหล[nam⁴mu:k¹⁰lai¹] 老
บี้มูกย้อย[nam⁴mu:k¹⁰ŋɔ:i⁴];มูกย้อย[mu:k¹⁰
nɔ:i⁴] 岱-侬đăng băt[ʔdaŋ¹ ʔbat⁷];đăng bi[ʔdaŋ¹
ʔbi³] 普qatong³ nhak⁵[qa⁰toŋ³ ŋa:k⁵] 越chảy
nước mũi[tsai³ nɯ:k⁷ mui⁴];sồ mũi[ʂo³ mui⁴] 芒
núc mũi[nuk⁷ mui⁴];cháy mũi[tsai⁵ mui⁴]

【流产】 泰ตกเลือด[tok⁷ lɯ:at¹⁰];ตกโลหิต[tok⁷ lo:²
hit⁷];แท้ง[the:ŋ⁴] 老ติกเลือด[tok⁷ lɯ:at¹⁰];แท้งลูก
[the:ŋ⁴ lu:k¹⁰];แท้งฆอด[the:ŋ⁴ lɔ:t⁹];ไพทลูก[phai¹
lu² lu:k¹⁰];ทลูก[lu² lu:k¹⁰] 岱-侬tốm đang[tom³
ʔda:ŋ¹];thoc lục[thɔk⁷ luk⁸];thôc lục[thok⁷ luk⁸];
hết tốm đang[het⁷ tom⁵ ʔda:ŋ¹];tốm đang[tom⁵
ʔda:ŋ¹];lục luôt[luk⁸ lu:t⁷] 越泰tạnh lục[teŋ⁴ luk⁸];
phôc lục[phok⁸ luk⁸];lót lục[lɔt⁸ luk⁸] 普lhjang¹
[lja:ŋ¹] 越sầy thai[ʂɤi³ tha:i¹];đẻ non[ʔde³ nɔn¹]
芒khóng[khɔŋ⁵];thai khóng[tha:i¹ khɔŋ⁵]

【流传】 泰แพร่หลาย[phre:³ la:i¹];เล่าลือต่อ ๆ กันไป
[lau³ lɯ:² tɔ:⁵ tɔ:⁵ kan² pai²] 老ถ่ายทอด[tha:i⁵
thɔ:t¹⁰];เผียแผ่[phə:i¹ phe:⁵] 越lưu truyền[lɯu¹

---

❶ 阿含 klüm
❷ 石家 rooy A1
❸ 拉哈 doj¹; khlɤj³  拉基 qalja³

tṣwi:n²]

【流浪】 泰ร่อนเร่พเนจร[rɔ:n³ re:³ pha⁴ ne:t¹⁰] 老ฮักเซ[sak⁸ se:²];ฮักเซพะเบจอบ[sak⁸ se:² pha⁵ ne:² tsɔ:n¹];ผัดเซพะเบจอบ[phat⁸ se:² pha⁵ ne:² tsɔ:n¹];ฮูกลอย[lak⁷lɔ:i²];ป่องฃะเล[pu:aŋ⁵sa⁵le:²];เซร่อม[he:²hɔ:n⁵];กะเซาะกะเฮิง[ka²sɔ³ka²sɤ:ŋ²];เก็ดเก่[ket⁷ ke:⁵] 岱-侬pản[pa:n³];túng táng[tuŋ⁵ ta:ŋ⁵] 越lang thang[la:ŋ¹tha:ŋ¹];lưu lạc[luɯ¹ la:k⁸]

【流浪汉】 泰ชายพเนจร[tsha:i² pha⁴ ne:t¹⁰] 老ฃายฃะเล[sa:i²sa⁵le:²];ถนฮูกลอย[khon²lak⁷lɔ:i²] 越kẻ lang thang[kɛ³ la:ŋ¹ tha:ŋ¹]

【流利】 泰คล่อง[khlɔ:ŋ³];เจื้อย[tsɯ:ai³];ฉอด[tshɔ:t⁹];เปรียะ[pria⁵];ปรั๊ย[prai⁵];เปรื้อย[prɯ:ai³] 老ต่อง[khɔ:ŋ³];จ๋อ[tsɔ:⁴];ลิ้วลิ่บ[loŋ⁵ li:an⁵];ล่วบไฮ[li:an⁵lai¹];ไฮ[lai¹] 越泰mòng[mɔŋ⁶];pák mòng[pa:k⁷mɔŋ⁶] 越lưu loát[luɯ¹lwa:t⁷];thông thạo [thoŋ¹ tha:u⁶]

【流氓】 泰อันธพาล[ʔan² tha⁴ pha:n²] 老ถนฃะเล[khon² sa⁵ le:²];ฃะเล[sa⁵ le:²];โถง[thoŋ¹];มักเลา[nak⁸ le:ŋ²];ขามักเลา[kha:¹ nak⁸ le:ŋ²];ถนมะล่ำมะลอย[khon²ma⁵lam²ma⁵lɔ:i²];อับทะพาบ[ʔan² tha⁵pha:n²] 岱-侬nà này[na³nai³] 越bọn côn đồ[ʔbɔn⁶kon¹²do²];thắng đều[thaŋ³ʔdeu³];tên lưu manh[ten¹ luɯ¹ maŋ¹]

【流脓】 泰เป็นหนอง[pen⁶nɔ:ŋ¹] 老น้ำ หนองไหลออก[nam⁴ nɔ:ŋ¹ lai¹ ʔɔ:k⁹] 越cháy mủ[tsai³ mu³]

【流星】 泰ดาวตก[ʔdau² tok⁷];ดาวร่วง[ʔdau² ru:aŋ³];ผีพุ่งได้[phi:¹ phuŋ³ tai³] 老ดาวสะเด็ด[ʔdau¹¹ sa² ʔdet⁷];ดาวยิบ[ʔda:u¹¹ ʔbin¹¹];ดาวตีก[ʔda:u¹¹ tok⁷];ดาวร่อง[ʔda:u¹¹ hu:aŋ⁵];อุทกาบาด[ʔuk⁷ ka:¹¹ ʔba:t⁹] 岱-侬khi đao đí[khi:³ ʔda:u¹ ʔdi:³] 越泰đao bin[ʔda:u¹ ʔbin¹] 越saobăng[ṣa:u¹ʔbaŋ¹] 芒đốcóch[ʔdo⁵ kot⁷]

【流行病】 泰โรคระบาด[ro:k¹⁰ ra⁴ ʔba:t⁹] 老พะยาดละบาด[pha⁵na:t¹⁰la⁵ba:t⁹];โฮกละบาด [lo:k¹⁰la⁵ʔba:t⁹];พะยุ[pha⁵n̪u⁵] 越bệnh lay lan[ʔben⁶ lai¹ la:n¹];bệnh thời khí[ʔben⁶ thɤ:i² xi⁵];bệnh dịch[ʔben⁶ zit⁸]

【流行性感冒】 泰ไข้หวัดใหญ่[khai³ wat⁷ jai⁵] 老เฮ้ยหวัดใหย่[khai³vat⁷nai⁵];ทวัดใหย่[vat⁷nai⁵] 岱-侬khảy đảng đươt[khɔi³ ʔda:ŋ³ ʔdɯ:t⁷];đăng vặt[ʔdaŋ¹ vat⁸] 越泰vắt[vat⁷] 普căw³ljang¹[tsau³ ljaŋ¹] 越bệnh cúm[ʔben⁶ kum⁵];cúm[kum⁵] 芒bễnh cùm[ʔben⁶ kum³]

【流血】 泰เลือดไหล[luɯ:at¹⁰ lai¹] 老เลือดออก [luɯ:at¹⁰ʔɔ:k⁹] 越cháymáu[tsai⁵mau⁵];đổ máu[ʔdo⁵ mau⁵] 芒cháy máu[tsai⁵ mau⁵];tố máu[to⁵ mau²]

【流域】 泰แถบลุ่มน้ำ[thɛ:p⁹lum³nam⁴] 老ลุ่ง[loŋ³];ล้อง[lɔ:ŋ³];ลุ่มน้ำ[lum⁵ nam⁴] 越lưu vực[luɯ¹ vuk³]

【硫磺】 泰กำมะถัน[kam² ma⁴ than²];กำมะถันเหลือง[kam² ma⁴ than² luɯ:aŋ¹];สุพรรณถัน[su⁵ phan² than¹];มาส[ma:t¹⁰];ซัลเฟอร์[san² fɤ:²] 老มาด[ma:t¹⁰];อั๋ พัน ถัน[ʔam¹¹ phan² than¹] 岱-侬slinh[ɬiŋ¹] 越泰xinh[siŋ¹] 越lưu huỳnh[luɯ¹ hwiŋ²];diêm sir.h[zi:m¹ ṣiŋ¹];diêm vàng[zi:m¹ va:ŋ²]

【留~饭】 泰ไว้[wai⁴] 老โอ้[vai⁴];จ่อ[tsoŋ⁵];จ่อโอ้[tsoŋ⁵vai⁴] 岱-侬sle[ɬɛ¹];làu[lau²] 越泰phờnvại[phən² va:i⁴] 越dành[zaŋ²];để[ʔde³] 芒tí[ti⁵]

【留级】 泰ตกชั้น[tok⁷tshan⁴] 老ติกข้อง[tok⁷hɔ:ŋ³] 越lưu ban[luɯ¹ ʔba:n¹]

【留恋】 泰อาลัยอาวรณ์[ʔa:²lai¹ʔa:¹¹wɔ:n³] 老อาโล อาวอน[ʔa:¹¹lai¹ʔa:¹¹vɔ:n²] 岱-侬chứđiệp[tɕɯ⁵ʔdi:p⁷] 越泰xia đai[sia¹ ʔda:i¹] 越lưu luyến[luɯ¹ lwi:n⁵]

【留心】 泰สนใจ[son¹ tsai²] 老เอิบใจ ใส่[ʔau¹¹ tsai¹ sai⁵] 岱-侬khàu xu[khau³ ɕu¹];có ngòi[kɔ⁵ ŋɔi²];có chú[kɔ⁵ tɕɯ¹] 越chú ý[tsu⁵ ʔi⁵];theo dõi[theu¹ zɔi⁴]

【榴莲】 泰ทุเรียน[thu⁴ ri:an²] 老ทุลุง[thu⁵ li:an²];มากทุลุง[ma:k⁹thu⁵li:an²];ถ้อลุง[thu:a⁵li:an²

越sầu riêng[ʂɤu²zi:ŋ];quả sầu riêng[kwa³ʂɤu² zi:ŋ]; 芒tlải xầu riêng[tla:i³ sɤu² ri:ŋ]

【瘤】 泰เนื้องอก[nɯa⁴ ŋɔ:k¹⁰] 老ตุ่ม[tum⁵];ปุ่ม[nɔ:²]; เบื้องอก[nɯa⁴ ŋɔ:k¹⁰] 越泰pảnh[peŋ³] 越u[ʔu¹] bướu[ʔbɯ:u⁵] 芒pướu[pɯ:u³]

【刘海儿】 泰หน้าม้า[na:³ma:⁴] 老ผิมม้า[phom¹ ma:⁴];ผิมขัาม้า[phom¹ na:³ ma:⁴] 越tóc cắt ngang trán[tɔk⁷ kat⁷ ŋa:ŋ¹ tsa:n⁵]

【柳树】 泰ต้นหลิว[ton³ liu¹] 老ก๊กไค[kok⁷ khai⁴]; ก๊กสม[kok⁷ son¹] 岱-侬co liệu[kɔ¹ li:u⁴] 越cây liễu[kɤi¹ li:u⁴] 芒câl liễu[kɤl¹ li:u⁴]

【六❶】 泰หก[hok⁷] 老ฮก[hok⁷] 岱-侬 xôc [ɕok⁷];hôc[hok⁷] 越泰hốc[hok⁷] 普nhăm¹ [ȵam¹];mơ nhăm¹[mɤ⁰ ȵam¹] 越sáu[ʂau⁵];lục[luk⁸] 芒khẩu[khau³]

【六十】 泰หกสิบ[hok⁷ sip⁷] 老ฮกสิบ[hok⁷ sip⁷]; สามฉาว[sa:m¹ sa:u²] 岱-侬hôc slip[hok⁷ łip⁷] 越泰hốc xíp[hok⁷ sip⁷] 越sáu mươi[ʂau⁵ mɯ:i¹] 芒khẩu mươi[khɤu³ mɯ:l¹]

【六月】 泰เดือนมิถุนายน[ʔdɯ:an² mi⁴ thu:² na:² jon²]; มิถุนายน[mi⁴ thu:² na:² jon²];เดือนหก[ʔdɯ:an² hok⁷] 老เดือนมิถุนา[ʔdɯ:an¹¹ mi⁵ thu:² na:²];เมถุน[me:² thun¹] 岱-侬bươn xôc[ʔbɯ:n¹ ɕok⁷] 越泰bươn hốc[ʔbɯ:n¹ hok⁷] 普nin¹zu⁴[nin¹ zu⁴] 越tháng sáu[tha:ŋ⁵ ʂau⁵] 芒kháng khảu[kha:ŋ¹ khau³]

【龙】 泰มังกร[maŋ² kɔ:n²] 老มังกอน[maŋ² kɔ:n¹]; มะกอน[ma⁴kɔ:n¹];มะกะละ[ma²ka²la⁵];มะกะลา [ma²ka²la:²];ลอง[lu:ŋ²] 岱-侬luồng[lu:ŋ²] 越泰luồng[lu:ŋ²] 越rồng[zoŋ²];con rồng[kɔn¹ zoŋ²] 芒rồng[roŋ²];con rồng[kɔn¹ roŋ²]

【龙骨 船的~】 泰กระดูกงูเรือ[kra⁵ʔduk⁹ ŋu:² rɯ:a²] 老กะดูกงู[ka² ʔduk⁹ ŋu:²];ก้งเรือ[koŋ¹ rɯ:a²];ก้ง[koŋ¹] 越sống tàu[ʂoŋ⁵ tau²];đà lươn tàu[ʔda² lɯ:n¹ tau²]

【龙骨车】 泰ระหัดน้ำ[ra⁴hat⁷nam⁴] 老ละหัด [la⁵hat⁷];ละหัดพัดน้ำ[la⁵hat⁷phat⁸nam⁴];ละหัดน้ำ [la⁵ hat⁷ nam⁴] 岱-侬con[kɔn⁴] 越guồng nước [yu:ŋ² nɯ:k⁷]

【龙卷风】 泰พายุทอร์นาโด[pha:²ju⁴thɔ:² na:²ʔdo:²] 老ลมหัวกุด[lom² hu:a¹ kut⁷];หัวกุด[hu:a¹ kut⁷] 越gió lốc xoáy[zɔ⁵ lok⁷ swai⁵];gió lốc[zɔ⁵ lok⁷]; vòi rồng[vɔi² zoŋ²];gió lớn[zɔ⁵ lɤn⁴]

【龙虱 一种甲虫】 泰ด้วงดำน้ำ[ʔduaŋ³ ʔdam² nam⁴] 老แมงกะโซ่[mɛ:ŋ² ka² so:⁴] 越bọ nước[ʔbɔ⁶ nɯ:k⁷]

【龙眼❷】 泰ลำไย[lam² jai⁵] 老หมากลำไย[ma:k⁹ lam² ɲai²];หมากยำไย[ma:k⁹ nam⁵ ɲai²];หมากย่ำไย [ma:k⁹nam⁵ɲai²] 岱-侬macgận[ma:k⁷ ŋɤn⁴];mac nhạn[ma:k⁷ ȵa:n⁴] 越泰mák nhạn[ma:k⁷ ȵa:n⁴] 越quả nhãn[kwa³ ȵa:n⁴] 芒tlải dãn[tla:i³ za:n⁴]

【龙虾】 泰กุ้งมังกร[kuŋ³ maŋ² kɔ:n²] 老กุ้งโต่ม [kuŋ⁴ ko:m⁵];กุ้งยักษ์[kuŋ⁴ ȵak⁸] 越tôm hùm[tom¹ hum²];tôm rồng[tom¹ zoŋ²] 芒thôm rồng[thom¹ roŋ²]

【龙涎香】 泰อำพันปลาวาฬ[ʔam² phan² pla:² wa:p¹⁰] 老อำพันขี้ปา[ʔam² phan² khi:³ pa:¹];ขี้ช้างน้ำ[khi:⁵ sa:ŋ⁴ nam⁴] 越long diên hương[lɔŋ² zi:n¹ hɯ:ŋ¹]

【龙须草】 泰แอลไฟน์รัชจีน[ʔɛ:n² phai² rat⁸ tsi:n²] 老กูดวอง[ku:t⁹ ŋɔ:ŋ⁴] 越cỏ râu rồng[kɔ³ zɤu¹ zoŋ²];cây cọ[kɤi¹ kɔ⁶];cây kè[kɤi¹ kɛ²];cây lá nón [kɤi¹ la⁵ nɔn⁵]

【龙舟】 泰เรือมังกร[rɯ:a² maŋ² kɔ:n²] 老เฮือลอง [hɯ:a² lu:aŋ²];เฮือมังกอน[hɯ:a² maŋ² kɔ:n¹] 越 thuyền rồng[thwi:n² zoŋ²]

---

❶ 石家rɔk⁴  阿含rük D1S；ruk D1S  掸hok D1S  泐hok D1S  拉哈dăm¹
❷ 石家lam⁶-nay⁶；nay⁶

【聋❶】 泰หนวก[nuːak⁹];หูหนวก[huː¹ nuːak⁹] 老ຫນວກ[nuːak⁹];ຫູຫນວກ[huː¹ nuːak⁹] 岱-侬 nuôc[nuːk⁹] 越泰 nuók[nuːk⁷] 普 qangǎn²[qa⁰ ŋan²] 越 điếc[ʔdiːk⁷];tật điếc[tɤt⁸ ʔdiːk⁷] 芒 tiếc[tiːk⁴]

【聋子】 泰คนหูหนวก[khon² huː¹ nuːak⁹] 老ຄົນຫູຫນວກ[khon² huː¹ nuːak⁹] 越 người điếc[ŋuːi² ʔdiːk⁷]

【笼子❷】 泰กรง[kroŋ²];กรงสัตว์[kroŋ² sat⁷] 老ກົງ[koŋ¹];ຕຸ້ມ[tum⁴];ຍາງ[ɲaːŋ²] 岱-侬 doòng[jɔːŋ²];tùm[tum³] 越泰 tùm[tum³] 普 zhǎng³[zaŋ³];rhǎng³[ȓaːŋ³] 越 lồng[loŋ²];bu[ʔbu¹] 芒 thòng[thoŋ²];pu[pu¹]

【楼】 泰เรือนตึก[ruːan² tuːk⁷];เหลา[lau¹] 老ເຮືອນຕຶກ[huːan² san⁴];ເຮືອນຕຶກ[huːan² tuːk⁷] 越 nhà lầu[ɲaː² lɤu²];nhà gác[ɲaː² ɣaːk⁷]

【楼板】 泰กระดานชั้น[kraː² ʔdaːn² tshan⁴] 老ກະດານຊັ້ນ[kaː² ʔdaːn¹¹ san⁴] 越 sàn gác[ʂaːn² ɣaːk⁷]

【楼层】 泰ชั้นของตึก[tshan⁴ khɔːŋ¹ tuːk⁷] 老ຊັ້ນຂອງຕຶກ[san⁴ khɔːŋ¹ tuːk⁷] 越 tầng gác[tɤŋ² ɣaːk⁷]

【楼房】 泰ตึก[tuːk⁷];อาคารตึก[ʔaː² khaːn² tuːk⁷] 老ຕຶກ[tuːk⁷];ເຮືອນຕຶກ[huːan² tuːk⁷];ເຮືອນຊັ້ນ[huːan² san⁴] 岱-侬 ruờn thắn[ruːn² than⁵];ruờn lầu[ruːn² lɤu²] 普 nhing¹ thơt⁵[ɲiŋ¹ thɤːt⁵] 越 nhà lầu[ɲaː² lɤu²];nhà gác[ɲaː² ɣaːk⁷] 芒 nhà lầu[ɲaː² lɤu²];nhà thòng[ɲaː² thɤːŋ²];nhà các[ɲaː² kaːk⁷]

【楼上】 泰ชั้นบน[tshan⁴ ʔbon²] 老ຊັ້ນບົນ[san⁴ ʔbon¹] 越 gác trên[ɣaːk⁷ tʂen¹];tầng trên[tɤŋ² tʂen¹]

【楼梯】 泰บันไดบ้าน[ʔban² ʔdai² ʔbaːn²];บันได[ʔban² ʔdai²] 老ຂັ້ນໄດຕຶກ[khan³ ʔdai¹¹ tuːk⁹] 越 thang gác[thaːŋ² ɣaːk⁷];cầu thang[kɤu² thaːŋ²] 芒 màn lầu[maːn² lɤu²]

【楼下】 泰ชั้นล่าง[tshan⁴ laːŋ³] 老ຊັ້ນລ່າງ[san⁴ laːŋ³] 越 gác dưới[ɣaːk⁷ zuːi⁵];tầng dưới[tɤŋ² zuːi⁵]

【蒌叶❸】 泰ใบพลู[ʔbai² phluː²] 老ໃບພູ[ʔbai² phuːː²] 岱-侬 mjầu[mjəu²] 普 Nha¹[ŋa¹] 越 trầu không[tʂɻuː² xoŋ¹];cau[kau¹];lá cau[laː⁵ kau¹]

【蝼蛄】 泰ตุ่น[tun⁵];กระชอน[kraː² tshɔːn²] 老ຈິ້ຂອນ[tsi⁵ sɔːn²];ແມງຂອນ[meːŋ² sɔːn²];ແມງຈິ້ຂອນ[meːŋ² tsi⁵ sɔːn²];ກະຂອນ[kaː² sɔːn²] 岱-侬 ôn mòn[ʔoːn² mon²] 越泰 chí cúng[tsi⁵ kuŋ⁵] 越 dế dũi[ze⁵ ʔdui⁻²];dế nhũi[ze⁵ ɲui⁴]

【搂~在怀里❹】 泰กอด[kɔːt⁹] 老ກອດ[kɔːt⁶];ແຝງ[fɛːŋ¹] 岱-侬 cot[kɔt⁷] 越泰 cót[kɔt⁷] 越 ôm[ʔom¹]

【篓子】 泰กระบุง[kraː⁵ ʔbuŋ²];ตีบ[tip⁷] 老ກະຖໍ[kaː² thɔː²];ກະໂປ່ງ[kaː² poːŋ⁵] 岱-侬 cuôi[kuːi¹];piệt[piː⁸] 越泰 cuôi[kuːi¹];xã[sa²] 越 sọt[ʂɔt⁸];cái sọt[kaːi⁵ ʂɔt⁸] 芒 khot[khɔt⁸];chó[tsɔ⁵]

【漏 桶~水 ❺】 泰รั่ว[ruːa³] 老ຮົ່ວ[huːa⁵];ໂລ່[loː⁵];ທລຸ[lu²] 岱-侬 rùa[ruːa³] 越泰 phíu[phiu⁵];lồ[loː⁶] 越 cháy[tsai³];ri[zi³]

【漏洞 桶底有~】 泰ช่องโหว่[tshɔːŋ² woː⁵] 老ຊອງໂຫວ່[sɔːŋ⁵ voː⁵];ບ່ອນຮົ່ວ[ʔbɔːn⁵ huːa⁵];ບ່ອງຂາດ[pɔːŋ⁵ khaːt⁹];ຮູຮົ່ວ[huː² huːa⁵];ບ່ອງ[pɔːŋ⁵] 越 chỗ hở[tsoː⁴ hɤ³]

【漏斗】 泰กรวย[kruːai²] 老ກະຊວຍ[kaː² suːai²];ຂວຍ[suːai²];ກວຍ[kuːai¹];ໂຕ່ງ[toːŋ⁵] 岱-侬 châu àu[tʂau³ lau²];bồ đài[ʔbo² ʔdaːi²] 越 cái phễu[kaːi⁵ feu⁴]

---

❶ 拉哈 ngǎn⁵；ngǎl¹
❷ 泐 khuŋ A1
❸ 石家 phluu⁴
❹ 石家 kɔɔt⁶ 阿含 kât D1L
❺ 阿含 ru B2；rū B2 掸 ho B2 泐 hro B2；ho B2

【漏勺】 泰 กระชอน[kra⁵ tshɔːn²];ทัพพีโปร่ง[thap⁸ phiː² proːŋ⁵] 老 ກະຕ່ອງ[ka² tɔːŋ⁵];ກະຕ່ອງຊອນ[ka² tɔːŋ⁵ sɔːn²];ຕັ່[tɔː⁴] 越 cái chao[kaːi⁵ tsaːu¹]

【芦荟】 泰 ต้นหางจรเข้[ton³haːŋ¹tsa⁵ra⁴kheː³] 老 ໄມ້ຫອມ[mai⁴hɔːm¹];ຫາງແຂ້[haːŋ¹kheː³] 越 câylôhội [kɤi¹ lo¹ hoi⁶]

【芦笙】 泰 แคน[khɛːn²] 老 แอบ[khɛːn²] 越 cái khèn[kaːi⁵ xɛn²]

【芦笋】 泰 หน่อไม้ฝรั่ง[nɔː⁵ mai⁴ fa⁵ raŋ⁵] 老 ຫນໍ່ໄມ້ຝຣັ່ງ[nɔː⁵ mai⁴ fa² laŋ⁵] 越 măng tây[maŋ⁵ tɤi¹]

【芦苇】 泰 อ้อ[ʔɔː³] 老 อ้อ[ʔɔː⁴];ตย้า ไฎ[na:³ lai¹];ຫາງແຂ້[haːŋ¹ kheː³] 傣-依 mạy ỏ[mai⁴ ʔɔ³];mạy sliêc[mai⁴ ɬiːk⁷];mạy lầu[mai⁴ lɤu²] 越泰 ỏi nu[ʔɔi³nu¹];colāu[kɔ¹ laːu²] 普 qat⁵[qaːt⁵];qalâw³[qa⁰ lɤu³];qalu³[qa⁰ lu³] 越 lau[lau¹];cây lau[kɤi¹ lau¹];lau sậy[lau¹ ʂɤi⁶];cây sậy[kɤi¹ ʂɤi⁶] 芒 lau[lau¹];phẻ[fe³]

【鲈鱼】 泰 ปลากะพง[plaː² ka⁵ phoŋ²] 老 ປາກະພົງ[paːˈˈ ka² phoŋ²] 越 cá pec ca[kaː⁵ pɛk⁵ kaː¹]

【颅骨】 泰 กะโหลก[ka⁵loːk⁹];กะโหลกศีรษะ[ka⁵ loːk⁹siːˈsa⁵] 老 ກະດູກດານ[ka²ʔduːk⁹ʔdaːn¹ˈ];ດູກດານ[ʔduːk⁹ʔdaːn¹];ກະດານຫົວ[ka²ʔdaːn¹ˈ huːa¹];ກະບານ[ka²ʔbaːn¹];ກະບານຫົວ[ka²ʔbaːn¹ˈ huːa¹];ກະໂຫຼກຫົວ[ka²loːk⁹huːa¹];ກະໂບງຫົວ[ka²ʔboːŋ¹ huːa¹];ດູກກະໂຫຼກຫົວ[ʔduːk⁹ka⁵ loːk⁹ huːa¹];ກະໂງກຫົວ[ka² ʔdɔːŋ¹ huːa¹];ກະລາຫົວ[ka² laː² huːa¹];ກະໂພງ[ka² mo:ŋ¹];ກະໂຫຼກຫົວ[ka² loːk⁹];ກະໂຫຼກຫົວ[ka² loːk⁹ huːa¹] 越 xương sọ[sɯːŋ¹ ʂɔ⁶] 芒 tlốc lol[tlok⁷ lɔl²]

【鸬鹚】 泰 กาน้ำ[kaː²nam⁴];นกกาน้ำ[nok⁸kaː¹ˈnam⁴] 老 ການ້ຳ[kaːˈˈ nam⁴];ນົກການ້ຳ[nok⁸ kaːˈˈ nam⁴];ກະລາການ້ຳ[ka² laː² kaːˈˈ nam⁴] 越 chim cốc[tsim¹ kok⁷]

【炉子】 泰 เตา[tau²] 老 ເຕົາ[tau¹] 普 posăw¹[pɤ⁰ sau¹] 越 cái bếp[kaːi⁵ ʔbep⁷];lò[lɔ²] 芒 lò[lɔ⁶]

【卤~鸭】 泰 พะโล้[pha⁴ loː⁴] 老 ພັດໂລ້[phat⁸ loː⁴] 越 rim[zim¹]

【路❶】 泰 ทาง[thaːŋ²];หน[hon¹];หน ทาง[hon¹ thaːŋ²];ถนน[tha⁵ non¹];ถนล[tha⁵ non¹];สนน[sa⁵ non¹];ท่อง[thɔːŋ³];คู่[luː³] 老 ຫາງ[thaːŋ²];ຫິນ[hon¹];ຫິນຫາງ[hon¹ thaːŋ²];ຖະຫນົນ[tha² non¹];ສາຍຫາງ[saː¹ thaːŋ²];ເສັ້ນຫາງ[sen³ thaːŋ²];ແຄວ[khɛːu²];ລູ່[luː⁵] 傣-依 tàng[taːŋ²];lồi[lɔ³] 越泰 tăng[taːŋ²] 普 xAn¹[xɒn¹];khAn¹[khɒn¹] 越 đường[ʔdɯːŋ²] 芒 khả[kha³];tàng[taːŋ²];lồi[loi³];khả tàng[kha² taːŋ²];tàng khả[taːŋ² kha³];ảng khả[ʔaːŋ³ kha³];ảng[ʔaːŋ³]

【路标】 泰 ป้ายทาง[paːi³ thaːŋ²];เครื่องหมายจราจร [khrɯːaŋ³ maːi¹ tsa⁵ raː² tsɔːn²] 老 ສັນຍາບທາງ ຈະລາຈອນ[san¹ ɲaːn² kaːnˈˈ tsa² laː² tsɔːn¹];ປ້າຍຖະຫນົນ [paːi⁴ tha² non¹] 越 biển giao thông[ʔbiːn³ zaːu¹ thoŋ¹];cột hiệu[kot⁸ hiːu⁶];dấu hiệu giao thông [zɤu⁵ hiːu⁶ zaːu¹ thoŋ¹]

【路程】 泰 ระยะทาง[ra⁴ja⁴thaːŋ²] 老 ໄລຍະທາງ [lai² ɲa⁵ thaːŋ²] 越 chặng đường[tsaŋ⁶ ʔdɯːŋ²];hành trình[han² tsiɲ²]

【路费】 泰 ค่าเดินทาง[khaː³ʔdɤːn²thaːŋ²] 老 ຄ່າເດີນ ທາງ[khaː⁵ʔdɤːn¹ˈ thaːŋ²] 越 ăn đường[ʔan¹ ʔdɯːŋ²] 芒 ăn tàng[ʔan¹ taːŋ²]

【路基】 泰 ฐานของถนน[thaːn¹ khɔːŋ¹ tha⁵ non¹] 老 พื้นถะหนน[phɯːn⁴ tha² non¹] 越 nền đường[nen² ʔdɯːŋ²]

【路口】 泰 ปากทาง[pak⁷ thaːŋ²] 老 ປາກທາງ[paːk⁹

---

❶ 阿含 tāng A2　勐 hun A1　拉哈 lakhɔn³；hôn⁵

tha:ŋ²] 越nút đường[nut⁷ ʔdɯ:ŋ²];chỗ tiếp giáp giữa các nẻo đường[tso⁴ ti:p⁷ za:p⁷ zɯə³ ka:k⁷ nɛu³ ʔdɯ:ŋ²]

【路面】泰ผิวถนน[phiu¹ tha⁵non¹] 老ຫນ້າທາງ[na:³ tha:ŋ²] 越mặt đường[mat⁸ ʔdɯ:ŋ²];lòng đường[lɔŋ² ʔdɯ:ŋ²]

【路上】泰บนถนน[ʔbon² tha⁵non¹];ระหว่างทาง[ra⁴ wa:ŋ⁵ tha:ŋ²] 越trên đường[tşen¹ ʔdɯ:ŋ²]

【路条】泰หนังสืออนุญาตให้ผ่าน[naŋ¹ sɯ:¹ ʔa⁵ nu⁴ ja:t¹⁰hai³ pha:n⁵] 越giấy đi đường[zɤi⁵ ʔdi¹ ʔdɯ:ŋ²]; giấy thông hành[zɤi⁵ thoŋ¹ haŋ²]

【路途～遥远】泰ทาง[tha:ŋ²];ระยะทาง[ra⁴ja⁴tha:ŋ²] 老ທາງ[tha:ŋ²] 越đường sá[ʔdɯ:ŋ² şa⁵]

【路线】泰เส้นทาง[se:n³tha:ŋ²];แนวทาง[nɛ:u²tha:ŋ²] 老ເສັ້ນທາງ[sen³ tha:ŋ²] 越tuyến đường[twi:n⁵ ʔdɯ:ŋ²]

【鹭】泰นกกระยาง[nok⁸kra⁵ja:ŋ²] 老ມົກຍາງ[nok⁸ ɲa:ŋ²];ມົກຈະຍາງ[nok⁸ ka² ɲa:ŋ²] 越con cò[kɔn¹ kɔ²]

【鹭鸶】泰นกกระยางขาว[nok⁸kra⁵ja:ŋ²khau¹]; นกกระสา[nok⁸ kra⁵ sa:¹] 老ມົກຈະສາ[nok⁸ ka² sa:¹]; ມົກຍາງ[nok⁸ ɲa:ŋ²] 岱-侬nộc duôc[nok⁸ juk⁵] 越cò trắng[kɔ² tşaŋ⁵]

【陆地❶】泰ภาคพื้นแผ่นดิน[pha:k¹⁰ phɯ:n⁴ phɛ:n⁵ ʔdin²] 老ບົກ[ʔbok⁵];ແຜ່ນດິນ[phɛ:n⁵ ʔdin¹] 越đất liền[ʔdɤt⁷ li:n²];đất liền đèo[ʔdɤt⁷ li:n² ʔdɛu²]; đất khô ráo[ʔdɤt⁷ xo¹ za:u⁵];lục địa[luk⁸ ʔdiə⁶] 芒tất liền[tɤt⁷ li:n²]

【陆路】泰ทางบก[tha:ŋ²ʔbok⁷] 老ທາງບົກ[tha:ŋ² ʔbok⁷] 岱-侬tàng bốc[ta:ŋ² ʔbok⁷] 越đường bộ [ʔdɯ:ŋ² ʔbo⁶]

【露水❷】泰น้ำค้าง[nam⁴ kha:ŋ⁴];หยดน้ำค้าง[ja:t⁹ nam⁴kha:ŋ⁴] 老ນ້ຳໝອກ[nam⁴mɔ:k⁹];ນ້ຳຄ້າງ [nam⁴kha:ŋ⁴];ນ້ຳໝອກຄ້າງ[nam⁴mɔ:k⁹kha:ŋ⁴⁻]; ເໝືອຍໝອກ[mɯ:ai¹ mɔ:k⁹];ນາຍ[na:i²] 岱-侬nài [na:i²];muôi[mu:i¹] 越泰mươi[mɯ:i¹] 普qamjat⁵[qa⁰ mja:t⁵];qamjat²[qa⁰ mja:t²] 越sương [şɯ:ŋ¹]

【露天矿】泰บ่อเหมืองโล่ง[ʔbɔ:⁵ mɯ:aŋ¹ lo:ŋ³] 老ບໍ່ແບບ[ʔbɔ:⁵ pɛ:n¹] 越mỏ lộ thiên[mɔ³ lo⁶ thi:n⁻]

【露天市场】泰ตลาดกลางแจ้ง[ta⁵ la:t⁹ kla:ŋ² tsɛ:ŋ³] 老ຕະຫຼາດກາງແຈ້ງ[ta² la:t⁹ ka:ŋ¹' tsɛ:ŋ⁴] 越chợ ngoài trời[tsɤ⁶ ŋwa:i² tşɤ:i²] 芒chờ tlời[tsɤ⁴ tlɤ:i²]

【露珠】泰หยดน้ำค้าง[jot⁷nam⁴kha:ŋ⁴] 老ຍົດນ້ຳ ຄ້າງ[ja:t⁹ nam⁴ kha:ŋ⁴] 越giọt sương[zɔt⁸ şɯ:ŋ¹]; hạt sương[ha:t⁸ şɯ:ŋ¹]

【录音】泰อัดเสียง[ʔat⁷ si:aŋ¹] 老ອັດສຽງ[ʔat⁷ si:aŋ¹]; บันทึกสำง[ʔban¹' thuk⁸ si:aŋ¹] 越ghi âm[ɣi¹ ʔɤm¹]

【录音机】泰เครื่องบันทึกเสียง[khrɯ:aŋ³ʔban²thuk⁸ si:aŋ¹] 老ຈັກອັດສຽງ[tsak⁷ʔat⁷si:aŋ¹];ເທັບ[thep⁸] 越máy ghi âm[mai⁵ ɣi¹ ʔɤm¹] 芒máy khể[mai³ khe³];máy gi âm[mai³ ɣi¹ ʔɤm¹]

【鹿❸】泰กวาง[kwa:ŋ²];ตัวกวาง[tu:a² kwa:ŋ²] 老ກວາງ[kwa:ŋ²];ຕົວກວາງ[tu:a¹' kwa:ŋ¹] 岱-侬tua quang[tuə¹ kwa:ŋ¹];nạn[na:n⁴];tua nạn[tuə¹ na:n⁴] 越泰quang phăn[kwa:ŋ¹ pha:n²];tô phăn[to¹ pha:n²] 普paGưong³[pa⁰ ɣɯ:ŋ³] 越hươu[hɯ:u¹];con hươu [kɔn¹ hɯ:u¹];con nai[kɔn¹ na:i¹] 芒hươu[hɯ:u¹]

【鹿角】泰เขากวาง[khau¹ kwa:ŋ²] 老ເຂົາກວາງ [khau¹ kwa:ŋ²];ເຂົາກວາງແກ່[khau¹ kwa:ŋ¹' kɛ:⁵] 越sừng hươu[şɯŋ² hɯ:u¹]

【鹿茸】泰เขากวางอ่อน[khau¹ kwa:ŋ² ʔɔ:n⁵] 老

---

❶ 石家 bok⁴
❷ 掸 nai A2　勐 moi A2；məi A2
❸ 阿含 ngî；tü ngî　掸 kwaŋ A1　勐 kwaŋ A1

ເຂົາກວາງອ່ອນ[khau¹ kwa:ŋ¹¹ ʔɔ:n⁵];ເຂົາອ່ອນກວາງ[khau¹ ʔɔ:n⁵ kwa:ŋ¹] 岱-侬 cooctùm[kɔ:k⁷tum³] 越泰 khau tỗm[khau¹ tom²] 越 nhung hươu[ɲuŋ¹ hɯu¹];nhung nai[ɲuŋ¹ nai¹] 芒 nhung đai[ɲuŋ¹ ʔdai¹];lôc nhung[lok⁸ ɲuŋ¹]

【驴❶】 泰 ลา[la:²] 老 ลา[la:²];ลวา[lwa:²] 岱-侬 lừa[lɯə²];tua lừa[tuə¹ lɯə²];tua lừ[tuə¹ lɯ¹] 越泰 lừa[lɯə²];tô lừa[to¹lɯə²] 越 lừa[lɯə²];con lừa[kɔn¹ lɯə²]

【铝】 泰 อะลูมิเนียม[ʔa⁵ lu:² mi⁴ niam²] 老 อาลุยมິນຸມ[ʔa:¹¹ lui² mi:² nɔm²];อา ลูยีม[ʔa:¹¹ lu:² mi:² nɔm²];อาลูมิນຸມ[ʔa:¹¹ lu:² mi:² niam²] 越泰 hiék[hi:k⁷] 普 ljak²[lja:k²] 越 nhôm[ɲom¹] 芒 nhôm[ɲom¹]

【铝锅】 泰 หม้ออะลูมิเนียม[mɔ:³ ʔa⁵ lu:² mi⁴ ni:am²] 老 พื่อาลุยมิນุม[mɔ:³ ʔa:¹¹ lui² mi:² ni:am²] 越 nồi nhôm[noi² ɲom¹]

【旅店】 泰 โรงแรม[ro:ŋ² re:m²] 老 โฮງแฮม[ho:ŋ² hɛ:m²] 越 nhà trọ[ɲa² tʂɔ⁶];khách sạn[khat⁷ saːn⁶] 芒 nhà tlõ[ɲa² tlɔ⁴];khéch xãn[khɛt⁷ saːn⁴]

【旅客】 泰 ผู้โดยสาร[phu:³ ʔdo:i¹'saːn¹] 老 ຄົນໂດຍສານ[khon² ʔdo:i¹'saːn¹];ผู้โดยสาน[phu:³ ʔdo:i¹'saːn¹];ผู้เดิมทาง[phu:³ʔdɤ:n¹'tha:ŋ²] 越 hành khách[haɲ² xat⁷] 芒 khéch ti khá[khɛt⁷ ti¹ kha³]

【旅人蕉】 泰 กล้วยพัด[klu:ai³ phat⁸];กล้วยลังกา[klu:ai³ laŋ² ka:²] 老 ก้วยลัງกา[ku:ai⁴ laŋ² ka:¹] 越 chuối rẻ quạt[tsu:i⁵ ʐɛ³ kwa:t⁸]

【旅游】 泰 ท่องเที่ยว[thɔŋ³ thi:au³] 老 ท่อງທ່ຽว[thɔŋ³ thi:au⁵];โดยสาน[ʔdo:i¹' saːn¹] 岱-侬 lin liểu[lin¹ li:u³] 越 du lịch[zu¹ lit⁸] 芒 du lich[zu¹ lit⁸]

【捋】 泰 รูด[ru:t¹⁰];ดึง[ʔdɯŋ²] 老 ฮูด[hu:t⁵];ลูบ[lu:p¹⁰];ทะทอก[ka² thɔ:k¹⁰] 岱-侬 lụp[lup⁵] 越泰 lụp[lup⁸] 普 kin⁴[kin⁴] 越 bứt[ʔbɯt⁵]

【绿❷】 泰 เขียว[khi:au¹] 老 ຂຽວ[khi:au¹] 岱-侬 kheo[khɛu¹] 越泰 kheo[khɛu¹] 普 zing²[ziŋ²] 越 xanh[saɲ¹] 芒 xenh[sɛɲ¹]

【绿茶】 泰 ชาเขียว[tsha:² khi:au¹] 老 ຊາຂຽວ[sa:¹ khi:au¹] 越 chè xanh[tsɛ² saɲ¹];chè lục[tsɛ² luk⁸]

【绿豆】 泰 ถั่วเขียว[thu:a⁵ khi:au¹] 老 ถั่วขຽว[thu:a⁵ khi:au¹];หมากถั่วขຽว[ma:k⁹ thu:a⁵ khi:au¹];ถั่วสะแดก[thu:a⁵sa²ʔdɛ:k⁹] 岱-侬 thúa kheo[thu:a⁵khɛu¹] 普 tiơ³ jing²[tie³jiŋ²] 越 đậu xanh[ʔdɤu⁶saɲ¹];đậu chè[ʔdɤu⁶ tsɛ²] 芒 tẩu xenh[tɤu⁴ sɛɲ¹]

【绿豆粥】 泰 โจ๊กถั่วเขียว[tso:k⁴ thu:a⁵ khi:au¹] 老 ເຂົ້າປຽກຖົ່ວຂຽວ[khau¹ pi:ak⁹ thu:a² khi:au¹] 越 chè đậu xanh[tsɛ² ʔdɤu⁶ saɲ¹]

【绿肥】 泰 ปุ๋ยพืช[pui¹ phɯ:t¹⁰];ปุ๋ยสีเขียว[pui¹ si:¹ khi:au¹] 老 ปุ๋ยพืด[pui¹phɯ:t¹⁰];ฝุ่นใบไม้[fun⁵ʔbai⁴ mai⁴];ฝุ่นขຽว[fun⁵ khi:au¹];ฝุ่นพืดสืด[fun⁵ phɯ:t¹⁰ sot⁷] 越 phân xanh[fɤn¹ saɲ¹]

【绿头苍蝇】 泰 แมลงเขียว[ma⁴ lɛ:ŋ² khi:au¹] 老 แมງอับทัอขຽว[mɛ:ŋ²van²hu:a¹khi:au¹] 岱-侬 mèng kheo[mɛŋ⁵ kheu¹] 越 nhặng[ɲaŋ⁶];con nhặng[kɔn¹ɲaŋ⁶];con nhặng xanh[kɔn¹ɲaŋ⁶saɲ¹];nhặng xanh[ɲaŋ⁶saɲ¹] 芒 ruồi lẳng[ru:i²laŋ²];huồi lẳng[hu:i² laŋ²]

【滤】 泰 กรอง[krɔ:ŋ²];กลั่นกรอง[klan⁵ krɔ:ŋ²] 老 ตอง[tɔ:ŋ¹'];กอง[kɔ:ŋ¹'];ตื[tə²];ฮิ่น[hin⁵] 岱-侬 to[tɔ¹] 越泰 thong[thɔŋ¹] 越 lọc[lɔk⁸] 芒 loc[lɔk⁸]

【律师】 泰 ทนายความ[tha⁴na:i²khwa:m²];ทนาย[tha⁴na:i²] 老 ທະນາຍຄວາມ[tha⁵na:i²khwa:m²];ทะนาย[tha⁵ na:i²] 越 luật sư[lwɤt⁸ sɯ¹];thầy kiện[thɤi² ki:n⁶] 芒 thầy kiẽn[thɤi² ki:n⁴]

【孪生】 泰 ฝาแฝด[fa:¹ fɛ:t⁹] 老 ฝอแฝด[fɔ:ŋ¹ fɛ:t⁹];

---

❶ 阿含 mā C2
❷ 石家 heew² 阿含 khriw A1 掸 kheu A1 勐 xeu A1

ฝาแฝด[fa:¹ fɛ:t⁹];ฝาแฝด[fa:¹ fɛ:t⁹] 越 đẻ sinh đôi [ʔde³ ʂiɲ¹ ʔdoi¹];sinh đôi[ʂiɲ¹ ʔdoi¹] 芒 té tôi[tɛ⁵ toi¹];té pác[tɛ⁵ pa:k⁷]

【卵巢】泰 รังไข่[raŋ² khai⁵] 老 ຮວຍ[hu:ai²];ຮວຍ [hwa:i²];ມົດໄຂ່[mot⁸khai⁵];ຮວຍໄຂ່[hu:ai²khai⁵]; ຮວຍລູກ[hu:ai²lu:k¹⁰];ຮັງໄຂ່[haŋ²khai⁵] 普 săj³ ljak²[sai³lja:k²] 越 buồng trứng[ʔbu:ŋ²tʂɯŋ⁵] 芒 puồng tlỏng[pu:ŋ² tlɤ:ŋ³]

【卵子】泰 ไข่[khai⁵] 老 ໄຂ່[khai⁵];ເມັດໄຂ່[met⁸ khai⁵] 越 trứng[tʂɯŋ⁵]

【乱❶】泰 ยุ่งเหยิง[juŋ⁴jə:ŋ¹];ยุ่ง[juŋ⁴] 老 ທຍຸ່ງ[ɲuŋ⁴] 岱-侬 nhủng[ɲuŋ³];luồn[lu:n³];nhoải[ɲwa:i⁴] 越泰 nhùng[ɲuŋ²];nha[na¹] 越 mất trật tự[mɤt⁷ tʂɤt⁸ tɯ⁶];lộn xộn[lon⁶ son⁶];rối inh[ʐoi⁵ ʔiɲ¹];ồn ào[ʔon² ʔa:u²];xôn xao[son¹ sa:u¹];loạn[lwa:n⁶] 芒 lãn[la:n⁴]

【掠夺】泰 ปล้นชิงเอา[plon³tshiŋ² ʔau²] 老 ປຸ້ນ[pon⁴]; ປຸ້ນ[pun⁴] 越 chộp[tsop⁸];túm[tum⁵];tịch thu[tit̪⁸ thu¹]

【掠过】泰 ระผ่านไป[ra⁴ pha:n⁵pai²] 老 ທາ[tha:¹]; ແທ[the:¹];ແທແລ[the:¹lɛ:¹] 岱-侬 fựt[fut⁸] 越泰 xít[sit⁷] 越 lướt nhẹ qua[lɯ:t⁷ ɲɛ⁶ kwa¹]

【轮船】泰 เรือยนต์[rɯ:a²jon²] 老 ກຳປັ່ນ[kam¹ pan⁵]; ກຳປັ່ນໄຟ[kam¹ pan⁵ fai²] 普 pê⁴ du⁴[pe⁴ du⁴] 越 tàu thủy[tau² thwi³] 芒 tàu thý[tau² thi⁵]

【轮流】泰 หมุนเวียนกัน[mun¹ wi:an² kan²] 老 ຕົກຜຽນ[tok⁷ fi:an¹];ຕິບຜຽນ[top⁷ fi:an¹];ຜັດປ່ຽນກັນ [phat⁷pi:an⁵kan¹];ປ່ຽນຜຽນ[pi:an⁵phi:an¹];ປ່ຽນຜຽນ [pi:an⁵ fi:an¹];ຜັດກັນ[phat⁷ kan¹];ຜັດປ່ຽນ[phat⁷ pi:an⁵]; ຜັດປ່ຽນກັນ[phat⁷ pi:an⁵ kan¹];ເປັນຜຽນ[pen¹ phi:an¹]; ຕົກຜຽນ[tok⁷ fi:an¹];ຜຽນ[fi:an¹];ຜຽນ[phi:an¹] 岱-侬 tap pan[ta:p⁷ pa:n¹] 越 luân phiên[lwɤn¹ fi:n¹];lần lượt[lɤn⁶ lɯ:t⁸] 芒 lần lượt[lɤn⁶ lɯ:t⁸]

【轮胎】泰 ยางรถ[ja:ŋ²rot⁸] 老 ຢາງ[ja:ŋ];ຢາງຕີນລົດ [ja:ŋ¹ tin¹ lot⁸];ຢາງ ລົດ[ja:ŋ¹ lot⁸];ຢາງລໍ້[ja:ŋ¹ lɔ:⁴]; ລໍ້ຢາງ[lɔ:⁴ ja:ŋ¹] 越 lốp xe[lop⁷ sɛ¹]

【轮椅】泰 เก้าอี้ล้อ[kau³ ʔi:³ lɔ:⁴];เก้าอี้ ล้อเลื่อน[kau³ ʔi:³ lɔ:⁴ lɯ:an¹];เก้าอี้เข็น[kau³ ʔi:³ khen¹] 老 ເກົ້າອີ້ລໍ້ [kau⁴ ʔi:⁴ lɔ:¹] 越 ghé lăn[ɣe⁵ lan¹]

【轮种】泰 การเพาะปลูกสับเปลี่ยนกัน[ka:n² phɔ⁴ plu:k⁹ sap⁷pli:an⁵kan²];หมุนเวียนกันปลูกพืชไร่ในผืนดิน เดียวกัน[mun¹vi:an²kan²plu:k⁹phɯ:t¹⁰rai³nai² phɯ:n¹ʔdin²ʔdi:au²kan²] 老 ການລຽນຕິດ[ka:n¹ li:an¹ tit⁷] 岱-侬 tối fè[toi⁵ fɛ²] 越 luân canh[lwɤn¹ kan¹]

【轮子】泰 ล้อ[lɔ:⁴];ลูกล้อ[lu:k¹⁰ lɔ:⁴];กลล้อ[kon² lɔ:⁴] 老 ລໍ້[lɔ:⁴];ລູກລໍ້[lu:k¹⁰ lɔ:⁴];ຈັກ[tsak⁷];ຈັກກະ[tsak⁷ ka:²]; ກົງລົດ[koŋ¹ lot⁷] 越 bánh[ʔbaɲ⁵]

【罗非鱼】泰 ปลานิล[pla:²nin²] 老 ປາເຂງເທດ [pa:¹ kheŋ¹ the:t¹⁰];ປາໝໍເທດ[pa:¹ mɔ:¹ the:t¹⁰] 越 cá rô phi[ka⁵ ro¹ fi¹]

【罗汉】泰 พระอรหันต์[phra⁴ra⁵han¹] 老 ກະສິນາສົບ [ka:² si:¹ na:² sop⁷] 越 la hán[la¹ ha:n⁵]

【罗盘】泰 เข็มทิศ[khem¹ thit⁸] 老 ເຂັມທິດ[khem¹ thit⁸] 岱-侬 ăn la bàn[ʔan¹la¹ʔba:n²] 越 la bàn [la¹ ʔba:n²]

【罗网】泰 ตาข่ายจับนก[ta:² kha:i⁵ tsap⁷ nok⁸];ตาข่าย [ta:² kha:i⁵] 老 ຂ່າຍນົກ[kha:i⁵ nok⁸] 越 lưới[lɯ:i⁵]; cái lưới[ka:i⁵ lɯ:i⁵];chài lưới[tsa:i² lɯ:i⁵] 芒 chài [tsa:i²];lài[la:i³];chài lài[tsa:i² la:i³]

【罗望子】泰 มะขาม[ma⁴ kha:m¹] 老 ໝາກຂາມ [ma:k⁹ kha:m¹];ຂາມແທດ[kha:m¹ the:t¹⁰];ຂາມແປ [kha:m¹ pɛ:¹];ຂາມແພບ[kha:m¹ phe:p¹⁰] 岱-侬 mac kham[ma:k kha:m¹] 越泰 mák kham[ma:k⁷ kha:m¹] 普 tonjang¹[tɤ¹ nja:ŋ¹] 越 quả me[kwa³ mɛ¹]

【萝卜】泰 กาดหัว[ka:t⁹ hu:a¹];ผักกาดหัว[phak⁷ ka:t⁹

---

❶ 石家 nuŋ⁶　阿含 ñung C1　掸 juŋ C1　勐 juŋ C1

huːa¹];หัวผักกาด[huːa¹ phak⁷ kaːt⁹];หัวผักกาดขาว[huːa¹ phak⁷ kaːt⁹ khaːu¹];ไซเท้า[tshai² thau⁴] 老ผักกาดหัว[phak⁷ kaːt⁹ huːa¹];ภาดหัว[kaːt⁹ huːa¹];ผักกาดขาว[phak⁷ kaːt⁹ khaːu¹];ภาดขาว[kaːt⁹ khaːu¹];ผักกาดโก่[phak⁷ kaːt⁸ koː⁵] 岱-侬lào fạc[laːu² fak⁸] 普tê³ pu¹[te³ pu¹];tơpu¹[tɤ⁰ pu¹] 越củ cải[ku³ kaːi⁵] 芒cú cái[ku⁵ kaːi⁵]

【萝卜干】泰หัวผักกาดแห้ง[huːa¹ phak⁷ kaːt⁹ hɛːŋ³] 老ผักกาดหัวแห้ง[phak⁷ kaːt⁹ huːa¹ hɛːŋ³] 越củ cải khô[ku³ kaːi³ xo¹]

【箩筐❶】泰กรวย[kruːai²];กระบุง[kra⁵ ʔbuŋ²] 老ก๋วย[kuːai¹];บุ๋ง[ʔbuŋ¹];กระบุ๋ง[ka² ʔbuŋ¹];กระปุ๋ม[ka² pum⁵];ปุ๋ม[pum⁵];กระพ้อม[ka² phɔːm⁴] 岱-侬ăn ló[ʔan¹lo⁵];lò lả[lɔ²laː³];ăn ki[ʔan¹ki¹];thúng[thuŋ⁵];cuôi[kuːi¹] 越泰hồ[ho³];bung[ʔbuŋ¹];cuôi[kuːi¹] 普zhwat⁵[zwaːt⁵];rhwat⁵[rwaːt⁵];bong⁴[bɔŋ⁴] 越rổ[zo³];mủng[muŋ³];thúng[thuŋ³];quang gánh[kwaːŋ³ɣaŋ⁵] 芒rổ[ro⁵];thủng[thuŋ³];thùng búng[thuŋ³ ʔbuŋ⁵];thé[the⁵];quai tam[kwaːi¹ taːm¹]

【锣】泰ม้อง[khɔːŋ⁴] 老ฆ้อง[khɔːŋ⁴];ฆ่างฆาด[phaːŋ⁵haːt¹⁰];ฆางฆาด[phaːŋ¹haːt¹⁰];ฆ้องจิม[khɔːŋ⁴ tsiːn¹] 岱-侬mạ la[maː³laː¹] 越泰cọng[kɔŋ⁵] 普sâp⁵ sang³[sɤp⁵saːŋ³] 越thanh la[thaːn¹laː¹];chiêng[tsiːŋ¹] 芒chiêng[tsiːŋ¹]

【螺丝钉】泰สกรู[saː⁵kruː²];ตะปูควง[ta⁵puː²khuːaŋ²];ตะปูควงหัวมน[ta⁵puː²khuːaŋ²huːa¹mon²] 老ตะปูก้าว[ta²puː¹kaːu⁴];ตะปูก๋าว[taː¹puː¹kaːu⁴];ตะปูเกียว[taː¹puː¹kiːau¹];เหล็กไขควง[lek⁷khai khuːaŋ²];เหล็กก้าว[lek⁷kaːu⁴];ก้าว[kaːu⁴] 越đinh vít[ʔdin¹ vit¹];đinh ốc[ʔdin¹ ʔok⁷];đanh ốc[ʔdan¹ ʔok⁷] 芒tenh ốc[ten¹ ʔok⁷]

【螺蛳❷】泰หอย[hɔːi¹] 老ຫอย[hɔi¹] 岱-侬hoi[hɔi¹] 越泰hoi[hɔi¹] 普hwaj¹[hwaːi¹] 越ốc[ʔok⁷];con ốc[kɔn¹ ʔok⁷] 芒ốc[ʔok⁷]

【螺旋桨】泰ใบพัด[ʔbai² phat⁸] 老ก๋งพัด[koŋ¹ phat⁸];ก๋งหัน[koŋ¹¹ han¹];ໝາກປິ້ນ[maːk⁹ pin⁵];ໝາກພັດ[maːk⁹ phat⁸];ໃບພັດ[ʔbai¹¹ phat⁸] 越cánh quạt[kaŋ⁵ kwaːt⁸];chân vịt[tsɤn¹ vit⁸]

【骡】泰ล่อ[lɔː³] 老ลิ[lɔː²];ตัวลิ[tuːa¹¹ lɔː²];ม้าลิ[maː¹ lɔː²];ม้าลาง[maː⁴lwaː²] 岱-侬tua lò[tuːa¹lɔ²] 越泰mạ lò[maː⁴ lɔ³] 越con la[kɔn¹ laː¹]

【裸体】泰แก้ผ้า[kɛː¹ phaː³];เปลือย[pluːai²];เปลือยกาย[pluːai² kaːi²];เปลือยเปล่า[pluːai² plau⁵];โป๊[po⁵] 老ปะเปือย[pa² puːai¹];โป้เปือย[pɔː⁴ puːai¹];เปือย[puːai¹];เปือยกาย[puːai¹ kaːi¹];เปือยติง[puːai¹ khiːŋ¹];เปือยโต[puːai¹¹ toː¹];ขล้อม[lɔːn³];โต้น[toːn⁵];แพ้แอ่[phɛː⁴veː⁴] 岱-侬kè càng[kɛ³kaːŋ³] 越泰dú pươi[juː⁵ puːai¹];pươi tô[puːai¹ to¹] 越trần như nhộng[tsɤn² ɲɯː¹ ɲoŋ⁶];trần truồng[tsɤn² tsuːŋ²];khỏa thân[xwaː³ thɤn¹]

【骆驼❸】泰อูฐ[ʔuːt⁹] 老ຂຸດ[ʔuːt⁹];ตัวอูด[tuːa¹ ʔuːt⁹];โอดโอ[ʔoːt⁹ ʔoː¹] 越lạc đà[laːk⁸ ʔdaː²] 芒lac đà[laːk⁸ ʔdaː²]

【落～下来❹】泰ตก[tok⁷] 老ຕຶກ[tok⁷] 岱-侬tôc[tok⁷] 越泰tốc[tok⁷] 普lhjang¹[ljaːŋ¹] 越rơi[zɤːi¹] 芒rơi[rɤːi¹];đách[ʔdat⁷]

【落后】泰ล้าหลัง[laː⁴ laŋ¹] 老ຫ້າຫລັງ[laː¹ laŋ¹];ຊັກຊ້າຫລັງ[sak⁸saː¹laː¹laŋ¹];ຫລັງ[ʔan¹¹laː¹laŋ¹];เฮย[hiːa⁴] 岱-侬tôc lăng[tok¹laŋ¹];xằng quai[ɕaŋ¹ kwaːi¹] 越泰tốc lăng[tok¹ laŋ¹] 越lạc hậu[laːk⁸ hɤu⁶]

【落葵】泰ผักปลัง[phak⁷ plaŋ²] 老ผักปัง[phak⁷

---

❶ 石家liaŋ⁴　阿含koi A1　勃koi A1
❷ 拉哈ci³
❸ 阿含mrāt
❹ 阿含tuk D1S

paŋ¹] 岱-侬phjăcpjăng[phjak⁷pjaŋ¹];phjăcchăng[phjak⁷tɕaŋ¹] 越泰phắcpăng[phak⁷paŋ¹] 越mồng tơi[moŋ² tɤːi¹];cây mồng tơi[kɤi¹ moŋ² tɤːi¹]

【落山 太阳~ 】泰ตกดิน[tok⁷ ʔdin²] 老ลับพู[lap⁸ phuː²] 普lhjang¹[ljaːŋ¹] 越lặn[lan⁶];khuất núi[xwɤt⁷nui⁵];khuất bóng[xwɤt⁷ʔbɔŋ⁵] 芒lăn[lan⁴];ngất khū[ŋɤt⁷ khu⁴];ngất pỏng[ŋɤt⁷ pɔŋ³]

【落叶树】泰ต้นไม้ผลัดใบ[ton³ mai⁴ phlat⁷ ʔbai²];ไม้ผลัดใบ[mai⁴ phlat⁷ ʔbai²] 老ต๊นผัดใบ[ton⁴ phɛt⁷ ʔbai¹] 越cây rụng lá[kɤi¹ zuŋ⁶ la⁵]

# M

【抹~桌子】 泰เช็ด[tshet⁸];เช็ดกัน[tshet⁸ kon⁵] 老ເຊັດ[set⁸] 岱-侬 mạt[ma:t⁸] 越lau[lau¹];chùi[tsui⁵]

【抹布】 泰ผ้าเช็ด[pha:³ tshet⁸];ผ้าขี้ริ้ว[pha:³ khi:³ riu⁴] 老ຜ້າເຊັດ[pha:³ set⁸] 越khăn lau[xan¹ lau¹];giẻ lau[zɛ³ lau¹] 芒khăn lau[xan¹ lau¹];khăn luôt[khan¹ lu:t⁸];chē[tsɛ⁴];chē lau[tsɛ⁴ lau¹]

【麻 手有点~】 泰ชา[tsha:²] 老ຊາ[sa:²] 岱-侬 mào[ma:u²] 越泰hứn[hun³] 越tê[te¹]

【麻痹症】 泰อาการตายด้าน[ʔa:² ka:n² ta:i² ʔda:n³];อัมพาต[ʔam² pha:t¹⁰] 老ເປັ້ຍ[pi:a⁴];ລ່ອຍ[lɔ:i⁵];ພະຍາດເປັນເປັ້ຍ[pha⁵ na:t¹⁰ pen¹ pi:a⁴];ເປັ້ຍເປັນ[pen¹ pi:a⁴];ພະຍາດເປັນລ່ອຍ[pha⁵ na:t¹⁰ pen¹ lɔ:i⁵];ໂລກອຳມະພາດ[lo:k¹⁰ ʔam¹' ma⁵ pha:t¹⁰];ອຳມະພາດ[ʔam¹' ma⁵ pha:t¹⁰] 越bệnh tê[ʔben⁶ te¹] 芒bệnh tê[ʔben⁴ te¹]

【麻布】 泰ผ้าป่าน[pha:³ pa:n⁵] 老ຜ້າປ່ານ[pha:³ pa:n⁵] 越lanh[lan¹];vải bông dày[va:i³ ʔboŋ¹ zai²]

【麻袋】 泰กระสอบ[kra⁵ sɔ:p⁹];กระสอบป่าน[kra⁵ sɔ:p⁹ pa:n⁵] 老ເປົາປ່ານ[pau¹ pa:n⁵];ຖົງປ່ານ[thoŋ¹ pa:n⁵];ຖົງປອດ[thoŋ¹ pi:at⁹];ກະສອບ[ka² sɔ:p⁹];ກະສອບປ່ານ[ka² sɔ:p⁹ pa:n⁵];ໄທ່ປ່ານ[thai⁵ pa:n⁵];ຖົງປອດ[thoŋ¹ pi:at⁹];ເປົາປ່ານ[pau¹ pa:n⁵] 岱-侬pao pán[pa:u¹pa:n⁵];ăn xac[ʔan¹ɛa:k⁷] 越泰tày mạ pủ[tai⁶ ma² pu³] 越bao tải[ʔba:u¹ ta:i³];bao gai[ʔba:u¹ ɣa:i¹]

【麻烦~别人】 泰รบกวน[rop⁸ ku:an²] 老ຮົບກວນ[hop⁸ ku:an¹] 岱-侬fàn[fa:n²] 越泰phiền[phi:n²] 越làm phiền[la:m² fi:n²]

【麻烦 这件事很~】 泰ยุ่งยาก[juŋ³ ja:k¹⁰] 老ຫຍຸ້ງຍາກ[nuŋ³ na:k¹⁰] 越phiền quá[fi:n² kwa⁵]

【麻风病】 泰เรื้อน[ruːan⁴];โรคเรื้อน[ro:k¹⁰ ruːan⁴];ขี้เรื้อน[khi:³ ruːan⁴];ขี้ทูด[khi:³ thu:t¹⁰] 老ຂີ້ທູດ[khi:³ thu:t¹⁰];ເຮື້ອນ[huːan¹];ໂລກເຮື້ອນທູດ[lo:k¹⁰ huːan¹ thu:t¹⁰];ກຸດຖັງ[kut⁷ thaŋ¹];ພະຍາດກຸດຖັງ[pha⁵ na:t¹⁰ kut⁷ thaŋ¹];ພະຍາດຂີ້ທູດ[pha⁵ na:t¹⁰ khi:³ thu:t¹⁰];ຂີ້ທູດ[khi:³ thu:t¹⁰];ຂີ້ທູດກຸດຖັງ[khi:³ thu:t¹⁰ kut⁷ thaŋ¹];ກຸດຖັງ[kut⁷ thaŋ¹] 岱-侬hầu[hɔu⁵];pình hầu[piŋ⁵ hɔu³] 越泰hượn[huːn⁴] 普rhăw³[rau³] 越hủi[hui³];bệnh hủi[ʔben⁶ hui³];bệnh cùi[ʔben⁶ kui:²];phong[fɔŋ¹];ma phong[ma¹ fɔŋ¹] 芒the lùn[the¹ lun²];bềnh the lùn[ʔben⁴ the¹ lun²]

【麻将】 泰ไพ่นกกระจอกของจีน[phai³ nok⁸ kra⁵ tsɔ:k⁹ khɔ:ŋ¹ tsi:n¹] 老ໄພ່ນົກກະຈອກ[phai⁴ nok⁸ ka² tsɔ:k⁹] 越bài xoa mạt chược[ʔba:i² swa¹ ma:t⁸ tsuːk⁸];ma tước[ma¹ tuːk⁷];mà chược[ma² tsuːk⁸]

【麻脸】 泰หน้าเพรียง[na:³ phri:aŋ²];หน้าเพรียงกิน[na:³ phri:aŋ² kin¹] 老ໜ້າຕາອອກຕຸ່ມ[na:³ ta:¹' ʔɔ:k⁹ tum⁵];ໜ້າລາຍ[na:³ la:i²];ໜ້າມອດ[na:³ mɔ:t¹⁰] 越mặt rỗi[mat⁸ zo⁴]

【麻木】 泰ชา[tsha:²];เหน็บชา[nep⁷ tsha:²] 老ມຶນຊາ[mun² sa:²];ມຶນ[mun¹] 岱-侬mửn[mun³];mồn[mon²] 越泰mák mạt[ma:k⁷ ma:t⁸] 越tê[te¹];tê dại[te¹ za:i⁶];tê cóng[te¹ kɔŋ⁵]

【麻雀❶】 泰นกกระจอก[nok⁸ kra⁵ tsɔ:k⁹];จอก[tsɔ:k⁹];กระจอก[kra⁵ tsɔ:k⁹] 老ຈອກ[tsɔ:k⁹];ນົກກະຈອກ[nok⁸ tsɔ:k⁹];ກະຈອກ[ka² tsɔ:k⁹];ນົກກະຈອກ[nok⁸ ka² tsɔ:k⁹] 岱-侬nộc choc[nok⁸ tɕok⁷] 普nuk³jaw³[nuk³ ja:u³] 越chim sẻ[tsim¹ ʂɛ³] 芒chim khé[tsim¹ khɛ⁵];con té khé[kɔn¹ tɛ⁵ khɛ⁵]

---

❶ 石家 thua⁴-nɔk⁴-cook 阿含 nuk D2S chǎk D1L 掸 nok D2S sɔk D1L 泐 nok D2S čok D1L

【麻绳】 泰 เชือกปอ[tshɯːak¹⁰ pɔː²];เชือกป่าน[tshɯːak¹⁰ paːn⁵] 老 ເຊືອກປ່ານ[sɯːak¹⁰ paːn⁵];ເຊືອກປ[sɯːak¹⁰ pɔː¹] 岱-侬 lền pán[len² paːn⁵] 越 dây gai[zɤi¹ γaːi¹];dây đay[zɤi¹ ʔdai¹]

【麻线】 泰 ด้ายลินิน[ʔdaːi³ li⁴ nin²];ด้ายป่าน[ʔdaːi³ paːn⁵] 老 ດ້າຍປ່ານ[ʔdaːi⁴ paːn⁵] 越 chỉ gai[tsi³ γaːi¹] 芒 chắc nhỡ[tsaːk⁸ ɲɤ⁴]

【麻疹❶】 泰 โรคหัด[roːk¹⁰ hat⁷];หัด[hat⁷] 老 ໝາກແດງ[maːk⁹ ʔdɛːŋ¹];ໝາກໃໝ່ໃນ[maːk⁹ mai⁴ naːi⁵];ຫັດ[hat⁷] 岱-侬 than[thaːn¹];mạc hắt[maːk⁷ hat⁷] 越泰 mắcđanh[maːk⁷ ʔdeŋ¹] 越 bệnh sởi[ʔben⁶ ʂɤːi³];ma chẩn[ma¹ tʂɤn³] 芒 bệnh khỏi[ʔben⁴ khɤːi⁵];khỏi[khɤːi⁵]

【麻子 脸上长~】 泰 รอยแผล[rɔːi² phlɛː¹];หน้าข้าวตัง[naː³ khaːu³ taŋ²] 老 ໜ້າມອດ[naː³ mɔːt¹⁰] 越 mặt rỗ[mat⁸ zo⁴]

【麻子 他是个~】 泰 คนหน้าข้าวตัง[khon² naː³ khaːu³ taŋ²] 老 ຄົນໜ້າມອດ[khon² naː³ mɔːt¹⁰];ຄົນໜ້າລາຍ[khon² naː³ laːi²] 越 người mặt rỗ[ŋɯːi² mat⁸ ro³]

【麻醉】 泰 ฉีดยาชา[tshiːt⁷ jaː² tshaː²];ทำให้มึนเมา[tham² hai³ mun² mau²] 越 gây mê[γɤi¹ me¹];gây tê[γɤi¹ te¹]

【麻醉药】 泰 ยาเบื่อเมา[jaː² ʔbɯːa⁵ mau²];ยาชา[jaː² tshaː²] 老 ຢາມຶນ[jaː¹ mun²];ຢາສະຫຼົບ[jaː¹ sa² lop⁷];ຢາເມົາ[jaː¹ mau²];ຢາມຶນເມົາ[jaː¹ mun² mau²];ຢາເສບຕິດ[jaː¹ seːp⁹ tit⁷];ຢາລະງັບເສັ້ນປະສາດ[jaː¹ la⁵ ŋap⁸ sen³ pa² saːt⁹] 岱-侬 da đin[jaː¹ ʔdin³] 越泰 da lừm[jaː¹ lum²] 越 thuốc gây mê[thuːk⁷ γɤi¹ me¹];thuốc mê[thuːk⁷ me¹];thuốc gây tê[thuːk⁷ γɤi¹ te¹];thuốc tê[thuːk⁷ te¹];thuốc ma tuý[thuːk⁷ maː¹ twi⁵];ma dược[maː¹ zuːk⁸] 芒 thuốc mê[thuːk⁷ me¹]

【马❷】 泰 ม้า[maː⁴] 老 ມ້າ[maː⁴] 岱-侬 mạ[ma⁴];tua mạ[tuə¹ ma⁴] 越泰 mạ[ma⁴] 普 zhê³[ze⁴];rhê¹

【麻绳】 [re³] ngựa[ŋɯə⁶];con ngựa[kɔn¹ ŋɯə⁶] 芒 ngữa[ŋɯə⁴];con ngửa[kɔn¹ ŋɯə⁴]

【马鞍】 泰 อานม้า[ʔaːn² maː⁴] 老 ອານມ້າ[ʔaːn¹ maː⁴] 越 yên ngựa[ʔin¹ ŋɯə⁶]

【马鞭草】 泰 ขนขวาย[khon¹ khwaːi²];ต้นขนขวาย[ton³ khon¹ khwaːi²] 老 ຕົ້ນຂົນຄວາຍ[ton⁴ khon¹ khwaːi²];ຂົນຄວາຍ[khon¹ khwaːi²] 越 cỏ roi ngựa[kɔ³ zɔi¹ ŋɯə⁶];mã tiên thảo[maː⁴ tiːn¹ thaːu³]

【马车】 泰 รถม้า[rot⁸ maː⁴] 老 ລົດມ້າ[lot⁸ maː⁴] 岱-侬 xe mạ[ɕɛ¹ ma⁴] 越泰 xe mạ[sɛ¹ maː⁴] 越 xe ngựa[sɛ¹ ŋɯə⁶] 芒 xe ngửa[sɛ¹ ŋɯə⁴]

【马齿苋】 泰 ผักเบี้ยใหญ่[phak⁷ ʔbiːa³ jai⁵] 老 ຜັກເບັ້ຍ[phak⁷ ʔbiːa⁴];ຜັກຕາກົ້ງ[phak⁷ taː¹ʼ koŋ⁴];ຕາກົ້ງ[taː¹ʼ koŋ⁴];ຕາໂກ້ງ[taː¹ʼ koŋ⁴] 岱-侬 phjăc slổm ca[phjak⁷ łom³ kaː¹] 越泰 phắc bia[phak⁷ biːa³] 越 rau sam[zau¹ ʂaːm¹]

【马刀】 泰 ดาบทหารม้า[ʔdaːp⁹ thaː⁴ haːn¹ maː⁴] 岱-侬 mạc dáng[maːk⁸ jaːŋ⁵];xẻo xính[sɛu³ ɕiŋ⁵] 越 mã tấu[maː⁴ tɤu⁵];kiếm của kỵ binh[kiːm⁵ kuə³ ɕi⁶ ʔbin¹]

【马蹬】 泰 ถีบ[thiːp⁹];โกลน[kloːn²];โกลนม้า[klɔːn² maː⁴] 老 ເຊງມ້າ[phaŋ¹ maː⁴];ເຊງຕີນ[phaŋ¹ tiːn¹];ກະແຍງ[ka² jɛːŋ⁵];ຢ່ອງອານມ້າ[juːaŋ⁵ ʔaːn¹ʼ maː⁴];ຢ່ອງຕີນ[juːaŋ⁵ tiːn¹] 越 bàn đạp ở hai bên yên ngựa [ʔbaːn² ʔdaːp⁸ ʔɤ³ haːi¹ ʔben¹ ʔin¹ ŋɯə⁶]

【马灯】 泰 ตะเกียงรั้ว[ta⁵ kiaŋ³ rua⁴] 岱-侬 đéntềng lồm[ʔden⁵ taːŋ³ lom²] 越泰 đền cổng[ʔden² koŋ³] 越 đèn bão[ʔden² ʔbaːu⁴]

【马粪】 泰 ขี้ม้า[khiː³ maː⁴] 老 ຂີ້ມ້າ[khiː³ maː⁴] 越 cứt ngựa[kɯt⁷ ŋɯə⁶]

【马蜂】 泰 ต่อ[tɔː⁵];ตัวต่อ[tuːa² tɔː⁵] 老 ຕໍ່[tɔː⁵];ຕົວຕໍ່[tuːa¹ tɔː⁵];ແມງຕໍ່[mɛːŋ² tɔː⁵];ຕໍ່ຕຸ້ມ[tɔː⁵ tum⁴] 岱-侬

❶ 石家 hat⁷
❷ 石家 maa⁶　阿含 mā C2

tó[tɔ⁵];tua tó[tua¹ tɔ⁵]　越泰tó[tɔ⁵];tô tó[to¹ tɔ⁵]　越ong vẽ[ʔoŋ¹ vɛ⁴];ong bắp cày[ʔoŋ¹ ʔbap⁷ kai²]

【马虎】　泰สะเพร่า[sa⁵ phrau³];เลินเลอ[lə:n² lə:i²]　老ຕາມວາດ[ta:m¹¹va:t¹⁰];มะลุบมะอ่าย[ma⁵lup⁸ma⁴lwa:i⁵];ເລົ້າເຈົ້ຍ[lə⁵sə:²];ลวกๆ[lu:ak¹⁰lu:ak¹⁰];ลวดลาด[lu:at¹⁰ la:t¹⁰]　岱-侬dà ưa[ja³ ʔuɑ¹];lụp loạp[lup⁸ lwa:p⁸]　越泰phột phạt[phot⁸ pha:t⁸]　越qua loa[kwa¹ lwa¹];cẩu thả[kʏu³ tha³];ẩu[ʔɤu³]

【马鲛鱼】　泰ปลาอินทรี[pla:²ʔin² si:²]　老ປາອິນຊີ[pa:¹¹ ʔin¹ si:²]　越cá thu[ka⁵ thu¹]

【马厩❶】　泰คอกม้า[khɔ:k¹⁰ma:⁴];โรงม้า[ro:ŋ² ma:⁴]　老ຄອກມ້າ[khɔ:k¹⁰ma:⁴]　岱-侬táu mạ[tau⁵ma⁴]　普zô⁴zhê³[zo⁴ze³];rô⁴rhê³[ro⁴ɹe³]　越chuồng ngựa[tsu:ŋ² ŋɯa⁴]

【马驹】　泰ลูกม้า[lu:k¹⁰ma:⁴]　老ມ້ານ້ອຍ[ma:⁴nɔ:i⁴]　普ʔjang³ zhê³[ʔia:ŋ³ ze³];ʔjang³ rhê³[ʔia:ŋ³ ɹe³]　越ngựa con[ŋɯa⁶ kɔn¹]

【马口铁】　泰เหล็กวิลาด[lek¹¹wi⁴la:t¹⁰]　老ເຫຼັກວິລາດ[lek¹¹ vi⁴ la:t¹⁰]　越sắt tây[ʂat⁷ tɤi¹]

【马裤】　泰กางเกงขี่ม้า[ka:ŋ³ke:ŋ³khi:⁵ma:⁴]　老ໂສ້ງຂີ່ມ້າ[so:ŋ³khi:⁵ma:⁴]　越quần cưỡi ngựa[kwɤn² kɯ:i⁴ ŋɯa⁶];quần đi ngựa[kwɤn² ʔdi¹ ŋɯa⁶];quần chẽn ống[kwɤn² tsɛn⁴ ʔoŋ⁵];quần ống túm[kwɤn² ʔoŋ⁵ tum⁵]

【马力】　泰แรงม้า[rɛ:ŋ²ma:⁴]　老ແຮງມ້າ[hɛ:ŋ²ma:³]　岱-侬rèng mạ[rɛŋ² ma⁴]　越mã lực[ma⁴ luk⁸];sức ngựa[ʂɯk⁷ ŋɯa⁶]

【马铃薯】　泰มันฝรั่ง[man² fa⁵ raŋ²]　老มับฝะลั่ง[man² fa² laŋ⁵];หัวมันฝะลั่ง[hu:a¹ man² fa² laŋ⁵]　岱-侬mằn fan[man² fa:n¹]　普jăng² juj⁴[jaŋ² jui⁴]　越khoai tây[xwa:i¹ tɤi¹]　芒khoai tây[khwa:i¹ tɤi¹]

【马笼头】　泰ห่วงสวมหัวม้า[hu:aŋ⁵ su:am¹ hu:a¹ ma:⁴];ง่อง[ŋɔ:ŋ³]　老ເຊືອກໄບຍ່ມ້າ[sɯ:ak¹⁰ nai³ ma:⁴];ໄບຍ່ມ້າ[nai³ ma:⁴];ຂະຫຼຸມ[kha² lum¹]　岱-侬loòng mạ[lɔ:ŋ² ma⁴]　越泰pắm mạ[pam² ma⁴];châu mạ[tsau ma⁴]　普qalyung⁴[qa⁰ lyuŋ⁴]　越phần chụp cương ngựa[fɤn² tsup⁸ kɯ:ŋ¹ ŋɯa⁶]

【马路】　泰ถนน[tha⁵ non¹]　老ຫາງຖະໜົນ[tha:ŋ tha² non¹]　越đường cái[ʔdɯ:ŋ² ka:i⁵];đường sá[ʔdɯ:ŋ² ʂa⁵];đường ô tô[ʔdɯ:ŋ² ʔo¹ to¹]

【马鹿】　泰กวางแดง[kwa:ŋ² ʔdɛ:ŋ²]　老ກວາງ[kwa:ŋ²]　越nai sừng tấm[na:i¹ ʂɯŋ² tɤm⁵]

【马钱子】　泰ต้นจะกลิ้ง[ton³tsa⁵kliŋ³]　老ຕົມກາເຜື່ອ[tu:m¹¹ka:¹¹khɯ:a²];ກິກ แสงเบื่อ[kok⁷ sɛŋ¹ ʔbɯ:a⁵];พะยามีเขลีก[pha⁵ ɲa:² mɯ:² lek⁷]　越cây mã tiền[kɤi¹ ma⁴ ti:n²];mã tiền tử[ma⁴ ti:n² tɯ³];mã tiền[ma⁴ ti:n²]

【马枪】　泰ปืนคาไบน์[pɯ:n²kha:²ʔbai²];ปืนคาบิน[pɯ:n²kha:²ʔbin²]　老ປືນຄາບາຍ[pɯ:n¹¹kha:² ba:i¹]　越súng ky binh[ʂuŋ⁵ ki⁶ ʔbiɲ¹]

【马上❷】　泰กึก[kɯk⁷];ขวับ[khwap⁷];โดยพลัน[ʔdo:i² phlan²];ติดหมัด[tit⁷mat⁷];ทันควัน[than²khwan²];เป็นควัน[pen¹ khwan²];ผ็อย[phoi¹];ผุบ[phup⁷];สะพรึบ[sa⁵ phrup⁸];บัด[ʔbat⁷];พับ[phap⁸]　老ກະຂັດຂັບ[ka² than² han¹];ສະປະທີ[sa²pa²thi⁵];ສັບພະລັນ[sap pha⁵lan²];ກະບັດ[ka² ʔbat⁷];ໂດຍທັນໃດ[ʔdo:i¹¹than² ʔdai¹];ໂດຍທັນທີ[ʔdo:i¹¹than²thi:²];ທີດງວ[thi:² ʔdi:au¹];ທັນຄວັນ[than² khwan²];ທັນໃດ[than² ʔdai¹];ທັນໃດນັ້ນ[than²ʔdai¹nan⁴];ທັນທີ[than²thi:²];ທັນທີທັນໃດ[than² thi:² than² ʔdai¹];ໃນທັນໃດ[nai² than² ʔdai¹];ປະຈຸບັນ[pa²tsu²ʔban¹];ພະລັນ[pha⁵lan²];ໂລດ[lo:t¹⁰];ຮີບ[hi:p¹⁰];ຮີບໄວ[hi:p¹⁰vai²];ເຮືອພະລັນ[he:u² pha⁵ lan²];ໂລດ[lo:t¹⁰]　岱-侬făn fi[fan¹ fi¹]　越泰xi xa[si¹ sa¹];ngay[ŋai¹];cắp bát[kap⁷ ʔba:t⁷]

---

❶ 石家 gɔɔk⁵
❷ 阿含 khān-mā-chām

越ngay[ŋai¹];lập túc[lɤp⁸ tuk⁷];ngay lập túc[ŋai¹ lɤp⁸tuk⁷];ngay bây giờ[ŋai¹ʔbɤi¹zɤ¹];chốc lát [tsok⁷la:t⁷];túc thì[tuk⁷thi²] 芒mái[ma:i⁵];mái dấp nì[ma:i⁵zɤp⁷ni²];huối cã nì[hu:i⁵ka⁴ni²]

【马蹄】 泰กีบม้า[ki:p⁹ ma:⁴] 老เล็บม้า[lep⁸ ma:⁴] 岱-侬tip mạ[tip⁷ma⁴];kip[kip⁷ma⁴] 越泰típ mạ[tip⁷ma⁴] 普pjat² zhê³[pja:t⁸zeˀ³];pjat³ rhê³[pja:t⁸reˀ³] 越móng ngựa[mɔŋ⁵ŋɯə⁶] 芒móng ngửa[mɔŋ³ ŋɯə⁴]

【马桶】 泰ถังอุจจาระ[thaŋ¹ ʔut⁷ tsa:² ra⁴];ถังชักโครก [thaŋ¹tshak⁸khro:k¹⁰];โถส้วม[tho:¹su:am³] 老ถ้วยอุจจาละ[thaŋ¹ ʔut⁷ tsa:¹¹ la⁵];ถ้วยขี้[thaŋ¹ khi:³] 越bàn cầu[?ba:n² kɤu²];cái bô[ka:i⁵ ?bo¹]

【马戏】 泰ละครสัตว์[la⁴khɔ:n² sat⁷] 老ละคอนสัด [la⁵khɔ:n²sat⁷] 越xiếc thú[si:k⁷thu⁵];ngựa biểu diễn xiếc[ŋɯə⁶?bi:u³zi:n⁴si:k⁷];xiếc động vật [si:k⁷ ?dɔŋ⁶ vɤt⁸]

【马扎】 泰ม้านั่งแบบพับ[ma:⁴ naŋ³ ?bɛ:p⁹ phap⁸] 老ตั่งพับ[taŋ⁵ phap³] 越ghé xếp[ɣe⁵ sep⁷];ghế gấp [ɣe⁵ ɣɤp⁷]

【马掌】 泰เกือกม้า[kɯ:ap⁹ ma:⁴] 老เหล็กติบม้า[lek⁷ ti:n¹¹ ma:⁴] 越sắt móng ngựa[ʂat⁷ mɔŋ⁵ ŋɯə⁶]

【马鬃】 泰ขนแผงคอม้า[khon¹ phe:ŋ¹ khɔ:² ma:⁴] 老ขิมถูกม้า[khon¹ khuk¹⁰ ma:⁴];แผงม้า[phe:ŋ¹ ma:⁴];แผงม้า[fe:ŋ¹ma:⁴] 岱-侬chông mạ[tɕoŋ¹ma⁴] 越泰cụk mạ[kuk⁸ ma²] 普măng⁴ zhê³[maŋ⁴ ʐê³]; qamhăng⁴rhê³[qa⁰maŋ⁴ɹê³] 越bòm ngựa[?bɤ:m² ŋɯə⁶] 芒lông mao ngựa[loŋ¹ ma:u¹ ŋɯə⁴]

【蚂蚁❶】 泰มด[mot⁸] 老มิด[mot⁸];ตัวมิด[tu:a¹ mot⁸] 岱-侬mật[mət⁸];một[mot⁸] 越泰một [mot⁸] 普qadew⁴[qa⁰ deu⁴];qalew⁴[qa⁰ leu⁴] 越kiến[ki:n⁵];con kiến[kɔn¹ ki:n⁵] 芒kiến[ki:n⁵]

【蚂蚁窝】 泰รังมด[raŋ² mot²] 老ฮัง มิด[han² mot⁸]

【玛瑙】 泰โมรา[mo:² ra:²];หินโมรา[hin² mo:² ra:²] 老แก้วโมลา[kɛ:u⁴ mo:² la:²];โมลา[mo:² la:²] 越mã não[ma⁴ na:u⁴]

【码头】 泰ท่า[tha:³];ท่าเรือ[tha:³ rɯ:a²];ท่าน้ำ[tha:³nam⁴] 老ท่า[tha:⁵];ท่ากำปั่น[tha:⁵ kam¹¹ pan⁵];ท่าข้าม [tha:⁵ kha:m³];ท่าเฮือ[tha:⁵ hɯ:a²];สะพานท่ากำปั่น [sa²pha:n²tha:⁵kam¹¹pan⁵] 岱-侬slooc[ɬɔ:k⁷];phẳng [phaŋ³];bến[?ben⁵] 越bến[?ben⁵];bến tàu[?ben⁵ tau²];bến cảng[?ben⁵ ka:ŋ³]

【骂】 泰ด่า[?da:⁵] 老ด่า[?da:⁵] 岱-侬đá[?da⁵]; bjăc[?bjak⁷];tiu[tiu³];pòm pè[pɔm²pɛ²] 越泰đá [?da⁵] 普Nhăp⁵[ŋap⁵];kăn²mhaj⁵[kan²ma:i⁴];zơng³ [zɤ:ŋ³];qan²[qa:n²] 越chửi[tsɯi³];mắng[maŋ⁵] 芒tō[tɔ⁴];bằng chưới[?baŋ² tsɯ:i⁵];bằng[?baŋ⁵]

【埋】 泰ฝัง[faŋ¹] 老ฝัง[faŋ¹] 岱-侬phăng [phaŋ¹];puôi[pu:i²];puồn[pu:n²] 越泰móc [mok⁷];phăng[phaŋ¹] 越chôn[tson¹];vùi[vui²] 芒pằm[pɤm³]

【埋伏】 泰ซุ่ม[sum⁴¹] 老ดักสะกัด[?dak⁷sa²kat⁷]; ซีกซอม[phok⁷sɔ:m²];ซีก[phok⁷] 越mai phục[ma:i¹ fuk⁸] 芒mai phục[ma:i¹ fuk⁸]

【埋葬】 泰ฝัง[faŋ¹];ฝังศพ[faŋ¹sop⁷] 老ฝัง[faŋ¹]; บังสืบ[poŋ¹¹ sop⁷] 岱-侬tàng mả[ta:ŋ³ ma³];lồng mả[loŋ² ma³];phăng[phaŋ¹] 越泰phăng[phaŋ¹] 越chôn[tson¹];chôn cất[tson¹ kɤt⁷];chôn vùi[tson¹ vui²];mai táng[ma:i¹ ta:ŋ⁵] 芒pằm mon[pɤm³ mɔn¹]; pằm mon chôn quên[pɤm³ mɔn¹ tson¹ kwɛn⁴]; pằm[pɤm³]

【买❷】 泰ซื้อ[sɯ:⁴] 老ซื้อ[sɯ:⁴] 岱-侬xư[ɕɯ⁴]; dự[jɯ⁴];chảo[tɕa:u³];tậu[tɤu⁴] 越泰xư[sɯ⁴] 普sư²[sɯ²] 越mua[muə¹] 芒thău[thau⁴];

---

❶ 石家mxk⁶　阿含nyu-chu
❷ 阿含shu C2;shüw C2　掸shï C2　泐sï C2

chác[tsa:k⁷]

【买断】 泰 ซื้อกลวง[sɯ:⁴ klu:aŋ²] 老 ຊື້ຂາດ[sɯ:⁴ kha:t⁹] 越 mua đứt[muə¹ ʔdut⁷]

【买方】 泰 ฝ่ายซื้อ[fa:i⁵ sɯ:⁴] 老 ຝ່າຍຊື້[fa:i⁵ sɯ:⁴] 越 bên mua[ʔben¹ muə¹]

【买价】 泰 ราคาซื้อ[ra:² kha:² sɯ:⁴] 老 ລາຄາຊື້[la:² kha:² sɯ:⁴] 越 giá mua[za⁵ muə¹] 芒 dà mua[za² muə¹]

【买卖❶】 泰 การค้าขาย[ka:n² kha:⁴ kha:i¹];การค้า[ka:n² kha:⁴];ซื้อขาย[sɯ:⁴ kha:i¹] 老 ຂາຍຄ້າ[kha:i¹ kha:⁴];ການຊື້ຂາຍ[ka:n¹ˈ sɯ:⁴ kha:i¹];ຄ້າຂາຍ[kha:⁴ kha:i¹];ການຄ້າຂາຍ[ka:n¹ˈ kha:⁴ kha:i¹];ທຳມາຄ້າຂາຍ[tham ma:² kha:⁴ kha:i¹] 岱-侬 puôn pản[pu:n¹ pa:n³];puôn pản[pu:n¹ pa:n³];sleng í[ɬɛŋ¹ ʔi⁵] 越泰 cạ khai[ka⁶ kha:i¹] 越 mua bán[muə¹ ʔba:n⁵];mua bán[muə¹ ʔba:n⁵] 芒 muapainh[muə¹ pa:in³];puôn painh[pu:n¹ pa:in³]

【买通】 泰 ติดสินบน[tit⁷ sin¹ ʔbon²] 老 ຊື້[sɯ:⁴] 越 đút lót[ʔdut⁷ lɔt⁷];mua chuộc[muə¹ tsu:k⁸];đấm mõm[ʔdɤm⁵ mɔm⁴]

【买主】 泰 ผู้ซื้อ[phu:¹ sɯ:⁴] 老 ເຈົ້າຈຳນຳ[tsau⁴ tsam¹ nam¹];ຜູ້ຊື້[phu:³ sɯ:⁴] 越 người mua[ŋɯ:i² muə¹];chủ mua hàng[tsu³ muə¹ ha:ŋ²];bên mua[ʔben¹ muə¹] 芒 môl mua[mɔl⁴ muə¹]

【卖❷】 泰 ขาย[kha:i¹];จำหน่าย[tsam² na:i⁵];ออกจำหน่าย[ʔɔ:k⁹ tsam² na:i⁵] 老 ຂາຍ[kha:i¹] 岱-侬 khai[kha:i¹] 越泰 khai[kha:i¹] 普 dâj³[dɤi³];li³[li³] 越 bán[ʔba:n⁵] 芒 painh[pa:in³]

【卖方】 泰 ฝ่ายขาย[fa:i⁵ kha:i¹] 老 ຝ່າຍຂາຍ[fa:i⁵ kha:i¹] 越 bên bán[ʔben¹ ʔba:n⁵]

【卖乖】 泰 อวดความฉลาด[ʔu:at⁹ khwa:m² tsha⁵ la:t⁹];อวดฉลาด[ʔu:at⁹ tsha⁵ la:t⁹] 老 ອວດສະຫຼາດ[ʔu:at⁹ sa² la:t⁹] 越 khoe tài[xwɛ¹ ta:i²]

【卖身】 泰 ขายตัว[kha:i¹ tu:a²] 老 ຂາຍຕົວ[kha:i¹ tu:a²] 越 bán thân[ʔba:n⁵ thɤn¹];bán mình[ʔba:n⁵ min²] 芒 painh thân[pa:in³ thɤn¹]

【卖淫】 泰 ค้าประเวณี[kha:⁴ pra²we:² ni:²] 老 ຄ້າປະເວນີ[kha:⁴ pa²ve:² ni:²];ຂາຍເບື້ອສົດ[kha:i¹ nɯ:a⁴ sot⁷] 越 bán dâm[ʔba:n⁵ zɤm¹];mãi dâm[ma:i⁵ zɤm¹];làm đĩ[la:m² ʔdi⁴] 芒 painh tỹ[pa:in³ ti²];painh tlôn[pa:in³ tlon¹]

【卖主】 泰 ผู้ขาย[phu:¹ kha:i¹] 老 ຜູ້ຂາຍ[phu:³ kha:i¹] 越 chủ hàng[tsu³ ha:ŋ²];người bán hàng[ŋɯ:i² ʔba:n⁵ ha:ŋ²];người bán[ŋɯ:i² ʔba:n⁵];bên bán[ʔben¹ ʔba:n⁵] 芒 môl painh hàng[mɔl⁴ pa:in³ ha:ŋ²]

【麦粒肿】 泰 ตากุ้งยิง[ta:² kuŋ³ jiŋ²] 老 ຕາຕໍ່[ta:¹' tɔ:⁴];ກຸ້ຍິງ[kuŋ⁴ ɲiŋ²] 越 cái chắp ở mắt[ka:i⁵ tsap⁷ ʔɤ⁵ mat⁷]

【麦苗】 泰 ต้นกล้าข้าวสาลี[kha:u³ sa:¹' li:²] 老 ຕົ້ນເຂົ້າບະເລ[ton⁴ khau³ ʔba² le:²] 越 mạ lúa mì[ma⁶ luə⁵ mi²]

【麦穗】 泰 รวงข้าวสาลี[ru:aŋ² khau³ sa:¹' li:²] 老 ຮວງເຂົ້າບະເລ[hu:aŋ² khau³ ʔba² le:²] 越 bông lúa mì[ʔboŋ¹ luə⁵ mi²]

【麦田】 泰 นาข้าวสาลี[na:² khau³ sa:¹' li:²] 老 ນາເຂົ້າບະເລ[na:² khau³ ʔba² le:²] 越 ruộng lúa mì[ʐu:ŋ⁶ luə⁵ mi²]

【麦芽糖】 泰 ขนมข้าวมอลท์[kha⁵ nom¹ khau:³ mɔ:n²] 老 ຕັງເມ[taŋ¹ me:²];ນ້ຳຕາມມັນໂຕ[nam⁴ ta:n¹' man¹ to:¹'] 越 kẹo mạch nha[kɛu⁶ mat⁸ ɲa¹];mạch nha[mat⁸ ɲa¹];kẹo mè xửng[kɛu⁶ mɛ² sɯŋ³];man-tô-za[ma:n¹ to¹ za¹]

【脉搏】 泰 ชีพจร[tshi:p¹⁰ pha⁴ tson²] 老 ກຳມະຈອນ[kam¹' ma⁵ tsɔ:n¹];ຊີພະຈອນ[si:² pha⁵ tsɔ:n¹] 越

---
❶ 石家 khaa⁶
❷ 石家 kwaay¹　掸 khai A1　泐 xai A1

【迈步❶】 泰ก้าวเท้า[ka:u³ thau⁴] 老ย่าง[ja:ŋ⁵] 岱-侬dám[ja:m⁵];càm[ka:m²] 普kương⁴[kɯ:ŋ⁴];lăj³ kương⁴[lai² lɯ:ŋ⁴] 越bước[ʔbɯ:k⁷];bước chân[ʔbɯ:k⁷ tsɤn¹] 芒pước chân[pɯ:k⁷ tsɤn¹];đuổng ti[ʔdu:ŋ³ ti¹]

【蛮横】 泰เกกมะเหรก[ke:k⁹ ma⁴ re:k⁹] 岱-侬thât tháo[thət⁷tha:u⁵];quàng quẩy[kwa:ŋ²kwəi³] 越ngang ngược[ŋa:ŋ¹ŋɯ:k⁸];ngang như cua[ŋa:ŋ¹ nɯ¹ kuə¹]

【埋怨】 泰บ่น[ʔbon⁵] 老บ่ม[ʔbon⁵] 岱-侬tách[tɛk⁷];quái[kwa:i⁵];quay[kwai⁵];náu[nau⁵];chẳng[tɕaŋ²] 越泰chốm[tsom⁵] 越oán trách[ʔwa:n⁵ tsat⁷];oán thán[ʔwa:n⁵tha:n⁵];ta thán[ta¹tha:n⁵];phàn nàn[fa:n²na:n²] 芒wán tlách[wa:n³tlat⁷];phàn nàn[fa:n² na:n²]

【满❷】 泰เต็ม[tem²] 老เต๋ม[tem] 岱-侬têm[tem¹] 越泰têm[tem¹] 普têk⁵[tek⁵] 越đầy[ʔdɤi²];chật[tsɤt⁸] 芒tầy[tɤi²];nòng[nɔŋ²];lăm[lam¹]

【满分】 泰คะแนนเต็ม[kha⁴nɛ:n²tem²] 老ละแบบเต๋ม[kha⁵ nɛ:n² tem¹] 越điểm tối đa[ʔdi:m³ toi⁵ ʔda¹]

【满意】 泰กริ่ม[krim⁵];ช่ำ[tsham³];ต้องใจ[tɔ:ŋ² tsai²];ยินดี[jin² tsai²];พอใจ[phɔ:² tsai²];พออกพอใจ[phɔ:² ʔok⁷phɔ:² tsai²] 老ทึกใจ[thɯ:k⁹tsai¹];ยินดี[n̪in²di:¹];ยินดีซึ่งซึ่ม[n̪in²di:¹¹som⁵sɯ:n⁵];สะบายใจ[sa² ʔba:i¹tsai²];สะทอด[sa² vat⁹];สัมดุก[san¹ ʔdut⁷];สัมตุดทะ[san¹ tut⁷ tha²];สบใจ[sop⁷ tsai¹];สบเสีย[sop⁷ si:a¹];ทะขยิ่ม[ka²n̪im⁵];ขอบใจ[sɔ:p¹⁰tsai¹];ขอบ เมื่อเชื่อใจ[sɔ:p¹⁰nɯ:a⁴sɯɯ:a⁴tsai¹];ดิบดี[ʔdip⁷ ʔdi:¹];ดิบดี[ʔdɯp⁷ ʔdi:¹];มีย่มซึ่งซึ่ม[ni⁵ n̪om² som² sɯɯ:n⁵];เป็นที่พึ่งใจ[pen¹ thi:⁵ phɔ:² tsai¹];ปิ่ม[pɯm⁴];พิลิม[phi⁵ lom²];พึ่งพึงใจ[phɯ:²phɯŋ²phɯ:²

ʔok⁷phɔ:² tsai²];เพิ่งใจ[phəŋ² tsai¹];เพิ่งพึงใจ[phəŋ² phɔ:²tsai²];ดุดสะดี[ʔdut⁷sa² di:¹];เม็ง[mə:ŋ²];เฮ็ง[hə:ŋ²];เฮง[həŋ²];ทีงใจ[thɯ:k⁹ tsai²] 岱-农cò lồng[kɔ² loŋ²];thuc toọng[thuk⁷ tɔ:ŋ⁴];em sìm[ʔɛm¹ łim¹] 普si³ hwan²[si³ hua:n³] 越bằng lòng[ʔbaŋ² lɔŋ²];hài lòng[ha:i² lɔŋ²];đẹp ý[ʔdɛp⁸ ʔǐ²];vừa ý[vɯə² ʔi⁵];vừa lòng[vɯə² lɔŋ²] 芒vừa ỳ[vɯə² ʔi³];tep ỳ[tɛp⁸ ʔi³]

【满月 婴儿~】 泰(เด็กที่เกิดใหม่)ครบเดือน[(ʔdek⁷ thi:³ kə:t⁹ mai⁵) khrop⁸ ʔduən²] 老ถับ เดือน[khop⁸ ʔduːən²];ออกใฟ[ʔɔ:k⁹ fai:²];ออกทำ[ʔɔk⁹ kam¹];ออก เดือน[ʔɔ:k⁹ʔduːən²] 岱-侬têm bươn[tɤm¹ ʔbɯm¹] 越泰nhá phāy[na⁵ phai²];bươn têm [ʔbɯ:n¹ tɤm¹] 越đầy tháng[ʔdɤi² tha:ŋ⁵];khẳm tháng[xam⁵ tha:ŋ⁵]

【满月 指月亮】 泰พระจันทร์เต็มดวง[phra⁴ tsan² tem² ʔduːəŋ²];ดวงจันทร์เต็มดวง[ʔduəŋ² tsan² tem² ʔduːəŋ²];จันทร์เพ็ญ[tsan² phen²] 老เดือนเพ็ง[ʔduːan¹¹ pheŋ²];เดือนเพ็งแจ้ง[ʔduːan¹¹ pheŋ² tsɛ:ŋ⁴];บลิมาฅ[ʔtɔ:¹ li⁴ma:t¹⁰];บุนจับ[ʔbun¹¹ tsan¹];พะจับเต็มดวง[pha⁵ tsan¹¹ tem² ʔduːəŋ¹];พะจับอับเพ็ง[pha⁵ tsan¹¹ van² pheŋ²] 越trăng tròn[tsaŋ² tsɔn²];trăm rằm[tsaŋ² zam²]

【满足 心里很~】 泰พอใจ[phɔ:²tsai²];ทำให้พอใจ[tham² hai³phɔ:²tsai²];ครุ้ม[khrum⁴] 老สะหนอง[sa²nu:aŋ¹];สำนอง[sam¹nɔ:ŋ¹];สัมดุก[san¹ ʔdut⁷];สัมตุดทะ[san¹ tut⁷ tha²];สบใจ[sop⁷ si:a¹];ตอบสะหนอง[tɔ:p⁹ sa²nɔ:ŋ¹];เต็ม[tem²];พึ่ง[phɯŋ²];พึ่งใจ[phɔ:² tsai¹];เพิ่งใจ[phəŋ² tsai²];เพิ่งพึ่ง[phəŋ² phɯŋ²];ทำ[nam¹];อิ่ม[ʔi:m⁵] 岱-侬cò lồng[kɔ² loŋ²];khôn cò lộm[khon¹ kɔ² lom⁴] 越泰thuồm mò[thu:m³ mɔ⁶] 越thỏa mãn[thwa² ma:n⁴];đầy đủ[ʔdɤi² ʔdu³]

【满足 ~他的要求】 泰พอใจ[phɔ:²tsai²];ทำให้พอใจ[tham² hai³ phɔ:² tsai²] 老ตอบสะหนอง[tɔ:p⁹ sa²

---

❶ 阿含 jāng B2  掸 jaŋ B2  渤 ñaŋ B2
❷ 石家 rim²  拉哈 tik⁵

nɔ:ŋ¹]　越thoả mān[thwa³ ma:n⁴]

【满座】泰เต็ม[tem²]　老ឃិດហិ້ນບໍ່ງ[mot⁷ thi:⁵ naŋ⁵]　越kín ráp[kin⁵za:p⁸];hét chỗ[het⁷tso⁴];chật rạp[tsɤt⁸ za:p⁸]

【慢走得~】泰ช้า[tsha:⁴];ค่อย[khɔ:i³]　老ຫລ້າຂ້າ[la:³ sa:⁴];ต่อย[khɔ:i⁵]　岱-侬nàn[na:n²]　越chậm[tsɤm⁶];chậm chạp[tsɤm⁶tsa:p⁸]　芒chẫm[tsɤm⁴]

【慢车】泰รถไฟขบวนธรรมดา[rot⁸ fai² kha⁵ ʔbu:an² tham² ma⁴ ʔda:²];รถที่วิ่งช้า[rot⁸ thi:³ wiŋ² tsha:⁴]　老ລິດໄພດ່ວນ[lot⁸ fai² ʔdu:an⁵]　越tàu chậm[tau² tsɤm⁶];tàu vét[tau² vɛt⁷];tàu chợ[tau² tsɤ⁶];xe đi chậm[sɛ¹ ʔdi¹ tsɤm⁶]

【慢跑】泰วิ่งช้า[wiŋ³ tsha:⁴]　老ແລ່ນຊ້າ[lɛ:n⁵ sa:⁴]

【慢性病】泰โรคเรื้อรัง[ro:k¹⁰rɯ:a⁴raŋ²]　老ໂລກເຊື້ອຮັງ[lo:k¹⁰hɯ:a⁴haŋ²];ໂລກຊຳເຊື້ອ[lo:k¹⁰ sam² hɯ:a⁴];ໂລກປະຈຳ[lok¹⁰ pa² tsam¹];ພະຍາດຊຳເຊື້ອ[pha⁵ ɲa:t¹⁰ sam² hɯ:a⁴];ພະຍາດເຊື້ອຮັງ[pha⁵ ɲa:t¹⁰ hɯ:a⁴ haŋ²]　越bệnh mãn tính[ʔben₆ ma:n⁴ tiɲ⁵];bệnh kinh niên[ʔben₆ kiɲ¹ ni:n¹]

【慢性子~的人】泰เชื่องช้า[tshɯ:aŋ³ tsha:⁴]　老ບິດໄສໃຈເຢັນ[nit⁸sai¹tsai¹jen¹']　越tính chậm chạp[tiɲ⁵ tsɤm⁶ tsa:p⁸]

【蔓延】泰ลุกลาม[luk⁸ la:m²];แผ่ขยาย[phɛ:⁵ kha⁵ ja:i¹]　老ລາມ[la:m²];ລຸກລາມ[luk⁸ la:m²];ຢີ[hɯ:²];ກຸ້ມ[kum²]　岱-侬cản[ka:n³];pàn[pa:n³]　越泰lām ra[la:n¹ za:¹];lan[la:n¹]　芒lan[la:n¹]

【芒果❶】泰มะม่วง[ma⁴mu:aŋ³]　老ໝາກມ່ວງ[ma:k⁹ mu:aŋ⁵]　岱-侬mac muỗng[ma:k⁷ mu:ŋ⁶]　越泰mák muỗng[ma:k⁷ mu:ŋ⁶]　越quả xoài[kwa³ swa:i²];quả muỗm[kwa³ mu:m⁴]　芒tlài quèo[tla:i³ kwɛu³]

【芒果树❷】泰ต้นมะม่วง[ton³ma⁴mu:aŋ³]　老ຕົ້ນມ່ວງ[ton⁴mu:aŋ⁴]　岱-侬co mac muỗng[ko¹ ma:k⁷mu:ŋ⁴]　越cây xoài[kɤi¹ swa:i²]

【盲肠】泰ไส้ติ่ง[sai³tiŋ⁵];กระพุ้งลำไส้ใหญ่[kra⁵phuŋ⁴ lam² sai⁵jai⁵]　老ໄສ້ຕັບ[sai³tan¹'];ໄສ້ເຫື້ອ[sai³ lɯ:a¹];ກົກໄສ້ແກ່[kok⁷sai³kɛ:⁵]　岱-侬slầy slut[ɬɤi³ ɬut⁷];slầy chùn[ɬɤi³ tɕun³]　越泰xảy xút[sai⁵ sut⁷]　普saj³ lhɯ¹[sa:i³]lɯ¹]　越ruột thịt[ʐu:t⁸ thit⁸];ruột thừa[ʐu:t⁸ thɯə²]　芒roch cut[rɔt⁸ kut⁸]

【忙】泰ยุ่ง[juŋ³];งานเต็มมือ[ŋa:n²tem²mɯ:²]　老ຫຍຸ້ງ[ɲuŋ³]　岱-侬nhắng[ɲaŋ⁵];cắt việc[kat⁸ vi:k⁸]　越泰tao[ta:u¹]　越bận[ʔbɤn⁶]　芒pẵn[pɤn⁴]

【蟒】泰งูเหลือม[ŋu:² lɯ:am¹];หลาม[la:m¹];งูหลาม[ŋu:² la:m¹];ไอ้หลาม[ʔai³ la:m¹]　老ເຫຶ້ອມ[lɯ:am¹];ງູເຫຶ້ອມ[ŋu:²lɯ:am¹];ງູຫລາມ[ŋu:²la:m¹]　岱-侬tua lươm[tuə¹ lɯ:m¹];tua tảng[tuə³ ta:ŋ³]　越泰lươm[lɯ:m¹];ngũ lươm[ŋu:²lɯ:m¹]　越con trăn[kɔn¹ tsan¹]　芒con tlăn[kɔn¹ tlan¹]

【猫❸】泰แมว[mɛ:u²]　老ແມວ[mɛ:u²];จักตีบ[tsak⁷khi:p¹⁰]　岱-侬mèo[mɛu²];tua mèo[tuə¹ mɛu²]　越泰mèo[mɛu²];tô mèo[to¹ mɛu²]　普mjaw¹[mja:u¹];mew¹[mɛu¹]　越mèo[mɛu²];con mèo[kɔn¹ mɛu²]　芒mèo[mɛu²]

【猫头鹰❹】泰เค้า[khau⁴];นกเค้า[nok⁸ khau⁴];นกเค้าแมว[nok⁸ khau⁴ mɛ:u²];นกฮูก[nok⁸ hu:k¹⁰]　老ນົກເຄົ້າ[nok⁸ khau⁴];ຂີ້ທີ[khi:³ thi:⁵];ນົກຂີ້ທີ[nok⁸ khi:³ thi:⁵];ນົກທີ[nok⁸ thi:⁵]　岱-侬tua bang mèo[tuə¹ ʔba:ŋ⁵ mɛu²]　普pakãw³[pa⁰ kau³]　越cú mèo[ku⁵ mɛu²];chim cú mèo[tsim¹ ku⁵ mɛu²];con cú

---

❶ 石家 maak²-miaŋ⁵　阿含 mo-mâng
❷ 石家 khoo⁶- maak²- miaŋ⁵
❸ 石家 mxxw⁴　阿含 min;miu A2
❹ 阿含 kāo A2　掸 kău A2　勐 kău A2

[kɔn¹ku⁵];con cú vọ[kɔn¹ku⁵vɔ⁶] 芒chim câu [tsim¹ka:u³];con câu[kɔn¹ kau³];con wõ[kɔn¹ wɔ⁴]

【毛❶】 泰ขน[khon¹] 老ຂົນ[khon¹] 傣-佤khôn [khon¹] 越泰khôn[khon¹] 普hwăn⁴[huan⁴] 越 lông[loŋ¹] 芒lông[loŋ¹]

【毛笔】 泰พู่กัน[phu:³ kan²] 傣-佤but nam[ʔbut⁷ na:m¹] 越泰bút hang mèo[ʔbut⁷ ha:ŋ¹ mɛu²] 越 bút lông[ʔbut⁷ loŋ¹];cây bút lông[kɤi¹ ʔbut⁷ loŋ¹]

【毛豆】 泰หมากถั่วขน[ma:k⁹thu:a⁵khon¹] 老ถั່ວຂົນ [thu:a⁵ khon¹] 越đậu tương non[ʔdɤu¹tɯ:ŋ¹ nɔn¹]; đậu nành non[ʔdɤu⁶ naɲ² nɔn¹]

【毛鸡】 傣-佤nộc côt[nok⁸ kot⁷] 越泰nộc cốt[nok⁸ kot⁷] 越bìm bịp[ʔbim² ʔbip⁸];chim bìm bịp[tsim¹ ʔbim² ʔbip⁸] 芒chim pip[tsim¹ pip⁸]

【毛巾】 泰ผ้าขนหนู[pha:³ khon¹ nu:¹] 老ຜ້າເຊັດ [pha:³set⁸] 傣-佤khân[khɤn¹] 越泰khăn[khan¹] 普khăn⁴[khan⁴] 越khăn lau tay[xan¹lau¹tai¹]; khăn mặt[xan¹ mat⁸]

【毛巾被】 泰ผ้าห่มผ้าขนหนู[pha:³ hom⁵ pha:³ khon¹ nu:¹] 越chăn dệt sợi bông[tsan¹ zet⁸ ʂɤi⁶ ʔboŋ¹]

【毛孔】 泰รูขุมขน[ru:² khum¹khon¹] 老ຮູເບື້ອ[hu:² hɯ:a⁵];ບໍ່ຂົນ[ʔbu:a⁵ khon¹] 越lỗ chân lông[lo⁴ tsɤn¹ loŋ¹]

【毛利】 泰กำไรคร่าว ๆ[kam² rai² khra:u³ khra:u³] 老ກຳໄລລວມຍອດ[kam¹' lai² lu:am² ɲɔ:t¹⁰] 越lãi nguyên[la:i⁴ ŋwi:n¹];lãi sô[la:i⁴ ʂo¹];lợi tổng quát [lɤ:i⁶ toŋ³ kwa:t⁷]

【毛毛雨】 泰ฝนปรอย ๆ[fon¹ prɔ:i² prɔ:i²];ฝนตกหยิม ๆ [fon¹ tok⁷ jim¹ jim¹];ละอองฝน[la⁴ ʔɔ:ŋ² fon¹] 老 ຝົນອ່ອຍ[fon¹ fɔ:i¹];ຝົນຢຸ່ຍ[fon¹ phui³];ละอองฝน [la⁵ ʔɔ:ŋ¹' fon¹] 傣-佤phân mứn[phɤn¹ mɯn²] 越泰phôn dũi[phon¹jui²] 越mưa phùn[mɯa¹ fun²];mưa bụi[mɯa¹²bui⁶];mưa lất phất[mɯa¹

lɤt⁷ fɤt⁷] 芒mưa pũl[mɯə¹ pul⁴]

【毛毛虫】 泰ตัวแกว[tu:a² kɛu³];ตัวด้วง[tu:a² ʔduaŋ³]; ບຸ້ງ[ʔbuŋ³];ร่าน[ra:n³] 老ບິ້ງ[ʔboŋ⁴];ບິ້ງຂົນ[ʔboŋ⁴ khon¹];แมงบิ้ง[mɛ:ŋ² ʔboŋ²];แมงบิ้งขน[mɛ:ŋ² ʔboŋ⁴ khon¹];ขอนติเสื้อ[xɔ:n¹phi:¹sɯa³] 傣-佤non nhàng[nɔn¹ɲa:ŋ³];non bùng[nɔn¹ʔbuŋ³] 越泰 bồng khôn[ʔboŋ³ khon¹] 普pu³ ngǎw⁵[pu³ ŋau⁵] 越sâu róm[ʂɤu¹ʐɔm⁵];bọ nẹt[ʔbɔ⁶nɛt⁸] 芒côi hõm[ʔdoi¹ hɔm⁴]

【毛瑟枪】 泰ปืนเมาเซอร์[pɯːn²mau²sɤ:²] 老ປືນສັ້ນ [pɯn¹'san³] 傣-佤slùngkep[łuŋ³kɛp⁷] 越泰ống kép[ʔoŋ⁵ kɛp⁷] 越súng kíp[ʂuŋ⁵ kip⁷];súng mōzê [ʂuŋ⁵ mo¹ ze²] 芒khủng kép[khuŋ³ kɛp⁷]

【毛毯】 泰ผ้าห่มขนสัตว์[pha:³ hom⁵ khon¹ sa:⁷]; เจียม[tsi:am²];แบลงเก๊ต[ʔblɛ:ŋ² ket¹⁰] 老ກຳພົມ[kam¹' phon²];ຜ້າຫົ່ມຂົນ ສັດ[pha:³hom⁵khon¹sat⁷];ພົມ [phom²] 越chăn len[tsan¹ lɛn¹]

【毛线】 泰ไหมพรม[mai¹ phrom²] 老ໄຫມພົມ[mai¹ phom²];แลน[lɛ:n²];เส้น แลน[sen³lɛ:n²] 越泰len[lɛn¹]; len đan[lɛn¹ ʔda:n¹] 芒len[lɛn¹]

【毛衣】 泰เสื้อกันหนาว[sɯa³kan²na:u¹];เสื้อไหมพรม [sɯa³ mai¹ phrom²];เสื้อไหม[sɯa³ mai¹] 老เสื้อ แลน[sɯa³ lɛ:n²] 傣-佤slưa len[łɯə¹ lɛn¹] 越泰 xưa len[sɯə³ lɛn¹] 越áo len[ʔa:u⁵ lɛn¹]

【毛重】 泰น้ำหนักรวม[nam⁴nak⁷ru:am²] 老 ບ້ຳຫມັກລວມ[nam⁴nak⁷lu:am²] 越trọng lượng cả bì[tʂɔŋ⁶ lɯ:ŋ⁶ ka³ ʔbi²]

【毛竹】 泰ไผ่ชนิดลำต้นสูงใหญ่[phai⁵tsa⁴nit⁸lam² ton³su:ŋ¹jai⁵] 越tre bương[tʂɛ¹²bɯ:ŋ¹];cây bương [kɤ¹ ʔbɯ:ŋ¹] 芒câl pương[kɤl¹ pɯ:ŋ¹]

【矛】 泰หอก[hɔ:k⁹] 老ຫອກ[hɔ:k⁹];เหัด[het⁷] 越 ngọn giáo[ŋɔn⁶ za:u⁵]

【茅草❷】 泰คา[kha:²] 老ຄາ[kha:²];ຫຍ້າຄາ[ɲa:³

---

❶ 石家pun⁴；khon1 阿含khūn A1 掸khon A1 泐xun A1
❷ 石家khaa⁴ 阿含khā A2 掸kha A2 泐xa A2 拉哈kha² 拉基qu²

kha:²]　岱-侬 cà[ka²]　越泰 cā[ka²]　普 cA³ qa¹[tsɔ³ qa¹];qa¹[qa¹]　越 cỏ tranh[kɔ³ tsaɲ¹];cỏ gianh[kɔ³ zaɲ¹]　芒 pải có[pa:i³ kɔ⁵];có pải[kɔ⁵ pa:i³];pải [pa:i³]

【茅棚】泰 เพิงหญ้า[phɤ:ŋ²ja:³]　老 กะตูบ[ka²tu:p⁹];ตูบ[tu:p⁹];เทียง[thi:aŋ¹]　普 ljang¹[lja:ŋ¹]　越 cái chòi[ka:i⁵ tsɔi²];chòi[tsɔi²]

【茅屋❶】泰 กระท่อม[kra⁵ thɔ:m³];กระตูบ[kra⁵ tu:p⁹];ตูบ[tu:p⁹];กระต๊อบ[kra⁵ tɔ:p⁹];ขนำ[kha⁵ nam¹];ทับ[thap⁸]　老 เฮือนมุงหญ้าคา[huɯ:an² muŋ² ɲa:³ kha:¹];ກะຕອບ[ka² tɔ:p⁹];ຕູບ[tu:p⁹];ຕູບหย้า[tu:p⁹ɲa:³];ທ່ອม [thɔ:m⁵];กะฮ่อม[ka² thɔ:m⁵]　岱-侬 rườn cà[rɯ:n² ka²]　越泰 hườn nhà[hɯ:n² ɲa³]　越 nhà tranh[ɲa⁵ tsaɲ¹]　芒 nhà pải[ɲa² pa:i³]

【锚】泰 สมอ[sa⁵ mɔ:¹]　老 สะขึ[sa² nɔ:¹]　岱-侬 lắc[lak⁷]　越 neo[nɛu¹];cáineo thuyền[ka:i⁵ nɛu¹ thwi:n²];mỏ neo[mɔ³ nɛu¹]

【冒～雨】泰 ฝ่า[fa:⁵]　老 ผ่า[pha:⁵];ฝ่า[fa:⁵];แฮ่ง [khɛ:ŋ⁵]　越 đội[ʔdoi⁶]

【冒～开】泰 ตก[tok⁷]　老 ซึม[sɯm¹];แตก[tɛ:k⁹];แตกออก[tɛ:k⁹ ʔɔ:k⁹];ออก[ʔɔ:k⁹]　岱-侬 fài[fa:i³];fận[fən⁴]　越泰 phạt[fa:t⁸];phụng[phuŋ⁴]　越 đổ ra[ʔdo³ za¹]

【冒～烟】泰 พลุ่ง[phluŋ³]　老 ผุ่ง[phuŋ⁵];ออก [ʔɔ:k⁹]　岱-侬 khửn[khɯn³]　越泰 tủi[tui⁵]　越 bốc[ʔbok⁷]　芒 túnh[tuŋ³]

【冒充】泰 ตู่[tu:⁵]　老 สวมฮอย[su:am¹ hɔ:i²];แปง ปอม[pɛ:k⁹ pɔ:m¹];แปง[pɛ:ŋ¹];ปอม[pɔ:m¹];ปอมแปง [pɔ:m¹ pɛ:ŋ¹];แปงปอม[pɛ:ŋ¹ pɔ:m¹]　越 mạo nhận [ma:u⁶ sɯŋ¹];mạo xưng[ma:u⁶ sɯŋ¹];đội lốt[ʔdoi⁶ lot⁷]　芒 tổi lốt[toi⁴ lot⁷]

【冒犯】泰 ก้าวร้าว[ka:u³ ra:u⁴]　ก้ำเกิน[kam³ kɤ:n²]　老 ห้าวฮ้าว[ka:u⁴ ha:u⁴];กะเสบ[ka² se:p⁸];ต้อง[tɔ:ŋ¹]

ละเมิด[la⁵ mɤ:t¹⁰];ล่วง[lu:aŋ⁵];ล่วงละเมิด[lu:aŋ⁵ la⁵mɤ:t¹⁰];ล่วงเกิน[lu:aŋ⁵ kɤ:n¹];ลวม[lu:an²];ลว บลาม[lu:an²la:m²];อุกอาด[ʔuk⁷²a:t⁹];เชือมอาด [ʔɯ:am⁴ʔa:t⁹];ระธาม[ha⁵ha:n²];อาบัน[ʔa:¹ʔban¹]　越 xúc phạm[suk⁷ fa:m⁶]

【冒牌货】泰 ของปลอม[khɔ:ŋ¹ plɔ:m²];สินค้าปลอม แปลง[sin¹ kha:⁴ plɔ:m² plɛ:ŋ²]　老 ของปอม[khɔ:ŋ pɔ:m¹];กำมะลิ[kam¹ ma⁵ li⁵]　越 hàng giả[ha:ŋ³ za³]

【帽子❷】泰 หมวก[mu:ak⁹]　老 ຫມວກ[mu:ak⁹];ใบหมวก[ʔbai¹' mu:ak⁹];หมุก[muk⁷]　岱-侬 mảo [ma:u³];mủ[mu³];tủ[tu²]　越泰 mụ[mu⁴]　普 mủ [mu³]　越 mũ[mu⁴];cái mũ[ka:i⁵ mu⁴]

【茂密】泰 งอกงามแน่นหนา[ŋɔ:k¹⁰ ŋa:m² nɛ:n³ na:¹]　老 จอง[tsu:aŋ¹];ดົก[ʔdok⁷];ดົกหนา[ʔdok⁷ na:¹];ຕຶບหนา[tɯp⁷ na:¹];หนาຕຶບ[na:¹ tɯp⁷];ຕຶບ[tɯp⁷];หนา [na:¹]　岱-侬 rộp[rop⁸]　越泰 tụp[tɯp⁸]　普 nha [ŋa¹];nha⁵[ŋa⁵]　越 rậm[zɤp⁸];rậm rạp[zɤm⁶ za:p⁸];um tùm[ʔum¹ tum²]　芒 rườm[rɯ:m²];rầm[rɤm⁴];hầm[hɤm⁴];um tùm[ʔum¹ tum²]

【煤】泰 ถ่านหิน[tha:n⁵ hin¹]　老 ถ่านหิน[tha:n⁵ hin¹];ถ่านบ่[tha:n⁵ʔbɔ:⁵]　岱-侬 thán bó[tha:n⁵ʔbɔ:⁵];thán [tha:n⁵];thán mi[tha:n⁵ mi³]　越泰 than hin[tha:n⁵ hin¹]　普 ?ê³ lo⁴[ʔe³ lɔ⁴]　越 than[tha:n¹];than đá [tha:n¹ ʔda⁵]　芒 than[tha:n¹];than khũ[tha:n¹ khu⁴]

【煤矿】泰 เหมืองถ่านหิน[mɯ:aŋ¹ tha:n⁵ hin¹]　老 บ่ถ่านหิม[ʔbɔ:⁵tha:n⁵hi:n¹]　岱-侬 bó thán[ʔbɔ:⁵ tha:n⁵]　越泰 mỏ thán　越 mỏ than[mɔ³ tha:n¹]　芒 mó than[mɔ⁵ tha:n¹]

【煤炉】泰 เตาถ่าน[tau¹ tha:n⁵];เตาถ่านหิน[tau¹ tha:n⁵ hin¹]　老 เติงถ่าน[tau¹ tha:n⁵];เติงถ่านหิม[tau¹tha:n⁵ hi:n¹]　越 bếp than[ʔbep⁷ tha:n¹];lò than[lɔ² tha:n¹]

【煤气】泰 แก๊สถ่านหิน[kɛ:t⁴ tha:n⁵ hin¹]　老 แก๊ด/

❶ 石家 laŋ²-gaa²
❷ 石家 muak²

【煤】 แก๊ส[kɛ:t⁴];ฆายก๊าบทิบ[ʔa:i¹˙ tha:n⁵ hi:n¹] 越hơi ga[hɤ:i¹ ya¹];khí đốt[xi⁵ ʔdot⁷]

【煤气炉】 泰เตาแก๊ส[tau⁵kɛ:t⁴] 老เตาฆายแก๊ด[tau¹¹ʔa:i¹˙kɛ:t⁴] 越bếp ga[ʔbep⁷ɣa¹];bếp hơi[ʔbep⁷ hɤ:i¹]

【煤油】 泰น้ำมันก๊าด[nam⁴man²ka:t¹⁰] 老น้ำมับภาด[nam⁴ man² ka:t⁹];ภาด[ka:t⁹];ภ๊าด[ka:t⁴];น้ำมับภ๊าด[nam⁴ man² ka:t⁴];เภาโลเฃบ[ke:¹˙ lo:² se:n²] 岱-侬 nhù vả[ɲu² va³];nhù tây[ɲu² təi¹] 越泰nắm dầu [nam⁴ jau²] 越dầu hoả[zɤu² hwa³];dầu lửa[zɤu² lɯə³]

【煤油灯】 泰ตะเกียงน้ำมันก๊าด[ta⁵ki:aŋ⁵nam⁴man² ka:t⁴] 老ตะภงน้ำมับภ๊าด[ta² ki:aŋ¹˙ nam⁴ man² ka:t⁴] 越đèn dầu hoả[ʔden² zɤu² hwa³]

【煤油炉】 泰เตาน้ำมันก๊าซ[tau² nam⁴ man² ka:t⁴]; เตาน้ำมันก๊าด[tau¹˙ nam⁴ man² ka:t⁴] 越bếp dầu[ʔbep⁷ zɤu²]

【媒婆】 泰แม่สื่อ[mɛ:³ sɯ:⁵] 老แม่สี่[mɛ:⁵ sɯ:⁵] 越bà mai[ʔba² ma:i¹];bà mối[ʔba² moi⁵];bà nguyệt [ʔba² ŋwi:t⁸] 芒pà mờ[pa² mɤ²]

【媒人】 泰สื่อ[sɯ:⁵];พ่อสื่อ[phɔ:³ sɯ:⁵];แม่สื่อ[mɛ:⁵ sɯ:⁵];พ่อสี่พ่อชัก[phɔ:⁵ phɔ:⁵ tshak⁸];แม่สี่แม่ชัก [mɛ:⁵ mɛ:⁵ tshak⁸] 老ฃี่[sɯ:⁵];แม่ฃี่[mɛ:⁵ sɯ:⁵]; ฟี่ฃี่[phɔ:⁵ sɯ:⁵];ทอย[thɔ:i¹];ผู้เฃย[phu:³ sɤ:i¹] 岱-侬 pò mòi nưa fạ[pɔ:³ mɔi² nɯa¹ fa⁴];mè mòi[mɛ:³ mɔi²]; lạo mòi[la:u⁴ mɔi²] 越泰mè làm[mɛ:⁶ la:m⁵] 普 mơni²[mɤ⁰ ni²] 越người mai bà mối[ŋɯ:i² ma:i¹ ʔba² mɔi⁵];người làm mối[ŋɯ:i² la:m² mɔi⁵];người làm mai[ŋɯ:i² la:m² ma:i¹]

【霉】 泰รา[ra:²] 老โฆฆก[mo:k⁹] 越mốc[mok⁷]

【霉臭】 泰อับ[ʔap⁷];เหม็นอับ[men¹ʔap⁷] 老เฆ็บฮับ [men¹ ʔap⁷] 越có hơi mốc[kɔ⁵ hɤ:i¹ mok⁷]

【胨肉】里脊 泰สันใน[san¹nai¹] 老ฃิบ สับฮู้[si:n⁴ san¹ laŋ¹] 越thịt thăn[thit⁸ than¹]

【玫瑰花】 泰กุหลาบ[ku⁵ la:p⁹];มะวาร[ma⁴ wa:n²]; มาวาร[ma:² wa:n²] 老ดอกกุหฆาบ[dɔ:k⁹ ku² la:p⁹]; สะบฆ[sa² ʔba:¹˙] 岱-侬 bjooc coi[ʔbjɔ:k⁷ kɔi¹] 越hoa hồng[hwa¹ hoŋ²] 芒pông hồng[poŋ¹ hoŋ²]

【梅毒】 泰โรคซิฟิลิส[ro:k¹⁰ si⁴ fi⁴ lit⁸];ซิฟิลิส[si⁴ fi⁴ li:⁸] 越泰niu[niu³] 越giangmai[za:ŋ² ma:i¹];bệnh g_ang mai[ʔben⁶ za:ŋ¹ ma:i¹]

【梅花】 泰พลัม[phlam²] 岱-侬 bjoocphung[ʔbjɔ:k⁷ phuŋ¹] 越泰bók phung[bɔk⁷ phuŋ¹] 越hoa mai [hwa¹ ma:i¹]

【梅花鹿】 泰กวางซิกา[kwa:ŋ² si⁴ka:²] 老ฆวงดา [kwa:ŋ¹˙ ʔda:u¹] 岱-侬 nạn lài[na:n⁴ la:i²];nạn đang [na:n⁴ ʔda:ŋ⁵] 越hươu sao[hɯ:u¹ ʂau⁵]

【眉毛】 泰คิ้ว[khiu⁴];ขนง[kha⁵ noŋ¹] 老ถิ้ว[khi:u⁴]; ฃิบคิ้ว[khon¹ khi:u⁴] 普pha³ kǎw tê¹[pha³ kau³ te¹];kǎw tê¹[kau³ te¹] 越lông mày[loŋ¹ mai²] 芒lông mày[loŋ¹ mai²]

【没~来】 泰ไม่[mai³] 老บ่[ʔbɔ:⁵] 岱-侬 xǎng [ɕaŋ²];chẳng[tɕaŋ²] 越泰hẻ[he²];báu hẻ[ʔbau⁵ʔe²] 越chưa[tsɯa¹]

【没关系】 泰ไม่เป็นไร[mai³ pen² rai²] 越không sao[xoŋ¹ ʂau¹];đừng ngại[ʔdɯŋ¹ ŋa:i⁶]

【没有来了~】 泰ยัง[jaŋ²] 老ยัง[ɲaŋ²] 越chưa [tsɯa¹]

【没有~钱】 泰ไม่มี[mai³mi:²] 老ปาสาจาก[pa:¹˙sa:¹˙ tsa:k⁹];บ่มี[ʔbɔ:⁵mi:²];มีมี[mi⁵mi:²] 越không có[xoŋ¹ kɔ:⁵]

【美人蕉】 泰ต้นพุทธรักษา[ton³ phut⁸ rak⁸ sa:¹] 老ก้วยเฆสอบ[ku:ai⁴ ke:¹˙ sɔ:n¹];ก้วยบ้อย[ku:ai⁴ nɔ:i¹];ก้วยฮูสา[ku:ai⁴ hu:¹˙ sa:¹];ก้วยฮิงสา[ku:ai⁴ hoŋ² sa:¹] 越cây chuối hoa[kɤi¹ tsui⁵ hwa¹];cây khoai đao[kɤi¹ xwa:i¹ ʔda:u¹]

【每❶】 泰ทุก[thuk⁸];ละ[la⁴];แต่ละ[tɛː⁵la⁴] 老ລະ[la⁵];ຄູ່[khuː⁵];ສູ່[suː⁵];ສົບ[sop⁷];ແຕ່ລະ[tɛː⁵ laː⁵];ທຸກ[thuk⁸] 岱-侬 mọi[mɔi⁴];ăn[ʔan¹] 越泰chù[tsu⁶];mỏi[mɔi³] 越mỗi[mɔi⁴] 芒mỗi[moi¹];mờ[mɤː²]

【每年】 泰ปีละ[piː² la⁴];ทุกปี[thuk⁸ piː²] 老ສູ່ປີ[suː⁵ piː¹];ແຕ່ລະປີ[tɛː⁵ laː⁵ piː¹];ຕໍ່ປີ[tɔː⁵ piː¹];ທຸກປີ[thuk⁸ piː¹];ປະຈຳປີ[paː² tsam¹ʻ piː¹];ເປັນປີ[pen¹ piː¹] 越hàng năm[haːŋ² nam¹] 芒hàng năm[haːŋ² nam¹]

【每天】 泰วันละ[wan² la⁴];ทุกวัน[thuk⁸ wan²];ต่อวัน[tɔː⁵ wan²] 老ทุกอับ[thuk⁸ van²];ทุกวิอับ[thuk⁸ viː² van²];ทุกมื้[thuk⁸ mɯː⁴];ผิดทุกมื้[mot⁵ thuk⁸ mɯː⁴];มื้ละ[mɯː⁴ laː⁵];ຄູ່ມື້[khuː⁵ mɯː⁴];ສູ່ມື້[suː⁵ mɯː⁴];ແຕ່ລະມື້[tɛː⁵ laː⁵ mɯː⁴];ຕໍ່ອັບ[tɔː⁵ van²];ປະຈຳມື້[paː² tsam¹ʻ mɯː⁴];ປະຈຳອັບ[paː² tsam¹ʻ van²];ເປັນມື້[pen¹ʻ mɯː⁴];ມື້ໃດ[mɯː⁴² dai¹²];ผิดทุกมื้[mot⁵ thuk⁸ mɯː⁴] 越hàng ngày[haːŋ² ŋai²] 芒hàng ngày[haːŋ² ŋai²]

【每月】 泰เดือนละ[ʔdɯːan² la⁴];ทุกเดือน[thuk⁸ ʔdɯːan²];ต่อเดือน[tɔː⁵ ʔdɯːan²] 老ຕໍ່ເດືອນ[tɔː⁵ ʔdɯːan¹];ປະຈຳເດືອນ[paː² tsam¹ʻ ʔdɯːan¹];ທຸກເດືອນ[thuk⁸ ʔdɯːan¹] 越hàng tháng[haːŋ² thaːŋ⁵] 芒hàng kháng[haːŋ² khaːŋ³]

【妹夫】 泰น้องเขย[nɔːŋ⁴ khɤːi¹] 老ມ້ອງເຂີຍ[nɔːŋ⁴ khɤːi¹] 岱-侬noọng khươi[nɔːŋ⁴ khɯːi¹] 越泰nọng khươi[nɔːŋ⁴ khɯːi¹] 越em rể[ʔɛm¹ ẓeː³] 芒ùn cháu[ʔun³ tsau³]

【妹妹❷】 泰น้อง[nɔːŋ⁴];น้องสาว[nɔːŋ⁴ saːu¹];น้องหญิง[nɔːŋ⁴ jiŋ¹] 老ມ້ອງ[nɔːŋ⁴];ມ້ອງສາວ[nɔːŋ⁴ saːu¹];ມ້ອງຍິງ[nɔːŋ⁴ ɲiŋ¹] 岱-侬noọng[nɔːŋ⁴];noọng nhình[nɔːŋ⁴ ɲiŋ¹] 越泰nọng[nɔːŋ⁴];nọng nhình[nɔːŋ⁴ ɲiŋ¹] 普Vaj³[βaːi³];Vaj³ mãj²[βaːi³mai²] 越em gái[ʔɛm¹ ɣaːi⁵] 芒ùn[ʔun³];ùn cải[ʔun³ kaːi⁵]

【闷热】 泰อบอ้าว[ʔop² ʔaːu³];ระอม[ra⁴ ŋom²] 老ຮ້ອມເອົ້າ[hɔːn⁴ ʔau⁴];ເອົ້າຮ້ອມ[ʔau⁴ hɔːn⁴];ອັບເອົ້າ[ʔop⁵ʔau⁴];ກະອຸ[kaː²ʔuː⁵];ກະອຸກ[kaː²ʔuk⁵];ເອີ້ກ[ʔau⁴] 岱-侬mồm[mom⁴];bức[ʔbɯk⁷] 普âm¹[ʔɤm¹] 越ói bức[ʔɔi¹ ʔbɯk⁷];oi nóng[ʔɔi¹ nɔŋ⁵];ngột ngạt[ŋot⁸ŋaːt⁸];nực[nɯk⁸] 芒hâl tắc[hɤl¹tɤk⁷];hâl nóng[hɤl¹ nɔŋ³];hâl[hɤl¹]

【门房~】 泰ประตู[praː⁵ tuː²];ตู[tuː²];ทวาร[thaː⁴ waːn²];ทวารตู[thaː⁴waːn²tuː²] 老ປະຕູ[paː² tuː¹];ຕູ[tuː¹];ຝັກຕູ[phak⁷ tuː¹];ทอาม[thwaːn²];ทะอามตู[thaː⁵ vaːn² tuː¹] 岱-依tu[tu¹] 越泰tu[tu¹] 普tyung¹[tyuŋ¹] 越cửa[kɯə³];cái cửa[kaːi⁵ kɯə³] 芒cứa[kɯə³]

【门_~功课】 泰สาขาวิชา[saː¹ khaː¹ wi⁴ tshaː²] 老ວິຊາຮຽນ[viː⁴ saː² hian²] 越môn[mon¹] 芒môn[mon¹]

【门_~大炮】 泰กระบอก[kraː⁵ʔbɔːk⁹] 老ບອກ[ʔbɔːk⁹] 越cỗ[ko⁴];khẩu[xɤu³]

【门把手】 泰ที่จับประตู[thiː³ tsap⁷ praː⁵ tuː²] 岱-依nom tu[nɔm¹ tu¹] 越tay cầm[tai¹ kɤm²]

【门缝】 泰ช่องประตู[tshɔːŋ³ praː⁵ tuː²] 老ເຂີບປະຕູ[khɤːp⁹ paː² tu¹] 越khe cửa[xɛ¹ kɯə³];kẽ cửa[kɛ¹ kɯə³] 芒ngẽ cửa[ŋɛ⁴ kɯə⁵]

【门环子】 泰ห่วงประตู[huaŋ⁵ praː⁵ tuː²] 越cái vòng bằng đồng hoặc bằng sắt ở trên cửa[kaːi⁵ vɔŋ² ʔbaŋ² ʔdɔŋ² hwak⁸ ʔbaŋ² ṣat⁷ tṣen¹ kɯə³];cái thanh gõ cửa[kaːi⁵ thaŋ¹ ɣɔ⁴ kɯə³]

【门槛】 泰ธรณีประตู[thɔː² laː⁴niː² praː⁵ tuː²] 老ທຸລະນີປະຕູ[thɔː² laː⁵niː² paː² tu¹] 岱-依pẹc tu[pɛk⁸ tu¹];khop tu[khɔp⁷ tu¹] 越泰khóp tu[khɔp⁷ tu¹] 越ngưỡng cửa[ŋɯːŋ⁴ kɯə³];bạo cửa[ʔbaːu⁶ kɯə³];bậu cửa[ʔbɤu⁶kɯə³];bậc cửa[ʔbɤk⁸kɯə³] 芒pão cửa[paːu⁴ kɯə³];puc cửa[puk⁸ kɯə³];bum puc[ʔbum¹ puk⁸];bum cửa[ʔbum¹ kɯə³]

【门口】 泰หน้าประตู[naː³ praː⁵ tuː²] 老ໜ້າປະຕູ[naː³ paː² tuː¹] 岱-依pac tu[paːk⁷ tu¹] 越泰pák tu[paːk⁷

---

❶ 石家doo⁶; laʔ⁴ 阿含kū
❷ 阿含nâng C2 nüng A2; ñüng A2 nâng C2; nâng C2 shaü A1; nâng C2

tu¹] 越trước cửa[tʂɯːk⁷ kuɯə³]

【门框】 泰วงกบประตู[woŋ²kop⁷pa⁵tuː¹'] 老ວົງກົບປະຕູ[voŋ²kop⁷pa²tuː¹'] 越khung cửa[xuŋ¹ kuɯə³]

【门帘】 泰ม่านประตู[maːn³pra⁵tuː¹']; 老ຜ້າປະຕູ[pha:³pa⁵tuː¹'];ม่าน[maːn⁵] 岱-侬mản tu[maːn³ tu¹]; mèng tàng tu[meŋ²ta:ŋ²tu¹]; 越泰pha pảy tu [pha¹pai³tu¹] 普mjak² phaj³ khwa³ tyung[mja:k² pha:i³khua³tyuŋ¹] 越màn che cửa[maːn³tse¹kuɯə³]; rèm[zɛm²]

【门铃】 泰กริ่งประตู[kriŋ⁵ pra⁵ tu:³] 老ກະດິ່ງປະຕູ [ka² ʔdiŋ¹' pa² tu:¹] 越chuông cửa[tsuŋ¹ kuɯə³]

【门牌】 泰หมายเลขที่บ้าน[ma:i¹ le:k¹⁰ thi:² ʔba:n³] 老ປ້າຍເລກບ້ານ[pa:i⁴le:k¹⁰ʔba:n⁴] 越số nhà[ʂo⁵na²]

【门扇】 泰บานประตู[ʔba:n² pra⁵ tu:³] 老ບານປະຕູ [ʔba:n¹' pa² tu:¹'] 岱-侬pha tu[pha¹ tu¹] 越泰pha tu[pha¹ tu¹] 越cánh cửa[kaɲ⁵ kuɯə³] 芒kênh cửa [kɛɲ³ kuɯə⁵]

【门闩】❶ 泰กลอน[klɔ:n²];ลังคิ[laŋ² khi⁴];ลังคิ[laŋ² khi:²];ดาน[ʔda:n²] 老ກະແຈດານ[ka² tsɛ:¹' ʔda:n¹'];ກອບປະຕູ[kɔ:n¹' pa² tu:¹'];ແລ່ງປະຕູ[lɛ:ŋ² pa⁵ tu:¹'];ໄລປະຕູ[lai¹ pa² tu:¹'];ໄລຕູ[lai² tu:¹'];ລູກກອບ[lu:k¹⁰ kɔ:n¹' tu¹] 岱-侬slen[ɬen¹] 越泰mạy con tu[mai⁴ kɔn¹ tu¹] 普sê² tyung¹[se² tyuŋ¹] 越then cửa[then¹ kuɯə³];cái then cửa[ka:i⁵ then¹ kuɯə³];cái chốt cửa[ka:i¹ tsot⁷ kuɯə³] 芒then cứa[then¹ kuɯə⁵]

【门牙】 泰ฟันหน้า[fan² na:⁵];ฟันตัด[fan² tat⁷];ฟันแทะ [fan² the⁴] 老ແຂ້ວກັດ[khe:u³ kat⁷];ແຂ້ວຍິ່ງ[khe:u³ ɲiŋ⁵];ແຂ້ວຫຍິ່ງ[khe:u³ɲiŋ³] 岱-侬khéo pac tu [kheu¹ pa:k⁷ tu¹] 越泰khéo nghê[kheu¹ ŋe²] 普swang¹ lăng⁴[swa:ŋ¹ laŋ⁴] 越răng cửa[zaŋ¹ kuɯə³] 芒thăng cứa[thaŋ¹ kuɯə⁵]

【焖~牛肉】 泰อบ[ʔop⁷] 老ຫຸງ[huŋ¹];ອຸ່[ʔu²]; ເອາະ[ʔɔ²];ຮຸມ[hum²] 岱-侬ấu[ʔəu⁵];úm[ʔum⁵]; óm[ʔɔm⁵] 越hầm[hɤm²];om[ʔɔm¹];ninh[niɲ¹]; rim[zim¹] 芒hầm[hɤm²];rim[rim¹];nồ hầm[no³ hɤm⁵];nồ bung[no³ ʔbuŋ¹]

【蒙~头】 泰คลุม[khlum¹] 老ຫິ[hi:⁵];ຫຸ່ມ[hum⁵] 岱-侬pao[pa:u¹];dà[ja²] 越che[tsɛ¹];trùm[tʂum⁵]; bịt[ʔbit⁸];phủ[fu⁵]

【朦胧】 泰มัวสลัว[mu:a⁵ sa⁵ lu:a¹];เลือนราง[lɯ:ɛn² ra:ŋ²] 老ມົວ[mu:a²];ມົວງ[mu:a² mu:a²];ເມົາ[mau⁴] 岱-侬muôc slộp[mu:k⁷top⁸] 越mờ mờ[mɤ² mɤ²]; mờ mờ không rõ[mɤ² mɤ² xoŋ¹ zɔ⁴] 芒tơ hơ[tɤ¹ hɤ¹]

【蠓墨蚊】 泰แมลงหวี่[ma⁴ lɛ:ŋ² wi:⁵];มิดจ์[mit⁸] 老ແມງຫມີ່[me:ŋ² mi:⁵];ແມງໝຸ້ນ[me:ŋ² mun³];ຕົວຣິ້ນ [tu:a¹' hi:n⁴] 越muỗi mắt[mu:i⁴ mat⁷];con đin [kɔn¹ zin³]

【猛烈】 泰แรง[rɛ:ŋ²] 老ແຮງ[he:ŋ²];ອຸສະກັນ [ʔuk⁷sa²kan¹];ຮ້າຍແຮງ[ha:i⁴he:ŋ²];ຮຸມແຮງ[he:ŋ²]; ຣັນກົດ[kan¹kot⁷] 岱-侬pic[pik¹];rèng[rɛŋ²] 越 mãnh liệt[maɲ⁴li:t⁸];kịch liệt[kit⁸li:t⁸];gắt gao [ɣat⁷ ɣa:u¹];dữ dội[zɯ⁴ zoi⁶]

【梦】 泰ฝัน[fan¹] 老ຝັນ[fan¹] 越mê[me¹];mơ [mɤ¹];mộng[moŋ⁶]; giấc mộng[zɤk⁷moŋ⁶] 芒 cơn têm pao[kɤ:n¹ tem¹ pa:u¹]

【眯~眼】 泰หรี่[ri:⁵] 老ຫີບ[hip⁷] 岱-侬líu[liɯ⁵]; lăplí[lap⁵li⁵] 越泰típ[tip⁷];líu[liu⁵] 普zip⁵[zip⁵] 越nheo[ɲɛu¹];lim dim[lim¹ zim¹];híp[hip⁷] 芒 nhiu[ɲiu³];híp[hip⁷]

【猕猴】 泰ลิงกัง[liŋ²kaŋ²] 老ລີງຂິນ ເຖີງ[li:ŋ²khon¹ lɯ:aŋ¹];ລີງເລຍດ[li:ŋ¹ le:² jut⁷];ລີງວອກ[li:ŋ² vɔ:k¹⁰] 越khỉ macác[xi³ ma:¹ ka:k⁷];giống khỉ nhỏ[zoŋ⁵ xi³ ɲɔ³]

---

❶ 阿含 kån A1  挦 kɔn A1  泐 kɔn A1

【麋鹿】 泰เควิดสเดียร์[ʔde:² wit⁸ sa⁵ ʔdi:a²];กวางเควิด[kwa:ŋ²ʔde:²wit⁸] 傣-仅quang[kwa:ŋ¹];tuaquang[tua¹ kwa:ŋ¹] 越泰quang[kwa:ŋ¹];tô quang[to¹ kwa:ŋ¹] 越nai[na:i¹];hươu nai[hɯu¹ na:i¹];hươu sừng tấm[hɯ:u¹ ʂɯŋ² tɤm¹] 芒đai[ʔda:i¹]

【迷糊 神志不清】 泰เลอะเลือน[lə⁴ lɯ:an²] 越mơ màng[mɤ¹ ma:ŋ²] 芒mơ màng[mɤ¹ ma:ŋ²]

【迷惑】 泰งงงวย[ŋoŋ² ŋu:ai²] 老งงงวย[ŋoŋ² ŋu:ai²] 越mê hoặc[me¹ hwak⁸];mê mẩn[me¹ mɤn³]

【迷路】 泰หลงทาง[loŋ¹ tha:ŋ²] 老หลงทาง[loŋ¹ tha:ŋ²] 傣-仅lông tàng[loŋ¹ta:ŋ²] 越泰pặt tāng[pat⁸ ta:ŋ²] 越lạc đường[la:k⁸ ʔdɯ:ŋ²] 芒không khả[khoŋ¹ kha³];lac khả[la:k⁸ kha³]

【迷信】 泰เชื่อผีสางนางเจ้า[tshɯ:a³ phi:¹ sa:ŋ¹ na:ŋ² tsau³] 老มั่วเมือหลัอเขือ[mu:a² mau² loŋ¹ sɯ:a⁵];มั่วเมือหลัอเขือ[mu:a²mau²loŋ¹sɯ:a⁵] 傣-仅slứn phi[ɬɯn⁵ phi¹];slứn quí[ɬɯn⁵ kwi⁵] 越mê tín[me¹ tin⁵] 芒mê tin[me¹ tin³]

【谜语】 泰ปริศนา[prit⁷ na:²] 老ข้อลับ[khɔ:³ lap⁸];คำทวย[kham² thwa:i²];คำทวย[kham² thu:ai²];ปิดสะหนา[pit⁷ sa² na:¹] 越câu đố[kɤu¹ ʔdo⁵]

【米 买~】❶ 泰ข้าว[kha:u³] 老เขือ[khau³] 傣-仅khẩu[khəu³] 越泰khẩu[khau³] 普san¹[sa:n¹];qasan¹[qa⁰ sa:n¹] 越gạo[ɣa:u⁶]

【米 长~~】 泰เมตร[me:t¹⁰] 老แม็ด[mɛt⁸] 傣-仅mét[met⁷] 越mét[met⁷] 芒mét[met⁷]

【米饭】 泰ข้าวสวย[kha:u³ su:ai¹] 老เขือจ้าว[khau³ tsa:u⁴] 越cơm[kɤ:m¹]

【米粉 食品名】 泰ก๋วยเตี๋ยว[ku:ai¹ ti:au¹] 老เผีอ[fə:¹];เขือเผีอ[khau³ fə:¹];เส้นเผีอ[sen³ fə:¹];เขือปุ้น[khau³ pun⁴];ก๋วยตง[ku:ai¹ toŋ¹] 傣-仅pùn[pun³];phẳn[fan³] 越phở[fɤ³];bún[ʔbun⁵] 芒phở[fɤ³];pùn[pun³]

【米花糖】 泰ข้าวพอง[kha:u³ phɔ:ŋ²];ขนมข้าวตอก[kha⁵nom¹kha:u³tɔ:k⁹] 老เขือสะตุ[khau³sa:tu:¹];เขือทิ้ม[khau³ li:m³];เขือทิ้ม[khau³ li:m³] 越bỏng cốm[ʔbɔŋ³ kom⁵]

【米椒】 泰พริกขี้หนู[phrik⁸ khi:³ nu:¹] 老หมากเผ็ดขี้หนู[ma:k⁹phet⁷khi:³ nu:¹];หมากพิกขี้หนู[ma:k⁹phik⁸khi:³ nu:¹];พิกขี้หนู[phik⁸khi:³ nu:¹];ขี้หนู[khi:³ nu:¹];พิกน้อย[phik⁸ nɔ:i⁴] 越ớt chỉ thiên[ʔɤ:t⁷ tsi³ thi:n¹]

【米酒】 泰เหล้าข้าว[lau³ kha:u³] 老เหีอสาเก[lau³ sa:¹ ke:¹];เหีอสาโท[lau³ sa:¹ tho:²] 越rượu gạo [ʐɯ:u⁶ ɣa:u⁶]

【米糠】❷ 泰รำข้าว[ram² kha:u³];รำ[ram²] 老ฮำเขือ[ham² khau³];ฮำ[ham²] 傣-仅rằm[ram²] 越泰hằm[ham²] 普kưo³ mhu¹[kɯɤ³ mṳ¹] 越cám[ka:m⁵]

【米粒】 泰เม็ดข้าว[met⁸ khau³] 老เม็ดเขือ[met⁸ khau³] 越hạt gạo[ha:t⁸ ɣa:u⁶];hột gạo[hot⁸ ɣa:u⁶]

【米汤 港~】 泰น้ำข้าว[nam⁴ khau³];ซุปข้าว[sup⁸ kha:u³] 老น้ำเขือ[nam⁴ khau³] 越nước cơm[nɯ:k⁷ kɤ:m¹]

【米象】 泰มอดข้าว[mɔ:t¹⁰ kha:u³] 老อ่างม้อย[sa:ŋ² nɔ:i⁴] 越mọt ngũ cốc[mɔt⁸ ŋu⁴ kok⁷]

【密 疏~】❸ 泰ถี่[thi:⁵] 老ถี่[thi:⁵] 傣-仅thí[thi⁵] 越泰thí[thi⁵] 越sát[ʂa:t⁷];dầy[zɤi²];mau[mau¹] 芒bau[ʔbau¹];chol[tsɔl¹]

【密码】 泰รหัสลับ[ra⁴hat⁷lap⁸];โคดลับ[kho:t¹⁰lap⁸] 老ละหัด[la⁵hat⁷];ละหัดลับ[la⁵hat⁷lap⁸];ภิดลับ[kot⁷ lop⁸] 越mật mã[mɤt⁸ ma⁴] 芒mât mã[mɤt ma⁴]

【密探】 泰คนสอดแนม[khon² sɔ:t⁹ nɛ:m²];จาร[tsa:² ra⁴];จารชน[tsa:²ra⁴tshon²];สายลับ[sa:i¹ lap⁸];สอดแนม[sɔ:t⁹nɛ:m²];นักสืบมือมืด[nak⁸ sɯ:p⁹ mɯ:² mɯ:t¹⁰] 老มักสืบมีมิด[nak⁸ sɯ:p⁹ mɯ:² mɯ:t¹⁰] 越泰ma

---

❶ 石家 gaw³ 阿含 khau C1 掸 khău C1
❷ 阿含 răm A2 掸 hăm A2 泐 hrăm A2；hăm A2
❸ 石家 thii⁵

thám[ma¹ tha:m⁵] 越mật thám[mɤt⁸ tha:m⁵];lính mật thám[lin⁵ mɤt⁸ tha:m⁵];lính kín[lin⁵ kin⁵] 芒mât thảm[mɤt⁸ tha:m³];linh mât thảm[liŋ⁵ mɤt⁸ tha:m³];linh kin[liŋ³ kin³] 芒mât thảm[mɤt⁸ tha:m³]

【蜜蜂】 泰ผึ้ง[phuŋ³];ผึ้งรวง[phuŋ³ ru:aŋ²];ขมุม[kha⁵ mum¹] 老เผิ้ง[phəŋ³];เผิ้งโพง[phə³ phoŋ³];แมงเผิ้ง[mɛ:ŋ²phəŋ³];แม่เผิ้ง[mɛ:⁵phəŋ³];เผิ้งดับ[phəŋ³ ʔdan⁴] 岱-侬mèng nèo[meŋ² neu³];mèng thương[meŋ²thuɯ¹] 越泰phỏng[phoŋ²];tatiến[ta¹ ti:n⁵] 普qaVâj⁵[qa⁰ βɤi²] 越ong[ʔɔŋ¹];con ong[kɔn¹ ʔɔŋ¹];ong mật[ʔɔŋ¹ mɤt⁸] 芒khoải[khwa:i³]

【秘密~文件】 泰ลับ[lap⁸] 老ลับ[lap⁸];ຊຳເລົາ[sam² lau²];ปิดลับ[pit⁷ lap⁸] 越bí mật[ʔbi⁵ mɤt⁸];kín[kin⁵]

【秘密 保守~】 泰ความลับ[khwa:m² lap⁸] 老ละขัด[la⁵ hat⁸];ฆูทิด[khu:² hit⁷];ถอมลับ[khwa:m² lap⁸];เถิด[khet⁸ lap⁸];ຊຳເລົາ[sam² lau²];ละขำ[la⁵ hɔ:¹];ลับ[lap⁸];ลับๆ[lap⁸lap⁸];ลับลี้[lap⁸li:⁴] 越chuyện bí mật[tswi:n⁶ ʔbi⁵ mɤt⁸];việc bí mật[vi:k⁸ ʔbi⁵ mɤt⁸]

【棉被】 泰ผ้านวม[pha:³ nu:am²];ผ้าห่มนวม[pha:³ hom⁵nu:am²] 老ผ้านวม[pha:³ nuam²];ผ้าที่มนวม[pha:³hom⁵nu:am²];ฟ้า[fa:²];ผ้าฟ้า[pha:³fa:²] 岱-侬fàmèn[fa²mɛn²] 越泰phãmẽn[pha²men²] 越chăn bông[tsan¹ ʔboŋ¹]

【棉布】 泰ผ้าฝ้าย[pha:³fa:i³] 老ผ้าฝ้าย[pha:³fa:i³];แพฝ้าย[phɛ:² fa:i³];แผ่นฝ้าย[phɛ:n⁵ fa:i³];แพด้าย[phɛ:² ʔda:i⁴] 越vải bông[va:i³ ʔboŋ¹] 芒pái pông[pa:i⁵ poŋ¹]

【棉花❶】 泰ฝ้าย[fa:i³];ฝ้ายเทศ[fa:i³ the:t¹⁰];ต้นฝ้าย[ton³ fa:i³];ปุยฝ้าย[pui³ fa:i³];สำลี[sam¹ li:²] 老ผ้าย[fa:i³] 岱-侬phài[pha:i³];mèn[mɛn²] 越泰phải
[pɔ:i³] 普qapu²[qa⁰ pu²] 越bông[ʔboŋ¹]

【棉花糖】 泰มาร์ชเมลโล่[ma:t¹⁰me:n²lo:³] 越kẹo bông[kɛu⁶ ʔboŋ¹] 芒kẻo pông[kɛu⁴ poŋ¹]

【棉裤】 泰กางเกงผ้านวม[ka:ŋ² ke:ŋ² pha:³ nu:am¹] 老ໂສ້ງນວม[so:ŋ³ nu:am²] 越quần bông[kwɤn² ʔɓoŋ¹]

【棉纱】 泰ด้ายฝ้ายดิบ[ʔda:i³ fa:i³ ʔdip⁷];ใยสังเคราะ[jai² saŋ¹ khrɔ⁴] 老ฝ้ายเส้น[fa:i³ sen³];ด้ายฝ้าย[ʔda:i³ fa:i³];ด้าย[ʔda:i⁴] 越sợi[sɤ:i³];sợi bông[sɤ:i⁶ ʔboŋ¹] 芒khưởi[khɯ:i⁴]

【棉桃】 泰สมอฝ้าย[sa⁵mɔ:¹fa:i³] 老ຫມາກຝ້າຍ[ma:k⁹ fa:i³];ດອກຝ້າຍ[ʔdo:k⁹ fa:i³] 越quả bông[kwa³ ʔboŋ¹]

【棉线】 泰ด้ายฝ้าย[ʔda:i³fa:i³] 老ด้าย[ʔda:i⁴];ด้ายฝ้าย[ʔda:i⁴ fa:i³] 越chi[tsi³];chi bông[tsi³ ʔboŋ¹]

【棉絮 被子里的~】 泰นวม[nu:am²] 老ยอง[nu:aŋ²];ปุยฝ้าย[pui¹' fa:i³];นวม[nu:am²] 岱-侬fà phải công[fa² pha:i³ koŋ¹] 越泰mẽn phã[men² pɔ:a²] 越ruột chăn bông[zu:t⁸ tsan¹ ʔboŋ¹];mền bông[men² ʔboŋ¹]

【棉衣】 泰เสื้อนวม[sɯ:a³nu:am²];เสื้อหนาว[sɯ:a³ na:u²] 老เสื้อนวม[sɯ:a³ nu:aŋ²];เสื้อยองฝ้าย[sɯ:a³ nu:aŋ² fa:i³] 岱-侬slưa mèn[ɬɯə³ mɛn²];slưa thuc[ɬɯə³ thuk⁷];slưa but[ɬɯə³ ʔbut⁷];slưa tói[ɬɯə³ tɔi⁵] 越泰xưa mẽn[sɯə³ men²] 越áo bông[ʔa:u⁵ ʔboŋ¹];áo mền[ʔa:u⁵ men²] 芒áo pông[ʔa:u⁵ poŋ¹]

【棉籽】 泰เมล็ดฝ้าย[ma⁴ let⁸ fa:i³] 老ລອນຜ້າຍ[lɔ:n² fa:i³];แม่านฝ้าย[kɛ:n⁵ fa:i³] 越hạt bông[ha:t⁸ ʔboŋ¹]

【绵羊❷】 泰แกะ[kɛ⁵] 老แกะ[kɛ²];ตัวแกะ[tu:a¹kɛ²];ต้อยอง[tu:a¹ ŋɔ:ŋ³] 岱-侬mèndàng[mɛn²

---

❶ 石家paay¹
❷ 石家kxʔ⁴

ja:ŋ²];nòn dàng[nɔn³ ja:ŋ²]; 越泰 dò[zɔ⁶];tô dò[to¹ zɔ⁶] 普 sok⁵ qajɯŋ³[sɔk⁵qa⁰jɯŋ³];qajɯŋ³[qa⁰ jɯŋ³] 越 cừu[kɯu²];con cừu[kɔn¹ kɯu²] 芒 kìu [kiu²];cừu[kɯu²]

【免得】 泰 จะได้ไม่[tsa⁵ ʔdai³ mai³] 老 เผื่อว่า [phɯɑ⁵ va:⁵] 越 để khỏi phải[ʔde³ xɔi³ fa:i³];để tránh khỏi[ʔde³ tṣaɲ⁵ xɔi³]

【免费】 泰 ยกเว้นค่าใช้จ่าย[jok⁸ we:n⁴ kha:³ tshai⁴ tsa:i⁵];ฟรี[fri:²] 老 บ่ต้อງເວຍถ่า[ʔbɔ:⁵tɔ:ŋ⁴vi:a² kha:⁵] 越 không lấy tiền[xoŋ¹ lɤi⁵ ti:n²];không mất tiền[xoŋ¹ mɤt⁷ ti:n²];miễn phí[mi:n⁴ fi⁵]

【腼腆】 泰 อาย[ʔa:i²];เหนียม[ni:am¹] 老 ອາຍ [ʔa:i¹];ໝູນ[ni:am¹];ละอาย[la⁵ ʔa:i¹];ຂີ້อาย[khi:³ ʔa:i¹];ຂอยເຂີນ[khu:ai¹ khɤ:n¹] 越 thẹn thùng[then⁶ thuŋ²];xấu hổ[sɤu⁵ ho³];ê lệ[ʔe¹ le⁶]

【面东~】 泰 ด้าน[ʔda:n³];เบื้อง[ʔbɯ:aŋ³];ฝ่าย[fa:i⁵]; ผ่าย[pha:i⁵];ข้าง[kha:ŋ³] 老 ເບື້ອງ[ʔbɯ:aŋ⁴];ฝ่าย [fa:i⁵];ຂອກ[khɔ:k⁹];ຂ້าง[kha:ŋ³];จิม[tsim¹];ก้ำ [kam⁴];แถบ[the:p⁹];ทาງ[tha:ŋ²];ผาก[pha:k¹⁰]; ລວງ[lu:aŋ²] 岱-侬 bưởng[ʔbɯ:ŋ³];pạng[pa:ŋ⁴] 越泰 phương[phɯ:ŋ¹];phĩa[phiɤ²] 越 bên [ʔben¹];phía[fiɤ⁵];phương[fɯ:ŋ¹];mặt[mat⁶]; diện[zi:n⁶] 芒 muổng[mu:ŋ³]

【面芋头很~】 泰 นิ่ม[nim³] 岱-侬 phôc[phok⁷] 越泰 bông[ʔboŋ¹] 越 bở[ʔbɤ¹]

【面_~旗子】 泰 ผืน[phɯ:n¹] 老 ໜບ่า[na:³]; ຜືນ[phɯ:n¹] 越 lá[la⁵]

【面_~镜子】 泰 บาน[ʔba:n²] 老 ກ້ວບ[ka:n⁴];แฝน [phɛ:n⁵] 越 cái[ka:i⁵];tấm[tɤm⁵] 芒 tấm[tɤm⁵]

【面包】 泰 ขนมปัง[kha⁵ nom¹ paŋ²] 老 ເຂົ້າจี่[khau³ tsi:⁵];ເຂົ້າจี่ฝะลั่ง[khau³ tsi:⁵fa:²laŋ⁵];ເຂົ້າฝะลั่ง [khau³ fa:² laŋ⁵];ก้อนເຂົ້าจี่[kɔ:n⁴ khau³ tsi:⁵] 越 bánh mì[ʔban⁵ mi²];bánh tây[ʔban⁵ tɤi¹] 芒 pênh

mì[pɛn³ mi²]

【面包果】 泰 ขนัน[kha⁵ nan¹] 老 ຂະໜັນ[kha⁵ nan¹] 越 quả bánh mì[kwa³ ʔban⁵ mi²]

【面粉】 泰 แป้งสาลี[pɛ:ŋ³ sa:¹ li:²];แป้งข้าวสาลี[pɛ:ŋ³ kha:u³ sa:¹ li:²];ข้าวแป้ง[kha:u³ pɛ:ŋ³];แป้งหมี่[pɛ:ŋ³ mi:⁵] 老 แป้งໜີ່[phɛ:ŋ³ mi:⁵] 越 bột mì[ʔbot⁸ mi²] 芒 bôt mì[ʔbot⁸ mi²]

【面积】 泰 เนื้อที่[nɯ:a⁴ thi:³] 老 ເນື້ອທີ່[nɯ:a⁴ thi:⁵]; ພູມປະລິມານ[phu:m²pa²li⁵ma:n²];ໜ້າດິນ[na:³ʔdin¹] 越泰 ta đin[ta:¹ʔdin¹] 越 diện tích[zi:n⁶ tit⁷] 芒 diễn tích[zi:n⁴ tit⁷]

【面具】 泰 หน้ากาก[na:³ ka:k⁹] 老 ໜ້າໂຂນ[na:³khon¹]; ໜ້າກາກ[na:³ ka:k⁹];กะบังໜ້າ[ka² ʔbaŋ¹ na:³] 越 mặt nạ[mat⁸ na⁶];cái mặt nạ[ka:i⁵ mat⁸ na⁶] 芒 cái mặt nã[ka:i³ mat⁸ na⁴];mặt nã[mat⁸ na⁴]

【面前❶】 泰 ข้างหน้า[kha:ŋ³ na:³] 老 ຂ້າງໜ້າ[kha:ŋ³ na:³] 越 trước[tṣɯ:k⁷];trước mắt[tṣɯ:k⁷ mat⁷]; trước mặt[tṣɯ:k⁷ mat⁸]

【面纱】 泰 ผ้าคลุมหน้า[pha:³khlum²na:³] 老 ຜ້າປິດໜ້າ[pha:³ pit⁷ na:³];แพระแส[phɛ:² ka² sɛ:¹] 越 mạng che mặt[ma:ŋ⁶ tsɛ¹ mat⁸]

【面生】 泰 แปลกหน้า[plɛ:k⁹ na:³] 老 แปກໜ້າ[pɛ:k⁹ na:³] 越 lạ mặt[la⁶ mat⁸]

【面熟】 泰 หน้าคุ้น[na:³ khun⁴] 老 ໜ້າຄຸ້ນ[na:³ khun⁴] 越 quen mặt[kwɛn¹ mat⁸]

【面条】 泰 บะหมี่[ʔba⁵ mi:⁵] 老 ໝີ່[mi:⁵];เส้นໝີ່[sen³ mi:⁵] 越 mì[mi²];mì sợi[mi² ṣɤ:i⁶] 芒 mì khôi[mi² khɤ:i⁷]

【苗床】 泰 แปลงเพาะต้นกล้า[plɛ:ŋ² pho⁴ ton³ kla:³] 老 ຕາເບີຍ[ta:¹ ʔbi:a⁴];ຕາກ້າ[ta:¹ ka:⁴] 越 dất gieo hạt[ʔdɤt⁷ zɛu¹ ha:t⁸];đất ươm cây[ʔdɤt⁷ ʔɯ:m¹ kɤi¹]; đất ương cây[ʔdɤt⁷ ʔɯ:ŋ¹ kɤi¹]

【瞄准】 泰 เล็ง[leŋ²];จ้อง[tsɔ:ŋ⁴¹];ส่อง[sɔ:ŋ⁵] 老

---
❶ 阿含 nā-kān-mü

เล้ง[leŋ²];เล้งฮ่อง[leŋ² sɔ:ŋ⁵];เบ[ne:²];แบ[ne:²];แบเบิ๋ง[nɛ:² ʔbəŋ⁵] 岱-侬 líu[liu⁵];dẳng[jaŋ²] 越泰 nhĩnh[ɲiŋ⁵];nhổng[ɲoŋ⁵] 越 nhắm[ɲam⁵];ngắm[ŋam⁵];chĩa[tsiə⁴] 芒 ngém[ŋem⁵];chí[tsi⁵]

【秒】 泰 วินาที[vi⁵na:²thi:²] 老 ວິນາທີ[vi⁵na:²thi:²] 岱-侬 dây[jəi¹] 越 giây[zɤi¹]

【秒表】 泰 นาฬิกาวินาที[na:² li⁴ ka:² wi⁴ na:² thi:²];นาฬิกาจับวินาที[na:² li⁴ ka:² tsap⁷ wi⁴ na:² thi:²] 老 ໂມງຫຍ່ງດີ[mo:ŋ² thi:aŋ⁵ ʔdi:¹];ໂມງຈັບເວລາ[mo:ŋ² tsap⁷ ve:² la:²];ໂມງກິລາ[mo:ŋ² ki² la:²];ໂມງວິນາທີ[mo:ŋ² vi⁵ na:² thi:²] 越 đồng hồ bấm giây[ʔdoŋ² ho² ʔbɤm⁵ zɤi¹]

【秒针】 泰 เข็มวินาที[khem¹ wi⁴ na:² thi:²] 老 ເຂັມວິນາທີ[khem¹ vi⁵ na:² thi:²] 越 kim giây[kim¹ zɤi¹]

【庙】 泰 เทวายตนะ[the:² wa:² jot⁸ na⁴];ศาล[sa:n¹];ศาลเจ้า[sa:n¹ tsau³];ศาลจ้าว[sa:n¹ tsau³] 老 ເທວາດານ[the:² va:² kha:n²] 越 miếu[mi:u⁵];đền thờ[ʔden² thɤ²] 芒 miểu[mi:u³];tền[ten²];tền thờ[ten² thɤ²]

【庙会】 泰 งานวัด[ŋa:n²wat⁸];งานออกร้าน[ŋa:n²ʔɔ:k⁹ ra:n⁴] 老 ຕະຫຼາດບັດ[ta²la:t⁹nat⁸];ບຸນສິມກິບທາມ[ʔbun¹ sin¹ kin¹ tha:n²] 岱-侬 lồng tồng[loŋ² toŋ²] 越 hội[hoi⁶];hội đình chùa[hoi⁶ ʔdiɲ² tsuə²];phiên chợ đình chùa[fi:n² tsuə² ʔdiɲ² tsuə²];đình đám[ʔdiɲ² ʔda:m⁵]

【灭火器】 泰 เครื่องดับเพลิง[khrɯ:aŋ³ ʔdap⁷ phlə:ŋ²] 老 ເຄື່ອງດັບໄຟ[khɯ:aŋ⁵ ʔdap⁷ fai²] 越 bình chữa cháy[ʔbiɲ² tsuə⁴ tsai⁵];bình cứu hoả[ʔbiɲ² kɯɯ² hwa³]

【民兵】 泰 ทหารบ้าน[tha⁴ ha:n¹ ʔba:n²] 老 ທະຫານບ້ານ[tha⁵ha:n¹ʔba:n²];ທະຫານລາດ[tha⁵ ha:n¹ la:t⁹] 越 dân quân[zɤn¹ kwɤn¹]

【民歌】 泰 เพลงลูกทุ่ง[phle:ŋ² lu:k¹⁰ thuŋ⁴];เพลงชาวเขา[phle:ŋ² tsha:u⁵ khau¹];เพลงพื้นเมือง[phle:ŋ² phɯ:n⁴ mɯ:aŋ²];เพลงพื้นบ้าน[phle:ŋ² phɯ:n⁴ ʔba:n²] 老 ເພງພື້ນເມືອງ[phe:ŋ² phɯ:n⁴ mɯ:aŋ²] 岱-侬 sli luọn[ɬi¹ lɯ:n⁴];sli co[ɬi¹ kɔ¹] 普 lơn⁴[lɤ:n⁴] 越 dân ca[zɤn¹ ka¹]

【民族】 泰 ประชาชาติ[pra⁵ tsha:² tsha:t¹⁰];ชนชาติ[tshon² tsha:t¹⁰] 老 ຊາດ[sa:t¹⁰];ຂົນຊາດ[son² sa:t¹⁰];ປະຊາຊາດ[pa² sa:² sa:t¹⁰];ເຜົ່າຊົນ[phau⁵ son²];ເຜົ່າ[phau⁵] 岱-侬 cần[kən²];dân tộc[jən¹ tok⁸] 越泰 phẳn cỏn[phan² kon²];dên tộc[jen¹ tok⁸] 越 cân tộc[zɤn¹ tok⁸] 芒 dân tôc[zɤn¹ tok⁸]

【敏捷】 泰 ว่องไว[wɔ:ŋ³ wai²] 老 ຂຶບ[si:an²];ປະປ່ຽວ[pa² piau¹];ປະປ່ຽວ[pa² piau⁵];ທັນ[han¹] 岱-侬 mjàng mjộp[mja:ŋ² mjop⁸] 越 nhanh nhẹn[ɲaɲ¹ ɲɛn⁶]

【抿】~着嘴 泰 เม้ม[me:m⁴] 老 ບິ້ມ[mim⁴];ມຸ້ມ[mum⁴];ເມ້ມ[me:m⁴];ຢຸ້ມ[ɲum⁴] 越 chúm chím[tsum⁵ tsim⁵];cụp[kup⁸] 芒 mím[mim⁵]

【抿】~酒 泰 จิบ[tsip⁷] 老 ຈິບ[tsip⁷] 岱-侬 mjặp[mjap⁸] 越泰 lịm[lim⁴];híp[hip⁷] 越 nhắp[ɲap⁷]

【名片】 泰 นามบัตร[na:m² ʔbat⁷] 老 ນາມບັດ[næm² ʔbat⁵];ບັດ[ʔbat⁵] 越 danh thiếp[zaɲ¹ thi:p⁷]

【名声】 泰 กิตติศัพท์[kit⁷ti⁵sap⁶];ชื่อเสียง[tshɯ:³si:aŋ²] 老 ຂີ່ສຽງ[sɯ:⁵ si:aŋ²];ກິດຕິສັບ[kit⁷ ti:² sap⁷];ກຽດ[ki:at⁹];ກຽດຕິຄຸນ[ki:at⁹ti²khun²];ກຽນ[ki:an¹];ນາມ[na:m²] 越泰 tiêng[ti:ŋ¹] 越 tiếng tăm[ti:ŋ⁵ tam¹];danh vọng[zaɲ¹ voŋ⁶]

【名字】❶ 泰 ชื่อ[tshɯ:³];นาม[na:m²] 老 ຂື່[sɯ:⁵];ນາມ[na:m²] 越 tên[ten¹] 芒 thên[then¹]

【鸣】鸟~ 泰 ร้อง[rɔ:ŋ⁴] 老 ຮ້ອງ[hɔ:ŋ⁴] 岱-侬 khăn[khan¹] 越 hót[hɔt⁷] 芒 hốc[hok⁷]

【酩酊】 泰 เมาหยำเป[mau² jam¹ pe:²] 老 ເມົາມາຍ[mau² ma:i²] 岱-侬 mè slè[mɛ² ɬɛ²] 越 say túy lúy[ʂai¹ twi⁵ lwi⁵];say mèm[ʂai¹ mɛm⁵]

---

❶ 阿含 chu B2；chüw B2  撣 sɿ̌ B2  泐 ɕɿ̌ B2

【明白~易懂❶】 泰แจ่มแจ้ง[tsɛːm⁵ tsɛːŋ³] 傣-依 rɔ[rɔ⁴] 越 hiểu rõ[hiːu³ zɔ⁴];rõ ràng[zɔ⁴ zaːŋ²];biết rõ[ʔbiːt⁷ zɔ⁴];rõ[zɔ⁴] 芒 hay rõ[hai¹ rɔ⁴]

【明矾❷】 泰 สารส้ม[saːn¹ som³] 老 ສານສົ້ມ[saːn¹ som³];ຫິນສົ້ມ[hiːn¹ som³] 傣-依 pạc phàn[paːk⁸ faːn²] 越 phèn chua[fɛn² tsuə¹]

【明亮❸】 泰 สว่าง[saˀ waːŋ³] 老 ແຈ້ງ[tsɛːŋ⁴];ຫງາຍ[ŋaːi¹];ເຮືອງ[huːaŋ²];กะจ่าง[kaˀ tsaːŋ³] 傣-依 rùng[ruŋ³];rùng roàng[ruŋ³ rwaːŋ²] 越 sáng sủa[ʂaːŋ⁵ ʂuə³];sáng rực[ʂaːŋ⁵ zɯk⁸];sáng trưng[ʂaːŋ⁵ tʂɯŋ¹]

【明年】 泰 ปีหน้า[piː² naː³];ปีต่อไป[piː² tɔː⁵ pai²] 老 ปีหน้า[piː¹¹ naː³] 傣-依 pi nả[pi¹ na³];pi mấu[pi¹ mɯu⁵] 越泰 pi nả[pi¹ na³] 普 mjaj³ zung³[mjaːi³ zuŋ³] 越 sang năm[ʂaːŋ¹ nam¹];năm tới[nam¹ tɤːi⁵] 芒 năm tlước[nam¹ tlɯːk⁷];năm tiềnh[nam¹ tiːn⁶];khang năm[khaːŋ¹ nam¹]

【明天❹】 泰 พรุ่งนี้[phruŋ⁴ niː⁴];วันพรุ่งนี้[wan² phruŋ² niː⁴];วันพรุ่ก[wan² phruk⁸] 老 ອັນໜ້າ[van² naː³];มื้อหน้า[mɯː⁴ naː³];มื้ออื่น[mɯː⁴ ʔɯːn⁵] 傣-依 vắn pjuk[van² pjuk⁸];vắn chục[van² tɕuk⁸] 越泰 mự puk[mɯ⁴ puk⁸] 普 Vân³ nê³[βɤn³ ne³] 越 ngày mai[ŋai² maːi¹] 芒 ngày dao[ŋai² zaːu¹]

【明晚】 泰 คืนพรุ่งนี้[khɯːn³ phruŋ³ niː⁴];เย็นพรุ่งนี้[jen² phruŋ³ niː⁴] 老 ถ่ำมื้ออื่น[kham⁵ mɯː⁴ ʔɯːn⁵];แลงมื้ออื่น[lɛːŋ² mɯː⁴ ʔɯːn⁵] 越 tối mai[toi⁵ maːi¹]

【冥王星】 泰 ดาวพลูโต[ʔdaːu² phluː² toː²];ดาวพระยม[ʔdaːu² phraː⁴ jom²] 老 ດາວປູ່ຍົບຕີນ[ʔdaːu¹¹ pluː¹¹ ton¹];ดาวเจ้าไฟ[ʔdaːu¹¹ tsau⁴ fai²] 越 Sao Minh Vương[ʂaːu¹ miɲ¹ vɯːŋ¹];Sao Diêm Vương[ʂaːu¹ ziːm¹ vɯːŋ¹]

【命活~】 泰 ชีวิต[tshiː² wit⁸] 老 ຊີວິດ[tshiː² wit⁸] 越 mạng[maːŋ⁶];mệnh[men⁶] 芒 mäng[maːŋ⁴]

【命令~撤退❺】 泰 ออกคำสั่ง[ʔɔːk⁹ kham² saŋ⁵] 老 ปิ้งบับฮา[poŋ¹¹ ʔban¹ saː²];อำอยถำสั้ง[ʔam¹ nuːai² kham² saŋ⁵] 傣-依 ooc lệnh[ʔɔːk⁷ leŋ⁴] 越 mệnh lệnh[men⁶ len⁶];ra lệnh[zaː¹ len⁶] 芒 tha lễnh[thaː¹ len⁴]

【命令 传达~】 泰 คำสั่ง[kham² saŋ⁵];สั่ง[saŋ⁵] 老 สั่ง[saŋ⁵];ຂໍ່ສັ່ງ[khɔː³ saŋ⁵];ຂໍ່ຮັບສັ່ງ[khɔː¹¹ hap⁸ saŋ⁵];คำสั่ง[kham² saŋ⁵];ບັບຊາກາບ[ʔban¹¹ saː² kaːn¹];ບັບຍັດ[ʔban¹¹ nat⁸];อำอยถำสั้ง[ʔam¹ nuːai² kham² saŋ⁵] 越 mệnh lệnh[men⁶ len⁶];lệnh[len⁶]

【命运】 泰 ชะตา[tsha⁴ taː²];ชะตากรรม[tsha⁴ taː² kam¹] 老 ເຄາະ[khɔ⁵];จูม[tsiːam¹];ຊະຕາ[sa⁵ taː¹];ຊະຕາກຳ[sa⁵ taː¹ kam¹];ຊາຕາ[saː² taː¹];ຊາຕາກຳ[saː² taː¹ kam¹];ກຳ[kam¹];ການະຈັກ[kaː¹¹ laː⁵ tsak⁷];ການະບີໂຍກ[kaː¹¹ laː⁵ niː⁵ no:k¹⁰];ກຳມະ[kam¹ ma⁵];ໂຊກຊະຕາ[so:k¹⁰ saː² taː¹¹];ໂຍກ[no:k¹⁰];ດວງຊະຕາ[ʔduːaŋ⁵ saː² taː¹¹];ໄທອະ[thai² vaː⁵];ຊີວິດ[siː² vit⁸];ຊີວິດຫິນຊີ[siː² vit⁸ in¹¹ siː²];ຊີບ[siː p¹⁰] 傣-依 mình[miɲ³];slồ minh[ɬo³ miɲ³] 越泰 xố[ʂo⁵];xố bun[ʂo⁵ ʔbun¹] 越 số phận[ʂoː⁶ fɤn⁶];vận mệnh[vɤn⁶ men⁶];số kiếp[ʂoː⁵ kiːp⁷] 芒 khổ phần[khoː³ fɤn⁴];vẫn[vɤn⁴];mênh[men⁴]

【摸~脸颊❻】 泰 คล้ำ[khlam²] 老 ຊຳ[tsam¹];ແຕະ[tɛ²];ບາຍ[ʔbaːi¹];ລູບ[luːp¹⁰] 傣-依 lùm[lum³] 普 lim³[liːm³] 越 sờ[ʂɤ²];rờ[zɤ²] 芒 rờ[rɤ²];hơ[hɤ¹]

【摸~鱼】 泰 งม[ŋom²] 老 ງົມ[ŋom²] 傣-依 mộc[mok⁸];vắn[van³] 越泰 ngỗm[ŋom²] 越 bắt[ʔbat⁷];mò[mɔ²] 芒 mõ[mɔ⁴]

---

❶ 石家 khaw⁶-cɨɨ⁶
❷ 石家 din²-som²
❸ 石家 rɔːŋ⁵　阿含 klüm;ling
❹ 石家 mɨɨ³-thɔk³　掸 phuk D2L　泐 phuk D2L
❺ 阿含 phān-khām-haü
❻ 石家 luup⁵

【摸黑】泰 คลำหา[khlam²ha:¹];ท่ามกลางความมืด[tha:m² kla:ŋ² khwa:m² mɯ:t¹⁰] 老 ลำขาง[kham² ha:¹] 傣-侬 lùm[lum³] 越泰 ngỗm[ŋom²];chăm[tsam²] 越 lần mò trong đêm tối[lɤn² mɔ² tʂɔŋ² ʔdem¹ toi⁵];mò mẫm[mɔ² mɤm⁴] 芒 bầl[ʔbɤl³];mò mẫm[mɔ² mɤm⁴]

【模糊】泰 เลือนราง[lɯ:an²ra:ŋ²] 老 ฝาง[fa:ŋ²];มัว [mu:a²];ฝาด[fa:t⁹];เผือด[fɯ:at⁹];เมื่อ[mau⁴];มุบ มิ้บมิ้ม้าย[mup⁸ mu:⁴ mup⁸ ma:i⁴];เลือน[lɯ:an²];ทะพอง ทะแพง[ka² mɔ:ŋ¹ ka² mɛ:ŋ¹] 傣-侬 fàng [fa:ŋ²] 越泰 hố[ho⁵] 越 mờ[mɤ²];lu mờ[lu¹ mɤ²];mờ mờ[mɤ² mɤ²];nhoà[ɲwa²] 芒 mờ[mɤ²];lu mờ [lu¹ mɤ²];mờ mờ[mɤ² mɤ²];pơ[pɤ¹]

【磨~刀】泰 ลับ[lap⁸];ฝน[fon¹] 老 ลับ[lap⁸];เปิน [fon¹];ຮະ[ha⁵];ธ์[hɔ:²] 傣-侬 lặp[lap⁸];phân [phən¹];kéo[kɛu⁵] 越泰 lặp[lap⁸] 普 bê³[be³] 越 mài[ma:i²] 芒 cál[kal³];mài[ma:i²]

【磨~米❶】泰 บด[bot⁷];โม่[mo:³] 老 บด[bot⁷];โม่ [mo:⁴];ปัน[pon⁵] 傣-侬 mùa[mu:a³];ngiền[ŋi:n²];ngền[ŋen²] 越泰 nghiền[ŋi:n²];nỉnghiền[ni² ŋi:n²] 普 kwâj²[kwɤi²] 越 xay[sai¹]

【磨刀石】泰 หินลับ[hin¹ lap⁸];หินลับมีด[hin¹ lap⁸ mi:t¹⁰] 老 หินลับ[hi:n¹ lap⁸];หินลับมีด[hi:n¹ lap⁸ mi:t¹⁰];หิน ฝน[hi:n¹ fon¹];หินฝนมีด[hi:n¹ fon¹ mi:t¹⁰] 傣-侬 hin phân[hin¹ phən¹];hin lặp[hin¹ lap⁸] 越泰 hin lặp[hin¹ lap⁸] 越 đá mài dao[ʔda⁵ma:i²za:u¹];đá mài[ʔda⁵ma:i²] 芒 khũ hòn mài[khu⁴hɔn²ma:i²];hòn mài[hɔn² ma:i²]

【磨损】泰 สึกหรอ[sɯk⁷ rɔ:¹] 老 ฮ่ง[hi:an³];ฮาบ [ki:an¹] 越 mòn[mɔn²] 芒 mònh[mɔn²];hao [ha:u¹];hao mòn[ha:u¹ mɔn²]

【磨洋工】泰 อืดอาด[ʔɯ:t⁹ʔa:t⁹];ทำงานอืดอาด[tham² ŋa:n² ʔɯ:t⁹ ʔa:t⁹] 老 อืดอาด[ʔɯ:t⁹ ʔa:t⁹] 越 làm

việc dềnh dàng[la:m² vi:k⁸ zen² za:ŋ²];làm dây dưa [lɤ:m² zɤi¹ zɯa¹];lăng công[la:ŋ⁴ koŋ¹]

【蘑菇❷】泰 เห็ด[het⁷] 老 เห็ด[het⁷] 普 ka¹[ka¹] 越 nấm[nɤm⁵] 芒 chếl[tsel³]

【模仿】泰 เอาอย่าง[ʔau²ja:ŋ⁵];ทำอ้าง[ta:m²ʔa:ŋ³];ทอดแบบ[thɔ:t¹⁰ʔbɛ:p⁹] 老 จำลอง[tsam¹¹lɔ:ŋ²];เอาแบบอย่าง[ʔau¹¹ʔbɛ:p⁹ja:ŋ⁵];เอาอย่าง[ʔau¹¹ja:ŋ⁵];เอาอาด[ʔau¹¹ va:t¹⁰];เฮ็ดตาม[het⁸ ta:m¹];ลอกแบบ [lɔ:k¹⁰ ʔbɛ:p⁹] 傣-侬 tò i[tɔ² ʔi¹];i rèo[ʔi¹ rɛu²] 越泰 xon[sɔn¹] 越 bắt chước[ʔbat² tsɯ:k⁷];đưa đòi [ʔdɯa¹ ʔdɔi²];học đòi[hɔk² ʔdɔi²] 芒 hoc tòi[hɔk² tɔi²]

【魔鬼】泰 ปีศาจร้าย[pi:² sa:n¹ ra:i⁴] 老 มาน[ma:n²];ผีมาน[phi:¹ma:n²];บ่ละสาดเชื้อ[ʔbɔ:¹¹la⁵sa:t⁹ sɯ:a⁴];บ่ละสาด[ʔbɔ:¹¹ la⁵ sa:t⁹];บ่ลิสาด[ʔbɔ:¹¹ li⁵ sa:t⁹];แทด[thɛ:t¹⁰];ผี[phi:¹] 傣-侬 phi quí[phi¹ kwi⁵];tua quí[tua⁵ kwi⁵] 越 ma[ma¹];ma quỷ[ma¹ kwi⁵] 芒 mãn[ma:n⁴];ma quí[ma¹ kwi⁵]

【魔术】泰 มายากล[ma:² ja:² kɔn²];วิท ยากล[vi⁴ tha⁴ ja:² kɔn²] 老 กายะอีฆา[ka:¹¹ ɲa⁵ vi⁵ sa:²];มายฃับ [ma:² ɲa:² kɔn²];มายาสาด[ma:² ɲa:² sa:t⁹] 傣-侬 má tha[ma⁵ tha¹] 越 ảo thuật[ʔa:u³ thwɤt⁸]

【魔术师】泰 นักมายากล[nak⁸ ma:² ja:² kɔn²] 老 มัทขลั้บภัน[nak⁸ li:n³ kɔn¹];มายาทอน[ma:² ɲa:² kɔ:n¹] 越 nhà ảo thuật[ɲa² ʔa:u³ thwɤt⁸];ảo thuật gia[ʔa:u³ thwɤt⁸ za¹]

【摩擦】泰 เสียดสี[si:at⁹si:¹] 老 ธู่[hu:⁵];ธุ[hu⁵];ธุกธู่ [huk⁸hu:⁵];ธุกสิ[huk⁸si:¹];ธุกทู[huk⁸thu:¹];ฃัดสี [khat⁷ si:¹] 越 cọ xát[kɔ⁶ sa:t⁷]

【摩托车】泰 จักรยานยนต์[tsak⁷ kra⁵ ja:n² jon²];รถจักรยานยนต์[rot⁸tsak⁷kra⁵ja:n²jon²];รถมอเตอร์ไซค์ [rot⁸ mɔ:² tɤ:² sai²] 老 ลัดจัก[lot⁸ tsak⁷];จัก麻ยับ [tsak⁷ ka² ɲɔn²] 越 xe máy[sɛ¹ mai⁵];xe mô tô[sɛ¹

---

❶ 石家 bot⁴
❷ 拉哈 ka¹; kha² 拉基 laqu³

mo¹ to¹];mô tô[mo¹ to¹] 芒xe mô tô[sɛ¹ mo¹ to¹];xe mấy[sɛ¹ mai³]

【模型❶】 泰แบบ[ʔbɛːp⁹];โมเดิร์น[moː² ʔdən²];เบ้า[ʔbau³];เบ้าหลอม[ʔbau³ lɔːm¹];เบ้าแบบ[ʔbau³ ʔbɛːp⁹] 老เบ้า[ʔbau⁴];ตัวแบบ[tuːa¹ ʔbɛːp⁹];ตึ้มแบบ[ton⁴ ʔbɛːp⁹];แบบ[ʔbɛːp⁹];แม่พิมพ์[mɛː⁵ phim²];ยั่งย่าง[jiːam³ jaːŋ⁵] 傣-侬khon[khɔn¹] 越泰thướt[thuɯk⁷] 越khuôn[xuːn¹] 芒khuôn[khuːn¹]

【抹~药❷】 泰ทา[thaː²] 老ทา[thaː²];ลวด[lwaːt¹⁰] 傣-侬pet[pɛt⁷];pải[paːi³] 越phét[fet⁷];bôi[ʔboi¹];xoa[swa¹]

【磨子】 泰โม่[moː³] 老โม่[moː⁴];ค็ก ไซ[khok⁸sai¹] 傣-侬mù[muˀ²];ăn xay khẩu[ʔan¹ ɕai¹ khəu³] 普qwâj²[qwɤi²] 越cối xay[koi⁵ sai¹];cối xay bằng đá[koi⁵ sai¹ ʔbaŋ² ʔda⁵]

【墨❸】 泰หมึก[mɯk⁷] 老ໝึก[mɯk⁷];ເມິກ[mək⁷];มึก[mɯk⁸] 傣-侬mậc[mək⁸] 越泰mọc[mək⁸] 普mǎj¹[mai¹] 越mực[mɯk⁸] 芒mâc[mɤk⁸]

【墨镜】 泰แว่นกันแดด[wɛːn³kan²ʔdɛːt⁹];แว่นตากันแดด[wɛːn³taː²kan²ʔdɛːt⁹] 老แอ่บตาดำ[vɛːn⁵taː¹ ʔdam¹];แอ่บตาลอย[vɛːn⁵ taː¹ khwaːi²];แอ่บตาทับแดด[vɛːn⁵ taː¹ kan² ʔdɛːt⁹] 越泰vèn ta đét[vɛn⁶ ta¹ ʔdɛt⁹] 越kính râm[kiŋ⁵ zɤm¹];kính đen[kiŋ⁵ ʔdɛn¹] 芒kinh dâm[kiŋ³ zɤm²];kinh dâm[kiŋ³ zɤm¹]

【墨水】 泰หมึก[mɯk³];น้ำหมึก[nam⁴ mɯk⁷];น้ำหมึกสีดำ[nam⁴ mɯk⁸ siː¹ ʔdam²] 老บ้าเมิก[nam⁴ mək⁸];น้ำมึก[nam⁴mɯk⁸];เมิกดำ[mək⁸ ʔdam¹];ฝึกมึก[mɯk⁷];ເມิก[mək⁷] 傣-侬mậc[mək⁸] 越泰mọc[mək⁷] 越mực[mɯk⁸];nước bút máy[mɯk⁸ ʔbut⁷ mai⁵]; mực đen[mɯk⁸ ʔdɛn¹] 芒mâc[mɤk⁸]

【墨水瓶】 泰ขวดน้ำหมึก[khuːat⁹ nam⁴ mɯk⁷] 老ก้อบบ้าเมิก[kɔːŋ⁴ nam⁴ mək⁸] 越lọ mực[lɔ⁶ mɯk⁸];bình mực[ʔbiŋ² mɯk⁸] 芒tôc mâc[tok⁸ mɤk⁸]

【墨鱼】 泰ปลาหมึกชนิดตัวใหญ่[plaː² mɯk⁷ tsha⁴ nit⁸ tuːa² jai⁵];ปลาหมึก[plaː² mɯk⁷] 老ປາເມິກ[paː¹ mək⁸];ປາມึก[paː¹ mɯk⁸];ปาเมิก[paː¹ mɯk⁷] 越conmực[kɔn¹ mɯk⁸] 芒cá mâc[kaː³ mɤk⁸]

【墨汁】 泰น้ำหมึกจีน[nam⁴ mɯk⁷ tsiːn²];น้ำหมึก[nam⁴ mɯk⁷] 老มึกจีบ[mɯk⁸tsiːn¹];เมิกจีบ[mək⁸ tsiːn¹];ฝึกจีบ[mɯk⁷ tsiːn¹] 越mực nước[mɯk⁸ nɯːk⁷]

【没收】 泰ริบ[rip⁸] 老ຮີບ[hip⁸];ฮีบเอิง[hip⁸ʔau¹] 傣-侬pắt au[pat⁸ ʔau¹];slau slặp[ɬau¹ ɬap⁸] 越泰thu[thu¹] 越tịch biên[tit⁸ ʔbiːn¹];tịch thu[tit⁸ thu¹];tịch thu tạm thời[tit⁸ thu¹ taːm⁶ thɤːi²] 芒tich thu[tit⁸ thu¹]

【末班车】 泰รถเที่ยวสุดท้าย[rot⁸ thiːau³ sut⁷ thaːi¹] 老ລົດທ่ยอสุดท้าย[lot⁸ thiːau⁵ sut⁷ thaːi⁴];ลึดที่ยอสุดท้าย[lot⁸ thiːau⁵ sut⁷ thaːi⁴];ลึดเมีอสุดท้าย[lot⁸ me² thiːau⁵ sut⁷ thaːi⁴] 越chuyến xe cuối cùng[tswiːn⁵ sɛ¹ kuːi⁵ kuŋ²]

【末尾】 泰สุด[sut⁷] 老สุด[sut⁷];ตอบปาย[tɔːn¹ paːi¹];ท้าย[thaːi⁴];ท้ายสุด[thaːi⁴ sut⁷] 越cuối[kuːi⁵];cuối cùng[kuːi⁵ kuŋ²];sau cùng[ʂau¹ kuŋ²];sau chót[ʂau¹ tʂɔt⁷];bét[ʔbɛt⁷] 芒cuối[kuːi³];bét[ʔbɛt⁷]

【茉莉花❹】 泰ดอกมะลิ[ʔdɔːk⁹ma⁴li⁴];มะลิ[ma⁴li⁴] 老ดอกຂ้อม[ʔdɔːk⁹sɔːn⁴];ดอกຂ້อมน้อย[ʔdɔːk⁹sɔːn⁴ nɔːi⁴];ดอกมะลิຂ້อม[ʔdɔːk⁹ maː⁵ li⁵ sɔːn⁴];สุมะบา[su⁵ ma⁵ naː²];มะลิ[ma⁵ li⁵];มะลิอับ[ma⁵ li⁵ van²];ดอกมาลิ[ʔdɔːk⁹ma²li²];ดอกมะลิ[ʔdɔːk⁹ma⁵li⁵];

---

❶ 阿含jūn
❷ 石家lip²
❸ 石家mik⁶
❹ 石家blɔk²-sɔn³

ɯəลิ[ma⁵ li²]　岱-侬 bjooc lài[ʔbjɔ:k⁷ la:i²]　越 hoa nhài[hwa¹ ɲa:i²]　芒 wa nhài[wa¹ ɲa:i²]

【陌生】　泰 แปลกหน้า[plɛ:k⁹ na:³]　老 ບໍ່ລິ້ງເຄີຍ[ʔbɔ:⁵ lɯ:ŋ⁴khə:i²]　岱-侬 lac[la:k⁷];lạ[la⁴];lạlac[la⁴la:k⁷];chạ[tɕa³]　越泰 lák[la:k⁷];lạ[la⁶];lạmặt[la⁶ mat⁸];bỡ ngỡ[ʔbɤ⁴ŋɤ⁴];xa lạ[sa¹la⁶]　芒 lã[la⁴];lã măt[la⁴ mat⁸];lac[la:k⁸];bỡ ngỡ[ʔbɤ⁴ ŋɤ⁴];xa lã[sa¹ la⁴]

【陌生人】　泰 คนแปลกหน้า[khon² plɛ:k⁹ na:³]　老 ແຂກ[khɛ:k⁹];ແຂກແປກໜ້າ[khɛ:k⁹pɛ:k⁹na:³];ຄົນແປກໜ້າ[khon² pɛ:k⁹na:³];ຄົນໜ້າໃໝ່[khon² na:³ mai⁵];ຄົນຕ່າງໜ້າ[khon² ta:ŋ⁵ na:³]　岱-侬 cần lạ[kən² la⁴]　越泰 cỏn pườn[kon² pɯɯ:n⁶]　越 người lạ[ŋɯ:i² la⁶]　芒 môl lã[mol⁴ la⁴]

【牟利】　泰 มุ่งหากำไร[muŋ³ ha:¹ kam² rai²];แสวงหาผลประโยชน์[sa⁵ wɛ:ŋ¹ ha:¹ phon¹ la⁴ pra⁵ jo:t¹⁰]　老 ຫາລາບຫາລອຍ[ha:¹ la:p¹⁰ ha:¹ lu:ai²];ໂກງກຳໄລ[ko:ŋ¹' kam¹' lai²];ສະແຫວງຫາປະໂຫຍດ[sa² vɛ:ŋ¹ ha:¹ pa:² ɲo:t⁹]　越 kiếm lợi[ki:m⁵ lɤ:i⁶];trục lợi[tsuk⁸ lɤ:i⁶]

【谋杀】　泰 วางแผนสงหาร[wa:ŋ² phɛ:n¹ saŋ¹ ha:n¹]　老 ຄາຕະກຳ[kha:² ta² kam²]　越 tìm cách giết người[tim² kat⁷ zi:t⁷ ŋɯɯ:i²];mưu sát[mɯɯ¹ sa:t⁷]

【谋生】　泰 ทำมาหากิน[tham² ma:¹ ha:¹ kin¹];เลี้ยงชีพ[li:aŋ⁴tshi:p¹⁰]　老 ສ້າງຢູ່ທຳກິນ[sa:ŋ⁵ju:⁵tham²kin¹];ສ້າງຢ່າງະທຳກິນ[sa:ŋ³ ju:⁵ ka² tham² kin¹];ທຳມາຫາລ້ຽງ[tham² ma:² ha:¹ li:aŋ⁴];ຊອກທຳກິນ[sɔ:k¹⁰ kin¹];ຊອກຢູທຳກິນ[sɔ:k¹⁰ ju:⁵ ha:¹ kin¹];ດຳເນີນຊີວິດ[ʔdam² nɤ:n² si:² vit⁸];ດຳລົງຊີວິດ[ʔdam² loŋ² si:² vit⁸];ທຳມາຫາລ້ຽງຊີບ[tham² ma:² ha:¹ li:aŋ⁴ si:p¹⁰];ຫາຢູ່ທຳກິນ[ha:¹ ju:⁵ tham² kin¹];ຫາລ້ຽງຊີບ[ha:¹ li:aŋ⁴ si:p¹⁰]　普 Vak² kân¹[βa:k² kɤn¹]　越 kiếm ăn[ki:m⁵ ʔan¹];tìm kế sirh nhai[tim² ke⁵ ʂiɲ¹ ɲa:i¹];tìm cách sinh sống[ti:m² kat⁷ ʂiŋ¹ ʂoŋ⁵];sinh sống[ʂiŋ¹ ʂoŋ⁵]　芒 kiếm ăn[ki:m³ ʔan¹];là ăn[la² ʔan¹];khinh khổng[khiɲ¹ khoŋ³]

【模子❶】　泰 กะสวน[ka⁵ su:an¹];แบบ[ʔbɛ:p⁹];พิมพ์[pʰim²]　老 ເບົ້າ[ʔbau⁴];ແບບ[ʔbɛ:p⁹];ແມ່ພິມ[mɛ:⁵ pʰim²];ຮ່າງ[ha:ŋ⁵];ໂຄງ[kho:ŋ²];ຕົວແບບ[tu:a¹ ʔbɛ:p⁹];ຮຸບຈຳລອງ[hu:p¹⁰ tsam¹' lɔ:ŋ²];ທຸນ[hun⁵]　越 khuôn[xu:n¹]　芒 khuôn[khu:n¹]

【模子米糕】　越 bánh đúc[ʔbaɲ⁵ ʔduk⁷]　芒 pénh túc[pɛɲ³ tuk⁷]

【母狗】　泰 แม่หมา[mɛ:³ ma:¹];หมาสาว[ma:¹ sa:u¹]　老 ໝາແມ່[ma:¹ mɛ:⁵]　越泰 ma lổng[ma¹ loŋ²]　普 maj² mha¹[ma:i² ma̠¹];mha¹ măj²[ma̠¹ mai²]　越 chó cái[tʂɔ⁵ ka:i⁵]　芒 chò cải[tʂɔ³ ka:i³]

【母黄牛】　泰 วัวตัวเมีย[wu:a² tu:a² mi:a²];แม่โค[mɛ:³ kʰo:²];วัวสาว[wu:a² sa:u¹]　老 ງົວແມ່[ŋu:a² mɛ:⁵]　岱-侬 mò mè[mɔ² mɛ²]　越泰 ngủa mè[ŋu:a² mɛ⁶];ngủa xứ[ŋu:a² sɯ⁵]　越 bò cái[ʔbɔ² ka:i⁵]　芒 pò cải[pɔ² ka:i³]

【母鸡】　泰 ไก่ตัวเมีย[kai⁵ tu:a² mi:a²];แม่ไก่[mɛ:³ kai⁵];ไก่สาว[kai⁵ sa:u¹];ไก่ เขื่อง[kai⁵ khɯ:aŋ⁵]　老 ໄກແມ່[kai⁵ mɛ:⁵];ແມ່ໄກ່[mɛ:⁵ kai⁵]　岱-侬 cáy mè[kai⁵ mɛ³];cáy khướng[kai⁵ khɯɯ:ŋ³]　越泰 cáy mè[kai⁵ mɛ⁶];cáy khướng[kai⁵ khɯɯ:ŋ³]　普 maj² qăj¹[ma:i² qai¹];qăi¹ măj²[kai¹ mai²]　越 gà mái[ɣa² ma:i⁵]　芒 ca mãi[ka¹ ma:i⁴]

【母马】　泰 ม้าตัวเมีย[ma:⁴tu:a²mi:a²]　老 ມ້າແມ່[ma:⁴ mɛ:⁵]　普 maj² rhê³[ma:i² ʐe³];rhê³ măj²[ʐe³ mai²]　越 ngựa cái[ŋɯa² ka:i⁵]

【母猫】　泰 แมวตัวเมีย[mɛ:u² tu:a² mi:a²]　老 ແມວແມ່[mɛ:u² mɛ:⁵]　越 mèo cái[mɛu² ka:i⁵]　芒 mèc cải[mɛu² ka:i³]

---

❶ 阿含 hun B1　掸 hun B1　勐 hun B1

【母亲❶】 泰แม่[mɛː³] 老แม่[mɛː⁵];ຄຸນແມ່[khun² mɛː⁵];มาดา[maː² ʔdaːˡ];มาตา[maː² taːˡ];มามดา[maːn² ʔdaːˡ];มามดอม[maːn² ʔdɔːnˡ];ฮิแม่[ʔiːˡ mɛː⁵] 岱-依mẻ[me³] 越泰mè[mɛ²];ẽm[ʔem²] 普 maj²[maːi²] 越mẹ[mɛ⁶];mẫu thân[mɤu⁴ thɤn¹] 芒mẽ[me⁴];cảy[kai³];cảy mẽ[kai³ me⁴];mãng[maːŋ⁵]

【母水牛下过崽的】 泰ควายแม่[khwaːi² mɛː³];ควายสาว[khaːi² saːu¹] 老ควาย แม่[khwaːi² mɛː⁵] 岱-依vài mẻ[vaːi² me³] 越泰quải mè[kwaːi² mɛ⁶];quải xứ[kwaːi² sɯ⁵] 越trâu cái[tʂɤu¹ kaːi⁵]

【母校】 泰โรงเรียนเก่า[roːŋ² riːan² kau⁵] 老ໂຮງຮຽນເກົ່າ[hoːŋ² hiːan² kau⁴] 越trường mình đã từng học qua[tʂɯːŋ² minˡ ʔdaː⁴ tɯŋ² hɔk⁸ kwaːˡ]

【母鸭】 泰เป็ดตัวเมีย[pet⁷ tuːa² miːa²] 老ເປັດແມ່[pet⁷ mɛː⁵] 越vịt cái[vit⁸ kaːi³]

【母语】 泰ภาษาเดิม[phaː² saːˡ ʔdɤːm²];ภาษาแม่[phaː² saːˡ mɛː²] 老ພາສາ[phaː² saːˡ mɛː⁵] 岱-依tiếng của mẻ sleng[tiːŋ³ kuəa⁵ me³ ɬeŋ¹] 越tiếng mẹ đẻ[tiːŋ⁵ mɛ⁶ ʔdɛ³]

【母猪】 泰แม่หมู[mɛː³ muːˡ];หมูเมีย[muːˡ miːa²];หมูตัวเมีย[muːˡ tuːa² miːa²];หมูสาว[muːˡ saːu¹] 老ໝູແມ່[muːˡ mɛː¹] 岱-依mu mẻ[mu¹ me³] 越泰mu mè[mu¹ mɛ⁶];mu lỗng[mu¹ loŋ²] 越lợn cái[lɤːn⁶ kaːi³];lợn nái[lɤːn⁶ naːi³] 芒củi cái[kui³ kaːi³]

【拇指❷】 泰หัวแม่มือ[huːa¹ mɛː³ mɯːː²];นิ้วหัวแม่มือ [niu⁴ huːa¹ mɛː³ mɯː²];หัวแม่โป้ง[huːa¹ mɛː³ poːŋ⁵] 老ມື້ໂປ້[niːu⁴ poː⁴];ມື້ແມ່ມື[niːu⁴ mɛː³ mɯː⁵];ໂປ້ມື [poː⁴ mɯː²];แม่มื้[mɛː⁵ mɯː²];หัวแม่มื้[huːa¹ mɛː⁵ mɯː²];หัว โป้มื้[huːa¹ poː⁴ mɯː²] 越泰njư mẻ[niu¹ me³];hua mẻ mũ[huəˡ me³ mɯː²] 普qaNik² du⁴ [qa⁰ nik² du⁴] 越ngón tay cái[ŋɔn⁵ tai¹ kaːi⁵];ngón

cái[ŋɔn⁵ kaːi⁵]

【牡丹花】 泰ดอกโบตั๋น[ʔdɔːk⁹ ʔboː² tanˡ] 老ดอก โบตั๋น[ʔdɔːk⁹ ʔboː² tanˡ] 岱-依bjooc mậu đàn [ʔbjɔːk⁷ mɤu⁴ ʔdaːn²] 越hoa mẫu đơn[hwaˡ mɤu⁴ ʔdɤːn²] 芒wa mẫu đơn[waˡ mɤu⁴ ʔdɤːn²]

【牡蛎】 泰หอยนางรม[hɔːi¹ naːŋ² rom²];หอยอีรม [hɔːi¹ ʔiː² rom²] 老ຫອຍກີ້[hɔːi¹ kiː⁴];ຫອຍບາງຮົມ [hɔːi¹ naːŋ² hom²];ກີ້[kiː⁴] 越con hàu[kɔnˡ hau²];con hào[kɔnˡ haːu²];con hà[kɔnˡ haː²];mẫu lệ[mɤu⁴ le³]

【墓地】 泰สุสาน[su⁵ saːnˡ];ป่าช้า[paː⁵ tshaː⁴] 老 ຂຸມ[khum¹];ຂຸມສົບ[khum¹ sop⁷];ຂຸມຜິ[khum¹ phiː¹]; ຂຸມຝັງສົບ[khum¹ faŋ¹ sop⁷];ຂຸມແຮ່ວ[khum¹ heːu⁵]; ສະຖານທີ່ຝັງສົບ[sa⁵ thaːnˡ thiː⁵ faŋ¹ sop⁷];ທີ່ຝັງສົບ [thiː⁵ faŋ¹ sop⁷];ປ່າຊ້າ[paː⁵ saː⁴];ເຮ່ວ[heːu⁵];ປ່າເຮ່ວ [paː⁵ heːu⁵];ແຮ່ວ[heːu⁵];ປ່າງ່ວ[paː⁵ hiːau⁵] 岱-依 ti fằn[ti³ fan²];ti mồ[ti³ mo³] 越泰pá hèo[paː⁵ hɛu⁶];đonhèo[ʔdɔnˡ hɛu⁶] 越nghĩa địa[ŋiə⁴ ʔdiə⁶]; bãi tha ma[ʔbaːi⁴ thaˡ maˡ];khu mộ[xu¹ mo⁶];khu nghĩa địa[xu¹ ŋiə⁴ ʔdiə⁶] 芒pāi tổng[paːi⁴ toŋ³]; tổng ma[toŋ³ maˡ];cò mồ[kɔ² mo⁴];cãl thã má mên[kaːl⁴ thaˡ ma⁵ menˡ]

【墓穴】 泰หลุมฝังโลงศพ[lum¹ faŋ¹ loːŋ² sop⁷] 老ຂຸມ [khum¹];ຂຸມເຮ່ວ[khum¹ heːu⁵];ຂຸມຝັງສົບ[khum¹ faŋ¹ sop⁷];ຫລຸມຝັງສົບ[lum¹ faŋ¹ sop⁷];ຂຸມຜິ[khum¹ phiːˡ] 越huyệt để chôn quan tài [hwit⁸ ʔde³ tson¹ kwaːn¹ taːi²] 芒lăng[laŋ¹];wiêt [wiːt⁸]

【目标】 泰เป้าหมาย[pau³ maːi¹] 老ເປົ້າໝາຍ[pau³ maːi¹] 越mụctiêu[muk⁸ tiːu¹];đích[ʔdit⁷] 芒muc tiêu[muk⁸ tiːu¹];đích[ʔdit⁷]

【目的】 泰จุดประสงค์[tsut⁷ praː⁵ soŋ¹] 老ປະສົງ[paː² soŋ¹] 越mục đích[muk⁸ ʔdit⁷] 芒muc đích[muk⁸ ʔdit⁷]

---

❶ 石家mee⁵;mɯɯ⁵　阿含me B2　拉哈mǎj³　拉基mja¹
❷ 石家niw⁴-poo³

【目前❶】泰เดี๋ยวนี้[ʔdi:au¹ ni:⁴] 老ปะจุบัน[pa² tsu² ʔban¹];ปะจุบันนี้[pa² tsu² ʔban¹ ni:⁴];ปัดจุบัน[pat⁷ tsu² ʔban¹] 岱-依tó nả[to⁵ na³] 越泰tón nả[tɔn⁵ na³] 越trước mắt[tsɯ:k⁷ mat⁷];hiện nay[hi:n⁶ nai¹] 芒tlước mặt[tlɯ:k⁷ mat⁸]

【木板】泰ไม้กระดาน[mai⁴kra⁵²da:n²];แผ่น[phɛ:n⁵];แป้น[pɛ:n³] 老แป้น[pɛ:n³];แผ่บ แป้น[phɛ:n⁵ pɛ:n⁴];ไม้แป้น[mai⁴ pɛ:n⁴] 岱-依pán[pa:n¹];pên[pɛn³] 越泰pên[pɛn³] 普pắn¹[pan¹] 越ván[va:n⁵];gỗ tấm[ɣo⁴ tɤm⁵] 芒ván[va:n³]

【木板屋】泰บ้านไม้[ʔba:n³mai³] 老เฮือนแป้น[hɯan² pɛ:n⁴] 越nhà gỗ[ɲa³ ɣo⁴] 芒nhà gỗ[ɲa³ ɣo⁴]

【木鳖子】泰หมากข้าว[ma:k⁹ kha:u³];ฟักหม่น[fak⁴ mon⁵] 老เถือฆาากเฆิ่ว[khɯa:² ma:k⁹ khau³];ฆาากเฆิ่ว[ma:k⁹ khau³];ฟักฆมื่บ[fak⁸ mon⁵] 岱-依mac khẩu[ma:k⁷ khɤu³] 越泰mák khàu[ma:k⁷ khau³] 越quả gấc[kwa³ ɣɤk⁷]

【木床】泰เตียงไม้[ti:aŋ² mai³] 老ตฺยงไม้[ti:aŋ¹¹ mai⁴] 越giường gỗ[zɯ:ŋ² ɣo⁴]

【木刺 竹片边上的❷】泰เสี้ยน[si:an³] 越dăm [zam²] 芒khuốc[khu:k⁷]

【木耳】泰เห็ดหูหนู[het⁷ hu:¹ nu:¹] 老เฮ็ดฮูฆฮู[het⁷ hu:¹ nu:¹] 岱-依chop hu lình[tɕɔp⁷ hu¹ liŋ²] 越泰hết tnún[het⁷ t-nun⁵] 越mộc nhĩ[mok⁸ ɲi⁴];nấm mộc nhĩ[nɤm⁵ mok⁸ ɲi⁴] 芒ông cu[ʔoŋ¹ ku¹]

【木芙蓉】泰พุดตาน[phut⁸ ta:n³] 老พุดตาฆ[phut⁸ ta:n¹] 越cây phù dung[kɤi¹ fu² zuŋ¹];cây dâm bụt[kɤi¹ zɤm² ʔbut⁸]

【木屐】泰รองเท้าไม้[rɔ:ŋ² thau⁴ mai⁴];เกี๊ยะ[kia⁴] 老เกิบไม้[kə:p⁹mai⁴];เกิบภ็อก[kə:p⁹kok⁷] 岱-依khucmạy[khuk⁷mai⁴] 越泰hăibọm[ha:i²ʔbɔm⁴] 普qaljaw² tăj¹[qa⁰ lja:u² tai¹] 越guốc[ɣu:k⁷];giày guốc[zai² ɣu:k⁷] 芒guốc[ɣu:k⁷]

【木匠】泰ช่างไม้[tsha:ŋ³ mai⁴] 老ฆาางไม้[sa:ŋ⁵ mai⁴] 岱-依chàng mạy[tɕa:ŋ³ mai⁴] 越泰chàng mạy[tsa:ŋ⁶mai⁴];xơ mạy[sə⁴mai⁴];xờ mạy[sə²mai⁴] 普cang⁴tăj¹[tsa:ŋ⁴tai¹];qacang⁴tăj¹[qa⁰tsa:ŋ⁴tai¹] 越thợ mộc[thɤ⁶ mok⁸];người thợ mộc[ŋɯ:i² thɤ⁶ mok⁸]

【木棉花】泰ดอกนุ่น[ʔdɔ:k⁹nun⁵] 老ดอกงิ้ว[ʔdɔk⁹ ŋiu⁴] 越hoa gạo[hwa¹ ɣa:u⁶];hoa cây gạo[hwa¹ kɤi¹ ɣa:u⁶]

【木棉树❸】泰งิ้ว[ŋiu⁴];งิ้วบ้าน[ŋiu⁴ ʔba:n³];งิ้วป่ง[ŋiu⁴pɔŋ²];ต้นนุ่น[ton³nun³] 老งิ้ว[ŋi:u⁴];ติ้มงิ้ว[ton⁴ŋi:u⁴];ติ้มงิ้ว[ton⁴ŋiu⁴];งิ้วสาย[ŋi:u⁴sa:i¹];งิ้วทะเล[ŋi:u⁴tha⁴le:²];งิ้วม้อย[ŋi:u⁴nɔ:i⁴];งิ้วบ้าม[ŋi:u⁴²ba:n⁴];ติ้มง้าว[ton⁴ŋa:u⁴] 岱-依co nghịu [kɔ¹ŋiu⁴];mạy ngịu[mai⁴ŋiu⁴];mạy ngiệu[mai⁴ ɲi:u⁴] 越泰co nghịu[kɔ¹ŋiu⁴] 越cây gạo[kɤi¹ ɣa:u⁶];cây bông gạo[kɤi¹²bɔŋ¹ɣa:u⁶];cây hoa gạo[kɤi¹ hwa¹ ɣa:u⁶] 芒câl cào[kɤl¹ ka:u³]

【木奶果】泰มะไฟ[ma⁴ fai²] 老ฆาากไฝ[ma:k⁹ fɛi²] 岱-依mac fầy[ma:k⁷ fəi²] 越泰mák phẫy[ma:k⁷ phai²] 越quả dâu da[kwa³ zɤu¹ za¹]

【木偶❹】泰หุ่นประบอก[hun⁵ kra⁵ ʔbɔ:k⁹] 老หุ่ม[hun⁵];หุ่มตุ๊กภะตๅๅ[hun⁵ tuk⁷ ka² ta:¹¹];หุ่มแภาม[hun⁵thɛ:n²];หุ่มตุ๊กภะตๅๅ[hun⁵tuk⁷ka²ta:¹];ตุ๊กภะตๅๅ[tuk⁴ ka² ta:¹¹] 越con rối[kɔn¹ zoi⁵] 芒con rồi [kɔn¹ roi³];con hồi[kɔn¹ hoi³];tượng gỗ[tɯ:ŋ⁶ ɣo⁴]

【木偶戏】泰หุ่นกระบอก[hun⁵ kra⁵ ʔbɔ:k⁹] 老ละถอบหุ่ม[la⁵ khɔ:n² hun⁵];ละถอบตุ๊กภะตๅๅ[la⁵

---

❶ 阿含 to
❷ 石家 kheel⁶
❸ 石家 ŋiw³；nun⁶
❹ 石家 hun⁶

khɔːn² tuk⁴ ka² taː¹'];ละถอบทุ่ม[la⁵ khɔːn² hun⁵];ละถอบขี้ป้อก[la⁵ khɔːn² ʔiː⁵ pɔk⁴] 越múa rối[muə⁵ ʐoi⁵];kịch múa rối[kit⁸ muə⁵ ʐoi⁵] 芒mùa rối[muə³ roi³];mùa hồi[muə³ hoi³]

【木薯】 泰มันสำปะหลัง[man² sam¹ pa⁵ laŋ¹] 老มันตื้บ[man²ton⁴];มันง่ำ[man²kɔː¹'];มันพุ[man²phu⁵] 岱-侬mắn mạy[man² mai⁴];mắn slản[man² ɬa:n⁵] 越泰mắn tồn[man² ton³];mắn co[man² kɔ¹] 普mân³ rew²[mɤn³ rɛu²] 越sắn[ʂan⁵];củ sắn[ku³ ʂan⁵];khoai mì[xwa:i¹ mi²];cây sắn[kɤi¹ ʂan⁵] 芒cú cảo[ku⁵ ka:u³];cú khánh[ku⁵ khan³]

【木薯粉】 泰แป้งมันสำปะหลัง[pɛːŋ³man²sam¹ pa⁵laŋ¹] 老แป้งมันตื้บ[pɛːŋ⁴man²ton⁴] 越bột sắn[ʔbot⁸ʂan⁵] 芒pung khảnh[puŋ¹khan³];bôt cú khánh[ʔbot⁸ ku⁵ khan³]

【木炭】 泰ถ่าน[tha:n⁵];ถ่านไม้[tha:n⁵ mai⁴] 老ถ่าม[tha:m⁵];ถ่ามไม้[tha:n⁵ mai⁴] 岱-侬thán[tha:n⁵];thán mi[tha:n⁵ mi³] 越泰thán[tha:n⁵];thán phảy[tha:n⁵ phai²] 普lo⁴ pjaw³[lo⁵ pja:u³] 越than[tha:n¹];than củi[tha:n¹ kui³] 芒than cúi[tha:n¹ kui⁵]

【木桶】 泰ถังไม้[thaŋ¹ mai⁴] 老ถังไม้[thaŋ¹ mai⁴] 越thùng gỗ[thuŋ² ɣo⁴];thùng tô nô[thuŋ² to¹ no¹]

【木头】❶ 泰ไม้[mai⁴];ท่อนไม้[thɔːn³ mai⁴] 老ไม้[mai⁴] 岱-侬mạy[mai⁴];mạy chinh[mai⁴tɕiŋ¹];mạy tăn[mai⁴ tan¹] 越泰mạy[mai⁴];mạy chinh[mai⁴ tɕiŋ¹] 越gỗ[ɣo⁴] 芒cỗ[ko⁴];gỗ[ɣo⁴]

【木箱】 泰ถังไม้[laŋ²mai⁴] 老ຫິບໄມ້[hi:p⁹mai⁴] 越hòm gỗ[hɔm² ɣo³]

【木星】 泰ดาวจูปิเตอร์[ʔda:u²tsuː²pi⁵tɤː²];ดาวพฤหัสบดี[ʔda:u² phru⁴ hat⁷ sa⁵ ʔbɔː⁵ ʔdiː²] 老ດາວປະຫັດ[ʔda:uˈ¹ pa² hat⁷] 越Sao Mộc[ʂa:u¹ mok⁸]

【木鱼】 泰ปลาไม้[pla:²mai⁴] 岱-侬moỏng[mɔːŋ³] 越泰mọ[mɔ⁴] 普qalong³[qa⁰lɔŋ³] 越mõ[mɔ⁴] 芒mõ[mɔ⁴]

【牧民】 泰ประชาชนที่เลี้ยงสัตว์เป็นอาชีพ[pra⁵ tsha:² tshon² thiː³ li:aŋ⁴ sat⁷ pen² ʔa:¹ tshi:p¹⁰] 老ຊາວລ້ຽງປະສຸສັດ[sa:u² li:aŋ⁴ pa² su⁵ sat⁷] 越dân chăn nuôi[ʐɤn¹ tsan¹ nu:i¹];dân làm nghề chăn nuôi [ʐɤn¹ la:m² ŋe² tsan¹ nu:i¹]

【牧童】 泰เด็กเลี้ยงวัว[ʔdek⁷ li:aŋ⁴ wu:a²] 老ເດັກລ້ຽງຄວາຍ[ʔdek⁷ li:aŋ⁴ khwa:i²] 越trẻ chăn trâu[tʂɛ³ tsan¹ tʂɤu¹] 芒đét tlu[ʔdɛt⁷ tlu¹]

【穆斯林】 泰มุสลิม[mut⁸ sa⁵ lim¹];มอสเล็ม[mɔː¹ sa⁵lem¹] 老ມຸດສະລິມ[mut⁸sa²lim²];ອິດສະລາມິກະຊົນ[ʔit⁷ sa² la:² mi⁵ ka² son²] 越tín đồ đạo Islam[tin⁵ ʔdo² ʔda:u⁶ ʔit⁷ la:m¹];muslim[mut⁷ lim¹]

---

❶ 石家may⁶　阿含mai C2

# N

【拿 手~东西 ❶】 泰ถือ[thɯ:¹] 老ຖື[thɯ:¹] 傣-侬 thư[thɯ¹] 越泰khăm[kham¹] 普mâj³[mɤi³] 越lấy[lɤi⁵];cầm[kɤm²] 芒lê[le⁴];cầm[kɤm²]

【哪❷】 泰ไหน[nai¹] 老ໃດ[ʔdai¹] 普njaw² [nja:u²] 越nào[na:u²]

【哪个❸】 泰อันไหน[ʔan²nai¹] 老ອັນໃດ[ʔan¹ʔdai¹] 普băng³ njaw⁴[baŋ³ nja:u⁴] 越cái nào[ka:i⁵ na:u²]; nào[na:u²]

【哪里 到~ ❹】 泰ไหน[nai¹];ตรงไหน[troŋ²nai¹];ที่ใด [thi:³ ʔdai²];ที่ไหน[thi:³ nai¹];ใช้[sai⁴] 老ທີ່ໃດ[thi:⁵ ʔdai¹¹];ບ່ອນໃດ[ʔbɔ:n⁵ʔdai¹];ໃສ[sai¹];ໃສຕໍ່[sai¹tɔ:⁵]; ຊີໃດ[si:² ʔdai¹];ທິບໃດ[thi:p¹⁰ʔdai¹];ไหย[nai¹] 傣-侬 tầu[təɯ²] 越泰cá đau[ka:⁵ʔdaɯ¹];đau[ʔdaɯ¹] 普tjaw⁴[tja:u⁴];qôj³ tjaw⁴[qoi³ tja:u⁴];Nja¹[ɲja¹]; Nhja¹[ɲja¹] 越đâu[ʔdɤu¹];nơi nào[nɤ:i¹ na:u²] 芒no[nɔ¹];nơi nò[nɤ:i¹ nɔ²];khan nò[kha:n¹ nɔ²]

【哪天】 泰วันไหน[wan² nai¹] 老ມື້ໃດ[mɯ:⁴ ʔdai¹] 越ngày nào[ŋai² na:u²] 芒ngày nò[ŋai² nɔ²]

【那❺】 泰นั่น[nan³];นั้น[nan⁴];โน่น[no:n⁴];พู้น [phu:n⁴];นุ่น[nu:n³];โพ้น[pho:n⁴] 老ນັ້ນ[nan⁴]; ພູ້ນ[phun⁴];ພູນ[phu:n²] 傣-侬 hăn[han³];ti[ti³]; mền ti[men³ ti³] 越泰năn[nan⁴];ăn[ʔan⁴];hăn[han³]; nau[naɯ¹] 普Nja¹[ɲja¹];Nhja¹[ɲja¹];cja¹[tsja¹];ti³ [ti³];ʔo⁴ti³[ʔɔ⁴ti³];ʔwâj²[ʔwɤi²] 越đó[ʔdɔ⁵];ấy[ɤi⁵]; nọ[nɔ⁶];kia[kiə¹] 芒đi[ʔdi³];hẽ[he⁴];nõ[nɔ⁴]

【那边❻】 泰ทางนั้น[tha:ŋ²nan⁴] 老ຂ້າງນັ້ນ[kha:ŋ¹ nan⁴] 越bên kia[ʔben¹ kiə¹];bên đó[ʔben¹ ʔdɔ⁵]; bên ấy[ʔben¹ʔɤi⁵];đằng ấy[ʔdaŋ²ʔɤi⁵] 芒pén nõ[pen¹ nɔ⁴];pên kia[pen¹ kiə¹];pên đi[pen¹ ʔdi⁵]; lê chia[le¹ kiə¹];khà đi[kha:² ʔdi⁵];piềl đi[pi:l² ʔdi⁵]; đi[ʔdi³]

【那个 指物 】 泰อันนั้น[ʔan¹ nan⁴] 老ອັນນັ້ນ[ʔa¹ nan⁴] 普ti³[ti³];ʔwâj²[ʔwɤi²] 越cái ấy[ka:i⁵ ʔɤi⁵]; cái đó[ka:i⁵ ʔdɔ⁵]

【那里❼】 泰โน่น[no:n³];ที่นั้น[thi:³ nan⁴];ที่โน่น[thi:³ no:n³] 老ທີ່ນັ້ນ[thi:⁵ nan⁴];ບ່ອນນັ້ນ[ʔbɔ:n⁵ nan⁴]; ทางนั้น[tha:ŋ² nan⁴];ພຸ້ນ[phun⁴];ແຫງນັ້ນ[hɛ:ŋ⁵ nar⁴]; ฮั้น[han³] 傣-侬ti[ti³];mền[men³];diễn[ji:n³];diện [j:n⁴] 越泰ặnlễ[ʔan⁴le²] 普ʔo⁴ti³[ʔɔ⁴ti³];cja¹[tsja¹] 越chỗ đó[tsɔ⁴ʔdɔ⁵];nơi đó[nɤ:i¹];ờ đó[ʔɤ³ʔdɔ⁵];chỗ ấy[tsɔ⁴ ʔɤi⁵]

【那么 代词 】 泰อย่างนั้น[ja:ŋ²nan⁴] 老ຢ່າງນັ້ນ[ja:ŋ⁵ nan⁴] 越như thế[ɲɯ¹ the⁵];như vậy[ɲɯ¹ vɤi⁶]; thế[the⁵];như thế đấy[ɲɯ¹ the⁵ ʔdɤi⁵]

【那么 连词 】 泰ก็แหละ[kɔ:³ lɛ²] 老ຊັ້ນ[san⁴];ຈັ່ງຊັ້ນ [tsaŋ⁵ san⁴];ຈັ່ງຊັ້ນແລ້ວ[tsaŋ⁵ san⁴ lɛ:u⁴];ເຊັ້ນແລ້ວ [sen⁴ lɛ:u⁴];ດັ່ງນັ້ນ[ʔdaŋ⁵ nan⁴];ເມື່ອເປັນຈັ່ງຊັ້ນແລ້ວ [mɯ:a⁵ pen¹ tsaŋ⁵ san⁵ lɛ:u⁴] 傣-侬pên lẻ[pen⁴ lɛ³] 越thế thì[the⁵ thi²];vậy thì[vɤi⁶ thi²]

【那时】 泰เมื่อนั้น[mɯ:a³ nan⁴] 老ບັດນັ້ນ[ʔbat⁷

---

❶ 石家ʔaw¹；ʔaw⁶
❷ 石家dəə¹ 掸laǐ
❸ 阿含kū；pān；pān-kū
❹ 石家maan⁶-nəə²
❺ 阿含ā-nān；ān-nan；haǔ；nān C2 泐hăn C2 拉哈Na⁵
❻ 石家maaʔ⁶-uun⁴
❼ 石家maʔ⁴-ʔun³ 阿含tit

nan⁴];ตาขนั้น[ta:p⁹ nan⁴];ใบกาละนั้น[nai⁵ ka:¹' la⁵ nan⁴];ใบเอลานั้น[nai⁵ve:² la:² nan⁴];ยามนั้น[ɲa:m² nan⁴];เอลานั้น[ve:² la:² nan⁴];ปางนั้น[pa:ŋ¹' nan⁴];เมื่อนั้น[mɯ:a⁵ nan⁴];ຂະນະนั้น[kha² na⁵ nan⁴] 越lúc đó[luk⁷ ʔdɔ⁵];khi đó[xi¹ ʔdɔ⁵];hồi đó[hoi¹ ʔdɔ⁵];hồi ấy[hoi¹ ʔɤi⁵];bấy giờ[ʔbɤi⁵ zɤ²]

【那些】❶ 泰เหล่านั้น[lau⁵ nan⁴] 老ເຫຼົ່ານັ້ນ[lau⁵ nan⁴];ສິ່ງເຫຼົ່ານັ້ນ[siŋ⁵ lau⁵ nan⁴] 越những[ɲɯŋ³]

【那样】 泰อย่างนั้น[ja:ŋ¹ nan⁴];กระโน่น[kra⁵ no:n⁴];งั้น[ŋan⁴];อย่างงั้น[ja:ŋ¹ ŋan⁴];ฉะนั้น[tsha⁵ nan⁴];เพียงนั้น[phi:aŋ² nan⁴];เช่นนั้น[tshe:n² nan⁴];ทั้งนั้น[thaŋ⁴ nan⁴];เพราะฉะนั้น[phrɔ⁴ tsha⁵ nan⁴];ดังนั้น[ʔdaŋ² nan⁴];ฉันนั้น[tshan⁴ nan⁴];ทั้งนั้น[thaŋ² nan⁴] 老ສັບນັ້ນ[san¹ nan⁴];ເຊັ່ນນັ້ນ[sen⁵ nan⁴];ກະນັ້ນ[ka nan⁴];ດັ່ງນັ້ນ[ʔdaŋ² nan⁴];ແນວນັ້ນ[nɛ:u² nan⁴];ປັນນັ້ນ[pan¹ nan⁴];ຢ່າງນັ້ນ[ja:ŋ¹ nan⁴];ເຍື້ອງນັ້ນ[ɲɯ:aŋ² nan⁴];ອັນນັ້ນ[ʔan¹' nan⁴];ແນວນັ້ນ[nɛ:u² nan⁴] 岱-侬pên này[pen⁴ nai³] 越泰nẻo nặn[nɛu⁴ nan⁴] 普tư³ tê³ nhja³[tɯ³ te³ ŋja³] 越thế[the⁵];vậy[vɤi⁶];như thế[ɲɯ¹ the⁵];như vậy[ɲɯ¹ vɤi⁶]

【纳税】 泰เสียภาษี[si:a¹ pha:² si:¹] 老ເສຍພາສີ[si:a¹ pha:² si:¹] 岱-侬toòng thuế[tɔ:ŋ³ thwe³] 越nộp thuế[nop⁸ thwe⁵];đánh thuế[ʔdaɲ⁵ thwe⁵] 芒nôp thế[nop⁸ the³]

【奶】~小孩 泰ป้อนนม[pɔ:n³ nom²] 老ປ້ອນນົມ[pɔ:n⁴ nom²] 越cho bú[tsɔ¹ ʔbu⁵] 芒cho ủ[tsɔ¹ ʔu³]

【奶粉】 泰นมผง[nom² phoŋ¹] 老ນົມຜົງ[nom² fun⁵] 越sữa bột[ʂɯa⁴ ʔbot⁸] 芒khã bôt[kha⁴ ʔbot⁸]

【奶牛】 泰วัวนม[wu:a² nom²];แม่โคนม[mɛ:³ kho:² nom²] 老ໂຄນົມ[kho:² nom²] 越bò sữa[ʔbɔ² ʂɯa⁴]

【奶瓶】 泰ขวดนม[khu:at⁹nom²] 老ກ້ວຍດູດນົມ[kɔ:ŋ¹ʔdu:t⁹ nom²];แก้วนม[kɛ:u⁴ nom²];เต้านม[tau⁴ nom²] 越bình cho bú[ʔbiɲ² tsɔ¹ ʔbu⁵];bình

sữa[ʔbin² ʂɯa⁴];chai sữa[tsa:i¹ ʂɯa⁴]

【奶油】 泰ครีม[khri:m²];เนย[nə:i²] 岱-侬pì nồm[pi¹ nom²] 越kem sữa[kɛm¹ ʂɯa⁴]

【奶嘴儿】 泰จุกนม[tsuk⁷ nom²] 老ຂວັນນົມຍາງ[khwan¹ nom² ja:ŋ¹];ຂ້ອມນົມຍາງ[khu:an³ nom² ja:ŋ¹] 越núm vú cao su[num⁵ vu⁵ ka:u¹ su¹];đầu vú cao su[ʔdɤu² vu⁵ ka:u¹ su¹]

【耐火砖】 泰อิฐทนไฟ[ʔit⁷tha⁵thon² fai²] 老ດິນຈີ່ທົນໄຟ[ʔdin¹' tsi:⁵ thon² fai²] 越gạch chịu lửa[ɣat⁸ tsiu⁶ lɯa³]

【耐心】~等待 泰อดทน[ʔot⁷thon²] 老ມານະພະຍາຍາມ[ma:² na⁵ pha ɲa:² na:m²];ອົດສາ[ʔot⁷ sa:¹] 岱-侬tẩy lày[təi³ lai³];tẩy nài[təi³ na:i³] 越chịu khó[tsiu⁶ xɔ⁵]

【耐用】 泰ใช้ทน[tshai⁴thon²] 岱-侬mắn[man⁵] 越泰mắn[man³] 越bền[ʔben²]

【南】 泰ใต้[tai³];ด้านใต้[ʔda:n³ tai³] 老ໃຕ້[tai⁴];ເບື້ອງໃຕ້[ʔbɯ:aŋ⁴tai⁴];ທັກຂີນາ[thak⁸khi⁵na:²];ທັກຂີນາຍັນ[thak⁸ khi⁵ na:² nan²];ທັກຂີນາຍົບ[thak⁸ khi⁵na:² ɲon²];ທັກສິນ[thak⁸ sin¹];ທັກສິມະທິດ[thak⁸ si² na⁵ thit⁸];ທັກສິມະພາຄ[thak⁸ si² na⁵ pha:k¹⁰];ທິດໃຕ້[thit⁸ tai⁴];ທິດທັກຂີນ[thit⁸ thak⁸ khin¹];ພາກໃຕ້[pha:k¹⁰tai⁴];ແຫ້ງໃຕ້[hɛ:ŋ³tai⁴];ແຫ່ງໃຕ້[hɛ:ŋ⁵ tai⁴];ອະວາຈີ[ʔa² va:² tsi:¹];ທາງໃຕ້[tha:ŋ² tai⁴];ຫົນໃຕ້[hon¹ tai⁴] 岱-侬nam[na:m¹] 越泰nam[na:m¹] 越nam[na:m¹];hướng nam[hɯ:ŋ⁵ na:m¹];miền nam[mi:n² na:m¹] 芒nam[na:m¹];phíanam[fiə⁵ na:m¹];miền nam[mi:n² na:m¹];nam bộ[na:m¹ ʔbo⁶]

【南风】 泰ลมทิศใต้[lom² thit⁸ tai³] 老ລົມໃຕ້[lom² tai⁴] 越gió nam[zɔ⁵ na:m¹]

【南瓜】❷ 泰ฟักทอง[fak⁸thɔ:ŋ²];ฟักเหลือง[fak⁸lɯ:aŋ¹] 老ຟັກ[fak⁸];ໝາກຟັກ[ma:k⁹ fak⁸];ໝາກຟຶ[ma:k⁹ʔɯ²] 岱-侬nàm qua[na:m² kwa¹] 越泰úk[ɯk⁷] 越

---

❶ 阿含 khau
❷ 石家 maak²- vak²；maak²-nook⁶

bí ngô[ʔbi⁵ ŋo¹];bí đỏ[ʔbi⁵ ʔdɔ³];bí lào[ʔbi⁵ la:u⁵]

【南瓜子】 泰 เมล็ดฟักทอง[ma⁴fak⁸thɔ:ŋ⁷] 老 ແກ່ນໝາກອຶ[kɛ:n⁵ kɛ:n⁵ ma:k⁹ ʔu⁵] 越 hạt bí ngô[ha:t⁸ ʔbi⁵ ŋo¹];hạt bí đỏ[ha:t⁸ ʔbi⁵ ʔdɔ³];hạt bí lào[ha:t⁸ ʔbi⁵ ʔdɔ³]

【楠木】 泰 ต้นหนานมู่[ton³ na:n¹ mu:⁵] 老 ຕົ້ນຖາດົງ[ton⁴tha:¹ʔdoŋ¹] 越 câynammộc[kɤi¹ na:m¹ mok⁸]; gỗ lim[ɣo⁴ lim¹]

【男孩子】 泰 เด็กชาย[ʔdek⁷tsha:i²] 老 ເດັກຊາຍ[ʔdek⁷ sa:i²] 普 qajuə³ pa⁴[qa⁰juɯ³ pa⁴] 越 con trai [kɔn¹ tsa:i¹]

【男人❶】 泰 ชาย[tsa:i²];ผู้ชาย[phu:³ tsha:i²];สามี[sa:¹ mi:²] 老 ຊາຍ[sa:i²];ຜູ້ຊາຍ[phu:³ sa:i²];ຄົນຊາຍ[khon sa:i²];บุลุด[ʔbu² lut⁸] 岱-侬 phủ chài[phu³ tɕa:i²]; pò chài[pɔ³ tɕa:i²] 越泰 phù chãi[phu³ tɕa:i²] 普 qapa⁴[qa⁰ pa⁴];pê⁴ qapa⁴[pe⁴ qa⁰ pa⁴];pa⁴[pa⁴] 越 đàn ông[ʔda:n² ʔoŋ²];trai[tsa:i¹] 芒 tửa cải[tɯa³ ka:i³];tửa[tɯa³];tàn ông[ta:n² ʔoŋ¹];khà môl[kha⁴ mɔl⁴];khà[kha²]

【难~易❷】 泰 ยาก[ja:k¹⁰] 老 ຍາກ[ja:k¹⁰] 岱-侬 nàn[na:n²] 越泰 dák[ja:k⁷] 普 nhwan⁴[nwa:n⁴] 越 khó[xɔ⁵];khó khăn[xɔ¹ xan¹];gay go[ɣai¹ ɣɔ¹] 芒 khỏ[khɔ³]

【难吃】 泰 ไม่น่ากิน[mai³ na:³ kin²] 老 ບໍ່ໜ້າກິນ[ʔbɔ:⁵ na:³ kin¹] 越 khó ăn[xɔ⁵ ʔan¹]

【难道】 泰 หรือว่า…เชียวหรือ[ru:¹ wa:³ … tshi:au² ru:¹] 老 ຫຼືວ່າ[lɯ:¹ va:⁵];มัน แม่นบ่[man² mɛ:n⁵ ʔbɔ:¹] 岱-侬 báu chử[ʔbəu³ tɕɯ³];báu thúng[ʔbəu⁵ thuŋ⁵] 越 chẳng nhẽ[tsaŋ² ɲɛ⁴];chẳng lẽ[tsaŋ² lɛ⁴]; lẽ nào[lɛ⁴ na:u²]

【难怪】 泰 มิน่า[mi⁴ na:³] 老 ບໍ່ຢ່າແປກໃຈ[ʔbɔ:⁵ na:⁵ pɛ:k⁹tsai¹] 岱-侬 quái đảy[kwa:i³ ʔdai³];khoǎm mén[khwam³ mɛn⁵] 越 chẳng trách[tsaŋ² tsat⁷]; chả trách[tsa³tsat⁷];tháo nào[tha:u³na:u²]; hèn nào[hɛn² na:u²];hèn chi[hɛn² tsi¹] 芒 hèn chi[hɛn² tsi¹]

【难过 日子~】 泰 อยู่รอดยาก[ju:⁵rɔ:t¹⁰ja:k¹⁰] 老 ຢູ່ບໍ່ໄດ້ກິນບໍ່ເປັນ[ju:⁵ ʔbɔ:⁵ ʔdai⁴ kin¹ ʔbɔ:⁵ pen¹] 越 khó sống[xɔ⁵ ʂoŋ⁵];chật vật[tsɤt⁸ vɤt⁸]

【难过 心里~】 泰 เสียใจ[si:a¹tsai²] 老 ຍູງຍາກ[ju:⁵ na:k¹⁰];ທຸກ[ʔuk⁷] 越 khó chịu[xɔ⁵ tsiu⁶];buồn[ʔbu:n²]

【难看】 泰 ไม่สวย[mai³ su:ai⁵];ไม่น่าดู[mai³ na:³ ʔdu:²] 老 ຮ້າຍ[ha:i⁴];ທະທາງາມ[ka³tha:²ka:n¹];ຂີ້ຮ້າຍ[khi:³ ha:i⁴] 普 mhe³ mhjew³[mɛ³ mjɛu⁴];mhe³ mɬjaw³[mɛ³ mja:u³];nghaw³[ŋa:u³] 越 xấu[sɤu⁵]; xấu xí[sɤu⁵ si⁵];khó coi[xɔ⁵ kɔi⁵];không đẹp mắt[xoŋ¹ ʔɛp⁸ mat⁷] 芒 khỏ ngó[khɔ³ ŋɔ³]

【难受】 泰 ไม่สบาย[mai⁵ sa⁵ ʔba:i²] 老 ຢູ່ຍາກ[ju:⁵ ja:k¹⁰];ลำบาก[lam²³ʔba:k⁹] 越泰 dúdák[ju⁵ja:k⁷] 越 khó chịu[xɔ⁵ tsiu⁶] 芒 khỏ chĩu[khɔ³ tsiu⁴];khỏ ớ[xhɔ³ ʔɤ⁵];pắng wẳng[paŋ⁵ waŋ⁵]

【难听】 泰 ไม่เพราะ[mai³ phrɔ⁴];ไม่น่าฟัง[mai³ na:³ faŋ²] 老 ບໍ່ນ້າຟັງ[ʔbɔ:⁵ na:³ faŋ²] 越 khó nghe[khɔ⁵ ŋɛ¹] 芒 khỏ yẳng[khɔ³ ʔi:ŋ³]

【难为 别~他了】 泰 แกล้ง[klɛ:ŋ³] 越 gây khó khăn cho người khác[ɣɤi¹ xɔ⁵ xan¹ tsɔ¹ ŋɯ:i² xa:k⁷]

【难民】 泰 คนประสบภัย[khon² pra⁵ sop⁷ phai²] 老 ຊາວອົບພະຍົບຫຼົບໄຟ[sa:u² ʔop⁸ pha⁵ ɲop⁸ lop⁷ fai¹];ปะฉาอึบผู้ปะสົบไฟ[pa⁵ sa:u² son² phu:³ pa² sop⁷ phai²];ຜູ້ປະສົບໄຟ[phu:³ pa² sop⁷ phai²];ຜູ້ລີ້ໄພ[phu:³ li:⁴ phai²] 越 nạn dân[na:n⁶ zɤn¹];dân ty nạn [zɤn¹ ti⁶ na:n⁶]

【挠~痒痒❸】 泰 เกา[kau²] 老 ເກົາ[kau¹] 岱-侬 còm[kom²] 越 gãi[ɣa:i⁴];cào[ka:u²]

---

❶ 阿含 phū； chāi A2 挦 sai A2 泐 čai A2 拉哈 kǎw⁵ pǎw⁵
❷ 阿含 jāk D2L 挦 jak D2L 泐 jak D2L
❸ 石家 kaw¹； kwaaw⁴

【铙钹】 泰ฉาบ[tsha:p⁹] 老แส่ง[sɛŋ⁵] 傣-依ǎn xèo[ʔan¹ɕɛu³];tói xèo[toi⁵ɕɛu³] 越泰xành[sɛŋ³] 越cái chũm choẹ[ka:i⁵ tsum⁴ tswɛ⁶]

【脑膜炎】 泰โรคเยื่อหุ้มสมองอักเสบ[ro:k¹⁰ jɯ:a³ hum³ sa⁵ mɔ:ŋ¹ ʔak⁷ se:p⁹];เยื่อสมองอักเสบ[jɯ:a³ sa⁵ mɔ:ŋ¹ ʔak⁷ se:p⁹] 老เยื่อทุ่มสะพองฮักเสบ[ɲɯ:a⁵ hum⁵ sa² pɔ:ŋ¹ ʔak⁷ se:p⁹] 越viêm màng não[vi:m¹ ma:ŋ² na:u⁴]

【脑髓】 泰มันสมอง[man² sa⁵ mɔ:ŋ²] 老มับสะพอง[man² sa² mɔ:ŋ¹];หัวออกแอก[hu:a¹ ʔɔ:k⁹ ʔɛ:k⁹]ออกปอง[ʔɔ:k⁹ pɔ:ŋ¹] 越óc[ʔɔk⁷];não[na:u⁴] 芒óc[ʔɔk⁷]

【脑炎】 泰โรคสมองอักเสบ[ro:k¹⁰ sa⁵ mɔ:ŋ¹² ʔak⁷ se:p⁹];สมองอักเสบ[sa² mɔ:ŋ¹ ʔak⁷ se:p⁹] 老สะพองฮักเสบ[sa² mɔ:ŋ¹ ʔak⁷ se:p⁹] 越bệnh viêm não[ʔben⁴ vi:m¹ na:u⁴];viêm não[vi:m¹ na:u⁴]

【脑溢血】 泰เส้นโลหิตในสมองแตก[se:n³ lo:² hit⁷ nai² sa⁵ mɔ:ŋ¹ tɛ:k⁹];เลือดออกใน สมอง[lɯ:at¹⁰ ʔɔ:k⁹ nai² sa⁵ mɔ:ŋ¹] 老โลหสะพองออกเลือด[lo:k¹⁰ sa² mɔ:ŋ¹ ʔɔ:k⁹ lɯ:at¹⁰];เลือดออกในสะพอง[lɯ:at¹⁰ ʔɔ:k⁹ nai² sa² mɔ:ŋ¹] 越xuấthuyếtnão[xwɤt² hwi:t⁷ na:u⁴];chảy máu não[tsai³ mau⁵ na:u⁴]

【脑子❶】 泰สมอง[sa⁵ mɔ:ŋ¹] 老กะพอง[ka² mɔ:ŋ¹];กะโพง[ka² mo:ŋ¹];ขะพอง[kha² mɔ:ŋ¹]สะพอง[sa² mɔ:ŋ¹] 傣-依 ooc[ʔɔ:k⁷];ooc áy[ʔɔ:k⁷ ʔai⁵] 越泰ék[ʔɛk⁷] 越óc[ʔɔk⁷];não[na:u⁴];trí óc[tʂi⁵ ʔɔk⁷];đầu óc[ʔdɤu² ʔɔk⁷] 芒ngách[ŋat⁷]

【恼火】 泰โมโห[mo:² ho:¹] 老กิ้ว[ki:u⁴];กิ้ว[ki:au⁴] 傣-依slính khừn[ɬiŋ⁵ khun³];nả pôm[na³ pom¹] xuđươt[su¹ ʔdɯ:t³] 越泰pút[put⁷];mãupĩnh[mau² piŋ²] 越nổi nóng[noi³ nɔŋ⁵];phát cáu[fa:t⁷ kau⁵];bực[ʔbɯk⁸]

【闹哄哄】 泰อึกทึกโวยวาย[ʔɯk⁷ thɯk⁸ wo:i² wa:i²];

เอะอะมะเทิ่ง[ʔe⁵ ʔa⁵ ma⁴ thə:ŋ³] 老อึกทะทึกมึกมับ[ʔɯk⁷ ka² thɯk⁸ nɯk⁸ nan²] 傣-依lộn lạo[lon⁴ la:u⁴];lộn lạo xảo hoi[lon⁴ la:u⁴ ɕa:u³ hɔi¹] 越泰xmộn xmộn[s-mon⁴ s-mon⁴] 越ồn ào[ʔon² ʔa:u²];ầm ỹ[ʔɤm² ʔi⁴];om sòm[ʔɔm¹ ʂɔm²];huyên náo[hwi:n¹ na:u⁴]

【闹事】 泰ก่อเรื่อง[kɔ:⁵ rɯ:aŋ³] 老ก้ำเลื่อง[kɔ:² lɯ:aŋ⁵] 傣-依ói slính[ʔɔi⁵ ɬiŋ⁵];ói tò cọn[ʔɔi¹ tɔ² kɔn⁴];châu choả[tɕɐu³ tɕwa³] 越gây rối[ɣɤi² zoi⁵];gây sự[ɣɤi¹ ʂɯ⁶]

【闹钟】 泰นาฬิกาปลุก[na:² li⁴ ka:² pluk⁷] 老บาลิกาปุก[na:² li⁵ ka:¹ puk⁷];โมงปุก[mo:ŋ² puk⁷] 越đồng hồ báo thức[ʔdoŋ² ho² ba:u⁵ thɯk⁷]

【内弟】 泰น้องชายของภรรยา[nɔ:ŋ⁴ tsha:i² khɔ:ŋ¹ phan² ja:²] 老น้องเมย[nɔ:ŋ⁴ mi:a²] 越em vợ[ʔɛm¹ vɤ⁵]

【内服药】 泰ยารับประทาน[ja:² rap⁸ pra⁵ tha:n²] 老ยากิน[ja:¹ kin¹] 越thuốc để uống[thu:k⁷ ʔde² ʔu:ŋ⁵];thuốc uống[thu:k⁷ ʔu:ŋ⁵]

【内行他很~】 泰ชำนาญ[tsham² na:n²] 老ชำบาบ[sam² na:n²] 越chuyên môn[tswi:n¹ mon¹];thành thạo[than¹ tha:u⁶];tinh thông[tiŋ¹ thoŋ¹]

【内行他是~】 泰ผู้เชี่ยวชาญ[phu:³ tshi:au³ tsha:n²];ผู้ชำนาญการ[phu:³ tsham² na:n² ka:n²];ผู้สันทัดกรณี[phu:³ san¹ that⁸ ka⁵ ra⁴ ni:²] 老ผู้ชำบาบ[phu:³ sam² na:n²] 越nhà nghề[ɲa² ŋe²] 芒nhà ngề[ɲa² ŋe²]

【内奸】 泰เกลือเป็นหนอน[klɯ:a² pen² nɔ:n²] 老ขอบเจาะไส้[nɔ:n¹ tsɔ² sai³] 越nội gián[noi⁶ za:n⁵]

【内容】 泰เนื้อหา[nɯ:a⁴ ha:¹] 老ข้องเลื่อง[thɔ:ŋ² lɯ:aŋ⁵];เนื้อใน[nɯ:a⁴ nai²] 越nội dung[noi⁶ zuŋ¹] 芒nổi dung[noi⁴ zuŋ¹]

【内伤】 泰ช้ำใน[tsham⁴ nai²] 老แผช้ำ[phɛ:¹ sam⁴] 越nội thương[noi⁶ thɯ:ŋ¹]

【内胎】 泰ยางใน[ja:ŋ² nai²] 老ยางใน[ja:ŋ¹ nai²]

---

❶阿含 åk D1L  掸ʔɔk D1L  泐ʔɔk D1L

越săm xe[ʂam¹ sɛ¹]

【内兄】 泰 พี่ชายของภรรยา[phi:³ tsha:i² kho:ŋ¹ phan² ja:²] 老 อ้ายเมย[ʔa:i⁴ mi:a²] 越 anh vợ[ʔaŋ¹ vɤ⁶]

【内衣】 泰 ชุดชั้นใน[tshut⁸ tshan⁴ nai²] 老 เสื้อຊ້ອນ[sɯ:a³ sɔ:n⁴] 越 áo lót[ʔa:u⁵ lɔt⁷];áo trong[ʔa:u⁵ tʂɔŋ⁶] 芒 áo lót[ʔa:u⁵ lɔt⁷]

【内脏】 泰 อวัยวะภายใน[ʔa⁵ wai² ja⁴ wa⁴ pha:i² nai²] 老 ອະໄວຍະອະທາງໃນ[ʔa² vai⁵ na⁵ va⁵ tha:ŋ² nai²]; ตับใต้ไส้พุง[tap⁷ tai¹¹ sai³ phuŋ²];ตับใต้ไส้อ่อน[tap⁷ tai¹ sai³ ʔɔ:n⁵];ตับปอด[tap⁷ pɔ:t⁹];ขี้โพ่ม[khi:³ pho:n⁵] 越 nội tạng[noi⁶ ta:ŋ⁶];phủ tạng[fu³ ta:ŋ⁶]

【嫩~叶❶】 泰 อ่อน[ʔɔ:n⁵] 老 อ่อม[ʔɔ:n⁵] 傣-侬 ón[ʔɔn⁵] 越泰 ón[ʔɔn⁵] 普 ju³[ju⁵] 越 non[nɔn¹]

【嫩芽 菜的~】 泰 หน่ออ่อน[nɔ:⁵ ʔɔ:n⁵] 老 ยอดดั่งแด่[nɔ:t¹⁰ ʔdɔ:⁴ ʔdɛ:⁴] 傣-侬 nhọt[nɔt⁸] 越泰 nhọt [nɔt⁸] 越 mầmnon[mɤm² nɔn¹];lộc[lok⁸];chồinôn[tsoi² nɔn⁴];ngọn[ŋɔn⁶] 芒 lộc[lok⁸];bót[ʔbɔt⁷]

【能~做好】 泰 ได้[ʔdai³] 老 ได้[ʔdai⁴] 傣-侬 mì thế[mi² the³] 越 có thể[kɔ⁵ the³] 芒 có thể[kɔ⁵ the⁵]

【能干❷】 泰 เก่ง[ke:ŋ⁵];มีความสามารถ[mi:² khwa:m² sa:¹ ma:t¹⁰] 老 แก้ว[keŋ⁵];ຊ່ຽວ[si:au⁵];ໂກ້ວິດ[ko:¹¹ vit⁸] 傣-侬 thàng pao[tha:ŋ² pa:u¹] 越 giỏi[zɔi³];cừ[kɯ¹]; tài[ta:i²];khéo[xɛu⁵]

【能力】 泰 ความสามารถ[khwa:m² sa:¹ ma:t¹⁰];แรง [rɛ:ŋ²] 老 สะมัด[sa² mat⁸];สะมัดทะพาบ[sa² mat⁸ tha² pha:p¹⁰]; ກຳລັງວັງຊາ[kam¹ laŋ² vaŋ² sa:²]; ກຳລັງວັງຊາ[kam¹ laŋ² vaŋ² sa:²];ทักสะ[thak⁸ sa²] 傣-侬 rèng lào[rɛŋ² la:u²] 越 năng lực[naŋ¹ lɯk⁸]

【尼姑】 泰 นางชี[na:ŋ² tshi:²];แม่ชี[mɛ:³ tshi:²];รูปชี [ru:p¹⁰ tshi:²] 老 ນາງຊີ[na:ŋ¹ si:²];ນາງຂາວ[na:ŋ¹ kha:u¹];แม่ขี[mɛ:³ si:²];แม่ขาว[mɛ:³ kha:u¹];ผิกสุมิ

[phik⁸ khu² ni:²];ผิกสุมี[phik⁸ su² ni:²] 越泰 phủ phạk[phu³ pha:k⁸] 越 ni cô[ni¹ ko¹]

【尼姑庵】 泰 วัดนางชี[wat⁸ na:ŋ² tshi:²] 老 ວັດນາງຊີ [vat⁸ na:ŋ² si:²] 越 am ni cô[ʔa:m¹ ni¹ ko¹];chùa sư nữ[tsuə² ʂɯ¹ nɯ⁴];chùa sư cô[tsuə² ʂɯ¹ ko¹]

【尼龙】 泰 ไนลอน[nai¹ lɔ:n¹] 老 ນີລິ່ງ[ni:² lɔŋ²] 越 nylon[ni¹ lɔn¹];ni-lông[ni¹ loŋ²]

【呢绒】 泰 ผ้าขนสัตว์[pha:³ khon¹ sat⁷] 老 ຜ້າສັກ ກະຫລາດ[pha:³ sak⁷ ka² la:t⁹];ກຳພິນ[kam¹¹ phon²] 越 hàng len da[ha:ŋ² lɛn¹ za⁶]

【呢子】 泰 ผ้าสักหลาด[pha:³ sak⁷ sa:t⁹] 老 ຜ້າຂົນສົດ [pha:³ khon¹ sot⁷];ຜ້າສັກກະຫລາດ[pha:³ sak⁷ ka² la:t⁹];แพแล้บ[phɛ:² lɛ:n¹] 傣-侬 dạ[ja⁴] 越 dạ[za⁶]; hàng len dạ[ha:ŋ² lɛn¹ za⁶] 芒 dã[za⁴]

【泥】 泰 โคลน[khlo:n²];ตม[tom²];โคลนตม[khlo:n² tom²] 老 ຂີ້ດິນ[khi:³ ʔdin¹];ຂີ້ຕົມ[khi:³ tom¹] 傣-侬 pùng[puŋ²];bùn[ʔbun²];nòn[nɔn³];rả[ra³] 越泰 pỗng[poŋ²];nàm[na:m⁶] 普 ?uơt⁵ paj³[ʔu:t⁵ pa:i³]; pâng² ʔo³[pɤŋ² ʔo³] 越 bùn[ʔbun²] 芒 pùn[pun²]; tất pùn[tɤt⁷ pun²]

【泥泞】 泰 เฉอะแฉะไปด้วยโคลนเลน[tshɤ² tshɛ⁵ pai² ʔdu:ai³ khlo:n² le:n²] 老 ຊຳ[sam²];ถิ่นเมือก[ʔdin¹ mɯ:ak¹⁰] 傣-侬 rả[ra³];pùng[puŋ²];chằm[tɕam²] 越泰 pỗng[poŋ²] 越 lầy[lɤi²];lầy lội[lɤi² loi⁶];bùn lầy[ʔbun² lɤi²];nhầy nhụa[ɲɤi² nuə⁶] 芒 pùn lẫy [ʔun² lɤi⁴];lài lồi[lɤi² loi⁴];pẫy pêt[pɤi⁴ pet⁵]

【泥鳅】 泰 ปลาโลช[pla:² lo:t¹⁰] 老 ປາຫລິດ[pa:¹¹ lot⁷] 傣-侬 pja chit[pja¹ tɕit⁷];pja lât[pja¹ lɤt²] 越泰 pa lót[pa¹ lot⁷] 越 cá chạch[ka⁵ tsat⁸];chạch [tsat⁸]

【泥水匠】 泰 ช่างก่ออิฐถือปูน[tsha:ŋ³ kɔ:⁵ ʔit⁷ tha⁵ thɯ:¹ pu:n²];ช่างปูน[tsha:ŋ³ pu:n²] 老 ຊ່າງກໍ່[sa:ŋ⁵

❶ 石家 ʔuun⁶
❷ 石家 keŋ²

kɔː⁵];สุขขาวาบ[suː²thaː²ˀkaːn¹] 岱-侬 pò xêp[pɔ³ ɕep⁷] 越泰 pò xép[pɔ⁶ sep¹] 普 cang⁴ pjaw³[tsaːŋ⁴ pjaːu³] 越 thơ nề[thɤ⁶ ne²] 芒 thờ nề[thɤ⁴ ne²]

【霓虹灯】泰 ไฟนีออน[fai² ni:² ˀɔːn¹] 老 ไฟมีออบ[fai² ni:² ˀɔːn¹] 越 đèn nê ông[ˀdɛn² ne¹ ˀoŋ¹]

【你❶】泰 คุณ[khun²];มึง[mɯŋ²];แก[kɛː²];ตัว[tuːa²];เอง[ˀeːŋ²];ตนเอง[ton² ˀeːŋ²];เจ้า[tsau³];ทาน[thaːn³³];ท่าน[thaːn³];สู[suː¹];สูเจ้า[suː¹ tsau³];เชือ[khɯa¹] 老 เจ้า[tsau³];มึง[mɯŋ²];โต[toː¹];เห้อ[thɤː²];เพื่อน[phɯan⁵];ท่าน[thaːn⁵];พี่[phɔː⁵];ลุง[luŋ²] 岱-侬 mầu[məu²];mằng[məŋ²];ni[ni³] 越泰 mŭng[mɯŋ²] 越 anh[ˀaɲ¹];chị[tsi⁶];em[ˀɛm¹];chú[tsu⁵];bác[ˀbaːk⁷] 芒 khà đi[kha³ ˀdi¹];da[zaː¹];à[ˀaː²];chi[tsi³]

【你们❷】泰 สู[suː¹];ท่านทั้งหลาย[thaːn³ thaŋ⁴ laːi¹] 老 สู[suː¹];สูเจ้า[suː¹ tsau³];ตูเจ้า[tuː¹ tsau³];บับดาท่าน[ˀban¹ ˀdaː¹ʼ thaːn⁵];พวกเจ้า[phɯak¹⁰ tsau⁴];พวกสู[phɯak¹⁰ suː¹];พวกโต[phɯak¹⁰ toː¹];พวกท่าน[phɯak¹⁰ thaːn⁵];พวกม้อง[phɯak¹⁰ nɔːŋ⁴];พวกลูก[phɯak¹⁰ luk¹⁰];พวกหลาน[phɯak¹⁰ laːn¹];พวกอ้าย[phɯak¹⁰ ˀaːi⁴];พวกเอื้อย[phɯak¹⁰ ˀɯaːi⁵];หมู่เจ้า[muː⁵ tsau⁴];หมู่โต[muː⁵ toː¹];หมู่ ท่าน[muː⁵ thaːn⁵] 岱-侬 boong mầu[ˀbɔːŋ¹ məu²] 越泰 é xu[ˀe⁵ su¹] 普 tăw¹[tau¹] 越 các anh[kaːk⁷ ˀaɲ¹];các chị[kaːk⁷ tsi⁶];các em[kaːk⁷ ˀɛm¹];các chú[kaːk⁷ tsu⁵];các bác[kaːk⁷ ˀbaːk⁷];các ông[kaːk⁷ ˀoŋ¹];các bà[kaːk⁷ ˀbaː²]; các cụ[kaːk⁷ ku⁶];chúng bay[tsuŋ⁵ ˀbai¹];chúng mày[tsuŋ⁵ mai²] 芒 tàn pay[taːn² pai¹]

【逆风】泰 ทวนลม[thuan² lom²] 老 ทวมลิม[thuam² lom²] 越 ngược gió[ŋɯːk⁸ zɔ⁵];ngược chiều gió [ŋɯːk⁸ tsiuː² zɔ⁵]

【逆水】泰 ทวนกระแสน้ำ[thuan² kra⁵ sɛː¹ nam⁴]

老 ทวนน้ำ[thuan² nam⁴] 岱-侬 thâtnặm[thət⁷ nam⁴] 越 ngược nước[ŋɯːk⁸ nɯːk¹]

【腻吃~】泰 เลี่ยน[lian²] 老 เบื่อ[bɯa⁵];เบ็ดอิ่ม[pəːt⁹ ˀim⁵] 岱-侬 uóng[ˀuːŋ⁵];ngản[ŋaːn³];ngầu [ŋau³];lặng[laŋ³] 越泰 ươn[ˀɯːn¹];tướn[tɯːn³]; pót[pət⁷] 普 lăj³ ngân²[lai³ ŋɤn²] 越 chán[tsaːn⁵]; ngấy[ŋɤi⁵] 芒 chản[tsaːn³]

【蔫树苗~了】泰 เหี่ยวเฉา[hiau⁵ tshau¹] 老 ง่อย[ŋɔːi⁵] 越 héo[hɛu⁵]

【黏❸】泰 เหนียว[niau¹] 老 หงวก[niau¹] 岱-侬 kiu¹[kiu¹];nua[nua⁵] 越 dính[ziɲ⁵]

【黏土】泰 ดินเหนียว[ˀdin² niau¹] 老 ดินหงวก[ˀdin¹ niau¹];ดินดาก[ˀdin¹ ˀdaːk⁹];ขี้ดินดาก[khiː³ ˀdin¹ ˀdaːk⁹] 岱-侬 đin đeng[ˀdin¹ ˀdɛŋ¹] 普 coj³ ˀuɤt⁵ [tsɔi³ ˀuːt⁵];ˀuɤt⁵ njang[ˀuːt⁵ njaːŋ¹] 越 dất sét[ˀdɤt⁷ ʂɛt⁷]

【黏液】泰 น้ำเหนียว[nam⁴ niau¹];เมือก[mɯak¹⁰] 老 เมือก[mɯak¹⁰] 越 chất nhớt[tsɤt⁷ ɲɤːt⁷];chất nhờn[tsɤt⁷ ɲɤːn²];chất nhầy[tsɤt⁷ ɲɤi²]

【鲇鱼】泰 ปลาดุก[plaː² ˀduk⁷];ปลากด[plaː² kot⁷] 老 ปาดุก[paː¹ʼ ˀduk⁷] 岱-侬 pja cạo[pja¹ kaːu⁴];pja côt[pja¹ kot⁷] 越泰 pa cạo[paː¹ kaːu⁴] 越 cá nheo[kaː⁵ ɲɛu¹];cá ngát[kaː⁵ ŋaːt⁷]

【年❹】泰 ปี[piː²] 老 ปี[piː¹ʼ] 岱-侬 pi[pi¹] 越泰 pi[pi¹] 普 mjaj³[mjaːi³] 越 năm[nam¹] 芒 năm [nam¹]

【年初】泰 ต้นปี[ton³ piː²];หัวปี[huːa¹ piː²] 老 ต้นปี[ton⁴ piː¹ʼ];หิวปี[huːa¹ piː¹ʼ];ต้อนหิวปี[tɔːn¹ʼ huːa¹ piː¹ʼ] 越 đầu năm[ˀdɤu² nam¹]

【年底】泰 ปลายปี[plaːi² piː²];สิ้นปี[sin³ piː²];ท้ายปี[thaːi⁴ piː²] 老 ตอนท้ายปี[tɔːn¹ʼ thaːi⁴ piː¹ʼ];ท้ายปี

---

❶ 石家 miŋ⁴；ˀay³  阿含 maü A2  掸 maɨ A2
❷ 阿含 shu A1；shüw A1  掸 shu A1  勐 su A1
❸ 石家 niaw¹ A1
❹ 阿含 pî A1

[thaːi⁴ piː¹];ปลายปี[paːi¹¹ piː¹] 越cuối năm[kuːi⁵ nam¹]

【年级】 泰ชั้นเรียน[tshan⁴riːan²] 老ຂັ້ນຮຽນ[san⁴ hiːan²] 越lớp[lɤːp⁷];năm thứ[nam¹thɯ⁵] 芒lớp[lɤːp⁷]

【年纪】 泰อายุ[ʔaː²juˀ] 老ອາຍຸ[ʔaː¹¹nɯ⁵] 普nin¹ mjaj⁴[nin¹ mjaːi⁴] 越tuổi[tuːi³];tuổi tác[tuːi³ taːk⁷] 芒thuối tác[thuːi⁵ taːk⁷]

【年龄】 泰วัย[wai²];อายุ[ʔaː²juˀ];ชันษา[tshan²saː¹] 老ໄວ[vai²];ອາຍຸ[ʔaː¹¹nɯ⁵];อะยะ[va⁵ɲa⁵];ຊົນມະວັດສາ[son² ma⁵ vat⁸ saː¹] 越tuổi tác[tuoi³ taːk⁷] 芒thuối tác[thuːi⁵ taːk⁷]

【年轮】 泰วงปี[woŋ² piː²] 老ลายไม้[laːi² mai⁴];ວົງຂວງໄມ້ໃນຕົ້ລະປີ[voŋ² khoːŋ¹ mai⁴ nai² tɛː⁵ laˀ⁵ piː¹] 越vân tuổi[vɤn¹ tuːi³];vòng tuổi[voŋ² tuːi³]

【年轻❶】 泰วัยรุ่น[wai² run³];หนุ่ม[num⁵];กระทง[kraˀ⁵ thoŋ¹] 老ຫນຸ່ມ[num⁵];ສະກຳ[saˀ² kɔː¹];ກຳເຫລາະ[kam¹¹ lɔ⁵];ເຍົາ[ɲau⁵];ເຍົາວະພາບ[ɲau⁵ vaˀ⁵ phaːp⁵];ຂະຈີ[khaˀ² tsiː¹];ກະທົງ[kaˀ² thoŋ¹];ໂກມານ[koː¹ maːn²] 岱-侬ón[ʔɔn⁵] 越泰nóm[nɔm⁵] 普lin³[lin³] qajin³[qa⁰ jin³] 越trẻ[tʂɛ³];trẻ tuổi[tʂɛ³ tuːi³];son trẻ[ʂɔn¹ tʂɛ³] 芒mây thuối[mai⁴ thuːi⁵];khon non [khɔn¹ nɔn¹]

【年轻人】 泰คนอายุน้อย[khɔn² ʔaː² juˀ nɔːi¹] 老ຊາວຫນຸ່ມ[saːu² num⁵] 普qajin³[qa⁰ jin³] 越người thanh niên[ŋɯːi² than¹ niːn¹];thanh niên[than¹ niːn¹];bọn trẻ[ʔbaːn⁶ tʂɛ³]

【年幼】 泰อ่อน[ʔɔːn⁵] 老ອ່ອນ[ʔɔːn⁵] 越non trẻ[nɔn¹ tʂɛ³];nhỏ tuổi[ɲɔ³ tuːi³] 芒đeo thuối[ʔdeu¹¹ thuːi⁵]

【年中】 泰กลางปี[klaːŋ² piː²] 老ກາງປີ[kaːŋ¹ piː¹] 越giữa năm[zɯa⁴ nam¹]

【年终❷】 泰สิ้นปี[sin³ piː²] 老ທ້າຍປີ[thaːi¹ piː¹]

越là pi[laˀ³ piː¹] 越cuối năm[kuːi⁵ nam¹]

【碾~米】 泰สี[siː¹];บด[ʔbot⁷];บี้[ʔbiː³] 老ບົດ[ʔbot⁷];ສີ[siː¹] 岱-侬xay[ɕai¹] 越泰máy[mai⁵ˀ]; lúi[lui⁵];mó[mɔ⁵] 普kwâj²[kwɤi²] 越xay[sai¹] 芒xay[sai¹]

【碾子】 泰ลูกกลิ้งสี[luːk¹⁰kliŋ³siː¹];เครื่องสีข้าว [khrɯːaŋ²siː¹khaːu⁵] 老ລູກກິ້ງ[luːk¹⁰kiŋ⁴] 越máy xay xát[mai⁵sai⁵saːt⁷];cối xay[koi⁵sai¹];quả lăn[kwaˀ³lan¹]

【念经】 泰สวดมนต์[suat⁹ mon²] 老ສູດ[suːt⁹];ສວດ [suːat⁹] 越đọc kinh[ʔdɔk⁸ kin⁶];niệm kinh[niːɤ⁶ kin¹]

【念珠】 泰ลูกประคำ[luːk¹⁰praˀ⁵kham²] 老ລູກປະຄຳ [luːk¹⁰paˀ²kham²];ໝາກທຸບ ແທນ[maːk⁹thup⁸thɛːn²]; ໝາກທົບ ແທນ[maːk⁹ thop⁸ thɛːn²];ໝາກແທນ[maːk⁹ thɛːn²];ປະຄຳ[paˀ² kham²] 越tràng hạt[tʂaːŋ² haːt⁸] 芒tlàng hat[tlaːŋ² haːt⁸]

【酿~酒】 泰กลั่น[klan⁵];ต้ม[tom³] 老ກັ່ນ[kan⁵] 岱-侬pản[paːn³];sliêu[ɬiːu¹] 越泰pản[paːn³] 越cắt[kɤt⁷]

【鸟❸】 泰นก[nok⁸];สุโนก[suˀ⁵noːk¹⁰] 老ນົກ[nok⁸] 岱-侬nộc[nok⁸] 越泰nộc[nok⁸] 普nuk²[nuk²] 越chim[tsim¹] 芒chim[tsim¹]

【鸟蛋】 泰ไข่นก[khai⁵ nok⁸] 老ໄຂ່ນົກ[khai⁵ nck⁸] 普qhǎj¹ nuk²[qhai¹ nuk²] 越trứng chim[tʂɯŋ⁵ tsiːn¹]

【鸟眍子】 泰นกต่อ[nok⁸tɔː⁵] 老ນົກຕໍ່[nok⁸tɔː⁵] 越chim mồi[tsim¹ moi²]

【鸟笼】 泰กรงนก[kroŋ² nok⁸] 老ກົງນົກ[koŋ¹¹ nck⁸] ຕຸ້ມນົກ[tum³nok⁸] 越lồng chim[loŋ² tsim¹] 芒thòng chim[thɔŋ² tsim¹]

【鸟枪】 泰ปืนยิงนก[pɯːn² jiŋ² nok⁸] 老ປືນຍິງນົກ

❶ 石家baaw⁶；num⁶ 阿含 ngî
❷ 石家bot⁴
❸ 石家nɔk⁵ 阿含 nuk D2S 拉基ano⁴

[puːn¹' ɲiŋ² nok⁸] 越súng kíp[ʂuŋ⁵ kip⁷];súng bắn chim[ʂuŋ⁵ ʔban⁵ tsim¹]

【尿❶】 泰เยี่ยว[jiːau³];เบา[ʔbau²];ฉี่[tshiː⁵];น้ำเบา[nam⁴ ʔbau²];ปัสสาวะ[pat⁷saː¹wa⁴] 老ยฺ่อ[ɲiːau⁵];น้ำยฺ่อ[nam⁴ɲiːau⁵];น้ำมูด[nam⁴muːt¹⁰];ปัด ສอະ[pat⁷saː¹va⁵] 岱-侬nèo[nɛu³];nặmnèo[nam⁴nɛu³] 越泰nèo[nɛu⁶];nặm nèo[nam⁴nɛu⁶] 普si¹[si¹] 越nước tiểu[nɯːk⁷ tiːu³];nước đái[nɯːk⁷ ʔdaːi⁵];nước giải[nɯːk⁷ zaːi³] 芒đác tài[ʔdaːk⁷ taːi³]

【尿布】 泰ผ้าอ้อม[phaː³ʔɔːm³] 老ผ้าอ้อม[phaː³ʔɔːm³];ผ้ายฺ่อ[phaː⁵ɲiːau³] 越tã lót[ta⁴lɔt⁷];tã [ta⁴] 芒chē[tsɛ⁴]

【尿床】 泰เยี่ยวรดที่นอน[jiːau³rot⁸thiː³nɔːn³] 岱-侬ooc nèo hai[ʔɔːk⁷ nɛu³ haːi¹];tùm nèo[tum³ nɛu³] 越泰nèo tồm[nɛu⁶ tom²] 越đái dầm[ʔdaːi⁵ zɤm²]

【尿道】 泰ทางเดินปัสสาวะ[thaːŋ² ʔdəːn² pat⁷saː¹wa⁵] 老ทอງเยีຽ[thwaːn²ʔbau¹'];ทะอาງเยีຽ[tha vaːn²ʔbau¹'];ขี่ยฺ่อ[thɔː⁵ɲiːau⁵] 越ống đái[ʔoŋ⁵ daːi⁵];nięu đạo[niːu⁶ʔdaːu⁶];ống dẫn tiểu[ʔoŋ⁵ zɤn⁴ tiːu³];nięu quản[niːu⁶ kwaːn³]

【尿道炎】 泰ทางเดินปัสสาวะอักเสบ[thaːŋ ʔdəːn pat⁷saː¹wat⁸ʔak⁷seːp⁹] 老ละปิบปัดสะอะ[laːʔbop⁷ pat⁷ sa² va⁵] 越viêm đường tiết nięu[viːm¹ ʔdɯːŋ² tiːt⁷ niːu⁶]

【尿壶】 泰กระบอกสำหรับถ่ายปัสสาวะ[kraʔ⁵ ʔbɔːk⁹ sam¹rap⁴thaː¹⁵pat⁷saː¹wa⁴] 老ขี่ยฺ่อ[ʔbaŋ⁴ɲiːau⁵] 越bình tiểu[ʔbiɲ² tiːu³];bình đái[ʔbiɲ² ʔdaːi⁵];cái bô đi tiêu[kaːi⁵ ʔbo¹ ʔdi¹ tiːu¹];lọ đựng nước tiểu [lɔ⁶ ʔdɯŋ⁶ nɯːk⁷ tiːu³]

【捏~鼻子】 泰บีบ[ʔbiːp⁹] 老บีบ[ʔbiːp⁹] 越véo [vɛu⁵];nắn[nan⁵] 芒nèo[nɛu³];típ[tip⁷];nắn[nan⁵]

【捏~泥人】 泰ปั้น[pan³] 老ปั้น[pan⁴] 岱-侬pản [pan³] 越泰chăm[tsam²] 普Năp²[ɲap²] 越nắn[nan⁵];nặn[nan⁶] 芒nắn[nan³]

【捏造】 泰เสกสรรปั้นแต่ง[səːk⁹ san¹ pan³ tɛːŋ⁵] 老ดาเอิ๊ง[ʔdaːl¹' vau⁴];ปั้นแต่ง[pan⁴ tɛːŋ⁵];ກุ[ku²] 普kho⁴[khɔ⁴];pâj³[pɤi³] 越đom đặt[ʔdɤːm¹'ʔdat⁸] bày đặt[ʔbai² ʔdat⁸];bịa[ʔbiə⁶] 芒tơm tach[tɤːm¹ tat⁸];pày tach[pai² tat⁸];bĩa[ʔbiə⁶]

【镊子】 泰คีบ[khiːp¹⁰];ปากคีบ[paːk⁹ khiːp¹⁰] 老แหນบ[nɛːp⁹];ปາกຄີບ[paːk⁹ khiːp¹⁰] 越cái cặp[kaːi⁵ kap⁸];cái nhíp[kaːi⁵ ɲip⁸]

【您❷】 泰ท่าน[thaːn³];คุณ[khun²] 老ท่าน[thaːn⁵] 越ông[oŋ¹];bà[ʔba²];cụ[ku⁶]

【柠檬】 泰มะนาว[ma⁴ naːu²];มะสัง[ma⁴ saŋ¹] 老ໝາກນາວ[maːk⁹naːu²] 岱-侬mac sló[maːk⁷ɬɔ⁵] 越泰mák lĭu[maːk⁷ liu²] 普mjak² cwam⁴[mjaːk² tswaːm⁴] 越quả chanh[kwa³tsaɲ¹] 芒tlải chenh [tlaːi³ tsɛɲ¹]

【柠檬汁】 泰น้ำมะนาว[nam⁴ ma⁴ naːu²] 老น้ำໝາກນາວ[nam⁴ maːk⁹ naːu²] 越nước chanh[nɯːk⁷ tsaɲ¹]

【凝固】 泰แข็งตัว[khɛŋ¹ tuːa²] 老เป็บก้อน[pen¹ kɔːn⁴];ก้ำ[kaːm⁴] 岱-侬toòng[tɔːŋ³];cộc[kok⁸] 越泰đóng[ʔdɔŋ⁵] 越đông đặc[ʔdoŋ¹ ʔdak⁸];ngưng kết[ŋɯŋ¹ ket⁷] 芒tông y[ʔtoŋ¹ ʔi¹]

【拧~螺丝钉❸】 泰บิด[ʔbit⁷] 老ขั้น[han¹];ขะบิด [ka² ʔbit⁷];บิด[ʔbit⁷] 岱-侬pản[pan⁵] 越泰văn [van⁴];lạo[laːu⁴];pản[pan⁵] 越xoắn[swan⁵];văn [van⁶];bắt[ʔbat⁷] 芒wảnh[wan³]

【拧~干水❹】 泰บิด[ʔbit⁷] 老ຄะบิด[ka² ʔbit⁷];บิด [ʔbit⁷];ลื้อ[liːu⁴] 岱-侬nèo[nɛu³];niu[niu³];pản

---

❶ 阿含 ñiu B2　掸 jeu B2　勐 jeu B2　拉哈 dɯw³
❷ 石家 caw³
❸ 石家 hay²
❹ 石家 bit⁴

[pan³];chǎng[tɕaŋ⁵] 越泰 pǎn[pan³];nghẹo[ŋeu⁴] 越 vắt[vat⁷] 芒 wảnh[wan³]

【宁愿】 泰 ยอมที่จะ[jɔːm² thiː³ tsa⁵] 老 แขวงอ่า[nɛːŋ¹ va:⁵];แขวงฐั[nɛːŋ¹ suː³];ข้า[naː³] 岱-侬 nhắn[ŋan³] 越 thà[tha²]

【牛车❶】 泰 เกวียน[kwiːan²];เกียน[kiːan²];รถเกวียน [rot⁸ kwiːan²] 老 ລົດກວຽນ[lot⁸ kwiːan¹];ໂດຍງບ [khoː² n̩aːn²];ກວຽນ[kwiːan¹];ກຽນ[kiːan¹] 岱-侬 xe mò[ɛɛ¹ mɔː²] 越泰 xe quải[sɛ¹ kwaːi²] 越 xe bò [sɛ¹ ʔbɔ²] 芒 xe pò[sɛ¹ pɔ²]

【牛痘】 泰 ฝีดาษวัว[fiː¹ ʔdaːt⁹ wuːa²];วัคซีนที่ใช้ใน การปลูกฝี[wak⁸ siːn² thiː¹⁰ tshaiˀ nai² kaːn² pluːk⁹ fiː¹] 老 ໝາກສຸກ[maːk⁹ suk⁶] 岱-侬 mac[maːk⁷];mac mèng [maːk⁷ mɛŋ²];mac mùa[maːk⁷ muə²] 越泰 ók mák [ʔɔk⁷ maːk⁸] 普 qamân³[qa⁰mɤn³] 越 đậu mùa [ʔdɤu⁶ muə²];bệnh đậu mùa[ʔben⁶ ʔdɤu⁶ muə²]; đậu bò[ʔdɤu⁶ ʔbɔ²];ngưu đậu[ŋɯu¹ ʔdɤu⁶] 芒 chóc mùa[tsok⁷ muə²]

【牛痘苗】 泰 วัคซีน[wak⁸ siːn²] 越 thuốc chủng [thuːk⁷ tsuŋ³]

【牛粪】 泰 ขี้ควาย[khiː³ khwaːi²] 老 ຂີ້ຄວາຍ[khiː³ khwaːi²] 越 cứt trâu[kɯt⁷ tʂɤu¹]

【牛黄】 泰 ก้อนนิ่วในถุงน้ำดีของวัว[kɔːn³ niu³ nai² thuŋ¹ nam⁴² diː² khɔːŋ¹ wuːa²] 老 ໂຄໂລກ[khoː² loːk¹⁰] 越 ngưu hoàng[ŋɯu¹ hwaŋ²]

【牛角】 泰 เขาวัว[khau¹ wuːa²];เขาควาย[khau¹ khwaːi²] 老 ເຂົາຄວາຍ[khau¹ khwaːi²];ເຂົາງົວ[khau¹ ŋuːa²] 越 sừng trâu[ʂɯŋ² tʂɤu¹];sừng bò[ʂɯŋ² ʔbɔ²]

【牛虻❷】 泰 เหลือบ[lɯap⁹] 老 ເຫຼືອກ[lɯak⁹]; ຕົວເຫຼືອກ[tuːa¹ʼ lɯak⁹];ຕົວເຫຼືອດ[tuːa¹ʼ lɯat⁹]; ເຫຼືອດຄວາຍ[lɯat⁹ khwaːi²];ເຫຼືອກງົວ[lɯak⁹ ŋuːa²] 岱-侬 lược[lɯk⁸];lượp[lɯːp⁸];puộng[puːŋ⁸] 普 qatak²[qa⁰ta:k²] 越 ruồi trâu[zuːi² tʂɤu¹];con mòng [kɔn¹ mɔŋ²] 芒 mul mòng[mul¹ mɔŋ²]

【牛奶】 泰 นมโค[nom² khoː²];นมวัว[nom² wuːa²] 老 ນ້ຳນົມງົວ[nam⁴ nom² ŋuːa²];ນົມງົວ[nom² ŋuːa²] 越 sữa bò[ʂɯə⁴ ʔbɔ²] 芒 khã pò[kha⁴ pɔ²]

【牛奶果】 泰 ลูกนมวัว[luːk¹⁰ nom² wuːa²] 岱-侬 mac nồm[maːk⁷ nom²] 越 quả vú sữa[kwa³ vu⁵ ʂɯə⁴]

【牛排】 泰 สเต็กเนื้อ[sa⁵ tek⁷ nɯːa⁴] 越 bít tết[ʔbit⁷ tet⁷];thịt bít tết[thit⁸ ʔbit⁷ tet⁷]

【牛皮癣】 泰 ขี้เรื้อนกวาง[khiː³ rɯːan⁴ kwaːŋ²];เรื้อน กวาง[rɯːan⁴ kwaːŋ²] 老 ຂີ້ກາກ[khiː³ kaːk⁹];ຂີ້ກຳ[khiː³ kɔː¹ˀ] 越 bệnh nấm da trâu[ʔben⁶ nɤm⁵ za¹ tʂɤu¹]; bệnh vảy nến[ʔben⁶ vai³ nen⁵]

【牛肉❸】 泰 เนื้อวัว[nɯːa⁴ wuːa²];เนื้อควาย[nɯːa⁴ khwaːi²] 老 ເນື້ອງົວ[nɯːa⁴ ŋuːa²];ຊີ້ນງົວ[siːn⁴ ŋuːa²] 越 thịt bò[thit⁸ ʔbɔ²];thịt trâu[thit⁸ tʂɤu¹] 芒 nhục pò[ɲuk⁷ pɔ²]

【牛虱】 泰 เหาโค[hau¹ khoː²] 老 ເຫົາ[hau¹] 越 rận trâu[rɤn⁶ tʂɤu¹];chấy trâu[tʂɤi⁵ tʂɤu¹]

【牛蛙】 泰 อึ่งอ่าง[ʔɯŋ² ʔaːŋ⁵];กบบูลฟร็อก[kop⁷ ʔbu:n² fɔːk¹⁰] 老 ອຶ່ງ[ʔɯŋ⁵] 越 con ếch trâu[kɔn¹ ʔet⁷ tʂɤu¹]; ếch trâu[ʔet⁷ tʂɤu¹];ếch Cu-ba[ʔet⁷ ku¹ ʔba¹]

【牛油】 泰 น้ำมันไขวัว[nam⁴ man² khai¹ wuːa²];เนย [rːi²] 老 ໄຂງົວ[khai¹ ŋuːa²] 越 mỡ bò[mɤ⁴ ʔbɔ²] 芒 mỡ pò[mɤ⁴ pɔ²]

【牛杂】 泰 เครื่องในวัว[khrɯːaŋ³ nai² wuːa²] 老 ເຄື່ອງ ໃນງົວ[khɯːaŋ⁵ nai² ŋuːa²] 越 nội tạng bò[noi⁶ taŋ⁶ ʔbɔ²]

【牛仔裤】 泰 กางเกงยีนส์[kaːŋ² keːŋ² jiːn²] 老 ໂສ້ງຂາຍ່ອຍ[soːŋ³ khaː² ʔbɔːi¹] 越 quần bò[kwɤn² ʔbɔ²];quần jin[kwɤn² zin¹]

---

❶ 石家 lɔɔ³
❷ 石家 liap²  掸 lək D1L  泐 lək D1L
❸ 石家 mlɔɔ³-bɔɔ³

【扭~干水】泰 บิด[ʔbit⁷] 老 ບິດ[ʔbit⁷] 越 vắt[vat⁷]

【扭~头】泰 หัน[han¹] 老 ຫັນ[han¹] 岱-侬 ngoạc[ŋwaːk⁸];ngoáy[ŋwai³];vín[vin⁵] 越泰 ngoạk[ŋwaːk⁸];ngoại[ŋwaːi⁴];táo[taːu⁵] 越 ngoảnh[ŋwan³];quay[kwai¹]

【扭伤】泰 เคล็ด[khlet⁸];แพลง[phlɛːŋ²] 老 ເຄັດ[khet⁸] 越 bong gân[ʔbɔŋ¹ ɣɤn¹];bị trẹo[ʔbi⁶ tsɛu⁶]

【农产品】泰 ผลิตผลทางเกษตรกรรม[phaˊlit⁷phon¹thaːŋ² kaˊseːt⁷ kam²] 老 ຜະລິດຕະພັນກະສິກຳ[pha² lit⁸ ta² phan² ka² si² kam¹];ຜະລິດຜົນກະສິກຳ[pha² lit⁸ phon¹ ka² si² kam¹ ka² si² kam¹];ຜົນປູກຝັງ[phon¹ puːk⁹ faŋ¹];ພືດຜົນ[phɯː t¹⁰ phon²];ຜົນຜະລິດກະສິກຳ[phon¹ pha² lit⁸ ka² si² kam¹] 越 nông sản phẩm[noŋ¹ ʂaːn³ fɤm³];nông sản[noŋ¹ ʂaːn³];sản phẩm nông nghiệp[ʂaːn³ fɤm³ noŋ¹ ŋiːp⁸]

【农场】泰 ฟาร์ม[faːm²] 老 ນິຄົມກະເສດ[ni⁵ nom¹ ka² seːt⁹];ນິຄົມກະເສດ[ni⁴ khom² ka² seːt⁹];ນິຄົມກະສິກຳ[ni⁵ khom² ka² si² kam¹] 越 nông trại[noŋ¹ tsaːi⁶] 芒 nông trường[noŋ¹ tlɯːŋ²]

【农村】泰 ชนบท[tshon² ʔbot⁷];บ้านนอก[ʔbaːn³ nɔːk¹⁰] 老 ຊົນນະບົດ[son²na⁵ʔbot⁷];ບ້ານນາ[ʔbaːn⁴naː²];ບ້ານນອກຄອກເມ[ʔbaːn⁴nɔːk¹⁰khɔːk⁹khaː²meː²];ບ້ານນອກຄອກນາ[ʔbaːn⁴ nɔːk¹⁰ khɔːk⁹ naː²] 岱-侬 kha bản[kha¹ ʔbaːn³] 越泰 bản[ʔbaːn³] 越 nông thôn[noŋ¹ thon¹] 芒 nông thôn[noŋ¹ thon¹]

【农活】泰 งานเกษตรกรรม[ŋaːn² kaˊ seːt⁹ kam²];งานเกษตร[ŋaːn²kaˊseːt⁹] 老 ວຽກໃຮ່ການນາ[viːak¹⁰hai⁵ kaːn¹'naː²];ວຽກໃຮ່ການສວນ[viːak¹⁰hai⁵kaːn¹'suːan¹];ການນາ[kaːn¹' naː²] 越 việc đồng áng[viːk⁸ ʔdoŋ² ʔaːŋ⁵];việc cầy cấy[viːk⁸ kɤi² kɤi⁵]

【农家肥】泰 ปุ๋ยมูล[pui¹ muːn²] 老 ຝຸ່ນສັດ[fun⁵ sat⁷] 越 phân bón xanh[fɤn¹ʔbɔn⁵san¹];phân nhà nông[fɤn¹ ɲaː² noŋ¹]

【农历】泰 ปฏิทินจันทรคติ[paˊ ti⁵ thin² tsan² thraˊ kha⁴ ti⁵] 老 ປະຕິທິນຈັບທະລະຕິ[pa² ti² thin² tsan² tha⁵ kha⁵ ti²] 越 âm lịch[ʔɤm¹ lit⁸]

【农民❶】泰 ชาวไร่ชาวนา[tshaːu² rai³ tshaːu² naː²];เกษตรกร[kaˊseːt⁹traˊkɔːn²] 老 ຊາວກະສິກອນ[saːu² ka² si² kɔːn¹];ກະສິກອນ[ka² si² kɔːn¹];ກະສິກ[ka² sik⁷];ຊາວໄຮ່ນາ[saːu² hai² naː²];ຊາວນາ[saːu² naː²];ພໍ່ນາ[phɔː⁵ naː²];ພໍ່ໄຮ່ພໍ່ນາ[phɔː⁵ hai⁵ phɔː⁵ naː²];ລູກທຶງ[luːk¹⁰ thoŋ⁵] 岱-侬 cần hêt nà[kɤn⁵ het⁷ naː²];cần kha bản[kɤn² kha¹ ʔbaːn³] 越 nông dân[noŋ¹ zɤn¹];dân cày[zɤn¹ kai²] 芒 nông dân[noŋ¹ zɤn¹];môl là nà[mol⁴ laː² naː²];đân cẳl[ʔdɤn¹ kal²]

【农药】泰 สารเคมีปราบศัตรูพืช[saːn¹ kheː² miː² praːp⁹ sat⁷ ruː²' phɯːt¹⁰];สารเคมีที่ใช้ในไร่นา[saːn¹ kheː² miː² thiː³ tshai⁴ nai² rai² naː²];สารกำจัดศัตรูพืช[saːn¹ kam² tsat⁷ sat⁷ ruː²' phɯːt¹⁰] 老 ຢາປາບສັດຕູພືດ[jaː¹ paːp⁹ sat⁷ tuː¹' phɯːt¹⁰];ຢາຂ້າສັດຕູພືດ[jaː¹ khaː³ sat⁷ tuː¹' phɯːt¹⁰] 越 thuốc trừ sâu[thuːk⁷ tʂɯː² ʂɤu¹]

【农作物】泰 พืชการเกษตร[phɯːt¹⁰ka:n²kaˊseːt⁹] 老 ພືດພັນກະເສດ[phɯːt¹⁰phan²ka²seːt⁹] 越 cây nôngnghiệp[kɤi¹noŋ¹ ŋiːp⁸];mùamàng[muə²maːŋ²];vụ mùa[vuˈ⁶ muə²]

【浓~茶】泰 แก่[kɛː⁵];หนา[naː¹] 老 ປຸກ[puk⁷];ຂຸ້ນ[khun³] 岱-侬 đặc[ʔdak⁷] 越 đặc[ʔdak⁸]

【浓雾】泰 หมอกหนา[mɔːk⁹naː¹] 老 ໝອກໜາ[mɔːk naː¹] 越 sương mù nặng[ʂɯːŋ¹ muː² naŋ⁶]

【脓】泰 หนอง[nɔːŋ¹] 老 ໜອງ[nɔːŋ¹];ນ້ຳໜອງ[nam⁴ nɔːŋ¹] 岱-侬 noong[nɔːŋ¹];danglương[jaŋ¹luːɯŋ¹] 越泰 nong[nɔŋ¹] 普 nghăw⁴[ŋau⁴] 越 mủ[mu³] 芒 bú[ʔbu⁵]

---

❶ 阿含 kūn-nā-kin

【脓包】 泰ตุ่มหนอง[tum⁵nɔːŋ¹];ฝี[fiː¹];เม็ดหนอง[met⁸ nɔːŋ¹] 老ຜີກະຊີ້[fiː¹ ka² si:⁵] 越mụn mủ[mun⁶ mu⁵]

【脓疮】 泰ฝี[fiː¹];แผลที่เป็นหิด[phlɛː¹ thiː³ pen² hit⁷];แผลเน่าเปื่อยเป็นหนอง[phlɛː¹ nau³ pɯːai³ pen² nɔːŋ¹] 越nhọt[nɔt⁸]

【脓肿】 泰ฝี[fiː¹];บวมเป็นหนอง[ʔbuːam² pen² nɔːŋ¹];โพรงหนอง[phroːŋ² nɔːŋ¹] 老ຜີ[fiː¹] 越áp-xe(abscess)[ʔaːp⁷ sɛ¹]

【奴隶❶】 泰ทาส[thaːt¹⁰];ข้าทาส[khaː³ thaːt¹⁰] 老ຂ້າ[khaː³];ຂ້າທາດ[khaː³ thaːt¹⁰];ຂີ້ຂ້າ[khiː³ khaː³];ຂີ້ຂ້າຫນ້ອຍ[khiː³ khaː³ nɔːi³];ຂີ້ຂ້າມ້າໃຊ້[khiː³ khaː³ maː⁴ sai⁴];ລູກທາດ[luːk¹⁰ thaːt¹⁰];ຂ້ອຍ[khɔːi³];ຂ້ອຍຂ້າມ້າໃຊ້[khɔːi³ khaː³ maː⁴ sai⁴];ທາສາ[thaː sa:¹];ທາສະ[thaː² sa²];ທາດ[thaːt¹⁰] 普qabāt⁵[qa⁰bat⁵] 越nô lệ[no¹ le⁶]

【奴仆】 泰ข้า[khaː³];ขี้ข้า[khiː³ khaː³];คนใช้[khon² tshai⁴];เขมร[kha⁵jom¹] 老ຂ້ອຍ[khɔːi³];ຂ້ອຍມ້າໃຊ້[khɔːi³ maː⁴ sai⁴];ທາດ[thaːt¹⁰];ທະສະ[tha⁵ sa²];ທະສາ[tha⁵ sa:¹];ລູກທາດ[luːk¹⁰ thaːt¹⁰];ຂ້າ[khaː³];ຂ້າທາດ[khaː³ thaːt¹⁰];ຂີ້ຂ້າ[khiː³ khaː³];ຂ້າຂ້ອຍ[khiː³ khɔːi³];ລູກແຜ້ງ[luːk¹⁰ lɛːŋ³];ແຜ້ງ[lɛːŋ³] 岱-侬khỏi[khɔːi³];pò khỏi[pɔ³ khɔːi³];cần hết khỏi[kən² het² khɔːi³] 越泰xả khỏi[sa³ khɔːi³];báo tẽo[ʔbaːu⁵ tɛu²] 越đày tớ[ʔdai² tɤ⁵];người hầu[ŋɯːi² hɤu²];người ở [ŋɯːi² ʔɤ³];nô bộc[no¹ ʔbok⁸]

【驽】 泰หน้า[naː³];หน้าไม้[naː³ mai⁴] 老ຫນ້າ[naː³];ເກັກ[kek⁷];ເກ້ກ[kek⁴];ຫນ້າເກັກ[naː³ kek⁴];ຫນ້າເກ້ກ[naː³ kek⁴];ຫນ້າເກັງ[naː³ keːŋ³];ຫນ້າໄມ້[naː³ mai⁴] 岱-侬nà[naː³] 越泰nà[naː³] 普lan³ thjam²[la:ŋ³ thja:m²] 越nỏ[nɔ³];ná[naː⁵] 芒nó[nɔ⁵];nả[naː³]

【努力❷】 泰อุตส่าห์[ʔut⁷ saː⁵];พยายาม[pha⁴ jaː² ja:m²];ออกแรง[ʔɔːk⁹ hɛːŋ²];อาลำพะ[ʔaːl¹ lam² pha⁵];บากบั่น[ʔbaːk⁹ ʔban⁵];พะยายาม[pha⁵ ŋaːm²];พากพยามพะยาๆยาม[pha:k¹⁰ phiːan² pha⁵ ŋaː² ŋaːm²];พยามพะยายาม[phiːan² pha⁵ ŋaː² ŋaːm²];พากพยม[pha:k¹⁰ phiːan²];เอิงกาบ[ʔau¹ kaːn¹] 越cố gắng[ko⁵ ɣaŋ⁵];nỗ lực[no⁴luk⁸];ra sức[za¹ ʂuk⁷];rán sức[zaːn⁵ ʂuk⁷] 芒cố[ko³]

【女儿❸】 泰ลูกสาว[luːk¹⁰ sau¹];ลูกหญิง[luːk¹⁰ jiŋ¹];ลูกผู้หญิง[luːk¹⁰ phuː³jiŋ¹] 老ລູກຍິງ[luːk¹⁰ niŋ¹];ລູກສາວ[luːk¹⁰ sau¹] 岱-侬lục nhình[luk⁸ ɲiŋ²];lục sao[luk⁸ sau¹] 越泰lụk nhĩnh[luk⁸ ɲiŋ²] 普ca juɤ³ măj²[qa⁰ jɯʂ³ mai²];qajuɤ³ qamăj²[qa⁰ jɯʂ³ qa⁰ mai²];qamăj²[qa⁰ mai²] 越con gái[kɔn¹ ɣaːi⁵] 芒con cái[kɔn¹ kaːi³];con mãi[kɔn¹ maːi⁴]

【女孩子】 泰เด็กหญิง[ʔdek⁷ jiŋ¹] 老ເດັກຍິງ[ʔdek⁷ niŋ²] 普qajuɤ³ măj²[qa⁰ jɯʂ³ mai²] 越con gái[kɔn¹ ɣaːi⁵]

【女人❹】 泰ผู้หญิง[phuː³ jiŋ¹];สตรี[saː⁵ triː²] 老ຜູ້ຍິງ[phuː³ niŋ²];ຄົນຍິງ[khon² niŋ²];ແມ່ຍິງ[mɛː⁵ niŋ²] 岱-侬phủ nhình[phuː³ niŋ²];mè nhình[mɛ³ niŋ²] 越泰phủ nhĩnh[phuː³ niŋ²];mè nhĩnh[mɛ⁶ niŋ²] 普qa măj²[qa⁰ mai²];màj qamăj²[mai:² qa⁰ mai²];fu² ni²[fu² ni²] 越đàn bà[ʔdaːn² ʔbaː²];phụ nữ[fu⁶ nɯː⁴];nữ giới[nɯː⁴ zɤːi⁵];nữ[nɯː⁴] 芒mống dã[moŋ⁴ za⁴];tàn pà[taːn² paː²];tàn mẽ[taːn² mɛ⁴];phũ nữ[fu⁴ nɯː⁴];ỳ pả[ʔi] cải[kaːi³]

【女婿❺】 泰เขย[khɤːi¹];ลูกเขย[luːk¹⁰ khɤːi¹] 老ເຂີຍ[khɤːi¹];ເຂືອຍ[khɯai¹];ລູກເຂີຍ[luːk¹⁰ khɤːi¹];ຜູ້ເປັນເຂີຍ[phuː³ pen¹ khɤːi¹] 岱-侬khươi[khɯːi¹];pòkhươi[pɔ³ khɯːi¹];lụckhươi[luk⁸ khɯːi¹] 越泰lụk khươi[luk⁸ khɯːi¹] 普pê⁴ jăw⁴[pe⁴ jau⁴];

---
❶ 阿含 khā B1  泐 xɔi C1
❷ 石家 duʔ⁴
❸ 石家 lkˀ-saaw²  阿含 luk-nüng
❹ 阿含 mî;nüng A1;ñing A1  掸 jiŋ A2  泐 jiŋ A2
❺ 石家 khwooy⁴;likˀ-khwooy⁵  阿含 khuñ;khui A1  掸 khue A1  泐 khoi A1

qajăw⁴[qa⁰ jau⁴];jăw⁴[jau⁴] 越rế[ẓe³];con rế[kɔn¹ ẓe³];chàng rế[tsaːŋ² ẓe³] 芒con cháu[kɔn¹ tsau³];tửa cháu[tɯə³ tsau³];cháu[tsau³];rế[re⁵]

【暖❶】 泰อุ่น[ʔun⁵];อบอุ่น[ʔop⁷ ʔun⁵] 老ອຸ່ນ[ʔun⁵];ອົບອຸ່ນ[ʔop⁷ ʔun⁵] 普?wân⁴[ʔwɤn⁴] 越ấm[ʔɤm⁵] 芒ấm[ʔɤm³]

【暖壶 热水瓶】 泰กระติกน้ำร้อน[kra⁵tik⁷nam⁴rɔːn⁴] 老ກະຕິກນ້ຳຮ້ອນ[ka²tik⁷nam⁴hɔːn⁴];ກະຕິກ[ka²tik⁷];ຕິກ[tik⁷];ຕິກນ້ຳ[tik⁷nam⁴] 越ấm tích[ʔɤm⁵ tit⁷]

【暖和】 泰อุ่น[ʔun⁵];อบอุ่น[ʔop⁷ ʔun⁵] 老ອົບອຸ່ນ[ʔop⁷ ʔun⁵] 岱-侬ún[ʔun⁵] 普?wân⁴[ʔwɤn⁴] 越ấm áp[ʔɤm⁵ ʔaːp⁵] 芒ấm áp[ʔɤm³ ʔaːp⁷]

【虐待】 泰ปฏิบัติต่ออย่างโหดร้ายทารุณ[pa⁵ ti⁵ ʔbat⁷ tɔː⁵ jaːŋ⁵ ʔdoː¹ raːi⁴ thaː² run²] 老ຫຼະມານ[tʰɔː² laːmaːn²];ບຽດສີ[ʔbiːat⁹ siː¹];ບຽດບຽນ[ʔbiːat⁹ ʔbiːan¹];ຂົ່ມເຫັງ[kʰom² heŋ¹];ກຸມເຫັງ[kum¹ʼ heŋ¹];ຂະຫນາບ[kʰa² nap⁹];ຂູ່[kʰuː¹] 越ngược đãi[ŋɯːk² ʔdaːi⁴];hành hạ[han² ha⁶];hất hủi[hɤt⁷ hui³];hất hủi[hat⁷ hui³] 芒hành thồi[han² thoi¹];hành hã[han² ha⁴]

【疟疾】 泰ป่าง[paːŋ³];มาลาเรีย[maː² laː² riːa²];ไข้มาเลเรีย[kʰai³ maː² leː² riːa²];ไข้ป่า[kʰai³ paː⁵];ไข้จับสั่น[kʰai³ tsap⁷ san⁵];จับสั่น[tsap⁷ san⁵];หนาว[naːu¹] 老ຫນາວ[naːu¹];ໄຂ້ຫນາວ[kʰai³ naːu¹];ໄຂ້ສັ່ນ[kʰai³ san⁵];ພະຍາດໄຂ້ຍຸງ[pʰa⁵ ɲaːt¹⁰ kʰai³ ɲuŋ²];ໄຂ້ຍຸງ[kʰai³ ɲuŋ²];ເຈັບຫນາວ[tsap⁷ naːu¹];ພະຍາດໄຂ້ເຈັບສັ່ນ[pʰa⁵ ɲaːt¹⁰ kʰai³ tsep⁷ san⁵];ພະຍາດໄຂ້ປ່າ[pʰa⁵ ɲaːt⁹ kʰai³ paː⁵];ໄຂ້ປ່າ[kʰai³ paː⁵] 岱-侬dên khẩy[jen¹ kʰəi³];đẳng khẩy[ʔdaːŋ³ kʰəi²] 越泰xảy nao[sai³ naːu¹];nao xảy[naːu¹ sai³] 普fa² lwak²[fa² luak²] 越sốt rét[ṣot⁷ ʐɤt⁷];bệnh sốt rét[ʔben⁶ṣot⁷ʐɤt⁷] 芒puốt chả[puːt⁷ tsa³]

【疟蚊】 泰ก้นปล่อง[kon³ plɔːŋ⁵] 老ຍຸງກົ້ນໂລ່ງ[ɲuŋ² kon⁴loːŋ⁵];ຍຸງກົ້ນລ່ອງ[ɲuŋ² kon⁴lɔŋ⁵] 越a-nô-phen[ʔa¹ no¹ fen¹]

【挪动】 泰เคลื่อนย้าย[kʰlɯːan³jaːi⁴] 老ເລື່ອນ[lɯːan⁵];ຂຍັບ[ɲap⁷];ກະເທີບ[ka² thəːp⁹];ຂະຫຍັບ[kʰa² ɲap⁷] 越di chuyển[zi¹ tswiːn³];chuyển dịch[tswiːn³ zit⁸] 芒khính[kʰin⁵]

【挪用】 泰ยักยอก[jak⁸ jɔːk¹⁰] 老ຍັກຍອກ[ɲak⁸ ɲɔːk¹⁰] 越chiếm đoạt[tsiːm⁵ ʔdwaːt⁸]

【糯稻】 泰ข้าวเหนียว[kʰaːu³ niːau¹] 老ເຂົ້າຫນຽວ[kʰau³niːau¹];ເຂົ້າເປືອກຫນຽວ[kʰau³pɯːak⁹niːau¹] 岱-侬khẩu nua[kʰəu³ nuːa¹] 越泰khẩu ón[kʰau³ ʔɔn⁵] 普pjo¹ na⁴[pjɤ¹ na⁴] 越lúa nếp[luə⁵ nep⁷] 芒lỏ đếp[luə⁵ ʔdep⁷]

【糯米❷】 泰ข้าวเหนียว[kʰaːu³ niːau¹] 老ເຂົ້າຫນຽວ[kʰau³niːau¹];ເຂົ້າສານຫນຽວ[kʰau³saːn¹niːau¹] 岱-侬khẩu nua[kʰəu³ nuːa¹] 越泰khẩu ón[kʰau³ ʔɔn⁵] 越gạo nếp[ɣaːu⁶ nep⁷] 芒cảo đếp[kaːu³ ʔdep⁷]

【糯米饭】 泰ข้าวเหนียว[kʰaːu³ niːau¹] 老ເຂົ້າຫນຽວ[kʰau³niːau¹];ເຂົ້າປຶ້ງ[kʰau³ nɯŋ³] 岱-侬khẩu nua[kʰəu³ nuːa¹] 越泰khẩu ón[kʰau³ ʔɔn⁵];khẩu nứng[kʰau³ nɯŋ³] 普mi² na⁴[mi² na⁴] 越xôi[soi¹];xôi nếp[soi¹ nep⁷];cơm nếp[kɤːm¹ nep¹] 芒cơm đếp[kɤːm¹ ʔdep⁷]

【糯米酒】 泰เหล้าข้าวเหนียว[lau³ kʰaːu³ niːau¹] 老ເຫຼົ້າຫມາກ[lau³ maːk⁹];ເຂົ້າເຫຼົ້າຫມາກ[kʰau³ lau³ maːk⁹] 岱-侬lẩu khẩu nua[ləu³ kʰəu³ nuːa¹] 越泰lẩu lon[lau³ lɔn¹] 普păw¹ khăm¹[pau¹ kham¹] 越rượu nếp[ʐɯːu⁶ nep⁷] 芒rão đếp[raːu⁴ ʔdep⁷]

【糯玉米】 泰ข้าวโพดข้าวเหนียว[kʰaːu³ pʰoːt³kʰaːu³ niːau¹] 老ເຂົ້າໂພດຫນຽວ[kʰau³ pʰoːt¹⁰ niːau¹] 越ngô nếp[ŋo¹ nep⁷]

---

❶ 阿含 un B1  掸 ʔun B1  泐 ʔun B1
❷ 石家 gaw³- niaw¹

# O

【偶尔】 泰 บางครั้ง[ʔba:ŋ²khraŋ⁴];บางที[ʔba:ŋ²thi:²];เป็นครั้งเป็นคราว[pen²khraŋ⁴pen²khra:u²] 老 ຄັ້ງຄາວ[khaŋ⁴kha:u²];ຄອນ[khɔ:n²];ຄອນງ[khɔ:ŋ² khɔ:n²];ນານໆຄັ້ງ[na:n²na:n²khaŋ⁴];ບັງເອີນ[ʔbaŋ¹¹ʔə:n¹¹];ບາງຄັ້ງຄາວ[ʔba:ŋ¹khaŋ⁴kha:u²];ລາງເທື່ອ[la:ŋ² thɯː a⁵];ບາງຄັ້ງບາງຄາວ[ʔba:ŋ¹¹khaŋ⁴²ba:ŋ¹¹kha:u²];ເປັນຄັ້ງຄາວ[pen¹¹khaŋ⁴kha:u²];ເປັນຄັ້ງເປັນຄາວ[pen¹¹ khaŋ⁴ pen¹¹ kha:u²];ລາງເທື່ອ[la:ŋ² thɯː a⁵];ຫງອບແຫງນ[lɔ:n¹ lɛ:n¹] 傣-依 mì bat [mi² ʔba:t⁷];léng pày[leŋ⁵ pai²] 越泰 xân tửa[san² tɯə⁶];mắn mắn[man⁵ man⁵] 越 thinh thoảng [thiŋ³ thwa:ŋ³] 芒 thiénh tháng[thi:ɲ⁵ tha:ŋ⁵];thénh tháng[theɲ⁵ tha:ŋ⁵]

【偶数】 泰 เลขคู่[le:k¹⁰khu:³] 老 ເລກຄູ່[le:k¹⁰khu:⁵];ຕົວຄູ່[tu:a¹¹ khu:⁵];ຈຳນວນຄູ່[tsam¹¹ nu:an² khu:⁵] 越 số chẵn[ʂo⁵ tsan⁴] 芒 khổ chẵn[kho³ tsan⁴]

【偶像】 泰 เจว็ดรูป[tsa⁵ vet⁷ ru:p¹⁰];เจว็ด[tsa⁵ vet⁵] 老 ຕະເວັດ[ta² vet⁸];ປະຕິມາກອນ[pa² ti² ma:² kɔ:n¹];ປະຕິມາ[pa² ti² ma:²];ຫຸ່ນ[hun⁵] 越 thần tượng [thɤn² tɯː ŋ⁶] 芒 thần tưởng[thɤn² tɯː ŋ⁴]

【呕吐❶】 泰 ราก[ra:k¹⁰];รากแตก[ra:k¹⁰ te:k⁹];สำรอก[sam¹ rɔ:k¹⁰];อาเจียน[ʔa:² tsi:an²];อ้วก[ʔu:ak¹⁰];กระย่อน[kra⁵jɔ:n³];คาย[kha:i²] 老 ຮາກ[ha:k¹⁰];ກະອັກ[ka² ʔak⁷];ອາຈຽນ[ʔa:¹¹ tsi:an²];ອອກ[ʔu:ak⁹];ອ້ອກ[ʔu:ak⁸];ທົ້ນ[thon⁴] 傣-依 rạc[ra:k⁸] 越泰 ວຸk[ha:k⁸];thảo[tha:u³];ửa[ʔɯə³];ók[ʔɔk⁷];blọc[ʔb-lɔk⁸] 普 thwak⁵[thwa:k⁵] 越 nôn[non¹];nôn mửa[non¹mɯə³];ói[ʔɔi⁵];ọc[ʔɔk⁸] 芒 uổl bá[ʔu:l³ ʔba⁵];ói[ʔɔi⁵];oc[ʔɔk⁸];bá[ʔba⁵]

【怄气】 泰 คับอกคับใจ[khap⁸ ʔok⁷ khap⁸ tsai²] 老 ຄັບໃຈ[khap⁸ tsai¹¹];ຄັບອົກຄັບໃຈ[khap⁸ ʔok⁷ khap⁸ tsai¹¹] 越 giận[zɤn⁶];tức[tɯk⁷];bực[ʔbɯk⁸]

【沤~绿肥】 泰 หมัก[mat⁷] 老 ບົ່ມ[ʔbom⁵];ຫມັກ[mak⁷] 傣-依 úm[ʔum⁵];óm[ʔɔm⁵] 越泰 ó[ʔo⁵] 越 ủ[ʔu³];ngấu[ŋɤu⁵] 芒 uóm[ʔu:m⁵]

---

❶ 掸 hak D2L 勃 hrak D2L；hak D2L

# P

【趴】 泰 นอนคว่ำ[nɔːn² khwam³];หมอบ[mɔːp⁹] 老 เพบ[meːp⁹] 岱-侬 fồm[fom²];khoẳm[khwam⁵] 越泰 chcút[tsɨkut⁷];khuồm[khuːm³] 越 sấp[ʂɤp³];nằmsấp[nɤm² ʂɤp];nằmrạpxuống[nam² zạːp⁸ suːŋ⁵];nằm phục xuống[nam² fuk⁸ suːŋ⁵] 芒 nằm khấp [nam² khɤp⁷];nằm ấp[nam² ʔɤp⁷]

【爬~树】 泰 ปีน[piːn²] 老 ปีน[piːn¹];ป่าย[paːi⁵] 岱-侬 pin[pin¹] 越泰 pin[pin¹];chăn[tsaːn²] 普 lân³[lɤn³] 越 trèo[tʂɛu²];leo[lɛu¹] 芒 tèo[tɛu²];leo[lɛu¹]

【爬虫子~】 泰 ไต่[tai⁵] 老 ไต่[tai⁵];เลือ[lɯːa²];เลือย[lɯːai²] 岱-侬 chàn[tɕaːn²];pàn[paːn²] 越泰 táy[tai⁵] 越 bò[ʔbɔ²]

【爬小孩在地上~❶】 泰 คลาน[khlaːn²] 老 คาบ[khaːn²] 岱-侬 pàn[paːn²];nhụt[ɲut⁸] 普 qwang⁴[kwaːŋ⁴];bău²[bau³] 越 bò[ʔbɔ²] 芒 pò[pɔ²]

【爬坡】 泰 คลาน[khlaːn²];ปีน[piːn²];ไต่[tai⁵];ป่าย[paːi⁵];ป่ายปีน[paːi⁵ piːn²] 老 คาบ[khaːn²];ปูนป่าย[piːn² paːi⁵] 越 trèo[tʂɛu²]

【怕❷】 泰 กลัว[kluːa²] 老 ภัว[kuːa¹'];ย้าม[jaːm³];ภัวย้าม[kuːa¹' jaːm³];ภัวเกง[kuːa¹' keːŋ¹];เกงภัว[keːŋ¹ kuːa¹'];ย่อมย้าม[jɔːm⁵ jaːm³];ขี้ย้าม[khiː³ jaːm¹] 岱-侬 lao[laːu¹] 越泰 dàn[jaːn³] 普 law²[laːu²] 越 sợ[ʂɤ⁶];sợ sệt[ʂɤ⁶ʂet⁸];sợ hãi[ʂɤ⁶haːi⁴] 芒 đưới[ʔdɯːi⁵];đưới lo[ʔdɯːi⁵lɔ¹];đưới nhải[ʂɤ⁶ naːl³];đưới hãi[ʔdɯːi⁵ haːi⁴];đưới[ʔdɯːi⁵]

【拍~门】 泰 ตี[tiː²] 老 ทุบ[thup⁸] 岱-侬 tap[taːp⁷] 越泰 tók[tɔk⁷];phác[phaːk⁷];tặp[tap⁸] 越 vỗ[vo⁴]

芒 phố[fo⁵]

【拍打~翅膀】 泰 ตบ[top⁷] 老 ติบ[top⁷];ทาบ[thaːp⁹] 岱-侬 tôp[top⁷] 越泰 tốp[top⁷] 越 vỗ[vo⁴];đập[ʔdɤp⁸] 芒 phố[fo⁵]

【拍卖】 泰 ขายเลหลัง[khaːi¹leː²laŋ¹];ทอดตลาด[thɔːt¹⁰ ta⁵ laːt⁹] 老 ขายทอดตะฒอด[khaːi¹ thɔːt¹⁰ ta² laːt⁹];ทอดตะฒอด[thɔːt¹⁰ ta² lɔːt⁹];ขายเล้ง[khaːi¹ leː² laŋ¹];เล้ง[leː² laŋ¹] 岱-侬 piêu chá[piːu² tɕa⁵] 越 bán đấu giá[ʔbaːn⁵ʔdɤu⁵za⁵] 芒 painh đấu dả[paːiɲ³ ʔdɤu³ za³]

【排~椅子】 泰 แถว[thɛːu¹] 老 แถว[thɛːu¹];ตั้ง[than⁵] 越 hàng[haːŋ²];dẫy[zɤi⁴]

【排斥】 泰 ขับให้ออกห่าง[khap⁷ hai⁴ ʔɔːk⁹ haːŋ⁵] 老 กิดภัน[kit⁹ kan¹'] 越 chèn ép[tʂɛn² ʔɛp⁷]

【排除】 泰 ขจัดให้สูญสิ้นไป[khaː⁵ tsat⁷ hai³ suːn¹ sin³ pai²] 老 ຂະຈັດ[khaː tsat⁷] 越 tháo đi[thaːu⁵ʔdi¹];trừ[tʂɯ²];bài trừ[ʔbaːi² tʂɯ²];trừ bỏ[tʂɯ² ʔbɔ²];gạt bỏ[ɣaːt⁸ ʔbɔ²];loại bỏ[lwaːi⁶ ʔbɔ²] 芒 bài tlừ[ʔbaːi² tlɯ²]

【排队】 泰 เข้าคิว[khau² khiu²];เข้าแถว[khau² thɛːu¹];ราย[raːi²];เรียง[riːaŋ²] 老 ธง[hiːaŋ²];จัดแถว[tsat⁷ thɛːu¹];ลุมภัน[liːan² kan⁵];ลุมแถว[liːan² thɛːu¹] 越 xếp hàng[sep⁷haːŋ²];sắp xếp[ʂap⁷sep⁷];khắp hàng[khap⁷ haːŋ²];xếp hàng[sep⁷ haːŋ²]

【排放】 泰 ระบายออก[ra⁴ ʔbaːi² ʔɔːk⁹] 老 ລະບາຍ[la⁵ ʔbaːi¹];ละบายออภ[la⁵ ʔbaːi¹' ʔɔːk⁵] 普 phaj¹[phaːi¹] 越 tháo[thaːu⁵] 芒 thảo[thaːu³]

【排骨】 泰 ซี่โครงหมู[siː³ khroːŋ² muː¹] 老 ทะดูภอข้าง

---
❶ 石家 luan⁴ 掸 kān A2 掸 kan A2
❷ 石家 laaw² 阿含 kū A1 勐 jan C1 拉哈 bla²

[ka²ʔduːk⁹khaːŋ³];ຂຶ້ນກະດູກຂ້າງ[siːn⁴ka²ʔduːk⁹ khaːŋ³] 普 lak⁵ zhang¹[laːk⁵ ẓaːŋ¹];poʐhang¹[pɤ⁰ ẓaːŋ¹] 越 xương sườn[sɯːŋ⁵ ʂɯːn²];sườn[ʂɯːn²] 芒 xiêng khàinh[siŋ⁵ khaːiːn²]

【排列】泰 เรียงลำดับ[riːaŋ² lam² ʔdap⁷] 老 ຮຽງ [hiːaŋ²] 岱-侬 tặt tổ[tat⁸ to³] 越泰 đa[ʔda¹] 越 xếp[sep⁷];xếp đặt[sep⁷ ʔdat⁸]

【排球】泰 วอลเลย์บอล[wɔːn² leː² ʔbɔːn²] 老 ບານສົ່ງ [ʔbaːn¹ʼ soŋ⁵] 越 bóng chuyền[ʔbɔŋ⁵ tswiːn²]

【排水】泰 ระบายน้ำ[ra⁴ ʔbaːi² nam⁴] 老 ລະບາຍນ້ຳ [la⁵ ʔbaːi² nam⁴];ສະບໍ່[sa² nam⁴] 岱-侬 kháng nặm [khaːŋ⁵ nam⁴] 越泰 kháng nặm[khaːŋ⁵ nam⁴] 普 phaj¹[phaːi¹] 越 thoát nước[thwaːt⁷ nɯːk⁷];tháo nước[thaːu⁵ nɯːk⁷]

【排水沟】泰 ท่อระบายน้ำ[thɔː³ raː⁴ ʔbaːi² naːm⁴] 老 ຮ່ອງ[hɔːŋ⁵];ປ່ອງປີ້[pɔːŋ⁴ lɔː⁵];ປີ້[lɔː⁵] 越 ống dẫn nước mưa[ʔoŋ⁵ zɤn⁴ nɯːk⁷ mɯə¹];ống thoát nước mưa[ʔoŋ⁵ thwaːt⁷ nɯːk⁷ mɯə¹] 越 rãnh thoát nước [ẓan⁴ thwaːt⁷ nɯːk⁷];khe thoát nước[xɛ¹ thwaːt⁷ nɯːk⁷]

【牌楼】泰 หอโค้ง[hɔː¹ khoːŋ⁴] 老 ປະຕູຂົ້ງ[pa² tuː¹ khoŋ¹] 越泰 phắt tu cùng[phat⁷ tuː¹ kuŋ²] 越 cổng lầu[koŋ³ lɤːu²];cổng chào[koŋ³ tsaːu²]

【派~人】泰 ฝักฝ่าย[fak⁷ faːi⁵];ส่งตัวไป[soŋ⁵ tuːa² paiː²] 老 ຈັດ[tsat⁷];ແຕ່ງ[tɛːŋ⁵] 岱-侬 xoi[ɕɔi¹];khiến[khiːn³];cắt[kat⁷] 越泰 chạu[tsaɯ⁴];xai[ṣaːi¹] 越 cử[kɯ³];sai[ṣaːi¹];sai khiến[ṣaːi¹ xiːn³] 芒 khai[khaːi¹];khai khiến[khaːi¹ khiːn³];khiến[khiːn³]

【攀鲈】泰 ปลาหมอ[pjaː¹ mɔː¹] 老 ປາເຂັ່ງ[paː¹ʼ kheŋ¹];ປາຜຶ[paː¹ʼ mɔː¹] 岱-侬 pja phả[pjaː¹ phaː³] 越泰 pa lí[paː¹ liː⁵] 越 cá rô[kaː⁵ ẓo¹]

【盘~辫子】泰 ผัน[phan¹];ขมวด[kha⁵ muːat⁹] 老 ຂອດ[khɔːi⁹];ກວດເກົ້າ[kuːat⁴ kau⁴];ເກົ້າ[kau⁴] 岱-侬 quền [kwen³];cuồn[kuːn³] 越泰 viễn[viːn²] 越 cuộn tròn[kuːn⁶ tʂɔn²];vấn[vɤn⁵] 芒 wẳn[wɤn³]

【盘~菜】泰 จาน[tsaːn²] 老 ຈອນ[tsaːn¹] 越 đĩa[ʔdiə⁴] 芒 tĩa[tiə⁴]

【盘~棋】泰 กระดาน[kraː⁵ ʔdaːn²];เกม[keːm²] 老 ເກມ[keːm¹] 岱-侬 pàn[paːn²];chẳn[tɕan³] 越泰 tao[taːu¹] 越 ván[vaːn⁵] 芒 pàn[paːn²]

【盘秤】泰 ตาชั่งจาน[taː² tshaŋ³ tsaːn²] 老 ຊິງຢາງ[siŋ⁵ phaːŋ¹];ຢາງ[phaːŋ¹] 岱-侬 chẳng pàn[tɕaŋ³ paːn²];chẳng địa[tɕaŋ³ diə⁴] 越泰 điếng phang[ʔdiŋ⁵ phaːŋ¹] 越 cân đĩa[kɤn¹ diə⁴] 芒 cân tĩa[kɤn¹ tiə⁴]

【盘算】泰 คิดคำนวณ[khit⁸ kham² nuːan²] 老 ທອບ[huːan¹] 岱-侬 nắm nghị[nam³ ŋi⁴] 越泰 họn khởng [hɔn⁴ khɤŋ²] 越 tính toán[tiŋ⁵ twaːn⁵];tính[tiŋ⁵];lo liệu[lɔ¹ liːu⁶] 芒 lo liễu[lɔ¹ liːu⁴]

【盘问】泰 ซักถาม[sak⁸ thaːm¹] 老 ຖາມໄປຖາມມາ[thaːm¹ paiː¹ thaːm¹ maː²] 岱-侬 xam boi[ɕaːm¹ ʔbɔi¹] 越泰 vặn[van⁴];khảo[khaːu³] 越 hỏi gặn[hɔi³ ɣan⁶];gạn hỏi[ɣaːn⁶ hɔi³];truy hỏi[tʂwi¹ hɔi³];truy vấn[tʂwi¹ vɤn⁵];xét hỏi[sɛt⁷ hɔi³];hỏi gặng[hɔi³ ɣaŋ⁶] 芒 hỏi cẳn[hɔi⁵ kan⁴]

【盘旋】泰 วนเวียน[won² wiːan²];เตร่ไปเตร่มา[tʂɛː⁵ paiː² tʂɛː⁵ maː²] 老 ເອີ່ນ[vəːn⁵];ຍິບເອີ່ນ[ʔbin⁵ vəːn⁵] 岱-侬 queng[kweŋ³];foòng[fɔːŋ³] 越泰 xèo[sɛu³] 越 đi vòng tròn[ʔdi¹ vɔŋ² tʂɔn²];quay tròn[kwaːi¹ tʂɔn²];lượn quay[lɯːn⁶ kwaːi¹]

【盘子❶】泰 จานกับ[tsaːn² kap⁷];จาน[tsaːn²];ถาด [thaːt⁹];พาน[phaːn²] 老 ຈອນ[tsaːn¹] 岱-侬 pàn [paːn²] 普 phan²[phaːn²] 越 đĩa[ʔdiə⁴];cái đĩa[kaːi⁵ ʔdiə⁴];mâm[mɤm¹] 芒 tĩa[tiə⁴];bâm[ʔbɤm¹]

【盼望】泰 เฝ้าคอย[fau³ khɔːi¹];คาดหวัง[khaːt¹⁰ waŋ¹] 老 ປະຖະຫນາ[paː¹ʼ thaː² naː¹];ຕັ້ງຫມັ້ນຄອຍ[taŋ⁴ naː³ khɔːi²];ມອງຫາ[mɔːŋ² haː¹];ມຸ່ງ[muŋ⁵] 岱-侬 slưởng

❶ 石家 caan⁶；kaʔ²-baʔ⁴

năm[ɫɯːŋ³ nam³]; 越泰 tam đi[taːm¹ ʔdi¹] 越 mong[mɔŋ¹];mong ước[mɔŋ¹ʔɯːk⁷];ước mong[ʔɯːk mɔŋ¹];mong đợi[mɔŋ¹ ʔdɤːi⁶];ngong ngóng[ŋɔŋ¹ŋɔŋ⁵];ngóng trông[ŋɔŋ⁵tʂoŋ¹] 芒 mong[mɔŋ¹];ước mong[ʔɯːk⁷ mɔŋ¹];ước[ʔɯːk³]

【判~案子】 泰 พิพากษา[phi⁴ phaːk¹⁰ saː¹] 老 ຊໍາລະ[sam² la⁵];ຕັດໃສ່[tat⁷ sai⁵] 越 xử[sɯ³];xét xử[sɛt⁷ sɯ³]

【叛变】 泰 ทรยศ[thɔː² ra⁴ jot⁸] 老 ທໍລະຍົດ[thɔː² la⁵ ɲot⁸];ກໍາບົດ[kɔː⁵ kaːn¹ ka² ʔbot⁵] 越 làm phản[laːm² faːn³];phản bội[faːn³ ʔboi⁵] 芒 phán bỗi[faːn⁵ ʔboi⁴]

【叛徒】 泰 ผู้ทรยศ[phuː³ thɔː² ra⁴ jot⁸] 老 ຜູ້ທໍລະຍົດ[phuː³ thɔː² la⁵ ɲot⁸];ຜູ້ທໍລະຍົດຄົດລ້ຽວ[phuː³ thɔː² la⁵ ɲot⁸ khot⁴ liau⁴];ຜູ້ທໍລະຍົດຕໍ່ຊາດ[phuː³ thɔː² la⁵ ɲot⁵ tɔː⁵ saːt¹⁰] 越 kẻ phản bội[kɛ³ faːn³ ʔboi⁵]

【旁边❶】 泰 ข้าง[khaːŋ³];ข้างๆ[khaːŋ³khaːŋ³];ริม[rim²] 老 ຂ້າງ[khaːŋ²];ຂອງຂ້າງ[khɔːk⁹ khaːŋ³];ຕາບຂ້າງ[taːp⁹ khaːŋ³];ທາງຂ້າງ[thaːŋ² khaːŋ³];ດ້ານຂ້າງ[ʔdaːn⁴khaːŋ³] 岱-侬 pang xảng[paŋ¹ɕaŋ³] 越泰 xảnh[sɛŋ³];tăng xảng[taŋ¹ saːŋ³];phanh xảng[phɛŋ¹ saːŋ³] 普 jin[jin³];zhang'[ʐaːŋ¹];rhang'[ɾaːŋ¹] 越 bên cạnh[ʔben¹ kaɲ⁶];cạnh bên[kaɲ⁵ ʔben¹];cạnh[kaɲ⁶];sát[ʂaːt⁷];gần[ɣɤn²];bên rìa[ʔben¹ zjə²];rìa[zjə²] 芒 pênpang[pen¹ paːŋ¹];riềng[riːŋ⁴];pang hiểng[paːŋ¹ hiːŋ⁴];khàm[khaːm²];kênh[ken⁴];hiểng[hiːŋ⁴]

【螃蟹❷】 泰 ปู[puː²] 老 ປູ[puː¹];ກະປູ[ka² puː¹] 岱-侬 pu[puː¹];cảy[kai³];tua pu[tuə¹ puː¹];tua cảy[tuə¹ kai³] 普 qarăt[qa⁰ rat²] 越 cua[kuə¹];con cua[kɔn¹ kuə¹] 芒 cua[kuə¹]

【膀胱】 泰 กระเพาะปัสสาวะ[kra⁵ phɔ⁴ pat⁵ saː¹ wa⁴];กระเพาะเบา[kra⁵ phɔ⁴ ʔbau²];ຖຸງປັສສາວະ[thuŋ¹ pat⁵ saː¹ wa⁴] 老 ພົງຍ່ຽວ[phok⁸ɲiːau⁵];ກະເພາະຍ່ຽວ[ka² phɔ⁵ɲiːau⁵];ກະເພາະປັສສາວະ[ka² phɔ⁵ pat⁵ saː¹ va⁵];ພົງປັສສາວະ[phok⁸ pat⁷ saː¹ va⁵];ມຸດຕະອັດຕິ[mut⁸ ta² vat⁸ thi²] 岱-侬 puồngpù[puːŋ² puː³] 越泰 puỗng nèo[puːŋ² nɛu⁶];pỗng nèo[pɔŋ² nɛu⁶] 越 bàng quang[ʔbaːŋ² kwaːŋ¹];bọng đái[ʔbɔŋ⁵ ʔdaːi⁵];bong bóng[ʔbɔŋ¹ ʔbɔŋ⁵] 芒 pòng pòng[pɔŋ² pɔŋ²]

【膀胱结石】 泰 นิ่วในถุงปัสสาวะ[niu³ nai² thuŋ¹ pat⁷ saː¹ wa⁴] 老 ຂີ້ພົງຍ່ຽວ[niː³ phok⁸ ɲiːau⁵];ຂີ້ພົງຍ່ຽວ[niu³ phok⁸ ɲiːau⁵] 越 sỏi bàng quang[ʂɔi³ ʔbaːŋ² kwaːŋ¹]

【膀胱炎】 泰 กระเพาะปัสสาวะอักเสบ[kra⁵ phɔ⁴ pat⁵ saː¹ wa⁴ ʔak⁷ seːp⁹] 老 ໂລກພົງຍ່ຽວເປັນຫນອງ[loːk¹⁰ phok⁸ ɲiːau⁵ pen¹ nɔːŋ¹];ຢ່ອຍັດ[ɲiːau⁵ jat⁷] 越 viêm bàng quang[viːm¹ ʔbaːŋ² kwaːŋ¹]

【胖】 泰 อ้วน[ʔuːan³] 老 ພີ[phiː²] 岱-侬 pì[piː²];béo[ʔbɛu⁵] 越泰 pỉ[piː²] 普 nin[nin³] 越 béo[ʔbɛu⁵];mập[mɤp⁸];nây[nɤi¹] 芒 pèo[pɛu³];nál[nɤl⁵]

【胖子】 泰 คนอ้วน[khon² ʔuːan³];คนมีไขมันมาก[khon² miː² khai¹ man² maːk¹⁰] 老 ເຈົ້າເບື້ອ[tsau nɯːa⁴];ຄົນຕຸ້ຍ[khon² tui⁴];ຄົນພີ[khon² phiː²] 岱-侬 cần béo[kən² ʔbɛu⁵] 越 người béo[ŋɯːi² ʔbɛu⁵] 芒 môl pèo[mɔl⁴ pɛu³]

【抛~球】 泰 โยน[joːn²] 老 ໂຍນ[ɲoːn²];ແບ່ນ[ʔbɛːn⁵] 岱-侬 phao[phaːu¹] 越泰 quàng[kwaːŋ⁶];pài[paːi⁶] 普 lăj[laːj³] 越 ném[nɛm⁵];tung[tuŋ¹] 芒 bót[ʔbɔt⁷];dỏn[zɔn³]

【抛售】 泰 ขายเทหลัง[khaːi¹ leː² laŋ¹] 老 ຂາຍໂທ[khaːi¹ laːi¹];ທຸ່ມເທເລຂາຍ[thum⁵ theː² leː⁵ khaːi¹] 越 bán phá giá[ʔbaːn⁵ faː⁵ zaː⁵];bán tống[ʔbaːn⁵ toŋ⁵];bán tháo[ʔbaːn⁵ thaːu⁵];bán dốc[ʔbaːn⁵ zok⁷] 芒 painh thảo[paːiɲ³ thaːu³]

---

❶ 阿含 pā　拉哈 tahang²
❷ 石家 paw¹；thua⁴ paw¹；拉哈 hat²；khlat²

【跑~出去❶】泰 วิ่ง[wiŋ³] 老 แล่น[lɛ:n⁵];วิ่ง[wiŋ⁵] 岱-侬 lèn[lɛn³];lẻ[lɛ³];phền[phen³];phao[pha:u¹] 越泰 lèn[lɛn⁶] 普 can¹[tsa:n¹];lăj can¹[lai¹tsa:n¹] 越 chạy[tsai⁶] 芒 chẳl[tsal⁴]

【泡~衣服】泰 แช่[tshɛ:³] 老 แฉ่[sɛ:⁵] 岱-侬 má[ma⁵] 越 ngâm[ŋɤm¹] 芒 ngâm[ŋɤm¹]

【泡~茶】泰 ชง[tshoŋ²] 老 หมา[ma:⁵];ซง[soŋ¹];แต่ง[tɛ:ŋ¹] 岱-侬 má[ma⁵];pha[pha¹];chẻ[tɕɛ³];chăm[tɕam⁵];nhận[ɲan⁴] 越泰 chè[tsɛ⁶] 越 pha[fa¹] 芒 hăm[ha:m⁴]

【泡沫】泰 ฟอง[fɔ:ŋ³] 老 ฟอง[fɔ:ŋ²];ขี้ปุ้มน้ำ[khi:³ po:⁴nam⁵];ขี้ฟุฟาว[khi:³ fuŋ² fa:u²];จอมปอก[tsɔ:m⁵ pu:ak⁹];จอมปอก[tsɔ:m¹' pu:ak⁹];กะเต๊อ[ka² tə²];ขี้กะเต๊อ[khi:³ ka² tə²];ตูมปอก[tu:m¹' pu:ak⁹];ขี้จูมปอก[khi:³tsu:m¹' pu:ak⁹];ปูมปอก[pum¹' pu:ak⁹];ปูมปอก[pu:m¹' pu:ak⁹];ฝอด[fɔ:t⁹];ฝ้อด[fɔt⁸];ฝ้อดฟาว[fut⁸fa:u²];ฟุกฟาว[fuk⁸fa:u⁴] 岱-侬 pop[pɔp⁷];phuôp[phu:p⁷] 越泰 phọt[phɔt⁸] 越 bọt[ʔbɔt⁸] 芒 pot[pɔt⁸]

【炮弹】泰 กระสุนปืนใหญ่[kra⁵ sun¹ pɯ:n² jai³] 老 ลูกกะสุม[lu:k¹⁰ ka² sun¹];กะสุมปืนใหย่[ka² sun¹ pɯ:n¹' nai⁵];ลูกปืน[lu:k¹⁰ pɯ:n¹];ลูกปืนใหย่[lu:k¹⁰ pɯ:n¹' nai⁵] 越 đạn đại bác[ʔda:n⁶ ʔda:i⁶ ʔba:k⁷];đạn pháo[ʔda:n¹' fa:u⁵]

【炮台】泰 ป้อมปืน[pɔ:m³ pɯ:n²] 老 ป้อมปืน[pɔ:m⁴ pɯ:n¹] 越 pháo đài[fa:u⁵ ʔda:i²]

【胚胎】泰 ตัวอ่อนที่เพิ่งเริ่มเกิดขึ้น[tu:a² ʔɔ:n⁵ thi:² phə:ŋ³ rə:m³ kə:t⁹ khun³] 老 ขั่แฮ่[nɔ:⁵ hɛ:⁵];ขั่แยง[nɔ:⁵ nɛ:ŋ¹];ขั่ลูก[nɔ:⁵ lu:k¹⁰] 越 phôi thai[foi¹ tha:i¹]

【胚芽】泰 ต้นอ่อน[ton³ʔɔ:n¹] 老 ขั่จาว[nɔ:⁵tsa:u¹];ขั่ยอด[nɔ:⁵ɲɔt¹⁰];ยอดขั่[ɲɔ:t¹⁰ nɔ:⁵] 越 cây mầm [kɤi¹ mɤm²];chồi mầm[tsoi² mɤm²]

【赔本】泰 เข้าเนื้อ[khau¹ nɯ:a⁴] 老 เข้าเบื้อ[khau¹ nɯ:a⁴] 越 lỗ vốn[lo⁴ von⁵];thua thiệt[thuə¹ thi:t⁸]

【赔偿】泰 ชด[tshot⁸];ทดแทน[thot⁸ thɛ:n²];ใช้[tshai⁴] 老 ทำขวัน[tham² khwan¹];ฉดใช้[sot⁸ sai⁴] 岱-侬 pòi[pɔi²];tền[ten²] 越泰 thưởng[thɯ:ŋ²] 越 bồi thường[ʔboi² thɯ:ŋ²];đền[ʔden²] 芒 tền[ten²]

【赔罪】泰 ขอโทษ[khɔ:¹ tho:t¹⁰];ขออภัย[khɔ:¹ ʔa⁵ phai²] 老 ขอละมาโทด[khɔ:¹ kha² ma:² tho:t¹⁰];ขอละมาโทด[khɔ:¹ sa² ma:² tho:t¹⁰];ขอโทดขโพย[khɔ:¹ tho:t¹⁰ khɔ:¹ phoi:¹] 越 xin lỗi[sin¹ loi⁴];tạ lỗi[ta⁶ loi⁴]

【陪~客人❷】泰 เพื่อน[phɯ:an³] 老 เพื่อน[phɯ:an⁵];ไปเพื่อน[pai¹ phɯ:an⁵] 越 cùng[kuŋ²];theo[theu¹]

【培土】泰 พูนดิน[phu:n²ʔdin²] 老 พูนดิน[phu:n¹ ʔcin¹];พื่น[phon¹];ถูนดิน[khu:n¹ ʔdin¹] 岱-侬 fɔn hấp[fɔn⁴ hap⁷] 越泰 tùm cốc[tum³ kok⁵] 越 vun đất[vun¹ ʔdɤt⁷] 芒 pôn tất[pon¹ tɤt⁷]

【培养~人才】泰 เพาะเลี้ยง[phɔ⁴ li:aŋ⁴] 老 บ่ม[ʔbom⁵];บ่มสร้าง[ʔbom⁵ sa:ŋ³];ก่อสร้าง[kɔ:⁵ sa:ŋ³];อุบ[sup⁸];อุบย้อม[sup⁸ nɔ:m⁴];ทะนุบำลุง[tha⁵ nu⁵ ʔam¹¹ luŋ²];ก่อสร้างบำลุง[kɔ:⁵ sa:ŋ³ ʔbam¹¹ luŋ²];บำลุงสร้าง[ʔbam¹¹ luŋ² sa:ŋ³];อบรมสร้าง[ʔop⁷ hom² sa:ŋ³];อบรมบ่มสร้าง[ʔop⁷hom²ʔbom⁵sa:ŋ³];อบรม[ʔop⁷ hom²] 越 bồi dưỡng[ʔboi² zɯ:ŋ⁴];đào tạo[ʔda:u² ta:u⁶]

【佩~剑】泰 พก[phok⁸] 老 ถี[thɯ:¹] 岱-侬 tải[ta:i³] 越泰 phắc[phak⁷];pể[pe³] 普 lê¹[le¹];đê¹[de¹] 越 đeo[ʔdɛu¹] 芒 tleo[tlɛu¹]

【佩~饰物】泰 ติด[tit⁷] 老 ติด[tit⁷] 岱-侬 nep[nɛp⁷] 普 lê¹[le¹];đê¹[de¹] 越 đeo[ʔdɛu¹] 芒 tleo[tlɛu¹]

---

❶ 石家 luu³  阿含 lin B2
❷ 阿含 pā

【配方】泰 การปรุงยาตามใบสั่งของแพทย์[kaːn² pruŋ² jaː² taːm² ʔbai⁵ saŋ⁵ khɔːŋ¹ phɛːt¹⁰];วิธี การประกอบสารเคมี[wi⁴ thiː² praː⁵ kɔːp⁹ saːn¹ kheː² miː²] 老 ตำลา[tam¹¹ laː²] 越 đơn thuốc[ʔdɤːn¹ thuːk⁷];toa thuốc [twa¹ thuːk⁷]

【配合】泰 ร่วมมือกัน[ruːam³ mɯː² kan¹] 老 ร่อมมื้กัน[huːam⁵ mɯː² kan¹] 越 phối hợp[foi⁵ hɤːp⁸];hợp đồng[hɤːp⁸ ʔdoŋ²]

【配偶】泰 คู่[khuː³];คู่ครอง[khuː³ khrɔːŋ²] 老 คู่[khuː⁵];คู่ท้อง[khuː⁵ thɔːŋ²];คู่ญอง[khuː⁵ khiaŋ²];คู่ฅอง[khuː⁵ khɔːŋ²];คู่สมลอด[khuː⁵ som⁵ lot⁵] 岱-侬 slắm pan[ɬam⁵ paːn¹];sluông tói[ɬuːŋ¹ tɔi⁵] 越泰 cù kīm[kuː² kim²] 越 chồng hoặc vợ[tsoŋ⁵ hwak⁸ vɤː⁶]

【配药】泰 ปรุงยา[pruŋ² jaː²] 老 แต่งยา[tɛːŋ² jaː¹];ปุงยา[puŋ¹¹ jaː¹] 越 điều chế thuốc[ʔdiːu² tse⁵ thuːk¹];bào chế thuốc[ʔbaːu² tse⁵ thuːk¹]

【喷～水】泰 พ่น[phon³] 老 ปุ้น[ʔbun⁴];ปู้ด[puːt³];ฟู่[phuː⁵];ฟุ[phuː⁵];ฟุ่ง[phuŋ²];ฟื่น[phon⁵] 岱-侬 phú[phuː⁵] 越泰 xít[sit⁷];pùngchluốk[puŋ⁶ ts-luːk⁷];phú[phuː⁵];bloc[ʔb-lɔk⁸] 越 phun[fun¹] 芒 phun [fun¹]

【喷泉】泰 น้ำพุ[nam⁴ phuː³] 老 น้ำปุ้น[nam⁴ ʔbun⁵];น้ำพุ[nam⁴ phuː³];บ่อน้ำพุ[ʔbɔː⁵ nam⁴ phuː³];บ่อน้ำออก[ʔbɔː⁵ nam⁴ ʔɔːk⁹] 岱-侬 bó bủn[ʔbɔ⁵ ʔbun³];chinh nặmbủn[tsiŋ³ nam⁴ ʔbun³] 越 suối phun[ʂuːi⁵ fun¹];mạch nước phun[mat⁸ nɯːk⁷ fun¹];suối phun[ʂuːi⁵ fun¹]

【喷雾器】泰 กระป๋องสเปรย์[kraː⁵ pɔːŋ¹ saː⁵ preː⁵];เครื่องพ่น[khrɯːaŋ³ phon³];เครื่องพ่นยาฆ่าแมลง[khrɯːaŋ³ phon³ jaː² khaː³ maː⁴ lɛːŋ²];เครื่องฉีด[khrɯːaŋ³ tshiːt⁹];กระบอกฉีด[kraː⁵ ʔbɔːk⁹ tshiːt⁹] 老 เถื่องพึ้นยา[khɯːaŋ⁵ phon⁵ jaː¹];ปั้งสืด[ʔbaŋ⁴ siːt⁹] 越 máy phun thuốc trừ sâu[mai⁵ fun¹ thuːk⁷ tʂɯ² ʂɤu¹];máy phun thuốc[mai⁵ fun¹ thuːk¹]

【盆❶】泰 อ่าง[ʔaːŋ⁵];กาละมัง[kaː² laː⁴ maŋ²];กระถัง[kraː⁵ thaŋ²] 老 อ่าง[ʔaːŋ⁵];อาม[saːm²] 岱-侬 pùn [pun²];áng[ʔaːŋ⁵] 普 phân²[phɤn²] 越 châu [tʂu⁶];thau[thau¹];cái âu[kaːi⁵ ʔɤu¹];âu[ʔɤu¹] 芒 chu[tʂu⁴];thau[thau¹];pồn[pon²];pễ[pe⁴]

【盆地】泰 แอ่ง[ʔɛːŋ⁵];แอ่งน้ำ[ʔɛːŋ⁵ nam⁴];ที่ลุ่ม[thiː³ lum⁵];ที่ราบลุ่มต่ำเป็นแอ่งกระทะ[thiː³ raːp¹⁰ lum⁵ tam⁵ pen² ʔɛːŋ⁵ kraː⁵ thaː⁴] 老 เล้ง[lɤːŋ²];ขุ่ม[khum⁵] 岱-侬 lùng[luŋ³] 越 thung lũng[thuŋ¹ luŋ³];bồn địa[ʔbon² ʔdiə⁶]

【朋友❷】泰 เพื่อน[phɯːan³];มิตร[mit⁸] 老 เพื่อม[phɯːan³];เพื่อมผู้ง[phɯːan⁵ fuːŋ¹];เพื่อมมึด[phɯːan⁵ mit⁸];มึด[mit⁸];ส่าว[siːau⁵];ส่าวสะทาย[siːau⁵ saː² haːi¹];พ้อง[phɔː⁴];มึดสะทาย[mit⁸ saː² haːi¹];ขามู่เพื่อม[muː⁵ phɯːan⁵] 岱-侬 pằngdạu[paŋ² jau⁴];lạu tổng[laːu⁴ toŋ²];bạn[ʔbaːn⁴] 越泰 xính cù[siŋ⁵ kuː⁶];cù[kuː⁶];bạn[ʔbaːn⁴] 普 săm² păw⁴[sam² pau⁴];qasê⁵[qaː⁰ se⁵] 越 bạn[ʔbaːn⁶];bạn bè[ʔbaːn⁶ ʔbɛ²];người bạn[ŋɯːi² ʔbaːn⁶];bạn hữu[ʔbaːn⁶ hɯu⁴];bầu bạn[ʔbɤu² ʔbaːn⁶] 芒 păn[paːn⁴]

【棚子】泰 เพิง[phɤːŋ²] 老 ตูบ[tuːp⁹];ผาม[phaːm¹] 越 lều[leu²] 芒 lều[leu²]

【篷车】泰 ตู้รถไฟที่มีหลังคา[tuː³ rot⁸ fai² thiː³ miː² laŋ¹ khaː²];รถม้าที่มีประทุน[rot⁸ maː⁴ thiː³ miː² praː⁵ thun²];รถบรรทุกที่มีประทุน[rot⁸ ʔban⁵ thuk⁸ thiː³ miː² praː⁵ thun²] 老 ลดมีหลังฅา[lot⁸ miː² laŋ¹ khaː²] 越 xe mui[sɛ¹ muːi¹];xe mui hòm[sɛ¹ muːi¹ hɔm²];toa mui hòm[twa¹ muːi¹ hɔm²];xe hơi chụp mui[sɛ¹ hɤːi¹ tsup⁸ muːi¹]

【膨胀❸】泰 พอง[phɔːŋ²] 老 ยิ่ง[ɲɤːŋ⁵];ยิ่ง[ɲɤːŋ⁵];ตึงขึ้น[tɯŋ¹¹ khɯn¹];ตึงออก[tɯŋ¹ ʔɔːk¹]

---

❶ 石家 ʔaaŋ⁶　阿含 āng B1　掸 ʔaŋ B1　勐 ʔaŋ B1
❷ 石家 muu³　阿含 kūn-rik-tai；ko
❸ 掸 kaĭ B2　勐 kăi B2

ឃອງ[phɔːŋ²];ឝូດ[fuːt¹⁰];ใค่[khai⁵] 岱-侬 cầu [kəɯ³];pảng[paːŋ²];tòa[twa²];poóng[pɔːŋ³]; poóng[pɔːŋ⁵] 越泰 bông[ʔoŋ¹];e[ʔɛ¹];phé[phɛ⁵]; uxứt[ʔu¹ sɯt¹];pằng[paŋ⁶] 越 bành trướng[ʔaɲ¹ tʂɯːŋ⁵];nở[nɤ³];phồng lên[foŋ² len¹];trương ra [tʂɯːŋ¹ za¹];phồng[foŋ²] 芒 pòng[pɔŋ²];phồng[foŋ²]

【捧~水喝】 泰 กอบ[kɔːp⁹];โกยขึ้น[koːi² khun³] 老 ກອບ[kɔːp⁹] 岱-侬 cop[kɔp⁷] 越泰 cóp[kɔp⁷] 越 vốc[vok⁷]

【捧~水】 泰 กอบ[kɔːp⁹] 老 ກອບ[kɔːp⁹] โกบ[koːp⁹] 岱-侬 cop[kɔp⁷] 越泰 cóp[kɔp⁷] 越 vốc[vok⁷] 芒 đôm[ʔdom¹]

【碰杯】 泰 ชนแก้ว[tshon² kɛːu³] 老 จอกตำจอก [tsɔːk⁹ tam¹ tsɔːk⁹];เตะจอก[tɔ² tsɔːk⁹] 越 chạm chén[tsaːm⁶ tsɛn⁵];chạm cốc[tsaːm⁶ kok⁷] 芒 chăm cốc[tsaːm⁴ kok⁷]

【碰巧】 泰 บังเอิญ[ʔaŋ² ʔɤːn²] 老 ບັງເອິນ[ʔaŋ¹¹ ʔɤːn¹] 岱-侬 ngám đây[ŋaːm⁵ ʔdɤi¹];ngám vừa [ŋaːm⁵ vɯə²] 越 vừa may[vɯə² mai¹];vừa gặp dịp [vɯə² ɣap⁸ zip⁸];gặp may[ɣap⁸ mai¹];vừa vặn [vɯə² van⁶];tình cờ[tiŋ² kɤ²]

【碰伤】 泰 เตะบาดเจ็บ[te⁵ ʔbaːt⁹ tsep³] 越 va phải bị thương[vaː¹ faːi³ ʔbi⁶ thɯːŋ¹];chạm phải bị thương[tsaːm⁶ faːi³ ʔbi⁶ thɯːŋ¹]

【碰撞】 泰 กระทบ[kra⁵ thop⁸];กระทบ กระแทก[kra⁵ thop⁸ kra⁵ thɛːk¹⁰] 老 ໂດນ[ʔdoːn¹];เตะต้อง[tɔ² tɔːŋ⁴];ตุบ[tup⁷];ທຶກ[thɯːk⁹];ຫໍ້[thɔː⁴];ປະເຊີນ[pa⁵ sɤːn²] 普 lăj³ loŋ²[lai³ lɤːŋ²] 越 va chạm[vaː¹ tsaːm²]; va nhau[vaː¹ ɲaːu¹];đụng nhau[ʔduŋ⁶ ɲaːu¹];đâm nhau[ʔdɤm¹ ɲaːu¹];cộc[kok⁸] 芒 chênh[tsen¹]

【披~衣服】 泰 ทาบ[thaːp¹⁰] 老 ບິງ[ʔbiŋ¹];ຫົມ [hom⁵] 岱-侬 páng[paːŋ⁵] 普 pak²[paːk²] 越 khoác [xwaːk⁷] 芒 khoang[khwaːŋ¹]

【披风】 泰 เสื้อคลุมยาวไม่มีแขน[sɯːa³ khlum² jaːu² mai³ miː² khɛːn¹] 老 เสื้อย่าง[sɯːa³ naːm⁵] 越 áo choàng[ʔaːu⁵ tswaːŋ²];áo khoác[ʔaːu⁵ xwaːk⁷];áo khoác ngoài[ʔaːu⁵ xwaːk⁷ ŋwaːi²];áo măng tô[ʔaːu⁵ maŋ¹ to¹] 芒 áo khoang[ʔaːu³ xwaːŋ¹]

【披肩】 泰 ผ้าคลุมไหล่[phaː³ khlum² lai⁵] 老 ກັນແສງ [kan¹ sɛːŋ¹];แพ[phɛː²];ຜ້າບ່າງ[phaː³ ʔbiaŋ⁵] 越 tấm khoác vai[tɤm⁵ xwaːk⁷ vaːi¹];khăn quàng dài [xan¹ kwaːŋ² zaːi²];áo choàng không tay[ʔaːu⁵ tswaːŋ² xoŋ¹ tai¹];khăn choàng[xan¹ tswaːŋ²];khăn san[xan¹ ʂaːn¹]

【批~货❶】 泰 กลุ่ม[klum⁵] 老 ງວດ[ŋuːat¹⁰]; ລວດ[lwaːt¹⁰];ຊຸດ[sut⁸] 越 món[mɔn⁵];loạt[lwaːt⁸]

【批~学生】 泰 รุ่น[run³] 老 ຊຸບ[suːp⁹];ກອງ [kɔːŋ¹] 越 tốp[top⁷]

【批发】 泰 ขายส่ง[khaːi¹ soŋ⁵];ค้าส่ง[khaː⁴ soŋ⁵] 老 ຂາຍສົ່ງ[khaːi¹ soŋ⁵];ຂາຍຍົກ[khaːi¹ ɲok⁸];ຂາຍເໝີ [khaːi¹ maɯ¹];จำหน่ายส่ง[tsam¹ naːi⁵ soŋ⁵] 岱-侬 pày i[paːi⁵ ʔi¹];khai tuốt[khaːi¹ tuːt⁷] 越 bán buôn [ʔaːn⁵ ʔuːn¹];bán cát[ʔaːn⁵ kɤt⁷];bán si[ʔaːn⁵ ʂi³];ăn si[ʔan¹ ʂi³] 芒 painh puôn[paːiɲ³ puːn¹]; painh xí[paːiɲ³ si²]

【批发价】 泰 ราคาส่ง[raː² khaː² soŋ⁵] 老 ລາຄາຂາຍສົ່ງ [laː² khaː² khaːi¹ soŋ⁵] 越 giá bán buôn[zaː⁵ ʔaːn⁵ ʔuːn¹];giá bán si[zaː⁵ ʔaːn⁵ ʂi³]

【批购】 岱-侬 dự tuốt[jɯ⁴ tuːt⁷] 越泰 tháy khai [thaːi⁵ khaːi¹] 越 mua buôn[muːə¹ ʔuːn¹] 芒 mua puôn[muːə¹ puːn¹]

【砒霜】 泰 สารหนู[saːn¹ nuː¹] 老 ສານຫນູ[saːn¹ nuː¹]; ສານ[saːn¹] 越 a-xen(arsenic)[ʔaː¹ sɛn¹];nhân ngôn [ɲɤn¹ ŋon¹];thạch tín[that⁸ tin⁵]

---

❶ 阿含 tü-ân

【劈❶】 泰ผ่า[pha:⁵] 老จัก[tsak⁷];ผะหฺยาง[pha² li:aŋ¹];ผ่า[pha:⁵];โผะ[pho²];กฺยาก[ki:ak⁹] 岱-侬phá[pha⁵];khiêc[khi:k⁷];xé[ɛɛ⁵] 越泰phá[pha⁵];khiếk[khi:k⁷];pạk[pa:k⁸] 普laj⁴[la:i⁴];daj⁴[da:i⁴] 越chẻ[tsɛ³];bỏ[ʔbo³] 芒bỏ[ʔbo²]

【皮包】 泰กระเป๋าหนัง[kra⁵pau¹naŋ¹] 老าะเป็าขฺวัง 岱-侬[ka²¹ pau¹¹ naŋ¹¹] 越cặp da[kap⁸ za¹];ví da[vi⁵ za¹];ví xách tay[vi⁵ sat⁷ tai¹]

【皮尺】 泰สายวัดตัว[sa:i¹ wat⁸ tu:a²] 老ไม้แมัดกั้[mai⁴ mɛt⁸ kɔ:⁴] 越thước da[thɯ:k⁷ za¹]

【皮肤❷】 泰หนัง[naŋ¹];ผิว[phiu¹];ผิวหนัง[phiu⁵ naŋ¹] 老ขฺวัง[naŋ¹];ผิว[phiu¹];ผิวขฺวัง[phiu¹naŋ¹] 岱-侬năng[naŋ¹] 越泰năng[naŋ¹] 普bong¹[bɔŋ¹] 越da[za¹] 芒ta[ta¹]

【皮肤病】 泰โรคผิวหนัง[ro:k¹⁰ phiu¹ naŋ¹] 老โลกผ้อขฺวัง[lo:k¹⁰ phiu¹ naŋ¹];พะยาดผ้อขฺวัง[pha⁵ na:t¹⁰phiu¹naŋ¹] 越bệnh da[ʔben⁶ za¹];bệnh ngoài da[ʔben⁶ ŋwa:i² za¹]

【皮棉】 泰สำลี[sam¹ li:¹] 老ฝ้ายดิบ[fa:i³ ʔdip⁷];ฝ้ายฮิบ[fa:i³ ʔi:u⁴] 越bông sơ[ʔboŋ⁵ ʂɤ¹]

【皮球】 泰บอลยาง[ʔbɔ:n²ja:ŋ²];ลูกหนัง[lu:k¹⁰naŋ¹] 老ลูกยาง[lu:k¹⁰ʔba:n¹];หฺมากยาง[ma:k⁹ʔba:n¹] 越bóng da[ʔbɔŋ⁵ za¹]

【皮箱】 泰กระเป๋าหนัง[kra⁵ pau¹ naŋ¹] 老หีบขฺวัง [hi:p⁹ naŋ¹] 越va li[va¹ li¹]

【皮鞋】 泰รองเท้าหนัง[rɔ:ŋ² thau⁴ naŋ¹] 老เกีบขฺวัง[kə:p⁹ naŋ¹] 岱-侬hài năng[ha:i² naŋ¹] 越泰hài năng[ha:i² naŋ¹] 越giầy da[zɤi² za¹]

【皮炎】 泰ผิวหนังอักเสบ[phiu¹ naŋ¹ ʔak⁷ se:p⁹] 老ผิ่อขฺวังอักเสบ[phiu¹ naŋ¹ ʔak⁷ se:p⁹] 越viêm da[vi:m¹ za¹]

【皮疹】 泰ผื่นคัน[phɯ:n⁵ khan²];ผื่น[phɯ:n⁵];เห่อ[hə:⁵] 老ตุ่ม[tum⁶];ผิด[phot⁷];ผิด เผือบ[phot⁷ phɯ:n⁵];ผิด[fot⁷];ผิดผื่ม[fot⁷fɯ:n⁵];ผื่น[phɯn¹];ผิด เผือบ[phot⁷ phɯ:n¹];ผื่น[fɯ:n⁵] 越chứng phát ban[tsɯŋ⁵ fa:t⁷ ʔba:n¹]

【枇杷】 泰โลควอต[lo:² khwɔ:t¹⁰];ผีผา[phi:¹ pha:¹] 岱-侬mac phì phà[ma:k⁷ phi² pha²];mác lot tây[ma:k⁷ lɔt⁷ təi¹] 越tỳ bà[ti² ʔba²];quả tỳ bà[kwa³ ti² ʔba²]

【琵琶】 泰ผีผา[phi:¹ pha:¹] 老ตะเค่[ta² khe:⁴] 越đàn tỳ bà[ʔda:n² ti² ʔba²]

【脾❸】 泰ม้าม[ma:m⁴];ผาม[pha:m¹] 老ป้าง[pa:ŋ⁶] 岱-侬mạm[ma:m⁴];ănmạm[ʔan¹ma:m⁴] 越泰mạm[ma:m⁴] 普cyôk²[tsyok²] 越lá lách[la⁵ lat⁷];tỳ tạng[ti² ta:ŋ⁶] 芒lả léch[la³ lɛt⁷]

【啤酒】 泰เบียร์[ʔbi:a²] 老เบย[ʔbi:a¹];เฮื้าเบย[lau³ ʔbi:a¹] 岱-侬bia[ʔbiə¹];lẩu mí[ləu⁵ mi⁵] 越泰làumí[lau⁵mi⁵] 越bia[ʔbiə¹] 芒rãobia[ra:u⁴ʔbiə¹];bia[ʔbiə¹]

【匹_~马】 泰ตัว[tu:a²] 老โต[to¹] 越con[kɔn¹] 芒con[kɔn¹]

【匹_~布】 泰พับ[phap⁸];ไม้[mai⁴] 老ไม้[mai⁴];ฮำ[ham²] 越泰phắt[phat⁷] 越tấm[tɤm⁵]

【屁】 泰ตด[tot⁷] 老ติด[tot⁷] 岱-侬tât[tət⁷] 越泰tốt[tot⁷] 普tot⁵[tɔt⁵] 越rắm[ʐam⁵] 芒thằm[tham⁵]

【屁股❹】 泰ก้น[khon³];สะโภพ[sa⁵ pho:k¹⁰];ตะโพก[ta⁵ pho:k¹⁰];บั้นท้าย[ʔban³ tha:i⁴] 老ก้น[kon⁴];ก้นย่อน[kon⁴jo:n⁵];กะโท้ย[ka²tho:i⁴];กะโบม[ka²no:m²];กะโบมก้น[ka² no:n² kon⁴];ฃะโบม[kha² no:n²];กะผาง[ka² pha:n¹];กะโพก[ka² pho:k¹⁰];กะโพก

---

❶ 阿含 chāk D1S 撣 sǎk D1S 泐 čǎk D1S
❷ 石家 naŋ²
❸ 石家 maam⁶
❹ 石家 ka?²-phook³；ka?²-phook⁵

ก้น[ka² pho:k¹⁰ kon⁴];ตะโพก[ta² pho:k¹⁰];ตูด[tu:t⁹]; ป้านก้น[pa:n⁴ kon⁴];ป้านท้าย[pa:n⁴ tha:i⁴] 岱-侬 cổn[kon³];páng cổn[pa:ŋ⁵ kon³];ti[ti³] 越泰 cổn [kon³];puổng cổn[pu:ŋ² kon³];côi[koi¹] 普 nwak² ʔjaw⁵qasAt⁵[nwa:k² ja:u³qaºsɒt⁵];qasAt⁵[qaºsɒt⁵] 越 mông[moŋ¹] 芒 tlải pểl[tla:i³ pel³];pểl[pel³]

【篇₁~文章】 泰 บท[ʔbot⁷] 老 ບົດ[ʔbot⁷] 越 bài [ʔba:i²] 芒 bài[ʔba:i²]

【偏打~了】 泰 เฉียง[tshi:aŋ¹] 老 ສຽງ[si:aŋ¹] 越 trệch[tʂet⁸]

【偏方】 泰 ตำรับพื้นบ้าน[tam² rap⁸ phɯ:n⁴ ʔba:n³]; ตำรายาจีนพื้นบ้าน[tam²ra:² ja:² tsi:n² phɯ:n⁴?ba:n³] 老 ตำยาพื้บเมือง[tam¹¹ja:¹phɯ:n⁴mɯ:aŋ²] 越 bài thuốc dân gian[ʔba:i²thu:k⁷zɤn¹ja:n¹];đơn thuốc dân gian[ʔdɤ:n¹thu:k⁷zɤn¹za:n¹];đơn thuốc không chính thức[ʔdɤ:n¹ thu:k⁷ xoŋ¹ tsin⁵ thuk⁷]

【偏瘫】 泰 อัมพาตครึ่งซีก[ʔam²ma⁴pha:t¹⁰khrɯŋ² si:k¹⁰];อัมพฤกษ์[ʔam²ma⁴phruk⁸] 老 ລ່ອຍຕີ່[lɔ:i⁵ khi:ŋ²];เป็นเป้ย[pen¹¹ pi:a⁴];พะยาดตายเพื่อง [pha⁵na:t¹⁰ta:i¹¹fɯ:aŋ⁴];อำมะพาดเถี่ยถื่อ[ʔam¹¹ ma⁵ pha:t¹⁰ khɤŋ² tu:a¹¹];ตายเพื่อง[ta:i¹¹ fɯ:aŋ⁴] 越 bán thân bất toại[ʔba:n⁵ thɤn¹ ʔbɤt⁷ twa:i⁶];bại liệt nửa người[ʔba:i⁶ li:t⁸ nɯɤ³ ŋɯ:i²]

【偏心】 泰 การเข้าข้าง[ka:n²khau³kha:ŋ³] 老 ใจบ่เที่ยง[tsai¹¹ phiŋ⁵ phi:an⁴] 越 thiên vị[thi:n¹ vi⁶];thiên tư[thi:n¹ tɯ¹];không công bằng[xoŋ¹ koŋ¹ ʔbiŋ²]

【便宜❶】 泰 ถูก[thu:k⁷];เบา[ʔbau²] 老 ຖືກ[thɯ:k⁹]; เยา[ɲau²];เยาลาคา[ɲau² la:² kha:²];ลาคาย่อมเยา [la:²kha:²ɲɔ:m⁵ɲau²];ย่อมเยา[ɲɔ:m⁵ɲau²] 岱-侬 lé[le⁵] 越泰 thúk[thuk⁷];chón[tɕon⁵] 普 sāng jīn¹[saŋ³ jin³] 越 rẻ[zɛ⁵] 芒 ré[rɛ⁵];hé[hɛ⁵]

【片₁~树叶】 泰 ใบ[ʔbai²] 老 ใบ[ʔbai²] 岱-侬 bâu [ʔəɯ¹] 越泰 bau[ʔbaɯ¹] 越 lá[la⁵] 芒 lả[la³]

【片₂~稻田】 泰 ผืน[phɯ:n¹] 老 ຜືນ[phɯ:n¹] 越 đám[ʔda:m⁵] 芒 đám[ʔda:m³]

【片₃~青草】 泰 ผืน[phɯ:n¹] 老 ຜືນ[phɯ:n¹] 越 bãi[ʔba:i⁴] 芒 đám[ʔda:m³]

【片₄~云】 泰 ผืน[phɯ:n¹] 老 ຜືນ[phɯ:n¹] 越 đám[ʔda:m⁵];áng[ʔa:ŋ⁵] 芒 đám[ʔda:m³]; cm[kɤm⁴]

【片₅~药】 泰 เม็ด[met⁸] 老 ເມັດ[met⁸] 越 viên [vi:n¹] 芒 viên[vi:n¹]

【骗】 泰 หลอก[lɔ:k⁹];ต้ม[tom³] 老 ຫຼອກ[lɔ:k⁵]; ຕົ້ມ[tom⁴] 岱-侬 pjàng[pja:ŋ²] 越泰 bày in[ʔbai³ ʔin³] 普 lăj³ lhion⁴[lai³ li:n⁴] 越 lừa[lɯa²];lừa dối [lɯa² zoi⁵];dối trá[zoi⁵ tʂa⁵];lừa bịp[lɯa² ʔbip⁸]; lừa gạt[lɯa² ɣa:t⁸];lừa phỉnh[lɯa² fiŋ³];lừa đảo [lɯa² ʔda:u³];bịp[ʔbip⁸];bịp bợm[ʔbip⁸ ʔbɤ:m⁶]; loè[lwɛ²] 芒 lừa[lɯa²];lè[lɛ²]

【骗子】 泰 นักต้มหมู[nak⁸ tom³ mu:¹];นัก ต้ม[nak⁸ tom³] 老 ຄົນຫຼອກລວງ[khon² lɔ:k⁹ lu:aŋ²];ຄົນກອງ [khon² ko:ŋ¹];ขี้สั้[khi:³ sɔ:³];คีสั่ลั่ลอง[khɔn² khi:³ sɔ:³ lɔ:² lu:aŋ²];คีโลบ[khon² khi:³ lo:p¹³]; ຄົນຂີ້ໂລບ[khon² khi:³ lo:p¹⁰];นักต้ม[nak⁸ tom⁴] 越 tên lừa đảo[ten¹ lɯa² ʔda:u⁵];tên bịp bợm[ten¹ ʔbip⁸ ʔbɤ:m⁶]

【漂浮❷】 泰 ลอย[lɔ:i²] 老 ລ່ອງລອຍ[lɔ:ŋ⁵lɔ:i²]; ເລື່ອນລອຍ[lɯ:an⁵ lɔ:i²];ลอย[lɔ:i²] 岱-侬 pạo[pa:u⁴] 普 ʔong³tAng³[ʔɔŋ³tɐŋ³] 越 lênh bềnh[leŋ² ʔbeŋ²]; trôi nổi[tʂoi¹ noi²];phập phềnh[fɤp⁸ feŋ²];lập lờ [lɤp⁸ lɤ²];lấp lửng[lɤp⁷ lɯŋ⁵]

【漂流】 泰 ลอยน้ำ[lɔ:i² nam⁴] 老 ລອຍ[lɔ:i²] 越 trôi dạt[tʂoi¹ za:t⁸];lềnh bềnh[leŋ² ʔbeŋ²];trôi nổi[tʂoi¹noi²] 芒 tlồi[tloi²]

【瓢虫】 泰 ด้วงเต่า[ʔdu:aŋ³ tau⁵] 老 ແມງເຕົ່າທອງ

---

❶ 石家 thik⁶
❷ 阿含 phū

[mɛːŋ²tau⁵thɔːŋ²];แมงเต่าคำ[mɛːŋ²tau⁵kham⁵] 越 bọ rùa[ʔbɔ⁶ zua²];con cánh cam[kɔn¹ kaɲ⁵ kaːm¹]

【瓢儿】 泰 กระบวย[kraˀ⁵buːai²] 老 ກະບວຍ[ka² ʔbuːai¹];ບວຍ[ʔbuːai¹] 岱-侬 buôi[ʔbuːi¹];pèo [pɛu²] 越泰 chong[tsɔŋ¹] 越 gáo[ɣaːu⁵];môi[moi¹]; muôi[muːi¹];cái gáo[kaːi⁵ ɣaːu⁵];cái môi[kaːi⁵ moi¹]; cái muôi[kaːi⁵ muːi¹] 芒 chuôc[tsuːk⁸];cải chuôc [kaːi³ tsuːk⁸];cảo[kaːu³]

【嫖娼】 泰 เที่ยวผู้หญิง[thiːau³ phuːˀ³ jiŋ¹] 老 ຫຼິ້ນແມ່ຈ້າງ [liːn³ mɛː⁵ tsaːŋ⁴] 越 chơi gái[tsɤːi¹ ɣaːi⁵];chơi đĩ [tsɤːi¹ ʔdiː⁴];mua dâm[muəˀ¹ zɤm¹];hủ hóa với đĩ [huˀ³ hwaˀ⁵ vɤːi⁵ ʔdiː⁴];hủ hóa với gái điếm[huˀ³ hwaˀ⁵ vɤːi⁵ ɣaːi⁵ ʔdiːm⁵]

【嫖客】 泰 นักเที่ยวผู้หญิง[nak⁸ thiːau³ phuːˀ³ jiŋ¹] 老 ນັກຫຼິ້ນແມ່ຈ້າງ[nak⁸liːn³mɛː⁵tsaːŋ⁴] 越 làng chơi [laːŋ²tsɤːi¹];khách làng chơi[xat⁷laːŋ² tsɤːi¹];khách mua dâm[xat⁷ muə¹ zɤm¹]

【漂白~衣服】 泰 ฟอก[fɔːk¹⁰];ฟอกขาว[fɔːk¹⁰khaːu¹] 老 ຟອກ[fɔːk¹⁰] 岱-侬 páo[paːu³];cáo[kaːu⁵] 越 chất tẩy[tsɤt⁷ tai³]

【漂白粉】 泰 ผงฟอกขาว[phoŋ¹ fɔːk¹⁰ khaːu¹] 老 ຍາຂ້າງສີ[jaː⁴khaː³siː¹];ຍາລົບສີ[jaː¹lup⁸siː¹] 越 thuốc tẩy[thuːk⁷ tɤi³];bột tẩy trắng[ʔbot⁷ tɤi³ tsaŋ⁵]; thuốc tẩy trắng[thuːk⁷ tɤi³ tsaŋ⁵] 芒 thuốc tẩy[thuːk⁷ tɤi⁵]

【票】 泰 ตั๋ว[tuːa¹];บัตร[ʔbat⁷] 老 ບັດ[ʔbat⁷] 越 vé [vɛˀ⁵] 芒 vẻ[vɛˀ³];phiếu[fiːu⁵]

【票价】 泰 ราคาตั๋ว[raː² khaː² tuːa¹] 老 ລາຄາບັດ [laː² khaː² ʔbat⁷] 越 giá vé[zaˀ⁵ vɛˀ⁵]

【票据】 泰 ตั๋ว[tuːa¹];บัตร[ʔbat⁷] 老 ບັດ[ʔbat⁷]; ປີ້[piː⁴] 越泰 phiếu[phiːu⁵] 越 đơn[ʔdɤːn¹]; phiếu[fiːu⁵] 芒 đơn[ʔdɤːn¹]

【漂亮长得~❶】 泰 สวย[suːai¹] 老 ພິຈິດ[phi⁵

tsit⁷];ມັນຊູ[man² su⁴];ອະພິຊູບ[ʔa² phi⁵ hup¹⁰]; ອອນ[ʔɔːn¹] 岱-侬 mjạc[mjaːk⁸];xẳn[ɕan⁵];đây mjạc[ʔdɤi¹ mjaːk⁸] 越泰 chắn[tsan⁵];khăn[khan¹] 普 tơʔwaj[tɤ⁰ʔwaːi¹] 越 đẹp[ʔdɛp⁸];xinh[siɲ¹]; xinh đẹp[siɲ¹ ʔdɛp⁸] 芒 tẹp[tɛp⁸];thốch[thot⁷]; thốch tẹp[thot⁷ tɛp⁸]

【瞥】 泰 มองแวบหนึ่ง[mɔːŋ² wɛːp⁸ nuŋ⁵] 老 ມອບເຫັນ [maːp¹⁰hen¹];ຫຼິງ[liŋ¹];ເຫຼືອດ[luːat⁹] 岱-侬 lẹc[lɛk⁸]; kèng tha[kɛŋ² thaː¹];cươn tha[kuːn¹ thaː¹] 越 liếc [liːk⁷];lướn[luːn²];xem lướt qua[sɛm¹ luːt⁷kwaː¹] 芒 liếc[liːk⁷]

【苤蓝】 泰 กะหล่ำปม[ka⁵lam⁵pom²] 老 ຂວຕາວ [suː² haːu²];ຫົວຂວຕາວ[huːa¹ suː² haːu²];ຜັກຂວຕາວ [phak⁷ suː² haːu²];ຜັກກະລໍ່ປີຫົວ[phak⁷ ka² lam² piː¹ huːa¹];ກະລໍ່ປີຫົວ[ka² lam² piː¹ huːa¹] 岱-侬 xú ăn[ɕu⁵ ʔan¹];xú làn[ɕu⁵ laːn²] 越泰 phắc cát bắn[phak⁷ kaːt⁷ ʔbaːn³] 越 xu hào[su¹ haːu²] 芒 xu hào[su¹ haːu²]

【拼命】 泰 ทำอย่างสุดชีวิต[tham²jaːŋ⁵ sut⁷tshiː²wit¹] 老 ສູ້ຄວາມຕາຍ[suː³khwaːm²taːi¹];ສູ້ຕາຍ[suː⁵taːi¹]; ແລກຊີວິດ[lɛːk¹⁰ siː² vit⁸];ເອົາຊີວິດໄປແລກ[ʔau¹ˀ siː² vit⁸pai¹lɛːk¹⁰] 岱-侬 sli thân[ɬi³thən¹] 越 liều[liːu²]; liều mạng[liːu² maːŋ⁶];bỏ mạng[ʔbɔˀ³ maːŋ⁶];liều mình[liːu² miɲ²];liều thân[liːu² thɤn¹];liều lĩnh [liːu² liɲ⁴];liều chết[liːu² tset⁷];thục mạng[thuk⁸ maːŋ⁶]

【贫苦】 泰 อัดคัดขัดสน[ʔat⁷ khat⁸ khat⁷ son¹] 老 ລຳບາກຍາກຈົບ[lam² ʔbaːk⁹ ɲaːk¹⁰ tson¹] 岱-侬 khỏ[khɔˀ³] 越 đói khổ[ʔdɔi⁵ khoˀ³];nghèo cực[ŋɛu² kuk⁸];nghèo khổ[ŋɛu² xoˀ³] 芒 tỏl khỏ[tɔl³ khɔˀ³]

【贫血症】 泰 โรคโลหิตจาง[roːk¹⁰ loː² hit⁷ tsaːŋ²] 老 ໂລງເລືອດຈາງ[loːk¹⁰ luːat¹⁰ tsaːŋ¹];ພະຍາດເລືອດຈາງ [phaˀ⁵ ɲaːt¹⁰ luːat¹⁰ tsaːŋ¹];ເລືອດຈາງ[luːat¹⁰ tsaːŋ¹]; ເລືອດອ່ອນ[luːat¹⁰ ʔɔːn⁵];ຂາດເລືອດ[khaːt⁹ luːat¹⁰]

---

❶ 石家 hay¹;ñɔk² 阿含 cheng

【聘礼】 泰ของหมั้น[khɔːŋ¹ man³] 老ຂອງໝັ້ນ[khɔːŋ¹ man³];ຂ່າສິນສອດ[khaː⁵ sin¹ sɔːt⁹] 岱-侬cúa chầu[kuə⁵ tɕəɯ²];cúa lẹ[kuə⁵ lɛ³] 越sính lễ[sin⁵ le⁵]

【乒乓球】 泰ปิงปอง[piŋ² pɔːŋ²];เทเบิลเทนนิส[theː² ʔbən² theː² nit⁸];ลูกปิงปอง[luːk¹⁰ piŋ² pɔːŋ²] 老ປິງປອງ[piŋ¹¹ pɔːŋ¹];ລູກປິງປອງ[luːk¹⁰ piŋ¹¹ pɔːŋ¹];ບານປິງປອງ[ʔbaːn¹¹ piŋ¹¹ pɔːŋ¹] 岱-侬bóng bàn[ʔbɔŋ⁵ ʔbaːn²] 越泰pĭnh pòng[piŋ² pɔŋ⁶] 越bóng bàn[ʔbɔŋ⁵ ʔbaːn²] 芒pòng pàn[pɔŋ³ pan²]

【平】 泰เรียบ[riːap¹⁰] 老ພຽງ[phiːaŋ⁵] 岱-侬phiêng[phiːŋ¹] 越泰piểng[piːŋ²] 普phương⁴[phiːŋ⁴];phương⁴ cư³[phiːŋ⁴tsɯ³] 越phẳng[faŋ³];bằng[ʔbaŋ²] 芒phắng[faŋ⁵];păng[paŋ²]

【平安】 泰สวัสดีภาพ[saː⁵ wat⁷ ʔdiː² phaːp¹⁰] 老ສະຫວັດດີພາບ[saʔ² vat⁷ ʔdiː¹¹ phaːp¹⁰] 越bình yên[ʔbin² ʔiːn¹];bình an[ʔbin² ʔaːn¹];yên ổn[ʔiːn¹ ʔon³];yên lành[ʔiːn¹ laŋ²] 芒yên lềnh[ʔiːn¹ leŋ²]

【平坝子】 泰ทุ่ง[thuŋ³];ทุ่งนา[thuŋ³ naː²] 老ທົ່ງ[thoŋ⁵];ທົ່ງນາ[thoŋ⁵naː²];ທົ່ງນາຜາເຜິ້ງ[thoŋ⁵naː² phaː¹ phəŋ¹] 越đồng[ʔdoŋ²] 芒tồng[toŋ²]

【平辈】 泰ศักดิ์เท่ากัน[sak⁷thau³kan²] 老ຮຸ່ນຮາວຄາວດຽວກັນ[hun⁵haːu³khaːu³ʔdiːau¹¹kan¹¹];ຮຸ່ນຮາງ[hun⁵haːŋ³] 越bằngvai[ʔbaŋ² vaːiː¹];ngangvai[ŋaːŋ¹¹ vaːiː¹];bằng vai phải lứa[ʔbaŋ² vaːiː¹ faːiː³ lɯə⁵] 芒păng vai[paŋ² vaːiː¹]

【平本】 泰เสมอกัน[saː⁵ məː¹ kan²] 老ສະເໝີກັນ[saː² məː¹ kan²] 岱-侬man pỏn[maːn¹ pɔn³] 越泰cồm cốc[kom³ kok⁷] 越hoà vốn[hwaː² von⁵]

【平常】 泰ธรรมดา[tham²²daː³] 老ຊາດຕິ[saːt¹⁰tiː²] 岱-侬tộc chang[tok⁷ tɕaːŋ¹];bầu đây bầu rại[ʔbəu⁵ ʔdəi¹ ʔbəu⁵ raːi⁴] 越泰xôm pỏng[som¹¹ pəŋ⁵] 普phing¹ zhăng¹[phiŋ³ zaŋ¹];phing¹ tshăng¹[phiŋ³ tsʰaŋ¹]

tshaŋ¹] 越thường[thɯːŋ²];bìnhthường[ʔbin²thɯːŋ²];thông thường[thoŋ¹ thɯːŋ²]

【平等】 泰เสมอภาค[saː⁵ məː¹ phaːk¹⁰] 老ສະເໝີພາກ[saː² məː¹ phaːk¹⁰] 岱-侬phiêng căn[phiːŋ¹ kan¹] 越泰chòng piểng[tɕɔːŋ⁶ piːŋ²] 越bình đẳng[ʔbiːn² ʔdaŋ³]

【平地】 泰ที่ราบ[thiː³raːp¹⁰] 老ດິນພຽງ[ʔdin¹¹ phiːaŋ²];ພູບ[phuːp¹⁰] 越đất bằng[ʔdɤt⁷ ʔbaŋ²];đất phẳng[ʔdɤt⁷ faŋ³]

【平房】 泰บ้านชั้นเดียว[ʔbaːn² tshan⁴ ʔdiːau²] 老ເຮືອນຊັ້ນດຽວ[hɯːan²san⁴ʔdiːau¹] 普nhing¹ băng³[niŋ¹ baŋ³] 越nhà trệt[naː² tʂet⁸];nhà không có gác[naː² xoŋ¹ kɔ⁵ ɣaːk⁷]

【平衡】 泰สมดุล[som¹²dun²] 老ປຽບທຽມ[piːap⁹ thiːam²] 岱-侬táycăn[taːi⁵kan¹];khacăn[khaː¹kan¹] 越泰chòngtò[tɕɔːŋ⁶tɔ⁵] 越thăngbằng[thaŋ² ʔbaŋ²];đồng đều[ʔdoŋ² ʔdeːu²];cân bằng[kɤn¹ ʔbaŋ²];cân đối[kɤn¹ ʔdoiː²]

【平价】 泰ราคาปรกติ[raː²khaː² prok⁷kaː⁵tiː⁵] 老ລະຄາປົກກະຕິ[laː² khaː² pok⁷ kaː² tiː²] 越giá cung cấp[zaː⁵ kuŋ¹ kɤp⁷];giá quy định[zaː⁵ kwiː² ʔdin²]

【平局】 泰เสมอกัน[saː⁵ məː¹ kan²];เสมอ[saː⁵ məː ] 老ຈະກັນ[tsaː²kan¹¹];ຈາວ[tsaːu¹];ຈາວກັນ[tsaːu¹¹kan¹¹] 越泰tốt[tət⁷] 越trận đấu hoà[tʂɤn⁶?dɤu⁵ hwaː²];kết thúc hoà[ket⁷ thuk⁷ hwaː²]

【平均】 泰เฉลี่ย[tshaː⁵liːa³] 老ຖົວ[thuːa¹];ໄລສະເລ່ຍ[laːi⁵ saː² liːa⁵] 越trung bình[tʂuŋ¹ ʔbiːn²];bình quân[ʔbiːn²kwɤn¹];đồđồng[ʔdo⁵?doŋ²];đều[ʔdeːu²];đều đặn[ʔdeːu² ʔdan⁶] 芒tố đồng[to⁵ ʔdoŋ²];tều[teːu²]

【平路】 泰ทางราบ[thaːŋ¹ raːp¹⁰] 老ຫາງພຽງ[thaːŋ¹ phiːaŋ¹] 越đường phẳng[ʔdɯːŋ² faŋ³]

【平时】 泰ตามปกติ[taːm² pok⁷kaː⁵tiː⁵] 老ຍາມປົກກະຕິ[naːm² pok⁷ kaː² tiː²] 越lúc thường[luk⁷ thɯːŋ²];hàng ngày[haːŋ² ŋaːi²];thường ngày[thɯːŋ² ŋaːi²]

【平原】 泰 ที่ราบ[thi:³ ra:p¹⁰] 老 ที่ราบ ทุ่ง[thi:⁵ ha:p¹⁰ phi:aŋ²];ทุ่งทุ่ง[thoŋ⁵ phi:aŋ²];พะลาบ[pha⁵ la:n²];กางทุ่ง[ka:ŋ¹ˉ thoŋ⁵];ทุ่ง[thoŋ⁵] 岱-侬 tổng phiêng[toŋ³ phiŋ¹] 越 táu[tau³];đìntàu[ʔdin¹tau³] 越 đồng bằng[ʔdoŋ² ʔbaŋ²];bình nguyên[ʔbin² ŋwin¹] 芒 tồng pằng[toŋ² paŋ²]

【平整～土地】 泰 คาย[ʔda:i²];ปรับที่[prap⁵ thi:³];ปรับทาง[phɛ:u³ tha:ŋ¹] 岱-侬 lòaphiêng[lwa:² phi:ŋ¹];pǎn phiêng[pan¹ phi:ŋ¹];xoái[swa:i⁵];pjái[pja:i⁵] 越泰 tén[tɛn⁵];phiêng[phi:ŋ¹] 越 san bằng[ʂa:n¹ ʔbaŋ²];san phẳng[ʂa:n¹ faŋ³]

【苹果】 泰 แอปเปิ้ล[ʔɛ:p⁹ pə:n³] 老 หมากโปม[ma:k⁹ po:m¹] 越 táo tây[ta:u⁵ tɤi¹]

【瓶～酒】 泰 ขวด[khu:at⁹] 老 ກວດ[ku:at⁹];ຂວດ[khu:at⁹];ก้อง[kɔ:ŋ³] 岱-侬 chai[tɕa:i¹] 越泰 chai[tsa:i¹] 越 chai[tsa:i¹];lọ[lɔ⁶] 芒 chai[tsa:i¹]

【瓶底】 泰 ก้นขวด[kon³ khu:at⁹] 老 ก้มขวด[kon⁴ khu:at⁹];ก้มกวด[kon⁴ku:at⁹] 越 đế chai[ʔde⁵ tsa:i¹];đế lọ[ʔde⁵ lɔ⁶];đít lọ[ʔde⁵ lɔ⁶]

【瓶盖子】 泰 ฝาจีบ[fa:¹tsi:p⁹] 老 ฝางาม[fa:¹ ŋa:m²];ฝางวาม[fa:¹ ŋwa:m²] 越 nắp bình[nap⁷ ʔbiŋ²] 芒 nắp bình[nap⁷ ʔbiŋ²]

【瓶颈】 泰 คอขวด[khɔ:² khu:at⁹] 老 คำขวดแก้ว[khɔ:² ku:at⁹ kɛ:u⁴] 越 cổ chai[ko³ tsa:i¹]

【瓶口】 泰 ปากขวด[pa:k⁹khu:at⁹] 老 ปากขวด[pa:k⁹ khu:at⁹] 越 miệng chai[mi:ŋ⁶ tsa:i¹];miệng lọ[mi:ŋ⁶lɔ⁶] 芒 mênh chai[mɛn⁴tsa:i¹]; mênh lõ [mɛn⁴lɔ²]

【瓶塞】 泰 จุกขวด[tsuk⁷ khu:at⁹];จุกคอร์ก[tsuk⁷ khɔ:k¹⁰] 老 จุกกวด[tsuk⁷ ku:at⁹];ดอม[ʔdɔ:n¹]; ກะดอม[ka² ʔdɔ:n¹];ກะดอมกวดแก้ว[ka² ʔdɔ:n¹ ku:at⁹ kɛ:u⁴] 越 nút chai[nut⁷ tsa:i¹] 芒 nút chai [nut⁷ tsa:i¹]

【瓶子❶】 泰 ขวด[khu:at⁹] 老 ຂວດ[khu:at⁹];แก้ว [kɛ:u⁴];ຂວດแก้ว[khu:at⁹ kɛ:u⁴];ก่อง[kɔ:ŋ⁵];ก่องแก้ว [kɔ:ŋ⁵ kɛ:u⁴];กวด[ku:at⁹];กวดแก้ว[ku:at⁹ kɛ:u⁴] 岱-侬 chai[tɕa:i¹];pình[piŋ²];lọ[lɔ⁴];ăn chai[ʔan¹ tɕa:i¹];ăn pình[ʔan¹ piŋ²];ăn lọ[ʔan¹ lɔ⁴] 越泰 lọ [lɔ⁴];chai[tsa:i¹] 普 kuơn²[ku:n³] 越 chai[tsa:i¹]; bình[ʔbiŋ²];lọ[lɔ⁶] 芒 chai[tsa:i¹];cải chai[ka:i³ tsa:i¹]; pềnh[pen²];lõ[lɔ⁴]

【屏风】 泰 ลับแล[lap⁸lɛ:²];ฝา[fa:¹];เฟี้ยม[fi:am⁴]; บังตา[ʔbaŋ² ta:²] 老 ลับแล[lap⁸ lɛ:²];บั้งตา[ʔbaŋ² ta:¹];ผ้ากั้ง[pha:³ kaŋ⁴] 岱-侬 ăn tảng lồm[ʔan¹ ta:ŋ³ lom²] 越 bình phong[ʔbiŋ² fɔŋ²]

【坡】 泰 เนิน[nə:n²] 老 ບ່ອນถ่อย[ʔbɔ:n⁵khɔ:i¹] 普 zhang⁴[za:ŋ⁴] 越 dốc[zok⁷] 芒 chỏng[tsɔŋ³]

【坡路】 泰 ทางลาด[tha:ŋ² la:t¹⁰] 老 ทางถ่อย[tha:ŋ² khɔ:i⁴] 岱-侬 tàngpù[ta:ŋ² pu²] 越泰 tăngpũ[ta:ŋ² pu²] 越 đường dốc[ʔdɯ:ŋ² zok⁷];sườn dốc[ʂɯ:n² zok⁷]

【坡田】 泰 นาที่เอียงลาดอยู่บนเนินเขา[na:² thi:³ ʔi:aŋ² la:t¹⁰ ju:⁵ʔbon²nə:n²khau¹] 老 นาดอม[na:² ʔdɔ:n¹] 越 ruộng dốc[ʐu:ŋ⁶ zok⁷]

【泼～水❷】 泰 วิด[wit⁸];ซัด[sat⁸];สาด[sa:t⁹];ราด [ra:t¹⁰] 老 ฟิด[fit⁸];ลาด[la:t¹⁰];สาด[sa:t⁹] 岱-侬 sloẹt[ɬwet⁸];sloǎc[ɬwak⁷] 越泰 vạo[va:u⁴]; phịt[phit⁸] 越 hắt[hat⁷];vẩy[vɤi³];té[tɛ⁵] 芒 khoách[khwat⁷]

【泼辣】 泰 ดุร้ายไม้ฟังเหตุผล[ʔdu⁵ra:i⁴mai³faŋ² he:t⁹ phon¹];เข้มเข็งใจกล้า[khe:m³ khɛŋ³ tsai² kla:³] 岱-侬 pac ac[pa:k⁷ ʔa:k⁷];rại quải[ra:i⁴ kwa:i³] 越 đáo để[ʔda:u⁵ʔde³];đanh đá[ʔdaŋ¹ʔda⁵];chua ngoa[tsuə¹ŋwa¹];tai ngược[ta:i¹ŋɯ:k⁸] 芒 ròng mẽng[rɔŋ² mɛŋ⁴]

---

❶ 石家 kon³-gxxw³
❷ 掸 shat D1L

【泼水节 宋干节】 泰วันสงกรานต์[wan² soŋ¹ kra:n²]; ตรุษสงกรานต์[trut⁷ soŋ¹ kra:n²]; เทศกาลสาดน้ำ[the:t¹⁰ sa⁵ ka:n² sa:t⁹ nam⁴]; เทศกาลสงกรานต์[the:t¹⁰ sa⁵ ka:n² soŋ¹ kra:n²] 老ກຸດສົງການ[kut⁷ soŋ¹ ka:n¹]; ຕຸດສົງການ [tut⁷ soŋ¹ ka:n¹]; ບຸນສົງການ[ʔbun¹¹ soŋ¹ ka:n¹]; ບຸນກຸດສົງການ[ʔbun¹¹ kut⁷ soŋ¹ ka:n¹]; ບຸນຫົດນ້ຳ [ʔbun¹¹ hot⁷ nam⁴]; ອັນມະຫາສົງການ[van¹ ma⁵ ha: soŋ¹ ka:n¹] 越 lễ té nước[le⁴ te⁵ nɯ:k⁷]

【婆婆 夫之母】 泰แม่สามี[mɛ:³ sa:¹ mi:²]; แม่ผัว[mɛ:³ phu:a¹] 老แม่ย่า[mɛ:⁵ ja:⁵] 越泰 mèdà[mɛ⁶ ja⁶] 普 maj³ ja²[ma:i² ja²]; maj³ po⁴ sio¹[ma:i² pɤ⁴ sie¹] 越 mẹ chồng[mɛ⁶ tsoŋ²] 芒 mẽ dà[me⁴ za³]

【破~竹篾】 泰ผ่า[pha:⁵] 老ຜ່າ[pha:⁵] 傣-侬 lưỡi [lɯ:i³] 越泰xǎp[sap⁷]; chắc[tsak⁷] 普 qa⁴[qa⁴] 越 chẻ[tsɛ³] 芒 ché[tsɛ³]; bả[ʔba:l³]

【破~西瓜】 泰ผ่า[pha:⁵] 老ຜ່າ[pha:⁵] 傣-侬 phá [pha⁵]; bạc[ʔba:k⁷] 越泰 bít ngạn[ʔbit⁷ ŋa:n⁴]; kék [kek⁷] 越 bổ[ʔbo³]

【破案】 泰เคลียร์คดี[khli:a² kha:⁴ ʔdi:²] 老ມ້າງຄະດີ [ma:ŋ⁴ kha:⁵ ʔdi:¹] 越 phá án[fa⁵ ʔa:n¹]; khám phá vụ án[xa:m⁵ fa⁵ vu⁶ ʔa:n⁵]

【破产❶】 泰ล้มละลาย[lom⁴ la⁴ la:i²]; เจ๊ง[tse:⁵] 老ລົ້ມລະລາຍ[lom⁴ la⁵ la:i²]; ລົ້ມແຫຼວ[lom⁴ lɛ:u⁵]; ພິ້ມຈົບ[lom⁵ tson¹]; ເຈ໊ງ[tse:ŋ⁵] 越 phá sản[fa⁵ ʂan⁵]; vỡ nợ[vɤ⁴ nɤ⁶] 芒 pé nỡ[pe⁵ nɤ⁴]

【破坏】 泰พร่า[phra:³] 老ສັງຫານ[saŋ¹ ha:n¹]; ເທ [the:²]; ກໍ່ອິບາດສະກຳ[kɔ:⁵ vi⁵ na:t¹⁰ sa² kam¹]; ทำม้าง เพ[tham² ma:ŋ⁴ phe:²]; แป่[pɛ:⁵]; ผ่าเพ [pha:⁵ ma:ŋ⁴]; ເຜົາຜານ[phau¹ pha:n¹]; ລ້າງຜານ[la:ŋ⁴ pha:n¹]; ຜານ[pha:n¹]; ຜານມ້າງ[pha:n¹ ma:ŋ⁴]; เพ [phe:²]; เพผัว[phe:² phan²]; ม้าง[ma:ŋ⁴]; ม้างทะลาย [ma:ŋ⁴ tha⁵ la:i²]; ม้างงาน[ma:ŋ⁴ pha:n¹]; งาเพ [ma:ŋ⁴ phe:²]; ม้างเพทำลาย[ma:ŋ⁴ phe:² tham²

la:i²]; ทำลายม้างเพ[tham² la:i² ma:ŋ⁴ phe:²]; มุ่น ม้าง[mun⁵ ma:ŋ⁴]; ล้างผาน[la:ŋ⁴ pha:n¹]; ວິຄາດ[vi⁵ kha:t¹⁰]; ວິນາດ[vi⁵ na:t¹⁰]; ເຜົາຜານ[phau¹ pha:n¹]; ພິຄາດ[phi⁵ kha:t¹⁰] 傣-侬 pha tóm[pha¹ tom⁵]; hêt vài[het⁷ va:i³] 越 phá hoại[fa⁵ hwa:i⁶]; gây thiệt hại [ɣɤi¹ thi:t⁸ ha:i⁶]; làm hỏng[la:m² hɔŋ³]; cướp phá [kɯ:p⁷ fa⁵] 芒 phả hải[fa³ ha:i⁴]; cướp phả[kɯ:p⁷ fɛ³]

【破烂 衣服~❷】 泰ขาด[kha:t⁹]; ชำรุดทรุดโทรม [tsham² rut⁸ sut⁸ so:m²] 老ຂາດ[kha:t⁹]; ໂປດ[po:t⁹] 傣-侬 khat[kha:t⁷] 越泰 khát[kha:t⁷] 普 rhăn⁵ [ran⁵]; qa⁴[qa⁴] 越 rách[za:t⁷] 芒 réch[rɛt⁷]; hech [het⁷]; dac[za:k⁸]

【破伤风】 泰โรคบาดทะยัก[ro:k¹⁰ ʔba:t⁹ tha⁴ jak⁸]; บาดทะยัก[ʔba:t⁹ tha⁴ jak⁸] 老ບາດທະຍັກ[ʔba:t⁹ tha⁴ ɲak⁸] 傣-侬 khừnđan[khɯn³ ʔda:n¹]; đanđin[ʔda:n¹ ʔdin¹] 越 uốn ván[ʔu:n⁵ va:n⁵]; bệnh uốn ván [ʔben⁶ ʔu:n⁵ va:n⁵]; bệnh sài uốn ván[ʔben⁶ ʂa:i⁵ ʔu:n⁵ va:n⁵]

【剖】 泰ผ่า[pha:⁵] 老ຜ່າ[pha:⁵]; เผ่[phe:⁵]; แล่[lɛ:⁵]; แหวะ[vɛ:⁵] 傣-侬 phá[pha:⁵]; xac[ɕa:k⁷] 越泰 xék[sɛk⁷]; kék[kek⁷] 普 lăj³ zin⁴[la:i³ zin⁴]; lăj³ ɿin⁴ [la:i³ rin⁴] 越 mổ[mo³]; phu[fɤu⁴]; mổ xẻ[mo³ sɛ³]; cắt[kat⁷]; khía[xiə⁵] 芒 bố[ʔbo⁵]; wã[wa⁴]; khia[khiə³]

【铺~床】 泰กาง[ka:ŋ²]; ปู[pu:²] 老ກາງ[ka:ŋ²]; ປູ[pu:¹]; ບອກ[phɔ:k¹⁰]; ເບ້ຍ[ʔbə:i¹] 傣-侬 pjái[pja:i⁵] 越泰 pái[pa:i⁵]; pu[pu¹] 越 trải[tʂa:i³] 芒 tlái [tla:i⁵]

【铺~路】 泰ตัด[tat⁷] 老ປູ[pu:¹] 傣-侬 pjái[pja:i⁵] 越泰 pái[pa:i⁵]; pu[pu¹] 越 lát[la:t⁷]; dọn[zɔn⁶]; rải[za:i³] 芒 lát[la:t⁷]; hăng[ha:ŋ⁴]; hái[ha:i⁵]

【扑 老虎~羊】 泰โผ[pho:¹] 老ຫລຸບ[lup⁹]; โฮ่[hoɕ⁵] 傣-侬 fốt[fot⁷]; fố[fo⁵] 越泰 xại[sa:i⁴] 越 nhảy bổ

❶ 阿含 pāng
❷ 阿含 khāt D1L  掸 khat D1L  泐 xat D1L  拉哈 phăn⁴

[ɲai³ ʔbo³];chôm[tsom²]　芒dỏl[zol²]

【扑克】　泰โปกเกอร์[po:k⁹ kə:²];ไพ่โปกเกอร์[phai³ po:k⁹ kə:²];ไพ่ป๊อก[phai³ pɔ:k⁴]　老ไพ่ป๊อก[phai⁴ pok⁷ kə:¹]　傣-侬pài[pa:i²]　越泰phẽ[phɛ²]　越bài tú-lơ-khơ[ʔba:i² tu⁵ lɤ¹ xɤ¹];bài tây[ʔba:i² tɤi¹]

【菩萨】　泰พระโพธิสัตว์[phra⁴ pho:² thi⁴ sat⁷];โพธิสัตว์[pho:² thi⁴ sat⁷]　老พะโพทิสัด[pha⁵ pho:² thi⁵ sat⁷]　越bồ tát[ʔbo² ta:t⁷]

【菩提树】　泰ต้นโพธิ์[ton³ pho:²];ต้นโพใบ[ton³ pho:² ʔbai²];ต้นโพบาย[ton³ pho:² ʔba:i²]　老ก๊กโพ[kok⁷ pho:²];ต๊บโพ[ton⁴ pho:²];โพทิ[pho:² thi⁵];โพทิพึก[pho:² thi⁵ phɯk⁸];โพใบ[pho:² ʔbai¹];อัดสัดฉะพึก[ʔat⁷ sat⁷ tha² phɯk⁸]　傣-侬mạy hu[mai⁴ hu¹];slang khau[ɬa:ŋ¹ khau¹]　越泰co tạu[kɔ¹ tau⁴]　越cây bồ đề[kɤi¹ ʔbo² ʔde²];cây đề[kɤi¹ ʔde²]

【葡萄】　泰องุ่น[ʔa⁵ ŋun³]　老ฆากอะงุ่น[ma:k⁹ ʔa² ŋun⁵];ฮึบอะงุ่น[phon¹ ʔa² ŋun⁵];อะงุ่น[ʔa² ŋun⁵]　傣-侬mac it[ma:k⁷ ʔit⁷]　越quả nho[kwa³ ɲɔ¹]　芒tlái nho[tla:i³ ɲɔ¹]

【葡萄干】　泰องุ่นแห้ง[ʔa² ŋun⁵ hɛ:ŋ³];ลูกเกด[lu:k¹⁰ ke:t⁹]　老ฆากอะงุ่นแห้ง[ma:k⁹ ʔa² ŋun⁵ hɛ:ŋ³];อะงุ่นแห้ง[ʔa² ŋun⁵ hɛ:ŋ³]　越nho khô[ɲɔ¹ xo¹]　芒nho khô[ɲɔ¹ khɔ¹]

【葡萄酒】　泰เหล้าองุ่น[lau³ ʔa⁵ ŋun⁵];เหล้าไวน์[lau³ wai²];ไวน์[wai²]　老เหื้าแอง[lau³ vɛ:ŋ²];เหื้าอะงุ่น[lau³ ʔa² ŋun⁵]　傣-侬lầu mac it[ləu⁵ ma:k⁷ ʔit⁷]　越rượu nho[zɯ:u⁶ ɲɔ¹]

【葡萄糖】　泰กลูโคส[klu:² kho:t¹⁰]　老น้ำตาลกลูโก[nam¹ ta:n¹¹ klu:¹¹ ko:¹¹]　越đường glu-cô[ʔdɯ:ŋ¹ ɣlu¹ ko¹]

【蒲葵】　泰ลาน[la:n²]　老ฆากค้อ[ma:k⁹ khɔ:⁴];กิ้วค้อ[kok⁷ khɔ:⁴];ต๊บค้อ[ton⁴ khɔ:¹]　傣-侬cọcọ[kɔ¹ kɔ⁴]　越泰co cọ[kɔ¹ kɔ⁴]　越cây cọ[kɤi¹ kɔ⁶];cây lá nón[kɤi¹ la⁵ nɔn⁵]　芒câl mùl[kɤl¹ mul²];câl mi[kɤl¹ mi³]

【仆从】　泰สมุนรับใช้[sa⁵ mun¹ rap⁸ tshai⁴]　老ลูกสะหมุน[lu:k¹⁰ sa² mun¹]　越tôi tớ[toi¹ tɤ⁵]　芒tờ[tɤ⁵]

【仆人❶】　泰คนใช้[khon¹ tshai⁴]　老เฮื่องใช้[sɯ:aŋ⁵ sai⁴];ฉ้องบาด[su:aŋ⁵ ʔba:t⁹];บ่าว[ʔba:u⁵];ขี้ข้อย[khi:³ khɔ:i³]　普qabāt[qa⁰ bat⁵]　越người ở [ŋɯ:i² ʔɤ³];môl nhá[mɔl² ɲa²]　芒môl ớ[mɔl⁴ ʔɤ⁵];tờ[tɤ⁵];tôi tớ[toi¹ tɤ⁵]

【铺子】　泰สถานที่จัดหน้าร้านขาย สินค้า[sa⁵ tha:n⁷ thi:¹ tsat⁷ na:¹ ra:n⁴ kha:i¹ sin¹ kha:⁴]　老ธ้านขายเถื่อง[ha:n⁴ kha:i¹ khɯ:aŋ⁵]　越cửa hàng[kɯ:a³ ha:ŋ²];hiệu[hi:u⁶]

【瀑布】　泰น้ำตก[nam⁴ tok⁷]　老น้ำติก ตาด[nam⁴ tok⁷ ta:t⁹];น้ำโตมตาด[nam⁴ to:n¹¹ ta:t⁹];น้ำโตมผา[nam⁴ to:n¹¹ pha:¹];ติกตาด[tok⁷ ta:t⁹]　越thác[tha:k⁷];thác nước[tha:k⁷ nɯ:k⁷]　芒tái[ta:i⁵];tái đác[ta:i⁵ ʔda:k⁷]

---

❶阿含 khām kulā

# Q

【七❶】 泰เจ็ด[tset⁷] 老ເຈັດ[tset⁷] 岱-侬 chêt [tɕet⁷] 越泰 chét[tset⁷] 普 tu¹[tu¹];motu¹[mɤ⁰tu¹] 越 bảy[ʔbai³] 芒 páy[pai⁵]

【七十】 泰เจ็ดสิบ[tset⁷ sip⁷] 老ເຈັດສິບ[tset⁷ sip⁷] 岱-侬 chêt slip[tɕet⁷ ɬip⁷] 越泰 chét xíp[tset⁷ sip⁷] 越 bảy mươi[ʔbai³ mɯːi¹] 芒 páy mươi[pai⁵ mɯːi¹]

【七月】 泰เดือนกรกฎาคม[ʔdɯːan² ka⁵ ra⁵ ka⁵ ʔda:² khom²];กรกฎาคม[ka⁵ ra⁵ ka⁵ ʔda:² khom²];เดือนเจ็ด[ʔdɯːan² tset⁷] 老ເດືອນກໍລະກົດ[ʔdɯːan¹ˑ kɔː¹ˑ la⁵ kot⁷];ກໍລະກະດາງ[kɔː¹ˑ la⁵ ka² ʔda:¹ˑ];ກໍລະກົດ[kɔː¹ˑ la⁵ kot⁷];ກົກດາຄົມ[kok⁷ ʔda:¹ˑ khom²] 岱-侬 bươn chêt[ʔbɯːn¹ tɕet⁷] 越泰 bươn chét[ʔbɯːn¹ tset⁷] 普 nin¹ taw³[nin¹ taːu³] 越 tháng bảy[thaːŋ⁵ ʔbai³] 芒 kháng páy[khaːŋ³ pai⁵]

【妻子❷】 泰ภรรยา[phan² ja²];เมีย[miːa²] 老ເມຍ[miːa²];ຊາຍາ[saː¹ɲaː²];ພະລະຍາ[pha⁵la⁵ɲaː²] 岱-侬 miè[mie²] 越泰 mĩa[miə²] 普 sjaw¹[sja:u¹];maj² sjaw¹[ma:i² sja:u¹] 越 vợ[vɤ⁶] 芒 võ [vɤ⁴];pà[pa²];pà mãi[pa² ma:i⁴]

【栖息】 泰จับ[tsap⁷];พักพิง[phak⁸ phiŋ²] 老ຈັບ[tsap⁷] 岱-侬 chăp[tɕap⁷] 越泰 chắp[tsap⁷] 越 đậu[ʔdɤu⁶];dừng chân[zɯŋ² tsɤn¹];dừng lại[zɯŋ² la:i⁶];nghỉ[ŋi³] 芒 đôm[ʔdom¹]

【期限】 泰อายุ[ʔa:²ju⁴];เงื่อนเวลา[ŋɯːan³ weː²la:²] 老ເຫື່ອນເອລາ[ŋɯːan³ve:²la:²];ກໍາໝົດເວລາ[kam¹ˑ not⁷ ve:² la:²];ກໍາໝົດເວລາ[kam¹ˑ not⁷ ve:² la:²];ງວດ[ŋuːat¹⁰];ຂອບ[khuːap⁹];ກາລະ[ka:¹ˑla⁵];ກາລະເວລາ[ka:¹ˑla⁵ve:²la:²];ການ[ka:n¹] 岱-侬 slìđàn[ɬi:² ʔda:n³]

【欺负】 泰ระราน[ra⁴ ra:n²];รังแก[raŋ² kɛ:²] 老ຂົ່ມເຫັງ[khom⁵ heŋ¹];ເຫັງ[heŋ¹];ບັງບຽດ[baŋ¹ ʔbi:at⁹];ຂົ່ມເຫັງບັງບຽດ[khom⁵ heŋ¹ ʔbaŋ¹ ʔbi:at⁹];ລັງແກ[laŋ² kɛ:¹] 岱-侬 há[ha⁵];khí fù[khi⁵fu³] 越 ăn hiếp[ʔan¹hiːp⁷];ăn hiếp ăn đáp[ʔan¹hiːp⁷ʔan¹ʔda:p⁷];ức hiếp[ʔuk⁷ hiːp⁷];nạt[na:t⁸] 芒 ức hiếp [ʔuk⁷ hi:p⁷];hiếp thuỗng[hi:p⁷ thuːŋ³];ăn hiếp[ʔan¹ hi:p⁷];nat[na:t⁸]

【欺骗】 泰ตกหกโกไหว้[ʔdok⁷hok⁷ko:²wai³] โก หัญ[koː² han¹];ขี้โกง[khi:³ koːŋ²];หลอกลวง[lɔːk⁹ luːaŋ²] 老ໂກຫົກລໍ້ລວງ[ko:¹ˑ hok⁷ lɔː¹ luːaŋ²];ລໍ້ລວງ [lɔː⁴ luːaŋ²];ກະບັດ[ka² ʔbat⁷];ພາງ[phaːŋ²];ລໍ້ລວງ [lɔː⁴ luːaŋ²];ລໍ້[luːa⁵];ລວງລໍ້[luːaŋ²luːa⁵];ລວງ[luːaŋ²];ຕົວະຍົວະຫຼອກລວງ[tuːa⁵ɲuːa⁵lɔ:k⁹luːaŋ²];ຫຼອກລວງ [lɔːk⁹ luːaŋ²];ໂກຫົກ[koː¹ˑ hok⁷];ໂກຫົກລໍ້ລວງ[koː¹ˑ Łok⁷ lɔː¹ luːaŋ²] 普 lăj³ lhiɔn⁴[lai³ li:n⁴] 越 lừa dối [luːa² zoi⁵];đánh lừa[ʔdaŋ⁵ luːa²];lừa[luːa²] 芒 tảnh lừa[taŋ³ luːa²]

【沏~茶】 泰ชง[tshoŋ²] 老ແຕ່ງ[teːŋ⁵] 岱-侬 pha [pha¹] 越泰 pha[pha¹] 越 pha[fa¹]

【漆~门板】 泰ทาสี[tha:²si:¹] 老ທາ[tha:²] 岱-侬 pải thơn[pa:i³ thɤ:n¹];tực thơn[tuk⁷ thɤ:n¹] 越泰 thơn[thɤn¹] 越 sơn[ʂɤːn¹] 芒 khơn[khɤːn¹]

【漆~桶~】 泰รัก[rak⁸] 岱-侬 dang mạy rặc[ʑa:ŋ¹ mai⁴rak⁸] 越泰 thơn[thɤn¹] 越 sơn[ʂɤːn¹];nước sơn[nɯːk⁷ ʂɤːn¹] 芒 khơn[khɤːn¹]

---

❶ 石家 cxt⁴ 阿含 chitD1S 掸 setD1S 泐 četD1S
❷ 石家 phaa⁴

【漆树❶】 泰ต้นรัก[ton³rak⁸] 老ภົກເບັບฮັກ[kok⁷ ʔben¹ˈhak⁸] 岱-侬mạy rặc[mai⁴ rak⁸] 越cây sơn[kɤi¹ ʂɤːn¹]

【其他】 泰อื่น ๆ[ʔɯːn⁵ʔɯːn⁵] 老ອົ່ນໆ[ʔɯːn⁵ ʔɯːn²] 越khác[xaːk⁷];linh tinh[liŋ¹ tiŋ¹] 芒khác[khaːk⁷]

【旗杆】 泰เสาธง[sau¹thoŋ²] 老ถັນทุງ[khan²thuŋ²] 岱-侬cản cò[kaːn³ kə²] 越泰cản cờ[kaːn³ kə²] 越cây nêu[kɤi¹ neu¹];cột cờ[kot⁸ kɤ²];cán cờ[kaːn⁵ kɤ²] 芒côt cờ[kot⁸ kɤ²];cán cờ[kaːn³ kɤ²]

【旗号】 泰ธงแห่งชื่อกองทัพ[thoŋ² hɛːŋ⁵ tshɯː³ kɔːŋ² thap⁸];นามที่แอบอ้าง[naːm² thiː³ ʔɛːp⁹ ʔaːŋ⁵] 老ทุງ[thuŋ²] 越cờ hiệu[kɤ² hiːu⁶]

【旗袍】 泰ชุดกี่เพ้า[tshut⁸ kiː⁵ phau⁴] 岱-侬slửa rì[ɬɯə³ riː²] 越áo dài Thượng Hải[ʔaːu⁵ zaːi² thɯːŋ⁶ haːi³] 芒áo chùng[ʔaːu³ tsuŋ²]

【旗子】 泰ธง[thoŋ²];ประดาก[praˑ⁵taːk⁹] 老ทุງ[thuŋ²];ผิນທุງ[phɯːn¹thuŋ²];ໃบທุງ[ʔbai¹ˈthuŋ²];ທັງ[thaŋ²];ເກດ[keːt⁹];ເກตะบะ[keˑ¹ˈtaˑ²naˑ⁵];ບັນດาก[ʔban¹ˈdaːk⁹] 岱-侬có[kɔ⁵];cò[kə²] 越泰cờ[kə²] 越cờ[kɤ²];lá cờ[laˑ⁵ kɤ²] 芒cò[kɤ²];là cờ[laˑ³ kɤ²]

【棋】 泰หมากรุก[maːk⁹ ruk⁸];ลูกรุก[luːk¹⁰ ruk⁸] 老ໝາກรุก[maːk⁹ huk⁸] 岱-侬cờ[kə²] 越泰cờ [kə²] 越cờ[kɤ²] 芒cờ[kɤ²]

【棋盘】 泰กระดานหมากรุก[kraˑ⁵daˑn¹ˈmaːk⁹ruk⁴] 老ກະດານໝາກຮุก[kaˑ²daːn¹ˈmaːk⁹huk⁸];แป้ນໝາກຮุก[pɛːn⁴maːk⁹huk⁴] 越bàn cờ[ʔbaːn¹ kɤ²] 芒pàn cờ[paːn² kɤ²]

【棋子】 泰ตัวหมากรุก[tuːa² maːk⁹ ruk⁸] 老ຕົວໝາກຮุก[tuːa¹ˈ maːk⁹ huk⁸];ຕົວສະກາ[tuːa¹ˈ saˑ² kaː¹ˈ] 越con cờ[kɔn¹ kɤ²]

【麒麟】 泰กิเลน[ki⁵leːn²] 老ກິเลสะ ສາວอบ[ki²le²

【奇怪】 泰ผิดปกติ[phit⁷pok⁷kaˑ⁵tiˑ⁵];แปลกประหลาด[plɛːk⁹ praˑ⁵ laːt⁹] 老ປະຫຍາດ[paˑ² laːt⁹];ຫຍາก[laːk⁹];ກົກກວ[kuːk⁷kuːː¹ˈ] 岱-侬chăn lạ[tɕan¹laˑ⁴] 普qa lhak²[qa⁰laːk²] 越lạ[laˑ⁶];quái lạ[kwaːi⁵laˑ⁶];lạ lùng[laˑ⁶ luŋ⁶];quái gở[kwaːi⁵ ɤ³] 芒lã[laˑ⁴];quái lã[kwaːi³ laˑ⁴]

【骑~马❷】 泰ขี่[khiː⁵] 老ຂີ່[khiː⁵] 岱-侬khúy[khwiˑ⁵] 越泰khí[khiˑ⁵] 越cưỡi[kɯːi⁴] 芒cởi[kɤːi⁴]

【骑兵】 泰ทหารม้า[thaˑ⁴haːn¹ maˑ⁴] 老ພົນທະຫານມ້າ[phon²thaˑ⁵haˑn¹ maˑ⁴];ທະຫານມ້າ[thaˑ⁵haːn¹ maˑ⁴] 越kỵ binh[kiˑ⁶ ʔbiŋ¹];lính kỵ binh[liŋ⁵ kiˑ⁶ ʔbiŋ¹];lính kỵ mã[liŋ⁵ kiˑ⁶ maˑ⁴] 芒linh kỹ mã[liŋ⁵ kiˑ⁴ maˑ⁴]

【畦名词】 泰แปลง[plɛːŋ²] 老ຫນາມ[naːn¹] 岱-侬luộng[luˑŋ⁴] 越泰đon[ʔdɔn¹] 越luống[luːŋ⁵];đám[ʔdaːm⁵];vồng[voŋ²] 芒lòng[lɔŋ³];nõ[nɔ⁴]

【畦~菜】 泰ขนัด[khaˑ⁵nat⁷];แปลง[plɛːŋ²] 老ຫນາມ[naːn¹] 岱-侬luộng[luˑŋ⁴] 越luống[luːŋ⁵] 芒luống[luːŋ³];lòng[lɔŋ³]

【鳍鱼~】 泰ครีบ[khriːp¹⁰];ครีก[khriːk¹⁰];กระโดง[kraˑ⁵ʔdoːŋ²];กระดอง[kraˑ⁵ʔdɔːŋ²] 老ກີ[kiˑ¹ˈ];ເກ[keˑ¹ˈ];ຄີ[khiˑ²];ຄุຍ[khui²];ຄຸຍ[khuːi²];ຄີບ[khiːp¹⁰] 普paGươ⁴[pa⁰ ɣɯː⁴] 越vây[vɤi¹]

【歧尾斗鱼】 泰ปลากัด[plaˑ² kat⁷] 岱-侬pja cài[pjaˑ¹ kaːi²] 越泰pa lí hang xãi[paˑ¹ liˑ⁵ haːŋ¹ saːi²] 越cá săn sắt[kaˑ⁵ ʂan¹ ʂat⁷]

【齐来~了】 泰ครบครัน[khrop⁸khran²] 老ພ້ອມ[phɔːm⁴];ພ້ອມພຽງ[phɔːm⁴phiaŋ²] 岱-侬thư[thɯ¹];chày[tɕaːi²] 越泰pồng[pəŋ²] 越đầy đủ[ʔdɤi² ʔdu³];đủ cả[ʔdu³ kaˑ³];đủ[ʔdu³] 芒tô[toˑ¹];tầy tú[tɤi² tuˑ⁵];hộp[hop⁸]

---
❶ 撣hăk D2S    渤 hrăk D2S
❷ 石家 khooy⁵   阿含 khi B1   撣 khi B1   渤 khi B1

【脐带】 泰 สายสะดือ[sa:i¹ sa⁵ ʔdɯ:²] 老 สายบื[sa:i¹ ʔbɯː¹'];สายแส่[sa:i¹ hɛː⁵] 岱-侬 sai đưa[sa:i¹ ʔdɯə¹] 越 cuống rốn[ku:ŋ⁵ zon⁵] 芒 thủnh[thun³]

【起初】 泰 เริ่ม[rə:m³];เริ่มต้น[rə:m³ ton³];เริ่มแรก[rə:m³ rɛ:k¹⁰];จับเดิม[tsap⁷ ʔdə:m²];ตอนแรก[tɔ:n² rɛ:k¹⁰] 老 แต่ภิก[tɛ:⁵ kok⁷];แต่ภิกแต่เถ้า[tɛ:⁵ kok⁷ tɛ:⁵ khau⁴];ตั้วภิก[taŋ⁴ kok⁷];ตั้วแต่เดิม[taŋ⁴ tɛ:⁵ ʔdə:m¹]; ผะเดิม[pha² ʔdə:m¹];ลี่[li⁵];ลี่เลี่ยม[li⁵ lə:m⁵];ล้วงมี[loŋ⁴ mɯ:²];เลี่ยม[lə:m⁵];เลี่ยมติ้ม[lə:m⁵ ton⁴];เมื่อทีอะทิ[mɯː:a⁵ huːa¹ thi:²];ทีอะทิ[huːa¹ thi:²];แรก[hɛ:k¹⁰] 越 ban đầu[ʔba:n¹ ʔdɤu²];ban sơ[ʔba:n¹ ʂɤ¹];lúc đầu[luk⁷ ʔdɤu²];mới đầu[mɤː:i⁵ ʔdɤu²];cã mới[ka⁴ mɤː:i³]

【起床】 泰 ตื่น[tɯ:n⁵] 老 ตื่บ[tɯ:n⁵];ตื่บมอม[tɯ:n⁵ nɔ:n²];ตื่บขึ้น[tɯ:n⁵ khun³];ตื่บลุก[tɯ:n⁵ luk⁸];ลุก[luk⁸];ลุกขึ้น[luk⁸ khun³];ลุกมอม[luk⁸ nɔ:n²] 岱-侬 tứn[tɯn⁵] 越泰 tứn[tɯn⁵] 越 dậy[zɤi⁶] 芒 dăl[zɤl⁴]

【起房子】 泰 สร้างบ้าน[sa:ŋ³ ʔba:n³] 老 สังเรือน[sa:ŋ³ huːan²] 越 xây nhà[ʂɤi¹ ɲa²];cất nhà[kɤt⁷ ɲa²] 芒 xây nhà[ʂɤi¹ ɲa²];cất nhà[kɤt⁷ ɲa²]

【起飞】 泰 ขึ้นบิน[khun³ ʔbin²] 老 ออกบิน[ʔɔ:k⁹ ʔbin¹];บินขึ้น[ʔbin¹' khun³] 越 cất cánh[kɤt⁷ kan⁵]

【起来】 泰 ขึ้นมา[khun³ ma:²] 老 ขึ้นมา[khun³ ma:²] 岱-侬 tứn[tɯn⁵];tứn dặng[tɯn⁵ jaŋ⁴] 越泰 tứn khửn[tɯn⁵ khun³] 越 dậy[zɤi⁶]

【起立】 泰 ลุกขึ้น[luk⁸ khun³] 老 โย่[jo:³];ลุก[luk⁸];ลุกขึ้น[luk⁸ khun³] 岱-侬 dăngkhửn[jaŋ⁴ khun³] 越泰 dưn khửn[jɯn¹ khun³] 越 đứng dậy[ʔduŋ⁵ zɤi⁶]

【起名】 泰 ตั้งชื่อ[taŋ³ tshɯː³];ให้ชื่อ[hai³ tshɯː³] 老 ตั้งขื่[taŋ⁴ sɯː¹];ใส่ขื่[sai¹ sɯː¹];อะขากบามตั้งขื่[kha² na:n¹ na:m² taŋ⁴ sɯː¹];อะขากบาม[kha² na:n¹ na:m²];อะขากขื่[kha² na:n¹ sɯː¹];อะบุขื่[la⁵ ʔbu² ... ]

【启明星】 泰ดาววีนัส[ʔda:u² wi:² nat⁸];ดาวรุ่ง[ʔda:u² ruŋ³];ดาวศุกร์[ʔda:u² suk⁸];ดาวประจำรุ่ง[ʔda:u² pra⁵ tsam² ruŋ³];ดาวประกายพรึก[ʔda:u² pra⁵ ka:i² phrɯk⁸];ประจำเมือง[pra⁵tsam²mɯ:aŋ²];ดาวประจำเมือง[ʔda:u²pra⁵tsam²mɯ:aŋ²] 老ดาวรุ่ง[ʔda:u¹¹ huŋ¹];ดาวพะภาย[ʔda:u¹¹ pha²ka:i¹];ดาวปะภาย[ʔda:u¹¹ pa²ka:i¹¹];ดาวปะภายพึก[pa²ka:i¹¹ phɯk⁸];ดาวเพ็ด[ʔda:u¹¹ phet⁸];ดาวเพ็ก[ʔda:u¹¹ phek⁸] 岱-侬đao đí nâu chạu[ʔda:u¹ ʔdi⁵ nəu¹ tɕau⁴] 越đao cả[ʔda:u¹ ka³] 越泰Sao Kim[ʂa:u¹ kim¹]; Sao Mai[ʂa:u¹ ma:i¹]

【企鹅】 泰นกเพนกวิน[nok⁸phe:n²kwin²] 老นกปิกกุ้น[nok⁸ pi:k⁹ kun⁴];ปั๋งตอง[paŋ¹¹ ku:aŋ¹] 越chim cánh cụt[tɕim¹ kaŋ⁵ kut⁸]

【企业】 泰ธุรกิจ[thu⁴ ra⁴ kit⁷];วิสาหกิจ[wi⁴ sa:¹ ha⁵ kit⁷] 老วิสาหะกิจ[vi⁵ sa:¹ ha² kit⁷] 越xí nghiệp[si³⁵ ŋi:p⁸]

【气管】 泰หลอดลม[lɔ:t⁹ lom²] 老ฮอดลม[lɔ:t⁹ lom²];ท่อลม[thɔ:⁵ lom²] 岱-侬cò hống[kɔ² hoŋ⁵]; slai cò hống[ɬa:i¹ kɔ² hoŋ⁵] 越泰búa cõ nọi[ʔbuə¹ kɔ² nɔi⁴] 越khí quản[xi⁵ kwa:n³];cuồng phổi[ku:ŋ² foi³]

【气管炎】 泰หลอดลมอักเสบ[lɔ:t⁹lom²ʔak⁷se:p⁹] 老อักเสบทอดลม[ʔak⁷ se:p⁹ lɔ:t⁹ lom²] 越viêm khí quản[vi:m¹ xi⁵ kwa:n³]

【气候】 泰ดินฟ้าอากาศ[ʔdin² fa:⁴ ʔa:² ka:t⁹];ภูมิอากาศ[phu:²mi⁴ʔa²ka:t⁹] 老อากาด[ʔa:¹¹ka:t⁷];ดึมฟ้าอากาด[ʔdin¹¹ fa:⁴ ʔa:¹¹ ka:t⁹];พูมอากาด[phu:m² ʔa:² ka:t⁹]; ฟ้า[fa:⁵];ลมฟ้าอากาด[lom² fa:² ʔa:¹ ka:t⁹] 岱-侬chiêt hí[tɕi:t⁷ hi⁵] 越khí hậu[xi⁵ hɤu⁶] 芒khi hu[khi³ hɤu⁴]

【气流】 泰กระแสลม[kra⁵ sɛ:¹ lom²];กระ แสอากาศ[kra⁵ sɛ:¹ ʔa:² ka:t⁹];กระแสลม[kra⁵ sɛ:¹ lom²];กะแสอากาด[ka² sɛ:¹ ʔa:² ka:t⁹];ลม[ka² sɛ:¹ lom²];กะแสอากาด[ka² sɛ:¹ ʔa:¹ ka:t⁹]

【气枪】 泰ปืนลม[pɯ:n² lom²] 老ปืนลูกอัดลม[pɯ:n¹¹ lu:k¹⁰ ʔat⁷ lom²] 越súng hơi[ʂuŋ⁵ hɤ:i¹]

【气球】 泰บอลลูน[ʔbɔ:n² lu:n²];ลูกโป่ง[lu:k¹⁰ po:ŋ⁵] 老ลูกโป่ง[lu:k¹⁰ po:ŋ⁵];หมากโป่ง[ma:k⁹ po:ŋ⁵] 越bong bóng[ʔbɔŋ¹ ʔbɔŋ⁵] 芒pòng pòng[pɔŋ² pɔŋ²]

【气味❶】 泰กลิ่น[klin⁵] 老กิ่น[kin⁵] 越mùi[mui²];mùi vị[mui:² vi⁶];hơi[hɤ:i¹] 芒hơi[hɤ:i¹]

【气温】 泰อุณหภูมิของอากาศ[ʔun²ha⁵phu:²mi⁴khɔ:ŋ¹²ʔa:²ka:t⁹] 老อุนทะพูม[ʔun¹¹ha² phu:m²];อุนทะพูมของอากาด[ʔun¹¹ ha² phu:m² khɔ:ŋ¹ ʔa:¹ ka:t⁹] 越độ nóng[ʔdo⁶ nɔŋ⁵];nhiệt độ[ɲi:t⁸ ʔdo⁶]

【气息】 泰กลิ่นอาย[klin⁵ ʔa:i²] 老ลมหายใจ[lom² ha:i¹ tsai¹];ลมทับใจ[lom² han¹ tsai¹];ลมปาบ[lom² pa:n¹];ลม[lom²];หายใจ[ha:i¹ tsai¹] 普qasja⁵[qa⁵ sja⁵] 越hơi thở[hɤ:i¹ thɤ³] 芒hơi thớ[hɤ:i¹ thɤ⁵]

【汽车】 泰รถยนต์[rot⁸jon²];ยานยนต์[ja:n²jon²] 老ลดยิบ[lot⁸ ɲon¹];ลดโอโต[lot⁸ ʔo:¹¹ to:¹];โอโต[ʔo:¹¹ to:¹] 岱-侬ô-tô[ʔo¹to¹] 越ôtô[ʔo¹to¹];xeôtô[sɛ¹ ʔo¹ ʔto¹] 芒xe ô tô[sɛ¹ ʔo¹ ʔto¹]

【汽车站】 泰ป้ายรถเมล์[pa:i³rot⁸me:²];ป้ายรถโดยสารประจำทาง[pa:i³ rot⁸ ʔdo:i² sa:n¹ pra⁵ tsam² tha:ŋ²];สถานีขนส่ง[sa⁵tha:¹ni:²khon¹soŋ⁵] 越bến xe ca[ʔben⁵ sɛ¹ ka¹];bến ô-tô[ʔben⁵ ʔo¹ to¹]

【汽船】 泰เรือกลไฟ[rɯ:a²kon²fai²] 老ภูไฟ[kon¹¹ fai²];กำปั่น[kam¹¹ pan⁵];ภาโบ[ka:¹¹ no:²];เรือจักร[hɯ:a² tsak⁷] 越泰ca nô[ka¹ no¹] 越ca nô[ka¹ no¹];tàu hơi nước[tau⁶ hɤ:i¹ nɯ:k⁷]

【汽灯】 泰ตะเกียงแก๊ส[ta⁵ ki:aŋ² ke:t⁸] 老โถมพายุ[kho:m² pha:² ɲu⁵];ตะเกียงพายุ[ta² ki:aŋ¹¹ pha:² ɲu⁵] 越đèn măng xông[ʔdɛn² maŋ¹ soŋ¹]

【汽笛】 泰หวูด[wu:t⁹] 老โหวด[vo:t⁹] 越còi

❶阿含 āi A1　掸ʔai A1　勐ʔai A1

[kɔi²];còi tàu[kɔi²tau²];xúp lê[sup⁷le¹]  芒còi [kɔi²]

【汽水】 泰น้ำอัดลม[nam⁴ʔat⁷lom²] 老บ้ำฮัดล้ม[nam⁴ʔat⁷lom²] 越nước ngọt[nɯːk⁷ŋɔt⁸];thức uống có bọt[thuk⁷ʔuːŋ⁵kɔ⁵ʔbɔt⁸]

【汽艇】 泰เรือกลไฟ[rɯa² kon² fai²];เรือ ยนต์[rɯa² jon²] 老เฮือยิบ[hɯa²ɲon²];เฮือจัก[hɯa²tsak⁷] 越ca nô cao tốc[ka¹ no¹ kaːu¹ tok⁵];ca nô[ka¹ no¹]

【汽油】 泰น้ำมันเบนซิน[nam⁴man²beːn²sin²] 老บ้ำมันแฮ้ดฮั้ง[nam⁴ man² ʔɛt⁷ saŋ⁵];บ้ำมันเบ้นฮิ่น[nam⁴ man² ʔben¹ sin²];เบมฮิ่น[ʔbeːn¹ sin²];แฮ้ดฮั้ง[ʔɛt⁷ saŋ⁵];บ้ำมันแฮดฮั้ง[nam⁴ man² ʔɛt⁹ saŋ⁵] 越xăng[saŋ⁵]

【契约】 泰สัญญาที่แสดงว่าได้มีการซื้อขาย[san¹ jaː³ thiː¹ sa⁵ ʔdɛːŋ² waː³ ʔdai³ miː² kaːn² sɯː⁴ khaːi¹] 老ກອງຕາ[koŋ¹¹ taː¹¹];กะติกา[ka² ti² kaː¹¹];กะติกาสัมยา[ka²ti²kaː¹¹san¹na:¹];ข้ำสิสัมยา[naŋ¹¹saŋː¹¹san¹ naː¹];ພັນທະກຳລະບີ[phan¹tha⁵kɔː¹¹laː⁵niː¹];บับยัด[ʔban¹¹nat⁸];กิ่มทับ[kom¹than²];กิ่มมะทับ[kom¹¹ ma⁵ than²] 越khế ước[xe⁵ ʔɯːk⁷];giao kèo[zaːu¹ kɛu²]

【砌~砖❶】 泰ก่อ[kɔ⁵] 老ก่[kɔ⁵] 越xây[sɣi¹] 芒xây[sɣi¹]

【掐~菜苗】 泰เด็ด[ʔdet⁷];หยิก[jik⁷] 老ເດັດ[ʔdet⁷] 越ngắt[ŋat⁷]

【卡 鱼刺~喉咙】 泰กักคอ[kak⁷] 老ติดคํ[tit⁷khɔː¹] 岱-侬cà[kaː²];cà slap[ka²ɬaːp⁵];chăt[tɕat⁵] 越泰càng[kaːŋ³] 越hóc[hɔk⁵] 芒hóc[hɔk⁵]

【千❷】 泰พัน[phan²] 老ພັນ[phan²] 岱-侬xiên [ɕiːn¹] 越泰pằn[pan⁵] 普tAng³[tɔŋ³] 越nghìn [ŋin²];ngàn[ŋaːn²] 芒ngìn[ŋin²]

【千克】 泰กิโล[kiːlo²];กิโลกรัม[kiːlo²kram²]

【老ກິໂລ[kiː¹lo:²];ກິໂລ[ki²lo:²];ກິໂລກຼາມ[ki²lo:² klaːm¹];ກິໂລກຼາມ[kiː¹lo:² laːm¹];ໂລ[lo:²] 岱-侬càn[kən²] 越cơn[kən¹] 越kilô[ki¹ lo¹];kilôgam [ki¹ lo¹ yaːm¹]

【千米】 泰กิโลเมตร[ki²lo:²meːt¹⁰];ກິໂລ[ki²lo:²] 老ກິໂລແມັດ[kiː¹loː²mɛt⁸] 岱-侬cái hin[kaːi⁵ hin¹] 越泰cay[kai¹] 普puơng¹[puːŋ¹] 越ki-lô-mét[ki¹ lo¹ met⁷];cây số[kɣi¹ ṣo⁵] 芒câl khổ[kɣl¹ kho³]

【千万 数词】 泰สิบล้าน[sip⁷laːn⁴];ກອດ[kɔːt⁹] 老ໂກດ[koːt⁹];สิบล้าน[sip⁷laːn⁴] 越mười triệu[mɯːi² tsiːu⁶]

【千张纸树】 老ອິ່ງກາ[ʔɯːŋ⁵kaː¹¹];ລິ້ມໄມ້[liːn⁴ mai⁴] 岱-侬co phăc ca[kɔ¹phak⁷kaː¹¹];co la liệng [kɔ¹ laː¹ liːŋ⁴] 越泰óng ca[ʔɔŋ⁵ kaː¹] 越cây núc nác[kɣi¹ nuk⁷ naːk⁷]

【迁就】 泰พอนปรน[phɔːn² pron²] 老ຄ້ອຍ[khɔi⁴];ຍອມຕາມ[ɲɔːm²taːm¹];ຜັນຜ່ອນ[phan¹phɔːn⁵];ຜອນຜັນ[phɔːn⁵ phan¹];ໂລຍ[loːi²];ລົດລາວສອກ[lot⁸laː²vaː²sɔːk⁹];ເອົາໃຈ[ʔau¹¹tsai¹];ເອົາອົກເອົາໃຈ[ʔau¹¹ ʔok⁷ ʔau¹¹ tsai¹] 岱-侬nhường[ɲɯːŋ²] 越cà nể[kaː³ ne³];chiều theo[tsiːu² theu¹];nể mặt[ne³ mat⁸];nể nang[ne³ naːŋ¹] 芒né măt[ne⁵ mat⁸];né nang[ne⁵ naːŋ¹]

【牵~牛❸】 泰จูง[tsuːŋ²] 老ຈູງ[tsuːŋ¹] 岱-侬ɯối [tuːi⁵];chung[tɕuŋ¹] 越泰tháng[thaːŋ⁵];chùng[tsuŋ⁶] 越dắt[zat⁵] 芒tách[tat⁵]

【牵扯】 泰ข้องเกี่ยว[khɔːŋ³kiau⁵];ข้อง[khɔːŋ³];เป็นห่วง[pen²huːaŋ⁵] 老ກ່ຽວພັນ[kiau⁵phan²];ຕິດເຖິງ[tit⁷ khɯːŋ²];ຂ້ອງ[khɔːŋ³] 越dây dưa [zɣi¹ zɯə¹];dây dưa đến[zɣi¹ zɯə¹ ʔden⁵]

【牵挂】 泰ห่วงใย[huːaŋ⁵ jai²] 老ห่องใย[huːaŋ⁵

❶ 石家kɔɔ⁶
❷ 阿含ring
❸ 石家cii¹  阿含suŋ A1  勐čuŋ A1

ŋai²]; 岱-侬 hínăm[hi⁵nam³];híslưởng[hi⁵lɯːŋ³] 越泰 longắm[lɔˈŋam⁵] 越 nhớ[nɤ⁵];bận lòng[ʔbɤn⁶ lɔŋ²];bận tâm[ʔbɤn⁶ tɤm¹];vướng víu[vɯːŋ⁵ vit⁷]; vướng víu[vɯːŋ⁵ viu⁵]

【牵连】 泰 เกี่ยวพัน[kiːau⁵phan²] 老 เกี่ยวพัน[kiːau⁵phan²] 越 vạ lây[va⁶lɤi¹] 芒 wã lây[wa⁴ lɤi¹]

【牵牛花】 泰 ดอกมอนิงกลอรี[ʔdɔːk⁹ mɔː² niŋ² klɔː riː];ดอกจงวัว[ʔdɔːk⁹tsoŋ²wuːa²] 老 ดอกบิ้งฮ้าง[ʔdɔːk⁹ʔboŋ⁴saːŋ⁴];บิ้งฮ้าง[ʔboŋ⁴saːŋ⁴] 越 hoa loa kèn[hwa¹lwa¹kɛn²];cây bìm bìm[kɤi¹²bim² ʔbim²]

【铅❶】 泰 ชิน[tshin²];ตะกั่ว[ta⁵ kuːa⁵] 老 ฮืน[sɯːn²] 岱-侬 chìn[tein²];chùn[teun²];dùn[jun²] 越泰 chửn[tsɯn²] 普 cươn⁴[tsuːn⁴] 越 chì[tɕi²] 芒 chì[tɕi²]

【铅笔】 泰 ดินสอ[ʔdin² sɔːˈ] 老 สมดำ[sɔːˈ ʔdam¹]; ถิมดำ[ʔdinˈ sɔːˈ ʔdam¹] 越泰 bútchị[ʔbut⁷tɕi⁴] 普 pi¹ kươ⁴[pi¹ kɯɤ⁴] 越 bút chì[ʔbut⁷ tɕi²]

【铅锤】 泰 ลูกดิ่ง[luːk¹⁰ʔdiŋ⁵] 老 ลูกถิ่ง[luːk¹⁰ʔdiŋ⁵]; ผากดิ่ง[maːk⁹ ʔdiŋ⁵];โต้มดิ่ง[toːn⁴ ʔdiŋ⁵] 越 quả dọi[kwa³ zɔi⁶];dây dọi[zɤi¹ zɔi⁶]

【铅球】 泰 ลูกสำหรับทุ่มน้ำหนัก[luːk¹⁰sam¹rap⁷ thum³nam⁴nak⁷] 老 ลูกตุ่ม[luːk¹⁰tum⁴];ผากตุ่ม[maːk⁹tum⁴];ผากเย้ก[maːk⁹lek⁷] 越 đẩytạ[ʔdɤi² taˈ⁶];ném tạ[nɛm⁵ taˈ⁶]

【签订】 泰 ทำและเซ็น[tham²lɛ⁴sen²];เซ็นสัญญา[sen²san¹jaː²] 老 เซ็น[sen²] 越 ký[ki⁵]

【签名】 泰 เขียนชื่อ[khiːan¹ tshɯː³];เซ็นชื่อ[sen² tshɯː³];ลงชื่อ[loŋ² tshɯː³];ลงนาม[loŋ² naːm²] 老 เซ็นซื่อ[sen² sɯː⁵];ขรยนซื่อ[khiːan¹ sɯː⁵];ลงนาม[loŋ²naːm²];ลงลายเซ็น[loŋ²laːi²sen²]

【谦虚】 泰 ถ่อมตัว[thɔːm⁵tuːa²] 老 ฑะฆอมถ่อมติอ[thaˈ²nɔːmˈthɔːm⁵tuːa¹ˈ];ถ่อมติอ[thɔːm⁵tuːa¹ˈ]; ถ่อมใต[thɔːm⁵tɔːˈ¹] 岱-侬 nhưởngnả[ɲɯːŋ³na³] 越 nhũn nhặn[ɲun⁴ ɲan⁶];khiêm tốn[kiːm¹ ton³] 芒 khiêm tốn[khiːm¹ ton³]

【前 房~ ❷】 泰 หน้า[naː³];ข้างหน้า[khaːŋ³ naː³];ด้านหน้า[ʔdaːn³ naː³];แนวหน้า[nɛːu² naː³] 老 หบ้า[naː³]; เบื้องหบ้า[ʔbɯːaŋ⁴ naː³];ข้างหบ้า[khaːŋ³ naː³]; ด้านหบ้า[ʔdaːn⁴ naː³];ทางหบ้า[thaːŋ² naː³] 普 tơkwăn¹[tɤ⁰ kuan¹];kwăn¹[kuan¹] 越 trước[tsɯːk⁷]; bên trước[ʔben¹ tsɯːk⁷];phía trước[fiə⁵ tsɯːk⁷];mặt trước[mat⁸ tsɯːk⁷] 芒 tlước[tlɯːk⁷];mặt tlước [mat⁸ tlɯːk⁷];khả tlước[kha³ tlɯːk⁷]

【前 三年~】 泰 ก่อน[kɔːn⁵];ก่อนหน้า[kɔːn⁵naː³];เมื่อก่อน [mɯːa⁵ kɔːn⁵];เมื่อก่อนนี้[mɯːa³ kɔːn⁵ niː⁴];ปางก่อน [paːŋ² kɔːn⁵] 老 ท่อน[kɔːn⁵] 岱-侬 pưa xằng[pɯə eaŋ²] 越泰 cónchờ[kɔn⁵tsɤ²] 越 trước[fiə⁵tsɯːk⁷] 芒 tlước[tlɯːk⁷]

【前夫】 泰 อดีตสามี[ʔa⁵ ʔdiːt⁹ saːˈ¹ miː²];สามีคนก่อน [saːˈ¹miː²khon²kɔːn⁵] 老 สามีถิบท่อน[saːˈ¹miː² khon²kɔːn⁵] 越泰 phua hạng[phuə¹haːŋ⁴] 越 người chồng trước[ŋɯi² tsoŋ² tsɯːk⁷]

【前后】 泰 ช่วงเวก่อนหรีหลัง[tshuːaŋ³weː²laː²kɔːn⁵ rɯːˈ¹ laŋ¹];ในระหว่าง[nai² ra⁴ waːŋ⁵] 岱-侬 cón lăng [kɔn⁵ laŋ¹] 越泰 cón lăng[kɔn⁵ laŋ¹] 越 trước sau [tsɯːk⁷ ʂau¹] 芒 tlước khau[tlɯːk⁷ khau¹]

【前几年】 泰 หลายปีก่อน[laːi¹piː²kɔːn⁵] 老 หงายปี ท่อน[laːi¹ piː² kɔːn⁵] 越 mấy năm trước[mɤi⁵ nam¹ tsɯːk⁷] 芒 mấy năm tlước[mɤi³ nam¹ tlɯːk⁷]

---
❶ 掸 sĭn A2　勐 čĭn A2
❷ 石家 naa³

【前进】 泰ก้าวไปข้างหน้า[ka:u³ pai² kha:ŋ³ na:³]; รุดหน้า[rut⁸na:³] 老ท้าวไปข้างหน้า[ka:u⁴pai¹kha:ŋ³ na:³] 越tiến lên[ti:n⁵ len¹];tiến tới[ti:n⁵ tɤ:i⁵]; tiến bước[ti:n⁵ ʔbɯ:k⁷]

【前列腺】 泰ต่อมลูกหมาก[tɔ:m⁵lu:k¹⁰ma:k⁹];ต่อมลูกหมากที่ขับน้ำอสุจิ[tɔ:m⁵lu:k¹⁰ma:k⁹thi:³khan¹ nam⁴ ʔa⁵ su⁵ tɕi⁵] 老ต่อมฆาก[tɔ:m⁵ ma:k⁹] 越tuyến tiền liệt[twi:n⁵ ti:n² li:t⁸]

【前列腺炎】 泰ต่อมลูกหมากอักเสบ[tɔ:m⁵lu:k¹⁰ ma:k⁹ʔak⁷se:p⁹] 老ต่อมฆาก อักเสบ[tɔ:m⁵ma:k⁹ ʔak⁷ se:p⁹] 越viêm tuyến tiền liệt[vi:m⁴ twi:n⁵ ti:n² li:t⁸]

【前门】 泰ประตูหน้า[pra⁵tu:²na:³] 老ปะตูหน้า[pa² tu:¹' na:³] 越cửa trước[kɯə³ tʂɯ:k⁷]

【前年】 泰ปีก่อน[pi:²kɔ:n³] 老ปีก่อน[pi:¹'kɔ:n⁵] 岱-侬pi chai[pi¹ tɕa:i¹] 越泰pi cón[pi¹ kɔn⁵];pi nưa[pi¹ nɯə¹] 普mjaj² ʔaj³[mja:i³ ʔa:i³] 越năm kia[nam¹ kiə¹] 芒năm chia[nam¹ tɕiə¹]

【前妻】 泰อดีตภรรยา[ʔa⁵²di:t⁹phan²ja:²];เมียคนก่อน[mi:a²khon²kɔ:n³] 老ฆายๆคืมก่อน [sa:¹ ŋa:² khon² kɔ:n⁵] 越泰mĩa hạng[miə² ha:ŋ⁴]; mè hạng[mɛ⁶ ha:ŋ⁴] 越vợ trước[vɤ⁶ tʂɯ:k⁷];người chồng trước[ŋɯ:i² tʂoŋ² tʂɯ:k⁷]

【前世】 泰ชาติที่แล้ว[tsha:t¹⁰thi:³lɛ:u⁴] 老ຊາດก่อน [sa:t¹⁰kɔ:n⁵];ปุลิมะຊາດ [pu²li⁵ma⁵sa:t¹⁰]; อะดีตะพืบ[ʔa²²di:t⁹ta²phop⁸];อะดีตะຊາດ[ʔa² ʔdi:t⁹ta²sa:t¹⁰];ปุลิมะຊາດ [ʔbu²li⁵ma⁵sa:t¹⁰]; ปุลิมัตตะพາບ[ʔbu²li⁵mat⁸ta²pha:p¹⁰];ปุบพะຊາດ [ʔbup¹ pha² sa:t¹⁰]

【前天❶】 泰วันก่อน[wan² kɔ:n³];เมื่อ วานซืน[mɯ:a² wan² sɯ:n²];วานซืน[wan² sɯ:n²] 老มื้อຊືน[mɯ:⁴ sɯ:n²];อันຊืน[van²sɯ:n²];ວາມຊืน[va:n²sɯ:n²];อันก่อน[van²kɔ:n³];มื้อก่อน[mɯ:⁴kɔ:n³] 岱-侬vǎndin [van²jin¹];văncón[van²kɔn⁵];pửacón[pɯə³ kɔn⁵]

【前线】 泰แนวหน้า[nɛ:u²na:³] 老แบอหน้า[nɛ:ɯ³ na:³] 越泰náchọn[na³tsɔn⁴] 越mặttrận[mat⁸tʂɤn*]; tiền tuyến[ti:n² twi:n⁵];tuyến đầu[twi:n⁵ ʔdɤu²]

越泰mự xựn[mɯɯ⁴ sɯn²] 普Vân³ ʔaj³[βɤn³ ʔa:i²]; Vẩn³ na³[βɤn³ na³] 越hôm kia[hom¹ kiə¹];hôm trước[hom¹ tʂɯ:k⁷] 芒ngày hơ[ŋai² hɤ¹];ngày nõ [ŋai² nɔ⁴]

【钱】 泰เงิน[ŋɤ:n²] 老เงิบ[ŋɤn²];ຽน[ŋɯn²] 岱-侬chèn[tɕɛn²];ngần[ŋɤn²] 越泰ngởn[ŋɤn²] 普tin⁴[tin⁴] 越tiền[ti:n²] 芒tiền[ti:n²];thiền [thi:n²];pac[pa:k⁸]

【钱包】 泰กระเป๋าเงิน[kra⁵ pau² ŋɤ:n²] 老ກະเປ๋าเຽน [ka² pau¹' ŋɤn²];ກະเป๋า[ka² pau¹'] 岱-侬mèng cà to chèn[mɛŋ² ka² tɔ¹ tɕɛn²] 越泰hò pêo ngởn[hɔ⁶ pɛɯ²ŋɤn²] 越ví tiền[vi⁵ti:n²];hầu bao[hɤu² ʔba:u¹]; ví[vi⁵] 芒bim[ʔbim⁵];vì tiền[vi³ ti:n²]

【钱袋】 泰ถุงเงิน[thuŋ⁵ ŋɤ:n²] 老ຖຶ່ງเงิบ[thoŋ¹ ŋɤ:² ] 越túi bạc[tui⁵ ʔba:k⁸]

【钱柜】 泰ตู้เก็บเงิน[tu:³kep⁷ŋɤ:n²] 老ตู้เก็บเ฿น [tɯ:⁴kep⁷ŋɤn²] 越két tiền[kɛt⁷ti:n²];két tiền bạc[kɛt⁷ ti:n² ʔba:k⁸];tủ đựng tiền[tu³ ʔduŋ⁶ ti:n²]

【钳子】 泰คีม[khi:m²] 老ถิม[khi:m²];ปาก锤 [pa:k⁹khi:m²];ถิม[khim²] 岱-侬kim[kim²];mạc kìm[ma:k⁸ kim²] 越泰kĩm[kim²];mạk kĩm[ma:k⁸ kim²] 普tăp⁵[tap⁵];tap⁵[ta:p⁵] 越kìm[kim²];cái kim[ka:i⁵ kim²] 芒kìm[kim¹]

【潜~下水底】 泰ดำ[ʔdam²];ประดา[pra⁵ ʔda:²];ผลุบ [pɑlup⁷] 老ดำ[ʔdam¹'];ຊอด[sɯat¹⁰];มุด[mut⁸] 岱-侬đăm[ʔdam¹] 越泰đăm[ʔdam¹] 普Vcj³ [βɤ:i³] 越lặn[lan⁶] 芒lặn[lan⁴]

【潜水】 泰ดำน้ำ[ʔdam²nam⁴] 老ດำน้ำ[ʔdam¹'nam⁴] 越lặn[lan⁶] 芒lặn[lan⁴]

【潜泳】 泰ดำน้ำ[ʔdam²nam⁴] 老ลอยดำน้ำ[lɔ:i²

---

❶ 石家mii³-phɔɔn⁴ 阿含 shïn A2 渤 sin A2

?dam¹ nam⁴] 越bơi lặn[ʔbɤ:i¹ lan⁶]

【浅水很~】 泰ตื้น[tɯ:n³] 老ตื้น[tɯ:n⁴] 岱-侬phẻn[phen³];xẻn[ɕɛn³] 越泰tởn[tən³] 普lân⁴ [lɤn⁴];lơn⁴[lɤ:n⁴] 越nông[noŋ⁴];cạn[ka:n⁶] 芒đal[ʔdal¹]

【浅颜色~】 泰อ่อน[ʔɔ:n⁵] 老อ่อบ[ʔɔ:n⁵] 岱-侬măng[maŋ¹] 越泰măng[maŋ¹] 越nhạt[ɲa:t⁸]

【浅滩】 泰หาดที่ตื้น[ha:t⁹ thi:³ tɯ:n³];ชายหาดน้ำตื้น[tsha:i² ha:t⁹ nam⁴ tɯ:n³] 老ขาด[ha:t⁹] 岱-侬tát năm[ta:t⁷ nam⁴] 越thác nước[tha:k⁷ nɯ:k⁷];chỗ nước cạn[tso⁴ nɯ:k⁷ ka:n⁶]

【欠】 泰ยืม[jɯ:m²] 老ค้าง[kha:ŋ⁴];ติด[tit⁷] 越thiếu[thi:u⁵];khiếm[xi:m⁵] 芒thiếu[thi:u³];khiếm[khi:m³]

【欠债】 泰ติดหนี้[tit⁷ni:³] 老ติดขนี้[tit⁷ni:³]; ติดขี้ติดสิน[tit⁷ni:³tit⁷sin¹];เป็นหนี้[pen¹ni:³] 岱-侬sliêu ni[ɬi:u¹ ni³] 越泰thúrk nợ[thɯɯk⁷ nɤ⁴] 越mắc nợ[mak⁷ nɤ⁶] 芒bắc nỡ[ʔbak⁷ nɤ⁴]

【歉收】 泰การเก็บเกี่ยวไม่ได้ผล[ka:n²kep⁷ki:au⁵mai³ ʔdai³ phon¹ la⁴] 岱-侬vải mùa[va:i³ muə²] 越泰 lụ mũa[lu⁵ muə²] 越mất mùa[mɤt⁷ muə²] 芒bất mùa[ʔbɤt⁷ muə²]

【枪❶】 泰ปืน[pɯ:n²] 老ปืน[pɯ:n¹] 岱-侬slủng [ɬuŋ³] 越泰ống[ʔoŋ⁵] 普lan³[la:n³] 越súng[ʂuŋ⁵] 芒khủng[khuŋ³]

【枪毙】 泰ประหารชีวิต[pra⁵ ha:n¹ tshi:² wit⁸];ยิงเป้า [jiŋ²pau⁵] 老ยิงปะหารชีวิต[ɲiŋ²pa²ha:n¹si:² vit⁸];ยิงป้อม[ɲiŋ² pɔ:m⁴] 岱-侬khà[kha³] 越泰 miện mò[mi:n⁴ mɔ²] 越bắn chết[ʔban⁵ tset⁷];xử bắn[sɯ³ ʔban⁵] 芒xử pảnh[sɯ³ paɲ³]

【枪伤】 泰ยิงบาดเจ็บ[jiŋ² ʔba:t⁹tsep⁷] 老ยิงบาดเจ็บ [ɲiŋ² ʔba:t⁹ tsep⁷] 越vết thương đạn[vet⁷ thɯɯ:ŋ¹ ʔda:n⁶];vết thương do súng gây ra[vet⁷ thɯɯ:ŋ¹ zɔ⁵ ʂuŋ⁵ ʔda:n⁶ ɣɤi¹ za¹]

【枪托】 泰พานท้ายปืน[pha:n² tha:i⁴ pɯ:n²] 越báng súng[ʔba:ŋ⁵ ʂuŋ⁵] 芒máng khủng[ma:ŋ³ khuŋ³]

【蜣螂屎壳郎】 泰จี่[tsi:⁵];จู่จี่[tsu:⁵ tsi:⁵];แมลงกุ๊ดจี่[ma le:ŋ² kut⁴tsi:⁵];ด้วงขี้ควาย[ʔduaŋ³ khi:³ khwa:i²] 老จู่จี่ [tsu:⁵ tsi:⁵];แมงจุดจี่[mɛ:ŋ² tsut⁷ tsi:⁵];จุดจี่[tsut⁷ tsi:⁵] 普qjang³ ʔe⁵[qia:ŋ¹ ʔɛ⁵] 越bọ hung[ʔbɔ⁶ huŋ¹] 芒xù xi[suʔ² si²]

【墙】 泰ผนัง[pha⁵naŋ¹];ฝาผนัง[fa:¹pha⁵naŋ¹];กำ แพง[kam² phɛ:ŋ³] 老ฝา[fa:¹];เยะงั๊ง[pha² naŋ¹]; ฝาเยะงั๊ง[fa:¹pha²naŋ¹] 岱-侬chỉnh[tɕiɲ²] 越泰 pha[pha¹] 普cing⁴[tsiŋ⁴] 越tưởng[tɯ:ŋ²];bức tường[ʔbɯɯk⁷ tɯ:ŋ²] 芒tưởng[tɯ:ŋ²];pác tường [pɤk⁷ tɯ:ŋ²]

【墙壁】 泰ฝาผนัง[fa:¹ pha⁵ naŋ¹] 老ฝาเยะงั๊ง[fa:¹ pha² naŋ¹] 岱-侬pha[pha¹] 普pa⁴[pa⁴] 越vách tường[vat⁷ tɯ:ŋ²];bức vách[ʔbɯɯk⁷ vat⁷] 芒cải nắng[ka:i³ nɤŋ²]

【墙根】 泰ตีนกำแพง[ti:n¹kam²phɛ:ŋ³] 老ตีมเยะงั๊ง [ti:n¹ pha² naŋ¹] 越chân tường[tsɤn¹ tɯ:ŋ²]

【墙角】 泰มุมกำแพง[mum²kam²phɛ:ŋ³] 老มุม เยะงั๊ง[mum² pha²naŋ¹] 越góc tường[ɣɔk⁷tɯ:ŋ²]; góc nhà[ɣɔk⁷ ɲa²];xó nhà[sɔ⁵ ɲa²]

【墙头】 泰สันกำแพง[san²kam²phɛ:ŋ³] 越mái tường[ma:i⁵ tɯ:ŋ²];chóp tường[tsɔp⁷ tɯ:ŋ²]

【蔷薇花】 泰กุหลาบ[ku⁵ la:p⁹] 老ดอกกุหลาบ [ʔdɔ:k⁹ ku² la:p⁹] 越hoa tường vi[hwa¹ tɯ:ŋ² vi¹]

【强盗】 泰โจร[tso:n²];ไอ้เสือ[ʔai⁵sɯ:a¹] 老 ผู้ร้ายฉายโจม[phu:⁵ ha:i¹ sa:i² tso:n¹];มะหาโจม [ma⁵ ha:¹ tso:n¹] 越泰cồn cướp[kon² kɯ:p⁷] 普 qa cương⁴[qa⁰ tɯɯ:ŋ⁴]; sjang¹ taw²[sja:ŋ² ta:u²] 越tên ăn cướp[ten¹ʔan¹kɯ:p⁷];kẻ cướp[kɛ³ kɯ:p⁷] 芒ké cướp[kɛ⁵ kɯ:p⁷];thằng cướp[tha:ŋ² kɯ:p⁷]

---

❶ 阿含 kǎng C1； klǎng C1　拉哈 ʔông³

【强占】 泰ใช้กำลังเข้ายึดครอง[tshai⁴kam²laŋ²khau³ jut⁸khrɔːŋ²] 老ใช้กำลังยึดถือของ[sai⁴kam¹¹laŋ¹ ɲɯt⁸ khɔːŋ²] 越chiếm đoạt[tsiːm⁵ ʔdwaːt⁸];cướp lấy[kɯːp⁷ lɤi⁵];cưỡng chiếm[kɯːŋ⁴ tsiːm⁵]

【强制】 泰บังคับ[ʔbaŋ²khap⁸] 老บັງຄັບ[ʔbaŋ¹¹ khap⁸] 越bắt buộc[ʔbat⁷bu:k⁸];ép buộc[ʔɛp⁷ ʔbu:k⁸];ép[ʔɛp⁷] 芒pát puôc[pat⁷ pu:k⁸];ép[ʔɛp⁷]

【襁褓】 泰ผ้าตุ้ม[phaː³tum³];ผ้าอ้อม[phaː³ʔɔːm³]; ผ้าอ้อง[phaː³ʔɔːŋ³];ผ้าอ้อม[phaː³ ʔɔːm⁴] 老ຜ້າອ້ອມ [phaː³ʔɔːm⁴];ຜ້າອ້ອງ[phaː³ʔɔːm³];ຜ້າຕຸ້ມ[phaː³ tum⁴] 越tã bọc[taː⁴ ʔbɔk⁸]

【抢❶】 泰แย่ง[jɛːŋ³];ชิง[tshiŋ²] 老แย่ง[ɲɛːŋ²];ຊີງ [siŋ²];แย่งชิง[ɲɛːŋ⁵ siŋ²] 傣-侬cheng au[tɕɛŋ¹ ʔau¹];cướp[kɯːp⁷] 越泰 cướp[kɯːp⁷] 越 cướp[kɯːp⁷] 芒cướp[kɯːp⁷]

【抢夺】 泰แย่งชิง[jɛːŋ³ tshiŋ²] 老ຍາດຊີງ[ɲaːt¹⁰ siŋ²] 越ăn cướp[ʔan¹ kɯːp⁷];lục tung để ăn cắp [luk⁸ tuŋ¹ ʔde³ ʔan¹ kap⁷];cướp bóc[kɯːp⁷ ʔbɔk⁷]; cướp phá[kɯːp⁷ faː⁵];cướp đoạt[kɯːp⁷ ʔdwaːt⁸]

【抢购】 泰ชิงซื้อ[tshiŋ²sɯː⁴];แย่งกันซื้อ[jɛːŋ³kan² sɯː⁴] 老ຊີງຊື້[siŋ² sɯː⁴] 越mua vét[muə¹ vɛt⁷]

【抢劫】 泰ปล้น[plon³] 老ຕີຊີງ[tiː¹¹si:ŋ²];ຕີປຸ້ນ[ti:¹¹ pun⁴];ປຸ້ນສະດົມ[pun⁴sa²ʔdom¹];ປຸ້ນວິຖີຊິງ[pun⁴ vi:² ti:¹¹ siŋ²];ປຸ້ນເອົາ[pun⁴ ʔau¹];ລັກປຸ້ນ[lak⁴ pun⁴]; ປຸ້ນ[pun⁴];ປົ້ນ[pon⁵] 傣-侬cươp[kɯːp⁷];cheng au [tɕɛŋ¹ ʔau¹] 越泰cướp[kɯːp⁷] 越ăn cướp[ʔan¹ kɯːp⁷];trấn lột[tʂɤn⁵ lot⁸];cướp giật[kɯːp⁷ zɤt⁸]; cướp đoạt[kɯːp⁷ ʔdwaːt⁸];cướp bóc[kɯːp⁷ ʔbɔk⁷]; cướp[kɯːp⁷] 芒cướp póc[kɯːp⁷ pɔk⁷];cướp dât [kɯːp⁷ zɤt⁸];ăn cướp[ʔan¹ kɯːp⁷];cướp[kɯːp⁷]

【抢救】 泰ฉุดสาวมาแต่งงาน[tshut⁷ sa:u¹ ma:² tɛːŋ³ ŋa:n²] 老ປ່ວຍທະຊັນຊັນ[pu:a⁵ka² than¹];ກູ້ຮອບ [kuː⁴hɔn⁴] 越cấp cứu[kɤp⁷kɯːu⁵] 芒cấp cưu

[kɤp⁷ kɯːu³]

【抢亲】 泰ฉุดสาวมาแต่งงาน[tshut⁷sa:u¹ma:²tɛːŋ ŋa:n²] 老ກັບຍາທອນ[kan¹¹na:²hɔ:n¹] 越cưỡng hôn[kɯːŋ⁴ hon¹];cướp cô dâu[kɯːp⁷ ko¹ zɤu¹]

【抢占】 泰ชิงยึด[tshiŋ² jut⁸] 老ຍາດຊີງ[na:t¹⁰si:ŋ²] 越chiếm cứ[tsiːm⁵ kɯ⁵];tranh chiếm được[tʂaɲ⁻ tsiːm⁵ ʔdɯːk⁸]

【呛气味~人】 泰สำลัก[sam¹lak⁸];กลิ่นฉุน[klin⁵tshun¹] 老ສະຫັກ[sa² hak⁷];ກະຫມັກ[ka² mak⁷];ເຫີ້[thau⁴] 傣-侬mên[men¹];hông[hoŋ¹];cắn[kan¹];đạt[ʔda:t⁷] 越泰xmặc[s-mak⁸];ươn[ʔɯːn¹];khứn[khun⁵] 越 sặc[ʂak⁸];hắc[hak⁷];ngái[ŋa:i⁵] 芒khắc[khak⁸]; hắc[hak⁷];ngál[ŋa:l⁵]

【敲】 泰เคาะ[khɔ⁴] 老ຕ່ອຍ[tɔ:i⁵];ຕີ[ti:¹];ຕ່ອຍຕີ [tɔ:i⁵ ti:¹];ເທິງ[theŋ¹];ເຄາະ[khɔ⁵];ລັ້ນ[lan⁵];ເຮິງ[heŋ⁵]; ຮ່າຍ[ha:i⁵] 傣-侬tôp[top⁷];lói[lɔi⁵];tói[tɔi⁵];hói[hɔi⁵]; côc[kok⁷] 越tói[tɔi⁵];tĩnh[tiŋ²];cốc[kok⁷] 普lǎj³ rok⁵[lai³rɔk⁵] 越cốc[kok⁷];khua[xuə¹]; gõ[ɣɔ⁴] 芒khua[khuə¹];cúng[kuŋ⁵]

【敲诈】 泰รีดไถ[ri:t¹⁰ thai¹] 老ບີບຮັດ[ʔbi:p⁹hat⁵]; ກຳໂຂກ[kam¹¹ so:k¹⁰] 越bóp nặn[ʔbɔp⁷ nan⁶];bắt chẹt[ʔbat⁷ tsɛt⁸];bắt bí[ʔbat⁷ ʔbi⁵]

【锹】 泰พลั่ว[phlu:a³];อีต้อ[ʔiː² tɔ:³] 老ຫຼົວ[lu:a³]; ສວານ[swa:n⁴] 傣-侬lùa[luə³] 越泰lùa[luə³] 普tShing³tShwan²[tʂiŋ³ tʂhua:n²] 越mai[ma:i¹]; cáimai[ka:i⁵ma:i¹];sẻng[ʂɛŋ³];cái sẻng[ka:i⁵ ʂɛŋ³] 芒xénh[sɛn⁵];bai[ʔba:i¹]

【乔木】 泰ต้นไม้สูงใหญ่[ton³mai⁴su:ŋ¹jai⁵] 老 ຕົ້ນໄມ້ໃຫຍ່[ton³mai⁴ɲai⁵] 越cây cao to[kɤi¹ ka:u¹ tɔ¹];cây cao[kɤi¹ ka:u¹];cây gỗ[kɤi¹ ɣo⁴]

【桥❷】 泰สะพาน[sa⁵ pha:n²];ขัว[khu:a¹] 老ຂົວ [khu:a¹];ສະພານ[sa² pha:n²];ຂົວສະພານ[khu:a¹ sa² pha:n²] 傣-侬cầu[kəu³] 普xu¹[xu¹];khu¹[khu¹];

---

❶ 阿含 ching A2　掸 siŋ A2　泐 čiŋ A2
❷ 石家 khaw⁴

kiw²[kiu²] 越càu[kɤu²] 芒càu[kau⁵]

【桥牌】 泰ไพ่บริดจ์[phai³?brik⁷] 老ໄພ້ບຼິດ[phai⁴?blit⁷] 越lối chơi brit[loi⁵ tsɤːi¹ ?brit⁷]

【桥头】 泰หัวสะพาน[huːa²saˑ⁵phaːn²] 老ຫົວຂົວ[huːa¹ khuːa¹] 越đầu cầu[?dɤu² kɤu²]

【荞麦】 泰ข้าวนก[khaːu³nok⁸] 老ເຂົ້າສາມລ່ຽມ[khau³saːn¹liːam⁵] 岱-侬mẹc va[mɛk⁸va¹];mẹc slam cooc[mɛk⁸łaːm¹kɔːk⁷] 越kiều mạch[kiːu² mat⁸]

【樵夫】 泰คนหาฟืน[khon² haːˑ¹ fɯːn²] 老ຄົນຫາຟືນ[khon² haːˑ¹ fɯːn²] 越người lấy củi[ŋɯːi² lɤi⁵ kui³];người đốn củi[ŋɯːi² ?don⁵ kui³];người gánh củi[ŋɯːi² ɣaŋ⁵ kui³];tiều phu[tiːu² fu¹]

【巧手~】 泰คล่องแคล่ว[khlɔːŋ³khlɛːu³];หลักแหลม[lak⁷lɛːm¹] 老ຄ່ອງແຄ່ວ[khɔːŋ⁵khɛːu⁵] 岱-侬khéo[khɛu³] 越泰chàng xiếng[tsaːŋ⁶siːŋ²] 越khéo[xɛu⁵] 芒khéo[khɛu³]

【鞘 刀~❶】 泰ฝัก[fak⁷];ปลอก[plɔːk⁹] 老ຝັກ[fak⁷] 岱-侬phăc[phak⁷] 越泰phắc[phak⁷] 越vỏ[vɔ³];bao[?baːu¹] 芒đong[?dɔŋ¹]

【撬】 泰งัด[ŋat⁸] 老ງະດີ[kaˑ² ?diː⁵] 岱-侬ngắn[ŋan²];ngao[ŋaːu⁴];ngay[ŋai⁴];cạy[kai⁵] 越泰ngay[ŋai⁴];ngang[ŋaːŋ⁴];kít[kit⁷] 普ngaw⁴[ŋaːu⁴] 越cạy[kai⁶];bẩy[?bɤi³] 芒pảy[pɤi⁵];cây[kai⁴]

【切~菜】 泰หั่น[han⁵];ซอย[sɔːi²];แล่[lɛː³];ทอน[thɔːn²];จก[tsok⁵];เชือน[tshɯːan³] 老ຊອຍ[sɔːi²];ເຂືອດ[sɯːat¹⁰];ກັນບິດ[kan¹ˑ ?bit⁷];ປາດ[paːt⁹];ຫັນ[han⁵] 岱-侬xón[ɕɔn⁵];xén[ɕɛn⁵];xet[ɕɛt⁷];xăt[ɕat⁷] 越泰xỏi[sɔi³];hắn[han⁵] 普zhan³[ʐaːn³];rhan³[ʐan³] 越thái[thaːi⁵] 芒thái[thaːi³];xắt[sat⁷];cắn[kɤn⁵]

【切除】 泰ตัดออก[tat⁷ ?ɔːk⁹] 老ປາດ[paːt⁹];ຕັດອອກ[tat⁷ ?ɔːk⁹] 越cắt bỏ[kat⁷ ?bɔ³]

【茄子❷】 泰เขือ[khɯːa¹];มะเขือ[ma⁴khɯːa¹] 老ເຂືອ[khɯːa¹];ໝາກເຂືອ[maːk⁹ khɯːa¹] 岱-侬mac khura[maːk⁷khɯːa¹];mac chẻ[maːk⁷tɕɛː³] 越泰mák khura[maːk⁷ khɯːa¹] 越cà[ka²];quả cà[kwa³ ka²] 芒cà[ka²];tlải cà[tlaːi³ ka²]

【妾】 泰เมียน้อย[miːa² nɔːi⁴];เมียกลางนอก[miːa² klaːŋ¹ nɔːk¹⁰] 老ເມຍກາງນອກ[miːa²kaːŋ¹ˑnɔːk¹⁰];ເມຍມ້ອຍ[miːa²nɔːi⁴];ເມຍແມ່ມ້ອຍ[miːa²mɛːˑ⁵nɔːi⁴];อะบุพันละยา[ʔaˑ²nuˑ⁵phanˑ¹laˑ⁵ŋaːˑ²] 岱-侬miề nọi[mieː²nɔi⁴];mẻ nả[mɛː³naːˑ³];mẻ nọi[mɛː³nɔi⁴] 越泰mîa pai[miəˑ²paːi¹];mĩa nọi[miəˑ²nɔi⁴];mẻ nọi[mɛː⁶nɔi⁴] 普maj² nwaj²[maːi²nwaːi³] 越vợ lẽ[vɤ⁶lɛ⁴];nàng hầu[naːŋ²hɤu²] 芒vớ lễ[vɤ⁴lɛ⁴];vớ nhó[vɤ⁴ŋɔ⁵];vớ thiếp[vɤ⁴thiːp⁷];vợ môn[vɤ⁴mɔn⁴];thiếp[thiːp⁷]

【亲~小孩】 泰หอมแก้ม[hɔːm¹ kɛːm³] 老ຫອມແກ້ມ[hɔːm¹ kɛːm⁴] 越hôn[hon¹]

【亲近】 泰ใกล้ชิด[klai⁴ tshit⁸] 老ໃກ້ຊິດ[kai⁴ sit⁸];คุ้น[khun⁴] 岱-侬khẩu xẩu[khəu⁴ɕəu³];nèm xẩu[nɛm² ɕəu³] 越泰xảu chăm[sau⁴ tsam¹] 越gần gũi[ɣɤn²ɣui⁴];thân mật[thɤn¹mɤt⁸]; thân cận[thɤn¹ kɤn⁶]

【亲密】 泰สนิทสนม[saˑ⁵ nit⁷ saˑ⁵ nom¹] 老ລະມຽດ[laˑ⁵ miːat¹⁰] 岱-侬năt niu[nat⁷ niu¹];nua net[nuəˑ¹ nɛt⁷] 越thân[thɤn¹];thân mật[thɤn¹ mɤt⁸];thắm thiết[tham⁵ thiːt⁷]

【亲戚】 泰ญาติ[jaːt¹⁰] 老ພີ່ນ້ອງ[phiːˑ⁵nɔːŋ⁴];ພີ່ນ້ອງຍາດວົງ[phiːˑ⁵ nɔːŋ⁴ ɲaːt¹⁰ voŋ²];ຍາດ[ɲaːt¹⁰];ຍາດຕິ[ɲaːt¹⁰ tiˑ²];ຍາດຕິພີ່ນ້ອງ[ɲaːˑ² tiˑ² phiːˑ⁵ nɔːŋ⁴];ຍາດພີ່ນ້ອງ[ɲaːt¹⁰ phiːˑ⁵ nɔːŋ⁴];ພັນ[phan²] 岱-侬xăn xich[ɕan¹ɕik⁷] 越泰pì nọng[piˑ⁶nɔŋ⁴];họ xăng[hɔ⁴ saːŋ²];họ hăng[hɔ⁴ haːŋ²] 普păn² pen²[pan²

---

❶ 石家vak⁴
❷ 石家maak²- kee²; kee³  撑mak-khə A1

pen³] 越 họ hàng[hɔ⁶ ha:ŋ²];bà con[ʔba² kɔn¹];thân thích[thɤn¹ thi:t⁷] 芒 hō hàng[hɔ⁴ ha:ŋ²];pà con[pa² kɔn¹]

【亲切】 泰 อุ่นใจ[ʔun⁵tsai²];สนิทสนม[sa⁵nit⁷sa⁵nom¹] 老 ມຸທຸຕາ[mu⁵thu⁵ta:¹] 岱-侬 điệp kiu[ʔdi:p⁷kiu¹] 越泰 thậtthọ[that⁸thɔ⁴] 越 thắmthiết[tham⁵ thi:t⁷];thân thiết[thɤn¹ thi:t⁷];thân ái[thɤn¹ ʔa:i⁵]

【亲人】 泰 ญาติพี่น้อง[ja:t¹⁰];ญาติพี่น้อง[ja:t¹⁰ phi:³ nɔ:ŋ⁴] 老 ຍາດ[ɲa:t¹⁰] 越 bà con[ʔba² kɔn¹];người nhà[ŋɯ:i² ɲa²];người thân[ŋɯ:i² thɤn¹];thân nhân[thɤn¹ ɲɤn¹]

【亲生子女】 泰 ลูกตัว[lu:k¹⁰ tu:a²] 老 ລູກຕິງ[lu:k¹⁰ khi:ŋ²] 越泰 lụk ók[luk⁸ ʔɔk⁷] 普 qajuro³[qa⁰jɯ:³] 越 con đẻ[kɔn¹ ʔde³];con ruột[kɔn¹ zu:t⁸] 芒 con té[kɔn¹ tɛ⁵];con cong nhà[kɔn¹ kɔŋ¹ ɲa²]

【亲事】 泰 งานมงคลสมรส[ŋa:n² mɔŋ² khon¹ som¹ rot⁸] 越 việc cưới xin[vi:k⁸ kɯ:i⁵ sin¹];việc hôn nhân[vi:k⁸ hon¹ ɲɤn¹] 芒 wiêc chơl[wi:k⁸ tɕɤ:l¹]

【亲属】 泰 ญาติทางสายเลือด[ja:t¹⁰ tha:ŋ² sa:i¹ lɯ:t⁷] 老 ຄະນາຍາດ[kha⁵na:²ɲa:t¹⁰];ພັນ[phan²] 越 họ hàng thân thuộc[hɔ⁶ ha:ŋ² thɤn¹ thu:k⁸];thân thuộc[thɤn¹ thu:k⁸];thân quyến[thɤn¹ kwi:n⁵];người nhà[ŋɯ:i² ɲa²] 芒 môl tlong tlù[mɔl¹ tlɔŋ¹ tluə²];thân thuôc[thɤn¹ thu:k⁸]

【亲自】 泰 ด้วยตนเอง[ʔdudu:ai³ ton² ʔe:ŋ²];เอง[ʔe:ŋ²] 老 ໂດຍຕິນເອງ[ʔdo:i¹ ton¹ ʔe:ŋ¹];ເອົາເອງ[ʔau¹ ʔe:ŋ¹] 越泰 châutô[tsau³to¹] 越 tự[tɯ⁶];thân chinh[thɤn¹ tsin¹];chính mình[tsin⁵ min²];đích thân[ʔdit⁷ thɤn¹]

【侵犯】 泰 แทรกสอด[sɛ:k¹⁰sɔ:t⁹];อุกอาจ[ʔuk⁷ʔa:t⁹];รุกราน[ruk⁸ ra:n²];ล่วงละเมิด[luːaŋ³ la⁴ mə:t¹⁰] 老 ກ້າວລ່ວງ[ka:u⁵ luːaŋ²];ກ້າວຮ້າວ[ka:u⁴ ha:u⁴];ບຸກຮຸກ[ʔbuk⁷ huk⁸];ລະເມີດ[la⁵ mə:t¹⁰];ລ່ວງ ລະເມີດ[luːaŋ⁵ la⁵mə:t¹⁰];ລ້ຳ[lam⁴];ລ່ວງ[luːaŋ⁵];ລ່ວງເກີນ[luːaŋ⁵ kə:n¹];ລ່ວງລ້ຳ[luːaŋ⁵ lam⁴];ຮຸກຮານຮາວີ[huk⁸ ha:n ha:²vi:²];ບຸກຮຸກ[ʔbuk⁷huk⁸];ຮຸກຮານ[huk⁸ha:n²];ອຸກອາດ[ʔuk⁷ʔa:t⁹] 岱-侬 fàm[fa:m³] 越 xâm phạm[sɤm¹ fa:m⁶];động đến[ʔdoŋ⁶ ʔden⁵]

【侵略】 泰 รุกราน[ruk⁸ra:n²] 老 ການ ຮຸກຮານ[ka:n¹' huk⁸ ha:n²];ຮຸກຮານ[huk⁸ha:n²];ຮຸກຮານຮາວີ[huk⁸ ha:n ha:²vi:²];ບຸກລຸກຮຸກຮານ[ʔbuk⁷ luk⁸ huk⁸ ha:n²] 越 xâm lược[sɤm¹ lɯ:k⁸]

【侵入】 泰 บุกรุกเข้า[ʔbuk⁷ruk⁸khau³] 老 ບຸກຮຸກ[ʔbuk⁷huk⁸];ລ່ວງລ້ຳ[luːaŋ⁵lam⁴];ລ້ຳ[lam⁴] 越 xâm nhập[sɤm¹ɲɤp⁸]

【侵吞】 泰 ฮุบ[hup⁸] 老 ບຽດຍຶດ[ʔbi:at⁹ɲɯt⁸];ບຽດຍຶດ[ʔbi:at⁹ ɲɯt⁷];ອົມ[ʔom¹] 越 nuốt[nu:⁷];biển thủ[ʔbi:n³ thu³];tham ô[tha:m¹ ʔo¹]

【侵占】 泰 ยึดครอง[jɯt⁸ khrɔ:ŋ²] 老 ບຸກຍຶດ[ʔbɯk⁷ jɯt⁷];ບຸກຮຸກ[ʔbuk⁷huk⁸];ບຸກຮຸກເອົາ[ʔbuk⁷luk⁷ʔau¹];ບຽດຍຶດ[ʔbi:at⁹ jɯt⁷];ບຽດຍຶດ[ʔbi:at⁹ ɲɯt⁷];ເອົ້າຍຶດ[khau³ jɯt⁷] 岱-侬 chámchap[tɕa:m⁵ tɕa:p⁷];cheng chap[tɕɛŋ¹ tɕa:p⁷] 越泰 nhơm[ɲɔm¹];xin nhơm[kin¹ ɲɔm¹] 越 xâm chiếm[sɤm¹ tsi:m⁵];chiếm[tsi:m⁵]

【琴】 泰 ขิม[khim¹];พิณ[phin²] 老 ຂິມ[khim¹];ພິນ[phin²] 岱-侬 đàn[ʔda:n²];tính[tiŋ⁵] 越泰 đàn[ʔda:n²] 普 pong²[pɔŋ²] 越 đàn[ʔda:n²];cầm[kɤm²] 芒 đàn[ʔda:n²]

【勤】❶ 泰 ขยัน[kha⁵jan¹] 老 ຂະຫຍັນ[kha²ɲa:n¹];ໝັນ[man⁵] 岱-侬 xắc[ɕak⁷] 越泰 xắc[sak⁷] 越 chăm chỉ[tsam¹ tsi³];chăm[tsam¹];chăm làm[tsam¹ la:m²];siêng[ʂi:ŋ¹];siêng năng[ʂi:ŋ¹ naŋ¹] 芒 khăn[khan²];chăm là[tsam¹la²];chăm chí[tsam¹tsi⁵];chăm[tsam¹]

【勤奋】❷ 泰 ขยันหมั่นเพียร[kha⁵jan¹ man⁵ phi:ar²]

---

❶ 揮 khăk D1S  泐 khăk D1S
❷ 石家 du ʔ⁴

老ອຸດສາຫະ[ʔut⁷ sa:¹ ha²];ອຸດສາ[ʔut⁷ sa:¹];ເອົາການເອົາງານ[ʔau¹¹ ka:n¹ ʔau¹¹ ŋa:n²];ດຸໝັ່ນ[ʔdu² man⁵];ບາກບັ່ນ[ʔba:k⁹ ʔban⁵];ພະຍາຍາມ[pha⁵ ɲa:² ɲa:m²];ພາກພຽນພະຍາຍາມ[phak¹⁰ phi:an² pha⁵ɲa:² ɲa:m²];ພຽນພະຍາຍາມ[phi:an² pha⁵ɲa:² ɲa:m²];ພຽນ[phi:an²];ໝັ່ນ[man⁵];ໝັ່ນພຽນ[man⁵ phi:an²];岱ຂະຫຍັນ[kha²ɲan¹];ຂະຫຍັນຫັວຄວັນ[kha² ɲan¹ ha:u³ han¹];ຂະຫຍັນຫັວຄວ່າ[kha² ɲan¹ han¹ ha:u³] 越cần cù[kɤn² ku²];chuyên cần[tswi:n¹ kɤn²];siêng năng[ɕi:ŋ¹ naŋ¹]

【勤恳】 泰ขยันและจริงจัง[kha⁵ jan¹ lɛ⁴ tsiŋ² tsaŋ²] 老ຂະຫຍັນໝັ່ນພຽນ[kha²ɲan¹man⁵phi:an²] 岱-侬xăc xăn[ɕak⁷ɕan¹] 越泰xăc mắn[sak⁷man⁵] 越cần cù chăm chi[kɤn² ku² tsam¹ tsi³]

【芹菜】 泰เซเลรี[se:² le:² ri:²];คื่นไฉ่[khɯɯn³ tshai⁵] 老ຜັກສີຊ້າງ[phak⁷ si:² sa:ŋ⁴];ຜັກຊີຜະລັ່ງ[phak⁷ si:² fa² laŋ⁵] 岱-侬phjăc cần[phjak⁷ kən²] 越rau cần[ʐau¹ kɤn²] 芒tắc cần[tak⁷ kɤn²]

【青】 泰เขียว[khi:au¹] 老ຂຽວ[khi:au¹] 岱-侬kheo[kheu¹] 越泰kheo[kheu¹] 越xanh[saɲ¹] 芒xenh[sɛɲ¹]

【青菜】 泰ผักสด[phak⁷sot⁷] 老ຜັກຂຽວ[phak⁵ khi:au¹] 越rau cỏ[ʐau¹ kɔ³];rau xanh[ʐau¹ saɲ¹] 芒rau xenh[rau¹ sɛɲ¹]

【青光眼】 泰โรคตาต้อหิน[ro:k¹⁰ta:² tɔ:³hin¹];โรคต้อหิน[ro:k¹⁰tɔ:³hin¹];ต้อหิน[tɔ:³hin¹] 老ຕາແທວບ[ta:¹¹vɛ:n¹];ຕາມືດ[ta:¹ mɯɯ:t¹⁰];ຕາບອດແຈ້ງ[ʔbɔ:t⁹ tsɛŋ⁴];ຕາແຈ້ງ[ta:¹¹ tsɛ:ŋ⁴];ບອດແຈ້ງ[ʔbɔ:t⁹tsɛŋ⁴] 越bệnh tăng nhãn áp[ʔbeɲ⁶ taŋ¹ ɲa:n⁴ ʔa:p⁷];mù quáng[mu² kwa:ŋ⁵] 芒mù quảng[mu² kwa:ŋ⁵]

【青年】 泰เยาวชน[jau²wa⁴tshon²] 老ເຍົາະຊົນ[ɲau² va⁵ son²] 普qajin³[qa⁰ jin³] 越thanh niên[than¹ ni:n¹];tuổi trẻ[tu:i⁵ tʂɛ³] 芒thanh niên[than¹ ni:n¹];thuối nhó[thu:i⁵ ɲɔ⁵]

【青苔❶】 泰ตะไคร[ta⁵ khrai³];ตะไคร่น้ำ[ta⁵ khrai³ nam⁴];ตะไคร่เทียม[ta⁵ khrai³ thi:am²];ที่ตะไคร่[khi:² ta⁵ khrai³];ขี้แดด[khi:³ ʔdɛ:t⁹];ไคล[khlai²] 老ໄຄ[khai¹];ຕະໄຄ[ta² khai²] 普qatu⁴[qa⁰ tu⁴] 越rêu xanh[ʐeu¹ saɲ¹]

【青铜】 泰บรอนซ์[ʔbrɔ:n²];ทองบรอนซ์[thɔ:ŋ² ʔbrɔ:n²];ทองสัมฤทธิ์[thɔ:ŋ²sam¹rit⁸] 老ທອງກົ້ວ[thɔ:ŋ² ku:a⁵];ທອງສຳລິດ[thɔ:ŋ² sam¹ lit⁸] 岱-侬toòng cuôi[tɔ:ŋ² ku:i³] 越泰tōng đăm[tɔŋ² ʔdam¹] 越đồng mắt cua[ʔdoŋ² mat⁷ kuə¹];đồng đen[ʔdoŋ² ʔdɛn²] 芒tòng ten[toŋ² tɛn²]

【青蛙❷】 泰เขียด[khi:at⁹] 老ຂຽດ[khi:at⁹] 岱-侬khuyêt[khwi:t⁷];tuakhuyêt[tuə¹khwi:t⁷] 越泰khiết[khi:t⁷];tô khiết[to¹khi:t⁷] 普qa Văn[qa⁰ ʔan²];qacon[qa⁰ tsɔn²];qapok[qa⁰ pɔk²] 越nhái[ɲa:i⁵];ếch[ʔet⁷];con nhái[kɔn¹ ɲa:i⁵];con ếch[kɔn¹ ʔet⁷] 芒khe[khɛ¹];iếch[ʔi:t⁷]

【蜻蜓】 泰แมลงปอ[ma⁴lɛ:ŋ²pɔ:²] 老ແມງປໍ[mɛ:ŋ² pɔ:¹];ປໍ[pɔ:¹];ແມງກະບີ້[mɛ:ŋ² ka² ʔbi:⁴];ແມງກະໂຊ້[mɛ:ŋ²ka²so:⁴];ແມງສາຍບີ[mɛ:ŋ²sa:i¹ʔbɯɯ:¹] 岱-侬cúng quang[kuŋ⁵ kwa:ŋ¹];mèng quang[mɛŋ² kwa:ŋ¹];puồng pi[puŋ² pi³] 越泰bi[ʔbi³];tô bi[to¹ ʔbi³] 普pasjan⁴[pa⁰ sja:n⁴];qajen⁴[qa⁰ jɛn⁴] 越chuồn chuồn[tsuːn² tsuːn²];con chuồn chuồn[kɔn¹ tsuːn² tsuːn²] 芒còng[kɔŋ²]

【清 水很~ ❸】 泰ใส[sai¹] 老ໃສ[sai¹];ຜ່ອງໃສ[phɔ:ŋ⁵sai¹];ຜ່ອງແຜ້ວ[phɔ:ŋ⁵pheːu³] 岱-侬slâu[ɬəu¹] 越泰xau[saɯ¹] 普lâng³[lɤŋ³] 越trong[tʂɔŋ¹]

【清晨】 泰เช้าตรู่[tshau⁴ tru:⁵] 老ເຊົ້າຕຸ້[sau⁴tu:⁵]

---

❶ 石家caʔ²-phrɨɨ⁴; caɦ⁶-phrɨɨ⁴
❷ 阿含 khit D1L  掸 khet D1L  泐 khet D1L
❸ 石家 trɔm²  阿含 sheu A1  掸 shaï A1  泐 sāi A1

岱-侬dạu[jau⁴] 越ban sớm[ʔbaːn¹ ʂɤːm⁵];ban sáng[ʔbaːn¹ ʂaːŋ⁵];táng sáng[taːŋ⁵ ʂaːŋ⁵];sáng sớm[ʂaːŋ⁵ ʂɤːm⁵];sáng tinh mơ[ʂaːŋ⁵ tiŋ¹ mɤ¹] 芒pan khờm[paːn¹ khɤːm³];làng dao[laːŋ³ zauˀ];dẩl khờm[zɤl⁴ khɤːm³]

【清楚】 泰ชัดเจน[tshat⁸ tseːn²] 老โจ่งแจ้ง[tsoːŋ⁵ tsɛːŋ⁴];ทะขบัดทะขบี่[tha²nat⁷tha²niː⁵];ถ้องแท้[thɔːŋ⁵theː⁴];ถ้อง[thɔːŋ⁵];ปะจัก[pa²tsak⁷] 岱-侬rọ[rɔ⁴];lọ[lɔ⁴];rọráng[rɔ⁴raːŋ⁵] 越泰chành[tseŋ²] 越rõ ràng[zɔ⁴ zaːŋ²] 芒rõ[rɔ⁴];rõ rệt[zɔ⁴ zet⁸];rõ ràng[rɔ⁴ raːŋ²];rành mạch[zaŋ² mat⁸]

【清脆】 泰ใสและไพเราะเพราะพริ้ง[sai⁴ lɛˀ phai² rɔ⁴ phrɔ⁴ phriŋ⁴] 岱-侬rặp riều[rap⁸ riːuˀ];chặc chạy[tcak⁸ tcai⁴] 越泰kinh[kiŋ⁴] 越trong trẻo[tʂɔŋ² tʂɛuˀ]

【清洁工】 泰คนงานทำความสะอาด[khon² ŋaːn² tham²khwaːm²saˀʔaːtˀ] 老ถืนทาอาดทะขบีม[khon² kwaːtˀ thaˀ non¹] 越nhân viên vệ sinh[ŋɤn¹ viːn¹ veˀ ʂiŋ¹];người dọn vệ sinh[ŋɯːi² zɔn⁶ veˀ ʂiŋ¹];người quét dọn[ŋɯːi² kwet⁷ zɔn⁶]

【清明节】 泰เทศกาลทำความสะอาดหลุมฝัง ศพ[theːt¹⁰ sa⁵ kaːn² tham² khwaːm² saˀ ʔaːt⁹ lum¹ faŋ⁵ sop⁷];เทศกาลเชงเม้ง[theːt¹⁰ sa² kaːn² tsheːŋ² meːŋ⁴];วันเช้งเม้ง[wan² tsheːŋ² meːŋ⁴] 岱-侬thanh minh[theŋ⁴ miŋ¹] 越Tết Thanh Minh[tet⁷ thanˀ miŋ¹]

【清汤】 泰แกงจืด[kɛːŋ² tsɯːtˀ] 老แกงจืด[kɛːŋ² tsɯːtˀ] 岱-侬nặm keng đai[nam⁴ keŋ² ʔdaːi¹];nặm liêu[nam⁴ liːu¹] 越泰nặm chan[nam⁴ tsaːn¹] 越canh suông[kanˀ ʂuːŋ¹];canh không rau[kanˀ xoŋ¹ zauˀ];canh không thịt[kanˀ xoŋ¹ thitˀ]

【清醒 头脑~】 泰ปลอดโปร่ง[plɔːtˀ proːŋ⁵] 老ปอดโป่ง[pɔːtˀ poːŋ⁵];เซ่องใส[phɔːŋ⁵ saiˀ];มื่อ[muːa⁴] 岱-侬slinh slặc[ɬiŋ³ ɬak⁸];rụ rủng[ruˀ ruŋ⁴] 越泰xáng nhạt[saːŋ⁵ ɲatˀ] 越tinh táo[tiŋ⁵ taːuˀ];sáng suốt[ʂaːŋ⁵ ʂuːtˀ] 芒tính táo[tiŋ⁵ taːuˀ]

❶ 石家 vaw⁴

【清真寺】 泰โบสถ์แขก[ʔboːtˀ khɛːkˀ];สุเหร่า[suˀ rauˀ];มัสยิด[matˀ jit⁸] 老โบดแขก[ʔboːt⁹ khɛːkˀ];โบดฮิดสะลาม[ʔboːtˀʔit⁷ saˀ laːm²];กะดี[ka²ʔdiː¹] 越nhà thờ Đạo Ixlam[naˀ thɤˀ ʔdauˀ ʔit⁷ laːm¹]

【清煮】 泰ต้ม[tom⁵] 老ต้ม[tom⁴] 岱-侬tôm pú[tom³ puˀ];luộc[luːk⁸] 越泰luộk[luːk⁸] 越luộc[luːk⁸] 芒luôc[luːkˀ]

【轻❶】 泰เบา[ʔbauˀ] 老เบิง[ʔbauˀ] 岱-侬nảɰ[nɯːˀ] 越泰bau[ʔbauˀ] 普xân⁴[xɤn⁴];khâr⁴[khɤn⁴] 越nhẹ[ɲɛ⁶] 芒nhêl[ɲɛl⁴]

【轻浮】 泰เหลาะแหละ[lɔˀlɛˀ] 老กามะพืด[kaːˀ ma⁵phut⁸] 岱-侬sloac rực[ɬwaːk⁷ruk⁸];sloac rừng[ɬwaːk⁷ ruŋˀ] 越lông bông[loŋˀ ʔboŋ¹];phù phiến[fuˀ fiːn⁵];không thiết thực[xoŋ¹ thiːt⁷ thuk³]

【轻活儿】 泰งานเบา[ŋaːn¹ ʔbauˀ] 老งายย่อมๆงาน[viːak¹⁰ nɔːm⁵ kaːn¹ ʔbauˀ] 越việc nhẹ nhàng[viːk⁸ ɲɛˀ ɲaːŋˀ]

【轻机枪】 泰ปืนกลเบา[pɯːn²kon²ʔbauˀ] 老ปีนภิ้นภางๆ[pɯːn¹kon¹ kaːŋˀ];ปีนภิ้นเบิง[pɯːn¹ kon²ʔbauˀ];ปีนจักษะมิดเบิง[pɯːn¹tsakˀsaˀnit⁸ ʔbauˀ];ภิ้นภางๆ[kon¹ kaːŋˀ] 越súng trung liên[ʂuŋ⁵ tʂuŋ¹ liːn¹]

【轻伤】 泰บาดเจ็บเล็กน้อย[ʔbaːt⁹ tsep⁷ lek⁸ nɔːi⁴] 老บาดเจ็บเบิง[ʔbaːt⁹ tsep⁷ ʔbauˀ] 越bị thương nhẹ[ʔbi⁶ thɯːŋˀ ɲɛˀ]

【轻视】 泰ดูถูก[ʔduː² thuːk⁹];มองข้าม[mɔːŋˀ khaːm³] 老เปิ้งเบิง[ʔboŋ⁵ʔbauˀ];ดูแดน[ʔduː¹ˀkhɛːn²];ดูมิ่น[ʔduː¹ˀmin⁵];มิ่น[min⁵];ดูมิ่นดูแดน[ʔduː¹ˀmin⁵ʔduː¹ˀkhɛːn²];ดูมิ่นปะหยาด[ʔduː¹ˀmin⁵pa²maːt⁹];ปะหยาดข่า[pa²maːt⁹naˀ];ปะหยาด[pa²maːt⁹];ดิ่ง[thɯː¹ ʔbauˀ];ดิ่งหุ่ม[thɯː¹ hum⁵];หุ่ม[hum⁵];ลบหลู่[lop⁸ luˀ] 岱-侬ngòi then[ŋɔi² thenˀ];ngòi lom[ŋɔi² lɔm¹];ngòi chèn[ŋɔi² tɕɛn³];ngòi nẩu[ŋɔi² nəu³] 越泰đu ngài[ʔdu¹ ŋa:i⁶]; 越coi khinh[kɔi¹ xin¹];coi thường[kɔi¹ tʰɯ:ŋ²];coi rẻ[kɔi¹ zɛ³]; khinh thường[xin¹ tʰɯ:ŋ²];xem thường[sɛm¹ tʰɯ:ŋ²];khinh rẻ[xin¹ zɛ³];rẻ rúng[zɛ³ zuŋ⁵] 芒ré rủng[rɛ⁵ ruŋ³];coi ré[kɔi¹ rɛ⁵];khinh ré[khin¹ rɛ⁵]; coi thường[kɔi¹ tʰɯ:ŋ²];xem khinh[sɛm¹ khin¹]; thuôi[tʰu:i¹];khinh[khin¹]

【倾斜】泰เอียงลาด[ʔi:aŋ²la:t¹⁰] 老เบิ้ง[nə:ŋ⁴]; เบน[ʔbe:n¹];ผิ่ง[phiŋ⁵];เท[he:¹];ทง่ง[ŋi:aŋ⁵]; ขง[ʔi:aŋ¹];กะเท่เล่[ka²tʰe:⁵le:⁵] 岱-侬 chại [tɕa:i⁴] 越泰xuôi[su:i¹];hiếng[hi:ŋ⁵] 越nghiêng [ŋi:ŋ¹];lệch[let⁸];xiêu vẹo[si:u¹ veu⁶]

【情夫】泰ชายชู้[tsha:i²tshu:⁴] 老ฉายฉู้[sa:i²su:⁴] 越người tình nam[ŋɯ:i² tiŋ² na:m¹]

【情妇】泰หญิงชู้[jiŋ¹tshu:⁴] 老ยิ่งฉู้[ɲiŋ¹su:⁴] 越người tình nữ[ŋɯ:i² tiŋ² nɯ⁴]

【情歌】泰เพลงรัก[pʰle:ŋ² rak⁸] 老เพงฮัก[pʰe:ŋ² hak⁸] 岱-侬sli điêp[ɬi¹ ʔdi:p⁷];lượn kêt[lɯ:n⁴ ket⁷] 越tình ca[tiŋ² ka¹];bài ca tình yêu[ʔba:i² ka¹ tiŋ² ʔi:u¹]

【情人❶】泰คนรัก[khon² rak⁸];คู่ชม[khu:³ tshom²]; คู่สม[khu:³ som¹];คู่รัก[khu:³ rak⁸];ชู้[tshu:⁴];ชู้ชื่น[tshu:⁴ tshɯ:n³];ชู้รัก[tshu:⁴rak⁸] 老คู่ใจ[khu:⁵tsai¹];คู่ไข [khu:⁵sai²];ซู่[su:⁴];ซู้ขิ่น[su:⁴khi:n³];ฉายซู่[sa:i²su:⁴]; ยิ่งฉู้[ɲiŋ² su:⁴];คู่รัก[khu:⁵ hak⁸];แฟน[fe:n²];ทวามใจ [va:n¹ tsai¹] 岱-侬cần điêp[kən² ʔdi:p⁷];cần khỏa [kən² khwa:³] 越泰chụ[tsu⁴] 普qangaj⁵[qa⁰ ŋa:i⁵]; qangaj⁴[qa⁰ ŋa:i⁴];qa sjang² baw⁴[qa⁰ sja:ŋ⁵ ba:u⁴] 越người tình[ŋɯ:i² tiŋ²];nhân tình[ŋɤn² tiŋ²];tình nhân[tiŋ² ŋɤn¹];người yêu[ŋɯ:i² ʔi:u¹] 芒thim [thim¹];thim thènh[thim¹ tʰeŋ²];tửa đỡ[tɯə³ ʔdɤ³]

【晴】泰แจ่มใส[tsɛ:m⁵ sai¹];กระจ่าง[kra⁵ tsa:ŋ⁵]; ปลอดโปร่ง[plɔ:t⁹ plo:ŋ⁵];โปร่ง[plo:ŋ⁵];ปลอดโปร่ง [plɔ:t⁹ pro:ŋ⁵];โปร่ง[pro:ŋ⁵] 老แล้ง[lɛ:ŋ⁴];ใส[sai¹]; ฉ็ดใส[sot⁷sai¹];แดด[ʔde:t⁹];มีละเมก[ni⁵la⁵me:k¹⁰] 岱-侬rủng[ruŋ³] 越泰phôn ướn[phon¹ ʔɯ:n³] 越nắng[naŋ⁵];trời nắng[tʂɤ:i² naŋ⁵];trời quang [tʂɤ:i² kwa:ŋ¹];tạnh[tan⁶]

【晴朗】泰แจ่มใส[tsɛ:m⁵ sai¹] 老มีละเมก[ni⁵ la⁵ me:k¹⁰];ปอดใส[pɔ:t⁹sai¹];ปอดโป่งฉ็ดใส[pɔ:t⁹ po:ŋ⁵ sot⁷ sai¹] 普Vê³ Veng⁴[βe³ βeŋ⁴] 越hửng [hɯŋ³];hửngnắng[hɯŋ³naŋ⁵];nắngráo[naŋ⁵za̠:u⁵]; trời quang[tʂɤ:i² kwa:ŋ¹] 芒hứng[hɯŋ⁵]

【晴天】泰ท้องฟ้าแจ่มใส[thɔ:ŋ⁴fa:⁴tsɛ:m⁵sai¹];วันอา กาศแจ่มใส[wan²ʔa:²ka:t⁹tsɛ:m⁵sai¹] 老ฟ้าแดด [fa:⁴ʔde:t⁹];แดด[ʔde:t⁹];อากาดปอดโป่ง[ʔa:¹¹ka:t⁹ pɔ:t⁹ po:ŋ⁵] 越tốt trời[tot⁷ tʂɤ:i²];nắng ráo[naŋ⁵ za̠:u⁵]

【请~他来】泰เชิญ[tshə:n²];ปลอด[plɔ:t⁹] 老 กะลุนา[ka²lu:⁵na:²] 岱-侬xinh[ɕiŋ³];mời[mə:i³] 越泰mới[mə:i] 普sin⁴[sin⁴] 越mời[mɤ:i²];xin mời[sin¹ mɤ:i²] 芒mời[mɤ:i²]

【请假】泰ลาพัก[la:²phak⁸];ลา[la:²];ลาหยุด[la:²jut⁷] 老ลา[la:²];ลาพัก[la:²phak⁸];ขํลาพัก[khɔ:¹la:² phak⁸] 越xin phép nghi[sin¹fɛp⁷ŋi³];xin phép [sin¹ fɛp⁷]

【请柬】泰บัตรเชิญ[ʔbat⁷ tshə:n²] 老ก้านเฉิบ[ka:n² sə:n²];บัดเฉิบ[ʔbat⁹sə:n²] 越thiếpmời[thi:p⁷ mɤ:i²]; giấymời[zɤi⁵ mɤ:i²] 芒cái thiếp[ka:i³ thi:p⁷];thiếp [thi:p⁷]

【请客】泰เลี้ยงแขก[li:aŋ⁴ khɛ:k⁹] 老ล้งแฃก[li:aŋ⁴ khɛ:k⁹] 越thết khách[thet⁷ xat⁷];đãi khách[ʔda:i³ xat⁷];mời khách[mɤ:i² xat⁷];khao[xa:u¹]

【请求❷】泰ขอร้อง[khɔ:¹rɔ:ŋ⁴];ขอ[khɔ:¹] 老โผด [pʰo:t⁹];ฮ้ก[hi:ak¹⁰];ร้อง[hɔ:ŋ⁴];ร้องข้[hɔ:ŋ⁴

---

❶ 掸 su C2　勐 cǔ C2
❷ 石家 hɔɔ²　阿含 rik-mā; jân　掸 khɔ A1　勐 khɔ A1

khɔː¹];ຂໍຫາບ[khɔː¹ thaːn²];ຂໍໃຫ້[khɔː¹ hai³];ຂໍ[khɔː¹] 越xin[sin¹];nài[naːi²];yêu cầu[ʔiːu¹ kɤu¹];thỉnh cầu[thiŋ³ kɤu²]

【亲家❶】 泰ดอง[ʔdɔːŋ²] 老ດອງ[ʔdɔːŋ¹'];ພໍ່ແທ້ວແມ່ດອງ[phɔː⁵ kɛːu⁴ mɛː⁵ ʔdɔːŋ¹] 岱-侬xăn cha[ɕan¹tɕa¹];kéo dòng[keu⁵ʔdɔŋ¹] 越泰hặc chàu [hak⁸tsau²] 普Voj[βoi¹] 越thônggia[thoŋ² za¹];thân gia[thɤn² za¹];sui gia[ʂui¹ za¹] 芒khoả [khwa³];khoả thông[khwa³ thoŋ¹];khoe khoả [khwɛ¹ khwa³];hầm hā khoả thông[hɤm² ha⁴ khwa³ thoŋ¹]

【亲家公】 泰ພໍ່ແກ້ວພໍ່ດອງ[phɔː³ kɛːu⁴ phɔː³ dɔːŋ²];ພໍ່ດອງ[phɔː³ ʔdɔːŋ²] 老ພີ່ແທ້ວພີ່ດອງ[phɔː⁵ kɛːu⁴ phɔː⁵ ʔdɔːŋ²];ພີ່ດອງ[phɔː⁵ ʔdɔːŋ¹] 越ông thông gia[ʔoŋ¹ thoŋ² za¹];ông sui[ʔoŋ¹ ʂui¹]

【亲家母】 泰ແມ່ດອງ[mɛː³ ʔdɔːŋ²] 老ແມ່ດອງ[mɛː⁵ ʔdɔːŋ¹];ແມ່ແທ້ວແມ່ດອງ[mɛː⁵ kɛːu⁴ mɛː⁵ ʔdɔːŋ¹] 越bà thông gia[ʔba² thoŋ¹ za¹];bà sui[ʔba² ʂui¹]

【庆贺】 泰ฉลอง[tsha⁵ lɔːŋ¹] 老ສະເຫຼີມສະຫຼອງ [sa² lɤːm¹ sa² lɔːŋ¹] 岱-侬fằng[faŋ²];dung[juŋ¹] 越泰chồm[tsom²];chồm mòng[tsom² mɔŋ²];xòng [sɔŋ²];xòng chúc[sɔŋ³ tsuk⁷] 越chúc mừng[tsuk⁷ mɯŋ²];chào mừng[tsa:u² mɯŋ²]

【穷❷】 泰จน[tson²] 老ไฮ้[hai⁴];ຂະຫຍອດ[kha²nɔːt⁹]; ເຂາະໄຮ້[khɔː²hai⁴];ຂີ້ທຸກ[khi:³thuk⁸] 岱-侬khó [khɔː³] 越泰khó[khɔː³] 普qaxô³[qa⁰xɔ³] 越nghèo [ŋeu²];nghèo túng[ŋeu²tuŋ⁵];cùng[kuŋ²];nghèo túng[ŋeu² tuŋ⁵] 芒khó[khɔː³];cùng[kuŋ²]

【穷人❸】 泰คนจน[khon²tson²] 老ຜູ້ທຸກ[phu:³ thuk⁸];ຜູ້ທຸກຈົນ[phu:³ thuk⁸ tson¹];ຄົນຂີ້ທຸກ[khon² khi:³ thuk⁸];ຄົນຈົນ[khon² tson²];ຄົນທຸກ[khon² thuk⁸];ຄົນທຸກຈົນ[khon²thuk⁸tson²];ຄົນທຸກຢາກ[khon²

thuk⁸ɲa:k¹⁰] 岱-侬cằnhkhỏ[kən²khɔ³] 越泰phù hại[phu³haːi⁴];dên khó[jen¹khɔ⁵];cỗn khó[kon² khɔ⁵] 普qaxô³[qa⁰ xɔ³];qaxɔ³[qa⁰ xɔ³] 越người nghèo[ŋɯːi²ŋeu²];người nghèo khó[ŋɯːi²ŋeu² khɔ⁵];nhân nghèo[ŋɤn¹ŋeu²];kẻ khó[kɛ³xɔ⁵];kẻ nghèo[kɛ³ŋeu²] 芒con khó[kɔn¹khɔ³];ké tỏl khó[kɛ⁵ tɔl³ khɔ³];ké khó[kɛ⁵ khɔ³];ké ngèo[kɛ⁵ ŋeu²]

【丘陵】 泰ເນີນເຂາ[nɤːn²khau¹];ภูเขา[phuː²khau²] 老ໂຄກ[khoːk¹⁰];ດອຍ[ʔdɔːi¹];ດິນດອນ[ʔdin² ʔdɔːn¹] 普bu⁴[bu⁴] 越đồi[ʔdoi²];gò đồi[ɣɔ² ʔdoi²];đồi núi [ʔdoi² nui⁵] 芒tỏl[tol²];tằm[tam²]

【蚯蚓❹】 泰เดือน[ʔdɯːan²];ຮາກດິນ[raːk¹⁰ ʔdin²]; ໄສ້ເດືອນ[sai³ ʔdɯːan²];ໄສ້ເດືອນດິນ[sai³ ʔdɯːan² ʔdin²] 老ເດືອນ[ʔdɯːan¹'];ໄສ້ເດືອນ[sai³ ʔdɯːan¹'];ກະເດືອນ [ka² ʔdɯːan¹'];ຂີ້ກະເດືອນ[khi:³ ka² ʔdɯːan¹'] 岱-侬đươn[ʔdɯːn¹];tua đươn[tuə² ʔdɯːn¹] 越泰 lươn[lɯːn¹];tô lươn[to¹ lɯːn¹] 普pa⁴ pa¹[pa⁴ pa¹] 越giun[zun¹];giun đất[zun¹ ʔdɤt⁷];con giun đất [kɔn¹ zun¹ ʔdɤt⁷] 芒khun[khun¹]

【秋季】 泰ฤดูใบไม้ร่วง[rɯ⁴ ʔduː² ʔbai² mai⁴ ruːaŋ³] 老ລະດູຮ້ອງໂຮຍ[laː⁵ ʔduː¹' huːaŋ⁵ hoːi¹];ລະດູໃບໄມ້ຫຼົ່ວ[laː⁵ ʔduː¹' ʔbai¹' mai⁴ hiːau⁵];ລະດູໃບໄມ້ລົ່ນ[laː⁵ ʔduː¹' ʔbai¹' mai⁴ lon⁵] 岱-侬thu[thu¹];mùa thu [muə² thu¹] 越泰xu[su¹];mũaxu[muə² su¹] 越mùa thɯ[muə² thu¹] 芒mùa thu[muə² thu¹]

【秋千】 泰ชิงช้า[tshiŋ² tsha:⁴] 老ຊິງຊ້າ[siŋ² sa:⁴]; ໂອ້ນຊາ[ʔoːn² sa:²];ໂອ້ນລົງຊາ[ʔoːn² loŋ² sa:²];ໂອ້ນໂຫຍນຊາ[ʔoːn²hoːi¹naːn²sa:²] 岱-侬chùm chòe[tɕum² tɕwɛ²];úng ẹt[ʔuŋ⁵ʔɛt⁸];đùng điu[ʔduŋ³ʔdiu¹] 越泰chọn chã[tsɔn⁴tsa²] 越cái đu[ka:i⁵ʔdu¹] 芒cái tu[ka:i³ tu¹]

---

❶ 石家 trɔɔŋ A1
❷ 石家 thuk² 阿含 phān
❸ 石家 hun⁴-khoon⁵;hun⁴-thuk³
❹ 石家 tlual A1

【求~人帮忙】 泰ขอ[khɔː¹] 老ຂໍ[khɔː¹] 岱-侬xinh[ɕiŋ³];xo[ɕɔ¹] 越泰xo[sɔ¹] 普ji¹[ji¹] 越cầu[kɤu²];xin[sin¹] 芒càu[kau²];xin[sin¹]

【求婚】 泰ขอแต่งงาน[khɔː¹ tɛːŋ¹ŋan²] 老ຂໍສາວ[khɔː¹ saːu¹];ອົມສາວ[ʔomˀ saːu¹];ໂອມ[ʔoːm¹] 岱-侬xam lùa[ɕaːm¹ luə²] 越cầu hôn[kɤu² hon¹]

【求救】 泰ขอความช่วยเหลือ[khɔː¹ khwaːm² tshuːai³ lɯːa¹] 老ຂໍຄວາມຊ່ວຍເຫຼືອ[khɔː¹ khwaːm² suːai⁵ lɯːa¹] 越cầu cứu[kɤu² kɯu⁵];kêu cầu[keu¹ kɤu²] 芒hóc càu[hok⁷ kau²]

【求情】 泰ขอความเมตตา[khɔː¹ khwaːm² meːt¹⁰ taː²] 老ອ້ອນວອນ[ʔɔːn⁴ vɔːn²] 越xin tha thứ[sin¹ tha¹ thɯ⁵]

【球】 泰ลูกบอล[luːk¹⁰ʔbɔːn²] 老ບານ[ʔbaːn¹];ลูกบาน[luːk¹⁰ʔbaːn¹];หมากบาน[maːk⁹ʔbaːn¹] 岱-侬bóng[ʔbɔŋ⁵] 越泰mák bong[maːk⁷ ʔbɔŋ⁵] 普sin³[sin³] 越bóng[ʔbɔŋ⁵];quảbóng[kwaˀ³ʔbɔŋ⁵];cầu[kɤu²] 芒bóng[ʔbɔŋ⁵];tlái cầu[tlaːi³ kɤu²]

【球场】 泰สนามบอล[saˀ⁵ naːm¹ʔbɔːn²] 老ເດີ່ນບານ[ʔdəːn⁵²baːn¹] 岱-侬xân boòng[ɕən¹²ʔbɔːŋ²] 越泰piêng bóng[phiːŋ¹ʔbɔŋ⁵] 越sân bóng[sɯn¹] 芒pɔŋ⁵];bãi bóng[ʔbaːiˀ⁴ʔbɔŋ⁵]

【蛆❶】 泰หนอนแมลงวัน[nɔːn¹ maˀ⁴lɛːŋ² wan²];ขมวน[khaˀ⁵muːan¹];ขนวน[khaˀ⁵nuːan¹];หนวน[nuːan¹];หนอน[nɔːn¹] 老ໜອນ[nɔːn¹];ຕົວໜອນ[tuːa¹ nɔːn¹];ຂະໜວນ[khaˀ²nuːan¹];ແມງຂະໜອນ[mɛːŋ² khaˀ²muːan¹] 岱-侬non[nɔn¹] 越泰non[nɔn¹] 越bọ[ʔbɔˀ⁶];bọ ròi[ʔbɔˀ³ʔzɔi²];ròi[ʔzɔi²];giòi[ʔzɔi²] 芒khòi[khɔiˀ²]

【驱虫药】 泰ยาถ่ายพยาธิ์[jaː² thaːi⁵ phaˀ² jaː²] 老ຢາຖ່າຍແມ່ທ້ອງ[jaː¹ thaːi⁵ mɛː⁵ thɔːŋ⁴] 越thuốc sán[thuːk⁷ ʂaːn⁵];thuốc giun[thuːk⁷ zun¹];thuốc

tẩy sán[thuːk⁷ tɤi³ʂaːn⁵];thuốc tẩy giun[thuːk⁷ tɤi³ zun¹];thuốc diệt giun sán[thuːk⁷ ziːt⁸ zun¹ ʂaːn⁵] 芒thuốc the[thuːk⁷ the¹]

【驱赶❷】 泰ขับ[khap⁷];ตอก[tɔːk⁹];ต้อน[tɔːn³];ไล่[lai³] 老ຊຳຮະ[samˀ²haˀ⁵];ໄລ່[lai⁵] 岱-侬tẹp[tɛp⁸];tuổi[tuːi⁵] 越vấn[vaːn³];lầy[laiˀ⁶] 普Vân⁴[βɤn⁴] 越đuổi[ʔduːi³];xua[suːa¹];xua đuổi[suːa¹ ʔduːi³] 芒đâl[ʔdɤl¹];tắl tà wa tuổi[tɤl¹ taˀ² waˀ¹ tuːi⁵];tắl[tɤl²];đung[ʔduŋ¹];qué[kwɛ⁵]

【曲尺】 泰ฉาก[tshaˀk⁹];ไม้ฉาก[mai⁴ tshaˀk⁹];กงฉาก[koŋ² tshaˀk⁹] 老ຄາງຄວາຍ[khaːŋ² khwaːi³];ไม้คางควาย[mai⁴ khaːŋ² khwaːi³];ไม้สาก[mai⁴ saːk⁹];ไม้แฮกสาก[mai⁴ theːk¹⁰ saːk⁹];ກົງສາກ[koŋ² saːk⁹] 越thước góc[thuːk⁷ ɣɔk⁵]

【屈服】 泰ยอมศิโรราบ[jɔːm² siˀ⁵rɔːˀ²raːp¹⁰] 老ຫມອບຮາບຄາບແກ້ວ[mɔːp⁹haːp¹⁰khaːp¹⁰kɛːu⁴];ອ່ອມຍອມ[ʔɔmˀ³ŋɔːm²];ອ່ອນນ້ອມ[ʔɔnˀ³nɔːm⁴];ຫຼາບ[laːp⁹] 越quỳ gối[kwiˀ⁵ ɣoiˀ⁵]

【取~钱❸】 泰รับ[rap⁸] 老ຮັບ[hap⁸] 岱-侬au[ʔau¹] 越泰au[ʔau¹] 越lấy[lɤi⁵] 芒lê[le⁴]

【取暖】 泰ผิงไฟ[phiŋ¹ fai²] 老ຜີງໄຟ[fiˀ¹ fai²] 岱-侬phinh[phiŋ¹];thinh[thiŋ¹];nao[naːu¹] 普săm¹[sam¹] 越sưởi[ʂɯːi³];họ[hɣˀ¹]

【取消】 泰ยกเลิก[jok⁸ lɤːk¹⁰];เพิกถอน[phɤːk¹⁰ thɔːn²];แคนเซิล[khɛːn² sɤːn²] 老ລົ້ມເລີກ[lom⁴ lɤːk¹⁰];ເລີກລົ້ມ[lɤːk¹⁰ lom⁴];ຫັກລ້າງ[hak⁷laːŋ²];ຮື້[hɯːˀ⁴] 越bỏ[ʔbɔˀ³];xoá bỏ[swaːˀ⁵ ʔbɔˀ³];bãi bỏ[ʔbaːiˀ⁴ ʔbɔˀ³];thủ tiêu[thuːˀ³ tiːu¹]

【娶】 泰กล่าว[klaːu⁵];เอาเมีย[ʔau²miːa²] 老ເອົາເມຍ[ʔau¹' miːa²];ເອົາລູກເອົາເມຍ[ʔau¹'luːk¹⁰ʔau¹'miːa¹] 岱-侬au[ʔau¹] 越泰xú[suˀ⁵];xú au[suˀ⁵ʔau¹] 普mâj⁴ sjaw¹[mɤi⁴sjaːu¹] 越lấy vợ[lɤiˀ⁵vɤˀ⁶];cưới vợ[kɯːiˀ⁵vɤˀ³] 芒pà[leˀ⁴paˀ²];lễ võ[leˀ⁴vɤˀ⁴];lễ

---

❶ 石家nɔɔl⁵
❷ 石家 lay⁵ 拉哈 săp⁵
❸ 阿含 aü A1

bõ[le⁴ʔbɤ⁴];lễ mãi[le⁴maːi⁴];ti chàu xóc du[ti¹ tsau³ sɤːk⁷ zu¹];cười[kɯːi³];du chàu[zu¹ tsau³]

【去❶】 泰ไป[pai²] 老ໄປ[pai¹'] 岱-侬 pây[pəi¹] 越泰 pay[pai¹] 普 sê⁴[se⁴] 越đi[ʔdi¹] 芒ti[ti¹]

【去年】 泰ปีกลาย[piː²klaːi²];ปีที่แล้ว[piː²thiː³lɛːu⁴] 老ປີກາຍ[piː¹' kaːi¹];ປີທີ່ແລ້ວ[piː¹' thiː⁵ lɛːu⁴] 岱-侬 pi quá[pi¹ kwa⁵];pi chai[pi¹ tɕaːi¹] 普 mjaj¹ qwan¹[mjaːi³ qwaːn¹] 越năm ngoái[nam¹ ŋwaːi⁵];năm qua[nam¹ kwaː¹];năm rồi[nam¹ zoi²] 芒năm hết nì[nam¹ het⁷ ni²]

【圈套】 泰หลุมพราง[lum¹ phraːŋ²];กับ ดักนก[kap⁷ ʔdak⁷nok⁸] 老ແຮ້ວ[hɛːu⁴] 越cái tròng[kaːi⁵ tʂɔŋ²];cái bẫy[kaːi⁵ ʔbɤi⁴]

【圈子】 泰ວง[wɔŋ²] 老ວົງ[vɔŋ²] 越vòng tròn[vɔŋ² tʂɔn²];cái vòng[kaːi⁵ vɔŋ²]

【泉】 泰บ่อ[ʔbɔː⁵];น้ำพุ[nam⁴phu⁴] 老ບໍ່[ʔbɔː⁵] 岱-侬 bó[ʔbɔː⁵] 越泰 bó[ʔbɔː⁵] 越suối[ʂuːi⁵] 芒bó[ʔbɔ³]

【泉水】 泰น้ำพุ[nam⁴ phu⁴] 老ນ້ຳລິນ[nam⁴ lin²];ນ້ຳອອກບໍ່[nam⁴ʔɔːk⁹ʔbɔː⁵];ນ້ຳບໍ່[nam⁴ʔbɔː⁵];ນ້ຳບຸ້ມ[nam⁴ʔbun⁴];ນ້ຳສະພັ້ງ[nam⁴sa²phaŋ⁴] 岱-侬 năm bó[nam⁴ ʔbɔ³] 越nước suối[nɯːk⁷ ʂuːi⁵]

【泉眼儿】 泰ตาน้ำพุ[taː²nam⁴phu⁴] 老ຕານ້ຳ[taː¹'nam⁴] 越泰 pák bó[paːk⁷ʔbɔ⁵] 越lỗ nước suối chảy ra[lo⁴ nɯːk⁷ ʂuːi⁵ tsaːi³ za¹]

【拳师】 泰ครูฝึกมวย[khruː² fɯk⁷muːai²];นักมวย[nak⁸muːai²];ครูมวย[khruː²muːai²] 老ໝູມວຍ[mɔː¹'muːai²] 越thầy dạy võ[thɤi²zaːi⁶vɔ⁴]

【拳术】 泰วิชามวย[wi⁴tshaː²muːai²] 老ມວຍ[muːai²] 越泰 phọn miếng[phɔn⁴miːŋ⁵] 越quyền pháp[kwiːn²faːp⁷];quyền thuật[kwiːn²thwɤt⁸];võ thuật[vɔ⁴ thwɤt⁸]

【拳头】 泰หมัด[mat⁷];กำหมัด[kam²mat⁷];กำมือ

[kam²mɯː²];กำปั้น[kam²paːn³] 老ກຳປັ້ນ[kam¹' paːn⁴];ກຳມັດ[kam¹'mat⁷];ກຳມັດກຳມັດ[kam¹' nat⁷ kam¹'mat⁷] 岱-侬 căm quyền[kam²kwiːn²];căm tệnh[kam¹teŋ²] 越泰 căm pằn[kam¹paːn³] 越quả đấm[kwaː³ʔdɤm⁵];quả nắm[kwaː³nam⁵];nắm tay[nam⁵ tai¹];nắm đấm[nam⁵ ʔdɤm⁵]

【全~家】 泰ทั้ง[thaŋ⁴];ทั้งหมด[thaŋ⁴ mot⁹] 老ທັງ[thaŋ²];ທົ່ວ[thuːa⁵];ມວນ[muːan⁵] 越cả[kaː³];tất cả[tɤt⁷ kaː³];toàn[twaːn²];toàn bộ[twaːn² ʔbo⁶];hết thảy[het⁷ thai³] 芒cá[kaː⁵];tháy tháy[thai⁵ thai⁵];tháy hết[thai⁵ het⁷];hết tháy[het⁷ thai⁵];tháy cá[thai⁵ kaː⁵];tháy[thai⁵]

【全~到了】 泰หมด[mot⁹] 老ທົ່ວເຖິງ[thuːa⁵thɤŋ¹] 岱-侬 thuồn[thuːn³] 越泰 thuồn[thuːn³] 越đông đủ ʔdoŋ¹ ʔdu³];đầy đủ[ʔdɤi² ʔdu³]

【全面】 泰รอบด้าน[rɔːp¹⁰ ʔdaːn³] 老ທົ່ວເຖິງ[thuːa⁵ thɤŋ¹];ທົ່ວເຖິງກັນ[thuːa⁵ thɤŋ¹ kaːn¹] 岱-侬 đo xẻy[ʔdɔ¹eaːi²] 越mọi mặt[mɔi⁶maːt⁸];toàn din[twaːn² ziːn⁶];các mặt[kaːk⁷ maːt⁸]

【痊愈】 泰หายดี[haːi¹ʔdiː²];โรคหาย[roːk¹⁰haːi¹];หายป่วยจากโรค[haːi¹puːai²tsaːk⁹roːk¹⁰] 老ວາງ[vaːŋ¹];ທະຫວາງ[va²vaːŋ¹];ສະທວະສະທວາງ[sa²va²sa²vaːŋ¹];ທວາງເຈັບທວາງໃຊ້[vaːŋ¹tsep⁷vaːŋ¹ khaːi³];ຫາຍເຈັບ[haːi¹ tsep⁷];ຫາຍພະຍາດ[haːi¹ phaⁿ naːt¹⁰];ດີ[ʔdiː¹] 岱-侬 đảy rèng[ʔdai³ reŋ²] 越泰 ha hành[haː¹heŋ²] 普 qôj⁵ ʔăj¹[qoi⁵ʔai¹] 越khỏi[xɔi³];khỏi ốm[xɔi³ʔom⁵];khỏi bệnh[xɔi³ ʔbeŋ⁶];bệnh khỏi[ʔbeŋ⁶xɔi³];lại người[laːi⁶ŋɯːi²] 芒khói[xɔi³];tẳng ốm[tɤŋ³ʔom⁵];tẳng[tɤŋ³];lãi mồl[laːi⁴ mɔl⁴];tã[taː⁴]

【颧骨】 泰กระดูกแก้ม[kraː⁵ʔduːk⁹kɛːm³];โหนกแก้ม[noːk⁹kɛːm³];กระดูกโหนกแก้ม[kraː⁵ʔduːk⁹noːk⁹ kɛːm³] 老ດູກແກ້ມ[ʔduːk⁹kɛːm⁴] 越xương gò má[sɯːŋ¹ ɣɔ² maː⁵] 芒tlái má[tlaːi³ maː³]

---

❶阿含 pai A1；phrai A1  拉哈 va³  拉基 vu¹

【筌】 泰ใช้จับปลาที่สานด้วยไม้ไผ่[sai² tsap⁷ pla:² thi:³ sa:n³ ʔdu:ai³ mai⁴ phai⁵] 岱-侬chàm[tɕa:m³];chùm[tɕum³] 越泰xúm[sum⁵];xỏn[sɔn³] 越đó[ʔdɔ⁵];lờ[lɤ²];đó đánh cá[ʔdɔ⁵ ʔdaŋ⁵ ka⁵];lờ đánh cá[lɤ² ʔdaŋ⁵ ka⁵] 芒đánh[ʔdaŋ³]

【犬齿】 泰เขี้ยว[khi:au³];ฟันเขี้ยว[fan²khi:au³];เขี้ยวหมา[khi:au³ma:¹];ฟันฉีก[fan²tshi:k⁹] 老ແຂ້ວໝາ[khɛ:u³ ma:¹];ແຂ້ວແງ[khɛ:u³ ŋɛ:²];ແຂ້ວຄົມ[khɛ:u³khom²];ແຂ້ວໜ້າແງ[khɛ:u³na:³ŋɛ:²];ແຂ້ວໝາຄຽງ[khɛ:u³ma:k⁹ŋɛ:²];ໝາຄຽງ[ma:¹ŋɛ:²];ແຂ້ວແຫຼມ[khɛ:u³lɛm¹] 岱-侬khèoma[kheu³ma¹];khèo fẳn tẳng[kheu³fan²taŋ³] 越泰khèo nanh[kheu³neŋ¹] 普swang¹mha¹[swa:ŋ¹ m̥a¹] 越răng nanh[zaŋ¹ naɲ¹] 芒thăng nenh[thaŋ¹ nɛɲ¹]

【劝】 泰พูดโน้มน้าว[phu:t¹⁰ no:m⁴ na:u⁴];แนะนำ[nɛ⁴ nam²] 老ສອນ[sɔn¹] 岱-侬cạ[ka⁴];slon cạ[ɬon¹ ka⁴] 越泰xon[sɔn¹] 越khuyên[xwi:n¹] 芒khuyên[khwi:n¹]

【劝说】 泰พูดชักชวน[phu:t¹⁰tshak⁸tshu:an²] 老ໂອບປະໂລມ[ʔo:p⁹lo:m²] 越khuyên[xwi:n¹];thuyết phục[thwi:t⁷ fuk⁸];có lời khuyên[kɔ⁵ lɤ:i² xwi:n¹]

【劝阻】 泰ตักเตือนห้ามปราม[tak⁷ tɯ:an² ha:m³ pra:m²] 老ຂ້າມປາມ[ha:m³ pa:m¹] 岱-侬làn[la:n²];khoang ma[khwa:ŋ¹ma¹];mần tuần[mən² twən²] 越泰hảm[ha:m³] 越khuyên ngăn[xwi:n¹ ŋan¹];khuyên can[xwi:n¹ ka:n¹];can ngăn[ka:n¹ ŋan¹] 芒can ngăn[ka:n¹ ŋan¹]

【缺~三个人】 泰ขาด[kha:t⁹];ไร้[rai⁴] 老ຂີດ[ʔɯt⁷] 岱-侬sliểu[ɬi:u³] 越泰lút[lut⁷];thiếu[thi:u⁵];túng[tuŋ⁵] 越thiếu[thi:u⁵];hụt[hut⁸] 芒thiểu[thi:u³];hut[hut⁸]

【缺点】 泰ข้อบกพร่อง[khɔ:³ ʔbok⁷ phrɔ:ŋ⁵] 老ຂໍ້ຂາດຕົກບົກຜ່ອງ[khɔ:³ kha:t⁹ tok⁷ ʔbok⁷ phɔ:ŋ⁵];ຂໍ້ບົກຜ່ອງ[khɔ:³ ʔbok⁷ phɔ:ŋ⁵] 越khuyết điểm[xwɛ:t⁷ ʔdi:m³]

【缺课】 泰ขาดเรียน[kha:t⁹ri:an²] 老ຂາດງຽມ[kha:t⁹ hi:an²] 越nghỉ học[ŋi³ hɔk⁸]

【缺席】 泰ขาดประชุม[kha:t⁹pra⁵tshum²] 老ຂາດປະຊຸມ[kha:t⁹pa²sum²] 岱-侬bấu mìnả[ʔbou² mi²na³] 越泰vẳngnả[vaŋ⁵na³] 越vắng mặt[vaŋ⁵ mat⁸]

【瘸】 泰กระจอก[kra⁵ tsɔ:k⁹];ขจอก[kha⁵ tsɔ:k⁹];เขยก[kha⁵ je:k⁹];โขยกเขยก[kha⁵ jo:k⁹ kha⁵ je:k⁹];กะเผลก[ka⁵phle:k⁹];เป๋[pe:¹] 老ເຄ[khe:²];ຂາເຄ[kha:¹ khe:²];ຂາດ້ຽງ[kha:¹ʔdi:aŋ⁴];ຂາທ້າມ[kha:¹ha:n³];ທ້ານ[ha:n³];ຫງ້າຍ[la:i³];ກະເດ່ອ[ka² ʔde:u⁵];ຂາເຍັບ[kha:¹ je:ŋ⁵] 岱-侬pái[pa:i⁵];ve[vɛ¹];què[kwɛ²];què lặc[kwɛ² lak⁸] 越泰điếng[ʔdiɤŋ⁵];quẽ[kwɛ²] 普qapjan[qa⁰ pja:n³];qapjan¹[qa⁰ pja:n¹] 越thọt[thɔt⁸];què[kwɛ²];khập khiễng[xɤp⁸ xi:ŋ⁴] 芒què[kwɛ²]

【瘸子】 泰คนขาเป๋[khon²kha:¹pe:¹] 老ຄົນຂາເຄ[khon² kha:¹ khe:²];ຄົນຂາທ້າມ[khon² kha:¹ ha:n³];ຄົນຂາຫງ້າຍ[khon²kha:¹la:i³];ຄົນຂາດ້ຽງ[khon²kha:¹ʔdi:aŋ⁴] 越người què[ŋɯ:i²kwɛ²];người thọt[ŋɯ:i² thɔt⁸];người thọt chân[ŋɯ:i² thɔt⁸ tsɤn¹]

【雀斑】 泰กระ[kra⁵];ขี้แมลงวัน[khi:³ma⁴lɛ:ŋ²wan²] 老ຂີ້ແມງວັນ[khi:³ mɛ:ŋ² van²] 越tàn hường[ta:n² hɯ:ŋ¹];tàn nhang[ta:n²ɲa:ŋ¹];tàn hường da mặt[ta:n² hɯ:ŋ¹ za¹ mat⁸];tàn nhang da mặt[ta:n² ɲa:ŋ¹ za¹ mat⁸]

【确实】 泰แน่แท้[nɛ:³thɛ:⁴] 老ຄາຍອ່າງ[ka:i¹va:⁵];จัง[tsaŋ¹];ທີ່ດຽວ[thi:²ʔdi:au¹];ທີ່ຈິງ[thi:⁵tsiŋ¹];แท้[thɛ:⁴];แท้จิง[thɛ:⁴ tsiŋ¹];แม่นแท้[nɛ:⁵ thɛ:⁴];แท้ๆ[thɛ:⁴thɛ:⁴];แท้แล้ว[thɛ:⁴lɛ:u⁴];แม่นแม่น[nɛ:u⁵nɛ:⁵];ເປັນຮັບແມ່ນແມ່ນ[pen¹²ʔan¹nɛ:u⁵nɛ:⁵];แม่นดัก[mɛ:n⁵ khak⁸];ດີຫຼີ[ʔdi:¹ li:¹];ອີ່ຫຼີ[ʔi:⁵ li:¹];ຂະລຸ[kha lu⁵] 越泰khặc[khak⁸] 越xác thực[sa:k⁷thuk⁸];đích xác[ʔdit⁷sa:k⁷];thật sự[thɤt⁸ʂu⁶];quả thật[kwa³ thɤt⁸];quả thực[kwa³ thuk⁸];thật là[thɤt⁸ la²];thật[thɤt⁸] 芒thât là[thɤt⁸ la²];xác thật[sa:k⁷ thɤt⁸];

thât[thɤt⁸]

【群₁~羊❶】 泰ฝูง[fuːŋ¹];กลุ่ม[klum⁵] 老ຝູງ[fuːŋ¹];ກຸ່ມ[kum⁵];ຈຳພວກ[tsam¹'phuːak¹⁰];ຊຸມ[sum²];ພື່ງ[phɯŋ²];ໝູ່[muː⁵];ໝວດ[muːat⁹];ເຫຼົ່າ[lau⁵];ອາກູນ[ʔaː¹'kuːn¹] 岱-侬phấu[phəu⁵];xá[ɕa⁵] 越泰pǔng[pɯŋ²] 越bầy[ʔbɤi²];đàn[ʔdaːn²] 芒tàn[taːn²]

【群₂~孩子】 泰กลุ่ม[klum⁵] 老ພວກ[phuːak¹⁰];ຊຸມ[sum¹] 越đám[ʔdaːm⁵] 芒tàn[taːn²]

【群众】 泰มวลชน[muːan²tshon²] 老ປວງຊົນ[puːaŋ¹'

sor-²];มะหาชน[ma⁵haː¹son²];พะทุชน[pha⁵hu²son²];มวนชน[muːan²son²] 越quầnchúng[kwɤn²tsuŋ⁵] 芒quần chùng[kwɤn² tsuŋ³]

【裙子❷】 泰กระโปรง[kra⁵proːŋ²];สเกิร์ต[sa⁵kəːt⁹];ซิ่น[sin³];ผ้าซิ่น[phaː³sin³] 老ສິ້ນ[sin³];ກະໂປງ[ka²poːŋ¹] 岱-侬quèn[kwɛn³];slửn[ɬun³] 越泰xín[sin⁵] 普qadê²[qa⁰ de²];qalê²[qa⁰ le²];jong³[jɔŋ³] 越véy[vai⁵] 芒wǎl[wal³];xỏng[soŋ³]

---

❶ 阿含 tü-ân
❷ 石家 sin³

# R

【燃料】泰 เชื้อเพลิง[tshɯːa⁴phlɤːŋ²] 老 น้ำมันเชื้อไฟ[nam⁴ man² sɯːa⁴ fai²];น้ำมันเชื้อเพิ่ง[nam⁴ man² sɯːa⁴ phɤːŋ²] 越 nhiên liệu[ɲiːn¹ liːu⁶]

【染~布❶】泰 ย้อม[jɔːm⁴] 老 ย้อม[ɲɔːm⁴] 岱-侬 nhọm[ɲɔm⁴] 越泰 nhọm[ɲɔm⁴] 越 nhuộm[ɲuːm⁶];ruộm[zuːm⁶] 芒 nhuỗm[ɲuːm⁴];tá[ta⁵]

【染病】泰 ติดโรค[tit⁷ roːk¹⁰] 老 ติดโลก[tit⁷ loːk¹⁰];ติดพะยาด[tit⁷phaˀnaːt¹⁰] 越 nhiễm bệnh[ɲiːm² ʔben⁶];mắcbệnh[mak⁷ʔben⁶] 芒 nhiễmbễnh[ɲiːm² ʔben⁴]

【瓢瓜~】泰 เนื้อ[nɯːa⁴];เนื้อผลไม้[nɯːa⁴phon¹la⁴ mai⁴];เนื้อใน[nɯːa⁴nai²];ยวง[juːaŋ²] 老 ม่อม[nuːam⁵] 岱-侬 nựa[nɯə⁴] 越泰 nhõng[ɲɔŋ²] 越 ruột[zuːt⁸] 芒 nhân[ɲɤn¹]

【让~我想想】泰 ให้[hai³] 老 ใฮ้[hai³];ยอม[ɲɔːm²];ปะ[pa²] 越 cho[tsɔ¹] 芒 cho[tsɔ¹]

【让步】泰 ต่อให้[tɔː⁵ hai³];ราข้อ[raː² khɔː³];อ่อนข้อ[ʔɔːn⁵ khɔː³] 老 โยม[ɲɔːm²];ยอมตาม[ɲɔːm² taːm¹];ผันผ่อน[phan²phɔːn⁵];ผ่อน[phɔːn⁵];ผ่อนสั้นผ่อนยาว[phɔːn⁵ san³ phɔːn⁵ naːu²];ผ่อนตาม[phɔːn⁵ taːm¹];ผ่อนผัน[phɔːn⁵ phan¹];ผ่อนผันสัมยา[phɔːn⁵ phan¹ san¹naː²];ย่อม[jɔːn⁵];ทลุดผ่อนอ่อนโยม[lut⁸phɔːn⁵ʔɔːn⁵ ʔɔːn⁵];อะลุ้มอะล่อย[ʔaˀ lum⁴ ʔaˀ luːai⁴];ลืดลาวสอก[lot⁸ laː² vaˀ sɔːk⁹] 岱-侬 tò nhường[tɔ²ɲɯːŋ³] 越 nhượng bộ[ɲɯːŋ⁶ʔbo⁶];nhường bước[ɲɯːŋ² ʔbɯːk⁷] 芒 nhiềng pước[ɲiːŋ² pɯːk⁵]

【让路】泰 หลีก[liːk⁹];หลีกทาง[liːk⁹thaːŋ²];ผีกทาง[phiːk⁹thaːŋ²] 老 ฦีกทาง[liːk⁹thaːŋ²];ผีกทาง

[phiːk⁹thaːŋ²] 越 tránh đường[tṣan⁵ʔdɯːŋ²] nhường đường[ɲɯːŋ²ʔdɯːŋ²] 芒 nhiềngkhả[ɲiːŋ² kha³]

【让座】泰 สละที่นั่ง[saˀla⁵thiː³naŋ³] 老 สะขะที่นั่ง[saˀla⁵thiː⁵naŋ⁵] 岱-侬 nhường ti năng[ɲɯːŋ²ti³naŋ³] 越泰 tứn bón[tɯn⁵ʔbɔn⁵] 越 nhường chỗ ngồi[ɲɯːŋ²tso⁴ŋoi²] 芒 nhiềng pùng[ɲiːŋ² puŋ²]

【扰乱】泰 ก่อกวน[kɔː⁵kuːan²];รวน[ruːan²];ระราน[ra⁴raːn²] 老 ก๋ำกอบ[kɔː⁵kuːan¹];กุกกอบ[kuk⁷ kuːan¹];กะอ๋บ[ka²von²];บิทา[ʔbiːˀthaː²];บูดบูาน[ʔbiat⁹ʔbian¹];ปุกคึ่ม[puk⁷khon⁴];แผ้วผาม[phɛːu³ phaːn²];พาม[phaːn²];อุ่ม[vun⁵];อีม[von²];กะอ๋บ[ka²von²];อาละอาด[ʔaːˀla⁵vaːt¹⁰];ฮาวี[haː² viː²];พาม[phaːn²];ทยุ้ง[ɲuŋ³] 岱-侬 luồn lảo[luːn³laːu³] 越 quấy nhiễu[kwɤi⁵niːu⁴];gây rối[ɤɤi¹ zoi⁵];làm rối loạn[laːm⁵ zoi⁵ lwaːn⁶]

【绕~弯儿】泰 อ้อม[ʔɔːm³] 老 เอิ้ง[vɤːŋ⁵];อ้อม[ʔɔːm⁵] 岱-侬 vện[ven⁴] 越泰 vành[vɛŋ⁶] 越 đi đường vòng quanh[ʔdiː¹ ʔdɯːŋ² vɔŋ² kwan¹];đi vòng[ʔdiː¹ vɔŋ²]

【热天~❷】泰 ร้อน[rɔːn⁴] 老 ฮ้อน[hɔːn⁴] 岱-侬 mồm[mom⁴];pôm[pom¹] 越泰 họn[hɔn⁴] 普 lwak[lwaːk²];kAn¹[kɔn¹] 越 nóng[nɔŋ⁵];bức[ʔbɯk⁷] 芒 đẳng[ʔdaŋ³];nóng[nɔŋ³]

【热水~❸】泰 ร้อน[rɔːn⁴];เดือด[ʔdɯːat⁹] 老 ฮ้อน[hɔn⁴] 岱-侬 đượt[ʔdɯːt⁷] 越泰 họn[hɔn⁴] 越 nóng[nɔŋ⁵] 芒 nóng[nɔŋ³]

---

❶ 阿含 ñămC2　掸 jɔmC2　泐 jɔmC2
❷ 石家 ruul⁴；ruun⁴　阿含 rânC2
❸ 阿含 ditD1L；lütD1L

【热把饭菜~一下】 泰 อุ่น[ʔun⁵] 老 ອຸ່ນ[ʔun⁵] 傣-依 tồm[tom³];pắc[pak⁷] 越泰 phót[phɔt⁷] 越 hâm[hɤm¹] 芒 hâm[hɤm¹]

【热闹】 泰 ครึกครื้น[khruk⁸ khrɯːn⁴];เอิกเกริก[ʔɤːk⁹ krɤːk⁹] 老 ຄຶກຄື້ນ[khuk⁸ khɯːn⁴] 傣-依 náo niệt[na:u³ niːt⁸] 越 tấp nập[tɤp⁷ nɤp⁸];sầm uất[ʂɤm² ʔwɤt⁷];nhộn nhịp[nɔn⁶ ɲip⁸];vui nhộn[vui¹ ɲɔn⁴];sôi nổi[ʂoi¹ noi³];rầm rộ[zɤm² zo⁶];náo nhiệt[na:u³ niːt⁸];đông đúc[ʔdoŋ¹ ʔduk⁷]

【热水】 泰 น้ำร้อน[nam⁴ rɔːn⁴] 老 ນ້ຳຮ້ອນ[nam⁴ hɔːn⁴] 越 nước nóng[nɯːk⁷nɔŋ⁵] 芒 đắc nòng[ʔdaːk⁷ nɔŋ³]

【热水瓶】 泰 กระติกน้ำร้อน[kra⁵ tik⁷ nam⁴ rɔːn⁴] 老 ກະຕິກນ້ຳຮ້ອນ[kaˀtik⁷nam⁴hɔːn⁴];ຕິກນ້ຳຮ້ອນ[tik⁷nam⁴hɔːn⁴];ແຕງໂມດ[tɛːk⁹moːt¹⁰];ເຕົ້ານ້ຳຮ້ອນ[tau⁶ nam⁴ hɔːn⁴] 越 phích nước nóng[fit⁷ nɯːk⁷ nɔŋ⁵]

【热水瓶胆】 泰 ขวดใส่กระติกน้ำร้อน[khuːat⁹ sai³ kra⁵ tik⁷ nam⁴ rɔːn⁴];ใส้กระติกน้ำร้อน[sai³ kra⁵ tik⁷ nam⁴ rɔːn⁴] 老 ໃສ້ເຕົ້ານ້ຳຮ້ອນ[sai³ tau⁴nam⁴hɔːn⁴] 越 ruột phích[zuːt⁸ fit⁷]

【热天】 泰 ฤดูร้อน[rɯ⁴ʔduː² rɔːn⁴] 老 ລະດູຮ້ອນ[la⁵ʔduː¹ hɔːn⁴];ຍາມຮ້ອນ[ɲaːm² hɔːn⁴];ອາກາດຮ້ອນ[ʔaː¹¹kaːt⁹hɔːn⁴] 越泰 mùa họn[muə² hɔːn⁴] 越 trời nóng[tʂɤːi²nɔŋ⁵];mùa nực[muə²nɯk⁸];mùa nóng[muə²nɔŋ⁵] 芒 mùa nòng[muə²nɔŋ³]

【人❶】 泰 คน[khon²] 老 ຄົນ[khon²];มะบุด[ma⁴nut⁸];มะบุຊะ[ma⁴ nu⁵ saˀ⁵] 傣-依 cần[kən²] 越泰 cỏn[kon²] 普 tɤzaw³[tɤ⁰za:u³];tɤraw³[tɤ⁰ra:u³] 越 người[ŋɯːi²] 芒 môl[mɔl⁴]

【人工降雨】 泰 ฝนเทียม[fon¹ thiːam²] 老 ຝົນທຽມ[fon¹ thiːam²] 越 mưa nhân tạo[muːə¹ ɲɤn⁴ ta:u⁵]

【人力车】 泰 รถลาก[rot⁸ laːk¹⁰] 老 ລົດລາກ[lot⁸ laːk¹⁰] 越 xe người kéo hai bánh[sɛ¹ ŋɯːi² kɛːu⁵ haːi¹ ʔban⁵]

【人面果】 泰 มะคะหลวง[ma⁴kha⁴luːaŋ¹] 傣-依 mac chủ[maːk⁷ teu³] 越泰 mák củ[maːk⁷ ku³] 越 quả sấu[kwa³ ʂɤu⁵] 芒 tlải khủ[tlaːi³ khu³]

【人参】 泰 โสม[soːm¹] 老 ໂສມ[soːm¹] 越 nhân sâm[ɲɤn¹ ʂɤm¹]

【人手】 泰 กำลังคน[kam² laŋ² khon²] 老 ກຳລັງຄົນ[kam¹ laŋ² khon²] 越 người làm việc[ŋɯːi² laːm² viːk⁸]

【人行道】 泰 ทางเดินเท้า[tha:ŋ² ʔdɤːn² thau⁴];ทางเท้า[tha:ŋ²thau⁴];ฟุตบาท[fut⁸baːt⁹];บาทวิถี[ʔbaːt⁹wi⁴thiː²] 老 ທາງຄົນຍ່າງ[tha:ŋ²khon⁴na:ŋ⁵];ທາງເດີນຂ້າງທະໜົນ[tha:ŋ²ʔdɤːn¹¹khaːŋ³tha⁴non¹] 越 hè phố[hɛ²fo⁵];via hè[viə³hɛ²];lề đường[le² ʔdɯːŋ²]

【人行横道】 泰 ทางม้าลาย[tha:ŋ² ma:⁴laːi²] 老 ທາງມ້າລາຍ[tha:ŋ² ma:⁴ laːi²] 越 lối qua đường[loːi⁵ kwaː¹ ʔdɯːŋ²]

【人中】 泰 ร่องเหนือริมฝีปากบน[rɔːŋ³ nɯːa¹ rim² fiː¹ paːk⁹ʔbon²] 老 ຊາມມູກ[saːm² muːk¹⁰] 越 nhân trung [ɲɤn¹ tʂuŋ²]

【忍❷】 泰 อด[ʔot⁷] 老 ອິດ[ʔot⁷];ກັ້ນ[kan⁴] 傣-依 nặc[nak⁸] 越 nhịn[ɲin⁶];nén[nɛn⁵];chịu đựng[tsiu⁶ ʔdɯŋ⁶]

【忍耐❸】 泰 อดทน[ʔot⁷thon²] 老 ທຳພຽນ[tham⁴ phiːan²];ທົນ[thon²];ອິດ[ʔot⁷] 傣-依 tẩy lày[təi³ laːi²];tẩy nài[təi³ naːi³] 越 nhẫn nại[ɲɤn⁴ naːi⁶];chịu đựng bền bỉ[tsiu⁶ ʔdɯŋ⁶ ʔben⁴ ʔbi²]

【忍受】 泰 อดทน[ʔot⁷ thon²] 老 ອິດ[thon²];ອຶດ[ʔɯt⁷];ກ້ຳກືນ[kam⁴ kɯːn¹] 越 chịu đựng[tsiu⁶

---

❶ 阿含 kūnA2　掸 konA2　勐 kunA2　拉哈 khôn²
❷ 石家 kan³　阿含 kǎn C1　掸 kǎn C1　勐 kǎn C1
❸ 石家 kan³

?duŋ⁶];nén chịu[nɛn⁵ tsiu⁶];nén nhịn[nɛn⁵ n̪in⁶];chịu nhịn[tsiu⁶ n̪in⁶]

【认错】 泰ยอมรับผิด[jɔːm² rap⁸ phit⁷] 老ยอมรับผิด[ŋɔːm² hap⁸ phit⁷] 越nhận lỗi[n̪ɤn⁶ loi⁴] 芒nhẫn lỗi[n̪ɤn⁴ loi⁴]

【认识 我~他❶】 泰รู้จัก[ruː⁴ tsak⁷] 老รັບຮູ້[hap⁸ huː⁴];ฮู้จัก[huː⁴ tsak⁷] 傣-侬thiên[thiːn¹];chăc[tɕak⁷] 越泰quen[kwɛn¹] 普lhăw³[lau³];ljhaw³[lja:u³] 越quen biết[kwɛn¹ ʔbiːt⁷];quen thuộc[kwɛn¹ thuːk⁸];quen[kwɛn¹] 芒là quen[la² kwɛn¹];quen mắt[kwɛn¹ mat³];quen[kwɛn¹]

【认输】 泰ยอมแพ้[jɔːm² phɛː⁴] 老ຍອມ[khɔː¹ nɔːm²] 越nhận thua[n̪ɤn⁶ thuə¹];chịu thua[tsiu⁶ thuə¹] 芒chịu thua[tsiu⁴ thuə¹]

【认为❷】 泰เห็นว่า[hen¹ waː³] 老ยัง อ่า[jiːau¹ vaː⁵];บึกอ่า[nɯk⁸ vaː⁵];ถื[thuː¹];ถื่อ่า[thɯː¹ vaː⁵];เห็น[hen¹];เห็นอ่า[hen¹ vaː⁵] 傣-侬nắm hăn[nam³ han¹] 越泰hiệk và[hiːk⁸ vaː⁶] 越cho là[tsɔ¹ laː²];cho rằng[tsɔ¹ zaŋ²]

【认真 ~学习】 泰จริงจัง[tsiŋ² tsaŋ²];ทะมัดทะแมง[tha⁴ mat⁸ tha⁴ mɛːŋ²] 老ดีดัก[ʔdiː¹ ʔdak⁷];กอดขัน[kuːat⁹ khan¹];ตั้งหน้า[taŋ⁴ naː³];เป็นงามเป็นกาน[pen¹ ŋaːn² pen¹ kaːn¹];ย่างจิงใจ[jaːŋ⁵ tsiŋ¹ tsai¹];เอากาน[ʔau¹¹ kaːn¹];เอากานเอางาน[ʔau¹¹ kaːn¹];เอาจิง[ʔau¹¹ tsiŋ¹];เอาจิงเอาจัง[ʔau¹¹ tsiŋ¹ ʔau¹¹ tsaŋ¹];จิงจัง[tsiŋ¹ tsaŋ¹] 傣-侬hâur đây[həɯ¹ ʔdəi¹] 越chăm chỉ[tsam¹ tsi³];mài miệt[maːi² miːt⁸]

【认罪】 泰รับผิด[rap⁸ phit⁷];ขอลุแก่โทษ[khɔː¹ luː⁴ kɛː⁵ thoːt¹⁰] 老ยອມໂທດ[nɔːm² thoːt¹⁰];ยอมรับสาละพาบโทด[nɔːm² hap⁸ saː¹ la⁵ phaːp¹⁰ thoːt¹⁰];รับสาละพาบโทด[hap⁸ saː¹ la⁵ phaːp¹⁰ thoːt¹⁰];ยอมรับโทด[nɔːm² hap⁸ thoːt¹⁰] 傣-侬cạ chử[kaː⁴ tɕɯː³];nhịn chử[n̪in⁴ tɕɯː³] 越泰thú tội[thuː⁵ toi⁴] 越nhận tội[n̪ɤn⁶ toi⁴];thú tội[thuː⁵ toi⁶] 芒nhẫn thối[n̪ɤn⁴ thoi⁴];thủ thối[thuː³ thoi⁴]

【任务】 泰หน้าที่[naː³ thiː³];ภารกิจ[phaːn² kit⁷] 老หน้าที่[naː³ thiː⁵] 越nhiệm vụ[n̪iːm⁶ vu⁶] 芒nhiễm vũ[n̪iːm⁴ vu⁴]

【韧 牛肉很~】 泰หนียว[niːau¹] 老ยยาบ[n̪aːp⁹] 傣-侬nhap[n̪aːp⁷] 越泰nháp[n̪aːp⁷] 越nhẳng[n̪aŋ³]

【扔 ~垃圾】 泰ทิ้งขว้าง[thiŋ⁴ khwaːŋ³] 老โยบ[nɔːm²];ถิ่ม[thim³];แบ่น[ʔbɛːn⁵];โทย้ม[nɔːn³];แทอ่ง[kwɛːŋ⁵] 傣-侬vit[vit⁷];vẻng[vɛŋ³];bẳn[ʔban³];tọt[tɔt⁸] 越泰thìm[thim²];văng[vaːŋ²] 普khwang³[khwaːŋ³];xwang³[xwaːŋ³];lăj³xwang³[lai³xwaːŋ³] 越vứt[vɯt⁷];bỏ[ʔbɔ³] 芒chéo[tsɛu⁵];bó[ʔbɔ⁵];chĩa[tsiə⁴]

【仍然】 泰ยัง[jaŋ²];คง[khoŋ²] 老ถัง[khoŋ²];ถุง[khuŋ²];ยั่ง[n̪aŋ²];ยั่งถัง[n̪aŋ²khoŋ²];ยั่งถ้อย[n̪aŋ² khɔːi⁴] 傣-侬thỏ[thɔ³];tố[to⁵];vận[vən⁴] 越vẫn[vɤn⁴];vẫn còn[vɤn⁴ kɔn²] 芒y còn[ʔi¹ kɔn²]

【日出】 泰พระอาทิตย์ขึ้น[phra⁴ ʔaː² thit⁸ khɯn³];ดวงอาทิตย์อุทัย[ʔduːaŋ² ʔaː² thit⁸ ʔu⁵ thai²];โผล่[phloː¹] 老ตาอันออก[taː¹¹ van² ʔɔːk⁹];ตาอันขึ้น[taː¹¹ van² khɯn³];พะอาทิดขึ้น[pha⁵ ʔaː¹¹ thit⁸ khɯn³] 普Vân³ ʔwăk⁵[βɤn³ʔwak⁵] 越mặt trời mọc[mat tʂɤːi² mɔk⁸] 芒tlời moc[tlɤːi² mɔk⁸]

【日光灯】 泰หลอดไฟฟ้าเรืองแสง[lɔːt⁹ fai² faː⁴ rɯːaŋ² sɛːŋ¹] 老ไฟฟ้าฮอด[fai² faː⁴ lɔːt⁹] 越đèn ống[ʔdɛn² ʔoŋ⁵];đèn ống nê ông[ʔdɛn² ʔoŋ⁵ ne¹ ʔoŋ¹];đèn huỳnh quang[ʔdɛn² hwiŋ² kwaːŋ¹];đèn tuýt[ʔdɛn² twit⁸]

【日历】 泰ปฏิทิน[paː² tiː⁵ thin²] 老ปะติทิบ[paː² tiː² thin²] 越泰lịch mự[lik⁸ mɯ⁴] 越lịch[lit⁸];cuốn

---

❶ 阿含 chāk D1S  掸 sāk D1S  泐 căk D1S
❷ 阿含 tāk

lịch[kuːn⁵ lit⁸]

【日落】 泰 อัสดง[ʔat⁷ ʔdoŋ²];ตะวันตกดิน[taː⁵ wan² tok⁷ ʔdin²];ดวงอาทิตย์ตก[ʔduːaŋ² ʔaː² thit⁸ tok⁷] 老 ตาอับติ๊ก[taːˑ¹ van² tok²];ตาเอ็บติ๊ก[taːˑ¹ ven² tok⁷];ตาเอ็บติ๊กดิน[taːˑ¹ ven² tok⁷ ʔdin¹];พะอาทิตติ๊กดิน[pha⁵ ʔaːˑ¹ thit⁸ tok⁷ ʔdin¹] 普 Vân³ lăj²[βɤn³ lai²] 越 mặt trời lặn[mat⁸ tʂɤːi² lan⁶]

【日食】 泰 สุริยคราส[suː⁵ ri⁴ jaː⁴ khraːt¹⁰];สุริยคาธ[suː⁵ ri⁴jaː⁴khaːt¹⁰];สุริยุปราคา[suː⁵ri⁴juˑ¹praː²khaː²] 老 ฮั่งถาดสูบตาอับ[ʔaŋˑ¹khaːt¹⁰suːnˑ¹taːˑ¹van²];สุลิยุปาถา[suː²liː⁵n.uˑ¹paːˑ¹khaː²];อาถาดสูบตาอับ[ʔaːˑ¹ khaːt¹⁰ suːnˑ¹ taːˑ¹ van²];สูบยะถาด[suːnˑ¹ n.a⁵ khaːt¹⁰];สุลิยะถาด[suː² liː⁵ n.a⁵ khaːt¹⁰];ตาเอ็บเกื๊ง[taːˑ¹ van² kɤŋ²];ตาเอ็บถิเกื๊ง[taːˑ¹ van² thuːˑ¹ kɤŋ⁴];ลาทูสูบตาเอ็บ[laː²huːˑ¹suːnˑ¹taː²van²];ลาทูสูบตะอับ[laː²huːˑ¹ suːnˑ¹taː²van²];ลาทูสูบพะอาทิด[laː²huːˑ¹ suːnˑ¹pha⁵ʔaːˑ¹ thit⁸];กินมี้ละสามถาบ[kinˑ¹muːˑ⁴ la⁵saːmˑ¹khaːp¹⁰] 岱-侬 côp cáng kin tha vằn[kop⁷ kaːŋ⁵kinˑ¹thaˑ¹van²] 越泰 cốp kin ta vền[kop⁷kinˑ¹ taˑ¹ ven²] 越 nhật thực[n.ɤt⁸ thuɯk⁸]

【日晕】 泰 พระอาทิตย์ทรงกลด[phra⁴ ʔaː² thit⁸ soŋ² klot⁷] 老 กั๊วฮ่ม[kaŋ⁴ hom⁵];เกิ้งตาเอ็บ[kɤːŋ⁴ taːˑ¹ ven²];พะอาทิดทิ่งกด[pha⁵ ʔaːˑ¹ thit⁸ thoŋ² kot⁷] 岱-侬 toòng voòng tha vằn[tɔːŋ³ vɔːŋ³ thaˑ¹ van²] 越 quầng mặt trời[kwɤŋ² mat⁸ tʂɤːi²]

【容忍】 泰 อดกลั้น[ʔot⁷klan³] 老 ทน[thon²] 越 khoan dung[xwaːn¹ zuŋ¹];khoan nhượng[xwaːn¹ n.uːŋ⁶];nhịn[n.in⁶]

【容易❶】 泰 ง่าย[ŋaːi³] 老 ง่าย[ŋaːi³] 岱-侬 ngài[ŋaːi³];khoay[khwai¹] 越泰 ngài[ŋaːi³] 普 jung³ ji⁴[juŋ³ ji⁴] 越 dễ[ze⁴];dễ dàng[ze⁴ zaːŋ²] 芒 lời[lɤːi³]

【绒布】 泰 กำมะหยี่[kam² ma² jiː⁵];ผ้ากำมะหยี่[phaː³ kam² ma⁴ jiː⁵] 老 ผ้าสำลี[phaː³ sam¹ liː²] 岱-侬 nhung[n.uŋ¹] 越 vải nhung[vaːi³ n.uŋ¹];vải nhung kẻ[vaːi³ n.uŋ¹ kɛ³]

【绒毛】 泰 ขนอ่อน[khon¹ ʔɔːn⁵];ขนอุย[khon¹ ʔui⁵] 老 ฃนบ่อ[khon¹ ʔbuːa⁵] 岱-侬 khôn món[khon¹ mɔn⁵] 越 lông tơ[loŋ¹ tɤˑ¹];lông măng[loŋ¹ maŋ¹]

【绒线】 泰 ไหมพรม[mai¹ phrom²] 老 ยืด[n.ɯːt¹⁰] 越 chỉ thêu[tsi³ theu¹]

【绒衣】 泰 เสื้อผ้ากำมะหยี่[sɯːa³pha:³kam²ma⁴jiː⁵] 老 เสื้อยืด[sɯːa³n.ɯːt¹⁰] 越 quần áo đông xuân[kwɤn²ʔaːu⁵ʔdoŋ¹swɤn¹];áo vệ sinh[ʔaːu⁵ ve⁶ ʂin.¹]

【融化】 泰 ละลาย[la⁴ laːi²] 老 ย่ง[n.aŋ⁵];เปื๊อย[pɯːai⁵];เปื๊อยเยื๊อย[pɯːai⁵ n.ɯːai⁵];เปื๊อยละลาย[pɯːai⁵laː⁵laːi²];ละลาย[laː⁵laːi²];เปื๊อยออก[pɯːai⁵ ʔɔːk⁹];ลุง[liːaŋ²] 越 tan[taːn¹];tan chảy ra[taːn¹ tsai³ za̩¹]

【溶解】 泰 ละลาย[la⁴laːi²] 老 ย่อย[n.ɔːi⁵];ม่าย[naːi⁵];เปื๊อย[pɯːai⁵];ละลาย[laː⁵ laːi²] 越 tan[taːn¹];hòa tan[hwaː² taːn¹] 芒 tan[taːn¹]

【蝾螈】 泰 นิวท์[niu²] 老 กะปอมน้ำ[ka²pɔːmˑ¹nam⁴] 越 con sa giông[kɔnˑ¹ ʂaˑ¹ zoŋ¹];con rồng lửa[kɔnˑ¹ zoŋ² lɯːa³];con kỳ nhông[kɔnˑ¹ kiˑ² n.oŋ¹]

【柔道】 泰 ยูโด[juː² ʔdoː²] 老 มอยปั้มยิ่บุบ[muːai² pamˑ⁴ n.iˑ⁵ pun⁵];ยูโด[n.uː² ʔdoːˑ¹] 越 nhu đạo[n.uˑ¹ ʔdaːu⁶];môn võ du do[monˑ¹ vɔˑ⁴ zuˑ¹ zɔˑ¹]

【揉~面】 泰 นวด[nuːat¹⁰] 老 มอด[nuːat¹⁰];ลับ[khan⁴];ยิ[n.iː²];หย่ง[niːaŋ⁵] 越 nhào[n.aːu²]

【揉~眼睛】 泰 ถู[thuːˑ¹] 老 ถู[thuːˑ¹] 岱-侬 no[nɔˑ¹];nắn[nan⁵];po[pɔˑ¹] 越泰 xi[siˑ¹];khoang[khwaŋˑ¹] 越 giụi[zui¹];dụi[zui⁶] 芒 chải[tsɤl²]

【肉❷】 泰 เนื้อ[nɯːa⁴] 老 เมื้อ[nɯa⁴];ซิ้น[sin⁴] 岱-侬 nựa[nɯə⁴] 越泰 nhứa[nɯə⁵] 普 ʔjaw³

---

❶ 石家 ŋaay⁵
❷ 石家 mlɔɔ³   拉基 ʔo¹

[ʔjaːu³] 越thịt[thit⁸] 芒thit[thit⁸];nhúc[ɲuk⁷];nhúc nha[ɲuk⁷ ɲa¹]

【肉店】 泰ร้านขายเนื้อ[raːn⁴khaːi¹nɯːa⁴] 老ธ้านຂายຊີ້ນ[haːn⁴khaːi¹siːn⁴] 越cửa hàng thịt[kɯə³haːŋ² thit⁸];cửa hàng bán thịt[kɯə³haːŋ² ʔbaːn⁵ thit⁸]

【肉峰 牛~ ❶】 泰หนอก[nɔːk⁹] 老ໜອກ[nɔːk⁹] 岱-侬noóc[nɔːk⁷] 越泰nók[nɔk⁷] 越cái u[kaːi⁵ ʔu¹]

【肉干儿】 泰เนื้อแห้ง[nɯːa⁴ hɛːŋ³] 老ຊີ້ນແຫ້ງ[siːn⁴hɛːŋ³];ຊີ້ນກະແດ້ງ[sin⁴ka² ʔdɛːŋ⁴] 越thịt khô[thit⁸ xo¹]

【肉桂】 泰อบเชย[ʔop⁷ tshɤːi²] 老ອັບເຊີຍ[ʔop⁷ sɤːi²];ເປືອກແຄ່ຄໍາ[pɯːak⁹khɛːˀkham²];ກົກແຄ່[kok⁷ khɛː⁵] 越cây nhục quê[kɤi¹ɲuk⁸kwe⁵];cây quế[kɤi¹ kwe⁵]

【肉用鸡】 泰ไก่เนื้อ[kai⁵nɯːa⁴] 老ໄກ່ພັນເນື້ອ[kai⁵phan²nɯːa⁴];ໄກ່ພັນຊີ້ນ[kai⁵phan²siːn⁴];ໄກ່ເອົາຊີ້ນ[kai⁵ ʔau¹ˀ siːn⁴] 越gà thịt[ɣa² thit⁸];gà công nghiệp[ɣa² koŋ¹ ŋiep⁸]

【肉瘤】 泰เนื้องอก[nɯːa⁴ ŋɔːk¹⁰] 老ເນື້ອງອກ[nɯːa⁴ ŋɔːp¹⁰] 越ung thư cơ[ʔuŋ¹ thɯ¹ kɤ¹];bướu[ʔbɯːu⁵]

【肉末】 泰เศษเนื้อ[seːt⁹nɯːa⁴] 老ຊີ້ນຝັກ[siːn⁴fak⁸] 越thịt băm[thit⁸ ʔbam²];thịt vụn[thit⁸ vun⁶]

【肉丸子】 泰ลูกชิ้น[luːk¹⁰tshin⁴] 老ລູກຊີ້ນ[luːk¹⁰ siːn⁴] 越thịt viên[thit⁸ viːn¹]

【如果❷】 泰หาก[haːk⁹];ฉายว่า[tshaːi¹ waː³];ฉาย[tshaːi¹];ถ้า[thaː³];ฉุก[tshuk⁷];ถางว่า[taːŋ⁵ waː³];ถ้าเผื่อว่า[thaː³phɯːa⁵waː³];ถ้าว่า[thaː³ waː³];ถ้าหากว่า[thaː³haːk⁹waː³];ปะ[pa⁵];ปะว่า[pa⁵waː³];ผิ[phi⁵];ผิว่า[phi⁵ waː³];เผื่อ[phɯːa⁵];เผื่อว่า[phɯːa⁵ waː³];มาตร[maːt¹⁰];มาตรว่า[maːt¹⁰ waː³];แม้น[mɛːn⁴];เยียว

[jiːau²] 老ຖ້າ[thaː³];ຖ້າວ່າ[thaː³ vaː⁵];ຖ້າຫາກວ່າ[thaː³ haːk⁹ vaː⁵];ຄັນ[khan²];ຄັນວ່າ[khan² sɔː²];ຄັນວ່າ[khan² vaː⁵];ເກືອກ[kɯːak⁹];ເກືອກວ່າ[kɯːak⁹ vaː⁵];ທໍ່ວ່າ[thɔː⁵ vaː⁵];ບາດ[ʔbaːt⁹];ບາດເຖື່ອວ່າ[ʔbaːt⁹ thɯːa⁵ vaː⁵];ຜີ[phi²];ຜີວ່າ[phi² vaː⁵];ເຜື່ອວ່າ[phɯːa⁵ vaː⁵];ມາດວ່າ[maːt¹⁰ vaː⁵];ແມ່ນ[mɛːn⁵];ຢງວ[jiːau²];ລອນ[lɔːn²];ລອນ ວ່າ[lɔːn² vaː⁵];ຫາກ[haːk⁹];ຫາກວ່າ[haːk⁹ vaː⁵];ຫຼອນວ່າ[lɔːn¹ vaː⁵];ຮອຍ[hɔːi²];ຮອຍວ່າ[hɔːi² vaː⁵] 岱-侬vảng[vaːŋ³];chính cạ[tɕiŋ⁵ ka⁴];vảng cạ[vaːŋ³ ka⁴];hạy cạ[hai⁴ ka⁴] 越泰khoẻn[khwɛn²];khoẻn và[khwɛn² va⁶];phới[phɤː i⁵];hầu[haɯ³];chừ và[tsɯ⁶ va⁶];và[va⁶] 越nếu[neu⁵];nếu mà[neu⁵ ma²];nếu như[neu⁵ ɲɯ¹];ví bằng[vi⁵ ʔbaŋ²];ví thử[vi⁵ thɯ³];ví như[vi⁵ ɲɯ¹];giá dụ[za⁵ zu⁶];giá thử[za⁵ thɯ³];giá như[za⁵ ɲɯ¹];giá mà[za⁵ ma²] 芒nếu[neu³];dá dũ[za⁵ zu⁴];dà thứ[za³ thɯ⁵];dà nhơ[za³ ɲɤ¹];dà mà[za³ ma²];vi pằng[vi³ paŋ²];vi thứ[vi³ thɯ⁵];vi nhơ[vi³ ɲɤ¹];chõ chi[tsɔ⁴ tsi¹]

【蠕虫】 泰ขะนวน[kha⁵nuːan¹];หนอน[nɔːn¹];สัตว์เลื้อยคลาน[sat⁷lɯːai⁴khlaːn²] 老ກິມີ[ki²mi⁵] 岱-侬non[nɔn¹] 越giun sán[ʐun¹ ʂaːn⁵]

【蠕动】 泰กระดิบ[kra⁵ʔdip⁷];กระดุบ[kra⁵ʔdup⁷];กระดืบ[kra⁵ʔdɯːp⁹] 老ກະດິບ[ka²ʔdɯːp⁹];ດິບ[ʔdiːp⁹];ດຸກດິກ[ʔduk⁷ʔdik⁷] 越quần quại[kwan⁶ kwaːi⁶];bò quần quại[ʔbɔ² kwan² kwaːi⁶]

【乳房】 泰นม[nom²];เต้านม[tau⁴nom²];นมต้ม[nom² tom³];ดอกตั้ว[ʔdɔːk⁹ ʔduːa³];สะบู[sa⁵ ʔbuː²];ถัน[than¹] 老ມິມ[nom²];ດອກດິ້ວ[ʔdɔːk⁹ʔduːa⁴];ຕູ້[tuː⁴];ເຕົ້າ[tau⁴];ເຕົ້ານົມ[tau⁴nom²] 岱-侬nồm[nom²] 越泰nôm[nom²] 普ʔwâj⁴[ʔwɤi⁴];ʔuː³[ʔu³] 越vú[vu⁵];bầu vú[ʔbɤu² vu⁵] 芒tlái khã[tlaːi³ kha⁴];pù[pu³]

【乳母】 泰แม่นม[mɛː³nom²] 老ແມ່ມິມ[mɛː⁵nom²]

---

❶ 石家nɔːk⁶
❷ 阿含shāng；shāng bā

越u em[ʔu¹ ʔɛm¹] 芒mẽ ǔn[me⁴ ʔun³]

【乳头】 泰หัวนม[hu:a¹ nom²] 老หัวนม[kan⁵ nom²]; ขวับนม[khwan¹ nom²];ขวับนม[khwan¹ nom²]; ข้อมนม[khu:an² nom²];ขวับนม[khwan¹ nom²]; ทือนม[hu:a¹ nom²] 越đầu vú[ʔdɤu² vu⁵];núm vú [num⁵ vu⁵] 芒wày pǔ[wai⁵ pu⁵]

【乳腺炎】 泰ต่อมเต้านมอักเสบ[tɔ:m⁵ tau² nom⁵ ʔak⁷ se:p⁹] 老ต่อมน้ำนมอักเสบ[tɔ:m⁵ nam⁴ nom² ʔak⁷ se:p⁹] 越viêmtuyến vú[vi:m¹ twi:n⁵ vu⁵];viêm sưng vú[vi:m¹ ʂuŋ¹ vu⁵]

【乳牙】 泰ฟันน้ำนม[fan² nam⁴ nom²] 老แข้วน้ำนม [khɛ:u³nam⁴nom²] 岱-侬khéo nu[khɛu³ nu¹];khéo máy[khɛu³ mai⁴];khéo xắng tối[khɛu³ saŋ² toi⁵] 越răng sữa[zaŋ¹ ʂɯə⁴] 芒thăng rằm[thaŋ¹ ram⁴]

【乳罩】 泰เสื้อยกทรง[sɯ:a³ nok⁸ soŋ²] 老ผ้าห่องตู้ [pha:² ʔi:aŋ⁴ tu:⁴];ท่อง[kɔ:ŋ³];อองนม[ʔɔ:ŋ¹ nom²]; ติงนิม[thoŋ¹ nom²];ยีกฮิ่ง[nok⁸soŋ²] 越cái nịt vú[ka:i⁵ nit⁸ vu⁵];yếm nịt[ʔi:m⁵ nit⁸];cái yếm[ka:i⁵ ʔi:m⁵];nịt ngực[nit⁸ ŋuk⁸];coóc xê[kɔ:k⁷ se¹]

【乳汁❶】 泰น้ำนม[nam⁴nom²];ถัน[than¹] 老น้ำนม [nam⁴nom²] 岱-侬năm nồm[nam⁴nom²] 越泰 năm nỗm[nam⁴nom²] 普Nin³[nin³];ʔu²[ʔu²];ʔwâj² [ʔwɤi⁴];ʔu⁴[ʔu⁴] 越sữa[ʂɯə⁴];nước sữa[nɯ:k⁷ ʂɯə⁴] 芒khã[kha⁴]

【乳猪 初生的猪】 泰ลูกหมู[lu:k¹⁰mu:¹] 老ลูกหมู [lu:k¹⁰ mu:¹] 越lợn sữa[lɤ:n⁶ ʂɯə⁴]

【入口 路的~】 泰ทางเข้า[tha:ŋ² khau³] 老ทางเข้า [tha:ŋ² khau³] 越lối vào[loi⁵ va:u²];cửa vào[kɯə⁵ va:u²];cổng vào[koŋ⁵ va:u²] 芒tàng pao[ta:ŋ² pa:u¹]

【入殓】 泰บรรจุศพลงในโลง[ʔban⁴ tsut⁴ phloŋ² nai² lo:ŋ²] 老เข้าโลง[khau³ lo:ŋ²] 岱-侬lượm[lɯ:m⁴]; khâu phắc[khau³ phak⁷] 越nhập liệm[nɤp⁸ li:m⁶]; bỏ vào áo quan[ʔbɔ:³va:u²ʔa:u⁵ kwa:n¹] 芒bắc má[ʔbak⁷ma⁵]

【入席】 泰เข้าประจำที่[khau³ pra⁵ tsam² thi:³] 老 เข้าโต๊ะ[khau³ to²];เข้าพาเข้า[khau³ pha:² khau³] 越vào tiệc[va:u² ti:k⁸]

【入学】 泰เข้าเรียน[khau³ ri:an²] 老เข้าเรียน[kheu³ hi:an²] 越vào học[va:u² hɔk⁸];đi học[ʔdi¹ hɔk⁸]; nhập học[nɤp⁸ hɔk⁸] 芒nhâp hoc[nɤp⁸ hɔk⁸]

【入院】 泰เข้าโรงพยาบาล[khau³ ro:ŋ² ro:ŋ² pha⁴ja:² ʔba:n²] 老เข้าโฮงหมอ[khau³ho:ŋ²mɔ:¹] 越vào bênh viện[va:u² ʔben⁶ vi:n⁶];vào viện[va:u² vi:n⁶]

【入赘】 泰แต่งเข้า[tɛ:ŋ⁵khau³] 老สู่[su:⁵] 岱-侬 hètkhươi[het⁷khɯ:i¹];khửnkhươi[khun³khɯ:i¹] 越泰xống khươi[soŋ⁵ khɯ:i¹] 越gửi rể[ɣɯi³ ze³]; ở rể[ʔɤ:³ ze³] 芒là cháu[la² tsau³]

【褥子】 泰ฟูก[fu:k¹⁰] 老เสื่อ[sɯ:a⁵];เสื่อปูนอน [sɯ:a⁵pu:¹nɔ:n²] 岱-侬piềng roòng nòn[pi:ŋ⁵ rɔ:ŋ² nɔ:n²];piềngtềm[pi:ŋ⁵tɛm³] 越泰xứphã[sɯ⁵fa²] 越đệm[ʔdem⁶];cái đệm[ka:i⁵ʔdem⁶] 芒cảy tễm [:ai³ten⁴]

【软❷】 泰อ่อน[ʔɔ:n⁵] 老อ่อน[ʔɔ:n⁵] 岱-侬ón[ʔɔn⁵] 越泰ón[ʔɔn⁵] 普na²[na²] 越mềm[mem²];dẻo [zɛu³] 芒mềm[mem²];mẫl[mɤl⁴];đéo[ʔdɛu⁵]

【软腭】 泰เพดานอ่อนในปาก[phe:² ʔda:n² ʔɔ:n⁵ nai² pa:k⁹];เพดานหลัง[phe:²ʔda:n² laŋ¹] 老ใบลิ้นไก่ [ʔbai¹ʔ li:n⁴ kai⁵] 越vòm miệng mềm[vɔm² mi:ŋ⁶ mem²];vòm mềm[vɔm² mem²]

【软膏】 泰ครีมทาแผล[khri:m² tha:² phlɛ:¹] 老ยากี ตั้ง[ja:¹khi:³phɔŋ³];ยามอด[ja:¹nu:at¹⁰] 越cao mềm[ka:u¹ mem²];thuốc mỡ[thu:k⁷ mɤ⁴]

【软骨】 泰กระดูกอ่อน[kra⁵ʔdu:k⁹ʔɔ:n⁵] 老 ກະดูกฮัก[ka:²ʔdu:k⁹ʔak⁷];ดูกฮัก[ʔdu:k⁹ʔak⁷] 岱-侬đuc ón[ʔduk⁷ ʔɔn⁵] 越泰đúk chọt[ʔduk

---

❶ 石家nɔm⁴;cuu³
❷ 石家lil⁶ 阿含ân B1 掸ʔɔn B1 泐ʔɔn B1

tsɔt⁸] 普lak⁵ ju³[la:k⁵ju³] 越xương sụn[sɯːŋ¹ ṣun⁶];sụn[ṣun⁶];xường mềm[sɯːŋ¹ mem²]

【软骨症】 泰โรคกระดูกอ่อน[roːk¹⁰ kra⁵ ʔduːk⁹ ʔɔːn⁵] 老ພະຍາດດູກອ່ອນ[pha⁵ n̩aːt¹⁰ʔduːk⁹ʔɔːn⁵] 越bệnh xương mềm[ʔben⁶ sɯːŋ¹ mem²];bệnh còi xường[ʔben⁶ kɔi² sɯːŋ¹]

【软烂 饭~】 泰นิ่มเหลว[nim³leːu¹] 岱-侬nừm[num³] 越泰nừm[num²] 越rụn[zu̩n³];nhũn[n̩un⁴];nhão[n̩aːu⁴] 芒rún[run⁵];bét[ʔbɛt⁷]

【闰年】 泰ปีอธิกมาส[piː² ʔa⁵ thi⁴ ka⁵ maːt¹⁰];ปีอธิกสุรทิน[piː²ʔa⁵thiːka:²su⁵ra⁴thin²] 老ປີອະທິກະມາດ[piː¹' ʔa² thi⁵ ka² maːt¹⁰] 岱-侬pi nhin[pi¹ n̩in³];pi nhùn[pi¹n̩un³] 越泰pi nhũn[pi¹n̩un²] 越năm nhuận[nam¹ n̩wɤn⁶] 芒năm nhần[nam¹ n̩ɤn²]

【闰日】 泰อธิกวาร[ʔa:²thi⁴ka⁵waːn²];อธิกสุรทิน[ʔa⁵thi⁴ka⁵su⁵la⁴thin²] 老ອະທິກະວານ[ʔa² thi⁵ ka² vaːn²];ອະທິກະສຸລະທິນ[ʔa² thi⁵ ka² sa² la⁵ thin²] 越ngày nhuận[ŋai² n̩wɤn⁶]

【闰月】 泰เดือนอธิกมาส[ʔdɯːan² ʔa⁵thi⁴ka⁵maːt¹⁰] 老ເດືອນອະທິກະມາດ[ʔdɯːan¹' ʔa²thi⁵ka²maːt¹⁰];ເດືອນສອງທິບ[ʔdɯːan¹' sɔːŋ¹hon¹];ອະທິກະມາດ[ʔa² thi⁵ ka² maːt¹⁰] 岱-侬bươn nhin[ʔbɯːn¹ n̩in³] 越泰bươnnhũn[ʔbɯːn¹n̩un²] 越thángnhuận[thaːŋ³ n̩wɤn⁶] 芒kháng nhần[khaːŋ³ n̩ɤn²]

【润滑油】 泰น้ำมันหล่อลื่นสีเหลือง[nam⁴ man² lɔː⁵ lɯːn³ siː¹ lɯːaŋ¹] 老ນ້ຳມັນມື່ນ[nam⁴ man² mɯːn⁵] 越dầu nhờn[zɤu² n̩ɤːn²];dầu máy[zɤu² mai⁵];dầu mỡ[zɤu² mɤ⁴];nhót[n̩ɤːt⁷]

# S

【撒~网】 泰ทอด[thɔːt¹⁰] 老ທອດ[thɔːt¹⁰];ถ่อาา[khwaːŋ⁵];ท่อบ[vaːn²] 岱-侬tọt[tọt⁸] 越泰thạng[thaŋ⁴] 普lăj³khja¹[lai³khja¹];khja¹[khja¹] 越vãi[vaːi⁴];quăng[kwaŋ¹];tung[tuŋ¹] 芒quái[kwaːi⁵]

【撒~谷种】 泰หว่าน[waːn²];โปรย[proːi²];ซัด[sat⁸] 老ທ່ອນ[vaːn²];ກ້າ[kaː⁴] 岱-侬ván[vaːn⁵];phjáo[phjaːu⁵] 越泰ván[vaːn²] 普siơp⁵[siːp⁵];sip⁵[sip⁵] 越gieo[ʐɛu⁵];rắc[ʐa̯k⁷] 芒khoi[khoːi¹]

【撒谎❶】 泰โกหก[koː² hok⁷];โกหกพก ลม[koː² hok⁷phok⁸lom²] 老ຕົວະ[tua²];ເວົ້າຕົວະ[vau⁴tua²];ຕົວະຍົວະ[tua²nua⁵];ຕົວະລ່າຍ[tua²laːi³];ເວົ້າຕົວະ[vau⁴tua²];ເວົ້າມຸສາ[vau⁴muː⁵saː¹];ໂກຫົກ[koː¹'hok¹] ຂີ້ຕົວະ[khiː³ tua²] 岱-侬càng pjàng[kaːŋ³ pjaːŋ²];láu[lau⁵] 越泰và lạ[vaː⁶ laː⁴];vả bèo[vaː⁴ ʔbɛu³] 越nói dối[nɔːi⁵ zoi⁵];bịa đặt[ʔbiə² ʔdat⁵];nói láo[nɔːi⁵laːu⁵];bịa[ʔbiə⁶] 芒pổ lỗi[po⁴loi⁴];pổ tổi[po⁴toi³];pổ tổi tổi[po⁴toi³toi³];pổ tổi phái[po⁴toi⁴faːi⁵];khể tổi[khe³ toi³];khể xác[khe³ saːk⁴]

【撒娇】 泰งอน[ŋɔːn²] 岱-侬hêt ỏn[het⁷ ʔɔːn³] 越泰dệt éo[jet⁸ʔɛu⁵] 越làm nũng[laːm²nuŋ⁴];nũng niu[nuŋ⁴ niu⁶] 芒là lừa[laː³ lɯə²]

【洒~水】 泰พรม[phrom²];สาด[saːt⁹] 老ຫົວດ[vit⁷] 岱-侬sloet[ɬwɛt⁷];sloăt[ɬwat⁷] 越泰huột[huːt⁸];pặt[pat⁸] 越tưới[tuːi⁵]

【洒水车】 泰รถฉีดน้ำ[rot⁴tshiːt⁹nam²] 老ລົດພຸນນ້ຳ[lot⁸fuːn²nam⁴];ລົດຫົດນ້ຳ[lot⁸hot⁹nam⁴] 越xe tưới nước[sɛ¹ tuːi⁵ nɯːk⁷];xe phun nước[sɛ¹ fun¹ nɯːk⁷]

【腮】 泰แก้ม[kɛm³] 老ແກ້ມ[kɛm⁴];ກະພຸງແກ້ມ[ka²phuŋ⁴kɛm⁴] 岱-侬kèm[kɛm⁷] 越泰kèm[kɛm³] 越má[ma⁵] 芒mả[ma³]

【腮腺】 泰ต่อมพาโรติค[tɔː m⁵phaː²roː²tik⁷] 老ເບົ້ານ້ຳລາຍ[pau⁴nam⁴laːi²] 越tuyến má[twiːn⁵ma⁵];tuyến mang tai[twiːn⁵maːŋ¹taːi¹];hạch má[hat⁸ ma⁵]

【鳃】 泰เหงือก[ŋɯːak⁹] 老ເຫງືອກ[ŋɯːak⁹];ฟันฟืม[fan²fɯːm²] 岱-侬nguớc[ŋɯːk⁷];hước[ɫɯːk⁷] 越泰hước[hɯːk⁷] 普qaro³[qa⁰ rɔ³] 越mang cá[maːŋ¹ kaː⁵];mang[maːŋ¹] 芒mang[maːŋ¹]

【塞~住宿隆❷】 泰อุด[ʔut⁷] 老ອຸດ[ʔut⁷];ຍັກ[ɲak⁸];ຍັດ[ɲat⁸] 岱-侬ôt[ʔot⁷];tệch[tek⁸] 越泰ót[ʔot⁷];nhiệt[ɲiːt⁸] 越lấp[lɤp⁷];nhét[ɲɛt⁷] 芒nhét[ɲɛt⁷]

【塞子】 泰จุก[tsuk⁷] 老ດອນ[ʔdɔːn¹];ກະດອນ[ka²ʔdɔːn¹];ໄມ້ດອນ[mai⁴ʔdɔːn¹];จุก[tsuk⁷] 岱-侬ăn ôt[ʔan¹ ʔot⁷] 越泰ót[ʔot⁷];cắn ót[kan⁵ ʔot⁷] 越nút[nut⁷];cái nút[kaːi⁵nut⁷] 芒nút[nut⁷];cái nút[kaːi³ nut⁷]

【赛龙舟】 泰แข่งเรือมังกร[khɛːŋ⁵rɯːa²maŋ²kɔːn²] 老ແຂ່ງເຮືອມັງກອນ[khɛːŋ⁵hɯːa²maŋ²kɔːn²] 越đua thuyền rồng[ʔduə¹thwiːn²zɔŋ²];cuộc đua thuyền[kuːk⁸ ʔduə¹ thwiːn²]

【赛跑】 泰แข่งวิ่ง[khɛːŋ⁵ wiŋ³] 老ແລ່ນແຂ່ງຂັນ[lɛːn⁴ khɛːŋ⁵ khan¹];ແລ່ນເຊົ້າກັນ[lɛːn⁵ seŋ¹ kan¹];ແລ່ນຊ້ອງ[lɛːn⁵ suːaŋ⁵] 越chạy thi[tsaːi⁶ thiː¹];chạy đua[tsaːi⁶ ʔduə¹] 芒chẳl khi[tsal⁴ khiː¹];kèo chẳl

---
❶ 阿含 phāngA2　掸 phaŋA2　渤 phaŋA2
❷ 石家 ʔɔt⁴　掸 ʔotD1S

[kɛu² tsal⁴]

【三❶】 泰สาม[sa:m¹] 老ສາມ[sa:m¹] 岱-侬 slam[ɬa:m¹] 越泰xam[sa:m¹] 普tăw¹[tau¹] 越 ba[ʔba¹] 芒pa[pa¹]

【三岔路口】 泰สามแยก[sa:m¹jɛ:k¹⁰];ทางสามแพร่ง[tha:ŋ²sa:m¹phrɛ:ŋ³] 老ຫາງສາມແຍກ[tha:ŋ²sa:m¹nɛ:k¹⁰];ຫາງ ແຈ່ມ[tha:ŋ²ŋɛ:m³] 岱-侬tàngcapslam[ta:ŋ²ka:p⁷ɬa:m¹] 越泰tăng pík[ta:ŋ²pik⁷];pák tang cuối[pa:k⁷ta:ŋ²ku:i⁶] 越ngã ba[ŋa⁴ʔba¹];ngã ba đường[ŋa⁴ʔba¹ʔdɯ:ŋ²] 芒ngá pa[ŋa⁵pa¹];khm pa khà[khɤm⁴ pa¹ kha³]

【三分之一】 泰หนึ่งในสาม[nɯŋ⁵nai²sa:m¹] 老ໜຶ່ງໃນສາມ[nɯŋ⁵nai²sa:m¹] 越một phần ba[mot⁸ fɤn² ʔba¹]

【三角裤】 泰กางเกงในสตรี[ka:ŋ²ke:ŋ²nai²sa⁵ tri:⁵];โมโนกินี่[mo:²no:²ki⁵ni:³];กางเกงลิง[ka:ŋ²ke:ŋ²liŋ²] 老ໂສ້ງສະລິບ[so:ŋ³sa²lip⁸] 岱-侬toòng tiểu[tɔ:ŋ³ ti:u⁵];toòng téo[tɔ:ŋ³tɛu⁵] 越quần xi-líp[kwɤn² si¹lip⁷];xi-líp[si¹ lip⁷]

【三脚架】 泰สามขา[sa:m¹ kha:¹] 老ຂາດັ່ງ[kha:¹ʔduŋ¹] 越giá ba chân[za⁵ ʔba¹ tsɤn¹]

【三脚灶❷】 泰สามขา[sa:m¹ kha:¹] 老ຂຽງ[khi:aŋ²];ຂາດັ່ງ[kha:¹ʔduŋ¹] 岱-侬kièng slam kha[ki:ŋ² ɬa:m¹kha:¹] 普king³[kiŋ³] 越kiềng[ki:ŋ²];kiềng ba chân[ki:ŋ² ʔba¹ tsɤn¹] 芒kiềng[ki:ŋ²]

【三轮车】 泰รถสามล้อ[rot⁸sa:m¹lɔ:⁴];สามล้อ[sa:m¹ lɔ:⁴] 老ສາມລໍ້[sa:m¹lɔ:⁴];ລົດສາມລໍ້[lot⁸sa:m¹lɔ:⁴] 岱-侬xe slam quẳng[sɛ¹ ɬa:m¹ kwaŋ²] 越xe xích lô[sɛ¹ sit⁷ lo¹];xích lô[sit⁷ lo¹];xe ba bánh[sɛ¹ ʔba¹ ʔban⁵] 芒xích lô[sit⁷ lo¹]

【三十】 泰สามสิบ[sa:m¹ sip⁷] 老ສາມສິບ[sa:m¹ sip⁷] 岱-侬slam slip[ɬa:m¹ɬip⁷] 越泰xam xip

[sa:m¹sip⁷] 普tăw¹ pât⁵[tau¹pɤt⁵] 越ba mươi[ʔba¹ mɯ:i¹] 芒pa mươi[pa¹ mɯ:l¹];păm[pam¹]

【三月】 泰เดือนมีนาคม[ʔdɯ:an² mi:² na:² khom²];มีนาคม[mi:²na:² khom²];เดือน สาม[ʔdɯ:an² sa:m¹] 老ມີນາຄົມ[mi:²na:²khom²];ເດືອນມີນາ[ʔdɯ:an² mi:² na:²] 岱-侬bươn slam[ʔbɯ:n¹ɬa:m¹] 越泰bươn xam[ʔbɯ:n¹ sa:m¹] 普nin¹cing¹[nin¹ tsiŋ¹] 越tháng ba[tha:ŋ⁵ ʔba¹] 芒kháng pa[kha:ŋ³ pa¹]

【伞❸】 泰จ่อง[tsɔ:ŋ⁵];ร่ม[rom³] 老ຄັນຈ້ອງ[khan¹ tsɔ:ŋ⁴];ຮົ່ມ[hom²];ຄັນຮົ່ມ[khan¹ hom⁵] 岱-侬lưởng[lɯ:ŋ³];cường[kɯ:ŋ³] 越泰xũ[su⁵] 普liơng³[li:ŋ³] 越ô[ʔo¹];cái ô[ka:i⁵ ʔo¹] 芒cái ô[ka:i³ ʔo¹];ô[ʔo¹];dù[zu²];dả[za³]

【散人都~了】 泰เลิก[lɤ:k¹⁰] 老ເລີກ[lɤ:k¹⁰]; 岱-侬slán[ɬa:n⁵] 越tan[ta:n¹] 芒tan[ta:n¹]

【散雾~了】 泰หาย[ha:i¹] 老ວາຍ[va:i²];ເພີກ[phɤ:k¹⁰] 岱-侬slán[ɬa:n⁵] 越泰quạk[kwa:k⁸] 越tan[ta:n¹] 芒tan[ta:n¹]

【散步】 泰เดินเล่น[ʔdɤ:n² le:n³] 老ຍ່າງ ຫຼິ້ນ[ɲa:ŋ¹lin³];ເດີນກິນອາກາດ[ʔdɤ:n¹kin¹ ʔa:¹¹ka:t⁹];ກິນອາກາດ[kin¹¹ʔa:¹¹ka:t⁹] 岱-侬càm kha[ka:m² kha:¹] 越đi bách bộ[ʔdi¹ʔba:t⁵ ʔbo⁶];đi chơi[ʔdi¹ tsɤ:i¹]; đi dạo mát[ʔdi¹za:u⁶ma:t⁷] 芒ti bách bổ[ti¹ʔba:t⁵ ʔbo⁴]

【散会】 泰เลิกประชุม[lɤ:k¹⁰pra⁵tshum²] 老ເລີກປະຊຸມ[lɤ:k¹⁰pa²⁵sum²] 越tan họp[ta:n¹ hɔp⁵] 芒tan hop[ta:n¹ hɔp⁸]

【散集】 泰ตลาดซ่าน[ta⁵ la:t⁹ sa:n¹] 老ເລີກຕະຫຼາດ[lɤ:k¹⁰ta²la:t⁹];ຕະຫຼາດວາຍ[ta²la:t⁹va:i²] 越tan chợ[ta:n¹ tsɤ⁶];chợ tan[tsɤ⁶ta:n¹] 芒tan chờ [ta:n¹ tsɤ⁴];hã chờ[ha⁴ tsɤ⁴]

【桑寄生】 泰ไม้กาฝากที่เกาะตามต้นหม่อน[mai⁴

---

❶阿含 shāmA1　掸 shamA1　泐 samA1　拉哈 tăw³；tu¹　拉基 tê³;te³
❷掸 keŋ A2　泐 kheŋ A2
❸阿含 châng C1

ka:²fa:k⁹thi:³kɔ⁵ta:m²ton³mɔ:n⁵】 岱-佤 phac [pha:k⁷];phac mạy[pha:k⁷ mai⁴] 越 cây tầm gửi [kɤi¹ tɤm² ɣui³]

【桑葚】 泰 ผลหม่อน[phon¹ la⁴mɔ:n⁵] 老 ຫມາກມອນ [ma:k⁹mɔ:n²];ຫມາກຫມ່ອນ[ma:k⁹mɔ:n³] 岱-佤 mac mọn[ma:k⁹mɔn⁴] 越 quảdâutầm[kwa³zɤu¹tam²] 芒 tlái tô[tla:i³ to¹]

【桑树❶】 泰 ต้นหม่อน[ton³ mɔ:n⁵] 老 ກົກມອນ[kok⁷ mɔ:n²];ຕົ້ນມອນ[ton⁴mɔ:n²] 岱-佤 comạymòn[kɔ¹ mai⁴ mɔn²];mạy mòn[mai⁴ mɔn²] 越泰 mạy môn [mai⁴ mɔn²] 越 cây dâu[kɤi¹ zɤu¹];cây dâu tằm [kɤi¹ zɤu¹ tam²] 芒 câl tô[kɤl¹ to¹]

【桑叶】 泰 ใบหม่อน[ʔbai²mɔ:n⁵] 老 ໃບ ມອນ[ʔbai¹¹ mɔ:n²] 岱-佤 bâurmòn[ʔbəu¹mɔn²] 越泰 baurmôn [ʔbəu¹ mɔn²] 越 lá dâu[la⁵ zɤu¹] 芒 là tô[la³ to¹]

【丧服】 泰 เครื่องไว้ทุกข์[khruɯ:aŋ³wai⁴thuk¹⁰]; เครื่องทุกข์[khruɯ:aŋ³thuk⁸] 老 ເສື້ອໄວ້ທຸກ[sɯ:a³ vai⁴thuk⁸] 岱-佤 slưa khóa dáo[ɬɯə³khwa⁵ ja:u⁵];slưa dáo[ɬɯə⁵ ja:u⁵] 越 quần áo tang[kwɤn² ʔa:u⁵ ta:ŋ¹];áo tang[ʔa:u⁵ ta:ŋ¹];áo sô[ʔa:u⁵ ʂo¹];áo ché[ʔa:u⁵tsɛ⁵];tang phục[ta:ŋ¹fuk⁸] 芒 đồ tem [ʔdo⁵ tɛm¹]

【丧事】 泰 การจัดงานศพ[ka:n²tsat⁷ŋa:n²sop⁷];งานศพ [ŋa:n² sop⁷] 老 ງານສົບ[ŋa:n² sop⁷] 岱-佤 việc phi thang[vi:k⁸phi¹tha:ŋ¹] 越泰 hèohong[hɛu⁶hɔŋ¹] 越 việc ma chay[vi:k⁸ma¹tsai¹];việc tang[vi:k⁸ ta:ŋ¹];việc hiếu[vi:k⁸ hi:u⁵] 芒 tem tang[tɛm¹ ta:ŋ¹]

【丧家】 泰 ครอบครัวของผู้ที่ถึงแก่กรรม[khrɔ:p¹⁰ khrua² khɔ:ŋ¹ phu:³ thi:³ thɯŋ¹ kɛ:⁵ kam²] 老 ເຮືອນດີ[hɯ:an²²di:¹'] 越泰 hưỡnhại[hɯ:n³ha:i⁴] 越 nhà tang[ɲa² ta:ŋ¹];hiếu chủ[hi:u⁵ tsu³] 芒 chú

hiếu[tsu⁵ hi:u³]

【臊❷】 泰 กลิ่นเหม็นสาบ[klin⁵ men¹ sa:p⁹];กลิ่นเหม็น เขียว[klin⁵ men¹ ji:au³] 老 ສາບ[sa:p⁹] 岱-佤 mén nɛɔ[men¹ nɛu³] 越 hôi[hoi¹];khai[xa:i¹]

【搔】 泰 เกา[kau²] 老 ເກົາ[kau¹'] 岱-佤 đẻn [ʔdan³] 越泰 chóc[tsok⁷] 普 kuơn⁴[ku:n⁴] 咸 gãi[ɣa:i⁴]

【扫～地❸】 泰 กวาด[kwa:t⁹];ปัดกวาด[pat⁷kwa:t⁹] 老 ປັດ[pat⁷];ກວາດ[kwa:t⁹];ປັດກວາດ[pat⁷ kwa:t⁹]; [phɛu³kwa:t⁹];ກວາດແຜ້ວ[kwa:t⁹phɛu³] 岱-佤 pắt [pat⁷];quet[kwɛt⁷] 越泰 phèo[phɛu³];quet[kwɛt⁷ 普 sjăk²[sjak²];sjok²[sjok²] 越 quét[kwɛt⁷];quét dọn[kwɛt⁷zɔn⁶];quét tước[kwɛt⁷tɯ:k⁷];làm vệ sinh[la:m²ve⁶sin¹] 芒 quét[kwɛt⁷];quét hãng [kwɛt⁷ ha:ŋ⁴]

【扫雷】 泰 กวาดนระเบิด[kwa:t⁹ thun³ ra⁴ ʔbə:t⁹] 老 ກວາດທຸ່ນລະເບີດ[kwa:t⁹thun³la⁵ʔbə:t⁹] 越 quét mìn[kwɛt⁷ min²];gỡ mìn[ɣɤ⁴ min²]

【扫盲】 泰 ขจัดความไม่รู้หนังสือ[kha:⁵ tsat⁷ khwa:m² mai⁴ru:⁴naŋ¹sɯ:¹] 老 ລົບລ້າງການບໍ່ຮູ້ບັງສື[lup⁸ la:ŋ⁴ka:n¹'kɯ:k⁹naŋ¹sɯ:¹];ລົບລ້າງຄວາມບໍ່ຮູ້ ບັງສື[lop⁸ la:ŋ⁴ khwa:m² ʔbɔ:⁵ hu:⁴ naŋ¹ sɯ:¹] 越 xoá mù chữ[swa⁵ mu² tsɯ⁴];thanh toán nạn mù chữ[than¹ twa:n⁵ na:n⁶ mu² tsɯ⁴]

【扫射】 泰 ยิงกราด[jiŋ² kra:t⁹] 老 ຍິງກວາດ[ɲiŋ² ka:t⁹];ກວາດກະສຸນ[ka:t⁹ ka² sun¹] 越 bắn phá[ʔban⁵ fa⁵];bắn quét[ʔban⁵ kwɛt⁷]

【嫂嫂❹】 泰 พี่สะใภ้[phi:³ sa⁵ phai⁴] 老 ພີ່ນາງ[phi:⁵ ɾa:ŋ²];ພີ່ເອື້ອຍ[phi:⁵ʔɯ:ai⁴];ເອື້ອຍໃຜ່[ʔɯ:ai⁴phai⁴] 岱-佤 pi lùa[pi³ luə²];pi nàng[pi³ na:ŋ²] 越泰 ươi pạu[ʔɯ:i¹ paɯu⁴];pì pạu[pi⁶ paɯu⁴] 普 ʔăw³[ʔau³];

---

❶ 掸 keŋA2　勐 kheŋA2
❷ 石家 gaaw⁴；ŋaw²-gaaw⁴
❸ 石家 kwaat⁶　掸 kwat D1L　勐 kwat D1L
❹ 拉哈 măj⁵lɔj¹　拉基 e¹

ʔăj³[ʔai³]] 越chị dâu[tsi⁶ zɤu¹] 芒mǎng du[ma:ŋ⁴ zu¹]

【扫帚❶】 泰กวาด[kwa:t⁹];ไม้กวาด[mai⁴kwa:t⁹] 老ยู[ɲu:²];ยูกวาด[ɲu:²kwa:t⁹];ยูปัด[ɲu:²pat⁵];ไม้กวาด[mai⁴ kwa:t⁹];ตาด[ta:t⁹];ฟอย[fɔ:i²];ฟอยปัดกวาด[fɔ:i² pat⁷ kwa:t⁹] 傣-侬nhù păt[ɲu² pat⁷];nhù quet[ɲu²kwɛt⁷] 越泰nhũ[ɲu²] 普kɯɔŋ⁴[kɯ:ŋ⁴] 越chổi[tsoi³];cái chổi[ka:i⁵ tsoi³]; cây chổi[kɤi¹tsoi³] 芒cỏ quét[ko²kwɛt⁷];tòm quét[tɔm³ kwɛt⁷]

【涩 味~❷】 泰ฝาด[fa:t⁹];ขืน[khɯ:n¹];กสาพ[ka⁵ sa:p⁹] 老ฝาด[fa:t⁹];ฝืด[fɯ:t⁹] 傣-侬slăp[ɫap⁷] 越泰phát[pha:t⁷] 普păt⁵[pat⁵] 越chát[tsa:t⁷] 芒chát[tsa:t⁷]

【色鬼】 泰นักเลงผู้หญิง[nak⁸le:ŋ²phu:³jiŋ¹];คนบ้ากาม[khon²²ba:³ka:m²] 老มักเลงผู้ยิง[nak⁸ le:ŋ² phu:³ ɲiŋ²];โฑงสาว[thoːŋ¹ sa:u¹] 越kẻ háo sắc[kɛ³ ha:u⁵ ʂak⁵];kẻ dâm đãng[kɛ³ zɤm¹ ʔda:ŋ³]

【色盲】 泰ตาบอดสี[ta:² ʔbɔ:t⁹ si:¹];บอดสี[ʔbɔ:t⁹ si:¹] 老ตาดับติน[ta:¹' ʔdan¹' ton¹];บอดสี[ʔbɔ:t⁹ si:¹] 越mù màu[mu² mau²];mù sắc[mu² ʂak⁷];bệnh loạn sắc[ʔben⁶ lwa:n⁶ ʂak⁷]

【沙丁鱼】 泰ปลาซาร์ดีน[pla:²sa:²ʔdi:n²];ซาร์ดีน [sa:² ʔdi:n²] 老ปาสากาดิน[pa:¹' sa:k⁹ ʔdin¹] 越cá sác đin (sardine)[ka⁵ sa:k⁷ ʔdin¹];cá mòi[ka⁵ mɔi⁵]

【沙发】 泰โซฟา[so:² fa:²];เก้าอื่นวม[kau³ ʔi:³ nu:am²] 老เก๋าอี้นวม[kau⁴ʔi:⁴nu:am²];สาลัง[sa:²lɔŋ²] 越 trường kỷ[tʂɯ:ŋ²ki³];sa-lông[sa¹lɔŋ¹];ghế xa-lông [ɣe⁵ sa¹ lɔŋ¹];ghế bành[ɣe⁵ ʔbaɲ²]

【沙糕】 泰ขนมกง[kha⁵nom¹koŋ¹] 傣-侬pèng sla cao[pɛŋ³ɫa¹ka:u¹];pèng cao[pɛŋ³ ka:u¹];sla cao[ɫa¹ ka:u¹] 越bánh khảo[ʔban⁵ xa:u³];oàn[ʔwa:n⁶]

芒wán[wa:n⁵]

【沙坑】 泰หลุมทราย[lum¹ sa:i²] 老หลุมฆาย[lum¹ sa:i²] 越hố cát[ho⁵ ka:t⁷]

【沙梨】 泰สาลี่[sa:²li:³];ลูกแพร์ทราย[lu:k¹⁰phɛ:² sa:i²] 普mjak² sa⁴ li³[mja:k²sa⁴li³] 越quả lê đường[kwa³ le¹ ʔdɯ:ŋ²];quả mắc cọoc[kwa³ mak⁷ kɔ:k⁸]

【沙漠】 泰ทะเลทราย[tha⁴le:³sa:i²] 老ทะเลฆาย [tha⁵ le:² sa:i²] 越sa mạc[ʂa¹ ma:k⁸];bãi sa mạc [ʔba:i⁴ ʂa¹ ma:k⁸] 芒pāi xa mac[pa:i⁴ sa¹ ma:k⁸]

【沙丘】 泰เนินทราย[nə:n² sa:i²] 老ดอนฆาย[ʔdɔ:n¹ sa:i²];เม็งฆาย[nə:n² sa:i²] 越đồi cát[ʔdoi¹ ka:t⁷]; cồn cát[kon² ka:t⁷];gò cát[ɣɔ² ka:t⁷];dụn cát[zun⁶ ka:t⁷]

【沙滩❸】 泰หาดทราย[ha:t⁹sa:i²];กระเสด[kra⁵ se:t⁹] 老ฆาด[ha:t⁹];ฆาดฆาย[ha:t⁹sa:i²];ฆายฆาด[sa:i² ha:t⁹] 傣-侬pò dài[pɔ² ja:i²] 越泰đon xai[ʔdɔn¹ sa:i¹] 越bãi cát[ʔba:i⁴ ka:t⁷];bãi biển[ʔba:i⁴ ʔbi:n³] 芒pāi caích[pa:i⁴ ka:it⁷]

【沙土】 泰ดินทราย[ʔdin² sa:i²] 老ดินฆาย[ʔdin¹ sa:i²];ขี่ดินฆาย[khi:³ ʔdin¹' sa:i²] 傣-侬đin đai [ʔdin¹ ʔda:i¹];đin đac[ʔdin¹ ʔda:k²] 越泰đin xāi [ʔdin¹ sa:i²] 越đất cát[ʔdɤt⁷ ka:t⁷] 芒tất caích [tɤt⁷ ka:it⁷]

【沙哑】 泰แหบ[hɛ:p⁹];แห้ง[hɛ:ŋ³] 老แฆบ[hɛ:p⁹]; โฆ[kho:²];ลำแฆบ[khɔ:²hɛ:p⁹] 傣-侬hep[hɛp⁷] 越泰hép[hɛp⁷];xà[sa⁶] 越khàn khàn[xa:n² xa:n²]; khàn giọng[xa:n³ zɔŋ⁶];khàn tiếng[kha:n³ ti:ŋ⁵];rè [zɛ²] 芒khan thiếng[kha:n¹ thi:ŋ³];hè[hɛ²]

【沙眼】 泰ริดสีดวงตา[rit⁸si:¹ʔdu:aŋ²ta:²];ตา เป็นริดสีดวง[ta:²pen²rit⁸si:¹ʔdu:aŋ²] 老ตางฆาย [ta:¹' sa:i²] 越bệnh đau mắt hột[ʔben⁶ʔdau¹

---

❶ 阿含 ñu A2   掸 ju A2   泐 ju A2
❷ 石家 viat⁶
❸ 阿含 hāt D1L   掸 hat D1L   泐 hat D1L

mat⁷ hot⁸];đau mắt hột[ʔdau¹ mat⁷ hot⁸];đau mắt hột[ʔdau¹ mat⁷ hot⁸]

【沙洲】 泰 สันดอน[san¹ ʔdɔ:n²];สันดอนและเนินทราย[san¹ ʔdɔ:n²lɛ⁴nɤ:n¹sa:i²];หลังเต่า[laŋ¹tau⁵] 老 ຫາດ[ha:t⁹];ຫາດຊາຍ[ha:t⁹ sa:i²];ສັນດອນ[san¹ ʔdɔ:n¹];ດອນດິນງອກ[ʔdɔ:n¹'ʔdin¹ŋɔ:k¹⁰];ກະເສດ[ka²se:t⁹];ຫຼັງເຕົ່າ[laŋ¹ tau⁵] 越 bãi đất bồi[ba:i⁴ ʔdɤt⁷ ʔboi²];cồn cát[kon² ka:t⁷];bãi cát cửa sông[ba:i⁴ ka:t⁷ kɯə³ ʂoŋ¹];cù lao[ku² la:u¹]

【沙子❶】 泰 ทราย[sa:i²];กระไส[kra⁵ sai¹] 老 ຊາຍ[sa:i²];ດິນຊາຍ[ʔdin¹' sa:i²];ຂີ້ຊາຍ[khi:³ sa:i²];ຂີ້ດິນຊາຍ[khi:³ʔdin¹sa:i²] 傣-侬 dài[ja:i²];dài xài[ja:i² ɕa:i²] 越泰 xãi[sa:i¹] 普 coj⁴ ʔot⁵[tsɔi⁴ ʔɔt⁵] 越 cát[ka:t⁷] 芒 caích[ka:it⁷]

【鲨鱼】 泰 ปลาฉลาม[pla:² tsha⁵ la:m¹];ไอ้หลาม[ʔai³ la:m¹] 老 ປາສະຫຼາມ[pa:¹' sa² la:m¹] 越 cá mập [ka⁵ mɤp⁸];cá nhám[ka⁵ ɲa:m⁵];cá đuôi[ka⁵ ʔdu:i⁵]

【砂锅】 泰 หม้อดิน[mɔ:³ʔdin²] 老 ໝໍ້ດິນ[mɔ:³ ʔdin¹] 越 nồi đất[noi²ʔdɤt⁷];niêu đất[ni:u¹ʔdɤt⁷] 芒 nồl tát[nol² tɤt⁷];niêu[ni:u¹]

【砂砾】 泰 กรวด[kru:at⁹] 老 ແຮ່[hɛ:⁵];ຫິນຊາຍ[hi:n¹sa:i²] 越 cát[ka:t⁷] 芒 cáich[ka:it⁷]

【砂糖】 泰 น้ำตาลทราย[nam⁴ta:n²sa:i²] 老 ນ້ຳຕານຊາຍ[nam⁴ta:n¹' sa:i²] 越 đường cát[ʔdɯ:ŋ² ka:t⁷];đường kính[ʔdɯ:ŋ² kin⁵] 芒 đường caích[ʔdɯ:ŋ² ka:it⁷]

【砂土路】 泰 ถนนดินทราย[tha⁵ non¹ ʔdin² sa:i²] 老 ທາງຂຸດຖົມ[tha:ŋ² khut⁷ thom¹] 越泰 tăng đin [ta:ŋ² ʔdin¹] 越 đường đất cát[ʔdɯ:ŋ² ʔdɤt⁷ ka:t⁷]

【砂纸】 泰 กระดาษทราย[kra⁵ʔda:t⁹sa:i²] 老 ກະດາດຊາຍ[ka²ʔda:t⁹sa:i²] 越 giấy ráp[ʐɤi⁵ ʐa:p⁷]; giấy nhám[ʐɤi⁵ ɲa:m⁵]

【纱布 医用~】 泰 ผ้ากอซ[pha:³ kɔ:t⁴];ผ้าโปร่ง[pha:³ pro:ŋ⁵] 老 ຜ້າພັນບາດ[pha:³ phan² ʔba:t⁷];ຜ້າພັນແຜ[pha:³ phan² phɛ:¹] 越 băng gạc[ʔbaŋ¹ ɣa:k⁸];vải xô[va:i³ so¹];vải thưa[va:i³ thɯə¹]

【杀~人❷】 泰 ฆ่า[kha:³] 老 ຂ້າ[kha:³] 傣-侬 khả[kha³] 越泰 khả[kha³] 普 lăj³ rhăj³[lai³ rai³];lăj³ zlăj³[lai³ zai³] 越 giết[ʐi:t⁷]

【杀~鸡❸】 泰 ฆ่า[kha:³] 老 ຂ້າ[kha:³];ໂພດ[pho:t⁹] 傣-侬 khả[kha³] 越泰 chūa[tsuə⁴];pátcō[pa:t⁷kɔ²] 普 lê¹[le¹];dê¹[de¹] 越 giết[ʐi:t⁷];làm thịt[la:m² thit⁸];mổ[mo³] 芒 nằng[na:ŋ³]

【杀虫剂】 泰 ยาฆ่าแมลง[ja:² kha:³ ma⁴lɛ:ŋ²] 老 ຢາຂ້າແມງ[ja:¹ kha:³ mɛ:ŋ²];ຢາຂ້າບີ້ແມງ[ja:¹ kha:³ ʔboŋ⁴mɛ:ŋ²];ຢາປາບສັດຕູພິດ[ja:¹ pa:p⁹sat⁷tu:¹ phɯ:t¹⁰] 越 thuốc trừ sâu[thu:k⁷ tʂɯ² ʂɤu¹]

【杀价】 泰 ตอบราคา[tɔ:p⁹ ra:² kha:²] 老 ລົດລາຄາລົງ[lot⁸ la:² kha:² loŋ²];ບຸບລາຄາ[ʔbup⁷ la:² kha:²] 越 ép giá[ʔɛp⁷ za⁵];dìm giá[zim² za⁵]

【刹车】 泰 ห้ามล้อรถ[ha:m⁵ lɔ:⁴ rot⁸];เบรกรถ[ʔbre:k⁹ rot⁸] 老 ຫ້າມ[ha:m³];ຫ້າມລໍ້[ha:m³ lɔ:⁴];ເບກ[ʔbe:k⁹] 越 hãm xe lại[ha:m⁴ sɛ¹ la:i⁶];hãm lại[ha:m⁴ la:i⁶];phanh lại[faɲ¹ sɛ¹]

【傻❹】 泰 โง่[ŋo:³];ทุ่ม[thum³] 老 ໂງ່[ŋo:⁵];ໂງ່ຕຶບ [ŋo:⁵ tup⁷] 越 ngu dốt[ŋu¹ zot⁷];ngốc[ŋok⁷];dại [za:i⁶]

【傻子】 泰 คนโง่[khon² ŋo:³] 老 ຄົນໃບ້[khon² ʔbai⁴];ຄົນໂງ່[khon² ŋo:⁵];ຄົນຂ້າ[khon² sa:⁴];ບັກຂີ້ໂງ່[ʔbak⁷ khi:³ŋo:⁵] 越 người ngu[ŋɯ:i² ŋu¹];thằng ngốc [thaŋ² ŋok⁷]

【筛~米】 泰 ร่อน[rɔ:n³] 老 ຮ່ອນ[hɔ:n⁵];ເຄັງ[kheŋ¹];

---

❶ 阿含 shāi A2　撣 shai A2　泐 sai A2
❷ 石家 kaa³　阿含 khā C1；po-dai　撣 kha C1　泐 xa C1
❸ 阿含 khā；po-dai
❹ 石家 yaay³

ทึก[thik⁸] 岱-侬 xâng[ɕəŋ¹] 越泰 xơng[sɤŋ¹] 普 zhăng¹ ʔot⁵[ẓaŋ¹ ʔot⁵] 越 sàng[ṣaːŋ²];rây[zɤi¹];giǎn[zɤn²] 芒 khơng[khɤːŋ¹];rây[rɤi¹];dần[zɤn²]

【筛子❶】 泰 แกรง[krɛːŋ²];ตะแกรง[ta⁵krɛːŋ²];แร่ง[rɛːŋ³] 老 เค่ง[khəŋ¹];ฝากะเต๋[faːˈka²tə²] 岱-侬 xâng[ɕəŋ¹];ăn xâng[ʔan¹ ɕəŋ¹] 越泰 xơng[sɤŋ¹] 普 Gương³ pat⁵[ɣɯːŋ³ paːt⁵];rhăng¹ tăn⁴[ṛaŋ¹ tan⁴] 越 cái sàng[kaːi⁵ ṣaːŋ²];cái rây[kaːi⁵ zɤi¹];cái giǎn [kaːi⁵ zɤn²] 芒 khơng[khɤːŋ¹];dần[zɤn²];cái khơng [kaːi³ khɤːŋ¹];cái dần[kaːi³ zɤn²]

【色子】 泰 เต๋า[tauˈ];ลูกเต๋า[luːk¹⁰ tauˈ];บาด[ʔbaːt⁹];ลูกบาด[luːk¹⁰ʔbaːt⁹] 老 บาด[ʔbaːt⁹];บาดสะกา[ʔbaːt⁹sa²kaːˈ];ลูกบาด[luːk¹⁰ʔbaːt⁹];ลูกบาดสะกา[luːk¹⁰ʔbaːt⁹sa²kaːˈ];ลูกสะกา[luːk¹⁰sa²kaːˈ] 越泰 mák pín[maːk⁷pin⁵] 越 con tào cáo[kɔn¹taːu²kaːu⁵]

【晒❷】 泰 ตาก[taːk⁹];กราด[kraːt⁹] 老 ตาก[taːk⁹] 岱-侬 thac[thaːk⁹];phjac[phjaːk⁷] 越泰 ták[taːk⁹] 普 zhak⁵[ẓaːk⁵];rhak⁵[ṛaːk⁵] 越 phơi[fɤːi¹] 芒 tái[taːi⁵];diênh[ziːɲ³]

【晒场】 泰 ลานตากข้าว[laːn²taːk⁹khaːu³];ลานผึ่งแดด[laːn² phɯŋ² ʔdɛːt⁹] 老 ลานเข้า[laːn² khaːu³] 越 sân phơi[ṣɤn¹ fɤːi¹]

【晒台】 泰 ดาดฟ้า[ʔdaːt⁹faː⁴] 老 ฮำเบื้อยเย็บ[hɔːˈʔbɤːiˈjenˈ] 岱-侬 dàn[jaːn²] 越 sân gác[ṣɤn¹ ɣaːk⁷];sân thượng[ṣɤn¹ thɯːŋ⁶]

【晒太阳】 泰 ผิงแดด[phiŋˈʔdɛːt⁹];ตากแดด[taːk⁹ʔdɛːt⁹];ผ่งแดด[fiːaŋˈʔdɛːt⁹];ผึ่งแดด[fiːŋˈʔdɛːt⁹] 越 sưởi nắng[ṣɯːi³ naŋ⁵];phơi nắng[fɤːi¹ naŋ⁵];tắm nắng[tam⁵ naŋ⁵];hóng nắng[hɔŋ⁵ naŋ⁵] 芒 hòng đảng[hɔŋ³ ʔdaŋ³]

【山❸】 泰 ภู[phuː²];ภูเขา[phuː² khauˈ];ภูผา[phuː² phaːˈ];ขุนเขา[khunˈ khauˈ];เขาดิน[khauˈ ʔdinˈ];ดอย[ʔdɔːiˈ] 老 ພູ[phuː²];ພູເຂົາ[phuː² khauˈ];ພະນົມ[pha⁴nom²];ພູດອຍ[phuː² ʔdɔːiˈ];ຜາ[phaːˈ];ດອຍ[ʔdɔːiˈ];ນ່ອຍພູ[nuːai⁵ phuːˈ] 岱-侬 phja[phjaˈ];pù[puˈ] 越泰 pū[puː²] 普 bu⁴[buː⁴] 越 núi[nuiˈ⁵];non[nɔnˈ] 芒 núi[nuiˈ³];tlái khũ[tlaːiˈ³ khuːˈ⁴]

【山坳】 泰 ที่ราบระหว่างภูเขา[thiː³raːp¹⁰ra⁴waːŋ⁵phuː² khauˈ] 岱-侬 keng[kɛŋˈ];roòng[rɔːŋˈ³] 越泰 kéo[kɛuˈ⁵] 越 đèo[ʔdɛuˈ²]

【山地】多山的地带 泰 เขตเขา[kheːt⁹khauˈ];เขตภูเขา[kheːt⁹phuː²khauˈ] 老 ດິນດອນ[ʔdinˈˈʔdɔːnˈ] 越 đất đôi[ʔdɤtˈ⁷ʔdoiˈ²];miền núi[miːnˈ² nuiˈ⁵];vùng núi[vuŋˈ² nuiˈ⁵];miền đồi núi[miːnˈ² ʔdoiˈ² nuiˈ⁵];vùng rẻo cao[vuŋˈ² rɛuˈ² kauˈˈ]

【山顶❹】 泰 ยอดเขา[jɔːt¹⁰ khauˈ] 老 ຍອດພູ[ɲɔːtˈ¹⁰phuː²];ຄິລີສີຂອນ[khiː⁵ liː⁵ siːˈ khɔːnˈ];ປອມພູ[pɔːmˈphuː²] 岱-侬 nhọt pù[ɲɔːtˈ⁸puː²] 越泰 chom pū [tsɔmˈpuː²] 普 tan¹ bu⁴[taːnˈbu⁴] 越 đỉnh núi[ʔdinˈ³nuiˈ⁵];chóp núi[tsɔpˈ⁷nuiˈ⁵];chót núi[tsɔtˈ⁷nuiˈ⁵];ngọn núi[ŋɔnˈ⁶ nuiˈ⁵] 芒 poch khũ[pɔtˈ⁸ khuːˈ⁴]

【山洞❺】 泰 ถ้ำ[thamˈ³];ถ้ำภูเขา[thamˈ³khauˈ] 老 ຖ້ຳ[thamˈ³];ຖ້ຳພູຄູຮາ[thamˈ³ phuː² khuː² haːˈ];ຫູຖ້ຳ[huː² thamˈ³];ຄູຮາ[khuː² haːˈ];ຄິລີຄູຮາ[khiː⁵liː⁵khuː²haːˈ] 越 hang núi[haŋˈ¹ nuiˈ⁵];động[ʔdɔŋˈ⁶]

【山峰】 泰 ยอดเขา[jɔːt¹⁰khauˈ];จอมภู[tsɔːm² phuː²];จอมเขา[tsɔːm²khauˈ];หัวเขา[huaˈˈkhauˈ];ขอดเขา[khɔːtˈ⁹khauˈ] 老 ຈອມພູ[tsɔːmˈˈphuːˈ];ຈອມດອຍ[tsɔːmˈˈʔdɔːiˈ];ຍອດພູ[ɲɔːt¹⁰phuːˈ²];ພອມພູ[pɔːm² phuː²] 越 ngọn núi[ŋɔnˈ⁶ nuiˈ⁵];đỉnh núi[ʔdinˈ³ nuiˈ⁵];chóp núi[tsɔpˈ⁷ nuiˈ⁵] 芒 chóp khũ[tsɔpˈ⁷ khuːˈ⁴]

---

❶ 撣 khəŋ A1　渤 khɯ̈ŋ A1
❷ 石家 praak D1L　拉哈 phak²
❸ 石家 khook³-rooy⁴　阿含 doi
❹ 阿含 ñăt D2L　撣 jɔt D2L
❺ 石家 tham³

【山冈】 泰เนินเขา[nə:n²khau¹];โคก[kho:k¹⁰];ควน[khu:an²];เขาเตี้ย[khau²ti:a³] 老โคก[kho:k¹⁰];โนนพู[no:n² phu:²];เนิน[nə:n²];พูเนิน[phu:² nə:n²];ดอย[ʔdɔ:i¹] 傣-侬keng[kɛŋ¹] 越泰kéo[kɛu⁵] 普bu⁴[bu⁴] 芒đồi[ʔdoi²];núi[nui⁵];đồi núi[ʔdoi² nui⁵] 芒tồl[tol²];tằm[tam²]

【山沟】 泰แอ่งระหว่างยอดเขา[ʔɛ:ŋ⁵ ra⁴ wa:ŋ⁵ jɔ:t¹⁰ khau];หุบเขา[hup⁷ khau²];เขตเขาที่ห่างไกลจากความเจริญ[khe:t⁹ khau² thi:³ ha:ŋ⁵ klai² tsa:k⁹ khwa:m² tsa⁵ rə:n²] 老ธอมพูเฮียง[hu:am⁵ phu:² khau¹] 越thung lũng[thuŋ¹ luŋ⁴];khe núi[xɛ¹ nui⁵]

【山谷】 泰หุบเขา[hup⁷khau¹];หุบผา[hup⁷pha:¹];ประบาด[pra⁵ ʔba:t⁹] 老ทุบ[hup⁷];ทุบเฮียง[hup⁷ khau¹];ธอมพู[hɔ:m⁵ phu:²] 傣-侬kéo cò mò[kɛu⁵ kɔ²mɔ²] 越泰loŋng[lɔŋ⁴] 越thung lũng[thuŋ¹ luŋ⁴] 芒lũng núi[luŋ⁴ nui⁵]

【山货】 泰ของป่า[khɔ:ŋ¹ pa:⁵];สินค้าพื้นเมืองจากภูเขา[sin¹ kha:⁴ phɯ:n⁴ mɯ:aŋ² tsa:k⁹ phu:² khau¹] 老ของป่า[khɔ:ŋ¹ pa:⁵];เถื่อนป่าของดิน[khɯ:aŋ⁵ pa:⁵ khɔ:ŋ¹ʔdɔŋ¹] 越hàng lâm thổ sản[ha:ŋ²lɤm¹ thoʂa:n³];sản phẩm vùng núi[ʂa:n³fɤm³vuŋ² nui⁵];thổ sản[thoʂa:n³]

【山姜】 泰ขิงเขา[khiŋ¹khau¹] 老ข่าทะลา[kha:⁵ ka²la:²] 傣-侬khinh phja[khiŋ¹phja¹];khinh ghèng[khiŋ¹ gɛŋ²] 越gừng mèo[ɣɯŋ² mɛu²];khinh ghèng[khiŋ¹ ɣɛŋ²]

【山脚】 泰ตีนเขา[ti:n²khau¹];เชิงเขา[tshɤ:ŋ²khau¹] 老ตีนพู[ti:n¹ phu:²];ฆายพู[sa:i²phu:²] 傣-侬tin phja[tin¹phja¹];tin pù[tin¹pu²] 越泰tin pũ[tin¹ pu²] 普tô⁴ bu⁴[to⁴ bu⁴] 越chân núi[tʂɤn¹ nui⁵] 芒chân khũ[tʂɤn¹ khu⁴]

【山口】 泰ปากทางภูเขา[pa:k⁹tha:ŋ² phu:²khau²];ช่องเขา[tshɔ:ŋ³khau²] 老ภ่อพู[kiu⁵phu:²];ภ่อเฮียง[kiu⁵ khau¹];ทว่างพู[va:ŋ³ phu:²];ทว่างเฮียง[va:ŋ³ khau¹];ปากดง[pa:k⁹ʔdɔŋ¹] 越cửa núi[kɯ:a³nui⁵];cửa rừng[kɯ:a³ zɯŋ²];đèo[ʔdɛu²]

【山梁】 泰สันเขา[san²khau¹] 老สัมพู[san¹phu:²] 越sống núi[ʂoŋ⁵ nui⁵] 芒khổng khũ[khoŋ³ khu⁴]

【山林】 泰ป่าเขา[pa:⁵khau¹] 老พูผาป่าดง[phu:² pha:¹pa:⁵ʔdɔŋ¹] 越ngàn[ŋa:n²];núi ngàn[nui⁵ ŋa:n¹] 芒ngàn[ŋa:n²]

【山路】 泰ทางบนภูเขา[tha:ŋ² ʔbon² phu:² khau¹] 老ทางพู[tha:ŋ²phu:²] 越đường rừng[ʔdɯ:ŋ² zɯŋ²];đường núi đồi[ʔdɯ:ŋ²nui⁵ʔdoi²];đường đồi[ʔdɯ:ŋ² nui⁵]

【山峦】 泰หมู่เขาที่ซับซ้อนติดกันเป็นพืด[mu:⁵ khau¹ thi:³ sap⁸ sɔ:n⁴ tit⁷ kan² pen² phɯ:t¹⁰] 老โคกเยิ้ม[kho:k¹⁰ ŋə:n⁴] 越đồi núi[ʔdoi⁵ nui⁵]

【山脉】 泰เทือกเขา[thɯ:ak¹⁰khau¹];ทิวเขา[thiu² khau¹];แนวเขา[nɛ:u²khau¹];พืดเขา[phɯ:t¹⁰khau¹] 老จ้ายพู[tsa:i⁴phu:²];ฆายพู[sa:i¹phu:²];แถวพู[thɛ:u² phu:²];แถวป่า[thɛ:u² pa:⁵];เทือกพู[thɯ:ak¹⁰ phu:²];เทือกเฮียง[thɯ:ak¹⁰ khau¹];ทิวเฮียง[thiu² khau¹];ธาวเฮียง[ha:u² khau¹];คีลิฆาม[khi⁴li⁴sa:n²] 傣-侬lườn phja[lɯ:n² pha⁻¹] 越泰thăn pũ[than¹pu²];nguồng pũ[ŋɯ:ŋ²pu²] 越mạch núi[mat⁸nui⁵];dãy núi[zai⁴nui⁵];núi non[nui⁵ nɔn¹];dải núi[za:i³ nui⁵]

【山坡】 泰ลาดเขา[la:t¹⁰khau¹];ลาดเนิน[la:t¹⁰nə:a²];เวินเขา[nə:n²khau¹] 老ค่อย[khɔ:i⁴];เจี๋ยพู[tsə:i⁴ phu:²];เนินพู[nə:n² phu:²];เปิ้มพู[pə:n⁴ phu:²];บ่อมค่อย[ʔbɔn⁵ khɔ:i⁴] 傣-侬lính[liŋ⁵] 越泰lính[liŋ⁵] 越dốc núi[zok⁷nui⁵];triền núi[tʂi:n²nui⁵];sườn núi[ʂɯ:n²nui⁵];sườn đồi[ʂɯ:n²ʔdoi⁵] 芒chòng[tsoŋ³]

【山墙】 泰ผนังเขา[pha⁵naŋ¹khau¹];หน้าจั่ว[ɹa:³ tsu:a⁵] 傣-侬cooc kíu[kɔ:k⁷kiu⁵];cooc hé[kɔ:k⁷ he⁵] 越đầu hồi[ʔdɤu² hoi²];đầu chái nhà[ʔdɤu² tsa:i⁵ ɲa²] 芒tầu hè[tɤu² he²]

【山区】 泰เขตเขา[khe:t⁹khau¹] 老ถิ่น พูดอย[thin⁵

phu:²?dɔ:i¹];แถบภูดอย[theːp⁹phu:²?dɔ:i¹]; เขตภูดอย[kheːt⁹ phu:² ?dɔ:i¹];ผู้เฒ่าลำเมือ[phu:² khau¹ lam² nau²];ภูจอมดอย[phu:² tsɔːm¹ ?dɔ:i¹]; ภาภูดอย[pha:k¹⁰phu:²?dɔ:i¹]  岱-依 ti khau phja[ti³ khau¹ phja¹]  越泰 đin pũ[?din¹ pu²]  越 vùng núi[vuŋ² nui⁵];miền núi[mi:n² nui⁵];miền ngược[mi:n² ŋɯ:k⁸];vùng rẻo cao[vuŋ² zɤu³ ka:u¹]

【山头】 泰 ยอดเขา[jɔːt¹⁰ khau¹]  老 ยอดภู[ɲɔːt¹⁰ phuː²]  越 đỉnh núi[?diŋ⁴ nui⁵];chóp núi[tsɔp⁷ nui⁵]

【山羊❶】 泰 แพะ[phe⁴]  老 แบ้[?bɛː⁴];ตัวแบ้[tu:a¹¹ ?bɛː⁴];แพะ[phe⁵];ตัวยองผา[tu:a¹¹ŋɔ:ŋ² pha:¹]; ยองผา[ŋɔ:ŋ² pha:¹]  岱-依 bẻ đông[?be³ ?doŋ¹]  越泰 bẻ pôk[?be² pok⁸];dưỡng[jɯːŋ²]  普 biot[bi:t⁵] 越 dê[ze¹];con dê[kɔn¹ ze¹];sơn dương[ʂɤ:n¹ zɯ:ŋ¹]  芒 tê hẳng[te¹ hɤŋ²];kếch[kɛt⁷]

【山羊胡子】 泰 เคราแพะ[khrau² phe⁴];คางแพะ[kha:ŋ²phe⁴]  老 หนวดแบ้[nu:at⁹?bɛː⁴];หนวดเถ้า[nu:at⁹khau²]  越 râu dê[zɤu¹ze¹];chòm râu dê[tsɔm² zɤu¹ ze¹]  芒 thô tê[tho¹ te¹]

【山腰】 泰 ไหล่เขา[lai⁵khau¹];เอวภู[?e:u²phu:²];เนิน[nɤ:n²]  老 แอวภู[?ɛ:u¹ˡ phu:²]  岱-依 pài pù[pa:i² pu²]  越泰 xángpũ[sa:ŋ³pu²]  普 jin bu[jin³bu⁴]  越 sườn núi[ʂɯ:n² nui⁵];lưng đồi[luŋ¹ ?doi²];lưng chừng núi[luŋ¹ tsɯŋ² nui⁵]  芒 pang khũ[pa:ŋ¹ khu²];dá khũ[za⁵ khu⁴]

【山竹果】 泰 มังคุด[maŋ² khut⁸]  老 หมากม่องคุด[ma:k⁹mu:aŋ⁵khut⁸];หมากมังคุด[ma:k⁹maŋ² khut⁸];มังคุด[maŋ² khut⁸];ม่องคุด[mu:aŋ² khut⁸]  越 măng cụt[maŋ¹ kut⁸];quả măng cụt[kwa³ maŋ² kut⁸]

【舢板】 泰 เรือพายขนาดเล็ก[rɯ:a² pha:i² kha⁵ na:t⁹ lek⁸];เรือกรรเชียง[rɯ:a²kan²tshi:aŋ²]  老 เฮือสำปั้น[hɯ:a² sam¹ pan⁴]  越 thuyền con[thwi:n² kɔn¹];

thuyền tam bản[thwi:n² ta:m¹ ?ba:n³]

【珊瑚】 泰 ปะการัง[pa⁵ka:²raŋ²]  老 ฟองทะเล[fɔ:ŋ²tha⁵le:²];หินปะการัง[hi:n¹pa⁵ka:¹¹laŋ²]; หินการัง[hi:n¹ka:¹¹laŋ²];หินฟองน้ำ[hi:n¹fɔ:ŋ² nam⁴];ดอกหิน[?dɔ:k⁹hi:n¹]  越 san hô[ʂa:n¹ ho¹]  芒 khan hô[kha:n¹ ho¹]

【珊瑚岛】 泰 เกาะปะการัง[kɔ⁵pa⁵ka:²raŋ²]  老 เกาะการัง[kɔ²ka:¹¹laŋ²]  越 đảo san hô[?da:u⁶ ʂa:n¹ ho¹]

【删除】 泰 ลบ[lop⁷]  老 ขีดออก[khi:t⁹?ɔ:k⁹];ข้าง[kha:³];ข้าออก[kha:³ ?ɔ:k⁹];ลุด[lut⁸];ลบล้าง[lop⁸ la:ŋ⁴];ธอม[hɔ:n²];ธอมถาม[hɔ:n²khwa:m²]  越 xóa[swa⁵];bỏ[?bɔ³];xóa bỏ[swa⁵ ?bɔ³];gạt đi[ɣa:t⁸ ?di¹]  芒 xả bó[sa³ ?bɔ⁵]

【扇~扇子❷】 泰 พัด[phat⁸]  老 พัด[phat⁸];วี[vi:²]  岱-依 pec[pɛk⁷];quạt[kwa:t⁸]  越泰 vĩ[vi²];táp[ta:p⁷]  越 quạt[kwa:t⁸]

【杉树】 泰 ต้นฉำฉาจีน[ton³ tsham¹ tsha:¹ tsi:n²]  老 ต้นลังเล็บ[ton⁴laŋ²len²]  越 cây sam[kɤi¹ ʂa:m¹]; cây thông liễu[kɤi¹ thoŋ¹ li:u⁴]

【膻】 泰 กลิ่นสาบของเนื้อแพะหรือแกะ[klin⁵ sa:p⁹ khɔ:ŋ¹ nɯ:a⁴ phe⁴ rɯ:¹ kɛ⁵]  越 hôi[hoi¹]  芒 hôi[hoi¹]

【闪电❸】 泰 สายฟ้า[sa:i¹ fa:⁴];ฟ้าผ่า[fa:⁴ pha:⁵];ฟ้าแลบ [fa:⁴le:p¹⁰];แมลบ[ma⁴le:p¹⁰];แลบ[le:p¹⁰];ฟ้าแลบ[fa:⁴ le:p¹⁰]  老 แมบ[mɛ:p¹⁰];ฟ้าแมบ[fa:⁴mɛ:p¹⁰]; ฟ้าแมบเฮื้อม[fa:⁴mɛ:p¹⁰lɯ:am³];ฟ้าแลบ[fa:⁴ le:p¹⁰];ฟ้าเฮื้อม[fa:⁴lɯ:am³];สายฟ้า[sa:i¹fa:⁴]; ฟ้ามาบเฮื้อม[fa:⁴ma:p¹⁰lɯ:am³]  岱-依 mjɛp [mjɛp⁸];mjặp[mjap⁸];lươm[lɯ:m¹];phjạp rùng [phja:p⁷ ruŋ³]  普 lãj[lai³ tɔlip²[lai³ tɤ⁰ lip²]  越 chớp [tsɤ:p⁷];ánh chớp[?aŋ⁵ tsɤ:p⁷]  芒 chớp[tsɤ:p⁷]

【善于】 泰 ชำนาญในด้าน[tsham² na:n² nai² ?da:n³];

---

❶ 阿含 pe;pe-ngā
❷ 石家 vii⁶
❸ 勐 mɛp D2L

สันทัดใน[san¹ that⁸ nai²];ช่าง[tsha:ŋ³] 老ฮ่าง[sa:ŋ⁵] 越泰chàng[tsa:ŋ⁶] 越khéo[xɛu⁵];giỏi[zɔi³] 芒khéo[khɛu⁵];dói[zɔi⁵]

【鳝鱼❶】 泰ปลาไหล[pla:² lai²] 老อ่ยน[ʔian⁵] 岱-侬pja lay[pja¹ lai¹] 普nươt²[nɯ:t²] 越lươn[lɯ:n¹];con lươn[kɔn¹ lɯ:n¹]

【扇__~门】 泰บาน[ʔba:n²] 老ບານ[ʔba:n¹] 越cánh[kaŋ⁵];cái[ka:i⁵]

【扇子】 泰พัด[phat⁸];วี[wi:²] 老วี[vi:²] 岱-侬vi[vi³] 越泰vĩ[vi²] 普bo¹ Vâj⁴[bɔ¹ βɐi⁴] 越quạt[kwa:t⁸];cái quạt[ka:i⁵ kwa:t⁸] 芒quat[kwa:t⁸];cái quat[ka:i³ kwa:t⁸]

【讪笑】 泰หัวเราะเยาะ[hu:a¹rɔ⁴jɔ⁴] 老ทีวอัน[hu:a¹khwan¹];ทีเยาะเยี้ย[hu:a¹ŋɔ⁵ŋə:i⁴] 岱-侬khua nhăn[khuə⁴ŋan¹] 越chê cười[tsɛ¹ kɯ:i²];giễu cợt[zeu⁴ kɤ:t⁸]

【疝气】 泰ไส้เลื่อน[sai³ lɯ:an³];โรคไส้ เลื่อน[ro:k¹⁰ sai³ lɯ:an³] 老ทำโป่ง[ham¹ po:ŋ¹];ไส้เลื่อน[sai³ lɯ:an⁵] 越sán khí[ʂa:n⁵xi⁵];bệnh sưng hòn dái[ʔben⁶ ʂɯŋ¹ hɔn² za:i⁵];bệnh sa đì[ʔben⁶ ʂa¹ ʔdi²];sa đì[ʂa¹ ʔdi²] 芒xổ tải[so⁵ ta:l³]

【商标】 泰ตรา[tra:²];ตราสินค้า[tra:² sin¹ kha:⁴];เครื่องหมายการค้า[khrɯ:aŋ³ ma:i¹ ka:n² kha:⁴];ตราสินา[tra:² sin¹ kha:⁴] 老เชื่องหมายภาพค้า[khɯ:aŋ³ ma:i¹ ka:n¹¹ kha:⁴];ยี่ห้อ[ɲi:⁵ hɔ:³];ตาสินค้า[ta:¹¹ sin¹ kha:⁴] 岱-侬ăn mai[ʔan¹ ma:i¹] 越nhãn hiệu[ŋa:n⁴ hi:u⁶];mác[ma:k⁷] 芒nhãn hiểu[ŋa:n⁴ hi:u⁴]

【商场】 泰ชอปปิ้งอาเขต[sɔ:p¹⁰pin³ʔa:²khe:t⁹] 老ตะฝาดค้าฮาย[ta²la:t⁹kha:⁴kha:i¹] 越thị trường[thi⁶ tʂɯ:ŋ²];chợ[tsɤ⁶];cửa hàng[kɯ:ə³ ha:ŋ²] 芒chõ[tsɤ⁴]

【商船】 泰เรือสินค้า[rɯ:a² sin¹ kha:⁴] 老กำปั่นสินค้า[kam¹¹ pan⁵ sin¹ kha:⁴];กำปั่นค้า[kam¹¹ pan⁵ kha:⁴];เรือสินค้า[hɯ:a² sin¹ kha:⁴];เรือบันทุกสินค้า[hɯ:a²ʔban¹ thuk⁸sin¹kha:⁴];เรือพาณิด[hɯ:a² pha:² nit⁸];เรือค้าขาย[hɯ:a² kha:⁴ kha:i¹];เรือพ่ค้า[hɯ:a²phɔ:⁵kha:⁴] 越tàu buôn[tau²ʔbu:n¹];thuyền buôn[thwi:n² ʔbu:n¹] 芒tàu puôn[tau² pu:n¹]

【商店】 泰ร้านค้า[ra:n⁴kha:⁴];ร้านรวง[ra:n⁴ru:aŋ²] 老ฮ้านค้า[ha:n⁴kha:⁴];ท้าง[ha:ŋ³];ท้างฮ้าน[ha:ŋ ha:n⁴] 岱-侬phú[phu⁵] 越泰hườn hãng[hɯ:n¹ ha:ŋ²] 普nhing li³ kAng³[ŋiŋ¹ li³ ka:ŋ³];nhing saj⁴[ŋiŋ¹sa:i⁴] 越cửahàng[kɯ:ə³ha:ŋ²];cửatiệm[kɯ:ə³ ti:ŋ⁶];nhà hang[ŋa:² ha:ŋ²];hiệu buôn[hi:u⁶ ʔbu:n¹];tiệm buôn[ti:m⁶ ʔbu:n¹];hiệu[hi:u⁶] 芒nhà haŋ[ŋa:² ha:ŋ²];cứa hàng[kɯ:ə⁵ ha:ŋ²];tiếm puôn[ti:m⁴ pu:n¹];hiểu[hi:u⁴]

【商定】 泰ปรึกษาหารือและตกลง[prɯk⁷sa:¹ha:¹ rɯ:¹ lɛ⁴ tok⁷ loŋ²] 越bàn định[ʔba:n² ʔdiŋ⁶];thỏa thuận[thwɤn⁶] 芒pàn đĩnh[pa:n² ʔdiŋ⁴]

【商量❷】 泰ปรึกษา[prɯk⁷sa:¹] 老ปึกสาง[pɯk⁷ sa:¹];ปึกสางงาม[pɯk⁷sa:¹ka:ŋ¹];เปิกสาง[pək⁷sa:¹];ขาลิ[ha:¹lɯ:²] 岱-侬an í[ʔa:n¹ʔi⁵] 越thương lượng[thɯ:ŋ¹lɯ:ŋ⁶];bàn bạc[ʔba:n²ʔba:k⁸] 芒pàn pac[pa:n² pa:k⁸];khao[kha:u¹]

【商品】 泰สินค้า[sin¹kha:⁴] 老สินค้า[sin¹kha:⁴] 越hàng hoá[ha:ŋ² hwa⁵] 芒hàng wả[ha:ŋ² wa:⁵]

【商人】 泰นักธุรกิจ[nak⁸thu⁴ra⁴kit⁷];พ่อค้า[phɔ:³ kha:⁴];แม่ค้า[mɛ:³ kha:⁴] 老ขาวขาย[sa:u⁴ kha:i¹];ขาวค้า[sa:u² kha:⁴];พ่อค้าขาวขาย[phɔ:⁵ kha:⁴ sa:u² kha:i¹];พะมิด[pha⁵nit⁸];พามิด[pha:²nit⁸];พามิดขะภอน[pha:²nit⁸sa⁵kɔ:n¹¹];พ่อค้า[phɔ:⁵kha:⁴];แม่ค้า[mɛ:⁵kha:⁴];พ่อค้าพามิด[phɔ:⁵kha:⁴pha:²n:t⁸];อะมิขะ[va⁵ni⁵sa:²];อามิด[va:²nit⁸] 岱-侬pò puôn[pɔ³pu:n¹];cần puôn[kən²pu:n¹] 越泰nài cạ[na:i²ka²] 越thương gia[thɯ:ŋ¹za¹];thương nhân

---

❶ 石家 thua⁴ lian⁴
❷ 阿含 rāng-kān

【伤轻~】 泰บาดเจ็บ[ʔbaːt⁹tsep⁷] 老ບາດເຈັບ[ʔbaːt⁹tsep⁷] 越thương[thɯːŋ¹];vết thương[vet⁷ thɯːŋ¹]

【伤兵】 泰ทหารบาดเจ็บ[tha⁴haːn¹tsep⁷] 老ທະຫານບາດເຈັບ[tha⁵haːn¹ʔbaːt⁹tsep⁷] 越thương binh[thɯːŋ¹ ʔbin¹]

【伤病员】 泰ทหารบาดเจ็บ[tha⁴haːn¹ʔbaːt⁹tsep⁷] 老ທະຫານບາດເຈັບ[tha⁵haːn¹ʔbaːt⁹tsep⁷] 越người ốm và bị thương[ŋɯːi²ʔom⁵vaː²ʔbi⁶ thɯːŋ¹];thương bệnh binh[thɯːŋ¹ ʔben⁶ ʔbin¹]

【伤害】 泰ทำลาย[tham²laːi²] 老ບັງບວດຫົງສາ[ʔbaŋ¹ ʔbiːat⁹ hɯŋ¹ sa:¹];ຫົງສາ[hiŋ¹ sa:¹];ຫົງສາ[hɯŋ¹ sa:¹];ບາດ[ʔbaːt⁹];ບວດສີ[ʔbiːat⁹ si:¹];ບູມ[ʔbian¹];ປະຈີມບັງບວດ[pa²tson¹¹ʔbaŋ¹ ʔbiːat⁹];ປະທຸດສະຮ້າຍ[pa²thut⁸sa²ha:i⁴];ປະທຸດ[pa²thut⁸];ທຳຮ້າຍ[tham² ha:i⁴];ເຮັດຮ້າຍ[het⁸ha:i⁴];ທຸດຖະ[thut⁸tha²] 岱-侬slương hải[ɫɯːŋ¹ha:i³] 越泰ín đu mò[ʔin⁵ ʔdu¹mɔ⁶] 越tổn thương[ton³thɯːŋ¹];làm hại[laːm² ha:i⁶];xúc phạm[suk⁷ faːm⁶] 芒thương hãi[thɯːŋ¹ ha:i⁴];hãi[ha:i⁴]

【伤寒】 泰โรคไทฟอยด์[roːk¹⁰thai²fɔːi²];ไทฟอยด์[thai²fɔːi²];ไข้รากสาด[khai³raːk¹⁰sa:t⁹] 老ພະຍາດໄຂ້ໄສ້[pha⁵ɲaːt¹⁰khai³sai³];ໄຂ້ທໍລະພິດ[khai³ thɔː¹ la⁵ phit⁸] 越bệnh thương hàn[ʔben⁶ thɯːŋ¹ ha:n²];thương hàn sốt[thɯːŋ¹ ha:n² ʂot⁷]

【伤痕】 泰รอยบาดแผล[rɔːi² ʔbaːt⁹ phlɛː¹] 老ຕຳນິ[tam¹⁻ ni⁵];ຕຳນິແຜ[tam¹⁻ ni⁵ phɛː¹] 越sẹo[ʂeu⁶];cái sẹo[ka:i⁵ ʂeu⁵];vết thương[vet⁷ thɯːŋ¹] 芒vết thương[vet⁷ thɯːŋ¹]

【伤口】 泰ปากบาดแผล[paːk⁹ʔbaːt⁹phlɛː¹] 老ບາດ[ʔbaːt⁹];ບາດເຈັບ[ʔbaːt⁹tsep⁷];ບາດແຜ[ʔbaːt⁹phɛː¹];ແຜ[phɛː¹] 越vết thương[vet⁷ thɯːŋ¹]

【伤亡】 泰บาดเจ็บและเสียชีวิต[ʔbaːt⁹ tsep⁷ lɛ⁴ siːa¹ tshiː²wit⁸] 老ບາດເຈັບແລະເສຍຊີວິດ[ʔbaːt⁹tsep⁷ lɛ⁵ siːa¹ si:² vit⁸] 越thương vong[thɯːŋ¹ vɔŋ²]

【伤心❶】 泰เสียใจ[si:a¹tsai²];เศร้าใจ[sau³tsai²] 老ຊຳໃງ[sam² ŋɯː²];ຕອມໃຈ[tɔː¹ tsai¹];ຕອມຕິມ[tɔː¹ tom¹];ທຸກໃຈ[thuk⁸tsai¹];ທຸກອົກທຸກໃຈ[thuk⁸ ʔok⁷ thuk⁸ tsai¹];ລະກຳໃຈ[la⁵ kam¹ tsai¹];ແຫນ້ມໃຈ[nɛːn³ tsai¹];ລະທີມ[la⁵ thom²] 岱-侬slương slim[ɫɯːŋ¹ɫim¹] 越đau lòng[ʔdau¹lɔŋ²] 芒tau lòng[tau¹ lɔŋ²]

【伤员】 泰ผู้บาดเจ็บ[phu:³ ʔbaːt⁹ tsep⁷] 老ຜູ້ຖືກບາດເຈັບ[phu:³ thɯːk⁹ ʔbaːt⁹ tsep⁷] 越thương binh[thɯːŋ¹ ʔbin¹]

【上桌子~❷】 泰บน[ʔbon²];เหนือ[nɯːa¹];ต้น[ton³] 老ບົນ[ʔbon¹];ເໜືອ[nɯːa¹];ເທິງ[thəŋ²];ເບື້ອງເທິງ[ʔbɯːaŋ⁴thəŋ²];ຂ້າງເທິງ[khaːŋ³ thəŋ²];ຂ້າງບົນ[khaːŋ³ʔbon¹];ທາງເທິງ[thaːŋ² thəŋ²];ອຸດອນ[ʔu² ʔdɔːn¹];ອຸປະພາກ[ʔu² pa² phaːk¹⁰] 岱-侬nưa[nɯːa¹] 越泰tểnh[teŋ²];nưa[nɯːa¹] 普nhuok⁵[ŋuːk⁵];nhwak⁵[ŋwaːk⁵];luʔ[luʔ];polu⁴[pɤ°luʔ] 越trên[tʂen¹] bên trên[ʔben¹tʂen¹] 芒tliênh[tliːn¹];pên tliênh[pen¹ tliːn¹]

【上~楼❸】 泰ขึ้น[khɯn³] 老ຂຶ້ນ[khɯn³] 岱-侬khửn[khɯn³] 越泰khửn[khɯn³] 普len³[len³];den³[den³] 越lên[len¹] 芒liênh[liːn¹]

【上班】 泰ไปทำงาน[pai² tham² ŋaːn²] 老ເຂົ້າການ[khau³kaːn¹];ເຂົ້າງານ[khau³ŋaːn²] 越làm[laːm²];đi làm[ʔdi¹ laːm²];làm việc[laːm² viːk¹⁰] 芒ti là wiêc[ti¹ la² wiːk⁸]

【上乘质量~】 泰ชั้นดี[tshan⁴ʔdi:²] 老ຊັ້ນດີ[san⁴

---

❶ 石家ʔii³-cii1；ʔiiŋ³-cii⁵
❷ 石家bin¹；khin⁴；bɔk⁴ 拉哈nuk²
❸ 石家khin³；hin³ 阿含khün C1 掸khï C1 泐xïn C1

ʔdi:¹] 越cực tốt[kuk⁸ tot⁷];tuyệt hảo[twi:t⁸ ha:u³]

【上半年】 泰ครึ่งปีแรก[khrɯŋ³pi:²rɛ:k¹⁰] 老เถิ่งปีแรก[khəŋ³pi:¹'hɛ:k¹⁰] 越sáu tháng đầu năm[sau⁵ tha:ŋ⁵ ʔdɤu² nam¹]

【上半夜】 泰ตอนเที่ยงคืน[tɔ:n²thi:aŋ³khɯ:n²] 越nửa đêm trước[nɯə³ʔdem¹tsɯ:k⁷] 芒nứa têm tươớc[nɯə⁵ tem¹ tɯ:k⁷]

【上半月】 泰ครึ่งเดือนแรก[khrɯŋ³ʔdɯ:an²rɛ:k¹⁰];ปักษ์แรก[pak⁷rɛ:k¹⁰] 老เถิ่งเดือนแรก[khəŋ⁵ʔdɯ:an¹' hɛ:k¹⁰] 越nửa tháng trước[nɯə³ tha:ŋ⁵ tsɯ:k⁷] 芒nứa kháng tướớc[nɯə⁵ kha:ŋ⁵ tɯ:k⁷]

【上当❶】 泰หลงกล[loŋ¹kon²];โดนต้ม[ʔdo:n²tom³];ถูกต้ม[thu:k⁹ tom³] 老ถืกต้ม[thɯ:k⁹ tom⁴];ถืกต้ม[thɯ:k⁹ tom⁴] 越泰tốc lừa[tok⁷ lɯə²] 越ăn quả lừa[ʔan¹ kwa:¹ lɯə²];vào tròng[va:u² tsɔŋ²];mắc mưu[mak⁷ mɯɯ¹];mắc lừa[mak⁷ lɯə²];trúng kế[tsuŋ⁵ ke⁵] 芒pao tlòng[pa:u¹ tlɔŋ²];tlùng kề[tluŋ³ ke³];bắc lừa[ʔbak⁷ lɯə²];phái lừa[fa:i⁵ lɯə²]

【上等】 泰ชั้นดี[tshan⁴ʔdi:²] 老ขั้นยอด[san⁴ ɲɔ:t¹⁰] 越có chất lượng cao[kɔ⁵ tsɤt⁷ lɯ:ŋ⁶ ka:u¹];loại tốt nhất[lwa:i⁶tot⁷nɤt³];hảo hạng[ha:u³ ha:ŋ⁶];bậc thượng đẳng[ʔbɤk⁸thɯ:ŋ⁶ʔdaŋ³];thượng đẳng[thɯ:ŋ⁶ʔdaŋ³];hạng nhất[ha:ŋ⁶nɤt³] 芒nhất hãng[nɤt⁷ ha:ŋ⁴]

【上帝❷】 泰พระผู้เป็นเจ้า[phra⁴ phu:³ pen³ tsau³] 老เจ้าฟ้าแถม[tsau⁴fa:⁴the:n¹];เทพะเจ้า[the:²pha²tsau⁴] 越泰then[then¹] 越thượng đế[thɯ:ŋ⁶ ʔde³]

【上吊】 泰แขวนคอ[khwɛ:n¹khɔ:²];ผูกคอตาย[phu:k⁹ khɔ:² ta:i²] 老ถูกคำตาย[thu:k⁹ khɔ:² ta:i¹];แขวนคำตาย[khwɛ:n¹khɔ:²ta:i¹];ห้อยคำ[hɔ:i¹ khɔ:²] 傣-依rắt cò[rat⁸ kɔ²] 越泰tiu cò[tiu¹ kɔ²] 越treo cổ tự tử[tsɛu¹ ko² tɯ⁴ tɯ³]

【上颚】 泰เพดานบน[phe:²da:n²bon²] 老

เพดานปาก[phe:²ʔda:n¹'pa:k⁹] 越hàm trên[ha:m² tsen¹] 芒hàm tliênh[ha:m² tli:n¹]

【上个月】 泰เดือนที่แล้ว[ʔdɯ:an²thi:³lɛ:u⁴] 老เดือนที่แล้ว[ʔdɯ:an¹'thi:⁵lɛ:u⁴];เดือนแล้ว[ʔdɯ:an¹' lɛ:u⁴] 越tháng trước[tha:ŋ⁵tsɯ:k⁷];tháng vừa qua[tha:ŋ⁵vɯə²kwa:¹] 芒kháng hét[kha:ŋ⁵ het⁷]

【上级】 泰หน่วยเหนือ[nu:ai⁵ nɯ:a¹] 老ขั้นสูง[san⁴ su:ŋ¹];ขั้นเทิง[khan³ thəŋ²] 越cấp trên[kɤp⁷ tsen¹]

【上脚镣】 泰ล่ามโซ่ตรวน[la:m³so:³tru:an²] 老ล่ามใส่[la:m⁵ so:³] 越cùm[kum²] 芒cùm[kum²]

【上课】 泰เข้าเรียน[khau³ri:an²] 老เขี้ยงบ[khau³ hi:an²] 越lên lớp[len¹ lɤ:p³]

【上来】 泰ขึ้นมา[khɯn³ma:²] 老ขึ้นมา[khɯn³ ma:²] 傣-依khừn mà[khun³ ma²] 越泰khửn mã[khun³ ma²] 越lên đây[len¹ ʔdɤi¹]

【上梁】 泰คานบน[kha:n²²bon²] 老ขื่อบน[khɯ:⁵ ʔbon¹] 越cây thượng lương[kɤi¹thɯ:ŋ⁶lɯ:ŋ¹];thượng lương[thɯ:ŋ⁶lɯ:ŋ¹];xà nhà[sa²ɲa:²];xà ngang[sa² ŋa:ŋ¹]

【上坡路】 泰ทางขึ้นลาด[tha:ŋ²khɯn³la:t¹⁰] 老ทางขึ้นถ้อย[tha:ŋ²khɯn³khɔ:i⁴] 越đường lên dốc[ʔdɯ:ŋ² len¹ zok⁷]

【上铺】 泰เตียงบน[ti:aŋ² ʔbon²] 老เตียงบน[ti:aŋ¹' ʔbon²] 越giường trên[zɯ:ŋ² tsen¹];chỗ nằm tầng trên[tso⁴ nam² tɤŋ² tsen¹]

【上身】 泰ร่างกายท่อนบน[ra:ŋ³ ka:i² thɔ:n³ ʔbon²] 老ร่างกายท่อนบน[ha:ŋ⁵ ka:i¹' thɔ:n⁵ ʔbon¹] 咸nửa thân trên[nɯə³ thɤn¹ tsen¹]

【上去】 泰ขึ้นไป[khɯn³pai²] 老ขึ้นไป[khɯn³ pai¹'] 傣-依khừn pây[khun³ pəi¹] 越泰khửnpay[kɔun³ pai¹'] 越lên[len¹]

---

❶ 石家 laʔ⁶-laa⁶
❷ 阿含 phū-rā-tā-rā

【上诉】泰ยื่นอุทธรณ์[jɯːn³ ʔuˀ thɔːn²];ฟ้อง อุทธอบ[fɔːŋ⁴ ʔuˀ thɔːn²];อุดธอบ[ʔutˀ thɔːn²] 越chống án[tsoŋ⁵ ʔaːn⁵];sự chống án[ʂɯ⁶ tsoŋ⁵ ʔaːn⁵] 芒chồng àn[tsoŋ³ ʔaːn³]

【上锁】泰ลั่นกุนแจ[lan³ kun² tɕɛːˀ] 老ลั่บกะแจ[lan⁵ ka² tɕɛːˀ¹];ใส่กุบแจ[sai⁵ kun¹ˀ tɕɛːˀ¹];ใส่กะแจ[sai⁵ ka² tɕɛːˀ¹];อัดกะแจ[ʔatˀ ka² tɕɛːˀ¹];ติดกะแจ[titˀ ka² tɕɛːˀ¹] 越khóa[xwa⁵]

【上膛】子弹~ 泰ขึ้นลำ[khɯn³ lam²] 老ขึ้นลำก้อง[khɯn³ lam² kɔːŋ²];ห้าวงปืบ[haːŋ³ pɯːn¹] 越泰xạc[saːk⁸] 越nạp đạn[naːp⁸ ʔdaːn⁶];lên đạn[len¹ ʔdaːn⁶] 芒liênh tăn[liːɲ¹ taːn⁴]

【上午】泰เช้า[tshau⁴];ตอนเช้า[tɔːn² tshau⁴];เพรา[phrau²] 老งาย[ŋaːi²];ตอนงาย[tɔːn¹ˀ ŋaːi²] 岱-侬nâu chạu[nəu¹ tɕau⁴] 越buổi sáng[ʔbuːi¹ ʂaːŋ⁵] 芒puối khờm[puːi⁵ khɤːm³]

【上弦月】泰ดวงจันทร์ครึ่งดวงแรก[ʔduaŋ² tsan² khrɯŋ³ ʔduaŋ² rɛːk¹⁰];ดวงจันทร์เสี้ยวข้างขึ้น[ʔduaŋ² tsan² siːau² khaːŋ³ khɯn³] 老ดือบขึ้น[ʔdɯːan² khɯn³] 岱-侬hai cầy xo[haːi¹ kəi² ɕɔ¹] 越trăng thượng huyền[tʂaŋ¹ thɯːŋ⁶ hwiːn²];trăng lưỡi liềm[tʂaŋ¹ lɯːi⁴ liːm²];trăng đầu tháng[tʂaŋ¹ ʔdɤu² thaːŋ⁵]

【上学】泰ไปโรงเรียน[pai² roːŋ² riːan²];ไปเรียน[pai² riːan²];เข้าเรียน[khau³ hiːan²] 老ไปโธงเธียน[pai¹ˀ hoːŋ² hiːan²];ไปเธียน[pai¹ˀ hiːan²] 越đi học[ʔdi¹ hɔk⁸]

【上旬】泰ต้นเดือน[ton³ ʔdɯːan²] 老สิบอันติ้มเดือน[sip⁷ van² ton⁴ ʔdɯːan¹ˀ] 岱-侬cầy xo[kəi² ɕɔ¹] 越thượng tuần[thɯːŋ⁶ tuɤn²] 芒là cây[laː² kɤi¹]

【上游】泰ต้นน้ำ[ton³ naːm⁴];เหนือน้ำ[nɯːa¹ naːm⁴] 老ติ้มบ้ำ[ton⁴ naːm⁴];ตอบเผือ[tɔːn¹ˀ nɯːa¹];เผือ[nɯːa¹] 岱-侬côc nặm[kok⁷ naːm⁴];hua nặm[huːa¹ nam⁴] 越泰huanặm[huːa¹ nam⁴] 普pơlu⁴[pɤ⁰luːˀ] 越thượng du[thɯːŋ⁶ zuːˀ];thượng lưu[thɯːŋ⁶ lɯːˀ] 芒thưởng du[thɯːŋ⁴ zuːˀ];thưởng liu[thɯːŋ⁴ liːˀ]

【上涨】水位~ 泰ขึ้น[khɯn³] 老บ้ำมากก[nam⁴ maːk¹⁰];บ้ำขึ้น[naːm⁴ khɯn³];ยิ่ง[ɲɯŋ⁶];ยิ่ง[ɲɯŋ⁵];เมื่อบ[mɯːap⁴] 岱-侬ắng[ʔaŋ⁵];ứng[ʔɯŋ⁵] 越泰nhửng[ɲɯŋ⁶];mà[maː³];khửn[khɯn⁵] 越lên[len¹];tăng lên[taŋ¹ len¹] 芒liênh[liːɲ¹]

【上肢】泰แขน[khɛːn¹] 老แฃบ[khɛːn¹];ลำแฃบ[lam² khɛːn¹] 越hai cánh tay[haːi¹ kaɲ⁵ tai¹]

【上嘴唇】泰ปากบน[paːk⁹ ʔbon²];ริมฝีปากบน[rim² fiː¹ paːk⁹ ʔbon²] 老ริมสิบเบื้องเทิง[hiːm² sop⁷ ʔbɯːaŋ⁴ thɤŋ¹] 越môi trên[moːi¹ tʂen¹]

【尚未❶】泰ยัง ไม่[jaŋ² mai³] 老บ่อ่ทัน[ʔbɔː⁵ than²] 岱-侬nao[naːu¹];náo[naːu⁵];páy[pai⁵];bắn[ʔban⁵];dặng[jaŋ²];phinh[phiɲ¹] 普nha¹[ŋaːˀ] 越chưa[tsɯːˀ] 芒chua[tsuːˀ]

【烧】~水 泰ต้ม[tom³] 老ต้ม[tom³] 岱-侬tồm[tom³];pắc[pak⁷] 越泰tồm[tom³] 普kuơm[kuːm¹];kuơm tyung⁴[kuːm¹ tyuŋ⁴] 越đun[ʔdun³] 芒nổ[no³]

【烧火】~煮饭 泰ก่อไฟ[kɔː⁵ fai²] 老ต่อไฟ[tɔː⁵ fai²] 普suj⁴[suːi⁴];tăj³[tai³];tê³[te³];lâj³ pâi¹[lɤi³ pɤːi¹] 越đun[ʔdun¹];nung[nuŋ¹];đốt lửa[ʔdot⁷ lɯːa³] 芒tunh[tuɲ¹];đung[ʔduŋ¹]

【烧卖】泰อาหารประเภทแผ่นหมี่[ʔaː² haːn¹ pra⁵ phetː⁰ phɛːn⁵ miː⁵] 老เข้าหมิมจิบ[khau³ nom¹ tɕip⁹] 越bánh xíu-mài[ʔbaɲ⁵ siu⁵ maːi²]

【烧伤】泰ลวก[luːat¹⁰] 老ถืกไฟไฬ้[thɯːk⁹ fai² mai³];บาดแผไฟไฬ้[ʔbaːt⁹ phɛː¹ fai² mai³];บาดไฟไฬ้[ʔbaːt⁹ fai² mai³] 越bỏng[ʔbɔŋ³];cháy sém[tsai⁵ ʂɛm⁵];cháy bỏng[tsai⁵ ʔbɔŋ³]

---

❶拉哈 haː¹

【烧鸭】泰เป็ดย่าง[pet⁷ja:ŋ³] 老เป็ดย่าง[pet⁷ja:ŋ³] 越vịt quay[vit⁸ kwai¹]

【烧香】泰จุดธูป[tsut⁷thu:p¹⁰] 老จูดทูบ[tsu:t⁹thu:p¹⁰] 岱-侬tèm hương[tɛm³ hɯ:ŋ¹];tèm nhang[tɛm³ ȵa:ŋ¹];chut hương[tɕut⁷ hɯ:ŋ¹];chut nhang[tɕut⁷ ȵa:ŋ¹] 越đốt hương[ʔdot⁷ hɯ:ŋ¹];thắp hương[thap⁷ hɯ:ŋ¹] 芒tóch hương[tot⁷ hɯ:ŋ¹]

【捎口信】泰ฝากบอก[fa:k⁹ bɔ:k⁹];ฝากข้อความ[fa:k⁹ khɔ:³ khwa:m²] 岱-侬sláng[łaŋ⁵] 越gửi lời[ɣɯi³ lɤ:i⁵];nhắn[ȵan⁵] 芒đắn[ʔdan⁴];cói thiểng[kɤ:i⁵ thi:ŋ³]

【稍微】泰นิดหน่อย[nit⁸ nɔ:i⁵];สักนิด[sak⁷ nit⁸] 老แต่จักข่อย[ʔdɛ:⁵ tsak⁷ nɔ:i⁵];บอງเล็ກນ້ອຍ[ʔba:ŋ⁵ lek⁸ nɔ:i⁴];ห້ອຍດຽວ[nɔ:i³ ʔdi:au¹];บ้ง[ʔba:ŋ⁴];อ່າວ[ʔa:u⁵] 越hơi[hɤ:i¹] 芒hơi[hɤ:i¹]

【勺子】泰ช้อน[tshɔ:n⁴] 老ຊ້ອม[sɔ:n⁴];ບວງ[ʔbu:aŋ¹];ບວງຊ້ອມ[ʔbu:aŋ¹ sɔ:n⁴] 普biw¹ kân¹[biu¹kɤn¹];bôj¹[boi¹];bu¹[pu¹] 越cái muôi[ka:i⁵ mu:i¹];cái thìa[ka:i⁵ thi:ə²] 芒cái thìa[ka:i³ thi:ə²]

【少❶】泰น้อย[nɔ:i⁴] 老ม้อย[nɔ:i⁴];ข้อย[nɔ:i³] 岱-侬nọi[nɔi⁴] 越泰nọi[nɔi⁴] 普lu⁴[lu⁴] lâw⁴[lɤu⁴] 越ít[ʔit⁷] 芒thiểu[thi:u⁴];đeo[ʔdeu¹]

【少见】泰เห็นน้อย[hen¹ nɔ:i⁴] 老เข้าขม้อย[hen¹ nɔ:i³] 普năm¹ ʔăn¹[nam² ʔan¹] 越hiếm[hi:m⁵];thấy[ʔit⁷ thɤi⁵]

【少量】泰สัก[sak⁷] 老สัก[sak⁷] 越một vài[mot⁸ va:i²] 芒thắc[thak⁷]

【少数】泰ส่วนน้อย[su:an⁵ nɔ:i⁴] 老ส่อมข้อย[su:an⁵ nɔ:i³] 越thiểu số[thi:u³ ʂo⁵];số ít[ʂo⁵ ʔit⁷]

【少有】泰มีน้อย[mi:² nɔ:i⁴];หายาก[ha:¹ ja:k¹⁰] 老มีข้อย[mi:² nɔ:i³] 岱-侬nọi mì[nɔi⁴ mi²] 越泰nọi mĩ[nɔi⁴ mi²] 普năm² ʔăn¹[nam² ʔan¹] 越ít có[ʔit⁷ kɔ⁵];hiếm có[hi:m⁵ kɔ⁵] 芒

【少妇】泰หญิงวัยสาวที่แต่งงานไปแล้ว[jiŋ¹ wai² sa:u¹ thi:³tɛ:ŋ⁵ŋa:n²pai²lɛ:u⁴] 越泰mè pã đó[mɛ⁶pa⁵ ʔdɔ⁵] 越thiếu phụ[thi:u⁵fu⁶];người đàn bà trẻ [ŋɯ:i² ʔda:n² ʔba² tʂɛ³]

【少年】泰เด็กชาย[ʔdek⁷tsha:i²];ผู้เยา[phu:³jau²];เยาวชน[jau²wa⁴tshon²];วัยรุ่น[wai²run³] 老เด็กถ้าวม้อย[ʔdek⁷tha:u⁵nɔ:i⁴];เด็กขุ่ม[ʔdek⁷ num⁵];เด็กถ้าวใหย่[ʔdek⁷ tha:u³ ɲai⁵];บ่อเข้็ม[ʔba:u⁵hɤ:m⁵];ขุ่มม้อย[num⁵nɔ:i⁴];อะบุฐิ่ม[ʔa²nu⁵son²] 越thiếu niên[thi:u⁵ni:n¹];tuổi trẻ[tu:i³ tʂɛ³] 芒thiểu niên[thi:u³ ni:n¹];thuối nhó[thu:i⁵ ɲɔ⁵]

【少年白】泰คนหนุ่มผมหงอก[khon² num⁵ phom¹ ŋɔ:k⁹] 老ถึบขุ่มผ็มทงอก[khon² num⁵ phom¹ ŋɔ:k⁹] 越người trẻ tuổi mà tóc đã bạc[ŋɯ:i² tʂɛ³ tu:i³ ma² tɔk⁷ ʔda⁴ ʔba:k⁸]

【少女】泰สาวน้อย[sa:u¹ nɔ:i⁴];สาววัยรุ่น[sa:u¹ wai² run³];เด็กหญิง[ʔdek⁷ jiŋ¹];เยาวดี[jau² wa⁴ ʔdi:²] 老สาว[sa:u¹];บางสาว[na:ŋ² sa:u¹];ยิ่งสาว[ɲiŋ² sa:u¹];กันยา[kan¹ ɲa:²];กันละยา[kan¹ la⁵ɲa:²];ยุอะบาลี[ɲu⁵ va:² na:² li:²];ขุ่มเข็ง[num⁵ nau³] 岱-侬sao nóm[ła:u¹ nɔm⁵] 越泰xao hãm[sa:u¹ ha:m²] 越thiếu nữ[thi:u⁵ nɯ⁴]

【哨兵】泰ทหารยาม[tha⁴ha:n¹ja:m²] 老ทะทาบยู่ยาม[tha⁵ha:n¹ju:⁵ȵa:m²];ทะทาบยาม[tha⁵ha:n¹ȵa:m²] 越lính gác[liŋ⁵ ɣa:k⁷];lính canh[liŋ⁵ kaŋ¹]

【哨子】泰นกหวีด[nok⁸ wi:t⁹] 老ทวูด[vi:at⁹];ขอด[vi:t⁹];หมากทวูด[ma:k⁹ vi:at⁹] 越cái còi[ka:i⁵ kɔi²] 芒còi[kɔi²]

【潲水】岱-侬nặmmuôc[nam⁴mu:k⁷] 越泰khâu rau[khau³mu¹] 越nước gạo[nɯ:k⁷ɣa:u⁶] 芒đác cảo[ʔda:k⁷ ka:u³]

---

❶ 泐 noi C2

【赊】 泰ค้างชำระ[ʔda:ŋ¹ tsham² ra⁴];ซื้อเชื่อ[sɯ:⁴ tshɯ:a³] 老ขี่เชื่อ[sɯ:⁴ sɯ:a⁵];ขี้ผ่อน[sɯ:⁴ phɔ:n⁵] 岱-侬ngài[ŋa:i²] 越泰chịu[tsiu⁴] 越chịu[ciu¹¹]; mua chịu[muə¹ tsiu⁶] 芒mua chĩu[muə¹ tsiu⁴]

【赊欠】 泰ค้างชำระ[kha:ŋ⁴tsham²ra⁴] 老ค้างชำระ[kha:ŋ⁴ sam² la⁵] 越chịu[tsiu⁶];thiếu[thi:u⁵] 芒chĩu[tsiu⁴]

【赊账】 泰ลงบัญชีขายเชื่อ[loŋ²ʔban²tshi:²kha:i¹ tshɯ:a³];ค้างชำระ[kha:ŋ⁴tsham²ra⁴];เซ็น[sen²] 老พะนาด[pha⁵na:t¹⁰] 越ănchịu[ʔan¹tsiu⁶];muachịu [muə¹ tsiu⁶] 芒mua chĩu[muə¹ tsiu⁴]

【蛇❶】 泰งู[ŋu:²] 老งู[ŋu:²];งูงัว[ŋu:² ŋi:au⁴] 岱-侬ngù[ŋu:²];ngườm[ŋɯ:m²];tua ngù[tuə¹ ŋu:²]; tuangườm[tuə¹ ŋɯ:m²] 越泰ngũ[ŋu:²];tôngũ[to¹ ŋu:²] 普panguɤ³[pa⁰ ŋɯɤ³] 越rắn[zan⁵];con rắn[kɔn¹ zan⁵] 芒cảy thành[kai³ thaŋ³];thành[thaŋ³]

【蛇蜕】 泰คราบงู[khra:p¹⁰ŋu:²] 老คาบงู[kha:p¹⁰ ŋu:²] 越vỏ rắn lột[vɔ³ zan⁵ lot⁸]

【舌根】 泰โคนลิ้น[kho:n² lin⁴] 老โคน ลิ้น[kho:n² li:n⁴] 岱-侬côc lịn[kok⁷ lin⁴] 越泰cốc lịn[kok lin⁴] 越cuống lưỡi[ku:ŋ⁵ lɯ:i⁴] 芒cuống lãi[ku:ŋ⁵ la:i³]

【舌尖】 泰ปลายลิ้น[pla:i² lin⁴] 老ปายลิ้ม[pa:i¹' li:n⁴] 越đầu lưỡi[ʔdɤu² lɯ:i⁴]

【舌头❷】 泰ลิ้น[lin⁴] 老ลิ้ม[li:n⁴] 岱-侬lịn;ăn lịn[ʔan¹lin⁴] 越泰lịn[lin⁴] 普mi³[mi³] 越lưỡi [lɯ:i⁴] 芒lāi[la:i⁴]

【射击】 泰ยิง[jiŋ²] 老ยิง[ɲiŋ²];เป่ง[peŋ⁵]; แผ่ง[phɛŋ²];ลั่น[lan⁵];ระธาบ[ha⁵ ha:p¹⁰];ผะฑลาง [pha²li:aŋ²] 岱-侬bắn[ʔban⁵] 越泰bén[ʔbɛn⁵]; nhỉnh[ɲiŋ²] 普Njɤ³[ɲjɤ³] 越bắn[ʔban⁵]; xạ kích[sa⁶ kit⁷] 芒pảnh[paŋ³];dắng[zaŋ³]

【射箭】 泰ยิงธนู[jiŋ²tha⁴nu:²] 老ยิงสอน[ɲiŋ² sɔ:n¹] 越bắn tên[ʔban⁵ ten¹]

【射门】 泰ยิงประตู[jiŋ² pra⁵ tu:²] 老ฮูดบาน[su:t¹⁰ ʔba:n¹];ยิงปะตู[ɲiŋ² pa² tu:¹] 越sút[ʂut⁷]

【麝香鹿】 泰ชะมดกวาง[tsha⁴ mot⁸ kwa:ŋ²];ชะมดเชียง [tsha⁴ mot⁸ tshi:aŋ²] 岱-侬tua nạn cảy[tuə¹ na:n⁶ kai¹] 越泰tônáy[to¹nai⁵] 越xạhương[sa⁶hɯ:ŋ¹]; cheo[tʂeu¹];con cheo[kɔn¹ tʂeu¹]

【涉水】 泰ลุยน้ำ[lui² nam⁴] 老ท่อง[thɔ:ŋ²];ย่ำน้ำ [jaŋ⁵ nam⁴];ลุยน้ำ[lui² nam⁴] 岱-侬duộc nặm[ju:k⁸ nam⁴] 越泰tòng nặm[tɔŋ⁶ nam⁴] 越lội suối[loi⁶ ʂu:i⁵] 芒khú[khu⁵];uông[ʔu:ŋ¹]

【设法】 泰หาทาง[ha:¹tha:ŋ²] 老หาวิทิ[ha:¹vi⁵ thi:²];หาทาง[ha:¹tha:ŋ²] 越泰tạk[ta:k⁸] 越tìm cách[tim² kat⁷];nghĩ cách[ŋi⁴ kat⁷];liệu cách[li:u⁶ kat⁷] 芒liệu bài[li:u⁴ ʔba:i²]

【设宴】 泰จัดงานเลี้ยง[tsat⁷ŋa:n²li:aŋ⁴] 老 จัดงานล้วง[tsat⁷ŋa:n²li:aŋ⁴];จัดพาเฮ้า[tsat⁷ pha:²khau¹];จัดพวบเฮ้า[tsat⁷pha:n²khau³] 越 bày tiệc[ʔbai² ti:k⁸];mở tiệc[mɤ⁵ ti:k⁸];thết tiệc [thet⁷ ti:k⁸];làm cỗ[la:m²] 芒pày tiệc[pai⁵ ti:k⁸]; cỗ[la² ko⁴];bớ tiệc[ʔbɤ⁵ ti:k⁸]

【身边】 泰ข้างๆตัว[kha:ŋ³ kha:ŋ³ tu:a²] 老ข้างตือ [kha:ŋ³ tu:a¹] 越bên mình[ʔben¹ miŋ²]

【身材】 泰รูปร่าง[ru:p¹⁰ ra:ŋ³];ทรวดทรง[su:at¹⁰ soŋ²] 老ฮ่าง[ha:ŋ⁵];ฮวดซง[su:at¹⁰ soŋ²];โต[to:¹'];ตือ [tu:a¹] 越khổ người[xo³ ŋɯ:i²];vóc người[vɔk⁷ ŋɯ:i²] 芒póc[pɔk⁷]

【身份证】 泰บัตรประชาชน[ʔbat⁷pra⁵tsha:²tshon²]; บัตรประจำตัวผู้อยู่อาศัย[ʔbat⁷pra⁵tsam²tu:a²phu:² ju:⁵ʔa:²sai¹] 老บัดปะจำตือ[ʔbat⁷pa²tsam¹ tu:a¹] 越chứng minh thư[tʂɯŋ⁵miŋ¹thɯ¹];thẻ

---

❶ 石家ŋua⁴ 阿含 ngu A2 掸 ŋu A2 泐 ŋu A2
❷ 石家liin⁴ 阿含 lin C2

căn cước[tʰe³ kan¹ kɯːk⁷]

【身体❶】 泰 ร่าง[raːŋ³];กาย[kaːi²];ร่างกายมนุษ [raːŋ³ kaːi² ma⁴ nut⁸];ตัว[tuːa²];กายา[kaː² jaː²];กายิน ทรีย์[kaː² jin² siː²] 老 ฮ่าง[haːŋ⁵];กาย[kaːi¹];ฮ่างกาย [haːŋ⁵kaːi¹];ขิง[khiːŋ²];ฮ่างขิง[haːŋ⁵khiːŋ²];กะยะ [ka²na⁵];กายๆ[kaː¹'na²];กายะ[kaː¹'na⁵];โต[toː¹']; โตขิง[toː¹' khiːŋ²];โต้[tuːa¹];ติ๋นโต[ton²  toː¹'];อ๋ง [ʔoŋ²] 岱-侬 đang[ʔdaːŋ²];đucđang[ʔduk⁷ʔdaːŋ²] 越泰 tô kinh[toː¹ kiŋ¹] 普 Gɯɔj³[ɣɯːi³] 越 thân [tʰɤn¹];thân thể[tʰɤn¹ the³];mình mẩy[min² mɤi³]; cán thân[kaːn⁵ tʰɤn¹] 芒 thân miềnh[tʰɤn¹ miːn²]; thân thế[tʰɤn¹ the⁵];póc miềnh[pɔk⁷ miːn²]

【深 水~❷】 泰 ลึก[lɯk⁸] 老 เลิก[lək⁸] 岱-侬 lặc [lək⁸] 越泰 lọc[lək⁸] 普 lhăk⁵[lak⁵] 越 sâu [ʂʐu¹] 芒 khu[khu¹]

【深 颜色~】 泰 แก่[kɛː⁵] 老 แก่[kɛː⁵] 岱-侬 khăm[kham³];cắm[kam⁵] 越泰 cắm[kam⁵] 越 thm[tʰɤm⁴];màu đậm[mau² ʔdɤm⁶]

【深 夜~了❸】 泰 ดึก[ʔdɯk⁷] 老 เดิก[ʔdək⁷] 岱-侬 khue[khwɛ¹] 普 nin³ lhăk⁵[nin³ ljak⁵] 越 khuya[xwiə¹] 芒 khuya[khwiə¹]

【深潭】 泰 สระน้ำลึก[sa⁵ nam⁴ lɯk⁸];วัง[waŋ²] 老 อ๋ง[vaŋ²] 越 đầm nước sâu[ʔdɤm² nɯːk⁷ ʂʐu¹]

【深夜❹】 泰 ดึก[ʔdɯk⁷];ตอนดึก[tɔːn² ʔdɯk⁷];ดึกดื่น [ʔdɯk⁷ʔdɯːn⁵];ดื่นดึก[ʔdɯːn⁵ʔdɯk⁷];คืนกลางดึก [khɯːn² klaːŋ²ʔdɯk⁷];ดื้อดึง[ʔdɯːˀ³ʔdɯŋ⁵] 老 เดิก[ʔdək⁷];ตอมเดิก[tɔːm² ʔdək⁷];ยามเดิก[ɲaːm² ʔdək⁷] 岱-侬 cừn lặc[kɯn² lək⁸];cừn khuê[kɯn² khwɛ¹] 越泰 cang cừn luông[kaːŋ¹ kɯn² luːŋ¹]

【申冤】 泰 ล้างความคับแค้นอันเนื่องมาจากการไม่ได้รับ ความเป็นธรรม[laːŋ⁴khwaːm²khap⁸khɛːn⁴ʔaːn² nɯːaŋ³maː²tsaːk⁹kaːn²mai³ʔdai³rap⁸khwaːm²pen² tham²] 老 แก้อะดี[kɛː⁴khaˀ⁵diː¹'];แก้อวน [kɛː⁴khwaːm²] 越 khiếu nại[xiːu⁵naːi⁶];minh oan [mːn¹'ʔwaːn¹] 芒 khiếu nãi[khiːu³ naːi⁴]

【伸 ~手❺】 泰 ยื่น[jɯːn³] 老 ยื๋บ[ɲɯːn⁵];ຂอย [sɔːi²];แฆ[ŋɛː²];แบ[ʔbeː¹'];แบบ[ʔbɛːn¹];แปบ [pɛːn¹];ยืด[jɯːt⁹];ฅบ[hiːan¹] 岱-侬 dượng [jɯːŋ⁴];dử[jɯː³];diết[jiːt⁷] 越泰 nhé[nɛː⁵]; diét[jiːt⁷] 越 thò[thɔ²];chìa[tsiə²] 芒 thò[thɔ²]; chìa[tsiə²]

【伸 ~舌头❻】 泰 แลบ[lɛːp¹⁰] 老 แมบ[mɛːp¹⁰]; แลบ[lɛːp¹⁰] 越 le[lɛ¹];lè[lɛ²];thè[the²] 芒 lel[lɛl¹]

【伸懒腰】 泰 บิดขี้เกียจ[ʔbit⁷khiː³kiːat⁹] 老 ยืดถึง[bit⁷khiːŋ²];บิดมื้อบิดถึง[ʔbit⁷nwa⁴ʔbit⁷ khiːŋ²];ยูดแฃอ[jiːat⁹ʔɛːu¹] 越 vươn vai[vɯːn¹ vaːi¹]

【呻吟】 泰 ครวญคราง[khruːan²khraːŋ²];คราง [khraːŋ²] 老 โอ้โอ่ยดาง[ʔoː⁴ʔoːi⁵khaːŋ²];กะโขย [ka²hoːi¹];ดาง[khaːŋ²];กะฮึด[ka²ɯːt⁹] 岱-侬 chàng[tɕaːŋ²];dằng[jaŋ²] 越泰 chăng[tsaːŋ²];hoŋ chăng[hoŋ⁴tsaːŋ²] 越 rên[zen¹];rên ri[zen¹ zi²];rên siết[zen¹ ʂiːt²];rên rầm[zen¹ zɤm²] 芒 riênh[riːn¹]

【神❼】 泰 เจ้าพ่อ[tsau³ phɔː³];เทพ[theːp¹⁰];เทพย[theːp¹⁰ pha⁴ja⁴];เทพยเจ้า[theːp¹⁰ pha⁴ja⁴tsau³];เทพยคา

---

❶ 阿含 khring；rāng A1 掸 haŋ B2
❷ 石家 lak⁶ 阿含 lup 拉哈 kalăk⁵；lăk⁵
❸ 石家 dik⁴
❹ 石家 daŋ⁶-gam⁶ daŋ⁶-gin⁴
❺ 阿含 jen B2 掸 jɯn B2；jet D1L 泐 jɯn B2；jet D1L
❻ 石家 blɔɔ³
❼ 阿含 daü；ā-lâng；phā；phā-ko；phū-rạ-tạ-ra

[the:p¹⁰ pha⁴ ja⁴ ʔda:²];เทพยุดา[the:p¹⁰ pha⁴ ju⁵ ʔda:²];เทว[the:² wa⁴] 老ເທພະ[the:²pha⁵];ເທພາ[the:pha:²];ສາງ[sa:ŋ¹] 岱-依slǎn[ɬən⁵] 普ja²sǎw³[ja⁵sau³];tê³ sǎw³[te³ sau³] 越thần[thɤn²] 芒thần[thɤn²]

【神经病】泰โรคประสาท[ro:k¹⁰pra⁵sa:t⁹] 老โลกเส้ันปะสาด[lo:k¹⁰ sen³ pa³ sa:t⁹];โลกวิกับจิด[lo:k¹⁰vi⁵kon¹tsit³] 越bệnh thần kinh[ʔben⁶ thɤn² kin¹]

【神龛】泰แท่นที่ตั้งบูชาพระพุทธรูป[thɛn³ thi:³ taŋ³ ʔbu:² tsha:² phra⁴ phut⁸ tha⁴ ru:p¹⁰] 老ເທວາດານ[the:¹ va:² kha:n²];ເທວາໄລ[the:² va:² lai³];ທີ່ຜີ[hɔ:¹ phi:¹] 越khám thờ phật[xa:m⁵ thɤ² fɤt⁸]

【神灵】泰สิ่งศักดิ์สิทธิ์[siŋ⁵ sak⁷ sit⁷];เทพเจ้า[the:p¹⁰ tsau³] 老ເທພະ[the:²pha⁵] 越泰tế bđa[te:²ʔb-ʔda¹] 越thần linh[thɤn² liŋ¹];thần thánh[thɤn² than⁵] 芒thần linh[thɤn² liŋ¹]

【神台】泰ตำแหน่งที่ตั้งพระภูมิเจ้าที่[tam² nɛ:ŋ⁵ thi:³ taŋ³ phra⁴ phu:² mi⁴ tsau³ thi:³] 老ຮັບເທອະດາ[ha:n⁴ the:² va⁵ ʔda:¹] 越泰pān xỡ[pa:n² sɤ²] 越bàn thờ[ʔba:n² thɤ²] 芒pàn thờ[pa:n² thɤ²]

【神仙】泰เทพดา[the:p¹⁰ ʔda:²];เทพ[the:p¹⁰];เทวดา[the:² wa⁴ ʔda:²] 老ແຖນ[the:n¹];ຊງບ[si:an²];ແມບ[mɛ:n²];ເທພະ[the:²pha⁵];ເທພາ[the:²pha:²];ເທອະດາ[the:² va⁵ ʔda:¹];ເທອັນ[the:² van²];ມີລະຊອນ[ni⁵ la⁵ sɔ:n²] 岱-依sliên[ɬi:n¹];siêncha[ɬi:n¹tɕa¹];tiên[ti:n¹] 越泰tiên[ti:n¹] 越tiên[ti:n¹];thần tiên[thɤn² ti:n¹]

【神像】泰เทวรูป[the:²wa⁴ru:p¹⁰] 老ແທອະຮູບ[the:²va⁵hu:p¹⁰] 越thần tượng[thɤn²tɯ:ŋ⁵] 芒thần tưởng[thɤn² tɯ:ŋ⁴]

【什❶】泰ใด[ʔdai²];ฉันใด[tshan¹ʔdai²];เช่นใด[tshe:n³ʔdai²];เช่นไร[tshe:n³rai²];ดั่งรือ[ʔdaŋ²rɯ:²];อย่างไร[ja:ŋ⁵rai²];ไร[rai⁵];อะไร[ʔa⁵rai⁵];ฉะไหน[tsha⁵ nai¹];ใช้[sai⁴] 老ສັງ[saŋ¹];ใด[ʔdai²];อับใด

[ʔan¹⁷ʔdai¹];ພິສັງ[phi⁴saŋ¹];ຫຍັງ[ɲaŋ¹];ມີຫຍັງ[mi⁴ɲaŋ¹];ແມ່ນຫຍັງ[mɛ:n⁵ɲaŋ¹];ແມ່ນມີຫຍັງ[mɛ:n⁵mi⁵ɲaŋ¹];ອີສັງ[ʔi:⁵saŋ¹];ອີສັງ[ʔi⁵saŋ¹];ອັນໃດ[ʔan¹⁷ʔdai¹] 岱-依răng[raŋ¹];lăng[laŋ¹] 越泰xăng[saŋ¹];đau[ʔan¹ ʔdau¹] 普mhaj⁴[ma:i⁴];cư³ mhaj⁴[tsu⁵ma:i⁴] 越cái gì[ka:i⁵ zi²] 芒cài chi[ka:i³ tsi¹];tò chi[to² tsi¹];mǎn chi[man² tsi²];ma chi[ma¹ tsi¹];chi[tsi¹]

【什么时候】泰เมื่อไหร่[mɯ:a³ rai⁵];เมื่อไร[mɯ:a³ rai²] 老ຍາມໃດ[ɲa:m² ʔdai¹];ຕາງໃດ[ta:p⁹ ʔdai¹];ປານໃດ[pa:n¹⁷ ʔdai¹];ເວລາໃດ[ve:² la:² ʔdai¹] 岱-依pửa tầu[pɯa⁵ təɯ²];mửa tầu[mɯa³ təɯ²] 普qaliw³[qa⁰liu³];lɔluj³[lɤ⁰lui³];cA³duj³[tsɤ³ dui³] 越giờ nào[zɤ⁵na:u²];khi nào[xi¹na:u²] 芒khây nò[khɤi¹ nɔ²];khây nò khây ná[khɤi¹nɔ²khɤi¹na⁵];cã nò[ka⁴ nɔ²]

【审判】泰พิพากษา[phi⁴pha:k¹⁰sa:¹] 老ຕັດສິນ[tat⁷sin¹];ຕັດສິນພິພາກສາ[tat⁷sin¹phi⁵pha:k¹⁰ sa:¹];ສຳລະ[sam²la⁵] 越xét xử[sɛt⁷sɯ³];sự xét xử[ʂɯ⁶ sɛt⁷sɯ³];việc xét xử[vi:k⁸sɛt⁷sɯ³];sự phán quyết [ʂɯ⁶ fa:n⁵ kwi:t⁷]

【审问】泰ไต่สวน[tai⁵su:an¹] 老ຊັກຖາມ[sak⁸ tha:m¹];ໄຕ່ຖາມ[tai⁵ tha:m¹] 越xét hỏi[sɛt⁷ hɔi³];tra vấn[tʂa¹ vɤn⁵];hỏi cung[hɔi³ kuŋ¹] 芒hói cung [hɔi⁵ kuŋ¹]

【甚至❷】泰กระทั่ง[kra⁵thaŋ³];แม้กระทั่ง[mɛ:⁵kra⁵thaŋ³] 老ຈົນກະທັ່ງ[tson¹ ka⁵thaŋ⁵];ກະທັ່ງ[ka⁵ thaŋ⁵];ກະທັ່ງຊັ້ນ[ka²thaŋ⁵san⁴];ເຖິງກັບ[thəŋ¹kap⁷];ບໍ່ນຳ[ʔbɔ:⁵ nam¹];ຊ້ຳບໍ່ນຳ[sam⁴ ʔbɔ:⁵ nam¹];ແມ່[mɛ:⁴];ຫອດວ່າ[hɔ:t¹⁰ va:⁵] 岱-依tangcạ[ta:ŋ¹ka⁴];thuồn tăng[thu:n³taŋ²] 越đến nỗi[ʔden⁵noi⁴];thậm chí[thɤm⁶ tsi⁵]

【肾❸】泰ไต[tai²] 老ໄຂ່ຫຼັງ[khai⁵ laŋ¹];ໝາກໄຂ່ຫຼັງ

❶ 石家 ʔan⁶-thaa⁴ 阿含 tē
❷ 阿含 ko
❸ 石家 təə¹

[ma:k⁹ khai⁵ laŋ¹];ใต[tai¹¹] 傣-仂 mac diêu[ma:k⁷ ji:u¹];diêu chí[ji:u¹ tɕi⁵] 越泰 mák xáy lăng[ma:k⁵ sai⁵ laŋ¹] 越 thận[thɤn⁶];quả cật[kwa³ kɤt⁸] 芒 tlái đồng[tla:i³ ʔdoŋ³]

【肾病】 泰 ไตพิการ[tai² phi⁴ka:n²] 老 ใตพิภาม [tai¹ phi⁴ ka:n¹] 越 bệnh thận[ʔben⁶ thɤn⁶]

【肾结石】 泰 นิ่วไต[niu³ tai²] 老 โลภนื้อไฃญั้ง [lo:k¹⁰ni:u³khai⁵laŋ¹];โลภนื้อใต[lo:k¹⁰ni:u³tai²]; นื้อไฃญั้ง[ni:u³khai⁵laŋ¹];นื้อไฃญั้ง[niu³khai⁵ laŋ¹] 越 sỏi thận[ʂɔi³ thɤn⁶]

【肾炎】 泰 ไตอักเสบ[tai²ʔak⁷se:p⁹] 老 โลภ พาภไฃญั้งอักเสบ[lo:k¹⁰ma:k⁹khai⁵laŋ¹²ak⁷se:p⁹] อักเสบไฃญั้ง[ʔak⁷ se:p⁹ khai⁵ laŋ¹];ใตพิภาม[tai¹ phi⁴ ka:n¹] 越 viêm thận[vi:m¹ thɤn⁶]

【渗透】❶ 泰 แทรกซึม[sɛ:k¹⁰sum²] 老 แฑภฃั้ม [sɛ:k¹⁰khau³];แฑภฃั้ม[sɛ:k¹⁰sum²];ฃั้บ[sɯ:p¹⁰];ฃั้ม [sum²];ฃั้มฃั้ม[sum² khau³];ฃั้มฉาบ[sum² sa:p¹⁰]; ฃั้มฉาบ[sɯ:m⁵sa:p¹⁰];แผ่ฃั้ม[phɛ:⁵sum²];เฮ็บ [ʔə:p⁹] 傣-仂 mjè[mjɛ²];nhỏa[n̥wa³];tòa[twa³]; hãỳ[hɤŋ³] 越泰 xóm[sɤ:m⁵] 越 thâm nhập[thɤm¹ nɤp⁸];ri[zj⁵] 芒 dầm[zɤm³]

【声音】 泰 เสียง[si:aŋ¹] 老 ฉูง[si:aŋ¹] 普 luơng² [lu:ŋ²] 傣-仂 heng[hɛŋ¹] 越泰 xiêng[si:¹] 越 tiếng[ti:ŋ⁵] 泰 thiềng[thi:ŋ³]

【生~孩子】 泰 เกิด[kə:t⁹];ออก[ʔɔ:k⁹];คลอด[khlɔ:t¹⁰]; บางเกิด[ʔbaŋ⁵ kə:t⁹] 老 เกิด[kə:t⁹];ออก[ʔɔ:k⁹]; คอด[khɔ:t¹⁰];ภำ[kam¹];ภำ[kam¹];ปะลูด[pa² sut⁷] 傣-仂 slinh[łiŋ¹];sleng[łɛŋ¹] 越泰 ók[ʔɔk⁵] 普 ʔan¹[ʔa:n¹] 越 đẻ[ʔdɛ³];sinh[ʂiŋ¹];sinh sản[ʂiŋ¹ ʂa:n³] 芒 té[tɛ⁵];khinh[khiŋ¹];pẩn[pɤn⁴]; xinh xán[siŋ¹ sa:n³]

【生~肉】❷ 泰 ดิบ[ʔdip⁷] 老 ดิบ[ʔdip⁷] 傣-仂 đip

[ʔɕip⁷] 越泰 đíp[ʔdip⁵] 普 dăp⁵[dap⁵];dăp²[dap²] 越 sống[ʂoŋ⁵] 芒 khổng[khoŋ³]

【生病】❸ 泰 ไข้[khai³];ไม่สบาย[mai³sa⁵ʔba:i²]; เจ็บ[tsep⁷];เจ็บไข้[tsep⁷khai³];ป่วย[pu:ai⁵] 老 เจ้ [kɛ:ai³];เจ็บ[tsep⁷];ป่วย[pu:ai⁵];เจ็บใจ้[tsep⁷khai³]; ป่วยใจ้[pu:ai⁵ khai³];ภามเจ็บเป็น[ka:n¹ tsep⁷ pen¹];ภามเจ็บป่วย[ka:n¹ tsep⁷ pu:ai⁵];พะยาภ [pha⁵na:t¹⁰];พะยาภบาดเยิ้น[pha⁵na:t¹⁰ ʔba:t⁹ ʔbau⁴];พะยาภโลภา[pha⁵na:t¹⁰lo:²kha:²];โลภ [lo:k¹⁰];โลภใพใจ้เจ็บ[lo:k¹⁰phai²khai³tsep⁷]; เจ็บ[tsep⁷];เจ็บใจ้[tsep⁷ khai³];เจ็บใจ้ได้ป่วย[tsep⁷ khai³ʔdai⁴pu:ai⁵];เจ็บใจ้ได้พะยาภ[tsep⁷khai³ ʔdai⁴pha⁵na:t¹⁰];เจ็บป่วย[tsep⁷pu:ai⁵];ป่วยไฉ [puai⁵so:²];เภิดพะยาภ[kə:t⁹pha⁵na:t¹⁰];เภิดพะ ยาภบาดเยิ้น[kə:t⁹ pha⁵ na:t¹⁰ ʔba:t⁹ nau²];เป็นไฉ [pen¹ so:²];เป็นพะยาภ[pen¹ pha⁵ na:t¹⁰];เป็นโลภ [pen¹ lo:k¹⁰];ติดพะยาภ[tit⁷pha⁵na:t¹⁰];เป็นพะยาภ [pen¹ pha⁵ na:t¹⁰];เภิดเจ็บใจ้ได้พะยาภ[kə:t⁹ tsep⁷ khai³ʔdai⁴pha⁵na:t¹⁰] 傣-仂 pềnh pình[pen¹ piŋ³]; pền khảy[pen²khəi³];fat pình[fa:t⁷piŋ³];dú khỏ[ju⁵ khɔ³] 越泰 pên bệnh[pen¹ ʔben⁶];puốt chép[pu:t⁷ tsep⁷] 普 qazăj²[qa⁰zai²];qa răj²[qa⁰rai²] 越 ốm [ʔom⁵];bị ốm[ʔbi⁶ʔom⁵];bị bệnh[ʔbi⁶ʔben⁶];phát ốm[fa:t⁷ʔom⁵];phát bệnh[fa:t⁷ʔben⁶];mắc bệnh [mak⁷ʔben⁶];đau ốm[ʔdau¹ʔom⁵];đau[ʔdau¹] 芒 uối[ʔu:i⁵];hỗm[hom⁴];điênh m[ʔdi:n̥¹ʔom³];điênh bểnh[ʔbi:n̥¹ʔben⁴];dải bệnh[zɤl⁴ʔben⁴];bắc bệnh [ʔbak⁷ ʔben⁴]

【生菜~叶用莴苣】❹ 泰 กาดหอม[ka:t⁹hɔ:m¹] 老 ฉัภละฃั้ง[phak⁷ sa² lat⁷] 越 rau xà lách[ʐau¹ sa¹ lat⁷];rau sống[ʐau¹ ʂoŋ⁵] 芒 rau khổng[rau¹ khoŋ³]

【生产~产品】 泰 ผลิต[pha⁵lit⁷] 老 ปุງปะดิด[puŋ¹ pa²ʔdit⁷];ยะลิด[pha⁵lit⁸] 越 sản xuất[ʂa:n³swɤt⁸]

❶ 阿含 phe
❷ 阿含 dip D1S; lip D1S 石家 rip⁴
❸ 拉哈 kahɔj⁵; khlɔj³ 拉基 kha¹
❹ 石家 phrak⁴-rip⁴

芒 xán xuất[saːn⁵ swɤt⁷]

【生吃】 泰 กินดิบ[kin² ʔdip⁷] 老 กินดิบ[kin¹' ʔdip⁷]; กินดิบกินแดง[kin¹' ʔdip⁷ kin¹' ʔdɛːŋ¹] 越 ăn sống[ʔan¹ ʂoŋ⁵] 芒 ăn khổng[ʔan¹ khoŋ³]

【生父】 泰 พ่อตัว[phɔː³ tuːa²];พ่อออก[phɔː³ ʔɔːk⁹]; พ่อบังเกิดเกล้า[phɔː³ ʔbaŋ² kəːt⁹klau³] 老 ພໍ່ຕິງ [phɔː⁵ khiːŋ²];ພໍ່ ບັງເກີດເຖົ້າ[phɔː⁵ ʔbaŋ¹' kəːt⁹ kau⁴]; ພໍ່ອອກ[phɔː⁵ʔɔːk⁹] 岱-侬 pò sleng[pɔ³ɬɛŋ¹];pò ooc[pɔ³ʔɔːk⁷] 越泰 ái ók[ʔaːi³ʔɔːk⁷] 越 bố đẻ [ʔbo⁵ʔdɛ³] 芒 pổ té[po³tɛ⁵]

【生根】 泰 แตกราก[tɛːk⁹ raːk¹⁰];หยั่งรากลึก[jaŋ⁵ raːk¹⁰ luk⁸] 老 ຮາກປົງ[haːk¹⁰poŋ⁵];ອອກຮາກ[ʔɔːk⁹haːk¹⁰]; แตกราก[tɛːk⁹ haːk¹⁰] 越 bắt rễ[ʔbat⁵ ze⁴];đâm rễ [ʔdɤm⁵ ze⁴];bén rễ[ʔbɛn⁵ ze⁴] 芒 moc rach[mɔk⁸ rat⁸]

【生活~好了】 泰 ชีวิตความเป็นอยู่[tshiː² wit⁸ khwaːm² pen² juː⁵] 老 ຢູ່ກິນ[juː⁵ kin¹];ຊິບ[siːp¹⁰] 普 ʔǎjˈ[ʔai¹] 越 đời sống[ʔdɤːi² ʂoŋ⁵] 芒 tời khổng[tɤːi³ khoŋ³]

【生火】 泰 ก่อไฟ[kɔː⁵fai²];ติดไฟ[tit⁷fai²];เผาไฟ [phau¹ fai²];เผ่าไฟ[phau⁵ fai²] 老 ດັງໄຟ[ʔdaŋ¹' fai²]; สุมไฟ[sum¹ fai²];ເຜົາໄຟ[phau¹ fai²];ເຜົາໄຟ[phau⁵ fai²];จุดไฟ[tsuːt⁹fai²] 岱-侬 co[kɔ¹] 越泰 dang [jaːŋ¹] 越 đốt lửa[ʔdot⁷ luɤ³];đốt lò[ʔdot⁷ lɔ²];nhóm lửa[ɲɔm⁵ luɤ³] 芒 nhỏ cúi[ɲɔ³ kui⁵]

【生命】 泰 ชีพ[tshiːp¹⁰] 老 ຊີບ[siːp¹⁰] 越 sinh mệnh[ʂiŋ¹men⁶];sự sống[ʂɯ⁶ʂoŋ⁵];cuộc sống [kuːk⁸ ʂoŋ⁵]

【生母】 泰 แม่ตัว[mɛː³tuːa²];แม่ออก[mɛː³ ʔɔːk⁹];แม่เชื้อ [mɛː³ tshɯa⁴];แม่บังเกิดเกล้า[mɛː³ ʔbaŋ² kəːt⁹klau³] 老 ແມ່ອອກ[mɛː⁵ ʔɔːk⁹];ແມ່ຕິງ[mɛː⁵ khiːŋ²]; ແມ່ບັງເກີດເຖົ້າ[mɛː⁵ ʔbaŋ¹' kəːt⁹ kau⁴] 岱-侬 mè sleng[mɛ³ ɬɛŋ¹];mẻ ooc[mɛ³ ʔɔːk⁷] 越泰 ếm ók [ʔem²ʔɔk⁷] 越 mẹ đẻ[mɛ⁶ʔdɛ³] 芒 mể té[me⁵

tɛ⁵];cày té[kai³ tɛ⁵]

【生气❶】 泰 โกรธ[kroːt⁹];โกรธเคือง[kroːt⁹ khɯːaŋ²] 老 ຫຸນ[hun¹];ບູດ[ʔbuːt⁹];ບູດບຶ້ງ[ʔbuːt⁹ʔbɯŋ⁴];ເຮັດ ຍຸງ[het⁸khiːat¹⁰];ມຶນ[mun¹] 岱-侬 phat slính[phaːt⁷ ɬiŋ⁵];slính khi[ɬiŋ⁵ khi³] 普 qô¹ roŋg⁴[qo⁴ rɤːŋ⁴]; Vak⁵sja¹[βaːk⁵sja¹];sja¹qasuk⁵[sja¹qa⁹suk⁵] 越 tức giận[tɯk⁷ zɤn⁶];giận[zɤn⁶];hờn giận[hɤːn² zɤn⁶]; nổi giận[noi³ zɤn⁶] 芒 tức hờn[tɯk⁷ hɤːn²];hờn dữ[hɤːn² zɯ²];hờn[hɤːn²];hỗn[hon⁴];dữ[zɯ⁴]

【生日】 泰 วันเกิด[wan² kəːt⁹];แซยิด[sɛː²jit⁸] 老 ອັນເກີດ[van² kəːt⁹];ອັນກຳເນີດ[van² kam⁵ nəːt¹⁰]; ຊາຕະທີອັດ[saː² taː² thi⁵ vat⁸];ຊົນມະທີນ[son² ma⁵ thin²];ຊົນມະອັດສອນ[son² ma⁵ vat⁸ sɔːn¹] 岱-侬 văn sleng[van² ɬɛŋ¹] 越泰 mự vễn ók[mɯ⁴ ven² ʔɔk⁷] 越 sinh nhật[ʂiŋ¹ nɤt⁸]

【生石灰】 泰 ปูนดิบ[puːn² ʔdip⁷];ปูนร้อน[puːn² rɔːn⁵]; ปูนเดือด[puːn² ʔdɯːat⁹] 老 ປູນດິບ[puːn¹' ʔdip⁷];ປູບຂາວ [puːn¹ khaːu¹];ປູນເປັນ[puːn¹ pen¹] 岱-侬 phon đip[phɔn¹ ʔdip⁷] 越泰 phon đíp[phɔn¹ ʔdip⁷] 越 vôi sống[voi¹ ʂoŋ⁵] 芒 pôi khổng[poi¹ khoŋ³]

【生手】 泰 มือใหม่[mɯː² mai⁵] 老 ມີໃໝ່[mɯː² mai⁵] 越 người chưa thạo việc[ŋɯːi² tsɯɤ¹ thaːu⁶ viːk⁸]

【生疏手艺】 泰 ไม่คุ้น[mai³khun⁴] 老 ບໍ່ຄຸ້ນ[bɔː² khun⁴] 岱-侬 lạ lac[laː⁴ laːk⁷] 越泰 lák[laːk⁷] 越 xa lạ[saː¹ laː⁶];chưa thành thạo[tsɯɤ¹ than² thaːu⁶]

【生水】 泰 น้ำดิบ[nam⁴ ʔdip⁷] 老 ນ້ຳດິບ[nam⁴ ʔdip⁷] 岱-侬 nặm căt[nam⁴ kat⁷] 越泰 nặm tà[nam⁴ ta⁶] 越 nước lã[nɯːk⁷ laː⁴];nước chưa đun sôi[nɯːk⁷ tsɯɤ¹ʔdun¹ʂoi¹] 芒 đác lào[ʔdaːk⁷laːu⁶] ; đác là [ʔdaːk⁷ laː⁴]

【生铁】 泰 เหล็กหล่อ[lek⁷lɔː⁵] 老 ຂາງ[khaːŋ¹] 岱-侬 khang[khaːŋ¹] 越泰 khang[khaːŋ¹] 越 gang[ɣaːŋ¹] 芒 cang[kaːŋ¹]

【生橡胶】 泰 ยางดิบ[jaːŋ² ʔdip⁷] 老 ຢາງກະຕັງກະເຕົ້ອ

---

❶ 石家 phit⁴

[jaŋ¹ ka² taŋ¹' ka² ti:u⁴];ยางตัวตู้[jaŋ¹ taŋ¹' tu:⁴];ยางตัวติ่อ[jaŋ¹taŋ¹'ti:u⁴];ยางพาลา[jaŋ¹pha:² la:²];ตัวตู้[taŋ¹' tu:⁴];ทะตัวทะติ่อ[ka²taŋ¹'ka²ti:u⁴] 越 mủ cao su[mu⁵ ka:u¹ ʂu¹];cao su sống[ka:u¹ ʂu¹ ʂoŋ⁵]

【生锈】 泰 สนิมจับ[sa⁵nim²tsap⁷];เป็นสนิม[pen²sa⁵ nim²] 老 เป็บหญัง[pen¹ni:aŋ³];เอี้ยหญัง[khau³ ni:aŋ³] 普 qa zat²[qa⁰za:t²] 越 gỉ[zi³];han gỉ[ha:n¹ zi³];han rỉ[ha:n¹ zi̠³];sét[sɛt⁷] 芒 kéch dí[ket⁷ zi⁵]; kéch[zi⁵]

【生意】 泰 การค้า[ka:n² kha:⁴] 老 ทำการค้าขาย [tham ma:²kha:⁴kha:i¹] 越 buôn bán[ʔbu:n⁵²ba:n⁵] 芒 puôn painh[pu:n¹ pain³]

【生油 未炼过的油】 泰 น้ำมันที่ยังไม่ได้เคียว[nam⁴ man² thi:³ jaŋ² mai³ ʔdai² tsi:au²] 老 น้ำมันดิบ [nam⁴ man² ʔdip⁷] 越 dầu chưa nấu[zɤu² tsɯə¹ nɤu⁵]

【生殖器】 泰 อวัยวะเพศ[ʔa:⁵ wai² ja⁴ wa⁴ phe:t¹⁰]; อวัยวะสืบพันธุ์[ʔa:⁵wai²ja⁴wa⁴sɯ:p⁹phan²] 老 อะไวยะอะฮังอะขาด[ʔa²vai²na⁵va²ʔaŋ¹'kha⁵sa:t¹⁰]; อะไวยะอะสืบพับ[ʔa²vai²na⁵va²sɯ:p⁹phan²] 越 bộ phận sinh dục[ʔbo⁶fɤn⁶şiŋ¹'zuk⁸];cơ quan sinh dục[kɤ¹ kwa:n¹ şiŋ¹ zuk⁸]

【牲畜】 泰 ปศุสัตว์[pa⁵su⁵sa:t⁷];สัตว์พาหนะ[sat⁷ pha:²ha:na⁵] 老 สัต[sat⁷];สัดเดยละสาบ[sat⁷ ʔdi:a¹'la⁵sa:n¹];ติลัดสาบ[ʔdi²la:t⁸sa:n¹]; เดยละสาบ[ʔdi:a¹'la⁵sa:n¹];ตื้อสัด[tu:a¹'sat⁷] 岱-侬 sluc sleng[ɬuk⁷ɬeŋ¹];tua cúa[tu:a⁵ku:a⁵] 越泰 xắt xính[sat⁷şiŋ⁵] 越 gia súc[za¹ şuk⁷]

【升 太阳~】 泰 ขึ้น[khɯn³] 老 ขึ้น[khɯn³];อุไท [ʔu²thai²] 普 ʔwăk[ʔwak⁵] 越 mọc[mɔk⁸] 芒 moc [mɔk⁸]

【升旗】 泰 ชักธงขึ้นสู่ยอดเสา[tshak⁸thoŋ²khɯn³

su:⁵ jɔ:t¹⁰ sau¹] 老 เอิบทุงขึ้น[ʔau¹' thuŋ² khɯn³]; ฮักทุง[sak⁸ thuŋ²];ฮักทุงขึ้น[sak⁸ thuŋ² khɯn³] 越 kéo cờ[kɛu⁵ kɤ²] 芒 kéo cờ[kɛu⁵ kɤ²]

【升职】 泰 เลื่อนตำแหน่ง[lɯ:an⁵tam²nɛ:ŋ⁵] 老 เลื่อนตำแหน่ง[lɯ:an⁵tam¹'nɛ:ŋ⁵] 越泰 thăng [thaŋ¹] 越 thăng chức[thaŋ¹ tsɯk⁷] 芒 thăng chức [thaŋ¹ tsɯk⁷]

【绳子❶】 泰 เชือก[tshɯ:ak¹⁰] 老 เฮือก[sɯ:ak¹⁰] 岱-侬 chược[tɕɯ:k⁸] 越泰 chược[tsɯ:k⁸] 普 sak⁵[sa:k⁵] 越 dây[zɤi¹];thừng[thɯŋ²];chạc[tsa:k³] 芒 dây[zɤi¹];chac[tsa:k⁸]

【省 广东~】 泰 มณฑล[mon²thon²] 老 แขวง[khwɛ:ŋ¹] 岱-侬 tỉnh[tiŋ³] 越泰 tỉnh[tiŋ³] 越 tỉnh[tiŋ³] 芒 tỉnh[tiŋ⁵]

【省城】 泰 เมืองเอกของมณฑล[mɯ:aŋ² ʔe:k⁹ khɔ:ŋ¹ mon²thon²] 老 เมืองเอกของแขวง[mɯ:aŋ² ʔe:k⁹ khɔ:ŋ¹ khwɛ:ŋ¹] 越 tỉnh lỵ[tiŋ³ li⁶];thị xã[thi⁶ sa⁴]

【省钱】 泰 ประหยัดเงิน[pra⁵ jat⁷ ŋɤn²] 老 ปะยัดเงิน [pa²' jat⁷ ŋɤn²] 越 rẻ tiền[zɛ³ ti:n²];đỡ tốn tiền[ʔdɤ⁴ ton⁵ ti:n²]

【剩❷】 泰 เหลือ[lɯ:a¹] 老 เดน[ʔden¹];เฮือ[lɯ:a¹]; ຫຼ[lɔ:¹] 岱-侬 lưa[lɯə¹];lứa[lɯə⁵];slứa[ɬɯə⁵] 越泰 lưa[lɯə¹];xưa[sɯə²];ta xứa[ta¹ sɯə²];phứa [phɯə⁵] 越 thừa[thɯə²] 芒 thừa[thɯə²]

【剩饭】 泰 อาหารที่เหลือ[ʔa:²ha:n¹thi:³lɯ:a¹];ข้าว เย็น[khau³jen²] 老 อาขามที่เฮือ[ʔa:¹'ha:n¹ thi:⁵ lɯa¹] 越 cơm thừa[kɤm¹thɯə²] 芒 cơm thừa [kɤm¹ thɯə²]

【圣诞节】 泰 วันคริสต์มาส[wan²khrit⁸ma:t¹⁰]; คริสต์มาส[khrit⁸ma:t¹⁰] 老 บุนโบแอม[ʔbun¹'no:⁵ ʔɛ:n¹] 越 lễ Giáng sinh[le⁴za:ŋ⁵şiŋ¹];lễ Nô-ên[lɤ⁴ no¹ ʔen¹]

【胜利】 泰 ชัยชนะ[tshai²tsha⁴na⁴];ชนะ[tsha⁴na⁴]

---

❶ 阿含 chek D2L　掸 sək D2L　泐 čək D2L
❷ 石家 lua²　掸 lə A1　泐 lə A1

老ผิไຊ[phi⁵sai²];ວິໄຊ[vi²sai²];ອະຜິໄຊ[ʔa²phi⁵sai²];岱-依hênh[heŋ²];hình[hiŋ²];đây hình[ʔdai³ hiŋ²];lình li[liŋ² li³] 越pẹ[pɛ⁴] 越thắng lợi[thaŋ⁵ lɤːi²];được trận[ʔdɯːk⁸ tʂɤn⁶];thắng[thaŋ⁵];chiến thắng[tsiːn⁵thaŋ⁵] 芒thắng[thaŋ⁵];thắng lỡi[thaŋ³ lɤːi⁴]

【失败】泰พ่าย[phaːi³];แพ้[phɛː⁴];จำนน[tsam² non²] 老ເສຍໄຊ[siːa¹ sai²];ປະລາໄຊ[pa² laː² sai²];ປະລາຊິດ[pa²laː²sit⁸];ປາໄຊ[paː¹'sai²];ອະປະລາ[ʔa²paː²];ພ່າຍແພ້[phaːi⁵phɛː⁴];ລົ້ມແຫຼວ[lom⁴lɛːu¹] 岱-依slua[ɬuə¹];pải[paːi³];slua pải[ɬuə¹paːi³] 越泰xua[suə¹] 越thua[thuə¹];thấtbại[thɤt⁷ʔbaːi⁶] 芒thua[thuə¹];thua tlẩn[thuə¹ tlɤn⁴];thất bãi[thɤt⁷ʔbaːi⁴]

【失火】泰เกิดเพลิงไหม้[kəːt⁹phləːŋ²mai³] 老ເກີດໄຟໃໝ້[kəːt⁹ fai² mai³];ໄຟໃໝ້[fai² mai³] 越tai nạn cháy[taːi¹ naːn⁶ tsai⁴]

【失口】泰พลั้งปาก[phlaŋ⁴paːk⁹] 老ຫລົງອອກປາກ[loŋ¹ʔɔːk⁹paːk⁹];ຫລຸດປາກ[lut⁷paːk⁹] 岱-依pak xo[paːk⁷ɕɔ¹] 越泰khợ xôp[khə⁴sop⁸];pák khợ[paːk⁷khə⁴];clột[k-lot⁸] 越buột miệng nói ra [ʔbuːt⁸ miːŋ⁶ nɔi⁵ zaː¹]

【失眠】泰นอนไม่หลับ[nɔːn²mai³lap⁷] 老ພະຍາດນອນບໍ່ຫຼັບ[phaːɲaːt¹⁰nɔːn²ʔbɔː⁵lap⁷];ໂລກນອນບໍ່ຫຼັບ[loːk¹⁰nɔːn²ʔbɔː⁵lap⁷];ນອນບໍ່ຫຼັບ[nɔːn²ʔbɔː⁵lap⁷] 越mất ngủ[mɤt⁷ŋu³] 芒bất táy[ʔbɤt⁷ tai⁵]

【失散】泰พลัดพลากจากกัน[phlat⁸phlaːk¹⁰ tsaːk⁹ kan¹] 越พัดพากจากกัน[phat⁸ phaːk¹⁰ tsaːk⁹ kan¹] 岱-依slán slac[ɬaːn⁵ɬaːk⁷] 越泰lông lo[loŋ¹lɔ¹] 越thất lạc[thɤt⁷ laːk⁸]

【失手】泰พลาดมือ[phlaːt¹⁰mɯː²] 老ຫຼຸດມື[lut⁷ mɯː²] 岱-依lấu mừ[lɤu⁵ mɯː²];tôc mừ[tok⁷ mɯː²] 越泰khợ mừ[khə⁴ mɯː²] 越lỡ tay[lɤ⁴ tai¹];nhờ tay[ɲɤ⁴ tai¹]

【失望】泰ผิดหวัง[phit⁷waŋ²] 老ຜິດຫວັງ[phit⁷vaŋ¹];ພາດຫວັງ[phaːt¹⁰ vaŋ¹];ຊວດ[suːat¹⁰] 越thất vọng[thɤt⁷ vɔŋ⁶];mất hết hy vọng[mɤt⁷ het⁷ hi¹ vɔŋ⁶]

【失信】泰กลับสัตย์[klap⁷sat⁷] 老ເສຍສັດ[siːa¹ sat⁷];ອະສັດ[ʔa²sat⁷] 越thất tín[thɤt⁷tin⁵];mất tin cậy[mɤt⁷ tin¹ kɤi⁶]

【失血】泰เสียเลือด[siːa¹lɯːat¹⁰] 老ຂາດເລືອດ[khaːt⁹ lɯːat¹⁰] 越mất máu[mɤt⁷ mau⁵];thiếu máu[thiːu⁵ mau²]

【失言】泰พูดพลั้ง[phuːt¹⁰phlaŋ⁴];พลั้งปาก[phlaŋ⁴ paːk⁹] 老ພັ້ງປາກ[phaŋ⁴ paːk⁹] 越lỡ lời[lɤ⁴ lɤːi²];lỡ mồm[lɤ⁴ mom²]

【失踪】泰หายไปอย่างปราศ[haːi¹ pai² jaːŋ⁵ praːt⁹] 老ຫາຍ[haːi¹];ນິຫາຍ[niː¹ haːi¹];ສູນຫາຍ[suːn¹ haːi¹];ຫາຍ ສາບສູນ[haːi¹ saːp⁹ suːn¹];ຫາຍຕົວ[haːi¹ tuːa¹];ຫາຍໂຕ[haːi¹ toː¹'] 岱-依báu hăn hang[ʔbəu⁵ han¹ haːŋ¹] 越泰báu hên pin[ʔbau⁵ hen¹ pin³] 越mật tích[mɤt⁷ tit⁷];mất tăm[mɤt⁷ tam¹] 芒bất tích[ʔbɤt⁷ tit⁷];wắng nhăm[waŋ⁵ ɲam¹]

【失足❶～落水】泰พะลาด[phaː⁴laːt¹⁰];ถลำตัว[thaː lam¹ tuːa²];ถลำ[thaː¹ lam¹] 老ພາດຕີນ[phaːt¹⁰ tiːn¹];ພາດ[phaːt¹⁰] 岱-依chạt kha[tɕaːt⁸ kha¹];pjat kha [pjaːt⁸kha¹] 越泰khợtin[khə⁴tin¹];ph·lạt[ph-laːt⁸] 越trượt chân[tʂɯːt⁸ tʂɤn¹]

【湿～衣服】泰ชื้น[tshɯːn⁴];เปียก[piːak⁹] 老ຊຶ້ນ[sɯːn⁴];ຈຶ່ນ[tsɯːn⁴];ອິ່ມ[ʔɯn¹] 岱-依dấu[jəu⁵];chụm[tɕum⁴];rằm[ram²] 越泰ưn[ʔɯn¹] 普răk²[rak²] 越ướt[ʔɯːt⁷];ẩm ướt[ʔɤm³ ʔɯːt⁷] 芒ướt[ʔɯːt⁷];thul[thul¹];dô[zo⁴];ẩm[ʔɤm⁵]

【诗】泰บทกลอน[ʔbot⁷ klɔːn²];บทกวี[ʔbot⁷ kaː⁵ wiː¹] 老ກະວີນິພົນ[ka⁵ viː² niː⁵ phon²] 岱-依sli[ɬi¹] 越thơ[thɤ¹] 芒thơ[thɤ¹]

❶掸pat D2L

【师傅】 泰อาจารย์[ʔaː²tsaːn²];ช่างฝีมือ[tshaŋ³fiː¹mɯː²] 老พ่อฏู[pʰɔː⁵kʰuː²];อาจาน[ʔaː¹¹tsaːn¹] 岱-侬slấy slon[ɬəi⁵ɬɔn¹] 壮cang⁴[tsaŋ⁴] 越sư phụ[ʂɯ¹ fuˀ⁶];thợ cả[tʰɤ⁶ kaˀ³] 芒thờ cá[tʰɤ⁶ kaˀ⁵]

【狮子】 泰สิงห์[siŋ];สิงห[siŋ¹haˀ⁵];สิงห์โต[siŋ¹toː²];ไกรศรี[krai² siː¹] 老สิง[siŋ];สิงโต[siŋ¹toː¹];โตสิง[toː¹siŋ];เสละลิ[keː¹saˀ⁵liː²] 岱-侬kì lằn[ki² lan²];tua kì lằn[tuə¹ ki² lan²] 越sư tử[ʂɯ¹ tɯ³]

【施肥】 泰ใส่ปุ๋ย[sai⁹pui¹] 老ใส่ฝุ่น[sai⁵fun⁵] 岱-侬pòn khún[pɔn³ khun⁵];tực khún[tɯk⁷ khun⁵] 越bón phân[ʔbɔn⁵ fɤn¹]

【施舍】 泰บำเพ็ญทาน[ʔbam² phen² tʰaːn²];เรดทาน[het⁸tʰaːn²];บำเพ็มทาน[ʔbam¹' phen² tʰaːn²];สะฦากุสัน[saˀ² laˀ² kuˀ² son¹];ทำทาน[tham²tʰaːn²];ทอดทาน[tʰɔːt¹⁰tʰaːn²];ทานทอด[tʰaːn²tʰɔːt¹⁰];พำเพ็งทาน[pham²pheŋ²tʰaːn²];ใหทาน[hai³tʰaːn²];อวยทาน[ʔuːai¹'tʰaːn²];โอยทาน[ʔoːi¹'tʰaːn²];เรดทาน[het⁸tʰaːn²] 岱-侬slí hảu[ɬi⁵həɯ³] 越banơn[ʔbaːn¹ʔɤːn¹];cho[tsɔ¹];bố thí[ʔbo⁵ tʰi⁵]

【尸体❶】 泰ซาก[saːk¹⁰];ศพ[sop⁷] 老ฮาก[saːk¹⁰];ฮากผิ[saːk¹⁰phiː¹];ผิตาย[pʰiː¹'taːi¹];ฮากผิตาย[saːk¹⁰phiː¹'taːi¹];ຂอบ[khɔːn¹];ຂอบผิ[khɔːn¹ phiː¹];ดาบ[kʰaːp¹⁰];สะภาน[saˀ² kaːn¹];สับ[sop⁷];ฮากสับ[saːk¹⁰sop⁷];ทุบับ[ku²nop⁸] 越thi hài[tʰi¹ haːi²];thi thể[tʰi¹ tʰeˀ³];xác chết[saːk² tset⁷];thi[tʰi¹];xác[saːk⁷] 芒thi hài[tʰi¹haːi²]thi[tʰi¹];hồn[hon²];xác chít[saːk⁷ tsit⁷]

【石斑鱼】 泰ปลาเก้า[plaː² kau¹] 岱-侬pja pjứ[pja¹ pjɯ⁵] 越cá mú[kaˀ⁵ muˀ⁵]

【石板 建筑材料】 泰แผ่นหิน[pʰɛːn⁵ hin²];กระดานชนวน[kra⁵daːn²tsha⁴nuːan²] 老แฝ่งทิน[pʰɛːn⁵hin²] 越phiến đá[fiːn⁵ ʔdaˀ⁵]

【石碑】 泰ศิลาจารึก[siː⁵laː²tsaː²rɯk⁸] 老สิลาเลก[siː¹ laː² leːk¹⁰] 越bia đá[ʔbiə¹ ʔdaˀ⁵] 芒pia khũ[piə¹ khu⁴]

【石雕】 泰หินแกะสลัก[hin¹kɛ⁵saˀ⁵lak⁷] 老ทิบแฝะสะฏัก[hiː¹kɛ²saˀ²lak⁷] 越điêu khắc đá[ʔdːuː¹ xak⁷ ʔdaˀ⁵];chạm đá[tsaːm⁶ ʔdaˀ⁵]

【石墩】 泰ตอหิน[tɔː²hin²] 老ตำทิน[tɔː¹¹hiːn¹] 越thớt đá[tʰɤːt⁷ ʔdaˀ⁵];tảng đá[taŋ³ ʔdaˀ⁵]

【石缝儿】 泰ร่องหิน[rɔːŋ³hin¹] 岱-侬rẹp hin[rep⁸ hin¹] 越泰kháp hin[khaːp⁷ hin¹];tạng đán[taŋ⁴ ʔdaˀn⁵];khe đá[xɛ¹ ʔdaˀ⁵] 芒ngẽ khũ[ŋɛ⁴ khu⁴];hàm khũ[haːm² khu⁴]

【石膏】 泰เฝือก[fɯək⁹];ปูนปลาสเตอร์[puːn²plaː²saˀ²tɤː²];แก้วแกลบ[kɛːu³klɛːp⁹];จิบซัม[tsip⁷sam²];พลาสเตอร์[phlaː²saˀ²tɤː²] 老ทิบภาว[hiːn¹kaːu¹];ทิบงา[hiːn¹ŋaː²];แก้วแฝบ[kɛːu⁴kɛːp⁹] 岱-侬tôm âc ma[tom¹ʔak⁷maː¹];đin khao[ʔdiːn¹ khaːu¹] 越thạch cao[that⁸ kaːu¹]

【石拱桥】 泰สะพานหินโค้ง[saˀ⁵phaːn²hin¹khoːŋ⁴] 老ຂົວທິນກົ້ງ[khuːa¹ hin¹ koŋ⁵] 越cầu cuốn đá[kɤu² kuːn⁵ ʔdaˀ⁵] 芒càu cổng khũ[kau² koŋ³ khu⁴]

【石斛】 泰ต้นเอื้อง[ton³ ʔɯːaŋ³] 老ติ้นເອື້ອງ[tɤn⁴ ʔɯːaŋ⁴] 越thạch hộc[that⁸ hok⁸]

【石灰】 泰ปูน[puːn²];ปูนขาว[puːn²khaːu¹];ปูนหิน[puːn² hin¹] 老ปูน[puːn²];สุทา[suˀ² tʰaː²] 岱-侬phon[phɔn¹] 越泰phon[phɔn¹] 越vôi[voi¹] 芒pôi[poi¹]

【石灰石】 泰หินปูน[hin¹ puːn²];กันกอน[kan² kɔːn²] 老ทิบปูน[hiːn¹puːn²];ทานแภ[kaːn¹ kɛː¹] 岱-侬hin phon[hin¹ phɔn¹] 越泰hin phon[hin¹ phɔn¹] 越đá vôi[ʔdaˀ⁵ voi¹] 芒khũ xenh[khu⁴ sɛn¹]

【石灰水】 泰น้ำปูน[nam⁴puːn²] 老ນ້ຳປູນ[nɛm⁴ puːn¹] 越nước vôi[nɯːk⁷voi¹]

❶ 石家maaŋ²

【石灰窑】 泰เตาปูน[tau²pu:n²];เตาเผาปูน[tau²phau¹pu:n²] 老เຕົາປູນ[tau¹pu:n¹];ເຕົາເຜົາປູນ[tau¹phau¹pu:n¹] 岱-侬điều phon[ji:u² phon¹] 越lò phon[lɔ² phon¹] 越lò vôi[lɔ² voi¹] 芒lò pôl[lɔ² pol¹]

【石匠】 泰ช่างหิน[tsha:ŋ³ hin¹] 老ຊ່າງຫິນ[sa:ŋ⁵ hi:n¹] 普cang⁴ pjaw³[tsa:ŋ⁴ pja:u³] 越thợ đá[thɤ⁶ ʔda⁵]

【石块】 泰ก้อนหิน[kɔ:n³hin²] 老ກ້ອນຫິນ[kɔ:n⁴ hi:n¹] 越hòn đá[hɔn²²da⁵];tảng đá[ta:ŋ³ʔda⁵];khối đá[xoi⁵ ʔda⁵]

【石榴】 泰ทับทิม[thap⁸thim²] 老ໝາກ ພີລາ[ma:k⁹ phi:² la:²] 岱-侬mác thạch lựu[ma:k⁷ thek⁸ luɯu⁴] 越泰mák lā[ma:k⁷ la²] 越quả lựu[kwa³ luɯu⁶]

【石榴树】 泰ต้นทับทิม[ton³thap⁸thim²] 老ກົກໝາກພີລາ[kok⁷ ma:k⁹ phi:² la:²];ຕົ້ນໝາກພີລາ[ton⁴ ma:k⁹ phi:² la:²] 越cây lựu[kɤi¹ luɯu⁶]

【石棉】 泰เยื่อหินทนไฟ[juɯa:³ hin² thon² fai²] 老ແຮ່ໃຍຫິນ[hɛ:⁵ɲai²hi:n¹];ໃຍຫິນ[ɲai²hi:n¹] 越a-mi-ăng[ʔa¹ mi² ʔaŋ¹]

【石墨】 泰ตะกั่วดำ[ta⁵ku:a⁵ʔdam²];แร่คาร์บอนที่ใช้ทำดินสอ[rɛ:³ kha:² ʔbɔ:n² thi:³ tham² ʔdin² sɔ:¹] 老ຫິນດຳ[hi:n¹ ʔdam¹];ດິນສໍດຳ[ʔdin¹ sɔ:¹ ʔdam¹] 越than chì[tha:n¹ tsi²]

【石墙】 泰ผนังหิน[pha⁵naŋ¹hin¹] 老ຜະໜັງຫິນ[pha² naŋ¹ hi:n¹] 越tường đá[tuɯ:ŋ² ʔda⁵]

【石桥】 泰สะพานหิน[sa⁵pha:n²hin¹] 老ຂົວຫິນ[khu:a¹hi:n¹] 越cầu đá[kɤu²ʔda⁵] 芒càu khũ[kau² khu⁴]

【石山❶】 泰ภูเขาหิน[phu:²khau²hin²] 老ພູຫິນ[phu:²hi:n¹];ພູເຂົາກ້າ[phu:²khau¹ka:⁴] 岱-侬phja hin[phja¹ hin¹] 越泰pū hin[pu:² hin¹] 普tông²[toŋ²];zưng³ pjaw³[zuɯŋ³ pja:u³] 越cái núi đá[ka:i⁵ nui² ʔda⁵];núi đá[nui⁵ ʔda⁵] 芒

tồl khũ[tol² khu⁴]

【石狮子】 泰สิงห์โตหิน[siŋ¹to:²hin¹] 老ສິງໂຕຫິນ[siŋ¹ to:¹ hi:n¹] 越sư tử đá[sɯ¹ tuɯ³ ʔda⁵]

【石笋】 泰หินงอก[hin²ŋɔ:k¹⁰] 老ຫິນງອກ[hi:n¹ ŋɔ:k¹⁰];ໜໍງາ[nɔ:² pha:¹] 越măng đá[maŋ¹ ʔda⁵]

【石头❷】 泰หิน[hin¹] 老ຫິນ[hi:n¹] 岱-侬hin[hin¹];thin[thin¹] 越泰hin[hin¹];lạn[la:n⁴];đán[ʔda:n¹] 普pjaw³[pja:u³] 越đá[ʔda⁵];hòn đá[hɔn² ʔda⁵] 芒khũ[khu⁴];hòn khũ[hɔn² khu⁴];cốc khũ[kok⁸ khu⁴]

【石英】 泰หินเขี้ยวหนุมาน[hin² khi:au³ nu:² ma:n²] 老ຫິນກວາງກຶດ[hi:n¹kwa:ŋ¹k⁹sit⁸];ແກ້ວພອຍລ້ອມ[kɛ:u⁴ phɔ:i² li:am⁵];ມະນີສິລາ[ma⁴ ni:² si⁵ la:²] 越thạch anh[that⁸ ʔaŋ¹]

【石油】 泰น้ำมันปิโตรเลียม[nam⁴man²pi⁵tro²li:am²] 老ນ້ຳມັນເຊື້ອໄຟ[nam⁴man²sɯ:a⁴fai²];ເປໂຕລຽມ[pe:¹ tlo:¹ li:am²] 越dầu mỏ[zɤu² mɔ:³]

【石子儿】 泰ก้อนหินเล็ก ๆ[kɔ:n³ hin² lek⁸ lek⁸] 老ໝາກຫິນ[ma:k⁹hi:n¹];ຂີ້ຫິນ[khi:³hi:n¹];ໝາກຂີ້ຫິນ[ma:k⁹khi:³hi:n¹] 越hòn đá nhỏ[hɔn²²da⁵ɲɔ³];sỏi[sɔi³];đá giăm[ʔda⁵ zam¹]

【时代青年~】 泰สมัย[sa⁵ mai¹];กาลสมัย[ka:² la⁴ sa⁵ mai¹];ยุค[juk⁸] 老ເຊັ່ນ[sen⁵];ຍຸກ[ɲuk⁸];ຍຸກສະໄໝ[ɲuk⁸ sa² mai¹];ຍາມ[ɲa:m²];ປາງ[pa:ŋ¹];ເປິງ[pɤ:ŋ¹];ປູນ[pu:n¹] 岱-侬tởi[tɤ:i³];ăn tởi[ʔan¹ tɤ:i³] 越泰mứa xĩ[mɯa² si:²];chiêm[tsi:m¹] 越thời[thɤ:i²];lứa tuổi[lɯa⁵ tu:i³]

【时候】 泰เมื่อ[mɯa:³];ยาม[ja:m²];สมัย[sa⁵ ma:i¹];ครั้ง[khraŋ⁴] 老ເມື່ອ[mɯa:⁵];ມື້[mɯ:⁴];ກະຊາມ[ka²sa:m²];ຍາມ[ɲa:m²];ບັດ[ʔbat⁷];ປາງ[pa:ŋ¹];ປາງດາວ[pa:ŋ¹ kha:u²];ພາຍ[pha:i²];ແໝ້ງ[mɛ:ŋ⁴] 岱-侬pửa[pɯa³];slì[ɬi²];luc[luk⁷] 越泰xĩ[si²];té

❶ 石家 phraa¹ 阿含 phā A1；phrā A1
❷ 石家 hiin²；khook³- riil¹ 阿含 rin A1

[tɛ⁵];khỏn[khɔn³];chờ[tʂə²] 越lúc[luk⁷];khi[xi¹] 芒khây[khɤi¹];cã[ka⁴];dấp[zɤp⁷]

【时间❶】 泰เวลา[weː² laː²];สมัย[sa⁵ mai¹] 老ເວລາ[veː² laː²];ກາລະເວລາ[kaː¹¹ la⁵ veː² laː²];ຍາມ[n̠aːm²];ທຸ່ມໂມງ[thum⁵ moːŋ²];ຂວບ[khuap⁹];ການ[kaːn¹];ຕາຍາມ[taː¹¹n̠aːm²];ໂມງ[moːŋ²] 傣-侬pửa[pɯə³];slì[ɬi²];pi bươn[pi¹ ʔbɯːn¹];cừn vằn[kɯn² van²] 越泰xĩ dàn[si²jaːn⁶] 越thời gian[thɤːi² zaːn¹];giờ[zɤ²] 芒chữa[tsuə⁴];thời dan[thɤːi² zaːn¹];thì dờ[thi² zɤ²];thời dờ[thɤːi² zɤ²]

【时期】 泰สมัย[sa⁵ mai¹];ครั้ง[khraŋ⁴];ยาม[jaːm²] 老ຄາວ[khaːu²];ສະໄໝ[sa² mai²];ກາລະ[kaː¹¹ la⁵];ກາລະເວລາ[kaː¹¹la⁵veː²laː²];ເວລາ[veː² laː²];ການ[kaːn¹];ເຊັ່ນ[sen⁵];ຍາມະ[n̠aː²ma⁵];ຍຸກ[n̠uk⁸];ຍຸກສະໄໝ[n̠uk⁸sa²mai²];ຍາມ[n̠aːm²];ເທສະການ[the:²sa²kaːn¹];ປາງ[paːŋ¹];ປາງຄາວ[paːŋ¹¹khaːu²];ເປິງ[pəːŋ¹];ປູນ[puːn¹];ພາຍ[phaːi²];ມື້[mɯː⁴];ລະຍະ[la⁵ n̠a⁵];ໄລຍະ[lai² n̠a⁵];ລະດູ[la⁵ ʔduː¹¹];ເຊັ່ນ[sen⁵] 越泰dànxĩ[jaːn⁶si²] 越thờikỳ[thɤːi²ki²] 芒thời kỳ[thɤːi² ki²]

【十❷】 泰สิบ[sip⁷] 老ສິບ[sip⁷] 傣-侬slip[ɬip⁷] 越泰xíp[sip⁷] 普pât⁵[pɤt⁵];pot⁵[pɤːt⁵] 越mười[mɯːi²];chục[tsuk⁸] 芒mười[mɯːl²];mươl[mɯːl¹];chục[tsuk⁸]

【十八】 泰สิบแปด[sip⁷pɛːt⁹] 老ສິບແປດ[sip⁵pɛːt⁹] 傣-侬slip pet[ɬip⁷ pɛt⁷] 越泰xíp pét[sip⁷ pɛt⁹] 越mười tám[mɯːi² taːm⁵] 芒mười thảm[mɯːl² thaːm³]

【十二】 泰สิบสอง[sip⁷sɔːŋ¹] 老ສິບສອງ[sip⁷sɔːŋ¹] 傣-侬slip nhi[ɬip⁷ n̠i¹] 越泰xíp xong[sip⁷ sɔŋ¹] 越mười hai[mɯːi²hai²¹] 芒mười hal[mɯːl² hai¹]

【十二月】 泰เดือนธันวาคม[ʔdɯːan²than²waː² khom²];ธันวาคม[than²waː² khom²] 老ເດືອນຂັນວາງ[ʔɕɯːan¹¹ than² vaː²];ກັດຕິກາງ[kat⁷ tiʔ kaːŋ¹];ກັນຕຶກ[kɛn¹¹ ʔduk⁷] 越tháng chạp[thaːŋ⁵ mɯːi² haːi¹] 芒khảng mười hal[khaːŋ³ mɯːl² haːl¹]

【十分~高兴】 泰อย่างยิ่ง[jaːŋ² jiŋ³];เหลือ เกิน[lɯːa¹¹ kəːn²];เต็มที่[tem² thiː²] 老ຈ້ອຍ[tsɔːi⁴];ເຕັມທີ່[tem¹¹ thiː⁵] 越rất[zɤt⁷];hết sức[het⁷ sɯk⁷];vô cùng[voː¹ kuŋ²];hoàn toàn[hwaːn²twaːn²] 芒mười phần [mɯːl² fɤn²]

【十九】 泰สิบเก้า[sip⁷kau³] 老ສິບເກົ້າ[sip⁷kau⁴] 傣-侬slip cầu[ɬip⁷ kəu³] 越泰xíp cầu[sip⁷ kau³] 越mười chín[mɯːi²tsin⁵] 芒mươl chin[mɯːl² tsin³]

【十六】 泰สิบหก[sip⁷hok⁷] 老ສິບຫົກ[sip⁷hok⁷] 傣-侬slip hôc[ɬip⁷ hok⁷] 越泰xíp hốc[sip⁷ hok⁷] 越mười sáu[mɯːi² ʂau⁵]

【十七】 泰สิบเจ็ด[sip⁷tset⁷] 老ສິບເຈັດ[sip⁷tset⁷] 傣-侬slip chêt[ɬip⁷ tɕet⁷] 越泰xíp chét[sip⁷ tset⁷] 越mười bảy[mɯːi² ʔbai³]

【十三】 泰สิบสาม[sip⁷saːm¹] 老ສິບສາມ[sip⁷ saːm¹] 傣-侬slip slam[ɬip⁷ɬaːm¹] 越泰xíp xam[sip⁷ saːm¹] 越mười ba[mɯːi² ʔba¹] 芒mười ʀa [mɯːl² pa¹]

【十四】 泰สิบสี่[sip⁷siː⁵] 老ສິບສີ່[sip⁷si:⁵] 傣-侬slip slí[ɬip⁷ɬi⁵] 越泰xíp xí[sip⁷si⁵] 越mười bốn [mɯːi² ʔbon⁵] 芒mười pồn[mɯːl² pon³]

【十万】 泰แสน[sɛːn¹] 老ແສນ[sɛːn¹] 普pât⁵ Vaŋ⁴[pɤt⁵ βaːn⁴] 越mười vạn[mɯːi² vaːn⁶] 芒mười vǎn[mɯːl² vaːn⁴]

【十五】 泰สิบห้า[sip⁷haː³] 老ສິບຫ້າ[sip⁷haː³] 傣-侬slip hả[ɬip⁷haː³] 越泰xíp hả[sip⁷haː³] 越mười lăm[mɯːi²lam⁵] 芒mười đăm[mɯːl² ʔdam¹]

---

❶ 阿含 mü B2
❷ 阿含 ship D1S 掸 ship D1S 泐 sip D1S 拉哈 pot⁵ 拉基 lape¹

【十一】 泰สิบเอ็ด[sip⁷ ʔet⁷] 老ສິບເອັດ[sip⁷ ʔet⁷] 岱-侬slip êt[ɬip⁷ ʔet⁷] 越泰xip nghét[sip⁷ ŋet⁷] 普pât⁵ cja³[pɤt⁵ tsja³] 越mười một[mɯːi² mot⁸] 芒mười môch[mɯːl² mot⁸]

【十一月】 泰เดือนพฤศจิกายน[ʔdɯːan² phrut⁸ sa⁵ tsi⁵ ka⁵ jon²];พฤศจิกายน[phrut⁸ sa⁵ tsi⁵ ka⁵ jon²];เดือนสิบเอ็ด[ʔdɯːan²sip⁷ʔet⁷] 老ເດືອນພະຈິກ[ʔdɯːan¹'pha⁵tsik⁷];ເດືອນພິດສະຕິກາ[ʔdɯːan¹' phut⁸ sa² ti² kaː¹'] 岱-侬 bươn slip êt[ʔbɯːn¹ ɬip⁷ ʔet⁷] 越泰bươn xíp nghét[ʔbɯːn¹sip⁷ŋet⁷] 普nin¹Gương⁴[nin¹ɣɯːŋ⁴] 越tháng mười một[thaːŋ⁵ mɯːi²mot⁸];tháng một[thaːŋ⁵mot⁸] 芒khảng môch[khaːŋ³ mot⁸]

【十月】 泰เดือนตุลาคม[ʔdɯːan²tu⁵laː²khom²];ตุลาคม[tu⁵laː²khom²];เดือนสิบ[ʔdɯːan²sip⁷] 老ເດືອນຕຸລາ[ʔdɯːan¹' tu²laː²];ຕຸລາ[tu²laː²];ຕຸລາຄົມ [tu²laː²khom²];ດຸນ[ʔdun¹];ທິດສະມາດ[thot⁸sa² maːt¹⁰] 岱-侬 bươnslip[ʔbɯːn¹ɬip⁷] 越泰bươnxíp [ʔbɯːn¹sip⁷] 普nin¹ bâj¹[nin¹bɤi¹] 越tháng mười[thaːŋ⁵mɯːi²] 芒khảng mười[khaːŋ³ mɯːl²]

【十字镐】 泰จอบขุดเหมือง[tsɔːp⁹ khut⁷ mɯːaŋ¹] 老ເຫຼັກເຂົ້າຄວາຍ[lek⁷khau¹khwaːi²] 岱-侬 cuốc sliểm[kuːk⁷ ɬiːm³] 越cuốc chim[kuːk⁷ tsim¹];cái cuốc chim[kaːi⁵ kuːk⁷ tsim¹]

【十字架】 泰ไม้กางเขน[mai⁴ kaːŋ² kheːn¹] 老ໄມ້ກາງເຂນ[kaːŋ¹' kheːn¹];ໄມ້ກາງເຂນ[mai⁴ kaːŋ¹' kheːn¹];ໄມ້ຕິນກາ[mai⁴tin¹'kaː¹'] 越thánh giá[thaŋ⁵ zaː⁵] 芒thành dả[thaŋ³ zaː³]

【十字路】 泰สี่แยก[siː⁴jɛːk¹⁰] 老ສີ່ແຍກ[siː⁵ɲɛːk¹⁰];ทางสี่แยก[thaːŋ²siː⁵ɲɛːk¹⁰];ທະວິບົດ[thaː⁵viː⁵ʔbot¹] 越泰tāng cộp[taːŋ² kop⁸];tāng cuối[taːŋ² kuːi⁶] 越ngã tư[ŋaː⁴ tɯ¹]

【十字路口】 泰สี่แยก[siː⁵jeːk¹⁰] 老ທາງຄົບ[thaːŋ¹' khop⁸] 越ngã tư[ŋaː⁴ tɯ¹];đường cắt ngang ngã tư[ʔdɯːŋ² kat⁷ ŋaːŋ¹ ŋaː⁴ tɯ¹]

【食道】 泰หลอดอาหาร[lɔːt⁹ ʔaː² haːn¹] 老ທໍ່ອາຫານ[thɔː⁵ ʔaː¹' haːn¹];ຫອດອອາຫານ[lɔːt⁹ ʔaː¹' haːn¹] 岱-侬sai cò[ɬaːi¹ kɔ²] 越thực quản[thuk⁸ kwaːn³]

【食堂】 泰ห้องรับประทานอาหาร[hɔːŋ³rap⁸praː thaːn²ʔaː²haːn¹];โรงอาหาร[roːŋ²ʔaː²haːn¹] 老ຫ້ອງອາຫານ[hɔːŋ³ʔaː¹'haːn¹] 越nhà ăn[ɲaː² ʔan¹]; nhà ăn tập thể[ɲaː² ʔan¹ tɤp⁸ the³]

【食物】 泰อาหาร[ʔaː² haːn¹];ของกิน[khɔːŋ¹ kin²] 老ເຄື່ອງກິນ[khɯaŋ⁵kin¹];ອາຫານ[ʔaː¹'haːn¹];ໂພຊະນາ ຫານ[phoː² sa⁵ naː² haːn¹];ຂອງກິນ[khɔːŋ¹ kin²] 越thức ăn[thuk⁷ ʔan¹];đồ ăn[ʔdo² ʔan¹] 芒thức ăn[thuk⁷ ʔan¹];thắc ăn[thɤk⁷ ʔan¹];đồ ăn[ʔdo² ʔan¹]

【食物中毒】 泰อาหารเป็นพิษ[ʔaː²haːn¹pen²phit⁸] 老ຂອງເບື່ອກິນຕຶກ[khɔːŋ¹ʔbɯa⁵kin¹'thɯːk⁹]; ກິນຕຶກຂອງເບື່ອ[kin¹'thɯːk⁹ khɔːŋ¹ʔbɯa⁵];ກິນເບື່ອ[kin¹'ʔbɯa⁵];ຜິດອາຫານ[phit⁷ ʔaː¹' haːn¹];ເບື່ອອາຫານ[ʔbɯa⁵ ʔaː¹' haːn¹] 越ngộ độc thức ăn[ŋo⁶ ʔdok⁸ thuk⁷ ʔan¹];ngộ độc thực phẩm[ŋo⁶ ʔdok⁸ thuk⁸ fɤm³]

【食蚁兽】 泰สัตว์กินมด[sat⁷kin²mot⁸] 老ສັດກິນມົດ[sat⁷kin¹'mot⁸] 越thú ăn kiến[thuː⁵ ʔan¹ kiːn⁵];loài thú ăn kiến[lwaːi² thuː⁵ ʔan¹ kiːn⁵]

【食言】 泰กลับคำ[klap⁷kham²];คืนคำ[khɯːn²kham²]; ผิดคำพูด[phit⁷kham²phuːt¹⁰] 老ຄືນຄຳ[khɯːn² kham²];ຄືນຄຳສັນຍາ[khɯːn²kham²san¹ɲaː²]; ຖອນຄຳ[thɔːn¹kham²];ຄືນຄຳເວົ້າ[khɯːn²kham²vau⁴]; ເສຍຄວາມເວົ້າ[siːa¹ khwaːm² vau⁴];ກິນຄຳເວົ້າ[kin¹ kham²vau⁴];ກັບຄຳ[kap⁷kham²];ກັບຖ້ອຍຄືນຄຳ [kap⁷thɔːi³khɯːn²kham²];ປີ້ນຄວາມ[piːn⁴khwaːm²]; ຜິດວາຈາ[phit⁷ vaː² tsaː¹'];ຫຼົບຄວາມ[lop⁷ khwaːm²]; ຫຼົບລີ້ນປີ້ນຄວາມ[lop⁷liːn⁴piːn⁴khwaːm²] 越ăn lời[ʔan¹lɤːi²];nuốt lời[nuːt⁷lɤːi²] 芒ăn thiềng[ʔan¹ thiːŋ³]

【食用油】 泰น้ำมันพืชที่ใช้รับประทาน[nam⁴

man²phɯːt¹⁰thiː³tshai⁴rap⁸pra⁵thaːn²] 老 น้ำมันถ้วกิบ[nam⁴man²khuːa²kin¹];น้ำมันอาบ [nam⁴ man² ʔaː¹ˈ haːn¹];น้ำมันบัลิโพก[nam⁴ man² ʔbɔː¹ˈ li⁵ phoːk¹⁰] 越 dầu ăn[zɤu² ʔan¹]

【食欲不振】 泰 เบื่ออาหาร[ʔbɯːa⁵ʔaː²haːn¹] 老 เบื่อขาขาบ[ʔbɯːa⁵ʔaː¹ˈhaːn¹] 越 chán ăn[tsaːn⁵ ʔan¹];ăn không ngon miệng[ʔan¹xoŋ¹ŋɔn¹ miːŋ⁶]; không muốn ăn[xoŋ¹ muːn⁵ ʔan¹]

【食指❶】 泰 นิ้วชี้[niu⁴ tshiː⁴] 老 มิ้วຊີ້[niːu⁴ siː⁴] 越泰 nịu chị[niu⁴ tsi⁴] 普 qaNik² sê¹[qa⁰ nik² se¹] 越 ngón tay trỏ[ŋɔn⁵ tai¹ tʂɔ³];ngón trỏ[ŋɔn⁵ tʂɔ³]

【实话】 泰 คำพูดที่เป็นจริง[kham² phuːt¹⁰ thiː³ pen² tsiŋ²] 老 ຄຳຈິງ[kham² tsiŋ¹] 越 lời nói thật[lɤːi¹ nɔi⁵ thɤt⁸]

【实价】 泰 ราคาแท้[raː² khaː² thɤː⁴] 老 ລາຄາຂາຍສົດ [laː² khaː² khaːi¹ sot⁷] 越 giá chắc[zaː⁵ tsak⁷];giá thật[zaː⁵ thɤt⁸];giá cả thực tế[zaː⁵ kaː³ thɯːk⁸ teː⁵]

【实在~太热】 泰 รอบคอบ[rɔːp¹⁰khɔːp¹⁰] 老 แท้จิງ [thɤː⁴ tsiŋ¹];แท้ ງ[thɤː⁴ thɤː⁴];แท้แล้อ[thɤː⁴ lɛːu⁴]; แม่แท้[nɛː⁵ thɤː⁴];แม่อ่แม่[nɛːu⁵ nɛː⁵];ດิຫ[ʔdiː¹ˈ liː¹]; อี่ฐี้[ʔiː⁵liː¹];ກາຍอ่า[kaːi¹ vaː⁵] 岱-侬 chăn chử [tɕan¹ tɕɯ³] 越泰 pụn lai[pun⁴ laːi¹] 越 quả thật [kwaː³ thɤt⁸];thực sự[thuk⁸ ʂɯ⁶]

【屎❷】 泰 ขี้[khiː³] 老 ຂີ້[khiː³];ขัก[nak⁵];อาจิม [ʔaː¹ˈtsom¹] 岱-侬 khi[khiː³] 越泰 khi[khiː³] 普 lăj³ jak⁵[lai⁵ jaːk⁵] 越 ia[ʔiə³] 芒 é[ʔɛ⁵]

【是❸】 泰 เป็น[pen²];ใช่[tshai³] 老 แม่บ[mɛːn⁵] เป็[pen¹] 岱-侬 lè[lɛ³] 越泰 và[vaː⁴] 普 cư [tsɯ³] 越 là[laː²] 芒 là[laː²]

【试~用】 泰 ลอง[lɔːŋ²] 老 ລອງ[lɔːŋ²];ປະລອງ[paː² lɔːŋ²];ທົດລອງ[thot⁸ lɔːŋ²] 岱-侬 slứ[ɬɯ⁴];slứ ngòi [ɬɯ⁵ ŋɔi²] 越泰 thử[thɯ³];hào[haːu⁶] 越 thử[thɯ³]

【试金石】 泰 หินฝนทอง[hin¹fon¹thɔːŋ²] 老 ຫິນມີ ບທອງ[hiːn¹fon¹thɔːŋ²];ຫິມສິຄຳ[hiːn¹ siː¹ kham²] 越 đá thử vàng[daː⁵ thɯː³ vaːŋ²]

【试探】 泰 หยั่งเชิง[jaŋ⁵tshɤːŋ²] 老 ທາບຖາມ[thaːp¹⁰ thaːm¹];ສືບຍ່າງ[sɯːp⁹ jaŋ⁵];ສືບຮູ້[sɯːp⁹ huː⁴];ທາມ [thaːm²];ย่ง[jaŋ⁵];ย่งเบื่อ[jaŋ⁵ ʔbɤŋ⁵];ลองใจ[lɔːŋ² tsai¹] 越 thămdò[tham¹ zɔ²];thửxem[thɯ³ sɛm¹] 芒 ườm hói[ʔɯːm³ hɔi⁵]

【市场❹】 泰 ตลาด[taː⁵ laːt⁹];จรลาด[tsaː⁵ raː⁴ laːt⁹] 老 ຕະຫຼາດ[taː²laːt⁹] 岱-侬 háng[haːŋ⁵] 越泰 lạt [laːt⁸] 普 hɯ⁴[hɯː⁴] 越 chợ[tsɤ⁶];thị trường[thiː⁶ tʂɯːŋ²] 芒 chờ[tsɤ⁴]

【市价】 泰 ราคาทางตลาด[raː² khaː² thaːŋ² taː⁵ laːt⁹] 老 ລາຄາຕາມທ້ອງຕະຫຼາດ[laː² khaː² taːm¹ thɔːŋ⁴ taː²laːt⁹];ລາຄາໃນທ້ອງຕະຫຼາດ[laː²khaː²nai¹ thɔːŋ⁴ taː² laːt⁹];ລາຄາຕະຫຼາດ[laː² khaː² taː² laːt⁹] 越 giá chợ[zaː⁵ thiː⁶ tʂɯːŋ²];giá chợ[zaː⁵ tsɤ⁶]

【柿饼】 泰 พลับแห้ง[phlap⁴ hɛːŋ³] 老 ໝາກພັບແຫ້ງ [maːk⁹ phap⁸ hɛːŋ³] 越 hồng khô[hoŋ² xo¹]

【柿子】 泰 มะพลับ[maː⁴phlap⁸];ลูกพลับ[luːk¹⁰phlap³]; พลับจีน[phlap² tsiːn²] 老 ໝາກພັບທອງ[maːk⁹ khap⁸ thɔːŋ²];ໝາກກາກີ[maːk⁹ kaː¹ˈ kiː¹];ໝາກພັບ[maːk⁹ phap⁸] 岱-侬 machồng[maːk⁷ hoŋ²];macchi[maːk⁷ tɕi²];macrầy[maːk⁷ rɤi³] 普 syu²hung³[syu²huŋ³] 越 quả hồng[kwaː³ hoŋ²] 芒 tlái hồng[tlaːi³ hoŋ²]

【世界❺】 泰 โลก[loːk¹⁰];จักรวาล[tsak⁷kraː⁵waːn²] 老 ໂລກ[loːk¹⁰];ໂລກງ[loː² kaː¹ˈ];ພິພົບ[phiː⁵ phop⁸] 岱-侬 tẩu fạ[tɤu³ fa⁴] 越泰 phénđin[phen⁵ʔdin¹] 普 zhAn² mân³[ʐɔn² mɤn³] 越 thế giới[theː⁵ zɤːi⁵] 芒 thể dời[theː³ zɤːi³]

---

❶ 石家 niw⁴-ñiː⁵
❷ 石家 giiː⁴;gay³;gay⁶  阿含 khi C1  掸 khi C1  渤 khi C1
❸ 石家 mxn⁵  阿含 mî;pin A1;tē-jau;ü
❹ 阿含 kāt
❺ 阿含 pün;tî-pün

【视力】 泰sายตา[sa:i¹ta:²] 老จักขุวิไส[tsak⁷khu² vi⁵ sai¹] 越sức nhìn[ʂuk⁴ ɲin²]

【事❶】 泰เรื่อง[rɯ:aŋ³] 老เลื่อง[lɯ:aŋ⁵];อยาก[vi:ak¹⁰];ทุละ[thu⁵la⁵];ละบิน[la⁵ʔbin¹];ทะบิน[kaʔbin¹'] 越việc[vi:k⁸];công việc[koŋ¹vi:k⁸] 芒wiêc[wi:k⁸];công wiêc[koŋ¹ wi:k⁸]

【事故】 泰อุบัติเหตุ[ʔu² ʔbat⁷ he:t⁹] 老อุบัดไพ[ʔu² ʔbat⁷ phai²];อุบัดเขด[ʔu² ʔbat⁷ he:t⁹];อันเป็น[ʔan¹ pen¹] 越tai nạn[ta:i¹ na:n⁶];trắc trở[tʂak⁷ tʂɤ³];sự cố[ʂɯ⁶ ko⁵]

【誓言】 泰คำสาบาน[kham²sa:¹ʔba:n²] 老คำสาบาน[kham²sa:¹ʔba:n¹] 越lời thề[lɤ:i²the²];lời nguyền[lɤ:i²ŋwi:n²] 芒thiềng thề[thi:ŋ² the²];lời thề[lɤ:i² the²];lời wiền[lɤ:i² wi:n²]

【侍候】 泰คอยรับใช้[khɔ:i² rap⁸ tshai⁴] 老ถอยฮับใฉ่[khɔ:i²hap⁸sai⁴] 越săn sóc[ʂan¹ ʂɔk⁷];trông nom[tʂoŋ¹ nɔm¹]

【逝世】 泰เสียชีวิต[si:a¹ tshi:² wit⁸] 老ลาจากโลก[la:²tsa:k⁹lo:k¹⁰];ลาโลก[la:²lo:k¹⁰];มัละบะกำ[mɔ:²la⁵na²kam¹];ล่องลับ[luːaŋ⁵lap⁸] 越tạ thế[ta⁶the⁵];từ trần[tɯ¹tʂɤn²];qua đời[kwa¹ ʔdɤ:i²];mất[mɤt⁷]

【士兵】 泰ทหาร[tha⁴ ha:n¹];ผลทหาร[phon¹ la⁴ tha⁴ ha:n¹];ผืนทะหาน[phon²tha⁴ha:n¹] 老ทะหาน[tha⁵ha:n¹];ผืนทะหาน[phon²tha⁵ha:n¹];โยทาฮีบ[ɲo:²tha:²si:p¹⁰];โยทีบิน[ɲo:²thin²];โยที[ɲo:²thi:²];ผืน[phon²] 普ping³[piŋ³] 越binh sĩ[ʔbin¹ʂi⁴];quân sĩ[kwɤn¹ʂi⁴];binh lính[ʔbin¹ liɲ⁵] 芒linh lin³];binh linh[ʔbin¹ liɲ³]

【示意】 泰บอกใบ้[ʔbɔ:k⁹ʔbai⁵]; บอกเจตนาด้วย สีหน้าหรืออากัปกิริยา[ʔbɔ:k⁹ tse:t⁹ ta⁵ na:² ʔdu:ai³ si:¹ na:³ rɯɯ:¹ ʔa:² kap⁵ pa⁵ ki⁵ ri⁴ ja:²] 老ใบ้[ʔdi:aŋ¹] 越泰xoi quăm[ʂɔi¹ kwa:m²] 芒hướng dẫn[hɯ:ŋ⁵ zɤn⁴];ngỏ ý[ŋɔ³ ʔi⁵];làm hiệu[la:m² hi:u⁶]

【释放】 泰ปล่อยตัว[plɔ:i⁵ tu:a²] 老ป่อย[pɔ:i⁵]; ป่อยติอ[pɔ:i⁵tu:a¹'];ปึดป่อย[pot⁷pɔ:i⁵] 普pja¹ [pja¹] 越thả[tha³];phóng thích[fɔŋ⁵thit⁷] 芒thá [tha⁵];tha[tha¹]

【收~信】 泰รับ[rap⁸] 老ฮับ[hap⁸] 越thu[thu¹]; nhận[ɲɤn⁶] 芒nhẵn[ɲɤn⁴]

【收成】 泰การเก็บเกี่ยว[ka:n² kep⁷ki:au⁵] 老ผืนเก็บกู้[phon¹kep⁷ku:⁴] 越thu hoạch[thu¹hwat⁸]; thu hoạch mùa màng[thu¹ hwat⁸ mu:a² ma:ŋ²]

【收费】 泰เก็บเงิน[kep⁷ ŋɤ:n²] 老ฮับเงิม[kep⁷ ŋɤn²] 岱-侬slau chèn[ɬau¹ tɕɛn²] 越thu phí[thu¹ fi⁵];thu tiền[thu¹ ti:n²];tính tiền[tiŋ⁵ ti:n²]

【收割❷】 泰เกี่ยว[ki:au⁹];ก่น[kon⁵];เก็บเกี่ยว [kep⁷kau⁵] 老ก่อ[ki:au⁵];เก็บกู้[kep⁷ku:⁴];เก็บก่อ [kep⁷ ki:au⁵] 岱-侬hái[ha:i³];au[ʔau¹];slau tan [ɬau¹ ta:n¹] 越泰kiểu tan[ki:u⁵ ta:n¹];kiểu[ki:u⁵] 普zhan³[ʐa:n³];rhan³[ʐa:n³] 越gặt hái[ɣat⁸ ha:i⁵]; gặt[ɣat⁸] 芒hái[ha:i³];cách[kat⁷]

【收割机】 泰เครื่องเก็บเกี่ยว[khrɯ:aŋ³ kep⁷ki:au⁵] 老เลื่องจักเก็บกู้[khɯ:aŋ⁵tsak⁷kep⁷ku:⁴];จัก เก็บกู้[tsak⁷kep⁷ku:⁴];เก็บก่อเขี่ยน[tsak⁷kep⁷khau³] 越máy gặt[mai⁵ ɣat⁸]

【收工】 泰เลิกงาน[lɤ:k⁸ŋa:n²] 老เลิกงาน[lɤ:k¹⁰ ka:n¹] 越tan tầm[ta:n¹ tɤm²]

【收购】 泰รับซื้อ[rap⁸ sɯ:⁴] 老ฮับซื้อ[kep⁷ sɯ:⁴]; ฮับซื้อ[hap⁸ sɯ:⁴] 越thu mua[thu¹ mu:a²]

【收获】 泰เก็บเกี่ยว[kep⁷ki:au⁵] 老กานเก็บก่อ [ka:n¹ kep⁷ki:au⁵];เก็บก่อ[ka:n¹ kep⁷ki:au⁵]; ผืนเก็บก่อ[phon¹ kep⁷ki:au⁵];ผืนเก็บกู้[phon¹ kep⁷ ku:⁴];ผืนได้[phon¹ dai⁴] 普su⁴[su⁴] 越thu hoạch[thu¹ hwat⁸];gặt hái[ɣat⁸ ha:i⁵]

❶ 掸khoŋ B2；khoŋ B2 泐khoŋ B2
❷ 阿含kiw B1 泐keu B1

【收据】 泰ใบเสร็จ[ʔbai² set⁷] 老ใบรับ[ʔbai¹ hap⁸] 越biên lai[ʔbi:n¹ la:i¹];giấy biên lai[ɤɣi⁵ʔbi:n¹ la:i¹];phiếu nhận[fi:u⁵ ŋɤn⁶]

【收款处】 泰ที่เก็บเงิน[thi:³ kep⁷ ŋə:n²];โต๊ะคดเงิน[to⁴ khit⁸ ŋə:n²] 老ที่เก็บเงิน[thi:⁵ kep⁷ ŋən²] 越quầy thu ngân[kwɤi² thu¹ ŋɤn¹]

【收款员】 泰คนคิดเงิน[khon² khit⁸ ŋə:n²];พนักงานคิดเงิน[pha⁵ nak⁸ ŋa:n² khit⁸ ŋə:n²];พนักงานเก็บเงิน[pha⁵ nak⁸ ŋa:n² kep⁷ ŋə:n²] 老คົນຄິດເງິນ[khon² khit⁸ ŋən²] 越người thu ngân[ŋɯ:i² thu¹ ŋɤn¹]

【收买 被敌人~】 泰รับซื้อ[rap⁸ sɯ:⁴] 老ຊື້[sɯ:⁴] 越mua chuộc[muə¹ tsu:k⁸] 芒mua chuộc[muə¹ tsu:k⁸]

【收入】 泰เงินรายรับ[ŋə:n² ra:i² rap⁸];รายรับ[ra:i² rap⁸];รายได้[ra:i² ʔdai²];รับเข้ามา[rap⁸ khau³ ma:²] 老ລາຍໄດ້[la:i² ʔdai⁴];ລາຍรับ[la:i² hap⁸];ເຊີນໄດ້[phon¹ ʔdai¹];ເຊີນລາຍໄດ້[phon¹ la:i¹ ʔdai¹] 越thu nhập[thu¹ ŋɤp⁸];thu xếp[thu¹ sep⁷]

【收拾 ~房间】 泰เก็บ[kep⁹] 老ກູ້[ku:⁴];จัดแจง[tsat⁵tsɛ:ŋ¹];จัดมื้อน[tsat⁷mi:an⁴];มื้อน[mi:an⁴];มื้อนมัด[mi:an⁴ mat⁸] 岱-侬ton tập[ton⁴ tap⁸];fọn fật[fɔn⁴ fat⁸] 越泰ton[tɔn⁴];miện[min⁴] 普su⁴[su⁴] 越cất dọn[kɤt⁷ zɔn⁶];dọn dẹp[zɔn⁶ zɛp⁸];thu dọn[thu¹ zɔn⁶];thu xếp[thu¹ sep⁷];thu vén[thu¹ vɛn⁵];xếp dọn[sep⁷ zɔn⁶];dọn dẹp[zɔn⁶ zɛp⁸];dọn[zɔn⁶] 芒mon quên[mɔn¹ kwɛn⁴];thu xếp[thu¹ sep⁷];hãng hẹp[ha:ŋ⁴ hɛp⁸];xếp xón[sep⁷ sɔn³];xón[sɔn³]

【收信人】 泰ผู้รับจดหมาย[phu:³ rap⁸ tsot⁷ ma:i¹] 老ผู้รับจิดหมาย[phu:³ hap⁸ tsot⁷ ma:i¹] 越người nhận thư[ŋɯ:i² ŋɤn⁶ thɯ¹]

【收押】 泰กักขัง[kak⁷ khaŋ¹] 老ກັກຂັງ[kak⁷ khaŋ¹] 越bắt giữ[ʔbat⁷ zɯ⁴];giam giữ[ʑa:m¹ zɯ⁴]

【收养】 泰รับเลี้ยง[rap⁸ li:aŋ⁴] 老ເອົາມາລ້ຽງໄວ້[ʔau⁴

ma:² li:aŋ⁴ vai⁴] 越nhận làm con nuôi[ŋɤn⁶ la:m² kɔ:n² nu:i¹];nuôi nắng[nu:i¹ ŋɤŋ⁵];nuôi dưỡng[nu i² zɯ:ŋ⁴];nhận về nuôi[ŋɤn⁶ ve² nu:i¹]

【手❶】 泰มือ[mɯ:²] 老ມື[mɯ:²];ພະຫັດ[pha⁵ hat⁷];ພະກອນ[pha⁵ kɔ:n¹] 岱-侬mừ[mɯ²] 越泰mữ[mɯ²] 普qami⁴[qa⁰ mi⁴];qami⁵[qa⁰ mi⁵] 瑟tay[tai¹] 芒thay[thai¹]

【手背】 泰หลังมือ[laŋ¹ mɯ:²] 老ຫຼັງมื[laŋ¹ mɯ:²];ອອງມื[ʔɔ:ŋ¹' mɯ:²] 岱-侬lăng mừ[laŋ¹mɯ²] 越泰xlăng mữ[s-laŋ¹ mɯ²] 越mu bàn tay[mu¹ ʔba:n² tai¹] 芒đú thay[ʔdu⁵ thai¹]

【手表】 泰นาฬิกาข้อมือ[na:² li⁴ ka:² khɔ:³ mɯ:²] 老ນາລິກາຂໍ່[na:² li⁵ ka:¹' khɔ:⁵];นาลิกามัดแຂນ[na:² li⁵ ka:¹' mat⁸ khe:n¹];ໂມງໃສ່ແຂນ[mo:ŋ² sai⁵ khe:n¹];ໂມງມັດແຂນ[mo:ŋ² mat⁷ khe:n¹] 越đồng hồ đeo tay[ʔdoŋ² ho² ʔdɛ:u¹ tai¹]

【手铐】 泰กุญจมือ[kun²tsɛ:¹' mɯ:²] 老ກະແຈມື[ka² tsɛ:¹' mɯ:²];ກັບມື[kap⁷ mɯ:²] 越泰khóa mữ[khwa⁵ mɯ²] 越khoá tay[xwa⁵ tai¹];còng[kɔŋ²]

【手榴弹】 泰ระเบิดมือ[ra⁴ʔbə:t⁹mɯ:²];น้อยหน่า[nɔ:i⁴na:⁵];น้อยหน่าแหล็ก[nɔ:i⁴na:⁵lek⁷] 老ໝາກແຕກ[ma:k⁹tɛ:k⁹];ລູກແຕກ[lu:k¹⁰ tɛ:k⁹];ລູກແຕກມື[lu:k¹⁰tɛ:k⁹mɯ:²];ລະເບີດมื[la⁵ʔbə:t⁹ mɯ:²];ລູກລະເບີດมื[lu:k¹⁰ la⁵ ʔbə:t⁹ mɯ:²] 岱-侬lưu đạn[luu⁴ ʔda:n⁴] 越lưu đạn[luu⁶ ʔda:n⁶] 芒liu tăn[liu⁴ ta:n⁴]

【手帕】 泰ผ้าแพมน[pha:³ phɛ:² mɔn²];ผ้ามน[pha:² mɔn²];แพมน[phɛ:² mɔn²] 老ຜ້າແພມັນ[pha:³ phɛ:² mɔn²];ແພມັນ[phɛ:²mɔn²] 岱-侬khân nả eɤŋ[khɔn¹'na:³ʔɤŋ¹];khân mừ[khɔn¹mɯ²] 越khăn tay[xan¹tai¹];mùi xoa[mui²swa¹] 芒mùi xoa[mɹ.i¹ swa¹]

【手枪】 泰ปืนพก[pɯ:n²phok⁸] 老ປືນພິກ[pɯ:n¹' phok⁸];ປືນສັ້ນ[pɯ:n¹'san³] 岱-侬slùng tển[ɫuŋ³ ten³] 越泰 ống nộc hiểng[oŋ⁵ nok⁸ hi:ŋ³];ống nọi [ʔoŋ⁵ nɔi⁴] 越 súng lục[ʂuŋ⁵ luk⁸];súng ngắn[ʂuŋ⁵ ŋan⁵] 芒 khủng pẳn[khuŋ³ pan³];khủng luc[khuŋ³ luk⁸]

【手术】 泰 ผ่าตัด[phaː⁵tat⁷] 老 ຜ່າຕັດ[phaː⁵tat⁷];ທຳການຜ່າຕັດ[tham²ka:n¹phaː⁵tat⁷] 越 phẫu thuật [fɤu⁴ thɯɤt⁸]

【手套】 泰 ถุงมือ[thuŋ¹mɯː²] 老 ຖົງມື[thoŋ¹mɯː²] 岱-侬 mạt mừ[ma:t⁸mɯ²] 越泰 mạt mữ[ma:t⁸ mɯ²] 越 tất tay[tɤt⁷ tai¹];găng tay[ɣaŋ¹ tai¹];bao tay[ʔbaːu¹ tai¹] 芒 net[nɛt⁸]

【手提箱】 泰 กระเป๋าเดินทาง[kra⁵ pau⁴ ʔdɤ:n² thaːŋ²] 老 ວາລີ[vaː² liː²] 越 va li[va¹ li¹];va li xách tay[va¹ li¹ sat⁷ tai¹]

【手推车】 泰 รถเข็น[rot⁸khen¹];รถเข็น[rot⁸khe:n¹] 老 ລໍ້ຊຸກ[lɔː⁴ suk⁸];ລໍ້ຍູ້[lɔː⁴ ɲuː⁴];ລົດກະບະ[lot⁸ ka² ʔba²];ກະບະ[ka² ʔba²];ລົດຊຸກ[lot⁸ suk⁸] 越 xe đẩy hàng[sɛ¹ ʔdɤi³ ha:ŋ²]

【手腕❶】 泰 ข้อมือ[khɔː³mɯː²] 老 ຂໍ້ມື[khɔː⁵mɯː²];ຂໍ້ຄໍ່ມື[khɔː⁵ khɔː⁵ mɯː²];ຂໍ້ແຂນ[khɔː⁵ khɛːn¹];ຄໍ່ແຂນ[khɔː⁵ khɛːn¹] 岱-侬 cò mừ[kɔ² mɯ²] 普 qong³ lung³[qɔŋ³ luŋ³] 越 cổ tay[ko³ tai¹] 芒 ngen thay [ŋɛn¹ thai¹]

【手下❷】 泰 ลูกน้อง[luːk¹⁰nɔːŋ⁴] 老 ລູກແອ່[luːk⁴ ʔɛː⁴] 越 thủ hạ[thuː³ haː⁶];bộ hạ[ʔboː⁶ haː⁶];kẻ dưới [kɛ³zɯːi⁵];người dưới quyền mình[ŋɯːi² zɯːi⁵ kwiːn² min²]

【手心❸】 泰 อุ้งมือ[ʔuŋ³mɯː²];กลางใจมือ[klaːŋ¹ tsai²mɯː²];เงื่อนมือ[ŋɯːam⁴mɯː²];ซองมือ[sɔːŋ¹ mɯː²] 老 ເງື່ອມມື[ŋɯːam⁵mɯː²];ໃຈມື[tsai¹¹mɯː²];ທ້ອງມື[thɔːŋ⁴mɯː²];ອຸ້ງມື[ʔoŋ⁴mɯː²] 岱-侬 di phả mừ[ʔdi¹phaː³ mɯː²] 越泰 ổng mữ[ʔoŋ³mɯː²];

lòng bàn tay[lɔŋ²ʔbaːn²tai¹];gan bàn tay[ɣaːn¹ ʔbaːn² tai¹] 芒 đảng thay[ʔdaːŋ³ thai¹]

【手痒 想动手】 泰 อยากทำ[jaːk⁹tham²] 岱-侬 mừ đắn[mɯ²²dan³];cẳn mữ[kan²mɯ²] 越 mong muốn [mɔŋ¹ muːn⁵];nóng long[nɔŋ⁵ lɔŋ²]

【手艺】 泰 ฝีมือ[fiː¹mɯː²] 老 ຝີມື[fiː¹mɯː²];ສີມື [siː¹ mɯː²] 越 tay nghề[tai¹ ŋe²]

【手掌】 泰 ฝ่ามือ[faː⁵mɯː²] 老 ຝ່າມື[faː⁵mɯː²];ຝາມື [faː¹mɯː²] 岱-侬 phà mừ[pha³mɯː²] 越泰 phả mữ [pha³mɯː²] 普 lo³ qami⁴[lɔ³qa⁰mi⁴] 越 bàn tay [ʔbaːn² tai¹] 芒 pàn thay[paːn² thai¹]

【手指❹】 泰 นิ้วมือ[niu⁴mɯː²] 老 ນິ້ວມື[niːu⁴mɯː²]; ນິ້ວມື[niu⁴ mɯː²] 岱-侬 nịu mừ[niu⁴ mɯː²] 越泰 nịu mữ[niu⁴ mɯː²] 普 qaNik²[qa⁰ ɳik²] 越 ngón tay[ŋɔn⁵ tai¹] 芒 ngón thay[ŋɔn³ thai¹];con thay [kɔn¹ thai¹]

【手指节】 泰 ท่อนนิ้วมือ[thɔːn³niu⁴mɯː²] 老 ຂໍ້ມື[khɔː³ mɯː²] 越 đốt ngón tay[ʔdot⁷ ŋɔn⁵ tai¹]

【手镯】 泰 กำไลมือ[kam² lai²mɯː²];สายสร้อยข้อมือ [sai¹ sɔːi³ khɔː³ mɯː²] 老 ກ້ອງແຂນ[kɔːŋ⁴ khɛːn¹]; ປອກແຂນ[pɔːk⁹khɛːn¹];ກອງ[kɔːŋ¹] 岱-侬 mjằm thư mừ[mjam²thɯ¹mɯː²] 越泰 pók khen[pɔk⁵ khɛn¹] 普 khuoj⁵[khu:i⁵] 越 vòng tay[vɔŋ² tai¹]; xuyến[swiːn⁵] 芒 xiến[siːn³]

【首__~歌】 泰 บท[ʔbot⁷] 老 ບົດ[ʔbot⁷];ກອນ [kɔːn¹] 岱-侬 bài[ʔbaːi²] 越泰 bãi[ʔbaːi²] 越 bài[ʔbaːi²] 芒 bài[ʔbaːi²]

【首都】 泰 นครหลวง[na⁴khɔːn²luːaŋ¹] 老 ນະຄອນຫຼວງ[na⁵ khɔːn² luːaŋ¹];ເມືອງຫຼວງ[mɯːaŋ² luːaŋ¹];ກຸງ[kuŋ¹] 越 thủ đô[thuː³ ʔdo¹] 芒 thú đô

---

❶ 石家 gɔɔ³-mii⁴
❷ 石家 lik⁵-nuaŋ³
❸ 掸 ʔoŋ C1　勐 ʔuŋ C1
❹ 石家 niw⁴　阿含 niu [niu] C2

[thu⁵ ʔdo¹]

【首府】 泰 เมืองหลวงของมณฑล[mɯːaŋ² luːaŋ¹ khɔːŋ¹ mon² thon²];เมืองหลวงของ ประเทศอาณานิคม[mɯːaŋ² luːaŋ¹ khɔːŋ¹ praː⁵ theːt¹⁰ ʔaː² naː² ni⁴ khom²] 老 เมืองเอก[mɯːaŋ² ʔeːk⁹];หัวเมืองเอก[huːa¹ mɯːaŋ² ʔeːk⁹] 越 thủ phủ[thu³ fu³]

【首领】 泰 คุณ[khun²];จ่า[tsaː⁵];หัวโจก[huːa¹ tsoːk⁹] 老 ขุน[khun¹];จ่า[tsaː⁵];เจ้า[tsau⁵];จอม[tsɔːm¹]; ยูฑะเสดฑา[ɲuː² thaː⁵ seːt⁹ thaː¹];ยูฑะอาด[ɲuː² thaː² ʔaːt⁹];ยูฑะอาบ[ɲuː² haː² ʔaːn¹];ยูฑะบอดิ[ɲuː² thaː² ʔbɔː¹ ʔdi¹];ติอำฮับ[tuːa¹ ʔam¹ han²]; ติอำลับ[tuːa¹ sam² khan²];บายิก[naː² ɲok⁸];ผู้บำบ้า[phuː³ nam² naː³];ปะอุก[paː² ʔuk⁷];ปะมุก[pa² muk⁸];ปะฑาบ[pa² thaː²];ปาโมก[paː¹ moːk¹⁰]; มุก[muk⁸];ทั่วบ้า[huːa¹ naː³];อะฑิบ[ʔa² thip⁸]; อะฮิอะ[ʔa² hiː⁵ ʔa²];อะพีมุก[ʔa² phiː⁵ muk⁸];บายิก[naː² ɲok⁸] 傣-侬 cần xẻ tầu[kən²ɛɛ³təu²];cần tài tầu[kən² taː¹³ təu²] 越 thủ lĩnh[thu³ liŋ⁴];người đứng đầu[ŋɯːi² ʔdɯŋ⁵ ʔdəu⁵]

【首饰】 泰 เครื่องประดับตกแต่ง[khrɯːaŋ³ praː⁵ ʔdap⁷ tok⁷ tɛːŋ⁵] 老 เถื่อเอ๊[khɯːaŋ² ʔeː⁴] 越 đồ trang sức của phụ nữ[ʔdo² tsaːŋ¹ ʂɯk⁷ kuə³ fuː⁶ nɯː⁴]

【首先❶】 泰 ก่อนอื่น[kɔːn⁵ ʔɯːn⁵];ก่อนฮิ้นผิด[kɔːn⁵ ʔɯːn⁵ mot¹⁰];ทีแฮก[thiː² heːk¹⁰] 傣-侬 tầu đú[təu² ʔdu⁵] 越泰 cốc khoẹk [kok⁸ khwɛk⁸] 越 trước hết[tsɯːk⁷ het⁷];trước tiên [tsɯːk⁷ tin¹];thoạt đầu[thwaːt⁸ ʔdəu²];đầu tiên [ʔdəu² tin¹] 芒 tlước hết[tlɯːk⁷ het⁷];tlước nhất [tlɯːk⁷ nɤt⁷];tlước là[tlɯːk⁷ laː³]

【守寡】 泰 หม้าย[maːi³];ตกพุ่มหม้าย[tok⁷ phum³ maːi³]; พุ่มหม้าย[phum³ maːi³] 老 ผั่ย[maːi³];เป๊บผ่าย [pen¹ maːi³];เป๊บแม่ผ่าย[pen¹ mɛː⁵ maːi³] 傣-侬 mái[maːi³] 越泰 mài[maːi³];mái[maːi⁵];dú mái[ju⁵ nɤt⁷] 越 ở góa[ʔɤ³ ɣwaː³];ở vậy[ʔɤ³ vɤi⁶]

【守旧】 泰 อนุรักษ์[ʔa⁵ nu⁴ rak⁸] 老 อะบุฮัก[ʔa² nu² hak⁸] 越泰 cáu lạo[kau⁵ laːu⁴] 越 thủ cựu[thu³ kɯːu⁶];giữ cái cũ một cách cố chấp[zɯ⁴ kaːi⁵ ku⁴ mot⁸ kat⁷ ko⁵ tsɤp⁷];nệ cổ[ne⁶ ko⁵];khư khư theo cái cũ[xɯ¹ xɯ¹ theu⁴ kaːi⁵ ku⁴]

【守灵】 泰 เฝ้าศพ[fau³ sop⁷] 老 วับเฮือบดิ[ŋan² hɯːan² ʔdi¹];เฝิ่าสับ[fau³ sop⁷] 越 túc trực bên linh cữu[tuk⁷ tsɯk⁸ ʔben¹ liŋ¹ kɯːu⁴]

【瘦人~❷】 泰 ผอม[phɔːm¹] 老 ผอม[phɔːm¹]; จ่อย[tsɔːi⁵] 傣-侬 héo[heu⁵] 越泰 phom[phɔm¹] 普 gum³[gu:m³];gum³[gum³] 越 gầy[ɣɤi²];còm [kɔm²]

【瘦~肉】 泰 ไขมันน้อย[khai¹ man¹ nɔːi⁴] 老 ฮ้อบ [lɔːn³];อ้อยต้อย[ʔɔːi⁴ tɔːi⁴] 傣-侬 chịt[tɕit⁸];chịt pưng[tɕit⁸ pɯŋ⁵];chinh[tɕiŋ¹];tọi chinh[tɔi⁴ tɕiŋ¹]; chịn[tɕin⁴] 越泰 tăn[tan¹] 普 njak²[njaːk²] 越 nac[naːk⁸] 芒 nac[naːk⁸]

【瘦土很~】 泰 ขาดปุ๋ย[khaːt⁹ pui¹];ไม่มีปุ๋ย[mai³ miː² pui¹];แร้นแค้น[rɛːn⁴ khɛːn⁴] 傣-侬 ot[ʔɔt⁷];héo ot [heu⁵ ʔɔt⁷] 越 cằn cỗi[kan⁴ koi⁴]

【瘦衣服太~】 泰 แคบ[khɛːp¹⁰] 老 แคบ[khɛːp¹⁰] 越 hẹp[hɛp⁸];chật[tsɤt⁸] 芒 chât[tsɤt⁸]

【瘦肉】 泰 เนื้อแดง[nɯːa⁴ ʔdɛːŋ²] 老 ฮิ้บฮ้อบ[sin⁴ lɔːn³];ฮิ้บอ้อยต้อย[sin⁴ ʔɔːi⁴ tɔːi⁴] 傣-侬 nưa chinh[nɯːa⁴ tɕiŋ¹] 越泰 nhứa tăn[nɯːa⁵ tan¹] 普 ʔjaw¹ njak²[ʔiaːu³ njaːk²] 越 thịt nạc[thit⁸ naːk⁸] 芒 thit nac[thit⁸ naːk⁸]

【瘦子】 泰 คนผอม[khon² phɔːm¹] 老 ถ้นผอม[khon² phɔːm¹];ถ้นจ่อย[khon² tsɔːi⁵] 傣-侬 cần khỏ nưa [kən² khɔː³ nɯːa⁴] 越 người gầy[ŋɯːi² ɣɤi²]

【售货员】 泰 พนักงานขายของ[pha⁴ nak⁸ ŋaːn² khaːi² khɔːŋ¹];พนักงานขาย[pha⁴ nak⁸ ŋaːn² khaːi¹] 老 ถ้นขายของ[khon² khaːi¹ khɔːŋ¹] 越 người bán

---

❶ 阿含 muñ
❷ 石家 phrɔɔm² 阿含 hüng 拉哈 doj⁶

【售价】 泰ราคาขาย[ra:²kha:²khaːi¹] 老ລາຄາຂາຍ[la:⁵kha:²khaːi¹] 越giá bán[za⁵ ʔbaːn⁵]

【售票处】 泰ที่จำหน่ายบัตร[thiː³tsam²naːi⁵ʔbat¹] 老ຫ້ອງຂາຍປີ້[hɔːŋ³ khaːi¹ piː⁴];ບ່ອນຂາຍປີ້[ʔbɔːn⁵ khaːi¹ piː⁴];ທີ່ຂາຍປີ້[thiː⁵ khaːi¹ piː⁴] 越phòng bán vé[fɔŋ² ʔbaːn⁵ vɛ⁵];nơi bán vé[nɤːi¹ ʔbaːn⁵ vɛ⁵]

【售票员】 泰พนักงานขายตั๋ว[pha⁴ nak⁸ ŋaːn² khaːi¹ tuːa¹] 老ຄົນຂາຍປີ້[khon²khaːi¹piː⁴] 越người bán vé[ŋɯːi² ʔbaːn⁵ vɛ⁵];nhân viên bán vé[nɤn¹ viːn¹ ʔbaːn⁵ vɛ⁵]

【受贿】 泰กินสินบน[kin²sin¹ʔbon²];รับสินบน[rap⁸ sin¹ʔbon²] 老ກິນສິນບົນ[kin¹sin¹ʔbon¹];ກິນສິນຈ້າງ[kin¹sin¹tsaːŋ⁴];ກິນເງິນ[kin¹ŋɤn²];ຕິດສິນບົນກິນສິນຈ້າງ[tit⁷sin¹ʔbon¹kin¹sin¹tsaːŋ⁴];ຮັບສິນບົນ[hap⁸sin¹ʔbon¹] 越ăn hối lộ[ʔan¹hoːi⁵lo⁵];ăn lễ[ʔan¹ le⁴];ăn của đút lót[ʔan¹ kuːa³ ʔdut⁷ lɔt⁷];ăn đút ăn lót[ʔan¹ ʔdut⁷ ʔan¹ lɔt⁷];ăn tiền[ʔan¹ tiːn²] 芒ăn tút[ʔan¹ tut⁵]

【受伤】 泰ได้รับบาดเจ็บ[ʔdai³ rap⁸ ʔbaːt⁹ tsep⁷] 老ບາດເຈັບ[ʔbaːt⁹tsep⁷];ໄດ້ຮັບ ບາດເຈັບ[ʔdai⁴hap⁸ ʔbaːt⁹tsep⁷];ໄດ້ບາດເຈັບ[ʔdai⁴ʔbaːt⁹tsep⁷];ຖືກບາດ ເຈັບ[thɯːk⁹ʔbaːt⁹tsep⁷];ເປັນບາດ[pen¹²ʔbaːt⁹];ຮັບບາດເຈັບ[hap⁸ʔbaːt⁹tsep⁷] 普Sjang⁴[sjaːŋ⁴] 越bị thương[ʔbi⁶ thɯːŋ¹]

【授粉】 泰การถ่ายละอองเรณู[kaːn¹thaːi⁵laː⁴ʔɔːŋ² reː²nuː²] 老ການປະສົມລະອອງຜູ້[kaːn¹ pa²som¹laː⁵ʔɔːŋ¹ phuː³];ປະສົມລະອອງຜູ້[pa²som¹laː⁵ʔɔːŋ¹ phuː³] 越truyền phấn[tʂwiːn² fɤn⁵];thụ phấn[thu⁶ fɤn⁵] 芒thũ phần[thu⁴ fɤn³]

【梳~头❶】 泰หวี[wiː¹];สางผม[saːŋ¹ phom¹] 老ຫວີ[viː¹];ສາງຜົມ[saːŋ¹phom¹] 岱-侬vi[vi¹] 越xang[saːŋ¹] 越chải[tsaːi³] 芒chái[tsaːi⁵];kháo[khaːu⁵]

【梳子】 泰หวี[wiː¹] 老ຫວີ[viː¹] 岱-侬vi[vi¹] 越lược[lɯːk⁸];cái lược[kaːi⁵ lɯːk⁸] 芒cònh[kɤːŋ²]

【输~赢】 泰แพ้[phɛː⁴] 老ເສຍ[siːa¹];ເສຍໄຂ[siːa¹ sai²];ກ້າມ[kaːn⁴] 岱-侬slua[luːa¹] 越泰xua[suːa¹] 越thua[thuːa¹];kém thua[kɛm⁵ thuːa¹] 芒thua[thuːa¹]; kèm thua[kɛm³ thuːa¹]

【输精管】 泰ท่อส่งน้ำอสุจิ[thɔː³soŋ⁵nam⁴ʔa⁵suː⁵tsi⁵];ท่ออสุจิ[thɔː³²ʔa⁵suː⁵tsi⁵] 老ທໍ່ນ້ຳກາມ[thɔː⁵ nam⁵ kaːm¹] 越ống dẫn tinh[ʔoŋ⁵ zɤn⁴ tin¹]

【输卵管】 泰ท่อนำไข่[thɔː³ nam² khaːi⁵];ท่อส่งไข่ (ในมดลูก)[thɔː³ soŋ⁵ khaːi⁵ (nai² mot⁸ luːk¹⁰)] 老ທໍ່ໄຂ່[thɔː⁵khaːi⁵] 越ống dẫn trứng[ʔoŋ⁵zɤn⁴ tʂɯŋ⁵]

【输血】 泰ให้เลือด[hai³ lɯːat¹⁰] 老ສົ່ງເລືອດ[soŋ⁵ lɯːat¹⁰];ຖ່າຍເລືອດ[thaːi⁵lɯːat¹⁰] 越truyền máu[tʂwiːn² mau⁵];tiếp máu[tiːp⁷ mau⁵] 芒tiếp màu[tiːp⁷ mau³]

【叔父❷】 泰อา[ʔaː²];อาชาย[ʔaː² tshaːi²];อาผู้ชาย[ʔaː² phuː³ tshaːi²];อาว[ʔaːu²] 老ອາວ[ʔaːu¹] 岱-侬áo[ʔaːu⁵];pò áo[pɔ³ ʔaːu⁵];chú[tɕu³] 越泰ao[ʔaːu¹]; ài ao[ʔaːi³ ʔaːu¹] 普pê⁴ʔAng⁴[peː⁴ʔɒŋ⁴];ʔAng⁴[ʔɒŋ⁴] 越chú[tsu⁵] 芒chù[tsu³];tửa chủ[tɯːa³ tsu³]

【叔母】 泰อาสะใภ้[ʔaː²saː⁵phai⁴] 老ອາໃພ້[ʔaː¹ phai⁴];ລົວໃພ້[luːa²phai⁴] 岱-侬alùa[ʔa¹luːa²];xắm ɕam] 越泰lũa[luːa²];mè lũa[mɛ⁶luːa²];ềm lũa [ʔem²luːa²] 普maj² mâm⁴[maːi²mɤm⁴];mâm⁴[mɤm⁴] 越thím[thim⁵] 芒ý[ʔi³]

【书】 泰สือ[sɯː¹];หนังสือ[naŋ¹ sɯː¹] 老ຫນັງສື[naŋ sɯː¹];ປຶ້ມ[pɯm⁴];ພັບ[phap⁸] 岱-侬slư[ɬɯ¹];xec [ɕɛk] 越泰xư[sɯ¹] 普sư¹[sɯ¹] 越sách[ʂat¹]

---

❶ 石家 hɔɔy²; hɔɔy³-phram2  
❷ 石家 ʔaaw⁵　阿含 au-chu；āo A1；āw A1　掸 ʔau A1　勐 ʔau A1

芒khách[khat⁷]

【书包】 泰กระเป๋าหนังสือ[kra⁵ pau¹ naŋ¹ sɯ:¹]; 老ถงปี้ม[thoŋ¹ pum⁴];ถงพับ[thoŋ¹ phap⁸];ກະເປົາໜັງສື[ka²pau¹naŋ¹sɯ:¹];ກາງຕາບ[ka:k⁹ta:p⁹] 越túi sách[tui⁵ṣat⁷];cặp sách[kap⁸ṣat⁷] 芒thúl khách[thul³ khat⁷]

【书店】 泰ร้านขายหนังสือ[ra:n⁴ kha:i¹ naŋ¹ sɯ:¹]; ร้าน หนังสือ[ra:n⁴ naŋ¹ sɯ:¹]; 老ฮ้านຂາຍປี้ມ[ha:n⁴ kha:i¹ pum⁴] 越hiệu sách[hi:u⁶ ṣat⁷];cửa hàng sách[kɯə³ ha:ŋ² ṣat⁷] 芒hiểu khách[hi:u⁴ khat⁷]

【书房】 泰ห้องหนังสือ[hɔ:ŋ³naŋ¹sɯ:¹] 老ห้องอ่านປັ້ມ[hɔ:ŋ³ʔa:n⁵naŋ¹sɯ:¹] 越thư phòng[thɯ¹ fɔŋ²];phòng sách[fɔŋ² ṣat⁷]

【书费】 泰ค่าหนังสือ[kha:³ naŋ¹ sɯ:¹] 老ค่าปี้ม[kha:⁵ naŋ¹ sɯ:¹] 越tiền sách[ti:n² ṣat⁷]

【书柜】 泰ตู้หนังสือ[tu:³ naŋ¹ sɯ:¹] 老ตู้ปี้ม[tu:⁴ naŋ¹ sɯ:¹];ตู้ปี้ม[tu:⁴pum⁴] 越泰tủ pặp xɯ[tu:³ pap⁸ sɯ¹] 越tủ sách[tu:³ ṣat⁷]

【书架】 泰ชั้นวางหนังสือ[tshan⁴ wa:ŋ² naŋ¹ sɯ:¹]; ชั้น หนังสือ[tshan⁴ naŋ¹ sɯ:¹] 老ฮ้านใส่ປັ້ມ[ha:n⁴ sai⁵ pum⁴] 越kệ sách[ke⁶ṣat⁷];giá sách[za⁵ ṣat⁷] 芒chàn khách[tsa:n² khat⁷]

【书桌】 泰โต๊ะเขียนหนังสือ[to⁴ khi:an² naŋ¹ sɯ:¹]; โต๊ะเรียน[to⁴ ri:an²] 老ໂຕະຂຽນປັ້ມ[to² khi:an¹ naŋ¹ sɯ:¹] 越bàn độc sách[ʔba:n² ʔdok⁸ ṣat⁷];bàn học trò[ʔba:n² hɔk⁸ tṣɔ²];bàn làm việc[ʔba:n² la:m² vi:k⁸]

【疏~密】 泰ห่าง[ha:ŋ⁵] 老ข่าง[ha:ŋ⁵] 岱-依háng[ha:ŋ⁵];mât[mət⁷];bang[ʔba:ŋ¹] 越泰háng[ha:ŋ⁵] 越thɯa[thɯə¹] 芒hờl[hɤ:l³]

【疏散~人群】 泰อพยพออกไป[ʔop⁷ pha⁴ jop⁸ ʔɔ:k⁹ pai²] 老ອົບພະຍົບອອກໄປ[ʔop⁷ pha⁵ ɲop⁸ ʔɔ:k⁵ 

pai¹] 越sơ tán[ṣɤ¹ ta:n⁵]

【疏通~水渠】 泰ขุดลอก[khut⁷ lɔ:k¹⁰] 老ลอง[lu:aŋ⁶] 越泰lông[loŋ²] 越nao vét[na:u⁶ vɛt⁷];khơi[xɤ:i¹]

【舒服❶】 泰สบาย[sa⁵ʔba:i²] 老ยูสะขมูก[ɲu:²sa² nuk¹];สะบาย[sa²ʔba:i¹] 岱-依sloac[ɬwa:k⁷];sloac sluŋ[ɬwa:k⁷ ɬuŋ³] 越泰ha chɯu lồng[ha¹ tsaɯ loŋ²] 越dễ chịu[ze⁴ tsiu⁶] 芒lời ó[lɤ:i³ ʔɤ⁵];lời chịu[lɤ:i³ tsiu⁴]

【熟饭~了❷】 泰สุก[suk⁷] 老สุก[suk⁷] 岱-依sluc[ɬuk⁷] 越泰xúc[suk⁷] 普ʔăj⁴[ʔai⁴] 越chín [tsin⁵] 芒chin[tsin³]

【熟果子~了❸】 泰สุก[suk⁷] 老สุก[suk⁷] 岱-依sluc[ɬuk⁷] 越泰xúc[suk⁷] 普ʔăj⁴[ʔai⁴] 越chín [tsin⁵] 芒c-hin[tsin³]

【熟菜】 泰อาหารปรุงเสร็จ[ʔa:²ha:n¹pruŋ²sa⁵rɛt⁵] 老ອາຫານສຳເລັດຮູບ[ʔa:¹ʼ ha:n¹ sam¹ lɛt⁸ hu:p¹⁰] 越món ăn nóng[mɔn⁵ʔan¹nɔŋ⁵];thức ăn c-in [thuk⁷ ʔan¹ tsin⁵]

【熟练】 泰คล่อง[khlɔ:ŋ³];ชำนาญ[tsham²na:n³] 老ຊຳນານ[sam² na:n²];ຊຳນີຊຳນານ[sam² ni⁵ sam² ra:n²];ຊ່າງ[sa:ŋ²];ຊ່ວ[si:au⁵];ຊ່ວຊານ[si:au⁵sa:n²];ຊ່ວຊານຊຳນານ[si:au⁵sam²sa:n²na:n²];ກັບຊານ[kan¹'sa:n²];ແຕກງານ[tɛ:k⁹sa:n¹];ຖະຫັດດີ[tha²nat⁷ ʔdi:¹'];ໄນ[nai⁵];ພິທູມ[phi⁵thu:n²];ກຳມະຫັດ[kam¹ ma⁵ hat⁷] 岱-依mjàng mjộp[mja:ŋ² mjop⁸] 越泰chàng xiễng[tsa:ŋ⁶si:ŋ²] 越thành thạo[than² tha:u⁶];thông thạo[thoŋ¹ tha:u⁶];thuộc[thu:k⁸] 芒thuôc[thu:k⁸]

【熟路】 泰ทางที่ชำนาญ[tha:ŋ² thi:³ tsham² nɛn²]; ทางที่คุ้นเคย[tha:ŋ² thi:³ khun⁴ khə:i²] 老ขางที่ຊຳນານ [tha:ŋ² thi:³ sam² na:n²] 越con đường quen thuộc [kɔn² ʔdɯ:ŋ² kwɛn¹ thu:k⁸];thuộc đường[thu:k⁸ ʔdɯ:ŋ²]

---

❶ 石家thrxx³
❷ 石家suk⁶; suk² 阿含shuk D1S 撣shuk D1S 泐suk D1S
❸ 阿含rung; shuk D1S

【熟睡】泰 นอนหลับสนิท[nɔːn²lap⁹sa⁵nit⁷] 老 ນອນຫຼັບ[nɔːn²lap⁷] 岱-侬 nòn đắc[nɔn²ʔdak⁷];nòn van[nɔn²vaːn¹];nòn đây[nɔn²ʔdəi¹] 越泰 nôn nuống[nɔn²nɯːŋ²] 越 an giấc[ʔaːn¹zɤk⁷];ngủ say[ŋu³ʂai¹];ngủ kỹ[ŋu³ ki⁴];ngủ ngon[ŋu³ ŋɔn¹]

【熟人】泰 คนที่รู้จักดี[khɔn² thiː³ ruː⁴ tsak⁷ ʔdiː²] 老 ຄົນແອນເຕຍ[khon²kwɛn⁵khəːi²];ຄົນລຶ້ງເຕຍ[khon² lɯːŋ⁴ khəːi²];ຄົນຮູ້ຈັກກັນ[khon² huː⁴ tsak⁷ kan¹];ຄົນແວອ່ນເຕຍ[khon²kwɛn⁵khəːi²] 越泰 cồn quén[kon²kwɛn⁵] 越 người quen[ŋɯːi²kwɛn¹]; người quen thuộc[ŋɯːi²kwɛn¹thuːk⁵] 芒 mõl quen[mɔl⁴ kwɛn¹]

【熟石灰】泰 ปูนพิว[puːn² phiu²] 老 ປູນສຸກ[puːn¹ suk⁷];ປູນຕາຍ[puːn¹ taːi¹] 岱-侬 phon sluc[phɔn¹ luk⁷] 越泰 phon xúc[phɔn¹ suk⁷] 越 vôi chín[voi¹ tsin⁵]

【熟铁】泰 เหล็กหลอม[lek⁷ lɔːm¹] 老 ເຫຼັກອ່ອນ[lek² ʔɔːn⁵] 越 sắt rèn[ʂat⁷ rɛn²]

【熟悉】❶ 泰 รู้จักดี[ruː⁴ tsak⁷ ʔdiː²] 老 ຊຳນິຊຳນານ[sam⁵ niː⁵ sam⁵ naːn²];ຊ່ຳຊອງ[sam⁵ sɔːŋ²];ຊິນ[sin²]; ລຶ້ງ[luŋ⁴];ລຶ້ງແວອ່ນ[luŋ⁴kwɛn⁵];ລອນ[luan²] 岱-侬 quen[kwɛn¹];thiên[thiːn¹];chăc[tɕak⁷] 越泰 quén[kwɛn⁵];khởi[khəi²] 越 am hiểu[ʔaːm¹ hiu³];quen thuộc[kwɛn¹ thuːk⁵];quen[kwɛn¹];pèn hơi[pɛn³ hɤːi¹] 芒 quen[khɛn¹];pền hơi[pɛn³ hɤːi¹]

【赎】泰 ไถ่[thai⁵] 老 ໄຖ່[thai⁵] 岱-侬 xuộc[ɕuːk⁵];duộc[ju:k⁸];chuộc[tɕuːk⁸] 越泰 tháy[thai⁵];chuộc[tsu:k⁸] 越 chuộc[tsuːk⁸] 芒 chuôc[tsuːk⁸]

【赎金】泰 ค่าไถ่[khaː¹ thai⁵] 老 ເບ້ຍໄຖ່[ʔbiːa⁴thai⁵] 越 tiền chuộc[tiːn² tsuːk⁸]

【赎罪】泰 อภัยโทษ[ʔaʔphai²tho:t¹⁰] 老 ກູ້ໂທດ[kuː⁴thoːt¹⁰];ແກ້ບາບ[kɛː⁴ʔbaːp⁹];ໄຖ່ກຳ[sai⁴kam¹]

越 chuộc tội[tsuːk⁸ toi⁶] 芒 chuôc thổi[tsuːk⁸ thoi⁴]

【薯】❷ 总称 泰 มัน[man²] 老 ມັນ[man²];ຫົວມັນ[huːa¹man²] 岱-侬 mằn[man²] 越泰 mằn[man²] 普 mân³[mɤn³] 越 khoai[xwaːi¹] 芒 khoai[khwaːi¹]

【薯莨】泰 มันกลอย[man²klɔːi²] 老 ເບົາ[ʔbau¹];ເຜືອເບົາ[khɯːa²²bau¹];ໝາກເບົາ[maːk⁹ʔbau¹];ກະເບົາ[ka⁹ ʔbau¹];ຫົວກະເບົາ[huːa¹ ka⁹ ʔbau¹];ໝາກກະເບົາ[maːk⁹ka⁹ʔbau¹];ຕ່ອມເລືອດ[thɔːm⁵lɯːat¹⁰] 岱-侬 đâu[ʔdəu¹];co đâu[kɔ¹ʔdəu¹] 越泰 mák bau[maːk⁷ʔbau¹] 普 năw[nau¹] 越 cùnâu[ku³nɤu¹] 芒 tlái nu[tlaːi³ nu¹]

【薯蓣】泰 กลอยจืด[klɔːi²tsɯːt⁹] 老 ເຜືອກອຍ[khɯːa²kɔːi¹];ອີ່ມູ້[ʔiː⁵muː⁴];ອີ່ມູ້[ʔiː⁴muː⁴];ມັນອືບ[man² hɯp⁸];ມັນສືບ[man² sɯːp⁹] 岱-侬 mằn chèn [man² tɕɛn²] 越 sắn[ʂan⁵]

【鼠疫】泰 กาฬโรค[kaː²laː⁴roːk¹⁰] 老 ກາລະໂລກ[ka:¹ laː⁵ lo:k¹⁰] 岱-侬 pinh tan hầu[piŋ³ taːn¹ həu²]; sluông hầu[ɭuːŋ¹ həu³] 越 bệnh dịch hạch[ʔben⁶ zit⁸ hat⁸];hạch[hat⁸]

【数】~钱 泰 นับ[nap⁸] 老 ນັບ[nap⁸] 岱-侬 án [ʔaːn⁵] 普 cja¹[tsja¹] 越 đếm[ʔdem⁵] 芒 têm[tem³]

【属于】泰 เป็นของ[pen²khɔːŋ¹] 老 ເປັນຂອງ[pen¹ khɔːŋ¹] 岱-侬 dú cang mừ[ju⁵ kaːŋ¹ mɯː²] 越泰 ók[ʔɔk⁷] 越 thuộc về[thuːk veː²];của[kuə³]

【树】❸ 泰 ไม้[mai⁴];ต้นไม้[ton³ mai⁴] 老 ໄມ້[mai⁴];ກົກ[kok⁷];ຕົ້ນໄມ້[ton⁴mai⁴] 岱-侬 mạy[mai⁴];co mạy[kɔ¹mai⁴] 越泰 mạy[mai⁴] 普 tăj¹[tai¹] 越 cây[kɤi¹] 芒 câl[kɤl¹]

【树杈】泰 ง่ามไม้[ŋaːm³ mai⁴] 老 ວ່າມ[ŋaːm⁵];ແງ່ມ[ŋɛːm⁵];ສາຂີ[saː¹khiː¹] 岱-侬 ngắm mạy[ŋaːm³ mai⁴] 越 chạc cây[tsaːk⁸kɤi¹];chà chạnh[tsa² tsaːn⁶];nạng cây[naːŋ⁶kɤi¹] 芒 ngâm câl[ŋaːm⁴

---

❶ 石家 khun⁶
❷ 石家 man⁴
❸ 石家 may⁶　阿含 mai B2；tun B1　拉哈 tăj³　拉基 te⁴

kɤi¹];cac câl[ka:k⁸ kɤi¹]

【树丛】 泰พุ่มไม้[phum³ mai⁴] 老ກໍໄມ້[kɔ:¹' mai⁴];ອຸ່ມ[ʔum⁵] 普phung¹[phuŋ¹];sung³tăj¹[suŋ³tai¹] 越khóm cây[xɔm⁵ kɤi¹];chòm cây[tsɔm² kɤi¹];bụi cây[ʔbui⁶ kɤi¹];bụi[bui⁶] 芒pùl câl[pul² kɤi¹];pùl[pul²]

【树墩❶】 泰ตอไม้[tɔ:² mai⁴] 老ຕໍໄມ້[tɔ:¹' mai⁴] 越gốc cây[ɣok⁷ kɤi¹]

【树干】 泰ลำต้น[lam² ton³] 老ລຳໄມ້[lam² mai⁴];ໄມ້ແທ່ງ[mai⁴hɛ:ŋ⁵];ลำตึ๊บ[lam²ton⁴];ลำ[lam²] 普ding³ tăj¹[diŋ³ tai¹] 越thân cây[thɤn¹ kɤi¹] 芒thân câl[thɤn¹ kɤi¹]

【树根】 泰รากไม้[ra:k¹⁰mai⁴] 老ຮາກໄມ້[ha:k¹⁰ mai⁴];ຮາກຂອງຕົ້ນໄມ້[ha:k¹⁰khɔ:ŋ¹ton⁴mai⁴];ເງົ້າໄມ້[ŋau³mai⁴] 岱-侬lạc mạy[la:k⁸mai⁴] 越rễ cây[ze⁴ kɤi¹]

【树冠】 泰เรือนพุ่มต้นไม้[ru:an² phum³ ton³ mai⁴] 老ກັນຊິງ[kan¹' siŋ²] 越tán cây[ta:n⁵ kɤi¹]

【树浆】 泰ยางไม้[ja:ŋ² mai⁴];น้ำมันยาง[nam⁴ man² ja:ŋ²] 老ຢາງໄມ້[ja:ŋ² mai⁴] 岱-侬dangmạy[ja:ŋ¹ mai⁴] 越泰dangmạy[ja:ŋ¹ mai⁴] 普qatăn¹ tăj¹[qa⁰ tan¹ tai¹] 越nhựa cây[ɲɯa⁶ kɤi¹] 芒nhả câl[ɲa¹ kɤi¹]

【树林❷】 泰ป่า[pa:⁵];ป่าไม้[pa:⁵ mai⁴];ดง[ʔdoŋ²] 老ປ່າ[pa:⁵];ດົງ[ʔdoŋ¹];ປ່າໄມ້[pa:⁵ mai⁴];ປ່າດົງພີງໄພ[pa:⁵ʔdoŋ² phoŋ¹ phai²];ອະນັດ[va⁵nat⁸];ອາວັນ[ʔa:¹' van²] 岱-侬đông[ʔdoŋ¹];pá[pa:⁵] 越泰pá[pa:⁵] 普zung²[zuŋ²];rưng³[ruŋ³] 越rừng[zɯŋ²] 芒rầng[rɤŋ²];hầng[hɤŋ²];đung[ʔduŋ¹]

【树苗】 泰ลูกไม้[lu:k¹⁰mai⁴];ต้นอ่อน[ton³ʔɔ:n⁵];พืชคาม[phɯ:t¹⁰kha:m²];พืชคาน[phi:t¹⁰kha:m²] 老ເບັ້ຍຕົ້ນໄມ້[ʔbi:a⁴ ton⁴ mai⁴];ເບັ້ຍໄມ້[ʔbi:a⁴ mai⁴] 越cây giống[kɤi¹ zoŋ⁵];cây non[kɤi¹ nɔn¹]

【树皮❸】 泰เปลือกไม้[plɯ:ak⁹mai⁴] 老ເປືອກໄມ້[pɯ:ak⁹ mai⁴] 岱-侬pược mạy[pɯ:k⁷ mai⁴];năng may[naŋ¹mai⁴] 越泰năng mạy[naŋ¹mai⁴] 普bông¹ tăj¹[boŋ¹tai¹] 越vỏ cây[vɔ³kɤi¹] 芒ta câl[tɛ¹ kɤi¹];pô câl[po⁴ kɤi¹]

【树梢❹】 泰ปลายไม้[pla:i²mai⁴];ยอดไม้[jɔ:t¹⁰mai⁴] 老ປາຍໄມ້[pa:i¹'mai⁴];ຍອດຕົ້ນໄມ້[ɲɔ:t¹⁰ton⁴mai⁴] 岱-侬pjai mạy[pja:i¹'mai⁴] 越泰pai mạy[pa:i¹ mai⁴] 越ngọn cây[ŋɔn⁶kɤi¹] 芒poch câl[pɔt⁸ kɤi¹]

【树叶】 泰ใบไม้[ʔbai²mai⁴] 老ໃບໄມ້[ʔbai¹'mai⁴] 越lá cây[la⁵ kɤi¹]

【树荫】 泰ร่มไม้[rom³mai⁴] 老ຮົ່ມໄມ້[hom⁵mai⁴] 越bóng cây[ʔbɔŋ⁵kɤi¹];bóng mát[ʔbɔŋ⁵ ma:t⁷];bóng rám[ʔbɔŋ⁵ ɣɤm⁵] 芒xá[sa⁵];dùng câl[zuŋ³ kɤi¹]

【树枝❺】 泰กิ่งก้านไม้[kiŋ⁵ka:n³mai⁴];กิ่งไม้[kiŋ⁵ mai⁴];แขนงไม้[kha⁵nɛ:ŋ¹mai⁴];ง่าไม้[ŋa:³ma:⁴];คาคบไม้[kha:² khop⁸mai⁴];คบไม้[khop⁸ mai⁴];คบไม้[khop⁸mai⁴];ง่ามไม้[ŋa:m³mai⁴] 老ກິ່ງໄມ້[kiŋ⁵mai⁴];ງາໄມ້[ŋa:⁵mai⁴];ແງ່ໄມ້[ŋɛ:⁵ mai⁴];ຂະແໜງໄມ້[kha nɛ:ŋ¹mai⁴] 岱-侬kính[kiŋ⁵];cáng eng[ka:ŋ⁵ʔɛŋ¹] 越泰kính[kiŋ⁵];ngà[ŋa⁶];hiểu[hi:u²] 普qA⁴[qɔ⁴];qA⁴tăj¹[qɔ⁰tai¹] 越cành cây[kaŋ²kɤi¹];chà[tsa²] 芒kènh câl[kɛŋ² kɤi¹];đồn[ʔdon³];chôl[tsol¹]

【漱口】 泰บ้วนปาก[ʔbu:an³pa:k⁹];กวาดปาก[kwa:t⁹ pa:k⁹];ล้างปาก[la:ŋ⁴pa:k⁹] 老ບ້ວນປາກ[ʔbu:an⁴pa:k⁹];ກວ້າງປາກ[ku:a⁴ pa:k⁹];ມ້ອນປາກ[mu:an⁵pa:k³];ລ້າງປາກ[la:ŋ⁴pa:k⁹];ກົວ[ku:a⁴] 岱-侬mjọoc pac[mjɔ:k⁸ pa:k⁷];buồn pac[ʔbu:n³pa:k⁷] 越súc miệng[ʂuk⁷

---

❶ 石家 kɔl⁶
❷ 石家 doŋ¹;thuan³;paa⁶ 阿含 ñā;thün B1
❸ 石家 plaak²
❹ 石家 plaay¹
❺ 石家 kiiŋ⁶ 掸 kiŋ B1 泐 kiŋ B1 拉哈 ka² 拉基 ku ka¹

mi:ŋ⁶] 芒khúp mênh[khup⁷mɛn⁴];tláng mênh[tla:ŋ³ mɛn⁴];buồl mênh[ʔbu:l³ mɛn⁴]

【数目】 泰จำนวน[tsam² nu:an²];เลข[le:k¹⁰] 老จำนวน[tsam¹'nu:an²];เลก[le:k¹⁰];ตัวเลก[tu:a¹'le:k¹⁰];เลกจำนวน[le:k¹⁰tsam¹'nu:an²];เลขะ[le:²kha²];โต[to:¹];โตตั้ว[to:¹taŋ⁴];ตัวตาง[tu:a¹taŋ⁴];ตัวคูน[tu:a¹'khu:n²] 岱-侬 sló[ɬo⁵] 越泰xố[so⁵];tô xố [to¹ so⁵] 越con số[kɔn¹ ʂo⁵];số[ʂo⁵]

【数字】 泰ตัวเลข[tu:a² le:k¹⁰];จำนวน[tsam² nu:an²] 老เลก[le:k¹⁰];ตัวเลก[tu:a¹'le:k¹⁰];เลกจำนวน[le:k¹⁰tsam¹'nu:an²];โต[to:¹];เลขะ[le:²kha²] 越số[ʂo⁵];con số[kɔn¹ ʂo⁵] 芒khổ[kho³]

【束】__~纱 泰กำ[kam²] 老ไน[nai¹] 岱-侬 khoăc[khwak⁷];lục[luk⁸] 越泰quạnh[kwɛŋ⁴];lạo[la:u⁴];cuộn[ku:n²];phốt[phot⁷] 越bó[ʔbɔ⁵]

【束】__~花 泰กำ[kam²] 老กำ[kam²];ช่อ[sɔ:⁵] 岱-侬 căm[kam¹];pộc[pok⁸] 越泰va[va¹] 越bó[ʔbɔ⁵];chòm[tsɔm²] 芒pó[pɔ³];chòm[tsɔm²]

【竖】 泰ตั้ง[taŋ³] 老ตั้ง[taŋ⁴];ฐัน[san²] 岱-侬 tăng[taŋ³] 越泰tằng[taŋ³] 普thư⁴[thɯ⁴] 越dựng[zɯŋ⁶];dựng lên[zɯŋ⁶ len¹] 芒tẳng[tɤŋ³]

【刷】__~衣服 泰แปรง[prɛ:ŋ²] 老แปง[pɛ:ŋ²] 越chải[tsa:i³]

【刷】__~锅 泰ล้าง[la:ŋ⁴] 老ล้าง[la:ŋ⁴];ทูล้าง[thu:¹la:ŋ⁴] 越lau[lau¹];cọ[kɔ⁶]

【刷牙】 泰แปรงฟัน[prɛ:ŋ² fan²] 老ถัด แข้ว[phat⁷ khɛ:u³];ธุกแข้ว[huk⁸khɛ:u³];ทูแข้ว[thu:¹khɛ:u³] 越泰xạt khéo[sa:t⁸ khɛu³];chải khéo[tsa:i³ khɛu³] 越đánh răng[ʔdaŋ⁵zaŋ¹] 芒tảnh thăng[taŋ⁵thaŋ¹]

【刷子】 泰แปรง[prɛ:ŋ²] 老แปง[pɛ:ŋ²];ฟอย[fɔ:i⁵] 普tsha¹[tsha¹];zha¹[za¹] 越bàn chải[ʔba:n⁵tsa:i³]

【耍把戏】 泰เล่นกล[le:n³kon²];แสดงฝีมือ[sa⁵ ʔdɛ:ŋ²fi:¹mɯ:²] 老ที่บกิน[li:n³kon¹] 越biểu diễn tung hứng[ʔbi:u³ zi:n⁴ tuŋ¹ hɯŋ⁵]

【耍赖】 泰ปลิ้นปล้อน[plin³plɔ:n³] 越泰 kin lộp[kin¹lop⁸];kindan[kin¹ja:n¹] 越 giở gón[zɤ⁵ŋɔn⁵]; giở trò[zɤ³ tʂɔ²];bài bây[ʔba:i² ʔbɤi¹];ăn vạ[ʔan¹ va⁶];ăn gian[ʔan¹ za:n¹];chối[tsoi⁵] 芒ăn dan[ʔan¹ za:n¹]

【摔】__~下楼梯 泰ล้ม[lom⁴] 老ล้ม[lom⁴] 岱-侬 lộm[lom⁴] 越泰lộm[lom⁴] 越rơi xuống[zɤ:i¹ su:ŋ⁵]

【摔跤】体育项目 泰ปล้ำ[plam³];มวยปล้ำ[mu:ai²plam³];กีฬามวยปล้ำ[ki:²la:²mu:ai²plam³] 老ปั๊ม[pam³];มวยปั๊ม[mu:ai²pam³] 岱-侬 fặt[fat⁸];fột[fot⁸];pốน[pon⁵] 越泰ngộm[ŋom⁴] 普pan³[pa:n³] 越vật[vɤt⁸];đánh vật[ʔdaŋ⁵ vɤt⁸];môn vật[mon² vɤt⁸] 芒tè rà[tɛ² ra²]

【衰落】 泰เลื่อมสลาย[lɯ:am³sa⁵la:i²] 老อ่อนเพย ฐุดโฮม[ʔɔ:n⁵phi:a²sut⁸so:m²] 岱-侬 khỏ lồng[khɔ³lɔŋ²];tò lồng[tɔ²lɔŋ²] 越lùm ló[lum³lɔ⁵] 越sa sụt[ʂa¹ ʂut⁵];suy sụp[ʂwi¹ ʂup⁸]

【甩】__~手榴弹 泰ขว้าง[khwa:ŋ³] 老แกว่ง[kwɛ:ŋ⁵] 岱-侬 pạc[pa:k⁸] 越泰khít[khit⁷] 越ném[nɛm⁵]

【甩卖】 泰ขายล้างสต็อก[kha:i¹la:ŋ⁴sa⁵tɔk⁷] 老ขายไฮ[kha:i¹lai¹];ขายลึดลาคา[kha:i¹lot⁸la:² kha:²];ขายหูดลา ดา[kha:i¹ lut⁷ la:² kha:²] 越bán lỗ[ʔba:n⁵ lo⁴] 芒painh lỗ[pa:in³ lo⁴]

【栓剂】 泰ยาเหน็บ[ja:² nep⁷] 老ยายัด[ja:¹ nat⁸]; ยาเหน็บ[ja:¹ nep⁷] 越thuốc đạn (nhét hậu môn) [thu:k⁷ ʔda:n⁶ (nɤt⁷ hɤu⁶ mon¹)]

【闩】__~门 泰ใส่กลอน[sai⁵klɔ:n²] 老ใส่กอน[sai⁵ kɔ:n¹] 普lǎj³ sê²[lai³se²] 越cài[ka:i²];gài[ɣa:i²]; chốt[tsot⁷] 芒cài[ka:i²];chốt[tsot⁷]

【涮】__~羊肉 泰ลวกในน้ำเดือด[lu:ak¹⁰nai²nam⁴ʔdɯ:at⁹] 岱-侬 rộm[rom⁴];lộm[lom⁴] 越泰huộm[hu:m⁴] 越chần[tsɤn²];nhúng[ɲuŋ⁵] 芒luôc dút[lu:k⁸ zut⁷]

【霜】 泰น้ำค้างแข็ง[nam⁴kha:ŋ⁴khɛŋ¹] 老พอกท้าม

[mɔ:k⁹ ka:m⁴];น้ำของก้าม[nam⁴ mɔ:k⁹ ka:m⁴];น้ำของขุ่น[nam⁴mɔ:k⁹khun³];ของขุ่น[mɔ:k⁹khun³] 岱-侬mươi khao[mɯ:i¹ kha:u¹];mươi nài[mɯ:i¹ na:i²];muôi nài[mu:i¹na:i²];muôi căt[mu:i¹kat⁷] 越泰mươicảm[mɯ:i¹ka:m³] 普qamAj[qa⁰mɒi⁰] 越sương[ʂɯ:ŋ¹];sương muối[ʂɯ:ŋ¹mu:i⁵] 芒khương[khɯ:ŋ¹];bói[ʔbɔi³]

【双 — ~ 雉 】 泰คู่[khu:³] 老คู่[khu:⁵] 岱-侬tối[toi⁵];tôi[toi¹];cù[ku³] 越đôi[ʔdoi¹]

【双 — ~筷子 】 泰คู่[khu:³] 老คู่[khu:⁵] 越đôi[ʔdoi¹]

【双胞胎】 泰ลูกฝา[lu:k¹⁰ fa:¹];ฝาแฝด[fa:¹ fɛ:t⁹];แฝดคู่[fɛ:t⁹khu:³] 老ลูกฝา[lu:k¹⁰ fa:¹];ลูกฝาแฝด[lu:k¹⁰ fa:¹fɛ:t⁹];ลูกฝองแฝด[lu:k¹⁰fɔ:ŋ¹fɛ:t⁹];ลูกแฝด[lu:k¹⁰ fɛ:t⁹] 越đứa trẻ sinh đôi[ʔdɯɤ⁵ tʂɛ³ ʂiŋ¹ ʔdoi¹]

【双程票】 泰ตั๋วไปกลับ[tu:a¹ pai² klap⁷];ขาไปกลับ[kha:¹ pai² klap⁷] 老ปี้ไปกับ[pi:⁴ pai¹ kap⁷] 越vé hai lượt[vɛ⁵ ha:i¹ lɯ:t⁸];vé khứ hồi[vɛ⁵ xɯ⁵ hoi²]

【双方】 泰สองฝ่าย[sɔ:ŋ¹ fa:i⁵] 老สองฝ่าย[sɔ:ŋ¹ fa:i⁵];สองก้ำสองฝ่าย[sɔ:ŋ¹ kam¹ sɔ:ŋ¹ fa:i⁵] 越泰xong phái[sɔŋ¹ pha:i⁵];xong tó xong[sɔŋ¹ tɔ⁵ sɔŋ¹] 越hai bên[ha:i¹ ʔben¹]

【双峰骆驼】 泰อูฐสองหนอก[ʔu:t⁹sɔ:ŋ¹nɔ:k⁹] 老อูฐสองหนอก[ʔu:t⁹sɔ:ŋ¹nɔ:k⁹] 越lạc đà hai bướu [la:k⁸ ʔda² ha:i¹ ʔbɯu⁵]

【双人床】 泰เตียงคู่[ti:aŋ²khu:³] 老ຫຽງຄູ່[ti:aŋ¹ khu:⁵] 越giường đôi[zɯ:ŋ² ʔdoi¹]

【双刃刀】 泰มีดสองคม[mi:t¹⁰sɔ:ŋ¹khom²] 老มีดสองคม[mi:t¹⁰sɔ:ŋ¹khom²] 越dao hai lưỡi[za:u¹ ha:i¹ lɯ:i⁴]

【双生】 泰ฝา[fa:¹];ฝาแฝด[fa:¹fɛ:t⁹] 老ฝา[fa:¹];ฝาแฝด[fa:¹fɛ:t⁹];ปีแฝด[fi:¹fɛ:t⁹];ฝองแฝด[fɔ:ŋ¹fɛ:t⁹];

fɛ:t⁹];ยะยะงาด[ɲa⁵ma⁵sa:t¹⁰] 岱-侬ôm pha [ʔom¹ pha¹] 越sinh đôi[ʂiŋ¹ ʔdoi¹]

【双眼皮】 泰ตาสองชั้น[ta:²sɔ:ŋ¹tʂhan⁴] 老ຕາສອງชีม[ta:¹ sɔ:ŋ¹ hi:m²] 越mắt hai mí[mat⁷ ha:i¹ mi:⁵];mí mắt đôi[mi⁵ mat⁷ ʔdoi¹]

【谁❶】 泰ใคร[khrai²];ผู้ใด[phu:³ʔdai²] 老ใผ[phai ];คนใด[khon² ʔdai¹];ผู้ใด[phu:³ ʔdai¹];ผู้หนึ่งผู้ใด [p'u:³ nɯŋ⁵ phu:³ ʔdai¹] 岱-侬cầu[kɤu²];cần cấu [kɤn² kɤu²] 越泰phau[phau¹] 普njaw²[nja:u²];nhjaw²[ŋja:u²] 越ai[ʔa:i¹];ké nào[kɛ³ na:u²] 芒ngay[ŋai¹];ay[ʔai¹];ké nò[kɛ⁵ nɔ²]

【水❷】 泰น้ำ[nam⁴] 老บ้ำ[nam⁴] 岱-侬năm [nam⁴] 越泰năm[nam⁴] 普ʔong³[ʔɔŋ³] 越nước[nɯ:k⁷] 芒đác[ʔda:k⁷]

【水泵】 泰ปั๊ม[pam⁴];เครื่องปั๊ม[khrɯaŋ³ pam⁴];เครื่องสูบน้ำ[khrɯaŋ³su:p⁹nam⁴];สูบ[su:p⁹] 老ปั๊ม[pam⁴];ปั๊มน้ำ[pam⁴nam⁴];สูบ[su:p⁹];ก้องสูบ [kɔ:ŋ⁴ su:p⁹];ก้องสูบน้ำ[kɔ:ŋ⁴ su:p³ nam⁴];ก้องดูด[kɔ:ŋ⁴ʔdu:t⁹];สูบน้ำ[su:p⁹nam⁴];โปมน้ำ[po:m¹ nam⁴] 越máy bơm nước[mai⁵ ʔbɤ:m¹ nɯ:k⁷] 芒máy bơm đác[mai⁵ ʔbɤ:m¹ ʔda:k⁷]

【水车 抽水工具】 泰กังหันน้ำ[kaŋ² han¹ nam⁴];ระหัด[ra²hat⁷];จักรน้ำ[tsak⁷nam⁴] 老ก๋งพัดบ้ำ[koŋ¹ p'at⁸nam⁴];ละหัด[la⁵hat⁷];ละหัดบ้ำ[la⁵hat⁷nam⁴];ละพัดบ้ำ[la⁵ phat⁸ nam⁴] 岱-侬ăn cọn[ʔan¹ kɔn⁴];ăn lộc[ʔan¹ lok⁷] 越泰lóc[lok⁷] 越guồng nước[ɣɯ:ŋ² nɯ:k⁷];xe đạp nước[sɛ¹ ʔda:p⁸ nɯ:k⁷]

【水滴】 泰หยดน้ำ[jɔt⁹nam⁴] 老ยอดบ้ำ[jɔt⁹nam⁴];วาลิพินทุ[va:² li⁵ phin² thu⁵] 岱-侬đâc năm[ʔdɤk⁷ nam⁴];tắc năm[tak⁷nam⁴];đắt năm[ʔdat⁷nam⁴] 越泰púp năm[pup⁷nam⁴] 越giọt nước[zɔt⁸ nɯ:k⁷] 芒pông đác[poŋ¹ ʔda:k⁷]

【水痘】 泰อีสุกอีใส[ʔi:² suk⁷ ʔi:² sai¹] 老ຫວາງใส

---

❶ 石家dəə¹ 阿含phraü 掸laï A1 泐dăi A1
❷ 石家nam C2 阿含nǎm C2

【水碓】 泰 เครื่องที่อาศัยพลังน้ำ[kra⁵ ʔdɯ:aŋ² thi:³ ʔa:²san¹phlaŋ²nam⁴] 老 ຄົກນ້ຳ[khok⁸nam⁴] 岱-侬 chộc nặm[tɕok⁸ nam⁴]; chộc tỏi[tɕok⁸ tɔi⁵] 越 cối giã bằng sức nước[koi⁵ za⁴ ʔbaŋ² ʂɯk⁷ nɯ:k⁷]

【水浮莲】 泰 ดอกจอก[ʔdɔ:k⁹ tsɔ:k⁹] 老 ຜັກຈອກ[phak⁷ tsɔ:k⁹]; จอกหนอง[tsɔ:k⁹ nɔ:ŋ¹] 越 bèo cái[ʔbɛu² ka:i⁵]; cây bèo cái[kɤi¹ ʔbɛu² ka:i⁵]

【水沟】 泰 ร่องน้ำ[rɔ:ŋ³nam⁴]; รางน้ำ[ra:ŋ²nam⁴]; คลองส่งน้ำ[khlɔ:ŋ²soŋ⁵nam⁴]; เหมืองน้ำ[mɯaŋ¹nam⁴] 老 ເໝືອງນ້ຳ[mɯ:aŋ¹ nam⁴]; ຮ່ອງນ້ຳ[hɔŋ⁵ nam⁴] 普 mhâng⁴[m̥ɤŋ⁴] 越 mương[mɯ:ŋ¹]; rãnh nước[zaɲ⁴ nɯ:k⁷] 芒 mương[mɯ:ŋ¹]; hông[hoŋ⁴]

【水管】 泰 ท่อน้ำ[thɔ:³ nam⁴] 老 ທໍ່ນ້ຳ[thɔ:⁵ nam⁴]; ແປັບນ້ຳ[pɛ:p⁴ nam⁴] 普 long¹ ʔong³[loŋ¹ ʔoŋ³] 越 ống nước[ʔoŋ⁵ nɯ:k⁷]

【水瓜】 泰 บวบ[ʔbu:ap⁹] 老 ບວບ[ʔbu:ap⁹]; หมากบวบ[ma:k⁹ʔbu:ak⁹] 岱-侬 hoe[hwɛ¹] 越 ua nước[zɯa¹ nɯ:k⁷]

【水果❶】 泰 ผลไม้[phon¹la⁴mai⁴] 老 ໜິມລະໄມ້[phon¹]; ໝາກໄມ້[ma:k⁹ mai⁴] 岱-侬 mac[ma:k⁷] 越泰 mák[ma:k⁷] 越 hoa quả[hwa¹ kwa³]

【水果糖】 泰 น้ำตาลอม[nam⁴ta:n² ʔom²]; ข้าวนมอม[khau³nom² ʔom²] 老 ນ້ຳຕານອົມ[nam⁴ta:n¹ ʔom¹]; ເຂົ້າໜົມອົມ[khau³ nom¹ ʔom¹] 岱-侬 toòng kéo[tɔ:ŋ² kɛu⁵]; kẹo[kɛu⁴] 越泰 kèo[kɛu³] 越 kẹo hoa quả[kɛu⁶ hwa¹ kwa³]; đường quả[ʔdɯ:ŋ² kwa³]

【水晶❷】 泰 ผลิก[pha⁵ li⁴ ka⁵]; ผลิกะ[pha⁵ li⁴ ka⁵]; ผลิก[pha⁵lɯ⁴ka⁵] 老 ເພັດນ້ຳຄ້າງ[phet⁸nam⁴ kha:ŋ⁴]; ແກ້ວມະນີ[kɛ:u⁴ma⁵ni:²]; ແກ້ວມະນີໃສ[kɛ:u⁴ ma⁵ni:²sai¹]; แก้วหิน[kɛ:u⁴hi:n¹]; ผะลึก[pha² lɯk⁸]; มะนี[ma⁵ni:²]; แก้วพอยล่วม[kɛ:u⁴phɔ:i¹ li:am⁵] 越 thuỷ tinh[thwi³ tiɲ¹]; đá thuỷ tinh[ʔda⁵ thwi³ tiɲ¹] 芒 khũ thí tinh[khu⁵ thi⁵ tiɲ¹]

【水井】 泰 บ่อน้ำ[ʔbɔ:⁵nam⁴] 老 ຂຸມສ້າງ[khum¹ sa:ŋ³]; ນ້ຳສ້າງ[nam⁴saŋ³] 越 giếng nước[zi:ŋ⁵ nɯ:k⁷] 芒 bỏ đác[ʔbɔ³ ʔda:k⁷]

【水坑】 泰 สระน้ำ[sa⁵ nam⁴]; แอ่งที่มีน้ำขัง[ʔɛ:ŋ⁵ thi:² mi:² nam⁴ khaŋ¹] 老 ບວກນ້ຳ[ʔbu:ak⁹ nam⁴] 越 hố nước[ho⁵ nɯ:k⁷]; hầm nước[hɤm² nɯ:k⁷]; vũng nước[vuŋ⁴ nɯ:k⁷]

【水库】 泰 อ่างเก็บน้ำ[ʔa:ŋ⁵ kep⁷nam⁴] 老 ອ່າງຂັງນ້ຳ[ʔa:ŋ⁵ khaŋ¹ nam⁴]; ອ່າງເກັບນ້ຳ[ʔa:ŋ⁵ kep⁷ nam⁴]; ບ່ອນຂັງນ້ຳ[ʔbɔ:n⁵ khaŋ¹ nam⁴] 越 bể chứa nước[ʔbe³ tsɯə⁵ nɯ:k⁷]; hồ chứa nước[ho² tsɯə⁵ nɯ:k⁷]; kho nước[xɔ¹ nɯ:k⁷]

【水龙头】 泰 ก๊อก[kɔ:k⁴]; ก๊อกน้ำ[kɔ:k⁴ nam⁴]; ก๊อกประปา[kɔ:k⁴pra⁵pa:²] 老 ກ໊ອກນ້ຳ[kɔk⁷nam⁴] 越 vòi nước[vɔi² nɯ:k⁷]

【水路】 泰 ทางน้ำ[tha:ŋ²nam⁴]; ทางเรือ[tha:ŋ²rɯ:a²] 老 ທາງນ້ຳ[tha:ŋ² nam⁴]; ວາລິບົດ[va:²li⁵ʔbot⁷] 岱-侬 tàng nặm[ta:ŋ² nam⁴] 越 đường thuỷ[ʔdɯ:ŋ² thwi³]; đường sông[ʔdɯ:ŋ²ʂoŋ¹]; đường biển[ʔdɯ:ŋ² bi:n³]

【水面】 泰 หน้าน้ำ[na:³nam⁴] 老 ໜ້ານ້ຳ[na:³nam⁴] 越 mặt nước[mat⁸ nɯ:k⁷] 芒 mặt đác[mat⁸ ʔda:k⁷]

【水磨】 泰 โม่น้ำ[mo:³nam⁴] 老 ໂມ້ນ້ຳ[mo:⁴nam⁴] 越 cối xay bằng sức nước[koi⁵ sai¹ ʔbaŋ² ʂɯk⁷ nɯ:k⁷]

【水母】 泰 แมงกะพรุน[mɛ:ŋ²ka⁵phrun²] 老 ແມງກະພຸນ[mɛ:ŋ²ka⁵phun²]; ແມງຢຸ່ມວະ[mɛ:ŋ²n̪um va⁵]; ກະພຸນ[ka²phun²] 越 con sứa[kɔn¹ ʂɯə⁵]

---

❶ 阿含 māk D1L
❷ 石家 gxxw³；kxxw³

【水泥】 泰ปูนซีเมนต์[puːn² siː² meːn²] 老ຊີມັງ[siː² maŋ];ປູນຊີມັງ[puːn¹siː²maŋ];ດິນຊີມັງ[ʔdin¹siː² maŋ] 傣-仿xi măng[ɕi¹maŋ¹] 越xi-măng[si¹ maŋ¹]

【水泥路】 泰ถนนซีเมนต์[thaⁿnon¹siː²meːn²];ถนนปูน ซีเมนต์[thaⁿnon¹puːn¹siː²meːn²] 老ຖະໜົນ ຊີມັງ[thaⁿnon¹siː²maŋ¹] 越đường bêtông[ʔdɯːŋ² ʔbeː¹ toŋ¹]

【水泥瓦】 泰กระเบื้องซีเมนต์[kra⁵ʔbɯːaŋ³siː² meːn²] 老ກະເບື້ອງຊີມັງ[ka²²bɯːaŋ⁴siː²maŋ²]; ດິນຂໍຊີມັງ[ʔdin¹kʰɔː¹siː²maŋ²] 越tấm lợp fibrô xi-măng[tɤm⁵ lɤːp⁸ fi¹ ʔbro² si¹ maŋ¹]

【水碾】 泰ลูกกลิ้งน้ำ[luːk³kliŋ³nam⁴] 老ລູກກິ້ງນ້ຳ [luːk¹⁰ kiŋ⁴ nam⁴] 越máy xay lúa bằng thuỷ năng[mai⁵ sai¹ luɤ² ʔbaŋ² thwi³ naŋ¹];cối xay bằng sức nước[koi⁵ sai¹ ʔbaŋ² ʂuk⁷ nɯːk⁷]

【水牛❶】 泰ควาย[khwaːi²];กระบือ[kra⁵ʔbɯː²] 老 ຄວາຍ[khwaːi²];ໂຕຄວາຍ[to:¹¹khwaːi²];ກະບື[ka² ʔbɯː¹];ອະບື[ʔa²²bɯː¹];ກາສອນ[kaː¹sɔːn¹] 傣-仿 vài[vaːi²];tua vài[tuɤ¹vaːi²] 越泰quăi[kwaːi²];tô quăi[to¹kwaːi²] 普qaj[qaːi¹] 越trâu[tʂɤu¹];con trâu[kɔn¹tʂɤu¹] 芒tlu[tlu¹];con tlu[kɔn¹tlu¹]

【水牛犊】 泰ลูกควาย[luːk¹⁰ khwaːi²];ลูกหม่อ[luːk¹⁰ mɔː⁵];ลูกแหง่[luːk¹⁰ ŋɛː⁵] 老ຄວາຍນ້ອຍ[khwaːi² nɔːi⁴] 傣-仿 vài eng[vaːi²²ʔɛŋ¹] 普 ʔjang³ qaj[ʔjaːŋ³ qaːi¹];ʔjang³ nâw³[ʔjaːŋ³ nɤu³] 越con nghé[kɔn¹ ŋɛ⁵];trâu nghé[tʂɤu¹ ŋɛ⁵];bê[ʔbeː¹] 芒tlu e[ʔɛː¹]

【水鸥】 泰นกนางนวลน้ำกร่อย[mok⁸naːŋ²nuːan² nam⁴ krɔːi⁵] 傣-仿nộc hoặc[nok⁸hwak⁷] 越gà nước [ɣaː²nɯːk⁷];chim cuốc[tsim¹kuʔk⁷] 芒ca đác[kaː¹ ʔdaːk⁷];cuôc[kuːk⁸]

【水泡】 泰ตุ่มพุพอง[tum⁵ phu⁴ phɔːŋ²] 老ຟອງນ້ຳ [fɔːŋ¹nam⁴];ນ້ຳບອມ[nam⁴ʔbɔːn⁴];ຟອດນ້ຳ[fɔːtⁿʔnam⁴] 越bong bóng[ʔbɔŋ¹ ʔbɔŋ⁵];bong bóng nước[ʔbɔŋ¹ ʔbɔŋ⁵ nɯːk⁷]

【水渠❷】 泰คลองน้ำ[khlɔːŋ²nam⁴];ร่องน้ำ[rɔːŋ³ nam⁴] 老ລຳຄອງຮ່ອງເໝືອງ[lam²khɔːŋ²hɔːŋ⁵ mɯːaŋ²];ລຳຄອງ[lam² khɔːŋ²];ຄອງນ້ຳ[khɔːŋ² nam⁴]; ຄູ[khuː²];ເໝືອງນ້ຳ[mɯːaŋ¹ nam⁴];ເໝືອງ[mɯːaŋ¹] 普mhâng⁴[m̥ɤŋ⁴] 越 mương[mɯːŋ¹];mương phai[mɯːŋ¹ faːi¹]

【水蛇】 泰งูน้ำ[ŋuː²nam⁴];งูปลา[ŋuː²plaː²] 老ງູປາ [ŋuː²paː¹];ງູເຫົ້ານ້ຳ[ŋuː²hau⁵nam⁴];ງູອົ່ງນ້ຳ[ŋuː² ʔoŋ⁵nam⁴];ງູໂອ່ງນ້ຳ[ŋuː²ʔoːŋ⁵nam⁴] 傣-仿ngù hảunăm[ŋuː²hau⁵nam⁴] 越泰ngūbon[ŋuː²ʔbɔn⁷] 越rắn nước[zan⁵ nɯːk⁷]

【水塔】 泰หอเก็บน้ำ[hɔː¹kep⁷nam⁴] 老ຖັງປະປາ [thaŋ¹paː²paː¹];ຖັງເກັບນ້ຳ[thaŋ¹kep⁷nam⁴] 越tháp nước[thaːp⁷ nɯːk⁷];két nước[kɛt⁷ nɯːk⁷] 芒tháp đác[thaːp⁷ ʔdaːk⁷]

【水獭】 泰นาก[naːk¹⁰] 老ນາກ[naːk¹⁰];ຕົວນາກ [tuːa¹naːk¹⁰];ບອນ[ʔbun¹] 傣-仿nạc[naːk⁸];tua nạc [tuɤ¹ naːk⁸];tua bồn[tuɤ¹ ʔbon³] 越泰nạk[naːk⁸];tô nạk[to¹ naːk⁸] 越rái cá[zaːi⁵ kaː⁵];con rái cá[kɔn¹ zaːi⁵ kaː⁵];rái chó[zaːi⁵ tsɔː⁵]

【水田】 泰นา[naː²];นาดำ[naː² ʔdam²] 老ນານ້ຳ[naː² nam⁴] 傣-仿nà năm[naː² nam⁴] 越泰nā năm[naː² nam⁴] 越ruộng nước[zuən⁶ nɯːk⁷]

【水位】 泰ระดับน้ำ[ra⁴ʔdap⁷nam⁴] 老ລະດັບນ້ຳ [laː⁵ʔdap⁷nam⁴];ລຳດັບນ້ຳ[lam²ʔdap⁷nam⁴] 越 mực nước[muːk⁸ nɯːk⁷] 芒mâc đác[mɤk⁸ ʔdaːk⁷]

【水星】 泰ดาวพุธ[ʔdaːu² phut⁸] 老ດາວພຸດ[ʔdaːu¹ phut⁸] 越Sao Thuỷ[ʂaːu⁵⁵ thwiː³];Thuỷ tinh[tɤwi³ tiŋ¹]

---

❶ 阿含 khrai A2； khāi A2　掸 kwai A2　泐 kwai A2
❷ 石家 cai²-khooŋ⁴； khooŋ⁴

【水烟袋】 泰 กล้องสูบยาแบบใช้น้ำ[klɔːŋ³ suːp⁹ jaː² ʔbɛːp⁹ tshai⁴ nam⁴] 岱-侬 điếu booc[ʔdiːu³ ʔbɔːk⁷] 越泰 tùng cuốn[tuŋ⁶ kuːn²];liếp cuốn[liːp⁷ kuːn²] 越 ống thuốc lào[ʔoŋ⁵ thuːk⁷ laːu²]

【水烟筒】 泰 กล้องยาแดง[klɔːŋ³ jaː³ ʔdɛːŋ²];มอระกู่ [mɔː² ra⁴ kuː³] 老 ກອກຫຍດ[kɔːkʰ hiːat⁹];ກອກຖິດ [kɔːkʰhiːt⁹] 越 điếu cày[ʔdiːu⁵kai²];điếu ống [ʔdiːu⁵ ʔoŋ⁵]

【水银】 泰 เงินไว[ŋɤːn³wai²];ปรอท[paˢrɔːt⁹] 老 ບາ[ʔbaː¹ˈ];ບາແລ່ນ[ʔbaː¹ˈ lɛːn⁵];ບາລຽມ[ʔbaː¹ˈ liːam²]; ນ້ຳບາຫລອດ[nam⁴ ʔbaː¹ˈ lɔːt⁹] 越 thuỷ ngân[thwi³ ŋɤn¹]

【水源】 泰 แหล่งน้ำ[lɛːŋ⁵nam⁴];ต้นกำเนิด[ton³kam² nɤːt¹⁰] 老 ຕົ້ນນ້ຳ[ton⁴ nam⁴];ຍອດນ້ຳ[ɲɔːt¹⁰ nam⁴]; ยอดห้วย[ɲɔːt¹⁰huːai³] 岱-侬 côcnặm[kok⁷nam⁴] 越泰 cốcnặm[kok⁷nam⁴] 普 rhô⁵ʔong³[ro⁵ʔoŋ³] 越 nguồn nước[ŋuːn² nɯːk⁷]

【水灾❶】 泰 อุทกภัย[ʔu⁵thok⁸phai²];ภัยน้ำท่วม [phai² nam⁴ thuːam³] 老 ອຸທະກະໄພ[ʔu² tha⁵ ka² phai²];ໄພນ້ຳຖ້ວມ[phai²nam⁴thuːam³] 越 thuỷ tai[thwi³ taːi¹];lụt[lut⁸];nạn lụt[naːn⁶ lut⁸];lụt ngập [lut⁸ŋɤp⁸];lụt lội[lut⁸loi⁶] 芒 đác lut[ʔdaːk⁷ lut⁸]; nãn lut[naːn⁴ lut⁸]

【水藻】 泰 สาหร่ายน้ำ[saː¹raːi⁵nam⁴] 老 แฃบ[nɛː¹] 岱-侬 ne[nɛ¹];co ne[kɔ¹nɛ¹] 越 rong[zɔŋ¹];rong nước[zɔŋ¹nɯːk⁷];rong bể[zɔŋ¹ʔbe³];rêu[zeu¹];tảo [taːu³]

【水闸】 泰 ประตูทดน้ำ[praˢtuː²thot⁸ nam⁴];ประตูน้ำ [praˢtuː²nam⁴] 老 ເຂື່ອນ[khɯan⁵];ປະຕູນ້ຳ[paˈtuː¹ˈ nam⁴];ປະຕູເປີງນ້ຳ[paˈtuː¹ˈ peŋ⁵ nam⁴] 岱-侬 chú nặm[teu¹ nam⁴];tổ nặm[to³ nam⁴] 越泰 tò nặm[to⁷ nam⁴] 越 cổng nước[koŋ⁶ nɯːk⁷] 芒 cổng đác nam⁴]

❶ 石家 nam³-thoom³
❷ 石家 thua⁴ pliŋ¹；pliŋ¹
❸ 阿含 nân　拉哈 ʔɤw¹

[koŋ³ ʔdaːk⁷]

【水蒸气】 泰 ອຸສຸม[ʔu⁵ sum²];ไอ[ʔai²];ไอน้ำ[ʔai² nam⁴] 老 ອາຍນ້ຳ[ʔaːi¹ˈ nam⁴] 越 hơi nước[hɤːˈ¹ nɯːk⁷]

【水蛭❷】 泰 ปลิง[pliŋ²] 老 ປີງ[piːŋ¹ˈ];ตัวปีง[tuːa¹ piːŋ¹ˈ] 岱-侬 pinh[piŋ¹];tua pinh[tuːa¹ piŋ¹] 越泰 pinh[piŋ¹];tôpinh[to¹piŋ¹] 普 patjăng⁴[paˈtjaŋ⁴] 越 con đỉa[kɔn¹ ʔdiːa³] 芒 cải tía[kaːi³ tiːa⁵]

【水肿】 泰 บวมน้ำ[ʔbuːam² nam⁴];น้ำคา เนื้อ[nam⁴ khaː²nɯːa⁴] 老 ມານນ້ຳ[maːn²nam⁴];ຫັງພອງ [naŋ¹phɔːŋ²] 越 thuỷthũng[thwi³thuŋ⁴];nangthũng [naːŋ¹ thuŋ⁴];bệnh phù[ʔben⁶ fuː²]

【水煮蛋】 泰 ไข่ต้ม[khai⁵tom³] 老 ໄຂ່ຕົ້ມ[khai⁵ tom⁴] 越 trứng luộc[tʂɯŋ⁵ luːk⁸]

【睡❸】 泰 นอน[nɔːn²];ลับนอน[lap⁸ nɔːn²] 老 ມอน [nɔːn²] 岱-侬 nòn[nɔn²] 越泰 nõn[nɔn²] 普 ʔăw⁴[ʔau⁴] 越 ngủ[ŋuː³] 芒 táy[tai⁵]

【睡不着】 泰 นอนไม่หลับ[nɔːn²mai³lap⁷] 老 ມอนບໍ່ຫລັບ[nɔːn²ʔbɔː⁵lap⁷] 岱-侬 nòn bố đặc [nɔn² ʔbo⁵ ʔdak⁷] 越 không ngủ được[xoŋ¹ ŋuː³ ʔdɯːk⁸]

【睡裤】 泰 กางเกงนอน[kaːŋ²keːŋ²nɔːn²] 老 ໂສ້ງບຸ່ງມอน[soːŋ³ nuŋ⁵ nɔːn²] 越 quần ngủ[kwɤn² ŋuː³]

【睡懒觉】 泰 นอนสาย[nɔːn² saːi¹] 岱-侬 tứn sloai [tɯn⁵ ɬwaːi¹];nòn sloai[nɔn² ɬwaːi¹] 越 ngủ dậy muộn[ŋuː³ zɤi⁶ muːn⁶]

【睡莲】 泰 บัวเผื่อน[ʔbuːa² phɯːan⁵] 老 ບົວຄຳ[ʔbuːa¹ kham²];ບົວແດງ[ʔbuːa¹ ʔdɛːŋ¹ˈ];ບົວມາດ[ʔbuːa¹ maːt¹⁰];ບົວເຜື່ອນ[ʔbuːa¹phɯːan²];ບົວແບ້[ʔbuːa¹ ʔbɛːŋ⁴] 岱-侬 dàngâu[ja³ŋou⁴] 越 hoa súng[hwaː¹ ʂuŋ⁵];cây súng[kɤi¹ ʂuŋ⁵]

【睡衣】泰ชุดนอน[tshut⁸nɔːn²] 老ເຄື່ອງນຸ່ງນອນ[khɯːaŋ⁵nuŋ⁶nɔːn²] 越áo ngủ[ʔaːu⁵ŋu³] 芒áo táy[ʔaːu³ tai⁵]

【睡着】泰นอนหลับ[nɔːn² lap⁷] 老ນອນຫຼັບ[nɔːn² lap⁷];ຫຼັບໄປ[lap⁷pai¹] 傣-侬đăc[ʔdak⁷];nòn đăc[nɔn² ʔdak⁷] 越泰nōn lau[nɔn² lau¹] 越ngủ say[ŋu³ ṣai¹] 芒táy ngoch[ŋu³ ŋɔt⁸]

【税】泰ภาษี[phaː²siː¹] 老ພາສີ[phaː²siː¹];ສ່ວຍ[suai⁵];ສວຍເສ[suai¹ seː¹];ສູງກອນ[suŋ⁶ kaː¹];ອາກອນ[ʔaː¹¹kɔːn¹] 傣-侬thoé[thwɛ²];xui[cui¹] 越泰thué[thwɛ⁵] 越thuế[thwɛ⁵] 芒thế[the³]

【税款】泰ภาษี[ŋaː:n² khaː¹ phaː² siː¹] 老ພັດທະຍາ[phat⁸ thaː⁵ ŋaː²] 越tiền thuế[tiːn² thwɛ⁵]

【吮❶】泰ดูด[ʔduːt⁹] 老ດູດ[ʔduːt⁹];ກອກ[kɔːk⁹] 傣-侬đut[ʔdut⁷];đăt[ʔdat⁷] 越泰lúp[lup⁵];chúp[tsup⁷];kinúk[kin¹ʔuk⁵] 普kân¹?wâj⁴[kɤn¹ʔwɤi⁴] 越bú[ʔbu⁵];mút[mut⁷] 芒mắm[mam⁵]

【顺便】泰ถือโอกาส[thɯː¹ ʔoː² kaːt⁹] 老ຖືໂອກາດ[thɯː¹ ʔoː¹¹ kaːt⁹] 傣-侬chòm[tɕɔm³];và[va³] 越nhân tiện[ŋɤn¹ tiːn⁶];tiện thể[tiːn⁶ the³];luôn thể[luːn¹ the³];nhân dịp[ŋɤn¹ zip⁸];sẵn dịp[ṣan⁴ zip⁸] 芒tiến thế[tiːn⁴the⁵];tiến đip[tiːn⁴?dip⁸];khẵn đip[khan⁴?dip⁸];huối[huːi⁵];tà khẵn ni[ta² khan⁴ ni¹]

【顺风】泰ตามลม[taːm²lom²] 老ຕາມລົມ[taːm¹ lom²] 越thuận gió[thwɤn⁶ ẓɔ⁵];xuôi gió[suːi¹ ẓɔ⁵]

【顺口】~说出 泰คล่องปาก[khlɔːŋ³paːk⁹];พลังปาก[phlaŋ²paːk⁹];ถูกปาก[thuːk⁹paːk⁹];อ่านแล้วรื่นหูดี[ʔaːn⁵lɛːu⁴rɯːn³huː¹²di²] 老ຄ່ອງປາກ[khɔːŋ⁵paːk⁹] 越luôn mồm[luːn¹ mom²]

【顺流】泰ตามน้ำ[taːm²nam⁴] 老ຕາມກະແສນ້ຳ[taːm¹¹ kaː¹ sɛː¹ nam⁴];ຕາມນ້ຳ[taːm¹ nam⁴] 傣-侬rèo năm[rɛu² nam⁴];nèm[nɛm² nam⁴] 越泰lòng nặm[lɔŋ⁶nam⁴] 越xuôi dòng[suːi¹ zɔŋ²] 芒xuôi dòng[suːi¹ zɔŋ²]

【瞬间】泰ชั่วเวลาจับพลัน[tshuːa³weː²laː²tshap⁷phlan²] 老ບິດ[ʔbɯt⁵] 越chốc lát[tsok⁷laːt⁷];nháy mắt[ɲai⁵mat⁷];giây lát[zɤi¹ laːt⁷];một chốc[mot⁸ tsok⁷];một lát[mot⁸ laːt⁷]

【说❷】泰พูด[phuːt¹⁰] 老ວ່າ[vaː⁵];ເວົ້າ[vau⁴];ພົອງ[phɔːŋ⁴] 傣-侬phuối[phuːi⁵];cảng[kaːŋ³];chẳng[tɕaŋ³];và[va³] 越泰và[va⁶];vạu[vau⁴];pák[paːk⁷] 普lhǎj¹[lai¹] 越nói[nɔi⁵];kể[ke³] 芒nói[nɔi³];khế[khe³];tàm[taːm²];põ[po⁴]

【说粗口话】泰พูดคำหยาบโลน[phuːt¹⁰kham²jaːp⁹loːn²] 老ເວົ້າເພີ[vau⁴phɤ⁵] 傣-侬càng tan[kaːŋ³ tan¹] 越泰pák uổi[paːk⁷ʔuːi⁵] 越nói tục[nɔi⁵ tuk⁸] 芒põ tle[tlɛ¹];põ tuc[po⁴ tuk⁸]

【说风凉话】泰พูดคำกระทบกระแทก[phuːt¹⁰ kham² kraː⁵ thop⁸ kraː⁵ theːk¹⁰] 傣-侬phuối mẻng[phuːi⁵ mɛŋ³];phuối mot[phuːi⁵ mɔt⁷];phuối pi[phuːi⁵ pi⁴] 越泰và xiết[va⁶ siːt⁷] 越nói mát[nɔi⁵ maːt⁷];nói cạnh[nɔi⁵ kaŋ⁶] 芒khế máich[khe³ maːut⁷];põ kênh[po⁴ ken⁴]

【说梦话】泰ละเมอ[laː⁴ mɤː²] 老ໄບ[ʔbai⁵];ປາກໄບ[paːk⁹ ʔbai⁵];ລະເມີ[laː⁵ mɤː¹];ເຫີ[lɤ¹];ນອນໃຫ[nɔːn² lai¹];ໃຫ[lai¹] 越nói mê[nɔi⁵ me¹];nói sảng[nɔi⁵ ṣaːŋ³] 芒khế máng[khe³ mɤŋ⁵];khế têm pao[khe³ tem¹ paːu¹]

【说明】~原因 泰อธิบาย[ʔaː⁵thiː⁴ʔbaːi²] 老ແຈງ[tsɛːŋ¹];ຂີ້ແຈງ[tsɛːŋ¹];ມີເທດ[niː⁵theːt¹⁰];ປະລິຍາງ[paː²liː⁵ ɲaːi²];ພັນລະນາ[phan²laː⁵naː²];ຢືນຍັນ[jɯːn¹ jan¹];ອະທິບາຍ[ʔaː² thiː² ʔbaːi¹];ແກ້[kɛː⁴] 越nói rõ[nɔi⁵ ẓɔ⁴];giải thích rõ ràng[zaːi³ thit⁷ ẓɔ⁴ ẓaːŋ²];làm sáng tỏ[laːm² ṣaːŋ⁵ tɔ³];giảng thích[zaːŋ³ thit⁷];trình bày[tṣiŋ² ʔbai²] 芒tlình rõ[tliŋ² ẓɔ⁴]

---

❶ 阿含chup 掸sup
❷ 石家low⁵; loy³ 阿含bā; rik; lāt; lau

【说明书】 泰 หนังสืออธิบาย[naŋ¹ sɯː¹ ʔa⁵ thi⁴ ʔbaːi²]; คำชี้แจง[kham² tshiː⁴ tsɛːŋ²] 老 ཧ័ཙསིཥབཿབཾ[naŋ¹ sɯː¹ nɛ⁵ nam²] 越 giấy thuyết minh[zɤi⁵ thwiːt⁷ mi¹]

【说实话】 泰 พูดคำที่เป็นจริง[phuːt¹⁰ kham² thiː³ pen² tsiŋ²] 老 ເວົ້າຂໍ້ຕາມຈິງ[vau⁴ sɯː¹ taːm¹ tsiŋ¹] 岱-侬 phuối ngay[phuːi⁵ ŋai¹] 越泰 và tẹ[va⁴ tɛ⁴] 越 nói thật[nɔi⁵ thɤt⁸] 芒 khể hong[nɔi⁵ hɔŋ¹]; khể thật[khe³ thɤt⁸]; pỗ hong[po⁴ hɔŋ¹]; pỗ thật[po⁴ thɤt⁸]

【丝】 泰 ผ้าไหม[phaː³ mai¹] 老 ผ้าไหม[phaː³ mai¹] 岱-侬 sli[ɬi¹]; tơ[tə¹]; mây mọn[məi¹ mɔn⁴] 越 tơ[tɤ¹] 芒 thơ[thɤ¹]

【丝绸】 泰 แพรไหม[phrɛː² mai¹] 老 แผ่นไหม[phɛːn⁵ mai¹]; แพไหม[phɛː² mai¹] 越 lụa tằm[luə⁶ tam²]; lụa tơ tằm[luə⁶ tɤ¹ tam²] 芒 lũa[luə⁴]

【丝瓜】 泰 บวบ[ʔbuːap⁹] 老 ບວບ[ʔbuːap⁹]; ໝາກບວບ[maːk⁹ ʔbuːap⁹]; ໝາກລອຍ[maːk⁹ lɔːi²]; ໝາກມອຍ[maːk⁹ nɔːi²] 岱-侬 ve[vɛ¹]; buôp[ʔbuːp⁹] 越泰 mák buốp[maːk⁷ ʔbuːp⁷] 普 pak⁵ dâng³[paːk⁵ dɤŋ³]; păk⁵ dâng³[paːk⁵ dɤŋ³] 越 mướp[mɯːp⁷] 芒 puôp[puːp⁸]

【丝瓜络】 泰 รังบวบ[raŋ² ʔbuːap⁹] 老 ຍັງໝາກບວບ[nuŋ⁴ maːk⁹ ʔbuːap⁹] 岱-侬 nhứa ve[ɲɯːa⁵ vɛ¹]; nhá ve[ɲaː⁵ vɛ¹] 越泰 nhỏng mák buốp[ɲɔŋ² maːk⁷ ʔbuːp⁷] 越 xơ mướp[sɤ¹ mɯːp⁷]

【司机】 泰 คนรถ[khon² rot⁸]; คนขับรถ[khon² khap⁷ rot⁸] 老 ຄົນຂັບລົດ[khon² khap⁷ lot⁸]; ຜູ້ຂັບຂີ່[phuː³ khap⁷ khiː⁵]; ຜູ້ຂັບລົດ[phuː³ khap⁷ lot⁸]; ໂຊເຟີ[soː² foː²] 岱-侬 cần thư lái[kən² thɯ¹ laːi⁵] 越 người lái xe[ŋɯːi² laːi⁵ sɛ¹]; công nhân lái xe[koŋ¹ ɲɤn¹ laːi¹ sɛ¹]; tài xế[taːi² se⁵]

【私奔】 泰 หนีตามผู้ชายไป[niː¹ taːm² phuː³ tshaːi² pai²] 老 ພາຫນີ[phaː² niː¹]; ລັກຫນີ[lak⁸ niː¹] 越 nam nữ 
thong đi lại với nhau[naːm¹ nɯ⁴ tuː¹ thoŋ¹ ʔdi¹ laːi⁶ vɤːi⁵ ɲau¹]; trai gái theo nhau bỏ nhà ra đi[tʂaːi¹ yaːi⁵ theu¹ ɲau¹ ʔbɔ³ ɲaː² zaː¹ ʔdi¹]

【私人】 泰 ส่วนตัว[suːan⁵ tuːa²] 老 ເອກະຊົນ[ʔeː¹ kaː² son²] 普 dê³[deː³] 越 tư nhân[tɯ¹ ɲɤn¹]; cá nhân[kaː⁵ ɲɤn¹]; riêng tư[ziəŋ¹ tɯ¹] 芒 tư[tɯ¹]

【私生子】 泰 ลูกชู้[luːk¹⁰ tshuː⁴]; ลูกไม่มีพ่อ[luːk¹⁰ mai³ miː² phɔː³] 老 ລູກຊູ້[luːk¹⁰ suː⁴]; ລູກທາງ[luːk¹⁰ thaːŋ²]; บุดลับ[ʔbut⁷ lap⁸]; ກັນຍາບຸດ[kan¹ ɲaː² ʔbuk⁷]; ກຸນ[kun¹] 岱-侬 lục màn tàng[luk⁸ maːn² taːŋ²] 越泰 lục mān tăng[luk⁸ maːn² taːŋ²] 越 con hoang[kɔn¹ hwaːŋ¹]

【私事】 泰 เรื่องส่วนตัว[rɯːaŋ² suːan⁵ tuːa²] 老 ອຽກສ່ວນຕົວ[viːak¹⁰ suːan⁵ tuːa¹] 越 việc riêng[viːk⁸ ziəŋ¹]; việc của cá nhân[viːk⁸ kuːa³ kaː⁵ ɲɤn¹]

【私塾】 泰 โรงเรียน[roːŋ² riːan²] 老 ໂຮງຮຽນບ້ານ[hoːŋ² hiːan² ʔbaːn⁴] 越 trường tư[tʂɯːŋ² tɯ¹]; thục tư[tɯ¹ thuk⁸]

【私宅】 泰 บ้านส่วนตัว[ʔbaːn³ suːan⁵ tuːa²] 老 ເຮືອນສ່ວນຕົວ[hɯːan² suːan⁵ tuːa¹] 越 nhà tư[ɲaː² tɯ¹] 芒 nhà riêng[ɲaː² riəŋ¹]; nhà tlủa[ɲaː² tluə³]

【撕~纸❶】 泰 ฉีก[tshiːk⁹] 老 ຈີກ[tsiːk⁹] 岱-侬 dec[jɛk⁷] 越泰 chík[tsik⁷] 普 lin⁴[lin⁴]; din⁴[din⁴] 越 xé[sɛ⁵] 芒 xẻ[sɛ³]; pách[pat⁷]; chéch[tsɛt⁷]

【嘶马~】 泰 ร้อง[rɔːŋ⁴] 老 ແຫມ[hɛːm¹] 岱-侬 khek[khɛk⁷] 越泰 họng[hɔːŋ⁴] 越 hí[hi⁵] 芒 hé[hɛ⁵]

【死❷】 泰 ตาย[taːi²]; หมด[mot⁷]; เข้าโลง[khau³ loːŋ²]; ถึงแก่กรรม[thɯŋ¹ kɛː⁵ kam²] 老 ຕາຍ[taːi¹]; ມອດ[mɔːt¹⁰]; ຕາຍຈາກ[taːi¹ tsaːk⁹]; ເສຍ[siːa¹]; ເສຍຊີວິດ[siːa¹ siː² vit⁸]; ເສຍຕົວ[siːa¹ tuːa¹]; ດັບຊີວິດ[ʔdap siː² vit⁸]; ເຖິງແກ່ກຳ[thɤŋ¹ kɛː⁵ kam¹]; ເຖິງແກ່ອາມຕາຍ

---

❶ 掸 sik 泐 čhik
❷ 石家 praay A1 阿含 tai A1

[thəŋ¹ kɛː⁵ khwaːm² taːi¹];เถิงแก่ขีวิต[thəŋ¹ kɛː⁵ siː² vit⁸];เถิงแก่มอละบะกำ[thəŋ¹ kɛː⁵ mɔː² la⁵ na⁵ kam¹];เถิงแก่ผิละไล[thəŋ¹ kɛː⁵ phi⁵ la² lai⁵];เถิงแก่มอละบะพาบ[thəŋ¹ kɛː⁵mɔː²la⁵na⁵pha:p¹⁰];เถิงแก่อะสันยะกำ[thəŋ¹ kɛː⁵ ʔa² san¹ ɲa⁵ kam¹];เถิงแก่อะนิดจะกำ[thəŋ¹ kɛː⁵ ʔa² nit⁸ tsa² kam¹];ทอดขีวิต[thɔːt¹⁰ siː² vit⁸];มอละบะ[mɔː² la⁵ na⁵];มอละบะกำ[mɔː² la⁵ na⁵ kam¹];ม่อยละแม่ง[mɔːi⁴ la⁵ mɛːŋ⁵];ม้อย[muːai⁴];มับ[map⁸];มับหมา[map⁸ maː¹];ขล่องลับ[luːaŋ⁵ lap⁸];อายขิบ[vaːi² siːp¹⁰];อาสัน [ʔaː¹ˈsan¹];ตายสู้ง[taːi¹ˈsiːaŋ³]; 岱-侬thai[thaːi¹];hai[haːi¹];hất ké[hət⁷ kɛː⁵];mừa nà đin[mɯːə² na² ʔdin¹];pácpi[paːk⁷pi¹]; 越泰tai[taːi¹]; 普tiơ¹[tie¹] 越chét[tset⁷];khuất[xwɤt⁷];khuấtbóng[xwɤt⁷bɔŋ⁵];qua đời[kwa¹ ʔdɤːi²];lộn đời[lon⁶ ʔdɤːi²];hết số[het⁷ ʂo⁵];bỏ đời[ʔbɔ³ ʔdɤːi²];bỏ mình[ʔbɔ³ miɲ²]; 芒chít[tsit⁷];khuất[khwɤt⁷];khuất pòng[khwɤt⁷ pɔŋ²];thuổng hủ[thuːŋ³huː²];tử[tɯː⁴];lỗn tời[lon⁴ tɤːi²];lỗn thì[lon⁴ thi²];hết thì[het⁷ thi²];hết khổ[het⁷ kho³];tá tời[taː⁵ ];tá miềnh[taː⁵ miːɲ²];chà[tsa²]

【死胡同】 泰ตรอกตัน[trɔːk⁹ tan²];ทางตัน[thaːŋ² tan²];ซอยตัน[sɔːi² tan²] 老ຊ່ອມຕາຍ[hɔːm⁵ taːi¹];ຊ່ອມຕັນ[hɔːm⁵ tan²];ຕອກຕັນ[tɔːk⁹ tan¹] 岱-侬tàng slut[taːŋ²ɬut⁷] 越ngõ cụt[ŋɔ⁴kut⁸];đường cùng[ʔdɯːŋ² kuŋ²] 芒khả cât[kha³ kɤt⁸];khả cut[kha³ kut⁸]

【死路】 泰ทางตาย[thaːŋ²taːi²];ซ่อมตาย[hɔːm⁵taːi¹] 岱-侬tàng slut[taːŋ² ɬut⁷] 越đường cùng[ʔdɯːŋ²kuŋ²];đường cụt[ʔdɯːŋ² kut⁸];đường chết[ʔdɯːŋ² tset⁵];khả cut[kha³ kut⁸]

【死水】 泰น้ำตาย[nam⁴taːi²];น้ำขังนิ่ง[nam⁴khaŋ nin³] 老ນ້ຳຕາຍ[nam⁴taːi¹];ນ້ຳນິ່ງ[nam⁴niŋ⁵] 越nước tù[nɯːk⁷ tuː²];nước ứ động[nɯːk⁷ɯː²ʔdoŋ⁵] 芒đác tù[ʔdaːk⁷ tu²]

【死刑】 泰โทษประหาร[thoːt¹⁰pra⁵haːn¹] 老

โทดปะหารขีวิต[thoːt¹⁰pa⁵haːn¹siː¹vit⁸];โทดปะหาร[thoːt¹⁰pa²haːn¹];ปามะหัน[pa:¹¹na⁵than²];ปะหารขีวิต[pa²ha:n¹siː¹vit⁸] 越án tử hình[ʔaːn⁵ tɯː³ hiɲ²]

【死者】 泰ผู้ตาย[phuː³taːi²] 老ຄົນຕາຍ[khon² taːː¹];ເປຕະຂົນ[peː¹ˈtaːson²] 越người quá cố[ŋɯːi² kwa⁵ko⁵];người chết[ŋɯːi²tset⁷] 芒mõl chit[mɔi⁴ tsit⁷]

【死罪】 泰โทษถึงตาย[thoːt¹⁰ thɯŋ¹ taːi²] 老โทดเถิงตาย[thoːt¹⁰ thɯŋ¹ taːi²] 越tội tử hình[toi⁶ tɯː³ hiɲ²];tội chết[toi⁶ tset⁷]

【四❶】 泰สี่[siː⁵] 老ສີ່[siː⁵] 岱-侬slí[ɬi⁵] 越泰xí[si⁵] 普pê¹[pe¹] 越bốn[ʔbon⁵];tứ[tɯː⁵];tư[tɯ¹] 芒pổn[pon⁵];tư[tɯ¹]

【四季豆】 泰ถั่วแขก[thuːa⁵khɛːk⁹] 老ຖົ່ວນາງ[thuːa⁵naːŋ²];ຖົ່ວອ່ອນ[thuːa⁵ʔɔːn⁵];ໝາກຖົ່ວນາງ[maːk⁹thuːa⁵naːŋ²];ໝາກຖົ່ວອ່ອນ[maːk⁹thuːa⁵ʔɔːn⁵] 越đậu cô ve[ʔdɤu⁶ ko¹ ve¹]

【四十】 泰สี่สิบ[siː⁵ sip⁷] 老ສີ່ສິບ[siː⁵ sip⁷] 岱-侬slí slip[ɬi⁵ ɬip⁷] 越泰xí xip[si⁵ sip⁵] 越bốn mươi[ʔbon⁵ mɯːi¹] 芒pổn mươl[pon³ mɯːl²]

【四月】 泰เดือนเมษายน[ʔdɯːan²meː²sa²jon²];เมษายน[meː²sa²jon²];เดือนสี่[ʔdɯːan²siː⁵] 老ເດືອນເມສາ[ʔdɯːan¹ˈmeː²saː¹] 岱-侬bươn slí[ʔbɯːn¹ɬi⁵] 越泰bươn xí[ʔbɯːn¹ si⁵] 普nin¹ nân⁴[nɯn¹ nɤn⁴] 越tháng tư[thaːŋ⁵ tɯ¹] 芒kháng pổn[kʰaːŋ³ pon³]

【四肢】 泰มือเท้า[mɯː² thau⁴];ส่วนแขนขา[suːan⁵ khɛːn¹ khaː¹];แขนขา[kɛːn¹ khaː¹] 老ແຂນຂາ[khɛːn¹ khaː¹] 越tứ chi[tɯː⁵ tsi¹]

【饲料】 泰อาหารสัตว์[ʔaː²haːn¹sat⁷] 老ອາຫານ[ʔaː¹ˈhaːn¹] 越thức ăn gia súc[thɯk⁷ʔan¹za¹suk⁷] 芒nắn[nan¹]

---

❶阿含 shī；shi B1 掸 shi B1 勃 si B1

【松捆得~】泰 หย่อน[jɔːn⁵] 老 ย่อน[jɔːn⁵] 普 lhwang⁴[luaːŋ⁴] 越 lóng[lɔŋ³]

【松土很~】泰 ร่วน[ruːanˀ] 岱-侬 bông[ʔboŋ¹] 越泰 bông[ʔboŋ¹] 越 xốp[sop⁷] 芒 xốp[sop⁷]

【松动牙齿~】泰 โยก[joːk¹⁰] 老 ถอน[khɔːn²]; ภอก[kɔːk⁹] 岱-侬 còn[kɔn²] 越泰 côn[kɔn²] 普 Năng⁴[ɲaŋ⁴] 越 rộng[zoŋ⁶]; lóng[lɔŋ³]; lung lay[luŋ¹ lai¹] 芒 lóng[lɔŋ⁵]

【松花蛋】泰 ไข่เยี่ยวม้า[khai⁵ jiːau³ maː⁴]; ไข่สำเพา[khai⁵ sam¹ phau²] 老 ไข่ปูน[khai⁵ puːn¹]; ไข่ย่อมม้า[khai⁵ ɲiːau⁵ maː⁴] 越 trứng bách thảo[tʂɯŋ⁵ ʔbat⁷ thaːu³]; trứng muối bằng tro[tʂɯŋ⁵ muːi⁵ ʔbaŋ² tʂɔ¹]; trứng đen[tʂɯŋ⁵ ʔden¹]

【松紧带】泰 สายยางยึด[saːi¹ jaːŋ² jɯːt¹⁰]; ยางยึด[jaːŋ² jɯːt¹⁰] 老 สายยึด[saːi¹ ȵɯːt¹] 越 dây chun[zɤi¹ tsun¹]

【松球】泰 เมล็ดสน[maː⁴ let⁸ son¹] 老 เม็ดสิน[met⁸ son¹] 越 quả thong[kwaː³ thoŋ¹]

【松鼠】泰 กระรอก[kraː⁵ rɔːk¹⁰] 老 กะฮอก[kaː² hɔːk¹⁰]; ตัวฮอก[tuːa¹ hɔːk¹⁰]; ตัวกะฮอก[tuːa¹ kaː² hɔːk¹⁰]; กะลับทะ[kaː² lanː² thaː⁵]; กะลับทะกะ[kaː² lan² thaː⁵ kaː²] 岱-侬 tua chỏn[tuːa¹ tɕɔn³] 越泰 họk[hɔk⁸]; tô hok[to¹ hɔk¹]; tô chỏn[to¹ tsɔn⁵] 普 patyôk⁵[pa⁰ tyok⁵] 越 sóc[ʂɔk⁷]; con sóc[kɔn¹ ʂɔk⁷] 芒 con tã tlã[kɔn¹ taː⁴ laː⁴]; chuột[tsuːt⁸]; con chuột[kɔn¹ tsuːt⁸]

【松树】泰 ต้นสน[ton³ son¹] 老 ไม้สิน[mai⁴ son¹]; ภกแปก[kok⁷ pɛːk⁹] 岱-侬 mạy chông ke[mai⁴ tɕoŋ¹ kɛ¹] 越 cây thông[kɤi¹ thoŋ¹]; cây tùng[kɤi¹ tuŋ²]

【松土】泰 พลิกเนื้อดิน[phlik⁸ nɯːa² ʔdin²]; พรวนดิน[phruːan²² ʔdin²] 老 พิกดิน[phik⁸ ʔdin¹] 越 xới đất[sɤːi⁵ ʔdɤt⁷]

【松香】泰 ยางสน[jaːŋ² son¹] 老 ยางแปก[jaːŋ¹ pɛːk⁹]; โคโลฟาน[koː¹ˀ loː² faːn²]; ขี้ซี[khi³ si²] 越 tùng hương[tuŋ² hɯːŋ¹]; nhựa thông[ɲɯa⁶ thoŋ¹]

【松针】泰 ใบสน[ʔbai² son¹] 老 ใบสิน[ʔbai¹ˀ son¹] 越 lá thong[laː⁵ thoŋ¹]

【松脂】泰 ยางสน[jaːŋ² son¹] 老 ยางสิน[jaːŋ¹ son¹]; ยางแปก[jaːŋ¹ pɛːk⁹]; โคโลฟาน[koː¹ˀ loː² faːn²]; ขี้ซี[khi³ si²] 越 nhựa thông[ɲɯa⁶ thoŋ¹]

【怂恿】泰 ยุ[ju⁴ joŋ²] 老 ฮักຊอบ[sak⁸ suːan²]; ຊັกนาม[sak⁸ nam²]; ຊอบ[suːan²]; ยุ[ȵu⁵]; ยุยง[ȵuː⁵ ȵoŋ⁵]; ยุยงส่งเสิม[ȵu⁵ ȵoŋ² soŋ⁵ sɤːm¹]; ย่อเยิง[ȵuːa⁵ ȵoŋ⁵]; ย่อเยิ่ง[ȵuːa⁵ ȵau⁵]; ปั่นหัว[pan⁵ huːa¹]; ปั่นสะพอง[pan⁵ saː² mɔːŋ¹]; เภาะຊอบ[kɔː² suːan²]; ຄຽง[kiːaŋ¹] 岱-侬 nhòi[ȵɔi²]; xui[ɕui¹] 越泰 nhuỗn[ȵuːn²]; xỗn[sɤn²] 越 xui[sui¹]; xúi[sui⁵]; xúi bẩy[sui⁵ ʔbɤi⁵]; xúi giục[sui⁵ zuk⁸] 芒 xui duc[sui¹ zuk¹]

【耸肩】泰 ยักไหล่[jak⁸ lai¹] 老 ยึกไข่[ȵik¹ lai⁵]; ยึกบ่า[ȵik⁸ ʔbaː⁵]; ยึกไข่[ȵuk⁵ lai⁵]; ยึกบ่า[ȵik⁵ ʔbaː⁵] 普 săn⁴ mha⁴[san⁴ m̥aː⁴] 越 nhún vai[ȵun⁵ vaːi¹]; xo vai[sɔ¹ vaːi¹] 芒 dún vai[zun⁵ vaːi¹]; xo vai[sɔ¹ vaːi¹]

【送~信❶】泰 ส่ง[soŋ⁵] 老 ส่ง[soŋ⁵] 岱-侬 slóng[ɫoŋ⁵] 越泰 xống[soŋ⁵] 越 đưa[ʔdɯa¹]; chuyển[tswiːn³]

【送~你一支笔】泰 ให้[hai³] 老 ให้[hai³] 岱-侬 hẩu[hɤu³] 越泰 hàu[hau³] 越 tặng cho[taŋ⁶ tsɔ¹]; biếu[ʔbiːu⁵]

【送~他回去】泰 ส่ง[soŋ⁵] 老 ส่ง[soŋ⁵]; ไปส่ง[pai¹ soŋ⁵] 岱-侬 slóng[ɫoŋ⁵] 越泰 xống[soŋ⁵] 越 tiến[tiːn⁴]

【送别】泰 ไปส่ง[pai² soŋ⁵] 老 ส่งลา[soŋ⁵ laː²]; ไปส่ง[pai¹ soŋ⁵] 岱-侬 slóng[ɫoŋ⁵] 越泰 xống[soŋ⁵]; xống xuỗn[soŋ⁵ suːn²] 越 tiến chân[tiːn⁴ tsɤn¹]; tiền biệt[tiːn⁴ ʔbiːt⁸]

---

❶ 阿含 shung B1　掸 shoŋ B1　勐 suŋ B1

【送客】 泰ส่งแขก[soŋ⁵khɛ:k⁹] 老ส่งแขก[soŋ⁵khɛ:k⁹] 越đưa khách[ʔdɯə¹xɛk⁷];tiễn khách[ti:n⁴ xat̚⁷]

【送礼】 泰มอบของขวัญ[mɔ:p¹⁰ khɔ:ŋ² khwan¹] 老มอบของขวัญ[mɔ:p¹⁰ khɔ:ŋ² khwan¹] 越biếu xén[ʔbi:u⁵ sɛn⁵];tặng quà hay tiền[taŋ⁶ kwa² hai¹ ti:n²] 芒biểu xén[ʔbi:u³ sɛn⁵]

【送亲】 泰คุ้มกันไปส่งเจ้าสาวไปที่ครอบครัวของฝ่ายสามี[khum⁴ kan² pai² soŋ⁵ tsau³ sa:u¹ pai² thi:³ khrɔ:p¹⁰ khru:a² khɔ:ŋ² fa:i⁵ sa:¹ mi:²] 老แห่ใผ้[hɛ:⁵ phai¹] 越泰xống pạu[soŋ⁵ pau⁴] 越đưa dâu[ʔdɯə¹ zɤu¹] 芒tưa du[tɯə¹ zu¹];đẫn du[ʔdɤn⁴ zu¹]

【送葬】 泰เข้าร่วมพิธีฝังศพ[khau³ ru:am³ phi⁴ thi:² faŋ² sop⁷] 老ส่งสะงาบ[soŋ⁵sa²kan¹];ไปส่งสะงาบ[pai² soŋ⁵ sa² ka:n¹] 岱-侬slống phi[ɬoŋ⁵ phi¹] 越泰xốngphi[soŋ⁵phi¹] 越đưađám[ʔdɯə¹ ʔda:m⁵];đưa ma[ʔdɯə¹ ma¹] 芒tưa đàm[tɯə¹ ʔda:m³]

【搜刮】 泰ขูด[khu:t⁹] 老ขูด[khu:t⁹];ขูดเมื้อเถือขัง[khu:t⁹ nɯa⁴ thɯ:a¹ naŋ¹];โกย[ko:i¹];กวาด[kwa:t⁹];เก็บกวาด[kep⁷ kwa:t⁹];กอบโกย[kɔ:p⁹ ko:i¹];กวาดโรบ[kwa:t⁹ ho:p¹⁰];เถือขัง[thɯ:a¹ naŋ¹];ฮัดโรบ[hat⁸ ho:p¹⁰] 岱-侬slauslặp[ɬau¹ ɬap⁸];slaulọt[ɬau¹ ɬɔt⁸];lọt[ɬɔt⁸] 越泰còn[kɔn³] 越vơ vét[vɤ¹ vɛt⁷]

【搜索】❶ 泰สืบค้น[sɯ:p⁹khon⁴] 越lùng[luŋ²];lùng kiếm[luŋ² ki:m⁵];khám xét[xa:m⁵sɛt⁷];sục sạo[ʂuk⁸ ʂa:u⁶]

【馊】 泰เหมีนบูด[men¹ʔbu:t⁹];กลิ่น[klin⁵] 老บูด[ʔbu:t⁹];เผ่บบูด[men¹ʔbu:t⁹];เสื่อย[sɯ:ai⁵] 岱-侬hơi[hə:i¹];mên[men¹] 越泰bút[ʔbut⁵] 越thiu[thiu¹];ôi[ʔoi¹];hẩm[hɤm⁵] 芒hẩm[hɤm⁵];ménh[mɛn⁵];hôi xuổm[hoi¹ su:m³];xuổm[su:m³]

【艘】₁₋船 泰ลำ[lam²] 老ลำ[lam²];เหลม[lem³] 越chiếc[tsi:k⁷]

【苏打】 泰โซดา[so:²ʔda:²] 老โซดา[so:²ʔda:¹];ซูด[sut⁸] 越泰khi xút[khi³ sut⁷] 越xô-đa[so¹ ʔda¹]

【苏木】 泰ฝาง[fa:ŋ²] 老กกฝางแดง[kok⁷faŋ² ʔdɛ:ŋ²];กกฝาง[kok⁷fa:ŋ²] 岱-侬mạy vang[mai⁴ va:ŋ¹] 越cây vang[kɤi¹va:ŋ²];tô mộc[to¹mok⁸] 芒câl pang[kɤl¹ pa:ŋ¹]

【俗气】 泰หยาบ[ja:p⁹];ไม่มีรสนิยม[mai³mi:²rot⁸ sa⁵ ni⁴ jom²] 越tục tĩu[tuk⁸ tiu⁴];tục tằn[tuk⁸ tan²];thô bỉ[tho¹ ʔbi³];loè loẹt[lwɛ² lwɛt⁸];sắc sỡ[ʂak⁸ ʂɤ⁶];nhàm[na:m²]

【素菜】 泰กระยาบวช[kra⁵ ja:² ʔbu:at⁹];กับข้าวมังมังสวิรัติ[kap²kha:u³maŋ²sa⁵vi²rat⁸] 老อาหารผัก[ʔa:¹ha:n¹phak⁷] 越món chay[mɔn⁵tsai¹];món ǎn rau đậu[mɔn⁵ ʔan¹ zau¹ ʔdɤu⁶]

【宿舍】 泰หอพัก[hɔ:¹ phak⁸] 老ห้พัก[hɔ:¹ phak⁸];เรือนพัก[hɯan²phak⁸] 越ký túc xá[ki⁵tuk⁷ sa⁵];nhà ở tập thể[na² ʔɤ³ tɤp⁸ the³];phòng ngủ tập thể[fɔŋ² ŋu³ tɤp⁸ the³]

【塑料】 泰ผลาสติก[phla:²sa⁵tik⁷] 老ทาดปะลาสะติก[tha:t¹⁰pa²la:²sa²tik⁷];ยางปะลาสะติก[ja:ŋ¹ pa² la:² sa² tik⁷] 越chất dẻo[tsɤt⁷ zɛu⁶];nhựa[nɯə⁶] 芒nhĩa[niə⁴]

【塑料鞋】 泰รองเท้า[rɔ:ŋ² thau⁴] 老เกิบยาง[kəp⁹ ja:ŋ¹] 越giày nhựa[zai¹ nɯə⁶]

【塑像】 泰รูปปั้น[ru:p¹⁰ pan³] 老ปะติมากอบ[pa⁵ti⁵ma:²kɔ:n¹];รูบปั้น[hu:p¹⁰pan⁴] 越tượngnặn[tɯəŋ⁶nan⁶];tượng đất[tɯəŋ⁶ ʔdɤt⁷];ông phỗng[ʔoŋ¹ foŋ⁴]

【嗉囊】 鸡~ 泰เหนียง[niaŋ²⁴];ถุงกะเพาะอาหาร[thuŋ¹ kra⁵ pho⁴ ʔa:² ha:n¹] 老หงู[ni:aŋ¹] 岱-侬niêng[ni:ŋ¹] 普top[tɔp⁵] 越diều[zi:u²]

【诉苦】 泰ระบายความทุกข์[ra⁴ʔba:i²khwa:m² thuk⁸]

❶ 石家khon³

老ລະບາຍຄວາມທຸກ[la⁵ ʔba:i¹' khwa:m² thuk⁸] 越 kể khổ[ke³ xo³]

【速度】 泰ความเร็ว[khwa:m² riu²];สตีม[sa⁵ ti:m²];อัตราเร็ว[ʔat⁷tra:² reu²] 老ຄວາມໄວ[khwa:m² vai²];ລະດັບຄວາມໄວ[la⁵ ʔdap⁷ khwa:m² vai²] 越泰cát vắn[ka:t⁷ van²] 越tốc độ[tok⁷ ʔdo⁶]

【酸❶】 泰ส้ม[som³];เปรี้ยว[pri:au³] 老ສົ້ມ[som³];ປັ້ວ[pi:au⁴] 岱-侬slồm[ɬom³] 越泰xổm[som³] 普bjat²[bja:t²] 越chua[tsuə¹] 芒chua[tsuə¹]

【酸菜】 泰ผักดอง[phak⁷ʔdɔ:ŋ²] 老ສົ້ມຜັກ[som³ phak⁷];ຜັກກາດດອງ[phak⁷ ka:t⁹ ʔdɔ:ŋ²];ກາດດອງ[ka:t⁹ʔdɔ:ŋ¹'] 岱-侬phjăc slồm[phjak⁷ɬom³] 越泰phắc xổm[phak⁷ som³] 普jen⁴[jɛn⁴] 越dưa[zuə¹];dưa cải[zuə¹ ka:i³];dưa muối[zuə¹ mu:i⁵];rau dưa[zau¹ zuə¹];rau giầm[zau¹ zɤm²] 芒tắc tưa[tak⁷ tɯə¹]

【酸牛奶】 泰โยเกิร์ต[jo:² kɤ:t⁹];นมเปรี้ยว[nom² pri:au³] 老ນົມສົ້ມ[nom² som³];ນ້ຳນົມຂຸ້ນສົ້ມ[nam⁴ nom² khun³ som³] 越sữa chua[ʂuə⁴ tsuə¹]

【酸痛】 泰ปวดเมื่อย[pu:at⁹mɯ:ai³];เมื่อย[mɯ:ai³] 老ປວດ[pu:at⁹] 越vừa đau vừa mỏi[vɯə² ʔdau¹ vɯə² mɔi³];chồn[tson²];nhức[ɲuk⁷]

【算~账】 泰คิด[khit⁸] 老ຄິດ[khit⁸] 岱-侬sluốn[ɬu:n⁵];sloán[ɬwa:n⁵] 越泰tính[tiŋ⁵] 越tính[tiŋ⁵] 芒tinh[tiŋ²]

【算命】 泰ดูโชคชะตา[ʔdu:² tsho:t¹⁰ tsha⁴ ta:²];ดูดวง[ʔdu:²ʔdu:aŋ²];ทายโชคชะตา[tha:i²tsho:k¹⁰tsha⁴ta:²] 老ຊັ່ງແບບ[saŋ⁵ nɛ:n²];ດູພື້[ʔdu:¹' mɔ:¹] 岱-侬pói slồ[pɔi³ɬo³] 越lý số[li⁵ ʂo⁵];đoán số[ʔdwa:n⁵ ʂo⁵];bói[ʔbɔi⁵] 芒pól[pɔl³]

【算命先生】 泰หมอดู[mɔ:¹ʔdu:²] 老ໝໍມໍ[mɔ:¹ mɔ:²];ໝູສຽງ[mɔ:¹ si:aŋ³];ໝູດູ[mɔ:¹ʔdu:¹] 越泰xây bói[sai² ʔbɔi⁵] 越thầy bói[thɤi² ʔbɔi⁵];thầy số[thɤi² ʂo⁵] 芒thầy pól[thɤi² pɔl³];thầy khổ[thɤi² kho³]

【算盘】 泰ลูกคิด[lu:k¹⁰ khit⁸] 老ຮານລູກຄິດ[ha:n⁴ lu:k¹⁰khit⁸];ລູກຄິດ[lu:k¹⁰ khit⁸];ກະບາດນັບ[ka²ʔba:t⁹ nap⁸] 越bàn tính[ʔba:n² tiŋ⁵]

【算账】 泰คิด[khit⁸] 老ຄິດ[khit⁸];ຄຳນວນ[kham²nu:an²];ຄຳນວນຄິດ[kham²nu:an²khit⁸];ຄິດເລກ[khit⁸le:k¹⁰];ຄິດໄລ່[khit⁸lai⁵];ຄັນນະບາ[khan² na⁵ na:²];ຄະນະບາ[kha⁵ na⁵ na:²];ສັງຂະຫຍາ[saŋ⁵ kha⁵ na:¹'];ໄລ່[lai⁵] 越tính sổ sách[tiŋ⁵ ʂo⁵ ʂat⁷];tính sổ[tiŋ⁵ ʂo³];tính toán[tiŋ⁵ twa:n⁵]

【蒜❷】 泰กระเทียม[kra⁵thi:am²] 老ກະທຽມ[ka² thi:am²];ຫອມກະທຽມ[hɔ:m¹ka²thi:am²];ຜັກທຽມ[phak⁷ thi:am²] 岱-侬sluốn[ɬu:n⁵] 越泰hom kíp[hɔm¹ kip⁷] 普qasê⁴[qa⁰ se⁴];qasăj⁴[qa⁰ sai⁴] 越tỏi[tɔi³] 芒tói[tɔi⁵]

【蒜瓣】 泰กลีบหัวกระเทียม[klip⁷hu:a¹kra⁵thi:am²] 老ງິມຂ້ອກະທຽມ[ŋi:m² hu:a¹ ka² thi:am²] 越múi tỏi[mui⁵ tɔi³]

【蒜苗】 泰หน่อกระเทียม[nɔ:⁵ kra⁵ thi:am²] 老ຜັກທຽມ[phak⁷ thi:am²] 越tỏi tươi[tɔi³ tɯ:i¹];nõn tỏi[nɔn⁴ tɔi³];cọng tỏi non[kɔŋ⁶ tɔi³ nɔn⁴]

【蒜头❸】 泰หัวกระเทียม[hu:a¹ kra⁵ thi:am²];กระเทียม[kra⁵ thi:am²] 老ຫົວຜັກທຽມ[hu:a¹ phak⁷ thi:am²] 岱-侬hua sluốn[huə¹ ɬu:n⁵] 越củ tỏi[ku³ tɔi³]

【虽然】 泰แม้...ก็ตาม[mɛ:⁴...kɔ:³ta:m²];ทั้งๆที่[thaŋ⁴thaŋ⁴thi:³];มาตร[ma:t¹⁰];มาตรว่า[ma:t¹⁰wa:³];แม้[mɛ:⁴];เยียว[ji:au²] 老ຂີ່ວ່າ[sɯ:¹ va:⁵];ຖິ່ງຈະ[thɔŋ¹ tsa²];ຖິ່ງວ່າ[thɔŋ¹ va:⁵];ແມ່[mɛ:⁴];ແມ່ວ່າ[mɛ:⁴ va:⁵];ມາດວ່າ[ma:t¹⁰va:⁵];ແມ່ນ[mɛ:n⁵];ແມ່ນວ່າ[mɛn:⁵va:⁵];ຍຽວວ່າ[ji:au¹ va:⁵] 岱-侬mái[ma:i⁵];mái cạ[ma:i⁵ ka⁶] 越泰chăm[tsam⁶];chăm việk[tsam⁶ vi:k⁸] 普suj⁴[sui⁴];suoj⁴ jan¹[su:i⁴ ja:n¹] 越tuy[twi¹];tuy

---

❶ 石家sam³  阿含shum C1  撣shom C1  泐sum C1  拉哈va²
❷ 石家phrak⁴-thiam⁴
❸ 石家thraw³-phrak⁴- thiam⁴

rằng[twi¹ raŋ²]

【随从】 泰ผู้ติดตาม[phu:³ tit⁷ ta:m²] 老ຜູ້ຕິດຕາມ[phu:³ tit⁷ta:m²];ບໍລິພານ[ʔbɔ:¹ˈli⁵ pha:n²];ບໍລິວານ[ʔbɔ:¹ˈli⁵ va:n²];ປະລິຈອນ[pa⁵ li⁵ kɔ:n²];ອະນຸຈອນ[ʔa² nu⁵ tsɔ:n²] 岱-侬cần pây rèo[kən² pəi¹ rɛu²] 越tùy tùng[twi² tuŋ²]

【随时 有事~找我 ❶】 泰ทุกเวลา[thuk⁸ we:² la:²] 老ທຸກຂະນະ[thuk⁸ kha² na⁵];ທຸກ ໆ ເມື່ອ[thuk⁸ thuk⁸ mɯ:a⁵];ທຸກເມື່ອທຸກຍາມ[thuk⁸mɯ:a⁵thuk⁸ŋa:m²] 越bất cứ lúc nào[ʔbɤt⁷ kɯ⁵ luk⁷ nau²]

【随意】 泰ตอมอารมณ์[ta:m²ʔa:²rom²] 老ຍະຕາມ[ɲa⁵tha:¹ka:m¹];ຕາມໃຈຊອບ[ta:m¹¹tsai¹ sɔ:p¹⁰];ຕາມໃຈ[ta:m¹tsai¹];ຕາມໃຈສະຫມັກ[ta:m¹¹ tsai¹sa²mak⁷];ຕາມໃຈມັກ[ta:m¹¹tsai¹mak⁸];ຕາມລຳພັງໃຈ[ta:m¹¹ lam² phaŋ² tsai¹];ຕາມອເພີໃຈ[ta:m¹ ʔam¹¹ phɤ:²tsai¹];ເອົາແຕ່ໃຈ[ʔau¹¹tɛ:⁵tsai¹] 岱-侬chò kẹ[tɕɔ³kɛ⁴];pac xoáng[pa:k⁷ɕwa:ŋ⁵] 越泰tam chau [ta:m¹ tsaɯ¹] 越tùy ý[twi² ʔi⁵]

【随着~时间的推移】 泰พร้อมกับ[phrɔ:m⁴ kap⁷];ตาม[ta:m²] 老ພ້ອມກັບ[phɔ:m⁴ kap⁷];ຕາມ[ta:m¹] 越theo đà[thɛu¹ ʔda²];theo[thɛu¹]

【岁❷】 泰ปี[pi:²];ขวบ[khu:ap⁹] 老ປີ[pi:¹];ຊຸມມະວັດສາ[son² ma⁵ vat⁸ sa:¹] 普mjaj³[mja:i³] 越tuổi[tu:i³] 芒thuối[thu:i⁵]

【穗儿稻~❸】 泰รวง[ru:aŋ²] 老ຮວງ[hu:aŋ²] 岱-侬ruồng[ru:ŋ²] 越泰huổng[hu:ŋ²] 越bông[ʔboŋ¹] 芒khẳng[khaŋ²]

【碎碰~】 泰แตก[tɛ:k⁹] 老ມຸ່ນ[mun⁵] 普ʔwăt[ʔwat⁷] 越tan[ta:n¹];vỡ[vɤ⁴] 芒pé[pe⁵]

【碎米】 泰ปลายข้าว[pla:i²kha:u³];ข้าวหัก[kha:u³ hak⁷] 老ເຂົ້າປາຍ[khau³pa:i¹];ເຂົ້າປິ່ນ[khau³ pi:n¹];ເຂົ້າປຽນ[khau³ pi:an¹];ເຂົ້າຫັກ[khau³ hak⁷] 岱-侬kheu hang piên[khəu³ha:ŋ¹pi:n¹] 越泰kháu piên[khau³ pi:n¹] 越tấm[tɤm⁵] 芒moch[mɔt⁸]

【隧道】 泰อุโมงค์[ʔu⁵mo:ŋ²];อุมงค์[ʔu⁵moŋ²];อุโมงค์ข้างหน้า[ʔu⁵ mo:ŋ² kha:ŋ³ na:³] 老ອຸໂມງ[ʔu² moŋ²];ອຸໂມງ[ʔu² mo:ŋ²] 越đường hầm[ʔdɯ:ŋ² hɤm²]

【孙女】 泰หลาน[la:n¹];ลูกหลาน[lu:k¹⁰ la:n¹];หลานสาว[la:n¹ sa:u¹];ลูกหลาน หญิง[lu:k¹⁰ la:n¹ jiŋ¹];หลานป้า[la:n¹pa:³] 老ຫລານ[la:n¹];ຫລານສາວ[la:n¹sa:u¹];ຫລານຍິງ[la:n¹ɲiŋ²];ລູກຫລານ[lu:k¹⁰la:n¹];ລູກຫລານຍິງ[lu:k¹⁰la:n¹ɲiŋ²];ຫລານປູ່[la:n¹pu:⁵];ຫລານຢ່າ[la:n¹ na:⁵] 岱-侬lan nhình[la:n¹ ɲiŋ²] 越泰lan nhình[la:n¹ ɲiŋ²] 越cháu gái[tsau⁵ ɣa:i⁵];cháu gái nội[tsau⁵ ɣa:i⁵ noi⁶]

【孙女婿】 泰หลานเขย[la:n¹khə:i¹] 老ຫລານເຂີຍ[la:n¹ khə:i¹] 越cháu rể[tsau⁵ ze³]

【孙媳妇】 泰หลานสะใภ้[la:n¹sa⁵phai⁴] 老ຫລານໃພ້[la:n¹ phai⁴] 越cháu dâu[tsau⁵ zɤu¹]

【孙子❹】 泰หลานชาย[la:n¹tsha:i²];ลูกหลานชาย[lu:k¹⁰la:n¹tsha:i²] 老ຫລານຊາຍ[la:n¹sa:i²];ຫລານປູ່[la:n¹pu:⁵];ຫລານຢ່າ[la:n¹na:⁵] 岱-侬lan[la:n¹];lan chài[la:n¹tɕa:i²] 越泰lan[la:n¹];lan chài[la:n¹ tsa:i²];lan ók[la:n¹ʔɔk⁷] 普lan[la:n¹] 越cháu trai[tsau⁵ tsa:i¹]

【笋干】 泰หน่อไม้แห้ง[nɔ:⁵mai⁴hɛ:ŋ³] 老ຫນໍ່ໄມ້ແຫ້ງ[nɔ:⁵ mai⁴ hɛ:ŋ³] 越măng khô[maŋ¹ xo¹]

【笋壳】 泰ตองใบ[tɔ:ŋ² ʔbai²];เปลือก[plɯ:ak⁹];ตอก[tɔ:k⁹] 老ເປືອກຫນໍ່ໄມ້[pɯ:ak⁹nɔ:⁵mai⁴] 越vỏ măng[vɔ³ maŋ¹]

【笋壳鱼】 泰ปลาบู่[pla:²ʔbu:⁵] 老ປາບູ່[pla:¹ˈʔbu:⁵] 岱-侬pja bú[pja¹ ʔbu⁵] 越泰pa bú[pa¹ ʔbu⁵] 越cá bống[ka⁵ ʔboŋ⁵] 芒cá pồng[ka³ poŋ³]

---

❶ 阿含lau；ma-lau-kin；mā-lau-kin
❷ 石家khuap⁶
❸ 石家ruaŋ⁴ 阿含rung A2 掸hoŋ A2 泐hroŋ A2
❹ 石家laan²

【榫子】 泰 เขี้ยวหมา[khi:au³ ma:¹] 老 เดือ[ʔdɯ:a¹]; เดือย[ʔdɯ:ai¹] 越 mộng[moŋ⁶];cái mộng[ka:i⁵ moŋ⁶] 芒 bót[ʔbɔt⁷]

【损耗】 泰 สูญเสีย[su:n¹si:a¹];สิ้นเปลือง[sin³plɯ:aŋ²] 老 เปือง[pɯ:aŋ¹] 越 mòn[mɔn²];hao mòn[ha:u¹ mɔn²];hao hụt[ha:u¹ hut⁸];tổn hao[ton³ ha:u¹];hao tổn[ha:u¹ton³];hao[ha:u¹] 芒 mònh[mɔn²];tổnhao[ton³ ha:u¹];hao[ha:u¹]

【损失】 泰 เสียหาย[si:a¹ ha:i¹] 老 จิบทาย[tsip⁷ ha:i¹];สิบทาย[sip⁷ ha:i¹];สูมเสย[su:n¹ si:a¹];กามเสยทาย[ka:n¹ si:a¹ ha:i¹];กวามเสยทาย[khwa:m¹ si:a¹ ha:i¹];เสยทาย[si:a¹ ha:i¹];ผิบเสย[phon¹ si:a¹];ผิบเสยทาย[phon¹ si:a¹ ha:i¹] 岱-侬 mât[mət⁷];mât vải[mət⁷va:i³] 越泰 thiệt [thi:t⁸];thiệt hại[thi:t⁸ ha:i⁶];thiệt hại[thi:t⁸ ha:i⁶];mất mát[mɤt⁷ ma:t⁷]

【梭_~芭蕉】 泰 แหนบ[nɛ:p⁹] 老 ทวิ[vi:¹] 岱-侬 vi[vi¹] 普 hwâj⁴[hwɤi⁴] 越 nải[na:i³] 芒 nái[na:i⁵]

【梭鱼】 泰 ปลามัลเลด[pla:² man² le:t¹⁰] 岱-侬 pja tât[pja¹ tət⁷] 越 cá chầy[ka⁵ tʂɤi³];cá đối[ka⁵ ʔdoi⁵]

【梭子】 泰 กระสวย[kra⁵ su:ai¹] 老 กะสอย[ka⁵ su:ai¹];ก้าบสอย[ka:n⁴ su:ai¹] 越 cái thoi[ka:i⁵ thoi¹] 芒 thoi[thoi¹];lon[lɔn¹]

【唆使】 泰 ยุง[ju⁴ joŋ²] 老 อักฐอบ[sak⁸ su:an²];อักน่า[sak⁸nam²];เภาะฐอบ[kɔ²su:an²];ดิมฐอบ[ʔdon¹su:an²];ญง[ki:aŋ²] 岱-侬 xui nhòi[ɕui¹ȵɔi³] 越泰 xun châu[sun¹ tɕau¹] 越 xúi giục[sui⁵ ʐuk⁸]; xúi bẩy[sui⁵ ʔbɤi³];xúi[sui⁵];rủ rê[zu³ ze¹] 芒 rú rê[ru⁵ re¹]

【缩❶】 泰 หด[hot⁷];ย่อ[jɔ:³];ลด[lot⁸] 老 ทิด[hot⁷] 岱-侬 hôt[hot⁷] 越泰 hót[hot⁷];xụt[sut⁸];típ[tip⁵] 普 kong³[kɔŋ³] 越 co[kɔ¹];rụt[ʐut⁸];thu hẹp lại [thu¹ hɛp⁸ la:i⁶]

【缩短】 泰 หดสั้นลง[hot⁷san³loŋ²] 老 ยั้บ[jon³]; ทิด[hot⁷] 越 rút ngắn[ʐut⁷ ŋan⁵];rút ngắn lại[ʐut⁷ ŋan⁵ la:i⁶] 芒 rút pắn[rut⁷ pan³]

【缩水 衣服~】 泰 หดตัว[hot⁷ tu:a²] 老 ทิด[hot⁷] 越 rút nước[ʐut⁷ nɯ:k⁷]

【缩小】 泰 ลดให้น้อยลง[lot⁸hai³nɔ:i⁴loŋ²];ย่อให้ เล็กลง[jɔ:³hai³lek⁸loŋ²] 老 ยุบ[ȵup⁸];ทอบ[thɔ:p¹⁰]; พ่อง[phɔ:ŋ⁵];ทิด[hot⁷];ทิดขย้[hot⁷ŋɔ:³];กำกัด [kam¹kat⁵] 岱-侬 xón[ɕɔn³] 越泰 tọp[tɔp⁸] 越 thu nhỏ lại[thu¹ ŋɔ³la:i⁶];thu hẹp[thu¹hɛp⁸];thu lại[thu¹ hɛp⁸ la:i⁶];co hẹp lại[kɔ¹ hɛp⁸ la:i⁶];rút nhỏ lại[ʐut⁷ ŋɔ³ la:i⁶];thu hẹp[thu¹ hɛp⁸]

【蓑衣】 泰 เสื้อกันฝนที่ทำด้วยหญ้า[sɯ:a³kan²fon¹ thi:³tham²ʔdu:ai³ja:³];คากรอง[kha:²krɔ:ŋ²] 岱-侬 slừa khuối[ɬɯa³khu:i⁵];pha puồng[pha¹pu:ŋ²];lá tươi[la³tɯ:i¹] 普 bok⁵cjaw³[bɔk⁵tsja:u³] 越 áo tơi[ʔa:u⁵tɤ:i¹];áo lá[ʔa:u⁵ la⁵] 芒 áo tơi[ʔa:u⁵ tɤ:i¹]

【莎草】 泰 แห้วหมูใหย่[hɛ:u³ mu:¹ jai⁵] 老 แทบตู[hɛ:p⁹mu:¹];ทย้าแทบตู[ŋa:³hɛ:p⁹mu:¹];ทย้าแท้วตู [ŋa:³ hɛ:u³ mu:¹];แท้วตู[hɛ:u³ mu:¹] 越 cây củ gấu[kɤi¹ ku³ ɣɤu⁵];cây lách[kɤi¹ lat⁷];cỏ gấu[kɔ³ ɣɤu⁵]

【所_~学校】 泰 แห่ง[hɛ:ŋ⁵] 老 โรง[ho:ŋ²];ที่[laŋ²];กะเสดที่[ka² se:t⁹ laŋ¹] 越 gian[za:n¹]

【所以】 泰 ฉะนั้น[tsha⁵nan⁴];เพราะฉะนั้น[phrɤ¹ tsha⁵ nan⁴];ด้วยเหตุนั้น[ʔdu:ai³he:¹tu⁵nan⁴];เพราะฉะนี้ [phrɤ⁴tsha⁵ni:⁴];ด้วยเหตุนี้[ʔdu:ai³he:¹tu⁵ni:⁴] 老 จั่ง [tsaŋ⁵];จั่ง[tsiŋ⁵];จั่ง[tsɯaŋ⁵];เพาะสะนี้[phɔ⁵ sa²ni:⁴];สะนั้น[sa²nan⁴];สิมผ่[som¹phɔ:²]; ด้งนั้น[ʔdaŋ⁵nan⁴];ด้งนั้นจั่ง[ʔdaŋ⁵nan⁴ tsɯŋ⁵ hen¹ va:⁵];ด้วยเทดมี้[ʔdu:ai⁴ he:t⁹ ni:⁴];ด้วย เทดนั้น[ʔdu:ai⁴ he:t⁹ nan⁴];เพาะเทดมี้[phɔ⁵ he:t⁹ nan⁴];เพาะเทดมี้[phɔ⁵ he:t⁹ ni:⁴];เพาะสะนั้น[phɔ⁵ sa²nan⁴];เทดนั้น[he:t⁹nan⁴];เทดด้งเทด[he:t⁹ʔdaŋ

---
❶ 石家 hot⁴

ni:⁴];เขดดั้งมั้น[he:t⁹ʔdaŋ⁵nan⁴];ຂະທຍອບອ່າ[kha² nɔ:n¹ va:⁵] 傣-侬 chẳng[tɕaŋ⁵];mắc tại[mak⁷ ta:i⁴] 越泰 pộ chện[po⁴tsen⁴];pừachện[pɯə⁴tsen⁴] 越 cho nên[tso¹ nen¹];nên[nen¹] 芒 xớ dī[sɤ⁵ zi⁴]; pi cho điênh[pi³ tso¹ ʔdi:ɲ¹];cho điênh[tso¹ ʔdi:ɲ¹]; pói thia[pɤ:i⁵ thiə³]

【锁】_把~ 泰 กุญแจ[kun²tsɛ:²];แม่แจ[mɛ:³tsɛ:²]; กลอน[klɔ:n²] 老 กุบแจ[kun¹' tsɛ:¹];แม่กุบแจ[mɛ:⁵ kun¹'tsɛ:¹];กะแจ[ka²tsɛ:¹];กะแจฮัด[ka²tsɛ:¹'ʔat⁷]; แม่กะแจ[mɛ:⁵ ka² tsɛ:¹];โฮงกะแจ[ho:ŋ² ka² tsɛ:¹]; กุบจิกา[kun¹' tsi²ka:¹'] 傣-侬 ăn khóa[ʔan¹ khwa³]; rằngkhòa[raŋ² khwa³] 越泰 khóa[khwa⁵] 普 khwa³ [khwa³] 越 khoá[xwa⁵];cái khóa[ka:i⁵xwa⁵];ổ khoá[ʔo³ xwa⁵] 芒 tlải khoả[tla:i³ khwa³]

【锁】~门 泰 ใส่กุญแจ[sai⁵kun²tsɛ:²] 老 ใส่กะแจ [sai⁵ ka² tsɛ:¹] 傣-侬 khỏa[khwa³] 越泰 khóa[khwa⁵] 越 khoá[xwa⁵] 芒 khoả[khwa³]

【锁边】 泰 มิ้ม[mim⁴] 老 มิ้ม[mim⁴];เม็ม[me:m⁴]; เล็ม[len²];เล็ม[lem²];แฃบ[khɛ:p⁹];กิ้ม[kim⁴] 越 vắt số[vat⁷ ʂo³]

【锁骨】 泰 กระดูกไหปลาร้า[kraʔduːk⁹hai¹plaːʔraː⁻] 老 กะดูกมิด[kaʔʔduːk⁹miːt¹⁰];ดูกมิด[ʔduːk⁹miːt¹⁰]; ดูกไหปาแดก[ʔduːk⁹hai¹paːʔdɛːk⁹];ดูกไห[ʔduːk⁹ hai¹];ดูกฮัก[ʔduːk⁹ʔak⁷] 越泰 đúk bá[ʔduk⁷ʔba⁵] 越 xương quai xanh[sɯːŋ¹kwaːi¹san¹];xương đòn [sɯːŋ¹ ʔdɔn²]

【琐事】 泰 เรื่องจุกจิก[rɯːaŋ¹tsuk⁷tsik⁷] 老 อยากเล็กอยากน้อย[viːak¹⁰lek⁸viːak¹⁰nɔːi⁴];ຂອງເລັກ ງມ້ອຍ[khɔːŋ¹lek⁸lek⁸nɔːi⁴nɔːi⁴] 越 việc vặt[viːk⁸ vat⁸]

# T

【他❶】 泰ท่าน[thaːn³];แก[kɛː²];เท[theː²];เขา[khau¹];หล่อน[lɔːn⁵];มัน[man²];เจ้า[tsau³];หม่ม[mɔːm⁵];หม่อม เจ้า[mɔːm⁵ tsau³] 老ลาว[laːu⁶];มัน[man²];เຂา[khau¹];เพิ่น[phən⁵];เพื่อน[phɯan⁵];เพื่อน[phɯan⁵];ขมํ[mɔːˀ¹];ท่าน[thaːn⁵] 岱-侬 te[te¹];mền[men²];mìn[min²] 越泰มั่น[man²] 普 kɯ¹[kɯ¹] 越 nó[nɔ⁵];anh ấy[ʔan¹ ʔɤi⁵];chú ấy[tsu⁵ ʔɤi⁵];bác ấy[ʔbaːk⁷ ʔɤi⁵];ông ấy[ʔoŋ¹ ʔɤi⁵];cụ ấy[ku⁶ ʔɤi⁵] 芒nà[naː³];nò[nɔ³]

【他们❷】 泰พวกเขา[phuːak¹⁰khau¹];เขา[khau¹] 老เຂา[khau¹];เຂาเจ้า[khau¹ tsau⁴];ขาเจ้า[khaː¹ tsau⁴];ขะเจ้า[kha² tsau⁴];พวกขะเจ้า[phuːak¹⁰ kha² tsau⁴];พวกเຂา[phuːak¹⁰ khau¹];พวกมัน[phuːak¹⁰ man²];หมู่เຂา[muː⁵ khau¹];หมู่ขุมเพิ่น[muː⁵ sum² phən⁵];ขะเจ้า[kha² tsau⁴];ขาเจ้า[khaː¹ tsau⁴];เຂาเจ้า[khau¹ tsau⁴] 岱-侬 boong te[ʔbɔːŋ¹ te¹] 越泰xau[sau¹];é xau[ʔɛ⁵ sau¹] 普 tô¹[to¹] 越 chúng nó[tsuŋ⁵ nɔ⁵];họ[hɔ⁵];các anh ấy[kaːk⁷ ʔan¹ ʔɤi⁵];các ông ấy[kaːk⁷ ʔoŋ¹ ʔɤi⁵];các cụ ấy[kaːk⁷ ku⁶ ʔɤi⁵];hô[ho⁴] 芒tàn nà[taːn² naː³];chi[tsi³]

【他自己】 泰เขาเอง[khau¹ ʔeːŋ¹] 老ตัวลาวเอง[tuːa¹¹ laːu² ʔeːŋ¹];ตัวมันเอง[tuːa¹¹ man² ʔeːŋ¹] 越 bản thân anh ta[ʔbaːn³ thɤn¹ ʔan¹ ta¹]

【她❸】 泰นาง[naːŋ¹];เท[theː²] 老ห่อม[mɔːn⁵] 岱-侬 te[te¹];mền[men²];mìn[min²] 普 kɯ¹[kɯ¹] 越nó[nɔ⁵];chị ấy[tsi⁶ ʔɤi⁵];bà ấy[ʔba⁵ ʔɤi⁵];em ấy[ʔɛm¹ ʔɤi⁵]

【她们】 泰พวกเธอ[phuːak¹⁰ thəː²] 老ขะเจ้า[kha² tsau⁴];ขาเจ้า[khaː¹ tsau⁴];เຂาเจ้า[khau¹ tsau⁴] 越 chúng nó[tsuŋ⁵ nɔ⁵];các chị ấy[kaːk⁷ tsi⁶ ʔɤi⁵];các bà ấy[kaːk⁷ ʔba⁵ ʔɤi⁵];các em ấy[kaːk⁷ ʔɛm¹ ʔɤi⁵]

【它❹】 泰มัน[man²] 老มัน[man²] 岱-侬 te[te¹];mền[men²];mìn[min²] 普kɯ¹[kɯ¹] 越nó[nɔ⁵]

【它们】 泰พวกมัน[phuːak¹⁰ man²] 老พวกมัน[phuːak¹⁰ man²] 越 chúng nó[tsuŋ⁵ nɔ⁵];cái ấy[kaːi⁵ ʔɤi⁵];con ấy[kɔn¹ ʔɤi⁵];điều ấy[ʔdiːu² ʔɤi⁵]

【塌墙~了】 泰พัง[phaŋ²] 老หักเพพัง[hak⁷ peː⁵ pheː² phaŋ²];เกื่อย[kɯːai⁵] 岱-侬 lac[laːk⁷] 越 đổ[ʔdo⁵];sụp[sup⁸];sụt[sut⁸];lở[lɤ³]

【塌方】 泰พังทลาย[phaŋ²thaː⁴laːi²] 老ดินเกื่อน[ʔdin¹¹ kɯːan⁵];โยดทับ[joːt⁹ thap⁸];เกื่อน[kɯːan⁵] 越lún[lun⁵];sụt[sut⁵];sạt[ʂaːt⁸];sụt lở[sut⁸ lɤ³];sạt lở[ʂaːt⁸ lɤ³]

【踏~上一只脚】 泰เยียบ[ɲiːap⁹] 老ยูบ[jiːap⁹];ย่ำ[jam⁵] 岱-侬 xán[ɕaːn⁵];xéo[ɕɛːu⁵];nhằm[ȵam⁵] 越泰thíp[thip⁷] 普 lăj³ pjan⁴[laːi³pjaːn⁴] 越 đạp[ʔdaːp⁵];gim[zɤm⁴];đặt chân[ʔdat⁸ tsɤn¹]

【踏碓】 泰กระเดื่อง[kra⁵ ʔdɯːaŋ⁵] 老ทะเดื่อง[ka² ʔdɯːaŋ⁵] 越cối giã bằng chân[koi⁵ za⁴ ʔbaŋ¹ tsɤn¹]

【胎儿】 泰ทารกในครรภ์[thaː² rok⁸ nai² khan²] 老ลั้น[khan²] 越bào thai[ʔbaːu² thaːi¹];thai nhi [thaːi¹ ɲi¹] 芒tlồng chía[tloŋ⁴ tsiə⁵]

【胎发】 泰ผมไฟ[phom¹ fai²] 老ผมไฟ[phom¹ fai²]

---

❶ 石家 kaw¹　阿含 mān A2
❷ 阿含 khauA1　阿含 khāoA1　掸 khāuA1　泐 khăuA1
❸ 石家 kaw¹　阿含 mānA2
❹ 阿含 mānA2

越tóc máu[tɔk⁷ mau⁵]

【胎盘】 泰รก(ของทารกในครรภ์)[rok⁸ (khɔ:ŋ¹ tha:² rok⁸ nai² khan²)];กูน[ku:n²] 老ຮົກ[hok⁸];ຮັບພະມັນ[khan² pha⁵ man²];ม้อง[nɔ:ŋ⁴];แฮ่[hɛ:⁵];แฮ่ลูก[hɛ:⁵ lu:k¹⁰];แฮ่ลูก[hɛ:⁵ lu:k¹⁰];แฮ่[hɛ:⁵] 傣-侬ruồng lục[ruŋ² luk⁸] 越nhau thai nhi[ɲau¹ tha:i¹ ɲi¹]; nhau[ɲau¹];rau[zau¹] 芒ào è[ʔa:u³ ʔɛ³]

【胎位】 泰ตำแหน่งของทารกในครรภ์[tam² nɛ:ŋ⁵ khɔ:ŋ⁵ tha:² rok⁸ khan²] 老บ่อยอยู่ม้อง[ʔbɔ:n⁵ ju:⁵ nɔ:ŋ⁴];บ่อยอยู่แฮ่ลูก[ʔbɔ:n⁵ ju:⁵ hɛ:⁵ lu:k¹⁰] 越thai vị[tha:i¹ vi⁶];vị trí thai[vi⁶ tsi⁵ tha:i¹]

【台】___~机器】 泰เครื่อง[khrɯ:aŋ³] 老ເຄື່ອງ[khɯ:aŋ⁵] 越cỗ[ko⁴]

【台风】 泰ได้ฝุ่น[tai³ fun⁵];พายุได้ฝุ่น[pha:² ju⁴ tai³ fun⁵] 老ລົມແດງ[lom³ ʔdɛ:ŋ¹];ລົມໃຕ້ຝຸ່ນ[lom³ tai⁴ fun⁵];พายุ[pha:² nu⁵] 傣-侬lồm cải[lom² ka:i³];lồm pặt pảo[lom² pat⁸ pa:u³] 普qarāw du⁴[qa⁰ rau⁴ du⁴] 越gió bão[zɔ⁵ ʔba:u⁴] 芒xỏ pão[sɔ³ pa:u⁴];pão[pa:u⁴]

【台风雨】 泰ฝนได้ฝุ่น[fon¹ tai³ fun⁵] 越mưa bāo[mɯa¹ ʔba:u⁴]

【台阶】 泰บันได[ʔban² ʔdai²];ขั้นบันได[khan³ ʔban² ʔdai²];บันไดทางขึ้น[ʔban² ʔdai² tha:ŋ² khɯn³] 老ຫຼັນ[lan⁵] 傣-侬khoản đuây[khwan³ ʔdwəi¹] 越泰khẳn đay[khan³ ʔdai¹] 越thềm[them²];bực thềm[ʔbɯk⁸ them²];bậc[ʔbɤk⁸] 芒bậc[ʔbɤk⁸]

【苔藓❶】 泰ตะไคร่แท้[ta⁵ khrai³ thɛ:⁴] 老ໄຄ[khai¹]; ตะไค[ta² khai¹] 傣-侬tẩu cầy[təu² kəi²];tàu quầy [tau² kwəi¹] 越泰tău[tau²];tău cãy[tau² kai²] 普qatu⁴[qa⁰ tu⁴] 越rêu[zeu¹] 芒rêu[reu¹]

【抬~石头❷】 泰หาม[ha:m¹] 老ຫາມ[ha:m¹] 傣-侬ham[ha:m¹];tham[tha:m¹] 越泰ham[ha:m¹] 普jô⁴[jo⁴] 越khiêng[xi:ŋ¹] 芒khường[khɯ:ŋ²]

【抬~头】 泰เงย[ŋɤ:i²] 老ເຫງີນ[he:n¹];ແຫງງນ[ŋɛ:n¹] 傣-侬tẳng[taŋ³];ngượng[ŋɯ:aŋ⁴];ngử[ŋɯ³] 越泰ngôc[ŋok⁸] 越ngửng[ŋɯŋ³]

【抬价】 泰โก่งราคา[ko:⁵ ra:² kha:²] 老ກົ່ງລາຄາ[kɔŋ⁵ la:² kha:²] 越nâng giá[nɤŋ¹ za⁵];nâng cao giàng hàng[nɤŋ¹ ka:u¹ za⁵ ha:ŋ²]

【太】 泰เกินไป[kɤ:n² pai²];ไป[pai²] 老ຫຼາຍ[la:i¹]; โพต[pho:t¹⁰];โพดภาย[pho:t¹⁰ka:i¹];จัด[tsat⁷]; จิมเลีย[tsom¹ lɤ:i²];เฝิม[kɤ:n¹];เฝิมไป[kɤ:n¹ pai¹]; ຊຸດ[su:at¹⁰];ມັກ[nak⁸];ມັກຫຼາຍ[nak⁸ na:¹];ລົ້ນ[lon⁴]; ເຝືອ[lɯ:a¹];ອຸບາດ[ʔu⁵ ʔba:t⁹];ເອີງແຫຼງ[ʔau¹¹ thɛ:⁴ thɛ:⁴];ເອີງແຫຼ້ເອີງອ່າງ[ʔau¹¹ thɛ:⁴ ʔau¹¹ va:⁵] 傣-侬quá [kwa⁵];quáma[kwa⁵ma⁶];lai[la:i¹] 越泰cai[ka:i¹] 越quá[kwa⁵];rất[zɤt⁷] 芒quả[kwa³];om[ʔɔm¹]; mẫn hê[man⁴ he¹]

【太平间】 泰ห้องเก็บศพ[hɔ:ŋ³ kep⁷ sop⁷];ห้องดับจิต [hɔ:ŋ³ ʔdap¹ tsit⁷];โรงทึม[ro:ŋ² thum²] 老ໂຮງທຶມ [hɔ:ŋ² thum²];โฮงทึม[ho:ŋ² thum¹];โฮงเย้ม [hɔ:ŋ² jen¹];เรือนยับ[hɯ:an² jen¹] 傣-侬ruờn chạp[rɯ:n² tɕa:p⁸];hườn sle cần thai[hɯ:n² ɬe¹ kən² tha:i¹] 越phòng xác[fɔŋ² sa:k⁷];nhà xác[ɲa² sa:k⁷] 芒nhà xác[ɲa² sa:k⁷]

【太阳❸】 泰ตะวัน[ta⁵ wan²];ดวงอาทิตย์[ʔduaŋ² ʔa:² thi:t⁸];ดวงตะวัน[ʔduaŋ² ta⁵ wan²];พระอาทิตย์[phra⁴ ʔa:² thit⁸];สุริยะ[su² ri⁵ ja⁵];สูรย์[su:n¹] 老ຕາອັບ[ta:¹¹ van¹];ຕະອັນ[ta² van¹];ດວງຕາອັບ[ʔdu:aŋ¹ ta:¹¹ van²]; ດວງຕາເອັນ[ʔdu:aŋ¹ ta:¹¹ ven²];ອັນ[van²];ເອັນ[ven²]; ຕາອັນ[ta:¹¹ ven²];ສຸລະພາ[su² la⁵ pha:²];ສຸລີຍະ[su² li⁵ ɲa⁵];ສຸລີຍາ[su² li⁵ ɲa:²];ດວງສຸລີຍາ[ʔdu:aŋ¹¹ su² li⁵ ɲa:²];ດວງອາທິດ[ʔdu:aŋ¹¹ ʔa:¹¹ thit⁸];ພະອາທິດ [pha⁵ ʔa:¹¹ thit⁸];ອາທິດ[ʔa:¹¹ thit⁸];ທິດ[thit⁸] 傣-侬

---

❶ 石家 ca²-phriɨ⁴; ca⁶-phriɨ⁴ 渤 kāi A2
❷ 阿含 rām A1
❸ 阿含 bān

tha vẳn[tha¹ van²] 越泰ta vễn[ta¹ ven²] 普lơ Vân³[lɤ⁰ βɤn³];vân³[βɤn³];qa lhjang¹[qa⁰ lja:ŋ¹] 越mặt trời[mat⁸ tʂɤ:i²];ông trời[ʔoŋ¹ tʂɤ:i²] 芒mặt tlời[mat⁸ tlɤ:i²];mặt lơi[mat⁸ lɤ:i¹];lơi[lɤ:i¹]

【太阳穴】泰ขมับ[kha⁵ map⁷] 老กะขมับ[ka² map⁷];ขะขมับ[kha² map⁷] 岱-侬mây khảo khinh[məi⁴ kha:u³ khiŋ¹];tu lồm[tu¹ lom²];kẻm mjầu[kɛm³ mjəu²] 越泰xóng phạ[sɔŋ⁵ pha⁴] 越thái dương[tha:i⁵ zuɤ:ŋ¹];huyết thái dương[hwi:t⁷ tha:i⁵ zuɤ:ŋ¹] 芒thái dương[tha:i³ zuɤ:ŋ¹]

【态度】泰ท่าที[tha:³thi:²];ท่วงท่า[thu:aŋ³tha:³] 老ท่าที[tha:⁵thi:²] 越thái độ[tha:i⁵ʔdo⁶] 芒thái đỗ[tha:i³ ʔdo⁴]

【瘫痪】泰อัมพาต[ʔam² ma⁴ pha:t¹⁰];ง่อยเปลี้ยเสียขา[ŋɔ:i³pli:a²si:a¹kha:¹] 老เป้ย[pia⁴];เป็นเป้ย[pen¹ pia⁴];ล่อย[lɔ:i⁵];โลกเป้ยล่อย[lo:k¹⁰pi:a⁴lɔ:i⁵];เป้ยล่อย[pi:a⁴ lɔ:i⁵];ง่อย[ŋɔ:i³];เป็นง่อย[pen¹ŋɔ:i⁵];เป็นล่อย[pen¹ lɔ:i⁵];อำมะพาด[ʔam¹ ma⁵ pha:t¹⁰] 岱-侬fười[fɯ:i³];fười pái[fɯ:i³ pa:i⁵];te kho[tɛ¹ khɔ¹] 越泰hản[ha:n³] 越bại liệt[ʔba:i⁶li:t⁸];tê liệt[te¹li:t⁸];liệt[li:t⁸] 芒liêt bãi[li:t⁸ʔba:i⁴];bãi liêt[ʔba:i⁴ li:t⁸];liêt[li:t⁸]

【瘫子】泰คนอัมพาต[khon² ʔam² pha:t⁵];คนเป้ยะ[khon² pia⁴];คนง่อย[khon² ʔɔ:i³] 老ถิ่นเป้ย[khon² pi:a⁴];ถิ่นเป้ยง่อย[khon² pi:a⁴ ŋɔ:i⁵] 越người bị liệt[ŋɯ:i² ʔbi⁶ li:t⁸]

【滩地】泰หาด[ha:t⁹] 老หาด[ha:t⁹] 越bãi[ʔba:i⁴]

【贪】泰ละโมบ[la⁴mo:p¹⁰] 老มัก[mak⁸] 岱-侬tham[tha:m¹] 越泰tham[tha:m¹] 越ham[ha:m¹];tham[tha:m¹] 芒muốt[mu:t⁷];tham[tha:m¹];hỗn[hon⁴]

【贪婪】泰โลภ[lo:p¹⁰];มักมาก[mak⁸ ma:k⁵] 老มัก[mak⁸];มักได้[mak⁸ ʔdai⁴];โลบ[lo:p⁹];โลบมาก[lo:p¹⁰ ma:k¹⁰ lo:² pha:²];กะลึ้มกะเขื่อ[ka² lim⁴ ka² li:a⁵];ขี้ตักมักได้[khi:³ tak⁷ mak⁸ ʔdai⁴] 岱-侬tham cò[tha:m¹ kɔ²] 越泰màm húp[ma:m¹ hup⁷] 越tham lam[tha:m¹ la:m¹] 芒tham lam[tha:m¹ la:m¹]

【贪图】泰แสวงหา[sa⁵ wɛ:ŋ¹ ha:¹] 老มัก[mak⁸] 岱-侬hứn[hɯn⁵];nắt[nat⁷];tham[tha:m¹];tham cò[tha:m¹kɔ²] 越泰húp[hup⁷] 越hammuốn[ha:m¹ mu:n⁵];thèmmuốn[them² mu:n⁵] 芒hammuốn[ha:m¹ mu:n⁵]

【贪污】泰รับสินบาทคาดสินบน[rap⁸sin¹ʔba:t⁹ kha:t¹⁰ sin¹ʔbon²] 老โกงกิน[ko:ŋ¹ kin¹];โกงบ้านกินเมือง[ko:ŋ¹ ʔba:n⁴ kin¹ mɯ:aŋ²] 越tham ô[tha:m¹ ʔo¹];nạn tham nhũng[na:n¹ tha:m¹ ɲuŋ⁴] 芒tham nhũng[tha:m¹ ɲuŋ⁴]

【贪心】泰มักได้[mak⁸ʔdai³];โลภ[lo:p¹⁰] 老ใจโลบ[tsai¹¹ lo:p¹⁰];โลบ[lo:p¹⁰];มักขลาย[mak⁸] 岱-侬tham[tha:m¹] 越泰châu mản[tsaɯ¹ma:n³] 越tham lam[tha:m¹ la:m¹];lòng tham[lɔŋ² tha:m¹];máu tham[mau⁵ tha:m¹] 芒máu tham[mau³ tha:m¹]

【弹~琴】泰ดีด[ʔdi:t⁹] 老ดีด[ʔdi:t⁹];ดิง[ʔdiŋ¹] 岱-侬tàn[ta:n²];tức[tuk⁷];cọn[kɔn⁴] 越gảy[ɣa:i³];đánh[ʔda:n⁵];chơi[tʂɤ:i¹] 芒tánh[ta:n³];náy[na:i⁵]

【弹簧】泰สปริง[sa⁵ priŋ²] 老ล๋ะถ่[lɔ:² sɔ:²];ไส้เสือ[sai³ sɯ:a¹] 岱-侬slẩy cáy[ɬəi³ kai⁵] 越lò so[lɔ² ʂɔ¹] 芒lò xo[lɔ² sɔ¹]

【弹簧床】泰เตียงสปริง[ti:aŋ²sa⁵priŋ²] 老ຕຽງล่ะถ่[ti:aŋ¹¹lɔ:²sɔ:²];ຕຽງไส้เสือ[ti:aŋ¹¹sai³sɯ:a¹] 岱-侬chường slẩy cáy[tɕɯ:ŋ²ɬəi³kai⁵] 越giường lò so[zɯ:ŋ² lɔ² ʂɔ¹]

【潭】泰สระน้ำลึก[sa⁵nam⁴luk⁸] 老อ่ง[vaŋ²];อ่งน้ำ[vaŋ² nam⁴];อ่างน้ำ[ʔa:ŋ² nam⁴] 岱-侬vẳng[vaŋ²] 越泰vẳng[vaŋ²] 越cái đầm[ka:i⁵ ʔdɤm²]

【坛子】泰ถั่ม[tha:m³];ไห[hai¹];หม้อดิน[mɔ:³ ʔdin²];ไหดิน[hai¹ʔdin²] 老ไห[hai¹];กะปุก[ka² puk⁷];

ກະອອມ[ka²ʔɔːm¹];ໄທອອມ[hai¹ʔɔːm¹]  岱-侬 pùm[pum³];ăn pùm[ʔan¹pum³]  越泰 ц[ʔu⁴]  越 cái hũ[kaːi⁵ huˀ⁴];cái vò[kaːi⁵ vɔˀ²]  芒 khổ[khoˀ⁴];không[khon¹];pàng[paːŋ²];pù lũ[puˀ² luˀ⁴];kénh[keɲ⁵]

【檀香树】 泰 ต้นจันทน์[ton³ tsan²];ไม้ จันทน์[maːi⁴ tsanˀ²];ไม่จันทน์[maːi⁴ tsanˀ²]  老 ຄູ່ແກ່ນຈາບ[khuˀ⁴ kɛːn⁵ tsaːn¹];ຕົ້ນຈັນ[tonˀ⁴tsanˀ¹];ໄມ້ຈັນ[maːi⁴tsanˀ¹]  越 cây đàn hương[kɤi¹ ʔdaːn² huːŋ¹]

【谈话】 泰 คุยกัน[khui¹ kan²]  老 ລົມ[lomˀ²];ໂອ້ລົມ[ʔoːˀ⁴lomˀ²];ໂອ້ລົມສົນທະນາ[ʔoːˀ⁴lomˀ²sonˀ¹thaˀ naːˀ²];ໂອ້ລົມປາກເວົ້າ[ʔoːˀ⁴lomˀ²paːkˀ⁹vauˀ⁴];ເວົ້າຈາ[vauˀ⁴ tsaːˀ¹];ເວົ້າອາປາໄສ[vauˀ⁴vaːˀ²paːˀ¹'saːi¹]  越 trò chuyện[tʂɔ³tswiːn⁶];nói chuyện[nɔiˀ⁵tswiːn⁶]  芒 nòi chiến[nɔiˀ³tsiːn⁴];pổ mênh[poˀ⁴ meŋˀ⁴]

【谈论】 泰 พูดวิพากษ์วิจารณ์[phuːtˀ¹⁰ wiˀ⁴ phaːkˀ¹⁰ wiˀ⁴ tsaːnˀ²]  老 ອະພິປາຍ[ʔaˀ²phiˀ¹paːiˀ¹]  岱-侬 lần[lənˀ³]  越 bàn tán[ʔbaːnˀ² taːnˀ⁵];đàm luận[ʔdaːmˀ² lwɤnˀ⁶];bàn bạc[ʔbaːnˀ² ʔbaːkˀ⁸]

【痰】 泰 เสมหะ[seːmˀ² haˀ⁵];เสลด[saˀ⁵ leːtˀ⁹]  老 ຂີ້ກະເທີ[khiːˀ³kaˀ²thɤˀ⁵];ຂີ້ເທີ[khiːˀ³ thɤˀ²];ຂີ້ເທີ[khiːˀ³ thɤˀ⁵];ຂີ້ໄກ່ເທີ[khiːˀ³kaiˀ⁵thɤˀ⁵]  岱-侬 ngáp[ŋaːpˀ⁸]  越泰 khi xḷa[khiˀ³ s-laˀ⁴]  普 tăw⁴ cin¹[tauˀ¹ tsinˀ¹]  越 đờm[ʔdɤːmˀ²]  芒 dờm[ʔdɤːmˀ²]

【痰盂❶】 泰 กระโถน[kraˀ⁵thoːnˀ¹]  老 ກະໂຖນ[kaˀ² thoːnˀ¹];ງ້ຽງ[ŋiːaŋˀ⁴]  越 ống nhổ[ʔoŋˀ⁵ ɲoˀ⁵]

【毯子】 泰 พรม[phromˀ²]  老 ຜ້າທີ່ມຂົນສັດ[phaːˀ³ homˀ⁵khonˀ¹satˀ⁷];ກຳພົມ[kamˀ¹ phonˀ¹]  越 thảm[thaːmˀ³];chăn mềm[tsanˀ¹ memˀ²];mền[menˀ²]  芒 thám[thaːmˀ⁵]

【坦克】 泰 รถถัง[rotˀ⁸ thaŋˀ¹]  老 ລົດຖັງ[lotˀ⁸ thaŋˀ¹];ລົດຖັງ[lotˀ⁸ taŋˀ¹]  越 xe tăng[sɛˀ¹ taŋˀ¹]

【坦率】 泰 เปิดเผยตรงไปตรงมา[pəːtˀ¹ phəːiˀ¹ troŋˀ²

❶ 石家 khoːkˀ³-ŋiaŋˀ³

pai² troŋˀ² maːˀ²]  老 ເປີດອົກເປີດໃຈ[pəːtˀ⁹ ʔokˀ⁷ pəːtˀ⁹ tsaiˀ¹];ກົງໄປກົງມາ[koŋˀ¹ paiˀ¹ koŋˀ¹ maːˀ²]  岱-侬 nằnchoat[nanˀ³tɕwaːtˀ⁷];phiêngphut[phiːŋˀ¹phutˀ⁷]  越 thẳng thắn[thaŋˀ¹ thanˀ⁵];bộc trực[ʔbokˀ⁸ tʂɯkˀ⁸̠]

【炭】 泰 ถ่าน[thaːnˀ⁵]  老 ຖ່ານ[thaːnˀ⁵]  岱-侬 thán[thaːnˀ⁵]  普 ?ê³ lo⁴[ʔeˀ³ lɔˀ⁴]  越泰 thán[thaːnˀ⁵]  越 than[thaːnˀ¹]

【炭疽病】 泰 โรคแผลเปื่อยลักษณะถ่าน[loːkˀ¹⁰ phlɛːˀ¹ puːaiˀ⁵lakˀ⁸saˀ⁵naˀ⁵thaːnˀ⁵]  老 ພະຍາດຖ່ານ[phaˀ⁵ɲaːtˀ¹⁰ thaːnˀ⁵];ກາລະໂຣກສັດ[kaːˀ¹'laˀ⁵loːkˀ¹⁰satˀ⁷]  越 bệr.h nhiệt thán[ʔbenˀ⁶ niːtˀ⁸ thaːnˀ⁵]

【炭盆】 泰 กระถางเผาถ่าน[kraˀ⁵thaːŋˀ¹ phauˀ¹ thaːnˀ⁵]  老 ກະຖາງເຜົາຖ່ານ[kaˀ²thaːˀŋˀ¹phauˀ¹thaːnˀ⁵]  哎 chậu than[tʂɤuˀ⁶ thaːnˀ¹]

【炭窑】 泰 เตาเผาถ่าน[tauˀ² phauˀ¹ thaːnˀ⁵]  老 ເຕົາເຜົາຖ່ານ[tauˀ¹ phauˀ¹ thaːnˀ⁵];ເຕົາຖ່ານ[tauˀ¹ thaːnˀ⁵]  越 lò than[lɔˀ² thaːnˀ¹]

【叹息】 泰 ถอนใจ[thɔːnˀ¹tsaiˀ²]  老 ຖອດຫຸ່ຍ[thɔːtˀ⁹ huiˀ⁵];ຖອດຫຸ່ຍອອກ[thɔːtˀ⁹ huiˀ⁵ ʔɔːkˀ⁹];ຖອດຫຸ່ຍ[thɔːtˀ⁹ huːiˀ⁵];ທອດໃຈ[thɔːtˀ¹⁰tsaiˀ¹];ທາຍໃຫຍ່[haːiˀ¹ɲaiˀ⁵];ກະໄທຍ[kaˀ² hɔːiˀ¹]  岱-侬 lần khó[lənˀ³ khɔˀ³];nằn ni[nanˀ² niˀ³]  越 than thở[thaːnˀ¹ thɤˀ³];thở than[thɤˀ¹ thaːnˀ¹];thở dài[thɤˀ³ zaːiˀ²];than vãn[thaːnˀ¹ vaːnˀ⁴]  芒 than thó[thaːnˀ¹ thɤˀ⁵];than[thaːnˀ¹]

【探监】 泰 เยี่ยมนักโทษ[jiːamˀ³nakˀ⁸thoːtˀ¹⁰]  老 ຢາມນັກໂທດ[jaːmˀ¹ nakˀ⁸ thoːtˀ¹⁰]  越 thăm tù[thamˀ¹ tuˀ²];đi thăm tù[ʔdiˀ¹ thamˀ¹ tuˀ²]

【探亲】 泰 เยี่ยมญาติ[jiːamˀ¹ jaːtˀ¹⁰]  老 ຢາມພີ່ແມ່ລູງຕາ[jaːmˀ¹ phɔːˀ⁵ mɛːˀ⁵ luːŋˀ¹ taːˀ¹]  越 thăm nhà[thamˀ¹ naˀ²];thăm gia đình[thamˀ¹ zaˀ¹ ʔdinˀ²]

【探听】 泰 สืบข่าว[sɯːpˀ⁹khaːuˀ⁵]  老 ຢັງ[jaŋˀ²]  岱-侬 mó xam[mɔˀ⁵ɕaːmˀ¹]  越泰 thóm[thɔːmˀ⁵]:lặc tʂam[lakˀ⁸thaːmˀ¹];thói tham[thɔːiˀ³thaːmˀ¹]  越 tăm dò[tham¹zɔ²];dò la[zɔ²la¹];dò xét[zɔ²sɛt⁵];thám thính[tha:m⁵ thin⁵]

【探头~张望】 泰ชะโงกหัว[tsha⁴ ŋo:k¹⁰ hua¹] 老ຢັ້ມ[jiam¹];ລໍ່ຫົວ[lɔ:⁵hua¹] 岱-侬dừhua[jɯ³huə¹]; pừng hua[puŋ³ huə¹];nhò[ɲɔ¹];mjó hua[mjɔ⁵ huə¹] 越泰pđột hua[p-jot⁸ huə¹];mền hua[mɛn² huə¹] 越thò đầu ra[thɔ² ʔdɤɯ² za¹]

【探望❶】 泰เยือน[jɯ:an²];เยียน[ji:an²];เยี่ยม[ji:am²];เยี่ยมเยียน[ji:am³ ji:an²] 老ຢັ້ມ[ji:am³]; ຢັ້ມເບິ່ງ[ji:am³ ʔbəŋ⁵];ຢັ້ມຍາມ[ji:am³ ja:m¹];ລໍ່[lɔ:⁵];ອ່າຢັ້ມ[am⁵ ji:am³];ລ່ຳແລຫຼິງຢັ້ມ[lam⁵ lɛ:² liŋ⁵ ji:am³];ຫາ[ha:¹];ຍາມ[ja:m¹];ຢັ້ມຍາມ[ji:am³ ja:m¹];ຍ້ຽມ[jɯ:³ ja:m¹];ຍ້ຽມຖາມຂ່າວ[jɯ:³ ja:m¹ tha:m¹ kha:u⁵] 岱-侬xamdương[ɕa:m¹jɯ:ŋ¹];dương ngòi[jɯ:ŋ¹ ŋoi²] 越泰phó[phɔ⁵];đu[ʔdu¹];jam [ja:m¹] 越thăm[tham¹];đếnthăm[ʔden⁵tham¹];thăm hói[tham¹hɔi³] 芒thăm hói[tham¹hɔi⁵];thăm [tham¹]

【汤❷】 泰แกง[kɛ:ŋ²];น้ำแกง[nam⁴ kɛ:ŋ²];ซุบ[sup⁸] 老ແກງ[kɛ:ŋ¹];ນ້ຳແກງ[nam⁴ kɛ:ŋ¹];ຊຸບ[sup⁸];ນ້ຳຊຸບ[nam⁴ sup⁸] 岱-侬thang[tha:ŋ¹];keng[kɛŋ¹]; năm thang[nam⁴ tha:ŋ¹];năm keng[nam⁴ kɛŋ¹] 越泰canh[kɛŋ¹] 普ʔong³ ʔap⁵[ʔɔŋ³ʔa:p⁵] 越canh [kɛŋ¹];súp[sup⁷];xúp[sup⁷];nước canh[nɯ:k⁷ kaŋ¹];nước súp[nɯ:k⁵sup⁷] 芒kenh[kɛn¹];đác kenh[ʔda:k⁷ kɛn¹];xúp[sup⁷]

【汤粉】 泰ก๋วยเตี๋ยวน้ำ[kuai¹ ti:au¹nam⁴] 老ກ໋ວຍຕຽວນ້ຳ[kui¹ ti:au¹ nam⁴] 越泰phở năm[phə⁵ nam⁴] 越bún thang[ʔbun⁵ tha:ŋ¹] 芒pùn thang [pun³ tha:ŋ¹]

【汤药】 泰ยาต้ม[ja:²tom³];ยาหม้อ[ja:¹mɔ:³] 老ຢາຕົ້ມ[ja:¹tom⁴];ຢາໝໍ້[ja:¹mɔ:¹] 岱-侬da duốc[ja¹ ju:k⁷] 越thuốc thang[thu:k⁷tha:ŋ¹];thuốc chén [thu:k⁷ tsɛn⁵]

【汤圆】 泰บัวลอย[ʔbu:a² lɔ:i²] 老ບົວລອຍ[ʔbu:a¹ lɔ:i²] 越bánh trôi[ʔbaɲ⁵ tṣoi¹] 芒pểnh tlôi[pɛn³ tloi¹]

【糖】 泰น้ำตาล[nam⁴ta:n²];ชูการ์[su:²ka:²] 老ນ້ຳຕານ[nam⁴ ta:n¹] 岱-侬thương[thɯ:ŋ¹] 越泰năm ỏi[nam⁴ʔɔi⁴] 普thiong⁴[thi:ŋ⁴];thong⁴[thɔŋ⁴] 越đường[ʔdɯ:ŋ²]

【糖果】 泰ทอฟฟี่[thɔ:p¹⁰fi:³];ลูกกวาด[lu:k¹⁰kwa:t⁹] 老ລູກກວາດ[lu:k¹⁰ kwa:t⁹];ເຂົ້າໜົມອົມ[khau³ nom¹ ʔom¹] 越bánh kẹo[ʔbaɲ⁵kɛu⁶];hòn kẹo[hɔn² kɛu⁶];kẹo[kɛu⁶] 芒kẽo[kɛu⁴];hòn kẽo[hɔn² kɛu⁴]

【糖浆】 泰น้ำเชื่อม[nam⁴tshɯ:am³];น้ำตาลตุ๋น[nam⁴ ta:n²ta⁵ŋun⁵] 老ຢານ້ຳເຊື່ອມ[ja:¹nam⁴sɯ:am⁴] 越nước đường[nɯ:k⁷ ʔdɯ:ŋ²];nước ngọt[nɯ:k⁷ ŋɔt⁸];xirô[si¹ ro¹];mật[mɤt⁸]

【糖精】 泰น้ำตาลเทียม[nam⁴ ta:n² thi:am²] 老ຂັມທິດສະກອນ[khan¹that⁸sa²kɔ:n¹] 越đường hóa học[ʔdɯ:ŋ² hwa⁴ hɔk⁸];sacarin[sa¹ ka¹ rin¹]

【糖尿病】 泰โรคเบาหวาน[ro:k¹⁰ ʔbau² wa:n¹] 老ໂລກຢູ່ອາບ[lo:k¹⁰ ɲi:au⁵ va:n¹];ໂລກເບົ້າອາບ[lo:k¹⁰ ʔbau¹ va:n¹];ພະຍາດຢູ່ອາບ[pha⁵ ɲa:t¹⁰ ɲi:au⁵va:n¹];ເບົ້າອາບ[ʔbau¹ va:n¹];ຢູ່ອາບ[ɲi:au⁵va:n¹] 岱-侬nẻo lương[nɛu³lɯ:ŋ¹] 越tiểu đường[ti:u³ ʔdɯ:ŋ²];đái đường[ʔda:i⁵ ʔdɯ:ŋ²];bệnh tiểu đường[ʔbeɲ⁶ti:u³ʔdɯ:ŋ²];bệnh đái đường [ʔbeɲ⁶ ʔda:i⁵ ʔdɯ:ŋ²]

【糖水】 泰น้ำเชื่อม[nam⁴tshɯ:am³] 老ນ້ຳທອນ[nam⁴va:n¹] 岱-侬năm thương[nam⁴thɯ:ŋ¹] 越泰năm ỏi[nam⁴ʔɔi⁴] 越nước đường[nɯ:k⁷ ʔdɯ:ŋ²] 芒đác đường[ʔda:k⁷ ʔdɯ:ŋ²]

【糖棕树】 泰กกตาล[kok⁷ta:n²];ต้นตาล[ton³ta:n²] 老ກົກຕານ[kok⁷ ta:n¹];ຕົ້ນຕານ[ton⁴ ta:n¹] 越泰co tan[kɔ¹ ta:n¹] 越cây thốt nốt[kɤi¹ thot⁷ not⁷]

---

❶ 石家tham²
❷ 石家kxxŋ⁶; keŋ¹

【螳螂】 泰ตั๊กแตน[tak⁸ tɛ:n²];ตั๊กแตน ตำข้าว[tak⁸ tɛ:n² tam² kha:u³];ตั๊กแตน กล้วยไม้[tak⁸ tɛ:n² klu:ai³ mai⁴];ตั๊กแตนซ้อมข้าว[tak⁸ tɛ:n² sɔ:m⁴ kha:u³];ตั๊กแตนซกมวย[tak⁸ tɛ:n² sok⁸ mu:ai²] 老ແມງມ້າ[mɛːŋ maː⁴];ແມງຜີໂພງມ້າ[mɛːŋ phiː¹ phoːŋ maː⁴];ແມງໂພງມ້າ[mɛːŋ phoːŋ maː⁴] 岱-侬tua cản mạ[tuə¹ ka:n³ ma⁴];cản mạ[ka:n³ ma⁴];tua khuống[tuə¹ khu:ŋ⁵] 越泰mãnh mạ[mɛŋ² ma⁴] 越cào cào[ka:u² ka:u²];bọ ngựa[ʔbɔ⁶ ŋɯə⁶];con bọ ngựa[kɔn¹ ʔbɔ⁶ ŋɯə⁶] 芒wò[wɔ²]

【躺】 泰นอน[nɔ:n²] 老ທອດມອນ[thɔːt⁴nɔːn¹];ທອດກາຍລົງ[thɔːt¹⁰ ka:i¹¹ loŋ¹];ເອນກາຍ[ʔeːn¹' ka:i¹'];ເອນຕົວ[ʔeːn¹' tu:a¹];ເອນອົງ[ʔeːn¹' ʔoŋ¹] 岱-侬nòn[nɔn²] 越泰nõn[nɔn²];phũm[phum²] 普ʔăw⁴[ʔau⁴];ʔăw⁵[ʔau⁵] 越nằm[nam²] 芒nằm[nam²]

【躺椅】 泰เก้าอี้นอนเอน[kau² ʔi:³ nɔ:n² ʔeːn²] 老ເກົ້າອີ້ແອນ[kau⁴ ʔi:⁴ ʔɛːn¹];ຕັ່ງອີ້ເອີ້ງ[taŋ⁵ ʔi:⁴ thəːŋ⁴] 越ghế nằm[ɣe⁵ nam²];ghế vải[ɣe⁵ va:i³]

【烫~肉片❶】 泰รวก[ru:ak¹⁰];ลวก[lu:ak¹⁰] 老ລວກ[lu:ak¹⁰] 越luộc[lu:k⁸] 芒luôc[lu:k⁸]

【烫发】 泰ดัดผม[ʔdat⁷ phom¹] 老ດັດຜົມ[ʔdat⁷ phom¹] 越uốn tóc[ʔu:n⁵ tɔk⁷] 芒uốn thắc[ʔu:n³ thak⁷]

【烫伤】 泰แผลน้ำร้อนลวกรอไอน้ำลวก[phlɛ:¹ nam⁴ rɔ:n⁴ lu:ak¹⁰ rɯ:¹ ʔai² nam⁴ lu:ak¹⁰] 老ດາດ[ʔda:t⁹];ຖືກໄຟດາດ[thɯːk⁹ fai² ʔda:t⁹];ຖືກໄຟໄຫມ້[thɯːk⁹ fai² mai³] 越bỏng[ʔbɔŋ⁵];làm bỏng[la:m² ʔbɔŋ⁵];bỏng lửa[ʔbɔŋ³ lɯə³] 芒póng cúi[pɔŋ³ kui⁵]

【趟去一~】 泰เที่ยว[thi:au³] 老ຕ່າວ[ta:u⁵];ຫຼົງ[loŋ²][thi:au³];ຫຼົງ[phi:an¹];ຫຼົງ[fi:an¹];ເລົ່າ[lau⁵];ຫຼົບ[lop¹] 越lần[lɤn²];đợt[ʔdɤt⁷];chuyến[tswi:n⁵];lượt[lɯ:t⁸] 芒lươt[lɯ:t⁸];chiến[tsi:n³]

【掏~钱】 泰ล้วง[lu:aŋ⁴] 老ຈັກ[tsok⁷] 岱-侬mộc[mok⁸];bốc[ʔbok⁷] 越泰vạc[vak⁸];chók[tsɔk⁷] 越móc[mɔk⁷]

【绦虫】 泰พยาธิตัวตืด[pha⁴ ja:² tu:a² tɯːt⁹];พยาธิตัวแบน[pha⁴ ja:² tu:a² ʔbɛn²] 老ຂີ້ກະຕຶກແປ[khːː³ ka² tɯːk⁹ pɛ:¹];ຂີ້ກະຕຶກຂີ້[khi:³ ka² tɯːk⁹ khɔ:³];ແມງທ້ອງໂຕແປ[mɛːŋ thɔːŋ⁴ toː¹' pɛ:¹] 越sán[ʂa:n⁵];sán dây[ʂa:n⁵ zɤi¹];sán xơ mít[ʂa:n⁵ sɤ⁴ mit³] 芒the hồ hac[the¹ ho² ha:k⁸];hồ hac[ho² ha:k⁸];cây the[kai³ the¹];the[the¹]

【淘金】 泰ร่อนทอง[rɔ:n³ thɔ:ŋ²] 老ຮ່ອນຄຳ[hɔ:n⁵ kham²] 越đãi vàng[ʔda:i⁴ va:ŋ²]

【淘~米】 泰ซาว[sa:u²] 老ຊາວ[sa:u²];ຮ່ອນ[hɔ:n⁵] 岱-侬tào[ta:u²];múa[muə⁵];ráo[ra:u²];xáu[ɕau⁵];đại[ʔda:i⁴];toọng[tɔ:ŋ⁴] 越泰tãu[tau²] 越vo[vɔ¹];đãi[ʔda:i⁴] 芒vo[vɔ¹];xát[ʂa:t⁷]

【淘米水】 泰น้ำซาวข้าว[nam⁴ sa:u² kha:u³];น้ำล้างข้าว[na:m⁴ la:ŋ⁴ kha:u³] 老ນ້ຳຊາວເຂົ້າ[nam⁴ sa:u² kha:u²] 岱-侬nặm muôc[nam⁴ mu:k⁷] 越nước đãi gạo[nɯːk⁷ ʔda:i⁴ ɣa:u⁶];nước vo gạo[nɯːk⁵ vɔ¹ ɣa:u⁶] 芒đác tlái[ʔda:k⁷ tla:i⁵]

【淘汰】 泰คัดออก[khat⁸ ʔɔ:k⁹] 老ເຂ່ຍອອກ[khəː⁵ ʔɔ:k⁹] 岱-侬thât to[thɤt⁷ tɔ¹];tẹp tuổi[tɛp⁸ tu:i⁵] 越泰thải[tha:i³] 越đào thải[ʔda:u² tha:i³];gạt bỏ đi[ɣa:t⁸ ʔbɔ³ ʔdi¹] 芒tào thái[ta:u² tha:i⁵]

【陶器】 泰เครื่องปั้นดินเผา[khrɯ:aŋ³ pan³ ʔdin² phau¹] 老;ເຄື່ອງປັ້ນດິນ[khɯ:aŋ⁵ pan⁴ ʔdin¹] 越đồ gốm[ʔdo² ɣom⁵] 芒đồ gốm[ʔdo² ɣom³]

【陶土】 泰ดินเผา[ʔdin² phau¹] 老ດິນເຜີງ[ʔdir¹' phau¹];ດິນດາດ[ʔdin¹' ʔda:k⁹] 越đất thó[ʔdɤt⁷ thɔ⁵];đất sét[ʔdɤt⁷ ʂɛt⁷];đất cao lanh[ʔdɤt⁷ ka:u¹ lan¹]

【陶醉】 泰เพลิดเพลิน[phlə:t¹⁰ phlə:n²] 老ເພີດເພີນ[phə:t¹⁰ phə:n²] 岱-侬lồng slim[loŋ⁵ ɬim¹];cồm cỏ[kom³ kɔ³] 越say mê[ʂai¹ me¹];say sưa[ʂai¹

---

❶ 石家luak⁵

【桃花】泰ดอกท้อ[ʔdɔːk⁹ thɔː⁴] 老ດອກຄາຍ[ʔdɔːk⁹ khaːi²] 越hoa đào[hwa¹ ʔdaːu²] 芒wa tào[wa¹ taːu²]

【桃金娘】俗称"捻果" 泰กระทุ[kra⁵ thu⁴];กะทุ[ka⁵ thu⁴];พรวด[phruːat¹⁰];กระชู[kra⁵ tshu⁴];กะมูติง[ka⁵ muː² tiŋ²] 老ກະທຸ[ka²thu⁵];ກະມູງ[ka²muː ŋ²];ຕົ້ມກະມູຕິງ[ton⁴ka²muː² tiŋ²] 傣-侬mac nim[maːk⁷ nim¹] 越quả sim[kwa³ şim¹] 芒tlải khim[tlaːi³ khim¹]

【桃树】泰ต้นท้อ[ton³ thɔː⁴] 老ກົກຄາຍ[kok⁷khaːi²];ກົກໝາກຄາຍ[kok⁷ maːk⁹ khaːi²] 傣-侬co tào[kɔ¹ taːu²] 普tǎj¹ pǎng¹[tai¹ paŋ¹] 越cây đào[kɤi¹ ʔdaːu²] 芒câl tào[kɤl¹ taːu²]

【桃子】泰พืช[phiːt¹⁰];ลูกท้อ[luːk¹⁰ thɔː⁴] 老ໝາກຄາຍ[maːk⁹ khaːi²] 傣-侬mac phăng[maːk⁷ phaŋ¹];mac tào[maːk⁷ taːu²] 越泰mák cãi[maːk⁷ kaːi²] 普mjak² pǎng¹[mjaːk² paŋ¹] 越quả đào[kwa³ ʔdaːu²]

【逃】泰หนี[niː¹];วิ่งหนี[wiŋ⁵ niː¹] 老ໜີ[niː¹];ໂດດໜີ[ʔdoːt⁹niː¹];ເປີດໜີ[pɤːt⁹niː¹];ແລ່ນໜີ[lɛːn⁵ niː¹];ປົບໜີ[pop⁷niː¹];ປົບ[pop⁷];ພ່າຍ[phaːi⁵] 傣-侬ni[ni¹] 越泰tẻo[tɛu²] 越tháo chạy[thaːu⁵ tsaːi⁶];chạy trốn[tsaːi⁶ tşon⁵] 芒chẳl tlổn[tsal⁴ tlon³]

【逃避】泰หลบหนี[lop⁷ niː¹] 老ແຊກ ຕ້ວຫນີ[sɛːk¹⁰ tuːa¹¹ niː¹];ເຊີຫນີ[sɤːk¹⁰ niː¹];ແປັດ[pɛt³];ຫນີພິກ[phiːk⁹ niː¹];ຫນີພ່າຍ[phiːk⁹ phaːi⁵];ຫຼົບຫຼີກ[lop⁷ liːk⁹];ຫຼີກລ້ຽງ[liːk⁹ liːaŋ⁵] 傣-侬ni pién[ni¹ piːn⁵] 越泰vện pài[vɛn⁴ paːi⁶] 越trốn tránh[tşon⁵ tşaŋ⁵];tránh thoát[tşaŋ⁵ thwaːt⁵];lẩn tránh[lɤn³ tşaŋ⁵];chạy trốn[tsaːi⁶ tşon⁵]

【逃兵】泰ทหารที่หลบหนี[tha⁴ haːn¹ thi³ lop⁷ niː¹] 老ທະຫານ ໂຕມຄ້າຍ[tha⁵ haːn¹ ton¹¹ khaːi⁴];ທະຫານ ໂຕມໜີ[tha⁵ haːn¹ ton¹¹ niː¹] 越lính đào ngũ[lin⁴ ʔdaːu² ŋu⁴]

【逃难】泰หนีภัย[niː¹ phaːi²] 老ອົບພະຍົບຫຼີກໄພ[ʔop⁷ pha⁵ ɲop⁸ lop⁷ phaːi²];ຫຼົບໄພ[lop⁷ phaːi²];ລີ້ໄພ[liː⁴ phaːi²] 傣-侬ni slâc[ni¹ ɬak⁷];phiến nản[phiːn⁵ naːn³] 越泰lèn xóc[lɛn⁶ sɔk⁷] 越lánh nạn[laːn⁵ naːn⁶];chạy nạn[tsaːi⁶ naːn⁶];chạy loạn[tsaːi⁶ lwaːn⁶] 芒chẳl lăn[tsal⁴ laːn⁴]

【逃税】泰หนีภาษี[niː¹ phaː² siː¹] 老ຫນີພາສີ[niː¹ phaː² siː¹];ຫຼົບພາສີ[lop⁷ phaː² siː¹] 越trốn thuế[tşon⁵ thwe⁵]

【逃学】泰หนีเรียน[niː¹ riːan²] 老ຫນີໂຮງຮຽນ[niː¹ hoːŋ² hiːan²];ຫຼີກໂຮງຮຽນ[liːk⁹ hoːŋ² hiːan²] 越trốn học[tşon⁵ hɔk⁸] 芒tlổn học[tlon³ hɔk⁸]

【讨饭】泰ขอทาน[khɔː¹ thaːn²] 老ຂໍທານ[khɔː¹ thaːn²] 傣-侬kin xo[kin¹ ɕɔ¹];hêt xo[het⁷ɕɔ¹] 越泰kin xo[kin¹ sɔ¹] 越ăn mày[ʔan¹ maːi¹];ăn xin[ʔan¹ sin¹] 芒ăn mày[ʔan¹ maːi²];hành khất[haŋ² khɤt⁷];ăn xin[ʔan¹ sin¹]

【讨好】泰ประจบ[pra⁵ tsop⁷];ผลอ[phlɔː¹];อ่อย[ʔɔːi⁵] 老ຍໍ້[ɲɔː⁴];ຂໍ້ຍໍ້[khɔː¹ ɲɔː⁴];ສໍ່ເສີມເອົາໃຈ[sɤŋ⁵ sɤːm¹ ʔau¹¹ tsai¹];ທະເລາະ[tha⁵ lɔː⁵];ເທາະເລາະ[thɔː⁵ lɔː⁵];ເວົ້າເອົາໃຈ[vau⁴ ʔau¹¹ tsai¹];ເອົາໃຈ[ʔau¹¹ tsai¹];ເອົາຈົກເອົາໃຈ[ʔau¹¹ ʔok⁷ ʔau¹¹ tsai¹];ເອົາມົກເອົາໃຈ[ʔau¹¹ mok⁷ ʔau¹¹ tsai¹] 傣-侬bec kha cải[ʔbɛk⁷ kha¹ kaːi³] 越nịnh[niŋ⁶];lấy lòng[lɤi⁵ lɔŋ²] 芒đòng[ʔdɔŋ²];lễ lòng[le⁴ lɔŋ²]

【讨价还价】泰ต่อรอง[tɔː⁵ rɔː² khaː²] 老ຕໍ່ລາຄາ[tɔː⁵ laː² khaː²];ຕໍ່ລອງລາຄາ[tɔː⁵ lɔːŋ² laː² khaː²] 越cò kè bớt một thêm hai[kɔ² kɛ² ʔbɤːt⁷ mot¹ them¹ haːi¹];mà cả kèo cò[ma² ka³ kɛu² kɔ²];kèo cò[kɛu² kɔ²];cò kè[kɔ² kɛ²] 芒mà cã[ma² kaː⁴];cò kè[kɔ² kɛ²]

【讨论】泰อภิปราย[ʔa⁵ phi⁴ praːi²];สัมมะนา[sam¹ ma⁴ naː²] 老ປີປາຍ[piː² paːi¹];ຖົກ[thok⁷];ອະພິປາຍ[ʔa² phi⁵ paːi¹] 傣-侬bàn an[ʔbaːn² ʔaːn¹] 越泰bàn[taː¹ ʔbaːn²];xô bàn[so¹ ʔbaːn²] 普phăn¹[phan¹] 越bàn bạc[ʔbaːn² ʔbaːk⁸];bàn luận[ʔbaːn² lwɤn⁶]

芒pàn[pa:n2];lẫn[lɤn4];pàn lẫn[pa:n2 lɤn4];lẫn pàn[lɤn4 pa:n2];pàn pac[pa:n2 pa:k8];khao[kha:u1]

【讨厌】泰เกลียด[kli:at9] 老ຊັງນ້ຳໜ້າ[saŋ2nam4 na:3];ເປີດ[pə:t9];ເປີດຊັງ[pə:t9 saŋ2];ໜ້າກຽດ[na:3 ki:at9];ແໜງ[nɛ:ŋ1];ໜ່າຍ[na:i5];ໜ່າຍໜ້າ[na:i5 na:3] 岱-侬bứa[ʔbɯə5];bứa ngảu[ʔbɯə5 ŋau3];chẳng[tɕaŋ2] 越泰ók pớt[ʔɔk7pət7] 越ghét[ɣɛt7];đáng ghét[ʔda:ŋ5 ɣɛt7]

【讨债】泰ทวงหนี้[thu:aŋ2 ni:3] 老ເລັ່ງໜີ້[leŋ5 ni:3];ທວງໜີ້[thu:aŋ2 ni:3];ທວງໜີ້ທວງສິນ[thu:aŋ2 ni:3 thu:aŋ2 sin1] 越đòi nợ[ʔdɔi2 nɤ6]

【套～衣服】泰เสื้อผ้าสวมคลุม[sɯ:a3pha:3su:am1khlum2] 老ຊ້ອນ[sɔ:n4];ສວມ[su:am1];ສຸບ[sup7] 岱-侬chặp[tɕap8] 越泰xọn[sɔn4] 越chụp vào[tsup8va:u2];trùm vào[tʂum2va:u2];mặc[mak8];lồng[loŋ2] 芒lồng[loŋ2]

【套一～衣服】泰สำหรับ[sam1rap8] 老ຊຸມ[sum2];ຊຸດ[sut8] 岱-侬tối[toi5] 越泰tháo[tha:u5] 越bộ[ʔbo11] 芒bỗ[ʔbo4]

【特别】泰พิเศษ[phi4se:t9];เป็นพิเศษ[pen2phi4se:t9] 老ຈຳເພາະ[tsam1' phɔ5];ພິເສດ[phi5 se:t9];ວິສາມັນ[vi5sa:1man2] 越đặcbiệt[ʔdak8ʔbi:t8];khácthường[xa:k7 thɯ:ŋ2]

【特产】泰ผลิตภัณฑ์พิเศษของท้องถิ่น[phlit7phan2 phi4se:t9khɔ:ŋ1thɔ:ŋ4thin5] 老ຜົນລະປູກພິເສດ[phon1 la5 pu:k9 phi5 se:t9] 越đặc sản[ʔdak8 ʂa:n3]

【特地】泰วิเศษณ์[wi4 se:t9];โดยเฉพาะ[ʔdo:i2 tsha5 phɔ4] 老ໂດຍສະເພາະ[ʔdo:i1' sa2 phɔ5] 越riêng[ʐi:ŋ1];chuyên[tswi:n1];đặc biệt[ʔdak8 ʔbi:t8]

【特殊】泰พิเศษ[phi4se:t9] 老ພິເສດ[phi5se:t9];ວິສາມັນ[vi5 sa:1 man2] 越đặc thù[ʔdak8 thu2]

【特务】泰สายลับ[sa:i1 lap8] 老ນັກສືບມືມິດ[nak8 sɯ:p9 mɯ:2 mɯ:t10];ນັກສືບ[nak8 sɯ:p9];ນັກສືບສອດແນມ[nak8 sɯ:p9 sɔ:t9 nɛ:m2] 越đặc vụ[ʔdak8 vu6];gián điệp[ʐa:n5 ʔdi:p8]

【疼妈妈最～他】泰หวงรัก[hu:aŋ1rak8];ใคร[khrai2] 老ຮັກ[hak8];ແພງ[phɛ:ŋ2];ຫວງແຫນ[hu:aŋ1hɛ:n1] 岱-侬pèng[pɛŋ2] 越泰ũi[ʔui2];pãnh[pɛŋ2];iếu ín[ʔi:u5 ʔin5];iếu tiếk[ʔi:u5 ti:k7] 越thương[thɯ:ŋ1];quý[kwi5];yêu quí[ʔi:u1 kwi5] 芒thương[thɯ:ŋ1];mỡ[mɤ4]

【藤球】泰ตะกร้อ[ta5krɔ:3] 老ໝາກກະຕໍ້[ma:k9 ka2 tɔ:4];ກະຕໍ້ຫວາຍ[ka2tɔ:4va:i1];ກະຕໍ້[ka2tɔ:4] 越cầu mây[kɤu2 mɤi1]

【藤椅】泰เก้าอี้หวาย[kau3ʔi:3wa:i1] 老ເກົ້າອີ້ຫວາຍ[kau4 ʔi:4 va:i1];ຕັ່ງອີ້ຫວາຍ[taŋ5 ʔi:4 va:i1] 越ghế máy[ɣe5 mɤi1]

【藤子】泰เถา[thau1];เขา[khau1];เครือ[khrɯ:a2];เครือเขา[khrɯ:a2khau1];เครือเถา[khrɯ:a2thau1];หวาย[wa:i1] 老ຫວາຍ[va:i1];ເຄືອຫວາຍ[khɯ:a2va:i1] 岱-侬khau[khau1];thau[thau1] 普hǎw4[hau4] 越mây[mɤi1];song[ʂɔŋ1] 芒cùn[kun2]

【踢❶】泰แตะ[tɛ5] 老ແຕະ[tɛ2] 岱-侬tản[ta:n3];thích[thik7] 越泰cối[koi5];tọt[tɔt8] 普lăj3 tam4[lɛi3 ta:m4] 越đá[ʔda5] 芒tả[ta3]

【剔～骨头】泰แทะ[thɛ4] 岱-侬lích[lik7] 越lóc[lɔk7]

【剔～牙】泰แคะ[khɛ4] 老ຈີ້ມ[tsi:m4] 岱-侬chìa[tɕiə2];dăc[jak7] 越泰chỉm[tsim3] 越xỉa[siə3] 芒chia[tsiə1]

【梯田】泰นาขั้นบันได[na:2 khan3 ʔban2 ʔdai2];นาคางหมู[na:2 kha:ŋ2 mu:1] 老ນາຂັ້ນໄດ[na:2 khan3 ʔdai1'] 岱-侬nà tôc thắn[na2 tok7 than5];nà chặc chạy[na2 tɕak8 tɕai4] 越泰nã cẵn hỡn[na2 kan2 hɔn2] 越ruộng bậc thang[ʐu:ŋ6 ʔbɤk8 tha:ŋ1];nương[nɯ:ŋ1] 芒hỗng[hɔŋ4]

❶石家bliit6; diit6

【梯子❶】 泰กระได[kra⁵ ʔdai²];บันได[ban² ʔdai²] 老ได[ʔdai¹];ทะได[ka² ʔdai¹];ຂັ້ນ[khan³];ປະຕູໄດ[pa² tu:¹' ʔdai¹];ຂັ້ນໄດ[khan³ ʔdai¹];ถันได[khan² ʔdai¹] 岱-侬đuây[ʔdwəi¹] 越泰đay[ʔdai¹] 普kung¹[kuŋ¹] 越thang[thaːŋ¹];cái thang[kaːi⁵ thaːŋ¹];bậc thang[ʔbɤk⁷ thaːŋ¹];cầu thang[kɤu² thaːŋ¹] 芒ngác màn[ŋaːk⁷ maːn²];màn[maːn²]

【提~篮子❷】 泰หิ้ว[hiu³] 老ຫິ້ວ[hiu³];ຫີ້ວ[hiːu³] 岱-侬dạu[jau⁴];dò[jɔ²];hiu[hiu³] 越泰hiu[hiu³] 普tAng⁴[tɒŋ⁴] 越xách[sat⁷] 芒xéch[sɛt⁷]

【提高】 泰ยกระดับสูงขึ้น[jok⁸ra⁴ʔdap⁷ suːŋ¹khɯn³] 老ຍົກຂຶ້ນ[nok⁸ŋɔː²] 岱-侬tài slung[taːi²ɬuŋ¹] 越泰khửn[khɯn³] 越nâng cao[nɤŋ¹kaːu¹];đề cao[ʔde² kaːu¹] 芒nong nâng[nɤːŋ¹ nɤŋ¹]

【提货】 泰เบิกสินค้า[ʔbɤːk⁹ sin¹ khaː⁴] 越lấy hàng[lɤi⁵ haːŋ²];lĩnh hàng[liɲ⁴ haːŋ²];nhận hàng[ɲɤn⁶ haːŋ²]

【提及】 泰พูดถึง[phuːt¹⁰ thɯŋ¹] 老ເຖິງ[tɯːaŋ⁴];ເອົ້າພາດ[vau⁴ phaːt¹⁰];ເອົ້າເຖິງ[vau⁴ thəŋ¹];ເອົ້າຮອດ[vau⁴ hɔːt¹⁰];ละบุไว้[la⁵ ʔbu² vai⁴];ละบุ[la⁵ ʔbu²];อ้าง[ʔaːŋ⁴] 岱-侬tươn[tɯːn¹];tắm[tam⁵];vẩn[vən³] 越泰tơn[tən¹];tua[tuə¹];ne[nɛ¹] 越nhắc đến[ɲak⁷ ʔden⁵] 芒tãi[taːi⁴]

【提梁】 泰หู[huː¹] 老ຫູ[huː¹];ຮວງ[huːaŋ¹] 岱-侬toóng[tɔːŋ⁵] 越泰tuống[tuːŋ⁵]

【提问】 泰ถามปัญหา[thaːm¹pan²haː¹] 老ຕັ້ງຄຳຖາມ[taŋ⁴kham²thaːm¹];ຕັ້ງບັນຫາຂຶ້ນຖາມ[taŋ⁴²banˈhaːˈkhɯn³thaːm¹] 越hỏi[hɔi³];đưa ra câu hỏi[ʔdɯə¹ zaː¹ kɤu¹ hɔi³];nêu vấn đề[neu¹ vɤn⁵ ʔde²] 芒nêu vần đề[neu¹ vɤn³ ʔde²]

【提醒】 泰กระตุ้น[kra⁵ tun³];เตือน[tɯːan²];ตักเตือน[tak⁷tɯːan²] 老ເຕືອນ[tɯːan¹'];ເຕືອນໃຈ[tɯːan¹' tsai¹'];ເຕືອນໄວ້[tɯːan¹' vai⁴];ກ່າວເຕືອນ[kaːu⁵ tɯːan¹'];ສະກິດ[sa² kit⁷];ກະຕຸກໃຈ[ka² tuk⁷ tsai¹'];ກະຕຸ້ນ[ka² tun⁴];ຫັກເຕືອນ[sak⁸ tɯːan¹'];ຕັກເຕືອນ[tak⁷ tɯːan¹'];ຕຸກເຕີມ[tuk⁷ təːn¹'];ຕຸກເຕືອນ[tuk⁷ tɯːan¹'];ຕຸ້ນ[tun⁴];ຕຸ້ນເຕືອນ[tun⁴ tɯːan¹'];ທັກ[thak⁸];ທັກເຕືອນ[thak⁸ tɯːan¹'];ທວກ[thuːak¹⁰];ທ້ວງ[thuːaŋ⁴];ບອກເຕືອນ[ʔbɔːk⁹ tɯːan¹'];ບັນດານທິດຄິດ[ʔban¹' ʔdaːn¹' huːa¹ khit⁸];ປຸກ[puk⁷];ປຸກສະຕິ[puk⁷ sa² ti²];ກະຕຸກໃຈ[ka² tuk⁷tsai¹'] 岱-侬dăc xǎng[jak⁷ɕa:ŋ³] 越泰tơn[tən¹] 越nhắc[ɲak⁷];nhắc nhở[ɲak⁷ ɲɤ³]

【啼鸡~❸】 泰ขัน[khan¹] 老ຂັນ[khan¹] 岱-侬khăn[khan¹] 越泰khăn[khan¹] 普lăng¹[laŋ¹] 越gáy[ɣai⁵] 芒cǎl[kal³]

【蹄子❹】 泰กีบ[kiːp⁹] 老ກີບ[kiːp⁹];ເກີບ[kəːp⁹];ເລັບ[lep⁸] 岱-侬tip[tip⁷];kip[kip⁷] 越泰típ[tip⁷] 普kAn[kɒn¹] 越móng[mɔŋ³] 芒móng[mɔŋ³]

【鹈鹕】 泰นกกระทุง[nok⁸ kra⁵ thuŋ²] 老ມິກສິບທາງ[nok⁸ sop⁷ haːŋ²] 越con bồ nông[kɔn¹ ʔbo² noŋ¹]

【体操】 泰กายบริหาร[kaːi² ʔbɔː²'ri⁴haːn¹] 老ກາຍະກຳ[kaːˈna⁵kam¹'];ກາຍະບໍລິຫານ[kaːˈna⁵ ʔbɔː¹'liˈhaːn¹'];ກາຍະສິກສາ[kaːˈna⁵sɯk⁵saː¹'] 越thể dục[the³ zuk⁸]

【体检】 泰ตรวจร่างกาย[kruːat⁹raːŋ³kaːi²] 老ກວດຮ່າງກາຍ[kuːat⁹haːŋ⁵kaːi¹'];ກວດສຸຂະພາບ[kuːat⁹su²kha²phaːp¹⁰] 越kiểm tra sức khoẻ[kiːm¹tsa⁵suk⁷xwɛ³];khám sức khoẻ[xaːm⁵suk⁷xwɛ³]

【剃】 泰ขูด[khuːt⁹];โกน[koːn²] 老ແຖ[theː¹'];ໂກນ[koːn¹'] 岱-侬tháy[thai⁵];pào[paːu³] 越泰the[theː¹] 越cạo[kaːu⁶] 芒cot[kɔt⁷]

---

❶ 石家 ray　阿含 khā-dāi A1　掸 lāi A1　泐 dāi A1
❷ 阿含 yuk；riw C1
❸ 石家 hal²　掸 khăn A1　泐 xăn A1
❹ 石家 liip⁵

【剃刀】 泰 มีดโกน[mi:t¹⁰ ko:n²];มีดโกนหัว[mi:t¹⁰ ko:n² hua¹] 老 ມີດແຖ[mi:t¹⁰ theː¹];ມີດໂກນ[mi:t¹⁰ ko:n¹] 岱-侬 pja tháy[pja⁴thai⁵] 越泰 mịt the[mit⁸ theː¹];mịt phe[mit⁸ pheː¹] 普 zhǎi³ lân⁴[zai³ lɤn⁴] 越 dao cạo[za:u¹ka:u⁶];dao cạo râu[za:u¹ka:u⁶ zɤu¹] 芒 tao cot[ta:u¹ kɔt⁸]

【剃须刀】 泰 มีดโกนหนวด[mi:t¹⁰ ko:n² nu:at⁹] 老 ມີດໂກນຫນວດ[mi:t¹⁰ ko:n¹ nu:at⁹] 越 dao cạo râu[za:u¹ ka:u⁶ zɤu¹]

【替～他扫地】 泰 ช่วย[tshu:ai³] 老 ແກ້[keː⁵];ແດ່[?dɛː⁵];ຕອງ[tɔ:ŋ¹] 越 thay[thai¹];hộ[ho⁶];giúp[zup⁷]

【天～上❶】 泰 ฟ้า[fa:⁴];อากาศ[?aː²ka:t⁹];บน[?bon²] 老 ຟ້າ[fa:⁴];ທ້ອງຟ້າ[thɔːŋ⁴ fa:⁴];ຄວງ[khu:aŋ²];ຄວງຟ້າ[khu:aŋ²fa:⁴];ຄ່ວງ[khu:aŋ⁵];ຫາວ[ha:u¹];ກາງຫາວ[ka:ŋ¹ ha:u¹];ເວຫາ[ve:² ha:¹];ເວຫາດ[ve:² ha:t⁹];ເວຫົນ[ve:² hon¹] 岱-侬 bân[?bɤn¹];fạ[fa⁴] 越泰 xbân[s-?bɤn¹];phạ[pha⁴] 普 mân³[mɤn³];pê³mân³[pe³mɤn³];mơn[mɤ:n³] 越 trời[tʂɤ:i²];bầu trời[?bɤu²tʂɤ:i²] 芒 tlời[tlɤ:i²];cuông tlời[ku:ŋ¹ tlɤ:i²]

【天～~❷】 泰 วัน[wan²] 老 ວັນ[van²];ວິວັນ[vi:² van²];ມື້[mɯ:⁴] 岱-侬 vằn[van²] 越泰 mự[mɯ²] 普 Vân³[βɤn³];loVân³[lɤ⁰βɤn³] 越 ngày[ŋai²] 芒 ngày[ŋai²];chiềng[tsi:ŋ²]

【天边】 泰 ขอบฟ้า[khɔːp⁹fa:⁴] 老 ຂອບຟ້າ[khɔːp⁹ fa:⁴] 越 chân trời[tsɤn¹ tsɤ:i²]

【天窗】 泰 หน้าต่างหลังคา[na:³ ta:ŋ⁵ laŋ¹ kha:²] 老 ຫນ້າຕ່າງຫຼັງຄາ[na:³ ta:ŋ⁵ laŋ¹ kha:²] 越 cửa sổ trên mái nhà[kɯɤ³ ʂo³ tʂen¹ ma:i⁵ ɲa:²];cửa sổ ở mái nhà[kɯɤ³ ʂo³ ʔɤ³ ma:i⁵ ɲa:²];ô cửa sổ kính ở mái [ʔo¹ kɯɤ³ ʂo³ kiɲ⁵ ʔɤ³ ma:i⁵]

【天鹅】 泰 ห่านฟ้า[ha:n⁵ fa:⁴] 老 ຫ່ານຟ້າ[ha:n⁵ fa:⁴] ນົກເປັດຫົງ[nok⁸ pet⁷ hoŋ¹];ນົກຫົງ[nok⁸ hoŋ¹];ຫົງສະ[hoŋ¹ sa²];ຫົງ[hoŋ¹];ຫັງສະ[haŋ¹ sa²] 普 han³ mân³[ha:n³ mɤn³];jAng⁴[jɔŋ⁴] 越 thiên nga [thiːn¹ ŋa¹] 芒 ngan tlời[ŋa:n¹ tlɤ:i²]

【天鹅绒】 泰 กำมะหยี่[kam² ma⁴ji:⁵] 老 ກຳມະຫຍີ້[kam¹' ma⁵ ɲi:⁵];ກຳມະຍີ່[kam¹ ma⁵ ɲi⁴];ຮຳມະຍີ່[hɤm² ma⁵ ɲi⁴] 越 nhung[ɲuŋ¹]

【天花】 泰 ไข้ทรพิษ[khai³ thɔ:² ra⁴ phit⁸];ฝีดาษ[fi:¹ ʔda:t⁹];ไข้หัว[khai³hu:a¹] 老 ໂລກພະຍາດສຸກ[lo:k¹⁰ mɛːk⁹suk⁷];ພະຍາດພະຍາດສຸກ[pha⁵na:t¹⁰mak⁹suk⁷];ມາກຫາງ[ma:k⁹ha:ŋ⁵];ມາກສຸກ[ma:k⁹ suk⁷];ຜິດາດ[fi:¹ ʔda:t⁹] 岱-侬 mac[ma:k⁷];mac mèng[ma:k⁷ mɛŋ²] 越 đậu mùa[ʔdɤu⁶ muɤ²];bệnh đậu mùa [ʔben⁶ ʔdɤu⁶ muɤ²]

【天花板】 泰 ฝ้า[fa:³] 老 ຜ້າ[fa:³];ພິດານ[phiː² ʔda:n¹];ເພດານ[pheː² ʔda:n¹] 岱-侬 tẩu cac[tɤɯ³ ka:k⁷] 越泰 thản hạnh[tha:n³ hɛŋ⁴] 越 trần nhà [tʂɤn² ɲa²] 芒 tả nhà[ta⁴ ɲa²]

【天牛】 泰 แมลงลอนจิคอร์น[ma⁴ lɛ:ŋ² lɔ:n² tsi⁵ khɔ:n²] 老 ແມງຊື້ຜ່າຍ[mɛ:ŋ² ʔiu⁴ fa:i³] 越 bọ thiên ngưu[ʔbɔ⁶ thi:n¹ ŋɯɯ¹];bọ trời[ʔbɔ⁶ tʂɤ:i²]

【天平】 泰 ตาชั่ง[ta:² tshaŋ³];เครื่องชั่ง[khrɯaŋ³ tshaŋ³] 老 ຊັ່ງ[saŋ⁵];ຊາງ[pha:ŋ¹];ຊາງຍອຍ[pha:ŋ¹ ɲɔːi¹] 越 cái cân tiểu ly[ka:i⁵ kɤn¹ ti:u³ li¹]

【天气】 泰 อากาศ[ʔa:² ka:t⁹];กาลอากาศ[ka:n² ʔa:² ka:t⁹];ดินฟ้าอากาศ[ʔdin² fa:⁴ ʔa:² ka:t⁹] 老 ອາກາດ[ʔa:¹'ka:t⁹];ຝົນຟ້າ[fon¹ fa:⁴];ຝົນຟ້າອາກາດ[fon¹ fa:⁴ ʔa:¹' ka:t⁹];ຟ້າ[fa:⁴];ຟ້າອາກາດ[fa:⁴ ʔa:¹' ka:t⁹] 越泰 ai phạ[ʔa:i¹ pha⁴] 越 thời tiết[thɤ:i² tiːt⁷];khí trời[xi⁵ tʂɤ:i²] 芒 khi tlời[khi³ tlɤ:i²]

【天然气】 泰 แก๊สธรรมชาติ[kɛ:t⁴tham² ma⁴tsha:t¹⁰] 老 ອາຍທຳມະຊາດ[ʔa:i¹' tham² ma⁵ sa:t¹⁰];ອາຍໃຕ້ທຳມະຊາດ[ʔa:i¹' tai⁴tham² ma⁵ sa:t⁰];ອາຍເມຕານ[ʔa:i¹' me:² ta:n¹] 越 hơi đốt thiên nhiên

---

❶ 阿含 phā C2　石家 bin¹
❷ 石家 mii³　阿含 bān wǎn A2　渤 van A2　拉哈 lavǎn³　拉基 va³

[hɤ:i¹ ʔdot⁷ thi:n¹ ɲi:n¹];hơi đốt[hɤ:i¹ ʔdot⁷];khí đốt[xi⁵ ʔdot⁷];khí thiên nhiên[xi⁵ thi:n¹ ɲi:n¹]

【天上】 泰 บนฟ้า[ʔbon²fa:⁴] 老 เทิงฟ้า[thəŋ²fa:⁴];บึนเอหา[ʔbon¹ˈ ve:² ha:¹] 越 trên trời[tʂen⁴ tʂɤ:i²]

【天堂】 泰 เทวาลัย[the:² wa:² lai²];สวรรค์[sa⁵ wan¹] 老 ดอง[khu:aŋ²];สะฮุ้บฟ้า[sa² san⁴ fa:⁴];สุลาโลก[su²la⁵lo:k¹⁰];ไกวาน[kai¹ˈvan²];แดนสะทวาน[ʔdɛn¹ˈsa²van¹];เมืองแมมแดน[mɯaŋ²mɛ:n²ʔdɛn¹];ทิวะ[thi⁵va⁵];เทพะโลก[the:²pha⁵lo:k¹⁰];เทพะอิมาน[the:²pha⁵vi⁵ma:n²];เทวาไล[the:²va:²lai²];เทวาวาด[the:²va:²va:t¹⁰];ไทอะ[thai⁵va⁵];มะออมฟ้า[na⁵khɔ:n² fa:⁴];พิมาน[phi⁵ma:n²];อิมาน[vi⁵ma:n²];ฟ้า[fa:⁴];เมืองฟ้า[mɯ:aŋ²fa:⁴];เมืองแก้อ[mɯ:aŋ² kɛ:u⁴];เมืองสะทวาน[mɯ:aŋ² sa²van¹];แมด[mɛ:t¹⁰];แมม[mɛ:n²] 越泰 mường pha[mɯ:ŋ² pha⁴] 越 thiên đường[thi:n¹ ʔdɯ:ŋ²]

【天天】 泰 ทุกวัน[thuk⁸van²] 老 ซูมื้[su:⁵mɯ:⁴];มื้ใด[mɯ:⁴ ʔdai¹];แต่ละมื้[te:⁵ la⁵ mɯ:⁴];หมึดทุกมื้[mot⁷ thuk⁸ mɯ:⁴] 越 mỗi ngày[moi⁴ ŋai²];hàng ngày[ha:ŋ² ŋai²]

【天王星】 泰 ดาวพฤหัสฯ[ʔda:u²mrɯt⁸ta⁵ju:²] 老 ดาวฮูลามุด[ʔda:u¹ˈʔu:¹ˈla:⁵nut⁸];ดาวเจื้อฟ้า[ʔda:u¹ˈ tsau⁴ fa:⁴] 越 Sao Thiên Vương[ʂa:u¹ thi:n¹ vɯ:ŋ¹]

【天下】❶ 泰 ใต้ท่องฟ้า[tai³thɔ:ŋ⁴fa:⁴] 老 ใต้ลุ่มฟ้า[tai² lum⁵ fa:⁴];ลุ่มฟ้า[lum⁵ fa:⁴];โลก[lo:k¹⁰];โลกา[lo:² ka:¹] 岱-侬 tẩu fạ[təɯ³ fa⁴] 越 thiên hạ[thi:n¹ ha⁶];thế giới[the⁵zɤ:i⁵] 芒 thiên hã [thi:n¹ ha²]

【天竺鼠】 泰 เม่นใหญ่[me:n³jai⁵] 老 ฯพุก[nu:¹ phuk⁸];ฯตะเพิง[nu:¹ ta:² phau⁴] 越 chuột lang [tsu:t⁸ la:ŋ¹];chuột bạch[tsu:t⁸ ʔbat⁸]

【天主教】 泰 ศาสนาคริสต์นิกายโรมันคาทอลิก[sa:t⁹ sa⁵ na:¹ khrit⁸ ni⁴ ka:i² ro:² man² kha:² thɔ:² lik⁸] 老 สาสะหนาภาโตลิก[sa:¹ sa² na:¹ ka:¹ˈ to:¹ˈ lik⁸] 越 Thiên chúa giáo[thi:n¹ tsuə⁵ za:u⁵];đạo Thiên chúa[ʔda:u⁶ thi:n¹ tsuə⁵] 芒 đào Thiên Chúa [ʔda:u³ thi:n¹ tsuə⁵]

【添~饭】 泰 เติม[tə:m²] 老 เทื้อ[kɯ:a⁴] 越 thêm[them¹] 芒 thêm[them¹];têl[tel¹]

【添~柴火】 泰 ชน[son²] 老 ฮุ่ม[son⁵];สุม[sum¹];อ่อย[ʔɔ:i⁵] 越 thêm[them¹]

【田】❷ 泰 นา[na:²];นาข้าว[na:²kha:u³] 老 นา[na:²] 岱-侬 nà[na²] 越泰 nã[na²] 普 nê³[ne³] 越 ruộng[ʐu:ŋ⁶] 芒 nà[na²]

【田埂】❸ 泰 คันนา[khan²na:²];คูนา[khu:²na:²] 老 คับนา[khan²na:²];คูคับนา[khu:²khan²na:²] 岱-侬 cần nà[kan²na²] 越泰 cẵn nã[kan²na²] 普 kân³ nê³[kɤn³ne³] 越 bờ ruộng[ʔbɤ:² ʐu:ŋ⁶] 芒 nm nà [nɤm⁴ na²];càng nà[ka:ŋ² na²]

【田鸡】蛙类❹ 泰 กบ[kop⁷] 老 ภบ[kop⁷] 岱-侬 côp[kop⁷];tua côp[tuə¹kop⁷] 越泰 cốp[kop⁷];tô cốp [to¹kop⁷] 普 qa Văn²[qa⁰βan²];qacon²[qa⁰tsɔn²];qapok²[qa⁰ pɔk²] 越 éch[ʔet⁷];con éch[kɔn¹ʔet⁷];gà đồng[ɣa² ʔdoŋ²]

【田螺】 泰 หอยทาก[hɔ:i¹ tha:k¹⁰];หอยขม[hɔ:i¹ khom¹] 老 ทอยโข่ง[hɔ:i¹ kho:ŋ³];ทอยปากกว้าง[hɔ:i¹ pa:k⁹ kwa:ŋ⁴] 越 ốc nhồi[ʔok⁷ ɲoi²];ốc[ʔok⁷]

【田鼠】 泰 หนูนา[nu:¹ na:²] 老 ฆูบนา[nu:¹ na:²];ฆูพุก[nu:¹ phuk⁸] 岱-侬 nu tổng[nu¹toŋ³] 越 chuột đồng[tsu:t⁸ ʔdoŋ²] 芒 rề tồng[re² toŋ²]

【田野】❺ 泰 ทุ่งนา[thuŋ³na:²] 老 ท่งบา[thoŋ⁵na:²]

❶ 阿含 taü C1 phā C1
❷ 阿含 nā A2
❸ 石家 gal⁴
❹ 石家 kap⁴
❺ 阿含 nā-din

岱-侬 tổng nà[toŋ³ na²] 越泰 tổng nã[toŋ⁶ na²];pá kháu[pa⁵ khau¹] 普 tyung³[tyuŋ³];pân⁴ tyung³[pɤn⁴ tyuŋ³] 越 đồng[ʔdoŋ²];đồng ruộng[ʔdoŋ² zuŋ⁶] 芒 tồng[toŋ²];tồng nà[toŋ² na²];tồng đon[toŋ² ʔdɔn¹]

【甜❶】泰 หวาน[wa:n¹] 老 ขอาบ[va:n¹] 岱-侬 van [va:n¹] 越泰 van[va:n¹] 普 khăn¹[khan¹] 越 ngọt [ŋot⁵] 芒 ngoch[ŋɔt⁸]

【甜菜】泰 บีต[ʔbi:t⁹];กาดหวาน[ka:t⁹wa:n¹] 老 ผักภาดทีอขอาบ[phak⁷ka:t⁹hu:a¹va:n¹];ทีอผักภาดขอาบ[hu:a¹phak⁷ka:t⁹va:n¹];ผักภาดขอาบ[phak⁷ka:t⁹va:n¹] 岱-侬 lào fặc thương[la:u² fak⁸ thɯ:ŋ¹] 越 củ cải đường[ku³ ka:i³ ʔdɯ:ŋ²]

【甜瓜】泰 แตงหอม[teŋ² hɔ:m¹] 老 แตงลาย[te:ŋ¹' la:i²];หมากแตงลาย[ma:k⁹te:ŋ¹' la:i²];แตงสุก[te:ŋ¹' suk⁷];หมากแตงสุก[ma:k⁹te:ŋ¹' suk⁷] 岱-侬 qua pheng[kwa¹ pheŋ¹];qua theng[kwa¹ theŋ¹] 越泰 tanh lãi[teŋ¹ la:i²] 普 khăn³ law⁴[khan³ la:u⁴] 越 dưa bở[zɯə¹ ʔbɤ³];dưa hồng[zɯə¹ hoŋ²] 芒 dưa pó[zɯə¹ pɤ⁵]

【甜食】泰 อาหารหวาน[ʔa:² ha:n¹ wa:n¹];ของหวาน [khɔ:ŋ¹wa:n¹] 老 เถือງขอาบ[khɯ:aŋ⁵va:n¹];ขอງขอาบ[khɔ:ŋ¹va:n¹];อาขาบขอาบ[ʔa:¹'ha:n¹ va:n¹] 越 món ăn ngọt[mɔn⁵ ʔan¹ ŋot⁸]

【甜薯】老 มันเฉือກ[man² sɯ:ak¹⁰];มันอ้อม[man² ʔɔ:n⁴];เถือທີอภະທາດ[khɯ:a²hu:a¹ka²tha:t¹⁰];ภະທາດ[ka²tha:t¹⁰] 越 củ từ[ku³tɯ²];khoai từ [xwa:i¹ tɯ²] 芒 cú òn[ku⁵ ʔɔn¹]

【填~土】泰 ถม[thom¹];กลบ[klop⁷] 老 ถม[thom¹];ทับถม[thap⁸thom¹] 岱-侬 pố[po⁵];tèn[ten²] 越泰 thôm[thom¹] 越 lấp[lɤp⁷]

【填~表】泰 กรอก[krɔ:k⁹] 越 điền[ʔdi:n²] 芒 đè [ʔde²]

【舔❷】泰 เลีย[li:a²] 老 เลย[li:a²] 岱-侬 lùy [lwi²];lì[li²] 越泰 lĩa[liə²] 越 liếm[li:m⁵] 芒 liếm [li:m⁵]

【挑~担子❸】泰 หาบ[ha:p⁹] 老 ขาບ[ha:p⁹] 岱-侬 hap[ha:p⁷] 越泰 háp[ha:p⁷] 越 gánh[ɣaŋ⁵] 芒 kénh[kɛŋ³]

【挑夫】泰 คนหาบของ[khon² ha:p⁹ khɔ:ŋ¹] 老 ภิນຫາບຂອງ[khon² ha:p⁹ khɔ:ŋ¹] 越 phu gánh[fu¹ ɣaŋ⁵]

【挑食】泰 กินยาก[kin²ja:k¹⁰] 老 ภิບน้ำละลำต่อม [kin¹' nam⁴ pha⁵ lam² tɔ:n⁵] 越 khảnh ăn[xaŋ³ ʔan¹] 芒 ăn kén[ʔan¹ kɛn⁵]

【挑剔】泰 พยายามจำผิด[pha⁴ja:²ja:m²tsam²phit⁷] 老 ຂะເຢີ[kha²ŋɤ⁵];ຂະເຢີ[kha²ŋɤ²] 越 xoi bói [sɔi¹ ʔbɔi⁵];xoi móc[sɔi¹ mɔk⁷]

【挑选】泰 เลือก[lɯ:ak¹];คัด[khat⁸];คัดเลือก[khat⁸ lɯ:ak¹];แฟ้น[fɛ:n⁴] 老 เลือก[lɯ:ak¹⁰];เลือกจ้อม [lɯ:ak¹⁰ tsɔ:n⁴];คัด[khat⁸];คัดเลือก[khat⁸ lɯ:ak¹⁰];คัดออก[khat⁸ ʔɔ:k⁹];คัดจ้อม[khat⁸ tsa:n⁴];จัดสัน [tsat⁷ san¹];สัน[san¹];ไฝ่[fai⁵];พิจิด[phi⁵ tsit⁷];เฝ้น [fen³];ยอม[jɔ:n¹];เลือกเฝ้นคัดจ้อม[lɯ:ak¹⁰ fen³ khet⁸ tsɔ:n⁴];เลือกเฝ้น[lɯ:ak¹⁰ fen³];เลือกเฝ้นคัดจ้อม [lɯ:ak¹⁰ fen³ khat⁸ tsɔ:n⁴];ล้ม[lem⁴] 岱-侬 lược [lɯ:k⁸] 越泰 lược[lɯ:k⁸] 越 chọn[tsɔn⁶];chọn lọc[tsɔn⁶ lɔk⁸];lựa chọn[lɯə⁶ tsɔn⁶];lựa[lɯə⁶];kén lựa[kɛn⁵ lɯə⁶];kén chọn[kɛn⁵ tsɔn⁶];kén[kɛn⁵] 芒 ửa chôn[lɯə⁴ tsɔn⁴];lửa[lɯə⁴];khô lửa[khɔ⁴ lɯə⁴];khô[khɔ⁴];kén[kɛn³];kénkhô[kɛn³khɔ⁴];kén chôn[kɛn³ tsɔn⁴];chôn lọc[tsɔn⁴ lɔk⁸];chôn[tsɔn⁴]

【条~河】泰 สาย[sa:i¹] 老 สาย[sa:i¹];แม[mɛ:⁵] 岱-侬 kha[kha¹] 越 con[kɔn¹]

---

❶ 阿含 oi
❷ 石家 lia⁴　阿含 le A2　掸 le A2
❸ 阿含 rāp D1L

【条₁~毛巾】 泰ผืน[phɯ:n¹] 老ຜືນ[phɯ:n¹] 傣-侬 piếng[pi:ŋ⁵];lằm[lam²];cái[ka:i⁵] 越泰 piếng[pi:ŋ⁵] 普lăm¹[lam¹] 越chiếc[tsi:k⁵]

【条₂~裤子】 泰ตัว[tu:a²] 老ຕົວ[tu:a¹];ໂຕ[to¹]; ຜືນ[phɯ:n¹] 越chiếc[tsi:k⁵];cái[ka:i⁵]

【条₃~鱼】 泰ตัว[tu:a²] 老ຕົວ[tu:a¹] 傣-侬 tua[tuə¹] 越泰tô[to¹] 越con[kɔn¹]

【条₄~狗】 泰ตัว[tu:a²] 老ຕົວ[tu:a¹] 傣-侬 tua[tuə¹] 越泰tô[to¹] 越con[kɔn¹]

【条₅~路】 泰สาย[sa:i¹];เส้น[se:n³] 老ເສັ້ນ[sen³] 越con[kɔn¹]

【调解】 泰ไกล่เกลี่ย[klai⁵ kli:a⁵] 老ປານີປານອມ[pa:¹'ni:² pa:¹'nɔ:m²];แก้ไขภัมภวง[kɛ:⁴khai¹kom¹' ki¹au¹];เว่าไข่[kɯ:a³ kai⁵];ไข่เว่า[kai⁵ki:a⁵] 越điều giải[ʔdi:u² za:i³];điều đình[ʔdi:u² ʔdin²];hòa giải[hwa² za:i³];dàn xếp[za:n² sep⁷];gỡ[ɣɤ⁴] 芒gỡ[ɣɤ⁴]

【调味】 泰ปรุงรส[pruŋ² rot⁸] 老ປຸງລົດ[puŋ¹' lot⁸] 越gia vị[za¹ vi⁶] 芒hơm hăng[hɤ:m¹ haŋ¹];da vĩ[za¹ vi⁴];da dám[za¹ za:m⁴]

【调味品】 泰เครื่องปรุง[khɯ:aŋ³ pruŋ²] 老ເຄື່ອງຫອມ[khɯ:aŋ³ hɔ:m¹];ເຄື່ອງປຸງລົດ[khɯ:aŋ⁵ puŋ¹' lot⁸];ເຄື່ອງປຸງ[khɯ:aŋ⁵ puŋ¹'];ເຄື່ອງເທດ[khɯ:aŋ⁵ the:t¹⁰];ເຄື່ອງຊູລົດ[khɯ:aŋ⁵ su:² lot⁸] 越đồ gia vị[ʔdo² za¹ vi⁶] 芒đồ da dám[ʔdo² za¹ za:m⁴]

【调戏】 泰กรอ[krɔ:²];เกี้ยว[ki:au⁴] 老ກີ້ງກ່ອນ[kiŋ⁴ kɔ:n⁴];เตี้ย[tɔ:i⁴];ล่อງເຕີນ[luaŋ⁴ kɤ:n¹];ลอม[lu:an²];ลอมลาม[lu:an²la:m²] 傣-侬loóngnhạu[lɔ:ŋ³ ɲau⁴] 越泰vặcxao[vak⁸ sa:u¹] 越trêu[tʂeu¹];chòng ghẹo[tʂeu¹ɣeu⁶];trêu ghẹo[tʂeu¹ɣeu⁶] 芒tlơ nhuốc[tlɤ⁴ ɲu:k⁷]

【挑~刺儿】 泰ฟื้นฝอยหาตะเข็บ[fɯ:n⁴fɔ:i¹ha:¹taxkhep⁵] 老ບົ່ງ[ʔboŋ⁵] 傣-侬thiêu[thi:u¹] 越泰 thiêu [thi:u¹] 越khêu[xeu¹];gầy[ɣai³] 芒khảy[khai³]; khoách[khwat⁷];khều[kheu²]

【挑拨】 泰ยุแยง[ju⁴jɛ:ŋ²];ยุแหย่[ju⁴jɛ:⁵];ส่อเสียด[sɔ:⁵ si:ak⁹] 老ຢຸແຫຍ່[ɲu⁵ ɲɛ:⁵];ໂຍ[ɲo:²] 越gây xích mích[ɣɤi¹ sit⁷ mit⁷];gây chia rẽ[ɣɤi¹ tsiə¹ zɛ⁴]

【挑唆】 泰ยุยง[ju⁴joŋ²];เสี้ยมสอน[si:am³sɔ:n¹] 老ສຸ້ມສອນ[si:am³sɔ:n¹] 越泰xiêm xó[si:m³sɔ⁵] 越xúi giục[sui⁵ʐuk⁸];xúi bảy[sui⁵ʔbai³];khích động[xit⁷ ʔdoŋ⁶]

【挑衅】 泰โย[jo:²];รวน[ru:an²] 老ເກາະຜິດ[kɔ² phit⁹];ท้า[tha:⁴];ท้าทาย[tha:⁴ tha:i²];ท้าทายເກາะผิด[tha:⁴ tha:i² kɔ² phit⁷];ເກາະຜິດ[kɔ² phit⁷];พาม[pha:n²];ลั่วล่าว[laŋ² la:u⁴] 傣-侬ói tò tưc[ʔoi⁵ tɔ² tuɯk⁷] 越khiêu khích[xi:u¹ xit⁷];gây hấn[ɣɤi¹ hɤn⁵]

【跳】 泰กระโดด[kra⁵ ʔdo:t⁹];เต้น[te:n³] 老ໂດດ[ʔdo:t⁹];ເຕັ້ນ[ten⁴];ໂຕນ[to:n¹] 傣-侬slặm[ɬam⁴] 越泰đít[ʔdit⁷] 普lăj³thjaw⁴[lai³thja:u⁴];lăj³thew⁴[lai³theu⁴];thjaw⁴[thja:u⁴];thew⁴[theu⁴] 越nhảy [ɲai³] 芒dách[zat⁷]

【跳高】 泰การกระโดดสูง[ka:n² kra⁵ʔdo:t⁹ su:ŋ¹];กระโดดสูง[kra⁵ʔdo:t⁹su:ŋ¹] 老ໂດດສູງ[ʔdo:t⁹su:ŋ¹];ເຕັ້ນສູງ[ten⁴su:ŋ¹];ການເຕັ້ນສູງ[ka:n¹'ten⁴su:ŋ¹] 越nhảy cao[ɲai³ ka:u¹]

【跳级】 泰ข้ามชั้น[kha:m³ tshan⁴] 老ຂ້າມຊັ້ນ[kha:m³ san⁴] 越nhảy lớp[ɲai³ lɤ:p⁷]

【跳伞】 泰กระโดดร่ม[kra⁵ ʔdo:t⁹ rom³] 老ໂດດຈ້ອງ[ʔdo:t⁹ tsɔ:ŋ⁴];ໂຕນຈ້ອງ[tɔ:n¹' tsɔ:ŋ⁴];ຕອນຈ້ອງ[tɔ:n¹' tsɔ:ŋ⁴] 越nhảy dù[ɲai³ zu²] 芒tlé dù[tlɛ⁵ zu²]

【跳神】 泰ลงผี[loŋ² phi:¹] 老ລົງຜີ[loŋ² phi:¹];ລົງຜີຟ້າ[loŋ² phi:¹ fa:⁴];ລົງຜີຟ້າເທນ[loŋ² phi:¹ fa:⁴ phi:¹ the:n¹] 傣-侬lồng sluông[loŋ² ɬu:ŋ²];phi lồng[phi¹ loŋ²] 越lên đồng[len¹ ʔdoŋ²]

【跳绳】 泰กระโดดเชือก[kra⁵ ʔdo:t⁸ tshɯ:ak¹⁰] 老

[ຕົ້ມເຂືອງ][te:n⁴ sɯ:ak¹⁰] 越nháy dây[nai³ zɤi¹]; môn nháy dây[mon¹ nai³ zɤi¹] 芒dách chac[zat⁷ tsa:k⁸]

【跳水】 泰การกระโดดน้ำ[ka:n² kra⁵ ʔdo:t⁹ nam⁴]; กระโดดน้ำ[kra⁵ ʔdo:t⁹ nam⁴] 老ໂດດນ້ຳ[ʔdo:t⁹ nam⁴]; ໂຕດນ້ຳ[to:t⁹ nam⁴] 越nháy ván[nai³ va:n⁵]

【跳舞❶】 泰รำ[ram²];เต้นรำ[te:n³ ram²];ฟ้อนรำ[fɔ:n⁴ ram²];ฟ้อน[fɔ:n⁴];เต้นระบำ[te:n³ ra⁴ ʔbam²];จับระบำ[tsap⁷ra⁴ʔbam²];แฟน[phɛ:n²] 老ເຕັ້ນລະບຳ[ten⁵ la⁵ ʔbam¹];ເຕັ້ນລຳ[ten⁴ lam²];ຟ້ອນ[fɔ:n⁴];ຟ້ອນລຳ[fɔ:n⁴ lam²] 岱-侬múa[muə³];nháy[nai³] 越泰xẽ[sɛ²];dòn xẽ[jɔn³sɛ²] 普rhăw¹[rau¹];lăj³ rhăw¹[lai³ rau³] 壮múa nháy[muə⁵ nai³];nháy múa[nai³ muə⁵] 芒mùa[muə³];nháy[nai⁵];mùa nháy[muə³ nai⁵]

【跳远】 泰กระโดดไกล[kra⁵ ʔdo:t⁹ klai²] 老ການເຕັ້ນຍາວ[ka:n¹'ten⁴na:u²];ເຕັ້ນຍາວ[ten⁴na:u²] 越nháy xa[nai³ sa¹]

【跳蚤❷】 泰หมัด[mat⁷] 老ໝັດ[mat⁷];ຕົວໝັດ[tu:a¹' mat⁷] 岱-侬mắt[mat⁷];tua mắt[tuə¹ mat⁷] 越泰mắt[mat⁷];tô mắt[to¹ mat⁷] 普qamhăt⁵[qa⁰ mat⁵] 越bọ chó[ʔbɔ⁵ tsɔ⁵];bọ chét[ʔbɔ⁵ tsɛt⁷] 芒ta ma[ta¹ ma¹]

【贴~标语❸】 泰ติด[tit⁷] 老ຕິດ[tit⁷];ແປະ[pɛ²];ປິດ[pit⁷] 岱-侬nem[nɛm¹];nep[nɛp⁷] 越泰luỗm[lum²];dán[ja:n⁵] 普lat³[la:t³] 越dán[za:n⁵] 芒đản[ʔda:n³]

【铁】 泰เหล็ก[lek⁷] 老ເຫຼັກ[lek⁷] 岱-侬lêch[lek⁷] 越泰léch[lek⁷] 普lhot⁵[lɔt⁵] 越sắt[ṣat⁷] 芒khách[khat⁷]

【铁床】 泰เตียงเหล็ก[ti:aŋ² lek⁷] 老ຕຽງເຫຼັກ[ti:aŋ¹ lek⁷] 越giường sắt[zɯ:ŋ² ṣat⁷]

【铁轨】 泰รางเหล็ก[tha:ŋ² lek⁷] 老ຮາງລົດໄຟ[ha:ŋ² lot⁸ fai²] 越đường sắt[ʔdɯ:ŋ² ṣat⁷];thanh ray[than¹ zai¹]

【铁匠】 泰ช่างเหล็ก[tshaŋ³ lek⁷] 老ຊ່າງເຫຼັກ[saŋ³ lek⁷];ໂລຫະການ[lo:² ha² ka:n²] 岱-侬cháng con lêch[tɕaŋ³kɔn⁴lek⁷];pò cháng lêch[pɔ³tɕaŋ³lek⁷] 越泰chàng léch[tṣaŋ⁶ lek⁷] 普cang⁴ lhot⁵[tṣaŋ⁴ lɔt⁵] 越thợ rèn[thɤ⁶ rɛn²];thợ rào[thɤ⁶ za:u²]

【铁路】 泰ทางรถไฟ[tha:ŋ² rot⁸ fai²] 老ທາງລົດໄຟ[tha:ŋ² lot⁸ fai²];ເສັ້ນທາງລົດໄຟ[sen³ tha:ŋ² lot⁸ fai²] 岱-侬tànglêch[ta:ŋ²lek⁷] 越đườngsắt[ʔdɯ:ŋ² ṣat⁷] 芒khả khách[khả² khat⁷]

【铁门】 泰ประตูเหล็ก[pra⁵ tu:² lek⁷] 老ປະຕູເຫຼັກ[pɛ² tu:¹' lek⁷] 越cửa sắt[kuə³ ṣat⁷]

【铁皮】 泰แผ่นเหล็ก[phɛ:n⁵lek⁷] 老ແຜ່ນເຫຼັກ[phɛ:n⁵ lek⁷] 越sắt lá[ṣat⁷ la⁵];sắt tây[ṣat⁷ tɤi¹];tôn[ton¹]

【铁丝网】 泰ลวดหนาม[lu:at¹⁰ na:m²];ตาข่ายลวดเหล็ก[ta:²kha:i⁵lu:at¹⁰lek⁷] 老ລວດຂາມ[lu:at¹⁰na:m¹] 越lưới dây thép[lɯ:i⁵ zɤi¹ thɛp⁷];dây thép gai[zɤi¹ thɛp⁷ ɣa:i¹]

【铁砧】 泰ทั่ง[thaŋ³];ค้อนทั่ง[khɔ:n⁴ thaŋ³] 老ທັ່ງ[thaŋ⁵];ຄ້ອນທັ່ງ[khɔ:n⁴thaŋ⁵] 岱-侬ăn tân[ʔan¹ tɤn¹];ăn khieng[ʔan¹ khi:ŋ¹] 越cái đe[ka:i⁵ ʔdɛ¹] 芒đe[ʔdɛ¹]

【听❹】 泰ฟัง[faŋ²] 老ຟັງ[faŋ²];ຍິນ[ɲin²] 岱-侬tinh[tiŋ³] 越泰nghĩn[ŋin²];phẳng[phaŋ²] 普cak²[tsa:k²] 越nghe[ŋɛ¹] 芒nge[ŋɛ¹];măng[maŋ¹]

【听话】 泰เชื่อฟัง[tshɯ:a³ faŋ²] 老ຟັງຖ້ອຍຟັງຄວາມ

---

❶ 阿含 kə
❷ 石家 mat⁴  拉哈 bāt⁵/māt¹
❸ 石家 maa⁴  阿含 lik
❹ 阿含 ngin A2  掸 ngin A2；nin A2  勐 jin A2

[faŋ² thɔːi³ faŋ² khwaːm²] 越泰 phẳng quăm [phaŋ² kwaːm²] 越 nghe theo[ŋɛ¹ theu¹];nghe lời[ŋɛ¹lɤːi²];ngoan ngoãn[ŋwaːn¹ ŋwaːn⁴] 芒 yểng [ʔiːŋ³];bong[ʔbɔŋ¹]

【听见】❶ 泰 ได้ยิน[ʔdai³ jin²] 老 ยิน[n̪in²];ได้ยิน [ʔdai⁴ n̪in²] 岱-侬 tinh nhìn[tiŋ³ n̪in²] 越 nghe thấy[ŋɛ¹ thɤi⁵]

【听说】 泰 ได้ข่าวว่า[ʔdai³ khaːu⁵ waː³] 老 ได้ข่าว [ʔdai⁴ khaːu⁵] 越 nghe nói[ŋɛ¹ nɔi⁵] 芒 măng khẻ [maŋ¹ khe²];măng hẳng[maŋ¹ haŋ²]

【听写】 泰 เขียนตามคำบอก[khiːan²taːm²kham² ʔbɔːk⁹] 老 ຂຽນທວາຍ[khiːan² thwaːi⁵] 越 chính tả[tsin⁵ taː⁵]

【听众】 泰 ผู้ฟัง[phuː³ faŋ²] 老 ທ່ານຜູ້ຟັງ[than⁵ phuː³ faŋ²];ຜູ້ນັ່ງຟັງ[phuː³ naŋ⁵ faŋ²];ຜູ້ຟັງ[phuː³ faŋ²] 越 người nghe[ŋɯːi² ŋɛ¹];thính giả[thin⁵ za³] 芒 thỉnh dá[thin³ za⁵]

【亭子】 泰 เก๋งจีน[keːŋ¹ tsiːn²] 越 đình[ʔdin²] 芒 tình[tin²]

【停 雨~了】❷ 泰 หยุด[jut⁷];หาย[haːi¹] 老 ເຊື່ອນ [ʔwːan⁴];ງຽບ[ŋiːap¹⁰];ຍັງ[jaŋ³];ຍຸດ[jut⁷] 岱-侬 tặng[taŋ⁴];ưởn[ʔɯːn³];hươt[hɯːt⁷];diễn[jiːn³] 越泰 tiếng[tiːŋ⁵] 普 căw⁴[tsau⁴] 越 đứng[ʔdɯŋ⁵]; im[im¹];tạnh[taŋ⁶]

【停 ~车】 泰 จอด[tsɔːt⁹];หยุด[jut⁷];ยั้ง[jaŋ⁴]; วาย[waːi³] 老 ຍຸດ[jut⁷];ຍຸດເຊົາ[jut⁷sau²];ຍຸດຍັງ[jut⁷ jaŋ³];ງວດ[ŋaːt¹⁰];ງົດ[ŋot⁸];จะ[tsa²];สะงอบ[sa² ŋop⁷];ເຊົາ[sau²];ເຊື່ອນ[ʔɯːan⁴];ຍັງ[jaŋ⁵];ຕຸດ[tut⁷]; มัน[miːan⁴];ย่า[jaː⁵];ยั้ง[jaŋ⁴];ເທືອດ[hɯːat⁹]; ຫຼຸບ[lop⁷];ອ່າງເວັ້ນ[vaːŋ⁵ ven⁴];ຫັ້ງ[haŋ⁴] 越 dừng [zɯŋ²] 芒 tlầng[tlɤŋ²]

【停车场】 泰 ลานจอดรถ[laːn² tsɔːt⁹ rot⁵] 老 ເດີ່ນຈອດລົດ[ʔdɤːn⁵ tsɔːt⁹ lot⁸];ທີ່ຈອດລົດ[thiː¹ tsɔːt⁹ lot⁸];ບ່ອນຈອດລົດ[ʔbɔːn⁵ tsɔːt⁹ lot⁸] 越 bãi đỗ xe [ʔbaːi⁴ ʔdo⁴ sɛ¹];chỗ đậu xe[tso⁴ ʔdɤu⁶ sɛ¹] 芒 pāi tí xe[paːi⁴ tiː⁵ sɛ¹]

【停工】 泰 หยุดงาน[jut⁷ ŋaːn²] 老 ເຊົາການ[sau kaːn¹] 越 đình công[ʔdin² koŋ²];ngừng công[ŋɯŋ² koŋ¹] 芒 đình công[ʔdin² koŋ²]

【停课】 泰 หยุดเรียน[jut⁷ riːan²] 老 ຍຸດຮຽນ[jut⁷ hiːan²] 越 nghỉ học[ŋi³ hɔk⁸]

【停留】❸ 泰 หยุดเดินทาง[jut⁷ʔdɤːn² thaːŋ²] 老 ຍຸດຢູ່ [jut⁷juː⁵] 越 dừng lại[zɯŋ² laːi⁶];lưu lại[lɯu¹ laːi⁶]; ở lại[ʔɤ³ laːi⁶]

【停业】 泰 ปิดกิจการชั่วคราว[pit⁷ kit⁷ kaːn² tshuaʔ khraːu²];เลิกกิจการ[lɤːk¹⁰kit⁷kaːn¹] 老 ເລີກ[lɤːk¹⁰] 越 nghỉ[ŋi³]; tạm nghỉ[taːm⁶ ŋi³];ngừng kinh doanh [ŋɯŋ² kin¹ zwan¹]

【停战】 泰 หยุดรบ[jut⁷ rop⁸];สงครามสิ้นสุดลง[soŋ¹ khraːm³sin³sut⁷loŋ²] 老 ເລີກສົງຄາມ[lɤːk¹⁰soŋ¹ khaːm²] 越 bãi binh[ʔbaːi⁴ʔbin¹];đình chiến [ʔdin²tsiːn⁵];chấm dứt chiến tranh[tsɤm⁵ zɯt⁷ tsiːn⁵ tsan¹] 芒 đình chiến[ʔdin² tsiːn³]

【庭院】 泰 ลานบ้าน[laːn² ʔbaːn³] 老 ເດີ່ມບ້ານ[ʔdɤm² ʔbaːn⁴];ກາງແກ້ງ[kaːŋ¹ kɛːŋ⁵] 越 sân[ʂɤn¹];khu nhà [xu¹ n̪a²]

【挺 ~胸】 泰 ยืด[jɯːt¹⁰] 岱-侬 ăn[ʔaːn³];én[ʔɛn³] 越泰 nghẹn[ŋɛn⁴] 普 ciw² guro³[tsiu² guɤ³] 越 ưỡn[ʔɯːn⁴]

【艇】 泰 เรือขนาดเล็กและเบา[rɯa² khaː³ naːt⁹ lek⁸ lɛ⁴ ʔbau²] 老 ຍາມນາວ[n̪aːn² naː² vaː²];ກາໂນ[kaː noː²] 岱-侬 lừa eng[lɯa² ʔɛŋ¹] 越 tàu thùy[tau⁵ thwi³]

【通 ~车】 泰 เปิดให้รถไป[pɤːt⁹ hai³ rot⁸ pai²] 老

---

❶ 阿含 ngin A2
❷ 石家 yaa²
❸ 阿含 ju B1；ū B1

ขอด[sɔːt¹⁰];ล่อง[loŋ⁵];โล่ง[loŋ⁵] 岱-侬thông[thoŋ¹] 越泰lồng[loŋ⁴];xọt[sɔt⁸] 越thông[thoŋ¹]

【通报】泰แจ้ง[tsɛːŋ³];แจ้งให้ทราบ[tsɛːŋ³ haːi³ saːp¹⁰] 老แจ้ง[tsɛːŋ⁴] 越thông báo[thoŋ¹ ʔbaːu⁵];tổng[toŋ³]

【通常】泰ทั่วไป[thuːa³ pai²];ตามปกติ[taːm² paː⁵ kaː⁵ ti⁵];ตามปรกติ[taːm² praː² kaː⁵ ti⁵] 老ตามทำมะดา[taːm¹ tham² ma² ʔdaː¹];ทำมะดา[tham² ma² ʔdaː¹];เป็นทำมะดา[pen¹¹ tham² ma⁵ ʔdaː¹];ตามปีกทะติ[taːm¹¹ pok⁷ ka² ti²];หฺยูยย่อม[thiːan² nɔːm⁵] 越thông thường[thoŋ¹ thɯːŋ²];thường thường[thɯːŋ² thɯːŋ²]

【通风】泰โปร่งลม[proːŋ⁵lom²] 老อากาดล่องดิ[ʔaːˡkaːtˡ⁹luːaŋ⁵²diː¹];ลิ่มล่องดิ[lom²luːaŋ⁵diː¹]; 越thông gió[thoŋ¹ zɔ⁵];thông hơi[thoŋ¹ hɤːi¹];thoáng khí[thwaːŋ⁵ xi⁵]

【通过 大车不能~】泰ผ่าน[phaːn⁵] 老ผ่าน[phaːn⁵];โดยอาไส[ʔdoːi¹¹ ʔaːˡ¹ sai¹] 越đi qua[ʔdiˡ kwaˡ]

【通过~群众了解情况】泰ด้วย[ʔduːai³] 老โดยผ่าน[ʔdoːiˡ¹ phaːn⁵];โดยอาไส[ʔdoːiˡ¹ ʔaːˡ¹ sai¹];ด้วย[ʔduːai⁴];ผ่าน[phaːn⁵] 越thông qua[thoŋ¹ kwaˡ];qua[kwaˡ]

【通奸】泰คบชู้[khopˀ⁸tshuː⁴] 老เป็นชู้[pen¹¹suː⁴] 越ngoại tình[ŋwaːi⁶ tiɲ²];thông dâm[thoŋ² zɤm¹] 芒thông dâm[thoŋ² zɤm¹]

【通知~大家开会】泰แจ้งให้ทราบ[tsɛːŋ³hai³saːp¹⁰] 老เตือน[tɯːan¹];แจ้ง[tsɛːŋ⁴];แจ้งการ[tsɛːŋ⁴ kaːn¹¹];แจ้งถวาม[tsɛːŋ⁴ khwaːm²];ฮักเตือน[sakˀ⁸ tɯːan¹];ตักเตือน[takˀ⁷ tɯːan¹];ตุกเติม[tukˀ⁷ tɤːn¹];ตุกเติอน[tukˀ⁷tɯːan¹];บอก[ʔbɔːk⁹];บอกก่าว[ʔbɔːkˀ kaːu⁵];ก่าวเตือน[kaːu⁵tɯːan¹];บอกเล่า[ʔbɔːk⁹ lauˀ³];บอกเล่าใช้รู้[ʔbɔːk⁹lauˀ³haiˀ³huːˀ⁴] 岱-侬páo[paːu⁵] 越泰páo[paːu⁵] 越thôngtri[thoŋ¹ tṣiˡ];thông tư[thoŋ¹ tɯˡ];báo tin[ʔbaːu⁵ tin¹]

【同伴】泰เพื่อน[phɯːan⁵] 老เพื่อน[phɯːan⁵];เพื่อนผู้ง[phɯːan⁵fuːŋ¹];ส่เจอ[siːau⁵];ผู้ทอง[phɯː⁵kɔːŋ¹];หมู่ทอง[muː⁵kɔːŋ¹];พ้อง[phɔːŋ⁴];หมู่[muː⁵];หมู่ฐู[muː⁵ khuː⁵];หมู่เพื่อน[muː⁵ phɯːan⁵];พวกพ้อง[phɯːakˀ¹⁰ phɔːŋ⁴] 越bạn[ʔbaːn⁶]

【同胞姐妹】泰พี่น้องร่วมท้อง[phiː³ nɔːŋ⁴ ruːam³ thɔːŋ⁴] 老เอื้อยน้องท้องแม่ดฺยว[ʔɯːaiˡ nɔːŋ⁴ thɔːŋ⁴ mɛː⁵ ʔdiːau⁴];เอื้อยน้องติ[ʔɯːai⁴ nɔːŋ⁴ khiːŋ²] 越chị em ruột[tsiˡ⁶ ʔemˡ zuːt⁸] 芒ún măng roch[ʔun³ maːŋ⁴ rɔtˀ⁸]

【同胞兄弟】泰พี่น้องร่วมท้อง[phiː³ nɔːŋ⁴ ruːam³ thɔːŋ⁴] 老อ้ายน้องแม่ดฺยว[ʔaːi⁴nɔːŋ⁴mɛː⁵ʔdiːau¹¹];อ้ายน้อง ร่วม อุทอบ[ʔaːi⁴nɔːŋ⁴huːam⁵ ʔuː² thɔːn²];พี่น้องร่วมท้อง[phiː⁵ nɔːŋ⁴ huːam⁵ thɔːŋ⁴];พี่น้องท้องแม่ดฺยวกัน[phiː⁵ nɔːŋ⁴ thɔːŋ⁴ mɛː⁵ ʔdiːau¹¹ kan¹] 越anh em ruột[ʔanˡ ʔemˡ zuːt⁸]

【同辈】泰รุ่นเดียวกัน[run⁵ ʔdiːau² kan²] 老ดิบปูนดฺยวกัน[khon² puːn¹¹ ʔdiːau¹¹ kan¹¹];ฮุ่มดฺยวกัน[hun⁵ ʔdiːau¹¹ kan¹¹];ฮุ่มธาอดดฺยวกัน[hun⁵ haːu² khaːu² ʔdiːau¹¹ kan¹¹];ฮุ่มธาง[hun⁵haːu²] 越đồng lứa[ʔcoŋ² lɯːa⁵];ngang hàng[ŋaːŋ¹ haːŋ²]

【同伙】泰พวกเดียวกัน[phuːakˀ¹⁰ ʔdiːau² kan²] 老พวกดฺยวกัน[phuːakˀ¹⁰ ʔdiːau¹¹ kan¹¹] 岱-侬tó fùm [tɔː⁵fum²];tó poong[tɔː⁵pɔːŋ¹] 越đồng bọn[ʔdoŋ² ʔbɔn⁶];cùng bọn[kuŋ² ʔbɔn⁶]

【同居未婚~】泰อยู่กินด้วยกันอย่างสามีภรรยา[juː⁵ kinˡ ʔduːai³ kan² jaːŋ⁵ saː¹ miː² phan² ra⁴ jaː²] 老ยู่ร่อม[juː⁵ huːam⁵] 越ăn ở với nhau[ʔanˡ ʔɤ³ vɤːi⁵ ɲau¹] 芒ăm nằm[ʔan¹ nam² pɤːi⁴ ra²]

【同路】泰ไปทางเดียวกัน[pai² thaːŋ² ʔdiːau² kan²] 老ไปทางดฺยวกัน[pai¹¹ thaːŋ¹ ʔdiːau¹¹ kan¹¹] 越泰tŭn tăng[tun² taːŋ¹] 越cùng đường[kuŋ² ʔdɯːŋ¹]

【同名】泰ชื่อเหมือนกัน[tshɯː³ mɯːan¹ kan²] 老ขื่เหมือนกัน[sɯː⁵ mɯːan¹ kan¹] 越cùng tên[kuŋ² ten¹]

【同乡 他们是~】泰คนในหมู่บ้านเดียวกัน[khon² nai² mu:⁵ ʔba:n³ ʔdiau² kan²] 老ຄົນທີ່ມດຽວ[khon² thin⁵ ʔdi:au¹' kan¹'];ไทยบ้านดຽวกัน[thai² ʔba:n⁴ ʔdi:au¹' kan¹'] 越bạn đồng hương[ʔba:n⁶ʔdoŋ²hɯ:ŋ¹]; bạn cùng làng[ʔba:n⁶ kuŋ² la:ŋ²];bạn cùng quê [ʔba:n⁶ kuŋ² kwe¹] 芒đồng hương[ʔdoŋ² hɯ:ŋ¹]

【同学】泰เพื่อนนักเรียน[phɯ:an³ nak⁸ ri:an²];เพื่อนนักศึกษา[phɯ:an³ nak⁸ sɯk⁷ sa:¹] 老ເພື່ອນສິກສາ[phɯ:an⁵ sɯk⁷ sa:¹];ເພື່ອນນັກຮຽນ[phɯ:an⁵ nak⁸ hi:an²];ເພື່ອນຮຽນ[phɯ:an⁵ hi:an²];ເພື່ອນຮຽນດ້ວຍກັນ[phɯ:an⁵ hi:an² ʔdu:ai⁴ kan¹'] 越bạn học[ʔba:n⁶ hɔk⁸]

【同意】泰เห็นด้วย[hen¹ ʔdu:ai³] 老ຍິນ ຍອມ[ɲin² ɲɔ:m²];ຍອມໃຈ[ɲɔ:m² tsai¹'];ຕົກຄຳ[tok⁷kham²];ຕົກຄວາມ[tok⁷ khwa:m²];ເຫັນຄອບດ້ວຍ[hen¹ khɯ:an² ʔdu:ai⁴];ເຫັນດີ[hen¹ ʔdi:¹'];ເຫັນດີເຫັນພ້ອມ[hen¹ ʔdi:¹'hen² phɔ:m⁴];ເຫັນຕາ[hen¹ ta:¹'];ເຫັນດ້ວຍ[hen¹ ʔdu:ai⁴];ເຫັນຊອບ[hen¹ sɔ:p¹⁰];ເຫັນພ້ອມ[hen¹ phɔ:m⁴];ອະນຸມາດ[ʔa²nu⁵mat⁸];ຂໍ້ຮັບ[khɔ:¹'hap⁸] 岱-侬ính ừ[ʔiŋ⁵ ʔɯ²];ầu nhẳn[ʔəɯ² ɲan³] 越泰xôm chau[som¹ tsau¹] 越đồng ý[ʔdoŋ² ʔi⁵];bằng lòng [ʔbaŋ² lɔŋ²];tán thành[ta:n⁵ thaŋ²] 芒đồngý[ʔdoŋ² ʔi³];nhêu[ɲeu¹];bằng lòng[ʔbaŋ² lɔŋ²];chĩu bong [tsiu⁴ ʔbɔŋ¹]

【桐油】泰น้ำมันตุง[nam⁴man²tuŋ²] 老ນ້ຳມັນ[nam² man²] 岱-侬dầu cháu[jəu²tɕau⁵] 越dầu trầu [zɯu² tʂɯu²]

【桐油果】泰ผลของต้นน้ำมันตุง[phon¹ la⁴ khɔ:ŋ² ton³ nam⁴ man² tuŋ²] 老ໝາກມັນ[ma:k⁹ man²] 岱-侬mac cháu[ma:k⁷tɕau⁵] 越quả trầu[kwa³ tʂɯu²] 芒con dàu[kɔn¹ zau²]

【桐油树】泰ต้นน้ำมันตุง[kok⁷nam⁴man²] 老ຕົ້ນໝາກມັນ[ton⁴ma:k⁹man²];ກົກນ້ຳມັນມັນ[kok⁷ nam⁴ man²] 岱-侬co cháu[kɔ¹ tɕau⁵] 越泰co cáu[kɔ¹ kau⁵] 芒cây trầu[kɤi¹ tʂɯu³]

【铜】泰ทองแดง[thɔ:ŋ²ʔdɛ:ŋ²] 老ທອງ[thɔ:ŋ²] 岱-侬toòng[tɔ:ŋ²] 越泰tòng[tɔŋ²] 普tyung³ [tyuŋ³] 越đồng[ʔdoŋ²] 芒tồng[toŋ²]

【茼蒿菜】泰ผักงาไซ[phak⁷ŋa:²sai²];ผักตังโฮ้ [phak⁷taŋ²ho:¹] 老ຜັກຕັງໂຮ[phak⁷taŋ²ʔo:¹'] 岱-侬phjắc hanh hao[phjak⁷heŋ¹ha:u¹];phjắc xoòng hao[phjak⁷ɕɔ:ŋ²ha:u¹] 越rau cúc[ʐau² kuk⁷];rau cải cúc[ʐau¹ ka:i³ kuk⁷]

【童年】泰วัยเด็ก[wai²ʔdek⁷];สมัยเด็ก[sa⁵mai¹ʔdek⁷] 老ປະຖົມມະໃວ[pa²thom¹ma²vai¹];ເຍົາໃວ[ɲau² vai²];ໃວເດັກ[vai²ʔdek⁷];ອາຍຸເດັກ[ʔa:¹'ɲu⁵ʔdek⁷] 越tuổi thơ ấu[tu:i³ thɤ² ʔɤu⁵]

【童子鸡】泰ไก่กระทง[kai⁵ kra⁵ thoŋ²] 越gà giò [ɣa² zɔ²];gà choai[ɣa² tswa:i¹] 芒ca dò[ka¹ zɔ²]

【瞳孔】泰ตาดำ[ta:² ʔdam²];รูม่านตา[ru:² ma:n³ ta:²] 老ເບົ້າສາຍຕາຍຕາ[pau⁴sa:i¹ ta:¹'];ຕາດຳ[ta:¹' ʔdam¹'] 岱-侬lục pụt[luk⁸ put⁸] 越泰ngầu ta[ŋau² ta¹] 越con ngươi[kɔn¹ ŋɯ:i¹];đồng tử[ʔdoŋ² tɯ³]

【桶】泰ถัง[thaŋ¹] 老ຖັງ[thaŋ¹];ກະທຸ່ງ[ka² thuŋ⁵] ກະທຸ່ງ[ka² thu:ŋ⁵] 岱-侬tồng[toŋ³] 越泰thũng [thuŋ²] 普thyung¹[thyuŋ¹] 越thùng[thuŋ²] 芒thùng[thuŋ²]

【桶_~水】泰ถัง[thaŋ¹] 老ຖັງ[thaŋ¹];ກະທຸ່ງ[ka² thuŋ⁵] 越thùng[thuŋ²] 芒thùng[thuŋ²]

【捅_~刀子】泰แทง[thɛ:ŋ²] 老ທຸງ[thuŋ⁵];ທຸ້ງ[thuŋ⁴];ແທງ[thɛŋ²];ລ້ວະ[lua⁵] 普lăj³ zhăj³[lai³ʐai³];lăj rhăj³[lai³ ʐai³] 越đâm[ʔdɤm⁵]

【捅用竹竿~果子】泰แหย่[jɛ:⁵] 老ຫຍັກ[ɲak¹'] 岱-侬ném[nem³];dôc[jok⁷];tộng[toŋ⁴];tẳng[taŋ³] 越泰tụng[tuŋ⁴];mén[mɛn³] 越chọc[tsɔk⁸]; chòi[tsɔi²] 芒xó[sɔ⁵];choc[tsɔk⁸]

【统一】泰เอกภาพ[ʔe:k⁹ pha:p¹⁰] 老ຮ້ອມໂຮມ[thɔ:m² ho:m²];ໂຮມ[ho:m²] 岱-侬thốngnhất[thoŋ⁵ɲət⁷] 越泰lồng liền[loŋ⁶ li:n²] 越thống nhất[thoŋ⁵ ɲɤt⁷]

【统治❶】 泰ก็ิน[kin²];ครอง[khrɔːŋ²];ครอบครอง[khrɔːp¹⁰khrɔːŋ²];นั่ง[naŋ³] 老เอิ้งคอง[khau³khɔːŋ²];คอง[khɔːŋ²];คอบคอง[khɔːp¹⁰ khɔːŋ²];ปิกคอง[pok⁷khɔːŋ²];งำเมือง[ŋam²mɯːaŋ²] 越泰 nắng mưỡng[naŋ⁶ mɯːŋ²];越thống trị[thoŋ⁵ tʂi⁶];cai trị[kaːi¹ tʂi⁶];trị vì[tʂi⁶ vi²]

【痛❷】 泰เจ็บ[tsep⁷];ปวด[puːat⁹] 老เจ็บ[tsep⁷];ปวด[puːat⁹] 岱-侬chêp[tɕep⁷] 越泰chép[tsep⁷] 普qazǎj²[qa⁰ zai²] 越đau[ʔdau¹] 芒tau[tau¹]

【痛风】 泰โรคเก๊าท์[roːk¹⁰kau⁴];เก๊าท์[kau⁴];เก๊าท์[kau⁴] 老โลกปะดอง[loːk¹⁰pa²²doŋ¹];ฮาบ[haːn²] 越bệnh gút[ʔben⁶ ɣut⁷]

【痛经】 泰การปวดระดู[kaːn²puːat⁹raː⁴ʔduː²] 老การปวดละดู[kaːn¹ puːat⁹la⁵ʔduː¹'] 越hành kinh đau bụng[han²kin¹²dau¹ʔbuŋ⁶];chứng xấu kinh[tsɯŋ⁵ sɤu⁵ kin¹]

【痛苦❸】 泰เจ็บปวดรวดร้าว[tsep⁷puːat⁹ruːat¹⁰raːu⁴] 老อัดดุน[ʔaː¹¹ʔdun¹] 岱-侬khôm khổ[khom¹ khɔ³];chêp tot[tɕep⁷tɔt⁷];phjâng[phjɔŋ¹] 越đau khổ[ʔdau¹ xo³];đau đớn[ʔdau¹ ʔdɤːn⁵]

【痛快 心里很~】 泰สบายใจ[sa⁵²ʔbaːi²tsai²] 老นำใจ[nam¹tsai¹] 岱-侬chồmkhua[tɕom²khuə¹];sloáng[ɬwaːŋ⁵];pj[pi⁴];fằng fâu[faŋ²fəu¹] 越vui thích[vui¹thit⁷];vui thú[vui¹thu⁵];mát lòng[maːt⁷ lɔŋ²];mát ruột[maːt⁷zɯt⁸] 芒maích tã[maːit⁷taː⁴];maích roch[maːit⁷ rɔt⁸]

【痛心❹】 泰เจ็บใจ[tsep⁷ tsai²] 老ละบิมใจ[la⁵ʔbom¹ tsai²];ละทิม[la⁵ thom²];ฮิมมะนา[hom² maːna²];แหน่มบใจ[nɛːn³ tsai¹] 岱-侬khat slầy[khaːt⁷

ɬɤi³] 越泰xép xảy[sɛp⁷ sai³];chép chau[tsep⁷ tsaɯ¹] 越đau lòng[ʔdau¹lɔŋ²];đau đớn[ʔdau¹ ʔdɤːn⁵];đau xót[ʔdau¹ sɔt⁷];xót thương[sɔt⁷ thɯːŋ¹];xót dạ[sɔt⁷za⁶];xót ruột[sɔt⁷zɯːt⁸];se lòng[ʂɛ¹ lɔŋ²] 芒la tã[laː¹taː⁴];hèo tlổng[hɛu³tlɔŋ⁴];tau lòng [tau¹ lɔŋ²]

【偷❺】 泰ขโมย[kha⁵ moːi¹];ลัก[lak⁸] 老ลัก[lak⁸];กะโมย[ka²moːi²];ขะโมย[kha²moːi²] 岱-侬lặc[lak⁸] 越泰lặc[lak⁸] 普lăk⁵[lak⁵] 越trộm[tʂom⁶];cắp[kap⁷];ăn trộm[ʔan¹tʂom⁶];ăn cắp[ʔan¹kap⁷];lấy cắp[lɤi⁵kap⁷] 芒lỗm[lom⁴];ăn lỗm[ʔan¹ lom⁴];ăn lỗm ăn liễn[ʔan¹ lom⁴ ʔan¹ liːn⁴]

【偷看】 泰แอบมอง[ʔɛːp⁹mɔːŋ²];จะเอิ๋[tsa⁴ʔeː¹] 老ย่องเบิ๋ง[jɔːŋ⁵ ʔbəŋ⁵];ลักเบิ๋ง[lak⁸ ʔbəŋ⁵];แอบเบิ๋ง[ʔɛːp⁹ʔbəŋ⁵] 越xem trộm[sɛm¹tʂom⁶];nhòm[ɲɔm²];dòm[zɔm²] 芒nhòm[ɲɔm²]

【偷税】 泰หนีภาษี[niː¹pha:²si:¹] 老ขิพาสิ[niː¹ pha:² si:¹];ลักลอบขิพาสิ[lak⁸ lɔːp¹⁰ ni:¹ pha:² si:¹] 越trốn thuế[tʂon⁵ thwe⁵]

【偷听】 泰แอบฟัง[ʔɛːp⁹faŋ²] 老ลักฟัง[lak⁸ faŋ²];ลักลอบจอบฟัง[lak⁸lɔːp¹⁰tsɔːp⁹faŋ²];ลอบฟัง[lɔːp¹⁰ faŋ²];แอบฟัง[ʔɛːp⁹ faŋ²] 越nghe trộm[ŋɛ¹ tʂom⁶];nghe lỏm[ŋɛ¹ lom³] 芒yểng lỗm[ʔiːŋ³ lom⁴]

【头 ~很痛❻】 泰หัว[huːa¹];เกล้า[klau³];กบาล[ka²ʔbaːn²] 老หัว[huːa¹];เก๊า[kau⁴] 岱-侬hua[huə¹] 越泰hua[huə¹];câu[kau³] 普lak⁵ zhô⁴[laːk⁵zo⁴];zhô⁴[zo⁴];rhô⁴[rɔ⁴];rhô⁵[rɔ⁵] 越đầu[ʔdɤu²] 芒tlếc[tlok⁷]

【头 ~猪❼】 泰ตัว[tuːa²] 老โต[to¹];ตัว[tuːa¹] 岱-侬tua[tuə¹] 越泰tô[to¹] 越con[kɔn¹] 芒

---

❶ 石家keep⁵；ʔoom³；ʔoŋ³
❷ 阿含chip D1S　掸sep D1S　泐čep D1S
❸ 石家ʔuk⁴-cii⁵　阿含tāk
❹ 石家ʔiiŋ³- cii⁵
❺ 石家lak⁶　阿含lāk D2S
❻ 石家thraw³　阿含rō A1；ru A1；rū A1　掸kau C1　泐kāu C1
❼ 阿含tū A1

con[kɔn¹]

【头顶】 泰 กลางกระหม่อม[kla:ŋ² kra⁵ mɔ:m⁵]; กระหม่อม[kra⁵ mɔ:m⁵] 老 ເຫິງຫົວ[thəŋ² hua¹] 岱-侬 tềnh hua[teŋ² hua¹] 越 đỉnh đầu[ʔdiŋ³ ʔdɤu²]

【头发❶】 泰 ผม[phom¹];ขนหัว[khon¹ hua:¹];เผ้า[phau³];ผมเผ้า[phom¹ phau³];เผ้าผม[phau³ phom¹] 老 ຜົມ[phom¹] 岱-侬 phjôm[phjom¹] 越泰 phôm[phom¹] 普 săm¹[sam¹];sjăm¹[sjam¹] 越 tóc[tɔk⁷] 芒 thắc[thak⁷]

【头骨】 泰 กระดูกกะโหลกศีรษะ[kra⁵ ʔdu:k⁹ ka⁵ lo:k⁹ si:¹ sa⁵];กะโหลกศีรษะ[ka⁵ lo:k⁹ si:¹ sa⁵];หัวกะโหลก[hua:¹ ka⁵ lo:k⁹] 老 ດູກກະໂຫຼກ[ʔdu:k⁹ ka² lo:k⁹];ກະດູກຫົວ[ka² ʔdu:k⁹ hua:¹] 越 xương đầu[sɯ:ŋ¹ ʔdɤu²];xương sọ[sɯ:ŋ¹ ʂɔ⁶];đầu lâu[ʔdɤu² lɤu¹] 芒 xiêng tlốc[si:ŋ¹ tlok⁷]

【头昏】 泰 เวียนหัว[wian² hua:¹] 老 ວຽນຫົວ[vian² hua:¹] 越 đầu váng[ʔdɤu² va:ŋ⁵];chóng mặt[tsɔŋ⁵ mat⁸];choáng váng[tswa:ŋ⁵ va:ŋ⁵]

【头巾】 泰 ผ้าโพกศีรษะ[pha:³ pho:k¹⁰ si:¹ sa⁵] 老 ຜ້າປົກຫົວ[pha:³ pok⁷ hua:¹];ແພຄ້ຽນຫົວ[phɛ:² khian² hua:¹] 岱-侬 khân slảo[khən¹ ɬa:u³];khân chíp[tɕip⁷];khân cô[khən¹ ko⁶] 越泰 khăn chíp[khan¹ tɕip⁷] 普 phjan¹[phja:n¹] 越 khăn vuông[xan¹ vu:ŋ];khăn vuông trùm đầu[xan¹ vu:ŋ¹ tʂum² ʔdɤu²];khăn trùm[xan¹ tʂum²] 芒 khăn tlùm[khan¹ tlum²]

【头盔】 泰 หมวกเหล็ก[mu:ak⁹ lek⁷];หมวกกันน็อก[mu:ak⁹ kan² nɔk⁸];หมวก นิรภัย[mu:ak⁹ nin² phai²] 老 ໝວກເຫຼັກ[mu:ak⁹ lek⁷] 越 mũ trụ[mu⁴ tʂu⁶];mũ bảo hiểm[mu⁴ ʔba:u³ hi:m³]

【头皮屑】 泰 ขี้ลม[khi:² lom¹] 老 ຂີ້ຫົວ[khi:³ hua:¹];ຂີ້ຄັງແຄ[khi:³ khaŋ² khɛ:²];ຮັງແຄ[haŋ² khɛ:²] 越 gàu[ɣau²]

【头人】 泰 หัวหน้าคนกลุ่มน้อย[hua:¹ na:³ khon² klum⁵ nɔ:i⁴] 老 ຫົວໜ້າ[hua:¹ na:³] 越 thủ lĩnh[thu³ liŋ⁴]; người cầm đầu[ŋɯi:² kɤm² ʔdɤu²];tù trưởng[tu² tsɯ:ŋ³]

【头虱❷】 泰 เหา[hau¹];ลิกขา[lik⁸ kha:²] 老 ເຫົາ[hau¹];ຕົວເຫົາ[tua:¹ hau¹] 岱-侬 thâu[thəu¹];hâu[həu¹];tua hâu[tua¹ həu¹] 越泰 hau[hau¹];tô hau[tua¹ hau¹] 普 qatăw¹[qa⁰ tau¹] 越 cháy[tʂɤi⁵];con cháy[kɔn¹ tsɤi⁵] 芒 chi[tsi³]

【头痛 病症 ❸】 泰 ปวดกบาล[pu:at⁹ ka⁵ ʔba:n²];ปวดหัว[pu:at⁹ hua:¹];ปวดศีรษะ[pu:at⁹ si:¹ sa⁵] 老 ປວດຫົວ[pu:at⁹ hua:¹];ເຈັບຫົວ[tsep⁷ hua:¹];ເຈັບເກົ້າເມົາຫົວ[tsep⁷ kau⁴ mau⁴ hua:¹] 越 đau đầu[ʔdau¹ ʔdɤu²];nhức đầu[ɲɯk⁷ ʔdɤu²] 芒 nhâc tlốc[ɲɤk⁸ tlok⁷] 芒 nhức tlốc[ɲɯk⁷ tlok⁷];nhắc tlốc[ɲɤk⁵ tlok⁷]

【头旋儿❹】 泰 ขวัญ[khwan¹] 老 ຂວັນ[khwan¹];ຈອມຂວັນ[tsɔ:m¹¹ khwan¹] 岱-侬 khoảy[khwai³] 越泰 vẹ[vɛ⁴] 普 Vjan²[βja:n²] 越 khoáy[xwai⁵] 芒 khoảy tlốc[khwai³ tlok⁷]

【头晕】 泰 เวียนหัว[vian² hua:¹];เวียนศีรษะ[vian² si:¹ sa⁵] 老 ເມົາຫົວ[mau² hua:¹];ເມົາເກົ້າ[mau² kau⁴];ວິນຫົວ[vin² hua:¹];ວຽນຫົວ[vian² hua:¹];ກົ້າເກົ້າ[ku:a⁴ kau⁴] 越 chóng mặt[tsɔŋ⁵ mat⁸];choáng váng[tswa:ŋ⁵ va:ŋ⁵]

【投 ~手榴弹】 泰 ขว้าง[khwa:ŋ³] 老 ຄ່ວາງ[khwa:ŋ⁵];ແກວ່ງ[kwɛ:ŋ⁵];ຊັກ[sak⁸];ຖິ້ມ[thim⁵];ແບ່ບ[ʔbɛ:n⁵]; ພຸ່ງ[phuŋ⁵] 越 ném[nɛm⁵] 芒 ném[nɛm³];khâm[khɤm¹];tlàng[tla:ŋ²];chéo[tsɛu⁵]

【投靠】 泰 ฝากเนื้อฝากตัว[fa:k⁹ nɯ:a⁴ fa:k⁹ tu:a²] 老 ຝາກຕົວ[fa:k⁹ tu:a¹];ຝາກເນື້ອຝາກຕົວ[fa:k⁹ nɯ:a⁴ fa:k⁹ tu:a²];ສົ້ນ[son⁴];ເອົ້າເພິ່ງ[khau³ phəŋ⁵] 岱-侬

---

❶ 石家 phram A1　阿含 phrum A1；phum A1　掸 phom A1　拉基 so¹
❷ 石家 thua⁴ raw⁶　阿含 rāo A1　拉哈 matu¹　拉基 tê¹；mta¹
❸ 石家 keet⁵-thraw³
❹ 石家 hɔn²

pằng pạ[paŋ² pa⁴];inh ai[ʔiŋ¹ ʔa:i¹] 越泰 pòng [pɔŋ⁶] 越 nương nhờ người khác[nɯːŋ¹ nɤˀ² ŋɯːi² xa:k⁷]

【投篮】 泰 ชู้ตลูก[tshuːt³ luːk¹⁰] 老 ขุดบวง[suːt¹⁰ ʔbaːn¹] 越 ném rổ[nɛm⁵ zo³];ném bóng vào rổ [nɛm⁵ ʔbɔŋ⁵ vaːu² zo³]

【投票】 泰 โหวต[woːt⁹] 老 ลิ้งอะแบบ[loŋ²kha⁵ nɛːn²];ลิ้งอะแบบสิ่ง[loŋ²kha⁵nɛːn²siːaŋ¹]; ป่อมบัด[pɔːn⁵ʔbat⁷] 越泰 phốc phiếu[phok⁷ phiːu⁵] 越 bỏ phiếu[bɔ³ fiːu⁵];đầu phiếu[ʔdɤu² fiːu⁵];bầu [ʔbɤu²] 芒 tầu phiếu[tɤu² fiːu³]

【投宿】 泰 หาที่พักแรม[haː¹ thiː³ phak⁸ rɛːm²] 老 พัก[phak⁸];พักพาอาไส[phak⁸ phaː² ʔaː¹ sai¹] 岱-侬 tồ[to³] 越泰 tồ[to⁶];nôn tồ[non² to⁶] 越 trọ [tsɔ⁶];ở trọ[ɤˀ³ tsɔ⁶]

【投诉】 泰 กล่าวโทษ[klaːu⁵ thoːt¹⁰] 老 ว่าวโฮด [kaːu⁵ thoːt¹⁰] 越 phàn nàn[faːn² naːn²]

【投胎】 泰 อวตาร[ʔaˀ⁵ waˀ⁴ taːn²];เกิดใหม่[kɤːt⁹ mai⁵] 老 อะอะตาบ[ʔaˀ² waˀ⁵ taːn¹] 越 đầu thai[ʔdɤu² thaːi¹]

【投降】 泰 จำนน[tsam² non²];ยอมจำนน[jɔːm² tsam² non²] 老 สามิพัก[saː¹ miˀ⁵ phak⁸];โยม[ɲɔːm²];ยอม [ɲɔːm²];ยอมใจ[ɲɔːm² tsai¹];ยอมจำบิบ[ɲɔːm² tsam¹ non²] 岱-侬 pây slú[pɤi¹ ɬu⁵];nhắn slua[naːn³ ɬuə¹] 越 đầu hàng[ʔdɤu² haːŋ²];đầu phục[ʔdɤu² fuk⁸] 芒 đầu hàng[ʔdɤu² haːŋ²];đầu phục[ʔdɤu² fuk⁸]

【投资】 泰 ลงทุน[loŋ² thun²];การลงทุน[kaːn² loŋ² thun²] 老 ลิ้งทึบ[loŋ² thun²];ออกทึบ[ʔɔːk⁹ thun²] 越 đầu tư[ʔdɤu² tɯ¹];bỏ vốn vào[ʔbɔ³ von⁵ vaːu²]

【凸】 泰 นูน[nuːn²] 老 ขะเทยิบ[khaˀ² ɲɔˀ n¹] 岱-侬 sluôt[ɬuət⁷];chòn[tɕɔn³];thuôt[thuət⁷] 越泰 xuốt[suːt¹] 越 lồi[loi²];gồ[ɣo²] 芒 lồi[loi²]

【秃】 泰 ล้าน[laːn⁴] 老 ล้าบ[laːn⁴];เถิย[thɤːi¹]

越泰 đoóng[ʔdɔːŋ⁵];đó[ʔdɔ⁵] 越泰 đóng[ʔdɔŋ⁵] 越 trọc[tsɔk⁸];trọc dọc[tsɔk⁸ zɔk⁸];trọc lóc[tsɔk⁸ lɔk⁷];trọc téch[tsɔk⁸ tet⁷];trọc trụi[tsɔk⁸ tsui⁶];trọc nhẵn[tsɔk⁸ nan⁴];trọc tếu[tsɔk⁸ teu⁶];hói[hɔi⁵] 芒 lôl[lɔl⁴]

【秃顶】 泰 หัวล้าน[huːa¹ laːn⁴] 老 ทิวเทิย[huːa¹ thɤːi¹] 越 trọc đầu[tsɔk⁸ʔdɤu²];đầu trọc[ʔdɤu² tsɔk⁸];hói đầu[hɔi⁵ ʔdɤu²];hói[hɔi⁵] 芒 khói tlảinh[khɤi⁵ taːin²]

【秃鹫】 泰 แร้ง[rɛːŋ⁴] 老 ติวแฮ้ง[tuːa¹ˀ hɛːŋ⁴] 越 con kền kền xám[kɔn¹ ken¹ ken² saːm⁵];con kên kên xám[kɔn¹ ken¹ ken¹ saːm⁵]

【秃头】 泰 ผมร่วงหมด[phom¹ ruːaŋ³ ];หัวล้าน[huːa¹ laːn⁴] 老 ทิวล้าบ[huːa¹ laːn⁴];ทิวเทิย[huːa¹ thɤːi¹] 岱-侬 hua đó[huə¹ ʔdɔ⁵] 越 hói đầu[hɔi⁵ ʔdɤu²]; hói đầu[hɔi⁵ ʔdɤu²];trọc đầu[tsɔk⁸ ʔdɤu²] 芒 khói tlảinh[khɤi⁵ taːin²]

【秃子】 泰 คนหัวล้าน[khon² huːa¹ laːn⁴] 老 คิบทิวล้าบ [khon² huːa¹ laːn⁴] 越 người trọc đầu[ŋɯːi² tsɔk⁸ ʔdɤu²];người hói[ŋɯːi² hɔi⁵]

【突然】 泰 กระทันหัน[kra⁵than²han¹];กะทันหัน[ka⁵ than² han¹];กึก[kɯk⁷];ฉุก[khuk⁷];ฉุก[tshuk⁷];ชะงัก [tsha⁴ ŋak⁷];บัดคล[ʔbat⁷ ʔdon²];ผุบ[pup⁷];ผลุนผลัน [phlun¹ phlan¹];พรวดพราด[phruat¹⁰ phraːt¹⁰];พรึบ [phrɯp⁸];อยู่ๆ[juː⁵ juː⁵] 老 เข่[kheː³];ฉุก[khuk⁷]; โจ่โฮล่[tsoː⁵ loː⁵];สะดุ้ง[saˀ² duŋ⁴];สะทึ้บ[saˀ² thɯːn⁴];ฉาก[saːk¹⁰];โดยภะทับทับ[ʔdoːi¹ˀ kaˀ² than² han¹];ทับใจ[than² ʔdai¹];ทับใดมับ[than² ʔdai¹ˀ nan⁴];บาดดูอ[ʔbaːt⁹ ʔdiːau¹];ผะเฮิบ[phaˀ ɤːn¹];พึบ[phɯp⁸];ยู่ยู่[juː⁵ ʔbɔˀ⁵ juː⁵];ย่างภะทับทับ [ˀaːŋ⁵ kaˀ² than² han¹];ลืด[lot¹⁰];ทลุย[lui⁵];ทอน [ˀɔːn¹];ทับถอัม[than² khwan²];บืด[ʔbɯt⁷];อูด[vut¹⁰] 岱-侬 fựt[fɯt⁸];rựt[rɯt⁸];loat[lwaːt⁷];rằm rựt[ram² rɯt⁸] 越泰 phát[phaːt⁷] 越 đột nhiên[ʔdot⁸ niːn¹]; bất thình lình[ʔbɤt⁷ thin² lin²];chợt[tsɤˀt⁸];bỗng nhiên[ʔboŋ⁴ni:n¹] 芒tổng tổng[toŋ⁴toŋ⁴];mái ở [ma:i⁵ ʔɤ⁵]

【涂~药膏❶】 泰ทา[tha:²] 老ทา[tha:²];ดาด[ʔda:t⁹];แต้ม[tɛ:m⁴];ป้าย[pa:i⁴];โพก[pho:k¹⁰];ละเลง[la⁵le:ŋ²];ไล้[lai⁴];แลด[lɛ:t¹⁰];กำฮาบ[kam¹'sa:p¹⁰] 岱-侬loet[lɯet⁷];tực[tuɯk⁷] 越泰tà[ta²];làn[la:n²] 越bôi[ʔboi¹] 芒pùa[puə²]

【徒弟】 泰ลูกศิษย์[lu:k¹⁰ sip⁷] 老ลูกสิด[lu:k² sit⁷];ลูกสิด[lu:k¹⁰ si:t⁹];ฮับเตอง สิก[ʔan¹'te:¹'va:² sik⁷] 岱-侬học tó[hɔk⁸ tɔ⁵];cần y rèo[kən² ʔi¹ rɛu²] 老học trò[hɔk⁸ tʂɔ²]

【屠夫】 泰คนฆ่าสัตว์[khon² kha:³ sat⁷] 老ลูกขาง[lu:k¹⁰ khi:aŋ⁵] 越thợ giết mổ gia súc[thɤ⁶ zet⁷ mo³ za¹ ʂuk⁷];người làm nghề sát sinh[ŋɯ:i² la:m² ŋe² ʂa:t⁷ ʂin¹];đồ tể[ʔdo² te³]

【屠宰场】 泰โรงฆ่าสัตว์[ro:ŋ² kha:³ sat⁷] 老โฮงฆ้าสัด[ho:ŋ¹ kha:³ sat⁷] 越lò sát sinh[lɔ² ʂa:t⁷ ʂin¹];lò mổ[lɔ² mo³]

【图片】 泰รูปภาพ[ru:p¹⁰ pha:p¹⁰];รูป[ru:p¹⁰] 老ฮูบพาบ[ru:p¹⁰ pha:p¹⁰];ฮูบ[ru:p¹⁰] 越tranh ảnh[tʂaɲ¹ ʔaɲ²]

【图书馆】 泰ห้องสมุด[hɔ:ŋ³ sa² mut⁷] 老ห้ำสะหมุด[hɔ:¹ sa² mut⁷];ข้องสะหมุด[hɔ:ŋ³ sa² mut⁷] 越thư viện[thɯ¹ vi:n⁶] 芒thư viễn[thɯ¹ vi:n⁴]

【图章】 泰ตราประทับ[tra:² pra⁵ thap⁸] 老ดวงกา[ʔduaŋ¹' ka:¹];กา[ka:¹];ตา[ta:¹];ตาจ้ำ[ta:¹' tsam⁴];กาจ้ำ[ka:¹' tsam⁴] 岱-侬ăn dấn[ʔan¹ jən³];ăn ấn[ʔan¹ ʔən³] 越泰dáu[jau⁵] 越con dấu[kɔn¹ zɤu⁵]

【土❷】 泰ดิน[ʔdin²] 老ดิน[ʔdin¹];ขี้ดิน[khi:³ ʔdin¹];ขี้ดั่วข้าง[khi:³ ʔdaŋ¹' sa:ŋ⁴] 岱-侬đin[ʔdin¹];tôm [tom¹] 越泰đin[ʔdin¹] 普ʔuot⁵[ʔu:t⁵] 越đất[ʔdɤt⁷] 芒tất[tɤt⁷]

【土布】 泰ผ้าพื้นเมือง[pha:³ phɯ:n⁴ mɯ:aŋ²] 老ผ้าพื้นเมือง[pha:³ phɯ:n⁴ mɯ:aŋ²] 越vải thô[va:i³ thoˀ¹];vải mộc[va:i³ mok⁸];vải thủ công[va:i³ thu³ koŋ¹]

【土产】 泰ของพื้นเมือง[khɔ:ŋ²⁴ phɯ:n⁴ mɯ:aŋ²];ผลิตภัณฑ์พื้นเมือง[pha⁵lit⁷phan² phɯ:n⁴ mɯ:aŋ²] 老ของพื้นเมือง[khɔ:ŋ¹ phɯ:n⁴ mɯ:aŋ²];ผะลัดตะพันพื้นเมือง[pha² lit⁸ ta² phan² phɯ:n⁴ mɯ:aŋ²];สินค้าพื้นเมือง[sin¹ kha:⁴ phɯ:n⁴ mɯ:aŋ²] 越thổ sản[tho³ ʂa:n³]

【土地庙】 泰ศาลพระภูมิ[sa:n¹ phra⁴ phu:² mi¹] 老ห้ำละมี[hɔ:¹'thɔ:² la⁵ni:²] 越miếu thổ địa[mi:u⁵ tho³ ʔdiə⁶]

【土地神】 泰พระภูมิ[phra⁴ phu:² mi⁴];พระภูมิเจ้าที่[phra⁴ phu:² mi⁴ tsau³ thi:³] 老เจ้าที่[tsau⁵ thi:⁵];พะพูมีเจ้า[pha⁵ phu:² mi:² tsau⁴] 岱-侬thua công [thuə¹ koŋ¹];thổ công[thɔ³ koŋ¹];quén ti[kwɛn⁵ ti³] 普maj¹tyôp⁵[ma:i¹tyop⁵] 越thần đất[thɤn²ʔdɤt⁷];thổ thần[tho³ thɤn²];thổ địa[tho³ ʔdiə⁶] 芒ông đĩa[ʔoŋ¹ ʔdiə⁴];thố công[tho⁵ koŋ¹];thần tất[thɤn² tɤt⁷]

【土堆】 泰กองดิน[kɔ:ŋ² ʔdin²] 老กองดิน[kɔ:ŋ¹ ʔdin¹] 岱-侬ăn pó[ʔan¹ pɔ⁵] 越泰mô đin[mo¹ ʔdin¹] 越đống đất[ʔdoŋ⁵ ʔdɤt⁷]

【土匪】 泰โจรท้องถิ่น[tso:n² thɔ:ŋ⁴ thin⁵] 老คนปุ้น[khon² pun⁴];นักจี้นักปุ้น[nak⁸ tsi:⁴ nak⁸ pun⁴] 越thổ phỉ[tho³ fi³] 芒thố phí[tho⁵ fi⁵]

【土块】 泰ก้อนดิน[kɔ:n³ʔdin²] 老ก้อมดิน[kɔ:n⁴ ʔdin¹] 越cục đất[kuk⁸ ʔdɤt⁷];hòn đất[hɔn² ʔdɤt⁷] 芒hòn tất[hɔn² tɤt⁷]

【土坯】 泰อิฐดิน[ʔit⁷tha:⁵ʔdin²];เบ้าดิน[ʔbau³ ʔdin¹] 老ฮิดดิน[ʔit⁷ʔdin¹] 越gạch mộc[ɣat⁸ mok⁸];gạch sống[ɣat⁸ ʂoŋ⁵]

---

❶ 石家 lip²
❷ 石家 ban⁴   拉基 u1

【土墙】 泰ผนังดิน[pha⁵ naŋ¹ ʔdin²] 老ฝาดิน[fa:¹ ʔdin¹] 越tường đất[tɯːŋ² ʔdɤt⁷]

【土丘】 泰เนินดิน[nə:n² ʔdin²] 老เบิบดิน[nə:n² ʔdin²] 岱-侬pò[pɔ²];pù[pu²] 越泰pom ploc[pɔm¹ p-lɔk⁸] 越gò đất[ɣɔ² ʔdɤt⁷]

【土砂糖】 泰น้ำตาลทราย[nam⁴ ta:n² sa:i²] 老น้ำตาลຊາย[nam⁴ ta:n¹ sa:i²];ตาลຊາย[ta:n¹ sa:i²] 岱-侬thương dài[thɯːŋ¹ ja:i²] 越泰nặm ội xài [nam⁴ ʔɔi¹ sa:i²] 越đường cát[ʔdɯːŋ² ka:t⁹];đường kính[ʔdɯːŋ² kin⁵]

【土山】 泰เขาดิน[khau¹ ʔdin²] 老ພູดิน[phu:² ʔdin¹] 岱-侬pù[pu²] 越泰pū[pu²] 越núi đất[nui⁵ ʔdɤt⁷]

【土星】 泰ดาวเสาร์[ʔda:u² sau²];ดาวพระเสาร์ [ʔda:u² phra⁴ sau²] 老ດາວເສົາ[ʔda:u¹ sau¹] 越 Sao Thổ[ʂa:u¹ tho²];Thổ tinh[tho² tiŋ¹]

【土葬】 泰การฝังศพ[ka:n² faŋ¹ sop⁷] 老ການຝັງສົບ [ka:n² faŋ¹ sop⁷] 越chôn cất[tson¹ kɤt⁷];mai táng [ma:i¹ ta:ŋ⁵];thổ táng[tho² ta:ŋ⁵]

【吐～痰】 泰ถ่ม[thom⁵] 老ถิ่ม[thom⁵];ถุย[thui¹]; ถุยถิ่ม[thui¹ thom⁵];บ้อม[ʔbuan⁴];พ่น[phon⁵];ຂາກ [kha:k⁹] 岱-侬phí[phi⁵];tẩu[təu⁵] 越泰thốm [thom⁵] 越nhổ[ɲo³];nhả[ɲa³] 芒chú[tsu⁵]

【吐～饭❶】 泰อวก[ʔuːak⁹] 老ຄາຍ[kha:i¹] 岱-侬 cài[ka:i²] 越泰cāi[ka:i²] 越nhổ[ɲo³];nhả[ɲa³] 芒lai[la:i¹]

【兔唇】 泰ปากแหว่ง[pa:k⁹ wɛːŋ³] 老ສົບວິ່ນ[sop⁷ viu⁵] 越sứt môi[ʂɯt⁷ moi¹]

【兔子】 泰กระต่าย[kra² ta:i⁵] 老ກະຕ່າຍ[ka² ta:i⁵]; ຕົວກະຕ່າຍ[tu:a¹¹ ka² ta:i⁵] 岱-侬tua thó[tuə¹ thɔ²] 越泰thỏ[thɔ²];tô thỏ[to¹ thɔ²] 普thô[tho³] 越thỏ[thɔ²];con thỏ[kɔn¹ thɔ²] 芒thó[thɔ⁵]

【吐血】 泰รากเลือด[ra:k¹⁰ lɯːat¹⁰] 老ຮາກເລືອດ [ha:k¹⁰ lɯːat¹⁰] 越nôn ra máu[non¹ ʐa¹ mau⁴]; khạc ra máu[xa:k⁸ ʐa¹ mau⁵];hộc máu[hok⁸ mau⁵]; thổ huyết[tho³ hwi:t⁷] 芒hôc máu[hok⁸ mau³]

【团结】 泰สมัครสมาน[sa⁵ mak⁷ sa⁵ ma:n¹] 老 ສະໝັກສາມັກຄີ[sa² mak⁸ khi:²];สามัคคี [sa:¹ mak⁸ khi:²];สามัคคีเตົ້າໂຮม[sa:¹ mak⁸ khi:² tau⁴ ho:m¹] 岱-侬thư hua[thɯ¹ huə¹];tó cò[tɔ⁵ kɔ²] 越泰cạt xan[ka:t⁸ sa:n¹] 越đoàn kết[ʔdwa:n² ket⁷]; kết đoàn[ket⁷ ʔdwa:n²] 芒két đàn[ket⁷ ʔda:n²];đồn két[ʔdɔn² ket⁷]

【团聚】 泰อยู่พร้อมหน้ากัน[ju:⁵ phrɔːm⁴ na:³ kan²] 岱-侬thom căn[thom¹ kan¹];pjòm nả[pjɔm³ na³] 越泰tọp hom[tɔp⁸ hɔm¹] 越đoàn tụ[ʔdwa:n² tu⁶]; sum họp[ʂum¹ hɔp⁸];sum vầy[ʂum¹ vɤi²] 芒đòn tụ[ʔdɔn² tu⁴];xum họp[sum¹ hɔp⁸]

【推】 泰ผลัก[phlak⁷] 老ຊຸກ[suk⁸];ຍູ້[ɲu:⁴]; ແທວະ[ve:k⁹] 岱-侬xẳn[ɕən³];chò[tɕɔ²];rọ[rɔ⁴] 越泰xui[sui¹] 普lāj[la:i³] Nu⁴[la:i³ ɲu⁴];sôk⁵[sok⁵] 越 đẩy[ʔdɤi³];đùn[ʔdun²];ấy[ʔɤi³] 芒úi tấy[ʔui⁵ tɤi³]; tấy[ʔui⁵ tɤi⁵];tấy[tɤi⁵];ấy[ʔɤi⁵]

【推迟】 泰เลื่อนเวลาออกไป[lɯːan³ we:² la:² ʔɔ:k⁹ pai²] 老ຍໍຍັ້ງ[ɲɔ⁵ ɲaŋ⁴];ຍໍໄວ້[ɲɔ⁵ vai⁴] 越 hoãn lại[hwa:n⁴ la:i⁶];trì hoãn[tʂi² hwa:n⁴]

【推辞】 泰บอกเปิด[ʔbɔ:k⁹ pə:t⁹] 老ຊຸກ[suk³] 岱-侬pản vàn[pa:n³ va:n²];bầu nhắn[ʔbəu⁵ ɲan³] 越泰thiêng[thi:ŋ¹] 越từ chối[tɯ² tsoi⁵];không nhận[xoŋ¹ ɲɤn⁶];chối[tsoi⁵] 芒chối[tsoi³]

【推翻～反动政权】 泰โค่น[kho:n³];โค่นล้ม[kho:n³ lɛm⁴] 老ຂວ້ຳ[khwam³];ລົ້ມ[lom⁴];โค่นล้ม[kho:n⁵ lom⁴] 岱-侬cọn pải[kɔn⁴ pa:i³] 越泰tặp khuồm[tap⁸ khu:m³] 越lật đổ[lɤt⁴ ʔdo³];đánh đổ[ʔdan⁵ ʔco⁵]; đả đảo[ʔda³ ʔda:u³];đánh nhào[ʔdan⁵ ɲa:u²]

【推广】 泰เผยแพร่[phə:i¹ phrɛ:³] 老ເຜີຍແຜ່[p.ɤ:i¹

---

❶ 石家gaay⁴ 阿含khrāi A2；khāi A2 掸khai A2 泐xai A2

phɛː⁵] 岱-侬 páo ooc[paːu⁵ ʔɔːk⁷];páo cạ[paːu⁵ ka⁴] 越泰 kiểu li[kiːu³ li²] 越 phổ biến[fo³ ʔbiːn⁵]

【推举】 泰 เลือกตั้ง[lɯːak¹⁰taŋ³] 老 ຍົກ[ɲok⁸] 岱-侬 bầu[ʔbəu²];lược[lɯːk⁸] 越泰 cử[kɯ³] 越 đề cử[ʔde² kɯ³]

【腿❶】 泰 ขา[khaː¹] 老 ຂາ[khaː¹] 岱-侬 kha[kha¹] 越泰 kha[kha¹] 普 quang¹[quaːŋ¹] 越 đùi[ʔdui²] 芒 tùi[tui²];lu[lu¹]

【腿肚子❷】 泰 น่อง[nɔːŋ³];กระน่อง[kra⁵nɔːŋ³];ท้องน่อง[thɔːŋ⁴nɔːŋ³] 老 ປີແຄ່ງ[ʔbiː¹'khɛːŋ⁵] 岱-侬 pi kha[pi¹kha¹] 越 bắp chân[ʔbap⁷tʂɤn¹];bắp thịt[ʔbap⁷thit⁸];bụng chân[ʔbuŋ⁶tʂɤn¹] 芒 tlài chân[tlaːi³ tʂɤn¹]

【退~两步】 泰 ถอย[thɔːi¹] 老 ຖອຍ[thɔːi¹] 越 lùi[lui²];lui[lui¹] 芒 lùi[lui²];lui[lui¹]

【退潮】 泰 น้ำลง[nam⁴ loŋ²] 老 ລົດນ້ຳ[lot⁸ nam⁴];ນ້ຳລົດ[nam⁴lot⁸];ນ້ຳລົງ[nam⁴loŋ⁴];ทะเลทายใจลิ้ง[tha¹ leː² haːi¹ tsai¹' lɔŋ²] 越 nước triều xuống[nɯːk⁷ tsiːu² suːŋ⁵];triều xuống[tsiːu² suːŋ⁵]

【退婚】 泰 ถอนหมั้น[thɔːn¹ man³] 老 ຖອນໝັ້ນ[thɔːn¹ man³] 越 thoái hôn[thwaːi⁵ hon¹]

【退货】 泰 คืนสินค้า[khɯːn² sin¹ khaː⁴] 老 ຄືນສິນຄ້າ[khɯːn² sin¹ khaː⁴] 越 trả lại hàng[tʂa³ laːi⁶ haːŋ²]

【退票】 泰 คืนตั๋ว[khɯːn² tuːa¹] 老 ຄືນປີ້[khɯːn² piː⁴] 越 trả lại vé[tʂa³ laːi⁶ vɛ⁵];nhường lại vé[ɲɯːŋ² laːi⁶ vɛ⁵]

【退烧】 泰 ลดไข้[lot⁸ khaːi³] 老 ຫາຍໄຂ້[haːi¹ khaːi³];ໄຂ້ຫາງ[khaːi³ vaːŋ¹] 越 giảm sốt[zaːm³ sot⁵];hạ sốt[ha⁶ ʂot⁷];thoái nhiệt[thwaːi⁵ ɲiːt⁸]

【退烧药】 泰 ยาลดไข้[jaː¹ lot⁸ khaːi³] 老 ຢາລະງັບໄຂ້[jaː¹ la⁵ ŋap⁸ khaːi³];ຢາແກ້ໄຂ້[jaː¹ kɛː⁴ khaːi³] 越

thuốc hạ suốt[thuːk⁷ ha⁶ ʂuːt⁷]

【退休】 泰 ปลดเกษียณ[plot⁷ ka⁵ siːan¹];ปลดเกษียณอายุ[plot⁷ ka⁵ siːan¹ ʔaː² ju⁴] 老 ອອກກິນເບ້ຍບຳນານ[ʔɔːk⁹ kin¹ ʔbiːa⁴ ʔbam¹' naːn²];ອອກເບ້ຍບຳນານ[ʔɔːk⁹ ʔbiːa⁴ ʔbam¹' naːn²] 越 nghỉ hưu[ŋi³ hɯːu¹]

【退学】 泰 ออกจากโรงเรียน[ʔɔːk⁹ tsaːk⁹ roːŋ³ riːan³] 老 ລາໂຮງຮຽນ[laː² hoːŋ² hiːan²];ຖອນຕົວອອກຈາກໂຮງຮຽນ[thɔːn¹ tuːa¹' ʔɔːk⁹ tsaːk⁹ hoːŋ² hiːan²];ອອກຈາກໂຮງຮຽນ[ʔɔːk⁹ tsaːk⁹ hoːŋ² hiːan²] 越 thôi học[thoi¹ hɔk⁸]

【褪色❸】 泰 สีตก[siː¹ tok⁷];ตกสี[tok⁷siː¹'];เสียสี[siːa¹siː¹'];ໝ້າຍ[naːi³] ໝ້າຍສີ[naːi³ siː¹'];ຫຼ່າສີ[laː⁵ siː¹'];ອອກສີ[ʔɔːk⁹ siː¹'];ຮັບສີ[ʔap⁷ siː¹'] 岱-侬 lộc[lɔk⁸];mà[ma³];mại[maːi⁴];măng[maŋ¹] 越泰 xau[sau¹'];lỏn[lɔn³] 越 phai màu[faːi¹' mau²] 芒 phai màu[faːi¹' mau²]

【蜕壳蝉~】 泰 ลอกคราบ[lɔːk¹⁰khraːp¹⁰] 老 ລອກຄາບ[lɔːk¹⁰ kha:p¹⁰];ຖ່າຍຄາບ[thaːi⁵ kha:p¹⁰] 越 lột xác[lot⁸ saːk⁷]

【蜕皮蛇~】 泰 ลอกคราบ[lɔːk¹⁰khraːp¹⁰] 老 ລອກຄາບ[lɔːk¹⁰kha:p¹⁰];ຖ່າຍຄາບ[thaːi⁵kha:p¹⁰] 越 thay lốt[thai¹ lot⁷];đổi lốt[ʔdoi³ lot⁷]

【吞❹】 泰 กลืน[klɯːn²];กล้ำ[klaːm³] 老 ກືນ[kɯːn¹'];ສະໝັກ[sa² mak⁷];ດຶກ[ʔdɯk⁷];ລຶດ[lɯt⁸];ຖຸນ[thun¹];ໄມ່ມ[moːm⁵] 岱-侬 nựn[nɯn⁴] 普 lan²[laːn²] 越 nuốt[nuːt⁷] 芒 đóch[ʔdɔt⁷]

【囤积】 泰 กักตุน[kak⁷ tun²] 老 ກັກກິນ[kak⁷ kin¹'];ກັກຕຸນ[kak⁷ tun¹'];ຕຸນ[tun¹'];ກັກກິນ[kak⁷ kin¹'] 越 tích trữ[tit⁷ tʂɯ⁴]

【拖把】 泰 ไม้ถูพื้น[mai⁴ thuː¹ phɯːn⁴] 老 ຜ້າເຮືອນ[phaː³ hɯːan²];ໄມ້ຖູເຮືອນ[mai⁴ thuː¹ hɯːan²] 越 cây lau nhà[kɤi¹ lau¹ ɲa²]

---

❶ 石家 kwaa1；kua1；kua³ 阿含 khā A1 掸 kha A1 泐 xa A1
❷ 石家 bii⁶-geeŋ³
❸ 石家 lɔɔn⁶
❹ 阿含 klen A1；ken A1 掸 kïn A1 泐 kïn A1 拉哈 malun²；mathan⁵；dɤl² 拉基 kana¹

【拖车】 泰rถพ่วง[rot⁸ phu:aŋ³] 老ลิดพ่อง[lot⁸ phu:aŋ⁵] 越toa kéo[twa¹ kɛu⁵];xe moóc[sɛ¹ mɔːk⁷]

【拖船】 泰เรือพ่วง[rɯː:a² phu:aŋ³] 老เฮือพ่อง[hɯːa² phu:aŋ⁵];เฮือลาก[hɯːa² la:k¹⁰];เฮือจูง[hɯːa² tsu:ŋ¹];เฮือโยง[hɯːa² ɲo:ŋ²] 越tàu kéo[tau² kɛu⁵];tàu dắt[tau² zat⁷]

【拖拉机】 泰รถแทร็กเตอร์[rot⁸ threk⁸ tɤː³];แทร็กเตอร์[threk⁸ tɤː¹] 老จักลาก[tsak⁷ la:k¹⁰];ลิดตักแต๋[lot⁸ tak⁷ tɤː¹] 越máy kéo[mai⁵ kɛu⁵];máy cày[mai⁵ kai²] 芒mày kèo[mai³ kɛu³]

【拖鞋】 泰รองเท้าแตะ[rɔ:ŋ²thau⁴tɛ⁵];เกือกแตะ [kɯːak⁹ tɛ⁵] 老เกิบแตะ[kɤːp⁹ tɛ⁵] 岱-侬hài dep[ha:i²jep⁷] 越泰hài dép[ha:i²jep⁷] 越dép lê[zɛp⁷ le¹];giầy dép[zɤːi² zɛp⁷];dép[zɛp⁷] 芒tép[tɛp⁷];dép[zɛp⁷]

【脱~衣服❶】 泰แก้[kɛː³] 老แก้[kɛː⁴];ถอด[thɔːt⁹] 岱-侬kẻ[kɛ³] 越泰lột[lot⁸] 普lhuơj³[luːi³] 越cởi[kɤːi³];lột[lot⁸] 芒lôt[lot⁸];kẻ[kɛ³]

【脱~鞋子】 泰ถอด[thɔːt⁹];แก้[kɛː³];เปลื้อง[plɯːaŋ³] 老ถอด[thɔːt⁹];ปึด[pot⁷];ปึด[pɯːt⁷] 岱-侬thot[thɔt⁷] 越泰thót[thɔt⁷] 越cởi[kɤːi³] 芒kẻ[kɛ³];cởi[kɤːi⁵]

【脱~帽子】 泰ถอด[thɔːt⁹];แก้[kɛː³];เปลื้อง[plɯːaŋ³] 老ถอด[thɔːt⁹];เปิ้อง[pɯːaŋ⁴];ปึด[pɯːt⁷];ปึด[pot⁷] 岱-侬thot[thɔt⁷] 越泰thót[thɔt⁷] 越ngả[ŋa³];bỏ[ʔbɔ³]

【脱肛】 泰ดากออก[ʔdaːk⁹ ʔɔːk⁹];ดากไหล[ʔdaːk⁹ lai²] 老ดากออก[ʔdaːk⁹ʔɔːk⁹];ออกดาก[ʔɔːk⁹ ʔdaːk⁹] 岱-侬slẩy chùn luột[ɬɤi³ tɕun³lu:t⁷] 越泰cồn mền[kon³ men²] 越lòi rom[lɔi² rɔm¹]

【脱白】 泰กระดูกข้อต่อเคลื่อนที่[kra² ʔduːk⁹khɔː³ thi:³];ข้อเคลื่อน[khɔː³khlɯːan³];ชั้น[son⁴] 老กะดูกขลุดโบก[ka² ʔduːk⁹ lut⁷ ʔboːk⁹];ดูกขลิด [ʔduːk⁹lot⁸];กะดูกพิกโบก[ka²² ʔduːk⁹phik⁸ʔboːk⁹];ดูกพิกโบก[ʔduːk⁹phik⁸ʔboːk⁹];พิกโบก[phik⁸ ʔboːk⁹];ลิด[lot⁸] 岱-侬chột đuc[tɕot⁸ʔduk⁷] 越泰ngỗ[ŋo²] 越trật khớp[tʂɤt⁸ xɤːp⁷];sai khớp xương[ɬaːi¹ xɤːp⁷ sɯːŋ¹] 芒lêu khớp[leu¹ khɤːp⁷]

【脱粒】 泰นวดข้าว[nu:at¹⁰ khaː:u³] 老มอดเข้า[nu:at¹⁰ khau³];สี[siː¹] 岱-侬rọt ruồng khẩu[rɔt⁸ ruːŋ² khəu³] 越tuốt lúa[tu:t⁷ luə⁵];tuốt hạt[tu:t⁷ ha:t⁸]

【脱粒机】 泰เครื่องนวดข้าว[khrɯːaŋ³nu:at¹⁰khaːɯ³] 老จักฟาดเข้า[tsak⁷fa:t¹⁰khau³] 越máy tuốt lúa[mai⁵ tu:t⁷ luə⁵];máy đập lúa[mai⁵ ʔdɤp⁸ luə⁵]

【脱落 树叶~❷】 泰หล่น[lon⁵];ร่วง[ruːaŋ³] 老ขลุบ[lun⁵];ฮู่น[lon⁵];ติกฮู่น[tok⁷ lon⁵];ฮู่อบ[lɔːn⁵];สะฮัด[sa² lat⁸];ฮ่อง[hu:aŋ³];ฮ่อง โฮย[hu:aŋ³ hoːi²];ฮู่น[khu² lon⁵];ฮู[khu²] 岱-侬lần[lɤn⁵] 越泰huống[hu:ŋ⁵] 越rơi[zɤːi¹];rụng[zuŋ⁶];rơi rụng[zɤːi¹ zuŋ⁶];trốc[tʂok⁷] 芒huỳnh[hu:n²]

【脱落 头发~】 泰ร่วง[ru:aŋ³] 老ฮ่อง[hu:aŋ⁵] 越rụng[zuŋ⁶] 芒rũng[ruŋ⁴]

【脱销】 泰ขาดตลาด[khaːt⁹ ta⁵ la:t⁹] 老ขาดตะขาด[xha:t⁹ ta² la:t⁹] 越hàng không đủ bán[ha:ŋ² xoŋ¹ ʔdu³ ʔba:n⁵]

【托~人办事】 泰ฝาก[fa:k⁹] 老ผาก[fa:k⁹];มอบ[mɔːp¹⁰];มอบหมาย[mɔːp¹⁰ ma:i¹] 越nhờ[ɲɤː²]

【托~下巴】 泰ท้าว[thaːu⁴] 老เต๋ง[tau⁴];เฮิ้ง[thau⁴] 岱-侬cặm[kam⁴];tặm[tam⁴] 越泰tạu[tau⁴] 越chống[tsoŋ⁵]

【托儿所】 泰โรงเลี้ยงเด็ก[roːŋ²liːaŋ⁴ʔdek⁷] 老โฮงล้างเด้ก[hoːŋ² liːaŋ⁴ ʔdek⁷];โฮงฝากเด้ก[hoːŋ² fa:k⁹ ʔdek⁷] 越nhà trẻ[ɲa² tʂɛ⁵];nhà gửi trẻ[ɲa² ɣɯːi³ tʂɛ⁵]

---

❶ 石家 kɤː?²;kɤːː³
❷ 掸 lon B1　勐 lun B1

【托盘】 泰จุ๋น[tsun³];จานรอง[tsa:n² rɔ:ŋ²];ถาด[tha:t⁹] 老จานธออง[tsa:n²hɔ:ŋ²];ภะโบม[ka²ʔbo:m¹];ถาด[tha:t⁹];พาถาด[pha:² tha:t⁹];ภะโบม[ka²ʔbo:m¹] 岱-侬bôm[ʔbom¹];bôm chè[ʔbom¹ tɕɛ²] 越泰pān chē[pa:n²tsɛ²];pān khàu[pa:n²khau³] 普phan²[pha:n²] 越cáikhay[ka:i⁵xai¹];cáimâm[ka:i⁵mɤm¹];khay[xai¹];mâm[mɤm¹] 芒khay[khai¹];bâm[ʔbɤm¹]

【托运】 泰ฝากส่ง[fa:k⁹ soŋ⁵] 老ฝาก[fa:k⁹] 越gửi[ɣɯi³]

【驮 马~货】 泰แบกด้วยหลัง[ʔbɛ:k⁹ ʔduːai³ laŋ⁵];บรรทุกด้วยหลัง[ʔban²thuk⁸ʔduːai³laŋ¹] 老ต่าง[ta:ŋ⁵] 岱-侬tò[tɔ²];tòa[twa³];thò[thɔ²] 越泰táng[ta:ŋ⁵] 普thô[tho¹] 越thồ[tho²]

【驮背】 泰หลังก่ง[laŋ¹kuŋ³];หลังโกง[laŋ¹ koːŋ²];ค่อม[khɔ:m³];หลังค่อม[laŋ¹ khɔ:m³];กงโก้[koŋ² koː³] 老ຫຼັງຄ່ອມ[laŋ¹ khɔ:m⁵];ຫຼັງອອງ[laŋ¹ ʔɔ:ŋ¹];ຫຼັງຄ່ອມກ່ອມງໍ[laŋ¹ khɔ:m⁵ kɔ:m² ŋɔ:²];ຫຼັງໂງມ[laŋ¹ ŋo:m⁵];ຫຼັງງອມ[laŋ¹ ŋɔ:m⁵];ຫຼັງໂກງ[laŋ¹ ko:ŋ¹];ຫຼັງໂກ່ງ[laŋ¹ ko:m⁵];ຫຼັງກ່ອມ[laŋ¹ kɔ:m⁵];ຫຼັງກ້ອມ[laŋ¹ kɔ:m⁴] 岱-侬lăng kho[laŋ¹ khɔ¹] 越泰xlăng khốt[s-laŋ¹ khot⁷] 越gù[ɣu²]

【驼峰】 泰ตะโหนกอูฐ[ta⁵nɔ:k⁹ʔu:t⁹] 老ພອກໂອດໂອ[nɔ:k⁹ʔo:t⁹ʔo:¹] 越bướu lạc đà[ʔbɯːu⁵la:k⁸ ʔda²];cái bướu lạc đà[ka:i⁵ ʔbɯːu⁵ la:k⁸ ʔda²] 芒pưởu lac đà[pɯːu³ la:k⁸ ʔda²]

【驼子】 泰คนหลังค่อม[khon²laŋ²khɔ:m⁵] 老ຄົນຫຼັງກ່ອມ[khon²laŋ¹ kɔ:m⁵];ຄົນຫຼັງຄ່ອມ[khon² laŋ¹ khɔ:m⁵];ຄົນຄ່ອມເປ້ຍ[khon² khɔ:m⁵ piːa⁴] 越người gù[ŋɯːi² ɣu²];người còng lưng[ŋɯːi² kɔŋ² lɯŋ¹]

【鸵鸟】 泰นกกระจอกเทศ[nok⁸ kra⁵ tsɔ:k⁹ the:t¹⁰] 老ນົກອູດ[nok⁸ ʔu:t⁹] 越đà điểu[ʔda² ʔdi:u³];chim đà điểu[tsim¹ ʔda² ʔdi:u³]

【陀螺❶】 泰ลูกข่าง[lu:k¹⁰kha:ŋ⁵] 老ໝາກຂ່າງ[ma:k⁹ kha:ŋ⁵];ລູກຂ່າງ[lu:k¹⁰ kha:ŋ⁵];ລູກໝາກຂ່າງ[lu:k¹⁰ma:k⁹kha:ŋ⁵];ຂ່າງ[kha:ŋ⁵] 岱-侬xáng[ɕa:ŋ⁵];ăn xáng[ʔan¹ ɕa:ŋ⁵] 越泰xáng[sa:ŋ⁵] 普khjang¹[khja:ŋ¹] 越con quay[kɔn¹kwai¹];cù quay[ku² kwai¹];con vụ[kɔn¹vu⁶] 芒tuồl[tu:l³];con tuổl[kɔn¹ tu:l³]

【妥当】 泰มั่นเหมาะ[man³mɔ⁵] 老ຖືກ[thɯ:k⁹];ຖືກຕ້ອງ[thɯ:k⁹tɔ:ŋ⁴] 岱-侬chúng ngám[tɕuŋ⁵ ŋa:m⁵] 越泰chép[tsep⁷] 越thíchđáng[thit⁷ʔda:ŋ⁵];thoả đáng[thwa³ʔda:ŋ⁵];ổn thỏa[ʔon³thwa³];ổn[ʔon³] 芒thá đàng[tha⁵ ʔda:ŋ⁵]

【庹】 泰วา[wa:²] 老ວາ[va:²];ດ້າມ[ʔda:m⁴] 岱-侬và[va²];va[va¹] 越泰vã[va²] 普phat⁵[pha:t⁵] 越sải[ʂa:i³];sải tay[ʂa:i³tai¹] 芒tlãi thay[tla:i⁴ thai¹]

---

❶ 掸 khāŋ B1    勐 khaŋ B1

# W

【挖❶】 泰ขุด[khut⁷] 老ຂຸດ[khut⁷] 岱-侬vat[va:t⁷];boi[ʔbɔi¹];bôc[ʔbok⁷];dăc[jak⁷] 越泰xé[sɛ⁵];chók[tsɔk⁷];xàm[sa:m³];khút[khut⁷];cuột[ku:t⁸] 普kuơt⁵[ku:t⁵] 越đào[ʔda:u²];vét[vɛt⁷];nạo[na:u⁶];khoét[xwɛt⁷];ngoáy[ŋwai⁵] 芒tào[ta:u²];khoi[khɔi¹];bốc[ʔbok⁷];khoải[khwal⁵];khoéch[khwɛt⁷];khoét[khwɛt⁷];não[na:u⁴];chá[tsa⁵]

【挖苦】 泰เหน็บแนม[nep⁷ nɛ:m²] 老ເວົ້າຂູດ[vau⁴ si:at⁹];ເວົ້າໃສ່[vau⁴ sai¹];ทุ่ม[hum³];ทุ่มอำ[hum⁵ hɔ:²] 越chế giễu[tse⁵ zeu⁴];châm chọc[tsɤm² tsɔk⁸];mỉa mai[miə³ ma:i¹]

【蛙泳】 泰การว่ายน้ำท่ากบ[ka:n² wa:i³ nam⁴ tha:³ kop⁷];ว่ายแบบกบ[wa:i³ ʔbɛ:p⁹ kop⁷] 老ລອຍກົບ[lɔ:i² kop⁷];ລອຍແບບກົບ[lɔ:i² ʔbɛ:p⁹ kop⁷] 越bơi ếch[ʔbɤ:i¹ ʔet⁷]

【洼地】 泰ที่ลุ่มลึก[thi:³ lum³ luk⁸] 老ດິນທຸບຫຼຸ້ມ[ʔdin¹¹ lup⁷ lom⁵];ດິນໂວກ[ʔdin¹¹ vo:k¹⁰];ບ່ອມເຫຍິ້[ʔbɔ:n⁵ thəɤŋ³];ຫຼຸ້ງ[loŋ³];ຂຸກ[khuk⁷] 越đất trũng[ʔdɤt⁷ tʂuŋ⁴];chỗ trũng[tso⁴ tʂuŋ⁴] 芒chũng[tsuŋ⁴]

【瓦】 泰กระเบื้อง[kra⁵ ʔbɯaŋ³];งัว[ŋua²] 老ກະເບື້ອງ[ka² ʔbɯaŋ⁴];ດິນກະເບື້ອງ[ʔdin¹¹ ka² ʔbɯaŋ⁴];ດິນຂໍ[ʔdin¹¹ khɔ:¹];ຂໍ[khɔ:¹] 岱-侬ngoạ[ŋwa⁴] 越泰ngói[ŋɔi³] 越ngói[ŋɔi⁵] 芒ngói[ŋɔi³]

【瓦房】 泰เรือนมุงดินขอ[ruːan² muŋ² ʔdin² khɔ:¹] 老ເຮືອນມຸງດິນຂໍ[hɯ:an² muŋ² ʔdin¹¹ khɔ:¹] 岱-侬ruờn ngọa[rɯ:n² ŋwa⁴];ruờn mùng ngọa[rɯ:n² muŋ² ŋwa⁴] 越泰hườn ngòi[hɯ:n² ŋɔi³] 越nhà ngói[ɲa² ŋɔi⁵] 芒nhà ngói[ɲa² ŋɔi³]

【瓦匠】 泰ช่างกระเบื้อง[tsha:ŋ³ kra⁵ ʔbɯaŋ³] 老ຊ່າງກໍ່[sa:ŋ⁵ kɔ:⁵] 越thợ nề[thɤ⁶ ne²];thợ xây[thɤ⁶ sɤi¹]

【瓦盆】 泰กระถางกระเบื้อง[kra⁵ tha:ŋ¹ kra⁵ ʔbɯaŋ³] 老ກະຖາງ[ka² tha:ŋ¹] 越chậu đất[tʂɤu⁶ ʔdɤt⁷]

【瓦斯】 泰แก๊ส[kɛ:t⁴] 老ອາຍໃຕ້[ʔa:i¹ tai⁴];ອາຍແກ๊ດ[ʔa:i¹ kɛ:t⁴] 越hơi ga[hɤ:i¹ ɣa¹];hơi cháy[hɤ:i¹ tsai⁵];hơi ngạt[hɤ:i¹ ŋa:t⁸];hơi độc[hɤ:i¹ ʔdok⁸]

【瓦窑】 泰เตากระเบื้อง[tau² kra⁵ ʔbɯaŋ³];เตาเผากระเบื้อง[tau² phau¹ kra⁵ ʔbɯaŋ³] 老ເຕົາດິນຂໍ[tau¹¹ ʔdin¹¹ khɔ:¹] 越lò ngói[lɔ² ŋɔi⁵]

【袜子】 泰ถุงเท้า[thuŋ¹ thau⁴] 老ຖົງຕີນ[thoŋ¹ thau⁴];ຖົງຕີນ[thoŋ¹ ti:n¹];ຫວງເຫຍີ້[hɔ:ŋ² thau⁴] 岱-侬mạt[ma:t⁸] 越泰mạt[ma:t⁸] 普qamat⁵[qa⁰ ma:t⁵];qamăt[qa⁰ mat²] 越tất[tɤt⁷];bít tất[ʔbit⁷ tɤt⁷] 芒pít tát[pit⁷ tɤt⁷]

【歪❷】 泰เอียง[ʔi:aŋ²];เบี้ยว[ʔbi:au³] 老ບ້ຽງ[ʔbi:au⁴] 岱-侬biu[ʔbiu³];kẻo[kɛu³];phit[phit⁷] 起泰niếng[ni:ŋ⁵];bẻo[ʔbɛu³] 普mhjat⁵[mja:t⁵] 越lệch[let⁸];nghiêng[ŋi:ŋ¹];ngả[ŋa³];xiêu vẹo[si:u¹ vɛu⁶];xiêu xọ[si:u¹ sɔ⁶];méu[mɛu⁵] 芒bẻo[ʔbɛu³]

【外❸】 泰นอก[nɔ:k¹⁰];เบื้องนอก[ʔbɯaŋ³ nɔ:k¹⁰];ข้างนอก[kha:ŋ³ nɔ:k¹⁰];ด้านนอก[ʔda:n³ nɔ:k¹⁰];ทางนอก[tha:ŋ² nɔ:k¹⁰];พายนอก[pha:i² nɔ:k¹⁰] 老ນອກ[nɔ:k¹⁰];ເບື້ອງນອກ[ʔbɯaŋ³ nɔ:k¹⁰];ຂ້າງນອກ[kha:ŋ³ nɔ:k¹⁰];ດ້ານນອກ[ʔda:n⁴ nɔ:k¹⁰];ຕອນນອກ[tɔ:n² nɔ:k¹⁰];ທາງນອກ[tha:ŋ² nɔ:k¹⁰];ພາຍນອກ[pha:i²

---

❶ 石家khut⁶; bik⁴; ʔun² 阿含khutD1L 撣khutD1L 泐khutD1S; kutD2S
❷ 阿含kē; ngâk
❸ 石家lɔɔk⁵

nɔːk¹⁰] 岱-侬 noọc[nɔːk⁸] 越泰 nok[nɔːk⁸] 普 nwak²[nwaːk²] 越 ngoài[ŋwaːi²];ngoại[ŋwaːi⁶]; bên ngoài[ʔben¹ ŋwaːi²];bên ngoài[ʔben¹ ŋwaːi⁶]; phía ngoài[fiə⁵ ŋwaːi²];bề ngoài[ʔbe² ŋwaːi²] 芒 wài[waːi²];wāi[waːi⁴];mống[moŋ⁴];pên wài[pen¹ waːi²];pênwāi[pen¹ waːi⁴];mătwài[mat⁸waːi²];quèn ngoài[kwɛn²ŋwaːi²];quèn tha[kwɛn²tha¹];piềl wài [piːl² waːi²]

【外出】 泰 ออกไปข้างนอก[ʔɔːk⁹paiʰkhaːŋ³nɔːk¹⁰] 老 ออกไปຂ້າງນອກ[ʔɔːk⁹ pai¹¹ khaːŋ³ nɔːk¹⁰] 越 đi vắng[ʔdi¹ vaŋ⁵] 芒 ti wắng[tiʰ waŋ⁵];mái ti [maːi⁵ tiʰ]

【外地人】 泰 คนต่างถิ่น[khon² taːŋ⁵ thin⁵] 老 ຄົນຕ່າງຖິ່ນ[khon² taːŋ⁵ thin⁵];ຊາວເມືອງນອກ[saːu² mɯaŋ² nɔːk¹⁰] 越 người nơi khác[ŋɯːi² nɤːi¹ xaːk⁷];người vùng khác[ŋɯːi² vuŋ² xaːk⁵]

【外国❶】 泰 ต่างประเทศ[taːŋ⁵ pra⁵ theːt¹⁰];เมืองนอก [mɯaŋ² nɔːk¹⁰] 老 ຕ່າງປະເທດ[taːŋ⁵ pa² theːt¹⁰];ເມືອງນອກ[mɯaŋ²nɔːk¹⁰];ຕ່າງເມືອງ[taːŋ⁵ mɯaŋ²];ຕ່າງຊາດ[taːŋ⁵ saːt¹⁰];ຕ່າງດ້າວ[taːŋ⁵ ʔdaːu⁴];ຕ່າງແດນ [taːŋ⁵ʔdɛːn¹];ປະເທດນອກ[pa²theːt¹⁰nɔːk¹⁰];ໄພຣັດປະເທດ[phai² lat⁸ pa² theːt¹⁰];ພິເທດ[phi theːt¹⁰];ວິເທດ[vi² theːt¹⁰] 岱-侬 nươc noọc[nɯːk⁷ nɔːk⁸] 越泰 mường nọk[mɯːŋ² nɔk⁸] 越 nước ngoài[nɯːk⁷ ŋwaːi²];ngoại quốc[ŋwaːi⁶ kuːk⁷] 芒 wāi quốc[waːi⁴ kwoːk⁷]

【外国人】 泰 ชาวต่างประเทศ[tshaːu² taːŋ⁵ pra⁵ theːt¹⁰];ชาวต่างด้าว[tshaːu² taːŋ⁵ ʔdaːu³] 老 ຊາວຕ່າງປະເທດ[saːu² taːŋ⁵ pa² theːt⁴⁰];ຄົນຕ່າງຊາດ[khon²taːŋ⁵saːt¹⁰];ຄົນຕ່າງດ້າວ[khon²taːŋ⁵ ʔdaːu⁴];ຊາວຕ່າງດ້າວ[saːu²taːŋ⁵ʔdaːu⁴];ຊາວຕ່າງດ້າວຫ້າຕ່າງແດນ[saːu³ taːŋ⁵ ʔdaːu⁴ thaːu⁵ taːŋ⁵ ʔdɛːn¹];ຄົນຕ່າງປະເທດ[khon² taːŋ⁵ pa² theːt¹⁰] 越 người nước ngoài[ŋɯːi² nɯːk⁷ ŋwaːi²]

【外间】 泰 ห้องชั้นนอก[hɔːŋ³ tshan⁴ nɔːk¹⁰];วงนอก [woŋ² nɔːk¹⁰] 老 ຫ້ອງນອກ[hɔːŋ³ nɔːk¹⁰] 越 nhà ngoài[ɲaː² ŋwaːi²] 芒 nhà wài[ɲaː² ŋwaːi²]

【外人】 泰 คนนอก[khon² nɔːk¹⁰];คนต่างบ้านว่านต่างสวน [khon² taːŋ⁵ ʔbaːn³ vaːn² taːŋ⁵ suan¹];ไทยนอก[thai² nɔːk¹⁰];ไทยแขก[thai² khɛːk⁹] 老 ໄທແຂກ[thai² khɛːk⁹];ໄທນອກ[thai²nɔːk¹⁰];ຄົນນອກ[khon² nɔːk¹⁰];ບຸກຄົນພາຍນອກ[ʔbuk⁷ khon² phaːi² nɔːk¹⁰] 岱-侬 cằn pẳng noọc[kən²paŋ³nɔːk⁸];cằn đai[kən²ʔdaːi¹] 越泰 cồn pườn[kon² pɯːn⁶] 越 người ngoài[ŋɯːi² ŋwaːi²];người dưng[ŋɯːi² zɯŋ¹] 芒 môl wài[mol² waːi²];pu ngài[puː⁴ ŋaːi²]

【外伤】 泰 บาดเจ็บภายนอก[ʔbaːt⁹tsep⁷ phaːi²nɔːk¹⁰] 老 ບາດເຈັບພາຍນອກ[ʔbaːt⁹ tsep⁷ phaːi² nɔːk¹⁰] 越 chấn thương[tsɤn⁵ thɯːŋ¹]

【外甥】 泰 หลานน้า[laːn¹naː⁴];หลานชายที่เป็นลูก ของพี่สาวหรือน้องสาว[laːn¹ tshaːi² thiː³ pen² luːk¹⁰ khɔːŋ¹ phiː³ saːu¹ rɯː¹ nɔːŋ⁴ saːu¹] 老 ຫຼານ[laːn¹];ຫຼານນ້າ[laːn¹naː⁴];ຫຼານຊາຍ[laːn¹saːu¹];ຫຼານປ້າ[laːn¹ paː⁴];ຫຼານລຸງ[laːn¹ luŋ²] 越 cháu ngoại[ctsau⁵ ŋwaːi⁶]

【外甥女】 泰 หลานสาว[laːn¹ saːu¹];หลานสาวที่เป็นลูก ของพี่สาวหรือน้องสาว[laːn¹ saːu¹ thiː³ pen² luːk¹⁰ khɔːŋ¹ phiː³ saːu¹ rɯː¹ nɔːŋ⁴ saːu¹] 老 ຫຼານ [laːn¹];ຫຼານນ້າ[laːn¹naː⁴];ຫຼານສາວ[laːn¹saːu¹];ຫຼານຍິ່ງ [laːn¹ ɲiŋ²];ຫຼານປ້າ[laːn¹ paː⁴];ຫຼານລຸງ[laːn¹ luŋ²] 越 cháu gái bên ngoại[cau² ɣaːi⁵ ʔben¹ ŋwaːi⁶]

【外孙】 泰 หลานตา[laːn¹ taː²];หลานชาย[laːn¹ tshaːi³]; หลานชายที่เป็นลูกของลูกสาว[laːn¹ tshaːi² thiː³ pen² luːk¹⁰ khɔːŋ¹ luːk¹⁰ saːu¹] 老 ຫຼານ[laːn¹];ຫຼານຕາ [laːn¹ taː¹];ຫຼານຍາຍ[laːn¹ ɲaːi²] 越泰 lan nāi[laːn¹ naːi²] 越 cháu ngoại[tsau⁵ ŋwaːi⁶] 芒 thôn wāi [thon¹ waːi⁴]

【外孙女】 泰 หลานตา[laːn¹ taː²];หลาสาว[laːn¹ saːu¹]; หลานสาวที่เป็นลูกของลูกสาว[laːn¹ saːu¹ thiː³ pen¹

---

❶ 阿含 pun müng

lu:k¹⁰ khɔ:ŋ¹ lu:k¹⁰ sa:u¹] 老ຫງາບ[la:n¹];ງາບຕາ[la:n¹ ta:¹];ງາບຍາຍ[la:n¹ ɳa:i²] 越cháu gái ngoại[tsau⁵ ɣa:i⁵ ŋwa:i⁶]

【外胎】 泰ยางนอก[ja:ŋ² nɔ:k¹⁰] 老ຍາງນອກ[ja:ŋ² nɔ:k¹⁰];ຕິນລົດ[ti:n¹ˈ lot⁸] 越lốp xe[lop⁷ sɛ¹] 芒lóp xe[lop⁷ sɛ¹]

【外套】 泰เสื้อนอก[sɯ:a³ nɔ:k¹⁰] 老ເສື້ອນອກ[sɯ:a³ nɔ:k¹⁰];ເສື້ອຄຸມ[sɯ:a³ khum²] 越泰xưa binh[sɯə² ʔbiɲ¹] 越áo khoác[ʔa:u⁵ xwa:k⁷]

【外衣】 泰เสื้อนอก[sɯ:a³ nɔ:k¹⁰] 老ເສື້ອນອກ[sɯ:a³ nɔ:k¹⁰] 越áo khoác[ʔa:u⁵ xwa:k⁷];áo ngoài[ʔa:u⁵ ŋwa:i²]

【外用药】 泰ยาใช้ภายนอก[ja:² tshai⁴ pha:i² nɔ:k¹⁰] 老ຍາໃຊ້ພາຍນອກ[ja:¹ sai⁴ pha:i² nɔ:k¹⁰] 越thuốc dùng xoa bóp bên ngoài[thu:k⁷ zuŋ² swa¹ ʔbɔp⁵ ʔben¹ ŋwa:i²]

【外曾祖父】 泰ตาทวด[ta:² thu:at¹⁰] 老ຕາທວດ[ta:¹ˈ thu:at¹⁰] 越cụ ngoại[ku⁶ ŋwa:i⁶];ngoại tằng tổ phụ[ŋwa:i⁶ taŋ² to³ fu⁶]

【外曾祖母】 泰ยายทวด[ɳa:i² thu:at¹⁰] 老ແມ່ເຖົ້າໂຊ້ນ[mɛ:⁵ thau⁵ so:n⁴];ຍາຍທວດ[ɳa:i² thu:at¹⁰] 越cụ ngoại[ku⁶ ŋwa:i⁶];ngoại tằng tổ mẫu[ŋwa:i⁶ taŋ² to³ mɤu⁴]

【外祖父】 泰ตา[ta:²];ไอยะกา[ʔai² ja⁴ ka:²] 老ຕາ[ta:¹ˈ];ພໍ່ຕາ[phɔ:⁵ ta:¹ˈ];ພໍ່ຕູ້[phɔ:⁵ tu:⁴];ພໍ່ເຖົ້າ[phɔ:⁵ thau³];ພໍ່ໂຊ້ນ[phɔ:⁵ so:n⁴];ພໍ່ໃຫຍ່[phɔ:⁵ ɳa:i⁵] 岱-侬pỏ tá[pɔ³ ta⁵];pú ké[pu⁵ kɛ⁵];pỏ ké[pɔ³ kɛ⁵] 越泰ài thâu[ʔai³ thau³] 普căw³ ngân³[tsau³ ŋɤn³] 越ông ngoại[ʔoŋ¹ ŋwa:i⁶]

【外祖母❶】 泰ยาย[ja:i²];ไอยะกี[ʔai² ja⁴ ki:²] 老ຍາຍ[ɳa:i²];ແມ່ຍາຍ[mɛ:⁵ ɳa:i²];ແມ່ຕູ້[mɛ:⁵ tu:⁴];ແມ່ເຖົ້າ[mɛ:⁵ thau³];ແມ່ໂຊ້ນ[mɛ:⁵ so:n⁴];ແມ່ຕາ[mɛ:⁵ ta:¹];ແມ່ນາຍ[mɛ:⁵ na:i²];ແມ່ໃຫຍ່[mɛ:⁵ ɳa:i⁵];ແມ່ຕູ້[mɛ:⁵ tu:⁴] 岱-侬ké tái[kɛ⁵ ta:i⁵];mè ké[mɛ³ kɛ⁵] 越泰ếm nãi[ʔem² na:i²] 普căw³ ngân³ mãj²[tsau³ ŋɤn³ maj²] 越bà ngoại[ʔba² ŋwa:i⁶] 芒pà mỗng[pa² moŋ⁴]

【弯~腰❷】 泰งอ[ŋɔ:²] 老ຍອບ[ɳɔ:p¹⁰] 岱-侬coòng[kɔŋ²];cồm[kom³];cong kho[kɔŋ¹ khɔ¹];kho[khɔ¹] 越泰kho[khɔ¹];cong[kɔŋ¹] 普ngAng³[ŋɒŋ³] 越cong[kɔŋ¹];ngoẳn ngoèo[ŋwan³ ŋwɛu²] 芒cong[kɔŋ¹]

【弯~路❸】 泰คดเคี้ยว[khot⁸ khi:au⁴] 老ບິດ[ʔbit⁷];ວົງ[vaŋ²];ວົງ[voŋ²];ກົ່ງ[kɔŋ³];ໂຂ[khɔ:¹] 岱-侬kho[khɔ¹];tập éo[tǝp⁸ ʔeu⁵];cột kẹo[kot⁸ kɛu⁶] 越泰kho[khɔ¹];văn vẹ[van⁴ vɛ⁴];khốt[khot⁷] 普ngAng³[ŋɒŋ³];kwaj³[kua:i³] 越cong[kɔŋ¹];ngoẳn ngoèo[ŋwan³ ŋwɛu²];uốn khúc[ʔu:n⁵ xuk⁷];vòng vèo[vɔŋ² vɛu²];gù[ɣu²];khoèo[xwɛu²];queo[kwɛu¹];co[kɔ¹] 芒cong[kɔŋ¹];khoèo[khwɛu²];wǎl[wal⁴];wòng wèo[wɔŋ² wɛu²];tành wành[taɲ² waɲ²];queo[kwɛu¹];cong queo[kɔŋ¹ kwɛu¹];co[kɔ¹]

【弯路】 泰ทางเลี้ยว[tha:ŋ² li:au⁴] 老ທາງຄົດ[tha:ŋ² khot⁸];ທາງໂງ້ງ[tha:ŋ² ŋo:ŋ⁴] 岱-侬tàng kho[ta:ŋ² khɔ¹];tàng com[ta:ŋ² kɔm¹] 越泰tăng cộng[ta:ŋ² koŋ⁴] 越đường cong[ʔdɯ:ŋ² kɔŋ¹];khúc đường cong[xuk⁷ ʔdɯ:ŋ² kɔŋ¹]

【豌豆】 泰ถั่วลันเตา[thu:a⁵ lan² tau²] 老ຖົ່ວແຂກ[thu:a⁵ khɛk⁹];ຖົ່ວເທດ[thu:a⁵ the:t¹⁰];ໝາກຖົ່ວເທດ[ma:k⁹ thu:a⁵ the:t¹⁰];ໝາກຖົ່ວສັ້ນ[ma:k⁹ thu:a⁵ san³];ລັນເຕົາ[lan² tau¹] 岱-侬thúa ngà lán[thuə⁵ ŋa² la:n⁵] 越đậu hà lan[ʔdɤu⁶ ha² la:n¹]

【丸药】 泰ยาเม็ด[ja:² met⁸] 老ຍາກ້ອນ[ja:¹ kɔ n¹];ຍາເມັດ[ja:¹ met⁸];ຍາລູກກອນ[ja:¹ lu:k¹⁰ kɔ:n¹] 越thuốc cốm[thu:k⁷ kom⁵]

---

❶ 石家 ʔaay⁴ 掸 nai 泐 nai
❷ 石家 kam³ 阿含 kūm C1 掸 kom C1 泐 kum C1
❸ 石家 phak²; hit² phak²; khuun²; khot⁶ 阿含 kē; ngâk 泐 kɔ A2

【完】 泰แล้ว[lɛːu⁴];เสร็จ[set⁷];หมด[mot⁷] 老แล้อ[lɛːu⁴] 傣-侬leọ[lɛu⁴];thuồn[thuːn³];hêt leọ[het⁷ lɛu⁴];muột[muːt⁸] 越泰lẹo[lɛu⁴];mết[met⁷];lọn[lɔn⁴];mômlẹo[mom⁴lɛu⁴] 普qaw³[qaːu³];lê⁴[le⁴] 越hết[het⁷];xong[sɔŋ¹] 芒hết[het⁷];xong[sɔŋ¹];điênh[ʔdiːn¹]

【完成】❶ 泰สำเร็จ[sam¹ret⁷] 老บ๋ลิบูน[ʔbɔː¹ˑli⁵ʔbuːn¹];ผะเด็ด[pha² ʔdet⁷];แล้อ[lɛːu⁴] 越hoàn thành nhiệm vụ[hwaːn² than²];đạt[ʔdaːt⁸] 芒đạt[ʔdaːt⁸];thành[than²]

【玩具】 泰เครื่องเล่น[khrɯːaŋ³leːn³];ของเล่น[khɔːŋ¹ leːn³] 老ของขึ้ม[khɔːŋ¹liːn³];เถื่องขึ้ม[khɯːaŋ⁵ liːn³] 越泰chường in[tsɯːŋ⁶ʔin³] 越đồ chơi[ʔdo² tsɤːi¹];đồ chơi trẻ em[ʔdo² tsɤːi¹ tʂɛ³ ʔem¹] 芒đồ pổl[ʔdo² pol³]

【玩耍】❷ 泰เที่ยว[thiːau⁴¹];เล่น[leːn³] 老ขึ้น[liːn³];ขึ้ม[liːn³] 傣-侬liều[liːu³];hìn[hin³];lin[lin³];chồm chè[tɕom² tɕɛ²] 越泰in[ʔin³];lểu[leːu³] 普Vâj³[βɣi²] 越chơi[tsɤːi¹] 芒chơi[tsɤːi¹];đồng[zoŋ⁴]

【顽固】 泰ดื้อรั้น[ʔdɯː³ ran⁴] 老ห๋อแฃ๋อ[huːa¹ khɛːŋ¹];ห๋อดี้[huːa¹ ʔdɯː⁴] 傣-侬cò ngénh[kɔ² ŋeŋ³] 越泰mô cố[mo¹ko⁵] 普cjang³[tsjaːŋ³] 越ngoan cố[ŋwaːn¹ ko⁵];cứng cỏ[kɯŋ³ ko³];cứng đầu[kɯŋ⁵ ʔdɣu²];gàn dở[ɣaːn² zɤ³] 芒hòng tốc[hɔŋ² tlok⁵];cảng cố[kɣŋ³ ko⁵];cảng tốc[kɣŋ³ tlok⁷]

【顽皮】❸ 泰ซน[son²] 老แบน[ʔbɛːn¹];ห๋อดี้[huːa¹ʔdɯː⁴];ขี้ดี้[khiː³ʔdɯː⁴] 傣-侬xuôc ke[ɕuːk⁵ kɛ¹];hua bau[huə¹ ʔbau¹];cò kheng[kɔ² kheŋ¹];cò ngẻng[kɔ² ŋɛŋ³] 越tinh nghịch[tin¹ ɲit⁸];nghịch[ɲit⁸];bướng[ʔbɯːŋ⁵];đầu bò đầu bướu[ʔdɣu² ʔbɔ² ʔdɣu² ʔbɯːu³]

【晚】来~了 泰สาย[saːi¹] 老สอย[suːai¹];สวาย[swaːi¹];ข้า[laː³];เดิก[ʔdək⁷] 傣-侬sloai[ɬwaːi¹];slai[ɬaːi¹] 普sa⁵[saː⁵] 越chậm[tʂɤm⁶];muộn[muːn⁶] 芒muỗn[muːn⁴]

【晚辈】 泰รุ่นหลัง[run³ laŋ¹] 老ซุ่มเกิด ใหม่ใหย่ลุบ[hun⁵ kət⁹ mai⁵ ɲai⁵ lun²];ปัดสิมมะฃึ่ม[pat⁷ sin¹ ma² son²];ซุ่มเกิดใหม่ใหย่ซุบ[hun⁵ kət⁹ mai⁵ ɲai⁵ hun²] 越thế hệ sau[the⁵ he⁶ ʂau¹];hậu sinh[hɣu⁶ ʂin¹];hậu bối[hɣu⁶ ʔboi⁵]

【晚稻】 泰ข้าวหนัก[khaːu³ nak⁷] 老เฃ้าวับ[khau³ ŋan²];เฃ้าดำ[khau³ ʔdɔː¹];เฃ้านาปี[khau³ naː² piː¹];เฃ้าปี[khau³ piː¹];ละดูนาปี[laː⁵ ʔduː¹ naː² piː¹] 傣-侬màu mùa[mau³ muə²];khẩu mùa[khəu³ muə²];tải miều[taːi³ miːu²] 越泰khảu mũa[khau³ muə²] 越vụ mùa[vu⁶ muə²];lúa mùa[luə⁵ muə²] 芒mùa đon[muə² ʔdɔn¹];lồ đon[lo⁴ ʔdɔn¹];đon[lo⁴ ʔdɔn¹]

【晚稻米】 泰ข้าวหนัก[khau³ nak⁷] 老เฃ้าวับ[khau³ ŋan²];เฃ้านาปี[khau³ naː² piː¹];เฃ้าปี[khau³ piː¹] 越gạo vụ mùa[ɣaːu⁶ vu⁶ muə²];gạo mùa[ɣaːu⁶ muə²] 芒cảo mùa đon[kaːu³ muə² ʔdɔn¹];cảo mùa[kaːu³ muə²]

【晚饭】❹ 泰มื้อเย็น[mɯː⁴ jen²];อาหารมื้อเย็น[ʔaː² haːn¹ mɯː⁴ jen²];อาหารเย็น[ʔaː² haːn¹ jen²];ข้าวเย็น[khaːu³jen²];ดินเนอร์[ʔdin²nɤː¹] 老อาฃาบถ่ำ[ʔaː¹¹haːn¹kham⁵];อาฃาบแลง[ʔaː¹¹haːn¹lɛːŋ²];เฃ้าแลง[khau³lɛːŋ²];ผาแลง[phaː¹lɛːŋ²] 普po⁴ nin³[pɣ⁴nin³] 越bữa ăn tối[ʔbɯə⁴ ʔan¹ toi⁵];cơm chiều[kɣːm¹ tɕiːu²];bữa tối[ʔbɯə⁴toi⁵];bữa ăn khuya[ʔbɯə⁴ʔan¹xwiə¹] 芒pǔa hôm[pɯə⁴hom¹];cơm hôm[kɣːm¹ hom¹]

【晚间】 泰ตอนค่ำ[tɔːn² kham³] 老ตอบถ่ำ[tɔːn¹ kham⁵] 越ban đêm[ʔbaːn¹ ʔdem¹];ban tối[ʔbaːn¹

---

❶ 石家 lxxw⁶　阿含 jau；koi
❷ 阿含 khün；lin C1　掸 len C1　泐 lin C1
❸ 石家 dii³
❹ 掸 phău A2　泐 phău A2

【晚上❶】 泰ตอนกลางคืน[tɔ:n²kla:ŋ²khɯ:n²] 老มื้อคืน[mɯ:⁴khɯ:n²];มื้อค่ำ[mɯ:⁴kham⁵];เอลาค่ำ[ve:²la:²kham⁵];ตอนค่ำ[tɔ:n¹¹kham⁵];ยามค่ำ[ŋa:m²kham⁵] 岱-侬căm[kam³];tằng đăm[taŋ² ʔdam¹];đăm lăp[ʔdam¹lap⁷] 越泰cằm[kam⁶] 普pɤlăm[pɤ⁰lam¹] 越buổi tối[bu:i³toi⁵];ban đêm[ʔba:n¹ʔdem¹] 芒têm[tem¹];pan têm[pa:n¹ tem¹];pan thổl[pa:n¹ thol³];puối têm[pu:i⁵ tem¹];cối chắt[koi³ tsat⁷];chắt[tsat⁷]

【碗】 泰ถ้วย[thu:ai³];ชาม[tsha:m²];ถ้วยชาม[thu:ai³ tsha:m²] 老ถ้วย[thu:ai³];ถ้วย[thu:i³] 岱-侬pat[pa:t⁷];ăn pat[ʔan¹pa:t⁷];thủi[thui³] 越泰thuổi[thu:i³] 普piət⁵[pi:t⁵] 越bát[ʔba:t⁷];cái bát[ka:i⁵ ʔba:t⁷];đọi[ʔdɔi⁶] 芒pát[pa:t⁷];tõi[tɔi⁴]

【碗~饭】 泰ชาม[tsha:m²];ถ้วย[thu:ai³] 老ถ้วย[thu:ai³];ถ้วย[thu:i³] 越bát[ʔba:t⁷] 芒chèo[tsɛu²]

【碗柜】 泰ดู้เก็บถ้วยชาม[tu:³ kep⁷ thu:ai³ tsha:m²];ดู้ถ้วยชาม[tu:³thu:ai³tsha:m²] 老ดู้ถ้วย[tu:⁴thu:ai³] 岱-侬khinh pat[khiŋ³ pa:t⁷];lạn pat[la:n⁴ pa:t⁷];dạn pat[ja:n⁴pa:t⁷] 越泰hinh[hiŋ³] 越tủ ly[tu³li¹];tủ buýp phê[tu³ʔbwip⁷fe¹];tủ bát đĩa[tu³ʔba:t⁷ ʔdie⁴];trạn bát[tsa:n⁶ ʔba:t⁷]

【万】 泰หมื่น[mɯ:n⁵] 老 หมื่น[mɯ:n⁵];สิบพัน[sip⁷ phan²] 岱-侬fạn[fa:n⁴] 越泰mứn[mɯn⁵];vạn[va:n⁴] 普Van⁴[βa:n⁴] 越muôn[mu:n¹];vạn[va:n⁶];mười nghìn[mɯ:i²ŋin²];mười ngàn[mɯ:i² ŋa:n²] 芒muôn[mu:n¹];bãn[ʔba:n⁴];vãn[va:n⁴];mười ngìn[mɯ:l² ŋin²]

【万分】 泰อย่างยิ่ง[ja:ŋ³jiŋ³] 老ย่างยิ่ง[ja:ŋ³ŋiŋ³] 越muôn phần[mu:n¹ fɤn²];hét sức[het⁷ ṣɯk⁷] 芒muôn phần[mu:n¹ fɤn²]

【万寿菊】 泰ดาวเรือง[ʔda:u² rɯ:aŋ²];ดอกดาวเรือง[ʔda:u² rɯ:aŋ²] 老ดอกเรือง[ʔda:u¹¹ hɯaŋ²];ดอกดอกเรือง[ʔdɔ:k⁹ ʔda:u¹¹ hɯaŋ²] 越hoa cúc vạn thọ[hwa¹ kuk⁷ va:n⁶ thɔ⁶]

【万一~有人找】 泰ครั้นว่า[khran⁴ wa:³];ฉายว่า[tshai¹ wa:³] 老เมือก[mɯ:ak⁹];เมือกว่า[mɯ:ak⁹ va:⁵];บาด[ʔba:t⁹];บาดเหื่อว่า[ʔba:t⁹ thɯa:⁵ va:⁵];เผื่อว่า[phɯ:a⁵ va:⁵] 岱-侬i nọi[ʔi³ nɔi⁴] 越vạn nhất[va:n⁶ nɤt⁷];nhỡ[nɤ⁴];không may[xɔŋ mai¹]

【网指渔网】 泰ข่าย[kha:i⁵];ตาข่าย[ta:² kha:i⁵];รังแห[raŋ⁶ he:¹];ทบว่าง[na:ŋ⁵];แห[he:¹] 老ข่าย[kha:i⁵];ๆทบว่าง[ta:¹¹na:ŋ⁵];มอง[mɔ:ŋ⁵];แฆ[he:¹] 岱-侬moòng[mɔ:ŋ²];ăn moòng[ʔan¹ mɔ:ŋ²] 越泰mōng[mɔŋ²];cnạp[k-na:p⁸] 普qaVang²[qa⁰ βa:ŋ²];Vang² tjaw⁴[βa:ŋ²tja:u⁴] 越lưới[lɯ:i⁵];cái lưới[ka:i⁵ lɯ:i⁵];chài[tsa:i²];cái chài[ka:i⁵tsa:i²] 芒mường[mɯ:ŋ⁴];mường lầl[mɯ:ŋ⁴ la:i³];lầl[la:i³];thấc[thɤ k²];thấc lãi[thɤk⁷ la:i⁴];chài lài[tsa:i² la:i³]

【网床】 泰เปล[ple:²] 老เป[pe:¹] 越泰xai dōn he[sa:i¹ jɔn² he¹] 越cái võng[ka:i⁵ vɔŋ⁴]

【网袋】 泰ถุงตาข่าย[thuŋ¹ ta:² kha:i⁵] 老ถุงทะๆอ[thoŋ¹ ka:² thi:au²];ทะๆอ[ka:² thi:au²];ถุงๆอ[thoŋ¹ thi:au²] 普qazja²[qa⁰ zja²] 越túi lưới[tui⁵ lɯ:i⁵];vòng[vɔŋ⁴]

【网球】 泰เทนนิส[the:n² nit⁸];ลูกเทนนิส[lu:k¹⁰ the:n² nit⁸] 老เต็นนิด[ten¹¹ nit⁸] 越cầu vợt[kɤu² vɤ:t⁸]

【网油】 岱-侬pì kẻ sḷày[pi²kɤ³ḷɤi³] 越mỡ chài[mɤ⁴ tsa:i²] 芒mỡ khoang[mɤ⁴ khwa:ŋ¹]

【往~东走】 泰สู่[su:⁵] 老สู่[su:⁵];ยัง[ŋaŋ²];ไป[pai¹];ไปสู่[pai¹su:⁵] 越đi về[ʔdi¹ ve²]

【往年】 泰ปีที่แล้ว ๆ มา[pi:² thi:³ lɛ:u⁴ lɛ:u⁴ ma:²] 老ใบปิทิผ่ามๆ[nai² pi:¹¹ thi:⁵ pha:n⁵ ma:²] 岱-侬pi cón[pi¹kɔn⁵];pừa cón[pɯa³kɔn⁵] 越ทดนึง

---

❶ 石家daŋ⁶- gam³ daŋ⁶-gin⁴   阿含khām B2   掸khăm B2   泐xăm B2

năm trước[ɲɯŋ⁴nam¹tṣɯːk⁷];năm xưa[nam¹ sɯə¹];trước kia[tṣɯːk⁷ kiə¹]

【枉费】 泰 เปล่า[plau⁵];เมื่อแรงเปล่า[mɯːai³rɛːŋ² plau⁵];เสียแรงเปล่า[siːa¹ rɛːŋ² plau⁵] 岱-侬 sloái vài [ɬwaːi⁵vaːi³] 越泰 nham[ɳaːm¹] 越 uống phí[ʔuːŋ⁵ fi¹] 芒 uống phi[ʔuːŋ⁵ fi⁵]

【望】 泰 มอง[mɔːŋ²] 老 ມອງ[tsɔːŋ⁴ mɔːŋ²];ຈ້ອງມອງ [tsɔːŋ⁴ mɔːŋ²] 岱-侬 mủng[muŋ³];chiếm[tɕiːm⁵] 越 nhìn[ɲin²];nhìn xa[ɲin² saː¹]

【望日】 泰 วันเพ็ญ[wan² phen²] 老 ມື້ເພັງ[mɯː⁴ pheŋ²];ວັນເພັງ[van² pheŋ²];ປັກສາວະສານ[pak⁷ saː¹ vaː⁵ saːn¹];ບຸນມາ[ʔbun¹¹ maː²];ບຸນມາດ[ʔbun¹¹ maːt¹⁰];ບຸນມີ[ʔbun¹¹ miː²];ບຸນມະມີ[pun¹¹ na⁵ miː²] 越 ngày rằm[ŋai² ʐam²] 芒 ngày rằm[ŋai² ram²]

【望远镜】 泰 กล้องส่องทางไกล[klɔːŋ³sɔːŋ²thaːŋ²klai²] 老 ກ້ອງ[kɔːŋ²];ກ້ອງສ່ອງ[kɔːŋ⁴sɔːŋ²];ກ້ອງສ່ອງໄກ[kɔːŋ⁴sɔːŋ²kai¹];ກ້ອງສ່ອງທາງໄກ[kɔːŋ⁴sɔːŋ²thaːŋ²kai¹];ໂທລະທັດ[thoː²laː⁵that⁸] 越 kính viễn vọng[kin⁵ viːn⁴ vɔŋ⁶]

【望月】 泰 เดือนเพ็ญ[ʔdɯːan² phen²] 老 ເດືອນເພັງ [ʔdɯːan¹pheŋ²] 越 trăng rằm[tṣaŋ¹ʐam²] 芒 tlăng rằm[tlaŋ¹ ram²]

【忘记❶】 泰 ลืม[lɯːm²];หลง[loŋ¹];หลงลืม[loŋ¹ lɯːm²] 老 ລືມ[lɯːm²];ຫງລືມ[loŋ¹ lɯːm²];ບໍ່ຈຳ [ʔbɔː⁵ tsɯ:⁵];ບໍ່ຈຳ[ʔbɔː⁵ tsam¹];ພີປະລາດ[phi⁵ pa² laːt¹⁰] 岱-侬 lừm[lum²] 越泰 lừm[lum²] 普 djap⁵[djaːp⁵];ljăp⁵[ljap⁵] 越 quên[kwen¹] 芒 quiênh[kwiːn²]

【旺 火很~】 泰 ไฟไหม้แรง[fai²mai³rɛːŋ²] 老 ໄຟໃຫມ້ແຮງ[fai²hɛːŋ²] 越 rừng rực[ʐuŋ² ʐuk⁸]

【微风】 泰 ลมที่พัดเบาๆ[lom²thiː³phat⁸bau²bau²] 老 ລົມໂຊຍ[lom² soːi²] 越 gió nhẹ[zɔ⁵ ɲɛ⁶];gió bé[zɔ⁵ ʔbɛ⁵];gió hay hảy[zɔ⁵ hai¹ hai³];gió hiu hiu[zɔ⁵ hiu¹ hiu¹]

【微笑❷】 泰 ยิ้ม[jim⁴] 老 ຫົວຍິ້ມ[huːa¹ɲim⁴];ຫົວແຍ້ມ[huːa¹ɲɛːm⁴] 岱-侬 nhúm khua[ɲum⁵ khuə⁵] 越泰 xī xưới[si²sɯːi⁴] 普 saw¹ zi⁴ ziw⁵ [saːu¹ziːiu⁵] 越 mỉm cười[mim³kɯːi³];tùm tim cười[tum³tim⁴kɯːi³];cười nụ[kɯːi²nu⁶];cười chúm chím[kɯːi² tsum⁵ tsim⁵]

【煨~红薯】 泰 ตุ๋น[tun¹];ปิ้ง[piŋ³] 老 ໝົກ[mok⁷];ມອກ[mɔːk¹⁰] 岱-侬 pôc[pok⁷];puổi[puːi²] 越泰 móc[mok⁷] 普 pô⁴[po⁴] 越 om[ʔɔm¹];lùi[luːi²]

【危险】 泰 อันตราย[ʔan¹traːi²] 老 ເປັນອັນຕະລາຍ [pen¹ʔan¹ta²laːi²];ອັນຕະ ລາຍ[ʔan¹¹taː²laːi²];ອັນຕາຍ [ʔan¹¹taːi¹] 岱-侬 quẹng[kwɛŋ⁴];khỏ pây[khɔ³ pəi¹] 越泰 hiểm[hiːm³] 越 nguy hiểm[ŋwi¹ hiːm³];hiểm nghèo[hiːm³ ŋɛu²] 芒 wy hiểm[wi¹ hiːm⁵];hiểm ngèo[hiːm⁵ ŋɛu²]

【桅杆】 泰 เสากระโดงเรือ[sau¹ kraː⁵ ʔdoːŋ² rɯːa²];เสาเรือ[sau¹rɯːa²] 老 ເສົາກະ ໂດງ[sau¹kaː²doːŋ¹] 越 cột buồm[kot⁸ ʔbuːm²]

【为人】 泰 การทำตัว[kaːn² tham² tuːa²] 老 ປະພຶດ[pa²phɯt⁸];ປະພຶດຕົນ[pa²phɯt⁸ton¹];ມີລິຍາດ [mɔː² liː⁵ ɳaːt¹⁰] 越 ăn ở[ʔan¹ ʔɤ³];cư xử[kɯ¹ sɯ³];đối xử[ʔdoi⁵ sɯ³];tính nết[tiɲ⁵ net⁷]

【围~住敌人】 泰 ล้อม[lɔːm⁴] 老 ລ້ອມ[lɔːm⁴];ວັງ[vaŋ²];ແວດ[vɛːt¹⁰];ແວດ ລ້ອມ[vɛːt¹⁰ lɔːm⁴];ອ້ອມ [ʔɔːm²];ອ້ອມຈອດ[ʔɔːm⁴tsɔːt⁹];ອ້ອມລ້ອມ[ʔɔːm⁴lɔːm⁴];ຫ້ອມ[hɔːm⁴];ຫ້ອມລ້ອມ[hɔːm⁴ lɔːm⁴] 岱-侬 lọm[lɔm⁴] 越 vây[vɤi¹];bao vây[ʔbaːu¹ vɤi¹] 芒 vây[vɤi¹]

【围~菜园】 泰 ล้อม[lɔːm⁴];กั้น[kan²] 老 ລ້ອມ [lɔːm⁴];ແອ້ມ[ʔɛːm²] 岱-侬 lọm[lɔm⁴] 越泰 lọm [lɔm⁴] 越 vây[vɤi¹] 芒 vây[vɤi¹]

---

❶ 拉哈 kathăp⁵；dăp²
❷ 阿含 ñum C2　挦 jum C2

【围攻】 泰ล้อมโจมตี[lɔ:m⁴ tso:m² ti:²] 老ທຸ້ມຂ້ອມ[hum³ sɔ:m⁴];ປິດລ້ອມອ້ອມຕີ[pit⁷ lɔ:m⁴ ʔɔ:m⁴ ti:¹];ທຸ້ມຂ້ອມ[hum⁵ sɔ:m⁴] 越vâyđánh[vɤi¹ ʔdaɲ⁵];bao vây tấn công[ʔba:u¹ vɤi¹ tɤn⁵ koŋ¹]

【围巾】 泰ผ้าพันคอกันหนาว[pha:³ phan² khɔ:¹ kan² na:u¹];ผ้าพันคอ[pha:³ phan² khɔ:¹] 老ຜ້າພັນຄໍ[pha:³ phan² khɔ:¹];ແພຂ້ອງຄໍ[phɛ:² khɔ:ŋ⁴ khɔ:²] 越khăn quàng[xan¹ kwa:ŋ²];khăn quàng cổ[xan¹ kwa:ŋ² ko³]

【围拢】 泰ล้อมรอบ[lɔ:m⁴ rɔ:p¹⁰] 老ຍຸ້ມ[ɲum⁵];ຫຍຸ້ມ[ɲum³];ອົງ[voŋ²] 傣-侬lọm[lɔm⁴] 越泰pàu[pau⁵];pàu[pau⁵];xlúp[s-lɯp⁷] 越xúm lại[sum⁵ la:i⁶];tụ tập[tu⁶ tɤp⁸];khép lại[xɛp⁷ la:i⁶]

【围棋】 泰หมากล้อม[ma:k⁹lɔ:m⁴] 老ໝາກລ້ອມ[ma:k⁹ lɔ:m⁴] 越cờ vây[kɤ² vɤi¹]

【围墙】 泰กำแพง[kam²phɛ:ŋ²];กำแพงล้อมรอบ[kam² phɛ:ŋ² lɔ:m⁴ rɔ:p¹⁰] 老ຝາຜະຫນັງ[fa:¹ pha² naŋ¹];ຜະຫນັງ[pha²naŋ¹];ຝາກຳແພງ[fa:¹kam¹ phɛ:ŋ²];ກຳແພງ[kam¹ phɛ:ŋ²] 越tường che[tɯːŋ² tsɛ¹];tường vây[tɯːŋ² vɤi¹]

【围裙】 泰ผ้ากันเปื้อน[pha:³ kan² pɯan²] 老ຜ້າກັນເປື້ອນ[pha:³ kan¹ pɯan⁴];ຜ້າອ້ອມ[pha:³ ʔi:aŋ⁴] 越vải quầy[va:i³ kwɤi²];tạp dề[ta:p⁸ ze²]

【围嘴儿】 泰เต่า[tau⁵];ผ้าเต่า[pha:³ tau⁵];เอี่ยม[ʔi:am⁴];ผ้ารองน้ำลาย[pha:³ rɔ:ŋ² nam⁴ la:i²];ผ้าผูกคอกันเปื้อน[pha:³ phu:k⁹ khɔ:² kan² pɯan²] 老ຜ້າອ້ອມ[pha:³ ʔi:am²] 傣-侬tap nài[ta:p⁷ na:i²] 越yếm rãi[ʔi:m⁵ za:i⁴];yếm dãi[ʔi:m⁵ za:i⁴]

【违法】 泰ฝ่าฝืนกฎหมาย[fa:⁵ fɯ:n¹ kot⁷ ma:i²];ผิดกฎหมาย[phit⁷kot⁷ma:i²];ทะทำผิดกฎหมาย[ka² tham⁵ phit⁷ kot⁷ ma:i²];ฝ่าฝืนตั้งกฎหมาย[fa:⁵ fɯ:n¹ tɔ:⁵kot⁷ma:i²];ผิดกฎหมาย[fɯ:n¹kot⁷ma:i²];ละเมิดกฎหมาย[la⁵mə:t¹⁰kot⁷ma:i²] 傣-侬thuc

chòi[thuk⁷ tɕɔi³] 越泰phít phép[phit⁷ phɛp⁷] 越phạm tội[fa:m⁶ toi³];không đúng luật[xoŋ¹ ʔduŋ⁵ lwɤt⁸];làm trái với pháp luật[la:m² tsa:i⁵ vɤ:i⁵ fa:p⁷ lwɤt⁸];trái phép[tsa:i⁵ fɛp⁷];bị cấm[ʔbi⁶ kɤm⁵]

【违反】 泰ฝ่าฝืน[fa:⁵ fɯ:n¹];ขัดต่อ[khat⁷ tɔ:¹] 老ລະເມີດ[la⁵mə:t¹⁰] 越làm trái[la:m² tsa:i⁵];vi phạm[vi¹ fa:m⁶];đi ngược lại[ʔdi¹ ŋɯ:k⁸ la:i⁸]

【维生素】 泰วิตามิน[wi⁴ta:²min¹] 老ວິຕະມີນ[vi⁵ta²min²];ວິຕາມີນ[vi⁵ta:¹ min²];ຊີວະອາຫານ[si:² va⁵ʔa:¹ha:n¹];ຊີວະເຊື້ອ[si:²va⁵sɯa⁴] 越vi ta min[vi¹ta¹min¹];sinh tố[ʂin¹ to⁵];thuốc vi ta min[thu:k⁷ vi¹ ta¹ min¹]

【尾__~鱼】 泰ตัว[tu:a²] 老ຕົວ[tu:a¹] 傣-侬tua[tuə¹] 越泰tô[to¹] 越con[kɔn¹] 芒con[kɔn¹]

【尾巴❶】 泰หาง[ha:ŋ²] 老ຫາງ[ha:ŋ²] 傣-侬hang[ha:ŋ¹] 越泰hang[ha:ŋ¹] 普sAt⁵[sɒt⁵];qasAt⁵[qa⁰ sɒt⁵] 越đuôi[ʔdu:i²] 芒tuôi[tu:i¹];đối[ʔdoi³]

【尾随】 泰ติดตาม[tit⁷ta:m²] 老ແລ່ນຕາມ[lɛ:n⁵ ta:m¹] 傣-侬tam[ta:m¹];rèo[rɛu²];nèm[nɛm²] 越泰tam hang[ta:m¹ ha:ŋ¹];tòi[tɔi⁶] 越đuổi theo[ʔdu:i³ thɛu¹];theo[thɛu¹]

【委托】 泰ฝาก[fa:k⁹] 老ຝາກ[fa:k⁹];ຝາກຝັງ[fa:k⁹ faŋ¹];ມອບ[mɔ:p¹⁰];ມອບໝາຍ[mɔ:p¹⁰ ma:i¹] 越ủy thác[ʔwi³ tha:k⁷];nhờ[ɲɤ²];giao cho[za:u¹ tsɔ¹] 芒wý thác[wi⁵ tha:k⁷]

【萎缩肌肉~】 泰หดเหี่ยว[hot⁷ hi:au⁵] 老ລີບ[li:p¹⁰];ເຜົ່[fɔ:⁵];ຫຼີ[hu:⁵] 越teo[tɛu¹];héo teo[hɛu⁵ tɛu¹]

【伪造】 泰ปลอมแปลง[plɔ:m² plɛ:ŋ²] 老ຫຼອມ[thi:am²];ແປງປອມ[pɛ:ŋ¹pɔ:m¹];ປອມແປງ[pɔ:m¹ pɛ:ŋ¹];ປອມ[pɔ:m¹] 越giả mạo[za³ ma:u⁶];làm giả[la:m² za³];giả tạo[za³ ta:u⁶];giả[za³]

【卫生球臭珠】 泰ลูกเหม็น[lu:k⁹ men¹];ยากันตัวสัตว์

❶ 阿含 rāng A1 拉哈 sɤt⁵

[ja:² kan² tuːa² sat⁷] 老ยาเหมัน[ja:¹ men¹] 岱-侬 mạc mên[ma:k⁷ men¹] 越 viên băng phiến [vi:n¹ ʔbaŋ¹ fi:n⁵]

【卫生间】 泰 ห้องน้ำ[hɔːŋ³ nam⁴] 老 ຫ້ອງສ້ວງ[hɔːŋ³ suː³ khaː¹];ຫ້ອງນ້ຳ[hɔːŋ³ nam⁴] 越 nhà vệ sinh[ɲa² ve⁶ ʂin¹]

【未婚夫】 泰 ว่าที่สามี[waː³ thiː³ saː¹ miː²] 老 ຄູ່ໝັ້ນ[khuː⁵ man³] 越泰 phua khươi[phuə⁵ kɯːi⁵] 越 chồng chưa cưới[tsoŋ² tsɯə¹ kɯːi⁵];vị hôn phu[vi⁶ hon¹ fu¹]

【未婚妻】 泰 ว่าที่ภรรยา[waː³ thiː³ phan² ra² ja²] 老 ຄູ່ໝັ້ນ[khuː⁵ man³] 越泰 mîa cáo[miə² ka:u⁵] 越 vợ chưa cưới[vɤ² tsɯə¹ kɯːi⁵];vị hôn thê[vi⁶ hon¹ the¹] 芒 vợ chưa ti cháu[vɤ⁴ tsɯə¹ ti¹ tsau³]

【味道】 泰 งวน[ŋuːan⁴];รส[rot⁸];รสชาติ[rot⁸ tshaːt¹⁰] 老 ຮົດ[hot⁸];ລົດ[lot⁸];ລົດຊາດ[lot⁸ saːt¹⁰] 岱-侬 mùi[mui³];mị[mi⁴] 越泰 liềm[li:m⁶] 越 mùi[mui²];vị[vi⁶];mùi vị[mui² vi⁶];mùi mè[mui² mɛ²] 芒 mùi vĩ[mui² vi⁴];mùi mẽ[mui² mɛ⁴]

【味碟】 泰 ถ้วยน้ำจิ้ม[thuːai³ nam⁴ tsim³] 越泰 nặm chăm[nam² tsam³] 越 nước chấm[nɯːk⁷ tsɤm⁵]

【味精】 泰 ผงชูรส[phoŋ¹ tshuː² rot⁸] 老 ແປ້ງນົວ[pɛːŋ⁴ nuːa²] 越 mì chính[mi² tsin⁵]

【喂 ~小孩】 泰 ป้อน[pɔːn³] 老 ປ້ອນ[pɔːn³] 岱-侬 pỏn[pɔn³];mảm[ma:m³];mắm[mam³] 越泰 pỏn[pɔn³];màm[ma:m³] 越 cho ăn[tsɔ¹ ʔan¹];bón[ʔbɔn⁵] 芒 pỏn[pɔːn³]

【喂 ~猪】 泰 ให้อาหาร[hai³ ʔaː² haːn¹] 老 ເກືອ[kɯːa¹] 岱-侬 khun[khun¹] 普 ci³ kân[tsi³ kɤn¹] 越 cho ăn[tsɔ¹ ʔan¹]

【喂养】 泰 ให้อาหาร[hai³ ʔaː² haːn¹] 老 ใຫ້ອາຫານ[hai³ ʔaː:¹¹ haːn¹] 越 nuôi[nuːi¹];nuôi nấng[nuːi¹ nɤŋ⁵]

【位 ~客人】 泰 ตำแหน่ง[tam² nɛːŋ²] 老 ທ່ານ[thaːn⁵];ນາຍ[naːi²];ອົງ[ʔoŋ¹];ພະອົງ[pha⁵ ʔoŋ¹] 越 vị trí[vi⁶ tsi⁵];chỗ[tso⁴]

【位置 中间的~】 泰 ตำแหน่ง[tam² nɛːŋ²] 老 ຕຳແໜ່ງ[tam² nɛːŋ²] 越 vị trí[vi⁶ tsi⁵];chỗ[tso⁴]

【为了❶】 泰 เพื่อ[phɯːa³] 老 ເພື່ອ[phɯːa⁵];ເພື່ອຈະ[phɯːa⁵ tsa²];ເພື່ອໃຫ້[phɯːa⁵ hai³];ແກ່[kɛː⁵];ແດ່[ʔdɛː⁵];ໂດຍ[ʔdoːi¹] 岱-侬 nhoòng[ɲɔːŋ²];vì nãi[vi³ na:i³] 越泰 pô[po⁴] 普 Vâj⁴[βɤi⁴] 越 vì[vi²];để[ʔde³]

【为什么❷】 泰 ดังรือ[ʔdaŋ² rɯː¹];ทำไม[tham² mai²];เพราะเหตุใด[phrɔ⁴ heːʔ tu⁵ ʔdai²];เพราะเหตุไร[phrɔ⁴ heːʔ⁹ rai²];ฉะไหน[tsha⁵ nai¹] 老 ສັງ[saŋ¹];ເປັນຈັ່ງໃດ[pen¹¹ tsaŋ⁵ ʔdai¹];ຈັ່ງໃດ[tsaŋ⁵ ʔdai¹];ເປັນພີສັງ[pen¹¹ phi⁵ saŋ¹];ເປັນຫຍັງ[pen¹¹ ɲaŋ¹];ເພາະເຫດໃດ[phɔ⁵ heːʔ⁹ ʔdai¹];ເຫດໃດ[heːʔ⁹ ʔdai¹];ເຫດສັນໃດ[heːʔ⁹ san¹ ʔdai¹];ຫຍັງ[ɲaŋ¹];ດ້ວຍອັນໃດ[ʔduːai⁴ ʔan¹¹ ʔdai¹];ດ້ວຍເຫດໃດ[ʔduːai⁴ heːʔ⁹ ʔdai¹];ເປັນດ້ວຍເຫດໃດ[pen¹¹ ʔduːai⁴ heːʔ⁹ ʔdai¹] 岱-侬 nhoòng răng[ɲɔːŋ² raŋ¹];hêt rù[het⁷ ru²];pền răng[pen² raŋ¹] 越泰 xử[sɯː¹];xử đau[sɯː² ʔdaɯ¹];chắng[tsaŋ⁵];pộ xử[po⁴ sɯː²];pừa xử[pɯːə⁵ sɯː²];pên xăng[pen¹ saŋ¹] 越 vì sao[vi² ʂau¹];tại sao[ta:i⁶ ʂau¹];bởi đâu[ʔbɤːi³ ʔdɤu¹] 芒 là po[la² pɔ¹];pớ no[pɤ⁵ nɔ¹];pới no[pɤːi⁵ nɔ¹];là nò[la² nɔ²];tãi thia nò[ta:i⁴ thiə³ nɔ²];tãi po[ta:i⁴ pɔ¹];tãi nò[ta:i⁴ nɔ²];tãi no[ta:i⁴ nɔ¹]

【胃❸】 泰 กระเพาะ[kra⁵ phɔ⁴];กระเพาะอาหาร[kra⁵ phɔ⁴ ʔa:¹¹ ha:n¹] 老 ກະເພາະ[ka² phɔ⁵];ກະເພາະອາຫານ[ka² phɔ⁵ ʔa:¹¹ ha:n¹];ພຸງ[phuŋ²] 岱-侬 toọng muổng[tɔːŋ⁴ mu:ŋ³];toọng luông[tɔːŋ⁴ lu:ŋ¹] 越泰 pum luông[pum¹ lu:ŋ¹] 普 lhong¹[lɔŋ¹] 越 dạ dày[za⁶

---

❶ 阿含 pü-nāng-nai
❷ 阿含 bā
❸ 阿含 tângC2   拉哈 lɔŋ¹

zai²];bao tử[ʔa:u¹ tɯ¹] 芒 tổng é[tloŋ⁴ ʔɛ⁵]

【胃病】 泰 โรคกระเพาะ[ro:k¹⁰kra⁵pʰɔ⁴];โรคกระเพาะอาหาร[ro:k¹⁰kra⁵pʰɔ⁴ʔa:²ha:n¹] 老 โลกกะเพาะ[lo:k¹⁰ka²pʰɔ⁵] 越 bệnh đau dạ dày[ben⁶ʔdau¹ za⁶ zai²];đau dạ dày[ʔdau¹ za⁶ zai²]

【胃溃疡】 泰 โรคแผลเปื่อยในกระเพาะอาหาร[ro:k¹⁰ pʰlɛ:¹ pɯ:ai⁵ nai² kra⁵ pʰɔ⁴ ʔa:² ha:n¹];โรคกระเพาะอาหารเป็นแผล[ro:k¹⁰ kra⁵ pʰɔ⁴ ʔa:² ha:n¹ pen² pʰlɛ:¹];เป็นแผลในกระเพาะ[pen² pʰɛ:n¹ nai² kra⁵ pʰɔ⁴] 老 พุงฮักเสบ[pʰuŋ²ʔak⁷se:p⁷];โลกกะเพาะแผ่เน่า[lo:k¹⁰ka²pʰɔ⁵pʰɛ:⁵nau⁵] 岱-侬 loài toọng luông[lwa:i³tɔ:ŋ⁴lu:ŋ¹] 越 viêm loét dạ dày[vi:m¹ lwɛt⁷ za⁶ zai²];bệnh loét dạ dày[ʔben⁶ lwɛt⁷ za⁶ zai²];loét dạ dày[lwɛt⁷ za⁶ zai²]

【胃痛❶】 泰 เจ็บกระเพาะ[tsep⁷kra⁵pʰɔ⁴] 老 เจ็บกะเพาะ[tsep⁷ ka² pʰɔ⁵] 越 đau dạ dày[ʔdau¹ za⁶ zai²]

【胃炎】 泰 โรคกระเพาะอาหารอักเสบ[ro:k¹⁰kra⁵pʰɔ⁴ ʔa:²ha:n¹ʔak⁷se:p⁹];กระเพาะ อาหารอักเสบ[kra⁵pʰɔ⁴ ʔa:² ha:n¹ ʔak⁷ se:p⁹] 老 กะเพาะฮักเสบ[ka² kʰɔ⁵ ʔak⁷se:p⁵];พุงฮักเสบ[pʰuŋ³ʔak⁷se:p⁷] 越 viêm dạ dày[vi:m¹ za⁶ zai²]

【慰问】 泰 บำรุงขวัญ[ʔbam² ruŋ² khwan¹] 老 ญามถามຂ่าว[ji:am³ja:m¹tʰa:m¹kʰa:u¹];ຍຽມຖາມຂ່າວ[jɯ:³ ja:m¹ tʰa:m¹ kʰa:u⁵] 越 thăm hỏi[tʰam¹ hɔi³];ủy lạo[ʔwi³ la:u⁶]

【温~水】 泰 อุ่น[ʔun⁵] 老 ອຸ່ນ[ʔun⁵] 岱-侬 ún[ʔun⁵];thầu[thəu³] 越泰 ún[ʔun⁵] 越 ấm[ʔɤm⁵]

【温~酒】 泰 ปิ้งอุ่น[piŋ³ ʔun⁵];อุ่นให้ร้อน ขึ้นเล็กน้อย[ʔun⁵ hai³ rɔ:n⁴ kʰun³ lek⁸ nɔ:i⁴] 老 ອຸ່ນ[ʔun⁵] 岱-侬 ún[ʔun⁵];thầu[thəu³] 越泰 ún[ʔun⁵] 越 hâm[hɤm¹]

【温度计】 泰 ปรอทวัดความร้อน[prɔ:t⁹wat⁸kʰwa:m² rɔ:n⁴];เทอร์โมมิเตอร์[tʰə:²mo:²mi⁴tə:²] 老 เถื่องอัดอุบะพูม[kʰɯ:aŋ⁵ vat⁸ ʔu² na⁵ pʰu:m²];แตกโมแม็ด[tɛ:k⁹ mo:² mɛt⁸];บາງຮອດ[ʔba:l¹ lɔ:t⁹] 越 nhiệt kế[ɲi:t⁸ ke⁵];hàn thử biểu[ha:n² tʰɯ³ ʔbi:u³];nhiệt biểu[ɲi:t⁸ ʔbi:u³] 芒 nhiệt kẻ[ɲi:t⁸ ke³]

【温和气候~】 泰 อบอุ่น[ʔop⁷ ʔun⁵] 老 ອົບອຸ່ນ[ʔop⁷ ʔun⁵];เอ้าอุ่น[ʔau⁴ ʔun⁵] 越 ôn hoà[ʔon¹ hwa²]

【温和性情~】 泰 อ่อนโยน[ʔɔ:n⁵jo:n²] 老 มุทุตา[mu⁵ thu⁵ ta:¹];มัดทะ[mat⁸ tha⁵];มัดทา[mat⁸ tha:²];ละมุบ[la⁵mun⁵];ละมุบละม่อม[la⁵mun²la⁵mɔ:m⁵];ละม่อม[la⁵ mɔ:m⁵];ละมุด[la⁵ mi:at¹⁰];อ่อนหวาน[ʔɔ:n⁵va:n¹] 岱-侬 ón rưởng[ʔɔn¹rɯ:ŋ³] 越 ôn hoà[ʔon¹hwa²];hoà nhã[hwa²na⁴];điềm đạm[ʔdi:m² ʔda:m⁶];hiền hoà[hi:n²hwa²];êm dịu[ʔem¹ ziu⁶] 芒 hiền wà[hi:n² wa²]

【温柔】 泰 อ่อนหวานและมุนละไม[ʔɔ:n⁵ wa:n¹ lɛ⁴ mun²la⁵mai²] 老 มุทุตา[mu⁵thu⁵ta:¹];มัดทะ[mat⁸ tha⁵];มัดทา[mat⁸ tha:²];ละมุบ[la⁵ mun²];ละมุบละม่อม[la⁵ mun² la⁵ mɔ:m⁵];ละมุบละไม[la⁵ mun² la⁵ mai²];โกมน[ko:¹' mon²] 岱-侬 ngay hiến [ŋai¹ hi:n⁵] 越泰 越 dịu dàng[ziu⁶ za:ŋ²];thùy mị[tʰwi² mi⁶];mềm mại[mem² ma:i⁶];hoà nhã [ɣwa² na⁴];điềm đạm[ʔdi:m² ʔda:m⁶]

【温泉】 泰 น้ำพุร้อน[nam⁴pʰu⁴rɔ:n⁴];บ่อน้ำร้อน[ʔbɔ:⁵ nam⁴ rɔ:n⁴];บ่อร้อน[ʔbɔ:⁵ rɔ:n⁴] 老 บ่อน้ำธ้อม[ʔbɔ:⁵ nam⁴ hɔ:n⁴];น้ำพุธ้อม[nam⁴ pʰu⁵ hɔ:n⁵];บ่อน้ำอุ่น[ʔbɔ:⁵ nam⁴ ʔun⁵] 越 suối nước nóng[ʂu:i⁵ nɯ:k⁷ nɔŋ⁵];suối nóng[ʂu:i⁵ nɔŋ⁵]

【温室】 泰 เรือนกระจก[rɯ:an²kra⁵tsok⁷] 老 ห้องอุ่น[hɔ:ŋ³ʔun⁵] 越 nhà kính[na²kin⁵] 芒 nhà kinh[na² kin³]

【温水】 泰 น้ำอุ่น[nam⁴ʔun⁵] 老 น้ำอุ่น[nam⁴ʔur⁵] 岱-侬 năm ún[nam⁴ ʔun⁵] 越泰 năm ún[nam⁴ ʔɯn⁵]

❶ 石家 keet⁵-thuŋ⁵

越 nước ấm[nɯː k⁷ ʔɤm⁵]

【瘟疫】 泰 ห่า[haː⁵];โรคห่า[roː k¹⁰ haː⁵];โรคระบาดร้ายแรง[roː k¹⁰ ra⁴ ʔbaː t⁹ raː i⁴ rɛː ŋ²];กลี[kaː⁵ liː²] 老 ຫ່າ[haː⁵];ຫ່າກິນ[haː⁵ kin¹];ພະຍາດພະຍຸ[pha⁵ ɲaː t¹⁰ pha⁵ ɲuː⁵];ພະຍຸ[pha⁵ ɲuː⁵];ໂລກພະຍຸ[loː k⁵ pha⁵ ɲuː⁵];ໂລກຫ່າ[loː k¹⁰ haː⁵] 岱-侬 rà[ra³] 越 dịch hạch[zit⁸ hat⁸];toi[tɔi¹] 芒 thoi[thoi¹]

【闻~花香】 泰 ดม[ʔdom²] 老 ດົມ[ʔdom¹] 越 ngửi[ŋɯi³] 芒 ngái[ŋaː i⁵];hít[hit⁷]

【文火】 泰 ไฟอ่อน[fai² ʔɔː n⁵] 老 ໄຟອ່ອນ[fai² ʔɔː n⁵] 越 lửa dịu[lɯə³ ziu⁶];lửa riu riu[lɯə³ ziu² ziu²]

【文具】 泰 เครื่องเขียน[khrɯːaŋ⁵ khiː an¹] 老 ເຄື່ອງຂຽນ[khɯːaŋ⁵ khiː an¹];ອຸປະກອນຊໍາຮັບ[ʔu² pa² kɔː n¹ ham⁵ hiː an²] 越 văn phòng phẩm[van¹ fɔŋ² fɤm³];đồ dùng văn phòng[ʔdo² zuŋ² van¹ fɔŋ²]

【文具店】 泰 ร้านขายเครื่องเขียน[raː n⁴ khaː i¹ khrɯːaŋ⁵ khiː an¹] 老 ຮ້ານຂາຍເຄື່ອງຂຽນ[haː n⁴ khaː i⁵ khɯːaŋ⁵ khiː an¹] 越 cửa hàng văn phòng phẩm[kɯə³ haŋ² van¹ fɔŋ² fɤm³]

【文盲】 泰 ผู้ใหญ่ที่ไม่รู้หนังสือ[phuː³ jai⁵ thiː³ mai³ ruː⁴ naŋ¹ sɯː¹] 老 ພະຍາດພິກັງຊື[pha⁵ ɲaː t¹⁰ kɯː k⁹ naŋ¹ sɯː¹];ໄພຟັກັງຊື[phai² kɯː k⁹ naŋ¹ sɯː¹];ໄພບໍ່ຮູ້ ຫນັງຊື[phai² ʔbɔː⁵ huː⁴ naŋ¹ sɯː¹] 越 mù chữ[muː² tsɯ⁴]

【文凭】 泰 ประกาศนียบัตร[praː⁵ kaː t⁹ saː niː² jaː⁵ ʔbat⁷] 老 ປະກາດສະນີຍະບັດ[pa² kaː ¹ ¹ saː niː ¹ ɲa⁵ ʔbat⁵] 越 bằng tốt nghiệp[ʔbaŋ² tot⁹ ŋiː p⁸];văn bằng[van¹ ʔbaŋ²];bằng cấp[ʔbaŋ² kɤp⁷];chứng chỉ học lực[tsɯŋ⁵ tsi³ hɔk⁸ lɯk⁸];bằng[ʔbaŋ²] 芒 bằng[ʔbaŋ²]

【蚊香】 泰 ธูปไล่ยุง[thuː p¹⁰ lai³ juŋ²];ยากันยุง[jaː² kan² juŋ²] 老 ຢາຂູດຍຸງ[jaː¹ ʔuː t⁹ ɲuŋ²];ທູບຂູດຍຸງ[thuː p¹⁰ ʔuː t⁹ ɲuŋ²] 越 hương trừ muỗi[hɯːŋ¹ tʂɯ² muː i⁴];hương muỗi[hɯːŋ¹ muː i⁴]

【蚊帐❶】 泰 มุ้ง[muŋ⁴] 老 ມຸ້ງ[muŋ⁴];ມະກະສະພານ[ma⁵ ka² sa² phaː n²] 岱-侬 slut[ɬɯt⁷];chưởng[tɕɯːŋ⁵];phén slut[phɛn⁵ ɬɯt⁷];phén chưởng[phɛn⁵ tɕɯːŋ⁵] 越泰 dắn[jan⁵] 普 sưom³[sɯː m³] 越 màn[maː n²];cái màn[kaː i⁵ maː n²];cái màn chống muỗi[kaː i⁵ maː n² tsɔŋ⁵ muː i⁴];mùng[muŋ²] 芒 pá[paː⁵]

【蚊帐布】 泰 ผ้ามุ้ง[phaː³ muŋ⁴] 老 ແພມຸ້ງ[phɛː² muŋ⁴] 越 vải màn[vaː i³ maː n²] 芒 pái pá[paː i⁵ paː⁵]

【蚊子❷】 泰 ยุง[juŋ²] 老 ຍຸງ[ɲuŋ²];ຍຸງ[ɲuː ŋ²] 岱-侬 mèng nhùng[mɛŋ² ɲuŋ²];tua nhùng[tuə² ɲuŋ²];tua mèng nhùng[tuə² mɛŋ² ɲuŋ²];nhùng[ɲuŋ²] 越泰 nhũng[ɲuŋ²];tô nhũng[toː¹ ɲuŋ²] 普 qaNjăng³[qa⁰ ɲjaŋ³] 越 muỗi[muː i⁴];con muỗi[kɔn² muː i⁴] 芒 môi[mɔi⁴]

【吻~脸颊❸】 泰 จูบ[tsuː p⁹];หอมแก้ม[hɔː m¹ kɛː m³] 老 ເຊຍຊົມ[siː a² som²];ຊົມ[som²];ຫອມ[hɔː m¹] 岱-侬 chup[tɕup⁷] 越泰 chúp[tsup⁷] 普 muot[muː t²] 越 hôn[hon¹] 芒 chúp[tsup⁷]

【问❹】 泰 ถาม[thaː m¹] 老 ຖາມ[thaː m¹] 岱-侬 xam[ɕaː m¹];khắm[kham⁵] 越泰 tham[thaː m¹] 普 Gɯj⁴[ɣɯi⁴] 越 hỏi[hɔi³]

【问好】 泰 ถามสารทุกข์สุกดิบ[thaː m¹ saː n¹ thuk⁸ suk⁷ ʔdip⁷];ทักทาย[thak⁸ thaː i²];การทักทาย[kaː n² thak⁸ thaː i²] 老 ຍ້ຽມຖາມຂ່າວ[juː³ jaː m¹ thaː m¹ khaː u⁵];ຖາມຄວາມສຸກສະບາຍ[thaː m¹ khwaː m² suk⁷ sa² ʔbaː i¹];ຖາມສະບາຍ[thaː m¹ sa² ʔbaː i¹];ໂອພາ[ʔoː

---

❶ 泐 sut D1S
❷ 石家 ɲuŋ⁴　阿含 ɲuŋ A2　掸 juŋ A2　泐 juŋ A2
❸ 阿含 chup D1S　泐 chup D1S
❹ 阿含 thām A1

pha²] 岱-侬 xam dương[ɕa:m¹juː:ŋ¹] 越泰 tham khảo[tha:m¹kha:u⁵];tặc chão[tak⁸tsa:u⁵] 越 hỏi thăm [hɔi¹tham¹];chào hỏi[tsa:u²hɔi³];gửi lời thăm[ɣui³lɤ:i² tham¹]

【问题提~】 泰 คำถาม[kham²tha:m¹] [kham²tha:m¹];ปัดสะหนา[pat⁷sa²na:¹] 越 câu hỏi[kɤu¹ hɔi³];vấn đề[vɤn⁵ ʔde²]

【问题解决~】 泰 ปัญหา[pan² ha:¹] 老 บันฮา[ʔban¹ ha:¹] 越 vấn đề[vɤn⁵ ʔde²]

【瓮】 泰 ไห[hai¹] 老 ไห[hai¹];กะออม[ka² ʔɔ:m¹]; อุ่ม[ʔum⁵] 岱-侬 phet[phet⁷];fò[fɔ²] 越泰 ọ [ʔɔ⁴];hay[hai¹] 越 cái vò[ka:i⁵vɔ²];cái hũ[ka:i¹ hu⁴];vò[vɔ²];hũ[hu⁴];chum[tsum¹];ang[ʔa:ŋ¹] 芒 wò[wɔ²];chum[tsum¹];ang[ʔa:ŋ¹]

【窝鸟~】 泰 รัง[raŋ²] 老 ฮัง[haŋ²] 越 tổ[to⁵]; ổ[ʔo³] 芒 ó[ʔo⁵]

【窝—~小鸡、鸟】 泰 รัง[raŋ²] 老 ຮອກ[hɔ:k¹⁰];ຮັງ [haŋ²];ຊຸບ[su:p¹⁰] 越 ổ[ʔo³] 芒 ó[ʔo⁵]

【莴苣】 泰 ผักกาดหัว[phak⁷ ka:t⁹ hu:a¹] 老 ຜັກກາດຫອມ [ka:t⁹ hɔ:m¹];ผักกาดหอม[phak⁷ ka:t⁹ hɔ:m¹] 岱-侬 phjăc diệp[phjak⁷ ji:p⁸];phjăc kem[phjak⁷ kɛm¹];phjăc liệp[phjak⁷ li:p⁷] 普 ʔap⁵ qjang³[ʔa:p⁵ qja:ŋ³] 越 rau diếp[zau¹ zi:p⁷] 芒 rau hiếp[rau¹ hi:p⁷]

【蜗牛】 泰 หอยทาก[hɔi¹ tha:k¹⁰] 老 ຫອຍທາກ[hɔ:i¹ tha:k¹⁰];ຫອຍເລື້ອ[hɔ:i¹ lɯa⁵];ຫອຍເລື້ອຍ[hɔ:i¹ lɯ:ai⁵];ຫອຍເດື້ອ[hɔ:i¹ ʔdɯ:a⁵];ຫອຍປ່າ[hɔ:i¹ pa:⁵] 岱-侬 nài ma[na:i² ma¹];hoi ngửa[hɔi¹ ŋɯa³] 越泰 hoi ốc[hɔi¹ ʔok⁷] 越 ốc sên[ʔok⁷ ʂen¹];con sên [kɔn¹ ʂen¹];con ốc sên[kɔn¹ ʔok⁷ ʂen¹] 芒 con khên [kɔn¹ khen¹]

【我❶】 泰 ผม[phom¹];กู[ku:²];ข้า[kha:³]; ข้าพเจ้า[kha:³ tsau³];ข้าพเจ้า[kha:³ pha⁴tsau³]; ข้าพระบาท[kha:³ pra⁵ʔba:t⁹];กระผม[kra⁵ phom¹]; ฉัน[tshan¹];ดิฉัน[ʔdi⁵ tshan¹];หนู[nu:¹];ข้าบาท[kha:³ ʔba:t⁹];ดะดู[ʔda⁵ ʔdu:²];อัน[ʔan²];ชะอัน[tsha⁴ ʔan²]; วั่ว[wu:a³];หม่อมฉัน[mɔ:m⁵ tshan¹];เกล้า[klau³]; เกล้ากระหม่อม[klau³ kra⁵ mɔ:m⁵];ขยุม[kha⁵ jum¹] 老 ຂ້ອຍ[khɔ:i³];ກູ[ku:¹];ກະຜົມ[ka² phom¹];ກະໝ່ອມ [ka²mɔ:m⁵];ຂະໝ່ອມ[kha²mɔ:m⁵];ກັນ[kan¹];ຕູ [tu:¹];ຜີ້[phɔ:⁵];ເຮົາ[hau²];ຮ່ອມ[hi:am²];ຂະນ້ອຍ [kha²nɔ:i⁴];ຂ້ານ້ອຍ[kha:³ nɔ:i⁴];ຂ້າພະເຈົ້າ[kha:³ pha⁵tsau⁴];ຂ້າບາດ[kha:³ʔba:t⁹];ຂ້າພະບາດ[kha:³ pha⁵ʔba:t⁹];ຂ້າພະອົງ[kha:³ pha⁵ʔoŋ¹];ຂ້າໝ່ອມນ້ອຍ [kha:³ mɔ:m⁵nɔ:i⁴];ອື້[ʔu:a³] 岱-侬 câu[kɤu¹]; ngỏ[ŋɔ³];khỏi[khɔi³] 越泰 cu[ku¹];khỏi[khɔi³] 普 kăw¹[kau¹] 越 tôi[toi¹];mình[min⁴] 芒 ho[hɔ¹]; thôl[thol¹];miềnh[mi:n⁴]

【我俩】 泰 เราทั้งสอง[rau² thaŋ⁴ sɔ:ŋ¹] 老 ເຮົາສອງ [hau²sɔ:ŋ¹];ເຮົາສອງຄົນ[hau²sɔ:ŋ¹khon²]; ເຮົາທັງສອງ[hau²thaŋ²sɔ:ŋ¹] 越 hai chúng tao[ha:i¹ tsuŋ⁵ ta:u¹];hai chúng tôi[ha:i¹ tsuŋ⁵ toi¹]

【我们❷】 泰 เรา[rau²];ชาวเรา[tsha:u² rau²];พวกเรา [phu:ak¹⁰rau²] 老 ເຮົາ[hau²];ພວກເຮົາ[phu:ak¹⁰ hau²]; ຕູ[tu:¹];ຕູຂ້າ[tu:¹ kha:³];ຕູຂ້ອຍ[tu:¹ khɔ:i³];ໄທຂ້ອຍ [thai² khɔ:i³];ໄທເຮົາ[thai² hau²];ຜູ້ຂ້າ[phu:³ kha:³]; ເຜື່ອ[phu:a³];ເຜື່ອຂ້າ[phu:a³ kha:³];ພວກກູ[phu:ak¹⁰ ku:¹];ພວກຂ້າພະເຈົ້າ[phu:ak¹⁰kha:³ pha⁵tsau⁴]; ພວກຂ້ອຍ[phu:ak¹⁰ khɔ:i³];ພວກເຈົ້າ[phu:ak¹⁰ tsau⁴]; ພວກມ້ອງ[phu:ak¹⁰nɔ:ŋ⁴];ພວກລູກ[phu:ak¹⁰ lu:k¹⁰]; ພວກຫລາມ[phu:ak¹⁰ la:n¹];ພວກອ້າຍ[phu:ak¹⁰ ʔɛ:i⁴];ພວກເຊື້ອຍ[phu:ak¹⁰ ʔuːai⁴];หมู่ขะม้อย[mu:⁵ kha³nɔ:i⁴];หมู่ ข้อย[mu:⁵khɔ:i³];ฮา[ha:²];เฮาฮา [hau²ha:²] 岱-侬 boong câu[ʔbɔ:ŋ¹kɤu¹];boong khỏi[ʔbɔ:ŋ¹khɔi³];boong ngỏ[ʔbɔ:ŋ¹ŋɔ³] 越泰 xūm phu[sum² phu¹];xūm khỏi[sum² khɔi³];puŋ phu

---

❶ 石家 kuu⁶；haw⁶；khɔy³；hɔy³　阿含 kau A1
❷ 阿含 rau A2

[pɯŋ²phu¹];pừng khỏi[pɯŋ²khɔi²] 普lhăw¹[lau¹];kăw¹[kau¹] 越chúng tôi[tsuŋ⁵toi¹];chúng ta[tsuŋ⁵ta¹];chúng mình[tsuŋ⁵ min²];chúng tớ[tsuŋ⁵ tɤ⁵];chúng tao[tsuŋ⁵ ta:u¹] 芒tàn tôi[ta:n² toi¹];mỗng tôi[moŋ⁴ toi¹];chŭng thôl[tsuŋ⁴ thol¹];tả qua [ta³ kwa¹];qua[kwa¹]

【我自己】 泰ฉันเอง[tshan¹ ʔe:ŋ²] 老ຕົວຂ້ອຍ[tu:a¹ˑ khɔ:i³];ຕົວເຮົາເອງ[tu:a¹ˑ hau² ʔe:ŋ¹];ເຮົາເອງ[hau² ʔe:ŋ¹] 越bản thân tôi[ʔba:n³ thɤn¹ toi¹]

【卧车】 泰ตู้นอน (ของรถไฟ)[tu:³ nɔ:n² (khɔ:ŋ¹ rot⁸ fai²)] 老ລົດນອນ[lot⁸nɔ:n²] 越toa nằm[twa¹ nam²];toa xe nằm[twa¹ sɛ¹ nam²]

【卧室❶】 泰ห้องนอน[hɔ:ŋ³nɔ:n²] 老ຫ້ອງນອນ[hɔ:ŋ³ nɔ:n²];ເຮືອນນອນ[hɯan² nɔ:n²];ສ້ວມ[su:am³];ສ້ວມນອນ[su:am³ nɔ:n²] 傣-侬sluồm[ɬu:m³];mụng nòn[muŋ⁴nɔn²] 越泰lúc[luk⁷] 普rhôk²[rok²]; zôk²[zok²] 越buồng ngủ[ʔbu:ŋ²ŋu³] 芒puồng táy [pu:ŋ² tai⁵]

【握❷】 泰จับ[tsap⁷];ถือ[thɯ:¹];กำ[kam²];กุม[kum²] 老ຖື[thɯ:¹];ກຳ[kam¹] 傣-侬căm[kam¹] 越泰căm[kam¹];khắm[kham⁵] 越nắm[nam⁵]; cầm[kɤm²] 芒nằm[nam³];cầm[kɤm²]

【握手】 泰จับมือ[tsap⁷mɯ:²];สำผัสมือ[sam¹phat⁷ mɯ:²] 老ຈັບມື[tsap⁷mɯ:²];ສຳຜັດມື[sam¹phat⁷ mɯ:²] 傣-侬căm mừ tuộng[kam¹ mɯ² tu:ŋ⁴];căm khen[kam¹ khen¹] 越泰khắm mũ[kham⁵ mɯ²] 越bắt tay[ʔbat⁷ tai¹] 芒pắt thay[pat⁷ thai¹]

【屋顶】 泰หลังคา[laŋ¹kha:²] 老ຫຼັງຄາ[laŋ¹ kha:²];ຫຼັງຄາເຮືອນ[laŋ¹kha:²hɯan²];ເທິງເຮືອນ[thɤŋ¹ hɯan²] 傣-侬pài rườn[pa:i² rɯ:n²] 越泰pe hườn[pɛ¹ hɯ:n²];tụp hườn[tup⁸ hɯ:n²] 普qahwang³ [qa⁰ hua:ŋ³] 越mái nhà[ma:i⁵ ɲa²];nóc nhà[nɔk⁷ ɲa²] 芒mái nhà[ma:i³ ɲa²];mài[ma:i³]

【屋脊】 泰กบทู[kop⁷thu:²];สันหลังคา[san¹laŋ¹kha:²] 老ກົບທູ[kop⁷ thu:²];ຫຼົບ[lop⁷] 普qalhaj¹[qa⁰ lai¹]; lhaj¹[lai¹] 越nóc nhà[nɔk⁷ ɲa²] 芒nóc nhà[nɔk⁷ ɲa²]

【屋架】 泰โครงหลังคาบ้าน[khro:ŋ² laŋ¹ kha:² ʔba:n³] 老ໂຄງຮ່າງຂອງເຮືອນ[kho:ŋ² ha:ŋ¹ khɔ:ŋ¹ hɯan²] 越khung nhà[xuŋ¹ ɲa²]

【屋梁】 泰ขื่อ[khɯ:⁵] 老ຂື່[khɯ:⁵] 傣-侬khứ [khɯ:⁵];tám[ta:m⁵] 越泰khứ[khɯ:⁵];pan[pa:n¹] 越xà[sa²];đà[ʔda²] 芒khừ[khɯ:³];đà[ʔda²]

【屋檐】 泰ชายคา[tsha:i² kha:²] 老ຊາຍຄາ[sa:i² kha:²] 傣-侬tin lầy[tin¹ lɤi²];lầy cà[lɤi² ka²];cai [ka:i¹];cai roàng[ka:i¹ rwa:ŋ³];cai rườn[ka:i¹ rɯ:n²] 越mái hiên[ma:i⁵ hi:n¹];hiên[hi:n¹];mái hè[ma:i⁵ hɛ²] 芒ruỗng[ru:ŋ⁴];mài hiên[ma:i³ hi:n¹];hiên[hi:n¹]

【污垢】 泰ขี้ไคล[khi:³ khlai²] 老ໄຄ[khai²];ຂີ້ໄຄ [khi:³ khai²];ຂີ້ກະພິມ[khi:³ ka² lum¹] 越cáu[kau⁵] ghét[ɣɛt⁷];cáu bẩn[kau⁵ ʔbɤn³]

【污水】 泰น้ำเน่า[nam⁴ nau³] 老ນ້ຳເປື້ອນ[nam⁴ pɯan⁴];ນ້ຳເປເປື້ອນ[nam⁴ pə² pɯan⁴];ນ້ຳຈິບ[nam⁴ tsɯ:n⁴];ນ້ຳໂສໂຄາ[nam⁴so:¹khoːk¹⁰] 越nước bẩn [nɯ:k⁷ ʔbɤn³]

【乌骨鸡】 泰ไก่กระดูกดำ[kai⁵kra:⁵ʔdu:k⁹ʔdam²] 老ໄກ່ກະດູກດຳ[kai⁵ ka² ʔdu:k⁹ ʔdam¹] 越gà ác [ɣa² ʔa:k⁷]

【乌鹊】 傣-侬nộc ho[nok⁸ hɔ¹] 越chim chích choè[tsim¹ tsit⁷ tswɛ²];chim khướu[tsim¹ xɯ:u⁵] 芒chim chăt chiều[tsim¹ tsat⁷ tsi:u⁵]

【乌木】 泰ต้นดำแข็ง[ton³ ʔdam² kheŋ¹];ไม้มะเกลือ [mai⁴ ma⁴ klɯ:a²] 老ໄມ້ມະກຼືອ[mai⁴ ma:k⁹ kɯ:a¹ˑ] 越cây gỗ mun[kɤi¹ ɣo⁴ mun¹];cây mun [kɤi¹ mun¹];cây sồng[kɤi¹ ʂoŋ²];gỗ đen[ɣo⁴ ʔden¹]

【乌塘鳢】 泰ปลาช่อน[pla:²tshɔ:n²] 老ປາຊ່ອນ

❶ 石家book⁵-nuun⁴  阿含luk D2S  掸luk D2S  拉哈kaluk²
❷ 石家kam¹

[pa:¹' sɔ:n⁵] 越泰 pa pằn[pa¹ pan⁶] 越 cá bóp[ka⁵ ʔbɤ:p⁹]

【乌鸦❶】 泰 กา[ka:²];นกกา[nok⁸ka:²];อีกา[ʔi:²ka:²] 老 มีกา[nok⁸ ka:¹'];กา[ka:¹];กะแอก[ka² ʔɛ:k⁹] 岱-侬 tua ca[tuə¹ ka¹] 越泰 ca[ka¹];tua ca[tuə¹ ka¹] 普 ?ak²[ʔa:k²] 越 qua[kwa⁶];con quạ[kɔn¹ kwa⁶];chim quạ[tsim¹ kwa⁶] 芒 chim ác[tsim¹ ʔa:k⁷];con ác[kɔn¹ ʔa:k⁷];ác[ʔa:k⁷]

【乌鱼】 老 ปลาค่อ[pa:¹'khɔ:⁵] 岱-侬 pjalài[pja¹la:i²] 越 cá chuối[ka⁵ tsu:i⁵];cá quả[ka⁵ kwa³];cá lóc[ka⁵ lɔk⁷] 芒 cả chuổl[ka³ tsu:l³]

【乌云】 泰 เมฆดำ[me:k¹⁰ ʔdam²] 老 เมฆมืด[me:k¹⁰ mɯ:t¹⁰];เมฆมอง[me:k¹⁰ mɔ:k¹⁰];เมฆมอกอันมืดมือ[me:k¹⁰ mɔ:k¹⁰ ʔan¹ mɯ:t¹⁰ mɯ:a²] 普 qamwak² lãm¹[qa⁰ mwa:k² lam¹] 越 mây đen[mɤi¹ ʔdɛn¹]

【乌贼】 泰 ปลาหมึกชนิดตัวใหญ่[pla:² mɯk⁷ tsha nit⁸ tu:a² jai⁵] 老 ปาเมิก[pa:¹' mək⁸];ปามืก[pa:¹' mɯk⁸] 越 cá mực[ka⁵ muk⁸]

【巫婆】 泰 แม่มด[mɛ:³mot⁸] 老 แม่แฝด[mɛ:⁵fɛ:t⁵];แม่มิด[mɛ:⁵mot⁸];แม่มิดบน[mɛ:⁵mot⁸ʔbon¹'];แม่ม้อน[mɛ:⁵ mɔ:n⁴] 越 bà cốt[ʔba² kot⁷];bà đồng[ʔba² ʔdoŋ¹];bà mo[ʔba² mɔ¹] 芒 pà đồng[pa² ʔdoŋ²]

【巫师】 泰 หมอ[mɔ:¹'];พ่อมด[phɔ:³ mot⁸];แม่มด[mɛ:³ mot⁸];หมอผี[mɔ:¹ phi:¹] 老 มี[mɔ:¹];จ้ำ[tsam⁴];ขี้มิด[phɔ:⁵mot⁸];ขึ้มิด[mɔ:¹ mot⁸];ขึ้บน[mɔ:¹ mon²];ขึ้บน[mɔ:¹ʔbon¹];ขึ้ผี[mɔ:¹phi:¹] 岱-侬 sláy fù fap[ɬa:i⁵ fu² fa:p⁷];pò mo[pɔ³ mɔ¹];pò pụt[pɔ³ put⁸] 越泰 mo[mɔ¹] 普 Vak² phjăp⁵[βa:k²phjap⁵] 越 thầy mo[thɤi²mɔ¹];ông đồng[ʔoŋ¹'ʔdoŋ²];phù thủy[fu²thwi³] 芒 tluổng[tlɯ:ŋ⁴];mo[mɔ¹];ông mo[ʔoŋ¹ mɔ¹];thầy phù thuỷ[thɤi² fu² thwi:³] 芒

【巫医】 泰 พ่อมดหมอผี[phɔ:³ mot⁷ mɔ:¹ phi:¹] 老 ขี้เขียง[mɔ:¹ jau¹] 越 phù thủy lang băm[fu² thwi³ la:ŋ¹ ʔbam¹];thầy mo[thɤi² mɔ¹]

【诬告】 泰 ใส่ร้ายป้ายสี[sai⁵ra:i⁴pa:i³si:¹] 老 ฮาโขด[ha:¹tho:t¹⁰];ฮาความ[ha:¹khwa:m²];ฮาเลืองใส่[ha:¹lɯ:aŋ⁵sai⁵];ตู่[tu:⁵];ตู่อ่า[tu:⁵va:⁵];ตู่ฮา[tu ⁵ ha:] 越 vu[vu¹];vu cáo[vu¹ ka:u⁵];vu khống[vu¹ xoŋ⁵];vu oan[vu¹ ʔwa:n¹];nói vu[nɔi⁵ vu¹] 芒 khề vu[khe³ vu¹];vu wan[vu¹ wa:n¹]

【诬赖】 泰 ใส่ร้าย[sai⁵ra:i⁴] 老 ใส่ฮ้าย[sai⁵ha:i⁴] 岱-侬 lái chan[la:i⁵ tɕa:n¹];phuối đai[phu:i⁵ ʔda:i¹] 越泰 và lạ[va⁶ la⁴] 越 vu[vu¹];vu oan[vu¹ ʔwa:n¹]

【诬陷】 泰 ใส่ร้ายป้ายสี[sai⁵ra:i⁴pa:i³si:¹] 老 ฮาความ[ha:¹ khwa:m²] 越 vu cáo hãm hại[vu¹ ka:u⁵ ha:m⁴ ha:i⁶]

【无毒蛇】 泰 งูไม่มีพิษ[ŋu:² mai³ mi:² phit⁸] 老 งูบ่มีพิด[ŋu:² ʔbɔ:⁵ mi:² phit⁸] 越 rắn không có nọc độc[zan⁵ xoŋ¹ kɔ:⁵ ʔdɔk⁸]

【无根藤】 泰 เถาที่ไม่มีราก[thau² thi:³ mai³ mi:² ra:k¹⁰] 老 เถือเขืองคำ[khɯ:a¹ khɯ:aŋ¹ kham²];เขืองคำ[khɯ:aŋ¹ kham²];เขืองคำ[khau¹ kham²]

【无花果】 泰 มะเดื่อ[ma⁴ ʔdɯ:a⁵] 老 ฆาคเดื่อ 岱-侬 mac đứa[ma:k⁷ʔdɯə⁵] 越泰 mák đứ[ma:k⁷ʔdɯə⁵] 越 quả sung[kwa³ ʂuŋ¹] 芒 tlài khung[tla:i³ khuŋ¹]

【无赖 他是个~】 泰 คนพาล[khon² pha:n²] 老 ขี้ฮอง[khi:³ khɔ:k¹];มักเลง[nak⁸ le:ŋ²] 越 tên đểu[ten⁵ ʔdeu³];tên xỏ lá[ten¹sa³la⁵];tên vô lại[ten¹vo¹ la:i¹];vô lại[vo¹ la:i¹];kẻ lưu manh côn đồ[kɛ³ lɯu¹ man¹ kon¹ ʔdo²];thằng mất dạy[thaŋ² mɤt⁷ zai⁶]

【无名指❷】 泰 นิ้วนาง[niu⁴ na:ŋ²] 老 มีอนาง[ni:u⁴ na:ŋ¹] 越泰 nịu cắc[niu⁴ kak⁷];nịu nāng[niu⁴ na:ŋ¹]

---

❶ 石家 thua⁴ kaa⁴ 阿含 kā A1
❷ 石家 niw⁴-naaŋ⁶

越ngón tay đeo nhn[ŋɔn⁵ tai:¹ ʔdɛu¹ nɤn⁴];ngón áp út[ŋɔn⁵ ʔa:p⁷ ʔut⁷]

【无穷】泰ไม่มีที่สิ้นสุด[mai:³ mi:² thi:³ sin³ sut⁷] 越泰báu chừ nọi[ʔbau⁵ tsɯ⁶ nɔi⁴] 越vô cùng[vo¹ kuŋ²];vô tận[vo¹ tɤn⁶];vô cực[vo¹ kɯk⁸]

【无烟煤】泰ถ่านหินชนิดไร้ควัน[tha:n⁵ hin¹ tsha⁴ nit¹ rai⁴ khwan²]; 老ถ่าบสีลา[tha:n⁵ si:¹ la:²];ถ่าบอัฏฏาฮ์ขิด[tha:n⁵ ʔaŋ¹ tla:¹' sit⁸] 越than gầy [tha:n¹ ɣɤi²];an-tra-xít (anthracit, antraxit)[ʔa:n¹ tra:¹ sit⁷]

【蜈蚣❶】泰ตะขาบ[ta⁵ kha:p⁹];จะขาบ[tsa⁵ kha:p⁹] 老ขี้เฮ็บ[khi:³ khep⁷];จี่เฮ็บ[tsi:⁵ khep⁷];แมงฮาบ[mɛ:ŋ² kha:p⁹] 岱-侬tua khêp[tuə¹ khep⁷];ca khêp[ka¹ khep⁷];cáy khêp[kai⁵ khep⁷];khi khêp[khi³ khep⁷];ca khêp[ka¹ khep⁷] 越泰cháp khếp[tsa:p⁷ khep⁷] 普papêt⁵[pa⁰ pet⁵] 越rét[zet⁷];con rét[kɔn¹ zet⁷];ngô công[ŋo¹ kɔŋ¹];bọ cá[ʔbɔ⁵ ka⁵] 芒cày thết[kai³ thet⁷];thết[thet⁷]

【五❷】泰ห้า[ha:³] 老ห้า[ha:³];เหงือา[ŋau¹] 岱-侬hả[ha:³] 越泰hả[ha:³] 普mA⁵[mɔ⁵] 越năm[nam¹];ngũ[ŋu⁴] 芒đăm[ʔdam¹]

【五步蛇】泰งูกะปะ[ŋu:² ka⁵ pa⁵] 老งูฆ่าดาวเฝือง[ŋu:² la:³ kha:ŋ² lɯ:aŋ¹] 越rắn độc vipe[zan⁵ ʔdok⁸ vi¹ pɛ¹]

【五花肉】泰หมูสามชั้น[mu:¹ sa:m¹ tshan⁴] 老ฟูสามฮั้บ[mu:¹ sa:m¹ san³] 岱-侬nựa slam kéc [nɯə⁴ɬa:m¹ kɛk⁷];nựa pàm toọng [nɯə⁴ pa:m³ tɔ:ŋ⁴] 越thịt ba chỉ[thit⁸ ʔba¹ tsi³];thịt ba rọi[thit⁸ ʔba¹ zɔi⁶];ba chỉ[ʔba¹ tsi³];ba rọi[ʔba¹ zɔi⁶]

【五十❸】泰ห้าสิบ[ha:³ sip⁷] 老ห้าสิบ[ha:³ sip⁷]

岱-侬hả slip[ha:³ ɬip⁷] 越năm mươi[nam¹ mɯ:i¹] 芒đăm mươl[ʔdam¹ mɯ:l¹]

【五月】泰เดือนพฤษภาคม[ʔdɯ:an² phrut⁸ sa⁵ pha:² khom²];พฤษภาคม[phrut⁸ sa⁵ pha:² khom²];เดือนห้า[ʔdɯ:an² ha:³] 老เดือบพิ๊ดสะพา[ʔdɯ:an¹' phut⁸ sa² pha:²];เดือบห้า[ʔdɯ:an¹' ha:³] 岱-侬bươn hả[ʔbɯ:n¹ ha:³] 越泰bươn há[ʔbɯ:n¹ ha:³] 普nin¹ sjang¹[nin¹ sja:ŋ¹] 越tháng năm[tha:ŋ⁵ nam¹] 芒kháng đăm[kha:ŋ³ ʔdam¹]

【午饭❹】泰มื้อกลางวัน[mɯ:⁴kla:ŋ²wan²];อาหารกลางวัน[ʔa:²ha:n¹kla:ŋ²wan²];อาหารเที่ยง[ʔa:²ha:n¹thi:aŋ³] 老เข้าสะทวย[khau³sa²va:i¹];เข้าสวย[khau³swa:i¹];สวย[swa:i¹];งาย[ŋa:i²];อาทาบสวย[ʔa:¹'ha:n¹swa:i¹];อาทาบทู่ง[ʔa:¹' ha:n¹ thi:aŋ⁵] 岱-侬ngài[ŋa:i²] 普po⁴ tyôk⁵[pɤ⁴ tyok⁵] 越bữa ăn trưa[ʔbɯə⁴ ʔan¹ tsɯə¹];cơm trưa [kɤ:m¹ tsɯə¹];bữa trưa[ʔbɯə⁴ tsɯə¹];bữa cơm trưa[ʔbɯə⁴ kɤ:m¹ tsɯə¹] 芒pưa ăn tlưa[pɯə ʔan¹ tlɯə¹];pưa khơm[ʔbɯə⁴ khɤ:m³];cơm tlưa[kɤ:m¹ tlɯə¹]

【午睡】泰นอนกลางวัน[nɔ:n²kla:ŋ²wan²] 老บอมภางเอ็บ[nɔ:n² ka:ŋ¹' ven²];บอมอับ[nɔ:n² van²];บอมเอ็บ[nɔ:n² ven²];บอมสวย[nɔ:n²swa:i¹] 岱-侬nònngài[nɔn² ŋa:i²] 越泰nôn vễn[nɔn²ven²] 越ngủ trưa[ŋu³ tsɯə¹] 芒táy ngày[tai⁵ ŋai²]

【午夜】泰เที่ยงคืน[thi:aŋ³ khɯ:n²] 老มัดฮิมะยาม[mat⁸ si⁵ ma⁵ na:m²] 越nửa đêm[nɯə³ ʔdem¹]

【舞蹈】泰ระบำ[ra⁴ʔbam²];เต้นระบำ[te:n³ra⁴ʔbam²] 老ละบำ[la⁵ ʔbam¹];บาตะรำ[na:² ta² kam¹];ฟ้อบ[fɔ:n⁴] 岱-侬mùa[mu:ə³] 越泰múa[muə³] 普rhaw¹[ra:u¹] 越múa[muə⁵];vũ đạo[vu⁴ ʔda:u⁶];nháy múa[ɲai³ muə⁵];điệu múa

---

❶ 泐ča-khep D1S
❷ 石家 haa³　阿含 hā C1　撣 ha C1　泐 ha C1　拉哈 ma¹
❸ 石家 haa²-sip⁴
❹ 泐 lɛŋ A2

[ʔdi:u⁶ muə⁵]

【舞剑】 泰 แกว่งดาบ[kwɛ:ŋ⁵ ʔda:p⁹] 老 แกว่งดาบ[kwɛ:ŋ⁵ ʔda:p⁹] 越 múa kiếm[muə⁵ ki:m⁵] 芒 mùa kiêm[muə³ ki:m³]

【舞龙】 泰 รำมังกร[ram² maŋ² kɔ:n²];เชิดมังกร[tshət¹⁰ maŋ² kɔ:n²] 老 ฟ้อนลอง[fɔ:n⁴ lu:aŋ²] 越 múa rồng[muə⁵ zoŋ²]

【舞狮子】 泰 รำสิงโต[ram² siŋ¹ to:²];การเชิดสิงโต[ka:n² tshət¹⁰ siŋ¹ to:²];เชิดสิงโต[tshət¹⁰ siŋ¹ to:²] 老 ฟ้อนสิงโต[fɔ:n⁴ siŋ¹ to:¹] 越 múa sư tử[muə⁵ ʂɯ¹ tɯ³]

【舞台】 泰 เวที[we:² thi:²] 老 นาฏะเวที[na:² ta² ve:² thi:²] 越 sân khấu[ʂɤn¹ xɤu⁵];vũ đài[vu⁴ ʔda:i²]

【武力】 泰 กำลังทหาร[kam² laŋ² tha⁴ ha:n¹] 老 รำลัวอาวุด[kam⁵ laŋ² ʔa:¹ˑ ʔut¹];อำนาจปายปืน[ʔam¹ na:t¹⁰ pa:i¹ˑ pɯ:n¹] 越 võ lực[vɔ⁴ lɯk⁸];sức mạnh quân sự[ʂɯk⁷ maŋ⁸ kwɤn¹ ʂɯ⁴]

【武器】 泰 อาวุธ[ʔa:² wut⁸] 老 อุด[vut⁸];อาวุด[ʔa:¹ vut⁸] 越 vũ khí[vu⁴ xi⁵];võ khí[vɔ⁴ xi⁵];súng ống[ʂuŋ⁵ ʔoŋ⁵] 芒 khủng ổng[khuŋ³ ʔoŋ³]

【捂~耳朵】 泰 ปิด[pit⁷] 老 ปิด[pit⁷];มุบ[mup⁸];ม็บ[mop⁸] 普 nhất[ŋa:t⁵] 越 bưng[ʔbɯŋ¹];

che[tsɛ¹];bịt[ʔbit⁸] 芒 pit[pit⁸];pâng[pɤŋ¹]

【侮辱】 泰 เหยียดหยาม[ji:at⁹ ja:m¹] 老 ลึบล่าม[lɯp⁸ li:am⁵];ขึ้นปะฒาด[ʔdu:¹ˑ min⁵ pa² ma:t⁹] 越 làm nhục[la:m² ɳuk⁸];sỉ nhục[ʂi³ ɳuk⁸] 芒 là nhục[la² ɳuk⁸]

【误车】 泰 ตกรถ[tok⁷ rot⁷] 老 ตึกลด[tok⁷ lot⁸] 越 lỡ xe[lɤ⁴ sɛ¹]

【误解】 泰 เข้าใจผิด[khau³ tsai² phit⁷] 老 เข้าใจผิด[khau³ tsai¹ˑ phit⁷] 越 hiểu lầm[hi:u³ lɤm²] 芒 hiểu lầm[hi:u⁵ lɤm²]

【物价】 泰 ราคาสินค้า[ra:² kha:² sin¹ kha:⁴] 老 ลาดาของ[la:² kha:² khɔ:ŋ¹];ลาดาสินถ้า[la:² kha:² sin¹ kha:⁴] 越 vật giá[vɤt⁸ za⁵];giá hàng[za⁵ ha:ŋ²]

【物品】 泰 สิ่งของ[siŋ⁵ khɔ:ŋ¹];ของ[siŋ⁵ khɔ:ŋ¹] 老 สิ่งของ[siŋ⁵ khɔ:ŋ¹];ของ[khɔ:ŋ¹] 岱-侬 của[kuə⁵] 越泰 chường[tsɯ:ŋ⁶] 越 đồ[ʔdo²];vật [vɤt⁸];đồ vật[ʔdo² vɤt⁸];vật phẩm[vɤt⁸ fɤm³]

【雾❶】 泰 หมอก[mɔ:k⁹] 老 ฒอก[mɔ:k⁹] 岱-侬 mooc[mɔ:k⁷] 越泰 mók[mɔk⁷] 普 qamjat⁵ qhăw⁵[qa⁰ mja:t⁵ qhau⁵];qhăw⁵[qhau⁵] 越 sương mù[ʂɯ:ŋ¹ mu²] 芒 mù[mu²];khương mù[khɯ:ŋ¹ mu²];tlúc[tluk⁷]

---

❶ 石家 mɔɔk⁶ 拉哈 mok²

# X

【西】 泰ตะวันตก[ta⁵ wan² tok⁷];ด้านตะวันตก[ʔda:n³ ta⁵wan²tok⁷];ภาคตะวันตก[pha:k¹⁰ta⁵wan²tok⁷] 老ຕາອັນຕິກ[ta:¹' van² tok⁷];ເບື້ອງຕາອັນຕິກ[ʔbɯaŋ⁴ ta:¹'ven²tok⁷];ພາກຕາອັນຕິກ[pha:k¹⁰ ta:¹'van²tok⁷];ທິດຕາອັນຕິກ[thit⁸ta:¹'ven²tok⁷];ທິດປະຈິມ[thit⁸ pa²tsim¹'];ທິດປັດສິມ[thit⁸pat⁷sim¹'];ປັດສິມ[pat⁷sim¹'];ປະຈິມ[pa²tsim¹'];ປັດຈິມ[pat⁷tsim¹'];ປະຈິນ[pa² tsi:n¹'];ປາຈິນ[pa:¹' tsi:n¹'];ພາກຕາອັນຕິກ[pha:k¹⁰ ta:¹' van² tok⁷] 岱-侬tây[təi¹] 越泰tay[tai¹'] 普tan¹ mân³[ta:n¹ mɤn³];tan¹ loVân²[ta:n¹ lɤ⁰ βɤn³] 越tây[tɤi¹];phía tây[fiə⁵ tɤi¹];phía mặt trời lặn[fiə⁵ mat⁶ tʂɤ:i² lan⁶] 芒tây[tɤi¹]

【西北】 泰ตะวันตกเฉียงเหนือ[ta⁵ wan² tok⁷ tshi:aŋ¹ nɯ:a¹];ด้านตะวันตกเฉียง เหนือ[ʔda:n³ ta⁵ wan² tok⁷ tshi:aŋ¹ nɯ:a¹] 老ຕາອັນຕິກສຽງເໜືອ[ta:¹' van²tok⁷ si:aŋ¹ nɯ:a¹];ທິດຕາອັນຕິກສຽງເໜືອ[thit⁸ ta:¹'ven² tok⁷si:aŋ¹nɯ:a¹];ທິດພາຍັບ[thit⁸pha:²ɲap⁸];ພາຍັບ[pha:²ɲap⁸];ພາກພາຍັບ[pha:k¹⁰ pha:²ɲap⁸];ພາກພາຍັບ[pha:k¹⁰pha:²ɲap⁸] 越tây bắc[tɤi¹ ʔbak⁷];phí tây bắc[fiə⁵ tɤi¹ ʔbak⁷]

【西北风】 泰ลมตะวันตกเฉียงเหนือ[lom² ta⁵ wan² tok⁷ tshi:aŋ¹ nɯ:a¹] 岱-侬lồm dặm[lom² jam⁵] 越gió đoài[zɔ⁵ ʔdwa:i²];gió hanh[zɔ⁵ haɲ¹];gió may[zɔ⁵ mai¹];gió may cào[zɔ⁵ mai¹ ka:u²];gió heo[zɔ⁵ hɛu¹]

【西风】 泰ลมตะวันตก[lom²ta⁵wan²tok⁷] 老ລົມທິດຕາອັນຕິກ[lom² thit⁸ ta:¹' ven² tok⁷] 越gió tây[zɔ⁵ tɤi¹];gió đức[zɔ⁵ ʔdɯk⁷]

【西瓜】 泰แตงโม[tɛ:ŋ⁵ mo:²] 老ແຕງໂມ[tɛ:ŋ¹' mo:²];ພາກແຕງໂມ[ma:k⁹tɛ:ŋ¹ mo:²];ໝາກໂມ[ma:k⁹ mo:²] 岱-侬qua lưa[kwa¹ lɯə¹] 越泰tanh nặm [tɛŋ¹nam⁴] 普kuɤp⁵ ʔoŋ³[ku:p⁵ʔɔŋ³] 越dưa hấu[zɯə¹ hɤu⁵];dưa đỏ[zɯə¹ ʔdɔ³] 芒dưa hấu [zɯə¹ hɤu³]

【西瓜子】 泰เมล็ดแตงโม[ma⁴ let⁸ tɛ:ŋ² mo:²] 老ເມັດແຕງໂມ[met⁸ tɛ:ŋ¹' mo:²] 越hạt dưa hấu[ha:t⁸ zɯə¹ hɤu⁵]

【西红柿】 泰มะเขือเทศ[ma⁴khɯ:a¹ thet¹⁰];มะเขือเปรี้ยว [ma⁴ khɯ:a¹ pri:au³] 老ເຂືອເຖືອ[khɯ:a¹ khɯ:a²];ພາກເຂືອເຖືອ[ma:k⁹ khɯ:a¹ khɯ:a²];ເຂືອສົ້ມ[khɯ:a¹ som³];ພາກເຂືອສົ້ມ[ma:k⁹ khɯ:a¹ som³];ພາກເດັ່ນ[ma:k⁹ʔden⁵] 岱-侬macchè[ma:k⁷tɛɛ³];mac cà tàu[ma:k⁷ ka² tau²] 越泰mák mán[ma:k ma:n⁵];mák nhũng[ma:k⁷ɲuŋ²] 普mjak² ŋu⁴ [mja:k² ŋu⁴] 越cà chua[ka² tsuə¹] 芒cà chua[ka² tsuə¹]

【西葫芦】 泰แฟง[fɛ:ŋ²] 老ພາກແຟງ[ma:k⁹ fɛ:ŋ²];ພາກຟັກ[ma:k⁹ fak⁸] 越quả bầu bí[kwa³ ʔbɤu² ʔbi⁵]

【西南】 泰ตะวันตกเฉียงใต้[ta⁵wan²tok⁷tshi:aŋ¹tai³];ด้านตะวันตกเฉียงใต้[ʔda:n³ta⁵wan²tok⁷tshi:aŋ¹tai³] 老ຕາອັນຕິກສຽງໃຕ້[ta:¹'van²tok⁷si:aŋ¹tai⁴];ເບື້ອງຕາອັນຕິກສຽງໃຕ້[ʔbɯaŋ⁴ta:¹'ven²tok⁷si:aŋ¹tai³];ທັກສິນະປັດສິນ[thak⁸si²na⁵pat⁷sin¹];ທິດຕາອັນຕິກສຽງໃຕ້[thit⁸ta:¹'van²tok⁷si:aŋ¹tai⁴];ທິດຫລະດີ[thit⁸hɔ:¹la⁵ʔdi:¹'];ພາກຫລະດີ[pha:k¹⁰ hɔ:la⁵di:¹'];ຫລະດີ[hɔ:¹la⁵ʔdi:¹'] 越tây nam[tɤi¹ na:m¹];hướng tây nam[hɯ:ŋ⁵tɤi¹na:m¹]

【西芹】 泰เซเลอรี่[se:²lə:²ri:³] 老ຜັກຊີຝະລັ່ງ[phak si:² fa² laŋ⁵] 越rau cần tây[zau¹ kɤn² tɤi¹]

【西斜 太阳~】 泰 รอน[rɔːn²] 老 ลัง แลง[loŋ² lɛːŋ²];ฉาค้อย[khaː² khɔːi⁴];ถ่ำค้อย[kha:m⁵ khɔːi⁴];อ่าย[ʔvaːi⁵];บ่าย[ʔbaːi⁵] 越 bóng xế tà[ʔbɔŋ³ se³ taː²];ngả về tây[ŋa³ ve² tɤi¹] 芒 pòng xế tà[pɔŋ³ se³ taː²]

【西洋鸭】 泰 เป็ดฝรั่ง[pet⁷ fa⁵raŋ³] 老 เป็ดเทค [pet⁷ theːt¹⁰];เป็ดสะเพิง[pet⁷ sa² phau⁵] 岱-侬 tua ngan[tuə¹ ŋaːn¹];tua nhạn[tuə¹ ɲaːn⁴] 越泰 nàn[naːn⁶] 普 qat⁵ kuɤ⁴[qaːt⁵ kuɯɤ⁴] 越 ngan [ŋaːn¹] 芒 quèo[kwɛu²];con quèo[kɔn¹ kwɛu²];con xat[kɔn¹ saːt⁸]

【西药】 泰 ยาแผนปัจจุบัน[jaː² phɛːn¹ pat⁷ tsu² ʔban²] 老 ยาฮาง[jaː¹ luaŋ⁶] 越泰 da tay[jaː¹ tai¹] 越 thuốc tây[thuːk⁷ tɤi¹];tân dược[tɤn¹ zuɯːk⁸] 芒 thuốc tây[thuːk⁷ tɤi¹]

【西医】 泰 แพทย์แผนปัจจุบัน[phɛt¹⁰ phɛːn¹ pat⁷ tsu² ʔban²] 老 หมอยาฮาง[mɔː¹ jaː¹ luaŋ⁶];หมอยาแผนใหม่[mɔː¹ jaː¹ phɛːn¹ mai⁵] 越 tây y[tɤi¹ ʔi¹]

【西装】 泰 ชุดสตรีแบบตะวันตก[tshut⁸ saː⁵tri:² ʔbɛːp⁹ taː⁵wan² tok⁸];ชุดบุรุษแบบตะวันตก[tshut⁸ ʔbuː⁵rut⁷ ʔbɛːp⁹ taː⁵wan² tok⁸];ชุดสากล[tshut⁸ saː¹ kon²] 老 ฐุดสาภล[sut⁸ saː¹ kon¹] 越 com lê[kɔm¹ leː¹];bộ com lê[ʔbo⁶ kɔm¹ leː¹];áo vét[ʔaːu⁵ vɛt⁷];âu phục[ʔɤu¹ fuk⁸];quần áo tây[kwɤn² ʔaːu⁵ tɤi¹];áo tây[ʔaːu⁵ tɤi¹]

【牺牲 为国~】 泰 พลีชีพ[phliː² tshiːp¹⁰];เสียสละ[siːa¹ sa² laː⁵];พลีชีพ[phliː² tshiːp¹⁰] 老 สะ[saː²];สะหฺฺะ[sa² laː²];เสียสะหฺะ[siːa¹ sa² laː²];เสียสะหฺะวิต[siːa¹ sa² laː² siː² vit⁸];สะหฺะวิต[sa² laː² siː² vit⁸];สะหฺะต๊ว[sa² laː² tuːa¹];เสยวิต[siːa¹ siː² vit⁸];พะลี[pha² liː²] 岱-侬 sli thân[ɬi³ thɤn¹];sli minh[ɬi³ miɲ³];

vênh minh[veɲ³ miɲ³] 越 hy sinh[hi¹ ʂiɲ¹] 芒 hy xinh[hi¹ siɲ¹]

【锡❶】 泰 ดีบุก[ʔdiː² ʔbuk⁷] 老 ก้อ[kuːa⁵];ขี้ก้อ [khiː³ kuːa⁵];ตะก้อ[taː² kuːa⁵];ต๊น[ton⁸];ฮยก[hiːak⁹] 岱-侬 hich[hik⁷];thich[thik⁷] 越泰 hiếk[hiːk⁷] 越 thiếc[thiːk⁷] 芒 thiếc[thiːk⁷]

【锡匠】 泰 ช่างดีบุก[tshaːŋ³ ʔdiː²² ʔbuk⁷] 越 thợ thiếc[thɤ⁶ thiːk⁷]

【熄 ~灯❷】 泰 ดับ[ʔdap⁷] 老 ดับ[ʔdap⁷];มอด [mɔːt¹⁰] 岱-侬 đăp[ʔdap⁷] 越泰 mọt[mɔt⁸] 普 bjang²[bjaːŋ²] 越 tắt[tat⁷] 芒 thắt[that⁷]

【熄灭】 泰 ดับ[ʔdap⁷] 老 ดับ[ʔdap⁷];มอด[mɔːt¹⁰] 岱-侬 đăp[ʔdap⁷] 越泰 đắp[ʔdap⁷] 普 bjang² [bjaːŋ²] 越 tắt[tat⁷];dập tắt[zɤp⁸ tat⁷];làm cho tắt[laːm² tso¹ tat⁷] 芒 thắt[that⁷]

【溪❸】 泰 ห้วย[huːai³];ลำห้วย[lam² huːai³];ลำธาร[lam² thaːn²] 老 ฮ้อย[huːai³];ลำฮ้อย[lam² huːai³];ลำทาน[lam² thaːn²];ห้วยน้ำลำทาน[huːai³ naːm⁴ lam² thaːn²] 岱-侬 khuổi[khuːi³] 越泰 huổi[huːi³] 普 mhâng⁴[mɤŋ⁴] 越 suối[ʂuːi⁵];dòng suối[zɔŋ³ ʂuːi⁵];khe nước[xɛ¹ nɯːk⁵];rãnh[zaɲ⁴] 芒 hòl[hɔl³];pền[pen³]

【溪水】 泰 น้ำลำธาร[naːm⁴ lam² thaːn²] 老 ลำทาน [lam² thaːn²];ลำฮ้อย[lam² huːai³];น้ำฮ้อย[naːm⁴ huːai³];ห้วยน้ำลำทาน[huːai³ naːm⁴ lam² thaːn²] 岱-侬 năm khuổi[naːm⁴ khuːi³] 越 nước suối[nɯːk⁵ ʂuːi⁵] 芒 đác hòi[ʔdaːk⁷ hɔi³]

【犀鸟】 泰 นกเงือก[nok⁸ ŋɯːak¹⁰] 老 มีกาะอะ[nok⁸ kaː² vaː⁵] 越 chim tê giác[tsim¹ te¹ zaːk⁷]

【犀牛】 泰 แรด[rɛːt¹⁰] 老 แรด[hɛːt¹⁰];ต๊วแรด [tuːa¹ hɛːt¹⁰];โตแรด[toː¹ hɛːt¹⁰] 越 tê giác[te¹ zaːk⁷];con tê giác[kɔn¹ te¹ zaːk⁷];tê ngưu[te¹ ŋɯɯ¹]

---

❶ 掸 hek D1L　泐 hek D1L
❷ 石家 dap⁴
❸ 阿含 rui C1　掸 hoi C1　泐 hoi C1

【犀牛角】 泰 นอแรด[nɔː² rɛːt¹⁰] 老 มั่แรด[nɔː² hɛːt¹⁰];เขาแรด[khau¹ hɛːt¹⁰] 越 sừng tê giác[ʂɯŋ⁵ te¹ zaːk⁷]

【希望~有~】 泰 หวัง[waŋ¹];หวังว่า[waŋ¹ waː³] 老 ขวัง[vaŋ¹];คำขวัง[kham² vaŋ¹];ปะสົງ[pa² soŋ¹];เผือบ[fɯːan¹];เพิ่งปາຖะขมา[phəŋ² paː¹ˈ tha² naː¹];มุ่ง[muŋ⁵];ขวัง[muŋ⁵ vaŋ¹];ยາก[jaːk⁹];ยາกขวัง[jaːk⁹ vaŋ¹];เทิม[həːm¹];ปາຖะ ขมา[paː¹ˈtha²naː¹];ขวังอ่า[vaŋ¹ vaː⁵];ปะสົງขมายมุ่ง[pa² soŋ¹ maːi¹ muŋ⁵] 普 tăj⁵[tai⁵] 越 niềm hy vọng[niːm² hi¹ vɔŋ⁶]

【希望~你记住❶】 泰 หวัง[waŋ¹] 老 ขวัง[vaŋ¹];ขวัง อ่า[vaŋ¹ vaː⁵];ปາຖะขมา[paː¹ˈ tha² naː¹];จำมົ่ง[tsam¹ˈ noŋ²];ติปอง[ti⁵ pɔːŋ¹];ปะสົງ[pa² soŋ¹];เพิ่งปາຖะขมา[phəŋ² paː¹ˈ tha² naː¹];ใฝ่[fai⁵];เผือบ[fɯːan¹];มุ่งขวัง[muŋ⁵vaŋ¹];มุ่ง[muŋ⁵];ยາกขวัง[jaːk⁹vaŋ¹];ยາก[jaːk⁹];เทิม[həːm¹] 岱-侬 ngoòng ái[ŋɔːŋ² ʔaːi⁵] 越泰 cang công[kaːŋ¹ kɔŋ²] 普 tăj⁵[tai⁵] 越 mong[mɔŋ¹];hi vọng[hi¹ vɔŋ⁶] 芒 mong[mɔŋ¹]

【蟋蟀】 泰 จิ้งหรีด[tsiŋ³ riːt⁹];จิ้งหรีดทองแดง[tsiŋ³ riːt⁹ thɔːŋ² ʔdɛːŋ²];จังหรีด[tsaŋ² riːt⁹];ชลาหนอน[tsha⁴ laː² nɔːn¹] 老 จึบนาย[tsiː⁵ naːi²];ตือจึบนาย[tuːa¹ˈ tsiː⁵ naːi²];จิ๋จิ๋[tsiː⁵ tsɔː⁵];ตือจิ๋จิ๋[tuːa¹ˈ tsiː⁵ tsɔː⁵] 岱-侬 dồng ổn mòn[jɔŋ³ ʔɔn³ mɔn²];kit lit[kit⁷ lit⁷] 普 paʔam⁴[paʰ ʔaːm⁴] 越 dé[zɛ⁵];con dé[kɔn¹ zɛ⁵];dé mèn[zɛ⁵ mɛn²] 芒 tiềl[tiːl³]

【蜥蜴】 泰 กะปอม[ka⁵ pɔːm²];ตัวกะปอม[tuːa² ka⁵ pɔːm²];จิ้งจก[tsiŋ³ tsok⁵];จิ้งเหลน[tsiŋ⁵ leːn¹] 老 กิโขะ[ki² koʔ];ตือกิโขะ[tuːa¹ˈ ki² koʔ];ขิโขะ[khiː ko²];จิโขะ[tsi⁵ ko²];จิไปม[tsi⁵ poːm⁵];จิปอม[tsi⁵ pɔːm¹];กะปอม[ka²pɔːm¹];ตือกะปอม[tuːa¹ˈka² pɔːm¹];กิปอม[ki² pɔːm¹];กิโขะ[kiː¹ˈ ko²] 岱-侬 mò pì[mɔ² pi²] 越泰 xiểm cá[siːm³ kaː⁵] 普 qa

nwăn²[qa⁰nwan²] 越 thằn lằn[than² lan²];con thằn lằn[kɔn¹ than² lan²]

【吸~一口粥】 泰 ดูด[ʔduːt⁹] 老 ดูด[ʔduːt⁹];สูบ[suːp⁹] 越 hút[hut⁷]

【吸~烟】 泰 สูบ[suːp⁹];ดูด[ʔduːt⁹] 老 สูบ[suːp⁹];ดูด[ʔduːt⁹] 岱-侬 kin[kin¹] 越泰 kin[kin¹];chúp[tsup⁵] 普 kân¹ hwât²[kʏn¹ hwʏt⁵] 越 hút[hut⁷] 芒 hút[hut⁷];đúch[ʔdut⁷]

【吸尘器】 泰 เครื่องดูดฝุ่น[khrɯːaŋ³ ʔduːt⁹ fun⁵] 老 เถิองดูดฝุ่น[khɯːaŋ⁵ ʔduːt⁹ fun⁵] 越 máy hút bụi[mai⁵ hut³ ʔbui⁶]

【吸气】 泰 สูด[suːt⁹] 老 หายใจเข้า[haːi¹tsai¹ khau³] 岱-侬 đut[ʔdut⁷];đât[ʔdət⁷] 越泰 hít hơi[hit⁷ hʏːi¹];chúp hơi[tsup⁷ hʏːi¹];xúrp hơi[sɯp⁵ hʏːi¹] 芒 hít[hit⁵]

【膝盖❷】 泰 เข่า[khau⁵];หัวเข่า[huːa¹ khau⁵] 老 เขิ่ง[khau⁵];ทือเขิ่ง[huːa¹khau⁵];สีบ้า[siːˈʔbaː⁴];ทือสีบ้า[huːa¹ siːˈʔbaː⁴];มันทับทือเขิ่ง[mon² thon² huːa¹khau⁵] 岱-侬 kháu[khau⁵];hua kháu[huːa⁵ khau⁵] 普 zhô⁴qâw⁴[zo⁴qʏ⁴];rhô⁴qâw⁴[ro⁴qʏu⁴] 越 đầu gối[ʔdʏu² yoi⁵] 芒 cồl lãi[kol³ laːi⁴];cồl[kol³]

【膝盖骨❸】 泰 กระดูกหัวเข่า[kra⁵ ʔduːk⁹ huːa¹ khau⁵];กระดูกสะบ้าหัวเข่า[kra⁵ ʔduːk⁹ sa⁵ ʔbaː¹ huːa¹ khau⁵];กระดูกสะบ้า[kra⁵ ʔduːk⁹ sa⁵ ʔbaː³] 老 ลูกขมาบ้าทือเขิ่ง[luːk¹⁰maːk⁹ʔbaːˈhuːa¹ khau⁵];กะดูกขมาบ้า[ka² ʔduːk⁹ maːk⁹ ʔbaː⁴];ขมาบ้าทือเขิ่ง[maːk⁹ ʔbaː⁴ huːa¹ khau⁵];ขมาและ[maːk⁹ lɛ⁵];ขมาบ้า ขมาและเสือ[maːk⁹ ʔbaː⁴ maːk⁹ lɛ⁵ sɯːa¹];ຂมูมับทับ[saː² nu⁵ mon² thon²];บ้า[ʔbaː⁴] 越 xương đầu gối[sɯːŋ¹ ʔdʏu⁵];xương bánh chè[sɯːŋ¹ ban⁵ tsɛ²];bánh

---

❶ 阿含 shū
❷ 石家 thraw³-kɔɔ⁴; kɔɔ⁶   阿含 ru-khāo B1   掸 khāu B1   渤 xāu B1
❸ 石家 thraw²-gɔɔ³; gɔɔ³

chè[ʔban⁵ tsɛ²];xường bánh dày[suːŋ¹ ʔban⁵ zai²]

【稀 粥很~】 泰 เหลว[leːu¹] 老 ແຫຼວ[lɛːu¹] 岱-侬 choéng[tɕwɛŋ⁵];liêu[liːu¹] 越泰 leo[lɛu¹] 普 lơng³[lɤːŋ³];lâng³[lɤŋ³];lhwang⁴[lwaːŋ⁴] 越 loãng[lwaːŋ⁴];nhão[ɳaːu⁴];lóng[lɔŋ³] 芒 lóng[lɔŋ⁵];láng[laŋ⁵]

【稀烂 煮得~】 泰 เปื่อยเละ[puːai⁵ le⁴] 老 ເລະ[le⁴] 岱-侬 pươt[puːt⁷] 越 nát nhừ[naːt⁷ ɳɯ²]

【稀少】 泰 ปรากฏให้เห็นน้อย[praː² kot⁷ hai³ hen¹ nɔːi⁴] 普 qe⁴ qâj²[qe⁴ qʁi²] 越 ít ỏi[ʔit⁵ ʔɔi³];thưa thớt[thɯə¹ thɤːt⁷]

【席子❶】 泰 ฟูก[fuːk¹⁰];เสื่อ[suːaː⁵];ลำแพน[lam² pheːn²];สาด[saːt⁹] 老 ສາດ[saːt⁹] 岱-侬 fục[fuk⁸] 越泰 phụk[phuk⁸] 普 sit⁵[sit⁵];siơt⁵[siːt⁵];siơt⁵ sin¹[siːt⁵sin¹] 越 chiếu[tsiːu⁵];tấm chiếu[tɤm⁵tsiːu⁵];cái chiếu[kaːi⁵ tsiːu⁵] 芒 chiếu[tsiːu³]

【习惯 早起~】 泰 เคยชิน[khəːi² tshin²] 老 จาฮีด[tsaː¹ʼ hiːt¹⁰];ฮีด[hiːt¹⁰];ฮีดຄອງ[hiːt¹⁰ khɔːŋ²];ເຄີມີ[pheː² niː²];ปะເຄີມີ[paː² pheː² niː²];ลิ้งแวอบ[luːŋ⁴ kwɛːn⁵];ลิ้งເຄີຍ[luːŋ⁴ khəːi²];ลิ้งลอบ[luːŋ⁴ luːan²];ອາจีบอะอັດ[ʔaː¹ʼtsin¹na⁵vat⁸] 越 thói quen[thɔi⁵ kwɛn¹]

【习惯 好~】 泰 ชิน[tshin²];ความเคยชิน[khwaːm² khəːi²tshin²] 老 จาฮີด[tsaː¹ʼhiːt¹⁰];ฮີด[hiːt¹⁰];ฮີดຄອງ[hiːt¹⁰khɔːŋ²];ເຄີມີ[pheː²niː²];ปะເຄີมີ[paː² pheː² niː²];ลิ้งแวอบ[luːŋ⁴ kwɛːn⁵];ลิ้งເຄີຍ[luːŋ⁴ khəːi²];ลิ้งลอบ[luːŋ⁴ luːan²];ทำบอງ[tham² nɔːŋ²];ทำມຸມ[tham²niːam²];กะบิบ[kaː²ʔbin¹] 岱-侬 quén[kwɛn⁵] 越泰 nhảm mò[ɳaːm³mɔ⁶];nhảm khỏi[ɳaːm³ khɔi²] 越 tập quán[tɤp⁸ kwaːn⁵];thói quen[thɔi⁵ kwɛn¹];thói[thɔi⁵] 芒 thòi[thɔi³]

【习俗】 泰 รีด[riːt¹⁰];ขนบ[kha⁵ nop⁷];ธรรมเนียม

[tham²niːam²] 老 ฮีด[hiːt¹⁰];ฮีดຄອງ[hiːt¹⁰khɔːŋ²];จะฮີด[tsaː²hiːt¹⁰];จาฮີดปะເຄີมີ[tsaː¹ʼhiːt¹⁰paː² pheː² niː²];ปะເຄີมี[paː² pheː² niː²];ເຄີมี[pheː² niː²];ปะເອມี[paː² veː² niː²];ผีฮີ[phi⁵ thiː²] 岱-侬 lẹ lọc[lɛ⁴lɔːk⁸] 越泰 vạt[vaːt⁸];nôi[nɔi²] 越 tập tục[tɤp⁸ tuk⁸];thói tục[thɔi⁵ tuk⁸]

【洗 ~衣服❷】 泰 ซัก[sak⁸] 老 ຊັກ[sak⁸] 岱-侬 rặc[rak⁸];dặc[jak⁸] 越泰 xặc[sak⁸] 普 piơt⁵[piːt⁵] 越 giặt[zat⁸] 芒 chắt[tsat⁷]

【洗 ~手】 泰 ล้าง[laːŋ⁴] 老 ສ່ອຍ[suːai⁵];ລ້າງ[laːŋ⁴] 岱-侬 sluối[ɬuːi⁵];đào[ʔdaːu²] 越 xuối[suːi⁵] 普 cyôk⁵[tsyok⁵] 越 rửa[ʐɯə³] 芒 thủa[thɯə³];chao[tsaːu¹]

【洗 ~头】 泰 สระ[sa⁵] 老 ສະ[sa²] 岱-侬 khuôi[khuːi³] 普 jiw² zhô⁴[jiu² zo⁴] 越 gôi[yoi⁶]

【洗 ~脸❸】 泰 ล้าง[laːŋ⁴] 老 ລ້າງ[laːŋ⁴];ສ່ອຍ[suːai⁵] 岱-侬 sluối[ɬuːi⁵];slào[ɬaːu²];rào[raːu²] 越 rửa[ʐɯə³] 芒 của[kuə³]

【洗 ~菜】 泰 ล้าง[laːŋ⁴] 老 ລ້າງ[laːŋ⁴] 普 liw⁴[liu⁴] 越 rửa[ʐɯə³]

【洗 ~碗】 泰 ล้าง[laːŋ⁴] 老 ລ້າງ[laːŋ⁴] 岱-农 lạng[laːŋ⁴];xá[ɕa⁵];xuc[ɕuk⁵];chạt[tɕaːt⁸] 越泰 lạng[laːŋ⁴] 越 rửa[ʐɯə³] 芒 lăng[laŋ⁴]

【洗衣粉】 泰 ผงซักฟอก[phoŋ¹ sak⁸ fɔːk¹⁰] 老 ຜົງຊັກຟອກ[phoŋ¹sak⁸fɔːk¹⁰] 越 bột giặt[ʔbot⁸ zat⁸]

【洗衣机】 泰 เครื่องซักผ้า[khrɯːaŋ³ sak⁸pha:³];เครื่องซักผ้าไฟฟ้า[khrɯːaŋ³ sak⁸pha:³fai²fa:⁴] 老 ເຄື່ອງຊັກຜ້າ[khɯːaŋ⁵ sak⁸ pha:³];จักซักເຄື່ອງ[tsak⁷ sak⁸ khɯːaŋ⁵] 越 máy giặt[mai⁵ zat⁸]

【洗澡❹】 泰 อาบ[ʔaːp⁹];อาบน้ำ[ʔaːp⁹ nam⁴];ຊາບ

---

❶ 石家 biin³  阿含 shāk D1L  掸 sat D1L  勐 sat D1L
❷ 阿含 shāk D2S  掸 shăk D2S  勐 săk D2S
❸ 石家 laaŋ⁶
❹ 石家 ʔaap⁶  阿含 āp D1L  掸 ʔap D1L  勐 ʔap D1L

น้ำท่า[ʔa:p⁹ nam⁴ tha:³]　老ອາບ[ʔa:p⁹];ອາບນ້ຳ[ʔa:p⁹ nam⁴];ອາບນ້ຳ ອາບໄນ[ʔa:p⁹ nam⁴ ʔa:p⁹ nai¹];ອາບລ້າງ[ʔa:p⁹la:ŋ⁴]　岱-侬ap[ʔa:p⁷];apđang[ʔa:p⁷ ʔda:ŋ¹]　越泰áp[ʔa:p⁷]　普cyôk⁵[tsyok⁵]　越tắm[tam⁵]　芒thằm[tham³];thằm thứa[tham³ thɯə⁵]

【喜欢~唱歌❶】　泰ชอบ[tshɔ:p¹⁰]　老ຊອບ[sɔ:p¹⁰];ມັກ[mak⁸];ຊົມຊອບ[som² sɔ:p¹⁰];ມີຍົມ[ni⁵ nom²]　岱-侬nắt[nat⁷]　越泰mặc[mak⁸];mặc muốn[mak⁸ mu:n⁶];xủ[su³]　普ngaj⁴[ŋa:i⁴];ngaj⁵[ŋa:i⁵]　越thích[thit̚⁷];yêu mến[ʔi:u¹ men⁵];ưa thích[ʔɯə⁵ thit̚⁷];ưa chuộng[ʔɯə¹tsu:ŋ⁶]　芒ưa[ʔɯə⁵];ưa thích[ʔɯə⁵ thit̚⁷];ưa chuỗng[ʔɯə¹ tsu:ŋ⁵]

【喜酒】　泰เหล้าเลี้ยงแขกในงานแต่ง[lau⁴li:aŋ⁴khɛ:k⁹ nai² ŋa:n² tɛ:ŋ⁵];เหล้ามงคล[lau³ moŋ² khon²]　越tiệc cưới[ti:k⁸ kɯ:i⁵];rượu cưới[zɯ:u⁶ kɯ:i⁵]　芒tiếc du cháu[ti:k⁸ zu¹ tsau³]

【喜鹊】　泰นกกางเขน[nok⁸ ka:ŋ² khe:n¹];นกสาลิกา[nok⁸sa:¹li⁴ka:¹];นกขุนแผน[nok⁸khun¹phɛ:n¹]　老ມີກ ແຊວ[nok⁸ sɛ:u²]　岱-侬nộc cạt[nok⁸ ka:t⁸];nộc ca dac[nok⁸ ka¹ ja:k⁷]　普nuk⁸ jɯrok⁵[nuk² jɯ:k⁵]　越chim khách[tsim¹ xat̚³]

【细】　泰เรียว[ri:au²]　老ຮ່ຽວ[hi:au²];ແລບ[lɛ:p⁵]　越nhỏ[ɲɔ³]　芒nhó[ɲɔ⁵]

【细长】　泰เรียวและยาว[ri:au²lɛ⁴ja:u²]　老ຮ່ຽວແລະຍາວ[hi:au² lɛ⁵ ɲa:u²]　普sêp² song⁴[sep² sɔŋ⁴]　越dài nhỏ[za:i² ɲɔ³];dài mỏng mảnh[za:i² mɔŋ³ maŋ³]

【细菌】　泰เชื้อจุลินทรีย์[tshɯ:a⁴ tsu⁵ lin² si:²];เชื้อแบคทีเรีย[tshɯ:a³ ʔbɛ:k⁹ thi:² ri:a²]　老ຕົວພະຍາດ[tu:a¹ˈ pha⁵ ɲa:t¹⁰]　越vi khuẩn[vi¹ xwɤn³];vì trùng[vi¹ tsuŋ²]

【细心】　泰ละเอียด[la⁴ ʔi:at⁹];รอบคอบ[rɔ:p¹⁰ khɔ:p¹⁰]　老ລະອງ[la⁵ʔi:at⁹]　岱-侬tứng i[tɯŋ⁵ʔi³];bắc bắm[ʔbak⁷ʔbam⁵]　越ti mi[ti³mi³];kỹ càng[ki⁴ka:ŋ²];kỹ lưỡng[ki⁴ lɯ:ŋ⁴];cẩn thận[kɤn³ thɤn⁶];chu đáo[tsu¹ ʔda:u⁵]　芒cẩn thần[kɤn⁵ thɤn⁴]

【细腰蜂❷】　泰แตนกาฝัก[tɛ:n² ka:² fak⁷]　老ໃຍ[jai]　越泰tó món[tɔ⁵ mɔn⁵]　普ngâw³[ŋɤu³];hong¹[hɔŋ¹];ri³[ri³]　越ong bầu[ʔɔŋ¹ ʔbɤu²]　芒ong pù[ʔɔŋ¹ pu²]

【戏看~】　泰ละคร[la⁴khɔ:n²]　老ລະຄອນ[la⁴khɔ:n²]　越kịch[kit̚⁸]　芒kich[kit̚⁵]

【戏台】　泰เวทีแสดงละคร[we:²thi:²sa⁵ʔdɛ:ŋ²la⁴khɔ:n²];เวทีแสดง[we:²thi:²sa⁵ʔdɛ:ŋ²]　老ນາຕະເວທີ[na:²ta²ve:²thi:²];ເວທີລະຄອນ[ve:²thi:²la⁴khɔ:n²]　越sân khấu[sɤn¹ xɤu⁵]

【虾❸】　泰กุ้ง[kuŋ³]　老ກຸ້ງ[kuŋ⁴];ຕົວກຸ້ງ[tu:a¹ˈkuŋ⁴];ໂກໄລ[ko:¹ˈ lai]　岱-侬cùng[kuŋ³];tôm[tom¹];tua ngiều[tuə¹ ŋi:u²];ngùa[ŋuə²]　越泰cùng[kuŋ³];cùng phoi[kuŋ³ phɔi¹]　普nham⁴[ŋa:m⁴]　越tôm[tom¹];tép[tɛp⁷]　芒thôm[thom¹];thép[thɛp⁷]

【虾酱❹】　泰กะปิ[ka⁵pi⁵]　老ກະປິ[ka⁵ pi²]　岱-侬hém ngùa[hem⁵ ŋuə²]　越mắm tôm[mam⁵ tom¹]　芒bắm thôm[ʔbam³ thom¹]

【虾干】　泰กุ้งแห้ง[kuŋ³ hɛ:ŋ³]　老ກຸ້ງແຫ້ງ[kuŋ⁴ hɛ:ŋ³]　普lươk²[lu:k²]　越tôm khô[tom¹ xo¹];tép khô[tɛp⁷ xo¹]　芒thôm khô[thom¹ kho¹]

【虾米】　泰กุ้งแห้ง[kuŋ³ hɛ:ŋ³]　老ກຸ້ງຝັດ[kuŋ⁴ fat⁸]　越tôm khô nhỏ[tom¹ xo¹ ɲɔ³]

【虾钳菜】　泰ผักเป็ด[phak⁷ pet⁷]　老ຜັກເປັດ[phak⁷ pet⁷];ມັນເປັດ[man²pet⁷];ຊີນຕາຂ້າງ[khon¹ta:¹ˈsa:ŋ⁴];ຫຍ້າຊີນຕາຂ້າງ[ja:³khon¹ta:¹ˈsa:ŋ⁴];ໂພງແພວ

---

❶ 石家mak⁴；mak⁶
❷ 腰细长；常成双用泥土在墙上筑巢栖息。
❸ 石家kuŋ⁶
❹ 石家kaʔ²-piʔ⁴

[pho:ŋ² phɛu²] 岱-侬 phjăc hôm nam[phjak⁷ hom¹ na:m¹] 越 rau rệu[ʐau¹ ʐeu⁶]

【虾仁】泰 กุ้งที่แกะเอาหัวและเปลือก[kuŋ³ thi:³ kɛ⁵ ʔau² hu:a¹ lɛ⁴ plɯ:ak⁹ ʔɔ:k⁹] 老 กุ้งปอก[kuŋ⁴ pɔ:k⁹] 越 tôm nõn[tom¹ nɔn⁴];tôm tươi đã bók vỏ bỏ đầu[tom¹ tɯ:i¹ ʔda⁴ ʔbɔk⁷ vɔ³ ʔbɔ³ ʔdɤu²]

【虾子 虾卵】泰 ไข่กุ้ง[khai⁵ kuŋ³] 老 ไข่กุ้ง[khai⁵ kuŋ⁴] 越 trứng tôm[tʂɯŋ⁵ tom¹] 芒 tlớng thôm [tlɤŋ³ thom¹]

【瞎】泰 บอด[ʔbɔ:t⁹] 老 บอด[ʔbɔ:t⁹] 岱-侬 bot [ʔbɔt⁷] 越泰 bót[ʔbɔt⁷];ta ték[ta¹ tɛk⁷] 普 tê⁵ lak⁵ [te¹ la:k⁵];lak²[la:k²] 越 mù[mu²] 芒 mù[mu²];tul [tul¹];pơ tul[pɤ¹ tul¹]

【瞎子】泰 คนตาบอด[khon² ta:² ʔbɔ:t⁹] 老 คืนตา บอด[khon² ta:¹' ʔbɔ:t⁹] 越 người mù[ŋɯ:i² mu²]; người đui mù[ŋɯ:i² ʔdui¹ mu²];kẻ mù lòa[kɛ³ mu² lwa²] 芒 môl mù[mɔl⁴ mu²]

【霞】泰 เมฆแดง[me:k¹⁰ ʔdɛ:ŋ²] 老 เมกแดง[me:k¹⁰ ʔdɛ:ŋ¹] 越 ráng[ʐaːŋ⁵]

【峡谷】泰 ช่องเขาที่สายน้ำไหลผ่าน[tshɔ:ŋ³ khau¹ thi:³ sa:i¹ nam⁴ lai¹ pha:n³] 老 ทุบ[hup³];ง่อมเผา [hɔ:m⁵ pha:¹];ดำแฆ้ง[khɔ:² kɛːŋ⁴] 越 khe[xɛ¹];hẻm núi[hɛm³ nui⁵];thung lũng hẹp[thuŋ¹ luŋ⁴ hɛp⁸]; vực[vuk⁸]

【下 桌~❶】泰 ใต้[tai³];ข้างล่าง[kha:ŋ³la:ŋ²];ล่าง[la:ŋ²] 老 ใต้[tai⁴];ลุ่ม[lum²];เบื้องลุ่ม[ʔbɯ:aŋ⁴lum⁵]; ข้างลุ่ม[kha:ŋ³lum⁵];ทางลุ่ม[tha:ŋ²lum⁵];ก้อง [kɔ:ŋ⁴];ล่าง[la:ŋ²] 岱-侬 tầư[tɤɯ³] 越泰 tàư [tau³] 普 băng³[baŋ⁵] 越 dưới[zɯ:i³];phía dưới [fiə⁵ zɯ:i⁵];bên dưới[ʔben¹ zɯ:i⁵];mặt dưới[mat⁸ zɯ:i⁵] 芒 chờ[tsɤ²];quèn chờ[kwɛn² tsɤ²];khả chờ [kha³ tsɤ²];bàl chờ[ʔba:l¹ tsɤ²];uống[ʔu:ŋ⁴];tin

[tin³];bàl tin[ʔba:l³ tin³];cày tin[kai³ tin³];pên chò[pen¹ tsɤ²]

【下~楼❷】泰 ลง[loŋ²] 老 ลง[loŋ²] 岱-侬 lồng [loŋ²] 越泰 lồng[loŋ²] 普 lhja⁵[lja⁵] 越 xuống [su:ŋ⁵] 芒 thuổng[thu:ŋ³]

【下 打了一~】泰 ครั้ง[khraŋ⁴] 老 ถั่ง[khaŋ⁴] 岱-侬 bát[ʔba:t⁸] 越 lần[lɤn²];cái[ka:i⁵];lượt[lɯ:t⁸]

【下巴❸】泰 คาง[kha:ŋ²];ลูกคาง[lu:k¹⁰kha:ŋ²˙]; กระดองคาง[kra⁵dɔ:ŋ²kha:ŋ²] 老 ดาง[kha:ŋ²˙]; ดางกะใต้[kha:ŋ² ka:² tai¹'];กาบดาง[ka:p⁹ kha:ŋ²]; กะโดงดาง[ka:²dɔ:ŋ¹'kha:ŋ²];พะทะบุ[pha⁵ha² nu⁵] 岱-侬 càng[ka:ŋ²] 越泰 căng[ka:ŋ²] 普 paqang³[pa⁰qa:ŋ²] 越 cằm[kam²];quai hàm[kwa:i¹ ha:m²] 芒 càng[ka:ŋ²];poch càng[pɔt⁸ ka:ŋ²];quai hàm[kwa:i¹ ha:m²]

【下摆】泰 ชายเสื้อคลุม[tsha:i²sɯ:a³khlum²] 老 ปีกเสื้อ[pi:k⁹ sɯ:a³] 越 vạt dưới[va:t⁸ zɯ:i⁵];phần dưới cùng vạt áo[fɤn² zɯ:i⁵ kuŋ² va:t⁸ ʔa:u⁵]

【下班】泰 เลิกงาน[lɤ:k¹⁰ ŋa:n²] 老 เลิก ภาบ[lɤ:k¹⁰ ka:n¹'];ออกเวม[ʔɔ:k⁹ve:m²];อ่วงงม[va:ŋ⁵ŋa:n²] 越 tan ca[ta:n¹ ka¹];tan tầm[ta:n¹ tɤm²];hết giờ làm[het⁷ zɤ² la:m²]

【下半年】泰 ครึ่งปีหลัง[khrɯŋ³ pi:² laŋ¹];ครึ่งหลังปี [khrɯŋ³ laŋ¹ pi:²] 老 เถิ่งปีทั้ง[khəŋ⁵ pi:¹' laŋ¹] 越 sáu tháng cuối năm[ʂau⁵ tha:ŋ⁵ ku:i⁵ nam¹]

【下半月】泰 ครึ่งหลังเดือน[khrɯŋ³ laŋ¹ ʔdɯ:an²]; ครึ่ง เดือนหลัง[khrɯŋ³ ʔdɯ:an² laŋ¹];ปักษ์หลัง[pak⁷ laŋ¹] 老 เถิ่งถืนทั้ง[khəŋ³khɯ:n²laŋ¹] 越 nửa tháng sau[nɯə⁵ tha:ŋ⁵ ʂau¹] 芒 nửa kháng khau [nɯə⁵ kha:ŋ³ khau¹]

【下本钱】泰 ลงต้นทุน[loŋ² ton³ thun²] 老 ลงทึม [loŋ² thum²] 越 bỏ vốn vào[ʔbɔ³ von⁵ va:u²]

---

❶ 石家 luaŋ⁵   阿含 taü C1   撣 taï C1
❷ 石家 lɔŋ⁴;  loŋ⁴
❸ 石家 gaaŋ⁴   阿含 duk D1L kāng A2   撣 kaŋ A2   泐 kaŋ A2

【下蛋】泰ออกไข่[ʔɔːk⁹khai⁵] 老ออกไข่[ʔɔːk⁹ khai⁵];ไข่[khai⁵] 岱-侬ooc xáy[ʔɔːk⁷ ɕai⁵] 越泰xáy[sai⁵] 普lăj³ qhăj¹[lai¹ qhai¹];lăj⁴ qhăj¹[lai⁴ phai¹] 越đẻ trứng[ʔdɛ³ tʂɯŋ⁵] 芒té tlởng[tɛ⁵ tlɤŋ³];ăn tlởng[ʔaːn³ tlɤːŋ³]

【下定】泰ของหมั้นที่ฝ่ายชอบมอบให้ฝ่ายหญิง[khɔːŋ¹ man³ thiː³ faːi⁵ tshɔːp¹⁰ mɔːp¹⁰ hai⁵ faːi⁵ jiŋ¹] 老ใช้เงินสิบสอด[hai³ ŋən² sin¹ sɔːt⁹] 越đưa lễ vật đến chạm ngõ[ʔduɤ¹ le⁴ vɤt⁸ ʔden⁵ tsaːm⁶ ŋɔ⁴]

【下腭】泰เพดานล่าง[pheː² ʔdaːn² laːŋ³] 老ถาวกะใต[khaːŋ²ka²tai¹] 越hàm dưới[haːm² zɯːi⁵] 芒hàm chờ[haːm² tsɤ²]

【下饭】泰กับข้าว[kap⁷ khaːu³] 老ภับเฃ้า[kap⁷ khau³] 越để ăn với cơm[ʔde³ ʔan¹ vɤːi⁵ kɤːm¹]

【下个月】泰เดือนหน้า[ʔdɯːan² naː³] 老เดือนขา้[ʔdɯːan¹ naː³] 越tháng tới[thaːŋ⁵tɤːi⁵];sang tháng[ʂaːŋ¹ thaːŋ⁵] 芒kháng khau[khaːŋ³khau¹];kháng tiềnh[khaːŋ³ tiːn⁶];khang kháng[khaːŋ¹ khaːŋ³]

【下级】泰หน่วยล่าง[nuːai⁵laːŋ³] 老ຂັ້ນລຸ່ມ[san⁴ lum⁵] 越cấp dưới[kɤp⁷ zɯːi⁵];hạ cấp[ha⁶ kɤp⁷];cấp thấp[kɤp⁷ thɤp⁷]

【下降水位~】泰ตก[ʔbok⁷];ลด[lot⁸] 老ບົກ[ʔbok⁷];ເຄືອກ[khɯːak¹⁰];ยุบ[ɲup⁸];ยุบลง[ɲup⁸lɔŋ²];โยบ[ɲoːp¹⁰];โยบลง[ɲoːp¹⁰lɔŋ²];ตึกต่ำ[tok⁷ tam⁵] 岱-侬bôc[ʔbok⁷] 越泰lồng[lɔŋ²] 越hạ thấp[ha⁶ thɤp⁷];hạ xuống[ha⁶ suːŋ⁵]

【下降成绩~】泰ลง[lɔŋ²] 老ລົງ[lɔŋ²];ทลุดลง[lut⁷ lɔŋ²];ทลุดน้อยถอยลง[lut⁷ nɔːi³ thɔːi¹ lɔŋ²];ຂຸດ[sut⁸] 岱-侬lồng[lɔŋ²] 越泰lútkém[lut⁵kɛm⁵] 越hạ thấp[ha⁶ thɤp⁷];hạ xuống[ha⁶ suːŋ⁵]

【下酒】泰แกล้ม[klɛm³] 老ແກ້ມ[kɛm⁴];กินแก้ม เฎี้ย[kin¹ kɛm⁴ lau³] 岱-侬chăm[tɕam⁵] 越nhắm[ɲam⁵] 越nhắm rượu[ɲam⁵ zɯːu⁶] 芒nhắm hảo[ɲam³ haːu⁴]

【下酒菜】泰ของแกล้ม[khɔːŋ¹klɛːm³];กับแกล้ม[kap⁷ klɛːm³] 老ຂອງແກ້ມ[khɔːŋ¹ kɛːm⁴];ເຄື່ອງແກ້ມ[khɯːaŋ⁵ kɛːm⁴];ຂອງແກ້ມເຫຼົ້າ[khɔːŋ¹ kɛːm⁴ lau³] 越đồ nhắm[ʔdo² ɲam⁵];đồ nhắm rượu[ʔdo² ɲam⁵ zɯːu⁶] 芒đồ nhắm hảo[ʔdo² ɲam³ haːu⁴];mồi[moi²]

【下课】泰เลิกเรียน[lɤːk¹⁰riːan²] 老ເລີກຮຽນ[lɤːk¹⁰ hiːan²] 越tan lớp[taːn¹ lɤːp⁷]

【下来】泰ลงมา[lɔŋ² maː²] 老ລົງມາ[lɔŋ² maː²] 岱-侬lồng mà[lɔŋ² maː²] 越泰lồng mã[lɔŋ² maː²] 越xuống[suːŋ⁵]

【下坡路】泰ทางลาดลง[thaːŋ²laːt¹⁰lɔŋ²] 老ທາງລົງຄ້ອຍ[thaːŋ² lɔŋ² khɔːi⁴];ທາງລົງພູ[thaːŋ² lɔŋ² phuː²] 越con đường xuống dốc[kɔn¹ ʔdɯːaŋ² suːŋ⁵ zok⁷]

【下铺】泰เตียงล่าง[tiːaŋ²laːŋ³];เตียงชั้นล่าง[tiːaŋ² tshan⁴laːŋ³] 老ຕຽງລ່າງ[tiːŋ¹¹ laːŋ⁵] 越giường dưới[zɯːŋ² zɯːi⁵]

【下棋】泰เล่นหมากรุก[leːn³maːk⁹ruk⁸] 老ຫຼິ້ນໝາກຣຸກ[lin³ maːk⁹ huk⁸];ຫຼິ້ນໝາກຣຸກ[liːn³ maːk⁹ huk⁸] 岱-侬tó cờ[tɔ⁵ kɤ²] 越泰tó cờ[tɔ⁵ kɤ²] 越đánh cờ[ʔdaːn⁵ kɤ²];chơi cờ[tsɤːi¹ kɤ²] 芒tánh cờ[taːn³ kɤ²]

【下去】泰ลงไป[lɔŋ² pai²] 老ລົງໄປ[lɔŋ² pai¹] 岱-侬lồngpây[lɔŋ²pɤi¹] 越泰lồngpay[lɔŋ²pai¹] 越đi xuống[ʔdi¹ suːŋ⁵];xuống[suːŋ⁵]

【下手从哪~】泰ลงมือ[lɔŋ² mɯː²] 老ລົງມື[lɔŋ² mɯː²] 越ra tay[za¹ tai¹];hành động[haːn² ʔdoŋ⁶];bắt tay vào làm[ʔbat⁷ tai¹ vaːu² laːm²]

【下水买猪~】泰เนื้อหมูหั่นชิ้น[nɯːa⁴ muː¹ han⁴ tshin⁴] 老ເຄື່ອງໃນ[khɯːaŋ⁵ nai¹];ຍໍ້[ɲɔː⁵] 越lòng[lɔŋ²];ruột gan của gia súc[zɯːt⁸ ɣaːn¹ kuɤ³ zaː¹

ʂuk⁷] 芒lòng[loŋ²]

【下水道】 泰ท่อระบายน้ำ[thɔː³ raː⁴ ʔbaːiː² nam⁴] 老ຮູບຳໂສໂຄກ[huː²nam⁴soː¹khoːk¹⁰] 越cống tiêu nước[koŋ⁵tiːu¹nɯːk⁷];cống ngầm[koŋ⁵ ŋɤm²];cống rãnh[koŋ⁵ ʐan⁴];đường cống[ʔdɯːŋ² koŋ⁵]

【下午❶】 泰บ่าย[ʔbaːiː⁵];ตอนบ่าย[tɔːn² ʔbaːiː⁵] 老ບ່າຍ[ʔbaːiː⁵];ຕອບບ່າຍ[tɔːn² ʔbaːiː⁵];ຍາມບ່າຍ[ɲaːm² ʔbaːiː⁵];ຕາອັບບ່າຍ[taː¹' van² ʔbaːiː⁵];ຕາອັບບ່າຍ[taː¹ van² ʔbaːiː⁵];ເວລາບ່າຍ[veː² laː² ʔbaːiː⁵] 岱-侬pửa pai[pɯə³ paːiː¹] 越泰tềnh cằm[teŋ⁶ kam⁶] 普pơ Guơj³[pɤ⁰ ɣɯːi³];pơguơj³[pɤ⁰ guːi³] 越buổi chiều[ʔbuːi⁵ tsiːu²];ban chiều[ʔbaːn¹ tsiːu²] 芒khuổng[khuːŋ⁴];pan khuổng[paːn¹khuːŋ⁴];puổi khuổng[puːi⁵ khuːŋ⁴]

【下弦月】 泰ดวงจันทร์ครึ่งดวงหลัง[ʔduːaŋ² tsan² khruŋ³ ʔduːaŋ² laŋ²];แรม ๗ ค่ำหรือ ๘ ค่ำ[rɛːm² pɛːt⁸ kham³ rɯː¹ kau³ kham³] 老ເດືອນແຮມ[ʔduːan¹' hɛːm²] 岱-侬hai cẩy nhi[haːiː¹ kəi² ɲi³] 越trăng hạ huyền[tʂaŋ¹ haː¹' hwiːn²];trăng lưỡi liềm[tʂaŋ¹ lɯːi⁴ liːm²]

【下雪】 泰หิมะตก[hiː⁵ma⁴tok⁷] 老ຫິມະຕົກ[hi ma⁵tok⁴] 越mưa tuyết[mɯə¹twiːt⁷];trời mưa tuyết[tʂɤːi² mɯə¹ twiːt⁷]

【下旬】 泰ช่วงสิบวันของปลายเดือน[tshuːaŋ³ sip⁷ wan²khɔːŋ¹plaːiː²ʔduːan²];ปลายเดือน[plaːiː² ʔduːan²] 老ສິບອັບທ້າຍເດືອນ[sip⁷ van² thaːiː⁴ ʔduːan¹] 岱-侬cẩy nhi[kəi² ɲi³] 越hạ tuần[haː⁶ twɤn²];là cối[laː³ koːi⁵]

【下游】 泰กระแสน้ำตอนล่าง[kraː⁵sɛː¹nam⁴tɔːn²laːŋ³] 老ແຫ່ງໃຕ້[heːŋ⁵tai⁵];ຕອນໃຕ້[tɔːn¹' tai⁵];ໃຕ້[tai⁵] 越泰là nặm[laː³nam⁴] 普potê³[pɤ⁰te³] 越hạ du[haː⁶ zu¹];hạ lưu[haː⁶ lɯːu¹] 芒hā lưu[haː⁴ lɯːu⁴]

【下雨❷】 泰ฝนตก[fon¹ tok⁷] 老ຝົນຕົກ[fon¹ tok⁷] 岱-侬phân[phən¹] 越泰phôn[phon¹] 普sāw⁴[saːɹ⁴];sāw⁵[sau⁵] 越mưa[mɯə¹];trời mưa[tʂɤː² mɯə¹] 芒mưa[mɯə¹]

【下崽 母猪~】 泰ตกลูก[tok⁷ luːk¹⁰] 老ຕົກລູກ[tok⁷ luːk¹⁰] 岱-侬lồng lục[loŋ² luk⁸];tôc lục[tok⁷luk⁸] 越đẻ con[ʔdeː³ kɔn¹] 芒té con[tɛː⁵ kɔn¹]

【下葬】 泰ฝังศพ[faŋ¹ sop⁷] 老ຝັງສົບ[faŋ¹ sop⁷] 越hạ táng[haː⁶ taːŋ⁵];hạ huyệt[haː⁶ hwiːt⁸];chôn cất xuống mộ[tson¹ kɤt⁷ suːŋ⁵ mo⁶] 芒hā huyêt[haː⁴ hwiːt⁸]

【下肢】 泰ขาและเท้า[khaː¹ lɛ⁴ thau⁴] 老ລຳແຂ່ງລຳຂາ[lam² khɛːŋ⁵ lam² khaː¹] 越chi dưới[tsi¹ zɯːi⁵];chi sau[tsi¹ ʂau¹]

【下注】 泰วางเดิมพันลงไป[waːŋ² ʔdɤːm² phan² loŋ² pai²] 老ໂປແທງ[theːŋ²poː¹'];ລົງເງິນ[loŋ²ŋɤn²] 越đánh cược đặt tiền[ʔdaŋ⁵ kɯːk⁸ ʔdat⁸ tiːn²]

【下嘴唇】 泰ปากล่าง[paːk⁹laːŋ³];ริมฝีปากล่าง[rim² fiː¹ paːk⁹laːŋ³] 老ຣິມສົບເບື້ອງລຸມ[hiːm² sop² ɬɯːa⁴ lum²] 越môi dưới[moːi¹ zɯːi⁵] 芒rôi cờ[moːi¹ tsɤː²]

【吓 你~不了我】 泰ขู่[khuː⁵] 老ເຖີກ[thek⁷] 岱-侬ha[ha¹] 越泰phap[phaːp⁷];lam[laːm¹] 越doạ[zwa⁶];dọa dm[zwa⁶ zɤm⁴];làm cho khiếp sợ[laːm² tsɔ¹ xiːp⁷ ʂɤ⁶]

【夏季】 泰ฤดูร้อน[rɯ⁴ ʔduː² rɔːn²];เดือนร้อน[ʔduːan² rɔːn⁴] 老ລະດູຮ້ອນ[laː⁵ ʔduː¹' hɔːn⁴];ຍາມລະດູຮ້ອນ[ɲaːm²laː⁵ʔduː¹'hɔːn⁴];ຍາມຮ້ອນ[ɲaːm²hɔːn⁴];ຫນ້າຮ້ອນ[naː³ hɔːn⁴] 岱-侬hạ[haː⁴];mùa hạ[mɯə² haː⁴] 越泰hẹ[hɛ⁴];mũa hẹ[mɯə² hɛ⁴] 越mùa hè[mɯə² hɛ²];mùa hạ[mɯə² haː⁶] 芒mùa nỏng

【夏米】 泰ข้าวฤดูร้อน[khaːu³ rɯ⁴ ʔduː² rɔːn²] 老

---

❶ 石家 baay³
❷ 石家 bin⁴ vin²

เข้านาแซง[khau³ na:² sɛ:ŋ³] 越gạo chiêm[ɣa:u⁶ tsi:m¹];thóc lúa chiêm[thɔk⁷ luə⁵ tsi:m¹] 芒cảo chiêm[ka:u³ tsi:m¹]

【鲜花】 泰ดอกไม้สด[ʔdɔ:k⁹mai⁴sot⁷] 老ดอกสด[ʔdɔ:k⁹sot⁷];ดอกไม้สด[ʔdɔ:k⁹mai⁴sot⁷];มอบมาลา[mu:an² ma:² la:²] 越hoa tươi[hwa¹ tɯ:i¹] 芒wa thươi[wa¹ thɯ:i¹]

【鲜货】 泰สินค้าสด[sin¹kha:⁴sot⁷] 老ของสด[khɔ:ŋ¹ sot⁷] 越hàng tươi sống[ha:ŋ⁵ tɯ:i¹ ʂoŋ⁵]

【鲜艳】 泰สวยสดงดงาม[su:ai¹ sot⁷ ŋot⁸ ŋa:m²] 老แผ่อง[phɔ:ŋ¹] 岱-侬rủng[ruŋ³] 越泰on[ʔɔn¹] 越tươi đẹp[tɯ:i¹ ʔdɛp⁸]

【鲜鱼】 泰ปลาสด[pla:² sot⁷] 老ปาสด[pa:¹ sot⁷] 越cá tươi[ka⁵ tɯ:i¹] 芒cả thươi[ka³ thɯ:i¹]

【仙女】 泰เทพกันยา[the:p¹⁰kan:² ja:²];เทพธิดา[the:p¹⁰thi⁴ ʔda:²];เทวิดา[the:² wa⁴ thi⁴ ʔda:²];นางฟ้า[na:ŋ fa:⁴] 老นางฟ้า[na:ŋ fa:⁴];นางสะหวัน[na:ŋ³ sa² van¹];สาวเมืองฟ้า[sa:u¹mɯ:aŋ fa:⁴];สุละสะติ[su²la⁵sa²ti:¹'];อะมะละสะติ[ʔa²ma⁵la⁵sa²ti:¹'];เทพะภัณญา[the:²pha⁵kan¹'ɲa:²];เทพะธิดา[the:² pha⁵ thi⁵ ʔda:¹'];เทยธิดา[the:p¹⁰ thi⁵ ʔda:¹'];อัดสะลา[ʔat² sa² la:²] 岱-侬á sliên[ʔa⁵ ɬi:n¹] 越泰tiên luổng[ti:n¹ lu:ŋ²];nàng tiên[na:ŋ⁵ ti:n¹] 越cô tiên[ko¹ ti:n¹];nàng tiên[na:ŋ⁵ ti:n¹] 芒nàng tiên[na:ŋ⁵ ti:n¹];tiên[ti:n¹]

【仙人掌】 泰กระบองเพชร[kra⁵ʔbɔ:ŋ²phe:t¹⁰] 老หอมเงือก[hɔ:n¹ŋɯ:ak¹⁰];ต้นหอมเงือก[ton⁴ hɔ:n¹ ŋɯ:ak¹⁰];ต้นตองต้อม[ton⁴ tɔ:ŋ¹' tu:am⁵] 岱-侬co đưc luồng[kɔ¹ ʔduk⁷ lu:ŋ²] 越cây xương rồng[kɤi¹ sɯ:ŋ¹ ʐoŋ⁵]

【先~走】 泰ก่อน[kɔ:n⁵] 老ก่อน[kɔ:n⁵] 岱-侬cón[kɔn⁵] 越泰cón[kɔn⁵] 普toqwan[tʻᴏ¹qwa:n¹] 越trước[tʂɯ:k⁷] 芒tlước[tlɯ:k⁷]

【掀】 泰พลิก[phlik⁸] 老ปิด[pɯ:t⁹];ผิ[phɯ:⁵];

แหวก[vɛ:k⁹];ฮื้[hur⁴] 岱-侬pạo[pa:u⁶] 越giở[ʐɤ³]

【籼米】 泰ข้าวเจ้าเมล็ดยาว[kha:u³tsau⁵ma⁴let⁸ja:u²] 老เข็งจ้าว[khau³ tsa:u⁴] 越gạo tẻ[ɣa:u⁶ tɛ:³] 芒cảo chăm[ka:u³ tsam¹]

【咸❶】 泰เค็ม[khem²] 老เต็ม[khem²] 岱-侬kềm[kem²];khển[khen³] 越泰kềm[kem²];khểm[khem²] 普kim⁴[kim⁴] 越mặn[man⁶] 芒chắm[tsam³]

【咸菜】 泰ผักเค็ม[phak⁷ khem²] 老ผักเต็ม[phak⁷ khem²] 普jen⁴[jɛn⁴] 越dưa[zɯa¹];dưa muối[zɯa¹ mu:i⁵];rau dưa[ʐau¹ zɯa¹];rau muối[ʐau¹ mu:i⁵];củ cải muối[ku³ ka:i³ mu:i⁵]

【咸蛋】 泰ไข่เค็ม[khai⁵ khem²] 老ไข่พอก[khai⁵ phɔ:k¹⁰];ไข่เต็ม[khai⁵khem²] 越trứng mặn[tʂɯŋ⁵ man⁶];trứng muối[tʂɯŋ⁵ mu:i⁵]

【咸肉】 泰เนื้อเค็ม[nɯa⁴ khem²] 老ซิ้นเต็ม[si:n⁴ khem²] 越thịt muối[thit⁸ mu:i⁵];thịt mặn[thit⁸ man⁶]

【咸水】 泰น้ำเค็ม[nam⁴ khem²] 老น้ำเต็ม[nam⁴ khem²] 越nước mặn[nɯ:k⁷ man⁶]

【咸水鱼】 泰ปลาน้ำเค็ม[pla:² nam⁴ khem²] 老ปาน้ำเต็ม[pa:¹' nam⁴ khem²] 越cá nước mặn[ka⁵ nɯ:k⁷ man⁶]

【咸鸭蛋】 泰ไข่เป็ดเค็ม[khai⁵ pet⁷ khem²];ไข่พอก[khai⁵ phɔ:k¹⁰] 老ไข่ เป็ดเต็ม[khai⁵ pet⁷ khem²] 越trứng vịt muối[tʂɯŋ⁵ vit⁸ mu:i⁵]

【咸鱼】 泰ปลาเค็ม[pla:² khem²] 老ปาเต็ม[pa:¹' khem²] 岱-侬pja bắm[pja¹ ʔbam³];pja kềm[pja¹ kem²] 越cá mặn[ka⁵ man⁶]

【嫌】 泰เมินเฉย[mə:n² tshə:i¹] 老ติ[ti²];ติงญบ[ti² ti:an¹] 岱-侬diềm[ji:m²] 越hiềm[hi:m²];hiềm ghét[hi:m² ɣet⁷];ghét bỏ[ɣet⁷ ʔbɔ³];ruồng bỏ[zu:ŋ² ʔbɔ³];hiềm vì[hi:m² vi²];chê[tse¹] 芒chê[tse¹]

【弦弓~】 泰สายธนู[sa:i¹ tha⁴ nu:²] 老สายทะบุ

---

❶ 石家 khxm⁴　阿含 kem A2　掸 shem A2　泐 čim A2

[saːi¹ thaʰ⁵ nuʰ⁵] 普sak⁵ ne²[saːk⁵ nɛ²] 越dây cung [zɤi¹ kuŋ¹];dây nó[zɤi¹ nɔ³] 芒kèn ná[kɛn³ na³]

【闲】~着没事 泰ว่าง[waːŋ³] 老อ่าง[waːŋ³] 岱-侬loàng[lwaːŋ²];đẩy váng[ʔdaːi³vaːŋ³] 越泰váng[vaːŋ⁵] 越nhàn rỗi[ɲaːn² zoi⁴];rảnh rang[zaɲ³ zaːŋ¹];rỗi rãi[zoi⁴ zaːi⁴];rảnh tay[zaɲ³ tai¹]

【险滩】泰หาดน้ำเชี่ยวไหลลึก[haːt⁹nam⁴tshiaːu⁵lai¹ luk⁸] 老ຕາດ[taːt⁹] 岱-侬tat nặm[taːt⁷nam⁴] 越泰cảnh nặm[kɛŋ³nam⁴];tát nặm[taːt⁷nam⁴] 普 tjat⁵[tjaːt⁵] 越thác ghềnh hiểm yếu[thaːk⁷ ɣeɲ² hiːm³ ʔiːu⁵]

【线】泰ไหม[mai¹];ด้าย[ʔdaːi³] 老ไม[mai¹]; เส้น[sen³] 岱-侬slai[ɬaːi¹];slắn mây[ɬən³ məi¹]; mây[məi¹] 越泰may[mai¹] 普pung³[puŋ³]; zhǎt⁵pung³[zaːt⁵puŋ³] 越chi[tsi³];dâychi[zɤi¹ tsi³]; sợi[ʂɤːi⁶];dây[zɤi¹] 芒chí[tsi³];chac nhỏ[tsaːk⁸ ɲɤ⁴]

【线衣】泰เสื้อคอกลม[sɯːa³khɔː²klom²] 越áo đan[ʔaːu⁵ ʔdaːn¹];áo sợi[ʔaːu⁵ ʂɤːi⁶];áo sợi dệt đan [ʔaːu⁵ ʂɤːi⁶ zet⁸ ʔdaːn¹] 芒áo tainh[ʔaːu³ taːiɲ¹]

【线轴❶】泰หลอด[lɔːt⁹] 老ຫຼອດ[lɔːt⁹];กั้ว[kɔː⁴]; กั้วโพขบิน[kɔː⁴mai¹ɲip⁷];ด้วยกุ่ม[ʔdaːi⁴kum⁵]; ด้วย[ʔdaːi⁴] 岱-侬lot mây[lot⁷ məi¹] 越泰lót may [lot⁷ mai¹] 越ống chỉ[ʔoŋ⁵ tsi³]

【陷阱】泰หลุมพราง[lum¹phraːŋ²] 老ຂຸມບາຍ [khum¹ʔuʔ²baːi¹];จับ[tsan⁵];ຫຼຸມພາງ[lum¹phaːŋ²]; แฮ้ว[hɛːu⁴] 岱-侬cụp[kup⁸] 普ngaw⁴[ŋau⁴] 越cạm[kaːm⁶];bẫy[ʔbɤi⁴];cạm bẫy[kaːm⁶ ʔbɤi⁴] 芒đách[ʔdat⁷]

【馅饼】泰ขนมเปี๊ยะยัดไส้[khaʰ⁵ nom¹ pia⁵jat⁸sai³] 老ເຂົ້າໜົມອັ່ວໃສ່[khau³ nom¹ ʔuːa⁵ sai³] 越bánh nướng nhân thịt[ʔbaːn⁵ nɯːŋ³ ɲɤn¹ thit⁸]

【馅儿】泰ไส้[sai³] 老ໄສ້[sai³] 岱-侬nhên

[nen¹] 越nhân[ɲɤn¹] 芒hèm[hɛm²]

【苋菜】泰ผักขม[phak⁷khom¹];ขมสวน[khom¹ suːan¹] 老ผักຂิม[phak⁷hom¹];ผักຂิมບ້ານ[phak⁷ khom¹ʔbaːn⁴];ผักຂิมສວນ[phak⁷khom¹suːan¹]; ຫົມປ່າ[hom¹paː⁵];ຫົມພ້າວ[hom¹phaːu⁴] 岱-侬phjăc hôm[phjak⁷hom¹] 越泰phắc hôm[phak⁷ hom¹] 普qa hwăng⁴[qa⁰ hwaŋ⁴] 越rau dền[zau¹ zen²] 芒tắc chiênh[tak⁷ tsiːɲ¹]

【蚬】泰หอยกาบ[hɔːi¹kaːp⁹] 老ຫອຍກາບ[hɔːi¹ ka:p⁹] 岱-侬capchăt[kaːp⁷tcat⁷] 越泰hén[hen⁵] 越ɦến[hen⁵];con hến[kɔn¹ hen⁵] 芒hỏn hèn[hɔn³ hen³]

【现成饭】泰อาหารสำเร็จรูป[ʔaː² haːn¹ sam⁵ ret⁸ ruːp¹⁰] 老ອາຫານສຳເລັດຮູບ[ʔaː¹ʰ haːn¹ sam¹ let⁸ huːp¹⁰] 越cơm nấu sẵn[kɤːm¹ nɤu⁵ ʂan⁴]

【现代】泰สมัยปัจจุบัน[sa⁵ mai¹ pat⁷ tsu⁵ pan²]; ยุคปัจจุบัน[juk⁸ pat⁷ tsu⁵ ʔban²];สมัยใหม่[sa⁵ mai¹ mai¹];สมัยนี้[sa⁵ mai¹ niː⁴];ในสมัยใหม่[nai² sa⁵ mai¹ niː⁴];สมัยปัจจุบัน[sa⁵ mai¹ paʰ⁵ tsu⁵ pan²];แผนปัจจุบัน[pheːn¹ pa⁵ tsu⁵ pan²] 老ແຜນປະຈຸບັນ[phe n¹ pa² tsu² ʔban¹] 岱-侬slì này[ɬi³nai²];tời này [təːi³nai²] 越泰chùa khạy[tsuə⁶khai⁴];pang khạy [paːŋ¹ khai⁴] 越hiện đại[hiːn⁶ ʔdaːi⁶]

【现金】泰เงินสด[ŋɤːn²sot⁷];แคช[khɛːt¹⁰] 老ຕົວເງິນ [tuːa¹ˀ ŋɤn²] 越泰ta ngờn[taˀ ŋɤn²] 越tiền mặt [tiːn² mat⁸]

【现在❷】泰สมัยนี้[sa⁵ mai¹ niː⁴];ตอนนี้[tɔːn² niː⁴]; เดี๋ยวนี้[ʔdiːau² niː⁴];ป่านนี้[paːn⁵ niː⁴] 老ດຽວນີ້ [ʔdiːau¹ˀniː⁴];ກາລະບັດນີ[kaːˀ¹laʰ⁵ʔbat⁷ni ⁴]; ทุกมื้อนี้[thuk⁸ mɯːˀ⁴niː⁴];ຂະນະນີ[khaʰ²naˀ⁵niː⁴]; ใນຂະນະນີ[nai²khaʰ²naˀ⁵niː⁴];ບັດນີ້[ʔbat⁷niː⁴]; ປະຈຸບັນ[paʰ² tsu² ʔban¹];ປະຈຸບັນນີ້[paʰ² tsu² ʔban¹ niː⁴];ປັດຈຸບັນ[pat⁷tsu²ʔban¹];ມາດຽວນີ້[maːˀ²ʔdiːau¹

---

❶ 石家 luut²
❷ 阿含 kạ-nai; chāng-nai; mū-nai; tī-nai; to

ni:⁴] 岱-侬cà này[ka² nai²];slì này[ɬi² nai²] 越泰 khạy[khai⁴];khạy nạy[khai⁴nai²];chờ khạy[tʂɤ² khai⁴] 普tơnăj²[tɤ⁰nai²];tênăj²[te⁰nai²] 越bây giờ[ʔbɤi¹ zɤ²];lúc này[luk⁷ nai²];hiện nay[hi:n⁶ nai¹];hiền tại[hi:n⁶ ta:i⁶] 芒pách nì[pat⁷ ni²];dấp nì [zɤp⁷ ni²];hiền nay[hi:n⁴ nai¹];hiền tãi[hi:n⁴ ta:i⁴]; cã nì[ka⁴ ni²];dấp nì[zɤp⁴ ni²];nhấp nì[nɤp⁴ ni²]; chí nì[tsi⁵ ni²]

【羡慕】 泰อิจฉา[ʔit⁷tshaː¹];ชื่นชม[tshɯːn³tshom²] 老ฮึดสา[ʔit⁷ saː¹] 岱-侬hứn ái[hɯn⁵ ʔaːi⁵];hứn năt[hɯn⁵ nat⁵] 越hâm mộ[hɤm¹ mo⁵];khâm phục [xɤm¹ fuk⁸];mến phục[men⁵ fuk⁸];thèm muốn [them² muːn⁵];ganh tị[ɣaŋ¹ ti⁶]

【县】 泰อำเภอ[ʔam² phɤː²] 普sjan²[sjaːn²] 越 huyện[hwi:n⁶] 芒wiền[wi:n⁴]

【相爱】 泰รักใคร่ซึ่งกันและกัน[rak⁸khrai³sɯŋ³ kan² lɛ⁴kan²] 老ฮักกัน[hak⁸kan¹] 岱-侬tò ái[tɤ² ʔa:i⁵]; điệp căn[ʔdi:p⁷ kan¹] 越泰mặc căn[mak⁸ kan¹] 越yêu nhau[ʔi:u¹ ɲau¹]

【相处】 泰อยู่ด้วยกัน[juː⁵ ʔduːai³kan²] 老ยู่ด้อยกับ [juː⁵ ʔduːai⁴ kan¹] 越sống chung[ʂoŋ⁵ tsuŋ²];ăn ở với nhau[ʔan² ʔɤ³ vɤːi⁵ ɲau¹]

【相当～热闹】 泰พอสมควร[phɔː² som¹ khuːan²] 老เติบ[tɤːp⁹];ปามด้าม[paːn¹ ʔdaːm²];พืดอบ[phɔː² khuːan²];พึสึมดอบ[phɔː² som¹ khuːan²];พึขล้าง [phɔː² laːŋ³] 岱-侬má hù[ma⁵ hu²] 越tương đối [tɯːŋ¹ ʔdoi⁵];khá[kha⁵]

【相等❶】 泰เท่ากัน[thau³kan²] 老เท่า[thau⁵]; เท่ากัน[thau⁵kan¹];เทียบเท่า[thi:ap¹⁰thau⁵]; เทียมกัน[thi:am²kan¹];เพียงกัน[phi:aŋ²kan¹];ล้ำลิดกัน กับ...[lam⁴ lit⁸ kan¹ kap⁷ ...] 普phiơng¹[phi:ŋ¹] 越bằng nhau[ʔbaŋ² ɲau¹] 芒pằng rà[paŋ² ra²]; pằng hà[paŋ² ha²];nằng hà[naŋ³ ha²]

【相反～方向】 泰ตรงกันข้าม[troŋ²kan²haːm³] 老 กิงกับข้าม[koŋ¹kan¹khaːm³] 岱-侬pjăn tèo [pjan³tɛu³];pjè tèo[pjɛ³ ɛu³] 越trái lại[tʂaːi⁵ laːi⁶] 芒tlài lãi[tlaːi³ laːi⁴]

【相识】 泰รู้จักกัน[ruː⁴ tsak⁷ kan²] 老รู้จักกับ[huː⁴ tsak⁷ kan¹] 越quen biết nhau[kwɛn¹ ʔbiːt⁷ ɲau¹]

【相思病】 泰ไข้ใจ[khai³ tsai²] 老ปอดสะเทบ [puːat⁹ sa² heːn¹];ใฮใจ[khai³ tsai¹] 越bệnh tương tư[ʔben⁶ tɯːŋ¹ tuː¹]

【相思树】 老ติ้นผากลั่ง[ton⁴maːk⁹lam⁵];ติ้นกำ เถือ[ton⁴kam¹khɯːa²];กำเถือ[kam¹khɯːa²] 越cây tương tư[kɤi¹ tɯːŋ¹ tuː¹]

【相同】 泰เหมือนกัน[mɯːan¹ kan²] 老เผือบกับ [mɯːan¹ kan¹] 越giống nhau[zoŋ⁵ ɲau¹];giống như[zoŋ⁵ ɲɯː¹];ngang nhau[ŋaːŋ¹ ɲau¹];bằng nhau [ʔbaŋ¹ ɲau¹];như nhau[ɲɯː¹ ɲau¹] 芒chồng nhơ [tsoŋ³ ɲɤ¹]

【相像】 泰คล้ายคลึงกัน[khlaːi⁴ khlɯːŋ² kan²] 老 ละม้าย[la⁵ maːi⁴];ละม้ายด้อยติ[la⁵ maːi⁴ kha:i² khɯː²];เผือบกับ[mɯːan¹ kan¹] 岱-侬ái tồng[ʔa:i⁵ toŋ²] 越泰mới[mɤ:i⁵];pék[pɛk⁷] 普păn¹[pan¹] 越giống nhau[zoŋ⁵ ɲau¹];giống như[zoŋ⁵ ɲɯː¹]; na ná[na¹ na⁵];xấp xi[sɤp⁷ si³];giống[zoŋ⁵] 芒 tương đồng[tɯːŋ¹ʔdoŋ²];na nà[na¹na³];pền[pɛn⁵]; chồng[tsoŋ³]

【箱子】 泰หีบ[hiːp⁹] 老ที้บ[hiːp⁹] 岱-侬hòm [hɔm²];cùi[kui³];ăn hòm[ʔan¹ hɔm²];ăn củi[ʔan¹ kui³] 越泰hõm[hɔm²] 普sương⁴[sɯːŋ⁴] 越 hòm[hɔm²];rương[zɯːŋ¹];vali[vaːli¹];tráp[tʂaːp⁷] 芒hòm[hɔm²];đương[ʔdɯːŋ¹];cái đương[kaːi³ ʔdɯːŋ¹];chiềng[tsiːŋ³]

【厢房】 泰ห้องทางปีก[hɔːŋ³thaːŋ²piːk⁹] 岱-侬 hé[hɛ⁵];pàihé[paːi²hɛ⁵];ruờntầu[rɯːn²tɤːu³] 越泰

❶ 拉基fi¹

tụp huờn[tup⁸ huːn²] 越nhà ngang[ɳaː² ŋaːŋ¹]; nhà chái[ɳaː² tsaːi²];phòng cạnh[fɔŋ² kaŋ⁶] 芒nhà ngang[ɳaː² ŋaːŋ¹];huổng[huːŋ⁴]

【乡下人】泰ชาวบ้าน[tshaːu² ʔbaːn³] 老ไทบ้านนอก[thai² ʔbaːn⁴ nɔːk¹⁰];ลาวบ้านนอก[saːu² ʔbaːn⁴ nɔːk¹⁰] 越người nha quê[ŋɯːi² ɳaː² kweː¹];người quê mùa[ŋɯːi² kweː¹ muə²];kẻ quê[keː³ kweː¹] 芒môl nhà quê[mɔl⁴ ɳaː² kweː¹];ké quê[kɛː⁵ kweː¹]

【香花很~❶】泰หอม[hɔːm¹] 老ขอม[hɔːm¹];ส่อง[huəŋ⁵] 岱-侬hom[hɔm¹] 越泰hom[hɔm¹] 越泰khiu[khiu¹];min[min¹] 普muk⁵ hum[muk⁵ hum⁴];mohum⁴[mɤ⁰ hum⁴];hum⁴[hum⁴] 越thơm[thɤːm¹] 芒hơm[hɤːm¹]

【香烧~】泰ธูป[thuːp¹⁰] 老ทูบ[thuːp¹⁰];ปะทูบ[pa² thuːp¹⁰] 岱-侬nhang[ɳaːŋ¹];hương[hɯːŋ¹] 越泰hương[hɯːŋ¹] 越hương[hɯːŋ¹];nhang[ɳaːŋ¹] 芒hương[hɯːŋ¹]

【香案】泰โต๊ะบูชา[toː⁴ʔbuː²tshaː²] 老โตะบูฆา[toː² ʔbuː¹ˈ saː²] 岱-侬bôm sló[ʔbom¹ lɔ⁵] 越泰hinh hóng[hiŋ³ hɔŋ⁵] 越hương án[hɯːŋ¹ ʔaːn⁵]

【香菜总称❷】泰ผักชี[phak⁷tshiː²] 老ผักขอม[phak⁷hɔm¹] 岱-侬phjăc hom[phjak⁷hɔm¹];phjăc năng côp[phjak⁷ naŋ¹ kop⁷] 越泰phắc hom[phak⁷hɔm¹] 越rau thơm[ẓau¹thɤːm¹];rau mùi [ẓau¹ mui²] 芒tắc hơm[tak⁷ hɤːm¹]

【香肠】泰ไส้กรอก[sai³krɔːk⁹] 老ไล้ฮั่อ[sai³ʔuːa⁵] 越lạp xường[laːp⁸ sɯːŋ²];xúc xích[suk⁷ sit⁷]

【香菇】泰เห็ดหอม[het⁷hɔm¹];เห็ดโคน[het⁷ khoːn²] 老เห็ดขอม[het⁷hɔm¹] 岱-侬chop hom[tɕɔp⁷ hɔm¹] 越泰hét hom[het⁷hɔm¹] 越nấm hương[nɤm⁵ hɯːŋ¹]

【香瓜】泰แตงไทย[tɛːŋ² thai²];มัสก์เมลอน[mat⁸ meː²lɔːn²] 老แตงฮ้ม[tɛːŋ¹ˈʔom⁴];ໝາກແຕງຮ້ອມ[maːk⁹ tɛːŋ¹ˈ ʔom⁴] 岱-侬qua khao[kwaː¹ khaːu¹] 越泰tanh qua[teŋ¹ kwaː¹] 越dưa gang[zɯə¹ ɣaːŋ¹];dưa lê[zɯə¹ leː¹];dưa tây[zɯə¹ tɤi¹];dưa bở[zɯə¹ ʔbɤː³] 芒dưa cang[zɯə¹ kaːŋ¹]

【香蕉❸】泰กล้วยหอม[kluːai³hɔːm¹] 老ก้อย[kuːai⁴];ໝາກກ້ວຍ[maːk⁹kuːai⁴];ໝາກກ້ວຍຫອມ[maːk⁹ kuːai⁴ hɔːm¹];ก้อยหอม[kuːai⁴ hɔːm¹];ก้อยลับมึนง[kuːai⁴ lep⁸ mɯː² naːŋ²] 岱-侬mac cuối[maːk⁷kuːi⁵];cuối chiêu[kuːi⁵tɕiːu¹] 越泰mák cuối[maːk⁷kuːi³];cuối keo[kuːi³kɛu¹] 普kuoj³[qai¹kuːi³] 越chuối[tsuːi⁵];chuối tiêu[tsuːi⁵ tiːu¹] 芒chuổi[tsuːi³];chuổi tiêu[tsuːi³ tiːu¹]

【香蕉树】泰ต้นกล้วยหอม[ton³kluːai³hɔːm¹] 老ภิ้มก้อย[kok⁵ kuːai³];ติ้มก้อย[ton⁴ kuːai⁴] 普qảj¹ kuoj³[qai¹kuːi³] 越cây chuối tiêu[kɤi¹ tsuːi⁵tiːu¹] 芒câl chuối tiêu[kɤl¹ tsuːi⁵ tiːu¹]

【香料】泰เครื่องเทศ[khrɯːaŋ³ theːt¹⁰];เครื่องหอม[khrɯːaŋ³ hɔm¹] 老เคื่องขอม[khɯːaŋ⁵ hɔm¹] 越hương liệu[hɯːŋ¹ liːu⁶];chất thơm[tsɤt⁷ thɤːm¹]; tinh dầu thơm[tiŋ¹ zɤu² thɤːm¹]

【香炉】泰กระถางธูป[kra⁵thaːŋ¹thuːp¹⁰] 老ກະຖາງທູບ[ka²thaːŋ¹thuːp¹⁰] 岱-侬pat hương[paːt⁷hɯːŋ¹];chooc hương[tɕɔːk⁷hɯːŋ¹] 越bình hương[ʔbiɲ²hɯːŋ¹];lư hương[lɯ¹ hɯːŋ¹];bát hương[ʔbaːt⁷ hɯːŋ¹] 芒pát hương[paːt⁷ hɯːŋ¹ˈ];lư hương[lɯ¹ hɯːŋ¹];bình hương[ʔbiɲ² hɯːŋ¹]

【香茅】泰ตะไคร้[ta⁵ khrai⁴] 老ຂີງໃຄ[khiːŋ¹ khai²];ທົວສີໃຄ[huːa¹ siː¹ khai²] 岱-侬dạphec[ja⁴phɛk⁷] 越sả[ʂaː³];cây sả[kɤi¹ ʂaː³];cây lá sả[kɤi¹ laː⁵ ʂaː²]

【香水】泰น้ำหอม[nam⁴hɔːm¹];น้ำอบ[nam⁴ʔop⁷] 老ນ້ຳຫອມ[nam⁴hɔːm¹];ນ້ຳອົບ[nam⁴ʔop⁷];ดัมทะอาลิ

---

❶ 阿含 hàm A1　掸 hɔm A1　泐 hɔm A1
❷ 石家 phrak⁴-hɔɔm¹
❸ 石家 maak²-luu¹- ʔii⁶- pɔʔ²⁴　阿含 kuñ;kui C1　掸 koi C1　泐 koi C1

[khan¹ tha⁵ va:² li:²] 岱-侬 nước hoa[nɯ:k⁷ hwa¹]; nặm hom[nam⁴hɔm¹];nặm bjooc[nam⁴²bjɔ:k⁵] 越泰 nặm bók[nam⁴ ʔbɔk⁷] 越 mướccc hoa[nɯ:k⁷ hwa¹] 芒 đác wa[ʔda:k⁷ wa¹]

【香味】泰 กลิ่นหอม[klin⁵ hɔ:m¹] 越 mùi thơm[mui² thɤ:m¹];mùi thơm ngát[mui² thɤ:m¹ ŋa:t⁷];hương vị[hɯ:ŋ¹ vi⁶] 芒 mùi hơm[mui² hɤ:m¹]

【香皂】泰 สบู่หอม[sa⁵ ʔbu:⁵ hɔ:m¹] 老 สะบู่ทอม [sa² ʔbu:⁵ hɔ:m¹] 越 xà phòng thơm[sa² fɔŋ⁵ thɤ:m¹]

【镶~金】泰 เลี่ยม[li:am³] 老 ຫຽມ[li:am³] 越 bọc [ʔbɔk⁸] 芒 poc[pɔk⁸]

【镶牙】泰 เลี่ยมฟัน[li:am³fan²];ปลูกฟัน[plu:k⁹fan²] 老 ใส่แข้ว[sai⁵ khe:u³] 越 bọc răng[ʔbɔk⁹ zaŋ¹]; trồng răng[tʂoŋ² zaŋ¹];lắp răng giả[lap⁷ zaŋ¹ za³] 芒 poc thăng[pɔk⁸ thaŋ¹]

【想我~进城❶】泰 อยาก[ja:k⁹] 老 ຍາກ[ja:k⁹]; ຢາກຈະ[ja:k⁹tsa²] 普 kA²[kɒ³] 越 muốn[mu:n⁵] 芒 háo[ha:u³];măng háo[maŋ¹ ha:u³]

【想~家❷】泰 คิดถึง[khit⁸ thɯŋ¹] 老 ຄິດເຖິງ[khit⁸ thəŋ¹] 岱-侬 slưởng[ɬɯ:ŋ³] 越泰 é[ʔɛ⁵] 普 cư¹[tsu¹] 越 nhớ[ɲɤ⁵] 芒 nhớ[ɲɤ¹]

【想~问题】泰 คิด[khit⁸] 老 ຄິດ[khit⁸] 越 nghĩ [ŋi⁴];suy nghĩ[ʂwi¹ ŋi⁴];nghĩ ngợi[ŋi⁴ ŋɤ:i⁶]

【想法】泰 ความคิดเห็น[khwa:m²khit⁸hen¹] 老 ຂໍ້ຄິດ[khɔ:³ khit⁸];ຂໍ້ຄິດເຫັນ[khɔ:³ khit⁸ hen¹];ຄຳຄິດ[kham² khwit⁸];ຄຳຄິດຄຳເຫັນ[kham² khwt⁸ kham² hen¹];ຈຶບດາ[tsin¹¹ ʔda:¹¹];ມິໆຄິດ[nuk⁸ khit⁸];ແນວຄິດ [nɛ:u² khwt⁸] 越 ý nghĩ[ʔi⁵ ŋi⁴];ý kiến[ʔi⁵ ki:n⁵]; cách nghĩ[kat⁷ ŋi⁴];quan điểm[kwa:n¹ ʔdi:m⁵]

【想念❸】泰 คิดถึง[khit⁸ thɯŋ¹] 老 ຄິດເຖິງ[khit⁸ thəŋ¹];ໂອ້ອາວອນ[ʔo:⁴ʔa:u⁵];ອາວອນ[ʔa:u⁵] 岱-侬 chứ

tèo[tɕɯ:⁵ teu³];slưởng tèo[ɬɯ:ŋ³ teu³] 越泰 é thơng [ʔe⁵ thəŋ¹] 普 cư¹[tsu¹] 越 nhớ[ɲɤ⁵] 芒 nhớ[ɲɤ⁵]; ngẳm tiểnh[ŋam³ ti:n³]

【响钟~了】泰 ดัง[ʔdaŋ²] 老 ດັງ[ʔdaŋ¹] 岱-侬 đoọng[ʔdo:ŋ⁴] 越 xởng[sɤŋ³] 越 reo[zɛu¹] 芒 reo[rɛu¹]

【响尾蛇】泰 งูกะปะ[ŋu:²ka⁵pa⁵] 老 ງູກະປະ[ŋu:² ka² pa²] 越 rắn đuôi chuông[zan⁵ ʔdu:i¹ tsu:ŋ¹];rắn đuôi kêu[zan⁵ ʔdu:i¹ keu¹];rắn chuông[zan⁵ tsu:ŋ¹]; rắn mai gầm[zan⁵ ma:i¹ ɣɤ:m²]

【向~左拐】泰 สู่[su:⁵] 老 ສູ່[su:⁵];ໄສ່[sai⁵];ສ່ຽງ [si:aŋ¹];ສ່ຽງ[si:aŋ⁵];ແກ້[kɛ:⁵];ຢັງ[ŋaŋ²];ແດ່[ʔdɛ:⁵]; ຕໍ່[tɔ:⁵];ໄປ[pai¹¹];ໄປສູ່[pai¹¹ su:⁵];ໄປຢັງ[pai¹¹ ŋaŋ²];ຫາ [ha:¹] 越 về[ve²];hướng[hɯ:ŋ⁵] 芒 hóng[hɔŋ⁵]

【向日葵花】泰 ดอกตะวัน[ʔdɔ:k⁹ta⁵wan²]; ดอกทานตะวัน[ʔdɔ:k⁹tha:n²ta⁵wan²];ทานตะวัน[tha:n² ta⁵wan²] 老 ດອກຕາເວັນ[ʔdɔ:k⁹ta:¹¹ven²];ດອກທານ ຕາເວັນ[ʔdɔ:k⁹tha:n²ta:¹¹ven²];ດອກສ້ອນຕາເວັນ [ʔdɔ:k⁹sɔ:n³ta:¹¹ven²];ດອກດາວກະຈາຍ[ʔdɔ:k⁹ ʔda:u⁵ ka² tsa:i¹];ຕາເວັນ[ta:¹¹ ven²];ບ່ວທອງ[ʔbu:a¹¹ thɔ:ŋ²] 岱-侬 bjooc lương[ʔbjɔ:k⁷ lɯ:ŋ¹] 越 hoa quỳ[hwa¹kwi²];hoa hướng dương[hwa¹ hɯ:ŋ⁵ zɯ:ŋ¹];hoa mặt trời[hwa¹ mat⁸ tʂɤ:i¹];hướng nhật quỳ[hɯ:ŋ⁵ ɲɤt⁸ kwi²]

【巷子】泰 ตรอก[trɔ:k⁹];ซอย[sɔ:i²] 老 ຕອກ[tɔ:k⁹] 岱-侬 váng[va:ŋ⁵] 越泰 tăng hòm[ta:ŋ²hɔm²] 越 ngō[ŋɔ⁴];phố nhỏ[fo⁵ɲɔ:³];đường hèm[ʔdɯ:ŋ⁵ hɛm³] 芒 khả ngē[kha³ ŋɛ⁴];khả ngóc ngéch[kha³ ŋɔk⁷ ŋɛt⁷]

【象鼻虫】泰 ตัวด้วง[tu:a²ʔdu:aŋ³] 老 ແມງຂ້າງ [mɛ:ŋ²sa:ŋ⁴];ແມງຂ້າງນ້ອຍ[mɛ:ŋ²sa:ŋ⁴nɔ:i⁴]; ແມງມອດ[mɛ:ŋ² mɔ:t¹⁰];ມອດ[mɔ:t¹⁰] 越 con mọt

---

❶ 石家 man²
❷ 石家 khit⁴
❸ 石家 khit⁴-thaʔ⁴

trong ngũ cốc[kɔn¹ mɔt⁸ tʂɔŋ¹ ŋu⁴ kok⁷]

【象棋】泰 หมากรุกจีน[ma:k⁹ruk⁸tsi:n²] 老 ໝາກຮຸກ[ma:k⁹ huk⁸] 越 cờ tướng[kɤ² tɯ:ŋ⁵]

【象牙❶】泰 งาช้าง[ŋa:² tsha:ŋ⁴] 老 ງາຊ້າງ[ŋa:² sa:ŋ⁴];ໜາຍ[na:i¹];ຂະໜາຍ[kha²na:i¹] 岱-侬 nhà chạng[na:² tɕa:ŋ²] 越泰 ngà chạng[ŋa:² tsa:ŋ⁴] 越 ngà voi[ŋa:² vɔi¹] 芒 ngà way[ŋa:² wai¹]

【像画~】泰 รูป[ru:p¹⁰] 老 ຮູບ[hu:p¹⁰] 越 tượng[tɯ:ŋ⁶];tranh[tʂaɲ¹] 芒 tưởng[tɯ:ŋ⁴]

【像~花儿一样美】泰 เหมือน[mɯ:an¹] 老 ເໝືອນ[mɯ:an¹];ຮາວ[ha:u²];ພະລັບ[pha⁵ lan²];ພຽງ[phi:aŋ²] 岱-侬 táy[tai⁵];bặng[ʔaŋ²] 越泰 pan[pa:n¹];xường[sɯ:ŋ²];pék[pek⁷];cờ[kə⁶] 越 giống[zoŋ⁵];giống như[zoŋ⁵ ɲɯ¹];bằng[ʔaŋ²] 芒 chồng[tsoŋ³];nắng[naŋ⁵];dòng[zoŋ²]

【橡胶❷】泰 ยาง[ja:ŋ²];ยางพารา[ja:ŋ²pha:²ra:²] 老 ຢາງ[ja:ŋ²];ຢາງຢືດ[ja:ŋ²jɯ:t⁹];ກະຕັງກະຕິ້ວ[ka² taŋ¹' ka² ti:u⁴];ຕັງກະຕິ້ວ[taŋ¹' ka² ti:u⁴];ຢາງຕັ່ງຕິ້ວ[ja:ŋ¹taŋ¹'ti:u⁴];ຕັ່ງຕຸ້[taŋ¹' tu:⁴];ຢາງຕັ່ງຕຸ້[ja:ŋ¹ taŋ¹' tu:⁴] 岱-侬 dang pinh[ja:ŋ¹ piɲ¹];cao xu[ka:u¹ ɕu¹] 越泰 dang dứt[ja:ŋ¹ jɯt⁷] 越 cao su[ka:u¹ ʂu¹] 芒 cao xu[ka:u¹ su¹];tĩu[tiu⁴]

【橡胶树】泰 ต้นยาง[tɔn³ja:ŋ²];ต้นยางพารา[ton³ ja:ŋ² pha:² ra:²] 老 ຕົ້ນຢາງຢືດ[ton⁴ ja:ŋ¹ jɯ:t⁹] 越泰 co dăn[kɔ¹ ja:n²] 越 cây cao su[kɤi¹ ka:u¹ ʂu¹] 芒 câl cao xu[kɤl¹ ka:u¹ su¹]

【橡皮擦】泰 ยางลบ[ja:ŋ² lop⁸] 老 ຢາງມຸດ[ja:ŋ² mut⁸];ຢາງລົບ[ja:ŋ² lop⁸] 越 cục tẩy[kuk⁸ tɤi³]

【橡皮筋】泰 ยางรัด[ja:ŋ² rat⁸] 老 ຢາງຮັດ[ja:ŋ² hat⁸] 越 dây cao su[zɤi¹ ka:u¹ ʂu¹];dây chun[zɤi¹ tsun¹];vòng cao su[vɔŋ² ka:u¹ ʂu¹];dây cao su[zɤi¹ ka:u¹ ʂu¹] 芒 chac chun[tsa:k⁸ tsun¹]

【相片】泰 รูป[ru:p¹⁰];รูปถ่าย[ru:p¹⁰ tha:i⁵];ภาพ[pha:p¹⁰ thai⁵] 老 ຮູບ[hu:p¹⁰ thai⁵];ພາບຖ່າຍ[pha:p¹⁰thai⁵] 岱-侬 bâu ảnh[ʔəɯ¹ ʔan³] 越泰 bau ảnh[ʔaɯ¹ ʔan³] 越 ảnh[ʔan³] 芒 ánh[ʔan⁵]

【相貌】泰 รูป[ru:p¹⁰];รูปโฉม[ru:p¹⁰ tsho:m¹];หน้าตา[na:³ ta:¹];โฉมหน้า[tsho:m¹ na:³] 老 ໂສມໜ້າ[so:m¹ na:³];ໂສມຕະໂນມພັນ[so:m¹ta²no:m²phan²];ໂນມພັນ[no:m² phan²];ຮູບໂສມຕະໂນມພັນ[hu:p¹⁰ sɔ:m¹ ta² no:m² phan²];ໃບໜ້າ[ʔbai¹ na:³];ໜ້າຕາ[na:³ta:¹] 岱-侬 dưởng[jɯ:ŋ³] 越泰 xé[se⁵] 越 nét mặt[nɛt⁷ mat⁸];tướng mạo[tɯ:ŋ⁵ ma:u⁶];mặt mũi[mat⁸mui⁴];diện mạo[zi:n⁶ma:u⁶];dáng người[za:ŋ⁵ ŋɯ:i²] 芒 đảng môl[ʔda:ŋ³ mɔl⁴]

【项链】泰 สายคอ[sa:i¹ khɔ:²];สร้อยคอ[sɔ:i³ khɔ:²];กรองสอ[krɔ:ŋ²sɔ:¹] 老 ສາຍຄຳ[sa:i¹khɔ:²];ສາຍສ້ອຍຄຳ[sa:i¹sɔ:i³khɔ:²];ມາລາ[ma:²la:²];ກອງ[kɔ:ŋ¹] 岱-侬 slai tài cò[ɬa:i¹ ta:i³ kɔ²] 越 dây chuyền[zɤi¹ tswiːn²];chuỗi hạt[tsu:i⁴ ha:t⁸];chuỗi cổ[tsu:i⁴ kɔ³]

【项圈】泰 ปลอกคอ[plɔ:k⁹ khɔ:²] 老 ກອງ[kɔ:ŋ¹];ປອກຄຳ[pɔ:k⁹ khɔ:²] 岱-侬 khoà cò[khwa³ kɔ²] 越泰 pók cô[pɔk⁷kɔ²] 普 to qô[tɔ¹qo⁴];swaj³[swa:i³] 越 vòng cổ[vɔŋ² ko³];vòng đeo cổ[vɔŋ² ʔdɛu¹ ko³];vòng vàng[vɔŋ² va:ŋ²];kiềng bạc[ki:ŋ² ʔba:k⁸];vòng kiềng[vɔŋ²ki:ŋ²] 芒 không kel[khɔŋ¹ kɛl¹];wòng kiềng[wɔŋ² ki:ŋ²]

【消毒】泰 ฆ่าเชื้อ[kha:³tshɯ:a⁴] 老 ແກ້ພິດ[kɛ:⁴ phi:t¹⁰];ຂ້າແມ່ພະຍາດ[kha:³ me:⁵ pha⁵ ɲa:t¹⁰] 越 tiêu độc[ti:u⁴ ʔdok⁸];khử độc[xɯ³ ʔdok⁸];sát trùng [ʂa:t⁷ tʂuŋ²]

【消毒液】泰 ยาฆ่าเชื้อ[ja:²kha:¹tshɯ:a⁴] 老 ນ້ຳຢາຍເຊື້ອ[nam⁴ pa:p⁹ sɯ:a⁴] 越 thuốc tiêu độc [thu:k⁷ ti:u⁴ ʔdok⁸];thuốc tẩy uế[thu:k⁷ tɤi³ ʔwe⁵];thuốc sát trùng[thu:k⁷ ʂa:t⁷ tʂuŋ²]

---

❶ 石家 ŋaa⁴　阿含 ngā A2　掸 ŋa A2　勐 ŋa A2
❷ 阿含 jāng A1　掸 jaŋ A1　勐 jaŋ A1

【消防车】泰รถดับเพลิง[rot⁸ʔdap⁷phləːŋ²] 老ລົດມອດໄຟ[lot⁸ mɔːt¹⁰ fai²];ລົດດັບເພິ່ງ[lot⁸ ʔdap⁷ phəːŋ²] 越xe cứu hoả[sɛ¹ kɯu⁵ hwa³]

【消费品】泰สิ่งบริโภคอุปโภค[siŋ⁵ ʔbɔː² ri⁴ phoːk¹⁰ ʔup¹⁰ phoːk¹⁰] 越hàng tiêu dùng[haːŋ² tiːu¹ zuŋ²] 芒hàng tiêu dùng[haːŋ² tiːu¹ zuŋ²]

【消耗】泰สิ้นเปลือง[sin³ plɯːŋ¹] 老ໝົດເປືອງ[mot⁶ pɯːŋ¹] 越tiêu hao[tiːu¹ haːu¹] 芒tiêu hao[tiːu¹ haːu¹]

【消化】泰ย่อย[jɔːi³] 老ย่อย[ɲɔːi⁵];ລະລາຍ[la⁵ laːi²] 越tiêu hoá[tiːu¹ hwa⁵] 芒tiêu hoá[tiːu¹ hwa⁵]

【消化不良】泰ระบบการถ่ายไม่ดี[ra⁴ʔbop⁷kaːn² thaːi³maiˀ³diː²];อาหารไม่ย่อย[ʔaːhaːn¹maiˀ³jɔːi³] 老ທ້ອງບໍ່ດີ[thɔːŋ⁴ʔbɔː⁵²diː¹] 岱-侬cà khí[ka² khi⁵];báu tiêu[ʔbəu⁵tiːu¹] 越tiêu hoá kém[tiːu¹ hwa⁵kɛm⁵];rối loan tiêu hoá[zoi⁵lwaːn⁶tiːu¹ hwa⁵];ăn không tiêu[ʔan¹xoŋ¹tiːu¹];tiêu hoá kém[tiːu¹ hwa⁵kɛm⁵];khó tiêu[xɔ⁵tiːu¹];đầy hơi[ʔdɤi²hɤːi¹];đầy bụng[ʔdɤi²ʔbuŋ⁶] 芒tầy hơi[tɤi² hɤːi¹]

【消极】泰ไม่เป็นคุณ[mai³pen²khun²];ไม่หวังก้าวหน้า[mai³ waŋ¹ kaːu³ naː³];ท้อถอย[thɔː⁴ thɔːi¹] 老ລົບ[lop⁸];ຫຍໍ້ຫຍໍ້[ɲɔː³thɔː⁴];ຂີ້ແພະ[khiː³ʔbɛ²] 岱-侬dái[jaːi⁵];nhái[ɲaːi⁵] 越tiêu cực[tiːu¹ kɯk⁸]

【消灭】泰กำจัด[kam² tsat⁷];สูญสลาย[suːn¹ sa⁵ laːi¹] 老ດັບມອດ[ʔdap⁷ mɔːt¹⁰];ปาบ[pa²p⁹] 越tiêu diệt[tiːu¹ zit⁸];tiêu trừ[tiːu¹ tʂɯ²];xóa bỏ[swa⁵ ʔbɔ³]

【消气】泰หายโกรด[haːi¹ kroːt⁹] 老ຫາຍໂກດ[haːi¹ koːt⁹];ປັດເຍື່ອຄວາມຮັ່ງແຄ້ນ[pat⁷pau⁵ khwaːm² ʔaŋ⁵ khɛːn⁴] 岱-侬lồng[loŋ²] 越泰tuổi[tuːi⁵] 越hả giận[ha³ zɤn⁶];nguôi giận[ŋuːi² zɤn⁶]

【消失】泰สูญหาย[suːn¹haːi¹] 老ຫາຍ[haːi¹];ສູນຫາຍ[suːn¹ haːi¹];ຫາຍສາບສູນ[haːi¹ saːp⁹ suːn¹];

ຫາຍຕົວ[haːi¹ tuːa¹ˀ];ຫາຍໂຕ[haːi¹ toːˀ];ຫາຍໄປ[haːi¹ pai¹];ເຍຍຫາຍ[həi¹ haːi¹];ເຫືອດຫາຍ[hɯːat¹ haːi¹ˀ];ໄລ[laːi²];ວາຍ[vaːi²];ອະພະອະ[ʔa² pha⁵ va⁵] 岱-侬lặm[lam⁴] 越泰líu xia[liu⁵siə¹] 普lhim¹[lim¹] 越tiêu tán[tiːu¹ taːn⁵];mất đi[mɤt⁷ʔdi¹];biến mất[ʔbiːn⁵ mɤt⁷] 芒biến bát[ʔbiːn³ ʔbɤt⁷]

【消瘦】泰ผอมลง[phɔːm¹loŋ²] 老ລົງໂຕ[loŋ²toːˀ];ຈ່ອຍລົງ[tsɔːi⁵loŋ²];ຈ່ອຍຜອມ[tsɔːi⁵phɔːm¹];ຂູບຜອມ[suːp¹⁰ phɔːm¹];ໂຊບ[soːp¹⁰];ຜອມໂຊ[phɔːm¹ soː²];ຍອດຜອມ[jɔːt⁹ phɔːm¹] 岱-侬lương thược[lɯːŋ² thɯːk⁸] 越泰hám lương[haːm⁵ lɯːŋ¹] 越gầy đi[ɣɤi² ʔdi¹];xọp xuống[sɔp⁸ suːŋ⁵];tọp đi[tɔp⁸ suːŋ⁵]

【消息】泰ข่าว[khaːu⁵] 老ຂ່າວ[khaːu⁵];ຂາວ[khaːu⁵];ເລື່ອງຂ່າວ[ŋɯːan⁵ khaːu⁵] 岱-侬tin[tin¹] 越泰hồi quầm kháo[hɔi² kwaːm² khaːu⁵] 越tin[tin¹];tin tức[tin¹ tɯk⁷] 芒tin[tin¹];tin tức[tin¹ tɯk⁷]

【消炎药】泰ยาแก้อักเสบ[jaː² kɛː³ ʔak⁷ seːp⁹] 老ຢາແກ້ອັກເສບ[jaː² kɛː⁴ ʔak⁷ seːp⁹] 越thuốc chống viêm[thuːk⁷ tsoŋ⁵ viːm¹]

【硝石】泰ดินประสิว[ʔdin² pra⁵siu¹] 老ຂີ້ເກຍ[khiː³ kiːa¹];ຂີ້ເຈຍ[khiː³ tsiːa¹] 越quặng kali nitrat[kwaŋ⁶ ka¹ li¹ nit⁷ raːt⁷]

【箫】泰ขลุ่ย[khlui⁵];ปี่[piː⁵] 老ປີ່[piː⁵] 岱-侬bjăm[ʔbjam⁵] 越泰pí[piː⁵] 普lhâw⁴[lɤu⁴];săp⁵[sap⁵] 越ống tiêu[ʔoŋ⁵tiːu¹];tiêu[tiːu¹];cái sáo[kaːi⁵ ʂaːu¹] 芒khảo[khaːu³];ống khảo[ʔoŋ⁵khaːu³];ống tiêu[ʔoŋ³ tiːu¹]

【枭】泰นกเค้าแมว[nok⁸khau⁴mɛːu²] 老ມິກຂີ້ຖິ[nok⁸ khiː³ thiː²] 岱-侬tua cạu[tuːa¹ kau⁴] 越泰nộc cạu[nok⁸ kau⁴] 越cú vọ[ku⁵ vɔ⁶];chim cú[tsim¹ ku⁵]

【小❶】泰เล็ก[lek⁸] 老ເລັກ[lek⁸];ນ້ອຍ[nɔːi⁴] 岱-侬sláy[ɬaːi⁵];eng[ʔɛŋ¹];i[ʔi²] 越泰nọi[nɔi⁴]

---

❶石家nɔɔy⁵　阿含 noi C2

普 nwaj³[nwa:i³] 越 nhỏ[ɲɔ³];bé[ʔbɛ⁵] 芒 nhó[ɲɔ⁵];pel[pɛl¹];môn[mɔn⁴];đói[ʔdɔi⁵];bé[ʔbɛ⁵];con[kɔn¹]

【小白菜】 泰 กาดขาว[ka:t⁹kha:u¹] 老 ผักกาดขาว[phak⁷ ka:t⁹ kha:u¹];กาดขาว[ka:t⁹ kha:u¹] 普 ʔap⁵ zing²[ʔa:p⁵ ziŋ²] 越 rau cải canh[zau¹ ka:i³ kaŋ¹];rau cải ngọt[zau¹ ka:i³ ŋɔt³]

【小便 去~ ❶】 泰 เบา[ʔbau⁵];ไปเบา[pai² ʔbau²];เยี่ยว[ji:au³] 老 ย่อ[ɲi:au⁵];ถ่ายเบา[tha:i⁵ ʔbau¹];ถ่ายปัดสาวะ[tha:i⁵ pat⁷ sa:¹ va⁵];ผ่ายเบา[pha:i⁵ ʔbau¹] 岱-侬 nèo[nɛu³];ooc nèo[ʔɔ:k⁷ nɛu³] 越泰 nèo[nɛu⁶];quà chừn[kwa⁶ tsɯn⁶] 普 lāj³ si¹[lai³ si¹] 越 đái[ʔda:i⁵];tiểu tiện[ti:u³ ti:n⁶];tiểu tiện[ti:u³ ti:n⁶];đi tiểu[ʔdi¹ ti:u³] 芒 tải[ta:i³];ti tải[ti¹ ta:i³]

【小病】 泰 โรคน้อย[ro:k¹⁰ nɔ:i⁴] 老 โลกม้อย[lo:k¹⁹ nɔ:i⁴] 越 ốm vặt[ʔom⁵ vat⁸]

【小肠】 泰 ไส้เล็ก[sai³ lek⁸];ลำไส้เล็ก[lam² sai³ lek⁸] 老 ไส้อ่อน[sai³ ʔɔ:n⁵];ลำไส้อ่อน[lam² sai³ ʔɔ:n⁵];ลำไส้ม้อย[lam² sai² nɔ:i⁴] 岱-侬 slầyón[ɬɤi³ʔɔn⁵] 越泰 xây nôn[sai³ nɔn²] 普 saj³ ju³[sa:i³ ju³] 越 ruột non[zu:t⁸ nɔn¹] 芒 roch non[rɔt⁸ nɔn¹]

【小刀】 泰 มีดน้อย[mi:t¹⁰nɔ:i⁴] 老 มีดม้อย[mi:t¹⁰ nɔ:i⁴] 越 tào[ta:u²] 越 dao con[za:u¹ kɔn¹] 芒 tao con[ta:u¹ kɔn¹]

【小刀豆】 岱-侬 thúa pap[thua⁵ pa:p⁷];thúa pản[thua⁵pa:n³] 越泰 thúapép[thua⁵ pɛp⁷] 越 đậu ván[ʔdɤu⁶ va:n⁵]

【小肚】 泰 ท้องน้อย[thɔ:ŋ⁴ nɔ:i⁴] 老 ท้องม้อย[thɔ:ŋ⁴ nɔ:i⁴] 岱-侬 toọng nọi[tɔ:ŋ⁴nɔ:i⁴] 越 bụng dưới[ʔbuŋ⁶ zɯ:i¹]

【小儿麻痹症】 泰 โรคโปลิโอ[ro:k¹⁰ po:² li⁴ʔo:¹] 老 โลกอำมะพาดถั้กม้อย[lo:k¹⁹ ʔam¹ ma⁵ pha:t⁵

ʔdek⁷ nɔ:i⁴];โปลิโอ[po:¹ li:² ʔo:¹] 越 bệnh bại liệt trẻ em[ʔben⁶ ʔba:i⁶ li:t⁸ tsɛ³ ʔɛm¹]

【小儿子】 泰 ลูกชายหล้า[lu:k¹⁰ tsha:i¹ la:³] 老 ลูกขายขล้า[lu:k¹⁰sa:i² la:³] 越 con trai út[kɔ:¹ tsa:i¹ ʔut⁷] 芒 con tlai úch[kɔn¹ tla:i¹ ʔut⁷];con khau cât[kɔn¹ khau¹ kɤt⁸]

【小公鸡 刚会啼的】 泰 ไก่ตัวผู้น้อย[kai⁵ tu:a² phu:³ nɔ:i⁴] 老 ไก่ผู้ม้อย[kai⁵ phu:³ nɔ:i⁴] 越 gà trống non[ɣa² tsoŋ⁵ nɔn¹] 芒 ca khổng non[ka¹ khɔŋ³ nɔn¹]

【小狗】 泰 หมาน้อย[ma:¹ nɔ:i⁴] 老 หมาม้อย[ma:¹ nɔ:i⁴] 普 ljak² mha[lja:k² ma̰¹] 越 chó con[tsɔ⁵ kɔn¹] 芒 chó con[tsɔ³ kɔn¹]

【小姑子】 泰 น้องสาวของสามี[nɔ:ŋ⁴sa:u¹khɔ ŋ¹ sɛ:¹mi:²] 老 ม้องสาวของผึง[nɔ:ŋ⁴sa:u¹khɔ:ŋ¹ phu:a¹] 越 em gái chồng[ʔɛm¹ ɣa:i⁵ tsoŋ²]

【小孩儿❷】 泰 เด็ก[ʔdek⁷];ลูกเด็ก[lu:k¹⁰ ʔdek⁷];เด็กๆ[ʔdek⁷ʔdek⁷] 老 ลูกถั้ก[lu:k¹⁰ʔdek⁷];ถั้ก[ʔdek⁷];ถั้กม้อย[ʔdek⁷ nɔ:i⁴] 岱-侬 lục đếch[luk⁸ʔdek⁷];lụceng[luk⁸ʔɛŋ¹] 越泰 đếchnọi[ʔdɛk⁷ nɔi⁴];ẽ nọi[ʔɛ² nɔi⁴] 普 qanwaj³[qa⁰ nwa:i³];nwaj³[nwa:i³] 越 trẻ con[tsɛ³ kɔn¹];trẻ em[tsɛ³ ʔɛm¹];trẻ nhỏ[tsɛ³ ɲɔ³];con nít[kɔn¹ nit⁷] 芒 đét con[ʔdɛt⁷ kɔn¹];con đét[kɔn¹ ʔdɛt⁷];tửa đét[tɯ:a³ ʔdɛt⁷];đét[ʔdɛt⁷]

【小伙子❸】 泰 บ่าว[ʔba:u⁵];หนุ่ม[num̰⁵]; คนหนุ่ม[khon³ num⁵];หนุ่มน้อย[num⁵ nɔ:i⁴] 老 บ่าว[ʔba:u⁵];ผู้บ่าว[phu:³ ʔba:u⁵];ขายหนุม[sa:i² num⁵];ยุยะ[nu⁵ va⁵];บๆบ่าว[ʔba:¹ ʔba:u⁵];อ๊ายบ่าว[ʔa:i⁴ ʔba:u⁵];เย็วอะพาม[nau⁵va⁵pha:n²] 岱-侬 lục báo[luk⁸ʔba:u⁵] 越泰 báo[ʔba:u⁵];phủ báo[phu:³ ʔba:u⁵] 普 ljak² qapa⁴[lja:k² qa⁰ pa⁴] 越 thanh niên[than¹

❶ 阿含 ñiu B2    掸 jeu B2    勐 jeu B2
❷ 石家 dxk⁴    阿含 lik-khā    拉哈 kāw⁵ ʔen1    拉基 kulla i³
❸ 石家 baaw⁶

ni:n¹];trai tráng[tṣa:i¹ tṣa:ŋ⁵];trai trẻ[tṣa:i¹ tṣɛ:³]; chàng trai[tsa:ŋ² tsa:i¹];chàng trai trẻ[tsa:ŋ² tṣɛ²];anh chàng[ʔɛn¹ tsa:ŋ²] 芒chàng tlal[tsa:ŋ² tla:l¹];enh tlal dò[ʔɛn¹ tla:l¹ zɔ²];enh chàng[ʔɛn¹ tsa:ŋ²];chàng [tsa:ŋ²]

【小鸡】 泰ลูกไก่[lu:k¹⁰ kai⁵];ไก่เจี๊ยบ[kai⁵tsi:ap⁹]; ลูกเจี๊ยบ[lu:k¹⁰tsi:ap⁹] 老ไก่น้อย[kai⁵nɔ:i⁴] 越泰cáy chiếp[kai⁵ tsi:p⁷] 普ljak² qăj¹[ljak² qai¹] 越gà con[ɣa² kɔn¹] 芒ca con[ka¹ kɔn¹]

【小轿车】 泰รถยนต์[rot⁸ jon²];รถเก๋ง[rot⁸ ke:ŋ¹] 老ລົດເກ໋ງ[lot⁸ ke:ŋ¹];ລົດເຕັ້ງ[lot⁸ tau⁵];ລົດຮົ່ເຕັ່ງ[lot⁸ ʔi:⁵ tau⁵] 越ô tô con[ʔo¹ to¹ kɔn¹]

【小舅子】 泰น้องชายของพรรยา[nɔ:ŋ⁴tsha:i¹khɔ:ŋ¹ phan²ja:²] 老ມ້ອງຊາຍ ຂອງເມຍ[nɔ:ŋ⁴tsha:i¹ khɔ:ŋ¹ mi:a²] 越em trai vợ[ʔɛm¹ tṣa:i¹ vɤ⁶] 芒ùn cũ [ʔun³ ku⁴]

【小路】 泰ซอย[sɔ:i³] 老ຫຼາງຢາງ[tha:ŋ²na:ŋ²]; ຫຼາງເຕັຍ[tha:ŋ²khɛ:i²];ຫຼາງຄວາກະເຕື່ອງ[tha:ŋ² thi:au²ka⁵ʔdɯ:ŋ¹];ຫຼາງລັດ[tha:ŋ¹ lat⁸] 岱-侬tàng eng[ta:ŋ²ʔeŋ¹];tàng cặp[ta:ŋ²kap⁸] 越泰tăng nọi [ta:ŋ²nɔi²] 普xAn¹[xɒn¹] 越đường mòn[ʔdɯ:ŋ² mɔn²];đường nhỏ[ʔdɯ:ŋ²ɲɔ:³] 芒khả đét[kha³ ʔdɛt⁷];khả đói[kha³ ʔdɔi⁵]

【小麦】 泰ข้าวสาลี[kha:u³sa:¹li:²] 老ເຂົ້າບະເລ [khau³ ʔba² le:²];ເຂົ້າເຜຶ[khau³ ʔble:¹] 岱-侬mẹc càng[mɛk⁸ka:ŋ²] 普dông²[dɔŋ²] 越tiểu mạch[ti:u³ mat⁸];lúa mạch[luə⁵ mat⁸];lúa mì[luə⁵ mi²] 芒lô mì[lɔ⁴ mi²]

【小米】 泰ข้าวฟ่าง[kha:u³fa:ŋ³] 老ເຂົ້າຟ່າງ[khau³ fa:ŋ³];ເຂົ້າຝ່າງ[khau³ fa:ŋ³] 岱-侬khẩu phảng[khəu³ pha:ŋ³] 越泰khảu phảng[khau³ pha:ŋ³] 越kê[ke¹]; gạo kê[ɣa:u⁶ ke¹]

【小女儿】 泰ลูกสาวหล้า[lu:k¹⁰ sa:u¹ la:³] 老ລູກສາວຫຼ້າ[lu:k¹⁰ sa:u¹ la:³] 越con gái út[kɔn¹ ɣa:i⁵ ʔut⁷] 芒con mãi úch[kɔn¹ ma:i⁴ ʔut⁷]

【小舌】 泰ลิ้นไก่[lin⁴kai⁵] 老ລີ້ນໄກ່[li:n⁴kai⁵]; ເຫຼືອກໄກ່[hɯak⁹ kai⁵] 岱-侬lịn cáy[lin⁴ kai⁵] 越泰lịn cáy[lin⁴ kai⁵] 越lưỡi gà[lɯ:i⁴ ɣa²]

【小时】 泰โมง[mo:ŋ²];ชั่วโมง[tshu:a³mo:ŋ²];ทุ่ม [thum³] 老ໂມງ[mo:ŋ²];ຊົ່ວໂມງ[su:a⁵ mo:ŋ²] 岱-侬dờ[jə²] 越泰chờ[tṣə²] 普cA⁴[tsɒ⁴] 越giờ [zɤ²];tiếng[ti:ŋ⁵];tiếng đồng hồ[ti:ŋ⁵ ʔdoŋ² ho²] 芒dờ[zɤ²]

【小叔子】 泰น้องชายของสามี[nɔ:ŋ⁴ tsha:i¹ khɔ:ŋ¹ sa:¹ mi²] 老ມ້ອງຊາຍ ຂອງຜົວ[nɔ:ŋ⁴ sa:i² khɔ:ŋ¹ phu:a¹] 越em trai chồng[ʔɛm¹ tṣa:i¹ tsoŋ²]

【小提琴】 泰ไวโอลิน[wai² ʔo:² lin²] 老ໄວໂອລິມ [vai² ʔo:¹' lin²] 越đàn vi-ô-lông[ʔda:n² vi¹ ʔo¹ loŋ¹];vi-ô- lông[vi¹ ʔo¹ loŋ¹]

【小偷❶】 泰คนลักเล็กขโมยน้อย[khon² lak⁸ lek⁸ kha⁵ mo:i² nɔ:i⁴];คนลักเล็กลัก น้อย[khon² lak⁸ lek⁸ lak⁸nɔ:i⁴];ขโมย[kha⁵mo:i¹];คนย่องเบา[khon²jɔ:ŋ² ʔbau²] 老ຂີ້ກະໂມຍ[khi:³ ka²mo:i²];ກະໂມຍ[ka² mo:i²];ຂະໂມຍ[kha²mo:i²];ຜູ້ຊ້າຍອ້າຍຂະໂມຍ[phu:³ ha:i⁴ʔa:i⁴kha²mo:i²];ຄົນລັກຂອງ[khon²lak⁸ khɔ:ŋ¹] ;ຄົນລ່ວງກະເປົາ[khon²lu:aŋ²ka²pau¹];ໂຈນ[tso:n¹]; ຄົນຂີ້ລັກ[khon² khi:³ lak⁸] 岱-侬pò lặc[pɔ³ lak⁸] 越泰cỗn lặc[kon²lak⁸] 普sjang³ taw²[sja:ŋ² ta:u²]; qalăk⁵[qa⁰lak⁵] 越tên ăn cắp[ten¹²an¹ kap⁷];tên ăn cắp vặt[ten¹²an¹kap⁷vat⁸];kẻ cắp[kɛ³ kap⁷];kẻ trộm[kɛ³ tṣom⁶];kẻ móc túi[kɛ³ mɔk⁷ tui⁵] 芒 thàng lỗm[tha:ŋ² lom⁴];ké lỗm[kɛ⁵ lom⁴]

【小腿❷】 泰แข้ง[khɛ:ŋ²];หน้าแข้ง[na:³khɛ:ŋ²]; ลำแข้ง[lam²khɛ:ŋ²];ท้องน่อง[thɔ:ŋ⁴nɔ:ŋ²];น่อง[nɔ:ŋ²] 老ແຂ່ງ[khɛ:ŋ⁵];ຂາແຂ່ງ[kha:¹khɛ:ŋ⁵];ແຂ່ງຂາ

---

❶ 石家 khaʔ²-mooy⁴
❷ 石家 geeŋ⁵ 阿含 nā-khring B2 勐 xɛŋ B2

[kʰɛːŋ⁵kʰaː¹];ลำแค่ง[lam²kʰɛːŋ⁵] 岱-侬 kèng kha[kɛŋ³ kha¹] 越泰 mák cành[maːk⁷ kɛŋ⁴] 越 cẳng chân[kaŋ³ tʂɤn¹];bắp chân[ʔbap⁷ tʂɤn¹] 芒 tlài chân[tlaːi³ tʂɤn¹]

【小心】 泰 ระวัง[ra⁴waŋ²] 老 ละอัง[la⁵vaŋ²];ละอัังละแอง[la⁵ vaŋ² la⁵ vɛːŋ²] 越 cẩn thận[kɤn³ tʰɤn⁶];chú ý[tsu⁵ ʔi⁵];thận trọng[tʰɤn² tʂɔŋ⁶];coi chừng[kɔi¹ tʂɯŋ²];hãy khéo[hai⁴ xɛu⁵];liệu hồn[liːu⁶ hon²] 芒 liều hồn[liːu⁴ hon²]

【小学】 泰 โรงเรียนประถม[roːŋ² riːan² pra⁵ tʰom¹] 老 โฮงຮຽນປະຖົມ[hoːŋ²hiːan²pa²tʰom¹] 越 tiểu học[tiːu³ hɔk⁸];trường tiểu học[tʂɯːŋ²tiːu³hɔk⁸];cấp I [kɤp⁷mot⁸] 芒 tiểu hoc[tiːu⁵hɔk⁸];tlường tiểu hoc[tlɯːŋ² tiːu⁵ hɔk⁸]

【小学生】 泰 นักเรียนชั้นประถม[nak⁸ riːan² tʂʰan⁴ pra⁵tʰom¹] 老 ลูกสิด[luːk¹⁰sit⁹];ลูກสิด[luːk¹⁰ si:t⁹] 越 học sinh tiểu học[hɔk⁸ ʂiŋ¹ tiːu³ hɔk⁸]

【小鸭】 泰 ลูกเป็ด[luːk¹⁰pet⁷] 老 ເປັດນ້ອຍ[pet⁵ nɔːi⁴];ลูກเป็ด[luːk¹⁰pet⁷] 越 vịt con[vit⁸kɔn¹] 芒 wit con[wit⁸ kɔn¹];chóch[tsɔt⁷]

【小叶榕树】 泰 ต้นไทรใบเล็ก[ton³sai²ʔbai²lek⁵] 老 ກົກໄຮ[kok⁷ hai²] 岱-侬 mạy rầy[mai⁴ rəi²];co rầy cáy[kɔ¹ rəi² kai⁵] 越泰 co hãy[kɔ¹ hai⁴] 越 cây si[kɤi¹ ʂi¹] 芒 câl khi[kɤl¹ khi¹];con khi[kɔn¹ khi¹];câl khènh[kɤl¹ khen²]

【小姨子】 泰 น้องสาวของพรรยา[nɔːŋ⁴ saːu¹ kʰɔːŋ² pʰan² jaː²] 老 ນ້ອງສາວຂອງພະລະຍາ[nɔːŋ⁴ saːu¹ kʰɔːŋ¹ pʰa⁵ la⁵ ɲaː²] 越 em gái vợ[ʔɛm¹ ɣai⁵ vɤ⁵] 芒 ùn mãi vở[ʔun³ maːi⁴ vɤ⁴]

【小雨】 泰 ฝนเบา[fon¹ʔbau²] 老 ຝົນເບົາ[fon¹ʔbau²] 越 mưa nhỏ[mɯə¹ ɲɔ³] 芒 mưa nhó[mɯə¹ ɲɔ⁵]

【小月】指月份 泰 เดือนขาด[ʔdɯan² khaːt⁹] 老 ເດືອນຂາດ[ʔdɯan¹¹khaːt⁹] 普 nin¹saw⁴[nin¹sa:u⁴] 越 tháng thiếu[tʰaːŋ⁵ tʰiːu⁵] 芒 kháng thiếu[kʰaːŋ⁵ tʰiːu³]

【小指❶】 泰 นิ้วก้อย[niu⁴ kɔːi³];กิ่งน้อย[kiŋ⁵ nɔːi⁴] 老 ມື້ກ້ອຍ[niːu⁴kɔːi⁴];ກິ່ງກ້ອຍ[kiŋ⁵kɔːi⁴];ພະຣະ ມືດຕາ[pʰa⁵ ka² nit⁸ tʰaː¹] 越泰 niu còi[niu⁴ kɔi³] 普 qaNik² nwaj³[qa⁰ ɲik² nwa:i³] 越 ngón tay út[ŋɔn⁵ tai¹ ʔut⁷];ngón út[ŋɔn⁵ ʔut⁷]

【小趾】 泰 นิ้วก้อยตีน[niu⁴kɔːi³tin²] 老 ມື້ກ້ອຍຕີນ[niːu⁴ kɔːi⁴ tin¹] 越 ngón chân út[ŋɔn⁵ tʂɤn¹ ʔut⁷]

【哮喘❷】 泰 หอบ[hɔːp⁹];หืด[hɯːt⁹];โรคหืด[roːk¹⁰ hɯːt⁹] 老 ຫືດ[hɯːt⁹];ໂລກຫືດ[loːk¹⁰ hɯːt⁹];ເປັນຫືດ[pen² hɯːt⁹];ຂີ້ຍະຍື[kʰiː³ ka² nɯː²];ຂີ້ຕະຍື[kʰiː³kʰa⁵ɲɯː²];ຈັບຫືດ[tsap⁷hɯːt⁹];ກະຍື[ka² ɲɯː²];ພາກຫືດ[maːk⁹hɯːt⁹];ຂື້ນຫືດ[khɯn²hɯːt⁹] 岱-侬 ngap mèo[ŋa:u⁸ mɛu²] 越泰 khư nhữ[kʰɯ nɯː²];phnhạt[pʰ-na:t⁸] 普 qaNo⁴[qa⁰ɲɤ⁴] 越 hen suyễn[hɛn¹ʂwiːn⁴];hen[hɛn¹];suyễn[ʂwiːn⁴];siễn[ʂː n⁴];bệnh hen[ʔben⁶hɛn¹];bệnh suyễn[ʔben⁶ ʂwiːn⁴] 芒 hen hư[hɛn¹ hɯ¹];bễnh hen hư[ʔben⁶ hɛn¹ hɯ¹]

【校园】 泰 บริเวณสถานศึกษา[ʔbri⁵ weːn² sa⁵ tʰa⁰n¹ suk⁷ sa:¹] 老 ເຕີ່ມໂຮງຮຽນ[ʔdɤːm² hoːŋ² hiːan²] 越 khuôn viên nhà trường[xuːn¹ viːn¹ ɲaː² tʂɯːŋ²];sân trường[ʂɤn¹ tʂɯːŋ²];vườn trường[vɯːn² tʂɯːŋ²]

【校长】 泰 ครูใหญ่[kʰruː² jai⁵];อธิการบดี[ʔa⁵ tʰi⁴ ka:n²ʔbɔː²ʔdiː²] 老 ຜູ້ອຳນວຍການ[pʰuː³ʔam¹ nu:ai²ka:n¹];อะทิการบดี[ʔa²tʰi⁵ka:n¹ʔbɔː¹ʔdiː¹];อาจารใหญ่[ʔa:¹ tsa:n¹ ɲai⁵] 越 hiệu trưởng[hiːu⁶tʂɯːŋ³];giám đốc[za:m⁵ʔdok⁷];giám đốc nhà trường[za:m⁵ ʔdok⁷ ɲa² tʂɯːŋ²]

【笑❸】 泰 หัว[hu:a¹] 老 ຫົວ[huːa¹] 岱-侬 khua

---
❶ 石家 niw⁴-kɔy³
❷ 拉哈 ngap²
❸ 阿含 khrō A1； khru A1； khu A1  掸 kho A1  泐 kho A1

[khuə¹] 越泰hua[huə¹] 普saw¹[sa:u¹] 越cười [kɯ:i²] 芒cười[kɯ:i²]

【笑话₁说~】 泰มุขตลก[muk⁸ta⁵lok⁷];เรื่องขบขัน[rɯ:aŋ¹⁰khop⁷khan¹] 老ຄຳຕະຫຼົກ[kham²ta²lok⁷];ເລື່ອງຕະຫຼົກ[lɯ:aŋ⁵ta²lok⁷];ขัดสะบึงาย[hat⁷sa²ni⁵n̪a:i²] 岱-侬tò khua[tɔ²khuə¹];lò khua [lɔ²khuə¹] 越chuyện đùa[tswi:n⁶ʔduə²];chuyện khôi hài[tswi:n⁶ xoi¹ ha:i²];chuyển hài hước[tswi:n⁶ ha:i² hɯ:k⁷];chuyện cười[tswi:n⁶ kɯ:i²];pha trò[fa¹ tsɔ²];tiếu lâm[ti:u⁵ lɤm¹] 芒tiếu lâm[ti:u³ lɤm¹]

【笑话₂别~人家】 泰หัวเราะเยาะ[hu:a¹rɔ⁴jɔ⁴] 老ຫົວ[hu:a¹] 岱-侬khua[khuə¹] 越泰khua[khuə¹] 越giễu cợt[zeu⁴ kɤ:t⁸];chê cười[tse¹ kɯ:i²] 芒chê cười[tse¹ kɯ:i²]

【歇脚】 泰หยุดพักระหว่างเดินทาง[jut⁷phak⁸ra⁴wa:ŋ⁵ ʔdə:n² tha:ŋ²] 岱-侬chải kha[tɕa:i³ kha¹] 越泰vè[vɛ⁶] 越nghỉ chân[ŋi³ tsɤn¹]

【蝎子】 泰ป่อง[pɔ:ŋ⁵];แมงป่อง[mɛ:ŋ² pɔ:ŋ⁵] 老ແມງປ່ອງ[mɛ:ŋ² pɔ:ŋ⁵];ຂະຕອຍ[kha² tɔ:i¹] 普qăng³ ăng¹[qaŋ³ aŋ¹] 越bò cạp[ʔbɔ² ka:p⁸];con bọ cạp[kɔn¹ ʔbɔ⁶ ka:p⁸] 芒pò cap[pɔ² ka:p⁸]

【鞋带】 泰เชือกรองเท้า[tshɯ:ak¹⁰rɔ:ŋ²thau²];เชือกผูกรองเท้า[na:³phu:k⁹rɔ:ŋ²thau²] 老ເຊືອກເກີບ[sɯ:k¹⁰ kə:p⁹] 越dây giày[zɤi¹ zai²] 芒chac dày[tsa:k⁸ zai²]

【鞋底】 泰พื้นรองเท้า[phɯ:n⁴rɔ:ŋ²thau²] 老ພື້ນເກີບ[phɯ:n⁴ kə:p⁹] 岱-侬tày hái[tai³ ha:i⁵] 越đế giày[ʔde⁵ zai²] 芒đế dày[ʔde³ zai²]

【鞋店】 泰ร้านขายรองเท้า[ra:n⁴ kha:i¹ rɔ:ŋ² thau²];ร้านรองเท้า[ra:n⁴rɔ:ŋ²thau²] 老ຮ້ານຂາຍເກີບ[ha:n² kha:i¹ kə:p⁹] 越hiệu giầy[hi:u⁶ zɤi²];tiệm giầy[ti:m⁶ zɤi²]

【鞋跟】 泰ส้นรองเท้า[son³ rɔ:ŋ² thau⁴] 老ສົ້ນເກີບ[son³ kə:p⁹] 岱-侬slản hài[ɬon³ ha:i²] 越gót giày[ɣɔt⁷ zai²]

【鞋匠】 泰ช่างรองเท้า[tsha:ŋ³rɔ:ŋ²thau⁴];ช่างทำรองเท้า[tsha:ŋ³ tham² rɔ:ŋ² thau⁴] 老ຊ່າງເກີບ[sa:ŋ⁵ kə:p⁹] 越thợ giày[thɤ⁶ zɤi²];thợ làm giầy[thɤ⁶ la:m² zɤi²] 芒thờ dày[thɤ⁴ zai²]

【鞋刷】 泰แปรงขัดรองเท้า[pre:ŋ² khat⁷ rɔ:ŋ² thau⁴] 老ຟອຍຜັດເກີບ[fɔ:i² phat⁷ kə:p⁹];ແປງຜັດເກີບ[pɛ:ŋ² phat⁷ kə:p⁹] 越bàn chải đánh giầy[ʔba:n² tsa:i³ ʔdan⁵ zɤi²]

【鞋油】 泰ยาขัดรองเท้า[ja:² khat⁷ rɔ:ŋ² thau⁴] 老ຢາຜັດເກີບ[ja:¹ phat⁷ kə:p⁹];ນ້ຳມັນທາເກີບ[nam² man² tha:² kə:p⁹] 越xi đánh giầy[si¹ ʔdan⁵ zai²] 芒xi tênh dày[si¹ ten³ zai²]

【鞋子❶】 泰รองเท้า[rɔ:ŋ²thau²];เกือก[kɯ:ak⁹] 老ເກີບ[kə:p⁹] 岱-侬hài[ha:i²] 越泰hãi[ha:i²] 普qaljaw²[qa⁰lja:u²] 越giầy[zai²];giầy[zɤi²];hài[ha:i²] 芒dày[zai²];hài[ha:i²]

【斜】 泰เอียง[ʔi:aŋ²] 老ເຊົ່[seu²];ເທ່[the:⁵];ບິ້ງ[nə:ŋ⁴];ບ່ຽງ[ʔbi:aŋ²];ເບືອນ[ʔbɯ:an¹] 岱-侬chại[tɕa:i⁴];nghiếng[ŋi:ŋ⁵];me[mɛ¹] 越泰lẽo[lɛu²] 越nghiêng[ŋi:ŋ¹];lệch[let⁸];chéo[tsɛu⁵];xiên[si:n¹];dốc[zok⁷];chếch[tset⁷]

【斜视】 泰ชายตามอง[tsha:i² ta:² mɔ:ŋ²] 老ເຫຼືອດ[lɯ:at⁹];ເຫຼືອບ[lɯ:ap⁹];ແຂ[khe:¹] 岱-侬lè tha[lɛ² tha¹];lược[lɯ:k⁸];lè[lɛ²] 越泰xóng[sɔŋ⁵] đơn[ʔdən¹] 越liếc[li:k⁷];nhìn nghiêng[n̪in² ŋi:ŋ¹];nhìn trộm[n̪in² tsom⁶];lé[lɛ⁵] 芒lê[lɛ⁴]

【写】 泰เขียน[khi:an¹];ขีด[khi:t⁹];ขีดเขียน[khi:t⁹khi:an¹] 老ຂຽນ[khi:an¹];ລາຍ[la:i²];ຂີດຂຽນ[khi:t⁹khi:an¹] 岱-侬slé[ɬe³];slê[ɬe³];viêt[vi:t⁷];lài[la:i²] 越泰tèm[tɛm³] 普pjak²[pja:k²] 越

---

❶ 石家 kəəp² 阿含 khüp

viết[viːt⁷]　芒 biết[ʔbiːt⁷];viết[viːt⁷]

【泻药】泰 ยาถ่าย[jaː² thaːi⁵];ยาระบาย[jaː² raː² baːi²]; ยาทุเลา[jaː² thu⁴ lau²];ยารุ[jaː² ru⁴]　老 ບິເກືອຜະລັ່ງ[ʔbiːˡ kɯːaˡ fa² laŋ⁵];ยาถ่ายท้อง[jaː¹ thaːi⁵ thɔːŋ⁴];ยาท้อง[jaː¹ thaːi⁵];ยาฃุท้อง[jaː¹ su⁵ thɔːŋ⁴]　越 thuốc tẩy[thuːk⁷ tɤi³];thuốc xổ[thuːk⁷ soː³];thuốc nhượng tràng[thuːk⁷ nɯːŋ⁶ tṣaːŋ²]

【卸】~货　泰 ขนลง[khonˡ loŋ²]　老 ຂົນລົງ[khonˡ loŋ²]　越 dỡ[zɤ⁴]

【谢谢】泰 ขอบคุณ[khɔːp⁹khun²];เทชา[the:² tsha:²]　老 ຂອບໃຈ[khɔːp⁹ tsai¹]　越 cám ơn[kaːm⁵ ʔɤːn¹]　芒 cám ơn[kaːm⁵ ʔɤːn¹]

【心病】泰 ไข้ใจ[khai³tsai²]　老 ໄຂ້ໃຈ[khai³tsai²]　越 nỗi lo âu[noi⁴ lɔ² ʔɤu¹];nỗi buồn phiền[noi:² bu:n² fi:n²]

【心地】泰 ใจ[tsai²];น้ำใจ[nam⁴ tsai²]　老 ใจ[tsai¹];ດວງใจ[ʔduːaŋˡ¹ tsai¹];ຈິຕ[tsit⁷];ເຈຕ[tse:t⁹];ຫົວໝີກ[huːa¹ mok⁷];ຫົວອົກ[huːa¹ ʔok⁷];ອົກ[ʔok⁷];ຈິຕ[tsit⁷]　岱-侬 môc sẩy[mok⁷ ɬɤi³];slim ki[ɬim¹ ki¹]　越泰 tọng pum[toŋ⁴ pum¹]　越 tấm lòng[tɤm⁵ lɔŋ²];tâm địa[tɤm¹ ʔdiɤ⁶];lòng dạ[lɔŋ² za⁶]　芒 tlổng tã[tlɔŋ⁵ ta⁴];cảy lòng[kai³ lɔŋ²];tlổng[tlɔŋ⁴];tã[ta⁴]

【心肌炎】泰 กล้ามเนื้อหัวใจอักเสบ[klaːm³nɯːa⁴huːa¹ tsai²ʔak⁷se:p⁹]　老 ກ້າມໜາກຫົວໃຈອັກເສບ[kaːm⁴ maːk⁹ huːa¹ tsai¹¹ ʔak⁷ se:p⁹]　越 viêm cơ tim[viːm¹ kɤ¹ tim¹]

【心里】~有话　泰 ภายในใจ[phaːi² naiː² tsai²]　老 ພາຍໃນໃຈ[phaːi² nai² tsai¹¹]　越 trong lòng[tṣɔŋ⁵ lɔŋ²];trong bụng[tṣɔŋ⁵ ʔbuŋ⁶]　芒 cong lẳng[kɔŋ¹ laŋ²]

【心思】坏~　泰 ความคิดความอ่าน[khwaːm:² khit⁸ khwaːm²ʔaːn¹]　老 ຈິຕ[tsit⁷];ແບອົດຈິດໃຈ[nɛːu² khit⁸tsit⁷tsai¹¹];ມະໂນຈິດ[maːnoː² tsit⁷];ຫົວຄິດ

[huːa¹ khit⁸];ຫົວຄິດ[huːa¹ khɯt⁸]　越 tâm tư[tɤm¹ tɯ¹];ý nghĩ[ʔi⁵ ŋi⁴];lòng dạ[lɔŋ² za⁶]

【心算】泰 เลขคณิตในใจ[le:k¹⁰kha⁴nit⁸nai² tsai²]　老 ຄິດເລກໃນໃຈ[khit⁸ le:k¹⁰ nai² tsai¹¹];ເລກຄະນິດໃນໃຈ[le:k¹⁰kha⁵nit⁸nai² tsai¹¹]　越 tính nhẩm[tin⁵ nɤm³];tính trong bụng[tin⁵ tṣɔŋ¹ ʔbun⁶]

【心疼】~孩子　泰 รักมาก[rak⁸ maːk¹⁰]　老 ຮາກແພງ[hak⁸phɛːŋ²]　岱-侬 pèng[pɛŋ⁶]　越泰 hửn xầy[hun² sai³]　越 thương[thuːɤ¹]　芒 thương[thuːŋ¹]

【心跳】泰 ใจเต้น[tsai² te:n³];หัวใจเต้นแรง[huːa¹ tsai² te:n³ rɛːŋ²]　老 ຫົວໃຈເຕັ້ນ[huːa¹ tsai¹ ten⁴]　越 tim đập[tim¹ ʔdɤp⁸];đánh trống ngực[ʔdan⁵ tṣoŋ⁵ ŋuɤ⁸]

【心意】泰 น้ำใจ[nam⁴ tsai²]　老 ใจ[tsai¹¹];ເຈຕ[tseː⁹];ນ້ຳใจ[nam²tsai¹¹];ນ້ຳຈິດນ້ຳใจ[nam²tsit⁷nam⁴tsai¹¹];ມະໂນ[maːno:²];ມະໂນຈິດ[maːno:²tsit⁷];ຈິດ[tsit⁷]　越 ý[ʔi⁵];lòng[lɔŋ²];tấm lòng[tɤm⁵ lɔŋ²];ý nghĩ[ʔi⁵ ŋi⁴]

【心脏】❶ 泰 ใจ[tsai²];หัวใจ[huːa¹ tsai²]　老 ใจ[tsai¹¹];ຫົວໃจ[huːa¹ tsai¹];ໝາກຫົວໃຈ[maːk⁹ huːa¹ tsai¹¹];ດວງใจ[ʔduːaŋˡ¹ tsai¹¹]　岱-侬 châu[tɕɤu¹];hua châu[huɤ¹ tɕɤu¹];slim[ɬim¹]　越泰 chau[tsau:¹];hua chau[huɤ¹ tsau¹]　普 ngân²[ŋɤn²]　越 tim[tim¹];quả tim[kwa³ tim¹]　芒 tlái nỏ[tlaːi³ nɔ³];nỏ[nɔ:²]

【心脏病】泰 โรคหัวใจ[ro:k¹⁰huːa¹tsai²]　老 ໂລກຫົວໃຈ[lo:k¹⁰ huːa¹ tsai¹¹];ພະຍາດຫົວໃຈ[pha⁵ nɛːt¹⁰ huːa¹ tsai¹¹];ພະຍາດໝາກຫົວໃຈ[pha⁵ nɛːt¹⁰ maːk⁹ huːa¹ tsai¹¹]　越 bệnh đau tim[ʔbeŋ⁶ ʔdau¹ tim¹];bệnh tim[ʔbeŋ⁶ tim¹]　芒 bểnh tau tlái nỏ[ʔbeŋ⁴ tau¹ tlaːi³ nɔ³];tau tlái nỏ[tau¹ tlaːi³ nɔ³]

【辛苦】泰 ลำบาด[lam² ʔbaːt⁹]　老 ລຳບາກ[lɛm² ʔbaːk⁹]　岱-侬 lào lộc[laːu² lok⁸];đửa[ʔdɯa³];lẹo rệng[lɛu⁴ rɛŋ²]　普 căp⁵ cA⁴[tsap⁵ tsɤ⁴]　越 vất vả[vɤt⁷ va³];cực nhọc[kuɤk⁸ ŋɔk⁸];cực thân[kuɤk⁸

---

❶ 石家 cii¹　阿含 rão；cheu A1　掸 saï A1　勐 čai A1

thɤn¹];gian lao[ʑaːn¹ laːu¹];chật vật[tsɤt⁸ vɤt⁸];nhọc nhằn[ŋɔk⁸ ŋan²] 芒vất vá[vɤt⁷ va⁵];khổ nhọc[khɔ³ ŋɔk⁸];pâc thân[pɤk⁸ thɤn¹]

【新❶】 泰 ใหม่[mai⁵] 老 ใหม่[mai⁵] 岱-侬 mấu[məɯ⁵] 越泰 máu[maɯ⁵] 普 zương⁴[zuːŋ⁴];ruơng⁴[ruːŋ⁴] 越 mới[mɤːi⁵] 芒 mởi[mɤːi³]

【新郎】 泰 เจ้าบ่าว[tsau³ ʔbaːu⁵] 老 เจ๊าบ่าว[tsau⁴ ʔbaːu⁵] 越 chú rể[tsu⁵ ʑe³];chàng rể[tsaːŋ² ʑe³] 芒 chàng cháu[tsaːŋ² tsau³];enh cháu[ʔɛɲ¹ tsau³]

【新米】 泰 ข้าวใหม่[khaːu³ mai⁵] 老 เข่าใหม่[khau³ mai⁵] 越 gạo mới[ɣaːu⁶ mɤːi⁵] 芒 cảo mởi[kau³ mɤːi³]

【新年】 泰 ปีใหม่[piː² mai⁵] 老 ปีใหม่[piːˑ¹ mai⁵] 越 năm mới[nam¹ mɤːi⁵] 芒 năm mởi[nam¹ mɤːi³]

【新娘】 泰 เจ้าสาว[tsau³ saːu¹] 老 เจ้าสาว[tsau⁴ saːu¹] 岱-侬 lùa[luə²];nàng lùa[naːŋ² luə²];lùa mấu[luə² məɯ⁵];mẻ lùa[mɛ³ luə²] 越 cô dâu[koˑ¹ ʑɤu¹];nàng dâu[naːŋ² ʑɤu¹] 芒 nàng du[naːŋ² ʑu¹]

【新手】 泰 มือใหม่[mɯː² mai⁵] 老 มีใหม่[mɯː² mai⁵] 越 người mới vào nghề[ŋɯːi² mɤːi⁵ vaːu² ŋeː²];người mới tập sự[ŋɯːi² mɤːi⁵ tɤp⁸ ʂɯ⁵];tay mới[tai¹ mɤːi⁵]

【新鲜❷】 泰 สด[sot⁷] 老 ສົດ[sot⁷] 越 tươi[tɯːi¹];tươi tốt[tɯːi¹ tot⁷];mới tinh[mɤːi⁵ tiɲ¹] 芒 thươi[thɯːi¹]

【新月】 泰 ควงจันทร์เสี้ยว[ʔduːaŋ² tsan² siːau³];ควงจันทร์ข้างขึ้น[ʔduːaŋ² tsan² khaːŋ³ khɯn³] 老 เดือนออกใหม่[ʔdɯːanˑ¹ ʔɔːk⁹ mai⁵];เดือนมืด[ʔdɯːanˑ¹ mɯːt¹⁰];เดือนดับ[ʔdɯːanˑ¹ ʔdap⁷];ตะลุเบบทุ[ʔdaˑ¹ luˑ¹ neːn² thu⁵] 越 trăng non[tsaŋ² nɔn¹];trăng lưỡi liềm[tsaŋ¹ lɯːi⁴ liːm²] 芒 lăng non[tlaŋ¹ nɔn¹]

【锌】 泰 สังกะสี[saŋ¹ ka⁵ siː¹] 老 ສັງກະສີ[saŋ¹ ka⁵

siː¹] 岱-侬 kẹm[kɛm⁴] 越 kẽm[kɛm⁴] 芒 kẽm[kɛm⁴]

【信我不~❸】 泰 เชื่อ[tshɯːa³];เชื่อถือ[tshɯːa³ thɯː¹] 老 เซือ[sɯːa³];เซือถือ[sɯːa³ thɯː¹] 岱-侬 slứn[ɬɯn⁵];thứn[thɯn⁵];slín[ɬin¹];slặt[ɬat⁸] 越泰 chừa[tsɯːa⁶] 普 cư[tsuː¹] 越 tin[tin¹];tin tưởng[tin¹ tɯːŋ³] 芒 tin[tin¹];tin tưởng[tin¹ tɯːŋ⁵]

【信写~】 泰 จดหมาย[tsot⁷ maːi¹] 老 จดหมาย[tsot⁷ maːi¹] 越 thư[thɯː¹] 泰 thơ[thɤː¹]

【信封】 泰 ซองจดหมาย[sɔːŋ² tsot⁷ maːi¹] 老 ຊອງຈົດໝາຍ[sɔːŋ² tsot⁷ maːi¹] 越 phong bì[fɔŋ¹ ʔbi²] 芒 phong bì[fɔŋ¹ ʔbi²]

【信风】 泰 ลมสินค้า[lom² sin¹ khaː⁴] 老 ລົມຕະເພົາ[lom² ta² phau¹] 越 gió alizê[ʑɔ⁵ ʔaˑ¹ liˑ¹ zeˑ¹];gió mậu dịch[ʑɔ⁵ mɤu⁶ ʑit̰⁸]

【信号】 泰 สัญญาณลับ[san¹ jaːn²] 老 ອາປັດ[ʔaːˑ¹ nat⁸];ອາປັດສັນຍາບ[ʔaˑˑ¹ nat⁸ san¹ ɲaːn¹] 越 tín hiệu[tin⁵ hiːu¹]

【信赖】 泰 ไว้ใจ[wai⁴ tsai²];เชื่อใจ[tshɯːa³ tsai²] 老 ໄວ້ໃຈ[vai⁴tsai¹];เซือใจ[sɯːa⁵tsai¹] 岱-侬 slứn nhờ[ɬɯn⁵ ɲɔ²] 越泰 mặng chừa[maŋ⁴ tsɯːa⁶] 越 tin tưởng[tin¹ tɯːŋ³];tín nhiệm[tin⁵ ɲiːm⁶]

【信徒】 泰 ศาสนิกชน[saːt⁹ saˑ⁵ nik⁸ tshon²] 越 tín đồ[tin⁵ ʔdo²] 芒 tin đồ[tin³ ʔdo²]

【信仰~宗教】 泰 ศรัทธา[sat⁷ thaː²];เลื่อมใส[lɯːam³ sai¹];ศรัทธา[sat⁷thaː²] 老 ເອົາສາສະໜາ[ʔauˑ¹ saˑ¹ saˑ² naː¹];นับถือ[nap⁸ thɯː¹];ถือ[thɯː¹];บีบม[niˑ⁵ ŋom²] 越 tín ngưỡng[tin⁵ ŋɯːŋ⁴];tin theo[tin¹ thɛu¹] 芒 theo[thɛu¹]

【信用】 泰 ความเชื่อถือ[khwaːm² tshɯːa³ thɯː¹];เครดิต[khreːˑ² ʔdit⁷] 老 ຄວາມເຊື່ອຖື[khwaːm² sɯːa⁵ thɯː¹] 越 tín dụng[tin⁵ zuŋ⁶];sự tin cậy[ʂɯ⁶ tin¹ kɤi⁶]

---

❶ 石家 mɔɔ³　拉哈 man²
❷ 石家 ŋɔɔn²
❸ 阿含 chu B2；chüw B2

【囟门】 泰 กระหม่อม[kra⁵mɔːm⁵] 老 ກະໝ່ອມ[ka² mɔːm⁵];ຂະໝ່ອມ[kha² mɔːm⁵] 岱-侬 mòm[mɔm³];bó móm[ʔbɔ⁵mɔm³] 越 cái thóp[kaːi⁵thɔp⁷] 芒 u[ʔu¹]

【星期】 泰 สัปดาห์[sap⁷ʔdaː²];อาทิตย์[ʔaː²thit⁸] 老 ອາທິດ[ʔaːˑ¹ˈthit⁸] 越 tuần[twɤn²] 芒 tuần[twɤn²]

【星期二】 泰 วันอังคาร[wan²ʔaŋ²khaːn²] 老 ວັນອັງ ຄານ[van²ʔaŋ²khaːn²] 越 thứ ba[thuɤ⁵ʔba¹] 芒 thử pa[thuɤ³ pa¹]

【星期六】 泰 วันเสาร์[wan²sau¹] 老 ມື້ວັນເສົາ[muɤ⁴ van²sau⁵];ວັນເສົາ[van²sau¹] 越 thứ bảy[thuɤ⁵ʔbai³] 芒 thử páy[thuɤ³ pai⁵]

【星期日】 泰 วันอาทิตย์[wan²ʔaː²thit⁸] 老 ວັນອາທິດ[van²ʔaːˑ¹ thit⁸];ວັນທິດ[van² thit⁸];ອາທິດ [ʔaːˑ¹ thit⁸];อาทิดตะยะวาน[ʔaːˑ¹ thit⁸ taː² naˑ⁵ vaːn²] 普 li³ paj¹[li³ paːi¹] 越 chủ nhật[tsu³ nɤt⁸] 芒 chú nhât[tsu³ nɤt⁸]

【星期三】 泰 วันพุธ[wan² phut⁸] 老 ວັນພຸດ[van² phut⁸] 越 thứ tư[thuɤ⁵ thuɤ¹] 芒 thử tư[thuɤ³ tuɤ¹]

【星期四】 泰 วันพฤหัสบดี[wan²phruɤ⁴hat⁷saː⁵ʔbɔː² ʔdiː²] 老 ວັນພະຫັດ[van²pha⁵hat⁷] 越 thứ năm [thuɤ⁵ nam¹] 芒 thử đăm[thuɤ³ ʔdam¹]

【星期五】 泰 วันศุกร์[wan²suk⁷] 老 ວັນສຸກ[van² suk⁷] 越 thứ sáu[thuɤ⁵ʂau⁵] 芒 thử kháu[thuɤ³ khau⁵]

【星期一】 泰 วันจันทร์[wan² tsan²] 老 ວັນຈັນ[van² tsan¹] 越 thứ hai[thuɤ⁵haːi¹] 芒 thử hal[thuɤ³ haːl¹];ngày thử hal[ŋaiˑ² thuɤ³ haːl¹]

【星星❶】 泰 ดาว[ʔdaːu²] 老 ດາວ[ʔdaːu¹];ດວງດາວ [ʔduɤŋ¹ʔdaːu²];ດາລາ[ʔdaː¹laː²];ດວງດາລາ[ʔduɤŋ² ʔdaːˑ¹ laː²];ດາລາຄະນະ[ʔdaːˑ¹ laː²kha⁵naˑ⁵];ໝ່ອຍດາວ [nuɤiˑ²ʔdaːu¹] 岱-侬 đao[ʔdaːu¹];đao đí[ʔdaːu⁵ ʔdi⁵] 越泰 đao[ʔdaːu¹] 普 qalung³[qa⁰luŋ³];qaluoŋ³ [qa⁰luːŋ³] 越 sao[ʂau¹];cái sao[kaːi³ ʂau¹];ngôi sao[ŋoiˑ¹ʂau¹] 芒 khao[khaːu¹];cây khao[kai³ khaːu¹]

【猩猩】 泰 ลิงอุรังอุตัง[liŋ²ʔu⁵raŋ²ʔu⁵taŋ²] 老 ລິງອຸລັງອຸຕັງ[liː¹ŋ² ʔu² laŋ² ʔu² taŋ²];ອຸລັງອຸຕັງ[ʔu¹ laŋ² ʔu² taŋ¹];ສະໝ່ອຍດົງ[sa² mɔːi⁵ ʔdoŋ¹] 岱-侬 báođông[ʔbaːu⁵ʔdoŋ²] 越泰 cangcói[kaŋ¹kɔi⁵] 越 tinh tinh[tiŋ¹ tiŋ¹];đười ươi[ʔdɯɤi² ʔɯɤi¹] 芒 ma hằng[ma¹ hɤŋ²]

【腥❷】 泰 คาว[khaːu²] 老 ດາວ[khaːu²] 岱-侬 chào [tɕaːu²] 越泰 cáo[kaːu²] 越 tanh[taŋ¹];hôi tanh[hoi¹ taŋ¹];gây[ɣɤi¹] 芒 hôi hách[hoi¹ hat⁷]; hách[hat⁷];mel[mɛl¹]

【行贿】 泰 ติดสินบน[tit⁷sin¹ʔbon²] 老 ໃຫ້ສິນບົນ [hai³ sin¹ ʔbon¹];ຂີ້ຈ້າງຈອບອອຍ[sɯː⁴ tsaːɤ⁴ tsɔːp⁹ ʔɔːi¹];ໄຊ້ຂ່າງສິນບົນ[sai⁴khaːˑ⁵sin¹ʔbon¹ˑ]; ຕິດສິນບົນ[tit⁷sin¹ʔbon¹] 越 đút lót[ʔdut⁷lɔt⁷]; mua chuộc[muɤ¹ tsuːk⁸];hối lộ[hoiˑ⁵ loˑ⁶];lo lót[lɔ¹ lɔt⁷] 芒 lo lót[lɔ¹ lɔt⁷]

【行经 来月经】 泰 ระดูมา[ra⁴ʔduː²maː²];เดินผ่าน [ʔdɤːn²phaːn⁵];วิ่งผ่าน[wiŋ²phaːn⁵] 老 ລົງເລືອດ [loŋ²lɯat¹⁰];ເປັນລະດູ[penˑ¹¹ laˑ⁵ʔduː¹];ລົງລະດູ [loŋ² laˑ⁵ ʔduː¹];ລົງຄີງ[loŋ² khiːŋ²] 越 hành kinh [han² kiŋ¹];kinh nguyệt[kiŋ¹ ŋwiːt⁸];có kinh̠[kɔ⁵ kin¹]

【行李】 泰 สัมภาระ[sam¹phaː²ra⁴];กระเป๋าเดินทาง [kraˑ⁵pau¹ʔdɤːn²thaːŋ²];กระเป๋าสัมภาระ[kraˑ⁵pau¹ sam¹ phaː² ra⁴] 老 ເຄື່ອງເດີນທາງ[khɯaŋ⁵ ʔdɤːn¹ thaːŋ²];ຫີບເດີນທາງ[hiːp⁹ʔdɤːn¹ thaːŋ²];ຫີບຫໍ່[hiːp⁹ hɔː⁵] 越 hành lý[han² li⁵] 芒 hành li[han² li³]

【行礼】 泰 แสดงความเคารพ[sa⁵ʔdɛːŋ²khwaːm² khau²rop⁸] 老 ອະພິວັນ[ʔa²phi⁵van²];ຂ້ຳນັບ

---

❶ 石家 traaw A1　阿含 dau A1　拉哈 maluŋ¹;klung²　拉基 mti¹ti¹

❷ 石家 gaaw⁴　勐 xau A2

[kham⁵ nap⁸];ลำมับ[kham² nap⁸] 越 chào[tsa:u²]

【行人】 泰 คนเดินถนน[khon² ʔdə:n² tha⁵ non¹] 老 ถับเถิบฤะขมิบ[khon² ʔdə:n² tha² non¹] 越 người qua đường[ŋɯ:i² kwa² ʔdɯ:ŋ²];người đi đường[ŋɯ:i² ʔdi¹ ʔdɯ:ŋ²];người đi bộ[ŋɯ:i² ʔdi¹ ʔbo⁶]

【擤~鼻涕】 泰 สั่ง[saŋ⁵] 老 สั่ง[saŋ⁵] 傣-侬 sláng[ɫaŋ⁵];fứ[fɯ⁵] 越泰 xǎng[saŋ⁵];phệ[phɛ⁵] 越 hỉ[hi³];xì[si²];khịt[khit⁸] 芒 hí[hi⁵];khit[khit⁸]

【醒酒~】 泰 ส่างเมา[sa:ŋ⁵ mau²] 老 ส่างเมิก[sa:ŋ⁵ mau²] 傣-侬 quá[kwa⁵] 越泰 xǎng[sa:ŋ⁵] 越 tỉnh[tiŋ³] 芒 tính[tiŋ⁵]

【醒睡~❶】 泰 ตื่น[tɯ:n⁵];ตื่นนอน[tɯ:n⁵ nɔ:n²] 老 ตื้น[tɯ:n⁵];บอบตื้น[nɔ:n⁵ tɯ:n⁵];ฮอด[su:at¹⁰];ฮอด[swa:t¹⁰] 傣-侬 slinh[ɫiŋ³] 越泰 nả chừn[na³ tsɯn⁶] 普 lok²[lɔk²] 越 thức dậy[thuk⁷ zɤi⁶] 芒 thóc dl[thɤ:k⁷ zɤi⁴];tấp chích[tɤp⁷ tsit⁷]

【杏花】 傣-侬 bjoóc phung[ʔbjɔ:k⁷ phuŋ¹] 越 hoa mơ[hwa¹ mɤ⁵] 芒 pông mư[pon¹ mɯ¹];wa khao[wa¹ kha:u¹]

【杏子】 泰 แอบพริคอต[ʔɛ:p⁹ phri⁴ khɔ:t⁵] 老 ฆากผุง[ma:k⁹ phuŋ¹] 傣-侬 mac phung[ma:k⁷ phuŋ¹] 越泰 mák phung[ma:k⁷ phuŋ¹] 越 quả mơ[kwa³ mɤ¹] 芒 tlái mư[tla:i³ mɯ¹]

【性病】 泰 โรคซุกชน[ro:k¹⁰ suk⁸ son²];โรคบุรุษ[ro:k¹⁰ ʔbu⁵ rut⁷];โรคผู้หญิง[ro:k¹⁰ phu:³ jiŋ¹];กามโรค[ka:m² ro:k¹⁰] 老 โลกเผด[lo:k¹⁰ phe:t¹⁰];พะขาดโลก[pha⁵ na:t¹⁰ lo:k¹⁰];โลกอุปะขิม[lo:k¹⁰ ʔu² pa² thom²];กามะโลก[ka:¹¹ ma⁵ lo:k¹⁰] 傣-侬 tiêm la xáng teng[ti:m¹ la¹ ɕa:ŋ⁵ teŋ¹] 越 hoa liễu[hwa¹ li:u⁴];bệnh hoa liễu[ʔben⁶ hwa¹ li:u⁴];bệnh phong tình[ʔben⁶ fɔŋ¹ tiŋ²];bệnh tim la[ʔben⁶ tim¹ la¹];bệnh tình[ʔben⁶ tiŋ²]

❶ 阿含 tüng
❷ 阿含 mün

【性急】 泰 ใจร้อน[tsai² rɔ:n⁴] 老 ใจฮ้อน[tsai¹¹ hɔ:n⁴] 越泰 chau họn[tsau¹ hɔn⁴] 越 nóng tính[nɔŋ⁵ tiŋ⁵];hấp tấp[hɤp⁷ tɤp⁷];vội vã[voi⁴ va⁴]

【性情】 泰 ใจคอ[tsai² khɔ:²];เช่น[tshe:n³];เจ้าเรียน[tsau⁵ ri:an²];ประสา[pra⁵ sa:¹] 老 ใจคํา[tsai¹¹ khɔ:²];มิดใส[nit⁸ sai¹];มิดใสใจคํา[nit⁸ sai¹ tsai¹¹ khɔ:²];ฮัดฮาใส[ʔat⁵ sa:² sai¹];อุปะมิดใส[ʔu² pa² nit⁸ sai¹];อุปะมิดใสใจคํา[ʔu² pa² nit⁸ sai¹ tsai¹¹ khɔ:²] 越泰 hua chau[hua¹ tsau¹] 越 tính tình[tiŋ⁵ tiŋ²];tính cách[tiŋ⁵ kat⁷];tính nét[tiŋ⁵ net⁷] 芒 tinh nét[tiŋ³ net⁷];tình cách[tiŋ³ kat⁷];tinh[tiŋ³]

【姓】 泰 นามสกุล[na:m² sa⁵ kun²] 老 บามสะกุบ[na:m² sa² kun²] 越 họ[hɔ⁶] 芒 hõ[hɔ⁴];thên hõ[then¹ hɔ⁴]

【幸福❷】 泰 ความสุข[khwa:m² suk⁷];สวัสดี[sa⁵ wat⁷] 老 ถวามสุภ[khwa:m² suk⁷];สะทุภสะบาย[sa² thuk⁸ sa² ʔba:i¹];สุภสํารามิ[suk⁷ sam¹ ha:n²];สิมบูบพูมสุภ[som¹ ʔbu:n¹ phu:n² suk⁷];ปะสุภ[pa⁵ suk⁷] 傣-侬 hôn hi[hon¹ hi³];hôn huôt[hon¹ hu:t⁷] 越 hạnh phúc[han⁶ fuk⁷];sung sướng[ʂuŋ¹ ʂɯ:ŋ⁵] 芒 hãnh phúc[han⁴ fuk⁷];khung khưởng[khuŋ¹ khɯ:ŋ³]

【幸亏】 泰 เคราะห์ดี[khrɔ⁴² di:²] 老 ย้อน[ɲɔ:n⁴] 越泰 ทั่วั่เผาะอ่า[thaŋ² kɔ:⁵ phɔ⁵ va:⁵];เป็นแต่บุน[pen⁵ tɛ:⁵ ʔbun¹] 傣-侬 hạy cạ[hai⁴ ka⁴];vảng cạ[va:ŋ³ ka⁴];xặc lải[ɕak⁸ la:i³] 越泰 đi lắc[ʔdi¹ lak⁷];xlôi[s-lɔi²] 越 may sao[mai¹ ʂa:u¹];may được[mai¹ ʔdɯ:k⁸];may[mai¹]

【幸运】 泰 โชคดี[tsho:k¹⁰ ʔdi:²] 老 จั่งบุน[tsaŋ¹ ʔbun¹];ทะสอม[ka² su:an¹];โฉก[so:k¹⁰];โฉกบั่งเฮิม[so:k¹⁰ ʔbaŋ¹¹ ʔɤ:n²];โฉกอําบอย[so:k¹⁰ ʔam⁵ nu:ai²];บั่งเฮิม เถอะดี[ʔbaŋ¹¹ ʔɤ:n¹ khɔ:⁵ ʔdi:¹];มีโฉก[mi:² so:k¹⁰];สีสุภ[si:¹ suk⁷];สีสิมบัด[si:¹ som¹ ʔbat⁷];เดอะบุน[ʔde:¹¹ sa² ʔbun¹];มีบุน[mi:² ʔbun¹];ลุโฉก

[lu⁵ so:k¹⁰];ลาบ[la:p¹⁰];เร่ง[heŋ²] 岱-侬 xài sló đây[ɕa:i³ ɬɔ⁵ ʔđəi¹] 越泰 xố nháu[so⁵ naɯɯ⁵];xố đi[so⁵ ʔđi¹];xố may[so⁵ mai¹] 越 may mắn[mai¹ man⁵];vận may[vɤŋ⁶ mai¹];số đỏ[so⁵ ʔđɔ⁵] 芒 mǎl měl[mal¹ mel⁴];mǎl[mal¹];may[mai¹]

【凶】 泰 ดุ[ʔdu⁵];ร้าย[ra:i⁴];รุนแรง[run⁵ rɛ:ŋ²] 老 ฮ้าย[ha:i⁴] 岱-侬 sloi[ɬɔi¹] 越泰 khên[khen¹] 越 hung[huŋ¹];dữ[zɯ⁴];hung dữ[huŋ¹ zɯ⁴] 芒 hung[huŋ¹]

【凶恶】 泰 โหดร้าย[ho:t⁹ ra:i⁴];ดุร้าย[ʔdu⁵ ra:i⁴] 老 ດຸຫມັນດຸຮ້າຍ[ʔdu² man⁵ʔdu² ha:i⁴];ທະມິນ[tha⁵ min²];ທະລຸນ[tha² lun²];โหดร้าย[ho:t⁹ ha:i⁴];หั้ยมโหด[hi:am³ho:t⁹];โหด[ho:t⁹];ร้ายภาด[ha:i⁴ka:t⁹];ອຳມະຫິດ[ʔam¹ma²hit⁷];เก่งภาด[keŋ⁵ka:t⁹];ฮาบ[ha:n²];ຂີ້ໂຫດ[khi:³ ho:t⁹];ຂີ້ໂຫດສາມາບ[khi:³ ho:t⁹ sa:¹ ma:n²] 岱-侬 ac[ʔa:k⁷] 越泰 ák[ʔa:k⁷] 普 cjak²[tsja:k²] 越 dữ[zɯ⁴];ác[ʔa:k⁷];hung ác[huŋ¹ ʔa:k⁷];độc ác[ʔdok⁸ ʔa:k⁷];hung dữ[huŋ¹ zɯ⁴] 芒 dà[za²];hung ác[huŋ¹ ʔa:k⁷]

【凶狠】 泰 โหดเหี้ยม[ho:t⁹ hi:am³] 老 โหดหั้ยม [ho:t⁹ hi:am³] 岱-侬 hôm rại[hom¹ ra:i⁴] 越泰 xngu xngăng[s-ŋɯ¹ s-ŋaŋ¹] 越 hung ác[huŋ¹ ʔa:k⁷];độc ác[ʔdok⁸ ʔa:k⁷]

【凶日】 泰 วันบอด[wan² ʔbɔ:t⁹];วันอุบาทว์[wan² ʔu² ʔba:t⁹] 老 ทึกทึบ[thuk⁸ thuun²];มื้อຂວาງ[mɯɯ⁴ khwa:ŋ¹];มื้ອບາດ[mɯɯ:⁴ ʔu² ʔba:t⁹];ວັນອຸບາດ[van² ʔu² ʔba:t⁹];ວັນຮ້າຍ[van² ha:i⁴];ວັນໂລກາວິບາດ[van² lo:² ka:¹ vi⁴ na:t¹⁰] 越 ngày kị[ŋai² ki⁶]

【凶手】 泰 ฆาตกร[kha:t¹⁰ ta⁵ kɔ:n²] 老 ຄາຕະກອນ[kha:² ta² kɔ:n¹];ຜູ້ຮ້າຍ[phu:³ ha:i⁴] 越 hung thủ [huŋ¹ thu³];thủ phạm[thu³ fa:m⁶]

【凶兆】 泰 ลางร้าย[la:ŋ² ra:i⁴] 老 ลางร้าย[la:ŋ²

ha:i⁴];ຂະວະມິງຄືນ[ʔa² va⁵ moŋ² khon²] 普 mâm⁴ zoŋ² lăm[mɤm⁴ zoŋ² lam¹] 越 điềm dữ[ʔdi:m² zɯ⁴];điềm gở[ʔdi:m² ɤ~³] 芒 tiềm dữ[ti:m² zɯ⁴];tiềm có[ti:m² kɤ⁵]

【胸❶】 泰 อก[ʔok⁷];หน้าอก[na:³ ʔok⁷];หัวอก[hu:a¹ ʔok⁷];ช่วงอก[tshu:aŋ³ ʔok⁷];หน้าใจ[na:³ tsai²] 老 ເອິກ[ʔək⁷];ເອິກ[ʔək⁷];ໜ້າເອິກ[na:³ ʔək⁷];ໜ້າອເອິກ[na:³ ʔok⁷];ສຸງເອິກ[su:aŋ²ʔək⁷];ຕາບເອິກ[ta:p⁹ʔək⁷];ຫົວເອິກ[hu:a¹ʔok⁷];ອາງ[ʔa:ŋ¹] 岱-侬 âc[ʔək⁷];nà âc[na³ ʔək⁷] 越泰 óc[ʔək⁷];nà óc[na³ ʔək⁷] 普 tak⁵[ta:k⁵] 越 ngực[ŋuk⁸] 芒 đương[ʔdɯ:ŋ¹]

【兄弟】 泰 พี่น้อง[phi:³ nɔ:ŋ⁴] 老 ອ້າຍມ້ອງ[ʔa:i⁴ nɔ:ŋ⁴] 岱-侬 pi noọng[pi³ nɔ:ŋ⁴] 越泰 pì nọng [pi⁶ nɔŋ⁴] 普 taw¹ Vaj³[ta:u¹ βa:i³] 越 anh em[ʔɲ¹ ʔɛm¹];anh em trai[ʔaɲ¹ ʔɛm¹ tsa:i¹] 芒 enh ủn[ʔɛɲ¹ ʔun³];ủn enh[ʔun³ ʔɛɲ¹]

【雄花】 泰 ดอกตัวผู้[ʔdɔ:k⁹ tu:a² phu:³] 老 ດອກຕົວຜູ້[ʔdɔ:k⁹ phu:³] 越 hoa đực[hwa¹ ʔdɯk⁸]

【雄蕊】 泰 เกสรตัวผู้[ke:² sɔ:n¹ tu:a² phu:³] 老 ເກສອນຜູ້[ke:¹' sɔ:n¹ phu:³] 越 nhụy đực[ɲwi⁶ ʔdɯk⁸];nhị đực của hoa[ɲi² ʔdɯk⁸ kuə³ hwa¹]

【雄性❷】 泰 เพศผู้[phe:t⁹ phu:³];ตัวผู้[tu:a² phu:³],ถึก[thuk⁷] 老 ຕົວຜູ້[tu:a¹' phu:³];ເຖີກ[thək⁷] 岱-侬 tâc [ɯk⁸] 普 nA³[nɒ³] 越 đực[ʔdɯk⁸] 芒 tâc[tɤk⁸]

【熊❸】 泰 หมี[mi:¹'] 老 ໝີ[mi:¹'] 岱-侬 mi[mi¹]; tuami[tuə¹ mi¹] 越泰 mi[mi¹];tômi[to¹ mi¹] 普 tomja³[tɤ⁰ mja³] 越 gấu[ɣɤu⁵];con gấu[kɔn¹ ɣɤu⁵] 芒 củ[ku³];con củ[kɔn¹ ku³]

【熊胆】 泰 ดีหมี[ʔdi:² mi:¹'] 老 ບີຫມີ[ʔbi:¹' mi:¹'];ບີເຢາມ້ອຍ[ʔbi:¹' mɯ:ai¹] 越 mật gấu[mɤt⁸ ɣɤu⁵]

【熊猫】 泰 หมีแพนด้า[mi:¹ phɛ:n² ʔda:n³] 老 ໝີເພນດາ[mi:¹ phɛ:n² ʔda:n¹] 越 gấu mèo[ɣɤu⁵ mɛu²]

---

❶ 石家 ta²⁶-baan⁶  阿含 uk D1S  掸 ʔok D1S；ʔik D1S  泐 ʔok D1S
❷ 阿含 thük D1S
❸ 石家 mii²  拉哈 mi¹  拉基 kamjô¹

【熊掌】 泰 อุ้งตีนหมี[ʔuŋ³ tiːn² miː¹] 老 ອົງຕີນໝີ[ʔoŋ⁴tiːn¹'miː¹] 越 bàn chân gấu[ʔbaːn² tsɤn¹ ɣɤu⁵]; bàn tay con gấu[ʔbaːn² tai¹ kɔn¹ ɣɤu⁵]

【修~机器】 泰 ซ่อมแซม[sɔːm³sɛːm²] 老 ປົວແປງ[puːa¹'pɛːŋ¹];ແປງ[pɛːŋ¹] 岱-侬 chòi[tɕɔi³];sláu[ɬɛu⁵] 越泰 xáng[saːŋ³];panh[pɛŋ¹] 普 pjang¹[pjaːŋ¹];siw⁵[siu⁵] 越 chữa[tsɯɜ⁴];sửa[ʂɯɜ³];sửa sang[ʂɯɜ³ ʂaːŋ¹];tu sửa[tuː¹ ʂɯɜ³];sửa chữa[ʂɯɜ³ tsɯɜ⁴] 芒 rằm[ram⁴];hằm[ham⁴]

【修剪~枝条】 泰 ลิด[lit⁸] 老 ຮານ[haːn¹];ຕັດຕອນ[tat⁷ tɔːn¹];ຕອນ[tɔːn¹];ລີ[liː⁵];ລິດ[lit⁸];ຮອນ[hɔːn¹];ການ[kaːn¹] 越 cắt xén[kat⁷ sɛn⁵];sửa sang[ʂɯɜ³ ʂaːŋ¹];tỉa cành[tiɜ³ kaɲ²]

【休克】 泰 ช็อก[sɔk⁸];สลบ[sa⁵ lop⁷] 老 ກາຍທະຫົບ[kaːiˀ' ka² thop⁸] 越泰 tai cửn[taːi¹ kɯn²] 越 choáng[tswaːŋ⁵];ngắt[ŋɤt⁷];sốc[sok⁸]

【休息】 泰 พัก[phak⁸];พักผ่อน[phak⁸ phɔːn⁵] 老 ເຊົາເມື່ອຍ[sau³ mɯːai⁵];ພັກເຊົາ[phak⁸ sau²];ພັກຜ່ອນ[phak⁸ phɔːn⁵];ຢຸດພັກ[jut⁷ phak⁸];ພັກ[phak⁸] 岱-侬 chải[tɕaːi³];ngoẹp[ŋwɜp⁴] 越泰 dặng[jaŋ⁴];xâu[sau²];xâu kền[sau² kɛn²] 普 jing⁴[jiŋ⁴] 越 nghỉ[ŋi³];nghỉ ngơi[ŋi³ ŋɤːi¹] 芒 ngỉ ngơi[ŋi⁵ ŋɤːi¹];nhí lẳng[ɲi⁵ laŋ⁴];nhí[ɲi⁵]

【休学】 泰 พักการเรียน[phak⁸ kaːn² riːan²] 老 ພັກການຮຽນ[phak⁸ kaːn¹' hiːan²] 越 tạm nghỉ học[taːm⁶ ŋi³ hɔk⁸]

【休养】 泰 พักฟื้น[phak⁸ phɯːn⁴] 老 ພັກຟື້ນ[phak⁸ fɯːn⁴];ພັກຜ່ອນບໍາລຸງຕົວ[phak⁸ phɔːn⁵ ʔbam¹' luŋ² tuːa¹] 越 an dưỡng[ʔaːn¹ zɯːŋ⁴];nghỉ ngơi[ŋi³ ŋɤːi¹];tĩnh dưỡng[tiŋ⁴ zɯːŋ⁴]

【朽❶】 泰 เผื่อยผุ[pɯːai⁵ phu⁵] 老 ໂດກ[ʔdoːk⁵];ກະໂດກ[ka² doːk⁹] 岱-侬 đooc[ʔdoːk⁷] 越泰 đók[ʔdok⁵]

【熊掌】 越 mục[muk⁸];mục nát[muk⁸ naːt⁷] 芒 muc[muk⁸];bu[ʔbu¹]

【绣~花】❷ 泰 ปัก[pak⁷] 老 ປັກ[pak⁷];ປັກແສ່ວ[pak⁷ sɛːu⁵];แส่ว[sɛːu⁵] 岱-侬 sléo[ɬɛu⁵] 越泰 xéo[sɛu⁵];xiếu[siu⁵] 越 thêu[theu¹] 芒 thêu[theu¹]

【锈】 泰 สนิม[sa⁵nim²] 老 ຂີ້ສນິມ[khiː³sa⁵nim¹];ໝ້ຽງ[niːaŋ³];ຂີ້ໝ້ຽງ[khiː³ niːŋ³];ໝ້ຽງ[miːaŋ³] 岱-侬 niềng[niːŋ³] 越泰 niềng[niːŋ³] 普 qazat²[qa⁰ zaːt²];qarăt²[qa⁰ rat²] 越 gỉ[zi³]

【嗅~气味】❸ 泰 ดม[ʔdom²] 老 ດົມ[ʔdom¹'] 岱-侬 xup[ɕup⁷] 越泰 đôm[ʔdom¹] 越 ngửi[ŋɯi³];đánh hơi[ʔdaɲ⁵ hɤːi¹] 芒 pắt hơi[pat⁷ hɤːi¹]

【袖子】 泰 แขนเสื้อ[khɛːn¹'sɯːa³] 老 ແຂນເສື້ອ[khɛːn¹'sɯːa³] 岱-侬 khen slửa[khɛn¹ ɬɯːɜ³] 越泰 khen xửa[khɛn¹ sɯːɜ³] 越 tay áo[tai¹ ʔaːu⁵] 芒 thay áo[thaːi¹ ʔaːu³]

【虚弱】 泰 กระปวกกระเปียก[kra⁵puːak⁹kra⁵piːak⁹];กรพปั้วกระเปี้ย[kra⁵puːa³kra⁵piːa³];อ่อนแอ[ʔɔːn⁵ ʔɛː²] 老 ງອມແງມ[ŋɔːm² ŋɛːm²];ບົກຜອມ[ʔbok phɔːm¹'];ປົວເປັ້ວ[puːa⁴ piːa⁴];ອະພົບ[ʔa² phon²];ອ່ອນ[ʔɔːn⁵];ອ່ອນແອ່[ʔɔːn⁵ ʔɛː⁵];ຂະຈອກ[kha² tsɔːk⁹];ຫັ້ນແທ້[thɔː⁴ theː⁴];ກະປົ້ກະແປ້[kaː² pɔː⁴ kaː² pɛː⁴];ຂີ້ຍາງ[khiː³ ɳaːŋ²] 普 juj⁴[jui⁴] 越 yếu[ʔiːu⁵];suy yếu[ʂwi¹ ʔiːu⁵];ốm yếu[ʔom⁵ ʔiːu⁵];yếu ớt[ʔiːu⁵ ʔɤːt⁷] 芒 yểu[ʔiːu³];quải yếu[kwaːi⁴ ʔiːu³];hèn[hɛn²]

【需要~帮助】 泰 ต้องการ[tɔːŋ³ kaːn²] 老 ຕ້ອງການ[tɔːŋ⁴ kaːn¹] 岱-侬 lèo[lɛu²] 越泰 cơn[kɤn²] 普 jaw⁵[jaːu⁵] 越 cần[kɤn²] 芒 cần[kɤn²]

【须根】 泰 รากฝอย[raːk¹⁰fɔːi¹] 老 ຮາກຝອຍ[haːk¹⁰ fɔːi¹];ຮາກພວງ[haːk¹⁰ phuːaŋ²] 越 rễ chùm[ʐe⁴ tsum²];ánh[ʔaɲ⁵]

---

❶ 掸 lɔk D1L
❷ 掸 shɛu B1
❸ 石家 dam¹

【许多❶】 泰 มากมาย[ma:k¹⁰ ma:i²] 老 ມາກ[ma:k¹⁰]; ມາກມາຍ[ma:k¹⁰ ma:i²];មូរ[mu:n²];แฝ่[lɛ:¹];ຫວງຫາຍ[lu:aŋ¹ la:i¹] 越 rất nhiều[zɤt⁷ ɲi:u²];nhiều[ɲi:u²] 芒 nhều[ɲeu²]

【许诺】 泰 รับปาก[rap⁸pa:k⁹] 老 ใຫ້ຄຳໝັ້ນ[hai¹ kham² man³];ໃຫ້ສັນຍາ[hai³ san¹ ɲa:¹];ຕັ້ງສັດຈາຍິຖາມ[taŋ⁷ sat⁷ tsa:¹' thi⁵ tha:n¹];ຮັບຊີ[san¹ si:²];ໝັ້ນສັນຍາ[man³ san¹ ɲa:¹] 傣-依 pao[pa:u¹] 越 nhận lời[ɲɤn⁶ lɤ:i²];hứa hẹn[huɯɜ⁵ hɛn⁶];hứa[huɯɜ⁵] 芒 hứa hẹn[huɯɜ³ hɛn⁴];hứa[huɯɜ³]

【蓄电池】 泰 ถ่านไฟฉาย[tha:n⁵ fai² tsha:i¹];แบตเตอรี่[ʔbɛ:t⁹ tə:² ri:¹] 老 ໝໍ້ໄຟ[mɔ:³ fai²];ໝໍ້ໄຟຟ້າ[mɔ:³ fai² fa:⁴] 越 bình điện[ʔbiɲ² ʔdi:n⁶];bình ắc quy[ʔbiɲ² ʔak⁷ kwi¹];ắc quy[ʔak⁷ kwi¹]

【蓄水池】 泰 อ่างเก็บน้ำไว้[ʔa:ŋ⁵ kep⁷ nam⁴ wai⁴] 老 ຖັງເກັບນ້ຳ[thaŋ¹ kep⁷ nam⁴];ບ່ອນຂັງນ້ຳ[ʔbɔ:n⁵ khaŋ¹ nam⁴];ວາລິທະມີ[va:¹ li⁵ tha:¹ ni:²] 越 bể chứa nước[ʔbe³ tsɯɜ⁵ nɯ:k⁷]

【宣判】 泰 ประกาศคำตัดสิน[pra⁵ ka:t⁹ kham² tat⁷ sin¹] 老 ປະກາດການຕັດສິນບໍ່ໂຫດ[pa⁵ ka:t⁷ kan¹ tat⁷ sin¹ loŋ² tho:t¹⁰] 越 tuyên án[twi:n¹ ʔa:n⁵];tiên án[ti:n¹ ʔa:n⁵]

【玄孙】 泰 หลานของหลานทวด[la:n³ khɔŋ¹ la:n¹ thu:at¹⁰] 老 ຫຼ້ອນ[lɔ:n³] 越 chút[tsut⁷]

【舷】 泰 กราบเรือ[kra:p⁹ rɯa:²] 老 ກາບເຮືອ[ka:p⁹ hɯa:²] 傣-依 rìm lừa[rim² lɯa²] 越泰 tại hứa[ta:i⁴ hɯa²] 越 mép thuyền[mɛp⁷ thwi:n²];mạn tàu[ma:n⁶ tau²]

【悬崖】 泰 ผาชัน[pha:¹ tshan²];หน้าผา[na:³ pha:¹];หน้าผาที่สูงชัน[na:³ pha:¹ thi:² su:ŋ¹ tshan⁴];ง่อน[ŋɔ:n¹];เงื้อมผา[ŋɯam⁴ pha:¹] 老 ຜາ[pha:¹];ຜາທີບ[pha:¹ hi:n¹];ເຫອ[he:u¹];ຕາງ[ta:ŋ¹] 傣-依 tat[ta:t⁷] 越泰 tát[ta:t⁷] 越 vách núi cheo leo[vat⁷ nui⁵ tsɛu¹ leu¹];vách đá cheo leo[vat⁷ ʔda⁵ tsɛu¹ leu¹];vách núi dựng đứng[vat⁷ nui⁵ zɯŋ⁶ ʔdɯŋ⁵]

【旋转】 泰 หมุนเวียน[mun¹ wi:an²];ปั่น[pan⁵] 老 ປັ່ນ[pan⁵];ບໍລິພັດ[ʔbɔ:¹' li⁴ phat⁸];ເບື້ອງປິ້ນ[pɯaŋ⁴ pin⁵];ປິ້ນ[pin⁵];ພັນ[phan²];ຜິນ[phin¹];ວິງ[viŋ²];ວົນ[von²];ມຸນ[mu:n²];ມຸນວຽນ[mu:n¹ vi:an²] 傣-依 pắn[pan⁵];vín[vin⁵] 越泰 pín[pin⁵];pắn[pan⁵];hǎn[han¹] 普 khwaj[khwa:i¹] 越 quay[kwai¹];xoay tròn[swai¹ tʂɔn²];quay vòng[kwai¹ vɔŋ²];xoay quanh[swai¹ kwan¹] 芒 way[wai¹]

【漩涡】 泰 น้ำวน[nam⁴ won²] 老 ນ້ຳວົນ[nam⁴ von²];ຫ້ວງນ້ຳວົນ[hu:aŋ³ nam⁴ von²];ນ້ຳເວີນ[nam⁴ və:r²];ນ້ຳວັນ[nam⁴ van²];ເຟືອນ[fɯan¹];ນ້ຳເຟືອນ[nam⁴ fɯan¹];ຂັນ[khan¹];ກະແສຫມູນວຽນ[ka² sɛ:¹ mu:n¹ vi:an²];ວັງວົນ[vaŋ² von²];ເວີນ[və:n²];ວົນ[von²] 傣-依 pắn[pan⁵] 越 xoáy nước[swai⁵ nɯ:k⁷];dòng xoáy[zɔŋ² swai⁵] 芒 đác wèl ang[ʔda:k⁷ wɛl² ʔa:ŋ¹]

【癣】 泰 กลาก[kla:k⁹];ขี้กาก[khi:³ ka:k⁹] 老 ກາກ[ka:k⁹];ຂີ້ກາກ[khi:³ ka:k⁹] 傣-依 chac[tɕa:k⁷];quac[kwa k⁷] 越泰 cák[ka:k⁷] 普 syAn²[syɔn²] 越 bệnh nấm ngoài da[ʔbeɲ⁶ nɤm⁵ ŋwa:i² za¹];bệnh hắc lào[ʔbeɲ⁶ hak⁷ la:u²];hắc lào[hak⁷ la:u²] 芒 lác[la:k⁷]

【选拔】 泰 คัดเลือก[khat⁸ lɯ:ak¹⁰] 老 ເລືອກເຟັ້ນ[lɯ:ak¹⁰fen⁴] 傣-依 lược[lɯ:k⁸];lược chiêm[lɯ:k⁸ tɕi:m¹] 越泰 chọn lược[tʂɔn⁴ lɯ:k⁸] 越 tuyển lựa[twi:n³ lɯə⁶];chọn lọc[tʂɔn⁶ lɔk⁸]

【选举】 泰 เลือกตั้ง[lɯ:ak¹⁰ taŋ⁴] 老 ເລືອກຕັ້ງ[lɯ:ak¹⁰ taŋ⁴] 越 bầu cử[ʔbɤu² kɯ:³];bầu[ʔbɤu²];tuyển cử[twi:n³ kɯ:³] 芒 pàu cứ[pau² kɯ:⁵]

【选手】 泰 ผู้เข้าร่วมรับการคัดเลือก[phu:³ khau³ ru:am² rap⁸ka:n² khat⁸lɯ:ak¹⁰] 老 ມັກກີລາເລືອກເຟັ້ນ[nak⁸ ki⁵ la:² lɯ:ak¹⁰ fen¹] 越 tuyển thủ[twi:n³ thu³].đấu thủ[ʔdɤu³ thu³]

【选种】 泰 คัดพันธุ์[khat⁸ phan²] 老 ເລືອກແນວປູກ

❶ 阿含 nām; lai A1

[lɯːak¹⁰nɛːu²puːk⁹];เลือกเอาเชื้อแมอ[lɯːak¹⁰ʔau¹¹sɯːa⁴nɛːu²];เลือกเอาแมอ[lɯːak¹⁰ʔau¹¹nɛːu²];เอาแมอ[ʔau¹¹ nɛːu²]  岱-侬 lược fè[lɯːk⁸ fɛ²]  越 chọn giống[tsɔn⁶ zoŋ⁵]

【旋风】 泰 ลมบ้าหมู[lom² ʔbaː³muː¹];พายุหมุน[phaː² juː⁴ mun¹];กระบ้าหมู[kraː⁵ ʔbaː³ muː¹];จักรวาด[tsak⁷ waːt¹⁰];พายุ หมุน[phaː² juː⁴ mun¹]  老 ลมแสลิมอุวน[kaː² sɛː¹ lom² viːan²];ลมหวั่น[lom² van⁵];ลมพิบ้า[lom² phiː¹ ʔbaː⁴];ลมบ้า ญู[lom² ʔbaː⁴muː¹]  岱-侬 lồm pắn pé[lom² pan⁵ pɛ⁵]  越 gió lốc[zɔ⁵ lok⁷];gió xoáy[zɔ⁵ swai¹];gió cuốn[zɔ⁵ kuːn¹];gió lốc[zɔ⁵ lok⁷]  芒 xỏ lốc[sɔ³ lok⁷]

【眩晕】 泰 วิง[wiŋ²];วิงเวียน[wiŋ² wiːan²];เวียน[wiːan²];ใจหวิวๆ[tsai² wiu¹ wiu¹]  老 วิง[viŋ²];วิงอุวน[viŋ² viːan²];อุวน[viŋ⁵ viːan²];วิน[vin²];อินอุวน[vin² viːan²];ลมขึ้น[lom² khun³];เมือ[mau²]  岱-侬 ngứn[ŋɯn³];pắn[pan⁵]  越 hoa mắt[hwa¹ mat¹];chóng mắt[tsɔŋ⁵ mat⁷]  芒 choáng váng[tswaːŋ⁵ vaːŋ⁵];ngất ngư[ŋɤt⁷ ŋɯ²]

【炫耀】 泰 อวด[ʔuːat⁹]  老 อ้าง[ʔaːŋ⁴];เฮ็ดอ้าง[het⁸ ʔaːŋ⁴];เอ้[ʔeː¹];โอ้อวด[ʔoː⁴ ʔuːat⁹];อวดอ้าง[ʔuːat⁹ ʔaːŋ⁴];อวด[ʔuːat⁹];เฮ็ดอวด[het⁸ ʔuːat⁹]  岱-侬 áng[ʔaːŋ²]  越泰 binh[ʔbiŋ¹]  越 chói lọi[tsɔi⁵ lɔi⁶];sáng lòa[ṣaːŋ⁵ lwaː³];hào nhoáng[haːu² ɲwaːŋ⁵];khoe khoang[xwɛ¹ xwaːŋ¹];khoe[xwɛ¹]  芒 khoe khoang[khwɛ¹ khwaːŋ¹];khoe[khwɛ¹]

【削】 泰 เหลา[lau¹]  老 เกลา[lau¹];แขม[lɛːm¹]  岱-侬 lau[lau¹];pào[paːu²];cáo[kaːu⁵]  越泰 lau[lau¹];xỏm[sɔm³]  普 cjat²[tsjaːt²];cjak⁵[tsjaːk⁵];sjat⁵[sjaːt⁵]  越 vót[vɔt⁷];gọt[ɣɔt⁸];đẽo[ʔdɛu⁴];cắt[kat⁷];cạo[kaːu⁶];póch[pɔt⁷];róc[rɔk⁷];tỏ[toː⁵];khát[khaːt⁷];cão[kaːu⁴];bàn[ʔbaːn³]

【靴子】 泰 รองเท้าหุ้มข้อ[rɔːŋ² thau⁴ hum³ khɔː³];รองเท้าบู๊ต[rɔːŋ² thau⁴ ʔbuːt¹⁰];บู๊ต[ʔbuːt¹⁰]  老 เก๊อ[kho:⁵];เกิบโบก[kəːp⁹ ʔboːk⁹]  岱-侬 hài năng[haːi² naŋ¹]  越 giày cao cổ[zai² kaːu¹ koː³];giày ống[zai² ʔoŋ⁵];ủng[ʔuŋ³];bốt[ʔbot⁷];hia[hiə¹]

【学】 泰 เรียน[riːan²]  老 ธูบ[hiːan²];สีกร่ำธูบ[sɯk⁷ham⁵hiːan²];ร่ำธูบ[ham⁵hiːan²]  岱-侬 slon[ɬɔn¹]  越泰 ép[ʔɛp⁷];ép học[ʔɛp⁷hɔk⁸]  普 tưok²[tɯːk²]; swan¹ sư[swaːn¹ sɯ¹]  越 học[hɔk⁸];học hỏi[hɔk⁸hɔi³];học tập[hɔk⁸tɤp⁸]  芒 hoc[hɔk⁸]; hoc hỏi[hɔk⁸ hɔi⁵]

【学费】 泰 ค่าเรียน[khaː³ riːan²]  老 ถ่าธูบ[khaː⁵ hiːan²];ถ่าร่ำธูบ[khaː⁵ ham⁵ hiːan²]  越 học phí[hɔk⁸ fi⁵]  芒 hoc phi[hɔk⁸ fi³]

【学期】 泰 ภาคการศึกษา[phaːk¹⁰ kaːn² sɯk⁷ saː¹];ภาค เรียน[phaːk¹⁰ riːan²];เทอม[thəːm²]  老 พาก ธูบ[phaːk¹⁰ hiːan²]  越 học kỳ[hɔk⁸ kiː²]  芒 hoc kỳ[hɔk⁸ kiː²]

【学生】 泰 นักเรียน[nak⁸ riːan²];นักศึกษา[nak⁸ sɯk⁷ saː⁵]  老 มักธูบ[nak⁸hiːan²]  岱-侬 họctó[hɔk⁸tɔ⁵]  越 học sinh[hɔk⁸ ʂiŋ¹];học trò[hɔk⁸tʂɔ²];sinh viên[ʂiŋ¹viːn¹]  芒 hoc tlò[hɔk⁸tlɔ²];hoc xinh[hɔk⁸ siŋ¹]

【学徒工】 泰 คนงานฝึกงาน[khon² ŋaːn² fɯk⁷ ŋaːn²];กรรมรฝึกงาน[kam² maː⁴ kɔːn² fɯk⁷ ŋaːn²]  老 มักธูบผิกขัด[nak⁸ hiːan² fɯk⁷ hat⁷]  越 thợ con[thɤ⁶ kɔn¹]  芒 thơ con[thɤ⁴ kɔn¹]

【学校】 泰 โรงเรียน[roːŋ² riːan²]  老 โธงธูบ[hoːŋ² hiːan²];โธงร่ำโธงธูบ[hoːŋ² ham⁵ hoːŋ² hiːan²]  岱-侬 rườn tưởng[rɯːn² tɯːn²];tưởng slon[tɯːŋ² ɬɔn¹];tí slon[tiː³ɬɔn¹]  越泰 chưởng gép[tsɯːŋ² ʔɛp⁷]  普 nhing¹ sư[ɲiŋ¹ sɯ¹];sô¹ thang⁴[soː¹ thaːŋ⁴]  越 nhà trường[ɲaː² tʂɯːŋ²];trường học[tʂɯːŋ² hɔk⁸];trường[tʂɯːŋ²]  芒 tlường[tlɯːŋ²];tlường hoc[tlɯːŋ² hɔk⁸];nhà tlường[ɲaː² tlɯːŋ²]

【雪❶】 泰 หิมะ[hi⁵ma⁴];สโนว์[saː⁵noː²]  老 ฮิมะ[hi²

❶ 捭 nai A2

雪血熏巡询

ma⁵];น้ำหิมะ[nam⁴ hi² ma⁵];น้ำพออกภาว้าม[nam⁴ mɔːk⁹ kaːm⁴];น้ำพออกขุ้ม[nam⁴ mɔːk⁹ khun³] 岱-侬 mɯơi[mɯːi¹];muôi[muːi¹] 越泰 mơi[mɯːi¹] 普 qapô¹[qa⁰ po¹] 越 tuyết[twiːt⁷]

【血❶】泰 เลือด[lɯːat¹⁰];โลหิต[loː² hit⁷] 老 ເລືອດ[lɯːat¹⁰];ໂລຫິດ[loː²hit¹] 岱-侬 lượt[lɯːt⁸] 普 qa³[qa³] 越 máu[mau⁵];huyết[hwiːt⁷];huyết dịch[hwiːt⁷ zit⁸] 芒 màu[mau³]

【血崩】泰 ตกเลือด[tok⁷ lɯːat¹⁰];ตกโลหิต[tok⁷ loː² hit⁷] 老 ຕົກເລືອດ[tok⁷ lɯːat¹⁰] 岱-侬 lượt bá[lɯːt⁸ ʔba⁵];lượt lồng[lɯːt⁸ loŋ²] 越泰 tố lượt[to⁵ lɯːt⁸] 越 huyết băng[hwiːt⁷ʔbaŋ¹];băng huyết[ʔbaŋ¹ hwiːt⁷] 芒 xươl[sɯːl¹]

【血管】泰 เส้นเลือด[seːn³ lɯːat¹⁰];หลอดเลือด[lɔːt⁹ lɯːat¹⁰];สายโลหิต[saːi¹ loː² hit⁷];เส้นโลหิต[seːn³ loː² hit⁷] 老 ສາຍເລືອດ[saːi¹ lɯːat¹⁰];ເສັ້ນເລືອດ[sen³ lɯːat¹⁰];ຫຼອດເລືອດ[lɔːt⁹ lɯːat¹⁰] 岱-侬 slai lượt[ɬaːi¹ lɯːt⁸] 越泰 xai lượt[saːi¹ lɯːt⁸] 越 huyết quản[hwiːt⁷ kwaːn³]

【血迹】泰 รอยเลือด[rɔːi² lɯːat¹⁰] 老 ຮອຍເລືອດ[hɔːi² lɯːat¹⁰] 越 vết máu[vet⁷ mau⁵];huyết tích[hwiːt⁷ tit̚⁷]

【血脉】泰 สายเลือด[saːi¹ lɯːat¹⁰];เส้นเลือดและการหมุนเวียนของเลือด[seːn³ lɯːat¹⁰ le⁴ kaːn² mun¹ wiːan² khɔːŋ¹ lɯːat¹⁰] 老 ສາຍເລືອດ[saːi¹ lɯːat¹⁰] 岱-侬 tàng lượt[taːŋ² lɯːt⁸] 越泰 mạch lượt[mɛk⁸ lɯːt⁸] 越 huyết mạch[hwiːt⁷mat⁸];mạch máu[mat⁸ mau⁵] 芒 mạch màu[mat³ mau³]

【血尿】泰 เลือดในปัสสาวะ[lɯːat¹⁰ nai² pat⁸ saː¹ wa⁵] 老 ມຸດຕະຄາດ[mut⁸ taʔ khaːt¹⁰] 越 chứng đái ra máu[tsɯŋ⁵ ʔdaːi⁵ za¹ mau⁵]

【血吸虫病】泰 บวมน้ำ[nuːam² nam⁴] 老 ພະຍາດທ້ອງມານ[pha⁵ ɲaːt¹⁰ thɔːŋ⁴ maːn²] 越 bệnh trùng hút máu[ʔben⁶ tsuŋ² hut⁷ mau⁵];bệnh hút máu[ʔben⁶ hut⁷ mau⁵];bệnh sán máu[ʔben⁶ ʂaːn⁵ maːu⁵]

【血型】泰 หมู่เลือด[muː⁵ lɯːat¹⁰];กลุ่มเลือด[klum⁵ lɯːat¹⁰];กรุ๊ปเลือด[krup⁴ lɯːat¹⁰] 老 ໝວດເລືອດ[muːat⁹ lɯːat¹⁰] 越 nhóm máu[ɲɔm⁵ mau⁵]

【血压】泰 ความดันโลหิต[khwaːm² ʔdan² loː² hit⁷] 老 ແຮງດັນເລືອດ[hɛːŋ² ʔdan¹¹ lɯːat¹⁰];ເລືອດດັບ[lɯːat¹⁰ ʔdan¹] 越 huyết áp[hwiːt⁷ ʔaːp⁹]

【血肿】泰 ห้อเลือด[hɔː³ lɯːat¹⁰] 老 ຂີ້ເລືອດ[hɔː³ lɯːat¹⁰];ເລືອດຂີ້[lɯːat¹⁰ hɔː³] 越 sưng máu[ʂɯŋ² mau⁵]

【熏 烟~】泰 รม[rom²];ระงม[ra⁴ŋom²];ระบม[ra⁴ ʔbom²];ลม[lom²];อบ[ʔop⁷] 老 ອົບ[hom⁵];ຢ້າງ[jaːŋ³];ອົບ[ʔop⁷];ອູດ[ʔuːt⁹];ລົມຄວັນ[lon² khwan²] 岱-侬 phjâu[phjəu¹];pông[poŋ²] 越泰 vão[vaːu²] 越 hunkhói[hun¹xɔi⁵];sấy[ʂɣi⁵];xôngkhói[soŋ¹xɔi⁵] 芒 ul[ʔul¹];tlắm khói[tlam³ khɔi¹];xông[soŋ¹]

【巡查】泰 ตรวจเวนตรวจการณ์[traː² weːn² truːat⁹ kaːn²] 老 ລາດຕະເວນ[laːt¹⁰ taʔ veːn²];ຕະເວນ[taʔ veːr²];ກວດຫຼາດຕະເວນ[kuːat⁹ laː¹ laːt¹⁰ taʔ veːn²];ກວດ[kuːat⁹] 越 tuần tra[twɤn² tʂaː¹];đi tuần ra[ʔdi¹ twɤn² tʂaː¹];đi tuần[ʔdi¹ twɤn²];tuần ra[twɤn² tʂaː¹];việc đi tuần tra[viːk⁸ ʔdi¹ twɤn² tʂɛ¹]

【巡逻】泰 ลาดตราเวน[laːt¹⁰ traː² weːn²] 老 ລາດຕະເວນ[laːt¹⁰ taʔ veːn²];ຕະເວນ[taʔ veːn²] 越 đi tuần[ʔdi¹twɤn²];tuần tiểu[twɤn²tiːu⁴] 芒 ti tuần[ti¹ twɤn²]

【询问❷】泰 ถาม[thaːm¹] 老 ຈັງ[tsaŋ¹];ຈັງຫາ[tsaŋ¹¹ haː¹];ຖາມເຖິງ[thaːm¹ thɤŋ¹];ຖາມຫາ[thaːm¹ haː¹];ຊັກຖາມ[thak⁸ thaːm¹];ຖາມ[thaːm¹] 岱-侬 xam khăm[ɕaːm¹kham⁵] 越泰 thòi tham[thɔi³ thaːn¹] 越 hòi[hɔi³];hòi han[hɔi³ haːn⁵] 芒 hói[hɔi⁵]

---

❶ 石家 luat⁵   阿含 lüt D2L
❷ 阿含 thăm A1；thăm-khăm rō；jân

【训练❶】 泰ปรือ[pruː²];ฝึก[fuk⁷] 老ຝຶກ[fuk⁷];ເຝິກ[fək⁷];ຫັດ[hat⁷];ເຝິກຫັດ[fuk⁷ hat⁷];ເຝິກຫັດ[fək⁷ hat⁷];ຫັດແອບ[hat⁷ ʔɛːp⁹];ແອບ[ʔɛːp⁹];ເຝິກຊ້ອມ[fək⁷ sɔːm⁴];ອົບຮົມ[ʔop⁷ hom²] 岱-侬slon[ɬɔn¹] 越泰ép[ʔɛp⁷] 越huấn luyện[hwɤn⁵ lwiːn⁶] 芒huấn liễn[hwɤn³ liːn⁴]

【汛期】 泰ช่วงระยะเวลาน้ำขึ้น[tshuːaŋ³ ra⁴ ja⁴ weː² laː² nam⁴ khuːn³] 老ໜ້ານ້ຳ[naː³ nam⁴] 越mùa nước lên[muə² nɯːk⁷ len¹];mùa lũ[muə² lu⁴];mùa nước[muə² nɯːk⁷];mùa lụt[muə² lut⁸] 芒mùa đác[muə² ʔdaːk⁷]

---

❶ 石家hat²

# Y

【鸭❶】 泰 เป็ด[pet⁷] 老 ເປັດ[pet⁷];ຕົວເປັດ[tu:a¹ pet⁷];ໂຕເປັດ[to¹ pet⁷] 岱-侬 pêt[pêt⁷];tua pét[tua¹ pet⁷] 越泰 pét[pet⁷] 普 paqat⁵[pa⁰ qa:t⁵];qat⁵[qa:t⁵] 越 vịt[vit⁸] 芒 wit[wit⁸]

【鸭蛋】 泰 ไข่เป็ด[khai⁵ pet⁷] 老 ໄຂ່ເປັດ[khai⁵ pet⁷] 越 trứng vịt[tʂɯŋ⁵ vit⁸] 芒 tlổng wit[tlʌŋ³ wit⁸]

【鸭绒】 泰 ขนอ่อนของเป็ด[khon¹ ʔɔ:n⁵ khɔ:ŋ¹ pet⁷] 老 ຂົນອ່ອນຂອງເປັດ[khon¹ ʔɔ:n⁵ khɔ:ŋ¹ pet⁷] 越 lông vịt[loŋ¹ vit⁸] 芒 lông wit[loŋ¹ wit⁸]

【鸭绒被】 泰 ผ้าห่มขนเป็ด[pha:³ hom⁵ khon¹ pet⁷] 老 ຜ້າຫົ່ມຂົນເປັດ[pha:³ hom⁵ khon¹ pet⁷] 越 chăn lông vịt[tsan¹ loŋ¹ vit⁸]

【鸭肉】 泰 เนื้อเป็ด[nɯ:a⁴ pet⁷] 老 ຊີ້ນເປັດ[si:n⁴ pet⁷] 越 thịt vịt[thit⁸ vit⁸] 芒 thit wit[thit⁸ wit⁸]

【鸭舌菜】 岱-侬 phjăc liều[phjak⁷ li:u²];lào liều[la:u³ li:u²] 越泰 hom pháy[hɔm¹ phai⁵] 越 rau răm[zau¹ zam¹] 芒 tắc thăm[tak⁷ tham¹]

【鸭舌帽】 泰 หมวกมีกระบังหน้า[mu:ak⁹ mi:² kra⁵ ʔbaŋ¹ na:³] 老 ກະບັງ[ka² ʔbaŋ¹];ໝວກແກ໊ບ[mu:ak⁹ kɛ:p¹⁰];ໝວກແກັບ[mu:ak⁹ kɛp⁷];ແກ໊ບ[kɛp⁷];ແກັບ[kɛ:p⁴] 越 mũ lưỡi trai[mu⁴ lɯ:i⁴ tʂa:i¹];cát két[ka:t⁷ kɛt⁷] 芒 mũ lãi chai[mu⁴ la:i⁴ tsa:i¹]

【鸦片】 泰 ฝิ่น[fin⁵];ยาฝิ่น[ja:² fin⁵] 老 ຝິ່ນ[fin⁵];ຢາຝິ່ນ[ja:¹ fin⁵];ຢາຢາງ[ja:¹ ja:ŋ¹] 岱-侬 lào phèn[la:u³ fɛn²];diên phiến[ji:n¹ fi:n²] 越泰 cuốn dang[ku:n² ja:ŋ¹] 越 aphiến[ʔa¹ fi:n⁵];nhaphiến[na¹ fi:n⁵];thuốc phiện[thu:k⁷ fi:n⁵] 芒 khón nhang[khɔn⁵ na:ŋ¹]

【丫鬟】 泰 สาวใช้[sa:u¹ tshai⁴] 老 ສາວໃຊ້[sa:u¹ sai⁴] 越 con ở[kɔn¹ ʔɤ³];con đòi[kɔn¹ ʔdɔi²];con sen[kɔn¹ sɛn¹];a hoàn[ʔa¹ hwa:n²] 芒 con ó[kɔn¹ ʔɤ⁵]

【压用石头~住】 泰 ทับ[thap⁸] 老 ທັບ[thap⁸] 岱-侬 nap[na:p⁷];nhận[n̪an⁴] 越泰 tênh[teŋ¹];nén[nen³];khóm[khom⁵] 普 năj²[nai²] 越 đè[ʔdɛ²];ép[ʔɛp⁷];nén[nɛn⁵];át[ʔa:t⁷];cán[ka:n⁵] 芒 tè[:ɛ²];tâp[tʌp⁸];tè tâp[tɛ² tʌp⁸]

【压宝】 泰 แทงโป[thɛ:ŋ² po:²] 老 ແທງໂປ[thɛ:ŋ² po:¹];ໂປປັ້ນ[po:¹ pan⁵] 越 cá[ka⁵];đặt[ʔdat⁸];đặt cửa[ʔdat⁸ kɯə³];đặt tiền[ʔdat⁸ ti:n²];đặt cái[ʔdat⁸ ka:i⁵]

【压价】 泰 กดราคา[kot⁷ ra:² kha:²] 老 ບຸບລາຄາ[ʔbup⁷ la:² kha:²] 越 ép giá[ʔɛp⁵ za⁵];dìm giá[zim² za⁵]

【压迫】 泰 กดขี่[kot⁷ khi:⁵] 老 ກົດ[kot⁷];ກົດຂີ່[kot⁷ khi:⁵];ກົດຂີ່ຂູດຮີດ[kot⁷ khi:⁵ khu:t⁹ hi:t¹⁰];ຂົ່ມຂີ່[khom⁵ khi:⁵];ຂົ່ມເຫັງ[khom⁵ heŋ¹];ກຸມເຫັງ[kum¹ heŋ¹];ຂົ່ມເຫັງຕົ້ງເຕັກ[khom⁵ heŋ³ teŋ⁴ tek⁷];ກົດຂີ່ຂົ່ມເຫັງ[kot⁷ khi:⁵ khom⁵ heŋ¹];ກົດຂີ່ບີບບີ້[kot⁷ khi:⁵ ʔbi:p⁹ ʔbi:⁴];ກົດ ຂົ່ມ[kot⁷ khom⁵];ກົດຫງບ[kot⁷ hi:p⁹];ການກົດ[ka:n¹ kot⁷];ຕົກເຕັ່ງ[tek⁷ teŋ¹];ນີບເຕັ່ງ[ni:p⁹ teŋ¹];ບອບບີ້[ʔbɔ:p⁹ ʔbi:⁴];ບີບບີ້ສີໄຟ[ʔbi:p⁹ ʔbi:⁴ si:¹ fai:⁴];ບັງຄັບຂົ່ມເຫັງ[ʔbaŋ¹ khap⁸ khom⁵ heŋ¹];ບັງບວດ[ʔbaŋ¹² ʔbi:at⁹];ບີບບີ້[ʔbi:p⁹ ʔɔi:⁴];ເຫັງ[heŋ¹];ນີບບໍ່ຕັ່ງດຳ[ni:p⁹ ʔba:⁵ teŋ¹ khɔ:²];ຂະ ໜາບ[kha² na:p⁹] 岱-侬 căp nap[kap⁷ na:p⁷] 越泰 khóm nạp[khom⁵ na:p⁸] 越 áp bức[ʔa:p² ʔbuk⁷];đè nén[ʔdɛ² nɛn⁵]

【压制】 泰 áp ché[a:p⁷ tse⁵] 老 ຕົກ ຕັ່ງ[tek⁷ teŋ¹];

---

❶ 阿含 pit D2S

ขี้คำ[khi:⁵khɔ:²];ขี้หัว[khi:⁵hua¹];บาบ[ʔbian¹];
บๆดบาบ[ʔbian¹];บิบ[ʔbi:p⁹];ปาบปาม[pa:p⁹ pa:m¹];
ภิดขี้[kot⁷khi:⁵];เฮ้า[hɛŋ¹];ภิดหิบ[kot⁷ni:p⁹];
ຂະหนาบຂີ້ມເຫ້າ[kha² na:p⁹ khom⁵ hɛŋ¹];ຂະຫນາບ
[kha² na:p⁹] 越泰ép[ʔɛp⁷] 越áp ché[ʔa:p⁷ tse⁵]

【押金】 泰มัดจำ[mat⁸ tsam²] 老ເງິນປະຈຳ[ŋən² pa² tsam¹] 越tiền đặt cọc[ti:n² ʔdat⁸ kɔk⁸];tiền ký
quỹ[ti:n² ki⁵ kwi⁴]

【押送~犯人】 泰คุมตัวไปส่ง[khum² tua² pai² soŋ⁵];
คุมส่ง[khum² soŋ⁵] 老ຄຸມສົ່ງ[khum² soŋ⁵] 越áp
giải[ʔa:p⁷ za:i³];áp tống[ʔa:p⁷ toŋ⁵];giải[za:i³];giải
đi[za:i³ ʔdi¹]

【押运】 泰คุมสินค้าไปส่ง[khum²sin¹kha:⁴pai²soŋ⁵]
老ຄຸມສົ່ງ[khum² soŋ⁵] 越áp tải[ʔa:p⁷ ta:i³]

【牙齿❶】 泰ฟัน[fan²];เขี้ยว[khi:au³] 老ແຂ້ວ
[khɛ:u³];ฟัน[fan²] 岱-侬khèo[khɛu³] 越泰khèo
[khɛu³] 普swang¹[swa:ŋ¹] 越răng[zaŋ¹] 芒
thăng[thaŋ¹];con thăng[kɔn¹ thaŋ¹]

【牙床】 泰เหงือกฟัน[ŋɯ:ak⁹ fan²] 老ຕີນແຂ້ວ[ti:n¹
khɛu³];ເຫືອກ[hɯak⁹];ເຫືອງ[ŋɯ:ak⁹];ເຫືອກທຸ່ມ
ແຂ້ວ[hɯ:ak⁹ hum² khɛ:u³];ຟັນແຂ້ວ[fan² khɛ:u³];
ເຟັນແຂ້ວ[fen²khɛ:u³] 岱-侬pha khèo[pha¹khɛu³]
越泰phẵn khèo[phan²khɛu³] 越lợi[lɤ:i⁶];hàm
răng[ha:m² zaŋ¹] 芒hàm thăng[ha:m² thaŋ¹]

【牙缝】 泰ซอกฟัน[sɔ:k¹⁰fan²] 老ແຂວ່ງແຂ້ວ[vɛ:ŋ⁵
khɛu³];ທວ່າງແຂ້ວ[va:ŋ⁵ khɛu³] 越khe răng[xɛ¹
zaŋ¹]

【牙膏】 泰ยาสีฟัน[ja:² si:¹ fan²];ยาสีฟัน ชนิด ครีม
[ja:² si:¹ fan² tsha⁴ nit⁸ khri:m²] 老ຢາສີແຂ້ວ[ja:¹ si:¹
khɛ:u³];ຢາສີຟັນ[ja:¹ si:¹ fan²];ຢາຜັດແຂ້ວ[ja:¹ phat⁷
khɛ:u³];ຢາຖູແຂ້ວ[ja:¹ thu:¹ khɛ:u³];ຢາຖຸກແຂ້ວ[ja:¹
huk⁸ khɛ:u³] 越泰da xạt khèo[ja¹ sa:t⁸ khɛu³]
越thuốc đánh răng[thu:k⁷ ʔdan⁵ zaŋ¹];kem đánh
răng[kɛm¹ ʔdan⁵ zaŋ¹]

【牙根】 泰รากฟัน[ra:k¹⁰fan²];โคนฟัน[kho:n² fan²]
老ຮາກແຂ້ວ[ha:k¹⁰khɛu³] 岱-侬côc khèo[kok⁷
khɛu³] 越泰cốc hướk[kok⁷ hɯ:k⁷] 越chân răng
[tsɤn¹ zaŋ¹] 芒chân thăng[tsɤn¹ thaŋ¹]

【牙垢❷】 泰ขี้ฟัน[khi:³ fan²];หินน้ำลาย[hin¹ nam⁴
la:i²] 老ຂີ້ແຂ້ວ[khi:³khɛu³];ຂີ້ຟັນ[khi:³fan²]
岱-侬khi khèo[khi³khɛu³] 越泰khi khèo[khi³
khɛu³] 越cao răng[ka:u¹zaŋ¹];bựa[ʔbɯə⁶] 芒
bùn[ʔbun³]

【牙签】 泰ไม้จิ้มฟัน[mai⁴ tsim³ fan²] 老ໄມ້ຈີ້ມແຂ້ວ
[mai⁴tsi:m⁴khɛu³] 岱-侬chia[tɕiə¹];mạy chia
[mai⁴tɕiə¹] 越泰maychimkhèo[mai⁴tsim³kɛu³]
越tăm[tam¹];tăm xia răng[tam¹siə³zaŋ¹] 芒tăm
[tam¹];tăm thăng[tam¹ thaŋ¹]

【牙刷】 泰แปรงสีฟัน[prɛ:ŋ²si:¹fan²];แปรงถูฟัน
[prɛ:ŋ² thu:¹ fan²] 老ແປງສີ ແຂ້ວ[pɛ:ŋ¹ si:¹ khɛ:u³];
ແປງຖູແຂ້ວ[pɛ:ŋ¹' thu:¹ khɛ:u³];ແປງສີຟັນ[pɛ:ŋ¹ si:¹
fan²];ແປງຜັດແຂ້ວ[pɛ:ŋ¹' phat⁷ khɛ:u³];ຟອຍຜັດແຂ້ວ
[fɔ:i¹ phat⁷ khɛ:u³];ຟອຍຖູແຂ້ວ[fɔ:i¹ thu:¹ khɛ:u³];
ໄມ້ສີແຂ້ວ[mai⁴ si:¹ khɛ:u³];ໄມ້ສີຟັນ[mai⁴ si:¹ fan²]
岱-侬ăn xá khèo[ʔan¹ɕa⁵khɛu³] 越bàn chải
răng[ʔba:n² tsa:i³ zaŋ¹];bàn chải đánh răng[ʔba:n²
tsa:i³ ʔdan⁵ zaŋ¹]

【牙痛】 泰ปวดฟัน[pu:at⁹ fan²] 老ປວດແຂ້ວ[pu:at⁹
khɛu³] 越đau răng[ʔdau¹ zaŋ¹];nhức răng[ɲɯk⁷
zaŋ¹] 芒tau thăng[tau¹ thaŋ¹];nhâc thăng[ɲɤk⁷
thaŋ¹]

【牙龈】 泰เหงือก[ŋɯ:ak⁹];เหงือกฟัน[ŋɯ:ak⁹fan²]
老ເຫືອກ[ŋɯ:ak⁹];ເຫືອກທຸ່ມແຂ້ວ[hɯ:ak⁹ hum²
khɛ:u³];ເຫືອກດ່າງ[hɯ:ak⁹ ʔda:ŋ⁵];ຟັນແຂ້ວ[fan²
khɛ:u³];ເຟັນແຂ້ວ[fen² khɛ:u³] 岱-侬ngược[ŋɯ:k⁷];
hược[hɯ:k⁷] 越泰hướk[hɯ:k⁷] 普jin³ swang¹

---

❶ 石家nxxŋ⁴ 阿含khriu C1 撣kheu C1 勐xɛu C1
❷ 石家gay²-nxxŋ¹

【牙龈炎】 泰เหงือกอักเสบ[ŋɯːak¹⁰ʔak⁷seːp⁹] 老เจับເພືອງ[tsep⁷ ŋɯːak⁹] 越viêm lợi[viːm¹ lɤːi⁶]

【芽儿种子~❶】 泰งอก[ŋɔːk¹⁰] 老ງອກ[ŋɔːk¹⁰]; จาว[tsaːu¹] 岱-侬 ngat[ŋaːt⁸] 越泰ngat[ŋaːt⁸] 越mầm[mɤm²]

【芽儿树枝上的嫩~】 泰ยอด[jɔːt¹⁰]; หน่อ[nɔː⁵] 老ຍອດ[ŋɔːt¹⁰]; ດ້ວແດ່[ʔdɔː⁴ ʔdeː⁴]; ยอดด่วนแด่[ŋɔːt¹⁰ ʔdɔː⁴ ʔdeː⁴]; แขง[neːŋ¹]; ขึ่[nɔː⁵] 越mầm[mɤm²]; búp non[ʔbup⁷ nɔn¹] 芒púp non[pup⁷ nɔn¹]

【蚜虫】 泰ตัวเพลี้ย[tuːa² phliːa⁴] 老ແມງເພັຍ[meːŋ⁴ phiːa⁴]; ແມງມຸ້ນ[meːŋ⁴ mun¹] 岱-侬 nhắn[nan³] 越nha trùng[ɲaː¹ tʂuŋ²]; con rệp cây[kɔn¹ zep⁸ kɤi¹]

【哑❷】 泰ใบ้[ʔbaːi³]; เป็นใบ้[pen² ʔbaːi³] 老ກິກ[kɯːk⁹]; ປາກກິກ[paːk⁹kɯːk⁹]; ມູຄະ[muː²khaː⁵] 岱-侬 vặm[vam⁴] 普qaluơn³[qa⁰luːn³] 越căm[kam¹] 芒lùl[lul²]

【哑巴】 泰คนใบ้[khon² ʔbaːi³] 老ຄົນໃບ້[khon² baːi⁴]; ດົມປາກກິກ[khon² paːk⁹ kɯːk⁹] 岱-侬 cần vặm[kən² vam⁴] 越người câm[ŋɯːi² kɤm¹]; kẻ câm[kɛ³ kɤm¹]

【亚麻】 泰แฟลกซ์[flɛːk³]; ใยเปลือกต้นแฟลกซ์ที่ใช้ทอผ้าลีลิน[jai² plɯːak⁹ ton³ flɛːk¹⁰ thiː³ tshai⁴ thɔː² phaː³li⁴lin²] 老ປ່ານ[paːn⁵] 越lanh[laɲ¹]; cây lanh[kɤi¹ laɲ¹]

【亚麻布】 泰ผ้าลินิน[phaː³liːnin²] 老ຜ້າປ່ານ[phaː³paːn⁵]; ໂມະພັດ[khoː¹maː⁴ phat⁸] 越vải lanh[vaːi³ laɲ¹]

【轧~棉花】 泰ปั่น[pan⁵] 老ອື້ວ[ʔiu⁴]; ອີ່ວ[ʔiːu⁴]; ຫີບ[hiːp⁹] 普cang⁴[tsaŋ⁴] 越cán[kaːn⁵]; cắn[kan³]

【烟炊~❸】 泰ควัน[khwan²] 老ຄວັນ[khwan²] 岱-侬 văn[van²] 越泰cuồn[kuːn²] 普qatok²[qa⁰tɔk²] 越khói[xɔːi⁵] 芒khói[khɔːi³]

【烟香~】 泰บุหรี่[ʔbu⁵ riː⁵]; ชิกาแรต[sik⁸ kaː² reːt¹⁰] 老ບຸລີ[ʔbuː¹ liː¹]; ບູລີ[ʔbuː¹ liː¹]; ບູລີຍາ[ʔbuː¹ liː¹ jaː¹]; ຢາ[jaː¹]; ຢາສູບ[jaː¹ suːp⁹]; ກອກຢາ[kɔːk⁹ jaː¹] 岱-侬 diên[jiːn¹]; lào[laːu³] 越泰cuồn[kuːn²] 普hwăt⁵ ci⁴[hwɤt⁵ ci⁴] 越thuốc lá[thuːk⁷ laː⁵]; thuốc [tɯk⁷] 芒khón lá[khɔn⁵ laː³]

【烟草】 泰ต้นใบยาสูบ[tɔn³ ʔbai² jaː² suːp⁹] 老ຢາເດັດ[jaː¹ ʔdet⁷]; ກົກຢາ[kok⁷ jaː¹] 越cây thuốc lá[kɤi¹ thuːk⁷ laː⁵]; thuốc lá[thuːk⁷ laː⁵]

【烟囱】 泰ปล่อง[plɔːŋ⁵]; ปล่องควัน[plɔːŋ⁵khwan²] 老ທໍ່ຄວັນ[thɔː⁵khwan²]; ທໍ່ຄວັນໄຟ[thɔː⁵khwan²fai²]; ປ່ອງຄວັນ[pɔːŋ⁵khwan²]; ປ່ອງແປ່ໄຟ[pɔːŋ⁵pɛːu⁵fai²]; ປ່ອງແປ່[pɔːŋ⁵pɛːu⁵] 岱-侬 chú văn[tɕu⁵ van²] 越ống khói[ʔɔŋ⁵ xɔːi⁵]

【烟袋】 泰กล้องสูบยา[klɔːŋ³ suːp⁹ jaː²]; กล้องยาเส้น[klɔːŋ³ jaː² sen³] 老ຖົງຢາສູບ[thoŋ¹ jaː¹ suːp⁹] 越泰tùngcuồn[tuŋ⁶kuːn²] 越cái điếu[kaːi⁵ʔdiːɯ⁵]; điếu[ʔdiːɯ⁵]

【烟斗】 泰ไปป์[paːi²] 老ກອກ[kɔːk⁹] 越điếu ẩu[ʔdiːɯ⁵ tɤu³]; cái điếu[kaːi⁵ ʔdiːɯ⁵] 芒cái tiểu[kaːi³ tiːɯ³]

【烟盒】 泰กล่องบุหรี่[klɔːŋ⁵ʔbuː⁵riː⁵] 老ກັບກອກຢາ[kap⁷kɔːk⁹jaː¹]; ກັບຢາ[kap⁷ jaː¹]; ແອບຢາ[ʔɛːp⁹jaː¹]; ແອບບຸຫຼີ[ʔɛːp⁹ ʔbuː² liː¹]; ຊອງບູລີ[sɔːŋ¹ ʔbuː² liː¹] 越hộp đựng thuốc lá[hop⁸ ʔdɯŋ⁶ thuːk⁷ laː⁵]

【烟灰】 泰เถ้าบุหรี่[thau³ ʔbuː⁵riː⁵] 老ຂີ້ກອກຢາ[xhiː¹ kɔːk⁹ jaː¹] 越tàn thuốc[taːn² thuːk⁷]

【烟灰缸】 泰ถาดเขี่ยเถ้าบุหรี่[thaːt⁹khiːa⁵thau³ ʔbuː⁵riː⁵]; ที่เขี่ยบุหรี่[thiː³ khiːa⁵ ʔbuː⁵ riː⁵]; ถาดเถ้าบุหรี่[tʰaːt⁹

---

❶ 阿含 ngăk D2L 渤 ŋɔk D2L
❷ 阿含 bum
❸ 石家 gɔn⁴ 掸 kwăn A2 渤 xɔn A2

【烟】 泰 thau³ ʔbu⁵ ri:⁵ 老 ʔam¹ ʔe:y⁵ ʔi:² kʰɔ:k⁹ ja:ŋ¹[ʔan¹ˈ kʰi:a⁵ kʰi:³ kɔ:k⁹ ja:¹];ʔam¹ ʔo:e⁵ ʔi:² ja:ŋ¹[ʔan¹ˈ kʰo⁵ kʰi:³ ja:¹] 越 cái gạt tàn[ka:i⁵ ya:t⁸ ta:n²]

【烟火 放~】 泰 พฺลุ[pʰlu⁴] 老 ดอกไฟ[ʔdɔ:k⁹ fai²];ไฟดอก[fai² ʔdɔ:k⁹];ดอกไม้ไฟ[ʔdɔ:k⁹ mai⁴ fai²];บั้งไฟดอก[ʔbaŋ⁴ fai² ʔdɔ:k⁹];บั้งไฟดอกไม้[ʔbaŋ⁴ fai² ʔdɔ:k⁹ mai⁴] 越 pháo hoa[fa:u⁵ hwa¹]; pháo bông[fa:u⁵ ʔboŋ⁵]

【烟丝】 泰 ยาเส้น[ja:² se:n³] 老 ยาเส้น[ja:¹ se:n³] 越 thuốc lá sợi[tʰu:k⁷ la⁵ ʂɤ:i⁶]

【烟土】 泰 ยาฝิ่นดิบ[ja:² fin⁵ ʔdip⁷] 老 ยาฝิ่นดิบ[ja:¹ fin⁵ ʔdip⁷] 越 thuốc phiện sống[tʰu:k⁷ fi:n⁶ ʂoŋ⁵]

【烟叶】 泰 ใบยาสูบ[ʔbai² ja:² su:p⁹];ใบยา[ʔbai² ja:²];ยาสูบ[ja:² su:p⁹] 老 ใบยา[ʔbai¹ˈ ja:²] 岱-侬 lào bâu[la:u³ ʔbəɯ¹];lào bi[la:u³ ʔbi³] 越泰 cuốn út[ku:n² ʔut⁷] 越 thuốc lá[tʰu:k⁷ la⁵] 芒 khón là[kʰɔn⁵ la³]

【烟瘾】 泰 เงี่ยนบุหรี่[ŋi:an³ ʔbu⁵ri:⁵] 老 ง้อมบุหรี่[ŋi:am³ ʔbu:² li:⁵] 越 nghiện thuốc[ŋi:n⁶ tʰu:k⁷]

【烟子】 泰 ฝุ่นถ่าน[fun⁵ tʰa:n⁵] 老 ขี้ซิ[kʰi:³si:⁵]; ขี้ย่างทิ้ง[kʰi:³ja:ŋ⁵ hiŋ³];ขี้ว้องแว้ง[kʰi:³ ŋɛ:ŋ⁴ ŋɛ:ŋ⁴];ขี้ตอัม[kʰi:³ kʰwan²];อะเผ่า[kʰa² mau⁵] 越 nhọ nồi[ɲɔ⁶ noi²];bồ hóng[ʔbo² hɔŋ⁵]

【咽喉】 泰 ช่องทางลม[tsʰɔ:ŋ³ tʰa:ŋ² lom²] 老 ธูคำ[hu:² kʰɔ:²] 越 yết hầu[ʔi:t⁷ hɤu²];hầu[hɤu²];họng[hɔŋ⁶]

【咽炎】 泰 คออักเสบ[kʰɔ:² ʔak⁷ se:p⁹] 老 ฮักเสบคำ[ʔak⁷ se:p⁹ kʰɔ:²] 越 viêm hầu[vi:m¹ hɤu²];viêm cuống họng[vi:m¹ ku:ŋ⁵ hɔŋ⁶]

【胭脂】 泰 ชาดทาแก้มหรือริมฝีปากให้แดง[tsʰa:t¹⁰ tʰa:² kɛ:m³ rɯu¹ rim² fi:¹ pa:k⁹ hai³ ʔdɛ:ŋ²] 岱-侬 lơ đeng[lə¹ ʔdeŋ²] 越泰 xòn[sɔn⁶] 越 son[ʂɔn¹]

【阉 他会~猪】 泰 ตอน[tɔ:n²] 老 ตอม[tɔ:n¹ˈ] 岱-侬 ton[tɔn¹];diêm[ji:m¹] 越泰 ton[tɔn¹] 越 thiến[tʰi:n⁵];hoạn[hwa:n⁶] 芒 wăn[wa:n⁴]; lach[lat⁸]

【阉鸡 一只~】 泰 ไก่ตอน[kai⁵tɔ:n²] 老 ไก่ตอม[kai⁵ tɔ:n¹ˈ] 岱-侬 cáy ton[kai⁵ tɔn¹] 越泰 cáy ton[kai⁵ tɔn¹] 越 gà thiến[ɣa² tʰi:n⁵];gà trống thiến[ɣa² tʂoŋ⁵ tʰi:n⁵] 芒 ca lach[ka¹ lat⁸]

【阉猪 一头~】 泰 หมูตอน[mu:¹tɔ:n²] 老 หมูตอม[mu:¹ tɔ:n¹ˈ] 岱-侬 mu nựa[mu¹ nɯa⁴] 越泰 mu ton[mu¹ tɔn¹];mu phók[mu¹ pʰɔk⁷] 越 lợn thiến[lɤ:n⁶ tʰi:n⁵] 芒 cúi lach[kui³ lat⁸]

【腌 ~肉、菜❶】 泰 ดอง[ʔdɔ:ŋ²];จ่อม[tsɔ:m⁵] 老 ดอง[ʔdɔ:ŋ¹];เฮือบ[ʔɯ:ap⁹] 岱-侬 ướp[ʔɯ:p⁷]; dăm[jam²] 越泰 dăm[jam²];bong[ʔbɔŋ¹];ố[ʔo⁵]; ốp[ʔɔp⁷] 越 muối[mu:i⁵];ướp[ʔɯ:p⁷];ướp muối[ʔɯ:p⁷ mu:i⁵];nén[nɛn⁵] 芒 nhằn[ɲɤn³]

【腌菜❷】 泰 ผักดอง[pʰak⁷ ʔdɔ:ŋ²] 老 ผักกาดดอง[pʰak⁷ka:t⁹ʔdɔ:ŋ¹];กาดดอง[ka:t⁹ʔdɔ:ŋ¹] 越 rau dưa[ʐau¹ zɯə¹] 芒 tưa[tɯə¹]

【腌肉】 泰 เนื้อหมัก[nɯ:a⁴ mak⁷] 老 ขิ้มเฮือบ[si:m¹ ʔɯ:ap⁹] 越 thịt muối[tʰit⁸ mu:i⁵] 芒 tưa nhúc[tɯə¹ ɲuk⁷]

【淹没❸】 泰 ท่วม[tʰu:am³];น้ำท่วม[nam⁴ tʰu:am³]; กลบ[klop⁷] 老 ถ้วม[tʰu:am³];น้ำถ้วม[nam⁴ tʰu:am³];ไหถ้วม[lai¹tʰu:am³];ถุม[tʰom¹];ถุมปีก [tʰom¹pok⁷];ลืบ[lɯp⁸] 岱-侬 thuồm[tʰu:m³]; thúm[tʰum⁵] 越泰 thuồm[tʰu:m³];thúm[tʰum⁵] 普 thươm¹[tʰu:m¹];thum¹[tʰum¹] 越 ngập lụt[ŋɤp⁸ lut⁸];làm ngập[la:m² ŋɤp⁸];lụt lội[lut⁸ loi⁶] 芒 ngập lut[ŋɤp⁸ lut⁸];lut lỗi[lut⁸ loi⁴]

【淹死】 泰 จมน้ำตาย[tsom² nam⁴ ta:i²] 老 ตายไหน้ำ

❶ 石家 bɔɔŋ¹ 掸 mɔŋ A1 泐 bɔŋ A1
❷ 石家 pʰrak⁴-sam³
❸ 石家 nam³-tʰoom³

[ta:i¹ lai¹ nam⁴];ตายดิกน้ำ[ta:i¹ ʔik⁷ nam⁴];ตายดิกน้ำ[ta:i¹ ʔdɯk⁷ nam⁴] 普 tiɤ² ʔoŋ³[tie¹ ʔoŋ³] 越 chết chìm[tset⁷ tsim²];chết đuối[tset⁷ ʔdu:i⁵] 芒 chít tắm[tsit⁷ tam³];chít chìm[tsit⁷ tsim²]

【颜料】泰 สี[si:¹] 老 น้ำสี[nam⁴ si:¹];น้ำสีแต้ม[nam⁴ si:¹ tɛ:m⁴];ทาดสี[tha:t¹⁰ si:¹];ทาดน้ำสี[tha:t¹⁰ nam⁴ si:¹];น้ำแต้ม[nam⁴ tɛ:m⁴] 越 chất liệu màu[tsɤt⁷ liu⁶ mau²];phẩm[fɤm³];bột phẩm[ʔbot⁸ fɤm³];thuốc vẽ[thuok⁷ vɛ⁴]

【颜色】泰 สี[si:¹] 老 สี[si:¹] 岱-侬 slăc[ɬak⁷] 越 màu[mau²] 芒 màu[mau²];mầu[mɤu²];mùi[mui¹]

【盐❶】泰 เกลือ[klɯ:a²] 老 เกือ[kɯ:a¹] 岱-侬 cưa[kɯə¹] 越泰 cưa[kɯə¹] 普 qaNu³[qaʔ ɲu³] 越 muối[mu:i⁵] 芒 bói[ʔbɔi³]

【盐井】泰 บ่อเกลือ[ʔbɔ:⁵klɯ:a²] 老 บ่อเกือ[ʔbɔ:⁵kɯ:a¹] 越 giếng muối[ziːŋ⁵ mu:i⁵]

【盐水】泰 น้ำเกลือ[nam⁴ klɯ:a²] 老 น้ำเกือ[nam⁴ kɯ:a¹] 越 nước muối[nɯ:k⁷ mu:i⁵];nước mặn[nɯ:k⁷ man⁶] 芒 đác bói[ʔda:k⁷ ʔbɔi³]

【盐田】泰 นาเกลือ[na:² klɯ:a²] 老 นาเกือ[na:² kɯ:a¹] 越 ruộng muối[ʐu:ŋ⁶ mu:i⁵]

【盐渍土】泰 ดินโป่ง[ʔdin² poːŋ⁵] 老 ดินขี้ทา[ʔdin¹ khi:³ tha:²];ขี้ทา[khi:³ tha:²] 越 đất mặn[ʔdɤt⁷ man⁶]

【研～药❷】泰 บด[ʔbot⁷] 老 บิด[ʔbot⁷];ปั่น[pon⁵];ฝน[fon¹] 岱-侬 nghiền[ŋi:n²];ngền[ŋɤn²] 越泰 niếng[ni:ŋ⁵] 越 nghiền[ŋi:n²]

【延期】泰 เลื่อนเวลา[lɯ:an³we:²la:²];ต่อเวลา[tɔ:⁵we:² la:²] 老 ต่ออายุ[tɔ:⁵ ʔa:¹ ɲu⁵];ผัดเอลา[phat⁷ ve:² la:²];เลื่อนกำหนดเวลา[lɯ:an⁵ kam¹ not⁸ ve:² la:²] 越泰 ók hạn[ʔɔk⁷ ha:n⁴] 越 kéo dài thời hạn[kɛu⁵ za:i² thɤ:i² ha:n²];hoãn lại[hwa:i⁴ la:i⁶]

【延伸】泰 ขยายออก[kha⁵ja:i¹ʔɔ:k⁹] 老 ຂະຫຍາຍออก[kha²na:i¹ʔɔ:k³] 岱-侬 lén[lɛn⁵]

tè[tɛ:³];phền[phen³] 越泰 dùa[juə⁶] 越 kéo dài[kɛu⁵ za:i²]

【沿～河边走】泰 ตาม[ta:m²] 老 ตาม[ta:m¹];ไปตาม[pai¹ta:m¹];ลูบ[li:ap⁵] 岱-侬 liệp[li:p⁸] 越泰 liệp[li:p⁸] 越 men theo[mɛn¹ thɤu¹];đi theo[ʔdi¹ thɤu¹]

【沿岸】泰 ชายฝั่ง[tsha:i² faŋ⁵] 老 ลูบตาฝั่ง[li:ap⁴ ta:² faŋ⁵] 越 ven bờ[vɛn¹ʔbɤ²];ven biển[vɛn¹ ʔbi:n³];ven sông[vɛn¹ ʂoŋ¹]

【岩洞】泰 ถ้ำ[tham³] 老 คูหา[khu:² ha:¹] 老 ถ้ำ[tham³];ถ้ำพูคูหา[tham³ phu:¹ khu:² ha:¹];ถ้ำยาทีบ[tham³ pha:¹ hi:n¹];ฮูถ้ำ[hu:² tham³];คูหา[khu:² ha:¹];ຂຸ[khu:²];ງິ້ມ[ŋɯm⁴];ເງືອມ[ŋɯ:am²];ສະເຫີ້ມ[sa² thə:m⁴];ເຫືອມ[thɯ:am⁴] 岱-侬 ngườm[ŋɯ:m²] 越 hang đá[ha:ŋ¹ ʔda⁵];động đá[ʔdoŋ⁶ ʔda⁵] 芒 hang khũ[ha:ŋ¹ khu⁴]

【岩浆】泰 หินละลายภายในโลก[hin¹ la⁴ la:i² pha:i² na:¹ lo:k¹⁰];หินหนืด[hin¹ nɯ:t⁹] 老 ทีมมักมา[hi:a¹ mak⁸ma:²] 越 mác ma[ma:k⁷ma:¹];chất nhão[tsɤt⁷ na:u²]

【岩盐】泰 แร่ฮาไลต์[rɛ:³ ha:¹ lai²] 老 เกือทา[kɯ:a¹ tha:²];เกือบีก[kɯ:a¹ ʔbok⁷];เกือแจ่จาบ[kɯ:a¹¹ hɛ:⁵ tsɛ:n⁵] 越 muối mỏ[mu:i⁵ mɔ³]

【阎王爷】泰 พญายม[pha⁴ ja:² jom²] 老 พะยายิม[pha⁵ ɲa:² ɲom²];พะยิม[pha⁵ ɲom⁵];พะยามัดจุลาด[pha⁵ɲa:² mat⁸tsu²la:t¹⁰];ยะมะลาด[ɲa⁵ma⁵la:t¹⁰];ยิมะลาด[ɲom⁵ma⁵la:t¹⁰];ยิมพีบาบ[ɲom²phi⁵ ʔba:n¹] 越 diêm vương[zi:m¹ vɯ:ŋ¹]

【炎热】泰 ร้อนจัด[rɔ:n⁴tsat¹] 老 ธ้อนเผิง[hɔ:n¹ pɤu¹] 越 nóng bức[nɔŋ⁵ ʔbɯk⁷];nóng oi[nɔŋ⁵ ʔɔi¹] 芒 nòng hâl[nɔŋ³ hɤl¹];đằng nòng[ʔdaŋ³ nɔŋ³]

【眼白】泰 ตาขาว[ta:kha:u¹] 老 ตาขาว[ta:¹¹ kha:u¹]

---

❶ 阿含 küw A1　掸 kə A1　泐 kə A1　拉哈 No²
❷ 石家 bot⁴

越tròng trắng mắt[tʂɔŋ² tʂaŋ⁵ mat⁷]

【眼病】 泰ตาเจ็บ[ta:²tsep⁷];จักษุโรค[tsak⁷khu⁵ro:² kho:²] 老ตาเจ็บ[ta:¹ tsep⁷] 岱-侬tha chêp[tha¹ tɕep⁷] 越泰bệnh chép ta[ʔbeŋ⁴ tsep⁷ ta¹] 越đau mắt[ʔdau¹ mat⁷] 芒tau măt[tau¹ mat⁸]

【眼光把~放远】 泰สายตา[sa:i¹ta:²] 老สายตา[sa:i¹ ta:¹] 岱-侬thangòi[tha¹ ŋɔi²];thachiếm[tha¹ tɕim⁵] 越tầm mắt[tɤm⁵ mat⁷];ánh mắt[ʔaŋ⁵ mat⁷]

【眼红别~人家】 泰อิจฉา[ʔit⁷ tsha:¹] 老อิดสา[ʔit⁷ sa:¹] 越nóng mắt[nɔŋ⁵ mat⁷];ghen tị[ɣɛn¹ ti⁶]; nạnh[naŋ⁶] 芒nòng măt[nɔŋ³ mat⁸]

【眼花】 泰ตาลาย[ta:² la:i²];ลายตก[la:i² ta:²];ตาขุ่น [ta:² khun⁵];ตาฟาง[ta:² fa:ŋ²];ตามัว[ta:² mu:a²] 老 ตาลาย[ta:¹la:i²];ลายตา[la:i²ta:¹];ตาฝาด[ta:¹ fa:t⁹]; ตามัว[ta:¹mu:a²];มัวตา[mu:a²ta:¹];ฝางตา[fa:ŋ² ta:¹] 岱-侬tha lài[tha¹la:i²] 越泰mũa[muə⁵] 越 hoamắt[hwa¹mat⁷];mắthoa[mat⁷hwa¹];loá mắt[lwa⁵ mat⁷];loá[lwa⁵];mắt mờ[mat⁷mɤ²];mắt loà[mat⁷ lwa²];tối mắt[toi⁵mat⁷] 芒thol mǎt[thol³mat⁸]; thol[thol³];mǎt pơ[mat⁸ pɤ¹];lé[lɛ³]

【眼角】 泰หัวตา[hu:a¹ta:²];หางตา[ha:ŋ¹ta:²] 老 หางตา[ha:ŋ¹ta:¹] 岱-侬cooc tha[kɔ:k⁷tha¹] 越泰hang ta[ha:ŋ¹ ta¹] 越khóe mắt[xwɛ¹ mat⁷]

【眼睛❶】 泰ตา[ta:²];นัยน์ตา[nai² ta:²];มะตา[ma⁴ ʔda:²] 老ตา[ta:¹];ดวงตา[ʔdu:aŋ¹ ta:¹];พะเบด [pha⁵ ne:t¹⁰] 岱-侬tha[tha¹];ha[ha¹] 普tê¹[te¹] 越mắt[mat⁷] 芒măt[mat⁸]

【眼镜】 泰แว่น[wɛ:n⁵];แว่นตา[wɛ:n³ta:²] 老แอ่บตา [vɛ:n⁵ ta:¹] 岱-侬kiếng tha[ki:ŋ⁵ tha¹];nhận kinh [ɲan⁴ kiŋ³] 越泰vèn ta[vɛn⁶ ta¹] 越kính mắt [kiŋ⁵ mat⁷] 芒kinh[kiŋ³];cải kinh[ka:i³ kiŋ³];măt kinh[mat⁸ kiŋ³]

【眼镜蛇】 泰งูเห่า[ŋu:² hau⁵];เห่าหม้อ[hau⁵ mɔ:³]; งูเห่าหม้อ[ŋu:² hau⁵ mɔ:³];ไอ้เห่า[ʔai³ hau⁵] 老งูเห่า [ŋu:²hau⁵];งูเห่า[ŋu:²hau⁵khɔ:²tsɔ:ŋ¹];งูเห่าดอกจับ [ŋu:²hau⁵ʔdɔ:k⁹tsan¹];งูเห่าพั้น[ŋu:²hau⁵ mɔ:³]; งูปอก[ŋu:²pu:ak⁹];งูดับจอง[ŋu:²khan¹tsɔ:ŋ¹]; งูคำจอง[ŋu:²khɔ:²tsɔ:ŋ¹];งูคำคำ[ŋu:²khɔ:²kham²]; งูจอง[ŋu:²tsɔ:ŋ¹];งูบอก[ŋu:²ʔbu:ak⁹];งูฝาบ[ŋu:² fa:n²] 岱-侬ngù hấu[ŋu:²hɔu⁵] 越泰ngũ háu[ŋu:² hau⁵] 普ngươ³ lom[ŋuɤ⁵lɔm¹] 越rắn hổ mang [zan⁵ho³ma:ŋ¹];hổ mang[ho³ma:ŋ¹] 芒thành hổ mang[than³ ho⁵ ma:ŋ¹]

【眼镜王蛇】 泰งูจงอาง[ŋu:² tsoŋ² ʔa:ŋ²];งูเห่าหลวง [ŋu:² hau⁵ lu:aŋ²];เห่าดง[hau⁵ ʔdoŋ²] 老งูจังอาง [ŋu:² tsoŋ¹ ʔa:ŋ¹];งูเห่าดับจอง[ŋu:² hau⁵ khan² tsɔ:ŋ¹];งูเห่าฆ้าง[ŋu:² hau⁵ sa:ŋ⁴];งูเห่าดง[ŋu:² hau⁵ ʔdoŋ¹] 越hổ chúa[ho³ tsuə⁵]

【眼眶】 泰เบ้าตา[ʔbau³ ta:²];กระบอกตา[kra⁵ ʔbɔ:k⁹ ta:²];ขอบตา[khɔ:p⁹ta:²] 老ฆอบตา[khɔ:p⁹ta:¹];กะ บอกตา[ka² ʔbɔ:ŋ¹ ta:¹];กะบิ้งตา[ka² ʔboŋ¹ ta:¹]; โหม้งตา[mo:ŋ³ ta:¹];ฆ้องตา[mɔ:ŋ³ ta:¹];หมื้งตา [moŋ³ ta:¹] 岱-侬bí tha[ʔbi⁵ tha¹] 越泰phí ta [phi⁵ ta¹] 越ổ mắt[ʔo³ mat⁷]

【眼泪】 泰น้ำตา[nam⁴ ta:²] 老น้ำตา[nam⁴ ta:¹]; น้ำหูน้ำตา[nam⁴ hu:¹ nam⁴ ta:¹] 岱-侬nặm tha [nam⁴ tha¹] 越泰nặm ta[nam⁴ ta¹] 普ʔong³ tê¹ [ʔɔŋ³ te¹] 越nước mắt[nuɯ:k⁷ mat⁷] 芒đác mắt [ʔda:k⁷ mat⁷]

【眼皮】 泰หนังตา[naŋ¹ta:²];เปลือกตา[plɯ:ak⁹ta:²] 老ขังตา[naŋ¹ ta:¹] 岱-侬pín tha[pin⁵ tha¹];phi tha[phi¹ tha¹] 越mí mắt[mi⁵ mat⁷];mi mắt[mi¹ mat⁷];mu mắt[mu¹ mat⁷] 芒pèl măt[pɛl² mat⁸]

【眼圈儿】 泰ถุงใต้ตา[thuŋ¹ tai³ ta:²];ขอบตา[khɔ:p⁹ ta:²] 越ổ mắt[ʔo³ mat⁷]

【眼屎】 泰ขี้ตา[khi:³ta:²] 老ขี้ตา[khi:³ ta:¹] 岱-侬khi tha[khi³ tha¹] 越泰khi ta[khi³ ta¹] 越

---

❶ 石家praa 阿含tạ 拉哈kata¹ 拉基tju¹

ghèn[ɣɛn²];dử mắt[zɯ³ mat⁷] 芒é mắt[ʔɛ⁵ mat⁷]

【眼窝】 泰 เบ้าตา[ʔbau⁴ ta:²] 老 ເບົ້າຕາ[ʔbau⁴ ta:¹];ຂຸມຕາ[khum¹ ta:¹];ໂກນຕາ[koːn¹ ta:¹];ຈັກຂຸທະວາບ[tsak⁷ khu² tha⁵ va:n²];ບ້ອງຕາ[ʔba:ŋ⁴ ta:¹] 越 hốc mắt[hok⁷ mat⁷]

【眼药】 泰 ยาสำหรับรักษาโรคตา[ja:² sam¹ rap⁷ rak⁸ sa:¹ ro:k¹⁰ ta:²];ยาหยอดตา[ja:² jɔ:t⁹ ta:²] 老 ยาตา[ja:¹ ta:¹] 越 thuốc đau mắt[thu:k⁷ ʔdau¹ mat⁷] 芒 thuốc tau mắt[thu:k⁷ tau¹ mat⁸]

【眼珠】 泰 ควงตา[ʔdu:aŋ² ta:²];ลูกตา[lu:k¹⁰ ta:²] 老 ແກ້ວຕາ[kɛ:u⁴ ta:¹];ໜ່ວຍຕາ[nu:ai⁵ ta:¹];ແກ່ນຕາ[kɛ:n⁵ ta:¹];ດວງຕາ[du:aŋ¹ ta:¹] 岱-侬 mjòn tha [mjɔn² tha¹] 普 Vaj⁴ tê¹[βa:i⁴ te¹] 越 con ngươi [kɔn¹ ŋɯ:i¹];nhân cầu[ɲa:n⁴ kɤu²];cầu mắt[kɤu² mat⁷];tròng mắt[tʂɔŋ² mat⁷] 芒 con ngươi[kɔn¹ ŋɯ:i¹]

【演戏】 泰 แสดงละคร[sa:⁵ʔdɛ:ŋ² la⁴khɔ:n²] 老 ຫຼິ້ນລະຄອນ[li:n³ la⁵ khɔ:n²] 越 diễn kịch[zi:n⁴ kit⁸];diễn tuồng[zi:n⁴ tu:ŋ²]

【演员】 泰 นักแสดง[nak⁸ sa:⁵ʔdɛ:ŋ²] 老 ນັກສະແດງ [nak⁸ sa² ʔdɛ:ŋ¹];ຕົວລະຄອນ[tu:a¹¹ la⁵ khɔ:n²] 越 diễn viên[zi:n⁴ vi:n¹]

【演奏】 泰 บรรเลง[ʔban² le:ŋ²] 老 ບັນເລງ[ʔban¹ le:ŋ²];ຫຼິ້ມ[li:m¹] 越 diễn tấu[zi:n⁴ tɤu⁵];trình diễn [tʂiŋ² zi:n⁴];trình bày[tʂiŋ² ʔbai²]

【掩~耳】 泰 ปิด[pit⁷] 老 ປິດ[pit⁷] 岱-侬 ót[ʔot⁷];chặt[tɕat⁷] 越泰 ót[ʔot⁷] 越 bưng[ʔbɯŋ¹]

【掩~面】 泰 ปิด[pit⁷] 老 ປິດ[pit⁷] 岱-侬 dà[ja²] táng[ta:ŋ³] 越泰 múp[mup⁷] 越 bưng[ʔbɯŋ¹];che[tsɛ¹]

【掩盖】 泰 ปิดบัง[pit⁷ ʔbaŋ²] 老 ກຳບັງ[kam⁷ ʔbaŋ¹];ปิด[pit⁷];กอบ[kop⁷];ถมปิด[thom¹ pok⁷];ปิดปก[pok⁷];ปกปิด[pok¹ pit⁷];เอื่อมงำ[lɯ:am⁵ ŋam²];อำปก[ʔam¹ pha:ŋ²];ซิง[hiŋ²];ฮุมทิ[hum⁵ thi:⁵];กำบัง[kam¹¹ ʔbaŋ¹] 岱-侬 dăm vậy[jam¹ vəi⁴];tảng ngầm [ta:ŋ³ ŋam²];làn dà[la:n³ ja²] 越泰 lụp thôm[lʉp⁸ thom¹] 越 che giấu[tsɛ¹ zɤu⁵];che lấp[tsɛ¹ lɤp⁷]; che đậy[tsɛ¹ ʔdɤi⁶]

【掩护】 泰 คุ้มกัน[khum⁴ kan²] 老 ຫ້ອມ[hɔ:m⁴] 越 yểm hộ[ʔi:m³ ho⁶];yểm trợ[ʔi:m³ tʂɤ⁶]

【鼹鼠 竹鼠】 泰 ตัวตุ่น[tu:a² tun⁵];อั่น[ʔon³] 老 ກະຕຸ່ນ[ka² tun⁵];ຕົວຕຸ່ນ[tu:a¹¹ tun⁵];ໜູທວາຍ[nu:¹ va:i¹] 越 chuột rũi[tsu:t⁸ zui⁴];chuột chũi[tsu:t⁸ tsui⁴];cà đúi[ka² ʔdui⁵]

【燕麦】 泰 ข้าวโอ๊ด[kha:u³ ʔo:t⁴] 老 ເຂົ້າໂອ໊ດ[kha⁴ ʔo:t⁴] 越 yến mạch[ʔi:n⁵ mat⁸]

【燕窝】 泰 รังนก[raŋ² nok⁸] 老 ຮັງນົກແອ່ນແສ່ວ[haŋ² nok⁸ ʔɛ:n⁵ sɛ:u⁵];ຮັງນົກແອ່ນ[haŋ² nok⁸ ʔɛ:n⁵] 越 yến sào[ʔi:n⁵ ʂa:u²] 芒 yến sào[ʔi:n³ ʂa:u²]

【燕子❶】 泰 นกนางแอ่น[nok⁸ na:ŋ² ʔɛ:n⁵];อีแอน [ʔi:⁵ ʔɛ:n⁵];นางแอ่น[na:ŋ² ʔɛ:n⁵];นกอีแอ่น[nok⁸ ʔi:⁵ ʔɛ:n⁵] 老 ນົກແອ່ນ[nok⁸ ʔɛ:n⁵];ນາງແອ່ນ[na:ŋ² ʔɛ:n⁵];ນົກນາງແອ່ນ[nok⁸ na:ŋ² ʔɛ:n⁵];ຊີ່ແອ່ນ[ʔi:⁵ ʔɛ:n⁵];ນົກຊີ່ແອ່ນ[nok⁸ ʔi:⁵ ʔɛ:n⁵];ນົກແອ່ນລົມ[nok⁸ ʔɛ:n⁵ lom²] 岱-侬 nộc én[nok⁸ ʔen⁵] 越泰 nộc én [nok⁸ ʔen⁵] 普 nuk² ʔjan¹[nuk² ʔja:n¹] 越 chim én [tsim¹ ʔen⁵];con én[kɔn¹ ʔen⁵] 芒 bét bét[ʔbɛ:t⁷ ʔbɛt⁷]

【雁】 泰 ห่านป่า[ha:n⁵ pa:⁵] 岱-侬 nộc nhạn[nck⁸ ɲa:n⁴] 越 chim nhạn[tsim¹ ɲa:n⁶];nhạn to[ɲa:n⁶ tɔ¹];ngỗng rừng[ŋoŋ⁴ zɯŋ²]

【宴会】 泰 งานเลี้ยง[ŋa:n² li:aŋ⁴];กระพอก[kra⁵ phɔ:k¹⁰];กินเนอร์[kin² nə²] 老 ງານລ້ຽງ[ŋa:n² li:aŋ⁴];ງານລ້ຽງອາຫານ[ŋa:n²li:aŋ⁴²a:¹¹ha:n¹];ງານກິນລ້ຽງ[ŋa:n² kin¹¹ li:aŋ⁴] 越 bữa tiệc[ʔbɯa⁴ ti:k⁸];yến tiệc[ʔi:n⁵ ti:k⁸];tiệc tùng[ti:k⁸ tuŋ²];buổi tiệc[ʔbu:k⁵ ti:k⁸];đám tiệc[ʔda:m⁵ ti:k⁸] 芒 tiệc

---

❶ 石家 ʔeen⁶ 阿含 en B1 nuk D2S 撣 ʔɛn B1 泐 ʔɛn B1

[ti:k⁸];đâm tiệc[ʔda:m³ ti:k⁸]

【宴请】 泰 จัดงานเลี้ยงต้อนรับ[tsat⁷ ŋa:n² li:aŋ⁴ tɔ:n³ rap⁸] 老 ລ້ຽງ[li:aŋ⁴];ລ້ຽງອາຫານ[li:aŋ⁴ʔa:¹'ha:n¹] 越 thết tiệc[thet⁷ ti:k⁸];mở tiệc[mɤ³ ti:k⁸];mời dự tiệc[mɤ:i² zɯ⁶ ti:k⁸]

【宴席】❶ 泰 งานเลี้ยง[ŋa:n² li:aŋ⁴];โต๊ะ อาหารในงาน เลี้ยง[to⁴ ʔa:² ha:n¹ nai² ŋa:n² li:aŋ⁴] 老 ງານສົມໂພດ[ka:n¹'so¹'pho:t¹⁰] 越 tiệc[ti:k⁸];yến tiệc[ʔi:n⁵ ti:k⁸]; tiệc tùng[ti:k⁸ tuŋ²];cỗ[ko⁴];cỗ bàn[ko⁴ ʔba:n²] 芒 pàn[pa:n²]

【砚】 泰 จานฝนหมึก[tsa:n² fon¹ mɯk⁷] 老 ຈານໃສ່ນ້ຳມຶກ[tsa:n¹'sai⁵nam⁴mɯk⁸] 岱-侬 pàn mặc[pa:n² mɯk⁸] 越 nghiên[ŋi:n¹];cái nghiên [ka:i⁵ ŋi:n¹];nghiên mực[ŋi:n¹ mɯk⁸]

【验血】 泰 ตรวจเลือด[tru:at⁹ lɯ:at¹⁰] 老 ວິເຄາະເລືອດ [vi⁵khɔ⁵lɯ:at¹⁰];ກວດເລືອດ[ku:at⁹lɯ:at¹⁰] 越 thử máu[thɯ³ mau⁵];xét nghiệm máu[sɛt⁷ ŋi:m⁶ mau⁵]

【厌烦】 泰 เบื่อหน่าย[ʔbɯ:a⁵na:i⁵];รำคาญ[ram² kha:n²] 老 ເບື່ອ[ʔbɯ:a⁵];ເບິດ[pə:t⁹];ເບິດໜ່າย [pə:t⁹na:i⁵];ລະອງ[la⁵ʔa:¹'] 岱-侬 puồn búa[pu:n² ʔbɯa⁵] 越 chán chường[tsa:n⁵ tsɯ:ŋ²];chán ghét [tsa:n⁵ ɣɛt⁷];ngấy[ŋɤi⁵] 芒 nhàm[ɲa:m²]

【厌恶】 泰 สะอิดสะเอียน[sa⁵ ʔit⁷ sa⁵ ʔi:an²];เกลียด [kli:at⁹] 老 ເບື່ອ[ʔbɯ:a⁵];ເບື່ອใจ[ʔbɯ:a⁵ tsai¹']; เบื่อหน่าย[ʔbɯ:a⁵na:i⁵];ໜ່ายใน[na:i⁵];ໜ่าย ຂຶ້น[na:i⁵ na:³];ແໜງໜ่าย[nɛ:ŋ¹ na:i⁵];ໜ່ายແໜง[na:i⁵ nɛ:ŋ¹]; ดูร้าย[ʔdu:¹'ha:i⁴];ຂັ້ง[saŋ³];ເບິດpə:t⁹];ເບິດຂັ້ງ[pə:t⁹ saŋ³];ເບິດໜ่าย[pə:t⁹na:i⁵];ໜ่ายຟ້າ[na:i⁵na:³]; ลังกຽด[laŋ² ki:at⁹];ຜາງ[pha:ŋ¹];ໝາງ[ma:ŋ¹]; ອະລະດີ[ʔa² la⁵ ʔdi:¹'];ອະລະຕີ[ʔa² la⁵ ti:¹'];ອໍລະຕີ[ʔɔ:¹'la⁵ʔdi:¹'];ຫຼາດຊັງ[ki:at⁹saŋ²] 岱-侬 chẳng [tɕaŋ²];ket[kɛt²] 越泰 chẳng[tsaŋ²];nái chẳng

❶ 阿含 phâk
❷ 石家 tlaa³; traa³ 掸 ka C1 泐 ka C1 拉哈 ka⁵; kla⁶
❸ 石家 riit 拉哈 dang¹; klang¹

[na:i¹tsaŋ²];ti tãn[ti³ta:n³] 越 chán ghét[tsa:n⁵ ɣɛt⁷];ghét bỏ[ɣɛt⁷ ʔbɔ⁵];chán ngấy[tsa:n⁵ ŋɤi⁵];ác cảm[ʔa:k⁷ ka:m³];định kiến[ʔdiŋ⁶ ki:n⁵]

【秧鸡】 泰 ไก่นา[kai⁵ na:²] 老 ไก่นา[kai⁵ na:²] 岱-侬 cáy nà[kai⁵ na²] 越 gà nước[ɣa² nɯ:k⁷] 芒 ca đác[ka¹ ʔda:k⁷]

【秧苗】❷ 泰 กล้า[kla:³];กล้าข้าว[kla:³ kha:u³] 老 ກ້າ[ka:⁴];ຕົ້ນກ້າ[ton⁴ka:⁴];ເບ້ຍ[ʔbi:a⁴];ເຂົ້າກ້າ[khau³ ka:⁴];ຮຸ່ນກ້າ[hun⁴ka:⁴] 岱-侬 chả[tɕa³] 越泰 cả[ka³] 普 kja³[kja³] 越 mạ[ma⁶];lúa non[luə⁵ nɔn¹] 芒 mã[ma⁴]

【秧田】 泰 ทุ่งนาข้าว[thuŋ³ na:² kha:u³];นากล้า[na: kla:³] 老 ຕາກ້າ[ta:¹'ka:⁴] 越 ruộng mạ[zu:ŋ⁶ma⁶] 芒 nà mã[na² ma⁴]

【阳沟】 泰 ท่อเปิด[thɔ:³pə:t⁹] 老 ຫ້າງ[tha:ŋ⁴] 越 rãnh thoát nước[zaɲ⁴thwa:t⁷nɯ:k⁷];cống lộ thiên[koŋ⁵ lo⁶ thi:n¹]

【阳光】❸ 泰 แดด[ʔdɛ:t⁹];แสงแดด[sɛ:ŋ¹ ʔdɛ:t⁹] 老 แดด[ʔdɛ:t⁹];ແສງແດດ[sɛ:ŋ¹ʔdɛ:t⁹];ແສງพะอาทิด [sɛ:ŋ¹pha⁵ʔa:¹'thit⁸] 岱-侬 đet[ʔdɛt⁷] 越泰 đét [ʔdɛt⁷] 普 thjăng¹[thjaŋ¹];thjang¹[thja:ŋ¹];qa lhjang¹[qa⁰ lja:ŋ¹] 越 ánh sáng mặt trời[ʔaɲ⁵ ṣa:ŋ⁵ mat⁸ tʂɤ:i²];bóng nắng[ʔbɔŋ⁵ naŋ⁵];ánh nắng[ʔaŋ⁵ naŋ⁵];nắng[naŋ⁵]

【阳间】 泰 โลกมนุษย์[lo:k¹⁰ma⁴nut⁸] 老 ໂລກມະນຸດ [lo:k¹⁰ ma⁵ nut⁸] 岱-侬 mường cần[mɯ:ŋ² kən²] 越泰 mường lùm[mɯ:ŋ² lum⁶];mường cang[mɯ:ŋ² ka:ŋ¹] 越 dương gian[zɯ:ŋ¹za:n¹];nhân gian [ɲɤn¹ za:n¹]

【阳历】 泰 คริสต์ศักราช[krit⁷sak⁷ka⁵ra:t⁹];ปฏิ ทินสุริยคติ[pa⁵ti¹'thin²su⁵ri⁴ɲa⁴kha⁴ti⁵] 老 ປະ ຕິທິນສງກິນ[pa²ti²thin²sa:¹'kon¹];ปะทิทินสุลิ

ยะละติ[pa² ti² thin² su² li⁵ na⁵ kha⁵ ti²] 越 dương lịch[zɯːŋ¹ lit⁸]

【阳伞】 泰 ร่มกันแดด[rom³ kan²² ʔdɛːt⁹] 老 ฮົ່ມກັນແດດ[hom⁵ kan¹¹ ʔdɛːt⁹] 越 ô che nắng[ʔo¹ tsɛ¹ naŋ⁵]

【阳台】❶ 泰 ระเบียง[ra⁴ ʔbiːaŋ¹] 老 ຂໍເບີຍຢັບ[hɔː¹ʔbɯːai¹jen¹] 越 sân gác[ʂɤn¹ɣaːk⁷];ban công[ʔbaːn¹ koŋ¹]

【阳痿】 泰 องคชาตไม่แข็งตัว[ʔoŋ² kha⁴ tshaːt¹⁰ mai³ kheŋ¹tuːa²];ภาวะหย่อนสมรรถภาพทางเพศ[pha:² wa⁴ jɔːn⁵ sa⁵ mat⁷ pha:p¹⁰ tha:ŋ² phe:t¹⁰];การหย่อน หรือ ไร้สมรรถภาพทางเพศ[ka:n²jɔːn⁵rɯː¹rai⁴sa⁵mat⁷ pha:p¹⁰tha:ŋ² phe:t¹⁰] 老 ກະເທີຍ[ka²thəːi¹]; ກະເທີຍ[ka²thɯːai²];ການມະຕາຍດ້ານ[ka:¹¹ma⁵ taːi¹¹ ʔdaːn⁴];ເທີຍ[thəːi¹];ເທີຍ[thɯːai²];ເປັນເທີຍ [pen⁵thɯːai²] 岱-侬 hăm pú[ham¹pu⁵] 越泰 báu pên chãi[ʔbau⁵pen¹tsaːi²] 老 âm nuy[ʔɤm¹ nwi¹]; bệnh liệt dương[ʔben⁶liːt⁸zɯːŋ¹] 芒 liệt dương [liːt⁸ zɯːŋ¹]

【扬花】稻子~ 泰 เรณูดอกไม้ปลิวกระจาย[reː²nuː² ʔdɔːk⁹mai⁴pliu²kra⁵tsaːi²] 老 ບານ[ʔbaːn¹] 岱-侬 ooc bjooc[ʔɔːk⁷ʔbjɔːk⁷] 越泰 chồng[tsoŋ⁶] 越 ra hoa[za¹ hwa¹];nở hoa[nɤ³ hwa¹]

【扬名】 泰 ลือชื่อ[lɯː²tshɯː³] 老 ລືຊື່[lɯː²sɯː⁵]; ຂຶ້ນຊື່ລືນາມ[khun³ sɯː⁵ lɯː² naːm¹] 越 nổi tiếng [noi⁵ tiːŋ⁵] 芒 nổi thiểng[noi⁵ thiːŋ³]

【扬琴】 泰 จิม[khim¹] 老 ຂິມ[khim¹] 岱-侬 dương cầm[juːŋ¹kɤm²] 越 đàn dương cầm [ʔdaːn² zɯːŋ¹ kɤm²];đàn tam thập lục[ʔdaːn² taːm¹ thɤp⁸luk⁸];đàn xim-ba-lum[ʔdaːn² sim¹ ʔba¹ lum¹]

【羊】 泰 แพะ[phɛ⁴];แกะ[kɛ⁵] 老 ແບ້[ʔbɛː⁴];ແກະ [kɛ²];ແພະ[phɛ⁵] 岱-侬 bè[ʔbɛ³];tuabè[tuə⁵ʔbɛː³] 越泰 bè[ʔbɛ³];tô bè[toː¹ ʔbɛ³] 普 sok[sɔk⁵] 越 dê

[ze¹];cừu[kuɯ²];con dê[kɔn¹ze¹];con cừu[kɔn¹ kuɯ²] 芒 tê[te¹]

【羊奶】 泰 นมแกะ[nom²kɛ⁵] 老 ມີມແບ້[nom²ʔbɛː¹] 越 sữa dê[ʂɯa⁴ ze¹]

【羊肉】 泰 เนื้อแกะ[nɯːa⁴kɛ⁵];เนื้อแพะ[nɯːa⁴phɛ⁴] 老 ຊີ້ນແບ້[siːn⁴²ʔbɛː¹];ຊີ້ນແພະ[siːn¹ⁿkɛ²];ຊີ້ນແພະ [siːn⁴ phɛ⁵] 越 thịt dê[thit⁸ ze¹];thịt cừu[thit⁸ kuɯ²]

【羊水】 泰 น้ำคร่ำ[nam⁴ khram³];ของเหลวในถุง น้ำคร่ำ[khɔːŋ¹ leːu¹ nai² thuŋ¹ nam⁴ khram³] 老 ກະເພາະນ້ຳຄຳ[ka² phɔ⁴ nam⁴ kham³];ນ້ຳຄຳ[nam⁴ kham²] 越 nước ối[nɯːk⁵ ʔoi⁵]

【洋白菜】 泰 กะหล่ำปลี[ka⁵ lam⁵ pliː²] 老 ກະລ່ຳປີ [ka² lam² piː¹];ຜັກກະລ່ຳປີ[phak⁷ ka² lam² piː¹¹]; ຜັກກະລ່ຳ[phak⁷ ka² lam²] 岱-侬 phjăc pao[phjak⁷ pau¹];xú pao[ɕu⁵ pau¹] 越泰 phắc cát úp[phak⁷ ka:t⁷ up⁷] 普 ʔap⁵ kum³[ʔa:p⁵ kum³] 越 rau cải bắp[zau¹ ka:i³ bap⁷];cải bắp[ka:i³ ʔbap⁷];bắp cải [ʔbap⁷ ka:i⁷] 芒 tlài cái[tla:i³ ka:i⁵];cái păp[kɛ:i⁵ pap⁷];păp cái[pap⁷ ka:i⁵]

【洋葱】 泰 หอมหัวใหญ่[hɔːm¹huːa¹jai⁵] 老 ບົ່ວ [ʔbuːa⁵];ຜັກບົ່ວ[phak⁷ ʔbuːa⁵];ຜັກບົ່ວທີ່ວໃຫຍ່[phak⁷ ʔbuːa⁵huːa¹ɲai⁵];ຜັກບົ່ວຝະລັ່ງ[phak⁷²ʔbuːa⁵fa² laŋ¹];ບົ່ວຝະລັ່ງ[ʔbuːa⁵fa²laŋ¹];ທີ່ວຜັກບົ່ວ[huːa¹ phak⁷²ʔbuːa⁵];ບົ່ວທີ່ວໃຫຍ່[ʔbuːa⁵huːa¹ɲai⁵]; ຜັກຫອມບົ່ວ[phak⁷ hɔːm¹ ʔbuːa⁵];ຫອມບົ່ວ[hɔːm¹ ʔuːa⁵] 越 hành tây[han² tɤi¹];củ hành[ku³ han²]; hành tây[han² tɤi¹];cây hành tây[kɤi¹ han² tɤi¹] 芒 hành tây[han² tɤi¹];cố hành tây[ko⁵ han² tɤ¹]

【洋房】 泰 บ้านทรงยุโรปหรืออเมริกา[ʔbaːn² soŋ² juː⁴ rɔːp¹⁰ rɯː¹ ʔa⁵ meː² ri⁴ ka²] 老 ເຮືອນຕຶກ[huːan² tuk⁷] 岱-侬 rườn tây[rɯːn² tɤi¹] 越泰 huờn tay [huːn² tai¹] 越 nhà tây[ɲa² tɤi¹]

【洋货】 泰 ของต่างประเทศ[khɔːŋ¹ taːŋ⁵ pa⁵ theːt¹⁰]; สินค้าต่างประเทศ[sin¹ kha:⁴ taːŋ⁵ pa⁵ theːt¹⁰]

---

❶ 阿含 chăn A2   掸 san A2   泐 čan A2

【洋娃娃】泰ตุ๊กตาฝรั่ง[tuk⁴ta:²fa⁵raŋ⁵] 老ตุภาภาตา[tuk²ka:¹¹ta:¹];ตุ๊ภาตา[tuk⁴ta:¹'] 傣-侬tua bup bê[tuə¹²bup⁷²be¹] 越con búp bê[kɔn¹²bup⁷ ²be¹]

【杨桃】泰มะเฟือง[ma⁴fɯ:aŋ⁵] 老ฆาภเฟือง[ma:k⁹ fɯ:aŋ²] 傣-侬mac fưởng[ma:k⁷ fɯ:ŋ²] 越泰mák phưởng[ma:k⁷ phɯ:ŋ²] 越quả khế[kwa³ xe⁵] 芒tlái tlêl[tla:i³ tlel¹]

【养~鸡❶】泰เลี้ยง[li:aŋ⁴] 老ลฺ้ง[li:aŋ⁴] 傣-侬chượng[tɕɯ:ŋ⁴];liệng[li:aŋ⁴] 越泰tảnh[teŋ³];liệng[li:ŋ⁴] 普ling⁴[liŋ⁴] 越nuôi[nu:i¹] 芒nuôi[nu:i¹];chiếm[tsi:m³];túc[tuk⁷]

【养父】泰พ่อเลี้ยง[phɔ:³li:aŋ⁴] 老ผู้ลฺ้ง[phɔ:⁵ li:aŋ⁴];ผู้รัก[phɔ:⁵ hak⁸] 傣-侬pò liệng[po³ li:ŋ⁴] 越泰ài liệng[ʔa:i³ li:ŋ⁴] 越bố nuôi[ʔbo⁵ nu:i¹];cha nuôi[tsa¹ nu:i¹] 芒pổ nuôi[po³ nu:i¹];pổ chiếm[po³ tsi:m³]

【养母】泰แม่เลี้ยง[mɛ:³ li:aŋ⁴] 老แม่ลฺ้ง[mɛ:³li:ŋ⁴] 傣-侬mè liệng[me³li:ŋ⁴] 越泰ểm liệng[ʔem²li:ŋ⁴] 越mẹ nuôi[me⁶nu:i¹] 芒mễn nuôi[me⁴nu:i¹]

【养女】泰ลูกสาวบุญธรรม[lu:k¹⁰sa:u¹ʔbun²tham²] 老ลูกบุษทำ[lu:k¹⁰ʔbun¹'tham²];ลูกไม[lu:k¹⁰mai²] 越con gái nuôi[kɔn¹ ɣa:i⁵ nu:i¹] 芒con mãi nuôi[kɔn¹ ma:i⁴ nu:i¹]

【养子】泰บุตรเลี้ยง[ʔbut⁷li:aŋ⁴];บุตรบุญธรรม[ʔbut⁷ʔbun² tham²];ลูกบุญธรรม[lu:k¹⁰ʔbun² tham²];ลูกเลี้ยง[lu:k¹⁰li:aŋ⁴] 老ลูกบุษทำ[lu:k¹⁰ʔbun¹' tham²];ลูกลฺ้ง[lu:k¹⁰li:aŋ⁴];ลูกไม[lu:k¹⁰mai²];บุดลฺ้ง[ʔbut⁷ li:aŋ⁴] 傣-侬lục liệng[luk⁸ li:ŋ⁴] 普qajưɤ³ kăp² ling⁴[qa⁰ jɯˠ³ kap² liŋ⁴] 越con nuôi[kɔn¹ nu:i¹] 芒con nuôi[kɔn¹ nu:i¹];con chiếm[kɔn¹ tsi:m³]

【仰~头❷】泰แหงน[ŋɛ:n¹] 老เฮน[he:n¹];แฆงน[ŋɛ:n¹];เบิด[ʔbə:t⁹] 傣-侬ngai[ŋa:i¹];mai[ma:i¹] 越泰hai[ha:i¹];táng hai[ta:ŋ⁵ ha:i¹] 越ngửa[ŋɯə³];ngửng[ŋɯŋ³] 芒ngá[ŋa⁵]

【仰面】泰แหงนหน้า[ŋɛ:n¹na:³] 老ทงาย[ŋa:i¹];แฆงนหน้า[ŋɛ:n¹ na:³] 普lo³ mjaw³[lo³ mja:u³] 越ngửa mặt[ŋɯə³ mat⁸] 芒ngá mặt[ŋa⁵ mat⁸]

【仰睡】泰นอนหงาย[nɔ:n²ŋa:i¹] 老นอนทงาย[nɔ:n²ŋa:i¹];นอนขว้ำลั้ง[nɔ:n²khwam¹'laŋ¹] 傣-侬nòn ngai[nɔn² ŋa:i¹] 越nằm ngửa[nam² ŋɯə³] 芒nằm ngá[nam² ŋa⁵]

【仰泳】泰ว่ายกรรเซียง[wa:i³kan²tshi:aŋ²] 老ลอยทงาย[lɔ:i² ŋa:i¹] 越bơi ngửa[ʔbɤ:i¹ ŋɯə³] 芒pơi ngá[pɤ:i¹ ŋa⁵];chèo ngá ngá[tsɛu² ŋa⁵ ŋa⁵]

【痒❸】泰คัน[khan²] 老ถัน[khan²] 傣-侬đắn[ʔdan³];cằn[kan²] 越泰cằn[kan²] 普zăm²[zam²] 越ngửa[ŋɯə⁵]

【样品】泰ตัวอย่างสินค้า[tu:a² ja:ŋ⁵ sin¹ kha:⁴] 老ตือแบบ[tu:a¹' ʔbɛ:p⁹];แบบย่าง[ʔbɛ:p⁹ ja:ŋ⁵];แบบ[ʔbɛ:p⁹];ยั้ม ย่าง[ji:am³ ja:ŋ⁵] 越mu hàng[mɣu⁴ ha:ŋ²];mu[mɣu⁴];kiểu[ki:u³] 芒kiểu[ki:u⁵]

【样子~很好看❹】泰อย่าง[ja:ŋ⁵] 老สัณฐาม[san¹ tha:n¹];กะบวน[ka² ʔbu:an¹];ซิ่ง[soŋ³];ฮูบซิ่ง[hu:p⁵ soŋ²];เซิ่ง[sə:ŋ²];โต[to:¹'];ท่า[tha:⁵];ท่าทา[tha:⁵ tha:ŋ²];เพด[phe:t¹⁰];อากาบ[ʔa:¹' ka:n¹];ฮูบฮ่าง[hu:p¹⁰ ha:ŋ⁵];ตัว[tu:a¹'] 越dáng diệu [za:ŋ⁵ zi:u⁶];hình dáng[hiŋ² za:ŋ⁵];hình[hiŋ²];

❶ 石家liaŋ⁶ 阿含oi
❷ 阿含hāi A1 掸ŋai A1 勐hai A1
❸ 石家gal⁴; gum⁴; khal⁴ 阿含khrum A2 掸khom A2 勐xum A2
❹ 勐jaŋ B1

vẻ[vɛ³] 芒hình[hiŋ²]

【吆喝】泰ร้องตะโกน[rɔ:ŋ⁴ta⁵ko:n²] 老ຮ້ອງດັ່ງ[hɔ:ŋ⁴ʔdaŋ¹] 岱-侬hat[ha:t⁷] 越泰phe[phɛ¹] 越rao[ẓa:u¹] 芒rao[ra:u¹]

【夭折】泰ตายเร็ว[ta:i² reu²] 老ຕາຍຫນຸ່ມນ້ອຍ[ta:i¹¹ num⁵ nɔ:i⁴] 岱-侬tổn mình[ton³ miŋ³];thai pjài[tha:i¹ pja:i²];thai chạu[tha:i¹ tɕau⁴] 越泰tai chạu[ta:i¹ tsau⁴] 越chết non[tset⁷ nɔn¹];chết yểu[tset⁷ ʔi:u³] 芒chít non[tsit⁷ nɔn¹];chít yếu[tsit⁷ ʔi:u⁵];pông khưa tlải rũng[poŋ¹ khɯə¹ tla:i³ ]

【妖怪】泰ปีศาจ[pi:² sa:t⁹] 老ຜີສາງບາງໄມ້[phi:¹ sa:ŋ¹ na:ŋ² mai⁴] 越yêu quái[ʔi:u¹ kwa:i⁵];quỷ sứ[kwi³ ʂɯ⁵] 芒yêu quái[ʔi:u¹ kwa:i³]

【妖精】泰ปีศาจ[pi:² sa:t⁹] 老ຜີເສື້ອ[phi:¹ sɯːa³]; ຂີມີ[khi:¹ ni:²];ຍັກຂີມີ[ɲak⁸ khi:¹ ni:²] 越yêu tinh [ʔi:u¹ tiŋ¹] 芒yêu tinh[ʔi:u¹ tiŋ¹]

【要求❶】泰ขอร้อง[khɔ:¹ rɔ:ŋ⁴];เรียกร้อง[ri:ak¹⁰ rɔ:ŋ⁴] 老ປະສົງ[pa⁵soŋ¹];ຢາກ[hi:ak¹⁰];ຮ້ອງ[hɔ:ŋ⁴];ຢາກຮ້ອງ[hi:ak¹⁰ hɔ:ŋ⁴];ຮ້ອງຂໍ[hɔ:ŋ⁴ khɔ:¹];ຂໍ[khɔ:¹] 岱-侬xo vàn[ɕɔ¹ va:n²];xo tòi[ɕɔ¹ tɔi³] 越泰vày công[vai³ kɔŋ²] 越yêu cầu[ʔi:u¹ kɤu²];đòi hỏi [ʔdɔi² hɔi³];đòi[ʔdɔi²] 芒yêu càu[ʔi:u¹ kau²];tòi hói[tɔi¹ hɔi⁵];eo[ʔɛu²]

【腰】泰เอว[ʔɛ:u²];บั้นเอว[ʔban⁴ ʔɛ:u²] 老ແອວ[ʔɛ:u¹] 越lưng[lɯŋ¹];eo éch[ʔɛu¹ʔɛt⁷];eo lưng[ʔɛu¹ lɯŋ¹] 芒đồng[ʔdoŋ³];pum lâng[pum¹ lɤŋ¹]

【腰带】泰เข็มขัด[khem¹ khat³];ผ้าแฝง[pha:³ fɛ:ŋ²] 老ສາຍແອວ[sa:i¹ʔɛ:u¹];ສາຍຮັດສາຍ[sa:i¹ hat⁸ ʔɛ:u¹] 普zok²[zɔk²] 越thắt lưng[that⁷ lɯŋ¹];đai lưng[ʔda:i¹ lɯŋ¹];dây đai lưng[zɤi¹ ʔda:i¹ lɯŋ¹] 芒khăn ta[khan¹ ta¹];tét lâng[tɛt⁷ lɤŋ¹];tai lâng [ta:i¹ lɤŋ¹];tênh ten[ten¹]

【腰果】泰เมล็ดมะม่วงหิมพานต์[ma⁴let⁴ma⁴muaŋ⁵ him¹ pha:n²] 老ໝາກມ່ວງ ຫິມະພານ[ma:k⁹ muaːr⁵ hi⁵ ma⁵ pha:n²] 越hạt điều[ha:t⁸ ʔdi:u²];đào lộn hột[kɤi¹ ʔdau² lon¹ hot⁸]

【腰痛】泰เจ็บเอว[tsep⁷ʔɛ:u²];ปวดเอว[pu:at⁹ʔɛ:u²] 老ເຈັບແອວ[tsep⁷ ʔɛ:u¹];ปอดแอว[pu:at⁹ ʔɛ:u¹] 越đau lưng[ʔdau¹ lɯŋ¹] 芒tau đổng[tau¹ ʔdoŋ³]

【腰椎】泰กระดูกทรวงอก[kra⁵ ʔdu:k⁹ su:aŋ² ʔok⁷]; กระดูกสันหลังส่วนเอว[kra⁵ ʔdu:k⁹ san¹ laŋ¹ su:an⁵ ʔɛ:u²] 老ກະດູກຫຍັ້ງສຸດ[ka²² ʔduːk⁹laŋ¹sut⁷];ດູກຫຍັ້ງສຸດ[ʔduːk⁹laŋ¹sut⁷] 越đốt sống hông[ʔdot⁷ ʂoŋ⁵ hoŋ¹]

【幺女】泰ลูกสาวสุดท้อง[lu:k¹⁰ sa:u¹ sut⁷ thɔ:ŋ⁴] 老ລູກສາວຫຼ້າ[lu:k¹⁰sa:u¹la:³] 越con gái út[kɔ:n¹ ya:i⁵ ʔut⁷]

【幺子】泰ลูกปลาย[lu:k¹⁰ pla:i²];ลูกสุดท้อง[lu:k¹⁰ sut⁷ thɔ:ŋ⁴];ลูกล่า[lu:k¹⁰ la:³];บุตรล่า[ʔbut⁷ la:³] 老ລູກຊາຍຫຼ້າ[lu:k¹⁰ sa:i¹ la:³];ລູກຫຼ້າ[lu:k¹⁰ la:³];ລູກປາຍ[lu:k¹⁰pa:i¹];ລູກສຸດທ້ອງ[lu:k¹⁰sut⁷thɔ:ŋ⁴];ລູກຂອດທ້ອງ[lu:k¹⁰ khɔ:t⁹ thɔ:ŋ⁴];ບຸດຫຼ້າ[ʔbut⁷ la:³] 岱-侬lục pjai[luk⁸ pja:i¹];lục lả[luk⁸ la:³];lục choi [luk⁸ tɕɔi¹] 越泰lụk lả[luk⁸ la:³] 普qajưo³ lɯn³ [qa⁰ jɯɤ³ lin³] 越con út[kɔn¹ ʔut⁷];con trai út [kɔn¹ tʂa:i¹ ʔut⁷] 芒con môn[kɔn¹ mɤn⁴]

【邀请】泰เชิญ[tshɤ:n²];เชิญชวน[tshɤ:n² tshu:ar²]; ซ้าชวน[tshak⁸tshu:an²];การเชื้อเชิญ[ka:n²tshu:a⁴ tshɤ:n²] 老ເຊີນ[sɤ:n²];ເຊີນຂວນ[sɤ:n²sɔ:n²];ຂໍ ເຊີນ[khɔ:¹sɤ:n²];ຂໍ ເຊີນຂວນ[khɔ:¹sɤ:n²sɔ:n²];ຄຳເຊີນ[kham²sɤ:n²];ເຊື້ອເຊີນ[sɯa:⁴sɤ:n²] 岱-侬xinh [ɕiŋ³];mời[mɤ:i²] 越泰mởi[mɤi²] 越mời [mɤ:i²]

【窑】泰เตา[tau²] 老ເຕົາເຜົາ[tau¹ phau¹] 岱-侬lò [lɔ:³];điều[ji:u²] 越泰lò[lɔ²] 越lò[lɔ²];cái lò[ka:i⁵ lɔ²] 芒lò[lɔ²];cái lò[ka:i³ lɔ²]

---

❶ 阿含 jân

【摇~铃】 泰เขย่า[kha⁵ jau⁵] 老ຊັ່ນ[san⁵]；ໂຍກ[ɲo:k¹⁰]；ໄບກ[ʔbo:k⁵] 岱-侬ngoăc[ŋwak⁷]；ngoé[ŋwɛ⁵] 越泰xắc[sak⁷]；xắn[san⁵] 普lăj³ qarung⁴[lai³ qa⁰ ruŋ⁴] 越lay[lai¹]；lúc lắc[luk⁷ lak⁷] 芒lay[lai¹]；lắc[lak⁷]；ngảo[ŋa:u³]；lúc lăc[luk⁷ lak⁸]

【摇晃】 泰โยกเยก[jo:k¹⁰ je:k¹⁰] 老ໂຍກ[ɲo:k¹⁰]；ໂຍກເຍກ[ɲo:k¹⁰ ɲe:k¹⁰]；ຍອກ[ɲɔ:k¹⁰]；ໂດກເດກ[ʔdo:k⁹ʔde:k⁹]；ຫວັ່ນໄຫວໄປມາ[van⁵ vai¹ pai⁵ ma:²]；ຕິງ[ti:ŋ¹]；ໂຕ້ນເຕ້ນ[to:n⁴ te:n⁴]；ຂະເຍີງ[kha⁵ ɲau⁵]；ຟອງ[fɔ:k¹⁰]；ເຟືອນ[fɯ:an²]；ຂະຫຍຸກຂະແຫຍກ[kha² ɲuk⁷ kha² ɲɛ:k⁹] 越rung[zuŋ¹]；rung rinh [zuŋ¹ziɲ¹]；lúc lắc[luk⁷lak⁷]；lắc lư[lak⁷lɯ¹]；nghiêng ngả[ŋi:ŋ¹ ŋa³]；đung đưa[ʔduŋ¹ ʔdɯə¹] 芒rung[ruŋ¹]

【摇篮②】 泰เปล[ple:²] 老ອູ່[ʔu:⁵]；ອູ່ມອນ[ʔu:⁵ nɔ:n²] 岱-侬ứ[ʔɯ:⁵] 普lăm³ tjaw⁴[lam³tja:u⁴]；qajuk²[qa⁰ jɯk²] 越nôi[noi¹]；cái nôi[ka:i⁵ noi¹]；giường cũi[zɯ:ŋ² kui³] 芒tlằng[tlaŋ⁴]

【摇头】 泰สั่นหัว[san⁵ hu:a¹] 老ສັ່ນຫົວ[san⁵ hu:a¹]；ແກວ່ງຫົວ[kwɛ:ŋ⁵ hu:a¹] 岱-侬ngoăc ngoé[ŋwak⁷ ŋwɛ⁵] 越泰xắcxắn[sak⁷san⁵] 普lɯŋ⁴zhô⁴[lɯɰŋ⁴ zo⁴]；lɯŋ⁴ rhô⁴[lɯɰŋ⁴ ro⁴] 越lắc đầu[lak⁷ ʔdɤu²] 芒lắc tlốc[lak⁷ tlok⁷]

【摇椅】 泰เก้าอี้โยก[kau³ ʔi:³ jo:k¹⁰] 老ເກົ້າອີ້ໂຍກ[kau⁴ ʔi:⁴ ɲo:k¹⁰]；ຕັ່ງອີ້ໂຍກ[taŋ⁵ ʔi:⁴ ɲo:k¹⁰] 越ghế xích đu[ɣe⁵ sit⁷ ʔdu¹]；ghế đu[ɣe⁵ ʔdu¹]；ghế chao[ɣe⁵ tsa:u¹]

【谣言】 泰ข่าวลือ[kha:u⁵ lɯ:²]；ข่าวกุ[kha:u⁵ ku⁵] 老ຂ່າວປ່າວປິວ[kha:u⁵ pa:u⁵ piu¹] 岱-侬tiếng tồn [ti:ŋ³ton²]；thình ooc[thiŋ² ʔɔ:k⁷] 越tin nhảm[tin¹ na:m³]；tin bịa đặt[tin¹ ʔbiə⁶ ʔdat⁸]；tin vịt[tin¹ vit⁸]；tin đồn[tin¹ ʔdon²] 芒tin wit[tin¹ wit⁸]；tin tồn[tin¹ ton²]；thiểng tồn[thi:ŋ³ ton²]

【鳐】 泰ปลากระเบน[pla:² kra⁵ ʔbe:n²] 老ປາຜາໄລ[pa:¹ fa:¹ lai²]；ປາຜາ[pa:¹ fa:¹]；ປາຜາຫາງ[pa:¹ fa:¹ ha:ŋ¹]；ປາກະເບນ[pa:¹ ka² ʔbe:n¹] 越cá đuối[ka⁵ ʔdu:i⁵]

【咬③】 泰ขบ[khop⁷]；กัด[kat⁷] 老ກັດ[kat⁷]；ຂົບ[khop⁷] 岱-侬khôp[khop⁷]；căt[kat⁷]；lòn[lɔn²] 越泰khốp[khop⁷]；cắt[kat⁷]；tót[tɔt⁷] 普zăm² [zam²]；rhăm²[ram²] 越cắn[kan⁵] 芒cảnh[kaɲ³]；đểnh[ʔdeɲ³]

【舀④】 泰ตัก[tak⁷]；ช้อน[tshɔ:n⁴] 老ຕັກ[tak⁷]；ໂຄດ[kho:t¹⁰]；ເກັ່ອຍ[kɯ:ai⁵]；ຕ້ອງ[tu:aŋ⁴] 岱-侬tăc[tak⁷]；vặt[vat⁸] 越泰tắc[tak⁷] 普thô¹[tho¹]；qaw³[qa:u³] 越múc[muk⁷]；xới[sɤ:i⁵] 芒búc[ʔbuk⁷]；tốc[tok⁷]；kin[kin³]；xởi[sɤ:i³]

【鹞鹰⑤】 泰นกเหยี่ยวรุ้ง[nok⁸ ji:au⁵ ruŋ⁴] 岱-侬lắm[lam³]；tua lắm[tu:a¹ lam³] 越泰hụng[huŋ⁴] 普qalăŋ²[qa⁰laŋ²] 越con diều hâu[kɔn¹zi:u² hɤu¹]；diều hâu[zi:u² hɤu¹]；chim ưng[tsim¹ ¹ɯŋ¹] 芒cái tlàng ổ[ka:i³ tla:ŋ² ʔɔ³]；tlảng ổ[tla:ŋ³ ʔɔ³]；cái tlảng[ka:i³ tla:ŋ³]；tlảng[tla:ŋ³]

【要~钱⑥】 泰เอา[ʔau²] 老ເອົາ[ʔau¹] 岱-侬au[ʔau¹] 越泰au[ʔau¹] 越lấy[lɤi⁵] 芒lễ[le⁴]

【要面子】 泰รักหน้า[rak⁸ na:³] 老ເອົາໜ້າ[ʔau¹ na:³]；ເອົາປຽບ[ʔau¹ pi:ap⁹]；ເອົາຍົດເອົາປຽບ[ʔau¹ ɲot⁸ ʔau¹ pi:ap⁹] 岱-侬au tha nả[ʔau¹ tha¹ na³] 越泰au nả[ʔau¹ na³] 越sĩ diện[ʂi³ zi:n⁶]；tự ái[tɯ¹ ʔa:i⁵]

---

❶ 石家kxxŋ³
❷ 石家ʔun⁶
❸ 石家gat⁶；kat⁴；khaap⁵ 阿含khup D1S 掸khop D1S 泐khop D1S
❹ 石家buaŋ²；khot⁶
❺ 掸jeu B2
❻ 石家ʔaw¹；ʔaw⁶ 阿含āo A1；āw A1 掸ău A1 泐ʔău A1

【钥匙】 泰ลูกกุญแจ[lu:k¹⁰ kun² tsɛ:²];ประแจ[pra⁵ tsɛ:²];กี่[khi:²] 老ลูภะ แจ[lu:k¹⁰ ka² tsɛ:¹];ຂໍກະແຈ[khɔ:¹ ka² tsɛ:¹];ຂໍກຸມແຈ[khɔ:¹ kun¹ tsɛ:¹];ລູກກຸມແຈ[lu:k¹⁰ kun¹ tsɛ:¹] 岱-侬síu khỏa[ɬiu⁵ khwa³];thìa khỏa[thiə² khwa³] 越泰kho khay[khɔ¹ khai¹];kho[khɔ¹] 越chìa khoá[tsiə² xwa⁵] 芒chìa khoả [tsiə² khwa³]

【药❶】 泰ยา[ja:²] 老ຢາ[ja:¹];ແพดพัน[phɛ:t¹⁰ phan²];ຫວ້ານຢາ[va:n³ ja:¹];ຫວ້ານຢາຫາບົ້ວ[va:n³ ja:¹ tha:² naŋ⁴];ໂອສິດຖະພັນ[ʔo:¹ sot¹ tha² phan²];ໂອສິດ[ʔo:¹ sot¹] 岱-侬da[ja¹] 越泰da[ja¹] 普jja[jja¹] 越thuốc[thu:k⁷];thuốc chữa bệnh[thu:k⁷ tsɯə⁴²bɛn⁶];thuốc men[thu:k⁷ mɛn¹] 芒thuốc [thu:k⁷];thuốc men[thu:k⁷ mɛn¹]

【药草】 泰พืชสมุนไพร[phɯ:t¹⁰ sa⁵ mun¹ phrai²];สมุน ไพร[sa⁵ mun¹ phrai²] 老ຕົ້ນໄມ້ຮາກຢາ[ton⁴ mai⁴ ha:k¹⁰ ja:¹] 越thuốc thảo mộc[thu:k⁷ thau:³ mok⁸]

【药店】 泰ร้านขายยา[ra:n⁴ kha:i¹ ja:²] 老ຮ້ານຂາຍຢາ[ha:n⁴ kha:i¹ ja:¹];ຫ້າງຂາຍຢາ[ha:ŋ³ kha:i¹ ja:¹];ໂອສິດຖະຄານ[ʔo:¹ sot¹ tha² kha:n²] 普nhing¹ ja¹[ɲiŋ¹ ja¹] 越hiệu thuốc[hi:u⁶ thu:k⁷];cửa hàng thuốc[kwə³ ha:ŋ² thu:k⁷];cửa hàng dược phẩm[kwə³ ha:ŋ² zɯ:k⁸ fɤm³]

【药方】 泰ใบสั่งยา[ʔbai² saŋ⁵ ja:²];ตำรับ[tam⁵ rap⁸] 老ใบสั่งยา[ʔbai¹ saŋ⁵ ja:¹];ใบจ่ายยา[ʔbai¹ tsa:i⁵ ja:¹];ฝอยยา[fɔ:i¹ ja:¹];ตำลายา[tam¹ la:² ja:¹];ตำลา ฮากยา[tam¹ la:² ha:k¹⁰ ja:¹] 越đơn thuốc[ʔdɤ:n¹ thu:k⁷];bài thuốc[ʔbai:² thu:k⁷];toa thuốc[twa¹ thu:k⁷];phường thuốc[fɯ:ŋ¹ thu:k⁷] 芒đơn thuốc [ʔdɤ:n¹ thu:k⁷];bài thuốc[ʔbai:² thu:k⁷]

【药房】 泰แผนกจ่ายยา[pha⁵ nɛ:k⁹ tsa:i⁵ ja:²];แผนกยา[pha⁵ nɛ:k⁹ ja:²];แผนกเภสัชกรรม[pha⁵ nɛ:k⁹ phe:⁵ sat⁷ kam²];ห้องจ่ายยา[hɔ:ŋ³ tsa:i⁵ ja:²];ร้านขายยา

[ra:n⁴ kha:i¹ ja:²];ร้านเภสัช[ra:n⁴ phe:² sat⁷] 老ໂອສິດຖະຄານ[ʔo:¹ sot⁷ tha² kha:n²];ໂຮງຈ່າຍຢາ[ho:ŋ² tsa:i⁵ ja:¹] 越hiệu thuốc[hi:u⁶ thu:k⁷];cửa hàng thuốc[kwə³ ha:ŋ² thu:k⁷];phòng dược[fɔŋ² zɯ:k⁸];nhà thuốc[ɲa² thu:k⁷] 芒nhà thuốc[ɲa² thu:k⁷]

【药费】 泰ค่ายา[kha:³ ja:²] 老ຄ່າຢາ[kha:⁵ ja:¹] 越tiền thuốc[ti:n² thu:k⁷]

【药粉】 泰ยาผง[ja:² phoŋ²];ยาที่เป็นผง[ja:² thi:³ pen² phoŋ²];ยาฝุ่น[ja:² fun⁵] 老ຢາຝຸ່ນ[ja:² fun⁵];ຢາຜົງ[ja:² phoŋ²] 越thuốc bột[thu:k⁷ ʔbot⁸];phấn thuốc [fɤn⁵ thu:k⁷] 芒thuốc bôt[thu:k⁷ ʔbot⁸]

【药膏】 泰ยาที่เป็นครีม[ja:²thi:³pen²khri:m²];ยาครีม [ja:²khri:m²] 老ຢາຂີ້ເຜິ້ງ[ja:¹ khi:³ phəŋ¹];ຢານວດ [ja:¹ nu:at¹⁰] 越thuốc cao[thu:k⁷ ka:u¹]

【药酒】 泰เหล้าดอง[lau³ ʔdɔ:ŋ¹];เหล้ายา[lau³ ja:²];เหล้าดองยา[lau³ ʔdɔ:ŋ² ja:²];ยาดอง[ja:² ʔdɔ:ŋ²] 老ເຫຼົ້າຢາ[lau³ ja:¹];ເຫຼົ້າດອງຢາ[lau³ ʔdɔ:ŋ¹ ja:¹];ເຫຼົ້າບອງຢາ[lau³ ʔbɔ:ŋ¹ ja:¹];ຢາດອງເຫຼົ້າ[ja:¹ ʔdɔ:ŋ¹ lau³] 越rượu thuốc[zɯ:u⁶ thu:k⁷]

【药棉】 泰สำลี[sam¹ li:²] 老ຜ້າຍສຳລີ[fa:i³ sam¹ li:²];ຜ້າຍຊຶມນ້ຳ[fa:i³ sɯm² nam⁴] 越bông thuốc [ʔboŋ¹ thu:k⁷];bông hấp[ʔboŋ¹ hɤp⁷];bông băng [ʔboŋ¹ ʔbaŋ¹]

【药片】 泰ยาเม็ด[ja:² met⁸] 老ຢາເມັດ[ja:¹ me:⁸];ເມັດຢາ[met⁸ ja:¹] 越viên thuốc[vi:n¹ thu:k⁷];thuốc viên tròn[thu:k⁷ vi:n¹ tʂɔn²]

【药水】 泰ยาน้ำ[ja:² nam⁴];โลชั่น[lo:² tshan³] 老ນ້ຳຢາ[nam⁴ ja:¹];ຢານ້ຳ[ja:¹ nam⁴] 越thuốc nước [thu:k⁷ nɯ:k⁷]

【药丸】 泰ยาลูกกลอน[ja:² lu:k¹⁰ klɔ:n²];ยาเม็ด[ja:² met⁸] 老ຢາກ້ອນ[ja:¹ kɔ:n¹];ຢາເມັດ[ja:¹ met⁸];ເມັດຢາ[met⁸ ja:¹];ຢາລູກກ້ອນ[ja:¹ lu:k¹⁰ kɔ:n¹];

---

❶ 阿含 jaa A1   掸 ja A1   泐 ja A1

ลูกยา[luːk¹⁰ jaː¹] 越thuốc hoàn[thuːk⁷ hwaːn²]; thuốc viên[thuːk⁷ viːn¹]

【药箱】 泰หีบยา[hiːp⁹jaː²] 老ຫີບຢຸກຢາ[hiːp⁹ juk⁸ jaː¹] 越hộp thuốc[hop⁸ thuːk⁷];tủ thuốc[tuː³ thuːk⁷];hòm thuốc[hɔm² thuːk⁷]

【药引子】 泰กระสาย[kraː⁵ saːi¹];น้ำกระสาย[nam⁴ kraː⁵ saːi¹] 老ກະສາຍ[kaː² saːi¹] 越thang[thaːŋ¹]

【药皂】 泰สบู่ยา[saː⁵ ʔbuː⁵ jaː²] 老ສະບູ່ຢາ[saː² ʔbuː⁵ jaː¹] 越xà phòng thuốc[saː² fɔŋ² thuːk⁷]

【耀眼❶】 泰จ้าตา[tsaː³ taː²];ลานตา[laːn²taː²] 老ເຫຼື້ອມຕາ[lɯam³ taː¹'];มั่ง ᦃ[moŋ⁴ moŋ⁴] 傣-侬lườn[lɯːn³];cườn phjăng[kɯːn⁵phjaŋ¹] 越泰lườn ta[lɯːn³taː¹] 越chói mắt[tsɔi⁵mat⁷];sáng chói[ʂaːŋ⁵tsɔi⁵];chói loá[tsɔi⁵lwaː⁵] 芒kel măt[kɛl¹ mat⁸];ngãl[ŋaːl⁴]

【嗑】 泰แค้น[khɛːn¹] 老ແຄ້ນ[khɛːn¹];ແຄ້ນຄໍ [khɛːn⁴ khɔː²] 傣-侬kẹn[kɛn⁴] 越泰kẹn[kɛn⁴] 越nghẹn[ŋɛn⁶]

【椰瓤】 泰เนื้อมะพร้าว[nɯːa⁴maː⁴phraːu⁴] 老ນອນໝາກພ້າວ[nuːan²maːk⁹phaːu⁴] 越cùi dừa [kui² zɯa¹] 芒mùn nang dưa[mun³ naːŋ¹ zɯa¹]; cùi nang dưa[kui² naːŋ¹ zɯa¹]

【椰子❷】 泰มะพร้าว[maː⁴phraːu⁴];มะแพร้ว[maː⁴ phrɛːu⁴] 老ໝາກພ້າວ[maːk⁹phaːu⁴] 傣-侬mac dừa[maːk⁷ jɯa²] 越泰mák pạo[maːk⁷ paːu⁴] 越quả dừa[kwaː³ zɯa²] 芒nang dưa[naːŋ¹ zɯa¹]

【椰子壳】 泰กะลามะพร้าว[kaː⁵ laː² maː⁴ phraːu⁴] 老ກະໂປະໝາກພ້າວ[kaː²pɔː⁴maː k⁹phaːu⁴];ປິ້ຫມາກພ້າວ[pɔː⁴maː k⁹phaːu⁴];ກະໂຫຼກໝາກພ້າວ[kaː²loːk⁹ phaːu⁴] 越sọ dừa[ʂɔ⁶ zɯa²];vỏ dừa[vɔ³ zɯa²] 芒pô nang dưa[pɔ⁴ naːŋ¹ zɯa¹];pô tlãi nang dưa [pɔ⁴ tlaːi⁴ naːŋ¹ zɯa¹];ngách nang dưa[ŋat⁷ naːŋ¹ zɯa¹]

zɯa¹]

【椰子树】 泰ต้นมะพร้าว[ton³maː⁴phraːu⁴] 老ກົກພ້າວ[kok⁷ phaːu⁴];ຕົ້ນພ້າວ[ton⁴ phaːu⁴] 越cây dừa[kɤi¹ zɯa²]

【椰子油】 泰น้ำมันมะพร้าว[nam⁴man²maː k⁹ phaːu⁴] 越บ้ำมันพาກພ້າວ[nam⁴man²maː k⁹phaːu⁴] 越 dầu dừa[zɤu² zɯa²]

【椰子汁】 泰น้ำมะพร้าว[nam⁴maː⁴phraːu⁴] 老 บ้ำพากพ้าว[nam⁴maː k⁹phaːu⁴] 越nước dừa [nɯːk⁷ zɯa²]

【也❸】 泰ก็[kɔ²];ด้วย[ʔduːai³] 老ກໍ[kɔː⁵];ກະ [kaː²];ດ້ວຍ[ʔduːai³];ອິກດ້ວຍ[ʔiːk⁹ʔduːai⁴] 傣-侬 tó[to⁵] 越泰cọ[kɔ⁴] 越cũng[kuŋ⁴] 芒y[ʔi¹]; ay[ʔai¹]

【也许】 泰ดีร้าย[ʔdiː²raːi⁴];ชอย[tshɔːi²];บางที [ʔbaːŋ²thiː²];มีดีมีร้าย[miː²ʔdiː²miː²raːi⁴];เห็น[hen¹] 老ບາງທີ[ʔbaːŋ¹' thiː²];ຄື[khɯː¹];ຄືຊິ[khɯː² siː⁴];ຄົງ [khoŋ²];ຄົງຈະ[khoŋ²tsaː²];ຍ່ວງ[jiːau¹];ລາງເທື່ອ [laːŋ² thɯːaː⁵];ລອນ[lɔːn²];ຫຼ້າງ[laːŋ³];ຫອມແຫມ [lɔːn¹ lɛːn¹];ອາດ[ʔaːt⁷];ຈັ່ວວ່າ[tsaŋ⁵ vaː⁵];ເຂັ້ມທີ່ຈະ [hen¹ thiː⁵ tsaː²] 傣-侬may bat[mai⁵ ʔbaːt⁷] 越泰 lon đen[lɔn¹ ʔden¹] 越biết đâu chừng[ʔbiːt⁷ ʔdɤu² tsɯŋ²];có lẽ[kɔ³ lɛ⁴];chưa chừng[tsɯa¹ tsɯŋ²]; hẳn[han³] 芒hắn[han⁵]

【野芭蕉】 泰กล้วยป่า[kluːai³ paː⁵] 老ກ້ວຍປ່າ [kuːai⁵paː⁵] 傣-侬khè[khɛ³];co khè[kɔ¹khɛ³]; cuối đông[kuːi⁵ ʔdoŋ¹] 越泰cuối kia[kuːi³ kiːa¹] 越chuối rừng[tsuːi⁵ zɯŋ²];quả chuối rừng[kwaː³ tsuːi⁵ zɯŋ²] 芒khưa[khɯa¹];tlài khưa[tlaːi³ khɯa¹]

【野菜】 泰ผักป่า[phak⁷ paː⁵] 老ຜັກປ່າ[phak⁷ paː⁵] 越rau dại[zau¹ zaːi⁶]

【野花】 泰ดอกไม้ป่า[ʔdɔːk⁹mai⁴paː⁵] 老ດອກໄມ້ປ່າ

---

❶ 掸ləm C1　勐ləm C1
❷ 石家maak²-phraaw⁵
❸ 石家kuŋ²；kuŋ³；kɔɔ³　阿含ko

[ʔdɔːk⁹ mai⁴ paː⁵]　越hoa dại[hwa¹ zaːi⁶]　芒wa dãi[waˡ zaːi⁴]

【野鸡】　泰ไก่ฟ้า[kai⁵ faː⁴];ไก่เถื่อน[kai⁵ thɯːan⁵]　老ไก่เถื่อน[kai⁵ thɯːan⁵];ไก่ป่า[kai⁵ paː⁵];ไก่ຂວາ[kai⁵ khwaː¹];ไก่ຂາວ[kai⁵ khaːu⁵];ນົກຂວາ[nok⁸ khwaː¹];ไก่ຂວາ[kai⁵ khwaːˡ];ไก่ຂອ[kai⁵ khuaˡ]　傣-侬cáythuốn[kai⁵ thɯːnˡ];cáyđông[kai⁵ ʔdoŋˡ]　越泰cáy thuốn[kai⁵ thɯːn⁵];cáy pá[kai⁵ paˡ]　普qǎj¹ zurŋ³[qai¹ zuŋ³];qǎj¹ rurŋ[qai¹ ruŋ¹]　越gà rừng[ɣa² zuŋ²];gà lôi[ɣa² loiˡ];con trĩ[kɔn¹ tʂi⁴];gà có[ɣa² kɔ³]　芒ca có[kaˡ kɔ⁵];chim tlĩ[tsimˡ tliˡ]

【野姜】　泰ขิงป่า[khiŋ¹ paː⁵];ขิงเขา[khiŋ¹ khauˡ]　老ຂິງດົງ[khiːŋ¹ ʔdoŋˡ]　傣-侬khinh kèng[khiŋˡ kɛŋ²]　越泰khinh cănh[khiŋˡ kɛŋ²]　越gừng gió[ɣuŋ² zɔ⁵]

【野蛮】　泰ป่าเถื่อน[paː⁵ thɯːan⁵]　老ປ່າເຖື່ອນ[paː⁵ thɯːan⁵]　越dã man[za⁴ maːnˡ]　芒dã man[za⁴ maːnˡ]

【野猫】　泰แมวป่า[mɛːu² paː⁵]　老ແມວປ່າ[mɛːu² paː⁵]　越mèo rừng[mɛu² zuŋ²]　芒mèo ràng[mɛu² rɤŋ²]

【野牛】　泰วัวกระทิง[wuːa² kra⁵ thiŋ²];ไบซัน[ʔbai san²]　越bò rừng[ʔbɔ² zuŋ²];trâu rừng[tʂɤu¹ zuŋ²]　芒pò ràng[pɔ² rɤŋ²]

【野葡萄】　泰องุ่นป่า[ʔa⁵ ŋun⁵ paː⁵]　老ອະງຸ່ນປ່າ[ʔa⁵ ŋun⁵ paː⁵]　傣-侬mac it năm[maːk⁷ ʔit⁷ nam⁴]　越quả nho rừng[kwa³ ɲɔ¹ zuŋ²]

【野人】　泰คนป่า[khon² paː⁵]　老ຄົນປ່າ[khon² paː⁵]　越người rừng[ŋɯːi² zuŋ²]　芒mõl ràng[mɔl⁴ rɤŋ²]

【野兽】　泰สัตว์ป่า[sat⁷ paː⁵]　老ເມື້ອປ່າ[nɯːa⁴ paː⁵];ສັດປ່າ[sat⁷paː⁵]　傣-侬tua cúa[tuaˡ kuaˡ];tua đông [tuaˡʔdoŋˡ]　越泰tôpá[toˡpaˡ]　越thúdữ[thu⁵ zuːˡ];thú rừng[thu⁵zuŋ²];muông[muːŋˡ]　芒mong[mɔŋˡ];mong ràng[mɔŋˡ rɤŋ²]

【野兔】　泰กระต่ายป่า[kra⁵ taːi⁵ paː⁵]　老ກະຕ່າຍປ່າ[ka² taːi⁵ paː⁵]　越thỏ rừng[thɔ³ zuŋ²]

【野外】　泰ทุ่งนา[thuŋ³ naː²];ทุ่งกว้าง[thuŋ³ kwaːŋ³]　老ທົ່ງນາ[thoŋ⁵ naː²];ທົ່ງນາຜາເຜິ້ງ[thoŋ⁵ naː² phaˡ phɤŋ³]　越đồng[ʔdoŋ¹];cánh đồng[kaɲ⁵ ʔdoŋ¹];cã ngoại[zaˡŋwaːi⁶];nơi hoang vắng[nɤːi¹ hwaːŋ¹ aŋ⁵]

【野味】　泰อาหารป่า[ʔaː² haːnˡ paː⁵]　老ອາຫານປ່າ[ʔaːˡˡ haːnˡ paː⁵]　越sơn hào[ʂɤːnˡ haːu²];món ăn sơn hào[mɔn⁵ʔanˡ ʂɤːnˡ haːu²]

【野鸭】　泰เป็ดน้ำ[pet⁷nam⁴]　老ນົກເປັດ[nok⁸pet⁷]　傣-侬pêt puốn[pet⁷puːn⁵]　越泰pêt năm[pet⁷ nam⁴];nộc lẽ[nok⁸ lɛ²]　普qat⁵ mân¹[qaːt⁵ mɤnˡ]　越vịt trời[vit⁸ tʂɤːi²]　芒wit đắc[wit⁸ ʔdaːk⁷]

【野芋】　泰กระดาดขาว[kra⁵ ʔdaːt⁹ khaːuˡ];บอนทั่วไป[ʔbɔːn² thuːa³ paiˡ];บอนท่า[ʔbɔːn² thaː³];บอนน้ำ[ʔbɔːn² nam⁴]　老ກົກບອນ[kok⁷ ʔbɔːnˡ];ທົ່ວເຜິ້ງ[maːk⁹ phɯːak⁹];ມັນເຜິ້ງ[manˡ phɯːak⁹];ກະດາດ[ka² ʔdaːt¹]　傣-侬vạt[vaːt⁸];co vạt[kɔ¹ vaːt⁸]　普qaluo²[qaᵒ luː²]　越củ ráy[ku³ zai⁵]　芒cổ thảy[ko⁵ thai³]

【野猪】　泰หมูป่า[muːˡ paː⁵]　老ໝູປ່າ[muːˡ paː⁵]　傣-侬mu đông[muˡ ʔdoŋˡ];mu chảo[muˡ tɕaːˡ³];mu thuốn[muˡ thɯːn⁵]　越泰mu lổng[muˡ loŋ²]　普mhuˡ sǎj³[mɯˡ sai³]　越lợn rừng[lɤːn⁶ zuŋ²];lợn lòi[lɤːn⁶ lɔi²]　芒mong lòi[mɔŋˡ lɔi²]

【叶柄】　泰ก้านใบ[kaːn³ ʔbai²]　老ຂ້ອມໃບໄມ້[khuːan³ ʔbaiˡ maiˡ];ກັ້ນໃບໄມ້[kan⁵ ʔbaiˡˡ maiˡ]　越cuống lá[kuːŋ³ laː⁵]　芒cuồng lá[kuːŋ³ laː³]

【叶脉】　泰เส้นใยใบ[seːn³ jai² ʔbai²]　老ກ້າງ[kaːŋ³];ກ້າງໃບ[kaːŋ³ ʔbaiˡ]　越gân lá[ɣɤnˡ laː⁵]

【叶箨】竹子的~　泰กาบไผ่[kaːp⁹ phai⁵]　老ກາບໄຜ່[kaːp⁹ phai⁵]　傣-侬toong[tɔːŋˡ]　越泰tong[tɔŋˡ]　普twanˡ[tuaːnˡ]　越tàu[tau²]　芒tăng[taŋ²]

【叶子❶】 泰ใบ[ʔbai²] 老ใบ[ʔbai¹] 岱-侬bâu [ʔbəɯ¹] 越泰baɯ[ʔbaɯ¹] 普bê¹[be¹] 越lá[la⁵] 芒lá[la³]

【页第一~】 泰หน้า[naː³] 老ໜ້າ[naː³] 岱-侬pang [paːŋ⁴] 越trang[tʂaːŋ¹]; tờ[tɤ²] 芒tlang[tlaːŋ¹]

【页岩】 泰หินดินดาน[hin²²din²²daːn²] 老ຫີນກະດານ[hiːn¹ka²²daːn¹] 越đá phiến[ʔda⁵ fiːn⁵]; lớp nham thạch[lɤːp⁷ ɳaːm¹ thaːt⁸]

【夜来香】 泰ดอกราตรี[ʔdɔːk⁹ raː² triː²] 老ດອກຫອມ ເດິກ[ʔdɔːk⁹ hɔːm¹ ʔdək⁷]; ຫອມເດິກ[hɔːm¹ ʔdək⁷]; ດອກກິ່ນນະລີ[ʔdɔːk⁹ kin⁵ naː⁵ liː²]; ດອກນະລີ[ʔdɔːk⁹ naː⁵ liː²] 越hoa dạ hương[hwaː¹ zaː⁶ hɯːŋ¹]; dạ lai hương[zaː⁶ laːi¹ hɯːŋ¹]

【夜里】 泰คืน[kʰɯːn²]; กลางคืน[klaːŋ²kʰɯːn²]; ตอน กลางคืน[tɔːn² klaːŋ² kʰɯːn²]; ในกลางคืน[nai² klaːŋ²kʰɯːn²] 老ຄືນ[kʰɯːn²]; ກາງຄືນ[kaːŋ¹kʰɯːn²]; ຄ່ຳຄືນ[kʰam⁵kʰɯːn²]; ສິບທະ ຍາລາຕີ[son¹tʰaː⁵ ɳaːla² tiː¹]; ຍາມຄ່ຳ[ɳaːm² kʰam⁵]; ຍາມຄ່ຳດ້ອຍ[ɳaːm² kʰam⁵ kʰɔːi⁴]; ມື້ດຶບ[mɯː⁴ kʰɯːn²]; ມື້ຄ່ຳ[mɯː⁴ kʰam⁵]; ເວລາຄ່ຳ[veː²laː²kʰam⁵] 岱-侬cừn[kɯn²] 越泰cừn[kɯn²]; cang cừn[kaːŋ¹ kɯn²] 普pɔnin³ [pɤ⁰ nin³] 越ban đêm[ʔbaːn¹ ʔdem¹] 芒pan têm [paːn¹ tem¹]

【夜盲症】 泰บอดกลางคืน[ʔbɔːt⁹ klaːŋ² kʰɯːn²] 老ຕາຟາງ[taːˡ faːŋ²] 岱-侬fàng cáy[faːŋ² kaːi⁵] 越泰cáy phăng[kaːi⁵pʰaːŋ²]; phăng cáy[pʰaːŋ² kaːi⁵] 芒bệnh quáng gà[ʔben⁴ kwaːŋ⁵ ɣaː²]

【夜市】 泰ตลาดกลางคืน[taː⁵ laːt⁹ klaːŋ² kʰɯːn²] 老ຕະຫຼາດຄ່ຳ[ta²laːt⁹kʰam⁵] 越chợ đêm[ʦɤ⁶ ʔdem¹]

【夜晚❷】 泰กลางคืน[klaːŋ² kʰɯːn²]; คืน[kʰɯːn²] 老ຍາມຄ່ຳດ້ອຍ[ɳaːm²kʰam⁵kʰɔːi⁴]; ມື້ດຶບ[mɯː⁴ kʰɯːn²]; ອັດຕິ[vat⁸ ti²]; ອັດຕິການ[vat⁸ ti² kaːn¹]; ເວ ລາການຄືນ[veː²laː²kaːˡkʰɯːn²]; ການຄືນ[kaːˡ kʰɯːn²] 岱-侬cǎm[kam³]; khừn[kʰɯn²] 普pɔljăm¹[pɤ⁰ljam¹]; pɔnin³[pɤ⁰nin³] 越đêm [ʔdem¹]; ban đêm[ʔbaːn¹ ʔdem¹]; tối[toi⁵]; buổi tối [ʔbuːi³ toi⁵]; đêm tối[ʔdem¹ toi⁵] 芒têm[tem¹]; têm chắt[tem¹ tsat⁷]

【夜宵】 泰อาหารกลางคืน[ʔaː²haːn¹ klaːŋ²kʰɯːn²] 老ອາຫານກາງຄືນ[ʔaːˡhaːn¹kaːŋ¹kʰɯːn²] 越bữa ăn đêm[ʔbɯə⁴ ʔan¹ ʔdem¹]

【夜战】 泰รบกันในเวลากลางคืน[rop⁸ kan² nai² weː² laː² klaːŋ² kʰɯːn²] 老ຕີການຄືນ[tiːˡ kaːŋ¹ kʰɯːn²] 越đánh đêm[ʔdaɲ⁵ ʔdem¹]

【腋毛】 泰ขนรักแร้[kʰon¹ rak⁸ rɛː⁴] 老ຂົນຮັກແຮ້ [kʰon¹hak⁸hɛː⁴] 越lông nách[loŋ¹nat⁷] 芒lông kéch[loŋ¹ kɛt⁷]

【腋下】 泰รักแร้[rak⁸rɛː⁴] 老ຮັກແຮ້[hak⁸hɛː⁴]; ຮັກແຮ້[hak⁸ hɛː⁴]; ລັກແຮ້[lak⁸ hɛː⁴]; ຂີ້ແຮ້[kʰiː³ hɛː⁴]; ຂີ້ຮັກແຮ້[kʰiː³rɛː⁴hak⁸hɛː⁴]; ແຮ້[hɛː⁴] 岱-侬rặc[rak⁸]; rặc rẹ[rak⁸ rɛ⁴] 越泰hặc hẹ[hak⁸ hɛ⁴] 普bok⁵ li³[bɔk⁵ li³] 越nách[nat⁷] 芒néch[nɛt⁷]; kéch[kɛt⁷]

【一❸】 泰หนึ่ง[nɯŋ⁵]; เดียว[ʔdiːau²]; เอ็ด[ʔet⁷] 老ດຽວ[ʔdiːau¹]; ນຶ່ງ[nɯŋ⁵]; ໜຶ່ງ[nɯŋ⁵]; ເອັດ [ʔet⁷] 岱-侬nâng[nəŋ⁴]; êt[ʔet⁷]; đeo[ʔdeu¹] 越泰 nừng[nɯŋ⁶]; điêu[ʔdiːu¹]; nghét[ŋet⁷] 普 cja³[cja³] 越một[mot⁸] 芒môch[mot⁸]; mả[mɤ⁴]

【一边…一边…】 泰ไป......ไป......[paiː²... paiː²...]; พลาง... พลาง...[pʰlaːŋ²... pʰlaːŋ²...] 老 ທາງ......ທາງ[tʰaːŋ²... tʰaːŋ²...] 岱-侬dì... dì... [jiː³... jiː³...] 越泰tềnh... tềnh...[teŋ²... teŋ²...] 越vừa... vừa...[vɯə²... vɯə²...]

【一旦】 泰ครั้น[kʰran⁴]; ครั้นว่า[kʰran⁴ waː³] 老

---

❶ 石家 tuu¹ 阿含 baü A1
❷ 石家 gin⁴ 阿含 khen A2 掸 khïn A2 泐 xïn A2
❸ 石家 diaw¹ 阿含 lüng 掸 ʔet D1S 泐 ʔet D1S

一

ប់ອย[ʔbɔːi⁴];ប់ອຍອ່າງ[ʔbɔːi⁴vaː⁵];ถับ[khan²];ถับเมื่อ[khan² mɯːa⁵];ບັດອ່າ[ʔbat⁷ vaː⁵];ບາດ[ʔbaːt⁹];เมื่อ อ่า[mɯːa⁵ vaː⁵] 越泰 ctã[k-ta²] 越 một khi[mot⁸ xi¹];một lúc[mot⁸ luk⁷];một ngày[mot⁸ ŋai²] 芒 môch khây[mot⁸ khʏi¹]

【一刹那】 泰 ชั่วขณะหนึ่ง[tshuːa³ kha⁵ na⁵ nɯŋ¹] 老 ແມບ[mɛp⁸];ແມບດຽວ[mɛp⁸ʔdiːau¹];ฮับใดบั้น[than² ʔdai¹¹ nan⁴] 越 chốc lát[tsok⁷ laːt⁷];nhất thời[nʏt⁷ thʏːi²];thoáng qua[thwaːŋ⁵ kwa¹]

【一百零一】 泰 ร้อยเอ็ด[rɔːi⁴ʔet⁷] 老 ຮ້ອຍເອັດ[hɔːi⁴ ʔet⁷] 越 một trăm lẻ một[mot⁸ tsam¹ lɛ³ mot⁸];một trăm linh một[mot⁸ tsam¹ liŋ¹ mot⁸]

【一辈子】 泰 ชั่วชีวิต[tshuːa³ tshiː² wit⁸] 老 ຂ້ອຊີວິດ[suːa⁵siː²vit⁸];ຂ້ອຊີວິດຕົນ[suːa⁵siː²vit⁸ khon²];ຂ້ອອາຍຸ[suːa⁵ ʔaː¹¹ nu⁵];ເຊັ່ນຕົນ[sen⁵ khon²];ຕະຫຼອດຊີວິດ[ta² lɔːt⁹ siː² vit⁸];ຕະຫຼອດຊາດ[ta² lɔːt⁹ saːt¹⁰];ຕະຫຼອດເຊັ່ນ[ta² lɔːt⁹ sen⁵];ຕະຫຼອດອາຍຸ[ta² lɔːt⁹ ʔaː¹¹ nu⁵];ฮัดทะเย[ʔat⁵ tha⁵ nu⁵] 岱-依 muôt tời[muːt⁸ tʏːi³] 越 cả một đời[ka³ mot⁸ ʔdʏːi²];suốt đời[suːt⁷ ʔdʏːi²] 芒 cá tời[kaː⁵ tʏːi²];mả thì mỏl[mʏ² thi² mɔl⁴]

【一点儿】 泰 เล็กน้อย[lek⁸ nɔːi⁵] 老 ເມັດ[met⁸];ບັດ[nat];ละเล็กละบ์อย[la⁴lek⁸la⁴nɔːi⁴];เล็ก[lek⁸];ບ່ອย[nɔːi⁵];ບ່ອยพึ่ง[nɔːi⁵nɯŋ⁵];ບ່ອยดຽວ[nɔːi⁵ʔdiːau¹];ບ່ອຍບິດ[nɔːi³nit⁸] 普 qakâj²[qa⁰ kʏi²] 越 một chút[mot⁸tsut⁷];một ít[mot⁸ʔit⁷];một tí[mot⁸ ʔit⁷];chút ít[tsut⁷ ʔit⁷];chút xíu[tsut⁷ siu⁵] 芒 thắc ói[thak⁵ ʔɔi⁵];ói nưa[ʔɔi⁵ nɯɤ¹];ói ét[ʔɔi⁵ ʔet⁵];ét ói[ʔɛt⁷ʔɔi⁵];mả ói[mʏ²ʔɔi⁵];ét et[ʔɛt⁵ ʔet⁸];ói[ʔɔi⁵]

【一定~能做到】 泰 ต้อง[tɔːŋ³];ให้จงได้[hai²tsoŋ² ʔdai³];จะต้อง[tsa⁵ tɔːŋ³];แน่นอน[nɛː³ nɔːn²] 老 ต้อง[tɔːŋ⁴];ถึงจะ[khoŋ² tsa²];จะต้อง[tsa² tɔːŋ⁴];เด็ด ຂາດ[ʔdet⁷ khaːt⁹];ຈຽວ[tsi:au¹];ແມ່[nɛː⁵];ແມ່ນບອນ [nɛː⁵ nɔːn²];เป็นแม่[pen¹ nɛː⁵];เป็นอันฮาด[pen¹ ʔaɴ¹¹ khaːt⁹];ย่าๆแม่บอน[jaːŋ⁵nɛː⁵nɔːn²];ແມ່[nɛː⁵] 越泰 ta xư[taː¹ sɯ²] 越 chắc[tsak⁷];nhất định[nʏt⁷ ʔdin⁶] 芒 nhất đĩnh[nʏt⁷ ʔdin⁴]

【一概】 泰 ทั้งหมด[thaŋ⁴ mot⁷] 老 ทั้งเมิด[thaŋ² mot⁷] 岱-依 tằng bại[taŋ² ʔbaːi⁴] 越 tất thảy[tʏt⁷ thai³];đều[ʔdeu²];nhất loạt[nʏt⁷ lwaːt⁸]

【一共】 泰 ทั้งหมด[thaŋ⁴ mot⁷] 老 ทั้งเมิด[thaŋ² mot⁷] 越 tất cả[tʏt⁷ kaː³];tổng cộng[toŋ³ koŋ⁶];hết thảy[het⁷ thai³]

【一号 阳历的日子】 泰 วันที่ ๑[wan² thiː³ nɯŋ⁵] 老 ປະຖົມສຸລະທິນ[paː⁵ thom¹ suː² laː⁵ thin²] 越 mồng một[moŋ² mot⁸]

【一会儿】 泰 ประเดี๋ยว[praː⁵ʔdiːau¹];สักครู่[sak⁷ khruː³];สักหน่อย[sak⁷ nɔːi⁵];ครู่[khruː³];ชั่วครู่[tshuːa³ khruː³];เดี๋ยว[ʔdiːau¹];แป๊บเดียว[pɛːp⁴ʔdiːau²];ประเดี๋ยวเดียว[praː⁵ʔdiːau¹ʔdiːau²] 老 ຄາວດຽວ[khaːu⁵ʔdiːau¹];ຄາວພຶ່ງ[khaːu⁵nɯŋ⁵];จักขอย[tsak⁷nɔːi⁵];สะขอย[saː²nɔːi⁵];สะบิดพึ่ง[saː² ʔbɯt⁷nɯŋ⁵];ຂ້ອບິດດຽວ[suːa⁵ʔbɯt⁷ʔdiːau¹];จักขอยพึ่ง[tsak⁷ nɔːi⁵ nɯŋ⁵];ทอดดຽว[thɔ tʰ¹⁰ʔdiːau¹];ບັດ[ʔbat⁷];ບັດດຽວ[ʔbat⁷ʔdiːau¹];ບິດດຽວ[ʔbɯt⁷ʔdiːau¹];ບິດพึ่ง[ʔbɯt⁷ nɯŋ⁵];ພັກพึ่ง[phak⁸ nɯŋ⁵];ບ່ອยพึ่ง[nɔːi⁵ nɯŋ⁵] 岱-依 dặp đeo[jap⁷ ʔdeu¹] 越泰 khảo nừng[khaːu² nɯŋ⁶] 越 một lúc[mot⁸luk⁷];một thoáng[mot⁸thwaːŋ⁵];một lát[mot⁸laːt⁷];một chốc[mot⁸tsok⁷] 芒 mả dồng[mʏ² zoŋ²];môch chăp[mot⁸ tsap⁷];ói[ʔɔi⁵]

【一…就…】 泰 ก็[kɔː³];จึง[tsɯŋ¹] 老 บ่อยอ่า… ลิด…[ʔbɔːi⁵ vaː⁵…lot⁸…];ลิด[lot⁸];ลอด[luːat¹⁰] 越 hễ…là…[heː⁴…laː²…]

【一起~去❶】 泰 พร้อมกัน[phrɔːm⁴ kan²] 老 ฮ่อง [rɔːŋ⁴];ด้อย[duːai⁴];ด้อยกับ[duːai⁴kan¹];ดอม[ʔdɔːm¹];บำ[nam²];บำกับ[nam²kan¹];ພາກັບ

❶ 阿含 phom C2  挵 phom C2

[phaː² kan¹];พ่ำ[pham⁵];พ่ำพ้อม[pham⁵ phɔːm⁴];
พ้อมพ่ำ[phɔːm⁴ pham⁵];พั้งพ้อม[phaŋ⁵ phɔːm⁴];
พ้อม[phɔːm⁴];พ้อมกับ[phɔːm⁴ kan¹];พ้อมพากับ
[phɔːm⁴ phaː² kan¹];พากับ[phaː² kan¹];พ้อมพ่ำ
[phɔːm⁴ pham⁵];ร่อม[huam⁵];ร่อมกับ[huam⁵ kan¹]
越một thể[mot⁸ the³];cùng nhau[kuŋ² ɲau¹];cùng
[kuŋ²] 芒cồng rà[koŋ² ra¹];ruồi[ruːi⁵]

【一些❶】 泰บ้าง[ʔbaːŋ³] 老ບາງ[ʔbaːŋ¹];
ບາງສິ່ງ[ʔbaːŋ¹ siŋ⁵];จักหน่อย[tsak⁷ nɔːi⁵];แต่[ʔdɛː⁵];
บ้าง[ʔbaːŋ⁴];ละเล็กละน้อย[laʔ⁵ lek⁸ laʔ⁵ nɔːi⁴];สะ
หน่อย[saʔ² nɔːi⁵];หน่อยดูว[nɔːi³ ʔdiːau¹];หน่อยหนึ่ง
[nɔːi⁵ nɯŋ²];ข้อยดูว[nɔːi³ ʔdiːau¹];ลาง[laːŋ¹]
越một số[mot⁸ ʂo⁵];một ít[mot⁸ ʔit⁷];một phần
[mot⁸ fɤn²]

【一样❷】 泰เหมือนกัน[mɯːan¹ kan²] 老ເໝືອນກັນ
[mɯːan¹ kan²] 越như nhau[ɲɯ¹ɲau¹];giống nhau
[zoŋ⁵ɲau¹];ngang nhau[ŋaːŋ¹ɲau¹];cũng như[kuŋ⁴
ɲɯ¹];cũng thế[kuŋ⁴ the⁵] 芒nhơ rà[ɲɤ¹ ra²]

【一月】 泰มกราคม[maː⁴kaː⁵raː²khom²] 老
มิทกะลาคึม[maː⁵kaː²laː²khom²];เดือนมิทกะลา
[ʔdɯːan¹¹mak⁸kaː²laː²];มะกอน[maː⁵kɔːn¹¹];
เดือนมัง กอน[ʔdɯːan¹¹ maŋ⁵kɔːn¹¹] 岱-侬bươn êt
[bɯːn¹ ʔet⁷] 越泰bươn nghét[ʔbɯːn¹ ŋet⁵] 越
tháng một[thaːŋ⁵mot⁸] 芒kháng môch[khaːŋ³
mot⁸]

【一直雨~下】 泰ตลอด[taʔ⁵ lɔːt⁷] 老เลื้อยมา[lɯːai⁴
maː²];โดยตะฃอด[ʔdoːi⁶ taʔ² lɔːt⁷] 越mãi[maːi⁴];
luôn luôn[luːn¹ luːn¹];suốt[ʂuːt⁷];cứ[kɯ⁵] 芒cử
[kɯ³]

【一致】 泰เป็นเอกฉันท์[pen²ʔeːk⁹tshan¹] 老ເປ
ນອັນທນຶ່ງອັນດຽວກັນ[pen¹¹ ʔan¹¹nɯŋ⁵ʔan¹¹ʔdiːau¹¹
kan¹];เป็นเอกะสับ[pen¹¹ʔeː¹¹kaʔ²san¹];พ้อมพูง
[phɔːm² phiːaŋ²];กึ่งกับ[koŋ¹¹ kan¹] 岱-侬xày

slim[ɕai² ɬim¹];thư hua[thɯ¹ huə¹];slim đeo[ɬim¹
ʔdeu¹] 越泰khống quăm[khoŋ⁵kwaːm²]越nhất trí
[nɤt⁷ tʂi⁵]

【衣兜儿】 泰กระเป๋าเสื้อ[kraʔ⁵pau¹sɯːa³];ลูกดุม
[luːk¹⁰ ʔdum²];ดุม[ʔdum²] 老กะเป๋าเสื้อ[kaʔ²pau¹¹
sɯːa³];ถุงเสื้อ[thoŋ¹ sɯːa³] 岱-侬táy sửa[tai³ ɬɯə³]
越泰thông xửa[thoŋ¹ sɯə³] 越thúi áo[thul³ ʔaːu³]

【衣服❸】 泰เสื้อ[sɯːa³] 老เสื้อ[sɯːa³];
เถื่องนุ่ง[khɯːaŋ⁵ nuŋ⁵] 岱-侬slửa[ɬɯə³];thửa
[thɯə³];tửa[tɯə³] 越泰xửa[sɯə³] 普bok[bɔk⁵];
kwăn bok[kuan¹ bɔk⁵] 越áo[ʔaːu⁵];quần áo[kwɤn²
ʔaːu⁵];áo quần[ʔaːu⁵kwɤn²] 芒áo[ʔaːu⁵];xống
[soŋ³];quần áo[kwɤn² ʔaːu³]

【衣柜】 泰ตู้เสื้อผ้า[tuː³ sɯːa³ phaː³] 老ตู้เถื่องนุ่ง
[tuː⁴ khɯːaŋ⁵ nuŋ⁵];ตู้ใส่เถื่อง[tuː³ sai⁵ khɯːaŋ⁵]
越tủ áo[tuː³ ʔaːu⁵];tủ quần áo[tuː³ kwɤn² ʔaːu⁵] 芒
tú áo[tuː⁵ ʔaːu³]

【衣架】 泰ไม้แขวนเสื้อ[mai⁴khwɛːn¹sɯːa³];ที่แขวนเสื้อ
[thiː³khwɛːn¹sɯːa³] 老ไม้แฃอบเถื่องนุ่ง[mai⁴
khwɛːn¹khɯːaŋ⁵nuŋ⁵];ลักห้อยเสื้อ[lak⁷hɔːi¹sɯːa³]
岱-侬kho[khɔ¹];kho vặc[khɔ¹vak⁸] 越泰kho xửa
[khɔ¹sɯə³] 越giá mắc áo[zaː⁵mak⁷ʔaːu⁵];giá áo
[zaː⁵ ʔaːu⁵]

【衣襟】 泰ส่วนหน้าของเสื้อ[suːan⁵naː³khɔːŋ³sɯːa³]
岱-侬pà slửa[paː² ɬɯə³];pì slửa[piː² ɬɯə³];tá slửa
[taː⁵ ɬɯə³];puốp slửa[puːp⁷ ɬɯə³] 越泰hang xửa
[haːŋ¹ sɯə³];vạt xửa[vaːt⁸ sɯə³] 越tà áo[taː² ʔaːu⁵];
vạt áo[vaːt⁸ ʔaːu⁵]

【衣领】 泰คอเสื้อ[khɔː² sɯːa³];ปกเสื้อ[pok⁷ sɯːa³];
ปกคอเสื้อ[pok⁷ khɔː² sɯːa³] 老คำเสื้อ[khɔː² sɯːa³];
บ่าคำเสื้อ[ʔbuːa¹¹khɔː²sɯːa³];บ่า[ʔbuːa¹] 岱-侬
cò slửa[kɔ² ɬɯə³] 越泰cō xửa[kɔ² sɯə³] 越cổ

---

❶ 石家 dxx²
❷ 石家 leeŋ⁶-kin⁴
❸ 石家 phiaˀ; phiin⁴ phia³; kuuk³  阿含 phā; shu C1; shüw C1  掸 shə C1  泐 sə C1

áo[ko³ ʔaːu⁵]

【衣虱❶】 泰 เล็น[len²] 老 เม็น[men²] 岱-侬 mần[mən²];mền[men²] 越泰 mền[men²];tô mền[to¹ men²] 普 qanan¹[qa⁰ nan¹] 越 rận[zɤn⁶];con rận[kɔn¹ zɤn⁶] 芒 khềnh[khen⁴]

【衣刷】 泰 แปรงขัดเสื้อผ้า[prɛŋ² khat¹ sɯː³ phaː³] 老 ฟอยตัดเถือง[fɔːi² phat⁷ khɯːaŋ⁵];แปงปัดเถือง[pɛːŋ¹ pat⁷ khɯːaŋ⁵] 越 bàn chải giặt[ʔbaːn² tsaːi³ zat⁸]

【依靠❷】 泰 พึ่ง[phuŋ³];อาศัย[ʔaː² sai¹] 老 เพิ่ง[phəŋ⁵];เพิ่ง[phəː⁵];เพิ่งพา[phəŋ⁵ phaː²];เพิ่งพาอาไส[phəŋ⁵ phaː² ʔaː¹ sai¹];ภาคตั่[kaŋ¹ tɔː⁵];โดย อาไส[ʔdoːi¹ ʔaː¹ sai¹];พิง[phiŋ²];อาไส[ʔaː¹ sai¹];อาสะยะ[ʔaː¹ saʔ na⁵];อาไสภับ[ʔaː¹ sai¹ kap⁷];อิงไส[ʔiːŋ¹ sai⁵];อิงอาไส[ʔiːŋ¹ ʔaː¹ sai¹] 岱-侬 ai[ʔaːi¹] 越泰 pòng[pɔŋ⁶] 越 nương tựa[nɯːŋ¹ tɯa⁶];dựa vào[zɯa⁶ vaːu⁶];nhờ[ɲɤ²];cậy[kɤi⁵] 芒 nhờ[ɲɤ²];nhờ cẩy[ɲɤ² kɤi⁴];nhờ[ɲɤ²]

【依赖】 泰 พึ่ง[phuŋ³];พิง[phiŋ²] 老 เพิ่ง[phəŋ⁵];พิง[phiŋ²];อาไส[ʔaː¹ sai¹];อาสะยะ[ʔaː¹ saʔ na⁵];เพิ่งพาอา ไส[phəŋ⁵ phaː² ʔaː¹ sai¹];เชื่อย[ʔɯːai²];เชื่อยอิง[ʔɯːai²ʔiŋ¹] 岱-侬 ai pạ[ʔaːi¹paʔ⁴] 越泰 ninh[niŋ³] 越 y lại[ʔi¹ laːi⁶];dựa vào[zɯa⁶ vaːu⁶]

【医生】 泰 หมอ[mɔː¹];คุณหมอ[khun² mɔː¹];หมอยา[mɔː¹ jaː²];แพทย์[phɛːt¹⁰];นายแพทย์[naːi² phɛːt¹⁰];อายุ แพทย์[ʔaː² ju⁴phɛːt¹⁰];ภิษัช[phiː⁴ sat⁷];ภิสัก[phiː⁴ sak⁷];ภิสักกะ[phiː⁴ sak⁷ kaʔ²];มดหมอ[mot⁸ mɔː¹];ด็อคเต๋อร์[ʔdɔk⁹ tɤː¹] 老 แพด[phɛːt¹⁰];ผ้ำ[mɔː¹];ท่านผ้ำ[than⁴ mɔː¹];ผ้ำยา[mɔː¹ jaː¹];ด้อกเต้ะ[ʔdɔk⁷ tɤː¹];ดอกเต้ะ [ʔdɔːk⁹tɤː¹];แพดผ้ำ[phɛːt¹⁰ mɔː¹];เอ็ดซะ[vet¹⁰ saʔ⁵] 岱-侬 chàng da[tɕaːŋ² jaː¹];slẩy da[ɬəi¹ jaː¹] 越泰 xây da[sai² jaː¹] 普 zi² sơn[ziː² sɤːn³];qaja[qaː⁰ tsaːŋ⁵];ja¹;qa cang⁴ ja[qaː⁰ tsaːŋ⁴ jaː¹;cang⁴ ja¹[tsaːŋ⁴

jaː¹];pê⁴ ja¹[pe⁴ jaː¹] 越 bác sĩ[ʔbaːk⁷ ɕi⁴];thầy thuốc [thɤi² thuːk⁷] 芒 bác xī[ʔbaːk⁷ siː¹]

【医术】 泰 ฝีมือการรักษาโรค[fiː¹ mɯː² kaːn² rak⁸ saː¹ roːk¹⁰] 老 เอ็ดซะ[vet¹⁰ saʔ⁵] 越 y thuật[ʔi¹ thwɤt³];phép chữa bệnh[fɛp⁷ tsɯa⁴ ʔben⁶];tài chữa bệnh [taːi² tsɯa⁴ ʔben⁶];kỹ thuật chữa bệnh[ki⁴ thwɤt⁸ tsɯa⁴ ʔben⁶]

【医药费】 泰 ค่ารักษาพยาบาล[khaː³ rak⁸ saː¹ pha⁴ jaː² ʔbaːn²] 老 ถ่ารักสาพะยาบาน[khaː⁵ hak⁸ saː¹ pha⁵ naː² ʔbaːn¹] 越 tiền thuốc men chữa bênh[tiːn² thuːk⁷ mɛn¹ tsɯa⁴ ʔben⁶];y dược phí[ʔi¹ zɯːk⁸ fiː⁵]

【医院】 泰 โรงพยาบาล[roːŋ² phaː⁴jaː²ʔbaːn²] 老 โฮง พะยาบาน[hoːŋ² pha⁵ naː²ʔbaːn¹];โฮงผ้ำ[hoːŋ² mɔː¹];เรือนผ้ำ[hɯːan²mɔː¹] 岱-侬 bệnh viện [ʔben⁴viːn⁴] 越泰 huỡn da[hɯːn²jaː¹] 普 nhing¹ ja¹ [ɲiŋ¹jaː¹] 越 bệnh viện[ʔben⁶viːn⁶];nhà thương [ɲaː² thɯːŋ¹] 芒 nhà thương[ɲaː² thɯːŋ¹]

【伊斯兰教】 泰 ศาสนาอิสลาม[saːn¹ naː² ʔit⁷ laːm²] 老 อิดสะลาม[ʔit⁷saː²laːm²] 越 hồi giáo[hoːi²zaːu⁵];Đạo hồi[ʔdaːu⁶ hoːi²];Đạo Is-lam[ʔdaːu⁶ ʔit⁷ laːn¹]

【贻贝】 泰 หอยแมลงภู่[hɔːi¹ maː⁴ lɛːŋ² phuː⁵] 老 ทอยกี้[hɔːi¹ kiː⁴];ทอยกิบกี้[hɔːi¹ kiːp⁹ kːː⁴];ทอยกาบกี้[hɔːi¹ kaːp⁹ kiː⁴];ทอยแมงผู้[hɔːi¹ mɛːŋ² phuː⁵];กาบกี้[kaːp⁹ kiː⁴] 越 con trai[kɔn¹ tsaːi¹];con vẹm[kɔn¹ vɛm⁶]

【姨父】 泰 น้าเขย[naː⁴ khɤːi¹];ลุงเขย[luŋ² khɤːi¹] 老 ลุง[luŋ²];ลูง[luːŋ²];ลุงเขย[luŋ² taːi¹];บ้าเขีย[naː⁴ khɤi¹] 岱-侬 nà khươi[naː³ khɯːi¹];áo khươi[ʔaːu⁵ khɯːi¹];dượng[zɯːŋ¹] 普 ?Ang¹[ʔɔŋ⁴] 越 dượng [zɯːŋ¹] 芒 dưỡng[zɯːŋ¹];pồ dưỡng[poː³ zɯːŋ⁴]

【姨母】 泰 น้า[naː⁴];น้าสาว[naː⁴saːu¹];น้าหญิง[naː⁴ jiŋ¹];ป้า[paː³] 老 ป้า[paː⁴];บ้า[naː⁴];บ้าสาว[naː⁴

---

❶ 石家 mlxl¹ 阿含 min A2 掸 men A2 泐 min A2 拉哈 mdāl¹ 拉基 mtha¹
❷ 石家 ʔiŋ¹

sa:u¹];แม่ป้า[mɛː⁵paː⁴];ออก[ʔɔːk⁹] 岱-侬 nạ[na⁴] 越泰 ễm nạ[ʔem² na⁴];mè nạ[mɛ⁶ na⁴];nạ[na⁴] 普 nương[nuːŋ³] 越 dì[zi²];bà dì[ʔba² zi²];già[ʑa²] 芒 ý[ʔi³];pà ý[pa² ʔi³];cây ý[kai³ ʔi³]

【胰腺】 泰 คับอ่อน[tap⁷ ʔɔːn⁵];ต่อมตับอ่อน[tɔːm⁵ tap⁷ ʔɔːn⁵] 老 ตับอ่อน[tap⁷ ʔɔːn⁵];ม้าม[maːm⁴] 越 tuỵ[twi⁶];tuyến tuỵ[twiːn⁵ twi⁶];ống tuỵ[ʔoŋ⁵ twi⁶]

【遗产】 泰 มรดก[sin¹ mot⁸ dok⁷] 老 มูนเรือน[muːn² hɯːn²];สืบมูน[sin¹ muːn²];สืบมัลดึก[sin¹ mɔː² la⁵ ʔdok⁷];ของมูน[khɔːŋ¹ muːn²];ของมูนมั่ง[khɔːŋ¹ muːn² maŋ²];มูนมั่ง[muːn² maŋ²];มัลดึก[mɔː² la⁵ ʔdok⁷];มูนมั่ง[muːn² maŋ²];มูน[muːn²] 岱-侬 pỏn cáu[pɔn³ kau⁵] 越泰 mūn hưởn[mun² hɯːn²] 越 của thừa kế[kuə³ thɯə² ke²]

【遗传】 泰 กรรมพันธุ์[kam² ma⁴ phan²] 老 พันธุกรรม[phan² thu⁵ kam¹] 越 di truyền[zi¹ tʂwiːn²]

【遗憾】 泰 เสียดาย[siːa¹ ʔdaːi²] 老 เสยดาย[siːa¹ ʔdaːi¹] 越 đáng tiếc[ʔdaːŋ⁵ tiːk⁷];lấy làm tiếc[lɤi⁵ laːm² tiːk⁷]

【遗漏】 泰 ตกหล่น[tok⁷ lon⁵] 老 ติก[tok⁷] 岱-侬 lám[laːm⁵];khàm làm[khaːm² laːm²] 越 thiếu sót[thiːu⁵ ʂɔt⁷];để sót[ʔde³ ʂɔt⁷];bỏ sót[ʔbɔ³ ʂɔt⁷] 芒 tí lách[ti⁵ lat³]

【遗体】 泰 ศพ[sop⁷] 老 ຊາກ[saːk¹⁰] 越 thi thể [thi¹ the³];di hài[zi¹ haːi²]

【遗像】 泰 รูปคนตาย[ruːp¹⁰ khon² taːi²] 老 ຮູບຄົນຕາຍ[huːp¹⁰ khon² taːi¹] 越 ảnh người quá cố[ʔaŋ³ ŋɯːi² kwa⁵ ko⁵];chân dung người đã chết[tʂɤn¹ zuŋ² ŋɯːi² ʔda⁴ tʂet⁷]

【遗嘱】 泰 พินัยกรรม[phi⁴ nai² kam²] 老 คำพีไบกำ[kham² phi⁵ nai² kam¹] 岱-侬 cằm sláng[kam² łaŋ²] 越泰 xắng[saŋ²] 越 chúc thư[tsuk⁵ thɯ¹]

【移动】 泰 เคลื่อนที่[khlɯːan³ thiː³] 老 ເຫີບ[thəːp⁹];เลื่อน[lɯːan⁵];ทฺขอย[ŋɔːi¹];ทฺยับ[ɲap⁷];ทฺยับย้าย[ɲap⁷ naːi⁴];ຂະເທຍີບ[kha² ɲəːp⁹] 越 di động[zi¹ ʔdoŋ⁶];di chuyển[zi¹ tswiːn³]

【移居】 泰 ย้ายถิ่นอยู่[jaːi⁴ thin⁵ juː⁵] 老 ອົບພະຍົບ[ʔop⁷ pha⁵ ɲop⁸] 越 di cư[zi¹ kɯ¹];đi ở nơi khác[ʔdi¹ ʔɤ³ nɤːi¹ xaːk⁷];di tán[zi¹ taːn⁵] 芒 di tán[zi¹ taːn⁵]

【移植】~树苗 泰 ย้ายที่ปลูก[jaːi⁴ thiː³ pluːk⁹] 老 ບົງ[ʔboŋ¹] 越 cấy[kɤi⁵];ghép[ɣɛp⁷];bứng[ʔbɯŋ⁵];đem trồng nơi khác[ʔdɛm¹ tʂoŋ² nɤːi¹ xaːk⁷] 芒 pười[pɯːi³]

【椅子】 泰 เก้าอี้[kau³ ʔiː³] 老 เก๊าอี้[kau⁴ ʔiː⁴];ตั่งอี้[taŋ⁵ ʔiː⁴] 岱-侬 tắng[taŋ²] 越泰 tắng[taŋ²] 普 qacAng⁴[qa⁰ tsɒŋ⁴];tăng[taŋ²] 越 ghế[ɣe⁵];cái ghế[kaːi⁵ ɣe⁵] 芒 gế[ɣe³];cái gế[kaːi⁵ ɣe³]

【以便】 泰 จะได้[tsa⁵ ʔdai³] 老 เพื่อ[phɯːa⁵];เพื่อจะ[phɯːa⁵ tsa²];เพื่อใช้[phɯːa⁵ hai³] 越 để[ʔde³];nhằm[ɲam²] 芒 cho[tsɔ¹]

【以后】❶ 泰 วันหลัง[wan² laŋ¹];ต่อไป[tɔː⁵ pai²] 老 ต่ำไป[tɔː⁵ pai¹];ต่ำไปเมือ ขฺม้า[tɔː⁵ pai¹ mɯːa² naː³];เมือขฺม้า[mɯːa²naː³];ต่ำมา[tɔː⁵ ma:²];ทิขลัง[thiː² laŋ¹];พายตั๊งขฺม้า[phaːi² khaŋ⁴ naː³] 岱-侬 pày lăng[pai² laŋ²] 越泰 pay nả[pai¹ na³] 越 sau đó[ʂau¹ ʔdɔ⁵];sau này[ʂau¹ naːi²];từ rày[tɯ² zaːi²];sau khi[ʂau¹ xi¹];rồi đây[zoi²² ʔdɤi¹] 芒 rồi ni[roi²ni¹];khau lãi[khau¹ laːi⁴]

【以上】三年~ 泰 ขึ้นไป[khun³ pai²];ขึ้น เมือ[khun³ mɯːa²] 岱-侬 tò khửn[tɔ² khun³] 越泰 khửn nửa[khun³ nɯə³] 越 trở lên[tʂɤ³ len¹];trên[tʂen¹]

【以前】 泰 แต่ก่อน[tɛː⁵ kɔːn⁵] 老 ຂຶມກ່ອນ[sen⁵ kɔːn⁵];เมื่อก่อนนี้[mɯːa⁵ kɔːn⁵ niː⁴];เมือก่อน[mɯːa⁵ kɔːn⁵] 岱-侬 mửa cón[mɯːa³ kɔn⁵];mửa đía[mɯːa³ ʔdiːa⁵] 越 trước[tʂɯːk⁵];trước đây[tʂɯːk⁷ ʔdɤi¹];

---
❶阿含 lun;lün;lun-lāng;lün-lun

trước khi[tṣɯːk⁷ xi¹] 芒 tlước khây[tlɯːk⁷ khɤi¹];khây tlước[khɤi¹ tlɯːk⁷];trước kia[tṣɯːk⁷ kiə¹] 芒 cã tlước[ka⁴ tlɯːk⁷];wềl tlước[wel² tlɯːk⁷]

【以外】 泰 นอกจาก[nɔːk¹⁰ tsaːk⁹] 老 ນອກຈາກ[nɔːk¹⁰ tsaːk⁹] 越 ngoài đó[ŋwaːi² ɗɔ⁵];ngoài ra[ŋwaːi² zaː¹]

【以往】 泰 ที่แล้วมา[thiː³ lɛːu⁴ maː²];เมื่อก่อน[mɯːa³ kɔːn⁵] 老 ຫິນຫຼັງ[hon¹ laŋ¹] 越 ngày xưa[ŋaiː² sɯa¹];ngày trước[ŋai² tṣɯːk⁷];đã qua[ʔdaː⁴ kwa¹];dĩ vãng[ziː⁴ vaːŋ⁴]

【以为】 泰 เข้าใจว่า[khau³ tsai² waː³];คิดว่า[khit⁸ waː³];นึกว่า[nuk⁸ waː³] 老 ຍຽວ່າ[jiːau¹ vaː⁵];ຢູວ່າ[hiːau⁵ vaː⁵];ດຽວ່າ[ʔdiːau¹¹ vaː⁵];ນຶກວ່າ[nuk⁸ vaː⁵];ຖືວ່າ[thɯː¹ vaː⁵];ເຫັນວ່າ[hen² vaː⁵] 越 cho rằng[tsɔ¹ zaŋ²];cho là[tsɔ¹ laː²];tưởng rằng[tɯːŋ³ zaŋ²];tưởng là[tɯːŋ³ laː²];coi là[kɔi¹ laː²] 芒 tưởng[tɯːŋ⁵]

【以下 三十岁~】 泰 ต่ำกว่า[tam⁵ kwaː⁵];ต่อจากนี้ไป[tɔː⁵ tsaːk⁹ niː⁴ pai²];น้อยกว่า[nɔːi⁴ kwaː⁵] 老 ຕ່ຳໄປ[tɔː⁵ pai¹¹];ຕ່ຳໄປນີ້[tɔː⁵ pai¹¹ niː⁴] 岱-侬 tò lồng[tɔ² loŋ²] 越 dưới[zɯːi⁵];trở xuống[tṣɤ³ suːŋ⁵]

【以下 ~共有三点】 泰 ดังนี้[ʔdaŋ¹ niː³] 老 ຕ່ຳໄປນີ້[tɔː⁵ pai¹¹ niː⁴] 越 dưới đây[zɯːi⁵ ʔdɤi¹];sau đây[sau¹ ʔdɤi¹]

【已婚】 泰 ได้แต่งงานไปแล้ว[ʔdai⁴ tɛːŋ⁵ ŋaːn² pai² lɛːu⁴];แต่งงาน[tɛːŋ⁵ ŋaːn²] 老 ແຕ່ງງານ[tɛːŋ⁵ ŋaːn²] 越 đã lập gia đình[ʔdaː⁴ lɤp⁸ zaː¹ ʔdiɲ²]

【已经】 泰 แล้ว[lɛːu⁴] 老 ແລ້ວ[lɛːu⁴] 岱-侬 dạ[jaː⁴] 越泰 cọ[kɔ⁴] 越 đã[ʔdaː⁴];rồi[zoi²] 芒 tà[taː²];rồi[roi²];măng àn[maŋ¹ ʔaːn³]

【意见】 泰 ความเห็น[khwaːm² hen¹];ข้อคิดเห็น[khɔː³ khit⁸ hen¹] 老 ຄວາມເຫັນ[khwaːm² hen¹];ຄຳຄິດ[kham² khɯt⁸];ຄຳຄິດຄຳເຫັນ[kham² khɯt⁸ kham² hen¹];ຄຳເຫັນ[kham² hen¹];ຄວາມຄິດເຫັນ[khwaːm² khit⁸ hen¹];ມະຕິ[maː⁵ tiː²] 越 ý kiến[ʔi⁵ kiːn⁵];ý nghĩ[ʔi³ ŋiː⁴];ý[ʔi⁵] 芒 ý kiến[ʔi³ kiːn³];ỳ ngĩ[ʔi³ ŋiː⁴];ỳ[ʔi³]

【意义 字的~】 泰 ความหมาย[khwaːm² maːi¹] 岱-侬 nhânchang[ɲən¹ tɕaːŋ¹];ngĩa[ŋiə⁴];đâurchang[ʔdəːu¹ tɕaːŋ¹] 越泰 nghĩa[ŋiə³] 越 nghĩa[ŋiə⁴];ý nghĩa[ʔi⁵ ŋiə⁴]

【薏米】 泰 เมล็ดเดือย[maːlet⁸ ʔduːai¹] 老 ເຂົ້າເດືອຍ[khau³ ʔduːai¹¹];ໝາກເດືອຍ[maːk⁹ ʔduːai¹] 越 hạt bo bo[haːt⁸ ʔbɔ¹ ʔbɔ¹];hạt ý dĩ[haːt⁸ ʔi⁵ ziː⁴]

【薏苡】 泰 เดือย[ʔduːai²];ลูกเดือย[luːk¹⁰ ʔduːai²] 老 ເຂົ້າເດືອຍ[khau³ ʔduːai¹¹];ໝາກເດືອຍ[maːk⁹ ʔduːai¹¹] 岱-侬 co păt đôi[kɔ¹ pat⁷ ʔdoi¹];mạc păt[maːk⁷ pat⁷] 越泰 co lươi[kɔ¹ lɯːi¹] 越 cây ý dĩ[kɤi¹ ʔi⁵ ziː⁴];cây bo bo[kɤi¹ ʔbɔ¹ ʔbɔ¹];ý dĩ[ʔi⁵ ziː⁴];bo bo[ʔbɔ¹ ʔbɔ¹]

【议论】 泰 แสดงความคิดเห็น[saː⁵ ʔdɛːŋ² khwaːm² khit⁸ hen¹] 老 ໂຈທະນາ[tsoː¹ thaːnaː²];ທົກ[thok⁷];ທົກທຽງ[thok⁷ thiːaŋ²] 岱-侬 lần[lən³];khảo ngảo[khaːu³ ŋaːu³] 越泰 pān tơn[paːn² tən³] 越 bình luận[ʔbiɲ² lɯɤn⁶];bàn luận[ʔbaːn² lɯɤn⁶];bàn tán[ʔbaːn² taːn⁵] 芒 khảo rà[khaːu³ raː²]

【益虫】 泰 แมลงที่เป็นประโยชน์[maːlɛːŋ² thiː³ pen² praː⁵ joːt¹⁰] 老 ແມງມີຜົນ[mɛːŋ² miː² phon¹] 越 côn trùng có ích[kon¹ tṣuŋ² kɔ⁵ ʔit⁷];loài sâu bọ có ích[lwaːi² ʂɤu¹ ʔbɔ⁶ kɔ⁵ ʔit⁷]

【溢】 泰 ล้น[lon⁴] 老 ລົ້ນ[lon⁴];ສານ[saːn⁵];ທົ້ນ[thon⁴];ພຸດ[fut⁷];ເພີດ[fɯːat¹⁰];ລີ້[liː⁵] 岱-侬 choat[tɕwaːt⁷];fận[fən⁴];fựn[fɯn⁴] 越泰 lộn[lon⁴];phượt[fɯːt⁸]; 越 tràn[tṣaːn²];chảy tràn[cai¹ tṣaːn²];trèo[tṣɛu²] 芒 tlàn[tlaːn²];tầy tlaình[tɤi² tlaiɲ²];tầy ngắc[tɤi² ŋak⁸]

【亿】 泰 ร้อยล้าน[rɔːi⁴ laːn⁴] 老 ຮ້ອຍລ້ານ[hɔːi⁴ laːn⁴];ກື້[kɯː¹] 越 trăm triệu[tṣam¹ tṣiːu⁶];một trăm triệu[mot⁸ tṣam¹ tṣiːu⁶]

【疫苗】 泰วัคซีน[wak⁸si:n²];老อัก แฮง[vak⁸sɛ:ŋ²];อักฮิบ[vak⁸ sin²];越thuốc đậu[thu:k⁷ ʔdɤu⁶];vacxin phòng dịch[va:k⁷ sin¹ fɔŋ² zit⁸]

【殷勤】 泰อย่งอบอุ่นและทั่วถึง[ja:ŋ⁵ʔop⁷ʔun⁵lɛ⁴thuːa³ thuŋ¹] 岱-侬tăp tảy[tap⁷tai³];越ân cần[ʔɤn¹ kɤn²];niềm nở[ni:m² nɤ³];vốn vã[von² va⁴]

【阴天~】 泰ครึ้ม[khrum⁴];คลุม[khlum²];คลุ้ม[khlum⁴];อบอ้าว[ʔop⁷ʔa:u³];อ้าว[ʔa:u³];老ลุ้ม[khum⁴];กุ้ม[kum¹];อำ[kham¹] 岱-侬khăm[kham¹] 越râm[ʐɤm¹] 芒dâm[ɤm¹]

【阴暗】 泰มืด[mɯ:t¹⁰];老มืดมื้อ[mɯ:t¹⁰mu:a²];มื้อ[mu:a²];มืด[mɯ:t¹⁰];กึ้ม[kum¹];越âmu[ʔɤm² ʔu¹];tối tăm[toi⁵ tam¹];u ám[ʔu¹ ʔa:m⁵];đen tối[ʔden¹ toi⁵];âm đạm[ʔa:m³ ʔda:m⁶];mờ ám[mɤ² ʔa:m⁵] 芒mờ àm[mɤ² ʔa:m³]

【阴部】 泰อวัยวะสืบพันธุ์ภายนอกของคน[ʔa⁵wai² wa⁴ sɯ:p¹⁰phan²pha:i²nɔ:k¹⁰khɔ:ŋ¹khon²] 老ของลับ[khɔ:ŋ¹lap⁸];越âm bộ[ʔɤm¹ʔbo⁶];bộ sinh dục[ʔbo⁶ʂin¹ zuk⁸];cờ quan sinh dục[kɤ¹ kwa:n¹ ʂin¹ zuk⁸]

【阴道】 泰ช่องคลอด[tshɔ:ŋ³khlɔ:t¹⁰] 老ธูโยบี[hu:² ɲo:² ni:²] 越âm đạo[ʔɤm¹ ʔda:u⁵]

【阴户❶】 泰หี[hi:¹] 老ที[hi:¹];โยบี[ɲo:²ni:²] 岱-侬hi[hi¹] 越泰hi[hi¹] 越âm hộ[ʔɤm¹ ho⁶];cửa mình[kɯa³ miɲ²] 芒cửa miềnh[kɯa³ mi:ɲ²];chề[tsɛ³]

【阴茎】 泰องคชา[ʔoŋ²kha⁴tsha:t¹⁰];กระดอ[kra⁵ ʔdɔ:²];ลึงค์[luŋ²];ลิงค์[liŋ²] 老ภะดอ[ka² ʔdɔ:¹];แบ้บ[ʔbɛ:n⁴] 越dương vật[zɯ:ŋ¹ vɤt⁸];ngọc hành[ŋɔk⁸ han²];hạ bộ[ha⁶ ʔbo⁶] 芒thân[thɤn¹];hã bỗ[ha⁴ ʔbo⁴];tà pòi[ta² pɔi²]

【阴沟】 泰ท่อระบายน้ำใต้ดิน[thɔ:² ra⁴ ʔba:i² nam⁴ tai³ ʔdin²] 老ธูน้ำโสโลก[hu:² nam⁴ so:¹ kho:k⁵]

【阴间】 泰เมืองผี[mɯ:aŋ² phi:¹];คุมนรก[khum¹ na⁴ rok⁸];นรก[na⁴ rok⁸];ปรโลก[pa⁵ ra⁴ lo:k¹⁰] 老เมืองผี[mɯ:aŋ² phi:¹];ยะมะหาบี[ɲa⁵ ma⁵ tha:² ni:²];ยิ่มะโลก[ɲom² ma⁵ lo:k¹⁰];เปตะโลก[pe:¹ ta² lo:k¹⁰] 岱-侬mường phi[mɯ:ŋ¹ phi¹] 越泰mường ngược[mɯ:ŋ² ŋɯ:k⁸] 越âm ti[ʔɤm¹ ti¹] 芒âm phủ[ʔɤm¹ fu³]

【阴历】 泰จันทรคติ[tsan²thra⁴kha⁴ti⁵] 老ปะติบับจับทะละติ[pa⁵ ti² thin² tsan¹' tha⁵ kha⁵ ti²] 越âm lịch[ʔɤm¹ lit⁸] 芒âm lich[ʔɤm¹ lit⁸]

【阴毛】 泰หมอย[mɔ:i¹];ขนเพชร[khon² phet⁸] 老ผมอย[mɔ:i¹] 岱-侬moi[mɔi¹];khôn moi[khon¹ mɔi¹] 越âm mao[ʔɤm¹ ma:u¹];lông âm hộ[loŋ² ʔɤm¹ ho⁶];lông ở hạ bộ[loŋ¹ ʔɤ³ ha⁶ ʔbo⁶]

【阴囊】 泰ห่ำ[ham¹];ถุงอัณฑะ[thuŋ¹ ʔan² tha⁴];กระโปก[kra⁵ po:k⁹] 老ห่ำ[ham¹];ถึงมารกห่ำ[thoŋ ma:k⁹ham¹] 岱-侬hăm[ham¹] 越泰hăm[ham¹] 普tăm[tam¹] 越baotinhhoàn[ʔba:u¹ tiɲ¹ hwa:n²];biu dái[ʔbiu² za:i⁵];âm nang[ʔɤm¹ na:ŋ¹];dì[ʔdi²] 芒tàl[ta:l³]

【阴天】 泰ครึ้ม[khrum⁴];ท้องฟ้ามืดครึ้ม[thɔ:ŋ⁴fa:⁴mɯ:t¹⁰khrum⁴];ครึ้มฟ้าครึ้มฝน[khrum⁴fa:⁴khrum⁴ fon¹] 老ฟ้าเงื้อ[fa:⁴ŋau⁴];ฟ้าบิด[fa:⁴²bot⁷];มืดฟ้ามืดฝิน[mɯ:t¹⁰ fa:⁴ mɯ:t¹⁰ fon¹] 普qa rhap⁵[qa⁰ ɾa:p⁵] 越trời râm[tʂɤ:i² ʐɤm¹]

【阴险】 泰เหี่ยมโหด[hi:am³ ho:t⁹];หน้าเนื้อใจเสือ[na:³ nɯ:a⁴ tsai² sɯ:a¹] 老หุ่มโขด[hi:am³ ho:t⁹] 岱-侬slảy khôn[ɫɤi³ khon¹];slim đọoc[ɫim¹ ʔdɔ:k⁸] 越nhamhiếm[ɲa:m¹ hi:m³];thâmđộc[thɤm¹²dok⁸];thâm hiếm[thɤm¹ hi:m³] 芒nham hiếm[na:m¹ hi:m⁵]

【音乐】 泰ดนตรี[ʔdon² tri:²] 老ดับติ[ʔdon¹' ti:¹]

---

❶阿含hi A1 掸hi A1 泐hi A1

【因为】❶ 泰ด้วย[ʔdu:ai³];ด้วยว่า[ʔdu:ai³wa:³]; โดยเหตุที่[ʔdo:i² he:¹ tu⁵ thi:⁵];เพราะว่า[phrɔ⁴ wa:³] 老ຂອງວ່າ[khɔ:ŋ¹ va:⁵];ຄ່າທີ່[kha:⁵ thi:⁵];ຄອບ[khɔ:p¹⁰];ຄອບເພື່ອ[khɔ:p¹⁰phuɯa⁵];ຍ້ອນ[ɲɔ:n⁴]; ຍ້ອນວ່າ[ɲɔ:n⁴va:⁵];ໂດຍເຫດທີ່[ʔdo:i¹¹he:t⁹thi:⁵]; ໂດຍເຫດວ່າ[ʔdo:i¹ he:t⁹ va:⁵];ດ້ວຍເຫດວ່າ[ʔdu:ai⁴ he:t⁹ va:⁵];ເພາະເຫດວ່າ[phɔ⁵ he:t⁹ va:⁵];ທັ້ງກັເພາະວ່າ[thaŋ² kɔ:⁵ phɔ⁵ va:⁵];ເມື່ອງ[nɯ:aŋ⁵];ເມື່ອງຈາກ[nɯ:aŋ⁵tsa:k⁹];ເມື່ອງຈາກວ່າ[nɯ:aŋ⁵tsa:k⁹va:⁵]; ເມື່ອງດ້ວຍ[nɯ:aŋ⁵ʔdu:ai⁵];ແນບວ່າ[nɛ:u⁵va:⁵];ເປັນນ້ຳ[pen¹¹ nam²];ເພາະ[phɔ⁵];ເພາະວ່າ[phɔ⁵ va:⁵]; ເພາະເຫດວ່າ[phɔ⁵he:t⁹va:⁵];ເຫດ[he:t⁹];ເຫດວ່າ[he:t⁹va:⁵];ດ້ວຍວ່າ[ʔdu:ai⁴va:⁵];ດ້ວຍ[ʔdu:ai⁴] 岱-侬nhoòng[ɳɔ:ŋ²];nhoòng tài[ɳɔ:ŋ⁴ta:i⁴];vì nài[vi³ na:i³];tham loài[tha:m¹ lwa:i²] 越泰pên té[pen⁵ te⁵];pùra[pɯɑ⁶];pùra và[pɯɑ⁵ va⁶] 普Vâi⁴[βɤi⁴] 越vì[vi²];bởi vì[ʔbɤ:i³ vi²];vì rằng[vi² zaŋ²];bởi chưng[ʔbɤ:i¹ tsɯŋ¹];do rằng[zɔ¹ zaŋ²];tại[ta:i⁶] 芒pớ tãi[pɤ⁵ ta:i⁴];pói tãi[pɤ:i⁵ ta:i⁴];tãi rằng[ta:i⁴raŋ²];tãi pó[ta:i⁴ pɤ⁵];pói lẽ[pɤ:i⁵ le⁴];tãi là[ta:i⁴la²];tãi[ta:i⁴];hùa[huɤ²];tãi[ta:i⁴]

【荫】❷ 泰ร่ม[rom³] 老ຮົ່ມ[hom⁵] 越bóng cây[ʔbɔŋ⁵ kɤi¹];bóng mát[ʔbɔŋ⁵ ma:t⁷] 芒pòng dâm[pɔŋ³ zɤm¹]

【银】❸ 泰เงิน[ŋɤ:n²] 老ເງິນ[ŋɤn²] 岱-侬ngần[ŋən²] 越泰ngõn[ŋɤn²] 普phiɤw⁴[phi:u⁴] 越bạc[ʔba:k⁸]

【银耳】 泰เห็ดหูหนูขาว[het⁷ hu:¹ nu:¹ kha:u¹] 老ເຫັດກັບແກ້[het⁷ kap⁷ kɛ:³] 越mộc nhĩ trắng[mok⁸ ɲi⁴ tʂaŋ⁵];ngân nhĩ[ŋɤn¹ ɲi⁴]

【银行】 泰ธนาคาร[tha⁵ na:² kha:n²] 老ທະນາຄານ[tha⁵ na:² kha:n²] 越ngân hàng[ŋɤn¹ ha:ŋ²] 芒ngân hàng[ŋɤn¹ ha:ŋ²]

【银河】 泰ดาวรุ่ง[ʔda:u² ruŋ³];ดาวประจำรุ่ง[ʔda:u² pra⁵tsam²ruŋ³];ดาวประกายพรึก[ʔda:u²pra⁵ka:i² phrɯk⁸];ทางช้างเผือก[tha:ŋ² tsha:ŋ⁴phɯ:ak⁰];กาแลกซี[ka:²lɛ:k¹⁰si:²] 老ຄອງໝູ່ສີສ່ອງ[khɔ:ŋ² mu:¹si:¹sɔ:ŋ⁵];ໝູ່ສີສ່ອງ[mu:¹si:¹sɔ:ŋ⁵];ທາງຂ້າງເພື່ອງ[tha:ŋ²sa:ŋ⁴phɯ:ak⁹];ພະທຸດຈອ[pha⁵hu:²ʔda:u¹];ໝອກເຝິງ[mɔ:k⁹fɤ:ŋ²] 岱-侬cooc nạc[kɔ:k⁷ na:k⁸];slooc fạ[ɬɔ:k⁷ fa⁴] 越Ngân Hà[ŋɤn¹ ha:²];Thiên Hà[thi:n¹ ha:²]

【银环蛇】 泰ปล้องฉนวน[plɔ:ŋ³tsha⁵nu:an¹];งูปล้องฉนวน[ŋu:² plɔ:ŋ³ tsha⁵ nu:an¹] 老ງູທຳທານ[ŋu:² tham¹ tha:n²];ງູກາບປ້ອງ[ŋu:² ka:n⁵ pɔ:ŋ⁴] 岱-侬ngù cấp tan[ŋu² kap⁷ ta:n¹];ngù khop đồng[ŋu² khɔp⁷ ʔdoŋ³] 越泰ngũ cáp pòng[ŋu² kap⁷ pɔŋ³] 越rắn cạp nia[zan⁵ ka:p⁸ niɤ¹];cạp nia[ka:p⁸ niɤ¹];rắn nẹp nia[zan⁵ nep⁸ niɤ¹] 芒thểnh màl[than³ ma:l²];màl[ma:l²]

【银匠】 泰ช่างเงิน[tsha:ŋ³ ŋɤ:n²];ช่างทำเครื่องเงิน[tsha:ŋ³ tham⁵khrɯ:aŋ³ ŋɤ:n²] 老ຊ່າງເງິນ[sa:ŋ⁵ ŋɤn²];ຊ່າງຕີເງິນ[sa:ŋ⁵ti:¹ ŋɤn²] 普cang⁴ phiɤw²[tsa:ŋ⁴ phi:u²] 越thợ bạc[thɤ⁶ ʔba:k⁸] 芒thờ pạc[thɤ⁴ pa:k⁸]

【银幕】 泰จอเงิน[tsɔ:²ŋɤ:n²] 老ຜ້າຈຮບເງິນ[pha:³hu:p¹⁰ŋau²] 越màn ánh[ma:n²ʔaŋ³];màn bạc[ɯna:n² ʔba:k⁸]

【银鱼】 泰ปลาเงิน[pla:²ŋɤ:n²] 老ປາເງິນ[pa:¹¹ŋɤn²] 越cá bạc[ka³ ʔba:k⁸];cá ngần[ka³ ŋɤn²]

【淫雨】 泰ฝนตกพร่ำ[fon¹ tok⁷ phram²] 老ຝົນລິນ[fon¹ lin²];ຝົນຮົມ[fon¹ hum²] 岱-侬phân liên xiền[phən¹ li:n² ɕi:n²] 越泰phôn lĩn[phon¹ lin²] 越mưa dầm[mɯɤ¹ zɤm²];mưa dai[mɯɤ¹ za:i¹];mưa rả rích[mɯɤ¹ za³ zit⁷] 芒mưa dăl[mɯɤ¹ zal¹]

---

❶ 阿含 chū-chāng-nai；pü：pü-nāng-nai
❷ 阿掸 hom
❸ 阿含 ngün A2；ngan A2   掸 ŋïn A2   泐 ŋïn A2

【引火】 泰 ก่อไฟ[kɔː⁵fai²] 老 ຕໍ່ໄຟ[tɔː⁵fai²];ຕິດໄຟ[tit⁷ fai²] 傣-侬 rùm fầy[rum⁵ fəi²] 越 nhóm lửa[nɔm⁵ lɯɤ³] 芒 nhóm cúi[nɔm³ kui⁵]

【引水】 泰 ชักน้ำ[tshak⁸nam⁴] 老 ຊັກນ້ຳ[sak⁸nam⁴] 越 dẫn nước[zɤn⁴ nɯːk⁵] 芒 dẫn đác[ʔdɤn⁴ ʔdaːk⁵]

【引诱】 泰 ล่อใจ[lɔː³tsai²] 老 ຈູງໃຈ[tsuːŋ¹tsai¹];ຊັກຊວນ[sak⁸suːan²];ເກ້ຍ[kiːa⁴] 越 dụ[zu⁶];dụ dẫn[zu⁶ zɤn⁴];dụ dỗ[zu⁶ zo⁴];dử[zɯ³];cám dỗ[kaːm⁵ zo⁴]

【隐瞒】❶ 泰 อำ[ʔam²];ปกปิด[pok⁷ pit⁷];ขมิบ[kha⁵mip⁷] 老 ອຳ[ʔam¹];ກຸ[ku²];ກົບເຫື້ອນ[kop⁷ kɯːan⁵];ຊ່ອນເຊື່ອນ[sɔːn⁵ŋɯːan⁵];ບ່ຽງບັງ[ʔbiːaŋ⁵ʔbaŋ¹];ປົກປິດ[pok⁷pit⁷];ປົກປິດເຊື່ອງອຳ[pok⁷pit⁷sɯːaŋ⁵ʔam¹];ປິດຄວາມ[pit⁷khwaːm²];ປິດບັງເຊື່ອງອຳ[pit⁷baŋ¹sɯːaŋ⁵ʔam¹];ປິດອຳ[pit⁷ʔam¹];ອຳພາງ[ʔam¹phaːŋ²];ອຸບ[ʔup⁷];ອົມ[ʔom¹];ບັບໂລມ[ʔban¹loːm²] 傣-侬 pjàng[pjaːŋ²];chan[tɕaːn¹] 越泰 dặm[jam¹] 越 che giấu[tɕɛ¹ zɤu⁵];lấp liếm[lɤp⁷ liːm⁵];giấu kín[zɤu⁵ kin⁵]

【隐痛】 泰 ความเจ็บปวดที่เก็บไว้ในใจ[khwaːm² tsep⁷ puːat⁹ thiː³ kep⁷ wai⁴ nai² tsai²] 老 ປວດຊິດຊິດ[puːat⁹ hit⁸ hit⁸] 越 đau khổ ngấm ngầm[ʔdau¹ xo³ ŋɤm⁵ ŋɤm²];ê ầm[ʔe¹ ʔɤm³] 芒 êl[ʔel¹]

【饮料】 泰 เครื่องดื่ม[khrɯːaŋ³ ʔdɯːm³] 老 ເຄື່ອງດື່ມ[khɯːaŋ⁵ʔdɯːm⁵] 越 đồ uống[ʔdo²ʔuːŋ⁵];món uống[mɔn²ʔuːŋ⁵];nước uống[nɯːk⁷ʔuːŋ⁵];giải khát[zaːi³ xaːt⁷] 芒 cồng ổng[koŋ² ʔoŋ³];đồ ổng[ʔdo² ʔoŋ³]

【饮用水】 泰 น้ำดื่ม[nam⁴ ʔdɯːm³] 老 ນ້ຳດື່ມ[nam⁴ʔdɯːm⁵] 越 nước uống[nɯːk⁷ ʔuːŋ⁵] 芒 đác ổng[ʔdaːk⁷ ʔoŋ³]

【印~书】 泰 พิมพ์[phim²] 老 ຈັດພິມ[tsat⁷ phim²];ຕີພິມ[tiː¹ phim²];ພິມ[phim²] 傣-侬 in[ʔin¹] 越泰 in[ʔin¹] 越 in[ʔin¹] 芒 in[ʔin¹]

【印刷厂】 泰 โรงพิมพ์[roːŋ² phim²] 老 ໂຮງພິມ[hoːŋ² phim²] 越 nhà in[ɲaː² ʔin¹];nhà máy in[ɲaː² mai⁵ ʔin¹] 芒 nhà in[ɲaː² ʔin¹]

【英雄】 泰 วีรชน[wiː²tshon²];วีรบุรุษ[wiː²raː⁴buː⁵rut⁸];วีรสตรี[wiː²raː⁴saː⁵triː²] 老 ວິລະ[viː²laː⁵];ວິລະຊົນ[viː²laː⁵son²];ພິລະ[phi⁵laː⁵] 傣-侬 anhhùng[ʔɛŋ¹huŋ²] 越泰 anhhūng[ʔɛŋ¹huŋ²] 越 anhhùng[ʔaŋ¹huŋ²] 芒 anh hùng[ʔaŋ¹ huŋ²]

【鹰】 泰 นกอินทรี[nok⁸ʔin²siː²];อินทรี[ʔin²siː²] 老 ນົກອິນທີ[nok⁸ ʔin¹ thiː²] 越 chim ưng;diều hâu[ziːu² hɤu¹] 芒 chim ưng[tsim¹ ʔɯŋ¹]

【婴儿】 泰 ลูกแดง[luːk¹⁰ʔdɛːŋ²];ลูกเด็กแดง[luːk¹⁰ʔdek⁷ʔdɛːŋ²];ลูกอ่อน[luːk¹⁰ʔɔːn⁵];ลูกกระจองอแง[luːk¹⁰ kraː⁵tsɔː²ŋɔː²ŋɛː²];เด็กแดง ๆ[ʔdek⁷ ʔdɛːŋ²] 老 ເດັກແດງ[ʔdek⁷ʔdɛːŋ²];ລູກແດງ[luːk¹⁰ʔdɛːŋ²];ລູກອ່ອນ[luːk¹⁰ʔɔːn⁵];ລູກເລັກເດັກແດງ[luːk¹⁰ lek⁸ʔdek⁷ʔdɛːŋ²];ເດັກອ່ອນ[ʔdek⁷ʔɔːn⁵];ອ່ອນນ້ອຍ[ʔɔːn⁵nɔːi⁴];ທາລົກ[thaː⁵lok⁸] 越 trẻ sơ sinh[tʂɛ¹ ʂɤ¹siŋ¹];hài nhi[haːi²ɲi¹] 芒 dét mới té[ʔdɛt⁷ mɤːi³ te⁵]

【鹦鹉】 泰 นกแก้ว[nok⁸ kɛːu³] 老 ນົກແກ້ວ[nok⁸ kɛːu⁴];ນົກແຂກ[nok⁸ khɛːk⁹];ນົກແຂກເຕົ້າ[nok⁸ khɛːk⁹ tau⁴];ແຂກເຕົ້າ[khɛːk⁹ tau⁴];ນົກຂີ້ແກ້ວ[nok⁸ ʔiː⁵ kɛːu⁴] 傣-侬 nộc mọ[nok⁸ mɔ⁴] 越泰 nộc cùi[nok⁸ kui³] 普 hwa⁴ me¹[hua⁴ me¹] 越 con vẹt[kɔn¹ vɛt⁸];chim vẹt[tsim¹ vɛt⁸];anh vũ[ʔaŋ¹ vu⁵] 芒 éch mỏ[ʔɛt⁷ mɔ³]

【罂粟】 泰 ฝอยปี๋[pɔː⁵p⁴piː³];ฝิ่น[fin⁵] 老 ຝິ່ນ[fiːn⁵];ຝິ່ນ[fin⁵];ຢາຢງ[jaː¹ jaːŋ¹] 越 cây thuốc phiện[kɤi¹ thuːk⁷ fiːn⁶];cây anh túc[kɤi¹ ʔaŋ¹ tuk⁷];cây a-phiến[kɤi¹ ʔaː¹ fiːn⁵]

【罂粟果】 泰 ผลฝอยปี๋[phon¹laː⁴pɔː⁵p⁴piː³] 老

---
❶ 阿含 lāp

ผากยาเป็น[maːk⁹ jaː¹ fin⁵] 越quả anh túc[kwa³ ʔan¹ tuk⁷]

【罂粟花】 泰ดอกป๊อบปี้[ʔdɔːk⁹ pɔːp⁴ piː³] 老ดอกยาเป็น[ʔdɔːk⁹ jaː¹ fin⁵];ดอกเป็น[ʔdɔːk⁹ fin⁵] 越hoa anh túc[hwa¹ ʔan¹ tuk⁷]

【应该】 泰ควร[khuːan²];สมควร[som⁵khuːan²] 老ต้อง[tɔːŋ⁴];บัวควร[ʔban¹'khuːan²];เพื่อ[phɤŋ²] 岱-侬pền[pen⁵];lèo[lɛu²];lèo pền[leu² pen⁵] 越nên[nen¹];cần[kɤn²];phải[faːi³] 芒điênh[ʔdiːn¹]

【迎接❶】 泰รับ[rap⁸];ต้อนรับ[tɔːn³ rap⁸] 老รับ[hap⁸];ต้อน[tɔːn⁴];รับต้อน[hap⁸ tɔːn⁴];ต้อนรับ[tɔːn⁴ hap⁸] 岱-侬rặp[rap⁸] 越泰tòn[tɔn³] 越đón rước[ʔdɔn⁵ zɯːk⁷];đón lấy[ʔdɔn⁵ lɤi⁵];đón tiếp[ʔdɔn⁵tiːp⁷];nghênh đón[ŋen¹ʔdɔn⁵] 芒xóc lễ[sɤːk⁷le⁴];ngênh tòn[ŋen¹tɔn³];tòn xóc[tɔn³ sɤːk⁷];tòn tiếp[tɔn³ tiːp⁷];xóc[sɤːk⁷]

【萤火虫】 泰หิ่งห้อย[hiŋ⁵hɔːi³];ทิ้งถ่วง[thiŋ⁴ thɯaŋ⁴] 老แมงทิ่งห้อย[mɛːŋ²hiŋ⁵hɔːi³];ทิ่งห้อย[hiŋ⁵hɔːi³];ทิ่ง[hiŋ⁵];ลาวแลง[khaː² sɛːŋ¹];แมงลาวแลง[mɛːŋ² khaː² sɛːŋ¹];แพงมาบ[mɛːŋ² maːp¹⁰];ขอมกะสิ[nɔːn¹ kaː² sɯː¹] 岱-侬hinh hỏi[hiŋ⁵ hɔːi³];đắp đin[ʔdap⁷ʔdin¹] 越泰hínhhỏi[hiŋ⁵hɔːi³] 普qamhăn[qa⁰ man⁴] 越đom đóm[ʔdɔm¹ ʔdɔm⁵];con đom đóm[kɔn¹ ʔdɔm¹ ʔdɔm⁵] 芒tầm té[tɤm³ tɛ⁵]

【营养】 泰สิ่งบำรุงร่างกาย[siŋ⁵ʔbam²ruŋ²raːŋ³kaːi²] 老ทาดบำลุง[thaːt¹⁰ ʔbam¹' luŋ²];การบำลุงลิ้ยง[kaːn¹ʔbam¹¹luŋ²liːaŋ⁴] 越dinh dưỡng[ziŋ¹ zɯːŋ⁴];chất bổ[tsɤt⁷ ʔbo³]

【营业员】 泰พนักงานขายของ[pha⁴nak⁸ŋaːn² khaːi⁵ khɔːŋ¹] 老ผู้ขายของ[phuː³ khaːi¹ khɔːŋ¹] 越nhân viên cửa hàng[nɤn¹viːn¹kɯa³haːŋ²];nhân viên mậu dịch[nɤn¹viːn¹mɤu⁶zit⁸];người bán hàng[ŋɯːi²ʔbaːn⁵haːŋ²] 芒môl painh hàng[mɔl⁴ pa:in⁵ haːŋ²]

【赢】 泰ชนะ[tsha⁴na⁴];ชัย[tshai²] 老แพ้[phɛː⁴];ได้[ʔdai⁴];ฉนะ[saˀ naˀ];วิไส[viˀ saiˀ] 岱-侬hỉnh[hiŋ⁵] 越泰pẹ[pɛ⁴] 越thắng[thaŋ⁵];được[ʔdɯːk⁸] 芒thắng[thaŋ⁵]

【盈利】 泰ได้รับกำไร[ʔdai³rap⁸kam²rai²] 老ลาบลาย[laːp¹⁰laːi²] 越doanh lợi[zwan¹lɤːi⁶];được lợi[ʔdɯːk⁸ lɤi⁶];được lãi[ʔdɯːk⁸ lai⁴]

【影子❷】 泰เงา[ŋau²] 老เงิง[ŋau²] 岱-侬ngàu [ŋau²] 越泰ngâu[ŋau²] 越bóng[ʔbɔŋ⁵];dáng [zaːŋ⁵];bóng dáng[ʔbɔŋ⁵ zaːŋ⁵] 芒pỏng[pɔŋ³]

【硬❸】 泰แข็ง[khɛŋ¹] 老แฮง[khɛːŋ¹];เก๋ง [keŋ¹];แข่ม[kɛːn⁵];ฉละ[khaː²laˀ⁵] 岱-侬kheng [kheŋ¹];kén[ken⁵] 越泰khanh[kheŋ¹] 普lê⁴[le⁴] 越cứng[kɯŋ⁵];rắn[zan⁵] 芒rắn[ran³];hòng[hɔŋ²]

【硬币】 泰เหรียญ[riːan²] 老ฮูบ[liːar¹];เบี้ย[piːa⁴];กะสาบ[kaː² saːp⁹] 越bạc cắc[ʔbaːk⁸ kak⁷];bạc đồng[baːk⁸ ʔdoŋ²] 芒pac xu[paːk⁸ suˀ¹];pac hào[paːk⁸ haːu²]

【硬腭】 泰เพดานบนที่แข็ง[pheː²ʔdaːn²²ʔbon²thiː³ kheŋ¹];เพดานหน้า[pheː²ʔdaːn²na:³] 老เพดาน ปากขัง[pheː²ʔdaːn¹paːk⁹naː³] 越phần cứng vòm miệng[fɤn²kɯŋ⁵vɔm²miːŋ⁶];vòm miệng[vɔm² miːŋ⁶]

【应付】 泰รับมือ[rap⁸mɯː²] 老รับมื[hap⁸mɯː²] 越ứng phó[ʔɯŋ⁵ fɔ⁵];đối phó[ʔdoi⁵ fɔ⁵]

【拥护】 泰สนับสนุน[saˀ⁵napˀ⁷saˀ⁵nun¹] 老อุ้มซู [ʔuːm⁴ su:²] 岱-侬hầu[hɤu³];hưa pang[hɯa¹ paːŋ¹] 越ủng hộ[ʔuŋ³ ho⁶] 芒úng hỗ[ʔuŋ⁵ ho⁴]

【拥挤】市场上很~ 泰แน่นขนัด[nɛːn³ khaː⁵ nat⁷] 老แข้มอั่ง[nɛːn³ ʔaŋ⁵] 岱-侬cặp kẹp[kap⁸ kɛp⁸];et chẳng[ʔet⁷ tɕaŋ⁵] 越chật chệ[tsɤt⁸ tsoːi⁶];chật nứt

---

❶ 撑hăp D2S
❷ 阿含 ngāo A2　撑 ŋau A2　渤 ŋau A2
❸ 石家 thrian³；keel⁶　撑 kheŋ A1

[tsɤt⁸ nɯt⁷];chật ních[tsɤt⁸ nit⁷];đông đúc[ʔdoŋ¹ ʔduk⁷].

【庸医】 泰 หมอชั้นเลว[mɔː¹tshan⁴leːu²] 老 ผู้ขั้นเลอ[mɔː¹san⁴leːu²] 越 lang băm[laːŋ¹ ʔbam¹];lang vườn[laːŋ¹ vɯːn²].

【蛹】 泰 ดักแด้[ʔdak⁷ ʔdɛː³];เข้าปลอก[khau² plɔːk⁹] 老 ดัักแด้[ʔdak⁷ ʔdɛː⁴] 岱-侬 đoăc[ʔdwak⁷];tua đoăc[tuə¹ ʔdwak⁷];tua đuổng[tuə¹ ʔduːŋ³];tua han[tuə¹ haːn¹] 越泰 non[nɔn¹];đẻ[ʔdeː³];bổng pém[ʔboŋ³ pɛm⁵];han[haːn¹];tô han[toː¹ haːn¹] 越 nhộng [noŋ⁶];con nhộng[kɔn¹ noŋ⁶] 芒 đôi dòng[ʔdoi¹ zoŋ²].

【永远】 泰 ตลอดการ[taː⁵lɔːt⁹kaːn²] 老 ตะหลอดการ [taː² lɔːt⁹ kaːn²];ตะหลอด กาละมาน[taː² lɔːt⁹ kaː¹¹ laː naːn²];ถ้ำฝ้า[kham⁴ faː⁵];จ้อย[tsɔːi⁴];ตะหลอดปิสิฺ ฺฺ[taː²lɔːt⁹piː¹¹siː¹¹saːt¹⁰];ตะหลอดไป[taː²lɔːt⁹pai¹¹]; ตะหลอดมา[taː²lɔːt⁹maː²];ตาปิตาฺฺฺฺอาด[taː¹¹piː¹¹ taː¹¹saːt¹⁰];เป็มปิดมิลับดอน[pen¹¹nit⁸ni⁵lan² ʔdɔːn¹];เลื้อยไป[lɯːai⁴ pai¹¹];เลื้อยมา[lɯːai⁴ maː²];เลื้อยๆ[lɯːai⁴lɯːai⁴];เลื้อยๆไป[lɯːai⁴lɯːai⁴ pai¹¹];มิลับดอน[ni⁵ lan² ʔdɔːn¹];บานเท้า[naːn² thau⁵] 岱-侬 lằng lằng[ləŋ²ləŋ²];mai mại[maːi⁴ maːi⁴] 越 vĩnh viễn[viŋ⁴viːn⁴];mãi mãi[maːi⁴ maːi⁴];bất diệt[ʔbɤt⁷ ziːt⁸];bất tận[ʔbɤt⁷ tɤn⁶] 芒 mãi mãi[maːi⁴ maːi⁴].

【勇敢】❶ 泰 กล้าหาญ[klaː³ haːn¹] 老 ยิง[ŋoŋ²]; พิละฺฺอาดฺฺฺ[phiː⁵laː⁵ʔaːt⁹haːn¹];ฺฺฺ[haːn¹]; เก้งก้า[keŋ⁵kaː⁴];ท้าฺฺ[kaː⁴haːn¹];ฺฺแฺฺ[kam¹ heŋ¹];ถ่ำแฺฺ[kham² heŋ¹];ฺฺฺฺ[khaː² naŋ¹] 岱-侬 tài tảm[taːi³ taːm³];chi tảm[tɕi³ taːm³];đi cải [ʔdi¹ kaːi³] 越泰 chau nháu[tsau¹ nau⁵];tắp nháu [tap⁷naw⁵];han[haːn¹] 普 ngân² lu⁴[ŋɤn²lu⁴] 越 dũng cảm[zuŋ⁴kaːm³];gan góc[ɣaːn¹ɣɔk⁷];gan dạ [ɣaːn¹za⁶] 芒 dũng cảm[zuŋ⁴kaːm³];gan tã[ɣaːn¹ taː¹];gan ɣa[ɣaːn¹];cẳng cố[kɤŋ³ ko⁵].

【勇猛】 泰 ห้าวหาญ[haːu³haːn¹] 老 ห้าวฺฺฺ [haːu³ haːn¹] 越泰 han mạnh[haːn¹ mɛŋ⁴] 越 hùng dũng[huŋ² zuŋ⁴];dũng mãnh[zuŋ⁴ maŋ⁴].

【勇士】 泰 ผู้กล้าหาญ[phuː³ klaː³ haːn¹] 老 ผฺฺฺฺู้ [phuː³kaː⁴haːn¹] 越泰 tồn han[ton³haːn¹] 越 dũng sĩ[zuŋ⁴ ʂiː⁴].

【涌 血~出】 泰 ทะลัก[tha⁴lak⁸] 老 ดอก[ʔdak⁹]; พุ่ง[phuŋ⁵] 岱-侬 ruề[rweː³] 越泰 tố[toː⁵]; nhừng[nɯŋ⁶] 越 tuôn[tuːn¹];phun[fun¹] 芒 tuôn[tuːn¹].

【涌 泉水~出】 泰 ทะลัก[tha⁴lak⁸] 老 ออกปุ้[ʔɔːk⁹ ʔbɔː⁵];ดอก[ʔdak⁹];บุ้น[ʔbun⁴];ปู้ด[puːt³];พุ่ง [phuŋ⁵] 越 tuôn[tuːn¹];tuôn ra[tuːn¹zaː¹];chảy ồ [tsai³ ʔoː²];chảy vọt ra[tsai³ vɔt⁸ zaː¹];ào[ʔaːu²].

【用 ~钱】 泰 ใช้[tshai⁴] 老 ใช่[sai⁴];จ่าย[tsaːi⁵] 岱-侬 dùng[juŋ³] 越泰 đống[joŋ⁵];xu[su¹];xu dống[su¹joŋ⁵] 普 lê¹[leː¹] 越 dùng[zuŋ²];tiêu[tiːu¹] 芒 dùng[zuŋ²].

【用 ~人】 泰 ใช้[tshai⁴] 老 ใช่[sai⁴] 岱-侬 dùng [juŋ³] 越泰 đống[joŋ⁵] 越 dùng[zuŋ²] 芒 dùng [zuŋ²].

【用 ~刀砍】❷ 泰 ด้วย[ʔduːai³] 老 ด้อย[ʔduːai¹];โด ย[ʔdoːi¹];เฮอ[ʔau¹] 越 bằng[ʔbaŋ²];dùng[zuŋ²] 芒 păng[paŋ²];lê[leː⁴].

【用功】 泰 พยายาม[phaː⁴jaː²jaːm²] 老 เพียม [phiːan²];กะบักกะบวม[kaː²bak⁷kaː²ʔbuan¹]; บากบั่น[ʔbaːk⁹ʔban⁵];พะยายาม[phaː⁵naː²naːm²]; พยะยายาม[phiːan²phaː⁵naː²naːm²];พาก พยม[phaːk¹⁰phiːan²] 岱-侬 xéng[ɕɛŋ⁵];cố[koː³]; lồngrèng[loŋ²rɛŋ²] 越泰 chóng chầu[tsoŋ⁵tsau²] 越 nỗ lực[no⁴ lɯk⁸];chăm chỉ[tsam¹ tsi³].

【用具】 泰 เครื่องใช้[khrɯːaŋ³tshai⁴] 老 เถื่องใช่

---

❶ 石家 keŋ²
❷ 阿含 tāng

[khɯːaŋ⁵ saːi⁴];เคื่องใช้สอย[khɯːaŋ⁵ saːi⁴ suːai¹]; เคื่องใช้ไม่สอย[khɯːaŋ⁵ saːi⁴ mai² suːai¹];อุปะกอน[ʔu² pa² kɔːn¹];อุปะกอนเคื่องใช้[ʔu² pa² kɔːn¹ khɯːaŋ⁵ saːi⁴];ของใช้[khɔːŋ⁵ saːi⁴];ບໍລິພັນ[ʔbɔː¹¹ li⁵ phan²] 越 dụng cụ[zuŋ² ku⁶]

【佣人】 泰 คนใช้[khon² tshai⁴] 老 ผู้รับใช้[phuː³ hap⁸ sai⁴];ข้อย[khɔːi³] 越 người hầu[ŋɯːi² hɤu²]; tớ[tɤ⁵];đầy tớ[ʔdai² tɤ⁵];người ở[ŋɯːi² ʔɤ³] 芒 môl ớ[mɔl⁴ ʔɤː⁵]

【优点】 泰 ข้อดี[khɔː³ʔdiː¹] 老 ขี้ดี[khɔː³ʔdiː¹¹];จุดดี[tsut⁷ʔdiː¹¹] 越 ưu điểm[ʔɯɯ¹ ʔdiːm³];cái hay[kaːi⁵ hai¹]

【优秀】 泰 ดีเลิศ[ʔdiː¹¹ lɤːt⁹] 老 เด็ดดวง[ʔdet⁷ ʔduaŋ¹];ปะเสิด[pa² sɤːt⁹];ก้าวลอง[kan¹¹ lɔːŋ²] 越 ưu tú[ʔɯɯ¹ tuː⁵];xuất sắc[sɯɤt⁷ ʂak⁷]

【忧愁】 泰 เป็นทุกข์[pen² thuk⁸] 老 ตอม[tɔːm¹¹];ตอมใจ[tɔːm¹¹ tsai¹];ทว่อมเฑวิง[ŋɯam⁵ ŋau¹];ทว่อม[ŋɯam⁵];อาดูน[ʔaː¹¹ ʔdun¹];อุกใจ[ʔuk⁷ tsai¹] 岱-侬 búra[ʔbɯa⁵] 越泰 buồn[ʔbuːn²] 越 buồn lo[ʔbuːn² lɔ¹];buồn rầu[ʔbuːn² zɤu²];ưu sầu[ʔɯɯ¹ ʂɤu²];âu sầu[ʔɤu¹ ʂɤu²];sầu[ʂɤu⁵] 芒 khẩu[khɤu¹];khẩu lòng[khɤu² lɔŋ²]

【忧虑】 泰 วิตกกังวล[wi⁴tok³kaŋ²won²] 老 กังอีม[kaŋ¹¹von²];ปะลิวิตัก[pa²li⁵vi⁵tok⁷];อัาเล[vaŋ⁵ leː²];หนักใจ[nak⁷tsai¹¹];อาไล[ʔaː¹¹lai²];อุกขะทลุก[ʔuk⁷ kha² luk⁷];อุก[ʔuk⁷];ฮ้อน[hɔːn⁴] 越 áy náy[ʔai⁵ nai⁵];lo âu[lɔ¹ ʔɤu¹];lo lắng[lɔ¹ laŋ⁵]

【由~他负责】 泰 โดย[ʔdoːi³] 老 โดย[ʔdoːi¹] 岱-侬 pjom[pjɔm¹] 越 do[jɔ¹]

【油❶】 泰 มัน[man²];น้ำมัน[nam⁴man²] 老 มัน[man²];น้ำมัน[nam⁴man²] 岱-侬 nhù[ɲu⁵];dầu[jəu²] 越泰 nặm mẵn[nam⁴ man²] 普 juʔ[juʔ⁵];zuʔ[zu⁴] 越 dầu[zɤu²] 芒 dầu[zɤu²];hầu[hɤu²]

【油布】 泰 ผ้าน้ำมัน[phaː³ nam⁴ man²] 越 vải dầu[vaːi³ zɤu²];vải sơn[vaːi³ ʂɤːn¹];vải nhựa[vaːi³ ɲɯa⁵] 芒 pái dầu[paːi⁵ zɤu²]

【油菜榨油用的】 泰 ผักน้ำมัน[phak⁷nam⁴man²] 老 ผักน้ำมัน[phak⁷nam⁴man²] 越 cây cải dầu[kɤi¹ kaːi³ zɤu²]

【油菜花】 泰 ดอกผักน้ำมัน[ʔdɔːk⁹phak⁷nam⁴an²] 老 ดอกผักน้ำมัน[ʔdɔːk⁹phak⁷nam⁴man²] 越 hoa cải dầu[hwa¹ kaːi³ zɤu²]

【油菜籽】 泰 เมล็ดผักน้ำมัน[ma⁴ let⁸ phak⁷ nam⁴ man²] 老 เม็ดผักน้ำมัน[met⁸ phak⁷ nam⁴ man²] 越 hạt cải dầu[haːt⁸ kaːi³ zɤu²]

【油灯】 泰 ตะเกียงน้ำมัน[ta⁵ kiaŋ² nam⁴ man²] 老 ตะกรง[taː²kiaŋ¹] 岱-侬 tâng dù[təŋ¹ ju²] 越 đèn dầu[ʔdɛn² zɤu²] 芒 tèn hầu[tɛn² hɤu²];tèn wa kỳ[tɛn² wa¹ kiː²]

【油漆~一桶】 泰 สีทา[siː¹ thaː²] 老 น้ำสี[nam⁴ siː¹¹] 越 nước sơn[nɯːk⁷ ʂɤːn¹];sơn[ʂɤːn¹];khơn[khɤːn¹];khan[khan¹]

【油漆~门窗】 泰 ทาสี[thaː² siː¹] 老 ทาสี[thaː² siː¹] 越 quét sơn[kwɛt⁷ ʂɤːn¹];khơn[khɤːn¹]

【油漆匠】 泰 ช่างทาสี[tshaːŋ³ thaː² siː¹] 老 กำมะกอนทาน้ำสี[kam¹¹ ma⁵ kɔːn¹¹ thaː² nam⁴ siː¹];ฉ่างทาสี[saːŋ⁵ thaː² siː¹] 越 thợ sơn[thɤ⁶ ʂɤːn¹] 芒 thờ khơn[thɤ⁴ khɤːn¹]

【油页岩】 泰 หินดินดาน[hin¹ ʔdin² ʔdaːn²];หินน้ำมัน[hin¹ nam⁴ man²] 老 หินน้ำมัน[hiːn¹ nam⁴ man²] 越 đá dầu[ʔdaː⁵ zɤu²];đá chứa dầu[ʔdaː⁵ tsɯa⁵ zɤu²];đá me mang dầu[ʔdaː⁵ mɛ¹ maːŋ¹ zɤu²];đá phiến dầu[ʔdaː⁵ fiːn⁵ zɤu²]

【游鱼在水中~】 泰 ว่าย[waːi³] 老 ลอย[lɔːi²] 岱-侬 vài nặm[vaːi³ nam¹] 越泰 lôi[loːi⁵] 越 bơi[bɤːi¹] 芒 pơi[pɤːi¹]

【游戏】 泰 การละเล่น[kaːn² la⁴ len³] 老 เกม[kleːŋ¹]

❶ 石家 nam⁴-nan⁴

【 】岱-侬 tò xuôt[tɔ²ɕɯ:t⁷];hêt ke[het⁷kɛ¹] 越 trò chơi [tʂɔ²tʂɤ:i¹];chơi đùa[tʂɤ:i¹ʔduə²];vui chơi[vui¹ tsɤ:i¹] 芒 tlò chơi dỗng[tlɔ²tsɤ:i¹zoŋ⁴];tlò[tlɔ²]

【游泳】泰 ว่ายน้ำ[wa:i³ nam⁴];ว่าย[wa:i³];เล่นน้ำ [le:n³ nam⁴] 老 ลอย[lɔ:i²];ลอยน้ำ[lɔ:i² nam⁴]; ทอ้ายน้ำ[va:i² nam⁴] 岱-侬 vòi[vɔi²];lòi[lɔi²];vài [va:i²] 越泰 lội[lɔi²] 普 kjan⁴ ʔoŋ²[kja:n⁵ ʔɔŋ²]; Vɔj³[βɤ:i³] 越 bơi[ʔbɤ:i¹];lội[lɔi⁶];bơi lội[ʔbɤ:i¹ loi⁶] 芒 pơi[pɤ:i¹];chèo[tsɛu²];lỗi[loi⁴];pơi lỗi[pɤ:i¹ loi⁴];khám[kha:m³]

【游泳池】泰 สระว่ายน้ำ[sa⁵wa:i³nam⁴] 老 สะลอยน้ำ[sa⁵lɔ:i²nam⁴];อ่างอยน้ำ[ʔa:ŋ⁵lɔ:i² nam⁴] 越 bể bơi[ʔbe³ ʔbɤ:i¹]

【游泳衣】泰 ชุดว่ายน้ำ[tshut⁴wa:i³nam⁴] 老 เสื้อลอยน้ำ[sɯ:a³lɔ:i²nam⁴] 越 áo bơi[ʔa:u⁵ʔbɤ:i¹]; áo tắm[ʔa:u⁵ tam⁵] 芒 áo thẳm[ʔa:u³ tham³]

【邮递员】泰 บุรุษไปรษณีย์[ʔbu⁵rut⁴prai²sa²ni:²] 老 บุลุดไปสะนี[ʔbu² lut⁸ pai¹' sa² ni:²];ฟักเต่[fak⁸ tə:¹'] 越 bưu tá[ʔbɯɯ¹ta⁵];người đưa thư[ŋɯ:i² ʔdɯə¹ thɯ¹];người chạy giấy[ŋɯ:i² tsai⁶ zɤi⁵] 芒 môl chẳl chẳy[mɔi⁴ tsal⁴ tsɤi³]

【邮票】泰 แสตมป์[sa⁵tɛ:m²] 老 ตาไปสะบี[ta:¹' pai¹'sa²ni:²];สะแตม[sa²tɛ:m¹];แตม[tɛ:m¹] 越 tem[tɛm¹];tem thư[tɛm¹ thɯ¹] 芒 tem[tɛm¹]

【邮筒】泰 ตู้ไปรษณีย์[tu:³prai²sa²ni:²] 老 ตู้จัดหมาย [tu:⁴ tsot⁷ ma:i¹] 越 thùng thư[thuŋ² thɯ¹]

【鱿鱼】泰 ปลาหมึกชนิดตัวเล็ก[pla:²mɯk⁷tsha⁴nit⁴ tu:a³lek⁸];ปลาหมึก[pla:²mɯk⁷] 老 ปายี่รี[pa:¹'ɲi:⁵ hɯ:²];ปายี่รี[pa:¹'ʔi:⁵hɯ:⁴] 越 cá mực[ka⁵ mɯk⁸]; cá mực ống[ka⁵mɯk⁸ʔoŋ⁵];con mực[kɔn¹ mɯk⁵]

【鱿鱼干】泰 ปลาหมึกแห้ง[pla:²mɯk⁷hɛ:ŋ³] 老 ปายี่รีแห้ง[pa:¹'ɲi:⁵hɯ:²hɛ:ŋ³] 越 mực khô[mɯk⁸ xo¹]

【犹豫】泰 ลังเล[laŋ² le:²] 老 ลั่งเล[laŋ⁵ le:²];ท้ทอย ไปมา[thɔ:⁴thɔ:i¹pai¹'ma:²];กะมัง[ka²maŋ²] 岱-侬 ngựt ngữ[ŋɯt⁸ŋɯ³];นำ นาย[nam⁵na:i⁵] 越泰 khoang lã[khwa:ŋ¹la²] 越 ngần ngừ[ŋɤn²ŋɯ²]; phân vân[fɤn¹vɤn¹];tần ngần[tɤn²ŋɤn²];do dự [zɔ¹zɯ⁶];ngần ngại[ŋɤn²ŋa:i⁶];lưỡng lự[lɯ:ŋ⁴ lɯ⁶];trù trừ[tʂu² tʂɯ²];dùng dằng[zuŋ² zaŋ²];chần chừ[tsɤn² tsɯ²] 芒 chần chừ[tsɤn² tsɯ²]

【有❶】泰 มี[mi:²] 老 มี[mi:²] 岱-侬 mì[mi²] 越泰 mĩ[mi²] 普 ʔăn¹¹[ʔan¹] 越 có[kɔ⁵] 芒 có[kɔ⁵]

【有的】泰 บ้าง[ʔba:ŋ³] 老 บาง[ʔba:ŋ¹'];พ่อง [phɔ:ŋ⁵];ลาง[la:ŋ²];ลางพ่อง[la:ŋ²phɔ:ŋ⁵];ลางพอง [la:ŋ²] 越 có[kɔ⁵]

【有点儿~累】泰 นิดหนึ่ง[nit⁸ nɯŋ⁵] 老 บางเล็กน้อย [ʔba:ŋ¹' lek² nɔ:i⁴];เป็นสี[pen¹' si:¹] 越 hơi[hɤ:i¹] 芒 hơi[hɤ:i¹]

【有空】泰 ว่าง[wa:ŋ³] 老 ทอางอยก[va:ŋ¹vi:ak¹⁰]; ทอาง[va:ŋ¹] 越 rỗi[zoi⁴] 芒 rỗi[roi⁴]

【有面子】泰 มีหน้ามีตา[mi:²na:³mi:²ta:²] 老 ได้ขัว[ʔdai⁴ na:³];มีข้ามีตา[mi:² na:³ mi:² ta:¹] 越泰 đi nà[ʔdi¹ na³] 越 vẻ vang[vɛ⁵ va:ŋ¹];vinh dự[vin¹ zɯ⁴];mát mặt[ma:t⁷ mat⁸]

【有名】泰 มีชื่อเสียง[mi:²tshɯ:³si:aŋ¹];ชื่อดัง [tshɯ:³ ʔdaŋ¹] 老 ลืองปะกิด[lɯ:² sa:² pa² kot⁷]; ปะกิดลือง[pa² kot⁷ sɯ:⁵ lɯ:² sa:²];มีลื่อง[mi:⁵ sɯ:⁵ si:aŋ¹] 岱-侬 mì tiếng[mi:² ti:ŋ⁵];thình tiếng [thiŋ² ti:ŋ⁵];liều mình[li:u⁶ miŋ²] 越泰 ók tiếng [ʔɔk⁵ ti:ŋ⁵];mĩ tiếng[mi² ti:ŋ⁵] 越 nổi tiếng[noi³ ti:ŋ⁵];có tiếng[kɔ⁵ ti:ŋ⁵] 芒 nối thiêng[noi⁵ thi:ŋ³]; cò thiêng[kɔ³ thi:ŋ³]

❶ 石家 mii⁴

【有时❶】 泰 บางที[ʔbaːŋ² thiː²] 老 ບາງທີ[ʔbaːŋ¹' thiː²];ຄັ້ງຄາວ[khaŋ⁴ khaːu²];ບາງຄັ້ງຄາວ[ʔbaːŋ¹' khaŋ⁴ khaːu²];ບາງທີ[ʔbaːŋ¹' thiː²];ຄອນ[khɔːn²];ຄອນໆ[khɔːn²khɔːn²];ດ້າມເທື່ອດ້າມທີ[ʔdaːm⁴ thɯa⁵ ʔdaːm⁴ thiː²];ບາງຄັ້ງ[ʔbaːŋ¹' khaŋ⁴];ບາງຢ່າງ[ʔbaːŋ¹' jaːŋ⁵];ບາງຄາວ[ʔbaːŋ¹' khaːu²];ບາງຄັ້ງບາງຄາວ[ʔbaːŋ¹' khaŋ⁴ʔbaːŋ¹' khaːu²];ບາງເທື່ອ[ʔbaːŋ¹' thɯːa⁵];ລາງເທື່ອ[laːŋ¹' thɯːa⁵];ເປັນຄັ້ງຄາວ[pen¹' khaŋ⁴ khaːu²];ເປັນຄັ້ງເປັນຄາວ[pen¹' khaŋ⁴ pen¹' khaːu²];ຍູວ[jiːau¹];ທັ້ງ[laːŋ³];ຫຼອບແຫຼນ[lɔːn¹ lɛːn¹] 越泰 mẫn[man⁶];mĩ chờ[mi² tsɤ²] 越 có khi[kɔ⁵ xi¹];đôi lúc[ʔdoi¹' luk⁷];thỉnh thoảng[thin³ thwaːŋ³] 芒 thắc cã[thak⁷ kaː⁴];có thế[kɔ³ the⁵];có cã[kɔ³ kaː⁴]

【有些】 泰 บาง[ʔbaːŋ²] 老 ລາງ[laːŋ²];ລາງພ່ອງ[laːŋ² phɔːŋ⁵];ລາງພອກ[laːŋ²] 越 có những[kɔ⁵ nɯŋ⁴];có một số[kɔ⁵ mot⁸ ʂo⁵]

【有心】动词 泰 มีใจจะ[miː² tsai² tsa⁵] 老 ມີໃຈ[miː² tsai¹] 岱-侬 dau hết[jau¹ het²];éo hết[ʔeu⁵ het²];diên hết[jiːn⁵ het⁷] 越泰 mĩ chau[mi² tsaɯ¹] 越 có y[kɔ⁵ ʔi⁵];có lòng[kɔ⁵ lɔŋ²] 芒 có lòng[kɔ³ lɔŋ²]

【柚子❷】 泰 ส้มโอ[som³ ʔoː²];หมากโอ[maːk⁹ ʔoː²] 老 ໝາກພຸກ[maːk⁹ phuk⁸];ສົ້ມໂອ[som³ ʔoː¹'];ກ້ຽງຂ້າງ[kiːaŋ⁴ saːŋ⁴];ໝາກກ້ຽງ[maːk⁹ kiːaŋ⁴];ໝາກກ້ຽງຂ້າງ[maːk⁹ kiːaŋ⁴ saːŋ⁴];ໝາກກ້ຽງໃຫຍ່[maːk⁹ kiːaŋ⁴ nai⁵];ກ້ຽງໃຫຍ່[kiːaŋ⁴ nai⁵] 岱-侬 mac pục[maːk⁷ puk⁸];macpàng[maːk⁷ paːŋ²] 普 mjak²pAk²[mjaːk² pɔk²] 越 quả bưởi[kwa³ ʔbɯːi³];quả bòng[kwa³ ʔbɔŋ²] 芒 puới[pɯːi⁵];tlải puới[tlaːi³ pɯːi⁵]

【又他~来了❸】 泰 อีก[ʔiːk⁹] 老 ອີກ[ʔiːk⁹];ຕື່ມອີກ[tɯːm⁵ ʔiːk⁹];ເລົ່າ[lau⁵] 岱-侬 tọ[tɔ⁴] 普 jow⁴[jɤːu⁴]

【又…又…】 泰 ทั้ง... ทั้ง...[thaŋ⁴ ... thaŋ⁴ ...] 老 ທັ້ງ ...ທັ້ງ ...[thaŋ² ... thaŋ² ...];ທັ້ງ ... ແລະ...[thaŋ² ... lɛ⁵ ...] 越 vừa ... vừa ...[vɯːa² ... vɯːa² ...]

【右❹】 泰 ขวา[khwaː¹];ด้านขวา[ʔdaːn³ khwaː¹] 老 ຂວາ[khwaː¹];ເບື້ອງຂວາ[ʔbɯːaŋ⁴ khwaː¹];ກ້ຳຂວາ[kam⁴ khwaː¹];ຂ້າງຂວາ[khaːŋ³ khwaː¹];ທັກຂິນ[thak⁸ khin¹];ທັກຂິນໆ[thak⁸ khi³ naː²];ທັກສິນ[thak⁸ sin¹];ທາງຂວາ[thaːŋ² khwaː¹];ດ້ານຂວາ[daːn⁴ khwaː¹] 岱-侬 khoa[khwaː¹] 越 phải[fai³];bên phải[ʔben¹ fai³] 芒 tăm[tam¹];pên tăm[pen¹ tam¹];mắt lềnh[mat⁸ lɛn²]

【幼虫❺】 泰 ด้วง[ʔduːaŋ³] 老 ດ້ວງ[ʔduːaŋ³];ໜອນດ້ວງ[nɔːn¹ ʔduːaŋ³] 越 ấu trùng[ʔɤu⁵ tʂuŋ²]

【幼儿园】 泰 โรงเรียนนุบาน[roːŋ²riːan²ʔa⁵nu⁴ʔbaːn²] 老 ໂຮງຮຽນອະນຸບານ[hoːŋ²hiːan²ʔa⁵nu⁵ʔbaːn¹'];ອະນຸບານ[ʔa⁵nu⁵ʔbaːn¹'] 越 mẫu giáo[mɤu⁴zaːu⁵];trường mẫu giáo[tʂɯːŋ²mɤu⁴zaːu⁵];ấu trĩ iên[ʔɤu⁵ tʂi⁴ viːn¹]

【诱拐】 泰 ลักพา[lak⁸ phaː²] 老 ລັກພາໜີ[lak⁸ phaː² niː¹] 越 bắt cóc[ʔbat⁷ kɔk⁷];dụ bắt[zu⁶ ʔbat⁷] 芒 pắt cóc[pat⁷ kɔk⁷]

【淤泥❻】 泰 กัททมะ[kat⁷thaː⁴maː⁴] 老 ຂີ້ກະບີ[khiː³ ka² ʔbi²];ຂີ້ຕົມ[khiː³ tom¹];ກະບີ[ka² ʔbi²];ດິນຫຼົ່ມ[ʔdin¹ lom⁵];ດິນເມືອກ[ʔdin¹ mɯːak¹⁰];ດິນທາມ[ʔdin¹ thaːm²] 越 bùn lắng[ʔbun² laŋ⁵];phù sa[fuː² ʂaː¹]

【淤血】 泰 ฟกเลือด[fok⁸ lɯːat¹⁰];เลือดคั่ง[lɯːat¹⁰ khaŋ³] 老 ເລືອດໂຊ້[lɯːat¹⁰ hoː³];ເລືອດຂັ້[lɯːat¹⁰ hɔː³];ຂັ້ເລືອດ[hɔː³ lɯːat¹⁰];ເລືອດກ້າມ[lɯːat¹⁰ kaːm⁴];ເລືອດຄ້າມ

---

❶ 石家 laaŋ⁴-thia³
❷ 石家 maak²-phuk²
❸ 石家 low²
❹ 石家 khwaa⁴; khua 掸 khwa A1
❺ 石家 duaŋ³
❻ 石家 mun⁵

[luɯ:at¹⁰ kha:m⁴] 越ứ máu[ʔɯ⁵ mau⁵];tụ huyết[tu⁶ hwi:t⁸]

【鱼❶】 泰ปลา[pla:²] 老ປາ[pa:¹] 岱-侬pja[pja¹]; tua pja[tua¹pja¹] 越泰pa[pa¹] 普ʔjaw³ pjaw³[ʔja:u³ pja:u³] 越cá[ka⁵];concá[kɔn¹ka⁵] 芒cá[ka³];con cả[kɔn¹ ka³];cây cả[kai¹ ka³]

【鱼鳔】 泰ถุงลม[thuŋ¹lom²];กระเพาะปลา[kra⁵phɔ⁴ pla:²] 老ຖຸງລົມ[phuŋ¹lom²];ພຸງປາ[phuŋ¹pa:¹]; ปูมเป้า[pu:m¹pau⁴];แอ๋ปา[ʔɛ:⁴pa:¹] 越bongbóng cá[ʔbɔŋ⁵ ʔbɔŋ⁵ ka⁵]

【鱼叉】 泰ฉมวก[tsha⁵ mu:ak⁹] 老ເຫີມ[hem¹];แຫມ [lɛ:m¹] 越cái xiên cá[ka:i⁵ si:n¹ ka⁵];cái lao để đâm cá[ka:i⁵ la:u¹ ʔde³ ʔdɤm¹ ka⁵];lao móc đâm cá[la:u¹ mɔk⁷ ʔdɤm¹ ka⁵];chĩa cá[tsiə⁴ ka⁵]

【鱼翅】 泰หูฉลาม[hu:¹tsha⁵la:m¹];ฮี่จี๋[hɯ:⁴tshi:⁵] 老ຫູປາສະຫລາມ[hu:¹ pa:¹ sa² la:m¹];ກີປາສະຫລາມ [ki:¹' pa:¹' sa² la:m¹] 越vây cá[vɤi¹ ka⁵]

【鱼刺❷】 泰ก้างปลา[ka:ŋ³ pla:²] 老ກ້າງປາ[ka:ŋ⁴ pa:¹] 岱-侬càng pja[ka:ŋ³ pja¹] 越泰càng pa [ka:ŋ³ pa¹] 越xương cá[sɯ:ŋ¹ ka⁵]

【鱼粉】 泰ปลาป่น[pla:² pon⁵] 越bột cá[ʔbot⁸ ka⁵] 芒bôt cả[ʔbot⁸ ka³]

【鱼干】 泰ปลาแห้ง[pla:²hɛ:ŋ³] 老ປາແຫ້ງ[pa:¹' hɛ:ŋ³] 越泰pa dàng[pja¹ ja:ŋ³] 越cá khô[ka⁵ xo¹] 芒cá khô[ka³ kho¹]

【鱼肝油】 泰น้ำมันตับปลา[nam⁴ man² tap⁷ pla:²] 老ຢານ້ຳມັນປາ[ja:¹ nam⁴ man² pa:¹];ນ້ຳມັນຕັບປາ [nam⁴ man² tap⁷ pa:¹] 越dầu cá[zɤu² ka⁵] 芒dầu cả[zɤu² ka³]

【鱼钩】 泰เบ็ด[ʔbet⁷];เบ็ดตกปลา[ʔbet⁷ tok⁷ pla:²] 老ເບັດ[ʔbet⁷];ເບັດຕຶກປາ[ʔbet⁷ tuk⁷ pa:¹] 岱-侬bêt[ʔbet⁷] 越泰bét[ʔbet⁷] 普pha³ kjaw³[pha⁵

kja:u³];kjaw³[kja:u³] 越lưỡi câu[lɯ:i⁴ kɤu¹] 芒lãi cau[la:i⁴ kau¹]

【鱼篓】 泰หลัวปลา[lu:a¹ pla:²] 老ຂ້ອງ[khɔ:ŋ³];ตุ่ม [tum⁴] 岱-侬khương[khɯ:ŋ¹] 越giỏ cá[zɔ³ ka⁵]

【鱼露❸】 泰น้ำปลา[nam⁴pla:²];น้ำเคย[nam⁴khə:i²] 老ນ້ຳປາ[nam⁴ pa:¹] 岱-侬pja bằm[pja¹ ʔbam³] 越泰pa mắm[pa¹mam⁵] 越nước mắm[nɯ:k⁷ mam⁵] 芒bằm[ʔbam³];đác bằm[ʔda:k⁷ʔbam³];bằm cả[ʔbam³ ka³]

【鱼苗】 泰พันธุ์ปลา[phan²pla:²];ลูกปลา[lu:k¹⁰pla:²] 老ພັນປາ[phan² pa:¹];ລູກປາ[lu:k¹⁰ pa:¹];ไฮ[hai²] 越cá bột[ka⁵ ʔbot⁸]

【鱼塘】 泰สระเลี้ยงปลา[sa⁵ li:aŋ⁴ pla:²] 老ບຸ່ງລ້ຽງປາ [ʔbuŋ⁵ li:aŋ⁴ pa:¹];ໜອງປາ[nɔ:ŋ¹ pa:¹] 岱-侬thôm pja[thom¹ pja¹] 越ao nuôi cá[ʔa:u¹ nu:i¹ ka⁵]

【鱼丸】 泰ลูกชิ้นปลา[lu:k¹⁰ tshin⁴pla:²] 老ລູກຊິ້ນປາ [lu:k¹⁰ si:n⁴ pa:¹] 越chả cá viên[tsa³ ka⁵ vi:n¹];cá viên[ka⁵ vi:n¹]

【鱼尾葵】 老ຫາງປາ[ha:ŋ¹ pa:¹] 岱-侬co khuông [kɔ¹khu:ŋ¹];mạy khuông[mai⁴khu:ŋ¹] 越泰co khương[kɔ¹ khɯ:ŋ¹] 越cây móc[kɤi¹ mɔk⁷]

【鱼腥草】 泰คอร์เดตโฮทุยเนีย[khɔ:²ʔde:t⁹ho:²thui² ni:a²] 老ຄາວທອງ[kha:u² thɔ:ŋ²];ຜັກຄາວທອງ [phak⁷ kha:u² thɔ:ŋ²] 越giấp cá[zɤp⁷ ka⁵];giáp [zɤp⁷]

【鱼鹰】 泰เหยี่ยวจับปลา[ji:au⁵tsap⁷pla:²] 老ນົກອອກ[nok⁸ ʔɔ:k⁹] 越chim cốc[tsim¹ kok⁷]

【鱼子】 泰ไข่ปลา[khai⁵pla:²] 老ໄຂ່ປາ[khai⁵pa:¹]; ລອນໄຂ່ປາ[lɔ:n²khai⁵pa:¹] 越trứng cá[tşɯŋ⁵ka⁵] 芒chỏng cả[tşɤ:ŋ³ ka³]

【渔船】 泰เรือประมง[rɯ:a² pra⁵ moŋ²] 老ເຮືອຫາປາ

---

❶ 石家plaa¹; praa¹ 阿含plā A1
❷ 石家kaaŋ³
❸ 石家nam⁴ praa¹

[sa:u² ha:¹ pa:¹] 岱-侬 lừa tực pja[lɯə² tuɯk⁷ pja¹] 越 thuyền đánh cá[thwi:n² ʔdaŋ⁵ ka⁵]

【渔民】 泰 ชาวประมง[tsha:u²pra⁵moŋ²] 老 ຊາວປະມົງ[sa:u² pa² moŋ²];ຊາວປະໂມງ[sa:u² pa² mo:ŋ²];ຊາວຫາປາ[sa:u² ha:¹ pa:¹] 岱-侬 cần tực pja[kən² tɯk⁷ pja¹] 越 dân đánh cá[zɤn¹ ʔdaŋ⁵ ka⁵];dân chài[zɤn¹ tsa:i²];ngư dân[ŋɯ¹ zɤn¹] 芒 đân chài[ʔdɤn¹ tsa:l²]

【雨】 泰 ฝน[fon¹] 老 ຝົນ[fon¹] 岱-侬 phân[phən¹] 越泰 phôn[phon¹] 普 sāw⁴[sau⁴];sāw⁵[sau⁵] 越 mưa[mɯə¹] 芒 mưa[mɯə¹]

【雨点】 泰 เม็ดฝน[met⁸fon¹] 老 ຢາດຝົນ[ja:t⁹fon¹];ເມັດຝົນ[met⁸ fon¹] 越 hạt mưa[ha:t⁸ mɯə¹];giọt mưa[zɔt⁸ mɯə¹] 芒 hột mưa[hot⁸ mɯə¹]

【雨季】 泰 ฤดูฝน[rɯ¹ʔdu:² fon¹];หน้าฝน[na:³ fon¹] 老 ລະດູຝົນ[la⁵ʔdu:¹ fon¹];ຍາມຝົນ[ɲa:m² fon¹];ອັດສາການ[vat⁸ sa:¹ ka:n¹];ອັດສາມະ[vat⁸ sa:¹ na⁵];ໜ້າຝົນ[na:³ fon¹] 越 mùa mưa[muə² mɯə¹] 芒 mùa mưa[muə² mɯə¹]

【雨伞】 泰 ร่มกันฝน[rom³ kan² fon¹] 老 ຮົ່ມ[hom⁵] 越 ô[ʔo¹];dù[zu²];cái ô[ka:i⁵ ʔo¹];cái dù[ka:i⁵ zu²] 芒 ô[ʔo¹]

【雨水】 泰 น้ำฝน[nam⁴fon¹] 老 ນ້ຳຝົນ[nam⁴fon¹];ນ້ຳຟ້າ[nam⁴ fa:⁴];ນ້ຳຟ້ານ້ຳຝົນ[nam⁴ fa:⁴ nam⁴ fon¹] 岱-侬 nặmphân[nam⁴phən¹] 越泰 nặmphôn[nam⁴ phon¹] 越 nước mưa[nɯ:k⁷ mɯə¹]

【雨天】 泰 วันฝนตก[wan²fon¹tok⁷];วันที่มีฝนตก[wan² thi:³ mi:¹ fon¹ tok⁷] 老 ຟ້າຝົນ[fa:⁴ fon¹] 越 trời mưa[tʂɤ:i² mɯə¹]

【雨蛙】 泰 ปาด[pa:t⁹] 老 ໂຫງດ[ŋo:t⁹];ຕົວໂຫງດ[tu:a¹ ŋo:t⁹];ຕະປາດ[ta² pa:t⁹];ຂງຕະປາດ[khia:t⁹ ta² pa:t⁹] 越泰 tô pát[to¹ pa:t⁹] 越 ếch nhái[ʔet⁹ na:i⁵];con nhái[kɔn¹ na:i⁵]

【雨鞋】 泰 รองเท้าบูทลุยฝน[rɔ:ŋ¹ thau⁴ ʔbu:k⁹ lui¹ fon¹];รองเท้ายาง[rɔ:ŋ² thau⁴ja:ŋ²] 老 ເກີບກັນຝົນ[kə:p⁹ kan¹ fon¹] 越 giày đi mưa[zɤi² ʔdi¹ mɯə¹]

【雨衣】 泰 เสื้อคลุมฝน[sɯ:a³khlum²fon¹];เสื้อกันฝน[sɯ:a³kan¹fon¹];เสื้อฝน[sɯ:a³fon¹] 老 ເສື້ອກັນຝົນ[sɯ:a³ kan¹' fon¹] 岱-侬 sửa phân[ɬɯə³ phən¹] 越泰 xửa phôn[sɯə³ phon¹] 普 bok¹ cjaw³[bɔk⁵ tsja:u³] 越 áo mưa[ʔa:u⁵ mɯə¹] 芒 áo mưa[ʔa:u¹ mɯə¹]

【语言❶】 泰 ภาษา[pha:²sa:¹] 老 ພາສາ[pha:⁵sa: ];ພາສາຄຳເວົ້າ[pha:sa:¹kham²vau¹];ພະສາ[pha²sa:¹] 岱-侬 tiểng[ti:ŋ³];tiểng cảng[ti:ŋ³ka:ŋ³] 越泰 quăm[kwa:m²] 越 ngôn ngữ[ŋon¹ ŋɯ⁴] 芒 thiểng pỏ[thi:ŋ³ po⁴]

【羽毛】 泰 ขน[khon¹];ขนนก[khon¹nok⁸] 老 ຂົນ[khon¹];ຂົນມີກ[khon¹ nok⁸] 岱-侬 khônđảm[khon¹ ʔda:m³];khôn miền[khon¹ mi:n²];khôn bâu[khon¹ ʔbəɯ¹];khôn búa[khon¹ ʔbuə⁵] 越泰 khôn xẻm[khon¹sem³];khôn đản[khon¹ʔda:n³] 普 hwăn⁴ nuk²[huan⁴ nuk²] 越 lông chim[loŋ¹ tsim¹];lông vũ[loŋ¹ vu⁴] 芒 lông mao[loŋ¹ ma:u¹]

【羽毛球】 泰 แบดมินตัน[ʔbɛ:t⁹min²tan²];ลูกแบดมินตัน[lu:k¹⁰ ʔbɛ:t⁹ min² tan²];ลูกขนไก่[lu:k¹⁰ khon¹ kai⁵] 老 ດອກປິງໄກ່[ʔdɔ:k⁹pi:k⁹kai⁵];ປິງໄກ່[p :k⁹ kai⁵];ລູກປິງໄກ່[lu:k¹⁰pi:k⁹kai⁵];ກີລາປິງໄກ່[ki²la:² pi:k⁹kai⁵];ແບດມິນຕັນ[ʔbɛ:t⁹mi:n²tan²] 越 cầu lông[kɤu² loŋ¹]

【玉米】 泰 ข้าวโพด[kha:u³ pho:t¹⁰] 老 ເຂົ້າສາລີ[khau³ sa:¹ li:²];ໝາກສາລີ[ma:k⁹ sa:¹ li:²];ເຂົ້າໂພດ[khau³ pho:t¹⁰];ເຂົ້າໂຕດ[khau³ kho:t¹⁰];ເຕືອຍມານ[ʔdɯ:ai¹¹ ma:n²] 岱-侬 khẩu tẩy[khəu³ təi⁵];vặp[ʔbap⁸] 越泰 khẩu lĩ[khau³ li²] 普 hu²[hu²] 越 ngô[ŋo¹];bắp ngô[ʔbap⁹ŋo¹] 芒 lé[le⁴];khẩu[khəu¹];lô khâu[lo⁴ khəu⁴]

【玉米酒】 泰 เหล้าข้าวโพด[lau³ kha:u³ pho:t¹⁰] 老

❶ 阿含 khām A2

เหล้าเข้าสาลี[lau³khau³sa:¹li:²] 越rượu ngô[zɯ:u⁶ ŋo¹]

【玉米面】 泰แป้งข้าวโพด[pɛ:ŋ³ kha:u³ pho:t¹⁰] 老แป้งสาลี[pɛ:ŋ⁴ sa:¹ li:²] 越bột ngô[ʔbot⁸ ŋo¹] 芒pung khāu[puŋ¹ khau⁴]

【玉米须】 泰หมอยข้าวโพด[mɔ:i¹ khau³ pho:t¹⁰] 老ฝอยเข้าโพด[mɔ:i¹ khau³ pho:t¹⁰];ฝอยเข้าสาลี[mɔ:i¹ khau³ sa:¹ li:²];ยอดสาลี[ɲɔ:ŋ² sa:¹ li:²] 傣-侬mùm băp[mum³ ʔbap⁷];nhuột băp[ɲɯ:t⁸ ʔbap⁷] 越泰moi khâu lī[mɔi¹ khau³ li:²] 越râu ngô[zɤu¹ ŋo¹]

【玉米粥】 泰โจ๊กข้าวโพด[tso:k⁴ khau:³ pho:t¹⁰] 老เข้าปูกสาลี[khau³ pi:ak⁹ sa:¹ li:²] 越cháo ngô[tsa:u⁵ ŋo¹]

【玉石】 泰หยก[jok⁷] 老ยืก[jok⁷];มะนีมีลัด[ma⁵ ni:² lat⁸] 傣-侬hin pảo[hin¹ pa:u³];hin quí pèng[hin¹ kwi⁵ peŋ²] 越泰ngọc[ŋɔk⁸];kẻo[kɛu⁵] 越ngọc[ŋɔk⁸];đá ngọc[ʔda⁵ ŋɔk⁸];đá quý[ʔda⁵ kwi⁵];ngọc thạch[ŋɔk⁸that⁸];hòn ngọc[hɔn² ŋɔk⁸] 芒khū quý[khu⁴kwi³];hòn ngọc[hɔn² ŋɔk⁸];ngọc[ŋɔk⁸]

【浴巾❶】 泰ขาวม้า[kha:u¹ ma:⁴];ผ้าขาวม้า[pha:³ kha:u¹ ma:⁴];ขะม้า[kha⁵ ma:⁴];ผ้าเช็ดตัว[pha:³ tshet⁸ tu:a²] 老แพฮาบน้ำ[phɛ:³ ʔa:p⁹ nam⁴] 越khăn tắm[xan¹ tam⁵] 芒khăn thằm[khan¹ tham³]

【浴室】 泰ห้องอาบน้ำ[hɔ:ŋ³ ʔa:p⁹nam⁴] 老ฮ้องอาบน้ำ[hɔ:ŋ³ ʔa:p⁹ nam⁴] 越phòng tắm[fɔŋ² tam⁵];buồng tắm[ʔbu:ŋ² tam⁵] 芒nhà thằm[ɲa:² tham³]

【育苗】 泰เพาะต้นอ่อน[phɔ⁴tɔn³ʔɔ:n⁵];เพาะกล้า[phɔ⁴ kla:³] 老เพาะกล้า[phɔ⁵ ka:⁴] 傣-侬chay[tɕai¹] pjan[pjan¹] 越ươm giống[ʔɯ:m¹ zɔŋ⁵];ươm mạ[ʔɯ:ŋ¹ ma⁶];ươm cây[ʔɯ:m¹ kɤi⁴];ương giống[ʔɯ:ŋ¹ zɔŋ⁵];ương mạ[ʔɯ:ŋ¹ ma⁶];ương cây[ʔɯ:ŋ¹ kɤi¹]

【育秧】 泰เพาะต้นกล้า[phɔ⁴ton³kla:³] 老เพาะต้นฝ้า[phɔ⁵ton⁴ka:⁴] 越ươm mạ[ʔɯ:m¹ ma⁶];ương mạ[ʔɯ:ŋ¹ ma⁶]

【育种】 泰เพาะเมล็ดพันธุ์[phɔ⁴ma⁴let⁸phan²] 老เพาะเม็ดพัน[phɔ⁵met⁸phan²] 越ươm giống[ʔɯ:m¹ zɔŋ⁵];gây giống[ɤɯi⁴ zɔŋ⁵];tạo giống[ta:u⁶ zɔŋ⁵]

【芋头】 泰เผือก[phɯ:ak⁹];บอนหัว[ʔbɔ:n²hu:a¹];บอนหัวใต้[ʔbɔ:n²hu:a¹tai³] 老เผือก[phɯ:ak⁹];บอนขาว[ʔbɔ:n¹¹ kha:u¹];มันเผือก[man² phɯ:ak⁹];หัวเผือก[hu:a¹ phɯ:ak⁹];ฝากเผือก[ma:k⁹phɯ:ak⁹] 傣-侬phược[phɯ:k⁷] 越泰mák phước[ma:k⁷ phɯ:k⁷] 普rô²[ro²] 越khoai sọ[xwa:i¹ ʂɔ⁶] 芒khoai xō[khwa:i¹ sɔ⁴]

【预报】 泰พยากรณ์[pha⁴ ja:² kɔ:n²] 老พะยากทอน[pha⁵ ɲa:² kɔ:n²] 越dự báo[zɯ⁶ ʔba:u⁵];báo trước[ʔba:u⁵ tʂɯ:k⁷]

【预备】 泰เตรียม[ti:am²] 老ຕຽມ[ti:am¹'] 越sắn sàng[ʂan⁴ ʂa:ŋ²];dự bị[zɯ⁶ ʔbi⁶];chuẩn bị[tsɯɤn³ ʔbi⁶];sửa soạn[ʂɯɤ³ ʂwa:n⁶] 芒dữ bĭ[zɯ¹ ʔbi⁴]

【预防】 泰ป้องกัน[pɔ:ŋ³kan²] 老ກັນ[kan¹];ป้องกัน[pɔ:ŋ⁴ kan¹];ป้องไว้[pɔ:ŋ⁴ vai⁴];ป้องกันไว้[pɔ:ŋ⁴ kan² vai⁴] 越đề phòng[ʔde² fɔŋ²];phòng bị trước[fɔŋ² ʔbi⁶ tʂɯ:k⁷] 芒phòng[fɔŋ²]

【预感】 泰สังหรณ์[saŋ¹hɔ:n¹] 老ลางสังทอบ[la:ŋ¹ saŋ¹ hɔ:n¹] 越cảm thấy trước[ka:m³ thɤi² tʂɯ:k⁷];dự cảm[zɯ⁶ ka:m³]

【预习】 泰เตรียมการเรียนล่วงหน้า[tri:am² ka:n² ri:an² lu:aŋ⁵ na:³] 老ธูบล่อງຫນ້າ[hi:an² lu:aŋ⁵ na:³] 越chuẩn bị bài[tsɯɤn³ ʔbi⁶ ʔba:i²];học trước những bài thầy sắp giảng[hɔk⁸ tʂɯ:k⁷ ɲɯŋ⁴ ʔba:i² thɤi² ʂap⁷ za:ŋ³]

【预约】 泰นัด[nat⁸] 老มัด[nat⁸] 越hẹn trước

---

❶ 石家 phiɨn⁴ khaʔ⁶ maa²

[hen⁶ tsɯːk⁷];hẹn sẵn[hɛn⁶ ʂan⁴]

【预兆】 泰 นิมิตหมาย[ni⁴mit⁸maːi¹];ลาง[laːŋ²] 老 ลาง[laːŋ²];เหตุลาง[heːt⁹laːŋ²];ลางสังทอบ[laːŋ² saŋ⁵hɔːn¹];บุบผะมีมิด[ʔbup⁷pha⁵ni⁵mit⁸] 越 triệu chứng[tsiːu⁵tsɯŋ⁵];điểm[ʔdiːm²];dấu hiệu báo trước[zɤu⁵hiːu⁶/baːu⁵tsɯːk⁷];điểm báo trước[ʔdiːm² ʔbaːu¹ tsɯːk⁷] 芒 tiềm[tiːm²]

【狱卒】 泰 พัศดี[phat⁸ʔdiː¹] 老 มายคุก[naːi² khuk⁸] 越 línhcoingục[liŋ⁵kɔi¹ŋuk⁸];caingục[kaːi¹ŋuk⁸] 芒 cai nguc[kaːi¹ ŋuk⁸]

【遇见】 泰 พบ[phop⁸];จวบ[tsuːap⁹];เจอ[tsɤː²];เจ่อ [tsɤː¹];ปะ[paː⁵];พาน[phaːn²];สบ[sop⁷] 老 พ้บ[phop⁸];พ้บเห้ม[phop⁸ hen¹];พ้บพ้ห[phop⁸ phɔː⁴];เจ๊[tsɤː²]; เจ๊[tsɤː¹];เจิบ[tsɤp⁷];ฮ้บ[hop⁸];จอบ[tsuːap⁹]; ปะจอบ[paːtsuːap⁹];กะมะ[kaːma⁵];ถมะ[kha ma⁵];ปะสบ[paːsop⁷];ปะสบผืบเห้ม[paːsop⁷phon¹ hen¹];ปะสบพ้บเห้ม[paːsop⁷ phop⁸ hen¹];พ้ห[phɔː⁴]; บันจอบ[ʔban¹ tsɔːp⁹];บับสบ[ʔban¹ sop⁷];พาน [phaːn²] 岱-侬 chập[tɕap⁸];rập[rəp⁸] 越泰 po[pɔ⁵] 普 săp[sap⁵] 越 gặp[yap⁸];bắt gặp[ʔbat⁷ yap⁸] 芒 căp[kap⁸];tồi[toi⁴];chóp[tsɔp⁷];pắt căp[pat⁵ kap⁸]

【愈合】 泰 หายสนิท[haːi¹sa⁵nik⁷] 老 ต่อจอด[tɔː² tsɔːt⁹] 越 liền lại[liːn² laːi⁶];lành lại[laŋ⁶ laːi⁶]

【冤家】 泰 คู่แค้น[khuː³ khɛːn⁴];ศัตรูคู่แค้น[sat⁷ ruː² khuː³ khɛːn⁴] 老 อะลี[ʔaː² liː⁵] 越 kẻ thù[kɛ³ thuː²]; cừu địch[kɯu² ʔdit⁸]

【冤枉】 泰 ความผิดที่ถูกใส่ร้ายแกล้งอย่าง ไม่เป็น ธรรม[khwaːm² phit⁷ thiː³ thuːk⁹ sai⁵ raːi⁴ klaŋ² klɛːŋ³ jaːŋ⁵ mai³ pen² tham²] 岱-侬 van chá[vaːn² tɕa⁵] 越泰 oan[ʔwaːn¹];nham[naːm¹] 越 oan uổng[ʔwaːn¹ ʔuːŋ³];oan khuất[ʔwaːn¹ xwɤt⁷];chịu oan[tsiu⁶ ʔwaːn¹];đổ oan[ʔdo³ ʔwaːn¹] 芒 tố wan [toː⁵ waːn¹];wan uống[waːn¹ ʔuːŋ¹]

【鸳鸯】 泰 เป็ดแมนดาริน[pet⁷ mɛːn² daː² rin⁵] 老 เป็ดแมนดาลิน[pet⁷mɛːn²ʔdaː:¹¹lin²] 越泰 énương [ʔɛn⁵ ʔɯːŋ¹] 越 uyên ương[ʔwiːn¹ ʔɯːŋ¹]

【原告】 泰 โจทก์[tsoːt⁹] 老 ผู้ฮ่าวขาง[phuː³kaːu⁵ haː¹] 越 nguyên đơn[ŋwiːn¹ ʔdɤːn¹];nguyên cáo [ŋwiːn¹ kaːu⁵];bên nguyên[ʔben¹ ŋwiːn¹];người đứng kiện[ŋɯːi² ʔdɯŋ⁵ kiːn⁶]

【原籍】 泰 ภูมิลำเนาเดิม[phuː² miː⁴ lam² nau² ʔdɤːm²] 老 ถิ่ม[thin⁵];ถิ่มเดิม[thin⁵ʔdɤːm²];ท้องถิ่มเดิม [thɔːŋ⁴ thin⁵ ʔdɤːm²] 岱-侬 quê cốc[kwe¹ kok⁷]; cốcchờ[kok⁷tɕɔː³] 越 nguyênquán[ŋwiːn¹ kwaːn⁵]; quê quán[kwe¹ kwaːn⁵]

【原价】 泰 ราคาเดิม[raː² khaː² ʔdɤːm²] 老 ลากาเติ้มห้าง [laː² khaː² ton⁴ thaːŋ²];ลากาเดิม[laː² khaː² ʔdɤːm²] 越 giá gốc[zaː⁵ γok⁷];giá vốn[zaː⁵ von⁵] 芒 dả vốn [zaː³ von³]

【原谅】 泰 ให้อภัย[hai⁵ ʔa⁵ phaːi²];ยกโทษ[jok⁸ thoːt¹⁰] 老 ใข้อะไพ[hai³ ʔa² phaːi²];อะไพโทด[ʔa² phɤi² thoːt¹⁰];อะไพ[ʔa² phaːi²];ยีกโทด[ɲok⁸ thoːt¹⁰] 岱-侬 nhường ngồi[ɲɯːŋ³ ŋoi²];sla pjói[ɬaː¹ pjoi⁵] 越泰 phóng quang[phɔŋ⁵ kwaːŋ¹] 普 Vân⁴[βɤn⁴]; lạj³ Vân⁴[laːi³ βɤn⁴] 越 tha thứ[thaː¹ thuː⁵];thứ lỗi [thuː⁵ loi⁴] 芒 thử lỗi[thuː³ loi⁴];tha thử[thaː¹ thuː³]; tha thổi[thaː¹ thoi⁴];tha lỗi[thaː¹ loi⁴]

【原先】 泰 เมื่อก่อน[mɯːa³ kɔːn⁵];เดิมที[ʔdɤːm² thiː²]; แต่ก่อน[tɛː⁵ kɔːn⁵] 老 เดิมที[ʔdɤːm¹ thiː²];แต่ก่อม[te⁵ kɔːn⁵] 岱-侬 tầu đú[təu⁵ ʔdu⁵];pửa đú[pɯːa³ ʔdu⁵];cốc xit[kok⁷sit⁷] 越泰 mự khoẹk[mɯ⁴ khwɛk⁸];khay cốc[khaːi¹kok⁷];cốc khoẹk[kok⁷ khwɛk⁸] 越 ban đầu[ʔbaːn¹ʔdɤu²];thoạt tiên [thwaːt⁸ tiːn¹];trước kia[tsɯːk⁷ kiə¹]

【圆】❶ 泰 กลม[klom²];มน[mon²] 老 มี้น[mon²]; ป้อม[pɔːm⁴];ก้ม[kom¹] 岱-侬 mần[mən²]; mồn[mon²] 越泰 mồn[mon²] 普 lâm⁴[lɤm⁴]; lơm⁴[lɤːm⁴] 越 tròn[tsɔn²] 芒 lâm[lɤm¹];long

❶ 石家 mon⁴  阿含 klâm A1

[lɔŋ¹];quil[kwil²]

【圆规】 泰วงเวียน[woŋ² wi:an²] 老ວົງວຽນ[voŋ² vi:an²];ກົມປາ[kom¹' pa:¹'] 越com-pa[kɔm¹ pa¹]

【圆茄】 泰มะเขือกลม[ma:k⁹ khɯ:a¹ klom²] 老ໝາກເຂືອປ້ອມ[ma:k⁹ khɯa¹ pɔ:m⁴] 傣-侬mac khua mằn[ma:k⁷ khɯə¹ mən⁴] 越泰khua xản[khɯə¹ sa:n³] 壮cà bát[ka² ʔba:t⁷];cà ăn[ka² ʔan¹]

【圆珠笔】 泰ปากกาลูกลื่น[pa:k⁹ ka:² lu:k¹⁰ lɯ:n³] 老ປາກກາລູກພື້ນ[pa:k⁹ ka:¹' lu:k¹⁰ mɯ:n⁵];ປາກກາເມິກແຫ້ງ[pa:k⁹ ka:¹' mək⁸ hɛ:ŋ³] 越bút bi [ʔbut⁷ ʔbi¹]

【圆桌】 泰โต๊ะกลม[to⁴klom²] 老ໂຕະມົນ[to²mon²] 越bàn tròn[ʔba:n² tʂɔn²]

【元旦】 泰วันขึ้นปีใหม่[wan² pi:² mai⁵];วันปีใหม่ [wan² pi:² mai⁵] 老ວັນຂຶ້ນປີໃໝ່[van² khɯn⁵ pi:¹' mai⁵] 越Nguyên đán Tết dương lịch[ŋwi:n¹ ʔda:n⁵ tet⁷ zɯ:ŋ¹ lit⁸]

【元配】 泰เมียหลวง[mi:a² lu:aŋ¹] 老ເມຍໃຫຍ່[mi:a² ɲai⁵];ເມຍຫລວງ[mi:a² lu:aŋ¹];ຂາເຍດເອກະພະລິຍາ[sa:² ɲe:t¹⁰ ʔe:¹' ka² pha⁵ li⁵ ɲa:³];ຂາເຂດ[sa:¹ ɲe:t¹⁰];ຂາເຂນ[sa:²ɲe:n²] 傣-侬mè côc[mɛ³kok⁷] 越泰mè luông[mɛ⁶lu:ŋ¹];mè cốc[mɛ⁶kok⁷];mĩa luông [miə²lu:ŋ¹] 普maj³lu⁴[ma:i²lu⁴] 越vợ cả[vɤ⁶ka³];người vợ đầu[ŋɯ:i:²vɤ⁶ʔdɤu²] 壮vỡ cá[vɤ⁴ ka⁵];vỡ chinh[vɤ⁴ tsiŋ³];vỡ nhất[vɤ⁴ ɲɤt⁷]

【元宵吃~】 泰ขนมบัวลอย[kha⁵ nom¹ ʔbu:a² lɔ:i²] 傣-侬fù noòng[fu²nɔ:ŋ²];poòng fù[pɔ:ŋ²fu²] 越bánh trôi[ʔbaŋ⁵tʂoi¹] 壮pènh tlôi[peŋ⁵tloi¹];nót [nɔt⁷]

【园丁】 泰ชาวสวน[tsha:u² su:an¹];คนทำ สวน[khon² tham² su:an¹] 老ຊາວສວນ[sa:u² su:an¹] 越người làm vườn[ŋɯ:i:² la:m² vɯ:n²];công nhân trồng cây

cối, hoa cỏ[koŋ¹ ɲɤn¹ tʂoŋ² kɤi¹ koi⁵, hwa¹ kɔ³]

【园子❶】 泰สวน[su:an¹] 老ສວນ[su:an¹];ຮົ້ວສວນ[hu:a⁵ su:an¹];ເຮືອກສວນ[hɯ:ak¹⁰ su:an¹] 傣-侬sluôn[ɬu:n¹] 越泰xuôn[su:n¹] 普suơn¹ [su:n¹] 越vườn[vɯ:n²] 芒wần[wɤn²];cha[tsa¹]

【芫荽❷】 泰ผักชี[phak⁷ tshi:²];ผักชีลา[phak⁷ tshi: la²] 老ຜັກຫອມປ່ອມ[phak⁷ hɔm¹ pa:n⁵];ຜັກຫອມປ້ອມ [phak⁷ hɔ:m¹ pɔ:m⁴];ຫອມປ່ອມ[hɔ:m¹ pa:n⁵];ຫອມປ້ອມ [hɔ:m¹ pɔ:m⁴] 傣-侬phjăc hom[phjak⁷ hɔm¹] 越泰hom pèn[hɔm¹ pɛn³] 越rau mùi[ʐau¹ mui:¹];ngò[ŋɔ²]

【猿❸】 泰กัง[kaŋ²];วานร[wa:n²];เอป[ʔe:p⁹] 老ຂາງ [kha:ŋ⁵] 傣-侬căng[kaŋ¹];tua cảng[tuə¹ ka:ŋ³] 越泰cđak[k-ʔdak⁷];chang nĩ[tsaːŋ¹ ni²] 普?aj³ za² [ʔa:i³za²];?aj³ ra²[ʔa:i³ra²] 越vượn[vɯ:n⁶];con vượn[kɔn¹ vɯ:n⁶] 芒wần[wɤn⁴]

【缘由】 泰การ[ka:n²];ต้นเหตุ[ton³ he:¹ tu⁵] 老ສາຍເຫດ[sa:i¹ he:t⁹];ສາເຫດ[sa:¹ he:t⁹];ມູນເຫດ [mu:n²he:t⁹] 傣-侬côc xit[kok⁷ɕit⁷];côc sló[kok⁷ ɬɔ⁵] 越泰cốc pai[kok⁷pa:i¹] 越nguyên do[ŋwi:n¹ zɔ¹];nguyên cớ[ŋwi:n¹ kɤ⁵];duyên cớ[zwi:n¹ kɤ⁵]

【远❹】 泰ไกล[klai²] 老ໄກ[kai¹] 傣-侬quây [kwəi¹] 越泰cay[kai¹] 普khăj³[khai³] 越xa[sa¹] 芒xa[sa¹]

【远客】 泰แขกที่มาจากที่ไกล[khɛ:k⁹ thi:³ ma:² tsa:k⁹ thi:³ klai²] 老ແຂກຄົນທາງໄກ[khɛ:k⁹ khon² tha:ŋ² kai¹'] 越khách phương xa[xat⁷ fɯ:ŋ¹ sa¹]

【远路】 泰ทางไกล[tha:ŋ² klai²] 老ທາງໄກ[tha:ŋ² kai¹'] 傣-侬tàng quây[ʔda:ŋ²kwəi¹] 越đường xa [ʔdɯ:ŋ¹ sa¹]

【远视眼】 泰สายตายาว[sa:i¹ ta:² ja:u²] 老ຕາຍາວ [ta:¹' ɲa:u²];ຕາໄກ[ta:¹' kai¹'] 越viễn thị[vi:n⁴ thi⁶]

---

❶ 石家 suan² 阿含 shun A1 掸 shon A1 泐 son A1  
❷ 石家 phrak⁴-sii⁴  
❸ 掸 kaŋ B2 泐 kaŋ B2  
❹ 阿含 jau；nĩ；shai A1 掸 kăi A1 泐 kăi A1 拉哈 kahɤj⁵

【怨恨】泰ความแค้นใจ[khwa:m² khɛ:n⁴ tsai²] 老ອາດງາດ[ʔaːˈˈkhaːt¹⁰];岱-侬diu slính[jiu¹ɬiŋ⁵] 越泰pǔn[pun²];chốm mang[tsom⁵ ma:ŋ¹] 越oán hận[ʔwa:n⁵ hɤn⁶];oán thù[ʔwa:n⁵ thu²];oán ghét[ʔwa:n⁵ ɣɛt⁷];oán trách[ʔwa:n⁵ tsat⁷];hờn tủi[hɤ:n⁵ tui³];tủi hờn[tui³ hɤ:n⁵];hận[hɤn⁶] 芒 thiết thân[thi:t⁸ thɤn¹];hẫn[hɤn⁴];wãn hờn[wa:n³hɤ:n⁵];wãn két[wa:n³ kɛt⁷]

【怨言】泰คำบ่น[kham² ʔbon⁵] 越lời oán thán[lɤ:i² ʔwa:n⁵ tha:n⁵]

【愿意_我~去】泰ยอม[jɔ:m²] 老จำมิ่ง[tsam¹ˈ noŋ²] 岱-侬nhặn[ɲan³];ử[ʔɯ:] 越vui lòng[vui¹lɔŋ²];bằng lòng[ʔbaŋ⁵lɔŋ²];sẵn lòng[ʂan⁴lɔŋ²] 芒khǎn lòng[khan⁴ lɔŋ²]

【院子】泰กบาลบ้าน[ka⁵ʔba:n²ʔba:n³];คอก[khɔ:t¹⁰];ทับเกษตร[thap⁸ka⁵se:t⁹];ลานบ้าน[la:n²ʔba:n³] 老ເດີ່ນ[ʔdɤn⁴];ເດີ່ນບ້ານ[ʔdɤ:n⁵ba:n⁴];ກາງບ້ານ[ka:ŋˈˈʔba:n⁴] 岱-侬làng coòng[la:ŋ³kɔ:ŋ³] 越泰khuống[khu:ŋ³];cang khuống[ka:ŋˈkhu:ŋ⁵] 普polAng[pɤ⁰lɔŋ³] 越sân nhà[ʂɤn¹ɲa²] 芒khướng[khu:ŋ³]

【约_~时间】泰นัด[nat⁸] 老มัด[nat⁸];มัดแบะ[nat⁸nɛ⁵];ຊວນ[su:an²] 岱-侬điu slính[ʔdiu¹ɬiŋ⁵] 越泰hẹn[hɛn⁴] 越rủ[ru³];hẹn[hɛn⁶];mời[mɤ:i²] 芒rú[zu⁵]

【约定】泰นัดไว้[nat⁸wai⁴] 老มัด[nat⁸];มัดแบะ[nat⁸nɛ⁵];ผัดกับ[phat⁷kan¹];ผัด[phat⁷] 岱-侬dàn[ja:n³];sláng[ɬaŋ⁵] 越泰hẹn[hɛn⁴] 越hẹn[hɛn⁶];giao hẹn[za:u¹hɛn⁶];ước hẹn[ʔɯ:k⁷hɛn⁶];hẹn ước[hɛn⁶ʔɯ:k⁷];hẹn sẵn[hɛn⁶ ʂan⁴] 芒hēn[hɛn⁴];ước hēn[ʔɯ:k⁷ hɛn⁴]

【约会】泰นัด[nat⁸] 老มัด[nat⁸];มัดผิบ[nat⁸phop⁸] 岱-侬tò dàn[tɔ² ja:n³];tò sláng[tɔ² ɬaŋ⁵] 越泰hẹn[hɛn⁴] 越hẹn[hɛn⁶];hẹp gặp[hɛp⁶ ɣap⁸];hẹn hò[hɛn¹¹ hɔ²]

【月_↑~❶】泰เดือน[ʔdɯ:an²] 老ເດືອນ[ʔdɯ:an¹];มาด[ma:t⁵] 岱-侬bươn[ʔbɯ:n¹] 越泰bươn[ʔbɯ:n¹] 普nin¹[nin¹] 越tháng[tha:ŋ⁵] 芒kháng[kha:ŋ⁵]

【月饼】泰ขนมไหว้พระจันทร์[kha⁵ nom¹ wai³ phra⁴ tsan²];ขนมเปี๊ยะ[kha⁵ nom¹ pia⁴] 老ເຂົ້າຂະນົມພະຈັນ[khau³nom¹pha⁵tsan¹];ເຂົ້າເພຈັນ[khau³pha⁵ tsan¹] 岱-侬pèng hai[pɛŋ⁵ha:i¹] 越bánh trung thu[ʔban⁵ tʂuŋ¹ thu¹];bánh nướng[ʔban⁵ nɯ:ŋ⁵] 芒pênh nàng[pɛn³ na:ŋ³]

【月初】泰ต้นเดือน[ton³ ʔdɯ:an²] 老ຕົ້ນເດືອນ[ton⁴ ʔdɯ:an¹];ຫົວເດືອນ[hu:a¹ ʔdɯ:an¹] 越đầu tháng[ʔdɤu² tha:ŋ⁵]

【月底】泰ปลายเดือน[pla:i² ʔdɯ:an²];สิ้นเดือน[sin³ ʔdɯ:an²] 老ປາຍເດືອນ[pa:i¹ʔdɯ:an¹];ທ້າຍເດືອນ[tha:i⁴ʔdɯ:an¹] 越cuối tháng[ku:i⁵tha:ŋ⁵] 芒cuối kháng[ku:i³ kha:ŋ⁵]

【月光】泰แสงจันทร์[ʂɛ:ŋ¹ tsan²];แสงเดือน[ʂɛ:ŋ¹ ʔdɯ:an²] 老ແສງພະຈັນ[ʂɛ:ŋ¹ pha⁵ tsan¹] 越ánh trăng[ʔan⁵ tsaŋ¹];áng sáng trăng[ʔan⁵ ʂa:ŋ¹ tsaŋ¹]

【月黑夜】泰วันพระจันทร์อัดแสง[wan² phra⁴ tsɛn² ʔat⁷ ʂɛ:ŋ¹] 老ມື້ເດືອນດັບ[mɯ:⁴ ʔdɯ:an¹ ʔdap⁷] 越đêm không trăng[ʔdɛm¹ xoŋ¹ tsaŋ¹]

【月经】泰อุหลบ[ʔu⁵lop⁷];ประจำเดือน[pra⁵tsam² ʔdɯ:an²];เลือดประจำเดือน[lɯ:at¹⁰ pra⁵tsam² ʔdɯ:an²];รอบเดือน[rɔ:p¹⁰ʔdɯ:an²];ระดู[ra⁴ʔdu:²];เลือดระดู[lɯ:at¹⁰ra⁴ʔdu:²] 老ລະດູ[la⁵ʔdu:¹];ຕໍ່ມໂລຫິດ[tɔ:m⁵ lo:² hit⁷];ປະຈຳເດືອນ[pa² tsam¹ ʔdɯ:an¹];ລະດູ[la⁵ʔdu:¹] 普sân³qadê¹[ʂɤn³qa⁰de¹] 越kinh nguyệt[kin¹ ŋwi:t⁸];máu kinh nguyệt[mau⁵ kin¹ ŋwi:t⁸];thấy tháng[thɤ:i⁵ tha:ŋ⁵];máu kinh nguyệt[mau⁵ kin¹ ŋwi:t⁸]

---

❶ 石家 blian 阿含 din A1 掸 dɔn A1 泐 dɔn A1 拉哈 mathan¹ 拉基 mthiw¹

【月亮❶】泰เดือน[ʔdɯːan¹];ดวงเดือน[ʔduːaŋ² ʔdɯːan²];ดวงจันทร์[ʔduːaŋ² tsan²];หงาย[ŋaːi¹] 老เดือน[ʔdɯːan¹];จับ[tsan¹];พะจับ[pha⁵ tsan¹ˑ];ดวงจับ[ʔduːaŋ¹tsan¹];ดวงเดือน[ʔduːaŋ² ʔduːan¹];ดวงลาตี[ʔduːaŋ¹ˑ laː² tiː¹ˑ];สุขากอบ[suː² thaː² kɔːn¹];พะจับ[pha⁵ tsan¹];โลภพะจับ[loːk¹⁰ pha⁵ tsan¹];มาด [maːt¹⁰] 岱-侬hai[haːi¹] 越泰buơn[ʔbɯːn¹];luông buơn[luːŋ¹ ʔbɯːn¹] 普tan¹[taːn¹] 越trăng [tʂaŋ¹];cái trăng[kaːi⁵ tʂaŋ¹];mặt trăng[mat⁸ tʂaŋ¹] 芒kháng[kha:ŋ³];mắt kháng[mat⁸khaːŋ³];mênh kháng[meŋ⁴ khaːŋ³];cây kháng[kai³ khaːŋ³];mắt tlăng[mat⁸ tlaŋ¹]

【月食】泰จันทรุปราคา[tsan² tha⁴ ru⁴ pa⁵ ra:² khaː⁵];จันทรคราส[tsan²thra⁴khraːt¹⁰] 老จับทะฉาด[tsan¹ˑ tha⁵khaːt¹⁰];จับทะลุปะลาดา[tsan¹ˑ tha⁵luː⁵paːla:²khaː²];สะสิเฉาะ[saː²si²khɔː⁵];กับกิมเดือน[kop⁷ kin¹ ʔdɯːan¹];ลาหูสูบพะจับ[laː² huː¹ suːn¹ pha⁵ tsan¹] 岱-侬côp cáng kin hai[kop⁷ ka:ŋ⁵ kin¹ ha:i¹] 越泰cốp kin buơn[kop⁷ kin¹ ʔbɯːn¹] 越nguyệt thực[ŋwiːt⁸ thuk⁸]

【月牙儿】泰ดวงจันทร์เสี้ยว[ʔduːaŋ² tsan² siːau²] 老เดือนออกใหม่[ʔdɯːan¹ˑ ʔɔːk⁹maiˑ];พะจับฐูบท่อ[pha⁵ tsan¹ˑ huːp¹⁰ kiːau⁵] 越trăng lưỡi liềm[tʂaŋ¹ lɯːi⁴ liːm²];trăng non[tʂaŋ¹ nɔn¹]

【月晕】泰พระจันทร์ทรงกลด[phra⁴tsan² soŋ² klɔːt¹] 老วงแสงดวงพะจับ[voŋ² sɛːŋ¹ ʔduːaŋ¹ pha⁵ tsan¹];เหี้ยเดือน[kɤːŋ⁴ ʔdɯːan¹] 岱-侬toòng voòng hai[tɔːŋ² vɔːŋ² haːi¹] 越quầng mặt trăng[kwɤŋ² mat⁸ tʂaŋ¹]

【月中】泰กลางเดือน[klaːŋ² ʔdɯːan²] 老กางเดือน[kaːŋ¹ˑ ʔdɯːan¹];ข้างเดือน[thɔːŋ⁴ ʔdɯːan¹] 越giữa tháng[zɯːa⁴ thaːŋ⁵]

【岳父】泰พ่อตา[phɔː³ taː²] 老พ่อเฒ่า[phɔː⁵ thau⁵];พ่อเมย[phɔː⁵ miːa²] 岱-侬tá[taː⁵];pò tá[pɔ³ taː⁵]

【岳越】泰pò ta[pɔ³taː¹] 普pê⁴ căw³[peːᴬtsa:u³];zu⁴ sjaw¹[zu⁴ sja:u¹] 越bố vợ[ʔbo⁵ vɤ⁶];nhạc phụ[ɲaːk⁸ fuː⁶];ông nhạc[ʔoŋ¹ ɲaːk⁸] 芒pỗ mỗng[po³ moŋ⁴]

【岳母】泰แม่ยาย[mɛː⁵ jaːi²] 老แม่ยาย[mɛː⁵ ɲaːi²];แม่บาย[mɛː⁵ naːi²];แม่เมย[mɛː⁵ miːa²] 岱-侬tái [taːi⁵];mè tái[mɛ³ taːi⁵] 越泰mè nãi[mɛ⁶ naːi²] 普maj³ căw³[maːi² tsau³];maj³ sjaw¹[maːi² sja:u¹] 越mẹ vợ[mɛ⁶ vɤ⁶];bà nhạc[ʔbaː² ɲaːk⁸];nhạc mu [naːk⁸ mɤu⁸] 芒mễ mỗng[me⁴ moŋ⁴]

【越…越…】泰ยิ่ง... ยิ่ง...[jiŋ³…… jiŋ³……] 老ฮักไฮ่[sak⁸ saiˑ];ที่ใด ที่…ที่บับ[…thɔː⁵ ʔdaiˑ kɔː⁵… thɔː⁵ nan⁴];ยิ่ง…ยิ่ง…[niŋ³… niŋ³…]; ยิ่ง…ที่ยิ่ง…[niŋ³… kɔː⁵ niŋ³…];ที่ใด ที่…ที่บับ [… thɔː⁵ ʔdaiˑ kɔː⁵… thɔː⁵ nan⁴] 岱-侬nài… nài… [naːi³… naːi³…] 越泰hường… hường…[hɯːŋ⁶… hɯːŋ⁶…] 越càng… càng…[ka:ŋ²… ka:ŋ²…] 芒cẵng … cẵng …[kaŋ⁴ … kaŋ⁴ …]

【越来越】泰ทุกที่[thuk⁸ thiː³] 老แย่ง[hɛːŋ⁵];นับมี่นับ[nap⁸ mɯː⁴ nap⁸];นับอันนับ[nap⁸ van² nap⁸] 岱-侬chệt vẳn chệt[tɕeːt⁸ van² tɕeːt⁸];tày vẳn tày[tai² van² tai²] 越ngày càng[ŋaːi² ka:ŋ²];càng ngày càng[kaːŋ² ŋaːi² ka:ŋ²]

【阅览室】泰ห้องอ่านหนังสือ[hɔːŋ³ ʔaːn⁵naŋ¹ sɯː¹] 老ข้ออ่านบังสี[hɔːŋ³ ʔaːn⁵ naŋ¹ sɯː¹] 越phòng đọc[fɔŋ² ʔdɔk⁸]

【晕头~❷】泰วิงเวียน[wiŋ² wiːan²] 老วิงวน[viŋ² viːan²] 越choáng[tswaːŋ⁵];váng vật[vaːŋ⁵ vɤt⁸]

【晕车】泰เมารถ[mau² rot⁸] 老เมาลัด[mau² lot⁸] 越say xe[ʂaːi¹ ʂɛ¹];say gió[ʂaːi¹ zɔ⁵] 芒khay xe [khai¹ ʂɛ¹]

【晕船】泰เมาเรือ[mau² rɯːa²] 老เมาเรือ[mau² hɯːa²];เมากินทะเล[mau² khɯːn² thaː² le:²] 岱-侬mầu foòng nặm[mɤu² fɔŋ² nam⁴] 越say

---

❶ 石家blian¹ 阿含dūn A1;hāi A1 掸dən A1 拉哈mathan¹ 拉基mthiw¹
❷ 石家maw⁴

sóng[ʂai¹ ʐɔŋ⁵];say tàu[ʂai¹ tau²] 芒khay thiền[khai² thi:n²]

【晕倒】 泰สลบล้ม[sa⁵ lop⁷ lom⁴] 老ບັດ[ʔbat⁷] 越bị ngất[ʔbi⁶ ŋɤt⁷];sốc[ʂok⁷]

【晕厥】 泰งง[ŋoŋ¹];เป็นลม[pen²lom²] 老ໝິງ[miŋ⁵];สะหมิง[sa²miŋ⁵];ม้อย[mɔ:i⁵];สะม้อย[sa²mɔ:i⁴];ทอืดทอยอย[vit⁷ vɔ:i¹] 岱-侬đin[ʔdin³];đừa[ʔdɯa³] 越泰lừm mò[lum² mɔ⁶];tai đẳng[ta:i¹ ʔdaŋ³] 普tiơ¹ twan⁴[tie¹ tua:n⁴] 越hôn mê[hon¹ me¹];chết ngất[tset⁷ŋɤt⁷];ngất đi[ŋɤt⁷ʔdi¹];bất tỉnh[ʔbɤt⁷ tiŋ³] 芒chít pat[tsit⁷ pa:t⁸]

【云❶】 泰ฝ้า[fa:³];เมฆ[me:k¹⁰] 老ຟ້າ[fa:³];ເມື່ອ[fɯ:a³];ກ່ຽບຟ້າ[ki:p⁹ fa:⁴];ເມກ[me:k¹⁰];ເມກເມື່ອ[me:k¹⁰ fɯ:a³];ກ້ອມເມກ[kɔ:n⁴ me:k¹⁰];อาลีทอบ[va: li⁵ thɔ:n²] 岱-侬phả[pha³];phả fạ[pha³ fa⁴] 越泰phà[pha³] 普qa mwak²[qa⁰mwa:k²];qa muɔk²[qa⁰ mu:k²] 越mây[mɤi¹] 芒mầl[mɤl²];mây[mɤi¹]

【云层】 泰เมฆที่เป็นชั้น ๆ[me:k¹⁰ thi:³ pen² tshan⁴ tshan⁴];ชั้นเมฆ[tshan⁴ me:k¹⁰] 老ກຸ່ມເມກ[kum⁵ me:k¹⁰];ກ່ຽບຟ້າ[ki:p⁹ fa:⁴] 越tầng mây[tɤŋ² mɤi¹]

【云雀】 泰กระเด้าลม[kra³ʔdau³lom²] 老ມິກເຟື້ອງ[nok⁸fɯ:aŋ²];มิกากะจิบเฟื้อง[nok⁸ka²tsip⁷ fɯ:aŋ²];กะจิบเฟื้อง[ka² tsip⁷ fɯ:aŋ²] 越chim chiền chiện[tsim¹ tsi:n² tsi:n⁶];chim sơn ca[tsim¹ ʂɤ:n¹ ka¹]

【耘~田】 泰กำจัดหญ้าในไร่นา[kam² tsat⁷ ja:³ nai¹ rai³ na:¹] 老ກຳຈັດຫຍ້າໃນໄຮ່ນາ[kam¹' tsat⁷ na:¹ nai² hai⁵ na:¹] 越làm cỏ[la:m² kɔ³];giẫy[zɤi⁴];nhổ[no³] 芒là có[la² kɔ⁵]

【陨石】 泰หินดาวตก[hin¹ ʔdau:² tok⁷];หินอุกกาบาต[hin¹ ʔuk⁷ ka:² ʔba:t⁷] 老ໜ້ວຍອຸກກາບາດ[nu:ai⁵ ʔuk⁷ ka:² ʔba:t⁹];ຄວາມຟ້າ[khwa:n¹ fa:⁴] 越thiên thạch[thi:n¹ that⁸];đá trời[ʔda³ tʂɤ:i⁴];vẫn thạch[vɤn⁴ that⁸]

【运~货】 泰ขน[khon¹];ขนย้าย[khon¹ ja:i⁴] 老ລຳລຽງ[lam² li:aŋ²] 岱-侬tòa[twa³];thò[thɔ²] 越泰xải[sɛ:i⁵] 越vận chuyển[vɤ:n⁶ tswi:n³];vận tải[vɤ:n⁴ ta:i³] 芒vẫn tái[vɤn⁴ ta:i⁵]

【运动体育~】 泰กีฬา[ki:²la:²] 老ກິລາ[ki:²la:²];ກິລາ[k:¹' la:²] 越vận động[vɤn⁶ ʔdoŋ⁶]

【运费】 泰ค่าขนส่ง[kha:³ khon¹ soŋ⁵] 老ຄ່າຂົນສົ່ງ[kha:⁵ khon¹ soŋ⁵] 越cước phí vận tải[kɯ:k⁷ fi⁵ vɤ:n⁶ ta:i³];tiền cước chuyên chở[ti:n² kɯ:k⁷ tswi:n¹ tsɤ³]

【运河】 泰คลอง[khlɔ:ŋ²];ลำคลอง[lam²khlɔ:ŋ²] 老ຄອງ[khɔ:ŋ²];ລຳຄອງ[lam² khɔ:ŋ²];ຄອງນ້ຳ[khɤ:ŋ² nam⁴] 越sông đào[ʂoŋ¹ ʔda:u²];kênh đào[ke:ɲ¹ ʔda:u²]

【运气】 泰ชะโลก[tsha⁴lo:k¹⁰] 老ຊະຕາກຳ[sa⁵ta:¹' kam¹'];โชก[so:k¹⁰] 越số phận[ʂo⁵ fɤn⁶];vận mệnh[vɤn⁶ men⁶] 芒khổ phn[kho³ fɤn⁴]

【熨~衣服】 泰รีด[ri:t¹⁰] 老ລີດ[li:t¹⁰];ຮີດ[hi:t¹⁰] 岱-侬lụp phiêng[lup⁸ phi:ŋ¹] 越là[la²];ủi[ʔui⁻] 芒là[la²];tẩy úi[tɤi⁵ ʔui⁵]

【熨斗】 泰เครื่องรีดผ้า[khrɯ:aŋ³ri:t¹⁰pha:³];เตารีด[tau²ri:t¹⁰] 老ເຕົາຮີດ[tau¹ hi:t¹⁰];ເຕົງຮີດ[pha:ŋ hi:t¹⁰];ເຕົງລີດ[pha:ŋ¹li:t¹⁰];ເຫລກຮີດ[lek⁷hi:t¹⁰] 越bàn là[ʔba:n²la²];bàn ủi[ʔba:n²ʔui³] 芒pàn là[pa:n² la²]

【孕妇】 泰หญิงมีครรภ์[jiŋ¹ mi:² khan²] 老ແມ່ຍິງທີພາ[mɛ:⁵ niŋ¹ thɯ:¹ pha:²];ແມ່ມານ[mɛ:⁵ ma:n²] 越phụ nữ có mang[fu⁶ nɯ⁴ kɔ⁵ ma:ŋ¹];phụ nữ thai nghén[fu⁶ nɯ⁴ tha:i¹ ŋɛn⁵];đàn bà chửa[ʔda:n² ʔba² tsɯa³]

【孕穗】 泰รวงฟักตัว[ru:aŋ² fak⁸ tu:a²] 老ເຂົ້າງາມ[khau³ ma:n²] 越làm đòng[la:m² ʔdoŋ²];có đòng[kɔ⁵ ʔdoŋ²]

---

❶ 渤 fa C1　拉哈 mok²　拉基 mtô³ bô²

# Z

【扎~腰带】 泰 ขัด[khat⁷];รัด[rat⁸] 老 ລາດ[kha:t¹⁰]; ມັດ[mat⁸] 岱-侬 rặt[rat⁸] 越泰 hặt[hat⁸] 普 qjat⁵[qja:t⁵];kăn¹[kan¹] 越 thắt[that⁷] 芒 thắt[that⁷];tét[tɛt⁷]

【扎~辫子】 泰 นัด[nat⁸] 老 ມັດ[mat⁸] 岱-侬 phưa[phɯə¹];tặt[tat⁸] 越泰 phưa[phɯə¹] 普 cơng³[ci:ŋ³] 越 tét[tet⁷] 芒 khải[kha:i⁵]

【咂嘴】 泰 จุ๊ปาก[tsu⁴pa:k⁹] 老 ຮິບປາກ[hi:p⁹pa:k⁹] 越 chép miệng[tsɛp⁷ mi:ŋ⁶]

【砸~核桃】 泰 ทุบ[thup⁸];ทบ[thop⁸] 老 ທັບ[thap⁸]; ທຸບ[thup⁸] 岱-侬 thuôp[thu:p⁷] 普 dô⁴[do⁴] 越 đập[ʔɤp⁸] 芒 đập[ʔdɤp⁸];táp[tɤp⁷]

【砸碗~烂了】 泰 ทุบ[thup⁸] 老 ທັບ[thap⁸];ທຸບ [thup⁸] 岱-侬 pan[pa:n¹] 越 đập[ʔdɤp⁸];vỡ[vɤ⁴] 芒 táp[tɤp⁷]

【杂草】 泰 หญ้ารก[ja:³rok⁸] 老 ຫຍ້າຮົກ[na:³hok⁸] 越 cỏ dại[kɔ³ za:i⁶] 芒 có dāi[kɔ⁵ za:i⁴]

【杂货】 泰 สินค้าเบ็ดเตล็ด[sin¹kha:⁴²bet⁹ta⁵ let⁸] 老 ຂອງເບັດຕະເຫຼັດ[khɔ:ŋ¹ʔbet⁷ta²let⁷]; ສິນຄ້າເບັດຕະເຫຼັດ[sin¹kha:⁴²bet⁷ta²let⁷] 越 hàng tạp hoá[ha:ŋ² ta:p¹⁰ hwa⁵];tạp hoá[ta:p¹⁰ hwa⁵]

【杂货店】 泰 ร้านชำ[ra:n⁴tshɯa²] 老 ຮ້ານຄ້າເບັດຕະ ເຫຼັດ[ha:n⁴kha:⁴²bet⁷ta²let⁷];ຮ້ານເບັດຕະເລັດ [ha:ŋ⁴²bet⁷ta²let⁸];ຮ້ານຂາຍຂອງ[ha:n⁴kha:i¹ khɔ:ŋ¹] 越 cửa hàng tạp phẩm[kɯə³ ha:ŋ² ta:p¹⁰ fɤm³];cửa hàng tạp hoá[kɯə³ ha:ŋ² ta:p¹⁰ hwa⁵]

【杂技】 泰 กายกรรม[ka:i²kam²] 老 ກາຍະສິນ[ka:¹' na⁵sin¹] 越 xiếc[si:k⁷];tạp kỹ[ta:p⁸ki⁴] 芒 xiếc [si:k⁷]

【杂交】 泰 ผสมพันธุ์ระว่างสัตว์หรือพืชต่าง ประเภทกัน [pha⁵som¹phan²ra⁴wa:ŋ⁵sat⁵hrɯ:¹phɯ:t¹⁰ta:ŋ⁵pra⁵ phe:t¹⁰kan²] 老 ການປະສົມເຊື້ອ[ka:n¹'pa²som¹sɯ:a⁴]; ປະສົມພັນ[pa²som¹sɯ:a⁴];ການປະສົມພັນ[ka:n¹'pa² som¹sɯ:a⁴] 岱-侬 xăm fè[ɕam¹fɛ²] 越泰 chạk [tsa:k⁸] 越 lai giống[la:i¹ zoŋ⁵];tạp chủng[ta:p⁸ tsuŋ³]

【杂粮】 泰 ธัญพืชประเภทข้าวโพดถั่วเป็นอาทิ[than² phɯ:t¹⁰ pra⁵ phe:t¹⁰ kha:u³ pho:t¹⁰ tu:a⁵ pen² ʔa:¹ thi⁴] 老 ພືດພັນທີ່ກິນຕາງເຂົ້າ[phɯ:t¹⁰ phon² thi:⁵ kin¹'ta:ŋ¹khau³] 岱-侬 khoong bôc[khɔ:ŋ¹ʔbok¹] 越 hoa màu[hwa¹ mɤu²];hoa màu[hwa¹ mau²] 芒 wa màu[wa¹ mau²]

【灾难】 泰 ภัยจึง[phai² tsɯŋ²];ค่อย[khɔ:i³] 老 ເຄາະ [khɔ⁵];ເຄາະເອບເຂັມຮ້າຍ[khɔ⁵ ve:n² khen¹ ha:i⁴]; ไพ[phai²];ไพพีบัด[phai² phi⁵ ʔbat⁷];โพย[pho:i²]; เหดโพย[he:t⁹ pho:i²];เหดไพ[he:t⁹ phai²];อีบัด [vi:⁵ʔbat⁷];เหดอีบัด[he:t⁹vi:⁵ʔbat⁷];อุบาด[ʔu² ʔba:t⁹];พะยับตะลาย[pha⁵ɲan²ta²la:i²] 岱-侬 nản[na:n³];chai nản[tɕa:i¹na:n³];mền nản[mɛn⁶ na:n³] 越泰 nạn[na:n⁴] 越 tainạn[ta:i¹na:n⁶];taivạ [ta:i¹ va⁶];nạn[na:n⁶] 芒 tai năn[ta:i¹ na:n⁴];năn[na:n⁴]

【在~家休息】❶ 泰 อยู่[ju:⁵] 老 ยู่[ju:⁵] 岱-侬 dú[ju⁵] 越泰 dú[ju⁵] 普 qôj³[qoi³];quơj³[qu:i³] 越 ở[ʔɤ³]; có[kɔ⁵] 芒 ớ[ʔɤ⁵]

【在场】 泰 อยู่ในที่เกิดเหตุ[ju:⁵ nai² thi:³ kə:t⁹ he:t⁹] 越泰 mĩ nà[mi:²na³] 越 có mặt[kɔ⁵mat⁸] 芒 cỏ mắt[kɔ³ mat⁸]

【在行】 泰 เชี่ยวชาญ[tshi:au³ tsha:n²];ชำนาญ[tsham² na:n²] 老 ຊ່ຽວຊານ[si:au⁵ sa:n²];ຊຳນານ[sam² na:n²]

---

❶ 阿含 jü B1；mai 掸 ju B1　泐 ju B1

越lành nghề[laɲ² ŋe²];thạo[tha:u⁶]

【再~说一遍❶】 泰อีก[ʔi:k⁹];ใหม่[mai⁵] 老ฮิก[ʔi:k⁹];ฮิกต่อไป[ʔi:k tɔ:⁵ pai¹];ตึ่มฮิก[tɯ:m⁵ ʔi:k⁹];ตึ่ม[tɯ:m⁵] 傣พอย[pho:i²] 岱-侬tọ[tọ⁴] 越泰máu[mau⁵] 越lại[la:i⁶];nữa[nɯə⁴] 芒nưa[nɯə¹]

【再婚】 泰แต่งงานใหม่[tɛ:ŋ⁵ ŋa:n² mai⁵] 老แต่ງງານໃໝ່[tɛ:ŋ⁵ ŋa:n² mai⁵] 越tái hôn[ta:i⁵ hon¹]

【再见】 泰แล้วพบกันใหม่[lɛ:u⁴ phop⁸ kan² mai⁵] 老ພົບກັບໃໝ່[phop⁸ kan¹ mai¹] 越tạm biệt[ta:m⁶ ʔbi:t⁸] 芒tăm xa[ta:m⁴ sa¹]

【咱们❷】 泰เรา[rau²] 老ເຮົາ[hau²];ໝູ່ເຮົາ[mu:⁵ hau²];ພວກເຮົາ[phuak¹⁰ hau²];ຕູຂ້ອຍ[tu:¹ khɔ:i³];ຕູ[tu:¹];ຮາ[ha:²];ເຮົາຮາ[hau² ha²] 岱-侬rầu[rəu²];rà[ra²];hây[həi¹];boong hây[ɓo:ŋ¹ həi¹];boong rầu[ɓo:ŋ¹ rəu²] 越泰xáu[sau⁵];hãu[hau²];xŭm hãu[sum⁵ hau²];pững hãu[pɯŋ² hau²];phung hãu[phuŋ¹ hau²] 普tu³[tu³] 越chúng ta[tʂuŋ⁵ta¹];chúng mình[tʂuŋ⁵ miɲ²];ta[ta¹] 芒ha[ha¹];chúng ha[tʂuŋ⁵ ha¹];chúng miềnh[tʂuŋ⁵ mi:n²]

【攒~钱❸】 泰หอม[hɔ:m¹];รอม[rɔ:m²];สะสม[sa⁵ som¹] 老ຫອມ[hɔ:m¹];ທ້ອນ[thɔ:n⁴];ເກັບຍອມສະສົມ[kep⁷ jɔ:m¹ sa² som¹] 岱-侬dom[jɔ:m¹];thom[thɔm¹] 越泰thom[thɔm¹];hom[hɔm¹] 越để dành tiền[ʔde² zaɲ² ti:n²]

【赞成】 泰เห็นด้วย[hen¹ʔdu:ai³] 老ເຫັນຄອບຄ້ອຍ[hen¹ khu:an² ʔdu:ai⁴];ເຫັນດີ[hen¹ ʔdi:¹];ເຫັນດີເຫັນພ້ອມ[hen¹ʔdi:¹hen¹phɔ:m⁴];ເຫັນດ້ວຍ[hen¹ʔdu:ai²];ເຫັນຊອບ[hen¹ sɔ:p¹⁰];ເຫັນພ້ອມ[hen¹phɔ:m⁴] 岱-侬ù[ʔu²];ầu[ʔəu²] 越tán thành[ta:n⁵ than²];đồng ý[ʔdoŋ² ʔi⁵]

【暂时】 泰ชวคราว[tshu:at¹⁰ ra:u²] 老ຊາມງາມ[sa:m² ŋa:m²] 岱-侬êt sli[ʔet⁷ɬi²] 越tạm thời[ta:m⁶ thɤ:i²] 芒tăm thời[ta:m⁴ thɤ:i²]

【錾~楼板】 泰ปลูกบ้านด้วยคอนกรีต[plu:k⁹ ʔba:n³ ʔdu:ai³ khɔ:n² krik⁷] 老ສະກັດ[sa² kat⁷] 越tạc[ta:k⁸];khắc[xak⁷];chạm[tsa:m⁶];đục[ʔduk⁸] 芒chăm[tsa:m⁴];tuc[tuk⁸]

【錾子】 泰เหล็กสกัดหิน[lek⁷ sa⁵ kat⁷ hin¹] 老ເຫຼັກສະກັດ[lek⁷ sa² kat⁷] 越cái đục[ka:i⁵ ʔduk⁸] 芒cái tuc[ka:i⁵ tuk⁸]

【脏】 泰สกปรก[sok⁷ prok⁷] 老ເປື້ອນ[pɤ² pɯan⁴⁻];ເປື້ອນ[pɯan⁴] 岱-侬slăm[ɬam³];uối[ʔu:i⁵];a sloi[ʔa¹ɬɔi¹];slà[ɬa³] 越泰khện[khen⁴];uối[ʔu:i⁵] 普lê⁴ lɔj³[le⁴lɔi³];năm² sư⁴[nam²sɯ⁴] 越bẩn[ʔbɤn³];bẩn thỉu[ʔbɤn³ thiu³] 芒khơm[khɤ:m¹];lầm[lɤm⁴];thác[tha:k⁷];pần[pɤn²]

【脏水】 泰น้ำเน่า[nam⁴ nau³];น้ำสกปรก[nam⁴ sok⁷ prok⁷];น้ำคราม[nam⁴ khram²] 老ນ້ຳອ່ອຍ[nam⁴ ʔuai⁵];ນ້ຳເປື້ອນ[nam⁴pɯan⁴];ນ້ຳຈຶ້ນ[nam⁴tsɯ:n⁴];ນ້ຳໂສໂຄກ[nam⁴ so:¹ kho:k¹⁰] 越nước bẩn[nɯ:k⁷ ʔbɤn³] 芒đác khơm[ʔda:k⁷ khɤ:m¹]

【赃款】 泰เงินโจร[ŋɤ:n²tso:n²];เงินสินบน[ŋɤ:n² sin¹ ʔbon²] 老ເງິນໂຈນ[ŋɤn²tso:n¹];ເງິນສິນບົນ[ŋɤn² sin¹ ʔbon¹] 越tiền tham ô[ti:n² tha:m¹ ʔo¹];tiền ăn hối lộ[ti:n² ʔan¹ hoi⁵ lo⁶];tiền kiếm được do ăn cắp hay ăn đút lót[ti:n² ki:m⁵ ʔdɯ:k⁸ zɔ¹ ʔan¹ kap⁷ hai¹ ʔan¹ ʔdut⁷ lɔt⁷]

【赃物】 泰ของโจร[khɔ:ŋ¹tso:n²];ของที่มอบให้เป็นสินบน[khɔ:ŋ¹thi:³mɔ:p¹⁰hai³pen²sin¹ʔbon²] 老ຂອງກາງ[khɔ:ŋ¹ka:ŋ¹];ຂອງພຸ່ມ[khɔ:ŋ¹ phum⁵] 越quả tang[kwa³ta:ŋ¹];tang chứng[ta:ŋ¹ tʂɯŋ⁵];tang vật[ta:ŋ¹ vɤt⁸];của ăn cắp[kuə³ ʔan¹ kap⁷]

【葬礼】 泰พิธีฝังศพ[phi⁵ thi¹ faŋ¹ sop⁷];งานศพ[ŋa:n²

---

❶ 石家low²
❷ 阿含 rão  掸 hău A2; ha A2  泐 hrău A2; hra A2
❸ 阿含 râm A1  掸 hom A1

sop⁷]　老ງານສິບ[ŋa:n²sop⁷];ฉาปะบะกึดสิบ[sa:² pa² na⁵ kit⁷ sop⁷];ສິ່ງສະການ[soŋ⁵ sa² ka:n¹'];ພິທີສິ່ງສະການ[phi⁵thi:² soŋ⁵sa²ka:n¹'];ການປົງສິບ[ka:n¹' poŋ¹' sop⁷];ພິທີປົງສິບ[phi⁵ thi:² poŋ¹' sop⁷];ພິທີດັ່ງສິບ[phi⁵thi:²faŋ⁵sop⁷]　岱-侬pooc phi[pɔ:k⁷ phi¹];đám phi[ʔda:m³ phi¹]　越tang lễ[ta:ŋ¹ le⁴];lễ an táng[le⁴ ʔa:n¹ ta:ŋ⁵];việc mai táng[vi:k⁸ ma:i¹ ta:ŋ⁵];lễ tang[le⁴ ta:ŋ¹];đám ma[ʔda:m⁵ ma¹];đám tang[ʔda:m⁵ ta:ŋ¹]　芒đám ma[ʔda:m³ ma¹];đám hiểu[ʔda:m³ hi:u³]

【凿～木板❶】　泰เจาะ[tsɔ⁵]　老ເບາະ[ʔbɔ⁵]　岱-侬slíu[ɬiu⁵];boóng[ʔbɔ:ŋ⁵]　越泰xíu[siu⁵]　普lăj³ sAng²[lai³sɒŋ²]　越đục[ʔduk⁸];xoi[sɔi¹]　芒tục[tuk⁸];xoi[sɔi¹]

【凿子❷】　泰สิ่ว[siu⁵]　老ສິ່ວ[siu⁵]　ເຫຼັກສິ່ວ[lek⁷ siu⁵];ສິ່ວ[si:u⁵]　岱-侬mạc slíu[ma:k⁵ ɬiu⁵]　越泰mạk xíu[ma:k⁸ siu⁵]　普sAng²[sɒŋ²]　越cái đục [ka:i⁵ ʔduk⁸]　芒cái tuc[ka:i⁵ tuk⁸]

【早来得太～❸】　泰เช้า[tshau⁴]　老ເຊົ້າ[sau⁴]　岱-侬chạu[tɕau⁴];cón[kɔn⁵]　越泰chạu[tsau⁴]　越sớm[ʂɤ:m⁵]　芒khờm[khɤ:m³]

【早产】　泰คลอดก่อนกำหนด[khlɔ:t¹⁰ kɔ:n⁵ kam² not⁷]　老ຄອດກ່ອນກຳນົດ[khɔ:t¹⁰kɔ:n⁵kam¹' not⁵]　岱-侬slinh sliểu bươn[ɬiŋ⁴ɬi:u³ʔbɯ:n¹]　越đẻ non[ʔde³nɔn¹]　芒té non[te⁵nɔn¹];té non tháng[te⁵ nɔn¹' tha:ŋ⁵]

【早晨❹】　泰ตอนเช้า[tɔn²tshau⁴];ตอนเช้ามืด[tɔ:n² tshau⁴mɯ:t¹⁰];เช้าตรู่[tshau⁴tru:⁵];งาย[ŋa:i²];เพรางาย [phrau² ŋa:i²];รุ่งอรุณ[ruŋ³ ʔa⁵ run²]　老ເຊົ້າ[sau⁴];ຕອນເຊົ້າ[tɔ:n¹' sau⁴];ຍອມເຊົ້າ[ɲɔ:m² sau⁴];ຍາມເຊົ້າ[ɲa:m² sau⁴];ຍາມພາດ[ɲa:m² pha:t¹⁰];ຕູດເຊົ້າ[tu:⁵ sau⁴];ມີເຊົ້າ[mɯ:⁴sau⁴];ເວລາເຊົ້າ[ve:²la:²sau⁴];ຮຸ່ງເຊົ້າ[huŋ⁵ sau⁴]　岱-侬nâư chạu[nəɯ¹ tɕau⁴];chạu[tɕau⁴]　越泰tứn chạu[tɯn⁵ tsau⁴];phí hùng [phi⁵ huŋ⁶];hùng chạu[huŋ⁶ tsau⁴]　越sáng sớm [ʂa:ŋ⁵ʂɤ:m⁵];ban mai[ʔba:n¹'ma:i¹];ban sớm[ʔba:n¹ ʂɤ:m⁵];buổi sáng[ʔbu:i³ʂa:ŋ⁵]　芒khờm[khɤ:m³]; làng khờm[la:ŋ⁵ khɤ:m³]

【早稻】　泰ข้าวนาแรก[kha:u³na:²rɛ:k¹⁰];ข้าวเบา [kha:u³ ʔbau⁵];ข้าวไว[kha:u³ wai²]　老ເຂົ້າປ່[khau³ ʔbɔ:¹'];ເຂົ້າດ[khau³ dɔ:¹'];ລະດູນາແຊງ[la⁵²du:¹'na:² sɛ:ŋ²];ເຂົ້ານາແຊງ[khau³ na:² sɛ:ŋ²];ເຂົ້າເດື່ອຍໜ້າ[khau³ ʔdɯ:ai⁶ na:³]　岱-侬khẩu hua[khəu³ huə¹]; khẩu chiêm[khəu³tɕi:m¹]　越泰khảu lo[khau³ lɔ¹];khảu chiêm[khau³tsi:m¹]　越vụ chiêm[vu⁶ tsi:m¹];lúa chiêm[luə⁵tsi:m¹]　芒lõ chiêm[lɔ³ tsi:m¹];mùa chiêm[muə² tsi:m¹]

【早稻米】　泰ข้าวเบา[kha:u³ʔbau⁵]　老ເຂົ້າດ [khau³ ʔdɔ:¹'];ເຂົ້ານາແຊງ[khau³ na:² sɛ:ŋ²]　越gạo vụ chiêm[ɣa:u⁶ vu⁶ tsi:m¹];gạo chiêm[ɣa:u⁶ tsi:m¹]　芒cảo chiêm[ka:u³ tsi:m¹]

【早饭❺】　泰งาย[ŋa:i²];มื้อเช้า[mɯ:⁴ tshau⁴];เพรางาย [phrau² ŋa:i²];อาหารเช้า[ʔa:²ha:n¹tshau⁴]　老ເຂົ້າງາຍ [khau³ ŋa:i²];ເຂົ້າເຊົ້າ[khau³ sau⁴];ອາຫານເຊົ້າ[ʔa:¹' ha:n¹ sau⁴]　普po⁴ liət²[pɣ⁴ li:t²]　越bữa ăn sáng [ʔbɯə³ ʔan¹ ʂa:ŋ⁵];bữa sáng[ʔbɯə⁴ ʂa:ŋ⁵]　芒pữa ăn cơm ngày[pɯə³ ʔan¹ kɤ:m¹ ŋai²];cơm ngày [kɤ:m¹ ŋai²]

【早婚】　泰แต่งงานก่อนวัย[tɛ:ŋ⁵ ŋa:n² kɔ:n⁵ wai²]　老ແຕ່ງງານກ່ອນອັຍ[tɛ:ŋ⁵ ŋa:n² kɔ:n⁵ wai²]　越tảo hôn[ta:u³ hon¹]　芒táo hôn[ta:u⁵ hon¹]

【早市】　泰ตลาดเช้า[ta⁵ la:t⁹ tshau⁴]　老ຕະຫຼາດເຊົ້າ

---

❶ 石家cɔ:ʔ⁴
❷ 阿含siu B1　掸shiu B1　勐siu B1
❸ 石家ŋaay⁴
❹ 石家txx²-lɔ:m⁵　掸naï A1；său C2　勐năi A1；său C2
❺ 掸ŋai A2

[ta² la:t⁹ sau⁴] 越chợ sớm[tsɤ⁶ ʂɤ:m⁵];chợ sớm sáng[tsɤ⁶ ʂɤ:m⁵ ʂa:ŋ⁵]

【早退】 泰เลิกเรียนก่อนเวลา[lə:k¹⁰ ri:an² kɔ:n⁵ we: la:²];เลิกงานก่อนเวลา[lə:k¹⁰ ŋa:n² kɔ:n⁵ we:¹ la:²] 老ເລີກຮຽນກ່ອນເວລາ[lə:k¹⁰ hia:n² kɔ:n⁵ ve:² la:²];ເລີກງານກ່ອນເວລາ[lə:k¹⁰ ŋa:n² kɔ:n⁵ ve:² la:²] 越về sớm[ve² ʂɤ:m⁵] 芒wềl khờm[wel² khɤ:m⁵]

【枣树】 泰ต้นพุทรา[phut⁸ sa:²];ต้นพุทรา จีน[phut⁸ sa:² tsi:n²];ต้นทัน[ton³ than²];พัทร[phat⁸] 老ภิกฆาภขับ[kok⁷ ma:k⁹ than²];ติ๊บฆาภขับ[ton⁴ ma:k⁹ than²];ติ๊บขับ[ton⁴ than²] 岱-侬co táo[kɔ¹ ta:u³];co mac táo[kɔ¹ma:k⁷ta:u³] 越cây táo tàu [kɤi¹ ta:u⁵ tau³]

【枣子】 泰พุทราจัน[phut⁸ sa:² tsi:n²];ทัน[than²] 老ฆาภขับ[ma:k⁹than²];ฆาภกะขับ[ma:k⁹ka² than²] 岱-侬mac táo[ma:k⁷ ta:u³] 越泰mák cồng [ma:k¹ koŋ⁶] 越táo tàu[ta:u⁵ tau⁶]

【澡盆】 泰อ่างอาบน้ำ[?a:ŋ⁵ ?a:p⁹nam⁴] 老อ่างอาบ น้ำ[?a:ŋ⁵ ?a:p⁹ nam⁴] 越chậu tắm[tsɤu⁶ tam⁵];bồn tắm[?bon² tam⁵] 芒pồn thằm[pon³ tham³]

【灶】 泰เตา[tau²];เตาไฟ[tau²fai²] 老ເຕົາ[tau¹]; ເຕົາໄຟ[tau¹ fai²] 岱-侬slooc lò[ɬɔ:k⁷ lɔ²];lò[lɔ³] 越泰lõ[lɔ²];chí phăy[tsi⁵ phai²] 普pɔsăw¹[pɤ⁵ sau¹] 越bếp[?bep⁷] 芒pếp[pep⁷]

【灶王爷】 泰เทพเจ้าแห่งเตา[the:p¹⁰tsau³hɛ:ŋ⁵ tau²] 岱-侬phi pú cháo[phi¹pu⁵tɕa:u⁵];phi pinh fầy[phi¹ piŋ³fəi²] 越泰cháu phăy[tsau³phai²] 越táo quân [ta:u⁵ kwɤ:n¹];ông táo[?oŋ¹ ta:u⁵]

【造林】 泰ปลูกป่า[plu:k⁹ pa:⁵] 老ປູກປ່າ[pu:k⁹ pa:⁵] 越gây rừng[ɣɤi¹ zuŋ²]

【责备】 泰ตำหนิ[tam²ni⁵] 老ຕິ[ti²];ຕຽນ[ti:an²] ກ່າວໂທດ[ka:u⁵ tho:t¹⁰];ຕູ່ໂທດ[tu:⁵ tho:t¹⁰];ບໍລິພາດ [?bɔ:¹li⁵pha:t⁸];อ่าภ่าว[va:⁵ka:u⁵];อ่าฆาน[va:⁵

kha:n¹];อ่าให้[va:⁵ hai³];อ่า[va:⁵] 岱-侬bjắc [?bjak⁷];tách[tɛk⁷];quái[kwa:i⁵];quay[kwai⁵] 越 trách[tsat⁷];trách móc[tsat⁷ mɔk⁷];quở trách[kwɤ³ tsat⁷] 芒nhầm[ɲɤm²]

【责怪】 泰ต่อว่าต่อขาน[tɔ:⁵wa:³tɔ:³kha:n¹] 老 ຕິອ່າ[ti²va:⁵];ຫາອ່າ[ha:¹va:⁵] 岱-侬quái[kwa:i⁵]; quáy[kwai⁵] 越泰hạch[hɛk⁸] 越trách[tsat˙]; trếch móc[tsat⁷ mɔk⁷];oán trách[?wa:n⁵ tsat⁵]

【怎么】 泰ไง[ŋai²];อย่างไร[ja:ŋ⁵rai²] 老ย่างใด [ja:ŋ⁵ ?dai¹];จั่ง[tsaŋ⁵];สับใด[san⁵ ?dai¹];แนอ็ใด [nɛu² ?dai¹] 岱-侬pền rừ[pen² rɯ²] 越泰dường đau[jɯ:ŋ⁶?dau¹];nêo đau[neu⁶?dau¹];xưởng đau [sɯ:ŋ⁶?dau¹];pên xử[pen¹sɯ²] 越sao[ʂa:u¹];thế nào[the⁵na:u²];rasao[za¹ʂa:u¹];làmsao[la:m²a:u¹] 芒là nò[la² nɔ²]

【怎么样】 泰แค่ไหน[khɛ:³ nai¹];เป็นไง[pen² ŋai²]; เป็นอย่างไร[pen² ja:ŋ⁵ rai²] 老ย่างใด[ja:ŋ⁵ ?dai¹]; แนอใด[nɛu² ?dai¹];เป็นแนอใด[pen¹ nɛu² ?dai¹]; จั่ง[tsaŋ⁵];สับใด[san¹ ?dai¹];เซิ่มใด[sen⁵ ?dai¹];ดั้ງใด [?daŋ⁵²dai¹];ดั้ງลี[?daŋ⁵lɯ:²];เป็มจั่งใด[pen¹tsaŋ⁵ ?dai¹];เป็มย่างใด[pen¹ ja:ŋ⁵ ?dai¹];ฮับสั่[?an¹ saŋ¹] 普tênhew³[te⁰ŋɛu³] 越thếnào[the⁵na:u²] 芒thia nò[thia³ nɔ²]

【曾孙】❶ 泰เหลน[le:n¹] 老ເຫຼນ[le:n¹];ເຫຼນ[len¹] 岱-侬lần[lən³];lền[len³] 越泰lền[len³];lan lền [la:n¹ len³] 普qalhǎj¹[qa⁰ lai¹];lhǎj¹[lai¹] 越chắt [tsat⁷];chắt trai[tsat⁷ tsa:i¹];chắt nội[tsat⁷ noi⁶];chắt ruột[tsat⁷zu:t⁸] 芒thôn[thon¹];thôn nỗi[tʰon¹ noi⁴];thôn tửa[thon¹ tɯə³]

【曾孙女】 泰เหลนสาว[le:n¹ sa:u¹] 老ເຫຼນສາວ [le:n¹ sa:u¹];ເຫຼນສາວ[len¹ sa:u¹] 越chắt gái[tsat⁷ ɣa:i⁵]

【曾外祖父】 泰ตาทวด[ta:² thu:at¹⁰] 老ຕາທວດ [ta:¹ thu:at¹⁰] 越cụ bà[ku⁶ ?ba²] 芒mỗng khà

---

❶石家leen¹ 阿含lin A1 掸lin A1 勐lin A1

[mɔŋ⁴ kha²];mỗng hãm[mɔŋ⁴ ha:m⁴]

【曾外祖母❶】 泰 ย่าทวด[ja:i²thu:at¹⁰] 老 ยายทอด[ɲa:i²thu:at¹⁰];แม่เฒ้าฮ้อม[mɛ:⁵thau³ so:n⁴] 越 bà cố[ʔba² ko⁵]

【曾祖父】 泰 ปู่ทวด[pu:⁵thu:at¹⁰] 老 ปู่ทอด[pu:⁵thu:at¹⁰];ปู่ม่อน[pu:⁵mɔ:n⁵] 傣-侬 pú chưa[pu⁵ tɕɯa⁴] 越泰 pú chưa[pu⁵ tsɯa⁴] 普 tê³ ngâw⁵[te³ ŋɤu⁵] 越 ông cố nội[ʔoŋ¹ ko⁵ noi⁶]

【曾祖母】 泰 ย่าทวด[ja:³thu:at¹⁰] 老 ย่าทอด[ɲa:⁵ thu:at¹⁰];แม่เฒ้าม่อน[mɛ:⁵thau³mɔ:n⁵];ย่าม่อน[ɲa:⁵ mɔ:n⁵];ฮอด[su:at¹⁰] 傣-侬 dà[ja³] 越 bà cố nội[ʔba² ko⁵ noi⁶];bà cố[ʔba² ko⁵];cụ bà[ku⁶ ʔba²] 芒 pà mẹ khà[pa² me⁴ kha²];pà cổ[pa² ko³]

【增加❷】 泰 เพิ่ม[phəm³] 老 ต่อเติม[tɔ:⁵tɤ:m¹];ติ่ม[tɯ:m⁵];ติ่มขึ้น[tɯ:m⁵khɯn³];ติ่มแถม[tɯ:m⁵ thɛm¹];แถมติ่ม[thɛm¹ tɯ:m⁵];เติม[tɤm¹];เพิ่ม[phəm⁵];เพิ่มติ่ม[phəm⁵ tɯ:m⁵];เพิ่มเติม[phəm⁵ tɤm¹];เพิ่มพูน[phəm⁵ phu:n²];แถม[thɛm¹];ทะวี ขึ้น[tha⁵vi:² khɯn³];เพิ่มทะวี[phəm⁵ tha⁵vi:²];เพิ่ม ทะวีขึ้น[phəm⁵tha⁵vi:²khɯn³];ทะวีคูณ[tha⁵ vi:² khu:n²];ทิด[thot⁸];ท่าน[thi:an⁵];ปะมูน[pa² mu:n²];พูน[phu:n²] 傣-侬 khửn[khɯn¹] 越泰 tứn[tɯn⁵] 越 tăng[taŋ¹];tăng gia[taŋ¹ za¹] 芒 tăng[taŋ¹];tăng da[taŋ¹ za¹]

【赠送】 泰 เวน[we:n²];กำนัล[kam²nan²] 老 ต้อน [tɔ:n⁴];ปะจาก[pa² tsa:k⁹];มอบให้[mɔ:p¹⁰ hai³];ให้ [hai³];อำนวยให้[ʔam¹nu:ai²hai³] 傣-侬 tả slống [ta³ ɬoŋ⁵];slống[ɬoŋ⁵];hẩu[hɤw³];doại[jwa:i⁴] 越泰 xống[soŋ⁵];kháo[kha:u⁵];phák[pha:k⁷] 越 tặng[taŋ⁶];biểu[ʔbi:u⁵] 芒 tặng[taŋ⁴];biểu[ʔbi:u⁵]

【憎恨❸】 泰 เกลียดชัง[kli:at⁹tshaŋ²];เคียดแค้น [khi:at¹⁰khɛ:n⁴] 老 ฮัง[saŋ²];ง่ายฮัง[na:i⁵ saŋ²] 傣-侬 chẳng[tɕaŋ²];kẹt[kɛt⁷] 越泰 chẳng[tsaŋ²]

普 kjan² tăj⁵[kja:n²tai⁵] 越 ghét[ɣɛt⁷];căm hờn [kam¹ hɤ:n²];căm ghét[kam¹ ɣɛt⁷] 芒 két[kɛt⁷]

【扎~针】 泰 ทิ่ม[thim³];ยอก[jɔ:k¹⁰];ต่ำ[tam²] 老 ซ้าบ[si:ap⁹];ปัก[pak⁷];แทง[thɛ:ŋ²] 傣-侬 nhọc [ɲɔ:k⁸];mjọc[mjɔ:k⁸] 越 châm[tsɤm¹];châm kim[tsɤm¹ kim¹]

【扎根】 泰 ฝังรกราก[faŋ¹rok⁸ra:k¹⁰] 老 ยั่งธาก [jaŋ⁵ha:k¹⁰];ผังธาก[faŋ¹ha:k¹⁰];ผังธากผังเหงิ้า [faŋ¹ ha:k¹⁰ faŋ¹ ŋau³] 越 bắt rễ[ʔbat⁷ ze⁴]

【渣甘蔗~】 泰 กาก[ka:k⁹] 老 ภาก[ka:k⁹] 傣-侬 nhứa[ɲɯə⁵];nhá[ɲa⁵] 越泰 nhạo[ɲa:u⁵] 越 bã [ʔba⁴] 芒 bã[ʔba⁴]

【渣滓】 泰 กาก[ka:k⁹];กากเดน[ka:k⁹ʔden²];ขี้[khi:³]; ก้นตะกรน[kon³ta⁵kron²];ก้นตะกอน[kon³ta⁵ kɔ:n²] 老 ภาก[ka:k⁹];ขี้[khi:³];บัละพาก[ʔbɔ:⁵ la⁵ pha:k¹⁰];ตะภอน[ta² kɔ:n¹];ทาง[ha:ŋ¹];เหยื้อ [ɲɯ:a³];เสด[se:t⁹];มูน[mu:n²] 越 bã[ʔba⁴] 芒 bã[ʔba⁴];nhá[ɲa⁵]

【闸门】 泰 ประตูกักเก็บน้ำ[pra⁵tu:²kak⁷kep⁷nam⁴] 老 ปะตูน้ำ[pa² tu:¹ nam⁴];ปะตูเปิ่งน้ำ[pa² tu:¹ peŋ² nam⁴] 越 cửa cống[kɯə⁵ koŋ⁵]

【炸~油条】 泰 ทอด[thɔ:t¹⁰] 老 ทอด[thɔ:t¹⁰] 越 rán[za:n⁵]

【铡~草】 泰 ตัด[tat⁷] 老 ฮอย[sɔ:i²] 越 xắt [sat⁷];thái[tha:i⁵]

【铡刀】 泰 มีดตัดหญ้า[mi:t¹⁰tat⁷ja:³] 老 มีดฮอย [mi:t¹⁰ sɔ:i²] 越 dao cầu[za:u¹ kɤu²];dao xắt[za:u¹ sat⁷];dao xắt cỏ[za:u¹ sat⁷ kɔ³];máy chém[mai² tsɛm⁵] 芒 máy tèm[mai³ tɛm²]

【眨~眼】 泰 พับ[phap⁸] 老 ยิบ[ɲip⁸];ฮับ[phap⁸]; พิบ[phip⁸];ทะยิบ[ka² phip⁸];แฮับ[phɛp⁸];ขะทยิบ [kha² ɲip⁷] 傣-侬 pjăp[pjap⁸];tộc[tok⁸] 越泰 păp

---

❶ 石家 ʔayay⁴- thuat⁵
❷ 石家 tiin⁶
❸ 阿含 chāng A2　掸 săn A2

[pap⁸] 普lep⁵[lɛp⁵] 越chóp[tsɤːp⁷] 芒chóp[tsɤːp⁷];bǎl[ʔbal³]

【拃 长一~ ❶】 泰คืบ[khɯːp¹⁰] 老คืบ[khɯːp¹⁰] 岱-侬chap[tɕaːp⁷] 越泰cựp[kɯp⁸] 普kɯɔp⁵[kɯːp⁵] 越gang tay[ɣaːŋ¹tai¹] 芒cang thay[kaːŋ¹ thai¹];cang[kaːŋ¹]

【痄腮 流行性腮腺炎】 泰โรคคางทูม[roːk¹⁰ khaːŋ² thuːm²] 老โลกคางทูม[loːk¹⁰ khaːŋ² thuːm²];คางทูม[khaːŋ² thuːm²];พะยาดหมากเบ็ด[pha⁵ naːt¹⁰ maːk⁹ ʔbəːt⁹];หมากเบ็ด[maːk⁹ ʔbəːt⁹];ออกเบ็ด[ʔɔːk⁹ ʔbəːt⁹] 越viêm tuyến mang tai[viːm¹ twiːn⁵ maːŋ¹ taːi¹];bệnh quai bị[ʔbeŋ⁶ kwaːi¹ ʔbi⁶];đau quai bị[ʔdau¹ kwaːi¹ ʔbi⁶];quai bị[kwaːi¹ ʔbi⁶] 芒quai pī[kwaːi¹ piː⁴]

【榨 ~甘蔗 ❷】 泰หีบ[hiːp⁹];คั้น[khan⁴] 老หีบ[hiːp⁹];นีบ[niːp⁹];ฮื้อ[ʔiu⁴] 岱-侬cap[kaːp⁵];cào[kaːu³] 越泰ép[ʔɛp⁷] 普tap⁵[taːp⁵] 越ép[ʔɛp⁷]

【榨 ~油】 泰คั้น[khan⁴] 老จิก[tsik⁷];เซียย[siːa²] 越ép[ʔɛp⁷] 芒ép[ʔɛp⁷]

【蚱蜢 ❸】 泰ตั๊กแตน[tak⁸tɛːn²];ตั๊กแตน[tak⁸kaː⁵ tɛːn²];ปาทังก้า[paː²thaŋ⁵kaː³] 老ตักแตบ[tak⁸ tɛːn¹] 岱-侬thăc thúa[thak⁷ thuɔ⁵];tăc ten[tak⁷ tɛn¹] 普qaqjang¹[qaˀ qjaːŋ¹];qjang¹[qjaːŋ¹] 越châu chấu[tsɤu¹ tsɤu⁵];con châu chấu[kɔn¹ tsɤu¹ tsɤu⁵];châu chấu voi[tsɤu¹ tsɤu⁵ vɔi¹] 芒chỗ chỗ[tsoː³ tsoː³]

【炸弹】 泰ระเบิด[raː⁴ʔbəːt⁹];ลูกระเบิด[luːk¹⁰raː⁴ ʔbəːt⁹] 老หมากแตก[maːk⁹tɛːk⁹];ลูกแตก[luːk¹⁰ tɛːk⁹];บึม[ʔbom¹];ลูกโบม[luːk¹⁰ʔboːm¹];บอม[ʔbɔːm¹];หมากบอม[maːk⁹ʔbɔːm¹];ละเบิด[la⁵ ʔbəːt⁹];ลูกละเบิด[luːk¹⁰ laː⁵ ʔbəːt⁹] 岱-侬bom[ʔbɔm¹] 越泰bom[ʔbɔm¹];mák bom[maːk⁷ʔbɔm¹] 普ɦaːj¹ ja¹[qhai¹ja¹] 越bom[ʔbɔm¹];quả bom[kwa³ ʔbɔm¹] 芒bom[ʔbɔm¹];tlài[tlaːi³]

【炸药】 泰ดินระเบิด[ʔdin² ra⁴ ʔbəːt⁹] 老ดินละเบิด[ʔdin¹¹la⁵ʔbəːt⁹];ฝื้อละเบิด[mɯː³la⁵ʔbəːt⁹] 普ja¹ puɔk⁵[jaː² puːk⁵] 越thuốc nổ[thuːk⁷ no³] 芒thuốc đố[thuːk⁷ ʔdo⁵]

【栅栏】 泰รั้ว[ruːa⁴] 老ฮั้ว[huːa⁴];ฮั้วฮาว[huːa⁴ haːu²];ลูกคัง[luːk¹⁰ kɔŋ¹] 岱-侬sla làn[ɬaː¹ laːn²] 普zing³[ziŋ³];jin⁴ tyuŋ³ zjak⁵[jin⁴tyuŋ³zjaːk⁵] 越hàng rào[haːŋ² ʐaːu²];rào chắn[ʐaːu² tsan⁵];lan can[laːn¹ kaːn¹];chắn song[tsɤn⁵ sɔŋ¹] 芒rào[raːu²];hào[haːu²];thẳng lý[thaŋ² li⁴];chắn xong[tsɤn⁵ sɔŋ¹]

【摘 ~果子 ❹】 泰เด็ด[ʔdet⁷] 老เด็ด[ʔdet⁻];ปิด[pit⁷] 岱-侬cọt[kɔt⁸];miệt[miːt⁸];bit[bit⁷] 越泰dét[ʔdet⁷] 越hái[haːi⁵];bẻ[ʔbɛ⁵];ngắt[ŋat⁷] 芒hái[haːi³];mach[maːt⁸]

【摘 ~眼镜】 泰ถอด[thɔːt⁹] 老ปิด[pot⁹];ปิด[pɯːt⁹] 越bỏ[ʔbɔ³]

【斋戒】 泰ถือศีลกินเจ[thuːˀ siːn¹ kin² tseː²] 老กำ[kam¹] 岱-侬căm chai[kam¹ tɕaːi¹] 越ăn chay nằm đất[ʔan¹ tsaːi¹ nam² ʔdɤt⁷];chay tịnh[tsaːi¹ tiŋ⁶]

【斋食】 泰อาหารเจ[ʔaː² haːn¹ tseː²] 老อาหารเจ[ʔaː² haːn¹ tseː²];อาหารเจ[ʔaː¹ haːn¹ tseː¹] 越món chay[mɔn⁵ tsaːi¹] 芒chay[tsaːi¹]

【窄 ❺】 泰แคบ[khɛːp¹⁰] 老แคบ[khɛːp¹⁰] 岱-侬cặp[kap⁸] 越泰kẹp[kɛp⁸] 普tjap⁵[tjaːp⁵];kjep⁵[kjep⁵] 越hẹp[hɛp⁸];chật[tsɤt⁸] 芒ɫɛp[ɦɛp⁸];tén[tɛn²];chât[tsɤt⁸]

【债】 泰หนี้[niː³] 老หนี้[niː³] 岱-侬ni[niː³] 越泰

---

❶ 石家khiːp⁵ 掸khïp D2L 泐xïp D2L
❷ 石家khaːl⁶
❸ 石家khaʔ-nak⁴
❹ 掸let D1S 泐det D1S
❺ 石家geep⁵ 阿含khip D2L 掸kɛp D2L 泐xɛp D2L

nợ[nə⁴] 越nợ[nɤ⁶] 芒nờ[nɤ⁴]

【债户】 泰ลูกหนี้[lu:k³ ni:³] 老ລູກໜີ້[lu:k³ ni:³] 越người vay nợ[ŋɯ:i² vai¹ nɤ⁶]; người nợ[ŋɯ:i² nɤ⁶]; con nợ[kɔn¹ nɤ⁶] 芒con nờ[kɔn¹ nɤ⁴]

【债款】 泰หนี้สิน[ni:³sin¹] 老ໜີ້ສິນ[ni:³sin¹] 越tiền nợ[ti:n² nɤ⁶] 芒tiền nờ[ti:n² nɤ⁴]

【债主】 泰เจ้าหนี้[tsau¹ ni:¹] 老ເຈົ້າເງິນ[tsau⁴ ŋən²]; ນາຍເງິນ[na:i²ŋən²] 越chủ nợ[tsu⁴ nɤ⁶]; người cho vay[ŋɯ:i² tsɔ¹ vai¹] 芒chú nờ[tsu⁵ nɤ⁴]

【占卜】 泰เสี่ยง[si:aŋ³];เสี่ยงทาย[si:aŋ⁵tha:i¹] 老ສ້າງ[sɔ:ŋ³];ສ່າງ[si:aŋ³];ສ່າງທາຍ[si:aŋ⁵tha:i³];ດູໝໍ[ʔdu:¹'mɔ:¹];ทำนาย[tham²na:i²];ທຳນວາຍ[tham²nu:ai²];ทาย[tha:i²];ທວາຍ[thwa:i²];ຫັກໄມ້[hak⁷ mai⁴] 岱-侬pói[pɔi³] 越泰xiếng[si:ŋ⁵];mõ [mɔ²];dượng mõ[jɯ:ŋ⁴ mɔ²] 普lăj³ bin³[lai³ bin³] 越bói toán[ʔbɔi⁵twa:n⁵];bói số[ʔbɔi⁵ʂo⁵];bói [ʔbɔi³] 芒pỏl[pɔl³];tói pỏl[tɔi⁵ pɔl³];pỏl tản[pɔl³ ta:n³]

【粘~住了❶】 泰เหนียวติด[ni:au¹ tit⁷] 老ຕິດ[tit⁷] 岱-侬pet[pɛt⁷] 越dính[zin⁵];dây[zɤi⁵] 芒đinh [ʔdin³]

【沾光】 泰อาศัยบารมี[ʔa:²sai¹ʔba:n²mi:²] 老ເພິ່ງພາອາໄສບາລະມີ[phɤ:ŋ⁵pha:²ʔa:¹'sai¹ʔba:¹'la⁵ mi:²] 越泰kin em[kin¹²ɛm¹] 越thom lây[thɤ:m¹ lɤi¹];được nhờ[ʔdɯ:k⁸ nɤ²];ké[kɛ⁵] 芒ké[kɛ³]

【盏__~灯】 泰ถ้วย[thu:ai³] 老ໜ່ວຍ[nu:ai⁵];ດວງ[ʔdu:aŋ¹] 越ngọn[ŋɔn⁶];cái[ka:i⁵]

【展翅】 泰กระพือปีก[kra⁵ phɯ:² pi:k⁹] 老ເຜື່ອງປີກ[pɯ:aŋ⁴ pi:k⁹ tum³];ພີປິກ[phu:²pi:k⁹];ກະພິປິກ[ka² phɯ:² pi:k⁹];ພີງປິກ[phɯŋ² pi:k⁹] 岱-侬khang [kha:ŋ¹] 越泰va[va¹];phóng[phɔŋ¹] 普pak²

[pa:k⁷] 越giương cánh[ʑɯ:ŋ¹ kan¹];cất cánh[kɤt⁷ kan⁵];vỗ cánh[vo⁴ kan⁵]

【崭新❷】 泰ใหม่เอี่ยม[mai⁵ ʔi:am⁵] 老ໃໝ່ອ່ຽມ [mai⁵ ʔi:am⁵] 岱-侬mấu tich[məɯ⁵ tik⁷] 越泰 máu má[maɯ⁵ ma⁵] 越mới tinh[mɤ:i⁵ tiŋ¹];mới toanh[mɤ:i⁵ twan¹];mới mẻ[mɤ:i⁵ mɛ³];hoàn toàn mới[hwa:n² twa:n² mɤ:i⁵] 芒mới mé[mɤ:i⁵ mɛ⁵];mới chót chót[mɤ:i⁵ tsɔt⁵ tsɔt⁷]

【占领】 泰ยึดครอง[jɯt⁸ khrɔ:ŋ²] 老ເຊົ້າຍົດຍອງ [khau³ ɲɯt⁸ ŋɔ:ŋ²];ເຊົ້າຍົດ[khau³ ɲɯt⁸];ເຊົ້າຄອງ [khau³ ŋɔ:ŋ²];ຍົດຄອງ[jɯt⁷ khɔ:ŋ²];ຍົດຄອງ[ɲɯt khɔ:ŋ²];ຍົດເອົາ[ɲɯt⁸ʔau¹];ເຊົ້າຄອງ[khau³ khɔ:ŋ²] 越chiếm[tsi:m⁵];chiếm giữ[tsi:m⁵ ʑɯ³];chiếm đóng[tsi:m⁵ ʔdɔŋ⁵];chiếm lĩnh[tsi:m⁵ liŋ⁴] 芒 chiếm tỏng[tsi:m³ tɔŋ³]

【占便宜】 泰เอาเปรียบ[ʔau² pli:ap⁹] 老ໄດ້ປຽບ [ʔdai⁴ pi:ap⁹];ເອົາປຽບ[ʔau¹' pi:ap⁹] 越ăn ngọn [ʔan¹ ŋɔn¹'];chiếm lời[tsi:m⁵ lɤ:i²];chiếm lợi[tsi:m⁵ lɤ:i⁶];được miếng bờ[ʔdɯ:k⁸ mi:ŋ⁵ ʔbɤ¹]

【站~起来❸】 泰ยืน[jɯ:n²] 老ຢືນ[jɯ:n¹] 岱-侬 dặng[jaŋ⁴] 越泰dưn[jɯn¹] 普căw⁴[tsau⁴] 越 đứng[ʔdɯŋ⁵] 芒dẳng[zaŋ³];chỏng[tsɔŋ⁴];dol[zɔl¹]

【站车到~了】 泰สถานี[sa⁵ tha:¹ ni:¹] 老ສະຖານີ[sa tha:¹ni:²] 越ga[ɣa¹];trạm[tʂa:m⁶];bến[ʔben⁵] 芒 tlâm[tla:m³];pền[pen³]

【站岗】 泰ยืนยาม[jɯ:n² ja:m²] 老ຢູ່ຍາມ[ju⁵ ɲa:m²]; ຢູ່ເວນ[ju⁵ ve:n²];ເວນຍາມ[ve:n² ɲa:m²];ຢືນຍາມ [jɯ:n¹ ɲa:m²] 越gác[ɣa:k⁷];đứnggác[ʔdɯŋ¹ ɣa:k⁷]; canh gác[kaŋ¹ ɣa:k⁷]

【战场】 泰สนามรบ[sa⁵na:m¹rop⁸];ยุทธภูมิ[jut⁸ phu:³mi⁴]/[jut⁸tha⁴phu:²mi⁴];ยุทธรงค์[jut⁸tha⁴ rɔŋ²]/ [jut⁸rɔŋ²];สงครามภูมิ[soŋ¹khra:m²phu:²];สนามรบ

---

❶ 石家 lam⁵
❷ 石家 ŋɔɔn²-ŋɔɔn²
❸ 石家 luk⁴ hin³; hin³ 阿含 tî

[sa⁵na:m¹rop⁸] 老ສະໜາມຮົບ[sa²na:m¹hop⁸]; ຍຸດທະພູມ[ɲut⁸ tha⁵ phu:m²];ຍຸດທະລົງ[ɲut⁸ tha⁵ loŋ²] 岱-侬búng tực[ʔbuŋ⁵ tuk⁷];ti tực[ti³ tuk⁷] 越chiến trường[tsi:n⁵ tʂuɯ:ŋ²]

【战斗】 泰สู้รบ[su:³rop⁸];ต่อสู้[tɔ:⁵su:³] 老ຮົບ[hop⁸];ສູ້ຮົບ[su:³ hop⁸];ຍຸດທະ[ɲut⁸tha⁵];ຕໍ່ສູ້[tɔ:⁵su:³];ຕົບຕີ[top⁷ti:¹];ປະຈັນ[pa²tsan¹] 越trận đánh[tʂɤn⁶ ʔdan⁵];chiến đấu[tsi:n⁵ ʔdɤu⁵]

【战壕】 泰สนามเพลาะ[sa⁵na:m¹ phlɔ⁴] 老ຄອງສູ້ຮົບ[khɔ:ŋ² su:³hop⁸];ຂຸມຮົບ[khum¹ hop⁸];ຂຸບຄອງສູ້ຮົບ[khum¹khɔ:ŋ²su:³hop⁸] 岱-侬roòng đỏ[rɔ:ŋ²ʔdɔ³];mương đỏ[muɯ:ŋ¹ʔdɔ³] 越泰hòng[hɔŋ²] 越chiến hào[tsi:n⁵ ha:u²]

【战胜】 泰รบชนะ[rop⁸tsha⁴na⁴];เอาชนะ[ʔau⁴tsha⁴na⁴] 老ຕີຊະນະ[ti:¹⁵sa⁵na⁵];ພິຊິດ[phi⁴sit⁸];ຢາບແພ້[pha:p⁹ phɛ:⁴] 越chiến thắng[tsi:n⁵ thaŋ⁵]

【战士】 泰นักรบ[nak⁸rop⁵] 老ນັກຮົບ[nak⁸hop⁸];ນັກຕໍ່ສູ້[nak⁸tɔ:⁵su:³];ພິລະ[phi⁴la⁴] 越chiến sĩ[tsi:n⁵ ʂi⁴]

【战争】 泰ยุทธ[jut⁸]/[jut⁴tha⁴];ศึก[sɯk⁷];สงคราม[soŋ⁵khra:m²] 老ສົງຄາມ[soŋ⁵kha:m²];ເສິກ[sɤk⁷];ເສິກສົງຄາມ[sɤk⁷soŋ⁵kha:m²];ເສິກເສືອ[sɤk⁷sɯa:¹];ຍຸດທະກຳ[ɲut⁸tha⁵kam¹];ຍຸດທະບາ[ɲut⁸tha⁵na:²];ຍຸດທະ[ɲut⁸tha⁵] 岱-侬tò tực[tɔ:² tuk⁷] 越泰xốc xưa[sɤk⁷sɯa¹] 越chiến tranh[tsi:n⁵tʂan¹] 芒chiến tlanh[tsi:n³ tlaŋ¹];lāl tān[la:l⁴ ta:n⁴]

【蘸❶】 泰จิ้ม[tsim⁴];จุ่ม[tsum⁵] 老จั้ำ[tsam⁴];จุ่ม[tsum⁵] 岱-侬chằm[tɕam³];dụp[jup⁵] 越泰chắm[tsam³] 越chắm[tɤm⁵] 芒chầm[tɤm³]

【张~嘴❷】 泰อ้า[ʔa:³] 老ອ້າ[ʔa:⁴] 岱-侬á[ʔa³];nhính[ɲiŋ⁵] 越泰á[ʔa³] 越há[ha⁵];mở[mɤ⁴]

【张~纸❸】 泰ใบ[ʔbai²] 老ใบ[ʔbai¹];แผ่น[pʰɛ:n⁵] 岱-侬bâur[ʔbəɯ¹] 越泰baur[ʔbaɯ¹] 越tờ[tɤ²] 芒tờ[tɤ²]

【张~相片】 泰ใบ[ʔbai²] 老ใบ[ʔbai¹];แผ่น[pʰɛ:n⁵] 越tấm[tɤm⁵] 芒tầm[tɤm³]

【张~床】 泰เตียง[ti:aŋ²] 老ຕຽງ[ti:aŋ¹];ໜ່ວຍ[nuai⁵] 越chiếc[tsi:k⁷]

【章鱼】 泰ปลาหมึกยักษ์[pla:² mɯk⁷ jak⁸];ปลาหมึก[pla:² mɯk⁷] 老ປາເມິກຍັກ[pa:¹' mək⁸ ɲak⁸];ປາເມິກໃຫຍ່[pa:¹' mək⁸ ɲai⁵] 越cá tuộc[ka⁵ tu:k⁸];cá bạch tuộc[ka⁵ ʔbat⁸ tu:k⁸];con bạch tuộc[kɔn² ʔbat⁸ tu:k⁸]

【蟑螂❹】 泰สาบ[sa:p⁹];แมลงสาบ[ma⁴ lɛ:ŋ² sa:p⁶];มะมุง[ma⁴ muŋ²];กะจั๊ว[ka⁵tsu:a⁴] 老ສາບ[sa:p⁶];ແມງສາບ[mɛ:ŋ² sa:p⁶] 岱-侬slap[ɬa:p⁶];tua slap[tua⁰ ɬa:p⁶] 越泰măng xáp[mɛŋ² sa:p⁶] 普pu sap[pu⁰ sa:p⁶] 越con gián[kɔn¹ za:n⁵] 芒chản chản[tsa:n³ tsa:n³]

【樟脑】 泰การบูร[ka:²ra⁴bu:n²] 老ກາລະບູນ[ka:¹' la² ʔbu:n¹] 越viên long não[vi:n¹ lɔŋ¹ na:u⁴] 芒loŋg não[lɔŋ¹ na:u¹]

【樟脑丸】 泰เม็ดการบูร[met⁸ka:²ra⁴ʔbu:n²];ลูกเหม็น[lu:k¹⁰ men¹] 岱-侬mac mên[ma:k⁷ men¹] 越viên long não[vi:n¹ lɔŋ¹ na:u⁴];băng phiến[ʔbɛŋ¹ fi:n⁵]

【樟树】 泰ต้นการบูร[ton³ka:²ra⁴ʔbu:n²] 老ຕົ້ນກາລະບູນ[ton⁴ ka:¹' la⁵ ʔbu:n¹];ໄມ້ກາລະບູນ[mai⁴ ka:¹' la⁵ ʔbu:n¹];ກາລະບູນ[ka:¹' la⁵ ʔbu:n¹];ກ້ານບຸ່ນ[ka:n⁴ ʔbun⁵] 越cây long não[kɤi¹ lɔŋ¹ na:u⁴] 芒câl long não[kɤl¹ lɔŋ¹ na:u⁴]

---

❶ 石家 ciim⁶
❷ 阿含 ā C1　掸 a C1　泐 ʔa C1
❸ 石家 bii¹
❹ 掸 shap D1L

【长~树~高了~】 泰 โต[toː²] 老 โต[toː¹] 岱-侬 mả [ma³];cải mả[kaːi³ma³] 越泰 mả[ma³] 普 baw³ [baːu³] 越 mọc[mɔk⁸] 芒 tôl[tol¹]

【长~疮~】 泰 เป็น[pen²] 老 เป็น[pen¹] 岱-侬 pền [pen²] 越泰 pên[pen¹] 越 mọc[mɔk⁸]

【长辈】 泰 ผู้ใหญ่[phuː³ jai⁵];ผู้อาวุโส[phuː³ ʔaː² wuː⁴ soː¹] 老 ผู้ใหญ่[phuː³ ɲai⁵] 越 bề trên[ʔbe² tsen¹];bậc trên[ʔbɤk⁸ tsen¹];bậc đàn anh[ʔbɤk⁸ ʔdaːn² ʔaɲ¹]

【长大】 泰 เติบโต[təːp⁹ toː²] 老 เติบโต[təːp⁹ toː¹];เติบโตขึ้น[təːp⁹ toː¹' khɯn²];เติบใหญ่[təːp⁹ ɲai⁵];เผ้าคึก[pheu⁵khiːŋ²];ขึ้นใหญ่[khɯn² ɲai⁵];ใหญ่ขึ้น[ɲai⁵ khɯn²] 岱-侬 mả[ma³] 普 lhyung¹ du⁴[lyuŋ¹ du⁴] 越 lớn lên[lɤːn⁵ len¹];nhớn lên[ɲɤːn⁵ len¹]

【长女】❶ 泰 ลูกสาวคนโต[luːk¹⁰ saːu¹ khon² toː²] 老 ลูกสาวกก[luːk¹⁰ saːu¹ kok⁷];ลูกโอ่[luːk¹⁰ ʔoː⁵] 越 con gái trưởng[kɔn¹ ɣaːi⁵ tʂɯːŋ³]

【长子】❷ 泰 ลูกกก[luːk¹⁰ kok⁷];ลูกตัวพี่[luːk¹⁰ tuːa² piː²] 老 ลูกชายกก[luːk¹⁰ saːi¹ kok⁷];ลูกอ้าย[luːk¹⁰ ʔaːi⁴];ลูกโอ่[luːk¹⁰ ʔoː⁴] 岱-侬 lục chài côc[luk⁸ tɕaːi² kok⁷] 越泰 lụk tầu[luk⁸ tau³];lụk cốc[luk⁸ kok⁷] 普 qajuơ³ du⁴[qa⁰juɯ³ du⁴] 越 con cả[kɔn¹ kaː³];con trai trưởng[kɔn¹ tsaːi¹ tsɯːŋ³];con giai lớn[kɔn¹ zaːi¹ lɤːn³]

【涨潮】 泰 น้ำขึ้น[nam⁴ khɯn³] 老 น้ำขึ้น[nam⁴ khɯn³];ทะเลขายใจขึ้น[tha⁵ leː² haːi¹ tsai¹' khɯn³] 越 nước triều lên[nɯːk⁷ tʂiːu² len¹];triều lên[tʂiːu² len¹];nước lên[nɯːk⁷ len¹];nước dâng lên[nɯːk⁷ zɤŋ¹ len¹];nước dâng[nɯːk⁷ zɤŋ¹]

【涨价】 泰 ขึ้นราคา[khɯn¹ raː² khaː²];ราคาสูงขึ้น[raː² khaː²suːŋ¹ khɯn²] 老 ขึ้นลาคา[khɯn¹ laː² khaː²];ลาคาสูงขึ้น[laː² khaː²suːŋ¹ khɯn²] 岱-侬 khửn chá[khɯn³ tɕaː⁵] 越 giá tăng lên[zaː⁵ taŋ¹ len¹] 芒 liênh dả[liːɲ¹ zaː³]

【掌纹】 泰 ลายเส้นบนฝ่ามือ[laːi² sen³ ʔbon² faː⁵ mɯː²];เส้นลายมือ[sen³ laːi² mɯː²] 老 ลายมี[laːi² mɯː²] 越 văn tay[van¹ taːi¹]

【丈夫】❸ 泰 สามี[saː¹ miː²];ผัว[phuːa¹] 老 ผัว[phuːa¹];สามี[saː¹ miː²] 岱-侬 phua[phuːə¹];pò phua[pɔ³ phuːə¹] 越泰 phua[phuːə¹] 普 pê⁴ sɯ¹[pe⁴ sie¹] 越 chồng[tsoŋ²] 芒 chồng[tsoŋ²];tưa lâu[tɯːə¹ lau⁴]

【胀~肚子~】 泰 ขยายตัว[khaː⁵ jaːi¹ tuːa²] 老 ทุ่ง[thuŋ⁴] 岱-侬 pàng[paːŋ³];poòng[pɔːŋ³] 越泰 mên[men²] 越 căng ra[kaŋ¹ zaː¹]

【朝霞】 泰 แสงเงินแสงทอง[sɛːŋ¹ ŋəːn² sɛːŋ¹ thɔːŋ²] 老 แสงเงินแสงทอง[sɛːŋ¹ ŋən² sɛːŋ¹ thɔːŋ²] 越 ánh bình minh[ʔaŋ⁵ ʔbiŋ² miɲ¹]

【招兵】 泰 รับสมัครการเป็นทหาร[rap⁸ saː⁵ mak⁷ kaːn² pen¹ thaː⁴ haːn¹] 老 เกับเกมทะขาม[kep⁷ keːn¹' thaː⁵ haːn¹];เกมทะขาม[keːn¹' thaː⁵ haːn¹] 越 chiêu binh[tsiːu¹ ʔbiŋ¹];mộ lính[mo⁶ liŋ⁵]

【招待】❹ 泰 ขับสู้[khap⁷ suː⁵];รับรอง[rap⁸ rɔːŋ²] 老 ต้อน[tɔːn⁴];ต้อนรับ[tɔːn⁴ hap⁸];รับต้อน[hap⁸ tɔːn⁴];รับฮอง[hap⁸ hɔːŋ²] 岱-侬 phảng[phaːŋ³] 越 chiêu đãi[tsiːu¹ ʔdaːi⁴];thết đãi[thet⁷ ʔdaːi⁴];đãi[ʔdaːi⁴] 芒 đãi[ʔdaːi⁴];chu đãi[tsuː¹ ʔdaːi⁴]

【招魂】 泰 รับขวัญ[rap⁸ khwan¹] 老 เจ่ยขวัน[tsiːa⁵ khwan¹];ส้มขวัน[sɔːm³ khwan¹];ฮงขวัน[hiːak¹⁰ khwan¹] 岱-侬 hú khoăn[huː⁵ khwan¹];riệc khoăn[riːk⁸ khwan¹];roọng khoăn[rɔːŋ⁴ khwan¹] 越泰 hiệk khuôn[hiːk⁸ khuːn¹];khét khuôn[khet⁷

---

❶ 石家 ciː³; hun⁴-bik⁴
❷ 石家 hun⁴-bik⁴
❸ 石家 hɔɔk²
❹ 阿含 boi

【招魂】 泰 khu:n¹];páo khuôn[pa:u⁵ khu:n¹] 越 chiêu hồn [tsi:u¹ hon²];gọi hồn vía[ɣɔi⁶ hon² viə⁵] 芒 ténh mũ wãi[tɛŋ⁵ mu⁴ wa:i⁴];là wãi[la² wa:i⁴]

【招牌】 泰 ป้ายร้านค้า[pa:i¹ra:n⁴kha:⁴] 老 ꪀꪰꪒꪱꪣꪔꪱꪥ[ka² ʔda:n¹¹ pa:i⁴] 越 chiêu bài[tsi:u¹ ʔba:i²];tấm biển[tɤm⁵ ʔbi:n³]

【招手】 泰 กวะกวัก[kwa⁵ kwak¹];โบกมือ[ʔbo:k⁹muɯ²] 老 ꪀꪫꪰꪀꪣ [kwak⁷ muɯ²] 岱-侬 pặc mừ[pak⁸ muɯ²]; quặt mừ[kwat⁸muɯ²] 越泰 khuốc mử[khu:k⁷ muɯ²] 普 VA⁴ qami⁴[βɒ⁴ qa⁰ mi⁴] 越 vẫy tay[vɤi⁴ tai¹]

【沼气】 泰 แก๊สชีวภาพ[kɛ:t⁴tshi:u²pha:p¹⁰] 老 ꪮꪱꪥꪶꪣꪶꪔꪱꪣ[ʔa:i¹¹me:²ta:n¹] 越 khí mê-tan[xi⁵ me ta:n¹]

【沼泽地】 泰 หนองน้ำ[nɔ:ŋ¹nam⁴] 老 ꪨ꪿ꪮꪉꪨꪺꪉ[huaŋ³nɔ:ŋ²];ꪨꪺꪉꪶꪒꪙ[nɔ:ŋ²ʔdo:n¹];ꪶꪒꪙ[ʔdo:n¹]; ꪒꪲꪙꪪꪶꪩꪣ[ʔdin¹¹lom²];ꪹꪚꪸꪣ[ʔbɯ:am¹];ꪹꪚꪸꪣꪙꪾ [ʔbɯ:am¹¹nam⁴];ꪎꪾ[sam²];ꪚꪳꪉꪑꪱꪣ[ʔbɯŋ¹¹tha:m²] 越 vùng bùn lầy[vuŋ² ʔbun²lɤi²];vùng đầm lầy [vuŋ² ʔdɤm² lɤi²];miền đầm lầy[mi:n² ʔdɤm² lɤi²]

【着火】 泰 จับ[tsap⁷];ไฟไหม้[fai² mai³] 老 ꪨꪲ꫁[mai³]; ไฟไหม้[fai² mai³];ฟุนไฟ[fun² fai²];ลุกเป็นไฟ[luk⁸ pen¹¹ fai²] 越 cháy[tsai⁵];bắt lửa[ʔbat⁷ lɯa³] 芒 pắt cúi[pat⁷ kui⁵]

【着急】 泰 เร้า[rau⁴];เดือดเนื้อร้อนใจ[ʔdɯ:at⁹ nɯ:a⁴rɔ:n⁴tsai²];ร้อนรนขึ้นมา[rɔ:n⁴ron²khun³ ma:²];เป็นห่วง[pen¹¹ huaŋ⁵] 老 ꪹꪄꪉ[khwaŋ²]; ทำโอม[tham²von²];ร้อนใจ[hɔ:n⁴tsai¹];ร้อน อกร้อนใจ[hɔ:n⁴ʔok⁷hɔ:n⁴tsai¹];ฝ้าว[fa:u⁴] 岱-侬 slim bấu ổn[ɬim¹ ʔbəu⁵ ʔon³];slim fựt fựng [ɬim¹ fut⁸ fuŋ⁴];slim ngoòng[ɬim¹ ŋɔ:ŋ²] 越泰 họn xấy[hɔn⁴ sai³];họn châu[hɔn⁴ tsɐu¹] 越 nóng ruột[nɔŋ⁵ zu:t⁸];sốt ruột[sot⁷ zu:t⁸];lo[lɔ:¹] 芒 nồng roch[nɔŋ³ rɔt⁸];nồng lòng[nɔŋ³ lɔŋ²]

【着凉】 泰 อากาศเย็นเข้าไปในร่างกายจนไม่สบาย[ʔa:² ka:t⁹ jen² khau³ pai² nai² ra:ŋ³ ka:i² tson² mai⁵ sa⁵ ʔba:i²];ถูกอากาศเย็นจนไม่สบาย[thu:k⁹ ʔa:² ka:t⁹ jen² tson² mai⁵ sa⁵ ʔba:i²] 老 ꪹꪜꪙꪫꪒ[pen¹¹ vat⁷] 岱-侬 fat đảng[fa:t⁷ ʔda:ŋ³] 越泰 tòng lỗm[tɔŋ³ lo:m²] 越 cảm gió[ka:m³zɔ⁵];cảm lạnh[ka:m³ laŋ⁵]; bị cảm[ʔbi⁶ ka:m³];bị lạnh[ʔbi⁶ laŋ⁶] 芒 cám lệnh [ka:m⁵ leŋ⁴];phái xỏ[fa:i⁵ sɔ³]

【找 ~人、东西 ❶】 泰 หา[ha:¹] 老 ꪬꪱ[ha:¹];ꪎꪮꪀ [sɔ:k¹⁰];ꪎꪮꪀꪬꪱ[sɔ:k¹⁰ha:¹] 岱-侬 xa[ɕa¹];tím[tim⁵]; thăp[thap⁷] 越泰 ha[ha:¹];xọk[sɔk⁸] 普 thu¹ [tɯu¹];suơk⁵[su:k⁵] 越 tìm[tim²] 芒 thìm[thim⁵]; tóch[tɔt⁷]

【找 ~工作】 泰 หา[ha:¹] 老 ꪬꪱ[ha:¹] 岱-侬 xa[ɕa¹] 越泰 xa[sa¹] 越 tìm[tim²];kiếm[ki:m⁵] 芒 thìm[thim²];kiếm[ki:m³]

【找钱】 泰 ทอนเงิน[thɔ:n² ŋɤ:n²] 老 ꪗꪮꪙꪵꪉꪙ[thɔ:n² ŋɤn²] 岱-侬 pjá[pja⁵] 越泰 phụi[phui⁴] 越 trả lại tiền[tʂa³ la:i⁶ ti:n²];thối lại tiền[thoi⁵ la:i⁶ ti:n²]

【笊篱】 泰 กระชอนลวด[kra² tshɔ:n² lu:at¹⁰];กรวยกรอง ลวด[kru:ai² krɔ:n² lu:at¹⁰] 老 ꪀꪸꪠ꪿ꪮ[ka² sɔ⁵];ꪀꪸ ꪎꪮꪙ[ka²sɔ:n²];ต้องฉอน[tɔ:ŋ⁵sɔ:n²];ꪀꪸꪒ꪿ꪮꪉ[ka² tɔ:ŋ⁵];ꪀꪸꪒ꪿ꪮꪉ[ka²tɔŋ⁵];ꪀꪸ ต้องฉอน[ka²tɔ:ŋ⁵sɔ:n²]; ꪀꪸꪹꪔꪱ[ka²tə²];ต้[tɔ:⁴];ต้อง[tɔ:ŋ⁵];ต้องฉอน[tɔ:ŋ⁵ sɔ:n²] 越 môi vớt[moi¹ vɤ:t⁷];cái môi vớt[ka:i⁵ mɔi¹ vɤ:t⁷]

【照 用灯~】 泰 ส่อง[sɔ:ŋ⁵] 老 ส่อง[sɔ:ŋ⁵] 岱-侬 chói [tɕɔi¹] 越泰 tảy[tai³] 越 soi[sɔi¹] 芒 chiếu[tsi:u³]

【照 ~镜子】 泰 ส่อง[sɔ:ŋ⁵] 老 แยง[ȵɛ:ŋ²] 岱-侬 chiếu[tɕi:u⁵];chiếm[tɕi:m⁵] 越泰 nhiễm[ɲi:m³] 越 soi[sɔi¹] 芒 ngol[ŋɔl¹];khóc[khɔk⁷]

【照 ~他说的做】 泰 ตาม[ta:m²] 老 ตาม[ta:m¹] 越 theo[thɛu¹] 芒 theo[thɛu¹]

---

❶ 阿含 khā A1　撣 ha A1　泐 ha A1

## 【照顾】

泰 เหลียวแล[li:au¹ lɛ:²] 老 ດູແລ[ʔduː¹'lɛ:²];
แยง[nɛːŋ²];แบบบำ[nɛ:p¹⁰nam²];ບົວລະບັດ[ʔbu:a¹¹ la⁵ ʔbat⁷];ເບິ່ງແຍງ[ʔbəŋ⁵ nɛ:ŋ²];ເບິ່ງຈ່ຳຄ່ອຍ[ʔbəŋ⁵tsam⁵kham⁵khɔ:i²];ລ່ຳແລ[lam⁵lɛ:²];ລ່ຳຄ່ອຍ[lam⁵kham⁵khɔ:i²];ລຽບລ່ຳ[li:ap¹⁰lam⁵]; ຫຼຽວແລ[li:au¹ lɛ:²];ອິບັນ[ʔi² naŋ²];ຮ່ຳເພີ[ham⁵ phə:²];แบบบำ[nɛ:p¹⁰ nam²];ลຽบล่ำ[li:ap¹⁰ lam⁵] 岱-侬 chướng ngòi[tɯː:ŋ⁵ ŋɔi²] 越 khũa[khuə²];bong đu[ʔbəŋ¹ ʔdu¹] 越 chú ý[tsu⁵ ʔi⁵];săn sóc[ʂan¹ ʂɔk⁷];chiếu cố[tsi:u⁵ ko⁵];trông nom[tʂɔŋ¹ nɔm¹];thăm nom[tham¹ nɔm¹];chăm sóc[tsam¹ ʂɔk⁷] 芒 thăm pơ[tham¹ pɤ¹];chở[tʂɤ⁴];chăm xóc[tsam¹ sɔk⁷];phải bò[fal³ ʔbɔ³];xem[sɛm¹]

## 【照旧】

泰 ตามเดิม[ta:m² ʔdə:m²] 老 ຕາມເດີມ[ta:m¹'ʔdə:m¹'];ຄືເກົ່າ[khɯː²kau⁵];ດັ່ງເກົ່າ[ʔdaŋ⁵kau⁵] 越泰 pék cáu[pɛk⁷ kau⁵] 越 như cũ[ɲɯ¹ ku⁴];như trước[ɲɯ¹ tʂɯːk⁷];theo lệ cũ[theu¹ le⁶ ku⁴]

## 【照亮】

泰 ส่องสว่าง[sɔ:ŋ⁵sa⁵wa:ŋ⁵] 老 ສ່ອງສະຫວ່າງ[sɔ:ŋ⁵ sa² va:ŋ⁵] 越 chiếu sáng[tsi:u⁵ ʂa:ŋ⁵] 芒 chiếu làng[tsi:u³ la:ŋ³]

## 【照料】❶

泰 ดูแล[ʔdu:²lɛ:²] 老 ດູແລ[ʔduː¹'lɛ:²];ບົວລະບັດ[ʔbu:a¹' la⁵ ʔbat⁷];ບົວລະບັດຮັກສາ[ʔbu:a¹' la⁵ ʔbat⁷ hak⁸ sa:¹];ເບິ່ງແຍງດູແລ[ʔbəŋ⁵ nɛ:ŋ² ʔdu:¹' lɛ:²];ເບິ່ງແຍງ[ʔbəŋ⁵ nɛ:ŋ²];ດູແລເບິ່ງແຍງ[ʔdu:¹' lɛ:² ʔbəŋ⁵ nɛ:ŋ²];แบบบำ[nɛ:p¹⁰nam²];ບໍລິບານ[ʔbɔ:¹' li⁵ ʔba:n¹'];ເບິ່ງລ່ຳຄ່ອຍ[ʔbəŋ⁵ lam⁵ kham⁵ khɔ:i²];ລ່ຳຄ່ອຍ[lam⁵ kham⁵ khɔ:i²];ແລລ່ຳ[lɛ:² lam⁵];ລ່ຳແລ[lam⁵ lɛ:²];ລຽບລ່ຳ[li:ap¹⁰ lam⁵];ຮັກສາ[hak⁸ sa:¹];ກຳກັບ[kam¹' kap⁷] 越 trông nom[tʂɔŋ¹ nɔm¹];săn sóc[ʂan¹ʂɔk⁷];thăm nom[tham¹nɔm¹] 芒 thăm pơ[tham¹ pɤ¹];chăm ngỏ[tsam¹ ŋɔ³]

## 【照射】 阳光～

泰 เปล่ง[plɛŋ⁵];ทอ[thɔ:²];ส่อง[sɔ:ŋ⁵] 老 ສ່ອງ[sɔ:ŋ⁵];ຍອງ[ɲu:aŋ²] 岱-侬 chói[tɕɔi⁵]

泰 tày[tai³] 越 sáng chói[ʂa:ŋ⁵ tsɔi⁵];xán lạn[sa:n⁵ la:n⁶];chiếu[tsi:u⁵];rọi[zɔi⁵];soi[ʂɔi¹];chiếu rọi[tsi:u⁵ zɔi⁶]

## 【照相】

泰 ถ่าย[tha:i⁵];ถ่ายรูป[tha:i⁵ru:p¹⁰];ชักรูป[tshak⁸ru:p¹⁰] 老 ຖ່າຍ[tha:i⁵];ຖ່າຍຮູບ[tha:i⁵hu:p¹⁰];ຖ່າຍພາບ[tha:i⁵ pha:p¹⁰];ຊັກຮູບ[sak⁸ hu:p¹⁰];ຖອມຮູບ[thɔ:m¹ hu:p¹⁰] 越泰 lấn ảnh[lan⁵ ʔɛŋ³] 越 chụp ảnh[tsup⁸ ʔaɲ³] 芒 chup ánh[tsup⁸ ʔaɲ⁵]

## 【照相机】

泰 กล้องถ่ายรูป[klɔ:ŋ³ tha:i⁵ ru:p¹⁰] 老 ກ້ອງຖ່າຍ[kɔ:ŋ⁴tha:i⁵];ກ້ອງຖ່າຍຮູບ[kɔ:ŋ⁴tha:i⁵ hu:p¹⁰];ກ້ອງຮູບ[kɔ:ŋ⁴hu:p¹⁰] 越 máy ảnh[mai³ ʔaɲ³] 芒 máy ánh[mai³ ʔaɲ⁵]

## 【罩】 用纱罩～饭菜

泰 คลุม[khlum²] 老 ຄຸມ[khum²] 岱-侬 khoắm[khwam³] 越 đậy[ʔdɤi⁶]

## 【遮】❷

泰 ปกคลุม[pok⁷khlum²] 老 ໂທມ[tho:m²];ບ່ຽງບັງ[ʔbi:aŋ⁵ʔbaŋ¹'];ປິດບັງ[pit⁷ʔbaŋ⁵];ກັ້ງ[kaŋ⁴];ເກັ້ງ[kəŋ⁴] 岱-侬 dà[ja²];táng[ta:ŋ³];làn[la:n²] 普 khưở[khɯɤ⁵];qăm³[qam³] 越 che[tsɛ¹];phủ[fu³];đậy[ʔdɤi⁶];trùm[tʂum²];bao trùm[ʔba:u¹tʂum²];che đậy[tsɛ¹ʔdɤi⁶];che phủ[tsɛ¹fu³];che lấp[tsɛ¹ lɤp⁷] 芒 bao tlùm[ʔba:u¹ tlum²];che[tsɛ¹]

## 【遮羞布】

泰 ผ้าปิดส่วนล่างของร่างกาย[pha:³ pit⁷ su:an⁵ la:ŋ³ khɔ:ŋ³ ra:ŋ⁵ ka:i²] 老 ຜ້າປິດສ່ວນຂອງຮ່າງກາຍ[pha:³ pit⁷ su:an⁵ khɔ:ŋ³ ra:ŋ⁵ ka:i¹'] 普 kwăn¹ nwaj³[kwan¹ nwa:i³];kwăn tăj³[kwan tai³] 越 khố[xo⁵] 芒 khố[kho³]

## 【蜇】 蜜蜂～人

泰 ต่อย[tɔ:i⁵] 老 ດຽດ[ʔdi:at⁹];ດອຍ[ʔdɔ:i¹'];ຕອດ[tɔ:t⁹] 岱-侬 đạt[ʔda:t⁷] 越泰 dẳn[jan³] 普 tăj³[tai³] 越 đốt[ʔdot⁷];ngòi[ŋɔi²] 芒 thốt[thot⁷]

## 【鹧鸪】

泰 กระทาทุ่ง[kra⁵tha:²thuŋ⁵];นกกระทาจีน[nok⁸kra⁵tha:²tsi:n²];นกกระทา[nok⁸kra⁵tha:²] 老 ມິ້ງທາ[nok⁸ tha:²];ມິ້ງກະທາ[nok⁸ ka² tha:²];ກະທາ

---

❶ 阿含 lik
❷ 摣 ja A1

[ka² thaː²];กะขก[ka² thaː²]  岱-侬 nộc pẹc cà[nok⁸ pɛk⁸ ka²];nộc cây[nok⁸ kəi¹] 越 chim ngói[tsim¹ ŋoi³];chim đa đa[tsim¹ ʔda¹ ʔda¹];gà gô[ɣa² ɣo¹] 芒 chim ngói[tsim¹ ŋoi³]

【折断 树枝~了 ❶】 泰 หัก[hak⁷];หักขาด[hak⁷ khaːt⁷] 岱-侬 hăc[hak⁷] 越泰 hắc[hak⁷] 普 pan¹ ta³[paːn³ ta³];ta³[ta³] 越 gẫy[ɣɤi⁴] 芒 lé[lɛ⁵]

【折尺】 泰 ไม้ฟุตพับ[mai⁴ fut⁸ phat⁸] 老 ไม้แม้ดทบ[mai⁴ mɛt⁸ thop⁸] 越 thước gấp[thɯːk⁷ ɣɤp⁷]

【折刀】 泰 มีดพับ[miːt¹⁰ phap⁸] 老 มีดฮับ[miːt¹⁰ phat⁸];มีดงับ[miːt¹⁰ ŋap⁸];มีดญับ[miːt¹⁰ ɲap⁸] 越 dao xếp[zaːu¹ sep⁷]

【折叠】 泰 พับ[phap⁸] 老 ฮับ[phap⁸];ทบ[thop⁸] 岱-侬 chip[tɕip⁷];păp[pap⁸] 越泰 chíp[tsip⁷] 越 xếp[sep⁷];gấp[ɣɤp⁷];gập[ɣɤp⁸] 芒 xếp[sep⁷]

【折叠椅】 泰 เก้าอี้พับ[kau³ ʔiː³ phap⁸] 老 เก๋าอี้ฮับ[kau⁴ ʔiː⁴ phap⁸];ตั่งอี้ฮับ[taŋ⁵ ʔiː⁴ phap⁸] 越 ghế xếp[ɣe⁵ sep⁷]

【折叠桌】 泰 โต๊ะพับ[to⁴ phap⁸] 老 โต๊ะฮับ[to⁵ phap⁸] 越 bàn xếp[ʔbaːn² sep⁷]

【折合】 泰 คิดเป็น[khit⁸ pen²] 老 ติกเป็น[tok⁷ pen¹] 越 tính ra[tiŋ⁵ zaː¹];quy ra[kwi¹ zaː¹];tính bằng[tiŋ⁵ ʔbaŋ²];bằng[ʔbaŋ²];tường đương[tɯːŋ¹ ʔdɯːŋ¹];ngang với[ŋaː¹ vɤːi⁵];ăn[ʔan¹]

【折旧】 泰 หักค่าเสื่อม[hak⁷ khaː³ sɯam⁵] 老 ถ่าลุยหยิบ[khaː⁵ luːi⁵ hian³] 越 trừ hao mòn[tsɯa² haːu¹ mɔn²]

【折磨】 泰 ทรมาน[thoː² raː⁴ maːn²] 老 ฆ่าเข็น[khiau³ khen¹];ดั้น[khan⁴];ดั้นบีบ[khan⁴ ʔbiːp⁹];ทุลมาน[thoː² laː⁵ maːn²];บีบ[ʔbiː¹ thaː²];บีบดั้น[ʔbiː p⁹ khan⁴] 岱-侬 bjăc bjoi[ʔbjak⁷ ʔbjoi¹] 越泰

khến[khen⁵] 越 đày đọa[ʔdɤi² ʔdwa⁶];hành hạ[haŋ² haː⁶];giày vò[zɤi² vɔ²];dằn vặt[zan² vat⁸] 芒 hành thôi[haŋ² thoi⁴]

【折扇】 泰 พัดพับ[phat⁸ phap⁸] 老 วีฮับ[viː² phap⁸] 越 quạt xếp[kwaːt⁸ sep⁷];quạt giấy[kwaːt⁸ zɤi⁵]

【折式小刀】 泰 มีดพับ[miːt¹⁰ phap⁸] 老 มีดฮับ[miːt¹⁰ phap⁸];มีดงับ[miːt¹⁰ ŋap⁸];มีดญับ[miːt¹⁰ ɲap⁸] 岱-侬 pjạ cắp[pja⁴ kap⁷] 越泰 mịt nọi[mit⁸ nɔi⁴] 越 dao nhíp[zaːu¹ ɲip⁷] 芒 tao ngip[taːu¹ ŋip⁸]

【赭石】 泰 หินโอเคอร์[hin¹ ʔoː² khɤː²] 岱-侬 hin đeng[hin¹ ʔdeŋ¹];thon[thɔn¹] 越 đất son[ʔdɤt⁷ ʂɔn¹]

【这❷】 泰 นี้[niː⁴];ทั้งนี้[thaŋ⁴ niː⁴];นี่[niː³] 老 นี่[nːː⁴] 岱-侬 này[nai³];cà này[ka² nai³] 越泰 i[ʔiː⁴];ni[niː³];nị[ni⁴] 普 năj⁴[nai⁴] 越 này[nai²];đây[ʔdɤi¹] 芒 nì[niː²];ni[ni¹]

【这边】 泰 ทางนี้[thaː ŋ² niː⁴] 老 เบื้องนี้[ʔbɯːaŋ⁴ niː⁴] 越 bên này[ʔben¹ nai²];đây[ʔdɤi¹];ở chỗ này[ʔɤ³ tso⁴ nai²];đằng này[ʔdaŋ² niː²] 芒 khả nì[khaː³ niː²]

【这个】 泰 อันนี้[ʔan¹ˑ niː⁴] 老 ฮับนี้[ʔan¹ niː⁴] 越 này[nai²];cái này[kaːi⁵ nai²];việc này[viːk⁸ nai²];điều này[ʔdiːu² nai²]

【这个月】 泰 เดือนนี้[ʔdɯan² niː⁴] 老 เดือนมี้[ʔdɯan¹ˑ niː⁴] 越 tháng này[thaːŋ⁵ nai²] 芒 kháng nì[khaːŋ³ niː²]

【这里❸】 泰 ที่นี่[thiː³ niː⁴] 老 ฮิมี่[thiː⁵ niː⁴];ทางมี่[thaːŋ² niː⁴];บ่อนนี้[ʔbɔːn⁵ niː⁴];พี่[phiː⁴];แห่งนี้[hɛː ŋ⁵ niː⁴];มี่[niː³] 岱-侬 này[nai³];nầy[nəi³] 越泰 pi[piː⁴];ni[niː⁴] 普 tăj[tai²] 越 đây[ʔdɤi¹];ở đây[ʔɤ³ ʔdɤi¹];tại đây[taːi⁶ ʔdɤi¹] 芒 ni[ni¹]

【这时❹】 泰 เมื่อนี้[mɯa³ niː⁴] 老 บัดนี้[ʔbat⁷ niː⁴]

---

❶ 阿含 rak D1S　掸 hăk D1S　泐 hak D1S
❷ 阿含 nai；i-ü；i-u　掸 năi C2　泐 ni C2
❸ 阿含 tî-nai
❹ 阿含 mü-nai

越 lúc này[luk⁷ nai²]

【这些】 泰 เหล่านี้[lau⁵ niː⁴] 老 เขิล่ามี้[lau⁵ niː⁴] 越 những … này[n̪ɯŋ⁴ … nai²];những … ấy[n̪ɯŋ⁴ ʔɤi⁵]

【这样❶】 泰 ฉะนี้[tsha⁵ niː⁴];ดังนี้[ʔdaŋ² niː⁴];อย่างนี้[jaːŋ² niː⁴];เช่นนี้[tshen³ niː⁴];เพียงนี้[phiːaŋ² niː⁴] 老 ย่างมี้[jaːŋ² niː⁴];สับมี้[san² niː⁴];เซิ่บมี้[sen⁵ niː⁴];กะมี้[ka² niː⁴];ดั่งมี้[ʔdaŋ² niː⁴];แบวมี้[nɛːu¹ niː⁴];แบนมี้[ʔbɛːn¹ niː⁴];ปานมี้[paːn¹ niː⁴];ฮับมี้[ʔan¹ niː⁴] 岱-侬 pên này[pen⁴ nai³] 越泰 chện[tsen⁴];cờ nặn[kə⁶ nan⁴];nẽo nị[nɛu² ni⁴];xuổng nặn[sɯːŋ² nan⁴] 普 qasê²[qa⁰ se²] 越 thế này[the⁵ nai²];như thế[n̪ɯ¹ the⁵];như vậy[n̪ɯ¹ vɤi⁶] 芒 thia nì[thiə³ ni²];pi nì[pi¹ ni²];thử bẩy[thɯ³ ʔbɤi⁴];là pi[la² pi³];tang[taːŋ¹]

【蔗糖】 泰 น้ำตาลอ้อย[nam⁴ taːn² ʔɔːi³] 老 น้ำตาลฉะกาโล[nam⁴ taːn¹ˊ sa⁵ kaː⁵ loː²];น้ำอ้อย[nam⁴ ʔɔːi⁴] 越 đường mía[ʔdɯːŋ² miə⁵];đường sucroza[ʔdɯːŋ² su¹ krɔ¹ za¹]

【着 说~】 泰 กำลัง...อยู่[kam² laŋ² …juː⁵] 老 ย่[juː⁵];พวม[phuam²] 越 đang[ʔdaŋ¹] 芒 tang[taːŋ¹]

【真 ~假】 泰 จริง[tsiŋ²] 老 จิ๋ง[tsiŋ¹];แท้[thɛː⁴] 岱-侬 chăn[tɕan¹] 越泰 tẹ[te⁴] 越 thật[thɤt⁸];thực[thɯk⁸] 芒 hong[hɔŋ²];là hong[la² hɔŋ²]

【真 ~好】 泰 จัง[tsaŋ²];แท้[thɛː⁴] 老 จิ๋ง[tsiŋ¹];ทิดยอ[thiː²² ʔdiau¹ˊ] 越 thật là[thɤt⁸ la²];thực là[thɯk⁸ la²];quả là[kwa³ la²]

【真的】 泰 จริงๆ[tsiŋ² tsiŋ²] 老 จิ๋ง[tsiŋ¹];จิ๋งแท้[tsiŋ¹ˊ thɛː⁴] 越 thật[thɤt⁸]

【针 缝衣~❷】 泰 เข็ม[khem¹] 老 เข็ม[khem¹] 岱-侬 khêm[khem¹];mạc khêm[maːk⁸ khem¹] 越泰 khêm[khem¹] 普 ngât²[ŋɤt²] 越 kim[kim¹] 芒 kim[kim¹]

【针鼻】 泰 รูร้อยด้าย[ruː² rɔːi⁴ ʔdaːi³] 老 ฮูเข็ม[huː² khem¹] 岱-侬 xu khêm[ɕu¹ khem¹] 越 trôn kim[tʂon¹ kim¹]

【针尖】 泰 ปลายเข็ม[plaːi² khem¹] 老 ปายเข็ม[paːi¹ˊ khem¹] 越 mũi kim[mui⁴ kim¹]

【针灸】 泰 ฝังเข็ม[faŋ¹ khem¹] 岱-侬 chut sloa[tɕut⁷ ɬwa¹];thiêu chìm[tɕɯ⁷ tɕim³];chut đén[tɕut⁷ ʔdɛn⁵] 越 châm cứu[tʂɤm¹ kɯɯ⁵];châm chích[tʂɤm¹ tsit⁷] 芒 châm chích[tʂɤm¹ tsit⁷]

【针线活儿】 泰 งานเย็บปัก[ŋaːn² jep⁸ pak⁷] 老 ทยิบปักทักแส่อ[ɲip⁷ pak⁷ thak⁷ sɛːu⁵] 越 việc kim chỉ[viːk⁸ kim¹ tsi³];việc may vá[viːk⁸ mai¹ va⁵]

【针织品】 泰 สิ่งทอประเภทถัก[siŋ⁵ thɔː² pra⁵ phɛːt¹⁰ thak⁷] 老 เถื่อถักแส่อ[khɯːaŋ⁵ thak⁷ sɛːu⁵];ຂອງຖັກ[khɔːŋ¹ thak⁷] 越 đồ dệt kim[ʔdo² zet⁸ kim¹];hàng dệt kim[haːŋ² zet⁸ kim¹]

【砧板❸】 泰 เขียง[khiːaŋ¹] 老 ຂຽງ[khiːaŋ¹];ลูกขยง[luk¹⁰ khiːaŋ¹] 岱-侬 khiêng[khiːŋ¹] 越泰 khiêng[khiːŋ¹] 普 tjan⁴[tjaːn⁴] 越 thớt[thɤːt⁷];cái thớt[kaːi⁵ thɤːt⁷] 芒 pồn[pon²]

【珍珠❹】 泰 ไข่มุก[khai⁵ muk⁸] 老 ไຂ่มุก[khai⁵ muk⁸];มุกดา[muk⁸ ʔdaː¹];มุกดาหาน[muk⁸ ʔdaː¹ haːn¹];มุดตา[mut⁸ taː¹] 越 ngọc trai[ŋɔk⁸ tʂaːi¹];hạt trai[haːt⁸ tʂaːi¹];trân chru[tʂɤn¹ tʂu¹]

【珍珠贝】 泰 หอยมุก[hɔːi¹ muk⁸] 老 ຫອຍມຸກ[hɔːi¹ muk⁸];กี๋มุก[kiː⁴ muk⁸];ຫອຍภ้อง[hɔːi¹ kuːaŋ⁴];ຫອຍภอ้าง[hɔːi¹ kwaːŋ⁴] 越 trai ngọc[tʂaːi¹ ŋɔk⁸]

【珍珠鸡】 泰 ไก่ต๊อก[kai⁵ tɔːk⁴];ไก่วิลาส[kai⁵ wi⁴

❶ 阿含 plai
❷ 石家 kim¹; lxm³ kim¹ 阿含 khem A1 泐 khim A1
❸ 阿含 khiaŋ A1 撣 kheŋ A1
❹ 阿含 chi

la:t¹⁰] 老ໄກ່ຕ້ອງ[kai⁵tɔk⁴];ໄກ່ຕ້ອງ[kai⁵tɔk⁷] 越 gà sao[ɣa² ʂa:u¹]

【斟~酒】 泰ริม[rim²] 老ແพ່ງ[phɛ:ŋ⁵];ເທຍັນ[nen³];ເທຍັນ[nen³] 傣-侬cuốn[kun⁵];rài[ra:i³]; hia[hiə³] 越泰khái[kha:i⁵] 普ting³[tiŋ⁵] 越 rót[ʐɔt⁷] 芒puống[pu:ŋ⁵];rócㅎ[rɔt⁷]

【斟酌】 泰พินิจพิเคราะห์[phi³nit⁸phi⁴khrɔ⁴] 老ຂັ່ງ[saŋ⁵];ຂັ່ງຊາ[saŋ⁵sa:²];ພິເຄາະ[phi⁵khɔ⁵];ພິຈາລະນາ[phi⁵tsa:'la⁵na:²];ພິມິດພິເຄາະ[phi⁵nit⁸ phi⁵khɔ⁵];ວິຈານ[vi⁵tsa:n¹];ວິຈາລະນະ[vi⁵tsa:¹' la⁵ na⁵];ວິມິດໄສ[vi⁵nit⁸sai¹] 傣-侬ấn chí[ʔən⁵tɕi⁵]; dặc dạu[jak⁸jau⁴] 越bàn quanh[ʔba:n² waŋ¹] 芒pàn quenh[pa:n² kwɛŋ¹]

【胗鸡~❶】 泰ไต[tai²];กึ้น[kɯn¹] 老ใจ[tai¹] 傣-侬tâur[təɯ¹];thâur[thəɯ¹] 越泰tau[tau¹] 越 mề[me²] 芒mềl[mel²]

【诊断】 泰ตรวจและวินิจฉัยโรค[tru:at⁹lɛ⁴wi⁴nit⁸ tshai¹ ro:k¹⁰] 老ອາບບາຍພິທອດພະຍາດ[va:m² na:i² mɔ:¹ ku:at⁹ pha⁵ ɲa:t¹⁰];ພິມິດພິເຄາະ[phi⁴ nit⁸ phi⁵ khɔ⁵] 越chẩn đoán[tsɤn³ ʔdwa:n⁵];chẩn bệnh[tsɤn³ ʔben⁶] 芒chấn đẩn[tsɤn⁵ ʔda:n⁵]

【诊室】 泰ห้องตรวจโรค[hɔ:ŋ³ tru:at⁹ ro:k¹⁰] 老 ຫ້ອງກວດພະຍາດ[hɔ:ŋ³ ku:at⁹ pha⁵ ɲa:t¹⁰] 越 phòng khám bệnh[fɔŋ² xa:m⁵ ʔben⁶]

【枕木】 泰ไม้หมอนของรางรถไฟ[mai⁴ mɔ:n¹ khɔ:ŋ¹ ra:ŋ² rot⁸ fai²];ไม้หมอน[mai⁴ mɔ:n¹] 老ໄມ້ຂອນ[mai⁴ khɔ:n¹];ໄມ້ໝອນ[mai⁴ mɔ:n¹];ໝອນລັດໄຟ [mɔ:n¹ lot⁸ fai²];ໝອນຮາງລັດໄຟ[mɔ:n¹ ha:ŋ² lot⁸ fai²]; ไม้ໝอน[mai⁴ mɔ:n¹];ໝອນລັດໄຟ[mɔ:n¹ ha:ŋ² lot⁸ fai²] 越tà vẹt gỗ[ta² vɛt⁸ ɣo⁴];tà vẹt[ta² vɛt⁵]; tà vẹt gỗ[ta² vɛt⁸ ɣo⁴]

【枕巾】 泰ผ้าคลุมหมอน[pha:³ khlum² mɔ:n¹] 老 ຜ້າປົກໝອນ[pha:³ pok⁷ mɔ:n¹] 越khăn phù gối [xan¹ fu² ɣoi¹];khăn gối[xan¹ ɣoi⁵]

【枕套】 泰ปลอกหมอน[plɔ:k⁹mɔn¹] 老ຂົບໝອນ[sop⁸mɔ:n¹];ປອກໝອນ[pɔ:k⁹mɔ:n¹] 越泰xửa mon[sɯə³ mɔn¹] 越áo gối[ʔa:u⁵ ɣoi⁵];vỏ gối[vɔ⁵ ɣoi⁵] 芒áo kềl[ʔa:u⁵ kel²]

【枕头】 泰หมอน[mɔ:n¹] 老ໝອນ[mɔ:n¹]; ໝອນໝູນທົວ[mɔ:n¹mu:n¹hu:a³] 傣-侬mon[mɔn¹]; ănmon[ʔan¹mɔn¹] 越泰mon[mɔn¹] 普tăng¹zhô⁴ [taŋ¹ zo⁴];tăng¹rhô⁴[taŋ¹ɾo⁴] 越gối[ɣoi⁵];gối[ɣoi⁵ ʔdʐu²];cái gối[ka:i⁵ ɣoi⁵] 芒kềl[kel²]

【枕心】 泰ใส้หมอน[sai³ mɔ:n¹] 老ໄສ້ໝອນ[sai³ mɔ:n¹] 越ruột gối[ʐu:t⁸ ɣoi⁵]

【阵~雨❷】 泰ห่า[ha:⁵] 老ห่ำ[ha:⁵];ฮูด[hu:t¹³] 傣-侬xá[ɕa⁵] 越泰há[ha⁵] 普rha⁵[ɾa⁵] 越cơn [kɤ:n¹];trận[tsɤn⁶];làn[la:n²] 芒cơn[kɤ:n¹];lẫn [tlɤn⁴];pòng[pɤ:ŋ²]

【阵地】 泰สนามรบ[sa⁵ na:m² rop⁸];ฐานที่มั่น[tha:n¹ thi:³ man³] 老ที่ตั้ງ[thi:⁵ taŋ⁴];ຖານທີ່ໝັ້ນ[tha:n¹ thi:³ man³] 越泰nà xóc[na³ sɔk¹⁰] 越trận địa[tsɤn⁶ ʔdiə⁶]

【阵雨】 泰ห่าฝน[ha:⁵ fon¹];ฝนตกชั่วครู่[fon¹ tok⁷ tshu:a³ khru:³] 老ຝົນໄລ່ແປ[fon¹ lai⁵ ʔbɛ:⁴];ท่าຝົນ [ha:⁵fon¹] 傣-侬phân xá[phən¹ɕa⁵];phân slào [phən¹ɬa:u³] 越泰phôn há[phon¹ha⁵] 普săw⁵ mhân¹[sau⁵ mɤn¹] 越mưa rào[mɯə¹ ʐa:u²] 芒 mưa khỗ[mɯə¹ kho⁴]

【震动】 泰สั่นสะเทือน[san⁵sa⁵thɯ:an²] 老ໄຫວ [vai¹];ຍຸດ[ɲut⁸];ດັ່ງກ້ອງກັ່ວາງ[ʔdaŋ¹kɔ:ŋ⁴xaŋ¹ va:n²];ດັ່ງສະນັ່ນ[ʔdaŋ¹' sa² nan⁵];ເດື່ອງ[ʔdɯ:aŋ⁵]; ບໍລິສັນ[ʔbɔ:¹' li⁵ phan¹];ເພື່ອນ[fɯ:an²];ເພື່ອນຜັ່ງ [fɯ:an²faŋ⁵];ເພື່ອນພື້ນ[fɯ:an²fɯ:n⁴];ຫວັ່ນໄຫວ [ŋan⁵ŋai⁵];ຫວັ່ນໄຫວ[van⁵vai¹];ຫວັ່ນ[van⁵];ຈະເທືອນ

❶ 渤 tāi A1
❷ 阿含 rā B1  掸 ha B1  拉哈 ha²; sa¹

[ka²thɯ:an²];สะเทือน[sa²thɯ:an²] 岱-侬 fèn đoòng[fen² ʔdɔ:ŋ³];fèn động[fen² ʔdoŋ⁴];fèn tọn [fen² tɔn⁴];fèn fồm[fen² fom³] 越泰 xnản[s-nan⁶];vay[vai¹];phườn[phɯ:n²] 越 chán động[tsɤn⁵ ʔdoŋ⁶];lay động[lai¹ ʔdoŋ⁶];rung động[zuŋ¹ ʔdoŋ⁶];dung chuyển[zuŋ¹ tswi:n³];vang dội[va:ŋ¹ zoi⁶];vang động[va:ŋ¹ ʔdoŋ⁶];xao xuyến[sa:u¹ swi:n⁵]

【镇痛】 泰 ระงับปวด[ra⁴ŋap⁸pu:at⁹];บรรเทาปวด [ʔban² thau² pu:at⁹] 老 ละงับปอด[la⁵ ŋap⁸ pu:at⁹];บับเทิบปอด[ʔban¹' thau¹' pu:at⁹] 越 làm dịu[la:m² ziu⁶];giảm đau[za:m³ ʔdau¹];dịu đau[ziu⁶ ʔdau¹]

【镇压】 泰 บำราบ[ʔbam² ra:p¹⁰];ปราบปราม[pra:p⁹ pra:m²] 老 กำฮาบปาบปาม[kam² ha:p¹⁰ pa:p⁹ pa:m²];บำฮาบ[ʔbam¹' ha:p¹⁰];ปาบ[pa:p⁹];ปาบปาม [pa:p⁹pa:m¹'];ฝาบ[pha:p⁹] 岱-侬 cặp nap[kap⁷ na:p⁷];pắt nap[pat⁷ na:p⁷] 越 tòn[tɔn²] 越 trấn áp[tʂɤn⁵ ʔa:p⁷];đàn áp[ʔda:n² ʔa:p⁷]

【正月】❶ 泰 เดือนอ้าย[ʔdɯ:an² ʔa:i³] 老 เดือนอ้าย [ʔdɯ:an¹' ʔa:i⁴];จฺยง[tsi:aŋ⁵];เดือนจฺยง[ʔdɯ:an¹' tsi:aŋ⁵];เดือนกฺยง[ʔdɯ:an¹' ki:aŋ⁵];ทะบุ[tha⁵ nu:²];มักฅะสีละมาด[mak⁸kha⁵si²la⁵ma:t¹⁰];มัก ฅะสีละ[mak⁸kha⁵si²la⁵] 岱-侬 bươn chiêng [ʔbɯ:n¹ tɕi:ŋ²] 越泰 bươn chiêng[ʔbɯ:n¹ tsi:ŋ²] 普 nin¹ jât⁵[nin¹ jɤt⁵] 越 tháng giêng[tha:ŋ³ zi:ŋ¹] 芒 kháng chiêng[kha:ŋ³ tsi:ŋ¹]

【钲】 泰 เครื่องมือตีดนตรีชนิดหนึ่งที่ใช้ในขณะที่เดินทัพในสมัยโบราณ[khrɯ:aŋ³ mɯ:² ti:² ʔdon² tri:² tsha⁴ nit⁸ nɯŋ⁵ thi:³ tshai⁴ nai² kha⁵ na⁵ thi:³ ʔdɤ:n² thap⁸ nai² sa⁵ mai¹ ʔbo:² ra:n²] 老 กังสะดาบ[kaŋ¹' sa² ʔda:n¹'] 岱-侬 ăn inh;mạ la eng[ma⁴ la¹ ʔɛŋ¹];chiêng[tɕi:ŋ²] 越 chiêng[tsi:ŋ²] 芒 chiêng[tsi:ŋ²]

【争】 泰 ชิง[tshiŋ²] 老 สิง[siŋ²];ซิง[si:ŋ²];แย่ง

[ɲɛ:ŋ⁵] 岱-侬 cheng[tɕɛŋ¹] 越泰 chỉnh[tsiŋ²] 越 tranh[tsaŋ¹];giành[zaŋ²] 芒 chenh[tsɛn¹]

【争论】 泰 ถกเถียง[thok⁷ thi:aŋ¹];โต้แย้ง[to:³ jɛ:ŋ⁴] 老 โต้แย่ง[to:⁴ ɲɛ:ŋ⁴];แย่งดิ[ɲɛ:ŋ⁵ ʔdi:¹'];ถกเถียง [thok⁷ thi:aŋ¹];ปะอิวาด[pa²vi⁵va:t⁵];อิวาด[vi⁵ va:t¹⁰];พิพาด[phi⁵ pha:t¹⁰] 越 bàn cãi[ʔba:n² ka:i⁴];bàn ra tán vào[ʔba:n² za¹ ta:n⁵ va:u²];tranh luận [tʂan¹ lwɤn⁶] 芒 pàn cãi[pa:n² ka:i⁴]

【挣扎】 泰 ดิ้นรน[ʔdin³ron²] 老 สักดิ้ม[sak⁸ʔdi:n⁴];ดิ้ม[ʔdi:n⁴];ดิ้มฮิม[ʔdi:n⁴hon²];กะแดก[ka²ʔdɛ:k⁹] 岱-侬 sláng[ɬa:ŋ⁵];bá[ʔba⁵];pặt[pat⁸];quặt[kwat⁷] 越泰 đin[ʔdin³];vứt lặc[vuɯt⁸s-lak⁸] 越 giẫy[zɤi⁴];giẫy giụa[zɤi⁴ zuə⁶];gượng[ɣɯ:ŋ⁶];gắng gượng[ɣaŋ⁶ ɣɯ:ŋ⁶];quẫy[kwɤi⁴];cựa[kɯə⁶] 芒 cữa[kɯə⁴]

【睁】~眼❷ 泰 ลืม[lɯ:m²] 老 มึน[mɯ:n²] 岱-侬 cuợn[kɯ:n⁴] 越泰 khay[khai¹];mŭn[mun²];bí[ʔbi⁵] 越 mờ[mɤ³]

【蒸】~饭 泰 นึ่ง[nɯŋ³] 老 พึ่ง[nɯŋ³] 岱-侬 nắng [nəŋ³];nứng[nɯŋ³] 越泰 nứng[nɯŋ³] 普 lhương² [lɯŋ²] 越 hấp[hɤp⁷];chưng[tsɯŋ¹];cất[kɤt⁷];đồ[ʔdo²] 芒 hấp[hɤp⁷];tồ[to²]

【蒸锅】 泰 ลังถึง[laŋ² thɯŋ¹];ซึ้ง[sɯŋ⁴];หม้อนึ่ง[mɔ:³ nɯŋ³] 老 พึ่พึ่ง[mɔ:³nɯŋ³] 越 nồi hấp[noi²hɤp⁷];nồi hời[noi² hɤi¹];nồi xúp-de[noi² sup⁷ zɛ¹];chõ[tʂo⁴];nồi chưng[noi² tsɯŋ¹]

【蒸馏水】 泰 น้ำกลั่น[nam⁴ klan⁵] 老 น้ำกั่น[nam⁴ kan⁵] 岱-侬 nặm sliêu[nam⁴ɬi:u¹] 越 nước cất [nɯ:k⁷ kɤt⁷] 芒 đác thiêu[ʔda:k⁷ thi:u¹]

【蒸笼】 泰 ไห[hai¹];ลังถึงไห[laŋ² thɯŋ¹ hai¹];หวด [hu:at⁹] 老 ติ่มฮำ[ti:m⁵ sam²] 岱-侬 khây[khəi¹];ăn khây[ʔan¹ khəi¹] 越泰 hay[hai¹] 越 lồng hấp [loŋ² hɤp⁷];cái lồng hấp[ka:i⁵ loŋ² hɤp⁷]

---

❶ 石家 ciaŋ¹
❷ 石家 mlɔɔn⁴

【征兵】 泰 เกณฑ์ทหาร[ke:n² tha⁴ ha:n¹] 老 เกณทะฆาบ[ke:n¹' tha⁵ ha:n¹];เก็บ เกນທະฆาบ[kep⁷ ke:n¹' tha⁵ ha:n¹] 越 trưng binh[tʂɯŋ¹ ʔbin¹];gọi nhập ngũ[ɣɔi⁶ nɤp⁸ ŋu⁴]

【整 八点整】 泰 ตรง[troŋ²] 老 ຕົງ[toŋ¹'];ກົງ[koŋ¹']; ถ้วน[thuan³] 越 đúng[ʔduŋ⁵] 芒 đùng[ʔduŋ³]

【整洁】 泰 สะอาดเรียบร้อย[sa⁵ ʔa:t⁹ ri:ap¹⁰ rɔ:i⁴] 老 ສະອາດຮຽບຮ້ອຍ[sa² ʔa:t⁹ hi:ap¹⁰ hɔ:i⁴] 越 sạch sẽ[ʂat⁸ ʂɛ⁴];gọn gàng[ɣɔn⁶ ɣa:ŋ²]

【整年】 泰 ทั้งปี[thaŋ⁴ pi:²];เต็มปี[tem² pi:²];ตลอดปี[ta⁵ lɔ:t⁹ pi:²] 老 ຕະຫຼອດປີ[ta⁵ lɔ:t⁹ pi:¹'];ເຕັມປີ[tem² pi:¹'];ໝົດປີ[mot⁷ pi:¹'];ແຮມປີ[hɛ:m² pi:¹'] 岱-侬 tăng pi[taŋ⁵ pi¹] 越泰 tểnh pi[teŋ² pi¹] 越 cả năm[ka³ nam¹];suốt năm[ʂu:t⁷ nam¹];quanh năm[kwan¹ nam¹] 芒 póch năm[pɔt⁷ nam¹];cá năm[ka⁵ nam¹]

【整数】 泰 จำนวนเต็ม[tsam² nu:an² tem²] 老 ເລກຖ້ວນ[le:k¹⁰ thuan³];จำนวนถ้วน[tsam¹' nu:an² thu:an³] 越 số chẵn[ʂo⁵ tsan⁴] 芒 khố chẵn[kho³ tsan⁴]

【整天】 泰 ทั้งวัน[thaŋ⁴ wan²];เต็มวัน[tem³ wan²];ตลอดวัน[ta⁵ lɔ:t⁹ wan²] 老 ຕະຫຼອດວັນ[ta⁵ lɔ:t⁹ van²];ມຶ້ເປັນມຶ້[nap⁸ pen¹' mɯ:⁴];ວັນຍັງຄ່ຳ[van² ŋaŋ⁵ kham⁵];ໝົດມື້[mot⁷ mɯ:⁴];ໝົດມື້ໝົດເວັນ[mot⁷ mɯ:⁴ mot⁷ ven²];ໝົດມື້ຍັງຄ່ຳ[mot⁷ mɯ:⁴ ŋaŋ⁵ kham⁵];ນັບເປັນມື້[nap⁸ pen¹' mɯ:⁴] 越 cả ngày[ka³ ŋai²] 芒 cá ngày[ka⁵ ŋai²]; thổl ngày[thol³ ŋai²]

【整夜】 泰 ตลอดคืน[ta⁵ lɔ:t⁹ khɯ:n²];เต็มคืน[tem² khɯ:n²];ต่อคืน[tɔ:⁵ khɯ:n²] 老 ຕະຫຼອດຄືນ[ta² lɔ:t⁹ khɯ:n²];ໂດຍຕະຫຼອດຄືນ[ʔdo:i¹' ta⁵ lɔ:t⁹ khɯ:n²];ໝົດຄືນ[mot⁷ khɯ:n²] 越 cả đêm[ka³ ʔdem¹];suốt đêm[ʂu:t⁷ ʔdem¹] 芒 cá têm[ka⁵ tem¹];làng têm[la:ŋ³ tem¹]

【整月】 泰 ตลอดเดือน[ta⁵ lɔ:t⁹ ʔdɯ:an²] 老 ໝົດເດືອນ[mot⁷ ʔdɯ:an¹'] 越 cả tháng[ka³ thaŋ⁵'] 芒 póch kháng[pɔt⁷ kha:ŋ³];huôch kháng[hu:t⁸ kha:ŋ³]

【正 帽子戴不~】 泰 ตรง[troŋ²] 老 ຕົງ[toŋ¹'] 岱-侬 phiêngnắn[phi:ŋ² nan³];phiêngphop[phi:ŋ² phop⁷] 越 ngay ngắn[ŋai¹ ŋan⁵]

【正餐】 泰 อาหารหนัก[ʔa:² ha:n¹ nak⁷] 老 ອາຫານໜັກ[ʔa:¹' ha:n¹ nak⁷] 越 bữa chính[ʔbɯə⁴ tsin⁵]

【正常】 泰 ปกติ[pok⁷ ka⁵ ti⁵] 老 ປົກກະຕິ[pok⁷ ka² ti²];ທຽມຍ່ອມ[thi:an² ŋɔ:m⁵] 岱-侬 tôc chang[tok⁷ tɕa:ŋ¹] 越 bình thường[ʔbiŋ² thɯ:ŋ²];như thường[ɲɯ¹ thɯ:ŋ²]

【正房 房屋的~】 泰 ห้องโถงใหญ่[hɔ:ŋ³ tho:ŋ¹ jai²] 老 ຫ້ອງໂຖງ[hɔ:ŋ³ tho:ŋ¹] 越泰 hòng tô[hɔŋ³ to] 越 nhà giữa[ɲa² zɯə⁴]

【正好】 泰 พอดี[phɔ:² ʔdi:²] 老 ພໍດີ[phɔ:² ʔdi:¹'] 岱-侬 pằm vạ[pham⁵ va:⁵] 越 vừa vặn[vɯə² van⁶];đúng lúc[ʔduŋ⁵ luk⁷];vừa đúng[vɯə² ʔduŋ⁵]

【正门】 泰 ทางเข้า[tha:ŋ² khau³] 老 ປະຕູທາງໜ້າ[pa² tu:¹' na:³] 岱-侬 tuầng[tu¹ ʔa:ŋ³] 越 cửa cổng chính[kɯə³ koŋ³ tʂɯ:k⁷];cửa chính[kɯə³ tsin⁵];cửa cổng trước[kɯə³ koŋ³ tʂɯ:k⁷];cửa trước[kɯə³ tʂɯ:k⁷] 芒 cửa cải[kɯə³ ka:i³]

【正面】 泰 ข้ามหน้า[ʔda:n³ na:³] 老 ດ້ານກົງ[ʔɕa:n⁴ koŋ¹];ດ້ານໜ້າ[ʔda:n⁴ na:³];ທາງບວກ[tha:ŋ² ʔbuak⁹] 岱-侬 tó nả[to⁵ na³] 越泰 tó nả[to⁵ na³] 越 chính diện[tsin⁵ zi:n⁶];mặt chính diện[mat⁸ tsin⁵ zi:n⁶];mặt chính[mat⁸ tsin⁵];mặt phải[mat⁸ fa:i³];mặt trước[mat⁸ tʂɯ:k⁷]

【正午】 泰 หลังเที่ยง[laŋ¹ thi:aŋ³] 老 ຕາວັນທ່ຽງ[ta:¹' van² thi:aŋ⁵];ຍາມທ່ຽງ[ɲa:m² thi:aŋ⁵];ເວລາທ່ຽງ[ve:² la:² thi:aŋ⁵];ທ່ຽງວັນ[ɲa:m² van²];ທ່ຽງເວັນ

[na:m² ven²] 越giữa trưa[zɯə⁴ tʂɰə¹]

【正在❶】 泰อยู่[ju:⁵];กำลัง...อยู่[kam² laŋ²...ju:⁵];กำลัง[kam² laŋ²];กำดัด[kam² ʔdat⁷] 老ຢູ່[ju:⁵];ກຳລັງ[kam¹laŋ²];ກຳລັງ...ຢູ່[kam¹¹laŋ²...ju:⁵];ພວມ[phuam²];ເຜິ່ງ[phɤŋ¹] 岱-侬đang sli[ʔda:ŋ¹ ɬi⁵] 越泰đang[ʔda:ŋ²] 普phak⁵[pha:k⁵] 越tang[ta:ŋ¹]

【正直】 泰ชื่อตรง[sɯ:³ troŋ²] 老ตົງ[toŋ¹'];ກົງ[koŋ¹'];ກົງຕໍ່[koŋ¹' tɔ:⁵];ທ່ຽງ[thi:aŋ⁵];ທ່ຽງຕົງ[thi:aŋ⁵ toŋ¹'];ທ່ຽງກົງ[thi:aŋ⁵ koŋ¹'];ທ່ຽງທຳ[thi:aŋ⁵ tham²];ຊັດທ່ຽງ[that⁸ thi:aŋ⁵];ອຸທານ[ʔu² tha:n²] 岱-侬nắn choat[nan⁸ tɕwa:t⁷];ngay chính[ŋai¹ tɕiŋ⁵] 越泰xệt xử[set⁸ sɯ⁶] 越chính trực[tsin⁵ tsɯk⁸];ngay thẳng[ŋai¹ thaŋ³]

【症状】 泰โรคลักษณ์[ro:k¹⁰lak⁸] 老ໂລະລັກສະນະ[lo:² kha⁵ lak⁸ sa² na⁵] 越bệnh trạng[ʔben⁶ tʂa:ŋ⁶]

【证词】 泰พยานคำพูด[pha⁴ ja:n² kham² phu:t¹⁰];พยาน บอกเล่า[pha⁴ ja:n² ʔbɔ:k⁹ lau³] 老ຄຳພະຍານ[kham² pha⁵ ɲa:n²];ປາກຄຳ[pa:k⁹ kham²] 越lời khai trước toà[lɤ:i² xa:i¹ tʂɯ:k⁷ twa²]

【证据】 泰หลักฐาน[lak⁷tha:n¹] 老ຫຼັກຖານ[lak⁷ tha:n¹];ຫຼັກຖານຍິນຍັນ[lak⁷ tha:n¹ jɯ:n¹ jan¹] 越bằng chứng[ʔbaŋ² tsɯŋ⁵];chứng cứ[tsɯŋ⁵ kɯ⁵];chứng cớ[tsɯŋ⁵ kɤ⁵] 芒chẳng cớ[tsɤŋ³ kɤ⁵]

【证明】 泰พิสูจน์[phi⁴ su:t⁹] 老ສົມອ້າງ[som⁴ ʔa:ŋ²];ພິສູດ[phi⁵su:t⁹];ພິສູດເຫັນຈິງ[phi⁵su:t⁹hen¹ tsiŋ¹];ຍັ້ງຍືນ[jaŋ³jɯ:n¹];ຍັ້ງຍືນຫຼັກຖານ[jaŋ³jɯ:n¹ lak⁷tha:n¹];ຍືນຍັນ[jɯ:n¹ jan¹];ຮັບຮອງ[hap⁸hɔ:ŋ²] 岱-侬hêt tọ lị[het⁷ro⁴li⁴] 越泰chứng tỏ[tsɯŋ⁵tɔ³];chứng minh[tsɯŋ⁵min¹];chứng nhận[tsɯŋ⁵ ɲɤn⁶]

【证明书】 泰ยืนยัน[jɯ:n² jan²] 老ຫັນສີຮັບຮອງ[naŋ¹ sɯ:¹ hap⁸ hɔ:ŋ²] 越chứng minh thư[tsɯŋ⁵

【证件】 泰เอกสาร[ʔe:k⁹ sa:n¹];เอกสาร รับรอง[ʔe:k⁹ sa:n¹ rap⁸ rɔ:ŋ²] 老ເອກະມິດເອກະສານ[sa⁵ nit⁸ ʔe:¹ ka² sa:n¹] 岱-侬chia mả[tɕiə³ma³] 越giấy tờ[zɤi⁵tɤ²];giấy má[zɤi⁵ma⁵] 芒chầy tờ[tsɤi³ tɤ²];chầy má[tsɤi³ ma³]

【证人】 泰พยานบุคคล[pha⁴ja:n²²buk⁷khon²];พยาน[pha⁴ja:n²] 老ພະຍານ[pha⁵ ɲa:n²];ຈັກສຸພະຍານ[tsak⁷ su² pha⁵ ɲa:n²];ສັກຂີພິຍານ[sak⁷ khi:¹ phi:² ɲa:n²];ພິຍານ[phi⁴ɲa:n²];ພິຍານ[phi:²ɲa:n²] 越nhân chứng[ɲɤn¹tsɯŋ⁵] 芒nhân chẳng[ɲɤn¹ tsɤŋ⁵];tửa là chẳng[tɯə³ la² tsɤŋ⁵]

【证书】 泰ประกาศนียบัตร[pra⁵ ka:t⁹ ni:² ja⁴ ʔbat⁷] 老ຫນັງສືຮັບຮອງ[naŋ¹sɯ:¹hap⁸hɔ:ŋ²];ໃບສຳຄັນ[ʔbai¹¹ sam¹ khan²];ໃບຢັ້ງຢືນ[ʔbai¹¹ jaŋ³ jɯ:n¹] 越văn bản[van¹ ʔba:n³];chứng thư[tsɯŋ⁵ thɯ¹]

【政策】 泰นโยบาย[na⁴ jo:² ʔba:i²] 老ນະໂຍບາຍ[na⁵ ɲo:² ʔba:i¹] 越泰luồng tăng[lu:ŋ² ta:ŋ²] 越chính sách[tsiŋ⁵ ʂat⁷] 芒chinh xách[tsiŋ³ sat⁷]

【政府】 泰รัฐบาล[rat⁸ tha⁵ ʔba:n²] 老ລັດຖະບານ[lat⁸tha²ʔba:n¹] 越chính phủ[tsin⁵fu³] 芒chính phú[tsin⁵ fu⁵]

【挣钱】 泰หาเงิน[ha:¹ŋɤ:n²] 老ຫາເງິນ[ha:¹ŋɤn²] 越kiếm tiền[ki:m⁵ti:n²];ăn tiền[ʔan¹ti:n²];chạy tiền[tsai⁶ti:n²] 芒kiếm tiền[ki:m²ti:n²];chăl tiền [tsal⁴ ti:n²]

【之间】 泰กลาง[kla:ŋ²];ระหว่าง[ra⁴wa:ŋ⁵] 老ກາງ[ka:ŋ¹] 越giữa[zɯə⁴]

【芝麻❷】 泰งา[ŋa:²] 老ງາ[ŋa:²];ຫມາກງາ[ma:k⁹ ŋa:²];ເມັດງາ[met⁸ŋa:²];ມັນງາ[man²ŋa:²] 岱-侬ngà[ŋa²] 越泰ngã[ŋa²];mák ngã[ma:k⁷ ŋa²] 普tongưo³[tɤ⁰ŋɯɤ³] 越vừng[vɯŋ²];mè[mɛ²] 芒lâng wâng[lɤŋ¹ wɤŋ¹];wâng[wɤŋ¹]

---

❶ 石家 kam⁶-laŋ⁶
❷ 阿含 ngã A2  掸 ŋa A2  泐 ŋa A2

【芝麻糊】 泰 อาหารแป้งงา[ʔaː² haːn¹ pɛːŋ³ ŋaː²] 老 ອາຫານແປ້ງງາ[ʔaː¹¹ haːn¹ pɛː⁴ŋaː²] 越 chè vừng[tsɛ² vɯŋ²]

【芝麻酱】 泰 แยมงา[jeːm²ŋaː²] 越 tương vừng [tɯːŋ¹ vɯŋ²] 芒 tương lâng wâng[tɯːŋ¹ lɤŋ¹ wɤŋ¹]

【芝麻糖】 泰 ขนมงา[khaⁿnom¹ŋaː²] 老 ເອົ້ານົມງາ[khau³nom¹ŋaː²] 越 kẹo vừng[kɛu⁶vɯŋ²] 芒 kẽo lâng wâng[kɛu⁴ lɤŋ¹ wɤŋ¹]

【芝麻油】 泰 น้ำมันงา[nam⁴ man² ŋaː²] 老 ນ້ຳມັນງາ[nam⁴man²ŋaː²] 越 dầu vừng[zɤu²vɯŋ²] 芒 dầu lâng wâng[zɤu² lɤŋ¹ wɤŋ¹]

【支 —~军队】 泰 กอง[kɔːŋ²] 老 ກອງ[kɔːŋ¹] 越 đạo[ʔdaːu¹];cánh[kaŋ⁵] 芒 cánh[kaŋ⁵]

【支 —~笔】 泰 ด้าม[ʔdaːm²] 老 ດ້າມ[ʔdaːm⁴] 越 cái[kaːi⁵];ngọn[ŋɔn⁶];chiếc[tsiːk⁷] 芒 cái [kaːi³];cây[kɤi³]

【支 —~枪】 泰 กระบอก[kraˢbɔːk⁹] 老 ກະບອກ[kaʔbɔːk⁹];ບອກ[ʔbɔːk⁹];ລำ[lam²] 岱-侬 tèo[tɛu²] 越 khẩu[xɤu³] 芒 khẩu[khɤu⁵]

【支 —~香烟】 泰 มวน[muːan²] 老 ກອກ[kɔːk⁹]; ມວນ[muːan²] 岱-侬 điếu[ʔdiːu⁵] 越泰 ngôi[ŋoːi⁵] 越 điếu[ʔdiːu⁵]

【支 —~蜡烛】 泰 แท่ง[thɛːŋ³] 老 ເຫຼັ້ມ[lem³] 越 cây[kɤi¹]

【支流❶】 泰 สายขาลำน้ำ[saːi¹ khaː² lam² nam⁴];แพรก[phrɛːk¹⁰];แคว[khɛːu²] 老 ແຄວ[khɛːu⁴];ສາຂາແມ່ນ້ຳ[saː¹ khaː¹ mɛː⁵ nam⁴];ຂາແມ່ນ້ຳ[khaː¹ mɛː⁵ nam⁴] 岱-侬 tả sláy[taːˢɬaːi⁵];kha tả sláy[khaː¹taˢɬaːi⁵] 越泰 quê nặm[kwɛ²nam³] 越 sông nhánh [ʂoŋ¹ ɲaŋ⁵];nhánh sông[ɲaŋ⁵ ʂoŋ¹]

【支气管】 泰 หลอดลมใหญ่[lɔːtˢlom²jai⁵] 老 ຂັ້ນປອດ[khwan¹ pɔːt⁹];ຊື້ປອດ[khuːa³ pɔːt⁹]; ຫໍລົມນ້ອຍ[khɔː⁵ lom² nɔːi¹];ຫຼອດລົມນ້ອຍ[lɔːtˢ lom² nɔːi⁴] 越 nhánh khí quản[ɲan⁵ xi⁵ kwaːn³];cuống phổi[kuːŋ⁵ foi³]

【蜘蛛❷】 泰 แมงมุม[mɛːŋ² mum²];แมลงมุม[ma⁴ lɛːŋ² mum²] 老 ແມງມູມ[mɛːŋ² muːm²];ແມງມູມ [mɛːŋ² mum²] 岱-侬 xính xao[ɕiŋ⁵ ɕaːu¹];xap xao[ɕaːp⁷ɕaːu¹];tua xao[tuːəˢɕaːu¹] 越泰 xính xao [siŋ⁵ saːu¹] 普 ku⁴ raw⁴[ku⁴ raːu⁴] 越 nhện[ɲen⁶]; con nhện[kɔn¹ ɲen⁶] 芒 diễnh[ziːɲ⁴]

【蜘蛛网❸】 泰 ใยแมงมุม[jai² mɛːŋ² mum²] 老 ໃຍແມງມູມ[ɲai²mɛːŋ²muːm²] 岱-侬 rằng xính xao[raŋ²ɕiŋ⁵ɕaːu¹];rằng xao[raŋ²ɕaːu¹] 越泰 dăư xính xao[jaɯ¹siŋ⁵saːu¹] 普 sô³ qu raw⁴[so³quˀ raːu³] 越 mạng nhện[maːŋ⁶ɲen⁶] 芒 măng diễnh [maːŋ⁴ ziːɲ⁴]

【脂肪❹】 泰 ไข[khai¹];พี[phiː²];มัน[man²] 老 ໄຂ[khai¹];ໄຂມັນ[khai¹ man²];ນ້ຳມັນ[nam⁴ man²]; ທາດມັນ[thaːt¹⁰ man²];ມັນ[man²] 岱-侬 pì[piː²];lào [laːu²] 越泰 pī[piː²] 普 nin³[nin³] 越 chất béo [tʂɤt⁷ ʔbɛu⁵];mỡ[mɤ⁴] 芒 mỡ[mɤ⁴]

【只 —~鸡❺】 泰 ตัว[tuːa²] 老 ຕົວ[tuːa¹];ໂຕ[to¹] 岱-侬 tua[tuə¹] 越泰 tô[to¹] 普 pa⁴[pa⁴] 越 con [kɔn¹] 芒 con[kɔn¹]

【只 —~鸡蛋】 泰 อัน[ʔan²];ฟอง[fɔːŋ²] 老 ອັນ [ʔan¹];ຫນ່ວຍ[nuːai⁵] 越 quả[kwaː³]

【只 —~小船】 泰 ลำ[lam²] 老 ລຳ[lam²] 岱-侬 ɔảng[ʔbaŋ³] 越泰 bảng[ʔbaŋ³] 越 chiếc[tsiːk⁷]

【只 —~苹果】 泰 ลูก[luːk¹⁰];อัน[ʔan²] 老 ຫນອຍ[nuːai⁵] 岱-侬 ăn[ʔan¹] 越泰 ăn[ʔan¹] 越 quả

---

❶ 石家 caʔ²-khɔɔŋ⁴;　khɔɔŋ⁴
❷ 掸 koŋ B1 kau A1　 泐 kau A1
❸ 阿含 jaü-kau A1
❹ 石家 khay¹　 拉哈 mnăl¹　 拉基 mna¹
❺ 石家 thua⁴　 阿含 tū

【只 ₁~鞋子❶】 泰 ข้าง[kha:ŋ³] 老 กิ่ง[kiŋ⁵] 越 kha[kha¹] 越泰 kịk[kik⁸] 越 chiếc[tsi:k⁷] 傣-侬 chiếc[tsi:k⁷]

【只 ₁~袜子】 泰 ข้าง[kha:ŋ³] 老 กิ่ง[kiŋ⁵] 傣-侬 kha[kha¹] 越 chiếc[tsi:k⁷]

【只 ₁~手】 泰 ข้าง[kha:ŋ³] 老 ข้าง[kha:ŋ³] 越 bàn[ʔba:n²]

【只 ₁~箱子】 泰 หีบ[hi:p⁹] 老 หน่อย[nu:ai⁵] 越 cái[ka:i⁵]

【知道❷】 泰 เข้าใจ[khau³ tsai²] 老 รู้จัก[huː⁴ tsak⁷] สำนับ[sam² nan²];ຊາບ[sa:p¹⁰];ດຽ[ʔdi:aŋ⁵] 傣-侬 rụ[ru⁴];hụ[hu⁴];hu[hu¹];chắc[tcak⁷] 越泰 hụ[hu⁴] 普 lhăw³[lau³];ljhaw³[lja:u³] 越 biết[ʔbi:t⁷]; hiểu[hi:u³];hiểu biết[hi:u³ʔbi:t⁷] 芒 mất[mɤt⁷]; hay đây[hai¹ ʔdai³];hay mắt[hai¹ mat⁷];hay[hai¹]; hiểu[hi:u³]

【织 ~布】 泰 ต่ำ[tam⁵];ทอ[thɔː²] 老 ต่ำ[tam⁵]; ทำ[thɔː²];ทอง[kɔ:ŋ¹] 傣-侬 tằm[tam⁵] 越泰 tằm [tam⁵];tằm húk[tam⁵ huk⁸];dệt húk[jet⁸ huk⁷] 普 tăm¹[tam¹] 越 dệt[zet⁸] 芒 chuông[tsu:ŋ¹]

【织 ~毛衣】 泰 ถัก[thak⁷] 老 ถัก[thak⁷];ทอง [kɔ:ŋ¹] 傣-侬 slan[ɬa:n¹] 越泰 xan[sa:n¹] 越 đan[ʔda:n¹] 芒 tainh[ta:iɲ¹]

【织布机❸】 泰 หูก[hu:k⁹];กี่[ki:⁵];กี่กระตุก[ki:⁵ kra⁵ tuk⁷] 老 หูก[hu:k⁹];กี่[ki:⁵];กี่กระตุก[ki:⁵ ka² tuk⁷];กี่ต่ำหูก[ki:⁵ tam⁵ hu:k⁹];จักต่ำแผ[tsak⁷ tam⁵ phɛ:²] 傣-侬 huc[huk⁵] 越泰 húk[huk⁷] 普 cAng⁴[tsɒŋ⁴];cong⁴[tsɔŋ⁴] 越 khung cửi[xuŋ¹ kɯi³]; máy dệt[mai⁵zet⁸] 芒 chiêng pái[tsi:ŋ²pa:i⁵];

chiềng tách[tsi:ŋ² tat⁷];máy chuông[mai³ tsu:ŋ¹]

【织梭】 泰 กระสวย[kra⁵su:ai¹] 老 สวย[su:ai¹]; กะสวย[ka² su:ai¹];ก้านสวย[ka:n⁴ su:ai¹] 傣-侬 thấu[thəu⁵];phjẩu[phjəu⁵] 越泰 xuôi[su:i¹] 越 thoi[thɔi¹];con thoi[kɔn¹ thɔi¹] 芒 thoi[thɔi¹]

【栀子花】 泰 ดอกพุดจีน[ʔdɔ:k⁹phut⁸tsi:n²] 老 ดอกพุดจีน[ʔdɔ:k⁹phut⁸tsi:n¹] 越 hoa dành dành [hwa¹ zaɲ² zaɲ²]

【指甲❹】 泰 เล็บมือ[lep⁸ mɯ:²] 老 เล็บมื้อ[lep⁸ mɯ:²] 傣-侬 lệp mừ[lep⁸ mɯ²] 越泰 lệp mữ[lep⁸ mɯ²] 越 móng tay[mɔŋ⁵ tai¹] 芒 móng thay[mɔŋ³ thai¹]

【指甲花】 泰 เทียนสวน[thi:an² su:an¹] 老 เฮ็บเจ้า [ʔen¹' tsau¹'];หฺยบแยบ[thi:an² kɛ:p⁹] 越 hoa móng tay[hwa¹mɔŋ⁵tai¹];hoa phụng tiên[hwa¹fuŋ⁶ti:n¹]; hoa bóng nước[hwa¹ ʔbɔŋ⁵ nɯ:k⁷]

【直❺】 泰 ตรง[trɔŋ²] 老 กง[kɔŋ¹] 傣-侬 dàu[jau²]; nẳn[nan³] 越泰 xử[sɯ³] 普 sư³[sɯ³] 越 thẳng [thaŋ³];ngay[ŋai¹] 芒 ngăl[ŋal¹];tlòn[tlɔn²];thẳng [thaŋ⁵]

【直肠】 泰 ไส้ตรง[sai³ trɔŋ²];ลำไส้ใหญ่ส่วนทวารหนัก [lam² sai³ jai⁵ su:an⁵ thwa:n² nak⁷] 老 ไส้สุด[sai³ sut⁷] 越 ruột cùng[ʐu:t⁸ kuŋ²];ruột thẳng[ʐu:t⁸ thaŋ³]; trực tràng[tʂɯk⁸ tʂa:ŋ²]

【直路】 泰 ทางตรง[tha:ŋ² trɔŋ²];ทางลัด[tha:ŋ² lat⁸] 老 ทางสุด[tha:ŋ² sɯ:⁵] 傣-侬 tàng dàu[ta:ŋ² ja:u²] 越 đường thẳng[ʔdɯ:ŋ² tlɔn²] 芒 áng tlòn[ʔa:ŋ² tlɔn²]

【直升飞机】 泰 เฮลิคอปเตอร์[he:² li⁴khɔ:p¹⁰tə:²] 老 เคื่องบินขึ้นขี่[khɯ:aŋ⁵ ʔbin¹' khɯn³ sɯ:⁵]; เฮือบินขึ้นขี่[hɯ:a² ʔbin¹' khɯn³ sɯ:⁵];เคื่องบิน เฮลิกับแต[khɯ:aŋ⁵ ʔbin¹' he:² li:² kop⁷ tɛ:¹'];ยิน

❶ 勐 kha A1
❷ 阿含 rō C2；ru C2；rū C2 掸 hu C2 勐 hru C2；hu C2
❸ 石家 huuk²
❹ 石家 liip⁵；liip⁵-mɨɨ⁴
❺ 阿含 shu B2；shüw B2 掸 shï B2 勐 sï B2

เธลิภับแต[he:² li:² kop⁷ tɛ:¹];เธลิภับแต[ɲon² he:² li:² kop⁵ tɛ:¹] 越máy bay lên thẳng[mai⁵ ʔbai¹ len¹ thaŋ³];máy bay trực thăng[mai⁵ ʔbai² tsɯk⁸ thaŋ¹] 芒tàu păl liênh thắng[tau² pal¹ li:ɲ¹ thaŋ³]

【直爽】 泰ตรงไปตรงมา[troŋ² pai² troŋ² ma:²];เปิดอก[pə:t⁹ ʔok⁷] 老ติ่งไปติ่งมา[toŋ¹¹ pai¹¹ toŋ¹¹ ma:²] 岱-侬slầy dàu[ɬɤi¹ jau²];pac pjóóng[pa:k⁵ pjɔ:ŋ⁵] 越泰lồng kè[loŋ⁶kɛ⁶] 越ngay thẳng[ŋai¹ thaŋ³];thẳng thắn[thaŋ³ than⁵];lòng ngay dạ thẳng[lɔŋ² ŋai¹ za⁶ thaŋ³]

【直说】 泰พูดโดยตรง[phu:t¹⁰ do:i² troŋ²];พูดตรงไปตรงมา[phu:t¹⁰ troŋ² pai² troŋ² ma:²] 老เอ๊าะขี้ตามจริง[vau⁴ sɯ:⁵ ta:m¹¹ tsiŋ¹¹] 岱-侬phuối tó nả[phu:i⁵ tɔ⁵ na³];phuối pjot[phu:i⁵ pjɔt⁷] 越泰và xử[va⁶ sɯ¹] 越nói thẳng[nɔi⁵ thaŋ²];nói toác[nɔi⁵ twa:k⁷];nói toạc [nɔi⁵ twa:k⁸] 芒khẻ thắng[khe³ thaŋ⁵];khẻ tắt [khe³ hat⁷];pổ thắng[po⁴ thaŋ⁵]

【直性子】 泰คนตรงไปตรงมา[khon² troŋ² pai² troŋ² ma:²] 老มิดใสติ่ง[nit⁸sai¹toŋ¹] 越泰cỏn chaư xử[kon² tsaɯ¹ sɯ¹] 越người thẳng tính[ŋɯ:i² thaŋ³ tiɲ⁵];người ngay thẳng[ŋɯ:i² ŋai¹ thaŋ³];người thẳng thắn[ŋɯ:i² thaŋ³ than⁵]

【植物】 泰พืช[phɯ:t¹⁰]; พฤกษชาติ[phrɯk⁸ sa⁵ tsha:t¹⁰] 老ภิกตอง[kok⁷ tɔ:k⁹];ภิกไม้[kok⁷ mai⁴];ภิกไม้ภิกตอง[kok⁷ mai⁴ kok⁷ tɔ:k⁹];ภิกไม้ภิกตอง [kok⁷ mai⁴ kok⁷ tɔ:k⁹];ພึกสาฮาด[phuk⁸ sa:¹ sa:t¹⁰] ฮาดไม้[sa:t¹⁰ mai⁴];ติ๋มไม้[ton⁴ mai⁴];ພึกสา[phik sa:¹];ພึก[phuk⁸];ພึกสา[phuk⁸ sa:¹];ພึกฮาด[phuk⁸ sa:t¹⁰];ติ๋มພึก[ton⁴ phɯ:t¹⁰] 岱-侬mạy nhà[mai⁴ ɲa³];普tặj⁵ mjak²[tai⁵ mja:k²] 越thực vật[thuk⁸ vɤt⁸];cây cối[kɤi¹ koi⁵] 芒thưc vât[thuk⁸ vɤt⁸]; câl côl[kɤl¹ kol³]

【植物油】 泰น้ำมันพืช[nam⁴ man² phɯ:t¹⁰] 老บ้ำมับພึด[nam⁴ man² phɯ:t¹⁰] 岱-侬dầu đây [jəu²ʔdəi¹] 越泰nặm mẫn mák[nam⁴man² ma:k⁷] 越dầu thực vật[zɤu² thuk⁸ vɤt⁸] 芒dầu thực vật[zɤu² thuk⁸ vɤt⁸]

【植物园】 泰สวนพฤกษชาติ[su:an¹ phrɯk⁸ sa⁵ tsha:t¹⁰] 老สอบພึกฮาด[su:an¹ phuk⁸sa:t¹⁰];สอบພึด[su:an¹ phɯ:t¹⁰];สอบติ๋มไม้[su:an¹ ton⁴ mai⁴] 越vườn bách thảo[vɯ:n² ʔbat⁷ tha:u¹]

【值~多少钱】 泰มีค่าราคา[mi:² kha:³ ra:² kha:²] 老มีถ่าลาถา[mi:² kha:⁵ la:² kha:²] 岱-侬tày[tai³] 越泰đáng[ʔda:ŋ⁵] 越đáng[ʔda:ŋ⁵] 芒táng[ta:ŋ³]

【值班】 泰อยู่เวร[ju:⁵ we:n²] 老ยูเอบ[ju:⁵ ve:n²] 越trực ban[tsɯk⁸ ʔba:n¹]

【值钱】 泰มีค่า[mi:²kha:³] 老มีลาถา[mi:² la:² kha:²];มีถ่า[mi:² kha:⁵] 越đáng tiền[ʔda:ŋ⁵ ti:n²]; đáng giá[ʔda:ŋ⁵ za⁵];quý giá[kwi⁵ za⁵];có giá trị[kɔ⁵ za⁵ tsi²] 芒táng tiền[ta:ŋ³ ti:n²];táng pac[ta:ŋ³ pa:k⁸]

【执行】 泰ปฏิบัติ[pa⁵ ti² ʔbat⁷] 老ปะติบัด[pa² ti² ʔbat⁷];กะทำ[ka² tham²] 岱-侬hêt rèo[het⁷ rɛu²];í rèo[ʔi⁵ rɛu²] 越泰chóp nắm[tsɔp⁷ nam²] 越chấp hành[tsɤp⁷ haɲ²];thực hiện[thuk⁸ hi:n⁶];thi hành[thi¹ haɲ²]

【职权】 泰อำนาจและหน้าที่[ʔam² na:t¹⁰ lɛ⁴ na:³ thi:³] 老ทามะอำบาด[tha:¹ na⁵ ʔam¹ na:t¹⁰] 岱-侬quyền [kwi:n²] 越泰quyền[kwi:n²] 越quyền[kwi:n²] 芒quyền[kwi:n²]

【侄女】 泰หลาน[la:n¹]; ลูกหลาน[lu:k¹⁰la:n¹]; ลูกหลานหญิง[lu:k¹⁰ la:n¹ jiŋ];หลานสาว[la:n¹ sa u¹];หลานป้า[la:n¹ pa:³];หลานอา[la:n¹ ʔa:²];หลานสาวที่เป็นลูกของพี่ชายหรือน้องชาย[la:n¹ sa:u¹ thi:³ pen² lu:k¹⁰ khɔ:ŋ¹ phi:³ tsha:i² rɯ:¹ nɔ:ŋ⁴ tsha:i²] 老ฮาบ [la:n¹];ฮาบสาว[la:n¹ sa:u¹];ลูภฮาบ[lu:k¹⁰ la:n¹];ลูภฮาบยิ่ง[lu:k¹⁰la:n¹ɲiŋ²];ฮาบยิ่ง[la:n¹ɲiŋ²];ฮาบป้า[la:n¹pa:⁴];ฮาบลุง[la:n¹luŋ²];ฮาบอาว [la:n¹ ʔa:u¹] 岱-侬lan[la:n¹] 越cháu gái[tsau⁵ ɣa:i⁵]

【侄女婿】 泰 หลานเขย[laːn¹ khəːi¹] 老 ຫລານເຂີຍ [laːn¹ khəːi¹] 越 cháu rể[tsau⁵ ze̞³]

【侄媳妇】 泰 หลานสะใภ้[laːn¹ sa⁵ phai⁴] 老 ຫລານໃພ້[laːn¹ phai⁴] 越 cháu dâu[tsau⁵ zɤu¹] 芒 du thôn[zu¹ thon¹]

【侄子】 泰 ลูกหลาน[luːk¹⁰ laːn¹];หลานชาย[laːn¹ tshaːi²];ลูกหลานชาย[luːk¹⁰ laːn¹ tshaːi²];หลานป้า[laːn¹ paː³];หลานอา[laːn¹ ʔaː²];หลานชายที่เป็นลูกของพี่ชายหรือน้องชาย[laːn¹ tshaːi² thiː³ pen² luːk¹⁰ khɔːŋ¹ phiː³ tshaːi² rɯː¹ nɔːŋ⁴ tshaːi²] 老 ລູກຫລານຊາຍ[luːk¹⁰ laːn¹ saːi²];ຫລານ ຊາຍ[laːn¹ saːi²];ຫລານປ້າ[laːn¹ paː⁴];ຫລານລຸງ[laːn¹ luŋ²];ຫລານອາວ[laːn¹ ʔaːu¹] 傣-侬 lan[laːn¹] 越泰 lan[laːn¹];lan chāi[laːn¹ tsaːi²];lan ók[laːn¹ ʔɔk⁷] 普 ljak²[ljaːk⁵]; qaljăk²[qa⁰ ljak²] 越 cháu trai[tsau⁵ tsai¹]

【纸】 泰 กระดาษ[kra⁵ ʔdaːt⁹] 老 ກະດາດ[ka⁵ ʔdaːt⁹]; ເຈ້ຍ[tsiːa⁴] 傣-侬 chia[tɕiə³] 越泰 chia[tsiə³] 普 ci⁴[tsi⁴] 越 giấy[zɤi⁵] 芒 chảy[tsɤi³]

【纸币】 泰 ธนบัตร[thon² na⁴ ʔbat⁷] 老 ທະນະບັດ[tha⁵ na⁵ ʔbat⁷];ໃບແບ້ງ[bai¹¹ ʔbɛːŋ⁴];ເງິນແບ້ງ[ŋɤn² ʔbɛːŋ⁴];ເງິນເຈ້ຍ[ŋən² tsiːa⁴] 傣-侬 chèn chia[tɕɛːn² tɕiə³];ngần chia[ŋən² tɕiə³] 越 bạc giấy[ʔbaːk⁵ zɤi⁵];tiền giấy[tiːn² zɤi⁵]

【纸牌】 泰 ไพ่[phai³] 老 ໄພ້[phai⁴] 越 bài[ʔbaːi²]

【纸扇】 泰 พัดกระดาษ[phat⁸ kra⁵ ʔdaːt⁹] 老 ວີເຈ້ຍ [viː² tsiːa⁴] 傣-侬 vi chia[viː³ tɕiə⁴] 越泰 càn vī chia[kaːn³ viː² tɕiə³] 越 quạt giấy[kwaːt⁸ zɤi⁵]

【纸烟】 泰 บุหรี่[ʔbuː⁵ ri:⁵] 老 ຍາສູບ[jaː¹ sɔːŋ²] 越 thuốc lá điếu[thuːk⁷ laː⁵ ʔdiːu⁵];thuốc lá[thuːk⁷ laː⁵]

【指~方向❶】 泰 ชี้[tshiː⁴] 老 ເດ່[ʔde:⁵] 傣-侬 chi [tɕi³] 越泰 chị[tsi⁴] 普 qe⁵[qɛ⁵] 越 chỉ[tsi³];trỏ[tsɔ³];chìa[tsiə⁴] 芒 chí[tsi⁵];tló[tlɔ⁵]

【指导】 泰 ชี้แนะ[tshiː⁴nɛ⁴] 老 ອະນຸສິດ[ʔa² nuː⁵ sit⁷] 傣-侬 tài tàng[taːi³ taːŋ²] 越泰 chị uôn[tsi⁴ ʔuːn¹]; uôn tuồn[ʔuːn¹ tuːn²] 越 chỉ đạo[tsi³ ʔdaːu⁶];hướng dẫn[huːŋ⁴ zɤn⁴];chi đáo[tsi³ ʔdaːu³] 芒 chí điểm [tsi⁵ ʔdiːm⁵]

【指挥~战斗】 泰 บังคับบัญชา[ʔbaŋ² khap⁸ ʔban² tshaː²];กำกับ[kam² kap⁷] 老 ບັງຄັບບັນຊາ[ʔbaŋ² khap⁸ ʔban¹¹ saː²];ບັນຊາ[ʔban¹¹ saː²];ບັນຊາການ[ʔban¹¹ saː² kaːn¹] 越 chi huy[tsi³ hwi¹];điều khiển [ʔdiːu² xiːn³]

【指尖❷】 泰 ปลายนิ้วมือ[plaːi² niu⁴ muː²];ปลาย นิ้ว [plaːi² niu⁴] 老 ປາຍນິ້ວມື[paːi¹¹ niːu⁴ muː²] 越 đầu ngón tay[ʔdɤu² ŋɔn⁵ tai¹]

【指南针】 泰 เข็มทิศ[khem¹ thit⁸] 老 ເຂັມທິດ [khem¹ thit⁸] 越 kim chi nam[kim¹ tsi³ naːm¹];kim nam châm[kim¹ naːm¹ tsɤm¹]

【指天椒】 泰 พริกชี้ฟ้า[phrik⁸ tshiː⁴ faː⁴];พริกขี้หนู [phrik⁸ khiː³ nuː¹] 老 ໝາກພິກກົ້ນຊັ້ນ[maːk⁹ phik⁴ kon⁴ san²];ໝາກພິກຂີ້ຟ້າ[maːk⁹ phik⁸ siː⁴ faː⁴];ພິກ ກົ້ນຊັ້ນ[phik⁸ kon⁴ san²] 傣-侬 mac phêt khẩu [maːk⁷ phet⁷ khəu³] 越泰 ướt chị phạ[ʔuːt⁷ tsi³ pha⁴] 越 ớt chỉ thiên[ʔɤːt⁷ tsi³ thiːn¹]

【指望~别人】 泰 มุ่งหวัง[muŋ³ waŋ⁵] 老 ປາຖະໜາ [paː¹¹ thaː² naː¹];ຕັ້ງບົ່າດຄ່ອຍ[taŋ⁴ naː³ khɔːi¹];ເຕົ້ອງ[tuːaŋ⁴];ເຕົ້ອງຕໍ່[tɔː⁵] 傣-侬 ngầu ngoòng[ŋɤu ŋɔːŋ²];pjom nhờ[pjɔm¹ ɲɤ²] 越泰 cang tó[kaːŋ¹ tɔ⁵];mặng[maŋ⁴] 越 mong mỏi[mɔŋ¹ mɔi³];trông ngóng[tsɔŋ¹ ŋɔŋ⁵];trông mong[tsɔŋ¹ mɔŋ¹]; mong[mɔŋ¹] 芒 tlông ngỏ[tlɔŋ¹ ŋɔ³];phòng[fɔŋ²]

【指纹】 泰 ลายเส้นบนนิ้วมือ[laːi² seːn³ ʔbon² niu⁴ muː²] 老 ລາຍມີ[laːi² muː²] 越 vân tay[vɤn¹ tai¹]; dấu tay[zɤu⁵ tai¹];dấu ngón tay[zɤu⁵ ŋɔn⁵ tai¹]

---

❶ 阿含 chi C2   掸 si C2   泐 či C2
❷ 石家 ɲiaŋ⁵

【指针 钟表的】 泰 เข็มนาฬิกา[khem¹na:²li⁴ka²] 老 ເຂັມນາລິກາ[khem¹ na:² li⁵ ka:¹] 越 kim đồng hồ[kim¹²doŋ²ho²]

【止咳药】 泰 ยาแก้ไอ[ja:²kɛ:³ʔai²] 老 ຢາດີໄອ[ja:¹ ʔdi:¹ʔai¹];ຢາໄອ[ja:¹ ʔai¹] 越 thuốc ho[thu:k⁷ hɔ¹] 芒 thuốc ho[thu:k⁷ hɔ¹]

【止痛】 泰 แก้ปวด[kɛ:³pu:at⁹];ระงับปวด[ra⁴ŋap⁷ pu:at⁹] 老 แก้ปอด[kɛ:⁴pu:at⁹];ຫາຍເຈັບ[ha:i¹ tsep⁵] 越 làm dịu đau[la:m² ziu⁶ ʔdau¹];cầm đau[kɤm² ʔdau¹]

【止痛药】 泰 ยาแก้ปวด[ja:²kɛ:³pu:at⁹];ยาระงับปวด[ja:²ra⁴ŋap⁷pu:at⁹] 老 ຢາແກ້ປອດ[ja:¹kɛ:¹pu:at⁹] 越 thuốc giảm đau[thu:k¹ za:m³ ʔdau¹];thuốc dịu đau[thu:k⁷ ziu⁶ ʔdau¹]

【止泻药】 泰 ยาแก้ท้องเสีย[ja:²kɛ:³thɔ:ŋ⁴si:a¹] 老 ຢາດີທ້ອງທ້ອງ[ja:¹ʔdi:¹thɔ:k⁹thɔ:ŋ⁴] 越 thuốc cầm ia chảy[thu:k⁷ kɤm² ʔiə³ tsai³];thuốc trị tả[thu:k⁷ tṣi⁶ ta³]

【止血】 泰 คัดเลือด[khat⁸luɯ:at¹⁰];ห้ามเลือด[ha:m³ luɯ:at¹⁰] 老 ຂັດເລືອດ[khat⁷ luɯ:at¹⁰];ຫ້າມເລືອດ[ha:m³ luɯ:at¹⁰];ດັດເລືອດ[khat⁸ luɯ:at¹⁰];ຖອມເລືອດ[thɔ:m³ luɯ:at¹⁰] 岱-侬 chắng lượt[tɕaŋ⁵luɯ:t⁸];mặt lượt[mat⁸ luɯ:t⁸] 越 cầm máu[kɤm² mau⁵]

【止血药】 泰 ยาห้าม[ja:² ha:m³ luɯ:at¹⁰] 老 ຢາຂັດເລືອດ[ja:¹ khat⁷ luɯ:at¹⁰] 越 thuốc cầm máu[thu:k⁷ kɤm² mau⁵]

【只～买五斤】 泰 จำเพาะ[tsam² phɔ⁴];แต่[tɛ:⁵];พาง[pha:ŋ²];พา[pha:²] 老 แต่[tɛ:⁵];เป็นแต่[pen¹ tɛ:⁵];ທໍ່ນັ້ນ[thɔ:⁵ nan⁴];ພາງ[pha:ŋ²];ພຽງ[phi:aŋ²];ພຽງແຕ່[phi:aŋ²tɛ:⁵] 岱-侬 tán[ta:n⁵];chắng[tɕaŋ⁵] 越泰 tò[tɔ:⁵];tánh[teŋ⁵] 越 chi[tṣi⁵] 芒 chí[tṣi⁵]

【只好】 泰 ได้แต่[ʔdai² tɛ:⁵];เลยต้อง[lɤ:i² tɔ:ŋ³] 老 จำต้อง[tsam¹ tɔ:ŋ⁴] 越泰 tủn tẹ[tun² tɛ⁴] 越 đành phải[ʔdan² fa:i³];buộc lòng phải[ʔbu:k⁸ lɔŋ² fa:i³] 芒 puôc lòng[pu:k⁸ lɔŋ²];đành phái[ʔdan² fa:i⁵]

【只要】 泰 เพียงแต่ว่า[phi:aŋ² tɛ:⁵ wa:³] 老 ຂໍແຕ່ວ່າ[khɔ:¹...tɛ:⁵ va:²];ຕາບ[ta:p⁹];ທະແມມ[tha⁵ nɛ:m²];ທະແມມແຕ່[tha⁵ nɛ:m² tɛ:⁵];ທະແມມແຕ່ວ່າ[tha⁵ nɛ:m² tɛ:⁵ va:²];ທະແມມວ່າ[tha⁵ nɛ:m² va:⁵];ຂໍແຕ່ວ່າ[kʰɔ:¹ tɛ:⁵va:²];ຂໍແຕ່ໃຫ້[khɔ:¹ tɛ:⁵hai³];ຫາກວ່າ[ha:k⁹va:²];ອົດທະແມມ[ʔot⁷ tha⁵ nɛ:m²];ອົດທະແມມແຕ່[ʔot⁷ tha⁵ nɛ:m² tɛ:⁵] 岱-侬 tọ cạ[tɔ⁴ ka⁴];hạy[hai⁴];hạy cạ[hai⁴ ka⁴] 越 miễn là[mi:n⁴ la²];chỉ cần[tṣi³ kɤn²];hễ mà[he⁴ ma²] 芒 hễ mà[he⁴ ma²]

【只有】 泰 ต่อเมื่อ[tɔ:⁵mɯ:a³] 老 ມີແຕ່[mi:²tɛ:⁵];ຈຳເພາະແຕ່[tsam¹ phɔ⁴tɛ:⁵] 越 chỉ có[tṣi⁵kɔ⁵] 芒 chí có[tṣi⁵ kɔ³]

【智齿】 泰 ฟันกรามซี่ในสุด[fan²kra:m²si:³nai²sut⁷] 老 ແຂ້ວຊາວ[khɛ:u³sa:u²] 岱-侬 khèo slut[khɛu³ łut⁷] 越 răng khôn[zaŋ¹xon¹];răng hàm cuối cùng [zaŋ¹ ha:m² ku:i⁵ kuŋ²]

【痣】 泰 ไฝ[fai¹];ปาน[pa:n²] 老 ໄຝ[fai¹] 普 jak⁵ Vân³[ja:k⁵ βɤn³] 越 nốt ruồi[not⁷ zu:i²]

【滞销】 泰 ขายอืด[kha:i¹ ʔɯ:t⁹] 老 ຄ້າງຕະຫຼາດ[kha:ŋ⁴ta²la:t⁹];ຂາຍບໍ່ອອກ[kha:i¹ʔbɔ:⁵ʔɔ:k⁹];ຂາຍຍາກ[khai:i¹ na:k¹⁰] 越 ế[ʔe⁵] 芒 ế[ʔe³]

【滞销货】 泰 สินค้าขายอืด[sin¹ kha:⁴ kha:i¹ ʔɯ:t⁵] 老 ຂອງທີ່ຂາຍບໍ່ເດີນ[khɔ:ŋ¹ thi:⁵ kha:i¹ ʔbɔ:⁵ ʔdɤ:n¹];ຂອງທີ່ຂາຍບໍ່ດີ[khɔ:ŋ¹ thi:⁵ kha:i¹ ʔbɔ:⁵ ʔdi:¹];ສິນຄ້າຂາຍບໍ່ຂາດ[sin¹ kha:⁴ kha:i¹ ʔbɔ:⁵ kha:t⁹] 越 hàng ế[ha:ŋ² ʔe⁵] 芒 hàng ế[ha:ŋ² ʔe³]

【痔疮】 泰 ริดสีดวงทวารหนัก[rit⁸si:¹ʔdu:aŋ²thwa:n² nak⁷] 老 ຮິດສີດວງທວານ[hit⁸si:¹ʔdu:aŋ¹ thwa:n²] 越 bệnh trĩ[ʔben⁶tṣi⁴];trĩ sang[tṣi⁴sa:ŋ¹];trĩ đít[tṣi⁴ ʔdit⁷];trĩ[tṣi⁴];bệnh lòi dom[ʔben⁶ lɔi² zɔm¹];bệnh lòi trĩ[ʔben⁶ lɔi² tṣi⁴]

【治～病】 泰 รักษา[rak⁸ sa:¹];แก้โรค[kɛ:³ ro:k¹⁰];บำบัด [ʔbam² ʔbat⁷];บำบัดโรค[ʔbam² ʔbat⁷ ro:k¹⁰];ยา

[ja:²];ยาเขียว[ja:² ji:au²];เขียวยา[ji:au² ja:²];รักษาเขียวยา[rak⁸ sa:¹ ji:au² ja:²]; 老 แก้โลก[kɛ:⁴ lo:k¹⁰];บำบัด[ʔbam¹' ʔbat¹];ปัว[pu:a¹];ปักปัว[pak⁷ pu:a¹];ปิ่มปัว[pin⁵ pu:a¹];ยา[ja:¹];เยา[jau¹];เยียวยา[jau¹ ja:¹];เยียวยา[ji:au¹ ja:¹];รักษา[hak⁸ sa:¹];รักษาพะยาบาน[hak⁸sa:¹pha⁵na:²²ba:n¹];รักษา[hak⁸kha:¹] 岱-侬 chói[tɕɔi³] 越泰 da[ja¹] 普 lăj³ ja¹[lai³ja¹] 越 chữa[tsɯə⁴] 芒 chĩa[tsiə⁴]

【制度】泰 ระบบ[ra⁴ʔbop⁷];ระบอบ[ra⁴ʔbɔ:p⁹];ระเบียบการ[ra⁴ʔbi:ap⁹ka:n²] 老 ละบอบ[la⁵ʔbɔ:p⁹] 岱-侬 chế độ[tɕe⁵ʔdo⁴] 越泰 pang mưỡng[pa:ŋ¹ mɯ:ŋ²] 越 chế độ[tɕe⁵ ʔdo⁶]

【制造】泰 ต่อ[tɔ:⁵];ผลิต[pha⁵ lit⁸];ทำ[tham²] 老 ต่ำ[tɔ:⁵];เฮ็ด[het⁸];สะแฆ่ปุบเป็บ[sa²lɛ:ŋ⁵pun¹pen¹];ส้าง[sa:ŋ³];ส้างขึ้น[sa:ŋ³ khɯn¹];ติ[ti:¹];ปุปะติด[pun¹' pa² ʔdit¹];ผะลิด[pha² lit⁸];ผะลิดส้าง[pha² lit⁸ sa:ŋ³];ผะลิดคิดแต่ง[pha² lit⁸ khit⁸ tɛ:ŋ⁵] 岱-侬 tó[tɔ:⁵];hêt ooc[het⁷ʔɔ:k⁷];hêt pền[het⁷pen²] 越泰 tó[tɔ⁵] 普 tô¹[to¹] 越 đóng[ʔdɔŋ⁵]

【至多】泰 อย่างมาก[ja:ŋ⁵ ma:k¹⁰] 老 ย่างหลาย[ja:ŋ⁵ la:i¹];อ่าล้ำ[va:⁵ lam⁵] 越 nhiều nhất[ɲi:u² ɲɤt⁷];lớn nhất[lɤ:n⁵ ɲɤt⁷]

【至少】泰 อย่างน้อย[ja:ŋ⁵ nɔ:i⁴] 老 ย่างต่ำที่สุด[ja:ŋ⁵tam⁵thi:⁵ sut⁷];ย่างขน้อย[ja:ŋ⁵nɔ:i³];ย่างม้อย[ja:ŋ⁵ nɔ:i⁴] 岱-侬 chí nọi[tɕi⁵ nɔi⁴] 越泰 nọi nhót[nɔi⁴ ɲɔt⁷] 越 ít nhất[ʔit⁷ ɲɤt⁷] 芒 ét nhất[ʔɛt⁷ ɲɤt⁷]

【窒息】泰 หายใจไม่ออกหรือหยุดหายใจ[ha:i¹tsai²mai³ʔɔ:k⁹rɯ:¹jut⁷ha:i¹tsai²];อึดอัด[ʔut²ʔat⁷];หายใจไม่ออก[ha:i¹tsai¹mai³ʔɔ:k⁹] 老 ฮันตัน[ʔan⁴tan¹];แค้น[khɛ:n⁴];ขุ้น[ʔun⁴] 岱-侬 bắt châu[ʔbat⁷tɕau¹] 普 nân⁴ sân³ sa⁵[nɤn⁴sɤn⁴sa⁵] 越 nghẹt thở[ŋɛt⁸ thɤ:³];ngạt thở[ŋa:t⁸thɤ:³];ngạt hơi[ŋa:t⁸ hɤ:i¹];ngạt[ŋa:t⁸];ghẹt[ŋɛt⁸];nghẹt thở[ŋɛt⁸thɤ:³];tức hơi khó thở[tuk⁷ hɤ:i¹ xɔ⁵ thɤ:³] 芒 tắc hơi[tɤk⁷hɤ:i¹];hít hơi[hit⁷ hɤ:i¹]

【窒息而死】泰 หายใจลำบากจนตาย[ha:i¹ tsai² lam² ʔba:k⁹tson²ta:i²] 越 chết ngạt[tset⁷ŋa:t⁸];chết ngột [tset⁷ŋot⁸] 芒 chít ngat[tsit⁷ŋa:t⁸]

【中】东西南北~ 泰 กลาง[kla:ŋ²];ตรงกลาง[troŋ² kla:ŋ²];พายใน[pha:i² nai²] 老 ภาง[ka:ŋ¹];ตอนภาง[tɔ:n¹'ka:ŋ¹];พาภาง[pha:k¹⁰ ka:ŋ¹];มัดฌิมะ[mat⁸ si⁵ma⁵];มัดฌิมา[mat⁸si⁵ma:²] 岱-侬 chang[tɕa:ŋ¹] 越泰 cang[ka:ŋ¹];cuông[ku:ŋ¹] 越 trong[tʂɔŋ²];bên trong[ʔben¹ tʂɔŋ²] 芒 tlong[tlɔŋ¹];pên tlong[pen¹ tlɔŋ¹]

【中等】泰 ปานกลาง[pa:n² kla:ŋ²];ระดับปานกลาง[ra⁴ ʔdap⁷ pa:n² kla:ŋ²] 老 ปามาง[pa:n¹' ka:ŋ¹];ผ้านภาง[pha:n³ ka:ŋ¹] 岱-侬 pan chang[pa:n¹ tɕa:ŋ¹] 越 khá[xa⁵];vừa[vɯə²];trung bình[tʂuŋ¹ ʔbin²] 芒 tlung bình[tluŋ¹ ʔbin²]

【中间】❶ 泰 ตรงกลาง[troŋ²kla:ŋ²];พายใน[pha:i² nai²] 老 ภาง[ka:ŋ¹];ท่ามภาง[tha:m⁵ ka:ŋ¹];มัดฌิมะ[mat⁸ si⁵ma⁵] 岱-侬 chang[tɕa:ŋ¹] 越泰 cang[ka:ŋ¹];cuông[ku:ŋ¹] 普 nomin³[nɤ⁰ min³];nomiơn[nɤ⁰ mi:n³] 越 giữa[zɯə⁴];trong[tʂɔŋ²] 芒 khữa[khɯə⁴];mài tlong[ma:i³ tlɔŋ¹]

【中间人】泰 คนกลาง[khon² kla:ŋ²];ตัว กลาง[tu:a² kla:ŋ²];นายหน้า[na:i² na:³] 老 ถึนภาง[khon² ka:ŋ¹];ติอภาง[tu:a¹ka:ŋ¹];ทอย[thɔ:i²];ผู้เฮ็ย[phu:³sɔ:i¹] 岱-侬 cần khen chang[kən² khɛn¹tɕa:ŋ¹] 越 người trung gian[ŋɯ:i² tʂuŋ¹ ʑa:n¹];người đứng giữa[ŋɯ:i² ʔduŋ⁵ zɯə⁴]

【中耳炎】泰 หูส่วนกลางอักเสบ[hu:¹ su:an⁵ kla:ŋ² ʔak⁷ se:p⁹] 老 โลภทูทบอง[lo:k¹⁰ hu:¹ nɔ:ŋ¹] 越 viêm tai giữa[vi:m¹ ta:i¹ zɯə⁴]

【中年】泰 วัยกลางคน[wai² kla:ŋ² khon²] 老

❶阿含 klāng A1；kāng A1  掸 kaŋ A1  泐 kaŋ A1

มัดฮิมะไอ[mat⁸si⁵ma⁵vai²];ไอทางคืบ[vai² ka:ŋ¹'khon²];อายุทางคืบ[ʔa:¹'ɲu⁵ka:ŋ¹'khon²] 越trung niên[tṣuŋ¹ ni:n¹]

【中年人】泰คนวัยกลางคน[khon² wai² kla:ŋ² khon²];กลางคน[kla:ŋ² khon²];ผู้อายุสำทาง[phu:³ ʔa:¹' ɲu⁵ sam⁵ ka:ŋ¹] 老ถืบอายุปามทาง[khon² ʔa:¹' ɲu⁵ pa:n¹' ka:ŋ¹'];ถืบอายุผ่านทาง[khon² ʔa:¹' ɲu⁵ pha:n³ ka:ŋ¹'] 岱-侬cần pan chang[kən²pa:n¹'tɕa:ŋ¹] 越người đứng tuổi[ŋɯ:i² ʔdɯŋ⁵ tu:i³]

【中秋节】泰เทศกาลกลางฤดูใบไม้ร่วง[the:t¹⁰ sa⁵ ka:n² kla:ŋ² ruː⁴ ʔdu:² ʔbai⁴ mai⁴ ruːaŋ³];สาดไหว้พระจันทร์[sa:t⁹ wai³ phra⁴ tsan²];วันไหว้พระจันทร์[wan³ wai³ phra⁵ tsan²] 老บุญไขอ้วพะจับ[ʔbun¹' vai³ pha⁵ tsan¹'] 岱-侬slip hả bươn pet[łip⁷ ha³ ʔbɯ:n¹ pet⁷] 越Tết Trung Thu[tet⁷ tṣuŋ¹ thu¹]

【中听】泰น่าฟัง[na:³ faŋ²] 老น่าฟัง[na:³ faŋ²] 岱-侬tinh đảy[tiŋ³ ʔdai³];luối xu[lu:i⁵ ɤu¹] 越泰nghe xuôi tai[ŋe¹ su:i¹ ta:i¹];xuôi tai[su:i¹ ta:i¹];nghe thích thú[ŋe¹ thit⁷ thu⁵]

【中午】泰ตอนเที่ยง[tɔ:n² thi:aŋ³];กลางวัน[kla:ŋ² wan²] 老ตอนท่ง[tɔ:n¹'thi:aŋ⁵];ยามท่ง[ɲa:m⁵ thi:aŋ⁵];ตาอับท่ง[ta:¹' van² thi:aŋ⁵];เอลาท่ง[ve:⁵la:² thi:aŋ⁵];ท่งอับ[ɲa:m⁵ van²];ท่งเอ็ม[ɲa:m⁵ ven²] 岱-侬pửa ngài[pɯ:a³ ŋa:i²];pửa sloai[pɯ:a⁵ łwa:i¹] 越泰vẹn[ven²];tểnh vẹn[teŋ⁵ ven²];cang vẹn[ka:ŋ¹ ven²] 普tyôk[tyop²];Nhắp tyôk²[ɲap⁵ tyok²] 越buổi trưa[ʔbu:i³ tṣɯa¹];ban trưa[ʔba:n¹ tṣɯa¹] 芒pan tlưa[pa:n¹' tlɯa¹];tlưa[tlɯa¹]

【中心】泰กลาง[kla:ŋ²];ศูนย์กลาง[su:n¹ kla:ŋ²];ใจกลาง[tsai² kla:ŋ²] 老ทาง[ka:ŋ¹'];ใจ[tsai²];ทางใจ[ka:ŋ¹' tsai¹];สูบทาง[su:n¹ ka:ŋ¹'] 普no⁵ min³[nɤ⁵ min³];miơn³[mi:n³] 越trung tâm[tṣuŋ¹ tɤm¹]

【中学】泰โรงเรียนมัธยม[ro:ŋ² ri:an² mat⁸ tha⁴ jom²] 老โฮงฮຽนมัดทะยึม[ho:ŋ² hi:an² mat⁸ tha⁵ ɲom²];โฮงฮຽนมัดทะยึมสีภาง[ho:ŋ² hi:an² mat⁸ tha⁵ ɲom² sưk¹' sa:¹'] 越trường trung học[tṣɯːŋ² tṣuŋ¹ hɔk⁸] 芒tlung học[tluŋ¹ hɔk⁸]

【中学生】泰นักเรียนโรงเรียนมัธยม[nak⁸ ri:an² ro:ŋ² ri:an² mat⁸ tha⁴ jom²] 老นักຮຽนมัดทะยึม[nak⁸ hi:an² mat⁸ tha⁵ ɲom²];ลูกสิด[lu:k¹⁰ sit⁷];ลูกสิด[lu:k¹⁰ si:t⁹] 越học sinh trường trung học[hɔk⁸ şiŋ¹ tṣɯːŋ² tṣuŋ¹ hɔk⁸]

【中旬】泰ช่วงสิบวันของกลางเดือน[tshu:aŋ³ sip⁷ wan² khɔ:ŋ¹ kla:ŋ² ʔdɯ:an²];กลางเดือน[kla:ŋ² ʔdɯ:an²] 老ห้องเดือบ[thɔ:ŋ⁴ ʔdɯ:an¹'];ทางเดือบ[ka:ŋ¹' ʔdɯ:an¹'] 岱-侬cầy slíp[kəi² łip⁷] 越trung tuần[tṣuŋ¹ twɤn²];giữa tháng[zɯa⁴ tha:ŋ⁵] 芒tlung tuần[tluŋ¹ twɤn²];ngày lồng[ŋai² lɔŋ²];là lồng[la² lɔŋ²]

【中药】泰ยาจีน[ja:² tsi:n²] 老ยาจีบ[ja:¹ tsi:n¹] 岱-侬da thó[ja¹ thɔ⁵] 越thuốc bắc[thu:k⁷ ʔbak⁷] 芒thuốc bắc[thu:k⁷ ʔbak⁷]

【中游】泰แม่น้ำตอนกลาง[me:³ nam⁴ tɔ:n² kla:ŋ²] 老ตอนทาง[tɔ:n¹'ka:ŋ¹'] 越trung du[tṣuŋ¹ zu¹];miền trung du[mi:n² tṣuŋ¹ zu¹]

【中医指医生】泰แพทย์แผนโบราณจีน[phe:t¹⁰ phe:n¹ ʔbo:²ra:n²tsi:n²];หมอจีน[mɔ:¹ tsi:n²] 老ผั่จีบ[mɔ:¹ tsi:n¹];ผัยาแผบบูธาบจีบ[mɔ:¹ ja:¹ phe:n¹ ʔbu:¹' ha:n² tsi:n¹];แผดผั่จีบ[phe:t¹⁰ mɔ:¹ tsi:n¹'];แผดจีบ[phe:t¹⁰ tsi:n¹'] 越thầy lang[thɤi² la:ŋ¹]

【中医学~】泰แพทย์แผนโบราณของจีน[phe:t¹⁰ phe:n¹ ʔbo:² ra:n² khɔ:ŋ¹ tsi:n²] 老แผดจีบ[phe:t¹⁰ tsi:n¹] 越đông y[ʔdoŋ¹ ʔi¹] 芒đông y[ʔdoŋ¹ ʔi¹]

【中指❶】泰นิ้วกลาง[niu⁴ kla:ŋ²] 老มือทาง[ni:u⁴ ka:ŋ¹'] 越泰nịu cang[niu⁴ ka:ŋ¹];nịu lúa[niu⁴

❶ 石家 niw⁴-praa⁵

luə⁵] 普qaNik² lɔmin³[qa⁰ ɲik² lɤ⁰ min³] 越 ngón tay giữa[ŋɔn⁵tai¹zɯə⁴];ngón giữa[ŋɔn⁵ zɯə⁴]

【中趾】 泰นิ้วตีนกลาง[niu⁴ti:n²kla:ŋ²] 老มื้อตีนภาง[ni:u⁴ti:n¹'ka:ŋ¹] 越ngón chân giữa[ŋɔn⁵ tsɤn¹ zɯə⁴]

【忠诚】 泰ชื่อสัตย์[sɯ:³ sat⁷] 老จิงรักพักดี[tsoŋ¹ hak⁸phak⁸ʔdi:¹];พักดี[phak⁸ʔdi:¹];ตึง[toŋ¹] 岱-侬 slim đeo[ɬim¹ʔdɛu¹] 越泰 chung tó[tsuŋ¹] 越 trung thành[tsuŋ¹ than²]

【钟 敲的~】 泰ระฆัง[ra⁴ khaŋ²] 老ละฆัง[la⁵ khaŋ²];ลังฆัง[laŋ² khaŋ²] 岱-侬 chuông[tɕuːŋ¹] 越chuông[tsu:ŋ¹] 芒chuông[tsu:ŋ¹]

【钟 ~表】 泰นาฬิกา[na:² li⁴ ka:²] 老นาลิกา[na:² li⁵ ka:¹];โมง[mo:ŋ²] 越đồng hồ[ʔdoŋ² ho²] 芒tổng hồ[toŋ² ho²]

【钟摆】 泰ลูกไกวโมง[luːk¹⁰kwai²moːŋ²];ลูกตุ้มโมง[lu:k¹⁰tum⁸mo:ŋ²];ลูกตุ้มนาฬิกา[lu:k¹⁰tum³na:²li⁴ka:²] 老ลูกไขวโมง[lu:k¹⁰kwai¹'mo:ŋ²];ลูกตุ้มโมง[lu:k¹⁰tum⁴mo:ŋ²] 岱-侬mac vây[ma:k⁷ vəi¹];mac đúng điệu[ma:k⁷ʔduŋ⁵ʔdi:u⁵] 越quả lắc[kwa³ lak⁷]

【钟楼】 泰หอระฆัง[hɔː¹ra⁴khaŋ²];หอนาฬิกา[hɔː¹na:²li⁴ka:²] 老ຫໍລະຄັງ[hɔː¹la⁵khaŋ²] 越gác chuông[ɣa:k⁷ tsu:ŋ¹]

【钟乳石】 泰หินย้อย[hin¹ jɔːi⁴] 老ຫິນ ย้อย[hi:n¹ ŋɔ:i¹];มีมผา[nom² pha:¹] 越nhũ đá[ɲu⁴ʔda⁵];thạch nhũ[that⁸ ɲu⁴]

【终生】 泰ตลอดชีวิต[ta⁵lɔ:t⁹tshi:²wit⁸] 老ຕະຫຼອດຊີວິດ[ta⁵lɔ:t⁹si:²vit⁸] 岱-侬puộn tới[pu:n⁴ tə:i³];muột tới[mu:t⁸tə:i³] 越泰tềnh chùa[teŋ²tsuə²] 越suốt đời[ʂu:t⁷ʔdɤ:i²];cả đời[ka³ʔdɤ:i²];trọn đời[tʂɔn⁶ ʔdɤ:i²]

【终于】 泰ในที่สุด[nai:³sut⁷] 老ຈົນ[tson¹'];ตื้นสุดท้าย[phon¹ sut⁷ tha:i⁴];ท้อยท้าย[hɔ:i³ tha:i⁴] 岱-侬hang hời[ha:ŋ¹ hɔi³];slut sló[ɬut⁵ ɬɔ⁵] 越rút cuộc[zu̯t⁷ ku:k⁸];rút cục[zu̯t⁷ kuk⁸];rốt cuộc[zot⁷ ku:k⁸];tóm lại[tɔm⁵ la:i⁶];nói cho cùng[nɔi⁵ tsɔ kuŋ²];chung quy[tsuŋ¹ kwi¹]

【种 这~鱼❶】 泰ประเภท[pra⁵phe:t¹⁰];กระช่าง[kra⁵ sa:ŋ³] 老ฮัน[ʔan¹];ย่าง[ja:ŋ⁵];แบอ[nɛ:u²];ปะเผด[pa²phe:t¹⁰];สะนิด[sa⁵nit⁸];ມວດ[mu:at⁹] 岱-侬 thình[thiŋ²] 越泰 tang[ta:ŋ¹] 越thứ[thɯ⁵];hạng[ha:ŋ⁶] 芒tởng[tɤːŋ³]

【种 _~植物】 泰ประเภท[pra⁵phe:t¹⁰] 老แบอ[nɛ:u²];ย่าง[ja:ŋ⁵] 越thứ[thɯ⁵];loại[lwa:i⁶] 芒dòng[zɔŋ²];thử[thɯ³];lãi[la:i⁴]

【种猪】 泰หมูพันธ์[mu:¹phan²] 老ໝູພັນ[mu:¹ phan²];ໝູແບອ[mu:¹ nɛ:u²] 越lợn giống[lɤ:n⁶ zoŋ⁵]

【种子❷】 泰เมล็ด[ma⁴let⁸];เมล็ดพันธุ์[ma⁴let⁸ phan²];พันธุ์[phan²];พันธุ[phan² thu⁵] 老ພັນ[phan²];ເມັດ[met⁸];ພັນທຸ[phan² thu⁵];ແກ່ນ[kɛ:n⁵];ແກ່ນແບອ[kɛ:n⁵ nɛ:u²];ແກ່ນປູກ[kɛ:n⁵ nɛ:u² pu:k⁹];ແບອ[nɛ:u²];ແບອປູກ[nɛ:u² pu:k⁹];ພືດພັນ[phɯ:t¹⁰ phan²];ພືດ[phɯ:t¹⁰];ແນ່ແບອ[nɔ:⁵ nɛ:u²] 岱-侬fè[fɛ²] 越hạt giống[ha:t⁸ zɔŋ⁵] 芒mã[ma⁴];hột mã[hot⁸ ma⁴]

【肿❸】 泰อูม[ʔu:m²];ฟก[fok⁸] 老ຟືກ[fok⁸];ใค[khai⁵];โป[no:²];บูม[nu:m²];โพง[pho:ŋ²];ພອງ[pho:ŋ²] 越sưng[ʂɯŋ¹];phù[fu²] 芒kháng[khɤːŋ¹]

【肿瘤】 泰เนื้องอก[nɯa⁴ ŋɔːk¹⁰] 老ເນື້ອງອກ[nɯa⁴ ŋɔːk¹⁰];ມານເລືອດ[ma:n² lɯ:at¹⁰] 越u[ʔu¹];sưng u[ʂɯŋ¹ ʔu¹];bướu[ʔbɯ:u⁵]

【肿胀】 泰บวม[ʔbu:am²] 老ใค[khai⁵];ทุม[thum:²];จิง[tsoŋ¹'];ดูบ[ʔdu:n¹];บูม[nu:n²];โป[no:²]

---

❶ 石家 ciaŋ³
❷ 石家 mlxk⁶   阿含 phăn A2   抻 phăn A2
❸ 抻 kaï   渤 kāi

โมออก[no:² ʔɔːk⁹];บอม[ʔbuːam¹];พอง[phɔːŋ²] 岱-侬 cầu[kəw³] 越 sưng[ʂɯŋ¹];sưng lên[ʂɯŋ¹ len¹]; sưng tẩy[ʂɯŋ¹ tɤi⁵];tẩy[tɤi⁵];tẩy lên[tɤi⁵ len¹]

【重❶】 泰 หนัก[nak⁷] 老 ขนัก[nak⁷] 岱-侬 nắc[nak⁷] 越泰 nắc[nak⁷] 普 khjan¹[khjaːn¹] 越 nặng[naŋ⁶] 芒 nắng[naŋ⁴]

【重病】 泰 ป่วยหนัก[puːai⁵ nak⁷] 老 ป่อยขนัก[puːai⁵ nak⁷] 越 bệnh nặng[ʔben⁶ naŋ⁶];ốm nặng[ʔom⁵ naŋ⁶];ác tật[ʔaːk⁷ tɤt⁸] 芒 tlông bệnh[tlɔŋ⁴ ʔben⁴]

【重活儿】 泰 งานหนัก[ŋaːn² nak⁹] 老 งานขนัก[ŋaːn² nak⁹] 越 công việc nặng nhọc[koŋ¹ viːk⁸ naŋ⁶ nɔk⁸]

【重量】 泰 น้ำหนัก[nam⁴ nak⁷] 老 น้ำขนัก[nam⁴ nak⁷] 越 trọng lượng[tʂɔŋ⁶ lɯːŋ⁶];sức nặng[ʂɯk⁶ naŋ⁶]

【重伤】 泰 บาดเจ็บหนัก[ʔbaːt⁹ tsep⁷ nak⁷] 老 บาดเจ็บขนัก[ʔbaːt⁹ tsep⁷ nak⁷];บาดเจ็บสาหัด[ʔbaːt⁹ tsep⁷ saː¹ hat⁷] 越 bị thương nặng[ʔbi⁶ thɯːŋ¹ naŋ⁶]

【重视】 泰 ให้ความสำคัญ[hai³ khwaːm² sam¹ khan²] 老 ตี้เป็นสำดับ[tɯː¹ pen¹ sam¹ khan²] 越 coi trọng[kɔi¹ tʂɔŋ⁶];trọng[tʂɔŋ⁶];kính trọng[kin⁵ tʂɔŋ⁶];chú trọng[tsu⁵ tʂɔŋ⁶]

【重要】 泰 สำคัญ[sam¹ khan²] 老 สำดับ[sam¹ khan²] 岱-侬 cáo quán[kaːu⁵ kwaːn⁵] 普 khjan¹ mâj⁴[khjaːn¹ mɤi⁴] 越 quan trọng[kwaːn¹ tʂɔŋ⁶];trọng yếu[tʂɔŋ⁶ ʔiːu⁵];hệ trọng[he⁶ tʂɔŋ⁶] 芒 quan tlông[kwaːn¹ tlɔŋ⁴];hệ tlông[he⁴ tlɔŋ⁴]

【重罪】 泰 โทษหนัก[thoːt¹⁰ nak⁷] 老 โทดขนัก[thoːt¹⁰ nak⁷] 越 trọng tội[tʂɔŋ⁶ toi⁶] 芒 tlông thổi[tlɔŋ⁴ thoi⁴]

【种~庄稼❷】 泰 ดำ[ʔdam²];ปลูก[pluːk⁹] 老 ดำ[ʔdam²];ปูก[puːk⁹];ปูกฝัง[puːk⁹ faŋ¹] 岱-侬 chay

[tɕai¹];đăm[ʔdam];nắm[nam³];lồng[loŋ²] 越泰 púk[puk⁷];đăm[ʔdam] 普 tăp⁵[tap⁵];lăm¹[laːn¹];dăm¹[dam¹];ljăm¹[ljam¹] 越 cấy[kɤi⁵];trồng[tʂoŋ²];giồng[zoŋ²] 芒 lông[loŋ¹];cầl[kɤl³]

【种痘】 泰 ปลูกฝี[pluːk⁹ phiː¹] 老 ปุกหมากสุก[puk⁷ maːk⁹ suk⁷];บ่งหมากสุก[boŋ⁵ maːk⁹ suk⁷] 岱-侬 chay mèng[tɕai¹ mɛŋ²];chay mac mùa[tɕai¹ maːk⁷ muə²] 越泰 púk mák[puk⁷ maːk⁷] 越 chủng đậu[tsuŋ³ ʔdɤu⁶]

【中打~】 泰 ถูก[thuːk⁹] 老 ถืก[thɯːk⁹] 越 trúng[tʂuŋ⁵];trúng đích[tʂuŋ⁵ ʔditʃ⁷] 芒 tót[tɔt⁷];tlủng[tlɯŋ³];chần[tsɤn²]

【中毒】 泰 ถูกพิษ[thuːk⁹ phit⁸] 老 ถืกเบื่อ[thɯːk⁹ ʔbɯːa¹];ถืกพิด[thɯːk⁹ phit⁸];ถืกยาเบื่อ[thɯːk⁹ jaː¹ ʔbɯːa⁵];ติดพิด[tit⁷ phit⁸];เบื่อ[ʔbɯːa⁵] 越 trúng độc[tʂuŋ⁵ ʔdok⁸];ngộ độc[ŋo⁶ ʔdok⁸];nhiễm chất độc[niːm⁴ tʂɤt⁷ ʔdok⁸] 芒 om[ʔɔm¹]

【中风】 泰 เป็นโรคลมชัก[pen² roːk¹⁰ lom² tshak³];เป็นลม[pen² lom²];ลมชัก[lom² tshak⁸] 老 เป็นลิม[pen¹ lom²];ลิมจับ[lom² tsap⁷];อิมสาละบาด[vin² saː¹ laː⁵ ʔbaːt⁹] 岱-侬 thuc lồm[thuk⁷ lom²];tầư lồm[tɤɯ¹ lom²] 越 trúng phong[tʂuŋ⁵ fɔŋ¹];bệnh trúng phong[ʔben⁶ tʂuŋ⁵ fɔŋ¹]

【中计】 泰 ตกเล่ห์[tok⁷ leː³] 老 ติกเล่[tok⁷ leː⁵];ลงกิน[loŋ¹ kon¹] 岱-侬 thư bêt[thɯː¹ ʔbet⁷];kin bêt[kin¹ ʔbet⁷] 越泰 khốp bết[khop⁷ ʔbet⁷] 越 trúng kế[tʂuŋ⁵ ke⁵];mắc mưu[mak⁷ mɯɯ¹] 芒 tlùng kế[tlɯŋ³ ke³]

【中暑】 泰 หวัดแดด[wat⁷ ʔdeːt⁹];ไข้เพ้อ[khai³ phɤː⁴] 老 เมือแดด[mau² ʔdeːt⁹];อิมแดด[vin² ʔdeːt⁹] 越 say nắng[ʂai¹ naŋ⁵];cảm nắng[kaːm³ naŋ⁵];bị cảm nắng[ʔbi⁶ kaːm³ naŋ⁵];cảm thử[kaːm³ thɯ³] 芒 muốt đẳng[muːt⁷ ʔdaŋ³];khay đẳng[khai¹ ʔdaŋ³]

---

❶ 石家 nak⁴　拉哈 khăn¹
❷ 石家 tram A1

【中意】 泰ชอบ[tshɔ:p¹⁰] 老ຕິດໃຈ[tit⁷tsai¹'] 岱-侬ngám cò[ŋa:m⁵kɔ²];hằng[haŋ³] 越phải lòng[fa:i³ lɔŋ²];vừa ý[vɯə² ʔi⁵];hợp ý[hɤ:p⁸ ʔi⁵]

【肘】 泰ศอก[sɔ:k⁹];ข้อศอก[khɔ:³ sɔ:k⁹] 老ສອກ[sɔ:k⁹] ແຂນສອງ[khɛ:n¹sɔ:k⁹] 岱-侬pjoòng[pjɔ:ŋ³];slooc[ɬɔ:k⁹] 越泰xók[sɔk⁷];khenxók[khɛn¹sɔk⁷];xók lêm[sɔk⁷ lɛm¹] 普qa njang²[qa⁰ nja:ŋ²] 越khuỷu[xwiu³];khuỷu tay[xwiu³ tai¹];cánh khuỷu tay[kaŋ⁵ xwiu³ tai¹];cánh khuỷu[kaŋ⁵ xwiu³];cánh chỏ[kaŋ⁵ tsɔ³];cùi chỏ[kui² tsɔ⁴];cùi tay[kui² tai¹];cẳng tay[kaŋ³ tai¹] 芒làng thay[la:ŋ² thai¹];kềnh co[kɛŋ³ kɔ¹];co[kɔ¹];chō[tsɔ⁴]

【周到】 泰รอบคอบ[rɔ:p¹⁰khɔ:p¹⁰] 老ຖ້ອງ[thɔ:ŋ³] 越chu đáo[tsu¹ ʔda:u⁵]

【周末】 泰ปลายสัปดาห์[pla:i² sap⁷ ʔda:²];สุดสัปดาห์[sut⁷ pla:i² sap⁷ ʔda:¹];อันสุดสับปะดา[van² sut⁷ sap⁷ pa² ʔda:¹];ปายสับปะดา[pa:i¹' sap⁷ pa² ʔda:¹];อันท้ายสับปะดา[van² thai⁴ sap⁷ pa² ʔda:¹] 越cuối tuần[ku:i⁵ twɤn²]

【周年】 泰ครบรอบหนึ่งปี[khrop⁸ rɔ:p¹⁰ nɯŋ⁵ pi:²];รอบปี[rɔ:p¹⁰pi:²];ขวบปี[khu:ap⁹pi:²] 老ຂວບປີ[khu:ap⁹ pi:¹];ຮອບປີ[hɔ:p¹⁰ pi:¹];จัก[tsak²] 岱-侬khuôp pi[khu:p⁷ pi¹] 越泰khuốp pi[khu:p⁷ pi¹];pi têm[pi¹ tem¹] 越đầy năm[ʔdɤi² nam¹];năm tròn [nam¹ tʂɔn²]

【周岁~酒❶】 泰หนึ่งขวบ[nɯŋ⁵ khu:ap⁹];วันครบรอบ วันเกิดปีแรก[wan²khrop⁸rɔ:p¹⁰wan²kə:t⁹pi:²rɛ:k¹⁰] 老ຂວບ[khu:ap⁹] 越lên một[len¹ mot⁸];đầy tuổi [ʔdɤi² tu:i⁵]

【周围】 泰รอบ[rɔ:p¹⁰];รอบข้าง[rɔ:p¹⁰kha:ŋ³] 老ຮອບ[hɔ:p¹⁰];ຮອບວົງ[hɔ:p¹⁰ voŋ²];ບໍລິເວນ[ʔbɔ:¹' li⁵ ve:n¹];มิงทิม[mon² thon²];แอดล้อม[vɛ:t¹⁰ lɔ:m⁴]

อ็มแอ็ม[ʔɔ:m⁴ʔɛ:m⁴] 岱-侬rìm queng[rim² kwɛŋ¹];slí tẳng[ɬi⁵ təŋ⁵] 越泰xí tùrng[si⁵ tɯŋ⁶]; xí phái[si⁵pha:i⁵];cuông qua[ku:ŋ¹kwa¹] 普lozin³[lɤ⁰zin³];lêzin³[le⁰zin³] 越chu vi[tsu¹vi¹];quanh [kwan¹];xung quanh[suŋ¹kwan¹];chung quanh [tsuŋ¹kwan¹] 芒hăp[hap⁸];tenh quenh[tɛn¹kwɛn¹]; chung quanh[tsuŋ¹ kwan¹]

【粥❷】 泰ข้าวต้ม[kha:u³tom³];โจ๊ก[tso:k⁸];ยาคู[ja:² khu:²];ม้วย[mu:ai⁴] 老ເຂົ້າປຽກ[khau³ pi:ak⁹] 岱-侬chuc[tɕuk⁷];chảo[tɕa:u³] 越泰khàu canh [khau³ kɛŋ¹] 普ʔong³ khang¹[ʔɔŋ³ kha:ŋ¹];khang¹ [kha:ŋ¹] 越cháo[tsa:u⁵] 芒cháo[tsa:u³]

【轴承】 泰ตลับลูกปืน[ta⁵ lap² lu:k¹⁰ pɯ:n²] 越vòng bi[vɔŋ² ʔbi¹];ổ bi[ʔo³ ʔbi¹];bạc lót[ʔba:k⁸ lɔt⁷]

【肘关节❸】 泰ข้อศอก[khɔ:³ sɔ:k⁹] 老ຂໍ້ສອກ[khɔ:³ sɔ:k⁹] 老ຂໍ້ສອກ[khɔ:³ sɔ:k⁹] 越khớp khuỷu tay [xɤ:p⁷ xwiu³ tai¹];khớp khuỷu chō[xɤ:p⁷ kui² tsɔ⁴]

【皱衣服~了】 泰ยับ[jap⁸] 老ยู่[ɲu:⁵] 越nhăn [ɲan¹];nhăn nheo[ɲan¹ ɲɛu¹];nhàu[ɲau²] 芒nhăn nheo[ɲan¹ ɲɛu¹];nhàu[ɲau¹]

【皱~眉头】 泰ขมวด[kha⁵ mu:at⁹] 老ຫຼ่ູ[hu:⁵];ทยุม[num¹] 岱-侬nhủng[ɲuŋ³];nhủ[ɲu³];bắc nhắng [ʔbak⁷ŋaŋ⁵] 越泰héo[hɛu⁵] 越chau[tsau¹];cau [kau¹];nhăn[ɲan¹];nheo[ɲɛu¹] 芒nhàu[ɲau²]; nhăn[ɲɤn²];nhiu[ɲiu³]

【皱纹】 泰รอยย่น[rɔ:i² jon³] 老ຮອຍຫຍຸ້ມ[hɔ:i² ɲun³] 越vétnhăn[vet⁷ɲan¹];nếpnhăn[nep⁷ɲan¹] 芒nhăn[ɲan¹]

【咒语】 泰คำคาถา[kham⁵kha:²tha:¹] 老ເວດ[ve:t¹⁰]; คาะสำผัด[kha:²na⁵sam¹phat⁷];มินคาถา [mon²kha:²tha:¹];มน[mon²] 越thần chú[thɤn²tsu⁵]; cầu thần chú[kɤu²thɤn²tsu⁵];bùa[ʔbuə²];bùa phép

---

❶ 阿含 khup D1L　掸 khop D1L　泐 khop D1L

❷ 石家 gaw³-rxx⁵

❸ 石家 gɔɔ³- sɔɔk²

[ʔbuə² fɛp⁷]

【猪❶】 泰 หมู[mu:¹] 老 ขมู[mu:¹];ตัวขมู[tu:a¹ mu:¹];โตขมู[to:¹ mu:¹] 岱-侬 mu[mu¹];tuamu[tuə⁴ mu¹] 越泰 mu[mu¹] 普 mhu¹[m̥u¹] 越 lợn [lɤ:n⁶];con lợn[kɔn¹ lɤ:n⁶] 芒 cùi[kui³];con cùi [kɔn¹ kui³]

【猪槽】 泰 รางหมู[ra:ŋ² mu:¹] 老 ธางขมู[ha:ŋ² mu:¹] 岱-侬 ràng mu[ra:ŋ² mu¹] 越泰 hāng mu[ha:ŋ² mu¹] 越 máng cho lợn ăn[ma:ŋ⁵ tʂo² lɤ:n⁶ ʔan¹]

【猪粪】 泰 ขี้หมู[khi:³ mu:¹] 老 ขี้ขมู[khi:³ mu:¹] 越 phân lợn[fɤn¹ lɤ:n⁶]

【猪圈❷】 泰 คอกหมู[khɔ:k¹⁰ mu:¹] 老 คอกขมู [khɔ:k¹⁰ mu:¹] 岱-侬 coọc mu[kɔ:k⁸ mu¹] 越泰 cọk mu[kɔk⁸ mu¹] 普 zô⁴ mhu¹[zo⁴ m̥u¹];rô⁴ mhu¹ [ro⁴ m̥u¹] 越 chuồng lợn[tʂuŋ² lɤ:n⁶] 芒 cùm cùi [kum² kui³]

【猪笼❸】 泰 กรงหมู[krɔŋ² mu:¹] 老 กงขมู[koŋ¹ mu:¹] 岱-侬 roòng mu[rɔ:ŋ² mu¹] 越泰 tùm mu [tum³ mu¹] 普 rhong²[r̥ɔŋ²] 越 lồng lợn[loŋ² lɤ:n⁶]; rọ lợn[zɔ⁶ lɤ:n⁶] 芒 rô cùi[rɔ⁴ kui³]

【猪肉❹】 泰 เนื้อหมู[nɯ:a⁴ mu:¹] 老 ขี้นขมู[si:n⁵ mu:¹];เบื้อขมู[nɯ:a⁴ mu:¹] 岱-侬 nựa mu[nɯə⁴ mu¹] 越 thịt lợn[thit⁸ lɤ:n⁶] 芒 thit cùi[thit⁸ kui³]

【猪油❺】 泰 น้ำมันหมู[nam⁴ man² mu:¹] 老 น้ำมันขมู[nam⁴ man² mu:¹];มันขมู[man² mu:¹] 岱-侬 pì mu[pi² mu¹] 越泰 pĩ mu[pi² mu¹] 越 dầu mỡ[zɤu² mɤ⁴];mỡ lợn[mɤ⁴ lɤ:n⁶]

【猪油渣】 泰 กากหมู[ka:k⁹ mu:¹] 老 ขบขมู [khi:ap⁹ mu:¹] 岱-侬 nhá pì[ɲa⁵ pi²];nhứa pì[ɲɯə⁵ pi²];chém pì[tɕɛm⁵ pi²] 越泰 khọp pì[khɔp⁸ pi²]

越 tóp mỡ[tɔp⁷ mɤ⁴] 芒 thóp mỡ[thɔp⁷ mɤ⁴];tã dầu[ʔba⁴ zɤu²]

【猪崽】 泰 ลูกหมู[lu:k¹⁰ mu:¹] 老 ขมูน้อย[mu:¹ nɔ:i⁴] 普 ljak² mhu¹[ljak² m̥u¹] 越 lợn con[lɤ:n⁶ kɔn¹] 芒 cùi con[kui³ kɔn¹]

【猪鬃】 泰 แผงคอหมู[phɛ:ŋ¹ khɔ:² mu:¹] 老 แผงขมู [phɛ:ŋ¹ mu:¹];แผงขมู[fɛ:ŋ¹ mu:¹] 越 lông gáy lợn [loŋ¹ ɣai⁵ lɤ:n⁶];bờm lợn[ʔbɤ:m² lɤ:n⁶]

【朱砂】 泰 ชาด[tsha:t¹⁰] 老 ขาด[sa:t¹⁰];น้ำฮาง [nam⁴ ha:ŋ²] 越 thần sa[thɤn² ʂa¹];chu sa[tsu¹ ʂɛ¹]

【珠宝❻】 泰 เพชรนิลจินดา[phet¹⁰ nin² tsin² ʔda:¹]; อัญมณี[ʔan² ja⁴ ma⁵ ni:¹] 老 เพ็ดพอย[phet⁸ phɔ:i¹]; เพ็ดนิลจินดา[phet⁸ nin² tsin¹ʔda:¹];ลัดตะบะ[lat⁸ ta⁵ na⁵];อันยะมะนี[ʔan¹ ɲa⁵ ma⁵ ni:²] 越 châu báu [tʂɤu¹ ʔbau⁵]

【侏儒】 泰 คนแคระ[khon² khrɛ⁴] 老 ค็นเตี้ย[khon² ti:a⁴];อามะบะ[va:² ma⁵ na⁵];อามับ[va:² mon⁵] 越 người lùn[ŋɯ:i² lun²];chú lùn[tsu⁵ lun²];người pícmê[ŋɯ:i² pik⁷ me¹]

【竹篙】 泰 ถ่อ[thɔ:⁵];ไม้ถ่อ[mai⁴ thɔ:⁵] 老 ถ่อ[thɔ ⁵]; ไม้ถ่อ[mai⁴ thɔ:⁵] 越 sào[ʂa:u²];cây sào[kɤi¹ ʂa:u²]; con sào đẩy thuyền[kɔn¹ ʂa:u² ʔdɤi³ thwi:n²] 岱-侬 slào[ɬa:u³] 越泰 mạy thó[mai⁴ thɔ⁵] 越 cột tre[kot⁸ tʂɛ¹];sào tre[ʂa:u² tʂɛ¹];gậy tre[ɣɤi⁶ tʂɛ]

【竹竿❼】 泰 ลำไผ่[lam² phai⁵];ราว[ra:u²];เส้า[sau²] 老 ธาว[ha:u²];ส้าว[sa:u²];ไม้ส้าว[mai⁴ sa:u³] 岱-侬 slào slứt[ɬa:u³ ɬɯt⁷] 越泰 xào[sa:u³] 越 sào[ʂa:u²];cái sào[ka:i⁵ ʂa:u²];cột tre[kot⁸ tʂɛ¹] 芒 khào[kha:u²];dằng[zaŋ²]

❶ 石家 muu² 拉哈 bu¹/mɤw³
❷ 石家 rɔɔk⁵
❸ 拉哈 song¹
❹ 石家 mlɔɔ³- muu¹
❺ 石家 num⁴-man⁶-muu¹
❻ 石家 gxxw³;kxxw³
❼ 阿含 shao C1　渤 sau C1

【竹笕】泰ท่อไม้ไผ่[thɔː³ mai⁴ phai⁵] 老ลิน[lin¹];ธางบ้า[ha:ŋ¹nam⁴];ธางลิน[ha:ŋ¹lin¹] 越máng tle[ma:ŋ⁵ tlɛ¹]

【竹节】泰ปล้องไม้ไผ่[plɔːŋ³mai⁴phai⁵] 老ป่องไม้ใผ่[poːŋ³mai⁴phai⁵];ข้อไม้[khɔː³mai⁴] 越đốt tre[ʔdot⁷ tʂɛ¹] 芒tót tle[tot¹ tlɛ¹]

【竹篾❶】泰ตอก[tɔːk⁹] 老ตอก[tɔːk⁹];ไม้ตอก[mai⁴tɔːk⁹] 岱-侬thooc[thɔːk⁷];phjooc[phjɔːk⁷];chich[tɕik⁷] 越泰tók[tɔk⁷];tiu[tiu¹] 普tiơt⁵[ti:t⁵] 越lạt[la:t⁸] 芒laich[la:it⁸]

【竹笋❷】泰หน่อไม้[nɔː⁵mai⁴] 老หึ่ไม้[nɔː⁵mai⁴];ลูกไม้[lu:k¹⁰ mai⁴] 岱-侬mạy[mai⁴] 越泰nó[nɔ⁵] 普niơŋ³[ni:ŋ³] 越măng[maŋ¹];măng tre[maŋ¹ tʂɛ¹] 芒băng[ʔbaŋ¹];băng tle[ʔbaŋ¹ tlɛ¹]

【竹筒❸】泰กระบอกไม้ไผ่[kra³ ʔbɔːk⁹ mai⁴ phai⁵];บอก[ʔbɔːk⁹] 老บั้ง[ʔbaŋ³] 老บั้ง[ʔbaŋ⁴];กะบั้ง[ka³ ʔbaŋ⁴];โบก[ʔbo:k⁹];กะโบก[ka³ ʔbo:k⁹] 岱-侬buôc mạy phảy[ʔbu:k⁷ mai⁴ phəi⁵] 越泰bằng mạy[ʔbaŋ³ mai⁴] 越ống tre[ʔoŋ⁵ tʂɛ¹]

【竹筒饭】泰ข้าวหลาม[kha:u³ la:m¹] 老เข้ิ้งทาม[khau³ la:m¹] 越còm lam[kɤːm¹ la:m¹]

【竹席】泰เสื่อไม้ไผ่[sɯːa⁵ mai⁴ phai⁵];เรือก[rɯːak¹⁰];ลำแพน[lam²phɛːn²];เสื่อสานด้วยไม้ไผ่[sɯːa⁵sa:n¹ ʔdu:ai³mai⁴phai⁵];เสื่อไม้ไผ่[sɯːa⁵mai⁴phai⁵] 老กะแตะ[ka²tɛ²];สาดกะลา[sa:t⁹ka²la:²];เฮือก[hɯːak¹⁰] 越chiếu tre[tsi:u⁵ tʂɛ¹]

【竹叶青】蛇名泰งูเขียว[ŋuː² khiːau¹];งูเขียวหางไหม้[ŋuː² khiːau¹ ha:ŋ¹ mai³] 老งูเขียว[ŋuː² khiːau¹];งูเขียวหางใหม่[ŋuː²khiːau¹ha:ŋ¹mai³];งูเขียวหางแห้ม[ŋuː²khiːau¹ha:ŋ¹hɛːm³];งูทิงโบ

[ŋu:²hu:a¹po:¹] 岱-侬ngù kheo[ŋu²khɛu¹] 越泰rắn lục[zan⁵ luk⁸]

【竹子❹】泰ไม้ไผ่[mai⁴ phai⁵] 老ไม้ใผ่[mai⁴ phai⁵];ไม้ป๋อง[mai⁴ pɔːŋ⁵] 岱-侬mạy phảy[mai⁴ phəi⁵];mạy pheu[mai⁴phɛu¹];mạy khoang[mai⁴ khwa:ŋ¹] 越泰mạy póng[mai⁴ pɔŋ⁵];co xăng[kɔ¹ saːŋ²] 普qwât⁵[qwɤt⁵] 越tre[tʂɛ¹];cây tre[kɤi¹ tʂɛ¹];trúc[tʂuk⁷];nứa[nɯa⁵] 芒tle[tlɛ¹]

【逐渐❺】泰ค่อย[khɔːi³] 老ถ่อย[khɔːi³];ถ่อย ๆ[khɔːi⁵khɔːi⁵];ข้าบั่บนาม[saːʔbɔ:⁵ naːm²];ละเล็กละน้อย[la⁵ lek⁸ la⁵ nɔːi⁴];เล็ก[lek⁸] 岱-侬còi dẳng[kɔi¹ jaŋ²];hâng mà[həŋ¹ma²] 越dần[zɤn²];dần dần[zɤn² zɤn²];từng bước[tɯŋ² ʔbɯːk⁷] 芒đàn đàn[ʔdɤn² ʔdɤn²]

【烛台】泰เชิงเทียน[tshɤːŋ² thi:an²];แท่นปักเทียน[thɛːn³ pak⁷ thi:an²] 老ตึมทยน[tiːn¹¹ thi:an²];ธางปะทีบ[pha:ŋ¹ pa² thi:p⁹] 越đế cắm nến[ʔde⁵ kam⁵ nen⁵]

【主妇】泰แม่บ้าน[mɛː³ ʔba:n³] 老แม่เฮือน[mɛː⁵ hɯːan²] 越泰mè hườn[mɛ⁶hɯːn²] 越nội trợ[noi⁶ tʂɤ⁶];bà chủ nhà[ʔba² tsu³ ɲa²]

【主根】泰รากแก้ว[ra:k¹⁰ kɛːu³] 老ธางแก้ว[ha:k¹⁰ kɛːu⁴];ธางตืน[ha:k¹⁰ ton⁴] 越rễ cọc[ze⁴ kɔk⁸];rễ cái[ze⁴ ka:i⁵]

【主人❻】泰เจ้า[tsau³];เจ้าของ[tsau³khɔːŋ¹];เจ้าภาพ[tsau³ pha:p¹⁰];เจ้านาย[tsau³ na:i²];พระเจ้า[phra² tsau³];นาย[na:i²] 老เจ้า[tsau⁴];เจ้าพาบ[tsau⁴ pha:p¹⁰];เจ้าเฮือน[tsau⁴ hɯːan²];เจ้าภาม[tsau⁴ ka:n¹¹];เจ้าของ[tsau⁴ khɔːŋ¹];บาย[na:i²];ผู้เป็นเจ้าของ[phu:³ pen¹¹ tsau⁴ khɔːŋ¹];บดิ[ʔbɔ:¹ ʔdi:¹¹] 岱-侬chàu rườn[tɕau³ rɯːn²] 越泰chàu

---

❶ 石家pruk⁴
❷ 石家naaŋ⁴
❸ 石家baŋ⁶
❹ 石家pray B1
❺ 阿含kåy B2　掸kɔi B2　勐kɔi B2
❻ 阿含chau C1；chāo C1　掸sǎu C1　勐čău C1

【主食】泰 อาหารหลัก[ʔa:²ha:n¹lak⁷] 老 ອາຫານຫຼັກ[ʔa:¹'ha:n¹ lak⁷];ອາຫານ ປະຈຳ[ʔa:¹'ha:n¹ pa² tsam¹];ອາຫານສຳຄັນ[ʔa:¹' ha:n¹ sam¹ khan²] 越 thức ăn chính[thuk⁷ʔan¹ tsin⁵]

【主意】泰 ข้อคิดเห็น[khɔ:³khit⁸hen¹];วิธีการ[wi⁴thi:² ka:n²] 老 ຂໍ້ຄິດ[khɔ:³khit⁸];ຂໍ້ຄິດເຫັນ[khɔ:³khit⁸ hen¹] 越 ý kiến[ʔi⁵ki:n⁵];sáng kiến[ʂa:ŋ⁵ ki:n⁵]

【拄~拐杖】泰 ค้ำยัน[kham⁴jan²] 老 ຄ້ຳ[kham⁴] 岱-侬 chổng[tɕoŋ³] 越泰 xắc[sak⁷] 越 chống [tsoŋ³] 芒 chổng[tsoŋ³]

【煮❶】泰 หุง[huŋ¹];ผัดเนื้อ[phat⁷ nɯ:a⁴];เปียก[pi:ak⁹]; ต้ม[tom³] 老 ຫຸງ[huŋ¹];ຫຸງ[hu:ŋ¹];ຈ່າວ[tsa:u⁴]; ແຕ່ງ[tɛ:ŋ⁵];ຕົ້ມ[tom⁴] 岱-侬 hung[huŋ¹]; cươm[kɯ:m¹];tồm[tom³];tằngmó[taŋ³mɔ³] 越泰 hung[huŋ¹];tồm[tom³] 越 nấu[nɤu⁵];luộc[lu:k⁵] 芒 nổ[no³]

【蛀被虫子~❷】泰 ผุ[phu⁵] 老 ກັດ[kat⁷] 岱-侬 mọt[mɔt⁸] 越泰 mọt[mɔt⁸];xán[sa:n⁵] 越 mọt [mɔt⁸];mọt ăn[mɔt⁸ ʔan¹];mọt nghiến[mɔt⁸ ŋi:n⁵] 芒 moch[mɔt⁸]

【蛀齿】泰 ฟันผุ[fan²phu⁵] 老 ແຂ້ວແມງ[khe:u³ mɛ:ŋ²] 越 răng sâu[zaŋ¹ ʂɤu¹]

【蛀虫❸】泰 มอด[mɔ:t¹⁰];ตัวมอด[tu:a² mɔ:t¹⁰];แดง [lɛ:ŋ¹] 老 ມອດ[mɔ:t¹⁰];ແມງມອດ[mɛ:ŋ² mɔ:t¹⁰]; ມອດກັດໄມ້[mɔ:t¹⁰ kat⁷ mai³] 岱-侬 mọt[mɔt⁸];tua mọt[tua³mɔt⁸];nonmọt[nɔn¹mɔt⁸] 越泰 mọt[mɔt⁸]; tô mọt[to¹mɔt⁸] 普 qamhuột[qa⁰mu:t⁵] 越 mọt [mɔt⁸];conmọt[kɔn¹mɔt⁸] 芒 moch[mɔt⁸];conmoch [kɔn¹ mɔt⁸]

【住~哪儿❹】泰 อยู่[ju:⁵] 老 ຢູ່[ju:⁵];ປະຈຳ[pa² tsam¹] 岱-侬 dú[ju⁵] 越泰 dú[ju⁵] 越 ở[ʔɤ³]; trú[tʂu⁵] 芒 ớ[ʔɤ⁵];tlù[tlu³]

【住处】泰 ที่อยู่[thi:³ju:⁵] 老 ທີ່ຢູ່[thi:⁵ju:⁵];ຖານທີ່ຢູ່ [tha:n¹ thi:⁵ ju:⁵];ທີ່ພັກ[thi:⁵ phak⁸];ທີ່ພັກພາອາໄສ [thi:⁵ phak⁸ pha² ʔa:¹' sai¹];ບ່ອນພັກ[ʔbɔ:n⁵ phak⁸]; ບ່ອນຢູ່[ʔbɔ:n⁵ju:⁵];ບ່ອນຢູ່ບ່ອນກິນ[ʔbɔ:n⁵ju:⁵ʔbɔ:n⁵ kin¹];ບ່ອນຢູ່ບ່ອນນອນ[ʔbɔ:n⁵ju:⁵ʔbɔ:n⁵nɔ:n²]; ແຫ່ງຢູ່[hɛ:ŋ⁵ ju:⁵];ທີ່ອາໄສ[thi:⁵ ʔa:¹' sai¹];ບ່ອນອາໄສ [ʔbɔ:n⁵ ʔa:¹' sai¹] 越 chỗở[tso⁴ʔɤ³];nơiở[nɤ:i¹ʔɤ³]; địa chỉ[ʔdiə⁶ tsi³];địa chỉ trú ngụ[ʔdiə⁶ tsi³ tʂu⁵ ŋu⁶] 芒 pùng ớ[puŋ² ʔɤ⁵]

【住院】泰 อยู่โรงพยาบาล[ju:⁵ro:ŋ² pha⁴ja:² ʔba:n²] 老 ຢູ່ໂຮງໝໍ[ju:⁵ ho:ŋ² mɔ:¹];ນອນໂຮງໝໍ[nɔ:n² hɔ:ŋ² mɔ:¹];ນອນໝໍ[nɔ:n² mɔ:¹] 越 nằm bệnh viện[nam² ʔben⁶ vi:n¹];nằm viện[nam² vi:n¹]

【注册】泰 จดทะเบียน[tsot⁷ tha⁴ ʔbi:an²];ลงทะเบียน [loŋ¹ tha⁴ ʔbi:an²] 老 ລົງທະບຽນ[loŋ¹ tha⁵ ʔbi:an¹] 越 đăng ký[ʔdaŋ¹ ki⁵];ghi tên[ɣi¹ ten¹]

【注射器】泰 เข็มฉีดยา[khem¹tshi:t⁹ja:²];หลอดฉีดยา [lɔ:t⁹ tshi:t⁹ ja:²];เครื่องฉีด[khrɯ:aŋ³ tshi:t⁹] 老 ກ້ອງສັກຢາ[kɔ:ŋ⁴sak⁷ja:¹];ກ້ອງສີດຢາ[kɔ:ŋ⁴si:t⁹ja:¹]; ເຄື່ອງສີດຢາ[khɯ:aŋ⁵si:t⁹ja:¹];ເຂັມສີດຢາ[khem¹ si:t⁹ja:¹];ເຂັມສັກຢາ[khem¹sak⁷ja:¹];ເຂີແລງ[ʂɤ:¹ lɛ:ŋ²] 越 tiêm[ti:m¹];kim tiêm[kim¹ ti:m¹];xi lanh tiêm[si¹ laŋ¹ ti:m¹] 芒 mũi tiêm[mui⁴ ti:m¹]

【注意】泰 สนใจ[son¹tsai²];ระวัง[ra⁴waŋ²] 老 ເອົາໃຈໃສ່[ʔau¹' tsai⁵ sai⁵];ເອົາຈິດໃສ່ໃຈບໍ່[ʔau¹' tsit⁷ sai⁵ tsai¹' nam²];ຕິດຕາມ[tit⁷ ta:m¹];ລະວັງ[la⁵ vaŋ²]; ລະວັງລະແວງ[la⁵ vaŋ² la⁵ vɛ:ŋ²];ຫົວສາ[hu:a¹ sa:²] 岱-侬 cồm hua[kom³huə¹];păc hua[pak⁷huə¹]

---

❶ 石家 ruŋ²  阿含 rung A1
❷ 石家 mɔɔt⁵
❸ 拉哈 but²; mut²  拉基 ka hum
❹ 拉含 ju B1

【柱子❶】 泰 เสา[sau¹] 老 เสิง[sau¹] 岱-侬 slâu [ɬəu¹];slieu[ɬi:u¹] 越泰 xau[sau¹] 普 căw¹[tsau¹] 越 cột[kot⁸];trụ[tṣɤ⁶] 芒 côt[kot⁸];tồ[to⁴]

【炷_~香】 泰 ครั้ง[khraŋ⁵] 老 ດິວ[ʔdiu⁴] 岱-侬 nham[n̠a:m¹] 越 nén[nɛn⁵] 芒 nền[nɛn³]

【铸】 泰 หล่อ[lɔ:⁵] 老 ຫລໍ່[lɔ:⁵] 岱-侬 ló[lɔ⁵]; thảo[tha:u³] 越泰 ló[lɔ⁵] 越 đúc[ʔduk⁷] 芒 túc [tuk⁷];tố[to⁵]

【铸工】 泰 ช่างหล่อ[tsha:ŋ³lɔ:⁵] 老 ຊ່າງຫລໍ່[sa:ŋ³lɔ:⁵] 越 thợ đúc[thɤ⁶ ʔduk⁷]

【助手】 泰 ผู้ช่วย[phu:³ tshuːai³] 老 ອະນຸກອບ[ʔa² nu⁵ kɔ:n¹];ກຳໂມະກອບ kam¹' mo:² pa² kɔ:n¹'] 越 trợ thủ[tṣɤ⁶ thu³];trợ tá[tṣɤ⁶ ta⁵];người giúp sức[ŋɯːi² zup⁷ ʂɯk⁷];người giúp việc[ŋɯːi² zup⁷ vi:k⁸];cánh tay[kan⁵ tai¹];thợ phụ[thɤ⁶ fu⁶] 芒 thỡ phũ[thɤ⁴ fu⁴]

【助学金】 泰 ทุนการศึกษา[thun² ka:n² sɯk⁷ sa:¹] 老 ເບ້ຍຮຽນ[ʔbi:a⁴hi:an²];ເບ້ຍອຸດຫນູນ[ʔbi:a⁴ʔut⁷nu:n¹] 越 học bổng[hɔk⁸ ʔoŋ³] 芒 hoc bống[hɔk⁸ ʔoŋ⁵]

【祝福】 泰 ອວຍພອນ[ʔua:i²phɔ:n²] 老 ใช้ สิบใช้ พอน [hai³ sin¹ hai³ phɔ:n²];ใช้ พอน[hai³ phɔ:n²]; ອວຍໃຫ້ໃຊ້ພອນ[ʔua:i¹' sai² hai³ phɔ:n²]; ອວຍພອນ[ʔua:i¹' phɔ:n²];ແຕມພອນ[the:m¹ phɔ:n²]; ຂໍພອນ[khɔ:¹' phɔ:n²];ອຳພອນ[ʔam¹' phɔ:n²]; ຂໍອວຍໃຫ້ພອນ[khɔ:¹' ʔua:i¹' sai² hai³ phɔ:n²] 越 chúc phúc[tsuk⁷ fuk⁷];cầu phúc[kɤu² fuk⁷]

【祝贺】 泰 ยินดี[jin² ʔdi:²] 老 ອວຍພອນ[ʔua:i¹' sai² ʔdi:²]; ອວຍໃຫ້ພອນ[ʔua:i¹' sai² hai³ phɔ:n²];ຂໍສັງພອນ[khɔ:¹' sɔŋ⁵ phɔ:n²];ຂໍອວຍພອນ[khɔ:¹' ʔua:i¹' phɔ:n²] 岱-侬 mảng[mǝŋ³] 越

chúc mừng[tsuk⁷ mɯŋ²]

【祝寿】 泰 ອວຍພອນວັນເກິດ[ʔu:ai² phɔ:n² wan² kǝ:t⁹] 老 ອວຍພອນອັນເກີດ[ʔua:i¹' phɔ:n² van² kǝ:t⁹] 岱-侬 mảng thọ[mǝŋ³ thɔ⁴] 越 chúc thọ[tsuk⁷ thɔ⁶]

【苎麻】 泰 ປ່ານ[pa:n⁵];ປ່ານຣາມີ[pa:n⁵ ra:² mi:²];ด้าย [ʔda:i³] 老 ປ່ານ[pa:n⁵];ປົ່ປ່ານ[pɔ:¹pa:n⁵] 岱-侬 pán[pa:n⁵];co pán[kɔ¹pa:n⁵] 越泰 co pán[kɔ¹ pa:n⁵] 越 cây gai[kɤi¹ ɣa:i¹]

【著名】 泰 ชื่อดัง[tshuɯ:³ ʔdaŋ²];นามอุโฆษ[na:m² ʔu⁵ kho:t¹⁰] 老 ມີຊີສຽງ[mi:²sɯː⁵si:aŋ²];ມີຊີດັ່ງ[mi:² sɯː⁵ ʔdaŋ²];ມີຊີລືຊາ[mi:² sɯː⁵ lɯ:² sa:²];ມີຊີລືນາມ [mi:² sɯː⁵ lɯ:² na:m²];ຂື້ນຊີລືນາມ[khɯn² sɯː⁵ lɯ:² na:m²];ລືຊີ[lɯ:²sɯː⁵];ເຮືອງນາມ[hɯːaŋ²na:m²]; ກຽນປະກົດ[ki:an¹'pa⁵kot⁷];ປະກຽນ[pa⁵ki:an¹'] 越 nổi tiếng[noi³ ti:ŋ⁵]

【抓阄】 泰 จับฉลาก[tsap⁷ tsha⁵ la:k⁹] 老 ຈັບສະຫຼາກ [tsap⁷ sa² la:k⁹];ຈິ່ວສະຫຼາກ[tsok⁷ sa² la:k⁹];ຈີວສາ [tsok⁷ sa:k⁹] 越 gắp số[ɣap⁷ ʂo⁵];rút thăm[ʐut⁷ tham¹];bắt thăm[ʔbat⁷ tham¹]

【爪子】 泰 ເລັບ[lep⁸];ກຣົງເລັບ[krɔŋ²lep⁸] 老 ເລັບ [lep⁸];ກົງເລັບ[kɔŋ¹' lep⁸] 岱-侬 lệp[lep⁸] 普 kAn¹ [kɔn¹] 越 móng[mɔŋ⁵] 芒 mỏng[mɔŋ³]

【专门 副词】 泰 เฉพาะด้าน[tsha⁵ phɔ⁴ ʔda:n³] 老 ໂດຍສະເພາະ[ʔdo:i¹' sa² phɔ⁵] 岱-侬 mònviệcnâng [mɔn² vi:k⁸ nǝŋ¹] 越泰 tánh[tɛŋ⁵];chinh[tsiŋ¹] 越 chuyên môn[tswi:n¹ mon¹] 芒 chiên môn[tsi:n¹ mon¹]

【专心】 泰 หยัด[jat⁷];ก้มหน้า[kom³na:³];ก้มหน้าก้มตา [kom³ na:³ kom³ ta:³];ตั้งหน้า[taŋ³ na:³];ตั้งอกตั้งใจ [taŋ³ʔok⁷taŋ³tsai²];ขวัญ[khwa:n¹];จดจ่อ[tsot⁷tsɔ:⁵] 老 ຍັດ[jat⁸];ຈິດຈໍ່[tsot⁷tsɔ:⁵];ใส่ใจ[sai⁵tsai¹'];ດາ [ʔda:¹];ตั้งจิดตั้งใจ[taŋ⁴ tsit⁷ taŋ⁴ tsai¹'];ตั้งใจ[taŋ⁴ tsai¹'];ตั้งขนัง[taŋ⁴ na:³];ตั้งขนังตั้งตา[taŋ⁴ na:

❶ 阿含 shao A1  掸 shăŭ A1  勐 săŭ A1

taŋ⁴ta:¹];ตั้งอกตั้งใจ[taŋ⁴ʔok⁷taŋ⁴tsai¹];พยุง[phi:an²];มีใจ[mi:²tsai¹];เอาใจใส่[ʔau¹tsai¹¹sai⁵];จริงใจ[tsoŋ¹¹tsai¹];เตื้อง[tɯ:aŋ⁴] 岱-侬 lồng slim[loŋ³ łim¹];cồm hua[kom³ huɐ¹];pắc hua[pak⁷ huɐ¹] 越泰 chọng xắc[tɕɔŋ³ sak⁷];chọng[tsɔŋ³];xâu chau[sau³ tsau¹] 越 chuyên tâm[tswi:n¹ tɤm¹];tập trung tinh thần[tɤp⁸ tsuŋ¹ tiŋ¹ thɤn²];chuyên chú [tswi:n¹ tsu⁵];dốc lòng[zok⁷ lɔŋ³];chăm chỉ[tsam¹ tsi³] 芒 chăm chí[tsam¹ tsi⁵]

【砖】 泰 อิฐ[ʔit⁷];เศษอิฐ[se:t⁹ʔit⁷] 老 ฮิด[ʔit⁷];ດິນຮິດ[ʔin²ʔit⁷];ກ້ອນດິນຈີ່[kɔ:n⁴ ʔin¹ tsi:⁵];ດິນຈີ່[ʔin¹¹ tsi:⁵];ຫີມດິນຈີ່[hi:m¹ ʔin¹ tsi:⁵];ດິນກີ່[ʔin¹ ki:⁵] 岱-侬 kich[kik⁷] 越泰 ngạch[ŋek⁸] 越 gạch [ɣat⁸];hòn gạch[hɔn² ɣat⁸] 芒 hòn gạch[hɔn² ɣat⁸]

【砖房】 泰 บ้านอิฐ[ʔba:n³ʔit⁷] 老 ກະຕືບ[ka²tɯp⁷];ເຮືອນດິນຈີ່[hɯ:an²ʔin¹ tsi:⁵];ຕຶກ[tuk⁷] 岱-侬 rườn kích[rɯ:n² kik⁷] 越 nhà gạch[ɲa² ɣat⁸];nhà xây[ɲa² sɤi¹]

【砖窑】 泰 เตาเผาอิฐ[tau²phau²ʔit⁷] 老 ເຕົາເຜົາດິນຈີ່[tau¹¹ phau¹ ʔin¹ tsi:⁵];ເຕົາດິນຈີ່[tau¹ ʔin¹ tsi:⁵] 岱-侬 lò kich[lɔ³ kik⁷] 越 lò gạch[lɔ² ɣat⁸] 芒 lò gạch[lɔ² ɣat⁸]

【转动 车轮~】 泰 หมุนรอบ[mun¹ rɔ:p¹⁰] 老 ເບື້ອງປິ່ນ[pɯ:aŋ⁴ pin⁵];ປິ່ນ[pin⁵];ຂັບ[phan²];ພິນ[phin⁵] 岱-侬 pắn[pan⁵] 越 quay[kwai¹];xoay[swai¹];chuyển động[tswi:n³ ʔoŋ⁶];động đậy[ʔoŋ⁶ ʔɤi⁶]

【转告】 泰 ฝากบอก[fa:k⁹ʔbɔ:k⁹] 老 ຝາກບອກ[fa:k⁹ ʔbɔ:k⁹] 越 chuyển lời đến[tswi:n³ lɤ:i² ʔen]

【转卖】 泰 ขายต่อ[kha:i¹ tɔ:¹] 老 ຂາຍຕໍ່[kha:i¹tɔ:¹] 越 bán lại[ʔba:n⁵ la:i⁶] 芒 païnh lãi[pa:ɲ¹ la:i⁴]

【转身】 泰 หันตัว[han¹ tu:a²] 老 ຫັນຕົວ[han¹ tu:a¹];ຫັນໜ້າ[han¹ na:³] 越 quay mình[kwai¹ miɲ⁴]

【转弯】 泰 เลี้ยว[li:au⁴] 老 ລ້ຽວ[li:au⁴] 越 rẽ [zɛ⁴];quặt[kwat⁸];ngoặt[ŋwat⁸]

【转学】 泰 เปลี่ยนโรงเรียน[pli:an⁵ro:ŋ²ri:an²] 老 ຍ້າຍໂຮງຮຽນ[na:i⁴ ho:ŋ² hi:an²] 越 chuyển học[tswi:n³ hok⁸];chuyển trường[tswi:n³ tʂɯ:ŋ²]

【转移】 泰 เลื่อนย้าย[lɯ:an³ja:i⁴] 老 ຫັນຍ້າຍ[han¹ na:i⁴];ຫັນເຫ[han¹ he:] 越 di chuyển[zi¹ tswi:n³];chuyển di[tswi:n³zi¹];đổi[ʔoi³];đổi chỗ[ʔoi³ tso⁴];xê dịch[se¹ zit⁸];xê xích[se¹ sit⁷];dịch[zit⁸]

【转椅】 泰 เก้าอี้หมุน[kau³ ʔi:³ mun¹] 老 ເກົ້າອີ້ໝຸນ[kau⁴ ʔi:⁴ mu:n¹] 越 ghế dựa xoay tròn[ɣe⁵ zɯɐ⁶ swai¹ tʂɔn²]

【赚钱】 泰 หาเงิน[ha:¹ ŋɤ:n²] 老 ຫາເງິນ[ha:¹ ŋən²] 岱-侬 choản[tɕwa:n³] 越 kiếm tiền[kiem⁵ ti:n²];kiếm sống[ki:m⁵ ʂoŋ⁵]

【装~货❶】 泰 ใส่[sai⁵] 老 ບັນຈຸ[ʔban¹ tsu²];ບັນທຸກ[ʔban¹¹thuk⁸] 岱-侬 to[tɔ¹];slù[łu³] 越泰 to[tɔ¹] 越 xếp[sep⁷] 芒 xếp[sep⁷]

【装~死】 泰 แสร้ง[sɛ:ŋ³] 老 ຕີ[ti⁵];ຕີຕາງ[ti²taŋ¹];ຕາງຕີ[ta:ŋ¹ti²];ຕີເຮັດ[ti²het⁸];ຕີທະແຫຼງ[ti²tha⁵lɛ:ŋ¹] 越 giả[za³]

【装模作样】 泰 ปั้นเจ๋อ[pan³ tsɤ:¹];ปั้นจิ้มปั้นเจ๋อ[pan³tsim³pan³tsɤ:¹];กระแด๊แร่[kra⁵ʔdɛ:³rɛ:³];กระแด๊[kra⁵ʔdɛ:³];ดัดจริต[ʔdat⁷tsa⁴rit⁷];ทำท่า[tham² tha:³] 老 ດັດຈະຫຼິດ[ʔdat⁷tsa¹lit⁷];ວາງທ່າ[va:ŋ²tha:⁵] 岱-侬 hết slướng[het⁸łɯ:ŋ⁵];khển[khen⁵] 越泰 tăm nét[tam² net⁷] 越 giả bộ[za³ʔbo⁶];làm bộ làm tịch[la:m² ʔbo⁶ la:m² tit⁸];làm ra vẻ[la:m² za¹ vɛ³];làm hình làm dáng[la:m² hiɲ² la:m² za:ŋ⁵]

【装傻】 泰 ตีหน้าเซ่อ[ti:²na:³sɤ:³];ตีหน้าตาย[ti:²na:² ta:i²] 岱-侬 chả looc[tɕa³lo:k⁷] 越泰 khảnh và lạ[khɛŋ³va⁴la⁵];piện[pi:n⁴] 越 làm thinh[la:m² hiɲ¹]

【庄家】 泰 เจ้ามือบ่อนการพนัน[tsau³ mɯ:² ʔbɔ:n⁵

---

❶ 石家 cɔɔ²; cɔɔ⁶

ka:n² pha⁴nan²];老เจ้⁴มี[tsau⁴muɯ:²];เจ้⁴โท้[tsau⁴ tho:⁵];ห้อเบ้ย[hu:a¹ ʔbi:a⁴];ห้อโบก[hu:a¹ ʔbo:k⁹] 越nhà cái[n̪a² ka:i⁵];làm cái[la:m² ka:i⁵]

【庄稼】 泰ธัญพืช[than²phɯ:t¹⁰] 老ติ้บพิดพัน[ton⁴phɯ:t¹⁰phan²];เถื่องปูกຂອງผัง[khɯ:aŋ⁵ pu:k⁹khɔ:ŋ¹faŋ¹];ติบละปูก[phon¹la⁵pu:k⁹] 岱-侬khoong bôc[khɔ:ŋ¹ʔbok⁷] 越泰phước mắn[phɯ:k⁷ man²] 普piơ¹ hu⁴pie¹hu⁴] 越mùa màng[muə² ma:ŋ²];lúa má[luə⁵ma⁵];hoa màu[hwa² mau²] 芒lõ mã[lɔ⁵ ma⁴]

【桩子】 泰เสาเข็ม[sau¹ khem¹] 老ຫຼັກ[lak⁷];ไม้ຫຼັກ[mai⁴lak⁷];ຫຼັກຂະພັນ[lak⁷kha²nan¹] 岱-侬lăc[lak⁷];toòng[tɔ:ŋ³] 越泰đắc[ʔdak⁷] 普tung⁴[tuŋ⁴] 越cái cọc[ka:i⁵ kɔk⁸];cọc[kɔk⁸] 芒coc[kɔk⁸]

【撞】 泰ชน[tshon²] 老ຂວ[su:n²];ຂົນ[son²];ตำ[tam¹];กะแทก[ka²thɛ:k¹⁰];กะทิบ[ka²thop⁸];กะทิบกะท้ง[ka²thop⁸ka²thaŋ⁵] 岱-侬tăm[tam¹] 越泰tăm[tam¹];dơm[jəm¹] 普lăj³ rhăj³[lai³ rai³] 越đâm[ʔdɤm¹] 芒tâm[tɤm¹]

【撞 牛对~】 泰ชน[tshon²] 老ตำ[tam¹];ຂົນ[son²] 岱-侬tăm[tam¹];fặt[fat⁸] 越泰xèo[sɛu⁶] 普laj³ thong³[lai² thoŋ³] 越húc[huk⁷] 芒bách[ʔbat⁷] chōng[tsoŋ²]

【撞针 枪的~】 泰เข็มชนวน[khem¹ tsha⁴ nu:an²] 老เข็มสับแກັບ[khem¹sap⁷kɛp⁷] 越kim hỏa[kim¹ hwa³];kim wá[kim¹ wa⁵]

【幢 一~房子】 泰หลัง[laŋ¹] 老โรง[ho:ŋ²] ຫຼັງ[laŋ²] 岱-侬toà[twa²];ngôi[ŋoi¹];nóc[nɔk⁵]

【壮 身体很~】 泰แข็งแรง[khɛŋ¹rɛ:ŋ²] 老แຂງແຮງ[khɛ:ŋ¹ rɛ:ŋ²] 普ʔ ăn¹ riơng⁴[ʔan¹ ri:ŋ⁴] 越khỏe[xwɛ³];mạnh[man̪⁶] 芒khoé[khwɛ⁵]

【追❶】 泰ไล่ตาม[lai³ta:m²] 老ນຳ[nam²];ไล่[lai⁵]

【追捕】 泰ตามจับ[ta:m²tsap⁷] 老ไล่จับ[lai⁵tsap⁷] 越đuổi bắt[ʔdu:i³ʔbat⁷];lùng bắt[luŋ²ʔbat⁷];truy nã[tʂwi¹ na⁴]

【追肥】 泰ปุ๋ยเพิ่ม[pui¹phə:m³] 老ຟຸ່ນເລັ່ງ[fun⁵leŋ⁵] 越bón thúc[ʔbɔn⁵ thuk⁷];bón phân[ʔbɔn⁵ fɤn¹]

【追击】 泰ไล่ตามโลมตี[lai³ta:m²lo:m²ti:²] 老ไล่จิ้ม[lai⁵ tsim⁴] 越rượt đuổi[zɯ:t⁸ ʔdu:i³];truy kích[tʂwi¹ kit̪⁷]

【追踪】 泰สะกดรอย[sa⁵ kot⁷ rɔ:i²] 老ไล่ตาม[lai ta:m¹] 越theo dõi[thɛu¹ zɔi⁴];đuổi theo vết chân[ʔdu:i³ thɛu¹ vet⁷ tsɤn¹];theo vết[thɛu¹ vet⁷]

【锥子❷】 泰เหล็กหมาด[lek⁷ ma:t⁹];จึ้ง[tsuŋ³] 老ເຫຼັກຊິ[lek⁷ si:²];ເຫຼັກໝາດ[lek⁷ ma:t⁹] 岱-侬mạc tem lảo[ma:k⁸ tɛm¹ la:u³];mạc nhị[ma:k⁸ n̪i⁴] 越泰mạk chī[ma:k⁸ tsi²] 越dùi[zui²];cái dùi[ka:i⁵ zui²] 芒cải tênh[ka:i³ ten̪⁴]

【准备】 泰ตระเตรียม[tra⁵ tri:am²] 老จัด[tsat⁷];กຽມ[ki:am¹];จัดกຽม[tsat⁷ ki:am¹];ดาຫ້ວງ[ʔda:¹¹ ha:ŋ³];เถิดา ติ๊มแต่ง[ʔdau¹¹ ʔda:¹¹ tok⁷ tɛ:ŋ⁵];ดาดิติมแต่ง[ʔda:¹¹ ʔdi:¹¹ tok⁷ tɛ:ŋ⁵];เถิด[ʔdau¹];ຕຽມ[ti:am¹];ຕຽມตือ[ti:am¹ tu:a¹];ຕຽມโต[ti:am¹ to:¹];ห้วง[ha:ŋ³];แฮ[hɛ:¹];กะຕຽມ[ka² ki:am¹];กะຕຽມห้วงขา[ka² ki:am¹¹ ha:ŋ³ ha:¹] 岱-侬tả piền[ta³ pi:n³] 越泰khăn khāng[khan⁴ kha:ŋ²] 越chuẩn bị[tswɤn⁴ ʔbi⁶];sẵn sàng[ʂan⁴ ʂa:ŋ²];sửa soạn[ʂɯə³ ʂwa:n⁶];sắp sẵn[ʂap⁷ʂan⁴];dự định[zɯ⁶ʔdin̪⁶];sắm sửa[ʂam⁵ ʂɯə³];sắm[ʂam⁵];sẵn[ʂan⁴] 芒ténh[ten̪⁵];khắm khứa[kham³ khwə³];khắn kháng[khan² kha:ŋ²];khắm[kham²];khắn[khan⁴];hắp[hap⁷]

【捉~鸡❸】 泰จับ[tsap⁷] 老จับ[tsap⁷] 岱-侬

---

❶ 泐 khăp D1S
❷ 掸 mat D1L   泐 mat D1L
❸ 石家 cap⁴   掸 kăp D2S

thư[thɯ¹];păt[pat⁷];cặp[kap⁸] 越泰 păt[pat⁷]; nhảo[ɲa:u³] 普 năng²[naŋ²] 越 bắt[ʔbat⁷] 芒 păt[pat⁷]

【捉迷藏】 泰 เอาเถิด[ʔau⁴thɤ:t⁹] 老 ปิด ตาง่อมหา [pit⁷ ta:¹' sɔ:n⁵ ha:¹] 越 trò chơi bịt mắt bắt dê[tʂɔ² tsɤ:i¹ ʔbit⁸ mat⁷ ʔbat⁷ ze¹];chơi ú tim[tsɤ:i¹ ʔu⁵ tim¹]

【捉拿】 泰 จับคุม[tsap⁷ khum²] 老 จับทุม[tsap¹ kum¹'] 越 tróc nã[tʂɔk⁷ na⁴];lùng bắt[luŋ² ʔbat⁷]

【捉弄】 泰 เย้าแหย่[jau⁴jɛ:⁵] 老 กี้นส้อย[li:n³sɔ:i³] 岱-侬 loòng[lɔ:ŋ²];phuối pì[phu:i⁵ pi²];phuối puồng [phu:i⁵ pu:ŋ²] 越泰 pák xỏ[pa:k⁷ sɔ³];xỏ[sɔ³] 越 bịp[ʔbip⁸];lòe[lwɛ²];lừa[lɯa²];dối[zoi⁵]

【捉鱼笼】 泰 ไซ[sai²];เข่ง[khe:ŋ⁵];ข้อง[khɔ:ŋ³] 老 ข้อง[khɔ:ŋ³];ตุ้ม[tum⁴] 越泰 xây[sai²] 普 zhong³ long³ ʔjaw³ pjaw³[zɔŋ³ lɔŋ¹ ʔja:u³ pja:u³] 越 đơm[ʔdɤ:m¹]

【桌布】 泰 ผ้าปูโต๊ะ[pha:³pu:²to⁴] 老 ผ้าปูโตะ [pha:³pu:¹'to²];แพปูโตะ[phɛ:²pu:¹'to²] 越 khăn trải bàn[xan¹ tsa:i³ ʔba:n²];khăn bàn[xan¹ ʔba:n²]

【桌面】 泰 หน้าโต๊ะ[na:³ to⁴];ด้านบนของ โต๊ะ[ʔda:n³ ʔbon² khɔ:n¹ to⁴] 老 หน้าโตะ[na:³ to²] 越 mặt bàn[mat⁸ ʔba:n²]

【桌子】 泰 โต๊ะ[to⁴] 老 โตะ[to²];โต๊ะ[to⁴] 岱-侬 choòng[tɕɔ:ŋ²];ăn choòng[ʔan¹ tɕɔ:ŋ²];bàn[ʔba:n²] 越泰 pān[pa:n²] 普 cyung⁴[tsyuŋ⁴] 越 bàn [ʔba:n²];cái bàn[ka:i⁵ ʔba:n²] 芒 pàn[pa:n²]

【啄】 泰 จิก[tsik⁷] 老 ตอด[tɔ:t⁹];สาป[sa:p⁷];สัก [sak¹];จิก[tsik²] 岱-侬 tot[tɔt⁷];thuôt[thu:t⁷] 越泰 tót[tɔt⁷] 越 mổ[mo³]

【啄木鸟】 泰 นกหัวขวาน[nok⁸hu:a¹khwa:n¹] 老 มิกทิวฮวาน[nok⁸hu:a¹khwa:n¹];มิกทอบฮวาน [nok⁸ hɔ:n¹ khwa:n¹];มิกไฮ่[nok⁸ sai⁵];มิกสะไกล [nok⁸ sa² lai⁵];มิกทะไบ[nok⁸ ka² nai⁵];มิกสับโทม

[nok⁸ sap⁷ kɔ:n¹];มิกลางเถิด[nok⁸ la:ŋ¹ khet⁸] 岱-侬 nộc tooc khon[nok⁸ tɔ:k⁷ khɔn¹];nộc tọt khɔn[nok⁸tɔt⁷khɔn¹] 越泰 nộcthlốc[nok⁸th-lok⁷] 越 chim gõ kiến[tsim¹ɣɔ⁴ ki:n⁵];chim mổ kiên [tsim¹mo³ki:n⁵];chim vẽ bùa[tsim¹vɛ⁴ʔbuə²]; chim gõ mõ[tsim¹ ɣɔ⁴ mɔ⁴] 芒 chim có kiến[tsim¹ kɔ⁵ ki:n³]

【镯子】 泰 กำไล[kam² lai²] 老 ก๊อง[kɔ:ŋ¹'];ก้อง [kɔ:ŋ⁴];กำไล[kam¹' lai²] 越 vòng tay[vɔŋ² tai ]; vèng đeo tay[vɔŋ² ʔdɛu¹ tai¹] 芒 cài tlăm[ka:i³ tlam²]

【资本家】 泰 นายทุน[na:i² thun²] 老 เจ้าทึม[tsau⁴ thun²];เจ้าทึมเสดถี[tsau⁴ thun² se:t⁹ thi:¹];นายทึม [na:i² thɯn²] 越 nhà tư bản[ɲa² tɯ¹ ʔba:n³];tư sản[tɯ¹ ʂan³] 芒 nhà tư xán[ɲa² tɯ¹ sa:n⁵]

【资金】 泰 เงินทุน[ŋə:n² thun²] 老 ทึม[thun²];ทุ [tʰun²];เงิมทึม[ŋɤn²thun²];ทึมฮับ[thun²sap³]; ทึมธอม[thun²hɔ:n²] 越 vốn[von⁵];vốn liếng [von⁵ li:ŋ⁵];quỹ[kwi⁴];tiền[ti:n²];tiền vốn[ti:n² von⁵]

【紫】 泰 ม่วง[mu:aŋ³] 老 มูม[mu:m²] 岱-侬 cằm [kam²] 越泰 păng[paŋ¹] 普 hum¹[hum¹] 越 tía [tiə⁵];tím[tim⁵] 芒 thia[thiə³]

【紫色】 泰 สีม่วง[si:¹mu:aŋ³] 老 สีม่อง[si:¹'mu:aŋ⁵]; สีอิด[si:¹'ʔit⁷] 越 màu tím[mau²tim⁵] 芒 màu thia [mau² thiə³]

【紫苏】 老 ใบแมงแดง[ʔbai¹'mɛ:ŋ²khɛ:ŋ²] 岱-侬 fẩn cưa[fan² kɯa¹] 越泰 hom tô[hɔm¹ to¹] 越 tía tô[tiə⁵ to¹];rau tía tô[ʐau¹ tiə⁵ to¹];cây tía tô[kɤi¹ tiə⁵ to¹] 芒 pà ha[pa² ha¹]

【紫檀】 泰 ไม้จันทน์แดง[mai⁴tsan²ʔdɛ:ŋ²] 老 ลัดตะจับ[lat¹' ta:² tsan¹'] 越 cây tử đàn[kɤi¹ tɯ:¹ ʔda:n²]

【紫药水】 泰 ยาฆ่าเชื้อแบคทีเรียสีม่วง[ja:² kha:³ tshɯ:a⁴ ʔbɛ:k⁹ thi:² ri:a² si:¹ mu:aŋ³] 老 ยาอิด[ja:¹ ʔit⁷] 越 thuốc tím[thu:k⁷ tim⁵]

## 【子弹❶】
泰 ลูกปืน[lu:k¹⁰pɯ:n²];กระสุน[kra⁵sun¹];กระสุนปืน[kra⁵sun¹pɯ:n²];ลูกกระสุนปืน[lu:k¹⁰kra⁵sun¹pɯ:n²] 老 ລູກປືນ[lu:k¹⁰pɯ:n¹];ກະສຸບ[ka²sun¹];ລູກກະສຸບ[lu:k¹⁰ka²sun¹];ລູກກະສຸບປືນ[lu:k¹⁰ka²sun¹ pɯ:n¹];ກະສຸບປືນ[ka²sun¹ pɯ:n¹] 岱-侬 đạn[ʔda:n⁴] 越泰 đạn[ʔda:n⁴] 普 qamjak¹ kaj¹ [qa⁰mja:k²ka:i¹];mjak² kaj¹[mja:k⁵ka:i¹] 越 đạn[ʔda:n¹];viênđạn[vi:n¹ʔda:n¹];hòndạn[hɔn²da:n⁶] 芒 tãn[ta:n¹];hòn tãn[hɔn⁴ ta:n⁴]

## 【子宫】
泰 มดลูก[mot⁸lu:k¹⁰] 老 ມົດລູກ[mot⁸lu:k¹⁰];ฟົກลูก[phok⁸ lu:k¹⁰];ໂยมึ[ɲo:⁴ ni:²] 岱-侬 toong lục[tɔ:ŋ⁴luk⁸];ruồng lục[ru:ŋ²luk⁸] 越泰 vák[va:k⁸] 普 baw³ Vaj³[bau³βa:i³] 越 dạ con[za⁶kɔn¹];tử cung[tɯ³ kuŋ¹]

## 【子宫癌】
泰 มะเร็งในมดลูก[ma⁴ reŋ² nai² mot⁸ lu:k¹⁰];โรคมะเร็งในมดลูก[ro:k¹⁰ ma⁴ reŋ² nai² mot⁸ lu:k¹⁰] 老 ໂລກມະເຮັງໃນມົດລູກ[lo:k¹⁰ ma⁵ heŋ² nai² mot⁸ lu:k¹⁰] 越 ung thư tử cung[ʔuŋ¹ thɯ¹ tɯ³ kuŋ¹]

## 【子孙】
泰 ลูกหลาน[lu:k¹⁰la:n¹] 老 ລູກຫລານ[lu:k¹⁰ la:n¹] 越 con cháu[kɔn¹ tsau⁵]

## 【自从❷】
泰 ตั้งแต่[taŋ³ tɛ:⁵] 老 ຕັ້ງແຕ່[taŋ² tɛ:⁵] 越 từ[tɯ²]

## 【自己】
泰 ตัวข้าพเจ้าเอง[tu:a² kha:³ pha⁴ tsau³ ʔe:ŋ²];ตัวเอง[tu:a² ʔe:ŋ²];เจ้าตัว[tsau³ tu:a²];ตน[ton²];เอง[ʔe:ŋ²] 老 ຫາກ[ha:k⁹];ສະພະ[sa² ka²];ຕົວ[tu:a¹];ໂຕ[to:¹];ໂຕເອງ[to:¹ ʔe:ŋ¹];ຕົວເອງ[tu:a¹ ʔe:ŋ²];ຕື່ນເອງ[ton¹];ຕື່ນເອງ[ton¹ ʔe:ŋ¹];ເອງ[ʔe:ŋ¹];ຫັດຕາ[ʔat ta:¹] 越 tự[tɯ⁶];tự mình[tɯ⁶ min²];tự kỷ[tɯ⁶ ki³];bản thân[ʔba:n³ thɤn¹];chính mình[tsin⁵ min²];một mình[mot⁸ min²];mình[min²];đích thân[ʔdit thɤn¹] 芒 tũ[tɯ⁴];miềnh[mi:n²]

## 【自己人】
泰 คนกันเอง[khon²kan²ʔe:ŋ²] 老 ถีบกับเอง[khon² kan² ʔe:ŋ¹] 岱-侬 cần ruờn[kən² rɯ:n²] 越 người mình[ŋɯ:i² min²];người của mình[ŋɯ:i² kua³ min²];người nhà với nhau[ŋɯ:i² na² vɤ:i⁵ ɲau¹]

## 【自夸】
泰 โอ้อวดตนเอง[ʔo:³ ʔu:at⁹ ton² ʔe:ŋ²] 老 ຍົກຕົວເອງ[ɲok⁴ tu:a¹ ʔe:ŋ²];ອ່າງຕົວ[ʔa:ŋ¹ tu:a¹];ປະຫວອງ[pa²hɔ:ŋ¹];ลົมລ່ວງໂຄງ[lom²lu:aŋ⁵kho:k¹⁰];ເວົ້າອ່າງ[vau⁴ ʔɔŋ⁵];ໂອ້ອວດ[ʔo:⁴ ʔu:at⁹];ອ່າງອວດ[ʔa:ŋ⁴ ʔu:at⁹];ຂະເຫີ[ka² hɤ:⁵];ກັດທີ[kat² thi:¹] 越泰 àng máu[ʔa:ŋ³ mau⁵] 越 tự khoa[tɯ⁶ xwa¹];tự khoe[tɯ⁶ xwɛ¹];khoe khoang[xwɛ¹ xwa:ŋ¹];tự khoe khoang[tɯ⁶ xwɛ¹ xwa:ŋ¹];tự tâng bốc mình[tɯ⁶ tɤŋ¹ ʔbok⁷ min²]

## 【自来水】
泰 น้ำประปา[nam⁴ pra⁵ pa:²] 老 ນ້ຳປະປາ[nam² pa² pa:²];ນ້ຳກ້ອກ[nam⁴ kɔk⁷] 越 nước máy[nɯ:k⁷ mai⁵]

## 【自杀】
泰 คิดสั้น[khit⁸ san³];ฆ่าตัวตาย[kha:³ tu:a² ta:i²] 老 ຄ່າໂຕຕາຍ[kha:² to:¹' ta:i¹'];ຂ້າຕົວເອງ[kha:³tu:a¹²ʔe:ŋ¹];ຂ້າໂຕຕາຍ[kha:³to:¹'ta:i¹'];ອາຕະມະຄາດ[ʔa:¹' ta² ma⁵ kha:t¹⁰];ຫັດຕະວິບົງຄ່າກຳ[ʔat⁷ ta¹ vi⁵ ni⁵ ʔba:t⁹ kam¹];ຫັດຕະວິບົງຄ່າ[ʔat² ta² vi⁵ ni⁵ ʔba:t⁹] 越泰 pay tai[pai¹ ta:i¹] 越 tự sát[tɯ⁶ ʂa:t⁷];tự tử[tɯ⁶ tɯ³]

## 【自首】
泰 มอบตัว[mɔ:p¹⁰ tu:a²] 老 ມອບໂຕ[mɔ:p¹⁰ tu:a¹'];ໄຂຄວາມລັບ[khai¹ khwa:m² lap⁸];ຍອມຮັບສາລະພາບ[ɲɔ:m² hap⁸ sa:¹ la⁵ pha:p¹⁰] 越 tự thú[tɯ⁶ thu⁵];thú tội[thu⁵ toi⁶];đầu thú[ʔdʐu⁶ thu⁵];nộp mình[nop⁸ min²];nộp thân[nop⁸ thɤn¹] 芒 nôp thân[nop⁸ thɤn¹];đầu thủ[ʔdʐu² thu³]

## 【自卫】
泰 ป้องกันตัว[pɔ:ŋ³kan²tu:a²] 老 ປ້ອງກັນຕົວ[pɔ:ŋ⁴ kan² tu:a¹] 岱-侬 chực thân[tɕɯk⁸ thən¹];chực đang[tɕɯk⁸ ʔda:ŋ¹] 越泰 phảng mò[pha:ŋ³ mɔ⁶] 越 tự vệ[tɯ⁶ ve⁶];giữ

---
❶ 拉哈 lan¹
❷ 石家 tɤɤ²

mình[zɯ⁴ min²]　芒dữ miềnh[zɯ⁴ mi:n²]

【自我介绍】泰แนะนำตัวเอง[nɛ⁴ nam² tu:a² ʔe:ŋ²]　老แบะบำຕົວເອງ[nɛ⁵ nam² tu:a¹ ʔe:ŋ¹]　越tự giới thiệu[tɯ⁶ zɤ:i⁵ thi:u⁶]

【自习】泰เรียนเอง[ri:an² ʔe:ŋ²]　老ຮຽນເອງ[hi:an² ʔe:ŋ²]　越tự học[tɯ⁶ hɔk⁸];tự ôn tập[tɯ⁶ ʔon¹ tɤp⁸]

【自行车】泰รถจักรยาน[rot⁸ tsak⁷ kra⁵ ja:n²];จักรยาน[tsak⁷ kra⁵ ja:n²];รถถีบ[rot⁸ thi:p¹⁰];สองล้อ[sɔ:ŋ¹ lɔ²]　老ລົດຍົບ[lot⁸ ji:ap⁹];ລົດຖີບ[lot⁸ thi:p⁹];จักຮะຍານ[tsak⁷ ka²na:n²]　岱-侬xe đạp[ɛɛ¹ ʔda:p⁸]　越泰xe quẳng[sɛ¹ kwaŋ²]　侬xe đạp[sɛ¹ ʔda:p⁸]　芒xe tap[sɛ¹ ta:p⁸]

【自学】泰เรียนเอง[ri:an² ʔe:ŋ²]　老ຮຽນດ້ວຍຕົວເອງ[hi:an² ʔdu:ai⁴ tu:a¹ ʔe:ŋ¹]　越tự học[tɯ⁶ hɔk⁸]

【字】泰ตัวหนังสือ[tu:a² naŋ² sɯ:¹];หนังสือ[naŋ² sɯ:¹]　老ໜັງສື[naŋ¹ sɯ:¹];ຕົວຫັນສື[tu:a¹ˈ naŋ² sɯ:¹];ตົວອักสอน[tu:a¹ˈ ʔak⁷ sɔ:n¹];อัมบะ[van² na⁵];อักฆะฒะ[ʔak⁷ kha² la²];อักสอน[ʔak⁷ sɔ:n¹]　岱-侬chữ[tɕɯ³];slư[łɯ¹]　越泰xư[sɯ:¹]　越chữ[tsɯ²]　芒chữ[tsɯ¹]

【字典】泰ดิกชันนารี[ʔdik⁷ tshan² na:² ri:²]　老ອັກຂະລາບູຂົມ[ʔak⁷ kha² la:² nu⁵ kom¹];พິดจะบุขม[phot⁸ tsa² na:² nu⁵ kom¹];อัดจะบุขม[vat⁸ tsa² na:² nu⁵ kom¹]　越tự điển[tɯ⁶ ʔdi:n³]

【字号】商店的名称 泰ยี่ห้อ[ji:³ hɔ:¹]　老ยี่ฮ้อ[ɲi:¹ hɔ:¹]　越tên cửa hiệu[ten¹ kɯɤ³ hi:u⁶];tên hãng buôn[ten¹ ha:ŋ⁴ ʔbu:n¹]

【宗教】泰ศาสนา[sa:t⁷ sa⁵ na:¹]　越tôn giáo[ton¹ za:u⁵]　芒tôn dảo[ton¹ za:u³]

【宗族】泰ก๋ำพืด[kam² phɯ:t¹⁰];กุล[kun²];กุล/กุละ[kun² la¹];ว่านเครือ[wa:n³ khrɯ:a¹];สกุล[sa⁵ kun²];ตระกูล[tra⁵ ku:n²];เหล่ากอ[lau⁵ kɔ:²];เทือกเถาเหล่ากอ[thɯ:ak¹⁰ thau⁵ lau⁵ kɔ:²]　老โคตะ[khɔ:² ta²];เถือ[khɯ:a²];โคด[khɔ:t¹⁰];โคดอื่ง[khɔ:t¹⁰ voŋ²];สายกะฎุบ[sa:i¹ ta² ku:n¹];ตะฎุบ[ta² ku:n¹];กะฎุบ[ka² ku:n¹];กะกุน[ka² kun¹];ฆุม[sum²];อึ้งสา[voŋ² sa:¹]　岱-侬tó họ[tɔ⁵ hɔ⁶];tó mú[tɔ⁵ mu⁵]　起泰vả[va³];họ nẽo[hɔ⁶ nɛu²]　越tôn tộc[ton¹ tok⁸];họ hàng[hɔ⁶ ha:ŋ²]　芒tôn tôc[ton¹ tok⁵]

【棕榈树】泰ต้นปาล์ม[ton³ pa:m²]　老ตีบมะຄໍ[ton⁴ ma:k⁹ khɔ:⁴]　岱-侬co liềng[kɔ¹ li:ŋ²]　越泰co tao[kɔ¹ ta:u¹]　越cây cọ[kɤi¹ kɔ⁶];cây gồi[kɤi¹ ɣoi²]

【棕榈油】泰น้ำมันปาร์ม[nam⁴ man² pa:m²]　老น้ำมันมะຄໍ[nam⁴ man² ma:k⁹ khɔ:⁴]　越dầu cọ[zɤu² kɔ⁶]

【棕色】泰สีน้ำตาล[si:¹ nam⁴ ta:n²]　老สีบ้ำตาบ[si:¹ nam⁴ ta:n²];สีมะกะเบิ[si:¹ ma:k⁹ ka² ʔbau⁻]　岱-侬đâu[ʔdəu¹]　越泰đanh bau[ʔdeŋ¹ ʔbau¹]　晋dăm njang¹[dam¹ nja:ŋ¹];lămnjang¹[lam¹ njaŋ¹]　越nâu[nɤu¹];màu nâu[mau² nɤu¹]　芒u[nu¹];màu nu[mau² nu¹]

【鬃毛】泰ขนแผง[khon¹ phɛ:ŋ²]　老แผง[phɛ:ŋ²];แผงคอ[phɛ:ŋ¹ khɔ:²];แผง[fɛ:ŋ¹]　越lông bờm[loŋ¹ ʔɤ:m²]

【总共】泰รวมทั้งหมด[ru:am² thaŋ⁴ mot⁷];รวมยอด[ru:am² jɔ:t¹⁰]　老สิ่มลอม[som¹ lu:am²];ทั้งมวน[thaŋ² mu:an²];ทั้งหมด[thaŋ² mot¹];ลอมทั้งหมด[lu:am² thaŋ² mot⁵];หมดทั้งຍາດ[mot⁷ thaŋ² sa:t¹⁰];เบิดสิด[ʔbet⁷ set⁷]　岱-侬láo lúng[la:u⁵ luŋ⁵]　越泰huồm[hu:m²]　越tổng cộng[toŋ³ koŋ⁶];cả thảy[ka³ thai³];tất cả[tɤt⁷ ka³]　芒tổng cổng[toŋ⁵ koŋ⁴];cá tháy[ka⁵ thai⁵]

【总是❶】泰มักจะ[mak⁸ tsa⁵]　老เลื้อย[lɯ:ai⁴];เลื้อยๆ[lɯ:ai⁴ lɯ:ai⁴];มัก[mak⁸];ลอด[lu:at¹⁰]

---

❶ 阿含 ku-mü ku -bañ

【粽子】 泰จ้าง[tsa:ŋ³];บะจ่าง[ʔba⁵ tsa:ŋ⁵];ขนมจ้าง[kha⁵ nom³ tsa:ŋ³] 老เข้าต้ม[khau³ tom⁴] 岱-侬 pêng ben[peŋ³ ʔben¹];pêng hó[peŋ³ hɔ⁵];pêng tooc[peŋ³ tɔ:k⁷] 越bánh chưng[ʔban⁵ tsɯŋ¹] 芒pênh châng[peŋ³ tsɤŋ¹]

【走往前~❶】 泰เดิน[ʔdə:n²] 老เดิน[ʔdə:n¹];ผ้าย[pha:i³] 岱-侬phjài[phja:i³] 越泰pay[pai¹] 越đi[ʔdi¹] 芒ti[ti¹]

【走钢丝】 泰เหยียบเส้นลวด[ji:ap⁹ se:n³ lu:at¹⁰] 老ไต่ลอด[tai⁵ lu:at¹⁰] 越đi dây thăng bằng[ʔdi¹ zɤi¹ thaŋ¹ ʔban²];biển diễn trên dây căng thăng[ʔbi:u³ zi:n⁴ tsen¹ zɤi¹ kaŋ¹ thaŋ¹]

【走火枪~】 泰กระสุนลั่น[kra⁵ sun⁵ lan³] 老ปืนลั่น[pɯ:n¹ lan³];ลักลั่น[lak⁸ lan⁵] 岱-侬mjào[mja:u³] 越cướp cò[kɯ:p⁷ kɔ²]

【走廊】 泰ระเบียง[ra⁴ ʔbi:aŋ²];ทางเดิน[tha:ŋ² ʔdə:n²] 老ละบูง[la⁵ ʔbi:aŋ¹] 越hành lang[han² la:ŋ¹] 芒hành lang[han² la:ŋ¹];penh nhà[peŋ¹ ɲa²]

【走私】 泰ค้าของเถื่อน[kha:⁴ khɔ:ŋ¹ thɯ:an⁵];ค้าของหนีภาษี[kha:⁴ khɔ:ŋ¹ ni:¹ pha:² si:¹] 老ลักลอย[lak⁸ lɔ:i²];ค้าของเถื่อน[kha:⁴ khɔ:ŋ¹ thɯ:an⁵];เถื่อน[thɯ:an⁵] 岱-侬lạu[lau⁴] 越buôn lậu[ʔbu:n¹ lɤu⁶] 芒puôn lu[pu:n¹ lɤu⁴]

【走味儿酒~】 泰เสียกลิ่น[si:a¹ klin⁵] 老เสยกิ่ม[si:a¹ kin⁵];เหียเหิ่น[hə:i³];ละเหียเหิ่น[la⁵ hə:i³];ละเหียกิ่ม[la⁵ hə:i¹ kin⁵] 岱-侬fi[fi¹];fíu[fiu⁵];ón[ʔɔn³] 越泰pháng ai[pha:ŋ⁵ ʔai¹] 越mất mùi[mɤt⁷ mui²];hả hơi[ha³ hɤ:i¹] 芒há hơi[ha⁵ hɤ:i¹]

【揍】 泰ตี[ti:²];ต่อย[tɔ:i⁵] 老ฟาด[fa:t¹⁰];โม[mo:ŋ¹] 岱-侬tấn[tən⁵] 越泰xáu[sau⁵];vọp[vɔp⁸];mùa[mu:a³];phọk[phɔk⁸] 越đánh[ʔdaɲ⁵];ục[ʔuk⁸] 芒uc[ʔuk⁸]

【租】 泰เช่า[tshau¹] 老เฆ่า[sau⁵];ให้เฆ่า[hai³ sau⁵];จ้าง[tsa:ŋ⁴] 岱-侬cho[tɕɔ¹] 越thuê[thwe¹] 芒thê[the¹];mãinh[ma:iɲ⁴]

【租户】 泰ผู้เช่า[phu:³ tshau³] 老ผู้เฆ่า[phu:³ sau⁵] 越người thuê[ŋɯ:i² thwe¹] 芒môl thê[mɔl⁴ the¹]

【租借】 泰เช่า[tshau³];ให้เช่า[hai³ tshau³] 老เฆ่า[sau⁵] 越thuê[thwe¹];cho thuê[tɕɔ¹ thwe¹] 芒thê[the¹]

【租金】 泰ค่าเช่า[kha:³ tshau³] 老ค่าเฆ่า[kha:⁵ sau⁵];ค่าจ้าง[kha:⁵ tsa:ŋ⁴] 越tiền thuê[ti:n² thwe¹] 芒tiền thê[ti:n² the¹]

【租约】 泰สัญญาเช่า[san¹ ja:² tshau³] 老สัญยาเฆ่า[san¹ ɲa:² sau⁵] 越khế ước thuê mướn[xe⁵ ɯ:k⁷ thwe¹ mɯ:n⁵]

【足球】 泰ฟุตบอล[fut⁸ ʔbɔ:n²];ลูกหนัง[lu:k¹⁰ naŋ¹] 老ฝุดบาม[fut⁸ ba:n¹];บามเตะ[ʔba:n¹ te²] 岱-侬bóng tản[ʔbɔŋ⁵ ta:n³] 越bóng đá[ʔbɔŋ⁵ ʔda⁵] 芒bòng tả[ʔbɔŋ³ ta³]

【足球场】 泰สนามฟุตบอล[sa⁵ na:m³ fut⁸ ʔbɔ:n²] 老เดิ่นกิลาบามเตะ[ʔdə:n⁵ ki¹ la:² ʔba:n¹ te²];เดิ่นเตะบาม[ʔdə:n⁵ te² ʔba:n¹] 越sân bóng đá[ʂɤn¹ ʔbɔŋ⁵ ʔda⁵]

【祖辈】 泰บรรพบุรุษ[ʔban² pha⁴² bu⁵ rut⁸] 老ปู่ย่าตาบาย[pu:⁵ ɲa:⁵ ta:¹ na:i²] 越tổ tiên[to⁵ ti:n¹];ông cha[ʔoŋ¹ tsa¹]

【祖父❷】 泰ปู่[pu:⁵] 老ปู่[pu:⁵];พี่ปู่[phɔ:⁵ pu:⁵] 岱-侬pú[pu⁵];pú ùm[pu⁵ ʔum³];công[koŋ¹] 越泰ài pú[ʔa:i³ pu⁵] 普tê ngâw[te³ ŋɤu³];tê ngân³[te³ ŋɤn³] 越ông nội[ʔoŋ¹ noi⁶] 芒tả[ta³];tả da[ta³ za¹]

---

❶ 阿含 phrai C1；kā；pai
❷ 石家 ʔoʔ⁴

【祖父母】 泰ปู่ย่า[pu:⁵ja:³] 老ปู่ย่า[ɲa:⁵] 岱-侬pú dả[pu⁵ ja³] 普tê³ ngân³ tê³ ngâw³ tê³ bâw³[te³ ŋɤn³ te³ ŋɤu³ te³ bɤu³] 越ông bà[ʔoŋ¹ ʔba²]

【祖国】 泰มาตุภูมิ[ma:² tu⁵ phu:⁴];ปิตุภูมิ[pi⁵ tu⁵ phu:² mi⁴] 老มาตุພູມ[ma:² tu² phu:m²];ปิตุພูม[pi² tu² phu:m²] 越tổ quốc[to³ kwok⁷] 芒tố quốc[to⁵ kwok⁷]

【祖籍】 泰ภูมิลำเนา[phu:²lam²nau²];บ้านเกิดเมือง[ʔba:n³kə:t⁹mɯ:aŋ²];บ้านเกิดเมือง[ʔba:n³kə:t⁹ mɯːaŋ²];ภูมิลำเนาเดิม[phu:² mi⁴ lam²nau² ʔdə:m²] 老บ้านเดิม[ʔba:n⁴ ʔdə:m¹];ตื่มฐานบ้าน[thin⁵ tha:n¹ ʔba:n⁴] 越nguyên quán[ŋwi:n¹ kwa:n⁵]

【祖母❶】 泰ย่า[ja:³] 老ย่า[ɲa:⁵];แม่ย่า[mɛ:⁵ na:⁵] 岱-侬dả[ja:³];dà ủm[ja³ ʔum⁵] 越泰ẻm dà[ʔem² ja⁶] 普ja² ngân³[ja² ŋɤn³] 越bà nội[ʔba⁵ noi⁶] 芒mể dã[me⁴ za⁴];pà dã[pa² za⁴]

【祖师爷】 泰ปฐมาจารย์[pa⁵ tha⁵ ma:² tsa:n²] 老ปาจะลิ[ʔba:¹¹ tsa² li:²];ปาจาม[pa:¹¹ tsa:n¹];ปะละมาจาม[pa² la⁵ ma:² tsa:n¹] 越tổ sư[to⁵ ʂɯ¹];tiên sư[ti:n¹ ʂɯ¹] 芒tố khu[to⁵ khɯ¹];thiên thư[thi:n¹ thɯ¹]

【祖先】 泰บรรพบุรุษ[ʔban⁴pha⁴ʔbu⁵rut⁸];บรรพชน[ʔban² pha⁴ tshon²] 老ปู่ย่าตายาย[pu:⁵ na:⁵ ta:¹¹ na:i²];ปู่ย่า ทอด[pu:⁵ na:⁵ta:¹¹thu:at¹⁰];ปู่ย่าตามาย[pu:⁵ na:⁵ta:¹¹ na:i²];ตื๊ม ตะกูบ[ton⁴ta² ku:n¹];บัมพะบุลุด[ʔban¹ pha⁵ʔbu⁵lut⁸];บุพะบุลุด[ʔbup⁵ pha⁴ʔbu⁵lut⁸] 岱-侬pỏ chỏ[pɔ³ tɕɔ³];cốc chỏ[kok⁵ tɕɔ³];chỏ chông[tɕɔ³tɕoŋ¹] 越泰páu pú[pau⁵ pu⁵];đằm[ʔdam³];lạn cằm[la:n⁴kam³] 越tổ tiên[to⁵ ti:n¹] 芒pỏ tả[pɔ³ta³];tố tiên[to⁵ti:n¹];thổl thăm[thol³ tham¹];nổ[no⁵]

【祖宗】 泰บรรพบุรุษ[ʔban²pha⁴ʔbu⁵rut⁸];บรรพชน[ʔban² pha⁴ tshon²];ต้นตระกูล[ton³ tra⁵ ku:n²];ปู่ย่าตายาย[pu:⁵ ja:³ ta:⁵ ja:i²] 老โคด[kho:t⁴];ปู่ย่าๆ ๆาย[pu:⁵ na:⁵ ta:¹¹ na:i²];ปู่ย่าๆทอด[pu:⁵ na:⁵ ta:¹¹ thu:at¹⁰];ตื๊บตะภูบ[ton⁴ ta² ku:n¹];บับพะบุลุด[ʔban¹ pha⁵ ʔbu² lut⁸];บุบพะบุลุด[ʔbup⁵ pha⁴ ʔbu⁵ lut⁸];ພົງສະກອນ[phoŋ² sa² kɔ:n¹] 越tổ tông[to³ toŋ¹];tổ tiên[to³ ti:n¹];ông cha[ʔoŋ¹ tsa¹] 芒tố tông[toŋ⁵ toŋ¹]

【组】～个～ 泰กลุ่ม[klum⁵] 老ทุ่ม[kum⁵] 越tổ[to³] 芒tố[to⁵]

【组织】～会议 泰จัดตั้ง[tsat⁷taŋ³] 老ອັງການຈັດຕັ້ງ[ʔoŋ¹¹ ka:n¹ tsat⁷ taŋ⁴] 岱-侬tặt tổ[tat⁸ to³] 越泰tành pun[teŋ⁵pun¹] 越tổ chức[to³tsɯk⁷];sắp đặt[ʂap⁷ ʔdat⁸] 芒tố chức[to⁵ tsɯk⁷]

【阻拦❷】 泰กีดกั้น[ki:t⁹kan³] 老ภัน[kan¹];บ้าน[ɔa:n⁴];ลัด[lat⁸];ภีด[kit⁷];ภีด[ki:t⁹];ภีดขวาง[kit⁷ khwa:ŋ¹];ภีดขวาง[ki:t⁹khwa:ŋ¹];ภีดภัน[ki:t⁹ kan¹¹];ภูด[ki:at⁹];ภันท่า[kan¹¹ tha:⁵] 越ngăn cản[ɔan¹ ka:n³];chắn[tsan⁵] 芒ngăn cán[ŋan¹ ka:ɔ⁵];chắn[tsan³]

【阻止】 泰ห้าม[ha:m³];ยับยั้ง[jap⁸jaŋ⁴] 老ต้าม[ta:n⁴];ฮัดทาม[that⁸ tha:n²];ปาม[pa:m¹];ห้ามปาม[ha:m³ pa:m¹];ห้ามทอง[ha:m³ hu:aŋ²];ภีดภัน[ki:t⁹ kan¹];ฃะขับ[kha² nan¹];ເພືອด[kɯ:at⁹];ภัน[kan¹];ภัน[kan⁴];ภันภาง[kan⁴ka:ŋ¹] 岱-侬làn cả[la:n² ka³] 越泰pán[pa:n³] 越ngăn chặn[ŋan¹tsan⁶];ngăn lại[ŋan¹la:i⁶];ngăn cản[ŋan¹ka:n³];cản[ka:n³];gàn[ɣa:n²] 芒ngăn cán[ŋan¹ ka:n⁵];chẳn ngăn[tsɤn⁵ ɾan¹];cán[ka:n⁵];gàn[ɣa:n²]

【诅咒】 泰สาปแช่ง[sa:p⁹ sɛ:ŋ⁴] 老แຊ่ง[sɛ:ŋ⁵];ป้อยแซ่ง[pɔ:i⁴ sɛ:ŋ⁵];ป้อย[pɔ:i⁴] 岱-侬viến slổi[vi:n⁵ łoi³] 越泰khón[khɔn⁵];khón mang[khɔn⁵ ma:ŋ¹] 越rủa[zua³];nguyền[ŋwi:n²];nguyền rủa[ŋwi:n² zua³];

---

❶ 阿含 jā B2
❷ 阿含 kit D1L

chửi[tsɯi³];chửi rủa[tsɯi³ zuə⁵] 芒 bun khô[ʔbun¹ khɔ⁴];bun[ʔbun¹];bót tuông nèo[ʔbɔt⁷ tu:ŋ¹ nɛu²];bẳng bun[ʔbaŋ³ ʔbun¹]

【钻 老鼠~洞 ❶】 泰 เจาะ[tsɔ⁵] 老 ลอด[lɔ:t¹⁰];ขึ้น[mon³] 岱-侬 lăm[lam⁴] 越泰 chōn[tsɔn²] 越 chui[tsui¹]

【钻 用钻子~孔 ❷】 泰 เจาะ[tsɔ⁵] 老 บุ่น[ʔbun⁵];ซุน[phun¹] 岱-侬 chuốn[tɕu:n⁵];văn[van³] 越泰 pắn[pan⁵] 越 khoan[xwa:n¹];tênh[tɛɲ⁴] 芒 khoan[khwa:n¹]

【钻石】 泰 เพชร[phet⁸] 老 เพັດ[phet⁸];ขึ้ງบ[phi⁵ si:an²];วิຊຽບ[vi⁵ si:an²] 越 đá kim cương[ʔda⁵ kim kɯ:ŋ¹];đá chân kính[ʔda⁵ tsɤn¹ kiɲ⁵]

【钻头】 泰 หัวเจาะ[hu:a¹ tsɔ⁵] 老 ຫົວເຈາະ[hu:a¹ tsɔ²];ซุนเขาลัก[phun¹ lek⁷] 越 mũi khoan[mui⁴ xwa:n¹]

【钻子】 泰 สว่าน[sa⁵wa:n¹];จิ๊ง[tsɯŋ³] 老 ຄວງ[khu:aŋ²];เหຼັກຊີ[lek⁷ si:²] 岱-侬 mạc chuốn[ma:k⁸ tɕu:n⁵] 越泰 mạk pắn[ma:k⁸ pan⁵] 越 cái khoan[ka:i⁵ xwa:n¹]

【嘴❸】 泰 ปาก[pa:k⁹];สบ[sop⁷] 老 ປາກ[pa:k⁹];สบ[sop⁷] 岱-侬 pac[pa:k⁷] 越泰 pák[pa:k⁷];xốp[sop⁷] 普 măn²[man²];qamăn²[qa⁰ man²] 越 miệng[mi:ŋ⁶];mồm[mom²] 芒 mệnh[mɛɲ⁴];mồm[mom²]

【嘴馋】 泰 ปากตะกละ[pa:k⁹ ta⁵ kla⁵] 老 ກິນກິນ[kɯ:n¹' kin¹'] 越泰 tai dák[ta:i¹ ja:k⁷] 越 thèm[thɛm²];thèm ăn[thɛm² ʔan¹] 芒 thèm[thɛm²]

【嘴唇❹】 泰 ฝีปาก[fi:¹ pa:k⁹];ริมฝีปาก[rim² fi:¹ pa:k⁹] 老 ຣິມສົບ[hi:m² sop⁷];ຣິມສົບ[him² sop⁷];ຣິມສົບປາກ[hi:m² si:¹ pa:k⁷];ຣິມເບີປາກ[hi:m² fi:¹ pa:k⁵];ຂີ້ສົບ[khi:³ sop⁷];ที่สบ[phi:¹ sop⁷] 岱-侬 pín pac[pin⁵ pa:k⁷];phi pac[phi¹ pa:k⁷] 越泰 hĩm xốp[him² sop⁷] 普 bong¹ măn⁴[bɔŋ¹ man⁴] 越 môi[moi¹] 芒 môi[moi¹]

【嘴角】 泰 มุมปาก[mum² pa:k⁹] 老 ມຸມປາກ[mum² pa:k⁹] 岱-侬 cooc pac[kɔ:k⁷ pa:k⁷];chooc pac[tɕo:k⁷ pa:k⁷] 越泰 chon pák[tsɔn¹ pa:k⁷] 普 jin⁴ măn²[jin⁴ man²] 越 mép[mɛp⁵];khoé mồm[xwɛ⁵ mom²];khoé miệng[xwɛ⁵ mi:ŋ⁶]

【嘴紧】 泰 ปากแน่น[pa:k⁹ nɛ:n³] 老 ປາກຫນັກ[pa:k⁹ nak⁷];ຫນັກປາກ[nak⁷ pa:k⁹] 越 kín miệng[kin⁵ mi:ŋ⁶]

【嘴快】 泰 ปากโป้ง[pa:k⁹ po:ŋ³] 老 ປາກສະຫວ່າງ[pa:k⁹ sa² va:ŋ⁵];ປາກໄປໂປ້ງ[pa:k⁹ po:ŋ⁴] 岱-侬 pac nầu[pa:k⁷ nəu³] 越泰 pák đảy[pa:k⁷ ʔdai³] 越 lanh mồm lanh miệng[laɲ¹ mom² laɲ¹ mi:ŋ⁶];mau miệng[mau¹ mi:ŋ⁶] 芒 bau mệnh[ʔbau¹ mɛɲ⁴]

【嘴碎】 泰 ปากเปราะ[pa:k⁹ prɔ⁵] 老 ປາກຫຼາຍ[pa:k⁹ la:i¹] 岱-侬 pac phjói[pa:k⁷ phjɔi⁵] 越泰 pák pẹk[pa:k⁷ pɛk⁸] 越 lắm mồm[lam⁵ mom²];lắm mép[lam⁵ mɛp⁷];lém linh[lɛm⁵ liɲ³];lém[lɛm⁵] 芒 lèm[lɛm³]

【嘴甜】 泰 ปากหวาน[pa:k⁹ wa:n¹] 老 ປາກຫວານ[pa:k⁹ wa:n¹];ປາກເອີ້ນຫວານ[pa:k⁹ vau⁴ va:n¹] 越泰 pák van[pa:k⁷ va:n¹] 越 khéo nói[xɛu⁵ nɔi⁵];nói ngọt ngào[nɔi⁵ ŋɔt⁸ ŋa:u²]

【嘴硬】 泰 ปากแข็ง[pa:k⁹ khɛŋ¹] 老 ປາກແຂງ[pa:k⁹ khɛ:ŋ¹] 越 nói năng cứng cỏi[nɔi⁵ naŋ¹ kɯŋ⁵ kɔi³];nói bướng[nɔi⁵ ʔbɯ:ŋ⁵]

【罪】 泰 โทษ[tho:t¹⁰] 老 โทด[tho:t¹⁰];โทดกำ[tho:t¹⁰ kam¹];โทสะ[tho:² sa²];โทสา[tho:² sa:¹];อาทิบับ[ʔa:¹' thi:² nop⁸] 岱-侬 chòi[tɕɔi³];tội[toi⁴]

---

❶ 掸 lɔt
❷ 石家 cɔ?⁴
❸ 阿含 pāk；shup D1S  掸 shop D1S  泐 sop D1S
❹ 石家 phriw²

【罪】越 tội[toi⁴]　越 tội[toi⁶]　芒 thỏi[thoi⁴]

【罪恶】泰 โทษ[tho:t¹⁰];ความชั่วร้าย[khwa:m² tshu:a³ ra:i⁴]　老 โทสะ[tho:² sa²];โทสา[tho:² sa:¹];ทุตสะกำ[thut⁸ sa² kam¹];โทดกำ[tho:t¹⁰ kam¹];โทดโพย[tho:t¹⁰ phoi²];กำ[kam¹]　越 tội lỗi[toi⁶ loi⁴];tội ác[toi⁶ ʔa:k⁷]　芒 thỏi ác[thoi⁴ ʔa:k⁷]

【罪犯】泰 นักโทษ[nak⁸ tho:t¹⁰]　老 มักโทด[nak⁸ tho:t¹⁰];ผู้ทำโทด[phu:³ tham² tho:t¹⁰]　越 tội phạm[toi⁶ fa:m⁶];can phạm[ka:n¹ fa:m⁶];phạm nhân[fa:m⁶ ɳɤn¹];kẻ phạm tội[kɛ³ fa:m⁶ toi⁶];người bị kết án tù[ŋɯ:i² ʔbi⁶ ket⁷ ʔa:n⁵ tu²]　芒 thỏi phăm[thoi⁴ fa:m⁴];can phăm[ka:n¹ fa:m¹]

【罪过】泰 ความผิด[khwa:m² phit⁷]　老 โทด[tho:t¹⁰];โทสะ[tho:²sa²];โทสา[tho:²sa:¹];โทดกำ[tho:t¹⁰ kam¹];อาฐิ มับ[ʔa:¹' thi:² nop⁸]　越 tội lỗi[toi⁶ loi⁴];tội tình[toi⁶ tin²]　芒 thỏi lỗi[thoi⁴ loi⁴];thỏi tình[thoi⁴ tin²]

【罪名】泰 โทษฐาน[tho:t¹⁰tha:n¹]　老 ถิงลิงโทด[thɯ:k⁹loŋ²tho:t¹⁰]　越 tội danh[toi⁶zan¹]　芒 thỏi danh[thoi⁴ zan¹]

【罪孽】泰 บาปกรรม[ʔba:p⁹ kam²]　老 เอบ[ve:n²];เอบกำ[ve:n²kam¹];โทสะ[tho:²sa²];โทสา[tho:²sa:¹];กำมะโทด[kam¹'ma⁵tho:t¹⁰];กำมะ[kam¹'ma⁵]　越 tội[toi⁶];tội nặng[toi⁶naŋ⁶]　芒 thỏi ngiêp[thoi⁴ ŋi:p⁸]

【罪人】泰 คนมีโทษ[khon²mi:²tho:t¹⁰]　老 ถินผิบาบ[khon²phi:¹ʔba:⁹]　越 tên tội phạm[ten¹'toi⁴ fa:m⁶];kẻ có tội[kɛ³kɔ⁵toi⁶];tội nhân[toi⁶ɳɤn¹]　芒 thỏi nhân[thoi⁴ ɳɤn¹]

【罪行】泰 โทษกรรม[tho:t¹⁰ kam²]　老 โทด[tho:t¹⁰];โทดกำ[tho:t¹⁰ kam¹];ทุตสะกำ[thut⁸ sa² kam¹]　越 tội ác[toi⁶ʔa:k⁷];hành động phạm tội[haɲ⁴ ʔdoŋ⁶ fa:m⁶ toi⁶]　芒 thỏi lỗi[thoi⁴ loi⁴]

【罪证】泰 หลักฐานกระทำผิดกฎหมาย[lak⁷ tha:n¹ kra⁵ tham² phit⁷ kot⁷ ma:i¹]　老 ขั้วภาฑอบาะขำผิดภิดฑๆ[lak⁷ tha:n¹ ka² tham² phit⁷ kot⁷ ma:i¹]　越 tang vật[ta:ŋ¹ vɤt⁸];bằng chứng phạm tội[ʔbaŋ¹ tsɯɯ⁵ fa:m⁶ toi⁶];bằng chứng tội ác[ʔbaŋ¹ tsɯɯ⁵ toi⁶ ʔa:k⁷]　芒 thỏi chẳng[thoi⁴ tsɤŋ³]

【罪状】泰 โทษกรรม[tho:t¹⁰ kam²];ความผิดมหันต์[khwa:m²phit⁷ma⁴han¹]　老 โทดกำ[tho:t¹⁰kam²]　越 tội trạng[toi⁶ tsa:ŋ⁶]

【最❶】泰 ที่สุด[thi:³ sut⁷];จอม[tsɔ:m²];หนึ่ง[nɯŋ¹]　老 สุด[sut⁵];สุดแสบ[sut⁷ sɛ:n¹];ที่สุด[thi:⁵ sut⁷];หมู่[ɔmu:⁵];ก่อบ[kɔ:n⁵];ก่อบหมู่[kɔ:n⁵ mu:⁵];ทาอ่หมู่[kwa:⁵ mu:⁵];ยอด[ɳu:at¹⁰];เลิด[lə:t¹⁰]　岱-依 tài êt[ta:i³ ʔet³];hạng tài êt[ha:ŋ⁴ ta:i³ ʔet³]　越泰 nghét[ŋet⁷]　越 nhất[ɳɤt⁷];hơn cả[hɤ:n¹ ka³];hơn hết[hɤ:n¹ het⁷]　芒 nhất[ɳɤt⁷];hơn tháy[hɤ:n¹ thai⁵];hơn hết[hɤ:n¹ het⁷]

【最后】泰 จุดสุดท้าย[tsut⁵ sut⁷ tha:i⁴];ช้อย[sɔ i⁴];ที่หลัง[thi:⁵ laŋ²];ที่โจก[thi:⁵ tsɔ:k⁹];ที่สุด[thi:³ sut⁷];ซ้ำท้าย[sam⁴ tha:i⁴];ในครั้งสุดท้าย[nai² khan⁴ sut⁷ tha:i⁴];ในตอนสุดท้าย[nai² thɔ:n² sut⁷ tha:i⁴];ห้อยท้าย[hɔ:i³ tha:i⁴];ในที่สุด[nai² thi:⁵ sut⁷];บาดหล้า[ʔba:t⁹ la:³];ผล สุดท้าย[phon¹ sut⁷ tha:i⁴];ม้วนท้าย[mu:an⁴ tha:i⁴];ล่า[la:³];อันสุดท้าย[ʔan² sut⁷ tha:i⁴]　老 ซ้ำท้าย[sam⁴ tha:i⁴];บาดขู้ๆ[ʔba:t⁹ la:³];บาดท้ายพายฮ้อย[ʔba:t⁹ tha:i⁴ pha:i² sɔ:i⁴];ที่ข้ั้ง[thi:¹ laŋ¹];ท้ายสุด[tha:i⁴ sut⁷];ที่สุด[thi:⁵ sut⁷];ใบยี่สุด[nai² thi:⁵ sut⁷];ใบฃั้บสุดท้าย[nai² khan³ sut⁷ tha:i⁴];ใบตอมสุดท้าย[nai² tɔ:n¹ sut⁷ tha:i⁴];ผิบสุดท้าย[phon¹ sut⁷ tha:i⁴];ม้อบท้าย[mu:an⁴ tha:i⁴];ข้อยท้าย[hɔ:i³ tha:i⁴];อะอะสาบ[ʔa² va⁵ sa:n¹]　岱-依 hang hỏi[ha:ŋ¹ hɔi³];slut sló[ɬut⁵ ɬo⁵]　越泰 tốc lăng[tok⁷ laŋ¹];là xút[la³ sut⁷]　普 qalin³[qa⁰ lin³]　越 cuối cùng[ku:i⁵ kuŋ²],sau

❶ 石家 laʔ⁶-vaay⁶

cùng[ʂau¹ kuŋ²];sau chót[ʂau¹ tsɔt⁷];sau hét[ʂau¹ het⁷];tối hậu[toi⁵ hɤu⁶] 芒khau cât[khau¹ kɤt⁸]

【最近】泰เมื่อเร็ว ๆ นี้[mɯːa³ reu² reu² niː⁴] 老ทอ่งไอ ๆ มี้[vaːŋ⁵ vai² vai² niː⁴];ทอ่งม่ ๆ มี้[vaːŋ⁵ mɔː⁵ mɔː⁵ niː⁴];ทอ่งบ่ เทิ่ง มี้[vaːŋ⁵ ʔbɔː⁵ həŋ⁴ niː⁴];เมื่อม่ ๆ มามี้[mɯːa⁵ mɔː⁵ mɔː⁵ maː² niː⁴];เมื่อไอ ๆ มามี้[mɯːa⁵ vai² vai² maː² niː⁴];ใบม่ ๆ มี้[nai² mɔː⁵ mɔː⁵ niː⁴];ทอ่งแล้อมี้[vaːŋ⁵ lɛːu⁴ niː⁴] 岱-侬ngòa[ŋwa²] 越gần đây[ɣɤn² ʔdɤi¹];mới đây[mɤːi⁵ ʔdɤi¹];vừa qua[vɯɤ² kwa¹] 芒khênh ni[khen¹ ni¹]

【醉~酒】泰เมา[mau²];มึก[mɯk⁸] 老เมิ่ก[mau²] 岱-侬mầu[məu²];mày[mai²] 越泰mãu[mau²] 越say[ʂai¹] 芒khay[khai¹]

【尊_一~佛像】泰องค์[ʔoŋ²] 老อิ่ง[ʔoŋ¹] 越pho[fɔ¹]

【尊敬】泰เคารพ[khau² rop⁸];นับถือ[nap⁸ thɯː¹] 老เฮ็ดขบ้าอูตๆ[sɤːt¹⁰ naː³ suː² taː¹];บับขบ้าฑึ้งๆ[nap⁸ naː³ thɯː¹ taː¹];บับฑึ่[nap⁸ thɯː¹] 越kính trọng [kiŋ⁵ tʂɔŋ⁶];kính mến[kiŋ⁵ men⁵];quý trọng[kwi⁵ tʂɔŋ⁶];tôn trọng[ton¹ tʂɔŋ⁶] 芒tôn kinh[ton¹ kiŋ³]

【尊重】泰เคารพ[khau² rop⁸] 老บับฑึ่[nap⁸ thɯː¹];บับขบ้าฑึ้งๆ[nap⁸ naː³ thɯː¹ taː¹] 越tôn trọng [ton¹ tʂɔŋ⁶];kính mến[kiŋ⁵ men⁵];quý trọng[kwi⁵ tʂɔŋ⁶]

【遵守】泰ปฏิบัติตาม[paː⁵ tiː⁵ ʔbat⁷ taːm²] 老เถาลิบต่[khau² lop⁸ ʔbɔː¹¹ tɤː⁵];ฑี่[thɯː¹];ฑี่ตอม[thɯː¹ taːm¹];ธักสา[hak⁸ saː¹] 越giữ gìn[zɯ⁴ zin²];tuân thủ [twɤn¹ thu³];tuân theo[twɤn¹ theu¹];giữ theo[zɯ⁴ theu¹]

【作料】泰เครื่องปรุงอาหาร[khrɯːaŋ² pruŋ² ʔaː² haːn¹] 老ผิกเกือเฮือเดิ่ม[phik⁸ kɯːa¹¹ hɯːa² khem²] 越gia vị[za¹ vi⁶]

【昨天❶】泰วาน[waːn²];เมื่อวาน[mɯːa³ waːn²];เมื่อวานนี้[mɯːa³ waːn² niː⁴];วานนี้[waːn² niː⁴];วันวาน [wan² waːn²] 老มื้อวาน[mɯː⁴ vaːn²];มื้อวานนี้[mɯː⁴ vaːn² niː⁴];เมื่อวานนี้[mɯːa⁵ vaːn² niː⁴];วานนี้[vaːn² niː⁴];อับวาน[van² vaːn²] 岱-侬vằn ngòa[van² ŋwa²] 越泰mự ngõa[mɯ⁴ ŋwa²] 普Vân³ hwaj¹ [βɤn³ hwaːi¹];Vân³ nhwaj¹[βɤn³ ŋwaːi¹] 越hôm qua[hom¹ kwa¹] 芒ngày dấp[ŋai² zɤp⁷];ngày chia [ŋai² tsiə¹];cây chiềng hôm dấp[kai³ tsiːŋ² hom¹ zɤp⁷]

【昨晚】泰คืนเมื่อวาน[khɯːn² mɯː⁴ vaːn²];เย็นวานนี้[jen² vaːn² niː⁴];คืนวานนี้[khɯːn² vaːn² niː⁴] 老มื้ดิบวานมี้[mɯː⁴khɯːn² waːn² niː⁴];ดิบวานมี้[khɯːn² waːn² niː⁴];แลงวานมี้[lɛːŋ² waːn² niː⁴] 越đêm qua[dem¹ kwa¹];tối hôm qua[toi⁵ hom¹ kwa¹] 芒khây hôm[khɤi¹ hom¹];hôm dấp[hom¹ zɤp⁷]

【左❷】泰ซ้าย[saːi⁴];ข้างซ้าย[khaːŋ³ saːi⁴];ด้านซ้าย [ʔdaːn³ saːi⁴] 老ฃ้าย[saːi⁴];ท้ำฃ้าย[kam⁴ saːi⁴];เบื้องฃ้าย[ʔbɯːaŋ⁵ saːi⁴];ฃ้างฃ้าย[khaːŋ³ saːi⁴];ทางฃ้าย[thaːŋ² saːi⁴];ด้านฃ้าย[ʔdaːn⁴ saːi⁴];วามะ [vaː² maː⁵];อุดอม[ʔuː² ʔdɔːn¹] 岱-侬dại[ʝaːi⁴] 越泰xại[saːi⁴] 普ming⁴[miŋ⁴] 越trái[tʂaːi⁵];bên trái[ben¹ tʂaːi⁵];mặt trái[mat⁸ tʂaːi⁵] 芒tlài[tlaːi³];pên tlài[pen¹ tlaːi³];mặt đài[mat⁸ ʔdaːi³];chiêu [tsiːu¹]

【左撇子】泰คนถนัดมือซ้าย[khon² tha² nat⁷ mɯː² saːi⁴] 老ถิ่นฑะขบัดมี่ฃ้าย[khon² tha² nat⁷ mɯː² saːi⁴];ผู้ฑะขบัดมี่ฃ้าย[phuː³ tha² nat⁷ mɯː² saːi⁴] 越người thuận tay trái[ŋɯːi² thwɤn⁶ tai² tʂaːi⁵]

【左右_三十岁~】泰ราวๆ[raːu² raːu²] 老ใบละทอ่ง[nai² laʔ vaːŋ⁵];ใบธาง[nai² haːu²];ผิปะมาบ[phɔː² paʔ maːn²] 岱-侬dú têo[ʝuː⁵ tɛu³] 越trên dưới

❶ 石家 miɯ³-luan⁴-nii² 掸 wa A2 泐 va A2
❷ 掸 shai C2 泐 sai C2

[tʂen¹ zɯːi⁵];vào khoảng[va:u² xwa:ŋ³];trạc[tʂa:k⁸]; trạc độ[tʂa:k⁸ ʔdo⁶];chừng độ[tsɯɯŋ² ʔdo⁶];phỏng độ[fɔŋ³ ʔdo⁶] 芒tlac đỗ[tla:k⁸ ʔdo⁴]

【做~事❶】 泰ทำ[tham⁵];กระทำ[kra⁵tham²];ประกอบ[pra⁵kɔːp⁹];เห็ด[het⁷] 老เฮັດ[het⁸];ทำ[tham²];ກະທຳ[ka² tham²] 岱-侬hêt[het⁸] 越泰dệt[jet⁸] 普Vak²[βa:k²];Văk²[βak²] 越làm[la:m²];là[la²]

【做法】 泰วิธีทำ[wi⁴ thi:² tham²] 老ວິທີທຳ[vi⁵ thi:² tham²] 越cách làm[ka:t⁷ la:m²];lối làm[loi⁵ la:m²];phương pháp làm[fɯ:ŋ² fa:p⁷ la:m²]

【做媒】 泰เป็นแม่สื่อหรือพ่อสื่อ[pen² mɛː⁴ sɯː⁵ rɯː¹ phɔː³ sɯː⁵] 老ຊູ້[sɯː⁵] 越làm mối[la:m² moi¹];làm mai[la:m² ma:i¹] 芒là mờ[mɤ²];là mờ là mối[la² mɤ² la² moi³]

【做梦】 泰ฝัน[fan¹] 老ຝັນ[fan¹];ນອນຝັນ[nɔːn² fan¹] 岱-侬phăn cừn[phan¹kɯn²];đua phăn[ʔdua² phan¹] 越泰phăn[phan¹];lãng phăn[la:ŋ² phan¹] 普ʔăw¹ păn¹[ʔau⁴ pan¹] 越nằm mê[nam² me¹]; nằm mơ[nam² mɤ¹];chiêm bao[tsi:m¹ ʔba:u¹] 芒têm pao[tem¹ pa:u¹]

【做主】 泰เป็นเจ้าของ[pen²tsau³khɔ:ŋ¹] 老ເປັນເຈົ້າ[pen¹' tsau⁴] 岱-侬hêt chẩu[het⁷ tɕau³] 越泰dệt chẩu[jet⁸ tsau³] 越làm chủ[la:m² tsu³] 芒là chú[la² tsu⁵]

【做作】 泰แกล้งทำ[klɛːŋ³tham²] 老ອອກທ່າ[ʔɔːk⁹ thaː⁵] 越làm điệu[la:m²ʔdi:u⁶];làm dáng[la:m² za:ŋ²];kiểu cách[ki:u³ ka:t⁷]

【作弊】 泰การหลอกลวง[ka:n² lɔːk⁹ lu:aŋ²] 老ລັກໂລບ[lak⁸ lo:p¹⁰];ກະບັດ[ka² bat⁷];ໂລບ[lo:p¹⁰];ໂກງ[ko:ŋ¹] 越gian lận[za:n¹ lɤn⁶];gian dối[za:n¹ zoi⁵]; dối trá[zoi⁵ tʂa⁵];lừa lọc[lɯə² lɔk⁸]

【作客】 泰เป็นแขก[pen² khɛːk⁹] 老ເປັນແຂກ[pen² khɛːk⁹] 越đến thăm[ʔden⁵ tham¹];đến chơi[ʔden⁵ 

tsɤːi¹]

【作业】 泰การบ้าน[ka:n² ʔba:n³] 老ບົດ ຝຶກຫັດ[ʔbot⁷ fɯk⁷ hat⁷];ບົດເຝິກຫັດ[ʔbot⁷ fək⁷ hat⁷] 越bài lèm[ʔba:i² la:m²];bài tập[ʔba:i² tɤp⁸];bài[ʔba:i²] 芒bài tập[ʔba:i² tɤp⁸];bài là[ʔba:i² la²];bài[ʔba:i²]

【作业本】 泰สมุดการบ้าน[sa⁵ mut⁷ ka:n² ʔba:n²] 老ສະໝຸດບົດຝຶກຫັດ[sa² mut⁷?ʔbot⁷fɯk⁷hat⁷]; ສະໝຸດບົດເຝິກຫັດ[sa² mut⁷?ʔbot⁷fək⁷hat⁷] 越vở[vɤ³]

【作证】 泰ให้การ[hai³ ka:n²];เป็นหลักฐาน[pen² lak⁷ tha:n¹];เป็นสักขีพยาน[pen²sak⁷khi:¹ pha⁴ja:n²];พยาน[pha⁴ja:n²] 老ເປັນພັກຖານ[pen¹'lak⁷tha:n¹] 岱-侬tói[tɔi⁵];khen chang[khen¹tɕa:ŋ¹] 越泰dệt chứng[jet⁸ tsɯŋ²] 越làm chứng[la:m² tsɯɯŋ³] 芒la chẳng[la² tsɤŋ³]

【坐~椅子❷】 泰นั่ง[naŋ³] 老ນັ່ງ[naŋ⁵] 岱-侬nắng[ɔaŋ³] 越泰nẳng[naŋ⁶] 普tăng³[taŋ³] 越ngồi[ŋoi²] 芒ngồi[ŋoi²]

【坐~车】 泰นั่ง[naŋ³] 老ນັ່ງ[naŋ⁵];ຂີ່[khi:⁵] 岱-侬pây[pɤi¹] 越泰pay[pai¹] 越đi[ʔdi¹]

【坐垫】 泰เบาะรองนั่ง[ʔbɔ²rɔ:ŋ²naŋ³] 老ເບາະ[ʔbɔ²];ເບາະນັ່ງ[ʔbɔ²naŋ⁵] 越đêm ghế[ʔdem⁶ɣe⁵]; ếm ngồi[ʔdem⁶ ŋoi²]

【坐牢】 泰จำคุก[tsam² khuk⁸];ติดคุก[tit⁷ khuk⁸];ติดตะราง[tit⁷ ta⁵ ra:ŋ²] 老ເຂົ້າຄຸກ[khau³ khuk⁸];จำคุก[tsam¹' khuk⁸];ຕິດຄຸກ[tit⁷ khuk⁸];ຖືກຄຸກ[thɯ:k⁹ khuk⁸];ຢູ່ຄຸກ[ju:⁵ khuk⁸];ຕິດຕະລາງ[tit⁷ ta² la:ŋ²] 岱-侬mén tù[mɛn³ tu²] 越泰tói tù[tɔi⁵ tu²] 越ngồi tù[ŋoi² tu²];ở tù[ʔɤ³ tu²];bị giam trong nhà lao[ʔbi⁶ za:m¹ tʂɔŋ¹ n̪a² la:u¹]

【坐月子】 泰อยู่ไฟ[ju:⁵ fai¹] 老ກຳເດືອນ[kam² ʔdɯ:an¹];ຢູ່ກຳ[ju:⁵ kam²];ຢູ່ໄຟ[ju:⁵ fai²] 岱-侬dú buron[ju⁵ ʔbɯː n¹];nẳng buron[naŋ³ ʔbɯː n¹] 越泰

---

❶石家hit²;het² 阿含hit D1S;het D1S 掸het D1S 勐het D1S 泣哈dəw² 拉基ve¹
❷石家naŋ⁵;naŋ² 阿含nāng B2

dú phãy[ju⁵ phai²] 越nghỉ đề[ŋi³ ʔdɛ³];ăn kiêng nằm cữ[ʔan¹ ki:ŋ¹ nam² kɯ⁴];ở cữ[ʔɤ³ kɯ⁴]

【座__~楼房】 泰ตึก[tɯk⁷] 老ຫຼັງ[laŋ¹];ໂຮງ[ho:ŋ²] 傣-侬thạp[tha:p⁸];ăn[ʔan¹] 越泰lang[la:ŋ¹] 越cái[ka:i⁵];ngôi[ŋoi¹];toà[twa²]

【座__~桥】 泰หลัง[laŋ¹] 老ຂົວ[khu:a¹] 越chiếc[tsi:k⁷]

【座__~山】 泰ลูก[lu:k¹⁰] 老ຫນ່ວຍ[nu:ai⁵] 越quả[kwa³];hòn[hɔn²];ngọn[ŋɔn⁶] 芒tlải[tla:i³]

【座位】 泰ที่นั่ง[thi:³ naŋ³] 老ທີ່ນັ່ງ[thi:⁵ naŋ⁵];ບ່ອນນັ່ງ[ʔbɔ:n⁵naŋ⁵] 傣-侬ti nắng[ti³naŋ³] 越chỗ ngồi[tso⁴ŋoi²];ghế ngồi[ɣe⁵ŋoi²] 芒pùng ngồi[puŋ² ŋoi²]

【座钟】 泰นาฬิกาตั้งโต๊ะ[na:²li⁴ka:²taŋ³to⁴] 老ນາລິກາຕັ້ງ[na:² li⁵ ka:¹ˈ taŋ⁴];ໂມງຕັ້ງ[mo:ŋ² taŋ⁴] 越đồng hồ để bàn[ʔdoŋ² ho² ʔde³ ʔba:n²]

# 参考文献

[1] 广州外国语学院(编).泰汉词典[Z].北京：商务印书馆，1990.

[2] 侯寒江，麦伟良(主编).汉越词典[Z].北京：商务印书馆，2008.

[3] 黄冰(编著).老挝语汉语词典[Z].昆明：国际关系学院昆明分部，2000.

[4] 裴晓睿(主编).新汉泰词典[Z].南宁：广西教育出版社，2011.

[5] 祁广谋(主编).新汉越词典[Z].南宁：广西教育出版社，2013.

[6] 萧少云(主编).新泰汉词典(完整通用版)[Z].曼谷：真如出版有限公司，2014.

[7] [泰]威莱弯，哈尼莎塔婻塔.石家语[J].杨光远译.南开语言学刊，2004(1).

[8] 周国炎，吴艳.阿豪姆语概况[J].民族语文，2006(3).

[9] 梁敏，张均如.侗台语族概论[M].北京：中国社会科学出版社，1996.

[10] Fang-Kuei Li, *A Handbook of Comparative Tai* [M]. Oceanic Linguistics Special Publications No.15. Honolulu: The University of Hawaii Press, 1977.

[11] Hoàng Trần Nghịch, Tòng Kim Ân. *Từ điển Thái-Việt* [Z]. Hà Nội: Nxb Khoa học Xã hội, 1990.

[12] Hoàng Văn Ma, Lục Văn Pảo. *Từ Điển Tày-Nùng-Việt* [Z]. Hà Nội: Nhà Xuất Bản Khoa Học Xã Hội, 1974.

[13] Hoàng Văn Ma, Lục Văn Pảo. *Từ điển Việt-Tày-Nùng* [Z]. Hà Nội: Nhà Xuất Bản Khoa Học Xã Hội, 1984.

[14] Hoàng Văn Ma, Vũ Bá Hùng. *Tiếng Pu Peo* [M]. Hà Hội: Nxb Khoa học Xã hội, 1992.

[15] Nguyễn Văn Khang (chủ biên), Bùi Chỉ, Hoàng Văn Hành. *Từ điển Mường-Việt* [Z]. Hà Nội: Nxb Văn hóa Dân tộc, 2002.

附录1

# 泰文与国际音标对照表

## 一、声母

### (一) 单辅音声母

| 序号 | 泰文 | 国际音标 | 例词 |
|---|---|---|---|
| 1 | ป | [p] | ปาก嘴 |
| 2 | พ | [ph] | พ่อ父亲 |
| 3 | ภ | | ภู土山 |
| 4 | ผ | | ผัก菜 |
| 5 | บ | [ʔb] | บอด瞎 |
| 6 | ม | [m] | ไม้树 |
| 7 | หม | | เหม็น臭 |
| 8 | ฟ | [f] | ฟอง泡沫 |
| 9 | ฝ | | ฝน雨 |
| 10 | ว | [w] | ไว快 |
| 11 | หว | | หวาน甜 |
| 12 | ต | [t] | ตัด剪 |
| 13 | ฏ | | โฏฏะ细的，小的，少的 |
| 14 | ท | [th] | ทาง路 |
| 15 | ถ | | ไถ犁（田） |
| 16 | ธ | | ธง旗子 |
| 17 | ฐ | | ฐาน地方 |
| 18 | ฑ | | ฑิมภ์孩子 |
| 19 | ฒ | | เฒ่า老，年迈 |
| 20 | ด | [ʔd] | ดี好 |
| 21 | ฎ | | ฎีกา注解 |
| 22 | น | [n] | ใน里面 |
| 23 | หน | | ไหนฮ哪儿 |
| 24 | ณ | | ณ在，于 |

(续上表)

| 序号 | 泰文 | 国际音标 | 例词 |
|---|---|---|---|
| 25 | ล | [l] | ลาย 花纹 |
| 26 | หล | | หลาย 多 |
| 27 | จ | [ts] | ใจ 心脏 |
| 28 | ช | [tsh] | ชาย 男 |
| 29 | ฉ | | ฉัน 我（女性第一人称） |
| 30 | ฌ | | ฌูก 荷花 |
| 31 | ส | [s] | สาว 姑娘 |
| 32 | ซ | | ซ้าย 左 |
| 33 | ศ | | ศอก 肘 |
| 34 | ษ | | ภาษา 语言 |
| 35 | ร | [r] | เรา 咱们 |
| 36 | ฤ | | ฤดู 季节 |
| 37 | ฤๅ | | ฤๅ 不，非 |
| 38 | ย | [j] | ยาว 长 |
| 39 | ญ | | ญาติ 亲属，亲戚 |
| 40 | หญ | | หญิง 女性 |
| 41 | ก | [k] | กา 乌鸦 |
| 42 | ข | [kh] | แข้ง 小腿 |
| 43 | ค | | คา 茅草 |
| 44 | ฆ | | ฆ่า 杀 |
| 45 | ง | [ŋ] | งา 芝麻 |
| 46 | หง | | หงอน（鸡）冠 |
| 47 | อ | [ʔ] | ไอ 咳嗽 |
| 48 | ห | [h] | หก 六 |
| 49 | ฮ | | ฮูฮู 鱼翅 |

## (二)复辅音声母

| 序号 | 泰文 | 国际音标 | 例词 |
|---|---|---|---|
| 1 | ปล | [pl] | ปลา 鱼 |
| 2 | ผล | [phl] | ผลุนผลัน 突然 |
| 3 | พล | | เพลิดเพลิน 陶醉 |
| 4 | กล | [kl] | ไกล 远 |
| 5 | ขล | [khl] | ขลุ่ย 箫 |
| 6 | คล | | คลัง 仓库 |
| 7 | ปร | [pr] | แปรง 刷(牙) |
| 8 | พร | [phr] | พร่อง 减少 |
| 9 | ตร | [tr] | ตรง 直 |
| 10 | กร | [kr] | กรอบ 包围 |
| 11 | คร | [khr] | ใคร 谁 |

## (三)唇化声母

| 序号 | 泰文 | 国际音标 | 例词 |
|---|---|---|---|
| 1 | กว | [kw] | กว้าง 宽 |
| 2 | ขว | [khw] | ขวาง 横 |
| 3 | คว | | ควาย 水牛 |

# 二、韵母

## (一)元音韵母

| 序号 | 泰文 | 国际音标 | 例词 |
|---|---|---|---|
| 1 | ○า❶ | [aː] | หมา 狗 |
| 2 | ○ะ | [a] | กระ玳瑁 |
| 3 | แ○ | [ɛː] | แก่ 老 |
| 4 | แ○ะ | [ɛ] | แกะ 羊 |
| 5 | เ○ | [eː] | รถเมล์ 公共汽车 |
| 6 | เ○ะ | [e] | เกะ 短 |

---

❶ "○"表示声母的位置。

附录1　泰文与国际音标对照表

(续上表)

| 序号 | 泰文 | 国际音标 | 例词 |
|---|---|---|---|
| 7 | อี | [i:] | มี 有 |
| 8 | อิ | [i] | กสิ 农事，种植，耕种 |
| 9 | เออ | [ə:] | เก้อ 尴尬 |
| 10 | เออะ | [ə] | เคอะ 呆板 |
| 11 | ออ | [ɔ:] | คอ 脖子 |
| 12 | เอาะ | [ɔ] | เคาะ 敲 |
| 13 | โอ | [o:] | โม่ 磨子 |
| 14 | โอะ | [o] | โป๊ะ 灯罩 |
| 15 | อู | [u:] | งู 蛇 |
| 16 | อุ | [u] | กรุ 衬，垫底 |
| 17 | อื | [ɯ:] | มือ 手 |
| 18 | อึ | [ɯ] | คร่ 陈旧，过时 |

## (二) 复合元音韵母

### 1. 二合元音韵母

| 序号 | 泰文 | 国际音标 | 例词 |
|---|---|---|---|
| 1 | อาย | [a:i] | ฝ้าย 棉花 |
| 2 | ใอ | [ai] | ไม้ 树 |
| 3 | ไอ | [ai] | ใบ 叶子 |
| 4 | อัย | [ai] | วิทยาลัย 学院 |
| 5 | เอย | [ə:i] | เขย 女婿 |
| 6 | ออย | [ɔ:i] | อ้อย 甘蔗 |
| 7 | อ๊อย | [ɔi] | ผ็อย 即刻，马上 |
| 8 | โอย | [o:i] | โกย 扒，拢 |
| 9 | อุย | [ui] | รุย 苍蝇 |
| 10 | อาว | [a:u] | คาว 腥 |
| 11 | เอา | [au] | เหล้า 酒 |
| 12 | แอว | [ɛ:u] | แห้ว 荸荠 |

(续上表)

| 序号 | 泰文 | 国际音标 | 例词 |
|---|---|---|---|
| 13 | เอว | [e:u] | เร่ว小豆蔻 |
| 14 | เอ็ว | [eu] | เร็ว快 |
| 15 | อิว | [iu] | หิ้ว提（篮子） |
| 16 | เอีย | [i:a] | เลีย舔 |
| 17 | เอียะ | [ia] | เกี๊ยะ木屐 |
| 18 | อัว | [u:a] | หัว头 |
| 19 | เอือ | [ɯ:a] | เสื้อ衣服 |

## 2. 三合元音韵母

| 序号 | 泰文 | 国际音标 | 例词 |
|---|---|---|---|
| 1 | อวย | [u:ai] | ถ้วย碗 |
| 2 | เอีย | [ɯ:ai] | เหนื่อย累 |
| 3 | เอียว | [i:au] | เดียว一 |

## （三）韵母

### 1. -m韵尾

| 序号 | 泰文 | 国际音标 | 例词 |
|---|---|---|---|
| 1 | อาม | [a:m] | ข้าม跨 |
| 2 | อำ | [am] | ดำ黑 |
| 3 | อัม | | กรัม克（重量单位） |
| 4 | แอม | [ɛ:m] | แก้ม脸颊 |
| 5 | เอม | [e:m] | เล่ม（一）本（书） |
| 6 | เอ็ม | [em] | เต็ม满 |
| 7 | อีม | [i:m] | ทีม队，组 |
| 8 | อิม | [im] | อิ่ม饱 |
| 9 | เอียม | [i:am] | เกรียม焦糊 |
| 10 | เอิม | [ə:m] | เคลิ้ม昏昏欲睡 |
| 11 | ออม | [ɔ:m] | ผอม瘦 |
| 12 | โอม | [o:m] | โซม湿透 |
| 13 | อม | [om] | ขม苦 |

(续上表)

| 序号 | 泰文 | 国际音标 | 例词 |
|---|---|---|---|
| 14 | ○ูม | [u:m] | กรูม 遮盖，蒙住 |
| 15 | ○ุม | [um] | กรุ่ม 灼热，热烘烘 |
| 16 | ○วม | [u:am] | ท่วม 淹没 |
| 17 | ○ืม | [ɯ:m] | ยืม 借 |
| 18 | ○ึม | [ɯm] | ครึ้ม 满足，高兴 |
| 19 | เ○ือม | [ɯ:am] | เหลือม 蟒蛇 |

## 2. -n 韵尾

| 序号 | 泰文 | 国际音标 | 例词 |
|---|---|---|---|
| 1 | ○าน | [a:n] | คาน 扁担 |
| 2 | ○ัน | [an] | ฟัน 牙齿 |
| 3 | แ○น | [ɛ:n] | แขน 胳膊 |
| 4 | เ○น | [e:n] | เม่น 豪猪 |
| 5 | เ○็น | [en] | เป็น 是 |
| 6 | ○ีน | [i:n] | ตีน 脚 |
| 7 | ○ิน | [in] | บิน 飞 |
| 8 | เ○ียน | [i:an] | เขียน 写 |
| 9 | เ○ิน | [ə:n] | เงิน 钱 |
| 10 | ○อน | [ɔ:n] | ก่อน 先 |
| 11 | โ○น | [o:n] | โค่น 砍倒 |
| 12 | ○น | [on] | ขน 毛 |
| 13 | ○ูน | [u:n] | ปูน 石灰 |
| 14 | ○ุน | [un] | อุ่น 温（水） |
| 15 | วน | [u:an] | สวน 园子 |
| 16 | ○ืน | [ɯ:n] | ตื้น 浅 |
| 17 | ○ึน | [ɯn] | ขึ้น 上（山） |
| 18 | เ○ือน | [ɯ:an] | เดือน 月亮 |

## 3. -ŋ 韵尾

| 序号 | 泰文 | 国际音标 | 例词 |
|---|---|---|---|
| 1 | าง | [a:ŋ] | คาง 下巴 |
| 2 | ั ง | [aŋ] | หลัง 脊背 |
| 3 | แ ง | [ɛ:ŋ] | แรง 力气 |
| 4 | แ็ง | [ɛŋ] | แข็ง 硬 |
| 5 | เ ง | [e:ŋ] | เข่ง 筐子 |
| 6 | เ็ง | [eŋ] | เล็ง 瞄准 |
| 7 | ิง | [iŋ] | ปลิง 水蛭 |
| 8 | เียง | [i:aŋ] | เขียง 砧板 |
| 9 | เ ิง | [ə:ŋ] | เชิง 计谋 |
| 10 | อง | [ɔ:ŋ] | ห้อง 房间 |
| 11 | โ ง | [o:ŋ] | โรง 作坊 |
| 12 | ง | [oŋ] | ด้ง 簸箕 |
| 13 | ูง | [u:ŋ] | สูง 高 |
| 14 | ุง | [uŋ] | ถุง 袋子 |
| 15 | วง | [u:aŋ] | รวง 穗儿 |
| 16 | ึง | [ɯŋ] | ถึง 到 |
| 17 | เ ือง | [ɯ:aŋ] | เหลือง 黄 |

## (三) 塞韵尾

### 1. -p 韵尾

| 序号 | 泰文 | 国际音标 | 例词 |
|---|---|---|---|
| 1 | าบ | [a:p] | สาบ 蟑螂 |
| 2 | ั บ | [ap] | หลับ 闭 (眼) |
| 3 | แ บ | [ɛ:p] | แกลบ 粗糠 |
| 4 | แ็บ | [ɛp] | แท็ป 踢踏舞 |
| 5 | เ บ | [e:p] | เป๊ป 鹿受惊的叫声 |
| 6 | เ็บ | [ep] | เห็บ 冰雹 |
| 7 | ีบ | [i:p] | กีบ 蹄子 |

（续上表）

| 序号 | 泰文 | 国际音标 | 例词 |
|---|---|---|---|
| 8 | ิบ | [ip] | ดิบ 生（肉） |
| 9 | เียบ | [i:ap] | เฉียบ 锐利 |
| 10 | เิบ | [ə:p] | เฉิบ 缓缓，徐徐 |
| 11 | อบ | [ɔ:p] | กอบ 捧（水喝） |
| 12 | โบ | [o:p] | โฉบ（鸟）飞掠 |
| 13 | บ | [op] | ขบ 咬 |
| 14 | ูบ | [u:p] | จูบ 吻 |
| 15 | ุบ | [up] | ทุบ 砸 |
| 16 | วบ | [u:ap] | ขวบ 周岁 |
| 17 | ืบ | [ɯ:p] | คืบ（一）拃 |
| 18 | ึบ | [ɯp] | ทึบ 实心 |
| 19 | เือบ | [ɯ:ap] | เคลือบ 涂，抹 |

## 2. -t 韵尾

| 序号 | 泰文 | 国际音标 | 例词 |
|---|---|---|---|
| 1 | าด | [a:t] | กวาด 扫 |
| 2 | ัด | [at] | หมัด 跳蚤 |
| 3 | ัช |  | กรัช กาย 身体，躯体 |
| 4 | แด | [ɛ:t] | แปด 八 |
| 5 | เด | [e:t] | เกด [植]铁线子 |
| 6 | เ็ด | [et] | เห็ด 蘑菇 |
| 7 | ีด | [i:t] | มีด 刀子 |
| 8 | ิด | [it] | หิด 疥疮 |
| 9 | เียด | [i:at] | เคียด 绷紧，紧张 |
| 10 | เิด | [ə:t] | เปิด 揭开 |
| 11 | อด | [ɔ:t] | กอด 搂抱 |
| 12 | ็อด | [ɔt] | ช็อด（高尔夫球）击球 |
| 13 | โด | [o:t] | โพด 过多，过量 |

（续上表）

| 序号 | 泰文 | 国际音标 | 例词 |
|---|---|---|---|
| 14 | ๐ด | [ot] | มด蚂蚁 |
| 15 | ฺูด | [u:t] | ดูด吮 |
| 16 | ฺุด | [ut] | ขุด挖 |
| 17 | ๐วด | [u:at] | กรวด卵石 |
| 18 | ฺื๊ด | [ɯ:t] | ครืด充斥，遍布 |
| 19 | ฺึ๊ด | [ɯt] | จืด（味）淡 |
| 20 | เ๐ือด | [ɯ:at] | เรือด臭虫 |

## 3. -k 韵尾

| 序号 | 泰文 | 国际音标 | 例词 |
|---|---|---|---|
| 1 | ๐าก | [a:k] | ลาก拉 |
| 2 | ฺั๊ก | [ak] | หนัก重 |
| 3 | แ๐ก | [ɛ:k] | แบก扛 |
| 4 | แ๐็ก | [ɛk] | แช็ก打火机打火时发出的声音 |
| 5 | เ๐ก | [e:k] | เค้ก奶油蛋糕 |
| 6 | เ๐็ก | [ek] | เด็ก小孩 |
| 7 | ฺี๊ก | [i:k] | ปีก翅膀 |
| 8 | ฺิ๊ก | [ik] | พริก辣椒 |
| 9 | เ๐ียก | [i:ak] | เรียก叫，唤，号召 |
| 10 | เ๐ิก | [ə:k] | เลิก取消 |
| 11 | ๐อก | [ɔ:k] | หมอก雾 |
| 12 | ฺ็๊อก | [ɔk] | กร็อกกร๋อย干瘪，干巴，干枯 |
| 13 | โ๐ก | [o:k] | โคก高地 |
| 14 | ๐ก | [ok] | หก六 |
| 15 | ฺูก | [u:k] | กระดูก骨头 |
| 16 | ฺุก | [uk] | ปลุก叫醒 |
| 17 | วก | [u:ak] | หมวก帽子 |
| 18 | ฺึ๊ก | [ɯk] | หมึก墨 |
| 19 | เ๐ือก | [ɯ:ak] | เชือก绳子 |

## 三、声调

| 调类 | 调值 | 调号<br>声母为中辅音❶ | 调号<br>声母为高辅音❷ | 调号<br>声母为低辅音❸ |
|---|---|---|---|---|
| 第1调 | 24 | ◌่。กระเป๋า口袋 | 不标。ขา腿 | |
| 第2调 | 33 | 不标。กา乌鸦 | | 不标。เรือ船 |
| 第3调 | 41 | ◌้。กล้า秧苗 | ◌้。เถ้า灰烬 | |
| 第4调 | 453 | ◌๊。กะจั๊ว蟑螂 | | ①◌๋。ม้า马<br>②不标。และ连词。和，与 |
| 第5调 | 22 | ①◌่。ก่อง肚兜<br>②不标。กะ估计 | ①◌่。ข่าง陀螺<br>②不标。ฃะ砍，切 | |
| 第6调 | 41 | | | ◌่。แม่母亲 |
| 第7调 | 22 | 不标。เจ็ด七 | 不标。ขุด挖 | |
| 第8调 | 453 | | | 不标。มด蚂蚁 |
| 第9调 | 22 | 不标。แปด八 | 不标。แขก客人 | |
| 第10调 | 41 | | | 不标。มีด刀子 |

注：1. 与同语支其他语言相比，泰语第6调已并入第3调。
  2. 第7、第8调主要元音为短元音，第9、第10调主要元音为长元音。

❶中辅音：ก、จ、ด、ฎ、ต、ฏ、ป、อ、กร、กล、กว、ตร、ปร、ปล。
❷高辅音：ข、ฉ、ถ、ฐ、ผ、ฝ、ส、ศ、ษ、ห、ขร、ขล、ขว、ผล、หง、หญ、หน、หม、หย、หร、หล、หว。
❸低辅音：ค、ฆ、ง、ช、ฌ、ซ、ท、ฑ、ธ、ฒ、น、ณ、พ、ภ、ฟ、ม、ย、ญ、ร、ล、ฬ、ว、ฮ、คร、คล、คว、
   พร、พล。

# 附录2

# 老挝文与国际音标对照表

## 一、声母

### (一) 单辅音声母

| 序号 | 老挝文 | 国际音标 | 例词 |
|---|---|---|---|
| 1 | ປ | [p] | ປູ່ 祖父 |
| 2 | ຜ | [ph] | ເຜົາ 焚烧 |
| 3 | ພ | | ພໍ່ 父亲 |
| 4 | ບ | [ʔb] | ບໍ່ 不 |
| 5 | ມ | [m] | ແມ່ 母亲 |
| 6 | ຫມ(ໝ) | | ໝູ 猪 |
| 7 | ຟ | [f] | ໄຟ 火 |
| 8 | ຝ | | ຝົນ 雨 |
| 9 | ວ | [v] | ແວບ 瘪 |
| 10 | ຫວ | | ຫວານ 甜 |
| 11 | ຕ | [t] | ຕາ 眼睛 |
| 12 | ດ | [ʔd] | ໄດ້ 得到 |
| 13 | ທ | [th] | ເທົາ 灰烬 |
| 14 | ຖ | | ເຖິງ 到 |
| 15 | ນ | [n] | ນາ 田 |
| 16 | ຫນ(ໜ) | | ໜ້າ 脸 |
| 17 | ລ | [l] | ລັກ 偷 |
| 18 | ຫຼ | | ໄຫຼ 流 |
| 19 | ຫລ | | ຫລຸດ 滑脱 |
| 20 | ຈ | [ʦ] | ໃຈ 心脏 |
| 21 | ຊ | [s] | ຊ້າຍ 左 |
| 22 | ສ | | ສາມ 三 |
| 23 | ຣ | [r] | ທິນຣູຕິນ 金红石 |

(续上表)

| 序号 | 老挝文 | 国际音标 | 例词 |
|---|---|---|---|
| 24 | ຍ | [ɲ] | ຍຸງ 蚊子 |
| 25 | ຫຍ | | ໃຫຍ່ 大 |
| 26 | ຢ | [j] | ຢາ 药 |
| 27 | ກ | [k] | ເກົ້າ 九 |
| 28 | ຂ | [kh] | ຂາຍ 卖 |
| 29 | ຄ | | ຄ່ອຍ 慢 |
| 30 | ງ | [ŋ] | ງ່າຍ 容易 |
| 31 | ຫງ | | ເຫງື່ອ 汗 |
| 32 | ອ | [ʔ] | ອາວ 叔父 |
| 33 | ຣ | [h] | ເຮົາ 咱们 |
| 34 | ຫ | | ຫາ 找 |

## (二)腭化声母

| 序号 | 老挝文 | 国际音标 | 例词 |
|---|---|---|---|
| 1 | ປຼ | [pl] | ໂປຼຕິດ 蛋白质 |
| 2 | ບຼ | [ʔbl] | ບຼູ ໄວ 文莱 |
| 3 | ຟຼ | [fl] | ຟຼູອຮ 氟 |
| 4 | ຕຼ | [tl] | ຕຼີໂປລີ 的黎波里（利比亚首都）|
| 5 | ກຼ | [kl] | ແກຼມ 冰淇淋 |

## (三)唇化声母

| 序号 | 老挝文 | 国际音标 | 例词 |
|---|---|---|---|
| 1 | ຕວ | [tw] | ຕວງກີ 土耳其 |
| 2 | ທວ | [thw] | ທວາຍ 猜 |
| 3 | ຖວ | | ຖວາຍ 进献，敬献 |
| 4 | ລວ | [lw] | ລວາດ 漫溢 |
| 5 | ຈວ | [tsw] | ຈວານ 渗开的 |
| 6 | ຂວ | [sw] | ຂວາດ 睡醒 |
| 7 | ສວ | | ສວ່າງ（病情）好转 |
| 8 | ຫຍວ | [ɲw] | ຫຍວ່າງໆ 唰唰（雨声）|

（续上表）

| 序号 | 老挝文 | 国际音标 | 例词 |
|---|---|---|---|
| 9 | ກວ | [kw] | ກວາດ 扫 |
| 10 | ຄວ | [khw] | ຄວາມ 话 |
| 11 | ຂວ | | ຂວາງ 横 |
| 12 | ງວ | [ŋw] | ງວາກ 掉转头看 |
| 13 | ອວ | [ʔw] | ອວນ 带领 |
| 14 | ຣວ | [hw] | ຣວາດ 浇 |

## 二、韵母

### （一）单元音韵母

| 序号 | 老挝文 | 国际音标 | 例词 |
|---|---|---|---|
| 1 | ◌າ❶ | [a] | པາ 鳖 |
| 2 | ◌ະ | [a] | ກະ 打算 |
| 3 | ແ◌ | [ɛ:] | ແພ 筏子 |
| 4 | ແ◌ະ | [ɛ] | ແກະ 雕刻 |
| 5 | ເ◌ | [e:] | ເກ 庸俗的 |
| 6 | ເ◌ະ | [e] | ເກະ（牛角等）短的 |
| 7 | ◌ີ | [i:] | ວີ 扇子 |
| 8 | ◌ິ | [i] | ກິ 短的，短小的 |
| 9 | ເ◌ີ | [ə:] | ເກີ 尴尬的 |
| 10 | ເ◌ິ | [ə] | ເກິ 惊愕 |
| 11 | ◌ໍ | [ɔ:] | ກໍ 喉咙 |
| 12 | ເ◌າະ | [ɔ] | ເກາະ 岛屿 |
| 13 | ໂ◌ | [o:] | ໂກ 华丽，漂亮 |
| 14 | ໂ◌ະ | [o] | ໂຕະ 桌子 |
| 15 | ◌ູ | [u:] | ກູ 筷子 |
| 16 | ◌ຸ | [u] | ກຸ 捏造 |
| 17 | ◌ື | [ɯ:] | ຊື້ 买 |
| 18 | ◌ຶ | [ɯ] | ກຶ 铺开，展开 |

❶ "◌" 表示声母的位置。

## （二）复合元音韵母

| 序号 | 老挝文 | 国际音标 | 例词 |
|---|---|---|---|
| 1 | ○າຍ | [a:i] | ຄວາຍ水牛 |
| 2 | ໄ○ | [ai] | ໄກ່鸡 |
| 3 | ໃ○ | | ໃຈ心脏 |
| 4 | ເ○ິຍ | [ə:i] | ເກິ່ຍ瞭望 |
| 5 | ○ອຍ | [ɔ:i] | ຫອຍ贝类 |
| 6 | ໂ○ຍ | [o:i] | ໂຄ່ຍ愚昧，无知 |
| 7 | ໂ○ັຍ | [oi] | ໂຄັຍ榫头 |
| 8 | ○ູຍ | [u:i] | ຄູຍ聊天 |
| 9 | ○ວຍ | [u:ai] | ກ້ວຍ香蕉 |
| 10 | ○ຸຍ | [ui] | ຄຸຍ流苏，穗子 |
| 11 | ○ຶຍ | [ɯ:i] | ເຂີຍ女婿 |
| 12 | ເ○ືອຍ | [ɯ:ai] | ເກືອຍ坍塌 |
| 13 | ○າວ | [a:u] | ສາວ姑娘 |
| 14 | ເ○ົາ | [au] | ເຫົາ头虱 |
| 15 | ແ○ວ | [ɛ:u] | ແກວ（粥）稀 |
| 16 | ເ○ວ | [e:u] | ເຮວ快 |
| 17 | ○ີວ | [i:u] | ນິ້ວ手指 |
| 18 | ○ຽວ | [i:au] | ກຽວ缠绕 |
| 19 | ○ິວ | [iu] | ສິ່ວ凿子 |
| 20 | ເ○ຍ | [i:a] | ເມຍ妻子 |
| 21 | ○ຽ | | ດອກເບ້ຍ利息 |
| 22 | ○ົວ | [u:a] | ບົ່ວ葱 |
| 23 | ○ົວະ | [ua] | ຄຳຕົວະ谎言 |
| 24 | ເ○ືອ | [ɯ:a] | ເກືອ盐 |

## （三）鼻韵母

### 1. -m韵尾

| 序号 | 老挝文 | 国际音标 | 例词 |
|---|---|---|---|
| 1 | ○າມ | [a:m] | ຫາມ抬 |
| 2 | ○ຳ | [am] | ນ້ຳ水 |

（续上表）

| 序号 | 老挝文 | 国际音标 | 例词 |
|---|---|---|---|
| 3 | ແວມ | [ɛ:m] | ແຫຼມ 尖 |
| 4 | ເວັມ | [em] | ເຄັມ 咸 |
| 5 | ີມ | [i:m] | ອີ່ມ 饱 |
| 6 | ິມ | [im] | ທິມ（足球）队 |
| 7 | ຽມ | [i:am] | ທຽມ 伪造 |
| 8 | ເີມ | [ə:m] | ເດີມ 最初 |
| 9 | ອມ | [ɔ:m] | ຫອມ 香（味） |
| 10 | ໂວມ | [o:m] | ໂຫມ 覆盖 |
| 11 | ົມ | [om] | ອົມ 含（在嘴里） |
| 12 | ູມ | [u:m] | ຫູມ 肿起的 |
| 13 | ວມ | [u:am] | ສວ້ມ 卧室 |
| 14 | ຸມ | [um] | ຕຸ່ມ 疮 |
| 15 | ືມ | [ɯ:m] | ລືມ 忘记 |
| 16 | ຶມ | [ɯm] | ຄຶມ 阴暗的 |
| 17 | ເືອມ | [ɯ:am] | ເຫຶືອມ 蟒 |

## 2. -n 韵尾

| 序号 | 老挝文 | 国际音标 | 例词 |
|---|---|---|---|
| 1 | ານ | [a:n] | ຄານ 爬行 |
| 2 | ັນ | [an] | ກັນ 互相 |
| 3 | ແວນ | [ɛ:n] | ແລ່ນ 跑 |
| 4 | ເວັນ | [en] | ເອັນ 筋 |
| 5 | ີນ | [i:n] | ຫີນ 石头 |
| 6 | ິນ | [in] | ສິ້ນ 裙子 |
| 7 | ຽນ | [i:an] | ຮຽນ 学 |
| 8 | ເີນ | [ə:n] | ເດີນ 走 |
| 9 | ເັນ | [ən] | ເງິນ 银 |
| 10 | ອນ | [ɔ:n] | ອ່ອນ 年幼 |
| 11 | ໂວນ | [o:n] | ໂຈນ 盗贼 |

（续上表）

| 序号 | 老挝文 | 国际音标 | 例词 |
|---|---|---|---|
| 12 | ◌ົນ | [on] | ມົນ 圆 |
| 13 | ◌ູນ | [u:n] | ປູນ 石灰 |
| 14 | ◌຺ນ | [un] | ຜ຺ນ 粉末 |
| 15 | ◌ວນ | [u:an] | ສວນ 园子 |
| 16 | ◌ືນ | [ɯ:n] | ອື່ນ 别的 |
| 17 | ◌຺ນ | [ɯn] | ຂຶ້ນ 上（山） |
| 18 | ເ◌ືອນ | [ɯ:an] | ເຮືອນ 房子 |

## 3. -ŋ 韵尾

| 序号 | 老挝文 | 国际音标 | 例词 |
|---|---|---|---|
| 1 | ◌າງ | [a:ŋ] | ຄາງ 呻吟 |
| 2 | ◌ັງ | [aŋ] | ຝັງ 埋 |
| 3 | ແ◌ງ | [ɛ:ŋ] | ແພງ 贵 |
| 4 | ເ◌ງ | [e:ŋ] | ເອງ 本人的 |
| 5 | ເ◌ັງ | [eŋ] | ເກັງ 估计 |
| 6 | ◌ີງ | [i:ŋ] | ປີງ 水蛭 |
| 7 | ◌ິງ | [iŋ] | ຂິງ 干枯的，干缩的 |
| 8 | ຽງ | [i:aŋ] | ກຽງ 三脚灶 |
| 9 | ເ◌ີງ | [ə:ŋ] | ເກີງ 遮光板 |
| 10 | ເ◌ິງ | [əŋ] | ເຊິງ 筛子 |
| 11 | ອງ | [ɔ:ŋ] | ກອງ 鼓 |
| 12 | ໂ◌ງ | [o:ŋ] | ໂກງ 欺诈 |
| 13 | ◌ົງ | [oŋ] | ລົງ 下（山） |
| 14 | ◌ູງ | [u:ŋ] | ຈູງ 牵（牛） |
| 15 | ◌຺ງ | [uŋ] | ມຸງ 盖（瓦） |
| 16 | ວງ | [u:aŋ] | ກວງ 蚌 |
| 17 | ◌ືງ | [ɯŋ] | ທຶງ 久 |
| 18 | ເ◌ືອງ | [ɯ:aŋ] | ເມືອງ 沟 |

## （四）塞韵母
### 1. -p韵尾

| 序号 | 老挝文 | 国际音标 | 例词 |
|---|---|---|---|
| 1 | ຄາບ | [a:p] | ຫາບ 挑（担子） |
| 2 | ຄັບ | [ap] | ຕັບ 肝 |
| 3 | ແຄບ | [ɛ:p] | ແກບ 粗糠 |
| 4 | ເຄບ | [e:p] | ເທບທິດາ 仙女 |
| 5 | ເຄັບ | [ep] | ເລັບ 爪子 |
| 6 | ຄີບ | [i:p] | ກີບ（花）瓣 |
| 7 | ຄິບ | [ip] | ຫຍິບ 缝（衣服） |
| 8 | ຄຽບ | [i:ap] | ຫຽບ 对照 |
| 9 | ເຄີບ | [ə:p] | ເຫີບ 缓慢的 |
| 10 | ຄອບ | [ɔ:p] | ຫອບ 抱（稻草） |
| 11 | ໂຄບ | [o:p] | ໂລບ 贪得无厌 |
| 12 | ຄົບ | [op] | ກົບ 田鸡 |
| 13 | ຄູບ | [u:p] | ລູບ 抚摸 |
| 14 | ຄຸບ | [up] | ກຸບ 斗笠 |
| 15 | ຄວບ | [u:ap] | ບວບ 丝瓜 |
| 16 | ຄຶບ | [ɯ:p] | ລືບ 剥离 |
| 17 | ຄຶບ | [ɯp] | ລຶບ 擦（黑板） |
| 18 | ເຄືອບ | [ɯ:ap] | ເຄືອບ 釉质 |

### 2. -t韵尾

| 序号 | 老挝文 | 国际音标 | 例词 |
|---|---|---|---|
| 1 | ຄາດ | [a:t] | ຝາດ 涩 |
| 2 | ຄັດ | [at] | ຫມັດ 跳蚤 |
| 3 | ແຄດ | [ɛ:t] | ແດດ 阳光 |
| 4 | ເຄດ | [e:t] | ເຂດ 领域，范围 |
| 5 | ເຄັດ | [et] | ເມັດ 颗粒 |
| 6 | ຄີດ | [i:t] | ຂີດ 擦（火柴） |
| 7 | ຄິດ | [it] | ຂິດ（用针状物）挑 |

(续上表)

| 序号 | 老挝文 | 国际音标 | 例词 |
|---|---|---|---|
| 8 | ◌ງด | [i:at] | ຫຍງດ 生气 |
| 9 | ເ◌ີດ | [ə:t] | ເຫີດ(指槟榔)干枯的 |
| 10 | ເ◌ິດ | [ət] | ເຫິດ 追上，赶上 |
| 11 | ◌ອດ | [ɔ:t] | ປອດ 肺 |
| 12 | ໂ◌ດ | [o:t] | ໂດດ 宗族 |
| 13 | ◌ົດ | [ot] | ມົດ 蚂蚁 |
| 14 | ◌ູດ | [u:t] | ດູດ 吮吸 |
| 15 | ◌ຸດ | [ut] | ຂຸດ 挖 |
| 16 | ◌ວດ | [u:at] | ຫນວດ 胡子 |
| 17 | ◌ືດ | [ɯ:t] | ຈືດ（味）淡 |
| 18 | ◌ຶດ | [ɯt] | ຄຶດ 考虑 |
| 19 | ເ◌ືອດ | [ɯ:at] | ເລືອດ 血 |

## 3. -k 韵尾

| 序号 | 老挝文 | 国际音标 | 例词 |
|---|---|---|---|
| 1 | ◌າກ | [a:k] | ຕາກ 晒 |
| 2 | ◌ັກ | [ak] | ພັກ 休息 |
| 3 | ແ◌ກ | [ɛ:k] | ແຂກ 客人 |
| 4 | ເ◌ກ | [e:k] | ເກກ 弯曲的 |
| 5 | ເ◌ັກ | [ek] | ເຫັກ 铁 |
| 6 | ◌ີກ | [i:k] | ຫຼີກ 让（路） |
| 7 | ◌ິກ | [ik] | ຕິກ 马口铁壶 |
| 8 | ◌ງກ | [i:ak] | ຫຽງກ 劈（柴火） |
| 9 | ເ◌ີກ | [ə:k] | ເລີກ 解散 |
| 10 | ເ◌ິກ | [ək] | ເຫິກ 胸 |
| 11 | ◌ອກ | [ɔ:k] | ອອກ 出 |
| 12 | ◌ົອກ | [ɔk] | ກົອກ 水龙头 |
| 13 | ໂ◌ກ | [o:k] | ໂລກ 世界 |

（续上表）

| 序号 | 老挝文 | 国际音标 | 例词 |
|---|---|---|---|
| 14 | ◌ົກ | [ok] | ບົກ（水位）下降 |
| 15 | ◌ູກ | [u:k] | ລູກ孩子 |
| 16 | ◌ວກ | [u:ak] | ປວກ白蚁 |
| 17 | ◌ຸກ | [uk] | ຂຸກ惊动 |
| 18 | ◌ື◌ກ | [ɯ:k] | ຕຶກ对（错） |
| 19 | ◌ຶກ | [ɯk] | ຕຶກ楼房 |
| 20 | ເ◌ືອກ | [ɯ:ak] | ເຊືອກ绳子 |

## 三、声调

| 调类 | 调值 | 调号<br>声母为中辅音❶ | 调号<br>声母为高辅音❷ | 调号<br>声母为低辅音❸ |
|---|---|---|---|---|
| 第1调 | 11 | ◌່。ເກ່า非常华丽的，入时的 | 不标。ขາย卖 | |
| 第1'调 | 33 | 不标。ໄປ去 | | |
| 第2调 | 35 | ①不标。ນາ田<br>②不标。ຈະ将要 | | 不标。ຄວາມ话 |
| 第3调 | 31 | | ◌້。ຂ້າ宰杀 | |
| 第4调 | 51 | ①◌້。ກຽ້ວ饺子<br>②◌້。ບ້ານ村子 | | ◌້。ໄມ້树 |
| 第5调 | 55 | ◌່。ດ່າ骂 | ①◌່。ທ່ຽວ游逛<br>②不标。ເນ腐烂的 | 不标。ບໍ不，未，绝非 |
| 第6调 | 55 | | | ◌່。ແມ່母亲 |
| 第7调 | 35 | 不标。ເປັດ鸭子 | 不标。ຜັກ菜 | |
| 第8调 | 55 | | | 不标。ນົກ鸟 |
| 第9调 | 31 | 不标。ປາກ嘴 | 不标。ຂວດ瓶子 | |
| 第10调 | 51 | | | 不标。ທວດ曾祖父母 |

注：1. 与同语支其他语言相比，老挝语第6调已并入第5调。

2. 第7、第8调主要元音为短元音，第9、第10调主要元音为长元音。

---

❶中辅音：ກ、ຈ、ດ、ຕ、ບ、ປ、ອ、ກວ、ຈວ、ຕວ、ອວ、ຢ、ຫຽ、ຫຍ、ຫຢ。

❷高辅音：ຂ、ຖ、ຜ、ຝ、ສ、ຫ、ຢ、ຖວ、ສວ、ຫງ、ຫຍ、ຫນ(ໜ)、ຫມ、ຫລ、ຫວ、ຫຢ。

❸低辅音：ຄ、ງ、ຊ、ທ、ນ、ພ、ຟ、ມ、ຢ、ຣ、ລ、ວ、ຮ、ຄວ、ງວ、ຊວ、ທວ、ຫຼ。

附录3

# 岱—侬文与国际音标对照表[1]

## 一、声母

### (一) 单辅音声母

| 序号 | 岱—侬文 | 国际音标 | 例词 |
|---|---|---|---|
| 1 | p | [p] | pac嘴 |
| 2 | ph | [ph] | phưa耙（农具名） |
| 3 | b | [ʔb] | bả发疯 |
| 4 | m | [m] | mu猪 |
| 5 | f | [f] | fầy火 |
| 6 | v | [v] | vǎm1浑浊 |
| 7 | t | [t] | tu1门 |
| 8 | th | [th] | thâng到 |
| 9 | đ | [ʔd] | đang身体 |
| 10 | n | [n] | nặm水 |
| 11 | sl | [ɬ] | slam三 |
| 12 | r | [r] | rǎng1什么 |
| 13 | l | [l] | lồm风 |
| 14 | ch | [tɕ] | chả秧苗 |
| 15 | x | [ɕ] | xu耳朵 |
| 16 | nh | [ɲ] | nhuôt胡子 |
| 17 | d | [j] | da药 |
| 18 | c | [k] | ca乌鸦 |
| 19 | k | | ké老 |
| 20 | kh | [kh] | kha腿 |
| 21 | ng | [ŋ] | ngậu莲藕 |
| 22 | Ø（零声母） | [ʔ] | à张（嘴） |
| 23 | h | [h] | hap挑（担子） |

[1] 岱—侬文引自黄文麻、陆文宝：《岱—侬越词典》，河内：社会科学出版社，1974年。原文缺调值。

## （二）颚化声母

| 序号 | 岱—侬文 | 国际音标 | 例词 |
|---|---|---|---|
| 1 | pj | [pj] | pja 鱼 |
| 2 | phj | [phj] | phjôm 头发 |
| 3 | bj | [ʔbj] | bjai 耕田，除草 |
| 4 | mj | [mj] | mjoọng 漱（口） |

## （三）唇化声母

| 序号 | 岱—侬文 | 国际音标 | 例词 |
|---|---|---|---|
| 1 | to | [tw] | toạt 排（田水） |
| 2 | tu | | tuẩy 火把 |
| 3 | tho | [thw] | thùm thọa 摸索 |
| 4 | đo | [ʔdw] | đoạn 部分 |
| 5 | đu | | đuây 梯子 |
| 6 | no | [nw] | noài 微微倾斜 |
| 7 | nu | | nuẩy 鲤鱼 |
| 8 | ro | [rw] | rỏa 淘洗 |
| 9 | ru | | ruể 撒 |
| 10 | slo | [ɬw] | sloáng 痛快 |
| 11 | slu | | sluậy（猪）嚼 |
| 12 | lo | [lw] | loet 迅速地跑 |
| 13 | lu | | luây 流 |
| 14 | qu | [kw] | quảng 宽 |
| 15 | kho | [khw] | khoang 横 |
| 16 | khu | | khuyêt 青蛙 |
| 17 | ngo | [ŋw] | ngọa 瓦 |
| 18 | ngu | | dì nguyên 宁愿 |
| 19 | ho | [hw] | hoa mì 画眉 |
| 20 | cho | [tɕw] | chỏa（头发）耷拉 |
| 21 | chu | | chuẩy 大锥子 |

（续上表）

| 序号 | 岱—侬文 | 国际音标 | 例词 |
|---|---|---|---|
| 22 | xo | [sw] | xoet擦过，掠过 |
| 23 | xu | | xuân春天 |
| 24 | nho | [ɲw] | nhoạ倾斜 |
| 25 | do | [jw] | doạng渔网 |
| 26 | du | | duẩy滴下 |

## 二、韵母

### （一）单元音韵母

| 序号 | 岱—侬文 | 国际音标 | 例词 |
|---|---|---|---|
| 1 | a | [a] | fạ天 |
| 2 | e | [ɛ] | chẻ浸泡 |
| 3 | ê | [e] | dế呀（语气词，表示惊愕） |
| 4 | i | [i] | mì有 |
| 5 | y | | khúy骑 |
| 6 | ơ | [ə] | cớ旗子 |
| 7 | o | [ɔ] | cho租 |
| 8 | ô | [o] | độ考取 |
| 9 | u | [u] | thú筷子 |
| 10 | ư | [ɯ] | mừ手 |

### （二）复合元音韵母

| 序号 | 岱—侬文 | 国际音标 | 例词 |
|---|---|---|---|
| 1 | ai | [a:i] | cài吐（骨头） |
| 2 | ay | [ai] | cáy鸡 |
| 3 | ơi | [ə:i] | hơi气味 |
| 4 | ây | [əi] | bây黑橄榄 |
| 5 | oi | [ɔi] | òi甘蔗 |
| 6 | ôi | [oi] | chổi婉言谢绝 |
| 7 | uôi | [u:i] | phuối说 |

（续上表）

| 序号 | 岱—侬文 | 国际音标 | 例词 |
|---|---|---|---|
| 8 | ui | [ui] | thúi责骂 |
| 9 | ươi | [ɯ:i] | khươi女婿 |
| 10 | ao | [a:u] | báo小伙子 |
| 11 | au | [au] | cáu旧 |
| 12 | eo | [ɛu] | đeo一 |
| 13 | êu | [eu] | rểu哎哟（表示疼痛） |
| 14 | iêu | [i:u] | điêu睡醒 |
| 15 | iu | [iu] | hiu提 |
| 16 | yu | [iu] | khuýu lồm吹口哨 |
| 17 | ơu | [ɤ:u] | òu好的，是（恭敬应诺之辞） |
| 18 | âu | [əu] | báu不 |
| 19 | âư | [əɯ] | bâư叶子 |

## （三）鼻韵母

### 1. -m韵尾

| 序号 | 岱—侬文 | 国际音标 | 例词 |
|---|---|---|---|
| 1 | am | [a:m] | nam刺儿 |
| 2 | ăm | [am] | bẳm鱼露 |
| 3 | em | [ɛm] | tẻm垫 |
| 4 | êm | [em] | khêm针 |
| 5 | iêm | [i:m] | sliểm尖 |
| 6 | im | [im] | lim楔子 |
| 7 | ơm | [ə:m] | lòm烦闷 |
| 8 | âm | [əm] | lậm（字迹）模糊 |
| 9 | om | [ɔm] | chóm催眠 |
| 10 | ôm | [om] | bôm大盘子 |
| 11 | uôm | [u:m] | cuôm戴（斗笠） |
| 12 | um | [um] | chùm渗透 |
| 13 | ươm | [ɯ:m] | cườm白橄榄 |
| 14 | ưm | [ɯm] | lừm忘记 |

## 2. -n 韵尾

| 序号 | 岱—侬文 | 国际音标 | 例词 |
|---|---|---|---|
| 1 | an | [aːn] | an 鞍 |
| 2 | ăn | [an] | căn 互相 |
| 3 | en | [ɛn] | ten 名字 |
| 4 | ên | [en] | bên 飞 |
| 5 | iên | [iːn] | thiên 认出 |
| 6 | yên | | luyện 装饭的大钵 |
| 7 | in | [in] | đin 泥土 |
| 8 | ơn | [əːn] | ơn 恩情 |
| 9 | ân | [ən] | cần 人 |
| 10 | on | [ɔn] | chon 闩（门） |
| 11 | ôn | [on] | cồn 屁股 |
| 12 | uôn | [uːn] | sluôn 园子 |
| 13 | un | [un] | cún 断 |
| 14 | ươn | [ɯːn] | bươn（一个）月 |
| 15 | ưn | [ɯn] | cừn 夜里 |

## 3. -ŋ 韵尾

| 序号 | 岱—侬文 | 国际音标 | 例词 |
|---|---|---|---|
| 1 | ang | [aːŋ] | áng 盆 |
| 2 | ăng | [aŋ] | lăng 后面 |
| 3 | eng | [ɛːŋ] | mèng 虫子 |
| 4 | anh | [ɛŋ] | bánh 轮子 |
| 5 | ênh | [eŋ] | quạng thếnh 寂静无声 |
| 6 | iêng | [iːŋ] | thiêng 小茅棚 |
| 7 | inh | [iŋ] | chình 墙 |
| 8 | âng | [əŋ] | hâng 久 |
| 9 | oong | [ɔːŋ] | sloong 二 |
| 10 | ong | [ɔŋ] | ỏng mừ 掌心 |
| 11 | ông | [oŋ] | đông 森林 |

（续上表）

| 序号 | 岱—侬文 | 国际音标 | 例词 |
|---|---|---|---|
| 12 | uông | [u:ŋ] | buông篓子 |
| 13 | ung | [uŋ] | cùng虾 |
| 14 | ương | [ɯ:ŋ] | bưởng（东）边 |
| 15 | ưng | [ɯŋ] | bừng仗势 |

## （四）塞韵母

### 1. -p韵尾

| 序号 | 岱—侬文 | 国际音标 | 例词 |
|---|---|---|---|
| 1 | ap | [a:p] | chap（一）拃 |
| 2 | ăp | [ap] | băp玉米 |
| 3 | ep | [ɛp] | chep嫁接 |
| 4 | êp | [ep] | chêp痛 |
| 5 | iêp | [i:p] | điêp爱 |
| 6 | ip | [ip] | chip折叠 |
| 7 | ơp | [ə:p] | lơp班级 |
| 8 | âp | [əp] | châp遇见 |
| 9 | op | [ɔp] | chop蘑菇 |
| 10 | ôp | [op] | côp田鸡 |
| 11 | uôp | [u:p] | khuôp周年 |
| 12 | up | [up] | chup斗笠 |
| 13 | ươp | [ɯ:p] | hươp戒除 |
| 14 | ưp | [ɯp] | lưp（一）层 |

### 2. -t韵尾

| 序号 | 岱—侬文 | 国际音标 | 例词 |
|---|---|---|---|
| 1 | at | [a:t] | bat疮 |
| 2 | ăt | [at] | băt贵 |
| 3 | et | [ɛt] | đet阳光 |
| 4 | êt | [et] | bêt鱼钩 |
| 5 | iêt | [i:t] | diêt休息 |

(续上表)

| 序号 | 岱—侬文 | 国际音标 | 例词 |
|---|---|---|---|
| 6 | it | [it] | đit溅 |
| 7 | ât | [ət] | cât拆除 |
| 8 | ot | [ɔt] | bot瞎 |
| 9 | ôt | [ot] | ôt塞，堵住 |
| 10 | uôt | [u:t] | thuôt反弹 |
| 11 | ut | [ut] | chut（咸）淡 |
| 12 | ươt | [ɯ:t] | lượt臭虫 |
| 13 | ưt | [ɯt] | lưt lưt水流湍急的样子 |

3. -k韵尾

| 序号 | 岱—侬文 | 国际音标 | 例词 |
|---|---|---|---|
| 1 | ac | [a:k] | dac饿 |
| 2 | ăc | [ak] | băc北 |
| 3 | ec | [ɛ:k] | bec扛 |
| 4 | ach | [ɛk] | bạch ngạch胡乱 |
| 5 | êch | [ek] | đêch小孩 |
| 6 | iêc | [i:k] | chiêc破（竹篾） |
| 7 | ich | [ik] | hich锡 |
| 8 | âc | [ək] | đâc（一）滴 |
| 9 | ooc | [ɔ:k] | bjooc花儿 |
| 10 | oc | [ɔk] | đọc đạch一拐一拐的 |
| 11 | ôc | [ok] | bôc（水位）下降 |
| 12 | uôc | [u:k] | cuôc锄头 |
| 13 | uc | [uk] | chuc粥 |
| 14 | ươc | [ɯ:k] | chược绳子 |
| 15 | ưc | [ɯk] | chực等候 |

## 三、声调

| 调类 | 调号 | 例词 | 调类 | 调号 | 例词 |
|---|---|---|---|---|---|
| 第1调 | 不标 | mu 猪 | 第5调 | ´ | tái 岳母 |
| 第2调 | ` | ngù 蛇 | 第6调 | ̣ | nặng 坐 |
| 第3调 | ̉ | nả 脸 | 第7调 | 不标 | côp 青蛙 |
| 第4调 | . | nặm 水 | 第8调 | . | lượt 臭虫 |

注：1. 与同语支其他语言相比，岱-侬语第6调已并入第3调；

2. 第7，第8调带 -p，-t，-c（-ch）韵尾。

附录4

# 越南泰文与国际音标对照表[1]

## 一、声母

### (一) 单辅音声母

| 序号 | 越南泰文 | 国际音标 | 例词 |
|---|---|---|---|
| 1 | p | [p] | pa 鱼 |
| 2 | ph | [ph] | phụk 席子 |
| 3 | b | [ʔb] | bin 飞 |
| 4 | m | [m] | mạ 马 |
| 5 | v | [v] | vãy 快 |
| 6 | t | [t] | tà 渡口 |
| 7 | th | [th] | thả 等候 |
| 8 | đ | [ʔd] | đáp 剑 |
| 9 | n | [n] | nao 冷 |
| 10 | l | [l] | lỗng 下（山） |
| 11 | ch | [ʦ] | chík 撕 |
| 12 | x | [s] | xiếng 占卜 |
| 13 | nh | [ɲ] | nháu 大 |
| 14 | d | [j] | dú 在 |
| 15 | c | [k] | ca 乌鸦 |
| 16 | k |  | kẻ 脱（鞋子） |
| 17 | kh | [kh] | khảu 进（屋） |
| 18 | ng | [ŋ] | ngã（象）牙 |
| 19 | ngh |  | nghẽ 橘子 |
| 20 | Ø（零声母） | [ʔ] | ỏi 甘蔗 |
| 21 | h | [h] | hóc 六 |

[1] 越南泰文引自黄陈逆、从金恩：《泰越词典》，河内：社会科学出版社，1990年。原文缺调值。

## （二）唇化声母

| 序号 | 越南泰文 | 国际音标 | 例词 |
|---|---|---|---|
| 1 | qu | [kw] | quảng 宽 |
| 2 | kho | [khw] | khoen 挂 |
| 3 | khu |  | khuy 枯萎 |
| 4 | ngo | [ŋw] | ngoại 掉转头 |
| 5 | o | [ʔw] | oan 冤 |
| 6 | ho | [hw] | hoạt hoạt 稀里呼噜（吃喝的声音） |

## （三）复辅音声母❶

| 序号 | 越南泰文 | 国际音标 | 例词 |
|---|---|---|---|
| 1 | pn | [p-n] | pněo 干巴巴的 |
| 2 | pl | [p-l] | plẽm plẽm 火光闪动欲熄貌 |
| 3 | pd | [p-j] | pdọt 出现 |
| 4 | pc | [p-k] | mỗn pcỏng 滴溜圆 |
| 5 | png | [p-ŋ] | pngõng 小锣 |
| 6 | phl | [ph-l] | phlốk 坑（道路凹陷处） |
| 7 | phnh | [ph-ɲ] | phnhạt 哮喘 |
| 8 | bt | [ʔb-t] | héo btěo 布满皱纹 |
| 9 | bn | [ʔb-n] | tộp bnệk 弯曲 |
| 10 | bl | [ʔb-l] | blạt blạt 隆隆，喧闹声 |
| 11 | bch | [ʔb-tɕ] | nhài bchếk 沉甸甸的 |
| 12 | bnh | [ʔb-ɲ] | nhài bnhệ 扁扁的 |
| 13 | bd | [ʔb-j] | bdựr bdẳng 脏乱 |
| 14 | bh | [ʔb-h] | bhóng（肤色）红润 |
| 15 | mn | [m-n] | muộk mnộk（圆形物）翻滚的样子 |
| 16 | mnh | [m-ɲ] | mnhơ mnhớp 不伦不类 |
| 17 | vl | [v-l] | vlẹt vlẹt 哔哔剥剥（爆裂声） |
| 18 | tm | [t-m] | tmừn tmữ 麻木 |
| 19 | tđ | [t-ʔd] | tđék 筛子，箩 |

❶越南泰语的复辅音，结合得不够紧密，两个辅音之间有个含混的元音，本书用"-"表示那个元音。

（续上表）

| 序号 | 越南泰文 | 国际音标 | 例词 |
|---|---|---|---|
| 20 | tn | [t-n] | tnĩn一丁点儿 |
| 21 | tl | [t-l] | tlòi tlòi（冷得）哆嗦 |
| 22 | tx | [t-s] | txói朱红 |
| 23 | tng | [t-ŋ] | tngóng一大片 |
| 24 | tv | [t-v] | tvệt tvẽ横七竖八 |
| 25 | thl | [th-l] | thlók擦伤 |
| 26 | lc | [l-k] | lcựp鼓鼓囊囊 |
| 27 | lng | [l-ŋ] | kho lngọt（头发）卷曲 |
| 28 | chp | [ʦ-p] | à chpống嘴巴大张 |
| 29 | chm | [ʦ-m] | chmũa chmũa乱腾腾 |
| 30 | chđ | [ʦ-ʔd] | chđét chđe喋喋不休 |
| 31 | chl | [ʦ-l] | chlò chlè调笑 |
| 32 | chc | [ʦ-k] | chcú低头 |
| 33 | chng | [ʦ-ŋ] | chngộc蹲踞 |
| 34 | xp | [s-p] | hók xpộk苍白 |
| 35 | xph | [s-ph] | xóp xpháu烧个精光 |
| 36 | xb | [s-ʔb] | xbôn đin天地 |
| 37 | xm | [s-m] | xmặc呛（水） |
| 38 | xđ | [s-ʔd] | xđên射击 |
| 39 | xn | [s-n] | xnǎn动摇 |
| 40 | xl | [s-l] | xlãi口水 |
| 41 | xnh | [s-ɲ] | xnhọk跛，瘸 |
| 42 | xc | [s-k] | nõn xcãnh侧卧 |
| 43 | xng | [s-ŋ] | xngạ午（地支的第七位） |
| 44 | xØ | [s-ʔ] | x-óc打嗝 |
| 45 | cp | [k-p] | cpượp涟漪 |
| 46 | cb | [k-ʔb] | cbắc cbáy轻率 |
| 47 | cm | [k-m] | cmòm囟门 |
| 48 | ct | [l-t] | ctằng（说话）无礼，没大没小 |

（续上表）

| 序号 | 越南泰文 | 国际音标 | 例词 |
| --- | --- | --- | --- |
| 49 | cđ | [k-ʔd] | cđǎng 冻僵 |
| 50 | cn | [k-n] | cnách 膈肢 |
| 51 | cl | [k-l] | clǎng clạt 东跑西颠 |
| 52 | kl | | klẹt 通红 |
| 53 | cch | [k-ts] | cchòi kchít 喊叫 |
| 54 | cx | [k-s] | cxa 渔捞（渔具） |
| 55 | cd | [k-j] | lượm cdáp cdáp 眨眼病 |
| 56 | khm | [kh-m] | pùm khmúk 胖得圆滚滚的 |
| 57 | kht | [kh-t] | khtụp 碰撞 |
| 58 | khn | [kh-n] | khnặc khnành 单足跳行 |
| 59 | khl | [kh-l] | khlạk 捕鱼的竹器 |
| 60 | khnh | [kh-ɲ] | khnhào 松软，蓬松 |
| 61 | khd | [kh-j] | khdàng khdàng 仓促地 |
| 62 | Ǿm | [ʔ-m] | umúk 形容胖乎乎的样子 |
| 63 | Ǿl | [ʔ-l] | ulụm uluồi 凸起的，鼓鼓囊囊的 |
| 64 | Ǿx | [ʔ-s] | ưxựk ưxữm 湿乎乎 |
| 65 | Ǿd | [ʔ-j] | udữm udãm 邋遢 |
| 66 | Ǿh | [ʔ-h] | e hèm 清嗓子的声音 |
| 67 | hl | [h-l] | hlúk hlík 坍塌 |

## 二、韵母

### （一）单元音韵母

| 序号 | 越南泰文 | 国际音标 | 例词 |
| --- | --- | --- | --- |
| 1 | a | [a] | nã 田 |
| 2 | e | [ɛ] | bẻ 羊 |
| 3 | ê | [e] | bề 海 |
| 4 | i | [i] | ni 这里 |
| 5 | y | | khuy 枯萎 |
| 6 | ơ | [ə] | nợ 债 |

（续上表）

| 序号 | 越南泰文 | 国际音标 | 例词 |
|---|---|---|---|
| 7 | o | [ɔ] | nó笋 |
| 8 | ô | [o] | phố街道 |
| 9 | u | [u] | nu老鼠 |
| 10 | ư | [ɯ] | mử手 |

## （二）复合元音韵母

| 序号 | 越南泰文 | 国际音标 | 例词 |
|---|---|---|---|
| 1 | ai | [a:i] | lai多 |
| 2 | ay | [ai] | xảy肠子 |
| 3 | oi | [ɔi] | nọi小 |
| 4 | ôi | [oi] | tội罪 |
| 5 | ơi | [ə:i] | mời请 |
| 6 | uôi | [u:i] | kuổi香蕉 |
| 7 | ui | [ui] | nhui毛茸茸的 |
| 8 | ươi | [ɯ:i] | khươi女婿 |
| 9 | ao | [a:u] | nhạo（甘蔗）渣 |
| 10 | au | [au] | ngãu影子 |
| 11 | eo | [ɛu] | nèo尿 |
| 12 | êu | [eu] | lều玩耍 |
| 13 | iêu | [i:u] | kiếu镰刀 |
| 14 | iu | [iu] | nịu手指 |
| 15 | aư | [aɯ] | máư新 |
| 16 | ia | [iə] | lìa舔 |
| 17 | ua | [uə] | ngũa黄牛 |
| 18 | ưa | [ɯə] | nhứa肉 |

## （三）鼻韵母

### 1. -m韵尾

| 序号 | 越南泰文 | 国际音标 | 例词 |
|---|---|---|---|
| 1 | am | [a:m] | mạm脾 |
| 2 | ăm | [am] | chẳm蘸 |

（续上表）

| 序号 | 越南泰文 | 国际音标 | 例词 |
|---|---|---|---|
| 3 | em | [ɛm] | tẻm 写 |
| 4 | êm | [em] | kẽm 咸 |
| 5 | iêm | [i:m] | nhiểm 照（镜子） |
| 6 | im | [im] | lịm 尝（味道） |
| 7 | ơm | [əm] | pơm（土）堆 |
| 8 | om | [ɔm] | nóm 年轻 |
| 9 | ôm | [om] | xổm 酸 |
| 10 | uôm | [u:m] | thuổm 淹没 |
| 11 | um | [um] | pum 肚子 |
| 12 | ươm | [ɯ:m] | cườm 橄榄 |
| 13 | ưm | [ɯm] | lừm 忘记 |

2. -n 韵尾

| 序号 | 越南泰文 | 国际音标 | 例词 |
|---|---|---|---|
| 1 | an | [a:n] | cãn 扁担 |
| 2 | ăn | [an] | mặn 李子 |
| 3 | en | [ɛn] | nghẹn 挺（胸） |
| 4 | ên | [en] | nến 蜡烛 |
| 5 | iên | [i:n] | miến 粉丝 |
| 6 | yên | [i:n] | quyễn 权 |
| 7 | in | [in] | đin 泥土 |
| 8 | ơn | [ən] | tơn 提及 |
| 9 | on | [ɔn] | nõn 睡 |
| 10 | ôn | [on] | khôn 毛 |
| 11 | uôn | [u:n] | cuốn（炊）烟 |
| 12 | un | [un] | ún 暖 |
| 13 | ươn | [ɯ:n] | hưỡn 房子 |
| 14 | ưn | [ɯn] | mữn 滑 |

## 3. -ŋ韵尾

| 序号 | 越南泰文 | 国际音标 | 例词 |
|---|---|---|---|
| 1 | ang | [a:ŋ] | hang尾巴 |
| 2 | ăng | [aŋ] | nẳng坐 |
| 3 | anh | [ɛŋ] | đanh红 |
| 4 | ênh | [eŋ] | bệnh病 |
| 5 | iêng | [i:ŋ] | niểng锈 |
| 6 | inh | [iŋ] | nhĩnh女人 |
| 7 | ơng | [əŋ] | phởng蜂蜡 |
| 8 | ong | [ɔŋ] | nọng弟弟；妹妹 |
| 9 | ông | [oŋ] | ống枪 |
| 10 | uông | [u:ŋ] | luông大 |
| 11 | ung | [uŋ] | nùng穿（衣服） |
| 12 | ương | [ɯ:ŋ] | mưởng国家；地方 |
| 13 | ưng | [ɯŋ] | mửng你 |

## (四) 塞韵母

### 1. -p韵尾

| 序号 | 越南泰文 | 国际音标 | 例词 |
|---|---|---|---|
| 1 | ap | [a:p] | pháp吓唬 |
| 2 | ăp | [ap] | tắp肝 |
| 3 | ep | [ɛp] | ép学 |
| 4 | êp | [ep] | chếp痛 |
| 5 | iêp | [i:p] | xiếp堆（土） |
| 6 | ip | [ip] | xíp十 |
| 7 | ơp | [əp] | chớp挨近 |
| 8 | op | [ɔp] | cóp掬 |
| 9 | ôp | [op] | khốp咬 |
| 10 | uôp | [u:p] | buốp丝瓜 |
| 11 | up | [up] | lụp捋 |
| 12 | ươp | [ɯ:p] | kướp抢劫 |
| 13 | ưp | [ɯp] | xứp连接 |

## 2. -t 韵尾

| 序号 | 越南泰文 | 国际音标 | 例词 |
|---|---|---|---|
| 1 | at | [aːt] | ngạt（鱼）鳍 |
| 2 | ăt | [at] | mắt 跳蚤 |
| 3 | et | [ɛt] | đét 阳光 |
| 4 | êt | [et] | két（鱼）鳞 |
| 5 | iêt | [iːt] | khiết 青蛙 |
| 6 | it | [it] | phít 错 |
| 7 | ơt | [ət] | pớt 腻 |
| 8 | ot | [ɔt] | pót 肺 |
| 9 | ôt | [ot] | tốt 屁 |
| 10 | uôt | [uːt] | huột 浇 |
| 11 | ut | [ut] | khút 挖 |
| 12 | ươt | [ɯːt] | mướt 昏迷 |
| 13 | ưt | [ɯt] | mựt（天）黑 |

## 3. -k 韵尾

| 序号 | 越南泰文 | 国际音标 | 例词 |
|---|---|---|---|
| 1 | ak | [aːk] | nạk 水獭 |
| 2 | ac | [aːk] | ác（善）恶 |
| 3 | ăc | [ak] | phắc 菜 |
| 4 | ek | [ɛːk] | ék 脑子 |
| 5 | ach | [ɛk] | ạch ạch 沉重 |
| 6 | êk | [eːk] | kếk 剖 |
| 7 | êch | [ek] | lếch 铁 |

# 三、声调

| 调类 | 调号 | 例词 | 调类 | 调号 | 例词 |
|---|---|---|---|---|---|
| 第1调 | 不标 | van 甜 | 第5调 | ´ | dú 在 |
| 第2调 | ~ | mĩ 有 | 第6调 | ` | tà 渡口 |
| 第3调 | ̉ | xỏm 酸 | 第7调 | ´ | ók 出 |
| 第4调 | . | hụ 懂得 | 第8调 | . | hiệk 叫喊 |

附录5

# 普标语记音符号与国际音标对照表[1]

## 一、声母

### (一) 单辅音声母

| 序号 | 普标语记音符号 | 国际音标 | 例词 |
|---|---|---|---|
| 1 | p | [p] | pɤj³肚兜 |
| 2 | ph | [pʰ] | phaj³布 |
| 3 | b | [b] | biɤt⁵山羊 |
| 4 | m | [m] | mjak²果子 |
| 5 | mh | [m̥] | mha¹狗 |
| 6 | f | [f] | fàn³分（长度单位） |
| 7 | V | [β] | Vak²做 |
| 8 | t | [t] | tǎj³短 |
| 9 | th | [tʰ] | thyung³桶 |
| 10 | d | [d] | du⁴大 |
| 11 | n | [n] | nin¹月份 |
| 12 | nh | [n̥] | nha¹厚 |
| 13 | l | [l] | lu⁴少 |
| 14 | lh | [l̥] | lhǎj¹曾孙 |
| 15 | tsh | [tsʰ] | tsha¹刷子 |
| 16 | s | [s] | suɤm³蚊帐 |
| 17 | z/r | [z]/[r] | zaw³/raw³耙（农具名） |
| 18 | zh/rh | [z̥]/[r̥] | zhô⁴/rhô⁴ |
| 19 | tSh | [tʂʰ] | tShing³ tShwan²铁锹 |
| 20 | Z | [ʐ] | lɤZin³周围 |
| 21 | c | [ts] | cu³懂 |
| 22 | N | [ɲ] | Nin³嚼 |

[1] 普标语记音符号引自黄文麻、武霸雄：《普标语》，河内：社会科学出版社，1992年。

（续上表）

| 序号 | 普标语记音符号 | 国际音标 | 例词 |
|---|---|---|---|
| 23 | Nh | [n̥] | Nhin¹ 厨房 |
| 24 | j | [j] | jak⁵ 粪 |
| 25 | k | [k] | kɯ³ 它 |
| 26 | kh | [kh] | khjang¹ 陀螺 |
| 27 | g | [g] | gɯɔm³ 瘦 |
| 28 | x | [x] | qaxo³ 穷人 |
| 29 | G | [ɣ] | paGɯo⁴ 鱼鳍 |
| 30 | ng | [ŋ] | ngaj⁴ 爱，喜欢 |
| 31 | ngh | [ŋ̥] | nghăw⁴ 脓 |
| 32 | ʔ | [ʔ] | ʔăw⁴ 躺 |
| 33 | h | [h] | hum¹ 紫 |
| 34 | q | [q] | qjang¹ 蚱蜢 |
| 35 | qh | [qh] | qhjang¹ 薏苡 |

## （二）颚化声母

| 序号 | 普标语记音符号 | 国际音标 | 例词 |
|---|---|---|---|
| 1 | pj | [pj] | qapjan³ 瘸 |
| 2 | phj | [phj] | phjang¹ 篮子 |
| 3 | bj | [bj] | bja² 刀子 |
| 4 | mj | [mj] | qamjat² 露水 |
| 5 | mhj | [m̥j] | mhjak⁵ 扛 |
| 6 | Vj | [βj] | Vjan² 头旋儿 |
| 7 | tj | [tj] | qatju³ 户主 |
| 8 | thj | [thj] | thjang¹ 阳光 |
| 9 | dj | [dj] | swat² djaw³ 冰冷 |
| 10 | nj | [nj] | qanjang² 肘 |
| 11 | nhj | [n̥j] | tɯ³ tê³ nhja³ 那样 |
| 12 | lj | [lj] | ljak² 孩子 |
| 13 | lhj | [l̥j] | lhjang¹ （太阳）下山 |

(续上表)

| 序号 | 普标语记音符号 | 国际音标 | 例词 |
|---|---|---|---|
| 14 | rhj/zhj | [r̻j]/[z̻j] | qarhjang¹ 锅烟子 |
| 15 | sj | [sj] | sjang³ taw² 小偷 |
| 16 | zj | [zj] | qazja² 网袋 |
| 17 | Sj | [s̠j] | Sjang⁴ 受伤 |
| 18 | cj | [tsj] | cja¹ 一 |
| 19 | Nj | [ɲj] | qaNjăng³ 蚊子 |
| 20 | Nhj | [ɲ̊j] | qaNhja¹ 那么多 |
| 21 | jj | [jj] | jja² 姑母 |
| 22 | kj | [kj] | qakjan² 懒 |
| 23 | khj | [khj] | khjan¹ 重 |
| 24 | qj | [qj] | qjang¹ ?e³ 蜈螂 |

## （三）唇化声母

| 序号 | 普标语记音符号 | 国际音标 | 例词 |
|---|---|---|---|
| 1 | phw | [phw] | qaphwang³ 屋顶 |
| 2 | mw | [mw] | qamwak² 云 |
| 3 | mhw | [m̥w] | mhwat⁵ 对（错） |
| 4 | tw | [tw] | twan⁴ 半 |
| 5 | thw | [thw] | thwak⁵ 呕吐 |
| 6 | nw | [nw] | qanwăn² 蜥蜴 |
| 7 | nhw | [n̥w] | nhwak⁵ 上面 |
| 8 | lw | [lw] | qalwak² 鬼 |
| 9 | sw | [sw] | swang³ 牙齿 |
| 10 | zw | [zw] | zwak² 块 |
| 11 | zhw | [z̻w] | zhwat⁵ 萝筐 |
| 12 | tShw | [ts̠w] | tShing³ tShwan² 铁锹 |
| 13 | cw | [tsw] | cwa¹ 主人 |
| 14 | Nhw | [ɲ̊w] | Nhwang⁴ 项圈 |
| 15 | kw | [kw] | tɔkwăn¹ 前面 |

（续上表）

| 序号 | 普标语记音符号 | 国际音标 | 例词 |
|---|---|---|---|
| 16 | khw | [khw] | khwa[3]锁头 |
| 17 | ngw | [ŋw] | ngwa[2]辣 |
| 18 | nghw | [ŋ̊w] | nghwɔn[3]分开 |
| 19 | xw | [xw] | xwang[3]扔掉 |
| 20 | ʔw | [ʔw] | tɔʔwăj[1]漂亮 |
| 21 | hw | [hw] | qahwăng[4]苋菜 |
| 22 | qw | [qw] | qwang[4]爬行 |

## 二、韵母

### （一）单元音韵母

| 序号 | 普标语记音符号 | 国际音标 | 例词 |
|---|---|---|---|
| 1 | a | [a] | mha[4]肩膀 |
| 2 | e | [ɛ] | qe[5]指（方向） |
| 3 | ê | [e] | sê[1]二 |
| 4 | i | [i] | si[1]尿 |
| 5 | A | [ɒ] | mA[3]五 |
| 6 | o | [ɔ] | do[3]养（牛） |
| 7 | ô | [o] | tô[1]他们 |
| 8 | ɤ | [ɤ] | qalɤ[3]茶 |
| 9 | u | [u] | bu[1]多 |
| 10 | ɯ | [ɯ] | sɯ[1]书 |

### （二）复元音韵母

| 序号 | 普标语记音符号 | 国际音标 | 例词 |
|---|---|---|---|
| 1 | aj | [aːi] | qaj[1]水牛 |
| 2 | ăj | [ai] | qăj[1]鸡 |
| 3 | Aj | [ɒi] | qamAj[3]霜 |
| 4 | oj | [ɔi] | Voj[3]亲家 |
| 5 | ôj | [oi] | qôj[3]在 |
| 6 | ɤj | [ɤːi] | Vɤj[3]游泳 |

(续上表)

| 序号 | 普标语记音符号 | 国际音标 | 例词 |
|---|---|---|---|
| 7 | âj | [ɤi] | qanâj³冰 |
| 8 | uɤj | [u:i] | kuɤj³芭蕉 |
| 9 | uj | [ui] | qavuj³大竻竹 |
| 10 | ɯɤj | [ɯ:i] | kɯɤj³扒开，挖开 |
| 11 | ɯj | [ɯi] | Gɯj⁴问 |
| 12 | aw | [a:u] | saw¹笑 |
| 13 | ăw | [au] | lhăw¹我们 |
| 14 | ew | [ɛu] | tênhew³怎样 |
| 15 | iɤw | [i:u] | phiɤw⁴银 |
| 16 | iw | [iu] | qasiw¹气体，空气 |
| 17 | Aw | [ɒu] | lăj³ pjAw³投，掷 |
| 18 | âw | [ɤu] | qalâw³芦苇 |
| 19 | ɯɤw | [ɯ:u] | kɯɤw¹长 |
| 20 | ɯw | [ɯu] | gok² kɯw² gok² tăj³橄榄形 |
| 21 | iɤ | [ie] | tiɤ¹死 |
| 22 | uɤ | [uo] | qaluɤ²野芋 |
| 23 | ɯɤ | [ɯɤ] | gɯɤ²村子 |

## （三）鼻韵母

### 1. -m 韵尾

| 序号 | 普标语记音符号 | 国际音标 | 例词 |
|---|---|---|---|
| 1 | am | [a:m] | tjam³缝（衣服）|
| 2 | ăm | [am] | nhăm¹六 |
| 3 | em | [ɛm] | nem²楔（动词）|
| 4 | êm | [em] | nêm²紧急 |
| 5 | iɤm | [i:m] | qaniɤm³鬼使 |
| 6 | im | [im] | sim¹锄头 |
| 7 | ɤm | [ɤ:m] | lɤm⁴圆 |
| 8 | âm | [ɤm] | mâm⁴姨母 |
| 9 | uɤm | [u:m] | guɤm³瘦 |
| 10 | um | [um] | thum¹泛滥 |
| 11 | ɯm | [ɯm] | căj⁴ nɯm²包裹（动词）|

## 2. -n 韵尾

| 序号 | 普标语记音符号 | 国际音标 | 例词 |
|---|---|---|---|
| 1 | an | [aːn] | rhan³ 切（菜） |
| 2 | ăn | [an] | qăn¹ 绑，扎 |
| 3 | en | [ɛn] | jen⁴ 酸菜 |
| 4 | iơn | [iːn] | lomiơn³ 中间 |
| 5 | in | [in] | lin³ 白 |
| 6 | An | [ɒn] | kAn¹ 热 |
| 7 | yAn | [yɒn] | syAn² 癣 |
| 8 | on | [ɔn] | kon³ 看 |
| 9 | ơn | [ɤːn] | lơn³ 钝 |
| 10 | ân | [ɤn] | kân¹ 吃 |
| 11 | uơn | [uːn] | qaluơn³ 哑 |
| 12 | ươn | [ɯːn] | ngươn² 刺儿 |
| 13 | ưn | [ɯn] | tơrưn¹ 雷鸡 |

## 3. -ng 韵尾

| 序号 | 普标语记音符号 | 国际音标 | 例词 |
|---|---|---|---|
| 1 | ang | [aːŋ] | thang² 井 |
| 2 | ăng | [aŋ] | khăng⁴ 关，监禁 |
| 3 | Ang | [ɒŋ] | qhAng³ 高 |
| 4 | eng | [ɛŋ] | tơnjeng¹ 罗望子树 |
| 5 | êng | [eŋ] | mu⁴ khêng² 臭 |
| 6 | iơng | [iːŋ] | phiơng⁴ 平 |
| 7 | ing | [iŋ] | nhing¹ 房子 |
| 8 | ong | [ɔŋ] | jong³ 裙子 |
| 9 | ông | [oŋ] | qhông⁴ 中空 |
| 10 | yông | [yoŋ] | syông³ 柜子 |
| 11 | ơng | [ɤːŋ] | lơng³（粥）稀 |
| 12 | âng | [ɤŋ] | păk⁵ dâng³ 丝瓜 |
| 13 | uơng | [uːŋ] | ruơng³ 河 |

(续上表)

| 序号 | 普标语记音符号 | 国际音标 | 例词 |
|---|---|---|---|
| 14 | ung | [uŋ] | kuŋ³ 中间 |
| 15 | yung | [yuŋ] | thuyng¹ 桶 |
| 16 | uơng | [ɯ:ŋ] | kuơng⁴ 迈步 |
| 17 | ưng | [ɯŋ] | zưng³ 森林 |

## (四)塞韵母

### 1. -p 韵尾

| 序号 | 普标语记音符号 | 国际音标 | 例词 |
|---|---|---|---|
| 1 | ap | [a:p] | ʔap⁵ 菜 |
| 2 | ăp | [ap] | Nhăp⁵ 骂 |
| 3 | ep | [ɛp] | kjep⁵ 窄 |
| 4 | êp | [ep] | sêp² song⁴ 细长的 |
| 5 | iơp | [i:p] | siơp⁵ 抛 |
| 6 | ip | [ip] | lip² 叠起 |
| 7 | yôp | [yop] | tyôp⁵ 剥（树皮） |
| 8 | âp | [ɤp] | tâp⁵ 胀大，肿起 |
| 9 | uơp | [u:p] | kuơp⁵ 瓜 |
| 10 | up | [up] | cô⁴ jup⁵ jip⁵ 闪闪发亮 |
| 11 | ươp | [ɯ:p] | kươp⁵（一）拃 |

### 2. -t 韵尾

| 序号 | 普标语记音符号 | 国际音标 | 例词 |
|---|---|---|---|
| 1 | at | [a:t] | qat⁵ 鸭 |
| 2 | ăt | [at] | qarăt² 螃蟹 |
| 3 | et | [ɛt] | ket² 结实 |
| 4 | êt | [et] | qapêt⁵ 牲畜的脚 |
| 5 | iơt | [i:t] | biơt⁵ 山羊 |
| 6 | it | [it] | qamit² qăj¹ 鸡虱 |
| 7 | At | [ɒt] | qAt⁵ 橘子 |
| 8 | ot | [ɔt] | tot⁵ 屁 |
| 9 | ơt | [ɤ:t] | phơt⁵ 灯芯 |

## 3. -k 韵尾

| 序号 | 普标语记音符号 | 国际音标 | 例词 |
|---|---|---|---|
| 1 | ak | [aːk] | tak⁵ 胸 |
| 2 | ăk | [ak] | qapăk⁵ 臂肌 |
| 3 | ek | [ɛk] | qek⁵ 狭路 |
| 4 | êk | [ek] | têk⁵ 满 |
| 5 | ik | [ik] | qaNik² 手指 |
| 6 | Ak | [ɒk] | ngAk² 浑浊 |
| 7 | ok | [ɔk] | qatok² 火烟 |
| 8 | ôk | [ok] | Nhôk⁵ 被子 |
| 9 | yôk | [yok] | cyôk² 脾 |
| 10 | uơk | [uːk] | qamuơk² 云 |
| 11 | uk | [uk] | nuk² 鸟 |
| 12 | yuk | [yuk] | phjan¹ cyuk⁵ mjaw⁴ 洗脸巾 |
| 13 | uɯk | [ɯːk] | nuk² jɯɯk⁵ 喜鹊 |
| 14 | ɯk | [ɯk] | qajɯk² 摇篮 |

## 三、声调

| 调类 | 调值 | 例词 |
|---|---|---|
| 第1调（1） | 55 | qăj¹ 给 |
| 第2调（2） | 35 | tăj² 这里，biơt² 刺猬 |
| 第3调（3） | 44 | mi³ 舌头 |
| 第4调（4） | 213 | sê⁴ 去 |
| 第5调（5） | 21 | phaj¹ 排（水），tap⁵ 钳子 |
| 轻声（0） | 0 | qatok² 火烟 |

附录6

# 越文与国际音标对照表

## 一、声母

### (一)单辅音声母

| 序号 | 越文 | 国际音标 | 例词 |
|---|---|---|---|
| 1 | p | [p] | pin干电池 |
| 2 | b | [ʔb] | ba三 |
| 3 | m | [m] | mấy几 |
| 4 | ph | [f] | phổi肺 |
| 5 | v | [v] | vàng金 |
| 6 | t | [t] | ta咱们 |
| 7 | th | [tʰ] | thấy看见 |
| 8 | đ | [ʔd] | đủ足够 |
| 9 | n | [n] | nam南 |
| 10 | l | [l] | lấy拿 |
| 11 | ch | [ʨ] | cháu侄子 |
| 12 | x | [s] | xa远 |
| 13 | d | [z] | da皮肤 |
| 14 | nh | [ɲ] | nhà房子 |
| 15 | gi | [z] | giấy纸 |
| 16 | tr | [tʂ] | trám橄榄 |
| 17 | s | [ʂ] | sông河 |
| 18 | r | [ʐ] | ra出（门） |
| 19 | c | [k] | cay辣 |
| 20 | k | | kén挑选 |
| 21 | ng | [ŋ] | ngồi坐 |
| 22 | ngh | | nghe听 |
| 23 | kh | [x] | kho仓库 |

（续上表）

| 序号 | 越文 | 国际音标 | 例词 |
|---|---|---|---|
| 24 | g | [ɣ] | gà 鸡 |
| 25 | gh | | ghế 椅子 |
| 26 | Ø（零声母） | [ʔ] | ai 谁 |
| 27 | h | [h] | hai 二 |

## （二）唇化声母

| 序号 | 越文 | 国际音标 | 例词 |
|---|---|---|---|
| 1 | to | [tw] | toan 打算 |
| 2 | tu | | tuất 救济 |
| 3 | tho | [thw] | thoát 脱离 |
| 4 | thu | | thuần 纯净 |
| 5 | đo | [ʔdw] | đoán 猜测 |
| 6 | no | [nw] | nọa 惰性 |
| 7 | nu | | đuy 矮（汉字音） |
| 8 | lo | [lw] | loại 种类 |
| 9 | lu | | luyện 联系 |
| 10 | cho | [tɕw] | choai 小动物 |
| 11 | chu | | chuẩn 准许 |
| 12 | xo | [sw] | xoay 旋转 |
| 13 | xu | | xuyên 穿，透 |
| 14 | do | [zw] | doành 河流 |
| 15 | du | | duệ trí 睿智 |
| 16 | nho | [ɲw] | nhoai 探头 |
| 17 | nhu | | nhuận 闰 |
| 18 | tro | [tʂw] | troàn 传扬 |
| 19 | tru | | truất 罢黜 |
| 20 | so | [ʂw] | soạt 大口鱼 |
| 21 | su | | suyễn 哮喘 |
| 22 | qu | [kw] | quay 旋转 |

（续上表）

| 序号 | 越文 | 国际音标 | 例词 |
|---|---|---|---|
| 23 | ngo | [ŋw] | ngoáy 搅拌 |
| 24 | ngu | | nguyền 发誓 |
| 25 | kho | [xw] | khoáng 矿 |
| 26 | khu | | khuân 搬运 |
| 27 | go | [ɣw] | góa 鳏，寡 |
| 28 | o | [ʔw] | oan 冤枉 |
| 29 | u | | uý 委托 |
| 30 | ho | [hw] | hoà 调和 |
| 31 | hu | | huếch 宽阔 |

## 二、韵母

### （一）单元音韵母

| 序号 | 越文 | 国际音标 | 例词 |
|---|---|---|---|
| 1 | a | [a] | má 脸颊 |
| 2 | e | [ɛ] | mẹ 母亲 |
| 3 | ê | [e] | mê 沉迷 |
| 4 | i | [i] | tí 一点儿 |
| 5 | o | [ɔ] | lo 担忧 |
| 6 | ô | [o] | hồ 湖 |
| 7 | ơ | [ɤ] | ở 在 |
| 8 | u | [u] | cū 旧 |
| 9 | ư | [ɯ] | chữ 字 |

### （二）复合元音韵母

| 序号 | 越文 | 国际音标 | 例词 |
|---|---|---|---|
| 1 | ai | [aːi] | mài 磨（刀） |
| 2 | ay | [ai] | chay 斋（饭） |
| 3 | oi | [ɔi] | đói 饿 |
| 4 | ôi | [oi] | tôi 我 |
| 5 | ơi | [ɤːi] | chơi 玩耍 |

（续上表）

| 序号 | 越文 | 国际音标 | 例词 |
| --- | --- | --- | --- |
| 6 | ây | [ɤi] | đây这里 |
| 7 | uôi | [u:i] | đuôi尾巴 |
| 8 | ui | [ui] | củi柴火 |
| 9 | ươi | [ɯ:i] | cười笑 |
| 10 | ưi | [ɯi] | gửi寄（信） |
| 11 | ao | [a:u] | mào冠子 |
| 12 | au | [au] | màu颜色 |
| 13 | eo | [ɛu] | mèo猫 |
| 14 | êu | [eu] | rêu苔藓 |
| 15 | iêu | [i:u] | miếu庙 |
| 16 | yêu |  | yêu爱 |
| 17 | iu | [iu] | chịu承受 |
| 18 | yu |  | khuỷu肘 |
| 19 | âu | [ɤu] | lâu久 |
| 20 | ươu | [ɯ:u] | rượu酒 |
| 21 | ưu | [ɯu] | Lưu刘（姓） |

## （三）鼻韵母

### 1. -m韵尾

| 序号 | 越文 | 国际音标 | 例词 |
| --- | --- | --- | --- |
| 1 | am | [a:m] | chàm蓝靛 |
| 2 | ăm | [am] | trăm百 |
| 3 | em | [ɛm] | em弟弟；妹妹 |
| 4 | êm | [em] | đêm夜晚 |
| 5 | iêm | [i:m] | hiếm稀少 |
| 6 | im | [im] | tim心脏 |
| 7 | om | [ɔm] | bom炸弹 |
| 8 | ôm | [om] | đốm花斑 |
| 9 | ơm | [ɤ:m] | rơm稻草 |

（续上表）

| 序号 | 越文 | 国际音标 | 例词 |
|---|---|---|---|
| 10 | âm | [ɤm] | câm 哑 |
| 11 | uôm | [u:m] | muỗm 北越酸芒 |
| 12 | um | [um] | nhúm（一）撮 |
| 13 | ươm | [ɯ:m] | cườm 薏苡 |
| 14 | ưm | [ɯm] | hừm 哼（叹词） |

## 2. -n 韵尾

| 序号 | 越文 | 国际音标 | 例词 |
|---|---|---|---|
| 1 | an | [a:n] | màn 蚊帐 |
| 2 | ăn | [an] | lăn 滚动 |
| 3 | en | [ɛn] | én 燕子 |
| 4 | ên | [en] | đến 到达 |
| 5 | iên | [i:n] | liền 连接 |
| 6 | yên | [i:n] | yên 鞍 |
| 7 | in | [in] | tin 相信 |
| 8 | yn | [in] | tuyn 网布 |
| 9 | on | [ɔn] | con 孩子 |
| 10 | ôn | [on] | cồn 酒精 |
| 11 | ơn | [ɤ:n] | hơn 超过 |
| 12 | ân | [ɤn] | phân 粪 |
| 13 | uôn | [u:n] | muốn 想要 |
| 14 | un | [un] | cùn 钝 |
| 15 | ươn | [ɯ:n] | lươn 黄鳝 |

## 3. -ɲ 韵尾

| 序号 | 越文 | 国际音标 | 例词 |
|---|---|---|---|
| 1 | anh | [aɲ] | anh 哥哥 |
| 2 | ênh | [eɲ] | bệnh 病，疾病 |
| 3 | inh | [iɲ] | lính 士兵 |
| 4 | ynh | [iɲ] | quỳnh tương 琼浆 |

4．-ŋ韵尾

| 序号 | 越文 | 国际音标 | 例词 |
| --- | --- | --- | --- |
| 1 | ang | [aːŋ] | làng村子 |
| 2 | ăng | [aŋ] | măng笋 |
| 3 | eng | [ɛŋ] | sèng铁锹 |
| 4 | iêng | [iːŋ] | tiếng声音 |
| 5 | oong | [ɔːŋ] | boong-ke暗堡 |
| 6 | ong | [ɔŋ] | mong希望 |
| 7 | ông | [oŋ] | bông棉花 |
| 8 | âng | [ɤŋ] | nâng举起 |
| 9 | uông | [uːŋ] | uống喝 |
| 10 | ung | [uŋ] | đúng对，正确 |
| 11 | ương | [ɯːŋ] | hương（烧）香 |
| 12 | ưng | [ɯŋ] | cứng硬 |

（四）塞韵母

1．-p韵尾

| 序号 | 越文 | 国际音标 | 例词 |
| --- | --- | --- | --- |
| 1 | ap | [aːp] | sáp蜂蜡 |
| 2 | ăp | [ap] | sắp将要 |
| 3 | ep | [ɛp] | ép逼迫 |
| 4 | êp | [ep] | rệp臭虫 |
| 5 | iêp | [iːp] | kiếp劫数 |
| 6 | ip | [ip] | kịp及时 |
| 7 | op | [ɔp] | chóp尖顶 |
| 8 | ôp | [op] | hộp盒子 |
| 9 | ơp | [ɤːp] | bóp掌掴 |
| 10 | âp | [ɤp] | gấp紧急 |
| 11 | up | [up] | úp罩 |
| 12 | ươp | [ɯːp] | cướp抢劫 |

## 2. -t 韵尾

| 序号 | 越文 | 国际音标 | 例词 |
|---|---|---|---|
| 1 | at | [a:t] | bát 碗 |
| 2 | ăt | [at] | cắt 剪 |
| 3 | et | [ɛt] | mẹt 苍白 |
| 4 | êt | [et] | mệt 累 |
| 5 | iêt | [i:t] | biết 知道 |
| 6 | it | [it] | ít 少 |
| 7 | yt | [it] | xuýt 差点儿 |
| 8 | ot | [ɔt] | mọt 蛀虫 |
| 9 | ôt | [ot] | một 一 |
| 10 | ơt | [ɤ:t] | bớt 减少 |
| 11 | ât | [ɤt] | mất 丢失 |
| 12 | uôt | [u:t] | nuốt 吞 |
| 13 | ut | [ut] | bút 笔 |
| 14 | ươt | [ɯ:t] | lướt 掠过 |
| 15 | ưt | [ɯt] | dứt 断 |

## 3. -t̡ 韵尾

| 序号 | 越文 | 国际音标 | 例词 |
|---|---|---|---|
| 1 | ach | [at̡] | khách 客人 |
| 2 | êch | [et̡] | bệch 惨白 |
| 3 | ich | [it̡] | bích 碧玉 |

## 4. -k 韵尾

| 序号 | 越文 | 国际音标 | 例词 |
|---|---|---|---|
| 1 | ac | [a:k] | lạc 花生 |
| 2 | ăc | [ak] | mặc 穿 |
| 3 | ec | [ɛk] | khẹc 猴子叫声 |
| 4 | iêc | [i:k] | biếc 碧绿的 |
| 5 | ooc | [ɔ:k] | boóc 碉堡 |

（续上表）

| 序号 | 越文 | 国际音标 | 例词 |
|---|---|---|---|
| 6 | âc | [ɤk] | bấc 灯芯 |
| 7 | oc | [ɔk] | óc 脑子 |
| 8 | ôc | [ok] | chốc 一刹那 |
| 9 | uôc | [u:k] | cuốc 锄头 |
| 10 | uc | [uk] | lúc 时候 |
| 11 | ươc | [ɯ:k] | bước 步子；迈步 |
| 12 | ưc | [ɯk] | sức 力气 |

## 三、声调

| 调类 | 调值 | 调号 | 调名 | 例词 |
|---|---|---|---|---|
| 第1调 | 55 | 不标 | 平声 | ta 咱们 |
| 第2调 | 211 | ` | 玄声 | là 是 |
| 第3调 | 214 | ̉ | 问声 | cả 所有的 |
| 第4调 | 315 | ~ | 跌声 | đã 已经 |
| 第5调 | 35 | ´ | 锐声 | lá 叶子 |
| 第6调 | | | | mát 凉快 |
| 第7调 | 11 | . | 重声 | mạ 秧苗 |
| 第8调 | | | | lạc 花生 |

注：第7、第8调带-p、-t、-c、-ch韵尾。

附录7

# 芒文与国际音标对照表[1]

## 一、声母

### (一) 单辅音声母

| 序号 | 芒文 | 国际音标 | 例词 |
|---|---|---|---|
| 1 | p | [p] | pa 三 |
| 2 | ph | [ph] | phái 对,正确 |
| 3 | b | [ʔb] | bai 铁锹 |
| 4 | m | [m] | mỗi 白蚁 |
| 5 | v | [v] | võ 妻子 |
| 6 | w | [w] | wài 外面 |
| 7 | t | [t] | tau 痛 |
| 8 | th | [th] | tha 出(门) |
| 9 | đ | [ʔd] | đác 水 |
| 10 | n | [n] | nà 田 |
| 11 | l | [l] | lui 后退 |
| 12 | r | [r] | ruồi 苍蝇 |
| 13 | ch | [ts] | chóp 闪电 |
| 14 | x | [s] | xỏ 风 |
| 15 | d | [z] | dúp 帮助 |
| 16 | nh | [ɲ] | nhãm 哭 |
| 17 | c | [k] | cảo 米 |
| 18 | k | | kép 拼合 |
| 19 | kh | [kh] | khâu 玉米 |
| 20 | g | [g] | gươm 剑 |
| 21 | ng | [ŋ] | ngái 闻 |
| 22 | Ø (零声母) | [ʔ] | ăn 吃 |
| 23 | h | [h] | ho 我 |

---

[1] 芒文引自阮文康、裴芷:《芒越词典》,河内:民族文化出版社,2002年。原文缺调值。

## （二）复辅音声母

tl/[tl]/tlu 水牛。

## （三）唇化声母

| 序号 | 芒文 | 国际音标 | 例词 |
|---|---|---|---|
| 1 | to | [tw] | kể toản 会计 |
| 2 | tu | | tuần 星期 |
| 3 | thu | [thw] | hoc thuyết 学说 |
| 4 | đo | [ʔdw] | xư đoàn 师团，师 |
| 5 | lu | [lw] | phãm luât 犯法 |
| 6 | xo | [sw] | mùi xoa 手绢 |
| 7 | xu | | xuất xắc 出色 |
| 8 | qu | [kw] | quang 干净 |
| 9 | kho | [khw] | khoe 夸奖 |
| 10 | ngo | [ŋw] | khả ngoải 外戚 |
| 11 | ngu | | cao nguyên 高原 |
| 12 | o | [ʔw] | ra oai 逞威风 |
| 13 | u | | tlung uỷ 中尉 |
| 14 | ho | [hw] | kể hoach 计划 |
| 15 | hu | | hã huyêt 下葬 |

# 二、韵母

## （一）单元音韵母

| 序号 | 芒文 | 国际音标 | 例词 |
|---|---|---|---|
| 1 | a | [a] | là 做 |
| 2 | e | [ɛ] | té 生（孩子） |
| 3 | ê | [e] | mễ 母亲 |
| 4 | i | [i] | ti 去 |
| 5 | y | | wy 危险 |
| 6 | o | [ɔ] | pò 黄牛 |
| 7 | ô | [o] | lô 久 |

(续上表)

| 序号 | 芒文 | 国际音标 | 例词 |
|---|---|---|---|
| 8 | ơ | [ɤː] | ớ在 |
| 9 | â | [ɤ] | mầ一 |
| 10 | u | [u] | tlù槟榔 |
| 11 | ư | [ɯ] | từ多 |

## (二) 复合元音韵母

| 序号 | 芒文 | 国际音标 | 例词 |
|---|---|---|---|
| 1 | ai | [aːi] | lãi利息 |
| 2 | ay | [ai] | ay谁 |
| 3 | oi | [ɔi] | hói问 |
| 4 | ôi | [oi] | ngồi坐 |
| 5 | ơi | [ɤːi] | mới新 |
| 6 | ây | [ɤi] | khây时候 |
| 7 | uôi | [uːi] | thuối岁 |
| 8 | ui | [ui] | củi猪 |
| 9 | ươi | [ɯːi] | khưởi纤维 |
| 10 | ao | [aːu] | áo衣服 |
| 11 | au | [au] | khau后面 |
| 12 | eo | [ɛu] | kèo剪刀 |
| 13 | êu | [eu] | lều小茅棚 |
| 14 | âu | [ɤu] | thầu承包 |
| 15 | iêu | [iːu] | kiều轿子 |
| 16 | iu | [iu] | kìu绵羊 |
| 17 | ươu | [ɯːu] | hươu鹿 |
| 18 | ưu | [ɯu] | khứu丑（年） |
| 19 | ia | [iə] | lìa分离 |
| 20 | ya | | khuya深夜 |
| 21 | ua | [uə] | mùa季节 |
| 22 | ưa | [ɯə] | mưa雨 |

## （三）鼻韵母

### 1. -m 韵尾

| 序号 | 芒文 | 国际音标 | 例词 |
|---|---|---|---|
| 1 | am | [aːm] | xảm 灰色 |
| 2 | ăm | [am] | tlăm 百 |
| 3 | em | [ɛm] | kẽm 锌 |
| 4 | êm | [em] | mềm 软 |
| 5 | iêm | [iːm] | nhiễm 染（病） |
| 6 | im | [im] | kim 针 |
| 7 | om | [ɔm] | hòm 箱子 |
| 8 | ôm | [om] | gồm 包含 |
| 9 | ơm | [ɤːm] | khởm 早 |
| 10 | âm | [ɤm] | ẩm 壶 |
| 11 | uôm | [uːm] | puồm 帆 |
| 12 | um | [um] | đùm 帮助 |
| 13 | ươm | [ɯːm] | gươm 剑 |

### 2. -n 韵尾

| 序号 | 芒文 | 国际音标 | 例词 |
|---|---|---|---|
| 1 | an | [aːn] | bản 木板 |
| 2 | ăn | [an] | ăn 吃 |
| 3 | en | [ɛn] | tèn 灯 |
| 4 | ên | [en] | pên（东）边 |
| 5 | iên | [iːn] | tiền 钱 |
| 6 | yên | | khuyên 劝 |
| 7 | in | [in] | in 印刷 |
| 8 | on | [ɔn] | lon 织梭 |
| 9 | ôn | [on] | kết hôn 结婚 |
| 10 | ơn | [ɤːn] | lởn 大 |
| 11 | ân | [ɤn] | lần（一）次 |
| 12 | uôn | [uːn] | cuốn（一）卷，（一）束 |
| 13 | un | [un] | cùn 藤子 |

## 3. -ȵ韵尾

| 序号 | 芒文 | 国际音标 | 例词 |
|---|---|---|---|
| 1 | anh | [aȵ] | pảnh 射击 |
| 2 | ainh | [a:iȵ] | ãinh 害羞 |
| 3 | enh | [ɛȵ] | kenh 汤 |
| 4 | ênh | [eȵ] | khênh 近 |
| 5 | iênh | [i:ȵ] | tiểnh 到 |
| 6 | inh | [iȵ] | linh 士兵 |
| 7 | onh | [ɔȵ] | nhõnh 尖 |
| 8 | ơnh | [ɤ:ȵ] | cờnh 梳子 |
| 9 | uônh | [u:ȵ] | huồnh 脱落 |
| 10 | unh | [uȵ] | thủnh 脐带 |
| 11 | ươnh | [ɯ:ȵ] | măt lươnh 没有眼圈的眼睛 |

## 4. -ŋ韵尾

| 序号 | 芒文 | 国际音标 | 例词 |
|---|---|---|---|
| 1 | ang | [a:ŋ] | bảng 一半 |
| 2 | ăng | [aŋ] | chăng 不 |
| 3 | iêng | [i:ŋ] | kieng 忌口 |
| 4 | yêng | [i:ŋ] | yểng 听 |
| 5 | ong | [ɔŋ] | vóng 窗户 |
| 6 | ông | [oŋ] | dỗng 玩耍 |
| 7 | ơng | [ɤ:ŋ] | hởng 堆放谷子的阁楼 |
| 8 | âng | [ɤŋ] | khâng 肿 |
| 9 | uông | [u:ŋ] | khuổng 下午 |
| 10 | ung | [uŋ] | hủng 番木瓜 |
| 11 | ương | [ɯ:ŋ] | khưởng 凤凰 |
| 12 | ưng | [ɯŋ] | hửng 晴朗 |

## （四）边音尾韵母

| 序号 | 芒文 | 国际音标 | 例词 |
|---|---|---|---|
| 1 | al | [aːl] | tlǎl果子 |
| 2 | ăl | [al] | pǎl飞 |
| 3 | el | [ɛl] | kèl冠子 |
| 4 | êl | [el] | wèl回，返回 |
| 5 | iêl | [iːl] | kiêl小米 |
| 6 | il | [il] | quìl圆 |
| 7 | ol | [ɔl] | hǒl溪 |
| 8 | ôl | [ol] | pǒl顽皮 |
| 9 | ɤl | [ɤːl] | tlờl天 |
| 10 | âl | [ɤl] | câl树 |
| 11 | uôl | [uːl] | chuôl把儿，柄 |
| 12 | ul | [ul] | hùl吹 |
| 13 | ưɤl | [ɯːl] | mườl十 |
| 14 | ưl | [ɯl] | khúrl长（动词） |

## （五）塞韵母

### 1. -p韵尾

| 序号 | 芒文 | 国际音标 | 例词 |
|---|---|---|---|
| 1 | ap | [aːp] | tláp匣子 |
| 2 | ăp | [ap] | khắp将要 |
| 3 | iêp | [iːp] | chiêp挤（柠檬） |
| 4 | ip | [ip] | kip及时 |
| 5 | ep | [ɛp] | mép嘴角 |
| 6 | êp | [ep] | pếp厨房 |
| 7 | op | [ɔp] | hop开会 |
| 8 | ôp | [op] | lốp轮胎 |
| 9 | ɤp | [ɤːp] | hɤp适合 |
| 10 | âp | [ɤp] | lâp成立 |
| 11 | uôp | [uːp] | cuốp蒸锅 |
| 12 | up | [up] | khúp漱（口） |
| 13 | ưɤp | [ɯːp] | réch mướp破破烂烂的 |

## 2. -t 韵尾

| 序号 | 芒文 | 国际音标 | 例词 |
|---|---|---|---|
| 1 | at | [a:t] | hát 唱 |
| 2 | ăt | [at] | mắt 知道 |
| 3 | iêt | [i:t] | kiêt 竭尽 |
| 4 | yêt | | khuyết điểm 缺点 |
| 5 | it | [it] | mít 菠萝蜜 |
| 6 | et | [ɛt] | khét 焦臭味 |
| 7 | êt | [et] | thết 蜈蚣 |
| 8 | ot | [ɔt] | khot 篓子 |
| 9 | ôt | [ot] | hôt 颗，粒 |
| 10 | ơt | [ɤ:t] | lơt 钝 |
| 11 | ât | [ɤt] | mât 蜜饯 |
| 12 | uôt | [u:t] | muôt 贪，喜，好 |
| 13 | ut | [ut] | lut 发大水 |
| 14 | ươt | [ɯ:t] | lươt（一）趟 |

## 3. -ȶ 韵尾

| 序号 | 芒文 | 国际音标 | 例词 |
|---|---|---|---|
| 1 | ach | [aȶ] | gach 砖 |
| 2 | aich | [a:ȶ] | khaich 张裂 |
| 3 | ech | [ɛȶ] | éch 轭 |
| 4 | êch | [eȶ] | kếch 生锈 |
| 5 | iêch | [i:ȶ] | iêch 田鸡 |
| 6 | ich | [iȶ] | ích 益处，利益 |
| 7 | och | [ɔȶ] | roch 肠子 |

## 4. -k 韵尾

| 序号 | 芒文 | 国际音标 | 例词 |
|---|---|---|---|
| 1 | ac | [a:k] | bác 伯父 |
| 2 | ăc | [ak] | mặc 穿 |
| 3 | iêc | [i:k] | wiêc 事情，工作 |

（续上表）

| 序号 | 芒文 | 国际音标 | 例词 |
|---|---|---|---|
| 4 | oc | [ɔk] | loc 过滤 |
| 5 | ôc | [ok] | mốc 勺子 |
| 6 | ơc | [ɤ:k] | thóc dỗi 醒 |
| 7 | âc | [ɤk] | mâc 墨 |
| 8 | uôc | [u:k] | luôc 烫熟 |
| 9 | uc | [uk] | muc 朽 |
| 10 | ươc | [ɯ:k] | khước 妒忌 |
| 11 | ưc | [ɯk] | khức 力气 |

## 三、声调

| 调类 | 调号 | 调名 | 例词 |
|---|---|---|---|
| 第1调 | 不标 | 平声 | ca 鸡 |
| 第2调 | ` | 玄声 | màn 梯子 |
| 第3调 | ̉ | 问声 | bỏ 泉，井 |
| 第4调 | ~ | 跌声 | rão 酒 |
| 第5调 | ´ | 锐声 | páy 七 |
| 第7调 | ´ | 锐声 | bất 丢失 |
| 第8调 | 不标 | 平声 | hach 根儿 |

注：1. 与越南语相比，芒语第6调已并入第4调。

2. 第1至第5调为舒声调，第7、第8调为促声调。

# 后 记

　　100余万字的《国外壮侗语族语言词汇集》终于编撰完成。本词汇集从立项到结项，经历了整整7年的时间。在编撰过程中，课题组遇到了不少的困难。首先是参考资料缺乏。词汇集涉及14种东南亚壮侗语族语言，有3种是官方语言（泰语、老挝语和越南语），其余的都是少数民族语言（岱语、侬语、越南泰语、泐语、普标语、拉基语、拉哈语、掸语、石家语、阿侬语、芒语）。官方语言的辞书及相关研究成果多，资料收集工作难度不大，但少数民族语言辞书及相关研究成果少，资料收集的难度相当大。课题组通过与国外同行联系索取、委托赴东南亚国家工作和学习的人员代为购买等途径获得了这些珍贵的少数民族语言资料，解决了参考资料缺乏的问题。其次是语料涉及的文种多。迄今为止，针对记录东南亚壮侗语族语言的文字或记音符号，国际音标转写没有一个统一的标准。课题组在综合参考相关文字现有转写法的基础上，择善而从，拟出了自己的转写法。这些转写法也只是初步的探讨，如果能使读者大致了解东南亚壮侗语族语言的语音面貌，就达到了我们的初衷。

　　感谢广西人文社科研究中心为我们这个课题立了项。正是因为有了这一份鼓励，我们面对困难不敢退缩，坚持完成了词汇集的撰写工作。

　　在词汇集撰写过程中，我们得到了越南留学生（博士生）黄氏惠、老挝留学生（硕士生）聂晓芳的热心帮助。世界图书出版广东有限公司的编辑魏志华女士为本书的出版付出了辛勤的劳动。在此我们表示衷心的感谢！

　　东南亚壮侗语言资源十分丰富，本词汇集收入的仅是部分语言的材料，还有很大的充实空间。希望本词汇集的出版，能为壮侗语族语言研究的深入开展贡献微薄之力。

韦树关

2018年11月8日

于广西民族大学相思湖畔